diccionarios.com

escolar

DICCIONARIO DE LA LENGUA ESPAÑOLA

escolar

DICCIONARIO DE LA LENGUA ESPAÑOLA

a b c d e f g h i j k l m n ñ o p q r s t u v w x y z

VOX
LÍDER EN DICCIONARIOS

Esta obra ha sido realizada bajo la iniciativa y coordinación general del Editor.

Dirección editorial	Jordi Induráin Pons
Coordinación editorial	Sofía Acebo García
Colaboradores	Blanca Arias Badia, Laura del Barrio Estévez, María José Blanco Rodríguez, Isabel Brosa, María Bueno Mateos, Inmaculada Caro Gallarín, Judit de Diego Muñoz, Marta Esber, Elena Estremera, Virginia Fernández Nadal, Salud Llonch, Juan Manuel López Guzmán, David Morán Pérez, Isabel Palop Peña, Fernando Pérez Laos, Juan Pérez Robles, Mercè Pujol Vila, Francesc Reyes, Miguel Vándor Arrabal, María Villalba Gómez. Con la colaboración de Àlex Aubet, Amal Chugri, Silvia Fioretti y Júlia Flores
Cuaderno de retos	Núria Pino Roldán
Láminas	Concepción: Paz Battaner Arias Redacción: Juan Carrillo del Saz
Ilustración	Bartomeu Seguí Nicolau
Informática editorial	Marc Escarmís Arasa
Maquetación y preimpresión	El taller del llibre – Serveis i realització editorial Cuaderno de láminas y Cuaderno de retos: Isaac Gimeno
Diseño de cubierta	Isaac Gimeno

Primera edición: 2000
Segunda edición: 2008
Tercera edición: 2012
Cuarta edición (corregida y aumentada): 2018

Rosa Sensat, 9-11, 3.ª planta
08005 Barcelona
vox@vox.es
www.vox.es

ISBN: 978-84-9974-282-3
Depósito legal: B-2035-2018
4E1I

PRESENTACIÓN

Este libro que acabas de abrir no es como los demás; es una herramienta que te servirá para entender los cuentos, las novelas, los libros de texto... Ya lo sabías, ¿verdad? Un diccionario es una herramienta muy especial que te abre el horizonte para llegar a otros mundos y que te da decenas de miles de pistas para interpretar lo que lees y oyes y para saber explicar lo que piensas y oyes. Sí, seguro que ya lo sabías.

El hecho de que este diccionario contenga 47 600 definiciones y ejemplos y 3 000 observaciones gramaticales quizás no signifique nada para ti. ¿Es mucho? ¿Es poco? Si te decimos que es un bloque de 1 472 páginas de papel lleno de palabras y numeritos, tampoco. Pero... ¿y si te dijéramos algo más relevante como, por ejemplo, qué tipo de dudas puede solucionar este diccionario?

Usándolo, podrás aprender tú solo:

- si podemos usar *decimoprimero* aparte de *undécimo*
- la diferencia entre *bienal* y *bianual* o entre *vaca* y *baca*
- cómo se escriben y cómo se pronuncian ciertas palabras (*carácteres* o *caracteres*)
- cuál es el femenino de *canciller, emperador, caballo o elefante*
- qué pasa si cambiamos el artículo de *canal* (es lo mismo *el canal* que *la canal*)
- que podemos crear palabras nuevas que sean compuestas (como *sintecho*) o derivadas (como *pantallazo*)
- si en un examen puedes utilizar palabras como *profe* o *a tope* (o si es más apropiado utilizar *profesor* o *hasta el máximo posible*)

Ahora sí que empiezas a tener más claro para qué sirve el diccionario: para resolver dudas y ayudarte a dominar mejor el español.

Pero tener una buena herramienta en tus manos no quiere decir que sepas aprovecharla al máximo. Así que hemos decidido incluir un cuadernillo al principio del diccionario, para que puedas, por ti mismo y para ti mismo, aprender qué informaciones útiles están presentes en un diccionario y cómo puedes distinguirlas de la selva que forma estas 1472 páginas. El cuadernillo tiene 27 retos que te llevarán a través de este ejemplar, como si de un manual de instrucciones se tratara. Te invitamos a seguir sus indicaciones antes o después de utilizar el diccionario, a usarlo en clase o en casa, ya sea por voluntad propia o porque te lo han dicho los profesores.

Bien, ya tenemos el diccionario con su manual de instrucciones; ¿y ahora qué?

Ahora podemos lanzarnos a la piscina de las palabras. ¿Es una piscina olímpica o la piscina más grande del mundo? Pues no. Este diccionario no contiene todas las palabras del español; de hecho, ni el diccionario más grueso de todos sería capaz de incluir todos los términos que los hablantes podríamos utilizar; porque el vocabulario de una lengua crece y se encoge cada día, a cada hora y a cada minuto. Por consiguiente, los que hacemos diccionarios asumimos esta limitación y hacemos un esfuerzo para escoger las palabras y los significados que son necesarios para el usuario; en este caso, para alguien como tú. En este diccionario no vas a encontrar todos los términos que aparecen en los poemas del romancero ni en las obras de Lope o Calderón, ni en los artículos de los diarios, ni en las series de televisión; pero sí encontrarás los que necesitas para expresarte con precisión y para descifrar la mayoría de textos que tengas que leer. A medida que pase el tiempo y vayas cumpliendo años, te darás cuenta de que necesitas más palabras, así que cuando seas un adulto este diccionario se te quedará pequeño y tendrás que pensar en utilizas otros más grandes, pero eso ya llegará.

Cuando ya habíamos escogido las palabras, decidimos ordenarlas alfabéticamente, porque es una manera de organizar las cosas que nos resulta familiar a todos: los libros de la biblioteca están ordenados así; la lista de alumnos de la clase y los admitidos en una carrera, también... Parece que el orden alfabético es muy, muy útil.

A continuación, tuvimos que tomar decisiones como qué información queríamos proporcionar de cada palabra. Si es polisémica, ¿cuántos sentidos queremos presentar en el diccionario y cómo tenemos que hacerlo? Esta es una de las misiones más importantes de los que nos dedicamos a esto, porque si queremos que el diccionario refleje cómo utilizamos las palabras en el día a día, tenemos que poner, en primer lugar, los significados más conocidos y, después, los menos frecuentes. A partir de aquí, dejamos bajo tu responsabilidad que investigues y encuentres todo lo que necesitas. Sabemos que con eso no vas a tener ningún problema porque eres un hablante muy competente.

Después decidimos que era importante completar las definiciones con ejemplos, expresiones, notas de uso, sinónimos y derivados de la familia léxica, porque harán que un hablante como tú sea capaz de expresarse de una manera más que correcta. Abre el diccionario y busca la entrada **paño**: ¿has visto la cantidad de cosas que puedes aprender de este sustantivo? Pero no todas las palabras son como esta, claro.

Al llegar a este punto, nos dimos cuenta de que queríamos compartir contigo una idea que es importante cuando queremos aprender bien el vocabulario de una lengua, ya sea extranjera o nuestra lengua materna. A medida que aprendemos palabras nuevas, las que ya conocíamos se van recolocando para dejar sitio a las recién llegadas. Podemos imaginar que son como los átomos de la materia, que no paran de vibrar. Por ejemplo, si ya conoces el adjetivo **nórdico** para hablar de las cosas o de las personas que son de Suecia, Noruega, Finlandia y Dinamarca, ¿qué te pasó por la cabeza el día que descubriste que el edredón de plumón que utilizamos en la cama es un *nórdico* (sustantivo) y que lo ponemos dentro de la *funda nórdica* (adjetivo)? Pensaste que debía de estar relacionado con estos países, ¿verdad? Al integrar el edredón y su funda, *nórdico* ha ampliado su significado y nosotros somos capaces de relacionar una palabra conocida con una nueva. Esta experiencia es la que hemos querido reproducir en el cuadernillo central de láminas ilustradas. ¿Verdad que ya tienes ganas de ver qué te ofrecen?

¿Y te has fijado que en la cubierta dice que por el simple hecho de haber comprado este diccionario puedes acceder a su versión en línea? No desaproveches este complemento, ya que te permitirá hacer consultas en el diccionario sin que debas abrirlo ni tenerlo encima de la mesa: solo tienes que escribir la palabra y pulsar el botón de búsqueda, ¡así de fácil!

¡Disfruta de la experiencia de aprender a expresarte mejor!

LOS EDITORES

CUADROS

CUADROS GRAMATICALES

CUADROS DE CONJUGACIÓN

ABREVIATURAS

CATEGORIAS GRAMATICALES

adj. . . . . adjetivo
adj. f. . . . . adjetivo femenino
adj./ n. com. . . . . adjetivo y nombre común
adj./ n. f. . . . . adjetivo y nombre femenino
adj./ n. m. . . . . adjetivo y nombre masculino plural
adj./ n. m. pl. . . . . adjetivo y nombre plural
adj./ n. m. y f. . . . . adjetivo y nombre masculino y femenino
adj. pl. . . . . adjetivo plural
adv. . . . . adverbio
conj. . . . . conjunción
det. art. . . . . determinante artículo
det. dem. . . . . determinante demostrativo
det. indef. . . . . determinante indefinido
det. pos. . . . . determinante posesivo
det./ pron. . . . . determinante y pronombre
det./ pron. indef. . . . . determinante y pronombre indefinido
det./ pron. inter. . . . . determinante y pronombre interrogativo
int. . . . . interjección
n. amb. . . . . nombre ambiguo
n. amb. pl. . . . . nombre ambiguo plural
n. com. . . . . nombre común
n. com./ adj. . . . . nombre común y adjetivo
n. f. . . . . nombre femenino
n. f. pl. . . . . nombre femenino plural
n. f./ adj. . . . . nombre femenino y adjetivo
n. m. . . . . nombre masculino
n. m. pl. . . . . nombre masculino plural
n. m. y f. . . . . nombre masculino y femenino
n. m. y f./ adj. . . . . nombre masculino y femenino y adjetivo
n. m./ adj. . . . . nombre masculino y adjetivo
num. . . . . numeral
num. card. . . . . numeral cardinal
num. ord. . . . . numeral ordinal
prep. . . . . preposición
pron. . . . . pronombre
pron. dem. . . . . pronombre demostrativo
pron. excl. . . . . pronombre exclamativo
pron. indef. . . . . pronombre indefinido
pron. inter. . . . . pronombre interrogativo
pron. pers. . . . . pronombre personal
pron. pos. . . . . pronombre posesivo

pron. rel. . . . . pronombre relativo
v. auxiliar . . . . verbo auxiliar
v. copulativo . . . . verbo copulativo
v. impersonal . . . . verbo impersonal
v. intr. . . . . verbo intransitivo
v. intr./ prnl. . . . . verbo intransitivo y pronominal
v. intr./ tr. . . . . verbo intransitivo y transitivo
v. prnl. . . . . verbo pronominal
v. prnl./ tr. . . . . verbo pronominal y transitivo
v. tr. . . . . verbo transitivo
v. tr./ intr. . . . . verbo transitivo e intransitivo
v. tr./ intr./ prnl. . . . . verbo transitivo, intransitivo y pronominal
v. tr./ prnl. . . . . verbo transitivo y pronominal

TECNICISMOS

ANAT. . . . . anatomía
ARQ. . . . . arquitectura
ASTR. . . . . astronomía
BIOL. . . . . biología
BOT. . . . . botánica
DEP. . . . . deporte
DER. . . . . derecho
ECON. . . . . economía
FILOS. . . . . filosofía
FÍS. . . . . física
GEOL. . . . . geología
GRAM. . . . . gramática
INFORM. . . . . informática
LING. . . . . lingüística
LIT. . . . . literatura
MAR. . . . . marina
MAT. . . . . matemáticas
MED. . . . . medicina
MIL. . . . . militar
MÚS. . . . . música
PINT. . . . . pintura
QUÍM. . . . . química
ZOOL. . . . . zoología

SÍMBOLOS

▶	fraseología
◆	cambio de categoría gramatical
ANT	antónimo
DER	derivados
NOTA	nota de acepción
OBS	observación

27

Retos para un detective como tú

En tus manos tienes un libro con un curioso nombre en la portada:

diccionario

Seguro que no es algo desconocido para ti, pero ahora tienes un encargo: conocer exactamente qué es, para qué sirve, qué puedes hacer con él... ¿Te animas?

MISIÓN

1

Definir cómo es este artefacto y qué contiene

Imagina que eres un detective con una misión: descubrir qué se esconde en ese objeto llamado «diccionario». Tienes una idea de qué puede ser, pero no conoces todos sus misterios. Debes iniciar una investigación a fondo que, a través de la observación, las **pesquisas** sobre el terreno y la recopilación de datos te lleven a unas **conclusiones** sobre este **objeto** en forma de libro.

¿Qué es lo primero que tendrías que hacer?

HIPÓTESIS

↓

OBSERVACIÓN

↓

INTERACCIÓN

Posiblemente, debes plantearte una **hipótesis** a partir de preguntas. ¿Crees que podrías responder estas dos?

- **¿Qué es un diccionario para ti?**
- **¿Podrías definirlo con tus palabras?**

UNA PISTA
¿Aparecen términos como estos?
significado, palabra, orden alfabético

¡Muy bien! Ya tienes el punto de partida. Pero, claro, no es suficiente. Eres un profesional de la investigación y sabes que no puedes conformarte con eso simplemente. Ahora debes **observarlo**.

Y, cuando lo hagas, **(a)nota** tus observaciones. Sí, **notar** y **anotar**, las dos cosas. ¿No crees que estas palabras se parecen mucho? ¿Pertenecerán a la misma **familia**? ¿Cuál será su relación?

¿Sabes que para que la lengua crezca y esté viva podemos crear nuevas palabras mediante un procedimiento llamado **derivación** (añadir prefijos o sufijos a una que ya existe)?

Así, de *nota*, tenemos *notar, notario, notaría, anotar, anotación, connotar, denotar, notación*. Todas estas palabras están emparentadas, por lo que formar parte de una misma **familia léxica**.

Hojéalo –y antes, **ojéalo**–. ¿Conoces la diferencia entre ambas palabras? A lo mejor el diccionario puede ayudarte, ¿no crees? Pues, ¡adelante!

> ¿Sabes que estas palabras suenan (→ *fono-*) igual (→ *homo-*), pero se escriben de forma distinta? Son las palabras **homógrafas**.
>
> ¿Cómo sabremos a qué hacen referencia? Pues buscando la palabra de la que derivan; así, *hojear* procede de *hoja*, mientras que *ojear* lo hace de *ojo*.

Sigue recopilando información. Abre una página al azar y apunta todo lo que ves. Fíjate en la disposición de las palabras, en los colores, en la intensidad de los mismos… Nada es **al azar**, una expresión que habrás oído alguna vez.

Por cierto, ¿estará esta expresión incluida en el diccionario? ¿Dónde supones que podrías buscarla? (**hipótesis**) Compruébalo y, si tu hipótesis no es correcta, no te desanimes: los detectives trabajan planteando y comprobando sus teorías todas las veces que sean necesarias hasta alcanzar la respuesta correcta.

Retomemos el hilo. Tus observaciones van destinadas a responder preguntas como las siguientes:

RETO 1

- **¿Qué indican las palabras –en azul intenso- situadas en la parte superior izquierda y derecha?**
Son las palabras guía, que indican cuál es la primera palabra de la página y cuál es la última.

- **¿Qué indica el abecedario vertical en cada una de las páginas?**
Este abecedario nos ayuda a saber en qué parte del diccionario estamos y nos facilita encontrar la palabra que buscamos. Como cada letra está resaltada, el abecedario va cambiando. Fíjate en el corte de las páginas, ¿has visto que hay manchas azules que van cambiando de sitio?

- **Si tuvieras que buscar una palabra cualquiera, ¿cómo lo harías? ¿Empezarías siempre por la primera página?**
¡Nooo! Sería una pérdida de tiempo. Si quieres encontrar **efímero**, abre el diccionario por el primer tercio del bloque de páginas; si buscas **selfi**, ve hacia el final hasta que encuentres la S.

Profundicemos un poco más. Este pequeño libro esconde mucha más información y la forma de «interrogarlo» es observarlo detalladamente.

RETO 2

Te proponemos que busques la palabra **paño**. Cuando la tengas, lee todo lo que parece en ella: te servirá para contestar estas preguntas.

- **¿Sabías que esto que has leído es la entrada?**
  Busca la palabra **entrada** en tu diccionario y verás que este significado o acepción está detrás del número 12.

- **¿En qué color aparece entrada al principio?**
  En azul y en una tipografía diferente de la del resto del texto.

- **¿Qué crees que significan las abreviaturas que hay después de la entrada?**
  La categoría gramatical, ¿verdad?
  Si quieres saber qué significa cada una de elles tienes que ir a la página VIII.

- **¿Qué indican las frases en cursiva?**
  Son los ejemplos.

- **¿Por qué están en color azul la expresión paño de cocina?**
  Porque es un un tipo de paño.

- **¿Por qué están en color azul el triángulo y las expresiones conocer el paño y ser del mismo paño?**
  Porque son locuciones.

- **¿Qué crees tú que indican las abreviaturas SIN y DER?**
  Seguro que lo sabes. Es la manera de indicar que esa palabra tiene sinónimos, por un lado, y derivados, por otro.

¡Enhorabuena! Ya tienes mucha información. Pero, ¿te parece que los buenos detectives se conformarían con ella?
A lo mejor tienes que hacer más comprobaciones, mirar en otras páginas para ver si aparece lo mismo. ¿Qué ves cuando buscas **céfiro**, **desbocar**, **rapaz**, **matriz** y **cojones**?

Ahora sí has llevado a cabo una investigación exhaustiva utilizando el método deductivo que hizo famoso el gran detective Sherlock Holmes.

¡Misión cumplida! ¡Fantástico!

MISIÓN 2

¿Cómo está organizada la información?

Ya tienes bastante claro qué es este libro y para qué sirve; seguro que te ronda por la cabeza el siguiente punto de la investigación: **¿cómo está organizado?**

Para averiguarlo, te sugerimos unas sencillas preguntas:

- **¿Podrías recitar el alfabeto de carrerilla? Seguro que sí y sin equivocarte**

a, b, c, d, e, f, g, h, i, j, k, l, m, n, ñ, o, p, q, r, s, t, u, v, w, x, y, z

- **¿Qué harías con la ch, la ll o la rr? ¿Sabías que no son letras? ¿Qué son?**

____

- **¿Dónde deben estar chorizo o llover?**

RETO 3

¿Cómo demostrarías que conoces el alfabeto a la perfección? ¿Serías capaz de construir un texto en el que todas las palabras siguieran el orden alfabético? La primera tiene que comenzar con la A, la segunda con la B... ¿Necesitas un ejemplo?

Ayer bajamos con dos enchufes...

UNA PISTA

Si lo encuentras muy difícil, prescinde de los artículos, las preposiciones, las conjunciones, etc. Solo tienen que seguir el orden alfabético los sustantivos, los adjetivos, los verbos y los adverbios.

RETO 4

Parece que ya dominas el orden alfabético. ¿Te atreverías con este otro reto sobre este tema? Solo se trata de ordenar estas series. Coge lápiz y goma (todo el mundo tiene derecho a equivocarse):

[6] vender	[1] canción
[3] fuego	[5] texto
[2] detonación	[4] preciso

[ ] poco	[ ] prófugo
[ ] pasto	[ ] pliegue
[ ] peine	[ ] prado

[ ] destruir	[ ] desnudar
[ ] desaliñado	[ ] destello
[ ] desdecir	[ ] despedida

RETO 5

Consulta el diccionario y di entre qué **palabras guía** se encuentran estos términos:

- **agachar**
  entre *afuera* y *agalla*
- **culebrón**
  entre ____________ y ____________
- **diálogo**
  entre ____________ y ____________
- **inanición**
  entre ____________ y ____________
- **-ista**
  entre ____________ y ____________
- **presuponer**
  entre ____________ y ____________
- **sacar**
  entre ____________ y ____________

RETO 6

Una última práctica muy sencilla pero muy necesaria, porque tú eres de los que no dejan nada al azar, ¿no?

Si realmente eres tan hábil con el alfabeto, te proponemos una prueba más que consiste en predecir dónde deben estar las palabras. Vamos a hacer la prueba. Imagina que las **palabras guía** del diccionario fueran **liquidez** y **llamada**. Rellena el siguiente cuadro, colocando X donde convenga:

	antes de «lirio»	entre las dos	después de «llamar»
lira			
llagar			
llaneza			
llamamiento			
litro			
lirón			

Compruébalo en el diccionario. ¿Qué tal? ¿Lo has hecho bien?

Estás a un paso de terminar, pero hay algo que te ronda por la cabeza y debes solucionarlo para sentirte satisfecho. Has oído decir que, para ser un buen detective, hay que **tener bemoles, atar cabos** y **no comulgar con ruedas de molino a la primera de cambio**. Y te preguntas: ¿aparecerán estas expresiones (que también llamamos **locuciones** o **frases hechas**) en el diccionario? Como buen detective, sabes que tienes que pasar a la acción.

Evidentemente, quieres saber qué significan y, sobre todo, dónde buscarlas, así que:

- **Piensa dónde podrían aparecer, eso es, plantea una hipótesis.**
- **Confírmala o desmiéntela, anotando de dónde has sacado la información.**
- **Escribe su significado.**

RETO 7

Haber llegado hasta aquí te permitirá enfrentarte a esta larga lista de locuciones o frases hechas:

ni a la de tres

quinta columna

hacer de su capa un sayo

llorar a moco tendido

hacerse el sueco

de cabo a rabo

estar al caer

no hay tu tía

matarlas callando

llevar a mal traer

¿Podrías extraer alguna regla que permita buscar cualquier expresión?

¡Fantástico! Ahora sí que lo tienes todo bajo control. Con todos los datos obtenidos, solo te falta elaborar una pequeña guía –TU informe– para ayudar a alguien que no sepa cómo buscar en un diccionario.

¡Misión cumplida! ¡Fantástico!

MISIÓN

3

¿Qué puedo hacer con esto?

Gracias a tus investigaciones, **ya no estás pez** y te puedes mover por el diccionario **como pez en el agua**. Ahora debes profundizar en todo aquello que has descubierto que puedes saber gracias a este libro y, como son muchas cosas, podemos dividir la MISIÓN 3 en cinco etapas:

ETAPA 1
Descubrir les palabras y sus significados

↓

ETAPA 2
Descubrir las palabras y su forma

↓

ETAPA 3
Descubrir las palabras y cómo se escriben

↓

ETAPA 4
Descubrir las palabras y sus relaciones

↓

ETAPA 5
Descubrir las palabras y el contexto en que las usamos

ETAPA 1

Descubrir las palabras y sus significados

Como tú mismo has descubierto, una de las funciones principales de un diccionario es explicar el significado de las palabras. Muchas veces creemos conocerlos perfectamente, pero, ¿y si no fuera así? ¿Has tropezado con significados sorprendentes? ¿Y si lo compruebas con estas actividades? ¡Puede que en alguna necesites la ayuda de otros investigadores como tú!

RETO 8

¿Conoces el significado de estos sustantivos?

JETA
RENACUAJO
JABATO TOPO
BOA PICOTA
GAZAPO
ZÁNGANO GRIFO
PEZ

Primero, piensa en lo que significan para ti (sí, sí, de nuevo la famosa HIPÓTESIS); si con esto no tienes suficiente, busca en el diccionario. Después, intenta colocarlas en los blancos de estas frases:

Se colocó la *boa* **alrededor del cuello y salió de la casa.**

Tiene que darle una capa de ____________ a su nueva embarcación.

Le dibujó un ______________ inspirado en una pintura románica.

Se pasa todo el día sin hacer nada; es un _______________.

En su trabajo no había ni un _________________.

Trabajó en los servicios de inteligencia como _________________.

Le daba asco comerse la _______________ del cerdo.

Hace siglos se exponían las cabezas de los condenados en la ________________.

En su casa lo llaman ______________ porque es el pequeño.

Por su valentía y atrevimiento, a ese chico lo llaman ________________.

¿Cómo te ha ido? ¿Has conseguido colocarlas todas? ¿Te suenan bien ahora estas frases? ¿Ha sido fácil colocar la palabra **grifo**? Ve al extra de etimología, ya verás qué sorpresa.

EXTRA DE ETIMOLOGIA

¿Sabes que a este mecanismo que deja pasar un líquido se le llama así porque antiguamente era habitual decorar las bocas de agua de las fuentes con cabezas de personas o animales?

A veces hay palabras que no nos suenan de nada, pero, si encontramos su definición, encontraremos pistas para saber en qué frase debes ubicarla. ¿Preparado para un nuevo reto?

RETO 9

¿Te atreves a poner a prueba tus conocimientos y los de tus compañeros detectives? Pues, adivina palabras a partir de sus significados:

1. Por grupos, construid una oración.
2. Sustituid cada palabra de la misma por su definición.
3. Leedla en voz alta.
4. Los otros grupos deberán adivinar cuál es la frase inicial.

Aquí tienes un ejemplo:

1. Oración inventada:
«La [**pelota**] [**rebotó**] con [**rapidez**] en la [**pared**]».

2. Transformación después de sustituir cada término entre corchetes por su definición en el diccionario. Quedaría así:
«La [**bola hecha de cuero, goma u otro material flexible, llena de aire o maciza, que se utiliza para jugar o practicar determinados deportes**] [**cambió de dirección un cuerpo en movimiento al chocar contra un obstáculo**] con [**la velocidad con que se realiza una actividad, movimiento o proceso, u ocurre un suceso**] en la [**construcción vertical que sirve para cerrar un espacio, separarlo de otro o aguantar un techo**]».

3. Te toca leerla en voz alta. ¡Ya verás qué cara ponen los demás!

¿SABÍAS QUE...?

- **... que las palabras «estómago» y «estomatólogo» están relacionadas?**
Estómago procede de la palabra griega *stóma* ('boca'), y en aquel tiempo solo se refería a la boca del estómago. ¿Te queda ahora más claro el significado de *estomatólogo*?

- **... que puedes «hacer cálculos» o «tener cálculos»?**
¿Sabes que estás palabras se relacionan porque provienen de *calculus* ('piedrecita')? Los cálculos del riñón tienen una forma parecida a las piedrecitas con que los niños aprendían a contar.

- **... qué significa «embelesar»? ¿Y «espabilar»?**
¿Sabes que ambas son palabras derivadas? La primera de *belesa*, una planta con propiedades narcóticas; la segunda de *pábilo*, la parte por donde se enciende la vela.

- **... qué significa «en cuclillas»? ¿Sabes que, cuando una gallina está empollando, se la llama «gallina clueca»?**
Una pista: intenta hacerte la idea mental de cómo se pone para empollar el huevo.

RETO 10

Y ahora que ya sabes cómo usar el diccionario para aprender nuevos significados, vamos a ver si estás preparado para jugar a este juego:

El otro diccionario

¿Sabes qué significan **denigrante** o **comidilla**? Vamos a suponer que no y que te ha tocado definirlas dejándote llevar por su forma, por cómo suenan... Después, busca en el diccionario cuál sería el auténtico significado. Da igual si las conoces: déjate llevar por tu imaginación. Aquí te dejo un par de ejemplos que recogió un maestro de Zaragoza, César Bona, de sus alumnos:

DENIGRANTE
emigrante que viene de la ciudad de Denia.

COMIDILLA
comida de juguete que usan para jugar las niñas pequeñas.

¿Te atreves con estas diez?

¿ MALVERSAR

ALTOZANO ?

BUHARDILLA
?

PATÓGENO

? ORTOPEDIA

BRAGADO

NIGROMANTE

¿

ENDOSCOPIA

RELLANO

¿
ASPAVIENTO

?

RETO 11

Ahora que ya dominas esto de hacer definiciones, vamos a observar la riqueza de nuestro vocabulario.

¿Qué te parece si empezamos con los perros y los gatos? Todo el mundo sabe que el perro ladra y el gato maúlla, pero, ¿sabes cuál es el sonido característico de los siguientes animales? Une con flechas a cada animal con su verbo.

ANIMALES	SONIDOS
caballo	crotorar
cuervo	barritar
gato	silbar
lechuza	relinchar
serpiente	ronronear
cerdo	arrullar
cigüeña	graznar
cabra	gruñir
paloma	ulular
elefante	balar

RETO 12

Sigamos con los sonidos: *¿quién* o *qué hace qué*? Completa cada oración con el verbo de sonido correspondiente:

castañetear
crujir
chasquear
chirriar
estallar
repicar
resonar
rugir
silbar
zumbar

- **La madera del suelo** ____cruje____.
- **Estaba asustado por cómo** __________ **el mar durante la tormenta.**
- __________ **los dedos y su perro acudía rápidamente.**
- **Una bomba** __________ **hace dos meses en este edificio.**
- **Hacía tanto frío que le** __________ **los dientes.**
- **El eco** __________ **en la habitación vacía.**
- **Le** __________ **los oídos después del concierto de rock.**
- **El viento** __________ **en los días grises de otoño.**
- **La puerta** __________ **al abrirla.**
- **Las campanas** __________ **anunciando la boda.**

RETO 13

Para ser un buen detective, hay que tener un sexto sentido, pero antes debes preguntarte: ¿dominas los otros cinco?

Demuéstralo relacionando cada uno de estos adjetivos con el sentido corporal con el que es percibido:

claro

agridulce

intangible

ácido

pestilente

ronco

opaco

dulce

rugoso

estrepitoso

insulso

rojo

acre

suave

amargo

fuerte

fresco

vista
oído
olfato
gusto
tacto

RETO 14

¿Conoces un «truco» muy usado por los detectives en sus investigaciones? A veces, prefieren guardarse las explicaciones para sí mismos y, entonces, para rodearse de un aire de misterio, utilizan las interjecciones. ¿Sabes qué son?

Para averiguarlo, tenemos una pequeña muestra. ¿Sabrías relacionar cada una de ellas con el estado de ánimo al que aluden? Piensa que algunas tienen varios usos.

¡ajá! ¡ah! ¡caray! ¡buah! ¡caramba! ¡ay! ¡eh! ¡guay! ¡bravo! ¡ji! ¡guau! ¡puaj! ¡hala! ¡anda! ¡ea! ¡jo! ¡je! ¡ey! ¡jopé! ¡vaya! ¡viva! ¡oh! ¡ja! ¡bah! ¡olé! ¡ojalá!

PIENSA

¡ja! ¡je! ¡ji!

¿Tienen el mismo significado solas o repetidas?

sorpresa:

asombro:

dolor:

desprecio:

aprobación:

lamento:

alegría:

contrariedad:

ánimo:

admiración:

enfado:

extrañeza:

temor:

llamada:

entusiasmo:

¿Podrías deducir cómo sabremos cuál es el significado de las interjecciones? Piensa en los **emoticonos** y los **emojis**. Se utilizan en los mails –o correos electrónicos– en los chats y sobre todo en los whatsapp –o wasaps– y en los tuits. ¿Cumplen la misma función?

ETAPA 2

Descubrir las palabras y su forma

¿Profundizamos en otro aspecto?
En tu primera aproximación al diccionario has descubierto que podías saber a qué clase –o **categoría gramatical**– pertenecen las palabras simplemente buscándolas (sí, sí, es aquella abreviatura que aparecía al lado de la palabra **paño**). ¿Vamos a comprobarlo?

RETO 15

Lee el texto siguiente donde encontrarás una serie de términos subrayados; tranquilo, su significado no va a ser ningún problema:

> «Sé que no soy un niño de diez años normal. Bueno, hago cosas normales: tomo helado, monto en bici, juego al béisbol, tengo una Xbox... Supongo que esas cosas hacen que sea normal. Por dentro, yo me siento normal. Pero sé que los niños normales no hacen que otros niños normales se vayan corriendo y gritando de los columpios. Sé que la gente no se queda mirando a los niños normales en todas partes.
>
> Si me encontrase una lámpara maravillosa y solo le pudiese pedir un deseo, le pediría tener una cara normal en la que no se fijase nadie. Pediría poder ir por la calle sin que la gente apartase la mirada al verme. Creo que la única razón por la que no soy normal es porque nadie me ve como alguien normal.»
>
> *Wonder. La lección de August*
> **R. J. Palacio**

Ahora toca que te enfrentes al primer reto de esta etapa. Responde a estas preguntas. No tendrás ningún problema porque eres un detective experto.

- **¿Qué hay que hacer para encontrar la palabra Sé? ¿Aparece directamente en el diccionario?**

- **¿Y qué ocurre con gritando?**

- **¿Cómo encontrarías la palabra niños? ¿Y maravillosa?**

- **¿Es la palabra bueno un adjetivo, como en la frase *David es un niño muy bueno*?**

- **¿De qué helado habla el texto?**

- **¿Es bici una palabra correcta? ¿Se te ocurren otras parecidas?**

- **¿Cómo puedes saber cuál es la categoría correcta de todas?**

- **¿Cómo puedes saber a qué solo se refiere el texto?**

Si has llegado hasta aquí, seguro que te habrás dado cuenta de que no te puedes quedar con la primera información que aparece en la entrada: siempre debes pensar lo que buscas y leer hasta el final.

¡La enhorabuena! ¡Ya sabes qué es la morfología!

MORFO — **LOGÍA**

'forma' 'estudio'

RETO 16

Bienvenido al siguiente reto; esta vez vamos a centrarnos en el género gramatical, sí, sí, aquello de **masculino** y **femenino**. La manera más habitual de formar el femenino en español es añadiendo una **-a** al masculino.

Pero tú ya sabes que la realidad es más compleja de lo que parece y nunca das nada por supuesto. Así que observa estas palabras en masculino y aventura cuál debe ser su femenino en este nuevo juego:

Cada oveja con su pareja

avestruz *avestruz hembra*

emperador ______________________

héroe ______________________

alcalde ______________________

carnero ______________________

concejal ______________________

poeta ______________________

cliente ______________________

holgazán ______________________

árbitro ______________________

¿SABES...?

- **... qué astro cruza el firmamento: «un cometa» o «una cometa»?**
- **... qué necesitas cuando inviertes dinero en bolsa: «mucho capital» o «mucha capital»?**
- **... si en las reuniones suele haber «un orden del día» o «una orden del día»?**
- **... si, al programar una excursión, te interesa conocer si viene «un frente frío» o «una frente fría»?**
- **... qué sección fija encontramos en los periódicos: «el editorial» o «la editorial»?**
- **... qué documento concede el Papa: «el bulo» o «la bula»?**
- **... qué es más correcto: «el huerto murciano» o «la huerta murciana»?**
- **... si los sacerdotes se visten con «un alba» o «una alba»?**
- **... si, al hablar de la baraja española, usarás «un soto» porque es una figura masculina?**
- **... a quién tienes que llamar si tienes una enfermedad de la piel: «un cura» o «una cura»?**
- **... de qué estoy hablando si digo que hoy he comido «caballa»?**
- **... si hay alguna «prima» que no sea la hija de tus tíos?**
- **... si, cuando alguien dice que le pases «la azúcar», está hablando mal?**
- **... si puedes decir «un cobaya» o «una cobaya»?**
- **... qué puede ser mejor: correr «un maratón» o «una maratón»?**
- **... si, ante una situación peligrosa, la policía sacaría «un arma» o «*una arma*?**

RETO 17

Dejemos aparte el género y centrémonos en el **número gramatical**. Evidentemente, cualquier persona a quien le preguntaran cómo se forma el plural, diría que hay que añadir **-s** o **-es** al singular.

Pero tú no eres cualquier persona y siempre sospechas que en una cuestión supuestamente tan simple puede haber **gato encerrado**. Compruébalo con estas palabras:

sefardí ______________________

globo ______________________

jersey ______________________

asíndeton ______________________

álbum ______________________

playa ______________________

paréntesis ______________________

club ______________________

café ______________________

tórax ______________________

Pero, ¿qué ocurre con **carácter**, **espécimen** y **régimen**? Consulta el diccionario para ver si obtienes la respuesta.

¡Muy bien! ¿Has visto cuánto has aprendido sobre la forma (la morfología) de las palabras?

ETAPA 3

Descubrir las palabras y cómo se escriben

Cuando leemos una palabra, no solo entendemos su sentido, sino que también aprendemos su forma. Pero, ¿quién no ha dudado sobre la escritura de un término? ¿Qué pasa cuando tenemos dos sonidos iguales que se corresponden con grafías distintas? ¿Puede ayudar el diccionario en estos casos?

Estamos hablando, como tú ya sabrás, de las famosas confusiones entre B-V, G-J y de la presencia o ausencia de H. ¿Qué dirías tú: que el diccionario puede ayudarte a solucionar estas dudas? ¡Claro que sí!

RETO 18

Este reto se centrará en la G y la J. Te damos una lista de palabras y tú debes adivinar cuál es la correcta.

Actúa como sabes: plantéate una hipótesis (es decir, se escriben con **G** las palabras que…; o se escriben con **J** las palabras que…). Después comprueba si era acertada echando un vistazo al diccionario:

ginete – jinete
girafa – jirafa
berengena – berenjena
garage – garaje
gitano – jitano
tigeras – tijeras
mugido – mujido
gemido – jemido
burbugeo – burbujeo
rogizo – rojizo

RETO 19

Ahora un reto un pelín más difícil. Segundo reto sobre grafías, esta vez con la H. ¿Podrías escribir tres palabras de la misma familia y ver qué ocurre? ¿Crees que el diccionario podrá ayudarte?

humo ______________________

hoja ______________________

hielo ______________________

hueso ______________________

hacer ______________________

hinchar ______________________

huérfano ______________________

humano ______________________

historia ______________________

hueco ______________________

halagar ______________________

hierro ______________________

hombro ______________________

huevo ______________________

¿Te das cuenta de lo que pasa? ¿Podrías extraer alguna conclusión? Y para rematarlo, ve al diccionario y verás que al final de muchas entradas hay un apartado que empieza con tres letras en azul: **DER**. Allí encontrarás las palabras que derivan de la que habías buscado, incluso hay algunas con prefijo.

RETO 20

¡Rizamos el rizo de la H! Como es muda, resulta muy confuso saber cuándo hay que utilizarla. ¿Te atreves con las siguientes palabras? ¿Cuáles llevan H y cuáles no?

cacauete ______________________

ovalado ______________________

iena ______________________

ermita ______________________

idrógeno ______________________

aorcar ______________________

ipoteca ______________________

eructar ______________________

uida ______________________

emiciclo ______________________

RETO 21

¡Y ahora la última pareja: B y V en el último reto de la tercera etapa!

Seguro que cualquiera pensaría que si se escribe una, no se puede utilizar la otra, pero, ¿lo aceptarías tú sin comprobarlo? ¿Pueden existir palabras con el mismo sonido y distinta grafía y que significan cosas distintas? Sí, son los **homófonos**, de *homo-* ['mismo'] y *fono-* ['sonido'].

¿Eres capaz de distinguirlas o crees que necesitarás el diccionario?

barón – varón
noble / persona del sexo masculino

basto – vasto

acerbo – acervo

bacante – vacante

bacilo – vacilo

tubo – tuvo

rebelar – revelar

botar – votar

combino – convino

balido – valido

¿SABES...?

- **... qué es más correcto: «hibernar» o «invernar»?**
- **... si puedes usar «ribera» y «rivera»?**
- **... qué te provocaría una herida en el cuerpo: una «pulla» o una «puya»?**
- **... si un huracán «desbasta» o «devasta»?**
- **... si el esposo o la esposa de alguien es su «cónyugue» o su «cónyuge»?**

Las palabras *cónyuge* y *yugo* vienen de la misma raíz latina. Si *yugo* no lleva una U al lado de la G, ¿por qué la habría de llevar *cónyuge*? ¡Pista útil!

RETO 22

Y para acabar un reto muy internacional. Vivimos en un mundo que se ha hecho muy pequeño y un detective como tú tiene contactos con gentes de diferentes países. Desde siempre ha habido intercambios de palabras entre unas lenguas y otras, pero, en la cultura de la globalización, se han incrementado y es mayor el número de palabras que en un solo año llegan y se quedan formando parte de nuestra lengua: son los llamados extranjerismos. En siglos pasados la mayoría eran galicismos (del francés), pero ahora la mayoría son anglicismos (del inglés).

¿Sabrías decir cuál de las dos formas propuestas es la correcta en español? Consulta el diccionario, porque puedes llevarte alguna sorpresa:

- **Me gustan las hamburguesas con mucho ketchup/kétchup.**
- **Se ha pasado toda la tarde haciéndose selfies/selfis con su móvil.**
- **Todos los sábados desayuna un croissant/cruasán.**
- **Le gusta el whisky/güisqui con hielo.**
- **Tiene que mantener su status/estatus: por eso va a tantas cenas.**
- **Le han regalado una tablet/tableta para su cumpleaños.**
- **Se ha traído un boomerang/bumerán de Australia.**
- **Cómpralo y después me traes el ticket/tique.**
- **Su hobby/jobi es el aeromodelismo.**
- **Quiero un pepito de lomo con bacon/beicon.**
- **Se ha fabricado un drone/dron con la ayuda de su padre.**
- **Este spot/espó ha resultado carísimo.**

Un reto dentro de este reto: ¿serías capaz de sustituir alguno de los términos anteriores por una palabra en español?

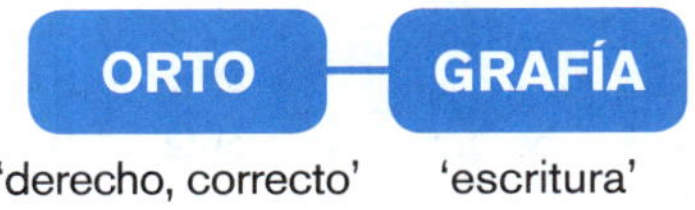

¡La enhorabuena! Has llegado al final de la tercera etapa sobre la manera de escribir las palabras. Seguro que has descubierto que sabías muchas cosas sobre ortografía, ¿verdad?

ETAPA 4

Descubrir las palabras y sus relaciones

Si te preguntaran cuántas palabras tiene el español, ¿qué dirías? ¿Crees que la respuesta sería igual si se lo hubieran preguntado a tu bisabuelo? ¿Y a un caballero de la Edad Media? ¿Se te ocurre por qué?

¡Evidentemente! El mundo avanza y se producen descubrimientos, inventos..., por lo que el lenguaje tiene que crear palabras para designarlos. Cuanto más deprisa va el mundo y más interconectados estamos, más fácil es que nos lleguen nuevas cosas que bautizar y nuevas palabras para adoptar. Son los **neologismos**. Muchas vienen y algunas se van adelgazando hasta desaparecer (como **ganapán** o **cocho**).

¿Un *ganapán*? Es una palabra muy poco usada hoy en día para nombrar al que se gana el pan haciendo recados o transportando bultos; vaya, lo que nosotros llamamos *transportista* o *mensajero*.

¿Te suena la palabra *cocho*? Pues era el participio del verbo *cocer*, que ahora es *cocido*. Fíjate que ha sobrevivido, en parte en el delicioso *bizcocho*, que significa literalmente 'doblemente cocido'.

RETO 23

Te presentamos la **familia léxica** del sustantivo **tierra**. Hemos recopilado solo seis, pero hay muchos más en tu diccionario.

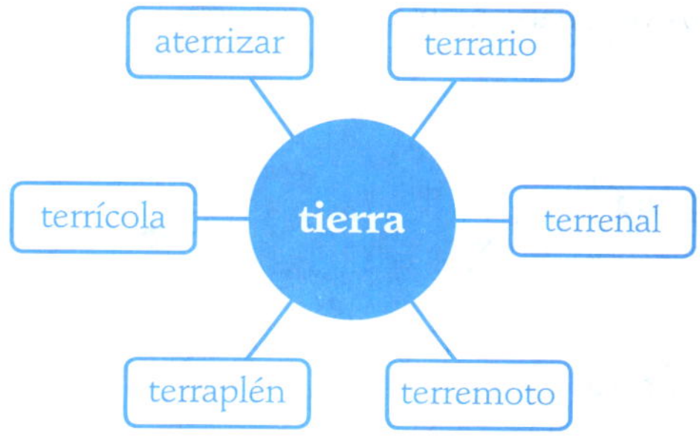

Ahora intenta tú hacer un mapa parecido a este con la familia de **venir** y **rojo**.

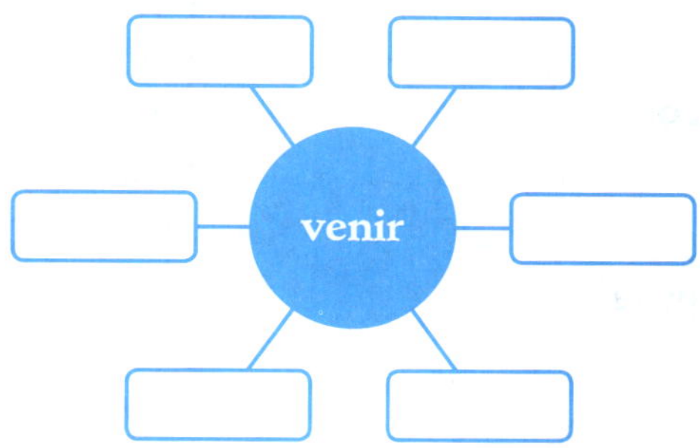

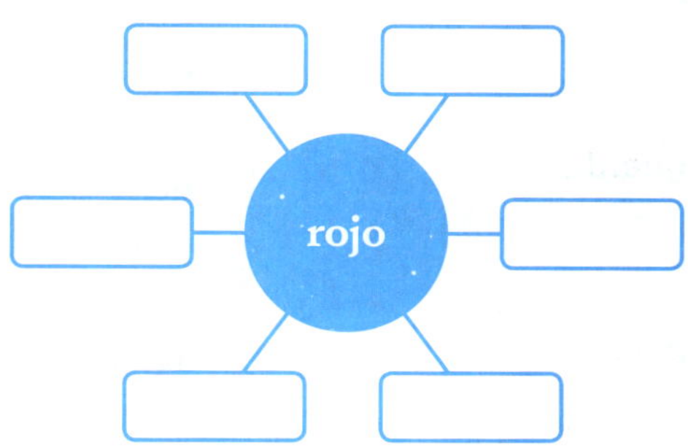

¿Sabes que a este procedimiento se le llama **derivación**? ¿Podrías explicarlo con tus palabras?

RETO 24

Ahora bien, para crear nuevos términos podemos acudir a otros métodos diferentes al de la derivación. ¿Te atreves a combinar las dos columnas que tienes a continuación? ¡A ver cuántas palabras te salen!

saca →	voz
	moto
	marina
contra	ropa
	punta
	fuego
	plano
alta	corcho
	espalda
	muela
corta	rayo
	mina
	mueble
pasa	caída
	sol
	lámpara
porta	meta
	calle
	decir
guarda	bajo
	tiempo
	punta
	olimpiada
para	avión

A este procedimiento se le llama **composición**. ¿Podrías explicarlo con tus palabras?

RETO 25

Después de haber creado las palabras compuestas del reto anterior y de haber dado vida a tus propios Frankensteins, deja volar tu imaginación y tu intuición.

A continuación tienes una serie de palabras compuestas. ¿Te atreverías a definirlas sin consultar el diccionario? Hazlo y después descubre si has acertado o no:

clarividencia ______________________________

chupatintas ______________________________

contrapelo ______________________________

rodapié ______________________________

bocamanga ______________________________

correveidile ______________________________

siemprevivas ______________________________

buenaventura ______________________________

aguzanieves ______________________________

EXTRA

En este diccionario hay palabras que se usan más y otras que se usan menos, pero todas son plabras vivas del español que se habla en España. Hay otros diccionarios que recogen palabras que casi no se utilizan o que hace mucho tiempo que dejaron de utilizarse. Es más, hay diccionarios que recogen todas las palabras que nos han llegado por vía escrita, pero ni siquiera estos son cpaces de recoger tooooooodas las palabras del español, ¿quién tiene grabaciones de todas las que se han dicho a lo largo de estos siglos?

Seguro que en este diccionario has buscado alguna palabra que no has encontrado porque este contiene las palabras necesarias para el nivel de estudios en que te encuentras. Te ofrecemos la oportunidad de enviarnos aquellos términos que tú creas que faltan en esta obra. Quizá no están porque son muy modernas o quizá porque solo se usan en una zona determinada, sea cual sea la razón, esperamos que tú nos envíes tus propuestas.

Y yendo aun más lejos: ¿te atreverías a inventarte alguna palabra por derivación o composición? Puede que consigas acuñar un nuevo término como hizo Carolina Alguacil en 2005 con mileurista, a partir de (sueldo mensual de) mil euros y el sufijo -ista.

Nos lo puedes enviar a

vox@vox.es

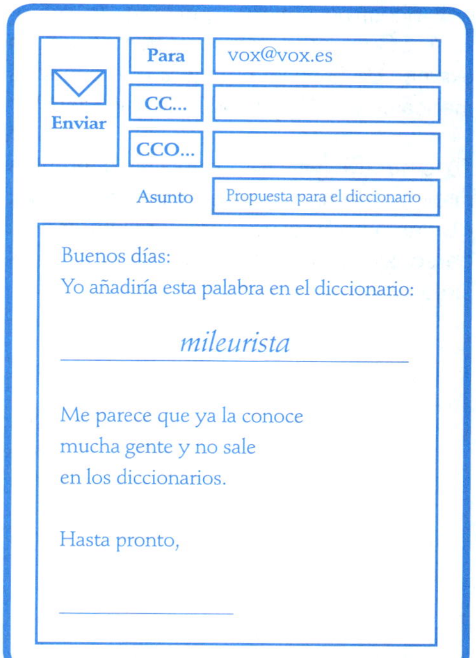

ETAPA 5

Descubrir las palabras y el contexto en que las usamos

Vamos acabando nuestro viaje en torno a las palabras y el diccionario; solo nos queda un último e importante paso: ¿dónde se usan?

¿Usamos el mismo vocabulario hablando con nuestros amigos que con un profesor? ¿Contestarías las preguntas de un examen de la misma manera que escribes mensajes de WhatsApp? No, ¿verdad?

Tú, detective, ya sabes que a las diferentes maneras de hablar le llamamos **registros**. ¿Dirías **bisoño** si no fuera para imatar a un personaje de una serie ambientada en el siglo XVII? No, dirías **novato**.

RETO 26

Relaciona las palabras de la columna izquierda (que pertenecen a un registro más culto o arcaizante) con las de la derecha (que son las que usamos en la actualidad). Al poner estas flechas estarás vinculando sinónimos que pertencen a registros distintos y que, por lo tanto, no pueden ser sustituidos en todos los contextos; a menos que estés intentando ser irónico y estés jugando con el vocabulario para hacer broma.

CULTO (o más antiguo)	ESTÁNDAR (o más actual)
piélago	novato
ataviar	ayuntamiento
bisoño	vestir
escalpelo	pocilga
ebrio	mar
cabildo	engañoso
cacha	nalga
cochiquera	borracho
capcioso	adivinanza
charada	bisturí

RETO 27

Este es el último reto de este minitutorial para detectives del diccionario. Has demostrado suficientemente que eres un experto en esto de la lengua... pero, ¿crees que serás capaz de superar esta última prueba?

Se trata de transformar estas oraciones escritas en un registro coloquial o familiar en una versión estándar. Solo tienes que cambiar las palabras en cursiva. ¿Vamos a por ellas?

- **Ese tío se corta mogollón: así nunca ligará.**

____

- **Hoy estoy rayada.**

____

- **¡Qué palo! Yo pensando que en Navidades no tendría que hacer el huevo y va la profe de mates y nos casca un trabajo.**

____

- **Se pasa el día vacilando de la pasta de sus viejos.**

____

- **Acaba de salir del trullo.**

____

- **Es un bocachancla: lo larga todo.**

____

- **Se ha escaqueado porque quería papear.**

____

- **Tú estás flipando, ¿llamar a su casa para decirles que está castigado? ¡Menudo marrón!**

____

Muchos diccionarios no explican si una palabra pertenece a un registro o a otro, así que no podemos saber si son neutras o tienen connotaciones especiales.

En otros, solo llevan una nota aquellas que son malsonantes (como acojonante, gilipollas, putada), coloquiales (como a tope, de un tirón, importar un rábano) o formales (como albo, empero, oprobio) y el resto, lo que sería el vocabulario general o estándar no llevaría ninguna marca; este es el caso de este diccionario.

Misión cumplida! Fantástico!

CONCLUSIONES DEFINITIVAS

¡La enhorabuena! Tu trabajo de investigación ha llegado a su fin. Ahora ya sabes:

Qué es un diccionario

Cómo se organiza

Para qué sirve

A lo largo de este tiempo, has ido avanzando a partir de hipótesis de trabajo y comprobaciones sobre el terreno. Reto a reto, has ido descubriendo cosas que sabías (pero que a lo mejor no sabías que sí sabías) y has ido aprendiendo muchas otras que jamás hubieras sospechado que estaban ahí, esperándote.

Tenemos que darte el título de experto en el uso y aprovechamiento del diccionario.

Solo te faltaría una cosa: elaborar un pequeño informe, como si fueran las conclusiones que un buen detective entrega a su cliente. ¡Seguro que también te puede ayudar a ti en un futuro! Enciende el ordenador y empieza… ¡ahora!

Las soluciones a estos retos las encontrarás en

www.diccionarios.com

Cuando estés en la web, ve a la Zona Premium y suscríbete gratuitamente con el código promocional que hay en la parte interior de la cubierta. ¡Comprueba si has dado con la solución correcta!

diccionario

Abcdefghijklmnñopqrstuvwxyz

a n. f. **1** Primera letra del alfabeto español: *la palabra abecedario empieza con* a. NOTA El plural es *aes* o *as*. **2** MAT. Abreviatura de área, unidad de superficie que equivale a cien metros cuadrados: *diez mil metros cuadrados son 100 a.* ◆ prep. **3** Introduce el objeto indirecto y el objeto directo cuando este es de persona determinada o está de algún modo personificado: *he enviado una carta a tus padres; busca a su hermano.* **4** Indica dirección o destino: *nuestro hijo vuelve a casa.* SIN hacia. **5** Indica posición, lugar o estado de personas o cosas: *el libro está a mi derecha; la farmacia está al final de la calle.* SIN en. **6** Indica el momento en que ocurre algo: *llegaron a las tres.* **7** Indica distancia en el espacio o en el tiempo entre dos cosas: *vive a cinco minutos de aquí, es decir, a cuatrocientos metros.* **8** Indica un fin o una intención: *hoy te quedas a comer.* SIN para. NOTA No se deben usar expresiones como **objetivo a cumplir* o **criterio a seguir*. **9** Indica modo o manera en que se hace una cosa: *hecho a mano; escrito a máquina; una cita a ciegas.* **10** Indica el instrumento con el que se hace una cosa: *quien a hierro mata a hierro muere.* SIN con. **11** Indica el precio de una cosa: *a 25 euros el kilo.* **12** Seguido de un infinitivo indica una orden: *¡a callar!* **13** Indica el límite de una cosa. SIN hasta. **14** Indica la parte que corresponde en un reparto: *tocamos a dos libros cada uno.*

OBS Cuando va seguida del artículo *el* se forma la contracción *al*. Se usa como régimen preposicional de muchos adjetivos, sustantivos y verbos: *fiel a los amigos; sabor a miel; huele a quemado.*

a- o **an-** Prefijo que entra en la formación de palabras con el significado de 'negación' o 'falta de algo': *anormal, asimétrico.* NOTA Se usa la forma *a-* ante consonante (*acéfalo*) y la forma *an-* ante vocal (*analfabeto*).

ababol n. m. Amapola.

ábaco n. m. **1** Marco de madera con diez cuerdas o alambres horizontales y paralelos en cada uno de los cuales se hacen correr diez bolas; sirve para hacer cálculos aritméticos. **2** ARQ. Parte superior en forma de tablero que remata el capitel.

abad n. m. Superior de ciertas comunidades religiosas de hombres: *el abad reunió a los monjes de la abadía.*

DER abadengo, abadesa, abadía.

abadesa n. f. Superiora de ciertas comunidades religiosas de mujeres.

abadía n. f. **1** Iglesia o monasterio gobernado por un abad o una abadesa. **2** Conjunto de bienes y terrenos que pertenecen a este monasterio.

abajo adv. **1** Hacia lugar o parte inferior o más bajo: *voy abajo, al sótano.* ANT arriba. **2** En lugar o parte inferior o más bajo: *estoy abajo, en el sótano.* ANT arriba. **3** En dirección a lo que está en situación inferior respecto de lo que está en situación superior: *pendiente abajo.* **4** En frases exclamativas expresa una protesta o que se está en contra de algo: *¡abajo la opresión!* ANT arriba.

abalanzarse v. prnl. Lanzarse o arrojarse con rapidez en dirección a alguien o a algo.

OBS En su conjugación, la *z* se convierte en *c* delante de *e*.

abanderar v. tr. **1** Ponerse al frente de una causa, un movimiento o una organización para representarlo o defenderlo: *abanderó la protesta.* **2** Registrar o matricular bajo la bandera de un Estado un barco de otro país.

DER abanderado.

abandonado, -da adj./n. m. y f. [persona] Que es despreocupado en sus actos o descuidado en sus obligaciones o en su aspecto exterior: *si tienes que escribirle, hazlo y no seas tan abandonado.*

abandonar v. tr. **1** Dejar sola o sin atención

ni cuidado a una persona o cosa: *sería incapaz de abandonar a sus hijos.* **2** Apartarse o retirarse de un lugar: *hasta que no terminen las investigaciones no puede abandonar la ciudad.* **3** Dejar cierta actividad: *abandonó el entrenamiento antes de tiempo.* **4** Desistir o renunciar a seguir haciendo algo que se había iniciado: *cuando vio las dificultades no tardó en abandonar la idea.* ◆ v. prnl. **5** abandonarse Declararse vencido o sin fuerzas para continuar en un empeño: *no te abandones y sigue luchando por tus hijos.* **6** Descuidar las obligaciones o el aspecto exterior.

DER abandonado, abandono.

abandono n. m. **1** Desamparo, falta de atención o cuidado: *todos se han unido para evitar el abandono de los jardines.* **2** Alejamiento de un lugar. **3** Renuncia a una idea o a una pretensión o propósito. **4** Descuido y dejadez en las obligaciones o en el aspecto exterior.

abanicar v. tr./ prnl. Dar aire con un abanico o con un objeto semejante moviéndolo de un lado a otro.

OBS En su conjugación, la *c* se convierte en *qu* delante de *e*.

abanico n. m. **1** Instrumento plegable en forma de semicírculo que sirve para dar o darse aire moviéndolo manualmente de un lado a otro. **2** Objeto o cosa que tiene forma parecida a la de ese instrumento. **3** Conjunto de cosas o posibilidades entre las que se puede elegir: *en la agencia de viajes nos presentaron un amplio abanico de lugares turísticos.*

DER abanicar, abaniqueo.

abaratar v. tr./ prnl. Disminuir el precio de un producto o servicio: *si abaratamos los costes de producción, se podrá vender a mejor precio.* ANT encarecer.

DER abaratamiento.

abarca n. f. Calzado rústico consistente en una suela de esparto, cuero duro o goma que cubre la planta y los dedos del pie y se ata con cuerdas o correas al tobillo.

OBS También se dice *albarca.*

abarcar v. tr. **1** Ceñir o rodear con los brazos o con las manos alguna cosa. **2** Contener, comprender u ocupar: *el examen abarcará desde el tema cinco hasta el tema diez.* SIN englobar. **3** Tomar alguien a su cargo muchas cosas o negocios a un tiempo: *si abarcas tantos asuntos, no los atenderás bien.* ◆ v. tr./ prnl. **4** Alcanzar con la vista: *desde aquel cerro se abarca toda la provincia.*

▶ quien mucho abarca, poco aprieta Indica que no es posible hacer bien muchas cosas a la vez.

OBS En su conjugación, la *c* se convierte en *qu* delante de *e*.

DER inabarcable.

abarquillar v. tr./ prnl. Combar o enrollar un cuerpo ancho y delgado, como una plancha metálica, una lámina o un papel, como si fuera un barquillo.

abarrotado, -da adj. [espacio, lugar] Que está completamente lleno.

abarrotar v. tr. Llenar por completo de personas o cosas un espacio o un lugar.

DER abarrotado.

abastecer v. tr./ prnl. Proporcionar o poner al alcance de uno la cantidad que se necesita de una cosa. SIN proveer, suministrar, surtir.

OBS Se construye con las preposiciones *de* y *con*. En su conjugación, la *c* se convierte en *zc* delante de *a* y *o*, como en *agradecer.*

DER abastecedor, abastecimiento; desabastecer.

abastecimiento n. m. Suministro o entrega de la cantidad que se necesita de una cosa. SIN aprovisionamiento.

abasto n. m. Conjunto de cosas necesarias, especialmente de víveres y otros artículos de primera necesidad: *mercado de abastos.*

▶ no dar abasto No ser suficiente, no bastar para terminar lo que se está haciendo: *tiene tanto trabajo que no da abasto.*

OBS Se usa a menudo en plural.

abatible adj. [mueble o parte de él] Que puede pasar de la posición vertical a la horizontal y de la horizontal a la vertical girando en torno a un eje o bisagra: *ahora casi todos los coches tienen los asientos con respaldo abatible.*

abatido, -da adj. [persona] Que ha perdido la energía, la fuerza o el ánimo.

abatimiento n. m. Falta de energía, de fuerza o de ánimo. SIN desaliento, desánimo.

abatir v. tr. **1** Derribar o tirar al suelo: *los cañones abatieron tres bombarderos enemigos.* **2** Inclinar o colocar en posición horizontal: *no sé abatir el respaldo.* ◆ v. tr./ prnl. **3** Perder o hacer perder la energía, la fuerza o el ánimo.

DER abatible, abatido, abatimiento.

abdicar v. tr./ intr. **1** Renunciar a una dignidad, un cargo o un derecho: *la reina abdicó la corona en su hijo.* ◆ v. intr. **2** Renunciar a algo, generalmente a un derecho, una opinión o una creencia.

OBS En su conjugación, la *c* se convierte en *qu* delante de *e*.

DER abdicación.

abdomen n. m. **1** Cavidad del cuerpo del hombre y los animales vertebrados en la que se hallan los órganos principales del aparato digestivo, genital y urinario. SIN barriga, tripa, vientre. **2** Región del cuerpo que corresponde a esta cavidad, comprendida entre el pecho y las extremidades inferiores. SIN barriga, tripa, vientre. **3** Parte posterior al tórax en los insectos y otros animales invertebrados.

DER abdominal.

abdominal adj. **1** Del abdomen o relacionado con esta cavidad: *sufre un fuerte dolor abdominal.* ◆ n. m. **2** Ejercicio gimnástico en el que se trabajan y fortalecen los músculos del abdomen. NOTA Se usa más en plural.

abductor adj./ m. [músculo] Que sirve para hacer los movimientos que son necesarios para separar un miembro u órgano del eje central del cuerpo.

abecé n. m. **1** Abecedario, serie de las letras y libro para enseñar a leer. SIN alfabeto. **2** Conjunto de conocimientos básicos de cualquier ciencia o técnica.

abecedario n. m. **1** Serie ordenada de las letras de un idioma. SIN abecé, alfabeto. **2** Cartel o libro pequeño que sirve para enseñar y aprender a leer. SIN abecé.

abedul n. m. **1** Árbol de corteza fina, lisa y clara, de ramas flexibles y con las hojas pequeñas, ovaladas y con el borde en forma de sierra: *el abedul puede medir hasta 25 metros.* **2** Madera de este árbol.

abeja n. f. **1** Insecto de color pardo negruzco que vive en colonias y produce la cera y la miel. abeja obrera Hembra de las abejas que es estéril y se dedica a producir la miel. abeja reina Hembra de las abejas que es fecunda y pone los huevos: *solo hay una abeja reina en cada colmena.* **2** Persona muy trabajadora.

DER abejaruco, abejorro.

abejorro n. m. Insecto de dos o tres centímetros, velludo, de trompa casi igual de larga que el cuerpo. Forma enjambres poco numerosos y zumba mucho al volar.

aberración n. f. **1** Acción o comportamiento depravado o que se aparta mucho de lo que se considera normal, natural o lícito: *es una aberración discriminar a las personas por el color de su piel.* **2** Error grave del entendimiento o de la razón. **3** BIOL. Desviación del tipo normal que en algunos casos experimenta un carácter morfológico o fisiológico: *la aberración cromosómica consiste en una irregularidad en la estructura o número de cromosomas.* **4** ZOOL. Individuo que por sus caracteres morfológicos o fisiológicos difiere de las características propias de la especie a que pertenece.

abertura n. f. **1** Agujero, hendidura o grieta en una superficie: *la luz entraba por una pequeña abertura practicada en el techo.* **2** Acción de abrir o destapar lo que está cerrado o tapado: *solo yo conozco la clave para la abertura de esta caja fuerte.* **3** Amplitud o anchura que dejan los órganos articulatorios para que pase el aire durante la emisión de un sonido.

abertzale adj. **1** Del movimiento político y social partidario del nacionalismo vasco en España o relacionado con él. ◆ adj./ n. com. **2** [persona] Que es partidario de este movimiento.

OBS También se escribe *aberzale.*

abeto n. m. Árbol de tronco alto y recto, con la copa en forma de cono, ramas horizontales, hojas estrechas y perennes y fruto en forma de piña.

abiertamente adv. **1** De un modo que resulta claro o evidente: *nos sonrió abiertamente.* **2** Con franqueza, sin rodeos y sin ocultar nada: *ha onfesado abiertamente que está de acuerdo con nosotros.*NOTA Se construye con verbos como *hablar, decir, confesar,* etc.

abierto, -ta part. **1** Participio irregular de *abrir*. NOTA También se usa como adjetivo: *no te dejes abierta la puerta del coche.* ◆ adj. **2** [persona] Que se relaciona con facilidad con los demás: *es un chico muy abierto que rápidamente hace amigos.* ANT cerrado. **3** Que es sincero y espontáneo. **4** Que tolera y acepta ideas nuevas. **5** [terreno] Que es llano o raso, sin accidentes que impidan el paso o ver a lo lejos: *pronto saldremos del bosque y llegaremos a campo abierto.* ◆ adj./ n. m. **6** [prueba, torneo deportivo] Que permite la participación de jugadores profesionales y no profesionales. ▶ estar abierto a Aceptar, ser tolerante con lo que se expresa: *estoy abierto a cualquier sugerencia.*

DER abiertamente.

abigarrado, -da adj. **1** Que consta de varios colores mal combinados. **2** Que está compuesto de elementos distintos reunidos sin orden ni concierto: *pronunció un discurso abigarrado e incomprensible.*

a b c d e f g h i j k l m n ñ o p q r s t u v w x y z

abigarrar v. tr. Amontonar o mezclar sin orden ni concierto, especialmente colores.
DER abigarrado.

abisal adj. **1** [zona marina] Que está a una profundidad de más de dos mil metros. **2** De esa zona o relacionado con ella: *pez abisal.*

abismal adj. **1** Del abismo o relacionado con él: *profundidad abismal.* **2** Que es insondable, incomprensible o tan profundo como un abismo: *silencio abismal.* **3** [diferencia, oposición] Que es muy marcado: *las distancias entre ambos partidos son abismales.*

abismo n. m. **1** Profundidad muy grande y peligrosa, como la del mar, un barranco o un despeñadero. **2** Diferencia u oposición muy grande entre cosas, personas o ideas.
DER abismal.

abjurar v. tr./ intr. Renunciar a una creencia, opinión o estado.

ablación n. f. **1** Extirpación de un órgano o de un tejido corporal: *la ablación de clítoris.* **2** GEOL Arrastre de tierra y rocas efectuado por los ríos, vientos, olas, etc.

ablandar v. tr./ prnl. **1** Poner blanda una cosa. SIN enternecer. ANT endurecer. **2** Moderar o suavizar el rigor y severidad de una persona. **3** Conmover a alguien: *se ablandó ante el llanto de su hijo.*
DER ablandamiento.

ablativo n. m. GRAM. Caso de la declinación de algunas lenguas, como el latín, que expresa relaciones similares a las de los complementos circunstanciales.
▶ ablativo absoluto Expresión subordinada sin nexo gramatical de unión con el resto de la frase; generalmente se compone de dos nombres con preposición, o de un nombre o pronombre acompañados de adjetivo, participio o gerundio: *en la oración «en silencio la casa, pudimos acostarnos», «en silencio la casa» es un ejemplo de ablativo absoluto.*

ablución n. f. **1** Acción de lavar o lavarse. **2** Purificación ritual por medio del agua que se hace en ciertas religiones: *las abluciones son características de la religión musulmana y de la judía.*

abnegación n. f. Sacrificio o renuncia voluntaria a los deseos e intereses propios en beneficio de los demás o por una causa justa.

abocado, -da adj. **1** Que está expuesto a un resultado determinado, generalmente negativo: *es un proyecto abocado al fracaso.* ◆ adj./ m. **2** [vino] Que contiene una mezcla de vino seco y dulce.

abocar v. tr. **1** Acercar la boca de un recipiente a la de otro al mismo tiempo que se inclina el primero para verter el líquido que contiene: *abocó la jarra al vaso para servir el vino.* ◆ v. tr./ prnl. **2** Hacer que una persona se aproxime o se acerque a algo, especialmente cuando es peligroso: *las olas abocaron a los marineros hacia el remolino.* ◆ v. intr. **3** Comenzar un barco a entrar en un canal, un puerto o un lugar parecido.
DER abocado.

abochornar v. tr. **1** Causar [el calor excesivo] bochorno a alguien. **2** Causar sonrojo o rubor a una persona por hacerle sentir vergüenza: *su grosera conducta me abochornaba.* **3** abochornarse ◆ v. prnl. Sentir bochorno o vergüenza [una persona].

abofetear v. tr. Dar bofetadas a alguien.

abogacía n. f. **1** Profesión de abogado: *ejercer la abogacía; dedicarse a la abogacía.* **2** Conjunto de abogados que ejercen la profesión: *la abogacía aún no se ha pronunciado.*

abogado, -da n. m. y f. **1** Persona legalmente autorizada para defender a sus clientes en juicio, representarlos o aconsejarlos. SIN letrado. abogado de oficio Abogado que asigna la ley para defender o representar a la parte que no tiene dinero para pagar a uno particular. **2** Persona que intercede o media para que dos partes lleguen a un acuerdo: *me propusieron como abogado en su discusión.*
▶ abogado del diablo Persona que contradice u objeta los criterios ajenos: *ese individuo siempre tiene que hacer de abogado del diablo.*
DER abogacía, abogar.

abogar v. intr. **1** Defender en juicio. **2** Hablar en favor de una persona o cosa. SIN defender.
OBS En su conjugación, la *g* se convierte en *gu* delante de *e*.

abolengo n. m. **1** Serie de antecesores de una persona o familia, especialmente si son ilustres: *familia de rancio abolengo.* SIN estirpe, linaje. **2** Distinción de una persona por descender de antepasados nobles y antiguos.

abolición n. f. Anulación de una ley o de una costumbre mediante una disposición legal.

abolir v. tr. Anular o suspender una ley o una costumbre mediante una disposición legal: *abolir la pena de muerte.* SIN derogar.
OBS Se consideraba verbo defectivo y actualmente es regular, por tanto, se pueden usar todas las formas en todos los tiempos.
DER abolición.

abollar v. tr./ prnl. Hacer una o más depresiones o bollos en una superficie, generalmente con un golpe o por presión: *se han sentado encima y me han abollado el capó del coche.*
DER abollado, abolladura, abollón.

abollón n. m. Abolladura grande.

abombar v. tr./ prnl. **1** Dar o tomar una superficie forma redondeada o curvada hacia fuera. ◆ v. intr. **2** Hacer funcionar una bomba para sacar un líquido de un lugar o recipiente.

abominable adj. [persona, cosa] Que merece condena, odio y aborrecimiento por su maldad.

abominar v. tr. **1** Sentir odio y horror hacia una persona o cosa que no se puede soportar: *abomina la violencia y la intolerancia.* SIN aborrecer, detestar, odiar. ◆ v. intr. **2** Rechazar y condenar de manera enérgica algo que causa repulsión: *el detenido abominó de su pasado criminal.*
DER abominable, abominación.

abonado, -da adj./ n. m. y f. **1** [persona] Que posee un abono: *a los abonados a todos los partidos del torneo se les hace un descuento importante.* ◆ n. m. **2** Acción de echar a la tierra el abono.

abonar v. tr. **1** Echar a la tierra sustancias nutrientes para mejorar su calidad y facilitar el crecimiento de las plantas: *hay que abonar y regar la parcela si quieres que crezca el césped.* **2** Ser una cosa garantía de la bondad de alguien o algo: *le abona su comportamiento a lo largo del curso.* **3** Pagar una cantidad de dinero que se debe. ◆ v. tr./ prnl. **4** Inscribir a una persona, generalmente mediante pago, para recibir un servicio durante cierto tiempo o determinado número de veces: *este año me he abonado a las piscinas municipales.*
DER abonado, abono.

abono n. m. **1** Fertilizante que se echa a la tierra para que dé más y mejores frutos: *el huerto necesita más abono.* **2** Pago de una cuenta o un dinero que se debe: *muchos socios se han negado a hacer el abono de la cuota.* **3** Conjunto de entradas o billetes que se compran a la vez y que permiten el uso de un servicio o una instalación o la asistencia a una serie de espectáculos. **4** Documento que da derecho a usar un servicio o asistir a un espectáculo durante cierto tiempo o un determinado número de veces: *para viajar en metro compro un abono mensual.* SIN bono.

abordaje n. m. Aproximación de un barco a otro hasta tocarlo, voluntariamente o por accidente.
▶ al abordaje Pasando al barco que se ataca para pelear. NOTA Se usa generalmente con *entrar, saltar* y *tomar.*

abordar v. tr./ intr. **1** Acercarse un barco a otro hasta tocarlo, voluntariamente o por accidente: *la patrullera abordó al pesquero y le confiscó las redes.* **2** Acercar una embarcación a la costa o a otra embarcación. ◆ v. tr. **3** Acercarse a una persona para hablar con ella de un asunto o pedirle algo. **4** Emprender, empezar a ocuparse de un asunto o un negocio, especialmente si ello ofrece alguna dificultad: *no sabía cómo abordar el tema.*
DER abordaje.

aborigen adj./ n. com. Que tiene su origen en la zona en que vive: *la cultura y costumbres aborígenes.* SIN indígena.

aborrecer v. tr. **1** Sentir odio y horror hacia una persona o cosa. SIN abominar, detestar, odiar. **2** Abandonar las aves el nido, los huevos o las crías.
DER aborrecible, aborrecimiento.

aborrecimiento n. m. Repugnancia y rechazo hacia una persona o cosa: *el aborrecimiento de una persona o cosa impulsa a despreciarla y alejarse de ella.*

abortar v. intr. **1** Interrumpir voluntaria o involuntariamente el embarazo y expulsar el feto antes de que pueda vivir fuera de la madre: *la mujer embarazada que sufrió el accidente ha abortado.* ◆ v. tr./ intr. **2** Interrumpir una acción o proceso antes de que se complete.
DER abortista, abortivo, aborto.

abortista adj. **1** Que se dedica a la práctica del aborto: *clínica abortista.* ◆ adj./ n. com. **2** Que es partidario de la despenalización del aborto voluntario. ANT antiabortista.

aborto n. m. **1** Interrupción voluntaria o involuntaria del embarazo y expulsión del feto antes de que esté en condiciones de vivir fuera de la madre. **2** Ser o cosa deforme, feo y repugnante: *aquel animal era un aborto de la naturaleza.* NOTA Se utiliza con desprecio. **3** Interrupción de una acción o un proceso antes de que se complete.

abotonar v. tr. Cerrar o ajustar una prenda de vestir metiendo los botones por los ojales: *nunca se abotona el cuello de la camisa.* SIN abrochar. ANT desabotonar.
DER abotonadura; desabotonar.

abovedado, -da adj. **1** Que tiene forma curva y arqueada. **2** [recinto] Que está cubierto con un techo curvo y arqueado.

abovedar v. tr. **1** Conferir forma curva o arqueada. **2** Cubrir un recinto con un techo curvo y arqueado.
DER abovedado.

abrasador, -ra adj. **1** Que abrasa o quema: *hacía un sol abrasador.* **2** [pasión, sentimiento] Que se siente con mucha fuerza: *una pasión abrasadora.*

abrasar v. tr./ intr. **1** Calentar en exceso o estar muy caliente: *tenía la espalda abrasada por el sol; el sol abrasa en agosto.* ◆ v. tr./ prnl. **2** Quemar, reducir a brasas o destruir algo con fuego o con alguna materia muy caliente o corrosiva: *la sopa estaba hirviendo y me abrasé la lengua.* **3** Secar una planta el excesivo calor o frío: *la helada abrasó los geranios.* **4** Agitar o consumir a alguien una pasión, sentirla con mucha fuerza: *se abrasa de amor.*

abrasión n. f. **1** Desgaste de una superficie provocado por rozamiento o fricción. **2** Lesión superficial o irritación en la piel provocada por quemadura o por rozamiento: *el sol le ha producido abrasiones en la cara.*

abrazadera n. f. Pieza de metal u otra materia que rodea una cosa y sirve para apretarla o asegurarla a otra: *la goma del butano se asegura a la bombona mediante una abrazadera.*

abrazar v. tr./ prnl. **1** Estrechar entre los brazos para mostrar amor o afecto: *el niño se abrazó a su madre.* **2** Rodear con los brazos: *se tuvo que abrazar a un tronco para no ser arrastrado por la corriente.* ◆ v. tr. **3** Adherirse a una creencia o a unas ideas: *en los últimos años de su vida abrazó el judaísmo.* **4** Contener o incluir una cosa a otra o ser aplicable a toda ella. SIN abarcar.
OBS En su conjugación, la *z* se convierte en *c* delante de *e*.
DER abrazadera, abrazo.

abrazo n. m. Muestra de afecto o saludo que consiste en rodear y estrechar entre los brazos.
▶ un abrazo Expresión de cortesía que se usa para terminar una carta o una conversación por teléfono, entre personas conocidas.

abrebotellas n. m. Utensilio que sirve para quitar las chapas metálicas de las botellas. SIN abridor.
OBS El plural también es *abrebotellas*.

abrefácil n. m. Sistema de apertura de ciertos envases herméticos, como latas o cartones, que permite abrirlos con las manos sin necesidad de ningún utensilio.

abrelatas n. m. Utensilio que sirve para abrir las latas o botes de conservas: *en la cocina tengo un abrelatas eléctrico.* SIN abridor.
OBS El plural también es *abrelatas*.

abrevar v. tr. **1** Dar de beber al ganado. ◆ v. intr. **2** Beber, especialmente los animales: *se ha secado el riachuelo donde abrevaban las reses.*

abreviar v. tr. **1** Hacer una cosa más corta o más breve: *abreviaron la reunión para ver el partido.* ◆ v. intr. **2** Aumentar la velocidad en una acción: *tenemos que abreviar, que es muy tarde.*
OBS En su conjugación, la *i* no se acentúa, como en *cambiar*.
DER abreviación, abreviamiento, abreviatura.

abreviatura n. f. Letra o conjunto de letras seguidas de un punto que reducen en la escritura la extensión de una o más palabras: *«avda.» es abreviatura de «avenida».*

abridor n. m. **1** Utensilio para abrir latas o botes de conservas: *el abridor se desplaza por el borde de la tapa de la lata.* SIN abrelatas. **2** Utensilio para quitar la chapa metálica de las botellas, generalmente haciendo palanca sobre ella. SIN abrebotellas.

abrigar v. tr./ prnl. **1** Resguardar, proteger a alguien o algo del frío generalmente cubriéndolo o envolviéndolo: *abriga con la manta al niño; se abrigaba la cabeza con un gorro de lana.* ◆ v. tr. **2** Guardar o tener ideas o sentimientos: *aún abrigo esperanzas de conseguir un trabajo.*
OBS En su conjugación, la *g* se convierte en *gu* delante de *e*.

abrigo n. m. **1** Prenda de vestir, larga y con mangas, que se pone sobre otras prendas y sirve para proteger del frío. **2** Objeto o cosa que abriga: *hay que guardar la ropa de verano y sacar la de abrigo.* **3** Protección contra el frío u otro fenómeno atmosférico: *tendremos que buscar abrigo contra el temporal que se avecina.* **4** Lugar protegido del viento. **5** Ayuda o amparo: *cuando lo despidieron encontró el abrigo de sus familiares.*
▶ al abrigo de Seguro o protegido de una cosa o peligro: *pasaron la noche al abrigo de unos árboles.* ser de abrigo Ser persona de cuidado, que inspira preocupación: *tienes unos amigos de abrigo.*

abril n. m. **1** Cuarto mes del año: *abril tiene treinta días.* ◆ n. m. pl. **2** abriles Años de edad, especialmente de la primera juventud: *la chica solo tiene quince abriles.*

abrillantar v. tr. Dar brillo a una cosa hasta conseguir que refleje la luz.
DER abrillantador.

abrir v. tr. **1** Hacer que el interior de un espacio o lugar tenga comunicación directa con el exterior: *he abierto mi casa a todo el mundo.* ◆ v. tr./ intr./ prnl. **2** Separar de su marco las hojas de una puerta, una ventana o un balcón de forma que se pueda pasar o asomarse a través del hueco: *esta ventana abre bien; la puerta de mi casa solo abre con llave; ese cajón se abre automáticamente.* ◆ v. tr. **3** Separar partes movibles del cuerpo o de cosas articuladas: *abrir los ojos; abrir las alas; abrir una navaja.* **4** Rasgar, cortar algo que está entero. **5** Descorrer el pestillo o cerrojo o levantar la aldaba con que se asegura una puerta, ventana o balcón. **6** Mover la llave en una cerradura de forma inversa de como se cerró. **7** Separar o levantar la tapa que cubre una caja, olla u otro objeto semejante. **8** Extender o estirar lo que estaba plegado o encogido: *abre la mano y enséñame lo que tienes en ella; abrir el abanico.* **9** Permitir la entrada a un lugar: *han abierto la frontera.* **10** Mover un mecanismo para dar paso a un fluido: *abre el grifo.* **11** Despegar, destapar o desenvolver una cosa de modo que sea posible ver lo que contiene: *abrir una carta; abrir un regalo.* **12** Hacer un paso, practicar una abertura: *abrir un agujero; abrir un ojal.* **13** Comenzar, dar principio a la actividad de una corporación o de un establecimiento: *abrir la sesión; abrir un negocio.* **14** Ir a la cabeza o delante: *dos motoristas abrían el desfile.* ◆ v. intr. **15** Aclarar o mejorar el tiempo: *menos mal que ha abierto el día.* ◆ v. prnl. **16** abrirse Comunicar una persona a otra sus pensamientos y preocupaciones. **17** Tomar una curva por el lado exterior: *al abrirse en la curva, la moto derrapó.* **18** Irse, separarse de otras personas: *bueno, chicos, yo me abro.*
OBS El participio es *abierto.*
DER abertura, abierto, abridor; entreabrir, reabrir.

abrochar v. tr./ prnl. Cerrar o ajustar una cosa, especialmente una prenda de vestir, con botones, broches, corchetes u otros cierres.

abrojo n. m. Planta de fruto redondo y espinoso, de tallos largos y flores amarillas: *el abrojo es perjudicial para los sembrados.*

abroncar v. tr. **1** Reprender a alguien de forma autoritaria y severa. **2** Mostrar desagrado hacia alguien que habla o aparece en público en un espectáculo o una concentración, mediante gritos, silbidos y pataleos: *el público abroncó al torero.* SIN abuchear.
OBS En su conjugación, la *c* se convierte en *qu* delante de *e.*

abrumador, -ra adj. **1** Que agobia con penosas cargas físicas o morales: *aquel cargo exigía una responsabilidad abrumadora.* **2** Que confunde o desconcierta con un exceso de amabilidad, atenciones, burlas o reconvenciones. **3** Que es rotundo, total o completo: *el partido finalizó con la abrumadora victoria del equipo visitante.*

abrumar v. tr. **1** Agobiar o atosigar con penosas cargas físicas o morales. **2** Confundir o desconcertar, especialmente con un exceso de atenciones, burlas o reconvenciones: *me abruma tanto interés por mi persona.*
DER abrumador.

abrupto, -ta adj. **1** [terreno] Que es difícil de atravesar por estar lleno de rocas, cortes y pendientes muy pronunciadas. SIN escarpado. **2** Que es áspero y brusco: *es muy educado y nos sorprendió con su abrupta respuesta.*

abscisa n. f. MAT. Distancia que hay en un plano entre un punto y un eje vertical medida en la dirección de un eje horizontal: *la abscisa es la coordenada horizontal en un plano cartesiano rectangular.* ANT ordenada.
▶ eje de abscisas Eje de coordenadas horizontales.

absentismo n. m. **1** Costumbre de faltar a un lugar, especialmente si es a la escuela o al trabajo: *el absentismo laboral causa graves pérdidas a las empresas.* **2** Costumbre de abandonar el desempeño de las funciones y deberes propios de un cargo.
DER absentista.

ábside n. m. Parte de una iglesia, generalmente en forma semicircular, que sobresale en la fachada posterior.
DER absidiola, absidiolo.

absolución n. f. Declaración de un acusado como libre de cargo u obligación.
▶ absolución sacramental Acto de perdonar los pecados en nombre de Dios en el sacramento de la penitencia.

absolutismo n. m. Sistema político que se distingue por la reunión de todos los poderes en un sola persona o cuerpo.

absolutista adj. **1** Del absolutismo o relacionado con este sistema de gobierno: *reinado absolutista.* ◆ adj./ n. com. **2** [persona] Que es partidario del absolutismo.

a b c d e f g h i j k l m n ñ o p q r s t u v w x y z

absoluto, -ta adj. **1** Que es ilimitado, sin restricciones: *tiene poder absoluto.* **2** Que expresa la máxima cualidad: *superlativo absoluto.*
ANT relativo.
▶ en absoluto Expresión que indica negación; equivale a *de ningún modo*: *ese asunto no me interesa en absoluto.* NOTA Se usa en frases negativas.
DER absolutamente, absolutismo.

absolver v. tr. **1** Declarar un juez o tribunal que una persona que estaba acusada de algo queda libre de la acusación o es inocente: *el tribunal decidió absolver al acusado.* **2** Perdonar en nombre de Dios los pecados de una persona, especialmente en la religión cristiana.
OBS El participio es *absuelto.* En su conjugación, la *o* se convierte en *ue* en sílaba acentuada, como en *mover.*

absorbente adj. **1** Que retiene los líquidos fácilmente. **2** Que ocupa por completo la atención o el tiempo de una persona: *desempeña un cargo muy absorbente y no tiene tiempo para nada.* **3** [persona] Que tiene un carácter dominante y siempre trata de imponer su voluntad.

absorber v. tr. **1** Atraer y retener un cuerpo sólido a otro en estado líquido o gaseoso: *la esponja absorbe el agua.* **2** Atraer u ocupar por completo la atención o el tiempo de una persona: *con su encanto absorbe la atención de todos; los negocios lo absorben.* SIN acaparar, copar. **3** Aspirar o atraer un cuerpo hacia el interior: *esta aspiradora no absorbe bien el polvo.* **4** Consumir totalmente: *el juego absorbió toda su fortuna.* **5** Incorporar una entidad política o comercial a otra.
DER absorbencia, absorbente, absorción, absorto.

absorción n. f. **1** Atracción de un líquido o un gas hacia el interior de un cuerpo sólido o un objeto. **2** Incorporación de una entidad política o comercial a otra más importante.

absorto, -ta adj. [persona] Que tiene la atención concentrada en un pensamiento o en una acción: *está absorto en sus meditaciones.*
SIN inmerso.

abstemio, -mia adj./ n. m. y f. [persona] Que nunca toma bebidas alcohólicas.

abstención n. f. Renuncia a hacer algo, especialmente al derecho de dar un voto: *en las últimas elecciones la abstención fue mínima.*

abstenerse v. prnl. **1** Privarse de una cosa: *debes abstenerte de fumar.* **2** No participar en algo a que se tiene derecho, especialmente en una votación.
OBS Se conjuga como *tener.*
DER abstención, abstinencia.

abstinencia n. f. **1** Renuncia voluntaria a algo por razones religiosas o morales. **2** Renuncia voluntaria a tomar determinados alimentos o bebidas: *es precepto católico la abstinencia de carne durante la Cuaresma.* **3** Período durante el cual no puede satisfacerse una necesidad creada por un hábito.
▶ síndrome de abstinencia Conjunto de trastornos físicos y mentales que padece una persona cuando deja de tomar una sustancia a la que está acostumbrada, especialmente una droga. SIN mono.

abstracción n. f. **1** Separación mental de las cualidades de una cosa y de su realidad física para considerarlas aisladamente: *tiene una gran capacidad de abstracción.* **2** Idea o cosa abstracta, poco definida o alejada de la realidad: *sus ideas son puras abstracciones que no tienen en cuenta la situación actual.* **3** Atención fija en lo que se hace o en lo que se piensa hasta llegar a aislarse de lo demás: *dio un golpe en la mesa para sacarlo de su abstracción.*

abstracto, -ta adj. **1** [cualidad] Que se considera con exclusión del objeto por el que tiene existencia: *la verdad y el bien son ideas abstractas.* **2** [arte] Que no representa objetos, sino sus características o cualidades. ANT figurativo.
▶ en abstracto Sin aplicación concreta o particular.

abstraer v. tr. **1** Separar en la mente las cualidades esenciales de una cosa y de su realidad física para considerarlas aisladamente: *elimina todo lo superficial y conseguirás abstraer las ideas centrales.* ◆ v. prnl. **2** abstraerse Poner toda la atención en lo que se hace o en lo que se piensa hasta llegar a aislarse de todo lo demás. SIN ensimismarse.
OBS Se conjuga como *traer.*

abstraído, -da adj. [persona] Que permanece aislado de todo cuanto le rodea y está únicamente atento a lo que hace o lo que piensa: *iba tan abstraído en sus problemas que estuvo a punto de ser atropellado.*
DER abstracción, abstracto, abstraer.

absurdo, -da adj. **1** Contrario a la lógica o a la razón: *es absurdo que llevemos el paraguas con el sol que hace.* ◆ n. m. **2** Obra o dicho contrario a la razón: *sus teorías solo conducen al absurdo.* SIN sinsentido.

abuchear v. tr. Protestar o mostrar enfado contra alguien mediante gritos, silbidos y otros ruidos, especialmente un grupo de personas.
DER abucheo.

abuelo, -la n. m. y f. **1** Padre o madre del padre o de la madre de una persona. **2** Persona vieja. ◆ n. m. pl. **3** abuelos Padres del padre o la madre de una persona: *voy a casa de mis abuelos.*
▶ no tener abuela Indica que la persona de la que se habla se alaba demasiado a sí misma.
DER abolengo; bisabuelo, tatarabuelo.

abulense adj. **1** De Ávila o relacionado con esta ciudad y provincia española. SIN avilés. ◆ adj./ n. com. **2** [persona] Que es de Ávila. SIN avilés.

abulia n. f. Falta de voluntad o energía para hacer algo o para moverse: *con su habitual abulia es incapaz de tomar una decisión.*
DER abúlico.

abultamiento n. m. Bulto, prominencia o parte hinchada de una cosa.

abultar v. tr. **1** Aumentar el tamaño, la cantidad o el grado de algo. **2** Aumentar la importancia de algo: *los periódicos suelen abultar los problemas privados de los políticos.* SIN exagerar.

abundancia n. f. **1** Gran cantidad de una cosa. ANT escasez. **2** Prosperidad, riqueza, buena situación económica: *aprovecha la época de abundancia que atravesamos.* ANT pobreza.
▶ nadar en la abundancia Tener mucho dinero: *ahora no podemos comprar otro coche como si nadáramos en la abundancia.*

abundante adj. **1** Que abunda en algo: *esta tierra es abundante en buenos prados.* **2** Que es numeroso o se da en gran cantidad: *dispones de una abundante bibliografía sobre el tema.* SIN copioso. ANT escaso.

abundar v. intr. **1** Haber en gran cantidad: *en Castilla abunda el trigo.* **2** Tener abundancia de la cosa que se expresa: *el Mediterráneo abunda en sardinas.* NOTA Se construye con la preposición *en*. **3** Apoyar una idea, mostrarse de acuerdo con una opinión. NOTA Se construye con la preposición *en*.
DER abundancia, abundante.

aburrido, -da adj. **1** Que produce aburrimiento. SIN tedioso. **2** Que está cansado o molesto por la falta de diversión o de interés: *te daré nuevos estímulos y distracciones para que no estés aburrido.* NOTA Se usa con el verbo *estar.*

aburrimiento n. m. Fastidio provocado por la falta de diversión o de interés. SIN tedio.

aburrir v. tr./ prnl. Fastidiar una cosa a alguien porque no le divierte o no le interesa: *me aburro con este trabajo.*

abusar v. intr. **1** Hacer uso excesivo o inadecuado de una cosa en perjuicio propio o ajeno: *abusar de la bebida; lo acusaron de abusar de su autoridad.* **2** Aprovecharse de forma excesiva del trabajo, las atenciones o la benevolencia de alguien: *no debes abusar de los amigos.* **3** Obligar a otra persona a tener relaciones sexuales en contra de su voluntad.
OBS Se construye con la preposición *de.*

abusivo, -va adj. Que excede de lo justo, normal o adecuado: *precios abusivos.*

abuso n. m. Uso injusto, indebido o excesivo de una persona o cosa con resultados negativos: *si me despide sin motivo, cometerá un abuso de autoridad.*
▶ abuso deshonesto Acción contraria a la ley que consiste en obligar a una persona a mantener relaciones sexuales que no lleguen al coito.
DER abusar, abusivo, abusón.

abusón, -sona adj./ n. m. y f. [persona] Que se aprovecha de su situación de superioridad en perjuicio de otros.

a. C. Abreviatura de *antes de Cristo*: *César fue asesinado el año 44 a. C.*
OBS También se abrevia *a. de C.*

acá adv. **1** Indica el lugar en que se encuentra el hablante o cercano a él; con verbos de movimiento indica acercamiento al lugar de la persona que habla: *ven acá.* NOTA Su determinación de lugar es menos precisa que la de *aquí*. Por eso *acá* admite grados y puede ir precedido de los adverbios *más* o *muy*: *trae esa caja más acá; has dejado la maleta muy acá.* SIN aquí. ANT allá. **2** Indica el momento presente: *desde entonces acá no se ha sabido nada de él.* NOTA Se construye precedido de ciertas preposiciones y de otros adverbios significativos de tiempo anterior. SIN aquí. ANT allá.
▶ de acá para allá De un lugar para otro.

acabado, -da adj. **1** Que es perfecto o está completo: *este es uno de sus trabajos más acabados.* ANT inacabado. **2** Destruido, agotado o consumido: *no estás acabado porque hayas suspendido.* ◆ n. m. **3** Conjunto de retoques que contribuyen a la mejor presentación de un producto u objeto.
DER acabar; inacabado.

a b c d e f g h i j k l m n ñ o p q r s t u v w x y z

acabar v. tr./ prnl. **1** Dar fin o terminar algo: *acabo la carta y nos vamos.* **2** Consumir completamente: *acaba la sopa, que te traigo el segundo.* ◆ v. intr. **3** Llegar al fin o al último momento, terminar: *si trabajamos juntos acabaremos pronto.* SIN cesar. **4** Terminar una relación: *Marta y yo hemos acabado.* **5** Destruir, estropear, matar: *a pesar de los disparos no pudo acabar con él.* NOTA Se construye con la preposición *con.* **6** Manera en que termina una acción o un objeto: *la cena acabó en pelea; la espada acaba en punta.* NOTA Se construye con la preposición *en.*
▶ **acabar de + infinitivo** Indica que una acción se ha producido poco antes: *no me he enterado bien porque acabo de llegar.* **no acabar de + infinitivo** Indica que una acción no se llega a realizar completamente: *no acabo de entender cómo pudo ocurrir.*

acacia n. f. **1** Árbol o arbusto que vive en zonas tropicales y templadas; tiene hojas alternas, ovaladas y lisas y flores olorosas en racimos. **2** Madera de este árbol, bastante dura.

academia n. f. **1** Institución pública formada por personas destacadas en las letras, las artes o las ciencias: *la Real Academia Española de la Lengua se fundó a principios del siglo* XVIII. **2** Local o edificio donde se reúnen los miembros de esta institución. **3** Centro de enseñanza privado: *ha suspendido las matemáticas y durante el verano va a una academia.*
DER académico.

academicismo n. m. Cualidad de lo que se ajusta o sigue las normas clásicas.
DER academicista.

académico, -ca adj. **1** De una academia o relacionado con estas instituciones. **2** Que pertenece al estudio o la enseñanza oficial o que tiene relación con ellos: *actividades académicas; curso académico.* **3** [autor u obra] Que se ajusta a las normas clásicas o las sigue. ◆ n. m. y f. **4** Persona que forma parte de una academia o institución pública dedicada al estudio y a otros fines.
DER academicismo; antiacadémico.

acaecer v. intr. Ocurrir o producirse un hecho. SIN acontecer, suceder.
OBS Se usa solo en tercera persona y en infinitivo, gerundio y participio. En su conjugación, la *c* se convierte en *zc* delante de *a* y *o*, como en *agradecer.*

acallar v. tr./ prnl. **1** Hacer que cesen las quejas, gritos, voces, risas o llantos: *acalló al bebé cantándole una nana.* **2** Calmar o apaciguar, especialmente los ánimos.

acalorar v. tr. **1** Dar o causar calor a alguien. ◆ v. prnl. **2** **acalorarse** Exaltarse alguien en una discusión o una conversación y hablar de algo con mucha pasión, llegando a perder la calma y mostrando enfado por alguna cosa: *acalorarse en la discusión; acalorarse con la discusión; acalorarse por la discusión.* **3** Hacerse viva y ardiente una discusión o una conversación. **4** Ponerse alguien rojo a causa del calor.
DER acaloramiento.

acampada n. f. Acción y efecto de acampar: *en la mayoría de las playas está prohibida la acampada.*

acampanado, -da adj. Que tiene forma de campana, más ancho o abierto por la parte inferior que por la superior: *pantalones acampanados.*

acampanar v. tr. Dar forma de campana: *la modista le ha acampanado la falda.*
DER acampanado.

acampar v. intr. **1** Instalarse en un lugar al aire libre para vivir temporalmente en él, generalmente alojándose en una tienda de campaña o en una caravana: *estas vacaciones hemos acampado cerca del lago.* **2** Detenerse a descansar o a pasar la noche al aire libre.
DER acampada.

acantilado n. m. Costa marina formada por rocas de gran altura cortadas casi verticalmente.

acanto n. m. **1** Planta herbácea con hojas largas, rizadas, espinosas y dispuestas en pares opuestos y flores blancas. **2** ARQ. Adorno de las columnas que imita las hojas de esa planta: *el acanto es característico de los capiteles corintios.*
DER acantocéfalo, acantopterigios.

acaparar v. tr. **1** Acumular cosas que también los demás desean o necesitan. **2** Ocupar por completo la atención o el tiempo de una persona: *aquel suceso acaparó toda su atención.*
SIN absorber, copar.
DER acaparador, acaparamiento.

acariciar v. tr. **1** Mostrar cariño rozando suavemente con los dedos o la mano: *le acariciaba el pelo.* **2** Tocar suavemente o rozar una cosa a otra: *la brisa le acariciaba el rostro.* **3** Desear una cosa con la esperanza de conseguirla o realizarla: *acariciaba la idea de ganar.*
OBS En su conjugación, la *i* no se acentúa, como en *cambiar.*

ácaro adj./n. m. **1** Arácnido del orden de los ácaros. ◆ n. m. pl. **2** ácaros Orden de pequeños arácnidos de respiración traqueal o cutánea, muchos de los cuales son parásitos de otros animales y plantas: *la garrapata pertenece al orden de los ácaros.*
DER acaricida.

acarrear v. tr. **1** Llevar una carga de un lugar a otro: *me he cambiado de cuarto y he tenido que acarrear todas mis cosas.* **2** Provocar, traer consigo una cosa o ser la causa de ella: *aún no hemos calculado las pérdidas que ha acarreado el incendio.*
DER acarreo.

acarreo n. m. Traslado de una carga de un lugar a otro.

acaso adv. Indica la posibilidad de que ocurra lo que se expresa: *acaso necesitemos tu ayuda.* SIN quizá.
▶ por si acaso Por si ocurre aquello de que se habla: *no suele enfadarse, pero, por si acaso, ven pronto.* si acaso **a.** Si: *Si acaso llega antes, llámame.* **b.** En todo caso: *no es mala persona; si acaso, un poco brusco.*
OBS En frases interrogativas introduce la pregunta y sirve para la expresión de una duda: *¿acaso lo has visto salir?*

acatamiento n. m. Aceptación y cumplimiento de una orden, disposición, ley o sentencia: *para vivir en sociedad es imprescindible el acatamiento de unas normas fundamentales y básicas.* SIN obediencia, sumisión.

acatar v. tr. Aceptar y cumplir una orden, disposición, ley o sentencia.
DER acatamiento; desacatar.

acatarrarse v. prnl. Contraer una enfermedad leve del aparato respiratorio consistente en una inflamación de la garganta y del tejido interior de la nariz que a menudo va acompañada de fiebre y dolores musculares. SIN constiparse, resfriarse.

acaudillar v. tr. Dirigir o guiar como jefe o caudillo a un grupo de gente, especialmente armada.

acceder v. intr. **1** Mostrarse conforme con hacer o que se haga lo que otro solicita o quiere: *su padre accede a todos sus caprichos.* **2** Tener paso o entrada a un lugar: *accedió a la mansión por la puerta principal.* **3** Alcanzar una condición o grado superior o tener acceso a ellos: *si no tiene estudios, nunca podrá acceder a un puesto de responsabilidad.*
DER accesibilidad, accesible, accésit, acceso.

accesibilidad n. f. Posibilidad de acceder a cierta cosa: *hay que mejorar la accesibilidad a las instalaciones.*

accesible adj. **1** [lugar] Que tiene acceso o entrada, que se puede llegar hasta él. ANT inaccesible. **2** [persona] Que es de trato fácil, amable y cordial. ANT inaccesible. **3** Que se puede entender: *es un libro accesible solo para entendidos.* ANT inaccesible.

accésit n. m. Recompensa inmediatamente inferior al premio en un concurso científico, literario o artístico.
OBS El plural es *accésits.*

acceso n. m. **1** Entrada o paso, lugar por donde se entra o se llega a un sitio. **2** Posibilidad de comunicar o tratar con alguien o de alcanzar una cosa: *solo el jefe tenía acceso a esa información.* **3** Aparición repentina de cierto estado físico o moral: *acceso de tos; acceso de celos.*
DER accesorio.

accesorio, -ria adj. **1** Que depende de una cosa principal o está agregado a ella. SIN secundario, marginal. ◆ n. m. **2** Herramienta u objeto auxiliar o de adorno en una cosa, actividad o disciplina: *las alfombrillas las he comprado en una tienda de accesorios del automóvil.*
NOTA Se usa mucho en plural.

accidentado, -da adj. **1** Que es agitado, movido o difícil: *hemos tenido un viaje accidentado y lleno de incidencias.* **2** [terreno] Que es difícil de atravesar por sus desniveles o desigualdades. ◆ adj./n. m. y f. **3** Que ha sufrido un accidente: *la ambulancia acudió rápidamente para atender a los accidentados.*

accidental adj. **1** Que es secundario o no es esencial o sustancial. **2** Que se produce por azar o accidente, fuera de lo acostumbrado o previsto: *un encuentro accidental.* **3** [cargo] Que se ocupa de manera provisional, sin fijeza ni estabilidad: *durante mi enfermedad ha sido el director accidental.*

accidentarse v. prnl. Sufrir un accidente.
DER accidentado.

accidente n. m. **1** Suceso imprevisto que altera la marcha normal o prevista de las cosas, especialmente una desgracia: *este último año ha bajado el número de accidentes de automóvil.* **2** Elemento que no forma parte de la naturaleza o la esencia de una cosa: *Aristóteles distingue entre sustancia y accidente.* **3** Elemento geográfico que con otro u otros configura el relieve de un terreno, como ríos, montañas, valles, cabos, bahías y otros. **4** GRAM. Cambio que experimentan en su forma las palabras para expresar distintas categorías gramaticales. **SIN** variación.

DER accidental, accidentarse.

acción n. f. **1** Hecho o acto voluntario: *todos esperan las primeras acciones del nuevo gobierno.* **2** Actividad o movimiento: *finalmente dejaron de discutir y entraron en acción.* **ANT** inacción. **3** Sucesión de hechos o actos que constituyen el argumento de una obra o película. **4** Sucesión rápida y viva de hechos o actos movidos, intensos y con frecuencia violentos: *las películas de acción suelen estar llenas de violencia.* acción directa Empleo de la violencia con fines políticos por parte de un grupo social: *la policía se ha enfrentado con un grupo de acción directa.* **5** Efecto o influencia producido por la actividad de una cosa en otra. **6** ECON. Cada una de las partes en que se divide el capital de una sociedad o empresa: *las acciones de esta compañía cotizan en bolsa.* **7** ECON. Documento que representa el valor de una de esas partes.

▶ acción de gracias Expresión de agradecimiento, generalmente a Dios: *fueron a la ermita en acción de gracias.*

DER accionar, accionariado, accionista; coacción, inacción, interacción, reacción.

accionar v. tr. **1** Poner en funcionamiento o movimiento un mecanismo: *para comenzar, acciona la palanca.* ◆ v. intr. **2** Hacer movimientos y gestos para dar a entender una cosa o para acompañar a la palabra. **SIN** gesticular.

accionista n. com. Persona que posee una o más acciones en una sociedad o compañía comercial, industrial o de otra índole: *asamblea de accionistas.*

ace n. m. Tanto que obtiene el jugador de tenis que efectúa el saque cuando el que debe devolver la pelota no consigue tocarla.

OBS Es de origen inglés y se pronuncia aproximadamente «eis».

acebo n. m. **1** Árbol de copa cónica, hojas perennes, de color verde oscuro brillante, dentadas y espinosas, flores pequeñas y blancas, y fruto en forma de bolitas rojas: *el acebo se usa en las decoraciones de Navidad.* **2** Madera de este árbol, dura y teñible.

acebuche n. m. Olivo silvestre, con menos ramas y de hojas más pequeñas que el cultivado.

acechar v. tr. Vigilar, esperar o perseguir con cautela para no ser notado.

DER acechanza, acecho.

acecho n. m. Vigilancia, espera o persecución cautelosa.

▶ al acecho Observando o vigilando a escondidas: *la policía estaba al acecho y atrapó al ladrón con las manos en la masa.*

aceitar v. tr. Untar algo con aceite.

aceite n. m. Líquido graso de origen mineral, vegetal o animal que sirve como alimento y para usos industriales; es menos denso que el agua: *el aceite de oliva es un ingrediente fundamental en la dieta mediterránea.*

DER aceitar, aceitera, aceitero, aceitoso, aceituna.

aceitera n. f. **1** Recipiente que sirve para contener y verter el aceite de uso diario y se emplea en la mesa o en la cocina; suele ser de forma cónica y tener un conducto largo de salida por donde se vierte el aceite y una boca por donde se llena. **SIN** alcuza. ◆ n. f. pl. **2** aceiteras Utensilio que se usa en el servicio de mesa con un recipiente para el aceite, otro para el vinagre y, a veces, uno para la sal y otro para la pimienta. **SIN** vinagreras.

aceituna n. f. Fruto del olivo, pequeño, de forma ovalada y de color verde o negro; es comestible y de él se extrae aceite. **SIN** oliva.

aceitunero, -ra adj. **1** De la aceituna o relacionado con este fruto. ◆ n. m. y f. **2** Persona que se dedica a recoger o vender aceitunas: *los aceituneros iniciaron la recolección.*

aceituno n. m. **1** Árbol de tronco corto, grueso y torcido, con la copa ancha y ramosa, hojas duras, perennes y de color verde oscuro por el derecho y blanquecinas por el revés y que tiene las flores pequeñas, blancas y en racimos; su fruto es la oliva o aceituna. **SIN** olivo. **2** Madera de este árbol. **SIN** olivo.

aceleración n. f. Aumento gradual de la velocidad de un movimiento o de una acción cualquiera.

acelerador n. m. Mecanismo que sirve para regular la entrada del combustible en el motor y que permite acelerar más o menos la marcha de un vehículo.

acelerar v. tr. **1** Hacer más rápido o más vivo: *acelerar el paso; acelerará los trámites.* ◆ v. tr./ intr. **2** Aumentar la velocidad de un vehículo o de su motor accionando su acelerador. **SIN** embalar. ◆ v. prnl. **3** acelerarse Ponerse nervioso o apurarse.

DER aceleración, acelerador, acelerón; desacelerar.

acelerón n. m. Aceleración brusca e intensa a la que se somete un motor.

acelga n. f. Hortaliza de hojas grandes y comestibles, con el nervio central muy desarrollado.

acendrado, -da adj. [cualidad, conducta] Que es puro y sin mancha ni defecto: *su vida en el barrio muestra su acendrada generosidad.*

acento n. m. **1** Particularidad de la pronunciación que destaca en la palabra una sílaba más intensa, más larga o de tono más alto: *«camino» tiene acento en la sílaba «mi».* NOTA También se llama *acento prosódico, acento de intensidad* o *acento tónico.* **2** Signo que se pone sobre la vocal de una sílaba portadora de acento prosódico cuando le corresponde según las reglas de acentuación: *«camión» lleva acento en la «o».* NOTA También se llama *acento ortográfico, acento gráfico, acento gramatical* o *tilde.* acento agudo Tilde que tiene forma de raya pequeña que baja de derecha a izquierda (´): *la palabra «cámara» lleva acento agudo en la sílaba «ca».* NOTA En la ortografía del español actual solo se usa el acento agudo. acento circunflejo Tilde que tiene forma de ángulo con el vértice hacia arriba (^): *la palabra francesa «âne» lleva acento circunflejo.* NOTA En la ortografía del español actual el acento circunflejo no tiene uso. acento grave Tilde que tiene forma de raya pequeña que baja de izquierda a derecha (`): *la palabra francesa «père» lleva acento grave.* NOTA En la ortografía del español actual el acento grave no tiene uso. **3** Pronunciación particular con que se distingue el modo de hablar de las personas que proceden de un lugar determinado.

▶ poner el acento Poner de relieve, recalcar, hacer hincapié: *el alcalde puso el acento en la necesidad de resolver el problema de la recogida de la basura.*

DER acentual, acentuar.

acentuación n. f. **1** Pronunciación de una sílaba que destaca en la palabra por ser más intensa, más larga o de tono más alto. **2** Colocación del acento ortográfico. **3** Conjunto de acentos ortográficos de un escrito. **4** Aumento o intensificación del interés o importancia concedido a una cosa.

acentuado, -da adj. Que está muy marcado o destacado o resulta muy diferenciado: *relieve poco acentuado; una crisis cada vez más acentuada.*

acentual adj. GRAM. Del acento o relacionado con él.

acentuar v. tr./ prnl. **1** Pronunciar una sílaba distinguiéndola de las demás de la misma palabra por ser más intensa, más larga o de tono más alto. **2** Poner acento ortográfico al escribir. ◆ v. tr. **3** Dar importancia especial a una idea o asunto: *las últimas disposiciones acentúan el valor de nuestras tradiciones.* SIN remarcar, subrayar. ◆ v. prnl. **4** acentuarse Crecer o hacerse cada vez más claro.

OBS En su conjugación, la *u* se acentúa en algunos tiempos y personas, como en *actuar.*

DER acentuación.

acepción n. f. Significado o sentido que toma una palabra o frase según el contexto en que se use.

aceptable adj. Que se puede aceptar o dar por bueno: *ha hecho un trabajo aceptable, aunque se podría mejorar.* ANT inaceptable.

aceptación n. f. **1** Recibimiento voluntario por una persona de algo que se le ofrece. **2** Consideración de que algo es bueno o válido: *el último modelo ha tenido una gran aceptación.* **3** Admisión o conformidad con una cosa propuesta o presentada por otro. **4** Recocimiento o admisión de una obligación o responsabilidad: *es precisa la aceptación del compromiso por ambas partes.*

aceptar v. tr. **1** Recibir una persona voluntariamente lo que se le ofrece: *no aceptaban regalos.* **2** Aprobar o dar por bueno: *aceptaron mi artículo para publicarlo en el diario.* SIN asentir. ANT excluir. **3** Mostrarse conforme con una idea o asunto de otro: acepto tu opinión relativa a la enseñanza secundaria. **4** Considerar satisfactorias las excusas o explicaciones de una persona: *le ruego que acepte mis disculpas.* **5** Reconocer que se tiene cierta obligación o responsabilidad sobre algo: *el vendedor del vehículo no quiso aceptar ninguna responsabilidad.* SIN asumir. **6** Obligarse a pagar una letra por escrito en ella misma.

DER aceptable, aceptación.

acequia n. f. Zanja o canal pequeño que conduce agua para regar.

acera n. f. **1** Parte de la calle situada a cada lado de la calzada, pavimentada y ligeramente más elevada que esta, destinada al paso de peatones. **2** Hilera de casas a cada lado de la calle.

▶ ser de la acera de enfrente o ser de la otra acera Sentirse atraído por personas del mis-

a b c d e f g h i j k l m n ñ o p q r s t u v w x y z

mo sexo en las relaciones sexuales y amorosas.

acerar v. tr. **1** Dar al hierro las propiedades del acero; especialmente, convertir en acero el filo o la punta de un arma o una herramienta. **2** Poner aceras en una calle: *el nuevo alcalde ha decidido acerar el barrio.* ◆ v. tr./ prnl. **3** Fortalecer o hacerse fuerte moralmente: *las penalidades aceraron su carácter.*

DER acerado.

acerbo, -ba adj. **1** Que es áspero en el sabor y en el olor. **2** Que es cruel o duro: *sus acerbas críticas le causaron un gran dolor.*

DER exacerbar.

acerca Palabra que se utiliza en la frase prepositiva *acerca de*, que significa 'sobre' o 'en relación con lo que se expresa': *ha dado una conferencia acerca de los diccionarios.*

acercamiento n. m. Situación en una posición próxima: *todos los políticos hablan de la necesidad de un mayor acercamiento al pueblo.*

SIN aproximación.

acercar v. tr./ prnl. **1** Poner cerca o más cerca: *acerca la silla a la mesa; ya se acerca el verano.* SIN aproximar. ANT apartar, retirar, separar. **2** Ir a un lugar o llevar a alguien a un lugar: *me acercaré al supermercado y lo compraré; os acercaré en mi coche.*

OBS En su conjugación, la *c* se convierte en *qu* delante de *e*.

DER acercamiento.

acero n. m. **1** Aleación de hierro y pequeñas cantidades de carbono que posee gran dureza y elasticidad. acero inoxidable Acero que resiste la acción del oxígeno: *estos cubiertos son de acero inoxidable.* **2** Arma blanca, especialmente la espada.

▶ de acero Duro y fuerte, de gran resistencia: *músculos de acero; nervios de acero.*

DER acerar, acerería, acería.

acérrimo, -ma adj. Que es decidido, convencido, tenaz o extremado en relación con algo: *es un defensor acérrimo de la naturaleza.*

OBS Es el superlativo de *acre*.

acertante adj./ n. com. [persona] Que acierta, especialmente en un juego de apuestas o en un concurso: *los acertantes de trece resultados cobrarán algo más de 3 500 euros.*

acertar v. tr./ intr. **1** Dar en el lugar previsto o propuesto: *acertó en el centro de la diana.* **2** Dar con lo cierto o lo adecuado, especialmente en una cosa dudosa, ignorada u oculta: *ha acertado todas las respuestas.* **3** Dar un resultado correcto por azar: *lo dijo al tuntún y acertó.* **4** Encontrar, hallar: *acertó la casa a la primera; acertó con la casa.*

▶ acertar a Ocurrir por azar lo que se expresa en el infinitivo que sigue: *ante tantas preguntas seguidas, no acertaba a responder.*

OBS En su conjugación, la *e* se convierte en *ie* en sílaba acentuada.

DER acertante, acertijo, acierto; desacertar.

acertar

INDICATIVO	SUBJUNTIVO
presente	**presente**
acierto	acierte
aciertas	aciertes
acierta	acierte
acertamos	acertemos
acertáis	acertéis
aciertan	acierten
pretérito imperfecto	**pretérito imperfecto**
acertaba	acertara o acertase
acertabas	acertaras o acertases
acertaba	acertara o acertase
acertábamos	acertáramos o acertásemos
acertabais	acertarais o acertaseis
acertaban	acertaran o acertasen
pretérito perfecto simple	**futuro**
acerté	acertare
acertaste	acertares
acertó	acertare
acertamos	acertáremos
acertasteis	acertareis
acertaron	acertaren
futuro	IMPERATIVO
acertaré	acierta (tú)
acertarás	acierte (usted)
acertará	acertad (vosotros)
acertaremos	acierten (ustedes)
acertaréis	
acertarán	FORMAS NO PERSONALES
condicional	**infinitivo** acertar — **gerundio** acertando
acertaría	**participio** acertado
acertarías	
acertaría	
acertaríamos	
acertaríais	
acertarían	

acertijo n. m. **1** Pasatiempo o juego en el que se propone un enigma que hay que resolver: *adivina este acertijo: soy pequeño como un ratón y guardo la casa como un león.* SIN adivinanza, enigma, rompecabezas. **2** Idea difícil de entender o mal explicada.

acervo n. m. Conjunto de bienes o valores morales o culturales que pertenecen a un grupo, región o país.

acetona n. f. Compuesto orgánico, líquido, transparente, de olor especial, que se usa como disolvente de grasas y otros compuestos; también se genera en el organismo humano por la combustión incompleta de las grasas.

achacar v. tr. Atribuir algo, especialmente una falta o culpa, a una persona o cosa.
OBS En su conjugación, la *c* se convierte en *qu* delante de *e*.
DER achaque.

achacoso, -sa adj. Que sufre pequeñas pero frecuentes molestias provocadas por una enfermedad o por la edad.

achantar v. tr. **1** Intimidar o achicar a una persona. ◆ v. prnl. **2** achantarse Callarse por resignación o cobardía: *se achantará en cuanto le levantes un poco la voz.*

achaque n. m. **1** Enfermedad o afección leve frecuente o habitual, especialmente si es a consecuencia de la edad: *los achaques de la vejez.* **2** Indisposición o alteración de la salud que es leve y pasajera.
DER achacoso.

achatar v. tr. Poner chato, hacer que una cosa sea más aplastada o que sobresalga menos entre otras de la misma especie o género.

achicar v. tr./ prnl. **1** Disminuir el tamaño, las dimensiones o la duración de una cosa. **2** Acobardar, hacer que alguien se sienta inferior: *no te achiques ante nadie y ten más confianza en ti mismo.* ◆ v. tr. **3** Sacar el agua de un lugar, especialmente de una mina o una embarcación.
OBS En su conjugación, la *c* se convierte en *qu* delante de *e*.

achicharrar v. tr./ prnl. **1** Quemar algo, especialmente un alimento, sin consumirlo por completo. ◆ v. tr./ intr./ prnl. **2** Calentar demasiado: *el fuerte sol achicharró las plantas; hace un sol que achicharra.*

achispar v. tr./ prnl. Poner alegre por efecto del alcohol: *el vino me achispa enseguida.*

achuchar v. tr. **1** Dar achuchones a una persona: *los abuelos achuchan a su nieto.* **2** Apremiar o presionar a una persona para que haga algo: *tuvieron que achucharle para que acabara la carrera.* **3** Incitar a una persona o a un animal contra otros: *achuchaban al perdiguero contra las perdices.*
DER achuchado, achuchón.

aciago, -ga adj. Desgraciado, nefasto o que presagia desgracias y mala suerte: *es preferible olvidar aquel aciago día.*

acicalar v. tr./ prnl. Adornar o arreglar a una persona: *no te acicales tanto que llegamos tarde.*

acicate n. m. Estímulo, cosa que mueve a actuar o a realizar algo: *el premio le sirvió de acicate para seguir escribiendo.* SIN aguijón, aliciente.

acidez n. f. **1** Cualidad de ácido. **2** Sensación desagradable de calor en el estómago o en la garganta provocada por una mala digestión.

ácido, -da adj. **1** Que tiene sabor agrio o amargo, parecido al del vinagre o el limón. **2** [persona] Que es áspero en el trato, tiene carácter desagradable o es poco sociable. **3** Que tiene las propiedades de un compuesto químico que forma sales: *lluvia ácida.* ◆ n. m. **4** Sustancia química capaz de atacar o dañar los metales formando sales. **5** Droga de fuertes efectos alucinógenos.
DER acidez; antiácido.

acierto n. m. **1** Elección de la solución correcta entre varias posibilidades: *tengo doce aciertos en la quiniela.* **2** Acción que tiene éxito u obtiene el resultado adecuado: *ha sido un acierto salir a cenar esta noche.* **3** Habilidad al hacer una cosa.

ácimo adj. [pan] Que se elabora sin levadura.
OBS También se escribe *ázimo*.

aclamar v. tr. **1** Mostrar una multitud su aprobación y entusiasmo hacia una o más personas, generalmente mediante voces y aplausos. **2** Designar a una o más personas para un cargo u honor por acuerdo unánime de los miembros de un grupo: *la multitud le aclamó rey.*
DER aclamación.

aclaración n. f. Explicación o comentario oral o escrito que hace más claro un asunto.

aclarado n. m. Limpieza con agua de algo que está impregnado de otra sustancia, especialmente jabón.

aclarar v. tr./ prnl. **1** Hacer más claro; quitar lo que dificulta la claridad o transparencia de una cosa: *se aclararó el pelo para cambiarse el tinte.* **2** Explicar o poner en claro una cosa, hacerla inteligible. SIN clarificar. **3** Hacer menos denso o espeso: *aclarar la sopa con agua.* **4** Aumentar los espacios o intervalos que hay en una cosa: *a partir de aquí el bosque se aclara.* ◆ v. tr. **5** Volver a lavar con agua sola para quitar el jabón. SIN enjuagar. **6** Mejorar, especialmente una capacidad o una habilidad. ◆ v. impersonal **7** Mejorar el tiempo atmosférico, despejarse el cielo: *está lloviendo y no po-*

dremos salir hasta que no aclare. ◆ v. prnl. **8** aclararse Poner uno en claro sus propias ideas.
DER aclaración, aclarado, aclaratorio.

aclaratorio, -ria adj. Que aclara o explica: *nota aclaratoria.*

aclimatación n. f. Adaptación a un clima, situación o ambiente distinto del de procedencia: *es nuevo en el colegio y debe superar un período de aclimatación.*

aclimatar v. tr./ prnl. Adaptar a un clima, situación o ambiente distinto: *la zona mediterránea es buena para aclimatar frutos tropicales.*
DER aclimatación.

acné n. m. Enfermedad de la piel que consiste en la inflamación de las glándulas sebáceas y la aparición de espinillas y granos; aparece generalmente en los jóvenes.

acobardar v. tr./ prnl. Asustar, intimidar o atemorizar a alguien; causar o sentir miedo: *no te acobardes ante ese individuo.* SIN acojonar, acoquinar, atemorizar.
DER acobardamiento.

acogedor, -ra adj. **1** [persona] Que es hospitalario, que acoge o recibe amablemente y de buena voluntad: *los habitantes del lugar son muy simpáticos y acogedores.* **2** [lugar] Que es agradable y cómodo: *tienes una habitación muy acogedora.*

acoger v. tr. **1** Recibir o admitir una persona a otra en su casa o en su compañía: *me acogió en su propia casa.* **2** Proteger, servir de refugio o amparo. **3** Admitir o aprobar: *todos los participantes acogieron con entusiasmo el nuevo proyecto.* **4** Recibir algo o a alguien de cierta manera que se especifica: *me acogieron con aplausos; acogió la noticia con una gran sorpresa.* ◆ v. prnl. **5** acogerse Protegerse, refugiarse en un lugar. SIN resguardar. **6** Ampararse en una ley, derecho, costumbre o norma: *los empresarios se acogieron al nuevo convenio para cerrar.* **7** Usar como disculpa o pretexto: *suele acogerse a su sordera para disimular.*
OBS En su conjugación, la *g* se convierte en *j* delante de *a* y *o*.
DER acogedor, acogida.

acogida n. f. **1** Recibimiento que se ofrece a una persona cuando llega a un lugar. **2** Protección y cuidado que se da a una persona que necesita ayuda o refugio. **3** Aceptación o aprobación pública que recibe una persona o cosa.

acogotar v. tr./ prnl. Intimidar, oprimir o dominar: *ha acogotado a todos sus compañeros y no se atreven ni a replicarle.*

acojonante adj. *malsonante* Que impresiona mucho, positiva o negativamente.

acojonar v. tr./ prnl. *malsonante* Asustar, intimidar o atemorizar a alguien; causar o sentir miedo. SIN acobardar, acoquinar, atemorizar.
DER acojonante.

acólito n. m. **1** Seglar de la Iglesia católica facultado para ayudar en la celebración de la misa y para administrar la eucaristía. **2** Monaguillo, niño que ayuda en misa. **3** Persona que acompaña y sigue a otra como dependiente de ella: *es el jefe de la banda y siempre está rodeado de sus acólitos.* SIN satélite.

acometer v. tr./ intr. **1** Atacar rápidamente y con brío y fuerza: *el enemigo no tardó en acometer el castillo.* **2** Embestir o lanzarse violentamente contra algo: *el toro acometió contra el burladero.* ◆ v. tr. **3** Comenzar una empresa o trabajo. SIN emprender.
DER acometida, acometividad.

acometida n. f. **1** Ataque o agresión que se produce de forma rápida y violenta. **2** Punto de una línea o conducto de un fluido en el que se ha instalado una derivación o ramal secundario: *en la acometida de agua hay un contador.*

acomodación n. f. **1** Situación de una persona o cosa en el lugar adecuado. **2** Adaptación del ojo para mantener sin alteración el enfoque del objeto que se mira al variar la distancia o la luz.

acomodado, -da adj. [persona] Que goza de buena posición económica.

acomodar v. tr./ prnl. **1** Colocar a una persona o cosa en un lugar apropiado o cómodo: *rápidamente acomodó a sus invitados; se acomodó en el sillón y se quedó dormido.* **2** Disponer u ordenar de forma conveniente: *tengo que acomodar todo el equipaje en un solo armario.* **3** Amoldar o adaptar cosas armónicamente. **4** Conciliar o concertar cosas de manera que sean compatibles y no estén en oposición: *es inútil intentar acomodar a las partes en disputa.* **5** Procurar un empleo: *un amigo influyente intentó acomodarlo de asesor.* ◆ v. prnl. **6** acomodarse Conformarse o avenirse a algo, aceptarlo: *no tuvo más remedio que acomodarse a lo que había.*
DER acomodación, acomodadizo, acomodado, acomodador, acomodamiento, acomodaticio, acomodo; desacomodar.

acomodaticio, -cia adj. Que se acomoda o se aviene a todo con facilidad.

acomodo n. m. Alojamiento o lugar donde instalarse.

acompañamiento n. m. **1** Persona o grupo de personas que acompaña a alguien, especialmente cuando es con solemnidad. **2** Alimento o conjunto de alimentos presentados como complemento de un plato principal. **3** Conjunto de personas que representan papeles de poca importancia en una obra de teatro y aparecen en escena sin apenas hablar. SIN comparsa. **4** Conjunto de notas musicales que acompaña a la música principal y le sirve de soporte o complemento armónico: *el violinista y el pianista tocaron el acompañamiento.* **5** Ejecución con algún instrumento de este fondo musical.

acompañante adj./ n. com. Que acompaña a otra persona.

acompañar v. tr./ prnl. **1** Estar con otra persona o ir junto a ella: *te acompañaré al colegio.* ◆ v. tr./ intr. **2** Hacer compañía una o más personas, animales o cosas a otra u otras: *la radio acompaña mucho cuando te sientes sola.* ◆ v. tr. **3** Compartir un afecto o un estado de ánimo: *le acompaño en el sentimiento.* **4** Existir algo en una persona, especialmente una cualidad o circunstancia: *parece que te acompaña la buena suerte.* **5** Coincidir o existir a la vez: *las lluvias nos acompañaron durante toda la Semana Santa.* **6** Juntar o añadir una cosa a otra. **7** Tocar una música secundaria o de fondo mientras otro canta o toca.

DER acompañamiento, acompañante.

acompasar v. tr. Adaptar o acomodar una cosa a otra: *debes acompasar los movimientos del baile con los sonidos de la música.*

DER acompasado.

acomplejado, -da adj./ n. m. y f. **1** [persona] Que tiene complejos psíquicos: *vive acomplejada por su estatura.* **2** [persona] Que se comporta con timidez, vergüenza e inhibición: *siempre que nos hemos reunido yo lo he visto muy acomplejado.*

acomplejar v. tr./ prnl. **1** Sentir una persona ansiedad o infelicidad debido a tener sentimientos desfavorables sobre sí misma: *lo acomplejaba su gran estatura.* **2** Hacer que una persona se sienta inferior al mostrarle sus defectos o considerar ella que los tiene: *la gente inteligente me acompleja.*

acondicionador n. m. **1** Aparato que sirve para regular la temperatura y la humedad del aire en un local: *en la oficina tenemos un acondicionador portátil.* **2** Sustancia que se echa en el pelo después de lavarlo y que sirve para hacer más fácil el peinado.

acondicionar v. tr. **1** Poner una cosa en las condiciones adecuadas para un fin: *he acondicionado una parte del garaje como despacho.* **2** Climatizar un espacio cerrado, darle las condiciones de temperatura y humedad apropiadas para la salud o la comodidad.

acongojar v. tr./ prnl. **1** Causar o sentir sufrimiento o preocupación intensa debido a un peligro o a una amenaza. SIN angustiar. **2** Entristecer o apenar alguna desgracia.

aconsejable adj. Que se puede aconsejar o es conveniente: *es muy aconsejable revisar el coche antes de salir de viaje.* SIN recomendable.

aconsejar v. tr. **1** Recomendar a alguien lo que debe hacer o indicarle el modo de hacerlo. SIN asesorar. ANT desaconsejar. ◆ v. prnl. **2** aconsejarse Tomar o pedir un consejo: *siempre se aconseja de su mujer antes de tomar una decisión.* NOTA Se construye con las preposiciones *con* y *de*.

DER aconsejable; desaconsejar, malaconsejado.

acontecer v. intr. Ocurrir o producirse un hecho. SIN acaecer, suceder.

OBS Se usa solo en tercera persona y en infinitivo, gerundio y participio. En su conjugación, la *c* se convierte en *zc* delante de *a* y *o*, como en *agradecer*.

DER acontecimiento.

acontecimiento n. m. Hecho o suceso que ocurre, especialmente si es de cierta importancia: *la firma del convenio ha sido un acontecimiento histórico.* SIN evento.

acoplamiento n. m. Unión de dos piezas o elementos que han sido diseñados para que ajusten entre sí perfectamente. SIN ajuste, ensamblaje.

acoplar v. tr. **1** Unir dos piezas o elementos que han sido diseñados para que ajusten entre sí perfectamente: *no consigo acoplar bien la rueda en su eje.* SIN ensamblar. ◆ v. tr./ prnl. **2** Adaptar a una situación o ambiente distinto del que se procede: *todavía no se ha acoplado al nuevo trabajo.* **3** Unirse sexualmente los animales.

DER acoplamiento; desacoplar.

acoquinar v. tr./ prnl. Inspirar temor y hacer perder el ánimo y el valor. SIN acobardar, acojonar, atemorizar.

acorazado n. m. Buque de guerra de grandes dimensiones, blindado y con potente artillería: *un submarino enemigo ha hundido dos acorazados.*

acorazar v. tr. **1** Revestir con planchas de hierro o de acero, especialmente un buque de guerra o un lugar de defensa, para protegerlos. ◆ v. prnl. **2** acorazarse Hacerse fuerte, prepararse para soportar un ataque.

OBS En su conjugación, la *z* se convierte en *c* delante de *e*.

DER acorazado.

acordar v. tr. **1** Decidir o resolver dos o más personas de común acuerdo o por mayoría sobre lo que se va a hacer o cómo se va a hacer: *después de un largo debate hemos acordado rechazar el proyecto.* **2** Determinar o decidir una persona una cosa: *después de aquel susto acordé no volver a intentarlo.* **3** Poner de acuerdo o acercar: *no pudieron acordar las posturas enfrentadas.* ◆ v. prnl. **4** acordarse Recordar; traer a la propia memoria: *¿te acuerdas de mí?* NOTA Se construye con la preposición *de*.

OBS En su conjugación, la *o* se convierte en *ue* en sílaba acentuada, como en *contar*.

DER acorde, acuerdo; discordar.

acorde adj. **1** Que está conforme o de acuerdo. **2** Adecuado, apropiado o en consonancia: *la corbata debe ir acorde con la camisa; debemos tomar unas medidas acordes con nuestras necesidades.* ◆ n. m. **3** Conjunto de tres o más sonidos musicales combinados armónicamente y tocados simultáneamente o en forma de arpegio.

DER desacorde.

acordeón n. m. Instrumento musical de viento que recoge el aire con un fuelle que se abre y cierra con la mano izquierda y se toca mediante las teclas y botones que lleva en las cajas o tapas de los extremos; para tocarlo se cuelga de los hombros.

DER acordeonista.

acordonar v. tr. Formar un cerco en torno a un lugar con un cordón de personas, generalmente policías o soldados, para incomunicarlo o impedir el acceso a él.

acorralar v. tr. **1** Meter el ganado en el corral. **2** Encerrar a una persona o un animal dentro de unos límites e impedirle la salida. SIN arrinconar. **3** Confundir a una persona y dejarla sin saber qué responder durante una discusión o una entrevista.

acortar v. tr./ prnl. **1** Disminuir la longitud, la duración o la cantidad de algo: *habéis puesto un cable demasiado largo, tendréis que acortarlo.* ◆ v. intr./ prnl. **2** Hacer más corto, especialmente un camino: *tomando el atajo acortaremos y llegaremos antes.*

DER acortamiento.

acosar v. tr. **1** Perseguir a una persona o animal sin darle tregua ni descanso para detenerlo o cazarlo: *tu perro dejó de acosar al jabalí cuando este lo atacó.* **2** Perseguir o molestar con peticiones, preguntas o quejas continuas e insistentes: *nos acosaron a preguntas.*

DER acoso.

acoso n. m. **1** Persecución sin tregua ni descanso. **2** Molestia causada por la insistencia de alguien con sus peticiones y preguntas: *al salir de casa sufrió el acoso de los periodistas.*

▶ acoso escolar Asedio sistemático que sufre un estudiante en la escuela. acoso laboral Asedio sistemático que sufre una persona en el trabajo. acoso sexual Asedio a que es sometida una persona para obtener de ella favores sexuales.

acostar v. tr./ prnl. **1** Echar o tender a una persona para que duerma o descanse, especialmente en la cama: *está enfermo y debe acostarse.* ◆ v. prnl. **2** acostarse Tener relaciones sexuales: *el que hayan pasado la noche juntos no quiere decir que se haya acostado con él.* NOTA Se construye con la preposición *con*.

OBS En su conjugación, la *o* se convierte en *ue* en sílaba acentuada, como en *contar*.

DER recostar.

acostumbrar v. tr./ prnl. **1** Hacer tomar una costumbre o hábito: *acostumbra a los niños a que coman de todo; debes acostumbrarte al nuevo modo de trabajar.* NOTA Se construye con la preposición *a*. ◆ v. intr. **2** Tener costumbre de alguna cosa: *acostumbro a ir todos los días a pasear.* NOTA Puede construirse con la preposición *a* o sin ella. SIN soler.

DER desacostumbrar, malacostumbrar.

acotación n. f. **1** Limitación del uso de una cosa: *la alcaldía ha ampliado la acotación del uso del agua.* **2** Reserva del uso y aprovechamiento de un terreno marcándolo con mojones u otras marcas. **3** Nota, advertencia o comentario puesto al margen de un texto escrito: *algunas acotaciones de antiguos textos latinos fueron escritas en castellano.* **4** Nota que aparece en los textos teatrales con indicaciones relativas al escenario, la acción o el movimiento de los actores.

acotar v. tr. **1** Limitar el uso de una cosa. **2** Marcar los límites de un terreno para reservar

su uso y aprovechamiento: *quieren acotar esta zona para caza y pesca.* **3** Hacer más corto o limitado: *debes acotar el tema, o será demasiado general.* **4** Poner notas, advertencias o comentarios al margen de un escrito o impreso.
DER acotación, acotamiento.

acre adj. **1** Que es ácido, áspero y picante en el sabor y en el olor. SIN agrio. **2** Que es rudo o poco agradable: *por su carácter acre no es fácil trabajar con él.* SIN agrio. ◆ n. m. **3** Medida de superficie que equivale a 40,46 áreas: *el acre es una medida del sistema anglosajón.*
DER acritud.

acrecentar v. tr./ prnl. Hacer más grande, fuerte o intenso: *la visión de un avión acrecienta sus deseos de viajar.* SIN aumentar, crecer. ANT decrecer, disminuir.

acreditación n. f. Documento con que se acredita la identidad y el cargo o función del portador y que permite realizar ciertas cosas: *es necesario presentar una acreditación de prensa.*

acreditar v. tr./ prnl. **1** Demostrar con un documento que una persona es quien dice ser o está autorizada para hacer algo: *el solicitante debe acreditar que tiene el título; se acreditaron a través de la web.* **2** Dar fama por una cualidad: *Salomón se acreditó por su gran sabiduría.* ◆ v. tr. **3** Asegurar por medio de un documento que una cosa es auténtica: *acreditamos documentalmente que es una obra original firmada por el artista.* **4** Comprobar o asegurar que algo es auténtico examinándolo o comparándolo con otra cosa que se sabe que es auténtica: *el banco acreditó la firma del cheque.* **5** Demostrar un trabajo que una persona es muy buena realizándolo: *nos acreditan cinco años de experiencia.* **6** Autorizar a una persona para representar a otras o hacer algo en su nombre: *el rey acredita a los embajadores y a otros representantes diplomáticos.*

acreedor, -ra adj./ n. m. y f. **1** [persona] Que tiene derecho a pedir que se cumpla una obligación, especialmente que se le pague una deuda: *huyó del país perseguido por sus acreedores.* ANT deudor. ◆ adj. **2** [persona] Que merece aquello que se expresa o es digno de ello: *en poco tiempo se ha hecho acreedor de la confianza de todos.*

acribillar v. tr. **1** Llenar de agujeros, de heridas o de picotazos: *lo acribillaron a balazos.* **2** Importunar o molestar mucho a alguien, generalmente con preguntas.

acrílico, -ca adj./ n. m. y f. **1** QUÍM. [ácido] Que se presenta en forma líquida, sin color, con olor muy fuerte y que se usa para hacer pinturas y en la industria: *el ácido acrílico se puede mezclar con el agua.* **2** [fibra textil, material plástico] Que se obtiene por una reacción química del ácido acrílico o de sus derivados.

acristalar v. tr. Poner cristales en un vano de puerta, ventana, terraza o lugar semejante: *he acristalado la puerta para que entre más luz.* SIN encristalar.

acritud n. f. **1** Cualidad de las cosas que tienen un olor o sabor acre, áspero y penetrante. **2** Rudeza o aspereza en la forma de ser, de expresarse o de comportarse: *que nadie vea acritud donde solo hay broma.*

acrobacia n. f. **1** Ejercicio gimnástico o deportivo de gran dificultad que se realiza como espectáculo público y que suele exigir una habilidad extraordinaria para mantener el equilibrio. **2** Ejercicio espectacular que realiza un avión en el aire.

acróbata n. com. Persona que realiza acrobacias en un espectáculo público: *en la pista del circo están actuando los acróbatas.*
DER acrobacia, acrobático.

acromático, -ca adj. **1** Que no tiene color. **2** [cristal, sistema óptico] Que transmite la luz blanca sin descomponerla en los colores que la constituyen.

acrónimo n. m. GRAM. Palabra formada mediante la unión de iniciales y otras letras del principio y el fin de dos o más palabras que forman un concepto o expresión: *la palabra* transistor *es un acrónimo creado a partir del inglés* transfer resistor.
DER acronimia.

acrópolis n. f. Lugar más alto y mejor fortificado de las ciudades griegas de la Antigüedad.

acróstico, -ca adj./ n. m. [poema] Que permite formar una palabra, un sintagma o una frase con las letras iniciales, medias o finales de sus versos.

acta n. f. **1** Documento en el que están escritos los asuntos tratados o acordados en una junta o reunión. **2** Certificación oficial de un hecho: *no tendremos la nota de la asignatura mientras el profesor no firme y entregue las actas.* **acta notarial** Relación o certificación que hace un notario de un hecho que presencia y autoriza. **3** Documento en que figura la elección de una persona para un cargo: *recibió el acta de diputado.* ◆ n. f. pl. **4** **actas** Documen-

to en el que se exponen los trabajos presentados en ciertas reuniones o encuentros de carácter técnico o científico.
▶ levantar acta Escribir los hechos ocurridos en un lugar y afirmar que son ciertos: *el notario levantó acta.*
OBS En singular se le anteponen los determinantes *el, un,* salvo que entre el determinante y el nombre haya otra palabra: *el acta, la presente acta.*

actinia n. f. Animal invertebrado marino con forma de tubo abierto por un extremo del que salen multitud de tentáculos que recuerdan la forma de una flor.

actitud n. f. **1** Manera de estar alguien dispuesto a comportarse u obrar. **2** Postura del cuerpo que revela una intención o un estado de ánimo: *nos miró en actitud provocativa.*

activar v. tr./ prnl. **1** Poner en funcionamiento un mecanismo: *el artefacto había sido activado por un especialista en explosivos.* ANT desactivar. **2** Aumentar la intensidad o la rapidez de una cosa: *activar las negociaciones.*
DER activación, activador; desactivar, reactivar.

actividad n. f. **1** Estado de lo que se mueve, funciona o ejerce una acción: *un volcán en actividad.* ANT inactividad. **2** Capacidad de obrar o de tener un efecto: *la actividad de un ácido.* **3** Rapidez de acción. **4** Conjunto de trabajos o acciones que se hacen con un fin determinado o son propias de una persona, una profesión o una entidad: *actividad política; actividad empresarial.* **5** Trabajo, deber o conjunto de cosas que hay que hacer: *a lo largo del día realiza numerosas actividades.* ◆ n. f. pl. **6** actividades Conjunto de trabajos complementarios o prácticas, especialmente en una materia escolar: *por las tardes no hay clases, pero va al colegio porque tiene actividades.*

activista adj./ n. com. [persona] Que interviene activamente en la propaganda del partido o sociedad a que pertenece o practica la acción directa en la lucha por los cambios sociales o políticos que pretende.

activo, -va adj. **1** Que produce el efecto que le es propio: *este jarabe es tan activo que me ha curado la tos en muy poco tiempo.* ANT pasivo. **2** Que trabaja con energía y rapidez. ANT inactivo, pasivo. **3** Que realiza su función o trabajo en el momento en que se habla: *no se ha retirado, aún es miembro activo.* ◆ adj./ n. f. **4** GRAM. [oración] Que lleva un sujeto formado por la palabra o por el sintagma que designa la persona o cosa que realiza la acción expresada por el verbo: *la oración «los albañiles han construido una hermosa mansió» es activa.* ANT pasivo. ◆ n. m. **5** ECON. Valor total de lo que posee una sociedad de comercio: *esa empresa ha aumentado sus activos en 20 millones de euros.*
▶ en activo Que está trabajando o prestando un servicio: *ya no es militar en activo, se retiró hace dos años.* por activa y por pasiva De todas las maneras posibles: *se lo he dicho por activa y por pasiva, pero no me hace caso.*
DER activador, activamente, activar, actividad, activista; inactivo, reactivo, retroactivo.

acto n. m. **1** Hecho o acción. acto de contrición Arrepentimiento de haber ofendido a Dios. acto reflejo Acción inconsciente o sin control: *cerrar los ojos cuando te tiran arena a la cara es un acto reflejo.* acto sexual Coito, introducción del pene en la vagina o el ano. **2** Cada una de las partes en que se divide una obra de teatro. **3** Hecho público.
▶ acto seguido Inmediatamente después: *finalizó la reunión y, acto seguido, nos fuimos a comer.* en el acto En ese mismo momento, de forma inmediata: *hacen copias de llaves en el acto.* hacer acto de presencia Estar presente en una reunión o ceremonia brevemente y por cumplir una formalidad: *el alcalde hizo acto de presencia al final de la fiesta.*
DER acta, activo, actor, actual, actuar; entreacto.

actor, actriz n. m. y f. Persona que interpreta un papel en el teatro, la televisión, la radio o el cine.

actuación n. f. **1** Hecho o conjunto de hechos realizados por una persona o una cosa: *están siendo investigadas sus últimas actuaciones como magistrado.* **2** Efecto, trabajo o función realizada. **3** Representación o muestra del trabajo de un cantante, un actor o un grupo de ellos. SIN interpretación.

actual adj. **1** Que existe, ocurre o se usa en el momento en que se habla: *los jóvenes siguen siendo la esperanza de la sociedad actual.* SIN presente. **2** Propio del tiempo presente: *tiene un vestuario de diseño muy actual.*
DER actualidad, actualizar, actualmente.

actualidad n. f. **1** Momento o tiempo presente: *en la actualidad no hay trabajos pendientes.* **2** Cosa o suceso que atrae la atención de la gente en un determinado momento: *la corrupción política se ha convertido en un tema de gran actualidad.*

actualización n. f. Adaptación al presente de una cosa vieja o pasada de moda.

actualizar v. tr./ prnl. Poner al día, adaptar al momento presente aquello que se ha quedado viejo o atrasado.

OBS En su conjugación, la *z* se convierte en *c* delante de *e*.

DER actualización.

actuar v. intr./ prnl. **1** Realizar actos: *en aquella situación no sabía cómo actuar.* **2** Ejercer las funciones propias de un oficio o un cargo: *actuará como abogado defensor.* **3** Representar un papel o desarrollar una función, especialmente en una película u obra de teatro: *uno de los cantantes no pudo actuar a causa de la gripe.* **4** Producir una sustancia el efecto que le es propio: *este medicamento actúa con rapidez.*

actuar

INDICATIVO

presente
actúo
actúas
actúa
actuamos
actuáis
actúan

pretérito imperfecto
actuaba
actuabas
actuaba
actuábamos
actuabais
actuaban

pretérito perfecto simple
actué
actuaste
actuó
actuamos
actuasteis
actuaron

futuro
actuaré
actuarás
actuará
actuaremos
actuaréis
actuarán

condicional
actuaría
actuarías
actuaría
actuaríamos
actuaríais
actuarían

SUBJUNTIVO

presente
actúe
actúes
actúe
actuemos
actuéis
actúen

pretérito imperfecto
actuara o actuase
actuaras o actuases
actuara o actuase
actuáramos o actuásemos
actuarais o actuaseis
actuaran o actuasen

futuro
actuare
actuares
actuare
actuáremos
actuareis
actuaren

IMPERATIVO

actúa	(tú)
actúe	(usted)
actuad	(vosotros)
actúen	(ustedes)

FORMAS NO PERSONALES

infinitivo actuar
gerundio actuando
participio actuado

OBS En su conjugación, la *u* se acentúa en algunos tiempos y personas.

DER actuación.

acuarela n. f. **1** Técnica de pintura sobre papel o cartón con colores disueltos en agua: *la acuarela no utiliza el color blanco, reservando para este la superficie donde se pinta.* **2** Pintura hecha con esta técnica. **3** Color que, disuelto en agua, permite pintar con esta técnica: *una caja de acuarelas.*

DER acuarelista.

acuario n. m. **1** Recipiente transparente con agua acondicionado para mantener vivos animales y plantas acuáticos. SIN pecera. **2** Edificio destinado a mostrar al público animales acuáticos. ◆ adj./ n. com. **3** [persona] Que ha nacido entre el 21 de enero y el 18 de febrero, tiempo en que el Sol recorre aparentemente Acuario, undécimo signo del zodíaco.

acuartelar v. tr. Reunir a los soldados en un cuartel.

DER acuartelamiento.

acuático, -ca adj. **1** Del agua o relacionado con ella: *parque acuático; deportes acuáticos.* **2** Que vive en el agua: *planta acuática.*

DER subacuático.

acuchillar v. tr. **1** Herir o matar con un cuchillo, una navaja u otra arma blanca. **2** Raspar con cuchilla u otro utensilio la superficie de un suelo de madera o de un mueble de madera para pulirlos o volver a encerarlos o barnizarlos: *acuchillar el parqué.*

acuciante adj. Que necesita una acción o solución rápida: *es preciso tomar medidas ante los problemas más acuciantes.* SIN apremiante, urgente.

acuciar v. tr. Apremiar, estimular o dar prisa a una persona para que realice algo: *las preocupaciones acuciaban al ministro.* SIN atosigar.

OBS En su conjugación, la *i* no se acentúa, como en *cambiar*.

DER acuciante.

acudir v. intr. **1** Ir a un lugar por propia iniciativa o por haber sido llamado. **2** Presentarse, sobrevenir, especialmente recuerdos o imágenes mentales: *todos los recuerdos de su niñez acudieron a su mente.* **3** Recurrir a alguien o algo, valerse de su ayuda para conseguir un provecho: *cuando lo despidieron acudió a un abogado.*

acueducto n. m. Canal o conducto que sirve para llevar agua de un lugar a otro, especialmente el que se construye para abastecer de agua a una población.

acuerdo n. m. **1** Decisión tomada en común por varias personas sobre alguna cosa: *con esas condiciones que pones no vamos a llegar a un acuerdo.* SIN pacto. **2** Relación pacífica mantenida entre personas o países: *vivimos en perfecto acuerdo.* SIN concordia. ANT desacuerdo. **3** Documento en el que se exponen las obligaciones y derechos que aceptan las partes que lo firman: *ambos países han roto el acuerdo comercial que habían firmado.* SIN convenio.
▶ acuerdo marco Documento en el que se recogen las obligaciones y los derechos generales que han de tenerse en cuenta al establecer otros de carácter más concreto. de acuerdo **a.** Conforme, con unión y conformidad. NOTA Se usa generalmente con verbos como *estar, ponerse, quedar*. **b.** Expresión con la que se afirma o se acepta algo: *—¿Damos una vuelta? —De acuerdo.* de acuerdo con Según; teniendo en cuenta: *yo actué de acuerdo con lo que me habías indicado.*
DER desacuerdo, preacuerdo.

acuicultivo n. m. Cría y explotación de peces, moluscos y algas con fines científicos o comerciales.

acuicultura n. f. Técnica de dirigir y fomentar la reproducción de peces, moluscos y algas en agua dulce o salada.

acuífero, -ra adj. **1** De agua o relacionado con ella: *es preciso un control de las reservas acuíferas.* ◆ n. m. **2** Zona o capa del interior de la tierra que contiene agua.

acullá adv. *formal* En un lugar lejos del que habla.
OBS Se usa en la lengua escrita, generalmente en contraposición a otro adverbio demostrativo de lugar como *allá*.

acumulación n. f. Reunión y amontonamiento progresivo de un gran número de cosas. SIN cúmulo.

acumulador, -ra adj./ n. m. y f. **1** Que acumula o sirve para acumular. ◆ n. m. **2** FÍS. Aparato o dispositivo que sirve para acumular energía, especialmente la eléctrica.

acumular v. tr./ prnl. Juntar y amontonar progresivamente personas, animales o cosas en gran cantidad: *hace tiempo que no limpio y el polvo se acumula.*
DER acumulación, acumulador, acumulativo.

acumulativo, -va adj. Que se debe a la acumulación o se forma por ese procedimiento: *ha asimilado todo su saber de manera gradual y acumulativa a lo largo de su vida.*

acunar v. tr. Mecer o balancear suavemente, en especial a un niño que está en una cuna o que se tiene en brazos.

acuñar v. tr. **1** Sujetar o ajustar con cuñas: *hay que acuñar la mesa para que no baile.* **2** Imprimir un objeto de metal, especialmente una moneda o una medalla: *en la Fábrica Nacional de Moneda y Timbre se acuñan las monedas españolas.* **3** Crear una expresión, especialmente cuando logra cierta popularidad o pasa a formar parte de la lengua común.
DER acuñación.

acuoso, -sa adj. **1** Que tiene mucha agua: *disolución acuosa.* **2** Parecido al agua o que posee alguna de sus características: *en el fondo del vaso había una especie de sustancia acuosa.* **3** [fruta] Que tiene mucho jugo.

acupuntura n. f. Procedimiento médico de origen oriental que consiste en clavar agujas en puntos especiales del cuerpo humano para aliviar dolores, anestesiar determinadas zonas y curar ciertas enfermedades.

acurrucarse v. prnl. Doblarse y encogerse para ocupar el menor espacio posible, generalmente por miedo o frío.
OBS En su conjugación, la *c* se convierte en *qu* delante de *e*.

acusación n. f. **1** Atribución a una persona de un delito, una culpa o una falta. **2** Cargo del que se culpa a una persona. **3** DER. Parte que acusa en un juicio. ANT defensa.

acusado, -da n. m. y f. **1** Persona a quien se acusa. ◆ adj. **2** Que destaca y se percibe con claridad: *con su comportamiento está mostrando un acusado complejo de inferioridad.* SIN marcado.

acusar v. tr. **1** Atribuir a una persona la responsabilidad de un hecho que va en contra de la ley o la moral o que perjudica injustamente a otra. SIN culpar. **2** Hacer ver o mostrar cierta cosa, especialmente refiriéndose a un dispositivo o aparato: *el sismógrafo acusó un movimiento de escasa magnitud.* **3** Notificar o avisar de que se ha recibido una carta o un mensaje. **4** Manifestar, mostrar algo a causa de una cosa o como consecuencia de ella: *aún acusa los efectos de su reciente enfermedad.* ◆ v. prnl. **5** acusarse Expresar o admitir haber cometido una falta o delito.
DER acusación, acusado, acusativo, acuse, acusica; excusar.

acusativo n m. GRAM. Caso de la declinación de algunas lenguas, como el latín, que expresa el objeto directo de la acción del verbo.

acústica n. f. **1** Parte de la física que se ocupa de la producción, transmisión, recepción y control del sonido. **2** Condiciones en que se oye el sonido en un local: *el concierto fue bueno, pero fallaba la acústica del recinto.*

acústico, -ca adj. **1** Del órgano del oído o que tiene relación con él: *nervio acústico.* **2** De la acústica o relacionado con esta parte de la física: *hay que mejorar las condiciones acústicas del local.* **3** Que permite reproducir o aumentar el sonido.

DER acústica.

acutángulo, -la adj. [triángulo] Que tiene tres ángulos de menos de 90 grados.

ad hoc Expresión latina con la que se indica que algo es especialmente adecuado o propicio para un determinado fin.

adagio n. m. **1** Sentencia o frase corta de origen popular que expresa un contenido moral o doctrinal. SIN aforismo, proverbio, refrán. **2** MÚS. Composición o parte de ella caracterizada por tener un movimiento muy lento y majestuoso. ◆ adv. **3** MÚS. Con movimiento o tiempo musical lento y majestuoso.

adalid n. m. **1** Jefe o caudillo de un grupo de soldados o guerreros. ◆ n. com. **2** Guía o líder de un movimiento, escuela o tendencia, especialmente el que destaca por su defensa y sostenimiento.

adán n. m. Hombre mal vestido, sucio y descuidado en su aspecto externo.

adaptación n. f. **1** Ajuste o acomodación de una cosa con otra. SIN adecuación. **2** Transformación de una cosa para que desempeñe funciones distintas de aquellas para las que había sido construida. **3** Modificación de una obra intelectual para presentarla de forma distinta de la original u ofrecerla a otro destinatario: *debes encargarte de la adaptación de la novela para una película.* **4** Proceso por el que un ser vivo se acomoda al medio en que vive y a sus cambios: *su investigación trata de la adaptación de los elefantes a la vida en el zoo.*

adaptador, -ra adj./ n. m. y f. **1** [persona] Que adapta una obra intelectual para que pueda presentarse de forma distinta de la original u ofrecerla a otro destinatario. ◆ n. m. **2** Instrumento o mecanismo que sirve para acoplar elementos de distinto tamaño, uso, diseño o finalidad.

adaptar v. tr./ prnl. **1** Ajustar o acomodar una cosa a otra: *compraremos un vehículo que se adapte a nuestras necesidades.* SIN ajustar, amoldar, conformar. **2** Preparar una cosa para que desempeñe una función distinta de la original. **3** Dar a una obra intelectual forma distinta de la original para que pueda ser difundida por un medio y entre un público distintos de aquellos para los que fue concebida. ◆ v. prnl. **4** adaptarse Acomodarse o ajustarse a una situación o un lugar distinto del habitual: *debes adaptarte a tu nuevo colegio y hacer nuevos amigos.*

DER adaptable, adaptación, adaptador; readaptar.

adarga n. f. Escudo de cuero con forma ovalada o de corazón que sirve para defenderse: *don Quijote era un hidalgo caballero de los de adarga antigua, rocín flaco y galgo corredor.*

a. de C. Abreviatura de *antes de Cristo*: *siglo VII a. de C.*

OBS También se abrevia *a. C.*

adecentar v. tr./ prnl. Poner limpio y en orden: *para poder estudiar en tu habitación es imprescindible que la adecentes un poco.* SIN asear.

adecuación n. f. Ajuste o acomodación de una cosa con otra. SIN adaptación.

adecuado, -da adj. Que se ajusta o acomoda a ciertas condiciones o circunstancias: *en la ceremonia debes llevar un traje adecuado.* ANT inadecuado.

adecuar v. tr./ prnl. Ajustar o acomodar una cosa a otra: *hemos adecuado el producto a las necesidades del público.* SIN adaptar.

DER adecuación, adecuado.

adefesio n. m. Persona o cosa muy fea, ridícula o extravagante: *estás hecho un adefesio con ese traje tan desgastado y anticuado.*

adelantado, -da adj. **1** [persona] Que muestra cualidades físicas o intelectuales más desarrolladas de lo que le corresponde por su edad. SIN precoz. **2** Que tiene ideas o actitudes propias de un tiempo futuro: *es una obra muy adelantada para su época.*

▶ por adelantado Antes de que ocurra o se cumpla otra cosa: *pagar por adelantado.*

adelantamiento n. m. **1** Acción de adelantar o adelantarse: *en ese tramo de carretera está prohibido el adelantamiento.* **2** Desarrollo o progreso alcanzado por una persona, una sociedad, etc. SIN adelanto. ANT atraso.

adelantar v. tr./ prnl. **1** Mover o llevar a alguien o algo hacia delante: *los voluntarios se adelantaron unos pasos.* ◆ v. tr. **2** Hacer u ocurrir

adecuar

INDICATIVO	SUBJUNTIVO
presente	**presente**
adecúo o adecuo	adecúe o adecue
adecúas o adecuas	adecúes o adecues
adecúa o adecua	adecúe o adecue
adecuamos	adecuemos
adecuáis	adecuéis
adecúan o adecuan	adecúen o adecuen
pretérito imperfecto	**pretérito imperfecto**
adecuaba	adecuara o adecuase
adecuabas	adecuaras o adecuases
adecuaba	adecuara o adecuase
adecuábamos	adecuáramos o adecuásemos
adecuabais	adecuarais o adecuaseis
adecuaban	adecuaran o adecuasen
pretérito perfecto simple	**futuro**
adecué	adecuare
adecuaste	adecuares
adecuó	adecuare
adecuamos	adecuáremos
adecuasteis	adecuareis
adecuaron	adecuaren
futuro	IMPERATIVO
adecuaré	adecúa o adecua (tú)
adecuarás	adecúe o adecue (usted)
adecuará	adecuad (vosotros)
adecuaremos	adecúen o adecuen (ustedes)
adecuaréis	
adecuarán	
condicional	FORMAS NO PERSONALES
adecuaría	**infinitivo** adecuar
adecuarías	**gerundio** adecuando
adecuaría	**participio** adecuado
adecuaríamos	
adecuaríais	
adecuarían	

antes del tiempo previsto o normal: *adelantar el viaje.* SIN anticipar. **3** Pagar una cantidad de dinero antes de que el trabajo correspondiente esté terminado. SIN anticipar. **4** Comunicar la voluntad o intención de hacer una cosa: *me adelantó su intención de convocar a la prensa para anunciar su dimisión.* SIN anticipar. **5** Ser indicio o señal de una cosa que ocurrirá a continuación: *el cruce de declaraciones de los entrenadores permite adelantar que el partido será bronco.* SIN anticipar. **6** Conseguir o llegar a tener: *¿qué adelantas con eso?* **7** Hacer que un reloj señale un tiempo que todavía no ha llegado: *esta noche hay que adelantar el reloj una hora.* ANT atrasar, retrasar. **8** Superar a otra persona o hacerse mejor que ella: *a veces el alumno adelanta al maestro.* **9** Ponerse delante. ◆ v. tr./ intr. **10** Progresar o avanzar; hacer progresar o avanzar: *si no pone interés, no adelantará en sus estudios.* ANT atrasar, retrasar. ◆ v. intr./ prnl. **11** Marcar un reloj un tiempo posterior al real: *he de llevar mi reloj al relojero porque adelanta mucho.* ANT atrasar. ◆ v. prnl. **12** adelantarse Actuar una persona con mayor rapidez de movimientos o ideas que otra: *se me adelantó un cliente en el súper y se llevó el último detergente de oferta.*

DER adelantado, adelantamiento, adelanto.

adelante adv. **1** Hacia el frente: *dio un paso adelante.* ANT atrás. **2** Más allá en el tiempo o en el espacio: *seguiremos adelante con el proyecto.* ◆ int. **3** ¡adelante! **a.** Expresión que indica que se puede pasar: *—¿Se puede? —¡Adelante!* **b.** Expresión que se usa para dar ánimo: *¡adelante, Manolo, que lo estás haciendo muy bien!* en adelante o de aquí en adelante En el futuro; después de un momento dado. más adelante Después en el tiempo o en el espacio: *hablaré contigo más adelante; pon la silla más adelante.* sacar adelante Hacer que algo tenga un buen desarrollo o un buen fin: *hemos conseguido sacar adelante el proyecto.* salir adelante Abrirse camino, hallar los medios para vencer las dificultades: *aunque seamos jóvenes sabremos salir adelante.*

adelanto n. m. **1** Anticipación en el tiempo o en el espacio en relación con lo previsto o lo regular. ANT retraso. **2** Avance o mejora: *los adelantos científicos.* **3** Cantidad de dinero que se paga o se recibe antes de que se cumplan determinadas condiciones: *pedir un adelanto.* SIN anticipo.

adelgazante adj./ n. m. [sustancia, ejercicio] Que adelgaza o sirve para adelgazar.

adelgazar v. intr./ prnl. **1** Perder peso o grosor: *no debes obsesionarte con la idea de adelgazar.* ANT engordar. ◆ v. tr./ intr. **2** Dejar con menor peso, intensidad o tamaño: *al alejarse las luces se iban adelgazando.* ANT engordar. **3** Hacer parecer más delgado: *dicen que la ropa de color negro adelgaza mucho la figura.*

OBS En su conjugación, la *z* se convierte en *c* delante de *e*.

ademán n. m. **1** Movimiento o actitud del cuerpo o de una de sus partes con que se manifiesta un estado de ánimo o una intención. ◆ n. m. pl. **2** ademanes Conjunto de acciones de una persona con las que muestra su buena o mala educación: *tiene los ademanes típicos de un caballero.*

además adv. Indica que la acción del verbo al que acompaña ocurre añadida a otra ya expresada; añade idea de 'también', 'a la vez', 'por añadidura'.
▶ **además de** Aparte de: *además de su belleza, tiene una inteligencia notable.*

adenda n. f. Adiciones o complementos añadidos a una obra escrita y terminada.
OBS También se escribe *addenda.*

adentrarse v. prnl. **1** Penetrar hacia la parte interior. **2** Profundizar en un asunto o un problema: *la próxima semana nos adentraremos en el estudio de su obra.*

adentro adv. **1** A la parte interior, en el interior: *venid adentro.* SIN dentro. ANT afuera. ◆ n. m. pl. **2 adentros** Interior de una persona, sus pensamientos y sus sentimientos: *me dije para mis adentros que no debía tener miedo.*
DER adentrarse.

adepto, -ta adj./ n. m. y f. **1** [persona] Que es partidario de una persona o una idea. **2** Afiliado a una secta o una asociación: *el líder de la secta llegó acompañado de sus principales adeptos.* SIN incondicional.

aderezar v. tr. **1** Echar especias u otras sustancias a las comidas para que tengan más sabor o el sabor deseado: *adereza la ensalada con sal, aceite y vinagre.* SIN condimentar, aliñar, sazonar. ◆ v. tr./ prnl. **2** Arreglar algo o a alguien para embellecerlo: *aderezaron la carreta para llevarla a la romería.* SIN aliñar.
OBS En su conjugación, la *z* se convierte en *c* delante de *e.*
DER aderezo.

aderezo n. m. **1** Acción de aderezar un alimento: *yo hago la ensalada pero, luego tú te encargas de su aderezo.* SIN aliño, condimentación. **2** Salsa, condimento u otra sustancia que se añade a la comida para darle más sabor o hacerla más gustosa: *¿qué aderezo lleva este guiso?* SIN aliño. **3** Adorno o conjunto de adornos que se emplean para mejorar el aspecto de una persona, un animal o una cosa: *vació el cofre de las prendas y los aderezos que contenía.*

adherencia n. f. **1** Unión de una cosa a otra mediante una sustancia que las aglutina. **2** Capacidad de una cosa para mantener esta unión con otra: *se han hecho muchos estudios sobre la adherencia de los neumáticos.*

adherente adj. Que adhiere o tiene poder de adherir: *un neumático adherente.*
DER adherencia; antiadherente.

adherir v. tr./ prnl. **1** Unir o quedar unido mediante una sustancia aglutinante: *adherir un pósit en la página.* ◆ v. prnl. **2 adherirse** Estar de acuerdo con una idea u opinión: *me adhiero al parecer de la mayoría.* **3** Unirse a una persona o afiliarse a un grupo o una doctrina.
OBS En su conjugación, la *e* se convierte en *ie* en sílaba acentuada o en *i* en algunos tiempos y personas, como en *hervir.*
DER adherencia, adherente, adhesión, adhesivo; antiadherente.

adhesión n. f. **1** Unión y acuerdo con una idea u opinión. **2** Declaración pública de apoyo a alguien o algo o de solidaridad con alguien o algo: *al final de la manifestación se leyó un escrito de adhesión con el secuestrado.*

adhesivo, -va adj./ n. m. y f. **1** Que puede unir o pegar: *cinta adhesiva.* ◆ n. m. **2** Sustancia que, interpuesta entre dos superficies, sirve para unirlas o pegarlas. **3** Objeto de papel o plástico que se puede pegar a una superficie por ir provisto de una sustancia pegajosa: *colocó en su puerta un adhesivo que decía: Prohibido fumar.*
DER autoadhesivo.

adicción n. f. Dependencia física y psíquica de alguna droga provocada por el consumo habitual de esta.

adición n. f. **1** Ampliación de una cosa principal a la que se añade otra. **2** Operación que consiste en unir varias cantidades en una sola: *este ejercicio se resuelve con una simple adición.* SIN suma. ANT sustracción. **3** Cantidad que resulta de esa operación: *12 es la adición de 6 más 6.* SIN suma. **4** Parte añadida en una obra o escrito.
DER adicional, adicionar, aditamento, aditivo.

adicional adj. Que se añade a una cosa principal: *recibe una paga adicional por un trabajo que hace por las tardes.*

adicionar v. tr. Hacer o poner adiciones o añadidos.

adictivo, -va adj. [producto, sustancia] Que crea adicción: *las anfetaminas, los barbitúricos o el alcohol son sustancias adictivas.*

adicto, -ta adj./ n. m. y f. **1** [persona] Que tiene dependencia física o psíquica de una droga ocasionada por el consumo habitual de esta. **2** [persona] Que está de acuerdo con una idea o una tendencia y la defiende. SIN partidario.
DER adicción.

adiestrar v. tr. **1** Enseñar a desarrollar una

habilidad manual o a realizar un ejercicio físico: *adiestró a los alumnos en el manejo del arco.* ◆ v. prnl. **2** adiestrarse Practicar una habilidad manual o un ejercicio físico: *adiestrarse en el manejo de la pelota.*
DER adiestramiento.

adinerado, -da adj. [persona] Que tiene mucho dinero. **SIN** rico.

adiós int. **1** Expresión que se usa para despedirse; puede ir acompañada con un gesto de la mano. **ANT** hola. **2** Expresión que se usa para indicar sorpresa o contrariedad: *¡adiós!, se me han olvidado las llaves.* ◆ n. m. **3** Despedida: *mucha gente se entristece cuando llega el momento del adiós.* decir adiós Abandonar a alguien o algo o despedirse de ellos: *algunas guerras obligan a la gente a decir adiós a su casa y su ciudad e irse a otro lugar lejano.*

adiposo, -sa adj. Graso o gordo; que tiene la naturaleza de la grasa: *tejido adiposo.*
DER adiposidad.

aditivo n. m. Sustancia que se añade a otra para aumentar o mejorar sus cualidades o darle propiedades nuevas: *toma alimentos naturales sin aditivos ni conservantes.*

adivinación n. f. Supuesta facultad que tienen algunas personas para conocer hechos del futuro mediante el uso de la magia o de procedimientos que nada tienen que ver con la ciencia o la razón.

adivinador, -ra adj./ n. m. y f. Que adivina: *en el pueblo se le atribuían poderes misteriosos, por eso tenía fama de bruja y de adivinadora.*

adivinanza n. f. Frase o pregunta que como pasatiempo o juego propone una persona a otra para que le encuentre el sentido oculto o le dé una solución. **SIN** acertijo, enigma, rompecabezas.

adivinar v. tr. **1** Conocer un hecho del futuro mediante el uso de la magia o de procedimientos que nada tienen que ver con la razón o la ciencia. **2** Descubrir o acertar más con la intuición o la imaginación que con la razón y los conocimientos. ◆ v. prnl. **3** adivinarse Empezar a distinguirse con la vista sin llegar a verse con claridad: *desde Tarifa se adivina la costa de África.*
DER adivinación, adivinador, adivinanza, adivinatorio, adivino.

adivino, -na n. m. y f. Persona que predice el futuro a partir de agüeros o conjeturas o que descubre cosas ocultas o misteriosas usando la magia. **SIN** mago.

adjetivación n. f. **1** Aplicación de uno o más adjetivos a un sustantivo. **2** Conjunto de adjetivos o modo de adjetivar de una obra, autor, período o estilo. **3** GRAM. Conversión en adjetivo de una palabra o frase que tiene otro valor: *en «coche bomba» se ha producido la adjetivación del sustantivo «bomba».*

adjetivar v. tr. **1** Aplicar un adjetivo a un sustantivo. **2** GRAM. Dar función de adjetivo a palabras o frases que tienen otro valor. **3** Calificar, juzgar o dar una opinión sobre algo.
DER adjetivación.

adjetivo, -va adj. **1** Que es secundario, accesorio o accidental: *olvida las cuestiones adjetivas y ocúpate de lo esencial.* **2** GRAM. Que funciona como adjetivo: *en la frase la casa que estaba junto al río ha sido derribada, que estaba junto al río funciona como adjetivo de casa.* **3** Del adjetivo o relacionado con esta clase de palabras: *locución adjetiva.* ◆ n. m. **4** Palabra que acompaña al sustantivo para calificarlo o determinarlo: *el adjetivo concuerda en género y número con el nombre al que acompaña.*
▶ adjetivo calificativo GRAM. Adjetivo que expresa una cualidad: *los adjetivos que indican color son calificativos.* adjetivo comparativo GRAM. Adjetivo que expresa comparación: *el adjetivo «mejor» es comparativo.* (adjetivo) gentilicio GRAM. Adjetivo que expresa el lugar de origen: *el «adjetivo gentilicio» de España es «español».* adjetivo positivo GRAM. Adjetivo que tiene significación absoluta: *«peor» es el adjetivo comparativo correspondiente al adjetivo positivo «malo».* adjetivo superlativo GRAM. Adjetivo que indica el grado más alto de la cualidad que expresa: *la palabra «ilustrísimo» es un adjetivo superlativo.*
DER adjetival, adjetivar.

adjudicación n. f. Acción de adjudicar o adjudicarse: *la adjudicación definitiva de las obras está prevista, en principio, para el próximo mes de noviembre.*

adjudicar v. tr. **1** Declarar que una cosa a la que aspiran varias personas o entidades corresponde a una de ellas: *espera que le adjudiquen una vivienda de protección oficial.* ◆ v. prnl. **2** adjudicarse Apropiarse alguien una cosa, generalmente de forma indebida: *pretende adjudicarse todos los méritos.* **3** Conquistar, ganar, obtener un premio o el triunfo en una competición: *si este equipo sigue jugando así, no le será difícil adjudicarse el campeonato.*

OBS En su conjugación, la *c* se convierte en *qu* delante de *e*.
DER adjudicación, adjudicatario.

adjuntar v. tr. Añadir o agregar a lo que se envía: *adjunta la factura con los libros y envía el pedido.*
DER adjunto.

adjunto, -ta adj. **1** Que está junto a otra cosa o va con ella: *para su instalación léase el folleto adjunto.* NOTA En el lenguaje comercial o administrativo suele tomar valor adverbial: *adjunto le remito el libro que pidió.* ◆ adj./ n. m. y f. **2** [persona] Que acompaña o ayuda a otro en un cargo o trabajo: *director adjunto.*

administración n. f. **1** Conjunto de funciones cuyo fin es administrar: *administración de empresas.* **2** Cargo de administrador. **3** Oficina o lugar donde se administra un negocio o un organismo. administración de Correos Oficina o lugar donde se hacen las operaciones necesarias para el envío y reparto de las cartas. administración de lotería Local donde se vende lotería y se cobran los premios. **4** Conjunto de medios y personas que se dedican a administrar una empresa o un organismo o una parte de ellos. Administración Pública Conjunto de organismos y personas que se dedican a administrar los asuntos de un estado. **5** Acción de aplicar o hacer tomar una medicina: *este medicamento es de administración oral.*

administrador, -ra adj./ n. m. y f. **1** Que administra: *Hacienda es la entidad administradora de los bienes del Estado.* ◆ n. m. y f. **2** Persona que se dedica a administrar los bienes de otros. SIN gestor.

administrar v. tr./ prnl. **1** Organizar una economía o cuidar unos bienes o unos intereses: *su hijo administra la empresa.* **2** Medir o graduar el uso de una cosa para obtener un resultado mejor: *el atleta no supo administrar sus fuerzas.* ◆ v. tr. **3** Aplicar o hacer tomar una medicina: *el médico no es partidario de administrarle calmantes.* **4** Repartir, dar o conferir un sacramento.
DER administración, administrador, administrativo.

administrativo, -va adj. **1** De la administración o relacionado con ella. ◆ adj./ n. m. y f. **2** [persona] Que trabaja en las tareas de administración de una empresa o institución pública: *necesito un administrativo con conocimientos de contabilidad e informática.*

admirable adj. Que causa o produce admiración o sorpresa. SIN asombroso, sorprendente.

admiración n. f. **1** Valoración muy positiva de una persona o de una cosa por sus cualidades. **2** Sorpresa o extrañeza que alguien causa o siente: *se ganó la admiración del público.* **3** GRAM. Signo de ortografía que se coloca al principio (¡) y al final (!) de palabras o frases para expresar sorpresa, exclamación o emociones. SIN exclamación.

admirador, -ra adj./ n. m. y f. [persona] Que admira a una persona o cosa.

admirar v. tr. **1** Tener en gran estima a una persona o cosa por lo extraordinario de sus cualidades. **2** Provocar sorpresa o admiración: *con su descubrimiento admiró al mundo.* **3** Contemplar con interés o placer a una persona o cosa por sus extraordinarias cualidades. ◆ v. prnl. **4** admirarse Sorprenderse; considerar muy extraño.
DER admirable, admiración, admirador, admirativo.

admirativo, -va adj. Que siente o expresa admiración.

admisible adj. Que puede admitirse o aceptarse.
DER inadmisible.

admisión n. f. Acción de admitir: *mañana se cierra el plazo de admisión de solicitudes.* SIN aceptación.
▶ reservado el derecho de admisión Expresión que indica que los dueños de un local tienen derecho a elegir las personas que pueden entrar en él.

admitir v. tr. **1** Recibir o aceptar: *no lo han admitido en ese colegio.* **2** Reconocer como cierta una cosa: *no quiso admitir que estaba equivocado.* **3** Permitir o soportar: *esta prenda no admite más lavados.* **4** Tener capacidad: *el depósito admite solamente 20 litros.*
DER admisible, admisión; readmitir.

ADN n. m. **1** Proteína compleja que se encuentra en el núcleo de las células y constituye el principal constituyente del material genético de los seres vivos. **2** Conjunto de cualidades inherentes e inamovibles de una persona o cosa: *la obediencia forma parte del ADN del soldado profesional; la defensa de los desfavorecidos constituye el ADN de esa organización no gubernamental.*
OBS La forma internacional es DNA.

adobar v. tr. **1** Poner la carne u otro alimen-

to en adobo para conservarlo o darle sabor: *adobó el pollo antes de cocinarlo.* **2** Curtir las pieles y componerlas para varios usos.
DER adobe, adobo.

adobe n. m. Ladrillo que se hace con una masa de barro y paja secada al sol.

adobo n. m. Composición o mezcla hecha con sal, vinagre y distintas especias que se usa para conservar y dar sabor a las carnes y otros alimentos.

adoctrinar v. tr. Enseñar los principios de una determinada ideología con la intención de ganar partidarios.
DER adoctrinamiento.

adolecer v. intr. **1** Tener algún defecto. **2** Padecer una enfermedad: *adolece de los nervios.*
OBS No se debe confundir con *carecer*. En su conjugación, la *c* se convierte en *zc* delante de *a* y *o*, como en *agradecer*.

adolescencia n. f. Período de la vida que sucede a la niñez y transcurre desde la pubertad hasta el completo desarrollo del organismo: *durante la adolescencia los jóvenes experimentan numerosos cambios.*

adolescente adj./ n. com. [persona] Que está en la adolescencia.
DER adolescencia.

adonde adv. Al lugar en que ocurre una acción o al que se dirige una cosa: *conozco el bar adonde suele ir.*

adónde adv. A qué lugar: *¿adónde vas?*

adopción n. f. **1** Toma de una decisión o de un acuerdo tras discusión o deliberación: *adopción de medidas drásticas.* **2** Consideración como propias de ideas o costumbres ajenas. **3** Acción legal por la que una persona toma como hijo propio a uno que ha nacido de otros padres.

adoptar v. tr. **1** Elegir o tomar como propio, especialmente ideas o costumbres ajenas. **2** Decidir o acordar algo después de examen o deliberación: *el Gobierno adoptará medidas urgentes.* **3** Tomar o recibir un carácter o una forma determinada: *la arcilla puede adoptar formas diversas.* **4** Tomar o considerar como propia una decisión: *adoptó una postura intransigente.* **5** Tomar legalmente como hijo propio a uno que ha nacido de otros padres.
DER adopción, adoptivo.

adoptivo, -va adj. **1** [persona, cosa] Que se toma o elige como propia aunque no lo sea: *patria adoptiva.* **2** [persona] Que adopta o es adoptado: *hija adoptiva; padre adoptivo.*

adoquín n. m. Piedra labrada en forma de bloque rectangular que se usa para pavimentar las calles o las carreteras.
DER adoquinar.

adoración n. f. **1** Ceremonia o culto que se da a lo que es o se considera divino: *la adoración de los Reyes Magos.* **2** Amor muy profundo: *siente adoración por sus padres.*

adorar v. tr. **1** Rendir culto a lo que es o se considera divino. **2** Amar mucho: *el abuelo adora a su nieto.* **3** Considerar muy bueno o agradable: *desde pequeño adora los deportes.*
DER adorable, adoración, adorador.

adormecer v. tr. **1** Hacer caer a alguien en estado de somnolencia: *el relajante muscular me adormece.* **2** Calmar un dolor o una pena o hacer disminuir su fuerza. ◆ v. prnl. **3 adormecerse** Quedarse dormido o adormecido: *prepararé un café, pues estamos empezando a adormecernos.* **4** Perder la capacidad de sentir o de mover una parte del cuerpo durante un tiempo corto: *se me ha adormecido la pierna.*
OBS En su conjugación, la *c* se convierte en *zc* delante de *a* y *o*, como en *agradecer*.
DER adormecimiento, adormidera, adormilarse.

adornar v. tr./ prnl. **1** Poner adornos para hacer que algo resulte más bonito y agradable.
SIN ornamentar, ornar. **2** Servir una cosa para dar un aspecto más bello o agradable a otra: *las flores adornan mucho en una casa.* **3** Dotar de cualidades positivas a una persona: *la naturaleza le adornó con muchas virtudes.* **4** Tener una cualidad positiva: *son muchas las virtudes que le adornan.*
DER adorno.

adorno n. m. Cosa que sirve para hacer más bello, agradable o atractivo un objeto o un lugar.
▶ **de adorno** Que solo sirve para adornar, que no es útil ni tiene una función real.

adosar v. tr. Poner una cosa contigua a otra en la que se apoya por la espalda o por los lados.
DER adosado.

adquirir v. tr. **1** Llegar a tener o conseguir algo: *pronto adquirió la costumbre de madrugar.* **2** Comprar cosas.
OBS En su conjugación, la *i* se convierte en *ie* en sílaba acentuada.
DER adquisición.

adquisición n. f. **1** Compra u obtención de una cosa. **2** Cosa que se compra o se consigue: *esta motocicleta es mi última adquisición.*
DER adquisitivo.

adquisitivo, -va adj. Que sirve para adquirir o comprar: *ha prometido mantener el poder adquisitivo de las pensiones.*

adrede adv. De propósito, con intención, deliberadamente: *es cierto que lo he roto yo, pero no ha sido adrede.*

adrenalina n. f. **1** Hormona segregada por las glándulas suprarrenales. Funciona como un neurotransmisor del sistema nervioso para dar respuestas a los estímulos. **2** Carga emocional intensa.

adscribir v. tr./ prnl. **1** Destinar o poner a alguien en determinado departamento o trabajo: *debes adscribir un empleado más al departamento de ventas.* **2** Considerar a una persona como perteneciente a determinado grupo o ideología. ◆ v. tr. **3** Atribuir o contar entre lo que corresponde a una persona o cosa: *han adscrito el caso a otro juzgado.*
DER adscripción, adscrito.

adscripción n. f. **1** Agregación de una persona a un cuerpo o destino. **2** Consideración de una persona como perteneciente a un grupo o doctrina.

adscrito, -ta part. Participio irregular de *adscribir.* También se usa como adjetivo: *un monasterio adscrito a la orden cluniacense.*

ADSL n. m. Línea digital de banda ancha con gran capacidad para la transmisión de datos a través de la red de telefonía básica.

adsorción n. f. FÍS. Fenómeno por el cual un sólido o un líquido atrae y retiene en su superficie gases, vapores, líquidos o cuerpos disueltos, materiales dispersos o coloides: *las caretas antigás aplican el fenómeno de adsorción.*

aduana n. f. Oficina pública, situada generalmente en las fronteras o pasos entre dos países, donde se registran las mercancías que entran o salen y donde se cobran los derechos o tasas correspondientes: *hay aduanas en las fronteras terrestres, puertos y aeropuertos.*
DER aduanero.

aducir v. tr. Exponer pruebas y argumentos para demostrar o justificar algo.
OBS En su conjugación, la *c* se convierte en *zc* delante de *a* y *o* y el pretérito perfecto simple es irregular, como en *conducir.*
DER aducción, aductor.

adueñarse v. prnl. **1** Hacerse dueño de una cosa, apoderarse de ella. **2** Apoderarse, hacerse dominante algo en una persona o grupo, especialmente un sentimiento o una sensación.

adulación n. f. Muestra exagerada de admiración que se hace para conseguir el favor de una persona. SIN halago.

adular v. tr. Mostrar admiración exagerada a una persona o decirle cosas agradables para ganar su voluntad o conseguir su favor.
DER adulación, adulador.

adulterar v. tr./ prnl. **1** Alterar o hacer perder la calidad y pureza de algo, generalmente añadiendo una sustancia extraña. **2** Cambiar la naturaleza o el sentido de una cosa: *no adulteres mis palabras.*
DER adulteración, adulterio.

adulterio n. m. Relación sexual de una persona casada con otra que no es su cónyuge: *cometer adulterio.*
DER adúltero.

adúltero, -ra adj./ n. m. y f. [persona] Que engaña a su cónyuge manteniendo relaciones sexuales con otra persona: *se separó de su marido por adúltero.*

adulto, -ta adj./ n. m. y f. **1** [ser vivo] Que ha llegado a su pleno desarrollo tanto físico como psicológico. ◆ adj. **2** Que se considera propio de esa edad en que se alcanza pleno desarrollo. **3** Que ha llegado a cierto grado de perfección, de madurez o de experiencia: *ya tenemos una democracia adulta.*

adusto, -ta adj. **1** [persona] Que es seco y serio en el trato. **2** [terreno, paisaje] Que está seco o quemado.

adverbial adj. **1** Del adverbio o relacionado con esta clase de palabras. **2** GRAM. Que hace las funciones propias de un adverbio: *locución adverbial.*

adverbio n. m. GRAM. Palabra que no varía su forma y que modifica a un verbo, a un adjetivo, a otro adverbio o a toda la oración: *los adverbios pueden indicar lugar, tiempo, modo, cantidad, afirmación, negación, duda y otras cosas.*
DER adverbial.

adversario, -ria n. m. y f. Persona o grupo que es enemigo, competidor o contrario.

adversativo, -va adj./ n. f. **1** GRAM. [oración] Que indica oposición o restricción al significado de otra oración: *en la oración «íbamos a salir de compras, pero empezó a llover», la oración adversativa es «pero empezó a llover».* **2** GRAM. [conjunción] Que introduce una oración de esa clase: *pero y sin embargo son conjunciones adversativas.*

adversidad n. f. **1** Carácter opuesto y desfavorable que presenta una cosa: *su salud se resiente con la adversidad del clima.* **2** Situación contraria o poco favorable: *hay que hacer frente a la adversidad.* **3** Desgracia o accidente.

adverso, -sa adj. Que es contrario o negativo: *suerte adversa; resultado adverso.*
DER adversario, adversativo, adversidad.

advertencia n. f. Noticia o información que se da a alguien, especialmente para avisarle o aconsejarle sobre alguna cosa.

advertido, -da adj. [persona] Que tiene suficiente experiencia y capacidad para hacer o entender algo: *su última novela estaba dirigida a un público advertido y conocedor de su obra.* SIN iniciado.

advertir v. tr. **1** Llamar la atención o avisar de alguna cosa. **2** Darse cuenta, notar: *nada más llegar advirtieron que no eran bien recibidos.* SIN observar, reparar.
OBS En su conjugación, la *e* se convierte en *ie* en sílaba acentuada o en *i* en algunos tiempos y personas, como en *hervir.*
DER advertencia, advertido.

adviento n. m. Período que señala el comienzo del año litúrgico cristiano y comprende las cuatro semanas anteriores a la Navidad; empieza el domingo más próximo al día de san Andrés (30 de noviembre): *calendario de Adviento; los cuatro domingos de Adviento.*
OBS Suele escribirse con mayúscula.

adyacente adj. Que está muy próximo o unido a otra cosa: *la explosión provocó la rotura de cristales de los edificios adyacentes al lugar del atentado.*
DER adyacencia.

aéreo, -a adj. **1** Que está o se hace en el aire: *fotografía aérea.* **2** Del aire o relacionado con él. **3** De la aviación o relacionado con ella: *puente aéreo; espacio aéreo.* **4** Ligero, sutil, vaporoso.
DER antiaéreo.

aeróbic o **aerobic** n. m. Técnica gimnástica que se practica con música y se basa en el control del ritmo respiratorio.
OBS Es de origen inglés.

aerobio, -bia adj. [ser vivo] Que necesita respirar el oxígeno del aire para vivir.

aerodinámico, -ca adj. **1** De la aerodinámica o que tiene relación con ella. **2** Que tiene la forma adecuada para reducir la resistencia del aire: *un coche con diseño aerodinámico.*

aeroespacial adj. Relacionado con la aviación y la astronáutica conjuntamente: *las investigaciones aeroespaciales son muy costosas.*

aerogenerador n. m. Generador de energía eléctrica formado por un poste con unas aspas y un alternador: *varios aerogeneradores juntos forman un parque eólico.*

aerógrafo n. m. Aparato en forma de lápiz o pistola que sirve para pulverizar pintura mediante aire a presión sobre la superficie que se quiere pintar o dibujar.

aeromodelismo n. m. **1** Construcción de aviones a escala reducida. **2** Deporte que consiste en hacer volar aviones de escala reducida que se dirigen desde el suelo.

aeronáutico, -ca adj. Perteneciente o relativo a la construcción y mantenimiento técnico de vehículos capaces de volar y a los factores que favorecen el vuelo: *la industria aeronáutica está muy relacionada con la aviación militar.*

aeronave n. f. Vehículo capaz de navegar por el aire o por el espacio. SIN aeroplano, aparato, avión, nave.
DER aeronaval, aeronavegación.

aeroplano n. m. Vehículo con alas, más pesado que el aire, que vuela generalmente propulsado por uno o varios motores y sirve para viajar por el aire. SIN avión, aeronave, aparato, nave.

aeropuerto n. m. Lugar provisto de un conjunto de pistas, instalaciones y servicios destinados al tráfico regular de aviones.

aerosol n. m. **1** Líquido que, acumulado a presión en un recipiente, puede lanzarse al exterior esparciéndolo en forma de gotas muy pequeñas: *me han recetado un aerosol para la garganta.* **2** Recipiente o envase con un sistema para contener y hacer salir este líquido. SIN spray. **3** Suspensión de moléculas de un elemento sólido o líquido en el aire o en cualquier otro gas: *el humo, las nubes y la niebla son aerosoles naturales.*

aerostática n. f. Parte de la mecánica que estudia el equilibrio de los gases y de los sólidos sumergidos en ellos, cuando están sometidos a la acción de la gravedad exclusivamente.

aerostático, -ca adj. De la aerostática o que tiene relación con ella.

afable adj. **1** [persona] Que se comporta con amabilidad y simpatía. SIN amable, amigable. **2** Que es propio de estas personas: *trato afable; sonrisa afable.*
DER afabilidad; inefable.

afamado, -da adj. [persona, cosa] Que es muy conocido y admirado por tener características que lo distinguen de los demás: *es propietaria de una afamada escuela de danza.* SIN insigne.

afamar v. tr. Dar fama a alguien o a algo, generalmente en sentido favorable o positivo.

afán n. m. **1** Deseo intenso y ferviente que mueve a hacer una cosa: *no es bueno tener tanto afán de riquezas.* **2** Empeño o esfuerzo e interés que se pone en una cosa: *nunca le recompensaron todo el afán que ponía en su trabajo.* ◆ n. m. pl. **3** afanes Fatigas y penalidades excesivas.

afanar v. tr. **1** Robar con habilidad y sin violencia. ◆ v. prnl. **2** afanarse Dedicarse a una cosa con mucho empeño e interés: *todos se afanan en el trabajo para acabarlo a tiempo.*
DER afán, afanoso.

afanoso, -sa adj. Que trabaja mucho y de manera constante y aplicada: *hormigas afanosas.* SIN laborioso.

afasia n. f. MED. Pérdida del habla o dificultad al hablar que se produce por un daño en el cerebro.

afear v. tr./ prnl. **1** Hacer o poner feo. ANT embellecer. **2** Censurar: *su padre le afeó su conducta.*

afección n. f. Enfermedad de determinada parte del organismo.

afectación n. f. Falta de naturalidad o sencillez en la manera de hablar o de comportarse.

afectado, -da adj. Que carece de naturalidad y sencillez en la manera de hablar o comportarse.

afectar v. tr. **1** Influir, producir cierto efecto en una cosa determinada: *la huelga afectó a cinco empresas.* NOTA Se usa muy frecuentemente con el complemento de persona o cosa introducido por *a*. **2** Ser aplicable una cosa a la persona o grupo de personas que se indica: *a todos nos afecta el deterioro del medio ambiente.* **3** Producir daño o enfermedad en algún órgano o a un grupo de seres vivos, o poderlo producir: *el alcohol afecta al hígado.* **4** Poner cuidado excesivo y poco natural en la forma de hablar, moverse o actuar. **5** Dar a entender, aparentar o fingir algo que no es cierto: *está muy preparado, pero le gusta afectar ignorancia.* **6** Impresionar a una persona, causar una cosa en ella cierta sensación o emoción, especialmente de dolor o de tristeza: *nunca pensé que tus críticas me iban a afectar tanto.*
DER afección, afectación, afectado.

afectividad n. f. Conjunto de sentimientos y emociones de una persona.

afectivo, -va adj. **1** Del afecto o relacionado con este sentimiento: *siempre ha recibido un trato muy afectivo por parte de sus compañeros.* **2** De la sensibilidad o relacionado con ella.

afecto, -ta adj. **1** Que es amigo o partidario de una persona o de una cosa. ◆ n. m. **2** Sentimiento favorable hacia una persona: *te tengo un gran afecto pero no estoy enamorado de ti.*
DER afectar, afectividad, afectivo, afectuoso; desafecto.

afectuosamente adv. Con afecto; se emplea en la despedida de las cartas.

afectuoso, -sa adj. Que muestra afecto y cordialidad.
DER afectuosamente.

afeitado n. m. **1** Corte del pelo a ras de la piel, especialmente el de la cara. **2** Corte de la punta de los cuernos de los toros.

afeitar v. tr./ prnl. **1** Cortar el pelo de la cara o de otra parte del cuerpo a ras de la piel. SIN rapar, rasurar. **2** Cortar las puntas de los cuernos de los toros para que resulten menos peligrosos al torearlos.
DER afeitado, afeite.

afeite n. m. Sustancia o producto que se usa para cuidar o embellecer el pelo o la piel, especialmente la de la cara. SIN cosmético.

afelio n. m. Punto más alejado del Sol en la órbita de un planeta del sistema solar. ANT perihelio.

afeminado, -da adj. **1** Propio de la manera de hablar, gesticular o moverse que se considera característica de las mujeres. SIN amanerado. ◆ n. m./ adj. **2** Hombre que tiene movimientos y actitudes que se consideran propios de las mujeres y que siente atracción sexual hacia otros hombres. SIN marica, mariquita.

afeminar v. tr./ prnl. Tomar características que se consideran propias de las mujeres.
DER afeminado, afeminamiento.

afer n. m. **1** Negocio, asunto o caso ilegal o escandaloso: *el afer de los sobornos fue descubierto por la prensa.* **2** Relación amorosa o sexual entre dos personas que dura poco tiempo. SIN aventura, enredo, lío.

aferrar v. tr./ prnl. **1** Agarrar con mucha fuerza: *el escalador se aferró a las rocas.* ◆ v. prnl. **2** aferrarse Obstinarse, mantener con fuerza

y convicción una idea, opinión o posición: *se aferraron a un proyecto que era imposible llevar a cabo.* **3** Unirse a una persona o cosa de la que se espera un bien: *fue una mala época que superó porque se aferró a su familia.*
OBS En su conjugación, la *e* se convierte en *ie* en sílaba acentuada, como en *acertar.*
DER desaferrar.

afgano, -na adj. **1** De Afganistán o que tiene relación con este país asiático. ◆ adj./ n. m. y f. **2** [persona] Que es de Afganistán.

afianzar v. tr./ prnl. **1** Poner firme una cosa, sujetarla bien, reforzarla: *afianzaremos la puerta con un travesaño.* SIN afirmar. **2** Dar o tener una base sólida y estable.
OBS En su conjugación, la *z* se convierte en *c* delante de *e.*
DER afianzamiento.

afición n. f. **1** Gusto o interés por una cosa: *siente gran afición por la música.* **2** Actividad aparte del trabajo habitual: *durante el fin de semana se dedica a sus aficiones deportivas.* **3** Conjunto de personas que van regularmente a ver un espectáculo o una competición deportiva.
DER aficionado, aficionar.

aficionado, -da adj./ n. m. y f. **1** [persona] Que gusta de una cosa o tiene interés por ella: *aficionado a la lectura.* SIN amigo. **2** [persona] Que practica por placer una actividad, generalmente deportiva o artística, sin recibir habitualmente dinero a cambio. SIN amateur. ANT profesional. **3** [persona] Que va regularmente a ver un espectáculo o una competición deportiva por la que siente gran afición.
DER radioaficionado.

aficionar v. tr. **1** Hacer que una persona adquiera afición o interés por algo: *aficionó a sus hijos al deporte.* ◆ v. prnl. **2 aficionarse** Adquirir gusto o interés por una cosa: *aficionarse a la lectura.*

afijo, -ja adj./ n. m. GRAM. [elemento de la lengua] Que se une a una palabra o a una raíz para formar palabras nuevas a partir de ella: *tanto «pre» en «prenatal» como «ción» en «realización» son afijos.* SIN morfema derivativo.
DER afijación.

afilado, -da adj. **1** Que es delgado, puntiagudo y corta muy bien: *desde hace miles de años, las piedras afiladas se han atado o incrustado en palos para formar hachas, lanzas o flechas.* **2** [parte del cuerpo] Que es muy alargado y delgado y acaba en punta, como la cara, la nariz o los dedos. SIN delgado.

afilador, -ra n. m. y f. Persona que se dedica a afilar cuchillos y otros instrumentos cortantes.

afilar v. tr. **1** Dejar cortante el borde de un objeto o puntiagudo el extremo de una cosa: *afilar un cuchillo, afilar un lápiz.* **2** Dejar más delgada de lo normal una parte del cuerpo: *una larga huelga de hambre afiló su rostro y debilitó sus fuerzas.*
DER afilador.

afiliar v. tr./ prnl. Formar parte o incluir a una persona como miembro de un partido político, un sindicato u otra asociación: *María afilió a su marido al sindicato.*
DER afiliación.

afín adj. Que tiene una o más cosas en común con otro: *tienen gustos e ideas afines.*
DER afinidad.

afinación n. f. MÚS. Adecuación de un instrumento musical al tono justo.

afinador, -ra n. m. y f. **1** Persona que se dedica a afinar instrumentos musicales. ◆ n. m. **2** Instrumento que produce un sonido determinado y constante que sirve como referencia para afinar o entonar otros instrumentos. SIN diapasón.

afinar v. tr./ intr. **1** Hacer que una cosa sea lo más perfecta, precisa o exacta posible: *afinar la puntería.* ◆ v. tr. **2** Preparar un instrumento para que suene en el tono adecuado: *afinar el piano.* SIN templar. ◆ v. tr./ prnl. **3** Hacer fino o delgado. **4** Hacer elegante y educado en el trato. ◆ v. intr. **5** Cantar o tocar en el tono adecuado.
DER afinación, afinador; desafinar.

afinidad n. f. **1** Parecido, relación o analogía de una cosa con otra. **2** Coincidencia de gustos, caracteres u opiniones en dos o más personas. **3** Relación de parentesco entre una persona y la familia de su cónyuge: *el suegro y la nuera son parientes por afinidad.* **4** QUÍM. Tendencia de los átomos, moléculas y grupos moleculares a combinarse con otros: *los metales tienen gran afinidad con el azufre para formar compuestos.*

afirmación n. f. **1** Expresión en la que se declara una cosa como cierta o verdadera. **2** Expresión o gesto para decir que sí.

afirmar v. intr. **1** Decir que sí: *Elena afirmó con la cabeza.* ◆ v. tr. **2** Decir que una cosa es verdad: *el testigo afirmó que conocía al acusado.* SIN

asegurar, aseverar. ◆ v. tr./ prnl. **3** Sujetar bien, poner firme: *afirma la lámpara, no se nos vaya a caer encima.* SIN afianzar. ◆ v. prnl. **4** afirmarse Ratificarse en lo que se ha dicho.
DER afirmación, afirmativo; reafirmar.

afirmativo, -va adj. Que indica o expresa afirmación o da algo por cierto: *mi pregunta tuvo una respuesta afirmativa.* SIN positivo. ANT negativo.

aflautado, -da adj. De sonido dulce y melodioso como el de una flauta: *voz aflautada.*

aflicción n. f. Tristeza, pena: *la pérdida de su hijo los llenó de una profunda aflicción.*
DER aflictivo.

afligir v. tr./ prnl. Provocar tristeza y pena.
DER aflicción.

aflojar v. tr./ prnl. **1** Disminuir la presión o la fuerza de una cosa. ◆ v. intr. **2** Perder fuerza o intensidad: *saldremos más tarde, cuando afloje el calor.* **3** Perder interés por una cosa. ◆ v. tr. **4** Dar o soltar, especialmente el dinero: *afloja la pasta que me debes.*

aflorar v. intr. **1** Aparecer en la superficie de un terreno algo que estaba oculto bajo ella. **2** Aparecer o mostrarse algo oculto o interno, especialmente una cualidad o un estado de ánimo: *al cabo de un rato afloró su mal genio.*

afluencia n. f. Llegada de personas o cosas en gran cantidad: *este año se ha dado una gran afluencia de turistas.*

afluente n. m. Arroyo o río secundario que lleva sus aguas a otro mayor o principal.
DER afluencia.

afluir v. intr. **1** Llegar en gran cantidad o número a algún lugar. **2** Moverse un líquido hacia un lugar; especialmente, verter un río sus aguas en otro, en un lago o en el mar.
OBS En su conjugación, la *i* se convierte en *y* delante de *a, e* y *o,* como en *huir.*
DER afluente.

afonía n. f. Pérdida total o parcial de la voz como consecuencia de la incapacidad o dificultad en el uso de las cuerdas vocales.
DER afónico.

afónico, -ca adj. **1** [persona] Que ha perdido total o parcialmente la voz por tener una incapacidad o dificultad en el uso de las cuerdas vocales: *el público gritó hasta ponerse afónico.* **2** [voz, instrumento] Que suena muy bajo o apagado: *se volvió hacia él y le habló con voz afónica.*

aforismo n. m. Sentencia o frase corta que expresa un contenido moral o resume algún conocimiento esencial. SIN adagio, proverbio, refrán.
DER aforístico.

aforístico, -ca adj. Del aforismo o relacionado con esta técnica doctrinal.

aforo n. m. Capacidad total de un recinto destinado a espectáculos públicos.

afortunado, -da adj./ n. m. y f. **1** [persona] Que tiene buena suerte: *los afortunados podían elegir entre el coche y el viaje.* SIN agraciado. ANT desafortunado. ◆ adj. **2** Que se consigue con buena suerte. **3** Que es acertado o a propósito para un fin determinado: *ha sido una idea afortunada.* ANT desafortunado.
DER afortunadamente; desafortunado.

afrancesado, -da adj./ n. m. y f. **1** Que tiene características propias de la cultura francesa. **2** [persona] Que durante la guerra de la Independencia defendía la invasión francesa y el gobierno de Napoleón en España.

afrancesar v. tr./ prnl. Adoptar y difundir ideas o costumbres propias de la cultura francesa.
DER afrancesado, afrancesamiento.

afrenta n. f. **1** Obra o dicho en que se muestra poca estimación hacia una persona y se pone en duda su honradez u honor. SIN ofensa. **2** Vergüenza y deshonor: *la familia sufrió la afrenta con resignación.*
DER afrentar.

afrentar v. tr. **1** Causar afrenta o deshonra a alguien. ◆ v. prnl. **2** afrentarse Sentirse ofendido.

africado, -da adj./ n. f. GRAM. [consonante] Que se pronuncia cerrando el paso del aire durante un momento muy breve para dejarlo salir con fuerza a continuación, pero sin cambiar el lugar de articulación: *la ch es una consonante africada.*

africanista n. com. Persona que se dedica al estudio de asuntos relacionados con África.

africano, -na adj. **1** De África o relacionado con este continente. ◆ adj./ n. m. y f. **2** [persona] Que es de África.
DER africanista.

afroamericano, -na adj. **1** Relativo a los habitantes del continente americano cuyos antepasados son africanos de raza negra: *música afroamericana.* ◆ **2** adj./ n. m. y f. [persona] Que vive en América, especialmente en Estados Unidos, de antepasados africanos de raza negra.

afroantillano, -na adj. Que tiene relación

con las personas y las culturas de origen africano que se encuentran en las Antillas, archipiélago de América Central.

afrontar v. tr. Hacer frente a una situación: *prefiero afrontar el problema cuanto antes.*

aftersun n. m. Crema hidratante que se aplica después de tomar el sol.
OBS Procede de una marca registrada.

afuera adv. **1** Fuera del lugar en que uno se halla: *viene de afuera.* **2** En la parte exterior: *afuera hay alguien que pregunta por ti.* SIN fuera. ANT adentro. ◆ n. f. pl. **3** afueras Alrededores de un pueblo o una ciudad: *tiene una casa en las afueras.* SIN extrarradio.

agachar v. tr./ prnl. Bajar o inclinar hacia abajo la cabeza u otra parte del cuerpo.
▶ agachar las orejas Ceder de modo humilde o aceptar sin protestar.

agalla n. f. **1** Órgano respiratorio de los peces y otros animales acuáticos formado por finas capas de tejido blando y esponjoso: *las agallas se encuentran en unas aberturas naturales a ambos lados de la cabeza.* SIN branquia. **2** Prominencia redondeada que crece de forma anormal en algunos árboles y plantas a causa de las picaduras de ciertos insectos. ◆ n. f. pl. **3** agallas Valor, determinación y coraje para enfrentarse a situaciones difíciles o adversas: *nunca creí que tuviera agallas para decir que no.*

ágape n. m. Comida con que se celebra un acontecimiento. SIN banquete.

agarrada n. f. Pelea o discusión violenta que se inicia de manera imprevista.

agarrado, -da adj. **1** [persona] Que no gusta de gastar dinero: *no puedo creer que te haya invitado con lo agarrado que es.* SIN avaro, tacaño. ◆ adj./ n. m. **2** [baile] Que se baila cogido a la pareja, rodeándola con los brazos.

agarrar v. tr./ prnl. **1** Tomar o coger con fuerza, especialmente con las manos: *agarró al niño por las orejas.* SIN asir. ◆ v. tr. **2** Conseguir algo que se pretendía. **3** Contraer una enfermedad: *has agarrado un buen resfriado.* ◆ v. intr./ prnl. **4** Echar raíces las plantas o adaptarse al lugar en que se plantan. SIN arraigar. ◆ v. prnl. **5** agarrarse Tener una discusión violenta con agresión física. **6** Pegarse o quemarse una comida mientras se cocina. ◆ int. **7** ¡agárrate! Expresión que indica al oyente que se prepare para una gran sorpresa: *¡agárrate, que te traigo una noticia bomba!*
▶ agarrarla Emborracharse. agarrarse a un clavo ardiendo Aprovechar una ocasión, aunque sea peligrosa o comprometida, para salvar una situación difícil o conseguir algo. agarrar y + verbo Expresión que indica que la acción del verbo ocurre de pronto o no se espera: *entonces agarró y se fue sin decir adiós.* SIN coger, ir.
DER agarrada, agarradera, agarradero, agarrado, agarre, agarrón.

agarre n. m. Sujeción o adherencia de una cosa a la superficie sobre la que se mueve: *los clavos de las zapatillas de los atletas permiten un buen agarre sobre superficies de materiales sintéticos.*

agarrotar v. tr./ prnl. **1** Dejar sin flexibilidad o movimiento, especialmente una parte del cuerpo: *tenía las piernas agarrotadas después de estar tanto tiempo sentado.* SIN anquilosar, entumecer. **2** Disminuir la facilidad con que una actividad se llevaba a cabo. SIN anquilosar, atrofiar.
DER agarrotamiento.

agasajar v. tr. **1** Tratar con afecto, atención y amabilidad a una o más personas: *agasajar a los invitados.* **2** Dar u ofrecer una cosa como muestra de afecto o de consideración. SIN obsequiar, regalar.
DER agasajo.

agencia n. f. **1** Empresa que se dedica a resolver asuntos o a prestar servicios: *alquilé el apartamento a través de una agencia inmobiliaria.* **2** Sucursal que representa a la empresa de la que depende en el lugar en que se encuentra situada.
DER agenciar.

agenciar v. tr./ prnl. Conseguir alguna cosa con habilidad y rapidez.
▶ agenciárselas Hacer una cosa con habilidad para conseguir lo que se pretende.
OBS En su conjugación, la *i* no se acentúa, como en *cambiar.*

agenda n. f. **1** Libro pequeño o cuaderno en que se apuntan, para no olvidarlas, las cosas que se han de hacer en determinadas fechas. **2** Programa de actividades o de trabajo que pretende realizar una persona en determinado período de tiempo: *el ministro tiene una agenda muy apretada esta semana.* **3** Conjunto de temas que han de tratarse en una reunión.

agente adj./ n. m. **1** GRAM. Palabra o sintagma que designa la persona o la cosa que realiza la acción expresada por el verbo: *sujeto agente; complemento agente.* ◆ com. **2** Persona que trabaja en una agencia prestando determinados servicios: *soy agente de viajes.* **3** Persona que vende o gestiona alguna cosa en nombre de otra a la que representa. **agente de negocios** Persona que se dedica a cuidar los negocios de otras. **4** Persona que realiza una determinada actividad o misión por cuenta de un gobierno o de una organización. **agente fiscal** Persona que trabaja en la Hacienda pública. **5** Persona que se dedica a velar por la seguridad pública y por el cumplimiento de las leyes: *se presentaron dos agentes a las cinco de la madrugada.* **agente de policía** Agente, persona que se dedica a velar por la seguridad pública. ◆ n. m. **6** Persona o cosa que tiene poder para producir un efecto: *la lluvia y otros agentes naturales erosionan el paisaje.*

agigantar v. tr./ prnl. **1** Dar o tomar proporciones gigantescas o excesivamente grandes. ◆ v. prnl. **2 agigantarse** Tomar mayor fuerza o importancia: *mi compañero se agiganta ante las dificultades.*

ágil adj. **1** Que se mueve de manera cómoda y rápida. ANT torpe. **2** Que tiene soltura y facilidad para actuar: *un ágil sistema de información permitió al periódico anticipar la noticia de la dimisión del ministro.*
DER agilidad, agilizar.

agilidad n. f. Capacidad para moverse y hacer las cosas con facilidad y rapidez. SIN soltura.

agilizar v. tr. **1** Hacer rápido y efectivo un proceso: *agilizar la venta.* **2** Hacer que los movimientos sean más rápidos y se realicen con mayor facilidad.
OBS En su conjugación, la *z* se convierte en *c* delante de *e*.
DER agilización.

agitación n. f. **1** Movimiento fuerte y repetido, especialmente el realizado para disolver o mezclar algo. **2** Preocupación; estado de nervios o excitación: *cuando Antonio oyó que Celia se había casado, no pudo ocultar cierta agitación.* **3** Provocación de inquietud y descontento político y social.

agitar v. tr./ prnl. **1** Mover una cosa rápidamente y con fuerza. **2** Revolver el contenido de un recipiente para disolver o mezclar sus componentes: *agítese antes de usarlo.* **3** Intranquilizarse, sentir nervios o excitación. **4** Provocar inquietud y descontento político y social: *unos cuantos agitan a la mayoría.*
DER agitación, agitador.

aglomeración n. f. Reunión o amontonamiento grande y desordenado de algo, especialmente de gente reunida en un lugar.

aglomerar v. tr./ prnl. **1** Reunir o amontonar sin orden, generalmente personas o cosas de la misma especie: *no se aglomeren en la entrada.* **2** Unir fragmentos o partículas de una o varias sustancias con un aglomerante y dar tal cohesión al conjunto que resulte una masa compacta. SIN conglomerar.
DER aglomeración, aglomerado; conglomerar.

aglutinante adj./ n. m. Que sirve para aglutinar.

aglutinar v. tr./ prnl. Unir, juntar varias cosas para formar otra mayor: *la nueva coalición aglutina varios partidos de izquierda.*
DER aglutinación, aglutinante.

agnosticismo n. m. Doctrina filosófica que afirma que el entendimiento humano no puede comprender lo absoluto, especialmente la naturaleza y existencia de Dios, sino solo lo que puede ser alcanzado por la experiencia: *el agnosticismo no afirma ni niega la existencia de Dios.*
DER agnóstico.

agnóstico, -ca adj. **1** Del agnosticismo o relacionado con esta doctrina filosófica. ◆ adj./ n. m. y f. **2** [persona] Que sigue la doctrina filosófica del agnosticismo.

agobiante adj. Que provoca sensación de agobio: *hace un calor agobiante.* SIN sofocante.

agobiar v. tr./ prnl. **1** Causar cansancio, preocupación o abatimiento: *no te agobies pensando en el examen.* SIN abrumar, atosigar. **2** Provocar o tener la sensación de no poder respirar, especialmente por el excesivo calor o el enrarecimiento del aire. SIN ahogar, asfixiar, sofocar.
OBS En su conjugación, la *i* no se acentúa, como en *cambiar*.
DER agobiante, agobio.

agobio n. m. **1** Preocupación o problema grande: *es preciso salir de estos agobios económicos.* **2** Sensación de ahogo.

agolparse v. prnl. **1** Reunirse o acumularse de pronto muchas personas o cosas en un lugar. **2** Venir juntas y de pronto las lágrimas o las penas.
DER agolpamiento.

agonía n. f. **1** Estado de angustia y congoja que precede a la muerte. **2** Angustia o dolor muy intensos: *para aprobar aquel curso, pasó unos días de auténtica agonía.* **3** Agotamiento que presagia el final de una civilización,

sociedad o movimiento. ◆ com. **4** agonías Persona que tiene por costumbre quejarse mucho y por todo.
DER agónico, agonioso, agonizar.

agonizante adj./ n. m. Que agoniza, se muere o se acaba: *un enfermo agonizante; un gobierno agonizante; el caniche estuvo tres días agonizante.*

agonizar v. intr. **1** Estar muriéndose alguna persona o animal. **2** Estar acabándose o a punto de extinguirse una cosa: *la luz de la vela agonizaba.* **3** Sufrir mucho dolor físico o moral.
OBS En su conjugación, la *z* se convierte en *c* delante de *e*.
DER agonizante.

ágono, -na adj. [figura geométrica] Que no tiene ángulos.

agostar v. tr./ prnl. **1** Secar el exceso de calor, especialmente las plantas. **2** Debilitar o consumir las cualidades de una persona: *las penurias agostaron su juventud.* ◆ v. intr. **3** Pastar el ganado en verano o en época de sequía.

agosto n. m. Octavo mes del año.
▶ hacer su agosto Aprovechar una ocasión para hacer un buen negocio.
DER agostar.

agotador, -ra adj. Que cansa mucho: *he tenido un día agotador.*

agotamiento n. m. **1** Pérdida de las fuerzas físicas o mentales. **2** Gasto o consumo total.

agotar v. tr./ prnl. **1** Cansar mucho, extenuar: *las tareas de la casa me agotan.* **2** Gastar del todo: *vas a agotar mi paciencia.* SIN apurar.
DER agotador, agotamiento; inagotable.

agraciado, -da adj. **1** [persona] Que es físicamente atractivo. ◆ adj./ n. m. y f. **2** [persona] Que ha obtenido un premio en un juego de azar. SIN afortunado.
DER desagraciado.

agraciar v. tr. **1** Dar o aumentar la belleza o la gracia: *ese nuevo peinado te agracia mucho.* **2** Premiar a alguien con mercedes o condecoraciones. **3** Obtener un premio en un juego de azar.
OBS En su conjugación, la *c* se convierte en *qu* delante de *e*.
DER agraciado.

agradable adj. **1** Que causa placer o satisfacción: *ha sido una tarde muy agradable.* ANT desagradable. **2** [persona] Que es amable y considerado en el trato. ANT desagradable.

agradar v. intr. Gustar o producir placer. SIN complacer. ANT desagradar.
DER agradable, agrado; desagradar.

agradecer

INDICATIVO

presente
agradezco
agradeces
agradece
agradecemos
agradecéis
agradecen

pretérito imperfecto
agradecía
agradecías
agradecía
agradecíamos
agradecíais
agradecían

pretérito perfecto simple
agradecí
agradeciste
agradeció
agradecimos
agradecisteis
agradecieron

futuro
agradeceré
agradecerás
agradecerá
agradeceremos
agradeceréis
agradecerán

condicional
agradecería
agradecerías
agradecería
agradeceríamos
agradeceríais
agradecerían

SUBJUNTIVO

presente
agradezca
agradezcas
agradezca
agradezcamos
agradezcáis
agradezcan

pretérito imperfecto
agradeciera
o agradeciese
agradecieras
o agradecieses
agradeciera
o agradeciese
agradeciéramos
o agradeciésemos
agradecierais
o agradecieseis
agradecieran
o agradeciesen

futuro
agradeciere
agradecieres
agradeciere
agradeciéremos
agradeciereis
agradecieren

IMPERATIVO

agradece	(tú)
agradezca	(usted)
agradeced	(vosotros)
agradezcan	(ustedes)

FORMAS NO PERSONALES

infinitivo
agradecer

gerundio
agradeciendo

participio
agradecido

agradecer v. tr. **1** Dar las gracias por un beneficio recibido: *te agradezco la invitación, pero no puedo ir.* **2** Corresponder a un cuidado o una atención recibidos: *las plantas agradecen mis cuidados.*
OBS En su conjugación, la *c* se convierte en *zc* delante de *a* y *o*.
DER agradecido, agradecimiento.

agradecido, -da adj. **1** Que da las gracias por un beneficio recibido: *es de bien nacidos ser agradecidos.* ANT desagradecido. **2** Que corresponde positivamente a un cuidado o a una atención recibidos.

▶ ¡muy agradecido! Muchas gracias.
DER desagradecido.

agradecimiento n. m. Sentimiento del que reconoce y corresponde a los beneficios y cuidados recibidos. SIN gratitud.

agrado n. m. **1** Sentimiento de felicidad producido en el ánimo por lo que agrada: *recibieron con agrado la noticia de que habían aprobado.* **2** Modo de comportarse amable y considerado: *tiene un agrado especial para tratar con personas ancianas.*
▶ ser del agrado Gustar o satisfacer: *la decisión fue del agrado de todos.*

agramatical adj. Que no se ajusta a las reglas de la gramática.
DER agramaticalidad.

agrandar v. tr. Hacer más grande algo, especialmente en sentido material: *agrandar una imagen; las diferencias se fueron agrandando.*
DER agrandamiento.

agrario, -ria adj. De la tierra laborable o relacionado con ella: *reforma agraria.*

agravante adj./ amb. Que agrava o aumenta la gravedad o intensidad de una cosa: *circunstancia agravante.*

agravar v. tr./ prnl. Hacer más grave o intensa una cosa.
DER agravamiento, agravante.

agraviar v. tr. **1** Insultar o hacer una ofensa, especialmente contra la dignidad y el honor de una persona: *los agraviaron con insultos.* ANT desagraviar. ◆ v. prnl. **2** agraviarse Considerarse objeto de un agravio. SIN ofender.
OBS En su conjugación, la *i* no se acentúa, como en *cambiar.*
DER agravio; desagraviar.

agravio n. m. **1** Insulto u ofensa, especialmente contra la dignidad o el honor de una persona. SIN injuria. **2** Perjuicio que se hace a una persona en sus derechos o intereses.
▶ agravio comparativo Daño u ofensa que se hace a una persona o cosa al tratarla peor o de modo diferente que a otra de su misma condición.

agredir v. tr. Atacar a alguien, hacerle un daño físico o moral: *fue expulsado por agredir al contrario.*
OBS Se consideraba verbo defectivo y actualmente es regular, por tanto se pueden usar todas las formas en todos los tiempos.
DER agresión, agresivo, agresor.

agregar v. tr. **1** Sumar o unir una parte a un conjunto de elementos o a un todo. SIN añadir, incorporar. **2** Completar por medio de palabras habladas o escritas el contenido de lo que ya se ha dicho o escrito: *ordenó que lo limpiaran todo, y agregó que lo hicieran bien.* SIN añadir.
OBS En su conjugación, la *g* se convierte en *gu* delante de *e.*
DER agregado, agregaduría.

agresión n. f. **1** Ataque, acto violento que causa un daño físico. **2** Acción contraria a un derecho o un interés determinado: *los periodistas protestaban ante aquella agresión a la libertad de expresión.*

agresividad n. f. **1** Tendencia a atacar o a actuar de modo violento. **2** Brío, empuje y decisión al emprender una tarea o enfrentarse a una dificultad.

agresivo, -va adj. Que es propenso a atacar o actuar de modo violento; que ataca o actúa de ese modo.
DER agresividad.

agresor, -ra adj./ n. m. y f. [persona] Que comete una agresión: *su declaración resultó decisiva para la identificación de los agresores.*

agreste adj. **1** [terreno] Que es abrupto o está lleno de maleza. **2** Que es natural o salvaje. **3** [persona] Que es rudo o poco educado en el trato.

agriar v. tr./ prnl. **1** Poner agrio o ácido. **2** Volver áspero o malhumorado. **3** Poner tensa, hacer desagradable, amarga o violenta una situación: *agriar unas relaciones.*
OBS En su conjugación, la *i* no se acentúa, como en *cambiar.*

agrícola adj. De la agricultura o relacionado con ella: *maquinaria agrícola.*

agricultor, -ra n. m. y f. Persona que se dedica a trabajar y cultivar la tierra.

agricultura n. f. **1** Técnica o conjunto de técnicas para cultivar la tierra. **2** Conjunto de actividades destinadas a cultivar la tierra y obtener productos de ella.
DER agrícola, agricultor.

agridulce adj. **1** Que tiene un sabor entre agrio y dulce: *la naranja es agridulce.* **2** Que es a la vez agradable y doloroso: *ha sido un año agridulce: ha tenido buenos y malos momentos.*

agrietar v. tr. Abrir o producir una o varias grietas en una cosa: *el exceso de sol agrieta la piel; las paredes de la casa empezaron a agrietarse a causa de las obras del metro.* SIN cuartear, resquebrajar.
DER agrietamiento.

agrio, agria adj. **1** Que es ácido como el limón o áspero como el vinagre en el sabor y en el olor. SIN acre. **2** Que es rudo o poco agradable: *pronunció unas agrias palabras que molestaron mucho a los presentes.* SIN acre. ◆ n. m. pl. **3** agrios Conjunto de frutas de sabor ácido o agridulce, especialmente naranjas y limones.
DER agriar.

agro n. m. Terreno destinado a la agricultura.

agro- Elemento prefijal que entra en la formación de palabras con el significado de 'campo': *agropecuario.*

agronomía n. f. Conjunto de conocimientos relacionados con el cultivo de la tierra.

agrónomo, -ma adj./ n. m. y f. [persona] Que se dedica al estudio y la aplicación de la agronomía: *mi hermano quiere ser ingeniero agrónomo.*

agropecuario, -ria adj. De la agricultura y la ganadería o relacionado con esas actividades.

agrupación n. f. **1** Unión de elementos que tienen alguna característica común: *la agrupación de los alumnos se hará según sus calificaciones.* SIN agrupamiento. **2** Conjunto de personas o de organismos que se agrupan o asocian con un fin.

agrupamiento n. m. Unión de elementos que tienen alguna característica común. SIN agrupación.

agrupar v. tr./ prnl. **1** Unir elementos con alguna característica común. **2** Separar o dividir en grupos, generalmente siguiendo algún criterio y con un fin: *agrupamos a los asistentes según la edad.* **3** Formar un grupo o un conjunto de personas con un fin: *nos agrupamos para luchar contra la especulación inmobiliaria.*
DER agrupación, agrupamiento; reagrupar.

agua n. f. **1** Líquido sin olor, color ni sabor que se encuentra en la naturaleza en estado más o menos puro formando ríos, lagos y mares: *el agua pura está formada por dos partes de hidrógeno y una de oxígeno.* agua dulce Agua que no tiene sal, como la de la lluvia y la de los ríos y lagos, en contraposición a la del mar. agua mineral Agua que procede de un manantial y lleva disueltas sustancias minerales. agua salada Agua que tiene sal, como la del mar. agua termal Agua que brota de la tierra con una temperatura superior a la normal. aguas residuales Aguas que proceden de viviendas, ciudades o zonas industriales y arrastran sus residuos. **2** Líquido que se consigue mezclando o disolviendo en agua sustancias obtenidas de frutos, plantas o flores. agua de azahar Líquido que se obtiene destilando las flores del naranjo. agua de colonia Líquido de olor agradable elaborado con agua, alcohol y esencias de flores o frutas. agua de Seltz Bebida transparente y sin alcohol, hecha con agua y ácido carbónico. SIN soda. agua fuerte Ácido nítrico que se usa para hacer grabados y para otros menesteres. agua oxigenada Líquido que está compuesto por partes iguales de oxígeno e hidrógeno y se usa para evitar infecciones. **3** Lado inclinado de la cubierta de un edificio: *un tejado a dos aguas.* **4** Lluvia: *este invierno ha caído mucha agua.* agua nieve Lluvia débil mezclada con nieve. ◆ n. f. pl. **5** aguas Zona del mar cercana a una costa o que corresponde a un país. aguas jurisdiccionales Aguas que bañan las costas de un estado y pertenecen a su jurisdicción hasta un límite determinado. **6** Sustancia que se expulsa del cuerpo. aguas mayores Excrementos sólidos. NOTA Es de uso eufemístico. aguas menores Orina humana. NOTA Es de uso eufemístico. **7** Reflejos o brillos de ciertas telas y piedras o de otros objetos: *la tela de su falda va haciendo aguas.*
▶ agua de borrajas Cosa o asunto que tiene poca o ninguna importancia. aguas abajo Siguiendo la dirección de la corriente en un río. aguas arriba En dirección contraria a la de la corriente en un río. como agua de mayo Expresión con que se indica lo bien recibida que es una persona o cosa: *tu ayuda nos ha llegado como agua de mayo.* entre dos aguas **a.** Con duda o cautela. NOTA Se usa generalmente con *estar.* **b.** Mantener una actitud equívoca tratando de satisfacer al mismo tiempo a dos partes opuestas. NOTA Se usa con *nadar.* estar con el agua al cuello Estar en una dificultad o tener un problema de muy difícil solución: *está con el agua al cuello porque debe mucho dinero.* hacerse la boca agua **a.** Desear o imaginar con placer alguna comida muy buena: *se me hace la boca agua cuando miro el escaparate de una pastelería.* **b.** Disfrutar con la esperanza de conseguir una cosa buena o con un recuerdo. romper aguas Romperse la bolsa de líquido que rodea al feto antes del parto: *ya ha roto aguas, así que el niño está a punto de nacer.* ser agua pasada Haber ocurrido ya, haber perdido la

importancia en el presente: *tu antiguo trabajo es agua pasada y tienes que olvidarlo.* tan claro como el agua o más claro que el agua Muy claro, fácil de comprender o de observar.
OBS En singular se le anteponen los determinantes *el, un,* salvo que entre el determinante y el nombre haya otra palabra: *el agua, la límpida agua.*
DER aguacero, aguada, aguadilla, aguador, aguanoso, aguar.

aguacate n. m. **1** Fruto comestible de forma parecida a la pera, con la corteza de color verde, la carne suave y un hueso grande en el centro. **2** Árbol de origen americano con grandes hojas siempre verdes y flores en espiga que da ese fruto: *el aguacate es un árbol tropical que puede llegar a medir diez metros.*

aguacero n. m. Lluvia muy intensa y de corta duración: *los fuertes aguaceros provocan inundaciones.*

aguado, -da adj. [alimento líquido, bebida] Que tiene más agua de la necesaria: *esta sopa está aguada, le falta sustancia.*

aguador, -ra n. m. y f. Persona que se dedica a llevar o vender agua.

aguafiestas adj./ n. com. [persona] Que estropea o interrumpe una diversión o un momento de alegría: *asistimos a los brindis para evitar que nos llamaran aguafiestas.*
OBS El plural es *aguafiestas.*

aguafuerte n. amb. **1** Plancha de metal en la que hay un grabado hecho con ácido nítrico. **2** Dibujo o estampa que se hace con esa plancha.
OBS Se usa más en masculino.

aguanieve n. f. Precipitación de gotas menudas de agua y nieve: *caminaban aprisa bajo una llovizna de aguanieve.*

aguantar v. tr. **1** Sostener o sujetar para no dejar caer: *estas seis columnas aguantan todo el edificio.* **2** Sufrir con paciencia; admitir o sobrellevar una cosa poco agradable. SIN padecer, soportar, tolerar. **3** Detener o contener: *aguantar la respiración.* **4** Durar o resistir más tiempo: *el coche tendrá que aguantar otro año.* ◆ v. prnl. **5** aguantarse Conformarse con lo que pasa o con lo que se tiene, aunque no responda a nuestros deseos: *si te duele el dedo, te aguantas.* **6** Callarse, no protestar ante un insulto o mal trato.
DER aguantable, aguante.

aguante n. m. **1** Capacidad para sufrir o soportar con paciencia una cosa poco agradable. **2** Fuerza o resistencia para sostener o sujetar algo.

aguar v. tr. **1** Añadir agua a una bebida o un alimento líquido, especialmente si es de manera indebida: *aguar el vino.* **2** Estropear o impedir una diversión: *tendrás que venir si no quieres aguarme la fiesta.* ◆ v. prnl. **3** aguarse Llenarse de agua un lugar.
OBS En su conjugación, la *u* no se acentúa y la *gu* se convierte en *gü* delante de *e*, como en *averiguar.*
DER desaguar.

aguardar v. tr./ intr. **1** Esperar, dejar pasar el tiempo para que ocurra una cosa: *aguardo con impaciencia tu llegada.* **2** Estarle reservada una cosa a alguien para el futuro: *con esa mujer te aguardan días de felicidad.*

aguardiente n. m. Bebida alcohólica de alta graduación que se consigue por destilación del vino, de las frutas o de otras sustancias: *aguardiente de caña.*
DER aguardentoso.

aguarrás n. m. Líquido que se saca de la resina de algunos árboles y que se usa como disolvente: *el aguarrás se evapora con facilidad.*
OBS El plural es *aguarrases.*

agudeza n. f. **1** Rapidez mental, perspicacia: *expone sus respuestas con mucha agudeza.* **2** Habilidad o desarrollo de la vista, el oído o el olfato para percibir las sensaciones con detalle o perfección. **3** Dicho que muestra inteligencia, ingenio y gracia.

agudizar v. tr. **1** Hacer puntiaguda, punzante o afilada una cosa. SIN aguzar. ◆ v. prnl. **2** agudizarse Hacerse más grave, especialmente una situación negativa o una enfermedad.

agudo, -da adj. **1** [filo, punta] Que está afilado, que corta o pincha. **2** [persona] Que es capaz de comprender y elaborar ideas con claridad y rapidez. SIN perspicaz, sutil, vivaz. **3** [sentido] Que está muy desarrollado, que percibe las cosas con detalle: *tiene la vista más aguda que un lince.* **4** [dolor] Que es fuerte o intenso. **5** [enfermedad] Que es grave, pero de corta duración: *sufre una bronquitis aguda.* **6** [ángulo] Que tiene menos de 90 grados: *en el triángulo equilátero, todos los ángulos son agudos.* ◆ adj./ n. f. **7** GRAM. [palabra] Que lleva el acento en la última sílaba: *mamá y papel son palabras agudas.* SIN oxítono. ◆ adj. **8** MÚS. [sonido, voz] Que tiene una frecuencia de vibraciones grande. ANT grave.
DER agudeza, agudizar.

a b c d e f g h i j k l m n ñ o p q r s t u v w x y z

aguerrido, -da adj. Que tiene experiencia o habilidad en la lucha o en el trabajo: *el capitán se rodeó de aguerridos soldados.*

aguijar v. tr. **1** Estimular o apremiar mediante la aguijada o de cualquier otro modo, especialmente a los animales de carga. **2** Incitar, estimular o mover a hacer una cosa.

aguijón n. m. **1** Órgano con forma de pincho que tienen ciertos insectos y otros animales y que pueden utilizar para picar y echar veneno. **2** Cosa que mueve a actuar o realizar una acción. **SIN** estímulo.

DER aguijada, aguijar, aguijonazo, aguijonear.

aguijonazo n. m. **1** Pinchazo producido por el aguijón de una abeja u otro animal. **2** Expresión que se usa para molestar o herir a una persona: *los repetidos aguijonazos de su jefe lo ponían de mal humor.* **SIN** pulla.

águila n. f. **1** Ave rapaz de pico fuerte y curvado en la punta, vista muy aguda y vuelo muy rápido que se alimenta de otros animales: *el águila es una rapaz diurna.* **águila imperial** Águila de color casi negro y cola cuadrada. **águila real** Águila de mayor tamaño que la común, de color pardo oscuro y cola cuadrada. **2** Persona de mente muy despierta, que se da cuenta rápidamente de las cosas: *es un águila para los negocios.*

OBS En singular se le anteponen los determinantes *el, un,* salvo que entre el determinante y el nombre haya otra palabra: *el águila, la majestuosa águila.*

DER aguileño, aguilón, aguilucho.

aguilucho n. m. Cría del águila.

aguja n. f. **1** Barrita pequeña de metal muy fino que tiene un extremo terminado en punta y el otro con un agujero por donde se pasa un hilo para coser. **2** Tubito metálico de diámetro muy pequeño, que tiene un extremo cortado en diagonal y el otro provisto de un casquillo para adaptarlo a una jeringuilla; se emplea para inyectar medicamentos y extraer sangre. **3** Objeto pequeño y muy fino, generalmente de metal, de tamaño y formas variadas, con un extremo terminado en punta, que se usa para distintos fines: *la aguja del tocadiscos; las agujas del reloj.* **4** Raíl movible que sirve para cambiar de vía los trenes. **5** Construcción en forma de cono estrecho de gran altura que se coloca encima de las torres: *la aguja del campanario.*

▶ **buscar una aguja en un pajar** Expresión que indica que algo es muy difícil de encontrar porque se confunde con muchas otras cosas iguales o muy parecidas: *buscar a Carlos entre tanta gente será como buscar una aguja en un pajar.*

DER agujero, agujetas.

agujerear v. tr. Hacer uno o más agujeros. **SIN** perforar.

agujero n. m. **1** Abertura más o menos redonda en una superficie. **2** Falta o pérdida de dinero en un negocio, especialmente cuando no se conoce bien su causa: *no saben cómo justificar el agujero descubierto en la empresa.*

▶ **agujero negro** ASTR. Cuerpo del espacio de masa grande y poco volumen que absorbe cualquier materia o energía situada en su campo de acción, incluida la luz.

DER agujerear.

agujetas n. f. pl. Dolores musculares que se sienten un tiempo después de haber realizado un esfuerzo físico no habitual.

agustino, -na adj./ n. m. y f. **1** [religioso] Que pertenece a alguna de las órdenes que siguen las reglas de san Agustín: *la orden agustina fue aprobada en 1256 por Alejandro IV.* ◆ adj. **2** De la orden agustina o relacionado con ella: *un convento agustino.* **3** De san Agustín o que tiene relación con él.

aguzanieves n. f. Pájaro de vientre blanco y cuello, pecho, alas y cola negros que mueve continuamente la cola: *las aguzanieves se alimentan de insectos y suelen verse en invierno.* **SIN** pajarita.

OBS Para indicar el sexo se usa *la aguzanieves macho* y *la aguzanieves hembra*. El plural también es *aguzanieves*.

aguzar v. tr. **1** Sacar punta o filo a un objeto. **SIN** agudizar. **2** Poner atención y cuidado para percibir mejor con los sentidos: *aguzar el oído; aguzar la vista.* **3** Poner interés y atención para comprender algo con claridad y rapidez: *tendrás que aguzar el ingenio si quieres resolver el jeroglífico.*

¡ah! int. **1** Expresión que indica que la persona que habla se ha dado cuenta de algo o lo ha comprendido: *¡ah!, entonces tú eres el hijo de Juan; ¡ah, ya veo!* **2** Expresión que indica admiración, sorpresa o pena: *¡ah, qué alivio!; ¡ah, qué susto me has dado!* **3** Expresión que indica satisfacción o alegría: *¡ah, qué bien lo pasábamos entonces!*

ahí adv. **1** En este o ese lugar; a este o ese lugar. **2** En este o ese asunto o hecho; a este o ese asunto o hecho: *ahí quería yo llegar.*

▶ de ahí que Por eso: *de ahí que no quiera ir a tu casa.* o por ahí Más o menos, aproximadamente: *ese costará dos millones o por ahí.* por ahí En un lugar no lejano; en un lugar que no está determinado: *las llaves deben estar por ahí.*

ahijado, -da n. m. y f. **1** Persona que ha recibido el bautismo, en relación con la que la apadrinó en este acto. **2** Persona que es apoyada o protegida, en relación con la que la apoya o protege: *tiene suerte de ser ahijado de tan famoso novelista.*

ahínco n. m. Empeño o interés que se pone al hacer o solicitar una cosa.

ahíto, -ta adj. **1** Que está lleno o saciado, especialmente de comida. SIN harto. **2** Que está cansado o molesto. SIN harto.

ahogado, -da n. m. y f. Persona que ha muerto por no poder respirar, especialmente dentro del agua.

ahogar v. tr./ prnl. **1** Matar o morir al impedir respirar o al no poder hacerlo, especialmente dentro del agua. SIN asfixiar. **2** Estropear o funcionar mal, especialmente por exceso de líquido: *ahogarse el motor.* **3** Provocar o tener la sensación de no poder respirar, especialmente por el excesivo calor o el enrarecimiento del aire. SIN agobiar, asfixiar, sofocar. **4** Hacer sentir gran preocupación o tristeza: *esta pena que me ahoga.* ANT desahogar. ◆ v. tr. **5** Apagar, especialmente el fuego: *si cortas la entrada de aire, ahogarás el fuego.* **6** Interrumpir o impedir: *ahogar una rebelión.*

▶ ahogarse en un vaso de agua Preocuparse demasiado por problemas que no son importantes o que tienen fácil solución.

OBS En su conjugación, la *g* se convierte en *gu* delante de *e*.

DER ahogadero, ahogadilla, ahogado, ahogo; desahogar, rehogar.

ahondar v. tr. **1** Hacer más hondo o más profundo. SIN profundizar. ◆ v. tr./ intr./ prnl. **2** Meter o poner a mayor profundidad: *vamos a ahondar el pozo con esta máquina.* ◆ v. intr. **3** Profundizar, investigar mejor o aprender más sobre algo: *la próxima semana ahondaremos en este tema.*

ahora adv. **1** En este momento: *cuéntamelo mañana, que ahora no tengo tiempo.* **2** Hace poco tiempo: *me acabo de enterar de la noticia ahora.* **3** Luego, dentro de poco tiempo: *ahora vamos, en cuanto terminemos esto.* ◆ conj. **4** Pero; sin embargo.

▶ ahora bien o ahora que Pero; sin embargo: *puedes ir; ahora bien, atente a las consecuencias.* ahora mismo En un momento muy próximo al presente, inmediatamente antes o después: *se acaba de ir ahora mismo.* por ahora Por lo pronto; hasta este momento: *por ahora hay suficiente.*

ahorcar v. tr./ prnl. Colgar a una persona por el cuello hasta que muera.

OBS En su conjugación, la *c* se convierte en *qu* delante de *e*.

DER ahorcamiento.

ahorrador, -ra adj./ n. m. y f. Que guarda parte del dinero que obtiene para futuras necesidades.

ahorrar v. tr. **1** Guardar una cantidad de dinero, especialmente en un banco o en una caja de ahorros. SIN economizar. ANT gastar. ◆ v. tr./ prnl. **2** Evitar el gasto de cierta cantidad de dinero o de otro producto: *me ahorré 12 euros comprando el pantalón en las rebajas.* SIN economizar. ANT gastar. **3** Evitar tener que desarrollar un trabajo o cumplir con un deber: *si resuelves el problema en Cáceres, te ahorrarás pasar por Sevilla.*

DER ahorrador, ahorrativo, ahorro.

ahorro n. m. **1** Gasto o consumo menor de lo que sería normal en condiciones distintas. ◆ n. m. pl. **2** ahorros Cantidad de dinero o de bienes que se guarda y no se gasta. SIN economía.

ahuecar v. tr. **1** Poner hueca o cóncava una cosa quitándole la materia de dentro. **2** Dar a la voz un tono más grave del habitual. **3** Hacer más blando y menos denso o compacto: *ahuecó la almohada y continuó durmiendo.* ANT apelmazar. ◆ v. prnl. **4** ahuecarse Sentirse muy importante.

▶ ahuecar el ala Irse, marcharse: *¡venga, ahueca el ala que no queremos verte más!*

OBS En su conjugación, la *c* se convierte en *qu* delante de *e*.

ahumado, -da adj. **1** [cuerpo transparente] Que es de color oscuro; que no deja pasar toda la luz. ◆ adj./ n. m. **2** [alimento] Que se conserva mediante humo o que ha sido tratado con humo para que tome un sabor especial.

ahumar v. tr. **1** Tratar con humo o poner al humo una cosa para conservarla o darle un sabor especial: *ahumar pescado.* **2** Llenar de humo. ◆ v. prnl. **3** ahumarse Tomar el color y el olor del humo.

OBS En su conjugación, la *u* se acentúa en algunos tiempos y personas, como en *aunar*.

DER ahumado.

ahuyentar v. tr. **1** Hacer huir o marcharse a una persona, animal o cosa. **2** Hacer desaparecer, apartar de sí una cosa desagradable: *iba cantando para ahuyentar el miedo.*

airado, -da adj. Que está enfadado o irritado: *nos contestó en tono airado.*

airar v. tr./ prnl. Enfadar o irritar: *con tus palabras solo has conseguido airarla.*
OBS En su conjugación, la *i* se acentúa en algunos tiempos y personas, como en *aislar.*
DER airado; desairar.

airbag n. m. Dispositivo de seguridad de un vehículo consistente en una bolsa que se infla en caso de colisión violenta.
OBS Procede de una marca registrada.

aire n. m. **1** Sustancia gaseosa que envuelve la Tierra. **2** Atmósfera de la Tierra, capa constituida por esta sustancia gaseosa. **3** Viento, corriente formada por esta sustancia gaseosa. **4** Gracia o elegancia para hacer una cosa: *camina con mucho aire.* **5** Imagen o aspecto general formado por los rasgos que se perciben en una primera impresión: *vino con aire pensativo.* **6** Actitud del que se cree importante o quiere parecer lo que no es: *siempre va dándose aires.* NOTA Se usa sobre todo en plural y con *darse* o *tener.* **7** Modo personal de hacer una cosa: *hazlo a tu aire y luego ya veremos.* **8** Ambiente o conjunto de circunstancias: *podía notarse mucho nerviosismo en el aire.* **9** MÚS. Velocidad con que se ejecuta una obra musical. **10** MÚS. Canción popular.
▶ aire acondicionado Sistema de enfriamiento o calentamiento del aire mediante el cual se consigue mantener a la temperatura deseada un recinto cerrado. al aire A la vista, al descubierto. al aire libre Fuera de un lugar cerrado: *acampar al aire libre.* cambiar de aires Irse a vivir a otro lugar. en el aire **a.** Sin solución o respuesta: *su futuro aún está en el aire.* **b.** [programa] Que se está emitiendo: *dentro de medio minuto estaremos en el aire.* tomar el aire Salir al exterior, especialmente después de haber estado dentro de un local cerrado. vivir del aire Mantenerse sin dinero ni comida.

airear v. tr. **1** Poner al aire, ventilar: *es conveniente airear la habitación todos los días.* **2** Contar o dar a conocer una cosa: *airear un secreto.* ◆ v. prnl. **3** airearse Salir al exterior, especialmente después de haber estado dentro de un local cerrado: *debes salir a airearte un poco.* SIN tomar el aire.
DER aireación.

airoso, -sa adj. **1** Que tiene aire o garbo en sus movimientos. **2** Que hace una cosa con éxito y lucimiento: *a pesar de las dificultades salió airoso del negocio.* NOTA Es muy frecuente la construcción *salir airoso.*

aislado, -da adj. Excepcional, único: *solo se ha producido un caso aislado de cólera.*

aislamiento n. m. **1** Separación de algo, dejándolo solo o apartado de otras cosas: *lucharemos contra el aislamiento de los pequeños pueblos de montaña.* **2** Soledad o falta de comunicación.

aislante adj./ n. m. y f. **1** Que no permite el paso del calor, la electricidad o similares. **2** Que protege, especialmente del frío, el calor o el ruido.
DER termoaislante.

aislar v. tr./ prnl. **1** Poner o dejar algo solo o separado de otras cosas. **2** Separar a una persona o animal del trato o la compañía de los demás: *el juez ordenó aislar a los acusados.* ◆ v. tr. **3** Impedir el paso de la electricidad, el calor, el frío o los sonidos a través de un cuerpo: *enrolló los cables del enchufe con cinta para aislarlos.* **4** QUÍM. Separar un elemento químico de otros con los que estaba mezclado.
OBS En su conjugación, la *i* se acentúa en algunos tiempos y personas.
DER aislacionismo, aislado, aislador, aislamiento, aislante.

¡ajá! int. **1** Exclamación con que se indica aprobación o satisfacción. **2** Expresión que indica sorpresa: *¡ajá!, conque estabas ahí.*

ajar v. tr./ prnl. Estropear, hacer perder a una cosa su aspecto de nueva o tersa.

ajedrez n. m. **1** Juego en el que participan dos personas, cada una de las cuales tiene 16 piezas que puede mover, según ciertas reglas, sobre un tablero dividido en 64 cuadros alternativamente blancos y negros. **2** Conjunto de piezas y tablero que se usan para ese juego.
DER ajedrecista, ajedrecístico, ajedrezado.

ajeno, -na adj. **1** Que pertenece o corresponde a otra persona: *no me importan las opiniones ajenas.* **2** Que no es propio: *es un tema ajeno a su especialidad.* **3** Que no pertenece a un grupo o no tiene relación con una actividad. **4** Que ignora o no sospecha cierta cosa: *los empleados trabajaban ajenos a las intrigas de sus jefes.* **5** Que no está prevenido o advertido: *no puedes estar ajeno a lo que pasa a tu*

alrededor. **NOTA** Se usa generalmente con los verbos *estar, permanecer* o *vivir.*
DER enajenar.

ajetreo n. m. Actividad o movimiento intensos por causa del trabajo o de las obligaciones: *con el ajetreo de la mudanza olvidé llamarte por teléfono.*

ajo n. m. **1** Planta de hojas largas y flores blancas con un bulbo comestible de olor fuerte. **2** Parte del bulbo de esa planta, que tiene un sabor muy fuerte y se usa como especia o condimento.
▶ **ajo y agua** Expresión con la que se indica que hay que aguantarse o soportar una cosa: *si no te gusta, ajo y agua.* **en el ajo** En el asunto, en el negocio, especialmente cuando es secreto o deshonroso. **NOTA** Se usa con *estar, andar* o *meterse.*

ajuar n. m. **1** Conjunto de ropa, muebles y otros objetos que llevaba la mujer a su nueva casa tras el matrimonio. **2** Conjunto de muebles y ropas de uso común en las casas.

ajuntar v. tr. **1** Ser amigo de otra persona: *pues yo ya no te ajunto; ¿todavía me ajuntas?* **NOTA** Se utiliza en lenguaje infantil, generalmente de forma negativa e interrogativa. ◆ v. prnl. **2 ajuntarse** Vivir juntas dos personas como si estuvieran casadas pero sin estarlo. **SIN** amancebarse.

ajustado, -da adj. Que es justo, adecuado o recto: *no puede rebajarle nada porque ya tiene un precio muy ajustado.*

ajustar v. tr./ prnl. **1** Juntar o unir dos o más cosas adaptándolas y sin dejar espacio entre ellas. **2** Poner una cosa de acuerdo o en relación con otra: *hay que encontrar un local que se ajuste a nuestras necesidades.* **SIN** adaptar, amoldar, conformar. ◆ v. tr. **3** Tratar una cosa y llegar a un acuerdo: *aquí tiene el cheque según el precio que ajustamos.* **SIN** fijar. **4** Comprobar una deuda o cuenta y pagarla: *ajustar las cuentas.*
DER ajustable, ajustado, ajuste; desajustar, reajustar.

ajuste n. m. **1** Unión de varias piezas que se adaptan perfectamente. **SIN** acoplamiento. **2** Acuerdo, relación o adaptación que elimina las diferencias o discrepancias: *se han reunido para establecer un nuevo ajuste de precios.*
▶ **ajuste de cuentas** Daño o mal que se hace a alguien en respuesta a un daño recibido: *la policía cree que todo ha sido un ajuste de cuentas entre bandas.*

ajusticiar v. tr. Ejecutar a una persona condenada a la pena de muerte en cumplimiento de sentencia.
OBS En su conjugación, la *i* no se acentúa, como en *cambiar.*
DER ajusticiamiento.

al **1** Contracción de la preposición *a* y el artículo *el*: *voy al colegio.* **NOTA** Si el artículo forma parte de un nombre propio, no se produce esa unión: *voy a El Escorial.* **2** Seguido de un infinitivo, indica que la acción expresada por este se produce al mismo tiempo que otra o en el momento en que ocurre una cosa: *cierra la puerta al salir.*

ala n. f. **1** Miembro o apéndice que en número par tienen las aves y ciertos insectos para volar. **2** Parte plana que se extiende a cada lado de un avión y sirve para sostenerlo en el aire. **ala delta** Aparato sin motor, muy ligero, compuesto de una tela con forma de triángulo y una estructura a la que se sujeta la persona que lo maneja y que sirve para volar: *el ala delta vuela aprovechando las corrientes de aire.* **3** Parte inferior del sombrero que rodea la copa y sobresale de ella: *lleva un sombrero de ala ancha.* **4** Parte de un edificio que está a los lados del cuerpo principal. **5** Parte de un partido o grupo, especialmente de posiciones extremas o radicales: *el ala conservadora del partido.* **6** Grupo de personas que se colocan en los extremos de un conjunto, especialmente en un ejército desplegado: *ordenó atacar por el ala izquierda.*
▶ **cortar las alas** Poner dificultades a una persona para que no desarrolle lo que pretendía: *deja que se atreva y no le cortes las alas.* **dar alas** Dar ánimo o estimular a una persona para que realice lo que pretendía.
OBS En singular se le anteponen los determinantes *el, un,* salvo que entre el determinante y el nombre haya otra palabra: *el ala,* en cambio *la larga ala.*
DER alado, alear, alero, aleta, alón; aletear.

alabanza n. f. Expresión o discurso con que se alaba o se muestra admiración y reconocimiento. **SIN** apología, elogio. **ANT** crítica.

alabar v. tr. Elogiar, resaltar las cualidades de alguien o de algo. **ANT** criticar.
DER alabanza.

alabarda n. f. Arma antigua formada por un mango largo de madera y una punta de lanza atravesada por una cuchilla aguda por un lado y con forma de media luna por el otro.
DER alabardero.

alabastro n. m. Piedra blanca y translúcida, parecida al mármol, que se trabaja fácilmente y se usa en escultura y decoración.

alacena n. f. Armario con puertas y estantes, hecho generalmente en un hueco de la pared, que se usa para guardar alimentos o poner el menaje de cocina.

alacrán n. m. Arácnido con el abdomen alargado y la cola terminada en un aguijón venenoso con forma de gancho. SIN escorpión.

alado, -da adj. Que tiene alas.

alambicar v. tr. **1** Calentar y enfriar un líquido con el alambique, de modo que se convierta en vapor y después otra vez en líquido. SIN destilar. **2** Complicar, hacer demasiado rebuscado y difícil.
OBS En su conjugación, la *c* se convierte en *qu* delante de *e*.
DER alambicado.

alambique n. m. Aparato para destilar; está formado por un recipiente donde se calienta un líquido hasta convertirlo en vapor que circula por un tubo largo o serpentín, donde recibe frío y vuelve a convertirse en líquido.
DER alambicar.

alambrada n. f. **1** Cerca de alambre que se utiliza para rodear un lugar o cerrar un paso: *la piscina está rodeada de una alambrada para impedir que se caigan los niños.* **2** Cerca hecha de hilo de alambre grueso con púas o pinchos que sirve para dificultar el paso por un lugar, como en las trincheras o zonas de vigilancia especial: *los soldados tendieron alambradas y colocaron minas en torno al campamento.* **3** Red metálica que se pone sobre una valla: *la alambrada impidió que la pelota saliese de la pista.*

alambrar v. tr. Cerrar un lugar con una red hecha con hilo de alambre grueso.
DER alambrada.

alambre n. m. Hilo de metal: *el alambre es flexible y resistente.*
DER alambrar, alambrera, alambrista.

alameda n. f. **1** Lugar donde crecen muchos álamos. **2** Paseo con álamos o árboles de cualquier tipo.

álamo n. m. **1** Árbol de tronco alto con muchas ramas, hojas con forma de corazón y madera blanca y ligera: *el álamo crece en zonas templadas del hemisferio norte.* **álamo blanco** Álamo que tiene la corteza blanca plateada y hojas verdes por una cara y blancas por la otra. **álamo negro** Álamo que tiene la corteza rugosa y más oscura, hojas verdes por ambos lados y ramas muy separadas del eje del tronco. SIN chopo. **2** Madera de este árbol.
DER alameda.

alancear v. tr. Herir con una lanza.

alano, -na adj. **1** De un pueblo nómada que, procedente del Cáucaso, invadió la Galia a principios del siglo V y posteriormente España, en unión de vándalos y suevos; fueron vencidos por los visigodos. ◆ adj./ n. m. y f. **2** [persona] Que pertenecía a este pueblo.

alarde n. m. Muestra ostentosa o presentación llamativa de una cosa que se posee: *durante la conferencia hizo alarde de una erudición increíble.*
DER alardear.

alardear v. intr. Presumir o mostrar con ostentación una cosa que se posee llamando la atención de los demás: *en todas las reuniones tiene que alardear de alguna cosa.*
OBS Se construye con la preposición *de.*

alargado, -da adj. Que es más largo que ancho.

alargar v. tr./ prnl. **1** Hacer más largo en el espacio; extender en longitud: *he alargado la falda y parece otra.* SIN prolongar. **2** Durar o hacer durar más tiempo: *pretendo alargar las vacaciones un par de días más.* SIN prolongar. ◆ v. tr. **3** Extender o estirar, especialmente un miembro del cuerpo. **4** Dar o acercar: *alárgame un plato, por favor.* ◆ v. prnl. **5 alargarse** Seguir hablando o escribiendo sobre un asunto: *no quiero alargarme en mi conferencia, así que daré los ejemplos en fotocopias.*
OBS En su conjugación, la *g* se convierte en *gu* delante de *e*.
DER alargadera, alargador, alargamiento.

alarido n. m. Grito fuerte que expresa generalmente dolor o miedo.

alarma n. f. **1** Voz o señal que avisa de un peligro: *algunos vecinos dieron la voz de alarma.* SIN alerta. **2** Preocupación o falta de tranquilidad producida por la posibilidad de un peligro: *sus palabras, lejos de tranquilizar, sirvieron para hacer cundir la alarma.* **3** Mecanismo o dispositivo que avisa, especialmente cuando se trata de un posible mal o peligro: *la alarma del reloj; alarma contra incendios.* **4** Señal o aviso para que los soldados tomen las armas y se dispongan rápidamente para la defensa o para la lucha.
DER alarmar, alarmismo.

alarmante adj. Que produce preocupación o intranquilidad.

alarmar v. tr./ prnl. **1** Producir o tener preocupación o miedo: *comunicaré a mis padres que llegaré tarde para que no se alarmen.* SIN alertar. ◆ v. tr. **2** Avisar de un peligro, dar la alarma. SIN alertar.
DER alarmante.

alarmista adj./ n. com. [persona] Que tiende a ver un riesgo en cualquier cosa y a dar la alarma por la proximidad de supuestos peligros.

alavés, -vesa adj. **1** De Álava o relacionado con esta provincia vasca. ◆ adj./ n. m. y f. **2** [persona] Que es de Álava.

alba n. f. **1** Momento inicial del día, desde que empieza a aparecer la luz hasta que sale el Sol. SIN alborada, amanecer. **2** Primera luz del día, antes de salir el Sol. SIN albor. **3** Prenda de vestir blanca, que llega hasta los pies y que usan los sacerdotes católicos para decir misa y en otras ceremonias: *el sacerdote se puso la casulla y la estola sobre el alba.*
OBS En singular se le anteponen los determinantes *el, un,* salvo que entre el determinante y el nombre haya otra palabra:*el alba, la hermosa alba.*

albacetense adj./ n. m. y f. Albaceteño.

albaceteño, -ña adj. **1** De Albacete o relacionado con esta provincia española o con su capital. SIN albacetense. ◆ adj./ n. m. y f. **2** [persona] Que es de Albacete. SIN albacetense.

albahaca n. f. Planta herbácea muy olorosa, de hojas pequeñas muy verdes y flores blancas: *la albahaca se cultiva en los jardines y también se usa como condimento.*

albanés, -nesa adj. **1** De Albania o relacionado con este país de la península de los Balcanes. ◆ adj./ n. m. y f. **2** [persona] Que es de Albania.

albañil n. m. Persona que se dedica a la construcción de edificios y a otras obras en las que se emplean ladrillos, arena, yeso, cemento y materiales semejantes.
DER albañilería.

albarán n. m. **1** Nota de entrega que firma la persona que recibe las mercancías que en ella se relacionan: *el albarán firmado asegura que el repartidor hizo entrega del pedido.* **2** Papel que se expone en puertas, ventanas, etc., y en que se hace constar algo: *el albarán de alquiler de una casa.* NOTA Su uso es más frecuente en España.

albarca n. f. Sandalia rústica consistente en una suela de cuero, esparto o goma de neumático que se ata al pie con cuerdas o correas. SIN abarca.

albarda n. f. Pieza del aparejo que se pone sobre el lomo de las caballerías para que no les lastime la carga.

albaricoque n. m. **1** Fruto comestible, carnoso, casi redondo, de color entre amarillo y rojo, sabor agradable y con un hueso liso en el centro. **2** Árbol de hojas acorazonadas y brillantes, flores grandes blancas con la base roja, que da este fruto.
DER albaricoquero.

albedrío n. m. **1** Facultad que tiene el ser humano de obrar por propia determinación. **2** Capricho o antojo en el obrar que no se apoya en el razonamiento.

alberca n. f. Depósito de gran tamaño construido para guardar agua de regadío: *todos nos bañamos en la alberca que hay en el campo del abuelo.* SIN balsa.

albergar v. tr. **1** Dar albergue u hospedaje. SIN alojar, hospedar. ◆ v. tr./ prnl. **2** Contener o llevar dentro. **3** Tener en la mente o en el interior, una idea o un sentimiento: *no puedes albergar tanto odio en tu corazón.* ◆ v. prnl. **4** albergarse Vivir durante un tiempo en un albergue. SIN alojar, hospedar.
OBS En su conjugación, la *g* se convierte en *gu* delante de *e.*

albergue n. m. **1** Acogida o instalación en una casa o establecimiento: *esperamos que alguien nos dé albergue.* SIN alojamiento. **2** Alojamiento, lugar donde se vive de forma temporal. SIN aposento. **3** Establecimiento público que sirve para pasar unos días de vacaciones: *albergue juvenil.* **4** Establecimiento benéfico que sirve para acoger provisionalmente a personas necesitadas.

albinismo n. m. MED. Ausencia congénita de pigmentación en un ser vivo, por lo que su piel, pelo, plumaje o flores son más o menos blancos, a diferencia de los colores propios de su especie, variedad o raza.

albino, -na adj./ n. m. y f. [ser vivo] Que carece de pigmentación en la piel y el pelo, por lo que es de color más o menos blanco.
DER albinismo.

albo, -ba adj. *formal* De color blanco.
DER alba, albar, albariño, albino, albor.

albóndiga n. f. Bola pequeña hecha de carne o pescado picado menudamente y mezclado con pan, huevos y especias que se come frita o cocinada de otro modo.

albor n. m. **1** Primera luz del día, antes de salir el Sol. SIN alba. **2** Principio u origen; momento en que una cosa comienza a tener existencia o ser: *los albores del romanticismo.* SIN amanecer, nacimiento. NOTA Se usa generalmente en plural.
DER alborada, alborear.

alborada n. f. **1** Período que transcurre desde que empieza a aparecer la luz del día hasta que sale el Sol. SIN alba, amanecer. **2** Poema o canción que se dedica a la mañana: *en aquel lugar pudo componer bellas alboradas.* **3** Música militar que se toca al amanecer.

alborear v. impersonal **1** Aparecer en el horizonte la primera luz de la mañana. SIN amanecer. ◆ v. intr. **2** Aparecer las primeras señales de una cosa: *en aquellos días alboreaba el nuevo siglo.*

albornoz n. m. Prenda de vestir larga y abierta por delante, con mangas y cinturón, que se usa para secarse después del baño.

alborotar v. tr./ prnl. **1** Alterar el orden y el sosiego: *el viento había alborotado su larga melena.* **2** Agitarse las olas del mar con el viento. SIN encrespar.
DER alborotado, alborotador, alboroto.

alboroto n. m. **1** Alteración o pérdida de la tranquilidad, el silencio o el orden: *el ascenso del equipo provocó un gran alboroto en el pueblo.* SIN jaleo. **2** Conflicto provocado por un grupo de personas en el que se pierde la paz social y el respeto a la ley. SIN desorden, disturbio.

alborozar v. tr./ prnl. Producir gran placer o regocijo: *la presencia del nieto alboroza a los abuelos.*
OBS En su conjugación, la *z* se convierte en *c* delante de *e*.

alborozo n. m. Placer o regocijo grandes, generalmente acompañados de manifestaciones externas.
DER alborozar.

albufera n. f. Laguna situada en tierras bajas contiguas a la costa, formada por la entrada del agua del mar en la tierra y su posterior separación por un banco o masa de arena: *algunas albuferas se han convertido en terrenos cultivables.*

álbum n. m. **1** Libro o cuaderno en cuyas hojas se colocan sellos, autógrafos, fotografías y cosas semejantes que se guardan o coleccionan: *un álbum de fotos; ¿has completado ya el álbum de cromos?* **2** Funda, carpeta o estuche para guardar uno o más discos sonoros de larga duración. **3** Disco sonoro o conjunto de discos sonoros de larga duración que generalmente tienen grabada música: *esta canción aparece en el último álbum del cantante.*
OBS El plural es *álbumes.*

albumen n. m. BOT. Tejido vegetal que rodea a ciertas semillas y las alimenta en el período inicial del crecimiento.
OBS El plural es *albúmenes.*
DER albúmina, albuminoide, albuminoso, albuminuria.

albúmina n. f. Sustancia blanca rica en azufre y soluble en agua que constituye el componente principal de la clara del huevo y que se encuentra también en la sangre y en la leche.

alcachofa n. f. **1** Hortaliza formada por un tallo de hojas algo espinosas y una cabezuela comestible antes de que se desarrolle la flor. **2** Cabezuela en forma de piña de esta hortaliza. **3** Pieza con agujeros pequeños que sirve para esparcir el agua que sale por ella: *la alcachofa de la ducha o de la regadera.*

alcahuete, -ta n. m. y f. Persona que facilita o encubre las relaciones amorosas o sexuales de dos personas.

alcaide n. m. Director de una cárcel.

alcalde, -desa n. m. y f. Persona que preside un ayuntamiento y es la máxima autoridad gubernativa en el municipio.
DER alcaldada, alcaldía.

alcaldía n. f. **1** Cargo de alcalde: *el concejal se presentó a la alcaldía.* **2** Oficina o lugar donde el alcalde desempeña su cargo. SIN ayuntamiento. **3** Territorio que está bajo la jurisdicción de un alcalde.

alcalino, -na adj. QUÍM. [sustancia] Que tiene efecto contrario al de los ácidos: *pilas alcalinas.*
DER alcalinidad.

alcance n. m. **1** Distancia a la que llega una persona con el brazo extendido: *manténgase fuera del alcance de los niños.* **2** Distancia a la que llega el tiro de un arma. **3** Distancia o extensión que tiene la acción o la influencia de una persona o cosa: *la emisora tiene un alcance de 15 kilómetros.* **4** Importancia que tiene un acontecimiento o lo que se dice o hace: *la próxima vez debes medir el alcance que* *pueden tener tus palabras.* **5** Inteligencia, talento o capacidad: *sus cortos alcances impidieron que nos descubriese.* NOTA Se usa generalmente en plural.

▶ al alcance En situación o con posibilidad de ser conseguido o alcanzado.

alcancía n. f. Recipiente cerrado con una ranura estrecha y alargada por donde se echa dinero para guardarlo.

alcanfor n. m. Sustancia sólida, blanca, de olor característico y de fácil evaporación que se usa en medicina y en la industria: *las bolitas de alcanfor se ponen con la ropa para protegerla de las polillas.*

alcantarilla n. f. **1** Conducto subterráneo construido para recoger el agua de lluvia y las aguas residuales de una población. SIN cloaca. **2** Abertura en el suelo de las calles que sirve para recoger el agua de lluvia y llevarla hasta este conducto; se cubre con una rejilla de hierro.

DER alcantarillar.

alcantarillado n. m. Conjunto de alcantarillas de un lugar o una población.

alcantarillar v. tr. Construir alcantarillas en un lugar o una población: *el alcalde ha prometido alcantarillar el barrio.*

DER alcantarillado.

alcanzar v. tr. **1** Llegar hasta donde está una persona o cosa que va delante en el tiempo o en el espacio: *comenzaste una hora antes y ya te hemos alcanzado.* **2** Llegar a igualar a alguien en algún rasgo, característica o situación: *es un poco más bajo, pero pronto alcanzará a su hermano mayor.* **3** Llegar a tocar o coger una cosa con la mano: *el pequeño ya alcanza a las cosas que hay encima de la mesa.* **4** Llegar a un lugar determinado. **5** Llegar a poseer o disfrutar algo que se desea. SIN conseguir, lograr, obtener. **6** Entender o comprender: *no alcanzo las razones que puede haber tenido.* ◆ v. intr. **7** Ser bastante o suficiente para un fin: *hay que comprar más harina porque la que hay no alcanza para el pastel.*

OBS En su conjugación, la *z* se convierte en *c* delante de *e*.

DER alcance; inalcanzable.

alcaparra n. f. **1** Arbusto de hasta un metro de altura, de tallo espinoso, hojas caducas de color verde grisáceo, flores blancas y muy grandes y fruto (alcaparrón) parecido a un higo pequeño: *la alcaparra crece en toda la zona mediterránea.* **2** Botón comestible de la flor de este arbusto, del tamaño de un guisante y color verde: *las alcaparras se guardan en conserva.*

DER alcaparrón.

alcarria n. f. Terreno alto, generalmente plano, sin árboles y con poca hierba.

alcayata n. f. Clavo con la cabeza doblada en ángulo recto que sirve para colgar cosas. SIN escarpia.

alcázar n. m. **1** Fortaleza situada en un lugar estratégico y amurallado. **2** Casa real o habitación del príncipe.

alce n. m. Mamífero rumiante parecido al ciervo, pero más corpulento, de cuello corto, cabeza grande y cuernos planos en forma de pala con grandes recortes en los bordes. SIN ante.

OBS Para indicar el sexo se usa *el alce macho* y *el alce hembra.*

alcoba n. f. Habitación de una vivienda que se usa para dormir. SIN cuarto, dormitorio.

alcohol n. m. **1** Líquido transparente, incoloro e inflamable que se obtiene mediante la destilación del vino, de frutas y otras sustancias fermentadas. alcohol etílico Estimulante que se forma con la fermentación de la glucosa mediante bacterias: *el coñac y la ginebra son bebidas con alcohol etílico.* SIN etanol. **2** Bebida que contiene ese líquido.

DER alcoholemia, alcoholera, alcoholero, alcoholismo.

alcoholemia n. f. Cantidad de alcohol en la sangre, especialmente cuando excede de lo normal.

alcohólico, -ca adj. **1** Que contiene alcohol: *bebida alcohólica; vapor alcohólico.* **2** Del alcohol o que tiene relación con este líquido. SIN etílico. ◆ adj./ n. m. y f. **3** [persona] Que se emborracha habitualmente y es incapaz de renunciar a este hábito. SIN borracho.

alcoholímetro n. m. **1** Aparato para medir la cantidad de alcohol presente en el aire espirado por una persona. SIN alcohómetro. **2** Aparato para medir la cantidad de alcohol contenido en un líquido o gas. SIN alcohómetro.

alcoholismo n. m. **1** Dependencia física y psíquica de las bebidas alcohólicas. **2** Enfermedad causada por el abuso del alcohol.

DER alcohólico.

alcor n. m. *formal* Elevación del terreno de poca altura y de bordes suaves. SIN cerro, colina, collado, loma.

alcornocal n. m. Terreno poblado de alcornoques: *en Extremadura hay abundantes encinares y alcornocales.*

alcornoque n. m. **1** Árbol de unos diez metros de altura, de copa muy extensa y madera muy dura, con corteza gruesa de la que se saca el corcho y cuyo fruto es la bellota. ◆ com. **2** Persona torpe y poco inteligente. NOTA Se usa como apelativo despectivo.

alcuza n. f. Recipiente de forma de cono que sirve para contener una pequeña cantidad de aceite.

aldaba n. f. **1** Pieza de metal, especialmente de hierro o de bronce, que se pone en las puertas para llamar golpeando. SIN aldabón, llamador. **2** Barra de metal o travesaño de madera que sirve para asegurar una puerta después de cerrarla.
DER aldabilla, aldabón, aldabonazo.

aldabonazo n. m. **1** Golpe que se da con la aldaba para llamar a la puerta. **2** Aviso o llamada de atención: *aquella cantidad de suspensos constituyó el aldabonazo que necesitaba para ponerse a estudiar con ahínco.*

aldea n. f. Población pequeña en la que viven unas pocas familias y que suele depender administrativamente de otra mayor.
DER aldeano.

aldeano, -na adj./ n. m. y f. **1** [persona] Que procede de una aldea o que vive en ella: *la aldeana iba cada día a la ciudad.* ◆ adj. **2** De la aldea o relacionado con ella: *modales aldeanos.*

aleación n. f. Producto de propiedades metálicas formado por dos o más elementos, de los cuales al menos uno es un metal: *el bronce y el latón son aleaciones.*

alear v. tr. Mezclar o fundir dos o más elementos, uno de los cuales al menos es un metal, para conseguir un producto de propiedades metálicas con características físicas que no poseen sus componentes por separado.
DER aleación.

aleatorio, -ria adj. Que depende del azar o de la suerte: *se hizo una selección aleatoria.*

aleccionar v. tr. Instruir a una persona sobre lo que debe hacer o decir en una ocasión determinada.
DER aleccionador, aleccionamiento.

alegal adj. Que no está regulado por la ley ni tampoco prohibido por ella.

alegar v. tr. Exponer méritos, hechos y razonamientos como defensa o prueba en favor de una persona o una acción: *solo alegó que necesitaba el dinero.*
OBS En su conjugación, la *g* se convierte en *gu* delante de *e*.
DER alegación, alegato.

alegato n. m. **1** Discurso en el que se exponen razones en favor o en contra de una persona o cosa. **2** Escrito en que un abogado expone razones y pruebas a favor de su cliente.

alegoría n. f. **1** Representación en la que las cosas tienen un significado simbólico. **2** En pintura y escultura, representación de seres o cosas que encierran significado simbólico: *el Guernica de Picasso es una alegoría de los horrores de la guerra.*
DER alegórico.

alegórico, -ca adj. **1** [representación de seres o cosas] Que tiene significado simbólico. **2** [estilo artístico] Que emplea frecuentemente alegorías.

alegrar v. tr./ prnl. **1** Causar o sentir alegría: *me alegra que te encuentres mejor.* **2** Hacer más vivo algo inanimado: *las nuevas cortinas y el cambio de color de las paredes han alegrado la habitación.*

alegre adj. **1** Que siente alegría. ANT triste. **2** Que tiende a sentir y mostrar alegría. ANT triste. NOTA Se usa con el verbo *ser*. **3** Que expresa alegría: *la cama del niño lleva unas sábanas con alegres dibujos.* ANT triste. **4** Que produce alegría. ANT triste. **5** Que se ha desarrollado con alegría o ha terminado bien: *aún recuerdo aquellos alegres días.* ANT triste. **6** [color] Que es vivo. **7** Que está excitado por haber bebido alcohol: *no estoy borracho, solo un poco alegre.* **8** Que no se preocupa; que hace las cosas sin pensar: *no seas tan alegre en tus actos, piensa antes de hacer.*
DER alegrar, alegremente, alegreto, alegría, alegro.

alegría n. f. **1** Sentimiento agradable de placer que produce en una persona un suceso favorable o la obtención de lo deseado, y que suele expresarse externamente. SIN felicidad. ANT tristeza. **2** Falta de responsabilidad o de preocupación: *tratan asuntos muy serios con demasiada alegría.*

alegro adv. **1** MÚS. Con movimiento moderadamente vivo. ◆ n. m. **2** MÚS. Composición o parte de ella que se interpreta con ese movimiento.

alejamiento n. m. Distanciamiento o colocación de una persona o cosa lejos o más lejos de lo que estaba: *marchó al extranjero y* *no pudo soportar el alejamiento de los suyos.* **SIN** distanciamiento.

alejandrino, -na adj. **1** De Alejandría o relacionado con esta ciudad de Egipto. **2** De Alejandro Magno o que tiene relación con él. ◆ adj./ n. m. **3** LIT. [verso] Que tiene catorce sílabas y está dividido en dos hemistiquios: *Gonzalo de Berceo escribía en verso alejandrino.* ◆ adj./ n. m. y f. **4** [persona] Que es de Alejandría, ciudad de Egipto.

alejar v. tr./ prnl. **1** Distanciar o colocar lejos o más lejos una persona o cosa: *niños, no os alejéis demasiado.* **SIN** distanciar. **ANT** acercar. **2** Quitar del pensamiento propio o del de otros alguna cosa: *aleja de ti esos pensamientos.*
DER alejamiento.

alelar v. tr./ prnl. Poner o ponerse lelo o tonto.
DER alelado.

aleluya n. amb. **1** Voz de júbilo que constituye la base de ciertos cantos litúrgicos de la religión católica que se cantan especialmente en tiempo de Pascua. ◆ int. **2** ¡aleluya! Exclamación que se utiliza para expresar alegría: *¡aleluya! Por fin te has decidido a estudiar.* **3** ¡aleluya! Exclamación de júbilo que se intercala en los oficios religiosos católicos en tiempo de Pascua.

alemán, -mana adj. **1** De Alemania o relacionado con este país del centro de Europa. **SIN** germano. ◆ adj./ n. m. y f. **2** [persona] Que es de Alemania. **SIN** germano. ◆ n. m. **3** Lengua hablada en Alemania y en otros lugares: *el alemán es una lengua germánica.*

alentar v. tr./ prnl. **1** Infundir aliento, dar ánimo. **ANT** desalentar. **2** Provocar o hacer más intenso, especialmente un sentimiento o una idea: *la sociedad en que vivimos alienta la competitividad.*
OBS En su conjugación, la *e* se convierte en *ie* en sílaba acentuada, como en *acertar.*
DER alentador, aliento; desalentar.

alergia n. f. **1** Conjunto de alteraciones de carácter respiratorio, nervioso o eruptivo que se producen en el organismo como rechazo de ciertas sustancias: *tiene alergia a los ácaros.* **2** Rechazo o repugnancia que se siente hacia ciertos asuntos, personas o cosas: *tengo alergia a los concursos televisivos.*
DER alérgeno, alérgico, alergista, alergólogo; hipoalergénico.

alérgico, -ca adj. **1** De la alergia o relacionado con las alteraciones que produce: *ha sufrido una reacción alérgica que desaparecerá en unos días.* ◆ adj./ n. m. y f. **2** [persona] Que padece alergia.

alergólogo, -ga n. m. y f. Médico especialista en las alergias y sus manifestaciones.

alero n. m. **1** Parte inferior del tejado que sale fuera de la pared y sirve para desviar de ella el agua de lluvia. **2** Jugador de baloncesto que ocupa el lado derecho o izquierdo de la cancha.

alerón n. m. **1** Pieza saliente y móvil que va colocada en la parte trasera de las alas de los aviones y que sirve para hacer variar la inclinación del aparato y facilitar otras maniobras. **2** Pieza saliente de la chapa de ciertos automóviles, generalmente situada en la parte trasera, que sirve para hacerlos más aerodinámicos: *los autos de carreras suelen llevar un alerón trasero.*

alerta adv. **1** Con atención, vigilando: *estar alerta.* ◆ n. f. **2** Voz o señal que avisa de un peligro: *dar la alerta.* **SIN** alarma. **3** Situación en la que se debe vigilar o poner atención: *tras su visita nos pusimos en alerta.*
▶ alerta roja Situación de gran peligro: *estamos en alerta roja ante el riesgo de tormentas.*
DER alertar.

alertar v. tr./ prnl. **1** Poner alerta. **SIN** alarmar. ◆ v. tr. **2** Dar la alerta, avisar de un peligro. **SIN** alarmar.

aleta n. f. **1** Miembro del cuerpo de los peces y de otros animales que usan para darse impulso en el agua. **2** Calzado de goma, con la parte delantera alargada en forma de pala, que sirve para darse impulso en el agua. **3** Parte de la chapa de los automóviles que está situada encima de la rueda y que sirve para evitar que salte el barro. **4** Reborde de la parte inferior de la nariz, a ambos lados del tabique nasal.

aletargar v. tr. **1** Producir aletargamiento: *la anemia aletarga a los enfermos.* ◆ v. prnl. **2** aletargarse Encontrarse una persona cansada o adormecida a causa del sueño o la enfermedad: *el paciente se ha aletargado.* **3** Quedarse algunos animales adormecidos y en reposo en determinadas épocas del año.
OBS En su conjugación, la *g* se convierte en *gu* delante de *e.*
DER aletargamiento.

aletear v. intr. **1** Mover las alas repetidamente sin echar a volar. **2** Agitar un pez las aletas fuera del agua.
DER aleteo.

aleteo n. m. Movimiento repetido de las alas o las aletas.

alevín n. m. **1** Pez de tamaño pequeño y de corta edad, que generalmente se utiliza para repoblar estanques y ríos. ◆ adj./ n. com. **2** [joven] Que se inicia en una profesión o actividad: *mi hijo está en un equipo de fútbol de alevines.*

alevosía n. f. Circunstancia de haber puesto cuidado y atención la persona que comete un delito para asegurarse de que no corre ningún peligro al hacerlo.

alevoso, -sa adj. [acto, delito] Que se realiza con alevosía.
DER alevosía.

alfa n. f. Primera letra del alfabeto griego: *la alfa equivale a la a.*
▶ alfa y omega Principio y fin, causa y finalidad: *para los creyentes, Dios es alfa y omega de la creación.*

alfabético, -ca adj. Del alfabeto o que tiene relación con él: *el libro ofrece un índice de autores en orden alfabético.*

alfabetizar v. tr. **1** Enseñar a leer y escribir a alguien. **2** Ordenar siguiendo el orden de las letras en el alfabeto.
OBS En su conjugación, la *z* se convierte en *c* delante de *e.*
DER alfabetización.

alfabeto n. m. **1** Serie ordenada de las letras de un idioma. SIN abecé, abecedario. **2** Sistema de signos que sirve para la comunicación.
▶ alfabeto Braille Alfabeto que está formado por signos grabados en relieve sobre papel y usan los ciegos para leer y escribir mediante el tacto. alfabeto Morse Alfabeto que está formado por combinaciones de puntos y rayas y se usa en telegrafía.
DER alfabético, alfabetizar; analfabeto.

alfalfa n. f. Planta leguminosa de hojas compuestas que se cultiva para forraje o alimento del ganado.

alfanje n. m. Arma blanca parecida al sable, pero más ancha y de forma curvada: *los alfanjes tienen doble filo en la punta.*

alfar n. m. Taller donde se hacen recipientes y otros objetos de barro.
DER alfarero.

alfarero, -ra n. m. y f. Persona que se dedica a hacer recipientes y otros objetos de barro: *en el taller del alfarero vi ánforas.*
DER alfarería.

alféizar n. m. Parte inferior y generalmente saliente del muro que rodea una ventana.

alférez n. m. Miembro del ejército cuyo empleo es superior al de subteniente e inferior al de teniente.
DER alferecía.

alfil n. m. Pieza del ajedrez que se mueve en diagonal y puede recorrer en un solo movimiento todos los cuadros que estén libres en una dirección.

alfiler n. m. **1** Clavo de metal pequeño y muy delgado, con punta en uno de sus extremos y una bolita o cabecilla en el otro, que sirve para sujetar unas cosas a otras, especialmente telas. **2** Joya que se usa para sujetar una prenda de vestir o como adorno: *llevaba un alfiler de corbata a juego con los gemelos de la camisa.*
▶ no caber un alfiler Estar un lugar completamente lleno de gente: *en la clausura del congreso no cabía un alfiler.* prendido con alfileres Mal terminado y poco seguro.
DER alfilerazo, alfiletero.

alfombra n. f. **1** Pieza de tela muy gruesa con que se cubre el suelo de una habitación o una escalera como adorno o para dar calor. **2** Conjunto de cosas extendidas que cubren el suelo: *tendieron una alfombra de romero en las calles por donde pasaría la Virgen.*
DER alfombrar, alfombrilla.

alfombrar v. tr. Cubrir el suelo con una alfombra o con alguna cosa a manera de alfombra.

alfombrilla n. f. **1** Pieza pequeña de material resistente que se coloca en el suelo de un automóvil. **2** Pieza pequeña de tejido suave o de goma que se pone en el cuarto de baño para pisar con los pies descalzos. **3** Pieza pequeña de material áspero y resistente que se coloca en la entrada de un lugar para que en ella se limpie los pies la persona que quiere pasar. SIN ruedo.

alfonsino, -na adj. De cualquiera de los reyes españoles llamados Alfonso o que tiene relación con ellos: *estudia el desarrollo cultural ocasionado por la corte alfonsina.* SIN alfonsí.

alforja n. f. Tira de tela fuerte o de otro material que forma dos grandes bolsas en sus extremos, se echa al hombro o a lomos de caballería y sirve para llevar cosas.
OBS Se suele usar en plural.

alga n. f. Planta que carece de tejidos diferenciados, está provista de clorofila y vive y crece en el agua: *algunas algas marinas se usan en medicina.*

OBS En singular se le anteponen los determinantes *el, un,* salvo que entre el determinante y el nombre haya otra palabra: *el alga, la larga alga.*

algarabía n. f. Griterío confuso y estridente formado por personas que hablan o gritan al mismo tiempo.

algarrobo n. m. Árbol siempre verde, de hasta 15 m de altura, cuyo fruto es la algarroba: *el algarrobo vive en las zonas templadas cercanas al mar.*

álgebra n. f. MAT. Parte de las matemáticas que trata de la cantidad en general, representándola por medio de letras o de otros signos: *en el álgebra se generalizan las operaciones aritméticas.*

OBS En singular se le anteponen los determinantes *el, un,* salvo que entre el determinante y el nombre haya otra palabra: *el álgebra, la sencilla álgebra.*

DER algebraico.

algebraico, -ca adj. Del álgebra o relacionado con esta parte de las matemáticas: *especialista en cálculo algebraico.*

álgido, -da adj. **1** [momento, circunstancia] Que es el más importante y el de máximo interés. **2** Que está muy frío.

algo pron. indef. **1** Indica que la cosa a la que se refiere no está determinada o no se quiere determinar: *¿desea algo más, señora?* **2** Indica cantidad indeterminada: *necesitaré algo de dinero.* ◆ adv. **3** Un poco, no del todo, en pequeña cantidad: *dice el médico que ya está algo mejor.*

▶ **algo así** Expresión que indica aproximación o parecido: *serían las seis o algo así cuando llegó.* **algo es algo** Expresión que indica conformidad o acuerdo con una cosa, aunque sea pequeña o poco importante.

algodón n. m. **1** Planta de flores amarillas con manchas rojas, cuyo fruto en cápsula tiene muchas semillas envueltas en una borra o pelusa blanca y suave. **2** Materia blanca y suave que cubre la semilla de esta planta. **3** Borra de esta planta que limpia y esterilizada se emplea para usos médicos e higiénicos. **4** Tejido hecho con hilos de esta materia: *me gustan las prendas de algodón porque no dan calor.*

▶ **entre algodones** Con muchas atenciones y cuidados: *en el hospital, lo tuvieron entre algodones.*

DER algodonero, algodonoso.

algoritmo n. m. MAT. Conjunto ordenado de operaciones sistemáticas que permite hacer un cálculo y hallar la solución de un tipo de problemas.

alguacil n. m. Empleado subalterno que ejecuta las órdenes de una autoridad administrativa.

DER alguacilillo.

alguien pron. indef. **1** Una persona cualquiera; una o varias personas sin determinar: *pregunta si alguien ha visto al niño.* ◆ n. m. **2** Persona importante: *ser alguien en la empresa.*

OBS No se usa en plural. Si va acompañado de un adjetivo, este debe ir en masculino singular: *contratarán a alguien culto y bien educado.*

algún det. indef. Apócope de alguno: *¿conoces algún escritor de aquella década?*

OBS Se usa delante de sustantivos masculinos en singular.

alguno, -na det. indef. **1** Indica que la persona o cosa a la que hace referencia el sustantivo al que acompaña no está determinada o no se quiere determinar: *algunos escritores firmaban con un seudónimo.* **NOTA** Delante de sustantivos masculinos en singular se usa *algún.* **2** Indica una cantidad que no está determinada o no se quiere determinar: *algunos años después volvió a casa.* **3** Ninguno, ni una persona o cosa: *se marchó sin decir cosa alguna.* **NOTA** Se usa detrás del sustantivo en frases negativas y delante en frases interrogativas. ◆ pron. indef. **4** Indica que la persona o cosa a la que se refiere no está determinada o no se quiere determinar: *hubo algunos que no estaban de acuerdo.*

▶ **alguno que otro** Unos cuantos de un conjunto; pocos.

alhaja n. f. **1** Joya o adorno de valor, generalmente hecho con piedras y metales preciosos. **2** Persona o cosa de mucho valor y de excelentes cualidades o a la que se quiere mucho. **3** Persona mala, que molesta y hace daño a los demás o que no trabaja bien: *menuda alhaja está hecho tu amigo.*

alhelí n. m. **1** Flor de jardín, sencilla o doble, de varios colores y olor agradable. **2** Planta de hojas largas y estrechas que da esa flor.

OBS Aunque *alelí* no es incorrecto, se prefiere la forma *alhelí.* El plural es *alhelíes* (culto) o *alhelís* (popular).

aliado, -da adj./ n. m. y f. [persona, país] Que es miembro de una alianza, que está unido o de acuerdo con otro para un fin determinado.

a b c d e f g h i j k l m n ñ o p q r s t u v w x y z

a b c d e f g h i j k l m n ñ o p q r s t u v w x y z

alianza n. f. **1** Unión o pacto entre personas, grupos sociales o estados para lograr un fin común. **2** Documento o tratado donde está escrito que se han unido unas personas o países. **3** Anillo que se ponen en las bodas los que se casan y que indica que la persona que lo lleva está casada.

aliar v. tr./ prnl. Unir o poner de acuerdo a dos o más personas o países para lograr un fin determinado.
OBS En su conjugación, la *i* se acentúa en algunos tiempos y personas, como en *desviar*.
DER aliado, alianza.

alias adv. **1** De otro modo; por otro nombre: *Jose María Hinojosa, alias el Tempranillo, fue un famoso bandolero.* ◆ n. m. **2** Nombre con el que los demás llaman a una persona en lugar del suyo propio, generalmente para ocultar su verdadera identidad. SIN apodo, mote.

alicantino, -na adj. **1** De Alicante o relacionado con esta ciudad y provincia española. ◆ adj./ n. m. y f. **2** [persona] Que es de Alicante.

alicatado n. m. **1** Acción de alicatar. **2** Revestimiento hecho con azulejos en una pared u otra superficie: *el alicatado de la cocina es de color blanco con una cenefa a media altura.*

alicatar v. tr. Revestir con azulejos una pared u otra superficie.
DER alicatado.

alicate n. m. Herramienta formada por dos brazos movibles que sirve para apretar o sujetar objetos pequeños.
OBS Se usa también en plural para hacer referencia a una sola de esas herramientas.

aliciente n. m. Cosa que mueve a actuar o realizar una acción: *el nuevo parque ofrece un aliciente más para veranear en el lugar.* SIN acicate, aguijón, estímulo.

alienación n. f. **1** Proceso individual o colectivo de transformación de la conciencia hasta hacerla contradictoria con lo que debía esperarse de su condición. **2** Pérdida de la propia personalidad o identidad: *hay que luchar contra la alienación que provoca la publicidad consumista.* **3** Alteración de la razón y de los sentidos temporal o permanente.
DER alienación, alienante; inalienable.

alienar v. tr. **1** Hacer perder o alterar la razón o los sentidos. **2** Causar o provocar la pérdida de la personalidad o de la identidad de una persona o de un colectivo: *las civilizaciones europeas alienaron la cultura de las tribus indígenas.* **3** Hacer que una persona o un colectivo transformen sus pensamientos hasta hacerlos contradictorios con lo que debía esperarse de su condición.
DER alienación, alienante; inalienable.

alienígeno, -na adj./ n. m. y f. [ser vivo] Que es natural de otro planeta: *invasión de alienígenas; aquellos hombres parecían alienígenas, seres extraños en este mundo.* SIN extraterrestre.
OBS Tiene doble forma de masculino (*el alienígeno* y *el alienígena*), aunque es más frecuente el *alienígena* que el *alienígeno*.

aliento n. m. **1** Aire que sale por la boca al respirar. **2** Aire que se toma cada vez que se respira: *tomó aliento antes de subir la escalera.* SIN respiración. **3** Ánimo o ayuda moral. ANT desaliento.
▶ sin aliento **a.** Con la respiración entrecortada por haber hecho un esfuerzo físico muy grande. **b.** Muy sorprendido o admirado: *me quedé sin aliento cuando supe la noticia.*

aligerar v. tr. **1** Hacer más ligero o menos pesado: *el carro no subirá la cuesta si no le aligeramos la carga.* SIN aliviar. **2** Hacer menos grave o doloroso. SIN aliviar. ◆ v. tr./ intr. **3** Acelerar, apresurar, aumentar la velocidad: *aligerar la marcha; diles que aligeren o no llegaremos a tiempo.*

alijo n. m. **1** Conjunto de mercancías cuyo tráfico no es legal y son intervenidas: *alijo de armas; se ha destruido un alijo de cocaína.*

alimaña n. f. Animal que ataca o hace daño a la caza menor o a la ganadería.

alimentación n. f. **1** Suministro de las sustancias nutritivas que necesita el organismo para funcionar. SIN nutrición. **2** Conjunto de cosas que se toman o sirven como alimento. **3** Suministro de lo necesario para que un mecanismo, sistema o proceso funcione.

alimentar v. tr./ prnl. **1** Dar alimento a un ser vivo. ◆ v. intr. **2** Servir de alimento: *las verduras alimentan mucho.* ◆ v. tr. **3** Mantener o conseguir lo necesario para vivir: *aunque no me guste, lo haré porque tengo que alimentar a mi familia.* **4** Dar la materia o energía necesarias para funcionar. **5** Provocar o fomentar un sentimiento o estado de ánimo: *los últimos hallazgos alimentan mis esperanzas de que los encuentren con vida.*
DER alimentación; sobrealimentar.

alimentario, -a adj. De los alimentos o la alimentación o relacionado con ellos: *industria alimentaria.*

alimenticio, -cia adj. Que alimenta o sirve para alimentar.

alimento n. m. **1** Conjunto de productos que toman los seres vivos y proporciona a sus organismos las sustancias que necesitan. SIN comida. **2** Cosa que sostiene o mantiene vivo un sentimiento o una idea: *los recuerdos eran el alimento de su ilusión.*
DER alimentar, alimentario, alimenticio.

alineación n. f. **1** Colocación en línea recta. SIN alineamiento. **2** Inclusión de un jugador en un equipo para que participe en un partido o en una competición. SIN alineamiento. **3** Conjunto de jugadores que forman parte de un equipo y que participan en un partido o competición. SIN alineamiento. **4** Asociación con una tendencia ideológica o política. SIN alineamiento.

alineado, -da adj. Que está vinculado a una determinada tendencia ideológica, política o de otro tipo y ha tomado partido por ella.

alinear v. tr. **1** Incluir a un jugador en el equipo que ha de participar en un partido o en una competición: *el entrenador ha alineado a dos hermanos.* ◆ v. tr./ prnl. **2** Colocar o colocarse en línea recta: *alineaba con cuidado las fichas del dominó.* **3** Vincular o vincularse a una tendencia ideológica, política o de otro tipo: *los países árabes se alinearon contra la propuesta israelí.*
DER alineación, alineamiento; desalinear.

aliñar v. tr. **1** Echar especias u otras sustancias a una comida para que tenga más sabor o el sabor deseado: *aliñar la ensalada con aceite y sal.* SIN aderezar, condimentar, sazonar. ◆ v. tr./ prnl. **2** Arreglar el aspecto físico; poner bello. SIN aderezar.
DER aliño; desaliñar.

aliño n. m. **1** Preparación de un alimento con las especias y sustancias necesarias para que tome el sabor deseado. **2** Condimento o conjunto de especias que se echan a la comida para que tenga más sabor o el sabor deseado. **3** Conjunto de adornos que se usan para mejorar el aspecto físico de una persona o cosa.

alisar v. tr./ prnl. **1** Poner liso: *para dejarlo plano e igual debes alisarlo un poco más.* SIN estirar. **2** Arreglar o poner en orden, especialmente el pelo. ◆ v. tr. **3** Planchar ligeramente para quitar las principales arrugas.
DER alisador.

alisios adj./ n. m. pl. [clase de vientos] Que soplan todo el año en las capas bajas de la atmósfera desde los trópicos hacia el ecuador, desde el noreste en el hemisferio norte y desde el sureste en el hemisferio sur.

aliso n. m. **1** Árbol de tronco recto y grueso, copa redonda y hojas caducas que crece cerca de los ríos o de lugares muy húmedos. **2** Madera de este árbol.

alistar v. tr./ prnl. **1** Apuntar o inscribir en una lista. ◆ v. prnl. **2** **alistarse** Unirse voluntariamente a un ejército o a un grupo organizado.
DER alistamiento.

aliteración n. f. LIT. Figura del lenguaje que consiste en repetir uno o varios sonidos en una palabra o en una frase: *este carrito no rueda por un rumbo seguro es una aliteración que recuerda el objeto descrito.*

aliviar v. tr./ prnl. **1** Hacer menos grave o doloroso: *los paños fríos te aliviarán esta fiebre.* SIN aligerar, dulcificar, endulzar. ◆ v. tr. **2** Hacer más ligero o menos pesado; disminuir el peso o la carga de algo. SIN aligerar.
OBS En su conjugación, la *i* no se acentúa, como en *cambiar*.
DER aliviadero, alivio.

alivio n. m. **1** Disminución de una carga o de un peso. **2** Ayuda o motivo que contribuye a disminuir la intensidad de una pena o de un dolor: *tu compañía supuso para mí un gran alivio.* SIN consolación, consuelo.

aljama n. f. **1** Edificio donde una comunidad judía se reúne para rezar o realizar ceremonias religiosas. SIN sinagoga. **2** Edificio donde una comunidad musulmana se reúne para rezar o realizar ceremonias religiosas. SIN mezquita.

aljibe n. m. Depósito generalmente bajo tierra, donde se recoge y conserva el agua.

allá adv. **1** En aquel lugar; hacia aquel lugar. Indica un lugar lejano. SIN allí. ANT acá, aquí. **2** Indica tiempo lejano, en el pasado o en el futuro. SIN allí. ANT acá, aquí. **3** Indica falta de interés o despreocupación: *si te quieres quedar, allá tú.*
▶ **de acá para allá** De un lugar para otro: *se pasa el día de acá para allá.* **el más allá** El otro mundo; lo que hay después de la muerte. **no muy allá** De regular calidad; no muy bueno: *se ha quedado en cama porque no se encuentra muy allá.*
OBS Cuando se refiere a un lugar, esta palabra es menos precisa que la de *allí*. Por eso, *allá* admite grados y puede ir precedido de los adverbios *más* o *muy*: *vete más allá.*

a b c d e f g h i j k l m n ñ o p q r s t u v w x y z

allanamiento n. m. **1** Conversión de algo, especialmente de un terreno, en llano, eliminando sus desigualdades. **2** Vencimiento de las dificultades o inconvenientes: *allanamiento de los obstáculos.* **3** Entrada a la fuerza y sin permiso en un lugar perteneciente a otra persona: *el allanamiento de morada se considera un delito grave; se ha denunciado el allanamiento de las embajadas en el país.*

allanar v. tr./ intr./ prnl. **1** Poner llano o plano: *vamos a allanar el camino para que puedan pasar los coches.* **SIN** aplanar. ◆ v. tr. **2** Superar o hacer fácil un problema o una situación difícil: *allanó el camino a sus hijos gracias a sus contactos en el ministerio.* **3** Entrar a la fuerza en la casa de otra persona. ◆ v. prnl. **4** allanarse Conformarse o aceptar una cosa aunque no se esté completamente de acuerdo con ella: *tuvo que allanarse para no perder el trabajo.*
DER allanamiento.

allegado, -da adj./ n. m. y f. [persona] Que pertenece a una familia determinada o tiene una relación estrecha con ella.

allegar v. tr. Recoger o juntar, especialmente medios o recursos para algo.
OBS En su conjugación, la *g* se convierte en *gu* delante de *e*.

allende adv. *formal* Más allá de, en la parte de allá de: *triunfó allende los mares.*
OBS Se usa en la lengua escrita.

allí adv. **1** A aquel lugar, en aquel lugar: *voy allí, vivo allí.* **SIN** allá. **ANT** acá, aquí. **2** Indica tiempo lejano en el pasado o en el futuro. **SIN** allá. **ANT** acá, aquí.

alma n. f. **1** Parte inmaterial del ser humano capaz de entender y sentir y que, con el cuerpo o parte material, constituye la esencia humana: *siempre se entrega en cuerpo y alma.* **ANT** cuerpo. alma en pena **a.** Espíritu que está sufriendo en el purgatorio y haciéndose puro para subir al cielo o que anda errante entre los vivos sin hallar reposo. **b.** Persona que está siempre sola, triste y melancólica. **2** Parte del ser humano que se mueve por la moral, los sentimientos y los afectos, en oposición a la parte mental o al cerebro: *tiene un alma caritativa.* **3** Persona que da vida, ánimo, fuerza o alegría en un lugar o una situación. **4** Persona, ser humano: *no se veía un alma en la calle.* alma de cántaro Persona ingenua, tonta o insensible. alma de Dios Persona muy bondadosa y sencilla. **5** Interés, esfuerzo o voluntad que se pone en hacer las cosas. **6** Hueco interior del cañón de un arma de fuego. **SIN** ánima.
▶ agradecer en el alma Estar muy agradecido. ¡alma mía! Exclamación con la que se expresa cariño: *¡ven aquí, alma mía, y dame un abrazo!* caerse el alma a los pies Sufrir una decepción por no corresponderse la realidad con lo que se esperaba. clavarse en el alma Producir mucha pena o dolor: *sus palabras de reproche se me clavaron en el alma.* como alma que lleva el diablo Con precipitación, rapidez y nerviosismo: *al verme llegar salió como alma que lleva el diablo.* **NOTA** Se usa con verbos de movimiento como *irse, marcharse* o *salir.* estar con el alma en vilo o tener el alma en vilo Estar preocupado por algún peligro; temer que suceda alguna desgracia: *cuando torea su hijo está con el alma en vilo.* no poder con su alma Estar muy cansado. partir el alma Dar mucha pena: *me parte el alma verla llorar así.*
OBS En singular se le anteponen los determinantes *el, un,* salvo que entre el determinante y el nombre haya otra palabra: *el alma,* pero *la sencilla alma.*
DER desalmado.

almacén n. m. **1** Local o edificio que sirve para depositar o guardar mercancías u otras cosas en gran cantidad. **2** Establecimiento donde se venden productos en grandes cantidades.
▶ grandes almacenes Establecimiento grande y dividido en secciones donde se vende todo tipo de productos.
DER almacenar, almacenista.

almacenamiento n. m. **1** Depósito de algo en un almacén. **2** Reunión y conservación de cosas en gran cantidad.

almacenar v. tr./ prnl. **1** Reunir o depositar en un lugar. **2** Reunir o depositar en gran cantidad: *no es preciso que almacenes tanta información.*
DER almacenaje, almacenamiento.

almadía n. f. Balsa de gran tamaño que se emplea especialmente para el transporte fluvial siguiendo el curso del río.

almanaque n. m. Registro de los días del año, ordenados por meses y por semanas, que generalmente incluye información sobre las fases de la luna y las festividades religiosas y civiles. **SIN** calendario.

almeja n. f. Molusco marino comestible, pequeño y con dos conchas ovaladas: *las almejas viven en aguas poco profundas.*

almena n. f. Cada uno de los bloques o prismas de piedra que, separados entre sí por un espacio, rematan las murallas de un castillo o fortaleza.

almendra n. f. **1** Fruto del almendro, de forma alargada y de cáscara dura que recubre la semilla. **2** Semilla comestible que hay dentro de este fruto.
DER almendrado, almendro, almendruco.

almendro n. m. Árbol de hojas alargadas, pequeñas flores blancas o rosas y cuyo fruto es la almendra.

almeriense adj. **1** De Almería o relativo a esta ciudad y provincia andaluza. ◆ adj./ n. com. **2** [persona] Que es de Almería.

almíbar n. m. Líquido dulce hecho con azúcar disuelto en agua y espesado a fuego lento: *fruta en almíbar.*
DER almibarar.

almidón n. m. Sustancia blanca que no tiene olor ni sabor y que se encuentra en la semilla de ciertas plantas, especialmente en las de los cereales.
DER almidonar.

almidonado, -da adj. **1** Planchado con almidón. **2** Que va vestido y arreglado con excesiva pulcritud y cuidado.

almidonar v. tr. Mojar un tejido con almidón disuelto en agua para que quede tieso y con más consistencia.

alminar n. m. Torre de una mezquita desde la que el almuecín convoca a los musulmanes a la oración. SIN minarete.

almirante n. m. Miembro de la Armada de categoría inmediatamente inferior a la de capitán general: *el almirante equivale al teniente general en el ejército de tierra.*
DER almirantazgo; contraalmirante, vicealmirante.

almirez n. m. Recipiente de metal u otro material duro con forma de vaso ancho que sirve para moler o machacar en él algunas sustancias, sobre todo condimentos. SIN mortero.

almogávar n. m. Soldado de infantería que durante la Edad Media servía a la Corona de Aragón y estaba especializado en atacar por sorpresa territorio enemigo y adentrarse en él.

almohada n. f. Saco de tela generalmente alargado lleno de un material blando que sirve para apoyar una parte del cuerpo, en especial la cabeza, y que se pone en la cama o en otros lugares.
DER almohadilla, almohadón.

almohade adj./ n. m. y f. De una antigua dinastía musulmana que reinó en el norte de África y en España durante la segunda mitad del siglo XII y la primera del XIII.

almohadilla n. f. Cojín pequeño que se coloca sobre un asiento duro para estar más cómodo sentado sobre él, generalmente en un espectáculo público.
DER almohadillar, almohadillero.

almoneda n. f. **1** Subasta de muebles y objetos usados, generalmente a bajo precio. **2** Establecimiento donde se realiza este tipo de venta.

almorávide adj./ n. m. y f. De una antigua dinastía musulmana que reinó en el norte de África y en España durante la segunda mitad del siglo XI y la primera del XII.

almorrana n. f. Pequeño tumor sanguíneo que se forma en las inmediaciones del ano o en la parte final del intestino por una excesiva dilatación de las venas en esta zona.
OBS Se usa también en plural con el mismo significado.

almorzar v. tr./ intr. Tomar alimento a mediodía. SIN comer.

almuerzo n. m. **1** Alimento que se toma a mediodía; generalmente es el principal del día. SIN comida. **2** Acción de tomar este alimento: *se reunieron en el restaurante del hotel a la hora del almuerzo.* SIN comida. **3** Comida ligera que se toma a media mañana.
DER almorzar.

alocado, -da adj. **1** Movido, inquieto: *durante las rebajas los dependientes trabajamos a un ritmo muy alocado.* ◆ adj./ n. m. y f. **2** [persona] Que se comporta de forma irreflexiva y precipitada.

alojamiento n. m. **1** Instalación temporal de una o más personas en una vivienda que no es la suya o en lugar análogo. **2** Lugar en el que se alojan temporalmente una o más personas. SIN albergue, aposento. **3** Acogida o instalación en una casa o en un establecimiento. **4** Cantidad de dinero que se cobra por esa acogida.

alojar v. tr. **1** Dar alojamiento u hospedaje. SIN albergar, hospedar. ◆ v. tr./ prnl. **2** Introducir o meter una cosa dentro de otra: *el trozo de metralla se alojó cerca del corazón.* ◆ v. prnl. **3** alojarse Vivir una o más personas durante un tiempo en una casa que no es la suya o en lugar análogo. SIN albergar, hospedar.
DER alojamiento; desalojar.

alondra n. f. Pájaro de color marrón con ban-

a b c d e f g h i j k l m n ñ o p q r s t u v w x y z

das oscuras en la parte superior y claras en la inferior, con la cola en forma de horquilla y una cresta corta y redonda.

OBS Para indicar el sexo se usan *la alondra macho* y *la alondra hembra.*

alopecia n. f. Caída o pérdida del pelo debida a una enfermedad de la piel.

alpargata n. f. Calzado de lona, con suela de esparto, cáñamo o goma, que se ajusta al pie sin cordones o con unas cintas que se atan al tobillo.

alpinismo n. m. Deporte que consiste en escalar altas montañas. SIN montañismo.

alpinista n. com. Persona que escala altas montañas por afición. SIN escalador, montañero.

alpino, -na adj. **1** De las montañas muy altas o que tiene relación con ellas: *la vegetación alpina es escasa.* **2** De los Alpes o que se relaciona con esta cordillera europea.

DER alpinismo; transalpino.

alpiste n. m. **1** Semilla muy pequeña que se usa como alimento para los pájaros. **2** Planta cuyas espigas dan esta semilla.

alquibla n. f. Lugar del horizonte o de la mezquita hacia donde los musulmanes miran para rezar.

alquilar v. tr. **1** Dar una cosa para usarla por un tiempo a cambio de una cantidad de dinero y con ciertas condiciones: *quiero alquilar el apartamento para sacar algún dinero.* SIN arrendar. **2** Tomar una cosa para usarla por un tiempo pagando a cambio una cantidad de dinero. SIN arrendar.

DER alquiler; desalquilar, realquilar.

alquiler n. m. **1** Acción de alquilar. SIN arrendamiento. **2** Cantidad de dinero que se paga cada cierto período de tiempo al propietario de una casa u otro bien cuando estos se alquilan. SIN arrendamiento, renta.

alquimia n. f. Conjunto de especulaciones y experimentos, generalmente de carácter oculto y secreto, sobre las características y los cambios de la materia que influyó en el origen de la ciencia química.

DER alquimista.

alquimista n. com. Persona que practicaba la alquimia o se dedicaba a experimentar sobre las propiedades y transformaciones de la materia.

alquitrán n. m. Sustancia densa y pegajosa, de color oscuro y olor fuerte, que se obtiene por destilación del petróleo, de la madera, del carbón vegetal o de otra materia orgánica.

DER alquitranar.

alrededor adv. **1** Indica lo que está o se mueve en torno a una persona o cosa: *ha puesto una valla metálica alrededor de la casa.* ◆ n. m. pl. **2** alrededores Zona que rodea un lugar o una población. SIN extrarradio.

▶ alrededor de Dicho de una cantidad, aproximadamente, más o menos.

alta n. f. **1** Ingreso en un cuerpo, grupo o empresa: *el número de altas es menor que el de bajas en esta empresa.* ANT baja. **2** Documento en que se comunica que un enfermo puede volver a su actividad normal: *para incorporarte a tu trabajo debes presentar el alta del médico.* ANT baja.

▶ dar (o darse) de alta Entrar a formar parte de un cuerpo, grupo o empresa. dar el alta Comunicar a un enfermo la autoridad médica competente que puede volver a su actividad normal.

OBS En singular se le anteponen los determinantes *el, un,* salvo que entre el determinante y el nombre haya otra palabra: *el alta, la sospechosa alta.*

altanería n. f. Orgullo o sentimiento de superioridad frente a los demás que provoca un trato despectivo y desconsiderado hacia ellos. SIN altivez, arrogancia, soberbia.

altanero, -ra adj. Que muestra orgullo o se cree muy importante: *es muy altanero y nos trata como seres inferiores.* SIN altivo, soberbio.

DER altanería.

altar n. m. **1** En el culto cristiano, mesa consagrada donde el sacerdote celebra la misa. SIN ara. **2** Piedra, montículo o lugar elevado donde se celebran ritos religiosos, como ofrendas y sacrificios a los dioses. SIN ara.

▶ llevar al altar a una persona Casarse con esa persona. poner (o tener) en un altar Alabar mucho a una persona.

altavoz n. m. Instrumento que transforma en sonidos las ondas eléctricas y sirve para hacerlos más intensos.

alteración n. f. **1** Cambio en las características o la forma de una cosa. **2** Perturbación del orden público. **3** Excitación o pérdida de la calma y tranquilidad.

alterar v. tr./ prnl. **1** Cambiar las características, la esencia o la forma de una cosa: *el excesivo calor altera muchos alimentos.* **2** Perturbar o trastornar la marcha normal de una cosa.

3 Perder la calma y la tranquilidad: *es muy nervioso y se altera muy pronto.*

DER alterable, alteración; inalterable.

altercado n. m. Enfrentamiento o pelea violenta y acalorada: *una serie de altercados callejeros se saldaron con una veintena de heridos.*

alternador n. m. Máquina eléctrica que transforma en corriente alterna la corriente continua producida por un generador.

alternancia n. f. Cambio sucesivo en el estado o en la situación de dos personas o cosas, de modo que mientras una ocupa un puesto o desempeña una función, la otra no lo hace, y viceversa: *la alternancia en el poder político es característica de algunos países.*

alternante adj. Que alterna: *las proposiciones disyuntivas presentan acciones alternantes o contrastivas (ocurre una cosa u otra) pero no excluyentes, como en tan pronto ríe como llora.*

alternar v. tr./ intr. **1** Cambiar sucesivamente el estado o la situación de dos personas o cosas, de modo que mientras una ocupa un puesto o desempeña una función, la otra no lo hace, y viceversa: *alterna el trabajo por la mañana y los estudios por la tarde.* ◆ v. intr. **2** Tener trato social o relación personal y amistosa. **3** Relacionarse una persona con los clientes de un bar o un local de diversión para hacer que gasten más dinero en consumiciones: *las camareras de esa sala de fiestas alternan con los hombres que acuden a ella.*

DER alternador, alternancia, alternativa, alternativo, alterne.

alternativa n. f. **1** Posibilidad de elegir entre opciones o soluciones diferentes: *mis padres no me dieron alternativa y tuve que ir a la boda de sus amigos.* **2** Opción o solución que es posible elegir entre varias: *si no apruebo en junio, tengo la alternativa de presentarme en septiembre.* **3** Acto por el cual un torero concede a un novillero el derecho a matar toros y a convertirse, por tanto, también en torero.

alternativo, -va adj. **1** Que se dice, hace u ocurre alternándose sucesivamente: *los miembros de la pareja concursante deben dar las respuestas de manera alternativa.* SIN alterno. **2** [opción, solución] Que puede sustituir a otra similar o distinta. **3** [manifestación cultural o artística] Que se opone a lo convencional, a lo establecido, y se presenta como una opción distinta y nueva: *teatro alternativo; cine alternativo.*

alterno, -na adj. **1** Que se dice, hace u ocurre alternándose sucesivamente: *en el partido hubo dominio alterno de los dos equipos y acabaron empatados.* SIN alternativo. **2** [hoja, órgano vegetal] Que se encuentra a diferente nivel en el tallo, de manera que cada uno ocupa en su lado la parte que corresponde a la que queda libre en el lado opuesto. **3** Que se produce o se hace de manera repetida cada dos períodos de tiempo iguales, pero de manera discontinua, en uno sí y en el siguiente no: *trabaja en días alternos.*

alteza n. f. Tratamiento que se aplica a los príncipes e infantes de España: *su alteza real la princesa de Asturias.*

altibajos n. m. pl. **1** Sucesión alterna de circunstancias o acontecimientos positivos y negativos: *los altibajos en el juego del equipo han provocado su mala clasificación.* **2** Conjunto de subidas y bajadas que experimenta el precio o el valor de una cosa.

altillo n. m. **1** Armario pequeño que se hace en la parte alta de la pared o en un saliente del techo. **2** Compartimiento superior de un armario que tiene puertas independientes.

altiplanicie n. f. Altiplano.

altiplano n. m. Meseta muy extensa y a gran altitud. SIN altiplanicie.

OBS La Real Academia Española prefiere *altiplanicie.*

altisonante adj. [estilo, modo de expresión] Que se caracteriza por emplear palabras y construcciones demasiado cultas y rebuscadas, dando un énfasis excesivo a aspectos del discurso que no lo merecen. SIN ampuloso, grandilocuente, pomposo.

DER altisonancia.

altitud n. f. Distancia vertical que separa un punto respecto de otro que le sirve de referencia, generalmente el nivel del mar. SIN altura.

altivez n. f. Orgullo o sentimiento de superioridad frente a los demás que provoca un trato despectivo y desconsiderado hacia ellos. SIN altanería, arrogancia, soberbia.

altivo, -va adj. [persona] Que actúa o se comporta con altivez. SIN altanero, soberbio.

DER altivez.

alto, -ta adj. **1** Que tiene una altura mayor de lo normal. ANT bajo. **2** Que está situado en un lugar con mucha altura con respecto a la tierra o al nivel del mar: *un piso alto; una cima alta.* ANT bajo. **3** Que tiene mucho valor o es de mucha cuantía o intensidad: *el Tercer*

Mundo padece un alto índice de analfabetismo. ANT bajo. **4** Que es rico y ocupa el lugar superior en la escala social: *la clase alta; la alta sociedad.* SIN bajo. **5** Que está levantado o mira hacia arriba. **6** [palabra, expresión] Que se dice en un tono de voz normal y puede ser oído por las personas que están próximas a quien habla: *no cuchichees y dime lo que tengas que decirme en voz alta.* **7** [sonido, voz] Que es fuerte o intenso: *subí a quejarme al vecino porque tenía la música muy alta.* **8** [sonido, voz] Que es muy agudo. **9** Que es noble y bueno: *una persona de altos ideales.* ANT bajo. ◆ n. m. **10** En un cuerpo o figura, dimensión perpendicular a su base y considerada por encima de esta, desde la parte inferior a la superior. SIN altura. **11** Parada o detención que se efectúa en la marcha o en el movimiento con la intención de reanudarlo a continuación. **12** Lugar elevado sobre el terreno que lo rodea: *nos subimos a un alto para ver el paisaje.* SIN altura. **13** MÚS. Voz más aguda del registro de las voces humanas. ◆ adv. **14** Con mucha altura con respecto a la tierra o al nivel del mar: *el avión vuela muy alto.* ANT bajo. **15** Con un sonido o tono de voz fuerte e intensa: *no hables alto, que me vas a despertar al niño.* ANT bajo. ◆ int. **16** ¡alto! Expresión que se emplea para ordenar parar: *¡alto!, queda detenido.* alta mar Zona del mar o del océano que está muy distante de la costa. alta traición Delito que comete una persona cuando atenta contra la soberanía, la seguridad o la independencia del estado al que pertenece. altas horas Parte de la noche más cercana al amanecer. alto el fuego Tregua, cese momentáneo de las acciones bélicas entre dos ejércitos o grupos armados. dar el alto Ordenar a una persona o grupo que se paren: *la policía nos dio el alto cuando íbamos por la carretera.* lo alto Parte superior de una cosa: *tengo la ropa de invierno en todo lo alto del armario.* pasar por alto Ignorar una cosa, no darle importancia ni prestarle atención: *el profesor no pasó por alto mis faltas de ortografía y me suspendió el examen.* por todo lo alto Con mucho lujo y gasto: *pienso celebrar el fin de curso por todo lo alto.*

DER alta, altanero, altar, alteza, altillo, altitud, altivo, altura; contralto, enaltecer, exaltar.

altozano n. m. Monte de poca altura rodeado de terreno llano.

altramuz n. m. **1** Planta herbácea de poca altura, con las hojas en forma de palma y la flores blancas en espigas. **2** Semilla comestible de esta planta, de forma redonda, parecida a un botón, y color amarillo. SIN chocho.

altruismo n. m. Tendencia a procurar el bien de las personas de manera desinteresada, incluso a costa del interés propio. SIN filantropía.

DER altruista.

altruista adj./ n. com. [persona, acción] Que busca el bien de otro de manera desinteresada. ANT egoísta.

altura n. f. **1** Distancia vertical que separa un punto respecto de otro que le sirve de referencia, generalmente el suelo o el nivel del mar: *se asomó a la terraza del rascacielos y la altura lo mareó.* SIN altitud. **2** En un cuerpo o figura, dimensión perpendicular a su base y considerada por encima de esta, desde la parte inferior a la superior: *mido 1,80 m de altura.* SIN alto. **3** En una figura plana o en un cuerpo, extensión de la línea perpendicular trazada desde un vértice al lado o cara opuestos. **4** Lugar elevado sobre el terreno que lo rodea. SIN alto. **5** Mérito, valor o importancia: *en la carrera se enfrentó a atletas de altura internacional.* **6** Bondad y generosidad en el carácter y en los actos: *el obispo pidió a los nuevos sacerdotes altura de miras y tolerancia para con los demás.* **7** Navegación o pesca que se hace en alta mar, en aguas alejadas de la costa: *el bacalao o la merluza se capturan en la pesca de altura.* ◆ n. f. pl. **8** alturas Para los cristianos, lugar en el que los santos, los ángeles y los bienaventurados gozan de la compañía de Dios para siempre. SIN cielo, paraíso. **9** Parte alta o superior de una cosa, especialmente de una vivienda o de un edificio.

▶ a estas alturas En este momento, llegadas las cosas a este punto. a la altura de En un lugar cercano a otro que se menciona: *debes girar a la derecha a la altura de la catedral.* estar a la altura de las circunstancias Actuar o comportarse en una situación difícil o comprometida de la mejor manera posible.

alubia n. f. **1** Planta leguminosa de tallo delgado y en espiral, hojas grandes y flores blancas o amarillas. SIN habichuela, judía. **2** Fruto comestible de esa planta en forma de vaina alargada, estrecha y aplastada. SIN habichuela, judía. **3** Semilla comestible contenida en esta vaina, de pequeño tamaño y forma arriñonada: *la fabada se hace con alubias.* **SIN** habichuela, judía.

alucinación n. f. Ofuscación o sensación que no es real, sino producto de un trastorno o una enfermedad de la mente.

alucinado, -da adj. **1** [persona] Que tiene trastornadas o perturbadas las facultades mentales: *el escritor ya no escribía nada, se comportaba como esos alucinados que fingen comer y mastican el aire.* **SIN** loco. **2** Que tiene las características que se consideran propias de las personas alucinadas o trastornadas: *mente alucinada; expresión alucinada.* **3** [persona] Que está asombrado, sorprendido o fuertemente impresionado por un hecho o una situación determinados: *se metía en la cueva y quedaba alucinado de lo que allí veía.*

alucinante adj. Que causa sorpresa, asombro y una fuerte impresión.

alucinar v. tr./ intr. **1** Tener ofuscaciones o sensaciones que no son reales, sino producto de un trastorno o una enfermedad de la mente: *la fiebre me hacía alucinar y sentía cómo se movía la cama de un lado a otro de la habitación.* **2** Causar gran sorpresa y asombro: *alucino cuando me monto en el deportivo de mi primo.* **3** Decir o hacer algo que va en contra del sentido común: *alucinas si piensas que voy a viajar en avión, con el miedo que me da.* **SIN** delirar.

DER alucinación, alucinante, alucine, alucinógeno.

alucinógeno, -na adj. Que provoca alucinaciones: *las virtudes alucinógenas de ciertas solanáceas.*

alud n. m. **1** Masa grande de nieve que se desliza por la ladera de una montaña de manera violenta y ruidosa, arrasando todo lo que encuentra a su paso. **SIN** avalancha. **2** Cantidad grande de una cosa que aparece con mucha intensidad al mismo tiempo: *el mal funcionamiento del centro comercial está provocando un alud de reclamaciones.* **SIN** aluvión.

aludir v. tr. **1** Referirse a una persona o cosa sin nombrarla de manera expresa. **2** Mencionar o hacer referencia a una persona o cosa, generalmente de manera breve y sin considerarla el asunto principal de lo que se dice: *antes de comenzar su disertación, el conferenciante aludió a la belleza de la sala en la que se encontraba.*

DER aludido, alusión.

alumbrado n. m. Conjunto de luces eléctricas que alumbran un lugar, especialmente en una vía pública o recinto exterior. **SIN** iluminación.

alumbramiento n. m. **1** Salida al exterior del feto que una hembra tiene en su vientre. **SIN** nacimiento, parto. **2** Proceso de inspiración y creación que da como resultado una obra artística o científica.

alumbrar v. tr./ intr./ prnl. **1** Dar luz: *el Sol alumbra la Tierra.* **SIN** iluminar. ◆ v. tr. **2** Poner luces eléctricas en un lugar para darle luz, especialmente en una vía pública o recinto exterior. **SIN** iluminar. ◆ v. tr./ intr. **3** Expulsar una hembra el feto que tiene en su vientre. **SIN** parir. ◆ v. tr. **4** Formar en el pensamiento una idea, un proyecto o una obra del entendimiento: *el alto el fuego alumbra una posibilidad de paz en el conflicto.* **SIN** concebir.

DER alumbrado, alumbramiento; deslumbrar.

aluminio n. m. QUÍM. Elemento químico; es un metal de color claro, ligero, buen conductor y resistente a la oxidación: *el símbolo químico del aluminio es Al.*

alumnado n. m. Conjunto de alumnos que asisten a un centro de enseñanza o que realizan estudios al mismo tiempo.

alumno, -na n. m. y f. **1** Persona que recibe enseñanza y estudia en un centro académico. **2** Persona que recibe educación o conocimientos de otra.

DER alumnado.

alunizaje n. m. Acción de alunizar: *los sucesivos alunizajes de la misión Apolo auguraban un futuro lleno de gloria.*

alunizar v. intr. Descender un vehículo aéreo sobre la superficie de la Luna hasta detenerse en ella: *el Apolo XI alunizó en el Mar de la Tranquilidad el 20 de julio de 1969.* **ANT** despegar.

OBS En su conjugación, la *z* se convierte en *c* delante de *e*.

DER alunizaje.

alusión n. f. Referencia breve e imprecisa a una cosa cuando se trata otro tema.

DER alusivo.

aluvión n. m. **1** Corriente de agua que ha sufrido una crecida brusca y se deplaza de manera rápida y violenta. **2** Conjunto de materiales y sedimentos terrestres arrastrados por esta corriente de agua. **3** Cantidad grande de una cosa que aparece con mucha intensidad al mismo tiempo: *tras ganar la medalla de oro recibió un aluvión de felicitaciones.* **SIN** alud.

DER aluvial.

alveolar adj. **1** De los alveolos o que tiene relación con ellos. ◆ adj./ n. f. **2** GRAM. [sonido consonántico] Que se pronuncia haciendo que la punta de la lengua toque en los alveolos de los dientes superiores: *la* n *y la* l *son consonantes alveolares.*

alveolo o **alvéolo** n. m. **1** Cavidad de la mandíbula de los animales vertebrados en la que está insertado el diente. **2** Concavidad semiesférica que hay al final de los bronquios en la que se realiza el intercambio de oxígeno con la sangre: *los alveolos se agrupan como racimos en el extremo de cada bronquio.* **3** Compartimiento pequeño de forma hexagonal que, con otros, compone el panal de las abejas, avispas e insectos similares. SIN celda, celdilla.

alza n. f. **1** Subida o elevación, especialmente de la importancia o valor de una cosa: *el alza de los precios; el alza de la actividad económica de un país.* ANT baja. **2** Trozo de material que se pone en el zapato para hacerlo más alto: *se pone alzas en los zapatos para parecer más alto.*

OBS En singular se le anteponen los determinantes *el, un,* salvo que entre el determinante y el nombre haya otra palabra: *el alza,* pero *la pequeña alza.*

DER alcista.

alzacuello n. m Tira de tela rígida blanca que se colocan los sacerdotes en el interior del cuello de la camisa, de la que queda visible una franja.

alzado n. m. Dibujo de un objeto o de un edificio representado frontalmente en proyección vertical y sin tener en cuenta la perspectiva.

alzamiento n. m. **1** Movimiento de abajo hacia arriba: *la halterofilia es el deporte del alzamiento de pesas.* SIN levantamiento. **2** Sublevación de una parte del ejército o de un grupo numeroso de personas armadas en contra del Gobierno de un estado: *hubo un alzamiento para impedir la aplicación de la ley.* SIN levantamiento. **3** DER. Ocultación o desaparición de bienes que lleva a cabo una persona que tiene deudas para eludir el pago a sus acreedores.

alzar v. tr. **1** Mover de abajo arriba: *el capitán del equipo alzó la copa ante la afición.* SIN levantar, subir. **2** Poner en posición vertical lo que está caído. SIN levantar. **3** Construir un edificio o un monumento que se levanta por encima del suelo: *los primeros rascacielos se alzaron a finales del siglo* XIX. SIN levantar. **4** Fundar y desarrollar una obra hasta conseguir hacerla sólida y estable. SIN levantar. **5** Hacer más fuerte o intensa la voz. SIN levantar. **6** Subir o elevar el precio o el valor de una cosa: *la guerra obligó a los gobiernos a alzar el precio de la gasolina.* **7** Poner fin a una pena o castigo antes de que transcurra el tiempo inicialmente marcado para su cumplimiento. SIN levantar. ◆ v. prnl. **8** alzarse Ponerse de pie. **9** Destacar en altura sobre las demás cosas que hay alrededor: *las pirámides se alzan majestuosas en mitad del desierto.* **10** Sublevarse una parte del ejército o un grupo numeroso de personas armadas en contra del gobierno de un estado.

▶ alzarse con Conseguir una cosa por la que se ha luchado o competido: *la tenista española se alzó con la victoria en el torneo.*

OBS En su conjugación, la *z* se convierte en *c* delante de *e.*

DER alzada, alzado, alzamiento; realzar.

alzheimer n. m. Enfermedad mental progresiva que se caracteriza por una degeneración de las células nerviosas del cerebro y una disminución de la masa cerebral; las manifestaciones básicas son la pérdida de memoria, la desorientación temporal y espacial y el deterioro intelectual y personal. NOTA También *enfermedad de Alzheimer.*

a. m. Abreviatura de la locución latina *ante merídiem,* 'antes del mediodía', que se utiliza cuando se escribe la hora: *8.00 a. m.*

ama n. f. Criada principal a cuyo cargo está el cuidado de una casa y la dirección de los otros miembros del servicio.

▶ ama de casa Mujer que se dedica al cuidado, administración y buen funcionamiento de todos los aspectos domésticos y familiares de su casa. ama de cría o ama de leche Mujer encargada de dar de mamar a un niño que no es su hijo. SIN nodriza. ama de llaves Criada que se encarga del cuidado, administración y buen funcionamiento de todos los aspectos domésticos de la casa.

OBS En singular se le anteponen los determinantes *el, un,* salvo que entre el determinante y el nombre haya otra palabra: *el ama, la fiel ama.*

amabilidad n. f. Agrado, educación y buenas maneras en el trato de una persona con otra u otras.

amable adj. **1** [persona] Que se comporta

con simpatía y afecto. SIN afable, amigable. **2** [persona] Que se comporta con agrado, educación y buenas maneras hacia los demás. SIN considerado. **3** Que es propio de estas personas: *trato amable.*

DER amabilidad.

amado, -da n. m. y f. Persona a la que se ama.

amaestrar v. tr. Enseñar a un animal a realizar determinados movimientos siguiendo las órdenes de una persona.

DER amaestramiento.

amagar v. intr./ tr. **1** Hacer un gesto que indica el inicio de un movimiento y no llegar a consumarlo: *amagó un saludo, pero se dio cuenta de que se equivocaba de persona.* ◆ v. intr. **2** Darse todos los indicios para pensar que una cosa está próxima a ocurrir: *a medianoche amagó un apagón de luz.* ◆ v. prnl. **3** amagarse Esconderse u ocultarse agachándose: *cuando oyó que llegábamos, se amagó detrás de unas rocas.*

OBS En su conjugación, la *g* se convierte en *gu* delante de *e.*

DER amago.

amago n. m. **1** Gesto que indica el inicio de un movimiento o una acción que no llega a consumarse: *el ciclista colombiano ni siquiera hizo el menor amago de destacarse del resto del pelotón.* **2** Ademán que una persona hace de golpear o herir: *retrocedió asustado ante el amago del otro muchacho.* **3** Indicio o señal que hace pensar que una cosa está próxima a producirse, especialmente algo negativo: *en las palabras del médico se traslucía un amago de esperanza para la vida del paciente; durante el partido tuvo un amago de infarto.* **4** Comienzo de una cosa que no llega a desarrollarse plenamente o que finalmente no ocurre: *un amago de pasión; surgió en mí un amago de odio hacia él.*

amainar v. intr. **1** Perder fuerza o intensidad un fenómeno atmosférico: *amainar el temporal, la lluvia, la nevada.* ◆ v. tr./ intr. **2** Perder fuerza o intensidad, especialmente un deseo, un sentimiento o una pasión violenta: *solo las palabras de su madre lograron amainar su ira.* ◆ v. tr. **3** MAR. Recoger total o parcialmente las velas de una embarcación.

amalgama n. f. **1** Aleación de mercurio con otro metal: *cuanto menos rica en mercurio es la amalgama, mayor es su dureza.* **2** Mezcla confusa de personas o cosas de distinto origen o naturaleza y algunas veces contrarias: *el partido estaba constituido por una amalgama de liberales, socialdemócratas y democratacristianos.* SIN conglomerado. **3** Mineral de mercurio y plata.

DER amalgamar.

amalgamar v. tr./ prnl. Mezclar personas o cosas de distinto origen o naturaleza: *en la película se amalgaman elementos del cine negro y de la ciencia ficción.*

amamantar v. tr. Dar de mamar a un bebé o a la cría de un animal. SIN lactar.

amancebarse v. prnl. Vivir juntas y mantener relaciones sexuales dos personas que no forman matrimonio entre sí.

amanecer n. m. **1** Período que transcurre desde que empieza a aparecer la luz del día hasta que sale el Sol. SIN alba, alborada. **2** Momento en que una cosa comienza a tener existencia o ser: *la generalización del uso de los ordenadores supone el amanecer de una nueva era en las comunicaciones.* SIN albor, nacimiento. ◆ v. impersonal **3** Aparecer la claridad de un nuevo día: *los cazadores ya están en el campo cuando amanece.* SIN alborear. ◆ v. intr. **4** Estar en un lugar, en una situación o en un estado determinados al empezar el día: *cogimos el tren por la noche y amanecimos en Francia.*

OBS En su conjugación, la *c* se convierte en *zc* delante de *a* y *o*, como en *agradecer.*

amanerado, -da adj. **1** Que se caracteriza por la falta de naturalidad, espontaneidad o variedad. **2** Propio de la manera de hablar, gesticular o moverse que se considera característica de las mujeres.

amanerar v. tr. **1** Privar de naturalidad, espontaneidad o variedad el estilo artístico de un autor, el lenguaje, los gestos o los modales. ◆ v. prnl. **2** amanerarse Adoptar un hombre características que se consideran propias de las mujeres.

amansar v. tr./ prnl. **1** Domesticar a un animal salvaje, acostumbrarlo a vivir en contacto con las personas. **2** Contener y calmar el ánimo violento o excitado de una persona. SIN apaciguar, aplacar.

amante com. Persona que mantiene relaciones amorosas y sexuales con otra sin estar casada ni convivir con ella. SIN amigo, querido.

amanuense com. Persona que se dedica a copiar textos o a escribir al dictado: *durante la Edad Medida, en los monasterios, los amanuenses hacían copias de los manuscritos más valiosos.* SIN escriba, escribano.

a b c d e f g h i j k l m n ñ o p q r s t u v w x y z

amañar v. tr. **1** Disponer algo con maña para falsearlo y obtener un provecho: *amañar las elecciones.* **2 amañarse** ◆ v. prnl. Tener maña para hacer una cosa: *amañarse en la cocina; se amaña perfectamente con los niños pequeños.*
DER amaño.

amapola n. f. **1** Planta silvestre de flores rojas y semilla negruzca que crece en primavera en las tierras cultivadas. **2** Flor de esta planta.

amar v. tr. Sentir amor por una persona o cosa: *amar a una persona; amar el deporte.* **ANT** odiar.
DER amable, amado, amante, amatorio.

amarar v. intr. Descender un vehículo aéreo o espacial sobre la superficie del agua hasta quedar flotando sobre ella: *amarar un hidroavión en un pantano.*
DER amaraje.

amargar v. intr./ prnl. **1** Tener algo un sabor áspero, fuerte y desagradable. ◆ v. tr./ prnl. **2** Causar disgusto o tristeza: *el perro del vecino acabará por amargarme.* **ANT** alegrar.
OBS En su conjugación, la *g* se convierte en *gu* delante de *e*.

amargo, -ga adj. **1** Que tiene sabor áspero, fuerte y desagradable. **ANT** dulce. **2** Desapacible y triste: *tras perder el partido, volvieron a casa con el amargo sabor de la derrota.* **ANT** dulce.
DER amargar, amargor, amargura.

amargura n. f. **1** Gusto o sabor áspero, fuerte y desagradable. **2** Disgusto o tristeza, especialmente por no haber podido satisfacer una necesidad o un deseo: *recordar una cosa con amargura.*

amarillear v. intr. Empezar a tener una cosa color amarillo.

amarillento, -ta adj. De color parecido al amarillo.

amarillo, -lla adj. **1** Del color del oro o el sol. ◆ adj./ n. m. **2** [color] Que es parecido al del oro. ◆ adj. **3** [piel] Que ha perdido el color rosado y ha quedado más claro de lo normal. ◆ adj./ n. m. y f. **4** [persona, raza] Que se caracteriza por tener la piel de color amarillento y los ojos rasgados, y que está integrado por individuos originarios de los principales pueblos de Asia: *los japoneses y los chinos son de raza amarilla.* **NOTA** Se usa con desdén, con la intención de ser despectivo.
DER amarillear, amarillento, amarillismo.

amarra n. f. Cuerda, cable o cadena que sirve para asegurar una embarcación por medio del ancla o bien amarrada a un muelle.

amarrar v. tr. **1** Atar o asegurar mediante cuerdas, cables o cadenas: *abandonaron al secuestrado en el monte después de amarrarlo a un árbol.* **2** Asegurar una embarcación por medio de anclas o mantenerla unida al muelle por medio de cuerdas, cables o cadenas. **3** Asegurar el resultado de un proceso o situación y procurar que sea el deseado: *se reunió con los compradores para amarrar la venta de la casa.*
DER amarra, amarre; desamarrar.

amarre n. m. **1** Operación de amarrar algo o a alguien: *se dispusieron a ayudar en el amarre de uno de los gamos.* **2** Operación de amarrar una embarcación en un puerto o un globo aerostático a tierra: *la amenaza de temporal ha provocado el amarre de toda la flota.* **3** Espacio destinado en un puerto al estacionamiento de cada una de las embarcaciones: *tiene un amarre en propiedad en el Club de Mar.*

amasar v. tr. **1** Mezclar una materia, generalmente en polvo, con un líquido hasta formar una masa compacta y blanda: *amasar harina y agua para hacer pan.* **2** Formar una masa compacta y blanda mezclando una materia, generalmente en polvo, con un líquido: *amasar barro.* **3** Reunir una gran cantidad de dinero u otro tipo de bienes, generalmente poco a poco y durante un período largo de tiempo: *amasó una fortuna jugando al tenis.*
DER amasijo.

amasijo n. m. Mezcla desordenada de cosas diferentes.

amateur adj./ n. com. [persona] Que practica una actividad, generalmente deportiva o artística, por placer y sin recibir dinero a cambio: *como cantante amateur había ganado algunos festivales.* **SIN** aficionado. **ANT** profesional.
OBS No se usa en forma plural. Es de origen francés y se pronuncia aproximadamente «amater».

amatorio adj. Del amor o que tiene relación con él: un libro de poesía amatoria.

amazona n. f. Mujer que monta a caballo.

amazónico, -ca adj. Del Amazonas o que tiene relación con este río de América del Sur o con sus territorios ribereños: *la selva amazónica es uno de los mayores reductos verdes del planeta.*

ámbar n. m. **1** Resina fósil de las coníferas, de color entre amarillo y naranja, translúcida, muy ligera y dura; arde con facilidad y desprende buen olor: *se encontró un mosquito* *fósil, perfectamente conservado, en un trozo de ámbar.* ◆ adj. **2** Del color de esta resina fósil. ◆ adj./ n. m. **3** [color] Que tiene una tonalidad entre amarillo y naranja, como el de esta resina fósil.

OBS No varía en número.

ambición n. f. Deseo intenso y vehemente de conseguir una cosa difícil de lograr, especialmente poder, riqueza o fama.

ambicionar v. tr. Desear de manera intensa y vehemente una cosa difícil de lograr, especialmente poder, riqueza o fama.

ambicioso, -sa adj./ n. m. y f. **1** [persona] Que ambiciona una cosa difícil de lograr, especialmente poder, riqueza o fama. **2** [plan, proyecto, obra] Que es muy importante y difícil de lograr o desarrollar.

ambidextro, -tra o **ambidiestro, -tra** adj./ n. m. y f. [persona] Que tiene la misma habilidad en la mano izquierda que en la derecha.

ambientación n. f. **1** En una obra literaria, teatral o cinematográfica, reproducción de las características particulares de un período histórico, un medio social o un lugar determinado. **2** Colocación y distribución en un lugar de todos los elementos necesarios para lograr la decoración y el ambiente deseados. **3** Adaptación de un ser vivo a un lugar y a unas condiciones de vida distintos de los que había tenido anteriormente. **4** Ambiente alegre y ruidoso producido por mucha gente reunida. SIN animación, bullicio, jaleo.

ambientador adj./ n. m. [sustancia, producto] Que sirve para dar buen olor a una habitación o a un lugar cerrado.

ambiental adj. **1** Del ambiente que rodea a una persona o que tiene relación con él: *es necesario evitar los factores ambientales negativos que perjudican la educación de los niños.* **2** Del medio ambiente o que tiene relación con él. SIN medioambiental.

ambientar v. tr. **1** En una obra literaria, teatral o cinematográfica, reproducir las características particulares de un período histórico, un medio social o un lugar determinado: *el director ambientó en nuestros días la adaptación de* La vida es sueño. **2** Colocar y distribuir en un lugar todos los elementos necesarios para lograr la decoración y el ambiente deseados. ◆ v. tr./ prnl. **3** Adaptar a un ser vivo a un lugar y a unas condiciones de vida distintos de los que había tenido anteriormente. **4** Dar a un lugar un ambiente alegre y ruidoso producido por mucha gente reunida: *las discotecas de la costa comienzan a ambientarse a partir de medianoche.*

DER ambientación, ambientador.

ambiente n. m. **1** Conjunto de condiciones o características particulares de un período histórico, un medio social o un lugar determinado. **2** Conjunto de circunstancias, personas u objetos que rodean a una persona o cosa: *nació en un barrio obrero a principios de siglo y en ese ambiente vivió hasta los veinte años.* SIN entorno. **3** Atmósfera o aire de un lugar. **4** Conjunto de circunstancias que hacen agradable la estancia en un lugar o acto. **5** Grupo social o profesional integrado por personas con características comunes: *es muy conocido en los ambientes literarios de Madrid.*

▶ medio ambiente Conjunto de circunstancias o condiciones naturales en las que se desarrolla un ser vivo.

DER ambiental, ambientar.

ambigüedad n. f. **1** Posibilidad de que algo, en especial el lenguaje, pueda ser motivo de duda, incertidumbre o confusión por prestarse a interpretaciones diferentes: *por la ambigüedad de sus gestos no supe si quería que entrara o me fuera.* **2** Falta de claridad y seguridad en las ideas o intenciones. **3** Comportamiento de una persona, mensaje o comunicación ambiguos.

ambiguo, -gua adj. **1** Que puede entenderse de varias maneras o admitir explicaciones distintas: *«voy al colegio por mis hijos» es una frase ambigua.* **2** [persona] Que no actúa con seguridad o firmeza; que no se decide claramente.

DER ambigüedad.

ámbito n. m. **1** Espacio comprendido dentro de unos límites determinados. **2** Conjunto de circunstancias, relaciones y conocimientos que están vinculados entre sí por algún punto en común: *las nuevas medidas económicas han tenido una buena acogida en el ámbito empresarial.* SIN esfera.

ambivalente adj. **1** Que puede tener dos valores distintos o que puede entenderse o interpretarse de dos maneras distintas y opuestas: *respuesta ambivalente.* **2** Que posee o denota dos emociones o sentimientos opuestos hacia una misma persona o cosa: *le produce sentimientos ambivalentes de amor y de odio.*

a

ambos, -bas adj. pl. **1** Uno y otro; los dos: *ambos amigos son buenos estudiantes.* ◆ pron. pl. **2** Uno y otro; los dos: *me gustan la bufanda roja y la blanca; me llevaré ambas.*

ambulancia n. f. Vehículo acondicionado para el transporte de personas enfermas o heridas.

ambulante adj. **1** [persona] Que va de un lugar a otro sin permanecer demasiado tiempo en un sitio: *un vendedor ambulante.* **2** Que puede ser trasladado de un lugar a otro con facilidad y rapidez: *un circo ambulante.*
DER ambulancia, ambulatorio; deambular, funámbulo, noctámbulo, preámbulo, sonámbulo.

ambulatorio, -ria adj. **1** MED. [tratamiento médico] Que no exige que el enfermo permanezca hospitalizado. ◆ n. m. **2** Establecimiento en el que se encuentran las consultas de diversos médicos para atender a los pacientes de un determinado territorio, distrito o compañía. SIN consultorio.

ameba n. f. BIOL. Organismo microscópico constituido por una sola célula capaz de moverse y alimentarse por sí mismo.

amedrentar v. tr./ prnl. Causar o tener miedo. SIN asustar, atemorizar, intimidar.

amén n. m. **1** Voz con que se indica asentimiento; se pronuncia al finalizar una oración: *al acabar el sacerdote su rezo, los feligreses respondieron con un sonoro amén.* ◆ adv. **2** Se usa para indicar asentimiento y obediencia a lo que otra persona hace o dice: *siempre ha dicho amén a todo lo que dice y hace su mujer.*
▶ amén de Además de; aparte de: *amén de un hombre de negocios, es un apasionado de la náutica.*

amenaza n. f. **1** Advertencia que hace una persona para indicar su intención de causar un daño: *amenaza de bomba.* **2** Persona o cosa que puede provocar un daño: *la falta de control sanitario sobre los alimentos puede suponer una grave amenaza para la salud pública.* SIN peligro.
DER amenazar.

amenazador, -ra adj. Que indica o contiene una amenaza: *el protagonista se siente perdido en un ambiente cerrado y amenazador.*

amenazar v. tr. **1** Advertir una persona de su intención de causar un daño: *el ministro amenazó con dimitir.* ◆ v. tr./ intr. **2** Existir indicios de que va a ocurrir un hecho adverso, una desgracia o un desastre: *el mar amenaza temporal; la casa que amenaza ruina.*
OBS En su conjugación, la *z* se convierte en *c* delante de *e*.

amenizar v. tr. Hacer ameno: *dos orquestas amenizaban el baile en la plaza.*
OBS En su conjugación, la *z* se convierte en *c* delante de *e*.

ameno, -na adj. Que es agradable, entretenido o divertido: *las novelas de Agatha Christie me parecen muy amenas.* SIN distraído, divertido, entretenido. ANT aburrido, árido, tedioso.
DER amenizar.

americana n. f. Prenda exterior de vestir con solapas y mangas largas, abierta por delante y con botones, que llega más abajo de la cintura. SIN chaqueta.

americanismo n. m. **1** Amor o admiración por la cultura y las tradiciones del continente americano. **2** GRAM. Palabra o modo de expresión propios del español hablado en América: *la palabra «carro» es un americanismo que designa al automóvil.* **3** GRAM. Palabra procedente del español hablado en América o de una lengua indígena de este continente que se usa en español o en otro idioma: *las palabras «tomate» y «aguacate» son americanismos.*
DER americanista.

americano, -na adj. **1** De América o que tiene relación con este continente. **2** De los Estados Unidos de América del Norte o que tiene relación con este país. SIN estadounidense, norteamericano. ◆ n. m. y f. **3** Persona nacida en el continente americano. **4** Persona nacida en los Estados Unidos de América del Norte. SIN norteamericano.
DER americana, americanismo, americanizar.

amerindio, -dia adj. De una de las tribus indias originarias del continente americano o que tiene relación con ellas.

amerizar v. intr. Posarse en el agua [un hidroavión o una astronave]: *los hidroaviones que amerizaban en los numerosos lagos que rodean Berlín transportaban suministros.* SIN amarar, amarizar. ANT despegar.
OBS En su conjugación, la *z* se convierte en *c* delante de *e*.
DER amerizaje.

ametralladora n. f. Arma de fuego automática parecida a un fusil que dispara gran número de balas de forma muy rápida. SIN metralleta.

ametrallar v. tr. Disparar un arma ametralladora contra un objetivo.
DER ametralladora, ametrallamiento.

amianto n. m. Mineral que se presenta en fibras flexibles, brillantes y suaves con el que se hacen tejidos resistentes al fuego y al calor.

amigable adj. **1** [persona] Que se comporta con amistad. SIN afable, amable. **2** Que es propio de los amigos o la amistad: *gesto amigable.* **3** [aplicación, programa] Que es fácil de comprender y manejar porque funciona de una manera intuitiva y tiene una apariencia atractiva.

amígdala n. f. Órgano de color rojo y de pequeño tamaño formado por acumulación de tejido linfático, que, junto con otro, está situado a ambos lados de la garganta del hombre y de algunos animales: *las amígdalas forman parte del sistema de defensa contra las infecciones por vía bucal o nasal.* SIN angina.
OBS Se usa sobre todo en plural.
DER amigdalitis.

amigdalitis n. f. Inflamación de las amígdalas.
OBS El plural también es *amigdalitis.*

amigo, -ga adj./n. m. y f. **1** [persona] Que mantiene una relación de amistad con otra u otras personas. ANT enemigo. **2** [persona] Que gusta de una cosa o tiene interés por ella: *era muy amigo de salir los domingos a comer al campo.* SIN aficionado. ◆ n. m. y f. **3** Persona que mantiene relaciones amorosas y sexuales con otra sin estar casada ni convivir con ella: *se fue de casa al saber que su mujer tenía un amigo.* SIN amante, querido.
DER amigable, amiguete, amiguismo, amistad; enemigo.

amiguismo n. m. Tendencia a favorecer a los amigos en perjuicio de otras personas, en especial por lo que se refiere al trabajo: *acusaron al ministro de amiguismo por haber adjudicado obras sin concurso público a empresas dirigidas por amigos suyos.*

amilanar v. tr./prnl. Intimidar, causar miedo, desanimar.

aminoácido n. m. QUÍM. Sustancia química orgánica que constituye el componente básico de las proteínas.

aminorar v. tr./prnl. Disminuir la cantidad, el tamaño, el valor o la intensidad de una cosa: *aminorar la velocidad.*

amistad n. f. **1** Relación de simpatía y afecto que une a dos o más personas a partir del conocimiento y el trato mutuo. ANT enemistad. ◆ n. f. pl. **2** amistades Conjunto de personas con las que se tiene esta relación.
DER amistoso.

amistoso, -sa adj. **1** Que se distingue por la amistad o tiene alguna de sus características: *tenía un trato amistoso con sus compañeros de curso.* SIN amigable. **2** [encuentro, partido] Que está fuera de competición oficial.

amnesia n. f. Pérdida total o parcial de la memoria.
DER amnésico.

amnios n. m. ZOOL. Membrana más interna de las que envuelven el embrión de los mamíferos, aves y reptiles y que permite su desarrollo en un medio líquido.
OBS El plural también es *amnios.*

amniótico, -ca adj. ZOOL. Del amnios o que tiene relación con esta membrana.
▶ líquido amniótico Medio líquido que envuelve al embrión para protegerlo.

amnistía n. f. Perdón total que concede el Gobierno de un país a los presos condenados por un tipo de delito, generalmente por razones políticas.
DER amnistiar.

amo, ama n. m. y f. **1** Persona que tiene la propiedad de una cosa: *el perro acude a la llamada de su amo.* SIN dueño. **2** Persona que tiene predominio o autoridad sobre los demás: *el ciclista español ha sido durante algunos años el amo del pelotón internacional.* **3** Persona que tiene a otras que trabajan a su servicio: *el amo mandó pintar el cortijo.*

amodorrar v. intr./prnl. Causar modorra o provocar ganas de dormir. SIN adormecer.

amoldar v. tr./prnl. **1** Poner una cosa de acuerdo con otra. SIN adaptar, ajustar, conformar. ◆ v. prnl. **2** amoldarse Adaptarse a un lugar o una situación distintos de los habituales: *se amoldó perfectamente al esquema de juego de su nuevo equipo.*

amonestar v. tr. **1** Reprender severamente a una persona por un error o falta.
DER amonestación.

amoniaco o **amoníaco** n. m. **1** QUÍM. Gas incoloro de olor desagradable, compuesto de hidrógeno y nitrógeno y muy soluble en agua. **2** QUÍM. Producto químico en forma líquida, elaborado a partir de este gas, que se usa para la limpieza: *el amoniaco es un líquido corrosivo.*

amontonamiento n. m. **1** Acumulación de numerosas personas o cosas en un lugar de manera desordenada. **2** Conjunto numeroso de personas o cosas que se encuentran reunidas en un lugar de manera desordenada: *el todoterreno quedó atascado sobre un amontonamiento de piedras.*

amontonar v. tr./ prnl. **1** Poner unas cosas sobre otras de manera desordenada o descuidada, formando un montón: *los empleados de la mudanza fueron amontonando las cajas en el salón de la casa.* ◆ v. prnl. **2** amontonarse Reunirse en un lugar un conjunto numeroso de personas o animales de manera desordenada: *el primer día de rebajas los clientes se amontonan a las puertas de la tienda.* **3** Juntarse en un período de tiempo breve muchos hechos, circunstancias o situaciones: *durante la semana de lluvias a los bomberos se les amontonó el trabajo.*

DER amontonamiento.

amor n. m. **1** Afecto intenso que se experimenta hacia una persona, animal o cosa. ANT odio. **2** Sentimiento intenso de atracción sexual y emocional que se tiene hacia una persona con la que se desea compartir una vida en común: *el amor que sentía por él la llevó a pedirle matrimonio.* **3** Afición apasionada que se tiene hacia una cosa: *su vida estuvo marcada por el amor a los automóviles de carreras.* **4** Persona, animal o cosa que es objeto de uno de estos sentimientos: *su hijo fue el amor de sus últimos años de vida.* **5** Cuidado, atención y gusto que se pone al hacer una cosa: *preparó la cena de Nochevieja con mucho amor.* ◆ n. m. pl. **6** amores Relación sentimental y sexual que mantienen dos personas durante un período de tiempo.

▶ al amor de Cerca de: *el abuelo nos contaba cuentos al amor del fuego.* amor platónico Sentimiento intenso de atracción emocional que se tiene hacia una persona, sin que se desee mantener con ella relaciones sexuales. amor propio Consideración y estima que se siente por uno mismo: *acabó aprobando la carrera gracias a su amor propio.* con (o de) mil amores Con mucho gusto o placer: *iré de mil amores si tú pagas.* hacer el amor Mantener relaciones sexuales. por amor al arte De manera desinteresada o gratuita: *no estaba dispuesto a trabajar por amor al arte.* por amor de Dios Expresión que indica petición, protesta o sorpresa: *¡por amor de Dios, cómo se os ocurren esas cosas!*

DER amorío, amoroso; desamor, enamorar.

amoral adj. Que carece de sentido o valoración moral.

DER amoralidad.

amordazar v. tr. Tapar la boca a una persona con un trozo de tela, de cinta adhesiva o de otro material semejante para impedir que hable o grite: *los atracadores amordazaron a los empleados de la joyería.*

OBS En su conjugación, la *z* se convierte en *c* delante de *e*.

amorfo, -fa adj. **1** Que no tiene una forma o estructura definida: *una masa amorfa; una sociedad amorfa.* **2** [mineral] Que carece de estructura cristalina.

amorío n. m. Relación amorosa superficial y que dura poco tiempo. SIN devaneo.

amoroso, -sa adj. **1** Del amor o que tiene relación con este sentimiento: *una relación amorosa.* **2** Que demuestra o siente amor.

amortajar v. tr. Poner a un cadáver la mortaja o vestidura con la que se va a enterrar.

amortiguación n. f. Conjunto de mecanismos y piezas destinados a hacer más suave y elástico el apoyo de la carrocería de un automóvil sobre los ejes de las ruedas; disminuye los efectos del movimiento del vehículo y de las irregularidades del pavimento. SIN suspensión.

amortiguador n. m. Mecanismo cilíndrico que une dos partes de un vehículo o de una máquina y que sirve para igualar y disminuir la intensidad de los movimientos verticales y horizontales que puede sufrir una de estas partes.

amortiguar v. tr./ prnl. Disminuir la violencia o intensidad de una cosa: *el cinturón de seguridad amortiguó la fuerza del choque.*

OBS En su conjugación, la *u* no se acentúa y la *gu* se convierte en *gü* delante de *e*, como en *averiguar*.

DER amortiguación, amortiguador.

amortizar v. tr. **1** Recuperar el dinero que se ha invertido en un bien cuando el beneficio obtenido con este supera a la inversión inicial: *amortizar un coche en cinco años.* **2** Pagar parte o el total de una deuda: *debe amortizar el préstamo en cinco años.*

OBS En su conjugación, la *z* se convierte en *c* delante de *e*.

DER amortización; desamortizar.

amotinar v. tr./ prnl. Hacer que un grupo de personas adopten una actitud de oposición a la autoridad, especialmente si va acompañada de violencia: *la crueldad del capitán hizo que la tripulación del buque se amotinase.*

amparar v. tr. **1** Dar amparo a una persona o

animal para evitarle un sufrimiento, peligro o daño. ◆ v. prnl. 2 **ampararse** Servirse de una persona o cosa para protegerse o defenderse.
DER amparo; desamparar.

amparo n. m. 1 Ayuda o protección dada a una persona o animal para evitarle un sufrimiento, peligro o daño. 2 Ayuda o defensa que se le presta a una persona o cosa para favorecerla.

ampere n. m. Unidad de intensidad de la corriente eléctrica en el sistema internacional de unidades. SIN amperio.
OBS La Real Academia Española prefiere la forma *amperio*.
DER amperímetro, amperio.

amperímetro n. m. Aparato que sirve para medir la intensidad de una corriente eléctrica.

amperio n. m. Ampere, unidad de intensidad de la corriente eléctrica.
DER microamperio, miliamperio.

ampliación n. f. 1 Aumento del tamaño, la intensidad o la duración de una cosa. ANT reducción. 2 Copia de una cosa a mayor tamaño que el original.

ampliamente adv. Con amplitud, realizándose u ocurriendo en gran cantidad o intensidad: *su esfuerzo se vio ampliamente recompensado*.

ampliar v. tr. 1 Aumentar el tamaño, la intensidad o la duración de una cosa: *ampliar un parque*. ANT reducir. 2 Hacer una copia de una cosa a mayor tamaño que el original: *ampliar una foto*. ANT reducir.
OBS En su conjugación, la *i* se acentúa en algunos tiempos y personas, como en *desviar*.
DER ampliación.

amplificación n. f. Aumento de la intensidad o la amplitud de una cosa, especialmente de un fenómeno físico: *la amplificación de una señal de radio*.

amplificador n. m. Aparato o sistema eléctrico que sirve para aumentar la extensión o la intensidad de un fenómeno físico, especialmente de una corriente eléctrica: *el amplificador de un equipo de música*.

amplificar v. tr. Aumentar la intensidad o la amplitud de una cosa, especialmente de un fenómeno físico.
OBS En su conjugación, la *c* se convierte en *qu* delante de *e*.
DER amplificación, amplificador.

amplio, -plia adj. 1 Que tiene una extensión o un espacio mayor de lo normal: *el salón del piso es bastante amplio*. SIN ancho, grande. ANT pequeño. 2 [valor, cantidad] Que excede o es superior a lo normal. 3 [prenda de vestir] Que es ancha y permite moverse con facilidad por no ajustarse al cuerpo: *una blusa amplia*. SIN suelto. ANT ceñido.
DER ampliamente, amplificar, amplitud.

amplitud n. f. 1 Extensión o espacio mayor que el normal. ANT pequeñez. 2 Número, cantidad o valor superior a lo normal: *la temperatura en verano rebasa los 40 grados con amplitud*.

ampolla n. f. 1 Bolsa pequeña llena de líquido que se forma en la piel por una quemadura, un roce o una enfermedad. 2 Tubo de cristal, cerrado por ambos extremos, que contiene un líquido medicinal.

ampuloso, -sa adj. [estilo, modo de expresión] Que se caracteriza por el empleo de palabras y construcciones demasiado cultas y rebuscadas, dando un énfasis excesivo a aspectos del discurso que no lo merecen. SIN altisonante, grandilocuente, pomposo.

amputar v. tr. Separar un miembro del cuerpo, una parte de él o un apéndice anatómico exterior, generalmente por medio de una operación quirúrgica.
DER amputación.

amueblar v. tr. Colocar muebles en un espacio o recinto para hacerlo más habitable y cómodo. ANT desamueblar.
DER desamueblar.

amuermar v. tr. 1 Aburrir [una cosa] a alguien: *estos programas me amuerman*. 2 Producir sopor o decaimiento físico.

amuleto n. m. Objeto al que se le atribuye un poder mágico capaz de dar salud o suerte o de beneficiar a la persona que lo tiene en su poder y lo lleva encima: *llevaba un amuleto colgado del cuello*. SIN talismán.

amurallar v. tr. Rodear un lugar con muros o murallas.

ana- Prefijo que entra en la formación de palabras que significan: **a.** 'Hacia arriba', 'en alto': *anatema*. **b.** 'Contra': *anacrónico*. **c.** 'De nuevo': *anabaptista*. **d.** 'Conforme': *analogía*. **e.** 'Distinción, separación': *análisis*.

anabolizante adj./ n. m. [sustancia química] Que sirve para facilitar la síntesis y asimilación de materia energética por las células: *algunos deportistas emplean anabolizantes para ganar tono muscular de manera artificial*.

anacardo n. m. **1** Árbol tropical de unos 20 m de altura, de tronco grueso, corteza gris, copa bien poblada y hojas perennes, grandes y ovaladas. **2** Fruto de este árbol, que encierra una almendra en forma de riñón y de sabor suave; *el anacardo se suele consumir como fruto seco.*

anacoluto n. m. GRAM. Falta de correlación o concordancia entre los elementos de una oración o período: *en la frase «se dedicó y destacó en el deporte» hay un anacoluto.*

anaconda n. f. Serpiente de gran tamaño y color verde oscuro con manchas negras que vive en los ríos de América del Sur; no es venenosa y mata a sus presas por constricción o estrangulamiento.

anacoreta n. com. Persona que vive sola en lugar apartado, dedicada por entero a la contemplación, a la oración y a la penitencia.

anacrónico, -ca adj. **1** Que sitúa a una persona o cosa en un período de tiempo que no se corresponde con el que le es propio. **2** Propio y característico de un período de tiempo pasado: *las máquinas de escribir son ya instrumentos anacrónicos, como antes lo eran los ábacos.*

ánade n. amb. Ave palmípeda de pico ancho y plano, cuello corto y patas cortas adaptadas a la natación. SIN pato.

anadiplosis n. f. Figura retórica consistente en la repetición de la última parte de un grupo sintáctico o de un verso, al principio del siguiente: *en los siguientes versos de Villegas se produce anadiplosis: «Oye no temas, y a mi ninfa dile, dile que muero».*

anaerobio, -bia adj./ n. m. y f. [organismo, ser vivo] Que es capaz de subsistir en un medio sin oxígeno.

anáfora n. f. **1** GRAM. Figura del lenguaje que consiste en la repetición de una o varias palabras al principio de una serie de frases o de versos: *al decir «cuando estudiamos, cuando trabajamos, cuando somos constantes», etc., estamos utilizando la anáfora porque repetimos la forma «cuando».* **2** GRAM. Proceso sintáctico que consiste en que una palabra se refiere a una parte del discurso ya enunciada: *en la frase «Luis miró a su hermana y ella le sonrió», se da la anáfora en los pronombres «ella» y «le».*
DER anafórico.

anafórico, -ca adj. De la anáfora o que tiene relación con ella: *en el período «el verano es bueno para descansar, para leer y para divertirse» se produce la repetición anafórica de la preposición «para».*

anagrama n. m. **1** Palabra o expresión que tiene las mismas letras o sonidos que otra, aunque cambiados de orden parcial o totalmente: *Lesbia es anagrama de Isabel.* **2** Dibujo o símbolo que distingue a una empresa, institución o sociedad, especialmente si está formado por letras. SIN logotipo, logo.

anal adj. Del ano o que tiene relación con esta parte del organismo.

anales n. m. pl. **1** Libro en el que se da cuenta año por año de los más importantes acontecimientos ocurridos: *he comprado unos anales acerca de la historia de España de 1492 a 1992.* **2** Publicación periódica en la que se recogen noticias y artículos de carácter cultural, científico o técnico.
▶ quedar en los anales o pasar a los anales **a.** Quedar un acontecimiento registrado como un dato histórico significativo por su importancia o por su singularidad: *la ceremonia inaugural de las Olimpiadas de Barcelona pasó a los anales.* **b.** Ser un acontecimiento especialmente importante o singular: *la despedida de soltero de mi amigo quedará en los anales.*

analfabetismo n. m. **1** Desconocimiento de la lectura y la escritura: *campaña contra el analfabetismo.* **2** Conjunto de personas analfabetas. **3** Falta de cultura o conocimientos elementales. SIN incultura. ANT cultura.

analfabeto, -ta adj./ n. m. y f. **1** [persona] Que no sabe leer ni escribir: *adultos analfabetos.* SIN iletrado. **2** [persona] Que no tiene cultura. SIN iletrado, inculto. ANT culto.
DER analfabetismo.

analgésico, -ca adj./ n. m. [sustancia, medicina] Que hace que un dolor o molestia sea menos intenso o desaparezca. SIN sedante.

análisis n. m. **1** Separación de las partes de un todo hasta llegar a conocer sus principios y elementos: *un análisis del problema del paro pasa por conocer sus causas.* **2** Separación de las partes de un texto, de una idea o de una obra del entendimiento para facilitar su comprensión y perfeccionar su estudio: *un análisis de* El sí de la niñas *de Moratín.* **3** GRAM. Estudio de las oraciones que componen un texto, de las clases de palabras, de sus variaciones formales y de sus características morfológicas o sintácticas. **4** MED. Determinación de los elementos y sustancias que componen una muestra de células, de tejido o de fluido orgánico extraído de un ser vivo: un análisis de orina.

OBS El plural también es *análisis.*

DER analista, analítico, analizar; psicoanálisis.

analista n. com. **1** Persona que se dedica a hacer análisis médicos. **2** Persona que se dedica a estudiar un asunto social, político, técnico o económico para determinar cuáles son los problemas principales que le afectan y cuáles las mejores soluciones.

analítica n. f. MED Análisis clínico o conjunto de ellos para conocer el estado de salud de un paciente o establecer un diagnóstico: *la analítica está muy bien.*

analítico, -ca adj. Del análisis o que tiene relación con la separación de las partes de un todo hasta llegar a conocer sus principios y elementos: *tiene una mente fría y analítica.*

analizar v. tr. Examinar una cosa separando cada una de sus partes.

OBS En su conjugación, la *z* se convierte en *c* delante de *e.*

analogía n. f. Relación de semejanza entre cosas distintas: *existe cierta analogía entre el traje de un astronauta y el de un buzo.* **SIN** parecido, semejanza, similitud.

DER analógico, análogo.

analógico, -ca adj. **1** De la analogía o que tiene relación con ella: *existe una relación analógica entre las alas de algunas aves y las de los aviones.* **2** [aparato] Que mide una magnitud y la representa mediante el desplazamiento de una aguja: *un reloj analógico tiene manecillas para indicar la hora.* **ANT** digital. **3** [aparato] Que representa o transforma una magnitud física en otra con la cual está relacionada. **ANT** digital.

análogo, -ga adj. Que tiene semejanza con una cosa: *la implantación de la informática ha tenido efectos análogos a los de una revolución industrial.* **SIN** parecido, semejante, similar.

anapesto n. m. Pie de la poesía clásica formado por dos sílabas breves y una larga; en la poesía española está formado por dos vocales átonas y una tónica.

anaquel n. m. Tabla o lámina horizontal que se coloca en una pared, dentro de un armario o en una estantería y sirve para colocar objetos sobre ella. **SIN** balda, estante.

anarquía n. f. **1** Desorganización, desorden o confusión por falta de una autoridad: *la anarquía urbanística ha destrozado muchos kilómetros de costas españolas.* **2** Anarquismo.

DER anárquico, anarquismo.

anarquismo n. m. Doctrina política que pretende la desaparición del estado y de sus organismos e instituciones representativas y defiende la libertad del individuo por encima de cualquier autoridad: *el anarquismo surgió en la segunda mitad del siglo XIX.* **SIN** anarquía.

DER anarquista.

anarquista adj. **1** Del anarquismo o que tiene relación con él. ◆ adj./n. com. **2** [persona] Que cree en el anarquismo o es partidario de él. **SIN** libertario.

anatomía n. f. **1** Disciplina que estudia la estructura, forma y relaciones de las diferentes partes del cuerpo de los seres vivos. **2** Forma o aspecto exterior del cuerpo de un ser vivo. **3** Análisis y estudio de las diversas partes que conforman un asunto o problema: *el abogado intentó explicar al jurado la anatomía del asesinato que debían juzgar.*

DER anatómico, anatomista.

anatómico, -ca adj. **1** De la anatomía o que tiene relación con esta disciplina: *el forense empezó por hacer una descripción anatómica del cadáver.* **2** [objeto] Que se adapta o ajusta perfectamente a la forma del cuerpo humano o a alguna de sus partes para proporcionar mayor seguridad o comodidad: *un sillón anatómico.*

anca n. f. **1** Mitad lateral de la parte posterior de algunos animales: *las ancas de la rana son comestibles.* ◆ n. f. pl. **2 ancas** Parte posterior del lomo de algunos animales cuadrúpedos, especialmente del caballo: *las ancas de una yegua.* **SIN** grupa.

OBS En singular se le anteponen los determinantes *el, un,* salvo que entre el determinante y el nombre haya otra palabra: *el anca, la abultada anca.*

ancestral adj. **1** De los ancestros o relacionado con ellos: *muchas fiestas populares se basan en costumbres ancestrales.* **2** Que tiene un origen muy antiguo: *métodos curativos tradicionales de uso ancestral.*

ancestro n. m. Persona de la que descienden otra u otras, especialmente si pertenecen a una época pasada muy remota: *sabemos que los ancestros del hombre vivieron en las cavernas.* **SIN** antecesor, antepasado, ascendiente, predecesor.

DER ancestral.

ancho, -cha adj. **1** Que tiene una anchura mayor de lo normal. **ANT** angosto, estrecho. **2** Que abarca una extensión o un espacio mayor de lo normal: *el sofá impide el paso* *porque es demasiado ancho.* **SIN** amplio, grande. **3** [persona] Que está orgulloso o siente una gran satisfacción: *se puso muy ancho cuando le concedieron el premio.* ◆ n. m. **4** En una superficie, dimensión frontal y horizontal consta de izquierda a derecha o viceversa. **SIN** anchura. **5** En un cuerpo o figura, dimensión menor respecto al largo. **6** Diámetro de un orificio: *el ancho de la boca de una vasija.* **SIN** anchura.

▶ **a sus anchas** Con completa comodidad y libertad.

DER anchura; ensanchar.

anchoa n. f. Boquerón curado en sal.

anchura n. f. **1** En una superficie, dimensión frontal y horizontal considerada de izquierda a derecha o viceversa. **SIN** ancho. **2** En un cuerpo o figura, dimensión menor respecto al largo. **SIN** ancho. **3** Diámetro de un orificio. **SIN** ancho.

anciano, -na adj./ n. m. y f. [persona] Que tiene una edad avanzada.

DER ancianidad.

ancla n. f. Instrumento de hierro generalmente en forma de arpón o de anzuelo con las puntas rematadas en ganchos que, sujeto a una cadena o un cable, se echa desde una embarcación al fondo del mar, de un río o de un lago para que se fije en él e impida que esta se mueva.

OBS En singular se le anteponen los determinantes *el, un,* salvo que entre el determinante y el nombre haya otra palabra: *el ancla, la pesada ancla.*

DER anclar.

anclar v. intr. **1** Quedar sujeta una embarcación al fondo del mar, de un río o un lago mediante una o más anclas. ◆ v. tr. **2** Quedar una cosa firmemente sujeta al suelo o a otro lugar: *anclar la antena de la televisión.* ◆ v. prnl. **3 anclarse** Mantener con fuerza y convicción una idea, opinión o posición, especialmente si está desfasada o es minoritaria: *tras la muerte de su marido, se ancló en sus recuerdos y dejó de tener contacto con los demás.*

andadas Palabra que se utiliza en la expresión *volver a las andadas*, que significa 'retomar un mal hábito que ya se había abandonado': *les prometió abandonar definitivamente aquellas malas compañías y no volver a las andadas.* **SIN** reincidir.

andadura n. f. **1** Movimiento para trasladarse de un lugar a otro: *iniciaron su andadura a primera hora de la mañana para intentar llegar a la cima por la tarde.* **SIN** desplazamiento, marcha. **2** Desarrollo de un trabajo, actividad o proceso a lo largo del tiempo.

andalucismo n. m. **1** Amor o admiración por la cultura y las tradiciones de Andalucía. **2** Palabra o modo de expresión propios del español hablado en Andalucía, especialmente cuando se usa en otra variedad lingüística: *las palabras «angurria» y «cañaduz» son andalucismos.* **3** Movimiento que pretende el reconocimiento político de Andalucía y defiende sus valores históricos y culturales: *Blas Infante fue uno de los padres del andalucismo.*

DER andalucista.

andalusí adj. De al-Ándalus o que tiene relación con la cultura musulmana que ocupó la península Ibérica hasta 1492.

OBS El plural es *andalusíes.*

andaluz, -za adj. **1** De Andalucía o que tiene relación con esta comunidad autónoma del sur de España. ◆ adj./ n. m. y f. **2** [persona] Que es de Andalucía. ◆ n. m. **3** Variedad del español que se habla en Andalucía.

DER andalucismo, andalusí.

andamiaje n. m. Conjunto de andamios que se colocan en una obra de construcción. **SIN** andamiada.

andamio n. m. Armazón desmontable formado por tubos, planchas metálicas o tablas que se levanta provisionalmente bajo un techo o pegado a una superficie vertical para acceder a las partes altas y trabajar en ellas.

DER andamiaje.

andanada n. f. **1** Conjunto de disparos que realizan los cañones o piezas de artillería de un barco al mismo tiempo. **2** Conjunto de ataques o críticas negativas que se hacen contra alguien: *el escritor soportaba las andanadas de los críticos con gran serenidad.*

andanza n. f. Aventura o peripecia que experimenta una persona, especialmente durante un viaje.

OBS Se usa frecuentemente en plural.

andar v. intr. **1** Moverse o trasladarse de un lugar a otro dando pasos: *andar por la calle, por el campo.* **SIN** caminar. **2** Moverse o trasladarse de un lugar a otro: *anduvo en el verano por el sur de Italia.* **3** Funcionar un mecanismo o un aparato: *el reloj no anda.* **4** Funcionar bien o correr un vehículo: *mi moto nueva anda un montón.* **5** Desarrollarse un trabajo, actividad o proceso a lo largo del tiempo: *mis rela-*

ciones con el jefe andan peor cada día. **6** Tener una persona un determinado estado de ánimo o salud: *andaba fastidiado desde que se rompió el brazo.* **7** Acercarse o aproximarse a una cantidad: *el coche que te gusta debe andar por los 19 000 euros.* **8** Tocar o hurgar una cosa con insistencia: *no andes con el destornillador en el enchufe.* **9** Estar realizándose una acción: *tu hermano anda arreglándose en el dormitorio.* ◆ v. intr./ prnl. **10** Actuar o comportarse de determinada manera: *andan diciendo por ahí que quieres vender la casa.* ◆ n. m. pl. **11** andares Manera de andar peculiar de una persona.

▶ ¡anda! Expresión que indica sorpresa o intención de dar ánimo o hacer una petición: *¡anda, si ya son las cuatro!; ¡anda, acompáñame hasta la plaza!* andarse por las ramas Detenerse en los aspectos menos importantes o significativos de un asunto: *no se anduvo por las ramas con sus empleados y les anunció el próximo cierre de la fábrica.* todo se andará Expresión con la que se indica que ya llegará el momento oportuno para que una cosa ocurra: *aún no tienes edad para conducir, pero todo se andará.*

DER andadas, andaderas, andador, andadura, andamio, andante, andanza, andariego, andarín, andurrial; desandar.

andar

INDICATIVO	SUBJUNTIVO
presente	**presente**
ando	ande
andas	andes
anda	ande
andamos	andemos
andáis	andéis
andan	anden
pretérito imperfecto	**pretérito imperfecto**
andaba	anduviera o anduviese
andabas	anduvieras o anduvieses
andaba	anduviera o anduviese
andábamos	anduviéramos o anduviésemos
andabais	anduvierais o anduvieseis
andaban	anduvieran o anduviesen
pretérito perfecto simple	**futuro**
anduve	anduviere
anduviste	anduvieres
anduvo	anduviere
anduvimos	anduviéremos
anduvisteis	anduviereis
anduvieron	anduvieren
futuro	**IMPERATIVO**
andaré	anda (tú)
andarás	ande (usted)
andará	andad (vosotros)
andaremos	anden (ustedes)
andaréis	
andarán	
condicional	**FORMAS NO PERSONALES**
andaría	**infinitivo** andar
andarías	**gerundio** andando
andaría	**participio** andado
andaríamos	
andaríais	
andarían	

andariego, -ga o **andarín, -rina** adj./ n. m. y f. [persona] Que anda mucho, especialmente si lo hace por gusto.

andas n. f. pl. Tablero o plataforma sostenida por dos barras o listones horizontales y paralelos que sirve para transportar a hombros a una persona o cosa, especialmente una imagen religiosa.

▶ en andas A hombros o sostenido en alto por varias personas: *algunos invitados pasearon en andas a los novios.*

OBS El plural también es *andas.*

andén n. m. Acera generalmente elevada situada a los lados de la vía o de la calzada en las estaciones de tren o de autobús, respectivamente, para que los pasajeros entren y salgan de ellos con facilidad.

andino, -na adj. De los Andes o que tiene relación con esta cordillera de América del Sur o con sus territorios próximos: *Bolivia, Chile y Perú son países andinos.*

DER transandino.

andorrano, -na adj. **1** De Andorra o que tiene relación con este país del sur de Europa. ◆ adj./ n. m. y f. **2** [persona] Que es de Andorra.

andrajo n. m. **1** Prenda de vestir vieja, rota y sucia: *¡no puedes ir a la boda con esos andrajos!* **2** Jirón o pedazo de tela vieja, rota o sucia. SIN harapo.

DER andrajoso.

andrajoso, -sa adj./ n. m. y f. **1** [persona] Que viste con andrajos. SIN harapiento. **2** [prenda de vestir] Que está vieja, rota y sucia: *un abrigo andrajoso.*

androceo n. m. Conjunto de estambres de una flor que constituye su aparato sexual masculino.

andrógino, -na adj. **1** [ser vivo] Que es macho y hembra a la vez, por tener los órganos sexuales de las dos clases: *el percebe es un crustáceo andrógino.* **SIN** hermafrodita. **2** [persona] Que tiene rasgos corporales que no se corresponden con los propios de su verdadero sexo.

androide n. m. Robot con aspecto, movimientos y algunas funciones propias de los seres humanos.

anécdota n. f. **1** Relato breve de un acontecimiento extraño, raro o divertido. **2** Detalle accidental y sin importancia: *dejaré a un lado las anécdotas para explicar el suceso principal.*
DER anecdotario, anecdótico.

anecdótico, -ca adj. **1** Que tiene carácter de anécdota (detalle o suceso accidental): *detalles anecdóticos; ejemplo anecdótico.* **2** Que tiene carácter eventual o poco habitual: *fue anecdótico que quisiera salir en el periódico, porque él no es vanidoso.*

anegar v. tr./ prnl. **1** Cubrir el agua un lugar: *el desbordamiento del río anegó varias hectáreas frutales.* **SIN** inundar. ◆ v. prnl. **2** anegarse Llenarse por completo. **3** Dominar el estado de ánimo de una persona un sentimiento o pasión: *solo en su habitación, le anegaba el hastío.*
OBS En su conjugación, la *g* se convierte en *gu* delante de *e*.

anejo, -ja adj./ n. m. Que está unido o próximo a otra cosa de la que deriva, depende o con la que está muy relacionado: *la vesícula biliar está aneja al hígado.* **SIN** anexo.

anélido adj./ n. m. **1** ZOOL. [gusano] Que pertenece a la división de los anélidos: *la sanguijuela es un gusano anélido.* ◆ n. m. pl. **2** anélidos ZOOL. División de gusanos de cuerpo casi cilíndrico, segmentado en anillos, con la piel fina y la sangre roja.

anemia n. f. Disminución anormal del número o tamaño de los glóbulos rojos que contiene la sangre o de su nivel de hemoglobina: *la anemia es a menudo consecuencia de una alimentación deficiente.*
DER anémico.

anemómetro n. m. Instrumento que sirve para medir la velocidad de los gases, especialmente del aire.

anémona o **anemona** n. f. **1** Planta herbácea con tallo horizontal subterráneo, pocas hojas y flores de color vivo: *plantó en el jardín anémonas, dalias y margaritas.* **2** Flor de esta planta. **3** Animal invertebrado marino con forma de tubo abierto por un extremo del que salen multitud de tentáculos que recuerdan la forma de una flor: *la anémona de mar vive aislada y fija en el fondo del mar, donde se alimenta de pequeños peces.* **SIN** actinia.

anestesia n. f. **1** Pérdida temporal del conocimiento o de la sensibilidad de una parte del cuerpo que tiene lugar cuando se administra una sustancia química: *la anestesia es necesaria en muchas operaciones quirúrgicas.* **2** Sustancia química que produce esta pérdida temporal de la sensibilidad o del conocimiento.
DER anestesiar, anestésico, anestesista.

anestesiar v. tr. Producir la pérdida temporal del conocimiento o de la sensibilidad de una parte del cuerpo mediante la administración de una sustancia química: *anestesiaron al enfermo antes de comenzar la operación.* **SIN** dormir.
OBS En su conjugación, la *i* no se acentúa, como en *cambiar*.

anestesista n. com. Médico especialista que durante una operación quirúrgica se encarga de administrar la anestesia al paciente. **SIN** anestesiólogo.

anexión n. f. Unión de una cosa a otra, de la que deriva o depende, especialmente de un estado o de una parte de su territorio a otro.
DER anexionar, anexionismo.

anexionar v. tr. Unir una cosa a otra para hacerla depender de ella, especialmente de un Estado o de una parte de su territorio a otro: *el dictador anexionó por la fuerza el país vecino al suyo; diferentes municipios limítrofes se anexionaron a la capital.*

anexo, -xa adj./ n. m. Que está unido o próximo a otra cosa de la que deriva, depende o con la que está muy relacionado: *el baptisterio está anexo a la catedral.* **SIN** anejo.
OBS La Real Academia Española recoge *anexo*, pero prefiere la forma *anejo*.
DER anexar, anexión.

anfetamina n. f. Sustancia química que tiene un efecto estimulante sobre el sistema nervioso, aumenta la resistencia física y hace disminuir la sensación de hambre: *el uso abusivo y continuado de anfetaminas puede provocar dependencia.*

anfibio, -bia adj. **1** [ser vivo] Que puede vivir tanto dentro como fuera del agua. **2** [vehículo, avión] Que puede moverse por tierra o por agua. ◆ adj./ n. m. **3** [animal] Que pertenece a la clase de los anfibios. **SIN** batracio. ◆ n. m. pl. **4** anfibios Clase de animales vertebrados que pasan parte de su vida en el agua y que cuando alcanzan la edad adulta respiran a través de pulmones; tienen la sangre fría y la piel lisa sin pelo: *la rana, el sapo y la salamandra son anfibios.*

anfiteatro n. m. **1** Construcción circular o semicircular, con gradas escalonadas alrededor de un escenario o espacio llano central, en la que antiguamente se celebraban representaciones teatrales y combates de gladiadores. **2** Conjunto de gradas escalonadas, generalmente en forma de semicírculo, situadas en la parte superior de un teatro, un cine o un aula.

anfitrión, -triona adj./ n. m. y f. **1** [persona] Que invita y recibe en su casa a otras personas. **2** [empresa, asociación, Estado] Que invita y recibe en su sede o territorio a otras personas.

ángel n. m. **1** En algunas religiones, espíritu puro, servidor y mensajero de Dios, que en ocasiones se aparece a los hombres. ángel custodio o ángel de la guarda Ángel destinado por Dios a cada persona para que vele por ella. **2** Cualidad del carácter de una persona que la hace atractiva o simpática para los demás: *el director buscaba una actriz con ángel para el papel de heroína.* SIN encanto. **3** Persona muy buena, simpática y servicial.
▶ como los ángeles Muy bien, de manera excelente: *canta como los ángeles.*
DER ángelus; arcángel, evangelio.

angelical adj. **1** De los ángeles o que tiene relación con ellos. **2** Que se caracteriza por una bondad, pureza o belleza considerada propia de los ángeles: *no dejó que la sonrisa angelical del vendedor la embaucara.*

angélico, -ca adj. Angelical: *un niño de rostro angélico.*

angina n. f. **1** Órgano de color rojo y de pequeño tamaño formado por acumulación de tejido linfático, que, junto con otro, está situado a ambos lados de la garganta del hombre y de algunos animales: *las anginas sirven de defensa ante las infecciones del aparato respiratorio.* SIN amígdala. ◆ n. f. pl. **2** anginas Inflamación de estos órganos. SIN amigdalitis.
▶ angina de pecho Obstrucción de las arterias del corazón que provoca inicialmente dolor en el brazo izquierdo y, posteriormente, un dolor muy agudo en el pecho.

angiospermo, -ma adj./ n. f. **1** BOT. [planta] Que pertenece al grupo de las angiospermas: *el trigo, el geranio o la calabaza son plantas angiospermas.* ◆ n. f. pl. **2** angiospermas Grupo de plantas fanerógamas cuyos óvulos se hallan dentro de un ovario cerrado y cuyas semillas se desarrollan protegidas en el interior del fruto: *las angiospermas se dividen en monocotiledóneas y dicotiledóneas.*

anglicano, -na adj. **1** Perteneciente o relativo a una doctrina religiosa cristiana que tuvo su origen en las ideas del rey inglés Enrique VIII en el siglo XVI. ◆ adj./ n. m. y f. **2** [persona] Que cree en esta doctrina religiosa.
DER anglicanismo, anglicismo.

anglicismo n. m. Palabra o modo de expresión propios de la lengua inglesa que se usa en otro idioma: *la palabra* software *es un anglicismo.*
DER anglicista.

anglo, -gla adj. **1** De un antiguo pueblo de origen germánico que se estableció en Inglaterra en los siglos V y VI o que tiene relación con él. ◆ adj./ n. m. y f. **2** [persona] Que pertenece a este pueblo.

anglófono, -na adj./ n. m. y f. **1** Que habla inglés como lengua materna o tiene gran dominio de él: *en Canadá, una parte de la población es anglófona.* ◆ adj. **2** [país, territorio] Que está habitado por población de habla inglesa: *Gibraltar es un territorio anglófono.*

anglosajón, -jona adj. **1** De los pueblos anglos y sajones de origen germánico que se establecieron en Inglaterra en los siglos V y VI o que tiene relación con ellos. **2** De cultura y origen ingleses. ◆ n. m. **3** Lengua antigua de Inglaterra hablada por los pueblos anglos y sajones.

angoleño, -ña adj. **1** De Angola o que tiene relación con este país del sudoeste de África. ◆ adj./ n. m. y f. **2** [persona] Que es de Angola.

angosto, -ta adj. Que es estrecho y reducido, especialmente para permitir el paso: *un pasadizo angosto.*
DER angostura.

anguila n. f. Pez comestible de cuerpo alargado parecido al de una serpiente, sin aletas abdominales.
OBS Para indicar el sexo se usan *la anguila macho* y *la anguila hembra.*

angula n. f. Cría de la anguila.

angular adj. **1** [objeto o parte de él] Que tiene forma de ángulo. **2** Del ángulo o que está relacionado con él: *la latitud es una distancia angular que se mide en grados.*

▶ gran angular Lente del objetivo de una cámara de fotografía, vídeo o cine que abarca un ángulo visual de 70 a 180 grados. piedra angular Base o fundamento a partir del cual se establece o desarrolla una cosa.

ángulo n. m. **1** Parte de un plano o espacio limitada por dos líneas que proceden de un mismo punto. ángulo agudo Ángulo que tiene menos de 90 grados. ángulo complementario Ángulo que le falta a otro para sumar 90 grados. ángulo obtuso Ángulo que tiene más de 90 grados. ángulo recto Ángulo que tiene 90 grados. ángulo suplementario Ángulo que le falta a otro para sumar 180 grados. **2** Lugar en el que se unen dos superficies: *los ángulos de la habitación necesitan puntos de luz.* **3** Manera particular de valorar o considerar una cosa: *antes de emitir un juicio, debes enfocar el problema desde todos los ángulos.* SIN enfoque, perspectiva.
▶ ángulo muerto Pequeña porción de un campo visual que queda fuera de la vista: *si no se colocan adecuadamente los espejos retrovisores de un coche, se pueden dejar peligrosos ángulos muertos.*
DER angular, anguloso; acutángulo, triángulo.

anguloso, -sa adj. **1** [figura, objeto] Que tiene ángulos o esquinas. **2** [rostro] Que se caracteriza por tener formas salientes y pronunciadas marcadas por los huesos de la cara: *se sobresaltó cuando apareció el rostro anguloso de Drácula en la pantalla.*

angustia n. f. Sufrimiento y preocupación intensa provocado por un peligro o por una amenaza. SIN ansia, ansiedad, congoja.
DER angustiar, angustioso.

angustiar v. tr./ prnl. Causar o padecer angustia. SIN acongojar.
OBS En su conjugación, la *i* no se acentúa, como en *cambiar.*

angustioso, -sa adj. **1** Que causa angustia. **2** Que muestra una gran angustia.

anhelar v. tr. Desear de manera intensa y ansiosa: *anhelaba casarse y formar una familia.* SIN ansiar.
DER anhelante, anhelo.

anhelo n. m. Deseo intenso de hacer o conseguir una cosa. SIN ansia.

anhídrido n. m. QUÍM. Compuesto químico formado por la combinación del oxígeno con un elemento no metálico.
▶ anhídrido carbónico Gas inodoro e incoloro formado por carbono y oxígeno, que se desprende en la respiración, en las combustiones y en algunas fermentaciones. SIN dióxido de carbono.

anidar v. intr. **1** Hacer un nido un ave y vivir en él: *los flamencos anidan en zonas húmedas.* ◆ v. intr./ prnl. **2** Formarse un pensamiento o un sentimiento en el interior de una persona: *tras ser despedido, el rencor anidó en su corazón.*

anilla n. f. **1** Pieza en forma de circunferencia que sirve para colgar o sujetar objetos o para introducir el dedo en su interior y tirar de ella: *las anillas de una cortina.* **2** Pieza plana en forma de circunferencia en la que se imprimen datos y que se coloca a los animales para controlarlos y estudiarlos. ◆ n. f. pl. **3** anillas Aparato de gimnasia masculina consistente en una estructura elevada de la cual cuelgan dos cintas con dos aros, de los que debe suspenderse el gimnasta para hacer ejercicios de fuerza y equilibrio.
DER anillado, anillar, anillo.

anillar v. tr. **1** Sujetar con anillas: *anillar una cortina.* **2** Poner anillas a los animales, especialmente en las patas, para controlarlos y estudiarlos.

anillo n. m. **1** Pieza en forma de circunferencia que se lleva en un dedo como adorno o símbolo de un estado o cargo: *el anillo de un hombre casado.* SIN sortija. **2** Objeto o construcción con una forma parecida a esta pieza: *los anillos de metal de una malla.* **3** ARQ. Saliente, moldura o adorno circular que rodea cuerpos o espacios cilíndricos: *los anillos de una columna.* **4** ASTR. Capa circular, fina y ancha, formada por diversos materiales y gases que rodea algunos planetas: *los anillos de Saturno.* **5** BOT. Capa leñosa circular, concéntrica a otras, que se forma cada año en el tronco de los árboles. **6** ZOOL. Segmento en que se divide el cuerpo de los gusanos, serpientes y otros animales invertebrados.
▶ caérsele los anillos Rebajarse una persona y perder la categoría o el prestigio: *ayúdame a hacer fotocopias, que no se te van a caer los anillos.* NOTA Se usa sobre todo en frases negativas. como anillo al dedo En un momento muy oportuno o de manera muy adecuada: *tu llamada me viene como anillo al dedo para pedirte un favor.*

ánima n. f. **1** Alma de una persona, especialmente la de los difuntos. **2** Hueco del cañón de un arma de fuego. SIN alma. ◆ n. f. pl. **3** ánimas Toque de las campanas de una iglesia que llama a la oración por las almas del purgatorio.

OBS En singular se le anteponen los determinantes *el, un,* salvo que entre el determinante y el nombre haya otra palabra: *el ánima, la pura ánima.*

DER animar, anímico, animismo, ánimo; ecuánime, exánime, inánime, pusilánime, unánime.

animación n. f. **1** Ambiente alegre y ruidoso producido por mucha gente reunida. **SIN** ambientación, bullicio, jaleo. **2** Técnica cinematográfica que consiste en fotografiar una serie de figuras, generalmente dibujadas o modeladas, con mínimos cambios de posición para dar una impresión de movimiento cuando se proyecten de manera continuada a cierta velocidad: *Disney es una importante productora de películas de animación.*
▶ animación cultural Conjunto de técnicas destinadas a procurar la integración y participación de personas en actividades lúdicas y culturales.

animado, -da adj. **1** [ser] Que tiene vida: *las plantas o los animales son seres animados.* **2** [persona] Que tiene un comportamiento activo y alegre. **3** Que es interesante y entretenido: *una conversación muy animada.* **4** [lugar, local] Que tiene un ambiente alegre y ruidoso producido por mucha gente reunida.

animador, -ra adj./ n. m. y f. **1** [persona] Que anima: *todos son animadores de un equipo de fútbol.* ◆ **2** n. m. y f. Persona que presenta y ameniza un espectáculo, actividad o diversión pública: *el animador de un programa de televisión; el animador del concurso de cocina.* **3** Persona que se dedica a la técnica cinematográfica de la animación.

animadversión n. f. Sentimiento de oposición, repugnancia o antipatía que se tiene contra una persona. **SIN** odio.

animal n. m. **1** Ser vivo pluricelular, generalmente dotado de capacidad de movimiento y sensibilidad, que se alimenta de otros seres vivos. Este *término suele hacer referencia a los seres que no tienen capacidad de pensar ni razón.* ◆ adj. **2** Que es propio de esta clase de seres o que tiene relación con ellos. ◆ adj./ n. com. **3** [persona] Que hace un uso excesivo de la fuerza, es violento o tiene malos modos. **SIN** bestia, bruto, burro. **4** [persona] Que es torpe o poco inteligente. **SIN** bestia, bruto, burro.

DER animalada.

animar v. tr./ prnl. **1** Dar fuerza moral a una persona. **ANT** deprimir. **2** Estimular a una persona para que se decida a hacer una cosa: *animó a su marido para que continuara estudiando.* **3** Hacer ameno, entretenido o divertido: *animar la charla; animar una fiesta.* ◆ v. prnl. **4** animarse Reunir el valor y la energía necesarios para hacer o decir una cosa: *ante la insistencia de sus amigos, se animó a montar a caballo.* **SIN** atreverse.

DER animación, animado, animador; desanimar, reanimar.

anímico, -ca adj. De los sentimientos y del estado de ánimo o que tiene relación con ellos: *el médico le aseguró que pronto se recupe-*

animales: crías y grupos

animal	cría
águila	aguilucho
anguila	angula
asno	pollino
ballena	ballenato
caballo/yegua	potro
cabra	cabrito, chivo
calamar	chipirón
cerdo	lechón, cochinillo, tostón
ciervo	cervatillo, cervato
conejo	gazapo
gallo/gallina y otras aves	pollo, polluelo
jabalí	jabato
liebre	lebrato
lobo	lobato, lobezno
merluza	pescadilla
oso	osezno
oveja	borrego, cordero
paloma brava	palomino
paloma doméstica	pichón
peces en general	alevín
perdiz	perdigón
perro, lobo y otros animales cuadrúpedos	cachorro
rana	renacuajo
toro/vaca	ternero, becerro, novillo

animal	grupos
abejas	enjambre
animales cuadrúpedos (numeroso ganado)	rebaño
animales cuadrúpedos (poco ganado)	hato
animales cuadrúpedos (salvajes/en libertad)	manada
animales de carga	recua
cachorros del mismo parto	camada
cerdos	piara
mosquitos	nube
pájaros volando	bandada
perros	jauría
peces en general	banco

a b c d e f g h i j k l m n ñ o p q r s t u v w x y z

raría anímica y físicamente de las consecuencias del accidente.

animismo n. m. Creencia que atribuye a todos los seres, objetos y fenómenos de la naturaleza un alma o principio vital: *el animismo es una creencia muy arraigada en culturas y pueblos primitivos.*
DER animista.

animista adj. **1** Del animismo o que tiene relación con esta creencia. **2** [persona] Que tiene esta creencia.

ánimo n. m. **1** Estado emocional de una persona. **2** Fuerza moral y energía que impulsan a la actividad: *empezó el trabajo con mucho ánimo, pero lo perdió cuando le advirtieron que no le renovarían el contrato.* **3** Intención o voluntad: *al decir que no me gusta tu cuento, no está en mi ánimo menospreciar tu trabajo.* ◆ int. **4** ¡ánimo! Exclamación que se usa para intentar dar fuerza moral o energía: *¡ánimo, que solo queda un minuto para acabar el partido!*
DER animoso.

animoso, -sa adj. **1** [persona] Que actúa con fuerza moral y energía: *a pesar del cansancio, se mostraba animoso y servicial en el trabajo.* **2** Que infunde ánimo y energía.
DER animosidad.

aniquilar v. tr. Acabar con la vida completamente: *el ejército invasor aniquiló a la población civil mediante el uso de armas químicas.*
DER aniquilación, aniquilamiento.

anís n. m. **1** Planta herbácea de flores blancas y semillas olorosas: *el anís es originario de las zonas mediterráneas.* **2** Semilla pequeña y aromática de esta planta: *el anís se utiliza para la elaboración de licores y en repostería.* **3** Licor hecho con aguardiente aromatizado con esta semilla. **4** Golosina hecha con un grano de anís cubierto con un baño de azúcar.
DER anisar, anisete.

aniversario n. m. **1** Día en que se cumple un número exacto de años desde que se produjo un acontecimiento. **2** Celebración con que se conmemora ese día.

ano n. m. Orificio en el que termina la última parte del intestino grueso, por el que se expulsan al exterior los excrementos. SIN culo.
DER anal.

anoche adv. En la noche de ayer: *anteanoche y anoche hubo luna llena.*
DER anteanoche.

anochecer n. m. **1** Período durante el cual desaparece la luz solar y se hace de noche. ◆ v. impersonal **2** Desaparecer la luz solar y hacerse de noche: *cuando anochece los animales nocturnos salen de sus nidos y madrigueras.* ◆ v. intr. **3** Estar en un lugar, en una situación o en un estado determinados al acabar el día: *salimos de casa por la tarde y anochecimos a medio camino de nuestro destino.*
OBS En su conjugación, la *c* se convierte en *zc* delante de *a* y *o*, como en *agradecer*.

anodino, -na adj. Que es insustancial o que carece de interés o importancia: *decidió poner fin a su anodina existencia y viajar alrededor del mundo en bicicleta.*

ánodo n. m. Extremo de un circuito o conductor eléctrico que tiene mayor potencial y por el que entra la energía eléctrica: *el ánodo y el cátodo son los polos de una pila.* SIN polo positivo. ANT cátodo.

anomalía n. f. Cambio o desviación respecto de lo que se considera normal, regular, natural o previsible. SIN irregularidad.

anómalo, -la adj. Que se desvía de lo que se considera normal, regular, natural o previsible: *el funcionamiento anómalo de uno de los reactores provocó el cierre de la central nuclear.* SIN anormal, irregular.
DER anomalía.

anonadar v. tr. Quedar una persona sin capacidad de reacción o respuesta ante una sorpresa o una maravilla.

anonimato n. m. **1** Carácter o condición del autor de una obra o acto cuyo nombre se desconoce o no se da a conocer: *los nombres de los donantes de órganos suelen permanecer en el anonimato.* SIN anónimo. **2** Carácter o condición de la obra o acto cuyo autor se desconoce o no se da a conocer: *el anonimato de numerosas obras históricas realizadas en la Edad Media.* **3** Carácter o condición de una persona que no es famosa ni conocida por muchos.

anónimo, -ma adj. **1** [autor de una obra o acto] De nombre desconocido o que no se da a conocer: *el* Poema de Mio Cid *es de autor anónimo.* **2** [obra, acto] De autor desconocido o que no se da a conocer: *el* Lazarillo de Tormes *es una obra anónima de 1555.* **3** [persona] Que no es famosa ni conocida por muchos: *miles de héroes anónimos trabajan en el Tercer Mundo ayudando a los más necesitados.* ◆ n. m. **4** Carta o papel dirigido a una persona en el que no figura el nombre de su autor. **5** Carácter o condición del autor de una obra o acto cuyo nombre se desconoce o no se da a conocer. SIN anonimato.

▶ sociedad anónima Empresa que tiene su capital dividido en acciones, propiedad de socios o accionistas.

DER anonimato.

anorak n. m. Prenda exterior de vestir hecha de tejido impermeable y de abrigo, con mangas largas, abierta por delante y con botones o cremallera; llega más abajo de la cintura y generalmente lleva capucha.

OBS El plural es *anoraks.*

anorexia n. f. MED. Enfermedad nerviosa que se manifiesta por la pérdida del apetito: *la anorexia es consecuencia de un afán desmedido de adelgazar.*

DER anoréxico.

anoréxico, -ca adj. **1** De la anorexia o que tiene relación con esta enfermedad. **2** [persona] Que padece anorexia.

anormal adj. **1** Que sufre una o más anormalidades: *un funcionamiento anormal de los motores abortó el despegue del avión.* SIN anómalo, irregular. ◆ adj./ n. com. **2** [persona] Que tiene una capacidad mental inferior a la normal. SIN deficiente, retrasado, subnormal.

DER anormalidad.

anormalidad n. f. Cambio o desviación respecto de lo que es normal, regular, natural o previsible. SIN anomalía, irregularidad.

anotación n. f. **1** Dato o información, generalmente breve, que se escribe en un papel. **2** Dato, aclaración o comentario, generalmente breve, que se escribe en los márgenes de un texto escrito. **3** Conjunto de notas explicativas colocadas a pie de página o al final de un texto: *en la anotación de una obra clásica se aclara el significado de palabras y expresiones en desuso.* **4** En el juego del baloncesto, conjunto de puntos obtenidos por un jugador o por un equipo en un partido.

anotar v. tr. **1** Escribir en un papel un dato o información, generalmente breve: *el vigilante anotató la matrícula del coche que entró.* SIN apuntar. **2** Poner notas explicativas a un texto. **3** En algunos deportes, conseguir uno o varios puntos o goles, especialmente en el juego del baloncesto. ◆ v. prnl. **4** anotarse Conseguir un éxito o tener un fracaso, especialmente en una competición deportiva: *el tenista español se anotó una importante victoria al imponerse en la final del torneo.* SIN apuntar.

DER anotación.

anquilosar v. tr./ prnl. **1** Dejar sin flexibilidad o movimiento, especialmente una parte del cuerpo: *la artrosis anquilosa los huesos.* SIN agarrotar. **2** Disminuir el desarrollo de una actividad o la facilidad con que esta se llevaba a cabo. SIN agarrotar, atrofiar.

ansia n. f. **1** Anhelo, deseo intenso de conseguir algo: *los jugadores lucharon con entrega y ansia de triunfo.* **2** Sufrimiento y preocupación intensa provocados por un peligro o por una amenaza. SIN angustia, ansiedad, congoja. ◆ n. f. pl. **3** ansias Sensación de malestar que se tiene en el estómago cuando se quiere vomitar. SIN náusea.

OBS En singular se le anteponen los determinantes *el, un,* salvo que entre el determinante y el nombre haya otra palabra: *el ansia, la angustiosa ansia.*

DER ansiar, ansiedad, ansiolítico, ansioso.

ansiar v. tr. Anhelar, desear de manera intensa: *ansiaba reencontrarse con ella después de tantos años.*

OBS En su conjugación, la *i* se acentúa en algunos tiempos y personas, como en *desviar.*

ansiedad n. f. **1** Sufrimiento y preocupación intensa provocada por un peligro o por una amenaza: *buscó con ansiedad el nombre de su amigo en la lista de fallecidos.* SIN angustia, ansia, congoja. **2** Estado de intensa excitación y nerviosismo: *los seguidores esperaban con ansiedad poder ver a su ídolo en la puerta del hotel.*

ansiolítico, -ca adj. **1** Que reduce los síntomas de la ansiedad: *efecto ansiolítico; propiedades ansiolíticas.* ◆ adj./ n. m. **2** MED [medicamento] Que actúa sobre el sistema nervioso y reduce los síntomas de la ansiedad.

ansioso, -sa adj./ n. m. y f. Que siente un deseo intenso.

antagónico, -ca adj. Que se caracteriza por su antagonismo con otra persona, opinión o idea: *sindicatos y empresarios defienden posiciones antagónicas en el pacto laboral.* SIN antagonista.

antagonismo n. m. Incompatibilidad u oposición entre personas, opiniones o ideas.

DER antagónico, antagonista.

antagonista adj. **1** Antagónico. ◆ adj./ n. com. **2** [persona] Que actúa de manera contraria y opuesta a otra; especialmente, personaje que se opone al protagonista de una obra literaria, una película u otra creación artística: *el antagonista más conocido de Sherlock Holmes es el doctor Moriarty.*

antaño adv. En un tiempo pasado: *antaño se viajaba en diligencia.*

antártico, -ca adj. Del polo Sur o que tiene relación con este lugar de la Tierra o con sus territorios limítrofes. ANT ártico.

ante prep. **1** En presencia de, delante de: *se declaró culpable ante sus compañeros.* **2** En comparación con, respecto de. ◆ n. m. **3** Piel curtida de tacto muy delicado y sin brillo que procede de algunos animales, especialmente del alce: *estas botas de ante son bonitas, pero se estropean en cuanto se mojan.* **4** Animal mamífero rumiante parecido al ciervo, pero más corpulento, de cuello corto, cabeza grande y cuernos planos en forma de pala con grandes recortes en los bordes. SIN alce.

ante- Prefijo que entra en la formación de palabras con el significado de: **a.** 'Anterioridad en el tiempo': *anteayer.* **b.** 'Precedencia en el espacio': *anteojos.*

anteanoche adv. En la noche anterior a la de ayer: *anteanoche jugamos el partido de todos los lunes, y hoy miércoles jugaremos la revancha.*

anteayer adv. En el día anterior al de ayer: *anteayer martes me mandaron el cheque, y hoy jueves ya me ha llegado.* SIN anteanoche.

antebrazo n. m. Parte del brazo que va desde el codo hasta la muñeca.

antecedente n. m. **1** Obra, dicho o circunstancia del pasado que influye en hechos posteriores y sirve para juzgarlos, entenderlos o preverlos: *estoy leyendo un libro acerca de los antecedentes de la guerra en la antigua Yugoslavia.* **2** GRAM. Primer término de una relación gramatical: *en la frase «hacía tanto frío que no pudimos salir de casa», el antecedente de la comparación es «tanto frío».* **3** GRAM. Nombre, pronombre u oración a que hace referencia un pronombre relativo: *en la frase «llegó a España el jugador que ha fichado el Real Madrid», el antecedente del pronombre relativo «que» es el «jugador».*

▸ antecedentes penales Conjunto de actos ilegales y delictivos cometidos por una persona que han quedado registrados ante la justicia. poner en antecedentes Informar de las circunstancias que preceden a un asunto: *puso en antecedentes al psicólogo que iba a tratar a su hijo.*

anteceder v. tr. Estar o ir delante en el tiempo o en el espacio: *el mes de agosto antecede al de septiembre.* SIN preceder. ANT suceder.
DER antecedente, antecesor.

antecesor, -ra n. m. y f. **1** Persona que ocupó un puesto o un cargo antes que la persona que lo ocupa en la actualidad. SIN predecesor. ANT sucesor. ◆ n. m. **2** Persona de la que desciende otra u otras. SIN ancestro, antepasado, ascendiente, predecesor.

antediluviano, -na adj. Que es muy antiguo; que está pasado de moda: *una televisión antediluviana.*

antelación n. f. Adelanto en el tiempo de un hecho o circunstancia que estaba previsto que sucediera con posterioridad: *el avión traía viento de cola y aterrizó con antelación.* SIN anticipación.

antemano Palabra que se utiliza en la locución *de antemano*, que significa 'con adelanto en el tiempo respecto de un hecho o circunstancia': *había leído la novela y sabía de antemano el final de la película.*

antena n. f. **1** Parte de un aparato de radio o televisión que tiene contacto directo con el exterior, a través de la cual se pueden recibir o emitir ondas electromagnéticas. antena parabólica Antena que tiene forma cóncava, concentra el haz que procede de un satélite y se usa para recibir las ondas de emisoras muy lejanas. **2** Apéndice articulado, fino y alargado, que insectos y crustáceos tienen a ambos lados de la cabeza y que funciona como órgano de la visión, del tacto o del olfato. SIN cuerno.

▸ en antena En emisión: Informe semanal *es uno de los programas de televisión que más tiempo llevan en antena en España.*

anteojo n. m. **1** Aparato óptico para ver a distancia; está formado por un tubo que contiene un sistema de lentes. ◆ n. m. pl. **2** anteojos Aparato óptico para ver a distancia; está formado por dos tubos, uno para la visión de cada ojo, que tienen en su interior una combinación de prismas y lentes. **3** Gafas; especialmente, las que no tienen patillas y se sujetan únicamente a la nariz.

antepasado, -da n. m. y f. Persona de la que descienden otra u otras, especialmente si pertenece a una época pasada remota. SIN ancestro, antecesor, ascendiente, predecesor.

antepenúltimo, -ma adj./n. m. y f. Que ocupa el lugar anterior al penúltimo.

anteponer v. tr./prnl. **1** Poner una cosa delante de otra. **2** Preferir o considerar más importante a una persona o cosa que a otra: *anteponía su partido de los domingos a cualquier otra obligación.*

OBS El participio es *antepuesto*. Se conjuga como *poner*.
DER anteposición, antepuesto.

anteproyecto n. m. **1** Redacción primera de una ley, programa o disposición que debe discutirse o estudiarse: *el Consejo aprobará el anteproyecto de presupuestos.* **2** Trabajos anteriores al proyecto definitivo de una obra de arquitectura o ingeniería: *el equipo de arquitectos presentó un anteproyecto para la remodelación de la plaza.*

antera n. f. BOT. Extremo superior del estambre de una flor que contiene el polen.

anterior adj. Que está antes en el tiempo o el espacio. **SIN** previo. **ANT** posterior, siguiente.
DER anterioridad, anteriormente.

anterioridad n. f. Existencia de una cosa antes que otra.

anterozoide n. m. Célula sexual masculina de algunos vegetales.

antes adv. **1** En tiempo anterior: *antes de acostarse es conveniente lavarse los dientes.* **ANT** después. **2** Menos alejado en el espacio con referencia a un punto concreto. **ANT** después. **3** Indica preferencia o mayor importancia concedida a una persona o cosa sobre otras: *antes que montarme contigo en el coche, me voy andando.* ◆ conj. **4** Por el contrario: *no solo no renuncia a comer carne, antes la prefiere al pescado.*
▶ **antes bien** Locución conjuntiva que indica oposición en relación con lo que se ha expresado anteriormente.

anti- Prefijo que entra en la formación de palabras con el significado de: **a.** 'Opuesto', 'contrario': *anticlerical, antidemocrático.* **b.** 'Que protege, previene o lucha contra lo indicado por el elemento al que se une': *antiaéreo, antigripal.*

antiabortista adj. **1** Que es contrario a la despenalización del aborto: *organización antiabortista; lucha antiabortista.* **SIN** antiaborto. ◆ adj./ n. com. **2** [persona] Que es contrario a la despenalización del aborto: *los antiabortistas expusieron sus conclusiones sobre el estudio.*

antiadherente adj./ n. m. [sustancia] Que evita la adherencia entre superficies que de otra forma se quedarían pegadas: *el teflón es un material antiadherente que se utiliza en la fabricación de sartenes y planchas.*

antiaéreo, -rea adj. De la defensa contra el ataque desde el aire o que tiene relación con ella: *un misil antiaéreo destruyó al avión enemigo.*

antiarrugas adj./ n. m. [cosmético] Que previene o elimina la aparición de arrugas en la piel: *crema antiarrugas.*
OBS El plural es *antiarrugas*.

antibalas adj. Que protege de los disparos efectuados con armas de fuego.
OBS El plural es *antibalas*.

antibiótico, -ca adj./ n. m. MED. [sustancia, medicamento] Que sirve para destruir las bacterias que producen enfermedades o infecciones.

anticancerígeno, -na adj. **1** Que combate el cáncer. **SIN** anticanceroso. ◆ **2** adj./ n. m. [sustancia, medicamento] Que se utiliza en los tratamientos para combatir el cáncer. **SIN** anticanceroso.

anticiclón n. m. Zona de la atmósfera en la cual la presión atmosférica es más alta, lo que produce, generalmente, un tiempo despejado en el territorio que se encuentra bajo su influencia.
DER anticiclónico.

anticipación n. f. **1** Adelanto en el tiempo de un hecho o circunstancia que estaba previsto que sucediera con posterioridad. **SIN** antelación. **2** Rapidez de movimientos e ideas que permite a una persona llegar a un lugar o desarrollar una actividad antes de que lo hagan los demás.

anticipado, -da adj. Que sucede o se hace antes del tiempo previsto o normal: *pidió la jubilación anticipada.*
▶ **por anticipado** Con antelación, antes del tiempo previsto o normal: *el albañil pidió una parte del precio de la obra por anticipado para comprar los materiales.*

anticipar v. tr./ prnl. **1** Hacer u ocurrir antes del tiempo previsto o normal: *los organizadores anticipan la final del torneo a la mañana del sábado.* **SIN** adelantar. **ANT** atrasar, retrasar. **2** Pagar una cantidad de dinero antes de que se termine el trabajo o se entregue el objeto correspondiente. **SIN** adelantar. **3** Comunicar la voluntad o intención de hacer una cosa. **SIN** adelantar. **4** Ser indicio o señal de algo que ocurrirá a continuación. **SIN** adelantar. ◆ v. prnl. **5** **anticiparse** Actuar una persona con mayor rapidez de movimientos o ideas que otra: *el delantero se anticipó a los defensas y logró marcar.* **6** Ocurrir antes del tiempo previsto o normal: *el calor se ha anticipado.*
DER anticipación, anticipado, anticipo.

anticipo n. m. Cantidad de dinero que se

paga o se recibe antes de que se termine el trabajo o se entregue el objeto correspondiente. SIN adelanto.

anticlerical adj. **1** Del anticlericalismo o que tiene relación con él. ◆ adj./ n. com. **2** [persona] Que es partidario del anticlericalismo.
DER anticlericalismo.

anticlericalismo n. m. **1** Actitud contraria a la intervención de la Iglesia en los asuntos del estado. **2** Hostilidad contra todo lo que se relaciona con el clero.

anticonceptivo, -va adj./ n. m. [método, sustancia, medio] Que impide el embarazo de una mujer o un animal hembra: *el condón es un medio anticonceptivo.*

anticongelante n. m. Líquido que impide la congelación del agua que refrigera un motor, especialmente el de un automóvil.

anticrisis adj. [acción] Que se realiza para combatir una crisis económica: *plan anticrisis; medidas anticrisis.*

anticuado, -da adj. Que está pasado de moda; que no se utiliza desde hace tiempo. SIN antiguo, caduco, decadente. ANT moderno.

anticuario, -ria n. m. y f. **1** Persona que se dedica a comerciar con muebles y objetos antiguos de valor. ◆ n. m. **2** Establecimiento donde se venden estos muebles y objetos: *entró en un anticuario para curiosear.*

anticuerpo n. m. Sustancia segregada por los linfocitos de la sangre para combatir una infección de virus o bacterias que afecta al organismo.

antideportivo, -va adj. Que no se ajusta a las normas de corrección y juego limpio que deben respetarse en la práctica de un deporte. ANT deportivo.

antideslizante adj. Que impide o reduce el deslizamiento de una superficie sobre otra: *los coches de carreras utilizan pedales ligeros y antideslizantes.*

antidisturbios adj. [medio humano o material] Que se emplea para reprimir disturbios, disolver manifestaciones, etc.
OBS El plural también es *antidisturbios.*

antidoping adj./ n. m. [análisis, control] Que sirve para descubrir la presencia en el organismo de sustancias de uso prohibido para una persona; especialmente, para un deportista.
OBS Procede del verbo inglés *to dope* ('drogar') y se pronuncia aproximadamente «antidopin».

antídoto n. m. **1** Sustancia que sirve para combatir o paliar los efectos de un veneno. **2** Medio para evitar o prevenir un mal: *la risa es un buen antídoto contra la depresión.*

antiepiléptico, -ca adj./ n. m. [medicamento] Que sirve para tratar la epilepsia.

antiesclavista adj./ n. com. Que está en contra de la esclavitud: *los antiesclavistas defendían que se les concediera la libertad a todos los esclavos sin excepción.*

antifaz n. m. **1** Pieza alargada de tela u otra materia semejante con agujeros para los ojos, con que se cubre la parte superior de la cara. **2** Pieza alargada de tela con la que se cubren los ojos para impedir la visión o para evitar la luz: *duerme con la luz encendida y con un antifaz.*

antifeminista adj./ n. com. Que es contrario o se opone al feminismo.
DER antifeminismo.

antigüedad n. f. **1** Existencia desde hace mucho tiempo: *a la Biblia Políglota Complutense se le atribuye una antigüedad de casi cinco siglos.* ANT modernidad. **2** Período histórico pasado muy alejado de la actualidad: *en la Antigüedad se pensaba que la Tierra era una superficie plana.* NOTA Se escribe con letra mayúscula. **3** Mueble u objeto antiguo de valor. **4** Período continuado durante el cual una persona ha realizado un trabajo o actividad.

antiguo, -gua adj. **1** Que existe desde hace mucho tiempo. SIN viejo. ANT nuevo. **2** Que existió o sucedió hace tiempo. **3** Que ha dejado de existir o de tener las características que poseía en el pasado: *vi un reportaje sobre la antigua Unión Soviética.* **4** Que está pasado de moda; que no se usa desde hace tiempo. SIN anticuado, caduco, decadente. ANT moderno. **5** [persona] Que lleva mucho tiempo en un trabajo o actividad. ◆ n. m. pl. **6 antiguos** Personas que han vivido en la Antigüedad.
DER antigualla, antiguamente, antigüedad.

antihéroe n. m. Personaje de una obra de ficción que desempeña el mismo papel protagonista que el héroe tradicional, pero que carece de sus características de perfección por tener las virtudes y defectos de una persona normal: *personajes como el Lazarillo o Sancho Panza son antihéroes.*

antihistamínico, -ca adj. **1** MED Que combate los efectos de la histamina: *efecto antihistamínico; propiedades antihistamínicas.* ◆ adj./ n. m. **2** MED [sustancia, medicamento] Que bloquea o contrarresta los efectos de la histamina.

antiinflamatorio, -ria adj./ n. m. [medicamento] Que disminuye o elimina una inflamación en una parte del cuerpo: *en los botiquines de los deportistas siempre hay pomadas antiinflamatorias.*

antílope n. m. Cualquiera de los animales de la subfamilia de los antilopinos, como la gacela, el impala o el ñu, o de algunas otras familias o subfamilias similares de mamíferos rumiantes.

antipatía n. f. Sentimiento de rechazo o disgusto hacia una persona o cosa: *le tengo antipatía a los aviones.* SIN manía, ojeriza. ANT simpatía.
DER antipático.

antipático, -ca adj. [persona, cosa] Que causa un sentimiento de antipatía en otra u otras personas. ANT simpático.

antipatriota adj./ n. com. Persona que no defiende su patria o actúa en contra de ella. ANT patriota.

antipirético, -ca adj./ n. m. MED. [sustancia, medicamento] Que sirve para reducir la fiebre.

antípoda adj./ amb. **1** [lugar de la Tierra] Que está situado diametralmente opuesto a otro: *Nueva Zelanda es el país antípoda de España.* ◆ adj./ n. m. **2** [persona] Que habita en un lugar de la superficie de la Tierra diametralmente opuesto a otro.
▶ en las antípodas En una posición totalmente contraria u opuesta: *la forma de pensar del líder derechista está en las antípodas de la de su adversario de izquierdas.*

antiquísimo, -ma adj. Superlativo de *antiguo*.

antirreglamentario, -ria adj. Que es contrario a lo que dice el reglamento de un juego, un deporte o un concurso: *un balón de fútbol de más de 71 cm de circunferencia es antirreglamentario.*

antirrepublicano, -na adj. Que es contrario a la forma de estado republicana.

antisemitismo n. m. Actitud de rechazo hacia las personas de nacionalidad, ascendencia o religión judía.

antiséptico, -ca adj. **1** Que destruye los gérmenes: *método antiséptico.* ◆ adj./ n. m. **2** [sustancia, medicamento] Que se emplea para destruir los gérmenes que infectan un organismo vivo o para evitar su existencia.

antisistema adj. [persona, idea] Que es contrario al sistema político, social y económico establecido: *jóvenes antisistema.*
OBS El plural es *antisistema*.

antisocial adj. **1** Que es contrario a la sociedad o perjudicial para ella: *el único resultado penoso de acciones antisociales es la pérdida de la estima de los otros.* ◆ adj./ n. com. **2** [persona] Que es contrario al orden o a la convivencia social establecida. ◆ adj. **3** Que tiene las características que se consideran propias de estas personas: *conducta antisocial.*

antítesis n. f. **1** Oposición completa y absoluta: *el reguetón es la antítesis de la música clásica.* **2** Unión de dos palabras o frases de significado aparentemente contrario para construir una imagen o idea de especial fuerza expresiva: *en la expresión «el frío desierto de la soledad» hay una antítesis.*
DER antitético.

antitetánico, -ca adj./ n. f. [sustancia, vacuna] Que evita o combate los efectos del tétanos, enfermedad grave producida por la infección de algunas heridas: *si una herida se ha producido por una caída en un lugar por el que suelen transitar animales, es recomendable la inyección antitetánica.*

antivirus adj./ n. m. **1** MED. [sustancia, medicamento] Que sirve para evitar o combatir los efectos de una infección provocada por un virus. **2** INFORM. Programa que detecta la presencia de un virus informático en un ordenador o en otro dispositivo.

antojarse v. prnl. **1** Desear de manera intensa e inesperada una cosa sin causa razonable justificada. **2** Considerar una cosa como posible o probable: *se me antoja complicado resolver el problema del almacenamiento de residuos nucleares.*
DER antojadizo, antojo.

antojo n. m. **1** Deseo intenso, imprevisto y pasajero de una cosa. SIN capricho. **2** Mancha de color oscuro en la piel de una persona.

antología n. f. Selección de fragmentos de obras literarias, musicales, científicas o bien fruto de otra actividad: *una antología de textos filosóficos.*
▶ de antología Extraordinario, de excelente calidad, digno de ser resaltado: *un gol de antología; una faena de antología.*
DER antológico.

antonimia n. f. GRAM. Oposición entre los

a b c d e f g h i j k l m n ñ o p q r s t u v w x y z

significados de dos palabras: *las palabras «útil» e «inútil» tienen una relación de antonimia.* ANT sinonimia.
DER antónimo.

antónimo, -ma adj./ n. m. GRAM. [palabra] Que tiene un significado opuesto al de otra palabra: *«bueno» es la palabra antónima de «malo».* ANT sinónimo.

antonomasia n. f. Uso de un nombre común o un apelativo para hacer referencia a una persona o cosa que tiene un nombre propio; o de un nombre propio para hacer referencia a las características particulares de una persona o cosa: *la antonomasia aparece al decir* la Voz *por Frank Sinatra, o al referirse a un hombre celoso como* un Otelo.
▶ por antonomasia Expresión con la que se indica que un nombre apelativo conviene a una persona o cosa por ser, entre las de su clase, la más característica: *el caballero andante por antonomasia es* don Quijote.

antorcha n. f. **1** Palo de madera con material inflamable en un extremo, al que se prende fuego para dar luz. SIN tea. **2** Instrumento de forma alargada que puede mantener una llama encendida en uno de sus extremos y que se utiliza para transportar el fuego de un lugar a otro en algunas ceremonias deportivas o conmemorativas: *una antorcha olímpica.*

antracita n. f. Carbón mineral de color negro que arde con dificultad y tiene gran poder calorífico.

antro n. m. Local frecuentado por delincuentes y personas de mala reputación: *la policía desalojó un antro de prostitución y droga.*

antropo-, -ántropo, -ántropa Elemento prefijal y sufijal que entra en la formación de palabras con el significado de 'hombre, ser humano': *antropología, pitecántropo.*

antropocéntrico, -ca adj. Del antropocentrismo o que tiene relación con él: *el pensamiento antropocéntrico del Renacimiento.*

antropocentrismo n. m. Concepción filosófica que considera al hombre como centro de todas las cosas y el fin absoluto de la creación.

antropófago, -ga adj./ n. m. y f. [persona] Que practica la antropofagia. SIN caníbal.

antropoide adj./ n. com. [animal] Que tiene un aspecto físico parecido al del hombre: *los simios son animales antropoides.* SIN antropomorfo.

antropología n. f. Ciencia que estudia la especie humana en cuanto a su evolución biológica y su comportamiento social y cultural.
DER antropológico, antropólogo.

antropomórfico, -ca adj. **1** Del antropomorfismo o que está relacionado con él. **2** [cosa, vegetal] Que tiene un aspecto físico parecido al del hombre: *un cactus con apariencia antropomórfica.*

antropomorfo, -fa adj. Que tiene aspecto físico parecido al del hombre: *el sarcófago antropomorfo de un faraón egipcio.* SIN antropoide.

antropónimo n. m. Nombre propio de persona.

anual adj. **1** [fenómeno, acontecimiento, situación] Que se repite cada año: *el festival de Eurovisión es anual.* **2** Que dura un año.
DER anualidad, anuario; bianual.

anuario n. m. Libro o publicación que se edita anualmente con todos los datos de lo ocurrido durante un año, dedicado a la información general o a una materia o actividad específica.

anudar v. tr./ prnl. **1** Hacer uno o más nudos en una cuerda, cinta, pieza de tela u otro material. **2** Unir con uno o más nudos los extremos de una o varias cuerdas, cintas, piezas de tela u otro material.
DER desanudar, reanudar.

anular v. tr. **1** Dejar sin efecto o valor una cosa, especialmente una obligación legal y el documento donde consta: *anular un artículo de una ley.* **2** Suspender, decidir no hacer lo que se tenía previsto o programado: *anular una boda; anular un viaje.* SIN cancelar. **3** Impedir que una persona lleve a cabo con normalidad un trabajo o actividad: *el defensa anuló al delantero con su marcaje.* ◆ adj./ n. m. **4** [dedo] Que es el cuarto de la mano o el pie: *el dedo anular está entre el dedo corazón y el meñique.* ◆ adj. **5** Que tiene forma circular o de anillo.
DER anulación.

anunciación n. f. Comunicación mediante la cual se da a conocer una noticia o información a una o más personas. SIN anuncio.

anunciar v. tr. **1** Comunicar a una o más personas una noticia o información. **2** Hacer publicidad de un producto o servicio para convencer al público de que lo compre o lo use: *anunciar un modelo de automóvil.* **3** Adelantar lo que va a suceder en el futuro a partir de algunos indicios, datos o informaciones. SIN predecir.

OBS En su conjugación, la *i* no se acentúa, como en *cambiar*.

DER anunciación, anunciante, anuncio.

anuncio n. m. **1** Comunicación mediante la cual se da a conocer una noticia o información a una o más personas. SIN anunciación. **2** Mensaje con el que se hace publicidad de un producto o servicio para convencer al público de que lo compre o lo use: *un anuncio de coches.*

anverso n. m. Cara o lado anterior y principal de una superficie, especialmente de una moneda, de una medalla o de una hoja de papel. SIN cara, haz. ANT cruz, envés, reverso.

anzuelo n. m. Objeto curvo de metal y con punta muy afilada, sujeto al extremo de un hilo, en el que se coloca el cebo para pescar.
▶ picar (o tragar) el anzuelo Caer en un engaño o trampa.

añadido n. m. Parte que se añade a un conjunto de elementos o a un todo. SIN añadidura.

añadidura n. f. Añadido.
▶ por añadidura Con la unión o suma de otra cosa: *perdieron el partido y, por añadidura, dos jugadores resultaron lesionados.* SIN además.

añadir v. tr. **1** Sumar o unir una parte a un conjunto de elementos o a un todo: *añade sal a un guiso.* SIN agregar, incorporar. **2** Completar por medio de palabras habladas o escritas el contenido de lo que ya se ha dicho o escrito: *se despidió de todos y, antes de salir, añadió: «Mucha suerte a todos».* SIN agregar.

DER añadido, añadidura.

añil adj. **1** De color azul oscuro. ◆ adj./ n. m. **2** [color] Que es azul oscuro.

año n. m. **1** Tiempo que emplea la Tierra en dar una vuelta alrededor del Sol. **2** Período que está compuesto por 365 días; especialmente, el que comienza el día 1 de enero y finaliza el 31 de diciembre: *en el año 1992 se conmemoró el quinto centenario del descubrimiento de América.* **3** Período que dura poco menos de 365 días, a lo largo del cual se desarrolla un trabajo o actividad determinada, que comienza en la fecha fijada por los organismos responsables y finaliza con la llegada de las vacaciones: *año académico o escolar; año judicial.*
▶ a años luz Con un conjunto de diferencias tan grandes que no es posible ni siquiera la comparación: *el nivel del deporte español está a años luz del que tenía hace una década.* año bisiesto Período compuesto por 366 días que comienza el día 1 de enero y finaliza el 31 de diciembre: *en un año bisiesto el mes de febrero tiene 29 días.* año lunar **a.** Tiempo que emplea la Luna en dar una vuelta alrededor del Sol: *en la cultura islámica se utiliza el año lunar para contar el tiempo.* **b.** Período compuesto por 12 meses lunares o 354 días. año luz Medida de longitud empleada en astronomía que equivale aproximadamente a nueve billones de kilómetros: *los años luz se emplean para expresar las distancias entre galaxias.* año sabático Año a lo largo del cual una persona deja su lugar de trabajo, especialmente para dedicarse a la formación o la investigación. año viejo Día 31 de diciembre. entrado en años Que tiene edad avanzada. estar de buen año Presentar una persona un aspecto gordo y saludable.

DER antaño, añejo, añojo.

añoranza n. f. Nostalgia que se siente por una persona o cosa que está lejos o se ha perdido: *la añoranza de aquellos días de la infancia.* SIN nostalgia.

añorar v. tr. Sentir añoranza.

DER añoranza.

aorta n. f. ANAT. Arteria principal del sistema circulatorio de aves y mamíferos que parte del ventrículo izquierdo del corazón.

apabullar v. tr. Confundir o intimidar a una persona con una exhibición de superioridad o fuerza. SIN aplastar, arrollar, desarmar.

apacentar v. tr. Conducir el ganado a terrenos con pasto y cuidarlo mientras pace.

OBS En su conjugación, la *e* se convierte en *ie* en sílaba acentuada, como en *acertar*.

apache adj. **1** De una tribu india que habitó en un territorio americano que actualmente comprende zonas de Tejas, Nuevo México y Arizona, o que tiene relación con ella. ◆ com. **2** Persona que pertenece a esta tribu.

apacible adj. **1** [lugar] Que no presenta agitación, movimiento o ruido: *cenamos en un apacible restaurante del barrio antiguo.* SIN sereno, tranquilo. ANT bullicioso. **2** [condiciones atmosféricas] Que son tranquilas y agradables. SIN sereno, tranquilo. SIN Desapacible **3** [persona] Que es amable y considerado en el trato. SIN agradable.

OBS El superlativo es *apacibilísimo*.

apaciguar v. tr. **1** Establecer la paz o la tranquilidad donde había un enfrentamiento: *el*

a b c d e f g h i j k l m n ñ o p q r s t u v w x y z

profesor apaciguó a los dos grupos de estudiantes que habían discutido. **SIN** pacificar. ◆ v. tr./ prnl. **2** Contener y calmar el ánimo violento o excitado de una o más personas. **SIN** amansar, aplacar.
OBS En su conjugación, la *u* no se acentúa y la *gu* se convierte en *gü* delante de *e*, como en *averiguar*.
DER apaciguamiento.

apadrinar v. tr. **1** Actuar como padrino de una persona en una ceremonia religiosa en la que recibe un sacramento, en una competición o en un acto en que recibe un honor: *apadrinó a su sobrina en su bautizo.* **2** Ayudar a que tenga éxito o triunfe una persona que comienza a trabajar: *el veterano director apadrinó al joven realizador en su primera película.*

apagado, -da adj. **1** [color, luz, sonido] Que es de poca intensidad: *vestía una camisa de color rojo apagado.* **2** [persona] Que ha perdido energía y vitalidad: *ayer estabas muy contenta y hoy, en cambio, te noto apagada.*

apagar v. tr./ prnl. **1** Hacer que deje de arder un fuego o un cuerpo en combustión: *apagar el incendio; apagar un cigarrillo.* **SIN** extinguir, sofocar. **2** Hacer que un sistema eléctrico deje de tener contacto con una fuente de energía e interrumpa su funcionamiento: *apagar la luz; apagar una radio.* **SIN** desconectar. **ANT** conectar. **3** Hacer más suave o más débil un sentimiento, extinguirlo o restarle importancia. **4** Hacer que un color, una luz o un sonido pierda intensidad: *el fotógrafo usó este filtro para apagar el brillo del sol.*
▶ **apaga y vámonos** Frase con la que se indica la imposibilidad de continuar una actividad o proceso ante lo que se considera absurdo, disparatado o escandaloso: *si vas a esperar a que te toque la bonoloto para venir con nosotros de viaje, apaga y vámonos.*
OBS En su conjugación, la *g* se convierte en *gu* delante de *e*.
DER apagado, apagón.

apagón n. m. Interrupción brusca e inesperada del suministro de energía eléctrica en una casa, un edificio o una población.

apaisado, -da adj. Que es más ancho que alto colocado en su posición normal de uso: *las tarjetas de visita suelen estar impresas en cartulinas apaisadas.*

apalabrar v. tr. Comprometer o acordar de palabra [dos o más personas] la compra, venta o arrendamiento de una cosa o el trabajo de alguien: *los vecinos apalabraron la compra de la casa en solo una hora.*

apalancar v. tr./ intr. **1** Levantar o mover una cosa utilizando una palanca: *los ladrones apalancaron la puerta de la casa y robaron en su interior.* **2** **apalancarse** ◆ v. prnl. Acomodarse en un lugar o en una situación y quedarse en él sin realizar mayores esfuerzos: *no te apalanques en el sofá.*
OBS En su conjugación, la *c* se convierte en *qu* delante de *e*.

apalear v. tr. Dar golpes con un palo o con otro objeto contundente.
DER apaleamiento.

apañar v. tr. **1** Limpiar y poner en orden o en las condiciones adecuadas. **SIN** arreglar. ◆ v. tr./ prnl. **2** Resolver una situación difícil o problemática con habilidad y eficacia: *si te descubren, te apañas como puedas, ¡yo no quiero saber nada!* **SIN** arreglar. **3** Hacer que una cosa estropeada deje de estarlo y vuelva a funcionar o a ser útil, especialmente si es de manera improvisada y para salir del paso: *un vecino me apañó la tele y ahora se ve estupendamente.* **SIN** arreglar, reparar. ◆ v. prnl. **4** **apañarse** Tener habilidad o maña para hacer una cosa: *el canguro se apaña muy bien con los niños cuando estoy trabajando.*
▶ **apañárselas** Componérselas, hallar el modo de salir de un atasco o resolver una situación con las propias fuerzas.
DER apañado, apaño.

apaño n. m. Arreglo provisional que se hace de una cosa rota o estropeada, en espera de conseguir los medios para hacerlo adecuadamente: *le hice un apaño al radiador del auto para poder llegar al mecánico.* **SIN** reparación.

aparador n. m. **1** Mueble ancho de mediana altura y con cajones que se coloca en el comedor, donde se guardan los cubiertos, la cristalería y todo lo necesario para el servicio de la mesa. **2** Escaparate.

aparato n. m. **1** Conjunto de piezas y elementos que, montados adecuadamente, desarrollan un trabajo o función práctica: *un secador de pelo, un ventilador o un televisor son aparatos.* **SIN** dispositivo, mecanismo. **2** Instrumento necesario para desarrollar una actividad específica. **3** Conjunto de órganos de los animales y de las plantas que desempeñan una misma función: *el aparato respiratorio; el aparato digestivo.* **4** Conjunto de personas que deciden la política de un partido o del gobierno: *el aparato del partido respalda a su actual secretario general.* **5** Vehículo aéreo; especialmente, avión. **SIN** aeronave, aeroplano, nave. **6** Teléfono: *si pregunta alguien por mí, di que no me puedo poner al aparato.*

▶ aparato eléctrico Conjunto de relámpagos y truenos que acompañan a una tormenta.

DER aparatoso.

aparatoso, -sa adj. **1** Hecho que resulta espectacular y desmedido, en especial un accidente: *un aparatoso choque de trenes.* **2** Objeto exagerado, ostentoso o estrafalario. **3** Que muestra un gran lujo y riqueza: *la princesa asiática asistió a la fiesta con una aparatosa diadema de oro y brillantes.*

aparcamiento n. m. **1** Colocación de un vehículo en un lugar temporalmente. **SIN** estacionamiento. **2** Lugar en la vía pública o zona señalizada del interior de un edificio donde se puede dejar el vehículo. **SIN** estacionamiento, *parking.* **3** Edificio o parte de un edificio donde hay zonas señalizadas para que los conductores dejen los vehículos. **SIN** *parking.*

aparcar v. tr. **1** Colocar un vehículo en un lugar de la vía pública o en una zona señalizada del interior de un edificio: *aparcó en la zona azul porque tenía mucha prisa.* **SIN** estacionar. **2** Detener la actividad o el trabajo sobre un asunto con la intención de retomarlo más adelante.

OBS En su conjugación, la *c* se convierte en *qu* delante de *e.*

DER aparcamiento.

aparear v. tr./ prnl. Unir sexualmente el animal macho con la hembra con vistas a su reproducción. **SIN** copular, cubrir, montar.

DER apareamiento.

aparecer v. intr./ prnl. **1** Mostrarse o dejarse ver, generalmente de manera inesperada: *mi madre gritó cuando apareció un ratón en la cocina.* **ANT** desaparecer. ◆ v. intr. **2** Encontrarse lo que estaba perdido o extraviado.

OBS En su conjugación, la *c* se convierte en *zc* delante de *a* y *o*, como en *agradecer.*

DER aparecido, aparición; desaparecer, reaparecer.

aparecido, -da n. m. y f. Fantasma, imagen de una persona muerta que, según dicen algunos, se muestra visible a los ojos de una o más personas. **SIN** aparición, fantasma.

aparejado, -da adj. Que es una consecuecia o efecto inherente a una cosa.

aparejar v. tr./ prnl. **1** Hacer los preparativos oportunos y disponer los elementos necesarios para desarrollar un trabajo o una actividad. ◆ v. tr. **2** Poner la silla o la albarda y el resto de arreos a un animal, especialmente a una caballería, para montarlo, cargarlo o trabajar con él. **3** MAR. Dotar a un barco del aparejo necesario para la navegación: *Colón aparejó las naves en el puerto de Palos.*

DER aparejado, aparejador.

aparejo n. m. **1** Conjunto de instrumentos, herramientas y objetos necesarios para realizar un trabajo o una acción: *preparó el aparejo de pesca y se marchó.* **SIN** instrumental. **NOTA** Se usa también en plural con el mismo significado. **2** Disposición de los elementos necesarios para desarrollar un trabajo o una actividad. **3** Conjunto de arreos y elementos que se sujetan al cuerpo de un animal, especialmente a una caballería, para montarlo, cargarlo o trabajar con él. **4** MAR. Conjunto de palos, velas, cabos y otros elementos necesarios para que un barco navegue. **5** ARQ. Forma o modo en que quedan colocados los materiales en una construcción, especialmente los ladrillos y sillares.

DER aparejar.

aparentar v. tr. **1** Dar a entender que se posee lo que realmente no se tiene: *sentir ira y aparentar indiferencia.* **2** Tener una persona el aspecto de una edad que generalmente no se corresponde con la real: *no llega a los treinta años, pero aparenta cincuenta.*

DER apariencia.

aparente adj. **1** Que parece algo que no es: *aunque estaba muy nervioso, contestó a la policía con aparente calma.* **2** Que parece cierto a juzgar por lo que se muestra a la vista: *el funambulista andaba por el cable con aparente seguridad.* **3** Que tiene buen aspecto.

DER aparentar.

aparición n. f. **1** Presencia de una persona o cosa en un lugar donde puede ser vista: *el malogrado actor hizo su última aparición en una serie televisiva recientemente emitida.* **2** Descubrimiento de lo que estaba oculto o en un lugar desconocido. **3** Visión de un ser sobrenatural por parte de una o más personas: *la aparición de la Virgen en Fátima.* **4** Fantasma, imagen de una persona muerta que, según dicen algunos, se muestra visible a los ojos de una o más personas. **SIN** aparecido.

apariencia n. f. **1** Manera de aparecer o

presentarse a la vista o al entendimiento una persona o cosa: *sale con un chico de buena apariencia.* SIN aspecto. **2** Característica o conjunto de características que parece poseer una persona o cosa y que realmente no tiene: *algunos juguetes de apariencia inofensiva pueden ser peligrosos.*

apartado, -da adj. **1** Que está lejos en el espacio con referencia a un punto determinado: *vive en un pueblecito muy apartado de las Alpujarras.* SIN distante, lejano. ◆ n. m. **2** Parte de un texto escrito que trata sobre un tema. SIN párrafo. **3** Parte de un documento legal u oficial que forma con otras iguales una serie numerada y ordenada.
▶ apartado de Correos **a.** Caja o sección de una oficina de Correos con un número donde se depositan las cartas y paquetes enviados a un destinatario en espera de que sean recogidos por él. **b.** Número asignado a esta caja o sección.

apartamento n. m. Vivienda más pequeña que el piso, generalmente con una o dos habitaciones, cocina y servicio, situada en un edificio en el que suele haber más viviendas del mismo tipo.

apartamiento n. m. Separación de una persona o cosa del lugar, estado o cargo que ocupa.

apartar v. tr./ prnl. **1** Separar o poner a una persona o cosa en un lugar distinto y alejado del que ocupa: *la tempestad apartó al yate de su rumbo.* SIN retirar. ANT acercar, aproximar. **2** Quitar de un lugar para dejarlo libre: *aparta un poco el pan y los vasos que voy a poner la paella en la mesa.* **3** Llevar a un lugar para no ser visto u oído por otras personas: *apartó a su padre de la fiesta por un instante y le anunció que iba a casarse.* **4** Partir o separar en partes o grupos; establecer separaciones: *la policía apartó a niños y mujeres del grupo de inmigrantes detenidos.* SIN dividir. **5** Hacer abandonar a una persona una actividad, estado o cargo: *una grave lesión de rodilla apartó al torero de las plazas durante varios meses.*
DER apartado, apartamento, apartamiento.

aparte adv. **1** En un lugar distinto: *cuando vino del mercado, puso el pescado aparte.* **2** En un lugar apropiado para no ser visto u oído por otras personas. ◆ adj. **3** Que es distinto de otro; que no es igual: *la calidad de la jugadora brasileña es un caso aparte.* SIN diferente. ◆ n. m. **4** Fragmento de una obra de teatro que un personaje dice hablando para sí o con otro u otros y suponiendo que no lo oyen los demás: *en los apartes el espectador es informado sobre lo que el personaje piensa o siente.* **5** Interrupción de una reunión que se aprovecha para otra cosa: *en un aparte de la reunión telefoneó a su esposa.*
▶ aparte de Además de, prescindiendo de: *aparte de mis padres, somos ocho a comer.*
DER apartar.

apartheid n. m. Conjunto de leyes y disposiciones oficiales que discriminaban a las personas de una raza distinta de la blanca en la República de Sudáfrica.
OBS Es de origen afrikáans y se pronuncia aproximadamente «aparjeid».

apartotel n. m. Establecimiento hostelero que ofrece alojamiento en apartamentos con los mismos servicios que un hotel.

apasionado, -da adj. **1** [persona] Que suele dejarse guiar por las pasiones en su manera de pensar o de actuar. **2** [persona] Que siente una pasión especialmente intensa por algo o alguien: *es una apasionada de los deportes de invierno.*

apasionamiento n. m. **1** Excitación, vehemencia y pasión con que se defienden ideas y opiniones. **2** Pasión intensa por algo o alguien.

apasionante adj. Que presenta un interés muy elevado: *la apasionante final del mundial de Argentina.*

apasionar v. tr./ prnl. **1** Provocar sentimientos de pasión: *la ópera suele apasionar o aburrir, pero no provoca indiferencia.* ◆ v. prnl. **2** apasionarse Sentir una gran pasión por una persona o cosa: *apasionarse por la informática.*

apatía n. f. Manifestación de desinterés, indiferencia o falta de entusiasmo por lo que se hace.
DER apático.

apátrida adj./ n. com. [persona] Que no tiene nacionalidad legal.

apdo. Abreviatura de *apartado* 'servicio de la oficina de correos': *apdo. de correos 18120.*

apeadero n. m. Estación de tren de poca importancia o parada de autobús destinada únicamente a recoger y dejar viajeros.

apear v. tr./ prnl. **1** Bajar de un vehículo o del animal en el que se va montado. **2** Conseguir que una persona cambie su manera de actuar, pensar o sentir: *varios amigos lo apea-*

ron de la idea de marcharse de casa. **SIN** disuadir. ◆ v. tr. **3** Eliminar a una persona o equipo de una competición deportiva: *Inglaterra apeó a España de la Eurocopa del 96.*
DER apeadero.

apechugar v. intr. Cargar con una responsabilidad o con las consecuencias desagradables de una acción: *si has decidido trabajar en verano, debes apechugar y levantarte temprano.*
OBS En su conjugación, la *g* se convierte en *gu* delante de *e*.

apedrear v. tr. Lanzar o tirar piedras: *apedrear una ventana.*

apego n. m. Sentimiento de afecto, cariño o estimación que se tiene hacia una persona o cosa.

apelar v. tr. **1** DER. Solicitar a un juez o tribunal que anule o enmiende la sentencia dictada por otro de inferior rango por considerarla injusta: *el fiscal y el abogado defensor apelarán al Tribunal Supremo contra la sentencia.* ◆ v. intr. **2** Dirigirse a una o varias personas para conseguir ayuda y solucionar un asunto: *las autoridades apelan a la responsabilidad de los conductores.*
DER apelación, apelativo; inapelable, interpelar.

apelativo, -va adj./ n. m. **1** [nombre] Que se aplica a todos los seres que tienen las mismas características: *la palabra «bicicleta» es un nombre apelativo.* **SIN** nombre común. **2** GRAM. [palabra, acto de comunicación] Que sirve para llamar la atención del oyente o para dirigirse a él: *los nombres propios cumplen una función apelativa.* **SIN** vocativo. ◆ n. m. **3** GRAM. Palabra o acto de comunicación que sirve para calificar a una persona o cosa. **4** Nombre que los demás suelen añadir al nombre propio de una persona para expresar una de sus características particulares: el Sabio, la Loca y el Hermoso *son apelativos de los reyes Alfonso X, Juana y Felipe.* **SIN** sobrenombre.

apellidar v. tr./ prnl. **1** Dar un apelativo calificativo a una persona o cosa: *el rey de Castilla Pedro I fue apellidado* el Cruel. ◆ v. prnl. **2** **apellidarse** Tener un apellido determinado.

apellido n. m. Nombre que sigue al propio de una persona y que se transmite de padres a hijos, siendo el mismo para los miembros de una misma familia.

apelmazar v. tr./ prnl. Ponerse compacta y dura una cosa que debiera ser más esponjosa y blanda: *apelmazarse la tierra por la sequía.*
ANT ahuecar.
OBS En su conjugación, la *z* se convierte en *c* delante de *e*.

apelotonar v. tr./ prnl. **1** Poner unas cosas sobre otras de manera desordenada o descuidada: *los albañiles apelotonaron los muebles en el garaje.* **SIN** amontonar. ◆ v. prnl. **2** **apelotonarse** Reunirse en un lugar un conjunto numeroso de personas o animales de manera desordenada.

apenar v. tr./ prnl. Causar pena o tristeza: *su muerte los apenó.* **SIN** entristecer.

apenas adv. **1** Con dificultad y casi sin llegar a conseguirlo: *mi viejo coche apenas pasa de sesenta por hora.* **2** Escasamente, solo: *el robo fue perpetrado por profesionales que desvalijaron la casa en apenas unos minutos.* ◆ conj. **3** Indica un tiempo o un momento cercano a un hecho: *apenas se dio la salida, se adelantó el piloto alemán.* **SIN** recién.

apéndice n. m. **1** Parte que se añade a un conjunto de elementos o a un todo y del que depende: *el apéndice gramatical de un diccionario.* **2** ZOOL. Parte del cuerpo de un animal que sobresale de su tronco, excepción hecha de las extremidades: *la nariz y las orejas son apéndices anatómicos del hombre.* **3** ANAT. Prolongación delgada y hueca del ciego situada al principio del intestino grueso.
DER apendicitis.

apendicitis n. f. Inflamación del apéndice intestinal.
OBS El plural también es *apendicitis*.

aperitivo n. m. Bebida o alimento que se toma antes del almuerzo o la cena.

apertura n. f. **1** Operación de abrir lo que está cerrado o no tiene comunicación con el exterior: *la apertura de una botella.* **2** Momento en que da comienzo el desarrollo de un acto o de la actividad en una corporación o en un lugar: *la apertura del curso académico marca el inicio de las clases.* **3** Ceremonia formal en la que se celebra este hecho: *en la apertura de los Juegos Olímpicos estuvieron presentes diversos mandatarios internacionales.* **SIN** inauguración. **4** Conjunto de los primeros movimientos predeterminados con los que un jugador de ajedrez comienza a poner en juego sus piezas.
DER reapertura.

aperturista adj. **1** Del aperturismo o relacionado con él: *política aperturista; talante aperturista.* ◆ adj./ n. com. **2** [persona] Que es partidario del aperturismo.

a b c d e f g h i j k l m n ñ o p q r s t u v w x y z

apestar v. intr. **1** Despedir mal olor: *los servicios de la gasolinera apestaban.* **2** Ser una cosa ilegal o inmoral. ◆ v. tr./ prnl. **3** Causar o contagiar la enfermedad de la peste.
DER apestoso.

apetecer v. tr. **1** Sentir el deseo de poseer o hacer una cosa que satisface los sentidos: *me apetece comer un helado.* ◆ v. intr. **2** Gustar o sentir agrado por una cosa: *muchos días le apetecía pasear sola por la playa.*
OBS En su conjugación, la *c* se convierte en *zc* delante de *a* y *o*, como en *agradecer.*
DER apetecible, apetencia, apetito.

apetecible adj. **1** [cosa] Que apetece mucho a alguien: *en el carrito de los postres hay pasteles muy apetecibles.* **2** [persona] Que despierta el deseo sexual. SIN deseable.

apetencia n. f. Tendencia natural a desear una cosa. SIN apetito.
DER inapetencia.

apetito n. m. **1** Ganas de comer. SIN hambre. ANT desgana, inapetencia. **2** Apetencia, tendencia a desear una cosa. SIN deseo.
DER apetitoso.

apetitoso, -sa adj. **1** Que produce ganas de comer. **2** Que tiene un sabor intenso y agradable: *me resulta más apetitosa la carne de ternera que la de cerdo.* SIN sabroso.

apiadarse v. prnl. Sentir pena y dolor por la desgracia o sufrimiento que padece una persona: *el guerrillero se apiadó del huérfano y lo tomó bajo su tutela.* SIN compadecer.

ápice n. m. **1** Punta o extremo de una cosa; especialmente, de la lengua: *probó la comida con el ápice de la lengua.* **2** Parte muy pequeña e insignificante de una cosa: *no tiene ni un ápice de sentido común.*
DER apical.

apicultura n. f. Técnica de criar abejas para aprovechar su miel y su cera.
DER apícola, apicultor.

apilar v. tr. Poner unas cosas sobre otras de manera que formen una pila: *en la trastienda de la mercería se apilaban cajas y restos de maniquíes.* SIN amontonar.
DER apilamiento.

apiñado, -da adj. Que está muy apretado, junto con otros de su especie, en un espacio que resulta excesivamente pequeño: *varias familias vivían apiñadas en una vivienda insolubre.*

apiñar v. tr. **1** Poner muy apretadamente a personas o cosas ya agrupadas: *apiñad los paquetes para que quepa un mayor número en menor espacio; las casitas aisladas empiezan a apiñarse en la zona próxima a la carretera.* ◆ v. prnl. **2 apiñarse** Reunirse en un lugar [un conjunto muy numeroso de personas o animales] de manera desordenada: *por esta carretera pasan los días de fiesta muchos autocares repletos de excursionistas que se apiñan en las ventanillas para observar el paisaje.* SIN amontonarse, aglomerarse, apelotonarse.

apio n. m. Hortaliza de tallo grueso, hojas largas y flores muy pequeñas: *las hojas y el tallo del apio se usan como condimento y se comen en ensalada.*

apirético, -ca adj. **1** MED. Que está relacionado con la ausencia o falta de fiebre: *propiedades apiréticas; efecto apirético.* ◆ adj./ n. m. **2** [sustancia, medicamento] Que quita la fiebre.

apisonadora n. f. Vehículo automóvil de gran tamaño que se desplaza sobre cilindros muy pesados y sirve para allanar el suelo.

aplacar v. tr./ prnl. Contener y calmar la violencia o excitación de una persona o cosa: *los representantes del claustro intentaron aplacar las iras de los estudiantes que participaban en la manifestación.* SIN amansar, apaciguar.
OBS En su conjugación, la *c* se convierte en *qu* delante de *e.*

aplanar v. tr. **1** Allanar, quitar las desigualdades de un terreno y dejarlo todo al mismo nivel. ◆ v. prnl. **2 aplanarse** Perder una persona el ánimo o la energía y volverse indolente y apática: *se aplanaron cuando les llegó aquella terrible noticia.*

aplastar v. tr./ prnl. **1** Reducir el grosor de un cuerpo usando de la fuerza hasta provocar la pérdida de su forma original. ◆ v. tr. **2** Apabullar a una persona hasta dejarla sin respuesta: *el fiscal aplastó al testigo con su interrogatorio.* SIN arrollar, desarmar. **3** Vencer de manera completa y absoluta al adversario. SIN arrollar.
DER aplastamiento, aplastante.

aplaudir v. tr./ intr. **1** Golpear repetidamente una contra otra las palmas de las manos, generalmente para expresar alegría o aprobación. ◆ v. tr. **2** Demostrar aprobación mediante palabras o gestos: *los representantes políticos aplaudieron la decisión de la alcaldesa de celebrar un pleno extraordinario.*
DER aplauso.

aplauso n. m. **1** Muestra de alegría o aprobación que consiste en golpear repetidamente una contra otra las palmas de las manos. **2** Sonido que produce este palmoteo. **3** Demostración de aprobación mediante palabras o gestos.

aplazar v. tr. Retrasar o suspender la ejecución de una cosa. SIN diferir, retardar, retrasar. ANT anticipar, adelantar.
OBS En su conjugación, la *z* se convierte en *c* delante de *e*.
DER aplazamiento; inaplazable.

aplicable adj. **1** Que se puede aplicar o poner en práctica: *este método no es aplicable en ese caso.* **2** Que sirve para una o varias personas o cosas y las afecta del mismo modo: *lo que acabo de decir de ellas es aplicable a todos.*

aplicación n. f. **1** Colocación de una cosa sobre otra o en contacto con otra. **2** Empleo o uso de una cosa para conseguir el efecto deseado: *el rayo láser tiene múltiples aplicaciones en el campo de la medicina, la ciencia y la técnica.* **3** Empleo de un concepto general en un caso particular: *a los jueces les corresponde la aplicación de la ley.* **4** Esfuerzo y atención al desarrollar una actividad o trabajo: *el muchacho estudiaba con aplicación.* **5** Adorno aplicado a un objeto hecho con un material distinto: *una mesa con aplicaciones de nácar y marfil.* SIN aplique. **6** INFORM. Programa informático que realiza una función determinada. **7** MAT. Operación por la que se hace corresponder a todo elemento de un conjunto un solo elemento de otro conjunto.

aplicado, -da adj. **1** [persona] Que desarrolla una actividad o trabajo con esfuerzo y atención. **2** [ciencia, rama del conocimiento, disciplina] Que se ocupa de la aplicación práctica de ideas y planteamientos teóricos.
DER desaplicado.

aplicar v. tr. **1** Poner una cosa sobre otra o en contacto con otra: *aplicó la pomada sobre la picadura y notó rápidamente alivio.* **2** Hacer uso de una cosa o ponerla en práctica para conseguir un fin determinado. **3** Emplear un concepto general en un caso particular: *aplicó todo su poder de convicción para disuadir al trabajador de que dejara el puesto.* ◆ v. tr./ prnl. **4** Dedicar esfuerzo y atención en el desarrollo de una actividad o trabajo: *aplicó toda su dedicación al estudio de las lenguas clásicas.*
OBS En su conjugación, *c* se convierte en *qu* delante de *e*.
DER aplicable, aplicación, aplicado, aplique.

aplique n. m. **1** Lámpara que se fija a una pared: *la escalera estaba iluminada con apliques en forma de concha.* **2** Adorno de un objeto hecho con un material distinto: *algunos libros antiguos tienen apliques de hierro en las cantoneras.* SIN aplicación.

aplomo n. m. Actitud serena y segura ante una situación comprometida, una dificultad o un problema.

apocado, -da adj./ n. m. y f. [persona] Que tiene mucha timidez. SIN débil.

apocalipsis n. m. **1** Fin catastrófico o violento: *aquella guerra supuso el apocalipsis de una cultura.* **2** Último de los libros que componen la Biblia y que cuenta cómo acabará el mundo. NOTA Se escribe con mayúscula.
OBS El plural también es *apocalipsis.*
DER apocalíptico.

apocalíptico, -ca adj. Del Apocalipsis o que tiene relación con este libro de la Biblia en el que se describe el fin del mundo: *el jefe de la oposición describió la situación del país en términos apocalípticos.*

apocamiento n. m. Falta de ánimo: *Paca reprocha el apocamiento o cortedad de su vecina: cree que tiene poco ímpetu o brío para quejarse.*

apocar v. tr./ prnl. Hacer que una persona se sienta humillada y se valore en menos de lo debido.
OBS En su conjugación, *c* se convierte en *qu* delante de *e*.
DER apocado.

apocopar v. tr. GRAM. Suprimir uno o más sonidos finales de una palabra para crear una nueva: *la palabra «gran» es resultado de apocopar «grande».*
DER apócope.

apócope n. f. **1** GRAM. Supresión de uno o más sonidos finales de una palabra para crear una nueva: *la palabra «buen» está formada por apócope de «bueno».* **2** Palabra que resulta de esta supresión: *«algún», «ningún», «primer» son apócopes.*

apócrifo, -fa adj. [texto, escrito] Que no es obra de la persona a la que se le atribuye: *poema apócrifo.*

apodar v. tr./ prnl. Poner o recibir un apodo, sobrenombre o mote.
DER apodo.

apoderado, -da adj./ n. m. y f. [persona] Que tiene poder de otra para representarla donde sea preciso: *como ella no pudo, su apoderado firmó el contrato.* SIN delegado, representante.

apoderar v. tr. **1** Dar poder una persona a otra para que la represente donde sea preciso: *muchos toreros jóvenes apoderan a toreros retirados para que los representen.* **SIN** representar. ◆ v. prnl. **2** **apoderarse** Hacerse dueño de una cosa, generalmente por la fuerza o ilegalmente: *los ladrones se apoderaron de todas la piezas valiosas que guardaba la iglesia.* **3** Hacerse alguien o algo dueño de una situación: *el pánico se apoderó del público tras la explosión.*

apodo n. m. Nombre con el que se sustituye el propio de una persona, generalmente tomado de alguna característica particular o familiar: *el apodo de Bruce Springsteen es* el Jefe. **SIN** alias, mote.

apódosis n. f. GRAM. Oración que expresa una acción, un proceso o un estado condicionado por una suposición: *en la frase «si te levantas temprano, iremos a pescar», la oración «iremos a pescar» es la apódosis.*
OBS El plural también es *apódosis.*

apófisis n. f. ANAT. Parte saliente de un hueso por la que se articula otro hueso o en la que se inserta un músculo: *la apófisis del fémur encaja en el isquio, formando la articulación de la cadera.*

apogeo n. m. **1** Momento o situación de mayor intensidad, grandeza o calidad en un proceso. **SIN** clímax, cúspide. **2** ASTR. Punto de la órbita de un cuerpo celeste, un satélite o una nave espacial en el que es mayor su distancia con respecto al centro de la órbita, especialmente si el centro es la Tierra.

apolillar v. tr. **1** Roer o estropear [la polilla] la ropa u otras cosas: *esos bichos apolillaron toda la madera del suelo; la ropa se ha apolillado.* **2** **apolillarse** ◆ v. prnl. Quedarse anticuada y pasada de moda [una persona o cosa]: *la dejadez de su dueño hizo que el cine del barrio se fuera apolillando hasta el día de su cierre definitivo.*

apología n. f. Discurso o texto en el que se alaba, apoya o defiende a una persona o cosa. **SIN** panegírico.
DER apologético.

apólogo n. m. Obra literaria en prosa o verso que cuenta una historia con contenido moral: *el apólogo tiene la finalidad moral de transmitir una enseñanza o un consejo.*

apoltronarse v. prnl. **1** Volverse flojo, perezoso, haragán: *después de aprobar los primeros cursos se apoltronó y cada vez saca peores notas.* **2** Sentarse con comodidad, extendiendo y recostando el cuerpo. **SIN** arrellanarse.

apoquinar v. tr. Pagar, dar dinero, generalmente a disgusto: *no tengo más remedio que apoquinar lo que debo.*

aporrear v. tr. Golpear de manera repetida y violenta, especialmente si es con una porra. **SIN** pegar.
DER aporreo.

aportación n. f. **1** Ayuda, colaboración o participación en el logro de un fin. **2** Entrega o suministro de lo necesario para conseguir un fin: *el hígado es el órgano encargado de la aportación de bilis al aparato digestivo.* **3** Cosa o conjunto de cosas que se entregan o suministran para contribuir al logro de un fin.

aportar v. tr. **1** Ayudar, colaborar o participar en el logro de un fin: *la música aporta en las películas de terror un componente de misterio muy necesario.* **SIN** contribuir.
DER aportación, aporte.

aposentar v. tr. **1** Proporcionar habitación a una o más personas durante un tiempo. **SIN** alojar. ◆ v. prnl. **2** **aposentarse** Hospedarse durante un tiempo en una casa o establecimiento que no es propio.
DER aposento.

aposento n. m. **1** Habitación o cuarto de una casa. **2** Alojamiento, lugar donde se vive de forma temporal: *buscaban aposento donde pasar la noche.* **SIN** albergue.

aposición n. f. Palabra o conjunto de palabras que siguen inmediatamente a un pronombre o a un pronombre y sirven para explicar algo relativo a ellos o para especificar la parte de su significación que debe tenerse en cuenta: *en «el río Duero», «Duero» funciona como aposición a «río».*
DER apositivo.

apósito n. m. Venda, gasa, algodón o cualquier trozo de tela esterilizada que se aplica sobre una herida para protegerla de las infecciones: *los apósitos se pueden impregnar con pomadas que curan la herida.*

apostar v. tr./ prnl. **1** Pactar dos o más personas que el que acierte alguna cosa o gane en algún juego se llevará el dinero u otra cosa que se haya dicho: *te apuesto una cena a que no viene.* **2** Exponer una cantidad de dinero para tomar parte en un juego que consiste en acertar el resultado de algo, de forma que si se acierta, se recibe una cantidad de dinero

mucho mayor. SIN jugar. **3** Poner a una persona en un determinado lugar: *apostaron unos guardias en la puerta.*
OBS En su conjugación, la *o* se convierte en *ue* en sílaba acentuada, como en *contar.*
DER aposta.

apóstol n. m. **1** Cada uno de los doce discípulos de Jesucristo que, según los evangelios, tenían la misión de predicar la fe cristiana. **2** Persona que divulga una doctrina o una idea: *los apóstoles del pacifismo.*
DER apostolado, apostólico.

apostolado n. m. **1** Enseñanza de la doctrina cristiana: *este sacerdote se encarga del apostolado juvenil.* **2** Campaña a favor de una causa o doctrina: *el concejal hace apostolado de la política de su partido.*

apostólico, -ca adj. **1** De los apóstoles o que tiene relación con ellos. **2** Del papa o procedente de su autoridad: *fueron a la plaza de San Pedro para recibir la bendición apostólica.*

apóstrofe amb. **1** LIT. Figura que consiste en interrumpir el discurso para dirigir la palabra a una persona, ya sea real o imaginaria. **2** Palabra que se dice a alguien de manera un poco brusca.
OBS Generalmente se usa como masculino.
DER apostrofar.

apóstrofo n. m. Signo ortográfico (') que se usa para indicar que se ha suprimido una vocal.
OBS En español no se usa.

apotema n. f. Perpendicular trazada desde el centro de un polígono regular a cualquiera de sus lados.

apoteósico, -ca adj. Que tiene caracteres o cualidades de apoteosis: *logró un éxito apoteósico; la ciudad le rindió al presidente un recibimiento apoteósico; el final de la inauguración fue apoteósico.*

apoteosis n. f. Parte final, brillante y muy impresionante, de un acto, espectáculo o competición deportiva: *algunas fiestas acaban con una apoteosis de fuegos artificiales.*
OBS El plural también es *apoteosis.*
DER apoteósico.

apoyar v. tr./ prnl. **1** Colocar a una persona o cosa sobre otra de modo que descanse en ella: *apoyó el codo en la mesa; apóyate en mi brazo.* **2** Basar una opinión en el criterio de otra persona. **3** Tener su base una cosa sobre otra: *su teoría se apoya en la investigación.* SIN basar, fundar. ◆ v. tr. **4** Aprobar o dar por bueno: *el profesor apoyó esa teoría.* **5** Dar ayuda o confianza: *la mayoría del partido apoya al candidato.* SIN favorecer.
DER apoyatura, apoyo.

apoyo n. m. **1** Persona, cosa o parte de ella sobre la que se apoya otra: *utilizaba un bastón como apoyo; sus amigos le sirvieron de apoyo.* **2** Ayuda o confianza. **3** Argumento que sirve de base o fundamento a una teoría, idea o doctrina: *utilizaré los datos que he obtenido en mi investigación como apoyo de mi teoría.*

apreciable adj. **1** Que puede ser notado o apreciado por los sentidos: *una diferencia apreciable.* ANT inapreciable. **2** Considerable, de bastante importancia: *una cantidad apreciable.* **3** Que merece ser apreciado. ANT despreciable.
DER inapreciable.

apreciación n. f. Cálculo o determinación aproximada de un valor: *su apreciación fue errónea y creyó que la pista de aterrizaje era mucho más larga.*

apreciar v. tr. **1** Sentir cariño o afecto por alguien: *las personas apreciamos mucho a nuestros familiares y amigos.* SIN estimar. **2** Valorar a una persona o cosa, reconocer el mérito que tiene: *aprecio lo que has hecho por mí.* **3** Determinar el valor aproximado de una cosa: *no puedo apreciar la diferencia.* SIN estimar.
OBS En su conjugación, la *i* es átona, como en *cambiar.*
DER apreciable, apreciación, apreciativo, aprecio.

aprecio n. m. Cariño o afecto: *siento mucho aprecio por ellos.* SIN estima. ANT desprecio.

apremiante adj. Que necesita una solución rápida: *en primer lugar, hay que cubrir las necesidades sociales más apremiantes.* SIN acuciante, urgente.

apremiar v. tr. **1** Insistir a una persona, especialmente mediante palabras, para que haga algo con rapidez: *me apremian para que firmemos el contrato.* ◆ v. tr./ intr. **2** Forzar u obligar a una persona a que haga algo con rapidez: *las necesidades apremian; se vistió deprisa como si lo apremiara una repentina inquietud.*
OBS Se conjuga como *cambiar.*
DER apremiante, apremio.

aprender v. tr. **1** Llegar a saber una cosa por medio del estudio o la práctica. **2** Grabar una cosa en la memoria: *tómame la lección, que ya me la he aprendido.* SIN memorizar.
DER aprendiz.

aprendiz, -za n. m. y f. Persona, por lo general joven, que aprende algún oficio practicándolo con alguien que ya lo sabe: *aprendiz de fontanero, de mecánico.*
DER aprendizaje.

aprendizaje n. m. **1** Adquisición de los conocimientos necesarios para ejercer una función, en especial un arte o un oficio. **2** Tiempo que se tarda en aprender a hacer una cosa.

aprensión n. f. Sensación de desagrado o temor que se siente contra una persona o cosa.

aprensivo, -va adj. [persona] Que tiene miedo exagerado a contagiarse de alguna enfermedad o imagina que son graves sus más mínimas dolencias.
DER aprensión; desaprensivo.

apresamiento n. m. Captura y detención de una persona.

apresar v. tr. **1** Tomar por la fuerza una embarcación. SIN aprehender, capturar, prender. **2** Detener a una persona y encerrarla en prisión. **3** Coger fuertemente con las garras o con los dientes: *el león apresó a la gacela por el cuello.* SIN agarrar. **4** Sujetar con fuerza, privando de la libertad de movimientos: *no hubo forma de apresar al elefante porque se movía mucho.* SIN aprisionar.
DER apresamiento.

apresuramiento n. m. Aumento de la velocidad con que se hace una cosa.

apresurar v. tr./ prnl. Aumentar la velocidad con que se hace una cosa.
DER apresurado, apresuramiento.

apretado, -da adj. **1** Que es demasiado ajustado o apiñado: *íbamos todos apretados en el coche.* **2** Estrecho o con poco margen: *el resultado de la votación fue muy apretado.* **3** Lleno de obligaciones, actividades o trabajos: *una jornada muy apretada.* **4** Difícil, peligroso o muy arriesgado.

apretar v. tr. **1** Coger una persona o cosa con las manos o los brazos y sujetarla con fuerza: *le apretó la mano.* SIN estrechar. **2** Quedar demasiado ajustada una prenda de vestir: *he engordado un poco: estos pantalones me aprietan.* **3** Hacer fuerza o presión sobre una cosa para que penetre o se ajuste a un espacio: *apretar un tornillo.* **4** Aumentar la tirantez de algo para que haga mayor presión. **5** Reducir un objeto a menor volumen, generalmente por medio de una presión: *aprieta la ropa para poder cerrar la maleta.* SIN comprimir. **6** Tratar con mucho rigor: *este profesor nos apretaba mucho.* ◆ v. intr. **7** Acosar, obligar a uno con amenazas, ruegos o razones: *habrá que apretarle un poco, a ver si cede.* **8** Poner mayor cuidado o interés: *tienes que apretar más si quieres aprobar.* **9** Aumentar la intensidad de algo: *el calor está apretando.* v. tr./ prnl. **10** Juntar mucho. SIN apretujar, estrechar.
OBS En su conjugación, la *e* se convierte en *ie* en sílaba acentuada, como en *acertar*.
DER apretado, apretón, apretujar, apretura, aprieto.

apretón n. m. **1** Presión fuerte y rápida que se ejerce sobre una persona o cosa: *al despedirse, se dieron un apretón de manos.* **2** Falta de espacio causada por la excesiva cantidad de gente que se halla en un lugar: *los apretones del metro.*

apretujar v. tr. **1** Apretar con fuerza o repetidamente: *la niña apretujaba contra sí un oso de peluche.* ◆ v. prnl. **2 apretujarse** Juntarse mucho varias personas en un lugar demasiado estrecho. SIN apretar.
DER apretujón.

aprieto n. m. Asunto o problema de difícil solución. SIN apuro.

aprisa adv. Con rapidez: *¡tenemos que salir aprisa de aquí!* SIN deprisa. ANT despacio.

aprisionar v. tr. Sujetar con fuerza, privando de la libertad de movimientos: *rescataron a los heridos aprisionados bajo los escombros.* SIN apresar.

aprobación n. f. Aceptación de algo que se da por bueno o suficiente: *mis padres han dado su aprobación a que me vaya a estudiar al extranjero.*

aprobado n. m. Calificación o nota que indica que un alumno ha alcanzado el nivel de conocimientos exigido como mínimo. ANT suspenso.

aprobar v. tr. **1** Considerar que algo está bien, darlo por bueno o suficiente: *los jugadores aprueban la decisión del árbitro.* **2** Dar la calificación de aprobado a un alumno. ANT suspender. **3** Obtener la calificación de aprobado. ANT suspender.
OBS En su conjugación, la *o* se convierte en *ue* en sílaba acentuada, como en *contar*.
DER aprobación, aprobado; desaprobar.

apropiado, -da adj. Adecuado para el fin al que se destina: *la ropa de manga corta es apropiada para el verano.*

apropiar v. tr. **1** Adecuar una cosa a otra. ◆

v. prnl. **2** apropiarse Adueñarse de algo que pertenece a otra persona, especialmente si es de forma indebida.

OBS En su conjugación, la *i* es átona, como en *cambiar*.

DER apropiación, apropiado.

aprovechado, -da adj. **1** [cosa] Que está muy bien empleada o usada: *la casa es pequeña, pero está muy bien aprovechada.* **2** [persona] Que es muy diligente, estudiosa o pone interés en lo que hace. ◆ adj./ n. m. y f. **3** [persona] Que saca beneficio de las situaciones favorables, generalmente sin escrúpulos o utilizando a los demás: *eres un aprovechado: solo vas con él al cine para que te pague la entrada.*

aprovechamiento n. m. Obtención de un beneficio o un provecho de alguien o algo: *cuando hay sequía, el aprovechamiento del agua es muy importante.*

aprovechar v. tr. **1** Hacer buen uso de una cosa, sacarle el máximo rendimiento, beneficio o utilidad: *aprovéchate de la ocasión.* ◆ v. intr. **2** Ser útil o a propósito una cosa a alguien, irle bien: *dormir las horas necesarias aprovecha a todo el mundo.* **3** Adelantar en el aprendizaje de una materia. ◆ v. prnl. **4** aprovecharse Servirse de una persona o cosa para sacarle un beneficio, especialmente cuando se hace con astucia, engaño o abuso.

▶ ¡que aproveche! Expresión que indica deseo de que siente bien una comida: *ahí tienes tu plato: ¡que aproveche!* **SIN** buen provecho.

DER aprovechable, aprovechado, aprovechamiento; desaprovechar.

aprovisionamiento n. m. Suministro o entrega de lo que se necesita, especialmente de los víveres o provisiones necesarios.

aprovisionar v. tr./ prnl. Abastecer de víveres o provisiones. **SIN** proveer, suministrar.

DER aprovisionamiento.

aproximación n. f. **1** Colocación en una posición más cercana. **2** Cantidad o cifra cercana al número correcto, pero que no es exacta. **3** Acercamiento a un asunto o problema: *en este tratado se intentará hacer una aproximación a las técnicas de estudio.*

aproximado, -da adj. Que se acerca más o menos a lo exacto: *trató de calcular el precio aproximado.*

aproximar v. tr./ prnl. Acercar, poner a menor distancia. **ANT** apartar, retirar, separar.

DER aproximación, aproximado, aproximativo.

áptero, -ra adj. ZOOL. [animal] Que no tiene alas: *la mayoría de las hormigas son ápteras.*

aptitud n. f. Capacidad para realizar satisfactoriamente una tarea o desempeñar un cargo: *tiene aptitudes para la música.* **SIN** capacidad. **ANT** incapacidad.

apto, -ta adj. Que es adecuado o apropiado para un fin: *es una persona muy apta para trabajar en nuestra empresa.* **SIN** capaz.

DER aptitud; adaptar, inepto.

apuesta n. f. **1** Pacto o acuerdo entre dos o más personas según el cual quien acierte una cosa o gane en un juego se llevará el premio que se haya establecido: *hicieron una apuesta y perdió ella.* **2** Cosa que se apuesta.

apuesto, -ta adj. Que tiene aspecto o figura agradable: *¡qué joven más apuesto!* **SIN** guapo.

apuntador, -ra n. m. y f. En el teatro, persona que, oculta a los espectadores, recuerda su papel a los actores que olvidan lo que tienen que decir.

apuntalar v. tr. **1** Reforzar una cosa con puntales para que no se derrumbe: *apuntalaron la casa en ruinas; (fig) en aquella época, el teatro apuntalaba los valores tradicionales de la burguesía.* **2** Expresar una opinión, generalmente como añadido a lo anteriormente enunciado por alguien: *su marido apuntaló la propuesta inicial.*

apuntar v. tr. **1** Dirigir una arma hacia el objetivo. **2** Señalar hacia un sitio o un objeto. **3** Escribir en un papel un dato o información, generalmente breve: *para no olvidar un teléfono, es mejor apuntarlo en la agenda.* **SIN** anotar. **4** Señalar la conveniencia de una cosa. **5** Decir a alguien en voz baja algo que no recuerda o que no sabe. ◆ v. tr./ prnl. **6** Escribir en una lista el nombre de una persona que quiere entrar en una asociación o participar en una actividad: *me he apuntado a un curso de verano.* **SIN** inscribir. ◆ v. intr. **7** Empezar a mostrarse o a salir alguna cosa: *se marcharon antes de que apuntara el día.* ◆ v. prnl. **8** apuntarse Conseguir o atribuirse un éxito o un punto en una competición deportiva: *el equipo lleva cuatro partidos sin apuntarse una victoria.* **SIN** anotar.

DER apuntador, apunte.

apunte n. m. **1** Nota que se toma por escrito. **2** Dibujo del natural que se hace rápidamente y con pocas líneas y sirve para recordar la forma y la disposición: *estuvo haciendo unos apuntes junto al puente para el cuadro que quie-*

re pintar. ◆ n. m. pl. **3** apuntes Notas que se toman cuando se escucha la explicación de un profesor.

apuñalar v. tr. Herir a alguien con un objeto punzante, como un cuchillo o puñal.
DER apuñalamiento.

apurado, -da adj. **1** [persona] Que carece de dinero. **2** [situación] Que es difícil, angustiosa o peligrosa. **3** [persona] Que tiene prisa.

apurar v. tr. **1** Acabar, agotar una cosa: *apuró la copa de vino y se marchó del bar.* **2** Llevar hasta el límite: *apuró al máximo sus fuerzas para llegar el primero.* **3** Cortar mucho el pelo de la barba. ◆ v. tr./ prnl. **4** Meter o darse prisa: *¡apúrate, que llegamos tarde!* SIN apresurar. ◆ v. prnl. **5** apurarse Preocuparse o afligirse: *no te apures, no tiene importancia.*
DER apurado, apuro.

apuro n. m. **1** Asunto o problema de difícil solución. SIN aprieto, conflicto. **2** Escasez de dinero. **3** Prisa, urgencia. **4** Vergüenza: *me da apuro pedirle el dinero que me debe.*

aquaplaning n. m. Deslizamiento incontrolado de un automóvil que se produce cuando los neumáticos no se adhieren al asfalto a causa del agua que cubre el suelo.
OBS Se pronuncia aproximadamente «acuaplanin».

aquejar v. tr. Afectar una enfermedad o un mal a una persona o cosa; causarle daño: *la droga aqueja a nuestra sociedad.*
DER aquejado.

aquel, aquella pron. dem. **1** Indica o señala lo que está más lejos de las personas que hablan: *este árbol es más pequeño que aquel.* NOTA Se puede escribir con acento gráfico o sin él. ◆ det. dem. **2** Indica o señala lo que está más lejos de las personas que hablan: *la oficina está en aquel edificio que se ve al final de la calle.*

aquelarre n. m. Reunión nocturna de brujas y brujos. SIN misa negra.

aquello pron. dem. Indica o señala lo que está más lejos de las personas que hablan o una cosa conocida o nombrada: *¿te acuerdas de aquello que me dijiste?*
OBS Nunca lleva acento gráfico.

aquí adv. **1** En este lugar, al lado de la persona que habla o en dirección al lugar donde se encuentra la persona que habla: *estoy aquí.* SIN acá. ANT allí, allá. **2** En este momento, en el momento en que se está hablando: *hasta aquí nos ha ayudado: a partir de hoy, no sabemos.* SIN acá.

aquietar v. tr. Hacer que alguien o algo esté quieto o tranquilo: *aquellas palabras calmaron su espíritu y aquietaron sus temores; estaba muy nervioso y no acababa de aquietarse.*

ara n. f. **1** Piedra o lugar elevado donde se celebran ritos religiosos, como ofrendas y sacrificios a los dioses. SIN altar. **2** En el culto cristiano, mesa consagrada en el cual sacerdote celebra la misa. SIN altar. **3** Piedra consagrada que forma parte del altar de una iglesia.
▶ en aras de En honor o en interés de.

árabe adj. **1** De Arabia o relacionado con esta península del sudoeste de Asia. **2** De los países donde se habla la lengua árabe o relacionado con ellos. ◆ adj./ n. com. **3** [persona] Que es de Arabia. **4** [persona] Que es de uno de los países donde se habla la lengua árabe. ◆ n. m. **5** Lengua semítica que se habla en esos países. SIN arábigo.
DER arabesco, arábigo, arabismo.

arábigo, -ga adj. Árabe.

arabismo n. m. Palabra o modo de expresión propio de la lengua árabe que se usa en otro idioma: *la palabra «almohada» es un arabismo en español.*
DER arabista.

arácnido adj./ n. m. **1** ZOOL. [animal] Que pertenece a la clase de los arácnidos. ◆ n. m. pl. **2** arácnidos ZOOL. Clase de animales invertebrados, pertenecientes al tipo de los artrópodos, que se caracterizan por tener cuatro pares de patas, carecer de antenas y alas y tener el cuerpo dividido en cefalotórax y abdomen.

arado n. m. **1** Instrumento de agricultura que se emplea para labrar la tierra. **2** Labor ejercida sobre se hace en la tierra con el arado. SIN reja.

aragonés, -nesa adj. **1** De Aragón o relacionado con esta comunidad autónoma española. ◆ adj./ n. m. y f. **2** [persona] Que es de Aragón. ◆ n. m. **3** Variedad lingüística medieval derivada del latín y que se hablaba en el antiguo reino de Aragón. **4** Dialecto del castellano que se habla en Aragón.

aragonesismo n. m. **1** Amor o apego a las cosas características de Aragón. **2** Expresión o modo de hablar propio de Aragón.

arameo, -mea adj. **1** De un pueblo bíblico que habitó en el antiguo país de Aram, en el norte de la actual Siria, o relacionado con este.

◆ adj./ n. m. y f. **2** [persona] Que es de Aram, antiguo país y ciudad en el norte de la actual Siria. ◆ n. m. **3** Conjunto de lenguas semíticas, parientes del hebreo y el fenicio, que se habló en este y otros territorios.

arancel n. m. Impuesto que grava las mercancías que entran en un país.
DER arancelario.

arándano n. m. **1** Planta con ramas angulosas, hojas ovaladas, flores blancas o rosadas y fruto redondeado, de color negro o azulado. **2** Fruto comestible de esta planta: *he comprado tarta de arándanos.*

arandela n. f. Pieza delgada, generalmente circular y con un orificio en el centro, que sirve para mantener apretados una tuerca o tornillo, asegurar el cierre hermético de una junta o evitar el roce entre dos piezas.

araña n. f. **1** Arácnido que tiene unos órganos en la parte posterior del cuerpo con los que produce un hilo de seda que le sirve para trasladarse y para cazar animales: *la araña teje su tela para alimentarse de los insectos que quedan atrapados en ella.* **2** Lámpara de techo con muchos brazos adornados con piezas de cristal de diferentes formas y tamaños.

arañar v. tr. **1** Herir superficialmente la piel con las uñas o con un objeto punzante: *el gato le arañó la cara.* **2** Rayar ligeramente una superficie lisa y dura. ◆ v. tr./ intr. **3** Recoger con mucho interés, poco a poco y de varias partes lo que se necesita para un fin: *arañando de aquí y de allá consiguió dinero suficiente.*
DER arañazo.

arañazo n. m. **1** Herida superficial hecha en la piel con las uñas o con un objeto punzante: *se cayó y se hizo varios arañazos en las rodillas.* SIN rasguño. **2** Señal superficial y alargada que queda en una superficie dura y lisa al rozarla o frotarla con algo punzante: *el gato dejó arañazos en la puerta.* SIN rasguño. **3** Acción de arañar.

arar v. tr. Remover la tierra haciendo surcos con el arado. SIN labrar.
DER arado.

araucano, -na adj. **1** De un pueblo indio que en la época de la conquista española habitaba la región de Arauco, en el centro de Chile, y que después se extendió por la pampa argentina, o relacionado con este pueblo. ◆ adj./ n. m. y f. **2** [indio] Que pertenecía a este pueblo. ◆ n. m. **3** Lengua precolombina hablada en Chile y Argentina.

arbitraje n. m. **1** Ejercicio de la labor de árbitro, especialmente en una competición deportiva: *el arbitraje fue parcial.* **2** Procedimiento para resolver pacíficamente conflictos internacionales mediante el cual los países afectados acuerdan someterse a la decisión de un tercer país o entidad que actúa como mediador.

arbitrar v. tr. **1** Actuar de árbitro en una competición deportiva. **2** Juzgar en un conflicto entre varias partes una persona ajena a dicho conflicto: *se me ha pedido que arbitre en el conflicto entre la empresa y los trabajadores.* **3** Obtener o reunir recursos o medios.
DER arbitraje.

arbitrariedad n. f. **1** Forma de actuar que se basa solo en la voluntad y en el capricho y no en la razón, la lógica o la justicia: *arbitrariedad en las decisiones.* **2** Hecho o dicho que no es lógico, justo o legal, especialmente si lo realiza una persona que tiene autoridad.

arbitrario, -ria adj. Que depende solo de la voluntad o el capricho de una persona y no de la razón, la lógica o la justicia: *sus castigos son del todo arbitrarios.*
DER arbitrariedad.

árbitro n. m. y f. **1** Persona que en una competición deportiva es la encargada de hacer cumplir el reglamento. SIN colegiado, juez. **2** Persona que es elegida como juez por dos partes que están en conflicto. **3** Persona que influye sobre los demás en ciertas materias porque es considerada una autoridad en ellas: *los árbitros de la moda.*
DER arbitral, arbitrar.

árbol n. m. **1** Planta perenne, de tronco grueso, leñoso y alto, cuyas ramas empiezan a crecer a cierta altura del suelo. **2** Figura con forma de esa planta: *dibujó un árbol en la pizarra para explicar la estructura de la oración.* árbol genealógico Cuadro descriptivo que muestra las relaciones, orígenes y descendencia de una familia. **3** Madero vertical, largo y redondo, que sirve para sostener las velas de una embarcación. SIN mástil, palo.
DER arbolar, arboleda, arborecer, arbóreo, arbusto; enarbolado, enarbolar.

arbolado, -da adj./ n. m. [terreno] Que está poblado de árboles. SIN arboleda. ➜ Cuadro en la página siguiente.

arboladura n. f. MAR. Conjunto de palos, vergas y otras piezas que sostienen las velas de un barco.

a b c d e f g h i j k l m n ñ o p q r s t u v w x y z

terrenos arbolados	
bosque	**árbol**
alameda	álamo
alcornocal	alcornoque
carrascal	carrasca
castañar	astaño
cerezal	cerezo
chopera	chopo
encinar	encina
fresneda	fresno
hayedo	haya
manzanar	manzano
naranjal	naranjo
olivar	olivo, olivera
olmedo	olmo
peral	pera
pinar	pino
platanera	plátano
robledal, robledo	roble

arboleda n. f. Terreno poblado de árboles: *en el valle había una arboleda inmensa.* SIN arbolado.

arbóreo, -rea adj. **1** Del árbol o relacionado con él. **2** Que se parece al árbol o tiene características comunes con él.

arbori- Elemento prefijal que entra en la formación de palabras con el significado de 'árbol': *arboricida.*

arborícola adj./ n. com. Que vive en los árboles: *monos arborícolas.*

arboricultura n. f. Arte y técnica de cultivar árboles.
DER arborícola.

arbotante n. m. ARQ. Arco de un edificio que lleva el peso de una bóveda sobre un contrafuerte exterior.

arbustivo, -va adj. Que tiene la naturaleza o las cualidades del arbusto: *planta arbustiva.*

arbusto n. m. Planta perenne de menor altura que el árbol, con tronco leñoso y ramas que crecen desde su base: *algunos arbustos tienen espinas.*

arca n. f. **1** Caja resistente de gran tamaño, generalmente de madera, con tapa plana y cerradura, que se usa para guardar objetos, especialmente ropa. SIN arcón. **2** Caja pequeña de tran resistencia, de metal o madera, con tapa y cerradura, que sirve para guardar objetos de valor. SIN cofre. ◆ n. f. pl. **3** arcas Lugar donde se guarda el dinero de una colectividad: *las arcas públicas se engrosan con el dinero de nuestros impuestos.*
OBS En singular se le anteponen los determinantes *el, un,* salvo que entre el determinante y el nombre haya otra palabra: *el arca, la amplia arca.*
DER arcón, arquear, arquero, arqueta.

arcabuz n. m. Arma de fuego antigua, alargada y parecida a un fusil, que se disparaba prendiendo la pólvora mediante una mecha móvil colocada en la misma arma.

arcada n. f. **1** Serie de arcos apoyados sobre pilastras o columnas: *la fachada de la iglesia está compuesta por una doble arcada.* **2** Espacio entre dos columnas o muros de un puente. **3** Movimiento violento del estómago que se produce antes de vomitar o durante el vómito: *devolvió la comida entre convulsas arcadas.*

arcaico, -ca adj. Que pertenece a un pasado lejano o proviene de un período histórico antiguo.
DER arcaísmo, arcaizante.

arcaísmo n. m. Palabra o modo de expresión que no se usa en la lengua actual.

arcángel n. m. En el cristianismo, ser o espíritu celestial de categoría superior a la de los ángeles.

arce n. m. Árbol de madera muy dura y generalmente salpicada de manchas, ramas opuestas, hojas sencillas, lobuladas y angulosas, y fruto ligero rodeado de una especie de alas.

arcén n. m. Margen o borde lateral situado a cada lado de la carretera, reservado para que circulen las personas a pie o en vehículos sin motor: *el arcén está separado de la calzada por una línea continua.*

archi- Prefijo que entra en la formación de palabras con el significado de: **a.** Preeminencia, superioridad: *archiduque, archidiócesis.* NOTA También toma las formas *arce-, arci-, arque-, arqui-, arz-: arcediano, arcipreste, arquetipo, arquitectura, arzobispo.* **b.** Muy: *archiconocido, archimillonario.*

archiconocido, -da adj. Que es muy conocido por un conjunto de gente: *una archiconocida rima de Bécquer.*

archiduque, -quesa n. m. y f. **1** Príncipe de la casa de Austria: *el asesinato del archiduque Fernando originó la Gran Guerra.* ◆ n. f. **2** Esposa o hija de un archiduque.

archipiélago n. m. Conjunto de islas agrupadas en una superficie más o menos extensa de mar: *las islas Canarias forman un archipiélago.*

a b c d e f g h i j k l m n ñ o p q r s t u v w x y z

archivador n. m. **1** Carpeta con varios apartados que sirven para guardar papeles de un modo ordenado y por separado. **2** Mueble o caja que sirve para guardar papeles, documentos o fichas de modo ordenado y por separado. **SIN** archivo.

archivar v. tr. **1** Guardar papeles o documentos en un archivo en un determinado orden. **2** Dar por terminado un asunto: *la policía ha archivado el caso.*

DER archivador, archivero.

archivo n. m. **1** Lugar en el que se guardan de forma ordenada los documentos históricos de una ciudad, organización o familia. **2** Conjunto de esos documentos: *su libro está basado en material de archivo.* **3** Mueble o caja que sirve para guardar papeles, fichas o documentos de modo ordenado y por separado. **SIN** archivador. **4** INFORM. Conjunto de datos relacionados con un tema o una materia guardados como una sola unidad dotada de un nombre. **SIN** fichero.

DER archivar, archivístico.

arcilla n. f. Tierra rojiza, compuesta principalmente de silicato de aluminio que, mezclada con agua y cocida, se endurece.

DER arcilloso.

arcipreste n. m. **1** Sacerdote que, por nombramiento del obispo, tiene autoridad sobre un grupo de parroquias de una zona. **2** Sacerdote principal de una catedral.

arco n. m. **1** Porción de una línea curva: *el diámetro divide la circunferencia en dos arcos iguales.* **2** Objeto o figura que tiene esta forma. arco iris Banda de colores con forma de arco que aparece en el cielo cuando los rayos del sol atraviesan las gotas de lluvia. **3** Estructura curva de una construcción que cubre un hueco entre dos columnas o pilares: *el acueducto de Segovia está formado por muchos arcos.* arco apuntado u ojival ARQ. Arco que está formado por dos partes de curva que forman ángulo agudo en el punto superior: *el arco ojival aparece frecuentemente en la arquitectura gótica.* arco de herradura ARQ. Arco que mide más de media circunferencia: *el arco de herradura es típico de las construcciones árabes.* arco de medio punto ARQ. Arco que tiene la forma de una semicircunferencia: *las iglesias románicas suelen tener arcos de medio punto.* arco de triunfo o triunfal ARQ. Monumento con uno o más arcos construido para celebrar una victoria o un acontecimiento. **4** Arma formada por una vara flexible y con los extremos unidos por una cuerda muy tirante, que sirve para lanzar flechas. **5** Vara delgada con cerdas que sirve para hacer sonar las cuerdas de algunos instrumentos musicales: *el arco del violín.*

DER arcada, arquear, arquero; enarcar.

arcoíris n. m. Arco iris.

arcón n. m. Arca de gran tamaño.

arder v. intr. **1** Abrasar o consumir con fuego: *el bosque está ardiendo.* **2** Estar muy caliente o desprender mucho calor. **3** Experimentar una pasión o un sentimiento intenso: *ardía de deseo por ella.* **NOTA** Suele usarse con las preposiciones *de* y *en*.

DER ardiente, ardor; enardecer.

ardiente adj. **1** Que está lleno de pasión: *un amante ardiente.* **2** Que quema o es muy caliente: *un sol ardiente.* **3** Que causa ardor o parece que quema.

ardilla n. f. **1** Mamífero roedor de unos veinte centímetros de largo, de color marrón, gris o rojo oscuro, con cola larga y mucho pelo; habita en los bosques. **2** Persona muy lista, viva y astuta.

ardor n. m. **1** Calor muy intenso: *no puedo soportar el ardor del sol en verano.* **2** Sensación de calor que se tiene en una parte del cuerpo: *ardor de estómago.* **3** Sentimiento muy fuerte, apasionado o entusiasta.

DER ardoroso.

arduo, -dua adj. Que es muy difícil y requiere mucho esfuerzo: *cuando los bomberos apagan un gran incendio, realizan una ardua tarea.* **ANT** fácil.

área n. f. **1** Terreno comprendido dentro de unos límites. **2** Espacio en el cual se produce determinado fenómeno o que se distingue por tener ciertas características: *área cultural; área geográfica.* **3** Conjunto de materias o ideas de las que se trata. **SIN** terreno. **4** Campo en el que se muestra con más fuerza una característica o una cualidad: *aunque quise, no me permitió entrar en su área de influencia.* **SIN** ámbito, círculo, terreno. **5** Medida de superficie que equivale a cien metros cuadrados. **6** MAT. Medida de una superficie comprendida dentro de un perímetro: *el área de un rectángulo se obtiene multiplicando el largo por el ancho.* **7** Parte del terreno de juego que está más cerca de la meta.

OBS En singular se le anteponen los determinantes *el, un,* salvo que entre el determinante y el nombre haya otra palabra: *el área, la amplia área.*

DER centiárea, decárea, hectárea, miliárea.

arena n. f. **1** Conjunto de pequeños granos de mineral que se han desprendido de las rocas y se acumulan en las orillas de los ríos y del mar. **arenas movedizas** Arenas de escasa consistencia y mezcladas con agua que no soportan pesos: *su amigo le tendió la mano y evitó que muriera sumergido en las arenas movedizas.* **2** Círculo de la plaza de toros que está cubierto de tierra. SIN ruedo. **3** Lugar en el que se lucha.

DER arenal, arenisca, arenoso; enarenar.

arenal n. m. Extensión grande de terreno arenoso.

arenar v. tr. **1** Echar arena sobre una superficie para cubrirla: *arenar la calle.* SIN enarenar. **2** Refregar una cosa con arena.

arenga n. f. Discurso en tono solemne y elevado que se pronuncia para levantar el ánimo de los que lo escuchan: *el general dirigió una arenga a sus soldados.*

DER arengar.

arenilla n. f. **1** Arena menuda. **2** Conjunto de partículas de cualquier tipo de material que son semejantes o parecidas a la arena, como las que se echaban antiguamente sobre los escritos para secar la tinta. **3** Conjunto de cálculos en el riñón o en la bilis que tienen el aspecto o el tamaño de la arena menuda: *volvió a sufrir un cólico nefrítico y le diagnosticaron arenilla.* **4** Salitre reducido a granos menudos que se emplea para fabricar pólvora.

arenisca n. f. Roca sedimentaria formada por pequeños granos de cuarzo unidos por un cemento que le da dureza.

arenoso, -sa adj. **1** Que tiene arena: *es un terreno arenoso y poco fértil.* **2** De características similares a la arena: *esta manzana está arenosa.*

arenque n. m. Pez marino comestible parecido a la sardina, pero de mayor tamaño, de color azul por encima y plateado por el vientre.

argamasa n. f. Mezcla de diversos materiales, como cal o cemento, arena y agua, que se usa en la construcción para fijar ladrillos y cubrir paredes. SIN forja, mortero.

argelino, -na adj. **1** De Argelia o relacionado con este país del norte de África. ◆ adj./n. m. y f. **2** [persona] Que es de Argelia.

argentino, -na adj. **1** De Argentina o relacionado con este país de la América del Sur. ◆ adj./n. m. y f. **2** [persona] Que es de Argentina. ◆ adj. **3** *formal* De plata o que tiene características que se consideran propias de la plata. **4** *formal* [sonido, voz] Que es claro y sonoro como el de la plata al ser golpeada.

argolla n. f. **1** Aro grueso de metal que, fijo en algún sitio, sirve para asegurar algo a él: *la cortina va sujeta a la barra con argollas.* **2** Juego que consiste en hacer pasar unas bolas de madera por una argolla clavada en tierra.

argón n. m. Elemento químico del grupo de los gases nobles que se encuentra en el aire en un 1 % y se emplea para llenar los tubos fluorescentes y en la soldadura de metales: *el símbolo del argón es Ar.*

argot n. m. Variedad de lengua que utilizan para comunicarse entre sí las personas que pertenecen a un mismo oficio o grupo social. SIN jerga.

OBS El plural es *argots.*

argucia n. f. Argumento falso presentado con habilidad e ingenio para hacerlo pasar por verdadero.

argüir v. tr. **1** Alegar razones o argumentos en favor o en contra de alguna opinión: *los ecologistas arguyen que, si no tenemos cuidado, podemos acabar con todos los recursos naturales.* SIN argumentar. **2** Deducir como consecuencia natural, sacar en claro.

OBS En su conjugación, la *i* se convierte en *y* delante de *a, e* y *o*, y la *gü* en *gu* delante de *y*.

DER argucia, argumento.

argumentación n. f. Razonamiento con que se intenta convencer de que una opinión es mejor que otra: *esa argumentación no es válida.*

argumental adj. Del argumento o relacionado con él.

argumentar v. tr. Dar razones o argumentos en favor o en contra de una opinión: *el ministro argumentó que los recortes en el gasto militar eran necesarios.* SIN argüir. argumentación.

argumento n. m. **1** Razón que se da a favor o en contra de una opinión. **2** Asunto principal de una obra de literatura, teatro o cine. SIN tema.

DER argumental, argumentar.

aria n. f. Fragmento de una ópera cantado por uno de los personajes principales y con acompañamiento de uno o más instrumentos.

OBS En singular se le anteponen los determinantes *el, un,* salvo que entre el determinante y el nombre haya otra palabra: *el aria, la bella aria.*

aridez n. f. **1** Sequedad, falta de humedad: *la aridez del terreno hace prácticamente imposible cualquier cultivo.* **2** Falta de amenidad.

árido, -da adj. **1** [lugar, clima] Que es seco, que carece de humedad. ANT húmedo. **2** Que es poco ameno: *el libro me ha parecido muy árido.* ANT ameno, entretenido. ◆ n. m. pl. **3 áridos** Granos, legumbres y frutos secos a los que se aplican medidas de capacidad.
DER aridez.

aries adj./ n. com. [persona] Que ha nacido entre el 21 de marzo y el 19 de abril, tiempo en que el Sol recorre aparentemente Aries, primer signo del Zodíaco.

ario, aria adj. **1** Que pertenece a una raza supuestamente pura de estirpe nórdica, descendiente de los antiguos indoeuropeos, que los nazis consideraban superior al pueblo judío. ◆ n. m. y f. **2** Persona de la raza aria.

arisco, -ca adj. Que es poco amable o difícil de tratar: *es un gato muy arisco.* SIN áspero.

arista n. f. **1** Línea en la que se juntan dos planos: *el cubo tiene doce aristas.* **2** Borde de un objeto cortado o trabajado.

aristocracia n. f. **1** Clase social formada por las personas que poseen títulos nobiliarios. ANT plebe. **2** Grupo de personas que destaca entre los demás por alguna circunstancia concreta. **3** Forma de gobierno en que el poder está en manos de los nobles y de las clases sociales altas.
DER aristocrático.

aristócrata n. com. Persona que pertenece a la aristocracia.

aristocrático, -ca adj. De la aristocracia o relacionado con ella.
DER aristócrata.

aritmética n. f. Parte de las matemáticas que estudia los números y las operaciones que se pueden hacer con ellos.
DER aritmético.

aritmético, -ca adj. De la aritmética o relacionado con ella: *las sumas, las restas, las multiplicaciones y las divisiones son operaciones aritméticas.*

arlequín n. m. Personaje de la antigua comedia del arte italiana que llevaba una máscara negra y un traje de cuadros o rombos de distintos colores.

arma n. f. **1** Instrumento o máquina que sirve para atacar o defenderse. **arma arrojadiza** Arma que se lanza a distancia. **arma automática** Arma que es capaz de disparar varias balas seguidas. **arma bacteriológica** Sustancia elaborada en un laboratorio que se arroja al enemigo para contagiarlo de una enfermedad que provoque su muerte o su invalidez para el combate. **arma blanca** Arma que tiene una hoja cortante y puede herir por el filo o por la punta: *la navaja y el cuchillo son armas blancas.* **arma de fuego** Arma que utiliza una materia explosiva para lanzar proyectiles: *una escopeta, una pistola o un fusil son armas de fuego.* **2** Sección del ejército de tierra: *el arma de infantería, el arma de artillería.* **3** Defensa natural de los animales. ◆ n. f. pl. **4 armas** Medios para conseguir una cosa o un fin determinado: *empleará todas sus armas para salirse con la suya.* **5** Profesión o carrera militar: *dejó las armas y se reincorporó a la vida civil.*
OBS En singular se le anteponen los determinantes *el, un,* salvo que entre el determinante y el nombre haya otra palabra: *el arma, la pesada arma.*
DER armada, armadura, armamento, armar, armazón, armero; inerme.

armada n. f. **1** Conjunto de las fuerzas navales de un estado. **2** Conjunto de embarcaciones de guerra que participan en una acción.

armadillo n. m. Mamífero de América Central y del Sur, cuyo dorso y cola están protegidos por placas córneas articuladas de manera que le permiten arrollarse en bola; es cavador y se suele alimentar de invertebrados y vegetales: *el armadillo de nueve bandas pare siempre cuatro crías del mismo sexo.* SIN cachicamo, mulita, peludo, quirquincho, tatú, tochi.

armador, -ra n. m. y f. **1** Persona que se dedica a construir barcos. **2** Persona o empresa que prepara y equipa un barco: *el armador contrató cien marineros para la pesca del bacalao.*

armadura n. f. **1** Conjunto de piezas de metal articuladas que los guerreros de la Edad Media llevaban para protegerse del enemigo. **2** Conjunto de piezas o elementos que sirve como soporte y esqueleto de otra cosa: *la armadura de la cama, del tejado.* SIN armazón, estructura. **3** FÍS. Sistema de dos conductores separados por una pequeña distancia que sirve para almacenar energía eléctrica.

armamentista adj. **1** Del armamento o de su producción, o relacionado con ellos: *la ca-*

rrera armamentista. ◆ adj./ n. com. **2** [persona] Que es partidario del armamentismo.

armamento n. m. **1** Conjunto de armas de un ejército, de un cuerpo armado o de un soldado.
DER armamentismo.

armar v. tr./ prnl. **1** Proporcionar armas: *el país se está armando para la guerra.* **2** Preparar todo lo necesario para hacer frente a una necesidad: *armarse de lo necesario para la tarea.* ◆ v. tr. **3** Juntar las piezas de un aparato o mueble y ajustarlas entre sí: *hay juguetes que vienen desmontados y tenemos que armarlos.* SIN montar. ANT desarmar, desmontar. **4** Originar, provocar, especialmente una riña o un escándalo: *los vecinos armaron un buen escándalo anoche.* ◆ v. prnl. **5** armarse Adoptar una determinada actitud para resistir una contrariedad: *armarse de paciencia.* **6** Formarse una cosa que no está prevista. SIN organizar.
DER armado, armador; desarmar, rearmar.

armario n. m. Mueble cerrado con puertas y, por lo general, con estantes y cajones para guardar ropa y otros objetos.
▶ armario empotrado Armario que se construye unido a un muro, en el hueco de una pared.

armatoste n. m. Objeto, generalmente una máquina o un mueble, que es grande y pesado, está mal hecho o es poco útil. SIN mamotreto.

armazón n. amb. Conjunto de piezas o elementos que sirve como soporte y esqueleto de una cosa. SIN armadura, estructura.

armella n. f. Anillo de metal con un tornillo o clavo que se fija en algo sólido: *la armella en la que se engancha el cerrojo se ha soltado y no puedo cerrar la puerta.* SIN cáncamo.

armenio, -nia adj. **1** De Armenia o relacionado con este país del sudeste de Asia o con la región que abarca este país y territorios de Turquía e Irán. ◆ adj./ n. m. y f. **2** [persona] Que es de Armenia. ◆ n. m. **3** Grupo de lenguas indoeuropeas que se habla en esta región.

armiño n. m. Mamífero carnívoro, de piel muy suave, parda en verano y blanca en invierno, y cola larga.
OBS Para indicar el sexo se usa *el armiño macho* y *el armiño hembra.*

armisticio n. m. Acuerdo que firman dos o más países en guerra cuando deciden dejar de combatir durante cierto tiempo para discutir una posible paz.

armonía n. f. **1** Proporción y correspondencia adecuada entre las cosas: *debemos asegurarnos de que el turismo se desarrolla en buena armonía con el entorno.* **2** Relación buena o de paz. **3** Unión y combinación de sonidos simultáneos que resulta agradable al oído. **4** MÚS. Técnica de formar y disponer los acordes.
DER armónica, armónico, armonio, armonioso, armonizar; filarmonía.

armónica n. f. Instrumento musical de viento compuesto por un soporte alargado de madera o metal con varias ranuras en las que hay una serie de lengüetas que suenan al soplar o aspirar.

armónico, -ca adj. **1** De la armonía o relacionado con ella: *composición armónica.* ◆ n. m. **2** MÚS. Sonido agudo que acompaña a uno fundamental y que se produce de forma natural por resonancia.

armonioso, -sa adj. **1** Que suena bien, por lo que es agradable al oído. **2** [relación entre dos o más personas] Que es amistoso o pacífico. **3** Que tiene armonía entre sus partes: *en sus últimas pinturas utilizó una mezcla más armoniosa de los colores.*

armonizar v. tr. **1** Crear armonía o correspondencia entre las partes de un todo o entre los elementos que deben concurrir a un mismo fin. ◆ v. intr. **2** Estar en armonía: *la cubierta de la enciclopedia armoniza con los muebles.*
OBS En su conjugación, *z* se convierte en *c* delante de *e.*
DER armonización.

arnés n. m. **1** Armadura (de un guerrero): *relucir de espadas y arneses.* **2** Correaje resistente que se ajusta al cuerpo de una persona y que, ligado a algo (un paracaídas o una cuerda, por ejemplo) sirve como mecanismo de seguridad en deportes como el parapente, el montañismo o el ala delta. ◆ n. m. pl. **3** arneses Conjunto de correas y otros objetos que se ponen a las caballerías para montarlas, cargarlas o engancharlas al carro. SIN aparejo, arreos, guarniciones.

aro n. m. **1** Pieza de material rígido, especialmente metálico, en forma de circunferencia. **2** Juguete en forma de circunferencia que los niños hacen girar por el suelo con la ayuda de un palo o un hierro largo y delgado: *pocos niños juegan con el aro hoy en día.*
DER arete.

aroma n. m. Olor muy agradable. SIN perfume.
DER aromático, aromatizar.

aromático, -ca adj. Que tiene olor agradable: *usa muchas hierbas aromáticas en su cocina.*

aromatizar v. tr. Dar aroma a algo: *los pinos aromatizan el aire.*

OBS En su conjugación, la *z* se convierte en *c* delante de *e*.

DER aromatizante.

arpa n. f. Instrumento musical de cuerda, de forma triangular y con cuerdas colocadas verticalmente que se hacen vibrar tocándolas con los dedos de las dos manos.

OBS En singular se le anteponen los determinantes *el, un,* salvo que entre el determinante y el nombre haya otra palabra: *el arpa, la hermosa arpa.*

DER arpegio, arpista.

arpegio n. m. MÚS. Serie de tres o más sonidos que, ejecutados uno tras otro de modo más o menos rápido, forman un acorde.

arpía n. f. **1** Animal fabuloso con rostro de mujer y cuerpo de ave de rapiña. **2** Persona (especialmente mujer) mala y perversa: *a esa arpía le encantó darme la mala noticia.* NOTA Se usa con sentido despectivo.

OBS También *harpía*, menos frecuente.

arpón n. m. Instrumento de pesca formado por una barra larga de hierro o de madera acabada en uno de sus extremos en una punta de hierro con púas vueltas hacia atrás para que hagan presa después de clavarse.

DER arponear, arponero.

arquear v. tr./ prnl. Dar o tomar forma de arco: *arquear la espalda; arquear las cejas.*

arqueo- Elemento prefijal que entra en la formación de palabras con el significado de 'antiguo', 'primitivo': *arqueología.*

arqueología n. f. Ciencia que investiga las civilizaciones antiguas mediante el estudio, la descripción y la interpretación de los restos que nos han legado.

DER arqueológico, arqueólogo.

arqueológico, -ca adj. De la arqueología o relacionado con ella: *una excavación arqueológica.*

arqueólogo, -ga n. m. y f. Persona que se dedica a la arqueología.

arquero, -ra n. m. y f. **1** Persona que practica el tiro con arco. ◆ n. m. **2** Soldado que peleaba con arco y flechas. **3** En algunos deportes, portero.

arqueta n. f. Cofre pequeño, especialmente el adornado y hecho con materiales nobles.

arquetípico, -ca adj. Del arquetipo o relacionado con él: *un gentleman inglés arquetípico.*

arquetipo n. m. Modelo original que sirve de patrón: *Estados Unidos es el arquetipo de país con gobierno federal.*

DER arquetípico.

arquitecto, -ta n. m. y f. Persona que se dedica a la arquitectura.

DER arquitectónico, arquitectura.

arquitectónico, -ca adj. De la arquitectura o relacionado con ella: *diseño arquitectónico, proyecto arquitectónico.*

arquitectura n. f. **1** Técnica de diseñar, proyectar y construir edificios. **2** Estilo en el que se diseña, proyecta o construye un edificio: *la arquitectura románica.*

arquitrabe n. m. ARQ. Parte inferior del entablamento, que descansa sobre el capitel de una columna.

arrabal n. m. **1** Barrio fuera de los límites de una población o en su periferia, en especial aquel cuya población tiene un bajo nivel económico. ◆ n. m. pl. **2** **arrabales** Alrededores de una población: *se fue a vivir a los arrabales.*

DER arrabalero.

arracimarse v. prnl. Unirse o juntarse varias personas o cosas en forma de racimo.

arraigar v. intr./ prnl. **1** Echar raíces una planta. SIN enraizar. ◆ v. tr./ intr. **2** Hacer o hacerse firme y duradero un sentimiento o una costumbre: *el deporte ha arraigado entre la juventud.* ◆ v. prnl. **3** **arraigarse** Avecindarse de forma duradera, vinculándose con las personas y cosas del lugar. SIN enraizar.

OBS En su conjugación, *g* se convierte en *gu* delante de *e*.

DER arraigado, arraigo; desarraigar.

arraigo n. m. Fijación de manera firme y duradera: *esta costumbre tiene un fuerte arraigo en el país.*

arrancar v. tr. **1** Separar una cosa del lugar en el que estaba fija, tirando con fuerza: *arrancar una muela, un cabello o un clavo de la pared.* **2** Conseguir una cosa de una persona con esfuerzo y trabajo o con violencia: *le arrancó la promesa de que lo haría.* ◆ v. intr. **3** Comenzar a funcionar o moverse: *el motor no arranca.* **4** Comenzar a hacer una cosa, especialmente si es de forma inesperada: *de repente, arrancó a llorar.* **5** Tener una cosa su nacimiento o punto de partida en otra: *el problema arranca de años atrás.* **6** ARQ. Empezar un arco o bóveda a formar su curvatura.

OBS En su conjugación, *c* se convierte en *qu* delante de *e*.
DER arrancada, arranque.

arranque n. m. **1** Comienzo, origen o principio. **2** Manifestación violenta y repentina de un sentimiento o un estado de ánimo: *lo golpeó en un arranque de ira.* **SIN** arrebato. **3** Valor o decisión para hacer algo. **4** Mecanismo que pone en funcionamiento un motor. **5** Idea original y generalmente divertida: *nos partimos de risa con sus arranques.* **SIN** ocurrencia. **6** ARQ. Principio de un arco o bóveda.

arras n. f. pl. **1** Cantidad que se deposita a cuenta en un contrato o acuerdo. **2** Conjunto de las trece monedas que entrega el novio a la novia durante la ceremonia de la boda.

arrasar v. tr. Destruir totalmente, echar por tierra: *aquel terremoto arrasó pueblos enteros.* **SIN** asolar, desolar, devastar.

arrastrado, -da adj. Pobre, mísero o lleno de privaciones y fatigas: *una vida arrastrada.*

arrastrar v. tr. **1** Llevar a una persona o cosa por el suelo tirando de ella. **2** Tirar para llevar tras de sí: *la locomotora arrastra cinco vagones.* **3** Impulsar a una persona a pensar o actuar de determinada manera. **4** Soportar penosamente algo desde hace tiempo: *arrastra esa enfermedad desde hace años.* **5** Tener como consecuencia inevitable: *la política de las grandes potencias nos arrastró a la confrontación.* ◆ v. intr. **6** Colgar rozando el suelo: *las cortinas arrastran.* ◆ v. prnl. **7** arrastrarse Moverse y avanzar con el cuerpo pegado al suelo: *las serpientes se arrastran.* **8** Humillarse vilmente para conseguir una cosa.
DER arrastrado, arrastre.

arrastre n. m. Transporte de una cosa que roza el suelo tirando de ella: *el arrastre de los pinos cortados se hizo con tractores.*
▶ para el arrastre **a.** Muy cansado o en malas condiciones: *después de todo el día caminando, estoy para el arrastre.* **b.** Muy estropeado: *los zapatos de los niños ya están para el arrastre.*

arrayán n. m. Arbusto oloroso, de ramas flexibles, con las hojas de color verde intenso, pequeñas y duras, flores blancas y frutos en bayas de color negro azulado: *en el jardín había arrayanes y madreselvas.* **SIN** mirto.

arrear v. tr. **1** Hacer que una caballería camine o que lo haga más deprisa: *arreó las mulas para llegar antes.* **2** Dar un golpe: *le arreó una bofetada.*
DER arreos, arriar.

arrebatado, -da adj. **1** Impetuoso o impulsivo. **2** De color muy vivo: *se pone en las mejillas un rojo arrebatado que no queda nada natural.*

arrebatar v. tr. **1** Quitar con violencia o con rapidez: *le arrebató el papel de las manos para leerlo.* ◆ v. prnl. **2** arrebatarse Enfadarse, irritarse una persona. **3** Cocerse o asarse mal un alimento por exceso de fuego: *las patatas se han arrebatado.*
DER arrebatado.

arrebato n. m. Manifestación violenta y repentina de un sentimiento o un estado de ánimo: *le dio un arrebato y dejó el trabajo.* **SIN** arranque.

arrebol n. m. **1** Color rojo de las nubes iluminadas por los rayos del sol. **2** Color rojo que se encuentra en otros objetos y especialmente en el rostro de la mujer.

arreciar v. intr. Hacerse cada vez más recia o violenta [una cosa], especialmente un fenómeno: *arreciar el temporal; la lluvia arreciaba.*
OBS Se conjuga como *cambiar.*

arrecife n. m. Conjunto de rocas, coral y otros materiales que está justo por encima o por debajo de la superficie del mar: *el barco encalló en los arrecifes.*

arredrar v. tr./ prnl. Causar o tener miedo: *el ladrón se arredró al ver la pistola.* **SIN** asustar, atemorizar.

arreglar v. tr. **1** Poner en regla o en orden: *ya han arreglado los papeles para casarse.* **ANT** desarreglar. **2** Componer una cosa que está estropeada para que deje de estarlo y vuelva a funcionar: *se puede arreglar un reloj, un coche o unos zapatos.* **SIN** apañar, reparar. **3** Echar especias u otras sustancias a las comidas para que tengan más sabor. **SIN** aderezar, aliñar, condimentar. **4** Poner un castigo: *¡ya te arreglaré yo!* ◆ v. tr./ prnl. **5** Solucionar una situación difícil o problemática con habilidad y eficacia. **SIN** apañar. **6** Asear y vestir a alguien para salir a la calle: *me estoy arreglando para salir a dar una vuelta.* ◆ v. prnl. **7** arreglarse Encontrar la manera de solucionar un problema: *¿podrás arreglarte tú solo?* **SIN** apañar. **8** Ponerse de acuerdo dos o más personas que discuten sobre algo: *los obreros se arreglaron con los representantes de la patronal.*
▶ arreglárselas Ingeniarse para salir de un apuro o conseguir un fin: *los obreros se las arreglan para trasladarse al puesto de trabajo.*
DER arreglista, arreglo; desarreglar.

arreglo n. m. **1** Orden y colocación correcta o adecuada. **2** Conjunto de manipulaciones y operaciones que se hacen para que una cosa que está estropeada vuelva a funcionar o a parecer nueva. SIN reparación. **3** Aseo y cuidados personales que se realizan antes de salir a la calle. **4** Acuerdo entre dos o más personas que discuten sobre algo: *por fin han llegado a un arreglo sindicatos y patronal.* **5** Adaptación de una composición musical para que pueda ser interpretada por voces o instrumentos para los que no fue escrita: *ese músico se gana la vida haciendo arreglos para bandas de música.*

arrellanarse v. prnl. Sentarse con comodidad, extendiendo y recostando el cuerpo.

arremeter v. intr. Atacar con ímpetu y fuerza: *arremetió contra todos los que habían criticado su película.*
DER arremetida.

arremolinarse v. prnl. **1** Amontonarse sin orden una gran cantidad de personas. **2** Girar de forma rápida el aire, el agua, el polvo o el humo formando remolinos: *en los rápidos del río se arremolinaba el agua.*

arrendajo n. m. Pájaro de unos 35 cm de longitud, de plumaje pardo o rosado, con la cola y las alas negras; se caracteriza por su vuelo pesado y por la facilidad con que imita el canto de otras aves; vive en bosques espesos y abunda en España.

arrendamiento n. m. **1** Cesión o adquisición de una cosa para usarla durante un determinado período a cambio de dinero: *tengo este piso en arrendamiento.* SIN alquiler. **2** Cantidad de dinero que se paga cada cierto período al propietario de una casa u otro bien que se ha tomado en alquiler. SIN alquiler, renta.

arrendar v. tr. Dar o tomar una cosa para usarla por un tiempo determinado a cambio de una cantidad de dinero: *voy a arrendar la casa de la playa, porque no la usamos nunca.* SIN alquilar.
OBS En su conjugación, la *e* se convierte en *ie* en sílaba acentuada, como en *acertar.*
DER arrendamiento, arrendatario, subarrendar.

arrendatario, -ria adj./n. m. y f. [persona] Que toma o tiene una cosa en arrendamiento: *los propietarios y arrendatarios mostraron su desacuerdo.* SIN locatario.

arrepentimiento n. m. Pesar que se siente por haber hecho una cosa que no se considera buena o adecuada.

arrepentirse v. prnl. **1** Sentir pena o pesar una persona por haber hecho algo malo o por haber dejado de hacer una cosa: *ahora se arrepiente de haber abandonado los estudios.* **2** Cambiar de opinión o no cumplir un compromiso: *ahora se arrepiente y dice que no nos da lo que nos debe.*
OBS En su conjugación, la *e* se convierte en *ie* en sílaba acentuada o en *i* en algunos tiempos y personas, como en *hervir.*
DER arrepentido, arrepentimiento.

arrestar v. tr. Prender a una persona, detenerla provisionalmente: *la policía la arrestó por conducir en estado de embriaguez.* SIN detener.
DER arresto.

arresto n. m. **1** Acción de detener a una persona sospechosa de haber cometido algún delito: *arresto de un delincuente.* **2** Pena de privación de libertad, por un tiempo generalmente breve, impuesta por un juez o un tribunal: *fue condenado a tres meses de arresto.* arresto mayor Pena de privación de libertad de un mes y un día a seis meses de duración. arresto menor Pena de privación de libertad de uno a treinta días de duración. **3** Valor o determinación para hacer una cosa difícil o peligrosa: *no tuvo arrestos para decirle la verdad.*
NOTA Se usa generalmente en plural.

arrianismo n. m. Herejía del siglo III que negaba la divinidad de Jesucristo.

arriano, -na adj. **1** Del arrianismo o relacionado con esta herejía. ◆ adj./n. m. y f. **2** [persona] Que creía en esta herejía.

arriar v. tr. Bajar una bandera a lo largo de su mástil o la vela de un barco a lo largo de su palo: *cuando entran en un puerto, los barcos arrían las velas.* ANT izar.
OBS En su conjugación, la *i* se acentúa en algunos tiempos y personas, como en *desviar.*

arriba adv. **1** Hacia un lugar o parte superior o más alto: *ven aquí arriba.* ANT abajo. **2** En un lugar o parte superior o más alto. ANT abajo. ◆ int. **3** Expresión que se utiliza para dar ánimos o para indicar que se está a favor de una cosa: *¡arriba la libertad!* ANT abajo.

arribar v. intr. Llegar un barco a puerto: *durante el verano arribaron lujosos transatlánticos.*
DER arribada, arribismo, arribo.

arriero n. m. Persona que se dedica a traer y llevar animales de carga.

arriesgado, -da adj. Peligroso, que puede causar algún daño o pérdida: *es un negocio arriesgado, nada seguro.*

arriesgar v. tr./ prnl. Exponer a un riesgo, poner en peligro: *algunas personas arriesgan mucho dinero en el juego.*
OBS En su conjugación, *g* se convierte en *gu* delante de *e*.
DER arriesgado.

arrimar v. tr./ prnl. **1** Poner una persona o cosa junto a otra: *arrima el armario a la pared.* ◆ v. prnl. **2** arrimarse Buscar la protección de una persona: *se arrimará al más fuerte para intentar no salir perjudicado.*
DER arrimo.

arrinconar v. tr. **1** Poner una cosa en un rincón o sitio apartado para retirarla del uso: *los muebles viejos los vamos a ir arrinconando en el desván.* **2** Apartar a alguien de un puesto o privarlo de los privilegios que tienen los que están a su alrededor. **3** Llevar a una persona o un animal hasta un lugar de estrechos límites e impedirle la salida: *arrinconó a su enemigo en el callejón.* SIN acorralar.

arritmia n. f. MED. Falta de ritmo o regularidad en las contracciones del corazón: *tomaba unas píldoras para corregir su arritmia.*

arroba n. f. **1** Unidad de peso que equivalía a 11,502 kilogramos. **2** INFORM. Elemento separador de una dirección electrónica que se utiliza para diferenciar el nombre del usuario del dominio al que pertenece: *el símbolo de la arroba es @.*

arrodillar v. tr. **1** Hacer que alguien hinque una o las dos rodillas en el suelo. ◆ v. prnl. **2** arrodillarse Ponerse de rodillas: *entró en la iglesia y se arrodilló para rezar.*

arrogancia n. f. **1** Actitud de la persona orgullosa y soberbia que se cree superior a los demás. SIN altanería, altivez. **2** Valor y decisión en la forma de actuar.

arrogante adj. **1** Que es orgulloso y soberbio y se cree superior a los demás: *es una de esas personas arrogantes que creen que siempre tienen razón.* SIN altivo. **2** [persona] Que es valiente y noble en su manera de actuar. SIN bizarro, gallardo.

arrojadizo, -za adj. [arma, objeto] Que se puede arrojar o lanzar a distancia: *el hacha y la lanza son armas arrojadizas.*

arrojado, -da adj. Que es valiente y decidido y no se detiene ante el peligro. SIN intrépido.

arrojar v. tr. **1** Enviar un objeto a través del aire con fuerza en una dirección, especialmente mediante un rápido movimiento del brazo. SIN lanzar, tirar. **2** Dejar caer al suelo: *prohibido arrojar basura.* **3** Despedir de sí, echar. **4** Presentar o dar como resultado: *la cuenta del banco arroja un saldo positivo.* ◆ v. prnl. **5** arrojarse Dejarse caer con violencia de arriba abajo: *se arrojó por la ventana.* **6** Ir o dirigirse con violencia hacia alguien o algo: *se arrojó a las llamas para salvarle.*
▶ arrojar luz Hacer claro o más claro.
DER arrojadizo, arrojado, arrojo.

arrojo n. m. Valor o determinación de la persona que no se detiene ante el peligro: *se lanzó con arrojo a rescatar del lago a su compañero.* SIN intrepidez.

arrollador, -ra adj. Que confunde o sorprende a una persona hasta dejarla sin posibilidad de reacción o de respuesta: *la personalidad de Lorca nos ofrece una doble faz: de un lado, su vitalidad y simpatía arrolladoras; de otro, un íntimo malestar, un dolor de vivir.*

arrollar v. tr. **1** Formar un rollo con una cosa. SIN enrollar. ANT desarrollar, desenrollar. **2** Atropellar un vehículo a una persona, animal o cosa: *fue arrollada por un tren.* **3** Vencer, superar o dominar por completo. SIN aplastar. **4** Comportarse con desprecio de los derechos de los demás o de las leyes: *no se puede ir por la vida arrollando a los demás.* SIN atropellar, avasallar. **5** Confundir o sorprender una persona a otra hasta dejarla sin posibilidad de reacción o de respuesta. SIN apabullar, aplastar, desarmar.
DER desarrollar.

arropar v. tr./ prnl. **1** Cubrir o abrigar con ropa: *arropó al niño en la cama.* **2** Proteger o defender.
DER desarropar.

arroyo n. m. **1** Corriente pequeña de agua que puede secarse en verano: *cruzaron el arroyo sin mojarse las rodillas.* **2** Cauce por donde corre esta agua. **3** Ambiente miserable y humilde: *nacida en una familia muy pobre, consiguió salir del arroyo y llegó a ser muy rica.*

arroz n. m. **1** Semilla o conjunto de semillas, en forma de grano alargado y color claro o blanco, que se comen cocidas: *el arroz es una parte muy importante en la dieta de millones de personas.* **2** Cereal que produce esta semilla. **3** Comida hecha con esas semillas.
▶ arroz con leche Arroz dulce que se hace con leche, canela y azúcar y que se come como postre.
DER arrocero, arrozal.

arrozal n. m. Terreno sembrado de arroz: *el arrozal está cubierto de agua.*

arruga n. f. **1** Pliegue o surco pequeño que se hace en la piel: *tiene la cara llena de arrugas.* **2** Pliegue o raya que se hace en la ropa o en el papel.
DER arrugar.

arrugar v. tr./ prnl. Hacer arrugas o llenarse de arrugas: *si te sientas encima del vestido, lo arrugarás.*
OBS En su conjugación, *g* se convierte en *gu* delante de *e*.
DER desarrugar.

arruinar v. tr./ prnl. **1** Perder una persona o una empresa la mayor parte de sus bienes: *la empresa se arruinó por la mala gestión.* **2** Destruir o perder una persona un bien que por naturaleza le corresponde. **3** No alcanzar una cosa el estado de desarrollo o perfección que le corresponde: *su informalidad arruinará su futuro.* SIN estropear, malograr.

arrullar v. intr. **1** Emitir arrullos la paloma o la tórtola. ◆ v. tr. **2** Cantar o emitir un sonido suave con la voz para dormir a un niño.
DER arrullo.

arrullo n. m. **1** Canto grave y monótono de las palomas y las tórtolas. **2** Canción monótona y suave con la que se intenta dormir a un niño: *se fue calmando con el dulce arrullo de su madre.*

arsenal n. m. **1** Depósito de armas y otro material de guerra: *anoche hicieron volar el arsenal del campamento enemigo.* **2** Lugar en el que se construyen y reparan embarcaciones. SIN atarazana. **3** Conjunto o depósito de datos o noticias.

arsénico n. m. Elemento químico sólido, de color gris metálico, que forma compuestos venenosos: *el símbolo del arsénico es As.*

arte n. amb. **1** Obra o actividad por la que el hombre muestra simbólicamente un aspecto de la realidad o un sentimiento valiéndose de la materia, la imagen y el sonido: *esta galería tiene una excelente colección de arte moderno.* arte abstracto Arte que no representa objetos, sino sus características o cualidades. arte figurativo Arte que representa objetos que existen en la realidad: *el estilo impresionista entra dentro del arte figurativo.* bellas artes Conjunto de artes que se valen del color, la forma, el lenguaje, el sonido y el movimiento para expresar algo. **2** Conjunto de reglas y conocimientos necesarios para hacer bien algo o para desarrollar una actividad: *el arte de la cocina.* SIN técnica. **3** Habilidad para hacer bien ciertas cosas: *el arte de vivir.* **4** Aparato que sirve para pescar: *los pescadores llevan las artes en la proa de la barca.*
▶ artes marciales Conjunto de deportes de origen oriental basados en la lucha cuerpo a cuerpo. malas artes Medios o procedimientos poco éticos de los que se vale alguien para conseguir algo: *intentó desprestigiarlo mediante sus malas artes.*
DER artefacto, artesano, artífice, artilugio, artista.

artefacto n. m. **1** Máquina o aparato, generalmente grande o hecho con poca técnica. **2** Carga o aparato que se usa para provocar una explosión: *la policía localizó y desactivó el artefacto colocado por los terroristas.*

arteria n. f. **1** Conducto por el que la sangre sale del corazón y llega a todo el cuerpo: *la arteria pulmonar y la aorta son las más importantes del cuerpo.* **2** Vía de comunicación importante, como una carretera, una autopista o una calle principal.
DER arterial.

arterial adj. De la arteria o que tiene relación con este conducto: *la presión arterial; la sangre arterial.*

arterioesclerosis n. f. MED Arteriosclerosis.

arteriosclerosis n. f. MED. Endurecimiento y aumento del grosor de las paredes arteriales.
OBS El plural también es *arteriosclerosis*.

artesa n. f. Recipiente rectangular, generalmente de madera, cuyos cuatro lados se van estrechando hacia el fondo; se usa para amasar el pan y para mezclar sustancias: *el albañil preparó el cemento en la artesa.*
DER artesón.

artesanal adj. De la artesanía o que tiene relación con esta técnica. SIN artesano.

artesanía n. f. **1** Técnica para fabricar objetos o productos a mano, con aparatos sencillos y de manera tradicional. **2** Objeto o producto fabricado según esta técnica: *en esa tienda venden artesanía peruana.*

artesano, -na adj. **1** De la artesanía o que tiene relación con esta técnica: *todo el adorno está hecho con unas refinadas técnicas artesanas.* SIN artesanal. ◆ n. m. y f. **2** Persona que se dedica a la artesanía.
DER artesanal, artesanía, artesiano.

artesiano adj. GEOL. [pozo] Que se practica

entre dos capas subterráneas impermeables de manera que el agua allí contenida salga por su propia presión.

artesón n. m. Moldura de madera en forma de cuadrado u otra figura regular, cóncava y con algún adorno en el interior que, dispuesta junto con otras en serie, forma el artesonado.
DER artesonado.

artesonado, -da adj. **1** ARQ. [techo, cubierta] Que está adornado con artesones: *la sala central tiene un techo artesonado con maderas traídas del Caribe.* ◆ n. m. **2** ARQ. Techo adornado con artesones.

ártico, -ca adj. Del polo Norte o que tiene relación con este lugar de la Tierra o con sus territorios limítrofes: *el clima ártico; las tierras árticas.*

articulable adj. Que puede ser articulado: *muñeca articulable; conocimientos articulables.*

articulación n. f. **1** Unión entre dos piezas rígidas que permite cierto movimiento entre ellas. **2** Unión, generalmente movible, de dos huesos: *tiene reúma y le duele la articulación de la rodilla.* SIN coyuntura. **3** Unión de distintos elementos que forman un conjunto ordenado. **4** Pronunciación clara de las palabras. **5** GRAM. Posición y movimiento de los órganos del aparato vocal para pronunciar un sonido: *en la articulación de la consonante «b» intervienen los dos labios.*

articulado, -da adj. **1** Que tiene articulaciones o piezas unidas por articulaciones: *un camión articulado.* **2** [animal] Que tiene un esqueleto externo formado por piezas que se articulan entre sí. **3** GRAM. [lenguaje] Que está formado por un número determinado de sonidos que se combinan de manera diferente para formar palabras con significado: *los animales no tienen lenguaje articulado.* ANT inarticulado. ◆ n. m. **4** Conjunto de artículos de una ley, un tratado o un reglamento.
DER inarticulado.

articular v. tr. **1** Unir dos piezas de manera que sea posible el movimiento entre ellas: *esta mesa se puede plegar porque sus patas se articulan.* **2** Pronunciar un sonido colocando los órganos del aparato vocal de manera correcta. **3** Unir distintos elementos para formar un conjunto ordenado. ANT desunir.
DER articulable, articulación, articulado, articulatorio.

articulista n. com. Persona que escribe artículos para periódicos o publicaciones semejantes.

artículo n. m. **1** Texto escrito sobre un tema que aparece publicado en un periódico, en una revista o en un libro: *hay artículos de política, de economía, de deportes o de actualidad.* **2** Producto u objeto que se compra o se vende: *en un supermercado puedes encontrar artículos de alimentación, de limpieza, de perfumería y muchos otros.* **artículo de primera necesidad** Producto que es importante y necesario para la vida: *el pan y la leche son artículos de primera necesidad.* **3** GRAM. Determinante que acompaña al nombre e indica que nos referimos a un elemento conocido o a la especie en general; concuerda con el nombre en género y número: *en la frase «el gato va a saltar», «el» nos indica que no se trata de un gato cualquiera; en la frase «el gato es un mamífero», «el» nos indica que hablamos de todos los gatos en general.* **4** Parte de un tratado, ley o documento oficial que forma con otras iguales una serie numerada y ordenada. SIN apartado, párrafo. **5** Parte que en un diccionario se dedica a la definición de la palabra con que se encabeza.
DER articulista.

artífice n. com. **1** Autor o realizador de una cosa: *el artífice de una victoria deportiva.* **2** Persona que hace trabajos artísticos o delicados con las manos.
DER artificio.

artificial adj. **1** Que ha sido hecho por el ser humano y no por la naturaleza: *las flores artificiales imitan las naturales, pero se hacen de tela, papel o plástico.* ANT natural. **2** Que no es sincero, que es falso o fingido.
DER artificialmente.

artificio n. m. **1** Máquina o aparato. **2** En una obra artística, exceso de elaboración y falta de naturalidad: *esa novela tiene demasiado artificio: el lenguaje es muy poco natural.* **3** Truco o habilidad para imitar una cosa, disimular sus imperfecciones o producir un efecto.
DER artificial, artificiero, artificioso.

artificioso, -sa adj. Falto de naturalidad: *el lenguaje que emplea en sus novelas es demasiado artificioso.*
DER artificiosidad.

artillería n. f. **1** Conjunto formado por los cañones, morteros y otras máquinas de guerra que disparan proyectiles a gran distancia y que pertenecen a un ejército, a un barco o a una plaza militar. **2** En el ejército de tierra, cuerpo destinado a usar esas máquinas: *la artillería desfiló detrás de la infantería.* **3** Arte de construir y usar las armas, máquinas y municiones de guerra: *los especialistas en artillería son los encargados del mantenimiento de los cañones.*

artilugio n. m. Mecanismo o aparato, especialmente si su manejo es complicado.

artimaña n. f. Medio que se emplea con habilidad y astucia para conseguir algo, especialmente para engañar o evitar un engaño: *con sus artimañas, obtuvo de él todo lo que quiso.*
SIN ardid, estratagema.

artista n. com. **1** Persona que se dedica a una o más de las bellas artes, que hace obras de arte: *los músicos y los pintores son artistas.* **2** Persona que tiene las cualidades necesarias para dedicarse a una o más de las bellas artes. **3** Persona que trabaja profesionalmente en un espectáculo como cantante, actor o bailarín. **4** Persona que hace muy bien una cosa o destaca en una actividad: *algunos cocineros son verdaderos artistas.*
DER artístico.

artístico, -ca adj. **1** Del arte o que tiene relación con él: *la producción artística de esa época es muy abundante.* **2** Que está hecho con arte.

artritis n. f. Inflamación dolorosa de las articulaciones de los huesos: *los ancianos suelen tener artritis.*
OBS El plural también es *artritis.*
DER artrítico.

artrópodo adj./ n. m. **1** ZOOL. [animal] Que pertenece al tipo de los artrópodos. ◆ n. m. pl. **2** artrópodos ZOOL. Tipo de animales invertebrados que tienen las patas y las antenas compuestas por piezas articuladas y el cuerpo recubierto de una sustancia dura: *los insectos, las arañas y los crustáceos son artrópodos.*

artrosis n. f. Enfermedad grave que altera y deforma las articulaciones de los huesos.
OBS El plural también es *artrosis.*

arzobispado n. m. **1** Cargo o dignidad de arzobispo: *el arzobispado percibía el diezmo de los fieles.* **2** Territorio o administración que está bajo la jurisdicción de un arzobispo. **3** Residencia del arzobispo: *el arzobispado disponía de una oficina para la copia de libros.*

arzobispo n. m. Obispo de iglesia metropolitana.
DER arzobispado, arzobispal.

as n. m. **1** Carta que en la numeración de cada palo de la baraja lleva el número uno: *el as de oros, de bastos, de copas, de espadas.* **2** Cara del dado que tiene un solo punto: *lanzó los dados y sacó dos ases.* **3** Persona que sobresale mucho en una actividad o profesión.
OBS El plural es *ases.*

asa n. f. Pieza, generalmente curva y cerrada, que sobresale de un objeto y sirve para cogerlo con la mano: *cogió la cacerola por las asas.*
OBS En singular se le anteponen los determinantes *el, un,* salvo que entre el determinante y el nombre haya otra palabra: *el asa, la artística asa.*
DER asir.

asado n. m. Carne que se cocina exponiéndola a la acción directa del fuego.

asador n. m. **1** Varilla puntiaguda en la que se ensarta y pone al fuego lo que se quiere asar. **2** Aparato que sirve para cocinar exponiendo los alimentos a la acción directa del fuego. **3** Establecimiento en el que sirven comidas asadas: *fuimos a un asador a comer churrasco.* SIN parrilla.

asaetear v. tr. Disparar saetas o herir con ellas.

asalariado, -da adj./ n. m. y f. [persona] Que percibe un salario por su trabajo.

asaltante adj./ n. com. [persona] Que asalta o ataca: *la mujer lo identificó como el asaltante que la agredió.*

asaltar v. tr. **1** Entrar repentina y violentamente en un lugar con la intención de apoderarse de él o para robar. **2** Atacar por sorpresa a una persona con la intención de robarla: *nos asaltaron justo a la salida del cine.* **3** Venir de repente a la mente un pensamiento o una idea: *tras hablar con él, me asaltó la duda.*
DER asaltante, asalto.

asalto n. m. **1** Parte o tiempo de que consta un combate de boxeo: *cada asalto dura tres minutos.* **2** Ataque repentino y violento que se hace con la intención de robar o de apoderarse de un lugar.

asamblea n. f. **1** Reunión de muchas personas convocadas con un fin. **2** Conjunto de representantes políticos que constituyen un cuerpo deliberante: *la Asamblea General de las Naciones Unidas aprobó los derechos de los niños.*
DER asambleísta.

asar v. tr. **1** Cocinar un alimento sometién-

dolo a la acción directa del fuego. ◆ v. prnl. **2** **asarse** Sentir mucho calor. SIN cocer.
DER asado, asador, asadura; soasar.

asaz adv. *formal* Indica el grado más alto de lo que se expresa: *su muerte fue asaz dolorosa.* SIN muy.
OBS Se usa ante adjetivos, participios, adverbios y locuciones adverbiales.

ascendencia n. f. **1** Conjunto de los antepasados de una persona. **2** Procedencia, origen: *tengo ascendencia judía porque mis bisabuelos eran judíos.* ANT descendencia.

ascendente adj. Que asciende o sube: *se observa una progresión ascendente de los precios.*
DER ascendencia.

ascender v. intr. **1** Subir a un lugar, a un punto o a un grado más alto: *han ascendido al Himalaya.* ANT descender. **2** Costar cierta cantidad de dinero: *los gastos ascienden al doble de lo previsto.* SIN importar. ◆ v. tr./ intr. **3** Pasar o hacer pasar de una categoría o puesto menos importante a otro más alto o de más importancia: *lo ascendieron a capitán.*
OBS En su conjugación, la *e* se convierte en *ie* en sílaba acentuada, como en *entender.*
DER ascendente, ascendiente, ascensión, ascenso, ascensor; descender.

ascendiente n. com. **1** Padre, madre o cualquiera de los abuelos de quien desciende una persona. SIN ancestro, antecesor, antepasado. ANT descendiente. ◆ n. m. **2** Influencia o autoridad moral.

ascensión n. f. **1** Subida a un lugar más alto; por excelencia, la de Cristo a los cielos. ANT descenso. **2** Terreno inclinado considerado de abajo arriba. SIN ascenso, subida. ANT descenso.

ascenso n. m. **1** Subida a un lugar más alto: *los alpinistas han culminado el ascenso al Himalaya.* ANT descenso. **2** Aumento de la cantidad o de la intensidad. SIN subida. ANT descenso. **3** Terreno inclinado considerado de abajo arriba. SIN ascensión, subida. ANT descenso. **4** Paso de un puesto o categoría a otro más importante.

ascensor n. m. Aparato que sirve para subir y bajar personas o cosas de un piso a otro en un edificio.
DER ascensorista.

asceta n. com. Persona que se dedica a la práctica del perfeccionamiento espiritual.
DER ascético, ascetismo.

ascético, -ca adj. Del asceta o el ascetismo o que está relacionado con ellos: *viven de manera muy ascética.*

ascetismo n. m. **1** Ejercicio y práctica de un estilo de vida austero y sencillo para conseguir la perfección espiritual. **2** Doctrina en la que se basa este estilo de vida.

asco n. m. **1** Alteración del estómago causada por algo desagradable que produce ganas de vomitar: *¡qué asco! este huevo está podrido y huele muy mal.* SIN repugnancia. **2** Sensación de disgusto o rechazo causada por una persona o cosa.
▶ **estar hecho un asco** Estar muy sucio: *el niño se ha caído en un charco y está hecho un asco.* **no hacer ascos** Aceptar de buena gana.
DER asquear, asqueroso.

ascua n. f. Trozo de carbón o de leña que arde sin llama: *cuando el fuego se apaga, quedan las ascuas en la chimenea.* SIN brasa.
▶ **arrimar el ascua a su sardina** Tomar uno la decisión que más favorece sus intereses. **en (o sobre) ascuas** Inquieto o sobresaltado: *¡cuéntamelo ya, que me tienes en ascuas!*
OBS En singular se le anteponen los determinantes *el, un,* salvo que entre el determinante y el nombre haya otra palabra: *el ascua, la brillante ascua.*

aseado, -da adj. Que está limpio y arreglado: *una persona está aseada después de lavarse, peinarse y vestirse; en una habitación aseada todo está limpio y en orden.*

asear v. tr./ prnl. Limpiar y poner en orden: *aséate un poco y cámbiate de ropa antes de salir.* SIN adecentar.
DER aseo; desasear.

asechanza n. f. Engaño oculto o disimulado para perjudicar a alguien.

asediar v. tr. **1** Rodear un lugar enemigo para evitar que los que están dentro puedan salir o recibir ayuda. **2** Molestar continuamente: *lo asediaron a preguntas.*
OBS En su conjugación, la *i* es átona como en *cambiar.*

asedio n. m. **1** Cerco que se pone a un lugar enemigo para evitar que los que están dentro puedan salir o recibir ayuda. **2** Molestia repetida e insistente.
DER asediar.

asegurado, -da adj. **1** Que es objeto de un seguro: *la compañía del coche asegurado a todo riesgo corre con la reparación de los dos vehículos implicados.* ◆ adj./ n. m. y f. **2** [persona] Que ha contratado un seguro: *las cláusulas del segu-*

ro tienen que ser aceptadas expresamente por el asegurado.

asegurar v. tr. **1** Afirmar que una cosa es verdad, que una noticia es cierta: *asegura que él no tuvo nada que ver.* **2** Hacer que una persona o cosa esté bien sujeta. SIN fijar. **3** Firmar un documento en el que se establece cómo alguien cubrirá ciertos riesgos a cambio de una prima: *podemos asegurar la casa contra incendios o robos, o el coche a todo riesgo.* ◆ v. prnl. **4** asegurarse Comprobar una cosa para estar bien seguro: *antes de irte a dormir, asegúrate de que el gas de la cocina está bien cerrado.* SIN cerciorarse.
DER asegurador.

asemejar v. tr. **1** Hacer semejante una cosa a otra. ◆ v. prnl. **2** asemejarse Parecerse o ser semejante una cosa a otra. SIN asimilar, semejar.

asentamiento n. m. **1** Colocación de una cosa en un lugar de manera que permanezca firme y segura. **2** Establecimiento de una población en un lugar. **3** Lugar en el que se establece un pueblo: *ha sido descubierto un gran asentamiento romano a las afueras del pueblo.*

asentar v. tr. **1** Poner una cosa en un lugar para que quede firme. **2** Establecer los principios o las bases sobre las que se consolida algo inmaterial: *asentó los principios básicos de nuestra ciencia.* ◆ v. prnl. **3** asentarse Establecerse un grupo de personas en un lugar de manera permanente, quedarse a vivir allí. **4** Depositarse en el fondo de un líquido la materia sólida que está flotando en él: *asentarse los posos del café.*
OBS En su conjugación, la *e* se convierte en *ie* en sílaba acentuada, como en *acertar.*
DER asentamiento, asiento.

asentir v. intr. Admitir que se está de acuerdo con lo que una persona dice o propone: *a veces asentimos a lo que nos proponen con un gesto de la cabeza.*
OBS En su conjugación, la *e* se convierte en *ie* en sílaba acentuada o en *i* en algunos tiempos y personas, como en *hervir.*
DER asentimiento.

aseo n. m. **1** Habitación en la que están el váter y otros elementos que sirven para el aseo, a excepción de la ducha o la bañera. SIN retrete, servicio. **2** Limpieza o arreglo de algo: *debes dedicar más tiempo a tu aseo personal.*

asépalo, -la adj. BOT. [flor] Que carece de sépalos.

asepsia n. f. BOT. **1** Ausencia de bacterias y microbios que puedan provocar una infección: *en los quirófanos es necesaria la asepsia.* **2** Método o procedimiento para evitar que las bacterias, microbios o cualquier otro organismo infecten un cuerpo, un objeto o un lugar. **3** Falta de emoción o de sentimientos.
DER aséptico.

aséptico, -ca adj. **1** Que no tiene bacterias ni microbios que puedan provocar una infección. SIN estéril. **2** Que no es original o no se compromete; que no tiene emoción o energía: *su discurso en el Parlamento fue totalmente aséptico.*

asequible adj. Que se puede conseguir o alcanzar: *algunas cosas solo son asequibles si se tiene mucho dinero.*
DER inasequible.

aserción n. f. Declaración de que una cosa es cierta: *son falsas las aserciones de que el sida no se transmite heterosexualmente.*

aserradero n. m. Lugar donde se asierra la madera u otra cosa: *fue al aserradero a buscar serrín.*

aserrar v. tr. Cortar con una sierra. SIN serrar.
OBS En su conjugación, la *e* se convierte en *ie* en sílaba acentuada, como en *acertar.*
DER aserradero.

asertivo, -va adj. Que indica o expresa afirmación o sirve para afirmar.

asesinar v. tr. Matar a una persona con premeditación u otras agravantes.
DER asesinato.

asesinato n. m. Muerte que se da a una persona con premeditación u otras agravantes.

asesino, -na adj./ n. m. y f. [persona] Que causa la muerte de alguien con premeditación u otras agravantes.
DER asesinar.

asesor, -ra adj./ n. m. y f. [persona] Que asesora o da consejo técnico: *le preguntaré a mi asesor fiscal qué debo hacer con mis ahorros.*
DER asesoría.

asesoramiento n. m. Consejo u opinión que una persona da sobre un tema que conoce muy bien.

asesorar v. tr./ prnl. Dar o tomar consejo u opinión técnica. SIN aconsejar.
DER asesor, asesoramiento.

asesoría n. f. **1** Oficio del asesor: *lleva muchos años dedicándose a la asesoría.* **2** Establecimiento donde trabaja el asesor: *ha montado una asesoría fiscal.*

asestar v. tr. Dar un golpe, clavar un puñal o disparar un arma de fuego contra alguien o algo: *le asestó tres puñaladas.*

aseverar v. tr. Declarar que una cosa es cierta.
DER aseveración.

asexuado, -da adj. Que no tiene sexo. SIN asexual.

asexual adj. **1** Que no tiene sexo: *los objetos son asexuales.* SIN asexuado. **2** BIOL. [reproducción] Que se produce sin intervención de los dos sexos.

asfaltar v. tr. Cubrir una superficie con asfalto: *el ayuntamiento ha hecho asfaltar varias calles.*

asfalto n. m. **1** Sustancia densa y pegajosa derivada del petróleo crudo, de color negro y muy impermeable que, mezclada con arena o grava, se usa para cubrir superficies, especialmente calles y carreteras. **2** Pavimento hecho con esta sustancia.
DER asfaltar, asfáltico.

asfixia n. f. **1** Falta de oxígeno en la sangre provocada por un fallo en la respiración. **2** Sensación de agobio producida por el excesivo calor o por el enrarecimiento del aire: *empezó a sentir una especie de asfixia en el autobús.*
DER asfixiar.

asfixiante adj. Que asfixia: *gases asfixiantes; hace un calor asfixiante; una presión fiscal asfixiante.*

asfixiar v. tr./ prnl. **1** Impedir o dificultar la respiración: *algunas serpientes se enroscan al cuerpo de sus presas y las asfixian.* SIN ahogar. **2** Provocar o tener la sensación de no poder respirar, especialmente por el excesivo calor o el enrarecimiento del aire. SIN agobiar, ahogar, sofocar.
OBS En su conjugación, la *i* es átona, como en *cambiar.*
DER asfixiante.

así adv. **1** De esta o de esa manera: *mira: se hace así.* **2** En oraciones exclamativas e interrogativas indica extrañeza o admiración: *¿así que te vas?* **3** Con un verbo en subjuntivo expresa un deseo o maldición: *así te pudras.* SIN ojalá. ◆ adj. **4** Tal, semejante: *un marido así es una joya.* ◆ conj. **5** Aunque, por más que: *no dirá una palabra así lo maten.* **6** Indica consecuencia. NOTA Suele ir precedido de la conjunción *y.*
▶ así así Medianamente, regular. así como o así que Tan pronto como, en el momento en que. así como así De cualquier manera, fácilmente: *no creas que se aprende a hablar un idioma así como así.* así mismo De la misma manera: *los jóvenes deben hacer deporte; así mismo, los mayores también deben practixar deporte, pero con moderación.* NOTA También se puede escribir *asimismo.*
DER asimismo.

asiático, -ca adj. **1** De Asia o que tiene relación con este continente. ◆ adj./ n. m. y f. **2** [persona] Que es de Asia.

asidero n. m. **1** Parte de un objeto que sirve para asirlo o cogerlo con la mano. **2** Parte de un objeto o de un edificio que sirve para poder cogerse o sujetarse a él: *el asidero de una bañera.* **3** [persona, cosa] Que sirve de apoyo, ayuda o pretexto.

asiduo, -dua adj. **1** [persona] Que es perseverante en la realización de algo: *algunos restaurantes tienen clientes asiduos.* **2** [actividad] Que se hace constante y frecuentemente.
DER asiduidad.

asiento n. m. **1** Mueble o lugar para sentarse: *sillas, taburetes, sofás y bancos son diferentes tipos de asientos.* **2** Parte de un mueble u objeto donde alguien se sienta. **3** Lugar en que está situado un pueblo o un edificio. **4** Parte de un recipiente que sirve de base o apoyo. **5** Apunte o anotación que se hace en un registro o libro: *repasó los asientos que figuraban en el libro de contabilidad.*
▶ tomar asiento Sentarse: *tome asiento, por favor, y espere a que llegue el doctor.*

asignación n. f. **1** Decisión por la cual se determina que una cosa le corresponde a una persona: *la asignación de funciones se hará el mes que viene.* **2** Cantidad de dinero que se da a una persona o institución de manera periódica.

asignar v. tr. **1** Señalar que una cosa le corresponde a una persona: *le asignaron un trabajo demasiado difícil.* **2** Fijar un día para hacer una cosa, ponerse de acuerdo en una fecha.
SIN señalar.
DER asignación, asignatura.

asignatura n. f. Cada una de las materias que se enseñan en un curso y que forman parte de un programa de estudios: *matemáticas, lengua, literatura, educación física y filosofía son asignaturas de algunos planes de estudio.*

asilar v. tr. **1** Dar asilo a una persona extranjera que es perseguida en su país por motivos políticos. ◆ v. prnl. **2** asilarse Tomar asilo en un país extranjero una persona perseguida en el suyo por motivos políticos.

asilo n. m. **1** Establecimiento benéfico en el que se acoge a personas pobres o que no tienen casa: *la mayoría de asilos son para ancianos.* **2** Ayuda o protección que se da o se recibe.
▶ asilo político Protección que un estado da a una persona extranjera que es perseguida en su país por motivos políticos: *ha pedido asilo político en España.*
DER asilar.

asimetría n. f. Falta de simetría.
DER asimétrico.

asimétrico, -ca adj. Que tiene dos mitades o partes que no son exactamente coincidentes en forma y tamaño: *dibujó una figura asimétrica.* ANT simétrico.

asimilación n. f. **1** Conversión de los alimentos en materia útil para la vida. **2** Comprensión de lo que se aprende e incorporación de los conocimientos nuevos a los que ya se poseían. **3** Equiparación, proceso por el que algo se hace similar o igual a otra cosa. **4** Concesión a los miembros de una carrera o profesión de iguales derechos que los de otra.

asimilar v. tr. **1** Transformar un organismo los alimentos que toma en sustancias útiles para la vida: *tiene una enfermedad en el intestino y no asimila bien lo que come.* **2** Comprender lo que se está aprendiendo e incorporar los conocimientos nuevos a los que ya se tenían. **3** Equiparar, hacer que algo sea similar a otra cosa: *la Unión Europea deberá ser lo suficientemente flexible como para asimilar más países rápidamente.* **4** Aceptar una situación o adaptarse a ella. **5** Conceder a los miembros de una carrera o profesión iguales derechos que los de otra. ◆ v. prnl. **6** asimilarse Parecerse una cosa a otra. SIN asemejar, semejar.
DER asimilación; desasimilar.

asimismo adv. De la misma manera, igualmente. SIN también.

asíndeton n. m. LIT. Figura del lenguaje que consiste en suprimir las conjunciones entre las partes de una oración o entre varias oraciones: *un ejemplo de asíndeton es: corre, salta, vuela, sueña.*
OBS El plural es *asíndetos.*

asir v. tr./ prnl. Coger con fuerza, especialmente con la mano: *consiguió que la riada no se lo llevase asiéndose a una rama de un árbol.* SIN agarrar.
DER asidero; desasir.

asirio, -ria adj. **1** De Asiria o que está relacionado con esta antigua región del oeste de Asia. ◆ adj./ n. m. y f. **2** [persona] Que nació en Asiria. ◆ n. m. **3** Lengua semítica hablada antiguamente en esta región.

asistencia n. f. **1** Concurrencia a un lugar y permanencia en él durante un período: *la asistencia a las clases es obligatoria.* **2** Conjunto de personas presentes en un local o acto: *el músico agradeció los aplausos de la asistencia.* **3** Ayuda o cuidado que se da a una persona: *asistencia médica; precisará de asistencia durante la convalecencia.* **4** En baloncesto, pase que hace un jugador a otro de su mismo equipo para que consiga fácilmente una canasta: *este jugador ha dado diez asistencias a su compañero.*
▶ asistencia social Ayuda médica, económica o social prestada de manera gratuita a las

asir

INDICATIVO	SUBJUNTIVO
presente	**presente**
asgo	asga
ases	asgas
ase	asga
asimos	asgamos
asís	asgáis
asen	asgan
pretérito imperfecto	**pretérito imperfecto**
asía	asiera o asiese
asías	asieras o asieses
asía	asiera o asiese
asíamos	asiéramos o asiésemos
asíais	asierais o asieseis
asían	asieran o asiesen
pretérito perfecto simple	**futuro**
así	asiere
asiste	asieres
asió	asiere
asimos	asiéremos
asisteis	asiereis
asieron	asieren
futuro	IMPERATIVO
asiré	ase (tú)
asirás	asga (usted)
asirá	asid (vosotros)
asiremos	asgan (ustedes)
asiréis	
asirán	FORMAS NO PERSONALES
condicional	**infinitivo** asir / **gerundio** asiendo
asiría	
asirías	**participio**
asiría	asido
asiríamos	
asiríais	
asirían	

a b c d e f g h i j k l m n ñ o p q r s t u v w x y z

personas que carecen de recursos económicos, generalmente por parte de una institución oficial.
DER inasistencia.

asistenta n. f. Mujer que se dedica a la limpieza y al servicio doméstico en una casa distinta de la suya a cambio de dinero, generalmente por horas o solo algunos días a la semana.

asistente adj./ n. com. **1** [persona] Que está presente en un lugar o acto: *todos los asistentes a la reunión firmaron el acta.* ◆ n. com. **2** Persona que ayuda o auxilia a otra en algunos actos o tareas.
▶ asistente social Persona que se dedica a asesorar a otras que carecen de recursos económicos, gestionando las ayudas que presta la asistencia social.

asistir v. intr. **1** Estar presente en un lugar o en un acto: *un gran número de personas asistió al funeral.* ◆ v. tr. **2** Ayudar a una persona, atenderla o cuidarla. **3** Estar la razón o el derecho de parte de una persona: *me asiste el derecho a ser escuchado en esta reunión.* ◆ v. tr./ intr. **4** Realizar en una casa los trabajos domésticos a cambio de dinero. SIN servir.
DER asistencia, asistenta, asistente; desasistir.

asma n. f. Enfermedad del aparato respiratorio caracterizada por respiración anhelosa y difícil, tos, sensación de ahogo y expectoración escasa: *un ataque de asma.*
OBS En singular se le anteponen los determinantes *el, un,* salvo que entre el determinante y el nombre haya otra palabra: *el asma, la pesada asma.*
DER asmático.

asmático, -ca adj. **1** Del asma o que tiene relación con esta enfermedad: *bronquitis asmática.* ◆ adj./ n. m. y f. **2** [persona] Que padece asma.

asno n. m. **1** Cuadrúpedo doméstico, parecido al caballo aunque más pequeño, con grandes orejas y cola larga y pelo áspero y grisáceo, que por ser muy resistente se usa para trabajos en el campo y para la carga. SIN burro. ◆ adj./ n. m. **2** [persona] Torpe y poco inteligente: *como era tan asno, fue incapaz de terminar los estudios primarios.* SIN besugo, burro.
DER asnal.

asociación n. f. **1** Unión de personas, entidades o cosas para un fin. **2** Relación que se establece entre dos ideas cuando una sugiere la otra. **3** Conjunto de personas que se han unido con un fin: *las asociaciones de vecinos luchan por mejorar sus barrios.*
DER asociacionismo.

asociado, -da n. m. y f. Persona que forma parte de una asociación o sociedad: *los asociados se reúnen una vez al año.* SIN socio.

asocial adj. [persona] Que no se integra en la sociedad o se manifiesta contrario a la vida social.

asociar v. tr./ prnl. **1** Unir a una persona, entidad o cosa con otra u otras para un fin: *cada vez hay más fabricantes que se asocian con empresas extranjeras.* ◆ v. tr. **2** Relacionar dos ideas de modo que una de ellas sugiera la otra: *siempre asocio el olor a sandía con el verano.* **3** Unir o juntar.
OBS En su conjugación, la *i* no se acentúa, como en *cambiar.*
DER asociación, asociado, asociativo.

asociativo, -va adj. Que induce a la asociación de ideas o que es el resultado de ellas.

asolar v. tr. **1** Destruir totalmente, arrasar: *en ocasiones, los tifones asolan las costas de Florida.* SIN desolar, devastar. ◆ v. tr./ prnl. **2** Secar el campo o echar a perder sus frutos el calor o la sequía: *toda la fruta se asoló durante el verano.*
OBS En su conjugación, la *o* se convierte en *ue* en sílaba acentuada, como en *contar.* Se tiende a conjugarlo también como *regular.*

asomar v. intr. **1** Empezar a mostrarse una persona o cosa: *todas las mañanas asoma el sol por el este.* ◆ v. tr./ prnl. **2** Sacar o mostrar una cosa por una abertura o por detrás de alguna parte: *asómate a la ventana.*
DER asomo.

asombrar v. tr./ prnl. Causar o sentir asombro: *me asombra tu capacidad de trabajo.* SIN maravillar.
DER asombrado, asombro.

asombro n. m. **1** Gran admiración o sorpresa: *el jugador provocó el asombro del público con su habilidad.* **2** Persona o cosa que causa admiración o sorpresa.
DER asombroso.

asombroso, -sa adj. Que causa admiración o sorpresa: *la inteligencia de este niño es asombrosa.* SIN sorprendente.

asomo n. m. Muestra o señal de una cosa: *no te veo ni el menor asomo de interés en tus estudios.*
▶ ni por asomo De ninguna manera: *eres muy vago y, si sigues así, no vas a terminar el trabajo ni por asomo.*

asonancia n. f. LIT. Igualdad de las vocales en la terminación de dos palabras, especialmente si son finales de verso, a partir de su última vocal acentuada: *existe asonancia entre las palabras espanto y árbol.*
DER asonante.

asonantar v. intr. **1** LIT. Ser una palabra asonante de otra. ◆ v. tr. **2** LIT. Rimar los versos en asonante.

asonante adj. [palabra] Que coincide con otra solo en los sonidos vocales, a partir de su última vocal acentuada: *fortuna es asonante de mucha.* ANT consonante.
DER asonantar.

aspa n. f. **1** Conjunto formado por dos o más palas o barras unidas en forma de X y que gira movido por la fuerza del viento o la electricidad: *las aspas de un molino de viento; las aspas de un ventilador.* **2** Cosa que tiene forma de X.
OBS En singular se le anteponen los determinantes *el, un,* salvo que entre el determinante y el nombre haya otra palabra: *el aspa, la ancha aspa.*
DER aspar.

aspar v. tr. Someter a suplicio a una persona fijándola o clavándola en una cruz en forma de aspa.
▶ que me (o te, o le) aspen **a.** Refuerza lo que se dice a continuación: *¡que me aspen si ese no es Ambrosio!* **b.** Se usa para indicar desprecio o desinterés: *si no te interesa, lárgate y que te aspen.*

aspaviento n. m. Demostración excesiva o exagerada de un sentimiento: *cuando les dieron las vacaciones, los niños salieron de la escuela haciendo aspavientos de alegría.*
OBS Se suele usar con el verbo *hacer.* Se usa frecuentemente en plural.
DER aspaventar.

aspecto n. m. **1** Conjunto de rasgos o características que muestra una persona o cosa: *esa tortilla tiene muy buen aspecto.* SIN apariencia, facha. **2** GRAM. Categoría gramatical que distingue en el verbo diferentes clases de acción: *los verbos pueden tener aspecto perfectivo, imperfectivo o durativo.*

aspereza n. f. **1** Cualidad de áspero: *la aspereza de la alfombra.* **2** Parte áspera de un cuerpo: *eliminar rugosidades y asperezas.* **3** Brusquedad o falta de amabilidad en el trato: *pretendía atenuar la aspereza del recibimiento; nos contestó con aspereza.*
▶ limar asperezas Conciliar opiniones, acercar pareceres contrarios o salvar las dificultades en el trato con alguien: *ambos gobiernos intentarán limar asperezas en la próxima cumbre; hace falta que la gente se siente a hablar y a limar asperezas.*

áspero, -ra adj. **1** Que tiene la superficie rugosa y es desagradable al tacto: *las toallas están ásperas.* ANT suave. **2** Que es poco delicado o amable en el trato.
DER aspereza; exasperar.

aspérrimo, -ma adj. Superlativo culto de áspero.

aspersión n. f. Dispersión de un líquido en finas gotas mediante un mecanismo: *muchos campos y jardines se riegan por aspersión.*

aspersor n. m. Mecanismo que esparce o dispersa un líquido a presión, como el agua para el riego o los herbicidas químicos.

aspiración n. f. **1** Deseo intenso de hacer o conseguir una cosa: *sus aspiraciones profesionales se han cumplido con creces.* SIN anhelo. **2** Introducción de aire u otra sustancia gaseosa en los pulmones. SIN inspiración. ANT espiración. **3** Sonido que se produce al rozar en la laringe o la faringe el aire espirado.

aspirador, -ra n. m. y f. **1** Aparato o máquina que aspira fluidos: *han traído un aspirador para vaciar la charca.* **2** Electrodoméstico que sirve para aspirar el polvo u otras partículas del suelo o de los muebles.

aspirante adj./n. com. Persona que aspira a conseguir un empleo, distinción o título.

aspirar v. intr. **1** Desear intensamente hacer o conseguir una cosa: *todos los atletas aspiran a la medalla de oro.* ◆ v. tr./intr. **2** Introducir aire u otra sustancia gaseosa en los pulmones. SIN inspirar. ANT espirar. **3** Atraer una máquina hacia su interior un líquido, un gas, el polvo o cualquier otra sustancia. **4** Pronunciar un sonido con aspiración: *en andaluz se aspira la h inicial de palabra.*
DER aspiración, aspirador, aspirante.

aspirina n. f. Medicamento compuesto de ácido acetilsalicílico que se emplea para quitar el dolor y bajar la fiebre: *si me duele la cabeza tomo aspirinas.*
OBS Procede de una marca registrada.

asquear v. intr. **1** Sentir asco de algo. **2** Causar asco a alguien: *este trabajo me asquea.*

asqueroso, -sa adj. Que produce asco.
DER asquerosidad.

asta n. f. **1** Prolongación de hueso de forma

cónica, generalmente curvada y acabada en punta, que crece en la parte superior de la frente de algunos animales. SIN cuerno. **2** Palo generalmente largo en que se coloca una bandera. SIN mástil. **3** Palo de una lanza o de una alabarda.
OBS En singular se le anteponen los determinantes *el, un,* salvo que entre el determinante y el nombre haya otra palabra: *el asta, la larga asta.*
DER astado, astil.

astenia n. f. Debilidad o fatiga general que dificulta o impide a una persona realizar tareas que en condiciones normales hace fácilmente: *la mayor parte de los casos de astenia se deben a causas psíquicas; (fig) terminada la guerra, reinaba una situación de astenia intelectual en los ámbitos académicos.*

astenosfera n. f. GEOL. Capa del interior de la Tierra, probablemente formada por materiales viscosos que pueden deformarse: *la astenosfera se halla entre 70-150 km y 600-800 km de profundidad.*

asterisco n. m. Signo de ortografía que se parece a una estrella de muchas puntas (*) y se usa para indicar una remisión, una nota a pie de página, una forma irregular o para otros fines.

asteroide n. m. Planeta de poco volumen cuya órbita se encuentra entre las de Marte y Júpiter.
DER asteroideo.

astigmatismo n. m. MED. Defecto de la vista debido a una curvatura irregular de la córnea que hace que se vean algo deformadas las imágenes y poco claro su contorno.

astilla n. f. Fragmento irregular que salta de una materia, especialmente la madera, o queda en ella al partirla o romperla con fuerza: *me he clavado una astilla.*
▶ hacer astillas **a.** Producir astillas al partir o romper un objeto con fuerza: *cogió las viejas sillas y las hizo astillas.* **b.** Romper o destrozar una cosa.
DER astillar, astillero.

astillar v. tr./ prnl. Hacer astillas: *al darle una patada a la puerta la he astillado.*

astillero n. m. Lugar en el que se construyen y reparan embarcaciones.

astracán n. m. **1** Piel de los corderos no nacidos o recién nacidos de una raza de ovejas del Turquestán; el pelo es rizado y de color negro o muy oscuro. **2** Tejido de lana o de pelo de cabra que imita esta piel.

astrágalo n. m. ANAT. Hueso que, junto con otros seis, forma el tarso: *el astrágalo permite flexionar el pie.*

astral adj. De los astros o relacionado con ellos: *energía astral; movimientos astrales.*

astro n. m. **1** Cuerpo celeste del firmamento, como las estrellas y los planetas. **2** Persona que destaca en una profesión o que es muy popular, especialmente en un deporte o en el arte. SIN estrella, figura.
DER astral, astroso.

astro- Elemento prefijal que entra en la formación de palabras con el valor de: **a.** 'Astro': *astrología.* **b.** Indica relación con la navegación espacial: *astronave.*

astrofísica n. f. Parte de la astronomía que estudia los astros utilizando los métodos y las leyes de la física.
DER astrofísico.

astrolabio n. m. Instrumento que se usó para observar la situación y movimientos de los astros: *los astrolabios se utilizaban en la navegación para determinar el rumbo.*

astrología n. f. Estudio de la influencia que la posición y el movimiento de los astros pueden tener sobre las personas.
DER astrológico, astrólogo.

astrólogo, -ga n. m. y f. Persona que se dedica al estudio de la astrología.

astronauta n. com. Persona que pilota o forma parte de la tripulación de una nave espacial o que está entrenada y preparada para hacerlo. SIN cosmonauta.
DER astronáutica, astronave.

astronáutica n. f. Ciencia y técnica de la navegación espacial, fuera de la atmósfera terrestre.

astronáutico, -ca adj. De la astronáutica o relacionado con ella.

astronomía n. f. Ciencia que estudia los astros, sus movimientos, su posición y su naturaleza.

astronómico, -ca adj. **1** De la astronomía o que tiene relación con esta ciencia: *los observatorios astronómicos tienen telescopios muy sofisticados.* **2** [cantidad] Que es enorme o exagerado: *precios astronómicos; distancias astrónomicas.*

astrónomo, -ma n. m. y f. Persona que se dedica al estudio de la astronomía.

astucia n. f. **1** Habilidad para conseguir algo, especialmente para engañar o evitar un daño: *su astucia le ayudó a escapar de la policía.* **2** Me-

dio que se emplea con habilidad para conseguir algo, especialmente para engañar o evitar un daño. **SIN** artimaña, estratagema.
DER astuto.

astur adj. **1** De un antiguo pueblo que ocupaba gran parte de la actual provincia de León y casi toda la de Asturias, o relacionado con él: *la capital del pueblo astur fue Asturica Augusta, hoy Astorga.* ◆ n. m. y f. **2** Persona que pertenecía a este pueblo.

asturiano, -na adj. **1** De Asturias o que tiene relación con esta provincia y comunidad autónoma española. ◆ adj./ n. m. y f. **2** [persona] Que es de Asturias ◆ n. m. **3** Variedad lingüística procedente del leonés que se habla en Asturias: *el asturiano también se denomina bable.*

astuto, -ta adj. Que es hábil para engañar o para evitar el engaño: *una persona astuta no se deja engañar fácilmente.* **SIN** ladino, sagaz, zorro.

asumir v. tr. **1** Aceptar una obligación o una responsabilidad: *no creo que debas asumir semejante responsabilidad.* **2** Tomar conciencia de algo: *tienes que asumir tus propias limitaciones.*
DER asunción, asunto; reasumir.

asunción n. f. **1** Aceptación de una obligación o responsabilidad: *la asunción de su nuevo cargo le obligará a residir en la capital de lunes a viernes.* **SIN** contracción. **2** En la religión católica, subida de la Virgen María a los cielos.

asunto n. m. **1** Materia de que se trata: *todavía no he llegado a comprender el fondo del asunto.* **2** Tema o argumento de una obra literaria o de una película. **3** Negocio u ocupación de una persona: *no quiero que nadie se meta en mis asuntos.* **4** Aventura amorosa que se mantiene en secreto: *sus idas y venidas me hacen pensar que tiene un asunto con alguna compañera.*

asustadizo, -za adj. Que se asusta con facilidad: *las ardillas son animales asustadizos.*

asustado, -da adj. Que siente miedo o preocupación por algo desconocido o inesperado: *sus ojos delataban que él estaba asustado.*

asustar v. tr./ prnl. Causar o sentir susto, miedo o temor. **SIN** amedrentar, atemorizar, intimidar.
DER asustadizo.

atacante adj./ n. com. **1** Que ataca. **2** [jugador, equipo] Que se dirige hacia la meta o campo contrarios para conseguir un gol o un tanto.

atacar v. tr./ intr. **1** Lanzarse con violencia contra una persona o cosa para hacerle daño o derrotarla: *la mayoría de los animales salvajes no atacan al hombre si no son provocados.* **2** Criticar con fuerza a una persona, una organización o una idea: *escribió un artículo atacando a los jueces.* **3** Actuar una enfermedad o una sustancia química sobre algo, dañándolo o destruyéndolo. **4** Empezar a ejecutar un sonido o una composición musical.
OBS En su conjugación, la *c* se convierte en *qu* delante de *e*.
DER ataque; contraatacar.

atado n. m. Conjunto de cosas unidas o sujetas juntas con cuerdas, cordeles o materiales semejantes: *llevaba la ropa sucia en un atado.*

atadura n. f. **1** Material que se usa para atar: *el preso se liberó de las ataduras y consiguió escapar.* **2** Unión o relación fuerte entre dos personas o cosas.
OBS Se usa frecuentemente en plural.

atajar v. intr. **1** Hacer el camino más corto entre dos puntos escogiendo el trayecto más adecuado: *si atajamos por aquí, llegaremos antes.* **SIN** cortar. ◆ v. tr. **2** Cortar o interrumpir un proceso o una acción: *los médicos no pudieron atajar la enfermedad a tiempo.*
DER atajo.

atajo n. m. **1** Camino más corto que otro para ir a un lugar. **2** Grupo pequeño de ganado: *el cabrero salió al monte con su atajo de cabras.* **NOTA** También se escribe *hatajo*. **3** Conjunto o grupo de personas o cosas: *sois un atajo de vagos.* **NOTA** También se escribe *hatajo*.

atalaje n. m. Conjunto de correajes de las caballerías.

atalaya n. f. Torre construida sobre un lugar elevado que sirve para vigilar una gran extensión de terreno o de mar.

atañer v. intr. Corresponder, incumbir o afectar: *este problema no me atañe en absoluto.* **SIN** competer, concernir.
OBS Se conjuga como *tañer*.

ataque n. m. **1** Acción violenta o impetuosa contra una persona o cosa para hacerle daño o derrotarla: *un ataque de la aviación; un plan de ataque.* **2** Hecho o dicho con que se critica con fuerza a una persona, una organización o una idea. **3** Acceso repentino causado por una enfermedad o por un sentimiento extremo: *un ataque de corazón.*

atar v. tr./ prnl. **1** Unir o sujetar con cuerdas, cordeles o materiales semejantes: *átale los zapatos al niño.* **ANT** desatar. ◆ v. tr. **2** Impedir

o quitar el movimiento: *el trabajo la tiene atada todo el día a la oficina.* SIN encadenar.
▶ atar cabos Reunir y relacionar datos para sacar una conclusión: *he ido atando cabos y he llegado a la conclusión de que me engañas.* atar corto Vigilar de cerca a una persona, controlar sus movimientos y acciones: *deberías atar corto a tus hijos; hacen lo que quieren y eso no puede ser.*
DER atado, atadura; desatar.

atarazana n. f. Lugar en el que se construyen y reparan embarcaciones. SIN arsenal.

atardecer n. m. **1** Período que corresponde a la última parte de la tarde: *los atardeceres en el mar son muy bellos.* ◆ v. impersonal **2** Empezar a caer la tarde: *está atardeciendo.*
OBS En su conjugación, la c se convierte en zc delante de a y o, como en agradecer.

atareado, -da adj. Que está muy ocupado con su trabajo: *el jefe es una persona muy atareada.*

atascar v. tr./ prnl. **1** Obstruir o tapar un conducto con alguna cosa: *el fregadero se ha atascado.* SIN atrancar, taponar. **2** Poner obstáculos al desarrollo de un proceso o de una acción. ◆ v. prnl. **3** atascarse Quedarse detenido en un lugar sin poder moverse o avanzar: *el coche se atascó en el barro.* **4** Cortarse o turbarse la persona que estaba hablando: *cada vez que tiene que hablar en público se atasca.* SIN atrancar.
OBS En su conjugación, la *c* se convierte en *qu* delante de *e*.
DER atasco; desatascar.

atasco n. m. **1** Obstrucción de un conducto. **2** Acumulación excesiva de vehículos que impide la circulación normal por un lugar: *en las horas punta se suelen producir atascos en el centro.* SIN congestión, tapón.

ataúd n. m. Caja en la que se coloca un cuerpo muerto para enterrarlo. SIN féretro.

ataviar v. tr./ prnl. Arreglar, vestir o adornar de determinada manera: *las mujeres se ataviaron con los trajes regionales.*
OBS En su conjugación, la *i* se acentúa en algunos tiempos y personas, como en *desviar*.
DER atavío.

atávico, -ca adj. [comportamiento] Que imita o mantiene costumbres o formas de vida propias de otras épocas: *un miedo atávico a la oscuridad.*

ateísmo n. m. Doctrina que niega la existencia de Dios.

atemorizar v. tr./ prnl. Asustar, causar o sentir temor o miedo: *los gritos atemorizan a los niños; el futuro me atemoriza.* SIN acobardar, acoquinar.
OBS En su conjugación, la *z* se convierte en *c* delante de *e*.

atemperar v. tr./ prnl. Calmar, moderar o hacer más suave: *unas palabras conciliadoras atemperaron los ánimos.* SIN suavizar.

atenazar v. tr. **1** Sujetar con fuerza con unas tenazas o de forma semejante. **2** Dejar parado o sin capacidad de movimiento o de acción: *el miedo me atenazaba y no podía moverme ni gritar.*
OBS En su conjugación, la *z* se convierte en *c* delante de *e*.

atención n. f. **1** Aplicación intensa del entendimiento y los sentidos a un asunto: *si prestamos atención a las explicaciones de clase, las entenderemos mejor.* **2** Demostración de respeto, cortesía o afecto: *tiene muchas atenciones con su mujer.*
▶ en atención a Teniendo en cuenta aquello de que se habla: *se lo doy en atención a la amistad que nos une.* llamar la atención **a.** Tratar de despertar el interés o la curiosidad de los demás: *se viste así de raro para llamar la atención.* **b.** Causar sorpresa, sorprender: *me llama la atención su cambio de criterio.* **c.** Regañar o reprender a una persona: *no pises el césped porque el guarda te va a llamar la atención.*

atender v. tr./ intr. **1** Escuchar con atención, aplicar intensamente el entendimiento y los sentidos a un asunto: *hay alumnos que no atienden en clase, siempre están distraídos.* ◆ v. tr. **2** Tener cuidado de una persona o cosa, ocuparse de ella. **3** Considerar, tener en cuenta o satisfacer un ruego o una petición: *el ayuntamiento atendió las protestas de los vecinos y arregló la calle.* ◆ v. intr. **4** Llamarse un animal de una manera determinada: *el gato perdido atiende por Bigotes.*
OBS En su conjugación, la *e* se convierte en *ie* en sílaba acentuada, como en *entender*.
DER atención, atento; desatender.

ateneo n. m. **1** Asociación cultural que fomenta los conocimientos científicos, literarios y artísticos de las personas que pertenecen a ella. **2** Local o edificio donde se reúnen los miembros de esta asociación: *en el Ateneo de Madrid hay una buena biblioteca.*

atenerse v. prnl. Ajustarse o someterse a una cosa.
OBS Se conjuga como *tener*.

ateniense adj. **1** De Atenas o que tiene relación con la capital de Grecia: *el partenón ateniense.* ◆ adj./ n. com. **2** [persona] Que es de Atenas.

atentado n. m. **1** Acción violenta contra alguien para matarlo o contra una cosa para destruirla: *el presidente Kennedy murió en un atentado.* **2** Ataque u ofensa contra algo que se considera bueno o justo: *esta novela es un atentado contra el buen gusto.*

atentar v. tr./ intr. Cometer un atentado.
DER atentado.

atento, -ta adj. **1** Que pone atención. ANT desatento. **2** Que es muy amable y educado, que tiene atenciones con las personas: *las personas atentas procuran que quien esté a su lado se sienta a gusto.* ANT desatento.

atenuación n. f. Disminución de la intensidad, la gravedad o la importancia de algo.

atenuante adj./ n. f. [circunstancia] Que hace que disminuya la gravedad de un delito: *la perturbación mental es una circunstancia atenuante.*

atenuar v. tr. Disminuir la intensidad, la gravedad o la importancia de algo: *las gruesas cortinas no lograban atenuar la luz del exterior.*
OBS En su conjugación, la *u* se acentúa en algunos tiempos y personas, como en *actuar.*
DER atenuación, atenuante.

ateo, atea adj./ n. m. y f. [persona] Que niega la existencia de Dios. ANT creyente.
DER ateísmo.

aterido, -da adj. Paralizado o entumecido a causa del frío: *se me han quedado las manos ateridas.*

aterrado, -da adj. Que siente mucho miedo o terror: *la pobre abuela, la primera vez que subió en avión estaba aterrada.*

aterrar v. tr./ prnl. **1** Causar o sentir terror o miedo muy intenso: *los terroristas aterran a la población con atentados.* SIN aterrorizar. ◆ v. tr. **2** Cubrir con tierra. **3** Echar los escombros de las minas en los lugares destinados para ello.
OBS En su conjugación, la *e* se convierte en *ie* en sílaba acentuada, como en *acertar.*
DER aterrador.

aterrizaje n. m. Descenso sobre la tierra de un vehículo aéreo, hasta detenerse en ella. ANT despegue.

aterrizar v. intr. **1** Descender un vehículo aéreo sobre la tierra, hasta detenerse en ella: *el avión aterrizó sin complicaciones a pesar de la espesa niebla.* ANT despegar. **2** Llegar a tierra después de un vuelo. **3** Comenzar a desarrollar un trabajo o actividad en un lugar nuevo: *apenas aterrizó en la nueva oficina, tuvo que tomar decisiones importantes.*
OBS En su conjugación, la *z* se convierte en *c* delante de *e.*
DER aterrizaje.

aterrorizar v. tr./ prnl. Aterrar, causar o sentir terror.
OBS En su conjugación, la *z* se convierte en *c* delante de *e.*

atesorar v. tr. **1** Acumular y guardar dinero o cosas de valor. **2** Poseer una cualidad determinada: *la profesora atesoraba grandes conocimientos de arte.*

atestado n. m. Documento oficial redactado por la policía en el que se explica cómo se ha producido un accidente, un delito u otro hecho.

atestar v. tr. **1** Llenar por completo de personas o cosas: *el metro estaba atestado de gente; atestar de hierba el saco.* **2** Exponer ante el juez u otra autoridad lo que se sabe sobre un asunto. SIN atestiguar.
OBS En su conjugación, la *e* se convierte en *ie* en sílaba acentuada, como en *acertar.* Se usa también como *regular.*
DER atestado.

atestiguar v. tr./ intr. **1** Exponer ante el juez u otra autoridad competente lo que se sabe sobre un asunto. SIN atestar, declarar, deponer. ◆ v. tr. **2** Ofrecer indicios ciertos de una cosa cuya existencia se dudaba: *como médico, puedo atestiguar que su muerte fue accidental.*
OBS En su conjugación, la *u* no se acentúa y la *gu* se convierte en *gü* delante de *e*, como en *averiguar.*

atiborrar v. tr. **1** Llenar un lugar de forma que no quepa nada más: *el público atiborró el cine.* ◆ v. tr./ prnl. **2** Llenar la cabeza con ideas, lecturas u otra cosa: *no me atiborres la cabeza con tus historias.* ◆ v. prnl. **3** atiborrarse Llenar el estómago de alimento hasta no poder comer más: *si te atiborras ahora, luego no tendrás ganas de cenar.* SIN atracar, hartar.

ático, -ca adj. **1** Del Ática (región de Grecia) o de Atenas (capital de Grecia) o que tiene relación con esta región o con esta capital griegas. ◆ adj./ n. m. y f. **2** [persona] Que es del Ática o de Atenas. ◆ n. m. **3** Piso o apartamento construido en la azotea de un edificio; generalmente es más pequeño que los demás del mismo edificio, pero tiene una terraza mayor:

vivo en un precioso ático en el centro, con una amplísima terraza.
DER sobreático.

atildar v. tr./ prnl. Arreglar a una persona cuidadosa y excesivamente: *su madre la atildó con unos lazos.*
DER atildado, atildamiento.

atinar v. intr. Acertar, encontrar lo que se busca o dar con lo cierto o correcto: *gracias a tus precisas indicaciones, atiné con la casa fácilmente.*
ANT desatinar.
DER desatinar.

atípico, -ca adj. Que no es típico, que no tiene las características representativas del género al que pertenece: *la ballena es un mamífero atípico: vive en el mar y parece un pez.*

atisbar v. tr. **1** Observar con atención y disimulo. **2** Ver con dificultad por la distancia o la falta de luz: *a lo lejos se atisbaba una figura sentada.* SIN vislumbrar. **3** Intuir o conjeturar algo por indicios o señales, sin verlo claramente: *no atisbo ninguna salida satisfactoria para esta situación.* SIN vislumbrar.
DER atisbo.

¡atiza! int. Expresión con que se denota admiración o sorpresa.

atizar v. tr. **1** Remover o alimentar el fuego para que arda más. **2** Hacer más fuerte o intenso un sentimiento o una discordia: *aquellas palabras sirvieron para atizar el odio que sentía por él.* **3** Dar un golpe: *atizar un puñetazo.* **4** Golpear, dar una paliza.
OBS En su conjugación, la *z* se convierte en *c* delante de *e*.
DER atizador.

atlántico, -ca adj. Del Atlántico o que tiene relación con este océano que baña las costas americanas, europeas y africanas.
DER transatlántico.

atlas n. m. **1** Libro formado por un conjunto de mapas, generalmente geográficos. **2** Libro formado por un conjunto de mapas y láminas relacionados con un tema determinado: *un atlas histórico; un atlas lingüístico.* **3** Primera vértebra de la columna vertebral que se articula inmediatamente con el cráneo y sostiene la cabeza.
OBS El plural también es *atlas*.
DER atlante, atlántico.

atleta n. com. **1** Persona que practica el atletismo: *en las Olimpíadas participan atletas de todo el mundo.* **2** Persona fuerte y musculosa.
DER atlético, atletismo.

atlético, -ca adj. Del atletismo, de los atletas o que tiene relación con ellos: *tiene un cuerpo atlético.*

atletismo n. m. Conjunto de deportes que consisten básicamente en correr, saltar o lanzar distintos objetos.

atmósfera n. f. **1** Capa gaseosa que envuelve a un astro; especialmente, la que rodea a la Tierra. **2** Ambiente que rodea a una persona o cosa. **3** Unidad de presión: *una atmósfera equivale a la presión ejercida sobre un centímetro cuadrado por una columna de mercurio de 760 milímetros.*
DER atmosférico.

atmosférico, -ca adj. De la atmósfera o que tiene relación con esta capa gaseosa.

atolón n. m. Isla de coral con forma de anillo y una laguna interior que se comunica con el mar por algunos pasos: *en el océano Pacífico hay muchos atolones.*

atolondrado, -da adj. **1** [persona] Que hace las cosas deprisa y sin pensar. SIN alocado. **2** Que se queda momentáneamente en un estado en el que no puede pensar ni prestar atención a nada, debido a un golpe, a una impresión muy fuerte o a un nerviosismo muy grande.

atolondrar v. tr./ prnl. Hacer que una persona se ponga nerviosa y actúe torpemente, sin cuidado ni atención: *el ruido de la calle me atolondraba.*
DER atolondramiento.

atómico, -ca adj. **1** Del átomo o que tiene relación con la parte más pequeña de un elemento químico: *las centrales nucleares producen energía atómica.* **2** Que emplea la energía que se encuentra en el núcleo de los átomos para producir un efecto. SIN nuclear.
DER subatómico.

atomizar v. tr. **1** Dividir alguna cosa en átomos o en partes muy pequeñas. **2** Pulverizar un líquido en partículas muy pequeñas.
OBS En su conjugación, la *z* se convierte en *c* delante de *e*.
DER atomizador.

átomo n. m. **1** FÍS. Parte más pequeña de un elemento químico que conserva las propiedades de dicho elemento: *el átomo tiene un núcleo de protones y neutrones recubierto por una corteza de electrones.* **2** Cantidad muy pequeña de una materia: *la luz mostraba los átomos de polvo flotando en el aire.* SIN partícula.
DER atómico, atomizar.

atónito, -ta adj. Que está muy sorprendido o espantado ante algo poco habitual: *a menudo, cuando nos anuncian una desgracia, nos quedamos atónitos.*

átono, -na adj. [vocal, palabra, sílaba] Que se pronuncia sin acento de intensidad: *en la palabra «libro», la sílaba «bro» es átona.* SIN inacentuado. ANT tónico.

atontado, -da adj./ n. m. y f. Que está aturdido o desconcertado.

atontar v. tr./ prnl. **1** Volver tonto; hacer tonto o más tonto: *algunos programas de televisión atontan a la gente.* SIN entontecer. **2** Perturbar los sentidos o el entendimiento de una persona mediante un golpe, un ruido o una fuerte impresión. SIN aturdir.

DER atontado, atontamiento, atontolinar.

atontolinado, -da adj. Que se ha atontado o se ha quedado momentáneamente como tonto por alguna causa.

atormentar v. tr. **1** Dar tormento, hacer daño a alguien como castigo o para obtener una información: *los guardias atormentaron a los prisioneros.* SIN torturar. ◆ v. tr./ prnl. **2** Causar sufrimiento o dolor físicos: *esta jaqueca me está atormentando.* SIN torturar. **3** Causar disgusto o enfado. SIN torturar.

atornillar v. tr. **1** Introducir o apretar un tornillo haciéndolo girar en torno a su eje mediante un atornillador. ANT destornillar. **2** Sujetar con tornillos. ANT destornillar. **3** Presionar u obligar a una persona a hacer algo: *el capataz atornillaba a los obreros para que trabajaran más deprisa.*

DER atornillador; desatornillar.

atosigar v. tr. Presionar a una persona metiéndole prisa para que haga algo: *no me atosigues con tus manías.* SIN abrumar, acuciar, agobiar.

OBS En su conjugación, la *g* se convierte en *gu* delante de *e*.

DER atosigamiento.

atracador, -ra n. m. y f. Persona que roba en un banco, en una tienda o en otro lugar amenazando a los presentes.

atracar v. tr. **1** Asaltar para robar: *atracaron un banco y se dieron a la fuga.* ◆ v. tr./ intr. **2** Poner una embarcación junto al muelle o junto a otra y asegurarla para que no se mueva. ◆ v. prnl. **3** **atracarse** Llenar el estómago de alimento hasta no poder comer más: *si te atracas a la hora de cenar, es muy posible que duermas mal.*

OBS En su conjugación, la *c* se convierte en *qu* delante de *e*.

DER atracón. Es derivado de atracarse, 'comer mucho'.

atracción n. f. **1** Acción de atraer, acercar: *hay una fuerte atracción entre el hierro y el imán.* **2** Fuerza que atrae. **atracción molecular** FÍS. Atracción que ejercen entre sí las moléculas de los cuerpos: *la atracción molecular tiene como resultado la cohesión.* **3** Interés o inclinación hacia alguien o algo: *sintió una inmediata atracción hacia él.* **4** Persona, animal o cosa que atrae: *desde que salí en la televisión, soy la atracción de todo el barrio.* **5** Acto o ejercicio que forma parte de un espectáculo o función destinado al público: *los leones son la atracción más importante del circo.*

atraco n. m. Asalto para robar.

atracón n. m. **1** Ingestión excesiva de comida: *ayer se dio un atracón de pasteles y hoy está enfermo.* **2** Exceso en una actividad cualquiera.

atractivo, -va adj. **1** Que llama la atención y despierta el interés de los demás: *la exploración espacial es un tema muy atractivo.* ◆ n. m. **2** Conjunto de características favorables de una persona o cosa que atraen la voluntad y despiertan el interés de los demás.

DER atracción.

atraer v. tr. **1** Acercar y retener un cuerpo a otro debido a sus propiedades físicas: *el imán atrae el hierro.* **2** Traer hacia sí, hacer alguien o algo que personas, animales o cosas acudan a él: *esta chica no me atre físicamente.* **3** Provocar, traer consigo una cosa o ser la causa de ella: *con su soberbia se atrajo la antipatía de todo el mundo.* **4** Despertar interés, agradar. SIN magnetizar.

OBS Se conjuga como *traer*.

DER atractivo, atrayente.

atragantarse v. prnl. **1** No poder tragar una cosa que se atraviesa o se queda en la garganta: *si comes tan aprisa, te vas a atragantar.* **2** Causar fastidio, enfado o antipatía: *ese chico se me atraganta.* **3** Cortarse o turbarse la persona que estaba hablando.

atrancar v. tr. **1** Asegurar una puerta o una ventana con una tranca: *por la noche siempre atranca la puerta de la calle.* ◆ v. tr./ prnl. **2** Obstruir o tapar un conducto con una cosa. SIN atascar, obstruir, taponar. ◆ v. prnl. **3** **atrancarse** Cortarse o turbarse la persona que estaba hablando: *el niño está aprendiendo a leer y se atranca de vez en cuando.* SIN atragantarse.

OBS En su conjugación, la *c* se convierte en *qu* delante de *e*.
DER desatrancar.

atrapar v. tr. **1** Coger, alcanzar o apresar a alguien o algo que huye, se mueve o se escapa: *se puede atrapar un pájaro, un ladrón, un coche que va delante o la pelota que alguien nos lanza.* **2** Descubrir a alguien haciendo una cosa de manera secreta: *han atrapado a uno que estaba robando.* **3** Conseguir un beneficio o una cosa de provecho. **4** Contraer una enfermedad: *atrapar un resfriado.*

atrás adv. **1** Hacia la parte que está a las espaldas de uno: *no des un paso atrás.* **ANT** adelante. **2** En la zona posterior a aquella en la que se encuentra lo que se toma como punto de referencia: *mi casa no está en este edificio, sino en el de atrás.* **SIN** detrás. **3** En las últimas filas de un grupo de personas: *¿oyen bien los de atrás?* **SIN** detrás. **4** En la parte opuesta a la fachada o entrada principal de un edificio: *entré por la puerta de atrás.* **SIN** detrás. **5** En el fondo de un lugar: *no te coloques tan atrás, que ahí ni se ve ni se oye bien.* **6** Indica tiempo pasado: *días atrás me dijiste que vendrías conmigo.*
▸ **más atrás** **a.** Antes, anteriormente. **b.** Después, posteriormente en relación con un punto de referencia: *pon esas sillas más atrás, que están muy cerca de la mesa.*
DER atrasar.

atrasar v. tr. **1** Hacer que una cosa ocurra después del tiempo debido o previsto: *la boda debería celebrarse en el mes de abril, pero la han atrasado hasta junio.* **SIN** retrasar. **ANT** adelantar, anticipar. **2** Hacer que las agujas de un reloj retrocedan para que señalen una hora anterior a la actual: *el Gobierno atrasó anoche la hora de la rueda de prensa.* **SIN** retrasar. **ANT** adelantar. ◆ v. intr./ prnl. **3** Marcar un reloj una hora anterior a la actual; andar un reloj con menos velocidad de la debida: *mi reloj atrasa.* **SIN** retrasar. **ANT** adelantar. ◆ v. prnl. **4** **atrasarse** Progresar a un ritmo inferior al normal, quedarse atrás. **5** Llegar tarde: *lo siento, me he atrasado.* **SIN** retrasar.
DER atraso.

atraso n. m. **1** Retraso en la realización de una cosa. **SIN** retraso. **2** Falta de desarrollo o desarrollo inferior al normal: *el atraso económico de un país.* **SIN** retraso. ◆ n. m. pl. **3** **atrasos** Cantidad de dinero o beneficios que no se han recibido en el debido momento: *este mes me pagarán los atrasos correspondientes al año pasado.*

atravesado, -da adj. Que tiene mala intención o mal carácter.

atravesar v. tr. **1** Colocar una cosa de manera que pase de una parte a otra, especialmente para impedir el paso: *han atravesado un autobús en la calle para cortar el tráfico.* **SIN** cruzar. **2** Colocar una cosa encima de otra dispuesta en sentido oblicuo. **3** Pasar de un lado de una cosa o lugar hasta el lado contrario: *el ayuntamiento está del otro lado del río: solo tienes que atravesar el puente.* **SIN** cruzar. **4** Pasar un cuerpo penetrándolo de parte a parte: *una bala le atravesó el corazón.* **5** Pasar temporalmente por una situación determinada: *está atravesando una mala racha.* ◆ v. prnl. **6** **atravesarse** Ponerse una cosa en medio cerrando el paso. **7** Mezclarse en los asuntos de los demás: *la relación entre nosotros iba muy bien hasta que él se atravesó.* **8** Causar fastidio, enfado o antipatía: *el nuevo presentador de este programa de televisión se me ha atravesado.* **SIN** atragantarse.
▸ **tener atravesado** No poder admitir o soportar a una persona o cosa: *esta asignatura la tengo atravesada y no voy a aprobarla nunca.*
OBS En su conjugación, la *e* se convierte en *ie* en sílaba acentuada, como en *acertar*.
DER atravesado.

atrayente adj. Que atrae: *su forma de tratar a la gente es cariñosa y atrayente.* **SIN** atractivo.

atreverse v. prnl. Decidirse o arriesgarse a hacer o decir una cosa: *algunas personas no se atreven a viajar en avión.* **SIN** animar, osar.
DER atrevido, atrevimiento.

atrevido, -da adj./ n. m. y f. **1** Que se atreve a hacer cosas difíciles o peligrosas: *ten cuidado con este niño, que es muy atrevido y no le da miedo nada.* **2** Que puede faltar al respeto debido a alguien o que actúa con descaro.

atrevimiento n. m. **1** Hecho de atreverse a hacer una cosa: *tuvo el atrevimiento de saltar desde lo alto de una escalera y acabó con la pierna rota.* **2** Falta de respeto: *tu atrevimiento de hablarle así al director es imperdonable.*

atribución n. f. **1** Adjudicación de un hecho o de una cualidad a una persona o cosa. **2** Facultad o competencia que da el cargo que se ejerce: *entre las atribuciones de una secretaria no está la de seleccionar nuevos empleados.*

atribuir v. tr./ prnl. **1** Adjudicar un hecho o una cualidad a una persona o cosa, especialmente una virtud, un defecto o una culpa: *algunas obras de arte son difíciles de atribuir a un autor determinado.* ◆ v. tr. **2** Determinar o señalar que una actividad o un deber pertenece a alguien por razón de su cargo: *al consejo de administración le han atribuido la función de estudiar los futuros acuerdos con otras empresas.*

OBS En su conjugación, la *i* se convierte en *y* delante de *a, e* y *o,* como en *huir.*

DER atribución, atributo.

atributivo, -va adj. **1** GRAM. [verbo] Que funciona como atributo o que sirve para construirlo: *son verbos atributivos «ser», «estar», «parecer», «considerar», etc.* ◆ adj./ n. f. **2** GRAM. [oración] Que lleva un sujeto, un verbo copulativo y un atributo: *la oración «la persiana es verde» es atributiva.*

OBS El atributo suele concertar con el sujeto en género y número.

atributo n. m. **1** Cualidad o característica propia de una persona o una cosa, especialmente algo que es parte esencial de su naturaleza. **2** Símbolo que sirve para reconocer a una persona o cosa. **3** GRAM. Palabra o conjunto de palabras que califican o explican el sujeto mediante verbos como *ser* y *estar*: *en la oración el «océano es inmenso», «inmenso» es el atributo del sujeto «océano».* **4** GRAM. Función que desempeña el adjetivo cuando se coloca en una posición inmediata al nombre del que depende: *en «el libro verde», «verde» cumple la función de atributo.*

atril n. m. Soporte en forma de plano inclinado que sirve para sostener libros o partituras y leer con más comodidad.

atrincherar v. tr. **1** MIL. Hacer trincheras en un lugar para defenderse: *atrincherar un campo de batalla.* ◆ v. prnl. **2** **atrincherarse** Ponerse en trincheras a cubierto del enemigo: *en esta ciudad amurallada se atrincheraron 8 000 habitantes para resistir el ataque; (fig) el director general se atrinchera tras su imponente mesa de despacho al recibir una visita con la que no desea hablar.* **3** Utilizar [una persona] cierta idea o actitud como defensa: *atrincherarse en una postura ideológica.*

atrio n. m. **1** Espacio exterior y limitado que hay a la entrada de algunas iglesias y de otros edificios, generalmente más elevado que el suelo de la calle. **2** Espacio descubierto y a menudo rodeado de arcos o columnas en el interior de un edificio.

atrocidad n. f. **1** Acción muy cruel y violenta: *en todas las guerras se cometen atrocidades.* **SIN** barbaridad. **2** Acción o dicho temerario y disparatado, que no responde a la razón o se sale de los límites de lo ordinario o lícito. **3** Acción o dicho que ofende o molesta: dicen que *cuando se enfada llega a decir verdaderas atrocidades.*

atrofia n. f. **1** Falta de desarrollo de una parte del cuerpo: *(fig) atrofia intelectual.* **2** MED Disminución del volumen o tamaño de un órgano o de un tejido orgánico debido a causas fisiológicas o patológicas: *atrofia muscular; la atrofia del riñón aconseja un trasplante.*

atrofiado, -da adj. [órgano, parte del cuerpo] Que se ha quedado sin desarrollar por falta de nutrición o de actividad: *ciertas especies tienen algunas partes del cuerpo atrofiadas por falta de uso a lo largo de su evolución, como la cola en algunos mamíferos.*

atrofiar v. tr./ prnl. **1** Disminuir lentamente el desarrollo o el volumen de un órgano u otra parte del cuerpo por falta de alimentación o de ejercicio: *las alas de las aves que no vuelan se atrofian.* **2** Disminuir el desarrollo de una capacidad o la facilidad con que esta se realizaba. **SIN** agarrotar, anquilosar.

OBS En su conjugación, la *i* es átona, como en *cambiar.*

atronador, -ra adj. [ruido] Que es muy intenso y deja o puede dejar sorda a una persona.

atronar v. tr. Dejar sorda o perturbar a una persona un ruido muy fuerte.

OBS En su conjugación, la *o* se convierte en *ue* en sílaba acentuada, como en *contar.*

DER atronador.

atropellar v. tr. **1** Pasar un vehículo por encima de una persona o un animal o chocar contra ellos: *cruza por el semáforo si no quieres que te atropelle un coche.* **2** Empujar o derribar a alguien, especialmente para abrirse paso: *¡oiga, no atropelle!* **3** Ofender o no respetar mediante el abuso de poder o la utilización de la fuerza. **SIN** arrollar, avasallar. ◆ v. prnl. **4** **atropellarse** Realizar una acción con demasiada prisa, especialmente hablar.

DER atropello.

atropello n. m. **1** Acción de pasar un vehículo por encima de una persona o un animal o de chocar contra ellos. **2** Ofensa o falta de respeto causada a alguien mediante el abuso de poder o la utilización de la fuerza: *descargar sus culpas sobre nosotros ha sido un atropello.*

atroz adj. **1** Que es muy cruel: *cometió un crimen atroz.* **2** Que es muy grande o intenso.
DER atrocidad.

atuendo n. m. Vestido o conjunto de prendas que forman la vestimenta exterior de una persona.

atún n. m. Pez marino comestible de color azul oscuro y vientre plateado.

aturdimiento n. m. Perturbación de los sentidos o del entendimiento de una persona provocada por un golpe, un ruido o una fuerte impresión.

aturdir v. tr./ intr. Perturbar los sentidos o el entendimiento de una persona con un golpe, un ruido o una fuerte impresión: *la noticia del accidente me aturdió tanto que no sabía lo que ocurría.* SIN atontar.
DER aturdido, aturdimiento.

aturrullar o **aturullar** v. tr./ prnl. Confundir o alterar a una persona dejándola sin saber qué decir o qué hacer: *si piensas en las prisas que tienes te aturrullarás y no podrás acabarlo a tiempo.*

audacia n. f. Atrevimiento para hacer o decir algo nuevo o arriesgado.

audaz adj. Atrevido, capaz de acometer empresas difíciles y peligrosas.
DER audacia.

audible adj. [sonido] Que es emitido con la intensidad suficiente para ser oído sin dificultad.
DER inaudible.

audición n. f. **1** Percepción de un sonido por medio del sentido auditivo. **2** Concierto, recital o lectura en público. **3** Prueba que se hace a un artista ante el director de un espectáculo.
DER audible.

audiencia n. f. **1** Conjunto de personas que están presentes en un espectáculo público o que oyen un programa de radio o de televisión: *en poco tiempo se ha convertido en el programa de mayor audiencia.* SIN auditorio. **2** Acto en el que un soberano u otra autoridad recibe a las personas que quieren hablar con él, generalmente para reclamar o solicitar alguna cosa: *conceder audiencia.* **3** Acto judicial en el que los litigantes tienen ocasión de exponer sus argumentos ante el tribunal. **4** Tribunal de justicia que trata las causas de un territorio determinado: *ha apelado a la Audiencia provincial.* NOTA Se suele escribir con mayúscula. **5** Edificio o lugar en el que se reúne este tribunal. NOTA Se suele escribir con mayúscula.

audífono n. m. Aparato que sirve para mejorar la audición de las personas que padecen sordera. SIN audiófono.

audio-, audi- Elemento prefijal que entra en la formación de palabras con el significado de 'oído', 'audición' o 'sonido': *audiovisual, auditorio.*

audiovisual adj. [método de enseñanza, reportaje] Que está hecho para que se perciba por el oído y la vista conjuntamente.

auditivo, -va adj. Del órgano del oído o que tiene relación con él.

auditor, -ra n. m. y f. Persona que se dedica a revisar y comprobar el estado de las cuentas de una sociedad o una institución.
DER auditar, auditoría, auditorio.

auditorio n. m. **1** Conjunto de personas que están presentes en un espectáculo público. SIN audiencia. **2** Edificio o lugar de gran capacidad especialmente acondicionado para dar conferencias, escuchar conciertos o celebrar otros espectáculos públicos. NOTA También se escribe *auditórium.*

auge n. m. Momento de mayor elevación o intensidad de un proceso o de un estado.
▶ cobrar auge Adquirir mayor importancia o intensidad.

augur n. m. Sacerdote que en la antigua Roma practicaba la adivinación mediante la interpretación del vuelo de las aves y de otros signos.
DER augurar.

augurar v. tr. Anunciar lo que va a ocurrir en el futuro en relación con una persona o cosa mediante la interpretación de un indicio o señal. SIN auspiciar.
DER inaugurar.

augurio n. m. Señal, presagio o aviso de lo que va a ocurrir en el futuro en relación con una persona o cosa. SIN auspicio.

augusto, -ta adj. Que produce o merece respeto y admiración.

aula n. f. Sala de un centro docente donde se dan y reciben clases. SIN clase.
▶ aula magna Aula de mayor tamaño e importancia, destinada generalmente a actos o ceremonias oficiales.
OBS En singular se le anteponen los determinantes *el, un,* salvo que entre el determinante y el nombre haya otra palabra: *el aula, la amplia aula.*

aullar v. intr. Dar aullidos el lobo, el perro y otros animales parecidos.

OBS En su conjugación, la *u* se acentúa en algunos tiempos y personas, como en *aupar*.

aullido n. m. **1** Voz o grito quejumbroso y prolongado que emiten el lobo, el perro y otros animales parecidos. **2** Sonido semejante emitido por otros seres o cosas.

aumentar v. intr. **1** Hacerse más grande o más intensa una cosa. ◆ v. tr. **2** Hacer que una cosa sea más grande: *el Gobierno ha decidido aumentar los impuestos.* SIN acrecentar. ANT decrecer, disminuir.

aumentativo, -va adj./ n. m. GRAM. [sufijo, palabra] Que aumenta la magnitud del significado de una palabra: *muchos aumentativos se forman con el sufijo «-azo», como «perrazo».* ANT diminutivo.

aumento n. m. **1** Crecimiento en tamaño, cantidad, calidad o intensidad. ANT disminución. **2** Cantidad que se aumenta. **3** Poder de amplificación de la imagen que tiene una lente: *esta lupa no tiene aumento suficiente.*
DER aumentar.

aun adv. **1** Incluso o también: *habló tan claro que aun los ignorantes lo entendieron.* ◆ conj. **2** Enlace con valor concesivo: *todos somos necesarios, aun los más torpes.* **3** Introduce una dificultad real o posible, a pesar de la cual puede ser, ocurrir o hacerse una cosa; incluso: *aun llegando tarde, lo recibieron amablemente.* NOTA Se usa seguido de gerundio o participio.
▶ aun así A pesar de eso; incluso así. aun cuando Aunque, a pesar de haber realizado lo que se indica.
DER aunque.

aún adv. Todavía, hasta ahora o hasta el momento en que se habla: *lo siento, el doctor aún no ha llegado.*
OBS Se puede usar en correlación con *cuando: aún no había hecho dos kilómetros con el nuevo coche cuando ya sufrió el primer pinchazo.*

aunar v. tr./ prnl. Unir y armonizar o poner de acuerdo cosas distintas: *aunar esfuerzos; aunar criterios.*
OBS En su conjugación, la *u* se acentúa en algunos tiempos y personas.

aunque conj. **1** Introduce una dificultad real o posible a pesar de la cual puede ser, ocurrir o hacerse una cosa; expresa valor concesivo: *aunque estoy enfermo, no faltaré a la cita.* **2** Indica oposición; expresa valor adversativo: *no traigo nada de lo que pediste, aunque traigo otras cosas.* SIN pero, siquiera.

¡aúpa! int. Expresión con que se anima a alguien para que se levante o para que levante a otra persona o cosa.
▶ de aúpa Muy grande, fuerte o intenso: *se ha dado un golpe de aúpa.*

aupar v. tr. **1** Levantar o subir, especialmente a un niño: *aupé a mi hijo para que pudiera ver mejor.* **2** Ayudar a conseguir o alcanzar una cosa; hacer más grande o importante: *fue aupado por sus compañeros hasta la jefatura.*
OBS En su conjugación, la *u* se acentúa en algunos tiempos y personas, como en *aunar*.

aura n. f. Irradiación luminosa que algunas personas dicen percibir alrededor de los seres vivos.
OBS En singular se le anteponen los determinantes *el* y *un,* salvo que entre el determinante y el nombre haya otra palabra: *el aura, la maravillosa aura.*

áureo, -a adj. *formal* Que es de oro o tiene alguna de las características que se consideran propias del oro.
DER aureola.

aureola o **auréola** n. f. **1** Círculo luminoso que se representa encima o detrás de las cabezas de las imágenes divinas o de santos como símbolo de la gracia de Dios. SIN corona. **2** Admiración o fama que alcanza una persona por sus méritos o virtudes: *se marchó con la aureola de hombre de mundo que se había ganado.* **3** ASTR. Corona o anillo que se ve alrededor de la Luna en los eclipses de Sol.

aurícula n. f. ANAT. Hueco de la parte superior o anterior del corazón de los mamíferos, las aves, los reptiles y los batracios por donde entra la sangre.
DER auricular.

auricular adj. **1** Del oído o relacionado con este órgano: *el pabellón auricular forma parte del oído externo.* **2** De las aurículas del corazón o relacionado con ellas. ◆ n. m. **3** Parte o pieza de un aparato destinado a recibir sonidos con la que se oye al acercarla al oído; se aplica especialmente al del teléfono. ◆ n. m. pl. **4** auriculares Aparato que consta de dos de estas piezas que, unidas por una tira curva ajustable a la cabeza, se acoplan a los oídos para una mejor recepción del sonido.

aurífero, -ra adj. Que lleva o contiene oro.

aurora n. f. **1** Luz de color rosa que aparece en una parte del cielo inmediatamente antes de la salida del Sol. **2** Principio o primeros

tiempos de una cosa. **3** Luz de color que aparece en una parte del cielo.
▶ aurora austral, aurora boreal o aurora polar Meteoro luminoso producido por la radiación solar que puede verse de noche en las regiones polares: *la aurora boreal presenta arcos o fajas de vistosos colores.*

auscultar v. tr. MED. Explorar los sonidos producidos por los órganos de las cavidades del pecho y del abdomen con la ayuda de los instrumentos adecuados o sin ellos.
DER auscultación.

ausencia n. f. **1** Falta de una persona del lugar donde está habitualmente: *cuando te vas de viaje los niños notan tu ausencia.* ANT presencia. **2** Tiempo en que una persona falta del lugar donde está habitualmente. **3** Falta o no aparición de una cosa.
▶ brillar por su ausencia No estar presente en el lugar esperado o adecuado: *en esas reuniones la buena educación brilla por su ausencia.*

ausentarse v. prnl. Irse o alejarse, especialmente del lugar en el que se está de manera habitual: *se ausentó del trabajo por unos días.*
OBS Se construye con la preposición *de.*

ausente adj./ n. m. y f. **1** [persona] Que se ha ido o alejado, especialmente del lugar en el que está de manera habitual. ANT presente. **2** Que está distraído o pensando en otra cosa: *aunque le hables, él permanece ausente y no atiende a nada de lo que le rodea.*
DER ausencia, ausentarse.

auspiciar v. tr. **1** Patrocinar o ayudar. **2** Anunciar lo que va a ocurrir en el futuro en relación con una persona o cosa mediante la interpretación de un indicio o señal. SIN augurar.
OBS En su conjugación, la *i* es átona, como en *cambiar.*

auspicio n. m. **1** Patrocinio o ayuda. **2** Señal o aviso de lo que va a ocurrir en el futuro en relación con una persona o cosa. SIN augurio.
OBS Se usa frecuentemente en plural.

austeridad n. f. **1** Sencillez, moderación. **2** Riguroso en el cumplimiento de las normas morales.

austero, -ra adj. **1** Sencillo, moderado. **2** [persona] Que es severo o estricto en el cumplimiento de las normas morales.
DER austeridad.

austral adj. Del polo o del hemisferio sur o que tiene relación con ellos: *aurora austral.* ANT boreal.

australiano, -na adj. **1** De Australia o relacionado con esta gran isla del océano Pacífico. ◆ adj./ n. m. y f. **2** [persona] Que es de Australia.

austriaco, -ca o **austríaco, -ca** adj. **1** De Austria o relacionado con esta nación europea. ◆ adj./ n. m. y f. **2** [persona] Que es de Austria.

autarquía n. f. **1** Política de un estado que consiste en bastarse con sus propios recursos: *la autarquía pretende evitar la importación de productos extranjeros.* **2** Estado o situación del que se basta a sí mismo. SIN autosuficiencia. **3** Poder para gobernarse a sí mismo.
DER autárquico.

autenticidad n. f. Carácter de cierto o verdadero que tiene una cosa.

auténtico, -ca adj. **1** Que es cierto o verdadero: *esta cazadora es de cuero auténtico.* SIN genuino. **2** Que está autorizado o legalizado y tiene valor oficial.
DER autenticidad, autentificar.

autentificar v. tr. Acreditar que un documento, identidad, hecho, etc., es verdadero o auténtico: *el artista autentificó el cuadro.*
OBS En su conjugación, la *c* se convierte en *qu* delante de *e.*
DER autentificación.

autismo n. m. Intensa concentración de una persona en su propia intimidad con pérdida del contacto con la realidad exterior.
DER autista.

autista adj. **1** Del autismo o relacionado con él: *conducta autista.* SIN autístico. ◆ adj./ n. com. **2** [persona] Que padece autismo.

auto n. m. **1** Vehículo de motor de cuatro ruedas que puede ser guiado por una vía terrestre sin necesidad de carriles y que se usa para el transporte de personas; se aplica especialmente al de pequeño tamaño con capacidad para cuatro ocupantes y el conductor: *no encuentro las llaves de mi auto.* NOTA Es la forma abreviada de automóvil. SIN automóvil, coche. **2** Breve composición dramática en la que aparecen personajes de la Biblia y alegóricos. auto sacramental Auto que se representa para ensalzar la eucaristía. **3** DER. Decisión judicial sobre un asunto secundario o parcial que no requiere sentencia: *el juez dictó un auto de procesamiento.* auto de fe Ejecución en público de las sentencias dictadas por el tribunal de la Inquisición ◆ n. m. pl. **4** autos Conjunto de partes y materiales de un proceso judicial.

auto- Elemento prefijal que entra en la formación de palabras con el significado de: *a)* 'Por uno mismo', 'por sí mismo': *automotor.* *b)* 'De sí mismo': *autocrítica.* *c)* 'Automóvil': *autoescuela, autovía.*

autoadhesivo, -va adj./ n. m. [papel, plástico] Que se puede pegar a una superficie por simple contacto o mediante una pequeña presión porque incorpora una sustancia adhesiva: *etiquetas autoadhesivas.* SIN adhesivo.

autoayuda n. f. Ayuda que una persona se presta a sí misma para superar una situación personal que le afecta psicológicamente.

autobiografía n. f. Escrito en el que una persona cuenta su propia vida.

autobiográfico, -ca adj. [libro, escrito] Que relata, total o parcialmente, cosas que le han ocurrido a la persona que las escribe.

autobús n. m. Vehículo automóvil de transporte público con capacidad para gran número de pasajeros que realiza un trayecto fijo dentro de una población o largos recorridos por carretera. SIN autocar, bus, ómnibus.
OBS El plural es *autobuses.*

autocar n. m. Vehículo automóvil de transporte público con capacidad para gran número de pasajeros que realiza largos recorridos por carretera. SIN autobús.
OBS El plural es *autocares.*

autocontrolarse v. prnl. Ejercer control una persona sobre sus propias acciones o emociones: *enseñar a los niños a autocontrolarse.*

autocorrector, -ra adj./ n. m. [programa] Que se autocorrige: *función autocorrectora; el autocorrector del programa.*

autóctono, -na adj. Que tiene su origen en el mismo lugar en que vive o se encuentra.

autodeterminación n. f. Decisión de los pobladores de un territorio o unidad territorial acerca de su futuro estatuto político.

autodidacta adj./ n. m. y f. Autodidacto.

autodidacto, -ta adj./ n. m. y f. [persona] Que aprende por sí mismo y con sus propios medios, sin ayuda de maestro: *es un pintor de formación autodidacta.*
OBS Aunque la formas preferidas sean *autodidacto* para el masculino y *autodidacta* para el femenino está muy extendido el uso de *autodidacta.*

autoescuela n. f. Escuela especializada en enseñar los conocimientos teóricos y prácticos de la conducción de automóviles.

autoestima n. f. Aprecio o consideración que uno tiene de sí mismo: *perder la autoestima.*

autogestión n. f. Sistema de organización de una empresa en el que los trabajadores participan en las decisiones sobre su desarrollo o funcionamiento.

autógrafo, -fa adj./ n. m. **1** Que está escrito de la mano de su propio autor. ◆ n. m. **2** Firma de una persona famosa o destacada.

autómata n. m. **1** Instrumento o aparato provisto de un mecanismo interior que le permite ciertos movimientos. SIN robot. **2** Máquina que imita la figura y los movimientos de un ser animado. SIN robot. **3** Persona que realiza siempre los mismos movimientos, como una máquina: *cuando suena el despertador es un autómata que se calza las zapatillas y pasa a cepillarse los dientes.* **4** Persona sin voluntad propia y que se deja manejar por otra.
DER automático, automatismo, automatizar.

automático, -ca adj. **1** [mecanismo] Que funciona por sí solo o que realiza total o parcialmente su proceso sin ayuda del hombre. **2** Que se hace sin pensar o de forma involuntaria: *se sube las gafas con un gesto automático.* **3** Que se produce necesaria e inmediatamente al ocurrir determinadas circunstancias: *sus discrepancias con el entrenador han supuesto su automática salida del equipo.* ◆ n. m. **4** Mecanismo preparado para interrumpir el paso de una corriente eléctrica en cuanto detecte una sobrecarga en el circuito: *el enchufe estaba húmedo y saltó el automático.*

automatismo n. m. **1** Funcionamiento de un mecanismo o desarrollo de un proceso por sí solo, sin necesidad de que intervengan agentes exteriores. **2** Ejecución de movimientos y actos sin intervención de la voluntad.

automatizar v. tr. **1** Aplicar máquinas o procedimientos automáticos en la realización de un proceso o en una industria. **2** Convertir en automáticos o involuntarios determinados movimientos corporales o actos mentales.
OBS En su conjugación, la *z* se convierte en *c* delante de *e.*
DER automatización.

automoción n. f. **1** Estudio o descripción de las máquinas que se desplazan por la acción de un motor, especialmente del automóvil. **2** Sector de la industria relacionado con el automóvil.

automóvil adj. **1** Que se mueve por sí mismo. ◆ n. m. **2** Vehículo de motor de cuatro ruedas que puede ser guiado por una vía

a b c d e f g h i j k l m n ñ o p q r s t u v w x y z

terrestre sin necesidad de carriles y que se usa para el transporte de personas; se aplica especialmente al de pequeño tamaño con capacidad para cuatro ocupantes y el conductor.
DER automovilismo, automovilístico.

automovilismo n. m. **1** Deporte que consiste en participar en pruebas de velocidad, habilidad o resistencia conduciendo un automóvil: *los grandes premios de automovilismo se disputan en circuitos de diversos países.* **2** Conjunto de conocimientos relativos a la construcción, funcionamiento y manejo de los automóviles: *revistas de automovilismo.*

automovilístico, -ca adj. Del automóvil o el automovilismo o que tiene relación con ellos.

autonomía n. f. **1** Facultad o poder de una entidad territorial integrada en otra superior para gobernarse de acuerdo con sus propias leyes y organismos. **2** Comunidad autónoma, territorio español que goza de esa facultad de acuerdo con las leyes generales del estado: *España está formada por 17 autonomías.* **3** Estado y condición de la persona o del grupo de personas que no dependen de otros en determinados aspectos. **4** Capacidad máxima de una máquina, en especial un vehículo, para funcionar sin necesidad de reponer combustible: *la autonomía del móvil.*
DER autonómico, autónomo.

autonómico, -ca adj. De la autonomía o que tiene relación con ella.

autónomo, -ma adj. **1** Que goza de autonomía o independencia. SIN independiente. ANT dependiente. ◆ adj./ n. m. y f. **2** [persona] Que trabaja por cuenta propia. SIN independiente.

autopase n. m. En los juegos de pelota en equipo, pase que realiza un jugador lanzando el balón para después recogerlo él mismo.

autopista n. f. Carretera de circulación rápida con calzadas separadas de dos o más carriles para cada sentido de la circulación, cruces a distinto nivel, curvas muy abiertas y pendientes limitadas.
▶ autopistas de la información Red informática de alcance mundial para la distribución rápida de la información.

autopsia n. f. Extracción y examen de los órganos, tejidos o huesos de un cuerpo muerto.

autor, -ra n. m. y f. **1** Persona que hace o es causa de una cosa. SIN artífice. **2** Persona que realiza una obra científica, literaria o artística. SIN creador. **3** DER. Persona que comete un delito, induce a cometerlo o colabora en él con actos sin los cuales no se hubiera llevado a cabo.
DER autoría, autoridad, autorizar; coautor.

autoría n. f. Cualidad o condición de autor, especialmente de una obra literaria, científica o artística.

autoridad n. f. **1** Facultad, derecho o poder de mandar o gobernar sobre algo que está subordinado. **2** Persona que tiene esa facultad o poder: *fue recibido por el alcalde y otras autoridades locales.* **3** Capacidad de influir sobre los demás por ser importante o destacar en una actividad. **4** Persona que tiene esa capacidad: *es una autoridad en este campo de la ciencia.* **5** Texto que se cita en apoyo de lo que se dice: *algunos diccionarios y gramáticas incluyen autoridades.*
DER autoritario.

autoritario, -ria adj. **1** Que se apoya exclusivamente en la autoridad. ◆ adj./ n. m. y f. **2** [persona] Que abusa de su autoridad.
DER autoritarismo.

autorización n. f. **1** Concesión de autoridad, facultad o derecho para hacer algo. **2** Consentimiento, permiso o aprobación para realizar una cosa. **3** Documento en el que se autoriza una cosa o una acción.

autorizado, -da adj. Digno de respeto o crédito por sus cualidades o prestigio: *la noticia procede de fuentes autorizadas.*

autorizar v. tr. **1** Dar o conceder autoridad, facultad o derecho para hacer una cosa. ANT desautorizar. **2** Dar o conceder permiso: *te autorizo para que salgas.* **3** Aprobar o dar por bueno: *el notario autorizó la documentación.*
OBS En su conjugación, la *z* se convierte en *c* delante de *e*.
DER autorización, autorizado; desautorizar.

autorretrato n. m. Retrato de una persona hecho por ella misma.

autoservicio n. m. Establecimiento en el que el cliente toma lo que quiere y lo paga a la salida.

autostop n. m. Forma de viajar por carretera que consiste en pedir transporte gratuito a los conductores, generalmente haciendo una señal con el dedo.

autosuficiencia n. f. **1** Estado o situación del que es autosuficiente o se basta a sí mismo. SIN autarquía. **2** Presunción o muestra orgullosa de una virtud o capacidad: *no soporto más sus aires de autosuficiencia.*

autosuficiente adj. **1** Que se basta a sí mismo: *economía autosuficiente.* **2** Que habla o actúa con suficiencia: *se mostraba autosuficiente con sus subordinados.*
DER autosuficiencia.

autovía n. f. Carretera de circulación rápida, con calzadas separadas de dos o más carriles para cada sentido de la circulación, pero con cruces que pueden estar al mismo nivel, curvas a veces muy cerradas y abundantes entradas y salidas.

auxiliar adj./ n. m. **1** Que auxilia o sirve de ayuda: *pondré una mesita auxiliar con las bebidas.* ◆ n. m. **2** GRAM. Verbo que se usa unido a otro para indicar valores de tiempo, modo, aspecto o voz: *haber se utiliza como auxiliar.* ◆ n. com. **3** Persona que ayuda a otra o colabora con ella en un cargo o en un trabajo. **auxiliar administrativo** Persona que trabaja como empleada en una oficina. **auxiliar de vuelo** Persona que cuida de los pasajeros en los aviones. **auxiliar técnico sanitario** Persona que se dedica al cuidado de enfermos y, siguiendo las indicaciones del médico, está autorizada para realizar ciertas intervenciones de cirugía menor: *estudió la carrera de auxiliar técnico sanitario y ahora trabaja en el hospital.* ◆ v. tr. **4** Ayudar a una persona, especialmente a librarse de un peligro o a satisfacer una necesidad importante.

auxilio n. m. Ayuda que se presta en una situación de peligro o necesidad: *pedir auxilio.*
SIN socorro.
DER auxiliar.

aval n. m. **1** Firma que se pone al pie de una letra de cambio u otro documento de crédito para responder de su pago en caso de no hacerlo la persona que está obligada a ello: *aval bancario.* **2** Persona o cosa que garantiza el pago de un crédito, sirve de garantía del cumplimiento de cierta cosa o responde de la conducta de otra persona: *la conferencia internacional se celebra con el aval de la ONU.*
DER avalar.

avalancha n. f. **1** Masa grande de nieve que cae de las montañas con gran violencia y estrépito. SIN alud. **2** Conjunto grande de personas, animales o cosas. SIN muchedumbre, multitud.

avalar v. tr. **1** Garantizar por medio de un documento o de la firma que se pone en él: *es preciso que alguien me avale el pago del préstamo.* **2** Hacerse responsable de la manera de obrar de una persona.
DER avalista.

auxiliar

INDICATIVO	SUBJUNTIVO
presente	**presente**
auxilío o auxilio	auxilíe o auxilie
auxilías o auxilias	auxilíes o auxilies
auxilía o auxilia	auxilíe o auxilie
auxiliamos	auxiliemos
auxiliáis	auxiliéis
auxilían o auxilian	auxilíen o auxilien
pretérito imperfecto	**pretérito imperfecto**
auxiliaba	auxiliara o auxiliase
auxiliabas	auxiliaras o auxiliases
auxiliaba	auxiliara o auxiliase
auxiliábamos	auxiliáramos o auxiliásemos
auxiliabais	auxiliarais o auxiliaseis
auxiliaban	auxiliaran o auxiliasen
pretérito perfecto simple	**futuro**
auxilié	auxiliare
auxiliaste	auxiliares
auxilió	auxiliare
auxiliamos	auxiliáremos
auxiliasteis	auxiliareis
auxiliaron	auxiliaren
futuro	**IMPERATIVO**
auxiliaré	auxilía o auxilia (tú)
auxiliarás	auxilíe o auxilie (usted)
auxiliará	auxiliad (vosotros)
auxiliaremos	auxilíen o auxilien (ustedes)
auxiliaréis	
auxiliarán	
condicional	**FORMAS NO PERSONALES**
auxiliaría	**infinitivo** auxiliar
auxiliarías	**gerundio** auxiliando
auxiliaría	**participio** auxiliado
auxiliaríamos	
auxiliaríais	
auxiliarían	

avance n. m. **1** Movimiento hacia adelante: *el general no pudo detener el avance de las tropas enemigas.* ANT retroceso. **2** Progreso o mejora. **3** Cosa o acción que se presenta como anticipo o adelanto de algo: *asistimos a un avance de la moda del próximo verano.* **avance informativo** Parte de una información que se adelanta y que más tarde se desarrolla. **4** Conjunto de fragmentos de una película que se proyectan antes de su estreno con fines publicitarios.

avanzada n. f. **1** Cosa o acción que se adelanta, anticipa o aparece en primer término. **2** Grupo de soldados destacado del cuerpo principal para observar al enemigo o avisar sobre un peligro. SIN avanzadilla.

avanzadilla n. f. Avanzada, grupo pequeño de soldados que se adelanta al resto para observar al enemigo o avisar sobre un peligro: *el teniente envió una avanzadilla para que explorara el terreno.*

avanzado, -da adj. **1** Que está lejos de su comienzo o próximo al final: *las obras del piso están muy avanzadas.* **2** Que es nuevo o moderno, que se adelanta a su tiempo: *sus ideas son muy avanzadas.* **3** Que es de muchos años: *un hombre de edad avanzada.*

avanzar v. intr./ prnl. **1** Ir hacia adelante: *avanzar por la derecha.* **2** Acercarse a su fin o transcurrir un tiempo determinado: *el frío arrecia a medida que avanza la noche.* **3** Progresar o mejorar en algo. ◆ v. tr. **4** Mover hacia adelante.
OBS En su conjugación, la *z* se convierte en *c* delante de *e.*
DER avance, avanzada, avanzado.

avaricia n. f. Afán excesivo de poseer y conseguir riquezas para atesorarlas.
DER avaricioso.

avaricioso, -sa adj./ n. m. y f. [persona] Que tiene avaricia y está ansioso por adquirir y atesorar riquezas por el solo placer de poseerlas. SIN avariento, avaro.

avariento, -ta adj./ n. m. y f. Avaricioso, que tiene avaricia.

avaro, -ra adj./ n. m. y f. **1** Avaricioso, que tiene avaricia. **2** [persona] Que no gusta de gastar dinero. SIN agarrado, tacaño.
DER avariento.

avasallar v. tr. **1** Someter o dominar sin tener en cuenta los derechos de los demás. **2** Ofender mediante el abuso de poder. SIN arrollar, atropellar.

avatar n. m. Situación, transformación, vicisitud: *la abuela siempre cuenta los mismos avatares de su vida.*
OBS Es más frecuente su empleo en plural, *avatares.*

ave n. f. Animal vertebrado de sangre caliente que pone huevos, respira por pulmones y tiene pico duro, las extremidades anteriores en forma de alas y el cuerpo cubierto de plumas.
▶ ave de paso Ave que viaja de una región a otra en ciertas estaciones del año: *la cigüeña es un ave de paso.* ave rapaz o ave de rapiña Ave que se alimenta de otros animales. ser ave de paso No permanecer durante mucho tiempo en un mismo lugar.
OBS En singular se le anteponen los determinantes *el, un,* salvo que entre el determinante y el nombre haya otra palabra: *el ave, la hermosa ave.*

avecinar v. tr./ prnl. Acercar o aproximar: *en la reunión se hablará de las fiestas que se avecinan.*

avejentar v. tr./ prnl. Poner viejo o más viejo a alguien: *las canas lo avejentan mucho.*

avellana n. f. Fruto comestible del avellano.

avellano n. m. **1** Árbol de tres a cuatro metros de altura, muy poblado de ramas, cuyo fruto es la avellana. **2** Madera de este árbol.

avemaría n. f. Oración compuesta de las palabras con que el arcángel san Gabriel saludó a la Virgen María, de las que dijo santa Isabel y de otras que añadió la Iglesia católica.

avena n. f. **1** Planta cereal de cañas delgadas, hojas estrechas y flores en panoja que produce una semilla que sirve de alimento para las personas y los animales. avena loca Especie de avena que crece de manera silvestre entre otros cereales. **2** Semilla o conjunto de semillas de esta planta: *desayuno copos de avena con leche.*

avenida n. f. **1** Calle ancha de una población, generalmente con árboles a los lados. **2** Crecida o aumento brusco del caudal de un río o arroyo.
OBS El nombre de la calle debe ir precedido de la preposición *de,* excepto cuando es un adjetivo: *avenida de Barcelona, pero avenida Diagonal.*

avenir v. tr./ prnl. **1** Poner de acuerdo: *no se avino a pagar a los abogados.* ◆ v. prnl. **2** avenirse Entenderse bien una persona con otra.
OBS Se conjuga como *venir.*
DER avenencia; desavenir.

aventajar v. tr. Sacar o llevar ventaja en algo a otros. SIN exceder, sobrepasar.
DER aventajado.

aventar v. tr. Echar al viento el grano y la paja de los cereales para que al caer lo hagan separados: *para limpiar este trigo tendremos que aventarlo en la era.*
OBS En su conjugación, la *e* se convierte en *ie* en sílaba acentuada, como en *acertar.*

aventura n. f. **1** Suceso extraño o poco frecuente que vive o presencia una persona. **2** Hecho o situación peligrosa o que es de resultado incierto y poco seguro. **3** Relación amorosa o sexual pasajera. SIN enredo, lío.
DER aventurar, aventurero.

aventurado, -da adj. Arriesgado, atrevido o inseguro: *es una afirmación aventurada sin fundamento.*

aventurar v. tr./ prnl. **1** Arriesgar o poner en peligro. **2** Decir o afirmar una cosa atrevida

a b c d e f g h i j k l m n ñ o p q r s t u v w x y z

o de la que se tiene duda o cierto recelo: *aunque no dispongo de datos suficientes, me aventuraré a dar unos resultados.*

DER aventurado.

aventurero, -ra adj./ n. m. y f. **1** Que le gustan las aventuras o las busca: *espíritu aventurero.* **2** [persona] Que se gana la vida o trata de triunfar usando medios desconocidos, ilícitos o poco adecuados.

avergonzado, -da adj. Que tiene o siente vergüenza, generalmente por una falta cometida.

avergonzar v. tr. **1** Causar en alguien un sentimiento de vergüenza: *avergonzó a sus padres con sus comentarios.* ANT enorgullecer. ◆ v. prnl. **2** avergonzarse Tener o sentir vergüenza: *no debes avergonzarte de tu origen humilde.* SIN ruborizarse. ANT enorgullecer.

OBS En su conjugación, la *o* se convierte en *ue* en sílaba acentuada, la *g* en *gü* y la *z* en *c* delante de *e*.

avería n. f. Daño, rotura o fallo en un mecanismo que impide o perjudica el funcionamiento de una máquina o un vehículo.

DER averiar.

averiar v. tr./ prnl. Producir una avería en una máquina, un vehículo u otra cosa.

OBS En su conjugación, la *i* se acentúa en algunos tiempos y personas, como en *desviar*.

averiguación n. f. Indagación que se lleva a cabo para alcanzar la verdad que se busca.

averiguar v. tr. Indagar en un asunto hasta alcanzar la verdad que se busca.

OBS En su conjugación, la *u* no se acentúa y la *gu* se convierte en *gü* delante de *e*.

DER averiguación.

averno n. m. *formal* Según algunas religiones, lugar al que van las almas de las personas que mueren en pecado para sufrir toda clase de penalidades a lo largo de la eternidad. SIN infierno.

aversión n. f. Sentimiento de rechazo o repugnancia exagerada hacia una persona o cosa: *siento verdadera aversión a las entrevistas.*

avestruz n. m. Ave que alcanza hasta dos metros de altura, de cuello muy largo y patas largas y robustas que le permiten correr a grandes velocidades, ya que no vuela.

OBS Para indicar el sexo se usa el avestruz macho y el avestruz hembra. El plural es avestruces.

aviación n. f. **1** Sistema de transporte aéreo: *accidente de aviación.* **2** Fuerzas aéreas de un estado: *la aviación rusa sigue bombardeando el territorio.*

aviador, -ra n. m. y f. **1** Persona que tripula o gobierna un aparato de aviación. **2** Persona que sirve en la aviación de un ejército.

aviar v. tr. **1** Preparar o disponer algo con un fin: *tengo que aviar todo lo necesario para el viaje.* **2** Arreglar a una persona o limpiar y ordenar algo: *aviar una habitación.* ◆ v. intr. **3** Darse prisa en la ejecución de una cosa que se está haciendo: *diles que avíen o no llegamos.*

▶ aviárselas Buscar la manera de solucionar un problema o de salir de una dificultad: *avíatelas como puedas.* ir (o estar) aviado **a.** Estar rodeado de contratiempos y dificultades. **b.** Estar equivocado respecto a una previsión: *si piensas que te van a dejar salir tan tarde, estás aviado.*

OBS Se conjuga como *desviar*.

avícola adj. De la avicultura o que tiene relación con ella: *granja avícola.*

avicultura n. f. Técnica para criar y fomentar la reproducción de aves y aprovechar sus productos.

DER avícola, avicultor.

avidez n. f. Deseo fuerte e intenso de tener o conseguir una cosa.

ávido, -da adj. Que siente un deseo fuerte e intenso de tener, hacer o conseguir una cosa: *son jóvenes ávidos de conocer cosas nuevas.*

DER avidez.

avieso, -sa adj. *formal* Que es malo o de malas inclinaciones.

avifauna n. f. Conjunto de las aves de un país o región.

avilés, -lesa adj. **1** De Ávila o relacionado con esta ciudad y provincia española: *las murallas avilesas.* SIN abulense. ◆ adj./ n. com. **2** [persona] Que es de Ávila. SIN abulense.

avión n. m. **1** Vehículo con alas, más pesado que el aire, que vuela generalmente propulsado por uno o más motores y se usa para el transporte aéreo: *viajaremos en avión y podremos volver el mismo día.* SIN aeronave, aeroplano, aparato. avión de bombardeo Avión de gran tamaño que se emplea para lanzar bombas. avión comercial Avión que pertenece a una empresa y se emplea para transportar personas y mercancías. avión de caza Avión de pequeño tamaño y gran velocidad destinado principalmente a reconocimientos y combates aéreos. NOTA También se dice *caza*. avión de reacción Avión que se mueve impulsado por reactores. avión sin motor Avión de pequeño tamaño que vuela movido solamente por las corrientes de aire. **SIN** planeador. **avión supersónico** Avión que es capaz de superar la velocidad del sonido. **2** Pájaro parecido a la golondrina, de color negro con el vientre blanco, que se alimenta de insectos. **NOTA** Para indicar el sexo se usa *el avión macho* y *el avión hembra*.

avioneta n. f. Avión pequeño que se usa generalmente para hacer vuelos cortos y a poca altura.

avisar v. tr. **1** Dar aviso o noticia de un hecho a alguien. **2** Advertir de algo o dar consejo. **3** Llamar a una persona para que preste un servicio: *avisar al médico.*
DER avisado, aviso.

aviso n. m. **1** Noticia que se comunica a alguien. **2** Escrito o frase que da a conocer una cosa o asunto: *hay en el tablón un aviso sobre un perrito extraviado.* **3** Escrito o frase que da a conocer el mal que puede venir si no se pone cuidado. **4** Señal que hace el presidente de una corrida al torero, por no matar al toro en el tiempo prescrito por el reglamento: *a la hora de matar pinchó varias veces y tuvo dos avisos.*
▶ **andar (** o **estar) sobre aviso** Estar prevenido y preparado para lo que pueda pasar. **poner sobre aviso** Avisar o advertir sobre un peligro u otra cosa. **sin previo aviso** Indica que la acción se realiza de pronto, sin dar previamente noticia o señal de ello.
DER preaviso.

avispa n. f. Insecto parecido a la abeja, pero de cuerpo con rayas negras y amarillas, con un aguijón con el que produce picaduras muy dolorosas.
DER avispero.

avispado, -da adj. [persona] Que es muy vivo, despierto y espabilado: *es muy avispado y aprende pronto.*

avispar v. tr. Hacer más avispada y lista a una persona: *hay que avispar a este muchacho para que pueda defenderse en la vida.*
DER avispado.

avispero n. m. **1** Panal o nido de avispas y lugar donde se encuentra. **2** Conjunto de avispas que viven en ese lugar: *un avispero salió de los agujeros de la pared y se lanzó contra nosotros.* **3** Negocio o asunto complicado y enredado que puede ofrecer peligro y causar disgusto. **4** Reunión o aglomeración de personas o cosas inquietas y ruidosas: *a aquellas horas la discoteca parecía un avispero.*

avistar v. tr. Alcanzar con la vista lo que está lejos.

avitaminosis n. f. MED. Carencia o escasez de una o varias vitaminas en el organismo.
OBS El plural también es *avitaminosis.*

avituallamiento n. m. Abastecimiento de vituallas, víveres o alimentos: *cada ciclista tomó su bolsa en el control de avituallamiento.*

avivar v. tr. **1** Hacer que una cosa sea más viva dotándola de mayor intensidad. ◆ v. intr./ prnl. **2** Tomar más fuerza o intensidad.
DER reavivar.

avutarda n. f. Ave zancuda de vuelo bajo y pesado, de cuerpo grueso de color rojizo con manchas negras, el cuello alargado y las alas pequeñas.

axial adj. Del eje o que tiene relación con él: *simetría axial.*

axila n. f. Cavidad o hueco que se forma en la unión de la parte interior del brazo con el cuerpo. **SIN** sobaco.
DER axilar.

axioma n. m. **1** Expresión de un juicio tan claro y evidente que se admite sin necesidad de demostración. **2** Principio básico o elemental de una ciencia.
DER axiomático.

¡ay! int. Expresión que indica pena, dolor o temor: *¡ay!, ¡me he dado un martillazo en el dedo!*
▶ **¡ay de mí!** o **¡ay de nosotros!** Expresión con la que una persona se lamenta de algo: *¡ay de mí, qué desgraciado soy!* **¡ay de + pronombre!** Expresión con la que se amenaza a alguien si no cumple o hace lo que se le pide: *¡ay de vosotros si me desobedecéis!*

ayatolá n. m. Superior religioso de los chiitas islámicos, especialmente en Irán.
OBS También se escribe *ayatollah.*

ayer adv. **1** En el día inmediatamente anterior al de hoy. **2** En un tiempo pasado. ◆ n. m. **3** Tiempo pasado: *guarda hermosos recuerdos del ayer.*
▶ **de ayer a hoy** En breve tiempo; desde hace muy poco tiempo.
DER anteayer.

ayo, aya n. m. y f. Persona que en una casa acomodada se encarga del cuidado y educación de los niños.
OBS Para la forma femenina, en singular se le anteponen los determinantes *el, un,* salvo que entre el determinante y el nombre haya otra palabra: *el aya, la hermosa aya.*

ayuda n. f. **1** Socorro, colaboración que se presta en una necesidad o peligro: *pedir ayuda.* **2** Persona o cosa que ayuda o sirve para ayudar: *su marido ha sido siempre su ayuda y consuelo.* **3** Cantidad de dinero que se da a una persona que lo necesita.

▶ ayuda humanitaria Conjunto de alimentos, medicinas y personas que se envían a un país en guerra o con problemas graves para ayudar a la población civil.

ayudante adj./ n. com. Persona que ayuda en un trabajo o en una profesión a otra que generalmente es de formación o categoría superior.

ayudar v. tr. **1** Prestar socorro o colaboración en una necesidad o peligro. ◆ v. prnl. **2** ayudarse Utilizar o valerse del auxilio o la ayuda de otra persona o cosa.

DER ayuda, ayudante.

ayunar v. intr. Abstenerse total o parcialmente de comer y beber durante un tiempo, generalmente por motivos religiosos o de salud.

DER ayuno; desayunar.

ayuno, -na adj. **1** Que no ha comido. **2** Que no entiende o comprende una cosa de la que se habla. ◆ n. m. **3** Privación total o parcial de comida y bebida durante un período de tiempo, especialmente por problemas de salud o por cumplir con un rito religioso.

▶ en ayunas **a.** Sin haber tomado alimento desde la noche anterior: *debes hacerte el análisis de sangre estando en ayunas.* **b.** Sin comprender una cosa.

ayuntamiento n. m. **1** Corporación o grupo de personas integrado por un alcalde y varios concejales que se encarga de administrar y gobernar un pueblo o ciudad. SIN cabildo, concejo. **2** Edificio en el que trabaja este grupo de personas. SIN cabildo, concejo.

azabache n. m. **1** Variedad de carbón, duro y compacto, de color negro brillante, que puede ser pulido para hacer adornos: *pendientes de azabache.* **2** Pájaro de vientre blanco, cabeza y alas negras y el resto del cuerpo gris oscuro, que se alimenta de insectos.

NOTA Para indicar el sexo se usa *el azabache macho* y *el azabache hembra.* ◆ adj./ n. m. y f. **3** [color] Que es negro brillante.

azada n. f. Instrumento de labranza formado por una lámina o pala de metal con un lado cortante y un anillo en el opuesto, donde encaja un largo mango de madera con el que forma un ángulo un tanto agudo: *la azada se usa para cavar tierras ya roturadas.*

DER azadón.

azadón n. m. Azada de pala algo curva y más larga que ancha: *el azadón se usa para cavar en tierras duras.*

azafato, -ta n. m. y f. **1** Persona que se dedica a atender a los pasajeros en un avión o en un tren: *el azafato nos ofreció los periódicos del día.* **2** Persona que se dedica a recibir e informar a los visitantes, participantes o clientes en ciertos actos o establecimientos.

azafrán n. m. **1** Planta de origen oriental, de tallo bulboso y hojas estrechas, con la flor de color morado y estigmas de color rojo anaranjado que se usa generalmente como condimento. **2** Estigma o conjunto de estigmas de esta planta: *el azafrán es un condimento que, además de sabor, da color amarillo a los guisos.*

DER azafranado.

azahar n. m. Flor blanca del naranjo, del limonero y de otros árboles parecidos que se usa en medicina y perfumería: *el azahar tiene un olor muy agradable.*

OBS No se debe confundir con *azar.*

azar n. m. Causa a la que se atribuyen los sucesos no debidos a una necesidad natural o a la intervención humana o divina: *el azar ha querido que nos encontremos en esta cafetería.* SIN fortuna.

▶ al azar Sin reflexión ni orden: *escoge una carta al azar.*

DER azaroso.

azaroso, -sa adj. Que tiene abundantes percances, riesgos, contratiempos o dificultades: *solo nos contó un poco de su larga y azarosa vida.*

ázimo adj. [pan] Que se amasa sin levadura: *el pan ázimo es el que se suele emplear en el sacramento de la comunión.*

OBS También se escribe *ácimo.*

azogue n. m. Mercurio, elemento químico, metal líquido, denso, de color gris plata, de número atómico 80.

azor n. m. Ave rapaz diurna, parecida al halcón, con la parte superior oscura con una raya blanca y la parte inferior blanca con manchas más oscuras.

OBS Para indicar el sexo se usa *el azor macho* y *el azor hembra.*

DER azorar.

azorar v. tr./ prnl. Inquietar, alterar el ánimo, sobresaltar.

azoriniano, -na adj. De Azorín o relacionado con este escritor o con su obra.

azotar v. tr. **1** Dar azotes a alguien: *el protagonista fue azotado públicamente.* **2** Dar golpes de forma repetida y violenta, especialmente el viento, la lluvia o las olas: *el mar azota los acantilados.* **3** Producir daños y destrozos: *desde hace años el hambre azota el país.*

azote n. m. **1** Golpe dado con la mano a una persona, especialmente en el trasero. **2** Golpe repetido y violento, especialmente de agua o de aire: *sufrió el azote del viento sobre su rostro.* **3** Desgracia o calamidad: *el azote de la guerra.* **4** Instrumento formado por un conjunto de cuerdas con nudos que se usa para castigar a las personas. **5** Golpe que se da con ese instrumento levantándolo y dejándolo caer con fuerza contra el cuerpo del condenado: *los esclavos recibían muchos azotes de sus amos.*
DER azotaina, azotar.

azotea n. f. **1** Cubierta plana de un edificio sobre la cual se puede andar: *suele tomar el sol en la azotea.* SIN terraza. **2** Cabeza de una persona.
▶ estar mal de la azotea Haber perdido el juicio: *estás mal de la azotea si piensas que te voy a dejar mi coche nuevo.*

azteca adj. **1** Del pueblo indígena que dominó el territorio de Méjico o que tiene relación con él: *el imperio azteca tuvo su máximo esplendor entre el siglo XV y principios del XVI.* ◆ adj./ n. com. **2** [persona] Que pertenece a este pueblo. ◆ n. m. **3** Lengua de este pueblo.

azúcar amb. **1** Sustancia sólida, generalmente de color blanco, de sabor muy dulce y soluble en agua, que se extrae especialmente de la caña dulce y de la remolacha. azúcar blanco Azúcar refinado obtenido en polvo muy tamizado. azúcar glas Sustancia espesa que se pone por encima de ciertas frutas y dulces. azúcar moreno Azúcar de color más oscuro y más dulce que el blanco. **2** Hidrato de carbono de sabor dulce, como la glucosa o la lactosa: *según los análisis, tengo demasiado azúcar en la sangre.*
DER azucarar, azucarera, azucarero, azucarillo.

azucarado, -da adj. **1** Que contiene azúcar: *yogur azucarado; residuo azucarado.* **2** Que es dulce como el azúcar. **3** Que es excesivamente dulce o meloso en el lenguaje.

azucarar v. tr. **1** Poner dulce un alimento echándole azúcar: *me gusta el yogur natural que ya ha sido azucarado.* **2** Cubrir con azúcar.

azucarera n. f. **1** Empresa que se dedica a la fabricación o la venta de azúcar. **2** Azucarero, recipiente.

azucarero, -ra adj. **1** Del azúcar o relacionado con esta sustancia: *empresa azucarera.* ◆ n. m. y f. **2** Persona que se dedica a la fabricación de azúcar. **3** Recipiente para servir azúcar en la mesa.

azucena n. f. **1** Flor de jardín grande, blanca y muy olorosa. **2** Planta de tallo alto y hojas largas y estrechas que da esa flor: *la azucena es una planta perenne.* SIN lirio blanco.

azuela n. f. Herramienta de carpintero formada por una pieza cortante de metal y un mango de madera corto y doblado; se usa para quitar las partes bastas de una madera.

azufre n. m. Elemento químico, no metal, de color amarillo y de olor desagradable, de número atómico 16, muy utilizado para la obtención de ácido sulfúrico: *el símbolo del azufre es S.*

azul adj. **1** De color parecido al del cielo despejado: *los pantalones vaqueros suelen ser azules.* ◆ adj./ n. m. **2** [color] Que es parecido al del cielo despejado: *el azul es el quinto color del espectro solar.*
▶ azul celeste Azul más claro y más parecido al del cielo despejado. azul marino Azul oscuro. azul de cobalto Materia colorante muy usada en pintura y para decorar cerámicas.

azulado, -da adj. Que es de color parecido al azul.

azular v. tr. Dar color azul a una cosa.

azulejo n. m. Ladrillo de poco grosor, con una cara vidriada, que se usa para revestir paredes como protección o simple adorno: *las cocinas y cuartos de baño suelen cubrirse de azulejos.*

azulgrana adj. **1** De cualquier equipo deportivo que vista con los colores azul y granate. SIN blaugrana. ◆ adj./ n. com. **2** [jugador] Que forma parte de este equipo. SIN blaugrana.

azumbre n. amb. Medida antigua para líquidos equivalente a 2,016 litros; octava parte de la cántara.

azur adj./ n. m. Azul oscuro.

azuzar v. tr. Irritar y animar a un animal para que ataque: *si vuelves a acercarte a mi casa, te azuzaré los perros.*
OBS En su conjugación, la *z* se convierte en *c* delante de *e*.

aBcdefghijklmnñopqrstuvwxyz

b n. f. **1** Segunda letra del alfabeto español. ◆ adj. **2** Se aplica a lo que está fuera del control de la hacienda pública.

baba n. f. **1** Saliva espesa y abundante que sale de la boca y fluye por la comisura de los labios. **2** Líquido espeso y pegajoso que producen ciertos animales o plantas.

▶ caérsele la baba **a.** Experimentar una persona gran admiración y placer al observar, oír o hablar de alguien o de algo: *se le caía la baba viendo a su hijo cantar en la fiesta del colegio.* **b.** Desear con intensidad y fijación a una persona o cosa.

DER babear, babero, babi, babosa, baboso; rebaba.

babear v. intr. **1** Echar baba por la boca: *el caballo babeaba por el freno.* **2** *coloquial* Demostrar gran admiración al hablar de algo o alguien.

DER babeo.

babel amb. Lugar donde hay confusión y desorden, especialmente provocados por varias personas que hablan a la vez.

babero n. m. **1** Pieza de tela u otra materia que se coloca a los niños en el pecho sujeta al cuello para que no se manchen de babas o con los alimentos que comen. **2** Prenda de vestir de tejido ligero y resistente, parecida a una bata, que cubre todo el cuerpo y se pone encima de la ropa de los niños para protegerla: *los niños llevan babero en el colegio.*

babi n. m. Babero que usan los niños para proteger la ropa.

babilónico, -ca adj. **1** De Babilonia o relacionado con esta antigua ciudad y región del sur de Mesopotamia o con sus habitantes. ◆ adj./ n. m. y f. **2** [persona] Que es de Babilonia. ◆ adj./ n. m. **3** Lengua perteneciente al grupo semítico oriental hablada antiguamente en Babilonia. ◆ adj. **4** Que es lujoso u ostentoso.

bable n. m. Dialecto derivado de antiguas formas lingüísticas leonesas que se habla en Asturias.

babor n. m. MAR. Lado izquierdo de una embarcación, mirando desde la parte trasera hacia la delantera. ANT estribor.

babosa n. f. Molusco terrestre, parecido al caracol, pero sin concha, que deja al arrastrarse una baba pegajosa.

baboso, -sa adj./ n. m. y f. **1** Que echa abundante baba por la boca. **2** *coloquial* [persona] Que experimenta admiración y placer exagerado al observar, oír o hablar a una persona o cosa que le es grata. **3** *coloquial* [persona] Que aún no tiene la edad suficiente para lo que hace o intenta hacer.

DER babosear.

babucha n. f. **1** Zapato de cuero o tela, a veces con bordados de oro y plata, con la parte delantera acabada en punta, suela plana y delgada y normalmente sin talón: *la babucha es de origen oriental.* **2** Zapatilla de uso doméstico similar a este zapato.

baca n. f. Estructura resistente, generalmente metálica y con forma de rejilla, que se coloca sobre el techo de un automóvil para llevar maletas, bultos u objetos.

OBS No se debe confundir con *vaca.*

bacalao n. m. **1** Pez marino comestible de cabeza grande y cuerpo alargado y blando; tiene una pequeña barba saliente en el labio inferior de la mandíbula. ◆ adj./ n. m. **2** [música] Que se caracteriza por tener un ritmo rápido, intenso y repetitivo; sus sonidos se producen fundamentalmente a partir de sintetizadores electrónicos: *la música bacalao está pensada para ser bailada en discotecas.*

▶ cortar el bacalao Tener el poder de decisión último y más importante.

DER bacalada, bacaladero, bacaladilla.

bacanal n. f. **1** Fiesta que los gentiles de la antigua Roma celebraban en honor de Baco, dios que representaba el vino y la embriaguez. **2** Fiesta en la que participan muchas personas, donde se come y bebe inmoderadamente y se cometen excesos. **SIN** orgía.

DER bacante; báquico.

bacante n. f. Mujer que en la antigua Roma estaba consagrada al culto de Baco y tomaba parte en las bacanales.

bache n. m. **1** Pequeño agujero o desnivel de un camino o carretera, generalmente producido por la pérdida o el hundimiento de la capa superficial de asfalto: *sortear baches.* **2** Disminución o detención en el progreso de una actividad. **3** Falta pasajera de ánimo o de salud: *tras la muerte de mi hermano mi vida entró en un bache del que ahora intento salir.* **4** Diferencia brusca en la temperatura y la dirección de las corrientes de aire que provoca rápidos descensos en la altura de vuelo de un avión.

DER bachear.

bachiller n. com. **1** Persona que ha aprobado los estudios correspondientes al bachillerato. **2** Antiguamente, persona que había realizado estudios universitarios.

DER bachillerato.

bachillerato n. m. **1** Grado académico que se consigue al terminar los estudios correspondientes a la enseñanza media. **2** Conjunto de estudios que es necesario aprobar para conseguir este grado.

bacilo n. m. Bacteria de forma cilíndrica alargada, como la de un pequeño bastón: *el bacilo de Koch es el causante de la tuberculosis.*

DER bacilar.

backgammon n. m. Juego de mesa que se practica por dos jugadores con quince fichas, blancas o negras, cada uno; consiste en recorrer un tablero compuesto por veinticuatro casillas triangulares de dos colores, según los números obtenidos al tirar dos dados.

OBS Es de origen inglés y se pronuncia aproximadamente «bacgamon».

background n. m. Conjunto de conocimientos o experiencias que constituyen el bagaje intelectual de una persona: *para poder disfrutar de aquellas retransmisiones teatrales se requería de un cierto background cultural.*

OBS Es de origen inglés y se pronuncia aproximadamente «bacgráun».

backup n. m. INFORM. Copia de seguridad de uno o más archivos informáticos con programas o informaciones, que se hace, generalmente, para prevenir posibles pérdidas de información o el mal funcionamiento de los programas originales.

OBS Es de origen inglés y se pronuncia aproximadamente «bacap».

back-up n. m. INFORM. Copia que se hace de uno o más archivos informáticos para prevenir posibles pérdidas de información.

OBS Se pronuncia aproximadamente «bac-ap».

bacon n. m. Tocino ahumado de cerdo con vetas de carne.

OBS Es de origen inglés y se pronuncia aproximadamente «beicon». La Real Academia Española solo registra la forma *beicon.*

bacteria n. f. Organismo microscópico compuesto por una sola célula, carente de núcleo, que se multiplica por bipartición o por esporas.

DER bacteriano, bactericida, bacteriología.

bacteriano, -na adj. De las bacterias o que tiene relación con este organismo microscópico.

báculo n. m. **1** Bastón largo que llega a la altura del pecho o la cabeza, con el extremo superior curvo. **báculo pastoral** Báculo que usan los obispos como símbolo de su autoridad. **2** Apoyo, ayuda o defensa.

badajocense adj. **1** De Badajoz o relacionado con esta ciudad y provincia de la comunidad autónoma de Extremadura. **SIN** pacense. ◆ adj./n. com. **2** [persona] Que ha nacido en Badajoz. **SIN** pacense.

badminton o **bádminton** n. m. Deporte parecido al tenis que se practica en un terreno de juego mucho menor y en el que participan dos o cuatro jugadores; consiste en impulsar una pequeña pelota con forma de media esfera y con plumas en su lado plano mediante una raqueta ligera por encima de una red que está a una altura muy superior a la que es propia para el tenis.

bafle n. m. Caja que contiene uno o más altavoces de un equipo de sonido; sirve para facilitar la difusión y calidad de este.

bagaje n. m. **1** Conjunto de conocimientos y experiencias que una persona ha reunido a lo largo de un período: *con el bagaje artístico acumulado, volvió dispuesto a triunfar.* **NOTA** Suele ir seguido de los adjetivos *intelectual, artístico* u otros semejantes. **2** Equipaje militar que lleva un ejército en marcha. **3** Equipo o conjunto de cosas que una persona lleva consigo cuando viaja o se traslada de un lugar a otro.

baguette n. f. Barra de pan blanco estrecha y larga.
OBS Se pronuncia aproximadamente «baguet».

¡bah! int. Expresión que indica desprecio o falta de interés.

bahía n. f. Parte de mar que entra en la tierra formando una concavidad amplia; puede servir de refugio a las embarcaciones: *una bahía es de menor dimensión que un golfo.* SIN cala.

bailable adj. [música, melodía] Que se puede bailar.

bailaor, -ra n. m. y f. Persona que baila flamenco.

bailar v. tr. **1** Mover el cuerpo, los pies y los brazos siguiendo el ritmo de una pieza musical: *bailar un vals; bailar un chotis; bailar con arte.* **2** Girar un objeto alrededor de su eje manteniendo el equilibrio sobre uno de sus extremos. ◆ v. intr. **3** Moverse una cosa que está en una posición inestable y poco segura: *bailar un tornillo.* **4** Confundir el orden de conceptos, palabras y números, o cambiarlos por otros que les son muy parecidos. **5** Cambiar en poco tiempo varias veces el valor de una cantidad, alterando mínimamente sus cifras. **6** En algunos deportes, como el fútbol o el baloncesto, dominar al contrario con gran superioridad; especialmente, hacer que corra tras el balón sin alcanzarlo.
▶ bailar con la más fea Tener una responsabilidad o un trabajo difícil y desagradable. bailarle el agua a alguien Adular a una persona para obtener un beneficio: *se pasó el curso bailándole el agua al tutor para sacar buenas notas.* otro que tal baila Expresión que indica que una persona se parece a otra u otras en algún defecto o comportamiento negativo: *tú eres un vago, y tu amigo, otro que tal baila.*
DER bailable, bailarín, bailón, bailongo, bailotear.

bailarín, -rina n. m. y f. Persona que baila piezas de música folclórica, clásica o moderna: *Rudolf Nureiev fue uno de los bailarines más famosos de todos los tiempos.* SIN danzarín.

baile n. m. **1** Conjunto de movimientos que hace una persona con el cuerpo, los pies o los brazos siguiendo el ritmo de una pieza musical: *baile clásico; baile flamenco.* baile de salón Baile que se realiza por parejas al ritmo de formas musicales tradicionales, como el vals, la polca o el tango, y modernas, como el twist o el rock and roll. **2** Fiesta o celebración pública en la que los asistentes bailan. baile de máscaras Baile al que asisten para bailar personas con trajes de disfraces. **3** Confusión en el orden de conceptos, palabras y números, o cambio por otros que les son muy parecidos. **4** Alteración varias veces en poco tiempo del valor de una cantidad, cambiando mínimamente sus cifras: *continúa el baile de cifras en torno al número de fallecidos.*
▶ baile de san Vito Denominación corriente de varias enfermedades nerviosas caracterizadas por movimientos involuntarios y violentos, como el corea.

bailotear v. intr. Bailar sin gracia ni arte.
DER bailoteo.

baja n. f. **1** Fin de la relación laboral o profesional que unía a una persona con un cuerpo, asociación o empresa, por decisión unilateral de una de las partes o por mutuo acuerdo: *se dio de baja del partido por desavenencias con el secretario general.* ANT alta. **2** Documento en el que se certifica que una persona debe abandonar durante un tiempo su puesto de trabajo a causa de una enfermedad o un daño físico. ANT alta. **3** Persona que ha tenido que abandonar el desarrollo de una actividad por una causa determinada: *la selección juega mañana con numerosas bajas.* **4** Muerte, inutilización o desaparición de una persona, especialmente de un soldado en una acción de guerra: *durante la guerra del Golfo el ejército estadounidense tuvo muy pocas bajas.* **5** Disminución del valor o de la cuantía de una cosa. ANT alza.
▶ a la baja En disminución; con un precio, un valor o una importancia cada vez menor: *el mercado de venta de coches puede reaccionar a la baja ante la subida del precio de la gasolina.* dar de baja **a.** Declarar un médico en un documento que una persona está enferma. **b.** Anotar en un registro que una persona ha dejado de pertenecer a una entidad o de dedicarse a una actividad. darse de baja **a.** Cesar en el ejercicio de una profesión. **b.** Dejar de pertenecer voluntariamente a un cuerpo, sociedad o corporación. estar de baja Abandonar durante un tiempo el puesto de trabajo por prescripción del médico a causa de enfermedad o daño físico.
DER bajista, bajón.

bajada n. f. **1** Trayecto desde una posición elevada a otra más baja. SIN descenso. **2** Camino o calle inclinados que van de un lugar a otro más bajo. **3** Disminución de la magni-

tud, el nivel, la intensidad, la cuantía, el valor o el precio de una cosa: *la bajada del precio de la gasolina ha sido insignificante.* SIN baja, descenso. ANT subida.
▶ bajada de bandera Cantidad mínima que debe pagarse para hacer un recorrido en taxi: *los taxistas solicitan un incremento en la bajada de bandera.* bajada de tensión Disminución brusca de la presión que ejerce la sangre sobre las paredes de las arterias.

bajamar n. f. **1** Máximo nivel de bajada que puede alcanzar el agua del mar durante la marea baja. ANT pleamar. **2** Tiempo en que el nivel del agua del mar se mantiene en estas condiciones: *durante la bajamar los niños juegan en la zona de playa que queda descubierta.* ANT pleamar.

bajante n. amb. **1** Tubería de desagüe que recoge las aguas residuales de un edificio: *los bajantes suelen estar en los patios interiores.*

bajar v. intr./ prnl. **1** Trasladarse de un lugar a otro que está más bajo: *bajar al sótano.* SIN descender. ANT subir. **2** Salir de un vehículo o dejar de estar montado en él: *bajar de una moto.* SIN descender. ANT subir. ◆ v. intr./ tr. **3** Hacer más pequeño el valor, la cuantía o la intensidad de una cosa: *bajar la temperatura.* SIN disminuir. ANT subir. ◆ v. tr. **4** Poner en un lugar más bajo: *bajar un brazo.* ANT subir. **5** Recorrer el trayecto inclinado que va de un lugar a otro más bajo: *bajar la escalera.* SIN descender. ANT subir. **6** Inclinar o dirigir hacia el suelo: *el atracador bajó la escopeta y se rindió a la policía.* **7** Copiar o transferir información (datos, programas, etc.) en la memoria de una computadora desde la de otra, especialmente a través de Internet u otra red informática: *me bajé un antivirus de Internet.* SIN descargar.
DER baja, bajada, bajante; rebajar.

bajel n. m. *formal* Buque, barco.

bajeza n. f. Acción inmoral y despreciable de una persona o un grupo: *cometió la bajeza de insultar en público a su mujer.*

bajo, -ja adj. **1** Que tiene una altura menor de lo normal: *un techo bajo.* ANT alto. **2** Que está situado en un lugar con poca altura con respecto a la superficie de la tierra o cercano al nivel del mar: *la planta baja de un edificio.* ANT alto. **3** Que tiene poco valor, o es de poca cuantía o intensidad: *la sociedad mantiene un bajo nivel de consumo.* ANT alto. **4** [parte de la sociedad] Que no tiene recursos económicos y ocupa el lugar inferior en la escala social. **5** Que es inmoral y despreciable. **6** Que está inclinado hacia el suelo o mira al suelo: *el acusado entró en la sala con la cabeza baja.* **7** [sonido, voz] Que es muy grave y profundo: *el locutor del programa de madrugada tiene una voz baja y sensual.* ◆ n. m. **8** Piso inferior, situado a la altura de la calle, de una casa que tiene dos o más plantas: *vive en una casa de cinco pisos y en el bajo tiene el despacho.* **9** Borde inferior de una prenda de vestir: *tenía deshilachados los bajos de los pantalones.* **10** Elevación del fondo de un mar, río o lago, generalmente por acumulación de arena, que dificulta o impide la navegación: *el capitán avisó al timonel de la proximidad de los bajos.* **11** MÚS. Instrumento de sonido más grave de los que pertenecen a una misma familia: *no recuerdo quién tocaba el bajo en el grupo de los Beatles.* **12** MÚS. Voz más grave del registro de las voces humanas. **13** MÚS. Hombre que tiene esta voz. ◆ adv. **14** bajo Con poca altura con respecto a la tierra, próximo al nivel del mar. ANT alto. **15** Con un sonido o tono de voz suave y débil: *en la biblioteca procura hablar bajo.* ANT alto. ◆ prep. **16** Indica que una persona o cosa está debajo de otra: *el partido se jugó bajo la lluvia.* **17** Indica que una persona debe obediencia y está sometida a las órdenes de otra o a una serie de reglas, normas y leyes que debe cumplir: *vivió bajo la tutela de sus padres.* ◆ n. m. pl. **18** bajos Parte inferior externa de un vehículo: *antes de comprar un coche de segunda mano, comprueba el estado de sus bajos.*
▶ por lo bajo **a.** En voz baja o al oído: *el jugador insultó por lo bajo al árbitro.* **b.** De manera oculta y sin el conocimiento de los demás.
DER bajar, bajero, bajeza, bajío, bajura; abajo, altibajo, contrabajo, debajo.

bajón n. m. **1** Disminución brusca, intensa e importante de una cosa que es considerada o mesurada dentro de una gradación: *se produjo un bajón en las temperaturas.* **2** Deterioro brusco e intenso en el estado de ánimo o de salud de una persona: *bajón moral; bajón físico.*

bajorrelieve n. m. Figura esculpida o grabada que sobresale ligeramente por encima de una superficie: *el bajorrelieve de una moneda con el perfil del rey.*

bajura n. f. Falta de elevación: *las bajuras de una marisma.*

bala n. f. **1** Proyectil cilíndrico de metal que es

plano por uno de sus lados y acaba en punta por el otro; contiene en su interior una pequeña carga de pólvora que explota cuando es golpeada violentamente por el percutor de un arma de fuego: *pidió en la armería una caja de balas para su pistola.* **2** Punta cónica en que termina este pequeño cilindro y que sale impulsada a gran velocidad a través del cañón del arma de fuego cuando se dispara: *el herido tenía alojada una bala en la cabeza.* bala perdida Bala que impacta en un lugar alejado del punto adonde el tirador quiso dirigirla. **3** Paquete de mercancías grande, apretado y atado: *una bala de algodón.*

▶ bala perdida Persona alocada y amante de la diversión: *antes de casarse y formar una familia era un bala perdida.* como una bala Muy rápido. tirar con bala Tener mala intención en lo que se dice.

DER balazo, balín, balística, balón; embalar.

balada n. f. **1** MÚS. Canción popular de ritmo lento y suave cuyo asunto es generalmente amoroso. **2** Composición poética tradicional de estrofas iguales entre las que se intercala un estribillo; suele contar de manera sencilla sucesos legendarios y populares.

baladí adj. Que tiene poco valor, importancia o interés.

OBS El plural es *baladíes* (culto) o *baladís* (popular).

balance n. m. **1** Movimiento de un cuerpo a un lado y otro alternativamente. **2** Examen periódico de las cuentas de una empresa, comparando sus ingresos y gastos para establecer el nivel de beneficios o pérdidas. **3** Documento o informe en el que consta este examen: *se envió copia del balance a todos los accionistas de la compañía.* **4** Revisión de los aspectos positivos y negativos de un estado o una situación para poder extraer una valoración general del conjunto: *el alcalde ha hecho balance de sus cien primeros días de gobierno.* **5** Sistema que regula el equilibrio del nivel de intensidad de sonido entre los dos altavoces o bafles de un equipo de música.

balancear v. tr. **1** Mover de un lado a otro un mecanismo que cuelga de un punto fijo subiendo y bajando de forma alternativa y repetida: *el aire balanceaba el solitario columpio.* **2** Moverse una persona en este mecanismo. SIN mecer. **3** Inclinar a un lado y otro una cosa de forma alternativa y repetida: *las olas balancean la barca.* SIN mecer.

DER balance, balanceo, balancín.

balanceo n. m. **1** Movimiento alternativo y repetido de subida y bajada a un lado y otro: *el balanceo de un péndulo.* **2** Movimiento alternativo y repetido de inclinación a un lado y otro: *el balanceo de una cuna.*

balancín n. m. **1** Asiento individual con brazos y respaldo y que tiene la base curva, de modo que puede balancearse. SIN mecedora. **2** Asiento alargado para dos o más personas colgado de un armazón para que se balancee y cubierto por un toldo que se coloca en jardines, terrazas y lugares semejantes. **3** Aparato de entretenimiento formado por una barra larga que se apoya en su centro sobre un pie de modo que los extremos, en cada uno de los cuales se sienta una persona, pueden subir y bajar alternativamente. SIN columpio, subeibaja. **4** Barra alargada que utilizan los equilibristas para mantener el equilibrio al andar sobre una cuerda o un alambre a cierta altura del suelo. SIN tiento. **5** Pieza de algunas máquinas que consiste en una barra unida a un eje que transforma el movimiento alternativo rectilíneo en otro circular continuo: *este motor lleva tres válvulas por cilindro y está accionado por cadena y balancines.*

bálano o **balano** n. m. Parte más extrema y abultada del órgano sexual masculino que está cubierta por el prepucio. SIN glande.

balanza n. f. **1** Instrumento que sirve para pesar, compuesto de dos platos que cuelgan de una barra horizontal que está sujeta en su centro y permanece nivelada en equilibrio; el objeto que se desea pesar se coloca en uno de los platos, y en el otro se van colocando pesas hasta nivelar horizontalmente la barra. **2** Mecanismo de cualquier clase que sirve para pesar cosas: *el frutero puso el melón en la balanza.*

▶ balanza comercial (o de comercio) ECON. Cálculo comparativo entre las importaciones y exportaciones de mercancías de un país durante un período, generalmente un año. balanza de pagos ECON. Cálculo comparativo entre los cobros, pagos y préstamos de un país con el extranjero durante un período, generalmente un año: *no es aconsejable tener una balanza e pagos desequilibrada.*

DER balancear; abalanzarse.

balar v. intr. Emitir una oveja o un cordero su voz característica.

DER balido.

a b c d e f g h i j k l m n ñ o p q r s t u v w x y z

balaustrada n. f. **1** Valla de media altura en forma de barandilla o antepecho que cierra o bordea un lugar para impedir que las personas caigan y permitir que se apoyen; está formada por una serie de pequeñas columnas o balaustres, generalmente de piedra o madera, que se hallan unidas en su extremo superior por un listón o cuerpo horizontal estrecho, como las que se colocan en escaleras, balcones, azoteas o corredores. **2** Muro de media altura o barandilla que cierra un lugar alto para impedir que las personas se caigan y permitir que se apoyen.

balbucear v. intr./ tr. Balbucir.

OBS La Real Academia Española recoge *balbucear*, pero prefiere la forma *balbucir*.

DER balbuceo.

balbuceo n. m. **1** Pronunciación de palabras mal articuladas o entrecortadas que resulta poco comprensible; se produce por no saber hablar bien, por sufrir un defecto en la boca o por estar emocionado y sorprendido. **2** Palabra o conjunto de palabras pronunciadas de esta manera: *a las preguntas del profesor el alumno solo pudo contestar con torpes balbuceos.*

balbucir v. intr./ tr. Hablar articulando mal las palabras o pronunciándolas de manera entrecortada y poco comprensible; se produce por no saber hablar bien, por sufrir un defecto en la boca o por estar emocionado y sorprendido. **SIN** balbucear.

OBS Es defectivo. No se usa en la primera persona del singular del presente de indicativo, en las del presente de subjuntivo ni en la tercera del singular y del plural y la primera del plural del imperativo. En su lugar se emplean las formas correspondientes de *balbucear.*

balcánico, -ca adj. De la cordillera de los Balcanes o que tiene relación con esta región del sureste de Europa: *Bulgaria y Rumanía son países balcánicos.*

balcón n. m. **1** Abertura, generalmente de forma rectangular o cuadrada, en la pared exterior de la habitación de un piso que está por encima del nivel del suelo; verticalmente va desde el suelo hasta cerca del techo y suele dar acceso a un espacio exterior que sobresale en la fachada del edificio y que está rodeada por una balaustrada, barandilla o muro. **2** Espacio exterior y elevado que sobresale en la fachada de un edificio y al que se accede a través de esta abertura. **3** Balaustrada, barandilla o muro que hay en esta abertura o que rodea este espacio exterior: *colgó en el balcón de su habitación la palma del Domingo de Ramos.* **4** Lugar elevado del terreno desde el que es posible divisar una gran extensión de tierra o mar.

balda n. f. Tabla o lámina horizontal que se coloca en una pared, dentro de un armario o en una estantería y sirve para colocar objetos sobre ella. **SIN** anaquel, estante.

baldar v. tr. Dejar agotado y dolorido por un gran esfuerzo realizado o un daño físico recibido: *unos gamberros lo baldaron a patadas.*

balde n. m. Recipiente de forma cilíndrica parecido a un cubo, generalmente de mayor tamaño y menor altura, que se usa especialmente para transportar agua: *volcó un balde de agua en la cubierta y comenzó a fregarla.*

▶ **de balde** Gratis, sin pagar dinero ni dar nada a cambio. **en balde** Sin conseguir el propósito deseado: *el médico intentaba en balde reanimar a una de las víctimas.*

baldosa n. f. Pieza fina y lisa de cerámica, piedra u otro material resistente que, junto a otras del mismo tamaño y forma, se usa para cubrir el suelo o la pared.

DER baldosín; embaldosar.

baldosín n. m. Baldosa pequeña.

balear adj. **1** De Baleares o que tiene relación con las islas que forman esta comunidad autónoma del este de España. ◆ adj./ n. com. **2** [persona] Que es de Baleares. ◆ n. m. **3** Variedad del catalán que se habla en las islas Baleares.

balido n. m. Voz característica de algunos animales como la oveja, la cabra el cordero, el gamo y el ciervo.

balín n. m. **1** Bala de pequeño calibre. **2** Pieza de plomo de muy pequeño tamaño que sirve de munición para escopetas y pistolas de aire comprimido.

balística n. f. Ciencia que estudia la trayectoria, el alcance y los efectos de las balas y los proyectiles y las marcas que dejan en ellos las armas de fuego con las que son disparados.

baliza n. f. Señal fija o móvil que se coloca en la tierra o sobre el agua para marcar una zona, especialmente para indicar que se debe pasar por un lugar o para advertir que es peligroso hacerlo: *varias balizas advierten la situación del campo de minas.*

DER balizaje, balizar; radiobaliza.

ballena n. f. Mamífero marino, el mayor de

los que existen en la Tierra; tiene una potente aleta trasera en posición vertical y se alimenta de plancton y crustáceos.
DER ballenato, ballenera, ballenero; emballenar.

ballenato n. m. Cría de la ballena.

ballenero, -ra adj. De la caza y el aprovechamiento industrial de la ballena o que tiene relación con ellos: *un barco ballenero; la industria ballenera.*

ballesta n. f. **1** Arma formada por un arco montado horizontalmente sobre una pieza alargada y perpendicular de madera, dotada de un canal para colocar la flecha y un mecanismo o una polea para tensar la cuerda o el alambre del arco. **2** Pieza en forma de arco, formada por láminas de metal flexible superpuestas, que sirve para soportar el peso de la carrocería de los vehículos pesados: *la suspensión de los grandes camiones está compuesta por ballestas y amortiguadores.*
DER ballestero.

ballestero n. m. Soldado que va armado con una ballesta.

ballet n. m. **1** Composición musical para ser interpretada en un escenario por uno o varios bailarines. **2** Danza que ejecutan uno o más bailarines siguiendo el ritmo de esta composición musical. **3** Conjunto de bailarines y personal técnico que participa en la puesta en escena de esta composición musical.

balneario n. m. Establecimiento público dotado de las instalaciones necesarias para ofrecer baños medicinales, y en el que generalmente las personas que acuden a tomarlos permanecen alojadas como en un hotel.

balompié n. m. Fútbol.

balón n. m. **1** Pelota grande de cuero, plástico u otro material flexible, redonda u ovalada, que está rellena de aire; se utiliza para jugar o para practicar deportes de conjunto y competición: *varios niños jugaban en la calle con un balón.* balón medicinal Balón que pesa mucho y sirve para hacer ciertos ejercicios físicos de rehabilitación o desarrollo muscular. **2** Recipiente hecho de material sólido o flexible que sirve para contener gases.
▶ balón de oxígeno Ayuda que momentáneamente permite resolver una dificultad o un peligro: *el crédito ha supuesto un balón de oxígeno para el negocio.*

baloncesto n. m. Deporte que se juega entre dos equipos de cinco jugadores cada uno y consiste en meter el balón en la canasta del contrario lanzándola con las manos.
DER baloncestista.

balonmano n. m. Deporte que se juega entre dos equipos de siete jugadores cada uno y consiste en meter la pelota en la portería del contrario lanzándola con las manos.

balonvolea n. m. Deporte que se juega entre dos equipos de seis jugadores cada uno y consiste en hacer que el balón toque el suelo del campo contrario lanzándolo con los brazos o con las manos por encima de una red.
SIN voleibol.

balsa n. f. **1** Embarcación plana hecha con troncos y listones de madera unidos entre sí, especialmente útil para navegar por los ríos. **2** Depresión de un terreno en la que se acumula el agua de forma natural o artificial. **3** Depósito de gran tamaño construido para guardar agua de regadío. SIN alberca.
▶ balsa de aceite Lugar o situación que se caracteriza por la tranquilidad y la falta de enfrentamientos o preocupaciones.

bálsamo n. m. **1** Crema o líquido compuesto de sustancias medicinales intensamente aromáticas que se aplica sobre la piel: *untó bálsamo en el pecho del niño para aliviarle el resfriado.* **2** Ayuda y consuelo para soportar un dolor, una pena o un estado de tristeza.

báltico, -ca adj. **1** Del Báltico o que tiene relación con este mar del norte de Europa y con sus territorios costeros: *Estonia, Letonia y Lituania son países bálticos.* ◆ adj./ n. m. **2** [lengua] Que pertenece a una familia del tronco indoeuropeo unida al eslavo por numerosos rasgos comunes.

baluarte n. m. **1** Construcción fortificada con la que se protege y defiende un lugar. SIN bastión. **2** Persona o cosa que protege y defiende del ataque adversario o de un perjuicio que puede causar daño: *el pívot español fue el principal baluarte de la defensa.*

bamba n. f. **1** Composición musical de ritmo rápido y alegre procedente de Cuba. **2** Baile que se ejecuta al ritmo de esta composición musical. **3** Calzado deportivo que suele tener la suela de goma y ser de material flexible.

bambalina n. f. Tira de lienzo o papel pintado que cuelga del telar de un teatro completando la decoración por la parte superior.
OBS Se usa generalmente en plural.

bambú n. m. Planta tropical con el tallo en forma de caña, alto, ligero, flexible y resistente, y con hojas grandes y alargadas de color verde claro.

OBS El plural es *bambúes*, culto, o *bambús*, popular.

banal adj. Que tiene poco valor e importancia por su naturaleza o por su falta de contenido. **SIN** fútil, vano.

DER banalidad.

banana n. f. Fruto comestible del bananero; tiene forma alargada y algo curvada, pulpa de color claro y su piel, lisa y de color amarillo, se despega con facilidad. **SIN** banano, plátano.

DER bananal, bananero, banano.

bananero, -ra adj. **1** De la banana o que tiene relación con ella. **SIN** platanero. ◆ n. m. **2** Planta tropical de tallo alto, parecida a la palmera, con hojas verdes, grandes y partidas, cuyo fruto es la banana. **SIN** banano, platanera.

▶ **república bananera** **a.** País pobre y poco desarrollado, generalmente iberoamericano, que depende económicamente de una empresa multinacional. **b.** País tercermundista gobernado por una dictadura militar o por un Gobierno autocrático influido por las compañías multinacionales.

banano n. m. **1** Banana, fruto del bananero. **2** Bananero, planta que produce la banana.

banca n. f. **1** Actividad mercantil que consiste en hacer operaciones financieras con grandes cantidades de dinero. **2** Conjunto de empresas, establecimientos y personas que se dedican a esa actividad. **3** Persona que dirige y organiza una partida de un juego de azar: *ganar la banca.* **4** Asiento de madera alargado sin respaldo en el que puede sentarse más de una persona. **5** Asiento unido a una mesa, especialmente el que hay en las escuelas para que se sienten los alumnos.

bancal n. m. **1** Zona de tierra horizontal y llana que hay en un terreno inclinado; puede ser natural o hecha por el hombre para el cultivo. **2** Terreno de forma cuadrada o rectangular en que se divide una zona de cultivo.

bancario, -ria adj. De la banca mercantil o que tiene relación con esta actividad: *se espera que bajen los créditos bancarios.*

bancarrota n. f. **1** Interrupción de la actividad de una empresa, industria o comercio por no poder pagar sus deudas. **SIN** quiebra, ruina. **2** Falta de medios para pagar deudas o realizar operaciones financieras: *la mala gestión ha conducido al país a la bancarrota.*

banco n. m. **1** Empresa u organismo que se dedica a hacer operaciones financieras con grandes cantidades de dinero. **2** Establecimiento u oficina en la que esta empresa u organismo atiende a sus clientes y al público en general: *ve al banco de la esquina y que te cambien este billete en monedas.* **3** Asiento largo y estrecho para varias personas, generalmente con respaldo y a veces fijado al lugar donde está. **4** Mesa fuerte y robusta, generalmente de madera, para trabajar sobre ella: *un banco de carpintero.* **5** Conjunto de peces que pertenecen a la misma especie y van juntos en gran número: *el capitán del pesquero detectó con el sonar un gran banco de sardinas.* **SIN** cardume, cardumen. **6** Zona de un hospital o de un establecimiento sanitario en el que se conservan órganos y líquidos del cuerpo humano, para usarlos en trasplantes y tratamientos médicos: *un banco de ojos; un banco de semen; un banco de sangre.*

▶ **banco de arena** Elevación del fondo de un mar, río o lago por acumulación de arena, que dificulta o impide la navegación. **SIN** bajo. **banco de datos** INFORM. Conjunto de datos de una materia organizado en una base de datos de forma que pueda ser consultado por los usuarios. **banco de niebla** Conjunto de nubes bajas de aspecto compacto que dificultan o impiden la visión. **banco de pruebas** **a.** Instalación en la que se comprueba el funcionamiento de máquinas o aparatos bajo la supervisión de expertos y con la ayuda de sistemas de control. **b.** Situación en la que participa un grupo de personas que son sometidas a observación o experimentación para probar algo: *la guerra del Golfo fue utilizada como banco de pruebas del armamento más moderno.*

DER banca, bancada, bancal, bancario, bancarrota, banquero, banqueta, banquillo; desbancar, sotabanco.

banda n. f. **1** Grupo de músicos que tocan varios instrumentos musicales. **2** Grupo de delincuentes armados que operan de manera organizada: *una banda de traficantes de droga.* **3** Grupo numeroso de personas o animales de la misma especie que van juntos. **SIN** bandada, bando. **4** Superficie más larga que ancha que se distingue del resto: *la bandera de Galicia tiene una banda diagonal azul.* **SIN**

franja, lista. **5** Tira alargada de papel, tela u otro material flexible que se usa para sujetar una cosa o como adorno. **6** Tira de tela que se lleva cruzada sobre el pecho para distinguir a una persona que merece respeto u honor: *el militar lucía varias condecoraciones y una banda azul honorífica.* **7** Línea que limita los lados más largos de un terreno de juego. **8** Franja de terreno que hay entre esta línea y el comienzo del graderío: *el extremo corre la banda.* **9** Costado de una embarcación. **10** Borde de goma levantado que hay en los lados de una mesa de billar: *una carambola a tres bandas.* **11** Conjunto de magnitudes o valores comprendidos entre un límite superior y otro inferior.

▶ banda sonora Conjunto de temas musicales o canciones que se interpretan parcial o totalmente a lo largo de una película. cerrarse en banda Mantenerse firme en una idea con obstinación sin aceptar una opinión distinta: *el niño se cerró en banda y se negó a merendar.* coger (o pillar) por banda Acercarse a una persona con la intención de hablar o tratar con ella: *me pilló por banda el vecino y me tuvo dos horas en el portal.*

bandada n. f. **1** Grupo numeroso de animales de la misma especie que van juntos; especialmente, conjunto de aves o insectos que vuelan juntos: *una bandada de vencejos.* SIN banda, bando. **2** Grupo de personas que van juntas.

bandazo n. m. **1** Inclinación brusca de una embarcación por efecto del viento o de las olas: *de un bandazo cayeron varios hombres al mar.* **2** Cambio brusco en la dirección de un vehículo. **3** Cambio imprevisto y completo en la manera de pensar o de ser de una persona.

bandeja n. f. **1** Recipiente alargado, poco profundo, de fondo llano y con bordes de poca altura; sirve para llevar, servir o presentar cosas, generalmente alimentos: *una bandeja con gambas.* **2** Pieza alargada que cubre el espacio que hay en la parte trasera de los automóviles entre los asientos y el cristal posterior. **3** Pieza movible que divide horizontalmente el interior de una caja o recipiente: *el joyero tiene una bandeja para los collares.*

▶ en bandeja o en bandeja de plata En las mejores condiciones posibles y con las mayores facilidades.

bandera n. f. **1** Pieza rectangular de tela con franjas de colores o figuras simbólicas que representa a un colectivo de personas; generalmente se cuelga por uno de sus lados menores a un mástil para hacerla visible: *la bandera de España tiene dos franjas horizontales rojas y una amarilla.* SIN pabellón. **2** Pieza de tela, generalmente de forma cuadrada, rectangular o triangular, con franjas de colores o figuras simbólicas que se usa como adorno o para hacer señales. bandera blanca Bandera que se enarbola o muestra para indicar que no se tiene intención de atacar, sino de hablar de paz. **3** Nacionalidad a la que está adscrito un buque mercante: *es un carguero de tripulación española, pero de bandera panameña.* **4** Unidad militar similar al batallón que existe en algunos cuerpos del ejército.

▶ de bandera Que es excelente en su clase: *una mujer de bandera.* hasta la bandera Completamente lleno de personas: *en la final, el campo estaba hasta la bandera.*

DER banderazo, banderilla, banderín, banderita, banderola; abanderar.

banderilla n. f. **1** Palo delgado, adornado con cintas de colores y terminado en una punta de metal, que los toreros clavan de dos en dos en la parte delantera del lomo del toro en una de las partes de la corrida: *el tercio de banderillas sucede a la suerte de picadores y precede a la faena del matador.* **2** Aperitivo o tapa compuesta por trozos pequeños de alimentos pinchados en un palillo.

DER banderillear, banderillero.

banderín n. m. Bandera pequeña, generalmente de forma triangular.

▶ banderín de enganche **a.** Oficina donde se inscriben los voluntarios para el servicio militar. **b.** Reclamo para ganar adeptos a una causa o colaboradores para un trabajo común.

banderola n. f. Bandera pequeña de forma cuadrada que se usa en el ejército, en la marina o en topografía.

bandido, -da n. m. y f. Ladrón que asalta a personas, generalmente en compañía de otros y cuando estas se hallan de viaje o en despoblado. SIN bandolero.

bando n. m. **1** Grupo de personas que comparten las mismas ideas o intereses y que para defenderlos se oponen a otras. **2** Comunicado oficial publicado por una autoridad, generalmente por un alcalde, en el que constan órdenes, indicaciones o consejos para que sean conocidos por la población: *la alcaldesa ha promulgado un bando en el que prohíbe la circulación por el centro de la ciudad los días de feria.* **3** Grupo numeroso de animales de la misma especie que van juntos. **SIN** banda, bandada.

bandolero, -ra n. m. y f. Bandido, especialmente el que asaltaba en los campos y sierras de Andalucía.
DER bandolerismo.

bandurria n. f. Instrumento musical de cuerda parecido a la guitarra, de menor tamaño y con la caja triangular; tiene seis pares de cuerdas y se toca con una púa: *la bandurria es un instrumento típico de las tunas.*

banjo n. m. Instrumento musical de cuerda parecido a la guitarra, de tamaño menor y con la caja redonda de metal, cubierta con una piel tensa como un tambor; tiene el mástil largo, de cuatro a nueve cuerdas, y se toca con una púa: *el banjo es un instrumento típicamente norteamericano.*

banner n. m. Espacio publicitario que aparece insertado en una página de Internet.
OBS Se pronuncia «báner».

banqueta n. f. Asiento individual, pequeño y sin respaldo ni brazos.

banquete n. m. **1** Comida especial para muchas personas con la que se celebra un acontecimiento: *un excelente banquete nupcial.* **SIN** ágape. **2** Comida en la que se toman gran cantidad de alimentos, generalmente de muy buena calidad.

banquillo n. m. **1** Asiento en el que se coloca un acusado ante el tribunal en un juicio. **2** Zona próxima a un terreno de juego en la que se colocan el entrenador de un equipo y los reservas durante un partido.

bañador n. m. Prenda de vestir que se usa para bañarse y tomar el sol.

bañar v. tr. **1** Meter el cuerpo o parte de él en el agua u otro líquido, especialmente para limpiarlo o nadar. **2** Rociar o mojar con abundante agua u otro líquido: *cogió una manguera y bañó a todos sus amigos.* ◆ v. tr. **3** Meter una cosa o parte de ella en un líquido: *bañó en vino las rebanadas de pan y luego las puso a freír.* **4** Cubrir una cosa con una capa fina de otra sustancia. **5** Estar en contacto el agua de un mar, río o lago con un territorio: *el Mediterráneo baña la costa de Valencia.* **6** Dar de lleno y en abundancia el sol, la luz o el aire en una persona o cosa: *la cálida luz del atardecer bañaba el mirador.*

bañera n. f. Recipiente grande, de un tamaño adecuado para que quepa una persona tendida o sentada, que sirve para bañarse: *una bañera está dotada de desagüe y grifos para el agua fría y caliente.* **SIN** baño.

bañista n. com. Persona que se baña: *en verano las playas aparecen rebosantes de bañistas.*

baño n. m. **1** Introducción del cuerpo o de parte de él en agua, especialmente para limpiarlo o nadar: *voy a la piscina a darme un baño.* **2** Acción de rociar o mojar con abundante agua u otro líquido: *descorchó con fuerza el champán y nos dio a todos un baño.* **3** Introducción de una cosa o de una parte de ella en un líquido. **4** Acción de cubrir una cosa con una capa fina de otra sustancia. **5** Sustancia que en forma de capa fina cubre una cosa: *con los años la pulsera comenzó a perder el baño de plata.* **6** Exposición de un cuerpo a la acción directa y abundante del sol, la luz o el aire: *el médico le recomendó que tomara baños de sol.* **7** Habitación en la que están el váter, la ducha o la bañera y otros elementos que sirven para el aseo: *necesito una casa con cuatro habitaciones y dos baños.* **8** Recipiente grande, de un tamaño adecuado para que quepa una persona tendida o sentada, que sirve para bañarse. **SIN** bañera. **9** Derrota clara y rotunda que un deportista o equipo causa con facilidad a sus adversarios: *la selección española le dio un baño de juego a la francesa.* ◆ m. pl. **10 baños** Balneario, establecimiento público dotado de las instalaciones necesarias para ofrecer baños medicinales, y en el que generalmente permanecen alojadas como en un hotel las personas que acuden a tomarlos.
▶ **baño de sangre** Matanza sangrienta con numerosas víctimas. **baño María** o **baño de María** Método para calentar y cocinar alimentos que consiste en colocarlos en un recipiente sumergido parcialmente en otro que contiene agua y se somete directamente a fuego suave y constante; también se usa para calentar productos químicos o farmacéuticos: *el flan es conveniente prepararlo al baño María.*

baobab n. m. Árbol de la sabana africana, cuyo tronco puede alcanzar una altura de 10 metros y un diámetro de 23 metros. Sus ramas pueden medir de 16 a 20 metros y produce un fruto comestible.
OBS El plural es *baobabs*.

baptista adj. **1** Del baptismo o relacionado con esta doctrina religiosa: *iglesias cristianas baptistas.* ◆ adj./ n. com. **2** Que cree en el baptismo.

baptisterio n. m. **1** Edificio contiguo a un templo, generalmente de pequeñas dimensiones, donde se encuentra la pila bautismal y tiene lugar la ceremonia del bautismo. **2** Zona dentro de un templo donde se bautiza.

baquelita n. f. QUÍM. Resina sintética que se obtiene por procedimientos químicos; se emplea en la fabricación de plásticos, barnices y materiales aislantes.
OBS Procede de *bakelita,* nombre de una marca registrada.

baqueta n. f. **1** Palo delgado y largo con que se toca un instrumento de percusión, especialmente el tambor. **2** Varilla delgada de hierro o madera que se introduce por el cañón de un arma de fuego para limpiarla.
DER baquetear.

bar n. m. **1** Establecimiento público en el que se sirven bebidas y comidas que suelen tomarse de pie ante el mostrador o sentados alrededor de una mesa: *los bares tienen prohibido servir bebidas alcohólicas a los menores de dieciséis años.* **2** FÍS. Unidad de presión equivalente a cien mil pascales: *el símbolo del bar es* b.

barahúnda n. f. Ruido, desorden y confusión grandes: *en medio de la barahúnda sonó la sirena de la policía.* **SIN** barullo.

baraja n. f. **1** Conjunto de naipes o cartas con los que se realizan diversos juegos de mesa. **2** Conjunto de posibilidades entre las que se puede escoger.
▶ jugar con dos barajas Procurar un beneficio apoyando a una persona o grupo y, en secreto, al contrario. romper la baraja Poner fin de manera brusca a un convenio o acuerdo.
DER barajar.

barajar v. tr. **1** Mezclar y cambiar de orden repetidas veces las cartas de una baraja antes de repartirlas para el juego. **2** Reflexionar con atención y cuidado sobre las distintas posibilidades que ofrece una situación antes de decidir: *el jugador baraja diversas ofertas para la próxima temporada.* ◆ v. tr./ prnl. **3** Usar o mencionar cifras, nombres o datos diversos referidos a un mismo asunto. **4** Esquivar con habilidad un peligro o problema.

baranda n. f. Barandilla, antepecho.
DER barandal, barandilla.

barandilla n. f. Antepecho de media altura compuesto de balaustres con sus barandales que cierra un lugar o bordea unas escaleras para impedir que las personas caigan y permitir que se apoyen: *tienes que pintar la barandilla de la terraza.* **SIN** baranda.

baratija n. f. Cosa pequeña de poco valor que se compra por poco dinero, generalmente para adorno o como recuerdo de un lugar.

barato, -ta adj. **1** Que cuesta poco dinero: *el transporte público en muchas ciudades es barato.* ◆ adv. **2** Por poco precio: *es muy comerciante, compra barato y vende caro.*
DER baratija, baratillo, baratura; abaratar, desbaratar, malbaratar.

barba n. f. **1** Pelo fuerte que nace, especialmente al hombre, en la zona de la mandíbula y en las mejillas: *ningún torero en activo se deja crecer la barba.* **NOTA** También se usa en plural. barba cerrada Barba que es muy densa y dura. **2** Parte de la cara que corresponde a la mandíbula inferior. **SIN** mentón. **3** Pelo que nace debajo de la boca de algunos animales: *el macho cabrío tiene una barba larga.* **4** Lámina dura y flexible que, junto con otras muchas, cuelga de la mandíbula superior de algunas especies de ballenas; con ellas filtran el agua del mar, el plancton y los crustáceos con los que se alimentan. ◆ n. f. pl. **5** barbas Bordes sin cortar o mal cortados de las hojas de un libro o de un conjunto de pliegos de papel.
▶ en las barbas A la vista de alguna persona, en su presencia. por barba Por persona; cada uno: *tenemos que pagar 12 euros por barba.* subirse a las barbas Perder el respeto o el temor a una persona.
DER barbar, barbería, barbero, barbilampiño, barbilla, barbo, barboquejo, barbudo; imberbe, sotabarba.

barbacoa n. f. **1** Recipiente portátil con cuatro patas en el que se coloca carbón o leña; se usa para asar carne o pescado al aire libre colocándolo en la parrilla que tiene en su parte superior. **2** Construcción de ladrillos cuadrada o rectangular al aire libre con una repisa para colocar carbón o leña; en la parte superior tiene una parrilla para asar carne o pescado. **3** Comida en la que se toma como alimento principal la carne o el pescado asado sobre la parrilla de este recipiente o construcción.

barbado, -da adj./ n. m. y f. [persona] Que tiene barba.

a b c d e f g h i j k l m n ñ o p q r s t u v w x y z

barbaridad n. f. **1** Acción o dicho que causa sorpresa y rechazo por ser torpe, equivocado o exagerado: *es una barbaridad que quieras vender tu casa por tan poco dinero.* **2** Acción muy cruel y violenta: *relató ante los miembros del tribunal las barbaridades que vio cometer a los soldados.* SIN atrocidad.
▶ una barbaridad Cantidad grande y excesiva: *gasta una barbaridad en ropa.*

barbarie n. f. **1** Actitud de la persona o grupo que actúa con crueldad o falta de compasión hacia la vida o la dignidad de los demás. **2** Estado de incultura que padece una persona o grupo socialmente atrasado.

barbarismo n. m. **1** Palabra, expresión o giro procedentes de una lengua extranjera: *la palabra* software *es un barbarismo en español.* SIN extranjerismo. **2** Incorrección en el uso del lenguaje que consiste en pronunciar o escribir mal las palabras o en utilizar palabras equivocadas o inexistentes en la lengua: *decir* cocreta *por* croqueta *es un barbarismo.*

bárbaro, -ra adj./ n. m. y f. **1** [persona] Que pertenece a uno de los pueblos que, procedentes de Europa y Asia, ocuparon el Imperio romano en el siglo V: *fueron pueblos bárbaros originarios de Europa los godos, los alanos y los hunos.* **2** [persona] Que es violenta, cruel y carece de compasión o humanidad. **3** Que tiene poca civilización o cultura: *no seas bárbaro y utiliza los cubiertos para comer.* **4** [persona, acto] Que demuestra energía y decisión fuera de lo común: *en el segundo set, el tenista español realizó una remontada bárbara.* **5** Que agrada mucho por su calidad, tamaño o cantidad: *una cena bárbara.*
DER barbaridad, barbarie, barbarismo, barbarizar.

barbechar v. tr. Arar la tierra y dejarla preparada para la siembra o para que se regenere no cultivándola durante un tiempo.

barbecho n. m. **1** Terreno de cultivo que permanece sin sembrar durante uno o más años para que se regenere. **2** Sistema de cultivo que, después de una cosecha, deja el terreno de labor sin sembrar durante uno o más años para que se regenere.
DER barbechar.

barbería n. f. Establecimiento público donde se corta y arregla el pelo, la barba o el bigote a los hombres.

barbero n. m. Persona que corta y arregla el pelo, la barba o el bigote a los hombres.
DER barbería.

barbilla n. f. Parte de la cara que corresponde al extremo saliente de la mandíbula inferior.

barbitúrico n. m. Sustancia química que afecta al sistema nervioso y se usa para tranquilizar o producir estados de sueño.

barbudo, -da adj. [persona] Que tiene mucha barba.

barca n. f. Embarcación pequeña con el fondo cóncavo que se usa para pescar o navegar en las costas, en los ríos o en lugares de aguas poco profundas y tranquilas.
DER barcarola, barcaza, barco, barquero, barquilla; embarcación.

barcaza n. f. Barca grande y descubierta que se usa para la carga y descarga de barcos.

barcelonés, -nesa adj. **1** De Barcelona o que tiene relación con esta ciudad y provincia española. ◆ adj./ n. m. y f. **2** [persona] Que es de Barcelona.

barco n. m. Embarcación con el fondo cóncavo que navega movida generalmente por el viento o por un motor; sirve para transportar personas y cosas por el mar, un lago o un río. SIN nave.
▶ barco de guerra Barco que está blindado y dotado de cañones y armamento para entrar en combate. barco mercante Barco que se dedica al transporte de mercancías.
DER barquillo.

baremo n. m. Escala de valores que se emplea para evaluar los elementos o las características de un conjunto de personas o cosas.

bargueño n. m. Mueble de madera con adornos de maquetería y taracea que tiene muchos cajones pequeños, compartimientos y estantes.

baricentro n. m. **1** FÍS. Centro de gravedad de un cuerpo. **2** MAT. Punto en el interior de un triángulo en el que se cortan las medianas de sus lados.

bario n. m. QUÍM. Elemento químico, metal sólido de color blanco, difícil de fundir; se emplea en la fabricación de pinturas y tintas: *el símbolo del bario es Ba.*

barítono n. m. **1** MÚS. Voz media entre la del tenor y la del bajo. **2** MÚS. Hombre que tiene esta voz.

barlovento n. m. MAR. Lugar de donde viene el viento con respecto a un punto determinado.

barniz n. m. **1** Líquido espeso obtenido de la mezcla de resinas y aceites; aplicada a una superficie, forma una capa transparente y brillante que la embellece y la hace resistente al aire y a la humedad. **2** Conocimiento superficial de una materia.

barnizar v. tr. Aplicar barniz a una superficie.
OBS En su conjugación, la *z* se convierte en *c* delante de *e*.
DER barnizador.

baro n. m. FÍS. Medida de presión atmosférica que equivale a 105 pascales: *la presión atmosférica media, al nivel del mar, es igual a 1,013 baros.*

baro-, -baro, -bara Elemento prefijal y sufijal que entra en la formación de palabras con el significado de 'pesantez', 'presión' y, por extensión, 'presión atmosférica': *barómetro; isobara.*

barojiano, -na adj. De Pío Baroja o relacionado con este escritor o con su obra.

barómetro n. m. **1** Instrumento que sirve para medir la presión de la atmósfera: *el barómetro fue inventado en el siglo XVII por Torricelli.* **2** Medio, sistema o síntoma que sirve para determinar y valorar el estado de una situación o proceso.
DER barométrico.

barón, -ronesa n. m. y f. Miembro de la nobleza de categoría inferior a la de vizconde.

barquero, -ra n. m. y f. Persona que gobierna o guía una barca.

barquilla n. f. Cesto de material ligero y resistente que cuelga de un globo aerostático o de una aeronave en el que van sus tripulantes.
DER barquillero; abarquillar.

barquillero, -ra n. m. y f. **1** Persona que tiene por oficio hacer o vender barquillos. ◆ n. m. **2** Molde para hacer barquillos.

barquillo n. m. Hoja delgada de pasta de harina y azúcar, aromatizada con canela u otras esencias, a la que se da forma de tubo.

barra n. f. **1** Pieza larga y delgada, generalmente de material rígido, que tiene forma rectangular o cilíndrica: *las cortinas cuelgan de una barra de metal.* **2** Pieza de pan de forma alargada. **3** Mostrador alargado de un bar, restaurante o establecimiento público similar detrás del cual uno o más camareros sirven a los clientes que están en el otro lado. **4** Zona de un bar, restaurante o establecimiento público similar que está junto a este mostrador. **5** Signo de ortografía (/) que sirve para separar, especialmente números. **6** Elevación del fondo de un mar o río por acumulación de arena, generalmente en la entrada de un puerto, que dificulta o impide la navegación: *fue famosa por su peligro la barra del puerto de Sanlúcar.*
▶ **barra americana** Bar o establecimiento público similar en el que hay mujeres encargadas de acompañar a los clientes y entablar conversación con ellos para que aumenten su consumición. **barra de equilibrio** Aparato de gimnasia femenina que consiste en una pieza alargada y rectangular de madera, elevada del suelo, sobre la cual una gimnasta debe caminar y correr haciendo diversos movimientos y saltos. **barra de labios** **a.** Pequeña barra cilíndrica de pintura que usan las mujeres para dar color a los labios. SIN lápiz de labios. **b.** Pequeño estuche que contiene esta barra y permite usarla sin mancharse las manos. SIN lápiz de labios. **barra fija** Aparato de gimnasia masculina que consiste en una pieza cilíndrica de metal elevada del suelo en la que un gimnasta debe realizar diversos movimientos girando, sujeto a ella con las manos. **barra libre** Posibilidad de consumir bebidas libremente en un bar o establecimiento similar previo pago de una cantidad a la entrada. **barras asimétricas** Aparato de gimnasia femenina que consiste en dos piezas cilíndricas alargadas, paralelas y elevadas del suelo a distinta altura, sobre las cuales una gimnasta debe realizar diversos movimientos girando, sujeta a ellas, y saltando de una a otra. **barras paralelas** Aparato de gimnasia masculina que consiste en dos piezas cilíndricas alargadas, muy próximas entre sí y elevadas del suelo a la misma altura, sobre las cuales un gimnasta debe realizar diversos movimientos haciendo pasar su cuerpo entre ambas. **sin parar (o reparar) en barras** Sin tener en cuenta inconvenientes, obstáculos o peligros.
DER barrera, barrote.

barraca n. f. **1** Casa de pequeñas dimensiones que suele edificarse en los suburbios con materiales de muy baja calidad. SIN chabola. **2** Construcción característica de las huertas de Valencia y Murcia, hecha de barro y cañas, con el tejado a dos aguas muy inclinado.
▶ **barraca de feria** Instalación sencilla que se monta en fiestas populares. SIN caseta.
DER barracón.

barracón n. m. Construcción de un solo piso, planta rectangular sin tabiques y grandes dimensiones, especialmente la destinada a albergar a una tropa o grupo de obreros o jornaleros.

barranco n. m. **1** Hondonada profunda hecha en la tierra, generalmente por una corriente de agua. **2** Terreno rocoso, alto y cortado en plano inclinado, por donde es fácil caerse. SIN precipicio.

barrena n. f. **1** Instrumento compuesto por una barra fina de acero con un extremo acabado en punta en forma de espiral, que tiene en el opuesto un mango perpendicular para darle el movimiento de rotación necesario; sirve para hacer agujeros en la madera y en otros materiales. SIN taladro. **2** Barra fina de acero con surcos en forma de espiral y con un extremo acabado en punta que se aplica a una taladradora eléctrica para hacer agujeros en la pared y en otras superficies.

▶ caer (o entrar) en barrena **a.** Descender un avión de manera brusca girando sobre sí mismo en espiral y en posición vertical: *al ser alcanzado por el fuego antiaéreo el caza enemigo cayó en barrena.* **b.** Disminuir bruscamente la intensidad de una actividad.

DER barrenar, barrenero, barrenillo, barreno.

barrenar v. tr. Abrir agujeros en una superficie con una barrena o con un barreno.

barrendero, -ra n. m. y f. Persona que se dedica a barrer, generalmente aceras, calles y lugares públicos.

barreño n. m. Recipiente grande de forma cilíndrica y poco profundo; se usa, generalmente, para fregar y lavar en él.

barrer v. tr. **1** Limpiar el suelo arrastrando la basura con una escoba: *antes de fregar, barre la habitación.* **2** Dejar un lugar libre o vacío haciendo desaparecer todo lo que había en él. **3** Derrotar clara y fácilmente un deportista o equipo a sus adversarios: *la selección estadounidense de baloncesto barrió en las Olimpíadas.*

▶ barrer hacia (o para) casa Comportarse de modo interesado con el fin de obtener un beneficio.

DER barrendero, barrido.

barrera n. f. **1** Valla o cualquier otro obstáculo fijo o móvil que impide el paso por un lugar: *la policía cerró la zona del atentado con barreras.* **2** Barra fija en uno de sus extremos que puede colocarse en posición horizontal o vertical para impedir o permitir, respectivamente, el paso de un vehículo por un lugar: *la barrera de un paso a nivel.* **3** Valla de madera que rodea el ruedo de una plaza de toros y lo separa de las gradas en que se hallan los espectadores. **4** Primera fila de asientos en las plazas de toros más próxima a esta valla. **5** Parte de una construcción que impide o dificulta la circulación de personas con minusvalías: *es necesario evitar las barreras arquitectónicas que impiden la movilidad de los minusválidos.* **6** Obstáculo o dificultad que impide la consecución de un objetivo o un deseo. **7** Cantidad o límite al que aún no ha llegado un determinado valor. **8** En algunos deportes, como el fútbol o el balonmano, conjunto de jugadores, colocados uno junto a otro hombro con hombro, que se sitúan delante de su portería para evitar que el contrario consiga un gol al sacar una falta.

▶ barrera del sonido Conjunto de fenómenos aerodinámicos que dificultan el vuelo de un avión cuando su velocidad se aproxima a la del sonido, unos 340 metros por segundo, aproximadamente.

barriada n. f. Barrio de una población, en especial el que está en la periferia. SIN barrio.

barrica n. f. Tonel pequeño, en especial el que se usa para contener vinos o licores: *una barrica de ron.*

barricada n. f. Parapeto improvisado hecho con barricas, carruajes volcados, piedras del pavimento, etc., para protegerse o para impedir el paso.

barriga n. f. **1** Cavidad del cuerpo del hombre y los animales vertebrados en la que se hallan los órganos principales del aparato digestivo, genital y urinario: *el niño lloraba porque le dolía la barriga.* SIN abdomen, tripa, vientre. **2** Parte exterior de esta cavidad, especialmente cuando está más abultada de lo normal. SIN abdomen, panza, vientre. **3** Parte intermedia de un recipiente más abultada que el resto.

DER barrigón, barrigudo.

barrigudo, -da adj. Que tiene la barriga muy grande.

barril n. m. **1** Recipiente de madera formado por una serie de tablas arqueadas unidas por aros de metal y cerrado en los extremos con tapas redondas hechas con tablas: *barril de pólvora; barril de coñac.* SIN cuba, tonel. **2** Recipiente cilíndrico de metal un producto químico o corrosivo: *un barril de alquitrán.*

▶ barril de crudo o barril de petróleo Unidad

de medida de petróleo para contabilizar su producción y venta; equivale a 158,98 litros.
DER barrilete.

barrilete n. m. **1** Barril de pequeño tamaño: *un barrilete de vino.* **2** Instrumento de hierro en figura de siete, con que los carpinteros aseguran sobre el banco los materiales que trabajan. **3** En un revólver, pieza cilíndrica y móvil donde se ponen los cartuchos.

barrio n. m. **1** Zona en que se considera dividida una población grande: *en las grandes ciudades los barrios se agrupan en distritos.* **barrio histórico** Conjunto de edificios de una población que es antiguo o más antiguo que el resto. **SIN** casco antiguo. **2** Conjunto de personas que viven en una de estas zonas de una población: *todo el barrio salió a la calle en reivindicación de más semáforos.*
▶ **el otro barrio** El otro mundo, el más allá, lo que hay después de la muerte.
DER barriada, barriobajero.

barritar v. intr. Dar barritos, emitir un elefante su voz característica.

barrizal n. m. Terreno lleno de barro.

barro n. m. **1** Masa blanda y compacta que resulta de mezclar tierra y agua; especialmente, la que se consigue combinando adecuadamente agua y arcilla, usada en alfarería: *el barro se pegaba a las botas de los jugadores.* **SIN** lodo, fango. **2** Material duro, impermeable y resistente al calor que se obtiene al cocer u hornear esta masa usada en alfarería: *coleccionaba platos de barro.*

barroco, -ca adj. **1** Del período o el movimiento cultural y artístico del mismo nombre que se desarrolló en Europa durante los siglos XVII y XVIII o que tiene relación con ellos: *una iglesia barroca.* **2** Que se caracteriza por una gran complejidad formal que hace difícil su comprensión: *tacharon la película de barroca, confusa y aburrida.* ◆ n. m. **3** Movimiento cultural y artístico caracterizado por el gusto por la belleza y la complicación formal, las formas curvas y la abundancia de adornos: *el barroco surgió como un movimiento de reacción a las estrictas normas clásicas del Renacimiento.* **4** Período histórico que comienza a finales del siglo XVI y termina a principios del siglo XVIII durante el cual se desarrolló este movimiento.
DER barroquismo.

barroquismo n. m. **1** Conjunto de características propias de una obra que pertenece al barroco. **2** Tendencia a la decoración formal excesiva: *amuebló su casa con un barroquismo ridículo.*

barrote n. m. Barra gruesa y fuerte: *los barrotes de las ventanas de una cárcel.*
DER abarrotar.

barruntar v. tr. **1** Conjeturar o tener la sensación de que va a ocurrir una cosa, generalmente negativa, sin tener pruebas reales que lo confirmen: *barruntaba el peligro.* **2** Anunciar [algo] un hecho futuro: *estas nubes barruntan lluvia.*
DER barrunto.

bártulos n. m. pl. Conjunto de utensilios, instrumentos y otros enseres que se usan habitualmente.

barullo n. m. Ruido, desorden y confusión grandes, generalmente provocados por un grupo de muchas personas que hablan o se mueven al mismo tiempo. **SIN** barahúnda.
DER embarullar.

basa n. f. ARQ. Parte inferior de una columna sobre la que reposa el fuste.
DER basal.

basal adj. **1** Que está en la base de una cosa, especialmente de una construcción: *la estructura basal del templo está dañada por los terremotos.* **2** BIOL. [actividad de un órgano] Que continúa realizándose, aunque mínimamente, especialmente durante el reposo y el ayuno.

basalto n. m. Roca de color negro verdoso usada en la construcción; procede de la solidificación de la lava.

basar v. tr. Partir de una serie de principios iniciales para elaborar, establecer o crear una cosa. **SIN** fundamentar, fundar.
DER basa, basamento.

báscula n. f. Aparato para medir pesos; consta de una bandeja o plataforma donde se coloca lo que se quiere pesar y un indicador que marca el peso. **SIN** peso.
DER bascular.

bascular v. intr. **1** Moverse una cosa de un lado a otro de modo alternativo y continuado, estando unida por algún punto a un lugar fijo: *intentó hipnotizarme haciendo bascular un colgante dorado.* **2** Inclinarse la caja de un vehículo de transporte o volquete, de modo que lo que lleva en ella resbale y caiga por su peso. **3** Alternar la manera de pensar o sentir, eligiendo una opción diferente a cada momento. **4** En algunos deportes, como el balonmano, desplazarse lateralmente un jugador hacia uno y otro lado de modo alternativo y continuado para cubrir la mayor cantidad de espacio posible.

base n. f. **1** Parte de un objeto en la que este se apoya. **2** Objeto sobre el que se apoya una cosa: *colocaron el busto del poeta sobre una base de mármol.* **3** Conjunto de principios iniciales a partir de los que se elabora, establece o crea una cosa. **4** Instalación en la que se encuentran el personal y los aparatos necesarios para desarrollar una actividad, especialmente de carácter militar. **base aérea** Instalación preparada para el despegue, el aterrizaje, el mantenimiento y la conservación de aviones militares: *la base aérea de Torrejón de Ardoz.* **base de lanzamiento** Instalación preparada para el lanzamiento de naves espaciales. **5** Conjunto de personas que pertenecen a una asociación, sindicato o partido político y no tienen cargo en la organización. **6** Esquina de un campo de béisbol que, junto a otras tres, debe recorrer un jugador para lograr una carrera. **7** BOT. Parte de una planta próxima al punto de contacto con otra parte. **8** MAT. Línea o superficie inferior de las que componen una figura, sobre la que parece que descansa el conjunto. **9** MAT. En una potencia, cantidad que ha de multiplicarse por sí misma tantas veces como indique el exponente: *en 7^3 la base es 7.* **10** MAT. En un sistema de numeración matemática, número de unidades que constituyen la unidad colectiva del orden inmediatamente superior: *el sistema de numeración decimal es de base diez.* **11** QUÍM. Sustancia derivada de la unión de agua con un óxido metálico; combinada con un ácido forma una sal. ◆ n. com. **12** Jugador de un equipo de baloncesto cuya función principal es organizar el juego de su equipo. ▶ **a base de** Teniendo como fundamento o principio inicial: *aprobó a base de horas de estudio.* **base de datos** **a.** Programa informático capaz de almacenar, relacionados y estructurados, gran cantidad de datos que pueden ser consultados parcial o totalmente de acuerdo con las características selectivas que se deseen: *necesito una buena base de datos para clasificar mi biblioteca.* **b.** Conjunto de datos e informaciones almacenadas en este programa: *buscaron en la base de datos de la Interpol los datos del sospechoso.* **base de operaciones** Lugar donde se concentra y prepara un ejército para la guerra.

OBS Es incorrecta la construcción **en base a* por **basándose en*, **a base de.*

DER basar, básico.

básico, -ca adj. **1** Que forma parte de los principios iniciales a partir de los que se elabora, establece o crea una cosa: *conceptos básicos.* **2** Que es lo más importante y necesario. SIN esencial, fundamental.

DER básicamente; monobásico.

basílica n. f. **1** Iglesia cristiana grande y notable por su antigüedad o por los privilegios de que goza: *la basílica del Pilar en Zaragoza.* **2** Edificio de planta rectangular, con tres o más naves separadas por columnas o muros; especialmente, el destinado al culto paleocristiano.

básket n. m. Baloncesto, juego.

básquet n. m. Baloncesto.

OBS También se escribe *básket.*

basquiña n. f. Falda generalmente de color negro y larga hasta los tobillos que suele formar parte de un atuendo tradicional o rural.

¡basta! int. Expresión que se usa para mandar poner fin a una acción o actividad.

bastante adj. **1** Que basta o es suficiente. ◆ det./ pron. indef. **2** Gran cantidad o número de personas o cosas: *desde que está en el paro tiene bastantes problemas económicos.* SIN mucho. ANT poco. ◆ adv. **3** Ni mucho ni poco; en cantidad o nivel suficiente: *con el ordenador se maneja bastante bien.* **4** En gran cantidad; más de lo normal o necesario: *estoy cansado porque he corrido bastante.* **5** Añade intensidad al valor de ciertos adverbios: *vamos a coger un taxi porque estamos bastante lejos de nuestro destino.* SIN mucho, muy. **6** Gran cantidad de tiempo. SIN mucho.

bastar v. intr./ prnl. Ser suficiente; no hacer falta más: *para aprender no basta con memorizar los libros de texto.*

DER bastante, basto.

bastardilla adj./ n. f. [tipo de letra impresa] Que está inclinada hacia la derecha, imitando la letra que se escribe a mano con rapidez: *en este diccionario los ejemplos se imprimen en letra bastardilla.*

bastardo, -da adj./ n. m. y f. **1** [persona] Que ha nacido de una mujer que no es la esposa de su padre. ◆ adj. **2** Que se aparta de sus características originales o degenera de su naturaleza.

DER bastardear, bastardía, bastardilla.

bastidor n. m. **1** Estructura o armazón que

deja un hueco en el medio y sirve para sostener otro elemento. **2** Armazón de metal que sostiene un mecanismo, especialmente un motor: *en el bastidor de un automóvil suele estar el número de identificación del vehículo.* **3** Parte del decorado de una representación teatral que hay a los lados del escenario por donde suelen entrar y salir los personajes: *el director veía, nervioso, a través de los bastidores la representación de la obra.*

▶ entre bastidores **a.** Sin tener un contacto directo con el público, pero participando en el trabajo y en la toma de decisiones. **b.** De modo reservado y particular, sin que sea conocido por los demás.

bastión n. m. **1** Construcción fortificada con la que se protege y defiende un lugar: *el ejército alemán edificó numerosos bastiones en la costa atlántica francesa para evitar el desembarco aliado.* SIN baluarte. **2** Persona o cosa que protege y defiende del ataque adversario o de un perjuicio que puede causar daño: *Albania fue el último bastión estalinista de Europa.* SIN baluarte.

basto, -ta adj. **1** Que tiene poco valor o está elaborado con poca calidad. SIN burdo, tosco. **2** [persona] Que tiene malos modos o que es grosero y poco educado. SIN rudo, tosco. ◆ n. m. **3** Carta de la baraja española en la que aparecen dibujados uno o varios palos gruesos. NOTA Para referirse al palo de la baraja formado por este conjunto de cartas se utiliza el plural *bastos.*

▶ pintar bastos Volverse una situación o asunto problemático, difícil o peligroso: *hoy en día pintan bastos para los fabricantes de máquinas de escribir.*

DER bastidor; debastar.

bastón n. m. **1** Objeto que sirve para apoyarse al andar; tiene forma de palo fino y alargado, con un mango generalmente curvado para agarrarlo con comodidad, y de una altura cercana a la cintura de la persona que lo lleva. **2** Objeto con forma parecida a este instrumento que se entrega a una persona en señal de mando o de autoridad: *bastón de mando.* **3** Objeto en forma de barra fina y alargada que usan los esquiadores para ayudarse en sus desplazamientos; tiene un mango con una correa para sujetarlo a la mano y la punta con un tope para evitar que se hunda completamente en la nieve.

DER bastonazo, bastoncillo, bastonera.

basura n. f. **1** Conjunto de cosas que se tiran porque se consideran inútiles o son residuos de lo que ya se ha aprovechado: *en las ciudades se recoge la basura de los habitantes una vez al día.* SIN desperdicio. **2** Cosa que es de la peor calidad, sin valor ni utilidad: *algunos programas de televisión son basura.* SIN caca, mierda. **3** Persona despreciable que se comporta con maldad y carece de virtudes: *los traficantes de droga son basura.* SIN escoria.

DER basurero.

basurero, -ra n. m. y f. **1** Persona que recoge la basura de las poblaciones y la lleva a los vertederos: *los basureros suelen trabajar por la noche.* ◆ n. m. **2** Lugar donde se tiran las basuras de una población: *cada basurero municipal debiera tener recursos para el reciclado de basuras.* SIN vertedero. **3** Lugar muy sucio y maloliente.

bata n. f. **1** Prenda de vestir larga, con mangas y con botones por delante, que se pone sobre otras prendas y sirve para abrigar y estar más cómodo, generalmente en el domicilio particular: *se levantó temprano y se puso una bata sobre el camisón para ir a la cocina.* **2** Prenda de vestir larga, con mangas y con botones por delante, que se pone sobre otras prendas para impedir que se manchen o por razones de higiene y asepsia: *los médicos llevan bata blanca cuando pasan visita.*

▶ bata de cola Prenda de vestir femenina compuesta por una sola pieza, muy ajustada al cuerpo, con una falda larga de mucho vuelo y con abundantes volantes en las mangas y en toda la falda.

DER batín.

batacazo n. m. **1** Golpe violento que sufre una persona o un animal al caerse. **2** Fracaso grande e inesperado que se obtiene en un proceso o actividad en la que se habían puesto muchas esperanzas.

batalla n. f. **1** Lucha o enfrentamiento con armas entre dos grupos numerosos de personas o dos ejércitos. SIN combate. batalla campal Enfrentamiento muy violento que se produce de manera imprevista entre dos grandes grupos de civiles, generalmente armados con objetos contundentes o armas blancas, pero sin armas de fuego: *a la salida del estadio se entabló una batalla campal entre las aficiones de los dos equipos.* **2** Esfuerzo continuado por vencer los obstáculos y conseguir un fin: *científicos y médicos de todo*

el mundo libran una dura batalla contra el sida. SIN lucha.
▶ dar (o presentar) batalla **a.** Enfrentarse con energía a un problema o dificultad con decidida voluntad de resolverlo. **b.** En una competición deportiva, intentar ganar con decisión o, al menos, no perder con claridad. de batalla Que está dedicado al uso diario para la vida o el trabajo cotidiano, por lo que su deterioro se asume como lógico e inevitable; se aplica especialmente a una prenda de vestir, un instrumento, aparato o vehículo: *ponle al niño ropa más de batalla, que me lo llevo al parque.*
DER batallar, batallón.

batallador, -ra adj. [persona, grupo] Que lucha y se esfuerza con decisión e intensidad.

batallar v. intr. **1** Trabajar con esfuerzo para vencer los obstáculos y conseguir un fin. SIN combatir, pelear. **2** Intentar convencer u obligar con insistencia a una persona para que realice algo difícil o que se resiste a hacer. **3** Luchar con las armas para someter al enemigo o destruirlo: *la tropas leales al presidente batallaron toda la noche por defender el palacio presidencial.* SIN combatir, pelear.
DER batallador.

batallón n. m. **1** Unidad militar compuesta por varias compañías y mandada por un comandante. **2** Grupo numeroso de personas. SIN ejército, tropa.

batata n. f. **1** Planta de flores grandes, rojas por dentro y blancas por fuera, y tubérculos comestibles: *la batata procede de América.* **2** Tubérculo comestible de esta planta, de forma alargada y de color marrón por fuera y amarillento o blanco por dentro. SIN boniato.

bate n. m. Palo cilíndrico, estrecho en la empuñadura y más abultado en su extremo superior, que sirve para golpear la pelota en el juego del béisbol.
DER batear.

batear v. intr. En el juego del béisbol, golpear el bateador la pelota con el bate, generalmente con la intención de sacarla del campo de juego.
DER bateador.

batería n. f. **1** Aparato de forma cuadrada o rectangular, formado por placas de plomo y pequeños vasos independientes con ácido; sirve para suministrar y acumular energía eléctrica: *la batería de un automóvil.* **2** Aparato pequeño, generalmente de forma cilíndrica o rectangular, que sirve para producir una corriente eléctrica continua a partir de la reacción química que se produce en su interior: *la batería de la cámara de vídeo.* SIN pila. **3** Instrumento de percusión formado por varios tambores y platos metálicos que se hacen sonar con palillos y con pedales que accionan mazos. ◆ n. com. **4** Persona que toca la batería. ◆ n. f. **5** Conjunto de cañones y armas de fuego de gran calibre que se colocan en un mismo lugar dispuestos para disparar.
▶ batería de cocina Conjunto de recipientes, generalmente con un diseño común, que se utilizan para cocinar alimentos. batería de preguntas Conjunto numeroso de preguntas breves y relacionadas entre sí. en batería En paralelo, referido al modo de aparcar vehículos colocándolos uno al lado del otro.
DER baterista.

batida n. f. **1** Registro sistemático y minucioso de un terreno o lugar en busca de una persona o cosa. **2** Recorrido sistemático de un terreno en busca de caza. **3** Momento del salto de un atleta en el que los pies se despegan del suelo con un fuerte impulso.

batido n. m. **1** Sustancia que produce el batido de la clara o la yema o el de la mezcla de los componentes del huevo. **2** Bebida fría que se hace triturando y mezclando componentes líquidos y sólidos, especialmente leche, frutas o helado.

batidora n. f. **1** Aparato electrodoméstico de cocina para triturar, mezclar o batir alimentos que consiste en una barra, terminada en cuchillas o varillas, que gira a gran velocidad: *monta las claras con una batidora.*

batiente n. m. **1** Parte del cerco o marco de una puerta o ventana sobre el que se cierra la hoja: *el batiente está en el lado opuesto a la pieza en que se encuentran los goznes.* **2** Hoja de una puerta o ventana. **3** Zona de una costa, dique o espigón en la que golpean las olas del mar.

batín n. m. **1** Prenda de vestir masculina, generalmente de lana o acolchada y con solapas, de manga larga, que cubre el cuerpo hasta la mitad del muslo y se abrocha por delante con un cinturón; se usa en casa para estar cómodo y abrigado y suele ponerse sobre otras prendas.

batir v. tr. **1** Mover con un instrumento o agitar una sustancia líquida para que se unan y traben correctamente sus componentes: *batir los huevos con un tenedor.* **2** Triturar y mezclar sustancias sólidas y líquidas para obtener un líquido compacto y homogéneo. **3** Dar golpes de modo continuado: *batir la lana para hacerla más esponjosa.* **4** Golpear de lleno el viento o el agua en una superficie de modo continuado: *las olas baten la costa.* **5** Mover con fuerza un ave las alas: *el águila herida batía inútilmente las alas.* **6** Registrar de manera sistemática y minuciosa un terreno o lugar en busca de una persona o cosa: *la policía batió el barrio en busca de los terroristas.* SIN peinar. **7** Recorrer de manera sistemática un terreno en busca de caza. **8** Vencer y hacer que huya el ejército contrario. SIN derrotar. **9** Vencer en una competición deportiva: *el corredor africano batió a todos sus competidores y se presentó solo en la meta.* SIN derrotar. **10** Superar una marca o récord, especialmente si es deportivo: *el ciclista venezolano intentará batir el récord de la hora.* ◆ v. intr. **11** Tomar impulso un atleta en el momento del salto apoyando un pie en el suelo: *en el salto de longitud, tras la carrera, el atleta debe batir antes de la tabla.* ◆ v. prnl. **12** **batirse** Luchar o competir una persona con otra, especialmente por un desafío: *los dos caballeros se batieron en un duelo a pistola.*

DER batida, batido, batidora, batiente, batimiento; abatir, imbatido.

batista n. f. Tela muy fina de lino o algodón.

batracio adj./ n. m. **1** [animal] Que pertenece a la clase de los batracios: *la rana es un animal batracio.* SIN anfibio. ◆ n. m. pl. **2** **batracios** Clase de animales vertebrados que pasan parte de su vida en el agua y que cuando alcanzan la edad adulta respiran a través de pulmones; tienen la sangre fría y la piel lisa sin pelo: *los batracios son insectívoros.* SIN anfibio.

baturro, -rra adj./ n. m. y f. **1** [persona] Que pertenece al campesinado de la comunidad autónoma española de Aragón. ◆ **2** adj. Relativo a Aragón, comunidad autónoma española, o a sus habitantes. SIN maño. ◆ **3** adj./ n. m. y f. [persona] Que es de Aragón. SIN maño.

batuta n. f. **1** MÚS. Vara pequeña que usa el director de una orquesta o de una banda para marcar el ritmo y la expresión de una obra musical. **2** Dirección, mando o control de un conjunto de personas o de una actividad.

baúl n. m. Caja grande rectangular con una tapa arqueada que gira sobre bisagras, generalmente para guardar ropa: *en el desván hay un baúl con vestidos antiguos.* SIN cofre.

bautismal adj. Del bautismo o que tiene relación con este sacramento: *una pila bautismal.*

bautismo n. m. **1** Sacramento de iniciación del cristianismo que consiste en echar un poco de agua a una persona, generalmente en la cabeza, o en sumergirla en ella como símbolo de aceptación y entrada en la Iglesia cristiana. **2** Ceremonia cristiana en la que se recibe este sacramento: *se celebró el bautismo en una pequeña capilla.* SIN bautizo. **3** Primera vez que una persona hace alguna cosa importante o significativa, que, generalmente, después continúa realizando: *Antonio Buero Vallejo recibió su bautismo como autor teatral en 1949 con el estreno de Historia de una escalera.*
▶ **bautismo de (o del) aire** Primera vez que una persona pilota un avión o viaja en él como pasajero. **bautismo de fuego** Primera vez que un soldado entra en combate.

DER bautismal, bautista.

bautizar v. tr. **1** Administrar un sacerdote el sacramento del bautismo echando un poco de agua a una persona, generalmente en la cabeza, o sumergiéndola en ella. **2** Poner un nombre a una persona, animal o cosa: *bautizar a una persona con un apodo; bautizar a un animal, un barco.* **3** Añadir agua al vino para que este tenga mayor volumen, aun a costa de una merma en su calidad.

OBS En su conjugación, la *z* se convierte en *c* delante de *e*.

DER bautismo, bautizo.

bautizo n. m. **1** Ceremonia cristiana en la que se administra el sacramento del bautismo: *el bautizo suele ser una ceremonia de carácter privado y reservado.* SIN bautismo. **2** Fiesta con que se celebra la administración de este sacramento.

baya n. f. **1** Fruto pequeño y comestible que dan algunas variedades de árboles silvestres: *de las bayas del enebro se obtiene la ginebra.* **2** BOT. Fruto carnoso o jugoso, de forma redondeada, que tiene en su interior las semillas rodeadas de pulpa: *el tomate es una baya.*

bayeta n. f. **1** Tela de lana poco tupida y de textura elástica. **2** Paño que sirve para limpiar superficies y absorber líquidos.

a b c d e f g h i j k l m n ñ o p q r s t u v w x y z

a b c d e f g h i j k l m n ñ o p q r s t u v w x y z

bayo, -ya adj. [caballo] Que tiene el pelo de color amarillento.

bayoneta n. f. Arma blanca, parecida a un cuchillo, que encaja paralela al cañón de un fusil y sobresale de su boca.
▶ **a bayoneta** [pieza de un mecanismo] Que encaja dentro de una pieza a presión deslizándose por ella: *el objetivo de mi cámara va a bayoneta, no a rosca.*

baza n. f. **1** En algunos juegos de cartas, conjunto de naipes que echan sobre la mesa los jugadores durante una jugada. **2** Característica o conjunto de características que conceden cierta ventaja a una persona o cosa sobre otras: *la baza fundamental del joven delantero es su rapidez.*
▶ **meter baza** Intervenir en una conversación o controversia de manera imprevista y sin haber sido preguntado.

bazar n. m. **1** Establecimiento en el que se venden objetos y aparatos diversos. **2** Mercado público en algunas ciudades de cultura árabe u oriental.

bazo n. m. ANAT. Órgano de forma oval y aplanada, de color rojo oscuro, que está cerca del páncreas, a la izquierda del estómago.

bazofia n. f. **1** Comida o bebida que tiene un aspecto o sabor repugnante o desagradable. **2** Cosa que es de la peor calidad, despreciable o desagradable.

be n. f. **1** Nombre de la letra *b*. ◆ n. m. **2** Onomatopeya de la voz de la oveja o el cordero.
OBS El plural es *bes*.

beatificar v. tr. Declarar el Papa oficialmente beata a una persona muerta y autorizar su culto en determinados actos o en ciertos lugares.
OBS En su conjugación, la *c* se convierte en *qu* delante de *e*.
DER beatificación, beatífico.

beato, -ta adj./ n. m. y f. **1** [persona] Que ha sido beatificada por el Papa. **2** [persona] Que se muestra muy devoto y religioso, generalmente de manera exagerada y fingida.
DER beatería, beatificar, beatitud.

bebé n. m. Niño que acaba de nacer o que tiene muy pocos meses.

bebedero n. m. Recipiente en el que se pone agua para que beban los animales.

bebedor, -ra adj./ n. m. y f. [persona] Que toma bebidas alcohólicas en exceso.

beber v. intr./ tr. **1** Tomar un líquido por la boca: *nunca bebo vino.* ◆ v. intr. **2** Tomar bebidas alcohólicas. **3** Levantar un vaso o una copa con bebida y tomarla para expresar un deseo o celebrar algo: *bebamos por los novios.* SIN brindar. **4** Aprender o conocer algo a partir de determinada fuente.
DER bebedero, bebedizo, bebedor, bebible, bebida, bebido; desbeber, embeber.

bebida n. f. **1** Sustancia líquida que se bebe. **2** Hábito de tomar bebidas alcohólicas.

bebido, -da adj. [persona] Que ha tomado una cantidad excesiva de bebida alcohólica y, por ello, tiene alteradas sus facultades. SIN borracho, ebrio.

beca n. f. Ayuda económica que se concede a una persona para que pague los gastos que le supone cursar unos estudios, desarrollar

beber

INDICATIVO	SUBJUNTIVO
presente	**presente**
bebo	beba
bebes	bebas
bebe	beba
bebemos	bebamos
bebéis	bebáis
beben	beban
pretérito imperfecto	**pretérito imperfecto**
bebía	bebiera o bebiese
bebías	bebieras o bebieses
bebía	bebiera o bebiese
bebíamos	bebiéramos o bebiésemos
bebíais	bebierais o bebieseis
bebían	bebieran o bebiesen
pretérito perfecto simple	**futuro**
bebí	bebiere
bebiste	bebieres
bebió	bebiere
bebimos	bebiéremos
bebisteis	bebiereis
bebieron	bebieren
futuro	IMPERATIVO
beberé	bebe (tú)
beberás	beba (usted)
beberá	bebed (vosotros)
beberemos	beban (ustedes)
beberéis	FORMAS NO PERSONALES
beberán	**infinitivo** beber — **gerundio** bebiendo
condicional	**participio** bebido
bebería	
beberías	
bebería	
beberíamos	
beberíais	
beberían	

un proyecto de investigación o realizar una obra artística. **SIN** bolsa.
DER becar.

becar v. tr. Conceder una beca a una persona.
OBS En su conjugación, la *c* se convierte en *qu* delante de *e*.
DER becario.

becario, -ria n. m. y f. Persona que disfruta de una beca.

becerro, -rra n. m. y f. Cría de la vaca que no pasa, o pasa muy poco, de dos años.
DER becerrada.

bechamel n. f. Salsa blanca y cremosa que se hace con leche, harina y mantequilla o aceite: *las croquetas se hacen con carne o pescado picado y bechamel.* **SIN** besamel.
OBS La Real Academia Española recoge *bechamel*, pero prefiere la forma *besamel*.

becquerel n. m. FÍS. Unidad de medida de la actividad radiactiva en el Sistema internacional de unidades: *el símbolo del becquerel es Bq.*

becqueriano, -na adj. De Gustavo Adolfo Bécquer o relacionado con este poeta y escritor o con su obra.

bedel, -la n. m. y f. Persona que tiene a su cargo las llaves de un edificio o establecimiento público para procurar su vigilancia y cuidado. **SIN** conserje, portero.

beduino, -na adj. **1** De un pueblo árabe nómada que vive en las zonas desérticas del norte de África o que tiene relación con él. ◆ adj./ n. m. y f. **2** [persona] Que pertenece a este pueblo.

beicon n. m. Tocino ahumado de cerdo con vetas de carne.

beige o **beis** adj. **1** De color castaño muy claro: *un traje beige.* **NOTA** Es invariable en género. ◆ adj./ n. m. **2** [color] Que es de color castaño muy claro.
OBS La forma *beis* es invariable en número.

béisbol n. m. Deporte que se juega entre dos equipos de nueve jugadores cada uno; consiste en golpear con un bate una pequeña pelota lanzada con la mano por un jugador del otro equipo y recorrer las cuatro esquinas del campo antes de que los jugadores contrarios recojan la pelota y la envíen a una de estas cuatro esquinas.

bel n. m. Unidad de medida de la intensidad acústica o sonora en el Sistema internacional de unidades.

beldad n. f. *formal* Belleza, hermosura.

belén n. m. Conjunto formado por pequeñas figuras y maquetas de construcciones que representan personajes y lugares relacionados con el nacimiento de Jesucristo. **SIN** nacimiento.

belga adj. **1** De Bélgica o que tiene relación con este país de Europa. ◆ adj./ n. com. **2** [persona] Que ha nacido en Bélgica.

belicismo n. m. Ideología sociopolítica que defiende el uso de la violencia y de las armas por parte de los países para lograr sus objetivos y proteger sus intereses: el belicismo de la Alemania nazi fue la causa de la segunda guerra mundial. **ANT** pacifismo.
DER belicista.

belicista adj. **1** Del belicismo o que tiene relación con esta ideología política y social. **ANT** pacifista. ◆ adj./ n. com. **2** [persona] Que cree en el belicismo o es partidario de él. **ANT** pacifista.

bélico, -ca adj. De la guerra o que tiene relación con ella: *la historia de la humanidad está tristemente repleta de conflictos bélicos.*
DER belicismo, belicoso.

belicoso, -sa adj. **1** Que incita al uso de la fuerza y la violencia o que amenaza con emplearlas: *discurso belicoso.* **2** [persona, grupo] Que tiende a actuar de modo violento o agresivo: *un grupo de hinchas belicosos apedreó el autocar del equipo visitante.*
DER belicosidad.

beligerante adj. **1** [país] Que está en guerra con otro. **2** [persona, grupo] Que muestra oposición y enfrentamiento a una persona o grupo o a una cosa: *los beligerantes anticomunistas.*
DER beligerancia.

bellaco, -ca adj./ n. m. y f. [persona] Que es despreciable porque actúa con maldad y falta de honradez.
DER bellaquería.

bellaquería n. f. Acción o dicho propio de un bellaco.

belleza n. f. **1** Conjunto de características que hacen que el aspecto físico de una persona resulte muy atractivo: *la belleza de un hombre, de una mujer.* **SIN** beldad. **2** Conjunto de características que hacen que una cosa provoque en quien la contempla o la escucha un placer sensorial o espiritual. **SIN** beldad. **3** Mujer cuyo aspecto físico resulta muy atractivo. **SIN** beldad.
DER embellecer.

bello, -lla adj. **1** [persona, cosa] Que tiene belleza: *una cara bella.* **SIN** bonito, hermoso.

ANT feo. **2** [persona] Que es bueno o bienintencionado: *es una bella persona.*
DER bellamente, belleza.

bellota n. f. Fruto pequeño y alargado que dan la encina y el roble; está cubierto por una piel fina, fuerte y flexible, de color marrón claro, con una cáscara dura y rugosa en uno de sus extremos.

bemol adj./ n. m. [nota musical] Que tiene un sonido medio tono más bajo que el de su sonido natural.
▶ tener bemoles **a.** Tener valor o atrevimiento para hacer algo. **b.** Ser algo muy difícil: *esta lección de electrónica digital tiene bemoles.*

benceno n. m. QUÍM. Líquido incoloro obtenido de la destilación del alquitrán de hulla; es muy inflamable y se usa como disolvente.

bendecir v. tr. **1** Pedir para una persona la protección de Dios, la Virgen o un santo: *pidió a su madre que lo bendijera antes de ir al frente.* **2** En la religión católica, pedir un sacerdote la protección de Dios, la Virgen o un santo para una persona, lugar o cosa, generalmente mediante el recitado de unas palabras rituales, haciendo ante ella el signo de la cruz o rociándola con agua bendita. **3** Ofrecer o dedicar a Dios, a la Virgen o a un santo una cosa o lugar: *el obispo bendijo la nueva iglesia.* SIN consagrar. **4** Otorgar Dios, la Virgen o un santo su protección a una persona. **5** Expresar una gran satisfacción y felicidad relacionadas con algo que se considera positivo y beneficioso. ANT maldecir.
OBS El participio regular es *bendecido;* el irregular, *bendito,* se usa generalmente como adjetivo. Se conjuga como *predecir.*
DER bendición, bendito.

bendición n. f. **1** En la religión católica, acto por el que un sacerdote bendice a una persona, lugar o cosa, generalmente mediante el recitado de unas palabras rituales, haciendo ante ella el signo de la cruz o rociándola con agua bendita: *el Papa impartió la bendición desde un balcón del Vaticano.* **2** Ofrecimiento o dedicación a Dios, a la Virgen o a un santo: *durante la misa se procedió a la bendición de las nuevas imágenes de la cofradía.* SIN consagración. **3** Conjunto de palabras con las que se pide para una persona la protección de Dios, la Virgen o un santo. ANT maldición. **4** Protección dada por Dios, la Virgen o un santo: *encontrar un piso bien situado y barato fue una bendición de Dios.* **5** Aprobación de una cosa. SIN beneplácito. **6** Cosa muy buena o que produce una gran alegría: *las últimas lluvias han sido una bendición para el campo.* ANT maldición.

bendito, -ta adj./ n. m. y f. **1** [lugar, cosa] Que ha sido bendecido o consagrado a Dios, a la Virgen o a un santo: *agua bendita.* **2** Que merece agradecimiento y alabanza: *benditos médicos que salvaron la vida de mi padre.* NOTA Se usa siempre precediendo al nombre. ◆ n. m. y f. **3** Persona que es buena, sencilla e incauta.
▶ ¡bendito sea Dios! Expresión que indica alegría o sorpresa. gloria bendita Cosa buena o excelente.
OBS Es el participio irregular de *bendecir.*

benedictino, -na adj./ n. m. y f. **1** [religioso] Que pertenece a una orden fundada por san Benito de Nursia a principios del siglo VI. ◆ adj. **2** De esta orden o que tiene relación con ella: *los monasterios benedictinos fueron importantes centros culturales y económicos durante la Edad Media.*

benefactor, -ra adj./ n. m. y f. [persona] Que hace un bien o presta una ayuda a otra u otras personas de manera desinteresada. SIN bienhechor.

beneficencia n. f. **1** Conjunto de instituciones públicas o privadas que ayudan de forma desinteresada a las personas que carecen de recursos económicos: *la policía recogió de la calle al indigente y lo llevó a un establecimiento de beneficencia.* **2** Ayuda social o económica desinteresada que se presta a las personas que carecen de recursos económicos.

beneficiar v. tr. **1** Hacer un bien, ser beneficioso o provechoso: *una alimentación variada y equilibrada beneficia la salud.* ANT perjudicar. **2** Hacer que un terreno de cultivo tenga una producción mayor o de más calidad; especialmente, mediante el uso de abonos y fertilizantes. **3** Tratar el mineral que se extrae de una mina para obtener el metal que contiene: *beneficiar un mineral.* ◆ v. prnl. **4** beneficiarse Servirse de una persona o cosa para obtener un beneficio o provecho: *nuestro equipo se benefició del mal estado del campo para defender el resultado.* **5** Tener relaciones sexuales con una persona.
OBS En su conjugación, la *i* es átona, como en *cambiar.*
DER beneficencia, benéfico.

beneficiario, -ria adj./ n. m. y f. **1** Que obtiene beneficio o provecho de determinada cosa: *el Miño es beneficiario del Sil.* **2** [persona] Que obtiene un beneficio económico al cumplirse lo que dispone un documento legal: *el beneficiario de un seguro de vida; las empresas beneficiarias de una subvención.*

beneficio n. m. **1** Compensación moral o material por una obra realizada. SIN ganancia, provecho. ANT perjuicio. **2** Cantidad de dinero que se obtiene como resultado de una inversión: *la empresas eléctricas tuvieron este año grandes beneficios.*

beneficioso, -sa adj. Que produce un bien moral o material: *un pacto entre los dos partidos será beneficioso para el país.* SIN benéfico. ANT perjudicial.

benéfico, -ca adj. **1** Que hace un bien o presta una ayuda a otras personas de manera desinteresada. **2** De la beneficencia o que está relacionado con ella. **3** Que produce un bien moral o material: *sintió el efecto benéfico del bálsamo y comenzó a encontrarse mejor; las lluvias benéficas de la primavera aumentaron la cosecha.* SIN beneficioso.

OBS El superlativo es *beneficentísimo.*

benemérito, -ta adj. Que merece premio y agradecimiento por los servicios que presta o ha prestado.

▶ la Benemérita o el Benemérito Instituto La Guardia Civil, cuerpo de seguridad español.

beneplácito n. m. Aprobación clara: *contaba con el beneplácito de sus padres para ir al viaje de estudios.* SIN bendición.

benevolencia n. f. Buena voluntad, comprensión y simpatía de una persona o un grupo hacia otra u otras.

benévolo, -la adj. Que tiene benevolencia.

DER benevolencia, benevolente.

bengala n. f. **1** Varilla o cilindro que al arder por uno de sus extremos desprende chispas: *las bengalas de una fiesta de cumpleaños.* **2** Artificio luminoso que se utiliza para hacer señales a distancia.

benigno, -na adj. **1** Que se caracteriza por la buena voluntad, comprensión y simpatía hacia una persona o un grupo. SIN benévolo. **2** [fenómeno natural o climático] Que es templado y agradable: *un invierno benigno.* **3** [enfermedad] Que no es mortal o grave; que puede curarse. ANT maligno.

DER benignidad.

benjamín, -mina n. m. y f. **1** Hijo menor de una familia que tiene varios. **2** Persona que tiene menos edad de las que forman un equipo o grupo, especialmente cuando es muy joven.

berberecho n. m. Molusco marino de color blanco y con una concha rayada y casi circular que vive enterrado en el fondo arenoso de las costas.

berberisco, -ca adj./ n. m. y f. Beréber.

berbiquí n. m. Instrumento en forma de manubrio o de doble codo que tiene en un extremo una barra fina de acero acabada en punta con forma de espiral y en el opuesto un mango para darle el movimiento de rotación necesario; sirve para hacer agujeros en la madera y en otros materiales.

OBS El plural es *berbiquíes* (culto) o *berbiquís* (popular).

bereber o **beréber** adj. **1** De un pueblo que habitaba la antigua región de la Berbería o que tiene relación con él. SIN berberisco. ◆ adj./ n. com. **2** [persona] Que pertenece a este pueblo. SIN berberisco. ◆ n. m. **3** Lengua hablada por este pueblo. SIN berberisco.

berenjena n. f. **1** Planta herbácea ramosa, de hojas grandes, ovaladas y cubiertas de pelos, con flores grandes de color morado. **2** Fruto de esa planta, de forma alargada y abultada por un extremo; su interior es blanco y tiene una piel fina y lustrosa de color morado oscuro.

DER berenjenal.

berenjenal n. m. **1** Situación o asunto confuso, desordenado, problemático o difícil de resolver: *meterse en un berenjenal.* **2** Terreno plantado de berenjenas.

bergante n. m. Pícaro, sinvergüenza: *el bergante aprovechó que yo estaba distraído para coger el trozo más grande que había.*

bergantín n. m. Barco de vela ligero de dos palos.

berilio n. m. QUÍM. Elemento químico, metal sólido de color blanco, usado principalmente en la industria atómica: *el símbolo del berilio es Be.*

berlinés, -nesa adj. **1** Relativo a Berlín, capital de Alemania, o a sus habitantes. ◆ adj./ n. m. y f. **2** [persona] Que es de Berlín.

bermejo, -ja adj. De color rubio o rojizo.

bermellón n. m. **1** Polvo muy fino de cinabrio que se emplea en pintura para obtener un color rojo muy intenso. ◆ adj. **2** De color rojo muy intenso: *un jersey bermellón.*

bermudas n. amb. pl. **1** Pantalón corto y generalmente estrecho de tejido fino que llega hasta las rodillas. **2** Prenda de baño masculina en forma de pantalón corto y ancho que llega hasta las rodillas.

berrear v. intr. **1** Llorar o gritar un niño con fuerza: *el niño se ha pasado toda la tarde berreando.* **2** Dar berridos el becerro, el ciervo u otros animales semejantes. **3** Cantar mal, dando voces y desentonando.
DER berreo, berrido.

berrido n. m. **1** Llanto fuerte y desaforado de una persona, habitualmente un niño. **2** Grito estridente o voz muy fuerte al hablar. **3** Grito fuerte y desentonado que se da cantando. NOTA Se usa con sentido despectivo. **4** Voz del becerro, el ciervo, el elefante y otros mamíferos.

berrinche n. m. Enfado o disgusto fuerte que se manifiesta de manera exagerada con gestos, voces o llanto.

besamel n. f. Salsa blanca y cremosa que se hace trabando leche, harina y mantequilla o aceite. SIN bechamel.

besar v. tr. **1** Tocar u oprimir con los labios a una persona o cosa contrayéndolos y separándolos en señal de amor, afecto, saludo o respeto: *besó a su mujer y a sus hijos antes de tomar el tren.* **2** Hacer este movimiento con los labios sin llegar a tocar nada con ellos: *besó a su primo rozándole apenas la mejilla con la suya; besó desde el escenario a todo el público.* **3** Tocar o rozar levemente una cosa a otra.
DER besucón, besuquear.

beso n. m. **1** Contacto o presión que se hace con los labios contrayéndolos y separándolos en señal de amor, afecto, saludo o respeto: *los novios se dieron un beso al finalizar la boda.* **2** Gesto hecho con los labios, parecido a este contacto o presión, pero sin llegar a tocar nada; a veces se acompaña de un gesto con la mano, que se besa en la punta de los dedos y se separa de la boca en la dirección adecuada: *lanzó un beso a la grada, donde estaba su familia.* NOTA Se suele usar con los verbos *lanzar, soltar* y *tirar.*
DER besar.

bestia n. f. **1** Animal de cuatro patas, especialmente el doméstico, que se usa para carga: *el mulo, el asno o el caballo son bestias de carga.* ◆ adj./n. com. **2** [persona] Que hace un uso excesivo de la fuerza, es violento o tiene malos modos: *el portero de la discoteca es un tío bestia que está medio loco.* SIN animal, bruto, burro. **3** [persona] Que es torpe, inculto o poco inteligente. SIN animal, bruto.
▶ a lo bestia **a.** Con violencia y sin cuidado: *intentó abrir la botella a lo bestia y acabó rompiendo el casco.* **b.** En una cantidad excesiva o con un tamaño desmesurado: *se levantó con mucha hambre y se preparó un desayuno a lo bestia.*
DER bestiada, bestial, bestiario.

bestial adj. **1** Que es más propio de las bestias que del ser humano, especialmente por su brutalidad, crueldad o irracionalidad: *un crimen bestial.* **2** Que es extraordinariamente grande, fuerte, bueno o intenso: *un hambre bestial; un huracán bestial.* SIN brutal. ◆ adv. **3** Muy bien, de una forma excelente.
DER bestialidad, bestialismo.

bestiario n. m. Libro en el que se recogen fábulas, leyendas e historias sobre animales reales o imaginarios: *los bestiarios medievales.*

best-seller n. m. **1** Obra literaria que ha tenido un gran éxito de ventas. **2** Obra literaria escrita sobre un tema que capta fácilmente la atención del lector, con estilo y vocabulario sencillos y buscando fundamentalmente convertirse en un gran éxito de ventas: *un escritor de best-sellers.*
OBS Se pronuncia aproximadamente «bes-séler». El plural es *best-sellers*. Pueden encontrarse las grafías *best seller, bestseller, best séller* y *best-séller*.

besugo n. m. **1** Pez marino comestible, generalmente de color entre gris y rojo, con una mancha negra junto a las agallas y ojos grandes. **2** Persona torpe y poco inteligente. SIN asno, burro.

besuquear v. tr. Besar de manera reiterada e insistente.
DER besuqueo.

beta n. f. Segunda letra del alfabeto griego, equivalente a la *b* del español.

bético, -ca adj./n. m. y f. De la Bética o que tiene relación con esta antigua región romana del sur de España.
DER penibético.

betún n. m. **1** Líquido o crema hechos con ceras y tintes que sirve para dar brillo al calzado y devolverle su apariencia original. **2** Sustancia de origen natural que contiene hidrógeno y carbono; arde con llama y humo espeso.

bi- **1** Elemento prefijal que entra en la formación de palabras con el significado de:

a. Dos: *biauricular, bidentado.* **b.** Dos veces: *bimensual.* NOTA En algunos casos presenta las formas *bis* y *biz-*: *bisnieto, bisojo; biznieto, bizcocho.* **2** Entra en la terminología química para indicar la presencia de dos átomos, moléculas o radicales iguales en un compuesto: *bióxido, bicloruro.* SIN di-.

biberón n. m. Recipiente cilíndrico transparente, de cristal o de plástico, que tiene una tetina en su extremo y sirve para alimentar a niños y animales recién nacidos o de poca edad.

Biblia n. f. Libro sagrado del cristianismo, formado por los libros del Antiguo y del Nuevo Testamento.
DER bíblico.

bíblico, -ca adj. De la Biblia o que tiene relación con este libro sagrado del cristianismo.

biblio- Elemento prefijal que entra en la formación de palabras con el significado de 'libro': *bibliografía.*

bibliografía n. f. **1** Lista ordenada de libros, artículos, reseñas y textos acerca de una materia o tema determinados. **2** Lista ordenada de libros, artículos y textos escritos por un mismo autor: *la bibliografía de Antonio Gala es abundante y variada.* **3** Disciplina que estudia la enumeración, descripción y clasificación sistemática de libros, impresos y otros materiales para proporcionar información a investigadores, estudiantes y profesionales.
DER bibliográfico, bibliógrafo.

bibliográfico, -ca adj. De la bibliografía o que tiene relación con esta ciencia.

biblioteca n. f. **1** Edificio o local en el que se tienen guardados y ordenados un conjunto de libros, generalmente numeroso, para que el público pueda leerlos o llevárselos en préstamo. **2** Conjunto de libros ordenados que se guardan en este edificio o local. **3** Conjunto de libros que tienen características comunes o que tratan de una misma materia: *una biblioteca de autores clásicos.* **4** Conjunto de libros ordenados que guarda una persona en su casa o en su lugar de trabajo: *mi abuelo tenía una modesta biblioteca con los libros que había ido comprando a lo largo de su vida.* **5** Mueble grande con estantes en el que se colocan libros. SIN librería.
DER bibliotecario, biblioteconomía.

bibliotecario, -ria n. m. y f. Persona que se dedica a ordenar y cuidar los libros de una biblioteca y a facilitar la consulta y el préstamo de los volúmenes solicitado por el público.

bicarbonato n. m. QUÍM. Sal que se forma a partir de un ácido de carbono y que tiene un átomo de hidrógeno que se puede sustituir por un metal.
▶ bicarbonato de calcio Sal blanca que produce la formación de estalactitas y estalagmitas. bicarbonato de sodio Sal blanca en polvo que se toma para aliviar la acidez y el dolor de estómago. Se usa frecuentemente la forma *bicarbonato* para hacer referencia al bicarbonato de sodio.

bíceps adj./ n. m. [músculo] Que tiene forma alargada, más abultada en la mitad, y uno de sus extremos dividido en dos inserciones: *los gimnastas suelen tener los bíceps de los brazos muy desarrollados.*
OBS El plural también es *bíceps.*

bicha n. f. Culebra, reptil.

bicho n. m. **1** Animal, en especial, el que es pequeño, no tiene nombre conocido y de aspecto desagradable: *no le gustaba dormir en el campo porque le daban miedo los bichos.* **2** Persona de carácter violento y cruel que actúa con maldad.
▶ bicho raro Persona de carácter o costumbres poco comunes o extrañas para los demás. todo bicho viviente Todos; todo el mundo: *cuando se enfada, le va gritando a todo bicho viviente.*
DER bicha, bicharraco, bichero.

bici n. f. Bicicleta.

bicicleta n. f. Vehículo de dos ruedas unidas a un armazón triangular, con un manillar delantero y un sillín trasero, ocupado por una persona que hace girar dos pedales que mueven la rueda trasera mediante una cadena.
OBS Se abrevia como *bici.*
DER bici.

bicicross n. m. Modalidad de ciclismo que se suele practicar en un circuito con obstáculos que hay que subir, bajar y saltar.

bicoca n. f. Cosa de buena calidad o de valor que se consigue a bajo precio o con poco esfuerzo. SIN ganga.

bidé n. m. Recipiente de loza bajo y ovalado con agua corriente que está en un cuarto de baño o de aseo y en el que se sienta una persona para el aseo íntimo.

bidón n. m. Recipiente grande y cilíndrico que cierra herméticamente y sirve para contener o transportar líquidos: *bidón de gasolina, de cerveza.*

biela n. f. Pieza de una máquina que sirve para transformar el movimiento de vaivén en línea recta en movimiento de giro alrededor de un eje o viceversa.

bien adv. **1** De modo adecuado o correcto; como moral o técnicamente se debe: *arregló bien la silla pegando las patas.* ANT mal. **2** Con comodidad, sin esfuerzo o dificultad: *salió de casa temprano y llegó bien al aeropuerto.* **3** Con buena salud: *tras estar varios días resfriado, ya está bien.* ANT mal. **4** De manera agradable o feliz. ANT mal. **5** Bastante; mucho o muy: *me apetece un batido bien frío.* **6** Con gusto; de buen grado o manera: *bien me gustaría creerme lo que me dices, pero no puedo.* ANT mal. **7** Expresión que se usa para indicar afirmación o asentimiento: *¿vienes al cine? Bien, vamos.* SIN bueno, claro. ◆ conj. **8** Indica alternancia u oposición en construcciones gramaticales de valor distributivo: *puedes llegar hasta mi casa bien en autobús, bien en taxi.* ◆ adj. **9** De una clase social alta o que está relacionado con ella. ◆ n. m. **10** Cosa que es útil y buena para una persona o un grupo y que produce felicidad: *no seas egoísta y busca con el trabajo tu bien y el de los demás.* ANT mal. **11** Idea abstracta de todo lo que es moralmente bueno o perfecto: *la lucha interior entre el bien y el mal es una imagen tradicional de la condición humana.* ANT mal. ◆ n. m. pl. **12** bienes Conjunto de propiedades o riquezas que pertenecen a una persona: *antes de morir legó todos sus bienes a su mujer.*

▶ bienes gananciales Los obtenidos por los dos cónyuges, conjuntamente o por separado, durante el tiempo que han estado casados. bienes inmuebles o bienes raíces Los que no se pueden mover del lugar en el que están, tales como tierras o viviendas. bienes muebles Los que pueden ser trasladados sin alterar su naturaleza o calidad, tales como dinero, joyas, obras de arte, muebles, vehículos y objetos. a base de bien Mucho, abundantemente. bien que mal De manera poco clara y llena de obstáculos o dificultades. de bien Dicho de una persona o grupo, que es honrado y bueno: *sus padres están contentos porque se casa con un hombre de bien.* NOTA Se usa mucho en la expresión *hombre de bien.* ¡qué bien! Expresión que indica alegría y felicidad: *¡qué bien que ya empiezan las vacaciones!* si bien Aunque: *si bien no había cogido nada, el dependiente lo acusó de robar.* y bien Expresión con la que se introduce una pregunta o se pide una respuesta: *y bien, ¿dónde piensas pasar las vacaciones?*

bienal adj./n. f. **1** [fenómeno, acontecimiento, situación] Que se repite cada dos años.

bienaventurado, -da adj. **1** Que es afortunado y feliz: *se consideraba una persona bienaventurada al haber salvado la vida gracias al trasplante de corazón.* ◆ adj./n. m. y f. **2** [persona] Que goza de la felicidad y de la gracia eterna de estar en el cielo cerca de Dios, según la religión católica.

DER bienaventuranza.

bienaventuranza n. f. **1** Fortuna y felicidad de una persona. **2** Sentencia bíblica en la que Jesucristo expresa las características esenciales que deben tener las personas que gozarán de la felicidad y de la gracia eterna de estar en el cielo cerca de Dios. **3** Según la religión católica, estado de felicidad y gracia eterna que provoca estar en el cielo cerca de Dios.

bienestar n. m. **1** Estado de la persona cuyas condiciones físicas y mentales le proporcionan un sentimiento de satisfacción y tranquilidad: *la medicación le quitó el dolor y le proporcionó cierto bienestar.* **2** Estado de una persona cuyas condiciones económicas le permiten vivir con tranquilidad.

▶ sociedad (o Estado) del bienestar Sistema social y político en el que el Estado cubre algunas necesidades materiales de las personas, proporcionando gratuitamente los servicios básicos y estableciendo ayudas para quienes carecen de recursos económicos.

bienhechor, -ra adj./n. m. y f. [persona] Que hace un bien o presta una ayuda a otra u otras personas de manera desinteresada. SIN benefactor.

bienintencionado, -da adj. **1** [persona] Que tiene buena intención en lo que hace o dice: *un tutor bienintencionado.* ANT malintencionado. **2** Que se hace o se dice con buena intención. ANT malintencionado.

OBS También se escribe *bien intencionado.*

bienio n. m. Período de dos años: *el bienio 1988-1989 fue una fase de crecimiento económico en España.*

DER bienal.

bienvenida n. f. Recibimiento que se da a una persona o grupo en el que se manifiesta gran alegría por el encuentro.

bienvenido, -da adj./ n. m. y f. **1** Que se recibe con agrado o alegría: *la lluvia fue bienvenida por los agricultores.* ◆ int. **2** Expresión con la que se saluda al llegar a un sitio o al encontrarse con alguien.
DER bienvenida.

bífido, -da adj. BIOL. [órgano] Que tiene un extremo dividido en dos partes, puntas o ramas.

bífidus n. m. Bacilo con propiedades dietéticas que se utiliza en la fabricación de yogures y que regenera la flora intestinal.
OBS El plural es *bífidus.*

bifocal adj. **1** [lente] Que tiene dos focos, especialmente la que tiene una parte adecuada para la visión a corta distancia y otra para la lejana. **2** [gafas] Que llevan lentes bifocales.

bifurcación n. f. **1** División o separación de una cosa en dos ramales, brazos o puntas, especialmente de un camino o carretera: *las bifurcaciones de una autovía.* **2** Punto o lugar donde se produce esta división: *al llegar a la primera bifurcación, gira a la derecha.*

bifurcarse v. prnl. Dividirse o separarse en dos ramales, brazos o puntas una cosa, especialmente un camino o carretera.
OBS En su conjugación, la *c* se convierte en *qu* delante de *e.*
DER bifurcación.

big bang n. m. Según algunas teorías astronómicas, gran explosión de una masa compacta de energía y materia que dio origen al universo.
OBS El plural es *big bangs.*

bigamia n. f. Estado de una persona casada dos veces en un mismo período y que tiene, por tanto, dos cónyuges vivos.

bígamo, -ma adj./ n. m. y f. [persona] Que está casado dos veces al mismo tiempo y tiene, por tanto, dos cónyuges vivos.
DER bigamia.

bigote n. m. **1** Pelo que nace sobre el labio superior: *el bigote de Dalí era muy estrambótico.* **2** Conjunto de pelos largos y erectos que tienen algunos animales sobre el labio superior: *el bigote de un gato, de un tigre, de un ratón.* **3** Mancha que queda en el labio superior después de beber un líquido.
OBS En plural tiene el mismo significado que en singular.
DER bigotera, bigotudo.

bikini o **biquini** n. m. Prenda de baño femenina compuesta por dos piezas, una de las cuales cubre el pecho y la otra, desde la cintura hasta la ingle. SIN biquini.
OBS Esta palabra procede del nombre de una marca registrada.

bilabial adj./ n. f. GRAM. [sonido consonántico] Que se pronuncia uniendo y separando los labios: *la b, la p y la m son bilabiales.*
DER bilabiado.

bilateral adj. De las dos partes, lados o aspectos que tienen relación con una cosa o se ven afectados por sus consecuencias.

bilbaíno, -na adj. **1** De Bilbao o que tiene relación con esta ciudad y provincia española. ◆ adj./ n. m. y f. **2** [persona] Que ha nacido en Bilbao.

bilbilitano, -na adj. **1** De Calatayud o relacionado con esta localidad de Zaragoza. ◆ adj./ n. m. y f. **2** [persona] Que ha nacido en Calatayud.

biliar adj. De la bilis o que tiene relación con este líquido del hígado.
▶ **vesícula biliar** ANAT. Órgano en forma de saco cercano al hígado donde se almacena la bilis.

bilingüe adj. **1** [persona, grupo social] Que habla dos lenguas con igual perfección. **2** Territorio, región o país en el que la mayoría de sus habitantes hablan dos lenguas con igual perfección: *Cataluña es una autonomía bilingüe.* **3** [texto, libro, medio de comunicación] Que usa dos lenguas y ambas tienen una importancia similar en su contenido: *un diccionario bilingüe de francés-español.*

bilingüismo n. m. **1** Uso habitual de dos lenguas por parte de un individuo o de un medio de comunicación en una comunidad de hablantes. **2** Convivencia en un territorio, región o país de dos comunidades de hablantes que usan dos lenguas distintas.

bilis n. f. **1** Líquido de color amarillo verdoso y de sabor amargo producido por el hígado. SIN hiel. **2** Sentimiento de amargura e irritabilidad: *volcó toda su bilis en sus subordinados, a los que hacía la vida imposible.* SIN hiel.
DER biliar, bilioso.

billar n. m. **1** Juego que se practica con tres bolas macizas en una mesa rectangular cubierta por un tapete verde que tiene bordes de goma elevados para impedir que las bolas caigan al suelo; consiste en golpear con la punta de un taco una de las bolas, procurando que con el impulso llegue a chocar con las otras dos. **2** Establecimiento público donde

a b c d e f g h i j k l m n ñ o p q r s t u v w x y z

hay varias mesas para practicar este juego; generalmente también dispone de otros juegos recreativos y de videojuegos.

billete n. m. **1** Papel rectangular impreso o grabado que emite el banco central de un país; con él se puede comprar o pagar por el valor de la cantidad de la moneda que tiene impresa en números y letras: *un billete de cinco euros.* **2** Papel pequeño impreso, generalmente de forma rectangular, que se compra y da derecho a entrar u ocupar asiento en un vehículo o en un local: *un billete de tren, de avión, de metro.* SIN boleto, entrada. **3** Documento impreso con un número que se compra y da derecho a participar en un sorteo de lotería. SIN boleto.
DER billetaje, billetero.

billetero n. m. Cartera pequeña de piel o material similar, de forma aplanada y rectangular, que tiene diversos apartados y divisiones en su interior; se lleva en el bolsillo y sirve para guardar billetes, tarjetas y pequeños documentos.

billón n. m. Conjunto formado por un millón de millones: *en números, un billón se escribe 1 000 000 000 000.*

bimembre adj. Que está compuesto de dos miembros o partes.

bimensual adj. Que se repite dos veces al mes: *es una revista bimensual, por lo tanto, salen 24 números al año.*

bimestral adj. **1** Que se repite cada dos meses: *de una publicación bimestral se editan seis números al año.* **2** Que dura dos meses.

bimotor adj./ n. m. [avión] Que tiene dos motores.

binario, -ria adj. Que está compuesto por dos elementos o unidades.
▸ **código binario** Sistema informático de reducción de datos por el que cualquier carácter o número puede ser convertido en una combinación de los dígitos 1 y 0, que representan el paso o interrupción de corriente eléctrica.

bingo n. m. **1** Juego de azar que consiste en tachar las casillas numeradas, impresas en un cartón, cuando coinciden con los números leídos en voz alta que llevan grabados las bolas que se extraen, de una en una, de un recipiente; obtiene una cantidad de dinero la primera persona que tacha las casillas que forman una línea horizontal en su cartón y lo anuncia en voz alta; gana el premio mayor de dinero la persona que tacha primero todas las casillas de su cartón y lo anuncia en voz alta. **2** Premio mayor de este juego cuya cuantía está en proporción al número de personas que juegan y al número de cartones que cada una lleva: *gané un bingo de cien euros.* **3** Establecimiento público en el que se desarrolla este juego.

binomio n. m. **1** MAT. Expresión matemática formada por la suma o la resta de dos monomios: *la expresión 2x4+2x6 es un binomio.* **2** Conjunto de dos personas o elementos que suelen actuar juntos o en colaboración por su afinidad: *la película* Casablanca *está marcada por el binomio Bogart-Bergman.*

bio- Elemento prefijal que entra en la formación de palabras con el significado de: **a.** 'Vida': *biografía.* **b.** 'Ser vivo': *biología, bioma.* **c.** 'Fenómeno vital, proceso orgánico': *biofísica, bioquímica.*

bío adj. [alimento, medicamento] Que ha sido producido sin la intervención de productos químicos artificiales: *la preocupación por la salud ha producido un aumento del consumo de las verduras y frutas bío.*

biocarburante n. m. Combustible que se obtiene a partir de materias primas orgánicas, como la soja, la colza o el girasol: *el bioetanol y el biodiésel son biocombustibles.*

biocombustible n. m. Combustible de origen biológico: *la madera es un biocombustible.*

biodegradable adj. [producto, sustancia] Que puede descomponerse en elementos químicos naturales por la acción de los agentes biológicos, como el sol, el agua, las bacterias, las plantas o los animales.

biodiversidad n. f. Variedad de especies vivas que viven en un lugar: *España conserva, probablemente, la mayor biodiversidad del continente europeo.*

biografía n. f. **1** Conjunto de datos o acontecimientos históricos que constituyen la vida de una persona: *antes de leer la obra de un autor clásico es bueno conocer algunas notas de su biografía.* **2** Libro o texto en el que el autor cuenta la vida de una persona.

biográfico, -ca adj. De la biografía de una persona o que tiene relación con ella.

biología n. f. Ciencia que estudia los seres vivos y sus procesos vitales.

biológico, -ca adj. De la biología o que tiene relación con esta ciencia.

biólogo, -ga n. m. y f. Persona que se dedica al estudio de la biología.

biomasa n. f. **1** Cantidad de productos obtenidos por fotosíntesis, susceptibles de ser transformados en combustible útil para el hombre y expresada en unidades de superficie y de volumen. **2** BIOL Cantidad total de materia viva presente en una comunidad o ecosistema.

biombo n. m. Mueble formado por dos o más láminas verticales de tela, madera u otro material que están articuladas entre sí y pueden extenderse o plegarse.

biopsia n. f. MED. Examen y análisis de un trozo de tejido o una parte de líquido orgánico extraído de un ser vivo.

bioquímica n. f. Rama de la química que estudia los elementos químicos que forman parte de la naturaleza de los seres vivos.

bioquímico, -ca adj. **1** De la bioquímica o que tiene relación con esta rama de la química. ◆ n. m. y f. **2** Persona que se dedica al estudio de la bioquímica.

biosfera n. f. **1** Zona de la Tierra habitada por seres vivos. **2** Conjunto de seres vivos que habitan en esta zona: *la contaminación amenaza la biosfera.*

bipartidismo n. m. Sistema basado en la existencia de dos grandes partidos políticos que son los únicos con posibilidades reales de ocupar el poder.

bípedo, -da adj./ n. m. y f. [animal] Que tiene dos pies o patas sobre los que se sostiene.

biplaza adj./ n. m. [coche deportivo] De dos plazas.

biquini n. m. Prenda de baño femenina compuesta por dos piezas, una de las cuales cubre el pecho y la otra, desde la cintura hasta la ingle.
OBS La Real Academia Española prefiere la forma *biquini.* Procede de *bikini,* marca registrada.

birlar v. tr. Apoderarse de cosas ajenas sin violencia o intimidación. SIN hurtar.

birlibirloque Palabra que se utiliza en la locución por arte de birlibirloque, que significa: 'sin que se sepa de qué forma ha sucedido una cosa o de manera inesperada': *apretamos un botón y apareció una nueva imagen como por arte de birlibirloque.*

birra n. f. Cerveza.

birria n. f. **1** Cosa material o inmaterial sin valor o calidad: *esta escultura es una birria.* **2** Persona con pocas cualidades y poco digna de aprecio.
DER birrioso.

bis adv. **1** Indica que una cosa está repetida o debe repetirse: *vivo en el número 57 de la calle Mayor, y mi hermano, en el 57 bis.* ◆ n. m. **2** Fragmento de una obra musical o canción que en un concierto o recital se repite o se interpreta por primera vez cuando ya ha acabado formalmente el programa, como premio al público que lo solicita: *en el último concierto hubo muchos bises.*

bisabuelo, -la n. m. y f. Padre o madre del abuelo o la abuela de una persona.

bisagra n. f. Mecanismo de metal o plástico compuesto por dos piezas unidas por un eje común, que se fijan en dos superficies separadas, una fija y otra móvil, para juntarlas y permitir el giro de una sobre otra: *la puerta está sujeta al marco por tres bisagras.*

bisbisear v. tr. Hablar en voz baja o muy cerca del oído de una persona. SIN murmurar, susurrar.
DER bisbiseo.

bisector, -triz adj./ n. m. y f. MAT. [plano, recta] Que divide en dos partes iguales.

bisel n. m. Corte oblicuo en el borde de una superficie: *un cristal con un bisel alrededor.*
DER biselar.

bisexual adj. **1** De la bisexualidad o relacionado con ella. **2** [organismo] Que reúne los dos sexos en el mismo individuo: *algunas plantas son bisexuales.* SIN andrógino, hermafrodita. ◆ adj./ n. com. **3** [persona] Que tiene relaciones sexuales tanto con personas de su mismo sexo como con personas de sexo distinto al suyo.

bisiesto adj./ n. m. [año] Que tiene un día más que el año común, que se añade al mes de febrero cada cuatro años: *el año bisiesto tiene 366 días en vez de 365.*

bisílabo, -ba adj./ n. m. [palabra, verso] Que tiene dos sílabas: *las palabras «cama» y «mesa» son bisílabas.*

bismuto n. m. Elemento químico, metal de color blanco agrisado con tinte rojizo, poco maleable, duro y quebradizo: *el símbolo del bismuto es Bi.*

bisnieto, -ta n. m. y f. Hijo o hija del nieto o la nieta de una persona. SIN biznieto.

bisonte n. m. Mamífero parecido al toro, de cuerpo grande, robusto y más elevado hacia la cabeza, con cuernos cortos y pelo denso de color marrón oscuro más largo en la parte anterior del cuerpo: *la mayoría de bisontes viven en América del Norte.* SIN búfalo.

bisoñé n. m. Peluca que cubre solo la parte anterior de la cabeza: *lleva un bisoñé para cubrir la calva.*

bisoño, -ña adj./ n. m. y f. [persona] Que no tiene experiencia o es nueva en una profesión o actividad. SIN novato, novel.

bistec n. m. Filete o trozo alargado de carne de vaca asada o frita: *ha tomado para comer un bistec con patatas.* SIN bisté.
OBS El plural es *bistecs.*

bisturí n. m. Instrumento de cirugía que consiste en una hoja larga y estrecha de metal y un mango que se usa para hacer incisiones. SIN escalpelo.
OBS El plural es *bisturís.*

bisutería n. f. **1** Conjunto de objetos de adorno personal que imitan joyas, hechos con materiales no preciosos: *un puesto ambulante de bisutería; se arregló y se puso su bisutería preferida.* **2** Industria que se dedica a la fabricación de estos objetos. **3** Establecimiento o puesto de venta en el que se venden estos objetos.

bit n. m. **1** INFORM. Unidad de medida de información, equivalente a la elección de una entre dos posibilidades, 0 o 1. **2** INFORM. Unidad de medida de la capacidad de memoria, equivalente a la posibilidad de almacenar la selección entre dos posibilidades, especialmente usada en los ordenadores.

bitácora n. f. MAR. Especie de armario fijo a la cubierta y cercano al timón, donde se guarda la brújula.
▶ cuaderno de bitácora MAR. Libro donde se toma nota de todo aquello que ocurre durante la navegación.

biunívoco, -ca adj. [correspondencia matemática] Que asocia cada elemento de un conjunto con uno y solo uno de los elementos de otro conjunto, y cada elemento de este último con uno y solo uno de los elementos del primero.

bivalvo, -va adj. [molusco] Que tiene una concha formada por dos valvas: *el mejillón es un bivalvo.*

bizantino, -na adj. **1** De Bizancio o relacionado con el antiguo Imperio romano de Oriente: *el arte bizantino.* **2** [discusión] Que es inútil o no conduce a nada por ser demasiado complicado o por perderse en detalles de poca importancia: *pasan la tarde entreteniéndose en discusiones bizantinas.*

bizarro, -rra adj. **1** [persona] Que es valiente y noble en su manera de actuar: *el joven tuvo un comportamiento bizarro al sacar al niño del río.* SIN arrogante, gallardo. **2** [persona] Que es generosa y espléndida.
DER bizarría.

bizco, -ca adj. **1** [mirada, ojo] Que está desviado de la dirección normal. ◆ adj./ n. m. y f. **2** [persona] Que padece estrabismo y tiene uno o ambos ojos desviados de la dirección normal.
▶ quedarse bizco Sorprenderse, quedarse admirado: *cuando vio nuestra nueva casa, se quedó bizco.*
DER bizquear, bizquera.

bizcocho n. m. Masa de harina, huevos y azúcar que se cocina al horno: *el bizcocho está muy esponjoso.*

biznieto, -ta n. m. y f. Bisnieto, hijo o hija del nieto o la nieta de una persona: *llegó a conocer a sus biznietos.*
OBS La Real Academia Española recoge *biznieto,* pero prefiere la forma *bisnieto.*

blanca n. f. MÚS. Nota musical cuya duración equivale a la mitad de una redonda: *una blanca dura el doble que una negra en un compás de 4/ 4.*
▶ estar sin blanca No tener dinero.

blanco, -ca adj. **1** Del color de la nieve o de la leche. SIN albo. **2** De un tono más claro que otras cosas de su misma especie: *el vino blanco va mejor con el pescado.* ◆ adj./ n. m. y f. **3** [persona] De la raza que se caracteriza por el color pálido de su piel: *en algunos países, conviven blancos y negros.* ◆ adj./ n. m. **4** [color] Que es como el de la nieve o el de la leche. ◆ n. m. **5** Objeto sobre el que se dispara: *la flecha dio en el blanco.* SIN objetivo. **6** Objetivo o fin al que se dirige una acción, un deseo o un pensamiento: *es el blanco de todas las críticas.* **7** En un escrito, hueco que queda sin llenar: *escribe la respuesta en los blancos.*
▶ en blanco **a.** Que no está escrito o impreso: *déjame un par de folios en blanco.* **b.** Sin tener ningún dato, información o conocimiento de un asunto o materia por desconocimiento o por un súbito olvido: *en el examen me quedé durante un momento en blanco.*
DER blancura, blancuzco, blanquear, blanquecino.

blancor n. m. Blancura.

blancura n. f. Calidad de blanco.

blancuzco, -ca adj. Que tira a blanco o es de color blanco sucio.

blandir v. tr. Mover un arma en actitud amenazadora agitándola en el aire: *el guerrero entró en la sala blandiendo una espada.*

blando, -da adj. **1** [materia] Que se corta o se deforma con facilidad, especialmente al presionarla: *pan blando, un colchón blando.* ANT duro. **2** [persona] Que es demasiado benévola o carece de energía y severidad. **3** [persona] Que tiene poca fuerza o resistencia moral o física.
DER blandear, blandengue, blandura; ablandar, reblandecer.

blandura n. f. Calidad de blando.

blanquear v. tr. **1** Poner blanca o más blanca una cosa: *usa lejía para blanquear la ropa.* ANT ennegrecer. **2** Aplicar una capa de cal o yeso blanco diluidos en agua a las paredes, techos o fachadas de los edificios. SIN encalar. **3** Invertir en negocios legales un dinero que se ha obtenido ilegalmente.
DER blanqueo.

blanquecino, -na adj. De color cercano al blanco.
DER blanquecer.

blasfemar v. intr. Decir blasfemias.

blasfemia n. f. Palabra o expresión que se dice contra Dios, la Virgen o los santos: *siempre anda diciendo todo tipo de blasfemias.*

blasfemo, -ma adj. **1** Que contiene blasfemias. ◆ adj./ n. m. y f. **2** [persona] Que dice blasfemia: *es un blasfemo y un inmoral.*
DER blasfemar, blasfemia.

blasón n. m. Representación con forma de escudo defensivo que lleva las insignias y otros símbolos que identifican una nación, ciudad o familia. SIN escudo de armas. **2** Parte o figura de un escudo de armas.

blaugrana adj. **1** Del F. C. Barcelona o relacionado con este club deportivo español. SIN azulgrana. ◆ adj./ n. com. **2** [jugador] Que forma parte de este equipo. SIN azulgrana.

blenorragia n. f. MED. Enfermedad infecciosa de transmisión sexual que consiste en la inflamación de las vías urinarias y los genitales y que produce un flujo excesivo de moco genital. SIN gonorrea.

blindar v. tr. Cubrir un coche, una puerta u otra cosa semejante con planchas de hierro o acero para protegerlos de las balas, las explosiones o el fuego.
DER blindado, blindaje.

bloc n. m. Conjunto de hojas de papel unidas por uno de los lados mediante una espiral metálica o de otra forma y que se pueden separar con facilidad: *sacó su bloc y comenzó a tomar notas.* SIN bloque.
OBS El plural es *blocs.*
DER monobloc.

blocar v. tr. **1** En el juego del fútbol, detener el balón el portero sujetándolo con ambas manos. **2** En el juego del rugby, detener a un jugador o impedir que avance. **3** En boxeo, parar un golpe con los brazos o los codos.
OBS En su conjugación la *c* se convierte en *qu* delante de *e.*

blog n. m. Sitio web en el que una persona publica textos escritos por ella en orden cronológico, del más reciente al más antiguo: *los blogs tienen temas muy variados y pueden ser comentados por los visitantes.*
OBS El plural es *blogs.*
DER blogosfera, bloguero.

bloguero, -ra n. m. Persona que tiene un blog: *muchos blogueros usan el blog como diario personal.*

bloque n. m. y f. **1** Trozo grande de piedra u otro material sin labrar. **2** Edificio de varias plantas: *bloques de apartamentos.* **3** Conjunto de cosas de la misma naturaleza: *el bloque de los países del Este.* **en bloque** En conjunto, de manera global. **4** Bloc, conjunto de hojas de papel.
DER bloquear.

bloquear v. tr. **1** Impedir el paso o el movimiento por un lugar o cortar sus comunicaciones: *en el invierno, la nieve bloquea muchos pueblos de montaña.* **2** Impedir o frenar el desarrollo normal de un proceso. **3** Detener el movimiento libre de dinero: *han bloqueado mi cuenta corriente porque tengo muchas multas de tráfico.* SIN congelar. ◆ v. tr./ prnl. **4** Parar o impedir el funcionamiento de un aparato o mecanismo: *el ordenador se ha bloqueado.* **5** Paralizar la capacidad de reacción o de pensar: *me puse tan nervioso, que me bloqueé y no supe qué contestar.* **6** Impedir o interrumpir el funcionamiento de un servicio por exceso de demanda.
DER bloqueo; desbloquear.

bloqueo n. m. **1** Interrupción del paso o el movimiento a través de un lugar o corte de sus comunicaciones: *Estados Unidos no levantará el bloqueo contra Cuba.* **2** Interrupción del desarrollo normal de un proceso. SIN congelación. **3** Detención del movimiento libre de dinero. SIN congelación. **4** Interrupción del funcionamiento de un aparato o una máquina. **5** Paralización de la capacidad de reaccionar o de pensar. **6** Interrupción del funcionamiento de un servicio por exceso de demanda.

blues n. m. Música y canto lentos procedentes del folclore negro estadounidense, sobre temas tristes y meláncolicos: *un cantante de blues.*
OBS Es de origen inglés y se pronuncia aproximadamente «blus». El plural también es *blues*.

bluf n. m. Situación o hecho en apariencia importante que en realidad es falso o vacío de contenido: *sus éxitos son un bluf.*

blusa n. f. Prenda de vestir femenina, de tela fina, que cubre la parte superior del cuerpo y se abrocha por delante o por detrás: *una blusa de seda blanca.*
DER blusón; ablusado.

blusón n. m. Blusa amplia y larga que se lleva suelta.

boa n. f. Serpiente de gran tamaño y colores vivos que vive en América y se alimenta de animales a los que mata apretándolos con su cuerpo.

boato n. m. Ostentación que se hace de la propia riqueza en ceremonias y actos que se caracterizan por el lujo.

bobada n. f. Obra o dicho tonto o poco inteligente: *fue una bobada que dejaras pasar esa oportunidad.* SIN tontería.

bobalicón, -cona adj./ n. m. y f. Muy bobo.

bobina n. f. **1** Cilindro formado por hilo, cable, alambre o papel que se enrolla alrededor de un canuto: *una bobina de hilo azul.* SIN carrete. **2** Componente de un circuito eléctrico formado por un hilo de cobre u otro metal conductor enrollado que crea un campo magnético cuando pasa la electricidad.
DER bobinar.

bobo, -ba adj./ n. m. y f. **1** [persona] Que es poco inteligente y posee escaso entendimiento: *eres un bobo: ¿no te das cuenta de que no te llamarán?* SIN cretino, imbécil, tonto. ◆ n. m. **2** En la comedia clásica, actor que representa personajes que hacen reír. SIN gracioso.
DER bobada, bobalicón, bobería; abobar, embobar.

boca n. f. **1** Abertura del tubo digestivo, situada generalmente en la parte inferior de la cabeza, por la que las personas y los animales reciben los alimentos; en ella están la lengua y los dientes: *se metió un caramelo en la boca.* **2** Agujero o abertura por donde se puede entrar o salir de un lugar o por donde puede salir un líquido: *la boca de una jarra.* **3** Órgano que sirve para hablar: *lo he tenido que saber por boca de otros.* **4** Conjunto de los dos labios de la cara: *límpiate la boca, que la tienes sucia.* **5** Persona o animal a quien se mantiene o se da de comer: *se quedó sin trabajo cuando tenía cinco bocas que alimentar.* **6** Gusto o sabor de los vinos. **7** Entrada o salida: *boca de metro, boca de calle.*
▶ **a pedir de boca** Muy bien, como se deseaba: *nuestros planes salieron a pedir de boca.* **andar (o ir) de boca en boca** o **andar (o ir) en boca de todos** Ser sabida o comentada por la gente una noticia: *el accidente de Ernesto va de boca en boca.* **boca abajo** **a.** En posición horizontal y con la cara hacia el suelo: *se tumbó boca abajo para que le diera el sol en la espalda.* **b.** Tratándose de un recipiente, en posición invertida. **boca arriba** **a.** En posición horizontal y con la cara hacia el cielo: *se tumbó boca arriba para le diera el sol en el pecho.* **b.** Tratándose de un objeto, en posición normal: *pon las cartas boca arriba, que podamos ver qué juego tienes.* **como boca de lobo** Muy oscuro: *la noche estaba negra como boca de lobo.* **con la boca abierta** Admirado, sorprendido: *cuando le dijeron que le había tocado la lotería, se quedó con la boca abierta.* **hacerse la boca agua** Imaginar con placer o desear algo, especialmente una comida. **meterse en la boca del lobo** Exponerse a un peligro. **no decir esta boca es mía** Callarse, no hablar. **partir la boca** Pegar en la cara a una persona: *como me insultes, te parto la boca.*
DER bocado, bocana, bocata, bocazas, boquear, boquera, boquilla, bucal; abocar, desbocar, embocar.

bocabajo adv. Boca abajo.

bocadillo n. m. **1** Trozo de pan abierto por la mitad a lo largo y relleno con otro alimento, generalmente frío. **2** Trozo de texto, generalmente rodeado por una línea más o menos ovalada, que se coloca junto a un dibujo saliendo de la boca del personaje que habla: *lee el siguiente bocadillo, verás lo que le contesta ese personaje.* SIN globo.

bocado n. m. **1** Porción de comida que se mete en la boca de una vez: *mastica bien cada bocado.* **2** Cantidad pequeña de comida: *anduve tan ocupado, que no tuve tiempo de tomar ni un bocado.* **3** Mordedura hecha en algo o a alguien con los dientes: *el perro le ha dado* *un buen bocado en la pierna.* SIN dentellada. **4** Trozo que se arranca con los dientes o de forma violenta. **5** Parte del freno que se pone en la boca del caballo o de otro animal de tiro.

▶ bocado de Adán Bulto pequeño de la laringe, en la parte anterior del cuello, especialmente en el del hombre adulto. SIN nuez. buen bocado Cosa muy buena o ventajosa: *ha pillado un buen bocado con ese empleo.* comer de un bocado o comer de dos bocados Comer con mucha rapidez: *tenía tanta hambre que se lo comió de un bocado.* con el bocado en la boca Sin terminar de comer; inmediatamente después de haber acabado de comer.

DER bocadillo.

bocamanga n. f. Parte de la manga que rodea la muñeca: *la chaqueta lleva dos botones de adorno en la bocamanga.*

bocana n. f. Paso estrecho de mar que sirve de entrada a una bahía o fondeadero: *nos aplaudían desde la bocana del puerto.*

DER bocanada.

bocanada n. f. Cantidad de líquido, de aire o de humo que se toma de una vez en la boca o se expulsa de ella: *abrió la ventana y tomó una bocanada de aire fresco.*

bocata n. m. Bocadillo, trozo de pan con algún alimento en su interior: *¿ya te has comido todo el bocata?*

bocazas n. com. Persona que no es capaz de guardar un secreto y suele contar a otras todo lo que sabe: *este hombre es un bocazas, no es capaz de callarse nada.*

OBS El plural también es *bocazas*.

boceto n. m. **1** Dibujo en el que se trazan las líneas generales y la composición que tendrá una pintura. **2** Escultura de tamaño reducido en la que se plasma la forma y la composición que tendrá la obra final. **3** Esquema o proyecto con los rasgos principales de una determinada obra: *presentó el boceto de lo que será el futuro auditorio de música.*

DER abocetar.

bochorno n. m. **1** Calor intenso y sofocante: *estos días hay mucha humedad y hace bochorno.* **2** Viento muy caliente que sopla en el verano: *no hacía sol, pero el bochorno era insoportable.* **3** Vergüenza que produce sonrojo y sensación de calor.

DER bochornoso; abochornar.

bochornoso, -sa adj. Que causa vergüenza y sonrojo: *una actitud bochornosa.*

bocina n. f. **1** Aparato que consta de una pieza en forma de embudo, una lengüeta vibratoria y una pera de goma, que usaban los coches antiguos para avisar. **2** Claxon, bocina eléctrica de los automóviles modernos: *toca la bocina, que ese peatón no te ha visto.* **3** Instrumento con forma de cono abierto por los dos extremos, generalmente de metal, que se usa para hacer más fuerte un sonido.

DER bocinazo; abocinar.

boda n. f. **1** Ceremonia civil o religiosa en que se celebra la unión de dos personas mediante determinados ritos o formalidades legales: *la boda será a las once en la iglesia del barrio.* NOTA Se usa también en plural para hacer referencia a una sola de esas ceremonias. SIN casamiento, enlace, matrimonio. **2** Fiesta con que se celebra esta unión.

▶ bodas de diamante Día en el que se cumplen sesenta años de un acontecimiento feliz, especialmente, del día en que dos personas se casaron. bodas de oro Día en el que se cumplen cincuenta años de un acontecimiento feliz, especialmente, del día en que dos personas se casaron. bodas de plata Día en el que se cumplen veinticinco años de un acontecimiento feliz, especialmente, del día en que dos personas se casaron.

bodega n. f. **1** Lugar en el que se hace y se almacena el vino: *nos llevó a su bodega y nos dio a catar varios vinos.* **2** Establecimiento en el que se venden vinos o bebidas alcohólicas. **3** Establecimiento en el que se fabrica vino, generalmente, de forma industrial: *heredó de su padre unas importantes bodegas.* **4** Espacio bajo la cubierta inferior de un barco donde se lleva la carga.

DER bodegón, bodeguero.

bodegón n. m. Pintura en la que se representan alimentos, recipientes y utensilios domésticos.

bodrio n. m. **1** Cosa de muy mala calidad, mal hecha, de mal gusto o aburrida: *últimamente, a esta hora, solo meten bodrios en televisión.* **2** Guiso mal aderezado. SIN bazofia.

body n. m. Prenda interior femenina de una sola pieza que cubre todo el cuerpo menos las extremidades.

OBS Es de origen inglés y se pronuncia «bodi».

bofe n. m. Pulmón de ciertos animales, especialmente, el que se destina para el consumo: *he comprado bofes en la casquería del mercado.* NOTA Se usa sobre todo en plural.

▶ echar el bofe o echar los bofes Esforzarse o trabajar mucho para hacer una cosa.
DER bufar.

bofetada n. f. **1** Golpe dado con la mano abierta sobre la cara: *cuando le oyó esa respuesta, le dio una bofetada.* SIN torta. **2** Desprecio u ofensa que causa humillación.
DER bofetón; abofetear.

boga Palabra que se utiliza en la expresión *estar en boga,* que significa 'estar de moda o de actualidad'.

bogar v. intr. Mover los remos en el agua para hacer avanzar una embarcación: *los cuatro remeros bogaban a un mismo ritmo.*
OBS En su conjugación, la *g* se convierte en *gu* delante de *e*.
DER boga.

bogavante n. m. Crustáceo marino comestible, muy parecido en la forma y el tamaño a la langosta, de la cual se diferencia porque las patas del primer par terminan en pinzas muy grandes y robustas.

bohemia n. f. Conjunto de personas que comparten una forma de vida libre y poco organizada, sin ajustarse a las convenciones sociales, en especial, artistas y escritores: *le gustaba formar parte de la bohemia de París.*

bohemio, -mia adj./ n. m. y f. [persona] Que lleva una forma de vida libre y poco organizada, sin ajustarse a las convenciones sociales.
DER bohemia.

boicot n. m. Interrupción del desarrollo normal de un proceso o de un acto como medida de protesta o medio de presión para conseguir algo: *boicot económico.* SIN boicoteo.

boicotear v. tr. Impedir o interrumpir el desarrollo normal de un proceso o de un acto como protesta o como medio de presión para conseguir algo: *el partido ha amenazado con boicotear las elecciones porque cree que no serán democráticas.*

boina n. f. Prenda de vestir de una sola pieza, de lana o paño, flexible y redonda que cubre la cabeza.

boj n. m. Arbusto de unos metros de altura y hojas duras y brillantes, que se usa para decorar jardines: *los niños se escondían detrás del seto de boj.*
OBS El plural es *bojes*.

bol n. m. Recipiente en forma de taza grande sin asas: *echó en el bol la leche y los cereales.*
OBS El plural es *boles*.

bola n. f. **1** Cuerpo esférico de cualquier material que se usa generalmente para jugar: *las bolas del juego del billar son de marfil.* **2** Mentira: *cuenta que tiene mucho dinero, pero yo creo que es una bola.* ◆ n. f. pl. **3** bolas *malsonante* Testículos, glándulas sexuales masculinas. **4** Juego de niños en el que hay que hacer rodar bolitas de cristal, pegar una con otra y meterlas en un agujero según ciertas reglas.
▶ correr la bola Dar a conocer una noticia o un rumor. en bolas Sin ropa, desnudo. SIN en pelotas. pasar la bola Hacer pasar a otra persona una responsabilidad o un problema: *no le gustaba ese trabajo y me ha pasado la bola.*
DER bolear, bolero, boliche, bolo; embolar.

bolero, -ra adj./ n. m. y f. **1** *coloquial* Mentiroso, que dice mentiras. ◆ n. m. **2** Música, canción y danza típica española derivada de la seguidilla que se baila con pasos lentos y elegantes. **3** Música y canción de origen antillano, lenta y melódica, y baile de pareja que se ejecuta al compás de esta música: *el bolero fue muy popular en España en los años cincuenta.* **4** Chaquetilla femenina muy corta que cubre desde los hombros hasta la cintura y no tiene botones.

boletín n. m. **1** Publicación periódica sobre asuntos científicos, históricos o literarios publicada generalmente por una institución. **2** Publicación periódica de carácter oficial: *la convocatoria de oposiciones ha salido en el boletín oficial.* **3** Programa de radio o televisión en el que se transmiten noticias de forma breve y concisa a horas determinadas. SIN informativo, noticiario. **4** Impreso que sirve para hacer una suscripción o un pedido. **5** Cuadernillo en el que se comunican a la familia las notas de un escolar.

boleto n. m. **1** Impreso que rellena el apostante con sus pronósticos en ciertos juegos de azar: *un boleto de la lotería primitiva, de la quiniela.* **2** Trozo pequeño de papel impreso, generalmente de forma rectangular, que se compra y da derecho a participar en un sorteo o apuesta, o a una plaza en un vehículo o en un local. SIN billete, entrada.
DER boleta, boletín.

boli n. m. Bolígrafo.

boliche n. m. **1** En el juego de la petanca, la bola más pequeña. **2** Pieza con forma de esfera que se coloca en los extremos de ciertos muebles y de las escaleras.

bólido n. m. Automóvil que corre a gran velocidad, especialmente el que está preparado para carreras deportivas: *dieron la salida y los bólidos salieron disparados por el circuito.*

bolígrafo n. m. Instrumento para escribir que tiene en su interior un tubo de tinta y, en la punta, una pequeña bola de metal que gira libremente.

boliviano, -na adj. **1** De Bolivia o relacionado con este país suramericano. ◆ adj./ n. m. y f. **2** [persona] Que es de Bolivia.

bollería n. f. Conjunto de bollos o pastas dulces de diversas clases que se ofrecen para la venta o el consumo: *bollería industrial.*

bollo n. m. **1** Panecillo o pastel esponjoso, hecho con una masa de harina, levadura y agua, y cocida al horno, generalmente, de sabor dulce: *estos bollos tienen azúcar y cabello de ángel.* **2** Depresión en una superficie producido por una presión o un golpe. **3** Bulto que sale en la cabeza a causa de un golpe. SIN chichón. **4** Desorden, confusión o lío: *se ha organizado un buen bollo en la cola de la pescadería, porque alguien ha intentado colarse.* SIN cacao, jaleo.
DER bollero, bollón; abollar.

bolo n. m. **1** Pieza de madera u otro material, con forma de cilindro con la base plana o parecido a una botella, que puede tenerse en pie y sirve para jugar. ◆ n. m. pl. **2** bolos Juego que consiste en derribar estas piezas con una bola que se lanza rodando contra ellas: *te echo una partida a los bolos.*
▶ bolo alimenticio Masa de alimento masticado e insalivado que se traga de una vez.
DER bolera, bolillo.

boloñesa n. f. Salsa hecha con un sofrito de tomate y carne picada; ocasionalmente puede contener albahaca.

bolsa n. f. **1** Saco de tela, papel u otro material flexible, con asas o sin ellas, que se usa para llevar o guardar cosas: *bolsas de la basura.* **2** Arruga que forma un tejido cuando queda mal ajustado: *esa falda no te queda bien: te hace bolsas en las caderas.* **3** Estructura orgánica en forma de saco que contiene un líquido o protege a un órgano. **4** Hinchazón de la piel debajo de los ojos. **5** Acumulación espontánea de un fluido en un terreno: *una bolsa de gas, de agua.* **6** Dinero o bienes materiales: *la bolsa o la vida.* **7** Cantidad de dinero que recibe una persona para pagar los gastos que le supone cursar unos estudios: *he conseguido una bolsa de estudios para hacer un curso en el extranjero este verano.* SIN beca. **8** Lugar donde se reúnen los que compran y venden valores de comercio públicos y privados. **9** Actividad de comprar y vender valores de comercio: *ha ganado mucho dinero invirtiendo en bolsa.* **10** Cotización de los valores negociados en bolsa.
DER bolsillo, bolso; abolsarse, embolsarse.

bolsillo n. m. **1** Pieza que se cose en las prendas de vestir y que sirve para meter cosas: *llevo un pañuelo en el bolsillo.* **2** Cantidad de dinero que tiene una persona: *¿qué tal anda tu bolsillo?*
▶ aflojar el bolsillo Pagar, dar dinero o gastar, especialmente si es de mala gana. de bolsillo Que es pequeño y manejable: *una calculadora de bolsillo, un diccionario de bolsillo.* tener en el bolsillo Tener a una persona dominada y dispuesta para lo que uno quiera.

bolso n. m. Bolsa de mano de cuero o tela, generalmente con una o dos asas y con cierre, que sirve para llevar objetos personales.

bomba n. f. **1** Artefacto explosivo provisto de un mecanismo que lo hace estallar en ciertas condiciones y provoca muchos daños. **2** Máquina que se usa para extraer, elevar o impulsar líquidos y gases de un lugar a otro: *una bomba hace subir el agua hasta el depósito que hay en el tejado.* **3** Noticia inesperada y sorprendente.
DER bombacho, bombazo, bombear, bombero, bombilla, bombín, bombo, bombona; abombar, motobomba, rimbombante.

bombacho adj./ n. m. [pantalón] Que es ancho, de forma abombada y con perneras terminadas en un fruncido o una goma elástica que se ajustan a una altura variable de la pierna: *el bombacho se utiliza en algunos deportes como el golf o el montañismo.*
OBS Se usa también en plural para hacer referencia a una sola prenda.

bombardear v. tr. **1** Arrojar bombas desde una aeronave: *los aviones bombardearon el frente enemigo.* **2** Hacer fuego violento y sostenido de artillería contra un objetivo enemigo. **3** Dirigir muchas preguntas o acusaciones contra alguien: *cuando dejó de hablar, los niños la bombardearon con preguntas.* SIN ametrallar. **4** FÍS. Someter un cuerpo a la acción de ciertas radiaciones o al impacto de neutrones u otros elementos del átomo.
DER bombardeo.

bombardeo n. m. **1** Ataque con bombas lanzadas desde una aeronave. **2** Fuego de artillería, violento y sostenido, contra un objetivo enemigo. **3** Serie insistente de preguntas o acusaciones. **4** FÍS. Sometimiento de un cuerpo a la acción de ciertas radiaciones o al impacto de neutrones u otros elementos del átomo.

bombardero, -ra adj./ n. m. y f. **1** [barco de guerra] Que está equipado con mortero, cañón u obús: *lancha bombardera.* ◆ n. m. **2** Avión militar diseñado y equipado para bombardear.

bombear v. tr. **1** Elevar agua u otro líquido por medio de una bomba que lo impulsa. **2** Lanzar una pelota o balón por alto haciendo que siga una trayectoria curva o parabólica: *en los córneres se acostumbra bombear la pelota sobre la portería contraria.*

DER bombeo.

bombeo n. m. Elevación de un líquido por medio de una bomba que lo impulsa: *la bomba se encarga del bombeo del agua subterránea.*

bombero, -ra n. m. y f. Persona que se dedica a apagar fuegos y a prestar ayuda en casos de siniestro: *todos los bomberos acudieron a apagar el incendio.*

bombilla n. f. Globo de cristal en el que se ha hecho el vacío y dentro del cual hay un filamento que se pone incandescente al paso de la corriente eléctrica y sirve para dar luz: *enciende la bombilla porque está anocheciendo y hay poca luz.* SIN lámpara.

bombo n. m. **1** Instrumento musical de percusión, parecido a un tambor muy grande, que se toca con una maza. **2** Caja redonda y giratoria que contiene las bolas o papeletas de un sorteo. **3** Importancia o publicidad excesiva que se da a una persona o cosa, o a una noticia: *estrenaron la película con mucho bombo.* **4** Vientre abultado de la mujer embarazada. ▶ a bombo y platillo Con mucho ruido y publicidad: *anunciaron la boda a bombo y platillo y acudió toda la ciudad a la iglesia.*

DER autobombo.

bombón n. m. **1** Dulce pequeño de chocolate: *este bombón está relleno de licor.* **2** Persona muy atractiva físicamente.

bombona n. f. **1** Recipiente metálico con forma cilíndrica y cierre hermético que se usa para contener gases a presión y líquidos muy volátiles: *una bombona de butano.* **2** Recipiente de plástico, con el cuerpo ancho y boca estrecha, que se usa para el transporte de líquidos: *bombona de agua mineral.*

bombonera n. f. **1** Recipiente para guardar bombones. **2** Vivienda o habitación acogedora.

bonachón, -chona adj./ n. m. y f. [persona] Que tiene carácter tranquilo y amable: *es un bonachón: no se enfada por nada.*

bonanza n. f. Tiempo sereno y tranquilo en el mar: *tras la tormenta tuvieron varios días de bonanza.*

DER bonancible; abonanzar.

bondad n. f. **1** Inclinación natural a hacer el bien: *su bondad es ejemplar.* **2** Dulzura, afabilidad, suavidad de carácter: *me gusta María por su bondad.* **3** Calidad de bueno: *los colonos fueron atraídos por la bondad de esas tierras.* ANT maldad.

DER bondadoso.

bondadoso, -sa adj. Que muestra bondad o la tiene: *una mirada bondadosa.*

bonete n. m. Gorro pequeño y bajo, de cuatro picos, que usan los eclesiásticos y seminaristas, y antiguamente también los colegiales y graduados.

boniato n. m. **1** Planta de flores grandes, rojas por dentro y blancas por fuera, y tubérculos comestibles: *el boniato es una variedad de batata.* **2** Tubérculo comestible de esta planta, de forma alargada y de color marrón por fuera y amarillento o blanco por dentro: *el boniato se come asado o cocido.* SIN batata.

bonificación n. f. Cantidad de dinero añadida a lo que una persona debe cobrar o descontada de lo que debe pagar: *la nueva norma contempla bonificaciones a los trabajadores; el Estado prevé bonificaciones fiscales.*

bonito, -ta adj. **1** [persona, cosa] Que tiene un conjunto de características que lo hacen estética o artísticamente agradable: *una muchacha muy bonita.* SIN bello, hermoso. ANT feo. **2** Que es agradable y enternecedor. SIN bello, hermoso. ANT feo. ◆ n. m. **3** Pez marino comestible, de poco menos de un metro de largo y color azul oscuro con rayas oscuras y oblicuas.

OBS Para indicar el sexo se usa el bonito macho y el bonito hembra.

bono n. m. **1** Papel que se puede canjear por dinero o por productos de primera necesidad. SIN vale. **2** Tarjeta que da derecho a usar un servicio durante cierto tiempo o un determinado número de veces: *este bono mensual permite utilizar el autobús, el tren y el metro.* SIN abono. **3** ECON. Documento oficial emitido

a b c d e f g h i j k l m n ñ o p q r s t u v w x y z

por el Estado o una empresa privada por el cual la persona que lo compra recibe un interés fijo periódicamente: *si quieres invertir dinero en algo seguro y rentable, compra bonos del Estado.*
DER abonar.

bonobús o **bono-bus** o **bono bus** n. m. Billete de abono que da derecho a viajar en ómnibus un determinado número de veces, generalmente a un precio inferior al que resultaría de realizar el mismo número de viajes con billetes sencillos.

bonsái n. m. Árbol, arbusto o planta ornamental al que se cortan brotes y raíces para evitar que adquieran su tamaño normal: *los bonsáis son típicos de Japón.*

boñiga n. f. Excremento de los toros, las vacas y otros animales parecidos: *en el césped había boñigas porque el ganado había estado pastando.*

boom n. m. Éxito o popularidad inesperados y repentinos: *el boom de la literatura hispanoamericana.*
OBS Es de origen inglés y se pronuncia «bum».

boomerang n. m. Bumerán, objeto plano y curvo de madera.
OBS Es de origen australiano (a través del inglés) y se pronuncia «bumerán».

boquerón n. m. Pez marino comestible, de pequeño tamaño y cuerpo alargado azul por encima y plateado por el vientre: *de los boquerones se obtienen las anchoas.*

boquete n. m. Agujero en un muro o calle, generalmente de gran tamaño: *los ladrones hicieron un boquete en la pared del banco para robar.*

boquiabierto, -ta adj. [persona] Que tiene la boca abierta a causa de la sorpresa o de la admiración.

boquilla n. f. **1** Pieza pequeña y hueca que se adapta al tubo de varios instrumentos musicales de viento y que sirve para producir el sonido al soplar por ella: *puedes desmontar la boquilla de la flauta para limpiarla.* SIN embocadura. **2** Tubo pequeño, generalmente provisto de un filtro, en uno de cuyos extremos se coloca el puro o cigarrillo para fumarlo, aspirando el humo por el extremo opuesto: *ahora fumo con boquilla para no tragar tanta nicotina.* **3** Parte de un cigarrillo que no se fuma y por donde se aspira el humo, formada por un tubo pequeño de papel duro con materia esponjosa en su interior que actúa a modo de filtro. **4** Parte de la pipa que se introduce en la boca. **5** Extremo por el que se enciende el cigarro puro: *el hombre apretó bien la boquilla antes de encender el puro.*
▶ de boquilla De palabra; sin intención sincera de hacer lo que se dice.
DER emboquillar.

borbónico, -ca adj. De los Borbones o relacionado con esta dinastía: *Felipe V fue el primer rey borbónico en el trono español.*

borbotón n. m. Erupción de agua u otro líquido que surge de abajo hacia arriba o de dentro hacia fuera formando burbujas.
▶ a borbotones **a.** Expresión que se utiliza para indicar que un líquido brota o hierve con fuerza haciendo burbujas: *la sangre manaba de la herida a borbotones.* **b.** Acelerada y apresuradamente, queriendo decirlo todo de una vez al hablar: *es tan nerviosa, que habla siempre a borbotones.*

borda n. f. Borde superior del costado de un barco: *un marinero se cayó por la borda.*

bordado n. m. **1** Labor de costura que consiste en hacer figuras en relieve con hilos de colores: *el bordado es una labor muy difícil.* **2** Figura en relieve cosida con hilos de colores.

bordador, -ra n. m. y f. Persona que tiene por oficio bordar.

bordar v. tr. **1** Realizar figuras en relieve con hilos de colores: *la costurera bordó las iniciales en las sábanas.* **2** Decorar una tela con bordados: *voy a bordar una sábana.* **3** Hacer muy bien una cosa: *mi hermana siempre borda su trabajo.*
DER bordado, bordadura.

borde n. m. **1** Línea que limita la parte exterior o más alejada del centro de una cosa: *no te acerques al borde del precipicio, te puedes caer.* SIN orilla. ◆ adj./ n. com. **2** [persona] Que tiene mal carácter o que está de mal humor: *es un borde, no se le puede decir nada.* NOTA Se usa como apelativo despectivo.
DER borda, bordear, bordillo, bordo; abordar, desbordar, reborde, transbordar.

bordear v. tr. **1** Ir por el borde o cerca del borde u orilla de una cosa: *bordearon el lago en bicicleta.* **2** Hallarse un conjunto de cosas en el borde u orilla de otra: *una serie de postes bordea el jardín.* **3** Estar muy cerca de hacer o experimentar algo.

bordillo n. m. Línea de piedra que se coloca al borde de una acera o un andén: *cuando esperes para cruzar, no debes bajar del bordillo.*

bordo n. m. MAR. Lado o costado exterior de una embarcación: *el bordo va desde la borda hasta la superficie del agua.*
▶ **a bordo** Dentro de una embarcación o aeronave: *el capitán ya está a bordo: pronto zarparemos.* **de alto bordo** [barco] De gran tamaño.

bordón n. m. **1** MÚS. Cuerda gruesa de ciertos instrumentos musicales que emite los sonidos bajos: *toca el bordón con el dedo pulgar.* **2** LIT. Verso quebrado que se repite al final de cada copla.

boreal adj. Del polo o del hemisferio norte, o relacionado con ellos. ANT austral.

borla n. f. **1** Conjunto de hebras o pequeños cordones reunidos y sujetos por uno de sus extremos y sueltos por el otro que se emplea como adorno en sombreros, cortinas o muebles. **2** Bola de algodón u otro material suave para empolvarse la cara.

borne n. m. **1** Pieza metálica en forma de botón que sirve para comunicar un aparato eléctrico o una máquina con un hilo de la corriente eléctrica: *el motor de la lavadora tiene dos bornes por los que pasa la electricidad.* **2** Polo de la pila eléctrica o del acumulador de energía eléctrica.
DER bornear.

boro n. m. Elemento químico no metal, sólido y duro como el diamante, que en la naturaleza solo se encuentra combinado con otros elementos; se usa en la industria metalúrgica y en los reactores nucleares: *el símbolo del boro es B.*

borrachera n. f. Trastorno temporal de las capacidades físicas y mentales a causa del consumo excesivo de alcohol: *cogió una borrachera enorme y sus amigos le impidieron conducir.*

borracho, -cha adj./ n. m. y f. **1** [persona] Que tiene trastornadas temporalmente las capacidades físicas y mentales a causa de un consumo excesivo de alcohol. SIN bebido, ebrio. **2** [persona] Que se emborracha habitualmente y es incapaz de renunciar a este hábito: *perdió su trabajo porque es un borracho.* SIN alcohólico. ◆ adj. **3** Que está dominado por un sentimiento muy fuerte: *borracho de felicidad, de ira.* **4** [pastel] Que está mojado en vino, licor o almíbar: *preparó almíbar para hacer una tarta borracha.*
DER borrachera, borrachín; emborrachar.

borrador n. m. **1** Utensilio que sirve para borrar lo escrito con tiza en una pizarra: *la profesora sacudió el borrador para quitarle los restos de la tiza.* **2** Utensilio hecho de caucho o goma que se usa para borrar la tinta o el lápiz de un papel. SIN goma. **3** Primera redacción de un escrito en la que se hacen las adiciones, supresiones o correcciones necesarias antes de redactar la copia definitiva: *todavía no he redactado la versión final del informe, esto es solo un borrador.*

borrar v. tr. **1** Hacer que desaparezca lo dibujado o escrito. ◆ v. tr./ prnl. **2** Hacer que desaparezca la marca dejada en una superficie: *el agua borró las huellas que había dejado en la arena.* **3** Hacer que desaparezca un recuerdo de la memoria: *sus recuerdos se borraban con el paso del tiempo.* **4** Hacer que no aparezca en una lista una persona o cosa que antes figuraba en ella; dar de baja.
DER borrador, borroso, borrón; imborrable.

borrasca n. f. **1** Perturbación atmosférica que se caracteriza por vientos fuertes, abundantes lluvias y descenso de la presión, a veces acompañados de rayos y truenos. SIN ciclón, depresión. **2** Perturbación de las aguas del mar a causa de la violencia del viento. **3** Peligro que se corre en un negocio o asunto: *en estos momentos, la empresa está sufriendo una fuerte borrasca, pero esperamos que pase pronto.*
DER borrascoso; aborrascarse, emborrascar.

borrego, -ga n. m. y f. **1** Cordero que tiene entre uno y dos años: *el lobo mató dos borregos del rebaño.* ◆ adj./ n. m. y f. **2** [persona] Que se somete a la voluntad de otra persona sin rebelarse ni protestar.
DER aborregar.

borrón n. m. **1** Mancha producida en un papel al tachar lo escrito o dibujado, o al verterse tinta en él: *tuvo que repetir el ejercicio pues estaba lleno de borrones.* **2** Imperfección que desluce o afea algo: *tu examen será un borrón en tu prestigio.*
▶ **borrón y cuenta nueva** Indica que una persona olvida los comportamientos, errores o faltas que otra ha cometido con respecto a ella en el pasado, para actuar como si nunca hubieran ocurrido: *la mejor manera de solucionar nuestras diferencias es hacer borrón y cuenta nueva.*
DER borronear; emborronar.

borroso, -sa adj. Que no se ve bien o no se distingue con claridad: *estoy mareado y todo lo veo borroso.*

boscoso, -sa adj. Que tiene muchos bosques: *se perdieron en un terreno boscoso y fue difícil localizarlos.*

bosnio, -nia adj. **1** De Bosnia o relacionado con esta república del sureste de Europa. ◆ adj./ n. m. y f. **2** [persona] Que ha nacido en Bosnia.

bosque n. m. Extensión de tierra cubierta de árboles, arbustos y matorrales: *Hansel y Gretel se perdieron en el bosque.*
DER boscaje, boscoso; emboscar.

bosquejar v. tr. **1** Hacer un primer diseño o proyecto de una obra artística de manera provisional, con los elementos esenciales y sin detalles. **2** Explicar una idea o plan de manera vaga, o en sus líneas generales: *el portavoz del Gobierno se limitó a bosquejar el nuevo plan económico.*
DER bosquejo.

bosquejo n. m. **1** Primer diseño o proyecto de una obra artística, con los elementos esenciales y sin detalles, hecho de manera provisional: *el pintor está preparando un bosquejo de su obra.* SIN esbozo. **2** Explicación de una idea o plan de manera vaga y en sus líneas generales. SIN esbozo.

bostezar v. intr. Abrir la boca con un movimiento involuntario, inspirando y espirando lenta y profundamente, por lo general a causa del sueño, el cansancio, el hambre o el aburrimiento.
OBS En su conjugación, la *z* se convierte en *c* delante de *e*.
DER bostezo.

bostezo n. m. Movimiento involuntario que consiste en abrir la boca para respirar lenta y profundamente, causado por el sueño, el cansancio, el hambre o el aburrimiento: *dio un bostezo profundo y largo y se despidió hasta el día siguiente.*

bota n. f. **1** Calzado que cubre el pie y parte de la pierna: *se puso las botas de montar y salió a cabalgar.* **2** Calzado deportivo que cubre el pie hasta el tobillo o algo por encima de él. **3** Recipiente de cuero para beber vino con forma de pera y una boca muy estrecha por donde sale el líquido en forma de chorro muy fino.

botánica n. f. Ciencia que estudia los vegetales: *en botánica hemos estudiado la clasificación de las plantas.*
DER botánico.

botánico, -ca adj. **1** De la botánica o relacionado con esta ciencia. ◆ n. m. y f. **2** Persona que se dedica al estudio de los vegetales o que es especialista en botánica: *seguro que él sabe de qué planta se trata porque es botánico.*

botar v. intr. **1** Cambiar de dirección un cuerpo elástico al chocar contra una superficie: *la pelota botó en la pared.* SIN rebotar. **2** Dar saltos o botes una persona, animal o cosa. ◆ v. tr. **3** Hacer que un cuerpo elástico dé botes o saltos al lanzarla contra el suelo. **4** Echar al agua una embarcación, especialmente, si es la primera vez: *este barco fue botado en 1921.* **5** Echar o expulsar a una persona de un lugar con violencia: *lo botaron del restaurante porque organizó un escándalo.*
DER botadura, bote; rebotar.

botarate adj./ n. m. [persona] Que tiene poco juicio y actúa de manera alocada o insensata: *eres un botarate: ¡mira que dormir en el parque, sabiendo lo peligroso que es!*

botavara n. f. MAR. Palo horizontal que, asegurado en el mástil más próximo a la popa del barco, sirve para sujetar una vela.

bote n. m. **1** Movimiento hacia arriba que da una pelota o cualquier cuerpo elástico al chocar contra el suelo. **2** Salto que una persona o animal da de repente: *cuando lo vi, di un bote.* **3** Recipiente con tapa, generalmente, de cristal, cerámica o lata, que sirve para guardar y conservar alimentos o bebidas: *el bote del café.* **4** Barca pequeña sin cubierta y con unos tablones atravesados que sirven de asiento: *remaron en el bote hasta el barco.* **bote salvavidas** Bote preparado para abandonar un barco en caso de naufragio: *en cada barco hay unos cuantos botes salvavidas.* **5** Recipiente en el que los empleados de un bar o cafetería guardan las propinas para el fondo común. **6** Dinero que, en concepto de propinas, juntan los empleados de un bar o cafetería en un día. **7** Categoría de un sorteo que no ha tenido acertantes y cuyo premio se acumula para el siguiente.
▶ **a bote pronto** Sin estar preparado, de improviso: *el ministro respondió a bote pronto a las preguntas de los periodistas.* SIN a botepronto. **chupar del bote** Sacar provecho material de un cargo o una situación de manera ilegal. **dar botes de alegría** Estar muy alegre o muy contento con una situación. **darse el bote** Irse rápidamente o alejarse de una situación incómoda: *vi que se estaban pegando y me di el bote.* **de bote en bote** Completamente lleno de gente. **tener en el bote** Expresión que

se usa para indicar que se ha conquistado la confianza y el apoyo de otra persona y que se cuenta con ella para algo.

botella n. f. Recipiente, generalmente alto, cilíndrico y de cristal o plástico con el cuello largo y estrecho que se usa para guardar líquidos: *una botella de vino, de cerveza, de aceite.*
DER botellazo, botellín; embotellar.

botellero, -ra n. m. y f. **1** Persona que tiene por oficio fabricar o vender botellas. ◆ n. m. **2** Mueble o armazón que sirve para colocar botellas, generalmente, en posición horizontal.

botellón n. m. **1** Botella de vidrio algo más grande de lo normal que sirve para almacenar y servir líquidos, especialmente, licor o agua: *los botellones con diseño* art déco *son muy apreciados por los coleccionistas.* **2** Práctica entre los jóvenes de reunirse en un lugar público para ingerir bebidas alcohólicas que han comprado en una tienda para que salgan más baratas: *se juntaban con los amigos en la playa para el botellón.*

botica n. f. Establecimiento donde se hacen o venden medicinas. SIN farmacia.
DER boticario, botiquín; rebotica.

boticario, -ria n. m. y f. Persona que ha cursado los estudios de farmacia y prepara y expende medicamentos: *el boticario me ha dado unas pastillas para los mareos.* SIN farmacéutico.

botija n. f. Vasija de barro redonda y de cuello corto y estrecho.

botijo n. m. Recipiente de barro con el vientre abultado, un asa circular en la parte superior, boca para llenarlo y un pitorro para beber.

botín n. m. **1** Calzado, generalmente de cuero, que cubre el pie y parte de la pierna: *el botín es más alto que el zapato y más bajo que la bota.* **2** Conjunto de armas, dinero y provisiones que el vencedor toma del enemigo derrotado: *el general arrasó la ciudad y repartió el botín entre los soldados.* SIN despojo. **3** Conjunto de cosas robadas: *los piratas enterraron su botín en la isla.*

botiquín n. m. **1** Armario pequeño, caja o maleta en que se guardan los medicamentos y utensilios quirúrgicos necesarios para aplicar los primeros auxilios. **2** Conjunto de estos medicamentos y utensilios: *todo botiquín debe incluir alcohol y vendas.*

boto n. m. Bota alta de una sola pieza que, generalmente, se usa para montar a caballo.

botón n. m. **1** Pieza pequeña, generalmente, redonda y de metal, hueso, nácar u otra materia semejante, con dos o cuatro agujeros para coserlos a las prendas de vestir; con el fin de abrocharlas o adornarlas: *había perdido el botón de los pantalones y se le caían.* **2** Pieza pequeña que se oprime en ciertos aparatos eléctricos para ponerlos en funcionamiento o apagarlos: *tocó el botón del timbre.* **3** Chapita redonda de hierro que se pone en la punta de la espada o el florete para no hacerse daño en la esgrima. ◆ n. m. pl. **4** **botones** Joven con uniforme que trabaja en un hotel u otro establecimiento llevando maletas, mensajes u otros encargos: *el botones llevó el equipaje hasta nuestra habitación.*
▶ **botón de muestra** Ejemplo que se saca de un conjunto de elementos o cosas iguales: *como botón de muestra de su poesía, aquí tenéis este poema.*
DER botonadura, botones; abotonar.

bourbon n. m. Whisky estadounidense, elaborado a base de maíz con algo de centeno y cebada.
OBS Es de origen inglés norteamericano y se pronuncia aproximadamente «burbon».

boutique n. f. **1** Establecimiento público en el que se venden artículos de moda, especialmente prendas de vestir: *en esta calle están las mejores boutiques de la ciudad.* **2** Establecimiento público en el que se vende un tipo específico de artículos: *puedes comprar pan francés y alemán en esa boutique.*
OBS Es de origen francés y se pronuncia aproximadamente «butic».

bóveda n. f. ARQ. Techo de forma curva que cubre el espacio comprendido entre dos muros o varios pilares.
▶ **bóveda baída** ARQ. Bóveda semiesférica cortada por cuatro planos verticales y paralelos entre sí dos a dos. **bóveda de aristas** ARQ. Bóveda que resulta del cruce de dos bóvedas de cañón. **bóveda de (o en) cañón** ARQ. Bóveda que tiene forma de medio cilindro y cubre el espacio comprendido entre dos muros paralelos. **bóveda celeste** Parte del espacio sobre la Tierra en el que están las nubes y donde se ven el Sol, la Luna y las estrellas. SIN cielo, firmamento. **bóveda craneal** Parte superior e interna del cráneo.
DER abovedar, embovedar.

bóvido, -da adj./n. m. **1** ZOOL. [animal] Que pertenece a la familia de los bóvidos: *el toro y la cabra son bóvidos.* ◆ n. m. pl. **2** **bóvidos**

ZOOL. Familia de mamíferos rumiantes con cuernos óseos permanentes, cubiertos por un estuche córneo y que existen tanto en el macho como en la hembra: *los bóvidos son rumiantes.*

bovino, -na adj. **1** Del toro o de la vaca o relacionado con ellos. ◆ adj./ n. m. **2** ZOOL. [animal] Que pertenece a la subfamilia de los bovinos: *el toro y el buey son bovinos.* ◆ n. m. pl. **3** bovinos ZOOL. Subfamilia de mamíferos rumiantes, perteneciente a la familia de los bóvidos, de cuerpo grande y robusto, generalmente con cuernos, el hocico ancho y desnudo y la cola larga con un mechón en el extremo.

boxeador, -ra n. m. y f. Persona que practica el boxeo: *el boxeador dejó fuera de combate a su rival en el séptimo asalto.* SIN púgil.

boxear v. intr. Luchar dos personas en un combate de boxeo: *boxearon durante cinco asaltos.*
DER boxeador, boxeo.

boxeo n. m. Deporte en el que dos personas luchan entre sí golpeándose solamente con los puños, protegidos con unos guantes especiales. SIN pugilato.

boya n. f. **1** Objeto flotante que se sujeta al fondo del mar, de un lago o de un río y sirve para señalar un sitio peligroso o con otros fines. **2** Corcho que se pone en el borde de una red para que no se hunda y sepan los pescadores dónde está cuando vuelven por ella.

bozal n. m. Pieza, generalmente de material flexible, que se pone en la boca de ciertos animales, especialmente de los perros, para que no muerdan.

bragado, -da adj. **1** [animal] Que tiene la zona de la entrepierna de diferente color que el resto del cuerpo: *un toro bragado.* ◆ adj./ n. m. y f. **2** [persona] De mala intención. **3** [persona] Que es enérgico, decidido.

bragas n. f. pl. Prenda interior femenina, de tejido suave, que cubre desde la cintura hasta la ingle.
OBS Se usa también en singular.
DER bragado, bragadura, bragazas, braguero, bragueta.

bragueta n. f. Abertura que hay en la parte alta y delantera de un pantalón: *la bragueta se cierra con cremallera o con botones.*

brahmán n. m. Miembro de la más elevada de las cuatro castas en que se divide la población de la India y en la cual se reclutan los sacerdotes y doctores.
DER brahmanismo.

braille n. m. Sistema de escritura y lectura para ciegos en el que cada letra está representada por medio de una combinación de puntos en relieve: *un escrito en braille puede ser leído por medio del tacto de los dedos.*

bramante n. m. Cordel delgado y resistente hecho de cáñamo.

bramar v. intr. **1** Emitir bramidos el toro y otros animales salvajes: *el toro bramaba mientras escarbaba la tierra con las patas delanteras.* **2** Producir un ruido fuerte y violento el aire o el mar. **3** Gritar con fuerza, generalmente a causa de rabia o dolor.
DER bramido.

bramido n. m. **1** Voz característica del toro y otros animales salvajes: *los bramidos del animal resonaban en la plaza.* **2** Ruido fuerte que produce el aire o el mar. **3** Grito producido por la rabia o el dolor: *apareció en la habitación dando bramidos de ira.*

branquia n. f. Órgano respiratorio de los peces y otros animales acuáticos formado por finas capas de tejido blando y esponjoso; se encuentra en unas aberturas naturales a ambos lados de la cabeza: *los peces tienen branquias para tomar el oxígeno disuelto en el agua.* SIN agalla.
DER branquial.

branquial adj. De las branquias o relacionado con estos órganos de los peces.
DER subranquial.

braquial adj. ANAT. Del brazo o relacionado con esta parte del cuerpo: *bíceps braquial.*

brasa n. f. Trozo de carbón o de leña que arde y se quema sin dar llama. SIN ascua.
▶ a la brasa Cocinado sobre trozos de carbón o leña que queman sin dar llama, bien directamente o sobre una parrilla: *costillas a la brasa.* pasar como sobre brasas Tratar un asunto con poca profundidad o muy rápidamente.
DER brasear, brasero; abrasar.

brasero n. m. Recipiente de metal, poco profundo y generalmente redondo, en el que se depositan brasas para calentar el ambiente; algunos sustituyen las brasas por la energía eléctrica.

brasileño, -ña adj. **1** De Brasil o relacionado con este país suramericano. ◆ adj./ n. m. y f. **2** [persona] Que es de Brasil.

braveza n. f. **1** Valentía o determinación

a b c d e f g h i j k l m n ñ o p q r s t u v w x y z

para afrontar situaciones complicadas: *atacó a su enemigo con gran braveza.* **2** Agresividad natural de ciertos animales: *es un toro de mucha braveza.* SIN ferocidad, fiereza.

bravío, -vía adj. **1** [animal] Que es salvaje y feroz y no está domesticado. **2** [planta] Que no está cultivada, que se cría naturalmente en los campos. SIN silvestre. **3** [persona] Que tiene malos modos o es poco delicado: *aquí educará su carácter bravío.* SIN inculto, rústico, silvestre. **4** [mar] Que está embravecido y agitado: *no te bañes hoy, que el mar está muy bravío.* SIN bravo.

bravo, -va adj. **1** [animal] Que es agresivo y violento: *lidió un toro muy bravo.* SIN feroz, fiero. ANT manso. **2** Que es muy valiente. **3** [persona] Que presume de lo que no es, especialmente de valiente: *es muy bravo con ciertas personas, aunque con otras es un cobarde.* SIN fanfarrón. **4** [mar] Que está embravecido y agitado. SIN bravío. ◆ int. **5** ¡bravo! Expresión que indica alegría, aprobación o aplauso: *¡bravo!, lo has hecho muy bien.* SIN ¡viva!
DER bravata, braveza, bravío, bravucón, bravura; desbravar, embravecer.

bravucón, -cona adj./ n. m. y f. Que presume de valiente sin serlo.
DER bravuconada.

bravuconada n. f. Dicho o hecho propio de un bravucón. SIN bravuconería.

braza n. f. **1** Medida de longitud que usan los marineros para medir la profundidad equivalente a 1,6718 m: *el fondo estaba a tan solo tres brazas de profundidad.* **2** Estilo de natación que consiste en nadar boca abajo estirando y encogiendo los brazos y las piernas a la vez y sin sacarlos del agua: *sabe nadar a braza y a espalda.*

brazada n. f. **1** Movimiento enérgico que se hace con los brazos extendiéndolos y recogiéndolos, especialmente, al remar o al nadar: *debía ladearse y tomar oxígeno en la siguiente brazada.* **2** Cantidad de cualquier cosa que se puede abarcar con los brazos de una sola vez: *dejó las brazadas de leña en la cocina.* SIN brazado.

brazalete n. m. **1** Aro, generalmente ancho y rígido, que se lleva en la muñeca o el antebrazo como adorno: *mi primer diseño fue un brazalete de madera de ébano.* **2** Tira de tela que ciñe el brazo izquierdo por encima del codo y que sirve de distintivo o, si es negra, de señal de luto. SIN brazal.

brazo n. m. **1** Extremidad superior del cuerpo humano que une el hombro con la mano, especialmente, la parte que va del hombro al codo: *alargó el brazo y cogió el último libro de la estantería.* **2** Parte del asiento que sirve para apoyar ese miembro del cuerpo: *las sillas no tienen brazos.* **3** Parte de una prenda de vestir que cubre desde el hombro hasta la mano. SIN manga. **4** Parte o pieza alargada de un objeto que está unida a él por uno de sus extremos: *el brazo de una grúa, de un tocadiscos.* **5** Pieza alargada que en las lámparas y los candelabros sale del cuerpo central y, junto con otras iguales, sirve para sostener las luces: *una lámpara de siete brazos.* **6** Parte de una masa de agua que se separa de la principal y forma un canal alargado.
▶ brazo de mar Masa de agua del mar que penetra en la tierra. brazo de río Parte del río que se separa del caudal principal y se encuentra con él más adelante o desemboca en el mar. a brazo partido Con todo el esfuerzo y la energía: *lucharon a brazo partido contra la tempestad.* brazo de gitano Pastel en forma de tubo, hecho con una capa de bizcocho que se rellena de crema o nata y trufas, y se enrolla sobre sí misma. con los brazos abiertos Con afecto o con la mejor voluntad y disposición: *su familia la recibió con los brazos abiertos después de tantos años.* NOTA Se suele usar con los verbos *acoger, admitir* o *recibir.* cruzarse de brazos No hacer nada en una situación que exige acción. dar su brazo a torcer Desistir una persona de un empeño u opinión, aceptar el parecer de los demás: *siempre tenemos que hacer lo que él quiere porque nunca da su brazo a torcer.* NOTA Se usa más la forma negativa. SIN ceder. ser el brazo derecho Ser la persona de más confianza y que hace por otra trabajos de mucha importancia.
DER bracear, braza, brazada, brazal, brazalete, brazuelo; abrazar, antebrazo.

brea n. f. Sustancia viscosa de color negro que se obtiene haciendo destilar al fuego madera de ciertos árboles de la familia de las coníferas; se emplea en medicina y en la marina para calafatear y otros usos.

brear v. tr. Maltratar a uno de palabra o de obra: *me brearon a palos.*

brebaje n. m. Bebida que tiene aspecto o sabor desagradable: *le dieron un brebaje y, cuando lo tomó, puso una cara extraña.*
DER abrevar.

brecha n. f. **1** Abertura o grieta hecha en una pared o en otra superficie: *la artillería logró abrir una brecha en la muralla.* **2** Herida, especialmente en la cabeza: *se hizo una brecha con el canto de la mesa.* **3** Impresión fuerte o dolor. **4** Rotura de un frente de combate.

▶ estar en la brecha Estar siempre preparado y dispuesto para defender un negocio o interés.

brécol n. m. Hortaliza parecida a la coliflor, con las flores apretadas en pequeñas cabezas de color verde oscuro: *el brécol es más fino que la coliflor.*

bretón, -tona adj. **1** De Bretaña o relacionado con esta región del noroeste de Francia: *la música bretona.* **2** De las narraciones e historias del ciclo literario medieval del rey Arturo y los caballeros de la Tabla Redonda: *el ciclo bretón.* ◆ adj./ n. m. y f. **3** [persona] Que es de Bretaña. ◆ m. **4** Lengua céltica que se habla en esta región.

breve adj. Que tiene poca longitud o duración. SIN corto. ANT largo.

DER brevedad, brevemente, breviario; abreviar.

brevedad n. f. Corta extensión de una cosa o duración de un período: *les extrañó la brevedad de su discurso.*

OBS No se debe decir *a la mayor brevedad,* sino *con la mayor brevedad.*

brezo n. m. Arbusto pequeño de tallos ramosos, hojas estrechas y flores pequeñas moradas, blancas o rojas.

bribón, -bona adj./ n. m. y f. [persona] Que es astuto y taimado, especialmente, si utiliza artimañas para engañar o cometer delitos menores. NOTA Se usa, generalmente, como apelativo cariñoso, sobre todo, dirigido a niños. SIN granuja.

bricolaje n. m. Trabajo manual, no profesional, que hace una persona para mejorar su casa y pasar el tiempo libre: *mucha gente hace bricolaje durante el fin de semana: pinta una ventana, repara un grifo o fabrica un pequeño mueble.*

OBS Es de origen francés.

brida n. f. **1** Conjunto formado por el freno, las riendas y las correas de un caballo u otra cabalgadura: *tomó al animal de la brida.* **2** Reborde circular en el extremo de los tubos de metal que sirve para ajustarlos unos con otros: *pon una junta en esa brida y acopla los dos tubos.*

DER embridar.

brie n. m. Queso de vaca de pasta blanda y cremosa de color amarillo dorado, aroma suave y que tiene forma de rueda; es originario de Francia.

OBS Se pronuncia «bri».

brigada n. f. **1** Unidad militar compuesta por dos o tres regimientos de un arma determinada y mandada por un general. **2** Conjunto organizado de personas que realizan un trabajo o llevan a cabo una actividad: *una brigada de limpieza.* ◆ n. m. **3** Miembro del ejército con una categoría inmediatamente superior a la de sargento primero e inferior a la de subteniente.

DER brigadier.

brigantino, -na adj. **1** De La Coruña o relacionado con esta provincia y ciudad de Galicia. ◆ adj./ n. m. y f. **2** [persona] Que ha nacido en La Coruña.

brik n. m. Envase de cartón opaco impermeabilizado con aluminio y, generalmente, con forma de tetraedro que se usa para envasar líquidos. SIN tetrabrik.

OBS Procede de *Tetra Brik,* nombre de una marca registrada.

brillante adj. **1** Que brilla o emite luz: *el coche estaba muy brillante porque era nuevo.* SIN refulgente, reluciente. **2** Que destaca o sobresale por su talento o belleza: *una alumna brillante.* ◆ n. m. **3** Diamante tallado por las dos caras: *cuando se mudaron de piso, se encontraron un un cajón un anillo de oro y brillantes.*

DER brillantez, brillantina; abrillantar.

brillantez n. f. **1** Luz que refleja o emite un cuerpo. SIN brillo. **2** Lucimiento, ventaja de una persona sobre otras a causa de su talento o hermosura: *aprobó las oposiciones con brillantez.* SIN brillo.

brillantina n. f. **1** Cosmético que se emplea para dar brillo al cabello. **2** Tejido de algodón de colores claros y lisos con motivos brillantes usado para ropa infantil: *llevaba un precioso vestido de brillantina blanco.*

brillar v. intr. **1** Emitir luz propia o reflejada: *el Sol brilla de día y las estrellas brillan de noche.* SIN lucir, resplandecer. **2** Destacar o sobresalir una persona por su talento o hermosura: *allá donde va, brilla por su belleza e inteligencia.* SIN resplandecer.

▶ brillar por su ausencia No estar presente una persona o cosa donde debería: *en algunos diccionarios, los ejemplos brillan por su ausencia.*

DER brillante, brillo.

brillo n. m. **1** Luz que emite o refleja un cuerpo. **2** Lucimiento o ventaja de una persona sobre otras a causa de su talento o hermosura. SIN brillantez.

brincar v. intr. **1** Moverse o avanzar rápidamente dando pequeños saltos: *la cabra brincaba de roca en roca.* **2** Saltar repentinamente impulsando el cuerpo hacia arriba, separando los pies del suelo a causa de la sorpresa: *al enterarse de que había aprobado el examen, brincó de alegría.*

OBS En su conjugación, la *c* se convierte en *qu* delante de *e*.

brinco n. m. **1** Salto pequeño y ligero con que alguien se mueve o avanza: *la niña iba corriendo y dando brincos.* **2** Salto repentino mediante el que alguien se impulsa hacia arriba separando los pies del suelo: *dio un brinco de alegría.*

DER brincar.

brindar v. intr. **1** Levantar una copa o un vaso con bebida, manifestar un deseo u otra cosa y tomarla seguidamente. SIN beber. ◆ v. tr. **2** Dedicar el torero a una o más personas la faena que va a realizar: *el torero brindó el primer toro a su hermano.* ◆ v. tr./ prnl. **3** Ofrecer libremente y de buena voluntad: *brindó su hospitalidad a los recién llegados.*

brindis n. m. **1** Acción de levantar un vaso o una copa con bebida, manifestar un deseo u otra cosa y tomarla seguidamente: *después de los brindis, se abrió el baile.* **2** Acción de dedicar el torero a una o más personas la faena que va a realizar.

OBS El plural también es *brindis*.

DER brindar.

brío n. m. **1** Fuerza, ánimo o energía con la que se ejecuta una acción: *empezó el trabajo con mucho brío, pero lo fue perdiendo poco a poco.* **2** Gracia en la manera de moverse, especialmente, al andar.

DER brios, brioso.

brioche n. m. Bollo esponjoso de forma redondeada.

OBS Se pronuncia aproximadamente «briós» o «brioch».

brisa n. f. **1** Viento suave. **2** En las costas, viento suave que por el día sopla del mar a la tierra y por la noche, de la tierra al mar: *estas brisas marinas refrescan el ambiente del verano.*

británico, -ca adj. **1** Del Reino Unido de Gran Bretaña e Irlanda del Norte o relacionado con este país de Europa. ◆ adj./ n. m. y f. **2** [persona] Que es del Reino Unido de Gran Bretaña e Irlanda del Norte.

brizna n. f. Filamento o parte muy delgada de una cosa, especialmente, de una planta: *una brizna de hierba.*

DER desbriznar.

broca n. f. Barra fina de acero con surcos en forma de espiral y con un extremo acabado en punta que se aplica a una taladradora eléctrica para hacer agujeros. SIN barrena, taladro.

brocado n. m. **1** Tejido de seda entretejida con hilo de oro o plata que forma dibujos. **2** Tejido fuerte de seda con dibujos de distinto color que el del fondo.

brocal n. m. Borde de piedra o ladrillo que se coloca alrededor de la boca de un pozo.

brocha n. f. Instrumento formado por un conjunto de cerdas que están sujetas al extremo de un mango, más ancho y fuerte que el pincel, y que sirve para pintar o para extender una sustancia líquida: *para afeitarme, necesito una cuchilla, jabón de afeitar y una brocha.*

DER brochada, brochazo.

brochazo n. m. Cada pasada que se da con una brocha impregnada de pintura o de un líquido sobre una superficie que se está pintando o encima de la que se está extendiendo el líquido.

broche n. m. **1** Cierre de metal formado por dos piezas, una de las cuales engancha o encaja en la otra: *el collar lleva un broche de seguridad.* **2** Joya con este sistema que se lleva prendida en la ropa como adorno o para sujetar una parte del vestido: *llevaba un pañuelo sujeto con un broche de diamantes.*

▶ broche de oro Final feliz de un acto o reunión: *el presidente puso el broche de oro al congreso con un brillante discurso.*

DER abrochar.

brocheta n. f. **1** Varilla en la que se ensartan trozos de alimentos para asarlos. **2** Comida que se guisa ensartada en estas varillas: *comeré una brocheta de cerdo.*

bróker n. com. Persona que se dedica profesionalmente a actuar de intermediaria en operaciones de compraventa de acciones bursátiles o valores financieros.

OBS El plural es *brókers*.

broma n. f. Acción o dicho cuya finalidad es divertir o hacer reír: *me han gastado una broma.*

▶ broma pesada o broma de mal gusto Broma que es desagradable por su contenido o por la forma en que se hace. de (o en) broma Solo para reírse o hacer reír: *se lo dije de broma, aunque él se lo ha tomado en serio.* tomar a broma Reírse de algo o darle poca importancia, aunque sea importante o serio: *no te lo tomes a broma porque estoy hablando en serio.*

bromear v. intr. Hacer o decir bromas: *el asunto es más serio de lo que piensas, así que no bromees.*

bromista adj. [persona] Que hace bromas o que siempre está de broma: *no tomes en serio lo que te dijo: es un bromista.*

bromo n. m. Elemento químico no metálico que a temperatura normal se presenta en forma de líquido rojizo y desprende vapores tóxicos de olor muy desagradable: *el símbolo del bromo es Br.*
DER brómico, bromuro.

bronca n. f. **1** Discusión muy fuerte o enfrentamiento físico: *se armó una bronca de miedo en la discoteca y llamaron a la policía.* **2** Llamada de atención dura y severa que se hace a una persona por algo que ha hecho mal o por su mal comportamiento: *el jefe me ha echado bronca por llegar tarde.* SIN regañina, reprimenda, riña. **3** Manifestación colectiva y ruidosa de desagrado en un espectáculo o concentración pública.
DER bronquear; abroncar.

bronce n. m. **1** Metal de color amarillo rojizo formado por la aleación de cobre y estaño; es fácil de obtener y de trabajar: *una lámpara de bronce.* **2** Figura o escultura hecha de este metal: *colocaron el bronce en la plaza mayor.* **3** Tercer premio en una competición.
DER broncear.

broncear v. tr./ intr. Dar [el sol o un agente artificial] color moreno a la piel: *este año te has bronceado muy rápido.*
DER bronceado, bronceador.

bronco- Elemento prefijal que entra en la formación de palabras que expresan relación con los bronquios: *bronconeumonía.*

bronco, -ca adj. [sonido, voz] Que es áspero y desagradable: *el hombre tenía una voz grave y bronca.*
DER bronca.

broncodilatador, -ra adj./ n. m. Que dilata el diámetro de los bronquios: *acción broncodilatadora; medicamento broncodilatador.*

bronquial adj. De los bronquios o relacionado con estos conductos de las vías respiratorias: *padece una enfermedad bronquial.*

bronquio n. m. Conducto de las vías respiratorias que, junto con otro, une la tráquea con los pulmones: *los bronquios limpian el aire antes de que nos entre en los pulmones.*
OBS Se usa más en plural.

bronquiolo o **bronquíolo** n. m. Conducto pequeño de las vías respiratorias en que se ramifican los bronquios dentro de los pulmones.
OBS Se usa más en plural.

bronquitis n. f. Inflamación aguda de los bronquios: *está con bonquitis por una gripe mal curada.*
OBS El plural también es *bronquitis.*
DER bronquítico.

brotar v. intr. **1** Nacer o salir una planta de la tierra: *en primavera la hierba brota en los campos.* **2** Echar una planta nuevos tallos, hojas o flores. **3** Salir agua u otro líquido de la tierra o de una abertura: *de sus ojos brotaron lágrimas de alegría.* SIN manar. **4** Aparecer granos o alguna erupción en la piel. **5** Nacer o empezar a manifestarse una cosa: *un grito salvaje brotó de su garganta.*
DER brote; rebrotar.

brote n. m. **1** Yema o tallo nuevo que sale a una planta: *con la primavera le han nacido brotes al rosal.* **2** Aparición o principio de una cosa no prevista: *un brote de racismo, de violencia, de cólera.*

bruces **1** Palabra que se utiliza en la locución *de bruces* y que significa 'caído con la cara contra el suelo': *se fue de bruces contra el suelo.* NOTA Su uso es más frecuente en España. **2** Palabra que se utiliza en la expresión *darse de bruces*, que significa 'tropezar de frente y de manera inesperada con algo o alguien': *al salir del despacho, me di de bruces con mi madre.* NOTA Su uso es más frecuente en España.

brujería n. f. Conjunto de conocimientos y prácticas de quienes creen tener un pacto con el demonio o con espíritus malignos: *en el mundo moderno hay gente que cree en la brujería y la magia negra.*

brujo, -ja adj. **1** Que atrae irresistiblemente, que gusta: *no podía olvidar el encanto de su mirada bruja.* ◆ n. m. y f. **2** Persona que cree que tiene un pacto con el demonio o con espíritus malignos. ◆ n. m. **3** Hombre que en algunas culturas primitivas tiene el poder de

comunicar con los dioses y curar enfermedades usando sus poderes mágicos, hierbas y productos naturales. SIN chamán, hechicero. ◆ n. f. **4** Mujer fea o mala: *la bruja del primer piso no nos ha querido abrir la puerta.* NOTA Se usa como apelativo despectivo.
DER brujería; embrujar.

brújula n. f. Instrumento formado por una esfera y una aguja que señala siempre el norte magnético y que sirve para orientarse: *los excursionistas y los exploradores llevan siempre una brújula para no perderse.*
DER brujulear.

bruma n. f. Niebla poco densa, especialmente, la que se forma sobre el mar: *la bruma impedía ver el puerto desde el barco.*
DER brumoso; abrumar.

brumoso, -sa adj. Que tiene bruma.

bruñir v. tr. Pulir o frotar una superficie, especialmente, de metal o piedra, para que brille. OBS En su conjugación, la *i* de la desinencia se pierde absorbida por la *ñ* en algunos tiempos y personas, como en *gruñir.*
DER bruñido.

brusco adj. **1** [persona] Que es áspero y de reacción súbita en el trato. **2** Que es propio de las personas bruscas: *gesto brusco.* **3** Que se produce u ocurre de pronto o de forma súbita y repentina: *frenazo brusco; aceleraciones bruscas.*
DER bruscamente, brusquedad.

brusco, -ca adj. **1** Que es áspero y desagradable en el trato: *me contestó tu secretaria, que me dijo de manera brusca que llamara más tarde.* **2** Que se produce u ocurre de pronto o sin preparación o aviso: *un descenso brusco de las temperaturas.* SIN repentino, súbito.
DER bruscamente, brusquedad.

brusquedad n. f. **1** Aspereza y falta de amabilidad en el trato. **2** Carácter repentino de un movimiento o de una acción: *conduces con demasiada brusquedad.*

brutal adj. **1** Que es violento y cruel y carece de compasión o humanidad: *fue acusado de presidir un Gobierno brutal en el que miles de personas habían desaparecido en circunstancias misteriosas.* **2** Que es muy grande, fuerte o intenso.
DER brutalidad.

brutalidad n. f. **1** Violencia o crueldad intensas. **2** Hecho o dicho intensamente violento o cruel: *en este reportaje se pueden ver las brutalidades de la guerra.* **3** Hecho o dicho estúpido, que demuestra ignorancia o es poco acertado. SIN barbaridad.

bruto, -ta adj./ n. m. y f. **1** [persona] Que es torpe o poco inteligente: *no seas bruto: la llave se mete al revés.* SIN animal, bestia. **2** [persona] Que tiene malos modos o que es poco educado: *¡qué bruto eres, me has hecho daño!* SIN basto, bestia, tosco.
▶ **en bruto a.** [producto] Que no ha sido trabajado ni manipulado por el hombre: *diamante en bruto, petróleo en bruto.* **b.** Que incluye el peso de un objeto y lo que este contiene: *el peso en bruto que figura en la lata de tomate es de un kilo, pero el peso neto es novecientos gramos, una vez que se ha descontado el peso de la propia lata.* **c.** [cantidad de dinero] Que no ha sufrido los descuentos que le corresponden.
DER brutal; embrutecer.

bucal adj. De la boca o relacionado con esta abertura: *higiene bucal, infección bucal, una limpieza bucal.*

bucanero n. m. Pirata que se dedicaba a asaltar y robar especialmente los barcos y las posesiones españoles en América en los siglos XVII y XVIII: *los bucaneros abordaron el galeón español y se llevaron el oro.*

buceador, -ra adj. **1** Que bucea. ◆ adj./ n. m. y f. **2** [persona] Que practica el buceo: *un buceador procedió a inspeccionar la zona.*

bucear v. intr. **1** Nadar y mantenerse bajo la superficie del mar, de un río o de un lago: *buceó entre las rocas buscando algún pulpo.* **2** Investigar o intentar obtener iformación sobre un asunto complejo, difícil y poco claro.
DER buceador, buceo.

buche n. m. **1** Parte del aparato digestivo de las aves donde guardan los alimentos antes de triturarlos: *las palomas tienen un buche muy grande.* SIN papo. **2** Estómago de las personas: *llenar el buche.* **3** Cantidad total de líquido que cabe en la boca.
DER embuchar.

bucle n. m. Rizo de cabello en forma de hélice: *unos bucles rubios le caían sobre los hombros.*

bucólico, -ca adj. **1** *formal* [género literario, tipo de poesía] Que idealiza a los pastores o la vida en el campo: *la poesía bucólica trata de los campos, las flores, los pájaros y los amores pastoriles.* SIN pastoril. **2** De este género literario o que posee sus características.

budismo n. m. Doctrina religiosa que tuvo su origen en las ideas de Buda en el siglo VI

antes de Cristo; sus seguidores creen en la reencarnación y en la meditación como forma de unión con Dios.
DER budista.

budista adj. **1** Perteneciente o relativo al budismo. ◆ adj./ n. com. **2** [persona] Que cree en esta doctrina religiosa.

buen adj. Apócope de bueno: *es un buen hombre.* ANT mal.
▶ de buen ver Con aspecto agradable: *es un joven alto, delgado y de buen ver.*
OBS Solo se usa en esta forma cuando va delante de un sustantivo masculino; delante de un sustantivo femenino se usa la forma *buena.*

buenaventura n. f. Adivinación del futuro que se hace examinando las líneas de la mano: *la gitana le cogió la mano y le dijo la buenaventura.*

bueno, -na adj. **1** Que tiene inclinación natural a hacer el bien: *un hombre bueno.* **2** Que cumple con sus deberes. **3** Que es adecuado o conveniente: *esas medidas serán buenas para acabar con el paro.* **4** Que tiene mucha calidad: *la piel de esta chaqueta es buena.* **5** Que tiene las cualidades propias de la función que desempeña: *un coche muy bueno.* **6** Que es agradable a los sentidos: *la comida de ese restaurante es muy buena.* **7** Sano, con buena salud: *cuando te pongas bueno, podrás salir a la calle.* NOTA Se suele usar con los verbos *estar* y *ponerse.* **8** Que es mayor de lo normal en tamaño, cantidad o intensidad: *se bebió un buen vaso de zumo.* ◆ adv. **9** bueno Expresión que se utiliza para indicar aprobación o conformidad: *¿te apetece tomar algo? Bueno.* SIN bien.
▶ de buenas a primeras De repente y sin aviso: *ahora, de buenas a primeras, nos dice que lo tengamos preparado para mañana.* estar bueno o estar buena Tener un cuerpo muy atractivo: *tiene una amiga que está muy buena.* estar de buenas Estar de buen humor, alegre y complaciente: *pediremos hoy el aumento de sueldo porque el jefe está de buenas.* por las buenas **a.** De forma voluntaria: *lo harás por las buenas o por las malas, de ti depende.* **b.** Sin motivo o sin causa; porque sí: *se presentó por las buenas, sin ninguna invitación.*
OBS El comparativo de superioridad es *mejor.* El superlativo es *bonísimo, buenísimo* y *óptimo.*
DER buen, buenazo.

buey n. m. **1** Toro castrado que se utiliza para labores del campo: *dos bueyes tiraban del carro.* **2** Crustáceo marino comestible, parecido al centollo, con un caparazón ovalado y cinco pares de patas, las dos primeras en forma de grandes pinzas negras.

búfalo, -la n. m. y f. **1** Mamífero parecido al toro, de cuerpo robusto, cuernos largos y gruesos muy juntos en la base y el pelo de color marrón o gris. **2** Mamífero salvaje parecido al toro, de cuerpo grande, robusto y más elevado hacia la cabeza, con cuernos cortos y pelo denso de color marrón oscuro más largo en la parte anterior del cuerpo: *los indios de Norteamérica cazaban búfalos.* SIN bisonte.

bufanda n. f. Prenda de vestir que consiste en una tira larga y amplia de tela, generalmente de lana o seda, con que se envuelve y abriga el cuello y la boca.

bufar v. intr. **1** Resoplar con fuerza y furor el toro, el caballo y otros animales. **2** Mostrar enfado o ira grandes: *no se lo pidas hoy, que está que bufa.* ◆ v. prnl. **3** bufarse Salirle bolsas a una superficie.
DER bufido.

bufete n. m. **1** Despacho en el que trabajan uno o más abogados: *la semana que viene va a entrar de pasante en un bufete muy prestigioso.* **2** Mesa de escribir con cajones.
OBS Es de origen francés.

bufido n. m. **1** Resoplido del toro, el caballo y otros animales dado con fuerza y furor. **2** Muestra de enfado y enojo grandes: *entró en la oficina dando bufidos.*

bufo adj. **1** Que es ridículo y grotesco; que inspira risa y desprecio: *una situación bufa.* **2** [persona] Que hace reír poniéndose a sí mismo en ridículo o mostrando cosas ridículas: *actor bufo.* **3** Que es cómico y burlesco, en especial cierto género de ópera italiana humorística: *género teatral bufo; ópera bufa.* ◆ n. m. y f. **4** Persona que hace el papel de gracioso en la ópera italiana.

bufón n. m. **1** Personaje ridículo y grotesco, generalmente dotado de agudeza e ingenio, que en la Edad Media y principios de la Moderna divertía a la corte con historias graciosas y chistes. ◆ adj./ n. m. **2** [persona] Que hace tonterías, generalmente para hacer reír. SIN payaso.
DER bufonada, bufonería, bufonesco.

buganvilla n. f. Arbusto trepador de jardín, de flores pequeñas, rojas, anaranjadas o moradas.

buhardilla n. f. **1** Parte más alta de una casa,

justo debajo del tejado, que tiene el techo inclinado: *ha montado el despacho en la buhardilla.* **2** Ventana que se abre en un tejado: *por la buhardilla entra luz suficiente para iluminar el desván.*
DER abuhardillado.

búho n. m. **1** Ave rapaz nocturna de ojos muy redondos y grandes, con plumas en la cabeza a modo de orejas y el pico corvo; se alimenta de pequeños animales. **2** Persona que huye del trato con la gente.
OBS Para indicar el sexo, se usa *el búho macho* y *el búho hembra.*

buitre n. m. **1** Ave rapaz de gran tamaño, de color negro o marrón, con la cabeza y el cuello sin plumas, que se alimenta generalmente de animales muertos y vive en grupos. **2** Persona egoísta que aprovecha cualquier situación en su propio beneficio: *el muy buitre se quedó con todo, a pesar de que no era solo suyo.*
OBS Para indicar el sexo, se usa *el buitre macho* y *el buitre hembra.*
DER buitrear, buitrera, buitrón.

bujía n. f. Pieza de un motor de combustión interna; sirve para que salte la chispa eléctrica que enciende el combustible: *las bujías del coche.*

bula n. f. Documento autorizado y firmado por el Papa que concedía derechos especiales o liberaba de ciertas obligaciones religiosas a quien lo poseía.

bulbo n. m. **1** BOT. Tallo subterráneo de ciertas plantas, de forma redondeada, donde se guardan sustancias de reserva: *la cebolla y el ajo son bulbos.* **2** ANAT. Estructura de forma redondeada.
▶ bulbo piloso ANAT. Bulbo que está en la raíz del pelo de los mamíferos. bulbo raquídeo ANAT. Bulbo que está en la parte superior de la médula espinal y alcanza la base del cráneo: *el bulbo raquídeo regula la circulación de la sangre, la respiración y otras funciones.*
DER bulboso.

buldog adj./ n. m. [perro] De una raza que se caracteriza por tener cuerpo robusto, patas cortas, cabeza grande y cuadrada, y hocico aplanado.
OBS Tambien se escribe *bulldog.*

bulevar n. m. Calle o avenida ancha generalmente con árboles a ambos lados o en la parte central: *en el centro del bulevar hay quioscos con flores.*
OBS El plural es *bulevares.*

búlgaro, -ra adj. **1** De Bulgaria o relacionado con este país de Europa. ◆ adj./ n. m. y f. **2** [persona] Que es de Bulgaria. ◆ n. m. **3** Lengua eslava que se habla en Bulgaria y en otras regiones.

bulimia n. f. Enfermedad nerviosa que consiste en comer de manera incontrolada gran cantidad de alimentos, para vomitarlos en seguida de modo voluntario.

bulla n. f. **1** Ruido confuso de gritos y voces producido por unas pocas personas, generalmente en un lugar cerrado: *se oyó bulla y trasiego.*
DER bullanguero.

bulldog adj./ n. m. Buldog, perro.
OBS Es de origen inglés y se pronuncia aproximadamente «buldog».

bulldozer n. m. Máquina excavadora provista de una pala frontal muy grande para arrancar tierra, especialmente, la que se mueve sobre cadenas.
OBS Es de origen inglés y se pronuncia aproximadamente «buldócer».

bullicio n. m. Conjunto de ruidos y rumores producidos por mucha gente reunida: *me gusta el bullicio que hay en las calles cuando están los comercios abiertos.* SIN ambientación, animación, jaleo.
DER bullicioso.

bullicioso, -sa adj. **1** [lugar] Que tiene un ambiente muy alegre y ruidoso producido por la actividad de mucha gente. ANT apacible, sereno, tranquilo. ◆ adj./ n. m. y f. **2** [persona] Que se mueve o alborota mucho.

bullir v. intr. **1** Moverse agitadamente formando burbujas un líquido que está al fuego cuando alcanza una temperatura determinada. SIN hervir. **2** Moverse un líquido de la misma manera que lo haría si estuviese a esa temperatura por reacción química o por otras causas: *el agua del mar bullía debido a los fuertes vientos.* SIN hervir. **3** Haber una cantidad grande de personas o cosas en continuo movimiento. SIN hervir. **4** Surgir en la mente numerosas ideas o pensamientos entremezclados: *en su cabeza bullían mil ideas y proyectos.*
OBS En su conjugación, la *i* de la desinencia se pierde absorbida por la *ll* en algunos tiempos y personas, como en *mullir.*
DER bulla, bullicio; ebullición, rebullir.

bulo n. m. Noticia falsa que corre entre la gente.

bulto n. m. **1** Volumen o tamaño de cualquier cosa: *esto hace mucho bulto.* **2** Cuerpo del que solo se distingue la forma. **3** Abultamiento o elevación en una superficie: *le detectaron un bulto en el pecho.* **4** Paquete, bolsa, maleta o cualquier otro equipaje: *voy a dejar mis bultos en la consigna.*

▶ a bulto De manera aproximada: *así, a bulto, se podría decir que harán falta diez personas para llenar el local.* SIN a ojo. de bulto Que es manifiesto y claro: *es un libro muy malo: tiene errores de bulto.* escurrir el bulto Esquivar un trabajo, peligro o compromiso. hacer bulto Estar en un acto o lugar simplemente para ocupar un espacio: *nos pidieron que fuéramos a la conferencia a hacer bulto.*

DER abultar.

bumerán o **búmeran** n. m. Objeto plano y curvo de madera que al lanzarse con la mano de determinada manera vuelve al punto de partida: *los indígenas de Australia usan el bumerán como arma.* SIN boomerang.

bungaló n. m. Casa pequeña de estructura arquitectónica sencilla y en ocasiones con un portal a la entrada o una galería alrededor: *algunos hoteles también ofrecen bungalós en lugar de habitaciones.*

OBS El plural es *bungalós.*

búnker n. m. Construcción de hormigón armado, generalmente subterránea, que está destinada a servir de refugio durante los bombardeos y sus posteriores consecuencias: *búnkeres antiatómicos.*

bunsen n. m. Mechero utilizado en el laboratorio que funciona con gas y produce una llama de gran poder calorífico y sin humo.

buñuelo n. m. **1** Masa de harina, aceite, agua o leche y a veces huevo con forma más o menos redondeada que se consume después de ser frita en aceite o grasa; se le puede añadir un relleno: *buñuelos de manzana; buñuelos de bacalao.* buñuelo de viento El que es dulce y no lleva ningún relleno y suele ir espolvoreado con azúcar. **2** Cualquier cosa mal hecha y que resulta una chapuza: *esto está muy mal cosido, te ha quedado tal buñuelo.*

buque n. m. **1** Embarcación con el fondo cóncavo que navega movida generalmente por el viento o por un motor; suele tener varias cubiertas, departamentos y camarotes y ser de grandes dimensiones. SIN nave. buque de guerra Buque blindado y dotado de cañones y armamento para entrar en combate. buque escuela Buque que sirve para que los cadetes de la marina de guerra completen su formación. buque mercante Buque que se utiliza para el transporte de mercancías. **2** Casco de una embarcación, sin las máquinas, velas ni palos.

burbuja n. f. **1** Ampolla pequeña de aire o gas que se forma dentro de un líquido y sube a la superficie o flota en el aire: *burbujas de jabón; las burbujas del champán.* **2** Espacio desinfectado y aislado del exterior: *burbuja de aislamiento.*

DER burbujear.

burbujeante adj. Que hace burbujas: *sacó entonces la carne de la burbujeante olla y la dispuso sobre una gran fuente.*

burdel n. m. Establecimiento público en el que se ejerce la prostitución: *la policía entró en el burdel e hizo varias detenciones.* SIN prostíbulo.

burdeos adj. **1** De color rojo oscuro. ◆ adj./n. m. **2** [color] Que es rojo oscuro: *el burdeos suele ser el color de algunos vinos tintos.* ◆ n. m. **3** Vino de color rojo oscuro elaborado en la zona de Burdeos, en Francia.

burdo, -da adj. **1** [tejido, mueble, otra cosa] Que es poco delicado o fino: *la tela de saco es burda y áspera.* SIN basto, tosco. **2** [persona] Que tiene malos modos o se comporta de manera poco delicada con los demás. SIN basto, rudo, tosco.

burgalés, -lesa adj. **1** De Burgos o relacionado con esta provincia española o con su capital. ◆ adj./n. m. y f. **2** [persona] Que ha nacido en Burgos.

burgomaestre n. m. Primera autoridad municipal de algunas ciudades alemanas, holandesas, suizas, etc., con funciones análogas a las de los alcaldes de otros países.

burgués, -guesa adj. **1** De la burguesía o relacionado con esta clase social: *liberalismo burgués.* ◆ adj./n. m. y f. **2** [persona] Que pertenece a la burguesía. **3** *despectivo* [persona] Que busca la estabilidad y la comodidad.

DER burguesía; aburguesarse.

burguesía n. m. Clase social formada por las personas que tienen medios económicos o empresas, tales como los banqueros, empresarios, comerciantes, profesionales e industriales: *la nueva burguesía apareció a partir de la revolución industrial.*

buril n. m. Instrumento de acero puntiagudo y en forma de prisma que sirve para grabar metales.

burka n. amb. Vestimenta con que se cubren completamente, de pies a cabeza, las muje-

res musulmanas, con una rejilla a la altura de los ojos para poder ver sin ser vistas.
OBS También se escribe *burca.*

burla n. f. **1** Hecho o dicho con que se intenta poner en ridículo a una persona o cosa: *si vas vestido así, te expones a las burlas de la gente.* SIN mofa. **2** Engaño que se hace a persona de buena fe y que resulta molesto o humillante. SIN farsa.
DER burladero, burlar, burlesco, burlón.

burladero n. m. Valla situada delante de la barrera en la plaza de toros para que el torero pueda burlar al toro: *el torero se refugió en el burladero.*

burlar v. tr. **1** Engañar o hacer creer algo falso. **2** Esquivar a una persona que supone una amenaza: *los atracadores consiguieron burlar a la policía.* ◆ v. prnl. **3** burlarse Reírse de una persona o cosa con la intención de ponerla en ridículo. SIN cachondearse, mofarse.
DER burlador.

burlesco, -ca adj. Que manifiesta o implica burla: *dijo en un tono burlesco que nos invitarían a todo lo que quisiésemos.* SIN burlón.

burlón, -lona adj. **1** Que manifiesta o implica burla. SIN burlesco. ◆ adj./ n. m. y f. **2** [persona] Que gusta mucho de burlarse de la gente o de las cosas: *el muy burlón siempre se está riendo de nosotros.*

buró n. m. Escritorio con compartimientos pequeños y cajoncitos en su parte superior, que se cierra levantando el tablero en el que se escribe o bajando una especie de persiana: *guardaba las cartas en un cajoncito del buró.*
SIN secreter.
OBS El plural es *burós.*

burocracia n. f. **1** Conjunto de actividades y trámites que hay que seguir para resolver un asunto de carácter administrativo. **2** Clase social formada por el conjunto de los empleados públicos. **3** Exceso de normas, trámites y papeleo que dificultan o complican las relaciones del ciudadano con la administración y retrasan la solución de los asuntos: *para poder cambiarme de curso tuve que enfrentarme a la burocracia universitaria.*
DER burócrata, burocrático.

burócrata n. com. Persona que ocupa un puesto en la administración pública, especialmente, la que se encarga de tareas administrativas: *escuela de formación de burócratas.*
NOTA En muchos países se usa, generalmente, con valor despectivo.

burocrático, -ca adj. De la burocracia o relacionado con las actividades de carácter administrativo.

burro, -rra n. m. y f. **1** Mamífero cuadrúpedo doméstico más pequeño que el caballo, con grandes orejas, cola larga y pelo áspero y grisáceo; por ser muy resistente, se usa para trabajos en el campo y para la carga: *el burro le dio una coz.* SIN asno. ◆ adj./ n. m. y f. **2** [persona] Que es poco inteligente y de escasa formación. SIN asno, animal. **3** [persona] Que hace un uso excesivo de la fuerza física, es violento o tiene malos modos. SIN animal, bestia, bruto. ◆ n. m. **4** Juego de cartas que consiste en ir echando naipes sobre la mesa; pierde quien se queda con la última carta.
▶ apearse (o bajarse o caer) del burro Convencerse de algo después de haber defendido durante mucho tiempo lo contrario: *a ver si cae del burro cuando vea esto.* burro de carga Persona que tiene aguante y puede trabajar durante mucho tiempo: *Juan es un burro de carga: no ha parado desde las nueve.* hacer el burro Hacer algo de manera violenta o portarse de modo rudo o torpe: *dejad esa silla en el suelo, no hagáis el burro.* no ver tres en un burro Ser muy corto de vista o ver mal: *si me quito las gafas, no veo tres en un burro.* no verse tres en un burro Estar demasiado oscuro, no verse nada.
DER burrada.

bursátil adj. De la bolsa de valores o relacionado con ella: *mercado bursátil.*

bus n. m. Vehículo automóvil de transporte público con capacidad para trasladar un gran número de pasajeros que realiza un trayecto fijo dentro de una población o largos recorridos por carretera: *cogió el bus para llegar a la estación.* SIN autobús.
OBS Es la forma abreviada de *autobús.*
DER aerobús, microbús.

busca n. f. **1** Actividad que se realiza con el fin de encontrar a una persona o cosa: *Manolo ha salido en busca de su padre.* SIN búsqueda. ◆ n. m. **2** Aparato que sirve para recibir una señal o un aviso.

buscador, -ra adj./ n. m. **1** Que busca: *para detectar una avería eléctrica, utilizaremos un buscador de averías, un instrumento complejo y costoso que, comercialmente, ha pasado a denominarse tester.* ◆ n. m. y f. **2** Persona que se dedica a buscar alguna cosa que le haga rico, como oro, petróleo o marfil.

buscapiés n. m. Cohete que, encendido, corre por el suelo entre los pies de la gente: *por la noche, durante los fuegos artificiales, se lanzaron buscapiés.*
OBS El plural también es *buscapiés.*

buscar v. tr. Hacer lo necesario para encontrar a una persona o cosa: *estoy buscando las llaves porque no sé dónde están.*
OBS En su conjugación, la *c* se convierte en *qu* delante de *e.*
DER busca, buscador, buscona, búsqueda; rebuscar.

buscona n. f. Mujer que mantiene relaciones sexuales a cambio de dinero.

búsqueda n. f. Actividad que se realiza para tratar de encontrar a una persona o cosa: *continúa la búsqueda de los excursionistas perdidos.*
SIN busca.

busto n. m. **1** Escultura o pintura del cuerpo humano que comprende la cabeza y la parte superior del tronco, sin los brazos: *a la entrada del palacio hay un busto de una diosa griega.* **2** Parte superior del cuerpo humano. **3** Pecho de la mujer.

butaca n. f. **1** Sillón que tiene el respaldo inclinado hacia atrás: *se sentó en la butaca para leer.* **2** Asiento con respaldo y brazos que ocupa un espectador en un local público, especialmente, en un teatro o en un cine: *las nuevas butacas del cine de mi barrio son muy incómodas.* **3** Entrada o billete que da derecho a ocupar este asiento.

butano n. m. **1** Hidrocarburo gaseoso obtenido del petróleo y el gas natural; se emplea como combustible doméstico e industrial: *la cocina y el calentador funcionan con butano.* ◆ adj./ n. m. **2** [color] Que es anaranjado o parecido al de las botellas que se usan para transportar este gas: *todos los voluntarios de Protección Civil llevaban un mono de color butano.* ◆ adj. **3** De color anaranjado o parecido al de las botellas que se usan para transportar este gas.
DER butanero.

butifarra n. f. Embutido de color rosa, cilíndrico y alargado, hecho con carne de cerdo cruda y picada, que es típico de Cataluña, Valencia y Baleares.

buzo n. m. Persona que nada y se mantiene bajo la superficie del mar, de un río o de un lago.
DER bucear.

buzón n. m. **1** Receptáculo instalado en la vía pública o acoplado a una puerta con una ranura por donde se echan las cartas y los papeles del correo: *mira el buzón, a ver si hay correo.* **2** Boca muy grande.

byte n. m. INFORM. Unidad de medida de almacenamiento de información equivalente a ocho bits.
OBS Es de origen inglés y se pronuncia aproximadamente «bait».
DER megabyte.

abCdefghijklmnñopqrstuvwxyz

c n. f. **1** Tercera letra del alfabeto español. Ante las vocales *a, o, u* tiene sonido velar, igual que el de *qu*; ante *e, i* o *k* ante cualquier vocal *(casa, cosa, cuando)*, y ante *e, i* tiene sonido interdental, como el de *z* ante cualquier vocal *(cena, cine)*. **2** En la numeración romana tiene el valor de cien: *una C seguida de una X equivale a 110*. NOTA Se escribe con mayúscula.

c/ Abreviatura de: **a.** Calle, 'vía pública': *c/ Mozart 27, 2.º piso*. **b.** Cargo, 'pago'. **c.** Cuenta bancaria, 'lugar donde se registran operaciones bancarias'.

¡ca! int. Expresión que se usa para negar algo que otro afirma.

cabal adj. **1** [persona] Que se comporta con honradez y rectitud. SIN honesto, honrado. **2** Que es exacto o justo en su peso o medida; que no falta ni sobra nada.

▶ no estar en sus cabales Haber perdido el juicio una persona.

DER descabalar.

cabalgadura n. f. Animal apto para cabalgar. SIN montura.

cabalgar v. intr./ tr. **1** Montar en un caballo o en otra cabalgadura. ◆ v. intr. **2** Montar una persona sobre una cosa: *el niño cabalgaba sobre la tapia*. **3** Montar una cosa sobre otra.

OBS En su conjugación, la *g* se convierte en *gu* delante de *e*.

DER cabalgadura, cabalgata; descabalgar, encabalgar.

cabalgata n. f. Desfile de jinetes, carrozas y otras atracciones que recorren las calles en alguna celebración o fiesta popular: *la cabalgata de los Reyes Magos*.

caballa n. f. Pez marino comestible de medio metro de largo y de color azul verdoso brillante con líneas negras.

caballeresco, -ca adj. **1** Relacionado con la caballería medieval. **2** [acción, comportamiento] Que es educado, cortés y amable. SIN caballeroso.

caballería n. f. **1** Animal doméstico, como el caballo, el burro o el mulo, que sirve para montar en él o para transportar cosas. **2** Arma del ejército de tierra compuesta por soldados montados a caballo o en vehículos motorizados. **3** Institución feudal formada por los caballeros y nobles que se dedicaban al ejercicio de las armas.

▶ caballería andante Orden y profesión de los caballeros que durante la Edad Media andaban buscando aventuras y defendiendo los ideales de justicia, lealtad y honor.

caballeriza n. f. Instalación cerrada y cubierta preparada para la estancia de caballos u otros animales de carga: *este hipódromo posee unas enormes caballerizas*. SIN cuadra.

caballero n. m. **1** Hombre que se comporta con cortesía, nobleza y amabilidad. SIN señor. **2** Hombre de la nobleza que en la Edad Media se dedicaba al ejercicio de las armas. caballero andante Hombre que durante la Edad Media andaba por el mundo buscando aventuras y defendiendo los ideales de justicia, lealtad y honor. **3** Hombre adulto, individuo de la especie humana de sexo masculino. **4** Forma de tratamiento que indica respeto y cortesía, y que se utiliza con los hombres adultos: *¡oiga, caballero!* SIN señor.

▶ poderoso caballero es don dinero Expresión con que se indica lo mucho que se puede conseguir cuando se dispone de riqueza.

DER caballeresco, caballería, caballeroso.

caballerosidad n. f. Comportamiento propio del hombre que obra como un caballero, con cortesía, nobleza y amabilidad.

caballeroso, -sa adj. **1** [hombre] Que se comporta como un caballero, con cortesía, nobleza y amabilidad. **2** [acción, comportamiento] Que es propio de un caballero. SIN caballeresco.

DER caballerosidad.

caballete n. m. **1** Soporte formado por una pieza horizontal sostenida por patas; sirve para apoyar sobre él tablones o maderas: *con un tablero y dos caballetes he hecho mi mesa de estudio.* **2** Armazón utilizado por los pintores para colocar en posición vertical o algo inclinado hacia atrás el lienzo en el que pintan. **3** Línea horizontal y más alta de un tejado donde confluyen las dos vertientes. **4** Prominencia formada por el cartílago de la nariz.

caballito n. m. **1** Juguete con forma de caballo: *el pequeño se balanceaba en su caballito de madera.* ◆ n. m. pl. **2** caballitos Atracción de feria que consiste en una plataforma giratoria sobre la que hay animales y vehículos de juguete en los que se puede montar. SIN carrusel, tiovivo.

▶ caballito de mar Pez marino de muy pequeño tamaño, con la cola prensil y el hocico largo y tubular, cuya cabeza recuerda la de un caballo: *los caballitos de mar nadan en posición vertical.* caballito del diablo Insecto parecido a la libélula, pero de menor tamaño.

caballo n. m. **1** Mamífero herbívoro, cuadrúpedo, de orejas pequeñas, cola cubierta de largo pelo y patas terminadas en casco; se domestica con facilidad y se suele usar para montar en él. **2** Carta de la baraja española que representa a un caballo con su jinete. **3** Pieza del ajedrez con forma de caballo. **4** En el lenguaje de la droga, heroína. **5** Aparato de gimnasia formado por cuatro patas que soportan un cuerpo horizontal alargado terminado en punta; se salta sobre él apoyando las manos.

▶ a caballo **a.** Sobre una caballería o sobre otra cosa en posición semejante. NOTA Se usa con los verbos *ir, llevar* o *montar*, entre otros. **b.** Entre dos períodos o situaciones diferentes, participando de ambos: *sus gustos están a caballo entre lo clásico y lo moderno, no se decide.* a mata caballo Con mucha prisa y sin poner cuidado. NOTA También se escribe a *matacaballo*. caballo de batalla **a.** Punto principal y más debatido en un asunto, discusión o problema: *el caballo de batalla del debate de anoche fueron los presupuestos.* **b.** Dificultad persistente con la que alguien se enfrenta de manera constante. caballo de vapor Medida de potencia que equivale a 735,5 vatios: *en español el símbolo del caballo de capor es* CV; *en inglés,* HP.

OBS La hembra del caballo se designa con el femenino *yegua*.

DER caballa, caballar, caballeriza, caballista, caballito.

cabaña n. f. **1** Casa en el campo, pequeña y tosca, hecha con ramas, troncos y materiales de poco valor: *cabaña de pastores.* SIN choza. **2** Conjunto de cabezas de ganado de un mismo tipo o lugar.

DER cabañuelas.

cabaré o **cabaret** n. m. Establecimiento que abre habitualmente de noche, en el que se sirven bebidas y se hacen representaciones de música y baile.

OBS La Real Academia Española solo registra la forma *cabaré*.

cabecear v. tr./ intr. **1** En fútbol, golpear la pelota con la cabeza. ◆ v. intr. **2** Mover la cabeza de un lado a otro o de arriba abajo: *el jefe cabecea cuando no está conforme.* **3** Mover una persona la cabeza de un lado a otro en señal de negación o de arriba abajo en señal de afirmación. **4** Dar cabezadas la persona que se está durmiendo. **5** Moverse un vehículo de transporte levantando y bajando la parte delantera y trasera alternativamente.

DER cabeceo.

cabecera n. f. **1** Extremo de la cama donde se coloca la almohada y se pone la cabeza al dormir. **2** Pieza vertical que limita la cama por este extremo. NOTA También se dice *cabecero*. **3** Lugar principal, normalmente, de una mesa, o destinado a una persona importante o invitada. **4** Origen de un río. **5** Conjunto de palabras que figura al comienzo de un escrito, en especial, un periódico, generalmente, para indicar el título, el autor, la fecha y otros datos generales relacionados con él.

cabecilla n. com. Persona que está al frente de un grupo o movimiento, especialmente, si es de protesta u oposición contra algo.

cabellera n. f. Conjunto de cabellos, especialmente, cuando son largos y abundantes y caen sobre los hombros. SIN cabello, pelo.

cabello n. m. **1** Pelo que nace en la cabeza de las personas. **2** Cabellera, conjunto de cabellos. SIN pelo.

▶ cabello de ángel Dulce en forma de hilos de color claro con el que se suelen rellenar otros dulces.

OBS En el habla común, se usa más y es de significado más amplio la palabra *pelo,* pues se refiere al de cualquier parte del cuerpo humano y al de los animales.

DER cabellera, cabelludo; descabellar.

caber v. intr. **1** Poder ser contenida una cosa dentro de otra: *los libros caben en la estantería.* **2** Poder entrar alguien o algo por una abertura o paso. **3** Tener una cosa el tamaño necesario para poder colocarse o ajustarse alrededor de otra. SIN entrar. **4** Ser algo posible o natural: *no cabe ninguna reclamación.* **5** Corresponder o pertenecer algo a una persona o situación: *me cupo la satisfacción de darles la buena noticia.* **6** Tocar o corresponder al dividir una cantidad: *seis entre tres cabe a dos.*

▶ dentro de lo que cabe Al menos, en cierto modo, de alguna manera. no caber duda o no caber la menor duda Ser una cosa completamente segura: *no te quepa la menor duda de que vendrá.* no caber en la cabeza No poder entender o concebir algo: *no me cabe en la cabeza que todavía no sepa contar.* no caber en sí Estar alguien muy alegre o satisfecho. Suele ir seguido de *de gozo, de alegría.*

DER cabida.

cabestrillo n. m. Banda o aparato que se cuelga del cuello o del hombro para sostener la mano o el brazo lesionados.

cabeza n. f. **1** Parte superior del cuerpo del hombre y superior o anterior en muchos animales, donde se hallan algunos órganos de los sentidos y el cerebro. **2** Cabeza del hombre y de algunos mamíferos, pero sin considerar la cara: *vino de la peluquería con la cabeza rapada.* **3** Capacidad de pensar, imaginar o recordar. cabeza cuadrada Que no cambia de opinión fácilmente porque es de ideas fijas. cabeza de chorlito o cabeza loca Persona que piensa poco las cosas o que tiene poco juicio. cabeza dura Persona a la que le cuesta mucho comprender las cosas. cabeza hueca Individuo irresponsable y de poco juicio. **4** Persona en una distribución: *tocamos a dos por cabeza.* **5** Animal de un rebaño, especialmente, cuando se cuenta: *hemos vendido trescientas cabezas de ganado.* SIN res. **6** Parte o pieza, generalmente redondeada, colocada en el extremo de una cosa y opuesta a la punta cuando la tiene: *la cabeza de un alfiler.* **7** Pieza que lee, escribe o borra las cintas de sonido o imagen. SIN cabezal. **8** Pueblo o ciudad principal de un estado o una región. cabeza de partido Pueblo o ciudad del que dependen otros para la administración de justicia. ◆ n. m. **9** Persona que dirige, preside o lidera una corporación o una colectividad.

▶ cabeza de familia Persona de mayor autoridad entre sus familiares. a la cabeza o en cabeza Delante, en el primer puesto: *nuestro corredor iba en cabeza del grupo.* cabeza abajo Con la parte superior debajo y la inferior encima. SIN boca abajo. cabeza arriba Con la parte superior encima y la inferior debajo. SIN boca arriba. cabeza de ajo (o de ajos) Conjunto de los dientes o partes que forman el bulbo de un ajo cuando todavía están unidos. cabeza de turco Persona sobre la que se hace recaer toda la culpa de algo que ha sido hecho por muchos. cabeza rapada Miembro de un grupo urbano y juvenil violento que se caracteriza, entre otras cosas, por llevar el pelo rapado. calentar la cabeza Cansar o molestar hablando mucho. calentarse (o romperse) la cabeza Pensar una cosa intensamente o durante mucho tiempo. de

caber

INDICATIVO	SUBJUNTIVO
presente	**presente**
quepo	quepa
cabes	quepas
cabe	quepa
cabemos	quepamos
cabéis	quepáis
caben	quepan
pretérito imperfecto	**pretérito imperfecto**
cabía	cupiera o cupiese
cabías	cupieras o cupieses
cabía	cupiera o cupiese
cabíamos	cupiéramos o cupiésemos
cabíais	cupierais o cupieseis
cabían	cupieran o cupiesen
pretérito perfecto simple	**futuro**
cupe	cupiere
cupiste	cupieres
cupo	cupiere
cupimos	cupiéremos
cupisteis	cupiereis
cupieron	cupieren
futuro	IMPERATIVO
cabré	cabe (tú)
cabrás	quepa (usted)
cabrá	cabed (vosotros)
cabremos	quepan (ustedes)
cabréis	
cabrán	FORMAS NO PERSONALES
condicional	**infinitivo** caber
cabría	**gerundio** cabiendo
cabrías	**participio** cabido
cabría	
cabríamos	
cabríais	
cabrían	

cabeza **a.** Con la parte superior del cuerpo por delante: *ya sé tirarme de cabeza desde el trampolín.* **b.** Directa y rápidamente: *vas de cabeza al desastre.* **c.** Muy nervioso o agobiado por tener que hacer muchas cosas muy urgentemente. NOTA Se usa con los verbos *andar, estar, llevar* o *traer.* **d.** Sin ayudarse de la escritura ni de ningún otro medio para dar una solución. levantar la cabeza Recuperar la vida después de haberla perdido. NOTA Suele usarse en la expresión *si levantara la cabeza,* para dar a entender que una persona muerta no aprobaría lo que se hace o sucede. meter en la cabeza Comprender o entender un hecho o una situación. metérsele en la cabeza Obstinarse, mantener una opinión, intención o idea aun en contra de circunstancias contrarias. no caber en la cabeza No poderse entender o imaginar: *no me cabe en la cabeza cómo ha podido ocurrir.* no levantar cabeza No lograr salir de una situación poco favorable. perder la cabeza **a.** Dejarse llevar por la ira y actuar sin pensar. **b.** Actuar sin juicio o sin razonar o volverse loco.

DER cabecear, cabecera, cabecero, cabecilla, cabezada, cabezal, cabezazo, cabezo, cabezón, cabezonada, cabezonería, cabezota, cabezudo, cabezuela; cabizbajo, descabezar, encabezar.

cabezada n. f. **1** Inclinación involuntaria de la cabeza cuando alguien dormita sin tenerla apoyada. dar cabezadas Inclinar alguien la cabeza de forma involuntaria cuando se va durmiendo y no la tiene apoyada. SIN cabecear. dar o echar una cabezada Dormir durante un corto período. **2** Cabezazo, golpe que se da con la cabeza o se recibe en ella.

cabezal n. m. **1** Dispositivo, generalmente móvil, de algunos aparatos que sirve para poner en él la pieza que realiza la función principal: *en el cabezal de la maquinilla de afeitar se ajustan las cuchillas.* **2** Pieza de un aparato de grabación y reproducción que sirve para leer o borrar lo grabado en una cinta.

cabezo n. m. **1** Montecillo en medio de un terreno llano. **2** MAR. Roca redondeada que sobresale de la superficie del mar o que apenas está sumergida.

cabezón, -zona adj./ n. m. y f. **1** Que tiene la cabeza grande o muy grande: *las caricaturas suelen ofrecer figuras cabezonas.* **2** Cabezota, persona obstinada.

cabezonería n. f. Acción de la persona que se mantiene firme en una idea o una postura y no se deja convencer, aunque haya razones claras para que cambie de opinión.

cabezota adj. [persona] Que se mantiene con obstinación en sus ideas y actitudes, y no se deja convencer por las razones en contra. SIN cabezón.

cabida n. f. Espacio o capacidad que tiene una cosa para contener otra: *el local tiene cabida para quinientas personas.*

cabildo n. m. **1** Cuerpo o comunidad de eclesiásticos que tienen algún cargo en una catedral. **2** Grupo de personas integrado por un alcalde y varios concejales que se encarga de administrar y gobernar un pueblo o ciudad. SIN ayuntamiento, concejo. **3** Edificio en el que trabaja este grupo de personas. SIN concejo. **4** Junta o reunión celebrada por los miembros de este grupo de personas. SIN concejo. **5** Institución que representa a los pueblos de cada isla en las Canarias.

cabina n. f. **1** Cuarto o recinto pequeño y cerrado donde se encuentran los mandos de un aparato o máquina y tiene un espacio reservado para el conductor, el piloto u otro personal encargado de su control. **2** Espacio reducido, generalmente cerrado, en el que hay un teléfono. SIN locutorio. **3** Recinto pequeño y aislado donde se puede hacer alguna cosa con cierta intimidad.

cabizbajo, -ja adj. [persona] Que tiene la cabeza inclinada hacia abajo por estar preocupado, triste o avergonzado: *hemos discutido y por eso está cabizbajo.*

cable n. m. **1** Hilo metálico, en general, cubierto por una funda de plástico, que se usa para conducir la energía eléctrica y para transmitir señales telefónicas o de televisión: *el cable de la plancha.* **2** Conjunto de hilos de fibra de vidrio u otro material que sirve para transportar información en forma de sonidos o imágenes. **3** Trenzado de cuerdas o hilos metálicos que se utiliza para soportar grandes pesos o tensiones. **4** Mensaje que se envía a larga distancia transmitido por un conductor eléctrico submarino. NOTA Es la forma abreviada y usual de *cablegrama.*

▶ echar un cable Prestar ayuda a una persona que se encuentra en una situación difícil. cruzársele los cables a una persona Bloqueársele la mente y actuar de una forma descontrolada e ilógica: *se le cruzaron los cables y se puso a destrozarlo todo.*

DER cableado, cablegrafiar, cablegrama, cablevisión.

cableado, -da adj. **1** Que está unido o conectado mediante cables: *instalaron varias líneas cableadas con fibra óptica en el edificio.* ◆ n. m. **2** Acción de cablear. **3** Efecto de cablear. **4** En una instalación o aparato eléctrico, conjunto de cables: *se han roto las tapas protectoras del cableado eléctrico.*

cabo n. m. **1** Extremo o punta de un objeto que es alargado. **2** Resto de una cosa alargada: *cabo de vela.* **3** Parte de tierra que entra en el mar: *cabo de Finisterre.* **4** Cuerda, especialmente, la que se utiliza en las maniobras náuticas. **5** n. com. Miembro del ejército de categoría inmediatamente superior a la del soldado.

▶ al cabo de Después del período de tiempo indicado. atar (o juntar o unir) cabos Relacionar aspectos, asociar datos para averiguar o aclarar algo. cabo suelto Aspecto que no se ha previsto o que queda sin solucionar en algún asunto o circunstancia. de cabo a rabo Desde el principio hasta el fin, completamente: *recorrimos el museo de cabo a rabo.* echar un cabo Prestar ayuda a una persona que la necesita. estar al cabo de la calle Estar perfectamente enterado del asunto de que se trata. llevar a cabo Hacer una cosa o concluirla.

DER cabal; acabar, menoscabar, recabar.

cabra n. f. Mamífero rumiante doméstico de pelo fuerte y áspero, cola corta y, generalmente, cuernos curvados hacia atrás; es muy ágil y trepa con facilidad por terrenos escarpados.

▶ cabra montés Especie salvaje, con los cuernos más grandes que los de la doméstica y con las patas, la barba y la punta de la cola negras. estar como una cabra Estar chiflado, mostrar poco juicio y muchas rarezas o extravagancias. la cabra tira al monte Expresión que indica que una persona, tarde o temprano, se comporta o muestra las inclinaciones que eran de esperar en ella.

DER cabrear, cabrero, cabrilla, cabrío, cabrito, cabrón; encabritarse, encabronar.

cabrear v. tr./ prnl. Enfadar mucho o poner de mal humor a alguien.

DER cabreo.

cabrero, -ra n. m. y f. Pastor de cabras.

cabrío, -bría adj. De la cabra o relacionado con este mamífero: *ganado cabrío.*

cabriola n. f. **1** Salto o brinco durante el que se cruzan varias veces los pies en el aire. **2** Salto que da el caballo soltando un par de coces mientras está en el aire: *el caballo hizo una cabriola y derribó al jinete.*

cabrito n. m. **1** Cría de la cabra desde que nace hasta que deja de mamar. **2** *coloquial* Persona que actúa con mala intención y que molesta o perjudica a otros con sus faenas o malas pasadas. NOTA Se usa sobre todo como apelativo despectivo. Es eufemismo de *cabrón.*

cabrón, -brona n. m. y f. **1** *malsonante* Persona que actúa con mala intención y que molesta o perjudica a otros con sus faenas o malas pasadas. Se usa como insulto. ◆ n. m. **2** Macho de la cabra. Para evitar el carácter malsonante que ha adquirido, es más usual decir *macho cabrío.* **3** *malsonante* Hombre casado con una mujer que le es infiel, especialmente, si consiente el adulterio de esta. NOTA Se usa como insulto.

DER cabronada; encabronar.

caca n. f. **1** Mierda, excremento expulsado por el ano, especialmente, el de los niños. **2** Se usa con los niños y, entre ellos, para designar cualquier cosa sucia: *no cojas ese papel del suelo, es caca.* **3** Cosa mal hecha o de mala calidad: *este programa de radio es una caca.*

SIN basura, mierda.

cacahuete n. m. **1** Fruto seco de tamaño pequeño y algo alargado, con cáscara poco dura y semillas comestibles una vez que están tostadas y saladas. **2** Planta anual de flores amarillas que da ese fruto.

cacao n. m. **1** Árbol tropical cuyo fruto es una vaina que contiene muchas semillas. **2** Semilla de este árbol. **3** Polvo sacado de estas semillas que se toma disuelto en agua o leche y con el que se hace chocolate. **4** Barra hidratante para los labios hecha con la grasa de estas semillas. **5** Mezcla desordenada de cosas distintas: *¡menudo cacao te has hecho con los números de teléfono!*

cacarear v. intr. **1** Dar cacareos el gallo o la gallina. ◆ v. tr. **2** Alabar demasiado las cosas propias.

DER cacareo.

cacatúa n. f. **1** Ave trepadora de pico grueso y muy encorvado, plumaje blanco brillante y un penacho de plumas en la cabeza que puede extender como un abanico. **2** Mujer fea, vieja y arreglada en exceso, normalmente, con mal gusto. **NOTA** Se usa como apelativo despectivo.

cacereño, -ña adj. **1** De Cáceres o que tiene relación con esta ciudad y provincia extremeña. ◆ adj./ n. m. y f. **2** [persona] Que es de Cáceres.

cacería n. f. **1** Excursión de varias personas para cazar. **2** Conjunto de los animales cazados.

cacerola n. f. Recipiente de metal con dos asas, cilíndrico y más ancho que hondo, que se usa para cocinar.
DER cacerolada.

cacerolada n. f. **1** Protesta pública, de carácter político o social, que se lleva a cabo golpeando cacerolas y otros recipientes de cocina: *los vecinos impedirán con caceroladas todos los actos públicos que realice el gobernador.* **2** Cantidad de materia que cabe en una cacerola de una sola vez.

cacha n. f. **1** Pieza que cubre cada lado del mango de un cuchillo o navaja, o la culata de un arma de fuego. Se usa sobre todo en plural. **2** Nalga, parte abultada y carnosa donde comienza la pierna humana. Se usa, sobre todo, en plural. ◆ adj./ n. com. **3** cachas [persona] Que tiene un cuerpo fuerte y los músculos muy desarrollados.
DER cachaza, cachete.

cachalote n. m. Mamífero marino de 15 a 20 metros de largo con la cabeza grande y alargada y la boca provista de dientes.

cacharro n. m. **1** Recipiente que se usa en la cocina: *ya he lavado la vajilla, ahora me queda limpiar los cacharros.* **2** Máquina, aparato o mecanismo, en especial, aquel que está viejo o en mal estado o que funciona mal. **SIN** trasto. **3** Objeto que no sirve para nada o que no tiene valor. **SIN** cachivache, trasto.
DER cacharrazo, cacharrero; escacharrar.

caché n. m. **1** Cotización de un artista por su actuación: *tras el éxito de su último disco, tiene un caché millonario.* **2** Toque de distinción y estilo personal.

cachear v. tr. Registrar a una persona palpándola por encima de la ropa que lleva puesta.
DER cacheo.

cachete n. m. **1** Golpe dado con la palma de la mano en la mejilla. **2** Mejilla, especialmente cuando es abultada.
DER cachetada, cachetero.

cachivache n. m. Objeto que no sirve para nada o que no tiene valor. **SIN** cacharro, trasto.
OBS Tiene matiz despectivo. Se emplea también como palabra comodín para designar de manera imprecisa un objeto.

cacho n. m. Trozo arrancado o cortado de una cosa, o pedazo de una cosa rota.
OBS También se usa seguido de apelativos despectivos para reforzar su significado: *¡cacho cerdo, límpiate la nariz!*
DER cacharro, cachivache.

cachondearse v. prnl. Burlarse de una persona o cosa, tomársela a risa.
DER cachondeo.

cachondeo n. m. **1** Burla que se hace de una persona o cosa. **SIN** choteo, pitorreo. **2** Juerga o diversión animada: *el domingo nos vamos de cachondeo.* **3** Falta de seriedad o de organización en un asunto que los exige: *con gente tan irresponsable al mando, este seminario va a ser un cachondeo.* **SIN** choteo, pitorreo.

cachondo, -da adj. **1** [animal] Que está en celo, especialmente, una perra. **2** [persona] Que tiene un gran deseo sexual. ◆ adj./ n. m. y f. **3** [persona] Que es divertida y bromista: *sale con un grupo de gente muy cachonda para divertirse.*
DER cachondearse.

cachorro, -rra n. m. y f. **1** Cría de un mamífero, especialmente, el perro: *la perra ha tenido cuatro cachorros.* **2** Hijo o descendiente que permanece fiel a las ideas y modos de vida de sus padres o antecesores.

cacique n. m. **1** Persona que valiéndose de su influencia o riqueza interviene abusivamente en la política y administración de una comunidad. **2** Jefe de algunas tribus indias en América Central o del Sur.
DER cacicato, caciquismo.

caciquismo n. m. **1** Influencia o dominio excesivo del cacique en la vida política y social de una comunidad. **2** Intervención abusiva de una persona en un asunto determinado, sirviéndose de su poder.

caco n. m. Ladrón que roba con habilidad y sin violencia. **SIN** ladronzuelo.

cacofonía n. f. Disonancia que resulta de la combinación de sonidos poco agradables al oído: *hay cacofonía del sonido erre en «el perro de san Roque no tiene rabo».* **SIN** disonancia.
DER cacofónico.

cactus o **cacto** n. m. Planta con espinas, tallos grandes y carnosos y flores amarillas, que acumula agua en su interior.
DER cactáceo.

cada det. indef. **1** Establece una correspondencia distributiva entre los miembros numerables de una serie y los miembros de otra: *reparte dos caramelos a cada niño.* **2** Designa, uno por uno, la totalidad de los elementos de un conjunto o de una serie: *volveremos cada lunes a la misma hora.* **3** Indica un gran tamaño o cantidad respecto a la palabra que va detrás: *¡dice cada tontería!*
▶ cada cual o cada hijo de vecino Designa, separadamente, a una persona en relación con las otras. cada dos por tres La mayor parte de las veces.

cadalso n. m. Tablado elevado que se instala para celebrar un acto solemne; especialmente, el que se usa para llevar a cabo la ejecución de los condenados a muerte.

cadáver n. m. Cuerpo sin vida de una persona o animal. SIN cuerpo, difunto, muerto.
DER cadavérico.

cadena n. f. **1** Conjunto de piezas, generalmente metálicas y en forma de anillo, enlazadas unas a continuación de las otras: *en su cuello lucía una bonita cadena de oro.* **2** Serie de piezas metálicas iguales, enlazadas entre sí y articuladas de manera que constituyen un circuito cerrado; generalmente sirve para comunicar un movimiento: *la cadena de la bicicleta.* **3** Sucesión de fenómenos, acontecimientos o hechos relacionados entre sí: *se ha desatado una cadena de protestas.* **4** Conjunto de personas que se enlazan cogiéndose de las manos, o simplemente colocadas unas al lado de las otras, para realizar alguna actividad en común. **5** Conjunto de máquinas e instalaciones dispuestas para que pase sucesivamente de una a otra un producto industrial durante su proceso de fabricación o montaje: *cadena de montaje de una fábrica de coches.* **6** Conjunto de establecimientos o industrias del mismo tipo que pertenecen a una persona o a una sociedad y se organizan siguiendo unas directrices comunes. **7** Red de emisoras de radio o televisión que, unidas y coordinadas entre sí, difunden una misma programación. **8** Equipo de sonido formado por varios aparatos reproductores y grabadores independientes pero adaptables entre sí. **9** Atadura moral; lo que de alguna manera nos condiciona y obliga. **10** DER. Pena de cárcel.
▶ cadena perpetua Pena que dura toda la vida del condenado. en cadena [acción, acontecimiento] Que se produce en sucesión continuada: *choque de coches en cadena.*
DER cadeneta; encadenar.

cadencia n. f. **1** Sucesión regular o medida de los sonidos o los movimientos: *cadencia en el andar.* **2** Reparto o combinación proporcionada de los acentos y las pausas en un texto en prosa o en verso. **3** Ritmo o modo regular de repetirse u ocurrir una cosa: *cadencia respiratoria.* **4** Regularidad y proporción en la combinación de las duraciones de los sonidos, que es propia de la música. **5** Adaptación de los movimientos a esta medida del sonido, que es propia de la danza.
DER decadencia, semicadencia.

cadera n. f. **1** Parte saliente a cada lado del cuerpo y por debajo de la cintura formada por los huesos superiores de la pelvis. **2** Parte lateral del anca de un animal cuadrúpedo. **3** Primera pieza de la pata de un insecto.

cadete n. com. **1** Persona que estudia en una academia militar. ◆ adj./n. com. **2** Deportista que pertenece a la categoría posterior a la de infantil y anterior a la de juvenil.

cadí n. m. En algunos países islámicos, juez civil.
OBS El plural es *cadíes.*

cadmio n. m. Elemento químico, metal maleable de color blanco, parecido al estaño, de número atómico 48: *el símbolo del cadmio es Cd.*

caducar v. intr. **1** Perder su validez o efectividad un documento, ley, derecho o costumbre, generalmente por el paso del tiempo. **2** Estropearse o dejar de ser apto para el consumo, especialmente un alimento envasado o una medicina.

caducidad n. f. **1** Pérdida de la validez o efectividad de un documento, ley, derecho o costumbre, generalmente, debido al paso del tiempo. **2** Deterioro o pérdida de la utilidad para el consumo, especialmente, de un alimento envasado o una medicina.

caducifolio, -lia adj. BOT. [árbol, planta] Que es de hoja caduca, que pierde sus hojas todos los años.

caduco, -ca adj. **1** Que es muy antiguo o está fuera de uso. SIN anticuado, decadente, antiguo. ANT moderno, vigente. **2** [órgano vegetal, generalmente, una hoja] Que está destinado a caerse. ANT perenne. **3** Perecedero, de poca duración o que se estropea en un plazo de tiempo. **4** [persona] Que es de edad

a b c d e f g h i j k l m n ñ o p q r s t u v w x y z

avanzada y está perdiendo capacidad física o intelectual.
DER caducar, caducidad, caducifolio.

caer v. intr./ prnl. **1** Moverse de arriba abajo por el propio peso: *la lluvia cae del cielo.* **2** Perder el equilibrio hasta dar contra el suelo o en una superficie firme: *cayó por la escalera.* NOTA Seguido de la preposición *de* y una parte del cuerpo, indica que se cae impactando contra el suelo con la parte del cuerpo que se nombra: *caer de cabeza.* caer (o caerse) redondo Ir a dar contra el suelo por perder el conocimiento o por otra causa. **3** Desprenderse o soltarse una cosa del lugar o el objeto al que estaba unida: *la lámpara ha caído al suelo.* **4** Pasar a un estado físico, moral o económico inferior o desfavorable: *caer enfermo.* caer bajo Realizar una acción indigna o despreciable. **5** Bajar mucho o descender: *caer los precios.* **6** Desaparecer, acabar, dejar de ser, morir: *cayó la monarquía.* **7** Perder la vida, morir: *ese soldado ha caído en el frente.* caer como chinches o caer como moscas Morir en gran cantidad. **8** Venir a dar una persona o un animal en una trampa, un engaño o una situación difícil: *el lobo cayó en el cepo.* **9** Llegar rápidamente o por sorpresa para causar un daño: *si publicas eso, los críticos caerán sobre ti.* **10** Arrojarse o abalanzarse: *cayó en sus brazos.* **11** Acercarse a su ocaso o fin el sol, el día o la tarde: *se verán al caer la tarde.* **12** Tomar una cosa cierta forma al colgar: *el vestido cae por detrás.* **13** Comprender o recordar una cosa: *no caigo, explícamelo otra vez, a ver si me acuerdo.* caer en la cuenta Entender o comprender una cosa; tener presente. **14** Coincidir o corresponder una cosa con determinada fecha: *¿en qué día cae este año la feria?* **15** Estar situado en un lugar o cerca de él: *esas oficinas caen muy cerca de aquí.* **16** Tocar o corresponder por suerte. **17** Sentar bien o mal: *ese traje te cae muy bien.* **18** Producir una impresión de simpatía o antipatía una persona: *siempre cae bien a todo el mundo.* caer gordo Resultar antipática una persona a alguien. **19** No aparecer el nombre de una persona en una lista: *Pérez ha caído de la alineación del equipo de fútbol.*
▶ caer (o caerse) de su peso Ser el resultado lógico y seguro de lo que se hace o se dice. dejar caer Decir una cosa fingiendo que no es importante: *de pasada dejó caer que quizá no podría venir.* dejarse caer Ir a un lugar ocasionalmente o de forma inesperada: *cuando estoy aburrido me dejo caer por el club.* estar al caer Faltar muy poco tiempo para que una cosa ocurra: *las vacaciones están al caer.*
DER caedizo, caída, caído; decaer, recaer.

caer

INDICATIVO	SUBJUNTIVO
presente	**presente**
caigo	caiga
caes	caigas
cae	caiga
caemos	caigamos
caéis	caigáis
caen	caigan
pretérito imperfecto	**pretérito imperfecto**
caía	cayera o cayese
caías	cayeras o cayeses
caía	cayera o cayese
caíamos	cayéramos o cayésemos
caíais	cayerais o cayeseis
caían	cayeran o cayesen
pretérito perfecto simple	**futuro**
caí	cayere
caíste	cayeres
cayó	cayere
caímos	cayéremos
caísteis	cayereis
cayeron	cayeren
futuro	IMPERATIVO
caeré	cae (tú)
caerás	caiga (usted)
caerá	caed (vosotros)
caeremos	caigan (ustedes)
caeréis	
caerán	FORMAS NO PERSONALES
condicional	**infinitivo** caer / **gerundio** cayendo
caería	
caerías	**participio** caído
caería	
caeríamos	
caeríais	
caerían	

café n. m. **1** Arbusto tropical de hoja perenne, flores blancas y fruto pequeño que contiene dos semillas. **2** Semilla o conjunto de semillas de este árbol. café torrefacto Café que es de color más oscuro por haber sido tostado con un poco de azúcar. **3** Bebida oscura y de sabor algo amargo que se hace por infusión de esta semilla tostada y molida. café con leche Café que lleva más o menos la misma proporción de leche y de café. café cortado Café que lleva solo un poco de leche. También se dice *cortado.* café descafeinado Café que no tiene cafeína o al que se le han suprimido las sustancias excitantes. También se dice solamente *descafeinado*. café exprés Café que se hace con vapor de forma rápida. café instantáneo o café soluble Café preparado para que se disuelva al echarle el agua o la leche. café irlandés Café que se prepara con whisky quemado y nata. café solo Café que no lleva leche. También se dice *solo*. **4** Establecimiento público en el que se sirve esta bebida y otras consumiciones. SIN cafetería. café-cantante Establecimiento donde se sirven bebidas y se ofrecen actuaciones musicales en directo, generalmente, de carácter frívolo o ligero. café-concierto Establecimiento donde se sirven bebidas y se ofrecen actuaciones musicales en directo, generalmente, de cantautores o de música clásica. café-teatro Establecimiento donde se sirven bebidas y otras consumiciones y en el que se representa una obra teatral corta. ◆ adj./ n. m. y f. **5** [color] Que es marrón oscuro.

▶ de mal café De mal humor o enfadado.

DER cafeína, cafetera, cafetero.

cafeína n. f. Sustancia excitante que se encuentra en el café y otras bebidas.

DER descafeinar.

cafetal n. m. Terreno plantado de cafés o cafetos: *en Brasil hay muchos cafetales.*

cafetera n. f. **1** Máquina o aparato que sirve para preparar café. **2** Recipiente en que se sirve el café. **3** Vehículo muy viejo y en mal estado que hace mucho ruido al andar. SIN cacharro, trasto.

cafetería n. f. Establecimiento en el que se sirven café y otras consumiciones. SIN café.

cafetero, -ra adj. **1** Del café o relacionado con este producto. ◆ adj./ n. m. y f. **2** [persona] Que es muy aficionada a tomar café. ◆ n. m. y f. **3** Persona que se dedica a la recolección del café o comercia con él.

DER cafetería.

cafetín n. m. Establecimiento en el que se sirven café y otras consumiciones: *mientras algunos viejos conversaban con las mujeres, los jóvenes se metían en el cafetín cercano para matar el tiempo.* SIN café, cafetería.

cafre adj. **1** [persona] Que se comporta con violencia y crueldad. **2** [persona] Que es tosco o inculto o que se comporta con poco tacto o refinamiento: *¡no seas cafre, estás doblando las esquinas del libro!*

cagado, -da adj./ n. m. y f. [persona] Que no se atreve a hacer nada difícil o arriesgado porque todo le da miedo. NOTA Tiene valor despectivo. SIN miedica.

cagar v. intr./ prnl. **1** *malsonante* Expulsar excrementos por el ano. SIN defecar, evacuar, deponer. ◆ v. tr. **2** Echar a perder o estropear una cosa: *¡la cagaste!, te han cogido copiando.* NOTA Se suele usar en la expresión *cagarla*. ◆ v. prnl. **3** cagarse Sentir un miedo muy fuerte.

DER cagada, cagado, cagalera, cagarruta, cagón; escagarruzarse.

caída n. f. **1** Movimiento de arriba abajo por la acción del propio peso. **2** Pérdida del equilibrio o de la estabilidad de una persona o cosa por la acción del propio peso. **3** Desprendimiento o separación del lugar o el objeto al que estaba unido: *caída del cabello.* **4** Cuesta o inclinación de una superficie. SIN declive, pendiente. **5** Acción de hallarse en un estado físico, moral o económico inferior o desfavorable: *caída en desgracia, en el pecado.* **6** Pérdida de la fuerza o de la importancia: *la caída del Imperio romano.* SIN decadencia, declive. **7** Disminución del valor o la importancia de una cosa. **8** Manera de caer las telas, cortinas o ropajes; por ejemplo, formando pliegues.

▶ caída de ojos Forma de bajar los ojos o los párpados y expresión que se da a la mirada.

caído, -da adj. **1** [persona, animal] Que tiene muy inclinada o más baja de lo normal la parte del cuerpo que se indica: *caído de hombros.* NOTA La parte del cuerpo va precedida de la preposición *de*. ◆ adj./ n. m. y f. **2** [persona] Que ha muerto en la lucha por una causa.

caimán n. m. Reptil grande de color marrón oscuro, piel muy dura y con escamas y patas con una membrana entre los dedos para nadar; su cola es larga y aplanada lateralmente, los dientes, afilados; y el hocico, corto.

caja n. f. **1** Recipiente, generalmente, con tapa, que sirve para guardar o llevar cosas: *caja de bombones.* caja fuerte o caja de caudales Caja hecha con material muy resistente que se usa para guardar con seguridad objetos de valor o dinero. caja registradora Caja que se usa para calcular y guardar el importe de las ventas en los comercios. **2** Recipiente que contiene o protege un mecanismo. caja de cambios Caja que contiene los mecanismos de los cambios de velocidad en vehículos automóviles. caja de música Caja que contiene un mecanismo que, al abrir la tapa, hace sonar una melodía. caja negra Caja que contiene un mecanismo que graba información sobre el vuelo de un avión. **3** Parte hueca de un instrumento musical de cuerda en la que se produce la resonancia. **4** Parte del cuerpo que contiene o protege un conjunto de órganos. caja torácica MED. Parte del cuerpo donde se encuentran el corazón, los pulmones y otros órganos. **SIN** tórax. **5** Lugar donde se hacen los pagos y cobros en un establecimiento. **6** Entidad bancaria, especialmente, dedicada a guardar el dinero de sus clientes a cambio de un interés. **7** Recipiente, generalmente de madera y con tapa, en el que se coloca a una persona muerta para enterrarla. **SIN** ataúd, féretro.

▶ caja de reclutamiento o caja de reclutas Organismo militar que se encarga de alistar y dar destino a los soldados. hacer caja Calcular el importe de las entradas y salidas de dinero, generalmente, al final de un período.

DER cajero, cajetilla, cajista, cajón; encajar.

cajero, -ra n. m. y f. **1** Persona que se dedica a llevar el control de la caja y a atender los pagos y cobros en una entidad bancaria. cajero automático Máquina conectada con un banco que permite sacar o ingresar dinero en cualquier momento mediante una tarjeta especial que tiene asignada una clave personal. **2** Persona que se dedica a cobrar el importe de sus gastos a los clientes de ciertos establecimientos.

cajetilla n. f. Paquete de cigarrillos.

cajón n. m. **1** Recipiente independiente que se puede meter y sacar del hueco del mueble en que encaja. **2** Caja grande, de base más o menos cuadrada y sin tapa, que se usa para guardar o llevar cosas pesadas.

▶ cajón de sastre Conjunto de cosas diversas y desordenadas, y sitio en el que se reúnen. de cajón Que es evidente, lógico y seguro, según lo que se hace o se dice. Suele usarse con el verbo *ser*.

DER cajonera; encajonar.

cal n. f. **1** Sustancia alcalina blanca que mezclada con agua desprende calor; suele usarse para fabricar cementos y pintar paredes. **2** QUÍM. Óxido de calcio: *la fórmula de la cal es CaO.*

▶ a cal y canto Expresión que indica que la acción de cerrar, encerrar o encerrarse se realiza totalmente y con la intención de que nadie pueda entrar o salir: *no puedes encerrarte a cal y canto, tienes que salir.* una de cal y otra de arena Alternancia de cosas diversas o contrarias: *para evitar enfrentamientos, es preciso dar una de cal y otra de arena.*

DER calcáreo, calcificar, calcinar, calcio, calcita, calera; encalar.

cala n. f. **1** Parte pequeña del mar que entra en la tierra y suele estar rodeada de rocas. **SIN** bahía. **2** Agujero que se hace en un terreno o una obra de fábrica para reconocer su profundidad, composición o estructura. **3** Trozo pequeño que se corta de una fruta para probarla. **4** Parte más baja en el interior de una embarcación. **5** Peseta, unidad monetaria.

calabacín n. m. Calabaza pequeña de forma cilíndrica con carne blanca recubierta por una corteza verde.

calabaza n. f. **1** Fruto comestible de gran tamaño y forma redonda, de color amarillo o naranja, con muchas semillas en su interior. **2** Planta herbácea de tallos rastreros y flores amarillas que produce este fruto. **3** Cabeza de una persona, especialmente si es grande. **SIN** melón. **4** Suspenso en una asignatura: *a este paso me gano una calabaza en Lengua.*

▶ dar calabazas **a.** Suspender un examen: *me han dado calabazas en mates.* **b.** Rechazar a un pretendiente amoroso: *le di calabazas porque no me gustaba.*

DER calabacera, calabacín.

calabozo n. m. **1** Celda incomunicada de una cárcel. **2** Lugar de un cuartel o una comisaría destinado a encerrar a un arrestado por un período breve de tiempo. **3** Lugar seguro, generalmente oscuro y subterráneo, donde se encerraba a los presos. **SIN** mazmorra.

caladero n. m. Lugar a propósito para echar las redes de pesca: *los pescadores buscan nuevos caladeros.*

calado n. m. **1** Labor o adorno hecho en una tela, papel o madera consistente en una serie de agujeros que forman un dibujo: *puso un mantel de bonitos calados.* **2** MAR. Profundidad que la parte sumergida de una embarcación alcanza en el agua: *avistó un buque de gran calado.* **3** MAR. Distancia que hay entre el fondo del mar y la superficie del agua: *calado de un puerto.*

calafatear v. tr. Cerrar las uniones de las maderas de una embarcación con estopa y brea para impedir que entre el agua.

calagurritano, -na adj. **1** De Calahorra o relacionado con esta localidad riojana. ◆ adj./ n. m. y f. **2** [persona] Que ha nacido en Calahorra.

calamar n. m. Molusco marino de cuerpo alargado y oval, con ocho tentáculos cortos y dos largos alrededor de la cabeza; no tiene concha externa, sino una interna transparente en forma de tubo; se mueve lanzando un chorro de agua con fuerza y, para ocultarse, segrega un líquido negro con el que enturbia el agua.

calambre n. m. **1** Contracción involuntaria y dolorosa de un músculo, especialmente el de la pantorrilla. **2** Estremecimiento del cuerpo por una descarga eléctrica de baja intensidad.
DER acalambrarse.

calambur n. m. Figura retórica de dicción que consiste en la unión de las sílabas de dos o más palabras contiguas, variando el lugar habitual de separación entre ellas, con el fin de obtener un significado distinto al que tienen en su posición normal, como en *oro parece, plata no es* o *yo lo coloco; y ella lo quita, lo quita*.

calamidad n. f. **1** Desgracia, adversidad o infortunio que afecta a muchas personas: *el hambre, la miseria y otras calamidades azotan al Tercer Mundo.* **2** Persona a la que todo le sale mal por torpeza o mala suerte. **3** Cosa muy defectuosa o mal hecha.

calandria n. f. **1** Pájaro parecido a la alondra, de dorso pardusco y vientre blanquecino, alas anchas y pico grande. **2** Máquina que sirve para prensar o satinar papel o tela.

calaña n. f. Índole, naturaleza o condición de una persona, especialmente si es de carácter negativo: *no me trato con gente de su calaña.*

calar v. tr. **1** Penetrar un líquido en un cuerpo poroso o permeable. ◆ v. tr. **2** Atravesar con un instrumento un cuerpo de lado a lado. **3** Adornar una tela, papel o madera haciéndole agujeros que forman un dibujo. **4** Cortar un trozo pequeño de una fruta, generalmente de un melón o una sandía, para probarla. **5** Conocer o adivinar las verdaderas cualidades o intenciones de una persona: *no me vengas con rodeos y dime la verdad, que ya te he calado.* **6** Comprender el motivo, razón o secreto de una cosa. ◆ v. intr. **7** Producir una impresión: *sus últimas palabras calaron en el auditorio.* **calar hondo** Penetrar profundamente en el ánimo de las personas, convencer. ◆ v. prnl. **8 calarse** Mojarse una persona hasta que el agua penetra en la ropa y llega hasta el cuerpo: *calarse hasta los huesos.* **9** Colocarse o ponerse, generalmente un objeto o una prenda de vestir ajustándola bien en una parte del cuerpo: *calarse el sombrero.* **10** Pararse un motor por estar frío o no llegarle la cantidad suficiente de combustible.
DER cala, calada, caladero, calado; recalar.

calavera n. f. **1** Conjunto de huesos que forman la cabeza, cuando permanecen unidos y están despojados de piel y carne. ◆ n. m. **2** Persona de poco juicio o de vida desordenada: *este chaval es un calavera y está todas las noches de parranda.*
DER calaverada.

calcar v. tr. **1** Sacar copia, generalmente de un dibujo, por contacto del original con el papel o tela en el que se reproduce. **2** Copiar, imitar o reproducir fielmente una cosa.
DER calcado, calco; conculcar, recalcar.

calcáreo, -rea adj. Que tiene cal. SIN calizo.

calceta n. f. Tejido de punto que se hace a mano.

calcetín n. m. Prenda de vestir de punto, de lana o algodón, que cubre el pie y la pierna hasta la rodilla.
DER calceta.

calcificar v. tr. **1** Producir carbonato de cal por medios artificiales. **2** Dar a un tejido orgánico propiedades calcáreas mediante la adición de sales de calcio. ◆ v. prnl. **3 calcificarse** Modificarse o degenerar un tejido orgánico por la acumulación de sales de calcio.
DER calcificación; descalcificar.

calcinar v. tr. **1** Quemar o destruir mediante el fuego. ◆ v. tr./ prnl. **2** QUÍM. Someter los minerales a altas temperaturas para que desaparezcan el agua y el carbono.
DER calcinación.

calcio n. m. Elemento químico, metal blando, de color blanco brillante que se oxida con el aire y el agua y, combinado con el oxígeno, forma la cal: *el símbolo del calcio es Ca.*
DER cálcico.

calcita n. f. Mineral formado por carbonato de cal cristalizado: *el mármol es una roca metamórfica que se forma a partir de la calcita.*

calco n. m. **1** Copia de un texto o un dibujo por contacto del original con el papel o tela en el que se reproduce. **2** Imitación, reproducción idéntica o muy parecida al original.

3 GRAM. Adaptación de una palabra extranjera traduciendo su significado completo o el de cada uno de sus elementos formantes: *la palabra «baloncesto» es un calco del inglés «basketball».*

▶ **calco semántico** GRAM. Adaptación del significado de una palabra extranjera a una palabra que ya existe en una lengua: *«asistente» por «ayudante» es un calco semántico del inglés.*

calcopirita n. f. Sulfuro natural de cobre y hierro, de color amarillo claro y no muy duro.

calculador, -ra adj./n. m. y f. **1** [persona] Que hace las cosas después de haberlas pensado con cuidado y únicamente en función del interés material que pueden reportarle. SIN interesado. **2** [persona] Que piensa con cuidado y atención un asunto intentando considerar todos los detalles. SIN reflexivo.

calculadora n. f. Máquina para realizar cálculos matemáticos.

calcular v. tr. **1** Hacer las operaciones matemáticas necesarias para averiguar un resultado. **2** Creer o suponer una cosa teniendo en cuenta otras: *¿cuántos años le calculas?* **3** Pensar con cuidado y atención un asunto intentando considerar todos los detalles.

DER calculable, calculador, calculadora, cálculo.

cálculo n. m. **1** Operación o conjunto de operaciones matemáticas necesarias para averiguar un resultado: *haz un cálculo de los gastos.* SIN cuenta. **2** Suposición o juicio que se forma por anticipado a partir de unos datos incompletos o aproximados. SIN conjetura. **3** Acumulación anormal de materia mineral u orgánica que se forma en algunos órganos huecos del cuerpo: *le han visto varios cálculos en el riñón.* SIN piedra. **4** MAT. Parte de las matemáticas que estudia las cantidades variables y sus diferencias.

caldear v. tr./prnl. **1** Calentar, especialmente un sitio cerrado. **2** Excitar o hacer que se levanten los ánimos o que se pierda la calma: *sus acusaciones caldearon la reunión.* SIN calentar.

DER caldeo, caldera, caldo; rescoldo.

caldeo, -dea adj. **1** De un pueblo semita procedente de Arabia que habitaba en la antigua región mesopotámica de Caldea. ◆ adj./n. m. y f. **2** [persona] Que pertenecía a este pueblo. ◆ n. m./adj. **3** Antigua lengua que se hablaba en la península de Anatolia.

caldera n. f. **1** Recipiente metálico dotado de una fuente de calor donde se calienta o hace hervir el agua que circula por los tubos y radiadores de la calefacción de un edificio. **caldera de vapor** Recipiente cerrado de metal donde se hierve agua hasta conseguir el vapor necesario para mover una máquina. **2** Vasija de metal con dos asas, grande y de fondo redondeado, que se usa para calentar o poner a cocer algo dentro de ella.

DER calderero, caldereta, calderilla, caldero.

calderilla n. f. Conjunto de monedas, generalmente, de poco valor. SIN suelto.

caldero n. m. Recipiente metálico de fondo redondeado y con una sola asa móvil que va de lado a lado.

calderón n. m. **1** Signo ortográfico con que antiguamente se señalaba un párrafo: *el calderón se representa con el signo ¶.* **2** MÚS. Signo que representa la suspensión del compás; colocado sobre una nota o pausa, indica que se puede prolongar a voluntad.

caldo n. m. **1** Alimento líquido que resulta de cocer en agua carne, pescado o verdura. SIN sopa. **2** Vino u otro jugo vegetal destinado a la alimentación y extraído directamente de un fruto.

▶ **caldo de cultivo** **a.** BIOL. Líquido preparado para el desarrollo y estudio de las bacterias y otros microorganismos: *muchas vacunas se han conseguido a partir de caldos de cultivo.* **b.** Lugar o ambiente adecuado para el desarrollo de una cosa que se considera importante: *el paro y la crisis económica fueron el caldo de cultivo en el que surgió la revolución.* **poner a caldo** Regañar a una persona, llegando incluso a insultarla, por haber cometido una mala acción: *lo pusieron a caldo por haber revelado el secreto.*

DER caldoso.

caldoso, -sa adj. Que tiene caldo: *arroz caldoso; guiso caldoso.*

calé adj. Miembro de una etnia nómada que probablente procede de la India y que se extendió por Europa. SIN gitano.

calefacción n. f. Conjunto de aparatos que forman un sistema y sirven para calentar un lugar.

▶ **calefacción central** Sistema de calefacción que emite el calor desde un solo punto y sirve para calentar todo un edificio.

DER calefactor.

calefactor, -ra adj. **1** Que calienta o hace subir la temperatura de una cosa: *aparato* *calefactor; elemento calefactor.* ◆ n. m. y f. **2** Persona que tiene por oficio instalar y reparar aparatos de calefacción. ◆ n. m. **3** Aparato eléctrico de calefacción que produce calor recogiendo aire del ambiente y despidiéndolo caliente: *en el invierno, las casas se enfrían y hay que recurrir a los calefactores eléctricos.*

caleidoscopio o **calidoscopio** n. m. Tubo con dos o tres espejos inclinados en su interior y varias piezas de colores en uno de sus extremos que se pueden ver por el otro formando distintas figuras simétricas a medida que se va girando el tubo.

calendario n. m. **1** Registro de todos los días del año ordenados por meses y por semanas, que, generalmente, incluye información sobre las fases de la Luna y sobre las festividades religiosas y civiles. SIN almanaque. calendario perpetuo Conjunto de datos que, mediante las operaciones que indica, permite saber cómo se distribuyen los meses, semanas y días de cualquier año. **2** Sistema de división del tiempo por días, semanas, meses y años. calendario eclesiástico Calendario que se basa en las celebraciones religiosas. calendario escolar Calendario que fija los días lectivos y festivos para profesores y estudiantes. calendario gregoriano, calendario nuevo o calendario renovado Calendario que divide el año en siete meses de treinta y un días, cuatro meses de treinta días y un mes con veintiocho días, excepto el año bisiesto, que añade un día más. calendario laboral Calendario que elabora la autoridad competente para fijar los días de trabajo y de fiesta durante el año. **3** Plan ordenado del conjunto de las actividades previstas durante un período. SIN programa.

caléndula n. f. Planta de jardín de flores compuestas, de color rojo o naranja. SIN maravilla.

calentador, -ra adj. **1** Que calienta o hace subir la temperatura de una cosa. ◆ n. m. **2** Aparato que calienta el agua para usos domésticos. **3** Utensilio o recipiente que sirve para calentar. ◆ n. m. pl. **4** calentadores Medias sin pie, normalmente de lana o algodón, que sirven para mantener calientes las piernas desde el tobillo hasta la rodilla.

calentamiento n. m. **1** Aumento de la temperatura mediante la comunicación de calor. **2** Serie de ejercicios para desentumecer los músculos y entrar en calor antes de practicar un deporte.
DER precalentamiento, sobrecalentamiento.

calentar v. tr./ intr./ prnl. **1** Dar calor a un cuerpo para hacer subir su temperatura: *calentar la leche.* ANT enfriar. ◆ v. tr./ prnl. **2** Enfadar o molestar a una persona: *no me calientes con esas estupideces que te doy una torta.* **3** Excitar o avivar el apetito sexual. ◆ v. tr. **4** Pegar o dar golpes a una persona. **5** Excitar o hacer que se levanten los ánimos o que se pierda la calma: *calentar una discusión.* SIN caldear. ANT enfriar. ◆ v. tr./ intr. **6** Hacer ejercicios para desentumecer los músculos y entrar en calor antes de practicar un deporte.
▶ calentar el asiento Ocupar un cargo o un empleo sin desarrollar ninguna actividad: *es un enchufado y no hace más que calentar el asiento.* calentar la cabeza o calentar los cascos Cansar o molestar hablando mucho: *haz lo que quieras y no me calientes más la cabeza.*
DER calentador, calentamiento, calentura; recalentar.

calentura n. f. **1** Síntoma de enfermedad que consiste en la elevación de la temperatura del cuerpo por encima de lo normal y el aumento del ritmo cardíaco y respiratorio. SIN fiebre. **2** Herida que se forma en los labios, generalmente, a causa de la fiebre.
DER calenturiento.

caleta n. f. Cala pequeña, entrante del mar en la tierra.

calibrar v. tr. **1** Medir el calibre o diámetro de un objeto cilíndrico. **2** Dar el calibre o diámetro que se desea a un objeto cilíndrico. **3** Medir con cuidado, estudiar con detalle la importancia o trascendencia de una cosa.
DER calibrador.

calibre n. m. **1** Diámetro interior de un objeto cilíndrico hueco, especialmente el del cañón de un arma de fuego: *revólver de calibre 38 o 45.* **2** Diámetro de un objeto cilíndrico o esférico no hueco: *el calibre de un alambre; el calibre de un tornillo.* **3** Instrumento para calibrar, especialmente, los diámetros. **4** Importancia, alcance o trascendencia de una cosa no material: *esperan que no se trate de una crisis del calibre de la ocurrida hace algunos años.* **5** Tamaño de una cosa: *tipografía de calibre mayor.*
DER calibrar.

calidad n. f. **1** Propiedad o conjunto de propiedades inherentes a una cosa que permiten caracterizarla y valorarla como igual, mejor o peor que las restantes de su especie. NOTA

Se usa mucho con la construcción *ser de*; si no se expresa el adjetivo, se supone buena calidad, excelencia, superioridad: *esta tela es de calidad.* **2** Carácter, genio, índole de una persona: *su calidad humana y profesional es incuestionable.*

▶ de calidad superior o de primera calidad Que está hecho con el mejor material o de la mejor manera posible: *fabrican un queso de primera calidad.* en calidad de Que realiza la acción como, con la condición, función o cargo que se expresa: *habló en calidad de ministro.*

cálido, -da adj. **1** Que está caliente o que produce calor: *climas cálidos; vientos cálidos.* ANT frío, glacial. **2** Que es afectuoso, agradable o acogedor. ANT frío. **3** Que produce sensación de temperatura más alta que lo que lo rodea: *ropa cálida; salón cálido.* SIN caliente. ANT frío. **4** [color] Que pertenece a la escala del rojo y del amarillo o se basa en la mezcla de ambas: *ha comprado una cortina de colores cálidos.* SIN caliente. ANT frío.

caliente adj. **1** Que tiene una temperatura alta o más alta de lo normal: *ten cuidado con la plancha, que está caliente.* ANT frío. **2** Que es acalorado, vivo o apasionado. ANT frío. **3** Que es reciente o acaba de suceder: *noticia caliente.* **4** Que produce sensación de temperatura alta o que retiene el calor. SIN cálido. ANT frío. **5** [color] Que pertenece a la escala del rojo y del amarillo, o se basa en la mezcla de ambos. SIN cálido. ANT frío. **6** Que siente excitación sexual: *es un reprimido y con cualquier escena erótica se pone caliente.*
DER calefacción, calentar.

califa n. m. Príncipe musulmán que, como sucesor de Mahoma, ejercía la suprema potestad civil y religiosa.
DER califal, califato.

califal adj. De los califas o relacionado con estos príncipes musulmanes: *época, arte califal.*

califato n. m. **1** Cargo o dignidad de califa. **2** Territorio que gobernaba un califa. **3** Tiempo durante el que gobernaba un califa o dinastía de califas. **4** Período histórico en el que hubo califas.

calificación n. f. **1** Valoración de la suficiencia o no suficiencia de la persona que se examina. **2** Puntuación o palabra con la cual se expresa dicha valoración: *su calificación en Matemáticas es de sobresaliente.* SIN nota. **3** Atribución de determinadas cualidades a una persona o cosa: *su mal comportamiento no merece calificación.*

calificado, -da adj. **1** [persona] Que goza de autoridad, mérito y prestigio. **2** [cosa] Que tiene las cualidades y requisitos necesarios para algo.

calificar v. tr. **1** Valorar el grado de suficiencia o de insuficiencia de los conocimientos mostrados por un alumno u opositor en un examen o ejercicio: *le han calificado positivamente el trabajo.* **2** Expresar este grado con una palabra o puntuación de una escala establecida. **3** Atribuir a una persona o cosa cierta cualidad: *no califiques de imposible lo que no has intentado.* **4** GRAM. Expresar un adjetivo la cualidad de un sustantivo: *el adjetivo «simpático» puede calificar al sustantivo «hombre».*
DER calificación, calificado, calificador, calificativo; descalificar, incalificable.

calificativo, -va adj. **1** Que califica, determina o expresa unas cualidades: *adjetivo calificativo.*

californiano, -na adj. **1** De California o que tiene relación con este estado del suroeste de los Estados Unidos. ◆ adj./n. m. y f. **2** [persona] Que es de California.

californio n. m. Elemento químico radiactivo artificial de número atómico 98 que se obtiene bombardeando el curio con partículas alfa: *el símbolo del californio es Cf.*

caligrafía n. f. **1** Arte de escribir a mano con letra bella y correctamente formada según diferentes estilos. **2** Conjunto de rasgos característicos de la escritura de un documento, una persona o una época.
DER caligrafiar, caligráfico, calígrafo.

caligrafiar v. tr. Escribir a mano con letra bella y correctamente formada.

calígrafo, -fa n. m. y f. **1** Persona que escribe a mano con letra bella y bien hecha. **2** Persona que tiene especiales conocimientos de caligrafía.

caligrama n. m. Poema o escrito en que las letras forman un dibujo que tiene relación con el contenido.

calima n. f. Bruma muy tenue que enturbia ligeramente el ambiente, especialmente en épocas calurosas: *el paisaje cubierto por la calima hace que todo se vea confuso y borroso.*
OBS También *calina.*
DER calimoso.

cáliz n. m. **1** Recipiente sagrado en forma de copa, que se utiliza para consagrar el vino en la misa. **2** Conjunto de amarguras, aflicciones o trabajos. **3** Cubierta exterior de la flor formada por hojas duras, generalmente de color verde, por las que se une al tallo: *las hojas que forman el cáliz se llaman sépalos.*

caliza n. f. Roca sedimentaria formada básicamente por carbonato de cal.

calizo, -za adj. [roca, terreno] Que tiene cal. SIN calcáreo.

callado, -da adj. **1** Poco hablador o reservado. ANT locuaz. **2** Que transcurre en silencio: *asomado al balcón sentía el frescor del aire de esa noche callada.* ANT ruidoso.

callar v. intr./ prnl. **1** No hablar o no producir ningún sonido: *no sabía qué decir y calló.* **2** Dejar de hablar o de hacer ruido o producir un sonido. SIN enmudecer. ◆ v. tr./ intr./ prnl. **3** No decir lo que se siente o se sabe: *calló un dato importante.*

DER callado, callandito; acallar.

calle n. f. **1** Vía pública de una población generalmente limitada por dos filas de edificios o solares. calle mayor Calle principal o más importante de un pueblo o ciudad. calle peatonal Calle por la que solo pueden circular personas. **2** En una población, lugar descubierto y fuera de cualquier edificio o local. **3** Libertad, después de haber estado detenido o en la cárcel. **4** Camino o zona bordeada por dos líneas o hileras de cosas paralelas entre sí: *la pista de atletismo tiene ocho calles.* **5** Gente común o conjunto de personas que constituye la parte mayoritaria de la sociedad: *los políticos no quieren escuchar la opinión de la calle.*

▶ dejar (o quedarse) en la calle Quitarle a una persona sus bienes o su empleo. doblar la calle Girar en una esquina: *siga hasta el semáforo y doble la calle; allí está el banco.* hacer la calle Buscar clientes en la vía pública una persona que se dedica a la prostitución. llevar (o traer) por la calle de la amargura Hacer sufrir mucho a una persona. llevarse de calle Ganarse con facilidad la admiración o simpatía de los demás. poner de patitas en la calle Echar de un sitio o de un trabajo sin ningún miramiento.

DER callejón, callejuela.

calleja n. f. Calle pequeña y estrecha: *el callejón del Gato era una calleja vecina a la Puerta del Sol de Madrid.* SIN callejuela.

callejear v. intr. Andar por las calles sin dirección fija, sin un objetivo concreto o sin necesidad: *al callejear por la ciudad disfrutará, al menos, del color de sus barrios.*

callejero, -ra adj. **1** De la calle o que tiene relación con esta vía pública: *gatos callejeros.* **2** [persona] Que gusta de andar mucho por las calles y estar fuera de casa. ◆ n. m. **3** Lista o guía que contiene el nombre de las calles de una ciudad; generalmente va acompañada de un plano para localizarlas.

callejón n. m. **1** Calle o paso largo y estrecho entre paredes, casas o elevaciones del terreno. callejón sin salida Asunto o problema muy difícil o de solución imposible: *el conflicto llegó a un callejón sin salida.* **2** Espacio entre la barrera y el muro en el que comienza el tendido de una plaza de toros.

callejuela n. f. Calle pequeña y estrecha.

callo n. m. **1** Dureza que por roce o presión se forma generalmente en los pies o en las manos. **2** Persona muy fea. NOTA Tiene sentido despectivo. ◆ n. m. pl. **3** callos Guiso hecho con trozos del estómago de la vaca y de otros animales.

DER callicida, callista, callosidad, calloso; encallecer.

calma n. f. **1** Tranquilidad, ausencia de agitación y nervios en la forma de actuar. SIN sosiego. **2** Falta de ruido y movimiento en un lugar: *la calma reinaba en el hospital.* SIN quietud. **3** Estado de la atmósfera cuando no hay viento y del mar cuando no hay olas. calma chicha Ausencia total de aire, especialmente en el mar. **4** Suspensión o reducción momentánea de una actividad o de un estado y situación.

DER calmante, calmar, calmo, calmoso.

calmante adj. **1** Que calma o tranquiliza: *efecto calmante; una infusión con propiedades calmantes.* ◆ adj./ n. m. **2** [sustancia, medicamento] Que hace que un dolor o molestia sea menos intenso o desaparezca: *durante su ingreso en el hospital tuvieron que administrarle calmantes.* SIN sedante, tranquilizante.

calmar v. tr. **1** Sosegar, disminuir o hacer desaparecer la excitación nerviosa: *no te dejes llevar por la ira y cálmate.* SIN aplacar, serenar, tranquilizar. **2** Hacer que desaparezca o disminuya un dolor o una molestia: *este medicamento calma el dolor de cabeza.* **3** Disminuir o hacer desaparecer la fuerza, la intensidad o el ímpetu de algo.

calmo, -ma adj. **1** Que no está agitado: *ac-*

titud calma. **SIN** tranquilo. **NOTA** Se usa sobre todo en el lenguaje poética. **2** [terreno] Que no está cultivado. **SIN** estéril, yermo.

caló n. m. Lenguaje de los gitanos españoles.

calor n. m. **1** Temperatura alta del ambiente: *hace mucho calor.* **NOTA** Se usa con el verbo *hacer*. **2** Sensación de estar caliente que se experimenta al recibir los rayos del sol o al aproximarse o entrar en contacto con un cuerpo de temperatura más alta. **NOTA** Se suele usar con el verbo *tener*. **3** Sensación de estar caliente producida por una causa fisiológica o patológica. **NOTA** Se suele usar con los verbos *tener* y *sentir*. **4** FÍS. Energía que pasa de un cuerpo a otro con menos temperatura cuando están en contacto y hace que se equilibren sus temperaturas. **5** Afecto, especialmente en una acogida o recibimiento: *en clase ha sido recibido con mucho calor.* **6** Viveza o energía al hacer una cosa.

▶ **entrar en calor** Tener la sensación de que sube la temperatura del cuerpo de una persona que tenía frío.

DER caliente, caloría, caloricidad, calorífero, calorífico, calorífugo, calorimetría, caluroso; acalorar.

caloría n. f. **1** Medida del contenido energético de los alimentos. **2** FÍS. Unidad de energía térmica equivalente a la cantidad de calor necesaria para elevar la temperatura de un gramo de agua en un grado centígrado: *el símbolo de caloría es cal.*

DER hipocalórico.

calórico, -ca adj. **1** Del calor o relacionado con él: *radiación calórica.* **2** De las calorías o relacionado con ellas: *aporte calórico.*

calorífico, -ca adj. **1** Que produce calor: *poder calorífico.* **2** Del calor o que tiene relación con él.

calumnia n. f. Acusación falsa hecha contra alguien con la intención de causarle daño.

DER calumniador, calumniar.

calumniar v. tr. Acusar falsamente a alguien con la intención de causarle daño.

caluroso, -sa adj. **1** Que siente calor o que lo produce: *es muy caluroso y nunca lleva abrigo.* **2** Que tiene o muestra afecto y sinceridad: *al ingresar en el equipo tuve una calurosa acogida.*

calva n. f. **1** Parte de la cabeza de la que se ha caído el pelo. **2** Parte de una piel, felpa u otro tejido semejante que ha perdido el pelo. **3** Zona de un bosque sin árboles ni plantas.

calvario n. m. Sufrimiento intenso y prolongado o sucesión de padecimientos y desgracias: *al ser despedido, empezó su calvario.*

calvicie n. f. Ausencia o caída del pelo en las zonas que normalmente lo poseen. **SIN** alopecia.

calvinismo n. m. Doctrina religiosa protestante que tuvo su origen en las ideas del teólogo francés Calvino en el siglo XVI; se distingue por negar el libre albedrío y la presencia real de Cristo en la Eucaristía.

DER calvinista.

calvinista adj. **1** Perteneciente o relativo al calvinismo. ◆ adj./n. com. **2** [persona] Que cree en esta doctrina.

calvo, -va adj./n. m. y f. [persona] Que ha perdido total o parcialmente el pelo de la cabeza.

DER calva, calvero, calvicie, calvorota.

calvorota n. m. **1** *coloquial* Hombre calvo. ◆ n. f. **2** *coloquial* Calva, parte de la cabeza sin pelo.

calza n. f. **1** Cuña que se pone entre el suelo y la rueda de un vehículo para inmovilizarlo o bajo la pata de algún mueble para afirmarlo e impedir que cojee. **2** Antigua prenda de vestir masculina, especie de calzones que cubrían toda la pierna o parte de ella. **NOTA** Se usa generalmente en plural.

DER calcetín, calzón.

calzada n. f. **1** Parte de la calle o de la carretera destinada a la circulación de vehículos. **2** Camino ancho y empedrado.

▶ **calzada romana** Antigua vía o camino construido por los romanos.

calzado, -da adj. **1** Que lleva cubiertos los pies con zapatos, zapatillas o prenda semejante. **NOTA** Es participio de *calzar*. ◆ adj./n. m. y f. **2** [religioso] Que pertenece a una orden en la que, por regla, se permite llevar los pies cubiertos. ◆ n. m. **3** Prenda de vestir que sirve para cubrir y resguardar exteriormente el pie y a veces también parte de la pierna: *debes elegir un calzado cómodo.*

calzador n. m. Objeto rígido, alargado y con forma acanalada que, apoyado entre el talón del pie y el interior del zapato, sirve para introducir el pie con facilidad en el zapato.

calzar v. tr. **1** Cubrir el pie y a veces parte de la pierna con el calzado: *calzó sus pies con unas sandalias.* **2** Llevar puestos o usar objetos que se adaptan al pie o a la mano: *calzarse los esquís.* ◆ v. tr. **3** Proporcionar calzado: *es muy caro calzar a seis hijos.* **4** Poner una cuña o calzo para inmovilizar una rueda o impedir que cojee un mueble: *calzar la mesa.* ANT descalzar.

DER calce, calzado, calzador, calzo; recalzar.

calzón n. m. Pantalón que llega hasta la mitad del muslo o hasta la rodilla: *el calzón de un boxeador.*

OBS Se usa también en plural para hacer referencia a una sola de esas prendas.

DER calzonazos, calzoncillos.

calzoncillos n. m. pl. Prenda de ropa interior masculina que generalmente cubre desde la cintura hasta parte de los muslos.

OBS Se usa también en singular.

cama n. f. **1** Mueble formado por un armazón sobre la que se pone un colchón, almohadas y ropas y que sirve para que las personas duerman o descansen sobre él. SIN lecho. cama de matrimonio Cama que tiene capacidad para dos personas. cama nido Cama compuesta por dos superficies que se guardan una bajo la otra formando un solo mueble. cama turca Cama que no tiene cabecera ni pies. **2** Objeto que tiene forma parecida a ese mueble. cama elástica Lámina de goma sujeta por muelles que sirve para saltar encima. **3** Lugar donde se echan los animales para descansar o dormir. SIN lecho. **4** Plaza para un enfermo en un hospital o para un alumno en un internado.

▸ caer en cama Acostarse por estar enfermo. estar en (o guardar) cama Descansar echado en la cama durante un tiempo para curar una enfermedad. hacer la cama Poner o colocar las sábanas y la ropa. hacerle la cama Trabajar en secreto para hacer daño a alguien: *a ese pardillo le están haciendo la cama.* irse a la cama Acostarse para dormir, especialmente por la noche.

DER camada, camastro, camilla; encamar.

camada n. f. Conjunto de las crías de ciertos mamíferos que nacen de una vez: *camada de conejos.*

camaleón n. m. **1** Reptil de cuerpo comprimido, con cuatro patas cortas, cola prensil y ojos grandes con movimiento independiente; su piel cambia de color adaptándose al del lugar en el que se encuentra: *el camaleón se alimenta de insectos que atrapa con su lengua larga y pegajosa.* **2** Persona que cambia de opinión o de actitud con facilidad y según le conviene.

DER camaleónico.

camaleónico, -ca adj. [persona] Que tiene gran capacidad para adaptarse a nuevas situaciones: *un político camaleónico.*

cámara n. f. **1** Aparato que sirve para registrar imágenes estáticas o en movimiento: *cámara fotográfica.* cámara lenta Rodaje acelerado de una imagen para que al reproducirla a la velocidad normal cause un efecto de lentitud en los movimientos. **2** Recinto o espacio cerrado por paredes. cámara acorazada Cámara con paredes de metal resistente que en los bancos se usa para guardar dinero u objetos de mucho valor. cámara de aire Espacio que se deja en el interior de los muros y paredes de un edificio para que sirva de aislamiento: *la cámara de aire aísla del ruido y del frío.* cámara de gas Recinto cerrado herméticamente que se llena de gases tóxicos para ejecutar a una o más personas. cámara frigorífica Recinto que produce frío artificial y se usa generalmente para conservar alimentos y productos que pueden deteriorarse a la temperatura ambiente. **3** Corporación u organismo que se ocupa de los asuntos públicos de una comunidad o propios de una actividad. cámara agraria Organismo que se ocupa de asuntos relacionados con la agricultura de un lugar. cámara de comercio e industria Organismo que se ocupa de asuntos relacionados con la fabricación y la compra y venta de productos. cámara de la propiedad Organismo que se ocupa de asuntos relacionados con la posesión de edificios y tierras. **4** Órgano de un sistema político encargado de legislar: *en España existen dos cámaras: la Cámara Baja o Congreso y la Cámara Alta o Senado.* Cámara Alta Órgano de representación política de las distintas partes de un país: *la Cámara Alta de España es el Senado.* Cámara Baja Órgano que aprueba las leyes: *la Cámara Baja de España es el Congreso de los Diputados.* **5** Espacio en el interior de un mecanismo. **6** Cuerpo hueco de goma que está alojado en el interior de algunos objetos y que se infla con aire a presión. **7** Habitación o pieza de una casa que puede tener diversos empleos, especialmente las de uso privado o restringido. ◆ n. com. **8** Persona que se dedica al manejo de un aparato que permite recoger imágenes en movimiento.

▸ chupar cámara Colocarse en lugar preferente cuando se graban imágenes. NOTA Tiene sentido despectivo.

DER camarín, camarote, cameraman, camerino;

antecámara, bicameral, monocameral, recámara, unicameral.

camarada n. com. **1** Compañero de partido o de ideas. **2** Compañero con el que se tiene una relación de amistad y confianza, especialmente en el colegio o en el trabajo.
DER camaradería.

camaradería n. f. Relación amistosa y cordial propia de buenos camaradas.

camarera n. f. Mesa pequeña con ruedas que sirve para llevar comidas o bebidas.

camarero, -ra n. m. y f. **1** Persona empleada en un bar, restaurante o establecimiento semejante para servir comidas o bebidas. **2** Persona que limpia y arregla las habitaciones en un establecimiento hotelero o los camarotes en un barco de pasajeros.

camarilla n. f. Conjunto de personas que influyen de forma extraoficial en los negocios de estado o en los actos y decisiones de una autoridad superior.

camarón n. m. Crustáceo marino comestible, muy parecido a la gamba, pero más pequeño.

camarote n. m. Habitación pequeña de un barco con una o más camas.

camastro n. m. Cama pobre, de mal aspecto y muy incómoda: *pasaba las noches en un sucio camastro.*
OBS Tiene matiz despectivo.
DER camastrón.

cambalache n. m. Trueque o intercambio de cosas de poco valor.
OBS Suele aportar un valor despectivo o peyorativo a la frase en que se utiliza.

cambiante adj. Que cambia: *se inspiraba en el color cambiante de la naturaleza según la hora del día y la época del año.*

cambiar v. tr. **1** Modificar una cosa para convertirla en algo distinto u opuesto. **2** Intercambiar, dar una cosa a cambio de otra: *te cambio estampas por chocolatinas.* SIN canjear. ◆ v. tr./ intr. **3** Variar, poner de manera distinta de como era o estaba. **4** Reemplazar, sustituir una cosa por otra: *ha cambiado de apartamento.* **5** Hacer que una persona o cosa pase a ocupar otro sitio: *han cambiado las oficinas, ahora están en una calle céntrica.* ◆ v. tr. **6** Intercambiar algunas acciones, especialmente ideas, palabras, miradas o risas: *cambiar saludos.* **7** Dar o tomar valores o monedas por sus equivalentes. ◆ v. intr. **8** Quitar una velocidad y poner otra distinta en un vehículo automóvil. ◆ v. prnl. **9** cambiarse Mudarse, quitarse una ropa y ponerse otra distinta. **10** Dejar de vivir en un lugar e irse a otro distinto.
▶ cambiar de camisa o cambiar de chaqueta Abandonar unas ideas o un partido por otro.
DER cambiante, cambiazo, cambio, cambista; descambiar, intercambiar, recambiar.

cambiazo n. m. Cambio que, con engaño, se hace de una cosa por otra: *aprovechando el despiste del camarero, se acercó a la barra y le dio el cambiazo de la jarra de sangría por una vacía.*

cambio n. m. **1** Modificación de una cosa para convertirla en algo distinto u opuesto: *el cambio del estado depresivo al eufórico es normal en él.* **2** Variación o alteración de un estado por otro. **3** Sustitución o reemplazo de una cosa por otra: *un cambio de neumáticos.*

cambiar

INDICATIVO	SUBJUNTIVO
presente	**presente**
cambio	cambie
cambias	cambies
cambia	cambie
cambiamos	cambiemos
cambiáis	cambiéis
cambian	cambien
pretérito imperfecto	**pretérito imperfecto**
cambiaba	cambiara o cambiase
cambiabas	cambiaras o cambiases
cambiaba	cambiara o cambiase
cambiábamos	cambiáramos o cambiásemos
cambiabais	cambiarais o cambiaseis
cambiaban	cambiaran o cambiasen
pretérito perfecto simple	**futuro**
cambié	cambiare
cambiaste	cambiares
cambió	cambiare
cambiamos	cambiáremos
cambiasteis	cambiareis
cambiaron	cambiaren
futuro	IMPERATIVO
cambiaré	cambia (tú)
cambiarás	cambie (usted)
cambiará	cambiad (vosotros)
cambiaremos	cambien (ustedes)
cambiaréis	FORMAS NO PERSONALES
cambiarán	**infinitivo** cambiar
condicional	**gerundio** cambiando
cambiaría	**participio** cambiado
cambiarías	
cambiaría	
cambiaríamos	
cambiaríais	
cambiarían	

4 Dinero en monedas pequeñas, especialmente las que se dan en equivalencia de otras: *lo siento, no tengo cambio.* **5** Valor relativo de la moneda de un país en relación con el que tienen la de otros. **6** Mecanismo que sirve para pasar de una velocidad a otra en un vehículo. **7** ECON. Conjunto de medios de que se vale la sociedad para facilitar la distribución de productos entre sus miembros.

▶ **libre cambio** ECON. Sistema que hace desaparecer los obstáculos en el comercio internacional. **a cambio** o **a cambio de** En lugar de algo, cambiando una cosa por otra. **a la primera (o a las primeras) de cambio** De repente, sin avisar: *estábamos charlando y se marchó a la primera de cambio.* **en cambio** Por el contrario: *todos han terminado y tú, en cambio, ni siquieras has comenzado.*

DER librecambio.

camboyano, -na adj. **1** De Camboya o relacionado con este país del sudeste de Asia. ◆ adj./ n. m. y f. **2** [persona] Que es de Camboya. ◆ n. m. **3** Lengua hablada oficialmente en este país.

camelar v. tr. **1** Tratar de enamorar a una persona tratándola de manera delicada y agradable. **SIN** cortejar, galantear, seducir. **2** Ganar la voluntad de una persona, especialmente si se la adula con falsas promesas.

DER camelo.

camelia n. f. **1** Flor de jardín de color blanco, rojo o rosado: *la camelia es muy bella, pero no tiene olor.* **2** Arbusto procedente de Oriente, de hojas perennes y de un color verde brillante que produce esta flor.

camello, -lla n. m. y f. **1** Mamífero rumiante de cuello largo y arqueado, cabeza pequeña y cuerpo voluminoso con dos jorobas de grasa que le permiten resistir mucho tiempo sin alimento ni agua en climas secos. ◆ n. m. **2** Persona que vende droga en pequeñas cantidades.

DER camellero.

camelo n. m. Cosa o noticia que se hace pasar por buena o verdadera sin serlo.

camerino n. m. Aposento individual o colectivo de los teatros que sirve para que los artistas se vistan y se preparen para actuar.

camerunés, -nesa adj. **1** De Camerún o relacionado con este país de África central. ◆ adj./ n. m. y f. **2** [persona] Que es de Camerún.

camilla n. f. **1** Cama portátil que se lleva sobre varas o ruedas y que sirve para transportar enfermos y heridos. **2** Mesa redonda con una tarima para colocar un brasero y cubierta hasta el suelo con una tela para guardar el calor. **NOTA** También se llama *mesa camilla.*

DER camillero.

camillero, -ra n. m. y f. Persona que tiene por oficio llevar una camilla para transportar enfermos o heridos.

caminante adj. [persona] Que camina.

caminar v. intr. **1** Moverse o trasladarse de un lugar a otro dando pasos. **SIN** andar. **2** Continuar o seguir su curso o movimiento las cosas inanimadas. ◆ v. tr. **3** Recorrer una distancia a pie. **SIN** andar.

DER caminador, caminante, caminata; descaminar, encaminar.

caminata n. f. Recorrido o paseo a pie largo y cansado.

camino n. m. **1** Franja de terreno más o menos ancha utilizada para ir por ella de un lugar a otro, especialmente la que es de tierra apisonada y sin asfaltar. **SIN** senda, vía. **camino de cabras** Camino que es muy estrecho y accidentado. **2** Acción que consiste en recorrer el espacio que hay entre dos puntos. **SIN** viaje. **3** Recorrido que se hace para ir de un lugar a otro: *hoy iremos a trabajar por otro camino para evitar el atasco.* **SIN** itinerario, ruta, trayecto. **4** Procedimiento o medio que sirve para hacer o conseguir una cosa: *trabajar duro es el mejor camino para triunfar.* **SIN** vía.

▶ **abrir (o abrirse) camino** Ir allanando escollos y venciendo dificultades para conseguir lo que una persona se propone: *se abrió camino en el mundo del cine.* **camino de** En dirección a un lugar. **de camino** De paso, al ir a otra parte o al tratar de otro asunto: *de camino a casa buscaré una farmacia.* **ponerse en camino** Emprender un viaje. **quedarse a medio camino** No terminar lo que se ha empezado.

DER caminar.

camión n. m. Vehículo automóvil grande y potente, de cuatro o más ruedas, que se usa generalmente para el transporte de cargas pesadas.

▶ **camión cisterna** Camión que sirve para el transporte de fluidos.

DER camionero, camioneta.

camionero, -ra n. m. y f. Persona que tiene por oficio conducir camiones.

camioneta n. f. **1** Vehículo automóvil de menor tamaño que el camión que sirve para el transporte de toda clase de mercancías: *el reparto se hace en camionetas.* **2** Vehículo automóvil de transporte público. **SIN** autobús. **NOTA** Se usa solo en algunos lugares.

camisa n. f. **1** Prenda de vestir de tejido fino que cubre el cuerpo desde el cuello hasta más abajo de la cintura y se abre de arriba abajo por la parte delantera. **camisa de fuerza** Prenda de tela fuerte abierta por detrás y con mangas cerradas por sus extremos que se pone a los locos cuando es preciso inmovilizarlos. **2** Piel seca que se desprende periódicamente de la serpiente y otros reptiles cuando ya les ha salido otra nueva.

▶ **cambiar de camisa** Cambiar interesadamente de ideas o de partido. **dejar sin camisa** Arruinar a una persona. **meterse en camisa de once varas** Ocuparse una persona de cosas difíciles que no le incumben o que no será capaz de realizar. **no llegarle a una persona la camisa al cuerpo** Estar muy preocupado o temer por algún posible peligro. **perder hasta la camisa** Quedarse sin dinero.

DER camisero, camiseta, camisola, camisón; descamisado.

camiseta n. f. Prenda de vestir o deportiva, generalmente sin cuello y de punto, con mangas o sin ellas, que se pone directamente sobre el cuerpo cubriéndolo hasta más abajo de la cintura.

camisola n. f. **1** Camisa larga y fina que se lleva por fuera. **2** Camiseta deportiva.

camisón n. m. Prenda de vestir de una sola pieza, generalmente femenina, que se usa para dormir y cubre desde el cuello hasta una altura variable de las piernas.

camomila n. f. **1** Planta con tallos débiles, hojas abundantes y flores olorosas con el centro amarillo rodeado de pétalos blancos. **SIN** manzanilla. **2** Flor de esta planta. **SIN** manzanilla.

camorra n. f. **1** Riña o discusión ruidosa y violenta entre dos o más personas: *armar camorra; buscar camorra.* **2** Organización clandestina de criminales que intenta conseguir el monopolio de sus actividades delictivas en una zona: *luchas entre camorras.* **SIN** mafia.

DER camorrista.

campal adj. **1** [batalla, lucha] Que ocurre en espacio abierto, fuera de una población. **2** [pelea, discusión] Que es muy violento o salvaje. **SIN** encarnizado.

campamento n. m. **1** Lugar al aire libre acondicionado para que acampen en él viajeros, turistas y personas en vacaciones, previo pago de un precio establecido. **SIN** camping. **2** Lugar en terreno abierto acondicionado para albergar provisionalmente a personas que van de camino o se reúnen por un fin especial. **3** Lugar donde se establecen temporalmente las fuerzas de un ejército.

campana n. f. **1** Instrumento metálico, generalmente de bronce, en forma de copa invertida, que suena al ser golpeado por el badajo que cuelga en su interior o por un martillo exterior. **2** Objeto de forma parecida a la del instrumento, generalmente abierto y más ancho por la parte inferior: *campana extractora.*

▶ **doblar las campanas** Tocar a muerto o hacer sonar las campanas de la manera establecida para indicar la muerte de alguien. **echar las campanas al vuelo** Contar a la gente con júbilo una noticia favorable. **oír campanas y no saber dónde** Tener alguien una idea poco exacta de alguna noticia o suceso.

DER campanada, campanario, campanear, campanero, campaniforme, campanil, campanilla, campanología, campanudo; acampanado.

campanada n. f. **1** Sonido que produce cada golpe que da el badajo o el martillo en una campana. **2** Noticia que provoca admiración, escándalo o sorpresa.

campanario n. m. Torre o armazón donde se colocan las campanas.

campanero, -ra n. m. y f. **1** Persona que tiene por oficio vaciar y fundir las campanas. **2** Persona que tiene por oficio tañer las campanas: *un campanero toca la campana tirando de unas largas sogas.* ◆ n. m. **3** Insecto de cuerpo alargado y estrecho, de color verde o amarillo, que tiene las patas delanteras largas, erguidas y juntas, y que se alimenta de otros insectos. **SIN** mantis; mantis religiosa; santateresa.

campanilla n. f. **1** Campana de pequeño tamaño que se hace sonar con una mano y suele estar provista de un mango. **2** ANAT. Masa de tejido muscular que cuelga del velo del paladar a la entrada de la garganta. **SIN** úvula. **3** Flor que tiene la corola en forma de campana.

DER campanillero.

campaña n. f. **1** Conjunto de actividades o de esfuerzos que se realizan durante cierto tiempo y están encaminados a conseguir un fin: *campaña electoral.* **2** Conjunto de acciones militares ofensivas y defensivas con continuidad temporal desarrolladas en un mismo territorio.

campar v. intr. Sobresalir o destacar una persona o cosa entre otras.

▶ campar por sus respetos Actuar con independencia, sin someterse a las normas y sin tener en cuenta las consideraciones que los demás merecen.

DER campante; acampar, descampar, escampar.

campeador adj./ n. m. [guerrero] Que sobresalía en el campo de batalla con acciones señaladas: *el* Poema del Cid *cuenta la historia de don Rodrigo Díaz de Vivar, el Cid Campeador, que vivió en el siglo* XI.

campear v. intr. **1** Andar por el campo. **2** Sobresalir o destacar una cosa por encima de las demás: *la bandera campea en el mástil.*

campechano, -na adj. **1** [persona] Que es sencillo y cordial en el trato y no gusta de formulismos y ceremonias. **2** Que es propio de estas personas: *expresión campechana.*

campeón, -peona adj./ n. m. y f. **1** [persona, grupo] Que gana o vence en una competición. **2** [persona, cosa] Que supera a los demás en un aspecto determinado: *es un campeón contando mentiras.* **3** [persona, grupo] Que se destaca por defender una causa o doctrina.

DER campeonato; subcampeón.

campeonato n. m. **1** Competición en la que se disputa un premio y el título de campeón, especialmente en ciertos juegos o deportes. **2** Victoria o triunfo que se consigue en dicha competición.

▶ de campeonato Extraordinario, muy grande o muy bueno: *he cogido un resfriado de campeonato.*

campesinado n. m. **1** Conjunto de los campesinos de un lugar. **2** Clase social que forman los campesinos.

campesino, -na adj. **1** Del campo o que tiene relación con él: *protestas campesinas.* SIN campestre. ◆ adj./ n. m. y f. **2** [persona] Que vive y trabaja en el campo.

DER campesinado.

campestre adj. Del campo o que tiene relación con él: *vida campestre.* SIN campesino.

camping n. m. **1** Lugar al aire libre, acondicionado para que acampen en él viajeros, turistas y personas en vacaciones, previo pago de un precio establecido. SIN campamento. **2** Actividad que consiste en vivir al aire libre, durmiendo en tiendas de campaña.

OBS Es de origen inglés y se pronuncia aproximadamente «campin». El plural es *campings.*

campiña n. f. Espacio grande de tierra llana dedicada al cultivo.

campista n. com. Persona que vive temporalmente en un camping.

campo n. m. **1** Terreno que está fuera de los núcleos de población. **2** Terreno o conjunto de terrenos que se cultivan: *este año el campo ha sufrido mucho con la sequía.* **3** Conjunto de tierras, poblaciones rurales y formas de vida agrarias, en contraposición a ciudad. **4** Terreno generalmente llano y limitado que se dedica a un uso determinado o en el que se desarrolla una actividad. campo de batalla Lugar en el que luchan dos ejércitos. campo de concentración Lugar en el que se recluye a prisioneros de guerra y a otras personas por motivos políticos. campo santo Cementerio de los católicos. NOTA También se escribe *camposanto.* **5** Espacio ocupado por una persona, equipo o ejército que lucha o compite contra otros. **6** Materia de estudio o parcela del conocimiento. **7** Espacio en el que se desarrolla alguna actividad; especialmente en el que se manifiesta una fuerza o un fenómeno físico: *campo magnético.*

▶ a campo través o campo traviesa o a campo travieso Atravesando un terreno sin seguir un camino. dejar el campo libre Abandonar un proyecto, retirarse de un asunto en el que hay competidores.

DER campamento, campaña, campar, campear, campesino, campestre, campiña, campista, camposanto.

camposanto n. m. Cementerio de los católicos.

OBS La Real Academia Española recoge también *campo santo.*

campus n. m. Conjunto de terrenos y edificios de una universidad.

OBS El plural también es *campus.*

camuflaje n. m. **1** Ocultación de personas, material bélico, vehículos, etc., de modo que queden disimulados con el terreno o las cosas que los rodean: *ropa de camuflaje.* **2** Ocultación o disimulo de una cosa para que no sea vista, o de una acción o una intención.

camuflar v. tr. **1** Disimular la presencia de tropas o material de guerra dándoles una apariencia engañosa para confundir al ene-

migo. **2** Ocultar o esconder algo haciendo que parezca otra cosa.
DER camuflaje.

can n. m. Perro, animal mamífero doméstico que sirve al ser humano de compañía o para cazar.
DER cancerbero, cánido, canino, canódromo.

cana n. f. Pelo que se ha vuelto blanco. NOTA Suele usarse más en plural.
▶ echar una cana al aire Salirse ocasionalmente una persona de la vida normal y permitirse una diversión.
DER encanecer.

canadiense adj. **1** De Canadá o que tiene relación con este país de América del Norte. ◆ adj./ n. com. **2** [persona] Que es de Canadá.

canal n. amb. **1** Conducto o cauce artificial por donde se conduce el agua: *canales de riego.* NOTA Se usa normalmente como masculino. **2** Teja fina y muy combada que se usa para formar en los tejados los conductos por donde corre el agua de lluvia. NOTA Se usa normalmente como femenino. **3** Cada conducto del tejado formado con estas tejas. NOTA Se usa normalmente como femenino. **4** Conducto del cuerpo, generalmente hueco y fino: *canal auditivo.* NOTA Se usa normalmente como masculino. **5** Conducto o vía natural por donde se mueven los gases o los líquidos en el interior de la tierra. NOTA Se usa normalmente como masculino. **6** Conducto o vía por donde se transmite un mensaje. ◆ n. m. **7** Banda de frecuencias por la que se emiten las ondas de la radio y la televisión. **8** Paso natural o artificial por el que se comunican dos mares: *el canal de Suez.*
▶ abrir en canal Cortar o rasgar un cuerpo de arriba abajo. en canal [animal] Que está abierto, sin órganos internos, cabeza ni extremidades, listo para el consumo.
DER canaladura, canalizar, canalón; acanalar.

canalizar v. tr. **1** Construir canales, generalmente para conducir gases o líquidos. **2** Conducir gases o líquidos a través de canales. **3** Regularizar el cauce de un río o arroyo. **4** Orientar o encauzar actividades, iniciativas o corrientes de opinión en una dirección o hacia un fin determinado: *la oficina canalizará las quejas y sugerencias de los ciudadanos.*
OBS En su conjugación, la *z* se convierte en *c* delante de *e*.
DER canalización.

canalla adj./n. com. Persona despreciable y de comportamiento malvado.
OBS Se usa como apelativo despectivo.
DER canallada.

canalón n. m. Conducto que recibe el agua de los tejados y la conduce a tierra.

cananeo, -nea adj./ n. m. y f. **1** [persona] De Canaán, antigua región del sudoeste de Asia: *los cananeos eran los que habitaban la tierra antes de llegar los israelitas.* ◆ adj. **2** Que estaba relacionado con Canaán.

canapé n. m. **1** Bocadito de aperitivo compuesto por una rebanada, un triángulo o una tira de pan de molde o tartaleta sobre la que se colocan alimentos como fiambre, huevo duro, ensaladilla, paté, etc. **2** Asiento largo y mullido, generalmente con brazos y respaldo, para sentarse o tumbarse. **3** Base de madera en forma de caja y forrada con tela acolchada, sobre la que se coloca el colchón en una cama.

canario, -ria adj. **1** De las islas Canarias o que tiene relación con esta comunidad autónoma española. ◆ adj./ n. m. y f. **2** [persona] Que es de las islas Canarias. ◆ n. m. y f. **3** Pájaro de unos doce centímetros, de plumaje amarillo, verdoso o casi blanco, muy apreciado por su canto. ◆ n. m. **4** GRAM. Variedad del español hablada en las islas Canarias.

canasta n. f. **1** Cesto de mimbre u otro material flexible de boca ancha y generalmente con dos asas: *canasta de frutas.* **2** Aro metálico, sujeto horizontalmente a un tablero vertical, del que cuelga una red sin fondo y por el que hay que pasar la pelota en el juego del baloncesto. SIN cesta. **3** Tanto conseguido en el juego de baloncesto al introducir la pelota por este aro.

canastilla n. f. **1** Cesta pequeña hecha de mimbre u otro material flexible en el que se guardan objetos de uso doméstico: *canastilla de los hilos.* **2** Conjunto de ropa que se prepara para el niño que va a nacer.
DER canasta, canasto.

cáncamo n. m. Tornillo que tiene una anilla en uno de los extremos.

cancela n. f. Verja pequeña que se pone en la entrada de algunas casas, generalmente para impedir el paso directo desde la calle al patio o al jardín.

cancelación n. f. Acción de cancelar: *la cancelación de su vuelo le impidió concurrir a la reunión.*

cancelar v. tr. **1** Dejar sin efecto o valor una cosa, especialmente una obligación legal y el documento donde consta. **2** Suspender, decidir no hacer lo que se tenía previsto o programado: *cancelar un viaje.* SIN anular. **3** Saldar por completo una deuda o una cuenta.
DER cancelación.

cáncer n. m. **1** Crecimiento anormal de las células que forman el tejido de una parte del organismo y que se puede extender a otras partes del cuerpo hasta causar la muerte. SIN tumor. **2** Lo que destruye o daña gravemente a una parte de la sociedad y es difícil de combatir o frenar. ◆ adj./ n. com. **3** [persona] Que ha nacido entre el 22 de junio y el 22 de julio, tiempo en que el Sol recorre aparentemente Cáncer, cuarto signo del Zodíaco.
DER cancerar, cancerígeno, canceroso.

cancerbero, -ra n. m. y f. **1** En fútbol y otros deportes, portero. ◆ n. m. **2** Animal fabuloso con figura de perro de tres cabezas que guardaba la puerta de los infiernos.

cancerígeno, -na adj. [sustancia, agente] Que produce cáncer.

cancha n. f. **1** Local o recinto destinado a la práctica de determinados deportes: *la cancha de baloncesto.* **2** Suelo construido con piedra o cemento donde se juega al frontón o trinquete. **3** Terreno de juego en los deportes que se desarrollan sobre él: *saltar a la cancha.*

canciller n. com. **1** Jefe o presidente del gobierno en algunos estados europeos: *el canciller alemán.* **2** Ministro de Asuntos Exteriores de ciertos países. **3** Empleado auxiliar de una embajada o consulado.
OBS La forma femenina aceptada es *la canciller,* aunque cada vez es más frecuente el uso del femenino *la cancillera.*
DER cancillería.

cancillería n. f. **1** Cargo u oficio de canciller. **2** Oficina o departamento especial de embajadas, consulados y otras representaciones diplomáticas. **3** Centro diplomático desde el cual se dirige la política exterior de un país: *la cancillería japonesa confirmó el pacto internacional.*

canción n. f. **1** Composición, generalmente en verso, a la que se le pone música para ser cantada. canción de cuna Canción que se canta para que los niños pequeños se duerman. SIN nana. canción española Canción popular de origen andaluz y flamenco. SIN copla. **2** Música que se pone a esta composición. **3** Cosa que se repite con insistencia y pesadez. **4** LIT. Composición poética de asunto amoroso y tono melancólico cultivada sobre todo en el siglo XVI.
DER cancionero.

cancionero n. m. Colección de canciones y poemas, generalmente de varios autores.

candado n. m. Cerradura suelta que consiste en una caja metálica de la que sobresale un gancho movible; este se fija al cerrarlo mediante presión después de pasarlo por el hueco de dos tornillos con anillas, de los eslabones de una cadena o de un objeto de forma semejante.

candela n. f. **1** Vela que se enciende y sirve para dar luz. **2** Luz y calor que se desprenden al quemarse una cosa. SIN fuego, lumbre. **3** Materia combustible encendida, con llama o sin ella. SIN fuego, lumbre. **4** FÍS. Unidad de intensidad luminosa en el Sistema internacional de unidades: *el símbolo de la candela es cd.*
DER candelabro, candelero; encandilar.

candelabro n. m. Candelero con dos o más brazos para colocar velas que se sostiene por su pie o está sujeto a una pared.

candente adj. **1** [cuerpo metálico] Que se pone de color rojo o blanco por efecto de una temperatura muy alta: *una barra de hierro candente.* **2** Que es de máxima actualidad, interesa mucho y puede resultar polémico.
DER incandescente.

candidato, -ta n. m. y f. **1** Persona que solicita y pretende un cargo, premio o distinción: *cinco candidatos optan al puesto.* **2** Persona propuesta para un cargo, premio o distinción, aunque no lo haya solicitado.
DER candidatura; precandidato.

candidatura n. f. **1** Solicitud o aspiración a un cargo, a un premio o a una distinción: *presentó su condidatura al concurso.* **2** Propuesta o presentación que se hace de una persona para alguna dignidad o cargo. **3** Lista de candidatos que un partido presenta en unas elecciones.

cándido, -da adj./ n. m. y f. **1** [persona] Que está falto de malicia, astucia o doblez al actuar o comportarse. **2** Que es sencillo o ingenuo: *alma cándida.* SIN inocente.
DER candidez, candor.

candil n. m. Utensilio para alumbrar formado por un recipiente lleno de aceite, una mecha sumergida en él que asoma por un pico y un gancho para colgarlo.
DER candileja.

candileja n. f. **1** Vaso pequeño en que se colocan una o más mechas para que ardan en aceite u otra materia. ◆ n. f. pl. **2 candilejas** Fila de luces que hay en la parte del escenario del teatro más próxima al público: *al entrar en el teatro se encendieron las candilejas.*

candor n. m. Sinceridad, sencillez, ingenuidad o falta de doblez: *el candor de su mirada.* SIN inocencia.
DER candoroso.

canela n. f. **1** Segunda corteza de las ramas del canelo, olorosa y de sabor agradable, que se emplea como condimento. canela en polvo Canela que se ha molido. canela en rama Canela que no ha sido molida. **2** Persona o cosa de mucha calidad o que gusta mucho: *este vino es canela.* NOTA Se usa sin artículo.
▶ canela fina Expresión con que se indica que una persona, animal o cosa es de mucha calidad o que gusta mucho. NOTA Se usa con el verbo *ser.*
DER canelado, canelo, canelón.

canelo, -la adj. **1** De color marrón claro, como el de la canela: *caballo canelo; perro canelo.* ◆ n. m. **2** Árbol que alcanza siete u ocho metros de altura, de tronco liso, hojas parecidas a las del laurel y flores blancas.

canelón n. m. Pasta italiana en forma de rollo o canuto grueso con un relleno de picadillo variado y bechamel; generalmente está recubierta de bechamel y queso rallado, y gratinada al horno.

cangrejo n. m. Crustáceo marino o de río con el cuerpo cubierto por un caparazón y cinco pares de patas; las patas delanteras suelen ser más grandes que el resto y tienen forma de pinzas.
▶ como los cangrejos Se utiliza para expresar que lo que se está haciendo supone un retroceso en el proceso. NOTA Se construye frecuentemente con el verbo *ir.*

canguelo n. m. *coloquial* Miedo muy grande o intenso: *le dio canguelo y no fue capaz de saltar en paracaídas.*

canguro n. m. **1** Animal mamífero herbívoro que se desplaza a grandes saltos, con las patas posteriores muy desarrolladas y una robusta cola; la hembra tiene una bolsa en el vientre donde lleva a sus crías. NOTA Para indicar el sexo se usa *el canguro macho* y *el canguro hembra.* ◆ n. com. **2** Persona, generalmente joven, que cuida niños a domicilio en ausencias cortas de los padres y cobra por ello. NOTA Suele usarse en la construcción *hacer de.*

caníbal adj./ n. com. [persona] Que come carne humana: *aún quedan tribus caníbales.* SIN antropófago.
DER canibalismo.

canibalismo n. m. **1** Acción o costumbre humana de comer carne de seres de su misma especie, generalmente de forma colectiva y siguiendo un ritual. SIN antropofagia. **2** Crueldad o ferocidad extrema de una persona con sus semejantes, en especial en el terreno político.

canica n. f. **1** Bola pequeña de materia dura, generalmente de vidrio, con que los niños juegan: *he ganado muchas canicas en el recreo.* ◆ n. f. pl. **2 canicas** Juego de niños en el que hay que hacer rodar estas bolitas, pegar a una con otra y meterlas en un agujero, según ciertas reglas. SIN bola. NOTA Se usa con el verbo *jugar.*

caniche n. com./ adj. Perro de compañía de tamaño pequeño, cabeza redondeada, ojos grandes y pelo rizado y lanoso de color blanco o negro.

canícula n. f. Período del año en que es más fuerte el calor.
DER canicular.

cánido adj./ n. m. **1** [animal mamífero] Que pertenece a la familia de los cánidos: *el perro es un cánido.* ◆ n. m. pl. **2 cánidos** ZOOL. Familia de animales mamíferos carnívoros, de cabeza generalmente pequeña, orejas grandes y cuerpo esbelto con el vientre hundido.

canijo, -ja adj./ n. m. y f. [ser vivo] Que es muy delgado o débil.
DER encanijar.

canino, -na adj. **1** Del perro o que tiene relación con este animal. **2** Que tiene parecido con el perro. ◆ n. m. **3** Diente puntiagudo y fuerte situado entre los dientes incisivos y las muelas. SIN colmillo.

canjeable adj. Que puede ser canjeado o cambiado por algo: *bonos canjeables por acciones.*

canjear v. tr. Intercambiar o dar una cosa a cambio de otra. SIN cambiar.
DER canje, canjeable.

cannabis n. m. **1** Cáñamo (planta). **2** Polvo obtenido de flores, hojas y tallos desecados del cáñamo índico, del que se derivan varias drogas, como el hachís y la marihuana.

cano, -na adj. **1** [pelo, barba, bigote] Que

está blanco o lleno de canas en su totalidad o la mayor parte. **2** [persona] Que tiene el pelo, la barba o el bigote blancos en su totalidad o la mayor parte.

DER cana, canicie, canoso; entrecano.

canoa n. f. Embarcación pequeña, estrecha y alargada, que navega sin timón, a remo o con motor, con las partes delantera y trasera acabadas en punta.

canódromo n. m. Instalación preparada para celebrar carreras de galgos.

canon n. m. **1** Norma, regla o precepto, especialmente los establecidos por la costumbre. **2** Modelo que reúne las características perfectas en su especie, en especial el referido a la figura humana que reúne las proporciones ideales. **3** Cantidad de dinero que se paga, especialmente al Estado, por disfrutar de una cosa. **4** Regla sobre la disciplina o el dogma establecida por la Iglesia católica en un concilio. **5** Parte de la misa: *el canon de la misa está entre el prefacio y el padrenuestro.* **6** MÚS. Composición musical en la que van entrando las voces sucesivamente, repitiendo cada una el canto de la anterior.

DER canónico, canónigo, canonizar.

canónico, -ca adj. **1** Que está de acuerdo con las normas y reglas de la Iglesia. **2** [texto, libro] Que está en la lista de los libros auténticos que la Iglesia católica considera inspirados por Dios. **3** Que se ajusta a las características de un canon de normalidad o perfección.

canónigo n. m. Sacerdote de la Iglesia católica que forma parte del cabildo de una catedral.

canonizar v. tr. Declarar el Papa santa a una persona y autorizar su culto en toda la Iglesia católica.

OBS En su conjugación, la *z* se convierte en *c* delante de *e*.

canoso, -sa adj. Que tiene muchas canas.

cansado, -da adj. **1** Que produce cansancio o fatiga. **2** Que fastidia o molesta por aburrido o por insistente. SIN pesado.

cansancio n. m. **1** Debilidad o falta de fuerza provocada por un esfuerzo o trabajo: *siente cansancio al fin del día.* **2** Aburrimiento, desagrado o hastío: *sus historias me provocan cansancio.*

cansar v. tr. **1** Hacer perder las fuerzas o causar debilidad, generalmente a causa de un esfuerzo o un trabajo: *me canso al caminar.* SIN fatigar. **2** Molestar, aburrir o resultar desagradable una persona o cosa, generalmente por su persistencia o por repetirse mucho.

cansino, -na adj. **1** Que muestra o aparenta cansancio por la lentitud y pesadez con que se mueve. **2** Que molesta o fastidia por aburrido o insistente.

cantable adj. **1** Que es apto para ser cantado. ◆ n. m. **2** Parte del libreto de una zarzuela escrita en verso para ponerle música.

cantábrico, -ca adj. **1** Cántabro, de Cantabria. **2** De la cordillera Cantábrica, del mar Cantábrico o que tiene relación con ellos: *cornisa cantábrica.*

cántabro, -bra adj. **1** De Cantabria o que tiene relación con esta comunidad autónoma y provincia española. ◆ adj./ n. m. y f. **2** [persona] Que es de Cantabria.

OBS También se dice *cantábrico.*

cantamañanas n. com. Persona informal, irresponsable y que no merece crédito.

OBS El plural es *cantamañanas.*

cantante n. com. Persona que se dedica a cantar por profesión. SIN cantor.

cantar v. intr./ tr. **1** Formar una persona con su voz sonidos melodiosos y variados o que siguen una melodía musical. ◆ v. intr. **2** Producir sonidos armoniosos o emitir su voz los pájaros y el gallo. **3** Emitir sonidos estridentes algunos insectos. **4** *coloquial* Confesar o revelar lo secreto: *el detenido ha cantado y ya conocen a los restantes miembros de la banda.* **5** Despedir un olor fuerte y desagradable, especialmente una parte del cuerpo: *le cantan las axilas.* ◆ v. tr. **6** Anunciar en voz alta una jugada que permite añadir puntos en ciertos juegos de cartas. **7** Alabar y decir cosas buenas para destacar algunas virtudes. ◆ n. m. **8** Poema popular que se puede adaptar a una música.

▶ cantar de gesta Poema medieval de carácter popular y narrativo transmitido oralmente por los juglares. ser otro cantar Tratarse de un asunto distinto: *si tú pagas la mitad, ya es otro cantar.*

DER cantable, cantado, cantador, cantante, cantaor, cantarín, cantautor, canto, canturrear; encantar.

cantarín, -rina adj. **1** [sonido] Que es delicado y agradable al oído: *tiene una risa cantarina.* **2** [persona] Que gusta mucho de cantar y lo hace frecuentemente.

cántaro n. m. Recipiente, generalmente de barro, de boca y pie estrechos y la parte del centro más ancha, que suele usarse para contener y transportar líquidos.

▶ llover a cántaros Llover en abundancia y con fuerza.

DER cántara, cantarera.

cantata n. f. **1** Composición poética de cierta extensión escrita para que se le ponga música y pueda ser cantada. **2** MÚS. Composición para coro y orquesta destinada a la música de cámara o religiosa.

cantautor, -ra n. m. y f. Cantante, generalmente solista, que suele interpretar sus propias canciones, en las que destaca su contenido crítico o poético.

cante n. m. **1** Canto o composición en verso acompañada de música, especialmente la popular andaluza o con características semejantes. cante flamenco Cante que combina elementos andaluces, árabes y gitanos: *bulerías y peteneras son dos estilos de cante flamenco.* cante jondo Cante flamenco de profundo sentimiento y tono quejumbroso. **2** Olor fuerte y poco agradable despedido por una parte del cuerpo. NOTA Se usa generalmente con el verbo *dar*. **3** Jugada que permite añadir puntos en ciertos juegos de cartas.

cantera n. f. **1** Lugar de donde se extrae piedra y otros materiales usados en la construcción: *cantera de mármol, cantera de granito.* **2** Lugar u organismo donde se forman y de donde proceden personas bien preparadas para desarrollar una determinada actividad: *la directiva defiende que el equipo se nutra especialmente de jugadores de la cantera.*

DER cantería, cantero.

cantero n. m. **1** Persona que se dedica a extraer piedra de las canteras o a labrarla para las construcciones. SIN picapedrero. **2** Extremo de una cosa que puede partirse con facilidad: *cantero de pan.*

DER cantería.

cántico n. m. Composición poética que se puede adaptar a una música, generalmente de carácter religioso.

cantidad n. f. **1** Propiedad de lo que puede ser contado o medido y puede ser mayor o menor que algo con lo que se compara. **2** Número de unidades, tamaño o proporción de una cosa, especialmente cuando es indeterminado. SIN cuantía. **3** Suma de dinero. **4** Gran número o abundancia de personas o de cosas. NOTA Suele ir acompañado de la preposición *de*. ◆ adv. **5** Mucho.

▶ en cantidades industriales En abundancia: *había comida en cantidades industriales.*

cantiga o **cántiga** n. f. Composición poética medieval compuesta para ser cantada: *cantigas de Alfonso X el Sabio a la Virgen María.*

cantimplora n. f. Recipiente con forma de botella aplanada, hecho de metal o plástico, que se usa para llevar agua en viajes y excursiones.

cantina n. f. Establecimiento en el que se sirven bebidas y comidas, que puede formar parte de una instalación mayor: *la cantina de la estación; la cantina del cuartel.*

DER cantinero.

canto n. m. **1** Formación de sonidos armoniosos o rítmicos con la voz por parte de una persona. **2** Arte de cantar o emitir sonidos armoniosos con la voz humana. **3** Emisión de

cantar

INDICATIVO	SUBJUNTIVO
presente	**presente**
canto	cante
cantas	cantes
canta	cante
cantamos	cantemos
cantáis	cantéis
cantan	canten
pretérito imperfecto	**pretérito imperfecto**
cantaba	cantara o cantase
cantabas	cantaras o cantases
cantaba	cantara o cantase
cantábamos	cantáramos o cantásemos
cantabais	cantarais o cantaseis
cantaban	cantaran o cantasen
pretérito perfecto simple	**futuro**
canté	cantare
cantaste	cantares
cantó	cantare
cantamos	cantáremos
cantasteis	cantareis
cantaron	cantaren
futuro	**IMPERATIVO**
cantaré	canta (tú)
cantarás	cante (usted)
cantará	cantad (vosotros)
cantaremos	canten (ustedes)
cantaréis	
cantarán	**FORMAS NO PERSONALES**
condicional	**infinitivo** cantar · **gerundio** cantando
cantaría	**participio** cantado
cantarías	
cantaría	
cantaríamos	
cantaríais	
cantarían	

sonidos armoniosos o rítmicos por parte de un animal. canto del cisne Última obra realizada por una persona. **4** Producción de sonidos armoniosos, o simplemente emisión de su voz, por parte de los pájaros y el gallo. **5** Emisión de sonidos estridentes por parte de algunos insectos. **6** Alabanza y ensalzamiento para destacar una virtud: *la película es un canto a la libertad.* **7** Composición poética, especialmente si es de tono elevado o solemne: *canto nupcial.* **8** Parte de las varias en que generalmente se divide un poema épico. **9** Borde o filo que limita la forma de un objeto delgado. **10** Esquina o extremo de un objeto: *el canto de la ventana.* **11** Trozo de piedra.
▶ canto rodado Trozo de piedra liso y de forma redondeada debido al desgaste ocasionado al rodar impulsado por una corriente de agua. al canto Expresión que indica un resultado esperado e inmediato: *en cuanto le mencionas el tema, discusión al canto.* NOTA Las oraciones en las que aparece no tienen verbo. darse con un canto en los dientes Darse uno por contento con un resultado no muy favorable porque se esperaba que fuera peor. NOTA Se usa con el verbo *poder.* de canto De lado, sobre el borde o filo de un objeto delgado. el canto de un duro Muy poco: *solo ha faltado el canto de un duro para que te caigas.*
DER cantón, cantonera; decantar.

cantón n. m. División administrativa y territorial de algunos países que está dotada de cierta autonomía política: *los cantones suizos.*
DER cantonal, cantonalismo; acantonar.

cantor, -ra adj. **1** [pájaro] Que puede emitir sonidos melodiosos y variados: *el jilguero es un pájaro cantor.* ◆ adj./ n. m. y f. **2** [persona] Que sabe cantar o se dedica a cantar por profesión: *los niños cantores de Viena.* SIN cantante.
DER cantoral.

cánula n. f. **1** Tubo pequeño que se emplea en medicina para evacuar o introducir líquidos en el cuerpo. **2** Tubo terminal o extremo de las jeringas donde se coloca la aguja.

canuto n. m. **1** Tubo estrecho, abierto por los dos extremos o cerrado por uno de ellos y con una tapa en el otro. **2** Cigarrillo de hachís, marihuana u otra droga mezclada con tabaco. SIN porro.
DER canutillo.

caña n. f. **1** Tallo hueco y dividido en segmentos por nudos de algunas plantas gramíneas: *caña de bambú.* caña de pescar Vara alargada y flexible que se usa para pescar mediante un hilo que sale por su extremo más delgado y del que pende un anzuelo. **2** Planta gramínea propia de lugares húmedos, con tallos huecos y nudosos que alcanzan hasta los 6 metros de altura. caña de azúcar Caña que tiene el tallo lleno de un tejido esponjoso y dulce del que se extrae el azúcar. **3** Vaso de forma cilíndrica, alto y estrecho, especialmente el usado para tomar cerveza. **4** Hueso alargado, generalmente de los brazos o las piernas.
▶ dar (o meter) caña **a.** Aumentar la velocidad o la intensidad de algo. **b.** Golpear o pegar.
DER cañada, cañaveral, cañizo, caño.

cañamazo n. m. **1** Tela tosca de cáñamo: *sacos de cañamazo.* **2** Tejido con los hilos muy separados que se usa para bordar sobre él con seda o lana de colores.

cáñamo n. m. **1** Planta de unos 2 metros de altura, de tallo recto y hojas opuestas y divididas, que se cultiva para sacar su fibra y sus semillas. **2** Fibra vegetal que se extrae del tallo de esta planta y se usa para hacer cuerdas y otros objetos.
DER cañamazo, cañamón.

cañaveral n. m. Terreno en el que crecen muchas cañas.

cañería n. f. Conducto formado por caños o tubos por donde se distribuye el agua o el gas.

cañizal n. m. Terreno en el que crecen muchas cañas. SIN cañal, cañaveral, cañizar.

caño n. m. **1** Tubo por donde sale agua, especialmente el de las fuentes. **2** Tubo corto, especialmente el que forma con otros las tuberías que sirven para conducir líquidos o gases.
DER cañería, cañón.

cañón n. m. **1** Arma de artillería que dispara proyectiles de gran calibre mediante un tubo largo dispuesto sobre una base generalmente móvil. **2** Tubo alargado y estrecho de las armas de fuego por donde sale el proyectil: *escopeta de dos cañones.* **3** Pieza alargada en forma de tubo por donde sale el humo de chimeneas, cocinas y estufas. **4** Parte inferior de las plumas de los pájaros. **5** Foco de luz concentrada que se usa en el teatro y en otros espectáculos. **6** Paso estrecho o garganta profunda entre dos montañas que generalmente es el cauce de un río.

▶ estar al pie del cañón Estar cumpliendo con el deber.

DER cañonazo, cañonero; encañonar.

cañonazo n. m. **1** Operación por la que un cañón lanza su carga. SIN tiro. **2** Marca, señal o efecto provocado por el impacto de la carga de un cañón. SIN tiro.

caoba n. f. **1** Árbol de tronco recto y grueso, hojas compuestas y flores pequeñas y blancas cuya madera es muy apreciada en ebanistería. **2** Madera de este árbol de color rojo oscuro, que se usa para construir muebles por su dureza y fácil pulimento: *he comprado un armario de caoba.* ◆ adj./ n. m. **3** [color] Que es rojo oscuro.

caos n. m. **1** Desorden o confusión muy grandes en una situación o asunto. **2** Estado amorfo e indefinido de la materia que, según algunas creencias y teorías, precedió a la actual ordenación del universo.

OBS El plural también es *caos.*

DER caótico.

caótico, ca adj. Que está muy desordenado y confuso o no sigue regla ni orden alguno.

capa n. f. **1** Prenda de vestir larga y suelta, sin mangas y abierta por delante, que se lleva sobre los hombros y encima de la ropa. SIN capote, manto. **2** Pieza de tela grande y con colores vivos que se usa para torear. SIN capote. **3** Porción de una materia que cubre una cosa o se extiende sobre ella de manera uniforme y con un grosor variable: *capa de pintura.* **4** Zona o parte extendida por encima o por debajo de otra u otras con las que constituye un todo: *la capa externa de la piel.* **5** Grupo o estrato social situado por encima o por debajo de otros y constituido por personas con un nivel económico y cultural semejante: *pertenece a las capas altas de la sociedad.*

▶ de capa caída Que está en decadencia, en una situación mala o peor que otra anterior: *fueron muy ricos, pero ahora andan de capa caída.* defender a capa y espada Afirmar, sostener o proteger a una persona o cosa de manera enérgica. hacer de su capa un sayo Obrar alguien con total libertad en los asuntos que solo a él le afectan.

DER capear, caperuza, capirote, capote; decapar.

capacidad n. f. **1** Posibilidad de que una cosa contenga otra u otras dentro de unos límites: *la capacidad de un local.* SIN cabida. **2** Conjunto de condiciones intelectuales para el cumplimiento de una función o el desempeño de un cargo: *capacidad mental.* SIN aptitud.

capacitar v. tr. Preparar a una persona para hacerla capaz o darle el derecho de hacer una cosa: *ese título te capacita para enseñar.*

DER capacitación; recapacitar.

capar v. tr. Extirpar o inutilizar los órganos genitales. SIN castrar.

caparazón n. m. **1** Cubierta dura con que protegen su cuerpo algunas clases de animales. **2** Cubierta con que se tapa o protege alguna cosa.

▶ encerrarse (o esconderse o meterse) en su caparazón Protegerse alguien de los demás y no permitir que estos conozcan sus interioridades: *no lograrás saber qué siente: siempre está metido en su caparazón.*

capataz, -za n. m. y f. **1** Persona que manda y vigila a un grupo de trabajadores. **2** Persona que es la encargada de una finca o explotación agrícola.

capaz adj. **1** Que posee las condiciones intelectuales necesarias para el cumplimiento de una función o el desempeño de un cargo: *contrataron a un empleado muy capaz.* SIN apto, competente. **2** Que se atreve a hacer algo o que está en disposición de hacerlo. **3** [lugar, recipiente] Que puede contener un número determinado de personas o cosas dentro de sus límites: *necesitas un local capaz para quinientas personas.*

capazo n. m. **1** Cesta flexible de palma o esparto, más ancha por arriba que por abajo, con dos asas en el borde que se suelen agarrar juntas. **2** Especie de cesta de fondo plano utilizada para trasportar o tener al bebé en posición horizontal; puede llevarse agarrada por las asas o encajarse en un armazón con ruedas. SIN cuco, moisés.

capcioso, -sa adj. **1** [doctrina, palabra] Que es falso o engañoso. **2** [pregunta, razonamiento] Que se hace con habilidad para conseguir que el interlocutor dé una respuesta que pueda comprometerlo, o bien que favorezca los intereses del que la ha formulado.

capear v. tr. **1** Torear con la capa a una res. **2** Entretener a alguien con engaños y evasivas, especialmente para no cumplir con una obligación o promesa. **3** Eludir hábilmente alguna dificultad, un compromiso o un trabajo desagradable: *deja de capearme y cumple con lo prometido.* **4** Hacer frente una embarca-

ción al mal tiempo mediante las adecuadas maniobras.
DER capea.

capellán n. m. Sacerdote que dice misas y cuida del servicio religioso en ciertos lugares o instituciones: *capellán del ejército.*
DER capellanía.

capibara n. m. Mamífero roedor de gran tamaño, de unos 120 cm de largo y 50 cm de alto, cuerpo algo rechoncho, pelo de color pardo, y patas y orejas cortas; tiene hábitos semiacuáticos, se alimenta de peces y hierbas; vive en regiones cálidas de América, a orillas de ríos y lagos: *el capibara es el mayor de los roedores vivientes.* SIN capiguara, capincho, carpincho, chigüire.

capicúa adj./n. m. [número, palabra, frase] Que se lee igual de izquierda a derecha que de derecha a izquierda: *el 6996 es capicúa.*

capilar adj. **1** Del cabello o que tiene relación con él: *loción capilar.* **2** [tubo] Que tiene un diámetro interior semejante al grosor de un pelo. ◆ n. m. **3** ANAT. Vaso sanguíneo muy fino que enlaza las venas con las arterias.

capilla n. f. **1** Iglesia de pequeñas dimensiones con un solo altar, especialmente la de un establecimiento religioso o seglar o la instalada en una casa particular. capilla ardiente Lugar en que se coloca a una persona muerta para velarla y rendirle honores. **2** Parte de una iglesia que tiene altar o en la que se venera una imagen. **3** Pequeño grupo de seguidores de una persona o idea. NOTA Suele tener sentido despectivo.
▶ estar en capilla **a.** Estar el reo en cualquier pieza de la cárcel, que actúa como capilla, desde que se le notifica la sentencia de muerte hasta que esta se ejecuta. **b.** Encontrarse a la espera de hacer una prueba importante o de conocer el resultado de algo preocupante.

capital adj. **1** Que es muy grave o importante: *pecado capital.* ◆ n. m. **2** Conjunto de bienes que posee una persona o una sociedad, especialmente en dinero o en valores. **3** ECON. Elemento o factor de la producción constituido por aquello que se destina a la obtención de un producto: *dinero, maquinaria, instalaciones y materia prima constituyen el capital de una empresa.* ◆ n. f. **4** Población principal de un territorio: *capital de la provincia.* **5** Población con una posición destacada en algún aspecto o actividad: *capital del vino.*
DER capitalidad, capitalismo, capitalizar.

capitalidad n. f. Condición o circunstancia de ser una población la capital de un país, de una comunidad autónoma, de una provincia, de un distrito o de otro territorio.

capitalismo n. m. **1** Sistema económico y social que busca la creación de riqueza y que está basado en el poder y la influencia del capital. **2** Entidad económica formada por el conjunto de capitales y capitalistas: *tras las elecciones, seguía el capitalismo en el poder.*
DER capitalista.

capitalista adj. **1** Del capital, del capitalismo o que tiene relación con ellos: *economía capitallista; sistema capitalista.* ◆ adj./n. com. **2** [persona] Que es partidario del capitalismo. ◆ n. com. **3** Persona que posee mucho dinero o bienes materiales. **4** Persona que pone el dinero o capital en un negocio.

capitalizar v. tr. **1** Fijar el capital que corresponde a determinado rendimiento o interés, según el tipo que se adopta para el cálculo. **2** Agregar a un capital los rendimientos o intereses que este ha producido. **3** Utilizar en beneficio propio una acción o una situación, aunque sean ajenas: *capitalizó el trabajo de los demás en beneficio propio.*
OBS En su conjugación, la *z* se convierte en *c* delante de *e*.
DER capitalización.

capitán, -tana n. m. y f. **1** Persona que dirige o representa a un grupo o a un equipo, especialmente deportivo. ◆ n. m. **2** Miembro del ejército cuyo empleo militar es de categoría inmediatamente superior al de teniente en el Ejército de Tierra y Aire y al de alférez de navío en la Armada: *un capitán de infantería tiene el mando de una compañía.* capitán general **a.** General que tiene el grado militar más alto del Ejército español. **b.** Jefe superior de una región militar, aérea o naval. **3** Persona que manda un buque mercante o de pasajeros. SIN comandante.
DER capitana, capitanear, capitanía.

capitana adj./n. f. [embarcación] Que está mandada por el jefe de una escuadra.

capitanear v. tr. **1** Mandar un grupo de soldados como capitán. **2** Mandar un grupo de personas o una acción, aunque no sea militar: *el jugador capitaneó el equipo.*

capitanía n. f. Empleo de capitán: *este año alcanza la capitanía.*
▶ capitanía general **a.** General que ejerce el cargo de capitán general de una región o un

territorio. **b.** Territorio bajo la autoridad del capitán general. **c.** Edificio en el que se encuentran las oficinas del capitán y donde, eventualmente, reside.

capitel n. m. Pieza decorada según diferentes estilos que remata una columna o pilar por su parte superior: *sobre el capitel descansa el arquitrabe.*

capitolio n. m. **1** Edificio majestuoso y elevado: *la recepción se celebró en el capitolio.* **2** Lugar más alto y defendido de las ciudades de la antigua Grecia: *los turistas visitan el capitolio.*
SIN acrópolis.

capitoné n. m. **1** Armazón dispuesto para transportar muebles en tren. **2** Vehículo acondicionado para transportar muebles por carretera.

capitulación n. f. **1** Acuerdo político o militar en el que se establecen las condiciones de una rendición. **2** Acuerdo firmado entre dos partes sobre un negocio o asunto, generalmente importante o grave. ◆ n. f. pl. **3** capitulaciones Conciertos que se establecen entre los futuros esposos ante notario en los que se ajusta el régimen económico del matrimonio.

capitular adj. **1** De un cabildo o corporación, del capítulo de una orden religiosa o que tiene relación con ellos: *sala capitular de un monasterio.* ◆ v. intr. **2** Rendirse, entregar una posición o plaza de guerra según determinadas condiciones estipuladas con el enemigo. **3** Abandonar una discusión o pugna por cansancio o por la fuerza de los argumentos contrarios: *con sus dotes persuasivas lo hará capitular rápidamente.*
DER capitulación; recapitular.

capítulo n. m. **1** Cada una de las partes principales en que se divide un escrito o narración para una mejor ordenación y fácil entendimiento de su materia. **2** Reunión o asamblea de canónigos o religiosos de una orden para tratar distintos asuntos. **3** Asunto o materia: *después de tratar todos los temas pasaremos al capítulo de los gastos.*
▶ llamar (o traer) a capítulo Reprender, pedir cuentas o desaprobar el comportamiento a alguien. ser capítulo aparte Merecer una atención especial un determinado asunto.
DER capitular.

capo n. m. Jefe de mafia, que suele ser persona principal en las familias cercanas a estas organizaciones ilegales.

capó n. m. Cubierta de metal que tapa el motor del automóvil.

capón adj./ n. m. **1** [animal macho] Que ha sufrido la extirpación o inutilización de los órganos genitales. ◆ n. m. **2** Pollo al que se le extirpan o inutilizan los órganos genitales cuando es pequeño y se ceba para comerlo. **3** Golpe dado a alguien en la cabeza con el nudillo del dedo corazón.
DER capar.

capota n. f. Cubierta o techo plegable que tienen algunos vehículos.
DER descapotable.

capote n. m. **1** Pieza de tela grande y con colores vivos que se usa para torear. SIN capa. **2** Prenda de abrigo parecida a la capa, pero con mangas y con menos vuelo. **3** Prenda de abrigo muy ancha y larga que llevan los militares.
▶ echar un capote Prestar ayuda a una persona que se encuentra en una situación apurada.
DER capota, capotazo; encapotarse.

capricho n. m. **1** Determinación que se toma arbitrariamente, por un antojo pasajero: *no me hace falta el coche, me lo he comprado por puro capricho.* **2** Deseo imprevisto, arbitrario y pasajero de una cosa. SIN antojo. **3** Persona, animal o cosa que se desea: *ya tengo varios y no me hacía falta, este reloj fue un capricho.* **4** Obra de arte que rompe con los modelos acostumbrados por medio del ingenio y la fantasía: *los caprichos de Goya.*
▶ a capricho Indica que algo se hace como se desea y sin sujeción a normas: *colocó a capricho los adornos del árbol de Navidad.* darse un capricho Satisfacer el deseo de una cosa, aunque no se necesite.
DER caprichoso; encapricharse.

caprichoso, -sa adj./ n. m. y f. **1** [persona] Que frecuentemente tiene caprichos. ◆ adj. **2** Que no está sujeto a leyes o reglas: *las nubes dibujan en el cielo siluetas caprichosas.*

capricornio adj./ n. com. [persona] Que ha nacido entre el 22 de diciembre y el 20 de enero, tiempo en que el Sol recorre aparentemente Capricornio, décimo signo del Zodíaco.

caprino, -na adj. De la cabra o que tiene relación con este animal.

cápsula n. f. **1** Envoltura de material soluble con que se recubren algunos medicamentos: *el mismo medicamento se vende en cápsulas,* *sobres y supositorios.* **2** Conjunto del medicamento y la envoltura. **3** Cabina de una nave o satélite espacial en la que están los mandos de control. **4** BOT. Fruto seco con una o varias cavidades que contienen las semillas.

captar v. tr. **1** Recibir o recoger impresiones exteriores, especialmente a través de los sentidos o de los aparatos adecuados: *este aparato envía y capta señales de radio.* **2** Comprender, darse cuenta: *no tardó en captar que el asunto era delicado.* **3** Recoger o reunir convenientemente las aguas que proceden de diversos lugares. ◆ v. tr./ prnl. **4** Atraer la atención, la voluntad o el afecto de una persona. SIN ganar.
DER captación.

captura n. f. **1** Apresamiento de una persona fugitiva a la que se considera delincuente: *orden de busca y captura.* **2** Apresamiento de una persona, animal o cosa que ofrece resistencia.
▶ captura de pantalla Copia que se hace de lo que se muestra en un momento concreto en la pantalla del ordenador. SIN pantallazo.
DER capturar.

capturar v. tr. **1** Apresar a una persona a la que se persigue por ser considerada delincuente. **2** Apresar a una persona, animal o cosa que ofrece resistencia.

capucha n. f. **1** Gorro acabado en punta que va unido a un abrigo, capa u otra prenda de vestir. **2** Pieza con que se cubre o protege el extremo de algunos objetos. SIN capuchón.
DER capuchino, capuchón; encapuchar.

capuchino, -na adj./ n. m. y f. **1** [religioso, religiosa] Que pertenece a la rama de los franciscanos. ◆ n. m. **2** Café al que se le añade leche hervida caliente y muy espumosa y que se suele servir espolvoreado con canela o chocolate en polvo. **3** Mono de unos 30 a 55 cm de longitud, con una capa de pelo oscuro en la cabeza que recuerda a la capucha de un monje; vive en América del Sur y Central.

capuchón n. m. Pieza con que se cubre y protege el extremo de algunos objetos. SIN capucha.

capullo, -lla n. m. **1** Flor que todavía no ha abierto los pétalos. **2** Cubierta ovalada que fabrican algunos gusanos para encerrarse en ella y convertirse en mariposas: *la larva realiza la metamorfosis en un capullo.* **3** *malsonante* Glande, extremo del órgano sexual masculino. ◆ adj./ n. m. y f. **4** [persona] Que es muy tonto, torpe o poco inteligente. NOTA Se usa como apelativo despectivo.

caqui adj. **1** [color] Que está entre el ocre amarillento y el verde grisáceo. ◆ n. m. **2** Tela de algodón o lana de este color, muy usada en los uniformes militares. **3** Fruto dulce, redondo y carnoso de color rojo o anaranjado. **4** Árbol de hojas alternas que da este fruto.

cara n. f. **1** Parte anterior de la cabeza de una persona y de algunos animales en la que están la boca, la nariz y los ojos: *la cara abarca desde la frente hasta la barbilla.* SIN faz, rostro, semblante. **2** Semblante o expresión que refleja un sentimiento o un estado de ánimo. cara de circunstancias Expresión triste o seria del rostro que se considera adecuada en una situación poco favorable: *cuando rompió el cristal, se presentó ante el director con cara de circunstancias.* cara de perro o cara de pocos amigos o cara de vinagre Expresión del rostro que muestra desagrado o enfado. **3** Aspecto o imagen que presenta una cosa y por la cual produce determinada impresión. **4** Superficie de un objeto plano: *no escribas por la otra cara del folio.* **5** Parte delantera o frontal de una cosa. **6** Parte o lado anterior y principal de una superficie, especialmente de una moneda o una medalla. SIN envés, anverso. ANT cruz. **7** Plano o lado de una figura geométrica. **8** Falta de vergüenza o descaro al actuar. SIN caradura. ◆ n. com. **9** Persona que actúa con desfachatez y descaro o con poca vergüenza. SIN descarado.
▶ a (o en) la cara Delante o a la vista de alguna persona: *debería decir siempre las cosas a la cara.* caerse la cara de vergüenza Avergonzarse mucho una persona. cara a o de cara a Expresa que una persona o cosa está enfrente de otra, mirando hacia otra o teniéndola en cuenta: *está castigado de cara a la pared.* cara a cara Delante o a la vista de otro, sin esconderse: *prefiero que hablemos de esto cara a cara.* cara dura **a.** Falta de vergüenza. SIN descaro. **b.** Persona que actúa con desfachatez y descaro o con poca vergüenza. SIN caradura, descarado. cruzar la cara Dar una bofetada a una persona. dar la cara Hacerse responsable de los propios actos sin esconderse o echar la culpa a otros. de cara De frente o en sentido opuesto a una cosa que se mueve: *tenemos el viento de cara.* echar (o jugar) a cara o cruz Decidir una cosa por azar, generalmente lan-

zando una moneda al aire. **echar en cara** Recordar a una persona un servicio o favor que se le ha prestado y reprocharle su falta de correspondencia. **lavar la cara** Mejorar el aspecto de una cosa mediante arreglos poco profundos. **verse las caras** Encontrarse una persona con otra para discutir o luchar: *ya nos veremos las caras.*

DER caradura, carear, careta, careto, carilla, carota; descarado, encarar.

caraba Palabra que se utiliza en la locución *ser la caraba*, que se aplica a algo o alguien extraordinario y fuera de lo normal, tanto en sentido positivo como negativo.

carabela n. f. Embarcación de vela antigua, larga y ligera, con tres palos y una sola cubierta.

caracol n. m. **1** Molusco terrestre o acuático provisto de una concha enrollada en forma de espiral y un pie carnoso mediante el que se arrastra. **2** Concha de este animal. **3** Rizo del pelo. **4** Vuelta que da el caballo sobre sí mismo cuando está inquieto o se lo ordena el jinete. **5** ANAT. Parte del oído medio de los vertebrados que tiene una forma parecida a la de la concha de este animal.

DER caracola, caracolear, caracoles.

caracola n. f. **1** Concha de un caracol marino de gran tamaño que, abierta por el ápice y soplando por ella, produce un sonido como el de la trompa. **2** Bollo redondo, aplanado y con forma de espiral que puede estar relleno de diversos ingredientes.

DER caracolada.

caracolear v. intr. Dar vueltas un caballo sobre sí mismo.

carácter n. m. **1** Conjunto de cualidades y circunstancias por las que una persona o cosa se distingue de las demás. SIN característica, índole, naturaleza. **2** Manera de ser o de reaccionar de las personas que se caracteriza por su mayor o menor energía o decisión: *Juan tiene mucho carácter.* SIN personalidad. **3** Señal, marca o dibujo que se imprime, pinta o graba. **4** Signo o letra de un sistema de escritura o de imprenta: *caracteres góticos.* SIN tipo.

OBS El plural es *caracteres.*

DER característico, caracterizar, caracterología.

característica n. f. Cualidad o circunstancia por las que una persona o cosa se distingue de las demás. SIN peculiaridad.

característico, -ca adj. **1** Que sirve para distinguir a una persona o cosa de otras de su especie. ◆ adj. **2** Que es típico de la naturaleza o circunstancias de una persona o cosa. SIN peculiar, distintivo. ◆ n. m. y f. **3** Actor o actriz de teatro que representa papeles de personas de edad.

DER característica.

caracterización n. f. Determinación de los rasgos característicos de una persona o cosa.

caracterizar v. tr. **1** Determinar las cualidades o rasgos característicos de una persona o cosa: *el humor caracteriza su novela.* **2** Presentar o describir una cosa con sus rasgos característicos de manera que resulte inconfundible: *esa película caracteriza muy bien los ambientes marginales.* ◆ v. tr. **3** Representar un actor su papel en el cine o en el teatro con los rasgos que corresponden al personaje representado. ◆ v. prnl. **4** **caracterizarse** Pintarse la cara o vestirse un actor para un papel determinado.

OBS En su conjugación, la *z* se convierte en *c* delante de *e.*

DER caracterización.

caradura adj./ n. com. [persona] Que habla u obra con descaro y desfachatez. SIN cara, descarado, sinvergüenza.

¡caramba! int. Expresión que indica admiración, sorpresa o enfado: *me gustaría que obedecieras alguna vez, ¡caramba!* SIN ¡caray!

OBS A veces va precedida de *qué* para intensificar el sentido: *¡ya está bien, qué caramba!*

carámbano n. m. Trozo de hielo largo y acabado en punta que se forma cuando se congela el agua que cae de un lugar alto: *de los balcones colgaban carámbanos afilados.*

carambola n. f. **1** Jugada de billar que consiste en golpear con el taco una bola de modo que choque con las otras dos o choque solo con una y esta, con el impulso, toque a una tercera. **2** Resultado afortunado obtenido por suerte o por casualidad.

▶ **de carambola** o **por carambola** **a.** Por suerte y no por el esfuerzo o la habilidad: *hizo que el reloj funcionara por carambola.* **b.** De forma indirecta: *consiguió el puesto de carambola, porque enfermó el candidato elegido.*

caramelizar v. tr. Bañar o recubrir con caramelo líquido: *caramelizar almendras.*

OBS En su conjugación, la *z* se convierte en *c* delante de *e.*

caramelo n. m. Golosina, presentada generalmente en pequeñas porciones, hecha con

azúcar fundido y aromatizada con esencia de frutas u otros ingredientes.
DER acaramelar.

caramillo n. m. Flauta pequeña hecha de caña, madera o hueso que produce un sonido muy agudo.

carantoña n. f. Demostración de cariño exagerada y a veces empalagosa, generalmente para conseguir algo: *como dos tortolitos, se hacen arrumacos y carantoñas.* SIN zalamería, zalema.
OBS Se usa generalmente en plural.

carátula n. f. **1** Cubierta de un libro o de los estuches de discos, casetes o cintas de vídeo. **2** Máscara para ocultar la cara.

caravana n. f. **1** Grupo de personas que viajan juntas, a pie o con sus medios de transporte, generalmente por zonas despobladas y con un fin determinado: *caravana de refugiados.* **2** Fila de vehículos que marchan por una carretera, autovía o autopista con lentitud y a poca distancia unos de otros debido al denso tráfico. **3** Vehículo con motor propio o remolcado por un automóvil que está acondiconado para vivir en él en viajes largos o en campings.
▶ en caravana En fila y lentamente: *al acercarnos a la ciudad fuimos en caravana.*

¡caray! int. Expresión que indica admiración, sorpresa o enfado. SIN caramba.
OBS A veces va precedida de *qué* para intensificar el sentido: *¡ya está bien, qué caray!*

carbohidrato n. m. Molécula compuesta por átomos de carbono, hidrógeno y oxígeno que, en los seres vivos, sirve para almacenar y consumir energía: *el azúcar es un carbohidrato.*

carbón n. m. Materia sólida y negra que arde con mucha facilidad y que procede de la combustión incompleta de la madera o de otros cuerpos orgánicos.
▶ carbón mineral Carbón que procede de la lenta descomposición de grandes masas vegetales acumuladas bajo tierra. carbón vegetal Carbón que se obtiene al quemar la madera en hornos especiales.
DER carbonada, carbonar, carboncillo, carbonera, carbonero, carbonífero, carbonilla, carbonizar, carbono.

carbonara adj./ n. f. [salsa] Que se hace con nata o crema de leche líquidas, trozos de tocino o jamón, huevo y especias.
▶ a la carbonara [pasta] Que está condimentado con salsa carbonara: *espaguetis a la carbonara.*

carbonato n. m. QUÍM. Sal que se forma a partir de la combinación del ácido carbónico con un radical simple o compuesto.
DER carbonatar; bicarbonato.

carboncillo n. m. **1** Lápiz o barrita de madera carbonizada que sirve para dibujar: *el carboncillo está hecho a partier de una madera ligera.* **2** Dibujo hecho con este lápiz.

carbónico, -ca adj. [mezcla, combinación química] Que contiene carbono: *bebida carbónica.*

carbonizar v. tr. **1** Reducir a carbón un cuerpo orgánico. **2** Quemar o destruir mediante el fuego.
OBS En su conjugación, la *z* se convierte en *c* delante de *e*.

carbono n. m. QUÍM. Elemento químico no metal y sólido, de número atómico 6, que no tiene olor ni sabor y es el principal componente de compuestos orgánicos: *el símbolo del carbono es C.*
DER carbonato, carbónico.

carburador n. m. Pieza del motor de los automóviles en la que se efectúa la carburación.

carburante n. m. Sustancia química, compuesta de hidrógeno y carbono, que, mezclada con un gas, se emplea como combustible en los motores de explosión y de combustión interna: *la gasolina es un carburante.*

carburo n. m. **1** Compuesto de carbono y otro elemento químico, generalmente metálico: *carburo de calcio.* **2** Mecanismo para dar luz que funciona con carburo: *los pastores en la montaña de noche no tenían más que un carburo.*
DER carburar; hidrocarburo.

carca adj./ n. com. [persona] Que es extremadamente conservador, partidario de ideas y actitudes propias de tiempos pasados: *es un carca lleno de prejuicios.*
OBS Tiene sentido despectivo.

carcajada n. f. Risa impetuosa y ruidosa: *soltar una carcajada.* SIN risotada.
DER carcajearse.

carcajearse v. prnl. **1** Reírse con grandes carcajadas. **2** Burlarse de una persona o cosa, despreciarla.
OBS Suele usarse con la preposición *de*.

carcamal adj./ n. m. [persona] Que está viejo y achacoso.
OBS Se usa con sentido despectivo.

carcasa n. f. Armazón exterior en que se

apoya o que protege un mecanismo u objeto que se encuentra dentro de él.

cárcava n. f. Hoya o zanja formada en el terreno por la erosión de las corrientes de agua.

cárcel n. f. Edificio o local acondicionado para encerrar a los condenados a una pena de privación de libertad o a los presuntos culpables de un delito. **SIN** prisión, talego.
DER carcelario, carcelero; encarcelar, excarcelar.

carcelero, -ra n. m. y f. Persona que tiene por oficio cuidar y vigilar a los presos en la cárcel.

carcoma n. f. **1** Insecto muy pequeño y de color oscuro que roe la madera. **2** Polvo que va dejando este insecto al digerir la madera destruida. **3** Acción o cosa que causa la destrucción lenta de algo.
DER carcomer.

carcomer v. tr. **1** Roer la madera la carcoma. ◆ v. tr./ prnl. **2** Acabar o consumir lentamente una cosa: *carcomer la salud, la paciencia o alguna virtud.*

cardar v. tr. **1** Peinar con fuerza las fibras textiles antes de hilarlas, generalmente con un cepillo metálico. **2** Peinar con fuerza el pelo de las personas de la punta a la raíz para que quede hueco. **3** Sacar suavemente el pelo de un tejido con un cepillo metálico.
DER cardado; escardar.

cardenal n. m. **1** Prelado de la Iglesia católica que, con otros, forma el Sacro Colegio y aconseja al Papa en los asuntos graves: *el Papa es elegido entre los cardenales.* **2** Mancha amoratada o amarillenta que aparece bajo la piel por la acumulación de sangre u otro líquido corporal a consecuencia de un golpe o por otra causa. **SIN** hematoma.

cárdeno, -na adj. **1** De color amoratado: *remolacha cárdena.* **2** [toro] Que tiene el pelo con mezcla de negro y blanco.
DER cardenal, cardenillo.

cardíaco, -ca o **cardiaco, -ca** adj. Del corazón o relacionado con este órgano: *insuficiencia cardíaca; ataque cardíaco.*

cardias n. m. ANAT. Orificio superior del estómago por el cual comunica con el esófago.
OBS El plural también es *cardias.*

cardinal adj. **1** Que es lo principal y más importante: *puntos cardinales.* ◆ adj./ n. m. **2** GRAM. [adjetivo, pronombre] Que indica únicamente cantidad o número: *sesenta es un numeral cardinal.*

cardiología n. f. Parte de la medicina que se ocupa de la anatomía, la fisiología y las enfermedades del corazón.

cardiólogo, -ga n. m. y f. Médico especializado en el estudio y tratamiento de las enfermedades del corazón.
DER cardiología.

cardiopatía n. f. Enfermedad del corazón.

cardiovascular adj. ANAT. Del corazón y los vasos sanguíneos o relacionado con el sistema circulatorio.

cardo n. m. **1** Planta silvestre de hojas grandes y espinosas como las de la alcachofa y flores en cabezuela. **2** Persona con la que no es fácil tratar porque es muy arisca o desagradable. **3** Persona muy fea. **NOTA** Tiene sentido despectivo. **SIN** callo.
DER cardar, cardillo.

cardumen o **cardume** n. m. Banco de peces.

carecer v. intr. No tener algo.
OBS Se usa seguido de la preposición *de.* En su conjugación, la *c* se convierte en *zc* delante de *a* y *o*, como en *agradecer.*
DER carencia, carente.

carencia n. f. Falta de una cosa: *sufren una importante carencia de medios.*
OBS Se construye con la preposición *de.*
DER carencial.

carente adj. Que carece de algo.
OBS Se construye con la preposición *de.*

careo n. m. Interrogatorio efectuado a dos o más personas puestas frente a frente para averiguar la verdad mediante la confrontación de sus versiones.

carestía n. f. Circunstancia de estar alto el precio de los artículos y servicios de mayor consumo: *la carestía de vida.*

careta n. f. **1** Máscara o mascarilla de cartón u otro material para cubrirse la cara. **2** Mascarilla de alambres que usan los colmeneros o los que practican esgrima para protegerse la cara. **3** Fingimiento o disimulo, generalmente de las intenciones o de la manera de ser de una persona: *esa cara de dolor que pone no es más que una careta.* **SIN** máscara.
▶ **quitar la careta** Desenmascarar, descubrir las verdaderas intenciones o la verdadera manera de ser de una persona. **SIN** quitar la máscara.

careto, -ta adj. **1** [animal] Que tiene la cara blanca y la frente y el resto de la cabeza de color oscuro: *lirón careto; caballo careto.* ◆ n. m. **2** *coloquial* Cara de una persona.

a b **c** d e f g h i j k l m n ñ o p q r s t u v w x y z

carga n. f. **1** Colocación de un peso sobre una persona, animal o vehículo, generalmente para transportarlo. **2** Cosa transportada, especialmente géneros y mercancías: *el camión ha dejado la carga en el muelle.* **3** Peso sostenido por una estructura. **4** Repuesto de la sustancia o materia necesaria para el funcionamiento de una máquina o un aparato: *tengo que ponerle una carga nueva a esta estilográfica porque ya no escribe.* **5** Cantidad de sustancia explosiva que se usa para volar algo o que se pone en un arma de fuego. **6** Cantidad de energía eléctrica contenida en un cuerpo u objeto: *esta pila no tiene carga.* **7** Ataque resuelto y con fuerza de un ejército contra el enemigo: *carga de caballería.* **8** Acometida de las fuerzas de seguridad para dispersar o ahuyentar a grupos que alteran el orden público. **9** Acción de empujar con fuerza a una persona, generalmente al practicar un deporte. **10** Molestia, situación penosa o esfuerzo que recae sobre una persona: *la enfermedad de su hijo fue una carga que aceptó con resignación.* **11** Obligación o tributo que recae sobre lo que se posee: *cargas fiscales.* **12** Conjunto de obligaciones propias de un estado, de un puesto o de una profesión.

▶ volver a la carga Insistir en un tema o pretensión.

cargado, -da adj. **1** [tiempo atmosférico] Que es bochornoso o muy caluroso y molesto. **2** [aire, atmósfera de un lugar cerrado] Que es impuro y está lleno de humos y olores desagradables. **3** [bebida] Que contiene gran cantidad de la sustancia de que se compone: *tomaré el café muy cargado.*

cargador, -ra n. m. y f. **1** Persona que tiene por oficio embarcar mercancías para su transporte. ◆ n. m. **2** Aparato que, conectado a la corriente, sirve para cargar baterías: *el cargador del móvil.* **3** Parte o complemento de una máquina, aparato o utensilio donde se carga lo que se necesita para que estos funcionen: *cargador de diapositivas; el cargador de una pluma estilográfica.* **4** Pieza del arma de fuego que contiene varios cartuchos donde se colocan las municiones.

cargamento n. m. **1** Conjunto de mercancías que carga una embarcación. **2** Conjunto de mercancías que transporta un vehículo.

cargar v. tr. **1** Poner un peso sobre una persona, animal o vehículo para transportarlo: *hemos cargado las maletas en el coche.* **2** Proveer a una máquina o aparato de lo que necesita para funcionar: *cargar la escopeta.* **3** Imponer sobre una persona o cosa un gravamen o impuesto. **4** Anotar en una cuenta las cantidades de dinero que corresponden al debe: *en esta cuenta bancaria me cargan los recibos del agua y de alquiler.* **5** INFORM. Almacenar en la memoria principal de una computadora los programas que se vayan a usar. ◆ v. tr./ prnl. **6** Poner o tener mucho de una cosa: *se cargó de joyas para la fiesta.* ◆ v. tr./ intr. **7** Molestar, hartar o aburrir: *sus chistes y bromas me cargan.* ◆ v. intr. **8** Atacar o acometer con fuerza y resolución. **9** Hacer peso, apoyarse sobre algo o alguien: *este depósito carga sobre esta estructura.* **10** Tomar o aceptar un peso físico o moral: *yo cargaré con todo.* ◆ v. prnl. **11 cargarse** Llenarse o tener mucho de una cosa: *el cielo se ha cargado de nubes.* **12** Matar a un ser vivo. **13** Romper, estropear o suprimir: *se ha cargado el jarrón.* **14** Suspender a un estudiante en una prueba: *se lo han cargado en selectividad.*

OBS En su conjugación, la *g* se convierte en *gu* delante de *e*.

DER carga, cargadero, cargado, cargador, cargamento, cargante, cargazón, cargo, carguero; descargar, encargar, recargar, sobrecargar.

cargo n. m. **1** Empleo, dignidad o puesto de una persona. alto cargo Empleo que es muy importante: *ocupa un alto cargo.* **2** Persona que desempeña ese empleo. alto cargo Persona que tiene un empleo muy importante: *el alto cargo voló a Moscú.* **3** Custodia o cuidado de una persona o cosa: *estos niños están a mi cargo.* **4** Falta de la que se acusa a una persona.

▶ cargo de conciencia Sentimiento de culpa que afecta a una persona por haber hecho o dejado de hacer algo. hacerse cargo **a.** Encargarse de una persona o cosa. **b.** Comprender, considerar todas las circunstancias que concurren en un hecho: *hágase cargo de mi situación y concédame el permiso.*

carguero n. m. Barco, generalmente de grandes dimensiones, acondicionado para el transporte de mercancías.

cariar v. tr. Producir o padecer caries en un diente.

cariátide n. f. Columna con figura de mujer vestida hasta los pies.

caribú n. m. Reno de las regiones frías de América del Norte, que se alimenta casi exclusivamente de musgos y líquenes, y es aprovechado por los esquimales para obtener comida, fabricar utensilios y confeccionar ropa.

OBS El plural es *caribúes*, culto, o *caribús*, popular.

caricatura n. f. **1** Dibujo en el que, con intención crítica o humorística, se deforman exageradamente los rasgos característicos de una persona. **2** Cosa que no alcanza una forma aceptable de lo que pretende ser: *más que un festival, fue una caricatura de festival.*

DER caricaturesco, caricaturista, caricaturizar.

caricaturar v. tr. Representar o imitar a una persona o cosa con un dibujo o un texto deformando o ridiculizando sus rasgos característicos. **SIN** caricaturizar.

caricaturesco, -ca adj. De la caricatura o relacionado con este dibujo crítico.

caricaturista n. com. Persona que dibuja caricaturas.

caricaturizar v. tr. Representar o imitar a una persona o cosa con un dibujo o un texto deformando o ridiculizando sus rasgos característicos. **SIN** caricaturar.

OBS En su conjugación, la *z*, se convierte en *c* delante de *e*.

caricia n. f. **1** Muestra de cariño que consiste en rozar suavemente con la mano el cuerpo de una persona o de un animal. **2** Sensación agradable causada por el roce suave de algo. **3** Halago, gesto empleado como demostración amorosa.

DER acariciar.

caridad n. f. **1** Sentimiento o actitud que impulsa a interesarse por los demás, a querer ayudar a los necesitados. **2** Ayuda o auxilio que se da a los necesitados. **SIN** limosna. **3** En el cristianismo, virtud teologal que consiste en amar a Dios sobre todas las cosas y al prójimo como a nosotros mismos: *las virtudes teologales son: fe, esperanza y caridad.* **4** Forma de tratamiento que usan entre sí algunos religiosos. **NOTA** Suele ir acompañado de *su* o *vuestra*: *su caridad, vuestra caridad.*

DER caritativo.

caries n. f. Lesión que afecta a los tejidos duros del organismo, en especial a los dientes.

OBS El plural también es *caries.*

DER cariar.

carilla n. f. Cara de una hoja de papel.

carillón n. m. **1** Conjunto de campanas que producen un sonido armónico. **2** Reloj provisto de uno de estos juegos de campanas que produce un sonido agradable cuando da las horas. **3** Instrumento musical de percusión formado por varios tubos o placas de metal que suenan al ser golpeados.

cariño n. m. **1** Afecto intenso que se tiene hacia una persona, animal o cosa: *siente un gran cariño por la menor de sus hermanas.* **NOTA** Se usa como apelativo afectuoso. *¡hola, cariño!, ¿qué tal el colegio?* **SIN** afecto, amor. **2** Afición y aprecio hacia un objeto del que uno no quiere separarse o desprenderse. **3** Expresión y señal de amor o afecto: *siempre están haciéndose cariños.* **NOTA** Se usa más en plural. **4** Delicadeza o cuidado con que se hace o se trata una cosa: *cuidaba el libro con mucho cariño.*

cariñoso, -sa adj. Que muestra cariño: *es un perrito muy cariñoso con los que conoce.*

OBS Se suele usar con la preposición *con.*

carisma n. m. **1** Cualidad o don que tiene una persona para atraer a los demás por su presencia o su forma de hablar: *no tiene carisma para ser jefe y nadie le va a escuchar.* **2** En la religión cristiana, gracia o don concedido por Dios a algunas personas para que realicen determinadas funciones para el bien general.

DER carismático.

carismático, -ca adj. [persona] Que está dotado de carisma.

caritativo, -va adj. **1** [persona] Que tiene un sentimiento por el que se siente impulsado a ayudar a los necesitados. **NOTA** Suele usarse con la preposición *con*. **2** De la caridad o relacionado con este sentimiento.

cariz n. m. Aspecto que presenta un asunto o negocio.

carlismo n. m. Movimiento político español, de carácter conservador, que surgió en 1833 para apoyar las pretensiones al trono de Carlos María Isidro de Borbón, hermano de Fernando VII.

DER carlista.

carlista adj. **1** Del carlismo o relacionado con este movimiento político. ◆ adj./ n. com. **2** [persona] Que es partidario o seguidor del carlismo.

carmelita adj./ n. m. y f. **1** [persona] Que pertenece a una de las fundaciones religiosas que observan la regla de la orden del Carmen. ◆ adj. **2** De la orden del Carmen o que tiene relación con ella: *estudia en un colegio carmelita.*

carmesí adj. De color granate intenso. **SIN** carmín.

OBS El plural es *carmesíes*, culto, o *carmesí*, popular.

carmín n. m. **1** Barrita de color para pintarse los labios, generalmente guardada en un pequeño estuche. **2** Sustancia de color rojo intenso que se saca de ciertos insectos. ◆ adj. **3** Carmesí.

carnal adj. **1** Del cuerpo y no del espíritu; de este mundo o esta vida o que tiene relación con ellos. SIN terrenal. **2** De los instintos del cuerpo o del deseo sexual o que tiene relación con ellos. **3** [persona] Que tiene un parentesco consanguíneo con otra: *prima carnal.*

carnaval n. m. **1** Fiesta popular que se celebra en los días anteriores a la cuaresma con mascaradas, bailes y comparsas por las calles. **2** Período que comprende los tres días anteriores al miércoles de ceniza. SIN carnestolendas.
DER carnavalesco.

carne n. f. **1** Parte blanda del cuerpo del ser humano y de los animales formada por los músculos. **2** Alimento consistente en esta parte del cuerpo de los animales preparada para comer, especialmente la de animales terrestres y aéreos. **3** Parte blanda de las frutas y frutos que está bajo la cáscara. SIN pulpa. **4** Cuerpo como parte material del ser humano, en oposición al espíritu.
▶ carne de cañón Persona o grupo de personas a las que se expone sin miramientos a sufrir cualquier daño. carne de gallina Piel de las personas cuando, por el frío o el miedo, toma un aspecto parecido al de las aves sin plumas. de carne y hueso Que es sensible a las experiencias y vicisitudes como los demás: *soy también de carne y hueso y, por tanto, este crimen me duele como a vosotros.* NOTA Se usa con el verbo *ser.* echar carnes Ponerse gorda una persona que estaba delgada. en carne viva Sin la piel que cubre el cuerpo, generalmente por causa de un accidente: *se ha quemado la mano y la tiene en carne viva.* metido en carnes [persona] Que está un poco gordo. poner toda la carne en el asador Intentar una cosa con todas las fuerzas y medios: *aunque el equipo puso toda la carne en el asador, no pudo ganar el partido.*
DER carnada, carnal, carnaza, cárnico, carnívoro, carniza, carnoso; descarnar, encarnar, encarnecer.

carné n. m. Documento que acredita la identidad de una persona, la pertenencia a un cuerpo o entidad o la facultad que se tiene para ejercer una actividad.
▶ carné de identidad Documento oficial en que constan el nombre, la fotografía, la firma y otras informaciones relacionadas con una persona y que sirve para identificarla.
OBS El plural es *carnés.*

carnero n. m. Mamífero rumiante con grandes cuernos estriados y enrollados en espiral y cuerpo cubierto de lana espesa: *el carnero es el macho de la oveja.*
▶ poner ojos de carnero degollado Poner expresión triste, de pena o de miedo.

carnestolendas n. f. pl. Carnaval.

carnet n. m. Carné, documento que acredita la identidad de una persona.

carnicería n. f. **1** Establecimiento en el que se vende carne destinada al consumo. **2** Destrozo y gran mortandad producido por la guerra o por una catástrofe. **3** Destrozo hecho en la carne de una persona.

carnicero, -ra n. m. y f. **1** Persona que vende carne destinada al consumo. ◆ adj./ n. m. y f. **2** [animal] Que mata a otros animales para comer su carne. **3** [ser vivo] Que es cruel, sanguinario e inhumano.
DER carnicería.

carnívoro, -ra adj. **1** [animal] Que se alimenta o puede alimentarse de carne: *el león es un animal carnívoro.* **2** [planta] Que se nutre de insectos: *una planta carnívora.* ◆ adj./ n. m. y f. **3** ZOOL. [animal mamífero terrestre] Que tiene los dientes fuertes y cortantes para poder alimentarse de carne. ◆ n. m. pl. **4** carnívoros ZOOL. Orden de estos animales: *el tigre y el oso pertenecen a los carnívoros.*

carnoso, -sa adj. **1** De carne o relacionado con ella. **2** Que es grueso o tiene mucha carne: *labios carnosos.* **3** [vegetal, fruto] Que es tierno y tiene mucha carne.
DER carnosidad.

caro, -ra adj. **1** [mercancía] Que es de precio elevado o superior al habitual o al que parece adecuado en comparación con otra mercancía semejante. SIN costoso. **2** *formal* Que es amado o querido. ◆ adv. **3** A un precio alto, por mucho dinero: *en esta tienda venden muy caro.*
▶ costar caro Causar un mal físico, moral o económico. NOTA También se usa con los verbos *salir, pagar, resultar.*
DER carero; encarecer.

carolingio, -gia adj. De Carlomagno o relacionado con este rey de los francos (742-814), con su imperio y con su época.

carótida adj./ n. f. ANAT. [arteria] Que lleva la sangre a la cabeza: *las arterias carótidas están a uno y otro lado del cuello.*

carpa n. f. **1** Pez de agua dulce comestible, de color verdoso por encima y amarillo por el vientre. **2** Toldo de gran tamaño sostenido por una estructura y que cubre un recinto amplio: *la carpa del circo.*

carpaccio n. m. Plato que consiste en trozos de carne o pescado crudos cortados muy finos y aliñados con aceite y queso parmesano.

OBS Se pronuncia aproximadamente «carpacho».

carpelo n. m. BOT. Hoja modificada que con otras compone el gineceo u órgano sexual femenino de algunas plantas.

carpeta n. f. **1** Pieza de cartón u otro material que, doblado y cerrado generalmente con gomas, sirve para guardar papeles. SIN archivador. **2** Cartera grande que consiste en dos cubiertas, generalmente de cartón, unidas por uno de los lados y que se pone en una mesa para escribir sobre ella y para guardar papeles.

DER carpetazo; encarpetar.

carpetazo Palabra que se utiliza en la locución *dar carpetazo,* que significa 'dar por terminado un asunto, generalmente conflictivo'.

carpetovetónico, -ca adj. Que defiende lo español a ultranza, rechazando la influencia exterior.

DER carpetovetonismo.

carpintería n. f. **1** Taller o lugar de trabajo de un carpintero. **2** Arte y técnica de trabajar la madera y hacer objetos con ella. **3** Conjunto de muebles y objetos de madera fabricados según esta técnica.

carpintero, -ra n. m. y f. Persona que fabrica o arregla objetos de madera.

DER carpintería.

carpo n. m. ANAT. Conjunto de huesos de número variable que forman las extremidades anteriores de los batracios, reptiles y mamíferos: *en los humanos el carpo forma parte de la muñeca, compuesto por ocho huesos unidos en dos filas.*

carraca n. f. **1** Instrumento de madera con una rueda con dientes, que, al hacerlo girar sobre un eje que sirve de mango, tocan una lengüeta flexible y producen un ruido seco y desagradable. **2** Aparato o máquina vieja o que funciona mal. **3** Herramienta de mecánica que, mediante una rueda con dientes, transmite el movimiento del mango en un solo sentido.

carrasca n. f. Encina, generalmente pequeña y sin haber tomado aún forma de árbol.

carrascal n. m. Terreno poblado de carrascas: *el suelo del carrascal estaba lleno de bellotas.*

carraspear v. intr. Hacer con la garganta una tos ligera para quitarle la carraspera o aclararla antes de hablar.

DER carraspeo, carraspera.

carraspera n. f. Aspereza en la garganta que pone ronca la voz: *me duele la garganta y tengo carraspera.*

carrera n. f. **1** Acción de ir de un sitio a otro corriendo. **2** Marcha rápida en la que los pies o las patas se separan del suelo a la vez y durante un momento entre un paso y el siguiente. SIN corrida. **3** Acción de darse mucha prisa en una actividad o trabajo. **4** Competición de velocidad entre personas, animales o vehículos. **5** Conjunto de estudios, repartidos en cursos, que capacitan para ejercer una profesión. **6** Ejercicio de una profesión o arte. **7** Recorrido o trayecto que hace un vehículo de alquiler. **8** Curso o recorrido de un planeta o estrella en el espacio. **9** Línea de puntos sueltos en una media o en otro tejido.

▶ a la carrera Con mucha prisa o rapidez. dar carrera Pagar a una persona los estudios que preparan para una profesión. de carreras Que está preparado para participar en competiciones de velocidad: *un coche de carreras.* no poder hacer carrera con (o de) una persona No conseguir que se comporte de modo adecuado o que haga lo que se espera de ella.

DER carrerilla.

carrerilla **1** Palabra que se utiliza en la expresión *de carrerilla,* que significa: **a.** De memoria, sin comprender bien el sentido de lo que se dice: *saber la lección de carrerilla; recitó de carrerilla la delantera del equipo de fútbol.* SIN de carretilla, de corrido. **b.** Seguido y deprisa: *lo dijo de carrerilla, sin pensar.* **2** Palabra que se utiliza en la expresión *tomar (o coger) carrerilla,* que significa: **a.** Retroceder unos pasos para tomar impulso y avanzar con más ímpetu: *ha saltado tomando una ligera carrerilla.* **b.** Hacer una cosa muy deprisa.

carreta n. f. Carro largo, angosto y más bajo que uno ordinario, generalmente de dos ruedas y con un madero que sobresale al que se

ata el yugo donde se uncen los animales que tiran de él.
DER carretada, carretera, carretero, carretilla.

carrete n. m. **1** Cilindro generalmente con el eje hueco, con rebordes o discos en sus bases, en el que se enrollan hilos, cables u otro material flexible: *carrete de hilo para coser.* **2** Hilo, cable o alambre que se enrolla alrededor de este cilindro. **3** Rollo de película de una máquina fotográfica. **4** Cilindro en el que se enrollan las películas usadas en fotografía.
▶ dar carrete Dar conversación a alguien. tener carrete Hablar mucho, dar conversación.

carretera n. f. Camino público ancho y pavimentado, con un carril en cada sentido, preparado para la circulación de vehículos.

carretero n. m. **1** Persona que fabrica carros o carretas o que los conduce. **2** Persona que se comporta sin educación o blasfema con frecuencia.
▶ fumar como un carretero Fumar mucho. hablar (o jurar) como un carretero Decir palabras injuriosas u ofensivas o echar maldiciones contra alguien o algo.

carretilla n. f. Carro pequeño en forma de cajón con una rueda delantera y dos barras posteriores que se usa para transportar materiales.
▶ carretilla elevadora Vehículo de pequeño tamaño provisto de unas horquillas en la parte frontal que se elevan o descienden para transportar mercancías apiladas sobre palets. SIN toro. de carretilla De memoria y sin comprender lo que se dice: *no me lo digas de carretilla y piénsalo primero.* SIN de carretilla.
OBS Se utiliza mucho con verbos como *decir* o *saber.*

carril n. m. **1** Parte de una carretera u otra vía pública destinada al tránsito de una sola fila de vehículos. **2** Barra de hierro que, paralela a otra igual, sirve para construir el camino sobre el que circulan los trenes. SIN raíl, vía. **3** Camino estrecho y preparado solo para el paso de carros. **4** Guía estrecha y alargada por la que se puede deslizar un objeto.
DER descarrilar, encarrilar, monocarril.

carrillo n. m. Parte carnosa de la cara que se encuentra bajo los ojos y a ambos lados de la nariz. SIN mejilla, moflete.
▶ comer (o masticar) a dos carrillos Comer mucho y de forma rápida.
DER carrillada.

carrizal n. m. Terreno donde crecen muchos carrizos.

carrizo n. m. Planta semejante a la caña, pero con el tallo más delgado y no tan alto, que se cría cerca de arroyos y charcas.
DER carrizal.

carro n. m. **1** Vehículo de transporte formado por un armazón montado sobre dos ruedas, con un tablero y una o dos varas para enganchar los animales de tiro. **2** Armazón con ruedas y sin varas que sirve para transportar cosas: *en los aeropuertos hay carros para llevar las maletas.* **3** Coche, automóvil. NOTA Se usa en Hispanoamérica. carro de combate Vehículo de guerra blindado que va armado con un gran cañón y varias ametralladoras; se mueve sobre cadenas sin fin que le permiten desplazarse por terrenos irregulares y escabrosos. SIN tanque. **4** Pieza de algunas máquinas o aparatos que tiene un movimiento horizontal: *el carro de la máquina de escribir.*
▶ carros y carretas Contrariedades, contratiempos, molestias o situaciones desagradables que se sufren con paciencia: *he tenido que aguantar carros y carretas para seguir trabajando.* NOTA Se suele usar con los verbos *aguantar, pasar.* parar el carro Moderarse o contener el enfado o una acción violenta; dejar de hablar o de comportarse de forma inconveniente. NOTA Suele usarse en imperativo.
DER carrera, carreta, carrete, carretón, carril, carricoche, carromato, carroza, carruaje; acarrear, anticarro, motocarro.

carrocería n. f. Parte de un vehículo que recubre el motor y otros elementos y en cuyo interior se instalan los pasajeros y la carga.

carroña n. f. **1** Carne descompuesta, especialmente la de los animales muertos. **2** Persona o cosa ruin y despreciable. NOTA Tiene sentido despectivo.
OBS Se usa para designar un referente singular o plural, masculino o femenino.

carroñero, -ra adj./ n. m. y f. **1** [animal] Que se alimenta de carroña: *el buitre y el quebrantahuesos son dos aves carroñeras.* ◆ adj./ n. m. y f. **2** [persona] Que se aprovecha sin piedad de las desgracias de los demás. NOTA Se usa con sentido despectivo.

carroza n. f. **1** Coche tirado por caballos grande, cubierto y lujoso. **2** Vehículo muy adornado que se usa en las fiestas públicas: *las carrozas de los Reyes Magos.* ◆ adj./ n. com. **3** *coloquial* [persona] Que es mayor o tiene usos y costumbres pasados de moda: *no todos los mayores son carrozas.*

DER carrocería.

carruaje n. m. Vehículo formado por un armazón de madera o metal montada sobre ruedas destinado generalmente al transporte de personas.

carrusel n. m. **1** Atracción de feria que consiste en una plataforma giratoria sobre la que hay animales y vehículos de juguete en los que se puede montar. SIN tiovivo. **2** Espectáculo en el que un grupo de jinetes realiza con sus caballos una serie de ejercicios vistosos.

carst n. m. Karst.

carta n. f. **1** Papel escrito que una persona envía a otra para comunicarse con ella: *escribió una carta a su madre.* **2** Mensaje contenido en este papel escrito. SIN epístola, misiva. **3** Conjunto de papel y sobre, generalmente cerrado, con que se envía un mensaje escrito. carta abierta Carta que se dirige a una persona, pero con el fin de que se difunda a través de los medios de comunicación social. **4** Cartulina rectangular pequeña que lleva por una de sus caras el dibujo de una figura o de un número determinado de objetos y que, junto con otras, forma una baraja y sirve para jugar. **5** Lista de comidas y bebidas que se pueden elegir en un restaurante, cafetería u otro establecimiento semejante. **6** Representación gráfica, sobre un plano y siguiendo una escala, de la superficie terrestre o de una parte de ella. SIN mapa.

▶ a carta cabal Que posee íntegramente y en el más alto grado las cualidades que se expresan. carta astral Representación de la posición de los planetas y las estrellas en el momento del nacimiento de una persona: *el astrólogo hace cartas astrales.* carta blanca Poder para obrar con libertad en un asunto: *tengo carta blanca para comprar eso cueste lo que cueste.* carta de ajuste Señal fija que se recibe en los aparatos de televisión y que permite ajustar la imagen. carta de pago Documento en que el acreedor confiesa haber recibido la totalidad o parte de lo que se le debía. carta magna Conjunto de leyes fundamentales de un Estado. SIN constitución. cartas credenciales Documento que un Estado da a sus representantes en otros países para que se les reconozca o se les admita como tales. echar las cartas Hacer combinaciones con las cartas de una baraja para tratar de adivinar el futuro u otras cosas ocultas. jugárselo todo a una carta Hacer que la solución a un problema dependa de un solo hecho. no saber a qué carta quedarse Estar indeciso, no saber qué decisión tomar. poner las cartas boca arriba Mostrar una intención u opinión que se tenía oculta. tomar cartas en el asunto Intervenir en una situación: *sus padres tomaron cartas en el asunto y se puso a estudiar.*

DER cartapacio, cartearse, cartel, cartera, cartero, cartilla, cartón; descartar, encartar, pancarta.

cartabón n. m. Instrumento plano en forma de triángulo con un ángulo recto y los lados desiguales, que sirve para medir y trazar líneas.

cartaginés, -nesa adj./ n. m. y f. **1** [persona] Que era de Cartago, antigua ciudad del norte de África: *los cartagineses fundaron Cartago Nova, actual Cartagena.* ◆ adj. **2** Que estaba relacionado con Cartago.

cartearse v. prnl. Escribirse cartas dos o más personas.

DER carteo.

cartel n. m. Escrito o dibujo hecho sobre una lámina grande, generalmente de papel resistente, que se coloca en lugares públicos para comunicar una noticia, dar un aviso o hacer publicidad de alguna cosa.

▶ de cartel Famoso, muy conocido: *un artista de cartel.* en cartel [espectáculo] Que está representándose. SIN en cartelera. tener cartel Ser famoso o tener ganada la reputación.

DER cartelera.

cartel o **cártel** n. m. Convenio o asociación de empresas comerciales para evitar la competencia y controlar la producción, la venta y los precios de determinadas mercancías.

cartelera n. f. Sección de un periódico, revista u otro medio destinada a anunciar los espectáculos: *miramos la cartelera para decidir a qué cine iríamos.*

▶ en cartelera [espectáculo] Que está representándose: *la obra se mantuvo un año en cartelera.*

cárter n. m. **1** Depósito de lubricante del motor de un automóvil. **2** Cubierta de metal que, en un automóvil u otra máquina, protege un mecanismo o determinadas piezas.

cartera n. f. **1** Objeto pequeño de piel o material similar, de forma aplanada y rectangular y doblado por la mitad, que tiene diversos apartados y divisiones en su interior; se lleva en el bolsillo y sirve para guardar billetes,

tarjetas y pequeños documentos. **SIN** billetero, monedero. **2** Objeto cuadrangular de piel u otro material flexible, con asa y tapa, que sirve generalmente para llevar papeles o libros: *los niños llevan los libros en sus carteras.* **3** Empleo de ministro de un país: *no se sabe aún quién destinará a la cartera de Defensa.* **4** Conjunto de clientes de un negocio. **5** Conjunto de valores de un negocio, generalmente de un banco o de un comercio: *cartera de valores.*
▶ tener en cartera Estar organizando o preparando un proyecto para su próxima realización.
DER carterista.

carterista n. com. Ladrón de carteras y objetos de pequeño tamaño, generalmente por la calle o en un vehículo de transporte público y sin que la víctima se dé cuenta.

cartero, -ra n. m. y f. Persona que se dedica a repartir las cartas y los paquetes del correo.
DER cartería.

cartesiano, -na adj. **1** FILOS. De la doctrina filosófica de Descartes o relacionado con ella. **2** [persona, escrito, pensamiento] Que es extremadamente metódico, lógico o racional.

cartílago n. m. ANAT. Tejido de sostén del organismo, duro y flexible, de resistencia inferior a la del hueso: *la oreja está formada por cartílagos.* **SIN** ternilla.

cartilla n. f. **1** Cuaderno pequeño dispuesto para anotar en él determinados datos: *cartilla sanitaria; cartilla militar.* cartilla de ahorros Cartilla que registra los movimientos del dinero que una persona tiene en un banco. **SIN** cuenta, libreta. **2** Cuaderno o libro pequeño con las letras del alfabeto y los primeros ejercicios para aprender a leer.
▶ leer la cartilla Regañar a una persona por haber obrado mal: *llegó tarde a casa y le han leído la cartilla.* saberse la cartilla o tener aprendida la cartilla Haber recibido órdenes sobre el modo en que se debe obrar: *no me digas más cosas, que ya me tengo aprendida la cartilla.*

cartografía n. f. **1** Arte o técnica de trazar mapas o cartas geográficas. **2** Ciencia que estudia los mapas y cómo realizarlos.

cartográfico, -ca adj. De la cartografía o relacionado con este arte o ciencia.

cartomancia o **cartomancía** n. f. Adivinación del futuro por medio de las cartas o naipes.

cartón n. m. **1** Lámina gruesa y dura hecha con varias capas de pasta de papel fuertemente unidas o con una pasta de trapo, papel viejo u otras materias: *lo guardé en una caja de cartón.* cartón piedra Pasta de papel y otras sustancias, como yeso y aceite secante, con el que pueden hacerse figuras y que cuando está seca se vuelve muy dura. **2** Recipiente o envase hecho de ese material. **3** Caja que lleva diez paquetes de cigarrillos. **4** PINT. Dibujo que sirve como modelo para un tapiz, un mosaico o un fresco.

cartucho n. m. **1** Cilindro, generalmente de cartón, metal o plástico y con un anillo metálico en un extremo, que se carga con la pólvora y municiones necesarias para realizar un disparo con un arma de fuego. **2** Recipiente intercambiable con la sustancia o materia necesaria para el funcionamiento de una máquina o un aparato: *un cartucho de tinta para la impresora.* **SIN** carga. **3** Envoltorio cilíndrico de papel, en especial el que contiene monedas del mismo tamaño y valor. **4** Hoja de papel o cartón enrollada en forma de cono que sirve para contener cosas que se venden a granel, como castañas, caramelos, etc. **SIN** cucurucho, papeleta.
▶ quemar el último cartucho Usar el último medio o recurso de que se dispone para solucionar una situación problemática.
DER cartuchera.

cartujo, -ja adj./ n. m. [persona] Que pertenece a la orden religiosa de la Cartuja: *los cartujos llevan una vida contemplativa y suelen hacer voto de silencio.*

cartulina n. f. Cartón delgado, liso y flexible.

casa n. f. **1** Edificio o parte de él donde viven una o más personas. **SIN** vivienda. **NOTA** Colocado después de preposición, no necesita llevar artículo: *me voy a casa de Ana.* **2** Familia o conjunto de sus miembros que viven juntos. **3** Descendencia o linaje que tiene el mismo apellido y viene del mismo origen: *la casa de los Borbón.* **4** Establecimiento de comercio o industria. **5** Terreno de juego propio: *confiamos en ganar, porque jugamos en casa.*
▶ caérsele la casa encima Encontrarse una persona mal y a disgusto en el lugar donde vive. casa consistorial Edificio en el que se reúnen los que dirigen y administran un pueblo o ciudad. **SIN** ayuntamiento. casa de citas o casa de putas Establecimiento en el que trabajan mujeres que mantienen relaciones sexuales con hombres a cambio de dinero. **SIN**

burdel, prostíbulo. casa de empeños Establecimiento en el que se presta dinero a cambio de la entrega, en prenda, de joyas u otros bienes. casa de huéspedes Establecimiento en el que se alojan varias personas que pagan por su hospedaje. SIN pensión. casa de socorro Establecimiento benéfico en el que se prestan servicios médicos de urgencia. como Pedro por su casa Con toda confianza y naturalidad. de (o para) andar por casa Que se usa en familia o en situaciones de mucha confianza. empezar la casa por el tejado Hacer las cosas en el orden contrario al lógico.

DER caserío, casero, caserón, caseta, casetón, casilla, casino, casona, casucha; casamata.

casaca n. f. Chaqueta masculina ajustada al cuerpo y con faldones que llegan hasta la parte posterior de la rodilla.

casación n. f. DER. Acción de anular o derogar una cosa.

casado, -da adj./ n. m. y f. **1** [persona] Que está unido a otra persona en matrimonio. recién casado Persona que acaba de casarse. **2** [elemento] Que hace juego o guarda correspondencia con otro u otros elementos.

casal n. m. **1** Casa de campo con tierras de labor e instalaciones, como establos, corrales, etc., que dependen de ella. SIN caserío. **2** Casa más antigua y noble de una familia.

casamiento n. m. Ceremonia civil o religiosa en que se celebra la unión en matrimonio de dos personas mediante determinados ritos o formalidades legales. SIN boda, enlace, matrimonio.

casanova n. m. Hombre que es conocido por sus numerosas aventuras amorosas.

casar v. tr. **1** Unir a dos personas en matrimonio la autoridad religiosa o civil que tiene poder para ello. SIN desposar. ANT descasar, divorciar. ◆ v. prnl. **2** casarse Unirse con otra persona mediante las ceremonias y formalidades legales establecidas para constituir un matrimonio. ◆ v. tr./ intr. **3** Unir o ajustar una cosa con otra, hacer que cuadren. ◆ v. tr. **4** Disponer o preparar la boda de una persona, especialmente el padre o tutor de esta: *casó a sus hijas muy jóvenes.*

▶ no casarse con nadie Ser independiente para pensar u obrar.

DER casadero, casado, casamentero, casamiento, casorio; descasar, malcasar.

cascabel n. m. Bola metálica hueca, con un asa para colgarla y una estrecha abertura rematada en dos orificios; tiene dentro un trozo de metal para que, al moverse, suene: *el gato lleva colgado al cuello un cascabel.*

▶ poner el cascabel al gato Tener el valor de enfrentarse a una situación difícil o peligrosa. Se suele usar en la frase interrogativa: *¿quién le pone el cascabel al gato?* serpiente de cascabel Serpiente muy venenosa que tiene al final de la cola unos anillos que el animal hace vibrar al sentirse amenazado. SIN crótalo.

DER cascabeleo, cascabillo.

cascabelero, -ra adj./ n. m. y f. **1** [persona] Que actua con ligereza, de manera irreflexiva. ◆ n. m. **2** Juguete de bebés que está constituido por un mango con cascabeles que suenan al agitarse. SIN sonajero.

cascada n. f. **1** Caída de una corriente de agua desde cierta altura a causa de un desnivel brusco del terreno: *cerca de la cascada hay un puente colgante.* SIN catarata. **2** Serie de cosas relacionadas que se producen en abundancia y sin interrupción: *cascada de ideas.*

cascado, -da adj. **1** [voz, sonido] Que no tiene la sonoridad que le es propia. **2** Que está muy gastado o sin fuerza ni vigor por haber trabajado o servido mucho.

cascanueces n. m. Instrumento parecido a unas tenazas que se usa para partir nueces.

OBS El plural también es *cascanueces.*

cascar v. tr. **1** Romper con violencia una cosa separándola en dos o más partes. ◆ v. tr./ prnl. **2** Dividir o romper en trozos alguna cosa quebradiza sin que lleguen a separarse los trozos; ponerla en estado de que se rompa con más ficilidad: *cascar un huevo.* **3** Perder la voz o volverla ronca: *en cuanto chilla mucho se le casca la voz.* **4** Pegar o golpear a alguien. ◆ v. intr. **5** Perder la vida. **6** Hablar mucho.

OBS En su conjugación, la *c* se convierte en *qu* delante de *e.*

cáscara n. f. **1** Corteza o cubierta exterior de algunas cosas, especialmente de los huevos y las frutas. **2** Corteza, revestimiento exterior de los árboles.

cascarón n. m. Cáscara de un huevo, especialmente la que envuelve al polluelo: *los polluelos rompen el cascarón después de treinta días.*

▶ salir del cascarón Dejar de estar [una persona] en un estado de aislamiento, ingenuidad, ignorancia, etc., o salir de la etapa adolescente de la vida: *ya vas siendo grande y es hora de que empieces a salir del cascarón.*

cascarrabias n. com. Persona que se enfada con facilidad o por poco motivo: *el capataz de la finca era un viejo cascarrabias.*
OBS El plural es *cascarrabias*.

casco n. m. **1** Pieza de metal o plástico que cubre y protege la cabeza. casco azul Soldado bajo las órdenes de la Organización de las Naciones Unidas: *los cascos azules van como soldados neutrales a zonas de conflicto.* NOTA Suele usarse en plural. **2** Recipiente de cristal cuando está vacío. **3** Fragmento o trozo de un objeto quebradizo que se ha roto o de una bomba después de estallar. **4** Parte en que se divididen algunas frutas: *casco de naranja.* SIN gajo. **5** Parte, generalmente en forma de media esfera, que se ha separado o cortado de un alimento: *hacer cascos la cebolla.* **6** Cuerpo o armazón de una embarcación o un avión sin las máquinas ni los aparejos. **7** Uña grande y dura de las patas de ciertos animales: *los cascos de los caballos.* ◆ n. m. pl. **8** cascos Aparato que consta de dos auriculares que, unidos por una tira curvada ajustable a la cabeza, se acoplan a los oídos para una mejor recepción del sonido. **9** Cabeza humana: *me duelen los cascos de tanto estudiar.*
▶ alegre (o ligero) de cascos Despreocupado y falto de formalidad o sensatez. calentarse los cascos Preocuparse demasiado; pensar mucho una cosa. casco antiguo Conjunto de edificios de una población que es más antiguo que el resto. casco urbano Conjunto de edificaciones de una ciudad hasta donde termina su agrupación. romperse los cascos Esforzarse o preocuparse mucho.
DER cascote, casquillo; casquivano.

cascote n. m. **1** Conjunto de escombros y desechos que resultan del derribo de un edificio o de una obra de albañilería: *llamamos a los bomberos porque empezaron a caer cascotes de la cornisa de nuestro piso.* **2** Trozo de metralla o fragmento pequeño de un proyectil hueco de artillería.

caserío n. m. **1** Conjunto de casas que no llegan a constituir un pueblo. **2** Casa de campo con edificios dependientes y fincas rústicas unidas o cercanas a ella.

casero, -ra adj. **1** Que se hace o se cría en casa: *de postre tenemos flan casero.* **2** Que es familiar o informal, o que se hace en confianza. **3** [persona] Que gusta mucho de estar en casa. **4** [árbitro, arbitraje] Que favorece al equipo en cuyo campo se juega. ◆ n. m. y f. **5** Persona dueña de una casa que la cede en alquiler a otra u otras.

caserón n. m. Casa muy grande y destartalada.

caseta n. f. **1** Casa pequeña que solo tiene el piso bajo; tiene diversos usos, pero no se habita: *la caseta del guardagujas está cerca de la vía.* SIN casilla. **2** Instalación sencilla que se monta en fiestas populares o muestras públicas. SIN barraca de feria. **3** Cuarto en el que se cambian de ropa los bañistas. **4** Vestuario o lugar para cambiarse de ropa las personas que hacen deporte.

casete o **cassette** n. amb. **1** Caja pequeña de plástico que contiene una cinta magnética en la que se puede grabar y reproducir el sonido. SIN cinta. ◆ n. m. **2** Aparato que puede grabar o reproducir el sonido haciendo girar la cinta contenida en esta caja.
OBS La Real Academia Española solo registra la forma *casete*.

casi adv. Indica que falta muy poco para que se cumpla o complete lo significado por la palabra a la que acompaña: *ya casi he terminado.*
OBS Se usa también en frases que expresan duda: *casi prefiero no ir.*

casilla n. f. **1** Cada uno de los espacios de un papel dividido por líneas verticales y horizontales. **2** Espacio que con otros compone el tablero de distintos juegos de mesa: *coloca cada figura del ajedrez en su casilla.* **3** Cada uno de los compartimientos de un casillero o mueble. **4** Casa pequeña que solo tiene el piso bajo; tiene diversos usos, pero no se habita. SIN caseta.
▶ sacar de sus casillas Hacer perder la paciencia o enfadar a una persona.
DER casillero; encasillar.

casillero n. m. **1** Mueble dividido en huecos o partes para tener clasificados documentos y objetos. **2** Marcador o tablero en el que aparecen los puntos que consigue cada equipo deportivo: *el nuevo gol aún no se refleja en el casillero.*

casino n. m. **1** Establecimiento público en el que hay juegos de azar, espectáculos, conciertos y otras diversiones. **2** Asociación de carácter recreativo y cultural; para pertenecer a ella hay que pagar una cuota. **3** Edificio o conjunto de instalaciones de esta asociación.

caso n. m. **1** Ocasión, situación o conjunto

de circunstancias: *en ciertos casos, lo mejor es callarse.* **2** Suceso o acontecimiento, cosa que ocurre. **3** Asunto de que se trata: *plantearon el caso en términos muy claros.* **4** Persona que enferma, especialmente cuando se trata de una epidemia, considerada aisladamente: *ya son varios los casos de neumonía detectados.* caso clínico MED. Manifestación de una enfermedad, especialmente si no es habitual, en una persona considerada aisladamente. **5** GRAM. Relación sintáctica que una palabra de carácter nominal mantiene con las demás de una oración según la función que desempeña; en lenguas como el latín la palabra toma distintas formas para expresar dichas relaciones: *el sujeto en latín tiene caso nominativo.*

▶ caso perdido **a.** Situación o hecho desfavorable que no tiene solución. **b.** Persona que se comporta de forma inadecuada y de la que no cabe esperar una conducta diferente. en caso de que Si ocurre la cosa que se dice. en cualquier caso o en todo caso Pase lo que pase o cualquiera que sea la situación: *comprendo tu retraso, pero, en todo caso, deberías haber llamado.* en todo caso Sirve para atenuar una negación anterior. SIN si acaso. hacer al caso Tener relación con el asunto de que se trata: *lo que importa es el hecho, el nombre de los autores no hace al caso.* hacer caso **a.** Prestar atención: *no hagas caso a la gente.* **b.** Obedecer, obrar como se ha ordenado. hacer caso omiso No tener en cuenta una orden o recomendación. poner por caso Poner como ejemplo, dar por supuesto: *pongamos por caso que esto te ocurre a ti.* ser un caso Ser poco corriente o salirse de lo normal. venir al caso Tener relación con el asunto de que se trata: *me dijo cosas que no venían al caso.*

DER acaso.

casona n. f. Casa grande, generalmente antigua y señorial: *el conde vivía en una casona.*

caspa n. f. Conjunto de escamas, muy pequeñas, que caen de la capa córnea cutánea del cuero cabelludo: *algunos champús se utilizan para eliminar la caspa.*

DER casposo.

casquete n. m. Cubierta de tela o cuero que se ajusta a la cabeza: *llevaba un casquete muy elegante.*

▶ casquete esférico Parte de la superficie de una esfera que resulta al ser cortada por un plano que no pasa por su centro. casquete polar Parte de la esfera terrestre comprendida entre el círculo polar y el polo respectivo.

DER encasquetar.

casquillo n. m. **1** Cartucho de metal vacío: *casquillos de bala.* **2** Parte metálica del cartucho de plástico o de cartón. **3** Parte metálica de una bombilla por la cual conecta con el circuito eléctrico. **4** Pieza de metal, generalmente cilíndrica, con la que se refuerza, protege o cubre el extremo de algunas cosas: *el casquillo de la punta del bastón.*

DER encasquillarse.

casta n. f. **1** Familia y ascendencia de una persona: *defiende con orgullo a los de su casta.* **2** Clase, condición de un animal. **3** Grupo social, claramente diferenciado de otros por su rango, en que se divide la población de la India. **4** Grupo que en algunas sociedades forma una clase especial y tiende a permanecer separado de los demás por su raza, religión o costumbres: *la casta militar.* **5** Especie o calidad de una cosa.

DER castizo; descastado.

castaña n. f. **1** Fruto seco del tamaño de una nuez, cubierto por una cáscara dura y flexible de color marrón. **2** Golpe fuerte que recibe o da una persona: *¡vaya castaña se ha dado con la bici!* SIN castañazo. **3** Cosa mal hecha o de mala calidad. SIN basura, caca, patata. NOTA Tiene sentido despectivo. **4** Trastorno temporal de las capacidades físicas y mentales a causa del consumo excesivo de alcohol. SIN borrachera, merluza. NOTA Se suele usar con los verbos *coger, llevar, tener.*

castañar n. m. Terreno donde crecen muchos castaños.

castañazo n. m. Golpe fuerte que recibe o da una persona. SIN castaña.

castañear v. intr./ tr. Castañetear.

castañero, -ra n. m. y f. Persona que asa y vende castañas en un puesto en la calle.

castañeta n. f. Castañuela. SIN castañuela, crótalo.

OBS Se usa generalmente en plural.

castañetear v. intr./ tr. Sonarle a una persona los dientes dando los de una mandíbula contra los de otra: *le castañetean los dientes de frío.* SIN castañear.

castaño, -ña adj./ n. m. **1** [color] Que es marrón oscuro. ◆ n. m. **2** Árbol de unos veinte metros de altura, de tronco grueso y copa ancha, hojas lanceoladas y flores blancas, cuyo fruto es la castaña.

a b **c** d e f g h i j k l m n ñ o p q r s t u v w x y z

▶ pasar de castaño oscuro Ser una cosa demasiado grave o intolerable: *esto ya pasa de castaño oscuro.*

castañuela n. f. Instrumento musical de percusión formado por dos piezas cóncavas generalmente de madera que, unidas al pulgar por un cordón, se tocan haciéndolas chocar una contra otra con los demás dedos de la mano. SIN castañeta, crótalo.

▶ estar como unas castañuelas Estar muy alegre. alegre como unas castañuelas [persona] Que está muy alegre.

OBS Se usa generalmente en plural.

castellanizar v. tr. Dar a una cosa carácter castellano; especialmente dar forma castellana a una palabra de otra lengua.

OBS En su conjugación, la *z* se convierte en *c* delante de *e*.

castellano, -na adj. **1** De Castilla o relacionado con este antiguo reino y condado o con las comunidades autónomas que llevan este nombre (Castilla y León y Castilla-La Mancha). ◆ n. m. y f. **2** Persona nacida en Castilla y León o Castilla-La Mancha. ◆ n. m. **3** Lengua hablada en España, en Hispanoamérica y en otros lugares. SIN español. **4** Variedad del español que se habla en la Meseta Norte.

DER castellanizar; castellanohablante.

castellanohablante adj./ n. com. [persona] Que habla español sin dificultad, bien por ser su lengua materna, bien por tener gran dominio de ella: *cada vez hay más castellanohablantes en el mundo.* SIN hispanohablante.

castellanoleonés, -nesa adj. **1** De Castilla y León o relacionado con esta comunidad autónoma de España. ◆ adj./ n. m. y f. **2** [persona] Que es de Castilla y León.

castellanomanchego, -ga adj. **1** De Castilla-La Mancha o relacionado con esta comunidad autónoma de España. ◆ adj./ n. m. y f. **2** [persona] Que es de Castilla-La Mancha.

castellonense adj. **1** De Castellón o Castellón de la Plana relacionado con esta provincia o esta ciudad españolas. ◆ adj./ n. com. **2** [persona] Que es de Castellón o de Castellón de la Plana.

casticismo n. m. **1** Afición a lo castizo en las costumbres y modales. **2** Actitud de quienes al hablar o escribir evitan los extranjerismos y prefieren el empleo de voces y giros de su propia lengua.

DER casticista.

castidad n. f. Renuncia a todo placer sexual.

castigar v. tr. **1** Imponer un castigo a quien ha cometido una falta o un delito. **2** Hacer padecer física o moralmente a alguien aunque no sea por faltas cometidas: *la subida de precios castiga a los consumidores.* **3** Estropear o dañar alguna cosa, especialmente un fenómeno natural. **4** Estimular con el látigo o las espuelas a una cabalgadura para que ande más rápido.

OBS En su conjugación, la *g* se convierte en *gu* delante de *e*.

DER castigo.

castigo n. m. **1** Pena que se impone por haber cometido una falta o delito. **2** Persona, animal o cosa que causa sufrimientos, trabajos y molestias.

castillo n. m. Edificio o conjunto de edificios fortificados para la guerra con murallas, torres y fosos: *los castillos se construían en los lugares altos y estratégicos.*

▶ castillos en el aire Ilusiones o esperanzas sin fundamento: *pensar que vas a aprobar sin estudiar es hacerte castillos en el aire.* NOTA Se usa especialmente con los verbos *hacer, construir, forjar.*

DER castillejo, castillete.

casting o **cásting** n. m. **1** Proceso por el cual se selecciona a uno o varios artistas u otros profesionales del cine, la televisión o el teatro para un espectáculo o programa: *el casting de actores.* **2** Reparto (conjunto de actores): *una historia fuerte, un casting demoledor y un buen director de cine constituyen una buena película.* SIN cast.

OBS Se pronuncia aproximadamente «castin».

castizo, -za adj. **1** Que es de buena casta. **2** Típico, puro, genuino de un país o región: *un madrileño castizo.* **3** [lenguaje] Que es puro y sin mezcla de elementos extraños a la propia lengua. SIN genuino.

DER casticismo.

casto, -ta adj. **1** [persona] Que renuncia a todo placer sexual o se atiene a lo que se considera lícito desde unos principios morales o religiosos. **2** Honesto, exento de sensualidad: *comportamiento casto.*

DER castidad.

castor n. m. **1** Mamífero roedor de unos 75 cm de longitud (más unos 25 cm de cola), cuerpo rechoncho, pelo castaño muy espeso y fino, patas cortas, y cola plana, ovalada y escamosa; de costumbres principalmente acuáticas; su piel es muy apreciada en peletería. castor de montaña Mamífero roedor de 30 a 40 cm de longitud, pelo largo y denso de color castaño o gris, cuerpo macizo, cola diminuta y patas cortas; es nocturno y vive en las madrigueras que excava, en bosques húmedos de América del Norte: *los castores de montaña no hibernan pero almacenan alimento en sus madrigueras para los meses invernales.* **2** Piel de castor, que se caracteriza por ser de pelaje suave y resistente; es una piel de mucho abrigo. **3** Tejido suave y ligero, fabricado con piel de castor o con una lana fina que lo imite.

castrar v. tr. **1** Extirpar o inutilizar los órganos genitales masculinos: *hemos llevado al gato al veterinario para que los castren.* SIN capar. **2** Quitar panales de miel a una colmena dejando los suficientes para que las abejas puedan mantenerse y fabriquen nueva miel.
DER castración; encastrar.

castrense adj. Del ejército o de la profesión militar, o relacionado con ellos: *había sido capellán castrense en los avatares de la guerra.*

castrista adj. **1** De Fidel Castro o relacionado con este político cubano o con su gobierno: *discurso castrista; reformas castristas.* ◆ adj./ n. com. **2** [persona] Que es partidario de las ideas de este político cubano o de su gobierno.

casual adj. Que ocurre sin que se pueda prever ni evitar: *encuentro casual.*
▶ por un casual Por casualidad: *sabemos que eres muy discreta y que no te vas de la lengua, pero a lo mejor, por un casual, se te escapa algo, vigila.*
DER casualidad, casualmente.

casualidad n. f. **1** Combinación de circunstancias que no se pueden prever ni evitar: *¡qué casualidad encontrarnos todos aquí!* SIN azar. **2** Acontecimiento fortuito, imprevisto.
OBS Se suele construir con *ser, darse, ocurrir.*

casuística n. f. **1** Parte de la teología moral que trata de casos difíciles de conciencia y de conducta. SIN casuismo. **2** Conjunto de los diversos casos particulares que se pueden prever en determinada materia: *en pocas páginas nos resume una variada casuística de hechos.* SIN casuismo.

casulla n. f. Vestidura que se pone el sacerdote sobre el alba para celebrar la misa, consistente en una pieza alargada con una abertura central para pasar la cabeza y que cae por delante y por detrás.

cata n. f. **1** Prueba de un alimento o una bebida para examinar su sabor o su calidad: *cata de champán seco.* SIN catadura. **2** Porción de alguna cosa que se prueba o examina: *te traigo una pequeña cata de los distintos quesos que fabricamos.*

cataclismo n. m. **1** Desastre de grandes proporciones que afecta a todo el planeta o a parte de él producido por un fenómeno natural: *los huracanes y los terremotos son cataclismos que pueden tener graves consecuencias.* **2** Trastorno, disgusto o contratiempo grande que altera la vida normal: *el cambio de ministros produjo un verdadero cataclismo.* SIN catástrofe.

catacumbas n. f. pl. Galerías subterráneas donde los primeros cristianos enterraban a sus muertos y se reunían para practicar sus cultos.

catáfora n. f. Propiedad de un pronombre, determinante o adverbio para anunciar o anticipar algo que luego va a nombrarse o de lo que se va a hablar: *en la frase «este es mi padre» hay un ejemplo de catáfora, pues «este» se refiere a «mi padre», que aparece después de «este».*
DER catafórico.

catafórico, -ca adj. Que está relacionado con la catáfora.

catalán, -lana adj. **1** De Cataluña o relacionado con esta comunidad autónoma española. ◆ adj./ n. m. y f. **2** [persona] Que es de Cataluña. ◆ n. m. **3** Lengua derivada del latín que se habla en Cataluña y en otros lugares.

catalanismo n. m. **1** Amor o gusto por la cultura y las tradiciones de Cataluña. **2** Palabra o modo de expresión propio de la lengua catalana que se usa en otro idioma: *la palabra «butifarra» es un catalanismo.* **3** Movimiento que pretende el reconocimiento político de Cataluña y defiende sus valores históricos y culturales.
DER catalanista.

catalanista adj. **1** Del catalanismo o relacionado con este movimiento político: *el ideario catalanista.* ◆ adj./ n. com. **2** [persona] Que es partidario del catalanismo.

catalejo n. m. Tubo alargado con lentes, generalmente extensible, que permite ver como si estuviera cerca lo que está lejos.

catalizador, -ra adj./ n. f. **1** [sustancia] Que acelera o retarda una reacción química sin participar en ella: *los catalizadores positivos aceleran la reacción, mientras que los negativos la retardan.* ◆ adj./ n. m. **2** [persona, cosa] Que atrae, conforma y agrupa fuerzas, opiniones, sentimientos, etc.: *esa actriz fue, durante los* *años 40, el catalizador de la idealización de los hombres.* ◆ **3** n. m. Dispositivo de los automotores que reduce la emisión de gases tóxicos que libera el motor.

catalogar v. tr. **1** Apuntar, registrar ordenadamente libros, documentos u otros objetos formando catálogo de ellos. **2** Clasificar o colocar en una clase o grupo; incluir una cosa en un catálogo. **3** Considerar o suponer que alguien posee determinadas cualidades o que forma parte de un partido o clase.
OBS En su conjugación, la *g* se convierte en *gu* delante de *e*.
DER catalogación.

catálogo n. m. Lista en la que se registran, describen y ordenan, siguiendo determinadas normas, personas, cosas o sucesos que tienen algún punto en común. SIN índice, inventario.

catamarán n. m. Embarcación deportiva de vela y motor formada por dos cascos estrechos y alargados unidos por una plataforma: *el catamarán soporta olas de gran magnitud.*

cataplasma n. f. **1** Medicamento en forma de pasta blanda que se aplica sobre alguna parte del cuerpo con fines calmantes o curativos. **2** Persona pesada, fastidiosa y pelmaza.

catapulta n. f. **1** Máquina de guerra antigua que se utilizaba para lanzar a gran distancia piedras o flechas de gran tamaño. **2** Cosa que impulsa y favorece decisivamente el desarrollo de otra: *sus años como gobernador fueron la catapulta hacia la presidencia.*
DER catapultar.

catapultar v. tr. **1** Disparar o lanzar piedras u otra cosa con una catapulta: *las tropas catapultaban piedras contra la muralla.* **2** Dar un fuerte impulso social a alguien o hacerlo ascender socialmente de forma muy rápida: *el salto del jugador a un equipo de primera división lo ha catapultado a la selección.*

catar v. tr. **1** Probar un alimento o una bebida para examinar su sabor. SIN degustar. **2** Experimentar por primera vez la impresión o sensación que produce alguna cosa.
DER cata, catador, catadura; acatar, recatar.

catarata n. f. **1** Caída de una corriente de agua desde cierta altura a causa de un desnivel brusco del terreno: *me gustaría ir a las cataratas del Niágara.* SIN cascada. **2** Enfermedad del ojo que consiste en la opacidad del cristalino producida por la formación de una especie de telilla que impide el paso de la luz.

catarral adj. Del catarro o relacionado con este malestar físico.
DER anticatarral.

catarro n. m. Malestar físico provocado por la inflamación de las membranas mucosas del aparato respiratorio, que produce un aumento de la secreción nasal y suele ir acompañado de tos, fiebre y dolores musculares. SIN constipado, resfriado.
OBS Se suele construir con verbos como *coger, agarrar, pescar, pillar.*
DER catarral; acatarrarse.

catarsis n. f. **1** Purificación de las pasiones del ánimo mediante las emociones que provoca la contemplación de las obras de arte. **2** Liberación de los recuerdos que alteran la mente o el equilibrio nervioso.
OBS El plural también es *catarsis.*
DER catártico.

catastro n. m. **1** Censo estadístico donde figuran las propiedades rústicas y urbanas de una población o un territorio y el nombre de sus propietarios. **2** Impuesto que se paga por la posesión de una finca rústica o urbana.
DER catastral.

catástrofe n. f. **1** Suceso desdichado en el que hay gran destrucción y muchas desgracias y que altera gravemente el desarrollo normal de las cosas. SIN cataclismo. **2** Cosa mal hecha, de mala calidad o que produce mala impresión. SIN desastre.

catastrófico, -ca adj. **1** De una catástrofe o que tiene sus características. **2** Desastroso, muy malo: *los últimos fichajes han tenido un resultado catastrófico.*

catear v. tr. **1** Suspender a una persona en un examen u otra prueba: *el profesor que más alumnos ha cateado es el de física.* SIN cepillarse. ◆ v. tr./ intr. **2** Suspender alguien un examen u otra prueba: *he cateado el examen de conducir.*

catecismo n. m. **1** Libro de instrucción o enseñanza básica en el que se contiene y explica la doctrina cristiana y que generalmente está redactado en forma de preguntas y respuestas. **2** Obra que contiene la exposición resumida de alguna ciencia o arte.

catecúmeno, -na n. m. y f. Persona que se está instruyendo en los principios de la doctrina católica para recibir el bautismo.

cátedra n. f. **1** Departamento o sección dependiente de la autoridad de un catedrático. **2** Empleo y plaza de catedrático. **3** Asignatura o materia que enseña un catedrático.

4 Asiento o lugar situado en alto desde el que un profesor da clase.
▶ sentar cátedra Hacer o decir cosas con autoridad y de forma concluyente en relación con una materia.

catedral n. f. Iglesia principal, generalmente de gran tamaño, que es sede de una diócesis.
DER catedralicio.

catedralicio, -cia adj. De la catedral o relacionado con esta iglesia: *es miembro del cabildo catedralicio.*

catedrático, -ca n. m. y f. Profesor que tiene la categoría más alta en centros oficiales de enseñanza secundaria o en la universidad.

categoría n. f. **1** Jerarquía de una persona o cosa en una clasificación según su importancia o grado: *nos alojamos en un hotel de primera categoría.* **2** Grado o nivel en una profesión, carrera o actividad. **3** Clase o grupo de una ciencia en que se distinguen los elementos que lo componen: *las categorías lingüísticas están formadas por elementos gramaticales y funcionales.* **4** FILOS. Concepto filosófico que junto con otros permite una primera clasifi-

categorías gramaticales

Las palabras del español se clasifican tradicionalmente en ocho *categorías gramaticales.*
La clasificación se realiza tomando en consideración las características de combinación y función sintáctica que cada palabra puede tener en la oración. Por este motivo, las categorías también reciben el nombre de *partes de la oración,* ya que cada categoría desempeña funciones distintas.

categoría	palabra variable o invariable	función
nombre	Puede tener flexión de género y de número: *niño-a-os-as* (masc. sing., fem. sing., masc. pl., fem. pl.); *foca-s* (fem., sing.-pl.); *dedo-s* (masc., sing.-pl.)	Núcleo de un sintagma nominal sujeto de la oración (*una [gata] corre*), complemento directo (*tengo [una gata]*) o término de preposición (*lo compró para [una gata]*)
adjetivo	Flexión de género y número: *roj-o* (masc., sing.); *roj-a* (fem., sing.); *roj-os* (masc.; pl.); *rojas* (fem., pl.)	Núcleo de un sintagma adjetivo complemento del nombre (*yegua [cansada]*), atributo (*yo estoy [cansada]*) o complemento predicativo (*ella llegó [cansada]*)
adverbio	Invariable	Complemento de un adjetivo (*[muy] aburrida*), complemento de un verbo (*corre [bien]*) o complemento de otro adverbio (*[bastante] deprisa*)
verbo	Flexión de persona, número, tiempo, aspecto y modo: *comimos* (2.ª pers., pl., pasado, perfecto, indicativo), *comerá* (3.ª pers., sing., futuro, imperfecto, indicativo)	Núcleo del sintagma verbal, que es el predicado de la oración (*yo [tengo sueño]*)
preposición	Invariable	Encabeza un sintagma preposicional que puede ser complemento de nombre (*casa [de madera]*), complemento de un verbo (*confía [en nosotros]*), o complemento de un adjetivo (*difícil [de entender]*)
pronombre	Puede tener flexión de género (*él/ella*), de número (*ella/ellas*) y de persona (*yo/tú*)	Realiza las mismas funciones que un sintagma nominal sujeto de la oración (*[ella] come*), complemento directo (*[la] tengo*) o término de preposición (*lo compró para [ella]*)
determinante	Puede tener flexión de género (*ella*) y de número (*la/las*)	Determina o especifica a un nombre o a un sintagma que tiene función de nombre
conjunción	Invariable	Relaciona sintagmas o frases que realizan la misma función (*gatos [y] perros*) o introduce un sintagma o frase que es complemento de otro (*quiero [que vengas]*)

A veces se utiliza una sola palabra para expresar un sentimiento o captar la atención de alguien: *¡ah!, ¡atiza!, ¡eh!, ¡jo!* Estas palabras, llamadas *interjecciones,* no son una parte de la oración, ya que funcionan como una oración completa.

cación, en grupos muy amplios, de todos los seres reales o mentales.

▶ de categoría Que es importante o bueno, que destaca en su especie por su valor o prestigio.

categórico, -ca adj. Que afirma o niega de manera absoluta, sin condiciones ni alternativas.

catequesis n. f. Enseñanza de los principios y dogmas de la doctrina católica, especialmente para recibir el bautismo o la primera comunión.

OBS El plural también es *catequesis.*

catequista n. com. Persona que enseña los principios y dogmas de la doctrina católica.

catering n. m. Servicio de suministro de bebidas y comidas preparadas para grupos, especialmente colegios o lugares de trabajo.

OBS Es de origen inglés y se pronuncia aproximadamente «cáterin».

caterva n. f. Multitud de personas o cosas consideradas en grupo, pero que están desordenadas, o consideradas despreciables y de poca importancia.

OBS Tiene sentido despectivo.

catéter n. m. MED. Tubo largo, delgado y flexible, empleado en medicina para explorar conductos o para quitar las acumulaciones de materia que impiden la circulación de los líquidos. SIN sonda.

cateto n. m. Lado que junto con otro forma el ángulo recto de un triángulo rectángulo: *en un triángulo rectángulo, la hipotenusa al cuadrado es igual a la suma de los cuadrados de los dos catetos.*

cateto, -ta n. m. y f. **1** Persona sin formación ni cultura y de costumbres toscas. NOTA Tiene sentido despectivo. ◆ n. m. **2** En geometría, lado que con otro forman el ángulo recto de un triángulo rectángulo.

catódico, -ca adj. Del cátodo o relacionado con este electrodo: *tubo de rayos catódicos.*

cátodo n. m. Extremo de un circuito o conductor eléctrico que tiene menor potencial y por el que sale la energía eléctrica: *en los conductores eléctricos la corriente entra por el ánodo y sale por el cátodo.* SIN polo negativo. ANT ánodo.

catolicismo n. m. Doctrina religiosa cristiana que tiene como jefe espiritual al Papa.

católico, -ca adj. **1** [doctrina religiosa cristiana] Que tiene como jefe espiritual al Papa. **2** [persona] Que cree en esta doctrina religiosa cristiana.

DER catolicismo.

catorce num. card. **1** Diez más cuatro: *siete por dos son catorce.* ◆ num. ord. **2** Que sigue en orden al que hace el número 13. SIN decimocuarto. ◆ n. m. **3** Número que representa el valor de diez más cuatro.

DER catorceavo.

catorceavo, -va num. Parte que resulta de dividir un todo en 14 partes iguales.

catre n. m. Cama estrecha, sencilla y ligera para una sola persona: *los catres suelen ser plegables.*

caucasiano, -na adj. Del Cáucaso o relacionado con esta cordillera del sudeste de Europa.

caucásico, -ca adj. **1** De la raza blanca o relacionado con ella. **2** Del grupo de lenguas hablado en la región del Cáucaso o relacionado con ellas.

cauce n. m. **1** Concavidad del terreno, natural o artificial, por donde corre un río, arroyo, canal o acequia. SIN lecho, madre. **2** Modo, procedimiento o norma para realizar algo.

DER encauzar.

caucho n. m. Sustancia elástica y resistente que se obtiene por procedimientos químicos a partir del jugo lechoso de ciertas plantas tropicales.

DER recauchutar.

caudal adj. **1** De la cola de los animales o relacionado con ella: *ese pez tiene una enorme aleta caudal.* ◆ n. m. **2** Cantidad de agua que lleva una corriente. **3** Cantidad de dinero y bienes de una persona: *invirtió todo su caudal.* SIN fortuna, hacienda. **4** Gran cantidad de una cosa.

DER caudaloso; acaudalar.

caudaloso, -sa adj. **1** [corriente] Que lleva mucha agua: *río, manantial caudaloso.* **2** Que tiene mucho dinero o muchos bienes. SIN rico.

caudillo n. m. Persona que guía y manda a un grupo de personas, especialmente a un ejército o gente armada.

DER caudillaje; acaudillar.

causa n. f. **1** Origen de una cosa o suceso: *la causa del incendio fue un cigarrillo mal apagado.* causa primera FILOS. Causa que produce un efecto siendo totalmente independiente: *Dios es la causa primera.* **2** Motivo o razón para obrar de una manera determinada. **3** Fin, idea o proyecto que se defiende o por el que se trabaja. **4** Pleito judicial: *la causa quedó vista para sentencia.* SIN litigio.

▶ a causa de Indica el motivo por el que se ha producido un resultado. hacer causa común Unirse una o más personas con otra para un mismo fin: *tenemos que hacer causa común con nuestro compañero.*
DER causal, causar.

causal adj. **1** De la causa o relacionado con ella. ◆ adj./ n. f. **2** GRAM. [oración] Que expresa la causa real o la causa lógica de la acción, el proceso o el estado expresado por otra oración: *en la frase «hoy no ha venido a dar la clase porque está enfermo», la oración introducida por «porque» es casual.*
DER causalidad.

causante adj./ n. com. Que es causa de una acción o de una cosa.

causar v. tr. Producir o ser el origen de un efecto o resultado: *no han descubierto aún el virus que causa la enfermedad.* SIN ocasionar, originar.
DER causante; encausar.

cáustico, -ca adj. **1** [sustancia] Que quema y destruye los tejidos orgánicos. **2** Que es mordaz y sarcástico en sus críticas. ◆ adj./ n. m. **3** [medicamento] Que cura una herida quemando los tejidos afectados para que cierren.

cautela n. f. Cuidado y reserva que se pone al hacer algo para prevenir posibles riesgos o para no ser notado: *ir con cautela.* SIN precaución.
DER cauteloso.

cautelar adj. DER. Que sirve para prevenir la consecución de determinado fin o precaver lo que pueda dificultarlo: *medidas cautelares; suspensión cautelar; la empresa está suspendida de cotización con carácter cautelar.*

cauteloso, -sa adj. **1** [persona] Que obra con cuidado y reserva. **2** Que encierra cautela: *mirada, actitud cautelosa.* SIN cauto. ANT imprudente.

cautivador, -ra adj. Que cautiva, especialmente con su gracia o encanto.

cautivar v. tr. **1** Atraer irresistiblemente la atención, simpatía o amor de una persona mediante algo que le resulta física o moralmente atractivo: *tu sonrisa me cautiva.* SIN embrujar, encantar, fascinar. **2** Apresar o quitar la libertad al enemigo durante una guerra.
DER cautivador.

cautiverio n. m. **1** Estado de la persona a la que se ha privado de la libertad, especialmente durante una guerra. SIN cautividad. **2** Estado del animal salvaje al que se ha privado de la libertad. SIN cautividad.

cautividad n. f. **1** Estado de la persona a la que se ha privado de la libertad, especialmente durante una guerra. SIN cautiverio. **2** Estado del animal salvaje al que se ha privado de la libertad. SIN cautiverio.

cautivo, -va adj./ n. m. y f. **1** Que no tiene libertad. SIN preso, prisionero. **2** [persona] Que se siente atraído por una cualidad determinada o dominado por alguna cosa.
DER cautivar, cautiverio, cautividad.

cauto, -ta adj. Que obra con cuidado y reserva: *sé cauta y comprueba todo lo que te han dicho.* SIN cauteloso. ANT imprudente.
DER cautela; incauto.

cava n. m. **1** Vino blanco espumoso que se elabora en Cataluña. ◆ n. f. **2** Recinto subterráneo en el que se elabora este vino. **3** Acción de levantar o mover la tierra para ahuecarla o hacer un agujero.
▶ vena cava Vena que, junto con otra, recoge la sangre de todo el cuerpo y la conduce al corazón.

cavar v. tr. **1** Levantar y remover la tierra con una herramienta para cultivarla. **2** Hacer un agujero, foso o zanja.
DER cava, caverna, cavidad; excavar, socavar.

caverna n. f. Cavidad profunda en la tierra o entre las rocas: *hombre de las cavernas.* SIN cueva, gruta.
DER cavernícola, cavernoso.

cavernícola adj./ n. com. **1** [persona] Que vive en las cavernas. **2** Que tiene ideas sociales y políticas muy antiguas o que se consideran propias de tiempos pasados. SIN retrógrado. NOTA Tiene sentido despectivo.

caviar n. m. Alimento que se prepara con las huevas del esturión frescas, aderezadas con sal y prensadas.

cavidad n. f. Espacio hueco en el interior de un cuerpo.
DER concavidad.

cavilación n. f. Reflexión profunda y minuciosa.

cavilar v. intr. Pensar de forma profunda y minuciosa: *no caviles tanto.* SIN reflexionar.
DER cavilación.

cayado n. m. **1** Bastón con el extremo superior curvo, generalmente de madera, que se suele usar para conducir el ganado. SIN garrota. **2** Báculo pastoral, bastón con el extremo superior curvo que usan los obispos como símbolo de su autoridad.

caza n. f. **1** Búsqueda y persecución de animales para atraparlos o matarlos: *me gusta ir de caza.* SIN cacería. **2** Animal o conjunto de animales que se buscan o persiguen para atraparlos o matarlos o que se han atrapado o matado. caza mayor Caza de animales grandes: *los jabalíes y los ciervos son animales de caza mayor.* caza menor Caza de animales pequeños: *los conejos y las perdices son animales de caza menor.* **3** Acción de buscar o perseguir una cosa que se desea conseguir. caza de brujas Persecución debida a prejuicios políticos o sociales. ◆ n. m. **4** Avión de pequeño tamaño y gran velocidad destinado principalmente a reconocimientos y combates aéreos.
NOTA También se llama *avión de caza.*
▶ andar (o estar o ir) a la caza de Esforzarse en conseguir una cosa o en encontrar a una persona o cosa: *el periodista iba a la caza de alguna buena noticia.*

cazabombardero n. m. Avión de combate preparado para derribar otros aviones y para bombardear un objetivo.

cazador, -ra adj./ n. m. y f. **1** [persona] Que caza animales. **2** [animal] Que por instinto persigue y caza otros animales para comérselos. **3** [persona] Que busca o persigue una cosa que desea conseguir: *un cazador de autógrafos.*

cazadora n. f. Chaqueta corta y ajustada a la cintura.

cazar v. tr. **1** Buscar o perseguir animales para atraparlos o matarlos: *los gatos cazan ratones.* **2** Conseguir con habilidad, especialmente una cosa buena o difícil: *cazó un buen empleo.* **3** Descubrir, especialmente una cosa oculta o un error. **4** Darse cuenta o entender con rapidez mental: *aún no he cazado la intención de su pregunta.*
OBS En su conjugación, la *z* se convierte en *c* delante de *e.*
DER cacería, caza, cazador, cazadora; cazadotes, cazatalentos.

cazarrecompensas n. com. Persona que persigue a alguien por quien se ofrece una recompensa.
OBS El plural es *cazarrecompensas.*

cazatalentos n. com. Persona que se dedica a buscar individuos idóneos para su contratación por empresas que los necesitan.
OBS El plural es *cazatalentos.*

cazo n. m. **1** Recipiente cilíndrico, más ancho que alto y con mango largo, hecho de metal o de porcelana, que se usa para cocer o calentar alimentos. **2** Utensilio de cocina, generalmente de metal, en forma de media esfera y con un mango largo, que se usa para pasar líquidos de un recipiente a otro: *sirve la sopa en los platos con el cazo.* SIN cucharón.
▶ meter el cazo Decir o hacer una cosa con poco acierto. SIN meter la pata.
DER cacerola, cacillo, cazoleta, cazuela.

cazoleta n. f. **1** Hueco de la pipa de fumar en el que se coloca el tabaco. **2** Pieza de forma más o menos semiesférica que tienen las espadas y sables entre el puño y la hoja para proteger la mano.

cazón n. m. Tiburón de hasta dos metros de largo, muy voraz, con cinco aberturas branquiales, dos aletas dorsales, boca semicircular y dientes afilados y cortantes; su carne es comestible: *la carne del cazón es blanca, suave y algo seca, y suele comerse frita o adobada.* SIN perro marino.

cazuela n. f. **1** Recipiente de cocina de base circular, ancho y poco profundo, generalmente de barro y con dos asas y tapa; se usa para guisar. **2** Guiso hecho en este recipiente, generalmente con carne, patatas y legumbres: *hoy comeremos arroz a la cazuela.*

cazurro, -rra adj./ n. m. y f. **1** [persona] Que es torpe, ignorante y simple. **2** [persona] Que es rudo, tosco o basto.

CD Abreviatura de *compact disc,* 'disco compacto'.

CD-ROM n. m. **1** Disco metálico de doce centímetros de diámetro y con gran capacidad para almacenar sonidos, imágenes y otras informaciones grabadas que se pueden reproducir por medio de un rayo láser y un sistema informático adecuado. **2** Aparato acoplado al ordenador que permite la lectura de las informaciones contenidas en este disco.
OBS Es abreviatura del inglés *compact disc read only memory,* 'disco compacto de memoria que solo permite la lectura'.

ce n. f. Nombre de la letra *c*: *la palabra «cena» empieza con «ce».*

cebada n. f. **1** Planta cereal muy parecida al trigo, pero menos alta y de semillas más alargadas y puntiagudas. **2** Semilla o conjunto de semillas de esta planta.

cebar v. tr. **1** Alimentar a un animal para que

se ponga gordo, generalmente con el fin de aprovechar su carne. **SIN** engordar. **2** Alimentar abundantemente o engordar a una persona. **3** Preparar convenientemente una máquina o ponerle el combustible necesario para que funcione. ◆ v. tr./ prnl. **4** Alimentar una pasión o un afecto. ◆ v. prnl. **5** **cebarse** Causar un intenso dolor, de manera deliberada e innecesaria, a una persona que no puede defenderse. **NOTA** Se suele usar con las preposiciones *en* y *con*.

cebo n. m. **1** Trozo de alimento, o algo que lo simula, que se pone en el anzuelo, el cepo y otras trampas para pescar o cazar. **2** Materia que provoca la explosión en las armas de fuego, los proyectiles u otras cosas. **3** Cosa agradable o interesante que se ofrece, a veces de forma engañosa, para incitar a hacer algo.

DER cebar.

cebolla n. f. **1** Hortaliza de tallo hueco, hojas largas y estrechas y flores blancas, con un bulbo del que nace una raíz fibrosa. **2** Bulbo subterráneo de esta planta, formado por capas esféricas, que tiene un olor fuerte y un sabor picante.

DER cebolleta, cebollino.

cebolleta n. f. **1** Cebolla común que se vuelve a plantar después del invierno y que se come tierna antes de florecer. **2** Planta parecida a la cebolla, con una parte de las hojas comestible.

cebra n. f. Animal mamífero africano parecido al burro, de pelo blanquecino con rayas verticales o inclinadas marrones o negras.

OBS Para indicar el sexo se usa *la cebra macho* y *la cebra hembra*.

cebú n. m. Animal mamífero rumiante bóvido parecido al buey, con orejas colgantes, papada pronunciada y una o dos gibas sobre los hombros, en las que acumula grasa; vive doméstico en la India y en África: *el cebú es muy resistente al calor y a las enfermedades infecciosas.*

OBS El plural es *cebúes*, culto, o *cebús*, popular.

cecear v. intr. Hablar pronunciando la *s* como la *z* o como la *c* ante *e*, *i*.

DER ceceo.

ceceo n. m. Fenómeno del habla que consiste en pronunciar la *s* como la *z* o como la *c* ante *e*, *i*.

cedazo n. m. Utensilio formado por un aro de madera o metal y una tela metálica muy fina que cierra la parte inferior; se usa para separar las partes finas y gruesas de una materia: *necesitamos un cedazo para limpiar la harina.* **SIN** tamiz.

ceder v. tr. **1** Transferir o traspasar voluntariamente a otro el disfrute de una cosa, acción o derecho: *ceder el paso.* ◆ v. intr. **2** Disminuir o desaparecer la resistencia de una persona: *se lo pedimos con insistencia, pero no cedió.* **SIN** claudicar. **3** Disminuir o desaparecer la fuerza. **SIN** remitir. **4** Romperse una cosa que ha estado sometida a una fuerza excesiva.

DER cesión; acceder, anteceder, conceder, exceder, interceder, preceder, proceder, retroceder, suceder.

cederrón n. m. CD-ROM.

cedro n. m. **1** Árbol de tronco alto y recto, con la copa en forma de cono, hojas perennes y el fruto en forma de piña. **2** Madera de este árbol.

cédula n. f. Documento en el que se reconoce una deuda o una obligación de otro tipo. ▶ **cédula de identidad** Tarjeta con la fotografía, la firma y otros datos identificativos de una persona. **SIN** tarjeta de identidad. **cédula hipotecaria** Documento que emiten los bancos reconociendo un crédito cuya devolución tiene como garantía una vivienda. **cédula personal** Cédula que se recibe tras el pago de un impuesto y lleva información sobre la persona que paga. **cédula real** Cédula que firma un rey concediendo un favor o disponiendo sobre un asunto.

cefalea n. f. Dolor de cabeza.

cefalópodo adj./ n. m. **1** ZOOL. Molusco marino de la clase de los moluscos. ◆ n. m. pl. **2** **cefalópodos** ZOOL. Clase de moluscos marinos que tienen la cabeza grande rodeada de patas blandas y flexibles que sirven para nadar: *el calamar y el pulpo pertenecen a los cefalópodos.*

cefalotórax n. m. Región del cuerpo de los arácnidos y muchos crustáceos constituida por la fusión de la cabeza con el tórax.

OBS El plural también es *cefalotórax*.

céfiro n. m. **1** Viento que sopla de la parte occidental. **SIN** poniente. **2** *formal* Viento suave y apacible. **SIN** brisa.

cegar v. intr. **1** Perder el sentido de la vista. ◆ v. tr./ prnl. **2** Hacer perder el sentido de la vista, generalmente de forma pasajera a causa de una luz intensa: *el resplandor la cegó unos minutos.* ◆ v. tr./ intr. **3** Quitar la capacidad de razonar o de darse cuenta con claridad de las

cosas. SIN ofuscar. ◆ v. tr. **4** Tapar o cerrar un hueco o una entrada.
DER cegajoso, cegato, ceguedad, ceguera; enceguecer, obcecar.

cegato, -ta adj./n. m. y f. [persona] Que ve mal, que tiene graves problemas de vista.
OBS Se usa con sentido despectivo.

ceguedad n. f. Ceguera, falta de la vista.

ceguera n. f. **1** Falta completa del sentido de la vista. SIN ceguedad. **2** Pasión que quita la capacidad de razonar con claridad. **3** Enfermedad que produce la pérdida de visión en uno o los dos ojos.

ceja n. f. **1** Parte de la cara que sobresale por encima de cada uno de los ojos, curvada y cubierta de pelo. **2** Parte saliente de un objeto, generalmente en un libro o un vestido. ▶ hasta las cejas Hasta el extremo o límite, en un grado máximo: *estoy hasta las cejas de trabajo.* meterse entre ceja y ceja Tener una idea fija; obstinarse u obsesionarse con una cosa. quemarse las cejas Estudiar mucho y con ahínco. SIN quemarse las pestañas. tener entre ceja y ceja No soportar a una persona, sentir antipatía o rechazo hacia ella.
DER cejijunto, cejilla; entrecejo, sobrecejo.

cejar v. intr. Aflojar o ceder en un negocio, empeño o discusión.
OBS Se usa generalmente en frases negativas.

celada n. f. **1** Medio hábil y engañoso por el que se coloca a una persona en situación difícil o se la obliga a hacer, decir o aceptar algo que no quería. **2** Emboscada de gente armada en un lugar oculto y cogiendo a la víctima por sorpresa: *tender una celada.* **3** Pieza de las antiguas armaduras que cubría y protegía la cabeza.

celador, -ra adj. **1** [persona] Que cela o vigila. ◆ n. m. y f. **2** Persona que tiene por oficio vigilar el cumplimiento de las normas y el mantenimiento del orden en un establecimiento público: *el celador del hospital.*

celar v. tr. **1** Procurar con cuidado el cumplimiento de las leyes y de toda clase de obligaciones. **2** Observar o vigilar, especialmente a alguien de quien se desconfía.
DER celada; recelar.

celda n. f. **1** Habitación pequeña, especialmente en una cárcel o en un convento: *la celda de un preso.* **2** Casilla hexagonal que con otras forman las abejas y otros insectos en el panal. SIN celdilla.
DER celdilla.

celdilla n. f. Celda de un panal.

celebérrimo, -ma adj. Que es muy famoso o célebre.
OBS Es superlativo irregular de *célebre.*

celebración n. f. **1** Encuentro o acto solemne en el que intervienen varias personas: *la celebración de un juicio.* **2** Fiesta o acto con que se celebra una fecha o un acontecimiento.

celebrante n. m. Sacerdote que dice la misa. SIN oficiante.

celebrar v. tr. **1** Organizar un encuentro o participar en él; llevar a cabo actos como reuniones, juntas, entrevistas o ceremonias: *celebrar un debate.* **2** Organizar una fiesta o participar en ella con ocasión de una fecha o de un acontecimiento. SIN festejar. **3** Alegrarse por una cosa o alabarla.
DER celebración, celebrante; concelebrar.

célebre adj. [persona, cosa] Que es muy conocido por haber hecho algo importante o por poseer una cualidad buena o mala. SIN conocido, famoso.
DER celebrar, celebridad.

celebridad n. f. **1** Popularidad y admiración pública de que disfruta una persona, generalmente por haber hecho alguna cosa importante. SIN fama. **2** Persona que tiene fama y es muy conocida. ANT desconocido.

celemín n. m. Medida de capacidad tradicional para el grano y otros productos; en Castilla equivale a 4,625 litros y es la duodécima parte de la fanega.

celentéreo, -rea adj./n. m. [animal invertebrado] Que pertenece al grupo de los celentéreos. ◆ n. m. pl. **2** celentéreos ZOOL. Grupo de animales acuáticos de estructura sencilla; su cuerpo está formado por dos capas, una externa y otra interna, que rodean una gran cavidad digestiva y está provisto de tentáculos.

celeridad n. f. *formal* Rapidez, velocidad o prontitud en el movimiento o la ejecución de algo: *los cambios económicos están transformando con celeridad hábitos y mentalidades tradicionales.*
DER acelerar, deceleración.

celeste adj. **1** De color azul claro, como el del cielo despejado. **2** Del cielo o relacionado con él: *bóveda celeste.* ANT terreno.
DER celestial.

celestial adj. Del cielo o lugar en el que los ángeles, los santos y los justos gozan de la compañía de Dios para siempre, o relacionado con él. ANT terrenal.

celestina n. f. Mujer que, a cambio de dinero, facilita o encubre las relaciones amorosas o sexuales de dos personas.

celíaco, -ca o **celiaco, -ca** adj./ n. f. **1** MED [enfermedad] Que se caracteriza por la aparición de trastornos en la absorción de gluten y la presencia de heces pastosas y brillantes: *la celíaca es una enfermedad más propia de la infancia que de la edad adulta.* ◆ adj./ n. m. y f. **2** MED [persona] Que padece esta enfermedad. ◆ adj. **3** ANAT Del abdomen o el vientre, o relacionado con ellos: *plexo celíaco; arteria celíaca.*

celibato n. m. Estado de la persona que no se ha casado, especialmente por motivos religiosos.

célibe adj. [persona] Que no se ha casado, especialmente por motivos religiosos. SIN soltero.

celo n. m. **1** Cuidado, diligencia e interés con que alguien hace las cosas que tiene a su cargo. **2** Período de la vida de algunos animales en el que aumenta su apetito sexual y las hembras están preparadas para la reproducción. NOTA Se suele usar en la expresión *estar en celo.* **3** Cinta de papel de plástico transparente que es adhesiva por una de sus caras y se usa para unir o sujetar cosas. ◆ n. m. pl. **4** celos Sentimiento que se tiene al sospechar que la persona amada siente preferencia por otra. dar celos Provocar en una persona ese sentimiento fingiendo que se siente preferencia por otra. **5** Recelo que siente una persona al creer que un afecto u otro bien que disfruta o pretende puede ser alcanzado por otro.
OBS Procede de *Sellotape,* nombre de una marca registrada.
DER celar, celosía, celoso.

celofán n. m. Papel de plástico, fino y transparente, usado generalmente para envolver.
OBS Procede de *Cellophane,* nombre de una marca registrada.

celosía n. f. Enrejado tupido hecho con listones de madera u otro material que se pone en las ventanas o se usa para separar unos espacios de otros, especialmente para poder ver a través de él sin ser visto.

celoso, -sa adj. **1** [persona] Que sospecha que la persona amada siente preferencia por otra. **2** [persona] Que pone mucho cuidado e interés al hacer algo.
OBS Se suele construir con *de* y *en.*

celta adj. **1** De un grupo de pueblos indoeuropeos que ocuparon la Europa occidental o relacionado con ellos. ◆ adj./ n. com. **2** Persona que pertenece a uno de esos pueblos. ◆ adj./ n. m. **3** Grupo de lenguas indoeuropeas habladas por este conjunto de pueblos.
DER celtibérico, celtíbero, céltico.

celtíbero, -ra o **celtibero, -ra** adj./ n. m. y f. De un pueblo prerromano que habitó en la antigua Celtiberia en el siglo III antes de Cristo: *los celtíberos surgieron de la mezcla de los celtas con los íberos.*

célula n. f. **1** Elemento fundamental de los seres vivos, generalmente microscópico y dotado de vida propia, que, según la teoría celular, constituye las unidades morfológicas y fisiológicas que componen el cuerpo de las plantas y de los animales. **2** Grupo, dentro de una organización mayor, que funciona de forma independiente.
▶ célula fotoeléctrica Dispositivo que reacciona ante variaciones de energía luminosa transformándola en una variación de energía eléctrica.

celular adj. **1** De la célula o relacionado con este elemento fundamental de los seres vivos: *tejido celular.* **2** [vehículo] Que está acondicionado para trasladar a personas arrestadas o presas.
DER extracelular, pluricelular, unicelular.

celulitis n. f. Inflamación del tejido celular situado debajo de la piel.
OBS El plural también es *celulitis.*

celuloide n. m. **1** Material plástico y muy flexible empleado en la industria fotográfica y cinematográfica para la fabricación de películas. **2** Conjunto de personas y medios que se dedica a hacer, vender y proyectar películas de cine: *el mundo del celuloide.* SIN cine.
OBS Procede de *Celluloid,* nombre de una marca registrada.

celulosa n. f. QUÍM. Sustancia compuesta de hidratos de carbono, sólida y blanca, que se encuentra en los tejidos de las células vegetales y que se usa especialmente en la industria del papel.
DER celuloide.

cementar v. tr. Calentar una pieza de metal junto con otra materia en polvo o en pasta: *hay que cementar el hierro con carbón para obtener acero.*

cementerio n. m. **1** Lugar, generalmente cercado, en el que se entierran los cuerpos muertos de las personas. **SIN** camposanto, necrópolis. **2** Lugar donde se entierran animales muertos o al que van algunos animales a morir. **3** Lugar en el que se acumulan materiales o productos inservibles: *cementerio de residuos nucleares.*

▶ cementerio de coches Lugar donde se acumulan coches viejos, y pueden comprarse algunas de sus piezas.

cemento n. m. Material de construcción en polvo, formado por sustancias calcáreas y arcillosas, que forma una masa sólida y dura al mezclarse con agua; se emplea para tapar huecos, unir superficies y como componente aglutinante en hormigones y argamasas.

▶ cemento armado Mezcla compacta hecha con grava, arena y cemento que va reforzada con alguna estructura metálica en su interior. **SIN** hormigón armado.

DER cementar.

cena n. f. **1** Última comida del día, que se toma al atardecer o por la noche. **2** Acción de tomar esta comida: *esta noche voy a una cena de antiguos alumnos.*

DER cenáculo, cenador, cenar.

cenáculo n. m. **1** Sala en que Jesucristo celebró su última cena con sus apóstoles. **2** Reunión habitual y poco numerosa de personas, generalmente literatos o artistas, que mantienen las mismas o parecidas ideas.

cenar v. tr. Tomar la última comida del día, al atardecer o por la noche.

cencerro n. m. Campana pequeña de metal, generalmente tosca, que se cuelga al cuello de las reses.

▶ estar como un cencerro Estar chiflada una persona.

DER cencerrada.

cenefa n. f. Lista de adorno, generalmente formada con motivos repetidos, que se pone en los bordes de las telas o se coloca a lo largo de muros, doseles y lugares semejantes.

cenicero n. m. Recipiente pequeño y poco hondo en el que se echan la ceniza y los restos de cigarros que han sido fumados.

cenicienta n. f. Persona o cosa que se desprecia o no se tiene en cuenta sin que lo merezca: *no quiero estar marginado como si fuese la cenicienta del equipo.*

ceniciento, -ta adj. De color gris claro, como el de la ceniza. **SIN** cenizo.

cenit o **cénit** n. m. **1** ASTR. Punto del círculo celeste superior al horizonte que corresponde verticalmente a un lugar de la Tierra: *la Luna está ahora en el cenit, justo encima de nosotros.* **2** Situación o momento de apogeo de cierta persona o cosa.

OBS El plural también es *cenit.*

DER cenital.

ceniza n. f. **1** Polvo gris claro que queda después de arder o quemarse una cosa. ◆ n. f. pl. **2** cenizas Restos o residuos de una persona muerta.

DER cenicero, cenicienta, ceniciento, cenizo.

cenizo, -za adj. **1** Del color gris claro de la ceniza. **SIN** ceniciento. ◆ adj./ n. m. **2** [persona] Que trae o tiene mala suerte.

cenotafio n. m. Monumento funerario que no contiene el cadáver del personaje a quien se dedica.

censar v. tr. **1** Incluir o registrar en una lista o censo. ◆ v. intr. **2** Hacer el censo o empadronamiento de los habitantes de un territorio. **SIN** empadronar.

censo n. m. Lista donde figuran los habitantes o los bienes de un territorio. **SIN** catastro, padrón, registro.

▶ censo electoral Lista donde figuran todas las personas que tienen derecho a votar.

DER censal, censar, censura.

censor, -ra adj./ n. m. y f. **1** Que censura o tiene inclinación a criticar a otras personas. ◆ n. m. y f. **2** Persona encargada por la autoridad de revisar publicaciones y otras obras destinadas al público y de someterlas a las modificaciones, supresiones y prohibiciones necesarias para que se ajuste a lo permitido por dicha autoridad.

censura n. f. **1** Crítica o juicio negativo que se hace de algo, especialmente del comportamiento ajeno. **SIN** condena, crítica. **2** Sometimiento de una obra destinada al público a las modificaciones, supresiones y prohibiciones que el censor considere convenientes para que se ajuste a lo que la autoridad permite. **3** Organismo oficial encargado de ejercer esta labor.

DER censor, censurable, censurar.

censurable adj. Que puede o merece ser desaprobado o censurado.

DER incensurable.

censurar v. tr. **1** Juzgar negativamente alguna cosa o comportamiento: *sus compañeros le censuraron su poca hombría.* **SIN** condenar, criticar, reprobar. **2** Formar un juicio sobre una cosa después de haberla examinado, especialmente sobre una obra destinada al público, para ver si, en el aspecto político, moral o religioso, puede publicarse o exhibirse entera o parcialmente. **3** Suprimir o modificar en una obra destinada al público lo que el censor ha creído conveniente.

cent n. m. Céntimo de euro. SIN céntimo.
OBS El plural es *cents*.

centauro n. m. Animal mitológico, mitad hombre y mitad caballo: *el centauro tiene tronco, brazos y cabeza de hombre.*

centavo, -va adj./ n. m. **1** [parte] Que resulta de dividir un todo en 100 partes iguales. SIN centésimo. ◆ n. m. **2** Moneda equivalente a la centésima parte de la unidad en numerosos países americanos.

centella n. f. **1** Rayo de baja intensidad, pequeña descarga eléctrica que se produce entre las nubes: *en el cielo se vieron rayos y centellas.* **2** Chispa que salta al golpear una piedra con un objeto de metal. **3** Persona o cosa muy rápida.
DER centellear, centelleo.

centellear v. intr. **1** Despedir rayos de luz de diversa intensidad y color.

centena n. f. Conjunto formado por 100 unidades: *una centena de aficionados.* SIN centenar, ciento.
DER centenar, centenario.

centenar n. m. **1** Centena, conjunto de 100 unidades: *habría un centenar de personas en la sala.* SIN ciento. ◆ n. m. pl. **2** centenares Gran cantidad de personas o cosas: *hemos recibido centenares de cartas.*
▶ a centenares En gran cantidad, en abundancia.

centenario, -ria adj./ n. m. y f. **1** De la centena. **2** Que tiene cien años de edad, o poco más o menos: *edificio centenario.* ◆ n. m. **3** Día o año en que se cumplen uno o más centenares de años de un acontecimiento: *en 2016 se celebró el cuarto centenario de la muerte de Cervantes.*
DER bicentenario.

centeno n. m. **1** Planta cereal muy parecida al trigo, pero de espigas más delgadas, que produce una semilla puntiaguda por uno de sus lados. **2** Semilla o conjunto de semillas de esta planta.

centesimal adj. Que está dividido en cien partes.

centésimo, -ma num. ord. **1** Que sigue en orden al que hace el número 99. ◆ num. **2** [parte] Que resulta de dividir un todo en 100 partes iguales: *solo me correspondió la centésima parte del dinero.* SIN centavo.

centi- Elemento prefijal que entra en la formación de palabras con el significado de 'cien', 'centésima parte': *centigramo, centilitro.*

centígrado, -da adj. **1** [escala de temperatura] Que se divide en cien grados, correspondiendo el cero a la temperatura de fusión del hielo y el cien a la de ebullición del agua: *la escala centígrada también se conoce como escala Celsius.* **2** De la escala de temperatura que se divide en cien unidades o relacionado con ella.

centigramo n. m. Medida de masa equivalente a la centésima parte de un gramo: *el símbolo del centigramo es cg.*

centilitro n. m. Medida de capacidad equivalente a la centésima parte de un litro: *el símbolo del centilitro es* cl.

centímetro n. m. Medida de longitud equivalente a la centésima parte de un metro: *el símbolo del centímetro es cm.*
▶ centímetro cuadrado Medida de superficie que equivale a 0,0001 metros cuadrados: *el símbolo del centímetro cuadrado es* cm^2. centímetro cúbico Medida de volumen que equivale a 0,000 001 metros cúbicos: *el símbolo del centímetro cúbico es* cm^3.

céntimo n. m. Moneda equivalente a la centésima parte de un euro o de otras unidades monetarias.
▶ estar sin un céntimo No tener dinero.

centinela n. com. **1** Soldado que guarda, vigila y defiende una posición determinada: *el centinela del cuartel.* **2** Persona que vigila o está en observación de alguna cosa.

centollo n. m. Crustáceo marino con una concha cubierta de pelos y espinas y con cinco pares de patas.

central adj. **1** Que está en el centro o entre dos extremos. **2** Principal, fundamental, que es lo más importante: *el tema central de una novela.* **3** Que ejerce su acción sobre todo el conjunto, territorio o sistema del que forma parte: *gobierno central.* ◆ n. f. **4** Oficina o establecimiento principal del que dependen otros del mismo tipo. **5** Instalación en la que se produce energía eléctrica a partir de otras formas de energía: *la central nuclear.* ◆ n. com. **6** Jugador de fútbol que juega en el centro de la defensa.
DER centralismo, centralita, centralizar.

a b c d e f g h i j k l m n ñ o p q r s t u v w x y z

centralismo n. m. Sistema de gobierno que defiende la acumulación de poder y de funciones en un solo organismo.
DER centralista.

centralista adj. **1** Del centralismo o relacionado con este sistema. ◆ adj./ n. com. **2** [persona] Que es partidario del centralismo.

centralita n. f. **1** Aparato que conecta varias líneas telefónicas con los teléfonos instalados en los locales de un organismo, entidad o empresa. **2** Lugar donde se encuentra instalado ese aparato.

centralización n. f. **1** Reunión de cosas distintas o de diversa procedencia en un lugar común o bajo una misma dirección: *la centralización de todos los pagos en una sola cuenta agiliza las gestiones.* **2** Asunción por parte de un poder central de las atribuciones y funciones políticas y administrativas que corresponden a un poder local o regional.

centralizar v. tr. **1** Reunir cosas distintas o de diversa procedencia en un lugar común o bajo una misma dirección. ANT descentralizar. **2** Asumir un poder central las atribuciones y funciones políticas y administrativas que corresponden a un poder local o regional. ANT descentralizar.
OBS En su conjugación, la *z* se convierte en *c* delante de *e*.
DER centralización; descentralizar.

centrar v. tr. **1** Colocar una cosa haciendo coincidir su centro con el de otra: *para poder centrar el cuadro tuve que medir la pared.* **2** Dirigir la atención o el interés hacia un objetivo o un asunto. ◆ v. tr./ intr. **3** Lanzar el balón desde un lado del terreno hacia la parte central próxima a la portería contraria, especialmente en el fútbol. ◆ v. prnl. **4** centrarse Concentrar la atención en un asunto o en uno de sus aspectos: *no logro centarme en los estudios.*
DER concentrar, descentrar.

céntrico, -ca adj. Del centro, especialmente de una población, o que está situado en él: *piso céntrico.*

centrifugadora n. f. **1** Máquina que aprovecha la fuerza centrífuga para secar ciertas sustancias o para separar los componentes de una masa o mezcla. **2** Máquina que sirve para someter a una persona a aceleraciones tan fuertes como las que se manifiestan a bordo de los aviones más rápidos y de las naves espaciales con el objeto de prepararla para el vuelo.

centrifugar v. tr. Someter un objeto o sustancia a una rotación muy rápida para obtener, gracias a la fuerza centrífuga, su secado o la separación de los componentes unidos o mezclados.
DER centrifugadora.

centrífugo, -ga adj. [fuerza] Que tiende a alejar del centro alrededor del cual gira. ANT centrípeto.

centrípeto, -ta adj. [fuerza] Que tiende a acercar al centro alrededor del cual gira. ANT centrífugo.

centrista adj. **1** De una política de centro, entre la izquierda y la derecha, o relacionado con ella. ◆ adj./ n. com. **2** [persona] Que es partidario de esta política.

centro n. m. **1** Punto o lugar que está en medio, equidistante de los límites o extremos: *había tres sillas y se sentó en la del centro.* **2** Lugar o recinto donde se desarrolla una actividad: *centro de enseñanza.* **3** Persona o cosa principal que atrae la atención. **4** Parte de una población donde hay más actividad administrativa, comercial y cultural: *quedamos en el centro.* NOTA También se llama *centro urbano*. centro urbano Centro, parte de una ciudad donde hay más actividad. **5** Conjunto de ideas políticas que están entre la derecha y la izquierda. **6** Lugar donde se concentra una actividad o donde se desarrolla con mayor intensidad: *centro de comunicaciones.* **7** Jugada de ataque en un partido de fútbol que consiste en lanzar el balón desde un lado del terreno hacia la parte central próxima a la portería contraria. **8** Punto interior de un círculo situado a igual distancia de todos los de la circunferencia. **9** Punto interior de una esfera situado a igual distancia de todos los de la superficie. **10** Punto interior en un polígono o poliedro en el que todas las diagonales que pasan por él quedan divididas en dos partes iguales.
▶ centro de gravedad FÍS. Punto de un cuerpo en el que, si se aplicara una sola fuerza vertical, tendría el mismo efecto que la suma de las acciones de la gravedad sobre todos sus puntos.
DER central, centrar, céntrico, centrífugo, centriolo, centrípeto, centrismo; baricentro, circuncentro, epicentro, hipocentro, homocentro, metacentro, ortocentro.

centrocampista n. com. Jugador de fútbol u otros deportes que juega en el centro del campo y tiene como misión contener los avances del equipo contrario y ayudar a su propia defensa y su delantera.

centroeuropeo, -pea adj. **1** De la Europa central o relacionado con la zona central de este continente. ◆ adj./ n. m. y f. **2** [persona] Que es de alguno de los países de la Europa central.

céntuplo, -pla num. [cantidad, número] Que es cien veces mayor que otra. Puede ser determinante.

centuria n. f. **1** Período de cien años. SIN centenario, siglo. **2** Compañía del ejército de la antigua Roma compuesta por cien soldados.
DER centurión.

centurión n. m. Oficial del antiguo ejército romano que tenía a su mando una centuria: *el centurión lucía una cesta sobre el casco.*

ceñido, -da adj. Que está apretado, que rodea o cubre ajustando.

ceñir v. tr. **1** Apretar, ajustar o rodear la cintura u otra parte del cuerpo con una prenda de vestir u otra cosa. **2** Llevar un objeto ajustado a una parte del cuerpo. **3** Rodear o ajustar una cosa a otra: *las murallas ciñen toda la ciudad.* ◆ v. prnl. **4 ceñirse** Limitarse o atenerse concretamente a lo que se trata. **5** Moderarse en los gastos o amoldarse a lo que se tiene.

ceño n. m. **1** Gesto de enfado o preocupación que se hace arrugando la frente y juntando las cejas. SIN entrecejo. **2** Aspecto amenazador que toma el cielo, las nubes o el mar.

cepa n. f. **1** Tronco de la vid del que brotan los sarmientos; por extensión, toda la planta. **2** Parte del tronco de las plantas que está bajo la tierra unida a la raíz. **3** Origen de una familia.
▶ **de buena cepa** De origen o calidad cuya bondad es conocida: *un vino de buena cepa.* **de pura cepa** Que es una persona con las características propias y auténticas de su clase.
DER cepellón.

cepillar v. tr. **1** Poner lisa una superficie de madera o metal con un cepillo. ◆ v. tr./ prnl. **2** Limpiar algo de polvo, pelusas o suciedad con un cepillo: *cepillar un traje.* **3** Pasar el cepillo por el pelo para peinarlo o desenredarlo: *suele cepillarse el cabello antes de acostarse.* **4** Gastar el dinero con rapidez y sin medida: *se ha cepillado toda la herencia en unos meses.* ◆ v. prnl. **5 cepillarse** Matar a una persona o un animal. **6** Catear o suspender a alguien que se examina: *se lo han cepillado en la última prueba del examen.* **7** *malsonante* Poseer sexualmente a una persona.
DER acepillar.

ceñir

INDICATIVO

presente	pretérito imperfecto	pretérito perfecto simple	futuro	condicional
ciño	ceñía	ceñí	ceñiré	ceñiría
ciñes	ceñías	ceñiste	ceñirás	ceñirías
ciñe	ceñía	ciñó	ceñirá	ceñiría
ceñimos	ceñíamos	ceñimos	ceñiremos	ceñiríamos
ceñís	ceñíais	ceñisteis	ceñiréis	ceñiríais
ciñen	ceñían	ciñeron	ceñirán	ceñirían

SUBJUNTIVO

presente	pretérito imperfecto	futuro
ciña	ciñera o ciñese	ciñere
ciñas	ciñeras o ciñeses	ciñeres
ciña	ciñera o ciñese	ciñere
ciñamos	ciñéramos o ciñésemos	ciñéremos
ciñáis	ciñerais o ciñeseis	ciñereis
ciñan	ciñeran o ciñesen	ciñeren

IMPERATIVO

ciñe	(tú)
ciña	(usted)
ceñid	(vosotros)
ciñan	(ustedes)

FORMAS NO PERSONALES

infinitivo	gerundio	participio
ceñir	ciñendo	ceñido

cepillo n. m. **1** Instrumento de diversos tamaños y formas hecho de hilos o pelos gruesos fijos en una base y cortados al mismo nivel, que se usa generalmente para limpiar: *cepillo para los zapatos.* **cepillo de dientes** Cepillo pequeño y con mango que se usa para limpiarse la boca. **cepillo del pelo** Cepillo que tiene mango y se usa para peinar. **2** Herramienta de carpintería que consiste en una pieza de madera con una cuchilla en su base; se usa para poner lisa la madera y trabajarla arrancándole delgadas láminas. **3** Caja cerrada provista de una pequeña ranura por la que se introducen las limosnas.
DER cepilladora, cepillar.

cepo n. m. **1** Trampa para cazar animales provista de un mecanismo que se cierra y aprisiona al animal cuando este lo toca. **2** Instrumento que sirve para inmovilizar la rueda de un automóvil. **3** Artefacto de diferentes formas con que se aprisionaba el cuello o los pies de los condenados.
DER cepa, cepillo, ceporro.

ceporro n. m. **1** Cepa vieja arrancada para lumbre. **2** *coloquial* Persona tonta, cerrada, poco inteligente.
▶ dormir como un ceporro Dormir profundamente y durante largo tiempo.

cera n. f. **1** Sustancia sólida, blanda y fundible que producen las abejas y que se emplea principalmente para hacer velas. **2** Sustancia animal, vegetal o artificial de características parecidas a la que producen las abejas: *cera para depilar.* **3** Sustancia amarillenta segregada por las glándulas de los oídos. SIN cerumen. **4** Producto químico de limpieza que se usa para dar brillo. **5** Conjunto de velas usadas para un acto o función.
▶ hacer la cera Quitar el pelo de alguna parte del cuerpo, generalmente de las piernas, aplicando sobre la epidermis una capa de ese producto cuando está caliente y retirarla cuando se enfría. no hay más cera que la que arde Expresión con la que se indica que lo que se ve, se oye o se trata es todo y no hay más.
DER céreo, cerote, cerumen; encerar.

cerámica n. f. **1** Objeto o conjunto de objetos fabricados con barro, loza o porcelana. **2** Arte o técnica de fabricar esos objetos.

ceramista n. com. Persona que fabrica objetos de cerámica, en especial si se dedica a ello profesionalmente: *Miró fue ante todo pintor, pero realizó una importante obra como ceramista.*

cerbatana n. f. Tubo estrecho en el que se introducen dardos u otros proyectiles para dispararlos soplando por uno de sus extremos.

cerca n. f. **1** Tapia o muro de madera u otro material que sirve para rodear un terreno y resguardarlo o marcar límites. SIN valla, valladar. ◆ adv. **2** En un punto próximo o inmediato; a corta distancia: *vive cerca, en la otra acera.*
▶ cerca de **a.** Aproximadamente; poco más o menos. **b.** Junto a: *ahora tengo el trabajo cerca de casa.* de cerca A poca distancia.
DER cercar.

cercado n. m. **1** Tapia o muro de madera u otro material que sirve para rodear un terreno y resguardarlo o marcar límites. **2** Lugar rodeado y limitado por una cerca, especialmente cuando se trata de una tierra de cultivo.

cercanía n. f. **1** Proximidad en el espacio o en el tiempo. SIN proximidad, vecindad. ANT lejanía. ◆ n. f. pl. **2** cercanías Conjunto de zonas cercanas a un lugar o que lo rodean: *visitamos las poblaciones de las cercanías.*
▶ de cercanías [medio de transporte] Que une lugares cercanos: *un tren de cercanías.*

cercano, -na adj. Que está próximo en el espacio o en el tiempo: *quedamos en un lugar cercano a la estación del ferrocarril.* SIN inmediato.

cercar v. tr. **1** Poner límites a un lugar rodeándolo con una cerca de forma que quede cerrado, resguardado y separado de otros. SIN amurallar, tapiar, vallar. **2** Rodear mucha gente a una persona o cosa.
OBS En su conjugación, la *c* se convierte en *qu* delante de *e*.
DER cercado.

cercenar v. tr. **1** Cortar la extremidad de una persona o cosa: *aquella sierra fue la que le cercenó los dedos.* **2** Reducir la cantidad, el tamaño o la importancia de una cosa. SIN disminuir.

cerciorarse v. prnl. Asegurarse de que se está en lo cierto: *me cercioré de que no había nadie en casa.*

cerco n. m. **1** Línea o cosa semejante que rodea a otra o que deja una marca en ella: *al niño le quedó un cerco de chocolate alrededor de los labios.* **2** Tapia o muro de madera u otro material que sirve para rodear un terreno y resguardarlo o marcar límites. **3** Asedio de una ciudad o fortaleza para dominarla y conquistarla: *el cerco de Zamora.* **4** Círculo luminoso alrededor de un astro, especialmente del Sol o la Luna. SIN halo.
DER cerca, cercar.

cerda n. f. **1** Pelo grueso y duro del cuerpo del cerdo y el jabalí, o de la crin y la cola del caballo y demás équidos: *las cerdas de algunos animales se emplean para hacer cepillos y otros utensilios.* **2** Pelo fino y corto de otros animales: *las lombrices de tierra presentan en su cuerpo diminutas cerdas.* **3** Pelo o filamento de cepillo, aunque sea fabricado artificialmente: *este cepillo tiene las cerdas demasiado largas.*
DER cerdo.

cerdada n. f. **1** Acción que molesta o causa un perjuicio, sea o no malintencionada. SIN cochinada, guarrada, marranada. **2** Cosa sucia o mal hecha que ofrece un aspecto poco pulcro o descuidado. **3** Dicho o hecho que se considera indecoroso, indigno o contrario a la moral. SIN cochinada, guarrería, marranada.

cerdo, -da n. m. y f. **1** Mamífero doméstico, de cuerpo grueso, patas cortas, hocico chato y redondeado y cola en forma de hélice. SIN cochino. ◆ adj./ n. m. y f. **2** [persona] Que no cuida su aseo personal o que produce asco por su falta de limpieza. NOTA Se usa como apelativo despectivo. **3** [persona] Que muestra tener poca educación o pocos principios morales. NOTA Se usa como apelativo despectivo.
DER cerdada.

cereal adj./ n. m. **1** [planta] Que produce semillas en forma de granos de las que se hacen harinas y que se utilizan para alimento de las personas o como pienso para el ganado: *el trigo, la cebada y el centeno son cereales.* ◆ n. m. pl. **2** cereales Conjunto de semillas de estas plantas. **3** Alimento elaborado con estas semillas y, generalmente, enriquecido con vitaminas y otras sustancias nutritivas.
DER cerealista.

cerebelo n. m. ANAT. Parte del encéfalo constituida por una masa de tejido nervioso que se encuentra en la parte posterior de la cabeza y que se encarga de la coordinación muscular y otros movimientos no controlados por la voluntad: *el encéfalo está formado por el cerebro, el cerebelo y el bulbo raquídeo.*

cerebral adj. **1** Del cerebro o que tiene relación con esta parte del encéfalo. **2** [persona] Que toma decisiones fríamente, sin dejarse llevar por sus impulsos o sentimientos. **3** Que se hace con frialdad y sin apasionamiento. ANT pasional.

cerebro n. m. **1** Parte del encéfalo constituida por una masa de tejido nervioso que se encuentra en la parte anterior y superior de la cabeza y que se encarga de las funciones cognitivas. **2** Talento, capacidad de juicio o de entendimiento: *la próxima vez utiliza el cerebro antes de hacer una cosa así.* cerebro electrónico Aparato electrónico capaz de desarrollar actividades propias del pensamiento humano. **3** Persona que posee capacidad para desarrollar con facilidad y perfección actividades relacionadas con la cultura, la ciencia o la técnica. **4** Persona que piensa o dirige una acción: *el cerebro de la operación.*
▶ lavar el cerebro Aplicar a una persona técnicas de manipulación psicológica para anular o modificar su mentalidad o sus características psíquicas. secársele el cerebro Quedarse incapacitado para discurrir normalmente.
DER cerebelo, cerebral; descerebrar.

ceremonia n. f. **1** Acto o serie de actos públicos y formales que se realizan de acuerdo con las reglas o ritos fijados por la ley o por la costumbre. **2** Aparato y pompa con que se da solemnidad a un acto social.
▶ de ceremonia Que muestra la solemnidad apropiada. por ceremonia Para cumplir de manera educada. sin ceremonias Sin mostrar aparato o solemnidad, con sencillez.
DER ceremonial, ceremonioso.

ceremonial adj. **1** De la ceremonia o relacionado con su celebración y con las formalidades propias de ella: *vestimenta ceremonial.* ◆ n. m. **2** Conjunto de reglas y formalidades que ordenan la celebración de ciertas ceremonias. SIN protocolo. **3** Libro que explica este conjunto de reglas y formalidades.

ceremonioso, -sa adj. [persona] Que trata y gusta de ser tratada con ceremonias y ateniéndose a las reglas y formalidades de estas: *aprecio más un sencillo saludo que tantas muestras afectadas y ceremoniosas.*

céreo, -rea adj. De cera o con alguna de las características de la cera: *color céreo.*

cereza n. f. **1** Fruto del cerezo, pequeño y redondeado, de color rojo oscuro y con hueso, que tiene pulpa dulce y jugosa. ◆ adj./ n. m. **2** [color] Que es rojo oscuro.
DER cerezo.

cerezal n. m. Terreno poblado de cerezos.

cerezo n. m. **1** Árbol frutal de unos cinco metros de altura, de tronco liso, hojas lanceoladas y flores blancas y cuyo fruto es la cereza. **2** Madera de este árbol.

cerilla n. f. Varilla de papel encerado, madera u otro material combustible, con un extremo recubierto de fósforo que se prende al rozarlo con una superficie adecuada. SIN fósforo, mixto.
DER cerillero.

cerner v. tr. **1** Separar lo grueso de lo fino en una materia, generalmente reducida a polvo, haciéndola pasar a través de un cedazo

a b c d e f g h i j k l m n ñ o p q r s t u v w x y z

o criba. **SIN** cernir, cribar. ◆ v. intr. **2** Estar una planta, especialmente la vid, el olivo y el trigo, en el momento en que se desprende el polen y se produce la fecundación. ◆ v. prnl. **3** cernerse Amenazar de cerca un mal: *parece que la desgracia se cierne sobre nosotros.* **4** Andar moviendo el cuerpo a uno y otro lado.

cernícalo n. m. **1** Ave rapaz de unos 40 cm, de plumaje rojizo con manchas negras y con pico y uñas fuertes. **NOTA** Para indicar el sexo se usa *el cernícalo macho* y *el cernícalo hembra.* ◆ adj./ n. m. **2** [persona] Que es poco hábil o que no sabe comportarse.

cernir v. tr. Cerner, separar lo grueso de lo fino.

OBS La Real Academia Española recoge *cernir,* pero prefiere *cerner.* En su conjugación, la *e* se convierte en *ie* en sílaba acentuada, como en *discernir.*

cero num. card. **1** Indica que el nombre al que acompaña o al que sustituye está 0 veces: *son cero euros.* ◆ n. m. **2** Nombre del número 0. **3** Número que situado a la derecha de cualquier cifra la multiplica por diez.

▶ al cero De manera que el pelo quede lo más corto que sea posible al cortarlo. estar a cero No contar con dinero ni medios para hacer una cosa: *a finales de mes estoy a cero.* partir de (o desde) cero Empezar sin nada, desde el principio: *este trabajo, mejor hacerlo partiendo de cero.* ser un cero a la izquierda No valer para nada, no ser tenido en cuenta por los demás.

cerrado, -da adj. **1** [persona] Que es poco inteligente o que no comprende. **SIN** torpe. **2** [persona] Que habla y se relaciona poco con los demás. **SIN** introvertido. **ANT** abierto. **3** [persona, modo de hablar] Que conserva un fuerte acento local: *andaluz cerrado.* **4** [cielo] Que está cubierto de nubes. **5** [oscuridad] Que es muy intenso: *noche cerrada.*

▶ a ojos cerrados o con los ojos cerrados Sin pensar, sin dudar, precipitadamente.

cerradura n. f. Mecanismo generalmente de metal que se fija en puertas, tapas, cajones u objetos parecidos y sirve para cerrarlos, especialmente por medio de una llave: *forzaron la cerradura para entrar en la casa.*

cerrajería n. f. Taller donde se fabrican y arreglan cerraduras, llaves y otros objetos de metal.

cerrajero, -ra n. m. y f. Persona que tiene por oficio fabricar y arreglar cerraduras, llaves y otros objetos de metal.

DER cerrajería.

cerrar v. tr. **1** Hacer que el interior de un espacio o lugar no tenga comunicación directa con el exterior: *cierra bien el frigorífico o no enfriará.* ◆ v. tr./ intr./ prnl. **2** Encajar en su marco la hoja de una puerta o ventana o la tapa de una caja, especialmente si se asegura con una cerradura o algún otro mecanismo de cierre. ◆ v. tr. **3** Juntar partes movibles del cuerpo o de cosas articuladas: *cerrarás los ojos.* **4** Encoger, doblar o plegar lo que estaba extendido: *cerrar el paraguas.* **5** Impedir el acceso o entrada a un lugar: *han cerrado la avenida.* **6** Impedir el paso a un fluido por un conducto. **7** Pegar o disponer una carta o paquete de modo que no sea posible ver lo que contiene sin despegarlo o romperlo. **8** Hacer desaparecer o tapar una abertura. **9** Hacer que termine, poner fin a la actividad de una corporación o establecimiento. **10** Dar por firme y concertado un acuerdo o negociación: *cerrar un trato.* **11** Ir el último en una sucesión o fila: *su nombre cerraba la lista.* ◆ v. tr./ prnl. **12** Apiñar, agrupar, unir estrechamente: *todo el equipo se cerró atrás y no encajó ni un solo gol.* ◆ v. prnl. **13** cerrarse Encapotarse o cubrirse de nubes el cielo. **14** Ceñirse al lado de mayor curvatura el vehículo o el conductor que toma una curva.

▶ cerrar el pico Dejar de hablar o no decir lo que se sabe. cerrarse en banda No cambiar de opinión; no admitir otro criterio.

DER cerrado, cerradura, cerraja, cerramiento, cerrazón, cierre; encerrar, entrecerrar.

cerrazón n. f. **1** Actitud del que se mantiene excesivamente firme en sus ideas, intenciones u opiniones, sin tener en cuenta otras posibilidades: *habla de la cerrazón defensiva de la persona.* **2** Torpeza o falta de capacidad para entender una cosa: *cerrazón mental.*

cerro n. m. Elevación de terreno de poca altura y de bordes suaves. **SIN** colina, collado, loma.

▶ irse por los cerros de Úbeda Decir algo que nada tiene que ver con el asunto del que se habla.

DER cerril.

cerrojo n. m. Barra de hierro que pasa a través de unas anillas y que sirve para cerrar una puerta, una ventana u otra cosa semejante.

DER cerrojazo.

certamen n. m. Concurso abierto para estimular con premios determinadas actividades o competiciones, especialmente de carácter literario, artístico o científico.

certero, -ra adj. **1** [tirador, disparo] Que acierta, que da en el blanco. **2** Que es cierto: *juicios certeros y razonables.* ANT erróneo.

certeza n. f. Conocimiento seguro y claro que se tiene de una cosa. SIN certidumbre.

certidumbre n. f. Certeza, conocimiento seguro. ANT incertidumbre.

certificación n. f. **1** Acción de certificar: *oficina de certificación de carnés.* **2** Documento en el que se certifica o da por verdadera una cosa: *solicitar una certificación del registro de matrimonio.* SIN certificado. **3** Señal con que se certifica un hecho: *su cara es la certificación del fracaso.* **4** Operación según la cual los responsables de la aviación internacional reconocen que un aparato se ajusta a las normas y reglamentos vigentes.

certificado, -da adj./ n. m. y f. **1** [envío postal] Que se manda por correo con la garantía, que consta por escrito, de que llegará a su destino. ◆ n. m. **2** Documento o escrito en el que se declara cierta o verdadera una cosa.

certificar v. tr. **1** Declarar cierta o verdadera una cosa, especialmente una persona con autoridad y en un documento o impreso oficial. SIN legalizar. **2** Garantizar el servicio de Correos por escrito la entrega en mano de un envío postal mediante el pago de una cantidad que consta en un resguardo.
OBS En su conjugación, la *c* se convierte en *qu* delante de *e*.
DER certificación, certificado, certificador.

cerumen n. m. Sustancia amarillenta segregada por las glándulas de los oídos. SIN cera.

cervantino, -na adj. De Miguel de Cervantes o relacionado con la vida y obra de este escritor.
DER cervantista.

cervatillo, lla n. m. y f. Cría del ciervo.

cerveza n. f. Bebida alcohólica de color amarillento y sabor amargo obtenida de la fermentación de cebada y otros cereales.
DER cervecero.

cervical adj./ n. f. **1** De la cerviz o relacionado con esta parte del cuello: *se dio un fuerte golpe en la zona cervical.* ◆ n. f. pl. **2** cervicales Vértebras o huesos pequeños que forman la parte de la columna vertebral correspondiente al cuello.

cérvido adj./ n. m. **1** ZOOL. Animal de la familia de los cérvidos: *el ciervo, el alce y el venado son mamíferos cérvidos.* ◆ n. m. pl. **2** cérvidos ZOOL. Familia de mamíferos rumiantes que se caracterizan por la presencia, en los ejemplares machos, de cuernos ramificados que se renuevan cada año.

cerviz n. f. ANAT. Parte posterior del cuello que en el hombre y en la mayoría de los mamíferos consta de siete vértebras.
▶ bajar (o doblar) la cerviz Someterse, abandonar toda actitud altiva y orgullosa.
DER cervical.

cesante adj. [empleado público] Que ha sido privado de su cargo o empleo.
DER incesante.

cesar v. intr. **1** Llegar a su fin una cosa. SIN acabar. ANT seguir. **2** Interrumpir cierta cosa que se está haciendo. **3** Dejar de desempeñar un cargo o empleo: *cesará como presidente.* ◆ v. tr. **4** Ser apartado de un cargo: *la junta directiva cesó al gerente.*
OBS Se usa frecuentemente con las preposiciones *en* y *de*: *ha cesado en las funciones de directora.*
DER cesación, cesante, cese.

césar n. m. **1** Título de gobernador del Imperio romano. **2** Persona que tenía este título. SIN emperador.

cesárea n. f. Operación quirúrgica que consiste en abrir la pared abdominal de una parturienta para extraer el feto.

cese n. m. **1** Acción y efecto de cesar: *han publicado su cese como presidente en el boletín oficial.* SIN cesación, cesamiento. **2** Documento en el que se hace constar la cesación en un cargo o empleo.
▶ dar el cese Destituir o relevar a una persona de su cargo o empleo: *dimitió antes de que le dieran el cese.*

cesio n. m. QUÍM. Elemento químico, metal alcalino de color blanco plateado y de número atómico 55; se inflama en contacto con el aire: *el símbolo del cesio es Cs.*

cesión n. f. Renuncia voluntaria que se hace de un bien en favor de otra persona.

césped n. m. **1** Hierba menuda y espesa que cubre un terreno: *voy a cortar el césped del jardín.* SIN verde. **2** Terreno de juego de ciertos deportes.

cesta n. f. **1** Recipiente de material flexible con dos asas que sirve para llevar objetos, especialmente el de boca redondeada y más ancho que alto: *trae una cesta repleta de fruta.*

SIN canasta, cesto. cesta de la compra Precio del conjunto de alimentos y productos que consume cada día una familia. **2** Aro metálico, sujeto horizontalmente a un tablero vertical, del que cuelga una red sin fondo y por el que hay que pasar la pelota en el juego del baloncesto: *el pívot se colgó de la canasta para anotar dos puntos.* SIN canasta.
DER cestería, cesto; encestar.

cestería n. f. **1** Establecimiento en el que se hacen y venden cestas y otros objetos de mimbre o de materiales semejantes. **2** Arte o técnica de hacer estos objetos.

cesto n. m. Cesta grande, más alta que ancha, hecha de mimbres, tiras de caña o de madera o varas de sauce y que sirve para llevar objetos. ▶ echar (o tirar) al cesto de los papeles Desechar, apartar lo que no vale o no interesa: *sus ideas son para echar al cesto de los papeles.*

cesura n. f. LIT. Corte o pausa exigida por el ritmo que divide un verso en dos partes.

cetáceo, -cea adj./ n. m. **1** [mamífero] Que pertenece al orden de los cetáceos. ◆ n. m. pl. **2** cetáceos ZOOL. Orden de mamíferos marinos, algunos de gran tamaño, con aspecto fusiforme, con la piel lisa carente de pelo, las aberturas nasales en lo alto de la cabeza, las extremidades anteriores convertidas en aletas, sin extremidades posteriores y el cuerpo terminado en una aleta horizontal, gruesa y musculosa: *la ballena, el delfín, la orca, el cachalote y el narval pertenecen a los cetáceos.*

cetrería n. f. **1** Arte de criar, amaestrar y cuidar las aves para la caza. **2** Caza en que se emplean halcones y otras aves rapaces para capturar las presas.
DER cetrero.

cetrino, -na adj. De color amarillo verdoso: *rostro cetrino.*

cetro n. m. **1** Vara de metal precioso usada por los reyes como símbolo de su poder y dignidad. empuñar el cetro Mandar con autoridad; gobernar. **2** Dignidad de rey o emperador: *al morir su padre, el príncipe heredero recibió el cetro.* **3** Reinado de un rey o emperador. **4** Superioridad de una persona con respecto a las demás en el desarrollo de una actividad.

ceutí adj. **1** De Ceuta o que tiene relación con esta ciudad municipio especial autónomo español del noroeste de África. ◆ adj./ n. com. **2** [persona] Que ha nacido en Ceuta.
OBS El plural es *ceutíes*, culto, o *ceutís*, popular

cf. o **cfr.** Abreviaturas de *confer*, 'compárese', 'confróntese'.

ch n. f. Cuarta letra del alfabeto, constituida por un dígrafo que representa el sonido consonántico africado, palatal y sordo. NOTA Su nombre es che.

chabacanería n. f. **1** Falta de buen gusto, vulgaridad: *vestir con chabacanería.* **2** Acción o dicho grosero o vulgar.

chabacano, -na adj. Que es grosero, vulgar o de mal gusto. SIN ordinario.
DER chabacanería; achabacanar.

chabola n. f. Vivienda pequeña que suele edificarse en los suburbios con materiales de muy baja calidad.
DER chabolismo.

chabolismo n. m. Abundancia de chabolas en los suburbios, que son síntoma de miseria social.
DER chabolista.

chabolista n. com. **1** Persona que vive en una chabola en los suburbios de una ciudad: *se recibieron numerosas protestas de los propietarios de los solares ocupados por los chabolistas.* ◆ adj. **2** De las chabolas o los chabolistas; o relacionado con ellos: *poblado chabolista; núcleos chabolistas.*

chacal n. m. Mamífero parecido al lobo, pero de menor tamaño, que se alimenta de carroña.
OBS Para indicar el sexo se usa *el chacal macho* y *el chacal hembra.*

cháchara n. f. Conversación animada e intrascendente sobre temas sin importancia: *los vecinos estuvieron una hora de cháchara en medio de la calle.*
DER chacharear.

chachi adj. **1** Muy bueno o estupendo: *no te pierdas la peli de esta noche que es muy chachi.* SIN chupi, guay. ◆ adv. **2** Muy bien o muy bueno: *me lo pasé chachi jugando con mis amigos; el pastel estaba chachi.* SIN chupi, guay.

chafar v. tr./ prnl. **1** Aplastar o estropear, especialmente una cosa que está erguida o es blanda o frágil: *chafar una planta con el pie.* **2** Estropear o echar a perder, especialmente un proyecto: *este frío me ha chafado ir de excursión.* **3** En una conversación, cortar a una persona dejándola sin saber qué responder. SIN apabullar.

chaflán n. m. **1** Cara de un sólido (bloque de piedra, madero, etc.) que resulta de cortar una esquina por un plano. **2** Fachada de un

edificio o de una manzana que forma dos ángulos iguales con las fachadas laterales, que son perpendiculares entresí: *la puerta principal del edificio está en el chaflán de la manzana, justo al lado de una panadería.*
DER achaflanar.

chaira n. f. **1** Cuchillo con una hoja que puede doblarse para guardar el filo dentro del mango. **2** Cuchilla que sirve para cortar el cuero. **3** Barra de metal que sirve para afilar los cuchillos y otros instrumentos cortantes.

chal n. m. Pañuelo mucho más largo que ancho que se pone sobre los hombros como abrigo o adorno: *se cubría con un chal de lana.*

chalado, -da adj./ n. m. y f. **1** [persona] Que ha perdido el juicio. SIN chiflado. **2** [persona] Que está muy enamorado o le gusta mucho una cosa: *Mercedes está chalada por los libros.*
DER chaladura, chalar.

chalar v. tr. **1** Hacer que una persona pierda el juicio. SIN enloquecer. ◆ v. prnl. **2** chalarse Enamorarse o gustar mucho una cosa: *me chalan los bombones.*

chalé o **chalet** n. m. Edificio destinado a vivienda de una familia, generalmente con más de una planta, y rodeado de un terreno ajardinado.
▶ chalé adosado El que tiene alguna de sus paredes colindante con las de otro edificio del mismo tipo.
OBS La Real Academia Española recoge *chalet,* pero prefiere la forma *chalé.* El plural de *chalé* es *chalés;* el de *chalet, chalets.*

chaleco n. m. Prenda de vestir sin mangas que cubre el cuerpo hasta la cintura, especialmente la que se pone encima de la camisa.
▶ chaleco antibalas Chaleco que sirve para protegerse contra las balas. chaleco salvavidas Chaleco que sirve para mantenerse flotando en el agua: *todos los náufragos del barco llevaban chaleco salvavidas.*

chamán n. m. En algunas culturas primitivas, hombre que se considera que tiene el poder de comunicar con los dioses y curar enfermedades usando sus poderes mágicos, hierbas y productos naturales.

chambergo n. m. Prenda de vestir de abrigo que llega aproximadamente hasta la mitad del muslo.

champán n. m. Vino blanco espumoso que se elabora en la región de la Champaña, en Francia. SIN champaña. SIN champaña; achampañado.

champaña n. m. Champán.

champiñón n. m. Hongo comestible con forma de sombrero redondeado sostenido por un pie y de color claro.

champú n. m. Jabón líquido que se usa para lavar el pelo.
OBS El plural es *champús.*

chamuscar v. tr./ prnl. Quemar la parte superficial de una cosa o las puntas de algo filamentoso.

chanchullo n. m. Acción de una persona o acuerdo secreto entre varias personas para, de forma poco clara, conseguir un beneficio sobre un asunto en perjuicio de otros: *el famoso editor cree que, en la concesión de ciertos premios literarios, de vez en cuando, hay algunos chanchullos.*

chancla n. f. **1** Calzado consistente en una suela que se sujeta al pie por una o más tiras cruzadas sobre los dedos o el empeine: *en el verano mucha gente prefiere llevar chanclas.* SIN chancleta. **2** Zapato cómodo sin talón o con el talón doblado hacia el interior y de suela generalmente fina que suele llevarse dentro de casa: *se mantenía en precario equilibrio contra las losetas del baño, con las chanclas medio salidas de los pies.* SIN chancleta.
▶ en chanclas Sin llevar calzado el talón del zapato, sino doblado hacia el interior y aplastándolo con el pie. SIN en chancletas.

chancleta n. f. Chancla.
▶ en chancletas En chanclas.
DER chancletear.

chándal n. m. Prenda de vestir deportiva de tela ligera formada por unos pantalones largos y una chaqueta.
OBS El plural es *chándales.*

chanquete n. m. Pez marino comestible, de cuerpo pequeño, translúcido y alargado y color blanco rosado.

chantaje n. m. **1** Presión que se hace sobre una persona para sacar provecho, generalmente económico, a cambio de no hacer pública cierta información que le puede hacer daño. **2** Amenaza o presión con la que se obliga a actuar a una persona de una manera determinada para sacar provecho de ella.

chantajear v. tr. Hacer chantaje a alguien: *intentó chantajearlo para obtener información confidencial.*
DER chantaje, chantajista.

chanza n. f. Dicho que tiene gracia y, generalmente, sin mala intención. SIN broma.
DER chancear.

¡chao! int. Expresión que se usa para despedirse. SIN adiós.

chapa n. f. **1** Superficie delgada y lisa, generalmente de madera o metal. **2** Tapón metálico, generalmente dentado, que cierra herméticamente algunas botellas. **3** Carrocería del automóvil. **4** Distintivo o insignia, generalmente de metal, que llevan los policías. ◆ n. f. pl. **5** chapas Juego infantil en que se utilizan los tapones metálicos de las botellas.
DER chapar, chapear, chapeta, chapista.

chapar v. tr. **1** Cubrir con una capa de metal: *chapar un reloj en oro.* **2** Cubrir una superficie con una chapa. SIN chapear. **3** Estudiar mucho.
DER chapado, chapón.

chaparrón n. m. **1** Lluvia impetuosa y repentina que dura solo unos minutos: *la región presenta una larga sequía veraniega, con esporádicos chaparrones que provocan inundaciones.* **2** Abundancia o gran cantidad de algo que aparece de forma repentina y puede causar daño o perjuicio: *tras su mala gestión administrativa tuvo que enfrentarse a los chaparrones de críticas.* **3** Riña o reprimenda fuerte: *los jugadores aguantaron el chaparrón de su entrenador cabizbajos y arrepentidos.*

chapata n. f. Barra de pan ancha, aplanada y rectangular, con poca miga y corteza muy crujiente.

chapear v. tr. Cubrir una superficie con una capa de metal. SIN chapar.
DER chapeado.

¡chapó! int. Expresión que se usa para indicar que algo es del agrado de la persona que habla: *señaló la comida y dijo: ¡chapó!*
OBS Es de origen francés.

chapotear v. intr. Hacer ruido en el agua golpeándola o moviéndola, especialmente con los pies y las manos: *los niños están chapoteando en el charco con los pies descalzos.* SIN chapalear.
DER chapoteo.

chapucero, -ra adj./ n. m. y f. **1** [persona] Que hace las cosas sin técnica ni cuidado o con un acabado deficiente. ◆ adj. **2** Que se ha hecho sin técnica ni cuidado o con un acabado deficiente.
DER chapucear, chapucería.

chapurrear v. tr./ intr. Hablar con dificultad y de manera incorrecta una lengua, especialmente si es extranjera: *cuando llegó, solo chapurreaba un poco de español y ahora habla bastante bien.*
DER chapurreo.

chapuza n. f. **1** Trabajo hecho sin técnica ni cuidado o con un acabado deficiente: *¡menuda chapuza de película!* SIN chapucería. **2** Trabajo de poca importancia que una persona hace ocasionalmente fuera de sus horas de trabajo: *los fines de semana hace algunas chapuzas como complemento a su trabajo en la fábrica.* SIN chapuz.
DER chapucero.

chapuzar v. tr./ prnl. Meter a alguien en el agua de golpe o de cabeza.
OBS En su conjugación, la *z* se convierte en *c* delante de *e*.
DER chapuzón.

chapuzón n. m. **1** Acción de meterse en el agua de golpe o de cabeza. **2** Baño breve: *me voy a dar un chapuzón en la piscina y enseguida vuelvo.*

chaqué n. m. Prenda de vestir masculina, parecida a la chaqueta, que a partir de la cintura se abre hacia atrás formando dos faldones; se usa como traje de etiqueta con pantalón a rayas.
OBS El plural es *chaqués.*

chaqueta n. f. Prenda exterior de vestir hecha de tejido fuerte, con mangas largas, abierta por delante y con botones o cremallera y que llega más abajo de la cintura.
▶ cambiar de chaqueta Cambiar de partido o de ideología por interés.
DER chaqué, chaquetear, chaquetilla, chaquetón.

chaquetero, -ra adj./ n. m. y f. [persona] Que cambia de ideas, especialmente políticas, por intereses propios.

chaquetilla n. f. **1** Chaqueta más corta que la ordinaria, de forma diferente y casi siempre con adornos. **2** Torera, chaquetilla usada por los toreros.

chaquetón n. m. Prenda de vestir amplia y gruesa, de manga larga, que cubre el cuerpo hasta medio muslo, va abierta por delante y se pone sobre otras prendas para proteger el cuerpo del frío: *chaquetón de paño.*

charada n. f. Pasatiempo en el que se tiene que adivinar una palabra a partir de las pistas que se dan sobre su significado y el de las palabras que resultan tomando una o varias de sus sílabas.

charanga n. f. Banda de música de carácter popular y festivo que tiene solo instrumentos de viento y especialmente de metal: *en los carnavales la calle se llena de charangas.*

charca n. f. Charco grande de agua acumulada en un terreno de forma natural o artificial.
DER charco; encharcar.

charco n. m. Pequeña cantidad de un líquido, generalmente de agua, que queda detenida en un hoyo o cavidad de la tierra o sobre el piso.
▶ cruzar (o pasar) el charco Atravesar el mar, especialmente el océano Atlántico.

charcutería n. f. Establecimiento en el que se venden embutidos y fiambres.

charcutero, -ra n. m. y f. Persona que tiene por oficio elaborar o vender productos de charcutería. SIN salchichero.
DER charcutería.

charla n. f. **1** Conversación que se mantiene por pasatiempo, sobre temas poco importantes: *como no teníamos nada que hacer, estuvimos de charla una hora entera.* **2** Conferencia que se da sin solemnidad ni excesivas preocupaciones formales: *ha dado una charla sobre la vida de los elefantes africanos.*

charlar v. intr. Conversar por pasatiempo o sobre temas poco importantes: *estuvieron charlando hasta medianoche.* SIN departir.
DER charla, charlatán, charloteo.

charlatán, -tana adj./ n. m. y f. **1** [persona] Que habla mucho y sobre cosas intrascendentes. **2** [persona] Que cuenta cosas que no debería contar. **3** [persona] Que engaña a alguien aprovechándose de su inexperiencia o ingenuidad. ◆ n. m. y f. **4** Vendedor callejero que anuncia sus productos a voces.

charleston n. m. Instrumento musical formado por dos platillos colocados horizontalmente y atravesados por una barra metálica fina vertical en cuya base hay un pedal que permite mover el platillo superior para hacerlo chocar con el inferior; forma parte de la batería. SIN hi-hat.
OBS Se pronuncia aproximadamente «chalston».

charlestón n. m. Baile de movimiento rápido de origen estadounidense que fue muy popular en Europa hacia 1920.

charloteo n. m. Conversación sobre temas poco importantes que se mantiene por pasatiempo: *lleváis una hora de continuo charloteo.*

charnego, -ga n. m. y f. Persona que ha emigrado a Cataluña procedente de una región española de habla no catalana.

charol n. m. Cuero cubierto por un barniz muy brillante y permanente: *los zapatos de charol ya no están de moda.*

charolado, -da adj. Que tiene el brillo del charol: *la casa se levanta entre el tupido follaje charolado.*

chárter adj./ n. m. **1** [vuelo] Que se realiza expresamente al margen de los vuelos regulares. ◆ n. f. **2** Compañía de aviación que realiza vuelos no regulares con aviones propios o fletados.

chascar v. tr. Dar chasquidos: *la madera chasca cuando se quema.* SIN chasquear.
OBS En su conjugación, la *c* se convierte en *qu* delante de *e*.

chasco n. m. **1** Decepción que causa un hecho que sucede de manera contraria a la que se esperaba: *mi novia no vino a la cita y me llevé un chasco.* **2** Burla o engaño que se hace a alguien.
DER chascar, chascarrillo, chasquear.

chasis n. m. Armazón que sostiene el motor y la carrocería de un vehículo.
▶ estar o quedarse en el chasis Estar muy delgado, haber perdido mucho peso: *con tanto régimen, se está quedando en el chasis.*
OBS El plural también es *chasis*.

chasquear v. tr./ intr. **1** Dar chasquidos: *el domador hizo chasquear su látigo al sacudirlo en el aire.* SIN chascar. **2** Dar un chasco o burla.
DER chasquido.

chasquido n. m. **1** Sonido seco que se produce cuando se rompe o raja una cosa, especialmente la madera. **2** Sonido que se hace al separar con rapidez la lengua del paladar. **3** Sonido que producen un látigo o una honda cuando se sacuden con mucha fuerza; se asemeja al que se produce cuando se rompe o parte una cosa o al que se hace al separar la lengua del paladar.

chat n. m. Conversación que se tiene a través de mensajes instantáneos enviados mediante un programa informático: *conectarse al chat.*
OBS El plural es *chats*.
DER chatear.

chatarra n. f. **1** Conjunto de trozos o de objetos de metal viejo, especialmente de hierro. **2** Máquina o aparato viejo o inservible: *este vehículo es una chatarra.* SIN cacharro. **3** Conjunto de monedas de poco valor: *llevo un montón de chatarra en el monedero.* **4** Cosa de poco valor. **5** Conjunto de condecoraciones o joyas que lleva una persona.
DER chatarrero.

chatear v. intr. Conversar con alguien a través de un chat.

chato, -ta adj./ n. m. y f. **1** Que tiene la nariz aplastada y pequeña. **2** [nariz] Que es pequeña y aplastada. **3** Que es más plano, más aplastado o tiene menos altura que otras cosas de la misma especie o del mismo género. ◆ n. m. **4** Vaso bajo y ancho que se usa en las tabernas.
OBS Se usa como apelativo afectivo: *anda, chato, alcánzame la sal.*
DER achatar.

chaval, -la adj./ n. m. y f. Niño, muchacho o persona joven: *los chavales están jugando al fútbol.*

che n. f. Nombre del dígrafo *ch*.
OBS El plural es *ches.*

checheno, -na adj. **1** Relativo a Chechenia, país del norte del Cáucaso, o a sus habitantes. ◆ adj./ n. m. y f. **2** [persona] Que es de Chechenia.

checo, -ca adj./ n. m. y f. **1** De la República Checa o relacionado con este país centroeuropeo. ◆ n. m. **2** Lengua eslava hablada en este país.
DER checoeslovaco, checoslovaco.

checoslovaco, -ca adj./ n. m. y f. De Checoslovaquia o relacionado con este antiguo país centroeuropeo.

chef n. m. Jefe de cocina de un restaurante u otro establecimiento donde se sirven comidas: *el chef preparó una cena fría para la ocasión.*
OBS El plural es *chefs.*

chelo n. m. Instrumento musical de cuerda y arco, de tamaño y sonoridad intermedios entre los de la viola y el contrabajo. SIN violoncelo, violonchelo.
OBS Es la forma abreviada de *violonchelo.*

chepa n. f. **1** Deformación de la columna vertebral o de las costillas que provoca un abultamiento anormal de la espalda, el pecho o ambos. SIN joroba. **2** Encorvamiento de la espalda debido a la edad o a mala posición.

chepudo, -da adj./ n. m. y f. [persona] Que tiene chepa.

cheque n. m. Documento con el que es posible retirar del banco una cantidad de dinero de la persona que lo firma. SIN talón.
▶ **cheque al portador** Cheque que cobra la persona que lo presenta en el banco. **cheque de viaje** o **de viajero** Cheque que extiende un banco a nombre de una persona y puede hacerse efectivo en un banco o pagarse con él en un establecimiento comercial o en un hotel. **cheque en blanco** Cheque que se extiende sin indicar la cantidad de dinero. **cheque nominativo** Cheque que lleva el nombre de la persona que debe cobrarlo. **cheque sin fondos** Cheque que no puede cobrarse por no disponer quien lo ha extendido del dinero necesario.
DER chequera.

chequear v. tr. **1** Revisar una cosas para comprobar su estado. ◆ v. tr./ prnl. **2** Hacer un reconocimiento médico completo.

chequeo n. m. **1** Reconocimiento médico completo. **2** Revisión que se hace para comprobar el estado de una cosa.
DER chequear.

chicha n. f. **1** Carne comestible. **2** Bebida alcohólica procedente de América que se hace fermentando maíz en agua azucarada.

chicharro n. m. Pez marino comestible de cuerpo carnoso y espinas fuertes y agudas en los costados, con la parte superior de color azul: *el chicharro habita formando bancos en el mar Negro, el Mediterráneo y el Atlántico oriental.* SIN jurel.
DER chicharrón; achicharrar.

chichón n. m. Bulto que sale en la cabeza a causa de un golpe.
DER chichonera.

chicle n. m. Sustancia dulce que se mastica, pero no se traga. SIN goma de mascar.

chico, -ca adj. **1** Que tiene poco tamaño: *ese jersey te queda chico, pruébate uno más grande.* ANT grande. ◆ adj./ n. m. y f. **2** [persona] Que tiene poca edad: *acompaña a su hermano porque es muy chico.* SIN niño. ◆ n. m. y f. **3** Persona, especialmente si tiene poca edad: *es un chico muy tímido.* ◆ n. m. **4** Persona joven que hace recados y ayuda en trabajos de poca importancia en oficinas, comercios y otros establecimientos. ◆ n. f. **5** Criada, empleada que se dedica a hacer los trabajos domésticos.
OBS Se usa como apelativo: *¡chico, qué cambiado estás, no te había reconocido!*
DER chiquillo; achicar.

chiflado, -da adj./ n. m. y f. **1** [persona] Que ha perdido el juicio. **2** [persona] Que está muy enamorado o le gusta mucho una cosa: *Rocío está chiflada por la jardinería.*

chiflar v. intr. **1** Silbar con un silbato o imitar su sonido con la boca: *me chifló desde la es-*

quina para que me girara. ◆ v. prnl. **2 chiflarse** Enamorarse, gustarle a uno mucho una persona o cosa.
DER chiflado, chifladura, chiflido; rechifla.

chihuahua n. com./ adj. **1** Perro de compañía de muy pequeño tamaño, cabeza abombada, orejas grandes y ojos redondos y salientes; su pelaje es generalmente corto y de color blanco con manchas pardas; es originario de México.

chiíí o **chiita** adj./ n. com. De la rama de la religión islámica que considera a Alí sucesor de Mahoma y a sus descendientes como únicos guías religiosos, o que está relacionado con ella.
OBS La Real Academia Española solo admite la forma *chiita*.

chilaba n. f. Prenda de vestir con capucha que cubre desde el cuello hasta los pies; la usan los árabes: *compré una chilaba en Túnez.*

chile n. m. Pimiento pequeño y muy picante que se usa como condimento.

chilena n. f. DEP Jugada de fútbol que consiste en que un jugador, saltando hacia atrás hasta quedar en el aire con la espalda paralela al suelo, golpee el balón de manera que pase por encima de su cabeza: *el árbitro anuló un precioso gol de chilena.*

chileno, -na adj. **1** De Chile o que tiene relación con este país sudamericano. ◆ adj./ n. m. y f. **2** [persona] Que es de Chile.

chillar v. intr. **1** Dar chillidos. SIN gritar. **2** Hablar en un tono muy alto. SIN gritar.
DER chillido, chillón.

chillón, -llona adj. **1** [sonido, voz] Que es agudo y estridente: *un instrumento de la orquesta sobresale del conjunto en sonidos indeterminados, chillones, casi como un grito.* **2** [color] Que es muy vivo o está mal combinado con otro: *a la hora de envolver los regalos, le gustan los colores chillones.* **3** Que da chillidos: *unos vencejos chillones revolotean por encima de las terrazas de los edificios.* ◆ adj./ n. m. y f. **4** Que habla en un tono muy alto.

chimenea n. f. **1** Espacio de una casa donde se hace fuego provisto de un conducto por donde sale el humo al exterior; especialmente la que está situada en un hueco de la pared y decorada con un marco y una repisa en su parte superior. **2** Conducto que sirve para dar salida a los humos: *chimenea de la fábrica.* **3** GEOL. Conducto por el que un volcán expulsa lava y otros materiales de erupción.

chimpancé n. m. Mono de brazos largos, cabeza grande, barba y cejas prominentes, nariz aplastada y cubierto de pelo de color pardo negruzco: *los chimpancés viven en el África central y se domestican con facilidad.*
OBS Para indicar el sexo se usa *el chimpancé macho* y el *chimpancé hembra.*

china n. f. **1** Piedra muy pequeña y generalmente redondeada. **2** Loza muy fina y brillante que se hace con una mezcla de caolín, cuarzo y feldespato: *el jarrón es de china.* SIN porcelana. **3** En el lenguaje de la droga, trozo de hachís prensado.
▶ **tocarle la china** Corresponder a alguien la peor parte o el trabajo más duro.

chinchar v. tr. **1** Molestar, fastidiar: *deja de chinchar a los pequeños y devuélveles su pelota.* ◆ v. prnl. **2 chincharse** Aguantarse o sufrir con paciencia un contratiempo que no se puede evitar.

chinche n. amb. **1** Insecto parásito con el cuerpo aplanado, de unos 4 mm de longitud y color rojo oscuro, con las alas muy cortas, que segrega un líquido fétido y chupa con su trompa la sangre del ser humano y otros animales, produciendo irritantes picadas. **2** Chincheta. ◆ adj./ n. com. **3** [persona] Que es molesta o fastidiosa: *no seas tan chinche y déjame tranquilo un momento.* SIN chinchoso.
▶ **caer (o morir) como chinches** Morir en grandes cantidades: *la falta de pastor hizo que las crías cayeran como chinches.*
DER chinchar, chincheta, chinchorro, chinchoso.

chincheta n. f. Clavo corto de cabeza grande y circular y punta afilada; generalmente se usa para sujetar papeles.

chinchilla n. f. **1** Mamífero roedor parecido a la ardilla, pero de mayor tamaño y con el pelo de color gris, muy suave. **2** Piel de este animal.
OBS Para indicar el sexo se usa *la chinchilla macho* y *la chinchilla hembra.*

¡chinchín! int. Expresión que se usa al brindar cuando chocan las copas: *¡chinchín! ¡por nosotros!*

chino, -na adj. **1** De China o que tiene relación con este país asiático: *el mercado chino.* ◆ adj./ n. m. y f. **2** [persona] Que es de China. ◆ n. m. **3** Lengua que se habla en China. ◆ n. m. pl. **4 chinos** Juego que consiste en adivinar el número de piedras, monedas u otra cosa semejante que guardan en la mano los que participan en él.

▶ **engañar como a un chino** Engañar a alguien fácilmente o por completo, aprovechándose de su credulidad. **trabajo de chinos** Tarea u ocupación muy difícil y que exige mucha paciencia.

DER chiné, chinesco; achinado.

chip n. m. INFORM. Pieza de material plástico pequeña y con forma cuadrada o rectangular en cuyo interior hay un circuito impreso con millones de conexiones, del que sobresalen una serie de patillas que permiten su conexión con otros dispositivos.

chipirón n. m. Cría del calamar.

chiquillo, -lla adj./ n. m. y f. [persona] Que tiene poca edad: *unos chiquillos han roto los cristales del portal.* SIN chico, niño.

DER chiquillada, chiquillería.

chiquirritín, -tina adj./ n. m. y f. [niño] Que es de corta edad. SIN chiquitín.

chiquitín, -tina adj./ n. m. y f. [niño] Que es de corta edad. SIN chiquirritín.

chirigota n. f. **1** Grupo de personas que se reúnen en los carnavales para cantar coplas en las que se burlan, ridiculizan y critican diferentes aspectos de la sociedad: *las chirigotas y comparsas del carnaval de Cádiz.* **2** Broma, burla o dicho que no lleva mala intención: *este tío siempre anda con chirigotas.*

chirimbolo n. m. **1** Objeto o utensilio, que suele tener una forma extraña o complicada, y que no se sabe cómo nombrar. SIN chisme. **2** Objeto de forma redonda.

chirimía n. f. MÚS. Instrumento músico de viento parecido al clarinete, con diez agujeros y boquilla con lengüeta de caña.

chirimoya n. f. Fruto del chirimoyo, comestible, de color verde y pulpa blanca de sabor dulce; tiene huesos negros.

DER chirimoyo.

chiringuito n. m. **1** Puesto de bebidas y comidas sencillas al aire libre, especialmente en la playa: *en los chiringuitos de la playa, el pescado que se come es fresco.* **2** Negocio de poco valor o importancia: *he tenido que cerrar el chiringuito porque no ganaba lo suficiente.* NOTA A menudo se usa con valor despectivo.

chiripa n. f. Situación o circunstancia buena que ocurre por azar. SIN suerte.

chirivía n. f. **1** Planta de tallo acanalado, hojas parecidas a las del apio, flores pequeñas y amarillas, semillas de dos en dos y raíz en forma de huso, de color blanco o rojizo, carnosa y comestible. **2** Pájaro cantor de plumaje gris, con el vientre blanco y el cuello, el pecho, las alas y la cola negros; tiene el tronco delgado, el pico recto y puntiagudo, las patas finas y una cola larga; habita siempre cerca del agua, en toda Europa y el norte de Asia. SIN aguzanieves.

chirla n. f. Molusco con dos valvas parecido a la almeja, pero de menor tamaño.

chirriar v. intr. Producir un objeto un ruido agudo y desagradable al rozarse con otro.

OBS En su conjugación, la *i* se acentúa en algunos tiempos y personas, como en *desviar.*

DER chirriante, chirrido.

chirrido n. m. Sonido agudo, continuado y desagradable: *el chirrido de una puerta.*

chisme n. m. **1** Noticia o comentario, verdadero o falso, sobre las vidas ajenas con que se pretende hablar mal de alguien o enemistar a unas personas con otras: *en esa revista no cuentan más que chismes.* SIN cotilleo. **2** Objeto pequeño y de poco valor, especialmente si es inútil o estorba: *recoge todos esos chismes de tu cajón y tíralos a la basura.* **3** Objeto o utensilio de forma extraña o complicada que no se sabe cómo nombrar: *tengo en casa un chisme de esos que sirven para partir patatas.* SIN chirimbolo.

DER chismear, chismorrear, chismoso.

chismorrear v. intr. Contar chismes sobre vidas ajenas. SIN murmurar.

DER chismorreo.

chismorreo n. m. Acción de chismorrear: *a mis vecinos les gusta el chismorreo.* SIN comadreo, cotilleo.

chispa n. f. **1** Partícula encendida que salta de una materia que arde o del roce de dos objetos: *las chispas saltan de la leña de la chimenea.* **2** Descarga de luz entre dos cuerpos con carga eléctrica. **3** Cantidad muy pequeña de una cosa: *no me queda ni chispa de azúcar.* NOTA Se usa en oraciones negativas. **4** Gracia o ingenio para decir o hacer cosas ocurrentes: *este chico tiene chispa.* **5** Borrachera ligera.

▶ **echar chispas** Estar muy enfadado: *no le hables de las notas, está que hecha chispas.*

DER chispazo, chispear, chisporrotear; achispar.

chispazo n. m. **1** Salto de una chispa, especialmente de la eléctrica: *ha dado un chispazo y se ha ido la luz de todo el edificio.* **2** Suceso aislado y poco importante que precede o sigue al conjunto de otros de mayor importancia.

chispeante adj. **1** Que brilla con mucha intensidad o que echa chispas. **2** [escrito, discurso] Que es agudo, inteligente e ingenioso.

chispear v. intr. **1** Echar chispas: *hay que arreglar pronto el interruptor que chispea.* **2** Brillar o relucir con mucha intensidad: *la luz chispea vaporosa en la primavera o se muestra blanca, casi cegadora en el verano.* ◆ v. impersonal **3** Lloviznar débilmente, en especial cuando lo hace de forma intermitente: *chispeaba un poco, pero no era necesario abrir el paraguas.*
DER chispeante.

chistar v. intr. **1** Empezar a hablar o mostrar intención de hacerlo: *cuando hablan los mayores, los niños deben estarse quietos y sin chistar.* **2** Llamar la atención de una persona haciendo un sonido parecido a «chis»: *alguien me chistó y por eso volví la cabeza.*
OBS Se suele usar en frases negativas.
DER rechistar.

chiste n. m. **1** Historia corta o dibujo que hace reír: *te voy a contar un chiste que tiene mucha gracia.* **2** Situación graciosa: *verle nadar es un chiste; parece un pato mareado.*
▶ tener chiste Ser una situación injusta o molesta: *tiene chiste la cosa: ahora dicen que no pueden contratarme.*
DER chistoso.

chistera n. f. Sombrero de ala estrecha y copa alta, casi cilíndrica y plana por arriba. SIN sombrero de copa.

chistorra n. f. Embutido fresco o curado hecho con carne picada de cerdo y vacuno, panceta, tocino y abundante pimentón que se embucha en una tripa larga y delgada y se consume crudo, frito o asado: *la chistorra es de origen navarro.*

chistoso, -sa adj. **1** [persona] Que cuenta chistes o hace gracias. SIN salado. **2** Que tiene gracia o causa risa.

chivar v. tr. Contar una cosa de una persona para causarle daño: *no digas nada delante de él, que se lo chiva todo al jefe.*

chivatazo n. m. Acusación o denuncia que hace alguien de un hecho censurable: *acababa de fugarse de un correccional al que fue a parar por un chivatazo que él atribuía a un viejo enemigo.* SIN delación, soplo.

chivato, -ta n. m. y f. **1** Persona que tiene por costumbre acusar o decir las faltas de los demás. **2** Persona que observa o escucha lo que otros hacen o dicen con la intención de comunicárselo en secreto al que tiene interés en saberlo. SIN confidente, delator, soplón. ◆ n. m. **3** Dispositivo que sirve para avisar cualquier anormalidad o llamar la atención sobre algo: *el chivato de la gasolina está encendido, tendré que ir a la gasolinera.*
DER chivar, chivatazo, chivatear.

chivo, -va n. m. y f. Cría de la cabra desde que no mama hasta que tiene edad de procrear.
▶ chivo expiatorio Persona a la que se echa la culpa cuando las cosas van mal. SIN cabeza de turco. estar como una chiva Estar chiflado, mostrar poco juicio y muchas rarezas o extravagancias. SIN estar como una cabra.

chocante adj. Que produce extrañeza o sorpresa. SIN raro. ANT normal.

chocar v. intr. **1** Encontrarse violentamente dos o más cosas: *los dos coches chocaron en la esquina.* **2** Enfrentarse o indisponerse. **3** Resultar raro o extraño: *me choca que no haya venido hoy.* ◆ v. tr. **4** Darse la mano en señal de saludo, acuerdo o felicitación: *se chocaron las manos al reconocerse.*
DER chocante, choque; entrechocar.

chocarrero, -ra adj. Que es de mal gusto o impropio de personas cultas y educadas.
DER chocarrería.

chocho, -cha adj. **1** *coloquial* [persona] Que tiene disminuida su capacidad mental a causa de la edad: *el abuelo ya está un poco chocho.* **2** *coloquial* [persona] Que parece que está atontado a causa del cariño o la afición hacia algo. ◆ n. m. **3** Fruto comestible del altramuz. SIN altramuz. **4** *malsonante* Parte del aparato sexual femenino que rodea la vagina. SIN vulva.

choco n. m. Molusco marino muy parecido al calamar, pero con la cabeza más grande; tiene un hueso calcáreo interno de forma oval y aplanada. SIN sepia.

chocolate n. m. **1** Pasta comestible de color marrón hecha de cacao y azúcar molidos y mezclados, generalmente, con canela o vainilla: *una tableta de chocolate.* **2** Bebida espesa de color marrón hecha con esta pasta desleída y cocida en agua o leche. **3** En el lenguaje de la droga, hachís. SIN costo, marihuana.
DER chocolatada, chocolatero, chocolatina.

chocolatina n. f. Tableta delgada y pequeña de chocolate.

chófer, -esa o **chofer, -esa** n. com. Persona que conduce un automóvil por oficio. SIN conductor.
OBS La forma *chofer* es más frecuente en América Latina que en España.

chollo n. m. Cosa que se considera buena y que se consigue con muy poco esfuerzo o a cambio de poco dinero: *tu trabajo es un auténtico chollo porque ganas mucho dinero y solo trabajas un par de horas a la semana.*

chóped n. m. Embutido en forma de tripa gruesa y parecido a la mortadela, que se hace con carne de cerdo, pollo o pavo.
OBS También se escribe *chopped.*

chopera n. f. Terreno donde crecen muchos chopos.

chopo n. m. **1** Árbol de madera rugosa y oscura y ramas separadas del eje del tronco: *la madera del chopo se usa para hacer pasta de papel.* SIN álamo negro. **2** Fusil, arma de fuego.

choque n. m. **1** Encuentro violento de dos o más cosas: *la red metálica amortiguó el choque.* SIN colisión, topetazo. **2** Enfrentamiento, discusión o pelea: *no me extraña que tuvieran ese choque porque se llevan muy mal.* **3** Combate de corta duración o entre ejércitos con un número pequeño de tropas. **4** Impresión intensa que recibe una persona y que altera profundamente su estado mental y sus sentimientos: *es frecuente experimentar un choque después de un accidente de coche o moto.* SIN shock.

chorizar v. tr. *coloquial* Robar algo a alguien: *¡a ver! ¿quién es el listo que me ha chorizado la linterna?*

chorizo, -za n. m. **1** Embutido curado o ahumado hecho con carne de cerdo picada y otros ingredientes, abundante pimentón y otras especias que se consume crudo, frito, asado o cocido: *la legumbre se acompaña de chorizos, tocino y costillas.* ◆ n. m. y f. **2** Ladrón, especialmente el que comete delitos de poca importancia: *indignados por la facilidad con que el chorizo hacía su trabajo salieron a capturarlo.* SIN choricero. **3** Persona aparentemente decente que en realidad es un sinvergüenza: *¡que es un chorizo, hombre, que no tenía por qué avasallarnos de esa manera!*
DER choricear, chorizar.

chorlito n. m. Ave zancuda de unos 30 cm de longitud, de pico corto y recto, patas finas y negruzcas, plumaje gris con rayas pardas por encima y blanco con manchas leonadas en la parte inferior; vive en las costas y terrenos pantanosos; su carne es comestible.

chorrada n. f. **1** Dicho o hecho que es tonto o insustancial: *no digas chorradas; salieron al escenario sin guion alguno a improvisar una chorrada tras otra.* **2** Adorno o detalle que es excesivo o innecesario: *tiene el salón lleno de figuritas y otras chorradas.*

chorrear v. intr. **1** Caer un líquido lentamente y gota a gota. **2** Caer un líquido formando un chorro. ◆ v. tr. **3** Dejar caer o soltar un objeto el líquido que contiene o que ha absorbido: *se ha caído al río y lo han sacado chorreando.*
DER chorreo.

chorretón n. m. **1** Líquido que sale de golpe y con fuerza por una abertura estrecha: *le puso un chorretón de vinagre a la ensalada.* SIN chorro. **2** Marca o señal de forma alargada que queda en una superficie por la que ha corrido un líquido: *¿qué has tomado que llevas ese chorretón en la camisa?*

chorro n. m. **1** Líquido o gas que, con más o menos fuerza, sale por una abertura estrecha: *chorro de agua.* **2** Caída continua de cosas iguales y de pequeño tamaño: *apretó el botón y salió un chorro de monedas.* **3** Salida abundante e impetuosa de algo: *un chorro de luz inundó la habitación.*
▶ **a chorros** En gran abundancia: *Jesús tiene dinero a chorros.* **beber a chorro** Beber un líquido sin arrimar los labios a la abertura o al recipiente del que sale. **chorro de voz** Gran fuerza y energía de voz: *¡qué chorro de voz tiene!* **estar limpio como los chorros del oro** Estar una cosa muy limpia y reluciente.
DER chorra, chorrear, chorreón, chorrera.

chotearse v. prnl. Burlarse de una persona o cosa, tomársela a risa. SIN cachondearse, pitorrearse.
DER choteo.

choteo n. m. **1** Burla que se hace de una persona o cosa. SIN cachondeo, pitorreo. **2** Falta de seriedad o de organización en un asunto que las exige: *si lo organiza esa gente, la exposición va a ser un choteo porque son unos irresponsables.* SIN cachondeo, pitorreo.

chotis n. m. **1** Baile típico de Madrid agarrado y lento que consiste en dar tres pasos a la izquierda, tres a la derecha y vueltas. **2** Música y canto de este baile.

choza n. f. Casa en el campo, pequeña y tosca, construida con maderas y cubierta con ramas o paja: *la choza de un pastor.* SIN cabaña.

chubasco n. m. Lluvia repentina y de corta duración, acompañada de mucho viento.
DER chubasquero.

chubasquero n. m. **1** Impermeable cerrado que se pasa por la cabeza, llega hasta la cadera y lleva capucha; es de nailon y se ajusta al cuerpo a modo de cazadora o capa: *unas botas adecuadas y un buen chubasquero son dos cosas necesarias cuando llueve mucho.* **2** Preservativo, condón.

chuchería n. f. **1** Producto comestible de pequeño tamaño y sabor muy dulce que suelen comer los niños por su sabor agradable. SIN golosina. **2** Objeto de poca importancia, pero delicado.

chucho n. m. Perro, especialmente el que no es de raza o no tiene dueño.

chuchurrío, -a adj. **1** [planta, flor] Que tiene un aspecto estropeado o seco. SIN marchito, mustio. **2** Que está decaído o triste. SIN mustio.

chufa n. f. Tubérculo de una clase de planta, amarillo por fuera y blanco por dentro, de sabor dulce y agradable, que se emplea para hacer horchata o se come remojado en agua: *horchata de chufa.*

chulear v. tr./ prnl. **1** Burlarse de alguien, especialmente si se hace con gracia o ingenio: *pues luego no te quejes si te chulean...; ¡tú de mí no te chuleas más!* ◆ **2** v. tr. Vivir [un chulo] a costa de las prostitutas que protege o controla: *decidió denunciar al hombre que la chuleaba.* ◆ **3** v. intr./ prnl. Presumir de algo: *¡mira cómo chulea con su coche nuevo!*

chuleta n. f. **1** Costilla con carne de ternera, buey, cerdo o cordero que se destina al consumo: *de segundo teníamos chuleta de ternera.* **2** Papelito con apuntes que los estudiantes ocultan para copiar de él en los exámenes: *Jaime lleva sus chuletas escondidas en la manga del jersey.* **3** Bofetada: *¡qué chuleta le ha dado Teresa a Rodolfo!* ◆ adj./ n. com. **4** [persona] Que es insolente y presuntuoso.
DER chuletada.

chulo, -la adj. **1** Que es bonito y vistoso: *llevas un top muy chulo.* ◆ adj./ n. m. y f. **2** [persona] Que es insolente y presuntuoso: *tú eres muy jovencito para ser tan chulo y para atemorizarme con tus bravatas.* SIN chuleta. ◆ n. m. **3** Hombre que vive de lo que ganan las prostitutas que él protege o controla. SIN macarra. ◆ n. m. y f. **4** Chulapo, chulapón.
DER chulada, chulapo, chulear, chulería.

chumbera n. f. Planta con tallos que parecen hojas en forma de paletas ovales con espinas y muy carnosos: *el fruto de la chumbera es el higo chumbo.*

chungo, -ga adj. *coloquial* Que tiene mal aspecto o está estropeado o en mal estado: *el tiempo se ha puesto chungo: parece que va a llover otra vez.*
DER chunguearse.

chupachús n. m. Caramelo, generalmente redondo, con un palito que le sirve de mango.
OBS Procede de la marca registrada Chupa-Chups®.

chupado, -da adj. **1** Muy flaco y con aspecto enfermizo. **2** Muy fácil: *las preguntas de aquel examen estaban chupadas.*

chupador, -ra adj./ n. m. y f. Que chupa: *el mosquito es un insecto chupador.*

chupar v. tr. **1** Sacar o extraer con los labios y la lengua el jugo o la sustancia de una cosa. **2** Lamer o humedecer la superficie de una cosa con la boca y la lengua: *siempre está chupando los bolígrafos.* **3** Absorber un líquido o una humedad: *esta planta chupa mucha agua.* **4** Obtener dinero u otros bienes de una persona, empresa o institución con astucia y engaño: *mientras estuvo de secretario chupó lo que quiso.* **chupar del bote** Sacar provecho material de una persona, situación o cargo: *ella se dedica a trabajar por la empresa, y sus socios a chupar del bote.* ◆ v. prnl. **5 chuparse** Ir enflaqueciéndose o adelgazando.
▶ **chuparse el dedo** Ser fácil de engañar, no darse cuenta de lo que sucede o se dice: *¿te crees que me chupo el dedo?* **¡chúpate esa!** Expresión usada para recalcar una respuesta aguda y oportuna que se acaba de pronunciar; a veces implica reproche.
DER chupada, chupado, chupador, chupete, chupetón, chupito, chupón; chupatintas, chupóptero.

chupete n. m. Objeto de goma en forma de pezón que se da a los niños para que chupen; lleva un tope y una anilla, generalmente de material plástico.
DER chupetear; rechupete.

chupetón n. m. **1** Acción de chupar con fuerza con los labios y la lengua un objeto o la piel de una persona. **2** Marca o señal temporal que queda en la piel de una persona después de chuparla con fuerza: *al final, el crío este me ha hecho un chupetón en el brazo.*

chupi adj. **1** *coloquial* Muy bueno o estupendo: *fue una fiesta chupi, nos divertimos un montón.* SIN chachi, guay. ◆ adv. **2** *coloquial* Muy bien o muy bueno: *esta comida huele chupi, debe de estar buenísima.* SIN chachi, guay.

chupinazo n. m. **1** Disparo de fuegos artificiales hecho con una especie de mortero o cohete, con el cual se inician algunas fiestas:

las fiestas de la ciudad comienzan el próximo día siete con el típico chupinazo. **2** En fútbol y otros deportes de pelota, disparo muy potente: *el futbolista estrelló el balón en las redes gracias a un potente chupinazo.* SIN cañonazo, trallazo.

chupito n. m. **1** Pequeña cantidad de licor o aguardiente que se sirve en vaso muy pequeño y se suele tomar después de comer como digestivo: *un chupito de licor de manzana; un chupito de brandy.* **2** Sorbo pequeño de vino u otra bebida alcohólica.

chupóptero, -ra n. m. y f. Persona que, sin trabajar ni realizar ningún esfuerzo, intenta conseguir el máximo de ganancias y beneficios.

churrasco n. m. Trozo de carne roja y grande que se asa a la brasa o a la parrilla.

churrería n. f. Establecimiento o puesto de venta en el que se elaboran y se venden churros y generalmente otro tipo de fritos.

churrigueresco, -ca adj. **1** Que pertenece a un estilo de arquitectura o escultura caracterizado por una recargada ornamentación: *el estilo churrigueresco fue iniciado por el arquitecto J. B. Churriguera en el siglo XVIII.* **2** Que tiene demasiados adornos.

churro, -rra adj./ n. m. y f. **1** [oveja] Que es de una raza caracterizada por tener la lana larga y basta. ◆ n. m. **2** Masa de harina de forma alargada y cilíndrica que se fríe en aceite. **3** Cosa mala o de poca calidad: *este programa de televisión es un churro.*

▶ mezclar las churras con las merinas Confundir o mezclar personas o cosas diferentes.

DER churrería, churrero, churrete.

churumbel n. m. Niño o bebé: *está casada y tiene cinco churumbeles como cinco soles.*

chusma n. f. Grupo de gente vulgar y despreciable: *no te juntes con ellos, que son chusma.*

chutar v. intr. **1** Lanzar con fuerza el balón con el pie en el juego del fútbol, generalmente en dirección a la portería contraria: *el jugador chutó, pero no marcó gol.* SIN disparar. ◆ v. prnl. **2** chutarse *coloquial* En el lenguaje de la droga, inyectarse una dosis.

▶ ir que chuta Expresión que se usa para indicar que algo es suficiente o alguien obtiene más de lo que esperaba o se merecía: *con el regalo que le he hecho va que chuta.*

DER chut.

Cía. Abreviatura de *compañía*, 'sociedad con fines comerciales o industriales': *esos hoteles fueron propiedad de Kurt Konrad y Cía.*

cianuro n. m. Sal del ácido cianhídrico, que es un potente veneno.

ciática n. f. Dolor muy fuerte que recorre la parte trasera de la pierna hasta el pie y que se debe a la compresión, inflamación o irritación del nervio ciático: *la causa más frecuente de ciática es la hernia discal.*

ciber- Elemento prefijal que entra en la formación de palabras con el significado de 'cibernético' y, más concretamente, de 'informática': *cibernauta, cibercultura, ciberespacio.*

ciberacoso n. m. Acoso de una persona a otra mediante el uso de las tecnologías de la información y la comunicación.

cibercafé n. m. Establecimiento comercial con servicio de bar o cafetería, que permite, mediante el pago de una cantidad de dinero, disfrutar de un ordenador para poder navegar por Internet y hacer uso de otros servicios de la red, como el correo electrónico.

ciberespacio n. m. Espacio virtual creado con medios cibernéticos.

cibernauta n. com. Persona que mediante un ordenador y a través de la red informática Internet establece contacto con bases de datos y usuarios de esta red de todo el mundo.

DER cibernética, cibernético.

cibernética n. f. **1** Ciencia que estudia los sistemas de comunicación de los seres vivos y los aplica a sistemas electrónicos y mecánicos que se parecen a ellos. **2** MED. Ciencia que estudia los mecanismos nerviosos de los seres vivos: *la cibernética estudia las conexiones de las neuronas.*

DER cibernético.

cibernético, -ca adj. De la cibernética o que tiene relación con esta ciencia.

cicatería n. f. Tacañería, ruindad o inclinación a escatimar lo que se debe dar: *repartía la comida con tal cicatería, que al final todos se quedaban con hambre.* ANT generosidad.

cicatriz n. f. **1** Señal que queda en la piel después de curarse una herida. **2** Impresión que deja en el ánimo un hecho doloroso: *la muerte de su abuelo es una cicatriz que tardará en curar.*

DER cicatrizar.

cicatrizar v. tr. **1** Hacer que una herida o una llaga se cure completamente hasta que quede bien cerrada y solo quede la cicatriz. ◆ v. intr./ prnl. **2** Llegar a cerrarse una herida completamente: *la úlcera cicatrizó en cuatro semanas.* ◆ v. tr. **3** Hacer que alguien supere una experien-

cia desagradable o dolorosa: *la victoria cicatrizó su anterior fracaso en la competición.* ◆ v. intr./ prnl. **4** Superar una persona una experiencia desagradable o dolorosa.
OBS En su conjugación, la *z* se convierte en *c* delante de *e*.
DER cicatrización.

cicerone n. com. Persona que enseña los lugares de interés de una ciudad. SIN guía.
OBS Es de origen italiano.

cíclico, -ca adj. **1** Del ciclo o que tiene relación con él: *la sucesión de estaciones del año es un fenómeno cíclico.* **2** QUÍM. [estructura molecular] Que tiene forma de anillo.
DER acíclico.

ciclismo n. m. Deporte que se practica sobre una bicicleta.
DER ciclista.

ciclista adj. **1** Del ciclismo o relacionado con este deporte. ◆ adj./ n. com. **2** [persona] Que monta en bicicleta por afición o como profesional.

ciclo n. m. **1** Serie de acontecimientos o fenómenos que se repiten en el mismo orden en que se produjeron: *la profesora ha hablado a los niños del ciclo de las estaciones del año.* **2** Serie de actos de carácter cultural relacionados entre sí, generalmente por el tema: *la facultad ha organizado un ciclo sobre la mujer.* **3** Parte en que se dividen los estudios y que está formada por una serie determinada de cursos y asignaturas. **4** Conjunto de tradiciones, poemas épicos, películas u otras obras sobre el mismo tema o personaje.
DER cíclico, ciclismo, ciclocross, cicloide, ciclomotor, ciclón, ciclostil, ciclotrón, cicloturismo; biciclo, megaciclo, monociclo, reciclar, triciclo.

ciclo-, -ciclo Elemento prefijal y sufijal que entra en la formación de palabras con el significado de: *a)* 'Bicicleta': *cicloturismo, triciclo.* *b)* 'Círculo' y, por extensión, 'forma', 'disposición', 'movimiento' o 'acción circular': *cíclope, hemiciclo.*

ciclomotor n. m. Vehículo de dos ruedas, parecido a una bicicleta, con pedales y provisto de un motor de pequeña cilindrada: *en los ciclomotores no está permitido llevar acompañante.* SIN velomotor.

ciclón n. m. **1** Viento extremadamente fuerte que avanza en grandes círculos girando sobre sí mismo rápidamente. SIN huracán, tifón, tornado. **2** Fenómeno atmosférico en el que hay bajas presiones, fuertes vientos y lluvias abundantes. SIN borrasca, depresión. **3** Persona inquieta e impetuosa que altera cuanto encuentra a su paso. SIN huracán, torbellino.
DER ciclónico; anticiclón.

cíclope n. m. Gigante de la mitología griega con un solo ojo en medio de la frente.
DER ciclópeo.

cicloturista n. com. Persona que emplea la bicicleta como medio de transporte para hacer turismo.

cicuta n. f. **1** Planta silvestre con el tallo hueco y ramoso, hojas triangulares y flores blancas. **2** Veneno que se saca de las hojas y los frutos de esa planta.

ciego, -ga adj./ n. m. y f. **1** Que no puede ver por estar privado del sentido de la vista. ◆ adj. **2** Que no es capaz de darse cuenta de una cosa o de comprenderla. **3** Dominado o poseído por un sentimiento o una inclinación muy fuertes: *ciego de ira.* **4** [sentimiento, deseo] Que se siente con mucha fuerza, sin límites ni reservas: *tenía una fe ciega en él.* **5** [conducto, abertura] Que está obstruido o tapiado. **6** Atiborrado de comida, bebida o droga. ◆ n. m. **7** Parte inicial del intestino grueso comprendida entre el final del intestino delgado y el colon.
▶ a ciegas **a.** Sin poder ver: *entra en la habitación a ciegas porque no había luz.* **b.** Sin reflexionar: *no digas las cosas a ciegas.* dar palos de ciego Actuar sin saber muy bien lo que se está haciendo ni que consecuencias tendrá.

cielo n. m. **1** Parte del espacio sobre la Tierra, en la que están las nubes y donde se ven el Sol, la Luna y las estrellas: *los aviones cruzan el cielo.* **2** Parte superior de ciertas cosas o que cubre ciertas cosas. cielo de la boca Paladar, parte superior del hueco de la boca. cielo raso Techo de superficie plana y lisa. **3** Lugar en el que los santos, los ángeles y los bienaventurados gozan de la presencia de Dios para siempre, según la tradición cristiana: *dicen que si eres bueno, irás al cielo.* SIN paraíso. ANT infierno. **4** Dios o la divina providencia: *si el cielo lo quiere, lo veremos.* NOTA Se usa en plural como exclamación: *¡oh, cielos!, ¡qué horror!* **5** Persona, animal o cosa muy agradable: *es un cielo, siempre está dispuesto a ayudarme cuando se lo pido.* NOTA Se usa como apelativo afectivo: *ven con mamá, cielo.*
▶ caído (o llovido) del cielo Expresión que se usa para indicar que una persona ha llegado

a b c d e f g h i j k l m n ñ o p q r s t u v w x y z

a b c d e f g h i j k l m n ñ o p q r s t u v w x y z

o algo ha sucedido en el momento o lugar más oportunos. **clamar al cielo** Ser una cosa indignante por injusta o disparatada. **irse el santo al cielo** Distraerse de lo que se está haciendo u olvidarse de lo que se ha de hacer. **ver el cielo abierto** Presentársele a una persona una ocasión favorable para salir de un apuro o conseguir un propósito.
DER rascacielos.

ciempiés n. m. Invertebrado que vive en tierra, con el cuerpo alargado y formado por muchos anillos en cada uno de los cuales tiene dos patas.

cien num. card. **1** Indica que el nombre al que acompaña o al que sustituye está cien veces: *vale cien euros.* **SIN** ciento. **NOTA** Puede ser determinante (*vinieron cien chicos*) o pronombre (*vinieron los cien*). ◆ num. ord. **2** Indica que el nombre al que acompaña o al que sustituye ocupa el lugar número 100 en una serie: *soy el cien de la lista; tendré que esperar.* **NOTA** Es preferible el uso del ordinal: *soy el centésimo.* ◆ n. m. **3** Nombre del número 100. **SIN** ciento.
▶ **a cien** Con un alto grado de excitación: *su manera de bailar me ponía a cien.* **NOTA** Se construye con los verbos *poner* e *ir*.

ciénaga n. f. Lugar pantanoso o lleno de cieno: *el ogro vivía en una isla en mitad de la ciénaga.*

ciencia n. f. **1** Actividad humana que consiste en reunir un conjunto de conocimientos mediante la observación y la experimentación de lo que existe, de sus principios y sus causas, y ordenarlos de modo que puedan ser comparados y estudiados: *la ciencia ha procurado muchas comodidades a la humanidad.* **2** Conjunto de conocimientos y principios ordenados sistemáticamente que forman una rama del saber. **ciencias exactas** Ciencias que solo admiten principios, efectos y hechos demostrables. **ciencias humanas** Ciencias que estudian asuntos relacionados con el hombre: *la historia, la psicología y la filosofía son ciencias humanas.* **ciencias naturales** Ciencias que estudian asuntos relacionados con la naturaleza: *la biología y la geología son ciencias naturales.* **ciencias ocultas** Conocimientos y prácticas relacionados con cuestiones misteriosa: la magia y la astrología son ciencias ocultas. **3** Saber, erudición: *este hombre es un pozo de ciencia, sabe muchísimo.* **4** Conjunto de conocimientos que se necesitan para realizar cualquier cosa, habilidad, maestría. ◆ n. f. pl. **5 ciencias** Conjunto de conocimientos relacionados con las matemáticas, la física, la química, la biología y la geología: *esta chica va para ciencias.*
▶ **ciencia ficción** Género literario o cinematográfico cuyos contenidos se basan en hipotéticos logros científicos y técnicos del futuro. **ciencia infusa** Conjunto de conocimientos que se le atribuyen al que cree saberlo todo sin necesidad de aprender.
DER científico.

cienmilésimo, -ma num. ord. **1** Indica que el nombre al que acompaña o al que sustituye ocupa el lugar número 100 000 en una serie: *la cienmilésima vez.* ◆ num. part. **2** Parte que resulta de dividir un todo en 100 000 partes iguales.

cieno n. m. Lodo blando que se deposita en el fondo del mar, ríos, lagunas o lugares donde hay agua acumulada. **SIN** lama, limo.
DER ciénaga.

científico, -ca adj. **1** De la ciencia o relacionado con ella; que se ajusta a sus principios y métodos. **2** Que se atiene a los principios y métodos de la ciencia y los respeta: *un análisis científico.* ◆ adj./ n. m. y f. **3** Que se dedica a la investigación y el estudio de una ciencia.
DER científicamente, cientificidad, cientificismo.

ciento num. card. **1** Indica que el nombre al que acompaña o al que sustituye está cien veces: *tanto por ciento.* **NOTA** Delante de nombre, aunque se interponga un adjetivo, se apocopa en la forma *cien*: *cien euros, cien míseros dólares.* **SIN** cien. ◆ n. m. **2** Nombre del número 100. **SIN** cien. **3** Centenar, conjunto formado por 100 unidades. **SIN** centena.
▶ **ciento y la madre** Mucha gente.
DER cien.

cierre n. m. **1** Mecanismo que sirve para cerrar una cosa: *llevas roto la cremallera de la falda.* **2** Clausura temporal o definitiva de un edificio o un establecimiento: *el juez ha decretado el cierre de la fábrica ilegal.* **3** Finalización o término de una actividad: *se ha fijado la hora de cierre de los comercios a las nueve.* **4** Momento a partir del cual no se admiten originales para la edición de un periódico o revista que está en prensa.
▶ **cierre metálico** Cortina de metal arrollable que sirve para cerrar y proteger la puerta de un establecimiento.

cierto, -ta adj. **1** Que es verdadero, que no se puede dudar. **2** Que no está determinado, que no es bien conocido: *cierta persona quiere* *verte.* NOTA Se usa delante de un sustantivo. **3** Que es seguro, que no se puede evitar: *una muerte cierta.* ANT incierto. ◆ adv. **4** Sí, ciertamente: *¿Ha sido usted quien lo ha pintado? Cierto, pero no tiene ningún valor.*

▶ de cierto En efecto, en realidad, de verdad. por cierto Locución que introduce un nuevo tema relacionado con el anterior: *por cierto, hablando de dinero, ¿no me debes tú diez euros?*

DER acierto, incierto.

ciervo, -va n. m. y f. Mamífero rumiante salvaje, de patas largas, cola muy corta y pelo áspero, corto, marrón o gris; el macho tiene cuernos divididos en ramas.

▶ ciervo volante Insecto grande, parecido al escarabajo, de cuerpo ovalado, patas cortas y alas anteriores duras, cuyo macho tiene unas mandíbulas semejantes a dos cuernos.

cierzo n. m. Viento frío que sopla del norte.

cifra n. f. **1** Signo o conjunto de signos que representan una cantidad numérica: *el número 3000 se compone de cuatro cifras.* SIN guarismo. **2** Cantidad indeterminada de una cosa, especialmente de dinero.

DER cifrar.

cifrador, -ra adj. [diccionario] Que agrupa las palabras por afinidad de significado y sirve para elaborar mensajes: *los diccionarios de sinónimos y los ideológicos son diccionarios cifradores.*

cifrar v. tr. **1** Escribir un mensaje en un lenguaje secreto compuesto por signos especiales. ANT descifrar. **2** Valorar cuantitativamente, en especial pérdidas o ganancias: *las pérdidas han sido cifradas en miles de millones.* **3** Reducir exclusivamente a una sola cosa, persona o idea lo que normalmente procede de varias causas. NOTA Se construye con la preposición *en*.

DER descifrar.

cigala n. f. Crustáceo marino comestible, de color rojo claro, con el cuerpo alargado cubierto por un caparazón duro y con cinco pares de patas, el primero de los cuales termina en unas pinzas.

cigarra n. f. Insecto de color verde oscuro, con cabeza gruesa, cuatro alas transparentes y ojos salientes, que produce un sonido estridente: *por el día se oye el canto de las cigarras, y por la noche, el de los grillos.*

DER cigarral, cigarrón.

cigarrillo n. m. Cilindro pequeño y delgado hecho con tabaco picado y envuelto en papel de fumar: *fumaban cinco cigarrillos al día.* SIN cigarro, pitillo, pito.

cigarro n. m. Cigarrillo, cilindro de tabaco.

▶ cigarro puro Cilindro o rollo de hojas de tabaco que se enciende por un extremo y se chupa o fuma por el opuesto. SIN puro.

DER cigarrera, cigarrillo.

cigoto n. m. BIOL. Célula a partir de la cual se desarrolla el embrión de un ser vivo, que resulta de la unión de las células sexuales masculina y femenina. SIN huevo, zigoto.

cigüeña n. f. Ave de un metro de altura y de color blanco con las alas negras, con el cuello, el pico y las patas largos y que suele hacer el nido en un lugar alto.

OBS Para indicar el sexo se usa *la cigüeña macho* y *la cigüeña hembra.*

DER cigüeñal, cigüeñato.

cigüeñal n. m. Eje con unos codos que transforman el movimiento rectilíneo en circular o viceversa.

cilindrada n. f. Cantidad de combustible que cabe en los cindros de un motor, que se mide en centímetros cúbicos.

cilíndrico, -ca adj. **1** Del cilindro o relacionado con este cuerpo geométrico. **2** Que tiene forma de cilindro.

cilindro n. m. **1** Cuerpo geométrico formado por una superficie lateral curva que acaba con un círculo por cada extremo. **2** Objeto de esa forma. **3** Parte de un motor donde se mezcla y se quema el combustible. **4** Recipiente cilíndrico de metal cerrado herméticamente que contiene gases a presión.

DER cilindrada, cilíndrico; semicilindro.

cima n. f. **1** Punto más alto de una montaña o de una elevación del terreno. SIN cresta, cumbre. **2** Parte más alta de un árbol. **3** Punto más alto o grado mayor de perfección que se puede alcanzar. SIN cumbre. **4** BOT. Inflorescencia en la que cada pedúnculo sustenta una sola flor.

DER cimacio, cimarrón, cimero; encima.

cimborrio n. m. ARQ. Torre o cuerpo saliente al exterior, generalmente de planta cuadrada u octogonal, que se levanta sobre el crucero de una iglesia para iluminar su interior.

cimentar v. tr. **1** Echar o poner los cimientos de una construcción. **2** Establecer los principios o las bases sobre las que se consolida algo inmaterial.

OBS En su conjugación, la *e* se convierte en *ie* en sílaba acentuada, como en *acertar.*

DER cimentación.

cimiento n. m. **1** Parte de un edificio que está bajo tierra y sirve de apoyo y base a la construcción: *los albañiles están trabajando en los cimientos de la obra.* **2** Principio y fundamento de algo: *la igualdad entre las personas debe ser cimiento de la sociedad.*
OBS Se usa también en plural con el mismo significado.
DER cimentar.

cimitarra n. f. Sable de hoja curva que se ensancha a medida que se aleja de la empuñadura y con un solo filo en el lado convexo.

cinabrio n. m. Mineral compuesto de mercurio y azufre, muy pesado y de color rojo oscuro, del cual se extrae el mercurio.

cinc n. m. Metal de color blanco azulado y brillo intenso que suele usarse en aleaciones: *el símbolo del cinc es Zn.* SIN zinc.

cincel n. m. Herramienta de acero con un extremo en forma de cuña que sirve para trabajar a golpe de martillo la piedra y los metales: *esculpe con un cincel.*
DER cincelar.

cincelar v. tr. Labrar o grabar con el cincel las piedras o los metales.

cincha n. f. Faja de cáñamo, lana o material semejante con que se asegura la silla o la albarda sobre la cabalgadura, cerrándola por debajo de la barriga con una o más hebillas.

cinco num. card. **1** Indica que el nombre al que acompaña o al que sustituye está cinco veces: *son cinco euros.* NOTA Puede ser determinante (*vinieron cinco chicos*) o pronombre (*vinieron los cinco*). ◆ num. ord. **2** Indica que el nombre al que acompaña o al que sustituye ocupa el lugar número 5 en una serie: *soy el cinco de la lista.* NOTA Es preferible el uso del ordinal *quinto.* ◆ n. m. **3** Nombre del número 5.
DER cincuenta, cinquillo.

cincuenta num. card. **1** Indica que el nombre al que acompaña o al que sustituye está 50 veces: *vale cincuenta euros.* NOTA Puede ser determinante (*vinieron cincuenta chicos*) o pronombre (*vinieron los cincuenta*). ◆ num. ord. **2** Indica que el nombre al que acompaña o al que sustituye ocupa el lugar número 50 en una serie. NOTA Es preferible el uso del ordinal: *quincuagésimo.* ◆ n. m. **3** Nombre del número 50.
DER cincuentavo, cincuentena, cincuentenario, cincuentón.

cincuentena n. f. **1** Conjunto de cincuenta unidades homogéneas. **2** Edad de cincuenta años: *todas aquellas señoras ya habían pasado a la cincuentena.*

cincuentenario n. m. **1** Fecha en que se cumplen cincuenta años desde que se produjo un acontecimiento: *el cincuentenario del fin de la guerra.* **2** Celebración o fiesta con que se conmemora esta fecha.

cincuentón, -tona adj./ n. m. y f. [persona] Que tiene cincuenta años o más pero no llega a los sesenta: *la novela trata del retorno de un escritor de prestigio, ya cincuentón, al núcleo familiar.* SIN quincuagenario.
OBS Se usa con sentido despectivo.

cine n. m. **1** Establecimiento público donde se proyectan películas. SIN cinematógrafo. **2** Arte, técnica e industria de la cinematografía: *el cine produce importantes beneficios económicos.*
▶ cine mudo Etapa de la historia del cine en la que las películas se producían sin voz ni sonido. cine sonoro Etapa actual de la historia del cine en la que las películas se producen con voz y sonido. de cine Extraordinario, muy bueno o muy bien: *estas vacaciones las pasamos de cine.*
OBS Es la forma abreviada de *cinematógrafo.*
DER cineasta, cineclub, cinefilia, cinefórum, cinema, cinemascope, cinemateca, cinematógrafo, cinerama; autocine, multicine.

cineasta n. com. Persona que se dedica al cine con funciones importantes, como el director, el productor, el actor y el crítico.

cinéfilo, -la adj./ n. m. y f. [persona] Que es muy aficionado al cine.

cinefórum n. m. Coloquio que se desarrolla tras la proyección de una película cinematográfica acerca del tema que esta plantea.
OBS El plural es *cinefórums.*

cinegética n. f. Arte de la caza.
DER cinegético.

cinegético, -ca adj. De la caza o relacionado con ella.

cinemática n. f. Parte de la mecánica que estudia el movimiento sin tener en cuenta las causas que lo producen.
DER cine.

cinematográfico, -ca adj. De la cinematografía o relacionado con esta técnica: Lo que el viento *se llevó es uno de los grandes éxitos cinematográficos.*

cinematógrafo n. m. **1** Aparato que permite proyectar imágenes fijas de manera continua-

da sobre una pantalla para crear una sensación de movimiento. **2** Establecimiento público donde se proyectan películas. SIN cine.
DER cinematografía, cinematografiar, cinematográfico.

cinético, -ca adj. FÍS. Del movimiento o relacionado con él.
DER cinemática, cinética.

cínico, -ca adj./ n. m. y f. **1** Que miente con descaro y defiende o practica algo que merece general desaprobación. **2** Del cinismo o relacionado con esta doctrina filosófica.

cinismo n. m. **1** Actitud de la persona que miente con descaro y defiende o practica algo que merece general desaprobación. **2** Doctrina filosófica de Antístenes y Diógenes, que se caracteriza por el rechazo de los convencionalismos sociales y la defensa de un ideal de vida basado en la austeridad.
DER cínico.

cinta n. f. **1** Tira de tela larga y estrecha que sirve para atar, ajustar o adornar las prendas de vestir: *el sombrero llevaba una cinta de raso.* **2** Tira larga y estrecha de papel, plástico u otro material flexible: *la caja venía sujeta con cintas.* cinta aislante Cinta que tiene una solución adhesiva en una de sus caras y sirve para cubrir los empalmes de los conductores eléctricos. cinta magnética Cinta recubierta de polvo magnetizable en la que se registran, en forma de señales magnéticas, sonidos o imágenes que pueden reproducirse. cinta métrica Cinta que tiene marcada la longitud del metro y sus divisiones y sirve para medir longitudes o distancias. **3** Tira de tela impregnada de tinta que se coloca en el interior de las máquinas de escribir o de imprimir. **4** Caja pequeña de plástico que contiene una cinta magnética en la que se puede grabar y reproducir el sonido. SIN casete, cassette. **5** Película de cine. **6** Mecanismo formado por una banda metálica o plástica que se mueve automáticamente y sirve para transportar maletas y mercancías: *el correo subía al primer piso por una cinta transportadora.* **7** Planta de adorno, con las hojas anchas y con listas blancas y verdes, que puede llegar a medir un metro de altura. **8** Tira ancha de tejido fuerte o de metal en la que se introducen las balas que se disparan con una ametralladora. **9** ARQ. Adorno en forma de tira estrecha con diferentes dibujos: *la columna está decorada con cintas.*
DER cintarazo, cintiforme, cinto, cintura; encintar, precintar, videocinta.

cinto n. m. Tira larga y estrecha de cuero u otro material que se usa para sujetar o ajustar una prenda de vestir a la cintura. SIN cinturón, correa.

cintura n. f. **1** Parte más estrecha del cuerpo humano, por encima de las caderas. **2** Parte de la prenda de vestir que rodea esta zona corporal: *la falda me queda ancha de cintura.*
DER cinturilla, cinturón.

cinturón n. m. **1** Tira larga y estrecha de cuero que se usa para sujetar o ajustar una prenda de vestir a la cintura. SIN cinto, correa. **2** En las artes marciales, categoría o grado a que pertenece el luchador y que se distinguen por el color del cinturón que ciñe el traje. **3** Conjunto de cosas que rodean a otra.
▶ apretarse el cinturón Disminuir los gastos. cinturón de seguridad Tira larga y estrecha de tejido fuerte que sujeta a los viajeros a su asiento del coche o del avión: *debemos usar el cinturón de seguridad para prevenir accidentes.*

ciprés n. m. **1** Árbol de tronco derecho, ramas cortas que forman una copa espesa y cónica y hojas estrechas y permanentes. **2** Madera de este árbol, dura y de color rojo.

circense adj. Del circo o relacionado con él.

circo n. m. **1** Espectáculo formado por actuaciones muy variadas en que intervienen payasos, acróbatas, fieras amaestradas y ejercicios de magia. **2** Lugar cerrado, generalmente cubierto con una gran carpa, en que se ofrece al público este espectáculo. **3** Grupo de personas que trabajan en ese espectáculo. **4** Construcción rectangular alargada en la que en la antigua Roma se celebraban ciertos espectáculos, especialmente carreras de carros y de caballos. **5** Acción que llama la atención o que produce alboroto: *¡menudo circo has montado en la calle con tus gritos!*
▶ circo glaciar Depresión semicircular de paredes escarpadas y fondo cóncavo que se ha formado en una montaña por la acción erosiva del hielo de un glaciar.
DER circense.

circuito n. m. **1** Recorrido cerrado, previamente fijado, para carreras de automóviles, motos o bicicletas. **2** Instalación aislada que comprende edificios, graderíos y una calzada cerrada con tramos tanto rectos como curvos para carreras de coches, motos y bicicletas. **3** Recorrido turístico, previamente fijado, que suele terminar en el punto de partida. **4** Conjunto de conductores y otros elementos por los que pasa la corriente eléctrica.

▶ **corto circuito** Aumento brusco de la intensidad de una corriente que se produce en una instalación eléctrica por la unión directa de dos conductores. **SIN** corto, cortocircuito.

DER microcircuito.

circulación n. f. **1** Tránsito o paso de vehículos y personas por las vías públicas: *ciculación de automóviles.* **SIN** tráfico, tránsito. **2** Movimiento continuo, en el cuerpo de los animales, de la sangre que sale del corazón por las arterias, pasa por los pulmones, se reparte por todo el organismo y vuelve al punto de partida por las venas. **3** ECON. Movimiento del dinero y otros signos de riqueza: *ya están en circulación las nuevas monedas.*

▶ **poner en circulación** Sacar o lanzar algo para su uso. **retirar de la circulación** Poner los medios adecuados para que una cosa no se use: *la empresa ha retirado de la circulación un lote de productos defectuosos.* **retirarse de la circulación** Dejar de intervenir en un asunto o en una actividad: *después del fracaso, el director se retiró de la circulación.*

circular v. intr. **1** Andar o moverse siguiendo una dirección determinada: *por las calles principales de una ciudad circulan coches y personas.* **2** Moverse por el cuerpo de los animales la sangre que sale del corazón por las arterias y vuelve a él por las venas. **3** Dar a conocer algo entre un gran número de personas. **SIN** correr, propagar. ◆ adj. **4** Que tiene forma de círculo. ◆ n. f. **5** Escrito dirigido a varias personas para comunicarles algo: *el jefe ha dirigido una circular a los trabajadores.* **SIN** comunicación, notificación.

circulatorio, -ria adj. De la circulación de vehículos o de la sangre o que tiene relación con ella.

círculo n. m. **1** Superfice delimitada por una circunferencia. **SIN** redondel. **2** Circunferencia, línea curva cerrada cuyos puntos están siempre a la misma distancia de su centro. **SIN** redondel. **3** Conjunto de personas o cosas dispuestas alrededor de un centro imaginario: *formaron un círculo alrededor del fuego.* **4** Conjunto de personas unidas por circunstancias comunes o por un mismo interés: *círculo familiar.* **5** Casino, sociedad recreativa o política y edificio en que está instalada: *si necesitas verme, estoy en el círculo.*

▶ **círculo polar antártico** Círculo imaginario de la esfera terrestre paralelo al ecuador, menor que él y que incluye el polo Sur. **círculo polar ártico** Círculo imaginario de la esfera terrestre paralelo al ecuador, menor que él y que incluye el polo Norte.

DER circular; semicírculo.

circuncidar v. tr. Cortar en forma circular una parte de la piel móvil que cubre el extremo del pene.

DER circuncisión, circunciso.

circuncisión n. f. Operación que consiste en cortar una pequeña porción de la piel móvil que cubre el extremo del pene.

circundante adj. Que está alrededor o rodea: *las calles circundantes.*

circundar v. tr. Rodear o cercar una cosa dando la vuelta en torno a ella: *una valla protectora circunda la central nuclear.*

DER circundante.

circunferencia n. f. Línea curva cerrada cuyos puntos están siempre a la misma distancia de su centro. **SIN** círculo, redondel.

DER circunferir; semicircunferencia.

circunflejo adj./ n. m. [acento] Que se compone de un acento agudo y otro grave unidos por arriba (^).

circunloquio n. m. Rodeo de palabras para dar a entender algo que podría haberse expresado de forma más breve: *nos aburre con sus circunloquios.*

circunnavegar v. tr. **1** Navegar alrededor de un lugar. **2** Dar un buque la vuelta al mundo.

circunscribir v. tr./ prnl. **1** Reducir una cosa a ciertos límites o términos. ◆ v. tr. **2** MAT. Dibujar una circunferencia de manera que rodee un triángulo, un cuadrado u otra figura y toque cada uno de sus vértices: *si se circunscribe un cuadrado, la circunferencia lo tocará en cuatro puntos.* **SIN** inscribir. ◆ v. prnl. **3 circunscribirse** Ceñirse a una ocupación o asunto.

OBS El participio es *circunscrito.*

DER circunscripción, circunscripto, circunscrito.

circunscripción n. f. División de un territorio hecha con fines administrativos, eclesiásticos, militares o electorales: *tengo que ir a votar a mi circunscripción.*

circunspección n. f. Seriedad, prudencia y reserva en el modo de hablar o comportarse.

DER circunspecto.

circunstancia n. f. **1** Condición que acompaña, causa o determina un hecho o acontecimiento: *van a investigar las circunstancias en que se produjo el accidente.* **2** Conjunto de hechos o condiciones independientes de la voluntad de una persona que influyen en ella a la hora de decidir acerca de algo: *las circunstancias nos impiden actuar de otro modo.*

▶ de circunstancias **a.** Que muestra seriedad o preocupación: *puso cara de circunstancias y dijo que no le parecía bien.* **b.** Que está influido por una situación ocasional: *hizo un saludo de circunstancias.*

DER circunstancial.

circunstancial adj. **1** Que está determinado por una circunstancia o depende de ella: *dijo que su presencia en el lugar del crimen era cicunstancial.* **2** Que ocurre en alguna ocasión, pero que no es habitual: *es un fumador circunstancial.* SIN ocasional.

circunvalación n. f. **1** Vía o carretera que rodea una ciudad. **2** Rodeo que se da a un lugar o ciudad.

cirílico, -ca adj. Del alfabeto creado por san Clemente de Ocrida, discípulo de san Cirilo, o relacionado con él.

cirio n. m. **1** Vela de cera larga y gruesa: *el cirio pascual.* **2** Situación confusa acompañada de alboroto, tumulto y trifulca: *¡menudo cirio se armó en la discoteca!*

DER cirial.

cirro n. m. Nube blanca en forma de filamentos o franjas muy estrechas que dejan pasar la luz del sol y que se forma en las partes altas de la atmósfera.

cirrosis n. f. Enfermedad grave que endurece o destruye los tejidos del hígado.

OBS El plural también es *cirrosis.*

ciruela n. f. Fruto del ciruelo, redondo, dulce, de piel fina y carne jugosa.

▶ ciruela claudia Ciruela de color verde claro. ciruela pasa Ciruela que se ha dejado secar.

DER ciruelo.

ciruelo n. m. Árbol frutal de tronco fuerte y robusto y flores blancas, cuyo fruto es la ciruela.

cirugía n. f. Parte de la medicina especializada en el estudio y tratamiento de enfermedades en las que es necesario extirpar, implantar o modificar tejidos, órganos o miembros del cuerpo humano.

▶ cirugía estética Rama de la cirugía que se ocupa de mejorar el aspecto de una parte del cuerpo de una persona. cirugía plástica Especialidad quirúrgica que se ocupa de reconstruir o reparar una parte del cuerpo afectada por una enfermedad o por una deformación.

DER cirujano.

cirujano, -na n. m. y f. Médico especializado en el estudio y tratamiento de enfermedades que exigen extirpar, implantar o modificar tejidos, órganos o miembros del cuerpo humano: *el cirujano trabaja en el quirófano.*

cisma n. m. **1** División o separación en el seno de una Iglesia, una secta o una organización semejante. **2** Ruptura o escisión que ocurre en el seno de un partido político o en un movimiento artístico cuando dos partes tienen opiniones diferentes.

DER cismático.

cisne n. m. Ave acuática de cuello largo y curvo, generalmente de color blanco y con las alas y las patas cortas: *en el estanque del parque hay cisnes.*

OBS Para indicar el sexo se usa *el cisne macho* y *el cisne hembra.*

Císter n. m. Orden religiosa fundada por san Roberto en el siglo XI, que observa la austeridad de la regla benedictina: la orden del Císter surgió como reforma de la orden cluniacense.

cisterna n. f. **1** Depósito de agua de un váter o de un urinario. **2** Vehículo que transporta líquidos: *camión cisterna, barco cisterna.* NOTA Se usa en aposición. **3** Recipiente, generalmente subterráneo, que sirve para recoger y conservar agua.

cistisis MED. n. f. Inflamación de la vejiga urinaria que se produce generalmente debido a una infección: *las personas que padece cistitis tienen necesidad de orinar muy a menudo.*

cita n. f. **1** Fijación del día, la hora y el lugar para encontrarse dos o más personas: *mañana tengo cita con el dentista.* **2** Reproducción de palabras dichas o escritas con el fin de justificar o apoyar lo que se dice o escribe.

citación n. f. **1** Acción de citar (avisar): *se atenderán las citaciones solicitadas por el abogado de las familias de los fallecidos.* **2** Aviso por el que se convoca a una persona para que acuda a un juzgado en día y hora determinados para realizar una diligencia: *en la segunda convocatoria, las citaciones se han de entregar por escrito en el domicilio de los interesados.*

citar v. tr. **1** Avisar a una o varias personas señalándoles día, hora y lugar para un encuentro: *la abogada citó a las dos partes.* SIN convo-

car. **2** Reproducir las palabras que otra persona ha dicho o escrito: *citó un fragmento del Quijote.* **3** Mencionar un dato o ejemplo para apoyar lo que se dice. **4** DER. Llamar el juez ante su presencia a una o más personas: *nos han citado en el tribunal número tres.*
DER cita, citación.

cítara n. f. Instrumento músico antiguo de cuerda de origen griego parecido a la lira, pero con la caja de resonancia de madera; modernamente esta caja tiene forma trapezoidal y se toca con una púa.

citología n. f. **1** Parte de la biología que estudia las células y sus funciones. **2** Extracción y análisis médico de un conjunto de células de una persona o animal.

citoplasma n. m. Parte de la célula situada entre el núcleo y la membrana exterior.

cítrico, -ca adj. **1** Del limón o relacionado con este árbol frutal: *producción cítrica, sabor cítrico.* ◆ n. m. pl. **2** cítricos Conjunto de frutas de sabor ácido o agridulce, especialmente naranjas y limones.

ciudad n. f. **1** Lugar donde viven muchas personas, con casas formando manzanas, calles, tiendas y todos los servicios necesarios, cuya población se dedica principalmente a actividades industriales y de servicios: *emigró del pueblo a la ciudad.* ciudad dormitorio Ciudad cuya población acude a trabajar a un núcleo urbano mayor y muy próximo. **2** Conjunto de calles y edificios que componen una población grande e importante. **3** Conjunto de edificios destinados a un fin: *voy a estudiar a la ciudad universitaria.*
DER ciudadano, ciudadela.

ciudadanía n. f. **1** Condición de ciudadano de un país y derechos y deberes que se desprenden de ese hecho. **2** Comportamiento considerado propio de un buen ciudadano.

ciudadano, -na adj. **1** De la ciudad o relacionado con ella. ◆ n. m. y f. **2** Persona que vive en una ciudad o un estado y está sujeta a derechos y deberes.
DER ciudadanía; conciudadano.

ciudadela n. f. Fortaleza construida dentro de una ciudad para defenderla o dominarla.

ciudadrealeño, -ña adj. **1** De Ciudad Real o que guarda relación con esta provincia española o con su capital. ◆ adj./ n. m. y f. **2** [persona] Que es de Ciudad Real.
OBS La pronunciación es «*ciudad-realeño*», con *r* vibrante múltiple.

cívico, -ca adj. [persona] Que se comporta como un buen ciudadano: *¡sea usted cívico: use las papeleras!*

civil adj. **1** De la ciudad o los ciudadanos o relacionado con ellos. **2** DER. De las relaciones y los intereses privados de las personas o que tiene relación con ellos: *las leyes civiles son las que regulan las condiciones de los contratos.* ◆ adj./ n. com. **3** Que no es militar ni religioso: *matrimonio civil.* ◆ n. com. **4** Miembro de la Guardia Civil.
DER civilizar; incivil.

civilidad n. f. Actitud y comportamiento de la persona que cumple con sus deberes como ciudadano, respeta las leyes y contribuye así al correcto funcionamiento de la sociedad y al bienestar de los demás miembros de la comunidad.

civilización n. f. **1** Conjunto de costumbres, ideas, creencias, ciencias y artes de un pueblo o una raza: *la civilización griega.* **2** Progreso que alcanzan las personas en cultura, educación, libertad y convivencia de las unas con las otras.

civilizado, -da adj. **1** [persona, grupo de personas] Que tiene la cultura, las costumbres y las formas de vida propias de las civilizaciones desarrolladas: *la escritura se considera un elemento característico de los pueblos civilizados.* **2** Que muestra civismo y educación: hablar de forma civilizada.

civilizar v. tr. **1** Llevar la cultura de un país desarrollado a una persona o un pueblo que vive en estado primitivo. **2** Mejorar el comportamiento de una persona.
OBS En su conjugación, la *z* se convierte en *c* delante de *e*.
DER civilización, civilizado.

civismo n. m. **1** Comportamiento de la persona que cumple con sus deberes de ciudadano, respeta las leyes y contribuye así tanto al funcionamiento correcto de la sociedad como al bienestar de los demás miembros de la comunidad: *la cultura es algo que se vincula con el civismo.* SIN civilidad. ANT incivismo. **2** Preocupación y cuidado por las instituciones e intereses de una nación.

cizaña n. f. Hierba mala, perjudicial para la agricultura.
▶ meter (o sembrar) cizaña Crear desavenencias o enemistades.
DER cizañero; encizañar.

cizañero, -ra adj./ n. m. y f. [persona] Que

disfruta metiendo cizaña y lo hace con frecuencia.

clamar v. intr. **1** Dar voces quejándose o pidiendo ayuda. **2** Pedir o exigir con vehemencia: *es un crimen que clama castigo.*

▶ clamar al cielo Ser injusta una cosa o una situación: *la forma en que nos han tratado clama al cielo.*

DER clamor; aclamar, declamar, exclamar, proclamar, reclamar.

clamor n. m. Conjunto de voces y gritos fuertes de una multitud que se queja, aclama a alguien o demanda alguna cosa: *el clamor popular.*

DER clamorear, clamoroso.

clamoroso, -sa adj. Que va acompañado de clamor, especialmente de la multitud entusiasmada.

clan n. m. **1** Grupo social formado por un número de familias que descienden de cierto antepasado común y que reconocen la autoridad de un jefe: *algunas comunidades están organizadas en clanes.* **2** Grupo de personas unidas por un interés común o una misma profesión: *el clan de los banqueros.*

clandestinidad n. f. **1** Situación de quienes viven en un lugar clandestinamente: *desde la clandestinidad, imprimieron publicaciones de protesta.* **2** Cualidad de clandestino: *se quedó estático, contemplando la emocionada clandestinidad del placer.*

clandestino, -na adj. Que es o se hace de forma oculta por temor a la ley o para eludirla.

DER clandestinidad.

claqué n. m. Baile que consiste en llevar el ritmo de la música con la punta y el tacón del zapato, haciéndolo sonar como instrumento de percusión.

claqueta n. f. Utensilio que se sitúa delante de la cámara cinematográfica al inicio de cada toma, compuesto de un pizarrón sobre el que se escriben los datos necesarios para identificar la toma y una pieza móvil, unida al pizarrón mediante una bisagra, que se hace sonar para indicar el inicio de la toma.

clara n. f. **1** Sustancia blanquecina, líquida y transparente que rodea la yema del huevo. **2** Bebida que se hace mezclando cerveza con gaseosa o con un refresco de limón.

▶ a las claras Manifiestamente, sin reservas ni disimulos: *no me gusta ocultar las cosas, así que te diré a las claras lo que pienso de ti.*

claraboya n. f. Ventana abierta en el techo o en la parte alta de las paredes, por donde entra la luz: *a través de los vidrios de la claraboya, de día se veía el cielo.*

clarear v. impersonal **1** Empezar a amanecer. **2** Ir desapareciendo el nublado del cielo: *por fin clarea después de la tormenta.* ◆ v. intr./ prnl. **3** Transparentarse los tejidos. **4** Hacerse una cosa menos densa o espesa: *se te clarea el pelo.*

claridad n. f. **1** Luminosidad, abundancia de luz. **2** Facilidad con que se perciben las cosas a través de los sentidos o se comprenden por medio de la inteligencia. **3** Luz que se ve a distancia, en medio de la oscuridad. **4** Cualidad por la que un cuerpo permite el paso de la luz a través de él y deja ver lo que hay más allá. SIN transparencia. **5** Facilidad para hablar o escribir con sencillez. **6** Sinceridad, generalmente para expresar una opinión desagradable: *si quieres que te lo diga con claridad, me pareces muy aburrido.*

clarificar v. tr. Aclarar, hacer que algo sea más fácil de entender dando más detalles o una explicación más sencilla: *¿podría clarificar el primer punto?*

OBS En su conjugación, la *c* se convierte en *qu* delante de *e*.

DER clarificador.

clarín n. m. Instrumento musical de viento de la familia del metal, parecido a la corneta, pero de menor tamaño y sin llaves o pistones: *el clarín se hacía con cuerno de búfalo.*

DER clarinete.

clarinete n. m. Instrumento musical de viento formado por un tubo de madera dura con llaves y agujeros, que se toca soplando y moviendo las llaves y tapando los agujeros con los dedos.

DER clarinetista.

clarinetista n. com. Persona que toca el clarinete, en especial si se dedica a ello profesionalmente.

claro, -ra adj. **1** Que recibe o tiene mucha luz: *esta es la habitación más clara de toda la casa.* ANT oscuro. **2** [color] Que se acerca al blanco y que se opone a otro más oscuro de su misma clase. ANT oscuro. **3** Que es fácil de entender. ANT oscuro. **4** [persona] Que se expresa de manera sencilla y dice las cosas tal como son: *mira, yo soy muy clara y no me ando con tapujos.* **5** [agua] Que es transparente y no tiene impurezas que la enturbien. **6** Que es poco denso o espeso: *el chocolate* *te ha quedado demasiado claro.* ANT espeso. **7** Despejado, sin nubes: *un día claro, una noche clara.* **8** [sonido] Que es agudo o fácilmente distinguible: *lo dijo con una voz alta y clara.* ◆ n. m. **9** Espacio vacío o separación dentro de un conjunto de cosas o en el interior de algo: *el claro del bosque.* **10** Porción de cielo despejado entre nubes. ◆ adv. **11** De manera clara. **12** Expresión que se usa para indicar afirmación o asentimiento: *¿Vienes a cenar? Claro, ahora mismo.*

▶ claro de luna Momento en que la luna se deja ver bien en una noche oscura. sacar en claro Entender algo después de larga exposición: *hemos sacado poco en claro de esa reunión.*

DER clara, claraboya, claramente, clarear, clarete, claridad, clarificar, clarín, clarividencia, claroscuro; aclarar, declarar, esclarecer, preclaro.

claroscuro n. m. Técnica que consiste en disponer de manera adecuada las luces y las sombras en un dibujo o una pintura.

OBS El plural es *claroscuros.*

clase n. f. **1** Conjunto de propiedades que distinguen a una persona, animal o cosa. SIN calidad. **2** Conjunto de elementos que tienen ciertas características comunes: *hay muchas clases de embutidos: chorizo, morcilla, salchichón, etc.* **3** Conjunto de animales o de plantas que tienen unas mismas características. **4** Grupo de personas que tienen condiciones comunes de vida, trabajo e intereses económicos iguales o parecidos: *la clase política.* clase alta Estrato social que cuenta con más medios económicos o con mayor prestigio. clase baja Estrato social que cuenta con menos medios económicos o con menor prestigio: *su familia era de clase baja, pero ahora él es millonario.* clase media Estrato social que comprende un sector de la población que goza de posición social cómoda. **5** Conjunto de estudiantes del mismo nivel que están en un mismo grupo: *los alumnos de bachillerato son por lo general muy buenos.* **6** Lección que el profesor enseña cada día. **7** En un centro de enseñanza, sala donde se imparten y reciben clases. SIN aula. **8** Conjunto de conocimientos que se enseñan y aprenden: *voy a dar una clase de baile.* **9** División, categoría hecha teniendo en cuenta la calidad de algo: *se puede viajar en primera clase, en segunda clase o en clase turista.* **10** Refinamiento, distinción: *es muy elegante y tiene mucha clase.*

DER clásico, clasificar, clasismo; desclasado, subclase, superclase.

clasicismo n. m. Tendencia artística o literaria que toma como modelos los grandes artistas y escritores de la Grecia y Roma antiguas.

DER clasicista.

clasicista adj. Del clasicismo o relacionado con esta tendencia artística o literaria.

clásico, -ca adj. **1** De la historia o la cultura de la Grecia y la Roma antiguas o relacionado con ellas. **2** Que tiene un estilo parecido al de los autores, objetos u obras de la Grecia y la Roma antiguas: *es un edificio clásico, aunque se hizo en el siglo pasado.* **3** [música] Que está escrito para orquesta o instrumentos como el violín y el piano, por compositores antiguos y modernos según una larga tradición técnica de la música occidental: *es una amante de la música clásica.* **4** [persona] Que tiene gustos poco llamativos, sobrios y tradicionales: *tu hermana es muy clásica a la hora de vestir.* ANT moderno. **5** [prenda de vestir] Que es sobrio, poco llamativo y de corte tradicional. ANT moderno. ◆ adj./ n. m. **6** [autor, objeto, obra] Que es considerado como modelo en el arte o la literatura: *todas las lenguas tienen sus autores clásicos, que han escrito grandes obras.*

DER clasicismo; neoclásico.

clasificable adj. Que por sus características se puede clasificar: *la originalidad de este autor lo hace difícilmente clasificable.*

clasificación n. f. **1** Ordenación o disposición por clases: *la clasificación animal.* **2** Lista ordenada de nombres con arreglo a determinados datos o cifras. **3** Paso a la parte siguiente de una competición.

clasificado, -da adj. [documento, información] Que es secreto o reservado.

clasificador, -ra adj. **1** Que clasifica o sirve para clasificar: *una labor clasificadora; carpeta clasificadora.* ◆ n. m. **2** Mueble o carpeta con cajoncitos o departamentos para guardar separadamente y con orden los papeles.

clasificar v. tr. **1** Ordenar, distribuir o colocar por clases: *los libros de la biblioteca están clasificados por temas.* ◆ v. prnl. **2** clasificarse Quedar seleccionado en una competición deportiva, en un concurso o en otra prueba eliminatoria. **3** Ocupar un puesto en una competición: *mi caballo se clasificó en tercera posición.*

OBS En su conjugación, la *c* se convierte en *qu* delante de *e*.
DER clasificación, clasificado, clasificador.

clasificatorio, -ria adj. Que clasifica: *sistema clasificatorio; torneo clasificatorio.*

clasismo n. m. Tendencia o actitud discriminatoria de una clase social respecto a otras que se consideran inferiores.
DER clasista.

clasista adj. **1** Que denota clasismo: *el proceso hacia una democracia basada en una sociedad menos clasista.* ◆ adj./ n. com. **2** [persona] Que en sus relaciones sociales se comporta con una fuerte conciencia de la diferencia de clases sociales y de su pertenencia a una clase elevada.

claudicar v. intr. **1** Ceder, rendirse o renunciar, generalmente a causa de una presión externa. **2** Quebrantar la observancia de los principios o las normas de conducta personales: *nadie debe claudicar en la defensa de los derechos humanos.*
OBS En su conjugación, la *c* se convierte en *qu* delante de *e*.
DER claudicación.

claustro n. m. **1** Galería con columnas que rodea un jardín o patio interior. **2** Conjunto de miembros de una universidad que intervienen en el gobierno de esta. **3** Conjunto de profesores de un centro de enseñanza. **4** Reunión de los miembros de una universidad o un centro de enseñanza.
▶ **claustro materno** Útero o matriz donde se desarrolla el feto.
DER claustral, claustrofobia; enclaustrar, exclaustrar.

claustrofobia n. f. Temor obsesivo ante los recintos o espacios limitados que puede constituir una enfermedad: *no le gusta subir en ascensor porque tiene claustrofobia.*
DER claustrofóbico.

cláusula n. f. **1** Párrafo que, con otros, forma la parte dispositiva de un documento público o privado sobre una serie de condiciones y disposiciones legales. **2** GRAM. Oración, conjunto de palabras que expresan un pensamiento.

clausura n. f. **1** Acto solemne con que se pone fin a un congreso, certamen, exposición o reunión similar. **2** Cierre temporal o definitivo de un edificio o un establecimiento. **3** Vida retirada que llevan determinadas comunidades de religiosos: *hay muchos conventos de clausura en España.* **4** Parte de un monasterio a la que no se puede entrar si no se pertenece a la comunidad religiosa que vive en él.
DER clausurar.

clausurar v. tr. **1** Dar por acabado un congreso, un certamen, una exposición u otra reunión similar. **2** Cerrar temporal o definitivamente un edificio o un establecimiento.

clavado, -da adj. **1** Que está fijo: *tenía los ojos clavados en el suelo sin atreverse a mirarme.* **2** Que es puntual. **3** Que es idéntico o muy parecido: *este niño es clavado a su padre.* **4** [prenda de vestir] Que sienta muy bien y parece hecha a medida: *ese vestido mío te queda clavado.*

clavar v. tr. **1** Introducir una cosa aguda en otra, generalmente mediante golpes: *me he clavado una espina en el dedo.* **SIN** hincar. **2** Fijar, poner, especialmente los ojos o la mirada: *clavó la mirada en el juguete del escaparate.* ◆ v. tr. **3** Sujetar o fijar con clavos. **4** Sorprender o causar una impresión que impide reaccionar: *me dejó clavado con su respuesta.* ◆ v. tr./ intr. **5** Cobrar más dinero de lo debido: *en ese restaurante nos clavaron.* ◆ v. prnl. **6 clavarse** Pararse, detenerse algo que está en movimiento: *ayer se me clavó el coche.*
DER clavado; desclavar, enclavarse.

clave n. f. **1** Información o dato que permite entender algo o resolver una duda: *la clave del éxito es la capacidad de trabajo.* **2** Importante, decisivo o necesario para algo: *fecha clave.* **SIN** básico, fundamental, indispensable. **3** Conjunto de signos que forman un lenguaje secreto para ocultar una información: *he puesto una clave en mi ordenador para que nadie más use.* **SIN** código, combinación. **4** MÚS. Signo que se coloca al principio del pentagrama e indica cómo deben leerse las notas: *la clave de sol.* **5** ARQ. Piedra central que cierra un arco. ◆ n. m. **6** MÚS. Clavicémbalo, instrumento músico.
OBS Funciona en aposición a otros sustantivos.
DER clavecín, clavícula, clavija; autoclave, cónclave.

clavecín n. m. Instrumento musical de cuerda y teclado en que las cuerdas se ponen en vibración al ser pulsadas por cañones de pluma que se mueven accionados por dicho teclado. **SIN** clave, clavicémbalo.
DER clavicémbalo.

clavel n. m. Flor muy olorosa de colores vivos y variados, con los pétalos rizados y denta-

dos, que se usa para adornar: *el novio llevaba un clavel blanco en el ojal.*
▶ clavel reventón Clavel de color rojo oscuro y con más pétalos que el común.
DER clavellina.

clavicémbalo n. m. Clavecín, instrumento musical de cuerda y teclado.

clavicordio n. m. Instrumento musical de cuerda y teclado formado por una caja rectangular en la que las cuerdas son percutidas por martillos accionados con el teclado: *el clavicordio emite un sonido débil.* SIN clave.

clavícula n. f. Hueso largo que une el omóplato con el esternón; está situado entre la espalda y el cuello a cada lado del cuerpo: *tiene rotura de clavícula.*
DER clavicular.

clavija n. f. **1** Pieza delgada de metal, madera u otro material, con cabeza y punta, que se encaja en el agujero hecho al efecto en una pieza sólida y sirve para sujetar o unir. **2** Pieza delgada, con cabeza y punta, que sirve para sujetar, tensar y enrollar las cuerdas de un instrumento musical. **3** Pieza de material aislante con dos o tres salientes metálicos que sirve para enchufar un aparato a la red eléctrica. SIN enchufe.
▶ apretar las clavijas Tratar a una persona con dureza para obligarla a hacer algo: *el jefe le apretaba las clavijas para que trabajara más rápido.*
DER clavijero.

clavo n. m. **1** Pieza de metal, larga, delgada, con cabeza por un lado y punta por el otro, que sirve para sujetar, unir o fijar. **2** Capullo seco de la flor de un árbol tropical que se usa como especia para dar sabor a la comida.
▶ agarrarse a (o de) un clavo ardiendo Aprovechar una ocasión, aunque presente cierto peligro, para conseguir algo. como un clavo Fijo, exacto o puntual: *es muy puntual, siempre está a la hora, como un clavo.* dar en el clavo Acertar, adivinar o descubrir una cosa. no dar ni clavo No hacer nada, no trabajar.
DER clavar, clavetear.

claxon n. m. Bocina eléctrica que emite un sonido fuerte para avisar de algo; la usan especialmente los automóviles. SIN bocina.
OBS Procede de *Klaxon,* nombre de una antigua marca registrada.

clemencia n. f. Tendencia a juzgar con benevolencia y castigar sin demasiado rigor. SIN compasión, misericordia, piedad.
DER clemente; inclemencia.

clemente adj. [persona] Que muestra clemencia.

clementina n. f. Variedad de mandarina, de piel o cáscara más roja, sin semillas y muy dulce.

cleptomanía n. f. Trastorno mental que provoca la inclinación al robo de la persona que lo padece.
DER cleptómano.

clerecía n. f. **1** Conjunto de personas que componen el clero. SIN clero. **2** Oficio u ocupación de clérigos.

clerical adj. Del clero o que tiene relación con él.
DER clericalismo; anticlerical.

clericalismo n. m. Ideología que defiende la influencia del clero en los asuntos políticos de una sociedad.

clérigo n. m. Hombre que dedica su vida a Dios y a la Iglesia y que puede celebrar los ritos sagrados de su religión, especialmente en las Iglesias cristianas. SIN sacerdote.

clero n. m. **1** Conjunto de los clérigos. **2** Grupo social formado por los clérigos. SIN clerecía.
DER clerecía, clerical, clérigo.

clic n. m. Onomatopeya con que se imita o se reproduce cierto sonido, como el que se produce al pulsar un interruptor o un botón: *la visita turísitica se limitó a un clic de la cámara de fotos durante la breve parada del autobús.*
OBS El plural es *clics.*

cliché n. m. **1** Tira de película fotográfica revelada, con imágenes en negativo, para ser reproducidas en papel. **2** Idea o expresión demasiado repetida.

cliente, -ta n. m. y f. **1** Persona que utiliza los servicios de un profesional o de una empresa: *el señor Ramírez es cliente de este bufete desde hace muchos años.* **2** Persona que compra en un comercio o que utiliza sus servicios. SIN comprador.
OBS La forma *cliente* se usa también como nombre de género común.
DER clienta, clientela.

clientela n. f. Conjunto de los clientes de un establecimiento o persona: *les falta personal para atender a tanta clientela.*

clima n. m. **1** Conjunto de condiciones atmosféricas propias de una región. **2** Conjunto de circunstancias o ambiente que rodean a una persona o situación: *clima económico.*
DER climático, climatizar, climatología; aclimatar, microclima, termoclina.

climático, -ca adj. Del clima o relacionado con el conjunto de condiciones atmosféricas: *cambio climático.*

climatizar v. tr. Dotar a un espacio cerrado de condiciones necesarias para conseguir la temperatura, humedad o presión convenientes para la salud o la comodidad de las personas que lo ocupan: *climatizar una sala; climatizar un avión.*

OBS En su conjugación, la *z* se convierte en *c* delante de *e*.

DER climatización, climatizado.

climatología n. f. Ciencia que estudia el clima y los fenómenos atmosféricos, tales como la lluvia, el viento y la nieve.

DER climatológico; bioclimatología.

climatológico, -ca adj. De la climatología o que tiene relación con esta ciencia.

clímax n. m. Momento de mayor importancia o emoción en una historia o situación: *la película alcanza su clímax cuando el asesino entra en la habitación de su víctima.* **SIN** apogeo.

OBS El plural también es *clímax.*

DER climaterio; anticlímax.

clínex n. m. Pañuelo suave de papel que se utiliza para sonarse.

OBS El plural también es *clínex*. Procede de la marca registrada *Kleenex*®.

clínica n. f. **1** Hospital privado. **2** Parte práctica de la enseñanza de la medicina.

DER policlínica.

clínico, -ca adj. **1** De la medicina clínica o que tiene relación con esta especialidad. **2** Relacionado con la medicina práctica y la observación directa de los enfermos: *análisis clínicos.* ◆ adj./ n. m. y f. **3** [médico] Que se dedica a la medicina práctica. ◆ n. m. **4** Hospital o parte de él en el que los alumnos de medicina reciben lecciones prácticas.

▶ **historia clínica** Conjunto de datos e informaciones referidas a la evolución de la salud o la enfermedad de un paciente a lo largo de un período largo.

DER clínica.

clip n. m. **1** Barrita de metal o de plástico doblada sobre sí misma que sirve para sujetar papeles: *sujeta los folios con un clip.* **2** Sistema de cierre o de sujeción a presión usado generalmente para fijar adornos en el pelo, las orejas o la ropa: *pendientes de clip.*

clítoris n. m. Pequeño órgano carnoso y eréctil, situado en la parte exterior de los órganos sexuales femeninos: *el clítoris se encuentra en la parte más alta de la vulva.*

OBS El plural también es *clítoris.*

cloaca n. f. **1** Conducto subterráneo construido para recoger el agua de lluvia y las aguas sucias de una población. **SIN** alcantarilla. **2** Lugar muy sucio y con mal olor. **3** Parte terminal del intestino de las aves y otros animales en la que desembocan los conductos genitales y urinarios.

clon n. m. **1** Payaso, especialmente el que lleva la cara pintada de blanco y un traje muy llamativo. **2** BIOL. Ser vivo que se reproduce a partir de un solo progenitor, por lo que tiene el mismo código genético que este.

OBS El plural es *clones.*

DER clonar

clonación n. f. Efecto de clonar.

clonar v. tr. **1** Reproducir un ser vivo, célula o molécula de manera idéntica a otro por medios artificiales. **2** Hacer una copia exacta.

DER clonación.

clónico, -ca adj. **1** Del clon (un individuo reproducido a partir de una célula originaria) o relacionado con él. ◆ **2** adj./ n. m. y f. Que ha sido creado por clonación: *oveja clónica.* ◆ **3** adj. INFORM [computadora] Que reproduce un modelo patentado con piezas de distintas marcas.

clorar v. tr. Añadir cloro al agua.

cloro n. m. Elemento químico gaseoso de color verde o amarillo y olor fuerte: *el símbolo del cloro es Cl.*

DER clorar, clorato, clorhídrico, clórico, clorita, cloroformo, cloruro.

clorofila n. f. Sustancia de color verde que se halla en las plantas y en muchas algas: *la clorofila es muy importante en la fotosíntesis.*

DER clorofílico.

cloruro n. m. QUÍM. Compuesto de cloro y de un elemento metálico: *los cloruros son sales.*

▶ **cloruro sódico** QUÍM. Sal común, que se encuentra en el agua de mar y que se usa para dar sabor a los alimentos.

club n. m. **1** Asociación de personas con intereses comunes que toman parte en actividades recreativas, deportivas o culturales: *acabo de apuntarme al club de tenis.* **2** Lugar en que se reúnen estas personas.

▶ **club nocturno** Lugar de diversión donde se bebe y se baila, generalmente de noche.

OBS El plural es *clubes.*

DER aeroclub.

a b c d e f g h i j k l m n ñ o p q r s t u v w x y z

cluniacense adj./ n. m. De la orden de Cluny o que tiene relación con esta congregación religiosa que seguía la regla benedictina.

co- Prefijo latino que entra en la formación de palabras con el significado de 'unión', 'participación' o 'compañía': *coadjutor, coautor, colindante.*

coacción n. f. Fuerza o violencia física o psíquica ejercida sobre una persona para obligarla a decir o hacer algo contra su voluntad.
DER coaccionar, coactivo.

coaccionar v. tr. Ejercer fuerza o violencia física o psíquica sobre una persona para obligarla a decir o hacer algo contra su voluntad: *en este caso de nulidad matrimonial, ella alega que la familia la coaccionó para que se casara.*

coagulación n. f. Transformación que experimenta un líquido cuando una de las sustancias que contiene se vuelve sólida y se separa del resto.

coagulante adj./ n. m. [sustancia, medicamento] Que provoca o acelera la coagulación de la sangre: *la vitamina K y el agua oxigenada son dos coagulantes utilizados muy frecuentemente.*
ANT anticoagulante.
DER anticoagulante.

coagular v. tr./ prnl. Hacer que una sustancia líquida se vuelva sólida; especialmente un líquido orgánico, como la leche o la sangre.

coágulo n. m. Masa de una sustancia que se ha coagulado o que se ha hecho sólida.

coalición n. f. Unión de diferentes partidos políticos o grupos con un fin determinado: *gobierno de coalición.*

coartada n. f. **1** Prueba que presenta un acusado en defensa de su inocencia, con la que demuestra que en el momento en que se cometió un delito se encontraba en otro lugar: *incurre continuamente en crecientes contradicciones y no logra ofrecer una coartada convincente.* **2** Razón que se presenta como disculpa o como excusa: *los que llegan con retraso suelen emplear siempre la misma coartada, y dicen que la culpa la tuvo el atasco.*

coartar v. tr. Limitar o restringir, especialmente una libertad o un derecho: *esta nueva ley coarta la libertad de expresión.*
DER coartada.

cobalto n. m. Metal duro, de color blanco plateado, que se usa, combinado con el oxígeno, para formar la base de color azul de pinturas y esmaltes: *el símbolo del cobalto es Co.*

cobarde adj. **1** Hecho con cobardía. ◆ adj./ n. com. **2** [persona] Que se asusta fácilmente ante cualquier peligro, dificultad o dolor. ANT valiente, gallardo.
DER cobardía, cobardica; acobardar.

cobardía n. f. **1** Falta de valor ante un peligro real o imaginario: *el soldado fue acusado de cobardía ante el enemigo.* **2** Falta que comete el que se comporta con violencia o crueldad contra quien no puede defenderse.

cobardica adj./ n. com. Cobarde.

cobaya n. amb. **1** Mamífero roedor de pequeño tamaño, parecido a una rata, que se emplea en experimentos científicos: *en el laboratorio usan cobayas.* **2** Persona o animal sometido a observación o experimentación para probar algo.

cobertizo n. m. **1** Lugar cubierto de forma ligera o tosca que sirve para resguardar de la intemperie personas, animales o herramientas: *tenemos un cobertizo en el jardín.* **2** Parte del tejado que sobresale de la pared y sirve para resguardarse del sol o de la lluvia.

cobertor n. m. Colcha o manta de una cama.

cobertura n. f. **1** Cosa que se coloca sobre otra para cubrirla o taparla. SIN cubierta. **2** Conjunto de prestaciones que ofrece un servicio. **3** Extensión territorial que alcanza un servicio, especialmente los de telecomunicaciones: *mi teléfono móvil se ha quedado sin cobertura.* **4** Seguimiento del desarrollo de un suceso llevado a cabo por los profesionales de la información. **5** Conjunto de jugadores de ciertos deportes que forman la defensa de un equipo.
DER cobertizo, cobertor.

cobijar v. tr./ prnl. **1** Refugiar o resguardar, generalmente del frío y la lluvia. **2** Amparar o ayudar, dando cariño y protección.
DER cobijo.

cobijo n. m. **1** Refugio o lugar que sirve para protegerse de la intemperie. **2** Protección o ayuda que una persona da a otra: *siempre que tiene algún problema busca el cobijo de la familia.*

cobra n. f. Serpiente muy venenosa, procedente de África y la India, que despliega la piel de detrás de la cabeza para parecer más grande y amenazadora.
OBS Para indicar el sexo se usa *la cobra macho* y *la cobra hembra.*

cobrador, -ra n. m. y f. Persona que se encarga de cobrar dinero: *en muchos autobuses, el conductor hace también de cobrador.*

cobrar v. tr. **1** Recibir una cantidad de dinero como pago de algo: *estamos a mediados de mes y todavía no he cobrado.* ◆ v. tr. **2** Tener un sentimiento o empezar a sentirlo: *le he cobrado cariño a este muchacho.* **3** Adquirir, lograr algo: *cobrar fama, importancia.* **4** Recibir un castigo corporal: *como sigáis peleándoos, vais a cobrar los dos.* **5** Conseguir piezas mediante la caza. ◆ v. prnl. **6** **cobrarse** Recibir una compensación a cambio de un favor hecho o de un daño recibido: *es de esa clase de personas que si te hacen favores, más tarde o más temprano intentan cobrarse.*

DER cobrador, cobro; recobrar.

cobre n. m. Metal de color rojo, brillante, muy maleable y buen conductor de la electricidad y el calor: *el símbolo del cobre es Cu.*

▶ **batirse el cobre** Trabajar, luchar o disputar para conseguir un objetivo: *los dos equipos de fútbol se batieron el cobre en la última competición internacional.*

DER cobrizo.

cobrizo, -za adj. De color rojizo parecido al del cobre: *se tiñó el pelo con reflejos cobrizos.*

cobro n. m. Operación por medio de la cual se recibe una cantidad de dinero como pago de algo.

▶ **a cobro revertido** [llamada telefónica] Que paga la persona que la recibe.

coca n. f. **1** Arbusto de flores blancas y fruto rojo de cuyas hojas se extrae la cocaína: *la coca se cultiva en Bolivia y en Colombia principalmente.* **2** Hoja de este arbusto. **3** Cocaína, sustancia blanca que se extrae de esta hoja.

cocaína n. f. Sustancia blanca que se extrae de las hojas de la coca y se usa como droga o excitante: *se descubrió una red de tráfico de cocaína.* **SIN** coca.

DER cocainómano.

cocción n. f. **1** Preparación de un alimento sometiéndolo a la acción de un líquido hirviendo, generalmente agua: *con el termómetro controlarás el punto de cocción.* **2** Operación que se realiza cuando se somete una masa de harina o cerámica a la acción del calor de un horno.

cocer v. tr. **1** Cocinar un alimento crudo sometiéndolo a la acción de un líquido hirviendo, generalmente agua. **2** Someter una masa de harina o cerámica a la acción del calor de un horno para que pierda humedad y adquiera ciertas características. ◆ v. tr./ intr. **3** Hervir un líquido. ◆ v. prnl. **4** **cocerse** Prepararse de manera secreta: *algo se debe de estar cociendo en esa reunión.* **SIN** conspirar, maquinar, tramar. **5** Sentir mucho calor. **SIN** asar.

OBS En su conjugación, la *o* se convierte en *ue* en sílaba acentuada y la *c* en *z* delante de *a* y *o*.

DER cocción, cocido, cocimiento, cocinar; escocer, recocer.

coche n. m. **1** Vehículo automóvil de cuatro ruedas, especialmente el destinado al transporte de personas: *deja el coche en casa y coge el autobús.* **SIN** turismo. **coche celular** Coche que se usa para transportar personas detenidas: *el coche celular llevó a los presos a la penitenciaría.* **coche de carreras** Coche especialmente preparado para competir en pruebas de velocidad. **coche de línea** Autobús que hace el servicio regular de viajeros entre dos poblaciones: *el coche de línea pasa a las tres.* **coche escoba** Coche que va al final de una carrera ciclista recogiendo a los ciclistas que se retiran. **coche fúnebre** Coche especialmente diseñado para conducir cadáveres al cementerio. **coche patrulla** Coche de la policía dotado con las señales exteriores reglamentarias que lleva una emisora de radio para dar y recibir avisos. **coche utilitario** Coche sencillo y de muy poco consumo. **2** Vagón de tren: *mi asiento está en el otro coche.* **coche cama** Vagón que dispone de camas o literas para dormir. **3** Carruaje tirado por caballos, con dos o cuatro ruedas y capacidad para dos o más personas.

DER cochera, cochero.

cochecito n. m. Armazón con cuatro o más ruedas y asiento acolchado que sirve para llevar sentado o estirado a un niño que aún no camina o que hace poco tiempo que anda.

cochero, -ra n. m. y f. Persona que se dedica a conducir coches de caballos.

cochinada n. f. **1** Acción sucia, propia de una persona cochina. **SIN** cochinería, guarrería, marranada. **2** Acción que molesta o causa un cierto perjuicio, sea o no malintencionada. **SIN** cerdada, guarrada, marranada. **3** Dicho o hecho reprensible, inadecuado o maleducado, en especial por hacer referencia a cuestiones escatológicas o sexuales: *niño, no digas esas cochinadas.* **SIN** guarrería, marranada. **4** Cosa sucia, mal hecha o desagradable. **SIN** guarrería, marranada.

cochinilla n. f. **1** Crustáceo terrestre de pequeño tamaño y color gris oscuro, propio de lugares húmedos, que cuando se le toca se enrolla sobre sí mismo para protegerse. **2** Insecto, parecido al pulgón, procedente de Méjico que, reducido a polvo, se emplea como tinte rojo para la seda, la lana y otras cosas: *la cochinilla vive sobre la chumbera.*

cochinillo n. m. Cría del cerdo que todavía mama. SIN lechón.

cochino, -na adj./ n. m. y f. **1** [persona] Que no cuida su aseo personal o que produce asco: *esta niña es una cochina comiendo.* **2** [persona] Que muestra tener poca educación o pocos principios morales: *se portó como un cochino al no querer invitarnos.* ◆ n. m. y f. **3** Cerdo; especialmente el que se cría para la matanza.
DER cochinada, cochinería, cochinilla, cochinillo, cochiquera; cochambre, recochinearse.

cochiquera n. f. Lugar en donde viven los cerdos en una granja.
DER pocilga.

cocido n. m. Guiso que se hace hirviendo en agua durante largo tiempo garbanzos, hortalizas, carne y tocino: *cocido madrileño; cocido andaluz.*

cociente n. m. MAT. Resultado que se obtiene dividiendo una cantidad por otra: *el cociente de dividir seis entre dos es tres.*

cocina n. f. **1** Habitación en la que se cocina. **2** Aparato que sirve para cocinar y calentar los alimentos: *cocina de gas.* **3** Arte o técnica de elaborar y preparar los alimentos para comerlos: *la cocina española.*

cocinar v. tr. Preparar o combinar alimentos para comerlos o servirlos: *cocinar un buen arroz no es fácil.* SIN guisar.
DER cocinar, cocinero, cocinilla; precocinado.

cocinero, -ra n. m. y f. Persona que prepara o combina alimentos para comerlos o servirlos: *Alicia trabaja de cocinera en un restaurante.*

cocker n. com./ adj. Perro de caza de pequeño tamaño, orejas colgantes, cola larga y pelaje largo y sedoso, generalmente de color beige o negro; es originario de Gran Bretaña.
OBS Se pronuncia «cóquer».

coco n. m. **1** Fruto del cocotero, de forma casi redonda con una corteza muy dura, carne blanca de sabor agradable y un líquido dulce en el interior: *le encantaba comer rodajas de coco.* **2** Cocotero, árbol tropical. **3** Cabeza de una persona: *esta chica tiene un coco extraordinario: está sacando unas notas brillantísimas.* SIN azotea, calabaza, tarro. **4** Personaje inventado con que se asusta a los niños para que obedezcan: *duérmete, niño, que viene el coco.* **5** BIOL. Bacteria de forma redonda.
▶ comer el coco Convencer, hacer que una persona obre o piense de una manera determinada: *le han comido el coco para que organice una fiesta.* comerse el coco Preocuparse en exceso: *este chico se come el coco por tonterías.* parecer (o ser) un coco Ser muy inteligente: *mi abuela decía que mi madre era un coco, pero que no había podido demostrarlo.*

cocodrilo n. m. Reptil grande, de color marrón oscuro, piel muy dura y con escamas; tiene patas con una membrana entre los dedos para nadar, cola larga y aplanada lateralmente, dientes fuertes y afilados y hocico alargado de lados ondulados.

cocotero n. m. Árbol tropical de tronco esbelto y gran altura, cuyo fruto es el coco: *el cocotero es un tipo de palmera.* SIN coco.

coctel o **cóctel** n. m. **1** Bebida alcohólica que se obtiene mediante la mezcla de licores con zumos u otras bebidas y que se sirve fría. SIN combinado. **2** Reunión de personas con motivo de una celebración en la que se sirven bebidas, canapés y otras cosas: *la presentación del libro irá seguida de un elegante cóctel.* **3** Comida fría en la que se mezclan varios alimentos: *cóctel de mariscos.*
▶ cóctel molotov Explosivo de fabricación casera, generalmente una botella provista de mecha, que sirve para provocar incendios.
OBS La Real Academia Española recoge las dos grafías, pero prefiere la forma *cóctel.* El plural es *cócteles* o *cocteles*, respectivamente.
DER coctelera.

coctelera n. f. Recipiente, generalmente metálico, que se usa para mezclar los componentes de un cóctel: *sentado tras la barra el hombre mezclaba licores en una coctelera y luego los servía con gran elegancia.*

coda n. f. **1** MÚS. Adición al período final de una pieza. **2** Repetición final de una pieza bailable.

codazo n. m. Golpe dado con el codo.

codear v. intr. **1** Mover los codos o dar golpes con ellos, en especial para abrirse paso. ◆ v. prnl. **2** codearse Tratarse de igual a igual una persona con otra u otras, generalmente pertenecientes a una élite social o cultural: *se codea con los científicos más afamados del país.*

códice n. m. Libro manuscrito anterior a la invención de la imprenta, especialmente aquel cuyo contenido tiene importancia histórica o literaria.

codicia n. f. Deseo excesivo de dinero, poder o riquezas: *la codicia no le dejaba ser feliz.*
DER codiciar, codicioso.

codiciar v. tr. Desear con exceso poder, dinero o riquezas: *el avaro codiciaba las riquezas de sus vecinos.*
OBS En su conjugación, la *i* es átona, como en *cambiar.*

codicioso, -sa adj./ n. m. y f. [persona] Que tiene codicia o desea con exceso dinero, poder o riquezas.

codificación n. f. Representación de un mensaje mediante un código de palabras, letras o signos.

codificar v. tr. **1** Representar un mensaje mediante un código de palabras, letras o signos: *los hablantes, antes de emitir el mensaje, codifican la idea que quieren expresar según el sistema de signos que forman su lengua.* ANT descodificar. **2** Reunir leyes o normas en un código.
OBS En su conjugación, la *c* se convierte en *qu* delante de *e.*
DER codificación; descodificar.

código n. m. **1** Conjunto ordenado de leyes. código civil DER. Código que recoge la legislación que afectan a las personas, bienes, modos de propiedad, obligaciones y contratos. código de la circulación Código que recoge las leyes por las que se regula el tráfico de vehículos y personas a pie en las vías públicas. código penal DER. Código que recoge la leyes que afectan a las faltas y los delitos. **2** Sistema de símbolos y reglas que permite componer y comprender un mensaje: *código morse.* **3** Combinación de letras o de números que identifican un producto o a una persona, permiten realizar determinadas operaciones o manejar algunos aparatos: *las tarjetas bancarias tienen un código personal secreto.* código de barras Combinación de líneas y números que se imprime en las envolturas de los productos de consumo: *el código de barras contiene la procedencia, la fecha de envasado, el número de lote y otros datos.* código postal Combinación de números que se asigna a una población y a las distintas zonas dentro de ella para hacer más fácil la clasificación y la entrega del correo. **4** Conjunto de normas y reglas: *el honor y la valentía forman parte del código militar.*

codirigir v. tr. Dirigir de forma conjunta: *este proyecto se ha codirigido desde tres entidades.*
OBS En su conjugación, la *g* se convierte en *j* delante de *a* y *o.*

codo n. m. **1** Parte media del brazo en la que se halla la articulación que une el cúbito y el radio con el húmero, y permite doblar el brazo. **2** Parte de una prenda de vestir que cubre esta parte: *se ha roto los codos de tanto estudiar.* **3** Trozo de tubo, doblado en ángulo o en arco, que sirve para variar la dirección de una tubería. **4** Articulación que une la parte alta de la pata con el pecho en los animales cuadrúpedos.
▶ codo a (o con) codo En estrecha colaboración: *lucharon codo a codo contra el nacismo.* empinar el codo *coloquial* Tomar bebidas alcohólicas. hablar por los codos *coloquial* Hablar mucho hincar los codos Estudiar con mucho interés y dedicación: *si quieres pasar de curso, te va a tocar hincar los codos en verano.*
DER coda, codazo, codear, codera, codillo; acodar, recodo.

codorniz n. f. Ave de la familia de la gallina, con la cabeza, la espalda y las alas de color marrón y la parte inferior entre gris y amarilla.

coeficiente n. m. **1** MAT. Número que se escribe a la izquierda de una expresión matemática y que indica el número por el que debe multiplicarse: *en la expresión 8 x 8 es el coeficiente.* **2** FÍS. Número que expresa el valor de una propiedad o un cambio con relación a las condiciones en que se produce.
▶ coeficiente intelectual Relación entre la edad mental de una persona y su edad real.

coerción n. m. Acción de coercer o reprimir moral o físicamente: *no querían sujetarse a más coerciones que las del calendario.*

coetáneo, -nea adj. **1** Que existe al mismo tiempo que otra cosa, o que pertenece a la misma época que ella: *el proceso independentista en la mayoría de los países de América es coetáneo con las guerras napoleónicas.* SIN contemporáneo. ◆ adj./ n. m. y f. **2** [persona] Que vive en la misma época que otra persona o en la época en la que se produce un suceso que se menciona: *los coetáneos de Proust; Brahms y Schumann fueron músicos coetáneos.* SIN contemporáneo.

coexistencia n. f. Existencia de una persona o cosa al mismo tiempo que otra u otras.

coexistir v. intr. Existir una persona o cosa al mismo tiempo que otra u otras.
DER coexistencia.

cofia n. f. **1** Tocado femenino de tela, generalmente rígido y de color blanco, que se coloca a modo de diadema y evita que el pelo caiga sobre la cara; es un complemento de algunos uniformes de camareras y enfermeras. **2** Gorro de lino u otra tela fina que cubre toda la cabeza hasta la nuca y se ata bajo la barbilla; es un gorro utilizado para mantener recogido o escondido el cabello por razones de higiene o antiguamente como signo de respetabilidad: *la cofia fue una prenda llevada durante siglos tanto por hombres como por mujeres.*

cofrade n. com. Persona que pertenece a una cofradía.
DER cofradía.

cofradía n. f. **1** Asociación autorizada que algunas personas religiosas forman con fines piadosos: *las cofradías de la ciudad salen en procesión en Semana Santa.* **2** Asociación organizada de personas con unos mismos intereses, especialmente si estos son profesionales o altruistas.
DER archicofradía.

cofre n. m. **1** Caja pequeña y resistente de metal o madera, con tapa y cerradura, que se usa para guardar objetos de valor. **SIN** arca. **2** Caja grande rectangular, con una tapa arqueada que gira sobre bisagras: *los piratas enterraron el cofre del tesoro en una isla desierta.* **SIN** baúl.
DER encofrar.

coger v. tr. **1** Tomar o sujetar, generalmente con la mano o con un objeto que se usa como la mano: *me dijo que cogiese una galleta; cógelo con una pinza.* **SIN** agarrar. **2** Aceptar lo que se ofrece: *coge este libro, te lo regalo.* **3** Recibir en sí alguna cosa. **4** Ocupar cierto espacio por completo. **5** Hallar, encontrar: *procura cogerla de buen humor.* **6** Sorprender o hallar desprevenido: *me cogió de sorpresa.* **SIN** pescar, pillar. coger con las manos en la masa Sorprender o descubrir a una persona en una acción que quiere ocultar. **7** Captar una emisión de radio o televisión: *en mi tele no se coge esa cadena.* **8** Ocupar, reservar: *si llegas antes que yo a clase, cógeme sitio.* **9** Capturar, apresar: *no han cogido aún a los ladrones.* **10** Adquirir, obtener: *coger una costumbre.* **11** Usar un medio de transporte: *ha cogido el vuelo a Madrid.* **12** Tomar algo de otra persona, especialmente sin permiso: *toma tu bolígrafo, lo cogí por error.* **13** Entender, comprender el significado de algo: *no he cogido el chiste.* **14** Escribir lo que otra persona dice: *falté a clase y no pude coger apuntes.* **15** Contraer una enfermedad: *he cogido la gripe.* **16** Herir o enganchar el toro con los cuernos a una persona. ◆ v. intr. **17** Hallarse o estar situado: *te llevo a tu casa, me coge de camino.* **18** Caber: *esta alfombra no coge aquí.*
▶ cogerla con Tomar manía a una persona o cosa: *la ha cogido con la televisión.* coger y Expresión que se usa para indicar que la acción del verbo que va detrás ocurre de pronto o no se espera: *cuando se enfada, coge y se va sin despedirse.* **SIN** agarrar, ir.
OBS En su conjugación, la *g* se convierte en *j* delante de *a* y *o*.
DER cogedor, cogida; acoger, encoger, escoger, recoger, sobrecoger.

cogida n. f. Herida o daño que produce el toro a una persona cuando la engancha con los cuernos.

cogollo n. m. **1** Parte interior que es la más apretada, blanca y tierna de algunas plantas, como la lechuga. **2** Brote de las plantas y los árboles. **3** Centro o núcleo de una cosa: *el cogollo de la ciudad.* **4** Conjunto de personas o de cosas que resulta lo mejor, lo escogido o lo más selecto de su clase.
▶ cogollo de Tudela Variedad de lechuga pequeña que se cultiva especialmente en Tudela (España): *cogollos de Tudela con anchoas.*

cogorza n. f. Borrachera, embriaguez: *llevaba una buena cogorza.*

cogote n. m. Parte superior y posterior del cuello.
▶ estar hasta el cogote Estar cansado y harto.
DER acogotar.

cohabitar v. intr. **1** Vivir juntas dos o más personas: *es un piso muy pequeño en el que cohabitan diez personas.* **2** Vivir juntas dos personas como si estuvieran casadas: *han cohabitado durante dos años antes de casarse.*

coherencia n. f. **1** Unión y relación adecuada de todas las partes que forman un todo: *no había coherencia entre la primera y la segunda parte de la película.* **SIN** consistencia. **ANT** incoherencia. **2** Correspondencia lógica entre las ideas de una persona y su comportamiento. **SIN** consecuencia.
DER coherente, cohesión; incoherencia.

coherente adj. **1** Que tiene unión y relación adecuada entre todas sus partes. **SIN** acorde, consistente. **ANT** incoherente. **2** Que mantiene una correspondencia lógica entre las ideas y el comportamiento. **SIN** consecuente.

cohesión n. f. **1** Unión estrecha entre personas o cosas: *los enfrentamientos ponen a prueba la cohesión del partido político.* **2** FÍS. Unión estrecha de las partículas de un cuerpo a causa de las fuerzas de atracción molecular. **SIN** consistencia.
DER cohesivo.

cohesionar v. tr. Dar cohesión a algo: *su proyecto consiste en cohesionar, a través de un tono crítico, música y cultura en cada programa.*

cohete n. m. **1** Tubo de papel o cartón lleno de pólvora adherido al extremo de una varilla que se lanza al aire prendiéndolo por la parte inferior; cuando alcanza su mayor altura explota produciendo un ruido muy fuerte. **SIN** petardo, volador. **2** Proyectil cargado con material explosivo o de exploración que vuela por propulsión a chorro y se utiliza como arma de guerra o para investigación. **SIN** misil. **3** Artificio propulsor de una nave espacial que permite a esta salir fuera de la atmósfera de la Tierra. **4** Nave espacial que es propulsada por este artificio.
DER lanzacohetes.

cohibido, -da adj. Que no se comporta con naturalidad porque no está cómodo en ciertas situaciones o siente vergüenza por algo: *cuando hay mucha gente está muy cohibido.*

cohibir v. tr./ prnl. Impedir que una persona se comporte libremente o con naturalidad.
OBS En su conjugación, la *i* se acentúa en algunos tiempos y personas, como en *prohibir.*
DER cohibido.

cohorte n. f. Conjunto de personas que acompañan o siguen a otra.

coincidencia n. f. **1** Presencia simultánea en el tiempo o en el espacio de dos o más personas, hechos o cosas. **2** Ocasión en la que dos o más cosas suceden de manera casual al mismo tiempo: *¡te has cortado el pelo igual que yo! ¡Qué coincidencia!* **3** Igualdad entre dos o más ideas, opiniones o sentimientos: *la coincidencia de los votantes ha sido unánime.*

coincidente adj. [idea, opinión] Que concuerda o es el mismo que el de otra persona. **ANT** diferente.

coincidir v. intr. **1** Ocurrir en el mismo momento dos o más cosas. **2** Ajustarse una cosa con otra. **3** Encontrarse dos personas casualmente en un mismo lugar: *concidieron en el bar de la esquina.* **4** Estar de acuerdo dos o más personas en una idea u opinión.
DER coincidencia, coincidente.

coiné n. f. **1** Lengua adoptada por los griegos tras la muerte de Alejandro Magno y que dio lugar al griego clásico. **2** Lengua común que se establece unificando los rasgos de distintas lenguas o dialectos.
OBS También puede escribirse *koiné.*

coito n. m. Acto sexual entre dos personas en el que hay penetración.

cojear v. intr. **1** Andar inclinando el cuerpo a un lado más que a otro por no poder pisar igual con ambos pies. **SIN** renquear. **2** Moverse una mesa u otro mueble por tener una pata más larga o más corta que las otras o porque el suelo no es uniforme.

cojera n. f. Discapacidad física que no permite andar con normalidad: *el defecto en la pierna le provocaba cojera.*

cojín n. m. Almohadón de algodón o lana que sirve para sentarse o apoyar cómodamente una parte del cuerpo.
DER cojinete.

cojinete n. m. Pieza o conjunto de piezas en que se apoya y gira un eje de una máquina. **SIN** rodamiento.

cojo, -ja adj./ n. m. y f. **1** [ser vivo] Que no anda normalmente porque le falta un pie o una pierna o porque tiene algún defecto que no le permite andar con regularidad: *el accidente lo ha dejado cojo.* ◆ adj. **2** [mueble] Que se balancea por tener una pata más corta o más larga que las otras. **3** [idea] Que está incompleto o mal fundado: *un razonamiento cojo, un discurso cojo.*
DER cojear, cojera, cojitranco.

cojón n. m. **1** Órgano sexual masculino, de forma redondeada, en cuyo interior se encuentran las células sexuales. **SIN** huevo, testículo. ◆ n. m. pl. **2 cojones** *malsonante* Valor o atrevimiento para hacer algo.
DER cojonudo; acojonar, descojonar.

cojonudo, -da adj. **1** *malsonante* Que es extraordinariamente bueno: *una película cojonuda.* ◆ adv. **2 cojonudo** *malsonante* Muy bien: *el examen me fue cojonudo.*

col n. f. Hortaliza comestible de hojas verdes muy anchas y arrugadas y tan unidas y apretadas entre sí que forman una especie de pelota. **SIN** repollo.
▶ **col de Bruselas** Hortaliza parecida a una col, pero de pequeño tamaño.
DER coliflor.

cola n. f. **1** Prolongación de la columna vertebral que forma una extremidad en la parte posterior del cuerpo de algunos animales: *el perro movió la cola al ver a su dueño.* **2** Conjunto de plumas fuertes y más o menos largas que tienen las aves en el extremo posterior de su cuerpo. **3** Extremo o prolongación posterior de una cosa: *la cola del cometa.* **4** Parte posterior o última que está en el lugar opuesto a la parte delantera o al comienzo: *me senté en la cola del tren.* **5** Fila de personas o vehículos que guardan turno: *estuve en la cola dos horas.* **6** Pene, miembro viril. **7** Pasta fuerte y viscosa que sirve para pegar: *el carpintero pegó con cola las patas de la silla.* **8** Sustancia extraída de las semillas de un árbol tropical que se suele usar para hacer bebidas con gas: *la cola contiene cafeína.* **9** Refresco de color marrón, dulce y con gas, hecho con las sustancias de estas semillas.

▶ cola de caballo Peinado que se hace recogiendo el pelo y sujetándolo en la parte alta de la nuca de manera que se parece a la cola de un caballo. no pegar ni con cola No ser adecuado o conveniente en relación con algo: *le dije que ese cuadro no pegaba ahí ni con cola.* traer cola Tener consecuencias graves una cosa: *el asunto de la corrupción va a traer cola.*

colaboración n. f. **1** Realización de una tarea común entre varias personas: *los dos escritores han trabajado en estrecha colaboración en la realización del guion.* **2** Ayuda para el logro de algún fin: *la colaboración de los medios de comunicación en la campaña contra el tabaco resulta fundamental.* SIN contribución. **3** Texto o artículo que escribe un colaborador para un periódico o revista.

DER colaboracionismo.

colaboracionismo n. m. Actitud o ideología de quien apoya o colabora con un régimen que la mayoría considera opresivo, en especial con las fuerzas enemigas que han ocupado su país: *algunos franceses fueron acusados de colaboracionismo con el invasor alemán, durante la Segunda Guerra Mundial.*

DER colaboracionista.

colaborador, -ra n. m. y f. **1** Persona que trabaja con otras en la realización de una tarea común. **2** Persona que escribe habitualmente en un periódico o revista o en un equipo de redacción sin formar parte de su plantilla fija.

colaborar v. intr. **1** Trabajar con otras personas en una tarea común. **2** Participar en el desarrollo de un proceso con un fin determinado. SIN contribuir. **3** Dar una cantidad de dinero o medicinas, alimentos, ropas u otros objetos a una persona o grupo para ayudar a cubrir las necesidades de otras personas: *la señora colaboró con 50 euros a la campaña de la Cruz Roja.* **4** Escribir en un periódico sin ser redactor fijo: *importantes escritores colaboran en este periódico.*

DER colaboración, colaborador.

colada n. f. **1** Masa de lava incandescente que discurre por la ladera de un volcán hasta que se solidifica: *largas coladas de lava rebasan frecuentemente el cono y recubren los materiales de proyección más blandos, formando varios estratos.* **2** Operación que se realiza en un alto horno para dar salida a un chorro de metal: *en 1860 se produjo la primera colada de acero en el alto horno de Duro Felguera.* **3** Lavado de la ropa sucia de una casa: *hacer la colada.* **4** Ropa lavada: *tender la colada.* **5** DEP En el fútbol y otros deportes de pelota, acción destacada de un jugador que se interna rápidamente en el área del equipo contrario sorteando a sus rivales: *el primer gol vino por una colada del extremo.* SIN internada.

colado, -da adj. [hierro de fundición] Que se encuentra en el mismo estado en que sale del alto horno, sin purificar: *el hierro colado que se obtiene es una mezcla de hierro fundido (95%), carbono (4%) e impurezas (1%).* estar colado Estar muy enamorado de una persona: *se nota que Jorge está colado por Antonio.*

colador n. m. Utensilio de cocina para colar un líquido; consiste en una tela textil, una tela metálica o una plancha con agujeros, generalmente provista de un mango: *un colador para el té.* SIN coladero. colador chino Colador fino con forma de embudo. NOTA También simplemente *chino*.

▶ como un colador Con muchos agujeros, en especial con muchos balazos o navajazos: *tras el asalto, el furgón quedó como un colador, directo al desguaze.*

colage n. m. **1** Técnica usada en pintura que consiste en pegar sobre una tela o tabla distintos materiales, como papel, tela o fotografías. **2** Obra artística en la que se ha aplicado esta técnica.

colapsar v. tr. Paralizar el funcionamiento normal de una persona o cosa.

colapso n. m. **1** Paralización o disminución importante de una actividad: *los domingos*

por la noche la circulación de vehículos sufre un colapso a la entrada de las grandes ciudades. **2** Destrucción o ruina de un sistema: *el colapso de la economía.* **3** MED. Fallo de las funciones del corazón debido a la falta de impulso nervioso.
DER colapsar.

colar v. tr. **1** Pasar un líquido por un colador para separar las partículas sólidas que contiene: *cuela la leche para quitarle la nata.* ◆ v. tr./ prnl. **2** Pasar por un lugar estrecho: *colé la mano por el agujero y abrí la ventana desde dentro; la moneda se coló dentro de la máquina tragaperras.* ◆ v. intr. **3** Hacer creer algo con engaño. ◆ v. prnl. **4** colarse Introducirse en un lugar a escondidas o sin permiso. **5** Equivocarse, decir inconveniencias. **6** Estar muy enamorado.
OBS En su conjugación, la *o* se convierte en *ue* en sílaba acentuada, como en *contar.*
DER colada, coladero, colado, colador, coladura.

colateral adj. **1** Que está situado a uno y otro lado de un elemento principal: *la basílica que visitamos tiene una nave central y dos colaterales.* ◆ adj./ n. com. **2** [familiar] Que comparte con otra persona un antepasado o ascendiente común, pero no por vía directa de padres a hijos.

colcha n. f. Pieza grande de tela que cubre la cama y sirve de adorno y de abrigo.
DER colchón; acolchar.

colchón n. m. Parte de la cama que consiste en una especie de saco de tela fuerte con forma rectangular y relleno de lana o algodón o provisto de muelles; se pone sobre la cama para dormir en él.
▶ colchón de agua Colchón que está lleno de agua. colchón de aire Colchón que está hinchado con aire. colchón de aire Capa de aire a presión que se interpone entre dos superficies para evitar su contacto o amortiguar el rozamiento: *el aerodeslizador se desplaza sobre un colchón de aire.*
DER colchonería, colchoneta.

colchoneta n. f. **1** Colchón delgado y estrecho que se usa para dormir o para realizar ejercicios gimnásticos. **2** Colchón de tela impermeable lleno de aire: *está prohibido meterse en la piscina con colchonetas; en el camping dormíamos sobre colchonetas.* **3** Cojín delgado y estrecho, relleno de esponja, que se coloca sobre las sillas, los sofás, los bancos y otros muebles para sentarse: *este sofá tiene la colchoneta muy vieja, habrá que cambiarla.*

colección n. f. **1** Conjunto de cosas de la misma clase reunidas y clasificadas: *una colección de cromos.* **2** Conjunto de modelos creados por un diseñador de moda para cada temporada. **3** Gran número de cosas: *por su boca salía una colección de mentiras y disparates.*
DER coleccionar, coleccionismo, colecta, colectivo; recolección.

coleccionable adj. **1** Que puede ser coleccionado. ◆ n. m. **2** Obra que se publica por fascículos, especialmente la distribuida en una publicación periódica: *con el periódico aparecerá cada semana un coleccionable sobre plantas de jardín.*

coleccionar v. tr. Reunir y clasificar un conjunto de cosas de la misma clase por pasatiempo o gusto.

coleccionista adj./ n. com. Persona que colecciona objetos.

colecta n. f. Racaudación de donativos para ayudar a personas necesitadas.
DER colectar, colector.

colectividad n. f. Conjunto de personas que tienen entre sí algún tipo de relación o que se hallan reunidas o concertadas para un fin: *los nuevos planes de carreteras se conciben como un servicio a la colectividad.* SIN comunidad.

colectivismo n. m. Sistema político y económico que defiende la transferencia de los medios de producción, como la tierra, las fábricas y las fuentes de energía, a la colectividad bajo el control del estado, que se encarga de la distribución de la riqueza.
DER colectivista.

colectivo, -va adj. **1** Que pertenece a un grupo de personas o es compartido por cada uno de sus miembros: *nos transmitieron una opinión colectiva.* ◆ n. m. **2** colectivo Grupo de personas unidas por motivos laborales o profesionales: *el colectivo de funcionarios.*
DER colectividad, colectivismo, colectivizar.

colector n. m. Conducto subterráneo al que van a parar el agua sucia y los residuos de otros conductos.

colega n. com. **1** Persona que tiene la misma profesión que otra: *el médico saludó a sus colegas del hospital.* **2** Amigo, compañero.
OBS Se usa como apelativo afectivo: *¡qué tal, colega!*

colegiado, -da adj./ n. m. y f. **1** [persona] Que pertenece a un colegio profesional o asociación semejante, en especial si tiene reconocimiento oficial: *las recetas tienen que ser firmadas* *por un médico colegiado.* ◆ n. m. y f. **2** Árbitro, miembro de un colegio reconocido oficialmente que hace cumplir unas reglas o unas normas, especialmente en una competición deportiva: *el colegiado señaló un penalti y expulsó a un jugador.* SIN juez.

colegial, -la adj. **1** Del colegio o que tiene relación con este centro de enseñanza: *reunión colegial.* ◆ n. m. y f. **2** Alumno que asiste a un colegio. ◆ adj./ n. m. y f. **3** [persona] Que es tímido y carece de experiencia.

colegiata n. f. Iglesia importante dirigida por un abad o abadesa.

colegio n. m. **1** Centro de enseñanza donde se imparte educación primaria. **2** Clase: *el viernes no hay colegio porque hacemos puente.* **3** Asociación formada por personas con una misma profesión: *colegio de arquitectos.* **4** Lugar donde se reúnen estas personas.
▶ colegio electoral **a.** Conjunto de personas con derecho a voto comprendidas legalmente en un mismo grupo para ejercer su derecho. **b.** Lugar donde las personas de una misma zona van a votar. colegio mayor Residencia de estudiantes universitarios donde se complementan estudios.
DER colega, colegial, colegiarse, colegiata.

coleóptero adj./ n. m. **1** [insecto] Que pertenece al orden de los coleópteros: *el escarabajo es un coleóptero.* ◆ n. m. pl. **2** coleópteros Orden de insectos que tienen la boca preparada para masticar y un par de alas duras que protegen a las otras, que están plegadas y sirven para volar: *los coleópteros constituyen el grupo de seres vivos más extenso.*

cólera n. f. **1** Enfado muy grande y violento: *su rostro enrojeció de cólera.* ◆ n. m. **2** Enfermedad infecciosa, aguda y muy grave, que produce vómitos y diarrea y que se contagia a través de las aguas contaminadas.
DER colérico; encolerizar.

colérico, -ca adj. **1** De la cólera o que tiene relación con este estado de ánimo: *me dirigió una mirada colérica.* **2** [persona] Que se deja llevar por la cólera.

colesterol n. m. Sustancia grasa que se encuentra en el cuerpo y que, producida en exceso, causa el endurecimiento de las arterias.

coleta n. f. **1** Peinado que se hace recogiendo el pelo y sujetándolo con un lazo o goma. **2** Postizo en forma de cola que llevan los toreros prendido en el pelo más arriba del cogote.
▶ cortarse la coleta Dejar una costumbre o un oficio; especialmente, retirarse un torero.
DER coletazo, coletilla.

coletazo n. m. **1** Golpe dado con la cola: *la vaca daba coletazos para espantar las moscas que se le acercaban.* **2** Movimiento violento que hacen con la cola los peces a punto de morir. **3** Última manifestación de una actividad que está a punto de desaparecer: *el circo está dando sus últimos coletazos.*

coletilla n. f. Adición breve a lo dicho o escrito para insistir en algo, resumir la información, hablar sobre algo olvidado, etc.: *luego, como una coletilla final, se nos recuerda que las materias que se tratan en el Consejo son siempre reservadas.* SIN coleta.

colgado, -da adj. **1** [persona] Que está frustrado porque no se ha cumplido lo que esperaba o deseaba. **2** adj./ n. m. y f. [persona] Que es adicto a una droga o que está bajo los efectos de ella.

colgador n. m. Utensilio en forma de gancho que sirve para colgar la ropa: *coloca el albornoz en el colgador que hay detrás de la puerta.*

colgante adj. **1** Que cuelga. ◆ n. m. **2** Joya que cuelga de una cadena alrededor del cuello.

colgar v. tr. **1** Sostener en alto una cosa sujetándola o suspendiéndola por la parte superior, sin que toque el suelo: *colgó el abrigo en el perchero.* ANT descolgar. **2** Sostener a una persona o animal por el cuello con una cuerda hasta que muera: *lo colgaron por robar caballos.* SIN ahorcar. **3** Atribuir algo malo y, generalmente, falso: *le han colgado el sambenito de vago y ya no puede quitárselo de encima.* **4** Abandonar una profesión o actividad: *el futbolista cuelga las botas.* ◆ v. intr. **5** Estar sostenido por encima del suelo sujeto solo por su parte superior: *las manzanas colgaban del árbol.* ◆ v. tr./ intr. **6** Cortar o terminar una conversación telefónica colgando el auricular: *me ha colgado sin dejarme darle una explicación.* ◆ v. intr. **7** Depender de la voluntad o de la decisión de otra persona: *el niño está colgado de su madre.*
▶ colgar de un hilo Estar muy poco seguro o con mucho peligro: *su vida colgaba de un hilo.* estar colgado **a.** Estar loco o haber perdido algunas facultades mentales. **b.** En el lenguaje de la droga, quedarse sin ella cuando se necesita.
DER colgado, colgador, colgadura, colgajo, colgante; descolgar.

colibrí n. m. Ave muy pequeña, de plumaje brillante y de colores vivos, el pico muy largo y fino, que le permite alimentarse del néctar de las flores; vuela suspendiéndose en el aire, gracias a la fuerza y velocidad con que bate las alas, y es la única ave capaz de volar hacia atrás; se encuentra en América: *la especie más pequeña de colibrí mide 5 cm de longitud.* SIN chupamirto, chuparrosa, pájaro mosca, picaflor, runrún, tucuso, zunzún.
OBS El plural es *colibríes* (culto) o *colibrís* (popular).

cólico n. m. **1** Dolor agudo en el vientre acompañado de vómitos y diarrea: *le dieron varios cólicos seguidos y tuvo que acostarse.* **2** Dolor debido al cierre de los conductos de un órgano interno.
▶ cólico nefrítico Cólico que se produce en el riñón: *el cólico nefrítico se produce cuando una piedra obstruye las vías urinarias.*

colgar

INDICATIVO	SUBJUNTIVO
presente	**presente**
cuelgo	cuelgue
cuelgas	cuelgues
cuelga	cuelgue
colgamos	colguemos
colgáis	colguéis
cuelgan	cuelguen
pretérito imperfecto	**pretérito imperfecto**
colgaba	colgara o colgase
colgabas	colgaras o colgases
colgaba	colgara o colgase
colgábamos	colgáramos o colgásemos
colgabais	colgarais o colgaseis
colgaban	colgaran o colgasen
pretérito perfecto simple	**futuro**
colgué	colgare
colgaste	colgares
colgó	colgare
colgamos	colgáremos
colgasteis	colgareis
colgaron	colgaren
futuro	**IMPERATIVO**
colgaré	
colgarás	cuelga (tú)
colgará	cuelgue (usted)
colgaremos	colgad (vosotros)
colgaréis	cuelguen (ustedes)
colgarán	
condicional	**FORMAS NO PERSONALES**
colgaría	**infinitivo** colgar / **gerundio** colgando
colgarías	
colgaría	**participio** colgado
colgaríamos	
colgaríais	
colgarían	

coliflor n. f. Variedad de la col con una gran masa redonda, blanca y granulosa.

colilla n. f. Resto que se deja sin fumar de un cigarro que ha sido fumado: *el cenicero está lleno de colillas.* SIN cabo, chinga, cusca, magaya, pucho.

colina n. f. Elevación de terreno de poca altura y de bordes suaves. SIN alcor, cerro, collado, loma.

colindante adj. [edificio, terreno] Que está al lado de otro edificio o terreno, especialmente si tiene una pared común con él.

colirio n. m. Medicamento líquido que se aplica en los ojos para curarlos.

coliseo n. m. Sala en la que se representan espectáculos, con capacidad para muchas personas.

colisión n. f. **1** Choque violento de dos o más cuerpos en movimiento; especialmente, choque de vehículos. **2** Enfrentamiento entre ideas, intereses o sentimientos opuestos, o entre las personas que los representan: *una colisión entre dos partidos políticos.*
DER colisionar.

colisionar v. intr. Chocar violentamente dos o más cuerpos en movimiento: *un turismo colisionó frontalmente con un camión.*

colitis n. f. Inflamación del intestino colon: *la colitis va acompañada de dolor en el vientre y de diarrea.*

collado n. m. **1** Elevación de terreno de poca altura y de bordes suaves. SIN alcor, cerro, colina, loma. **2** Depresión suave del terreno por donde se puede pasar fácilmente de un lado a otro de una sierra.

collage n. m. Colage.
OBS Es una palabra de origen francés y se pronuncia aproximadamente «colás».

collar n. m. **1** Joya o adorno femenino que rodea el cuello: *un collar de perlas.* **2** Insignia representativa de alguna magistratura, dignidad u orden de caballería. **3** Cadena o correa que se pone alrededor del cuello de un animal.
DER collarín, collera.

collarín n. m. **1** Aparato ortopédico de forma circular que se coloca alrededor del cuello para inmovilizar las vértebras cervicales. **2** Parte del fuste de la columna dórica y de la toscana, comprendida entre el astrágalo (anilla que rodea el fuste) y el capitel. SIN collarino. **3** Etiqueta que se pega en el cuello de las botellas.

colleja n. f. **1** Golpe dado en la nuca con la palma de la mano. **2** Planta de hojas perennes, lanceoladas, blanquecinas y suaves, tallos ahorquillados y flores blancas, agrupadas en panojas colgantes: *la colleja crece en los sembrados y parajes incultos y en algunas partes se come como verdura.* ◆ n. f. pl. **3** collejas Nervios delgados que los carneros tienen en el pescuezo.

colmado n. m. **1** Establecimiento donde se venden comestibles y otros productos: *en las zonas rurales persisten los comercios mixtos, o colmados, donde se vende todo tipo de mercaderías.* **2** Establecimiento popular donde se sirven comidas especiales, principalmente mariscos.

colmado, -da adj. **1** Que está lleno, completo. ◆ n. m. **2** Tienda donde se sirven comidas especiales, principalmente mariscos. **3** Tienda de comestibles.

colmar v. tr. **1** Llenar un recipiente hasta rebasar el borde: *no debes colmar los vasos de vino.* **2** Satisfacer deseos, esperanzas y aspiraciones. **3** Dar en abundancia.
DER colmado.

colmena n. f. **1** Habitáculo, que puede ser natural o fabricado por el hombre, donde viven las abejas y producen y guardan la miel. **2** Conjunto de abejas que viven en ese habitáculo. SIN enjambre. **3** Lugar o edificio donde viven apiñadas una gran cantidad de personas.
DER colmena, colmenero.

colmenero, -ra n. m. y f. Persona que cría abejas para conseguir miel, cera y otros productos.

colmillo n. m. **1** Diente puntiagudo y fuerte situado entre los dientes incisivos y las muelas en las personas y algunos otros mamíferos: *los roedores no tienen colmillos.* SIN canino. enseñar los colmillos Mostrarse amenazador, imponer respeto o miedo. **2** Diente incisivo alargado y en forma de cuerno que tienen los elefantes a cada lado de la mandíbula superior.

colmo n. m. **1** Grado máximo al que es posible llegar en algo que se indica: *su manera de insultarnos es el colmo de la insolencia.* **2** Circunstancia o acción que se añade a otras precedentes hasta alcanzar este grado máximo. ▶ ser el colmo Ser inadmisible o insoportable una cosa: *primero me tienes esperando una hora, y cuando te llamo, me dices que no quieres salir. ¡Esto es el colmo!*

colocación n. f. **1** Situación o disposición de una cosa en el lugar, en el orden o de la manera que se desea o le corresponde. **2** Lugar, orden o manera en que está colocada una persona, animal o cosa: *la colocación del jugador en el campo era excelente.* SIN posición, situación. **3** Empleo o puesto de trabajo: *una oficina privada de colocación.*

colocado, -da adj. **1** [persona] Que tiene un puesto de trabajo: *está bien colocada en la empresa.* **2** [persona] Que tiene alterado el estado físico y mental por consumo de alcohol o drogas.

colocar v. tr. **1** Situar o disponer una cosa en el lugar, en el orden o de la manera que se desea o le corresponde. SIN poner, situar. **2** Proporcionar o conseguir un puesto de trabajo: *colocó a su cuñado en la fábrica.* ◆ v. tr. **3** Emplear una cantidad de dinero en adquirir un bien o depositarla en un banco o caja de ahorros para que rinda un beneficio: *colocó todo su dinero en acciones.* SIN invertir. **4** Vender un producto. **5** Hacer que una persona acepte algo que supone una carga o no es apetecible: *al fin conseguí colocar aquel terreno tan mal situado.* ◆ v. prnl. **6** colocarse Alterarse el estado físico y mental de una persona por efecto del consumo de alcohol o drogas.
DER colocación, colocado, colocón; descolocar.

colofón n. m. **1** Momento o parte final y más importante de una cosa: *antes de morir recibió un premio honorífico como colofón a su carrera.* SIN remate. **2** Texto final de un libro en que se indica la fecha, el lugar de impresión, el nombre del impresor y otros datos relacionados.

colombiano, -na adj. **1** De Colombia o que tiene relación con este país de América del Sur. ◆ adj./ n. m. y f. **2** [persona] Que es de Colombia.

colombino, -na adj. De Cristóbal Colón o relacionado con este navegante o con su familia.

colon n. m. Parte principal del intestino grueso comprendida entre el íleon y el recto.

colonia n. f. **1** Líquido de olor agradable elaborado con agua, alcohol y esencias de flores o frutas. **2** Conjunto de personas procedentes de un pueblo, país, región o provincia que se establece en un lugar alejado de su punto de origen. **3** Lugar donde se establece este conjunto de personas: *Cartagena fue una colonia cartaginense hasta que fue conquistada por Escipión el Africano.* **4** Territorio alejado de las fronteras legales de una nación extranjera que lo domina administrativa, militar y económicamente: *muchos lugares de América, Asia y África fueron colonias de países europeos.* **5** Conjunto de viviendas construido al mismo tiempo y según un plan urbanístico común, generalmente a las afueras de una ciudad. SIN urbanización. **6** BIOL. Conjunto de animales pertenecientes a la misma especie que vive en un lugar concreto durante un período de tiempo limitado: *una colonia de aves acuáticas.* **7** BIOL. Conjunto de organismos vivos que crecen unidos entre sí formando un solo cuerpo o estructura. **8** Lugar destinado a albergar a un grupo numeroso de personas durante un período de vacaciones: *una colonia de veraneantes.*

DER colonial, colonianismo, colonizar, colono.

colonial adj. De la colonia bajo dominio de una nación extranjera o que tiene relación con ella.

colonialismo n. m. Sistema político y económico por el cual una nación extranjera domina y explota una colonia: *el colonialismo es una forma de imperialismo.*

DER colonialista.

colonialista adj. **1** Del colonialismo o que guarda relación con este sistema político y económico: *un sistema de explotación colonialista.* ◆ adj./n. com. **2** Que es partidario del colonialismo o lo practica: *España fue hasta el siglo XIX una potencia colonialista.*

colonización n. f. **1** Establecimiento de un conjunto de personas procedentes de un pueblo, país o región en un lugar alejado de su punto de origen con la intención de poblarlo y explotar sus riquezas. **2** Ocupación por parte de una nación extranjera de un territorio alejado de sus fronteras legales para explotarlo y dominarlo administrativa, militar y económicamente: *la colonización portuguesa de Mozambique.* ANT descolonización.

colonizador, -ra adj. **1** [país, pueblo] Que establece una colonia en otro país o en un territorio. ◆ adj./n. m. y f. **2** [persona] Que se establece en un lugar del que no es originario y no ha sido previamente colonizado para controlar y explotar sus riquezas o para poblarlo: *fundada por los colonizadores españoles en 1548, La Paz es la capital del mundo situada a mayor altitud.*

colonizar v. tr. **1** Llevar a cabo un conjunto de personas la colonización de un lugar con la intención de poblarlo y explotar sus riquezas. **2** Realizar una nación extranjera la colonización de un territorio alejado de sus fronteras legales.

OBS En su conjugación, la *z* se convierte en *c* delante de *e*.

DER colonización, colonizador; descolonizar.

colono n. m. **1** Persona que se establece en un lugar alejado de su punto de origen para vivir en él y explotar sus riquezas. **2** Agricultor que cultiva un terreno en alquiler.

coloquial adj. [palabra, forma de expresión] Que es propia del lenguaje que se usa normalmente para comunicarse de manera familiar y espontánea.

coloquio n. m. **1** Conversación, especialmente la que se desarrolla con familiaridad o confianza. SIN diálogo. **2** Conversación que mantienen dos o más personas en la cual cada una expone sus ideas y las defiende de las críticas de los demás: *vi en la tele un animado coloquio sobre las playas nudistas.* SIN debate. **3** Discusión o análisis de ciertos puntos dudosos que sigue a una conferencia o disertación sobre un tema.

DER coloquial.

color n. m. **1** Impresión que producen en la retina los rayos de luz reflejados por un objeto. **2** Aspecto de la cara humana: *hoy tienes mal color, ¿no estarás enfermo?* NOTA También se usa en género femenino, sobre todo en lenguaje poético: *salió de la sala con la color mudada.* **3** Sustancia para pintar: *tengo que preparar más colores para seguir con el cuadro.* **4** Lápiz para pintar. SIN pintura. **5** Carácter peculiar o nota distintiva: *en su novela pintó con colores trágicos la vida en la mina.* SIN colorido. **6** Tendencia o corriente de opinión. ◆ n. m. pl. **7** colores Combinación de colores que un equipo o club de carácter deportivo adopta como símbolo o distintivo.

▶ de color [persona] Que no pertenece a la raza blanca, especialmente la que es negra o mulata: *Martin Luther King y Nelson Mandela han sido dos grandes luchadores por los derechos de la población de color.* no haber color No poderse comparar dos o más cosas: *entre tu coche y el mío no hay color.* sacar los colores Hacer enrojecer de vergüenza a una persona.

colores

Describimos los colores con palabras como:
frío, cálido, subido, chillón, descolorido, pálido, sufrido, fosforito, encendido, apagado, sucio, vivo, brillante, pastel, fuerte, claro, oscuro, luminoso

blanco	negro	azul	rojo	amarillo
alabastro, albino, albo, albor, blanco, blancor, blancura, blancuzco, blanquecino, nacarado, nevado	azabache, moreno, negro, negrura, negruzco	añil, azul, azul marino, azul turquesa, azulado, azur, cárdeno, celeste, garzo, lila, malva, morado, violeta, violáceo	bermejo, bermellón, burdeos, cárdeno, carmesí, carmín, cereza, cobre, cobrizo, colorado, corinto, encarnado, escarlata, grana, granate, púrpura, purpúreo, rojizo, rojo, rubicundo, rubí, rubor, sanguíneo, tinto	amarillento, amarillo, ámbar, áureo, azafrán,cetrino, crema, crudo, dorado, gualdo, oro, paja, rubio
gris	**verde**	**marrón**	**rosa**	**naranja**
ceniciento, cenizo, gris, gris marengo, gris perla, grisáceo, plateado, plomizo	aceituno, glauco, verde, verderón, verdín, verdinegro, verdor, verdoso, verdusco	beige, café, canela, canelo, caqui, castaño, marrón, nogal, ocre, pardo, pardusco, sepia, tabaco, tostado	fucsia, rosa, rosado, rosáceo, salmón	anaranjado, naranja, butano

DER colorar, colorear, colorete, colorido, colorín, colorismo; bicolor, incoloro, monocolor, multicolor, tecnicolor, tricolor.

coloración n. f. **1** Dotación de determinado color a una sustancia o una cosa. **2** Conjunto, disposición y grado de intensidad de los colores de un animal o cosa. SIN colorido.

colorado, -da adj. De color más o menos rojo: *tenía la cara colorada como un tomate.*
▶ ponerse colorado Ponerse la cara de color rojo por vergüenza. SIN ruborizarse.

colorante adj./ n. m. **1** [sustancia] Que da color: *siempre como alimentos sin colorantes ni conservantes.* ◆ n. m. **2** Polvo de color naranja que se usa para dar color a las comidas.

colorear v. tr. **1** Dar color: *coloreaban unos dibujos con rotulador.* ANT descolorir. ◆ v. intr. **2** Tomar ciertos frutos el color rojo propio de la madurez: *los tomates ya colorean en su mata.*

colorete n. m. **1** Cosmético, generalmente en forma de polvos de tonos rojizos o rosados, que se aplica en las mejillas para dar color al rostro: *¿cómo no me di cuenta antes de que llevaba colorete en los pómulos?*

colorido, -da adj. **1** Que tiene colores brillantes, vivos o variados: *la Tierra nos sustenta y produce diversos frutos con coloridas flores y hierbas.* **2** Que muestra viveza, animación o vistosidad: *una hermosa y colorida ciudad.* ◆ n. m. **3** Conjunto, disposición y grado de intensidad de los colores de una cosa, en especial de una pintura: *se conservan dibujos con fondos de suave colorido.* SIN coloración. **4** Arte de combinar los colores en una pintura: *una pintora hábil en el colorido.* **5** Colores brillantes, vivos o variados de una cosa: *las mariposas se desarrollan aquí con especial exuberancia y colorido.* **6** Viveza, animación, vistosidad de una cosa: *ayer asistimos a un espectáculo de circo lleno de colorido.* **7** Carácter particular o apariencia de una cosa. SIN color, coloración.

colorín n. m. **1** Pájaro de color marrón en la espalda, con una mancha roja en la cara, otra negra en la parte superior de la cabeza, cuello blanco y la cola y las alas negras y amarillas con las puntas blancas; es apreciado por su canto: *el colorín es muy bello y se puede domesticar.* SIN jilguero. NOTA Para indicar el sexo se usa *el colorín macho* y *el colorín hembra.* **2** Color vivo, brillante y llamativo, especialmente si contrasta con otros: *me he comprado una carpeta de colorines.* NOTA Se usa más en plural.
▶ colorín colorado, este cuento se ha acabado Expresión que indica el final de un cuento infantil o de otro tipo de narración hablada o escrita.

colorista adj. **1** Que tiene mucho color: *una pintura colorista.* ◆ adj./ n. com. **2** [pintor] Que usa el color con acierto y abundancia. **3** [escritor] Que emplea muchos adjetivos para dar mayor expresividad a su estilo.

colosal adj. **1** Que tiene proporciones extraordinarias. **2** Que es muy bueno o de calidad o cantidad mayores de lo normal: *Lola tiene una memoria colosal, siempre se acuerda de todo.*

coloso n. m. **1** Escultura que representa una figura humana y que tiene un tamaño mucho mayor del normal: *el Coloso de Rodas fue considerado una de la siete maravillas de la Antigüedad.* **2** Persona, grupo de personas o país muy importante o influyente.
DER coliseo, colosal.

columbrar v. tr. **1** Ver desde lejos una cosa sin distinguirla claramente: *a lo lejos columbró la figura de un jinete que se acercaba al galope de su caballo.* **2** Intentar averiguar algo usando indicios y observaciones: *la cantidad final de ganancias se puede columbrar a través de las estadísticas de que disponemos.*

columbrete n. m. Montículo poco elevado que está situado en medio del mar.

columna n. f. **1** Elemento de construcción vertical, más alto que ancho, normalmente de forma cilíndrica, que sirve como adorno o para soportar la estructura de un edificio, un arco o una escultura: *las columnas del Partenón miden 10,4 m de altura.* **2** Pila o montón de cosas colocadas unas sobre otras: *tengo una columna de ropa para planchar.* **3** Sección vertical de una página impresa o manuscrita separada de otra u otras por un espacio en blanco: *no me ha dado tiempo a leer el artículo entero, solo la primera columna.* **4** Espacio fijo de una publicación periódica donde aparece un artículo firmado por el mismo columnista. **5** Serie de números ordenados verticalmente. **6** Forma vertical que puede tomar cualquier líquido o gas cuando se eleva en el aire o cuando está encerrado en un cilindro vertical: *columna de humo.* **7** Grupo de personas o vehículos que forman una línea ordenada: *columnas de tanques, columna de soldados.* **8** Cadena de huesos cortos o vértebras articulados entre sí que recorre la espalda del ser humano y de los animales vertebrados, cuya función es sostener el esqueleto. SIN espinazo, raquis. NOTA Se usa también *columna vertebral.*
▶ quinta columna Conjunto de partidarios de una causa que en caso de guerra luchan infiltrados en las filas enemigas.
DER columnata, columnista.

columnata n. f. Serie de columnas dispuestas en una o varias filas que sirven de adorno o como elemento de soporte de una construcción o edificio.

columnista n. com. Periodista o colaborador de un periódico para el que escribe regularmente un artículo firmado que aparece en un espacio fijo: *se gana la vida como columnista en varios periódicos.*

columpiar v. tr. **1** Impulsar a la persona que está en un columpio: *la madre columpiaba a la niña.* **2** Balancear una cosa, moverla acompasadamente. ◆ v. prnl. **3** columpiarse Mover el cuerpo de un lado a otro al andar. **4** No decidirse a elegir entre una cosa y otra.

columpio n. m. Asiento sujeto a dos cuerdas o cadenas que, colgado de la rama de un árbol o de un armazón de madera o metal, se mueve hacia atrás y hacia delante subiendo y bajando.
DER columpiar.

colza n. f. Planta parecida al nabo de cuyas semillas se extrae aceite.

coma n. f. **1** Signo ortográfico de puntuación (,) que sirve para separar grupos de palabras que no dependen gramaticalmente entre sí. **2** Signo, de igual figura que el anterior, que se emplea en matemáticas para separar los números enteros de los decimales: *en 703,12 la coma separa 703 (entero) de 12 (decimal).* ◆ n. m. **3** MED. Estado inconsciente en el que el enfermo pierde la capacidad de moverse y de sentir, pero conserva la respiración y la circulación de la sangre: *entrar en coma.*
DER comatoso.

comadreja n. f. Mamífero de color marrón rojizo por la espalda y blanco por debajo, con el cuerpo muy delgado y flexible, la cabeza pequeña con ojos brillantes y las patas cortas; se alimenta de carne.
OBS Para indicar el sexo se usa *la comadreja macho* y *la comadreja hembra.*

comadrón, -drona n. m. y f. **1** Cirujano que asiste a la mujer en el parto. ◆ n. f. **2** Mujer con o sin titulación, que ayuda a las mujeres en el parto. SIN matrona.

comandancia n. f. **1** Empleo o grado de comandante. **2** Edificio en el que ejerce su mandato un comandante, con las correspon-

dientes oficinas militares y organismos diversos que funcionan a las órdenes de este. **3** Territorio bajo la autoridad militar de un comandante.
▶ comandancia de marina Subdivisión de un departamento marítimo. comandancia general Empleo del comandante general. Edificio en el que ejerce su mandato un comandante general, con las correspondientes oficinas militares y organismos diversos que funcionan a las órdenes de este.

comandante, -ta n. m. y f. **1** Militar del cuerpo de jefes de los ejércitos de Tierra y Aire que tiene categoría inmediatamente superior a la de capitán e inmediatamente inferior a la de teniente coronel: *comandante de infantería.* **2** Militar que, aunque no tenga el grado de comandante, ejerce el mando en ocasiones determinadas. comandante en jefe Jefe de todas las fuerzas armadas de una nación, de las que participan en una operación militar o de uno de los ejércitos de que constan: *la comandanta en jefe de los soldados de las Naciones Unidas dirigía las operaciones desde Bosnia.* comandante general General que está al mando de grandes colectividades orgánicas de cualquiera de los tres ejércitos y de todo lo relacionado con el respectivo servicio. **3** Persona que está al mando de un avión o de un barco: *el comandante dio la bienvenida a los pasajeros y les deseó un feliz viaje.*
OBS Aplicado a una mujer, es más frecuente el empleo de la forma masculina: *la comandante.*
DER comandancia.

comandar v. tr. Mandar un ejército, una plaza, un destacamento o un conjunto de unidades militares.
DER comandante, comandita, comando.

comando n. m. **1** Grupo de soldados especiales que se introduce en terreno enemigo o realiza operaciones peligrosas. **2** Grupo de personas que pertenecen a una organización armada, guerrillera o terrorista, que lucha contra el sistema establecido y realiza atentados. **3** Miembro de una organización armada clandestina: *entrenaban a tres comandos para que actuaran en el interior del país.* **4** INFORM. Orden que se da al programa para que realice una función.

comarca n. f. Territorio de cierta extensión que tiene características homogéneas y una ciudad o población como capital.
DER comarcal.

comarcal adj. De la comarca o que tiene relación con este territorio: *carretera comarcal.*

comba n. f. **1** Juego de niños que consiste en saltar por encima de una cuerda que dos personas mueven en círculo y se hace pasar alternativamente por debajo de los pies y sobre la cabeza del que salta: *había muchos niños jugando a la comba en el parque.* **2** Cuerda para saltar. SIN saltador. **3** Forma curvada que toman algunos materiales al doblarse o torcerse.
DER combar, combo.

combar v. tr./ prnl. Dar o tomar forma curva una superficie plana.

combate n. m. **1** Enfrentamiento mediante la fuerza física o las armas entre dos o más personas o animales. SIN lucha, pelea. combate de boxeo Lucha deportiva entre dos personas con las manos protegidas por guantes y de conformidad con ciertas reglas. **2** Enfrentamiento entre dos ejércitos contrarios en tiempo de guerra. **3** Lucha contra una enfermedad o un mal para impedir que se extienda: *el combate contra la droga.* **4** Lucha que se produce entre cosas opuestas.
▶ fuera de combate Que está vencido completamente y no puede continuar la lucha: *el boxeador estadounidense fue golpeado en la mandíbula y quedó fuera de combate.* NOTA Suele emplearse con los verbos *estar, quedar* o *dejar.*

combatiente adj. **1** Que combate o lucha: *los ejércitos combatientes en la guerra han firmado la paz.* ◆ n. com. **2** Soldado que forma parte de un ejército.
DER excombatiente.

combatir v. intr. **1** Luchar con la fuerza o con las armas para someter al enemigo o destruirlo: *Cervantes combatió en la batalla de Lepanto.* SIN pelear. **2** Trabajar con esfuerzo para vencer los obstáculos y conseguir un fin. SIN luchar. ◆ v. tr. **3** Atacar y tratar de destruir: *el ejército combatió al enemigo al amanecer.* **4** Atacar una enfermedad, un daño, un mal, para impedir que se extienda: *combatir el terrorismo.* **5** Oponerse a una idea.
DER combate, combatiente, combatividad.

combativo, -va adj. Dispuesto o inclinado a la lucha o a la discusión: *el presidente estaba muy combativo y dirigió varios ataques verbales contra la oposición.*

combinable adj. Que puede ser combinado: *se compró toda la ropa en tonos clásicos* *combinables con cualquier otra prenda.* ANT incombinable.

combinación n. f. **1** Mezcla o unión de personas o cosas distintas que componen un todo: *el verde es una combinación de azul y amarillo.* SIN compuesto. **2** Prenda de vestir femenina que se pone debajo del vestido y sobre la ropa interior. **3** Conjunto bello y agradable: *la combinación de colores es importante en la pintura.* **4** Conjunto de números o letras colocados en un orden determinado que permite abrir una cerradura o hacer funcionar otros mecanismos: *he estado tratando de abrir la caja fuerte, pero no puedo recordar la combinación.* **5** En algunos deportes, como el fútbol, conjunto de pases dados por los jugadores de un equipo para elaborar una jugada.

combinado n. m. Bebida alcohólica que se consigue mediante la mezcla de licores con zumos u otras bebidas y que se sirve fría. SIN cóctel.

combinar v. tr. **1** Unir o mezclar dos o más cosas para formar un compuesto adecuado o para adaptar entre sí elementos diferentes: *tiene muy buen gusto para combinar los colores.* ◆ v. tr./ prnl. **2** QUÍM. Mezclar dos o más elementos para formar una sustancia diferente. ◆ v. intr. **3** Formar un conjunto bello o agradable: *ese color combina muy bien con el de los muebles del salón.* **4** En algunos deportes, como el fútbol, pasar un jugador la pelota a otro para elaborar una jugada.
DER combinación, combinado, combinatorio.

combustible adj. **1** Que puede arder o que arde con facilidad: *el papel es un material combustible.* ANT incombustible. ◆ n. m. **2** Sustancia que se quema para producir calor o energía.
DER incombustible.

combustión n. f. **1** Proceso en el que una sustancia arde y se quema: *la combustión del carbón produce desprendimiento de calor.* **2** Proceso químico en el que una sustancia combustible se mezcla con el oxígeno del aire, con desprendimiento de calor y energía.

comedero n. m. **1** Recipiente en el que se echa la comida a determinados animales: *la jaula del canario tiene un comedero y un bebedero.* **2** Lugar del campo adonde va a comer el ganado: *el pastor llevó las ovejas al comedero.*

comedia n. f. **1** Obra de teatro o película que es divertida y tiene un final feliz. **2** Género teatral de humor: *la comedia se opone al drama porque es cómica y no triste o seria.* **3** Engaño que consiste en fingir lo que en realidad no se siente para conseguir un fin. SIN farsa, teatro. **4** Hecho o situación de la vida real que hace reír.
DER comediante, comediógrafo.

comediante, -ta n. m. y f. **1** Persona que se dedica a representar obras de teatro: *los comediantes iban de pueblo en pueblo con sus trajes y sus comedias.* SIN actor. **2** Persona que finge lo que en realidad no siente para conseguir un fin.

comedido, -da adj. **1** [persona] Que se comporta con comedimiento: La dolce vita *(1959) cierra la etapa del Fellini comedido y moralista.* **2** [palabra, acto] Que es moderado, no exagerado, agresivo ni irrespetuoso: *una sonrisa comedida.*

comediógrafo, -fa n. m. y f. Persona que escribe comedias: *Lope de Vega fue un ilustre comediógrafo.*

comedirse v. prnl. Contenerse, comportarse con cortesía, prudencia o moderación.
OBS En su conjugación, la *e* se convierte en *i* en algunos tiempos y personas, como en *servir.*

comedor, -ra adj. **1** Que come mucho: *este niño es un buen comedor.* ◆ n. m. **2** Pieza de una casa o establecimiento que se usa para comer. **3** Conjunto de muebles que se usan para comer: *el comedor consta de una mesa larga y seis sillas.* **4** Establecimiento público donde se sirven comidas, especialmente el destinado al uso de un colectivo determinado.

comendador n. m. Caballero que tiene una encomienda en una orden militar o de caballeros.

comensal n. com. **1** Persona que come con otras en la misma mesa: *en esta mesa caben seis comensales.* **2** BIOL. Animal que vive a expensas de otro sin producirle daño ni beneficio.

comentar v. tr. **1** Expresar oralmente dos o más personas sus juicios, opiniones u observaciones acerca de una persona o cosa: *todo el mundo comenta la película.* **2** Explicar el contenido de un escrito para que se entienda mejor: *el profesor comentó el texto en clase.*
DER comentario, comentarista.

comentario n. m. **1** Expresión de un juicio, opinión u observación acerca de una persona o cosa: *comentario deportivo.* **2** Explicación o interpretación del contenido de un escrito para que se entienda mejor.

comentarista n. com. Persona que se dedica a comentar noticias de actualidad en los medios de comunicación: *un comentarista deportivo.*

comenzar v. tr. **1** Empezar, dar principio a una cosa: *Luis comenzó la discusión porque quiso.* ◆ v. intr. **2** Empezar, tener principio: *el curso comienza en octubre.*

OBS En su conjugación, la *e* se convierte en *ie* en sílaba acentuada y la *z* en *c* delante de *e*, como en *empezar*.

DER comienzo.

comer v. intr./ tr. **1** Tomar alimento sólido masticándolo en la boca y pasándolo después al estómago. **2** Tomar alimento: *no se puede vivir sin comer.* **3** Consumir como alimento: *comer pollo; comer fruta.* ◆ v. intr. **4** Tomar alimento a mediodía, generalmente el principal del día. SIN almorzar. ◆ v. tr./ prnl. **5** Gastar, consumir o acabar: *ya se han comido todo el dinero que les dejó su padre; el óxido se come el hierro.* **6** Ganar una pieza al contrario, especialmente en un juego de tablero: *si mueves la torre, te comeré el caballo.* ◆ v. prnl. **7** comerse Hacer que un color pierda intensidad y se quede claro: *el sol se come los colores.* **8** Saltarse letras o palabras: *estaba tan nervioso al escribir, que me comía las palabras.* **9** Encogerse prendas como calcetines o medias al irse introduciendo dentro de los zapatos.

▶ comer vivo Mostrar mucho enfado contra una persona. no comer ni dejar comer No aprovechar una cosa para uno mismo ni dejar que la aprovechen los demás. para comérselo Muy guapo o con mucho atractivo: *el bebé es precioso; está para comérselo.* ser de buen comer **a.** Comer con apetito una persona. **b.** Ser un alimento o fruto apetitoso o grato al paladar. sin comerlo ni beberlo Sin haber hecho nada para merecer un daño o un provecho: *el concejal se vio envuelto en un fraude sin comerlo ni beberlo.*

DER comedero, comedor, comestible, comezón, comida, comido, comilón, comilona, comistrajo; concomerse, descomer, malcomer, reconcomer.

comercial adj. **1** Del comercio o que tiene relación con esta actividad: *un centro comercial.* **2** Que tiene fácil aceptación en el mercado y se vende muy bien: *las películas comerciales tienen mucho público.* **3** [película, libro] Que ha sido creado solo con vistas a los resultados económicos, sin pretensiones artísticas.

DER comercializar.

comercialización n. f. Conjunto de actividades encaminadas a hacer fácil y amplia la venta de un producto.

comercializar v. tr. Organizar un conjunto de actividades encaminadas a hacer fácil y amplia la venta de un producto: *la empresa ha invertido muchos miles de euros para comercializar el nuevo cosmético.*

OBS En su conjugación, la *z* se convierte en *c* delante de *e*.

DER comercialización.

comerciante adj./ n. com. Persona que comercia, especialmente si es dueña de un establecimiento comercial.

comerciar v. intr. Comprar, vender o cambiar uno o más productos para obtener un beneficio: *hizo una fortuna comerciando con petróleo.*

OBS En su conjugación, la *i* es átona, como en *cambiar*.

DER comerciante.

comercio n. m. **1** Actividad económica que consiste en comprar, vender o cambiar productos para obtener un beneficio. **2** Establecimiento donde se venden productos. **3** Conjunto de las personas que comercian, especialmente si están organizadas en gremios. **4** Trato o relación sexual ilegal: *tenía comercio con prostitutas.*

DER comercial, comerciar.

comestible adj. **1** Que se puede comer: *algunas setas son comestibles.* ◆ n. m. **2** Producto que sirve como alimento: *compré pasta en la nueva tienda de comestibles.*

DER incomestible.

cometa n. m. **1** Astro formado por un núcleo poco denso y un largo trazo de luz en forma de cola: *el cometa Halley.* ◆ n. f. **2** Juguete que consiste en un armazón muy ligero cubierto de papel, plástico o tela y sujeto a un cordel que se va soltando para que el viento lo eleve: *hicieron volar sus cometas.*

cometer v. tr. Caer en una culpa, delito, falta o error: *cometer una falta de ortografía.*

DER cometido; acometer.

cometido n. m. **1** Trabajo, función o encargo que una persona debe cumplir: *el primer día de trabajo, el jefe le explicó cuál sería su cometido en la oficina.* SIN misión. **2** Obligación moral o deber.

comezón n. f. **1** Picor que se siente en una parte del cuerpo o en todo él: *la picadura del mosquito le produjo una gran comezón.* **2** Sentimiento de disgusto o intranquilidad causado por un deseo no satisfecho.

cómic n. m. **1** Serie o secuencia de viñetas que cuentan una historia: *les encanta leer cómics.* **2** Libro o revista que contiene estas viñetas.

OBS El plural es *cómics.*

comicidad n. f. Capacidad de las personas, las cosas o las situaciones para divertir y hacer reír: *la comicidad de la película se basa en los malentendidos.*

comicios n. m. pl. Actos electorales: *en los próximos comicios elegirán a su alcalde.* SIN elección.

DER comicial.

cómico, -ca adj. **1** De la comedia o que tiene relación con este género: *Mihura era un autor cómico.* **2** Que divierte y hace reír: *Javier es muy cómico: siempre cuenta chistes.* SIN divertido, gracioso. ◆ n. m. y f. **3** Persona que hace obras de teatro o películas cómicas.

comida n. f. **1** Sustancia sólida que se toma por la boca como alimento. **2** Acción de tomar alimentos a una hora determinada del día de manera habitual. **3** Alimento que se toma a mediodía; generalmente es el principal del día. SIN almuerzo. **4** Acción de tomar este alimento. SIN almuerzo.

▶ reposar la comida Descansar después de comer.

DER comidilla.

comidilla n. f. Tema de conversación preferido en diálogos donde predomina el chisme: *hubo un escándalo que fue la comidilla del pueblo.*

comienzo n. m. Origen y principio de una cosa.

comillas n. f. pl. Signo ortográfico que se usa delante y detrás de una palabra o un conjunto de palabras y que sirve para indicar que se citan de otro texto o que deben entenderse de un modo especial: *las comillas se representan con estos signos: ' ', " " y « ».*

DER entrecomillar.

comilona n. f. Comida abundante y variada.

comino n. m. **1** Semilla de color marrón, olor intenso y sabor amargo que se usa en medicina y para dar sabor a las comidas: *a los callos se les echa comino.* **2** Planta de hojas agudas y flores pequeñas, blancas o rojas, que produce esta semilla. **3** Persona de pequeña estatura: *qué genio tiene, y es todavía un comino.* un comino **4** Nada, muy poco: *me importa un comino.* SIN pepino.NOTA Se usa con los verbos *valer, costar, importar* y también en expresiones negativas.

comisaría n. f. **1** Oficina de un comisario. **2** Comisaría de policía, lugar o instalación. comisaría de policía Lugar o instalación donde trabajan varios agentes de policía bajo las órdenes de un comisario. **3** Cargo de comisario: *este señor ocupa la nueva comisaría del plan de urbanismo.*

comisario, -ria n. m. y f. **1** Persona que tiene poder de una autoridad superior para desempeñar un cargo o una función especial: *la Unión Europea ha nombrado tres nuevas comisarias.* **2** Comisario de policía, autoridad.

▶ comisario de policía Autoridad policial que manda a un grupo de agentes y es responsable de una comisaría.

DER comisaría.

comisión n. f. **1** Conjunto de personas elegidas para realizar una labor determinada. **2** Porcentaje del precio de un producto vendido que percibe el vendedor: *el vendedor se lleva una comisión del 15 % por cada coche vendido.* **3** Acto de ejecutar una acción, especialmente cuando es equivocada, incorrecta o ilegal: *comisión de un delito.*

▶ a comisión Cobrando una cantidad de dinero proporcional al trabajo realizado: *el agente de seguros no tiene un sueldo fijo, trabaja a comisión.* comisión de servicio Situación del funcionario que trabaja fuera de su puesto habitual durante un tiempo.

comisionado, -da adj./n. m. y f. [persona] Que se encarga de realizar una comisión o misión determinada por elección o designación de la autoridad competente: *los comisionados de la ONU para los refugiados.*

comisionar v. tr. Encargar a una persona una labor especial.

comisura n. f. Punto de unión de los bordes de una abertura del organismo: *la comisura de los labios.*

comité n. m. **1** Conjunto de personas elegidas para desempeñar una labor determinada, especialmente si tienen autoridad o actúan en representación de un colectivo: *el comité de empresa pide el aumento del sueldo de todos los trabajadores.* **2** Conjunto de personas que dirigen un grupo político: *el comité central del partido comunista.*

comitiva n. f. Grupo de personas que acompaña a un lugar a otra, normalmente más importante, o que lleva la representación de una comisión: *el ministro llegó encabezando la comitiva oficial.*

como adv. **1** Del modo o manera que: *vístete como quieras.* **2** Indica igualdad, equivalencia o semejanza. **3** De modo aproximado, más o menos: *en toda la tarde entraron como seis clientes.* ◆ conj. **4** Indica condición o exigencia para que se cumpla una cosa: *como no vengas pronto, se lo diré a tu padre.* **5** Indica causa o motivo por el cual sucede una cosa: *como hizo mala tarde, nos quedamos en casa.* ◆ prep. **6** Indica función, estado, situación o calidad: *participé en el bautizo como padrino.*

cómo adv. **1** De qué modo o manera: *¿cómo te llamas?* **2** Por qué causa o razón. *¿cómo no has aprobado el examen?* ◆ n. m. **3** Modo o manera en que ocurre una cosa: *quiero saber el cómo y el cuándo de tu decisión de dejar el trabajo.* ◆ int. **4** ¡cómo! Expresión que indica extrañeza o enfado: *¡cómo! ¿No has hecho el ejercicio de hoy?* ¿cómo no? **a.** Expresión que indica que una cosa no puede ser de otro modo: *trataba de ocultar una gran mancha en el traje. Pero ¿cómo no verla?* **b.** Expresión que se usa para afirmar: *Por favor, ¿me permite usar el teléfono? ¿Cómo no?* NOTA También se usa en forma de exclamación: *¡cómo no!*

cómoda n. f. Mueble ancho de mediana altura y con cajones, generalmente para guardar ropa.

comodidad n. f. **1** Estado de la persona que goza de bienestar físico, está descansada y tiene cubiertas sus necesidades: *este colchón me permite dormir con más comodidad.* SIN confort. **2** Conjunto de características que proporcionan bienestar físico y descanso: *le gustaba aquella mecedora por su comodidad.* SIN confort. **3** Bienestar que proporciona la ausencia de problemas e inconvenientes en lo que se hace: *ganaron el partido con gran comodidad.* ◆ n. f. pl. **4** comodidades Conjunto de objetos y aparatos que hacen más agradable la vida.

comodín n. m. **1** En algunos juegos de cartas, naipe que puede tomar distintos valores según convenga al jugador que lo posee: *el comodín es una carta propia de la baraja francesa.* **2** Persona o cosa que puede desempeñar diversas funciones con eficacia y acierto según las necesidades de cada momento.
▶ palabra comodín Palabra que, por tener un significado poco concreto, puede sustituir en la comunicación a muchas otras: cosa *es una palabra comodín.*

cómodo, -da adj. **1** Que proporciona bienestar físico y descanso: *me he comprado un sofá muy cómodo.* SIN confortable. ANT incómodo. **2** Sin problemas ni inconvenientes en lo que se hace. ANT incómodo. **3** [persona] Que se siente bien y se encuentra a gusto. ANT incómodo. ◆ adj./ n. m. y f. **4** Comodón, amante de la comodidad.

comodón, -dona adj. Que busca la comodidad y evita el trabajo: *resultó ser un teatro que apuntalaba los valores tradicionales de una burguesía perezosa, comodona y conservadora.*

compact disc n. m. **1** Disco de doce centímetros de diámetro con suficiente capacidad para contener información acústica y visual grabada y que se puede reproducir por medio de un rayo láser. SIN compacto. **2** Aparato destinado a la reproducción del sonido y las imágenes registrados o grabados en este tipo de disco.

compactar v. tr. **1** Comprimir una materia de modo que queden en ella los menos huecos posibles. **2** INFORM. Distribuir la información de un archivo para que ocupe el menor número de bytes posible.
DER compactación.

compacto, -ta adj. **1** [cuerpo, materia] Que está comprimido de modo que queden los menos huecos posible. **2** Que está formado con muchos elementos muy juntos: *una multitud compacta de aficionados.* **3** [grupo de personas] Que está formado por individuos de características similares y que actúan de manera coordinada: *nuestro equipo tiene una defensa muy ordenada y compacta.* **4** [aparato, sistema] Que está formado por varios componentes unidos entre sí.
▶ disco compacto Disco de material plástico, de doce centímetros de diámetro con capacidad para contener información acústica y visual grabada y que se puede reproducir mediante un rayo láser. SIN compact disc.
DER compactar.

compadecer v. tr./ prnl. Sentir pena y dolor por la desgracia o el sufrimiento que padece otra persona: *se compadece de los niños huérfanos.* SIN apiadarse.
OBS En su conjugación, la *c* se convierte en *zc* delante de *a* y *o*, como en *agradecer*.

compaginar v. tr. **1** Desarrollar varias actividades al mismo tiempo o de manera con-

junta: *compagina su empleo de camarero con los estudios de inglés.* **2** Formar las páginas de un libro con texto compuesto y grabados o tablas. ◆ v. prnl. **3** **compaginarse** Corresponderse de manera adecuada dos cosas entre sí: *la vida sana y el tabaco no pueden compaginarse.* **4** Corresponderse bien dos personas.
DER descompaginar.

compaña n. f. Persona o conjunto de personas que acompaña a otra u otras. **SIN** compañía.

compañerismo n. m. Relación de amistad, colaboración y solidaridad entre compañeros.

compañero, -ra n. m. y f. **1** Persona que comparte con otra u otras la estancia en un lugar, los estudios, un trabajo, la práctica de un deporte u otra actividad: *un compañero de viaje.* **2** Persona con la que se mantiene una relación sentimental o con la que se convive, en especial si no forman matrimonio. **3** Persona o animal que pasa junto a otro una gran parte del tiempo. **4** Persona que comparte con otra la misma ideología política o que pertenece al mismo partido o sindicato. **SIN** camarada, correligionario. **5** Persona que forma pareja con otra en un juego. **6** Objeto que forma pareja o juego con otro u otros. **7** Cosa inanimada que hace juego o se corresponde con otra u otras.

compañía n. f. **1** Cercanía de las personas, los animales o las cosas que están juntas en un lugar al mismo tiempo. **2** Persona o personas que acompañan a otra u otras: *parece que anda con malas compañías.* **3** Amistad y afecto entre personas que habitualmente están juntas: *añoro la compañía de mis amigos.* **ANT** soledad. **4** Conjunto de personas que forman una sociedad u organización en común que persigue un fin: *una compañía de seguros.* **SIN** empresa, industria. **5** Grupo de personas que se dedican a representar un espectáculo artístico: *una compañía de teatro.* **6** Unidad militar compuesta por varias secciones y mandada por un capitán: *pertenezco a la quinta compañía.*

comparable adj. Que se puede examinar junto con otra cosa similar para hallar su parecido o sus diferencias. **ANT** incomparable.
DER incomparable.

comparación n. f. **1** Observación o examen de dos o más cosas para encontrar las características que las hacen semejantes o diferentes: *en comparación, este restaurante es mejor que el de ayer.* **2** Conjunto de características que hacen semejantes o distintas dos cosas. **SIN** símil. **3** Uso de una palabra o un pensamiento basándose en la relación de semejanza o diferencia que tiene con otra palabra con la cual se la compara expresamente. **SIN** símil.

comparar v. tr. **1** Poner juntas, una al lado o a continuación de otra u otras, dos o más cosas para encontrar parecidos y apreciar diferencias entre ellas: *después de comparar las dos versiones de la película, prefiero la primera.* **SIN** contraponer. **2** Establecer una relación de similitud o equivalencia entre dos o más cosas.
DER comparable, comparación, comparativa, comparativo.

comparativo, -va adj. **1** Que compara o sirve para comparar o que expresa una comparación. ◆ adj./ n. m. **2** GRAM. [adjetivo, adverbio] Que expresa comparación: *el adjetivo* mayor *es un comparativo que indica superioridad.* ◆ adj./ n. f. **3** GRAM. [oración] Que expresa una comparación entre dos acciones, procesos o estados o entre dos personas o cosas, estableciendo su igualdad o desigualdad respecto de los aspectos que se precisan.

comparecencia n. f. Presentación de una persona en un lugar al que había sido convocada o en el que se había comprometido a estar: *comparecencia ante los medios informativos.*
DER incomparecencia.

comparecer v. intr. Presentarse [una persona] en un lugar donde ha sido convocada o donde ha quedado con alguien: *comparecer ante las cámaras de televisión.*
OBS Se conjuga como *agradecer.*
DER comparecencia.

comparsa n. f. **1** Conjunto de personas disfrazadas con trajes de una misma clase que participan en una fiesta popular: *participo en las comparsas de la feria de mi pueblo.* **2** Conjunto de personas que representan papeles de poca importancia en una obra de teatro o cinematográfica o en otro espectáculo y aparecen en escena sin apenas hablar: *la comparsa en el teatro es casi como parte del decorado.* **SIN** acompañamiento. ◆ n. com. **3** Persona que forma parte de ese conjunto. **4** Persona sin el poder y la capacidad de decisión que su puesto conlleva; a veces se aplica también a ciertos conjuntos de personas: *es un director muy* *individualista y sus colaboradores son meros comparsas en la empresa.*

compartimentar v. tr. Proyectar o efectuar la subdivisión interna de una parte ya acotada: *se compartimentó el barco.*

compartimento n. m. Zona en que se divide un lugar o espacio separada de las demás: *el compartimiento de un vagón de tren.* SIN departamento.

▶ compartimiento estanco Zona que puede aislarse completamente del resto de un lugar, especialmente en el interior de un buque.

compartir v. tr. **1** Usar o tener una cosa en común con otros: *compartir un piso varios amigos.* **2** Dividir en partes una cosa para repartirla entre varios: *compartir un pastel.* **3** Comunicar a otra u otras personas ideas o sentimientos particulares. **4** Participar de las ideas o los sentimientos de los demás: *conozco sus ideas, pero no las comparto.*

DER compartimiento.

compás n. m. **1** Instrumento de dibujo formado por dos piezas alargadas puntiagudas unidas entre sí en un extremo para que puedan abrirse y cerrarse; sirve para trazar arcos o circunferencias y medir distancias entre dos puntos de una superficie. **2** MÚS. Signo que determina el ritmo de una composición musical, la colocación de acentos y el valor de las notas empleadas: *el signo de compás se escribe al inicio del pentagrama y cuando se altera.* **3** MÚS. Período de tiempo regular en que se divide una composición musical de acuerdo con la situación y el valor de este signo. **4** MÚS. Ritmo de una composición musical o de una parte de ella.

▶ compás de espera **a.** Detención o disminución de la actividad de un asunto durante un tiempo, generalmente corto: *la bolsa vive un compás de espera a raíz de las próximas reformas económicas.* **b.** Período de tiempo que dura esta detención o disminución de la actividad. primeros compases Primeros momentos de una actuación o de la realización de algo.

compasión n. f. Sentimiento de pena y lástima por la desgracia o el sufrimiento que padece otra persona: *el asesino no tenía la más mínima compasión de sus víctimas.* SIN misericordia, piedad.

compasivo, -va adj. **1** [persona] Que siente compasión o es propenso a sentirla: *la prensa no fue compasiva con los inadaptados que provocaron alborotos después del partido.* **2** Que denota compasión: *aquel niño había despertado sus instintos maternales y compasivos.*

compatibilidad n. f. **1** Cualidad de compatible: *encontraremos la compatibilidad entre desarrollo tecnológico y bienestar social.* ANT incompatibilidad. **2** Posibilidad legal de una persona para ejercer una función determinada o dos o más cargos a la vez: *hay que solicitar a través del órgano en el que se trabaja esa declaración de compatibilidad.* ANT incompatibilidad.

compatible adj. **1** Que puede existir, ocurrir o hacerse al mismo tiempo que otra cosa o de manera conjunta: *le parece compatible escuchar música y estudiar a la vez.* ANT incompatible. ◆ adj./ n. m. **2** INFORM. [aparato, programa] Que utiliza un sistema de proceso de datos que le permite funcionar relacionado con otro aparato o programa sin que se pierda o se altere la información.

DER compatibilidad, compatibilizar; incompatible.

compatriota n. com. Persona de la misma patria que otra.

compendiar v. tr. Reducir un escrito a lo esencial.

compendio n. m. **1** Exposición breve del contenido de un asunto o una materia. SIN resumen, síntesis. **2** Conjunto de las características más importantes y significativas de un hecho, asunto o materia: *la obra más famosa de Velázquez,* Las Meninas, *puede interpretarse como un verdadero compendio de toda su pintura.*

DER compendiar.

compenetración n. f. Hecho de estar compenetradas dos o más personas o cosas: *entre nosotros hay una gran compenetración, pues compartimos los mismos gustos y aficiones.*

compenetrarse v. prnl. Entenderse perfectamente dos o más personas debido a la identificación de su forma de pensar, actuar y sentir.

DER compenetración.

compensación n. f. **1** Contrapartida con que se corresponde a lo que se recibe de otra persona o como premio de sus actos: *creo que merece una compensación por todos los sacrificios que ha hecho por ti.* SIN recompensa. **2** Contrapartida por un daño o un perjuicio recibido. SIN indemnización. **3** Anulación o igualación de un efecto con el contrario. ANT descompensación.

compensador, -ra adj. Que compensa: *el contexto ha de crearlo el lector partiendo solamente del texto, con un esfuerzo de comprensión a veces difícil, pero muy compensador.*

compensar v. tr. **1** Anular o igualar los efectos de una cosa con una acción contraria: *en los negocios es bueno compensar gastos con beneficios.* SIN contrarrestar, neutralizar. **2** Dar una contrapartida como indemnización por lo que se recibe de otra persona o como premio que reconoce sus actos. SIN recompensar. ◆ v. intr. **3** Merecer la pena: *me compensa quedarme a comer porque ahorro tiempo.*
DER compensación; descompensar, recompensar.

compensatorio, -ria adj. Que compensa o iguala: *los resultados favorables contribuyen como elemento compensatorio a equilibrar la vida deportiva de cada competidor.* SIN compensador.

competencia n. f. **1** Rivalidad o lucha para conseguir una misma cosa: *hay competencia entre empresas o comerciantes cuando venden los mismos o muy parecidos productos.* **2** Persona o empresa que se opone a otra porque fabrica o vende el mismo o muy parecido producto: *Emilio trabaja para la competencia.* **3** Obligación que corresponde a una persona o institución, especialmente por su cargo o condición: *el nuevo ayuntamiento asumirá sus competencias el mes próximo.* **4** Capacidad o aptitud para realizar un trabajo o desempeñar una función importante. **5** Autorización legal para intervenir en un asunto: *el juez tiene competencia para abrir de nuevo la investigación.* SIN atribución.

competente adj. **1** Que tiene experiencia y buenas cualidades o conocimientos para hacer un trabajo o desempeñar una función: *un secretario competente.* **2** [persona, institución] Que está obligada a hacer algo por razón de su cargo o empleo.
DER incompetente.

competer v. intr. Corresponder o tener como obligación por razón de un cargo o empleo. SIN atañer, concernir, incumbir.
DER competencia, competente.

competición n. f. **1** Lucha o enfrentamiento para conseguir una misma cosa: *mi negocio no quiere entrar en competición con el tuyo.* **2** Prueba deportiva en la que se mide la fuerza y la habilidad de los participantes.

competidor, -ra adj./n. m. y f. Que lucha con otros o se opone a ellos para conseguir un mismo fin: *empresas competidoras.* SIN contrincante, rival.

competir v. intr. **1** Luchar con otros para conseguir un mismo fin: *los dos corredores compiten por la medalla de oro.* SIN contender, disputar, rivalizar. **2** Igualar una cosa a otra en calidad o perfección.
OBS En su conjugación, la *e* se convierte en *i* en algunos tiempos y personas, como en *servir.*
DER competición, competidor, competitivo.

competitividad n. f. **1** Capacidad para igualar a otros en la consecución de un mismo fin: *durante estos años ha mejorado notablemente la competitividad de nuestros productos, porque son mejores y más baratos.* **2** Rivalidad o lucha intensa para conseguir un fin.

competitivo, -va adj. **1** De la competición o que tiene relación con ella: *¿cómo sobrevivirá esta pequeña empresa en el mundo tan competitivo de los negocios?* **2** Que es capaz de competir o igualar a otros en la consecución de un mismo fin.
DER competitividad.

compilación n. f. Reunión en una misma obra de partes o extractos procedentes de varios libros o documentos. SIN recopilación.

compilar v. tr. Reunir en una misma obra partes o extractos procedentes de varios libros o documentos: *compilar datos.* SIN recopilar.
DER compilación, compilador; recopilar.

compinche n. com. Persona que es compañera o cómplice de otra, especialmente en acciones delictivas o censurables: *el convicto delató a sus antiguos compinches a cambio de la libertad.*
OBS Se usa con sentido despectivo.
DER compincharse.

complacencia n. f. Satisfacción o placer con que se hace algo: *el abuelo miraba a sus nietos con complacencia.*

complacer v. tr. **1** Causar agrado o satisfacción a una persona: *Juan me complace en todos mis caprichos.* SIN agradar, contentar. ◆ v. prnl. **2** **complacerse** Alegrarse, sentir agrado o satisfacción por algo: *los novios se complacen en anunciar su próximo casamiento.*
OBS En su conjugación, la *c* se convierte en *zc* delante de *a* y *o*, como en *nacer.*

complaciente adj. **1** Que causa agrado o satisfacción a una persona: *una sonrisa complaciente.* **2** Que complace o satisface los deseos de alguien.

complejidad n. f. Dificultad para comprender un concepto, hecho o mecanismo debido al gran número de partes de que se compone: *una materia que entraña gran complejidad.* SIN complicación.

complejo, -ja adj. **1** Que se compone de gran número de partes o elementos: *la compañía tiene una estructura de organización muy compleja.* SIN complicado. **2** Que es difícil de entender o explicar, especialmente porque consta de muchas partes. SIN complicado. ◆ n. m. **3** Conjunto o unión de varios elementos. **4** Conjunto de edificios o establecimientos situados en un mismo lugar y en los que se desarrolla una misma actividad: *complejos industriales.* **5** Conjunto de ideas y sentimientos desfavorables que una persona tiene en su subconsciente y que influyen en su personalidad y en su conducta: *Es una persona con muchos complejos.*
▶ complejo de Edipo Atracción sexual que siente un hijo por el progenitor del sexo contrario acompañada de rechazo hacia el del mismo sexo. complejo de inferioridad Conjunto de ideas que hacen sentirse a una persona con poco valor o inferior a las demás.
DER complejidad, complexión; acomplejar.

complementar v. tr./ prnl. **1** Añadir a una cosa lo que le falta para completarla o perfeccionarla. SIN completar. **2** GRAM. Completar el significado de uno o varios componentes de la oración. ◆ v. prnl. **3** complementarse Combinarse dos cosas diferentes de manera que el efecto resultante sea mejor que el de cada una por separado: *Juan y yo nos complementamos a la perfección.*

complementariedad n. f. Posibilidad que tiene una cosa de ser el complemento de otra: *en algunos pares de palabras se da una relación de complementariedad cuando la negación de una implica la afirmación de la otra, como en* normal-anormal *y* limpio-sucio.

complementario, -ria adj. Que sirve para completar o perfeccionar.

complemento n. m. **1** Cosa, cualidad o circunstancia que se añade a una cosa para hacerla más completa o perfecta: *un atlas me parece un buen complemento de un libro de geografía.* **2** GRAM. Parte de una oración que completa el significado de uno o más de sus componentes: *en «la casa del padre», «del padre» es complemento de «casa».*
▶ complemento circunstancial Complemento del verbo que da información sobre el lugar, tiempo, modo u otras circunstancias: *en «ayer recibí una carta», «ayer» es un complemento circunstancial de «tiempo».* complemento directo Palabra o sintagma que completa el significado de un verbo transitivo: *en «los novios invitan a Marcos», «Marcos» es el complemento directo.* SIN objeto directo. complemento indirecto Palabra o sintagma que completa el significado de un verbo transitivo o intransitivo expresando el destinatario o beneficiario de la acción: *en «escribí una carta a María», a «María» es el complemento indirecto.* SIN objeto indirecto.
DER complementar, complementario.

completar v. tr./ prnl. Añadir a una cosa lo que le falta para completarla o perfeccionarla. SIN complementar.

completo, -ta adj. **1** Que está lleno o con todos los sitios ocupados: *el cine está completo, ya no quedan entradas.* SIN pleno. **2** Que tiene todos sus elementos o partes: *las obras completas de Shakespeare.* **3** Perfecto o acabado. **4** Total o en todos sus aspectos: *este hombre es un completo imbécil.*
DER completamente, completar, completivo.

complexión n. f. Naturaleza de un organismo vivo en relación con el desarrollo, la estructura y el funcionamiento de su cuerpo: *ella es pequeña, pero su hermano es de complexión fuerte.* SIN constitución.

complicación n. f. **1** Circunstancia que hace difícil o más difícil una situación: *si surge alguna complicación, avísame.* SIN dificultad, lío. **2** Dificultad que conllevan las cosas que constan de muchas partes: *los medios de comunicación hablan de la complicación de las negociaciones de paz.* SIN complejidad. **3** Participación en un asunto delictivo. SIN implicación. **4** Problema de salud añadido que agrava una enfermedad ya existente.

complicado, -da adj. **1** Que es difícil de entender o explicar. SIN complejo. **2** Que se compone de gran número de elementos: *esta máquina parece demasiado complicada para mí.* SIN complejo, sofisticado. ANT simple.

complicar v. tr./ prnl. **1** Hacer difícil o más difícil una cosa: *la operación de rescate se ha complicado a causa del mal tiempo.* **2** Comprometer o implicar a una persona en un asunto.
OBS En su conjugación, la *c* se convierte en *qu* delante de *e*.
DER complicación, complicado.

cómplice adj. **1** Que muestra complicidad o colaboración: *los dos amigos se intercambiaron una mirada cómplice.* ◆ n. com. **2** Persona que ayuda a cometer un delito o participa en él. **3** Persona que participa con otra en una actividad o está de acuerdo con ella: *Laura y María eran cómplices en la broma.*

complicidad n. f. **1** Participación o ayuda a la hora de cometer un delito. **2** Colaboración en algo que no debe divulgarse.

complot n. m. Acuerdo secreto entre dos o más personas para hacer algo, especialmente si es ilícito o perjudicial para otro. SIN conjura, conspiración.
OBS El plural es *complots.*

componente adj./n. m. **1** Que compone o forma parte de un todo. ◆ n. com. **2** Persona que forma parte de un grupo o un equipo.
DER microcomponente.

componer v. tr. **1** Formar una cosa colocando ordenadamente sus diversas partes: *juntar flores para componer un ramo.* **2** Escribir una obra musical, literaria o científica: *ha compuesto un poema.* SIN construir. **3** Ordenar o reparar, generalmente lo que está desordenado, roto o que no funciona. ◆ v. tr./prnl. **4** Formar diversas personas o elementos un grupo o conjunto: *vamos a estudiar los huesos que componen el esqueleto.* **5** Adornar, arreglar a una persona.
▶ componérselas Hallar la solución a los problemas por uno mismo.
OBS El participio es *compuesto.* Se conjuga como *poner.*
DER componedor, componenda, componente, composición, compositor, compostura, compuesto; descomponer, fotocomponer, recomponer.

comportamiento n. m. Manera de actuar una persona: *su mal comportamiento nos tiene preocupados.* SIN conducta.

comportar v. tr. **1** Tener como resultado o producir como consecuencia directa: *el delito le comportó una pena de cárcel.* SIN conllevar, implicar, suponer. ◆ v. prnl. **2** comportarse Actuar o portarse de una manera determinada: *compórtate educadamente.*
DER comportamiento.

composición n. f. **1** Formación de un todo o un conjunto unificado juntando en cierto orden una serie de elementos: *el entrenador encarga de la composición del equipo.* **2** Conjunto de elementos ordenados. **3** Conjunto de elementos que componen una sustancia; manera en que está compuesta. **4** Conjunto de líneas compuestas que forman el texto de una galerada o una página antes de la impresión. **5** Creación de una obra científica, literaria o musical. **6** Obra científica, literaria o musical. composición poética Poema, obra en verso. **7** Arte o técnica de escribir obras musicales: *en el conservatorio estudio piano y composición.* **8** Manera en que están dispuestas las figuras representadas en una fotografía, una pintura o una escultura. **9** Ejercicio de redacción que hacen los alumnos como tarea escolar para mejorar sus habilidades en el lenguaje escrito: *escribid una composición sobre vuestras aficiones.* **10** GRAM. Procedimiento para formar palabras nuevas mediante la unión de dos o más palabras que ya existen en la lengua: *«sacacorchos» se ha formado por composición de «sacar» y «corcho».*
▶ hacer (o hacerse) una composición de lugar Pensar detenidamente en las circunstancias que rodean a un asunto y hacer un proyecto para ejecutarlo con éxito: *antes de tomar una decisión sobre esto, debemos hacer una composición de lugar.*

compositivo, -va adj. [afijo, elemento] Que forma una palabra compuesta.

compositor, -ra n. m. y f. **1** Persona que compone obras musicales: *Bach fue un compositor de música barroca.* **2** Persona que se dedica a componer el texto de una obra literaria o científica.

compost n. m. Fertilizante compuesto de residuos orgánicos (desechos domésticos, hierbas, deyecciones animales, etc.), tierra y cal.

compostura n. f. **1** Moderación, comedimiento y templanza en el decir y en el obrar: *mantuvo la compostura a pesar de su ira.* **2** Presentación limpia y aseada de una persona o una cosa. **3** Arreglo de una cosa rota o estropeada.

compota n. f. Conserva dulce que se elabora hirviendo fruta, entera o troceada, en agua y con una cantidad de azúcar menor que la que se utiliza en la preparación de la mermelada; en ocasiones se toma como postre: *a la compota de manzana del relleno le añado corteza de limón y canela.*

compra n. f. **1** Obtención de una cosa a cambio de dinero: *creo que con este apartamento de playa hemos hecho una buena compra.* SIN adquisición. ANT venta. **2** Conjunto de cosas que se obtienen a cambio de dinero, especialmen-

te el de los comestibles que se adquieren para el consumo diario. **ANT** venta.
DER compraventa.

comprador, -ra adj./ n. m. y f. [persona] Que obtiene una cosa a cambio de dinero: *tenemos dos compradores para su piso.* **SIN** cliente.

comprar v. tr. **1** Obtener una cosa a cambio de dinero. **SIN** adquirir. **ANT** vender. **2** Dar dinero u otra recompensa a una persona para que haga algo que es ilícito o injusto.
DER compra, comprador.

compraventa n. f. Comercio en el que una persona compra un producto, generalmente usado, para venderlo después: *un negocio de compraventa de libros.*

comprender v. tr. **1** Tener idea clara de lo que se dice, se hace o sucede. **2** Considerar justos o razonables unos actos o unos sentimientos. **SIN** entender. **3** Contener o incluir dentro de sí: *el examen comprende tres partes.* **SIN** abarcar, englobar.
DER comprensible, comprensión, comprensivo; incomprendido.

comprensible adj. Que se puede comprender o considerar razonable o justificado: *es comprensible que no venga si está eferma.* **ANT** incomprensible.

comprensión n. f. **1** Asimilación clara de lo que se dice, se hace o sucede: *la comprensión de un texto.* **2** Capacidad para entender algo. **3** Actitud tolerante y respetuosa hacia los sentimientos o los actos de otras personas: *Juan muestra una gran comprensión hacia mis problemas.* **SIN** tolerancia. **ANT** incomprensión.

comprensivo, -va adj. **1** Que es capaz de comprender ciertos actos o sentimientos por parte de los demás y de ser tolerante con ellos: *deberías ser más comprensivo con tus hijos.* **SIN** tolerante. **2** Completo, que incluye todo lo que es necesario.

compresa n. f. **1** Tejido de algodón u otro material absorbente, generalmente esterilizado, que se dobla dos o más veces y se usa para cubrir heridas, contener hemorragias o aplicar frío, calor o un medicamento. **2** Tira desechable de celulosa o material semejante que sirve para absorber secreciones del cuerpo humano, principalmente el flujo menstrual de la mujer.

compresión n. f. **1** Reducción de una cosa, generalmente un líquido o un gas, a menor volumen. **2** Presión que alcanza la mezcla en el cilindro de un motor antes de que se produzca la explosión.

comprimido n. m. Medicamento en forma de pastilla redonda y pequeña que se obtiene por compresión de sus ingredientes reducidos a polvo. **SIN** pastilla, píldora, tableta.

comprimir v. tr. Reducir a menor volumen, generalmente por medio de la presión: *compré bolsas para comprimir el equipaje.* **SIN** condensar.
DER compresa, compresión, compresor, comprimido.

comprobación n. f. Prueba o confirmación de que algo es verdad o funciona bien.

comprobante adj./ n. com. **1** Que comprueba. ◆ n. m. **2** Documento en el que queda constancia de la realización de algo, particularmente de haber efectuado un pago, cobro, entrega, compra, etc.: *el comprobante puede ser un ticket electrónico o un vale manual.* **SIN** justificante.

comprobar v. tr. Probar o confirmar que algo es verdad o que funciona bien. **SIN** verificar.
OBS En su conjugación, la *o* se convierte en *ue* en sílaba acentuada, como en *contar.*
DER comprobación, comprobante.

comprometer v. tr./ prnl. **1** Poner a una persona o cosa en una situación difícil o peligrosa: *comprometer los intereses de la empresa familiar.* **2** Mencionar o incluir el nombre de una persona en relación con la comisión de un delito. ◆ v. prnl. **3 comprometerse** Contraer una obligación: *ella se comprometió a llevar al niño al colegio.* **4** Establecer una pareja relaciones amorosas serias o formales.
DER comprometido, compromiso.

comprometido, -da adj. Peligroso, complicado o difícil: *una situación comprometida.*
OBS Es el participio de *comprometer.*

compromiso n. m. **1** Obligación, responsabilidad que se contrae: *el gobierno debe asumir los compromisos que contrajo durante la campaña electoral.* **2** Situación difícil, complicada o embarazosa: *el compromiso más importante de su carrera.* **3** Promesa mutua de matrimonio. **4** Acuerdo por el que dos partes enfrentadas reducen sus demandas o cambian sus opiniones en un intento de llegar a un entendimiento.
DER compromisario.

compuerta n. f. Puerta fuerte, de madera o metal, que sirve para graduar o cortar el paso del agua en los canales, los diques o las presas.

palabras compuestas

Las palabras compuestas se forman por la combinación de dos palabras o raíces.
La combinación más común es verbo+nombre, que es como se han formado las siguientes:

abrecartas	cumpleaños	limpiacristales	reposapiés
abrelatas	escurreplatos	parabrisas	rompecabezas
cascanueces	espantapájaros	portalámparas	rompecorazones
cortafuego	girasol	portatrajes	sacacorchos
cortauñas	guardabosques	quitamanchas	sacapuntas
cubrecama	lavaplatos	recogepelotas	saltamontes

También se forman palabras por combinaciones de nombre+nombre, nombre+adjetivo/adjetivo+nombre, verbo+verbo, y también por combinaciones menos frecuentes en las que en ocasiones intervienen otras categorías gramaticales, como adverbios o preposiciones:

nombre + nombre	nombre+adjetivo/ adjetivo+nombre	verbo+verbo	otras combinaciones
aguanieve bocacalle	altamar caradura ciempiés pelirrojo	correveidile vaivén	bocabajo maleducado nomeolvides sinvergüenza tentetieso

compuesto, -ta adj. **1** Que está formado por dos o más elementos. ◆ adj./ n. f. **2** [planta] Que posee flores pequeñas agrupadas entre sí, de manera que parecen formar una sola flor: *el girasol y la margarita son plantas compuestas.* ◆ n. m. **3** QUÍM. Sustancia que se forma combinando dos o más elementos en una proporción fija. **4** Mezcla o unión de personas o cosas distintas que componen un todo. SIN combinación. **5** GRAM. Palabra formada por la unión de dos o más palabras que ya existían en la lengua: *«sacapuntas» y «lavaplatos» son compuestos.* ANT simple.
OBS Es el participio de *componer*.

compulsivo, -va adj. Que responde a un impulso o deseo intenso de hacer algo: *Alberto es un comprador compulsivo.*

compungir v. tr. **1** Causar a alguien pena profunda, [especialmente algo que se ha hecho mal o el padecimiento propio o de otras personas]: *descubrir que por mi culpa había sucedido aquello, me compungió.* ◆ v. prnl. **2** compungirse Sentir [una persona] pena profunda por algo que se ha hecho mal o por compasión de sí misma o de otra persona: *nos compungimos mucho al verle llegar tan sucio y dejado.*
OBS En su conjugación, la *g* se convierte en *j* delante de *a* y *o*.

computacional adj. De la tecnología informática o relacionado con ella, o que utiliza los métodos o recursos de la informática: *lingüística computacional.*

computador n. m. Máquina capaz de tratar la información automáticamente mediante operaciones matemáticas y lógicas realizadas con mucha rapidez, controladas por programas informáticos. SIN ordenador.
OBS Se usa con frecuencia en el español de América. En España se usa más *ordenador*.
DER computadorizar, computarizar, computerizar.

computadora n. f. Computador, máquina capaz de tratar la información.

computar v. tr. **1** Contar o calcular con números, especialmente días y años. **2** Tener en cuenta o considerar un dato como equivalente de otro en determinados casos.
DER computador, cómputo.

cómputo n. m. Cáculo, operación o conjunto de operaciones matemáticas necesarias para averiguar un resultado. SIN cálculo, cuenta.

comulgar v. intr. **1** Recibir la comunión: *la ceremonia en que se comulga por primera vez se llama* Primera Comunión. **2** Compartir con otra persona las mismas ideas o los mismos sentimientos.
▶ comulgar con ruedas de molino Creer cosas inverosímiles o disparatadas.
DER excomulgar.

común adj. **1** Que pertenece a dos o más personas o cosas o que tiene relación con ellas: *esta característica es común a todos los seres vivos.* SIN comunal. **2** Que es normal, corriente o abundante: *los pinos son muy comunes en nuestras montañas.* ◆ n. m. **3** Conjunto de personas que forman una comunidad. **4** La generalidad, la mayoría de la gente: *el común de la gente busca la felicidad y el dinero.*

▶ en común Entre dos o más personas, conjuntamente. tener en común Compartir dos o más personas una misma cualidad o circunstancia.

comuna n. f. Conjunto de personas que viven y trabajan juntas, en comunidad aparte de la sociedad organizada, compartiendo propiedades y responsabilidades.

comunal adj. **1** Que pertenece a dos o más personas o cosas o que tiene relación con ellas. SIN común. **2** Común a todos los miembros de una comunidad, especialmente a los de un municipio: *terrenos comunales.*

DER descomunal.

comunicación n. f. **1** Manifestación de algo a otro u otros. **2** Trato o relación personal. SIN contacto. ANT incomunicación. **3** Carta o mensaje escrito en que se comunica algo importante. **4** Unión o relación de dos lugares: *esta ciudad tiene buena comunicación con la capital.* **5** Texto sobre un tema científico que se presenta en un congreso. **6** Proceso mediante el cual se envían e interpretan mensajes de acuerdo con un código de señales o signos común a emisor y receptor. ◆ n. f. pl. **7** comunicaciones Conjunto de medios que sirven para poner en contacto lugares o personas; especialmente, los servicios de correos, teléfono, telégrafo y fax y las vías de comunicación como carreteras, ferrocarriles y otras.

comunicado, -da adj. **1** [lugar] Que está en contacto con otros lugares gracias a las vías de comunicación. ◆ n. m. **2** Escrito en el que se comunica algo, especialmente el que se envía a un periódico, radio o televisión para su difusión.

comunicador, -ra adj. **1** Que comunica o sirve para comunicar: *según los publicistas, a la hora de presentar un producto comercial también el envase debe ser comunicador y vendedor.* ◆ adj./ n. m. y f. **2** [persona] Que posee una gran capacidad para transmitir a los demás sus opiniones y conectar con la gente, en especial la persona que tiene una actividad pública: *la presentadora de las noticias de la noche es una de las grandes comunicadoras del medio televisivo.*

comunicante adj. **1** Que comunica algo o se comunica con algo: *los vasos comunicantes contienen un líquido homogéneo.* ◆ adj./ n. com. **2** [persona] Que comunica algo o se comunica con alguien, en especial el que se pone en contacto con un medio de comunicación: *sugerencias de los comunicantes.*

comunicar v. tr. **1** Hacer saber una cosa a otra persona. ◆ v. tr./ prnl. **2** Transmitir sentimientos o emociones. **3** Emitir y recibir información por medio de un código común a emisor y receptor: *como no sabía hablar el idioma, se comunicaba con las manos.* **4** Unir o poner en relación dos lugares o espacios: *los dos pueblos se comunican por un camino forestal.* ◆ v. intr. **5** Dar el teléfono una señal que indica que la línea está ocupada. ◆ v. prnl. **6** comunicarse Tener trato o relación: *hace mucho que no me comunico con mi familia.* **7** Extenderse, pasar de un lugar a otro.

OBS En su conjugación, la *c* se convierte en *qu* delante de *e*.

DER comunicación, comunicado, comunicador, comunicativo; incomunicar.

comunicativo, -va adj. [persona] Que tiene facilidad para comunicarse con los demás.

comunidad n. f. Conjunto de personas que viven juntas bajo ciertas reglas o que tienen los mismos intereses o características: *una comunidad de propietarios.*

▶ comunidad autónoma Entidad con límites territoriales concretos dentro del reino de España, que está dotada de autonomía legislativa y competencias ejecutivas en todo aquello que no sea común con el resto del estado. SIN autonomía.

comunión n. f. **1** Sacramento de la Iglesia cristiana que consiste en la conversión del pan y del vino en el cuerpo y en la sangre de Cristo por medio de la consagración; pan y vino que los fieles toman como símbolo de la muerte y sacrificio de Cristo: *se acercaron al altar para recibir la comunión.* SIN eucaristía. **2** Ceremonia cristiana que se celebra durante un servicio religioso y en la que se recibe este sacramento: *los asistentes a la misa participan en la comunión.* SIN eucaristía. primera comunión Ceremonia solemne en la que una persona cristiana recibe por primera vez la eucaristía. **3** Unión en las ideas, las opiniones o los sentimientos.

comunismo n. m. Sistema político y económico que defiende una organización social en la que no existe la propiedad privada ni la diferencia de clases, pues los medios de producción están en manos del estado, que distribuye los bienes de manera equitativa y según las necesidades.

DER comunista; anticomunismo, eurocomunismo.

comunista adj. **1** Del comunismo o que tiene relación con este sistema político y económico. ◆ adj./ n. com. **2** [persona] Que cree en el comunismo o es partidario de él.

comunitario, -ria adj. **1** De la comunidad o que tiene relación con un grupo de personas. **2** De la Unión Europea o que guarda relación con dicha comunidad económica, la cual comprende veintisiete países de Europa. NOTA Se deriva del anterior nombre, Comunidad Económica Europea (CEE).

con prep. **1** Indica el instrumento, medio o modo de hacer algo: *¿con qué lo piensas cortar?* **2** Indica que se está junto a otra persona, animal o cosa o en su compañía: *he venido con mi prima.* **3** Indica que una cosa contiene o lleva junto a sí otra: *una bolsa con dinero robado.* **4** Indica las circunstancias de una acción. **5** Indica relación o comunicación: *yo hablo con todos.* **6** Indica una condición, cuando va delante de un infinitivo: *con llamar ya quedarás bien.* **7** Indica que lo que se dice se opone a otra cosa: *con lo caro que ha costado, y no funciona bien.*

con- Prefijo que entra en la formación de palabras expresando 'reunión', 'cooperación' o 'compañía': *confluir, convenir, condiscípulo.*

OBS Antes de *b* y *p* toma la forma *com-*: *compatriota, composición.*

conativo, -va adj. GRAM. [forma verbal] Que sirve para llamar la atención del oyente o para influir o actuar sobre él: *la publicidad usa el lenguaje con fines persuasivos; de ahí que la función lingüística predominante sea, en este caso, la función conativa.*

conato n. m. Acción que termina poco después de iniciarse: *hubo un conato de incendio.*

concatenación n. f. Enlace de hechos o de ideas que suceden en serie o cadena.

cóncavo, -va adj. Que tiene forma curva más hundida en el centro que en los bordes: *la cuchara es cóncava.* ANT convexo.

concebir v. intr./ tr. **1** Formar en la imaginación una idea, una opinión o un proyecto: *conciben la sociedad como una jungla donde solo sobreviven los más fuertes.* SIN idear, pensar. **2** Quedar embarazada una mujer o la hembra de un animal: *el bebé fue concebido en marzo, luego ha de nacer en diciembre.* SIN engendrar. ◆ v. tr. **3** Comprender o entender. NOTA Se usa en frases negativas, referido al modo de pensar o de comportarse de otra persona. **4** Comenzar a sentir un afecto o un deseo.

DER inconcebible, preconcebir.

conceder v. tr. **1** Dar quien tiene autoridad o poder para hacerlo, especialmente un favor o permiso: *les han concedido el crédito que pidieron.* SIN otorgar. **2** Atribuir una cualidad o una condición a una persona o una cosa. **3** Asentir, convenir o estar de acuerdo en algún punto con una idea de una persona.

concejal, -la n. m. y f. Persona que forma parte del gobierno de un ayuntamiento: *concejala de Obras Públicas, concejala de Cultura y Turismo.* SIN edil.

DER concejalía.

concejalía n. f. **1** Departamento comunal que está bajo las órdenes de un concejal y cumple una función determinada en el gobierno de un municipio: *la concejalía de Cultura; la concejalía de Sanidad.* **2** Cargo de concejal.

concejo n. m. **1** Corporación formada por un alcalde y varios concejales que se encarga de administrar y gobernar un pueblo o ciudad. SIN ayuntamiento, cabildo. **2** Edificio en el que trabaja este grupo de personas. SIN ayuntamiento, cabildo. **3** Junta o reunión celebrada por los miembros de esta corporación. SIN cabildo. **4** Conjunto de habitantes regidos por un ayuntamiento. **5** Término municipal sobre el que un ayuntamiento tiene jurisdicción.

DER concejal.

concentración n. f. **1** Reunión o acumulación de personas, animales o cosas en un solo punto: *hay una gran concentración de tropas en la zona.* concentración parcelaria Agrupación de varias fincas rústicas de pequeña extensión pertenecientes a diversos dueños con objeto de repartirlas nuervamente según criterios de racionalidad con vistas a mejorar el cultivo. **2** Atención fija en lo que se hace o en lo que se piensa hasta llegar a aislarse de lo demás: *con ese ruido la concentración es imposible.* SIN abstracción. **3** QUÍM. Relación que existe entre la cantidad de sustancia disuelta y la del disolvente. **4** Aislamiento de un equipo deportivo antes de un partido o una competición: *el atleta se fue de la concentración sin permiso de su entrenador.* **5** Reunión de muchas personas en un mismo lugar para hacer una petición o una manifestación pública.

concentrar v. tr. **1** Reunir o acumular personas, animales o cosas en un solo punto: *la mayoría de la población se concentra en el norte del país.* **2** QUÍM. Hacer que una sustancia o un líquido se vuelva más denso, más espeso y más fuerte al gusto, eliminando parte del agua que contiene. ◆ v. prnl. **3 concentrarse** Poner toda la atención en lo que se hace o en lo que se piensa hasta llegar a aislarse de todo lo demás. SIN ensimismarse. **4** Reunirse y aislarse un equipo deportivo antes de un partido o una competición.

DER concentración, concentrado; reconcentrar.

concéntrico, -ca adj. [figura, sólido] Que tiene el mismo centro que otro: *dibujó dos circunferencias concéntricas.*

concepción n. f. **1** Formación en la imaginación de una idea o un proyecto: *creo que su estilo es horrible y la concepción de su novela, peor incluso.* **2** Idea que se tiene acerca de algo o manera de entender una situación o un hecho: *su concepción de la gente es que es básicamente buena.* SIN concepto. **3** Proceso durante el cual un espermatozoide fecunda un óvulo, dando origen a una nueva vida.

conceptismo n. m. Estilo literario del barroco español caracterizado por el uso de formas poéticas de difícil comprensión, a partir de la asociación ingeniosa y rebuscada de los conceptos expresados por las palabras: *el conceptismo floreció a finales del siglo XVI y principios del XVII.*

concepto n. m. **1** Idea que se tiene acerca de algo, o manera de entender una situación o hecho: *es muy difícil definir el concepto de belleza.* SIN concepción. **2** Opinión o juicio, especialmente el que se tiene sobre otras personas. SIN idea. **3** Título, calidad.

▶ **en concepto de** Con el carácter de, como: *incluyeron varios miles de euros en concepto de gastos.*

DER conceptismo, conceptual, conceptuar.

conceptual adj. Del concepto o que tiene relación con él.

DER conceptualismo, conceptualizar.

conceptualizar v. tr. **1** Formar concepto o idea de algo: *en la infancia, es muy difícil conceptualizar estas nociones.* **2** Organizar en conceptos: *estas dimensiones pretenden conceptualizar aspectos del ambiente que tienen una enorme importancia.*

OBS En su conjugación, la *z* se convierte en *c* delante de *e*.

DER conceptualización.

concernir v. intr. **1** Corresponder a alguien una obligación. SIN atañer, competer, incumbir. **2** Tener algo gran interés para alguien o afectarle: *la polución y el medio ambiente son asuntos que nos conciernen a todos.*

OBS En su conjugación, la *e* se convierte en *ie* en sílaba acentuada, como en *discernir*.

DER concerniente.

concertado, -da adj. [colegio de propiedad privada] Que recibe una subvención estatal.

concertar v. tr. **1** Decidir algo de común acuerdo dos o más personas o entidades: *concertar la paz; concertar una cita.* **2** Hacer que varias voces o instrumentos suenen acordes entre sí. ◆ v. intr. **3** Coincidir o convenir dos cosas entre sí. ◆ v. tr./ intr. **4** GRAM. Concordar dos o más palabras en sus aspectos gramaticales.

OBS En su conjugación, la *e* se convierte en *ie* en sílaba acentuada, como en *acertar*.

DER concertación, concierto; desconcertar.

concertista n. com. Músico que interviene en un concierto como solista: *es una famosa concertista de piano.*

concesión n. f. **1** Adjudicación o entrega de algo, especialmente por parte de una autoridad: *la concesión de los premios Nobel es siempre noticia.* **2** Permiso que concede un organismo oficial o una empresa a un particular o a otra empresa para construir, explotar un negocio o vender un producto en un área concreta. **3** Renuncia en favor de la idea del contrario en una discusión: *el presidente ha anunciado que no se harán concesiones en el trato a los terroristas.*

concesionario n. m. Persona o grupo que ha recibido de un organismo oficial o de una empresa la autorización para construir, explotar un negocio o vender un producto en una zona.

concesivo, -va adj./ n. f. **1** GRAM. [oración] Que expresa una objeción o dificultad para el cumplimiento de lo que se dice en la oración principal, sin que este obstáculo impida su realización: *en la oración compuesta «aunque haga mal tiempo, vamos a salir», «aunque haga mal tiempo» es una oración subordinada concesiva.* **2** GRAM. [conjunción] Que introduce una oración de esa clase: *las conjunciones «aunque» y «por más» que son concesivas.*

concha n. f. **1** Cubierta dura que protege el cuerpo de algunos animales, especialmente los de pequeño tamaño: *la concha de una almeja.* **2** Materia córnea que se obtiene del caparazón de la tortuga carey: *una peineta hecha con concha.* **3** Mueble con forma de un cuarto de esfera que se coloca en un teatro para ocultar al apuntador.
▶ meterse en su concha Retraerse, ser muy cerrado y negarse al trato con los demás.
DER desconchar.

conciencia n. f. **1** Conocimiento que el ser humano tiene de su propia existencia y de las cosas que ve, dice o hace: *cuando una persona no sabe lo que hace, no tiene conciencia de sus actos.* SIN conocimiento, sentido. **2** Capacidad que tienen las personas de juzgar la moralidad de sus actos y de sentir culpabilidad por lo que han hecho mal: *es una cuestión de conciencia.* **3** Conocimiento reflexivo de las cosas.
▶ a conciencia Con empeño y atención, con el máximo esfuerzo. cobrar (o tomar) conciencia Darse cuenta clara de algo: *la gente debería tomar conciencia de los problemas relacionados con el medio ambiente.*
DER concienciar, concienzudo; consciencia.

concienciación n. f. **1** Acción de concienciar a alguien o de concienciarse de algo: *la falta de concienciación de los conductores es la principal causa de accidentes.* **2** Efecto de concienciar a alguien o de concienciarse de algo: *la concienciación de que la guerra no es el mejor camino motivó a los insurgentes a dejar enconces las armas.*

concienciar v. tr./ prnl. Adquirir o hacer adquirir conciencia o conocimiento de algo, especialmente sobre asuntos sociales o políticos.
OBS En su conjugación, la *i* es átona, como en *cambiar.*
DER concienciación.

concienzudo, -da adj. **1** [persona] Que pone mucha atención y cuidado en aquello que hace: *Alicia es muy concienzuda en su trabajo.* **2** [trabajo] Que está hecho a conciencia, con mucho rigor y cuidado.

concierto n. m. **1** Espectáculo en el que se interpretan obras musicales. **2** Composición musical escrita para uno o varios instrumentos solistas y una orquesta. **3** Acuerdo entre dos o más personas o entidades sobre un asunto: *hay un concierto económico entre los países de Europa.* SIN convenio. **4** Buen orden y disposición de las cosas. ANT desconcierto.
DER concertina, concertino; macroconcierto.

conciliación n. f. Acuerdo entre dos o más personas que estaban enemistadas o enfrentadas.

conciliar v. tr. **1** Hacer que dos o más personas se pongan de acuerdo sobre algo: *traté de conciliar los ánimos, pero la discusión siguió.* **2** Acercar dos ideas o posiciones contrarias, llegando a unirlas. **3** Atraer o provocar un sentimiento determinado.
▶ conciliar el sueño Conseguir dormirse: *las preocupaciones no le dejan conciliar el sueño.*
OBS En su conjugación, la *i* es átona, como en *cambiar.*
DER conciliación; inconciliable, reconciliar.

concilio n. m. Reunión de los obispos y otras personas de la Iglesia católica para decidir sobre un asunto religioso.
DER conciliábulo, conciliador, conciliar.

concisión n. f. Expresión de las ideas con claridad y las menos palabras posibles.

conciso, -sa adj. Que expresa las ideas o los contenidos con las menos palabras posibles: *texto conciso.*
DER concisión.

concitar v. tr. Instigar a unas personas o instituciones contra otras.

conciudadano, -na n. m. y f. **1** Persona de una ciudad con respecto a las demás de la misma ciudad. **2** Persona de una nación con respecto a las demás de la misma nación.

cónclave n. m. **1** Reunión de los cardenales para elegir Papa. **2** Reunión de varias personas para tratar algún asunto importante.

concluir v. tr./ intr. **1** Acabar o terminar, dar fin: concluyó sus estudios; el plazo de preinscripción concluye el lunes; la obra concluía con la muerte del protagonista. SIN finalizar. **2** Llegar a una decisión, un juicio o una solución después de examinar los datos que se tienen.
DER conclusión, concluso, concluyente.

conclusión n. f. **1** Fin, terminación de algo: *todos nos alegramos de la conclusión de la guerra.* **2** Decisión o consecuencia que es fruto del estudio y el examen de unos datos: *¿habéis llegado a alguna conclusión en la reunión de esta mañana?*
▶ en conclusión **a.** Por último, finalmente, para acabar: *en conclusión, me gustaría decir que estoy profundamente preocupado por el futuro del*

teatro en España. **b.** En lenguaje familiar expresa decepción o disgusto.

concluyente adj. **1** Que no admite duda ni discusión: *las pruebas contra el reo son concluyentes: es culpable.* **2** [persona] Que no admite contradicción.

concordancia n. f. **1** Correspondencia o conformidad de una cosa con otra: *tus actos deben estar siempre en concordancia con tus palabras.* **2** GRAM. Correspondencia o conformidad entre los aspectos gramaticales de dos o más palabras variables: *en la oración «la niña saltan» no hay concordancia de número.*

concordar v. intr. **1** Coincidir o estar de acuerdo una cosa con otra: *las declaraciones del acusado concuerdan con las del testigo.* ◆ v. tr./ intr. **2** GRAM. Coincidir dos o más palabras en sus aspectos gramaticales: *el sustantivo y el adjetivo concuerdan en género y número.* SIN concertar.
OBS En su conjugación, la *o* se convierte en *ue* en sílaba acentuada, como en *contar.*
DER concordancia, concordato, concorde; discordar.

concordato n. m. Tratado o convenio sobre asuntos eclesiásticos entre el gobierno de un estado y el Vaticano.

concordia n. f. Unión o correspondencia pacífica entre dos o más personas o entre países. SIN acuerdo.

concreción n. f. Acumulación de pequeños trozos de materia mineral u orgánica hasta que forman una masa.

concretar v. tr. **1** Expresar algo de forma exacta cuando se habla o escribe: *concreta un día y lugar para vernos.* ◆ v. tr./ prnl. **2** Reducir a lo más esencial o básico la materia sobre la que se habla o escribe: *haga el favor de concretar pronto su razonamiento y no irse por las ramas.* SIN concretizar.

concretizar v. tr. Concretar.
OBS En su conjugación, la *z* se convierte en *c* delante de *e*, como en realizar.
DER concretización.

concreto, -ta adj. **1** Que se considera en sí mismo, de modo particular, por oposición a lo general y abstracto: *no busco cualquier libro, sino un libro concreto.* **2** Que es real y se puede ver y tocar: *la ira es abstracta, pero los golpes son concretos.* ANT abstracto. **3** Preciso y sin vaguedad.
▶ en concreto De modo particular: *no venía a hablar de ese tema en concreto.*
DER concreción, concretar.

conculcar v. tr. Actuar en contra de lo que dispone una ley, norma o pacto. SIN contravenir, infringir, transgredir.
OBS En su conjugación, la *c* se convierte en *qu* delante de *e.*

concurrencia n. f. **1** Conjunto de personas que asisten a un espectáculo o reunión: *el presentador se dirige a la concurrencia.* SIN público. **2** Participación en un acto o reunión: *la concurrencia en la carrera por la paz ha sido importante.* **3** Ocasión en la que se dan varias circunstancias al mismo tiempo. SIN coincidencia, confluencia.

concurrido, -da adj. [lugar, reunión] Que es frecuentado por muchas personas: *vive en una calle muy concurrida.*

concurrir v. intr. **1** Juntarse en un mismo lugar o momento muchas personas, sucesos o cosas. **2** Coincidir cualidades o circunstancias en una misma persona o cosa: *en él concurren la inteligencia y el tesón.* **3** Tomar parte con otros en un concurso o competición.
DER concurrencia, concurrente, concurrido.

concursante adj./ n. com. [persona] Que participa en un concurso.

concursar v. intr. Participar en un concurso.
DER concursante.

concurso n. m. **1** Prueba o competición en la que una o más personas se enfrentan a distintas dificultades para obtener un premio. **2** Proceso de selección, generalmente para conseguir un empleo o un cargo: *las tres plazas de profesor de universidad saldrán a concurso.* **3** Participación o colaboración: *la exposición ha sido posible gracias al concurso de varias empresas privadas.* **4** Competencia entre dos o más personas o empresas cuyo objetivo es el encargo de ejecución de una obra o de la prestación de un servicio.
DER concursar.

condado n. m. **1** Título nobiliario de conde. **2** Territorio sobre el que antiguamente un conde ejercía su autoridad. **3** En Gran Bretaña e Irlanda, la mayor unidad administrativa de gobierno local; en Estados Unidos, la mayor unidad administrativa dentro de cada estado.

conde, -desa n. m. y f. Miembro de la nobleza de categoría inferior a la de marqués y superior a la de vizconde.
DER condado, condal, condestable; vizconde.

condecoración n. f. **1** Distinción que se concede a una persona como reconocimiento por sus méritos: *aquel año había hecho méritos para ganar la condecoración de los reyes.* **2** Insignia que se impone a una persona en señal de una distinción concedida: *le prendió una condecoración en la chaqueta.*

condecorar v. tr. Premiar o conceder honores a una persona colocándole una cruz u otra insignia.
DER condecoración.

condena n. f. **1** Pena o castigo que impone un juez. **2** Desaprobación de un comportamiento o unos hechos por considerarlos perjudiciales o incorrectos.

condenable adj. Que es digno de ser condenado: *delito condenable.*

condenación n. f. **1** Acción de condenar o condenarse: *el procedimiento empleado ha sido la condenación del adversario político al silencio.* **2** Efecto de condenar o condenarse.
▶ condenación eterna En algunas religiones, destino o situación que espera a los pecadores condenados a las penas del infierno, después de la muerte: *las ideas calvinistas giraban en torno a la predestinación: unos están predestinados a la salvación y otros a la condenación eterna.*

condenado, -da adj./n. m. y f. **1** Que es culpable de un crimen o una falta y cumple un castigo por ello. SIN reo. **2** Que está en el infierno. **3** Que molesta y hace perder la paciencia: *estos condenados zapatos me están matando.*
OBS Se usa también como apelativo: *el condenado de mi marido siempre llega tarde.*

condenar v. tr. **1** Decidir que una persona es culpable e imponerle la pena que le corresponda: *el juez ha condenado al asesino a treinta años de cárcel.* **2** Desaprobar y rechazar algo que es malo o perjudicial: *todos los partidos políticos han condenado el último atentado terrorista.* SIN censurar, criticar, reprobar. **3** Cerrar permanentemente o tapiar una habitación, una puerta u otro lugar de paso. ◆ v. prnl. **4** condenarse Ir al infierno: *según la Biblia, el día del juicio final las almas de los malvados se condenarán para siempre.*
DER condena, condenación, condenado.

condenatorio, -ria adj. **1** Que contiene condena o puede motivarla: *sentencia condenatoria.* **2** DER. [pronunciamiento judicial] Que castiga al reo o que manda al litigante entregar una cosa o cumplir sus obligaciones: *fallo condenatorio.*

condensación n. f. **1** Paso de un gas a estado líquido o sólido. **2** Reducción de la extensión de un texto o un discurso sin quitar nada importante. SIN resumen, síntesis.

condensar v. tr. **1** Hacer pasar un gas a estado líquido o sólido. ANT sublimar. **2** Reducir el volumen de un líquido haciéndolo más denso, especialmente eliminando parte del agua que contiene. **3** Reducir la extensión de un escrito o un discurso sin quitar nada importante.
DER condensación, condensador.

condescendencia n. f. Acomodación o adaptación de una persona, por bondad, al gusto y la voluntad de otra u otras.

condescendiente adj. **1** Que actúa con condescendencia: *apenas repuesto el público del efecto de la revelación, condescendiente, siguió hablando con pausa y claridad.* **2** Que implica o denota condescendencia: *me hizo una caricia condescendiente sobre la cabeza.*

condición n. f. **1** Requisito, situación o circunstancia que es necesaria o se exige para que se cumpla alguna cosa: *para ejercer como médico es condición imprescindible tener el título oficial.* **2** Cualidad o propiedad característica de las personas y las cosas. **3** Carácter de las personas. SIN índole, naturaleza. **4** Clase o categoría social: *un hombre de condición humilde.* ◆ n. f. pl. **5** condiciones Estado o situación de una cosa: *estos alimentos están en malas condiciones.*
▶ a condición de Expresión que indica que una cosa es necesaria para el cumplimiento de otra: *pueden ver a la enferma a condición de que no la molesten.* en condiciones Que está preparado o dispuesto para un fin: *este pescado no parece estar en condiciones.*

condicional adj. **1** Que depende de una o más condiciones o requisitos: *libertad condicional.* ◆ n. m. **2** GRAM. Tiempo del verbo que sirve para expresar una acción futura en relación con el pasado o para expresar la probabilidad también en el pasado. SIN potencial. ◆ adj./n. f. **3** GRAM. [oración subordinada] Que expresa una condición para que se efectúe la acción, el proceso o el estado expresado por la oración principal: *en la oración «si bebes, no conduzcas», «si bebes» es oración condicional.* **4** GRAM. [conjunción] Que introduce una oración de esa clase: *la conjunción «si» es condicional.*
DER incondicional.

a b c d e f g h i j k l m n ñ o p q r s t u v w x y z

condicionamiento n. m. **1** Sometimiento a una condición, limitación o restricción. **2** Hecho o circunstancia que influye en una persona y que puede hacer que actúe de una determinada manera: *no existe ningún conicionamiento que haga variar los procedimientos habituales.*

condicionante adj./ n. com. [cosa, circunstancia] Que condiciona o determina: *cuando se sufre un trauma, la experiencia es tan sobrecogedora que suele quedar un condicionante en situaciones análogas.*

condicionar v. tr. Hacer depender una cosa de una serie de condiciones, limitaciones o restricciones: *las enfermedades condicionan la salud.*
DER condicionante, condicionamiento; acondicionar, incondicionado.

condimentar v. tr. Añadir condimentos y especias a la comida para darle más sabor.
SIN aderezar, aliñar, sazonar.
DER condimentación.

condimento n. m. Sustancia que sirve para dar más sabor a la comida.
DER condimentar.

condiscípulo, -la n. m. y f. Compañero de estudios, sobre todo cuando se refiere a personas formadas bajo la dirección de un mismo maestro.

condolencia n. f. **1** Participación en el dolor o la pena de otra persona: *la familia y los amigos mostraron su condolencia a la viuda.* **2** Expresión con la que se muestra a los familiares de una persona muerta que se participa de su dolor y de su pena. SIN pésame.

condón n. m. Funda muy fina y elástica con que se cubre el pene al realizar el coito para impedir el embarazo y prevenir enfermedades sexuales: *el condón evita el contagio del VIH.*
SIN preservativo.

cóndor n. m. Ave rapaz de la familia del buitre, de gran tamaño, con la cabeza y el cuello desnudos y un collar de plumas blancas en la base del cuello; tiene el plumaje de color negro azulado, con plumas blancas en la espalda y en la parte superior de las alas: *el cóndor vive en los Andes.*
OBS El plural es *cóndores.*

conducción n. f. **1** Manejo o dirección de un automóvil: *para muchos, la conducción por autopista es monótona.* **2** Traslado y guía de algo. **3** Conjunto de conductos dispuestos para el paso de un líquido o gas: *los obreros están colocando la conducción del gas ciudad.*

conducente adj. Que conduce o dirige a un lugar determinado, a un resultado o a una solución: *algunas técnicas conducentes a mejorar la comprensión de textos son el subrayado, el esquema y el guion.*

conducir v. tr. **1** Llevar o transportar de un sitio a otro. **2** Llevar o dirigir a un lugar determinado: *aquella carretera conducía a Gerona.* **3** Manejar, llevar o guiar un automóvil. **4** Dejar pasar a través de sí: *los metales conducen la electricidad.* **5** Dirigir un negocio o la acción de un grupo. ◆ v. prnl. **6** **conducirse** Comportarse, obrar de determinada manera.
OBS En su conjugación, la *c* se convierte en *zc* delante de *a* y *o* y el pretérito indefinido es irregular.

conducir

INDICATIVO	SUBJUNTIVO
presente	**presente**
conduzco	conduzca
conduces	conduzcas
conduce	conduzca
conducimos	conduzcamos
conducís	conduzcáis
conducen	conduzcan
pretérito imperfecto	**pretérito imperfecto**
conducía	condujera o condujese
conducías	condujeras o condujeses
conducía	condujera o condujese
conducíamos	condujéramos o condujésemos
conducíais	condujerais o condujeseis
conducían	condujeran o condujesen
pretérito perfecto simple	**futuro**
conduje	condujere
condujiste	condujeres
condujo	condujere
condujimos	condujéremos
condujisteis	condujereis
condujeron	condujeren
futuro	IMPERATIVO
conduciré	conduce (tú)
conducirás	conduzca (usted)
conducirá	conducid (vosotros)
conduciremos	conduzcan (ustedes)
conduciréis	
conducirán	
condicional	FORMAS NO PERSONALES
conduciría	**infinitivo** conducir
conducirías	**gerundio** conduciendo
conduciría	**participio** conducido
conduciríamos	
conduciríais	
conducirían	

conducta n. f. Manera de comportarse una persona. SIN comportamiento.
DER conductancia, conductismo.

conductividad n. f. FÍS. Propiedad de algunos cuerpos que permiten el paso a través de sí del calor o la electricidad. ANT resistencia.
DER conductivo; superconductividad.

conducto n. m. **1** Canal o tubo que sirve para transportar líquidos o gases de un lugar a otro. **2** Órgano del cuerpo que tiene forma de tubo. **3** Medio que se sigue para conseguir un fin.
▶ por conducto de A través de, por medio de.
DER conductibilidad, conductividad.

conductor, -ra adj./ n. m. y f. **1** [persona] Que conduce un automóvil. SIN chófer. ◆ adj./ n. m. **2** Que permite el paso del calor o la electricidad: *los metales son buenos conductores.*
DER semiconductor, superconductor.

conectar v. tr. **1** Hacer que un sistema mecánico o eléctrico haga contacto con una fuente de energía y se ponga en funcionamiento. ANT desconectar. **2** Unir dos aparatos o sistemas para que entre ellos se establezca una relación o una comunicación: *conecta la impresora al ordenador.* ANT desconectar. **3** Unir o encajar las partes que integran un aparato o sistema. ANT desconectar. **4** Establecer los medios de acceso necesarios para llegar a un lugar: *la nueva circunvalación conecta el pueblo con la autovía.* **5** Poner en comunicación, establecer relación. ANT desconectar.
DER conectiva, conectivo, conector; desconectar.

conectividad n. f. Capacidad de un dispositivo de conectarse a Internet u otra red informática.

conectivo, -va adj. **1** Que une o relaciona las partes que integran un aparato o sistema. SIN conector. **2** [elemento lingüístico] Que tiene una función de nexo en la oración.

conector adj. **1** Conectivo, que une o relaciona. ◆ n. m. **2** Pieza de un aparato o parte de un sistema que sirve para conectarse con otros elementos. SIN conexión.

conejo, -ja n. m.y f. Mamífero doméstico, roedor, con las orejas largas, las patas traseras más largas que las delanteras, la cola corta y el pelo espeso.
DER conejera, conejillo.

conexión n. f. **1** Operación mediante la cual un aparato o sistema se conecta a la red eléctrica. **2** Unión de dos aparatos o sistemas para que entre ellos se establezca una relación o una comunicación. **3** Pieza de un aparato o parte de un sistema que sirve para conectarse con otros elementos: *la conexión del altavoz está sucia y por eso no se oye bien el equipo.* SIN conector. **4** Comunicación que se establece por medio de un sistema automático. **5** Relación o unión entre dos cosas: *el acusado negó cualquier conexión entre su empresa de transportes y el tráfico de drogas.*

confabulación n. f. Acuerdo secreto contra alguien o algo: *cree que hay una confabulación para que no salga elegida la candidatura del nuevo director.* SIN complot.

confabularse v. prnl. Ponerse de acuerdo dos o más personas para hacer algo, especialmente si es ilícito o perjudicial para otro. SIN conspirar.
DER confabulación.

confección n. f. **1** Preparación de una cosa a partir de la combinación de sus componentes. SIN elaboración, fabricación. **2** Preparación de un documento o una obra a la que se le dedica especial atención y cuidado. **3** Actividad de cortar y coser la tela de una prenda de vestir, dándole la forma deseada: *trabaja como patronista en un taller de corte y confección.*
▶ de confección Se aplica a la prenda de vestir que está hecha generalmente en serie y no a medida: *nunca lo verás con americana de confección, siempre las lleva a medida.*
DER confeccionar.

confeccionar v. tr. **1** Preparar una cosa a partir de la combinación de sus componentes: *un cocinero muy famoso confeccionó el pastel de bodas.* SIN elaborar, fabricar. **2** Preparar un documento o una obra con especial atención y cuidado. **3** Cortar y coser la tela de una prenda de vestir, dándole la forma deseada.

confederación n. f. **1** Unión o pacto entre personas, grupos sociales o estados: *los líderes políticos han pedido la confederación de todos los sindicatos.* SIN alianza, federación. **2** Organismo, entidad o estado resultante de esta unión o pacto. SIN federación.

confederado, -da adj. **1** [grupo social, estado] Que forma parte de una confederación. SIN federativo, federal. **2** [organismo, entidad, estado] Que está formado por grupos sociales o estados sujetos a normas y derechos comunes. SIN federativo, federal.

conferencia n. f. **1** Acto en el que una persona habla en público sobre un tema. conferencia de prensa Acto en el que varios periodistas preguntan a una persona sobre

un tema. SIN rueda de prensa. **2** Reunión de personas de diversos países, representantes de organismos, entidades o estados, para tratar un tema: *conferencia de la OPEP.* **3** Comunicación telefónica que se establece entre provincias o países distintos.
DER conferenciar.

conferenciante n. com. Persona que habla en público sobre un tema.

conferenciar v. intr. Reunirse dos o más personas para tratar de un asunto.
OBS En su conjugación, la *i* es átona, como en *cambiar.*
DER conferenciante.

conferir v. tr. **1** Dar a alguien un derecho, cargo o poder importante quien tiene autoridad para hacerlo. **2** Atribuir o añadir una cualidad: *la banda sonora confiere a la película un tono alegre y desenfadado.*
OBS En su conjugación, la *e* se convierte en *ie* en sílaba acentuada o en *i* en algunos tiempos y personas, como en *hervir.*
DER conferencia.

confesar v. tr. **1** En la religión católica, oír el sacerdote en el sacramento de la penitencia todos los pecados que le declara el penitente. ◆ v. tr./ prnl. **2** Expresar voluntariamente actos, ideas o sentimientos; revelar un secreto: *te confieso que tengo mis dudas sobre mi futuro en la empresa.* **3** Reconocer un error, una falta o un delito: *el acusado se confesó autor del crimen.* **4** En la religión católica, declarar el penitente al sacerdote en el sacramento de la penitencia los pecados que ha cometido.
OBS En su conjugación, la *e* se convierte en *ie* en sílaba acentuada, como en *acertar.*
DER confesión, confeso, confesor; inconfesable.

confesión n. f. **1** Reconocimiento de un error, una falta o un delito. **2** Declaración voluntaria que se hace de una idea o un sentimiento; revelación de un secreto: *tengo que hacerte una confesión: no sé nadar.* **3** En la religión católica, declaración de los pecados cometidos que hace el penitente al sacerdote en el sacramento de la penitencia. **4** Doctrina religiosa y conjunto de personas que la practican: *la confesión católica es la preponderante en España.*
DER confesional, confesionario, confesonario.

confesional adj. Que tiene relación o pertenece a una confesión religiosa.
▶ estado confesional Estado que considera una doctrina religiosa como oficial dentro de su territorio.

confesor n. m. Sacerdote católico que escucha los pecados de los fieles en el sacramento de la penitencia.

confeti n. m. Pedacitos de papel con formas y colores variados que se lanzan las personas unas a otras a puñados en fiestas y celebraciones, particularmente en las de carnaval.
OBS Puede encontrarse la grafía italiana *confetti.*

confiado, -da adj. **1** [persona] Que tiene confianza excesiva en los demás. **2** Tranquilo y seguro.

confianza n. f. **1** Esperanza segura que se tiene en algo: *tener confianza ciega en el porvenir.* **2** Ánimo o fuerza para hacer algo. **3** Seguridad que uno tiene en sí mismo: *tras el accidente, tardó algún tiempo en coger confianza y volver a correr.* **4** Sencillez y sinceridad en el trato propia de la amistad o del parentesco. SIN familiaridad. ◆ n. f. pl. **5** confianzas Familiaridad o libertad excesiva en el trato.
▶ de confianza **a.** [persona] Que ha probado ser bueno o fiel y se puede estar tranquilo y seguro de su comportamiento: *un abogado de confianza.* **b.** Dicho de un producto, que posee las cualidades recomendables para el fin a que se destina. en confianza En secreto y de forma particular: *me dijo en confianza que le había tocado la bonoloto.*
DER autoconfianza.

confiar v. intr. **1** Tener esperanza segura en algo: *confío mucho en aprobar el examen.* **2** Estar tranquilo y seguro en cuanto a la fuerza o las cualidades propias o de otros. ◆ v. tr. **3** Entregar o dejar al cuidado de otra persona un encargo o trabajo importante. **4** Dejar que el futuro de una cosa dependa de algo abstracto o inmaterial. ◆ v. tr./ prnl. **5** Contar algo secreto, particular o íntimo a otra persona: *durante la cena me confió todos sus miedos.* ◆ v. prnl. **6** confiarse Tener excesiva seguridad en algo.
OBS En su conjugación, la *i* se acentúa en algunos tiempos y personas, como en *desviar.*
DER confiado, confianza, confidencia; desconfiar.

confidencia n. f. Dato secreto, particular o íntimo que se cuenta a otra persona.
DER confidencial, confidente.

confidencial adj. Que solo es conocido por algunas personas y se oculta a las demás. SIN secreto.

confidente, -ta n. m. y f. **1** Persona a quien otra descubre datos particulares secretos o íntimos. **2** Persona que observa o escucha lo que otros hacen o dicen con la intención de comunicárselo en secreto al que tiene interés en saberlo. **SIN** chivato, delator.

configuración n. f. **1** Conjunto de características técnicas y estructurales propias que tiene un sistema u organización: *debes cambiar la configuración de tu ordenador.* **2** Disposición de las partes que componen una cosa y le dan su forma particular.

configurar v. tr. **1** Tener un sistema u organización una serie de características técnicas y estructurales propias: *los últimos fichajes configuran un potente equipo con aspiraciones de campeón.* **SIN** conformar. **2** Disponer de cierta forma las partes que componen una cosa y le dan su forma característica. **SIN** conformar.
DER configuración.

confín n. m. **1** Línea imaginaria que limita un territorio, población o provincia, y la separa de otras. **SIN** límite, raya, término. **2** Parte más alejada del punto central o principal de un lugar. **NOTA** Se suele usar en plural.
DER confinar.

confinar v. tr. **1** Desterrar a alguien, señalándole una residencia obligatoria en otro lugar bajo vigilancia de la autoridad. ◆ v. tr./ prnl. **2** Permanecer alguien en un lugar voluntaria o involuntariamente. **SIN** recluir.
DER confinamiento.

confirmación n. f. **1** Prueba que afirma o demuestra la verdad de una cosa. **2** Sacramento de iniciación de la Iglesia católica que consiste en corroborar la fe recibida en el bautismo.

confirmar v. tr. **1** Hacer firme y legal una decisión aprobada con anterioridad: *el tribunal confirmó la sentencia del tribunal.* **2** Ratificar algo que ya estaba convenido. **SIN** corroborar. **3** Hacer que el poder, cargo o posición de una persona sea más fuerte o más definitivo: *el congreso del partido le ha confirmado en el cargo de presidente.* ◆ v. tr./ prnl. **4** Dar como cierta una creencia u opinión de cuya certeza no se estaba seguro previamente. **SIN** corroborar, ratificar. **5** Administrar el sacramento de la confirmación.
DER confirmación.

confiscar v. tr. Quitar una propiedad a una persona o empresa y dársela al estado.
OBS En su conjugación, la *c* se convierte en *qu* delante de *e*.
DER confiscación.

confitado, -da adj. [fruta] Que está recubierto de azúcar o almíbar y se ha dejado secar.

confitar v. tr. **1** Recubrir frutas cocidas con un baño de azúcar. **2** Hervir una fruta o un fruto seco en un almíbar concentrado. **3** Cocinar y conservar, en su propia grasa, carne de cerdo, pato o pavo.
DER confitado.

confitería n. f. Establecimiento en el que se elaboran y se venden dulces de muy variados tipos y pasteles o tortas.

confitero, -ra n. m. y f. Persona que se dedica a elaborar y vender dulces.
DER confitería.

confitura n. f. Conserva dulce que se elabora confitando fruta en azúcar o en almíbar y según el procedimiento resulta fruta glaseada, mermelada o compota.

conflictividad n. f. **1** Capacidad de provocar conflictos. **2** Situación de conflicto, especialmente en las relaciones sociales o laborales.

conflictivo, -va adj. **1** Que causa o tiene conflictos: *este es uno de los barrios más conflictivos de la ciudad.* **2** [persona] Que tiene mal carácter y no se adapta a la vida o el trabajo en común.
DER conflictividad.

conflicto n. m. **1** Enfrentamiento armado entre los ejércitos de dos o más estados. **SIN** guerra. **2** Oposición o enfrentamiento entre personas en desacuerdo: *el nuevo convenio ha provocado conflictos entre empresa y trabajadores.* **3** Asunto o problema de difícil solución. **SIN** aprieto, apuro.
DER conflictivo.

confluencia n. f. **1** Unión en un lugar de varias carreteras, ríos o corrientes de agua. **2** Lugar donde ocurre esta unión. **3** Coincidencia de ideas y tendencias sociales, culturales o económicas. **SIN** convergencia.

confluir v. intr. **1** Unirse en un lugar varias carreteras, ríos o corrientes de agua. **2** Reunirse en un lugar un grupo numeroso de personas. **3** Coincidir varias ideas y tendencias sociales, culturales o económicas: *en su estilo literario confluyen las influencias de los clásicos y las tendencias artísticas más modernas.* **SIN** converger, convergir.
OBS En su conjugación, la *i* se convierte en *y* delante de *a, e* y *o,* como en *huir.*
DER confluencia.

conformar v. tr. **1** Tener un sistema u orga-

nización una serie de características técnicas y estructurales propias. **SIN** configurar. **2** Disponer de cierta forma las partes que componen una cosa y le dan su forma característica. **SIN** configurar. **3** Poner una cosa de acuerdo con otra. **SIN** adaptar, ajustar, amoldar. ◆ v. prnl. **4** conformarse Aceptar de forma voluntaria una cosa o situación que no es perfecta o que no satisface completamente.
DER conformación, conforme, conformidad, conformismo.

conforme adj. **1** Que está de acuerdo; que acepta voluntariamente una situación. **ANT** disconforme. ◆ adv. **2** Denota una relación de conformidad o correspondencia en el modo de hacer algo.
▶ conforme a Con arreglo a, de acuerdo con: *cobrarás conforme a las horas trabajadas.*

conformidad n. f. **1** Actitud de aprobación y acuerdo con una situación o con la decisión de otra persona: *dio su conformidad para vender la casa.* **SIN** consentimiento. **2** Actitud de aceptar voluntariamente una desgracia o molestia sin quejarse ni protestar. **3** Coincidencia o parecido entre dos cosas o dos ideas. **SIN** concordancia.
▶ de conformidad o en conformidad De acuerdo con: *de conformidad con lo acordado, mañana vuelvo al trabajo.*

conformismo n. m. Actitud del que fácilmente acepta cualquier circunstancia pública o privada, especialmente cuando es adversa o injusta.
DER conformista; inconformismo.

conformista adj./ n. com. Que acepta con facilidad cualquier circunstancia pública o privada, especialmente cuando es adversa o injusta.

confort n. m. **1** Estado de bienestar físico, comodidad: *el aire acondicionado del coche le da un mayor confort a la conducción.* **SIN** comodidad. **2** Conjunto de características que proporcionan este bienestar físico: *el confort de una casa.* **SIN** comodidad.
DER confortable.

confortable adj. Que proporciona bienestar físico y comodidad. **SIN** cómodo.
DER confortabilidad.

confortar v. tr./ prnl. **1** Reponer las fuerzas y la energía a una persona cansada o débil. **SIN** reconfortar. **2** Dar consuelo y ánimo a una persona para que resista una situación triste o adversa. **SIN** consolar, reconfortar.
DER confort.

confraternizar v. intr. **1** Tratarse con afecto y amistad propios de hermanos: *en el campamento de verano confraternizó con sus compañeros.* **SIN** confraternar, fraternizar. **2** Llegar a establecer trato o amistad personas separadas por alguna diferencia social, de intereses, etc.: *tras el partido final, ambos equipos confraternizaron en una cena de gala.*
OBS En su conjugación, la *z* se convierte en *c* delante de *e*.
DER confraternización.

confrontación n. f. **1** Comparación de una cosa con otra, especialmente de las opiniones distintas de dos personas: *el abogado solicitó la confrontación de los testimonios de los testigos.* **2** Enfrentamiento entre dos personas o grupos sociales para lograr un propósito.

confrontar v. tr. Comparar una cosa con otra, especialmente las opiniones distintas de dos personas.
DER confrontación.

confucianismo n. m. Doctrina religiosa que tuvo su origen en China a partir de las ideas filosóficas y morales de Confucio en el siglo V antes de Cristo.

confundir v. tr. **1** Mezclar de modo que no se pueda reconocer o distinguir. **2** Equivocar, tomar o entender una cosa por otra: *siempre me confunden con mi hermano.* **3** Provocar la duda o el error; hacer que no se entienda: *su palabrería me confundió.* **4** Cambiar un orden lógico.
DER confusión, confuso; inconfundible.

confusión n. f. **1** Falta de claridad y orden causada por la mezcla de elementos diversos que no se pueden reconocer o distinguir: *la confusión se produce cuando todos hablamos a la vez.* **SIN** lío. **2** Equivocación que se produce cuando se toma o entiende una cosa por otra. **3** Alteración del entendimiento provocada por la duda o el error.

confuso, -sa adj. **1** Falto de claridad y orden por la mezcla de elementos diversos: *nos explicó lo ocurrido con un confuso relato.* **2** [persona] Que no sabe qué hacer o qué decir. **SIN** perplejo.

conga n. f. **1** Baile de origen cubano, de ritmo alegre, que se ejecuta por grupos colocados en fila. **2** Música de este baile.

congelación n. f. **1** Paso al estado sólido de un líquido por disminución de su temperatura. **ANT** descongelación, fusión. **2** Disminución de la temperatura de un alimento para volver sólido el líquido que contiene. **ANT** descongelación. **3** Daño que sufre el tejido orgánico por haber sido sometida una parte del cuerpo a temperaturas muy bajas. **4** Detención del desarrollo normal de un acontecimiento. **SIN** bloqueo. **5** Detención del aumento o disminución de una cantidad: *los empresarios propugnan la congelación del salario de los trabajadores.* **6** Detención del movimiento libre de dinero en una cuenta bancaria.

congelado, -da adj. **1** Que está muy frío: *en invierno se me quedan los pies congelados; esta casa está congelada.* ◆ adj./ n. m. pl. **2** [alimento] Que ha sido sometido a un proceso de congelación para conservarlo durante mucho tiempo en buen estado.

congelador n. m. **1** Aparato eléctrico que sirve para congelar, generalmente alimentos. **2** Parte de un frigorífico donde se congelan los alimentos.

congelar v. tr. **1** Pasar al estado sólido un líquido al bajar su temperatura. **SIN** helar. **ANT** descongelar, fundir. **2** Dañar el frío tejidos orgánicos por haber sido sometida una parte del cuerpo a temperaturas muy bajas. ◆ v. tr. **3** Disminuir la temperatura de un alimento para volver sólido el líquido que contiene: *en los pesqueros congelan el pescado para conservarlo.* **ANT** descongelar. **4** Detener el desarrollo normal de un acontecimiento. **5** Detener el aumento o disminución de una cantidad: *el gobierno ha congelado el sueldo de los funcionarios.* **6** Detener el movimiento libre de dinero. ◆ v. prnl. **7** congelarse Pasar o sufrir mucho frío.

DER congelación, congelador; anticongelante.

congeniar v. intr. Mantener [una persona] con otra buena relación por tener un carácter similiar o los mismos gustos: *los presentó porque creyó que congeniarían bien.*

OBS Se conjuga como *cambiar.*

congénito, -ta adj. **1** [rasgo de la personalidad] Que nace con la persona o que es natural y no aprendido. **2** MED. [enfermedad, malformación] Que se adquiere durante el período de gestación y se padece desde el nacimiento: *fumar durante el embarazo puede ocasionar lesiones congénitas en el feto.*

congestión n. f. **1** Acumulación excesiva de personas o vehículos que impide la circulación normal por un lugar. **SIN** atasco, tapón. **2** Acumulación excesiva de sangre u otro fluido en una parte del cuerpo: *este inhalador alivia la congestión nasal.*

congestionar v. tr. **1** Hacer que se acumule una cantidad excesiva de sangre u otro fluido en una parte del cuerpo: *la nariz se suele congestionar con el catarro.* **ANT** descongestionar. **2** Hacer que se acumule una cantidad excesiva de personas o vehículos que impiden la circulación normal por un lugar: *durante el verano se congestionan las carreteras que van hacia la costa; las carreteras se congestionan por el tránsito.* **SIN** embotellar. **ANT** descongestionar.

DER congestión; descongestionar.

conglomerado n. m. **1** Mezcla de personas o cosas de origen y naturaleza distinta. **SIN** mosaico. **2** Material compacto parecido a la madera; está formado por pequeños trozos de una o varias sustancias, pegados entre sí de forma artificial.

conglomerar v. tr. **1** Mezclar personas o cosas de origen y naturaleza distintos. ◆ v. tr./ prnl. **2** Unir fragmentos o partículas de una o más sustancias con un conglomerante para obtener una masa compacta y cohesionada. **SIN** aglomerar.

DER conglomerado, conglomerante.

congoja n. f. Sufrimiento y preocupación intensa provocada por un peligro o amenaza. **SIN** ansia, angustia, ansiedad.

DER acongojar.

congraciar v. tr. Conseguir la benevolencia o el afecto de una persona.

OBS En su conjugación, la *i* es átona, como en *cambiar.*

congregación n. f. **1** Conjunto de religiosos que viven bajo la advocación de la Virgen o de un santo según las reglas establecidas por su fundador, y que se dedican a rezar y a ayudar a los demás. **SIN** orden. **2** Conjunto de personas devotas que, bajo la advocación de la Virgen o de un santo y con autorización eclesiástica, se reúnen para rezar y ayudar a los demás.

congregar v. tr. Reunir a un conjunto de personas: *el acto congregó a muchos famosos.*

OBS En su conjugación, la *g* se convierte en *gu* delante de *e.*

DER congregación.

congresista n. com. **1** Persona que asiste a un congreso o participa en él. **2** Miembro de un congreso (asamblea legislativa).

congreso n. m. **1** Reunión de personas que se proponen estudiar un tema social, cultural o científico determinado o exponer asuntos relacionados con él. **2** Reunión de personas que pertenecen un mismo grupo, asociación o partido, para estudiar y debatir asuntos de interés común.

▶ Congreso de los Diputados **a.** Conjunto de personas elegidas directamente por el pueblo para elaborar las leyes de un estado. **b.** Edificio donde se reúnen estas personas para elaborar las leyes.

DER congresista.

congrio n. m. Pez marino comestible de cuerpo alargado y casi cilíndrico; es de gran tamaño y de color negro o gris.

cónico, -ca adj. **1** Que tiene forma de cono. **2** Del cono o que tiene relación con él.

conífero, -ra adj./ n. f. **1** [planta] Que pertenece al orden de las coníferas. ◆ n. f. pl. **2** coníferas Orden de plantas que tienen las hojas permanentes en forma de escamas o agujas y frutos en forma de piña: *el pino, el abeto y el ciprés son especies coníferas.*

conjetura n. f. Suposición o juicio formado a partir de datos incompletos o supuestos.

DER conjeturar.

conjeturar v. tr. Formar opiniones o ideas a partir de indicios y suposiciones.

conjugación n. f. **1** Conjunto de las distintas formas del verbo con las que se expresan las variaciones de voz, modo, tiempo, aspecto, número y persona. **2** Grupo formado por todos los verbos que se conjugan de igual manera y tienen como modelo un verbo regular: *en español hay tres conjugaciones regulares.* **3** Unión de elementos distintos que forman un conjunto lógico, coherente o armonioso. SIN conjunción.

conjugador n. m. Programa informático que ofrece la conjugación de los verbos al escribir el infinitivo.

conjugar v. tr. **1** Enunciar las dintintas formas de un verbo para expresar las variaciones de voz, modo, tiempo, aspecto, número y persona. **2** Unir elementos distintos para formar un conjunto lógico, coherente o armonioso: *en la decoración de su casa ha sabido conjugar modernidad y tradición.* SIN conjuntar.

OBS En su conjugación, la *o* se convierte en *ue* en sílaba acentuada y la *g* en *gu* delante de *e*, como en *colgar.*

DER conjugador.

conjunción n. f. **1** Clase de palabras que no experimentan cambios de forma, indican la relación existente entre los elementos de una frase y sirven de nexo entre las partes de esta: *las palabras «y», «aunque», «porque» o «cuando» son conjunciones.* **2** Unión de elementos distintos que forman un conjunto lógico, coherente o armonioso: *una perfecta conjunción de juventud y experiencia.* SIN conjugación.

DER conjugación.

conjuntar v. tr. Unir elementos distintos para formar un conjunto lógico, coherente o armonioso. SIN conjugar.

DER conjunción, conjuntiva, conjuntivo, conjunto.

conjuntiva n. f. Membrana mucosa muy delgada que cubre la parte interior del párpado y llega hasta la parte anterior del globo del ojo de los vertebrados.

DER conjuntivitis.

conjuntivitis n. f. MED. Inflamación de la conjuntiva.

OBS El plural también es *conjuntivitis.*

conjuntivo, -va adj. **1** Que sirve para juntar y unir. **2** Relacionado con la conjunción gramatical o con las mismas funciones que esta clase de palabras realizan: *la expresión ahora bien es una locución conjuntiva con valor adversativo.*

conjunto, -ta adj. **1** Que se hace a la vez o con un fin común. ◆ n. m. **2** Grupo de elementos considerados como un todo homogéneo: *un rebaño es un conjunto de ovejas.* **3** Grupo musical integrado por pocas personas: *un conjunto de rock.* **4** Vestido compuesto por dos o más prendas de vestir que se combinan adecuadamente. **5** En matemáticas, total de elementos que tienen una característica o propiedad que los distingue de otros.

DER subconjunto.

conjura n. f. Acuerdo entre dos o más personas para hacer algo, especialmente si es ilícito o perjudicial para otro: *su cese es el resultado de una conjura contra ella.* SIN conjuración, conspiración.

conjuración n. f. Conjura, acuerdo entre dos o más personas.

conjurar v. tr. **1** Impedir o evitar un daño o peligro. **2** Pronunciar algunas palabras mágicas para comunicar con los espíritus. ◆ v. prnl. **3** conjurarse Ponerse de acuerdo dos o más personas para hacer algo, especialmente si es ilícito o perjudicial para otro: *los senadores romanos se conjuraron contra César.* SIN confabularse, conspirar.

DER conjura, conjuración, conjuro.

conjuro n. m. **1** Serie de palabras mágicas que se pronuncian para comunicar con los espíritus. **2** Serie de palabras mágicas que se pronuncian para conseguir algo que se desea: *la bruja lanzó un conjuro y hechizó al príncipe.*
▶ al conjuro de Por la acción estimulante, que parece mágica, de las palabras, los gestos o la presencia de alguien: *al conjuro de su voz acudimos todos.*

conllevar v. tr. Tener como resultado o producir como consecuencia directa. SIN comportar, implicar, suponer.

conmemoración n. f. Recuerdo de una persona o un hecho, especialmente cuando se celebra con un acto o ceremonia.

conmemorar v. tr. Recordar a una persona o hecho, especialmente si se celebra con una ceremonia o fiesta.
DER conmemoración, conmemorativo.

conmemorativo, -va adj. Que recuerda o conmemora un hecho o fecha importante.

conmigo pron. pers. Forma del pronombre personal de primera persona del singular *mí*, que se usa cuando va acompañado por la preposición *con*.

conminar v. tr. Amenazar a una persona con un castigo si no hace lo que se le ordena.

conmoción n. f. Alteración violenta del ánimo de una persona o de un conjunto de personas causada generalmente por la sorpresa que provoca algún acontecimiento desagradable.
▶ conmoción cerebral Estado de aturdimiento o pérdida del conocimiento producido por un golpe en la cabeza, una descarga eléctrica o una explosión.
DER conmocionar.

conmocionar v. tr. Producir una conmoción.

conmovedor, -ra adj. Que afecta o produce emoción: *su bondad es conmovedora.* SIN emotivo, emocionante.

conmover v. tr. **1** Producir un emoción intensa: *las imágenes del reencuentro de padre e hijo conmovieron al público.* SIN emocionar. **2** Provocar en una persona pena y dolor la desgracia o sufrimiento que padece otra: *el llanto de la viuda conmovía a todos los asistentes al funeral.*
OBS Se conjuga como *mover.*
DER conmoción, conmovedor; inconmovible.

conmutador n. m. Aparato o mecanismo que sirve para cambiar la dirección o interrumpir el paso de una corriente eléctrica: *las llaves de la luz son conmutadores.* SIN interruptor.

conmutar v. tr. **1** Cambiar o sustituir una cosa por otra, especialmente una pena o castigo por otro de menor grado o rigor. **2** MAT. Cambiar el orden de las cantidades en una operación matemática.

conmutativo, -va adj. MAT. [propiedad de una operación] Que permite el cambio de orden de las cantidades que la integran sin alterar el resultado: *la suma y el producto son operaciones que poseen la propiedad conmutativa.*

connivencia n. f. **1** Acuerdo a que llegan dos o más personas para realizar algo ilícito: *necesitamos de su connivencia y colaboración para seguir con el desfalco e la empresa.* **2** Tolerancia de un superior en relación con las faltas que cometen sus subordinados.

connotación n. f. GRAM. Significado secundario y subjetivo que tiene una palabra por su asociación con otras ideas: *el término lúgubre tiene una connotación de misterio.*

connotar v. tr. GRAM. Tener una palabra, además de su significado propio o específico, otro secundario y subjetivo por su asociación con otras ideas.
DER connotación, connotativo.

connotativo, -va adj. GRAM. [palabra] Que tiene un significado secundario y subjetivo por su asociación con otras ideas.

cono n. m. **1** Cuerpo sólido terminado en punta y de base circular, limitado por una superficie curva formada por las infinitas rectas que parten de la base y se unen en la punta. **2** Objeto o figura que tiene esta forma.
DER cónico, conífero.

conocedor, -ra adj./n. m. y f. **1** Que tiene conocimiento de algo: *el detenido declaró ante el juez que no era conocedor de la identidad del muerto.* **2** [persona] Que sabe mucho de una materia: *es un gran conocedor del antiguo Egipto.* SIN experto.

conocer v. tr. **1** Comprender por medio de la razón la naturaleza, cualidades y relaciones de las cosas. SIN saber. ANT desconocer, ignorar. **2** Comprender por medio de la propia experiencia: *se retiró del boxeo sin haber conocido la derrota.* **3** Tener trato o relación con una persona: *conozco a tu hemano desde hace años.* **4** Percibir o distinguir una cosa como distinta de otras. **5** Tener informaciones y conocimientos sobre algo, especialmente so-

conocer

INDICATIVO	SUBJUNTIVO
presente	**presente**
conozco	conozca
conoces	conozcas
conoce	conozca
conocemos	conozcamos
conocéis	conozcáis
conocen	conozcan
pretérito imperfecto	**pretérito imperfecto**
conocía	conociera o conociese
conocías	conocieras o conocieses
conocía	conociera o conociese
conocíamos	conociéramos o conociésemos
conocíais	conocierais o conocieseis
conocían	conocieran o conociesen
pretérito perfecto simple	**futuro**
conocí	conociere
conociste	conocieres
conoció	conociere
conocimos	conociéremos
conocisteis	conociereis
conocieron	conocieren
futuro	
conoceré	
conocerás	
conocerá	
conoceremos	
conoceréis	
conocerán	
condicional	
conocería	
conocerías	
conocería	
conoceríamos	
conoceríais	
conocerían	

IMPERATIVO	
conoce	(tú)
conozca	(usted)
conoced	(vosotros)
conozcan	(ustedes)

FORMAS NO PERSONALES
infinitivo
conocer
gerundio
conociendo
participio
conocido

bre una materia o ciencia. SIN saber. **6** Tener relaciones sexuales con una persona.

▶ se conoce que Expresión con la que se explica la causa o el motivo de algo: *le han salido callos en las manos: se conoce que no ha trabajado nunca.*

DER conocedor, conocido, conocimiento; desconocer, reconocer.

conocido, -da adj. **1** Que tiene fama entre muchas personas por haber hecho algo notorio o por poseer una cualidad. SIN célebre, famoso. ◆ n. m. y f. **2** Persona con la que se tiene relación o trato, pero sin llegar a la amistad: *aún tengo muchos conocidos en mi pueblo.*

conocimiento n. m. **1** Capacidad del ser humano para comprender por medio de la razón la naturaleza, cualidades y relaciones de las cosas. **2** Conjunto de datos o noticias relativos a una persona o cosa. **3** Conjunto de las facultades sensoriales de una persona en la medida en que están activas: *a consecuencia de la caída perdió el conocimiento.* SIN conciencia, sentido. **4** Conocido, persona con la que se tiene relación o trato, pero sin llegar a la amistad. ◆ n. m. pl. **5** conocimientos Conjunto de datos e ideas que se conocen acerca de algo, especialmente de una materia o ciencia: *conocimientos de informática.* SIN saber.

▶ conocimiento de causa Conocimiento de los motivos o razones que explican o justifican un comportamiento. llegar a conocimiento Llegar una persona a enterarse de determinada cosa. tener conocimiento Enterarse una persona de una cosa.

conque conj. Introduce una oración que es resultado o consecuencia de la oración anterior: *mi hermana no quiere verte, conque ya te estás yendo.*

OBS No se debe confundir con la forma *con que.*

conquense adj. **1** De Cuenca o que tiene relación con esta ciudad de Castilla-La Mancha o con su provincia. ◆ adj./ n. com. **2** [persona] Que es de Cuenca.

conquista n. f. **1** Obtención del dominio y control de una población, territorio o posición como consecuencia de una guerra. **2** Población o territorio cuyo dominio y control se consigue como consecuencia de una guerra. **3** Obtención de un premio o un beneficio con el esfuerzo y el trabajo. **4** Obtención del amor de una persona. **5** Persona cuyo amor se ha conseguido.

DER conquistar; reconquista.

conquistador, -ra adj./ n. m. y f. **1** [persona, ejército] Que consigue el dominio y control de una población o de un territorio como consecuencia de una guerra: *Pizarro fue el conquistador del Perú.* **2** [persona] Que consigue el amor de otra persona con facilidad.

conquistar v. tr. **1** Conseguir el dominio y control de una población o de un territorio como consecuencia de una guerra. **2** Conseguir un premio o beneficio con el esfuerzo y el trabajo: *el atleta esperaba conquistar alguna medalla.* **3** Conseguir el amor de una persona. SIN enamorar. **4** Conseguir la confianza,

la simpatía y la voluntad de una persona: *la joven actriz ha conquistado al público español.*
DER conquistador.

consagración n. f. **1** Fama o prestigio que alcanza una persona. **2** Dedicación del esfuerzo y el trabajo a un fin. **3** Ofrecimiento o dedicación a Dios, a la Virgen o a un santo: *el Papa asistió a la consagración que tuvo lugar en la catedral.* **4** En la religión católica, momento de la misa en que el sacerdote pronuncia las palabras por las que el pan y el vino se convierten en el cuerpo y la sangre de Cristo.

consagrar v. tr./ prnl. **1** Dar fama o prestigio, hacer famoso. **2** Dedicar el esfuerzo y el trabajo a un fin: *consagró su vida a la lucha contra el sida.* **3** Ofrecer o dedicar algo a Dios, a la Virgen o a un santo. ◆ v. intr./ tr. **4** En la religión católica, pronunciar el sacerdote en la misa las palabras por las que el pan y el vino se convierten en el cuerpo y la sangre de Cristo.
DER consagración, consagrado.

consanguíneo, -nea adj. [persona] Que desciende de los mismos antepasados que otra.
DER consanguinidad.

consciencia n. f. FILOS Conciencia (conocimiento de la propia existencia).
DER consciente; inconsciencia.

consciente adj. **1** [persona] Que siente, piensa y actúa con conocimiento de lo que hace. **2** [sentimiento, idea, acto] Que se lleva a cabo con conocimiento de lo que se hace. **3** [persona] Que tiene capacidad para percibir estímulos sensibles y comprender lo que sucede a su alrededor: *el herido permanecía consciente en el interior del vehículo accidentado.*
ANT inconsciente.
DER conscientemente; subconsciente.

consecución n. f. Obtención de algo que se merece, solicita o pretende. SIN logro.

consecuencia n. f. **1** Hecho o acontecimiento que se deriva o resulta de otro. SIN derivación, resultado. **2** Correspondencia lógica entre las ideas de una persona y su comportamiento. SIN coherencia.
▶ a consecuencia de Por efecto o como resultado de una cosa anterior: *murió a consecuencia de las heridas recibidas.* en consecuencia Según lo dicho o acordado anteriormente. sin consecuencias Sin peligro, daño o complicaciones posteriores: *tuvo un accidente sin consecuencias.*
DER consecuente, consecutiva, consecutivo; inconsecuencia.

consecuente adj. **1** Que mantiene correspondencia lógica entre las ideas y el comportamiento. ANT inconsecuente. **2** Que depende o resulta de otra cosa o que la sigue en orden. SIN consiguiente.

consecutivo, -va adj. **1** Que sigue o sucede sin interrupción a otra cosa: *lunes y martes son días consecutivos.* ◆ adj./ n. f. **2** GRAM. [oración] Que expresa una acción, proceso o estado que sigue o resulta de otro anterior: *en la oración «Carlos ha trabajado tanto, que lo hemos contratado a tiempo completo», «que lo hemos contratado a tiempo completo» es una oración consecutiva.* **3** GRAM. [conjunción] Que introduce una oración que es resultado de otra anterior.

conseguir v. tr. Obtener algo que se merece, solicita o pretende. SIN alcanzar, lograr.
OBS En su conjugación, la *e* se convierte en *i* en algunos tiempos y personas, y la *gu* en *g* delante de *a* y *o*, como en *seguir*.

consejería n. f. **1** Departamento en que se divide el gobierno de una comunidad autónoma. **2** Cargo que ocupa la persona que dirige este departamento: *Consejería de Industria.* **3** Lugar o edificio donde trabaja el personal que depende de este departamento.

consejero, -ra n. m. y f. **1** Persona que aconseja o a la que se pide consejo. **2** Persona que forma parte de un consejo que dirige y administra una empresa, entidad o asociación. **3** Persona que dirige una consejería de una comunidad autónoma. **4** Lo que sirve de enseñanza, ejemplo o advertencia para guiar la conducta.
DER consejería.

consejo n. m. **1** Opinión que se da o recibe sobre lo que se debe hacer o el modo de hacerlo: *antes de dimitir pidió consejo a su mejor amiga.* **2** Corporación consultiva encargada de informar al gobierno sobre determinada materia. Consejo de Ministros **a.** Cuerpo de ministros del estado. **b.** Reunión de los ministros, presididos por el jefe del poder ejecutivo, para tratar cuestiones de estado. **3** Departamento de una empresa, entidad o asociación que se encarga de su dirección y administración. **4** Reunión que celebran los miembros de este departamento.
▶ consejo de guerra Tribunal de justicia integrado por miembros del ejército que aplica el Código de justicia militar.
DER consejero; aconsejar.

consenso n. m. Asentimiento o consentimiento, especialmente el de todas las personas que pertenecen a una corporación: *fue aprobado por mutuo consenso.*

DER consensuar.

consensuar v. tr. **1** Llegar a un consenso todas las personas que pertenecen a una corporación o comunidad: *en la asamblea intersindical varios temas fueron difíciles de consensuar.* **2** Acordar algo por mayoría, incluso antes de someterlo a votación: *la ley estaba consensuada cuando se discutió en el Parlamento.*

OBS Se conjuga como *actuar.*

consentido, -da adj./n. m. y f. Que está acostumbrado a hacer siempre su voluntad sin que nadie lo corrija o castigue por sus malas acciones.

consentimiento n. m. Aprobación de una cosa o permiso para que se realice. SIN conformidad.

consentir v. tr. **1** Permitir que se haga una cosa o el modo de hacerla. SIN dejar. **2** Ser indulgente con una persona, especialmente si es un niño o un inferior. SIN malcriar, mimar.

OBS En su conjugación, la *e* se convierte en *ie* en sílaba acentuada o en *i* en algunos tiempos y personas, como en *hervir.*

DER consentido, consentimiento.

conserje n. com. Persona que se encarga del cuidado, vigilancia y limpieza de un edificio o establecimiento público: *el conserje abrió las puertas de las aulas.* SIN bedel, portero.

DER conserjería.

conserjería n. f. **1** Habitación donde está el conserje de un edificio o establecimiento público. **2** Cargo de conserje.

conserva n. f. Alimento preparado de modo conveniente y envasado herméticamente para mantenerlo comestible durante mucho tiempo.

conservación n. f. Mantenimiento y cuidado de una cosa para que no pierda sus características y propiedades con el paso del tiempo: *instinto de conservación; la conservación de las especies endémicas de una zona natural.*

conservacionista adj. **1** Que tiende a conservar alguna cosa o situación determinada, especialmente el medio ambiente: *los movimientos conservacionistas denunciaron la necesidad de evaluar el deterioro ambiental.* ◆ adj./n. com. **2** [persona] Que tiende a conservar alguna cosa o situación determinada, especialmente el medio ambiente: *los conservacionistas proponen el cuidado y protección de varios ríos de la región.*

conservador, -ra adj./n. m. y f. **1** [persona] Que es partidario de mantener los valores políticos, sociales y morales tradicionales y se opone a reformas o cambios radicales en la sociedad. ◆ n. m. y f. **2** Persona encargada de la conservación de los fondos documentales de un museo o archivo o de una de sus secciones.

DER conservadurismo; ultraconservador.

conservadurismo n. m. **1** Tendencia política que defiende el sistema de valores sociales, políticos y morales tradicionales y se opone a reformas o cambios radicales en la sociedad. **2** Actitud de defensa de la tradición y rechazo de las reformas en una materia o disciplina. **3** Actitud de cautela por temor a perder lo que se tiene.

conservante n. m. Sustancia que se añade a un alimento para mantener sin alteración sus cualidades durante mucho tiempo.

conservar v. tr. **1** Mantener y cuidar una cosa para que no pierda sus características y propiedades con el paso del tiempo: *conserva la casa de sus padres.* **2** Guardar una cosa con cuidado: *todavía conserva el vestido con el que lo bautizaron.* **3** Mantener un sentimiento o sensación que se experimentó en el pasado. **4** Mantener costumbres, virtudes o defectos.

DER conserva, conservación, conservador, conservante, conservatorio, conservero.

conservatorio n. m. Centro de educación, generalmente oficial, donde se imparten enseñanzas de música, canto, danza y artes relacionadas.

considerable adj. Que es lo bastante grande, numeroso o importante como para tenerse en cuenta.

consideración n. f. **1** Reflexión que se hace con atención y cuidado para formar una opinión acerca de una cosa. SIN contemplación. **2** Opinión que se forma tras esta reflexión: *no estoy de acuerdo para nada con tus consideraciones sobre el paro.* SIN contemplación. **3** Respeto o atención con el que se trata a una persona o cosa.

▶ **de consideración** Importante, grave, con consecuencias: *el torero sufrió una cornada de consideración.* **en consideración** En atención, teniendo presente. **tener** o **tomar en consideración** Tener en cuenta, dar la debida importancia.

considerado, -da adj. **1** [persona] Que se

comporta con respeto y atención hacia los demás. SIN amable. **2** [persona] Que recibe muestras de atención y respeto.
DER inconsiderado.

considerar v. tr. **1** Reflexionar con atención y cuidado para formar una opinión. SIN contemplar. ◆ v. tr./ prnl. **2** Formar una opinión razonada sobre un asunto o una persona. SIN juzgar.
DER considerable, consideración, considerado; desconsiderar, reconsiderar.

consigna n. f. **1** Orden o instrucción que se da a un subordinado o a los miembros de una agrupación política o sindical: *la policía tenía la consigna de no disparar.* **2** Lema o frase que gritan en una manifestación las personas que participan en ella. **3** Lugar de estaciones, aeropuertos y otras dependencias en el que los viajeros pueden guardar temporalmente el equipaje.

consignar v. tr. **1** Señalar o poner por escrito para dejar constancia formal o legal. **2** Anotar una cantidad de dinero en un presupuesto para un determinado fin.
DER consigna, consignación, consignatario.

consigo pron. pers. Forma del pronombre personal reflexivo *sí* que se usa cuando va acompañado por la preposición *con*: *trae consigo a su sobrina.*

consiguiente adj. Que depende o resulta de otra cosa.
▶ por consiguiente Expresión que indica que una acción sigue o resulta de otra anterior. SIN por tanto.

consistencia n. f. **1** Cualidad de la materia que resiste sin romperse ni deformarse fácilmente: *el acero tiene mucha consistencia.* SIN cohesión, cuerpo. ANT inconsistencia. **2** Unión y relación adecuada de todas las partes que forman un todo. SIN coherencia. ANT inconsistencia.

consistente adj. **1** Que resiste un esfuerzo normal sin romperse ni deformarse: *deja secar la escayola hasta que el molde sea consistente.* ANT inconsistente. **2** Que une y relaciona las partes de un conjunto y les da unidad y coherencia. ANT inconsistente.

consistir v. intr. **1** Estar fundada un cosa en otra: *la misión del médico consiste en curar al paciente.* **2** Estar formado o compuesto por varios elementos. SIN constar.

consistorio n. m. **1** Consejo que celebra el papa de la Iglesia Romana con asistencia de los cardenales. **2** Consejo directivo en algunas comunidades religiosas protestantes o judías. **3** Corporación o grupo de personas integrado por un alcalde y varios concejales que se encarga de administrar y gobernar un municipio: *el Consistorio no resolvió el expediente administrativo, pero los policías siguieron sin empleo y sin sueldo.* NOTA Cuando hace referencia a un consistorio concreto, suele escribirse con mayúscula. SIN ayuntamiento, cabildo, concejo, intendencia, municipalidad. **4** Edificio en el que trabaja esa corporación: *el concejal acudió ayer al consistorio dispuesto a desarrollar una nueva propuesta ciudadana.* SIN ayuntamiento, cabildo, concejo. **5** Junta o reunión que celebran los miembros de esa corporación. SIN cabildo, concejo.
DER consistorial.

consola n. f. **1** Tablero con mandos, teclas e indicadores desde el que se controlan una o varias máquinas **2** Mesa alargada que se coloca junto a la pared y sirve de adorno.

consolación n. f. Ayuda o motivo que contribuye a disminuir la intensidad de una pena o de un dolor. SIN alivio, consuelo.

consolador n. m. Pene artificial para simular el coito.

consolar v. tr. Dar ánimo a una persona para que resista una situación triste o adversa. SIN confortar, reconfortar.
OBS En su conjugación, la *o* se convierte en *ue* en sílaba acentuada, como en *contar.*
DER consolación, consolador, consuelo; desconsolar.

consolidación n. f. Adquisición de firmeza, solidez y estabilidad.

consolidar v. tr. Hacer que algo sea sólido, firme y estable: *el Gobierno se ha propuesto consolidar la recuperación económica.*
DER consolidación.

consomé n. m. Caldo de carne, especialmente cuando se le añade una clara de huevo batida que se deja unos minutos en ebullición y posteriormente se cuela para eliminar las impurezas de grasa: *yo tomaré el consomé con queso rallado.*

consonancia n. f. **1** Relación de conformidad, correspondencia o igualdad entre dos o más elementos. **2** MÚS. Relación entre varios sonidos que, producidos a la vez o uno detrás de otro, suenan de modo agradable. ANT disonancia. **3** GRAM. Igualdad de los sonidos

de la terminación de dos palabras, desde la última vocal con acento.
DER consonante.

consonante adj./ n. f. **1** GRAM. [sonido] Que se produce al estrechar los órganos de la articulación el canal de la voz o al cerrarlo por un instante: *la s y la b son consonantes.* **2** GRAM. [letra] Que representa ese sonido: *la letra t es una consonante.* ◆ adj. **3** GRAM. [palabra] Que tiene iguales a otra los sonidos finales, desde la última vocal con acento: *«pradera» y «tomatera» tienen rima consonante.* **4** Que tiene una relación de conformidad, correspondencia o igualdad. ANT disonante.
DER consonántico, consonantismo; aconsonantar, semiconsonante.

consonántico, -ca adj. Del sonido o la letra consonantes o que tiene relación con ellos.

consorcio n. m. Asociación de personas o empresas con intereses comunes para participar conjuntamente en un proyecto o negocio importante.

consorte n. com. Mujer respecto de su marido y marido respecto de su mujer: *reina consorte; príncipe consorte.* SIN cónyuge.
OBS Funciona como aposición a los títulos de la realeza.
DER consorcio.

conspicuo, -cua adj. [persona] Que es ilustre o sobresaliente por alguna cualidad. SIN afamado, insigne.

conspiración n. f. Acuerdo entre dos o más personas para hacer algo, especialmente si es ilícito o perjudicial para otro. SIN conjura, conjuración.

conspirador, -ra n. m. y f. Persona que participa en una conspiración.

conspirar v. intr. Llegar a un acuerdo dos o más personas para hacer algo, especialmente si es ilícito o perjudicial para otro. SIN confabularse.
DER conspiración, conspirador.

constancia n. f. **1** Voluntad firme y continuada en la determinación de hacer una cosa o en el modo de realizarla. SIN perseverancia. **2** Certeza de algo que se ha hecho o dicho. **3** Registro, prueba o testimonio de que un hecho es verdadero y exacto. NOTA Se usa con los verbos *haber* y *dejar.*

constante adj. **1** Que tiene voluntad firme y continuada en la determinación de hacer una cosa o en el modo de realizarla. NOTA Se usa con el verbo *ser,* pero no con el verbo *estar.* ANT inconstante. **2** Que no se interrumpe y se prolonga durante largo tiempo con la misma intensidad. SIN continuo. ANT inconstante. **3** Que se repite con cierta frecuencia manteniendo la misma intensidad. SIN continuo. ANT inconstante. **4** MAT. Valor o cantidad que permanece fija en un cálculo o proceso matemático.
▶ **constantes vitales** MED. Conjunto de datos relacionados con la composición y las funciones del organismo, cuyo valor debe mantenerse dentro de unos límites para que la vida se desarrolle en condiciones normales: *el herido mantiene las constantes vitales estables.*
DER inconstante.

constar v. intr. **1** Tener la seguridad de que un hecho es verdadero y exacto: *me consta que tú me ofreces el mejor precio.* **2** Registrar o probar que un hecho es verdadero y exacto. **3** Estar formado o compuesto por varios elementos. SIN consistir.
DER constancia, constante.

constatación n. f. **1** Acción de constatar: *lo vio sonriente, en su mejor momento de constatación emprendedora, el día en que inauguró su negocio.* **2** Cosa que constata la verdad de algo: *el buen resultado de hoy es una constatación del excelente trabajo físico que realiza el entrenador.*

constatar v. tr. Comprobar un hecho, determinar si es cierto y dar constancia de él. SIN confirmar.
DER constatación.

constelación n. f. ASTR. Conjunto de estrellas que, mediante trazos imaginarios sobre la aparente superficie celeste, forman un dibujo que recuerda una figura, generalmente un animal o un personaje mitológico.

consternado, -da adj. [persona] Que siente consternación: *el cura asistió consternado al desarrollo de todo el ceremonial.*

consternar v. tr. Producir abatimiento o desconsuelo profundo el conocimiento de una desgracia.
DER consternación.

constipado n. m. Malestar físico provocado por la inflamación de las membranas mucosas del aparato respiratorio que produce un aumento de la secreción nasal y suele ir acompañado de tos, fiebre y dolores musculares. SIN catarro, resfriado.

constiparse v. prnl. Contraer una enferme-

dad leve del aparato respiratorio a causa del frío o de los cambios rápidos de temperatura. **SIN** acatarrarse, resfriarse.
DER constipado.

constitución n. f. **1** Manera en que está compuesto algo o forma en que se estructuran sus elementos formantes. **2** Naturaleza de un organismo vivo en relación con el desarrollo, estructura y funcionamiento de su cuerpo. **SIN** complexión. **3** Establecimiento o fundación. **4** Conjunto de leyes fundamentales que fija la organización política de un estado y establece los derechos y las obligaciones básicas de los ciudadanos y gobernantes. **NOTA** Se escribe con letra mayúscula. **5** Forma o sistema de gobierno de un estado.
DER constitucional.

constitucional adj. **1** De la Constitución o que tiene relación con este conjunto ordenado de leyes. **2** Conforme con el contenido de la Constitución de un estado: *se ha puesto en duda el carácter constitucional de la nueva ley.* **3** De la constitución física de un organismo vivo o que tiene relación con ella.
DER constitucionalidad; anticonstitucional.

constitucionalidad n. f. Adecuación a lo establecido en la Constitución vigente: *el Tribunal Constitucional tiene que pronunciarse a favor de la constitucionalidad de la norma.* **ANT** inconstitucionalidad.

constituir v. tr. **1** Formar o componer. **2** Ser o suponer: *el hábito del tabaco constituye un grave peligro para la salud.* ◆ v. tr./ prnl. **3** Establecer o fundar: *se constituyó la comunidad de propietarios.* ◆ v. prnl. **4** **constituirse** Aceptar una obligación o un cargo.
OBS En su conjugación, la *i* se convierte en *y* delante de *a, e* y *o,* como en *huir.*
DER constitución, constitutivo, constituyente; reconstituir.

constitutivo, -va adj./ n. m. y f. Que forma parte de un todo. **SIN** constituyente.

constituyente adj./ n. m. **1** Que forma parte de un todo. **SIN** constitutivo. **2** [Cortes, congreso o asamblea] Que ha sido convocado para elaborar o reformar la Constitución de un estado.

constreñir v. tr. **1** Limitar, reducir: *los derechos de los ciudadanos constriñen el poder del gobierno.* **SIN** restringir. **2** MED. Hacer presión u oprimir un conducto hasta cerrarlo parcial o totalmente.
OBS En su conjugación, la *i* de la desinencia se pierde absorbida por la *ñ* y la *e* se convierte en *i* en algunos tiempos y personas, como en *ceñir.*

constricción n. f. **1** Límite o reducción. **2** MED. Presión que se ejerce en un conducto para cerrarlo parcial o totalmente: *la serpiente pitón mata a sus víctimas por constricción.*
DER constrictor.

construcción n. f. **1** Fabricación de una obra material, generalmente de gran tamaño, de acuerdo con una técnica de trabajo compleja y usando gran cantidad de elementos: *la construcción de un puente.* **2** Conjunto de personas y materiales relacionados con la fabricación de edificios, obras de arquitectura o ingeniería: *la huelga de la construcción.* **3** Edificio u obra de arquitectura o ingeniería construida. **4** GRAM. Unión y ordenación adecuada de las palabras o las oraciones de acuerdo con las normas de la gramática.

constructivo, -va adj. **1** De la construcción o que tiene relación con ella. **ANT** destructivo. **2** Que construye o sirve para construir; especialmente, que sirve para extraer consecuencias positivas y útiles: *críticas constructivas.* **ANT** destructivo.
DER constructivismo.

constructor, -ra adj./ n. m. y f. [persona, empresa] Que construye edificios, obras de arquitectura o ingeniería.

construir v. tr. **1** Hacer o fabricar una obra material, generalmente de gran tamaño, de acuerdo con una técnica de trabajo compleja y usando gran cantidad de elementos. **ANT** destruir. **2** Elaborar una teoría o proyecto a partir de la combinación de diversos conceptos. **3** Disponer de determinada manera los elementos de una obra artística. **SIN** componer. **4** GRAM. Unir y ordenar debidamente las palabras o las oraciones de acuerdo con las normas de la gramática.
OBS En su conjugación, la *i* se convierte en *y* delante de *a, e* y *o,* como en *huir.*
DER construcción, constructivo, constructor; reconstruir.

consuegro, -gra n. m. y f. Padre o madre de una persona en relación con los padres de la persona con la que está casada.

consuelo n. m. Ayuda o motivo que contribuye a disminuir la intensidad de una pena o de un dolor: *palabras de consuelo.* **SIN** alivio, consolación.

consuetudinario, -ria adj. Que se basa en la costumbre.

cónsul n. com. **1** Persona autorizada oficialmente para representar y proteger los intereses económicos, administrativos o legales de los ciudadanos de una nación en una ciudad de un estado extranjero. ◆ n. m. **2** Hombre que tenía la máxima autoridad en la antigua república romana.
DER consulado, consular; procónsul.

consulado n. m. **1** Lugar o edificio donde trabaja el cónsul. **2** Conjunto de personas que trabajan bajo la dirección de un cónsul para representar y proteger los intereses de su nación en una ciudad de un estado extranjero. **3** Cargo o dignidad de cónsul. **4** Territorio o distrito asignado a un cónsul.

consular adj. Del cónsul o del consulado, o relacionado con ellos: *jurisdicción consular; asuntos consulares.*

consulta n. f. **1** Opinión o consejo que se pide o se da acerca de una cosa. **2** Reunión de varias personas para tratar un asunto: *los dos presidentes han mantenido frecuentes consultas.* **3** Búsqueda de información. **4** Lugar donde el médico recibe, examina y atiende a sus pacientes. SIN consultorio. **5** Examen y atención que un médico presta a sus pacientes.

consultar v. tr. **1** Pedir opinión o consejo acerca de una cosa: *el árbitro consultó con el linier antes de anular el gol.* **2** Tratar un asunto con otras personas para conocer su punto de vista. **3** Buscar información: *consultar las páginas amarillas.*
DER consulta, consultivo, consultor, consultoría, consultorio.

consultivo, -va adj. [junta, organismo] Que está establecido para ser consultado por los gobernantes.

consultoría n. f. **1** Entidad dedicada a asesorar empresas en asuntos como el marketing, la organización, la fiscalidad, etc. **2** Actividad del consultor.

consultorio n. m. **1** Establecimiento en el que se encuentran las consultas de diversos médicos para atender a los pacientes de un determinado territorio o distrito de la Seguridad Social o de una compañía de seguros médicos privada. SIN ambulatorio. **2** Lugar donde el médico recibe, examina y atiende a sus pacientes. SIN consulta. **3** Lugar o establecimiento donde se dan opiniones o consejos técnicos a las personas que los solicitan. **4** Sección de un medio de comunicación, especialmente de la radio o la prensa, dedicada a responder a las consultas del público acerca de materias técnicas.

consumación n. f. Realización completa y total de una acción o proceso: *la consumación del crimen.*

consumado, -da adj. [persona] Que realiza su trabajo o especialidad con excelencia o perfección: *una consumada violinista.*

consumar v. tr. Dar fin, acabar por completo una acción o proceso.
▶ consumar el matrimonio Mantener relaciones sexuales los cónyuges tras haberse casado.
DER consumación, consumado.

consumición n. f. **1** Producto, generalmente una bebida, que se consume en un establecimiento público: *la entrada incluye dos consumiciones.* **2** Gasto de algo que con el uso se extingue o se destruye.

consumido, -da adj. **1** [persona, animal] Que está muy delgado y con mal aspecto físico. **2** [persona] Que suele afligirse y apurarse con poco motivo: *se encontraba consumido por la envidia.*

consumidor, -ra adj./n. m. y f. [persona] Que compra y usa bienes y productos.

consumir v. tr. **1** Comprar o usar un producto, especialmente alimentos y bebidas, para satisfacer necesidades o gustos. **2** Usar, disfrutar o servirse de un producto o de una cosa no material: *consumir electricidad.* **3** Destruir por completo una materia. **4** Hacer perder peso y deteriorar físicamente: *una larga enfermedad lo consume lentamente.* **5** Causar molestia o angustia de manera continuada durante mucho tiempo: *me consumen los celos.*
SIN corroer.
DER consumición, consumido, consumidor, consumo.

consumismo n. m. Tendencia al consumo de productos de modo excesivo y sin necesidad.
DER consumista.

consumista adj. Del consumismo o relacionado con esta tendencia: *el afán consumista obliga a tirarlo todo y comprar artículos nuevos.*

consumo n. m. **1** Compra o uso de un producto, especialmente alimentos y bebidas, para satisfacer necesidades o gustos. **2** Uso, disfrute o servicio que se obtiene de un producto o de una cosa no material.
DER consumismo.

a b c d e f g h i j k l m n ñ o p q r s t u v w x y z

consustancial adj. **1** Que es de la misma sustancia, naturaleza y esencia que otra cosa: *el cuerpo y el alma son elementos consustanciales.* **2** Que forma parte de las características esenciales de una cosa.
DER consustancialidad; consubstancial.

contabilidad n. f. **1** Sistema de control y registro de los gastos e ingresos y demás operaciones económicas que realiza una empresa. **2** Conjunto de cifras y datos acerca de estas operaciones económicas.

contabilizar v. tr. **1** Registrar una operación económica en un libro de cuentas para llevar la contabilidad. **2** Contar, numerar o computar cosas: *se contabilizaron únicamente tres disparos a puerta.*

contable adj. **1** Que por su naturaleza o por su número puede ser contado: *el nombre «moneda» es contable, «aire» o «emoción» no.* **2** De la contabilidad económica o que tiene relación con ella. ◆ n. com. **3** Persona que lleva la contabilidad económica de una empresa.

contactar v. tr. Establecer trato o relación personal.

contacto n. m. **1** Proximidad entre dos o más cosas de modo que se toquen entre sí: *el contacto con el hielo le alivió el dolor del golpe.* **2** Trato o relación personal. SIN comunicación. **3** Persona que facilita el trato o la relación personal con otras, especialmente dentro de una institución, empresa u organización. SIN enlace. **4** Unión entre las dos partes de un circuito que permite el paso de la corriente eléctrica: *el cable está roto y no hace contacto.* **5** Mecanismo que se usa para establecer esta unión. ◆ n. m. pl. **6** contactos Personas con las que se mantienen relaciones sociales o económicas: *como productor, tenía numerosos contactos en el mundo de la música.*
▶ tomar contacto Empezar a conocer los detalles de un determinado tema o asunto.
DER contactar.

contado, -da adj. Que es escaso, raro o poco frecuente: *en contadas ocasiones baja el precio de la gasolina.*
▶ al contado [forma de pago] Con dinero contante, abonando en el momento la cantidad completa y con dinero en efectivo o su equivalente.

contador n. m. Aparato destinado a medir el volumen de agua o de gas que pasa por una cañería o la cantidad de electricidad que recorre un circuito en un tiempo determinado.
DER contaduría.

contagiar v. tr. **1** Transmitir una enfermedad un ser vivo a otro. SIN contaminar, infectar. **2** Transmitir una idea o sentimiento una persona a otra. ◆ v. prnl. **3** contagiarse Contraer una enfermedad por contacto con el germen o virus que la causa. **4** Adquirir una idea o un sentimiento propio de una persona gracias al contacto con ella: *me contagié de su alegría en cuanto la conocí.*
OBS En su conjugación, la *i* se acentúa en algunos tiempos y personas, como en *cambiar.*
DER contagio, contagioso.

contagio n. m. **1** Transmisión de una enfermedad por contacto con el germen o virus que la causa. **2** Transmisión de una idea o sentimiento por influencia de una persona.

contagioso, -sa adj. Que se contagia con facilidad y rapidez: *una enfermedad muy contagiosa.*

container n. m. **1** Recipiente metálico grande y recuperable, de tipos y dimensiones normalizados internacionalmente y provisto de ganchos o argollas para facilitar su carga y descarga mediante grúas, que sirve para transportar mercancías a grandes distancias. SIN contenedor. **2** Barco destinado al transporte de mercancías en estos recipientes. SIN portacontenedores. **3** Recipiente metálico o de otro material resistente, de gran tamaño y provisto de enganches para facilitar su manejo que se usa para depositar las basuras en las calles. SIN contenedor.
OBS Se pronuncia «contáiner». El plural es *containers.*

contaminación n. f. **1** Alteración o daño del estado original de pureza o limpieza de una cosa. **2** Transmisión de una enfermedad por contacto con el germen o virus que la causa. SIN contagio, infección.

contaminante adj. Que contamina: *la gasolina sin plomo es menos contaminante.*

contaminar v. tr. **1** Alterar o dañar el estado original de pureza o limpieza de una cosa: *contaminar un río; contaminar el aire.* ◆ v. tr. **2** Transmitir una enfermedad un ser vivo a otro. SIN contagiar, infectar. ◆ v. prnl. **3** contaminarse Contraer una enfermedad por contacto con el germen o virus que la causa.
DER contaminación, contaminador, contaminante; descontaminar.

contar

INDICATIVO	SUBJUNTIVO
presente	**presente**
cuento	cuente
cuentas	cuentes
cuenta	cuente
contamos	contemos
contáis	contéis
cuentan	cuenten
pretérito imperfecto	**pretérito imperfecto**
contaba	contara o contase
contabas	contaras o contases
contaba	contara o contase
contábamos	contáramos o contásemos
contabais	contarais o contaseis
contaban	contaran o contasen
pretérito perfecto simple	**futuro**
conté	contare
contaste	contares
contó	contare
contamos	contáremos
contasteis	contareis
contaron	contaren

INDICATIVO	IMPERATIVO	
futuro		
contaré	cuenta	(tú)
contarás	cuente	(usted)
contará	contad	(vosotros)
contaremos	cuenten	(ustedes)
contaréis		
contarán		

INDICATIVO	FORMAS NO PERSONALES	
condicional	**infinitivo**	**gerundio**
contaría	contar	contando
contarías	**participio**	
contaría	contado	
contaríamos		
contaríais		
contarían		

contar v. tr. **1** Averiguar la cantidad de elementos que hay en un conjunto, dándole a cada uno un número ordenado consecutivamente: *contar billetes.* **2** Expresar los números ordenados consecutivamente. **3** Dicho de años, tenerlos cumplidos: *el joven campeón cuenta tan solo dieciséis años.* **4** Explicar una historia real o inventada; hacer una relación de acontecimientos: *contar un cuento.* SIN narrar, referir, relatar. ◆ v. tr./ prnl. **5** Considerar una cosa según la importancia, clase u opinión que le corresponde: *en el examen cuenta mucho la precisión en los datos.*
▶ contar con **a.** Considerar a una persona o cosa útil, conveniente o de confianza para algo: *cuento contigo para que me ayudes a pintar el piso.* **b.** Tener o disponer de una cualidad o de una característica: *este equipo cuenta con excelentes jugadores.* ¿qué cuentas? o ¿qué te cuentas? Expresión que se usa como saludo.
DER contable, contado, contador, contante, cuenta; descontar, recontar.

contemplación n. f. **1** Acción de mirar con atención, placer o detenimiento. **2** Reflexión detenida e intensa sobre Dios, sus atributos divinos y los misterios de la fe: *los cartujos dedican buena parte del día a la contemplación.* ◆ n. f. pl. **3** contemplaciones Trato cuidadoso y atento hacia una persona para que esté feliz y no se enfade. SIN miramiento.

contemplar v. tr. **1** Mirar con interés, atención y detenimiento: *desde la ventana puedo contemplar toda la ciudad.* SIN observar. **2** Reflexionar con atención y cuidado para formar una opinión: *contempla la posibilidad de vender su casa.* SIN considerar. **3** Complacer a una persona, ser condescendiente con ella: *contemplaba en exceso a sus hijos.* **4** Reflexionar detenida e intensamente sobre Dios, sus atributos divinos y los misterios de la fe.
DER contemplación, contemplativo.

contemplativo, -va adj. **1** Que mira con atención, placer o detenimiento: *pasó toda la tarde mirando el paisaje en actitud contemplativa.* **2** Que reflexiona con detenimiento e intensidad sobre Dios, sus atributos divinos y los misterios de la fe: *decidió ingresar en un convento y dedicarse a la vida contemplativa.*

contemporáneo, -nea adj./ n. m. y f. **1** Que existe en la época actual, que pertenece al presente. Edad Contemporánea Parte de la historia más reciente; suele entenderse como el tiempo transcurrido desde fines del siglo XVIII o principios del XIX hasta el presente. **2** Que existió al mismo tiempo que otra persona o cosa, que pertenece a la misma época que ella. SIN coetáneo.

contemporizar v. intr. Adaptarse al gusto y la voluntad de los demás.
OBS En su conjugación, la *z* se convierte en *c* delante de *e*.

contención n. f. **1** Detención del movimiento de un cuerpo o líquido: *el desfiladero hizo de barrera de contención del fuego.* **2** Control sobre un sentimiento o impulso para moderar su intensidad. SIN continencia. **3** Detención o moderación del aumento de una cantidad: *contención de los salarios.*

contencioso, -sa adj./ n. m. y f. **1** [asunto, materia] Que es motivo de reclamación legal y su solución depende de una sentencia judicial. ◆ n. m. **2** Asunto o problema que es motivo de disputa entre dos partes.

contender v. intr. **1** Atacar, golpear y herir al contrario y defenderse de sus ataques: *las dos fuerzas contendieron en una tremenda batalla.* SIN luchar, pelear. **2** Luchar con otros para conseguir un mismo fin. SIN disputar, rivalizar. **3** Defender dos o más personas opiniones o intereses opuestos en una conversación. SIN debatir, discutir, disputar.
OBS En su conjugación, la *e* se convierte en *ie* en sílaba acentuada, como en *entender.*
DER contencioso, contendiente, contienda.

contendiente adj./ n. com. [persona, grupo] Que contiende: *los dos contendientes se conforman con el empate.*

contenedor n. m. **1** Recipiente metálico o de material resistente, de gran tamaño, que usa para meter la basura o botellas de vidrio y plástico. **2** Recipiente metálico de forma rectangular y gran tamaño para el transporte de mercancías a grandes distancias.

contener v. tr. **1** Llevar o incluir una cosa a otra en su interio. **2** Hacer referencia a un tema o asunto a lo largo de una exposición. **3** Detener o suspender el movimiento de un cuerpo o líquido: *el ejército ruso pudo contener el avance alemán sobre Moscú.* **4** No dejar que un sentimiento o impulso se exprese abiertamente, moderar su intensidad. SIN controlar, moderar, reprimir. **5** Detener el aumento de una cantidad: *contener el gasto público.*
OBS Se conjuga como *tener.*
DER contención, contenedor, contenido, continencia, contingente, continente; incontenible.

contenido, -da adj. **1** [sentimiento, impulso] Que no se expresa abiertamente: *con una emoción contenida nos despedimos en la estación.* ◆ n. m. **2** Materia incluida en el interior de un espacio: *abrió la caja para ver el contenido.* **3** Tema o asunto que se trata o sobre el cual se escribe. **4** GRAM. Significado de un signo lingüístico o de una oración.

contentar v. tr. **1** Satisfacer un deseo, una ilusión o una necesidad. ◆ v. prnl. **2** **contentarse** Aceptar una cosa de buen grado, especialmente cuando no es perfecta o no satisface completamente un deseo, ilusión o necesidad: *si no me suben el sueldo, me contento con tener más vacaciones.* **3** Recuperar la concordia o amistad dos partes enfrentadas o separadas.

contento, -ta adj. **1** Que está alegre, feliz y satisfecho: *estoy muy contento con el examen que he hecho.* NOTA Se usa con el verbo *estar.* ANT descontento. ◆ n. m. **2** Alegría, felicidad y satisfacción. ANT descontento.
DER contentar; descontento.

contertulio, -lia n. m. y f. Persona que participa con otras en una tertulia o conversación.

contestación n. f. **1** Información o juicio que se da a una pregunta, petición u opinión ajena: *aún no he recibido contestación alguna a mi solicitud de traslado.* SIN respuesta. **2** Desacuerdo y oposición que se expresa contra una cosa. SIN protesta, queja.

contestar v. tr. **1** Dar una información o juicio a una pregunta, petición u opinión ajena: *contestó con una carta al artículo publicado en el periódico sobre los negocios de su padre.* SIN responder. **2** Expresar desacuerdo y oposición contra una cosa: *cientos de obreros contestaron el cierre del astillero.* NOTA No se debe usar con el sentido de negar o poner objeciones: **estos hechos no pueden ser contestados.* ANT protestar. ◆ v. intr. **3** Replicar de modo brusco o desagradable.
DER contestación, contestador, contestatario, contestón; incontestable.

contestatario, -ria adj./ n. m. y f. Que expresa desacuerdo y oposición contra valores u opiniones socialmente establecidos.

contexto n. m. **1** Conjunto de circunstancias que rodean un hecho y sin las cuales no se puede comprender correctamente. **2** GRAM. Conjunto de elementos lingüísticos y circunstancias extralingüísticas que rodean a una palabra u oración, de las que puede depender su significado correcto: *el verbo* cantar *tiene dos significados distintos en estos dos contextos: el tenor canta o el detenido canta.*
DER contextualizar.

contextualizar v. tr. Poner en un determinado contexto: *la situación social del individuo enmarca y contextualiza al personaje en la narración.*
OBS En su conjugación, la *z* se convierte en *c* delante de *e.*
DER descontextualizar.

contienda n. f. **1** Enfrentamiento continuado entre dos o más ejércitos. SIN conflicto, guerra. **2** Enfrentamiento o discusión entre dos personas o grupos. SIN disputa.

contigo pron. pers. Forma del pronombre personal de segunda persona *ti,* que se usa cuando va acompañado por la preposición *con: si vas a la plaza, espérame, que voy contigo.*

a b c d e f g h i j k l m n ñ o p q r s t u v w x y z

contigüidad n. f. Contacto entre dos cosas que están una junto a la otra.

contiguo, -gua adj. Que está en contacto con otra cosa, a su lado: *duerme en una habitación contigua a la de su hermano.*
DER contigüidad.

continencia n. f. **1** Control sobre un sentimiento o un impulso para moderar su intensidad. SIN contención. ANT incontinencia. **2** Renuncia voluntaria a mantener relaciones sexuales y a experimentar cualquier tipo de placer sexual. SIN abstinencia. ANT incontinencia.
DER incontinencia.

continental adj. **1** Del continente o que está relacionado con esta gran extensión de tierra. **2** Del conjunto de países que forman un continente o que tiene relación con ellos: *logró un título continental.*
▶ plataforma continental Superficie de un fondo submarino cercano a la costa, comprendido entre el litoral y las profundidades no mayores de 200 metros.

continente n. m. **1** Gran extensión de tierra en que se considera dividida la superficie terrestre. **2** Cosa que contiene dentro de sí a otra: *el vaso es el continente del líquido que lo llena.*
DER continental; incontinente.

contingencia n. f. **1** Posibilidad de que una cosa suceda o no suceda. **2** Cosa que puede suceder o no suceder; especialmente, problema que se plantea de manera no prevista: *temía que cualquier contingencia le retrasase la partida.* SIN eventualidad, imprevisto.

contingente adj. **1** Que puede suceder o no suceder. ◆ n. m. **2** Conjunto organizado de soldados: *llegó un amplio contingente de tropas.* **3** Parte proporcional que cada uno pone cuando son varios los que contribuyen a un mismo fin: *la Unión Europea aportó un contingente de alimentos para los campos de refugiados.* **4** ECON. Cantidad que se señala a un país o a un industrial para la compra, venta o producción de determinadas mercancías.
DER contingencia.

continuación n. f. **1** Ampliación en el tiempo del desarrollo de una acción que ya había empezado: *este episodio de la serie es continuación del de la semana pasada.* **2** Extensión de una superficie en el espacio.
▶ a continuación Inmediatamente después.

continuador, -ra adj. Que sigue y continúa una cosa empezada por otro.

continuar v. tr. **1** Seguir con lo empezado: *continúa leyendo.* ◆ v. intr. **2** Mantenerse en el tiempo: *la nubosidad continuará todo el fin de semana.* SIN durar, permanecer. ◆ v. prnl. **3** continuarse Extenderse a lo largo de una superficie.
DER continuación, continuador.

continuidad n. f. **1** Circunstancia de suceder o hacerse algo sin interrupción. **2** Unión entre las partes que forman un todo: *no hay continuidad entre las dos partes de la película.*
▶ solución de continuidad Interrupción, falta de continuidad.

continuista adj./ n. com. **1** [persona] Que practica el continuismo o es partidario de él: *político continuista.* ◆ adj. **2** Que implica continuismo: *actitud continuista.*

continuo, -nua adj. **1** Que no se interrumpe y se prolonga durante largo tiempo con la misma intensidad: *el continuo viento acabó tirando la antena del tejado.* SIN constante. **2** Que se repite con cierta frecuencia manteniendo la misma intensidad: *los continuos ánimos de su padre lo ayudaron a superar el accidente.* SIN constante. **3** Que está formado por partes unidas entre sí. ◆ n. m. **4** Todo formado por partes entre las que no hay separación: *una metrópoli es un continuo habitado con casas y carreteras.*
▶ de continuo Sin interrupción: *protestaba de continuo por la comida.* jornada continua Período de trabajo diario que se lleva a cabo sin interrupción ni descanso prolongado para comer. SIN jornada intensiva. sesión continua Proyección repetida y continuada del mismo programa de cine, de tal modo que el espectador puede presenciarlo una o más veces.
DER continuidad, continuar; discontinuo.

contorno n. m. **1** Conjunto de líneas que limitan un cuerpo o una figura: *el contorno de un pentágono está formado por cinco lados.* SIN perímetro. **2** Forma que presenta un objeto o un cuerpo más oscuro que el fondo sobre el cual se ve. SIN silueta. **3** Zona que rodea un lugar o una población. NOTA Se usa más en plural.
DER contonearse.

contorsión n. f. Movimiento irregular y extraño que contrae una parte del cuerpo, los rasgos de la cara o cualquier músculo: *el mago se libró de la camisa de fuerza con una contorsión de hombros.*
DER contorsionarse.

contorsionarse v. prnl. Hacer contorsiones: *se contorsionaba sobre el suelo y daba gritos secos de dolor.*
DER contorsionista.

contra prep. **1** Indica oposición o acción contraria: *jugaron contra un buen equipo.* **2** Indica contacto o apoyo: *el detenido quedó de espaldas contra la pared.* **3** Indica cambio de una cosa por otra: *enviar un paquete contra reembolso.* ◆ n. m. **4** Dificultad, circunstancia o razón que impide hacer una cosa. NOTA Se usa más en plural. SIN inconveniente. ◆ int. **5** ¡contra! Expresión que indica sorpresa o disgusto: *¡contra, qué susto me has dado!* a la contra **a.** En continua oposición: *en la reunión siempre votaba a la contra que la mayoría.* **b.** Al contraataque: *el equipo visitante suele jugar a la contra.* en contra En oposición: *quiero mudarme de casa, pero tengo a toda la familia en contra.*

contra- Prefijo que entra en la formación de palabras con el significado de: **a.** 'Oposición' o 'contrariedad': *contrabando, contraindicar.* **b.** 'Duplicación' o 'refuerzo': *contrabarrera, contraventana.*

contraatacar v. tr. **1** Reaccionar con un ataque ante el avance del contrario o del enemigo. **2** Volver a hacer lo que se había abandonado por algún tiempo: *tras años de silencio, el veterano cantante cotraataca con un nuevo disco.*
OBS En su conjugación, la *c* se convierte en *qu* delante de *e.*
DER contraataque.

contraataque n. m. Reacción con un ataque al avance del contrario o del enemigo.

contrabajo n. m. MÚS. Instrumento de cuerda y arco parecido al violonchelo, pero más grande y de sonido más grave. SIN violón.

contrabandista n. com. Persona que se dedica al contrabando.

contrabando n. m. **1** Transporte o comercio ilegal de productos sin pagar los impuestos correspondientes: *contrabando de alcohol.* **2** Transporte o comercio ilegal de productos prohibidos por las leyes a los particulares. **3** Mercancías o géneros prohibidos o introducidos de forma fraudulenta: *el contrabando estaba escondido en unos contenedores.*
▶ de contrabando Que se consigue o se compra de manera ilegal: *nunca fumo tabaco de contrabando.*
DER contrabandista.

contracción n. f. **1** Movimiento en el que se encoge o se estrecha una parte del cuerpo o un músculo reduciendo su tamaño. **2** Disminución de la cantidad o el tamaño: *la crisis ha provocado la contracción de las exportaciones.* **3** Aceptación de una obligación o compromiso. SIN asunción. **4** GRAM. Unión de una palabra que termina en vocal con otra palabra que empieza por vocal: *«al» procede de la contracción de «a» y «el».* **5** GRAM. Palabra creada mediante esta unión: *«al» y «del» son contracciones.*

contrachapado, -da adj./ n. m. y f. [tablero] Que está formado por varias capas finas de madera pegadas.

contraconcepción n. f. Conjunto de métodos o sustancias empleados para evitar la fecundación y por consiguiente el embarazo. SIN anticoncepción, contracepción.
DER contraconceptivo.

contracorriente n. f. Palabra que se utiliza en la locución a contracorriente, que significa 'en contra de la opinión general'.

contracto, -ta adj. Que está contraído: *«al» y «del» son formas contractas de preposición y artículo.*

contractual adj. Que procede de un contrato o se deriva de él: *desigualdad contractual.*

contractura n. f. MED. Contracción involuntaria y duradera de uno o más músculos.

contracultura n. f. Movimiento social y cultural caracterizado por la oposición a los valores culturales y morales establecidos en la sociedad.

contradecir v. tr. **1** Decir lo contrario de lo que otra persona afirma o negar lo que esta da por cierto. **2** Hacer lo contrario de lo dicho por otra persona: *su manera de conducir contradice todos los consejos sobre seguridad.* ◆ v. prnl. **3** contradecirse Decir una persona lo contrario de lo que antes había dicho, sin anunciar o reconocer que ha cambiado de opinión. **4** Hacer una persona lo contrario de lo que ella misma había dicho.
OBS Se conjuga como *decir.* El participio es *contradicho.*
DER contradicción, contradictorio.

contradicción n. f. **1** Afirmación que expresa lo contrario de lo dicho por uno mismo o por otros. **2** Actitud o comportamiento contrario a lo dicho por uno mismo o por otros: *la subida de los salarios está en abierta contradicción con las recomendaciones del Gobierno.* **3** Afirmación y negación que se oponen una a otra y no pueden ser verdaderas a la vez.

contradictorio, -ria adj. Que tiene contradicción con otra cosa: *opiniones contradictorias.*

contraejemplo n. m. Ejemplo que se utiliza para rebatir lo que se ha expuesto teóricamente o con otros ejemplos: *sus argumentos pueden ser falseados con solo un contraejemplo.*

contraer v. tr. **1** Encoger, estrechar o reducir a menor tamaño: *durante la inspiración de aire se contraen un gran número de músculos del tronco humano.* **2** Desarrollar una enfermedad por el contacto con el germen o virus que la causa. **3** Adquirir una costumbre o vicio por el contacto con otra persona. **4** Aceptar una obligación o un compromiso: *contraer matrimonio.* **5** GRAM. Reducir dos o más vocales a un diptongo o a una sola vocal: *en casos como va a comer, las dos aes suelen contraerse en el habla.*
OBS Se conjuga como *traer.*
DER contraído, contrayente.

contrafuerte n. m. **1** ARQ. Construcción vertical que se levanta pegada al muro de un edificio para hacerlo más resistente a la carga que debe soportar. SIN estribo. **2** Pieza de cuero o de material resistente con que se refuerza el calzado por la parte del talón.

contraindicación n. f. Efecto perjudicial que puede tener una acción, el empleo de un medicamento o un tratamiento.

contraindicado, -da adj. [sustancia, agente terapéutico] Que es perjudicial o no conveniente en una determinada afección o dolencia: *el alcohol suele estar contraindicado para las personas hipertensas.*

contraindicar v. tr. Señalar los efectos perjudiciales de una acción, un medicamento o un tratamiento en ciertos casos: *el médico me ha contraindicado estas pastillas cuando conduzca, porque producen somnolencia.*
DER contraindicación.

contralto n. m. **1** MÚS. Voz media entre la de tiple y la de tenor. ◆ n. com. **2** MÚS. Persona que tiene esta voz.

contraluz n. amb. **1** Aspecto que presenta una cosa mirándola desde el lado opuesto a la luz. **2** Fotografía tomada de una cosa desde el lado opuesto a la luz.

contraofensiva n. f. Conjunto de operaciones militares encaminadas a responder a un ataque del enemigo, haciéndole tomar posiciones de defensa.

contraoferta n. f. Oferta con que se mejora o modifica otra ya presentada por la competencia o el contrario en una negociación.

contraorden n. f. Orden con que se revoca otra anterior: *cuando marchaban hacia el frente recibieron una contraorden de retirada.*

contrapartida n. f. Actuación, beneficio o regalo que se hace en correspondencia a lo que se recibe de otra persona o como premio de sus actos. SIN compensación, recompensa.

contrapelo Palabra que se utiliza en la locución a contrapelo, que significa **a.** 'En dirección contraria a la inclinación natural del pelo': *le peinaba el cabello a contrapelo para cortárselo mejor.* **b.** 'Contra el modo normal o natural de una cosa'.

contrapesar v. tr. **1** Servir de contrapeso. **2** Compensar o igualar una cosa a otra para hacer disminuir o desaparecer su efecto: *la subida de impuestos se contrapesará con el aumento de los salarios.*

contraponer v. tr. **1** Poner juntas, una al lado o a continuación de otra u otras, dos o más cosas para encontrar parecidos y apreciar diferencias entre ellas: *estudiamos el estilo románico y el gótico contraponiéndolos.* SIN comparar. ◆ v. tr./ prnl. **2** Oponer una idea, persona o cosa a otra para impedir su acción.
OBS Se conjuga como *poner.*
DER contraposición, contrapuesto.

contraposición n. f. **1** Comparación de dos o más cosas para encontrar parecidos y apreciar diferencias: *la contraposición de los discursos de los tres candidatos será decisiva en las elecciones.* **2** Relación entre cosas totalmente distintas u opuestas.

contraprestación n. f. Servicio o pago que una persona o entidad hace a otra en correspondencia al que ha recibido o debe recibir: *como contraprestación a la obligación de contribuir, en el artículo 31 se establece la normativa a seguir.*

contraproducente adj. [acción, dicho] Que tiene un efecto contrario a la intención con que se profiere o hace.

contrapuesto, -ta adj. Que se opone a otra cosa de la misma naturaleza: *las fuerzas centrífugas y centrípetas son fuerzas contrapuestas.*

contrapunto n. m. **1** Técnica de composición musical que combina con armonía voces, melodías o ritmos contrapuestos. **2** MÚS. Voz, melodía o ritmo que resulta de aplicar esta técnica. **3** Contraste que existe entre dos cosas que suceden simultáneamente o se hallan una junto a la otra.

contrariado, -da adj. Que está disgustado,

triste o malhumorado por alguna causa, en especial por no ver cumplido un deseo o un propósito.

contrariar v. tr. **1** Oponerse al deseo o propósito de una persona: *no contraríes a tu madre y cómete la sopa.* ◆ v. prnl. **2** contrariarse Disgustarse por no poder cumplir un deseo o propósito: *se muestra contrariado por el resultado de los exámenes.*

OBS En su conjugación, la *i* se acentúa en algunos tiempos y personas, como en *desviar.*

DER contrariado.

contrariedad n. f. **1** Oposición entre dos cosas. **2** Suceso imprevisto que retrasa o impide hacer lo que se desea: *es una contrariedad que el museo cierre precisamente hoy.* SIN contratiempo. **3** Disgusto de escasa importancia.

contrario, -ria adj. **1** Que tiene un sentido o una significación completamente opuesta: *dirección contraria.* **2** Que es opuesto a una cosa: *fumar es contrario a la salud; soy contrario a la pena de muerte.* ◆ adj./ n. m. y f. **3** Persona o conjunto de personas enemigas o rivales. SIN contrincante. ◆ adj./ n. m. **4** [palabra] Que tiene un significado opuesto al de otra palabra: *«dulce» y «amargo» son contrarios.* SIN antónimo.

▶ al contrario De forma totalmente distinta: *sucedió al contrario de como lo has contado.* llevar la contraria Oponerse a ideas u opiniones.

DER contrariedad, contrariar.

contrarreloj adj./ n. f. Prueba ciclista en la que un corredor o un grupo de corredores del mismo equipo deben recorrer una distancia en el menor tiempo posible, habiendo tomado la salida distanciados de los demás por un intervalo de igual duración.

DER contrarrelojista.

contrarrestar v. tr. **1** Resistir un ataque, oponerse a una fuerza o dominio: *contrarrestar un ataque enemigo.* **2** Disminuir el efecto o la importancia de una cosa con una acción contraria. SIN neutralizar.

contrarrevolución n. f. Revolución política que pretende arrebatar el poder a las personas que lo consiguieron en una revolución anterior.

DER contrarrevolucionario.

contrarrevolucionario, -ria adj. **1** De la contrarrevolución o que tiene relación con ella. ◆ adj./ n. m. y f. **2** [persona] Que es partidario de la contrarrevolución.

contrasentido n. m. **1** Interpretación que se considera contraria al sentido natural de las palabras. **2** Idea o actuación que es contraria a la lógica o a la razón.

contraseña n. f. **1** Palabra, frase o señal que solo conocen determinadas personas y que les permite ser reconocidas entre sí o por otras personas: *el hombre añadió la contraseña y la vieja desapareció de la ventana y acudió a abrir la puerta del corral.* **2** Código secreto que se introduce en una máquina para poder accionar un mecanismo o para acceder a ciertas funciones informáticas: *no recordaba la contraseña para consultar el correo electrónico.* **3** Segunda marca que se pone en fardos, animales, armas, etc., para distinguirlos de los que no llevan más que la primera marca, o para otros fines.

contrastable adj. Que puede ser contrastado o comprobado: *una explicación científica es satisfactoria cuando es contrastable con otras teorías.* ANT incontrastable.

contrastar v. intr. **1** Mostrar características muy distintas u opuestas dos cosas cuando se comparan entre sí. ◆ v. tr. **2** Comprobar la exactitud, autenticidad o calidad de una cosa.

DER contraste.

contraste n. m. **1** Diferencia grande u oposición que presentan dos cosas cuando se comparan entre sí: *el contraste de la ducha fría tras la sauna.* **2** Relación entre la iluminación máxima y mínima de una cosa. **3** MED. Sustancia que se introduce en el cuerpo de un ser vivo para facilitar la observación y el estudio de una parte de su organismo.

contrata n. f. Contrato para la ejecución de obras o la prestación de un servicio.

contratar v. tr. Acordar las condiciones y el precio por el que una persona o empresa se compromete a realizar un trabajo o a prestar un servicio.

DER contratación, contratante, contratista; subcontratar.

contratiempo n. m. Accidente o suceso que retrasa o impide hacer lo que se desea. SIN contrariedad.

contratista adj./ n. com. [persona, entidad] Que es contratado por otra persona o entidad para realizar obras de construcción u otros servicios.

contrato n. m. **1** Acuerdo, generalmente escrito, por el que dos partes se comprometen a respetar y cumplir una serie de condiciones: *un contrato de trabajo.* **2** Documento en

que figura este acuerdo firmado por las dos partes.
DER contrata, contratar, contratista.

contraveneno n. m. Sustancia o medicamento que contrarresta o anula la acción de un veneno. SIN antídoto.

contravenir v. tr. Actuar en contra de una ley, norma o pacto. SIN conculcar, infringir, vulnerar.
OBS Se conjuga como *venir.*

contraventana n. f. Puerta de madera que se pone en la parte exterior o interior de las ventanas o balcones para resguardar de la luz, agua, frío o calor.

contrayente n. com. Persona que contrae matrimonio: *acérquense los contrayentes.*
OBS Se usa más en plural.

contribución n. f. **1** Pago de una cantidad previamente fijada, especialmente de un impuesto. **2** Cantidad de dinero que constituye este pago: *han subido la contribución de los pisos del barrio.* SIN impuesto, tributo. **3** Ayuda, colaboración o participación en el logro de un fin: *recibió el Premio Nobel por su contribución al conocimiento del átomo.* **4** Cantidad de dinero o conjunto de medicinas, alimentos, ropas u otros objetos que se da voluntariamente a una persona o grupo para ayudar a cubrir sus necesidades. SIN donativo.

contribuir v. intr. **1** Dar una cantidad de dinero como pago de un impuesto. **2** Ayudar, colaborar o participar en el logro de un fin: *el viento ha contribuido a la propagación del incendio.* **3** Entregar una ayuda voluntaria a un determinado propósito. **4** Entregar voluntariamente una cantidad de dinero o un conjunto de medicinas, alimentos, ropas u otros objetos para que con ellos se ayude a cubrir las necesidades de personas o grupos. SIN colaborar.
OBS En su conjugación, la *i* se convierte en *y* delante de *a, e* y *o,* como en *huir.*

contribuyente n. com. Persona que legalmente está obligada a pagar impuestos estatales, autonómicos o locales.

contrición n. f. Arrepentimiento por haber pecado y ofendido a Dios.
OBS No se debe decir **contricción.*

contrincante n. com. Persona que pretende ganar a otra u otras en una competición. SIN enemigo, rival.

control n. m. **1** Dirección o dominio de una organización o sistema: *perder el control del coche.* **2** Dominio que una persona tiene de sus propias emociones, ideas o actos. SIN contención, continencia. **3** Examen y observación cuidadosa que sirve para hacer una comprobación: *control de calidad.* SIN inspección, supervisión. **4** Lugar o recinto donde se realiza este examen: *control de pasaportes.* **5** Examen periódico que se hace a un alumno para comprobar su nivel de aprendizaje y comprensión de la materia que se explica. **6** Conjunto de mandos o botones que regulan el funcionamiento de una máquina, aparato o sistema: *salía humo de los controles del avión.* NOTA Se usa más en plural.
▶ control remoto Dispositivo que regula a distancia el funcionamiento de una máquina, aparato o sistema.
DER controlador, controlar; autocontrol, descontrol, incontrolable.

controlador, -ra adj./ n. m. y f. Que ejerce la dirección o el dominio de una organización o sistema.
▶ controlador aéreo Técnico que dirige, orienta y vigila el tráfico aéreo desde tierra.

controlar v. tr. **1** Dirigir o dominar una organización o sistema. **2** Examinar y observar con atención para hacer una comprobación: *es imprescindible controlar la emisión de gases de las fábrica.* SIN inspeccionar, supervisar. ◆ v. tr./ prnl. **3** Dominar y contener las propias emociones, sentimientos o ideas. SIN moderar, reprimir.
DER incontrolado.

controversia n. f. Discusión larga y repetida entre dos o más personas que defienden opiniones contrarias, especialmente aquellas sobre cuestiones filosóficas o de religión. SIN polémica.
DER controvertir.

controvertido, -da adj. Que es o puede ser objeto de controversia: *un tema controvertido; un debate controvertido.* SIN controversial.

contumaz adj. Que se mantiene firme en su comportamiento, ideas o intenciones, a pesar de castigos, advertencias o desengaños.
DER contumacia.

contundencia n. f. **1** Cualidad de contundente: *el equipo local ha vencido al rival con contundencia.* **2** Fuerza o energía con que se golpea algo: *la contundencia del golpe lo dejó inconsciente.*

contundente adj. **1** [objeto] Que puede producir un daño físico considerable por la fuerza o la energía con que se maneja. **2** Que

encierra tal convicción o que se expone con tal energía que no deja lugar a la discusión. **3** Que produce impresión por su exageración.
DER contundencia.

contusión n. f. Daño causado al golpear o comprimir una parte del cuerpo sin producir herida exterior: *un pelotazo le produjo una contusión en la espalda.*
DER contusionar.

contusionar v. tr./ prnl. Causar un daño al golpear o comprimir una parte del cuerpo sin producir herida exterior. SIN magullar.

convalecencia n. f. **1** Recuperación de las fuerzas perdidas después de una enfermedad o de un tratamiento médico. **2** Período de tiempo que dura esa recuperación.

convalecer v. intr. Recuperar las fuerzas perdidas después de una enfermedad o de un tratamiento médico.
OBS En su conjugación, la *c* se convierte en *zc* delante de *a* y *o*, como en *agradecer*.
DER convalecencia, convaleciente.

convaleciente adj./ n. com. [persona] Que está recuperando la salud después de una enfermedad o de un tratamiento médico: *le han prohibido viajar mientras esté convalenciente de su reciente ataque al corazón.*

convalidación n. f. **1** Acción de convalidar. **2** Trámite realizado por la administración para validar un documento: *debe usted presentar la convalidación de su título.*

convalidar v. tr. **1** Dar validez académica a los estudios realizados y aprobados en otro país, centro docente o especialidad. **2** Confirmar, ratificar o dar nuevo valor y firmeza, especialmente a los actos jurídicos.
DER convalidación.

convencer v. tr./ prnl. **1** Conseguir que una persona actúe o piense de un modo que inicialmente no era el deseado o elegido. SIN persuadir. **2** Agradar, satisfacer: *no me acaban de convencer las antenas parabólicas.*
OBS En su conjugación, la *c* se convierte en *z* delante de *a* y *o*.
DER convencido, convencimiento.

convencimiento n. m. Seguridad que tiene una persona de la verdad o certeza de lo que piensa o siente. SIN convicción.

convención n. f. **1** Acuerdo entre personas, empresas, instituciones o países. **2** Norma o práctica aceptada socialmente por un acuerdo general o por la costumbre. **3** Reunión de muchas personas que se proponen estudiar un tema político, cultural o científico, y elegir a sus representantes.
DER convencional.

convencional adj. **1** Que se acepta por acuerdo entre personas, empresas, instituciones o países: *la longitud del metro es una medida convencional.* **2** Que es muy común o no tiene nada especial.
DER convencionalismo.

convencionalismo n. m. Ideas o costumbres que se aceptan o practican por comodidad, costumbre o conveniencia social: *por un absurdo convencionalismo no podía ir al cine con los hijos de su jefe.*
OBS Se usa generalmente en plural.

conveniencia n. f. **1** Beneficio o utilidad que se obtiene de una cosa. ANT inconveniencia. **2** Conformidad o correspondencia entre dos cosas distintas: *dudo de la conveniencia de comprar una casa si ahora está en paro.* ANT inconveniencia.

conveniente adj. **1** Que es beneficioso y útil para un fin. ANT inconveniente. **2** Que está conforme o de acuerdo con otra cosa: *no es conveniente beber antes de conducir.* ANT inconveniente.
DER conveniencia; inconveniente.

convenio n. m. **1** Acuerdo entre dos o más grupos sociales o instituciones por el que ambas partes aceptan una serie de condiciones y derechos: *existe un convenio entre el instituto y varias empresas para hacer prácticas de formación profesional.* **convenio colectivo** Acuerdo entre una empresa y sus trabajadores para establecer la cuantía de los salarios, el calendario de trabajo y otras condiciones laborales. **2** Documento legal en que figura este acuerdo, firmado por representantes de las dos partes.

convenir v. intr. **1** Ser beneficioso para un fin: *te conviene aprobar las oposiciones.* **2** Ser beneficioso o útil. ◆ v. tr./ intr. **3** Llegar a un acuerdo sobre un asunto o un precio: *convinieron las condiciones de venta del coche.*
OBS Se conjuga como *venir.*
DER convención, conveniencia, conveniente, convenio; disconvenir, reconvenir.

convento n. m. **1** Edificio, situado generalmente en una población, donde vive una comunidad de religiosos. SIN monasterio. **2** Comunidad que vive en este edificio.
DER conventual.

convergencia n. f. **1** Reunión en un punto

de varias líneas o trazados. **ANT** divergencia. **2** Lugar donde ocurre esta reunión. **3** Coincidencia de ideas y tendencias sociales, políticas, culturales o económicas. **SIN** confluencia. **ANT** divergencia.

convergente adj. **1** [línea] Que converge con otra u otras en un mismo punto. **ANT** divergente. **2** Que tiende a coincidir con las ideas y tendencias sociales, culturales o económicas de otro. **ANT** divergente.

converger v. intr. Convergir, reunirse varias líneas en un punto.

OBS Se conjuga como *proteger.*

DER convergencia, convergente, convergir.

convergir v. intr. **1** Reunirse varias líneas en un punto. **2** Coincidir varias ideas y tendencias sociales, culturales o económicas. **SIN** confluir.

OBS También se escribe *converger.* En su conjugación, la *g* se convierte en *j* delante de *a* y *o.*

conversación n. f. Comunicación mediante la palabra de dos o más personas entre sí. **SIN** charla, coloquio, diálogo.

▶ **cambiar de conversación** Dejar de hablar de un tema determinado y pasar a otro: *cuando me vieron aparecer, cambiaron de conversación.* **dar conversación** Entretener a una persona hablando con ella. **sacar la conversación** Tocar un punto para que se hable de ello: *no le gustaba que le sacaran la conversación sobre su divorcio.*

conversacional adj. [lenguaje, estilo] Que se aleja del registro culto y se emplea en una conversación normal o coloquial.

conversador, -ra adj./ n. m. y f. [persona] Que conversa, en especial si sabe hacer amena y agradable una conversación.

conversar v. intr. Hablar o comunicarse con la palabra dos o más personas. **SIN** charlar, dialogar.

conversión n. f. **1** Transformación o cambio de una cosa en otra. **2** Aceptación de una doctrina religiosa o una ideología que anteriormente no se conocían o no se admitían.

converso, -sa adj./ n. m. y f. [persona] Que ha aceptado una doctrina religiosa o una ideología que anteriormente no conocía o no admitía: *musulmán converso.*

convertible adj. **1** Que puede convertirse: *un sofá convertible en cama.* **2** [moneda] Que puede transformarse en oro o en otra moneda. ◆ n. m. **3** Vehículo que tiene capota o techo que se puede plegar o retirar. **NOTA** También *auto* (o *carro* o *coche*) *convertible.* **SIN** descapotable.

convertir v. tr. **1** Cambiar una persona o cosa en otra distinta: *convertir un vergel en un desierto.* **SIN** transformar. **2** Hacer que alguien adquiera una doctrina religiosa o una ideología que anteriormente no conocía o no admitía.

OBS En su conjugación, la *e* se convierte en *ie* en sílaba acentuada, como en *discernir.*

DER conversión, converso, convertible, convertido, convertidor; reconvertir.

convexo, -xa adj. Que tiene forma curva más saliente en el centro que en los bordes: *las caras convexas de una lupa.* **ANT** cóncavo.

DER convexidad.

convicción n. f. **1** Seguridad que tiene una persona de la verdad o certeza de lo que piensa o siente. **SIN** convencimiento. **2** Capacidad para convencer a los demás: *era tal su poder de convicción, que acabé por prestarle mi coche.* ◆ n. f. pl. **3 convicciones** Ideas religiosas, éticas o políticas en las que cree una persona.

convicto, -ta adj./ n. m. y f. [acusado] Que tiene probado legalmente un delito, aunque no lo haya confesado.

convidado, -da n. m. y f. Persona que está convidada; especialmente, la que participa en un convite.

▶ **convidado de piedra** Persona que asiste a un convite u otra reunión y permanece quieta, silenciosa y ajena al acto.

convidar v. tr. **1** Pedir a una persona que participe en un convite, una función o cualquier otra cosa como obsequio. **SIN** invitar. **2** Pagar el precio de lo que otra u otras personas comen o beben. **SIN** invitar. **3** Animar o convencer a una persona para que haga una cosa: *la tranquilidad de la biblioteca convidaba a la lectura.* **SIN** incitar, invitar, espolear.

DER convidado, convite.

convincente adj. Que convence: *una coartada convincente.*

convite n. m. Banquete, fiesta o celebración que paga una persona y en la que participan otras como invitados: *convite de boda.*

convivencia n. f. Vida en compañía de otro u otros.

convivir v. intr. Vivir en compañía de otro u otros: *convivió con su marido durante más de veinte años.*

DER convivencia.

convocar v. tr. **1** Citar a una o más personas

señalándoles el día, hora y lugar para un acto o encuentro: *el tribunal convocará a los opositores en fecha y lugar aún por determinar.* **2** Anunciar públicamente un acto en el que pueden participar muchas personas.

OBS En su conjugación, la *c* se convierte en *qu* delante de *e*.

DER convocado, convocatoria; desconvocar.

convocatoria n. f. Anuncio o escrito con que se convoca a varias personas.

convoy n. m. **1** Conjunto de vehículos terrestres o marítimos que acompañan a otros para protegerlos: *un convoy de la OTAN.* **2** Conjunto de vehículos terrestres o marítimos protegidos de esta manera.

convulsión n. f. **1** Contorsión involuntaria, violenta y repetida de una parte del cuerpo o de un músculo: *los epilépticos sufren ataques con violentas convulsiones.* **2** Agitación política, social o económica de carácter violento que rompe la normalidad.

convulsionar v. tr. Producir convulsiones políticas, sociales o económicas.

DER convulsión, convulsivo, convulso.

convulsivo, -va adj. De la convulsión o que tiene relación con ella: *movimientos convulsivos; tos convulsiva.*

convulso, -sa adj. **1** Que sufre una o más convulsiones. **2** Que está excitado por la irritación o la cólera: *la noticia lo dejó convulso.*

conyugal adj. De los cónyuges o que tiene relación con ellos.

cónyuge n. com. Persona respecto a aquella con la que está unida en matrimonio. SIN consorte, esposo.

OBS No se debe decir **cónyugue*.

DER conyugal.

coña n. f. **1** *malsonante* Burla irónica y disimulada: *lo de no ir a trabajar lo dirás de coña, ¿verdad?* SIN guasa. **2** *malsonante* Cosa que resulta muy molesta: *es una coña tener que aparcar en el centro.* SIN lata.

coñá o **coñac** n. m. Bebida alcohólica de alta graduación obtenida por destilación del vino y envejecida en toneles de roble.

coño n. m. **1** *malsonante* Parte externa del aparato genital femenino. SIN vulva. ◆ int. **2** ¡coño! *malsonante* Expresión que indica sorpresa, admiración o disgusto; en general añade intensidad a lo que se dice.

DER escoñar.

cooficial adj. Que comparte la categoría de oficial junto con otra u otras cosas del mismo tipo: *en España, son cooficiales en sus respectivos territorios, junto al español, tanto las lenguas catalana, gallega y vasca como las variedades geográficas del catalán que se hablan en las Islas Baleares y el País Valenciano.*

DER cooficialidad.

cooperación n. f. Actuación con otra u otras personas para lograr un fin: *necesito tu cooperación para acabar de pintar la casa.*

cooperante adj./n. com. **1** [persona] Que coopera. SIN cooperador. ◆ n. com. **2** Persona que, siguiendo un acuerdo internacional, es enviada a un país en el que se necesita su ayuda profesional.

cooperar v. intr. **1** Trabajar con otras personas para lograr un fin: *nuestra universidad coopera con otras en un proyecto de investigación sobre la energía solar.* SIN colaborar. **2** Facilitar el trabajo de una persona ayudándola y ahorrándole problemas. SIN colaborar. **3** Ayudar un país a otro menos avanzado para que se desarrolle.

DER cooperación, cooperativa.

cooperativa n. f. Empresa o sociedad formada por productores, vendedores o consumidores de un producto; su objetivo es el beneficio común de los socios.

DER cooperativismo.

cooperativo, -va adj. **1** De la cooperación o relacionado con ella: *en los juegos y deportes cooperativos, no se trata de superar o vencer a un contrario, sino de colaborar todos, conseguir un objetivo común.* **2** Que coopera o puede cooperar a alguna cosa: *espíritu cooperativo.* **3** De la cooperativa o relacionado con ella: *la empresa pertenece a un grupo cooperativo.*

coordenado, -da adj./n. m. y f. **1** MAT. [eje, plano] Que está formado por líneas que sirven para determinar la posición de un punto: *los ejes coordenados son la ordenada y la abscisa.* ◆ n. f. pl. **2** coordenadas Par de magnitudes, latitud y longitud, que sirven para determinar la posición de un punto en la superficie de la Tierra.

coordinación n. f. **1** Combinación de personas, medios técnicos y trabajos para una acción común. **2** Disposición odenada de una serie de cosas de acuerdo con un método o sistema determinad. **3** GRAM. Relación que une dos elementos sintácticos del mismo nivel o función, pero independientes entre sí: *la coordinación puede ser copulativa, disyuntiva o adversativa; la coordinación se realiza mediante conjunciones como «y», «o» y «pero».*

coordinado, -da adj./n. f. GRAM. [oración] Que se une a otra de la misma función mediante una conjunción coordinante, pero que no depende de ella.

coordinador, -ra adj./n. m. y f. [persona] Que coordina el trabajo de otras personas y los medios técnicos que utilizan para una acción común.

coordinante adj. **1** Que puede coordinar. SIN coordinativo. **2** GRAM. [conjunción] Que enlaza oraciones que mantienen cierta independencia gramatical y de sentido: *las conjunciones copulativas y disyuntivas son conjunciones coordinantes.* SIN coordinativo.

coordinar v. tr. **1** Combinar personas, medios técnicos y trabajos para una acción común. **2** Disponer odenadamente una serie de cosas de acuerdo con un método o sistema determinado.
DER coordinación, coordinado, coordinador.

coordinativo, -va adj. **1** Que puede coordinar: *algunas capacidades físicas son muy importantes para la realización de los movimientos, como las capacidades coordinativas, que son básicamente la coordinación y el equilibrio.* SIN coordinante. **2** GRAM. [conjunción] Que enlaza oraciones que mantienen cierta independencia gramatical y de sentido. SIN coordinante.

copa n. f. **1** Vaso con pie que sirve para beber líquidos. **2** Líquido que contiene este vaso, especialmente si es una bebida alcohólica: *si vas a conducir, no te tomes ni una copa.* **3** Trofeo de metal con forma parecida a la de este vaso, pero de tamaño mucho mayor, que se entrega como premio al ganador de una competición deportiva. **4** Competición deportiva en la que se gana este trofeo como premio: *todos los equipos españoles de fútbol participan en la Copa del Rey.* **5** Carta de la baraja española en la que aparecen dibujados uno o varios de estos vasos. NOTA Se usa más en plural. **6** Reunión o fiesta donde se sirven bebidas. SIN cóctel. **7** Conjunto de ramas y hojas de la parte superior de un árbol: *hay un nido en la copa de aquel chopo.* **8** Parte hueca de un sombrero en la que entra la cabeza. **9** Parte de un sujetador de mujer que cubre el seno.
▶ como la copa de un pino Muy grande, evidente o importante: *una mentira como la copa de un pino.* sombrero de copa Sombrero de ala estrecha y copa alta, casi cilíndrica y plana por arriba. SIN chistera.
DER copar, copear, copete, copo, copón; recopa.

copar v. tr. **1** Conseguir en un concurso, elección o clasificación la mayor parte de los premios o las primeras posiciones: *en 1939* Lo que el viento se llevó *copó los Óscars con diez estatuillas.* **2** Atraer por completo la atención de una persona o de un grupo de personas. SIN absorber, acaparar.

copia n. f. **1** Reproducción por escrito y con exactitud de lo mismo que se lee o escucha. **2** Papel o conjunto de papeles escritos por este medio: *una copia del testamento.* **3** Reproducción instantánea sobre papel mediante un sistema fotoeléctrico. **4** Reproducción de una cosa exactamente igual a su modelo original. **5** Obra hecha de esta manera. **6** Parecido o analogía entre dos cosas. **7** Reproducción de una película, fotografía o cinta magnética. **8** Disco de un cantante, grupo musical u orquesta.
DER copiadora, copiar, copión, copioso, copista; fotocopia, xerocopia.

copiar v. tr. **1** Escribir con exactitud lo mismo que se lee o escucha. **2** Hacer una obra exactamente igual que su modelo original: *copiar una escultura.* SIN calcar, fusilar, plagiar. **3** Responder a una pregunta en un examen gracias a la ayuda prestada en ese momento por otra persona o por la consulta del texto donde aparece la respuesta: *lo pillaron copiando.*
OBS En su conjugación, la *i* es átona, como en *cambiar.*
DER acopiar.

copiloto n. com. **1** Piloto auxiliar en una aeronave o en un barco. **2** Piloto auxiliar en un automóvil de carreras: *el copiloto describe al piloto las curvas y otras circunstancias.* **3** Persona que en un vehículo viaja sentada junto al conductor.

copioso, -sa adj. Que se da en gran cantidad; que es numeroso. SIN abundante. ANT escaso.

copista n. com. Persona que copia un escrito ajeno.
DER multicopista.

copistería n. f. Establecimiento donde se hacen copias de documentos, fotografías, etcétera.

copla n. f. **1** Canción popular española, especialmente la de origen andaluz y flamenco. SIN canción española. **2** Poema breve, generalmente de cuatro versos, escrito para ser cantado.
DER coplero.

copo n. m. **1** Pequeña formación de cristales de nieve que cae del cielo. **2** Porción redondeada de fibras de cáñamo, lino, lana o bien algodón que está en disposición de hilarse. ◆ n. m. pl. **3** copos Conjunto de pequeñas porciones de algunos productos que tienen forma de escama: *copos de maíz.*

copón n. m. En la religión católica, copa grande, generalmente de oro o plata, que contiene las sagradas formas para la comunión de los fieles.

▶ del copón *malsonante* Muy bueno o grande; fuera de lo normal: *tuvo una caída del copón.*

coproducción n. f. Producción (película, programa, espectáculo) hecha o financiada conjuntamente por varias personas, empresas o países.

copropietario, -ria adj./ n. m. y f. [persona] Que tiene una cosa en propiedad junto con otra u otras personas: *son copropietarios del edificio.*

copto, -ta adj./ n. m. y f. Cristiano de Egipto y Etiopía.

cópula n. f. **1** Penetración del órgano genital del macho en el de la hembra. **2** GRAM. Palabra que une dos términos de la oración o dos oraciones.

DER copular, copulativa, copulativo.

copular v. intr. Realizar la cópula dos personas o dos animales.

copulativo, -va adj./ n. m. **1** GRAM. [verbo] Que une el sujeto con un atributo: *«ser» y «estar» son verbos copulativos.* ◆ adj./ n. f. **2** GRAM. [oración] Que se une a otra oración de características gramaticales similares: *«toma el dinero y compra el pan» es una oración copulativa.* **3** GRAM. [conjunción] Que sirve para unir dos palabras o dos oraciones de esta clase: *«y» es la conjunción copulativa más usada.*

copyright n. m. Derecho exclusivo de un autor o editor a explotar una obra literaria, científica o artística o un programa de ordenador; dura un determinado número de años.

OBS Es de origen inglés y se pronuncia aproximadamente «copirrait».

coqueta n. f. Mesa estrecha, alargada y con cajones, generalmente provista de un espejo; se usa para el peinado y el aseo personal, en especial por las mujeres. SIN tocador.

coquetear v. intr. **1** Actuar con coquetería. **2** Mostrar interés o simpatía en un asunto sin llegar a un compromiso serio.

DER coquetería.

coqueteo n. m. Coquetería.

coquetería n. f. Comportamiento de una persona para agradar o atraer sentimentalmente a otra con medios estudiados y por mera vanidad. SIN coqueteo.

coqueto, -ta adj./ n. m. y f. **1** [persona] Que suele comportarse con coquetería: *de jovencita fui muy coqueta.* **2** [persona] Que gusta de arreglarse y vestirse bien: *un galán coqueto.* SIN presumido. ◆ adj. **3** [objeto, lugar] Que tiene buen aspecto y está bien arreglado o dispuesto: *un apartamento coqueto.*

DER coquetear.

coraje n. m. **1** Valor, energía y voluntad para afrontar situaciones difíciles o adversas. SIN arrojo, decisión. **2** Enfado grande y violento: *me da mucho coraje suspender.* SIN rabia.

DER encorajar, encorajinar.

coral n. m. **1** Animal marino de pequeño tamaño que pasa toda su vida fijo a las rocas del fondo; forma colonias de millones de individuos unidos entre sí por esqueletos calcáreos de forma y colores variados. **2** Materia sólida de color llamativo que constituye el esqueleto de este animal. ◆ n. f. **3** Grupo numeroso de personas que cantan sin acompañamiento musical. ◆ adj. **4** Que es propio de este grupo de personas o tiene relación con él. **5** [género literario, género cinematográfico] Que cuenta o refleja el comportamiento y los sentimientos de una gran cantidad de personajes.

DER coralino.

corán n. m. Libro fundamental de la religión musulmana que contiene las revelaciones que Dios hizo a Mahoma.

OBS Se escribe con mayúscula, salvo cuando hace referencia al libro como objeto físico: *un corán en rústica.*

coraza n. f. **1** Cubierta resistente de metal que sirve para proteger el pecho y la espalda del guerrero: *estaban protegidos por unas corazas en las que las balas producían solo abolladuras.* **2** Cubierta o envoltura rígida (calcárea u ósea) que protege total o parcialmente el cuerpo de las tortugas, los crustáceos y otros animales: *la coraza de un escorpión.* SIN caparacho, caparazón, carapacho. **3** Protección o defensa ante un peligro u ofensa exterior.

DER acorazar.

corazón n. m. **1** Órgano muscular que impulsa la sangre a todo el cuerpo a través del sistema circulatorio. **2** Dibujo o figura que representa este órgano. **3** Capacidad de sentir afecto, pena o compasión: *era un asesino frío y sin corazón.* **4** Valor, energía y voluntad para afrontar situaciones difíciles o adversas. SIN coraje. **5** Parte íntima de una persona: *te llevaré siempre en mi corazón.* **6** Parte central, interior o más importante: *el corazón de la ciudad.* **7** Carta de la baraja francesa en la que aparecen uno o más dibujos de color rojo en forma de órgano del corazón. NOTA Se usa más en plural. ◆ adj./ n. m. **8** [dedo] Que es el tercero de la mano o el pie.

▶ con la mano en el corazón Con la mayor sinceridad posible. de corazón Sinceramente: *me ha gustado mucho tu novela; te lo digo de corazón.* el corazón en un puño **a.** Expresión que indica una gran angustia y tristeza: *las declaraciones de algunos refugiados me pusieron el corazón en un puño.* **b.** Expresión que indica una gran ansiedad y temor. prensa del corazón Conjunto de publicaciones que prestan especial atención a la vida de personajes populares y famosos. revista del corazón Revista dedicada a recoger noticias sobre la vida privada y amorosa de personajes famosos o conocidos.

DER corazonada; acorazonado, descorazonar.

corazonada n. f. Sensación o sospecha de que algo va a ocurrir: *se levantó con la corazonada de que le iba a suceder algo bueno aquel día.* SIN pálpito, presentimiento.

corbata n. f. Pieza de tela estrecha y alagarda que se coloca alrededor del cuello de la camisa y se ata con un nudo, dejando caer los extremos sobre el pecho.

DER corbatín; encorbatarse.

corcel n. m. *formal* Caballo, especialmente el de gran alzada y bella figura.

corchea n. f. MÚS. Nota musical cuya duración equivale a la mitad de la negra.

DER semicorchea.

corchera n. f. Cuerda o cable que lleva sujetos trozos de corcho o de otro material flotante, para delimitar las calles de una piscina de competición.

corchete n. m. **1** En prendas de vestir, cierre de metal formado por dos piezas, un macho y una hembra, que se enganchan. **2** Signo de ortografía que tiene forma de paréntesis rectangular y sirve para encerrar un conjunto de palabras o de números, [ ].

DER corchea; encorchetar.

corcho n. m. **1** Tejido vegetal de gran espesor que recubre la parte exterior del tronco y las ramas de algunos árboles, en especial del alcornoque; se caracteriza por su impermeabilidad y elasticidad. **2** Tapón cilíndrico de ese material que se usa para cerrar botellas. **3** Tabla o plancha de ese material.

DER acorchar, descorchar, encorchar.

¡córcholis! int. Expresión que indica sorpresa, admiración o disgusto: *¡córcholis, qué sorpresa verte aquí!*

DER recórcholis.

cordado adj./ n. m. **1** Animal del tipo de los cordados. ◆ n. m. pl. **2** cordados Tipo de animales que se caracterizan por tener un cordón central en el esqueleto o columna vertebral.

DER procordado.

cordal n. m. **1** MÚS. Pieza que tienen los instrumentos de cuerda en la tapa de la caja y que sirve para sujetar las cuerdas. ◆ adj./ n. f. **2** [muela] Que nace en cada uno de los extremos de las encías en la edad adulta.

cordel n. m. Cuerda delgada.

DER cordelería; encordar.

cordero, -ra n. m. y f. **1** Cría de la oveja menor de un año. cordero lechal Cordero que tiene menos de dos meses. cordero pascual Cordero que comen los judíos en conmemoración de la salida de su pueblo de Egipto. cordero recental Cordero que todavía no ha ido al campo a comer. **2** Persona tranquila, obediente y fácil de dirigir. ◆ n. m. **3** Carne de la cría de la oveja.

cordial adj. Que muestra amabilidad y amistad: *un cordial saludo; una acogida cordial.*

DER cordialidad.

cordialidad n. f. Amabilidad y amistad en el trato.

cordillera n. f. Serie de montañas de características comunes unidas entre sí: *la cordillera de los Andes.*

cordobés, -besa adj. **1** De Córdoba o que tiene relación con esta ciudad y provincia andaluza. ◆ adj./ n. m. y f. **2** [persona] Que es de Córdoba.

cordón n. m. **1** Cuerda generalmente cilíndrica hecha con fibra o hilo fino: *el cordón de los zapatos.* **2** Hilo metálico, generalmente cubierto por una funda de plástico, que se usa para conducir la energía eléctrica: *el cordón de una lámpara.* **3** ANAT. Órgano de forma delgada, alargada y flexible parecida a una cuerda cilíndrica. cordón umbilical Conjunto de vasos que unen el vientre del feto con la placenta de la madre. **4** Conjunto de personas colocadas en fila a cierta distancia unas de otras para impedir el paso y cortar la comunicación: *un cordón policial rodeó el lugar del atentado.*

▶ **cordón sanitario** Conjunto de medidas de prevención y control que se toman alrededor del lugar donde se ha producido el brote de una enfermedad contagiosa.

DER acordonar.

cordura n. f. Capacidad de pensar y obrar con prudencia, sensatez y juicio. **SIN** juicio.

coreano, -na adj. **1** Relativo a Corea del Norte y a Corea del Sur, países del este de Asia, o a sus habitantes. ◆ adj./ n. m. y f. **2** [persona] Que es de Corea del Norte o de Corea del Sur. ◆ adj./ n. m. **3** Lengua que se habla en Corea del Norte y Corea del Sur.

corear v. tr. Cantar, recitar o hablar varias personas a la vez: *el público coreó el nombre del goleador.*

coreografía n. f. **1** Arte de componer y dirigir bailes o danzas. **2** Conjunto de pasos y figuras de un baile o danza.

DER coreógrafo.

coreógrafo, -fa n. m. y f. Persona que compone y dirige bailes o danzas.

corimbo n. m. BOT. Conjunto de flores o frutos que nacen en distintos puntos del tallo de una planta pero que acaban teniendo la misma altura.

corintio, -tia adj. **1** [estilo arquitectónico clásico] Que se caracteriza por tener adornos de hojas de acanto en la parte superior de las columnas. **2** De Corinto o que tiene relación con esta ciudad de Grecia. ◆ adj./ n. m. y f. **3** [persona] Que es de Corinto.

DER corinto.

corinto, -ta adj. **1** De color rojo oscuro, próximo al violeta. ◆ n. m./ adj. **2** Color rojo oscuro, próximo al violeta.

cormorán n. m. Ave palmípeda parecida al ganso, con plumaje de color gris oscuro, alas negras y cuello blanco; nada y vuela muy bien.

cornada n. f. **1** Golpe dado por un animal con la punta del cuerno. **2** Herida causada por la punta de un cuerno de un animal.

cornamenta n. f. Conjunto de los cuernos de un animal, especialmente cuando son de gran tamaño.

córnea n. f. ANAT. Tejido delgado, duro y transparente, situado en la parte anterior del globo del ojo, por delante del iris y la pupila.

corneja n. f. **1** ZOOL. Ave de color negro muy parecida al cuervo, pero de menor tamaño. **2** Ave rapaz nocturna parecida al búho, pero mucho más pequeña; se caracteriza por tener en la cabeza dos plumas en forma de cuernecillos.

OBS Para indicar el sexo se usa *la corneja macho* y *la corneja hembra.*

córneo, -nea adj. De cuerno o de un material que tiene parecidas características.

córner n. m. **1** Esquina de un terreno de juego, especialmente en fútbol y otros deportes semejantes. **SIN** esquina. **2** Jugada de ciertos deportes en la que un jugador hace salir la pelota fuera del campo por la línea de fondo de su propia portería. **3** Saque de la pelota que un jugador hace desde una esquina como castigo de esa falta, especialmente en fútbol y otros deportes semejantes.

corneta n. f. Instrumento musical de viento de la familia del metal parecido a la trompeta, pero de menor tamaño y con una llave; se usa en el ejército para dar órdenes a la tropa.

DER cornetín.

cornete n. m. Pequeña lámina de hueso de figura abarquillada que está situada en el interior de las fosas nasales.

cornetín n. m. **1** Instrumento musical de viento de la familia del metal parecido al clarín, pero con pistones. **2** Instrumento musical de viento de la familia del metal parecido a la corneta, pero de menor tamaño y sin llaves; se usa en el ejército para dar órdenes a la tropa.

cornisa n. f. **1** Saliente o voladizo adornado con molduras que remata el borde superior de la pared de un edificio, debajo del tejado. **2** Saliente o voladizo que rodea un edificio marcando la separación entre los pisos. **3** Banda estrecha que bordea una montaña o precipicio. **4** Borde saliente y rocoso de una montaña. **5** Zona costera de altos y largos acantilados: *la cornisa cantábrica.*

DER cornisamento.

corno n. m. Instrumento musical de viento de la familia del metal formado por un tubo enroscado circularmente que es estrecho por un extremo y ancho por el otro. **SIN** trompa.

▶ **corno inglés** Instrumento musical de viento parecido al oboe, de forma curva y sonido más grave.

a b c d e f g h i j k l m n ñ o p q r s t u v w x y z

coro n. m. **1** Grupo de personas que recitan, cantan o bailan un mismo fragmento o pieza musical. **2** Fragmento o pieza musical compuesto para ser recitado, cantado o bailado por un grupo de personas: *el coro de una tragedia griega.* **3** Lugar de la iglesia destinado a los religiosos que rezan y cantan durante la misa o los oficios divinos: *el coro de las iglesias suele estar situado frente al altar.* **4** Conjunto de asientos, generalmente adornados, donde se sientan estos religiosos en la iglesia. **5** Conjunto de voces que se oyen al mismo tiempo con opiniones sobre un asunto.
DER coral, corear, coreografía, corista.

corola n. f. BOT. Conjunto de pétalos que forman la flor y protegen sus órganos de reproducción.
DER corolario.

corolario n. m. Razonamiento, juicio o hecho que es consecuencia lógica de lo demostrado o sucedido anteriormente.

corona n. f. **1** Cerco que se coloca sobre la cabeza en señal de premio o como símbolo de nobleza o dignidad: *la corona de una reina.* **2** Aro cubierto de flores o ramas que se coloca junto a los muertos o a los monumentos que los recuerdan como símbolo de admiración y respeto. **3** Estado o territorio gobernado por un rey o una reina: *coronas de Castilla y Aragón.* **4** Institución que representa la dignidad y el poder de un rey o una reina. **5** Unidad de moneda de Dinamarca y Suecia (hasta su sustitución por el euro), Noruega y otros países. **6** Círculo luminoso que parece rodear a algunos astros. **7** Círculo luminoso que se representa encima o detrás de las cabezas de las imágenes divinas o de santos como símbolo de la gracia de Dios. SIN aureola. **8** Objeto o pieza con forma de aro: *la corona de un engranaje.* **9** Parte de un diente que sobresale de la encía. **10** Ruedecita que sobresale por la derecha de un reloj de pulsera; sirve para darle cuerda o mover las manecillas.
DER coronar, coronario, coronilla.

coronación n. f. **1** Ceremonia en la que se le otorga a una persona la dignidad de rey o reina y en la que se le coloca una corona como símbolo de este honor. **2** Punto más alto al que se puede llegar. SIN culminación.

coronar v. tr. **1** Colocar una corona en la cabeza, especialmente si es para otorgar a una persona la dignidad de rey o reina. **2** Llegar al punto más alto, de mayor intensidad, grandeza o calidad: *coronó su larga carrera de actor con un Oscar.* SIN culminar. **3** Llegar a la zona más alta de un lugar: *los escaladores coronaron la montaña.*
DER coronación.

coronario, -ria adj. **1** [vena, arteria] Que distribuye la sangre por el corazón. **2** Del sistema circulatorio del corazón o que está relacionado con él.

coronel, -la n. com. Jefe del ejército de categoría inmediatamente superior a la de teniente coronel: *el coronel manda un regimiento.*
OBS El femenino *coronela* se usa muy poco.

coronilla n. f. **1** Parte superior y posterior de la cabeza humana. **2** Pequeño círculo rasurado que llevaban algunos religiosos en esta zona de la cabeza.
▶ hasta la coronilla Cansado y harto. NOTA Se usa con los verbos *estar* y *tener*.

corpiño n. m. Prenda de vestir femenina ajustada, escotada y sin mangas, que se lleva sobre la camisa y cubre el tronco hasta la cintura, va abierta por delante y se cierra con botones o cordones; forma parte de numerosos trajes populares de diversos países y regiones.

corporación n. f. **1** Cuerpo u organismo generalmente de interés público y a veces reconocido por la autoridad. **2** Conjunto de personas que pertenecen a un mismo cuerpo o institución y se dedican a un fin común. corporación municipal Grupo de personas integrado por un alcalde y varios concejales que se encarga de administrar y gobernar un pueblo o una ciudad. SIN ayuntamiento. **3** Grupo de empresas y sociedades que realizan diversos trabajos y servicios de manera independiente con el fin de conseguir un enriquecimiento común.
DER corporativismo, corporativo.

corporal adj. Del cuerpo o que tiene relación con él: *expresión corporal.*

corporativo, -va adj. De una corporación o que tiene relación con ella.

corpore Palabra que se utiliza en la expresión latina *corpore insepulto*, que significa 'de cuerpo presente', 'con el cuerpo sin enterrar o incinerar': *el obispo ofició un funeral* corpore insepulto.
OBS No debe decirse **de corpore insepulto.*

corporeidad n. f. Conjunto de características de lo que tiene cuerpo o consistencia.

corpóreo, -rea adj. Que tiene cuerpo, volumen o consistencia: *tuvo la sensación de que algo corpóreo la acechaba en la oscuridad.*
DER corporeidad, corporeizar; incorpóreo.

corpulento, -ta adj. [persona, animal] Que tiene un cuerpo grande, robusto o fuerte.
DER corpulencia.

corpus n. m. GRAM. Conjunto extenso de textos de diversas clases, ordenados y clasificados; se usa para investigar la gramática y el significado de las palabras de una lengua: *este diccionario está elaborado a partir de un corpus de textos compuesto por más de diez millones de palabras.*

corpúsculo n. m. Cuerpo muy pequeño, célula, molécula, partícula o elemento.
DER corpuscular.

corral n. m. **1** Lugar cerrado y descubierto que sirve para guardar el ganado; generalmente se encuentra junto a las casas de los dueños. **2** Lugar en una plaza de toros donde permanecen los animales en espera de ser lidiados.
▶ corral de comedias Patio común rodeado de viviendas donde antiguamente se hacían representaciones teatrales.
DER corro; acorralar, encorralar.

correa n. f. **1** Tira larga y estrecha de cuero u otro material flexible y resistente que se usa para sujetar o ajustar. **2** Tira circular de material resistente que sirve para comunicar un movimiento: *la correa del ventilador de un coche.*
▶ tener correa Soportar con paciencia una situación difícil o incómoda, especialmente una broma o burla continuada.
DER correaje, correazo, correoso.

correcaminos n. m. Ave de hasta 60 cm de longitud, con el dorso de color negro y ocre, la parte ventral de color claro, las alas negras con listas blancas, y la cola azul violáceo; tiene la cola larga y las patas fuertes y largas, por lo que su habilidad para la carrera es extraordinaria. Habita en los matorrales del desierto.
OBS El plural también es *correcaminos.*

corrección n. f. **1** Indicación de una falta, error o defecto con la intención de quitarlo o enmendarlo. **2** Enmienda o modificación que reemplaza a una falta, error o defecto: *su redacción estaba llena de correcciones y tachaduras.* **3** Ausencia de faltas, errores o defectos: *realizó el aparcamiento con corrección.* **4** Comportamiento que está conforme con las normas sociales. ANT incorrección.
DER correccional; incorrección, ultracorrección.

correccional adj. **1** Que sirve o se utiliza para corregir, especialmente actitudes delictivas: *fue el director de una escuela correccional.* ◆ n. m. **2** Establecimiento penitenciario destinado al cumplimiento de penas de prisión en el que se trata de recuperar socialmente a los delincuentes. correccional de menores Correccional en el que mediante una educación especial se trata de recuperar socialmente a delincuentes menores de edad. NOTA También simplemente *correccional.* SIN reformatorio.

correctivo, -va adj./ n. m. y f. **1** Que enmienda o modifica una falta, defecto o problema: *medidas correctivas contra el paro.* ◆ n. m. **2** Castigo que se aplica para corregir una falta o un delito, generalmente poco importante. **3** Ventaja o victoria que se logra sobre el adversario en una competición deportiva.

correcto, -ta adj. **1** Que no tiene faltas, errores o defectos: *el sonido del motor me parece correcto.* ANT incorrecto. **2** Que es acertado o adecuado: *la respuesta es correcta.* ANT incorrecto. **3** Que está conforme con las normas sociales. ANT incorrecto.
DER correctivo, corrector.

corrector, -ra adj./ n. m. y f. **1** Que corrige faltas, defectos o problemas. ◆ n. m. y f. **2** Persona que se dedica a corregir las faltas de ortografía y la redacción de un texto.

corredera n. f. Canal o ranura por donde se desliza un mecanismo: *atornilla la corredera de las cortinas.*
▶ puerta (o ventana) corredera Puerta que se abre y cierra deslizándose por este canal o ranura.

corredizo, -za adj. [nudo] Que se hace con una sola cuerda, formando una o varias anillas en un extremo y metiendo el otro extremo por ellas, de manera que la cuerda se deslice y apriete con facilidad.

corredor, -ra adj./ n. m. y f. **1** [animal] Que es capaz de correr a gran velocidad. **2** [ave] Que no está preparada para volar por su gran tamaño, pero que tiene las patas especialmente desarrollas y adaptadas a la carrera. ◆ n. m. y f. **3** Deportista que participa en alguna carrera de competición: *un corredor de maratón.* ◆ n. m. **4** Persona que se dedica a actuar como intermediario en operaciones

a b c d e f g h i j k l m n ñ o p q r s t u v w x y z

financieras, especialmente en la compraventa de bienes inmuebles o acciones de bolsa y en la contratación de seguros: *compró la finca por mediación de un corredor.* **5** Espacio largo y estrecho que comunica unas habitaciones con otras dentro de una casa o de un edificio. SIN pasillo. **6** Franja de territorio que discurre entre dos zonas separadas o enemigas: *las tropas de la ONU han abierto un corredor humanitario entre las dos ciudades.*
DER correduría, corretaje.

corregidor n. m. Antiguamente, alcalde de una población nombrado por el rey; también hacía funciones de juez.

corregir v. tr. **1** Señalar una falta, error o defecto con la intención de quitarlo o enmendarlo. **2** Valorar el grado de suficiencia o insuficiencia de los conocimientos mostrados por un alumno u opositor en un examen o ejercicio.
DER corregidor; incorregible.

correlación n. f. Correspondencia o relación que mantienen dos o más cosas entre sí.
DER correlativo.

correlativo, -va adj. **1** [número] Que en una serie ordenada sigue inmediatamente a otro: *el número uno, el dos y el tres son correlativos.* **2** Que tiene una correspondencia o relación con otra u otras cosas.

correligionario, -ria adj./ n. m. y f. [persona] Que comparte con otras personas una misma doctrina religiosa, política o ideológica.

correo n. m. **1** Servicio público que se encarga del transporte y la entrega de cartas y paquetes enviados por unas personas a otras. **2** Conjunto de cartas y paquetes que se transportan, entregan o reciben: *apenas tengo tiempo para leer el correo.* SIN correspondencia. **correo certificado** Envío que da garantía de su entrega. **correo urgente** Envío que se entrega con la mayor rapidez posible. **3** Vehículo que transporta cartas y paquetes enviados por unas personas a otras. **4** Persona que transporta algún mensaje u objeto enviado por una persona a otra, especialmente si lo hace de manera secreta o encubierta. ◆ n. m. pl. **5 Correos** Organismo que se encarga del transporte y la entrega de cartas y paquetes enviados por unas personas a otras. **6** Establecimiento en el que se reciben, clasifican, reparten y entregan estas cartas y paquetes.
▶ **apartado de Correos** **a.** Caja o sección de una oficina de Correos donde se depositan y guardan las cartas y los paquetes enviados a una persona o empresa en espera de que sean recogidos por ella. **b.** Número asignado a esta caja o sección.

correr v. intr. **1** Moverse de un lugar a otro de forma rápida, de manera que los pies o las patas se separen del suelo a la vez durante un momento entre un paso y el siguiente: *el caballo corre al galope.* **2** Participar en una carrera de competición dirigiendo un vehículo: *el ciclista corre.* **3** Hacer algo rápidamente o a más velocidad de la normal: *corre mucho cuando dicta.* **4** Fluir un río o una corriente de agua por su cauce. SIN discurrir. **5** Ir algo de un lugar a otro, extenderse a lo largo de una porción de territorio: *la carretera de la costa corre paralela al mar.* SIN discurrir. **6** Soplar el viento en una dirección. **7** Pasar o transcurrir el tiempo: *corría el año 1990 cuando me casé.* SIN discurrir. **8** Dar a conocer entre un gran número de personas: *corrían oscuras historias sobre la vieja mansión de la colina.* SIN circular, propagar. **9** Estar a cargo de una persona o corresponderle una obligación o cometido. ◆ v. tr. **10** Estirar lo que está recogido o plegado, especialmente una cortina: *correr una cortina.* **11** Estar expuesto a un peligro o circunstancia adversa: *si no estudias, corres el riesgo de suspender.* **12** Ir detrás de una persona o cosa con el fin de darle alcance. ◆ v. tr./ prnl. **13** Mover de un lugar a otro: *corre el sofá para que pueda pasar.* ◆ v. prnl. **14 correrse** Disolverse o extenderse tinta por una superficie: *se me ha corrido la tinta y he hecho un borrón.* **15** *malsonante* Tener un orgasmo.
DER corredera, corredero, corredizo, corredor, correría, corretear, corrida, corrido, corriente, corrimiento; descorrer, recorrer, socorrer.

correría n. f. Viaje, acción o circunstancia poco común, divertida o arriesgada.
OBS Se usa frecuentemente en plural.

correspondencia n. f. **1** Conjunto de cartas y paquetes que se transportan, envían, entregan o reciben: *guarda bajo llave su correspondencia personal.* SIN correo. **2** Relación de dependencia y unión que existe o se establece entre dos o más cosas. **3** Significado de una palabra en un idioma distinto. **4** Conexión o enlace entre varios medios o vías de comunicación: *esta línea de metro tiene correspondencia con la 8.* **5** Actuación con una persona que es consecuencia de una acción suya anterior. **6** MAT. Relación que existe o se establece entre los elementos de dos conjuntos distintos: *una correspondencia asocia a un elemento de uno de los conjuntos otro del conjunto segundo.*

corresponder v. intr./ prnl. **1** Tener relación de dependencia dos o más cosas entre sí. **2** Estar a cargo de una persona una obligación o cometido: *le corresponde al vendedor poner precio a las mercancías que vende.* SIN correr. **3** Actuar con una persona en consecuencia con una acción suya anterior. **4** Sentir amor hacia una persona en la misma medida que se recibe de ella: *estaba enamorado de su vecina, pero ella no le correspondía.*
DER correspondencia, correspondiente, corresponsal.

correspondiente adj. Que tiene relación de correspondencia con otra persona o cosa: *cada vecino tiene su correspondiente llave del portal del edificio.*

corresponsabilizarse v. prnl. Compartir la responsabilidad de algo con otro u otros: *si al niño se le permite corresponsabilizarse de algunas decisiones familiares puede sentirse más integrado.*
OBS En su conjugación, la *z* se convierte en *c* delante de *e*.

corresponsal adj. [periodista] Que informa habitualmente a un medio de comunicación desde otra población o desde un país extranjero de las noticias que allí se producen.
▶ corresponsal de guerra Periodista que informa desde un lugar en guerra acompañando a uno de los ejércitos.
DER corresponsalía.

corresponsalía n. f. **1** Cargo de corresponsal de un medio de comunicación: *ocupa desde hace años la corresponsalía de la Agencia EFE en Roma.* **2** Oficina o lugar donde trabaja el corresponsal: *las dos cadenas de televisión tienen previsto abrir una corresponsalía conjunta.*

corretear v. intr. Correr de un lado a otro sin objetivo fijo, especialmente jugando: *los maestros vigilaban a los críos que correteaban patio arriba, patio abajo.*

correveidile n. com. Persona que se dedica a informar de noticias y rumores que afectan a otros, generalmente para criticar a los demás o darse importancia. SIN chismoso, cotilla.
OBS El plural es *correveidiles*.

corrida n. f. **1** Marcha rápida en la que los pies o las patas se separan del suelo a la vez durante un momento entre un paso y el siguiente. SIN carrera. **2** Espectáculo público que consiste en torear seis novillos o toros en una plaza cerrada.

corrido, -da adj. **1** Que tiene mucha experiencia y ha vivido o viajado mucho. **2** Que está avergonzado o confundido. **3** [parte de un edificio] Que está contigua o seguida en relación con otra: *un balcón corrido unía todos los dormitorios de la casa.* ◆ n. m. **4** Canción popular mejicana que suelen interpretar dos personas acompañadas por música de guitarras y trompetas.
▶ de corrido Con seguridad y rapidez: *recitó la lista de reyes godos de corrido.*

corriente adj. **1** Que es muy común o no tiene nada especial: *un vestido corriente.* **2** Que es frecuente, que sucede a menudo. **3** [semana, mes, año, siglo] Que es el actual o el que va transcurriendo. ◆ n. f. **4** Desplazamiento de un fluido líquido a lo largo de un canal, conducto o cauce: *la corriente del río es muy fuerte.* SIN curso. **5** Volumen de fluido líquido que se desplaza de esta manera: *la corriente de la torrentera arrastró al coche.* **6** Paso de energía eléctrica a través de un conductor: *corriente eléctrica.* corriente alterna Corriente de intensidad variable que cambia de sentido al quedar con una intensidad nula. corriente continua Corriente de intensidad y sentido constante: *las pilas generan corriente continua.* **7** Movimiento o tendencia de ideas o sentimientos que es común a un grupo de personas: *la corriente renovadora del partido acabó imponiéndose en el congreso.*
▶ al corriente **a.** Sin retraso, con exactitud: *estoy al corriente en el pago de la cuota.* **b.** Informado con detalle y exactitud. contra corriente En contra de la opinión general.

corrimiento n. m. **1** Acción de correr o correrse: *los temblores ocasionaron diversos corrimientos de tierra que bloquearon las carreteras de acceso.* **2** GEOL Deslizamiento de una capa estratigráfica sobre otra hasta colocarse encima.

corro n. m. **1** Círculo formado por un grupo de personas, especialmente para hablar o rodear algo o a alguien. **2** Juego de niños que consiste en formar un círculo cogidos de las manos y cantar dando vueltas alrededor.
DER corrillo.

corroborar v. tr. Dar como cierta una creencia u opinión de cuya certeza no se estaba seguro previamente. SIN confirmar, ratificar.

corroer v. tr. **1** Desgastar lentamente una cosa. **2** Desgastar progresivamente una superficie por rozamiento o por reacción química: *los ácidos corroen.* **3** Destruir lentamente el interior de una cosa: *la carcoma corroe la madera.* **4** Causar malestar o angustia de manera continuada durante mucho tiempo: *le corroe la envidia.* SIN consumir.
OBS Se conjuga como *roer.*
DER corrosión.

corromper v. tr./ prnl. **1** Descomponer químicamente y deteriorar una sustancia orgánica, animal o vegetal. SIN pudrir. **2** Dar dinero o regalos a una persona para conseguir un trato favorable o beneficioso, especialmente si es injusto o ilegal. **3** Pervertir a una persona, causarle un daño moral con malos consejos o malos ejemplos. SIN pervertir, viciar.

corrosión n. f. Desgaste progresivo de una superficie por rozamiento o por una reacción química.
DER corrosivo.

corrosivo, -va adj. **1** Que corroe o tiene capacidad de corroer: *líquido corrosivo; agente corrosivo.* **2** Que es crítico, tiene ironía aguda y malintencionada: *una película corrosiva.* SIN cáustico, mordaz.
DER anticorrosivo.

corrupción n. f. **1** Entrega o aceptación de dinero o regalos para conseguir un trato favorable o beneficioso, especialmente si es injusto o ilegal: *el juez fue acusado de corrupción.* **2** Alteración de la forma o la estructura original y verdadera: *la corrupción del lenguaje.*
▶ corrupción de menores Delito que se comete al obligar o inducir a una persona que es menor de edad a realizar un acto ilegal, especialmente a prostituirse o a mantener relaciones sexuales con adultos.

corrupto, -ta adj./ n. m. y f. **1** [persona] Que se deja corromper con dinero o regalos: *un gobernante corrupto.* adj. **2** [cuerpo, sustancia] Que está deteriorado y químicamente descompuesto. **3** [persona, cosa] Que está moralmente corrompido: *sociedad corrupta.* **4** Que tiene alterada su forma o estructura original y verdadera: *un texto corrupto.*
DER corruptela, corruptor; incorrupto.

corruptor, -ra adj./ n. m. y f. [persona] Que obliga o incita a otra a la corrupción: *corruptor de menores.*

corsario, -ria adj./ n. m. y f. **1** [barco] Que se dedicaba a asaltar y destruir las naves piratas y enemigas con la autorización del gobierno de su nación. **2** [persona] Que formaba parte de la tripulación de este barco. ◆ n. m. y f. **3** Persona que se dedicaba a asaltar y saquear las naves de otros. SIN pirata.

corsé n. m. Prenda interior femenina de material resistente y sin mangas que se ajusta al cuerpo desde el pecho hasta más abajo de la cintura.
OBS El plural es *corsés.*
DER corsetería; encorsetar.

corso, -sa adj. **1** De Córcega o que tiene relación con esta isla francesa del Mediterráneo occidental. ◆ adj./ n. m. y f. **2** [persona] Que es de Córcega. ◆ n. m. **3** Expedición de guerra que hacía un buque corsario.
▶ patente de corso **a.** Autorización que un gobierno concedía a un sujeto para que se dedicase a asaltar y destruir las naves piratas y enemigas. **b.** Autorización que una persona tiene o parece tener para llevar a cabo impunemente actos prohibidos para los demás.

cortacésped n. amb. Máquina que sirve para cortar la hierba o el césped.

cortado, -da adj./ n. m. y f. **1** [persona] Que es tímido y se avergüenza con facilidad. **2** [persona] Que queda aturdido, sin respuesta o reacción, ante un hecho inesperado. SIN estupefacto, patidifuso. ◆ n. m./ adj. **3** Café que lleva solo un poco de leche.

cortafuego n. m. Franja de terreno que se deja sin vegetación en un bosque o campo de cultivo para impedir el avance de un incendio.

cortante adj. **1** [instrumento, objeto afilado] Que corta: *los dientes del conejo, muy cortantes, trituran el alimento deslizándose unos contra otros.* ◆ adj. **2** [respuesta] Que deja a una persona cortada y sin saber qué decir o cómo reaccionar.

cortapisa n. f. Condición o problema que limita y dificulta la realización de una cosa.

cortar v. tr. **1** Dividir o separar la superficie de algo con un instrumento o cosa afilada: *se cortó la cara al afeitarse.* **2** Separar una parte de una cosa con un instrumento afilado: *cortar un trozo de queso.* **3** Separar de un trozo de tela las piezas que formarán una prenda de vestir. **4** Cruzar dos o más líneas o superficies entre sí. ◆ v. intr. **5** Tener un objeto, especialmente un instrumento afilado, un filo bueno o malo: *estas tijeras no cortan.* **6** Hacer el camino más corto entre dos puntos esco-

giendo el trayecto que se considera más adecuado entre varios posibles: *vamos a cortar por la pista forestal.* **SIN** atajar. ◆ v. tr. **7** Atravesar o cruzar una superficie o un medio. **8** Interrumpir la continuidad de una acción o un proceso, romper el orden original de sus elementos: *cortar la digestión.* **9** Interrumpir el paso o el acceso por un camino, carretera u otra vía: *el temporal ha cortado varias carreteras de montaña.* **10** Dividir un montón de cartas o naipes en dos o más grupos: *antes de repartir, corta la baraja.* **11** Sentir un frío intenso y tener la sensación de que traspasa la piel. **12** En algunos deportes, como el tenis, golpear la pelota de manera que adquiera un efecto de giro contrario a la dirección en que se impulsa. ◆ v. prnl. **13** cortarse Separarse las sustancias que integran la leche, una salsa o una crema. **14** Sentir vergüenza o excesivo respeto: *no te cortes y pregúntame lo que quieras.*
▶ cortar el bacalao (o cortar la pana) Tener el poder de decisión último. cortar por lo sano Interrumpir de modo decidido y brusco una acción o proceso: *perdía mucho dinero, así que corté por lo sano y cerré la empresa.*
DER cortado, cortadura, cortante, corte; acortar, entrecortar, recortar.

cortaúñas n. m. Utensilio para cortar las uñas que consiste en unas pinzas formadas por dos láminas metálicas con un extremo cortante y ligeramente curvado hacia dentro y una tercera lámina más pequeña que hace la función de palanca.
OBS El plural es *cortaúñas.*

corte n. m. **1** Filo de un instrumento afilado. **2** Raja producida por un instrumento o cosa afilada: *se marchó al botiquín con un corte en la ceja.* **3** División o separación de una parte de una cosa con un instrumento afilado. **4** Zona de una cosa de la que se ha cortado una parte: *no me pongas de esa carne, que tiene el corte muy feo.* **5** Interrupción del paso o el acceso por un camino, circuito, canal u otra vía: *se temen nuevos cortes de agua.* **6** Operación que consiste en cortar las diferentes piezas de tela u otro material que componen una prenda de vestir: *un taller de corte y confección.* **7** Cantidad de tela u otro material necesaria para confeccionar una prenda de vestir. **8** MAT. Figura imaginaria que resulta al cortar un cuerpo con un plano: *la elipse es el corte de un cono.* **SIN** sección. **9** División de un montón de cartas o naipes en dos o más grupos. **10** Vergüenza o excesivo respeto producido por una situación incómoda o infrecuente: *me da mucho corte pedirle que salga conmigo.* **11** Respuesta rápida y brusca que zanja una cuestión. **12** Fragmento de una entrevista o de unas declaraciones que se emite en un programa de radio: *pusieron varios cortes de la intervención del presidente.* **13** Trozo de helado de forma cuadrada o rectangular que se pone entre dos galletas. **14** Conjunto de características o tendencias particulares y distintivas: *es un partido político de corte conservador.* **15** Separación que se produce entre los participantes en una carrera de competición. **16** En el juego del golf, eliminación que se lleva a cabo en un torneo al establecerse, tras varios días de competición, el número máximo de golpes con los que un jugador puede continuar participando. ◆ n. f. **17** Población donde antiguamente residía el rey y tenía su gobierno el reino. **18** Conjunto de las personas que componen la familia y la comitiva del rey. **19** Conjunto de personas que forman parte del equipo que acompaña a un personaje importante o famoso. **20** En algunos países, tribunal de justicia: *la Corte Suprema de Londres juzgará a partir de hoy a los acusados.* ◆ n. f. pl. **21** cortes Conjunto de las dos cámaras legislativas, el Congreso de los Diputados y el Senado españoles. **NOTA** Se escribe con letra mayúscula.
▶ corte celestial Según la religión católica, conjunto de ángeles y santos que acompañan a Dios en el cielo. corte de mangas Gesto que se hace golpeando un brazo con la mano del otro a la altura del codo; mientras, en el brazo que ha recibido el golpe se extiende el dedo corazón entre el índice y el anular doblados; es un ademán obsceno y ofensivo. hacer la corte Tratar a una persona con amabilidad y cortesía, en especial si se tiene la intención de seducirla o de ganar su amor.

cortedad n. f. **1** Pequeñez, poca extensión de una cosa. **2** Escasez de inteligencia, educación o valor. **3** Falta de ánimo y de confianza en sí mismo.

cortejar v. tr. Enamorar o tratar de enamorar a una persona del otro sexo, especialmente tratándola de manera muy agradable y cortés. **SIN** camelar, galantear, seducir.
DER cortejo.

cortejo n. m. **1** Conjunto de personas que forman parte del acompañamiento en una ceremonia: *un cortejo fúnebre acompaña al muerto.* **2** Conjunto de actitudes y acciones que lleva a cabo una persona para cortejar a otra.

cortés adj. Que demuestra atención y cordialidad hacia las personas: *un empleado muy cortés.* ANT descortés.
DER cortesía; descortés.

cortesana n. f. Antiguamente, mujer que mantenía relaciones sexuales a cambio de dinero. SIN puta.

cortesano, -na adj. **1** De la corte de personas que acompañaba al rey o que tiene relación con ella. ◆ n. m. **2** Hombre que antiguamente trabajaba en la corte al servicio del rey o de su familia.

cortesía n. f. **1** Comportamiento atento y afable o acto en el que se demuestra atención y cordialidad hacia las personas. **2** Regalo de poca importancia que se da como muestra de afecto y consideración. SIN detalle.

corteza n. f. **1** Capa o conjunto de capas de fibra vegetal dura que cubre o envuelve los tallos y las frutas de algunas plantas y árboles. **2** Parte exterior, resistente o dura, que cubre o envuelve: *la corteza del pan.*
▶ corteza cerebral Capa más superficial del cerebro formada por la sustancia gris. corteza terrestre Parte sólida más superficial de la Tierra.
DER descortezar.

corticoide adj./n. m. [sustancia] Que tiene una actividad similar a la de las hormonas de las glándulas situadas al lado de los riñones.

cortijo n. m. **1** Terreno de cultivo extenso en el que hay un conjunto de edificaciones destinas a vivienda, labranza y cuidado del ganado. **2** Conjunto de edificaciones para vivienda, labranza y cuidado del ganado que hay en los terrenos de cultivo extensos.

cortina n. f. **1** Trozo de tela o de otro material semejante que se cuelga de la parte superior de una puerta, ventana o hueco para cubrirlo. **2** Masa densa de una sustancia o material que se despliega como este trozo de tela: *una cortina de fuego.*
▶ cortina de humo Conjunto de hechos o circunstancias con los que se pretende ocultar las verdaderas intenciones o desviar la atención de los demás.
DER cortinaje.

cortinaje n. m. Conjunto de cortinas.

cortisona n. f. Sustancia corticoide que se emplea como medicina para disminuir o hacer desaparecer la inflamación.

corto, -ta adj. **1** Que tiene longitud, extensión o duración escasa o menor de la normal y necesaria: *un niño de corta edad.* SIN breve. ANT largo. **2** [prenda, vestido] Que cubre solo una parte de la zona del cuerpo que habitualmente suele vestir: *una camisa de manga corta.* **3** [persona] Que es poco inteligente o no entiende las cosas con facilidad. **4** [persona] Que es muy tímido y siente vergüenza con facilidad. ◆ n. m. **5** Película de cine cuya duración no es mayor de 35 minutos. SIN cortometraje. **6** Aumento brusco de la intensidad de una corriente que se produce en una instalación eléctrica por la unión directa de dos conductores. SIN cortocircuito.
▶ corto de vista Que padece un defecto del ojo y ve mal los objetos lejanos. SIN miope. ni corto ni perezoso De manera decidida y arriesgada: *cuando vio su nota, ni corto ni perezoso se fue al despacho del director a protestar.* quedarse corto No llegar a describir completamente una cosa.
DER cortedad, cortar.

cortocircuito n. m. Aumento brusco de la intensidad de una corriente que se produce en una instalación eléctrica por la unión directa de dos conductores. SIN corto.

cortometraje n. m. Película cinematográfica de duración inferior a 35 minutos. SIN corto.

coruñés, -ñesa adj. **1** De La Coruña o que tiene relación con esta ciudad y provincia gallega. ◆ adj./n. m. y f. **2** [persona] Que es de La Coruña.

corva n. f. Parte de la pierna opuesta a la rodilla por donde esta se dobla.

corzo, -za n. m. y f. Mamífero rumiante, parecido al ciervo, de pelo rojo oscuro o gris, con cuernos cortos y rabo muy pequeño.

cosa n. f. **1** Hecho, cualidad, idea u objeto sobre el que se puede pensar o hablar. **2** Objeto sin vida. **3** Asunto o tema sobre el que se trata: *en la fábrica, la cosa está muy mal.*
▶ a cosa hecha De forma voluntaria y con intención: *rompió la farola a cosa hecha.* SIN adrede. cosa de De manera aproximada, poco más o menos: *seremos cosa de veinte a comer.* cosa fina Expresión con la que se indica que algo o alguien es excelente: *una tele cosa fina.* cosa mala Mucho, en gran cantidad: *en el súper había gente cosa mala.* cosa rara Expresión con la que se indica sorpresa o admira-

ción: *tu marido fregando la cocina. ¡Cosa rara!* **ser poca cosa** Tener poco tamaño, importancia o valor: *me hice un corte, pero es poca cosa.*
DER cosificar.

cosecante n. f. MAT. Cantidad que resulta de dividir la hipotenusa de un triángulo rectángulo entre el cateto opuesto a un ángulo.

cosecha n. f. **1** Conjunto de frutos que se recogen de la tierra en la época del año en que están maduros. **2** Trabajo que consiste en recoger estos frutos. **3** Época del año en que se recogen estos frutos. **4** Conjunto de actos o ideas que son propios de una persona.
DER cosechadora, cosechar.

cosechadora n. f./ adj. Máquina que corta el cereal, separa la paja y envasa el grano mientras recorre el campo de cultivo; normalmente es de tracción automóvil.

cosechar v. tr. **1** Recoger los productos del campo o de un cultivo cuando están maduros. **2** Obtener el resultado de un trabajo o de un comportamiento: *cosechó buenas notas en los exámenes finales.*

coseno n. m. MAT. Cantidad que resulta de dividir el cateto contiguo a un ángulo de un triángulo rectángulo entre la hipotenusa.

coser v. tr. **1** Unir con hilo dos piezas de tejido o un objeto a una pieza de tejido, generalmente sirviéndose de una aguja: *coser un botón.* **2** Elaborar figuras o adornos sobre un tejido con un hilo enhebrado en una aguja. SIN bordar. **3** Unir con grapas: *coser papeles.* **4** Producir numerosas heridas con un arma blanca o con un arma de fuego: *coser a navajazos.*
▶ **coser y cantar** Expresión que indica la facilidad y soltura con que se hace una cosa: *aprobar este examen es coser y cantar.*
DER cosido, costura; descoser.

cosido n. m. Unión con hilo de dos piezas de tejido o un objeto y una pieza de tejido, generalmente sirviéndose de una aguja. SIN costura.

cosificar v. tr. Considerar y tratar como cosa a una persona o animal.
OBS En su conjugación, la *c* se convierte en *qu* delante de *e*.

cosmético, -ca adj./ n. m. y f. [sustancia, producto] Que sirve para cuidar y embellecer el pelo o la piel, especialmente la de la cara: *industria cosmética.*

cósmico, -ca adj. Del cosmos o que tiene relación con el espacio exterior a la Tierra.

cosmo- o **-cosmo** Elemento prefijal y sufijal que entra en la formación de palabras con el significado de: **a.** 'Mundo', 'universo': *cosmología, macrocosmo.* **b.** 'Cosmos', 'espacio extraterrestre': *cosmonauta, cosmonave.* NOTA En este último sentido aporta la misma significación el elemento prefijal *astro-*.

cosmología n. f. Parte de la astronomía que estudia el origen y la evolución del universo, así como y las leyes que rigen su evolución.

cosmonauta n. com. Persona que dirige una nave espacial o forma parte de su tripulación, o que está entrenada y preparada para hacerlo. SIN astronauta.
OBS Se emplea con frecuencia para designar a las personas que participan en vuelos espaciales soviéticos o rusos.

cosmopolita adj./ n. com. **1** [persona] Que ha viajado mucho, conoce diversos países y culturas y considera que cualquier parte del mundo es su patria. ◆ adj. **2** [lugar, ambiente] Que es frecuentado por personas de países, culturas y características sociales muy diferentes: *París y Nueva York son ciudades cosmopolitas.*
DER cosmopolitismo.

cosmopolitismo n. m. **1** Forma de vivir y pensar de las personas que han viajado mucho, conocen diversos países y culturas y consideran que cualquier parte del mundo es su patria. **2** Conjunto de características de un lugar frecuentado por personas de países, culturas y características sociales muy diferentes.

cosmos n. m. **1** Conjunto de todo lo que existe. SIN universo. **2** Espacio exterior a la Tierra.
OBS El plural también es *cosmos.*
DER cósmico; macrocosmos, microcosmos.

cosquillas n. f. pl. Sensación desagradable que produce risa involuntaria provocada por el roce suave de algunas partes del cuerpo.
▶ **buscarle las cosquillas** Hacerle perder la serenidad o la paciencia a una persona.
DER cosquilleo.

cosquillear v. tr. Provocar cosquilleo.

cosquilleo n. m. Sensación parecida a las cosquillas provocada por un picor suave, el contacto con un insecto o una causa similar.

costa n. f. **1** Parte de tierra que está junto a una gran extensión de agua, especialmente junto al mar. **2** Parte de esta gran extensión de agua más próxima a la tierra. **3** Franja amplia de territorio de un país que está próxima al mar: *costa mediterránea; costa oceánica.* ◆ n. f. pl. **4** **costas** Gastos producidos por un proceso judicial.

▶ **a costa** Por cuenta de otro. **SIN** a expensas. **a costa de** Con el trabajo o el esfuezo causado por alguna cosa: *sacó el título a costa de mucho sacrificio.* **a toda costa** Sin ahorrar trabajo, dinero o interés: *querían ganar el partido a toda costa.*

costado n. m. **1** Parte lateral del cuerpo humano que está entre el pecho y la espalda, debajo del brazo. **2** Parte que queda al lado izquierdo o derecho de un cuerpo o de un objeto.

▶ **por los cuatro costados** Por todas partes, completamente: *el establo ardía por los cuatro costados.*

DER costa, costal, costalada, costalazo, costilla.

costal adj. **1** De las costillas o que tiene relación con ellas: *la zona costal.* ◆ n. m. **2** Saco grande de tela resistente y ordinaria que sirve para transportar grano, semillas y otras cosas: *un costal de trigo.*

DER costalero; intercostal, subcostal.

costar v. tr. **1** Tener un precio o un valor determinado: *el billete de avión cuesta mucho dinero.* **SIN** valer. **2** Causar el gasto o pago de una cantidad de dinero: *el curso de inglés le costó buena parte de sus ahorros.* **3** Causar un determinado desgaste, esfuerzo o sacrificio: *me cuesta conciliar el sueño.*

▶ **costar caro** Resultar perjudicial: *un adelantamiento temerario puede acabar costando muy caro.*

OBS En su conjugación, la *o* se convierte en *ue* en sílaba acentuada, como en *contar.*

DER costa, coste, costo.

costarricense adj. **1** De Costa Rica o que tiene relación con este país de América Central. ◆ adj./ n. com. **2** [persona] Que es de Costa Rica. **SIN** costarriqueño.

costarriqueño, -ña adj. **1** De Costa Rica o que tiene relación con este país de América Central. ◆ adj./ n. com. **2** [persona] Que es de Costa Rica. **SIN** costarricense.

coste n. m. **1** Cantidad de dinero que vale una cosa o que cuesta hacerla o producirla: *el coste de una llamada telefónica.* **SIN** costo, precio. **2** Desgaste, esfuerzo o sacrificio que causa la realización u obtención de una cosa: *la reducción de la cobertura sanitaria tendrá un alto coste social.* **SIN** costo.

DER costear.

costear v. tr. **1** Pagar el coste total, especialmente cuando deben hacerse pagos sucesivos: *costear los estudios de su hija.* **SIN** sufragar. ◆ v. tr./ intr. **2** Navegar una embarcación recorriendo las aguas cercanas a la costa.

costero, -ra adj. De la costa o que tiene relación con esta parte de la tierra: *Nerja es un pueblo costero.*

costilla n. f. **1** Hueso largo y delgado que sale de la columna vertebral y se curva hacia el pecho formando el tórax. **costilla falsa** o **costilla flotante** Costilla que no llega a unirse con el esternón, sino que está suelta o unida a otra costilla: *el hombre tiene cinco pares de costillas falsas.* ◆ n. f. pl. **2** **costillas** Parte posterior del cuerpo humano, desde los hombros hasta la cintura. **SIN** espalda.

▶ **medir las costillas** Golpear repetidamente a una persona: *si te coge el guarda, te mide las costillas.*

DER costillar.

costo n. m. **1** Cantidad de dinero que vale una cosa o que cuesta hacerla o producirla. **SIN** coste, precio. **2** Desgaste, esfuerzo o sacrificio que causa la realización u obtención de una cosa. **SIN** coste. **3** En el lenguaje de la droga, hachís.

costoso, -sa adj. **1** Que cuesta mucho dinero. **SIN** caro. **2** Que causa un gran desgaste, esfuerzo o sacrificio.

costra n. f. **1** Capa de una sustancia que se pone dura o se seca sobre una superficie. **2** Capa seca de sangre que se forma en la superficie de una herida al cicatrizarse. **SIN** pupa.

DER costroso.

costroso, -sa adj. **1** [superficie] Que tiene costras. **2** Que está muy sucio y desaseado.

costumbre n. f. **1** Manera particular de comportarse habitualmente y de hacer las cosas más frecuentes: *la costumbre de levantarse temprano.* **SIN** hábito. ◆ n. f. pl. **2** **costumbres** Conjunto de elementos que caracterizan la conducta de una persona o grupo social según los usos impuestos por las generaciones anteriores.

DER costumbrismo; acostumbrar.

costumbrismo n. m. Tendencia artística a elegir las costumbres típicas de un lugar o de un grupo social como tema principal de la obra: *el costumbrismo del cuadro de Goya* La gallina ciega.

DER costumbrista.

a b c d e f g h i j k l m n ñ o p q r s t u v w x y z

costumbrista adj. **1** Del costumbrismo o que tiene relación con esta tendencia artística. ◆ adj./ n. com. **2** [artista] Que emplea el costumbrismo en sus obras.

costura n. f. **1** Unión con hilo de dos piezas de tejido o un objeto y una pieza de tejido, generalmente sirviéndose de una aguja. SIN cosido. **2** Porción de hilo con la que se lleva a cabo esta unión y zona donde se halla: *me molesta la costura del cuello de la camisa.* **3** Conjunto de piezas de tejido u objetos que se cosen y utensilios utilizados para hacerlo, como hilo, agujas, tijeras o dedal. SIN labor. cesta (o cesto) de la costura Recipiente donde se guardan los utensilios utilizados para coser, como hilo, agujas, tijeras o dedal. SIN costurero. **4** Técnica de coser y confeccionar prendas de vestir.
▶ alta costura Diseño y creación de prendas de vestir lujosas y exclusivas.
DER costurera, costurero, costurón.

costurera n. f. Mujer que, como profesión, corta y cose ropa en una sastrería o repara prendas de ropa.

costurero n. m. **1** Caja o canastilla, o mesita con cajón y almohadilla, donde se guardan los utensilios necesarios para coser, como hilo, agujas, tijeras o dedal. **2** Cuarto de costura.

cota n. f. **1** Armadura con que antiguamente se cubría el cuerpo para defenderlo; se hacía con tejido cubierto de mallas o piececitas de hierro o bien con cuero guarnecido de clavos. **2** Número que en un mapa o plano señala la altura de un punto sobre el nivel del mar. **3** Altura sobre el nivel del mar de un punto de la Tierra: *se esperan fuertes nevadas en cotas superiores a 1200 m.* **4** Punto elevado de un terreno o de una montaña. **5** Estado, valor o calidad que puede tener una persona o una cosa en relación con otras: *el paro alcanzó cotas históricas.* SIN grado, nivel.

cotangente n. f. MAT. Resultado de dividir el cateto contiguo a un ángulo de un triángulo rectángulo entre el cateto opuesto.

cotidianidad n. f. Característica que distingue lo que es propio de todos los días.

cotidiano, -na adj. Que ocurre o se repite todos los días: *puedes convertir tu paseo cotidiano en un espacio personal.* SIN diario.
DER cotidianidad.

cotiledón n. m. BOT. Hoja primera que, sola o junto a otra u otras, se forma en el embrión de una planta fanerógama al que suministra alimento.
DER cotiledóneo.

cotiledóneo, -nea adj. BOT. [planta] Que tiene un embrión con uno o más cotiledones.
DER acotiledóneo.

cotillear v. intr. **1** Curiosear o tratar de averiguar cosas acerca de la vida privada de los demás. **2** Contar chismes o hacer comentarios sobre la vida de otras personas. SIN chismorrear, murmurar.
DER cotilleo.

cotilleo n. m. **1** Noticia o comentario sobre las vidas ajenas con los que se pretende enemistar a unas personas con otras o murmurar de ellas: *cuenta cotilleos de todos.* SIN chisme. **2** Divulgación e intercambio de estas noticias o comentarios: *a mis vecinos les gusta mucho el cotilleo.*

cotillón n. m. **1** Fiesta con baile que se celebra en una fecha señalada, especialmente la noche de fin de año. **2** Conjunto de adornos y objetos divertidos que suelen usarse en este tipo de fiesta: *la plaza se llena de puestos de artículos de broma, cotillones, adornos para el árbol y figuritas de belén.*

cotización n. f. **1** Pago de una cantidad de dinero fija y proporcional por pertenecer a un grupo, organización o institución. **2** ECON. Precio de una acción o de un valor que cotiza en bolsa o en un mercado económico: *la cotización del euro.* **3** Valoración social o económica que tiene una persona o cosa: *su cotización como cantante sube como la espuma.*

cotizar v. tr. **1** Pagar una cantidad de dinero fija y proporcional por pertenecer a un grupo, organización o institución. **2** ECON. Hacer público el precio de una acción o de un valor que cotiza en bolsa o en un mercado económico: *el dólar hoy ha cotizado a la baja.* ◆ v. prnl. **3** cotizarse Valorarse social o económicamente una persona o cosa: *los cuadros de Van Gogh se cotizan cada vez más.*
OBS En su conjugación, la *z* se convierte en *c* delante de *e*.

coto n. m. **1** Terreno cercado o limitado de forma visible, reservado para un uso y aprovechamiento particular, especialmente para la caza o la pesca. **2** Propiedad o derecho que pertenece a unas pocas personas o empresas.
▶ poner coto Limitar o poner fin a una activi-

dad, especialmente si es negativa o dañina: *el nuevo decano pretende poner coto a los desórdenes de la facultad.*

cotorra n. f. **1** Ave parecida al papagayo, pero de menor tamaño; tiene el plumaje de varios colores, entre los que domina el verde, y las alas y la cola largas y terminadas en punta. **2** Persona que habla de manera excesiva y molesta.
DER cotorrear.

cotorrear v. intr. Hablar de manera excesiva y molesta.
DER cotorreo.

coturno n. m. En la antigua Grecia y Roma, calzado de suela de madera o corcho que llegaba hasta la pantorrilla y podía llevarse indistintamente en uno u otro pie.

coulomb n. m. FÍS. Unidad de carga eléctrica en el Sistema internacional de unidades: *el símbolo del coulomb es* C.

country n. m. **1** Estilo de música popular de Estados Unidos basado en la música tradicional sureña (derivada de la música folclórica de los inmigrantes británicos) con influencias de otros tipos de música popular: *la guitarra, el banjo, el violín y la armónica son instrumentos habituales en el country.* ◆ adj. **2** De este estilo musical o relacionado con él: *ambiente country.*
OBS Se pronuncia «countri» o «cauntri».

covacha n. f. **1** Cueva pequeña. **2** Habitación o recinto pequeño, oscuro y sucio.

cowboy n. com. Persona contratada para cuidar ganado vacuno en un rancho de Estados Unidos: *el cowboy es el personaje masculino arquetípico del western.* SIN vaquero.
OBS Se pronuncia aproximadamente «cauboy».

coxal adj. De la cadera o que tiene relación con esta parte del cuerpo humano.

coxis n. m. ANAT. Hueso final de la columna vertebral formado por la unión de las últimas vértebras: *el coxis se articula con el hueso sacro.*
OBS El plural también es *coxis.*

coyote n. m. Mamífero carnívoro parecido al lobo, pero de menor tamaño, de pelo marrón amarillento; está especialmente dotado para la carrera: *el coyote vive salvaje en el norte y centro de América.*
OBS Para indicar el sexo se usa *el coyote macho* y *el coyote hembra.*

coyuntura n. f. **1** Combinación de elementos y circunstancias que caracterizan una situación. **2** Momento oportuno y adecuado para obrar: *en el traslado a la cárcel, el preso aprovechó la coyuntura para huir.* **3** Unión móvil de un hueso con otro. SIN articulación.
DER coyuntural; descoyuntar.

coz n. f. **1** Movimiento violento hacia atrás de una o ambas patas traseras de un animal cuadrúpedo. **2** Patada violenta hacia atrás que lanza una persona. **3** Golpe dado con este movimiento.
DER cocear.

crac n. m. **1** Voz onomatopéyica que imita el ruido que produce una cosa al quebrarse o cascarse. **2** Quiebra financiera que se produce súbitamente en el sistema económico de un grupo importante de empresas, de un país o de un grupo de países: *el crac de la bolsa neoyorquina en 1929 arruinó la economía estadounidense y, por extensión, la europea.* NOTA También *crack.* SIN caída, crash. **3** Persona brillante en su profesión, en especial jugador de fútbol u otros deportes que tiene una calidad o habilidad extraordinarias: *la crac argentina firmó por dos temporadas con el club milanés.* NOTA También *crack.*
OBS El plural es *cracs.*

crack n. m. **1** Quiebra financiera súbita y grave que se produce en un país o conjunto de ellos. ◆ n. com. **2** coloquial Persona muy capacitada para realizar cierta actividad: *es un crack para los negocios.*
OBS El plural es *cracks.* También se escibe *crac.*

craneal o **craneano, -na** adj. ANAT. Del cráneo o que tiene relación con esta parte del cuerpo.
▶ bóveda craneal Parte superior e interna del cráneo.

cráneo n. m. ANAT. Conjunto de huesos que forman la parte superior de la cabeza y encierran y protegen el cerebro, el cerebelo y el bulbo raquídeo.
▶ ir de cráneo **a.** Estar muy ocupado. **b.** Hallarse una persona en una situación comprometida o de difícil solución.
DER craneal, craneano.

crápula n. m. Hombre de vida licenciosa y libertina.

craso, -sa adj. [disparate, engaño, error, ignorancia] Que es tan grande que no se puede perdonar o disculpar: *su ignorancia es crasa.*
DER crasamente, crasitud.

cráter n. m. **1** Abertura superior de un volcán por la que pueden salir humo, lava y otros

materiales incandescentes cuando está en actividad. **2** Agujero circular en la tierra provocado por una explosión o por el impacto de un proyectil explosivo. **3** ASTR. Depresión circular en la superficie de un cuerpo celeste formado por el impacto de un meteorito.
DER crátera.

creación n. f. **1** Producción de una cosa a partir de la nada. **2** Cosa producida de esta manera. **3** Conjunto de todas las cosas producidas de la nada: *la grandiosidad de la creación siempre ha maravillado al hombre.* **4** Producción de una obra a partir de la capacidad artística, imaginativa o intelectual de su autor. **5** Obra producida de esta manera.
DER creacionismo.

creacionismo n. m. **1** Doctrina filosófica opuesta al evolucionismo, según la cual los seres vivos fueron creados por Dios y no provienen unos de otros por evolución. **2** Tendencia literaria europea de principios del siglo XX según la cual las palabras en un poema no deben valorarse por su significado, sino por su capacidad para crear belleza y sugerir imágenes.

creador, -ra adj. **1** Que crea o es capaz de crear. ◆ n. m. y f. **2** Persona que realiza una obra científica, literaria o artística. **SIN** autor. ▶ el Creador Según algunas religiones, ser eterno autor de todo lo que existe. **SIN** Dios.

crear v. tr. **1** Producir una cosa a partir de la nada. **2** Producir una obra a partir de la capacidad artística, imaginativa o intelectual de su autor: *crear una sinfonía; crear una máquina.* **3** Hacer que una cosa comience a existir por primera vez. **4** Hacer aparecer una cosa cuya existencia depende de la existencia de otra: *la delincuencia crea inseguridad.*
DER creación, creador, creativo; procrear, recrear.

creatividad n. f. Capacidad y facilidad para inventar o crear: *los juegos educativos estimulan la creatividad.* **SIN** inventiva.

creativo, -va adj. **1** [persona] Que tiene capacidad y facilidad para inventar o crear. **2** Que tiene relación con la creación o es resultado de ella: *el ambiente creativo de París impulsó la obra de Picasso.* ◆ n. m. y f. **3** Persona que trabaja en una agencia de publicidad ideando anuncios y campañas publicitarias.
DER creatividad.

crecer v. intr. **1** Aumentar el tamaño del organismo de un ser vivo. **ANT** menguar. **2** Aumentar la cantidad, el tamaño o la importancia de algo: *con los años crecen los problemas y las preocupaciones.* **SIN** acrecentar, aumentar. **ANT** decrecer, disminuir. **3** Aumentar el tamaño de la parte iluminada de la Luna. **ANT** menguar. ◆ v. prnl. **4** crecerse Tomar mayor autoridad, importancia o valor: *se creció ante las adversidades.*
DER crecedero, creces, crecida, crecido, creciente.

creces Palabra que se utiliza en la locución con creces, que significa 'de manera abundante y generosa': *si haces lo que te pido, te devolveré el favor con creces.*

crecida n. f. **1** Aumento brusco del nivel de agua de un arroyo, un río o de otra corriente. **2** Porción de agua que se desplaza por la corriente tras este aumento.

crecido, -da adj. **1** Que es de estatura grande: *tienes unos hijos muy crecidos para su edad.* **2** Que es de un valor o cuantía alta. **3** [persona, grupo] Que tiene el ánimo y la confianza muy alta.

creciente adj. **1** Que aumenta de manera progresiva en calidad, cantidad o intensidad: *la creciente gravedad de la situación desembocó en una guerra civil.* **2** [fase de la luna] Que está entre la fase de luna llena y la fase de luna nueva. **3** [diptongo] Que empieza por una vocal cerrada: *«ie» y «ua» son diptongos crecientes.* ◆ n. f. **4** Subida del agua del mar por efecto de la marea.

crecimiento n. m. **1** Aumento del tamaño del organismo de un ser vivo. **2** Aumento de la cantidad, el tamaño o la importancia de algo: *las ventas de ordenadores han experimentado un fuerte crecimiento.*

credencial adj./n. f. **1** Que acredita. ◆ n. f. **2** Documento que se entrega a un funcionario en que se notifica y acredita que ha sido nombrado para un cargo determinado y que puede tomar posesión de él. **3** Documento que un Estado da a sus representantes en otros países: *el representante del Gobierno recibió las credenciales de los embajadores y diplomáticos extranjeros que les identifican como representantes de sus respectivos países.* **NOTA** Se usa también en plural con el mismo significado.

credibilidad n. f. Calidad de creíble de una persona o cosa: *es un político sin credibilidad.*
DER incredibilidad.

crédito n. m. **1** Cantidad de dinero que presta un banco o una caja de ahorros y que debe ser devuelta en un período determinado en las condiciones pactadas. SIN préstamo. **2** Facultad que tiene una persona para comprar un producto y retrasar en el tiempo su pago. **3** Aceptación de una cosa como cierta o verdadera: *no daba crédito a lo que veían sus ojos.* **4** Buena fama: *el aceite de oliva español tiene un reconocido crédito internacional.* **5** En la enseñanza universitaria, unidad de valoración de los conocimientos adquiridos en el estudio de una materia o asignatura.

▶ a crédito Por adelantado o con el pago aplazado en el tiempo: *pedir una parte del sueldo a crédito.*

DER acreditar, descrédito.

credo n. m. **1** Oración que contiene los principios fundamentales de la fe cristiana. **2** Conjunto de principios ideológicos o religiosos de una persona, grupo social o partido político.

crédulo, -la adj./ n. m. y f. [persona] Que se cree con facilidad lo que otros le dicen. ANT incrédulo.

DER credulidad; incrédulo.

creencia n. f. **1** Idea o pensamiento que se cree verdadero o seguro. **2** Conjunto de principios religiosos en los que cree una persona o un grupo social: *en el monasterio llevaba una vida acorde con sus creencias cristianas.* NOTA Se suele usar en plural. ◆ n. f. pl. **3** creencias Conjunto de principios ideológicos o religiosos de una persona, grupo social o partido político. SIN credo.

creer v. tr. **1** Considerar una cosa como posible o probable a partir de señales o datos particulares, aunque sin llegar a tener una seguridad absoluta: *creo que este partido lo vamos a ganar.* SIN suponer. ◆ v. tr./ intr. **2** Tener un conjunto de ideas religiosas: *cree en la vida eterna.* ◆ v. tr./ prnl. **3** Considerar una cosa como verdadera o segura, especialmente si para ello no se cuenta con demostración: *creo en la existencia de vida inteligente fuera de la Tierra.* ◆ v. tr. **4** Tener confianza en las posibilidades de éxito de una persona o cosa: *creemos en la eficacia de las medidas adoptadas.*

▶ ¡ya lo creo! Expresión con la que se indica que algo parece obvio o evidente.

OBS En su conjugación, la *i* de la desinencia se convierte en *y* delante de *o* y *e*, como en *leer.*

DER creencia, creíble, creído, creyente.

creíble adj. Que parece verdadero y cierto. SIN verosímil. ANT increíble, inverosímil.

DER increíble.

creído, -da adj./ n. m. y f. [persona] Que muestra orgullo excesivo por sus cualidades o actos: *es guapo, pero muy creído.* SIN engreído, vanidoso. ANT humilde, modesto.

DER descreído.

crema n. f. **1** Pasta hecha con leche, huevos, azúcar y otros ingredientes que se emplea especialmente en pastelería como relleno: *pastel de crema.* **2** Puré poco espeso que se toma como sopa: *crema de espárragos.* **3** Sustancia grasa y espesa que se forma en la superficie de la leche. SIN nata. **4** Sustancia pastosa que se aplica como cosmético sobre la piel: *crema hidratante.* **5** Pasta hecha de ceras y otras sustancias químicas que se usa para la limpieza de superficies como el cuero o la madera. **6** Persona o grupo de personas que representa lo más selecto de su clase. ◆ adj. **7** De color entre el blanco y el amarillo. ◆ adj./ n. m. **8** [color] Que es blancoamarillento.

cremación n. f. Quema del cadáver de una persona para reducirlo a cenizas. SIN incineración.

DER crematorio.

cremallera n. f. Cierre que se cose en los bordes de una abertura o en una prenda de vestir; consiste en dos tiras de tela con pequeños dientes de metal o plástico por los que se desliza un mecanismo que los une o los separa: *la cremallera de una falda.*

crematorio, -ria adj. **1** De la cremación o que tiene relación con ella: *horno crematorio.* ◆ n. m. **2** Establecimiento de servicios funerarios donde se hallan los hornos en los que se queman los cadáveres de las personas.

cremoso, -sa adj. Que tiene el aspecto o la textura propios de la crema, o que contiene mucha crema: *yogur cremoso; licor cremoso.*

crep n. amb. Masa de harina, huevos, mantequilla y leche que se vierte en poca cantidad en una sartén engrasada o en una plancha circular especial; se suele rellenar de ingredientes dulces o salados y servir enrollada o doblada en cuatro: *una crep de espinacas; un crep de chocolate.*

OBS Su plural es *creps*. Puede encontrarse la grafía francesa *crêpe.*

DER crepería.

crepería n. f. Establecimiento en el que se elaboran y se venden creps.

crepitar v. intr. Producir chasquidos repetidos, como los de la leña al arder: *en la chimenea todavía crepitaban los rescoldos de la hoguera.*

crepuscular adj. Del crepúsculo o que tiene relación con él: *la luz crepuscular.*

crepúsculo n. m. **1** Primera luz del día, antes de salir el Sol, y última del día, después de ponerse: *con el crepúsculo apenas se divisaba la casa.* SIN alba, albor, ocaso. **2** Parte del día en que se produce esta luz. **3** Final o decadencia de lo que fue famoso o importante: *el crepúsculo de la civilización romana.* SIN ocaso.

crescendo n. m. **1** MÚS. Aumento progresivo de la intensidad de un sonido. **2** Parte de una composición musical que se ejecuta con este aumento.

▶ in crescendo MÚS. **a.** Aumentando poco a poco la intensidad del sonido: *la pieza musical acaba* in crescendo. **b.** Avanzar progresivamente de modo cada vez más rápido o más intenso.

crespo, -pa adj. [pelo] Que está ensortijado o rizado de forma natural.

DER crespón; encrespar.

cresta n. f. **1** Carnosidad de color rojo que tienen sobre la cabeza algunas aves: *la cresta del gallo.* **2** Conjunto de plumas levantadas que tienen algunas aves en la parte superior de la cabeza: *la cresta de la cacatúa.* SIN penacho. **3** Peinado que imita la carnosidad o las plumas levantadas de algunas aves. **4** Punto más alto de una montaña o de una elevación del terreno. SIN cima, cumbre. **5** Parte más alta de una ola.

▶ estar en la cresta de la ola Estar en el momento de mayor éxito y fama: *los Beatles estuvieron durante muchos años en la cresta de la ola.*

DER crestería, crestón.

cretino, -na adj./ n. m. y f. [persona] Que es poco inteligente y posee escaso entendimiento. SIN bobo, idiota, imbécil.

DER cretinismo.

creyente adj./ n. com. **1** [persona] Que profesa determinada fe religiosa. SIN fiel. ANT ateo. **2** [persona] Que cree en un hecho, idea o pensamiento.

cría n. f. **1** Alimentación y cuidado que recibe un animal o bebé recién nacido hasta que puede valerse por sí mismo. SIN crianza. **2** Animal que acaba de nacer y que está al cuidado de sus padres, que lo protegen y alimentan. **3** Alimentación y cuidado que recibe un animal por parte de una persona para procurar que tenga un crecimiento y desarrollo adecuados. SIN crianza.

criadilla n. f. Testículo de animal que se destina al consumo humano.

▶ criadilla de tierra Hongo subterráneo comestible, de forma redonda y color negro por fuera y blanco o marrón por dentro. SIN trufa.

criado, -da n. m. y f. Persona que se dedica a la limpieza y servicio doméstico en una casa distinta de la suya a cambio de dinero. SIN asistenta, empleado, sirviente.

▶ bien (o mal) criado [persona] Bien o mal educado.

criador, -ra n. m. y f. Persona que se dedica a la cría de animales: *criador de perros.*

crianza n. f. **1** Alimentación y cuidado que recibe un animal o un bebé recién nacido hasta que puede valerse por sí mismo. SIN cría. **2** Alimentación y cuidado que recibe un animal por parte de una persona para procurar que tenga un crecimiento y desarrollo adecuados. SIN cría. **3** Proceso de educación, enseñanza y aprendizaje de un niño o un joven. buena (o mala) crianza Buena o mala educación. **4** Proceso de elaboración y cuidado del vino. NOTA Se usa precedido de los adjetivos *buena* o *mala.*

criar v. tr. **1** Alimentar y cuidar a un animal o bebé recién nacido hasta que puede valerse por sí mismo: *criar a un hijo.* **2** Alimentar y cuidar una persona a un animal para procurar que tenga un crecimiento y desarrollo adecuados. **3** Educar, enseñar y cuidar a un niño o a un joven: *tras la muerte de sus padres, los crió su abuela.* **4** Servir de alimento o soporte de animales o cosas: *el perro ha criado pulgas.* ◆ v. tr./ intr. **5** Parir, alimentar y cuidar un animal a sus hijos. ◆ v. prnl. **6** criarse Crecer o desarrollarse una persona o animal: *nació en Brasil, pero se ha criado en Burgos.*

▶ criar malvas Estar muerto y enterrado: *tuvo un accidente de coche y está criando malvas.*

OBS En su conjugación, la *i* se acentúa en algunos tiempos y personas, como en *desviar.*

DER cría, criadero, criadilla, criado, criador, crianza, criatura, crío; malcriar, recriar.

criatura n. f. **1** Niño recién nacido o de pocos años: *una criatura de pocos meses.* **2** Ser vivo, en especial el hombre. **3** Ser vivo de naturaleza desconocida, generalmente de carácter fantástico o inventado: *nos contó la historia de unas extrañas criaturas que viven en las cloacas.*

criba n. f. Armazón con una malla o una plancha metálica con agujeros pequeños que se usa para separar las partes finas y las gruesas de una materia, especialmente para limpiarla de impurezas: *una criba para el trigo.*

cribar v. tr. Hacer pasar una materia por una criba para separar las partes finas y las gruesas, especialmente para limpiarla de impurezas. SIN cerner.

crimen n. m. **1** Acción voluntaria de matar o herir de gravedad a una persona. crimen de guerra Crimen que comete un militar o un político contra civiles en el transcurso de una guerra: *durante el juicio de Nuremberg el estado mayor nazi fue juzgado por crímenes de guerra.* **2** Acción de gran maldad o irresponsabilidad que tiene consecuencias especialmente graves.
DER criminal, criminología; incriminar, recriminar.

criminal adj. **1** Del crimen o que tiene relación con él: *un criminal atentado.* ◆ adj./ n. com. **2** [persona] Que comete o pretende cometer un crimen.
▶ criminal de guerra Militar o político que comete crímenes contra civiles en el transcurso de una guerra.
DER criminalidad, criminalista.

criminalidad n. f. **1** Cualidad que determina lo que es crimen: *fueron detenidos porque había indicios racionales de criminalidad.* **2** Cantidad o proporción de crímenes cometidos en un lugar o en un período de tiempo determinados: *Nueva York es una ciudad con un alto índice de criminalidad.*

criminología n. f. Parte del derecho que estudia el delito, sus causas, las maneras de evitarlo y el modo de actuar de las personas que lo cometen.

crin n. f. Conjunto de pelos que tienen ciertos animales, especialmente los caballos, sobre el cuello.
▶ crin vegetal Hilo flexible que se saca del esparto: *los tapiceros usan crin vegetal para rellenar colchones.*

crio- Elemento prefijal que entra en la formación de palabras con el significado de 'frío intenso', 'congelación': *crioscopia, crioterapia.*

crío, cría n. m. y f. Niño de pocos días, meses o años.

criollo, -lla adj./ n. m. y f. **1** Descendiente de padres europeos que nació en un territorio americano cuando era colonia de España o de otro país de Europa. ◆ adj. **2** Que es característico de la cultura y la tradición de un país hispanoamericano. ◆ adj./ n. m. **3** [idioma] Que es el resultado de la mezcla de elementos de lenguas diferentes hasta llegar a convertirse en la lengua principal de un territorio.

cripta n. f. **1** Recinto subterráneo en el que se entierra a los muertos o se conservan sus tumbas: *en el monasterio de El Escorial hay una cripta con los restos de todos los reyes de España.* **2** Nave o recinto subterráneo de una iglesia destinado al culto.
DER críptico.

críptico, -ca adj. **1** De la criptografía o relacionado con ella. **2** Que no es comprensible para la mayoría de las personas porque está hecho para ser entendido por unos pocos.

criptoanálisis n. m. Arte de descifrar criptogramas.

criptógamo, -ma adj./ n. f. **1** BOT. [planta] Que pertenece al grupo de las criptógamas: *el helecho es una planta criptógama.* ◆ n. f. pl. **2** criptógamas Grupo de vegetales que no tienen visibles los órganos de reproducción: *las criptógamas no tienen flores.*

criptografía n. f. Arte de escribir con clave secreta o de un modo enigmático: *mediante la criptografía se intenta garantizar que los mensajes no sean fácilmente descifrados.*
DER criptográfico, criptógrafo.

criptograma n. m. Documento escrito mediante criptografía.

críquet n. m. Deporte que se practica en un campo de hierba y en el que se enfrentan dos equipos de once jugadores cuyo objetivo es, golpeando con sus bates una pequeña pelota, derribar un armazón formado por varios palos que defiende un bateador contrario; es típico de Gran Bretaña.
OBS Puede encontrarse la grafía inglesa *cricket.*

crisálida n. f. ZOOL. Insecto lepidóptero que está en una fase de desarrollo posterior a la larva y anterior a la adultez.

crisis n. f. **1** Situación grave y difícil que pone en peligro la continuidad o el desarrollo de un proceso. **2** Escasez o falta de lo necesario: *la crisis del petróleo.* **3** Cambio que sufre el estado de salud de una persona como consecuencia de la evolución de una enfermedad: *una crisis nerviosa.*
▶ crisis de gobierno Situación de un gobierno desde el momento en que uno o más de sus miembros presenta la dimisión hasta aquel en que se nombran sus sustitutos.

OBS El plural también es *crisis.*
DER criterio, crítico.

crisma n. f. Cabeza de una persona: *si te caes de ahí, te romperás la crisma.*

crisol n. m. **1** Recipiente de material resistente que sirve para fundir un metal a temperaturas muy altas. **2** Parte inferior de un alto horno que contiene el metal fundido.
DER acrisolar.

crispación n. f. **1** Gran irritación: *la crispación por la subida de impuestos iba en aumento.* SIN crispamiento. **2** Contracción brusca y momentánea de un músculo, nervio o miembro. SIN crispamiento.

crispar v. tr. **1** Causar gran irritación, enfurecimiento o enojo: *su comportamiento nos crispaba a todos.* SIN exacerbar, exasperar, irritar. **2** Causar una contracción brusca y momentánea de un músculo.
DER crispación.

cristal n. m. **1** Material duro, frágil, generalmente incoloro y transparente, que se obtiene al fundir a elevada temperatura diversas sustancias y enfriarlas con rapidez. SIN vidrio. **2** Objeto hecho con este material; especialmente, lámina para tapar ventanas y puertas. **3** Cuerpo sólido cuya estructura mineral es un poliedro regular: *los cristales de cuarzo tienen forma hexagonal.*
DER cristalera, cristalero, cristalino, cristalizar, cristalografía, cristaloide; acristalar.

cristalería n. f. **1** Conjunto de objetos de cristal que forman parte de una vajilla. **2** Establecimiento en el que se fabrican o venden objetos de cristal.

cristalero, -ra n. m. y f. Persona que tiene por oficio colocar, fabricar o vender cristales. SIN vidriero.
DER cristalería.

cristalino, -na adj. **1** Que es transparente como el cristal: *agua cristalina.* **2** Que es de cristal: *jarrón cristalino.* ◆ n. m. **3** ANAT. Parte del ojo en forma de cristal transparente y esférico que está situada detrás de la pupila: *el cristalino tiene el aspecto y la función de una lentilla.*

cristalizar v. intr. **1** Adquirir un mineral la forma y estructura cristalina que es propia de su clase: *el grafito cristaliza en el sistema hexagonal.* **2** Tomar forma clara y definida un asunto, proceso o idea: *el plan no llegó a cristalizar.* ◆ v. tr. **3** Hacer que una sustancia tome la forma y la estructura del cristal.
OBS En su conjugación, la *z* se convierte en *c* delante de *e.*
DER cristalización.

cristianar v. tr. Bautizar a una persona, especialmente a un niño.

cristiandad n. f. Conjunto de los pueblos y naciones en los que el cristianismo es la religión mayoritaria.

cristianismo n. m. Doctrina religiosa que se basa en la Biblia y cree en Jesús como hijo de Dios.

cristiano, -na adj. **1** Perteneciente o relativo a una doctrina religiosa que se basa en la Biblia y cree en Jesús como hijo de Dios. ◆ adj./ n. m. y f. **2** [persona] Que cree en esta doctrina religiosa. ◆ n. m. y f. **3** Persona no determinada; cualquier persona.
▶ **en cristiano** **a.** En un idioma conocido: *aunque seas alemán, háblame en cristiano, que no me entero.* **b.** De modo claro y sencillo.
DER cristianar, cristiandad, cristianismo, cristianizar.

cristo n. m. **1** Figura que representa a Jesucristo clavado en la cruz. SIN crucifijo. **2** Se refiere al nacimiento de Cristo tomado como punto de referencia para medir el tiempo histórico. NOTA En Occidente, el origen del calendario es religioso; cuenta los años desde el nacimiento de Cristo, hacia adelante y hacia atrás, por eso se dice que los acontecimientos han ocurrido antes de Cristo (a. C.) o después de Cristo (d. C.).

criterio n. m. **1** Regla o norma conforme a la cual se establece un juicio o se toma una determinación. **2** Opinión, juicio o decisión que se adopta sobre una cosa: *según el criterio del árbitro, no hubo falta en la jugada.* **3** Capacidad para adoptar esta opinión, juicio o decisión.

crítica n. f. **1** Conjunto de opiniones o juicios que se hacen sobre una cosa, especialmente para determinar su bondad, verdad o belleza: *nos hizo una crítica pormenorizada de las virtudes y defectos del restaurante.* **2** Conjunto de opiniones o juicios negativos y contrarios que se hacen sobre una cosa. SIN censura. **3** Conjunto de opiniones o juicios técnicos que se hacen sobre una obra artística o del conocimiento: *crítica de cine.* **4** Conjunto de profesionales que se dedican a emitir este tipo de opiniones o juicios: *su nueva novela ha tenido una acogida favorable por parte de la crítica.*

criticable adj. Que puede ser criticado: *punto de vista criticable.*

criticar v. tr. **1** Examinar y juzgar una cosa, especialmente para determinar su bondad, verdad o belleza. **2** Expresar opiniones o juicios negativos y contrarios sobre una cosa: *se pasa el día criticando a los vecinos.* **SIN** censurar, reprobar. **3** Examinar y juzgar una obra artística o del conocimiento para determinar sus valores.

OBS En su conjugación, la *c* se convierte en *qu* delante de *e*.

DER criticable.

crítico, -ca adj. **1** De la crítica o que tiene relación con ella: *el estudio crítico de una obra de teatro.* **2** De la crisis o que tiene relación con ella: *las relaciones entre los dos países atraviesan un momento crítico.* ◆ n. m. y f. **3** Persona que se dedica a la crítica de obras de arte o del conocimiento.

criticón, -cona adj. [persona] Que suele criticar y hablar mal de las acciones de los demás.

croar v. intr. Emitir una rana su voz característica.

croata adj. **1** De Croacia o que tiene relación con este país del sureste de Europa. ◆ adj./n. com. **2** [persona] Que es de Croacia. ◆ n. m. **3** Lengua eslava que se habla en Croacia.

crocanti n. m. Pasta dura hecha de caramelo con trocitos de almendra dentro: *un helado de crocanti.*

croissant n. m. Bollo de hojaldre esponjoso con forma de media luna. **SIN** cruasán.

OBS Es de origen francés y se pronuncia aproximadamente «cruasán». La Real Academia Española solo registra la forma *cruasán*.

cromar v. tr. Aplicar un baño de cromo a un objeto metálico para que adquiera resistencia a la oxidación.

cromático, -ca adj. **1** De los colores o que tiene relación con ellos: *la gama cromática del arco iris.* **2** MÚS. [semitono] Que se forma entre dos notas del mismo nombre. **3** MÚS. [escala, sistema] Que procede por semitonos: *la escala cromática se compone de 12 sonidos.*

cromatismo n. m. **1** Desarrollo amplio y variado de colores: *su pintura destaca por el cromatismo.* **2** MÚS. Aplicación del sistema cromático en la composición.

cromo n. m. **1** Estampa o papel de pequeño tamaño con una figura o fotografía impresos. **2** Elemento químico metálico de color blanco; es muy duro, resistente y de naturaleza inoxidable: *el símbolo del cromo es Cr.*

▶ **hecho un cromo** **a.** Arreglado y compuesto en exceso. **b.** Con heridas en la cara y el cuerpo: *después de la caída, llegó a su casa hecho un cromo.*

DER cromar; dicromo, monocromo, policromo.

cromo-, -cromo Elemento prefijal y sufijal que entra en la formación de palabras con el significado de 'color', 'pigmento': *cromolitografía, monocromo.*

cromosoma n. m. BIOL. Corpúsculo en forma de filamento que se halla en el interior del núcleo de una célula y que contiene los genes: *cada célula de un ser humano contiene 46 cromosomas.*

DER cromosómico.

cromosómico, -ca adj. Del cromosoma o que tiene relación con él.

crónica n. f. **1** Texto histórico que recoge los hechos en el orden cronológico en el que sucedieron: *una crónica medieval.* **2** Información de prensa, radio o televisión en la que se dan noticias sobre un hecho de actualidad: *la crónica política.*

crónico, -ca adj. **1** [enfermedad] Que se padece a lo largo de mucho tiempo, generalmente por no tener cura, aunque sí un tratamiento que evita sus consecuencias. **2** [problema, defecto, vicio] Que se viene repitiendo con frecuencia desde tiempo atrás.

cronificar v. tr. Hacer crónico un proceso perjudicial: *su enfermedad se cronificó.*

OBS En su conjugación, la *c* se convierte en *qu* delante de *e*.

DER cronificación.

cronista n. com. **1** Historiador que se dedica a escribir crónicas. **2** Periodista que elabora una crónica de actualidad: *un cronista de moda.*

crono n. m. Tiempo que tarda un deportista en completar una carrera: *el crono del ganador de una etapa ciclista.*

DER crónico.

crono-, -crono Elemento prefijal y sufijal que entra en la formación de palabras con el significado de 'tiempo': *cronología, heterócrono.*

cronología n. f. **1** Ordenación y datación de hechos históricos conforme a criterios rigurosos y fidedignos. **2** Conjunto de hechos históricos ordenados de acuerdo con las fechas en que sucedieron: *una cronología de los* *acontecimientos principales de la guerra del Golfo.* **3** Sistema de medir el tiempo y determinar las fechas: *la cronología occidental computa el tiempo según la fecha de nacimiento de Cristo.*

cronológico, -ca adj. **1** De la cronología o que tiene relación con ella: *un estudio cronológico.* **2** Relativo a la fecha o al momento en que sucede un hecho.

cronometrar v. tr. Medir un período de forma exacta y precisa, especialmente en una competición deportiva: *cronometrar una carrera de atletismo.*

DER cronometraje.

cronómetro n. m. Reloj de gran precisión especialmente preparado para medir de forma exacta partes muy pequeñas de tiempo.

cróquet n. m. Juego que consiste en hacer pasar bajo unos aros clavados en el suelo una bola de madera golpeándola con un mazo.

OBS El plural es *cróquets.*

croqueta n. f. Masa hecha con harina y leche a la que se añade carne, pescado u otro alimento muy picado; tiene forma ovalada o cilíndrica y se fríe en aceite.

croquis n. m. Dibujo rápido, hecho sin precisión ni detalles, en el que únicamente se representan las líneas principales o más significativas.

cross n. m. Carrera de largo recorrido que se desarrolla parcial o totalmente a través del campo.

crótalo n. m. **1** Serpiente muy venenosa que tiene al final de la cola un conjunto de anillos que el animal hace vibrar al sentirse amenazado. SIN serpiente de cascabel. **2** Instrumento musical de percusión formado por dos piezas cóncavas que, unidas al pulgar por un cordón, se tocan haciéndolas chocar una con otra con los demás dedos de la mano. NOTA Se usa generalmente en plural. SIN castañeta, castañuela.

crotorar v. intr. Producir la cigüeña un sonido característico al hacer chocar rápidamente la parte superior del pico con la inferior.

cruasán n. m. Bollo de hojaldre esponjoso con forma de media luna. SIN croissant.

OBS El plural es *cruasanes.*

cruce n. m. **1** Paso por un mismo punto de dos o más líneas, caminos o vías. **2** Punto o lugar en el que se produce este paso: *el cruce de la carretera con la vía del tren no tiene barrera.* **3** Paso de peatones. **4** Interferencia entre diversas emisiones que impide la recepción clara e individual de una señal telefónica, de radio o de televisión. **5** Fecundación de un animal hembra por un macho de una especie o raza distinta. **6** Especie o raza creada a partir de esta fecundación: *el doberman es un cruce de varias razas de perro creada a finales del siglo* XIX. **7** Intercambio verbal de ideas o pareceres entre dos o más personas: *durante el debate hubo un cruce de acusaciones entre el gobierno y la oposición.*

crucería n. f. ARQ. Conjunto de arcos que refuerzan la estructura de una bóveda.

crucero n. m. **1** Viaje de placer en barco que dura varios días o semanas, en el que se hacen escalas en diversos puertos para efectuar visitas turísticas: *un crucero por el Mediterráneo.* **2** Buque de guerra muy veloz, dotado de fuerte armamento y con un radio de acción muy amplio. **3** Zona de una iglesia en que se cruzan la nave mayor o central con la transversal.

DER crucería.

crucial adj. Que es muy importante y decisivo para el desarrollo o solución de una cosa. SIN decisivo.

crucificar v. tr. **1** Clavar en una cruz a una persona. **2** Perjudicar o criticar con mala intención a un persona.

OBS En su conjugación, la *c* se convierte en *qu* delante de *e.*

DER crucificación, crucificado, crucifijo, crucifixión.

crucifijo n. m. Figura o imagen que representa a Jesucristo en la cruz.

crucifixión n. f. **1** Acción de crucificar a una persona en una cruz. **2** Representación artística de Jesucristo clavado en la cruz.

crucigrama n. m. Pasatiempo que consiste en rellenar las casillas en blanco de un dibujo cuadrado o rectangular con palabras cruzadas de las que solo se conocen sus significados.

crudeza n. f. **1** Forma realista, desagradable y cruel con que se muestra un hecho o situación: *la crudeza de algunas imágenes de guerra hiela la sangre.* **2** Estado del tiempo atmosférico que resulta desagradable y difícil de soportar. SIN rigor. **3** Falta de delicadeza o de amabilidad en el trato: *le advirtió con crudeza que no volviera a su casa.*

crudo, -da adj. **1** [alimento] Que no ha sido cocinado o lo ha sido de manera insuficiente y no ha llegado a un punto adecuado: *los* *japoneses suelen comer mucho pescado crudo.* **2** Que se muestra de forma realista, desagradable y cruel: *los muertos son la cruda realidad de la guerra.* **3** [tiempo atmosférico] Que es desapacible, frío y destemplado: *un invierno muy crudo.* **4** [persona] Que se comporta sin delicadeza o amabilidad. **5** [color] Que es blancoamarillento: *una camisa de color crudo.* **6** [sustancia, materia] Que no ha sido trabajado, preparado o elaborado por el hombre. **7** Que es muy difícil y complicado de conseguir o sacar adelante. ◆ adj./ n. m. **8** Petróleo sin refinar.

DER crudeza; encrudecer, recrudecerse.

cruel adj. **1** [persona] Que hace o deja sufrir a otro sin sentir compasión. **2** Que causa sufrimiento y dolor intensos: *una cruel enfermedad.*

DER crueldad; encruelecer.

crueldad n. f. **1** Falta de humanidad y compasión ante el sufrimiento de una persona. **2** Acción que causa sufrimiento y dolor intensos.

cruento, -ta adj. Que se produce con derramamiento de sangre: *batalla cruenta.* SIN encarnizado, sangriento. ANT incruento.

DER incruento.

crujido n. m. Ruido entrecortado característico que hace un material cuando se comprime, roza con otro, se dobla o se rompe: *los crujidos del casco de un barco.*

crujiente adj. [material, alimento] Que cruje al ser comprimido, doblado o roto: *hojas secas y crujientes.*

crujir v. intr. Hacer un ruido entrecortado característico un material cuando se comprime, roza con otro, se dobla o se rompe.

DER crujido, crujiente.

crupier n. com. Persona que trabaja en un casino o casa de juego y se encarga de dirigir y organizar el juego.

OBS Puede encontrarse la grafía francesa *croupier.*

crustáceo, -a adj./ n. m. y f. **1** [animal] Que pertenece a la clase de los crustáceos: *el centollo es un crustáceo.* ◆ n. m. pl. **2** crustáceos Clase de animales con respiración branquial que tienen antenas y el cuerpo cubierto por un caparazón duro y flexible.

cruz n. f. **1** Figura compuesta por dos líneas rectas, especialmente si se cortan perpendicularmente: *la bandera de Suiza es roja con una cruz blanca.* cruz gamada Cruz que tiene los cuatro brazos iguales doblados en ángulo recto: *la cruz gamada fue el símbolo del partido nazi.* cruz griega Cruz que tiene cuatro brazos iguales. cruz latina Cruz que tiene el brazo horizontal más corto y divide al vertical en una parte superior más corta y una inferior más larga: *un crucifijo tiene forma de cruz latina.* **2** Objeto que tiene forma parecida a esta figura: *le regalaron un pin con una cruz roja por ser donante de sangre.* **3** Condecoración con esta forma que se concede en reconocimiento y premio del valor o la virtud. **4** Estructura formada por un palo levantado del suelo verticalmente y atravesado en su parte superior por otro más corto en la que antiguamente se clavaba al condenado a muerte. **5** Imagen, figura u objeto que tiene esta forma; es símbolo de los cristianos porque representa el patíbulo en que murió Jesucristo. **6** Sufrimiento o dolor que se soporta durante mucho tiempo: *la enfermedad de tu padre es una cruz para toda la familia.* **7** Superficie de una moneda opuesta a la cara. SIN reverso. ANT anverso, cara. **8** Parte alta del lomo de algunos animales cuadrúpedos donde se unen los huesos de las patas delanteras a la columna: *la cruz de un toro.*

▶ cruz y raya Expresión que indica la intención de no volver a tratar un asunto o a una persona: *tras dejar el trabajo decidió hacer cruz y raya con el pasado.* en cruz [brazos] Que están extendidos horizontalmente. hacerse cruces Mostrar de manera exagerada admiración, sorpresa o disgusto.

DER crucero, crucial, crucificar, crucigrama, cruzar; encrucijada.

cruzada n. f. **1** Campaña de guerra hecha por los ejércitos cristianos contra los musulmanes entre los siglos XI y XIV; los papas concedían indulgencias a quienes concurriesen a ellas: *con las cruzadas se pretendía conquistar Jerusalén.* **2** Conjunto de actividades o de esfuerzos que se realizan durante cierto tiempo y están encaminados a combatir una cosa que se considera mala o perjudicial: *una cruzada contra el tabaco.*

cruzado, -da adj. **1** [prenda de vestir] Que es abierta por delante y tiene el ancho necesario para poder sobreponer y abrochar una parte delantera sobre la otra: *una chaqueta cruzada.* ◆ adj./ n. m. **2** [persona] Que participó en una cruzada contra los musulmanes.

cruzar v. tr. **1** Atravesar un lugar; pasar de un

lado a otro: *cruzar la calle.* **2** Colocar una cosa sobre otra formando una figura parecida a la de una cruz: *cruzad los brazos.* **SIN** entrecruzar. **3** Fecundar un animal macho a una hembra de una especie o raza distinta: *cruzaron la yegua con un caballo andaluz.* **4** Trazar dos rayas paralelas en un cheque para que solo pueda cobrarse por medio de una cuenta corriente y no en efectivo. ◆ v. tr./ prnl. **5** Poner en medio e interrumpir el paso por un camino, carretera u otra vía: *los manifestantes cruzaron los contenedores para cortar la calle.* **6** Intercambiar dos personas miradas, gestos o palabras: *no cruzan ni media palabra desde que rompieron.* ◆ v. prnl. **7** cruzarse Pasar por un punto o camino dos personas, animales o cosas en dirección diferente: *me crucé con Alejandro, pero no me reconoció.* **SIN** entrecruzar. **8** Encontrarse o tener trato con una persona: *el que es hoy mi marido se cruzó en mi vida hace cinco años.* **SIN** entrecruzar.

▶ cruzarse de brazos Permanecer indiferente o inactivo ante un problema o una situación difícil.

OBS En su conjugación, la *z* se convierte en *c* delante de *e*.

DER cruce, cruzada, cruzado; entrecruzar.

cta. Abreviatura comercial de *cuenta*. cta. cte. Abreviatura comercial y mercantil de *cuenta corriente*. **NOTA** También se abrevia *c/c*.

ctra. Abreviatura de *carretera*: *ctra. Nacional, km 12.*

cu n. f. Nombre de la letra *q*.

OBS El plural es *cúes* (culto) o *cus* (popular).

cuaderna n. f. Pieza curva cuya base encaja en la quilla del buque y desde allí arranca en dos ramas simétricas, formando el armazón del casco.

▶ cuaderna vía Estrofa formada por cuatro versos con una sola rima común a todos: *la cuaderna vía es una combinación poética propia de los siglos* XIII *y* XIV.

cuaderno n. m. Conjunto de piezas rectangulares de papel dobladas y unidas en forma parecida a un libro.

▶ cuaderno de bitácora MAR. Registro en el que se anotan todos los sucesos o las incidencias que ocurren durante la navegación.

DER cuaderna, descuadernar, encuadernar.

cuadra n. f. **1** Instalación cerrada y cubierta preparada para la estancia de caballos y otros animales de carga: *el mozo salió de la cuadra montado a caballo.* **SIN** caballeriza. **2** Conjunto de caballos de carreras que pertenecen a un propietario. **3** *coloquial* Lugar muy sucio y desordenado. **SIN** pocilga.

DER cuadrilla.

cuadrado, -da adj./ n. m. **1** [objeto, figura] Que tiene cuatro lados iguales que forman cuatro ángulos rectos. **2** [medida] Que determina la extensión de uno de los lados de una figura de cuatro lados iguales: *una baldosa de un metro cuadrado.* **3** [persona] Que posee un cuerpo con una estructura fuerte, grande y ancha: *desde que va al gimnasio, está cuadrada.* ◆ n. m. **4** Figura plana con cuatro lados iguales, que forman cuatro ángulos rectos. **SIN** cuadro. **5** Objeto que tiene esta forma: *un cuadrado de cristal.* **SIN** cuadro. **6** MAT. Valor que resulta de multiplicar una cantidad por sí misma: *el cuadrado de siete es cuarenta y nueve.*

DER cuadrícula.

cuadragésimo, -ma num. ord. **1** Indica que el nombre al que acompaña o al que sustituye ocupa el lugar número 40 en una serie. **NOTA** Puede ser determinante (*la cuadragésima vez*) o pronombre (*el cuadragésimo de la lista*). **SIN** cuarenta. ◆ num. part. **2** Parte que resulta de dividir un todo en 40 partes iguales: *eran 40 personas y le correspondió a cada uno un cuadragésimo.*

cuadrangular adj. **1** [objeto, figura] Que tiene o forma cuatro ángulos: *torre cuadrangular.* ◆ adj./ n. m. **2** [competición deportiva] Que cuenta con la participación de cuatro personas o equipos.

cuadrante n. m. **1** MAT. Cuarta parte de un círculo o una circunferencia comprendida entre dos radios que forman un ángulo de 90 grados. **2** ASTR. Instrumento formado por una estructura graduada en forma de cuarto de círculo en la que están marcados los grados y que se usa para medir ángulos.

cuadrar v. tr. **1** Dar forma de cuadro o de cuadrado: *cuadrar las piezas de la columna de mármol.* ◆ v. tr./ intr. **2** Hacer que coincida en una cuenta o balance la cifra total resultante del deber y del haber: *si el cajero no consigue cuadrar sus cuentas, tendrá que poner el dinero que falte.* ◆ v. intr. **3** Disponer o ajustar una cosa de acuerdo con otra, corresponder lógicamente ambas entre sí: *abandonar los estudios no cuadra con su manera de ser.* ◆ v. prnl. **4** cuadrarse Ponerse de pie, firmes, con los brazos pegados al cuerpo y los pies unidos por los talones. **5** Mostrar

gran firmeza y seriedad: *se cuadró en la puerta de la casa y no dejó pasar a nadie.*
DER cuadrante, cuadratura; encuadrar.

cuádriceps o **cuadríceps** adj./ n. m. ANAT [músculo] Que está situado en la zona anterior del muslo, tiene uno de sus extremos dividido en cuatro inserciones y sirve para extender la pierna. NOTA También *cuádriceps crural* o *cuádriceps femoral.*
OBS El plural es *cuádriceps.*

cuadrícula n. f. Conjunto de cuadrados que resultan de cortarse perpendicularmente dos series de rectas paralelas: *la cuadrícula de un crucigrama.*

cuadriculado, -da adj. **1** Rayado con líneas que forman una cuadrícula. **2** [persona] Que tiene un modo de entender la vida o el trabajo muy estricto, rígido y ordenado.

cuadricular v. tr. Trazar líneas para formar una cuadrícula: *cuadricular una cartulina.*

cuadriga n. f. Carro tirado por cuatro caballos enganchados de frente.

cuadrilátero, -ra adj. **1** [objeto, figura] Que tiene cuatro lados: *el rombo es una figura cuadrilátera.* ◆ n. m. **2** Figura plana que tiene cuatro lados. **3** Tarima elevada de forma cuadrada con el suelo de lona y rodeada por doce cuerdas sobre la que se desarrollan los combates de boxeo. SIN ring.

cuadrilla n. f. **1** Conjunto organizado de personas que realizan un trabajo o llevan a cabo una actividad determinada. SIN brigada. **2** Conjunto de toreros que lidian los toros bajo las órdenes de un matador o un rejoneador.

cuadringentésimo, -ma num. ord. **1** Indica que el nombre al que acompaña o al que sustituye ocupa el lugar número 400 en una serie. NOTA Puede ser determinante (*la cuadringentésima vez*) o pronombre. SIN cuatrocientos. ◆ num. part. **2** Parte que resulta de dividir un todo en 400 partes iguales: *son 400 personas y le corresponderá a cada una un cuadringentésimo.*

cuadro n. m. **1** Figura plana con cuatro lados iguales, que forman cuatro ángulos rectos: *un mantel a cuadros.* SIN cuadrado. **2** Objeto que tiene esta forma. SIN cuadrado. **3** Dibujo, pintura o lámina que, generalmente encajada en un marco, se cuelga en la pared como adorno o para que pueda ser observada. **4** Situación o espectáculo que causa una impresión intensa en la persona que lo presencia. **5** Descripción de un hecho o una situación que pretende causar una impresión intensa en las personas: *el astrólogo pintó un cuadro de catástrofes y desgracias para el siglo que viene.* **6** Parte en que se divide un acto en una obra de teatro. **7** Conjunto formado por las personas que dirigen un grupo, asociación, empresa o sociedad: *el cuadro técnico de un club de fútbol.* **8** Conjunto de datos o informaciones sobre un asunto o materia que se ordenan y relacionan con líneas o signos gráficos: *un cuadro con todas las dinastías y reyes de España.* SIN esquema, guion. **9** Conjunto de instrumentos e indicadores para el manejo o control de un conjunto de aparatos. SIN panel. **10** Armazón de una bicicleta o de una moto.
▶ cuadro clínico **a.** Conjunto de síntomas característicos de una enfermedad que suelen aparecer en las personas que la padecen. **b.** Conjunto de síntomas que presenta un enfermo: *ingresó en el hospital con un cuadro clínico preocupante.* en cuadro Con pocos miembros o menos de los necesarios: *tras los últimos despidos, el personal de la fábrica se ha quedado en cuadro.* NOTA Suele construirse con los verbos *estar* y *quedarse.*
DER cuadrado, cuadrar; escuadra, recuadro.

cuadrúpedo, -da adj./ n. m. y f. [animal mamífero] Que tiene cuatro pies o patas.

cuádruple num. Cuádruplo, cantidad.

cuadruplicar v. tr. Multiplicar por cuatro una cantidad o hacer que una cosa sea cuatro veces mayor.
OBS No se debe decir **cuatriplicar.* En su conjugación, la *c* se convierte en *qu* delante de *e.*
DER cuádruple.

cuádruplo, -pla num. [cantidad] Que es cuatro veces mayor que otro. NOTA Puede ser determinante *(cuádrupla ración),* o pronombre *(doce es el cuádruplo de tres).* SIN cuádruple.

cuajada n. f. Sustancia grasa y sólida de color blanco que se extrae del suero de la leche y se toma como alimento.

cuajar v. tr. **1** Hacer que una sustancia líquida se vuelva más espesa y compacta: *hacer cuajar la leche hasta obtener yogur.* ◆ v. intr. **2** Formar la nieve una capa sólida sobre una superficie. **3** Obtener la forma, el resultado o el éxito deseado: *a pesar de tener varios libros publicados, no ha llegado a cuajar como un gran novelista.* ◆ v. prnl. **4** cuajarse Cubrir o llenar por completo: *pronto, los aledaños de la iglesia se cuajaron de curiosos.* ◆ n. m. **5** Parte final del estómago de los rumiantes en la que se generan los jugos gástricos: *la panza, la redecilla, el libro y el cuajar son las cuatro partes del estómago de los rumiantes.*

cuajo n. m. **1** Fermento contenido en el estómago de las crías de algunos animales que permite cuajar la leche: *el cuajo se le echa a la leche para hacer queso.* **2** Lentitud y sosiego en la manera de actuar; excesiva calma y frialdad de ánimo.

▶ de cuajo De raíz, desde el principio y completamente.

cual pron. rel. **1** Designa a una persona, animal o cosa de la que ya se ha hablado antes. ◆ adv. **2** *formal* Como, del modo o manera que: *se encerró en su casa cual si temiera un peligro inminente.* SIN igual que.

▶ cada cual Designa a una persona o animal de manera individual y diferenciada del resto: *los obreros entraron en el almacén y cada cual cogió su herramienta.*

cuál pron. inter. **1** Expresa pregunta por un elemento diferenciado de los que pertenecen a un conjunto: *¿cuál de vosotros quiere salir voluntario a la pizarra?* ◆ pron. excl. **2** Expresa admiración o sorpresa: *¡cuál no sería mi alegría cuando vi que estaba aprobado!*

cualidad n. f. **1** Propiedad o conjunto de propiedades que se consideran particulares y distintivas: *la cualidad más significativa del diamante es su dureza.* **2** Propiedad buena o positiva más característica.

DER cualitativo.

cualificación n. f. Preparación necesaria para el desempeño de una actividad, en especial de tipo profesional: *la cualificación laboral de las mujeres es cada vez más alta.*

cualificado, -da adj. **1** [persona] Que posee autoridad o prestigio y merece respeto. **2** [persona] Que posee la cualificación necesaria para realizar un trabajo: *se necesitan técnicos cualificados en robótica.* **3** Que tiene una cualidad específica y distintiva.

cualificar v. tr. **1** Poseer una persona la autoridad o el prestigio necesarios para que sus juicios y acciones merezcan el respeto general: *más de veinte años de ejercicio lo cualifican como un excelente abogado.* **2** Poseer la preparación necesaria para realizar un trabajo técnico que exige conocimientos y una práctica específica. **3** Atribuir o apreciar en una cosa cualidades específicas y distintivas.

DER cualificación, cualificado.

cualitativo, -va adj. De la cualidad o que tiene relación con ella.

cualquier det. indef. Apócope de cualquiera: *no es admisible que cualquier perturbado tenga acceso a un arma.*

OBS Se usa delante de un sustantivo y admite otro adjetivo entre él y el sustantivo. El plural es *cualesquier.*

cualquiera det. indef. **1** Designa a una persona o cosa no determinada, sin precisar cuál es su identidad: *dame un periódico cualquiera.* SIN cualquier. ◆ pron. indef. **2** Indica que la persona a la que se refiere no está determinada o no se quiere determinar; una persona, sea quien sea.

▶ ser un (o una) cualquiera Ser persona vulgar o poco importante. ser una cualquiera Ser una prostituta.

cuán adv. *formal* Añade mayor grado o intensidad a lo que se dice: *no puedes imaginarte cuán afortunado soy.*

OBS Se usa delante de un adjetivo o de un adverbio en frases interrogativas o exclamativas.

cuando conj. **1** Indica el tiempo o el momento en que ocurre una acción: *cuando empecé a trabajar, tenía un sueldo muy bajo.* **2** Indica una condición: *cuando deje de llover, saldremos de paseo.* **3** Tiene oficio de conjunción continuativa que equivale a *puesto que*: *será cierto cuando lo publican los periódicos.* ◆ adv. **4** En el tiempo o el momento en el que ocurre una cosa: *recuerdo cuando me monté por primera vez en un avión.*

▶ de cuando en cuando Algunas veces, con no mucha frecuencia: *voy al teatro de cuando en cuando.*

OBS No se debe confundir con *cuándo.*

cuándo adv. En qué tiempo o en qué momento ocurre una cosa: *¿cuándo se erradicará el hambre en el mundo?*

OBS No se debe confundir con *cuando.*

cuantía n. f. Número de unidades, tamaño o proporción de una cosa, especialmente cuando es indeterminado. SIN cantidad.

cuantificable adj. Que puede ser cuantificado: *límites cuantificables.*

cuantificar v. tr. Calcular el número de unidades, tamaño o proporción de una cosa, especialmente por medio de números: *cuantificar el número de asistentes a una manifestación.*

OBS En su conjugación, la *c* se convierte en *qu* delante de *e.*

DER cuantificación, cuantificador.

cuantioso, -sa adj. Que es grande en cantidad o número.

cuantitativo, -va adj. De la cantidad o que tiene relación con ella.

cuanto, -ta det. indef. **1** Indica el conjunto o la totalidad de elementos que se expresan o se dan a entender: *leía cuantas revistas de motos caían en sus manos.* **2** Indica una cantidad que depende de otra o tiene relación con otra: *cuantos menos errores cometas, más posibilidades tienes de aprobar.* ◆ adv. **3** Indica una cantidad o proporción que está en correlación con otra: *cuanto más estudies, tanto mejor.* ▶ cuanto antes Con la mayor rapidez y prontitud posible: *quiero empezar a trabajar cuanto antes.* en cuanto **a.** Tan pronto como: *llamó a sus amigos en cuanto se marcharon sus padres.* **b.** Con la condición, función o cargo que se expresa: *olvídate de que eres mi amigo y dame tu opinión en cuanto médico.* en cuanto a Por lo que toca o corresponde a: *no se ha discutido nada en cuanto a la fecha de las vacaciones.* unos cuantos Algunos, pocos: *solo asistieron a la presentación del festival unas cuantas cadenas de radio.*
DER cuantía, cuántico, cuantificar, cuantitativo.

cuánto, -ta adj./ pron. **1** Expresa interrogación o admiración relacionada con cantidad, número o intensidad: *¿cuántos inocentes deben morir para que se haga justicia?* ◆ adv. **2** En qué grado o manera; hasta qué punto; qué cantidad: *dime cuánto me quieres.*

cuarenta num. card. **1** Indica que el nombre al que acompaña o al que sustituye está 40 veces: *son cuarenta euros.* NOTA Puede ser determinante (*vinieron cuarenta personas*) o pronombre (*vinieron las cuarenta*). ◆ num. ord. **2** Indica que el nombre al que acompaña o al que sustituye ocupa el lugar número cuarenta en una serie: *soy el cuarenta de la lista.* NOTA Es preferible el uso del ordinal:*cuadragésimo.* SIN cuadragésimo. ◆ n. m. **3** Nombre del número 40.
DER cuarentavo, cuarentena, cuarentón.

cuarentena n. f. **1** Conjunto formado por 40 unidades. **2** Aislamiento durante un período de tiempo de personas o animales en un lugar por razones sanitarias.

cuarentón, -tona adj./n. m. y f. [persona] Que tiene cuarenta años de edad o más y no ha llegado aún a los cincuenta.
OBS Se usa generalmente con sentido despectivo.

cuaresma n. f. Período que celebra la Iglesia cristiana y que comprende los 46 días que van desde el miércoles de ceniza hasta la fiesta de la Resurrección.

cuarta n. f. **1** Medida de longitud que equivale a la distancia que hay desde el extremo del pulgar hasta el del dedo pequeño de una mano abierta y extendida. SIN palmo. **2** Marcha del motor de un vehículo con menos potencia y más velocidad que la tercera.

cuartear v. tr. **1** Partir o dividir en cuartos o en partes: *cuartear folios.* **2** Dividir el cuerpo de una persona o un animal en cuartos o partes. SIN descuartizar. ◆ v. prnl. **3** cuartearse Abrirse gran número de grietas en una superficie.
DER cuarteo.

cuartel n. m. **1** Edificio o instalación donde viven los soldados cuando están de servicio. **2** Lugar provisional donde viven los soldados cuando están en campaña.
▶ cuartel general **a.** Edificio o instalación desde la que el conjunto de mandos y oficiales que dirigen un ejército imparte las órdenes y recibe las noticias del frente. **b.** Lugar o edificio en el que se encuentra o establece el grupo de personas que dirigen un equipo, una asociación o una empresa: *el cuartel general de IBM.* sin cuartel Sin tregua ni descanso; sin darle un momento de tranquilidad al enemigo o adversario.
DER cuartelazo, cuartelero, cuartelillo; acuartelar.

cuartelillo n. m. **1** Local donde está instalado un puesto de policía, de guardia urbana, etc. **2** Recinto o lugar donde se aloja una sección de tropa.

cuarterón n. m. Adorno en forma de cuadro o rectángulo que tienen algunas puertas y ventanas.

cuarteta n. f. LIT. Estrofa de cuatro versos de ocho sílabas en la que riman el primero con el cuarto y el segundo con el tercero. SIN redondilla.

cuarteto n. m. **1** LIT. Estrofa de cuatro versos de más de ocho sílabas que pueden rimar de varias formas: *un soneto clásico está formado por dos cuartetos y dos tercetos.* **2** MÚS. Conjunto de cuatro voces o instrumentos: *un cuarteto de violines.* **3** MÚS. Composición musical escrita para ser interpretada por este conjunto.

cuartilla n. f. Hoja de papel que resulta de cortar en cuatro partes un pliego común: *la extensión de la cuartilla es similar a la de la mitad de un folio.*
DER cuartillo.

cuarto, -ta num. ord. **1** Indica que el nombre al que acompaña o al que sustituye ocupa el lugar número 4 en una serie: *es la cuarta vez que te lo digo.* **NOTA** Puede ser determinante (*la cuarta vez*) o pronombre (*el cuarto de la lista*). **SIN** cuatro. ◆ num. **2** Parte que resulta de dividir un todo en cuatro partes iguales: *eran 4 personas y le correspondió a cada una un cuarto.* ◆ n. m. **3** Parte del espacio de una casa o edificio separada de las demás por paredes: *su oficina estaba instalada en un pequeño cuarto del último piso.* **SIN** habitación. **4** Especialmente, parte del espacio de la casa que se usa para dormir. **SIN** alcoba, habitación, dormitorio. **cuarto de aseo** Habitación en la que están el váter y otros elementos que sirven para el aseo, excepto la ducha o la bañera. **SIN** aseo, servicio, váter. **cuarto de baño** Habitación en la que están el váter, la ducha o la bañera y otros elementos que sirven para el aseo. **SIN** baño. **cuarto de estar** Habitación de la casa donde se hace la mayor parte de la vida privada o familiar; generalmente, en ella suele estar la televisión. **cuarto oscuro** Habitación en la que no entra la luz natural, destinada al revelado de fotografías. **5** Período que dura quince minutos. **6** Parte de las cuatro en que se considera dividido el cuerpo de los animales: *ponme un cuarto de cochinillo.* ◆ n. m. pl. **7** **cuartos** Dinero o riquezas: *ganó muchos cuartos como abogado.*

▶ **cuarto creciente** Posición de la Luna con respecto al Sol y a la Tierra por la que este satélite permanece iluminado en su mitad derecha. **cuarto menguante** Posición de la Luna con respecto al Sol y a la Tierra por la que este satélite permanece iluminado en su mitad izquierda. **cuartos de final** Parte de una competición deportiva en la que se enfrentan por parejas ocho deportistas o equipos. **cuatro cuartos** Cantidad de dinero muy pequeña: *le pagaron cuatro cuartos por trabajar toda la temporada de verano.* **dar un cuarto (o tres cuartos) al pregonero** Hacer pública una cosa; divulgarla. **de tres al cuarto** De poca categoría o calidad: *un actor de tres al cuarto.* **tres cuartos** Chaquetón o anorak que llega a la altura del muslo o la rodilla. **tres cuartos de lo mismo** Expresión que indica que lo dicho para una cosa es aplicable a otra.

DER cuartear, cuartel, cuarterón, cuarteta, cuarteto, cuartilla; descuartizar.

cuartucho n. m. *despectivo* Habitación pequeña, sucia y descuidada.

OBS Se usa con sentido despectivo.

cuarzo n. m. Mineral muy duro con aspecto cristalino que forma parte de la composición de muchas rocas; en estado puro es incoloro, pero puede llegar a adquirir gran variedad de colores en función de las sustancias con las que esté mezclado.

cuaternario, -ria adj./ n. m. GEOL. [período de la historia de la Tierra] Que se extiende en el tiempo desde hace dos millones de años hasta el presente.

cuatri- Elemento prefijal que entra en la formación de palabras con el significado de 'cuatro' o 'cuatro veces': *cuatrimestre.*

OBS Toma también la forma cuadri-.

cuatrienio n. m. Período de cuatro años.

cuatrimestral adj. **1** Que ocurre, se hace o se repite cada cuatro meses: *exámenes cuatrimestrales.* **2** Que dura cuatro meses: *cursos cuatrimestrales.*

cuatrimestre n. m. Período de cuatro meses.

DER cuatrimestral.

cuatro num. card. **1** Indica que el nombre al que acompaña o al que sustituye está 4 veces: *son cuatro euros.* **NOTA** Puede ser determinante (*vinieron cuatro chicos*) o pronombre (*vinieron los cuatro*). ◆ num. ord. **2** Indica que el nombre al que acompaña o al que sustituye ocupa el lugar número 4 en una serie: *soy el cuatro de la lista.* **NOTA** Es preferible el uso del ordinal: *cuarto.* **SIN** cuarto. ◆ n. m. **3** Nombre del número 4.

▶ **cuatro por cuatro** Automóvil que tiene tracción en las cuatro ruedas y está especialmente preparado para transitar por terrenos abruptos o escarpados.

cuatrocientos, -tas num. card. **1** Indica que el nombre al que acompaña o al que sustituye está 400 veces: *vale cuatrocientos euros.* **NOTA** Puede ser determinante (*vinieron cuatrocientos chicos*) o pronombre (*vinieron los cuatrocientos*). ◆ num. ord. **2** Indica que el nombre al que acompaña o al que sustituye ocupa el lugar número 400 en una serie: *soy el cuatrocientos de la lista.* **NOTA** Es preferible el uso del ordinal: *cuadringentésimo.* **SIN** cuadringentésimo. ◆ n. m. **3** Nombre del número 400.

cuba n. f. Recipiente cilíndrico de madera para contener líquidos que está formado por una serie de tablas arqueadas unidas por aros de metal y cerrado en los extremos con tablas redondas. SIN barril, tonel.

cubalibre o **cuba-libre** n. m. Combinado de ginebra o ron con refresco de cola.

cubano, -na adj. **1** De Cuba o que tiene relación con este país caribeño. ◆ adj./ n. m. y f. **2** [persona] Que es de Cuba.

cubertería n. f. Conjunto de cucharas, tenedores, cuchillos y otros útiles para servir y tomar la comida.

cubeta n. f. Recipiente poco profundo y generalmente de forma rectangular.

cubicar v. tr. **1** Determinar la capacidad o el volumen de un cuerpo conociendo sus dimensiones: *cubicar un local; cubicar maderas.* **2** MAT. Elevar un número o expresión matemática al cubo (tercera potencia): *cubicar un polinomio es multiplicarlo dos veces por sí mismo.*

cúbico, -ca adj. **1** [objeto] Que tiene forma de cubo: *un molde cúbico.* **2** [medida] Que especifica la extensión de uno de los lados de un cuerpo limitado por seis superficies de cuatro lados iguales.

▶ raíz cúbica **a.** Operación matemática que consiste en calcular, dado un número, la cantidad que, multiplicada por sí misma tres veces, da como resultado ese número. **b.** Cantidad que hay que multiplicar por sí misma tres veces para obtener un número determinado.

cubículo n. m. Recinto o habitación muy pequeños.

cubierta n. f. **1** Cosa que se pone encima de otra para cubrirla o taparla. **2** Parte de un recipiente, caja u objeto que sirve para taparlo: *la cubierta de un baúl.* **3** Parte exterior del libro, de un material resistente, que cubre y protege el conjunto de las hojas cosidas, pegadas o anilladas en el lomo. **4** Estructura superior y exterior que cierra un edificio. SIN techumbre. **5** Banda exterior del neumático de una rueda que está en contacto con el suelo o el asfalto. **6** Suelo o piso externo de un barco, en especial el superior.

DER sobrecubierta.

cubierto n. m. **1** Conjunto formado por una cuchara, un cuchillo y un tenedor: *los cubiertos están en la cesta del pan.* **2** Instrumento que se usa para coger o cortar los alimentos del plato. **3** Servicio de mesa que se pone a la persona que va a comer. **4** Comida compuesta por un menú fijo que se da en un restaurante por un precio previamente acordado: *al padre de la novia le ha salido el banquete a 60 euros el cubierto.*

DER cubertería; encubierto.

cubil n. m. Lugar en el que viven y se protegen los animales salvajes o silvestres. SIN madriguera.

DER cubículo.

cubismo n. m. Movimiento artístico europeo de principios del siglo XX caracterizado por la descomposición de la realidad en figuras geométricas.

DER cubista.

cubista adj. **1** Del cubismo o relacionado con este movimiento artístico. ◆ adj./ n. com. **2** [persona] Que practica el cubismo.

cubitera n. f. Recipiente para servir cubitos de hielo: *llenó la cubitera de agua.*

cubito n. m. Trozo pequeño de hielo con forma de cubo que se añade a una bebida para enfriarla.

DER cubitera.

cúbito n. m. Hueso más largo y grueso de los dos que tiene el antebrazo; une el codo con la mano: *el cúbito y el radio forman el antebrazo.*

cubo n. m. **1** Cuerpo sólido regular limitado por seis caras de cuatro lados iguales cada una: *un dado tiene forma de cubo.* **2** Recipiente de forma cilíndrica, un poco más ancho por la boca que por el fondo, y con un asa en el borde superior para poder cogerlo: *el cubo de la basura.* **3** Líquido o sustancia que contiene este recipiente. **4** Resultado de multiplicar un número o expresión matemática tres veces por sí misma: *el cubo de 5 es 125.*

▶ elevar al cubo Multiplicar una expresión numérica tres veces por sí misma: *si elevamos 3 al cubo, nos da 27.*

cubrecama n. m. Pieza de tela más o menos gruesa que cubre las sábanas y mantas de una cama y sirve de adorno y de abrigo. SIN cobertor, colcha, sobrecama.

cubrir v. tr. **1** Ocultar o quitar una cosa de la vista poniendo otra encima de ella: *cubrir el rostro con un pasamontañas.* **2** Proteger o resguardar colocando una superficie por encima: *cubrir el patio con un toldo.* **3** Extender sobre una superficie: *cubrir el pastel con chocolate.* **4** Proteger, defender de un daño o peligro: *el fuego de la aviación cubrió la retirada de la infantería.* **5** Ocultar la verdad para evitar que se conozca: *sus modales educados cubren una personalidad violenta y vengativa.*

SIN encubrir. **6** Ocultar y proteger a una persona que ha cometido una falta o delito para que no sea descubierta. SIN encubrir. ◆ v. tr. **7** Recorrer una distancia: *el atleta cubrió la primera parte del maratón en un tiempo récord.* **8** Rellenar un hueco o un recipiente hasta completar su contenido. **9** Seguir el desarrollo de una actividad para informar sobre ella: *la boda de la infanta fue cubierta por una gran cantidad de medios informativos.* **10** Ocupar un puesto de trabajo, cargo o plaza: *cubrir una plaza de profesor de instituto.* **11** Pagar la cantidad de dinero que se debe por una deuda o gasto: *mis tíos cubren los gastos de mis estudios en el extranjero.* **12** Poner una cantidad de dinero junto con otras personas para un fin. **13** Unir sexualmente el animal macho con la hembra: *el caballo cubrió a la yegua bajo la supervisión del veterinario.* SIN aparear, montar. ◆ v. prnl. **14** **cubrirse** Ponerse el sombrero u otro objeto semejante en la cabeza: *los campesinos se cubrieron una vez que hubo pasado el cortejo fúnebre.* **15** Llenarse el cielo de nubes. **16** Extender el brazo las personas que están en una fila, para situarse a una distancia adecuada unas de otras.

OBS El participio es *cubierto.*

DER cubierto; descubrir, encubrir, recubrir.

cucaña n. f. **1** Palo largo y resbaladizo por el cual se ha de andar si es horizontal o trepar si es vertical para alcanzar el premio: un objeto atado a su extremo. **2** Diversión o juego que consiste en competir por alcanzar este premio.

cucaracha n. f. Insecto de cuerpo alargado y aplastado, de color negro o pardo; tiene alas anteriores duras y seis patas casi iguales que le permiten moverse a gran velocidad: *la cucaracha suele vivir en zonas urbanas.*

cuchara n. f. Instrumento formado por un mango con un pequeño recipiente ovalado poco profundo que se usa para tomar alimentos líquidos o espesos que no pueden pincharse con el tenedor.

DER cucharada, cucharilla, cucharón.

cucharada n. f. Porción de alimento u otra cosa que cabe en una cuchara: *una cucharada de sopa.*

cucharón n. m. **1** Cuchara grande que se usa para cocinar y servir en el plato alimentos líquidos, especialmente salsas y comidas acompañadas con salsas. **2** Instrumento formado por un mango largo con un recipiente en forma de media esfera; se usa generalmente para servir en el plato alimentos líquidos. SIN cazo.

cuchichear v. intr. Hablar en voz baja o muy cerca del oído de alguien, con la intención de que no se enteren el resto de las personas que están presentes: *se pusieron a cuchichear delante de todos.*

DER cuchicheo.

cuchilla n. f. Pieza lisa, plana, alargada y delgada de metal, generalmente de acero, que forma la parte cortante de un instrumento o de un arma blanca: *la cuchilla de una maquinilla de afeitar.* SIN hoja.

cuchillada n. f. **1** Golpe dado con un cuchillo, una navaja u otra arma blanca. **2** Herida hecha con el filo o la punta de un cuchillo, una navaja u otra arma blanca.

cuchillo n. m. Utensilio formado por una hoja de metal afilada por un solo lado y con mango que se usa para cortar.

▶ **pasar a cuchillo** Dar muerte, generalmente en una acción de guerra: *tras la toma de la ciudad, las tropas napoleónicas pasaron a cuchillo a los defensores.*

DER cuchilla, cuchillada, cuchillazo, cuchillería; acuchillar.

cuchitril n. m. Habitáculo muy pequeño, especialmente si está sucio o descuidado: *el inmundo forastero fue instalado en un cuchitril anexo al corral.* SIN chiribitil.

cuclillas Palabra que se utiliza en la locución *de* (o *en*) *cuclillas*, que significa 'con las piernas completamente flexionadas, de modo que los muslos queden apoyados en las pantorrillas'.

DER acuclillarse.

cuclillo n. m. ZOOL. Pájaro de pequeño tamaño de color gris, azulado por encima, cola negra con pintas blancas y alas marrones. SIN cuco.

OBS Para indicar el sexo se usa *el cuclillo macho* y *el cuclillo hembra.*

cuco, -ca adj. **1** Que es hábil para engañar o para evitar el engaño. SIN astuto. **2** Que es bonito; que está bien hecho: *qué caja tan cuca, me encanta.* ◆ n. m. **3** Cuclillo, pájaro de pequeño tamaño.

DER cuclillo.

cucú n. m. **1** Canto característico del cuclillo o cuco. **2** Reloj, generalmente de pie o de pared, que contiene una figura que imita al cuclillo, el cual sale por una abertura y señala

con un sonido similar al canto de este pájaro las horas y las medias horas o los cuartos.
OBS El plural es *cucúes* (culto) o *cucús* (popular).

cucurucho n. m. **1** Hoja de papel o cartón enrollada en forma de cono que sirve para contener cosas: *un cucurucho con castañas.* **2** Lámina de barquillo o galleta enrollada en forma de cono que sirve para contener o sostener un alimento, especialmente un helado. **3** Gorro acabado en punta y con forma cónica, generalmente hecho de cartón y cubierto de tela, que forma parte del hábito que llevan algunos penitentes y cofrades en las procesiones de Semana Santa.

cuelgue n. m. Estado producido por el efecto de una droga: *con el cuelgue que llevaba encima no se enteró de nada.*

cuello n. m. **1** Parte estrecha y alargada del cuerpo de una persona o de un animal vertebrado que une la cabeza con el tronco: *el cuello de una jirafa.* **SIN** pescuezo. **2** Tira de una prenda de vestir que rodea esa parte del cuerpo o se ajusta a ella: *un jersey de cuello alto.* **3** Parte estrecha y delgada de un recipiente que está próxima a su boca: *se rompió el cuello de la botella.* **4** Parte más estrecha y delgada de un objeto, especialmente si es cilíndrica.
▶ **cuello de botella** Parte de una calle o carretera que por su situación o forma provoca la acumulación excesiva de vehículos.

cuenca n. f. **1** Territorio cuyos arroyos, afluentes o ríos vierten el agua en un mismo río, lago o mar. **2** Territorio situado en una depresión de terreno y rodeado de montañas. **3** Cavidad de la cabeza en la que se encuentra el ojo. **SIN** órbita.
▶ **cuenca minera** Territorio en cuyo subsuelo existe un conjunto de yacimientos de un mismo mineral y minas abiertas que los explotan: *la cuenca minera asturiana.*
DER cuenco.

cuenco n. m. Recipiente de cerámica, barro, madera, metal, plástico, etc., semiesférico y sin borde, usado para tomar alimentos, para beber, etc.: *un pequeño cuenco para la salsa de soja.*

cuenta n. f. **1** Operación o conjunto de operaciones matemáticas necesarias para averiguar un resultado: *el tendero hizo la cuenta en un trozo de papel.* **SIN** cálculo. **2** Papel en que consta esta operación matemática; especialmente, si es una relación de precios cuyo total representa una cifra de dinero que se debe pagar: *después de tomar el postre, pidieron la cuenta de la cena al camarero.* **3** Cantidad de dinero que una persona o empresa tiene en el banco. **cuenta corriente** Cuenta que permite hacer ingresos o efectuar pagos directamente y disponer del dinero en metálico de forma inmediata. **4** Explicación o justificación del comportamiento de una persona. **5** Obligación o responsabilidad que un persona tiene sobre algo o alguien: *deja la educación de tu hermano de mi cuenta.* **6** Bola pequeña hecha de distintos materiales que tiene un agujero en el centro y sirve para hacer rosarios y objetos de adorno como collares o pulseras. **7** Conjunto de asuntos, negocios o relaciones personales que tienen dos o más personas. ◆ n. f. pl. **8** **cuentas** Conjunto de cifras y datos acerca de los gastos e ingresos de dinero y demás operaciones económicas que realiza una empresa. **SIN** contabilidad.
▶ **a cuenta** [cantidad de dinero] Que se entrega como señal o anticipo del total que se pagará más adelante. **a cuenta de** A cambio o como compensación: *tomó dos días libres a cuenta de sus vacaciones.* **ajustar las cuentas** Castigar o vengar un comportamiento o actuación que se considera perjudicial u ofensivo. **caer en la cuenta** Comprender o enterarse una persona de una cosa que no entendía o de la que no se había enterado: *tardó un buen rato en caer en la cuenta de que su amigo le estaba pidiendo dinero.* **cuenta atrás** **a.** Numeración inversa que precede al inicio de un hecho que ha de coincidir con el número cero: *la cuenta atrás antes del despegue de una nave espacial.* **b.** Período que precede al inicio de un acontecimiento importante o significativo: *ha comenzado la cuenta atrás para la celebración del festival.* **dar cuenta de** Acabar, dar fin a una cosa destruyéndola o consumiéndola. **darse cuenta** Comprender, advertir o enterarse una persona de una cosa que no entendía o de la que no se había enterado. **en resumidas cuentas** De manera breve y como conclusión de lo dicho: *me parecen bien todas tus excusas, pero, en resumidas cuentas, has suspendido el examen.* **estar fuera (o salir) de cuentas** Haber cumplido una mujer embarazada el período de gestación. **perder la cuenta** Haberse repetido tantas veces un hecho o situación que no se sabe o no se recuerda la cantidad o el número. **tener (o tomar) en cuenta** Considerar importante y dig-

no de atención o cuidado: *antes de comprar un coche usado, hay que tener en cuenta el estado del vehículo.* tener (o traer) cuenta Ser provechoso o beneficioso: *tiene cuenta comprar en rebajas.*
DER supercuenta.

cuentagotas n. m. Instrumento formado por un pequeño tubo de cristal o plástico con un mango de goma que sirve para verter un líquido gota a gota.
OBS El plural también es *cuentagotas.*

cuentakilómetros n. m. Contador que registra los kilómetros recorridos por un vehículo.
OBS El plural es *cuentakilómetros.*

cuento n. m. **1** Obra literaria o relato oral que narra, en prosa, una historia imaginaria de forma breve. **2** Relato falso o exagerado con el que se pretende engañar, generalmente, para presumir o llamar la atención de los demás: *para justificar su falta al trabajo me contó un cuento increíble.*
▶ el cuento de la lechera Plan o proyecto muy ambicioso y optimista que tiene muy pocas posibilidades de obtener los resultados previstos. venir a cuento Tener relación una cosa con el asunto de que se trata: *estamos haciendo planes de futuro, así que no viene a cuento hablar del pasado.* vivir del cuento Vivir a costa de engañar y aprovecharse de los demás.
DER cuentista, cuentitis.

cuerda n. f. **1** Conjunto de hilos torcidos o entrelazados que forman un objeto cilíndrico, delgado, alargado y flexible que se usa generalmente para atar o sujetar: *la cuerda de un escalador.* **2** Hilo o conjunto de hilos torcidos o entrelazados en un solo cuerpo que en un instrumento musical produce sonido al vibrar. instrumento de cuerda Instrumento que suena al rozar o pulsar estos hilos: *el violín y la mandolina son instrumentos de cuerda.* **3** Conjunto de instrumentos musicales de cuerda que hay en una orquesta u otra agrupación musical. **4** Pieza de metal flexible y alargada que mueve un mecanismo mecánico: *la cuerda de un reloj.* dar cuerda Ajustar y tensar esta pieza para que pueda producir movimiento. **5** MAT. Línea recta que une los extremos de un arco o curva: *la cuerda de un círculo es la recta que une dos puntos de la figura sin pasar por el centro.* **6** Parte de un circuito o de una pista de atletismo que está más próxima al centro. **7** Longitud de esta parte.
▶ bajo cuerda De forma secreta, oculta o disimulada: *el traficante daba dinero bajo cuerda a algunos policías.* cuerda floja Cable no muy tenso y elevado del suelo sobre el que un acróbata anda y realiza ejercicios de equilibrio y habilidad. cuerdas vocales Pliegues de los músculos que se encuentran en la garganta en forma de ligamentos y que producen sonidos al vibrar por el paso del aire. dar cuerda a una persona Hacer que hable mucho y de manera despreocupada: *tú dale cuerda a mi abuelo que él disfruta contando sus batallitas.* en la cuerda floja En situación poco segura o peligrosa: *la paz en Oriente Medio está en la cuerda floja.*

cuerdo, -da adj./ n. m. y f. **1** [persona] Que tiene la mente sana y no padece ninguna enfermedad mental. ANT loco. **2** [persona] Que tiene buen juicio y actúa de manera prudente, reflexiva y responsable: *es un empresario muy cuerdo.* ANT loco.
DER cordura.

cuerno n. m. **1** Prolongación de hueso de forma cónica, generalmente curvada y acabada en punta, que crece en la parte superior de la frente de algunos animales. SIN asta. **2** Sustancia dura de que está constituida esta prolongación: *compró un cuchillo con mango de cuerno de cabra.* **3** Objeto o figura que tiene forma parecida a esta prolongación. **4** Antena de ciertos animales e insectos: *los ojos del caracol están situados en el extremo de sus cuernos.* **5** Instrumento musical de viento, hueco y de forma curva. ◆ n. m. pl. **6** cuernos Representación simbólica de la infidelidad de un miembro de la pareja en relación con el otro.
▶ poner los cuernos Engañar a la pareja habitual. cuerno de la abundancia Símbolo de la abundancia, representado por un gran cuerno del que salen toda clase de bienes y riquezas. irse al cuerno Fracasar; no conseguir buen fin: *nuestro negocio se ha ido al cuerno.* mandar al cuerno Despedir o echar con enfado: *ha pedido un aumento de sueldo y le han mandado al cuerno.* oler (o saber) a cuerno quemado Resultar sospechoso; provocar una impresión desagradable: *que me dejara plantado me olió a cuerno quemado.* romperse los cuernos Trabajar o esforzarse mucho: *me rompo los cuernos estudiando y siempre acabo suspendiendo.*

cuero n. m. **1** Piel de algunos animales mamíferos terrestres; especialmente, después de curada y preparada para su uso por el hombre. SIN material. cuero cabelludo Piel de la cabeza humana donde nace el pelo. **2** En algunos deportes, como el fútbol, pelota o balón con el que se juega.

▶ en cueros (o en cueros vivos) Sin ropa, desnudo: *le gustaba tomar el sol en cueros.*

cuerpo n. m. **1** Conjunto de las partes que forman el organismo de los seres vivos. **2** Persona o animal sin vida: *tras la explosión, los bomberos solo pudieron recuperar unos cuantos cuerpos.* estar de cuerpo presente Permanecer el cadáver de una persona en espera de ser enterrado o incinerado. SIN difunto, muerto. **3** Parte principal de la estructura física de una persona o animal, diferenciado de la cabeza y las extremidades. SIN torso, tronco. **4** Parte de una prenda de vestir que cubre el tronco. **5** Trozo limitado de materia; en general, cualquier objeto: *en la exploración le detectaron un cuerpo extraño alojado en la retina.* cuerpo geométrico Figura que tiene tres dimensiones, sólido. cuerpo celeste Planeta, estrella u otro objeto natural en el espacio. cuerpo del delito Objeto que prueba un crimen o un acto que está fuera de la ley. **6** Conjunto de personas que ejercen una misma profesión: *cuerpo de bomberos, cuerpo de policía.* **7** Parte unida a otra u otras, pero que puede ser considerada independientemente: *un armario de tres cuerpos.* **8** Densidad de un material o de un producto: *esta tela tiene mucho cuerpo.* SIN consistencia, espesor.

▶ a cuerpo de rey Con todas las comodidades posibles. cuerpo a cuerpo Con contacto físico y sin armas de fuego: *los soldados lucharon cuerpo a cuerpo.* dar (o tomar) cuerpo Empezar a hacerse realidad una idea o proyecto: *tras el éxito de ventas, comenzó a tomar cuerpo el nuevo plan de ampliación.* en cuerpo y alma Con total dedicación y atención. hacer de (o del) cuerpo Defecar: *llevo varios días sin hacer de cuerpo.*

DER anticuerpo.

cuervo n. m. Pájaro omnívoro de color negro brillante, con alas grandes y cola redondeada; tiene el pico grueso y fuerte, más largo que la cabeza.

OBS Para indicar el sexo se usa *el cuervo macho* y *el cuervo hembra.*

cuesta n. f. Terreno que está inclinado.

▶ a cuestas Sobre los hombros o las espaldas. cuesta de enero Período de tiempo que coincide con este mes del año durante el cual tradicionalmente las personas pasan mayores dificultades económicas por los gastos hechos durante la Navidad. ir cuesta abajo Disminuir la importancia o la actividad: *la carrera del veterano actor va cuesta abajo.*

cuestión n. f. **1** Pregunta que se plantea para averiguar la verdad de una cosa o la opinión de una persona. **2** Asunto o materia que atraen la atención general: *cuestiones relacionadas con el medio ambiente.*

▶ en cuestión Expresión que hace referencia a la persona o cosa de que se trata.

cuestionable adj. Que puede ser cuestionado o discutido: *su validez es cuestionable.* SIN discutible. ANT incuestionable, indiscutible, indudable.

DER incuestionable.

cuestionar v. tr. Poner en duda o exponer razones contrarias en una discusión: *ningún miembro del consejo cuestionó la continuidad del gerente.*

DER cuestionable.

cuestionario n. m. **1** Lista de cuestiones o preguntas que una persona debe contestar. **2** Papel o impreso donde se recogen estas cuestiones.

cueva n. f. Cavidad subterránea abierta en la tierra de manera natural o excavada por un animal o por el hombre. SIN caverna.

cuidado n. m. **1** Asistencia e interés que se le prestan a una persona o cosa: *este enfermo necesita muchos cuidados.* **2** Interés y preocupación que se pone en hacer una cosa: *es un encuadernador que pone cuidado en su trabajo.* **3** Interés y preocupación que se pone para evitar o prevenir un peligro: *conducir con cuidado.* SIN cautela, precaución. ◆ int. **4** ¡cuidado! Expresión con la que se llama la atención a una o más personas para que eviten un peligro: *¡cuidado con la sartén y el aceite hirviendo!* SIN ¡ojo!

DER cuidadoso.

cuidador, -ra adj./ n. m. y f. [persona] Que se encarga del cuidado de una persona, un animal o un lugar: *su madre es cuidadora de ancianos en un hospital; avisados los cuidadores, estos atraparon a los animales.*

cuidadoso, -sa adj. Que hace las cosas con cuidado y atención.

DER cuidadosamente.

cuidar v. tr./ intr. **1** Vigilar o ayudar con interés a una persona o cosa: *el perro cuida la casa;*

la enfermera cuida a los enfermos. ◆ v. tr./ prnl. **2** Poner interés y atención en una actividad o responsabilidad: *es un director que cuida mucho todos los aspectos de la película.* ◆ v. prnl. **3 cuidarse** Preocuparse una persona por su propio bienestar, especialmente, por su salud. **4** Mantenerse apartado o a salvo de un peligro: *cuando estés nadando en el mar, cuídate de las corrientes y las olas.*

DER cuidado, cuidador; descuidar.

cuita n. f. *formal* Desgracia o circunstancia adversa que provoca tristeza. SIN pena.

culata n. f. **1** Parte posterior de un arma de fuego que sirve para sujetarla con la mano o apoyarla contra el hombro cuando se dispara con ella. **2** Pieza de metal que se ajusta al bloque de un motor de explosión y cierra el cuerpo de los cilindros.

culatazo n. m. **1** Golpe fuerte dado con la culata de un arma. **2** Movimiento brusco hacia atrás que dan ciertas armas de fuego al dispararlas, como el fusil o la escopeta. SIN retroceso.

culé adj./ n. com. Del F. C. Barcelona o relacionado con este club deportivo barcelonés.

culebra n. f. Reptil de cuerpo cilíndrico alargado, sin pies y con la piel formada por escamas de distintos colores; tiene la cabeza aplastada, la boca grande y la lengua alargada y bífida. SIN serpiente.

DER culebrear, culebrina, culebrón.

culebrón n. m. Telenovela que consta de gran cantidad de episodios a lo largo de los cuales se establecen intensas relaciones sentimentales de amor, odio y venganza entre muchos personajes.

culinaria n. f. Técnica de guisar, aderezar los alimentos.

culinario, -ria adj. De la culinaria o que tiene relación con ella: *un libro de recetas culinarias.*

culminación n. f. Grado superior y final al que llega un proceso o actividad: *las primeras elecciones democráticas de 1977 supusieron la culminación de la transición política en España.* SIN coronación.

culminante adj. Que representa el momento de mayor importancia, intensidad, grandeza o calidad: *el momento culminante de una ceremonia.*

culminar v. intr. **1** Llegar al punto más alto, de mayor intensidad, grandeza o calidad: *su faena culminó con la vuelta al ruedo.* SIN coronar. ◆ v. tr. **2** Dar fin, terminar una actividad o proceso: *la investigación culminó con la detención de dos sospechosos.*

DER culminación, culminante.

culo n. m. **1** Parte del cuerpo de un animal vertebrado constituida por el extremo superior y posterior de los muslos y la zona inferior de la espalda o el lomo. SIN trasero. **2** Parte de una prenda de vestir que cubre esta parte del cuerpo: *el culo del pantalón.* **3** Orificio en el que termina la última parte del intestino grueso, por el que se expulsan los excrementos. SIN ano. **4** Parte carnosa y redondeada que corresponde al extremo superior y posterior del muslo en su unión con la espalda. SIN glúteo, nalga. **5** Extremo inferior o posterior de una cosa, generalmente de un recipiente: *el culo de una taza.* **6** Pequeña porción de líquido que queda en el fondo de un recipiente: *un culo de aceite.*

▶ caerse de culo *malsonante* Sorprenderse o admirarse mucho. con el culo al aire En una situación de difícil salida o solución: *uno de los detenidos hizo una confesión y dejó a su compañero con el culo al aire.*

DER culada, culamen, culata, culera, culón; recular.

culombio n. m. Coulomb.

culpa n. f. **1** Actuación de una persona que va en contra de la ley o la moral o que perjudica injustamente a otra: *el ladrón se entregó dispuesto a pagar sus culpas.* **2** Responsabilidad que tiene una persona por una actuación que va en contra de la ley o la moral o que perjudica injustamente a otra. **3** Causa o motivo de un hecho que provoca un daño o perjuicio: *el mal tiempo tuvo la culpa de que se suspendiera la regata.*

▶ echar la culpa Acusar a una persona de una falta.

DER culpabilidad, culpabilizar, culpable; disculpa.

culpabilidad n. f. Responsabilidad de la persona que tiene la culpa de un hecho que va en contra de la ley o la moral o que perjudica injustamente a otra persona. ANT inocencia.

culpabilizar v. tr. Culpar, atribuir la responsabilidad de un hecho.

OBS En su conjugación, la *z* se convierte en *c* delante de *e*.

culpable adj./ n. com. **1** [persona] Que es responsable de un hecho que va en contra de la ley o la moral o que perjudica injustamente a otra persona. ANT inocente. **2** Que es la causa o el motivo de un hecho que provoca un daño o perjuicio: *los incendios forestales son los culpables de la desertización de los terrenos.*

culpar v. tr. **1** Atribuir la responsabilidad de un hecho que va en contra de la ley o la moral o que perjudica injustamente a otra persona: *culpó a los profesores de sus malas notas.* SIN acusar. **2** Atribuir la causa o motivo de un hecho que provoca un daño o perjuicio: *los agricultores culpan a la sequía de la pérdida de sus cultivos.*
DER exculpar, inculpar.

culteranismo n. m. Estilo literario del barroco español caracterizado por el uso de formas poéticas de difícil comprensión, basadas en abundantes y complicadas metáforas, un lenguaje de sintaxis compleja y un vocabulario rico en oscuros cultismos.

culterano, -na adj. **1** [estilo] Que es propio del culteranismo: *son dos estilos difíciles: el conceptista, por los conceptos o asociaciones sintéticas que hace entre ideas, y el culterano, por las complicaciones de la forma y por sus alardes cultos.* ◆ adj./ n. m. y f. **2** [escritor] Que cultiva el culteranismo: *Quevedo es el más eminente escritor conceptista y Góngora, el maestro de los culteranos.*

cultismo n. m. Palabra procedente del latín o el griego que pasa a formar parte de una lengua moderna sin sufrir las transformaciones fonéticas normales que han modificado la forma de las demás palabras: *la palabra referéndum es un cultismo.*

cultivable adj. [terreno] Que tiene características que permiten su cultivo con una producción buena.

cultivador, -ra adj./ n. m. y f. [persona] Que cultiva algo o se dedica al cultivo y desarrollo de algo físico o intelectual: *cultivadores de patata; para los cultivadores de la comedia neoclásica, el modelo era el gran autor francés Molière.*

cultivar v. tr. **1** Trabajar la tierra y cuidar las plantas que crecen en ella para que den fruto y produzcan un beneficio: *cultivar una huerta.* **2** BIOL. Hacer que se desarrollen organismos microscópicos sobre una sustancia preparada para favorecer su aparición: *cultivar bacterias.* **3** Criar en cautividad a un animal para procurar que tenga un crecimiento y desarrollo adecuados y poder utilizarlo con fines comerciales o científicos. ◆ v. tr./ prnl. **4** Desarrollar una actividad intelectual con placer y dedicación, especialmente un arte o ciencia: *cultivar la lectura.* **5** Desarrollar, mantener y mejorar una relación de conocimiento, amistad o amor con otra persona: *debes cultivar la amistad de ese chico.*
DER cultivable, cultivado, cultivador, cultivo.

cultivo n. m. **1** Trabajo de la tierra y cuidado de sus plantas para que produzcan un beneficio y den fruto: *el cultivo de la patata.* **cultivo intensivo** Cultivo que permite sacar mucho rendimiento a la tierra no dejándola descansar. **2** BIOL. Conjunto de organismos microscópicos desarrollados en un laboratorio en una sustancia preparada para favorecer su aparición. **3** Cría en cautividad de un animal para que tenga un crecimiento y desarrollo adecuados y poder utilizarlo con fines comerciales o científicos: *el cultivo de peces se lleva a cabo en las piscifactorías.* **4** Desarrollo que se hace de una actividad intelectual con placer y dedicación, especialmente, un arte o ciencia. **5** Desarrollo de relaciones de conocimiento, amistad o amor con otras personas.
DER monocultivo.

culto, -ta adj. **1** [persona] Que posee una educación y conocimientos gracias al desarrollo de sus facultades intelectuales a través de la lectura, el estudio y el trabajo. ANT inculto. **2** Que no es conocido o empleado por la mayoría de las personas, sino solo por aquellas que han desarrollado sus facultades intelectuales mediante la lectura, el estudio y el trabajo. ANT vulgar. ◆ n. m. **3** Homenaje de veneración y respeto que se rinde a un ser divino o sagrado: *el culto de la Virgen.* **4** Conjunto de actos y ceremonias en los que se expresa veneración y respeto a un ser divino o sagrado. **5** Admiración y respeto que se rinde a una persona o cosa como si se tratara de un ser divino o sagrado.
DER cultismo, cultivar, cultura; inculto.

cultura n. f. **1** Conjunto de conocimientos e ideas adquiridos gracias al desarrollo de las facultades intelectuales mediante la lectura, el estudio y el trabajo. ANT incultura. **2** Conjunto de conocimientos, ideas, tradiciones y costumbres que caracterizan a un pueblo o a una época: *la cultura española.*
DER cultural, culturismo, culturizar; contracultura, subcultura.

cultural adj. De la cultura o que tiene relación con ella.
DER sociocultural.

culturismo n. m. Conjunto de ejercicios y actividades que sirven para desarrollar los músculos del cuerpo.
DER culturista.

culturista n. com. Persona que practica el culturismo.

cumbre n. f. **1** Punto más alto de una montaña o de una elevación del terreno. SIN cima, cresta. **2** Punto más alto o grado mayor de perfección que se puede alcanzar: *la actriz murió en la cumbre de su carrera.* SIN cima. **3** Reunión de los máximos representantes políticos o militares de varias naciones.
DER encumbrar.

cumpleaños n. m. Aniversario del nacimiento de una persona.
OBS El plural también es *cumpleaños.*

cumplido, -da adj. **1** [persona] Que actúa de acuerdo con lo que es adecuado u obligatorio según las normas sociales y de cortesía: *es muy cumplido con sus compañeros.* ◆ n. m. **2** Muestra de cortesía y educación que se hace para agradar o halagar a una persona: *visita de cumplido.*

cumplidor, -ra adj./ n. m. y f. [persona] Que cumple las promesas o previsiones que ha hecho: *es un albañil muy cumplidor y acabará la obra en la fecha prevista.*

cumplimentar v. tr. **1** Cumplir totalmente las órdenes que se reciben de un superior: *una vez cumplimentados los trámites, el banco sacará a bolsa el 25 % de sus acciones.* **2** Rellenar un impreso o formulario, generalmente, de carácter oficial: *cumplimentar un cuestionario.*
DER cumplimiento.

cumplimiento n. m. **1** Actuación que se lleva a cabo como consecuencia de una obligación, una promesa o una orden. ANT incumplimiento. **2** Fin de un plazo o período predeterminado.

cumplir v. tr. **1** Actuar con rigor y seriedad de acuerdo con una obligación, una promesa o una orden: *cada día estudia y cumple con su deber.* ◆ v. tr./ prnl. **2** Llegar a tener o completar un tiempo determinado: *cumplo años el 14 de julio.* **3** Llegar el momento en que termina una obligación o un período determinado: *a finales de año cumple su condena y podrá salir de la cárcel.* ◆ v. prnl. **4** **cumplirse** Ocurrir, tener lugar, llegar a producirse: *se han cumplido las previsiones oficiales de creación de empleo.*
▶ **por cumplir** Sin ganas o interés y solo por cortesía o educación.
DER cumplido, cumplidor, cumplimentar, cumplimiento; incumplir.

cúmulo n. m. **1** Coincidencia en tiempo y lugar de gran número de cosas, especialmente de hechos, circunstancias, ideas o sentimientos: *un cúmulo de desgracias.* SIN acumulación. **2** Nube blanca de forma redonda y aspecto algodonoso que no produce lluvias.

cuna n. f. **1** Cama pequeña con bordes elevados o barandillas donde duermen los bebés y los niños pequeños. **2** Lugar de nacimiento de una persona u origen de una cosa: *Andalucía es la cuna del flamenco.* **3** Familia o estirpe a la que se pertenece: *a pesar de su riqueza, nunca renegó de su humilde cuna.*
DER acunar, encunar, incunable.

cundir v. intr. **1** Progresar en el desarrollo de un trabajo o actividad: *estudio varias horas todos los días, pero apenas me cunde.* **2** Hacer llegar una cosa a muchas personas, generalmente una noticia, idea o sentimiento negativo. **3** Dar mucho de sí, extenderse: *los fideos o el arroz cunden mucho al cocerse.* **4** Permitir un aprovechamiento mayor y más útil.

cuneiforme adj. [escritura] Que representa los caracteres y las palabras con símbolos en forma de cuñas y clavos.

cuneta n. f. Zanja a los lados de un camino o carretera para recoger el agua de lluvia.

cuña n. f. **1** Pieza de madera o metal acabada en ángulo agudo, que se introduce entre dos elementos o en una grieta o ranura, y se emplea, sobre todo, para inmovilizar o afirmar cosas. SIN calza. **2** Recipiente de plástico con esta forma que sirve para recoger los excrementos de los enfermos que no pueden levantarse de la cama. **3** Anuncio publicitario de muy corta duración que se emite a lo largo de la programación de radio y televisión. **4** Parte de una borrasca o de un anticiclón que irrumpe en una zona de presiones distintas y provoca cambios en la atmósfera y en el tiempo: *en el mapa del tiempo se puede observar una cuña de altas presiones sobre las islas Azores.*

cuñado, -da n. m. y f. Hermano o hermana de la persona con que se está casado.

cuota n. f. **1** Cantidad de dinero que se paga por pertenecer a un grupo, asociación u organización: *la cuota sindical; la cuota de la Seguridad Social.* **2** Parte o porción fija y proporcional de un todo. SIN cupo.

cupé n. m. Automóvil que tiene dos puertas

y dos asientos, uno para el conductor y otro para el ocupante.

cupo n. m. Parte o porción fija y proporcional de un todo. SIN cuota.

cupón n. m. Parte con un valor fijo y proporcional en que está dividido un documento, y que puede cortarse de él y usarse individualmente o con otras: *un cupón de lotería.*

cúpula n. f. **1** ARQ. Techo con forma de media esfera que cubre un espacio comprendido entre dos muros o varias columnas: *la cúpula de la basílica de San Pedro de Roma.* **2** Grupo de personas que dirigen un grupo, asociación u organización: *la cúpula de un sindicato.*

cura n. m. **1** Sacerdote de la Iglesia católica. ◆ n. f. **2** Aplicación de los remedios necesarios para eliminar una enfermedad, herida o daño físico: *primeras curas.* SIN curación. **3** Conjunto de consejos y remedios que el médico indica al enfermo para que se cure: *cura de adelgazamiento.* SIN tratamiento. **4** Solución o remedio de un problema.

▶ no tener cura No poder corregirse, no tener remedio: *su pasión por las motos no tiene cura.*

curación n. f. **1** Recuperación de la salud y eliminación de la enfermedad, herida o daño físico que padece una persona: *la curación de un enfermo.* **2** Aplicación de los remedios necesarios para eliminar una enfermedad, herida o daño físico. SIN cura.

curandero, -ra n. m. y f. Persona que ejerce la medicina sin tener título oficial, especialmente, si usa métodos naturales o rituales.

DER curanderismo.

curar v. intr./ prnl. **1** Recuperar la salud: *tu hermano pronto se curará.* ◆ v. tr. **2** Aplicar los remedios necesarios para eliminar una enfermedad, herida o daño físico. **3** Secar un alimento para que adquiera un sabor particular y se conserve durante un largo período sin estropearse: *curar un jamón.* **4** Preparar la piel de un animal para que no se pudra y pueda ser usada para confeccionar prendas de vestir y objetos. SIN curtir.

▶ curarse en salud Tomar las medidas necesarias para prevenir los efectos de un daño o mal antes de sufrirlo: *al acabar el examen, se curó en salud y dijo que no le importaba suspenderlo.*

DER cura, curación, curado, curador, curandero, curativo; incurable, procurar.

curare n. m. Sustancia negra y amarga extraída del jugo de algunas plantas tropicales; se utiliza como veneno por su poder para paralizar el sistema nervioso.

curativo, -va adj. Que sirve para curar.

curda n. f. Borrachera, embriaguez.

curdo, -da adj. **1** De Curdistán o que tiene relación con esta región del Oriente Medio que abarca zonas de Turquía, Armenia, Irak e Irán. ◆ adj./ n. m. y f. **2** [persona] Que es de Curdistán. ◆ n. m. **3** Lengua hablada en esta región.

OBS También puede escribirse *kurdo.*

curia n. f. Conjunto de funcionarios y rectores, laicos y religiosos, que forman parte de la administración y el gobierno de la Iglesia católica.

curiosear v. intr./ tr. **1** Procurar enterarse con disimulo de una información, especialmente de datos referentes a la vida privada de las personas: *curioseó en la casa de su vecino aprovechando que este le había dejado la llave.* SIN fisgar. ◆ v. intr. **2** Mirar sin gran interés o por distracción.

curiosidad n. f. **1** Interés en conocer una cosa. **2** Interés por enterarse de datos referentes a la vida privada de las personas. **3** Circunstancia, hecho u objeto que se considera digno de interés por ser llamativo, raro o poco conocido: *te contaré algunas curiosidades sobre el origen romano de este pueblo.* NOTA Se suele usar en plural.

curioso, -sa adj. **1** Que tiene interés por conocer una cosa. **2** Que se considera digno de interés por ser llamativo, raro o poco conocido. **3** Que está limpio, bien arreglado o dispuesto, a pesar de no tener una calidad o belleza excepcional: *un pisito pequeño pero curioso.* SIN coqueto.

currante, -ta n. m. y f. **1** Persona que realiza un trabajo a cambio de un salario. SIN currelante, currito. ◆ adj./ n. m. y f. **2** [persona] Que es muy trabajador.

OBS Tiene doble forma de femenino: *la currante* (más frecuente) y *la curranta* (menos frecuente).

currar o **currelar** v. intr. Trabajar, especialmente, en un puesto bajo o poco cualificado.

curricular adj. Del currículo o que tiene relación con él.

DER extracurricular.

currículo n. m. **1** Conjunto de conocimientos que un alumno debe adquirir para conseguir un título académico. **2** Currículum vitae.

currículum n. m. Relación de datos perso-

nales, títulos académicos o profesionales y trabajos hechos por una persona: *manda tu currículum a varias empresas y a lo mejor consigues un trabajo para el verano.* SIN currículo.
OBS El plural es invariable: los *currículum*. También se usa *currículum vítae*.

curro n. m. Trabajo, especialmente el que se desempeña en un puesto bajo o poco cualificado.
DER currito.

curry n. m. Condimento en polvo de origen hindú que se obtiene de la mezcla de diversas especias, como clavo, nuez moscada o jengibre. al curry [plato] Que está condimentado con una salsa a base de curry: *pollo al curry con arroz.*

cursar v. tr. **1** Estudiar una asignatura o materia en un centro de enseñanza. **2** Hacer que una orden o documento administrativo sea tramitado y enviado al organismo o a la persona adecuada: *el juez cursó a la policía una orden de detención contra el acusado.*

cursi adj. Que intenta ser elegante o distinguido sin conseguirlo: *un vestido muy cursi.*
DER cursilada, cursilería.

cursilada n. f. Comportamiento, actuación o cosa cursi: *una cursilada de vestido.* SIN cursilería.

cursilería n. f. **1** Comportamiento o actuación propia de una persona cursi. **2** Obra o dicho cursi.

cursillo n. m. Curso de poca duración en el que se tratan y estudian los conocimientos básicos o las técnicas fundamentales sobre una materia o actividad: *un cursillo de submarinismo.*

cursivo, -va adj./ n. f. [signo, letra impresa] Que está inclinado hacia la derecha, imitando la letra que se escribe con rapidez a mano: *en este diccionario los ejemplos aparecen en letra cursiva.* SIN itálico.

curso n. m. **1** Parte del año dedicada a unas actividades, especialmente, de enseñanza: *en mi facultad, el curso empieza en septiembre y acaba en junio.* **2** Estudio o serie de lecciones: *me he apuntado a un curso de informática.* **3** Libro o tratado: *un curso de inglés.* **4** Conjunto de personas de un mismo grado de estudios: *todos esos chicos son del curso de mi hijo mayor.* **5** Camino que se sigue: *siguiendo el curso del río se encuentra un molino.* SIN evolución.
DER cursar, cursillo, cursiva, cursivo, cursor.

cursor n. m. INFORM. Señal que en una pantalla de ordenador indica la posición en que se puede realizar una función: *el cursor del ratón puede tener forma de punta de flecha, de guion bajo o de rectángulo intermitente.*

curtir v. tr. **1** Preparar la piel de un animal para que no se pudra y pueda ser usada para confeccionar prendas de vestir y objetos. SIN curar. ◆ v. tr./ prnl. **2** Quedar rígida, tostada y arrugada la piel de las personas por estar expuesta durante mucho tiempo al sol y a las inclemencias del tiempo: *la vida en la mar le había curtido la cara y las manos a aquel viejo pescador.* **3** Fortalecer la personalidad mediante la experiencia, el esfuerzo y la dedicación, especialmente si para ello se han sufrido penalidades o privaciones.
DER curtidor; encurtir.

curva n. f. **1** Línea que no es recta en ninguna de sus partes: *una curva está formada por arcos de circunferencia.* curva cerrada Curva que vuelve al punto de partida: *la circunferencia es una curva cerrada.* **2** Objeto que tiene esta forma: *esta curva representa las temperaturas de los últimos meses.*
▶ curva abierta Parte de una carretera o camino que se desvía poco de la recta cambiando moderadamente la dirección de la marcha. curva cerrada Parte de una carretera o un camino que se desvía mucho de la recta al cambiar en exceso la dirección de la marcha.

curvado, -da adj. Curvo, que no es recto.

curvar v. tr. Dar forma curva: *el peso de los libros ha curvado la estantería.* SIN doblar, torcer.
DER curvado.

curvatura n. f. Desvío de la dirección o forma recta que sufre una línea, superficie u objeto: *la curvatura de una circunferencia.*

curvilíneo, -nea adj. Que está formado en su mayoría por líneas curvas. ANT rectilíneo.

curvo, -va adj./ n. f. Que no es recto y no forma ángulos: *un anzuelo suele tener forma curva.* SIN curvado.
DER curvar, curvatura, curvilíneo, curvímetro.

cuscús n. m. Comida que se prepara con sémola de trigo, arroz u otro cereal, acompañada de diversos ingredientes como carne de ave o de cordero y diversas hortalizas: *el cuscús es típico de los países del norte de África.* SIN alcuzcuz, cuzcuz.
OBS El plural es *cuscús*.

cúspide n. f. **1** Parte más alta de una montaña o de un lugar elevado, especialmente si tiene forma puntiaguda: *la cúspide de una pi-*

rámide. **2** Punto más elevado, intenso o perfecto de un proceso o actividad que sobresale con claridad de los demás: *el hombre ocupa la cúspide de la evolución animal.* **SIN** apogeo.

custodia n. f. **1** Vigilancia que se hace de una persona o cosa: *la custodia de un polvorín militar.* **2** Pieza de oro o plata, generalmente, decorada con piedras preciosas, en la que se expone el Santísimo Sacramento para la adoración y el culto de los fieles cristianos. **3** Responsabilidad que se tiene sobre la educación y el bienestar de una persona menor de edad: *tras el divorcio, el juez otorgó a la mujer la custodia de los hijos.*

custodiar v. tr. **1** Vigilar una cosa de propiedad ajena parar protegerla de un posible robo. **2** Vigilar a una persona para proteger su vida o para evitar que escape.
OBS En su conjugación, la *i* es átona, como en *cambiar.*
DER custodia.

cutáneo, -nea adj. De la piel, especialmente la del rostro, o que tiene relación con ella: *no podía tomar el sol al tener problemas cutáneos.*

cúter n. m. Instrumento para cortar papel, cartón, etc., en una superficie plana, que consiste en una cuchilla muy afilada, enfundada en un soporte y con unas incisiones que permiten romperla fácilmente cuando la punta deja de cortar bien.
OBS El plural es *cúteres.*

cutícula n. f. **1** ANAT. Piel muy fina y delgada que rodea la base de la uña. **2** ANAT. Capa más exterior de la piel de los vertebrados y de los invertebrados. **SIN** epidermis.

cutis n. m. Piel de una persona, especialmente la de la cara.
OBS El plural también es *cutis.*
DER cutáneo, cutícula.

cutre adj. Que es pobre, barato, de mala calidad y aspecto descuidado: *un bar cutre.*

cuyo, -ya pron. rel. Indica que el nombre que va detrás pertenece a la persona o cosa que va delante: *acumula una gran fortuna, cuya cuantía ni él mismo conoce.*
OBS Coincide en género y número con el sustantivo al que acompaña. Puede llevar preposición si la necesita: *le compró a su hijo un huevo de pascua en cuyo interior había un bonito regalo.*

abcDefghijklmnñopqrstuvwxyz

d n. f. **1** Quinta letra del alfabeto español. **2** Letra que representa el valor de 500 en el sistema de numeración romana.

D., D.ª Abreviaturas de *don* y *doña*, formas de tratamiento de respeto y cortesía que se usan antepuestas al nombre de una persona: *D. Luis Bolarte; D.ª Carmen Juárez.*

dactilar adj. De los dedos o que tiene relación con ellos: *le tomaron las huellas dactilares para el DNI.* **SIN** digital.

dadaísmo n. m. Movimiento artístico y literario, iniciado por Tristan Tzara (1896-1963) en 1916, que propugna la liberación de la fantasía y la ausencia de toda significación racional.

DER dadaísta.

dádiva n. f. Regalo o cosa que se da voluntariamente en señal de agradecimiento o afecto. **SIN** don, presente.

DER dadivoso.

dado n. m. Pieza cúbica en cuyas caras hay dibujados puntos, de uno hasta seis, y que se usa en juegos de azar: *hemos perdido un dado del parchís.*

▶ dado que Indica la causa por la que ocurre una cosa: *dado que hoy llueve, no iremos a la excursión.* ser muy dado Sentir tendencia o inclinación: *Juan es muy dado a dar consejos.*

daga n. f. Arma blanca de hoja corta y ancha, parecida a la espada: *la daga tenía el puño de oro.*

dalai-lama n. m. Sumo sacerdote budista que ejerce de dirigente espiritual y de jefe de Estado en el Tíbet.

dalia n. f. **1** Flor de jardín de colores vistosos con el centro amarillo rodeado de abundantes pétalos. **2** Planta de hojas ovaladas que da esa flor.

dálmata adj. **1** De Dalmacia o que tiene relación con esta región de la antigua Yugoslavia. ◆ asj./ n. com. **2** [persona] Que es de Dalmacia. **3** [perro] Que pertenece a una raza de tamaño mediano, con el pelo corto blanco con manchas negras.

daltónico, -ca adj./ n. m. y f. MED. Que padece un defecto en la vista y no puede distinguir ciertos colores.

daltonismo n. m. MED. Defecto de la vista que consiste en no poder distinguir ciertos colores.

DER daltónico.

dama n. f. **1** Mujer distinguida, especialmente, la de buena educación y clase social alta. dama de honor Mujer que, durante una ceremonia pública, acompaña a otra que es la persona más importante del acto: *han elegido a la reina de las fiestas y a sus damas de honor.* primera dama Mujer que está casada con un jefe de Estado o de Gobierno. **2** Mujer que sirve a una reina o princesa: *la reina mandó llamar a todas sus damas.* **3** Mujer amada por un hombre: *Laura era la dama de Petrarca.* **4** Pieza del ajedrez que puede moverse como cualquiera de las demás, excepto como el caballo, y tantas casillas como se quiera. **SIN** reina. ◆ n. f. pl. **5** damas Juego en el que se usan fichas redondas blancas y negras que se mueven por un tablero de cuadros blancos y negros y que consiste en dejar sin fichas al contrario: *en las damas españolas cada jugador tiene doce fichas.*

DER damisela.

damasco n. m. Tela fuerte de seda o lana, con dibujos que forma el mismo tejido combinando hilos de distinto color y grosor: *cortinas de damasco.*

DER damasquino.

damero n. m. **1** Tablero para jugar a las damas. **2** Plano de una urbanización o ciudad que se parece al tablero del juego de damas. **3** Pasatiempo parecido al crucigrama en el que se puede leer una frase una vez resuelto.

damisela n. f. Mujer joven que presume de

a b c d e f g h i j k l m n ñ o p q r s t u v w x y z

dama o de señorita refinada: *la niña ya está hecha una damisela.*

dan n. m. Grado superior que se concede en las artes marciales después de haber alcanzado el cinturón negro.

danés, -nesa adj. **1** De Dinamarca o que tiene relación con este país del norte de Europa. SIN dinamarqués. ◆ adj./ m. y n. f. **2** [persona] Que es de Dinamarca. SIN dinamarqués. ◆ n. m. **3** Lengua que se habla en Dinamarca: *el danés es una lengua germánica.* SIN dinamarqués. gran danés **4** [perro] Que pertenece a una raza de gran tamaño, con el cuello y el cuerpo gruesos y cortos y pelaje leonado.

dantesco, -ca adj. **1** [imagen, situación] Que causa horror o impresiona enormemente. **2** De Dante o que tiene relación con este poeta italiano.

danza n. f. **1** Conjunto de movimientos que se hacen con el cuerpo siguiendo el ritmo de la música, especialmente si es clásica o folclórica: *danza clásica.*
▶ estar en danza Ir de un lado para otro; estar haciendo cosas en continuo movimiento: *estoy en danza desde que me enteré de que llegabas.*
DER danzar; contradanza.

danzar v. intr./ tr. **1** Mover el cuerpo siguiendo el ritmo de la música, especialmente si es clásica o folclórica. ◆ v. intr. **2** Ir de un lado a otro: *María estuvo danzando toda la tarde buscando los regalos de Navidad.* **3** Meterse en un asunto: *no sé en qué danzará ahora, pero está muy trabajador.*
OBS En su conjugación, la *z* se convierte en *c* delante de *e*.
DER danzarín.

danzarín, -rina n. m. y f. Persona que baila. SIN bailarín.

dañar v. tr. **1** Causar dolor o sufrimiento: *se cayó jugando al fútbol y se ha dañado un tobillo.* **2** Estropear o dejar en mal estado: *la humedad ha dañado los libros de la estantería.*

dañino, -na adj. Que causa daño: *el tabaco es dañino para la salud.* SIN dañoso, nocivo, perjudicial. ANT inofensivo.

daño n. m. **1** Mal, desgracia o pérdida: *el incendio provocó numerosos daños en la vivienda.* SIN perjuicio. **2** Dolor físico o moral: *le hizo daño con sus palabras agresivas.*
DER dañar, dañino, dañoso.

dañoso, -sa adj. Que causa daño. SIN dañino, nocivo, perjudicial. ANT inofensivo.

dar v. tr. **1** Hacer pasar al poder de otro una cosa propia: *me ha dado su abrigo porque se le ha quedado pequeño.* **2** Poner en las manos o al alcance: *dame el pan, por favor.* **3** Hacer saber, comunicar: *este libro me ha dado las bases para realizar el trabajo.* **4** Conceder un derecho, cargo o poder: *me ha dado el puesto que ha quedado vacante.* **5** Pagar a cambio: *¿cuánto me das por lavarte el coche?* **6** Realizar la acción que indica el complemento: *dar una carrera.* NOTA El uso abusivo de esta acepción indica pobreza de lenguaje. **7** Producir o ser origen: *el ventilador da fresco.* **8** Ofrecer, celebrar un espectáculo o acto social: *le dimos una fiesta sorpresa en su cumpleaños.* **9** Impartir una enseñanza o recibirla: *un médico ilustre nos dio una conferencia sobre el sida.* **10** Abrir la llave de paso de un conducto: *no dan la luz*

dar

INDICATIVO	SUBJUNTIVO
presente	**presente**
doy	dé
das	des
da	dé
damos	demos
dais	deis
dan	den
pretérito imperfecto	**pretérito imperfecto**
daba	diera o diese
dabas	dieras o dieses
daba	diera o diese
dábamos	diéramos o diésemos
dabais	dierais o dieseis
daban	dieran o diesen
pretérito perfecto simple	**futuro**
di	diere
diste	dieres
dio	diere
dimos	diéremos
disteis	diereis
dieron	dieren
futuro	IMPERATIVO
daré	da (tú)
darás	dé (usted)
dará	dad (vosotros)
daremos	den (ustedes)
daréis	FORMAS NO PERSONALES
darán	**infinitivo** dar — **gerundio** dando
condicional	**participio** dado
daría	
darías	
daría	
daríamos	
daríais	
darían	

hasta las diez. **11** Aplicar una sustancia: *le hemos dado cal a la fachada.* ◆ v. tr./ intr. **12** Sonar o indicar la hora, especialmente el reloj: *acaban de dar las doce.* ◆ v. tr./ prnl. **13** Considerar o declarar en cierta situación o estado: *el árbitro dio por terminado el partido.* NOTA Se usa seguido de un complemento y un participio precedido por la preposición por. **14** Producir la tierra sus frutos: *aquí se dan bien los árboles frutales.* ◆ v. intr. **15** Chocar algo que está en movimiento con un objeto estático o parado: *un coche frenó bruscamente y el que iba detrás le dio.* **16** Estar situada una cosa hacia una parte: *el balcón da a la sierra.* **17** Ser causa de lo que expresa el verbo del complemento: *su acción dio mucho que hablar.* NOTA Se usa seguido de *que* y un infinitivo. ◆ v. prnl. **18** darse Entregarse con interés o por vicio: *desde que se quedó sin trabajo, se dio al juego.* **19** Ocurrir, existir: *se da el caso de que ya no podemos ir.*

▶ ahí me las den todas Indica que un problema no importa o importa poco, bien porque afecta a otra persona y no a uno mismo, bien porque se considera que apenas perjudica: *estaba diluviando y os pusisteis empapados, pero ahí me las den todas, yo hoy no tengo que salir.* ¡dale! o ¡dale que dale! o ¡dale que te pego! Interjección que indica fastidio o enfado ante la insistencia de una cosa pesada o la terquedad de una persona: *tenía que estudiar y los vecinos ¡dale que dale! con la música a todo volumen.* dar a conocer Hacer saber: *nos dio a conocer su intención de dedicarse profesionalmente al teatro.* dar a entender Hacer saber una cosa o idea sin explicarla claramente: *nos dio a entender que no vendría al viaje de fin de curso.* dar a luz Expulsar la hembra el feto que tiene en su vientre. SIN alumbrar, parir. dar con Encontrar: *hemos dado con Juan después de varias llamadas de teléfono.* dar de sí **a.** Hacerse más ancho o extenso, generalmente un tejido: *he lavado el jersey con agua caliente y ha dado de sí.* **b.** Aprovechar o rendir: *se esfuerza, pero su inteligencia no da más de sí.* darse por vencido Reconocer la propia incapacidad para hacer algo: *me doy por vencido, soy incapaz de hacer este puzzle de tantas piezas.* dársela Engañar o ser infiel una persona a otra: *este verano se la daba con un chico que pasaba aquí las vacaciones.* dárselas de Presumir: *es tonto, se las da de deportista y no es capaz ni de echar una carrera.* para dar y tomar Mucho, en gran cantidad: *elige la música que quieras, tenemos discos para dar y tomar.*

DER dádiva.

dardo n. m. **1** Arma arrojadiza pequeña y ligera acabada en punta que se arroja con una mano o con una cerbatana. **2** Expresión que se usa para molestar o herir a una persona: *está enfadado con Jaime y cada vez que le habla le suelta un dardo.* SIN aguijonazo, pulla.

dársena n. f. Parte resguardada artificialmente de las corrientes, en un puerto o en aguas navegables, para que las embarcaciones puedan fondear o cargar y descargar con comodidad: *yates y grandes veleros recalaron en la dársena.*

darwinismo n. m. Teoría biológica que explica el origen de las especies por la transformación de unas en otras.

datación n. f. Determinación o indicación de la fecha de un escrito, un objeto o un acontecimiento.

datáfono n. m. Aparato conectado a una línea telefónica que, en los establecimientos públicos, permite pagar o abonar una compra mediante una tarjeta bancaria.

datar v. intr. **1** Existir desde un momento determinado; haber sido hecho en un momento determinado: *el manuscrito data de 1384.* NOTA Se usa seguido de la preposición *de.* ◆ v. tr. **2** Poner la fecha. SIN fechar. **3** Determinar la fecha de un escrito, un objeto o un acontecimiento. SIN fechar.

dátil n. m. **1** Fruto comestible de ciertas palmeras, alargado, de color marrón y de sabor muy dulce: *el dátil tiene un hueso recorrido por un surco.* **2** Parte extrema de la mano o del pie de los vertebrados, excepto de los peces. SIN dedo.

DER datilera.

dativo n. m. GRAM. Caso de la declinación de algunas lenguas, como el latín, que expresa el objeto indirecto de la acción verbal.

dato n. m. Hecho o información concreta que permite llegar al conocimiento exacto de las cosas: *he rellenado todos los datos del impreso de la matrícula.*

d. C. Abreviatura de *después de Cristo*: *año 37 d. C.*

OBS También se abrevia *d. de C.*

dcho., dcha. Abreviaturas de *derecho* y *derecha.*

d. de C. Abreviatura de *después de Cristo.*

OBS También se abrevia *d. C.*

a b c d e f g h i j k l m n ñ o p q r s t u v w x y z

de prep. **1** Indica posesión o pertenencia: *el libro de Juan.* **2** Indica la materia de la que está hecha una cosa: *techo de escayola.* **3** Indica lo que contiene un recipiente: *caja de zapatos.* **4** Indica la utilidad o finalidad: *máquina de afeitar.* **5** Indica la materia o asunto que se trata: *libro de matemáticas.* **6** Indica la naturaleza, condición o carácter: *hombre de ideas fijas.* **7** Indica que se toma una parte entre las que forman alguna cosa o cantidad: *trozo de pan.* **8** Indica el origen o la procedencia: *salir de casa; familia de Asturias.* **9** Indica la causa o razón por la que se produce una cosa: *partirse de risa.* **10** Indica el modo en que se realiza una acción: *caer de espaldas.* **11** Indica el tiempo en que ocurre una cosa: *siempre sale de día.* **12** Indica que una persona o cosa pertenece a una clase o especie dentro de un género: *la ciudad de Roma.* ◆ n. f. **13** Nombre de la letra *d.*

de- Prefijo que entra en la formación de palabras con el sentido de: **a.** Privación: *decapitar, demente.* **b.** Indica inversión de lo expresado por la palabra a la que se une: *decolorar.*

deambular v. intr. Ir de un lugar a otro sin un fin determinado: *deambulamos toda la tarde sin saber dónde ir.* SIN vagar.
DER deambulatorio.

debacle n. f. Derrota que produce mucho desorden y desconcierto, especialmente como final de un proceso: *si me echan del trabajo, será una debacle para mi familia.*

debajo adv. En un lugar inferior o más bajo: *encontré la pulsera debajo de la mesa.* ANT encima.
OBS No se debe decir **debajo mía* o **debajo nuestro,* sino *por debajo de mí* o *debajo de nosotros.*

debate n. m. Discusión que mantienen dos o más personas en la que cada una expone sus ideas y las defiende de las críticas de los demás. SIN coloquio.

debatir v. tr. **1** Discutir dos o más personas sobre un tema: *el pleno del Ayuntamiento debatirá una nueva estructuración del tráfico.* SIN contender, disputar. ◆ v. prnl. **2 debatirse** Luchar resistiéndose, agitarse: *después del accidente, el conductor se debatía entre la vida y la muerte.*
DER debate.

debe n. m. Parte de una cuenta corriente en la que se escriben las cantidades de dinero que tiene que pagar una persona u organismo: *no me cuadran las facturas con las cantidades que están anotadas en el debe.*

deber v. tr. **1** Estar obligado por ley moral o por necesidad física o lógica: *deberías ser menos impulsivo.* **2** Estar obligado a pagar una cantidad de dinero o a dar una cosa: *te debo doce euros.* ◆ v. prnl. **3 deberse** Tener por causa o ser resultado de: *mi retraso se debe a un pinchazo.* ◆ n. m. **4** Cosa que una persona tiene que hacer por exigencia moral o legal: *tu deber como estudiante es aprobar.* SIN obligación. ◆ n. m. pl. **5 deberes** Trabajos o ejercicios que el estudiante hace fuera de la escuela: *hoy no puedo salir porque traigo muchos deberes.* SIN tarea.
▶ **deber de + infinitivo** Indica una acción posible o probable: *debe de haber aprobado, porque está muy contento.* NOTA Se considera incorrecto el uso de la preposición *de* con el sentido de obligación.
DER debe, debido, débito.

debidamente adv. De la manera justa, correcta o conveniente: *los niños desfilaron debidamente ordenados.*

débil adj./ n. com. **1** Que tiene poca fuerza o poca resistencia: *la fiebre lo ha dejado débil.* ANT fuerte. **2** Que tiene poca fuerza o resistencia moral. **3** [persona] Que tiene poco carácter: *es muy débil y si insistes, conseguirás lo que quieres.* SIN apocado. **4** Que es poco intenso o poco fuerte. ANT fuerte.
DER debilidad, debilitar.

debilidad n. f. **1** Falta de fuerza o resistencia. SIN flojedad. ANT fortaleza. **2** Falta de fuerza o de ánimo; falta de firmeza en el carácter: *me cogieron en un momento de debilidad y les levanté el castigo.* SIN flojedad. **3** Cariño excesivo: *tiene debilidad por el mayor de sus sobrinos.*

debilitar v. tr. Disminuir la fuerza física o moral: *los rumores debilitaron su reputación.*
DER debilitación, debilitamiento.

debilucho, -cha adj./ n. m. y f. Débil, enclenque: *un muchcacho debilucho y enfermizo.*

debut n. m. **1** Presentación o primera actuación en público de una compañía teatral o de un artista. **2** Presentación o primera actuación en una actividad: *en su debut como cocinero tuvo mucho éxito.*
OBS El plural es *debuts.*
DER debutar.

debutar v. intr. **1** Presentarse [una persona, en especial un artista] por primera vez en público o ante determinado público. **2** Realizar [una persona] su primera actuación en

determinada actividad. **3** Ser presentada en sociedad [una joven].
DER debutante.

deca- Elemento prefijal que entra en la formación de palabras con el significado de 'diez': *decágono.*

década n. f. Período de diez años.
OBS Se diferencia de *decenio* en que la década hace referencia a cada decena del siglo.

decadencia n. f. **1** Pérdida de la fuerza o de la importancia. SIN caída, declinación, declive. **2** Período de la historia o de las artes en que tiene lugar esa pérdida: *a finales del siglo XIX se vivió en España una gran decadencia.*

decadente adj. **1** Que es muy antiguo o está fuera de uso: *sus ideas sobre el divorcio son decadentes.* SIN caduco. **2** Que valora gustos o costumbres pasados de moda. **3** [costumbre, comportamiento] Que muestra pérdida de valores o virtudes. ◆ adj./ n. com. **4** Que es propio de un movimiento de la literatura que se caracteriza por el excesivo cuidado en el estilo: *el estilo decadente se caracteriza por un refinamiento excesivo.*

decaedro n. m. MAT. Cuerpo sólido limitado por diez caras.

decaer v. intr. Ir perdiendo fuerza, ánimo o importancia: *ha decaído tu afán por el deporte.* SIN declinar.
OBS Se conjuga como *caer.*
DER decadencia, decadente, decaimiento.

decágono n. m. Figura plana de diez lados.

decagramo n. m. Medida de masa que equivale a diez gramos: *el símbolo del decagramo es dag.*

decaído, -da adj. Que se siente triste, deprimido y sin ánimos para hacer nada. SIN abatido.

decalitro n. m. Medida de capacidad que equivale a diez litros: *el símbolo del decalitro es dal o daL.*

decálogo n. m. **1** Conjunto de los diez mandamientos que, según los cristianos y los judíos, dio Dios a Moisés en el monte Sinaí. NOTA Suele escribirse con letra mayúscula. **2** Conjunto de reglas que se consideran básicas para una actividad: *en casa tenemos nuestro propio decálogo.*

decano, -na adj./ n. m. y f. **1** [persona] Que es el más antiguo de una colectividad: *la decana de los periodistas locales.* ◆ n. m. y f. **2** Persona que dirige una facultad o colegio profesional.
DER decanato.

decantar v. tr. **1** Inclinar ligeramente un recipiente sobre otro para que caiga el líquido que contiene sin el poso: *decantó la licorera sobre el vaso y agotó su contenido.* ◆ v. prnl. **2** decantarse Inclinarse por una tendencia o posibilidad: *el público se decantó por el equipo local.* SIN tomar partido.

decapitar v. tr. Cortar la cabeza separándola del resto del cuerpo.
DER decapitación.

decasílabo, -ba adj./ n. m. [verso] Que tiene diez sílabas.

decatlón n. m. Competición deportiva formada por diez pruebas de atletismo.

decena n. f. Conjunto formado por diez unidades: *solo había una decena de personas en la exposición.*

decencia n. f. **1** Manera de obrar justa y honrada. ANT indecencia. **2** Respeto a la moral, especialmente en el aspecto sexual. SIN decoro. ANT indecencia.

decenio n. m. Período de diez años: *el decenio más caluroso de la historia fue de 1997 a 2007.*

decente adj. **1** [persona] Que se comporta de manera justa y honrada. **2** Que está de acuerdo con la moral, especialmente en el aspecto sexual: *Luis es muy decente, nunca cuenta chistes picantes.* **3** Que es adecuado; que está limpio y arreglado: *debes ponerte algo más decente para ir a ver mañana a tus abuelos.* **4** Que tiene calidad suficiente, pero no excesiva: *este trabajo está decente, pero podrías haberte esforzado más.*
DER decencia; adecentar, indecente.

decepción n. f. Pesar que se experimenta al comprobar que una persona o cosa no es como se esperaba: *se llevó una gran decepción cuando comprobó que ya te habías ido.*

decepcionante adj. Que decepciona.

decepcionar v. tr. Experimentar un pesar al comprobar que una persona o cosa no es como se esperaba.
DER decepción.

dechado n. m. Persona o cosa que sirve de ejemplo digno de imitarse: *fíjate en ella, es un dechado de virtudes.*

deci- Elemento prefijal que interviene en la formación de palabras con el significado de 'décima parte'.

decibelio n. m. Medida relativa de intensidad sonora que resulta de dividir en diez partes un belio: *han cerrado varios bares de la zona por superar los decibelios permitidos.*

decidido, -da adj. **1** Que es firme y seguro. ◆ adj./ n. m. y f. **2** [persona] Que actúa con valor o seguridad: *María es muy decidida: no dudó en enfrentarse al ladrón.* ANT indeciso.

decidir v. tr. **1** Elegir entre varias opciones o formar un juicio definitivo sobre una cuestión dudosa: *decidimos comprarle un libro de poesía.* SIN resolver. **2** Tomar la determinación de hacer una cosa: *se decidió a aceptar el trabajo por los consejos de su padre.* SIN resolver. ◆ v. tr. **3** Hacer tomar el camino más conveniente en un asunto: *la nota de selectividad decidirá la admisión en una facultad u otra.*
DER decidido, decisión.

decigramo n. m. Medida de masa que resulta de dividir en diez partes un gramo: *el símbolo del decigramo es dg.*

decilitro n. m. Medida de capacidad que resulta de dividir en diez partes un litro: *el símbolo del decilitro es dl o dL.*

décima n. f. **1** Parte que, junto con otras nueve, forma un grado del termómetro clínico: *tiene 38 grados y 4 décimas de fiebre.* **2** Poema formado por diez versos de ocho sílabas, de los cuales riman el primero con el cuarto y el quinto; el segundo con el tercero; el sexto con el séptimo y el décimo; y el octavo con el noveno.

decimal adj. **1** [sistema métrico] Que se organiza en unidades de diez elementos: *las unidades del sistema métrico decimal son múltiplos o divisores de diez.* ◆ adj./ n. m. **2** [número] Que es menor que un número entero o contiene una fracción de un número entero: *1,73 es un número decimal.*

decímetro n. m. Medida de longitud que resulta de dividir en diez partes un metro: *el símbolo del decímetro es dm.*
▶ **decímetro cúbico** Medida de volumen que equivale a 0,001 metros cúbicos.

décimo, -ma num. ord. **1** Indica que el nombre al que acompaña o al que sustituye ocupa el lugar número 10 en una serie: *es la décima vez que te lo digo.* NOTA Puede ser determinante (*la décima vez*) o pronombre (*el décimo de la lista*). ◆ num. **2** Parte que resulta de dividir un todo en 10 partes iguales: *eran 10 personas y le correspondió a cada una un décimo.* ◆ n. m. **3** Décima parte de un billete de lotería que puede comprarse por separado: *he comprado dos décimos de lotería de Navidad.*

decimoctavo, -va num. ord. Indica que el nombre al que acompaña o al que sustituye ocupa el lugar número dieciocho en una lista. NOTA Puede ser determinante (*la decimoctava vez*) o pronombre (*el decimoctavo de la lista*).

decimocuarto, -ta num. ord. Indica que el nombre al que acompaña o al que sustituye ocupa el lugar número catorce en una lista. NOTA Puede ser determinante (*la decimocuarta vez*) o pronombre (*el decimocuarto de la lista*).

decimonoveno, -na num. ord. Indica que el nombre al que acompaña o al que sustituye ocupa el lugar número diecinueve en una serie. NOTA Puede ser determinante (*la decimonovena vez*) o pronombre (*el decimonoveno de la lista*).

decimoquinto, -ta num. ord. Indica que el nombre al que acompaña o al que sustituye ocupa el lugar número quince en una serie. NOTA Puede ser determinante (*la decimoquinta vez*) o pronombre (*el decimoquinto de la lista*).

decimoséptimo, -ma num. ord. Indica que el nombre al que acompaña o al que sustituye ocupa el lugar número diecisiete en una serie. NOTA Puede ser determinante (*la decimoséptima vez*) o pronombre (*el decimoséptimo de la lista*).

decimosexto, -ta num. ord. Indica que el nombre al que acompaña o al que sustituye ocupa el lugar número dieciséis en una serie. NOTA Puede ser determinante (*la decimosexta vez*) o pronombre (*el decimosexto de la lista*).

decimotercero, -ra o **decimotercio, -cia** num. ord. Indica que el nombre al que acompaña o al que sustituye ocupa el lugar número trece en una serie. NOTA Puede ser determinante (*la decimotercera vez*) o pronombre (*el decimotercero de la lista*).

decir v. tr. **1** Expresar por medio de palabras habladas o escritas: *el periódico local dice que hoy cortarán la luz en tu barrio.* **2** Asegurar o sostener una opinión: *dice que no tienes razón.* **3** Mostrar o indicar: *tus ojos dicen que has llorado.* **4** Nombrar o llamar. **5** Sentar una cosa de determinada manera. ◆ v. prnl. **6** **decirse** Hablar mentalmente consigo mismo: *siempre me digo que tengo que dejar de fumar.* ◆ n. m. **7** Palabra o conjunto de palabras mediante las cuales se expresa una idea, especialmente si tiene gracia o contiene una sentencia: *es como Sancho Panza, tiene un decir para cada ocasión.* SIN dicho, refrán.
▶ **decir por decir** Hablar sin conocimiento exacto. **decir y hacer** Ejecutar una acción con rapidez: *José es muy activo, es decir y hacer al mi-*

nuto. el qué dirán La opinión de los demás: *tiene mucho en cuenta el qué dirán y no actúa de manera natural.* es decir Expresión que introduce la explicación de lo que se acaba de decir: *los paquidermos, es decir, los elefantes, tienen la piel muy gruesa.* ni que decir tiene Expresión que indica que lo que se va a decir es evidente y conocido por todos: *ni que decir tiene que tú también irás hoy a clase.* ser un decir Indica que algo se dice como ejemplo o hipótesis: *si me saliera un trabajo mejor, es un decir, me cambio de coche.*
DER dicho; bendecir, contradecir, desdecir, indecible, maldecir, predecir.

decisión n. f. **1** Determinación ante una cuestión dudosa: *tomaron la decisión de irse de vacaciones en julio.* **2** Valor o firmeza en la manera de actuar: *se levantó con decisión y lo sacó a bailar.* SIN determinación.

decir

INDICATIVO

presente
digo
dices
dice
decimos
decís
dicen

pretérito imperfecto
decía
decías
decía
decíamos
decíais
decían

pretérito perfecto simple
dije
dijiste
dijo
dijimos
dijisteis
dijeron

futuro
diré
dirás
dirá
diremos
diréis
dirán

condicional
diría
dirías
diría
diríamos
diríais
dirían

SUBJUNTIVO

presente
diga
digas
diga
digamos
digáis
digan

pretérito imperfecto
dijera o dijese
dijeras o dijeses
dijera o dijese
dijéramos o dijésemos
dijerais o dijeseis
dijeran o dijesen

futuro
dijere
dijeres
dijere
dijéremos
dijereis
dijeren

IMPERATIVO

di	(tú)
diga	(usted)
decid	(vosotros)
digan	(ustedes)

FORMAS NO PERSONALES

infinitivo	**gerundio**
decir	diciendo

participio
dicho

decisivo, -va adj. **1** Que lleva a tomar una determinación: *tu comportamiento ha sido decisivo en mi elección.* **2** Que es muy importante para el futuro: *el partido del próximo fin de semana es decisivo para clasificarnos.* SIN crucial.

decisorio, -ria adj. Que tiene capacidad para tomar una determinación: *no tengo poder decisorio en este asunto, habla con el director.*

declamador, -ra adj./ n. m. y f. Que declama: *ayer don Ermeguncio, aquel pedante, locuaz declamador, vino a verme.*

declamar v. intr./ tr. **1** Recitar o decir en voz alta un texto literario con la intención de realzar su contenido poético. SIN recitar. ◆ v. intr. **2** Hablar ante un grupo de personas.
DER declamación.

declaración n. f. **1** Explicación o afirmación pública: *las declaraciones del cantante en la revista han sido sorprendentes.* **2** Manifestación ante la administración pública de los bienes que se poseen para pagar los impuestos correspondientes. **3** Exposición ante un juez u otra autoridad de lo que se sabe sobre un asunto: *las declaraciones del testigo fueron determinantes para probar su inocencia.* **4** Manifestación de amor a la persona amada para pedirle relaciones.

declarado, -da adj. Manifiesto o que se ve muy claro: *es un declarado ecologista.*

declarar v. tr. **1** Explicar o decir públicamente: *el portavoz del Gobierno declaró en la rueda de prensa que tomarían medidas contra el fraude.* **2** Decidir un juez u otra autoridad sobre un asunto: *el juez declaró culpable al presunto asesino.* **3** Dar a conocer a la administración pública los bienes que se poseen para pagar los impuestos correspondientes: *¿tengo que declarar lo ganado en la lotería?* **4** Dar a conocer en la aduana los objetos por los que se debe pagar impuestos: *al pasar por la aduana tuve que declarar el ordenador.* ◆ v. intr. **5** Exponer ante el juez u otra autoridad lo que se sabe sobre un asunto: *el testigo declaró en comisaría que el coche rojo se había saltado el semáforo.* SIN atestiguar, deponer. ◆ v. prnl. **6** declararse Darse a conocer o comenzar a producirse una cosa o una acción: *declararse un incendio.* **7** Expresar el amor que se siente a la persona amada y pedirle relaciones. **8** Hacer conocer un estado o una situación.
DER declaración, declarado, declarativo.

declinación n. f. **1** Pérdida de la fuerza o de la importancia. SIN caída, decadencia, declive. **2** GRAM. Enunciación ordenada de los casos gramaticales de una palabra: *nominativo, vocativo, acusativo, genitivo, dativo y ablativo son los casos de la declinación latina.*

declinar v. intr. **1** Ir perdiendo fuerza, ánimo o importancia. SIN decaer. **2** Acercarse una cosa a su fin: *salimos cuando declinaba la tarde.* ◆ v. tr. **3** Rechazar, no aceptar: *declinó nuestra invitación para comer.* **4** GRAM. Enunciar de forma ordenada los distintos casos gramaticales de una palabra: *las lenguas que se declinan se llaman flexivas.*
DER declinación; indeclinable.

declive n. m. **1** Cuesta o inclinación de una superficie. SIN caída, pendiente. **2** Pérdida de la fuerza o de la importancia: *el declive del mundo romano.* SIN caída, decadencia, declinación.

decodificar v. tr. Aplicar las reglas adecuadas a un mensaje que ha sido emitido en un sistema de signos determinado para entenderlo. SIN descodificar.
OBS La Real Academia Española recoge *decodificar*, pero prefiere la forma *descodificar*.

decolorar v. tr. Hacer menos intensos o hacer perder los colores de una cosa: *la lejía ha decolorado los pantalones; se han decolorado las puntas para teñírselas de cobrizo.* SIN descolorar, descolorir.
DER decoloración.

decomisar v. tr. Apropiarse la autoridad competente de una mercancía ilegal: *la policía decomisó la droga.*
DER decomiso.

decoración n. f. **1** Colocación de adornos en una cosa o lugar. **2** Técnica que consiste en la disposición de los muebles y objetos de una habitación o edificio para embellecerlo y hacerlo más agradable: *la decoración de este piso es muy original.*

decorado n. m. Conjunto de telones, objetos y bambalinas que crean el ambiente adecuado en un espectáculo teatral o en el cine.

decorador, -ra n. m. y f. Persona que se dedica a adornar cosas, espacios interiores y edificios.

decorar v. tr. **1** Poner adornos en una cosa o en un lugar: *han decorado la tarta con muñecos de chocolate.* **2** Disponer los muebles y objetos de un lugar de determinada manera para embellecerlo y crear ambiente: *hay que decorar el salón para que esté más acogedor.*
DER decoración, decorado, decorador, decorativo.

decorativo, -va adj. De la decoración o que tiene relación con ella.

decoro n. m. **1** Comportamiento respetuoso que merece una persona o situación: *no has mostrado ningún decoro con el jefe.* **2** Respeto a la moral, especialmente en el aspecto sexual. SIN decencia.
DER decoroso.

decoroso, -sa adj. Que tiene o muestra decoro: *es una chica muy decorosa en clase.*
DER indecoroso.

decrecer v. intr. Reducirse la cantidad, el tamaño o la importancia: *en los últimos años, la población rural no ha hecho sino decrecer.* SIN disminuir. ANT acrecentar, aumentar.
DER decreciente.

decreciente adj. Que se reduce en cantidad, tamaño o importancia.

decrépito, -ta adj./ n. m. y f. **1** [persona] Que tiene disminuidas sus facultades físicas y mentales a causa de la edad. ◆ adj. **2** [cosa] Que está en decadencia.

decretar v. tr. Decidir o determinar una persona u organismo que tiene autoridad para ello: *el juez ha decretado prisión para el detenido.*

decreto n. m. Determinación, resolución o decisión que toma una persona o un organismo con autoridad para ello: *el Gobierno publicará un decreto con nuevas medidas antiterroristas.*
▶ decreto ley Resolución que toma el Gobierno en circunstancias especiales: *hoy el partido de la oposición presentará sus enmiendas al decreto ley.* real decreto Decreto que es aprobado por el Consejo de Ministros y firmado por el rey.
DER decretar.

decúbito n. m. Posición del cuerpo de una persona o animal cuando está tendido en el suelo, la cama o un lugar semejante.
▶ decúbito lateral Posición del cuerpo humano cuando está tendido sobre uno de sus lados. decúbito prono Posición del cuerpo cuando está tendido boca abajo. decúbito supino Posición del cuerpo cuando está tendido boca arriba.

dedal n. m. Utensilio de costura que se ajusta en el extremo del dedo con el que se empuja la aguja al coser para protegerlo; es de material duro, forma cilíndrica y hueco.

dedicación n. f. **1** Entrega intensa a una actividad determinada: *mi trabajo me exige mucha dedicación.* dedicación exclusiva o dedicación plena Dedicación que ocupa todo el tiempo del trabajo de una persona e impide hacer otro por contrato o compromiso: *los funcionarios tienen dedicación exclusiva.* **2** Fin al que se destina una cosa. **3** Ofrecimiento de un libro o una obra de arte a una persona, como muestra de afecto o agradecimiento.

dedicar v. tr. **1** Destinar una cosa para un fin determinado: *ha dedicado varias horas a regar el jardín.* **2** Ofrecer un libro o una obra a una persona en especial, como muestra de agradecimiento o afecto. **3** Consagrar una persona o cosa a un dios o santo: *la iglesia está dedicada a la patrona de la ciudad.* ◆ v. prnl. **4** dedicarse Entregarse a una actividad determinada: *me dedico a la jardinería en mis ratos libres.*
OBS En su conjugación, la *c* se convierte en *qu* delante de *e*.
DER dedicación, dedicatoria.

dedicatoria n. f. Escrito que se pone en una obra y se dirige a la persona a la que se ofrece: *me hizo un retrato y me puso una dedicatoria muy cariñosa.*

dedil n. m. Funda de goma, cuero u otro material que se pone en los dedos para protegerlos o para que no se manchen en ciertos trabajos.

dedo n. m. Parte prolongada en que terminan la mano y el pie de los vertebrados, excepto de los peces. SIN dátil.
▶ dedo anular Dedo que ocupa el cuarto lugar en la mano contando desde el pulgar; es menor que el de en medio: *se puso el anillo en el dedo anular.* dedo corazón o dedo de en medio Dedo que ocupa el tercer lugar en la mano contando desde el pulgar; es el más largo de los cinco. dedo índice Dedo que ocupa el segundo lugar en la mano contando desde el pulgar; normalmente, se usa para señalar: *el profesor señaló con el dedo índice al niño que hablaba.* dedo meñique o dedo pequeño Dedo que ocupa el quinto lugar en la mano y en el pie contando desde el pulgar; es el más pequeño. dedo pulgar o dedo gordo Dedo que ocupa el primer lugar en la mano y en el pie; es el más grueso. a dedo **a.** Arbitrariamente, por decisión personal y sin seguir el procedimiento legal: *es una injusticia, lo han nombrado a dedo y nos han dejado a los demás fuera.* NOTA Se usa, generalmente, con los verbos *nombrar, poner.* **b.** Haciendo autostop: *como no tiene coche, siempre viaja a dedo.* chuparse el dedo No darse cuenta de lo que ocurre; ser un ingenuo. chuparse los dedos Disfrutar enormemente del sabor de una comida: *el pollo estaba para chuparse los dedos.* cogerse (o pillarse) los dedos Perjudicarse por falta de experiencia, cuidado o previsión.
DER dedal, dedil, dedillo.

deducción n. f. **1** Razonamiento por medio del cual se sacan conclusiones a partir de una situación anterior o de un principio general. ANT inducción. **2** FILOS. Método de razonamiento que consiste en ir de lo general a lo particular. ANT inducción. **3** Parte que se resta a una cantidad.

deducir v. tr. **1** Sacar una conclusión por medio de un razonamiento a partir de una situación anterior o de un principio general: *vi la luz encendida y deduje que estarías en casa.* SIN argüir, inferir. **2** Restar una parte a una cantidad: *me han deducido del sueldo el 15 % en concepto de impuestos.*
OBS En su conjugación, la *c* se convierte en *zc* delante de *a* y *o* y; el pretérito perfecto simple es irregular, como en *conducir: deduje.*
DER deducción, deducible, deductivo.

deductivo, -va adj. De la deducción o que está relacionado con este método de razonamiento: *el método deductivo fue utilizado por los filósofos racionalistas.* ANT inductivo.

defecar v. intr. Expulsar excrementos por el ano. SIN cagar, evacuar, obrar.
OBS En su conjugación, la *c* se convierte en *qu* delante de *e*.
DER defecación.

defectivo, -va adj. GRAM. [verbo] Que no se usa en todos los modos, tiempos o personas de la conjugación: *«abolir» es un verbo defectivo, solo se usan las formas que tienen «i» en su desinencia.*

defecto n. m. Carencia de una cualidad propia de una persona, animal o cosa: *Juan tiene un defecto, es muy cotilla.*
▶ por defecto INFORM. De manera automática, si no se elige otra opción: *el ordenador grabará el documento en este directorio por defecto.*
DER defección, defectivo, defectuoso; indefectible.

defectuoso, -sa adj. [objeto] Que tiene algún defecto o imperfección: *destruir los ejemplares defectuosos.*

defender v. tr. **1** Guardar o proteger de un ataque, un peligro o un daño. **2** Interceder o hablar favorablemente de una persona o una cosa: *te defendió cuando empezaron a hablar mal de ti.* SIN abogar. **3** Apoyar una idea o una teoría: *el político defendió en público la privatización de las empresas públicas.* **4** Impedir, obstaculizar una acción: *el portero defendió heroicamente los palos de la portería.* ◆ v. prnl. **5** **defenderse** Conseguir lo suficiente para vivir o para seguir con una actividad; salir adelante: *no estudias lo suficiente, solo para defenderte e ir aprobando.*

OBS En su conjugación, la *e* se convierte en *ie* en sílaba acentuada, como en *entender.*

DER defendible, defensa.

defendido, -da adj./ n. m. y f. [persona] Que tiene la defensa de un abogado en un juicio: *la defensa considera como políticos los hechos que se imputan a su defendido.*

defensa n. f. **1** Protección de un ataque, un peligro o un daño: *salió en defensa de su hermano cuando iban a pegarle.* **2** Edificio, arma o cosa que sirve para protegerse de un ataque, un peligro o un daño: *las púas son las defensas de los erizos.* **3** Abogado o conjunto de abogados que defienden al acusado en un juicio. **ANT** acusación. **4** Razón o motivo con el que se intercede por el acusado en un juicio: *la abogada basó su defensa en el hecho de que el acusado no tenía antecedentes.* **legítima defensa** Circunstancia que exime de culpabilidad: *actuó en legítima defensa.* ◆ n. com. **5** Jugador que forma parte de la línea más retrasada de un equipo: *el defensa provocó un penalti.* ◆ n. f. **6** Conjunto de jugadores que forman la línea más retrasada de un equipo: *la defensa del equipo de fútbol realizó un buen partido.* **SIN** zaga. **ANT** delantera. ◆ n. f. pl. **7** **defensas** Medios por los que un organismo se protege de enfermedades: *tiene anemia y está muy baja de defensas.*

DER defensiva, defensivo, defensor; autodefensa, indefenso.

defensivo, -va adj. Que sirve para defender o defenderse: *el escudo era un arma defensiva.*

▶ **a la defensiva** En actitud de desconfianza y recelo por temor a un ataque físico o moral: *María está a la defensiva contigo porque ya le mentiste una vez; contestó a la defensiva.* **NOTA** Se utiliza normalmente con los verbos *estar* y *ponerse.*

defensor, -ra adj. **1** Que defiende o protege: *te has convertido en la defensora de una causa perdida.* ◆ n. m. y f. **2** Abogado que se encarga de la defensa de un acusado en un juicio.

▶ **defensor del pueblo** Persona designada por el Parlamento para presidir la institución pública encargada de defender y proteger los derechos de los ciudadanos frente a la Administración. **defensor de menores** Persona designada por un juez para que represente y proteja a los menores de edad: *María acudió al defensor de menores para denunciar que varios niños habían sido maltratados.*

deficiencia n. f. Defecto, imperfección o carencia: *tuvimos que reclamar a causa de las deficiencias que tenía el coche.*

deficiente adj. **1** Que tiene algún defecto o alguna imperfección. **2** Que no alcanza el nivel considerado normal: *tu examen ha sido deficiente, tendrás que repetirlo.* ◆ adj./ n. com. **3** [persona] Que tiene una capacidad mental inferior a la normal. **SIN** anormal, retrasado, subnormal.

DER deficiencia.

déficit n. m. **1** Situación de la economía en la que los gastos superan a los ingresos: *la empresa ha tenido un déficit de dos millones en los últimos meses.* **ANT** superávit. **2** Situación en la que falta o hay escasez de una cosa necesaria: *déficit de viviendas.*

OBS El plural también es *déficit.*

deficitario, -ria adj. **1** Que tiene más gastos que ingresos: *la empresa ha cerrado por el estado deficitario en que se encontraba.* **2** Que implica falta o escasez de lo que se considera necesario.

definición n. f. **1** Exposición exacta y clara del significado de una palabra o un concepto. **2** Explicación o aclaración de algo dudoso. **3** Nitidez con que se percibe una imagen observada por un instrumento óptico o la imagen formada en una película fotográfica o en la televisión: *televisión de alta definición.*

definido, -da adj. **1** Que es claro y exacto; que tiene límites concretos. **ANT** indefinido. ◆ n. m. **2** Palabra o grupo de palabras que es objeto de definición.

DER indefinido.

definidor, -ra adj./ n. m. y f. Que define: *algunos rasgos definidores de nuestra sociedad son, entre otros, el elevado índice de desempleo y la dificultad de los jóvenes para emanciparse.*

definir v. tr./ prnl. **1** Exponer de manera exacta y clara el significado de una palabra o un concepto: *hemos tenido que definir en el examen varios conceptos de filosofía.* **2** Explicar una persona de manera definitiva su actitud u opinión: *tienes que definir tu postura en este conflicto.* **3** Explicar de manera exacta y clara

la naturaleza de una persona o una cosa: *yo definiría a Juan como una persona alegre.*
DER definición, definido, definitivo, definitorio.

definitivo, -va adj. **1** Que no se puede mover o cambiar: *su decisión es definitiva, así que no volverá.* ANT inconcluso, provisional. **2** Que resuelve o decide: *tu oposición ha sido definitiva en el conflicto.*
▶ en definitiva En conclusión, en resumen: *en definitiva, no iré porque no me apetece.*

definitorio, -ria adj. Que define, delimita o diferencia.

deflación n. f. ECON. Bajada generalizada de los precios que va acompañada de un aumento del valor del dinero.

deforestación n. f. Eliminación o destrucción de los árboles y plantas de un terreno. SIN desforestación.

deforestar v. tr. Quitar o destruir los árboles y plantas de un terreno: *han deforestado una zona verde para construir más edificios.* SIN desforestar.
DER deforestación.

deformación n. f. Alteración de la forma natural de una cosa: *la deformación de su nariz se debe a un puñetazo.*
▶ deformación profesional Alteración de la manera de obrar y pensar debida a la influencia de la profesión propia: *mi tío tiene deformación profesional, es dentista y siempre está mirándonos los dientes.*

deformante adj. Que deforma la imagen o la realidad: *la estética deformante del esperpento de Valle-Inclán va unida a una visión de España.*

deformar v. tr. **1** Alterar la forma natural de una cosa: *la tarta se ha deformado en el traslado.* **2** Alterar la intención o el significado de una cosa que se dice: *ha deformado totalmente mis palabras y se las ha tomado a mal.* SIN tergiversar, torcer.
DER deformación, deforme; indeformable.

deforme adj. Que presenta falta de proporción y regularidad en la forma.
DER deformidad.

deformidad n. f. Desproporción e irregularidad en el cuerpo humano o en un objeto: *le han puesto unas plantillas para corregir una deformidad en los pies.*

defraudar v. tr. **1** Decepcionar o desilusionar alguien o algo a una persona por no ser tan buena como esperaba: *esta película me ha defraudado.* **2** Dejar de pagar o pagar menos, especialmente impuestos. ANT tributar. **3** Robar mediante el abuso de confianza o incumpliendo las obligaciones propias: *el empleado defraudó varios millones a la empresa.*

defunción n. f. Muerte de una persona.

degeneración n. f. Paso de una cualidad o un estado a otro peor; pérdida de las características positivas: *la degeneración del sistema nervioso le ha producido una parálisis.*

degenerado, -da adj. **1** Que se considera fuera de lo normal o de lo moralmente aceptado, en especial en el terreno sexual. ◆ adj./n. m. y f. **2** [persona] Que tiene una conducta sexual que se considera fuera de lo normal o de lo moralmente aceptado. SIN depravado, pervertido.

degenerar v. intr. **1** Pasar de una cualidad o un estado a otro peor. **2** Perder las características positivas: *el debate degeneró en una fuerte discusión.*
DER degeneración, degenerado, degenerativo.

degenerativo, -va adj. Que causa o produce el paso de una cualidad o un estado a otro peor: *está sufriendo un proceso degenerativo del sistema nervioso.*

deglución n. f. Paso de un alimento, bebida o medicamento de la boca al estómago.

degollar v. tr. **1** Cortar el cuello a una persona o animal. **2** Representar mal un papel en el teatro o una pieza musical.
OBS En su conjugación, la *o* se convierte en *ue* en sílaba acentuada, como en *contar.*
DER degolladero, degüello.

degradación n. f. **1** Privación de los cargos u honores que tenía una persona. **2** Reducción o desgaste de las cualidades propias de alguien o algo: *la degradación del medio ambiente.* **3** Desprecio público del orgullo o del honor de una persona. SIN humillación.

degradante adj. Que degrada o humilla: *su actitud fue degradante: lo insultó delante de todos.*

degradar v. tr. **1** Privar a una persona de sus cargos u honores. **2** Hacer que se pierda una cualidad o un estado característicos: *tantos edificios han degradado el paisaje de esta zona.* ◆ v. tr./prnl. **3** Humillar públicamente a una persona. SIN pisar.
DER degradación, degradante.

degustación n. f. Prueba o consumo de un alimento o una bebida que generalmente se ofrece al público de forma gratuita.

degustar v. tr. Probar un alimento o una bebida para examinar su sabor. SIN catar.
DER degustación.

a b c d e f g h i j k l m n ñ o p q r s t u v w x y z

dehesa n. f. Campo que generalmente está acotado y que suele dedicarse al pasto de ganado.

deidad n. f. **1** Ser sobrenatural al que se rinde culto, porque se considera que tiene poder sobre un ámbito concreto de la realidad y en el destino de los hombres; principalmente, en las religiones politeístas. SIN dios, divinidad. **2** Esencia o naturaleza propia de un dios. SIN divinidad.
DER deificar.

deificar v. tr. **1** Considerar a una persona o cosa como un dios y tratarla como tal: *los pueblos primitivos deificaron el fuego.* SIN divinizar. **2** Ensalzar exageradamente las cualidades o virtudes de una persona. SIN divinizar.
OBS En su conjugación, la *c* se convierte en *qu* delante de *e*.

deísmo n. m. Doctrina teológica que afirma la existencia de un Dios personal, creador y primera causa del mundo, pero niega la providencia divina y la religión revelada. SIN deísta.

deísta adj./ n. com. Que es partidario del deísmo: *los ilustrados no eran ateos, eran deístas.*

dejadez n. f. Descuido y falta de preocupación por las propias obligaciones: *todavía no he ido a comprar el libro por dejadez.* SIN pereza.

dejado, -da adj. [persona] Que no cuida su aspecto físico ni sus asuntos: *Juan es muy dejado: tiene toda la ropa tirada en el sillón.*

dejar v. tr. **1** Permitir que se haga una cosa o el modo de hacerla: *nos han dejado ir a la playa.* SIN consentir. **2** Abandonar un lugar, a una persona o una actividad: *dejó el hotel; Juan ha dejado de ir al gimnasio.* **3** Dar, regalar o pagar: *le pedí que me dejara todos sus libros.* **4** Prestar una cosa durante un tiempo: *no quiso dejarme su moto para dar una vuelta.* **5** Poner o colocar: *deja la compra en el frigorífico.* **6** Hacer pasar a un estado o situación: *me dejó triste y preocupado con la noticia.* NOTA Se usa seguido de un adjetivo o participio. **7** Encargar o encomendar: *hemos dejado al niño con una canguro.* **8** No molestar: *deja a tu hermano, que está estudiando.* ◆ v. prnl. **9** dejarse Abandonar el cuidado personal y profesional: *no te dejes tanto y ve a la peluquería.*
▶ dejar bastante (o mucho) que desear Ser peor o inferior de lo que se esperaba: *tu examen deja mucho que desear.* dejar caer Decir algo de forma rápida, pero con intención, en una conversación: *ha dejado caer que habías estado en su casa.* dejar de + infinitivo Indica la interrupción de una acción: *deja de comer chucherías.* dejar en manos de Permitir o hacer que una persona determinada resuelva un asunto o un problema: *hemos dejado en sus manos el tema de las vacaciones.* dejarse caer Presentarse o aparecer en un lugar sin avisar: *se dejó caer por casa cuando estábamos a punto de empezar a comer.* dejarse de Abandonar una actividad o una cosa: *déjate de bromas y escúchame.* no dejar de Expresión que indica ironía: *no deja de ser curioso que, ahora que está aquí mi prima, vengas tanto a mi casa.*
DER dejadez, dejado, deje, dejo.

deje n. m. **1** Pronunciación particular con que se distingue el modo de hablar de alguien por el lugar de donde procede o su estado de ánimo: *contestó con un deje de aburrimiento porque no tenía ganas de ir al cine.* SIN dejo. **2** Gusto o sabor que queda en la boca de lo que se ha comido o bebido: *los pimientos me han dejado un deje picante.* SIN dejo.
OBS La Real Academia Española recoge *deje*, pero prefiere la forma *dejo*.

dejo n. m. **1** Pronunciación particular con que se distingue el modo de hablar de una persona por el lugar de donde procede o su estado anímico: *se te ha pegado el dejo catalán.* SIN deje. **2** Gusto o sabor que queda en la boca de lo que se ha comido o bebido. SIN deje.

del Contracción de la preposición *de* y el artículo *el*: *la casa del abuelo.*
OBS Esta contracción no se produce cuando el artículo forma parte de un nombre propio: *viene de El Escorial.*

delación n. f. Acusación o denuncia de un hecho censurable por parte de una persona que no tiene una relación directa con él. SIN soplo.

delantal n. m. Prenda de vestir que, generalmente colgada al cuello, se ata a la cintura y cubre la parte delantera del cuerpo para no mancharse en ciertas labores: *el carnicero tenía el delantal lleno de sangre.* SIN mandil.

delante adv. En la parte anterior o en un lugar detrás del cual está una persona o cosa: *delante de la casa tenían un precioso jardín.* ANT detrás. NOTA Se combina con diversas preposiciones: *me dieron un golpe por delante.*
▶ delante de **a.** Enfrente, cara a cara: *el libro estaba delante de sus ojos y no lo veía.* **b.** En presencia de: *tuvo que repetir sus mentiras delante de su madre.*

OBS Es incorrecto su uso seguido de un posesivo; se debe decir *delante de nosotros* o *delante de mí*, en lugar de **delante nuestro* o **delante mío*, respectivamente.
DER delantera, delantero; adelante.

delantera n. f. **1** Parte anterior de algo. **2** Pecho de la mujer. **3** Conjunto de jugadores que forman la línea más adelantada de un equipo: *la delantera no ha jugado muy bien.* **ANT** defensa, zaga.
▶ coger (o ganar o tomar) la delantera Adelantarse en la realización de una acción a otra persona que también tenía intención de hacer dicha acción: *iba a comprarle flores, pero me ha tomado la delantera.* llevar la delantera Ir delante de otro en una carrera o en alguna materia.

delantero, -ra adj. **1** Que está o va delante; anterior: *en el vuelo de vuelta nos hemos sentado en la parte delantera del avión; patas delanteras.* **ANT** trasero. ◆ n. m. y f. **2** Jugador que forma parte de la línea más adelantada de un equipo. delantero centro Jugador que ocupa el centro de esta línea. ◆ n. m. **3** Pieza que forma la parte de delante de una prenda de vestir.

delatar v. tr. **1** Dar noticia o aviso a una autoridad de quién es el autor de una falta o delito: *el detenido delató a sus compinches ante la juez.* **SIN** denunciar. **ANT** encubrir. **2** Poner de manifiesto algo que está oculto y que, por lo general, es reprobable. ◆ v. prnl. **3** delatarse Dar a conocer una intención involuntariamente: *María se ha delatado al preguntarte si irías a la fiesta.*
DER delación, delator.

delator, -ra n. m. y f. Persona que denuncia o acusa a otra, especialmente si lo hace en secreto: *la policía tuvo que proteger al delator tras las amenazas de la familia de los ladrones.* **SIN** chivato, confidente.

delegación n. f. **1** Cesión de un poder, una función o una responsabilidad a una persona para que los ejerza: *a la reunión asistirá el secretario por delegación del presidente de la empresa.* **2** Oficina donde trabaja un delegado. **3** Cargo de delegado. **4** Conjunto o reunión de delegados: *el presidente de la Diputación recibirá a una delegación de los pueblos más pobres de la provincia.*

delegado, -da adj. [persona] Que recibe un poder para obrar en nombre de otra u otras personas: *el delegado de clase tiene que representar a todos sus compañeros.* **SIN** apoderado, representante.
DER subdelegado.

delegar v. tr. Ceder una persona u organismo un poder, una función o una responsabilidad a otra persona para que los ejerza en su lugar: *el director del banco ha delegado en el interventor la firma de estos documentos.*
OBS En su conjugación, la *g* se convierte en *gu* delante de *e*.
DER delegación, delegado.

deleitar v. tr./ prnl. Causar placer al espíritu o los sentidos: *nos deleitó con una lectura de su último libro de poemas.*
DER deleite.

deleite n. m. Placer del espíritu o los sentidos. **SIN** delicia.
DER deleitoso.

deleitoso, -sa adj. Que causa placer al espíritu o los sentidos: *tiene una deleitosa forma de recitar.*

deletrear v. intr./ tr. Pronunciar por separado las letras o las sílabas de una palabra.
DER deletreo.

deleznable adj. **1** Que merece ser despreciado; que no merece consideración: *sus mentiras le convierten en un ser deleznable.* **SIN** despreciable. **2** Que se rompe o deshace fácilmente.

delfín n. m. **1** Mamífero marino de cabeza grande y con el hocico en forma de pico; es de color gris y se alimenta de peces y otros animales marinos. **2** Título del primer hijo del rey de Francia: *el delfín era el heredero al trono francés.* **3** Sucesor de una persona importante.
OBS Para indicar el sexo se usa *el delfín macho* y *el delfín hembra*.

delgadez n. f. Escasez de carne o de grasas: *ha hecho régimen y tiene una delgadez exagerada.* **SIN** flaqueza.

delgado, -da adj. **1** [persona, animal] Que tiene poca grasa o poca carne. **SIN** flaco. **ANT** gordo, rollizo. **2** Que es poco ancho o poco grueso: *el cristal de la mesa se ha roto porque era muy delgado.* **SIN** fino. **ANT** gordo.
DER delgadez; adelgazar.

deliberado, -da adj. [acto] Que se hace de forma voluntaria e intencionada: *tu traición ha sido deliberada.* **SIN** intencionado.

deliberar v. intr. Reflexionar antes de tomar una decisión, considerando detenidamente los pros y los contras, o los motivos por los

a b c d e f g h i j k l m n ñ o p q r s t u v w x y z

que se toma: *el opositor esperaba nervioso que el tribunal deliberara.*
DER deliberación, deliberante, deliberativo.

delicadeza n. f. **1** Suavidad, finura o debilidad para estropearse o romperse: *estas telas son de gran delicadeza, lávalas con agua fría.* **2** Sensibilidad ante hechos que pueden causar impresión. **3** Amabilidad, atención o cortesía en el trato: *ella trató con gran delicadeza a todos los presentes.* **4** Habilidad para tratar un asunto determinado: *le expuso el problema con delicadeza para que no se enfadara.* SIN política, tacto, tino. ANT crudeza. **5** Acción elegante u obsequio exquisito.
DER indelicadeza.

delicado, -da adj. **1** Que es suave, fino o débil. **2** Que puede estropearse o romperse con facilidad. **3** Que es muy dado a contraer enfermedades: *tiene el estómago muy delicado y nunca sabe qué comer.* **4** Que es elegante o exquisito. **5** Que es amable, atento y cortés: *Juan es muy delicado con las mujeres.* **6** [persona] Que es muy sensible a las críticas: *ten cuidado con lo que le dices, que es muy delicado y se puede molestar.* **7** [asunto, situación] Que exige mucho cuidado o habilidad.
DER delicadeza.

delicia n. f. **1** Placer del espíritu o los sentidos. SIN deleite. **2** Persona o cosa que causa ese placer: *tu madre es una delicia.* **3** Comida que se hace con pescado cocido y desmenuzado que posteriormente se reboza en huevo y pan rallado y se fríe.
DER delicioso.

delicioso, -sa adj. Que causa o puede causar placer de los sentidos o el espíritu: *preparó un pastel delicioso.*

delictivo, -va adj. [acto] Que implica delito o acción contraria a la ley: *le han arrestado varias veces por su comportamiento delictivo.*

delimitar v. tr. **1** Determinar y marcar con claridad los límites de un terreno: *ya hemos delimitado el terreno con unas vallas.* SIN deslindar. **2** Determinar o aclarar los límites de una cosa o entre dos o más cosas.

delincuencia n. f. **1** Conjunto de acciones que van en contra de la ley: *la delincuencia ha sido tratada por los alcaldes de las grandes ciudades.* **2** Hecho de cometer acciones contra la ley.

delincuente adj. [persona] Que comete acciones que van contra la ley. SIN maleante.
DER delincuencia.

delineante n. com. Persona que tiene por oficio trazar planos ideados por otras personas (arquitectos, ingenieros).

delinquir v. intr. Cometer un delito.
OBS En su conjugación, la *qu* se convierte en *c* delante de *a* y *o*.
DER delincuente.

delirante adj. **1** Que delira. **2** Que va acompañado de delirio: *amor delirante; enfermedad delirante.*

delirar v. intr. **1** Tener visiones o sensaciones que no son reales, sino producto de un trastorno o una enfermedad. SIN alucinar. **2** Decir o creer cosas imposibles, improbables o insensatas. SIN alucinar, desvariar.
DER delirio.

delirio n. m. **1** Estado de alteración mental en el que se producen excitación, desorden de las ideas y alucinaciones. SIN frenesí. **2** Dicho o hecho contrario al sentido común, a la razón o a la conveniencia: *sus delirios son conocidos por todos y nos vamos en cuanto llega.* ► delirio de grandeza Actitud de la persona que sueña con una situación o un lujo que no está a su alcance: *con esos delirios de grandeza vive en un mundo irreal.* SIN desvarío. con delirio De modo excesivo: *el niño deseaba esa bicicleta con delirio.*

delito n. m. **1** Culpa, crimen o quebrantamiento de la ley. **2** Acción u omisión voluntaria castigada por la ley con pena grave: *el obstruir a la justicia se considera un delito.*

delta n. f. **1** Cuarta letra del alfabeto griego, equivalente a la *d* del español. ◆ n. m. **2** Terreno que queda entre los brazos de un río en su desembocadura y que está formado por los materiales que este arrastra.
DER deltoides.

deltoides adj./ n. m. Músculo triangular situado en el hombro y que sirve para levantar el brazo: *el deltoides va desde el omóplato a la clavícula.*
OBS El plural también es *deltoides.*

demagogia n. f. Empleo de los medios necesarios, especialmente halagos fáciles y promesas infundadas, para convencer a la gente de la conveniencia de aceptar unas ideas, en especial un programa político.
DER demagógico, demagogo.

demagógico, -ca adj. De la demagogia o del demagogo, o relacionado con ellos.

demanda n. f. **1** Petición o solicitud de algo, especialmente si consiste en una súplica o se considera un derecho: *asistimos a la huelga en demanda de nuevos puestos de trabajo.* **2** Pregunta que se hace a una persona. **3** Cantidad de mercancías o servicios que los consumidores piden y están dispuestos a comprar: *en invierno hay una fuerte demanda de calentadores.* ANT oferta. **4** DER. Documento por el que se emprende una acción judicial contra una persona o una entidad para reclamarle algo: *una demanda de divorcio.*

demandar v. tr. **1** Pedir o solicitar algo, especialmente si se hace como súplica o se considera un derecho. **2** DER. Emprender una acción judicial contra una persona o una entidad para reclamarle algo: *el propietario demandó al inquilino por impago del alquiler.*
DER demanda.

demarcación n. f. **1** Determinación y señalización de los límites de un terreno. **2** Terreno comprendido entre estos límites: *todos aquellos colonos quedaron contentos con sus demarcaciones.* **3** División administrativa en la que tiene poder una autoridad: *demarcación provincial.*

demás det./ pron. indef. Designa a los elementos de una misma clase que no han sido mencionados o a la parte no mencionada de un todo: *le gustan los perros, los gatos y demás animales.*
▶ por demás Inútilmente, en vano: *todo lo que has hecho ha sido por demás.* por lo demás Por lo que se refiere a otras cuestiones relacionadas: *en las labores de casa es muy perezoso; por lo demás, es un buen estudiante.*

demasía Palabra que se utiliza en la locución *en demasía*, que significa 'más de lo justo o necesario' o 'de manera excesiva': *trabaja en demasía.*

demasiado, -da det./ pron. indef. **1** Que supera lo justo o lo necesario o que es excesivo: *has comprado demasiado papel de regalo.* ◆ adv. **2** Superando lo justo o lo necesario: *has corrido demasiado y mañana tendrás agujetas.* SIN excesivamente.

demencia n. f. **1** Trastorno de la razón, alteración de la mente. SIN locura. **2** Debilitamiento mental, generalmente grave y progresivo por la edad o por una enfermedad. **3** Obra o dicho disparatado.
DER demencial.

demencial adj. **1** De la demencia o relacionado con ella. **2** Absurdo, incomprensible o disparatado.

demente adj. Que tiene trastornadas sus facultades mentales. SIN loco.
DER demencia.

demérito n. m. Falta de mérito o de valor: *este suspenso supone un demérito en tu expediente.*

demiurgo n. m. FILOS. En la doctrina filosófica de los platónicos y alejandrinos, Dios creador que es principio del mundo.

democracia n. f. **1** Sistema político en el que el pueblo elige libremente a quienes lo gobiernan: *la democracia se implantó en España después de un régimen dictatorial.* **2** Doctrina o idea que defiende la participación del pueblo en los asuntos importantes de gobierno. **3** País que se gobierna de esa manera: *las democracias europeas han llegado a un acuerdo político y económico.* **4** Participación de los miembros de una colectividad en los asuntos importantes que lo afectan.
DER demócrata, democrático, democratizar.

demócrata adj. **1** De la democracia o relacionado con ella. SIN democrático. ◆ adj./ n. com. **2** [persona] Partidario de la democracia.

democrático, -ca adj. De la democracia o que tiene relación con ella: *en los países democráticos se somete a votación la elección de los representantes.*

democratizar v. tr. **1** Hacer democrático un país, una ley, una institución, etc. **2** democratizarse ◆ v. prnl. Convertirse [un país, una ley, una institución, etc.] en democrático.
OBS En su conjugación, la *z* se convierte en *c* delante de *e*.
DER democratización.

demografía n. f. Disciplina que estudia estadísticamente la población según su composición, estado y distribución en un momento determinado o según su evolución histórica: *la demografía ayuda a conocer la evolución del número de habitantes de una zona.*

demográfico, -ca adj. De la demografía o que tiene relación con ella.

demoledor, -ra adj. Que destruye o derriba una cosa material o inmaterial: *el golpe fue demoledor.*

demoler v. tr. **1** Destruir o derribar un edificio o una construcción. **2** Destruir o arruinar una cosa abstracta o figurada: *demolieron sus argumentos.*
OBS Se conjuga como *mover.*
DER demoledor, demolición.

demolición n. f. Destrucción de un edificio u otra construcción. SIN derribo.

demonio n. m. **1** Ser sobrenatural o espíritu que representa las fuerzas del mal. SIN diablo. **2** Persona muy inquieta y revoltosa, especialmente si se trata de un niño. SIN diablo.
▶ como el (o un) demonio Mucho o excesivamente: *nuestro coche nuevo corre como un demonio.* del demonio, de mil demonios o de todos los demonios Expresión con la que se exagera una cualidad o un estado: *hace un calor hoy de mil demonios.* llevárselo el demonio o llevárselo los demonios Enfadarse mucho: *cuando vi que habías manchado mi vestido nuevo se me llevaron los demonios.*
DER demoníaco; endemoniar.

demontre int. Expresión que indica enfado, disgusto o sorpresa: *¡Demontre, qué frío hace aquí!, ¿Qué demontres buscas?*

demorar v. tr. **1** Hacer que una cosa ocurra después del tiempo debido o previsto o dejar su realización para más tarde: *los parlamentarios acordaron demorar un año la reforma fiscal; los proyectos se fueron demorando durante meses.* SIN atrasar, retardar, retrasar. ANT adelantar, anticipar. ◆ v. intr./ prnl. **2** Emplear un tiempo determinado o más tiempo del previsto en hacer una cosa: *se demoró más que de costumbre en salir; debido a la manifestación demoramos horas en llegar al centro.* SIN tardar. **3** demorarse ◆ v. prnl. Llegar tarde o con retraso: *mañana me demoraré un poco; el vuelo se demoró una hora.* SIN atrasarse, retrasarse. ANT anticiparse. **4** demorarse Ocurrir o suceder más tarde de lo previsto o de lo normal: *la nieve se está demorando este invierno.* SIN atrasarse, retardarse, retrasarse. ANT adelantarse, anticiparse. **5** demorarse Pararse o entretenerse en un lugar o haciendo una cosa durante más tiempo del conveniente, del necesario o del normal: *se demoraron unos minutos en la plaza, paseando entre sus árboles; su mirada se demoraba en los objetos reencontrados de su infancia.*
DER demora.

demostrable adj. Que se puede probar.
DER indemostrable.

demostración n. f. **1** Prueba de que algo es verdadero. **2** Muestra exterior de un sentimiento o una intención: *la manera en que lo has defendido ha sido una auténtica demostración de amistad.* **3** Enseñanza práctica. **4** Comprobación de una teoría aplicándola a casos concretos: *no sirve solo el resultado del problema, quiero la demostración.*

demostrar v. tr. **1** Probar que algo es verdadero. **2** Dar a conocer abiertamente una cosa sin dejar lugar a dudas: *le demuestra continuamente su afecto.* **3** Enseñar de forma práctica.
OBS En su conjugación, la *o* se convierte en *ue* en sílaba acentuada, como en *contar.*
DER demostrable, demostración, demostrativo.

demostrativo, -va adj./ n. m. **1** GRAM. [determinante, pronombre] Que señala personas, animales o cosas según la distancia a la que se encuentran del hablante: *«este», «ese» y «aquel» son demostrativos.*

denario n. m. Nombre de dos antiguas monedas romanas, una de plata y otra de oro.

dendrita n. f. Prolongación ramificada del citoplasma de una célula nerviosa: *las dendritas reciben los impulsos nerviosos.*

denegar v. tr. Responder negativamente a una petición o solicitud: *le denegaron la beca por superar el límite de ingresos.*
OBS En su conjugación, la *e* se convierte en *ie* en sílaba acentuada y la *g* en *gu* delante de *e*, como en *regar.*
DER denegación.

denigrante adj. Que ataca, daña o menoscaba el buen nombre, la fama o el honor de una persona: *el abuso de poder constituye un trato denigrante para cualquier trabajador.*

denigrar v. tr. **1** Insultar y ofender a una persona de palabra. SIN denostar, difamar. **2** Atacar el buen nombre y la fama de una persona.
DER denigrante.

denodado, -da adj. Que muestra valor, energía o decisión: *hizo denodados esfuerzos por llegar a la meta.*
DER denuedo.

denominación n. f. Nombre con el que se distinguen las personas y las cosas: *el cambio de denominación de las calles ha sido muy criticado.*
▶ denominación de origen Nombre que da garantía oficial de la procedencia y calidad de un producto: *han conseguido la denominación de origen para los vinos de su comarca.*

denominador, -ra adj. **1** Que da o pone nombres concretos. ◆ n. m. **2** Número que indica las partes iguales en que se considera dividido un todo en una fracción: *8 es el denominador en el quebrado 2/ 8.*

denominar v. tr. Dar un nombre concreto a una persona o una cosa que los identifique. SIN llamar.
DER denominación, denominador.

denostar v. tr. Insultar y ofender a una persona de palabra: *denostó a su amigo después de una fuerte discusión.* SIN denigrar, difamar.
OBS En su conjugación, la *o* se convierte en *ue* en sílaba acentuada, como en *contar*.
DER denuesto.

denotación n. f. **1** Indicación o significación mediante un signo o una señal: *sus palabras eran una denotación de preocupación.* **2** GRAM. Significado propio de una palabra o una expresión sin matizaciones subjetivas: *la denotación se contrapone a la connotación.*

denotar v. tr. **1** Indicar o significar mediante un signo: *su gesto denotaba alegría.* **2** GRAM. Tener una palabra o una expresión un significado propio sin matizaciones subjetivas.
DER denotación.

denotativo, -va adj. Que denota: *el valor denotativo de una palabra es lo que significa; el connotativo, lo que sugiere.*

densidad n. f. **1** Acumulación de gran cantidad de elementos o individuos en un espacio determinado: *si entras en ese bosque, puedes perderte por la densidad de árboles que hay.* densidad de población Cantidad de habitantes por unidad de superficie. **2** FÍS. Relación entre la masa de un cuerpo y su volumen.

denso, -sa adj. **1** [sustancia] Que tiene mucha materia en poco espacio: *la niebla era muy densa durante el viaje y tuvimos que pararnos.* **2** Que está formado por muchos elementos que se encuentran muy juntos: *un bosque denso rodeaba el lago.* **3** Difícil de entender por tener mucho contenido: *tienes que leer esta novela tranquilamente porque es muy densa.*
DER densidad, densificar; adensar, condensar.

dentado, -da adj. Que tiene dientes o puntas parecidas a dientes: *la sierra tiene el filo dentado.*
DER dentadura; desdentado.

dentadura n. f. Conjunto de dientes, colmillos y muelas de una persona o animal.
▶ dentadura postiza Estructura formada por dientes artificiales que sustituyen a los naturales.

dental adj. **1** De los dientes o que tiene relación con ellos. SIN dentario. ◆ adj./ n. f. **2** GRAM. [sonido] Que se pronuncia apoyando la punta de la lengua en los dientes: *las consonantes de la palabra* dato *son dentales.*
DER dentario; interdental, labiodental.

dentario, -ria adj. De los dientes o que tiene relación con ellos: *tiene problemas dentarios.* SIN dental.

dentellada n. f. **1** Mordedura hecha clavando los dientes: *comer zanahorias a dentelladas.* SIN bocado. **2** Herida hecha clavando los dientes.

dentellar v. intr. Golpear unos dientes contra otros de forma muy seguida: *en los ataques epilépticos es muy frecuente que el enfermo dentellee.*
DER dentellada.

dentición n. f. **1** Salida y desarrollo de los dientes. **2** Tiempo que dura la salida y el desarrollo de los dientes. **3** ZOOL. Tipo y número de dientes que caracteriza a un mamífero, según la especie a la que pertenece.

dentífrico, -ca adj./ n. m. Que sirve para limpiar los dientes: *se me ha olvidado comprar la pasta dentífrica.*
OBS No se debe decir **dentrífico*.

dentista n. com. Médico especializado en el estudio y tratamiento de las enfermedades de los dientes. SIN odontólogo.
▶ mecánico dentista Persona que se dedica a la fabricación de piezas o aparatos artificiales que se colocan en la boca de las personas para sustituir a los dientes.

dentro adv. En la parte interior, hacia la parte interior: *dentro del armario está el pantalón.* SIN adentro. ANT fuera.
▶ dentro de **a.** Durante un tiempo comprendido entre dos momentos o a su fin: *mi hermano llegará dentro de unos días.* **b.** En el interior de un espacio o período que no es real o concreto: *sentía una gran pena dentro del alma.* por dentro Indica la verdadera opinión de una persona: *me daba la razón, pero por dentro pensaba que yo decía una tontería.*
DER adentro.

denuncia n. f. **1** Noticia o aviso que se da a una autoridad sobre un delito o una acción que va en contra de la ley: *los vecinos pusimos una denuncia por el ruido de los bares a altas horas de la madrugada.* **2** Noticia o aviso a una autoridad de un delito o de su autor sin tener una relación directa con ellos: *la denuncia que has hecho de tus compañeros ha sido un acto insolidario.* **3** Declaración pública de algo que se considera ilegal o injusto: *la película que hemos visto es una denuncia de la violencia.* **4** Comunicación de que un contrato o tratado queda sin efecto, hecha por una de las partes.

denunciar v. tr. **1** Dar noticia o aviso a una autoridad de un delito o una acción que va en contra de la ley: *lo denunció por agresión.* **2** Dar noticia o aviso a una autoridad de un hecho censurable o de su autor sin tener una relación directa con ellos. SIN delatar. **3** Declarar públicamente algo que se considera ilegal o injusto: *la prensa denunció las ilegalidades cometidas por algunos políticos.* **4** Comunicar una de las partes a la otra que un contrato o tratado queda sin efecto: *la carta del autor al editor denunciaba el contrato por incumplimiento de algunas cláusulas.*

OBS En su conjugación, la *i* es átona, como en *cambiar.*

DER denuncia.

deparar v. tr. Proporcionar o conceder: *no sabía que aquel encuentro nos depararía tantas alegrías.*

departamento n. m. **1** Parte en que se divide o estructura un espacio: *el armario tiene un departamento para los zapatos.* SIN compartimento, compartimiento. **2** Parte de una administración, de un ministerio o una institución: *el Departamento de Turismo ha editado unos folletos informativos sobre la ciudad.* NOTA Suele escribirse con letra mayúscula. **3** Parte de una facultad universitaria que se dedica a la enseñanza y el estudio de materias afines: *es profesor del Departamento de Matemáticas de la Facultad de Económicas.* NOTA Suele escribirse con letra mayúscula.

departir v. intr. Conversar por pasatiempo o sobre temas poco importantes: *estuvimos toda la tarde departiendo amigablemente.* SIN charlar.

dependencia n. f. **1** Relación por la que una persona o cosa está bajo el mando o la autoridad de otra persona o institución. **2** Relación que existe entre dos sucesos. **3** Necesidad física o psíquica que tiene un individuo de consumir algún producto, generalmente, perjudicial para el organismo, y que es difícil de superar: *los tranquilizantes pueden crear dependencia.* **4** Oficina, habitación o espacio dedicado a un uso determinado: *se produjo un altercado en las dependencias judiciales.*

DER interdependencia.

depender v. intr. **1** Estar bajo el mando o la autoridad de una persona o una institución. **2** Estar condicionada una cosa a otra: *el que vaya de vacaciones depende de si apruebo.* **3** Necesitar una persona o una cosa para vivir: *los bebés dependen de la protección de sus padres.*

DER dependiente.

dependiente, -ta n. m. y f. **1** Persona que, en una tienda, se dedica a atender a los clientes. ◆ adj. **2** Que depende de una persona o cosa: *esta tienda es dependiente de la otra que hay en la plaza.* ANT autónomo, independiente. ◆ adj./ n. com. **3** [persona] Que depende de otras personas para desenvolverse en muchas actividades cotidianas, a causa de algún problema físico o mental, o por circunstancias socialmente adversas. NOTA El femenio es *la dependiente*, no *la dependienta.*

DER dependencia; independiente.

depilar v. tr. Eliminar el vello de una parte del cuerpo: *utiliza cera para depilarse.*

DER depilación, depilatorio.

deplorable adj. Que es capaz de levantar críticas o quejas.

deponer v. tr. **1** Dejar, abandonar o apartar: *depuso su actitud cuando compredió que él llevaba razón.* **deponer las armas** Dejar la lucha armada. **2** Expulsar a una persona de su cargo o empleo. SIN destituir. **3** DER. Exponer ante el juez u otra autoridad lo que se sabe sobre un asunto. SIN atestiguar, declarar. ◆ v. intr. **4** Expulsar excrementos por el ano. SIN defecar, evacuar.

OBS Se conjuga como *poner.*

DER deposición.

deportación n. f. Destierro de una pesona a un lugar alejado por razones políticas o como castigo.

deportar v. tr. Desterrar a una persona a un lugar alejado por razones políticas o como castigo: *fue deportado durante la dictadura.*

DER deportación.

deporte n. m. **1** Ejercicio físico que se hace por pasatiempo o diversión. **2** Actividad o ejercicio físico sujeto a unas normas en el que se pone a prueba la habilidad o la fuerza física.

DER deportista, deportivo.

deportista adj./ n. com. [persona] Que hace deporte.

deportivo, -va adj. **1** Del deporte o que tiene relación con él: *le gustan las revistas deportivas.* **2** Que se ajusta a las normas de corrección y juego limpio que deben guardarse en la práctica de un deporte. ANT antideportivo. ◆ adj./ n. m. **3** Automóvil pequeño y muy rápido; generalmente, tiene dos puertas y dos plazas.

DER deportividad; antideportivo, polideportivo.

deposición n. f. **1** Expulsión de excrementos por el ano. **2** Excremento que se expulsa por el ano. SIN caca. **3** Expulsión de un cargo. **4** Exposición ante un juez u otra autoridad de lo que se sabe sobre un asunto. SIN declaración.

depositar v. tr. **1** Poner bienes o cosas de valor bajo la custodia de una persona o institución que se hace responsable de ellos: *es mejor que deposites el dinero en el banco.* **2** Colocar una cosa en un lugar determinado: *depositó los billetes del tren en el cajón de su escritorio.* **3** Conceder o confiar, especialmente, un sentimiento: *deposité mi confianza en él y me ha traicionado.* ◆ v. prnl. **4** depositarse Caer en el fondo de un líquido una materia sólida que estaba en suspensión en él.

DER depositario.

depositario, -ria n. m. y f. **1** Persona o institución que cuida de los bienes o cosas de valor que se ponen bajo su custodia: *el depositario es el responsable de lo que le confíes y tiene que devolverlo.* **2** Persona a quien se concede o confía un sentimiento: *ella es la depositaria de sus preocupaciones.*

depósito n. m. **1** Recipiente grande, generalmente cerrado, que sirve para contener líquidos o gases: *un depósito de gasolina.* SIN tanque. **2** Lugar destinado a contener cosas para guardarlas o conservarlas. depósito de cadáveres Lugar, generalmente refrigerado, donde se guardan los cuerpos muertos de las personas que no pueden ser enterrados o incinerados en el tiempo habitual. **3** Conjunto de bienes o cosas de valor que se ponen bajo la custodia de una persona o institución: hizo su depósito en el banco. **4** Cantidad de dinero que se entrega como garantía cuando comienza un servicio y se recupera al finalizar este: *al alquilar el piso, nos pidieron dos meses de depósito.* SIN fianza. **5** Sedimento o materia que se deposita en el fondo después de haber estado en suspensión en un líquido.

depravación n. f. Degeneración o entrega a comportamientos viciosos o que se apartan gravemente de la moral y las costumbres generalmente admitidas.

depravado, -da adj. [persona] Que tiene un comportamiento vicioso o que se aparta de la moral y las costumbres generalmente admitidas.

OBS Es el participio de *depravar*.

depreciar v. tr. Disminuir el valor o el precio de una moneda o de otra cosa: *el euro fue depreciado por el Banco Central Europeo.* SIN devaluar.

OBS En su conjugación, la *i* es átona, como en *cambiar*.

DER depreciación.

depredador, -ra adj./ n. m. y f. [animal] Que caza animales de otra especie para alimentarse: *el león, el tigre y el leopardo son depredadores.*

depresión n. f. **1** Estado psíquico, que puede llegar a ser enfermedad psicológica, que se caracteriza por una gran tristeza sin motivo aparente, decaimiento anímico y pérdida de interés por todo. **2** Hundimiento de un terreno o una superficie. **3** Período de baja actividad económica que se caracteriza por

deportes

deportes de equipo: béisbol, fútbol (sala, americano), futbito, *rugby*, hockey (hierba, ruedas, hielo), baloncesto, balonmano, voleibol

deportes individuales: tenis, *squash*, *ping-pong*, frontón, pelota vasca, bádminton, gimnasia (aparatos, barra, trampolín, potro, plinto, rítmica), halterofilia, pesas, *footing*, aeróbic, alpinismo, ciclismo, motociclismo, automovilismo, golf, tiro (arco, plato, pichón)

atletismo: carrera (vallas, relevos, obstáculos, velocidad, fondo, resistencia), maratón, decatlón, pentatlón, marcha atlética, salto (longitud, altura, pértiga), lanzamiento (disco, peso, martillo, jabalina)

deportes acuáticos: natación, saltos de trampolín, waterpolo, submarinismo, vela, surf de vela o *windsurf*, remo, esquí acuático, navegación, piragüismo, ballet acuático, natación sincronizada

deportes aéreos: vuelo (aerostático, libre, sin motor), paracaidismo, parapente

deportes de invierno: esquí alpino, esquí de fondo, patinaje sobre hielo, patinaje artístico, saltos

deportes ecuestres: equitación, carrera, carrera de obstáculos, polo

deportes de combate: esgrima, judo, kárate, lucha, boxeo, artes marciales, taekwondo

deportes recreativos: billar, bolos, dardos, petanca

la caída de las inversiones y los salarios y el aumento del desempleo.
▶ depresión atmosférica Fenómeno atmosférico en el que hay bajas presiones, fuertes vientos y lluvias. SIN borrasca, ciclón.

depresivo, -va adj. **1** Que produce tristeza. **2** Que tiene tendencia a deprimirse: *es una persona depresiva y todo le influye mucho.*
DER antidepresivo.

deprimente adj. Que produce decaimiento del ánimo: *ahora, madre, hablemos, pero solo de cosas sin importancia, olvidando todas las deprimentes y complicadas, todo lo que pueda hacer daño.*

deprimido, -da adj. Que padece decaimiento del ánimo y del interés: *está muy deprimido desde que te fuiste.*

deprimir v. tr. **1** Reducir el volumen de un cuerpo por medio de la presión. ◆ v. tr./ prnl. **2** Producir decaimiento del ánimo y del interés. ANT animar.
DER depresión, deprimido.

deprisa adv. Con rapidez y velocidad: *ve deprisa que te están llamando.* SIN aprisa.

depuración n. f. **1** Eliminación de la suciedad o impurezas de una sustancia: *el Ayuntamiento procederá a la depuración del agua.* **2** Proceso por el cual el organismo elimina sustancias nocivas o inútiles. **3** Perfeccionamiento del lenguaje o el estilo: *la depuración del lenguaje se consigue leyendo mucho.*

depuradora n. f. Aparato o instalación que sirve para eliminar la suciedad, especialmente la de las aguas.

depurar v. tr. **1** Limpiar de suciedad o impurezas una sustancia: *hay que depurar el agua antes de beberla.* **2** Perfeccionar el lenguaje o el estilo: *el poeta ha depurado su estilo en el último libro.* **3** Expulsar de un cuerpo u organización a los miembros que no siguen la doctrina, creencia o conducta de los demás miembros.
DER depuración, depuradora.

dequeísmo n. m. Uso incorrecto de la preposición *de* y la conjunción *que*: *le dije de que viniera es un dequeísmo.*

derbi o **derby** n. m. Encuentro o competición deportiva.

derecha n. f. **1** Mano o pierna situada en el lado opuesto al que corresponde al corazón en el ser humano. SIN diestra. ANT izquierda, siniestra. **2** Dirección o situación de una cosa que se halla en el lado contrario al que corresponde al corazón en el ser humano: *en general, está prohibido adelantar por la derecha.* ANT izquierda. **3** Conjunto de personas que defienden una ideología conservadora. ANT izquierda.
DER derechazo, derechismo.

derechismo n. m. Tendencia política que defiende una ideología conservadora. ANT izquierdismo.

derecho, -cha adj./ n. f. **1** [parte de una cosa] Que está situado, en relación con la posición que ocupa una persona, en el lado opuesto en el que se ubica el corazón del ser humano. SIN diestro. ANT izquierdo. **2** [parte del cuerpo] Que está situado en el lado opuesto al que ocupa el corazón del ser humano: *se ha dado un golpe en el ojo derecho.* ANT izquierdo. **3** [lugar] Que está situado, en relación con la posición de una persona, en el lado opuesto al que ocupa el corazón del ser humano: *si tiras por la derecha, llegarás antes a la tienda.* ANT izquierdo. ◆ adj. **4** Que es recto y no se tuerce a un lado ni a otro: *coge otra aguja para coser, esa no está derecha.* ◆ n. m. **5** Facultad de los hombres de poder tener o exigir lo que la ley permite o establece: *todos los niños tienen derecho a la enseñanza gratuita.* **6** Conjunto de leyes y reglas que regulan la vida en sociedad y que los hombres deben obedecer: *el derecho marítimo regula el tráfico de mercancías y pasajeros por mar.* **7** Ciencia que estudia las leyes y su aplicación. **8** Conjunto de consecuencias naturales derivadas del estado de una persona o de su relación con otras: *tiene derecho a una pensión por ser disminuido psíquico.* **9** Lado principal de una tela, un papel u otras cosas y que por ello está mejor trabajado: *no se ha puesto el vestido al derecho y se le ven las costuras.* ANT revés. ◆ n. m. pl. **10** derechos Cantidad de dinero que se cobra por un hecho determinado: *los derechos aduaneros.* **11** Cantidad de dinero que cobran algunos profesionales. derechos de autor Cantidad que un profesional cobra como participación en los beneficios que produce su obra. ◆ adv. **12** derecho Directamente, por el camino recto: *se fue derecho al colegio sin entretenerse.*
▶ ¡no hay derecho! Expresión de protesta ante algo que se considera injusto.
DER derecha.

deriva n. f. Desvío del rumbo de una nave a causa del viento, el mar o la corriente: *un fuerte viento provocó la deriva del barco.*

▶ a la deriva **a.** [objeto flotante, embarcación] Dejándose arrastrar por el viento, el mar o la corriente. **b.** Sin dirección o propósito fijo: *la oficina va a la deriva desde que él se marchó.*

derivación n. f. **1** Hecho o acontecimiento que sigue o resulta de otro: *las derivaciones de una enfermedad.* **SIN** consecuencia. **2** GRAM. Procedimiento para formar palabras nuevas mediante la adición, supresión o cambio de un afijo en una palabra ya existente: *«descansar» está formada por derivación.* **3** Separación de una parte de un todo para dirigirla a otra parte: *hemos tomado una derivación de la carretera para llegar a la zona de descanso.* **4** Pérdida de la intensidad de la corriente eléctrica producida especialmente por la humedad.

derivada n. f. MAT. En una función matemática, límite hacia el cual tiende la razón entre el incremento de la función y el correspondiente a la variable cuando el último tiende a cero.

derivado, -da adj./ n. m. **1** GRAM. [palabra] Que se ha formado a partir de otra mediante adición, supresión o cambio de un afijo: *las palabras «rojez», «rojizo» y «enrojecer» son derivados de «rojo».* **2** [producto químico] Que se obtiene de otro.

derivar v. intr./ prnl. **1** Descender o proceder de una cosa: *su actitud deriva del resentimiento.* ◆ v. tr./ intr. **2** GRAM. Formar una palabra a partir de otra a la que se añade, suprime o intercala un afijo. **3** Dirigir o conducir una cosa hacia otro lado: *no le interesaba lo que le decía y derivó la conversación hacia temas menos comprometidos.* **4** MAR. Apartarse una embarcación de la dirección señalada: *la barca derivaba hacia nuevos rumbos.*

DER deriva, derivación, derivada, derivado.

dermato-, dermat-, dermo- Elemento prefijal que entra en la formación de palabras con el significado de 'piel': *dermatoesqueleto.*

dermatología n. f. Parte de la medicina que se ocupa de las enfermedades de la piel.

DER dermatólogo.

dermatólogo, -ga n. m. y f. Médico especializado en el estudio y tratamiento de las enfermedades de la piel.

dermis n. f. ANAT. Capa más gruesa de la piel de los vertebrados que se encuentra justo debajo de la epidermis.

OBS El plural también es *dermis.*

DER dérmico; epidermis.

derogar v. tr. Anular una ley con una nueva: *han derogado una ley que estaba anticuada.*

OBS En su conjugación, la *g* se convierte en *gu* delante de *e.*

DER derogación.

derrama n. f. Distribución de un gasto entre varias personas que deben pagarlo.

derramamiento n. m. Salida de un líquido o una cosa formada por partículas del recipiente que lo contiene. **SIN** derrame.

derramar v. tr. Verter de manera involuntaria el contenido de un recipiente: *le dio un empujón y derramó el agua del vaso.* **SIN** volcar.

DER derramamiento, derrame.

derrame n. m. **1** Salida de un líquido o una cosa formada por partículas del recipiente que lo contiene. **2** MED. Acumulación o salida anormal de un líquido orgánico al exterior de la cavidad que debería contenerlo: *el derrame cerebral le produjo serias lesiones.*

derrapaje n. m. Deslizamiento de un vehículo desviándose lateralmente.

derrapar v. intr. Deslizarse un vehículo desviándose de una dirección determinada: *el coche derrapó porque había hielo en la calzada.* **SIN** patinar.

DER derrapaje, derrape.

derredor n. m. Espacio que rodea una cosa.

▶ en derredor En torno a una cosa o una persona.

derretir v. tr. **1** Convertir una sustancia sólida en líquida por la acción del calor: *has dejado el hielo fuera del frigorífico y se ha derretido.* **SIN** fundir. **2** Gastar los bienes o el dinero con gran rapidez: *ha derretido en poco tiempo el premio de la lotería.* **SIN** fumar, fundir. ◆ v. prnl. **3** derretirse Sentirse muy enamorado.

OBS En su conjugación, la *e* se convierte en *i* en algunos tiempos y personas, como en *servir.*

derribar v. tr. **1** Hacer caer al suelo un edificio o una construcción: *el Ayuntamiento ha ordenado derribar el edificio que estaba en ruinas.* **SIN** demoler. **2** Hacer dar en el suelo a una persona o cosa: *el viento ha derribado todas las antenas que había en la azotea.* **SIN** tirar. **3** Hacer perder el poder, un cargo o una posición.

DER derribo.

derribo n. m. **1** Demolición de una construcción. **SIN** derrumbamiento, derrumbe. **2** Caída provocada de una persona o cosa: *el derribo del jugador fue por una zancadilla.*

derrocamiento n. m. Expulsión de una persona de su cargo o caída de un sistema de gobierno por medios violentos.

derrocar v. tr. Hacer caer a una persona de su cargo o a un sistema de gobierno por medios violentos: *los revolucionarios derrocaron al rey.*
OBS En su conjugación, la *o* se convierte en *ue* en sílaba acentuada y la *c* en *qu* delante de *e*, como en *trocar*; también se conjuga sin diptongar.
DER derrocamiento.

derrochador, -ra adj./ n. m. y f. [persona] Que derrocha o malgasta una cosa, generalmente dinero.

derrochar v. tr. **1** Gastar una cosa, generalmente dinero o bienes materiales, sin necesidad. SIN despilfarrar. **2** Emplear en gran cantidad una cosa buena o positiva: *María es un encanto, derrocha dulzura.*
DER derroche.

derroche n. m. Gasto de una cosa, generalmente dinero o bienes materiales, sin necesidad. SIN despilfarro.

derrota n. f. **1** Acción de vencer o ser vencido en una contienda bélica o en una competición. **2** Camino estrecho de tierra: *no podemos continuar con el coche por la derrota.* **3** MAR. Dirección que sigue una embarcación. SIN derrotero, rumbo.

derrotar v. tr. **1** Vencer y hacer que huya el ejército contrario. **2** Vencer en una competición. ◆ v. intr. **3** Dar el toro cornadas levantando la cabeza y cambiando bruscamente de dirección. ◆ v. prnl. **4** derrotarse Perder la fuerza moral o el ánimo: *no hay porqué derrotarse al primer contratiempo.* SIN derrumbar, desmoronar.
DER derrota, derrote, derrotero, derrotismo.

derrotero n. m. **1** Camino o medio que se sigue para llegar o alcanzar un fin determinado: *ignoro qué derroteros lo han colocado donde está.* **2** MAR. Línea dibujada en un mapa para señalar la dirección que debe seguir una embarcación. SIN rumbo. **3** MAR. Dirección que sigue una embarcación: *la barca navegaba con derrotero norte.* SIN derrota, rumbo.

derruir v. tr. Hacer caer al suelo un edificio o construcción: *vimos un viejo molino derruido.* SIN derribar, hundir.
OBS Se conjuga como *huir.*

derrumbamiento n. m. **1** Demolición de una construcción: *el terremoto ha provocado el derrumbamiento de las casas más viejas que había en el pueblo.* SIN derribo, derrumbe. **2** Pérdida de la fuerza moral o el ánimo.

derrumbar v. tr. **1** Hacer que caiga una construcción o parte de una montaña, especialmente cuando es por una explosión. ◆ v. prnl. **2** derrumbarse Perder una persona la fuerza o el ánimo, especialmente cuando ha sufrido una pena muy grande: *se derrumbó tras la muerte de su mujer.* SIN derrotar, desmoronar.
DER derrumbamiento, derrumbe.

derrumbe n. m. Destrucción o caída de una construcción, especialmente cuando se utilizan explosivos. SIN derribo.

des- Prefijo que entra en la formación de palabras con el sentido de: **a.** 'Negación' o 'inversión del significado del vocablo al que se une': *desconfiar, deshacer, descontar.* **b.** 'Exceso': *deslenguado, descarado, despavorido.* **c.** 'Fuera de': *deshora, destierro, destiempo.*

desaborido, -da adj. **1** [alimento] Que no tiene sabor o gusto. ◆ adj./ n. m. y f. **2** Que es soso y no tiene gracia o interés. SIN desabrido

desabrido, -da adj. **1** [alimento] Que no tiene sabor o gusto: *el plátano verde me parece una fruta bastante desabrida.* SIN desaborido. **2** [alimento] Que tiene mal sabor o mal gusto. **3** [tiempo atmosférico] Que resulta desagradable por la lluvia o por el frío: *parece que este otoño va a ser desabrido.* **4** Que es áspero y desagradable en el trato: *no se le puede decir nada, es muy desabrido.*

desabrigar v. tr. Destapar a una persona o quitar la ropa que la abriga: *no te desabrigues por la calle, que hace frío.* ANT abrigar.
OBS En su conjugación, la *g* se convierte en *gu* delante de *e*.

desabrochar v. tr. Abrir o soltar los botones u otro cierre de una prenda: *se desabrochó el abrigo.* ANT abrochar.

desacato n. m. **1** Falta de respeto ante una autoridad o cosa que se considera sagrada: *el no presentarse ante el capitán era una demostración de desacato.* **2** Delito que se comete por mentir, jurar en falso o perder el respeto a una autoridad, especialmente a un juez o tribunal de justicia.

desaconsejable adj. Que no es recomendable: *es desaconsejable conducir si se ha bebido.*

desaconsejar v. tr. Recomendar una persona a otra que no haga una cosa o que la evite. ANT aconsejar.

desacostumbrado, -da adj. **1** Que ha perdido una costumbre. **2** Que es poco frecuente o es diferente de lo habitual: *los te-*

rremotos y huracanes son fenómenos desacostumbrados en España.

desacreditar v. tr. Disminuir o quitar el buen nombre, el valor o la consideración a una persona o a una cosa: *pretendían desacreditar al Gobierno.* ANT acreditar.

desactivar v. tr. **1** Detener o acabar con un proceso o una acción: *el Gobierno ha decidido desactivar el plan de empleo.* ANT activar. **2** Hacer que deje de funcionar una cosa: *los artificieros de la policía desactivaron la bomba.* ANT activar.

desacuerdo n. m. Hecho de pensar cosas diferentes u opuestas dos personas: *están en desacuerdo con la decisión que hemos tomado.* ANT acuerdo.

DER desacorde.

desafiar v. tr./ prnl. **1** Provocar a una persona para enfrentarse a ella física o verbalmente: *le ha desafiado a un duelo con espada.* SIN retar. ◆ v. tr. **2** Oponerse o enfrentarse a lo que dice u ordena una persona: *desafió a la autoridad paterna.* **3** Enfrentarse con valor a una situación difícil o peligrosa: *cruzaron el mar desafiando los elementos.* **4** Contradecir aparentemente un fenómeno a una ley.

OBS En su conjugación, la *i* se acentúa en algunos tiempos y personas, como en *desviar.*

DER desafío.

desafinar v. intr. **1** Apartarse del tono adecuado al cantar: *alguien en el coro desafinaba.* SIN desentonar. ◆ v. tr./ prnl. **2** Perder un instrumento musical el tono correcto: *la guitarra se ha desafinado.*

DER desafinado.

desafío n. m. **1** Provocación a una persona para enfrentarse a ella física o verbalmente. **2** Acción de enfrentarse a una situación difícil para tratar de conseguir una cosa: *ganar este premio es un desafío para mí.*

desaforado, -da adj. **1** Que no tiene en cuenta la ley o la justicia: *su gobierno se caracterizó por las actuaciones desaforadas.* **2** Que tiene un tamaño muy grande o una intensidad fuera de lo común.

desafortunado, -da adj. **1** Que tiene consecuencias negativas. **2** Que no es adecuado en una situación determinada: *su intervención fue desafortunada.* ◆ adj./ n. m. y f. **3** [persona] Que tiene mala suerte: *fue un hombre desafortunado.* ANT afortunado.

desafuero n. m. Acto que comete una persona, especialmente una autoridad, que va contra la ley, la justicia o la razón y que perjudica a otras personas.

desagradable adj. **1** Que causa mala impresión en los sentidos: *ese jarabe tiene un sabor muy desagradable.* ANT agradable. **2** Que causa molestia o fastidio: *un ruido desagradable.* **3** [persona] Que no es amable ni considerado en el trato con la gente. ANT agradable.

desagradar v. tr. Molestar o causar disgusto cierta cosa a una persona. ANT agradar.

DER desagradable, desagrado.

desagradecido, -da adj./ n. m. y f. [persona] Que no reconoce el valor de lo que se hace en su favor o beneficio. ANT agradecido.

desagrado n. m. Contrariedad que siente una persona por algo que le disgusta: *su actitud me causa desagrado.* ANT agrado.

desagraviar v. tr. Compensar a un persona por un daño físico o moral que ha recibido: *lo desagravió pidiendo disculpas en público.* ANT agraviar.

OBS En su conjugación, la *i* es átona, como en *cambiar.*

DER desagravio.

desagravio n. m. Compensación que recibe una persona por un daño físico o moral.

desaguar v. tr. **1** Sacar el agua que hay en un lugar: *desaguaron el pantano por las esclusas.* ◆ v. intr. **2** Entrar una corriente de agua en otra o en el mar: *este arroyo desagua en el río Henares.* **3** Dejar salir el agua de un recipiente para que no quede estancada en él. **4** Expulsar la orina.

OBS En su conjugación, la *u* no se acentúa y la *gu* se convierte en *gü* delante de *e*, como en *averiguar.*

desagüe n. m. Agujero que hay en un recipiente que conecta con un sistema de tubos o canales que sirven para conducir el agua y evitar que se estanque.

desahogar v. tr. **1** Mostrar abiertamente un deseo, una opinión o una preocupación, especialmente cuando no decirlo provoca angustia: *al llorar se ha desahogado.* ◆ v. tr. **2** Hacer que desaparezca una preocupación, especialmente económica: *el préstamo de su padre lo desahogó durante unos meses.* ◆ v. prnl. **3** desahogarse Confiar los problemas o preocupaciones a alguien.

OBS En su conjugación, la *g* se convierte en *gu* delante de *e.*

DER desahogado, desahogo.

a b c d e f g h i j k l m n ñ o p q r s t u v w x y z

desahuciar v. tr. **1** Expulsar a una persona de una casa o de un terreno que ocupa, mediante una acción legal: *lo desahuciaron por no pagar la renta.* **2** Pronosticar [un médico] que un enfermo no tiene ninguna posibilidad de curación.
OBS Se conjuga como *cambiar.*
DER desahucio.

desahucio n. m. Acción legal por la que se expulsa a la persona que ocupa o tiene arrendada una casa o un terreno.

desajuste n. m. **1** Alteración del correcto funcionamiento de algo. **2** Falta de adaptación o de acuerdo que provoca diferencias o discrepancias: *el conflicto fue provocado por un simple desajuste de intereses; para hablar bien se deben evitar desajustes entre lo que se quiere decir y lo que se expresa.*

desalar v. tr. **1** Quitar toda o parte de la sal que tiene un alimento: *desalar el bacalao en agua.* ANT salar. **2** Quitar las alas a un ave o a un insecto.

desalentar v. tr. Quitar cierta cosa el ánimo o la energía a una persona de modo que no tiene ganas de continuar haciendo algo. SIN desanimar. ANT alentar.
OBS En su conjugación, la *e* se convierte en *ie* en sílaba acentuada, como en *acertar.*
DER desaliento.

desaliento n. m. Pérdida del ánimo o de la energía para continuar haciendo algo. ANT aliento.

desaliñado, -da adj. Que no cuida la forma de vestir ni el aseo personal: *salió a abrir la puerta completamente desaliñado.*

desaliño n. m. Falta de cuidado en la forma de vestir y en el aseo personal.

desalojar v. tr. **1** Sacar o hacer salir a alguien de un lugar, generalmente utilizando la fuerza. **2** Dejar vacío un lugar. **3** Desplazar una cosa de un lugar a otro.
DER desalojo.

desamor n. m. Sentimiento de desagrado y rechazo hacia una persona o cosa.

desamortización n. f. Liberación mediante acciones legales de determinados bienes que pertenecen a la Iglesia, la nobleza o a una colectividad para que puedan ser vendidos.

desamparar v. tr. Abandonar o dejar sin ayuda o protección a una persona que la necesita: *no podemos desamparar a los niños sin hogar.*
DER desamparo.

desamparo n. m. Situación de la persona que no recibe ayuda o protección, aunque la necesita.

desamueblar v. tr. Quitar los muebles de una casa o de una parte de ella. ANT amueblar.

desangelado, -da adj. **1** [persona] Que está solo y sin protección: *cuando estuve perdida me sentía desangelada.* **2** [lugar] Que es solitario, triste o poco acogedor.

desangrar v. tr. **1** Sacar mucha sangre a una persona o animal: *las sanguijuelas desangraron al caballo.* **2** Hacer perder bienes o dinero, gastándolos poco a poco: *el hijo mayor está desangrando a sus padres.* ◆ v. prnl. **3 desangrarse** Perder mucha sangre una persona o animal por una herida.

desanimar v. tr. Quitar el ánimo o la energía a una persona de modo que no tiene ganas de continuar haciendo algo. SIN desalentar. ANT estimular.
DER desánimo.

desánimo n. m. Falta de ánimo o de energía para hacer algo: *trataba de apartarlo del desánimo dándole nuevas esperanzas.*

desapacible adj. **1** Que no es agradable por el viento o la lluvia: *una desapacible noche de invierno.* **2** Que es irritable y poco amable.

desaparecer v. intr. **1** Dejar de percibirse una cosa por uno o varios de los sentidos: *al mover la antena, el sonido agudo desapareció.* **2** Dejar de estar presente en un lugar una persona, animal o cosa. ANT aparecer, emerger. **3** Terminar o dejar de producirse un fenómeno, especialmente una enfermedad: *han hecho desaparecer la polio.*
OBS En su conjugación, la *c* se convierte en *zc* delante de *a* y *o*, como en *agradecer.*
DER desaparición.

desaparición n. f. Hecho de dejar de estar presente una persona, animal o cosa en un lugar o de saber dónde está. ANT aparición.

desapego n. m. Falta de afecto o interés por una persona o una cosa: *con la distancia creció su desapego por la familia.* SIN despego.

desapercibido, -da adj. Que no se percibe, no se hace notar o no llama la atención. SIN inadvertido.

desaprensivo, -va adj. Que tiene desaprensión: *lo timaron unos desaprensivos.* SIN inaprensivo.

desaprobar v. tr. Considerar que una persona actúa mal o que una cosa está mal hecha.

NOTA En su conjugación, la *o* se convierte en *ue* en sílaba acentuada, como en *contar*.
DER desaprobación.

desaprovechar v. tr. Usar mal o no sacar todo el rendimiento posible de algo: *has desaprovechado un buena oportunidad.* ANT aprovechar.
DER desaprovechamiento.

desarbolar v. tr. Quitar o derribar la arboladura o palos de una embarcación de vela.

desarmar v. tr. **1** Separar las piezas que forman un objeto: *desarmó la cuna para guardarla.* SIN descomponer, desmontar. ANT armar. **2** Confundir o sorprender a una persona hasta dejarla sin posibilidad de reacción o respuesta: *con su seguridad desarmó al rival.* SIN apabullar, aplastar, arrollar. **3** Quitar las armas: *la policía desarmó al secuestrador y liberó al rehén.* ANT armar.
DER desarmado, desarme.

desarme n. m. Retirada de las armas de una zona o de un tipo de armas: *los pacifistas encabezaron la manifestación a favor del desarme nuclear.*

desarraigado, -da adj. **1** [persona] Que no tiene ningún tipo relación afectiva con el lugar donde vive o con su entorno: *como emigrante se sentía desarraigado.* **2** Que es propio o característico de las personas desarraigadas.

desarraigar v. tr. **1** Arrancar de raíz un árbol o una planta. **2** Eliminar una pasión, vicio o costumbre. **3** Expulsar o apartarse una persona del lugar donde vive o de su familia: *muchos poetas fueron desarraigados de su ambiente tras la guerra civil.*
OBS En su conjugación, la *g* se convierte en *gu* delante de *e*.

desarraigo n. m. Situación de la persona que ha perdido las raíces o la sensación de pertenecer a un lugar, ambiente o grupo de personas diferente: *la pérdida de gran parte de las antiquísimas costumbres autóctonas conduce, en muchos casos, al desarraigo social y cultural.*

desarreglado, -da adj. **1** [cosa] Que no tiene orden, se lo han quitado o que ha perdido el orden o disposición que tenía entre sus elementos. SIN desordenado. ◆ adj./ n. m. y f. **2** [persona] Que no tiene sus cosas en orden ni pone cuidado en ellas, o que actúa sin reglas ni horario fijo. SIN desordenado.
OBS Es el participio de *desarreglar*.

desarreglar v. tr. Quitar o perder una cosa su orden o la disposición que tiene entre otros elementos. SIN desordenar. ANT arreglar.
DER desarreglado, desarreglo.

desarrollar v. tr./ prnl. **1** Hacer crecer, aumentar o progresar: *esta ciudad se ha desarrollado con las nuevas industrias.* ◆ v. tr. **2** Realizar una idea o un proyecto: *el Departamento de Botánica está desarrollando un estudio sobre las algas.* **3** Explicar con detalle y amplitud un tema. **4** Realizar todas las operaciones que hay que seguir en un cálculo matemático para llegar a la solución. **5** Deshacer la forma de cilindro o rollo de lo que había sido arrollado: *desarrolló la alfombra y la extendió en el pasillo.* SIN desenrollar. ANT arrollar, enrollar. ◆ v. prnl. **6** desarrollarse Ocurrir o producirse un acontecimiento: *el argumento de esta película se desarrolla en el siglo* XIX.
DER desarrollado, desarrollo.

desarrollismo n. m. Actitud o tendencia favorable al desarrollo y crecimiento económicos, aunque supongan desequilibrios: *el desarrollismo español tuvo lugar en las décadas de 1960 y 1970.*
DER desarrollista.

desarrollo n. m. **1** Crecimiento o progreso de una persona o una cosa. **2** Ejecución de una idea o acción: *el desarrollo de este proyecto se hará gracias a las subvenciones del ministerio.* **3** Explicación detallada de una teoría o un tema. **4** Realización de las operaciones necesarias para conseguir un resultado o para explicar un cálculo: *el profesor me pidió que hiciera el desarrollo de la fórmula en la pizarra.*
DER subdesarrollo.

desarticular v. tr. **1** Deshacer o destruir un sistema o una estructura, especialmente la organización de un grupo ilegal o delictivo: *desarticularon una red de narcotraficantes.* **2** Desencajar un miembro de su articulación, o una pieza del lugar que le corresponde: *la caída le desarticuló el codo; el brazo mecánico se desarticuló.*
DER desarticulación.

desasosegar v. tr. Perder o hacer perder la tranquilidad o el sosiego.
OBS En su conjugación, la *e* se convierte en *ie* en sílaba acentuada y la *g* en *gu* delante de *e*, como en *regar*.
DER desasosiego.

desasosiego n. m. Falta de tranquilidad o de sosiego: *las noticias sobre la guerra provocaron el desasosiego de la población.*

desastrado, -da adj. [persona] Que está sucio y mal vestido.

desastre n. m. **1** Desgracia o suceso que produce mucho daño o destrucción: *las inundaciones de aquel año fueron un desastre para el campo.* **2** Cosa mal hecha, de mala calidad o que produce una mala impresión: *la excursión fue un desastre.* SIN catástrofe. **3** Persona que obra desacertadamente y no es útil por ser torpe o tener mala suerte: *es un desastre para las matemáticas.* SIN calamidad.
DER desastrado, desastroso.

desastroso, -sa adj. Que es un desastre o lo causa: *la situación es desastrosa.*

desatar v. tr. **1** Soltar lo que está atado: *desatar un paquete.* SIN desligar. ANT atar. **2** Causar o provocar que algo ocurra con fuerza o de forma violenta: *su actitud insolidaria desató las críticas de sus compañeros.* SIN desencadenar. ◆ v. prnl. **3** desatarse Perder la timidez o la inseguridad y actuar abiertamente.

desatascador, -ra adj./ n. m. **1** [sustancia, objeto] Que desatasca o sirve para desatascar: ◆ n. m. **2** Utensilio que se utiliza para desatascar desagües; consiste, generalmente, en una ventosa unida a un mango.

desatascar v. tr. Quitar lo que atasca un conducto: *desatascó el desagüe.*
OBS En su conjugación, la *c* se convierte en *qu* delante de *e*.
DER desatascador.

desatender v. tr. **1** No prestar atención a lo que se dice o hace: *desatender a un niño.* ANT atender. **2** No tener en cuenta, no hacer caso de las palabras o consejos de alguien: *siempre desatiende los consejos de su padre.* SIN desoír.
OBS En su conjugación, la *e* se convierte en *ie* en sílaba acentuada, como en *entender*.
DER desatento.

desatento, -ta adj. **1** [persona] Que no pone la atención debida en lo que hace. ANT atento. ◆ adj./ n. m. y f. **2** [persona] Que es maleducado y no demuestra ni atención ni cordialidad a las personas. ANT atento.

desatinar v. intr. Decir o hacer locuras o disparates.
DER desatino.

desatino n. m. **1** Obra o dicho poco adecuado o falto de juicio: *sus amigos se lo llevaron cuando empezó a hacer desatinos.* **2** Locura, disparate, dicho o hecho fuera de razón.

desatrancar v. tr. **1** Quitar la tranca u otro objeto que cierre una puerta o ventana. ANT atrancar, trancar. **2** Desatascar un conducto. ANT atascar, atrancar.
OBS En su conjugación, la *c* se convierte en *qu* delante de *e*.

desautorizar v. tr. Quitar autoridad, poder, facultad o crédito a una persona o una cosa: *esta teoría desautoriza las teorías anteriores.* ANT autorizar.
OBS En su conjugación, la *z* se convierte en *c* delante de *e*.
DER desautorización.

desavenencia n. f. Falta de acuerdo o de entendimiento entre varias personas: *son muy buenos amigos y sus desavenencias las hablan tranquilamente.*

desayunar v. tr. Tomar el primer alimento de la mañana: *siempre desayuno café y tostadas.*
DER desayuno.

desayuno n. m. **1** Primer alimento que se toma por la mañana. **2** Acción de tomar este alimento.

desazón n. f. Sentimiento de disgusto o intranquilidad causado por una situación desagradable: *sentía desazón por no saber nada de ellos.*
DER desazonar.

desazonar v. tr./ prnl. **1** Producir disgusto, enfado o intranquilidad: *se desazona cuando ve que sus alumnos no estudian como él quisiera.* ◆ v. tr. **2** Quitar sabor a un alimento. ANT sazonar.

desbancar v. tr. Apropiarse de la posición o consideración privilegiada de una persona para ocuparla uno mismo: *ha desbancado al vicepresidente de la compañía mediante engaños.*
OBS En su conjugación, la *c* se convierte en *qu* delante de *e*.

desbandada n. f. **1** Huida en desorden y en diferentes direcciones: *los disparos de los cazadores provocaron la desbandada de los conejos.* **2** Movimiento por el que un grupo de personas se marcha en diferentes direcciones.
▶ a la desbandada o en desbandada Rápida y desordenadamente: *cuando sonó el primer disparo, los patos salieron en desbandada.*

desbandarse v. prnl. Escapar en desorden y en diferentes direcciones.
DER desbandada.

desbarajuste n. m. Gran desorden en una cosa o en un conjunto de personas: *nuestro escritorio es un desbarajuste, no hay nada en su sitio.*

desbaratar v. tr. **1** Deshacer, estropear o impedir que algo se realice. **2** Derrochar bienes materiales: *desbarataron la fortuna familiar en pocos años.*

desbastar v. tr. **1** Quitar las partes más bastas de un material destinado a labrarse: *el carpintero desbastó la madera antes de hacer la puerta.* SIN desguazar. **2** Educar a una persona para quitarle la rudeza.
DER desbaste.

desbloquear v. tr. **1** Hacer que las comunicaciones de una plaza, un puerto, un territorio o un ejército dejen de estar bloqueadas: *se pidió a los huelguistas que desbloquearan la carretera.* **2** Suprimir los obstáculos que impiden el normal desarrollo de un proceso o actividad: *desbloquear una negociación.* **3** Hacer que vuelva a funcionar una cosa que estaba bloqueada: *desbloquear los frenos del automóvil.* **4** Levantar [la autoridad] el bloqueo de una cantidad de dinero o un crédito.

desbocado, -da adj. **1** [cuello de una prenda de vestir] Que está demasiado abierto y que se ha deformado. **2** [caballería] Que corre precipitada y alocadamente sin obedecer la acción del freno.

desbocar v. tr. **1** Abrirse más de lo normal o coger mala forma una abertura de una prenda de vestir, generalmente el cuello: *no le tires a tu hermano del jersey, que se desboca el cuello.* ◆ v. prnl. **2 desbocarse** Dejar de obedecer una caballería la acción del freno y correr precipitada y alocadamente.
OBS En su conjugación, la *c* se convierte en *qu* delante de *e*.
DER desbocado.

desbordamiento n. m. **1** Salida de lo contenido en un recipiente por los bordes o de una corriente de agua de su cauce. **2** Manifestación abierta y exaltada de una pasión o un sentimiento: *hubo un desbordamiento de alegría general cuando el equipo salió al campo.* **3** Superación de los límites o la capacidad de una persona.

desbordante adj. **1** [pasión, sentimiento] Que se muestra abiertamente y no puede contenerse: *llegó desbordante de ilusión.* **2** Que causa cansancio y agobio por ser excesivo: *tiene un trabajo desbordante.*

desbordar v. intr./ prnl. **1** Salirse por los bordes lo contenido en un recipiente o de su cauce una corriente de agua: *el río se desbordó e inundó los campos.* **2** Manifestar abiertamente una pasión o un sentimiento. ◆ v. tr. **3** Exceder los límites o la capacidad de una persona: *me desbordan los acontecimientos, no puedo asimilar tantas novedades.*
DER desbordamiento, desbordante.

descabalar v. tr. **1** Deshacer o no llegar a completar un conjunto: *ha descabalado la cubertería nueva perdiendo dos tenedores y un cuchillo.* **2** Deshacer o alterar un proyecto o un plan: *la incorporación de más personas al viaje descabaló el presupuesto.* **3** Dejar dos superficies a distinto nivel.

descabalgar v. intr. Bajarse de una caballería. ANT montar.
OBS En su conjugación, la *g* se convierte en *gu* delante de *e*.

descabellado, -da adj. Que va contra la razón o la lógica: *ha sido una idea descabellada meter ese perro tan grande en un piso tan pequeño.*

descabellar v. tr. En tauromaquia, matar al toro instantáneamente clavándole el estoque en la cerviz.
DER descabellado, descabello.

descabezar v. tr. **1** Quitar o cortar la cabeza a una persona o animal. **2** Quitar la parte superior o la punta de una cosa: *se ha descabezado el cigarro.* **3** Eliminar o capturar a la persona de mayor autoridad de una organización: *han descabezado a la banda terrorista deteniendo a su máximo dirigente.*
▶ descabezar un sueño Dormirse ligeramente sin acostarse en la cama.
OBS En su conjugación, la *z* se convierte en *c* delante de *e*.

descafeinar v. tr./ prnl. **1** Quitar la cafeína del café. **2** Quitar autenticidad a una cosa privándola de alguno de sus elementos más importantes o característicos: el último invierno ha sido descafeinado: no ha llovido ni ha hecho mucho frío.
OBS En su conjugación, la *i* se acentúa en algunos tiempos y personas.
DER descafeinado.

descalabrar v. tr./ prnl. **1** Herir de un golpe a una persona, especialmente en la cabeza: *lo descalabró de una pedrada.* SIN escalabrar. ◆ v. tr. **2** Causar un daño o perjuicio: *la falta de ayuda descalabró el proyecto.*
DER descalabradura, descalabro.

descalcificación n. f. **1** Pérdida del calcio que contiene un hueso u otro tejido orgánico. SIN decalcificación. **2** Eliminación de la cal de una cosa. SIN decalcificación.

descalcificar v. tr. **1** Disminuir el calcio en un hueso. **2** Eliminar la caliza de las rocas o

suelos por el efecto del agua: *el agua del mar ha transformado el paisaje al descalcificar las rocas de estas calas.*
OBS En su conjugación, la *c* se convierte en *qu* delante de *e*.
DER descalcificación.

descalificar v. tr. **1** Eliminar a un participante en un concurso o una competición: *el ciclista fue descalificado.* **2** Negar la autoridad o capacidad de una persona, un grupo o una cosa: *los empleados se pasan todo el día descalificando al director de la empresa.*
OBS En su conjugación, la *c* se convierte en *qu* delante de *e*.
DER descalificación.

descalzar v. tr./ prnl. **1** Quitar el calzado. **2** Quitar las cuñas que inmovilizan un objeto: *descalzó el camión antes de arrancar.* **ANT** calzar.
OBS En su conjugación, la *z* se convierte en *c* delante de *e*.
DER descalzo.

descampado, -da adj./ n. m. [terreno] Que no tiene árboles, vegetación ni viviendas: *los niños jugaban en el descampado.*

descansado, -da adj. Que no exige mucha actividad o esfuerzo. **SIN** reposado.

descansar v. intr. **1** Parar en el trabajo o en otra actividad para recuperar fuerzas. **2** Dormir durante un período corto. **SIN** reposar. **3** Encontrar paz y tranquilidad apartándose de una preocupación o un dolor: *se fueron a descansar al campo después de la muerte de su padre.* **SIN** reposar. **4** Estar enterrado: *los restos de todos sus familiares descansan en un panteón.* **SIN** reposar. **5** Apoyar una cosa en otra: *la estatua de bronce descansaba sobre una columna.* ◆ v. tr. **6** Disminuir o aliviar la fatiga.
DER descansado, descanso.

descansillo n. m. Superficie plana en que termina cada tramo de una escalera. **SIN** descanso, rellano.

descanso n. m. **1** Pausa en el trabajo o en otra actividad para recuperar fuerzas: *necesito un descanso después de este día tan ajetreado.* **SIN** reposo. **2** Período en que se interrumpe un espectáculo, un programa o una competición deportiva: *hemos tenido que esperar al descanso para poder entrar al concierto y no molestar.* **SIN** intermedio. **3** Superficie llana en que termina cada tramo de una escalera: *ya no podía más y me paré en el descanso del tercer piso.* **SIN** rellano.
DER descansillo.

descapotable adj./ n. m. [vehículo] Que tiene capota o techo que se puede retirar: *automóvil descapotable.*

descarado, -da adj./ n. m. y f. **1** [persona] Que habla u obra sin vergüenza ni respeto. ◆ adj. **2** Que implica o denota descaro: *un lenguaje muy descarado.* **3** Que se hace sin disimulo: *un plagio descarado.* **SIN** cara, sinvergüenza.
DER descaro.

descarga n. f. **1** Extracción de un peso o una carga del lugar donde está: *esta zona del puerto es para la carga y descarga de los barcos.* **2** Paso de la energía eléctrica acumulada en un cuerpo a otro. **3** Conjunto de disparos de armas de fuego, especialmente cuando se producen a la vez.

descargar v. tr. **1** Sacar la carga del lugar donde está: *hay que descargar el camión de la mudanza.* **2** Hacer que un arma de fuego lance su carga. **SIN** disparar, tirar. **3** Dar un golpe con fuerza: *lo tenía tan enfadado que descargó un puñetazo en la mesa.* **4** Desahogar y liberar la tensión o el enfado: *descargó su enfado conmigo.* **5** Dejar un trabajo o una obligación para que lo haga otra persona. **6** Copiar o transferir información (datos, programas, etc.) en la memoria de una computadora desde la de otra, especialmente, a través de Internet u otra red informática. **SIN** bajar. ◆ v. tr./ intr. **7** Producir lluvia, granizo u otro fenómeno atmosférico una nube, nublado, tormenta o meteoro semejante. ◆ v. prnl. **8** descargarse Anular o perder la carga eléctrica.
OBS En su conjugación, la *g* se convierte en *gu* delante de *e*.
DER descarga, descargadero, descargador, descargo, descargado.

descarnado, -da adj. [relato, historia] Que presenta la realidad sin rodeos, de manera cruda o desagradable: *han puesto un reportaje descarnado de la guerra de Bosnia.*

descarnar v. tr. Separar la carne del hueso: *se ha caído y se ha descarnado un codo.*
DER descarnado.

descaro n. m. Falta de vergüenza o de respeto: *le contestó con descaro que iba a hacer lo que quisiera.* **SIN** cara.

descarriar v. tr. **1** Apartar o separar de un grupo, generalmente, una oveja de un rebaño. **2** Apartar a una persona de lo que es justo o razonable: *estudiaba mucho, pero en los últimos meses se ha descarriado con sus nuevos amigos.* **SIN** extraviar.

OBS En su conjugación, la *i* se acentúa en algunos tiempos y personas, como en *desviar*.
DER descarriado.

descarrilar v. intr. Salirse de los carriles [un tren u otro vehículo que circule por ellos].

descartar v. tr. **1** Rechazar o no tener en cuenta una posibilidad, una persona o una cosa. SIN excluir. ◆ v. prnl. **2** descartarse Dejar las cartas de la baraja que no son buenas para el juego, sustituyéndolas por otras.
DER descarte.

descarte n. m. Abandono de las cartas de la baraja que no son buenas para el juego, sustituyéndolas por otras: *tras el descarte, no tuvo mucha suerte.*

descasar v. tr. Separar legalmente a dos personas que estaban casadas; deshacer un matrimonio: *se han descasado después de ocho años de matrimonio.* SIN divorciar. ANT casar.

descascarillar v. tr. **1** Hacer que salte algún pequeño trozo de la superficie de una cosa: *el golpe descascarilló la pintura del auto; se ha descascarillado el plato.* SIN desconchar. **2** Quitar la cáscara o la cascarilla de un fruto u otra cosa: *almendras descascarilladas; los piñones tostados se descascarillan solos.*

descendencia n. f. Conjunto de hijos y generaciones posteriores que descienden de una persona: *tuvo una descendencia prolífica.* ANT ascendencia.

descendente adj. **1** Que baja; que va en dirección hacia abajo: *los esquiadores se dirigen a las pistas descendentes.* ANT ascendente. **2** Que disminuye en valor, cuantía o intensidad: *los violines acompañan el tema con escalas descendentes.* ANT ascendente.

descender v. intr. **1** Pasar de un lugar a otro que está más bajo: *descendimos de la azotea.* SIN bajar. ANT ascender. **2** Salir de un vehículo o dejar de estar montado en él. SIN bajar. **3** Pasar de una categoría o posición a otra inferior: *ha descendido de categoría profesional.* **4** Proceder de una persona o cosa: *José desciende de una familia aristocrática de su ciudad.* ◆ v. intr./ tr. **5** Hacer más pequeño el valor, cuantía o intensidad de una cosa: *descender los precios.* SIN bajar. ANT ascender. ◆ v. tr. **6** Poner en un lugar más bajo. SIN bajar.
OBS En su conjugación, la *e* se convierte en *ie* en sílaba acentuada, como en *entender*.
DER descendencia, descendiente, descendimiento, descenso; condescender.

descendiente n. com. Persona que desciende de otra: *los abuelos han reunido este fin de semana a todos sus descendientes para celebrar sus bodas de oro.* ANT ascendiente.

descendimiento n. m. Cambio de posición de una persona o cosa del lugar en el que se halla a otro más bajo. SIN descenso.

descenso n. m. **1** Trayecto que va de un lugar a otro más bajo; suele ser un terreno inclinado, considerado de arriba abajo. ANT ascensión, ascenso. **2** Cambio de posición de una persona o cosa del lugar en el que se halla a otro más bajo. SIN descendimiento. ANT ascensión, ascenso, subida. **3** Disminución del valor, cuantía o intensidad de una cosa: *las estadísticas muestran que hubo un descenso de accidentes de circulación.* ANT ascenso. **4** Paso de una categoría o posición a otra inferior: *el descenso del equipo local provocó la destitución del entrenador.* **5** Salida de una o más personas o animales de un vehículo.

descentralizar v. tr. **1** Hacer que una cosa deje de depender de un centro único o de una dirección central: *los organizadores del concierto han descentralizado la venta de entradas: también pueden adquirirse en diversos centros comerciales.* ANT centralizar. **2** Traspasar poderes y funciones del gobierno central a organismos menores: *descentralizar los servicios sanitarios.* ANT centralizar.
OBS En su conjugación, la *z* se convierte en *c* delante de *e*.
DER descentralización.

descerrajar v. tr. Arrancar o abrir con violencia una cerradura: *los ladrones descerrajaron la puerta.*

descifrador, -ra adj. **1** [diccionario] Que sirve para comprender mensajes; ofrece las palabras por orden alfabético con sus diversas acepciones o significados: *este es un diccionario descifrador de textos.* ANT cifrador. ◆ n. m. y f. **2** Persona que descifra.

descifrar v. tr. **1** Leer un mensaje escrito en un lenguaje secreto compuesto por signos especiales: *descifrar un jeroglífico* ANT cifrar. **2** Llegar a comprender o interpretar una cosa confusa o un asunto difícil de entender: *Edipo descifró el enigma de la Esfinge.*
DER indescifrable.

descodificar v. tr. Aplicar las reglas adecuadas a un mensaje que ha sido emitido en un sistema de signos determinado para entenderlo: *no conseguimos descodificar el mensaje*

secreto que nos mandaste. SIN decodificar. ANT codificar.
OBS En su conjugación, la *c* se convierte en *qu* delante de *e*.

descojonarse v. prnl. *malsonante* Reírse mucho y con ganas. SIN desternillarse.

descolgar v. tr. **1** Bajar o soltar lo que está colgado. ANT colgar. **2** Bajar o dejar caer poco a poco un objeto mediante una cuerda, una cadena o un cable. ◆ v. tr. **3** Levantar el auricular del teléfono: *descolgaba el teléfono para que no lo molestaran.* ◆ v. prnl. **4 descolgarse** Bajar deslizándose por una cuerda u otra cosa parecida: *los bomberos se descolgaron por las ventanas del edificio en llamas.* **5** Aparecer en un lugar inesperadamente: *María se descolgó ayer por casa a la hora del café.* **6** Distanciarse una persona de un grupo quedándose atrás: *el corredor con el dorsal 15 se descolgó y llegó con tres minutos de diferencia.* **7** Hacer algo inesperado.
OBS En su conjugación, la *o* se convierte en *ue* en sílaba acentuada y la *g* en *gu* delante de *e*, como en *colgar*.

descolocar v. tr./ prnl. **1** Poner un objeto en un lugar que no le corresponde. **2** Dejar a un jugador o a un grupo de jugadores, generalmente del equipo contrario, mal situado respecto a la posición que debe ocupar: *el contraataque descolocó a toda la defensa contraria.*
OBS En su conjugación, la *c* se convierte en *qu* delante de *e*.

descolonización n. f. Concesión de la independencia a una colonia o territorio por parte de la nación extranjera que lo dominaba. ANT colonización.

descolorido, -da adj. Que tiene un color débil o que ha perdido color: *los vaqueros están descoloridos de tanto lavarlos.*

descolorir v. tr. Quitar, perder o reducir el color: *descolorir una camiseta* ANT colorear.
OBS La Real Academia Española recoge *descolorir*, pero prefiere la forma *descolorar*.
DER descolorido.

descompensación n. f. **1** Falta de igualdad, armonía y equilibrio en una cosa. ANT compensación. **2** MED. Estado de un órgano que no realiza adecuadamente sus funciones.

descompensar v. tr. **1** Hacer perder la compensación. **2 descompensarse** ◆ v. prnl. MED Llegar [un órgano enfermo] a un estado de descompensación.
DER descompensación.

descomponer v. tr. **1** Separar las piezas que forman un objeto. SIN desmontar. **2** Cambiar la colocación o el orden; desordenar. **3** Estropear un mecanismo o un aparato: *ha descompuesto el equipo de música al enchufarlo sin el transformador.* **4** Poner enfermo o perjudicar la salud. ◆ v. prnl. **5 descomponerse** Perder la tranquilidad y alterarse la expresión o el color del rostro por una fuerte impresión: *mi madre se descompone cuando suena el teléfono de noche porque teme que le den malas noticias.* **6** Perder la calma o la paciencia: *me descompongo cuando veo lo desordenada que tienes tu habitación.* **7** Pudrirse una sustancia animal o vegetal muerta.
OBS El participio es *descompuesto.* Se conjuga como *poner.*
DER descomposición, descompuesto.

descomposición n. f. **1** Putrefacción de una sustancia animal o vegetal muerta. **2** Alteración del aparato digestivo que consiste en la expulsión frecuente de excrementos líquidos: *solo puede comer arroz blanco y zanahorias porque tiene descomposición.* SIN diarrea. ANT estreñimiento.

descompuesto, -ta part. **1** Participio pasado irregular del verbo *descomponer*. También se usa como adjetivo. ◆ adj. **2** [persona] Que ha perdido la tranquilidad y se le cambia la expresión o el color de su rostro por una fuerte impresión: *se quedó descompuesto cuando se enteró del accidente.* NOTA Se suele usar con los verbos *estar*, *quedarse* y *ponerse*.

descomunal adj. Que se sale de lo común por su gran tamaño o por otra circunstancia.

desconcertado, -da adj. **1** Que está alterado en su orden, composición o concierto: *¿quién diablos acertará a concertar estos relojes, estando las ruedas tan desconcertadas?* **2** Que está sorprendido o confundido ante una situación inesperada: *la muerte de Jesús en la cruz dejó a sus discípulos desconcertados.*

desconcertante adj. Que sorprende y confunde por coger desprevenido.

desconcertar v. tr./ prnl. Causar a una persona confusión o desorientación, generalmente por medio de una sorpresa: *me desconcertó con sus preguntas y no supe qué responder.*
OBS En su conjugación, la *e* se convierte en *ie* en sílaba acentuada, como en *acertar*.
DER desconcertante.

desconchado n. m. Parte de la superficie de una cosa (una pared, un objeto de loza o porcelana) en la que ha saltado algún trozo del yeso, esmalte, pintura, etc., que la cubre: *esta herramienta permite poner clavos en la pared sin hacer desconchados ni destrozos.*

desconcierto n. m. **1** Confusión o desorientación que siente una persona, generalmente a causa de un hecho que le pilla por sorpresa: *la muerte de su padre le produjo un gran desconcierto.* **2** Confusión o desorientación en una cosa. ANT concierto.

desconectar v. tr. **1** Hacer que un sistema mecánico o eléctrico deje de tener contacto con una fuente de energía y se interrumpa su funcionamiento: *desconecta el congelador, que voy a limpiarlo.* ANT conectar. **2** Interrumpir la comunicación entre dos aparatos o sistemas. SIN apagar. ANT conectar. **3** Separar o desencajar las partes que integran un aparato o sistema: *el fontanero ha tenido que desconectar varios tramos de la cañería para localizar la avería.* ANT conectar. **4** Dejar de tener relación o comunicación. ANT conectar.
DER desconexión.

desconexión n. f. **1** Interrupción de una conexión o enlace. SIN conexión. **2** Falta de relación entre varias personas, grupos o cosas: *perdieron el partido porque existía mucha desconexión entre la defensa y la delantera.*

desconfiado, -da adj. [persona] Que no tiene confianza o una esperanza segura en una persona o cosa: *José es muy desconfiado y no te creerá.*

desconfianza n. f. Falta de confianza o de esperanza segura en una persona o cosa.

desconfiar v. intr. No tener confianza o esperanza segura en una persona o cosa: *mi chica desconfía de todos porque ha tenido varios desengaños con sus amigos.*
OBS En su conjugación, la *i* se acentúa en algunos tiempos y personas, como en *desviar.*

descongelación n. f. Vuelta de una cosa congelada a su estado primitivo mediante el aumento de la temperatura circundante. ANT congelación.

descongelar v. tr. **1** Volver una cosa congelada a su estado primitivo mediante el aumento de la temperatura circundante: *cuando llegue la primavera, se descongelarán las aguas heladas de los ríos daneses.* SIN deshelar. ANT congelar. **2** Quitar el hielo y la escarcha que se forman en el interior de un congelador o de un frigorífico.
DER descongelación.

descongestionar v. tr. **1** Disminuir la acumulación de una cantidad excesiva de sangre u otro fluido en una parte del cuerpo: *el medicamento descongestiona las vías respiratorias; con el uso de inhaladores se descongestiona la nariz.* ANT congestionar. **2** Disminuir la acumulación de personas o vehículos que impiden una normal circulación por un lugar: *la circunvalación descongestionó el centro de la ciudad.* ANT congestionar.
DER descongestión.

desconocedor, -ra adj. Que desconoce: *en 1810 comenzó la emancipación de aquellos países en los que había unos nueve millones de indios, casi todos, desconocedores del español.* ANT conocedor.

desconocer v. tr. **1** No tener idea de una cosa o no comprender su naturaleza, cualidades y relaciones. SIN ignorar. ANT conocer, saber. **2** Negar una persona su idea de una cosa o la comprensión de su naturaleza, cualidades y relaciones. **3** Encontrar muy cambiada a una persona o grupo en cuanto a sus ideas o forma de comportamiento: *ha vuelto tan cambiado de su largo viaje que lo desconozco.*
OBS En su conjugación, la *c* se convierte en *zc* delante de *a* y *o*, como en *conocer.*
DER desconocido, desconocimiento.

desconocido, -da adj. **1** [cosa] Que se desconoce o ignora y cuya naturaleza y cualidades no se comprenden: *la física cuántica es una materia absolutamente desconocida para mí.* SIN extraño. **2** [persona, grupo] Que está muy cambiado en cuanto a sus ideas o forma de comportamiento. ◆ adj./n. m. y f. **3** Que no pertenece al grupo de las personas con las que se tiene trato o comunicación: *no me gusta que hables con desconocidos.* SIN extraño.
OBS Es el participio de *desconocer.*

desconocimiento n. m. Falta de información acerca de una cosa o de comprensión de su naturaleza, cualidades y relaciones.

desconsiderado, -da adj./n. m. y f. Falto de la atención y el respeto debidos a una persona o cosa: *señor director, quiero llamar la atención sobre el desconsiderado tratamiento del que he sido objeto en su comercio.* ANT considerado.

desconsiderar v. tr. **1** No tener la atención y el respeto debidos a una persona o una cosa: *tu hermano me ha desconsiderado al no devolverme el saludo.* **2** Rechazar o no tener en cuenta una posibilidad o una propuesta:

es muy creído: suele desconsiderar cualquier idea que no sea suya.
DER desconsideración.

desconsolado, -da adj. Que no tiene consuelo o que siente una pena o un dolor intensos.

desconsolar v. tr. Causar una pena o un dolor intensos: *nos desconsoló con su llanto.*
OBS En su conjugación, la *o* se convierte en *ue* en sílaba acentuada, como en *contar.*
DER desconsolado, desconsuelo.

desconsuelo n. m. Aflicción o decaimiento de ánimo ante una pena o un dolor intensos.

descontar v. tr. **1** Restar una cantidad de otra: *me han descontado un 15 % del precio por pagar al contado.* SIN rebajar. ANT añadir, sumar. **2** Añadir el árbitro al final de un encuentro deportivo la cantidad de tiempo que este ha estado interrumpido. **3** Adelantar el banco el importe de una letra de cambio antes de su vencimiento, rebajando la cantidad que se estipule en concepto de intereses.
OBS En su conjugación, la *o* se convierte en *ue* en sílaba acentuada, como en *contar.*
DER descontado, descuento.

descontento, -ta adj./ n. m. y f. **1** Que está disgustado o se siente insatisfecho. ANT contento. ◆ n. m. **2** Disgusto, desagrado o insatisfacción. ANT contento.
DER descontentar.

descontrol n. m. Pérdida del control, el orden o la disciplina.
DER descontrolar.

desconvocar v. tr. Anular una convocatoria: *desconvocar una huelga.*
OBS En su conjugación, la *c* se convierte en *qu* delante de *e.*

descorchar v. tr. **1** Sacar o quitar el corcho que cierra una botella: *hemos descorchado una botella de vino para la cena.* **2** Quitar el corcho al tronco y las ramas de los alcornoques.
DER descorchador.

descortés adj. Que no manifiesta atención, respeto o afecto hacia las personas: *fue muy descortés al no aceptar tu invitación.* ANT cortés.
DER descortesía.

descortesía n. f. Acción o actitud en que no se manifiesta atención, respeto o afecto hacia las personas: *sería una descortesía rechazar su invitación.* ANT cortesía.

descosido n. m. Parte de una prenda que se ha soltado de la misma: *se puso de moda llevar descosidos en la ropa.*
▶ como un descosido Expresión que señala que algo se realiza con mucho afán y dedicación: *trabaja como una descosida.*

descrédito n. m. Disminución o pérdida de la consideración, la fama o la estima: *su Gobierno ha caído en descrédito al no cumplir lo que prometía.*

describir v. tr. **1** Expresar las características de una persona o una cosa: *descríbeme tu coche nuevo.* **2** Trazar el dibujo de una figura o la trayectoria que recorre un cuerpo: *el profesor dibuja en la pizarra las órbitas que describen los planetas.*
OBS El participio es *descrito.*
DER descripción, descriptivo; indescriptible.

descripción n. f. Expresión de las características de una persona o cosa.

descriptivo, -va adj. Que expresa las características de una persona o cosa.

descuajar v. tr. Arrancar o extraer desde la raíz una planta: *el niño descuajó una mata de margaritas de un tirón.*

descuaje n. m. Descuajo, extracción de raíz.
OBS La Real Academia Española recoge *descuaje,* pero prefiere la forma *descuajo.*

descuartizar v. tr. **1** Dividir el cuerpo de una persona o un animal en cuartos o partes. SIN cuartear. **2** Hacer trozos una cosa.
OBS En su conjugación, la *z* se convierte en *c* delante de *e.*

descubierto, -ta adj. **1** Que no está cubierto: *le quitaron la venda y la herida quedó descubierta.* **2** [persona] Que no lleva sombrero ni ninguna otra prenda que le cubra la cabeza: *muchos invitados llevaban sombrero, pero al entrar en la iglesia iban descubiertos.* **3** [cielo] Que está despejado o no tiene nubes. ◆ n. m. **4** Situación de la economía en la que los gastos superan a los ingresos: *han tenido que vender la tienda porque tenían un descubierto de muchos millones.* SIN déficit. ANT superávit.
▶ al descubierto **a.** Al aire libre: *les gusta dormir al descubierto.* **b.** A la vista; sin rodeos.
NOTA Se suele usar con los verbos *dejar, poner* o *quedar.*

descubridor, -ra adj./ n. m. y f. **1** [persona] Que encuentra una cosa oculta o no conocida: *Ponce de León fue el descubridor de Florida.* **2** [persona] Que ha hallado la fórmula científica de un nuevo producto o ha creado una cosa nueva.

descubrimiento n. m. **1** Encuentro o hallazgo de lo que no se conocía o de aquello que estaba oculto: *el descubrimiento de América se produjo en 1492.* **2** Hallazgo de la fórmula científica de un nuevo producto o creación de una cosa nueva.

descubrir v. tr. **1** Quitar la tapa o lo que cubre una cosa de manera que se vea lo que hay dentro o debajo: *todos aplaudieron cuando el alcalde descubrió la estatua.* **2** Encontrar lo que no se conocía o lo que estaba oculto: *el niño descubrió el regalo que sus padres habían escondido.* SIN desvelar. **3** Dar a conocer, mostrar: *te descubrí mis pensamientos.* **4** Hallar la fórmula científica de un nuevo producto o crear una cosa nueva: *Fleming descubrió la penicilina.* ◆ v. prnl. **5** descubrirse Quitarse el sombrero u otra prenda que cubre la cabeza: *se descubrió para saludarnos.*

DER descubierto, descubridor, descubrimiento.

descuento n. m. **1** Disminución o reducción que se hace en una cantidad o en un precio. **2** Adición que hace el árbitro, al final de un encuentro deportivo, del tiempo que este ha estado interrumpido. **3** Adelanto que hace el banco del importe de una letra de cambio antes de su vencimiento, rebajando la cantidad que se estipule en concepto de intereses.

descuidado, -da adj./ n. m. y f. **1** [persona] Que suele tener sus cosas desarregladas o desordenadas: un tipo muy descuidado. **2** [persona] Que no pone interés y preocupación en lo que hace.

OBS Es el participio de *descuidar.*

descuidar v. tr./ prnl. **1** No atender, no vigilar o no ayudar con interés a una persona o cosa: *había descuidado tanto el huerto que no le producía nada.* **2** No atender o no poner interés en una actividad o responsabilidad, o disminuir la atención que se le prestaba: *al descuidar su atuendo, ha perdido el encanto que tenía.* **3** No mantenerse apartado o a salvo de un peligro: *se descuidó y cayó en la trampa.* ◆ v. prnl. **4** descuidarse Dejar de tener la atención puesta en una cosa: *en cuanto te descuidas, te engañan.*

DER descuidado, descuido.

descuido n. m. **1** Falta de atención en el ejercicio de una actividad o responsabilidad: *los ladrones entraron aprovechando un descuido del vigilante.* **2** Falta de arreglo u orden en una cosa.

desde prep. Indica el momento o el lugar, más o menos exacto, en que comienza el tiempo o la distancia espacial de una acción: *desde los inicios del siglo XIX, se percibió la llegada de una sensibilidad romántica.*

▶ desde luego Sin duda, naturalmente: *¿sabes lo que es el amor? ¡Desde luego!* desde ya Ahora mismo, de inmediato.

desdecir v. intr./ prnl. **1** No corresponderse, desentonar o no adecuarse una cosa con otra u otras. **2** Ser impropio del origen, condición o prestigio de una persona. ◆ v. prnl. **3** desdecirse Volverse atrás y negar una opinión que anteriormente se ha sostenido: *ante la evidencia de los hechos, tuvo que desdecirse rápidamente.*

OBS Se conjuga como *predecir.*

desdén n. m. Actitud indiferente y falta de aprecio hacia una persona, un grupo o una cosa.

desdeñable adj. Que no merece ninguna atención ni aprecio: *las actitudes intransigentes son desdeñables.* SIN despreciable.

desdeñar v. tr. Mostrar una actitud indiferente y falta de aprecio hacia una persona, un grupo o una cosa: *desde que terminamos nuestras relaciones, mi exnovia me desdeña públicamente en cuanto surge la ocasión.*

DER desdén, desdeñable, desdeñoso.

desdeñoso, -sa adj. Que muestra una actitud indiferente y falta de aprecio hacia una persona, un grupo o una cosa.

desdibujar v. tr. **1** Perder [un dibujo o una figura] la claridad y precisión: *el viento desdibuja las huellas en la arena.* **2** Olvidar paulatinamente los detalles de un acontecimiento: *el tiempo desdibuja su imagen; se me desdibujan los recuerdos.*

desdicha n. f. **1** Hecho que produce un gran dolor e infelicidad: *tuvo la desdicha de perder a toda su familia en un accidente aéreo.* SIN desgracia. **2** Suerte adversa y aciaga. SIN desgracia.

DER desdichado.

desdichado, -da adj./ n. m. y f. [persona] Que ha sufrido uno o más hechos desgraciados y padece, a causa de ellos, gran dolor e infelicidad.

desdoblamiento n. m. Acción de desdoblar o desdoblarse. desdoblamiento de personalidad Trastorno psicológico que se caracteriza porque en una misma persona se alternan, de forma inconsciente, caracteres y comportamientos distintos, como pertenecientes a distintas personas: El extraño caso del Dr. Jekyll y de Mr. Hyde*, de Stevenson, nos* *muestra un caso de desdoblamiento de personalidad: Hyde comete crímenes, mientras que Jekyll lleva una vida respetable.*

desdoblar v. tr. **1** Extender lo que está plegado: *desdoblar el mantel antes de ponerlo.* ANT doblar. **2** Formar dos o más cosas mediante la separación de los elementos de otra: *para atacar por dos sitios a la vez, el general ordenó que la columna militar se desdoblara.*

deseable adj. **1** [cosa] Que posee méritos o cualidades para lo que se quiera conseguir. **2** [persona] Que provoca deseo sexual.
DER indeseable.

desear v. tr. **1** Querer conseguir intensamente una cosa: *deseo de verdad que tengas toda la suerte del mundo.* **2** Querer tener relaciones sexuales con una persona.
▶ dejar mucho (o bastante) que desear Expresión que indica que una persona o cosa no responde a lo que se espera de ella: *tu actitud deja mucho que desear.*
DER deseable, deseoso.

desecación n. f. Pérdida o desaparición de la humedad: *se han perdido los pastos por la desecación de las tierras.*

desecar v. tr. Quitar o extraer el agua de un lugar o la humedad de un cuerpo: *desecaron el pantano para ampliar el aeropuerto.*
OBS En su conjugación, la *c* se convierte en *qu* delante de *e*.
DER desecación.

desechable adj. **1** [objeto] Que está destinado a ser usado una sola vez: *pañales desechables.* **2** Que puede ser desechado por resultar inútil o molesto: *ropa desechable.*

desechar v. tr. **1** Rechazar o no admitir: *desechó el argumento de su amigo porque no tenía fundamento.* **2** Tirar o apartar una cosa que se considera inútil: desechar la ropa vieja. **3** Apartar de la mente un mal pensamiento, una sospecha o un temor: *tienes que desechar esos temores.*
DER desechable, desecho.

desecho n. m. **1** Cosa que sobra o resto que queda de algo después de haberlo consumido o trabajado, y ya no es útil: *siempre echaban los desechos de la comida a su piara de cerdos.* **2** Persona vil y despreciable: *es un desecho humano: mentiroso, egoísta, envidioso y cruel.*
OBS No se debe confundir con *deshecho*, participio del verbo *deshacer*.

desembarazar v. tr./ prnl. **1** Dejar sin obstáculos ni estorbos un espacio: *desembarazó el trastero de los objetos inservibles.* SIN despejar.
◆ v. prnl. **2 desembarazarse** Librarse de una persona, animal o cosa que molesta o constituye un obstáculo para un fin: *para llegar a semifinales, el equipo tuvo que desembarazarse de algunos rivales difíciles.*
OBS En su conjugación, la *z* se convierte en *c* delante de *e*.
DER desembarazo.

desembarcar v. tr. **1** Sacar de un barco y poner en tierra lo embarcado: *los operarios desembarcaron los contenedores.* ANT embarcar.
◆ v. intr. **2** Bajar o salir de un barco, un tren o un avión. ANT embarcar. **3** Llegar a un lugar para empezar a desarrollar una actividad: *mañana desembarcarán en el instituto los nuevos profesores.*
OBS En su conjugación, la *c* se convierte en *qu* delante de *e*.
DER desembarcadero, desembarco, desembarque.

desembocadura n. f. Lugar por el que una corriente de agua entra en otra semejante, en el mar, en un canal o en un lago.

desembocar v. intr. **1** Entrar una corriente de agua en otra semejante, en el mar, en un canal o en un lago. SIN desaguar. **2** Salir a un lugar determinado una calle o camino. **3** Acabar o terminar: *la conversación desembocó en una fuerte discusión.*
OBS En su conjugación, la *c* se convierte en *qu* delante de *e*.
DER desembocadura.

desembolsar v. tr. Pagar o entregar una cantidad de dinero: *tuve que desembolsar parte del pago para que me reservaran tu regalo.*
DER desembolso.

desembuchar v. tr. **1** Decir todo lo que se sabe sobre un asunto y se tenía callado: *no quería hablar, pero nos pusimos tan pesados que tuvo que desembuchar.* **2** Expulsar un ave lo que tiene en el buche.

desempaquetar v. tr. Sacar de un paquete todo aquello que contiene: *desempaquetar los regalos.* ANT empaquetar.

desempatar v. tr./ intr. Resolver una situación de igualdad entre varias personas o grupos participantes en una votación, competición, concurso o partido. SIN desigualar. ANT empatar.
DER desempate.

desempeñar v. tr. **1** Realizar una persona, un grupo o una cosa las labores que le corresponden: *desempeñó el cargo de ministro*

durante toda la legistura. **2** Recuperar, mediante el pago de la cantidad acordada en su momento, una cosa que se había entregado para conseguir un préstamo de dinero: *cuando cobró los sueldos atrasados, pudo desempeñar las joyas.*
DER desempeño.

desempeño n. m. Realización, por parte de una persona, un grupo o una cosa, de las labores que le corresponden.

desempleado, -da adj. [persona] Que no tiene trabajo. SIN parado.

desempleo n. m. Situación de falta de trabajo: *campañas contra el desempleo.* SIN paro.
DER desempleado.

desencadenante adj./ n. m. Que origina o provoca un suceso: *factor desencadenante.*

desencadenar v. tr./ prnl. **1** Causar o provocar que algo se produzca con fuerza o de forma violenta: *en 1927, el hundimiento de la bolsa de Nueva York desencadenó una gran ola de suicidios.* SIN desatar. **2** Soltar lo que está sujeto por una cadena u otra cosa.

desencajar v. tr. **1** Sacar o separar una cosa de otra con la que se encuentra ajustada. ANT encajar. ◆ v. prnl. **2** desencajarse Alterarse las facciones de la cara por miedo, un gran disgusto o una enfermedad: *se le desencajó el rostro cuando conoció la noticia del accidente de su hermano.*

desencallar v. tr./ intr. Poner a flote una embarcación que se había quedado atascada en la arena o entre piedras: *desencallar una barca; con la marea la nave se desencalló.* SIN desembarrancar. ANT encallar.

desencantar v. tr. Hacer perder la esperanza o la ilusión de conseguir una cosa que se desea; saber que algo no es como uno creía. SIN desengañar, desilusionar.
DER desencanto.

desencanto n. m. Pérdida de la esperanza o la ilusión de conseguir una cosa que se desea o al saber que algo no es como uno creía. SIN desengaño, desilusión.

desenchufar v. tr. Sacar el enchufe de un aparato del lugar en el que está conectado a la corriente eléctrica. ANT enchufar.

desenfadado, -da adj. [persona, cosa] Que muestra soltura y gracia en el trato o en las acciones: *las canciones del verano suelen ser muy desenfadadas.*

desenfocar v. tr./ prnl. **1** Perder la nitidez en una imagen fotografiada o grabada. ANT enfocar. **2** Contar o explicar una cosa cambiando su sentido real: *desenfocar lo ocurrido.* SIN desfigurar.
OBS En su conjugación, la *c* se convierte en *qu* delante de *e*.
DER desenfoque.

desenfrenado, -da adj. Que no tiene moderación, orden ni sentido de la medida: *cuando le tocó la lotería, se convirtió en una persona desenfrenada.*

desenfundar v. tr. **1** Quitar la funda a una cosa: *desenfundó la guitarra.* ◆ v. tr./ intr. **2** Sacar un arma de su funda: *desenfundar un revólver.*

desengañar v. tr. **1** Perder o hacer perder la esperanza o la ilusión de conseguir una cosa que se desea o al saber que algo no es como uno creía. SIN desencantar, desilusionar. **2** Hacer saber o dar a conocer un engaño o un error: *lo desengañó diciéndole la verdad.*
DER desengaño.

desengaño n. m. Pérdida de la esperanza o la ilusión de conseguir una cosa que se desea o al saber que algo no es como uno creía. SIN desencanto, desilusión.

desenlace n. m. Modo en que termina una acción o se resuelve la trama de una obra de literatura, cine o teatro: *el desenlace de la película ha sido muy original.*

desenlazar v. tr. **1** Deshacer un lazo; soltar lo que está atado. ANT enlazar. ◆ v. prnl. **2** desenlazarse Resolverse una acción o historia de una obra de literatura, cine o teatro.
OBS En su conjugación, la *z* se convierte en *c* delante de *e*.
DER desenlace.

desenmascarar v. tr./ prnl. **1** Quitar la máscara o el antifaz que cubre la cara. ANT enmascarar. **2** Hacer pública la realidad oculta de una persona o cosa: *la policía desenmascaró los verdaderos motivos del asesinato.*

desenredar v. tr. **1** Deshacer la maraña o enredo de hilos, cabellos, cuerdas, cables u otras cosas parecidas. ANT enmarañar, enredar. **2** Aclarar un asunto difícil de entender. ANT enmarañar, enredar. ◆ v. prnl. **3** desenredarse Salir de una situación complicada.

desenrollar v. tr. Deshacer la forma de cilindro o rollo de lo que había sido enrollado: *desenrolló el póster para enmarcarlo.* SIN desarrollar. ANT enrollar.

desenroscar v. tr. **1** Sacar una cosa de otra a la que se había ajustado dándole vueltas:

desenroscar una tuerca. ANT enroscar. **2** Extender lo que está enroscado.
OBS En su conjugación, la *c* se convierte en *qu* delante de *e*.

desentenderse v. prnl. Mantenerse voluntariamente al margen de un asunto o cuestión: *solo piensa en sus cosas, desentendiéndose de los asuntos de los demás.* SIN despreocuparse.
OBS En su conjugación, la *e* se convierte en *ie* en sílaba acentuada, como en *entender*.

desenterrar v. tr. **1** Sacar de la sepultura a una persona o de la tierra un animal o una cosa que están bajo ella. ANT enterrar. **2** Traer a la memoria un recuerdo muy olvidado o revivir una cosa a la que no se le prestaba atención: *con su acción ha desenterrado todos los antiguos rencores entre las dos familias.*
OBS En su conjugación, la *e* se convierte en *ie* en sílaba acentuada, como en *acertar*.

desentonar v. intr. **1** No estar una persona o una cosa en armonía con el ambiente y el espacio que lo rodea: *tu corbata desentona con el color de tu traje.* **2** Apartarse del tono adecuado un sonido o un instrumento; sonar mal. SIN desafinar.

desentrañar v. tr. Averiguar una cosa que es muy difícil de llegar a conocer: *después de tantos años, sigue sin desentrañarse por completo el asesinato.*

desenvainar v. tr. Sacar un arma blanca de su vaina: *desenvainó la espada.*

desenvolver v. tr. **1** Quitar a una cosa lo que la cubre por todos sus lados: *cuando llegué a mi casa, desenvolví el vestido que acababa de comprar.* ANT envolver. ◆ v. prnl. **2** desenvolverse Tener facilidad para hablar, para hacer una cosa o para relacionarse en una situación o en un ambiente: *estamos asombrados de lo bien que se desenvuelve en el mundo de las finanzas.*
OBS En su conjugación, la *o* se convierte en *ue* en sílaba acentuada, como en *mover*. El participio es *desenvuelto*.
DER desenvoltura, desenvuelto.

deseo n. m. **1** Sentimiento intenso que tiene una persona por conseguir una cosa. **2** Cosa que origina en una persona un sentimiento intenso por conseguirla. **3** Ganas de tener relaciones sexuales con una persona.
DER desear.

deseoso, -sa adj. [persona] Que tiene un sentimiento intenso por conseguir una cosa: *tiene puestas tantas esperanzas en ganar el concurso que está deseoso de que comience ya.*

desequilibrado, -da adj. **1** Que ha perdido la fijeza de su posición en el espacio. **2** [persona] Que ha perdido el juicio a causa de un trastorno de la personalidad.

desequilibrar v. tr. **1** Perder o hacer perder la fijeza de la posición en el espacio: *la fuerza del viento desequilibró al funambulista y le hizo caer.* SIN desestabilizar. ANT equilibrar, estabilizar. ◆ v. prnl. **2** desequilibrarse Perder o hacer perder a una persona el juicio a causa de un trastorno de la personalidad.
DER desequilibrado, desequilibrio.

desequilibrio n. m. **1** Falta de fijeza en la posición en el espacio. ANT equilibrio, estabilidad. **2** Falta de juicio, trastorno de la personalidad.

deserción n. f. Acción de desertar.

desertar v. intr. **1** Abandonar [un soldado] su ejército sin autorización: *desertó del servicio militar.* **2** Dejar de acudir [una persona] a un lugar que frecuentaba. **3** Abandonar [una persona] una obligación o una causa que defiende: *muchos afiliados desertaron del partido.*
DER deserción, desertor.

desértico, -ca adj. **1** Del desierto o que tiene relación con este lugar: *un clima desértico.* **2** [lugar] Que está despoblado o vacío de personas. SIN desierto.

desertificación n. f. Desertización.

desertización n. f. Transformación de un terreno habitable en árido, sin vegetación ni vida: *está ocasionando la desertización de muchos bosques.*

desertizar v. tr. Hacer que un terreno habitable se transforme en árido, sin vegetación ni vida.
OBS En su conjugación, la *z* se convierte en *c* delante de *e*.
DER desertización.

desertor, -ra adj./n. m. y f. **1** [soldado] Que ha abandonado su ejército sin autorización. **2** [persona] Que ha abandonado un deber, un grupo o la defensa de una causa: *lo llaman desertor desde que renegó de sus antiguos principios ideológicos.*

desesperación n. f. **1** Pérdida total de la confianza de que se cumpla un deseo: *le invadió la desesperación y no logra ahorrar para comprar una casa.* **2** Pérdida de la tranquilidad de ánimo y la paciencia: *siento rabia y desesperación cuando dicen que mueren miles de niños a causa del hambre en el mundo.*

desesperado, -da adj. **1** Que ha perdido

totalmente la confianza de que se cumpla un deseo. **2** Que ha perdido totalmente la tranquilidad de ánimo y la paciencia.

desesperante adj. Que desespera o impacienta: *una lentitud desesperante.*

desesperanza n. f. Estado de ánimo del que no tiene esperanza o la ha perdido: *estaba vencido, en la desesperanza de verse abandonado y en la necesidad de buscarse un medio de subsistencia.*

desesperanzar v. tr. Perder o hacer perder totalmente la confianza en que se cumpla un deseo. SIN desesperar.

OBS En su conjugación, la *z* se convierte en *c* delante de *e*.

DER desesperanzador.

desesperar v. intr./ prnl. **1** Perder totalmente la confianza en que se cumpla un deseo. SIN desesperanzar. ANT esperanzar. ◆ v. tr./ prnl. **2** Perder o hacer perder totalmente la tranquilidad de ánimo y la paciencia: *la actitud rebelde de sus hijos lo tiene muy desesperado.*

DER desesperación, desesperado.

desestabilizar v. tr./ prnl. **1** Perder o hacer perder la fijeza de la posición en el espacio. SIN desequilibrar. ANT estabilizar. **2** Perturbar gravemente la existencia de un grupo de personas o una cosa.

desestimar v. tr. **1** No conceder una petición o solicitud: *el juez ha desestimado nuestra petición de libertad condicional.* SIN denegar. **2** No sentir aprecio o afecto hacia una persona o cosa, no tenerla en consideración: *me molestó que desestimara mi colaboración.*

desestresar v. tr./ intr. **1** Eliminar el estrés: *las infusiones de menta ayudan a desestresar el cuerpo de manera natural.* ◆ v. prnl. **2** desestresarse Dejar de sufrir estrés.

desfallecer v. intr. Perder total o parcialmente la fuerza, la energía o el ánimo: *desfallecer de cansancio.*

OBS En su conjugación, la *c* se convierte en *zc* delante de *a* y *o*, como en *agradecer*.

DER desfallecimiento.

desfallecido, -da adj. [persona] Que sufre desfallecimiento.

desfasar v. tr. Quedar una persona o cosa sin correspondencia con lo que se valora en un momento determinado: *tu traje de novia se ha desfasado con el paso del tiempo.*

DER desfasado.

desfase n. m. **1** Falta de correspondencia o de ajuste: *no hay un solo reloj en la tienda que no tenga un desfase de algunos segundos con los demás.* **2** Falta de correspondencia de una persona o una cosa con lo que se valora en un momento determinado o, en general, entre una cosa y otra.

DER desfasar.

desfavorable adj. Que perjudica o hace más difícil la ejecución de una cosa: *las condiciones eran desfavorables para ir de excursión.* ANT favorable.

desfavorecer v. tr. **1** Perjudicar o hacer más difícil la ejecución de una cosa: *la nieve desfavoreció el descenso* **2** Quitar hermosura o belleza: *el verde te desfavorece: te sienta mejor el azul.* ANT favorecer.

OBS En su conjugación, la *c* se convierte en *zc* delante de *a* y *o*, como en *agradecer*.

DER desfavorable.

desfigurar v. tr. **1** Hacer perder el propio aspecto, alterando ciertos rasgos: *el incendio le desfiguró la cara.* **2** Contar o explicar una cosa cambiando su sentido real. SIN desenfocar. ◆ v. prnl. **3** desfigurarse Alterarse el semblante o la voz por una enfermedad, un disgusto u otra causa.

desfiladero n. m. Paso profundo y estrecho entre montañas.

desfilar v. intr. **1** Marchar una tropa o un grupo de civiles, en formación o en orden, generalmente ante un público o ante un personaje importante como exhibición o para rendir honores. **2** Pasar o ir sucesivamente a algún lugar un conjunto de personas o cosas: *desfiló mucha gente por la ventanilla de reclamaciones.* **3** Salir un conjunto de personas de un lugar, generalmente un recinto público.

DER desfiladero, desfile.

desfile n. m. **1** Marcha de una tropa o un grupo de civiles, en formación o en orden, en general, ante un público o ante un personaje importante como exhibición o para rendir honores: *desfile militar, desfile de modas.* **2** Paso sucesivo de personas o cosas por un lugar. **3** Salida de personas de un lugar, generalmente un recinto público.

desfogar v. tr. **1** Dejar [una persona] que se manifieste abiertamente un sentimiento, preocupación, etc., hasta sentirse aliviada: *desfogó las iras que tenía contenidas.* SIN desahogar. **2** desfogarse ◆ v. prnl. Aliviarse [una persona] de algún problema o preocupación explicándoselo a alguien o haciendo determinada cosa. SIN desahogarse.

a b c d e f g h i j k l m n ñ o p q r s t u v w x y z

OBS En su conjugación, la *g* se convierte en *gu* delante de *e*.

desfondar v. tr. **1** Romper o quitar el fondo de un recipiente u otra cosa: *desfondó la silla; el paquete se desfondó.* **2** Quitar o disminuir [algo] las fuerzas a una persona: *la subida al puerto desfondó al ciclista.* **3** desfondarse ◆ v. prnl. Perder [una persona] la fuerza o la energía.

desforestación n. f. Eliminación o destrucción de los árboles y plantas de un terreno. SIN deforestación.
OBS La Real Academia Española recoge *desforestación*, pero prefiere la forma *deforestación*.

desforestar v. tr. Quitar o destruir los árboles y plantas de un terreno. SIN deforestar.
OBS La Real Academia Española recoge *desforestar*, pero prefiere la forma *deforestar*.
DER desforestación.

desgajar v. tr./ prnl. **1** Arrancar o separar una rama del tronco. ◆ v. tr. **2** Separar los trozos de lo que está formado por partes: *desgajó una naranja para comérsela.* ◆ v. prnl. **3** desgajarse Separarse varias personas del grupo del que formaban parte para formar otro.
DER desgajadura, desgaje.

desgana n. f. **1** Falta de ganas de comer: *debe de estar enfermo porque come con desgana.* SIN inapetencia. **2** Falta de gana o de deseo de hacer una cosa: *todas las tareas de casa las hacía con desgana.*
DER desganar.

desgañitarse v. prnl. Hablar muy alto y con gran esfuerzo: *el profesor se desgañitaba intentando hacer callar a los alumnos.*

desgarbado, -da adj. [persona] Que no tiene garbo o gracia en la manera de obrar y de moverse: *es un chico alto y desgarbado.* ANT gallardo.

desgarrador, -ra adj. Que causa una pena o un dolor muy intenso *s*.

desgarramiento n. m. **1** Acción de desgarrar o desgarrarse. **2** Efecto de desgarrar o desgarrarse: *el atleta sufrió un desgarramiento interno.* SIN desgarro.

desgarrar v. tr. **1** Romper o hacer trozos por estiramiento y sin ayuda de instrumento, generalmente, una tela o un material de escasa resistencia. SIN rasgar. **2** Causar una pena o un dolor muy intensos: *tus palabras le desgarraron el corazón.*
DER desgarrador, desgarro.

desgarro n. m. **1** Rotura, generalmente de una tela o de un material de escasa resistencia, al tirar de él o al engancharse: *el gato arañó las cortinas y se produjo un desgarro; desgarro muscular.* **2** Forma de presentar la realidad sin rodeos, de manera cruda o desagradable.
DER desgarrón.

desgarrón n. m. Rotura grande en la ropa o en otro material de escasa resistencia, generalmente producida por estiramiento y sin ayuda de instrumento.

desgastar v. tr. **1** Estropear o consumir una cosa por el uso o el roce: *la tapicería del sofá se ha desgastado.* **2** Perder la fuerza o el ánimo.
DER desgaste.

desgaste n. m. **1** Pérdida del volumen o la apariencia de una cosa por el uso o el roce. **2** Pérdida de la fuerza o el ánimo.

desglosar v. tr. Separar o dividir un todo en partes para estudiarlas de manera aislada: *desglosó el presupuesto en material, mano de obra e impuestos.*

desgracia n. f. **1** Hecho que produce un gran dolor e infelicidad. SIN desdicha. **2** Suerte adversa y aciaga: *la desgracia me persigue: se ha vuelto a inundar mi garaje.* SIN desdicha. **3** Suceso en el que una persona resulta herida o muerta.
▶ caer en desgracia Perder el favor, la consideración, el afecto o la protección de alguien. desgracias personales Conjunto de personas que resultan heridas o muertas en un suceso o accidente. por desgracia Expresa que el hecho del que se habla produce dolor y sufrimiento o es producto de una suerte adversa.
DER desgraciar.

desgraciado, -da adj./ n. m. y f. **1** [persona] Que padece un hecho doloroso o infeliz. **2** [persona] Que tiene una suerte adversa. SIN desafortunado, infortunado. ANT afortunado. ◆ adj. **3** [cosa, situación] Que produce gran sufrimiento o infelicidad. **4** [persona, animal] Que no tiene gracia ni atractivo. ANT agraciado. ◆ n. m. y f. **5** Persona que merece desprecio: *es un desgraciado con el que nadie quiere relacionarse.* NOTA Se usa como apelativo despectivo.

desgraciar v. tr. **1** Echar a perder una cosa o impedir una acción: *has desgraciado el proyecto con tu poca colaboración.* **2** Causar daño o herir a una persona: *le desgració la nariz de una pedrada.*
OBS En su conjugación, la *i* es átona, como en *cambiar.*
DER desgraciado.

desgranar v. tr./ prnl. **1** Sacar o separar los granos, generalmente de un fruto. **2** Separar una a una las piezas que están unidas por un hilo: *me golpeé la mano y se desgranaron las perlas de mi pulsera.*

desguarnecer v. tr. Disminuir o dejar sin defensa a una persona, un grupo de personas o una cosa: *la huida de las tropas desguarneció la ciudad.*

OBS En su conjugación, la *c* se convierte en *zc* delante de *a* y *o*, como en *agradecer*.

desguazar v. tr. **1** Desmontar totalmente las piezas de un aparato o máquina para arreglarlos y volverlos a montar o para aprovechar sus piezas para otros usos. **2** Quitar las partes más bastas de un material destinado a labrarse. SIN desbastar.

DER desguace.

deshabitado, -da adj. [lugar] Que ha sido abandonado por todas las personas que vivían en él. SIN despoblado.

deshabitar v. tr. Abandonar un lugar todas las personas que vivían en él. SIN despoblar.

DER deshabitado.

deshacer v. tr./ prnl. **1** Destruir lo que está hecho; descomponer una cosa separando sus elementos. **2** Hacer que una cosa en estado sólido pase al estado líquido o se disuelva en un líquido: *has dejado los cubitos de hielo fuera del frigorífico y se han deshecho.* **3** Hacer que una persona tenga un estado de ánimo muy triste y preocupado. SIN hundir. ◆ v. tr. **4** Retroceder o volver atrás por el camino ya recorrido. ◆ v. prnl. **5** **deshacerse** Trabajar o dedicarse con mucho empeño: *se deshace por sus hijos.* **6** Dejar de tener una cosa o abandonar la relación con una persona: *se deshizo de la moto porque casi no la utilizaba.*

OBS Se conjuga como *hacer*. El participio es *deshecho*.

DER deshecho.

deshelar v. tr./ prnl. Volver una cosa congelada a su estado primitivo mediante el aumento de la temperatura circundante. SIN descongelar.

OBS En su conjugación, la *e* se convierte en *ie* en sílaba acentuada, como en *acertar*.

DER deshielo.

desheredado, -da adj./ n. m. y f. [persona] Que no tiene los medios necesarios para vivir. SIN pobre.

desheredar v. tr. Excluir a una persona de una herencia que le corresponde legalmente o quitar a una persona que estaba incluida.

DER desheredado.

deshidratación n. f. **1** Extracción del agua que contiene una sustancia, un organismo o un tejido orgánico: *para los cereales y las leguminosas se han construido secaderos, mientras que las forrajeras han dado lugar a centros de deshidratación.* **2** Pérdida del agua que contiene una sustancia, un organismo o un tejido orgánico: *fue hospitalizado de urgencia con síntomas de deshidratación.*

deshidratar v. tr./ prnl. Quitar a una cosa toda el agua que contiene o gran parte de ella. ANT hidratar.

deshielo n. m. **1** Vuelta de una cosa congelada a su estado primitivo mediante el aumento de la temperatura circundante, en especial el hielo y la nieve durante las estaciones cálidas. **2** Época del año en que, en ciertos lugares, se produce la transformación del hielo y la nieve al estado líquido. **3** Desaparición de la relación fría y tensa entre dos o más personas, grupos o gobiernos: *con el diálogo se ha producido el deshielo entre ellos.*

deshilachar v. tr./ prnl. Salir o sacar los hilos de una tela o un tejido, generalmente por los bordes, como adorno.

deshinchar v. tr. **1** Disminuir el volumen de una cosa al sacar el contenido de su interior, generalmente aire, o una parte de él: *esta pelota se deshincha continuamente.* SIN desinflar. ANT hinchar. **2** Disminuir el volumen y la temperatura de una parte del cuerpo que padece una infección. **3** Perder o hacer perder el ánimo, la energía o la autoestima: *su moral se ha deshinchado con el último suspenso.*

deshojar v. tr. Quitar los pétalos de una flor o las hojas de una planta u otra cosa que las tenga: *el viento deshojó las rosas del jardín.*

DER deshoje.

deshonesto, -ta adj. **1** [persona, cosa] Que no guarda las normas éticas o no tiene una correcta moralidad: *es una persona deshonesta, no le importa mentir para conseguir lo que quiere.* SIN inmoral. ANT honesto. **2** [persona, cosa] Que atenta contra la decencia o contra la moralidad en el terreno sexual: *le hizo una proposición deshonesta.*

deshonra n. f. **1** Falta o disminución de la dignidad, la estima y la respetabilidad de una persona o de una cosa: *no es ninguna deshonra que le pidas perdón.* **2** Hecho o dicho que quita o disminuye la dignidad, la estima y la respetabilidad de una persona o de una cosa.

deshonrar v. tr. **1** Dañar con palabras o acciones la dignidad, la estima y la respetabilidad de una persona o de una cosa. ANT ennoblecer. **2** Atentar contra la decencia de una persona, especialmente hacer perder la virginidad a una mujer.
DER deshonra, deshonroso.

deshonroso, -sa adj. [palabr, dicho, acción] Que quita o disminuye la dignidad, la estima y la respetabilidad de una persona o de una cosa.

deshuesar v. tr. Quitar los huesos de un animal o de un fruto: *hemos deshuesado un pollo para trufarlo.*

deshumanización n. f. Pérdida del carácter humano o de los sentimientos de una persona o una cosa.

deshumanizar v. tr. Perder o quitar el carácter humano o los sentimientos a una persona o cosa: *la vida en las grandes ciudades deshumaniza las relaciones sociales.* ANT humanizar.
OBS En su conjugación, la *z* se convierte en *c* delante de *e*.
DER deshumanización.

desidia n. f. Falta de ganas, de interés o de cuidado al realizar una acción: *la desidia no te ayudará a hacer bien tu trabajo.*
DER desidioso.

desierto, -ta adj. **1** [lugar] Que está despoblado o vacío de personas: *empezó a diluviar y la plaza quedó desierta.* **2** [premio, oposición] Que no es concedido a ninguno de los participantes. ◆ n. m. **3** Extensión de tierra no poblada que se caracteriza por tener un clima que oscila de muy caluroso a muy frío y por una vegetación muy pobre debido a la escasez de lluvia: *el desierto del Sahara.*
▶ predicar (o clamar) en el desierto Intentar convencer de algo a quien no está dispuesto a escuchar o a cambiar de opinión.
DER desértico, desertizar.

designación n. f. **1** Elección de una persona o cosa para un fin determinado. **2** Indicación por medio del lenguaje del nombre de una realidad.

designar v. tr. **1** Elegir una persona o cosa para un fin determinado: *designaron a cuatro hombres para la misión.* **2** Nombrar o determinar: *el término paperas designa una enfermedad.* SIN asignar.
DER designación, designio.

designio n. m. Intención o plan para realizar una cosa.

desigual adj. **1** Que no es igual a otra persona, animal o cosa con que se compara; que es variable: *la calidad del sonido de estos instrumentos es desigual.* SIN dispar, distinto. **2** [terreno, superficie] Que no es liso, que tiene cuestas y profundidades. **3** [cosa] Que cambia a menudo de naturaleza o de forma de ser: *tiene un carácter muy desigual.*
DER desigualar, desigualdad.

desigualar v. tr. **1** Hacer que dos o más personas, animales o cosas sean diferentes o tratarlas de modo distinto. ◆ v. tr./ intr. **2** En un concurso o una competición, hacer que se resuelva una situación de igualdad entre varias personas o grupos participantes: *el fichaje del mejor delantero del mundo ha desigualado la Liga.* SIN desempatar.

desigualdad n. f. **1** Diferencia en uno o más aspectos entre dos o más personas, animales o cosas. ANT igualdad. **2** Prominencia o depresión de un terreno o superficie.

desilusión n. f. Pérdida de la esperanza o la ilusión de conseguir una cosa que se desea: *se llevó una gran desilusión cuando le dijiste que no asistirás a su fiesta de cumpleaños.* SIN desencanto, desengaño.
DER desilusionar.

desilusionar v. tr./ prnl. Perder o hacer perder la esperanza o la ilusión de conseguir una cosa que se desea. SIN desencantar, desengañar.

desinencia n. f. GRAM. Terminación de una palabra que indica las variaciones gramaticales de género, número o tiempo verbal, entre otras: *por la desinencia sabemos si un sustantivo es masculino o femenino.*

desinfectante adj./ n. m. [sustancia] Que sirve para desinfectar: *compró un producto desinfectante para limpiar el baño.*

desinfectar v. tr. Eliminar de un cuerpo o de un lugar los gérmenes que lo contaminan. SIN estirilizar.
DER desinfección, desinfectante.

desinflar v. tr. **1** Disminuir el volumen de una cosa al sacar o vaciarse el contenido de su interior, generalmente aire, o una parte de él: *hay que parar en la próxima gasolinera porque parece que las ruedas se han desinflado.* SIN deshinchar. ANT inflar. ◆ v. prnl. **2** desinflarse Disminuir rápidamente el ánimo y la ilusión para hacer una cosa: *que-*

ría ser abogado, pero al primer suspenso se desinfló.

desinformar v. tr. Dar información manipulada intencionadamente para conseguir ciertos fines: *la prensa desinformó a la gente con falsos reportajes sobre el mundo del hampa.*

desinhibir v. tr./ prnl. Liberar de los prejuicios personales o sociales y tener un comportamiento espontáneo o natural: *los viajes al extranjero le han desinhibido.*

desintegración n. f. Separaración completa o pérdida de la unión de los elementos que conforman una cosa o un grupo de personas, de modo que deje de existir: *las diferencias ideológicas llevaron a la desintegración del partido.* ANT integración.
▶ desintegración nuclear Transformación que experimenta un núcleo atómico por la pérdida de alguna de sus partes.

desintegrar v. tr./ prnl. Separar completamente o perder la unión de los elementos que conforman una cosa o un grupo de personas, de modo que deje de existir.
DER desintegración.

desinterés n. m. **1** Falta de interés al hacer una cosa. ANT interés. **2** Falta de atención hacia una persona o cosa: *su desinterés por el estudio nos tiene muy preocupados.*
DER desinteresarse.

desinteresado, -da adj. [persona] Que actúa sin que le mueva el interés o el provecho para sí: *es tan desinteresado que sacrificará su descanso de fin de semana.*

desinteresarse v. prnl. Perder el interés o la atención hacia una persona o cosa.
DER desinteresado.

desintoxicar v. tr. **1** Eliminar en una persona los efectos tóxicos que le ha provocado una sustancia en mal estado, un veneno o una droga. ANT intoxicar. **2** Hacer desaparecer los efectos de una información manipulada, falsa o considerada negativa.
OBS En su conjugación, la *c* se convierte en *qu* delante de *e*.
DER desintoxicación.

desistir v. intr. Abandonar una acción que se había empezado o un plan o un proyecto que se tenía: *en la mitad del camino, desistió de subir a lo alto de la montaña.*

deslavazado, -da adj. Que es desordenado o inconexo o que está mal compuesto: *el juego del equipo era muy deslavazado.*

desleal adj. [persona] Que ha incumplido un juramento o una promesa; que no ha sido constante en unas ideas o sentimientos. SIN infiel.
DER deslealtad.

deslealtad n. f. Falta de lealtad: *la deslealtad de una persona corrupta y envidiosa.*

deslenguado, -da adj./ n. m. y f. [persona] Que habla con descaro y sin cortesía, respeto ni consideración.

desligar v. tr. **1** Separar una persona o cosa de otra por considerarla independiente. ◆ v. tr./ prnl. **2** Soltar lo que está atado. SIN desatar. **3** Desvincular o quedar liberado de una obligación: *cuando acabe su contrato, se desligará de la sociedad.*

deslindar v. tr. **1** Determinar y marcar con claridad los límites de un terreno. **2** Aclarar los límites de una cosa para que no exista confusión. SIN delimitar.
DER deslinde.

deslinde n. m. Determinación de los límites de una cosa, especialmente un terreno.

desliz n. m. **1** Error leve no intencionado, falta de poca importancia, descuido. **2** Falta, desde el punto de vista moral, relacionada con el sexo.

deslizamiento n. m. Movimiento suave de resbalamiento de una persona o una cosa sobre una superficie.

deslizar v. tr./ intr./ prnl. **1** Pasar suavemente, resbalar o escurrirse una persona o una cosa sobre una superficie: *el niño jugaba a deslizar el plato sobre la mesa.* ◆ v. tr. **2** Expresar con disimulo, en el transcurso de una conversación, un discurso o un escrito, una o varias ideas con especial significado: *en la segunda parte de su discurso deslizó varios consejos tanto a los empresarios como a los sindicatos.* **3** Entregar a una persona una cosa con disimulo o poner una cosa en su sitio. ◆ v. prnl. **4** deslizarse Andar o moverse con disimulo, incluso a escondidas: *sin que el profesor lo viese, se deslizó por el suelo hasta la papelera y tiró la chuleta.*
OBS En su conjugación, la *z* se convierte en *c* delante de *e*.
DER desliz, deslizamiento, deslizante.

deslocalizar v. tr. Trasladar una empresa alguno de sus centros de producción a otra zona geográfica.

deslomar v. tr. **1** Dañar gravemente el lomo de un animal: *es un salvaje: deslomó al burro a golpes porque no quería andar.* ◆ v. prnl. **2** deslomarse Quedarse agotado o muy cansado por haber trabajado mucho o haber realizado un gran esfuerzo.

deslucir v. tr. **1** Quitar el brillo o el atractivo: *la lluvia deslució el espectáculo.* **2** Manchar el buen nombre o la fama de una persona, un grupo o una cosa: *con sus palabras siempre desluce nuestro trabajo.* SIN desacreditar, desprestigiar.
OBS En su conjugación, la *c* se convierte en *zc* delante de *a* y *o*, como en *lucir*.

deslumbrador, -ra adj. [luz] Que turba momentáneamente la precisión de la vista por su excesiva claridad.

deslumbrante adj. **1** Que es tan brillante o da tanta luz que daña la vista. **2** Que es tan bello que produce la admiración de los demás: *con este vestido rojo estás realmente deslumbrante.*

deslumbrar v. tr./ intr./ prnl. **1** Turbar la precisión de la vista a causa de la excesiva claridad de la luz: *los focos de las cámaras estaban mal dirigidos y deslumbraron al cantante.* **2** Dejar a una persona impresionada o admirada.
DER deslumbrador, deslumbramiento, deslumbrante.

desmadrar v. tr. **1** Separar las crías del ganado de la madre para que no mamen. ◆ v. prnl. **2** desmadrarse Salirse [una corriente de agua] de su cauce. **3** Actuar o divertirse [una persona] sin moderación y de forma exageradamente desinhibida o poco convencional.

desmán n. m. Comportamiento de una o más personas que supone atropello, desorden o abuso de autoridad: *han denunciado a los agentes por supuestos desmanes al disolver la manifestación.*

desmantelamiento n. m. **1** Liquidación o desarticulación de una actividad, un negocio o una organización. **2** Derribo o desmontaje de una construcción.

desmantelar v. tr. **1** Liquidar o desarticular una actividad, un negocio o una organización. **2** Derribar o desmontar una construcción: *han desmantelado la joyería.* **3** Destruir la fortificación de una plaza.
DER desmantelamiento.

desmaquillar v. tr. Sacar el maquillaje del rostro aplicando agua, una crema apropiada u otra sustancia: *después de desmaquillarse, es conveniente aplicar un tónico.*

desmarcar v. tr. **1** Quitar una marca. ◆ v. prnl. **2** desmarcarse Apartarse o distanciarse [una persona] de la forma de pensar o de actuar del resto de un grupo, un partido o una sociedad: *se desmarcó del grupo y ahora hace lo que quiere.* **3** Separarse [una cosa] de otra: *los nuevos artistas se desmarcan de las corrientes tradicionales del rock.* **4** En ciertos deportes de equipo, moverse [un jugador] para escapar de la vigilancia de sus contrarios: *es un delantero muy hábil que se desmarca rápido.*
OBS En su conjugación, la *c* se convierte en *qu* delante de *e*.

desmayado, -da adj. [color] Que es pálido y de poca intensidad.

desmayar v. tr. **1** Perder o hacer perder el sentido o el conocimiento momentáneamente. SIN desvanecer. ◆ v. intr. **2** Decaer del ánimo, el valor o las fuerzas: *no desmayes y conseguirás lo que quieras.*
DER desmayado, desmayo.

desmayo n. m. **1** Pérdida momentánea del sentido o del conocimiento: *sufrió un desmayo a causa del calor excesivo en el local.* SIN lipotimia. **2** Decaimiento del ánimo, el valor o las fuerzas: *hay que trabajar sin desmayo por la igualdad y la justicia.*

desmedido, -da adj. Que es excesivo o desproporcionado: *su ambición es desmedida.*

desmejorado, -da adj. [persona] Que tiene un aspecto poco saludable en comparación con el que tenía tiempo atrás.

desmejorar v. tr. **1** Perder o hacer perder el aspecto saludable. ◆ v. intr./ prnl. **2** Ir perdiendo la salud.
DER desmejoramiento.

desmelenar v. tr. **1** Despeinar o revolver el cabello de una persona: *el viento me ha desmelenado el pelo; el peinado se le ha desmelenado.* SIN alborotar. ◆ v. prnl. **2** desmelenarse Abandonar [una persona] la falta de confianza en uno mismo o la modestia y obrar de forma espontánea, desenvuelta, con ímpetu y generalmente sin moderación: *el equipo se desmelenó y se ganó a su escaso y fiel público.*

desmentido n. m. Mensaje que niega una información o noticia falsas: *desmentido oficial del rumor.*

desmentir v. tr. **1** Decir a una persona que miente: *lo desmintió delante de todos.* **2** Asegurar o demostrar que un dicho o hecho son falsos: *desmentir rumores.*
OBS En su conjugación, la *e* se convierte en *ie* en sílaba acentuada o en *i* en algunos tiempos y personas, como en *hervir*.

desmenuzar v. tr. **1** Deshacer o dividir en partes muy pequeñas. **2** Analizar o examinar de forma exhaustiva.
OBS En su conjugación, la *z* se convierte en *c* delante de *e*.

desmerecer v. intr. **1** Perder una cosa una o más de las cualidades que la hacen digna de aprecio. **2** Ser o considerar inferior a una persona o una cosa comparada con otra: *pienso que ninguno de mis hermanos desmerece de los otros en generosidad.*
OBS En su conjugación, la *c* se convierte en *zc* delante de *a* y *o*, como en *agradecer*.
DER desmerecimiento.

desmesura n. f. Exageración y falta de medida, generalmente en el comportamiento.

desmesurado, -da adj. **1** Que es exagerado o mayor de lo normal: *creo que les tiene a sus parientes un cariño desmesurado.* ◆ adj./ n. m. y f. **2** [persona] Que se excede en el hablar y en el obrar: *es muy recatada y no le van los tipos desmesurados.*

desmesurar v. tr. **1** Exagerar o aumentar la importancia de una cosa: *solo se trata de un hurto, no hay que desmesurar el suceso.* ◆ v. prnl. **2** desmesurarse Excederse una persona en el hablar y en el obrar.
DER desmesura, desmesurado.

desmilitarización n. f. Supresión de las tropas o de las instalaciones militares de una zona o territorio.

desmilitarizar v. tr. Retirar las tropas e instalaciones militares de un territorio.
OBS En su conjugación, la *z* se convierte en *c* delante de *e*.
DER desmilitarización.

desmitificar v. tr. Disminuir o privar de atributos míticos a una persona o una cosa, poniendo en evidencia sus características reales: *desmitificó la figura del gran dictador mediante sus escritos.*
OBS En su conjugación, la *c* se convierte en *qu* delante de *e*.

desmochar v. tr. Quitar, cortar o arrancar la parte superior de una cosa dejándola sin punta o sin su correspondiente terminación: *desmochar un árbol.*

desmontable adj. **1** Que puede ser desmontado: *mesas desmontables.* ◆ n. m. **2** Palanca para desmontar las llantas de los neumáticos.

desmontar v. tr. **1** Separar las piezas que forman un objeto: *el fontanero desmontó la cisterna.* SIN desarmar, descomponer. ANT montar. **2** Cortar los árboles y las matas de un monte o bosque. **3** Allanar un terreno. **4** Derribar un edificio o una parte de él: *si queréis colocar esa campana, hay que desmontar la torre de la iglesia y luego reconstruirla.* ◆ v. tr./ intr./ prnl. **5** Bajar de un animal o de un vehículo: *desmontó del caballo para ayudar a montar a su hijo.* ANT montar.
DER desmontable, desmonte.

desmonte n. m. **1** Corte de árboles y matas. **2** Terreno en el que se han cortado árboles y matas.

desmoralización n. f. Pérdida del ánimo o la esperanza.

desmoralizador, -ra adj. Que quita los ánimos, el aliento o el valor: *recibió noticias desmoralizadoras.*

desmoralizar v. tr. Perder o quitar el ánimo o la esperanza: *tus críticas, en vez de animarlo a seguir trabajando, lo desmoralizaron.*
OBS En su conjugación, la *z* se convierte en *c* delante de *e*.
DER desmoralización, desmoralizador.

desmoronamiento n. m. **1** Acción de desmoronar o desmoronarse. **2** Efecto de desmoronar o desmoronarse.

desmoronar v. tr./ prnl. **1** Deshacer poco a poco un material u otra cosa: *la pared se desmoronó con la humedad.* ◆ v. prnl. **2** desmoronarse Ir perdiendo una cosa poco a poco la fuerza o la unidad: *la familia se desmoronó tras la separación de sus padres.* **3** Perder una persona la fuerza moral o el ánimo. SIN derrotar, derrumbar.

desnatado n. m. Proceso por el que se quita la crema o la nata de la leche o de los productos lácteos.

desnatar v. tr. Quitar la crema o la nata a la leche o a los productos lácteos. SIN descremar.

desnaturalización n. f. **1** Alteración de una sustancia de tal forma que deje de ser apta para el consumo humano. **2** Privación de los derechos que se tienen por haber nacido en un país.

desnivel n. m. **1** Diferencia de altura entre dos o más puntos o superficies. **2** Falta de nivel o de igualdad entre personas o cosas: *hay un gran desnivel de calidad entre los participantes del concurso.*
DER desnivelar.

desnivelar v. tr./ prnl. **1** Perder o quitar la horizontalidad: *hemos puesto mucho peso en el* *maletero y el coche se ha desnivelado.* **2** Perder o quitar la igualdad entre personas o cosas.

desnucar v. tr. **1** Desarticular los huesos de la nuca. **2** Matar a una persona o animal de un golpe en la nuca.

desnudar v. tr./ prnl. **1** Quitar toda la ropa que una persona lleva puesta o parte de ella. ANT vestir. ◆ v. tr. **2** Quitar a una cosa lo que la cubre o adorna. **3** Despojar a una persona de las cosas de valor que lleva: *el ladrón desnudó a su víctima en una esquina.* ◆ v. prnl. **4** desnudarse Hablar abiertamente con alguien de los sentimientos más íntimos: *se desnudó conmigo y se desahogó contándome todo lo que le pasaba.*
DER desnudo.

desnudez n. f. **1** Falta de vestido: *se quitó la ropa y mostró toda su desnudez.* **2** Falta de los elementos que cubren o adornan.

desnudo, -da adj. **1** Que no lleva ropa puesta o que lleva muy poca ropa. ANT vestido. **2** Que no tiene lo que cubre o adorna. **3** Que no tiene bienes ni cosas de valor. **4** Que carece de una cosa no material: *muchas personas mayores están desnudas de la inocencia de la niñez.* **5** Que es claro o que se comprueba con claridad: *su verdadera personalidad quedó desnuda cuando descubrimos todas sus mentiras.* ◆ n. m. **6** Figura humana, o parte de ella, que en arte se representa sin ropa.
▶ al desnudo De forma clara y sin rodeos; a la vista de todos: *le dijo la verdad al desnudo.*
DER desnudez, desnudismo.

desnutrición n. f. Debilitamiento general del organismo por falta de una alimentación suficiente y adecuada: *es imprescindible darles mucha leche a los bebés para evitar su desnutrición.*

desnutrirse v. prnl. Debilitarse un organismo por recibir poca o muy mala alimentación.
DER desnutrición.

desobedecer v. tr. No hacer lo que se ha mandado o está establecido, no cumplir una orden.
OBS En su conjugación, la *c* se convierte en *zc* delante de *a* y *o*, como en *agradecer.*
DER desobediencia, desobediente.

desobediencia n. f. Incumplimiento de una ley u orden: *el desconocimiento de las leyes no autoriza su desobediencia.*

desocupado, -da adj. **1** [persona] Que no desarrolla ningún trabajo o que no tiene empleo: *ayuda a tu hermano a fregar los platos, ya que ahora estás desocupado.* ◆ adj. **2** Que está dispuesto para su utilización o libre para hacer algo: *lleva varios meses desocupada, puedes intentar alquilar esa casa.*
OBS Es el participio de *desocupar.*

desocupar v. tr. **1** Dejar libre de personas o cosas un lugar o disponible un puesto que estaba ocupado. **2** Sacar lo que hay dentro de una cosa: *desocupa la alacena, ya que vamos a pintarla ahora mismo.* ◆ v. prnl. **3** desocuparse Dejar de prestar atención a una cosa o de emplearse en ella, especialmente un asunto: *se interesó varios días de mi petición, pero ya se ha desocupado de ella.*
DER desocupación, desocupado.

desodorante adj./ n. m. [sustancia, producto] Que hace desaparecer los malos olores, especialmente del cuerpo humano.

desoír v. tr. No tener en cuenta, no hacer caso de las palabras o consejos de alguien: *desoyó los consejos de sus padres y ahora se arrepiente.* SIN desatender.
OBS Se conjuga como *oír.*

desolación n. f. **1** Destrucción o ruina completa de una cosa o lugar. **2** Sentimiento de dolor, amargura y tristeza grandes: *no llegaban los equipos de rescate y la desolación reinaba entre los expedicionarios atrapados en la cueva.*

desolado, -da adj. **1** [lugar] Que está arruinado, yermo, vacío o sin vida: *el desolado camino.* **2** Que está lleno de dolor, amargura y tristeza: *estaban desolados por la enfermedad de su amigo.*

desolador, -ra adj. Que produce gran dolor, amargura y tristeza: *después del terremoto, la visión de la ciudad era desoladora.*

desolar v. tr. **1** Destruir totalmente: *la guerra suele desolar los terrenos fértiles.* SIN arrasar, asolar, devastar. ◆ v. tr./ prnl. **2** Llenar o llenarse de gran dolor, amargura y tristeza: *la muerte de su hijo la ha desolado.*
OBS En su conjugación, la *o* se convierte en *ue* en sílaba acentuada, como en *contar.*
DER desolación, desolado, desolador.

desollar v. tr./ prnl. **1** Quitar o perder la piel, o parte de ella, una persona o un animal: *desolló el conejo antes de cocinarlo.* **2** Causar a una persona un grave perjuicio moral o material.
OBS En su conjugación, la *o* se convierte en *ue* en sílaba acentuada, como en *contar.*

desorden n. m. **1** Falta de orden o disposición de los elementos que forman una cosa o un grupo. **2** Alboroto callejero que forma un grupo numeroso y violento de personas.

SIN disturbio. **3** Irregularidad en el funcionamiento de un órgano corporal.

DER desordenar.

desordenado, -da adj. **1** [cosa] Que no tiene orden o disposición entre sus elementos: *una habitación desordenada.* SIN desarreglado. ◆ adj./ n. m. y f. **2** [persona] Que no tiene sus cosas en orden o que actúa sin reglas ni método. SIN desarreglado.

OBS Es el participio de *desordenar.*

desordenar v. tr./ prnl. Quitar o perder una cosa su orden o la disposición entre sus elementos. SIN desarreglar. ANT ordenar.

DER desordenado.

desorganización n. f. **1** Acción de desorganizar: *hay una desorganización en la empresa.* **2** Efecto de desorganizar: *minutos antes había una gran desorganización en la sala.*

desorganizar v. tr. Quitar o perder el orden o disposición de los elementos que forman una cosa o un grupo. ANT organizar, estructurar.

OBS En su conjugación, la *z* se convierte en *c* delante de *e.*

DER desorganización.

desorientar v. tr./ prnl. **1** Perder o hacer perder a una persona o un grupo la orientación en lo que hace o la forma de hacerlo: *tantos consejos le han desorientado: ya no sabe qué hacer.* **2** Confundir o estar confusa una persona respecto al punto del espacio donde se encuentra o al rumbo que sigue. **3** Perder o hacer perder a una cosa su posición respecto a un punto del espacio: *no se ve el programa con claridad porque han tocado la antena y la han desorientado.*

desovar v. intr. Soltar o poner sus huevos [las hembras de ciertos animales, especialmente peces, anfibios e insectos]: *la anguila desova en el mar.*

DER desove.

despabilar v. tr. **1** Quitar a una vela o candil la parte de mecha ya quemada para que dé más luz: *despabila las velas, que no se ve nada.* ◆ v. tr./ intr./ prnl. **2** Aumentar en una persona la inteligencia, la agilidad mental y la capacidad de relación con los demás: *este niño necesita relacionarse con muchos más niños para despabilarse.* SIN despertar. ◆ v. intr. **3** Darse prisa; apresurarse en la realización de una cosa. ◆ v. intr./ prnl. **4** Deshacerse del sueño que queda después de haber dormido: *despabílate, que estás dormido.*

despachar v. tr. **1** Terminar un negocio u otra cosa; dar solución a un problema: *todavía no hemos despachado la compra de la nueva casa.* **2** Echar de un lugar o despedir de un trabajo: *despacharon a parte del personal sin motivo aparente.* ◆ v. tr./ intr. **3** Resolver un asunto: *tengo que despachar con mis colaboradores algunos asuntos.* **4** Vender un producto o un artículo a un comprador: *el panadero despachó todo el pan a lo largo del día.* **5** Atender el dependiente de una tienda a los clientes. ◆ v. prnl. **6** despacharse Decir todo lo que uno quiere sin rodeos: *se despachó a su gusto antes de dar por terminada la discusión.*

DER despacho.

despacho n. m. **1** Habitación o conjunto de habitaciones destinadas a resolver negocios o al estudio. **2** Mueble o conjunto de muebles de esa habitación: *el despacho de casa es de pino.* **3** Establecimiento donde se venden ciertas mercancías: *despacho de pan.* **4** Venta de un producto. **5** Mensaje que se envía o recibe por una vía rápida: *recibió un despacho por fax.*

despacio adv. **1** Poco a poco o lentamente: *tienes que explicarme esto despacio porque no lo entiendo.* ANT aprisa. ◆ int. **2** ¡despacio! Expresión que se usa para pedir moderación en lo que se dice o en lo que se hace: *¡despacio!, tienes que pensar antes de actuar a lo loco.*

DER despacioso.

desparejar v. tr. Separar dos cosas que forman pareja: *desparejar los zapatos.*

DER desparejo.

desparpajo n. m. Facilidad o falta de timidez para hablar, obrar o desenvolverse en un determinado ambiente o situación: *habla con mucho desparpajo.* SIN desenvoltura.

desparramar v. tr. Extender o esparcir sin orden y en diferentes direcciones los elementos de un conjunto: *se ha roto el paquete de arroz y los granos se han desparramado por toda la cocina.* SIN desperdigar, diseminar.

despavorido, -da adj. Que tiene mucho miedo.

despechar v. tr. Causar resentimiento o disgusto a una persona un desengaño o una ofensa: *se marchó despechado por la falta de atención de todos sus amigos.*

despecho n. m. Resentimiento o disgusto que siente una persona debido a un desengaño o a una ofensa: *no debes traicionar a nadie por despecho.*

DER despechar.

despectivo, -va adj. **1** Que muestra desprecio o indiferencia: *sabía que no le caía bien,* *pero aquella sonrisa despectiva me dejó helado.* SIN despreciativo. ◆ adj./ n. m. y f. **2** [palabra, frase, expresión] Que indica falta de consideración, estima y respeto.

despedazar v. tr. **1** Hacer pedazos una cosa, especialmente un cuerpo. ◆ v. tr. **2** Maltratar algo no material: *tu actitud rencorosa y vengativa despedazó su alma.*

OBS En su conjugación, la *z* se convierte en *c* delante de *e*.

despedida n. f. **1** Expresión o gesto que usa una persona con otra cuando se separan o dejan de mantener una conversación, como muestra de afecto o cortesía: *como despedida me dio un beso.* SIN saludo. **2** Momento en el que una o varias personas se separan y se intercambian muestras de afecto o cortesía.

despedir v. tr. **1** Acompañar hasta el lugar de salida a una o varias personas que se van: *mi madre ha despedido a mi tía en el aeropuerto.* **2** Lanzar o arrojar fuera de sí con fuerza: *abrió el grifo de pronto y la manguera despidió un gran chorro de agua.* SIN expeler. **3** Desprender o echar fuera de sí: *las zapatillas despiden un olor insoportable.* SIN emanar. ◆ v. tr./ prnl. **4** Echar a una persona de su empleo; dejar de usar los servicios de una persona o una cosa: *lo han despedido de la fábrica porque faltaba continuamente.* ◆ v. intr. **5** Apartar una persona a otra de su lado o compañía por resultarle incómoda o molesta: *ha despedido a su novio porque era un pesado.* ◆ v. prnl. **6** despedirse Mostrar una persona afecto o cortesía, mediante expresiones o gestos, al separarse de otra o al terminar una conversación: *sabían que iban a tardar mucho en verse y estuvieron despidiéndose durante media hora.* **7** Abandonar totalmente la esperanza y la ilusión de conseguir una cosa: *si no me conceden el préstamo, tendré que despedirme de comprar la casa.*
▶ despedirse a la francesa Irse de un lugar o abandonar una ocupación sin avisar o sin decir adiós.

OBS En su conjugación, la *e* se convierte en *i* en algunos tiempos y personas, como en *servir*.

DER despedida, despido.

despegar v. tr./ prnl. **1** Separar dos o más cosas que están unidas entre sí o muy juntas: *antes de pintar las paredes, habrá que despegar el papel.* **2** En una carrera o competición, mejorar mucho la posición uno o más de los participantes: *el ciclista se despegó del pelotón e inició una magnífica escapada.* ◆ v. intr. **3** Separarse una cosa o un animal de una superficie con un impulso para comenzar a volar, especialmente un avión o una nave. ANT amarar, aterrizar. **4** Comenzar a avanzar o desarrollarse notablemente una cosa, especialmente un proceso: *la economía de ese país empezó a despegar cuando aumentaron las inversiones extranjeras.* ◆ v. prnl. **5** despegarse Desprenderse del afecto o afición a una persona o cosa: *desde que vivimos fuera nos hemos despegado mucho de nuestros amigos.*

OBS En su conjugación, la *g* se convierte en *gu* delante de *e*.

DER despegado, despego, despegue.

despego n. m. Abandono del afecto o afición a una persona o cosa.

despegue n. m. **1** Separación de una cosa o un animal de una superficie con un impulso para comenzar a volar, especialmente un avión o una nave. ANT aterrizaje. **2** Inicio del avance o desarrollo notables de una cosa, especialmente un proceso: *el despegue económico de un país.*

despeinar v. tr. **1** Descomponer el peinado o enredar el cabello a una persona: *el viento lo despeinaba.* ◆ v. prnl. **2** despeinarse Descomponerse el peinado o enredarse el pelo [una persona] a sí misma: *el niño ha vuelto a despeinarse.* **3** Se usa ponderativamente en oraciones negativas para expresar que algo se realiza sin hacer un gran esfuerzo: *ganó el partido en dos sets sin despenairse.*

despejado, -da adj. **1** [cielo] Que no tiene nubes. **2** [espacio] Que es amplio o que no tiene obstáculos ni estorbos. **3** [duda, confusión] Que se ha aclarado o resuelto. **4** [persona] Que ha recuperado el descanso físico y la claridad mental. **5** [pelota, balón] Que ha sido lanzado lejos de la propia portería para evitar el peligro: *el balón despejado fue directamente al delantero, que creó una ocasión de gol.*

despejar v. tr. **1** Dejar sin obstáculos ni estorbos un espacio: *los obreros emplearon varios días en despejar la carretera de los árboles caídos.* SIN desembarazar. **2** En algunos deportes, lanzar la pelota lejos de la portería para evitar el peligro. ◆ v. tr./ prnl. **3** Explicar una duda o una confusión: *el profesor despejó las dudas de toda la clase respecto a la guerra civil.* **4** Recuperar una persona el descanso físico y la claridad mental: *me acosté cansado y aturdido, pero estas doce horas de sueño me han despejado.* **5** MAT. Separar una incógnita de los demás miembros

de una ecuación: *eran unas ecuaciones muy difíciles: después de media hora, los alumnos seguían despejando incógnitas.* ◆ v. prnl. **6 despejarse** Desaparecer las nubes del cielo, mejorándose el tiempo.
DER despejado, despeje.

despellejar v. tr. **1** Quitar la piel o parte de ella a un animal, en especial a los destinados al consumo humano. SIN desollar. **2** Criticar ante alguien y sin mesura a otra persona: *despellejó con duras críticas al joven cantante.* SIN desollar. **3 despellejarse** ◆ v. prnl. Perder la piel o parte de ella [una persona o un animal].

despensa n. f. **1** Lugar, especialmente en una casa, en el que se almacenan alimentos. **2** Conjunto de alimentos almacenados.

despensero, -ra n. m. y f. **1** Persona que tiene a su cargo el cuidado de la despensa. **2** Persona que distribuye los bienes que se destinan a obras de caridad.

despeñar v. tr./ prnl. **1** Arrojar o caer una persona, animal o cosa desde un lugar alto: *aterrorizados por el fuego que iba avanzando, muchos animales se despeñaron por el precipicio.* SIN precipitar. ◆ v. prnl. **2 despeñarse** Entregarse a modos de vida desordenados y desmedidos.
DER despeñadero.

desperdiciar v. tr. Usar mal o no dar un uso correcto y completo a una cosa: *cierra el grifo y no desperdicies el agua.* SIN malgastar.
OBS En su conjugación, la *i* es átona, como en *cambiar.*

desperdicio n. m. **1** Uso inadecuado, incorrecto o incompleto de una cosa. **2** Conjunto de cosas que se tiran porque se consideran inútiles o por ser residuos de lo que ya se ha aprovechado. SIN basura.
DER desperdiciar.

desperdigar v. tr. **1** Dispersar los elementos de un conjunto en distintas direcciones sin un orden predeterminado. SIN desparramar, diseminar. **2** Dividir un esfuerzo o una acción entre varias personas que persiguen el mismo fin: *el equipo de rescate desperdigó a todos sus miembros por la cordillera para encontrar a los excursionistas perdidos.*
OBS En su conjugación, la *g* se convierte en *gu* delante de *e.*
DER desperdigamiento.

desperezarse v. prnl. Extender los miembros del cuerpo, en especial los brazos, para librarlos del entumecimiento, manteniendo tensos los músculos, generalmente después de dormir o de una quietud prolongada. SIN estirarse.
OBS En su conjugación, la *z* se convierte en *c* delante de *e.*

desperfecto n. m. **1** Daño de poca importancia que sufre una cosa: *por culpa de la mudanza, el aparador sufrió algunos desperfectos.* **2** Falta o defecto de poca importancia que resta valor a una cosa: *como la lavadora tenía un desperfecto, la vendían más barata.*

despertador n. m. Reloj que emite un sonido en el momento fijado con anterioridad, generalmente para interrumpir el sueño.

despertar n. m. **1** Instante en que se interrumpe el sueño. **2** Inicio de una etapa positiva en una persona, un grupo o una actividad: *el despertar comercial de la ciudad se remonta a la Edad Media.* ◆ v. tr./ intr./ prnl. **3** Interrumpir el sueño; dejar de dormir. ANT dormir. **4** Recordar algo que se tenía olvidado. ◆ v. intr. **5** Aumentar en una persona la agilidad mental y su capacidad de relación con el mundo circundante: *la universidad ha despertado a mi hijo.* SIN despabilar.
OBS En su conjugación, la *e* se convierte en *ie* en sílaba acentuada, como en *acertar.*
DER despertador, despierto.

despiadado, -da adj./ n. m. y f. [persona, acción] Que no tiene compasión ni lástima. ANT piadoso.

despido n. m. **1** Expulsión de una persona de su empleo. **2** Cantidad de dinero que recibe una persona a causa de haber sido expulsada de su empleo.

despierto, -ta part. **1** Participio irregular de despertar. También se usa como adjetivo: *estoy despierto desde las tres.* ◆ adj. **2** [persona] Que tiene agilidad mental y capacidad de relación con el mundo circundante: *mi hijo es muy despierto.*

despiezar v. tr. Separar ordenadamente las partes del cuerpo de un animal.
OBS En su conjugación, la *z* se conciert en *c* elante de *e.*

despilfarrar v. tr. Gastar el dinero de forma insensata y sin necesidad: *nunca tiene un euro porque despilfarra su sueldo.* SIN derrochar.
DER despilfarrador, despilfarro.

despilfarro n. m. Gasto de dinero de forma insensata y sin necesidad. SIN derroche, dilapidación.

despistado, -da adj. [persona] Que pone

poca atención en lo que hace, que se distrae con facilidad.

despistar v. tr. **1** Poner poca atención en lo que se hace, distraerse con facilidad: *me he despistado con ese ruido y ahora no sé de qué estábamos hablando.* **2** Hacer perder una pista o el camino. ◆ v. prnl. **3** despistarse Salirse un vehículo de la carretera: *iba a mucha velocidad y se despistó en la curva.*
DER despistado, despiste.

despiste n. m. **1** Pérdida de la atención, distracción. **2** Tendencia a perder o disminuir la atención: *tiene un despiste tan grande que se olvida de todo.*

desplante n. m. Acción de la persona que falta el respeto a otra: *no toleraré más desplantes de gente maleducada.*

desplazado, -da adj. [persona] Que no se adapta a las condiciones en que vive o las circunstancias que lo rodean: *los hijos se sentían desplazados en el nuevo barrio.* SIN inadaptado.

desplazamiento n. m. **1** Movimiento para trasladarse de un lugar a otro. SIN andadura, marcha. **2** Sustitución de una persona en el cargo, puesto o lugar que ocupa: *el desplazamiento del vicesecretario del partido fue una maniobra política.*

desplazar v. tr. **1** Mover de un lugar a otro: *hemos tenido que desplazar el mueble para poder colocar el cuadro.* **2** Sacar a una persona del cargo, puesto o lugar que ocupa. **3** FÍS. Mover o desalojar una cantidad de un fluido igual al volumen del cuerpo sumergido en él: *si metes una piedra en un vaso de agua, se desplazará una cantidad de agua igual al volumen de la piedra.* ◆ v. prnl. **4** desplazarse Ir de un lugar a otro.
DER desplazado, desplazamiento.

desplegable adj. **1** Que se puede desplegar o extender. ◆ n. m. **2** Hoja de grandes dimensiones que se incluye plegada en un libro o en una publicación periódica: *con la revista regalan un desplegable con el mapa de Galicia.*

desplegar v. tr. **1** Extender lo que está plegado: *los forofos de la selección de fútbol desplegaron las banderas y las pancartas para animar a su equipo.* SIN desdoblar. ANT plegar. **2** Repartir de forma abierta o extendida un conjunto de personas. **3** Hacer uso de una cualidad o mostrarla: *desplegó todo su ingenio para animar la fiesta.*
OBS En su conjugación, la *e* se convierte en *ie* en sílaba acentuada y la *g* en *gu* delante de e, como en *regar.*

despliegue n. m. **1** Extensión o desarrollo de lo que está plegado o doblado. **2** Disposición abierta y extendida de un conjunto de personas: *el comisario dirigió el despliegue de los policías en la redada.* **3** Exhibición de cualidades o aptitudes para conseguir algo: *tuve que hacer un gran despliegue de humor para soportar aquella broma.*

desplomar v. tr. **1** Hacer perder la posición vertical de un edificio o pared. ◆ v. prnl. **2** desplomarse Caerse, perder la posición vertical, generalmente un edificio o pared. **3** Caer o echarse alguien en algún lugar sin conocimiento o sin vida: *se desplomó en el suelo a causa de un infarto.* **4** Perderse o desaparecer; venirse abajo; arruinarse: *desplomarse una fortuna.*
DER desplome.

desplome n. m. Caída, pérdida de la posición vertical, generalmente de un edificio o una pared.

desplumar v. tr. **1** Quitar las plumas a un ave. **2** Quitar o hacer perder los bienes o el dinero mediante el engaño o la violencia: *lo desplumó diciéndole que necesitaba aquel dinero para comer.*

despoblado, -da adj./ n. m. [lugar] Que ha sido abandonado por todas las personas que lo habitaban: *se perdieron y llegaron a un despoblado.* SIN deshabitado.

despoblar v. tr. **1** Disminuir el número de habitantes de un lugar, quedarse sin habitantes: *la falta de trabajo despuebla muchas zonas rurales.* SIN deshabitar. **2** Disminuir el número de elementos que contiene un lugar, generalmente de vegetación: *la sequía despobló el monte de árboles.*
OBS En su conjugación, la *o* se convierte en *ue* en sílaba acentuada, como en *contar.*
DER despoblación, despoblado.

despojar v. tr. **1** Privar a una persona de lo que tiene, generalmente con violencia: *la despojaron del bolso de un tirón.* **2** Quitar lo que acompaña, adorna o cubre una cosa. ◆ v. prnl. **3** despojarse Quitarse alguna prenda de vestir. **4** Renunciar una persona a lo que tiene: *se despojó de sus bienes y se refugió en un convento.*
DER despojo.

despojo n. m. **1** Privación de lo que se tiene, generalmente con violencia. **2** Conjunto de armas, bienes y provisiones que el vencedor toma del enemigo vencido: *los soldados se repartieron los despojos de la ciudad bombardeada.* SIN botín. **3** Cosa que se pierde por el tiempo, la muerte u otros accidentes: *aún quedaban en su rostro despojos de la belleza que había tenido en su juventud.* ◆ n. m. pl. **4 despojos** Parte que se separa del cuerpo de un animal y que suele ser de poco valor: *pidió en la carnicería las vísceras y demás despojos de pollo para su perro.* **5** Restos de una cosa después de haberla usado o consumido. **6** Cuerpo muerto de una persona o un animal.

desposar v. tr. **1** Unir a dos personas en matrimonio la autoridad religiosa o civil que tiene poder para ello: *el alcalde desposó a la pareja.* SIN casar. ◆ v. prnl. **2 desposarse** Unirse con otra persona mediante las ceremonias y formalidades legales establecidas para constituir un matrimonio: *se desposaron en una pequeña iglesia de su barrio.*
DER desposorios.

desposeer v. tr. **1** Privar a una persona de lo que tiene. ◆ v. prnl. **2 desposeerse** Renunciar una persona a lo que tiene.
OBS En su conjugación, la *i* de la desinencia se convierte en *y* delante de *o* y *e*, como en *leer*.

desposorios n. m. pl. Ceremonia o acto en el que dos personas contraen matrimonio. SIN nupcias.

déspota n. com. **1** Soberano que gobierna con un poder absoluto sin someterse a las leyes ni a limitaciones. SIN dictador, tirano. ◆ adj./ n. com. **2** [persona] Que abusa de su superioridad, de su fuerza o de su poder en su relación con los demás. SIN dictador, tirano.
DER despótico, despotismo.

despotismo n. m. **1** Forma de gobierno en la que el soberano tiene un poder absoluto, sin el límite de las leyes. SIN tiranía. **despotismo ilustrado** Forma de gobierno que practicaron distintos reyes en el siglo XVIII, inspirada en las ideas de la Ilustración: *el despotismo ilustrado fomentó la cultura.* **2** Abuso de superioridad, fuerza o poder en la relación con los demás. SIN tiranía.

despotricar v. intr. Criticar algo o a alguien sin consideración ni respeto: *deja ya de despotricar contra él, que no te ha hecho nada.*
OBS En su conjugación, la *c* se convierte en *qu* delante de *e*.

despreciable adj. **1** Que merece ser despreciado; que no merece consideración. SIN deleznable. ANT apreciable. **2** Que no merece atención ni aprecio: *la diferencia de precio es despreciable, así que elige el que más te guste.* SIN desdeñable.

despreciar v. tr. **1** Rechazar a una persona que no merece aprecio o consideración: *no hay que despreciar a las personas por ser de distinta raza, religión o ideología.* SIN menospreciar. **2** Rechazar una cosa que no merece atención o aprecio por no considerarla importante: *no hay que despreciar un regalo por pequeño que sea.* SIN menospreciar.
OBS En su conjugación, la *i* es átona, como en *cambiar*.
DER despreciable, despreciativo, desprecio.

despreciativo, -va adj. Que muestra desprecio o indiferencia. SIN despectivo.

desprecio n. m. **1** Falta de afecto o de consideración: *a pesar de su soberbia y malhumor, nunca tuvo el desprecio de sus amigos.* **2** Falta de consideración que se hace públicamente.

desprender v. tr. **1** Separar o despegar una cosa de otra: *desprender un adhesivo.* **2** Echar de sí: *la dama de noche desprende muy buen olor.* ◆ v. prnl. **3 desprenderse** Renunciar o apartarse una persona de lo que le pertenece: *desprenderse del coche para pagar una deuda.* **4** Conocer o deducir una cosa o idea a partir de otra: *de tus palabras se desprende que estás muy ilusionado con el proyecto.*
DER desprendido, desprendimiento.

desprendido, -da adj./ n. m. y f. [persona] Que ayuda a los demás sin esperar nada a cambio. SIN generoso.

desprendimiento n. m. **1** Caída o deslizamiento de una materia de un lugar a otro. **2** Separación de una cosa de otra a la que está unida: *el desprendimiento del muro aplastó una moto.* **3** Tendencia a ayudar a los demás sin esperar nada a cambio. **4** MED. Desplazamiento de un órgano de su posición normal: *desprendimiento de retina.*

despreocupación n. f. **1** Falta de motivos que causen intranquilidad, miedo o angustia. **2** Estado de ánimo de la persona que no tiene motivos que le causen intranquilidad, miedo o angustia.

despreocuparse v. prnl. **1** Librarse de una causa que produzca intranquilidad, miedo o angustia: *debes despreocuparte de ese problema, ya que su solución es fácil.* **2** Mantenerse voluntariamente al margen de una cosa: *te has despreocupado de la reunión, así que tendrás que aceptar decisiones nuestras.* SIN desentenderse.
DER despreocupación.

desprestigiar v. tr./ prnl. Manchar el prestigio o buen nombre de una persona, un gru-

a b c d e f g h i j k l m n ñ o p q r s t u v w x y z

po o una cosa. SIN desacreditar, deslucir. ANT prestigiar.
OBS En su conjugación, la *i* es átona, como en *cambiar*.

desprogramar v. tr. **1** Eliminar o anular el orden de ideas y sistema de valores que rigen la conducta de una persona. **2** Borrar de un aparato las órdenes con las que está programado.

desproporcionado, -da adj. Que no tiene la proporción o relación adecuada: *la tarjeta roja fue un castigo desproporcionado.*

desproporcionar v. tr. Quitar la igualdad o el equilibrio que debe existir entre las partes y el todo o entre una cosa y otra.

despropósito n. m. Dicho o hecho sin sentido, inoportuno o inconveniente.

desproteger v. tr. Quitar o descuidar la protección de alguien o de algo. SIN desprotección, desprotegido.
OBS En su conjugación, la *g* se convierte en *j* delante de *a* y *o*, como *proteger*.

desprotegido, -da adj. Que no tiene la protección que debería tener o llevar: *el ejército atacó una zona de la ciudad desprotegida.*

desproveer v. tr. Privar a alguien de lo necesario. ANT proveer.
OBS El participio es *desprovisto;* la forma *desproveído*, regular, apenas tiene uso actualmente. En su conjugación, la *i* de la desinencia se convierte en *y* delante de *o* y *e*, como en *leer*.

después adv. **1** En un momento posterior a otro que se sugiere o menciona: *Antonio no está aquí, llegará después.* SIN luego. ANT antes. **2** Más lejos en el espacio con referencia a un punto determinado: *mi casa está después de la tuya.* ANT antes. ◆ adj. **3** Que sigue o va detrás: *el día después vinieron a vernos mis tíos.*
▶ después de **a.** Por debajo de, detrás de: *es el mejor orador después de Demóstenes.* **b.** Detrás de, más tarde de, más allá de: *¿crees que hay vida después de la muerte?* **c.** Indica que una acción es anterior a otra: *saldremos al cine después de cenar.* después de que o después que Indica que la acción de la subordinada es anterior a otra acción o hecho: *se puso a llover después de que llegáramos al pueblo.*

despuntar v. tr./ prnl. **1** Quitar, romper o gastar la punta: *las tijeras se han despuntado al caerse.* ◆ v. intr. **2** Mostrar habilidad, inteligencia o buena disposición para cierta actividad: *este niño despunta para el dibujo.* **3** Empezar a brotar los tallos y brotes de una planta: *ya están despuntando los tallos de las plantas podadas.* **4** Empezar a aparecer el día, el alba o la aurora: *los trabajadores del campo salen a trabajar al despuntar el día.*

desquitar v. tr./ prnl. **1** Responder a una ofensa o daño con otra ofensa o daño. SIN vengar. **2** Compensar un daño o una pérdida: *después de varios días sin comer, se desquitó con un gran almuerzo.*
DER desquite.

desratizar v. tr. Eliminar totalmente las ratas y ratones de un lugar: *tuvieron que desratizar la casa de campo.*
OBS En su conjugación, la *z* se convierte en *c* delante de *e*.
DER desratización.

destacable adj. Que por sus características merece ser destacado o tenido en cuenta: *lo más destacable del planeta Saturno es el sistema de anillos que lo rodea; la actividad industrial más destacable en la zona es la derivada del petróleo.*

destacado, -da adj. Que destaca o sobresale por ser importante o conocido: *es un destacado miembro de una organización ecologista.*
OBS Es el participio de *destacar*.

destacamento n. m. Parte de una tropa del ejército que se separa del resto para realizar una misión: *un destacamento partió hacia la frontera con una misión de paz.*

destacar v. intr./ prnl. **1** Sobresalir de los demás por una cualidad: *Juan destaca en simpatía entre sus amigos.* ◆ v. tr. **2** Señalar o llamar la atención sobre una cosa: *el crítico destacó la originalidad de la obra.* **3** Separar una parte del cuerpo principal de un ejército para realizar una misión.
OBS En su conjugación, la *c* se convierte en *qu* delante de *e*.
DER destacado.

destajo Palabra que se utiliza en la locución *a destajo*, que significa: **a.** 'Modo de contrato que consiste en cobrar por el trabajo realizado y no por el tiempo empleado': *esta empresa de construcción trabaja a destajo, así que acabarán antes.* **b.** 'Sin descanso; muy deprisa': *has dejado el examen para los últimos días y ahora tienes que estudiarlo a destajo.*

destapar v. tr. **1** Quitar la tapa, el tapón o la cubierta. ANT tapar. **2** Descubrir lo que está oculto: *la policía destapó un negocio de contrabando que había en el barrio.* ◆ v. prnl. **3** destaparse Dar a conocer habilidades, sentimientos o intenciones propias que no se habían

mostrado antes. **4** Quitarse la ropa para mostrar el cuerpo desnudo: *esta actriz solo se destapa por exigencias del guion.*
DER destape.

destape n. m. Acción de quitarse la ropa para mostrar el cuerpo desnudo.

destartalado, -da adj. Que está mal cuidado, viejo o roto: *no sé cómo has podido comprar esa moto tan destartalada.*

destellar v. intr. Despedir ráfagas de luz o chispazos de forma generalmente intensa y breve.

destello n. m. **1** Ráfaga o rayo de luz generalmente intenso y de muy corta duración. **2** Muestra pequeña o momentánea de una cualidad: *en su conversación mostró algunos destellos de ingenio.*
DER destellar.

desteñir v. tr./ intr./ prnl. **1** Hacer más débiles o perder los colores con los que está teñida una cosa: *las cortinas del salón se han desteñido con el sol.* ◆ v. tr/ intr. **2** Manchar una cosa a otra con su color.
OBS En su conjugación, la *i* de la desinencia se pierde absorbida por la *ñ* y la *e* se convierte en *i* en algunos tiempos y personas, como *ceñir.*

desternillarse v. prnl. Reírse mucho y con ganas. SIN descojonarse.

desterrar v. tr. **1** Expulsar o hacer salir de un país o de un lugar. SIN exiliar. **2** Hacer desaparecer o apartar un sentimiento o un pensamiento: *tendrás que desterrar esa frustración si quieres conseguir algo.* **3** Abandonar un uso o una costumbre. ◆ v. prnl. **4** **desterrarse** Salir voluntariamente del propio país por razones políticas. SIN exiliar.
OBS En su conjugación, la *e* se convierte en *ie* en sílaba acentuada, como en *acertar.*
DER destierro.

destetar v. tr. **1** Hacer que deje de mamar un niño o la cría de un animal. **2** Hacer que una persona se aparte de la protección familiar y se valga por sí misma.
DER destete.

destiempo Palabra que se utiliza en la locución *a destiempo*, que significa 'fuera de tiempo o en un momento poco adecuado': *has llegado a destiempo, ya hemos terminado.*

destierro n. m. **1** Castigo que consiste en expulsar o hacer salir a una persona de un país o de un lugar: *fue condenado al destierro por traición.* SIN exilio. **2** Abandono voluntario del propio país obligado por razones políticas. SIN exilio. **3** Lugar en el que vive la persona que se ha desterrado o que ha sido desterrada: *se adaptó pronto a su destierro.* SIN exilio. **4** Tiempo durante el cual una persona desterrada vive fuera de su país: *durante el destierro se dedicó a la meditación.* **5** Lugar muy alejado.

destilación n. f. Proceso por el que una sustancia volátil se separa de otra que no lo es en alambiques u otros vasos por medio del calor: *para la destilación de licores y perfumes se utilizan alambiques.*

destilar v. tr. **1** Separar una sustancia volátil de otra que no lo es en alambiques u otros vasos por medio del calor. SIN alambicar. **2** Mostrar o hacer notar una característica: *sus palabras destilaban tristeza.* ◆ v. tr./ intr. **3** Caer o correr un líquido gota a gota.
DER destilación, destilería.

destilería n. f. Establecimiento industrial en el que se realiza el proceso de destilación: *había montado una rudimentaria destilería y a escondidas fabricaba el ron.*

destinación n. f. **1** Acción de destinar. **2** Destino: *comprobó la destinación del autobús en el móvil.*

destinar v. tr. **1** Señalar o determinar una cosa para un uso, un fin o una función: *el ayuntamiento ha destinado parte del presupuesto a arreglar algunas calles.* **2** Designar la ocupación o el empleo en que ha de trabajar una persona o el lugar para ejercerlo: *lo han destinado a la central del banco.* **3** Dirigir un envío a una persona o un lugar.
DER destinatario, destino; predestinar.

destinatario, -ria n. m. y f. Persona o entidad a la que se dirige un envío.

destino n. m. **1** Fin, uso o función que se da a una cosa. **2** Lugar adonde se dirige alguien o algo: *el tren con destino a Madrid efectuará su salida dentro de diez minutos.* **3** Empleo, ocupación o lugar en el que se desempeña. **4** Situación a la que llega una persona de manera inevitable como consecuencia del encadenamiento de sucesos: *por la manera que ha vivido, su destino era acabar solo.* **5** Fuerza supuesta y desconocida que determina lo que ha de ocurrir. SIN hado, sino.

destitución n. f. Expulsión de una persona del cargo que ocupaba por parte de la autoridad competente: *la destitución del concejal ha sido muy comentada por todos.*

destituir v. tr. Expulsar a una persona de su cargo. SIN deponer.

OBS En su conjugación, la *i* se convierte en *y* delante de *a, e* y *o,* como en *huir.*
DER destitución.
destornillador n. m. **1** Herramienta que sirve para sacar o colocar tornillos o para dejarlos más o menos apretados. **2** Bebida alcohólica hecha con vodka y naranjada.
destornillar v. tr. **1** Dar vueltas a un tornillo para sacarlo del lugar donde está o dejarlo menos apretado. **ANT** atornillar. **2** Quitar los tornillos de un lugar: *destornillar una cuna.* **ANT** atornillar.
DER destornillador.
destreza n. f. Capacidad para hacer bien, con facilidad y rapidez algo que resulta difícil a los demás: *juega a la petanca con destreza.* **SIN** maña, pericia. **ANT** torpeza.
destripar v. tr. **1** Sacar o hacer salir las tripas de una persona o animal. **2** Sacar lo que tiene una cosa en su interior. **3** Aplastar o reventar una cosa blanda: *ha destripado el cartón de los huevos por sentarse encima.* **4** Estropear el efecto de una historia contando su final.
destronar v. tr. **1** Expulsar o echar del trono a un rey. **2** Quitar a alguien o algo de la situación de privilegio de que goza: *Juan ha destronado a Luis en el corazón de Jesús.*
DER destronamiento.
destrozar v. tr./ prnl. **1** Romper o hacer trozos: *destrozar un cristas.* ◆ v. tr. **2** Estropear una cosa de manera que no sirva o que no se pueda usar. **3** Causar un daño moral o una pena grande: *la muerte del hijo ha destrozado a la familia.* **4** Vencer a un contrincante por mucha diferencia o totalmente. ◆ v. prnl. **5** **destrozarse** Cansarse mucho por haber realizado un gran esfuerzo físico.
OBS En su conjugación, la *z* se convierte en *c* delante de *e.*
DER destrozo, destrozón.
destrozo n. m. **1** Rotura de una cosa en trozos. **2** Daño grande: *el terremoto ha causado importantes destrozos en la ciudad.*
destrucción n. f. **1** Destrozo muy grande de una cosa material o inmaterial. **2** Daño o pérdida grande o importante: *la guerra provoca destrucción física y moral.*
destructivo, -va adj. Que destruye o sirve para destruir: *el alcohol en grandes dosis es destructivo.* **ANT** constructivo.
destructor, -ra adj. **1** Que destruye: *las armas atómicas tienen un enorme poder destructor.* ◆ n. m. **2** Buque de guerra rápido y ligero que se usa para la protección de otras embarcaciones y para el ataque.
destruir v. tr. **1** Romper en trozos pequeños o echar por tierra una cosa material: *el fuego destruyó la vivienda.* **ANT** construir. **2** Hacer desaparecer o inutilizar algo inmaterial: *ha destruido la confianza que había entre nosotros.*
OBS En su conjugación, la *i* se convierte en *y* delante de *a, e* y *o,* como en *huir.*
DER destrucción, destructible, destructivo, destructor.
desunión n. f. **1** Separación de las partes de una cosa o de varias cosas que están unidas. **ANT** unión. **2** Oposición entre dos o más personas: *el dinero es causa de desunión de muchas familias.*
desunir v. tr. **1** Apartar o separar lo que estaba unido: *al mover la mesa se han desunido varias piezas del puzle.* **ANT** articular, unir. **2** Hacer que se lleven mal entre sí dos o más personas: *nunca permitió que sus ideas lo desunieran de sus amigos.*
DER desunión.
desusar v. tr. Dejar de usar o de emplear una cosa.
DER desusado.
desuso n. m. Falta de uso o de empleo: *la rueca ha caido en desuso.*
DER desusar.
desvaído, -da adj. **1** [color] Que está apagado o pálido; que ha perdido intensidad: *el tapizado del sillón está desvaído por el uso.* **2** Que tiene sus contornos poco claros: *a través de los cristales empañados vimos una figura desvaída.*
desvalido, -da adj./ n. m. y f. **1** [persona] Que no tiene la ayuda o protección que necesita. **2** [persona] Que no tiene los recursos necesarios para vivir.
desvalijar v. tr. **1** Robar o quitar a una persona todo lo que lleva o todo lo que tiene: *los ladrones lo desvalijaron.* **2** Robar todas las cosas de valor de un lugar.
DER desvalijamiento.
desván n. m. Parte más alta de una casa, justo debajo del tejado, que suele usarse para guardar objetos viejos o que ya no se usan. **SIN** sobrado.
desvanecer v. tr./ prnl. **1** Disgregar o hacer desaparecer de la vista poco a poco: *la niebla se desvaneció a lo largo del día.* **SIN** disipar, esfumar. **2** Borrar de la mente u olvidar una idea, una imagen o un recuerdo: *el tiempo desvane-*

ció los malos recuerdos de aquel verano.* SIN disipar. ◆ v. prnl. **3 desvanecerse** Evaporarse una sustancia o parte de ella. **4** Perder el sentido o el conocimiento momentáneamente: *a causa del calor se desvaneció.* SIN desmayarse.

OBS En su conjugación, la *c* se convierte en *zc* delante de *a* y *o*, como en *agradecer.*

DER desvanecimiento.

desvanecimiento n. m. **1** Desaparición de una cosa que se produce poco a poco o con lentitud: *debe su actual identidad al desvanecimiento de su rol de esposa.* **2** Trastorno de corta duración que afecta al sistema nervioso en el cual se tiene sensación de inestabilidad y movimiento dentro de la cabeza; no siempre hay pérdida del sentido o el conocimiento: *está asustada porque sufrió un desvanecimiento.*

desvariar v. intr. Decir o hacer cosas que van en contra del sentido común. SIN alucinar, delirar.

OBS En su conjugación, la *i* se acentúa en algunos tiempos y personas, como en *desviar.*

DER desvarío.

desvarío n. m. Comportamiento que va en contra del sentido común. SIN delirio.

desvelar v. tr. **1** Quitar o impedir el sueño. **2** Poner de manifiesto lo que estaba oculto: *nos desveló cuál era el secreto de su fortuna.* SIN descubrir. ◆ v. prnl. **3 desvelarse** Poner gran cuidado e interés en lo que se hace o en lo que se quiere conseguir: *se desvelaba por atender a su madre enferma.*

DER desvelado, desvelo.

desvelo n. m. **1** Dificultad para dormir cuando se debe o se necesita hacerlo. SIN insomnio. **2** Cuidado e interés que se pone en lo que se hace o en lo que se quiere conseguir.

desvencijar v. tr. Desunir o separar las partes que forman una cosa.

desventaja n. f. **1** Característica que hace que una persona, cosa o situación sea peor que otra con la que se compara. ANT ventaja. **2** Inconveniente, circunstancia o razón que impide hacer una cosa. ANT ventaja.

DER desventajoso.

desventura n. f. **1** Hecho que causa gran dolor o aflicción: *tuvo la desventura de perder a sus padres cuando era muy pequeño.* SIN desgracia. **2** Mala suerte. SIN desgracia.

DER desventurado.

desventurado, -da adj./ n. m. y f. **1** [persona] Que padece una o más desgracias que le causan gran dolor o aflicción. SIN desdichado, desgraciado. **2** Que no tiene suerte o fortuna. SIN desafortunado, desgraciado. ANT afortunado.

desvergonzado, -da adj./ n. m. y f. [persona] Que habla u obra con desvergüenza: *el muy desvergonzado se atrevió a criticar a todo el mundo.*

desvergüenza n. f. Falta de vergüenza o de educación. SIN osadía.

DER desvergonzado, desvergonzarse.

desvestir v. tr. Desnudar o quitar el vestido o la ropa que lleva a alguien.

OBS Se conjuga como *servir.*

desviación n. f. **1** Cambio o separación en la dirección o en el fin de una cosa. SIN desvío. **2** Carretera que se aparta o separa de otra general. SIN desvío. **3** Camino provisional que sustituye a una parte de otro principal que está inutilizada. SIN desvío. **4** Separación o cambio de la posición normal: *tiene desviación de columna vertebral y duerme sobre una tabla.* **5** Tendencia o actitud que no se considera normal.

desviar v. tr. **1** Separar o apartar a alguien o algo del camino o de la dirección que lleva: *hay un cartel que desvía el tráfico pesado por otro camino.* **2** Convencer a una persona para que se aparte de una idea o de una intención. ➜ Cuadro en la página siguiente.

OBS En su conjugación, la *i* se acentúa en algunos tiempos y personas.

DER desviación, desviado, desvío.

desvincular v. tr. Romper o acabar la relación que se tenía con una o varias personas o cosas: *desde que cambió de colegio, se desvinculó de sus antiguos compañeros.*

desvío n. m. **1** Cambio o separación en la dirección o en el fin de una cosa. SIN desviación. **2** Carretera que se aparta o separa de otra general. SIN desviación. **3** Camino provisional que sustituye a una parte de otro principal que está inutilizada. SIN desviación.

desvirtuar v. tr./ prnl. Disminuir o quitar la virtud o las características esenciales o propias de una cosa: *se han desvirtuado las declaraciones del ministro.*

OBS En su conjugación, la *u* se acentúa en algunos tiempos y personas, como en *actuar.*

desvivirse v. prnl. Mostrar gran afecto e interés por una persona o cosa: *cuando íbamos a su casa, se desvivía por que no nos faltara nada.*

detallar v. tr. Contar una cosa explicando todos los hechos o circunstancias que la rodean.

DER detalle, detallista.

detalle n. m. **1** Hecho o circunstancia secun-

desviar

INDICATIVO	SUBJUNTIVO
presente	**presente**
desvío	desvíe
desvías	desvíes
desvía	desvíe
desviamos	desviemos
desviáis	desviéis
desvían	desvíen
pretérito imperfecto	**pretérito imperfecto**
desviaba	desviara o desviase
desviabas	desviaras o desviases
desviaba	desviara o desviase
desviábamos	desviáramos o desviásemos
desviabais	desviarais o desviaseis
desviaban	desviaran o desviasen
pretérito perfecto simple	**futuro**
desvié	desviare
desviaste	desviares
desvió	desviare
desviamos	desviáremos
desviasteis	desviareis
desviaron	desviaren
futuro	IMPERATIVO
desviaré	desvía (tú)
desviarás	desvíe (usted)
desviará	desviad (vosotros)
desviaremos	desvíen (ustedes)
desviaréis	
desviarán	
condicional	FORMAS NO PERSONALES
desviaría	**infinitivo** desviar
desviarías	**gerundio** desviando
desviaría	**participio** desviado
desviaríamos	
desviaríais	
desviarían	

daria que contribuye a formar una cosa: *contó con todo detalle lo que le había pasado.* **2** Muestra de educación, delicadeza o cariño: *fue un detalle mandar flores a tus padres en su aniversario.* SIN gesto. **3** Regalo de poca importancia que se da como muestra de afecto y consideración. SIN cortesía.

▶ al detalle En cantidades pequeñas: *aquí solo venden al detalle.* SIN al por menor.

detallista adj./ n. com. **1** [persona] Que cuida mucho los detalles: *un pintor detallista.* ◆ adj. **2** Que se hace cuidando mucho los detalles: *una técnica minuciosa y detallista.* ◆ adj./ n. com. **3** [persona] Que tiene detalles con otra persona o muestras de delicadeza, cariño o atención hacia ella: *es muy detallista siempre está pendiente de sus amigos.* **4** [comerciante] Que vende al por menor los productos que ha comprado al mayorista: *los pescaderos detallistas.* SIN minorista. ◆ adj. **5** [establecimiento comercial] Que vende al por menor los productos que ha comprado al mayorista. SIN minorista.

detección n. f. Descubrimiento de la existencia o la presencia de una cosa o un fenómeno que está oculto.

detectar v. tr. Descubrir o recoger señales o pruebas de la existencia o la presencia de una cosa o un fenómeno que está oculto: *le han detectado un cáncer.*

DER detección, detective, detector.

detective n. com. Policía que se dedica a investigar determinados casos y que a veces interviene en los procedimientos judiciales.

▶ detective privado Persona que se dedica a investigar asuntos que le encargan personas particulares.

detector n. m. Aparato que sirve para descubrir la presencia de un fenómeno o de una cosa oculta.

detención n. f. **1** Paro o interrupción de un movimiento o una actividad. **2** Privación provisional de la libertad ordenada por una autoridad competente: *la detención del asesino fue aplaudida por la opinión pública.* **3** Atención o dedicación que se pone al realizar una actividad o al pensar o explicar un asunto. SIN detenimiento.

detener v. tr. **1** Parar o interrumpir un movimiento o una actividad: *detuvo el vehículo ante una señal stop.* **2** Privar provisionalmente de la libertad a una persona por orden de la autoridad competente. SIN arrestar, retener. ◆ v. prnl. **3** detenerse Dedicar tiempo a realizar una actividad o a pensar o explicar un asunto: *se detuvo a considerar todas las opciones.*

OBS Se conjuga como *tener.*

DER detención, detenido, detenimiento.

detenido, -da adj./ n. m. y f. **1** [persona] Que ha sido privada provisionalmente de la libertad por orden de la autoridad competente: *los detenidos fueron conducidos a las dependencias policiales.* ◆ adj. **2** Que se hace con atención, cuidado y lentitud.

detenimiento n. m. Atención o dedicación que se pone al realizar una actividad o al pensar o explicar un asunto. SIN detención.

detentar v. tr. Ocupar un cargo o un poder de manera ilegítima: *detentó el poder tras un golpe de estado.*

detergente adj./ n. m. [sustancia, producto] Que sirve para lavar o limpiar.

deteriorar v. tr. Sufrir algo un proceso por el que pierde calidad o valor; empeorar: *el motor está muy deteriorado por el uso.*
DER deterioro.

deterioro n. m. Disminución o pérdida de la calidad o la importancia. SIN erosión.

determinación n. f. **1** Decisión que se toma sobre un asunto: *por fin tomó la determinación de vender la furgoneta.* **2** Establecimiento claro y exacto de los límites de una cosa. **3** Averiguación de una cosa a partir de las informaciones que se conocen: *la determinación de las causas del conflicto es fundamental para entenderlo.* **4** Valor o firmeza en la manera de actuar. SIN decisión.
DER autodeterminación.

determinado, -da adj./ n. m. y f. Que muestra valor o firmeza en la manera de actuar: *es una mujer determinada, que no duda ante situaciones complicadas.*
▶ artículo determinado Artículo que se refiere a un sustantivo conocido por los hablantes: *los artículos determinados son «el», «la», «lo», «los», «las».*
DER indeterminado.

determinante adj./ m. GRAM. [palabra] Que acompaña al sustantivo y limita o concreta su referencia: *los artículos y los adjetivos demostrativos, posesivos, indefinidos y numerales son determinantes.*

determinar v. tr. **1** Tomar o hacer tomar una decisión. **2** Señalar, fijar o establecer de manera clara y exacta una información o los

determinantes

Los determinantes aparecen delante de un nombre y sirven para relacionar ese nombre con el resto del texto o de la conversación. Indican si ya habíamos hablado de él o si es un tema nuevo, de cuántas cosas estamos hablando y su cercanía en el espacio o el tiempo. Concuerdan en género y número con el nombre cuando tiene estas variaciones.

tipo	función	ejemplos	observaciones
artículo determinado	Indica que el nombre al que acompaña es conocido por el hablante y el oyente (*el alcalde*) o ya se ha hablado antes de él.	*el, la, los, las*	También se usa para hablar en general: *La gente dice..., los animales son...*
artículo indeterminado	Introduce un nombre cuando es la primera vez que se habla de él o indica que no es conocido o no es importante saber exactamente qué o quién es (*hay unos hombres en el patio*).	*un, una, unos, unas*	También se usan como pronombre (excepto la forma *un*): *Tengo una.*
demostrativo	Sitúa un elemento cerca de la persona que habla (*este lápiz*), a distancia media (*ese lápiz*) o lejos (*aquel lápiz*), tanto en el espacio como en el tiempo (*este verano, aquellos días*). También expresa la distancia en un texto (*trataremos este punto y aquel tema*).	*este, esta, estos, estas, ese, esa, esos, esas, aquel, aquella, aquellos, aquellas*	También se usan como pronombre y se recomienda no acentuarlos nunca: *Me gusta ese.*
indefinido	Introduce un conjunto indeterminado de elementos sin concretar el número ni indicar exactamente qué o quién es (*vimos algunos leones; había varias personas allí*).	*algún, ningún, todo, otro, muchos, pocos, varios, bastantes,* etc.	También se usan como pronombre: *Vi varias; había bastantes.*
numeral cardinal	Especifica el número de elementos de un conjunto (*llegaron tres niños*).	*uno, dos, veinte, mil, ciento, treinta, doce, siete,* etc.	También se usan como pronombre: *Quiero tres.*
posesivo	Relaciona un elemento con su poseedor (*mi coche*). También muestra una relación muy directa (*nuestra familia; mi vecino*)	*mi, mis, tu, tus, su, sus, nuestro, -tra, nuestros, -tras, vuestro, -tra, vuestros, -tras*	

a b c d e f g h i j k l m n ñ o p q r s t u v w x y z

límites de una cosa: *la constitución determina que todos somos iguales.* **3** Averiguar una cosa a partir de las informaciones que se conocen. **4** Ser causa o motivo de una cosa o de una acción: *los pocos rendimientos han determinado el cierre de la fábrica.* **5** GRAM. Limitar o concretar la referencia de un nombre: *los adjetivos numerales determinan al sustantivo al que acompañan.*

DER determinación, determinado, determinante, determinativo, determinismo; predeterminar.

determinativo, -va adj. **1** Que determina o resuelve. ◆ n. m. **2** GRAM. Determinante.

determinismo n. m. FILOS. Doctrina filosófica que considera que los acontecimientos no se pueden evitar por estar sujetos a una fuerza superior. SIN fatalismo.

DER determinista.

determinista adj. **1** FILOS. Del determinismo o que tiene relación con esta doctrina filosófica. ◆ adj./n. com. **2** FILOS. [persona] Que sigue la doctrina filosófica del determinismo.

detestable adj. Que es muy malo; que produce repugnancia y rechazo: *tu actitud racista es detestable.*

detestar v. tr. Sentir odio y horror hacia una persona o cosa que no se puede soportar. SIN abominar, aborrecer, odiar. ANT amar.

DER detestable.

detonación n. f. Explosión que produce mucho ruido: *la detonación retumbó en todo el edificio.*

detonar v. intr. **1** Explotar [una cosa, especialmente un explosivo]: *la bomba detonó en el subsuelo.* ◆ v. tr. **2** Hacer estallar algo, especialmente una carga explosiva: *los artificieros detonaron el artefacto.*

DER detonación, detonador, detonante.

detractor, -ra adj./n. m. y f. [persona] Que critica a una persona o cosa por no estar de acuerdo con ella.

detrás adv. En la parte posterior o en un lugar delante del cual está una persona o cosa: *detrás de esa caja está lo que buscas.* SIN atrás. ANT delante. NOTA Se puede combinar con diversas preposiciones.

▶ por detrás Cuando no está presente; en ausencia de alguien: *no se debe hablar mal de nadie por detrás.*

OBS Es incorrecto su uso seguido de un posesivo; se debe decir *detrás de nosotros, detrás de mí*, en lugar de **detrás nuestro, *detrás mío.*

detrimento n. m. Daño moral o material. SIN perjuicio.

detrito n. m. Resultado de la descomposición de una masa sólida en partículas: *la hulla se forma a partir de detritos vegetales.* SIN detritus.

detritus n. m. Detrito.

OBS *Detritus* se usa más en el lenguaje especializado de la medicina y la geología. El plural también es *detritus.*

DER detrito, detrítico.

deuda n. f. **1** Obligación que tiene una persona de pagar o devolver una cosa, generalmente dinero: *una deuda con el banco.* deuda pública Deuda que el Estado tiene reconocida por medio de títulos. **2** Obligación moral que una persona contrae con otra. **3** Cantidad de dinero que se debe pagar.

DER deudo, deudor; adeudar, endeudar.

deudo, -da n. m. y f. Pariente, persona que pertenece a la misma familia que otra.

deudor, -ra adj. [persona] Que debe, especialmente una cantidad de dinero que le ha sido prestada. ANT acreedor.

devaluar v. tr. Disminuir el valor o el precio de una moneda o de otra cosa: *el euro se ha devaluado ligeramente estas dos últimas semanas.* SIN depreciar.

OBS En su conjugación, la *u* se acentúa en algunos tiempos y personas, como en *actuar.*

DER devaluación.

devanar v. tr. Enrollar un hilo alrededor de un eje formando un ovillo.

DER devanadera, devanador.

devaneo n. m. **1** Relación amorosa superficial que dura poco tiempo. SIN amorío. **2** Pérdida de tiempo en cosas que no tienen importancia: *siempre se escaquea del trabajo con devaneos.*

devastador, -ra adj. Que destruye por completo un territorio o lo que hay en él: *un huracán devastador; unas inundaciones devastadoras.*

devastar v. tr. Destruir totalmente un territorio o lo que hay en él. SIN arrasar, asolar, desolar.

DER devastación, devastador.

devengar v. tr. Tener derecho a una cantidad de dinero como pago por un trabajo o servicio.

OBS En su conjugación, la *g* se convierte en *gu* delante de *e.*

DER devengo.

devenir v. intr. **1** Ocurrir o producirse un he-

cho. **SIN** acaecer, acontecer, suceder. **2** Llegar a ser: *su constante nerviosismo devino en enfermedad.* ◆ n. m. **3** FILOS. Proceso mediante el cual ocurre o llega a ser una cosa. **4** FILOS. Proceso o cambio continuo de la realidad: *Heráclito afirmó que el universo es un continuo devenir.*
OBS Se conjuga como *venir.*

devoción n. f. **1** Fervor religioso: *siempre rezaba con devoción.* **2** Práctica religiosa. **3** Inclinación o afecto especial por una persona o una cosa: *siente devoción por sus abuelos.*
DER devocionario.

devolución n. f. **1** Entrega a una persona de lo que había prestado. **2** Entrega al vendedor de una cosa que se ha comprado a cambio de su importe.

devolver v. tr. **1** Entregar a una persona lo que había prestado: *tengo que devolver el préstamo al banco en tres años.* **2** Entregar a un vendedor una cosa que se ha comprado a cambio de su importe: *tengo que devolver la camiseta porque está rota.* **3** Hacer que una persona o cosa vuelva a estar donde o como estaba antes: *estas vacaciones me han devuelto las ganas de trabajar.* **4** Entregar el dinero que sobra de un pago a la persona que lo efectúa. ◆ v. tr./intr. **5** Expulsar por la boca la comida que está en el estómago: *tenía jaqueca y devolvió la cena.* **SIN** vomitar.
OBS El participio es *devuelto.* En su conjugación, la *o* se convierte en *ue* en sílaba acentuada, como en *mover.*
DER devolución, devuelto.

devorar v. tr. **1** Comer con ansia y rapidez: *tenía tanta hambre que devoró el almuerzo.* **2** Comer un animal a otro. **3** Destruir el fuego por completo. **4** Realizar una acción con mucho interés y rapidez: *he devorado el libro en pocas horas.*
DER devorador.

devoto, -ta adj./n. m. y f. **1** Que inspira devoción. **2** Que tiene fervor religioso: *es devota de la Virgen del Pilar.* **SIN** piadoso, pío. **3** Que siente inclinación o afecto especial por una persona o una cosa: *es un devoto de la poesía.*

devuelto, -ta part. **1** Participio irregular de *devolver.* **NOTA** También se usa como adjetivo: *me han devuelto el libro.* ◆ n. m. **2** Conjunto de sustancias o alimentos mal digeridos que estaban en el estómago y se expulsan por la boca. **SIN** vómito.

di- **1** Elemento prefijal que entra en la formación de palabras con el significado de 'dos': *díptero.* **2** En terminología química señala la presencia en el compuesto de dos átomos, moléculas o radicales: *dióxido.* **SIN** bi-. **3** Prefijo que entra en la formación de palabras con el significado de: **a.** 'Oposición o contrariedad': disentir. **b.** 'Origen o procedencia': *dimanar.* **c.** 'Extensión o propagación': *difundir, dilatar.*

día n. m. **1** Tiempo que emplea la Tierra en dar una vuelta sobre sí misma, normalmente desde las doce de la noche hasta veinticuatro horas después. día de fiesta Día en que no se trabaja por ser considerado fiesta por la Iglesia o el Estado. día laborable Día en que se trabaja. día lectivo Día en que se dan clases en los centros de enseñanza. **2** Tiempo que dura la claridad del Sol sobre el horizonte: *salimos muy temprano de casa para poder llegar de día.* **ANT** noche. **3** Fiesta del santo o el cumpleaños de una persona: *mañana será tu día y lo celebraremos por todo lo alto.* **SIN** santo. ◆ n. m. pl. **4** días Tiempo que dura la vida de una persona: *pasó la mayor parte de sus días en su pueblo natal.*
▶ al día Al corriente, sin retraso o con información actual: *lleva su diario al día.* buenos días Saludo que se usa durante la mañana. día y noche Continuamente, durante todo el tiempo. el día menos pensado En cualquier momento, cuando menos se espera. en su día A su debido tiempo. todo el santo día Continuamente, durante todo el tiempo: *estuve todo el santo día limpiando.*
DER diario, diurno; cotidiano.

diabetes n. f. Enfermedad producida por una concentración muy alta de azúcar en la sangre, lo que motiva una excesiva eliminación de glucosa y un enflaquecimiento progresivo.
DER diabético.

diabético, -ca adj. **1** De la diabetes o que tiene relación con esta enfermedad. ◆ adj./n. m. y f. **2** [persona] Que padece diabetes.

diablo n. m. **1** Ser sobrenatural o espíritu que representa las fuerzas del mal. **SIN** demonio. **2** Persona muy inquieta y revoltosa, especialmente si se trata de un niño: *el hijo del vecino es un diablo.* **SIN** demonio.
▶ del diablo o de mil diablos o de todos los diablos Expresión con la que se exagera una cualidad o un estado negativos: *ha cogido un cabreo de mil diablos.* llevárselo el diablo o llevárselo los diablos Enfadarse mucho una persona. mandar al diablo Enfadarse con una

persona o despreciar a una persona o a una cosa. pobre diablo Persona infeliz o bonachona: *engañaron al probre diablo.*

DER diablesa, diablillo, diablismo, diablura, diabólico; endiablar.

diablura n. f. Travesura de poca importancia, como la que hacen los niños con la intención de divertirse. SIN picardía.

diabólico, -ca adj. **1** [cosa, persona] Que tiene o muestra una maldad muy grande. **2** [cosa] Que es muy difícil de entender o resolver: *este crucigrama es diábolico.* **3** Del diablo o que tiene relación con él: *la magia negra es un rito diabólico.*

diábolo n. m. **1** Juguete que consiste en hacer girar un carrete formado por dos conos unidos por sus vértices sobre una cuerda que está sujeta por dos palos que se mueven con las manos. **2** Objeto con el que se practica este juego.

diácono n. m. Hombre que sirve a la religión católica con el grado inmediatamente inferior al de sacerdote.

DER diaconado, diaconato, diaconisa.

diacrítico, -ca adj./ n. m. [signo ortográfico] Que da un valor especial a una letra: *en la palabra antigüedad, los dos puntos sobre la u son un signo diacrítico.*

diacronía n. f. **1** Evolución de una cosa a través del tiempo: *la diacronía de la moda nos revela los muchos cambios que ha vivido con el paso del tiempo.* **2** GRAM. Evolución y cambios de una lengua o de un fenómeno lingüístico a través del tiempo: *la diacronía del latín demuestra que fue cambiando mucho a lo largo de los siglos.*

DER diacrónico.

diadema n. f. **1** Objeto de adorno que tiene forma de círculo o de medio círculo y se ponen en la cabeza las mujeres. **2** Corona redonda y sencilla.

diáfano, -na adj. **1** Que es muy claro o fácil de entender: *su actitud conmigo fue siempre noble y diáfana.* SIN transparente. **2** Que deja pasar la luz casi en su totalidad: *da gusto vivir en una casa tan diáfana.* **3** Que tiene una gran cantidad de luz o de claridad.

▶ planta diáfana Espacio que corresponde al piso primero de un edificio cuando en él no se construyen viviendas como en los restantes pisos, sino que se destina como lugar amplio de esparcimiento y recreo.

DER diafanidad.

diafragma n. m. **1** ANAT. Músculo interior que separa el tórax del abdomen en el cuerpo de los mamíferos; es fundamental para la respiración. **2** Dispositivo situado en el objetivo de una cámara fotográfica para dejar pasar en cada momento la cantidad de luz necesaria. **3** Objeto anticonceptivo flexible y fino con forma de disco que se coloca en la vagina para impedir la fecundación.

diagnosis n. f. **1** Determinación o identificación de una enfermedad mediante el examen de los síntomas que presenta. SIN diagnóstico. **2** Examen de una cosa, un hecho o una situación para buscar solución a sus males: *un técnico realizará el mes que viene una diagnosis sobre nuestras pérdidas económicas.* SIN diagnóstico.

OBS El plural también es *diagnosis.*

diagnosticar v. tr. **1** Determinar o identificar una enfermedad mediante el examen de los síntomas que presenta. **2** Examinar una cosa, un hecho o una situación para buscar solución a sus males.

OBS En su conjugación, la *c* se convierte en *qu* delante de *e.*

diagnóstico n. m. **1** Determinación o identificación de una enfermedad mediante el examen de los síntomas que presenta. SIN diagnosis. **2** Examen de una cosa, un hecho o una situación para buscar solución a sus males: *ese país necesita un rápido diagnóstico acerca de sus problemas de seguridad.* SIN diagnosis.

DER diagnosis, diagnosticar.

diagonal adj./ n. f. **1** [línea recta] Que une un ángulo con otro que no está inmediato en una figura plana, o que une dos ángulos que no están en la misma cara de una figura sólida: *la diagonal divide el cuadrado en dos triángulos.* **2** [línea, calle, carretera] Que se cruza y corta a otro u otros con los que no forma ángulo recto.

diagrama n. m. Representación gráfica de las variaciones de un fenómeno o de las relaciones que tienen los elementos de un conjunto.

dial n. m. **1** Superficie con letras o números que sirve para seleccionar, mediante un indicador, el número de un teléfono o la emisora en un aparato de radio o televisión. **2** Superficie graduada que, mediante un indicador, mide una magnitud determinada.

dialectal adj. **1** GRAM. De un dialecto o que

tiene relación con él. **2** [palabra, frase, modo de expresión] Que es propio de un dialecto: *guagua es un término dialectal.*
DER dialectalismo.

dialectalismo n. m. Palabra, expresión o giro propios de un dialecto.

dialéctica n. f. **1** Técnica de dialogar y discutir mediante el intercambio de razonamientos y argumentaciones: *en el debate los participantes respetaron los principios de la dialéctica.* **2** Conjunto de razonamientos y argumentaciones de un discurso o una discusión y modo de ordenarlos: *la dialéctica del orador fue sencilla, pero convincente.* **3** FILOS. Parte de la filosofía que trata de las reglas y formas de los razonamientos: *Hegel fue un filósofo que estudió a fondo la dialéctica.* **4** FILOS. Técnica de razonamiento que intenta descubrir la verdad mediante la exposición y confrontación de argumentos contrarios entre sí: *le gusta dar sus clases empleando la dialéctica.* **5** Sucesión de hechos en la que se van produciendo unos a causa de otros: *la dialéctica de esta investigación no va a llevarnos a ninguna parte.*
DER dialéctico.

dialecto n. m. Variedad lingüística, generalmente en unos límites territoriales determinados, cuyos rasgos distintivos no le confieren categoría de lengua.
DER dialectal, dialectología.

diálisis n. f. MED. Técnica de purificación de la sangre que se aplica a la persona cuyo riñón no realiza esa función.
DER hemodiálisis.

dialogante adj. **1** [persona] Que está dispuesto a dialogar y a discutir las cosas sin imponer su criterio: *se mostró abierto y dialogante.* **2** Que es propio de estas personas: *carácter dialogante.*

dialogar v. intr. **1** Hablar dos o más personas entre ellas. SIN conversar. **2** Discutir sobre un asunto o sobre un problema con la intención de llegar a un acuerdo o de encontrar una solución. SIN negociar, parlamentar.
OBS En su conjugación, la *g* se convierte en *gu* delante de *e*.

diálogo n. m. **1** Conversación entre dos o más personas que alternativamente exponen sus ideas y matices. SIN coloquio. ANT monólogo. **2** Discusión sobre un asunto o sobre un problema con la intención de llegar a un acuerdo o de encontrar una solución: *no debe romperse nunca el diálogo sobre el desarme nuclear.* **3** Género y obra literarios que se caracterizan porque dos o más personajes conversan y discuten acerca de varios temas.
▶ diálogo de besugos o diálogo de sordos Conversación en la que los participantes no siguen una lógica con respecto a los temas y argumentos de los demás.
DER dialogar.

diamante n. m. **1** Piedra preciosa muy apreciada por su transparencia, brillo y dureza. diamante brillante Diamante que está tallado por las dos caras. SIN brillante. diamante en bruto Diamante que está sin pulir. ◆ n. m. pl. **2** diamantes Palo de la baraja francesa en el que hay dibujados rombos de color rojo.
▶ diamante en bruto Persona o cosa que tiene o parece tener un gran valor, pero le falta aprendizaje o educación.
DER diamantino.

diamantino, -na adj. Que tiene una o más características propias del diamante.

diametral adj. Del diámetro o que tiene relación con él: *la medida diametral de esta circunferencia es de 5 cm.*
▶ diferencia (o distancia) diametral Que es totalmente opuesto a otra cosa que se menciona: *entre tu ideología y la mía hay una distancia diametral.*

diámetro n. m. Línea recta que une dos puntos de una circunferencia, de una curva cerrada o de la superficie de una esfera pasando por su centro.
DER diametral.

diana n. f. **1** Punto central de un blanco de tiro. **2** Superficie redonda que tiene dibujados varios círculos concéntricos y que se utiliza como blanco de tiro. **3** Toque o música militar que se da al amanecer para que los soldados se levanten de la cama.
▶ dar en la diana Acertar, atinar o ser muy preciso y exacto: *al contratar al nuevo cajero dio en la diana.*

diapasón n. m. **1** MÚS. Instrumento que produce un sonido que sirve como referencia para afinar o entonar otros instrumentos: *no puedo afinar mi violín si no tengo un diapasón.* SIN afinador. **2** MÚS. Pieza de madera que cubre el mástil o palo de los instrumentos musicales de cuerda.

diapositiva n. f. Fotografía sacada directamente en positivo y en película u otro material transparente.

a b c d e f g h i j k l m n ñ o p q r s t u v w x y z

diario, -ria adj. **1** Que ocurre o se repite cada día: *tenemos entrenamiento diario este verano.* SIN cotidiano. ◆ n. m. **2** Libro en el que una persona va escribiendo día a día, o divididos por días, hechos o pensamientos íntimos. **diario de a bordo** Libro en el que la persona que manda una embarcación anota los hechos que suceden en un viaje. **3** Periódico que se publica todos los días.
▶ **de diario** Que se usa o sucede cotidianamente, en días laborables: *como es domingo, me pondré la ropa de fiesta y lavaré la de diario.*
DER diariamente.

diarrea n. f. Alteración del aparato digestivo que se manifiesta con la expulsión frecuente de excrementos líquidos. SIN descomposición. ANT estreñimiento.
▶ **diarrea mental** Confusión de ideas o ausencia de lógica en los razonamientos.

diáspora n. f. **1** Dispersión de un pueblo o comunidad humana por diversos lugares del mundo; especialmente la de los judíos después de la destrucción del reino de Israel (siglo VI a. C.). **2** Conjunto de comunidades de un mismo origen o una misma condición establecidas en distintos países: *la diáspora judía se encuentra esparcida por todo el mundo.*

diástole n. f. **1** Expansión rítmica del corazón y las arterias que se produce cuando la sangre purificada entra en ellas. **2** Licencia poética que consiste en usar como larga una sílaba breve en la poesía griega y latina.

diatónico, -ca adj. **1** MÚS. [semitono] Que se forma entre dos notas de distinto nombre: *de sol a la bemol hay un semitono diatónico.* **2** MÚS. [escala, sistema] Que procede por la alternancia de dos tonos y un semitono, y de tres tonos y un semitono.

dibujante n. com. Persona que dibuja.

dibujar v. tr. **1** Representar la figura de una persona, un animal o una cosa en una superficie mediante líneas trazadas con instrumentos adecuados. **2** Describir o contar la realidad con gran viveza y fidelidad: *con sus precisas palabras, iba dibujando su hogar.* ◆ v. prnl. **3 dibujarse** Aparecer, mostrarse o verse, pero sin claridad ni exactitud: *allí se dibuja un camino: ojalá sea el que buscamos.*
DER dibujante, dibujo; desdibujarse.

dibujo n. m. **1** Técnica de dibujar: *no se me da bien la asignatura de dibujo.* **2** Representación de la figura de una persona, un animal o una cosa en una superficie mediante líneas trazadas con instrumentos adecuados: *los dibujos de Lorca son muy interesantes.* **3** Forma que resulta de combinarse las líneas, figuras y otros elementos que adornan una cosa.
▶ **dibujos animados** Película en la que los personajes son figuras dibujadas que se mueven gracias a técnicas de animación.

dicción n. f. **1** Manera de emitir los sonidos al hablar: *como es extranjero, su dicción se me hace extraña.* SIN pronunciación. **2** Conjunto de características que definen la manera de hablar y escribir de una persona: *el profesor tiene una dicción muy esmerada.*
DER diccionario.

diccionario n. m. **1** Libro o inventario en el que se recoge y define, generalmente en orden alfabético, un conjunto de palabras de una o más lenguas o de una materia determinada. **2** Libro en el que se recoge y explica un conjunto de informaciones sobre una ciencia, una especialidad o de un aspecto especial de la lengua: *diccionario bibliográfico.*
DER diccionarista.

dicha n. f. **1** Sentimiento de gran alegría, bienestar y satisfacción. SIN felicidad. ANT infelicidad. **2** Acontecimiento o situación que causa alegría, bienestar y satisfacción. SIN felicidad.
DER dichoso; desdichado.

dicho, -cha part. **1** Participio irregular de *decir.* NOTA También se usa como adjetivo. ◆ n. m. **2** Palabra o conjunto de palabras mediante las cuales se dice una cosa o se expresa una idea, especialmente si tiene gracia o contiene una sentencia. SIN decir.
▶ **dicho y hecho** Expresión que indica que una cosa se hace en el momento, de forma inmediata: *le pedí que me prestara su coche y, dicho y hecho, me entregó las llaves inmediatamente.* **mejor dicho** Expresión que aclara o concreta una palabra o una frase anterior: *ve a la tienda y cómprate algo para merendar, mejor dicho, cómprate un bocadillo.*
DER dicharachero; antedicho, entredicho, sobredicho, redicho.

dichoso, -sa adj. **1** Que siente o proporciona una gran alegría, bienestar y satisfacción. **2** Que desagrada, causa enfado o fastidia: *estoy harto de tus dichosas bromas.* NOTA Tiene sentido despectivo. **3** Que es poco acertado o afortunado: *¡dichoso el día que te conocí!* *Tiene sentido irónico.*

diciembre n. m. Último mes del año.

dicotiledóneo, -nea adj./n. f. **1** [planta] Que pertenece a la clase de las dicotiledóneas. ◆ n. f. pl. **2 dicotiledóneas** Clase de plantas angiospermas cuyos embriones tienen dos cotiledones: *las margaritas y los crisantemos son dicotiledóneas.*

dicotomía n. f. División de una cosa o una materia en dos partes o grupos, generalmente opuestos entre sí.

dictado n. m. **1** Discurso hablado o lectura de un texto que hace una persona para que otra u otras lo copien por escrito. **2** Texto escrito que una persona ha copiado fielmente de lo que otra dijo o leyó. ◆ n. m. pl. **3 dictados** Normas, indicaciones o sugerencias de la razón, la moral u otra cosa: *siguiendo los dictados de la lógica, tiré por el camino corto.*
▶ **al dictado** Por mandato o indicación: *no tiene personalidad: actúa al dictado de lo que le dice su padre.*

dictador, -ra n. m. y f. **1** Soberano o gobernante que gobierna con un poder total sin someterse a las leyes ni a limitaciones. SIN déspota, tirano. ◆ adj./n. m. y f. **2** [persona] Que abusa de su superioridad, de su fuerza o de su poder en su relación con los demás. SIN déspota, tirano.
DER dictadura, dictatorial.

dictadura n. f. **1** Sistema político en el que una sola persona o una institución gobierna con poder total, sin someterse a leyes ni a limitaciones. SIN totalitarismo. **2** País cuyo sistema político consiste en que una sola persona o una institución gobierna con poder total, sin someterse a leyes ni a limitaciones. **3** Tiempo que dura el gobierno de un país por este sistema.

dictamen n. m. Opinión técnica y experta que se da sobre un hecho o una cosa: *para formar un juicio sobre este asunto necesito el dictamen de un jurista.*

dictaminar v. intr. Dar una opinión técnica y experta sobre un hecho o una cosa.

dictar v. tr. **1** Hablar una persona o leer un texto en voz alta para que otra u otras lo copien por escrito. **2** Hacer pública una nueva norma o una sentencia: *el Gobierno dictó una nueva ley.* SIN promulgar. **3** Indicar, sugerir o empujar a hacer una cosa: *contrajo matrimonio con él porque se lo dictaban sus sentimientos.*
DER dictado, dictador, dictamen.

dictatorial adj. **1** De la dictadura o que tiene relación con este sistema político. **2** Del dictador o que tiene relación con este soberano o gobernante: *en la calle es muy agradable, pero con sus empleados toma una actitud dictatorial.*

didáctica n. f. Disciplina que estudia las técnicas y los métodos de enseñanza: *los profesores reciben clases de didáctica para enseñar mejor.*

didáctico, -ca adj. **1** De la didáctica o que tiene relación con esta disciplina. **2** Que sirve o está hecho para enseñar: *en televisión emiten muy pocos programas didácticos.* SIN pedagógico.
DER didacticismo, didactismo; autodidacta.

diecinueve num. card. **1** Indica que el nombre al que acompaña o al que sustituye está 19 veces: *son diecinueve euros.* NOTA Puede ser determinante (*vinieron diecinueve muchachos*) o pronombre (*vinieron los diecinueve*). ◆ n. m. **2** Nombre del número 19. ◆ num. ord. **3** Indica que el nombre al que acompaña o al que sustituye ocupa el lugar número 19 en una serie: *soy el diecinueve de la lista.* SIN decimonoveno. NOTA Es preferible el uso del ordinal *decimonoveno.*
DER diecinueveavo.

diecinueveavo, -va num. Parte que resulta de dividir un todo en 19 partes iguales.

dieciochavo, -va num. Dieciochoavo.
OBS La Real Academia Española recoge *dieciochavo*, pero prefiere la forma *dieciochoavo.*

dieciochesco, -ca adj. Del siglo XVIII o que tiene relación con él.

dieciocho num. card. **1** Indica que el nombre al que acompaña o al que sustituye está 18 veces: *dieciocho botellas.* NOTA Puede ser determinante (*vinieron dieciocho chicas*) o pronombre (*vinieron las dieciocho*). ◆ n. m. **2** Nombre del número 18. ◆ num. ord. **3** Indica que el nombre al que acompaña o al que sustituye ocupa el lugar número 18 en una serie: *soy el dieciocho de la lista.* SIN decimoctavo. NOTA Es preferible el uso del ordinal *decimoctavo.*
DER dieciochavo, dieciochesco, dieciochoavo.

dieciochoavo, -va num. Parte que resulta de dividir un todo en 18 partes iguales. SIN dieciochavo.

dieciséis num. card. **1** Indica que el nombre al que acompaña o al que sustituye está 16 veces: *son dieciséis euros.* NOTA Puede ser determinante (*vinieron dieciséis niños*) o pronombre (*vinieron los dieciséis*). ◆ n. m. **2** Nombre del número 16. ◆ num. ord. **3** Indica que el nombre al que acompaña o al que sustituye

ocupa el lugar número 16 en una serie: *soy el dieciséis de la lista.* **SIN** decimosexto. **NOTA** Es preferible el uso del ordinal *decimosexto.*
DER dieciseisavo.

dieciseisavo, -va num. Parte que resulta de dividir un todo en 16 partes iguales.

diecisiete num. card. **1** Indica que el nombre al que acompaña o al que sustituye está 17 veces: *diecisiete euros.* **NOTA** Puede ser determinante: (*vinieron diecisiete niñas*) o pronombre (*vinieron las diecisiete*). ◆ n. m. **2** Nombre del número 17. ◆ num. ord. **3** Indica que el nombre al que acompaña o al que sustituye ocupa el lugar número 17 en una serie: *soy el diecisiete de la lista.* **SIN** decimoséptimo. **NOTA** Es preferible el uso del ordinal *decimoséptimo.*
DER diecisieteavo.

diecisieteavo, -va num. Parte que resulta de dividir un todo en 17 partes iguales.

diente n. m. **1** Pieza dura y blanca que crece con otras en la boca del ser humano y otros animales; sirve para cortar y masticar los alimentos y, en los animales, también para defenderse. **diente de leche** Diente que se cae y sustituye por otro durante el crecimiento de los niños. **2** Punta o saliente que tiene el borde o superficie de una cosa, especialmente de ciertos instrumentos y herramientas: *diente de sierra.*
▶ **armarse hasta los dientes** Proveerse de armas en gran cantidad. **decir (o hablar) entre dientes** Hablar muy bajo y de modo que no se entienda lo que se dice o murmurar lamentos y protestas. **diente de ajo** Parte de una cabeza de ajo, que se divide en varias de ellas individualizadas con su tela y cáscara. **hincar (o meter) el diente a.** Apropiarse de una cosa que pertenece a otra persona: *es un caradura que le hinca continuamente el diente a los ahorros de su abuelo.* **b.** Empezar a comer. **c.** Abordar un asunto con decisión y empezar a resolverlo: *híncale el diente a ese problema antes de que se complique más.* **poner los dientes largos** Sentir o provocar deseo o envidia.

diéresis n. f. **1** GRAM. Signo de ortografía que en la lengua española se coloca sobre la vocal u de las sílabas gue y gui cuando aquella debe pronunciarse: *como lleva diéresis, la «u» se pronuncia en «vergüenza» y «agüita».* **2** GRAM. Pronunciación en sílabas distintas de dos vocales que suelen pronunciarse como diptongo; se indicaba con la diéresis sobre la primera vocal del diptongo: *el poeta Rodrigo Caro escribe frecuentemente ariete con diéresis sobre la «i»: arïete.*
OBS El plural también es *diéresis.*

diésel n. m. Motor de combustión interna de alta compresión que funciona con aceites pesados o con gasóleo. **NOTA** También *motor diésel.*
OBS Puede encontrarse la grafía *diesel.*

diestra n. f. Mano situada en el lado opuesto al que corresponde al corazón en el ser humano. **SIN** derecha. **ANT** izquierda, siniestra.

diestro, -tra adj. **1** [cosa, parte de ella] Que está situado, en relación con la posición de una persona, en el lado opuesto al que corresponde al corazón en el ser humano. **SIN** derecho. **ANT** izquierdo. **2** [persona] Que tiene capacidad, habilidad y experiencia para hacer una cosa o desarrollar una actividad. **SIN** ducho. ◆ adj./ n. m. y n. f. **3** [persona] Que tiene mayor habilidad con la mano y con la pierna derechas o que usa perfectamente la mano derecha. **ANT** zocato, zurdo. ◆ n. m. **4** Persona que torea en las plazas de toros y a cuyo cargo está la dirección de la lidia del toro: *el diestro triunfó y cortó dos orejas.* **SIN** espada, maestro, matador.
DER diestra; adiestrar.

dieta n. f. **1** Regulación de la cantidad y el tipo de alimentos que debe tomar una persona. **SIN** régimen: *está de dieta, no probará el pastel.* **2** Conjunto de comidas y bebidas que toma o debe tomar una persona que tiene regulada su alimentación: *su dieta se compone, sobre todo, de frutas y pescados.* **SIN** régimen. **3** Cantidad de dinero que se da a una persona para cubrir los gastos que le supone trabajar fuera de su lugar habitual. **NOTA** Se usa frecuentemente en plural.
▶ **estar a dieta** Tener una persona regulado su régimen de comidas. **SIN** régimen.
DER dietario, dietética.

dietario n. m. Libro en que se anotan los ingresos y gastos diarios de una casa o de un comercio.

dietética n. f. MED. Disciplina que estudia los tipos y reglas de la alimentación para mantener la salud o curar una enfermedad.
DER dietético.

dietético, -ca adj. **1** De la dietética o relacionado con ella: *prescripciones dietéticas.* **2** De la dieta (control o regulación de la cantidad y tipo de alimentos) o relacionado con ella: *productos dietéticos.*

dietista n. com. Médico especialista en dietética.

diez num. card. **1** Indica que el nombre al que acompaña o al que sustituye está 10 veces: *son diez euros.* NOTA Puede ser determinante (*vinieron diez chicos*) o pronombre (*vinieron los diez*). ◆ n. m. **2** Nombre del número 10. ◆ num. ord. **3** Indica que el nombre al que acompaña o al que sustituye ocupa el lugar número 10 en una serie: *soy el diez de la lista.* SIN décimo. NOTA Es preferible el uso del ordinal *décimo.*
DER diezmo; diecinueve, dieciocho, dieciséis, diecisiete, diezmilésimo.

diezmar v. tr. Causar gran cantidad de muertos, heridos o enfermos en un conjunto de personas, especialmente en una población: *el terremoto ha diezmado la población, ya que hay miles de muertos y heridos.*

diezmilésimo, -ma num. ord. **1** Indica que el nombre al que acompaña o al que sustituye ocupa el lugar número 10 000 en una serie. NOTA Puede ser determinante (*la diezmilésima vez*) o pronombre (*el diezmilésimo de la lista*). **2** Parte que resulta de dividir un todo en 10 000 partes iguales.

diezmo n. m. Parte de la cosecha o de los frutos, generalmente la décima, que entregaban los fieles a la Iglesia.
DER diezmar.

difamación n. f. Ofensa a una persona o un grupo en su fama o en su honra, especialmente en público o en un medio público: *es una difamación intolerable que digas que soborno a mis empleados.*

difamar v. tr. Hablar mal de una persona o de un grupo, ofendiendo su fama y su honor, especialmente en público o en un medio público. SIN denigrar, denostar.
DER difamación, difamatorio.

difamatorio, -ria adj. Que ofende la fama o el honor de una persona o un grupo.

diferencia n. f. **1** Cualidad, característica o circunstancia que hace que dos personas o cosas no sean iguales entre sí: *señala las diferencias entre los dos dibujos.* ANT igualdad. **2** Falta de acuerdo, oposición de ideas o disputa entre personas o grupos: *son dos partidos políticos con diferencias insalvables entre ellos.* **3** MAT. Cantidad que resulta de restar otras dos entre sí.
▶ a diferencia de De modo distinto de: *a diferencia del resto de mis compañeros, nunca se queda a jugar al fútbol después de clase.*
DER diferenciación, diferencial, diferenciar.

diferenciación n. f. **1** Determinación de la cualidad, característica o circunstancia que hace que dos personas o cosas no sean iguales entre sí. **2** MAT. Operación por la cual se determina una diferencial o una derivada.

diferencial adj. **1** Que hace que dos personas o cosas no sean iguales entre sí. ◆ n. m. **2** Mecanismo de un automóvil que hace que el movimiento de las ruedas que tienen el mismo eje sea independiente. ◆ n. f. **3** MAT. Diferencia infinitamente pequeña de una variable: *la diferencial de esta variable se corresponde con un incremento muy pequeño de la función.*

diferenciar v. tr. **1** Determinar la cualidad, característica o circunstancia que hace que dos personas o cosas no sean iguales entre sí. SIN distinguir. **2** Hacer que una persona, un grupo o una cosa no sea igual que otras. ◆ v. prnl. **3** diferenciarse Dividirse en partes o elementos diferentes un tejido u órgano que forma un todo: *durante la germinación se diferencian las principales partes de una planta.* **4** Distinguirse entre los demás por una virtud o cualidad.
OBS En su conjugación, la *i* es átona, como en *cambiar.*

diferente adj. Que es distinto de otro o que no es igual.
DER diferencia; indiferente.

diferir v. tr. **1** Retrasar o suspender la ejecución de una cosa. SIN aplazar, retardar, retrasar. ANT adelantar, anticipar. ◆ v. intr. **2** Ser diferente o distinguirse: *estos dos proyectos difieren en muchas cosas.* **3** No estar de acuerdo una persona con otra en un asunto concreto: *difiero absolutamente de la ideología de mi hermano.* SIN discrepar, disentir.
OBS En su conjugación, la *e* se convierte en *ie* en sílaba acentuada o en *i* en algunos tiempos y personas, como en *hervir.*
DER diferencia, diferente, diferido.

difícil adj. **1** [cosa] Que no se puede hacer, entender o conseguir sin emplear mucha habilidad, inteligencia o esfuerzo. ANT fácil. **2** [acción, hecho] Que no es probable que suceda: *es difícil que me toque la lotería.* ANT fácil. **3** [persona] Que es de trato desagradable porque tiene mal carácter y causa problemas.
DER difícilmente, dificultad, dificultar, dificultoso.

dificultad n. f. **1** Obstáculo o inconveniente que impide o entorpece la realización o consecución de una cosa. **SIN** problema, aprieto. **2** Conjunto de circunstancias por las que no se puede hacer, entender o conseguir una cosa sin emplear mucha habilidad, inteligencia o esfuerzo: *la dificultad de lograr un trabajo.*

dificultar v. tr. Poner obstáculos o inconvenientes que impidan o entorpezcan la realización o consecución de una cosa. **SIN** entorpecer, obstaculizar. **ANT** facilitar, favorecer.

difteria n. f. Enfermedad grave que consiste en una infección de las vías respiratorias que produce ahogos.

difuminar v. tr. **1** Disminuir la claridad y exactitud de una cosa, especialmente de un paisaje, una figura o un objeto. **2** Disminuir la intensidad de un color, un olor o un sonido, generalmente de modo progresivo: *nos alejábamos de la costa y el sonido del mar iba difuminándose en nuestros oídos.* **3** Frotar ligeramente con los dedos o con un objeto las líneas y colores de un dibujo para que pierdan claridad y exactitud.
DER difuminado.

difumino n. m. Utensilio de dibujo que sirve para suavizar los colores y el contorno de las figuras y así crear sensación de movimiento y perspectiva; tiene forma de lápiz con una o dos puntas y está hecho con papel fuertemente enrollado. **SIN** esfumino.

difundir v. tr./ prnl. **1** Extender por el espacio en todas las direcciones. ◆ v. tr. **2** Dar a conocer a un gran número de personas una cosa, generalmente un hecho o noticia: *la canción fue muy difundida por los cinco continentes.* **SIN** divulgar.
DER difusión, difusivo, difuso, difusor.

difunto, -ta adj./ n. m. y f. **1** [persona] Que ha muerto: *velaron toda la noche el cuerpo del difunto.* **SIN** muerto. ◆ n. m. **2** Persona muerta. **SIN** cadáver, cuerpo, muerto.

difusión n. f. **1** Extensión por el espacio en todas direcciones: *este nuevo altavoz permitirá la difusión del sonido por todo el local.* **2** Conocimiento de una cosa por un gran número de personas: *la noticia del atentado tuvo una gran difusión.* **3** Falta de exactitud, claridad y brevedad, especialmente en un escrito.
DER teledifusión.

difuso, -sa adj. Que es poco claro, exacto o concreto en sus límites: *utiliza argumentos difusos.*

digerir v. tr. **1** Convertir un alimento por medio del aparato digestivo en sustancias que el organismo asimila: *la comida japonesa se digiere con rapidez.* **2** Aceptar un hecho desgraciado y sobreponerse a él: *no ha podido digerir la mala noticia.* **NOTA** Se suele usar en frases negativas. **3** Considerar o pensar una cosa con cuidado y atención: *está digiriendo la oferta que le han presentado.*
OBS En su conjugación, la *e* se convierte en *ie* en sílaba acentuada o en *i* en algunos tiempos y personas, como en *hervir.*
DER digerible, digestible, digestión, digestivo.

digestión n. f. Transformación, por medio del aparato digestivo, de un alimento en sustancias que el organismo asimila.

digestivo, -va adj. **1** De la digestión o que tiene relación con ella o con los órganos que intervienen en este proceso: *sistema digestivo.* ◆ adj./ n. m. **2** [sustancia] Que facilita la digestión de los alimentos.
DER indigesto.

digital adj. **1** De los dedos o que tiene relación con ellos. **SIN** dactilar. **2** [aparato, instrumento] Que representa una medida mediante números: *un reloj digital; un teléfono digital.* **ANT** analógico.
DER digitalina, digitalizar; digitígrado.

digitalizar v. tr. INFORM. Poner en números un texto, una señal o un signo siguiendo ciertas reglas: *con un escáner podemos digitalizar una imagen y convertirla en un archivo de información.*
OBS En su conjugación, la *z* se convierte en *c* delante de *e.*

dígito adj./ n. m. [número] Que se representa o escribe mediante un solo signo: *el 5 es un número dígito.*
DER digitado, digital.

diglosia n. f. GRAM. Coexistencia de dos lenguas en una comunidad de hablantes, pero teniendo una de ellas mayor prestigio político y social que la otra y gozando de ciertos privilegios. **SIN** bilingüismo.

dignarse v. prnl. Tener la consideración de hacer una cosa o admitir hacerla: *se dignó darle la mano a su contrincante.*

dignatario, -ria n. m. y f. Persona que ocupa un cargo o puesto de mucha autoridad, prestigio y honor. **SIN** dignidad.

dignidad n. f. **1** Respeto y estima que una persona tiene de sí misma y merece que se lo tengan las demás personas: *mi dignidad me impide aceptar tu chantaje.* **2** Respeto y estima que merece una cosa o una acción: *causó ad-*

miración la dignidad de su decisión. **3** Cargo o puesto de mucha autoridad, prestigio y honor. **4** Persona que ocupa un cargo o puesto de mucha autoridad, prestigio y honor: *llegaron al palacio todas las dignidades invitadas a la fiesta.* **SIN** dignatario.

dignificar v. tr. Hacer que tenga dignidad o aumentar la que tiene una persona, un grupo o cosa: *hay que dignificar las condiciones de vida de muchas personas marginadas.*
OBS En su conjugación, la *c* se convierte en *qu* delante de *e*.

digno, -na adj. **1** [persona] Que tiene respeto y buena estima de sí mismo y merece que se lo tengan las demás personas. **2** [cosa, acción] Que merece respeto y estima: *aunque las cosas le vayan mal, no pierde su digna actitud de siempre.* **3** Que merece una cosa: *tu mala acción es digna de ser castigada.* **4** Que se corresponde con las cualidades, virtudes o modos de comportamiento de una persona o cosa: *su reacción airada fue digna de su carácter.* **ANT** indigno.
DER dignatario, dignidad, dignificar; indigno.

digresión n. f. Parte de un discurso hablado o escrito que no tiene relación directa con el asunto principal que se está tratando.

dilapidación n. f. Gasto de una cosa, generalmente dinero o bienes materiales, sin orden, sentido ni cuidado: *mi hermano ha hecho una dilapidación total de nuestra herencia.* **SIN** derroche, despilfarro.

dilapidar v. tr. Malgastar el dinero o los bienes: *dilapidar la fortuna.*
DER dilapidación.

dilatación n. f. **1** FÍS. Aumento del volumen o de la longitud de un cuerpo por elevación de su temperatura: *el fuego dilata los metales.* **2** MED. Aumento del diámetro o anchura de un conducto. **3** Prolongación de algo en el tiempo.

dilatado, -da adj. Que se extiende mucho en el espacio o en el tiempo: *fue una espera tan dilatada que aguardamos varias horas.*
OBS Es el participio de *dilatar*.

dilatar v. tr./ prnl. **1** Hacer que una cosa ocupe más espacio: *la acción del calor dilata algunos cuerpos.* **2** Prolongar un proceso o una actividad. **3** Hacer que algo dure más tiempo: *el partido se dilató a causa de la prórroga.* **4** Hacer más grande o más intenso: *su prestigio se dilata día tras día.*
DER dilatación, dilatado.

dilema n. m. **1** Situación de la que es difícil salir porque ofrece dos o más posibilidades: *tengo un gran dilema: no sé si irme de vacaciones este mes o el siguiente.* **SIN** encrucijada. **2** FILOS. Argumento que consiste en plantear dos proposiciones contrarias para llegar a la misma conclusión: «si sabes algo, algo sabes; si sabes que no sabes nada, algo sabes; en consecuencia, siempre sabes algo» *es un dilema.*

diligencia n. f. **1** Rapidez y gran actividad al hacer una cosa. **2** Trámite o actuación en un proceso, generalmente administrativo: *ya están en marcha las diligencias para construir mi casa.* **3** DER. Actuación profesional de un juez o de un secretario judicial: *tenemos que saber si el juez va a ordenar nuevas diligencias.* **4** Documento oficial que recoge un trámite o actuación en un proceso. **5** Vehículo tirado por caballos que se usaba para el transporte de personas: *los viajes en diligencia eran largos y cansados.*
DER diligenciar, diligente.

diligente adj. [persona] Que es activo y rápido al hacer una cosa.

dilogía n. f. Figura retórica que consiste en emplear una palabra en un enunciado con dos significados simultáneos. **SIN** silepsis.

diluir v. tr./ prnl. **1** Hacer líquida una sustancia: *las pastillas se diluyeron en el agua.* **SIN** disolver. **2** Separar las partículas de un cuerpo sólido o pastoso en un líquido. **SIN** disolver. **3** Añadir líquido a una disolución para aclararla: *hay que diluir la pintura con disolvente.* **4** Repartir entre varias personas el mando, las responsabilidades o las atribuciones.
OBS En su conjugación, la *i* se convierte en *y* delante de *a, e* y *o,* como en *huir.*
DER diluyente.

diluviar v. impersonal Llover con mucha fuerza y abundancia: *diluvió varios días.*
OBS En su conjugación, la *i* es átona, como en *cambiar.*

diluvio n. m. **1** Lluvia muy fuerte y abundante: *no para de caer agua, ¡esto es un auténtico diluvio!* **2** Abundancia excesiva de una cosa.
DER diluvial, diluviar.

dimanar v. intr. **1** Manar o salir el agua de un manantial o de una fuente. **SIN** manar. **2** Proceder, tener origen o causa: *este embrollo dimana de la oficina del jefe.*
DER dimanación.

dimensión n. f. **1** Extensión de una cosa en una dirección determinada. **SIN** proporción.

a b c d e f g h i j k l m n ñ o p q r s t u v w x y z

2 Cada una de las magnitudes que sirven para definir una cosa, generalmente un objeto o un fenómeno físico. **3** Propiedad no física de una cosa: *hay que tener en cuenta la dimensión espiritual del ser humano.* **4** Importancia o extensión que tiene una cosa, generalmente un asunto.
DER bidimensional, tridimensional, unidimensional; sobredimensionar.

diminutivo, -va adj./ n. m. GRAM. [sufijo, palabra] Que indica o expresa pequeñez, afecto, falta de importancia u otros aspectos: *la palabra* pedacito *nombra un pedazo pequeño de algo.* ANT aumentativo.

diminuto, -ta adj. De tamaño muy pequeño: *un insecto diminuto.*
DER diminutivo.

dimisión n. f. **1** Renuncia a un cargo o puesto que se ocupa: *el público pidió la dimisión del presidente del club.* **2** Documento en que consta la comunicación de la renuncia a un cargo o puesto que se ocupa.

dimitir v. intr. Renunciar a un cargo o puesto que se ocupa.
DER dimisión.

dinamarqués, -quesa adj. **1** De Dinamarca o que tiene relación con este país del norte de Europa. SIN danés. ◆ adj./ n. m. y f. **2** [persona] Que es de Dinamarca. SIN danés. ◆ n. m. **3** Lengua que se habla en Dinamarca. SIN danés.

dinámica n. f. **1** FÍS. Parte de la física que estudia el movimiento de las cosas en relación con las causas que lo producen. **2** Conjunto de hechos o fuerzas que actúan para un fin: *estás intranquilo porque la dinámica del trabajo te pone nervioso.*
DER aerodinámica, biodinámica, electrodinámica, geodinámica, hidrodinámica, termodinámica.

dinámico, -ca adj. **1** [persona] Que tiene mucha actividad, energía y diligencia para hacer cosas. **2** De la dinámica o que tiene relación con esta parte de la física.
DER dinamia, dinamismo, dinamizar, dinamo.

dinamismo n. m. Actividad, energía y diligencia grandes que tiene una persona para hacer cosas: *admiro su dinamismo para trabajar y estudiar a la vez.*

dinamita n. f. **1** Sustancia explosiva que se obtiene empapando nitroglicerina en un material poroso que la absorbe. **2** Persona o cosa que origina agitación y alboroto.
DER dinamitar, dinamitero.

dinamitar v. tr. **1** Volar o destruir una cosa usando dinamita: *van a dinamitar ese edificio en ruinas antes de que se caiga.* **2** Atacar una cosa con energía, generalmente mediante discursos agresivos.

dinamizar v. tr. Hacer que comience a funcionar una cosa o que tenga un mayor desarrollo e importancia una actividad.
OBS En su conjugación, la *z* se convierte en *c* delante de *e*.

dinamo o **dínamo** n. f. FÍS. Máquina que transforma la energía mecánica en energía eléctrica, o viceversa: *la dinamo de mi bicicleta hace que el faro alumbre si le doy fuerte a los pedales.*

dinamómetro n. m. Aparato que sirve para medir fuerzas motrices.

dinar n. m. Moneda y unidad monetaria de varios países, casi todos los del mundo árabe: *la unidad monetaria de Argelia, Libia y Túnez es el dinar.*

dinastía n. f. **1** Serie de reyes que pertenecen a la misma familia: *la dinastía de los Borbones.* **2** Familia que va transmitiendo entre sus integrantes un gran poder político, económico o cultural: *el niño pertenece a una dinastía de magníficos escritores.*
DER dinástico.

dinástico, -ca adj. De la dinastía o que tiene relación con ella: *hay un problema dinástico en ese país: no se ponen de acuerdo sobre quién reinará.*

dineral n. m. Cantidad grande de dinero. SIN dinerada.

dinero n. m. **1** Conjunto de monedas y billetes que se usan como medio legal de pago en una comunidad de personas. **dinero contante y sonante** o **dinero efectivo** Dinero que se tiene en billetes o monedas para usarlo en cualquier momento. **dinero negro** Dinero obtenido de forma ilegal y que se mantiene oculto a la hacienda pública. **2** Cantidad o valor de un conjunto de monedas y billetes. **3** Conjunto de riquezas o valores y cosas que se poseen.
▶ **de dinero** [persona, grupo] Que posee abundantes riquezas: *aunque no trabaja, gasta mucho porque es de una familia de dinero.*
DER dineral; adinerado.

dinosaurio n. m./ adj. Reptil prehistórico que tenía la cabeza pequeña, el cuello y la cola muy largos y se adaptaba a cualquier medio.

dintel n. m. ARQ. Elemento horizontal que cie-

rra la parte superior de una abertura o hueco hecho en un edificio, generalmente una ventana o puerta, y sostiene el muro que hay encima: *coloca el visillo unos pocos centímetros por encima del dintel de la ventana.*
DER adintelado.

diñar Palabra que se utiliza en la forma coloquial *diñarla*, que significa 'morir'.
DER endiñar.

diócesis n. f. Territorio en el que tiene jurisdicción o autoridad religiosa un obispo o un arzobispo. **SIN** episcopado, obispado.
DER diocesano; archidiócesis.

diodo n. m. Componente electrónico de dos electrodos que permite el paso de la corriente en un solo sentido.

dioptría n. f. **1** Unidad de medida de la potencia de una lente. **2** Unidad de medida de los defectos visuales: *el oftalmólogo me ha diagnosticado dos dioptrías en el ojo izquierdo y una en el derecho.*

dios, -sa n. m. **1** Ser eterno y sobrenatural que tiene características distintas según las religiones: *Alá es el dios en la religión musulmana.* ◆ n. m. y f. **2** Ser sobrenatural mitológico que tiene poder sobre parte de las cosas o de las personas: *Venus era la diosa romana del amor.* **SIN** divinidad. ◆ int. **3** **¡Dios!** Expresión que indica sorpresa, admiración o enfado: *¡Dios!, me han robado la cartera.* **a la buena de Dios** Sin preparación, cuidado o atención: *hizo el examen a la buena de Dios y lo suspendió.* **como Dios manda** Del modo correcto y apropiado: *hasta que no ordenes tu habitación como Dios manda, no puedes salir a la calle.* **¡con Dios!** Expresión que se usa para despedirse. **Dios dirá** Expresión que se usa para indicar que se desconoce lo que sucederá en el futuro. **Dios mediante** Expresión que indica que una cosa sucederá o se realizará si no hay un obstáculo o un contratiempo que lo impida: *mañana tengo, Dios mediante, una entrevista de trabajo.* **Dios y ayuda** Un gran trabajo y esfuerzo: *necesitó Dios y ayuda para bajar él solo el frigorífico a la calle.* **NOTA** Suele construirse con los verbos *costar* y *necesitar*. **¡sabe Dios!** Expresión que indica que no se sabe o no se está seguro de una cosa: *¡sabe Dios cuánto le habrá costado esa pulsera!* **si Dios quiere** Si no hay un obstáculo o un contratiempo que lo impida: *¡hasta mañana!, si Dios quiere.* **todo dios** Todo el mundo.
DER adiós, endiosar, semidiós.

dióxido n. m. QUÍM. Óxido cuya molécula contiene dos átomos de oxígeno.
▶ **dióxido de carbono** Gas inodoro e incoloro formado por carbono y oxígeno que se desprende en la respiración, en las combustiones y en algunas fermentaciones. **SIN** anhídrido carbónico.

diploma n. m. Documento que acredita un grado académico, un premio o un título que tiene una persona o una acción realizada.
DER diplomacia, diplomado, diplomar.

diplomacia n. f. **1** Disciplina o conocimiento de las relaciones entre los Estados: *estudió diplomacia y ahora ya es cónsul.* **SIN** política. **2** Conjunto de personas e instituciones que se ocupan en un Estado de las relaciones con los demás Estados. **3** Corrección y amabilidad interesadas o habilidad en el trato: *con su habitual diplomacia, logró convencerlo de que retirara la demanda.*

diplomático, -ca adj. **1** De la diplomacia o que tiene relación con esta disciplina. **2** [persona, acción] Que es correcto y amable de modo interesado, o que es hábil en el trato con una persona: *es un tipo tan diplomático que no se pelea con nadie.* ◆ adj./ n. m. y f. **3** [persona, grupo] Que se ocupa de las relaciones entre los Estados.

diplomatura n. f. **1** Título académico que capacita para diversas profesiones y se obtiene al acabar una carrera universitaria de tres años como máximo o el primer ciclo de una carrera superior: *ha conseguido la diplomatura de ingeniería técnica.* **2** Conjunto de estudios necesarios para conseguir ese título.

díptero, -ra adj. **1** Que tiene dos alas: *coleccionaba ejemplares de insectos dípteros.* ◆ adj./ n. m. **2** [edificio] Que está rodeado por una doble hilera de columnas o que tiene cuerpos salientes en ambos lados. **3** [insecto] Que pertenece al orden de los dípteros: *la mosca es un díptero.* ◆ n. m. pl. **4** **dípteros** Orden de insectos chupadores que se caracterizan por tener un par de alas membranosas y otro par transformado en órganos que le dan la estabilidad.

díptico n. m. **1** Cuadro formado por dos tablas o dos superficies que generalmente son móviles y se cierran como las tapas de un libro: *este díptico gótico está pintado por las dos caras.* **2** Folleto formado por una hoja de papel doblada por la mitad, generalmente pequeña, que se usa como propaganda o invitación a un acto.

diptongar v. tr. Pronunciar dos vocales en una sola sílaba: *para pronunciar causa hay que diptongar la a y la u.*
OBS En su conjugación, la *g* se convierte en *gu* delante de *e.*
DER diptongación.

diptongo n. m. GRAM. Conjunto de dos vocales distintas que se pronuncian en una sola sílaba: *la i y la e de la palabra* bien *forman un diptongo.*
DER diptongar.

diputación n. f. **1** Institución pública española de carácter territorial, generalmente provincial. **2** Edificio donde ejercen su labor los diputados y las personas que trabajan en las diputaciones: *voy a la Diputación a solicitar un certificado.*
▶ **Diputación permanente** Comisión representativa de la autoridad de las Cortes para ciertos fines mientras se hallan reunidas o están disueltas.
OBS Se escribe con letra mayúscula.

diputado, -da n. m. y f. Persona elegida para formar parte del Congreso de los Diputados o de una institución territorial, generalmente provincial: *los diputados ejercen su labor en el Congreso.*
DER diputación; eurodiputado.

dique n. m. **1** Muro que se construye para contener la fuerza del agua o para desviar su curso. **2** MAR. Parte de un puerto o construcción en un río donde se puede sacar el agua y limpiar o arreglar en seco los barcos: *los buques que chocaron en la entrada del puerto están siendo reparados en el dique.* **NOTA** También se dice *dique seco.* **3** Masa de roca que aparece en la superficie de un terreno formando una especie de muro u obstáculo. **4** Obstáculo que interrumpe o dificulta grandemente una cosa, por lo general una acción: *si no ponemos diques a su ambición, acabará echándonos a todos de la empresa.*
▶ **en el dique seco** Sin poder ejercer una actividad habitual.

dirección n. f. **1** Recorrido, camino o rumbo que sigue o debe seguir en su movimiento una persona, un grupo o una cosa: *camina en dirección a su casa.* **2** Nombre de la calle, número, población, provincia y país donde una persona o institución tiene su domicilio o sede: *dame la dirección de tu casa para escribirte.* **3** Persona o conjunto de personas que gobiernan, mandan, rigen o guían un grupo o una cosa: *la dirección del colegio ha prohibido fumar en clase.* **4** Gobierno o características que definen el mando sobre una persona, un grupo o una cosa. **5** Cargo o puesto de director: *no ha aceptado la dirección del colegio porque no tiene tiempo.* **6** Oficina, despacho o lugar donde un director ejerce su cargo o puesto. **7** Mecanismo que sirve para dirigir o guiar un vehículo: *la dirección guía al coche según el movimiento que se haga con el volante.*
DER direccional; servodirección.

directiva n. f. **1** Conjunto de personas que dirigen o gobiernan una empresa, institución, agrupación, corporación, etc.: *hubo negociaciones entre las directivas de dos instituciones.* **2** Disposición, generalmente establecida por un organismo internacional, que han de cumplir todos sus miembros: *hay que adaptar las normas a las directivas nacionales.* **3** Norma o conjunto de normas e instrucciones que se establecen o se tienen en cuenta al proyectar una acción o un plan: *nuevas directivas para el proyecto.* **SIN** directriz.

directivo, -va adj. **1** De la dirección o que tiene relación con ella. **2** [persona] Que forma parte de un conjunto de personas que gobiernan, mandan, rigen o guían un grupo o una cosa. **SIN** dirigente.

directo, -ta adj. **1** Que no se desvía de su recorrido, camino o rumbo: *el disparo fue directo al pulmón derecho.* **SIN** derecho. **ANT** indirecto. **2** Que no se para en su recorrido de un lugar a otro: *este es el autobús directo desde mi ciudad a la tuya.* **3** Que se hace sin rodeos o sin intervención de nada ni de nadie, aparte de los interesados: *quiero tener una conversación directa con mi jefe.* **4** Que se aplica a cada una de las personas afectadas por lo que se expresa: *la subida de la gasolina afecta de manera directa a los conductores de vehículos de motor.* ◆ n. m. **5** En el boxeo, golpe que se da extendiendo un brazo hacia delante.
▶ **en directo** [emisión de radio, de televisión o a través de Internet] Que se transmite al mismo tiempo que se realiza y sin grabación previa.
DER dirección, director; indirecto.

director, -ra adj./ n. m. y f. **1** MAT. [línea, figura, superficie] Que determina las condiciones de generación de otra línea, figura o superficie. **NOTA** El femenino es *directriz.* ◆ n. m. y f. **2** Persona que gobierna, manda, rige o guía un grupo o una cosa, generalmente un negocio o una de sus secciones: *un director de* *orquesta.* ◆ adj. **3** [cosa] Que dirige, orienta o guía una acción u otra cosa.

DER directiva, directivo, directorio, directriz; subdirector.

directorio n. m. **1** Lista de nombres y direcciones de personas que guardan cierta relación entre sí, generalmente profesional: *el directorio de los cirujanos te proporcionará la dirección de su consulta.* **2** Tablero informativo de direcciones e indicaciones que hay en ciertos locales y establecimientos. **3** INFORM. Estructura jerárquica que contiene uno o varios archivos a los que acompaña una descripción.

directriz n. f. Norma o conjunto de normas e instrucciones que dirigen, guían u orientan una acción, una cosa o a una persona.

dirigente adj. [persona, grupo] Que gobierna, manda, rige o guía a una persona, un grupo o una cosa. **SIN** directivo.

dirigir v. tr./ prnl. **1** Enviar, llevar o hacer que vaya una persona, un grupo o una cosa hacia un punto, lugar o término: *se dirige en avión a Barcelona.* ◆ v. tr. **2** Gobernar, mandar, regir o guiar un grupo de personas o una cosa: *el entrenador dirige al equipo de baloncesto en la cancha.* **3** Dedicar o encaminar un pensamiento, un sentimiento o una acción a una persona o a conseguir una cosa: *dirige todas sus actividades a conseguir dinero.* **4** Orientar y guiar a una persona hacia una cosa o acción. ◆ v. prnl. **5** dirigirse Ir en una dirección o hacia un lugar o un término. **6** Hablar a una persona o a un grupo de personas determinado: *el profesor se dirigió a toda la clase.*

OBS En su conjugación, la *g* se convierte en *j* delante de *a* y *o*.

DER dirigente, dirigible.

dirimir v. tr. **1** Acabar o resolver un desacuerdo o una discusión: *conversaron tranquilamente y, al final, dirimieron sus diferencias.* **2** Deshacer un acuerdo: *han decidido dirimir el contrato de arrendamiento.* **SIN** disolver.

disc jockey n. com. Persona que tiene por oficio seleccionar y poner los discos en una discoteca, en una emisora de radio, etc. **SIN** pinchadiscos.

OBS El plural es *disc jockeys*.

discapacidad n. f. Falta de alguna facultad física o mental en una persona.

discapacitado, -da adj./ n. m. y f. [persona] Que no goza de todas las facultades físicas o mentales. **SIN** disminuido.

DER discapacidad; pluridiscapacitado.

discernir v. tr. Distinguir y diferenciar por medio de los sentidos o de la inteligencia una cosa de otra u otras, especialmente el bien del mal: *cuando crezca, ya discernirá las buenas acciones de las malas.*

OBS En su conjugación, la *e* se convierte en *ie* en sílaba acentuada.

DER discernimiento.

disciplina n. f. **1** Materia, ciencia o técnica, especialmente la que se enseña en un centro docente. **SIN** asignatura. **2** Conjunto de reglas para mantener el orden entre los miembros de un grupo y obediencia a esas reglas: *dice que no puede existir un ejército sin disciplina.* **3** Instrumento, generalmente de cáñamo, con varios ramales que acaban en nudos; se usa para azotar a una persona o como instrumento de penitencia para mortificarse. **4** Modalidad de un deporte o de una actividad: *una disciplina de la gimnasia es la barra fija.*

DER disciplinario; autodisciplina, indisciplina.

disciplinado, -da adj. **1** Que respeta la disciplina: *el equipo ha jugado con mucha entrega y de forma muy disciplinada.* **ANT** indisciplinado. ◆ adj./ n. m. y f. **2** [persona] Que respeta la disciplina: *de joven era muy obediente y disciplinado.* **ANT** indisciplinado.

disciplinar v. tr. **1** Enseñar un arte o una ciencia a una persona: *fue nuestro profesor y nos disciplinó a todos con sus buenas enseñanzas de latín y griego.* ◆ tr./ prnl. **2** Hacer guardar el orden entre los miembros de un grupo de personas e imponer un castigo. **3** Azotar con una disciplina.

DER disciplinado; pluridisciplinar.

disciplinario, -ria adj. [grupo, cosa] Que sirve para hacer guardar el orden entre los miembros de un grupo de personas o para imponer un castigo: *el consejo disciplinario puede sancionarlo por sus declaraciones.*

DER interdisciplinario.

discípulo, -la n. m. y f. **1** Persona que recibe enseñanzas de un maestro o que sigue estudios en una escuela. **2** Persona que estudia, sigue y defiende las ideas y opiniones de un maestro de una escuela, aun cuando pertenezca a una generación muy posterior: *como discípulo de Kant, defiende sus teorías con conocimiento y pasión.*

DER disciplina; condiscípulo.

disco n. m. **1** Cuerpo cilíndrico con una base muy grande en relación con su altura. **2** Plancha con forma de círculo que se lanza en algunos juegos atléticos: *nuestro atleta ganó en el lanzamiento de disco.* **3** Plancha con forma de círculo, generalmente de plástico, en la que están grabados sonidos o imágenes que pueden reproducirse con un aparato. **disco compacto** Disco de material plástico, de 12 cm de diámetro, con gran capacidad para contener información acústica y visual grabada y que se puede reproducir mediante un rayo láser. SIN compact disc, compacto. **4** Pieza de metal en la que hay pintada una señal de tráfico. SIN señal. **5** Señal de luz roja, verde o amarilla de un semáforo para ordenar el tráfico de vehículos. **6** INFORM. Plancha en la que se guarda información de forma magnética u óptica. **disco duro** Disco de gran capacidad que está dentro del ordenador: *tengo el disco duro de mi ordenador casi lleno.* **disco flexible** Disco de pequeño tamaño que se introduce en el ordenador para grabar o recuperar información. SIN disquete.

▶ **disco intervertebral** Formación fibrosa que separa dos vértebras opuestas.

DER discal, discobar, discóbolo, discografía, discoidal, discopub, discoteca.

discografía n. f. **1** Conjunto de discos de un mismo autor o sobre un mismo tema: *se ha publicado un recopilatorio con toda su discografía.* **2** Técnica de grabar y reproducir discos: *el mundo de la discografía se ha tenido que reinventar.*

discográfico, -ca adj. De la discografía o que tiene relación con ella: *su canción ha sido un éxito discográfico: ha vendido millones de ejemplares.*

disconforme adj. [persona] Que no está de acuerdo o no admite una situación o una decisión.

DER disconformidad.

disconformidad n. f. **1** Falta de acuerdo o de aceptación, por parte de una persona, de una situación, una decisión o una opinión: *expresó su disconformidad con algunas decisiones que allí se adoptaron.* SIN discrepancia, disensión. **2** Diferencia de unas cosas con otras en cuanto a su fin, forma o función.

discontinuo, -nua adj. [cosa, acción] Que no es continuo o que se interrumpe.

DER discontinuidad.

discordancia n. f. **1** Falta de acuerdo entre dos o más personas o cosas. **2** MÚS. Falta de armonía.

discordante adj. **1** Que está en desacuerdo con otra u otras personas o cosas: *él y su esposa son voces discordantes en el seno de la administración.* SIN discorde. **2** MÚS [sonido] Que no guarda consonancia armónica con los demás sonidos de un conjunto. SIN disonante. ANT consonante.

discordia n. f. Oposición y falta de armonía entre personas, grupos o cosas: *la discordia reina en esta comunidad de vecinos.*

▶ **manzana de la discordia** Motivo que origina oposición y falta de armonía entre personas o grupos.

discoteca n. f. **1** Establecimiento donde se escucha música grabada, se consumen bebidas y, sobre todo, se baila. **2** Conjunto o colección de discos que posee una persona, un grupo o una empresa: *la discoteca de esa emisora de radio tiene más de diez mil discos.*

DER discotequero.

discreción n. f. **1** Prudencia en ciertas circunstancias, reserva, cautela para no decir algo que se sabe o piensa. **2** Cualidad de una persona que se caracteriza por su moderación, prudencia y sensatez: *me encanta en ella su saber estar y su discreción.*

▶ **a discreción** Al juicio o a la voluntad de una persona o sin límites establecidos: *en aquella fiesta se comía a discreción.*

DER discrecional; indiscreción.

discrepancia n. f. Falta de acuerdo o de aceptación, por parte de una persona, de una situación, una decisión o una opinión. SIN disconformidad, disensión.

discrepar v. intr. No estar de acuerdo una persona con otra en un asunto: *discrepó de su padre y tuvieron un disgusto.* SIN diferir, disentir. ANT subscribir.

DER discrepancia, discrepante.

discreto, -ta adj./n. m. y f. **1** [persona] Que suele adoptar una actitud de prudencia en ciertas circunstancias, como guardar reserva y mantener cautela para no decir algo que se sabe o piensa: *dime qué pasa sin preocuparte de que lo vayan a saber los demás, porque soy discreto.* ANT indiscreto. **2** [persona, conducta] Que se caracteriza por su moderación, prudencia y sensatez. ANT indiscreto. ◆ adj. **3** Que no es extraordinario o no se sale de lo normal: *cuando se produjo el accidente, yo iba a una velocidad discreta, por eso no he sufrido daños.* **4** Regular, mediocre: *esperábamos algo mucho mejor, pero tuvo una actuación discreta en el festival.*

DER discreción, discretamente; indiscreto.

discriminación n. f. Trato de inferioridad

a una persona o colectividad por causa de raza, origen, ideas, religión, posición social o situación económica: *durante siglos, ha existido una absoluta discriminación hacia las personas de raza negra.* SIN marginación.

discriminar v. tr. **1** Dar un trato de inferioridad a una persona o colectividad por causa de raza, origen, ideas políticas, religión, posición social o situación económica. SIN marginar. **2** Establecer diferencias entre cosas: *debemos discriminar, para saber qué podemos y qué debemos estudiar.*
DER discriminación, discriminatorio; indiscriminado.

discriminatorio, -ria adj. Que discrimina o tiene un trato de inferioridad hacia una persona o colectividad por causa de raza, origen, ideas políticas, religión, posición social o situación económica.

disculpa n. f. Razón que se da o causa que se alega para explicar o justificar un comportamiento, un fallo o un error: *su disculpa fue que había olvidado los documentos en casa.* SIN excusa, pretexto.
DER disculpar.

disculpar v. tr./ prnl. **1** Dar razones o pruebas de que una persona no ha cometido una falta o error: *se disculpó por llegar tarde diciendo que se había dormido.* SIN excusar. ◆ v. tr. **2** No tomar en cuenta, perdonar o justificar a una persona o una acción. SIN excusar. ◆ v. prnl. **3** disculparse Pedir perdón o justificarse una persona por un hecho o una acción, generalmente por una falta o una molestia.

discurrir v. tr. **1** Considerar detenidamente una cosa para llegar a comprenderla. SIN pensar. ◆ v. intr. **2** Ir de un lugar a otro u ocupar una porción de territorio: *la carretera de entrada al pueblo discurre paralela a las vías del tren.* SIN correr. **3** Fluir un río o una corriente de agua por su cauce. SIN correr. **4** Pasar o transcurrir el tiempo. SIN correr.

discurso n. m. **1** Exposición razonada sobre un asunto determinado, que se pronuncia en público con el fin de explicar una cosa, de alabar o de convencer a los oyentes. **2** Serie de palabras y frases que se dicen para expresar pensamientos y sentimientos: *la convenció para que no se fuera de casa con un discurso inteligente.* **3** Capacidad de pensar y deducir unas cosas de otras. **4** Escrito o tratado no muy extenso sobre un asunto determinado.
DER discursivo.

discusión n. f. **1** Conversación entre varias personas en la que se examina un asunto o tema para solucionarlo o explicarlo. **2** Conversación entre dos o más personas en la que se defienden opiniones o intereses opuestos. SIN disputa. **3** Oposición de palabras a un hecho o a una acción: *da unas instrucciones que no admiten discusión.*

discutible adj. Que puede ser discutido: *es muy discutible que tengamos que estudiar en vacaciones.* ANT incuestionable, indiscutible, indudable.

discutir v. tr. **1** Examinar y tratar entre varias personas un asunto o un tema para solucionarlo o para explicarlo: *discutieron sobre filosofía oriental.* ◆ v. intr. **2** Defender dos o más personas opiniones o intereses opuestos en una conversación: *el profesor expulsó de clase a dos alumnos que discutían con gritos e insultos.* SIN contender, debatir, disputar. **3** Oponerse de palabra a un hecho o acción.
DER discurso, discusión, discutible.

disecar v. tr. Preparar un animal muerto para que no se descomponga y conservarlo de manera que parezca vivo: *ha disecado un mochuelo.*
OBS En su conjugación, la *c* se convierte en *qu* delante de *e*.
DER disecación.

disección n. f. **1** Corte o división de un cadáver o una planta para estudiarlo o examinarlo: *el forense procedió a la disección del cuerpo de la víctima.* **2** Examen o análisis minucioso y detallado.
DER diseccionar.

diseccionar v. tr. **1** Cortar o dividir un cadáver o una planta para estudiar y examinar sus partes. **2** Examinar o analizar de forma minuciosa y detallada: *este escritor disecciona los sentimientos de sus personajes de manera magistral.*

diseminar v. tr. Extender sin orden y en diferentes direcciones los elementos de un conjunto: *la población se diseminó tras la catástrofe.* SIN desparramar, desperdigar.
DER diseminación.

disensión n. f. Falta de acuerdo o de aceptación, por parte de una persona, de una situación, una decisión o una opinión. SIN disconformidad, discrepancia.

disentería n. f. Enfermedad infecciosa consistente en la inflamación y ulceración del intestino grueso acompañada de fiebre, dolor abdominal y diarrea con deposiciones de mucosidades y sangre.

disentir v. intr. Estar en desacuerdo una persona con otra en un asunto. SIN discrepar. ANT aprobar, asentir.
OBS En su conjugación, la *e* se convierte en *ie* en sílaba acentuada o en *i* en algunos tiempos y personas, como en *hervir.*
DER disensión, disentimiento.

diseñador, -ra n. m. y f. Persona que hace los dibujos de un objeto o de un edificio antes de su realización: *quiere ser diseñadora de moda.*

diseñar v. tr. **1** Dibujar una cosa para que sirva de modelo en su realización. **2** Pensar o planear un proyecto o una idea.
DER diseñador, diseño.

diseño n. m. **1** Actividad creativa que tiene por fin proyectar objetos que sean útiles y estéticos. **2** Dibujo que se hace de una cosa para que sirva de modelo en su realización. **3** Forma que toma en la realidad este dibujo: *el diseño de la silla es bonito, pero debe de ser incómoda.* **4** Explicación breve y esquemática: *quiero que me hagas un diseño de tu plan.*

disertación n. f. Razonamiento que se hace sobre una materia de forma detenida y siguiendo un orden o un sistema para exponerlo.

disertar v. intr. Razonar sobre una materia de forma detenida y siguiendo un orden o un sistema para exponerlo: *siempre está disertando sobre problemas filosóficos.*
DER disertación.

disfraz n. m. **1** Conjunto de ropas y adornos con que una persona se viste para no ser reconocida, especialmente el que se lleva en ciertas fiestas. **2** Medio que se emplea para ocultar o disimular una verdad o una cosa.
OBS El plural es *disfraces.*

disfrazar v. tr./ prnl. **1** Vestir o vestirse con un disfraz. **2** Cambiar la apariencia exterior para ocultar el aspecto real de una cosa o para disimular los verdaderos sentimientos: *disfrazó todo su enfado con una sonrisa irónica.* SIN enmascarar.
OBS En su conjugación, la *z* se convierte en *c* delante de *e.*
DER disfraz.

disfrutar v. intr. **1** Sentir placer o alegría: *disfruto leyendo una novela larga.* SIN gozar. **2** Tener una condición o una circunstancia favorable: *disfrutar de buena salud.* SIN gozar. ◆ v. tr./ intr. **3** Usar o poseer una cosa: *disfruta de un buen jardín en su casa.*
DER disfrute.

disfrute n. m. **1** Uso o aprovechamiento de una cosa y goce de una condición o de una circunstancia: *mi tío ha hecho una piscina para disfrute de la familia.* **2** Placer o gozo intenso.

disfunción n. f. Trastorno en el funcionamiento de algo, especialmente el de una función orgánica.

disgregar v. tr. Separar o desunir los elementos que forman un conjunto o las partes de una cosa: *la familia se disgregó tras la muerte de los abuelos.*
OBS En su conjugación, la *g* se convierte en *gu* delante de *e.*
DER disgregación.

disgustar v. tr./ prnl. **1** Causar tristeza o dolor: *se disgustó mucho cuando supo que no vendrías.* ◆ v. tr. **2** Causar una impresión desagradable o molesta: *me disgustan los ruidos.* SIN enfadar, enojar. ANT gustar. ◆ v. prnl. **3** disgustarse Romperse la buena relación que existía entre dos o más personas.
DER disgustado, disgusto.

disgusto n. m. **1** Sentimiento de tristeza o dolor provocado por una situación desagradable o una desgracia. **2** Pérdida de la buena relación que existía entre dos o más personas: *ha tenido un disgusto con su mejor amigo por un malentendido.*

disidencia n. f. Separación de una persona de una doctrina, una creencia o un grupo por no estar ya de acuerdo con sus ideas.

disidente adj./ n. com. [persona] Que se separa del partido, la religión, el gobierno o el colectivo ideológico al que pertenece, por no estar de acuerdo con su doctrina, creencia, sistema, etc.: *la embajada acoge a los siete disidentes.*

disimular v. tr. **1** Ocultar o disfrazar una cosa para que no se vea o no se note. **2** Ocultar un sentimiento o una intención o hacer algo de manera que no se note o que los demás no lo vean: *no pudo disimular su sorpresa ante aquella noticia.* **3** Disculpar o permitir una acción fingiendo no conocerla o quitándole importancia.
DER disimulado, disimulo.

disimulo n. m. Ocultación que se hace de un sentimiento o una intención para que no se note o para que los demás no lo vean.

disipar v. tr. **1** Esparcir o hacer desaparecer de la vista poco a poco las partes que forman un cuerpo por aglomeración: *el viento disipó el humo.* SIN desvanecer, esfumar. **2** Hacer desaparecer o borrar de la mente una idea, una imagen o un recuerdo: *con esta conversación espero que se hayan disipado tus dudas sobre el sexo.* SIN desvanecer. **3** Gastar los bienes y el dinero sin orden ni cuidado. SIN malbaratar. ◆ v. prnl. **4** disiparse Evaporarse una sustancia o parte de ella.
DER disipación.

dislate n. m. Obra o dicho que no tiene razón ni sentido. SIN disparate.

dislexia n. f. MED. Alteración de la capacidad de leer por la que se confunden o se altera el orden de letras, sílabas o palabras: *se puede sufrir dislexia sin que exista un defecto neurológico.*
DER disléxico.

disléxico, -ca adj./ n. m. y f. MED. [persona] Que padece dislexia: *los disléxicos son tratados por logopedas y psicólogos.*

dislocación n. f. **1** Daño que se produce cuando un hueso se sale de su articulación. SIN luxación. **2** Alteración de un hecho o del sentido de una palabra o expresión.

dislocar v. tr. **1** Sacar o salirse una cosa de su lugar, especialmente un hueso de su articulación: *se ha caído de la bicicleta y se ha dislocado el codo.* **2** Cambiar o alterar un hecho o el sentido de una palabra o una expresión: *estás dislocando los hechos, así nadie te creerá.*
OBS En su conjugación, la *c* se convierte en *qu* delante de *e*.
DER dislocación, disloque.

disminución n. f. **1** Reducción de la cantidad, el tamaño o la importancia de una cosa. ANT aumento, incremento. **2** Cantidad que se reduce: *las importaciones experimentaron una disminución del 2 %.* ANT aumento, incremento.

disminuido, -da adj. [persona] Que no goza de todas las facultades físicas o mentales. SIN discapacitado.

disminuir v. tr. Reducir la cantidad, el tamaño o la importancia de una cosa. SIN decrecer. ANT acrecentar, aumentar.
DER disminución, disminuido.

disociar v. tr. **1** Separar una cosa de otra con la que estaba unida. ANT asociar. **2** QUÍM. Separar los distintos componentes de una sustancia.
OBS En su conjugación, la *i* es átona, como en *cambiar*.
DER disociación.

disolución n. f. **1** Sustancia que resulta de la separación de las partículas de un cuerpo sólido o pastoso que se mezcla en un líquido. SIN solución. **2** Separación o desunión de las cosas que están unidas: *la disolución del Parlamento.* **3** Anulación de los vínculos que unen a dos o más personas: *la disolución del matrimonio fue inevitable.*

disolvente adj./ n. m. [sustancia] Que puede disolver otra sustancia: *la acetona se usa como disolvente de la pintura de uñas.*

disolver v. tr. **1** Separar las partículas de un cuerpo sólido o pastoso en un líquido: *disuelva este antibiótico en agua para poder tomárselo.* SIN diluir. **2** Hacer líquida una sustancia. SIN diluir. **3** Deshacer un acuerdo, separar, desunir.
OBS Se conjuga como *mover*.
DER disoluble, disoluto, disolvente, disuelto.

disonancia n. f. **1** Falta de la conformidad o la correspondencia que deben tener algunas cosas: *existe una gran disonancia entre lo que dice y lo que hace.* **2** MÚS. Relación entre varios sonidos que, producidos a la vez o uno detrás de otro, suenan de modo extraño o poco agradable: *algunos compositores vanguardistas utilizan de manera magistral la disonancia.* SIN cacofonía. ANT consonancia.

disonante adj. **1** Que no tiene una relación de igualdad o conformidad. ANT consonante. **2** MÚS. [sonido] Que suena de modo extraño o poco agradable por estar producido a la vez que otro o detrás de él.

dispar adj. Que tiene una o más características que lo hacen diferente de los demás o que no es igual: *nuestras opiniones son dispares.* SIN distinto.
DER disparejo, disparidad.

disparadero n. m. Disparador de un arma de fuego.
▶ poner en el disparadero Provocar a una persona para que haga o diga algo inconveniente: *lo han puesto en el disparadero y ha tenido que contar la verdad.*

disparar v. tr./ intr./ prnl. **1** Hacer que un arma lance su carga: *apunten a la diana y disparen sus pistolas.* SIN descargar, tirar. ◆ v. tr. **2** Hacer funcionar un aparato que tiene disparador. **3** En el fútbol, lanzar con fuerza la pelota con el pie, generalmente hacia la meta contra-

ria: *disparó el balón y lo envió fuera del campo.* **SIN** chutar. ◆ v. prnl. **4 dispararse** Crecer o aumentar una cosa sin control: *los gastos se han disparado este mes con la vuelta al colegio.* **5** Perder la paciencia y el control.
DER disparadero, disparador, disparo.

disparatado, -da adj. **1** Que se considera un disparate, por ser demasiado absurdo, poco razonable o poco sensato: *las obras de Miguel Mihura son un prodigio de humor disparatado y poético.* **2** Que es excesivo o desmesurado: *esa tienda es carísima, tienen unos precios disparatados.*

disparatar v. intr. Decir o hacer cosas que no tienen razón ni sentido: *no disparates y actúa con cabeza.*
DER disparatado.

disparate n. m. **1** Obra o dicho que no tiene razón ni sentido. **SIN** dislate. **2** Cosa que excede los límites de lo ordinario o de lo lícito: *estos precios son un disparate.*
DER disparatar.

disparo n. m. **1** Operación por la que un arma de fuego lanza su carga. **SIN** tiro. **2** Marca, señal o efecto provocado por esta carga. **3** En algunos deportes, lanzamiento de la pelota con la intención de marcar un tanto: *metió un gol de un gran disparo.* **SIN** tiro.

dispensa n. f. **1** Permiso que autoriza a una persona el incumplimiento de lo ordenado por la leyes generales. **2** Permiso que concede la Iglesia a una o más personas para el incumplimiento de lo ordenado por las leyes generales. **3** Documento en el que se expresa este permiso: *no podemos casarnos porque aún no hemos recibido la dispensa.*

dispensador, -ra adj./ n. m. **1** [máquina] Que dispensa o proporciona determinada cosa: *dispensador de billetes.* ◆ adj./ n. m. y f. **2** [persona] Que dispensa o proporciona determinada cosa.

dispensar v. tr. **1** Dar o repartir, generalmente palabras o cosas positivas. **2** Disculpar, perdonar o no tomar en cuenta un error o una falta pequeña: *no me telefoneó, pero lo dispenso porque sé que fue un olvido involuntario.* ◆ v. tr./ prnl. **3** Autorizar o permitir a una o más personas el incumplimiento de lo ordenado por la leyes generales: *el profesor lo dispensó de ir a clase durante una semana porque su madre estaba enferma.*
DER dispensa, dispensario; indispensable.

dispensario n. m. Establecimiento destinado a proporcionar asistencia o tratamiento médico, generalmente gratuitos, a pacientes cuya enfermedad no les impide salir de casa: *lo picó una tarántula y fuimos a un dispensario de la Cruz Roja.* **SIN** ambulatorio.

dispersar v. tr. **1** Separar, esparcir o extender un conjunto o una cosa que está unida: *la lluvia dispersó al público.* **2** Poner una persona su atención y esfuerzo en varias actividades o cosas: *no disperses tus energías en varios deportes y dedícate a uno solo.*
DER dispersión, disperso.

dispersión n. f. Separación, esparcimiento o extensión de un conjunto o de una cosa que está unida.

disperso, -sa adj. [cosa, conjunto] Que está separado, esparcido o extendido: *a causa de la nevada los alpinistas quedaron dispersos por la cordillera.*

disponer v. tr./ prnl. **1** Poner o colocar según un orden o en una posición adecuada y conveniente: *dispuso los cuadros en las paredes siguiendo los consejos de un decorador.* **2** Preparar una cosa para un fin. **3** Establecer un mandato u ordenar una cosa: *el código de circulación dispone que no se puede conducir bebido.* ◆ v. intr. **4** Poder utilizar o hacer uso de una cosa que se posee. **5** Valerse o hacer uso de una persona con un fin: *podéis disponer de mí para ayudaros a hacer el trabajo.* ◆ v. prnl. **6 disponerse** Tener la intención de hacer una cosa y estar a punto de hacerla: *después de aprobar las oposiciones, se dispone a tomar posesión de su plaza.*
OBS El participio es *dispuesto.* Se conjuga como *poner.*
DER disponible, disposición, dispositivo, dispuesto; indisponer, predisponer.

disponibilidad n. f. **1** Situación de una persona o cosa que está preparada para un fin. **2** Cantidad de dinero o de bienes que se tienen para gastar o usar en un momento determinado.

disponible adj. **1** [cosa] Que se puede usar o está preparado para un fin: *este armario está vacío y, por tanto, disponible para que coloques tu ropa.* **2** [persona] Que está preparado y libre de impedimentos para un fin.
DER disponibilidad.

disposición n. f. **1** Orden o colocación de una o más cosas en un espacio determinado: *no me gusta la disposición que tienen los cuadros en esta habitación.* **2** Estado anímico o actitud que se muestra, especialmente para hacer una cosa: *tiene muy mala disposición para visitar a los enfermos.* **3** Capacidad para una actividad. **4** Decisión u orden que establece una autoridad: *antes de iniciar los trámites, debemos mirar las últimas disposiciones del Gobierno sobre este asunto.* última disposición Disposición que establece una persona antes de morir, generalmente en relación con sus bienes: *su última disposición sorprendió a todos sus herederos.* SIN testamento. **5** Capacidad de disponer de una cosa o poder hacer uso de ella: *mi coche está a la disposición de mi hijo.* **6** Orden y estructura del contenido de una obra escrita.

dispositivo n. m. Mecanismo o parte de él que tiene una función establecida: *esta lámpara tiene un dispositivo que la apaga cuando lleva diez horas encendida.*

dispuesto, -ta part. **1** Participio irregular de disponer. NOTA También se usa como adjetivo: *estoy dispuesto para actuar.* ◆ adj. **2** Que tiene el ánimo y la intención de hacer una cosa o está preparado para ello: *ya me he vestido y estoy dispuesto para salir a la calle.* **3** [persona] Que tiene aptitudes o es capaz de realizar una actividad determinada. NOTA Se usa con el verbo *estar.*

disputa n. f. Enfrentamiento o discusión entre dos personas o grupos. SIN contienda.

disputar v. tr. **1** Competir con otro u otros para conseguir un fin. SIN contender, rivalizar. ◆ v. intr. **2** Defender dos o más personas opiniones o intereses opuestos en una conversación. SIN contender, debatir.

DER disputa, disputado.

disquete n. m. INFORM. Disco magnético portátil que sirve para grabar y leer datos informáticos.

DER disquetera.

disquetera n. f. INFORM. Parte del ordenador en la que se introduce el disquete.

distancia n. f. **1** Espacio o tiempo que hay entre dos cosas o acontecimientos. **2** Diferencia grande o importante entre dos personas o cosas.

▶ a distancia Lejos o con separación: *nos vimos a distancia porque él caminaba por la acera de enfrente.* a larga distancia [comunicación telefónica] Que se establece con una persona que está en otro país. guardar las distancias No dar o no tomarse mucha confianza en una relación personal: *como no me gusta su actitud, procuro guardar las distancias.*

DER distanciamiento, distanciar.

distanciamiento n. m. **1** Alejamiento o separación en el tiempo o en el espacio. **2** Alejamiento de dos o más personas en cuanto al afecto, el trato o la manera de pensar: *los celos han originado un distanciamiento entre esos dos amigos.*

distanciar v. tr. Poner espacio, tiempo o diferencia entre dos o más personas o cosas: *las diferentes opiniones políticas han distanciado a mis dos hijos.* SIN alejar, apartar, separar.

OBS En su conjugación, la *i* es átona, como en *cambiar.*

distante adj. **1** Que está lejos en el espacio con referencia a un punto determinado. SIN apartado, lejano. **2** [persona] Que no ofrece confianza y familiaridad: *creo que es tan distante con los demás por su timidez.*

distar v. tr. **1** Estar apartada una cosa de otra por un espacio o un tiempo: *esta localidad dista cinco kilómetros.* ◆ v. intr. **2** Ser diferentes dos personas o cosas entre sí: *esta propuesta dista mucho de la que me hiciste ayer.*

DER distancia, distante; equidistar.

distender v. tr./ prnl. **1** Hacer menos tensa o tirante una relación u otra cosa: *con tu simpatía y diplomacia siempre consigues distender las situaciones tensas.* **2** MED. Estirarse de forma violenta los tejidos o ligamentos de una articulación.

OBS En su conjugación, la *e* se convierte en *ie* en sílaba acentuada, como en *entender.*

DER distensión.

distensión n. f. **1** Proceso que hace menos tensa o tirante una relación u otra cosa: *fueron elogiados sus intentos por conseguir la distensión en las relaciones internacionales.* **2** MED. Estiramiento violento de los tejidos o ligamentos de una articulación.

distinción n. f. **1** Diferencia que hace que dos o más cosas sean distintas. **2** Conjunto de cualidades y virtudes que distinguen a una persona de las demás: *es una persona con distinción a la que se nota su buena educación y cultura.* **3** Honor, gracia o trato especial que se concede a una persona. **4** Elegancia o buen gusto: *es una persona que en todo lo que hace se le nota su distinción.*

▶ sin distinción Sin hacer diferencias: *trata a todos por igual, sin distinción.*

distinguido, -da adj. **1** Que tiene un conjunto de cualidades y virtudes que lo distinguen de los demás: *es un pintor muy distinguido y conocido.* **2** [persona] Que destaca por su forma de comportarse con educación y con maneras agradables y finas.

distinguir v. tr. **1** Determinar la cualidad, característica o circunstancia que hace que dos personas o cosas no sean iguales entre sí: *es incapaz de distinguir un soneto de una décima.* **SIN** diferenciar. **2** Conceder a una persona un honor, una gracia o un trato especial: *lo han distinguido con una condecoración.* ◆ v. tr./ prnl. **3** Notar, oír o ver algo que se percibe con dificultad. **4** Hacer que una persona o cosa sea diferente de las demás por medio de una señal o característica especial: *estos hermanos son tan parecidos que solo se distinguen por el pelo.* ◆ v. prnl. **5** distinguirse Destacar entre otros por una cualidad.

OBS En su conjugación, la *gu* se convierte en *g* delante de *a* y *o*.

DER distinción, distinguido, distinto.

distintivo, -va adj./ n. m. y f. **1** Que sirve para distinguir o diferenciar a una persona o cosa de otra: *me explicó los aspectos distintivos de ambos proyectos.* ◆ n. m. **2** Característica que distingue o diferencia a una persona o cosa de otra. **3** Insignia, señal u objeto que sirve para distinguir una persona o cosa de las demás: *los vehículos policiales llevan un distintivo.*

distinto, -ta adj. **1** Que tiene una o más características que lo hacen diferente de los demás; que no es igual. **SIN** dispar. **ANT** análogo. ◆ adj. pl. **2** distintos Varios; más de uno: *existen distintas maneras de ir: por carretera, aire o mar.*

DER distintivo; indistinto.

distorsión n. f. Deformación de un sonido o una imagen: *busca bien la frecuencia de esa emisora porque hay una distorsión del sonido.*

DER distorsionar.

distorsionar v. tr. **1** Deformar un sonido o una imagen. **2** Interpretar de manera equivocada las palabras de alguien: *ha distorsionado mis palabras interpretándolas como a él le convenía.*

distracción n. f. **1** Pérdida de la atención en lo que se hace o se debe hacer. **2** Actividad o espectáculo que distrae: *su distracción por las tardes es hacer maquetas de aviones.* **SIN** diversión, entretenimiento.

distraer v. tr. **1** Apartar o perder la atención en lo que se hace o se debe hacer: *apaga la televisión para estudiar, que te distraes.* **2** Hacer pasar el tiempo de manera agradable: *me distrae leer y escuchar música.* **SIN** divertir, entretener. **ANT** aburrir.

OBS Se conjuga como *traer.*

DER distracción, distraído.

distraído, -da adj./ n. m. y f. **1** [persona] Que pierde la atención con facilidad y por ello actúa y habla sin darse cuenta de lo que hace o dice o de lo que pasa a su alrededor. ◆ adj. **2** Que hace pasar el tiempo de manera agradable. **SIN** ameno, divertido, entretenido. **ANT** aburrido, árido, tedioso.

distribución n. f. **1** División o reparto de una cosa entre varias personas señalando lo que le corresponde a cada una: *la distribución de los días de vacaciones entre los empleados.* **2** División de una cosa en partes dando a cada una de ellas un destino o una posición. **3** Forma de estar dispuestas las diferentes partes de una casa o edificio. **4** Reparto de un producto del fabricante al comerciante: *se encarga de la distribución de leche.*

distribuidor, -ra adj. **1** [persona, entidad] Que recibe un producto del fabricante y lo entrega a los comerciantes. ◆ n. m. **2** Pasillo o pieza pequeña de una casa que da paso a varias habitaciones. **3** Mecanismo de encendido de un motor que lleva la corriente eléctrica del generador a las bujías: *el distribuidor no funciona y el coche no puede arrancar.* ◆ n. f. **4** Empresa que se dedica a la comercialización de un producto, generalmente con carácter exclusivo, y actúa de mediador entre el fabricante y el comerciante: *una distribuidora de cine.*

distribuir v. tr. **1** Dividir o repartir una cosa entre varias personas señalando lo que le corresponde a cada una: *hemos distribuido las tareas domésticas entre todos los miembros de la familia.* **2** Dividir una cosa en partes dando a cada una de ellas un destino o una posición: *ha distribuido la ropa en los armarios de la habitación.* **3** Llevar un producto del fabricante al comerciante.

OBS En su conjugación, la *i* se convierte en *y* delante de *a, e* y *o,* como en *huir.*

DER distribución, distribuidor, distribuidora, distributiva, distributivo; redistribuir.

distributivo, -va adj. **1** De la distribución o que tiene relación con ella. ◆ adj./ n. f. **2** GRAM. [oración] Que está formada por dos o más proposiciones que expresan situaciones o acciones diferentes: *«unos saltaban, otros corrían» es una oración distributiva.*

distrito n. m. Parte en que se divide una población o un territorio para su administración: *en las grandes ciudades los barrios se agrupan en distritos.*
disturbio n. m. Conflicto provocado por un grupo de personas en el que se altera la paz social: *la policía ha usado mangueras de agua para acabar con los disturbios callejeros.* SIN alboroto, desorden.
disuadir v. tr. Conseguir que una persona cambie su manera de actuar, pensar o sentir. SIN apear.
DER disuasión, disuasivo.
disyuntiva n. f. Situación en la que hay que elegir entre dos cosas o soluciones diferentes: *se encuentra en la disyuntiva de aceptar el trabajo que le han propuesto o quedarse con el que tiene.*
disyuntivo, -va adj. **1** Que tiene capacidad de desunir o separar. ANT aglutinante. ◆ adj./n. f. **2** GRAM. [oración] Que expresa una acción, proceso o estado que excluye la acción, el proceso o el estado expresado por otra u otras oraciones: *«salta o corre» y «entra o sal» son oraciones disyuntivas.* **3** GRAM. [conjunción] Que introduce una oración de esta clase.
diurético, -ca adj./ n. m. [medicamento, alimento] Que facilita o aumenta la eliminación de orina.
diurno, -na adj. **1** Del día o que tiene relación con él. ANT nocturno. **2** ZOOL. [animal] Que realiza su actividad durante el día: *el águila y la ardilla son animales diurnos.* ANT nocturno. **3** BOT. [planta] Que solo tiene sus flores abiertas durante el día. ANT nocturno.
divagación n. f. Separación del asunto principal del que se habla o escribe: *me ha escrito una carta larguísima y llena de divagaciones.*
divagar v. intr. Hablar, escribir o pensar desordenadamente, sin ajustarse a un tema determinado y sin tener un objetivo para el discurso: *respondía puntualmente las preguntas, evitaba divagar.*
OBS En su conjugación, la *g* se convierte en *gu* delante de *e*.
DER divagación.
diván n. m. Asiento alargado y blando, con brazos o sin ellos y generalmente sin respaldo, en el que puede tenderse una persona.
divergencia n. f. **1** Alejamiento sucesivo entre sí de dos o más líneas o superficies. ANT convergencia. **2** Falta de coincidencia entre las ideas y tendencias sociales, culturales o económicas de varias personas o grupos: *existe una gran divergencia en la manera de vivir entre el mundo occidental y el oriental.* ANT convergencia.
divergente adj. **1** [línea, superficie] Que diverge o se aparta en relación con otra línea o superficie: *el profesor pintó en la pizarra líneas divergentes.* ANT convergente. **2** Que tiende a no coincidir con las ideas y tendencias sociales, culturales o económicas de otro u otros. ANT convergente.
diversidad n. f. **1** Diferencia o variedad: *la diversidad de la flora y fauna de esta zona la hacen única.* **2** Abundancia y unión de cosas o personas distintas.
diversificación n. f. Conversión en diversa o múltiple de una cosa que era única y uniforme.
diversificar v. tr. Hacer diversa o múltiple una cosa que era única y uniforme: *han diversificado el trabajo para hacerlo más ameno.*
OBS En su conjugación, la *c* se convierte en *qu* delante de *e*.
DER diversificación.
diversión n. f. **1** Actividad o espectáculo que gusta y produce placer. SIN entretenimiento. **2** Cosa que hace pasar el tiempo de manera agradable. SIN distracción, divertimento, entretenimiento.
diverso, -sa adj. Que es distinto de otro: *hay diversas camisas en esta tienda.* SIN diferente.
DER diversidad, diversificar.
divertido, -da adj. **1** Que divierte o hace pasar el tiempo de manera agradable. SIN ameno, distraído, entretenido. ANT aburrido, árido, tedioso. **2** Que produce alegría. SIN alegre.
divertir v. tr. Hacer pasar el tiempo de manera agradable. SIN distraer, entretener. ANT aburrir.
OBS En su conjugación, la *e* se convierte en *ie* en sílaba acentuada o en *i* en algunos tiempos y personas, como en *hervir.*
DER diversión, divertido, divertimento, divertimiento.
dividendo n. m. **1** MAT. Cantidad que debe dividirse entre otra: *el dividendo de esta división es 2880, el divisor es 60, el cociente 48 y el resto 0.* ANT divisor. **2** ECON. Parte de las ganancias de una sociedad que corresponde a sus accionistas.
dividir v. tr. **1** Partir o separar en partes o grupos o establecer separaciones. SIN apartar.

2 Repartir entre varios. **3** Crear enemistad y discordia entre dos o más personas: *nos engaño y consiguió dividirnos.* **4** MAT. Averiguar las veces que una cantidad está contenida en otra: *si dividimos 30 entre 5, el resultado es 6.*
DER dividendo, divisible, divisor, división; subdividir.

divinidad n. f. **1** Naturaleza de Dios: *los cristianos creen en la divinidad de Jesucristo.* **2** Ser sobrenatural mitológico que tiene poder sobre parte de las cosas o de las personas. SIN dios.

divinización n. f. Consideración de una persona o cosa como un dios o exageración de las cualidades de una persona.

divinizar v. tr. **1** Considerar a una persona o cosa como un dios y tratarla como tal: *los pueblos primitivos divinizaban las fuerzas de la naturaleza.* SIN deificar. **2** Considerar exageradamente las cualidades o virtudes de una persona: *ha divinizado a su novio, pues no para de hablar de sus buenas cualidades y virtudes.* SIN deificar.
OBS En su conjugación, la *z* se convierte en *c* delante de *e*.
DER divinización.

divino, -na adj. **1** De Dios o de los dioses o que tiene relación con ellos: *estuvimos en la catedral viendo las imágenes divinas.* **2** Que destaca o sobresale entre los demás o es excepcional: *pinta unos paisajes divinos.*
DER divinidad, divinizar; adivinar.

divisa n. f. **1** Moneda extranjera respecto a un país que se utiliza en el comercio internacional. **2** Señal exterior que sirve para distinguir personas, grados, cargos o cosas: *en la puerta de su casa había un escudo con la divisa de la familia.*
DER eurodivisa.

divisar v. tr. Ver o percibir de manera poco clara, generalmente desde lejos: *a lo lejos se divisaba un coche.*

divisibilidad n. f. **1** Posibilidad de ser dividido. **2** MAT. Propiedad de un número entero de poder dividirse por otro, dando como resultado un número entero.

divisible adj. **1** Que se puede dividir. **2** MAT. [número entero] Que al dividirlo entre otro da como resultado un número entero: *un número es divisible por cinco cuando acaba en cinco o en cero.*
DER divisibilidad; indivisible.

división n. f. **1** Separación o partición de un todo en partes o en grupos. **2** Desacuerdo, desunión o enfrentamiento entre personas. **3** Agrupación de equipos deportivos de la misma categoría: *si nuestro equipo gana hoy subirá de segunda a primera división.* división de honor Categoría en la que se agrupan los mejores equipos de un deporte: *la división de honor de balonmano.* **4** BIOL. Categoría de clasificación de las plantas, inferior a la de reino y superior a la de clase. división celular Modo de reproducción de las células. **5** MAT. Operación mediante la cual se calcula las veces que una cantidad, el divisor, está contenida en otra, el dividendo: *la división de 10 entre 2 da como resultado 5.* **6** Unidad militar compuesta por dos o más regimientos de distintos cuerpos del ejército: *división motorizada.*
▶ división acorazada La que está formada por carros de combate o fuerzas transportadas en vehículos blindados.

divisor, -ra n. m./ adj. **1** MAT. Cantidad que divide a otra. ANT dividendo. ◆ n. m. **2** MAT. Número que está contenido en otro una cantidad exacta de veces: *el 5 es divisor de 15 porque 15 lo contiene 3 veces.*
▶ común divisor Cantidad por la cual se dividen exactamente dos o más cantidades: *el 12 es común divisor de 24 y de 48.* máximo común divisor El mayor de los comunes divisores de dos o más cantidades.
DER divisorio.

divisorio, -ria adj. Que divide o sirve para dividir: *debemos establecer la línea divisoria entre tu trabajo y el mío.*

divo, -va adj. **1** [artista] Que tiene mucha fama y es muy admirado: *la gran diva de la ópera recibió una fuerte ovación tras su actuación.* **2** [persona] Que es demasiado orgulloso y se cree superior a los demás.
DER divismo.

divorciar v. tr./ prnl. **1** Separar legalmente dos personas que estaban casadas: *tras un año de matrimonio decidieron divorciarse.* SIN descasar. ANT casar. **2** Deshacer o separar una unión, una relación o a un grupo de personas.
OBS En su conjugación, la *i* es átona, como en *cambiar*.

divorcio n. m. **1** Separación legal de dos personas que estaban casadas. **2** Separación de una unión, una relación o un grupo de personas: *el divorcio entre el equipo y la afición.*
DER divorciar.

divulgación n. f. Publicación, difusión o propagación de algo, generalmente un hecho o noticia: *la divulgación de la noticia por televisión ha causado una gran sorpresa entre los telespectadores.*

divulgar v. tr. Publicar, difundir o poner al alcance del público algo, generalmente un hecho o noticia: *divulgué la noticia de que habías ganado el premio.*
OBS En su conjugación, la *g* se convierte en *gu* delante de *e*.
DER divulgación, divulgador.

DNI n. m. **1** Cédula de identificación personal. **2** Serie de números y letras que figuran en el DNI como identificador del usuario.
OBS En plural, aunque se pronuncia 'de-ene-i' o 'de-ene-is', se debe escribir *DNI*: *los DNI*.

do n. m. MÚS. Primera nota de la escala musical: *comenzó entonando un do.*
▶ **do de pecho a.** Nota muy aguda que da la voz de un tenor. **b.** El máximo trabajo y esfuerzo que se puede hacer para conseguir una cosa: *para aprobar la asignatura, di el do de pecho.*
OBS El plural es *dos*.

dóberman o **dobermann** n. com./ adj. Perro de tamaño medio, cuerpo musculoso, cabeza estrecha y larga, y pelaje corto de color negro o rojizo con manchas pardas en la cara, el pecho y los pies; se emplea como perro guardián y de defensa.
OBS El plural también es *dóberman* o *dobermann*.

dobladillo n. m. Pliegue que como remate se hace a una prenda de ropa en el borde: *llevas descosido el dobladillo de la falda por detrás.* SIN bastilla.

doblaje n. m. Sustitución de las voces originales de los actores en una película por otras voces, generalmente para traducir de un idioma a otro: *hace doblajes como locutor para documentales didácticos.*

doblar v. tr. **1** Plegar o juntar los extremos de un objeto flexible. ANT desdoblar. **2** Pasar al otro lado de un saliente: *el coche dobló la esquina de la casa a toda velocidad.* **3** Tener dos veces más. **4** Sustituir las voces de los actores en una película por otras voces, generalmente para traducir del idioma original al idioma del público destinatario de la película: *han doblado la voz del protagonista.* **5** Sustituir a un actor o una actriz de cine o televisión en las escenas peligrosas o que requieren alguna habilidad especial. **6** Alcanzar un participante de una carrera a otro sacándole una vuelta de pista de ventaja: *algunos atletas fueron doblados en la recta final por el campeón.* ◆ v. intr. **7** Cambiar de dirección: *parecía venir hacia mí, pero finalmente dobló a la izquierda y se metió en casa.* SIN girar, torcer. **8** Sonar las campanas por la muerte de una persona. **9** Caer o echarse al suelo para morir, especialmente el toro de lidia en la arena de la plaza. ◆ v. tr./ prnl. **10** Hacer que sea dos veces mayor una cosa o una cantidad. SIN duplicar. **11** Dar forma curva: *los estantes de la biblioteca se han doblado por el peso de los libros.* SIN curvar, torcer. ◆ v. prnl. **12 doblarse** Renunciar a una cosa, abandonar una intención o una opinión: *por fin se ha doblado, admitiendo que es un proyecto absurdo.*
DER dobladillo, doblado, doblaje; desdoblar, redoblar.

doble adj. **1** Que va acompañado de algo semejante o idéntico con lo que desempeña una misma función: *aquella puerta tiene doble pestillo.* ANT sencillo, simple. **2** [tejido, papel] Que es más grueso o consistente de lo normal. ◆ num. **3** [cantidad, número] Que es dos veces mayor que otro: *cien es el doble de cincuenta.*
NOTA Puede ser determinante (*doble tamaño*) o pronombre (*el doble de cincuenta*). ◆ adj./ n. m. **4** [bebida] Que tiene dos veces la cantidad normal o habitual de su contenido: *vamos a tomar un café doble para despejarnos.* ◆ n. com. **5** Persona que tiene tal parecido con otra que es muy fácil confundirlos. **6** Persona que sustituye a un actor o una actriz de cine o televisión en las escenas peligrosas o que requieren alguna habilidad especial: *siempre usa un doble en las escenas violentas.* SIN especialista. ◆ adv. **7** Dos veces una cantidad. ◆ n. m. pl. **8 dobles** Partido en el que se enfrentan dos jugadores contra otros dos, generalmente en el tenis: *el encuentro de dobles fue muy largo.* **9** Infracción que se comete en el baloncesto cuando un jugador bota con las dos manos a la vez o cuando salta con la pelota y cae con ella todavía en las manos.
DER doblar, doblegar, doblemente, doblete, doblez, doblón.

doblegar v. tr./ prnl. **1** Hacer desistir de una opinión o de un propósito y obligar a aceptar otros: *tuvo que doblegarse ante la evidencia y darnos la razón.* **2** Doblar o torcer encorvando. SIN doblar.
OBS En su conjugación, la *g* se convierte en *gu* delante de *e*.

a b c d e f g h i j k l m n ñ o p q r s t u v w x y z

a b c d e f g h i j k l m n ñ o p q r s t u v w x y z

doblete n. m. **1** Representación de dos papeles distintos por un mismo actor en la misma obra o película. **2** Serie de dos éxitos o victorias en un corto período de tiempo: *mi equipo de baloncesto ha hecho doblete, porque ha ganado la Liga y la Copa.* **3** GRAM. Conjunto de dos palabras que tienen el mismo origen, pero que han evolucionado de distinta manera: *las palabras «delicado» y «delgado» forman doblete, porque las dos proceden del término latino «delicatus».*

doblez n. m. **1** Parte que se dobla o se pliega en una cosa. **2** Señal que deja un pliegue o una arruga. ◆ n. amb. **3** Falsedad o hipocresía en la manera de actuar, expresando lo contrario de lo que se siente realmente: *no confíes en sus palabras porque actúa con doblez y seguro que miente.*

doblón n. m. Moneda antigua española de oro de diferente valor según las épocas: *el doblón desapareció al adoptarse el sistema de la peseta en 1868.*

doce num. card. **1** Indica que el nombre al que acompaña o al que sustituye está 12 veces: *somos doce personas.* **NOTA** Puede ser determinante (*doce niños participaron*) o pronombre (*los doce participaron*). ◆ num. ord. **2** Indica que el nombre al que acompaña o al que sustituye ocupa el lugar número 12 en una serie: *soy el doce de la lista.* **SIN** duodécimo. **NOTA** Es preferible utilizar el ordinal *duodécimo.* ◆ n. m. **3** Nombre del número 12.
DER doceavo, docena

doceavo, -va num. Parte que resulta de dividir un todo en 12 partes iguales.

docena n. f. Conjunto formado por doce unidades: *una docena de huevos.*
DER adocenar.

docencia n. f. Actividad de la persona que se dedica a la enseñanza: *ejercer la docencia.*

docente adj. **1** De la enseñanza o que tiene relación con esta actividad profesional: *actividad docente.* ◆ adj./n. com. **2** [persona] Que se dedica a la enseñanza o comunicación de conocimientos, habilidades, ideas o experiencias a personas que no las tienen con la intención de que las aprendan.
DER docencia.

dócil adj. **1** Que es tranquilo o fácil de educar. **2** Que obedece o cumple lo que se le manda: *un animal dócil.* **SIN** obediente. **3** [piedra, metal] Que se puede labrar con facilidad.
DER docilidad.

docilidad n. f. **1** Carácter del que es tranquilo y fácil de educar. **2** Carácter del que cumple lo que se le manda. **SIN** obediencia.

docto, -ta adj. [persona] Que posee muchos conocimientos adquiridos a fuerza de estudio: *docto en el Siglo de Oro.* **SIN** sabio.
DER indocto.

doctor, -ra n. m. y f. **1** Persona que se dedica a curar o prevenir las enfermedades. **SIN** médico. **2** Persona que ha conseguido el último grado académico en la universidad: *doctora en biología.* **3** Título eclesiástico que se concede a los santos que han destacado por la defensa o la enseñanza de la religión católica.
DER doctoral, doctorar.

doctorado n. m. **1** Grado máximo de estudios universitarios concedido tras realizar y defender la tesis. **2** Conjunto de estudios necesarios para conseguir este grado: *cursa el doctorado en Zaragoza.*

doctorar v. tr. Dar o conseguir el grado de doctor: *se doctoró en derecho en la Universidad de Sevilla.*
DER doctorado, doctorando.

doctrina n. f. **1** Conjunto de ideas o normas que rigen la manera de pensar o de obrar y que son defendidas por un grupo de personas. **2** Materia o ciencia que se enseña.
DER doctrinal, doctrinario; adoctrinar.

doctrinal adj. De la doctrina o que tiene relación con ella.

documentación n. f. **1** Información o conocimiento que se consigue o proporciona sobre algo con un fin determinado: *estoy buscando documentación sobre la realidad virtual para hacer un trabajo de curso.* **2** Conjunto de documentos oficiales que prueban la identidad de una persona o de una cosa.

documental adj. **1** Que se basa en documentos: *necesitamos una prueba documental de que el piso es nuestro.* ◆ adj./n. m. **2** [película] Que trata de hechos y personajes reales con fines informativos o pedagógicos.
DER documentalista.

documentar v. tr. **1** Probar o demostrar con documentos: *para que tu teoría sea creíble tendrás que documentarla.* ◆ v. tr./prnl. **2** Conseguir o proporcionar la información sobre algo con un fin determinado: *antes de salir de viaje, se documentó a fondo sobre el país que iba a visitar.*
DER documentado.

documento n. m. **1** Escrito con que se prueba o demuestra algo. **2** Lo que sirve para ilustrar un hecho: *la novela que he leído es un verdadero documento histórico sobre la España de posguerra.*
DER documentación, documental, documentar; documentología.

dodeca- Elemento prefijal que entra en la formación de palabras con el significado de 'doce': *dodecaedro, dodecasílabo.*

dodecaedro n. m. MAT. Cuerpo sólido limitado por doce caras.

dodecágono n. m. MAT. Figura plana de doce lados: *el dodecágono es un polígono.*

dodecasílabo, -ba adj./ n. m. LIT. [verso] Que tiene doce sílabas: *el dodecasílabo es un verso de arte mayor.*

dogma n. m. **1** Punto principal de una religión, doctrina o un sistema de pensamiento que se tiene por cierto y seguro y no puede ponerse en duda. **2** Conjunto de puntos principales de una religión, doctrina o un sistema de pensamiento que se tienen por ciertos y seguros y no pueden ponerse en duda.
DER dogmático, dogmatismo, dogmatizar.

dólar n. m. Unidad monetaria de Estados Unidos, Canadá, Australia, Nueva Zelanda, Liberia y otros países: *el dólar estadounidense es una de las monedas más fuertes.*
OBS El plural es *dólares.*

dolencia n. f. Alteración de la salud que produce una sensación molesta y desagradable en una parte del cuerpo: *está enfermo, hace tiempo que padece una dolencia cardíaca.*

doler v. intr. **1** Tener dolor en una parte del cuerpo. **2** Causar algo pena, tristeza o lástima: *me duele verte llorar.* ◆ v. prnl. **3 dolerse** Sentir y explicar una pena o desgracia: *se duele de que no cuentes con él.*
OBS Se conjuga como *mover.*
DER dolencia, dolido, doliente; adolecer, condolerse, indolente.

dolido, -da adj. Que experimenta pena, tristeza o lástima a causa de una contrariedad: *tu padre está muy dolido porque no te has acordado de su aniversario.* SIN dolorido.

doliente adj. **1** Que padece una sensación molesta y desagradable en una parte del cuerpo a causa de una herida o enfermedad. SIN dolorido. **2** Apenado, desconsolado, lleno de dolor y angustia: *voz doliente; poema doliente.*

dolmen n. m. Monumento megalítico formado por una losa grande que se apoya sobre piedras verticales dando una imagen similar a una gran mesa.

dolor n. m. **1** Sensación molesta y desagradable que se siente en una parte del cuerpo: *dolor de cabeza; dolor de muelas.* **2** Sentimiento intenso de pena, tristeza o lástima producido por una contrariedad.
DER doler, dolorido, doloroso; indoloro.

dolorido, -da adj. **1** Que padece una sensación molesta y desagradable en una parte del cuerpo: *se cayó por las escaleras y, aunque al final no se rompió nada, tenía todo el cuerpo dolorido.* **2** Que experimenta pena, tristeza o lástima a causa de una contrariedad. SIN dolido.

doloroso, -sa adj. **1** Que causa dolor físico o moral: *no te asustes, que esta inyección no es dolorosa.* ◆ n. f. **2** Factura o cuenta que hay que pagar: *hoy te toca a ti pagar la dolorosa.*
NOTA Siempre va precedido del artículo femenino.

domador, -ra n. m. y f. Persona que se dedica a amansar a animales salvajes o a la exhibición y manejo de animales domados.

domar v. tr. **1** Amansar y hacer dócil un animal salvaje mediante la práctica de ejercicios: *domar caballos.* **2** Contener o frenar una pasión o una conducta: *he conseguido domar mi pasión por los dulces.* **3** Hacer tratable o quitarle la rebeldía a una persona: *no consigo domar a este niño tan rebelde.* SIN domesticar, dominar. **4** Dar flexibilidad.
DER doma, domador; indomable, redomado.

domesticar v. tr. **1** Acostumbrar a un animal a convivir con las personas: *ha domesticado un mono para tenerlo en casa.* **2** Hacer tratable o quitarle la rebeldía a una persona. SIN domar, dominar.
OBS En su conjugación, la *c* se convierte en *qu* delante de *e.*
DER domesticable, domesticación, doméstico.

doméstico, -ca adj. **1** De la casa o que tiene relación con esta vivienda: *en casa todos ayudamos a realizar las labores domésticas.* **2** [animal] Que se cría en la compañía del hombre: *los perros y los gatos son animales domésticos.* ◆ n. m. y f. **3** Persona que se dedica a los trabajos de una casa que no es la suya a cambio de dinero. SIN criado, sirviente. **4** Ciclista que ayuda al corredor principal del equipo durante la carrera.

domiciliar v. tr. **1** Autorizar un pago o un

cobro con cargo a una cuenta bancaria: *he domiciliado el pago de los recibos del teléfono en la cuenta corriente.* ◆ v. prnl. **2** **domiciliarse** Establecer la vivienda en un lugar.
OBS En su conjugación, la *i* es átona, como en *cambiar.*
DER domiciliación, domiciliario, domicilio.

domicilio n. m. **1** Casa en la que vive habitualmente una persona: *en el impreso te piden los datos de tu domicilio.* **2** Lugar en el que legalmente está establecida una persona o sociedad para el cumplimiento de sus obligaciones y el ejercicio de sus derechos.
▶ **a domicilio** **a.** En el domicilio del interesado: *este supermercado ofrece servicio a domicilio.* **b.** En el campo, cancha o pista del contrario: *a pesar de jugar a domicilio y no tener a nuestros seguidores ganamos el partido.*

dominación n. f. Acción de dominar o de tener bajo el poder o la autoridad, especialmente un rey o gobierno sobre un país o pueblo.

dominador, -ra adj./ n. m. y f. Que domina o tiende a dominar.

dominante adj. **1** Que domina, sobresale o es superior a otros de su clase. **2** BIOL. [carácter hereditario] Que cuando se posee siempre se manifiesta en el fenotipo. ◆ adj./ n. com. **3** [persona] Que tiene tendencia a mandar y a dirigir la vida de las personas que lo rodean.
NOTA El femenino puede ser *la dominante* o *la dominanta.* ◆ n. f. **4** MÚS. Quinta nota de la escala de cualquier tono.

dominar v. tr. **1** Tener bajo el poder o la autoridad. **2** Conocer una materia, una ciencia o un arte: *a Juan le ha costado mucho esfuerzo dominar la informática.* ◆ v. tr./ prnl. **3** Contener o frenar una pasión o una conducta: *dominó su ira y no le contestó como hubiera querido.* **SIN** domar, domesticar. ◆ v. intr./ tr. **4** Sobresalir o destacar: *la torre domina todo el pueblo.* **5** Divisar una extensión de tierra desde la altura: *desde lo alto de la torre Eiffel se domina todo el centro de París.*
DER dominación, dominante, dómine, dominio, dominó; predominar.

dómine n. m. **1** Antiguamente, profesor de gramática latina. **2** Persona que adopta el tono de maestro sin serlo. **NOTA** Tiene valor despectivo.

domingo n. m. Séptimo y último día de la semana dedicado generalmente al descanso.
DER dominguero, dominical; endomingarse.

dominical adj. **1** Del domingo o que tiene relación con este día de la semana: *descanso dominical.* ◆ adj./ n. com. **2** [publicación] Que recoge información general y se vende los domingos acompañando a un periódico: *en el dominical suele informarse sobre actos culturales.*

dominicano, -na adj. **1** De Santo Domingo o de la República Dominicana o que tiene relación con esa ciudad o ese país centroamericanos. ◆ adj./ n. m. y f. **2** [persona] Que es de Santo Domingo o de la República Dominicana. **3** De la orden de Santo Domingo o que tiene relación con este instituto religioso. **SIN** dominico.

dominico, -ca adj. **1** De la orden de Santo Domingo o que tiene relación con este instituto religioso. ◆ adj./ n. m. y f. **2** [religioso] Que pertenece a la orden de Santo Domingo. **SIN** dominicano.

dominio n. m. **1** Poder que se tiene sobre lo que es propio o sobre otras personas: *ejerce un fuerte dominio sobre su familia.* **2** Territorio y población que están bajo un mismo mando. **3** Territorio donde se habla una lengua o un dialecto. **4** Buen conocimiento de una materia, una ciencia o un arte: *para este trabajo exigen buen dominio del inglés.* **5** Campo de una materia o de una actividad científica o artística: *el dominio de la psicología.*
▶ **ser de dominio público** Ser conocido o sabido por todos.
DER autodominio.

dominó n. m. **1** Juego de mesa en el que se usan 28 fichas rectangulares que tienen una cara dividida en dos cuadrados iguales que llevan marcados de uno a seis puntos negros o ninguno. **2** Conjunto de las fichas que se emplean en este juego de mesa: *se ha perdido una ficha del dominó, el uno doble.*
OBS El plural es *dominós.*

don n. m. **1** Cualidad o habilidad para hacer algo: *tiene un don especial para el dibujo y la pintura.* **2** Regalo o cosa que se da voluntariamente en señal de agradecimiento o afecto. **SIN** dádiva, presente.
▶ **don de gentes** Habilidad para tratar con otras personas, atraer su simpatía o convencerlas: *ha conseguido ese puesto de trabajo gracias a su don de gentes.* **don nadie** Persona poco conocida o de poca importancia o influencia. **NOTA** Tiene valor despectivo.

don, doña n. m. y f. **1** Tratamiento de respeto que se usa antepuesto al nombre propio de una persona: *ayer vino a vernos don Ignacio.* **NOTA** Se usa delante de un nombre propio y su abreviatura es *D.* y *D.*ª. **2** Palabra que unida a un nombre de actitud o de acción se emplea para ponerle mote a la persona que abusa de esa actitud o de esa acción: *don bellaco; don ladrón.*

▶ don nadie Persona poco conocida o de escaso poder e influencia: *piensa que quien no tiene un título es un don nadie.*

donación n. f. Entrega de algo propio que se hace de forma voluntaria y generosa: *la donación de órganos es importante para salvar vidas humanas.*

donaire n. m. **1** Gracia, discreción y viveza en la forma de hablar y moverse: *es una persona elegante y luce todo lo que se pone con gran donaire.* **2** Frase graciosa u ocurrente.

donante adj./ n. com. **1** [persona] Que hace pasar a poder de otra persona algo propio. ◆ n. com. **2** Persona que voluntariamente da sangre o un órgano de su cuerpo con fines médicos: *cada tres meses acude al hospital porque es donante de sangre.* **ANT** receptor.

donar v. tr. Hacer pasar a poder de otra persona o entidad algo propio: *ha donado todos sus libros a la biblioteca municipal.* **SIN** dar.

DER don, donación, donaire, donante, donativo, donoso; condonar, perdonar.

donativo n. m. Cantidad de dinero o conjunto de medicinas, alimentos, ropas u otros objetos que se da voluntariamente a una persona o grupo para ayudar a cubrir sus necesidades. **SIN** contribución.

doncel n. m. **1** Joven noble o paje que aún no había sido armado caballero. **2** *formal* Joven adolescente, especialmente el que no ha tenido relaciones sexuales.

OBS El femenino es *doncella.*

DER doncella.

doncella n. f. **1** *formal* Mujer joven, especialmente la que no ha tenido relaciones sexuales. **2** Mujer que se dedica a trabajos domésticos no relacionados con la cocina.

donde adv. Indica un sitio o un lugar ya expresado o sobrentendido: *el libro está donde te dije.*

OBS Puede ir precedido de una preposición que expresa relación de espacio: *a, de, desde, en, hacia, hasta, por.* Precedido de la preposición *a* se escribe *adonde* y significa lo mismo que *en donde, donde.* No se debe confundir con *dónde.*

DER dondequiera, doquier, doquiera; adonde.

dónde adv. En qué sitio o en qué lugar: *¿de dónde vienes a estas horas?*

OBS Puede ir precedido de una preposición que expresa relación de espacio: *a, de, desde, en, hacia, hasta, por.* Precedido de la preposición *a* se escribe *adónde* y significa lo mismo que *en dónde, dónde.* No se debe confundir con *donde.*

dondequiera adv. En cualquier parte: *dondequiera que vamos nos lo encontramos.* **SIN** doquier.

donjuán n. m. Hombre que tiene facilidad para seducir a las mujeres: *es un donjuán: tiene una larga lista de conquistas amorosas.*

DER donjuanesco, donjuanismo.

donoso, -sa adj. Que tiene gracia, discreción y viveza.

OBS Antepuesto al sustantivo suele usarse en sentido irónico.

DER donosura.

donostiarra adj. **1** De San Sebastián o que tiene relación con esta ciudad de Guipúzcoa. ◆ adj./ n. com. **2** [persona] Que es de San Sebastián.

dónut o **donuts** n. m. Bollo, generalmente en forma de rosquilla, hecho con una masa frita que se recubre o rellena con algún ingrediente dulce, como azúcar, chocolate, mermelada o crema: *compró un dónut de chocolate.* **SIN** dona.

OBS Procede de *donuts,* nombre de una marca registrada.

doña n. f. Don, doña.

dopaje n. m. Consumo de sustancias excitantes o estimulantes que sirven para lograr un mejor rendimiento en una competición deportiva. **SIN** doping.

dopar v. tr. Suministrar sustancias excitantes o estimulantes que sirven para lograr de modo no natural un mejor rendimiento en una competición deportiva.

doping n. m. **1** Consumo de sustancias excitantes o estimulantes a fin de lograr un mejor rendimiento en una competición deportiva: *el doping es severamente castigado.* **SIN** dopaje. **2** Sustancia excitante o estimulante que sirve para lograr un mejor rendimiento en una competición deportiva.

OBS Es de origen inglés y se pronuncia aproximadamente «dóping». La Real Academia Española prefiere la forma *dopaje.*

DER dopaje, dopar; antidoping.

doquier adv. En cualquier parte. **SIN** dondequiera.

▶ por doquier Por todas partes: *fuimos de viaje a Francia y encontramos españoles por doquier.*

dorada n. f. Pez marino comestible, de color gris por encima, amarillo por los lados y con una mancha de color de oro en la cabeza.

dorado, -da adj. **1** De color del oro o semejante a este metal precioso. **2** [período] Que está lleno de esplendor, riqueza, buena suerte o felicidad: *la época dorada de aquel escritor fue la de su madurez.* ◆ n. m. **3** Proceso por el que se cubre una superficie con oro o con una sustancia parecida al oro. **4** Capa de oro o de una sustancia parecida al oro que recubre un objeto. ◆ n. m. pl. **5** dorados Conjunto de objetos de metal de color de oro.

dorar v. tr. **1** Cubrir una superficie con oro o con una sustancia que tenga su mismo color y aspecto. **2** Presentar una cosa como mejor o más agradable de lo que es en realidad: *cuéntale la verdad, sin dorar la noticia para que no se lleve a engaño.* ◆ v. tr./ prnl. **3** Tostar o asar ligeramente un alimento: *si primero doras la carne, el estofado te quedará luego más sabroso.* **4** Tomar un color parecido al del oro: *le gusta dorar su piel al sol.*

▶ dorar la píldora **a.** Presentar una cosa como mejor o más agradable de lo que es en realidad: *me doraron la píldora diciéndome que todo iba a ser estupendo.* **b.** Decir cosas agradables a una persona para ganar su voluntad o conseguir su favor: *no me dores la píldora, que no te voy a dejar ir a la excursión.* SIN hacer la pelota.

DER dorada, dorado; desdorar.

dórico, -ca adj. Estilo arquitectónico clásico que tiene las columnas acanaladas, sin basa y sin molduras en el capitel.

dormida n. f. Estado de reposo inconsciente en el que se pierden los movimientos voluntarios: *voy a echarme una dormida después de comer, que anoche dormí muy poco.* SIN sueño.

dormilón, -lona adj./ n. m. y f. [persona] Que duerme mucho tiempo o se queda dormida con gran facilidad: *eres una dormilona: ¡qué trabajo cuesta despertarte!* SIN lirón, marmota.

dormir v. tr./ intr./ prnl. **1** Estar en un estado de reposo inconsciente en el que se pierden los movimientos voluntarios: *dormir una buena siesta.* ◆ v. tr. **2** Hacer que alguien pase a un estado de reposo inconsciente en el que se pierden los movimientos voluntarios: *todas las noches duermo a mi hermano pequeño contándole un cuento.* **3** Producir la pérdida temporal del conocimiento o de la sensibilidad de una parte del cuerpo mediante la administración de una sustancia química. SIN anestesiar. ◆ intr. **4** Pasar la noche en un lugar: *este fin de semana dormiremos en el campo.* **5** Tener relaciones sexuales: *¿te atreverías a dormir con él?* ◆ v. prnl. **6** dormirse Perder el cuidado, la atención o el interés con que se realiza una acción. **7** Perder sensibilidad en una parte del cuerpo: *se me ha dormido la mano porque he estado tumbado en una mala postura.*

DER dormida, dormido, dormilón, dormitar, durmiente; adormecer, duermevela.

dormitar v. intr. Estar medio dormido o dormir con sueño poco profundo.

DER dormitorio.

dormitorio n. m. **1** Habitación de la vivienda que se usa para dormir. SIN alcoba, cuarto. **2** Conjunto de muebles de esa habitación:

dormir

INDICATIVO	SUBJUNTIVO
presente	**presente**
duermo	duerma
duermes	duermas
duerme	duerma
dormimos	durmamos
dormís	durmáis
duermen	duerman
pretérito imperfecto	**pretérito imperfecto**
dormía	durmiera o durmiese
dormías	durmieras o durmieses
dormía	durmiera o durmiese
dormíamos	durmiéramos o durmiésemos
dormíais	durmierais o durmieseis
dormían	durmieran o durmiesen
pretérito perfecto simple	**futuro**
dormí	durmiere
dormiste	durmieres
durmió	durmiere
dormimos	durmiéremos
dormisteis	durmiereis
durmieron	durmieren
futuro	IMPERATIVO
dormiré	duerme (tú)
dormirás	duerma (usted)
dormirá	dormid (vosotros)
dormiremos	duerman (ustedes)
dormiréis	
dormirán	
condicional	FORMAS NO PERSONALES
dormiría	**infinitivo** dormir
dormirías	**gerundio** durmiendo
dormiría	**participio** dormido
dormiríamos	
dormiríais	
dormirían	

ya ha comprado todos los muebles, salvo el dormitorio.

dorsal adj. **1** Del dorso, espalda o lomo o relacionado con esta parte del cuerpo. ◆ adj./n. f. **2** GRAM. [sonido] Que se articula con el dorso de la lengua. **3** [consonante] Que representa el sonido que se articula con el dorso de la lengua: *la «ch», la «k» y la «ñ» son dorsales.* ◆ n. m. **4** Trozo de tela con un número que un deportista lleva en la espalda para poder ser identificado: *ha ganado la carrera el corredor con el dorsal 15.* **5** Deportista que lleva un trozo de tela con un número en la espalda para poder ser identificado.

dorso n. m. Parte posterior o contraria a la principal de una cosa: *miró el dorso del sobre, pero la carta no tenía remite.*
DER dorsal, predorso.

dos num. card. **1** Indica que el nombre al que acompaña o al que sustituye está 2 veces: *somos dos hermanos.* **NOTA** Puede ser determinante (*me compré dos libros*) o pronombre (*me compré los dos*). ◆ num. ord. **2** Indica que el nombre al que acompaña o al que sustituye ocupa el lugar número 2 en una serie: *soy el dos de la lista.* **SIN** segundo. **NOTA** Es preferible el uso del ordinal *segundo.* ◆ n. m. **3** Nombre del número 2.
DER entredós.

doscientos, -tas num. card. **1** Indica que el nombre al que acompaña o al que sustituye está 200 veces: *se compró una enciclopedia por doscientos euros.* **NOTA** Puede ser determinante (*invitaron a doscientos amigos*) o pronombre (*invitaron a los doscientos*). ◆ num. ord. **2** Indica que el nombre al que acompaña o al que sustituye ocupa el lugar número 200 en una serie: *si voy después del 199, soy el doscientos de la lista.* **SIN** ducentésimo. **NOTA** Es preferible el uso del ordinal *ducentésimo.* ◆ n. m. **3** Nombre del número 200.

dosel n. m. Pieza de madera o de tela que se coloca a modo de techo y como adorno sobre un asiento, una imagen o una cama.
DER endoselar.

dosier o **dossier** n. m. Conjunto de informaciones, documentos o papeles recopilados sobre una persona o un asunto.

dosificar v. tr. **1** Fijar la cantidad de medicina o de otra sustancia que debe ingerirse en cada toma. **2** Graduar la cantidad o proporción de algo: *dosifica tus energías para poder aguantar toda la carrera.*
OBS En su conjugación, la *c* se convierte en *qu* delante de *e.*
DER dosificación.

dosis n. f. **1** Cantidad de medicina u otra sustancia que se ingiere en cada toma. **2** Cantidad o proporción de algo: *sus escritos tienen una gran dosis de ironía.*
OBS El plural también es *dosis.*

dotación n. f. **1** Concesión a una persona de una cualidad o una capacidad para ejercer una actividad. **2** Equipamiento de una cosa con algo que la complete o mejore: *el barrio ha mejorado mucho con la dotación de nuevos espacios deportivos.* **3** Asignación de una cantidad de dinero como sueldo, premio o pago. **4** Asignación de las personas o los medios necesarios para el buen funcionamiento de una actividad. **5** Conjunto de personas destinadas a realizar un servicio o una actividad: *en verano o en épocas de alto riesgo de incendios se aumenta la dotación de bomberos.*

dotar v. tr. **1** Dar o conceder una cualidad o una capacidad a una persona para ejercer una actividad: *la naturaleza lo dotó con una sensibilidad especial para la pintura.* **2** Dar o equipar una cosa con algo que la complete o mejore. **3** Asignar una cantidad de dinero como sueldo, premio o pago. **4** Asignar a un lugar las personas o los medios necesarios para su funcionamiento.
DER dotación, dotado.

dote n. f. **1** Cualidad o capacidad que muestra una persona para ejercer una actividad: *esta niña tiene dotes de artista.* **NOTA** Se usa más en plural. ◆ n. amb. **2** Conjunto de bienes o dinero que una mujer aporta al matrimonio o que entrega al convento o a la orden religiosa a la que va a pertenecer: *la dote que lleva una mujer al matrimonio es una costumbre que está en desuso.* **NOTA** Se usa normalmente como femenino.
DER dotar.

Dr., Dra. Abreviaturas de *doctor* y *doctora,* formas de tratamiento que corresponden a las personas que tienen el grado académico de doctorado y a los médicos, aunque no lo tengan.
OBS El plural es *Dres., Dras.*

dracma n. f. Unidad monetaria griega hasta su sustitución por el euro.

dragar v. tr. Extraer barro, piedras o arena del fondo de un puerto de mar, río o una co-

rriente navegable para limpiarlo o darle mayor profundidad.
OBS En su conjugación, la *g* se convierte en *gu* delante de *e*.
DER dragado, dragaminas.

dragón, -na n. m. y f. **1** Animal fabuloso con forma de serpiente gruesa, con patas de león y alas de águila, muy fiero y que echa fuego por la boca. ◆ n. m. **2** Reptil de cuerpo alargado, parecido al lagarto, cuya piel se expande a ambos lados del cuerpo formando una especie de alas que le ayudan en sus saltos: *el dragón vive en los árboles de Malasia y Filipinas y tiene una longitud de unos 20 cm.* NOTA Para indicar el sexo se usa *el dragón macho* y *el dragón hembra*. **3** Embarcación de vela usada en competiciones deportivas. **4** Pez marino comestible de unos 40 cm de largo, color rojizo por encima y blanco amarillento con manchas azuladas en los costados y aletas muy espinosas: *el dragón se cría en las costas de España.* NOTA Para indicar el sexo se usa *el dragón macho* y *el dragón hembra*.

drama n. m. **1** Obra de teatro en prosa o en verso, especialmente aquella que presenta un tema serio, pero con aspectos cómicos en su tratamiento. **2** Género literario formado por las obras de ese tipo. **3** Obra teatral o cinematográfica cuyo tema y desarrollo causan gran emoción y dolor en el ánimo del público, pero que no llega a ser una tragedia. **4** Acontecimiento de la vida real capaz de emocionar y causar tristeza.
DER dramático, dramatismo, dramatizar, dramaturgia, dramón; melodrama, psicodrama.

dramático, -ca adj. **1** Del drama o que tiene relación con estas obras teatrales o cinematográficas. **2** [persona] Que le falta naturalidad y suele exagerar las cosas y los acontecimientos, generalmente para llamar la atención. SIN teatral. **3** Que es capaz de emocionar y causar tristeza: *la situación en muchos países del Tercer Mundo es dramática.* ◆ adj./ m. y n. f. **4** [autor] Que escribe obras dramáticas o de teatro: *es un escritor dramático.*

dramatismo n. m. Capacidad de emocionar, conmover o causar dolor en el ánimo: *no puedo soportar el dramatismo de las imágenes sobre la guerra.*

dramatización n. f. **1** Caracterización de una obra en clave de drama: *el director de la compañía hizo una gran dramatización del poema de Homero.* **2** Exageración de algo, generalmente para llamar la atención.

dramatizar v. tr. **1** Dar la forma y las características de drama como género literario. ◆ v. tr./ intr. **2** Exagerar una cosa o un acontecimiento, generalmente para llamar la atención: *no tenemos que ponernos nerviosos ni dramatizar este asunto.*
OBS En su conjugación, la *z* se convierte en *c* delante de *e*.
DER dramatización; desdramatizar.

dramaturgo, -ga n. m. y f. Persona que escribe obras dramáticas o de teatro.

drástico, -ca adj. Que es radical, riguroso o severo: *se van a tomar medidas drásticas contra el terrorismo.*

drenaje n. m. **1** Eliminación del agua acumulada en una zona, especialmente en un terreno: *el drenaje de la charca fue necesario para sacar el automóvil de allí.* **2** MED. Eliminación del líquido acumulado anormalmente en una herida o en una cavidad del cuerpo. **3** Material o procedimiento que se usa para la eliminación del líquido acumulado en una herida o en una cavidad del cuerpo: *poner un drenaje.*

drenar v. tr. **1** Hacer salir el exceso de agua de un lugar, en especial de un terreno o de una maceta: *el orificio en la base de la maceta permite drenar el exceso de agua.* **2** Hacer salir el líquido acumulado en una herida o en una cavidad del cuerpo: *la enfermera se encargaba de drenar la brecha.* ◆ v. intr. **3** Verter una corriente sus aguas a otra corriente, después de haber pasado por un terreno que se ha beneficiado de ellas: *la elevación del terreno hace que los ríos drenen hacia dicha vertiente.*
DER drenaje.

driblar v. tr./ intr. DEP. En fútbol y otros deportes, esquivar o rebasar un jugador a un contrario haciendo un movimiento rápido con el cuerpo: *tras driblar a tres defensas disparó al arco.* SIN regatear.

dril n. m. Tela fuerte de hilo o de algodón crudos: *para las faenas del campo, se coloca siempre ropa de dril.*

droga n. f. **1** Sustancia que elimina el dolor, tranquiliza, excita, o aumenta o disminuye el estado consciente, y cuyo consumo reiterado puede crear dependencia: *muchos expertos han demostrado que el alcohol es una droga tan peligrosa como la cocaína.* **droga blanda**

Droga que no crea dependencia o lo hace en bajo grado. droga dura Droga que crea una fuerte dependencia: *la heroína y la cocaína son drogas duras cuya adicción es muy difícil superar.* **2** Afición que se tiene y que es más fuerte que la voluntad: *cantar es una droga para él, lo hace todo el día.*
DER drogadicto, drogadicción, drogar, droguero, drogodependencia, drogota; antidroga.

drogadicción n. f. Hábito de consumir drogas, del que no se puede prescindir o que resulta muy difícil hacerlo porque hay una dependencia psicológica o física. SIN drogodependencia, toxicomanía.
DER drogadicto.

drogadicto, -ta n. m. y f. Persona que tiene hábito y dependencia de alguna droga por su consumo reiterado.

drogar v. tr. **1** Administrar drogas: *tras la operación, lo drogaban para calmarle los dolores.* ◆ v. prnl. **2** drogarseTomar o consumir drogas.
OBS En su conjugación, la *g* se convierte en *gu* delante de *e*.

drogodependencia n. f. Hábito de consumir drogas, del que resulta muy difícil prescindir por dependencia psicológica o fisiológica. SIN drogadicción, toxicomanía.
DER drogodependiente.

droguería n. f. Establecimiento en el que se venden principalmente productos de limpieza y pinturas.

dromedario n. m. Mamífero rumiante, parecido al camello pero con una sola joroba, usado para montar o como bestia de carga: *el dromedario es propio de los desiertos de África y Arabia.*
OBS Para indicar el sexo se usa *el dromedario macho* y *el dromedario hembra*.

dron n. m. Pequeño vehículo aéreo no tripulado, utilizado en el ámbito militar (para reconocimiento táctico desde gran altura, vigilancia del campo de batalla o guerra electrónica) y civil (vigilancia de manifestaciones, control de la contaminación y de incendios forestales, etc.).

druida n. m. Sacerdote de los antiguos celtas cuyos poderes no eran solo de carácter religioso sino también judicial, político y educativo.

dual adj. **1** Que tiene o reúne en sí dos caracteres o fenómenos distintos. **2** Que se emite en dos lenguas: *muchos canales de televisión emiten programas duales.*
DER dualidad, dualismo.

dubitativo, -va adj. [persona] Que tiene o muestra duda.

ducado n. m. **1** Título nobiliario de duque: *los primeros ducados son del siglo VII.* **2** Territorio sobre el que antiguamente un duque ejercía su autoridad. **3** Estado gobernado por un duque: *el ducado de Parma fue uno de los estados más importantes de Italia durante el siglo XVIII.* **4** Antigua moneda, generalmente de oro, con distinto valor en cada país.

ducentésimo, -ma num. ord. **1** Indica que el nombre al que acompaña o al que sustituye ocupa el lugar número 200 en una serie: *este es el ducentésimo libro que leo.* NOTA Puede ser determinante (*el ducentésimo libro*) o pronombre (*el ducentésimo de la lista*). ◆ num. **2** Parte que resulta de dividir un todo en 200 partes iguales.

ducha n. f. **1** Aplicación de agua que, en forma de chorro o lluvia, se hace caer o se dirige sobre el cuerpo para asearlo. **2** Aparato o instalación que permite hacer caer o dirigir agua, en forma de chorro o lluvia, sobre el cuerpo para asearlo. **3** Recipiente donde cae y se recoge el agua de este aparato: *como el cuarto de baño es muy pequeño, en lugar de bañera he instalado una ducha.* **4** Habitación o lugar donde está instalado este aparato.
▶ ducha de agua fría Noticia desagradable e inesperada: *estaba convencido de que ganaría el premio, así que fue una ducha de agua fría saber que no era así.*
OBS Se usa con los verbos *dar* y *tomar*.
DER duchar.

duchar v. tr./ prnl. Aplicar agua, en forma de chorro o lluvia, sobre el cuerpo para asearlo.

ducho, -cha adj. [persona] Que tiene gran capacidad, habilidad y experiencia para hacer una cosa o desarrollar una actividad: *este cocinero es muy ducho en preparar comidas caseras.* SIN diestro.

dúctil adj. **1** [metal] Que es capaz de someterse a grandes deformaciones sin romperse: *un metal tan dúctil como el cobre tiene muchas aplicaciones.* SIN maleable. **2** [persona] Que se adapta a diferentes situaciones o que cambia fácilmente de criterio. SIN maleable.
DER ductilidad.

duda n. f. Vacilación o falta de determinación ante varias posibilidades de elección acerca de una creencia, una noticia o un hecho.

dudar v. intr. **1** Vacilar ante varias posibilidades de elección acerca de una creencia,

a b c d e f g h i j k l m n ñ o p q r s t u v w x y z

una noticia o un hecho. ◆ v. tr. **2** No creer por completo en la veracidad de un hecho o una noticia. **3** Desconfiar de la honradez de alguien o sospechar que es culpable de una falta o delito.

DER duda, dudoso; indudable.

dudoso, -sa adj. **1** Que origina duda o falta de certeza sobre su veracidad. **2** [persona] Que está en duda o vacila ante varias posibilidades de elección acerca de una creencia, una noticia o un hecho **3** Que es poco probable. **4** Que ofrece duda, desconfianza o sospecha.

duelo n. m. **1** Conjunto de demostraciones de pena y dolor que se sienten a causa de la muerte de una persona. **2** Conjunto de personas que asisten a uno o a varios de los actos funerales que se hacen por la muerte de una persona. **3** Lucha o enfrentamiento entre dos personas o entre dos animales: *el duelo entre los ajedrecistas quedó en tablas.*

duende n. m. **1** Ser imaginario, habitualmente representado con aspecto de viejo o de niño, que hace continuas travesuras en los lugares donde, según algunas creencias, habita. **2** Cualidad de una persona o de una manifestación artística que emociona y cautiva el ánimo: *el flamenco desprende un duende especial.*

dueño, -ña n. m. y f. Persona o grupo que tiene la propiedad de algo: *el dueño de la casa ha subido el alquiler a los inquilinos.*

▶ **dueño de sí mismo** Persona que sabe dominar sus impulsos y actuar con serenidad y reflexión. **ser (muy) dueño de hacer algo** Tener derecho a hacer algo por encima de la opinión de los demás. **ser (el) dueño de la situación** Poder imponer su voluntad.

DER adueñarse.

duermevela n. amb. Sueño poco profundo, inquieto e interrumpido con cierta frecuencia: *el vigilante estaba en duermevela durante su guardia.*

OBS El plural es *duermevelas.*

dulce adj. **1** [alimento] Que tiene un sabor parecido al del azúcar o que deja una sensación azucarada en el paladar: *si comes caramelos tan dulces, tendrás caries en los dientes.* ANT amargo. **2** [cosa] Que no es salada, ni agria ni amarga en comparación con otras del mismo tipo o especie: *pez de agua dulce.* ANT salado. **3** Que produce una impresión o una sensación agradable y placentera: *esa película es muy dulce.* ANT amargo. **4** [persona] Que es amable y complaciente con los demás. ANT amargo. ◆ n. m. **5** Alimento preparado con azúcar o en cuya composición entra el azúcar como elemento fundamental: *se queda embobado delante de las pastelerías, porque le encantan los dulces.* ◆ adv. **6** Dulcemente o con dulzura y suavidad.

DER dulcero, dulcificar, dulzaina, dulzón, dulzor, dulzura; adulzar, agridulce, edulcorar, endulzar.

dulcificar v. tr. **1** Poner dulce algo: *dulcifica la medicina con un terrón de azúcar y no te sabrá tan amarga.* SIN endulzar. **2** Hacer más agradable una situación difícil o penosa. SIN aliviar, endulzar.

OBS En su conjugación, la *c* se convierte en *qu* delante de *e.*

DER dulcificación.

dulzón, -zona adj. [alimento] Que tiene un sabor demasiado dulce.

dulzor n. m. **1** Sabor dulce de algo. SIN dulzura. **2** Dulzura, suavidad: *tiene un marcado deje gallego que tiñe de dulzor su seriedad.*

dulzura n. f. **1** Carácter agradable que tiene una cosa: *la dulzura de esa canción nos emocionó a todos.* **2** Amabilidad y complacencia que tiene una persona: *la dulzura de su trato hace que uno se sienta muy cómodo con él.* **3** Sabor parecido al del azúcar, o que deja una sensación azucarada en el paladar. ◆ n. f. pl. **4** **dulzuras** Palabras o expresiones cariñosas y amables.

duna n. f. Pequeña colina de arena que forma y empuja el viento: *hay dunas en los desiertos y en las playas.*

dúo n. m. **1** MÚS. Composición musical para dos voces o dos instrumentos. **2** MÚS. Conjunto musical formado por dos voces o dos instrumentos. **3** Conjunto de dos personas: *son un dúo de jugadores letales.*

▶ **a dúo** Con intervención simultánea de dos personas: *cantar a dúo.*

DER dueto.

duodécimo, -ma num. ord. **1** Indica que el nombre al que acompaña o al que sustituye ocupa el lugar número 12 en una serie: *es la duodécima vez que voy a esquiar; soy el duodécimo de la lista.* NOTA Puede ser determinante (*la duodécima vez*) o pronombre (*el duodécimo de la lista*). ◆ num. part. **2** Parte que resulta de dividir un todo en 12 partes iguales.

duodenal adj. Del duodeno o que tiene relación con esta parte del intestino delgado.

duodeno n. m. ANAT. Parte inicial del intesti-

no delgado de los mamíferos situada entre el final del estómago y el yeyuno, donde van a parar los jugos digestivos del hígado y del páncreas.
DER duodenal.

dúplex n. m. Vivienda de un edificio que consta de dos pisos superpuestos unidos por una escalera interior.
OBS El plural también es *dúplex*.

duplicación n. f. Multiplicación por dos o aumento en dos veces de algo.

duplicado n. m. Segundo documento o escrito exactamente igual que el primero tanto en su forma como en su contenido que se hace por si este último se pierde o cuando se necesita más de una copia de este documento.
▶ por duplicado En dos ejemplares: *tienes que presentar la instancia por duplicado porque una copia se queda aquí y otra la envían a la central.*

duplicar v. tr./ prnl. **1** Multiplicar por dos o hacer algo dos veces mayor: *duplicar la unidad.* SIN doblar. **2** Hacer una copia: *siempre duplica los trabajos antes de entregárselos al profesor.*
OBS En su conjugación, la *c* se convierte en *qu* delante de *e*.
DER duplicación, duplicado, duplicidad; reduplicar.

duplicidad n. f. **1** Circunstancia de ser doble una determinada cosa: *la lista de bodas evita la duplicidad de regalos.* **2** Cualidad de la persona que actúa con falsedad o hipocresía. SIN doblez.

duque, -quesa n. m. y f. Miembro de la nobleza de categoría inferior a la de príncipe y superior a la de marqués: *en época feudal, el duque era el primero en la jerarquía.*
DER archiduque.

duración n. f. Período de tiempo en que existe, ocurre o se desarrolla algo.

duradero, -ra adj. Que dura o puede existir, ocurrir o desarrollarse durante un largo período de tiempo.

durante prep. Indica el período de tiempo que dura algo o en el que sucede: *estuvo inconsciente durante cinco minutos.*
OBS Se usa delante de sustantivos.

durar v. intr. **1** Existir, ocurrir o desarrollarse algo durante un período de tiempo: *un partido de fútbol dura 90 minutos.* **2** Mantenerse o conservar las propias cualidades.
DER durable, duración, duradero, durante, durativo; perdurar.

durazno n. m. **1** Variedad del melocotonero que da un fruto más pequeño que el melocotón. **2** Fruto de esta variedad de melocotonero que es más pequeño que el melocotón y más grande que el albaricoque.

dureza n. f. **1** Resistencia a ser rayado, penetrado, deformado o cortado: *este viejo cristal es de una dureza tan grande que será muy difícil romperlo.* **2** Fortaleza y resistencia al trabajo, al cansancio o a las penalidades: *es una persona de enorme dureza: aunque trabaje muchísimo, no se agota nunca.* **3** Insensibilidad, severidad o rigurosidad excesiva: *le gusta aparentar una dureza de carácter que en realidad no posee, ya que es una persona dulce.* **4** Condición ofensiva, falta de sensibilidad o violencia. **5** Gran esfuerzo y sufrimiento que exige una cosa, generalmente un trabajo o una actividad: *ser minero es de una dureza excesiva.* **6** Aspereza, desagrado o falta de suavidad: *la dureza de la barba no le gusta a mi hija, y por eso no quiere besarme.* **7** Capa de piel dura que se forma en algunas partes de un cuerpo humano o animal, generalmente a causa de un roce continuado: *desde que juego al tenis, me han salido unas durezas en la mano con la que cojo la raqueta.*

durmiente adj./ n. com. Que duerme: *la Bella durmiente.*

duro, -ra adj. **1** [cosa] Que ofrece una gran resistencia a ser rayado, penetrado, deformado o cortado. ANT blando. **2** [persona] Que es fuerte y resistente al trabajo, al cansancio y a las penalidades. **3** [persona] Que es insensible, severa o muy rigurosa: *se pone duro con sus hijos y no les consiente ningún capricho.* **4** Que ofende, hiere la sensibilidad o es violento: *sus insultos fueron realmente duros.* **5** [actividad] Que exige gran esfuerzo y sufrimiento. **6** [cosa] Que es áspera, desagradable o no tiene suavidad. **7** [cosa] Que es resistente al uso y al paso del tiempo: *estas botas son tan duras que el niño no las romperá en todo el invierno.* SIN duradero. ◆ n. m. **8** Moneda española que equivalía a cinco pesetas. ◆ adv. **9** duro Con gran esfuerzo, fuerza o violencia: *dale duro al saco y ejercitarás tus puños.*
▶ estar a las duras y a las maduras Aceptar y asumir las ventajas y los inconvenientes de algo: *mi hermano está a las duras y a las maduras: me acompañó en el éxito y ahora me ayuda en el fracaso.* no tener un duro o quedarse sin un duro No tener dinero: *derrochó toda la herencia y se quedó sin un duro.*

abcdEfghijklmnñopqrstuvwxyz

e n. f. **1** Quinta letra del alfabeto español. Su nombre es *e*. El plural es *ees*. ◆ conj. **2** Sustituye a *y* cuando la palabra siguiente comienza por *i-* o *hi-*: *estuvimos cenando con Carlos e Iván.* **NOTA** No se realiza la sustitución, sin embargo, cuando la palabra siguiente comienza por *y-* o *hie-*: *el vaso tiene café y hielo.*

ebanista com. Carpintero que se dedica a trabajar maderas finas y a construir muebles de calidad.

DER ebanistería.

ebanistería n. f. **1** Taller o lugar de trabajo del ebanista: *la fabricación y el arreglo de objetos de maderas finas se hace en la ebanisterñia.* **2** Arte y técnica de trabajar las maderas finas y de construir muebles de calidad con ellas. **3** Conjunto de objetos hechos con maderas finas.

ébano n. m. **1** Árbol de tronco grueso y alto y hojas de color verde oscuro: *el ébano crece en Asia.* **2** Madera de este árbol, de color negro, lisa, pesada y muy dura.

DER ebanista, ebenáceo.

ébola n. m. Virus con ácido ribonucleico que produce en el ser humano fiebre, dolores musculares, vómitos, diarreas, hemorragias y destrucción de los tejidos internos.

e-book n. m. INFORM Computadora del tamaño de un libro que únicamente permite la lectura de obras electrónicas. **SIN** libro electrónico.

OBS Es una palabra inglesa. El plural es *e-books.*

ebrio, ebria adj. [persona] Que tiene alteradas sus facultades físicas y mentales por haber ingerido una cantidad excesiva de bebida alcohólica. **SIN** bebido, borracho.

DER ebriedad; embriagar.

ebullición n. f. **1** Movimiento violento del agua u otro líquido con producción de burbujas como consecuencia del aumento de su temperatura o por estar sometido a fermentación. **2** Estado de agitación.

eccema n. m. Enfermedad de la piel que se caracteriza por la aparición de manchas rojas y picores: *algunos eccemas se producen por el contacto con detergentes.*

OBS También se escribe *eczema.*

echar v. tr. **1** Enviar un objeto dándole un impulso: *¡échame la pelota!* **SIN** arrojar. **2** Dejar caer una cosa para que entre en un lugar: *eché la carta en el buzón.* **3** Despedir de sí o emitir: *la chimenea echa humo.* **SIN** arrojar. **4** Producir; hacer salir o nacer: *el rosal está echando muchas flores este año.* **5** Mover o correr un mecanismo de una puerta o ventana para que se cierre: *he echado la llave y el cerrojo.* **6** Decir o pronunciar: *mi padre me ha echado un sermón por llegar tarde.* **7** Jugar o participar en un juego o competición: *te echo una partida de ajedrez.* **8** Proyectar o emitir una película o representar una obra de teatro: *esta noche echan* Aladdín. **9** Gastar o emplear una cantidad de tiempo en una acción o trabajo. **10** Despedir, expulsar o hacer salir de un lugar: *la han echado del colegio.* **11** Derribar o arruinar: *echaron abajo el antiguo mercado.* **12** Dar o repartir; *échale la comida a los perros.* **13** Suponer o calcular de manera aproximada: *le echo 37 años.* **14** Dejar una decisión a la suerte: *lo echamos a cara o cruz.* ◆ v. tr./ prnl. **15** Poner sobre un lugar: *hacía fresco y se echó la chaqueta sobre los hombros.* **16** Seguido de un sustantivo, realizar la acción expresada por este: *echar una mirada, una ojeada.* **17** Inclinar o mover en cierta dirección, especialmente el cuerpo o una parte de él: *echa la cabeza a un lado, que no veo.* ◆ v. intr. **18** Seguido de una expresión que indica lugar o dirección, ir o moverse hacia ellos. ◆ v. prnl. **19 echarse** Tumbarse un rato para descansar: *se ha echado porque estaba muy cansado.* **20** Lanzarse o tirarse con un impulso: *se echó al agua.* **21** Establecer una relación con una persona: *echarse novia.*

▶ echar (o echarse) a Comenzar; empezar o arrancar: *echarse a reír.* echar (o echarse) a perder Estropear; dejar de funcionar: *la comida se ha echado a perder.* echar de menos Notar la falta de una persona o cosa: *estoy bien aquí, pero echo de menos a mi familia.* echarse atrás No cumplir un trato: *dijo que formaría parte del proyecto, pero se ha echado atrás.* echarse a dormir Descuidarse; no poner la atención debida: *trabajó mucho durante la carrera, pero en cuanto se licenció se echó a dormir.* echarse encima Estar muy próximo: *se nos está echando encima el plazo de entrega de las solicitudes.*
DER desechar.

eclecticismo n. m. Forma de actuar o juzgar que adopta una postura intermedia, alejada de soluciones extremas.

eclesial adj. De la comunidad cristiana que constituye la Iglesia o guarda relación con ella.
DER eclesiástico.

eclesiástico, -ca adj. **1** De la comunidad cristiana que constituye la Iglesia, y especialmente de los clérigos, o que tiene relación con ellos. ◆ n. m. **2** Hombre que dedica su vida a Dios y a la Iglesia y que puede celebrar los ritos sagrados de su religión, especialmente en las Iglesias cristianas: *antes los eclesiásticos llevaban sotana.* SIN clérigo.

eclipsar v. tr. **1** Causar un cuerpo celeste el eclipse de otro. **2** Deslucir, hacer que algo sea menos importante o notorio. ◆ v. prnl. **3** eclipsarse Sufrir un eclipse un cuerpo celeste: *la Luna se eclipsará totalmente a las 12.10 de la noche.* **4** Perder las cualidades o la importancia: *su belleza se ha eclipsado.*

eclipse n. m. **1** Desaparición total o parcial de un cuerpo celeste de la vista del observador debido a la interposición de otro astro: *si la Luna se interpone entre el Sol y la Tierra, hay un eclipse solar.* **2** Pérdida de la importancia o la notoriedad.
DER eclipsar, eclíptica.

eclosión n. f. **1** Aparición o salida, especialmente de un animal o un capullo de flor: *hemos podido observar la eclosión de una larva de su huevo.* **2** Aparición súbita o manifestación de un movimiento cultural o de un hecho histórico: *la eclosión del romanticismo en España se produjo durante el siglo XIX.*

eco n. m. **1** Repetición de un sonido que se produce cuando las ondas sonoras rebotan contra un obstáculo. **2** Sonido que se oye de manera débil: *se podía oír el eco de los disparos del cazador a varios kilómetros de distancia.* **3** Noticia o rumor vagos. **4** Repercusión o interés que despierta un hecho o acontecimiento: *la convocatoria de huelga apenas ha tenido eco.*
▶ ecos de sociedad Conjunto de noticias sobre personas conocidas de la clase alta o del mundo del espectáculo: *esta revista recoge todos los ecos de sociedad.* hacerse eco Contribuir a dar a conocer una cosa.

eco- Elemento prefijal que entra en la formación de palabras con el significado de: **a.** Casa', 'morada': *'economía.* **b.** 'Medio natural', 'ámbito vital': *ecología, ecosistema.* **c.** 'Sonido reflejado', 'onda electromagnética': *ecografía, ecosonda.*

ecografía n. f. **1** Técnica de exploración de los órganos internos del cuerpo que consiste en registrar el eco de unas ondas electromagnéticas o acústicas enviadas hacia el lugar que se examina. **2** Imagen o fotografía obtenida con esta técnica: *en la ecografía se veía perfectamente que el feto tenía la cabeza hacia abajo.*

ecología n. f. **1** Ciencia que estudia las relaciones entre los seres vivos y el medio en el que viven. **2** Relación entre los seres vivos y el medio en el que viven, especialmente de una zona determinada.
DER ecológico, ecologismo.

ecológico, -ca adj. De la ecología o que tiene relación con esta ciencia.

ecologismo n. m. Movimiento que defiende la necesidad de proteger la naturaleza y a la vez pretende que las relaciones entre el hombre y el medio ambiente sean más armónicas.
DER ecologista.

ecologista adj./ n. com. [persona, grupo] Que defiende de forma activa la conservación del medio ambiente. SIN verde.

economato n. m. Supermercado donde pueden comprar más barato determinadas personas, como los trabajadores de una fábrica o los socios de una cooperativa.

economía n. f. **1** Disciplina que estudia la manera de funcionar los recursos, la creación de riqueza y la producción de bienes y servicios. **2** Sistema de comercio e industria mediante el cual se produce y usa la riqueza de un país o región: *el turismo contribuye con*

millones de euros a la economía del país. **3** Manera como una empresa o familia organiza y administra el dinero y otros bienes. **4** Ahorro de dinero u otros recursos. **ANT** derroche.
▶ economía sumergida Conjunto de actividades económicas que están al margen del control del Estado.
DER economato, económico, economista, economizar; macroeconomía, microeconomía.

económico, -ca adj. **1** De la economía o que tiene relación con esta disciplina: *la crisis económica.* **2** Que cuesta poco dinero o que gasta poco.
DER socioeconómico.

economista n. com. Persona que se dedica al estudio de la economía.

economizar v. tr. **1** Evitar el gasto de cierta cantidad de dinero o de otro producto: *decidió economizar gasolina y viajar más en metro.* **SIN** ahorrar. **2** Guardar una cantidad de dinero, especialmente en un banco o en una caja de ahorros. **SIN** ahorrar.
OBS En su conjugación, la *z* se convierte en *c* delante de *e*.

ecónomo adj./ n. m. [sacerdote] Que dirige una parroquia vacante hasta el nombramiento del párroco: *su mujer había muerto, y su único hijo, sacerdote, estaba de ecónomo en una humilde parroquia de la diócesis valenciana.*

ecosistema n. m. Sistema biológico que se compone de una comunidad de seres vivos y el medio natural en que actúan intercambiándose materiales.

ecuación n. f. MAT. Igualdad entre dos expresiones que contienen una o más incógnitas: *4 + 3x + 2x = 14 es una ecuación.*

ecuador n. m. Círculo máximo imaginario perpendicular al eje de la Tierra, a la que divide en dos partes iguales: *el ecuador está a la misma distancia del polo Norte y del polo Sur.*
DER ecuatorial, ecuatoriano.

ecuánime adj. **1** [persona] Que actúa con imparcialidad o neutralidad: *los jueces han de ser ecuánimes.* **2** [opinión, juicio] Que no está influido por las ideas o los sentimientos de la persona que lo adopta.

ecuatorial adj. Del ecuador, círculo máximo de la Tierra, o que tiene relación con él.

ecuatoriano, -na adj. **1** Relativo a Ecuador, país de América del Sur, o a sus habitantes: *la capital ecuatoriana es Quito.* ◆ adj./ n. m. y f. **2** [persona] Que es de Ecuador.

ecuestre adj. **1** Del caballo o que tiene relación con este animal. **2** [figura] Que está representado montado a caballo: *una estatua ecuestre; un retrato ecuestre.*

ecuménico, -ca adj. Universal, que se extiende a todo el orbe.
DER ecumenismo.

eczema n. m. Eccema, enfermedad de la piel.
OBS La Real Academia Española recoge *eczema*, pero prefiere la forma *eccema*.

edad n. f. **1** Cantidad de años que una persona, animal o vegetal ha vivido contando desde su nacimiento. **2** Etapa de la vida de las personas. edad adulta Período de la vida de una persona en que esta ha completado su desarrollo: *esperaba llegar a la edad adulta para ser independiente.* **3** Cantidad de años que una cosa ha durado desde que empezó a existir: *la edad de la Tierra se calcula en unos 4500 millones de años.* **4** Cada una de las etapas de la prehistoria o de la historia: *Edad de Piedra; Edad de Bronce; Edad del Hierro.*
▶ Edad Antigua Período histórico que precede a la Edad Media, que va desde la aparición de la escritura hasta el fin del Imperio romano. Edad Contemporánea Período más reciente de la historia; suele entenderse como el tiempo transcurrido desde fines del siglo XVIII o principios del XIX hasta el presente. Edad Media Período histórico que precede a la Edad Moderna, que va desde el fin del Imperio romano hasta el siglo XV. Edad Moderna Período histórico que precede a la Edad Contemporánea, que va desde el siglo XV hasta fines del XVIII. edad de oro Período que comprende los años en los que las artes, las letras y la política de un país alcanzan su mayor desarrollo: *la edad de oro de la literatura española también se conoce como Siglo de Oro español.* edad del pavo Período de la vida de los jóvenes en que dejan de ser niños y entran en la adolescencia; influye en su carácter y en la manera de comportarse. edad escolar Edad adecuada para que los niños vayan a la escuela; empieza con los primeros estudios y termina a la edad en que la ley permite trabajar. estar en edad de merecer Ser lo bastante mayor para poder casarse o tener pareja: *no sé si se casará, pero ya está en edad de merecer.* mayor de edad [persona] Que, según la ley, tiene los años necesarios para poder ejercer todos sus derechos civiles. menor de edad [persona] Que, según la ley, no tiene los años necesarios para poder ejercer todos sus derechos civiles.

edelweiss n. m. Planta de hojas vellosas y flores blancas en forma de estrella que crece en zonas altas montañosas y secas.
OBS El plural también es *edelweiss.* También se llama *flor de nieve.*

edema n. m. MED. Acumulación de líquido en algún órgano o tejido del cuerpo: *un edema pulmonar.*
OBS No debe confundirse con *enema.*

edén n. m. **1** Según la Biblia, lugar donde se encontraba el paraíso terrenal: *Adán y Eva fueron expulsados del edén.* **2** Lugar muy agradable.

edición n. f. **1** Preparación de un texto, una obra musical, una película o un programa de radio o televisión para ser publicado o emitido, cuidando de su forma y su contenido: *preparan una nueva edición del* El Quijote. **2** Conjunto de ejemplares de una obra impresos de una vez con el mismo molde. **3** Celebración de un concurso, un festival o una competición deportiva repetida con periodicidad o sin ella: *el festival de cine de San Sebastián ha celebrado ya muchas ediciones.*

edicto n. m. Orden dada por escrito por una autoridad.

edificación n. f. **1** Construcción de un edificio. **2** Edificio o conjunto de edificios.

edificante adj. [acción] Que sirve de ejemplo para actuar bien: *su entrega a los más necesitados es edificante para nosotros.*

edificar v. tr. **1** Construir un edificio: *en las zonas verdes está prohibido edificar.* **SIN** levantar. **2** Crear un grupo o sociedad. **3** Infundir en los demás sentimientos de piedad y de virtud.
OBS En su conjugación, la *c* se convierte en *qu* delante de *e.*
DER edificación, edificante; reedificar.

edificio n. m. Construcción fabricada con materiales resistentes que se destina a vivienda y a otros usos. **SIN** edificación, inmueble.
DER edificar.

edil n. com. Persona que forma parte del gobierno de un ayuntamiento. **SIN** concejal.

editar v. tr. Preparar un texto, una obra musical, una película o un programa de radio o televisión para ser publicado o emitido, cuidando de su forma y contenido.
DER edición, editor; inédito, reeditar.

editor, -ra adj./n. m. y f. **1** [persona, empresa] Que se dedica a producir libros, periódicos, películas, discos u otras cosas por medio de la imprenta o de otros procedimientos de reproducción. ◆ n. m. y f. **2** Persona que prepara un texto ajeno para publicarlo siguiendo criterios filológicos. ◆ n. m. **3** INFORM. Programa que sirve para escribir, presentar e imprimir un texto o un conjunto de datos: *el editor te permite escribir un texto en el ordenador y darle el formato más adecuado.*
DER editorial.

editorial adj. **1** Del editor o de la edición o que tiene relación con ellos: *la corrección de las pruebas de imprenta es una tarea editorial.* ◆ n. m. **2** Artículo de periódico sin firma que recoge la opinión de la dirección de la publicación sobre un tema: *el editorial aparece siempre en un lugar destacado de la publicación.* ◆ n. f. **3** Empresa que se dedica a la publicación de libros, revistas, periódicos o discos.

edredón n. m. Cobertor relleno de plumas de ave, algodón u otro material de abrigo: *sobre la cama hay un edredón estampado.*

educación n. f. **1** Formación destinada a desarrollar la capacidad intelectual y moral de las personas: *los padres deben preocuparse de dar una buena educación a sus hijos.* **SIN** enseñanza. educación especial Educación que está dirigida a personas que tienen ciertos problemas físicos o psíquicos educación física Conjunto de disciplinas que tienen como fin el desarrollo del cuerpo mediante el ejercicio y el deporte. **2** Conjunto de conocimientos intelectuales, culturales y morales que tiene una persona: *algunos estudiantes tienen una educación muy completa.* **3** Comportamiento adecuado a las normas sociales: *es de mala educación no saludar cuando llegamos a un sitio.* **SIN** corrección. **ANT** incorrección.
DER coeducación.

educado, -da adj. Que tiene buena educación, que se comporta correctamente.

educador, -ra adj./n. m. y f. [persona] Que da a otra persona los conocimientos que necesita y le enseña a comportarse.

educar v. tr. **1** Desarrollar y perfeccionar las facultades intelectuales y morales de una persona: *entre las funciones de los padres está la de educar a sus hijos.* **2** Instruir a una persona en las normas de cortesía y de comportamiento social. **3** Desarrollar las fuerzas físicas por medio de los ejercicios y el deporte. **4** Afinar o perfeccionar los sentidos: *un buen músico debe educar el oído.* **5** Enseñar

a un animal a comportarse de una manera determinada.
OBS En su conjugación, la *c* se convierte en *qu* delante de *e*.

educativo, -va adj. **1** De la educación o que tiene relación con ella: *reforma educativa; el sistema educativo.* **2** Que sirve para dar a una persona los conocimientos que necesita y le enseña a comportarse: *juegos educativos.*

edulcorante n. m. Sustancia que se usa para dar gusto dulce a los alimentos o los medicamentos: *el azúcar y la sacarina son edulcorantes.*

edulcorar v. tr. **1** Endulzar un producto con edulcorante. **2** Hacer que algo penoso, duro o difícil resulte más agradable o soportable.
SIN dulcificar, endulzar.
DER edulcorante.

efe n. f. Nombre de la letra *f*.

efectismo n. m. Conjunto de recursos empleados para impresionar o llamar la atención: *la puesta en escena de la obra es un derroche de efectismo.*
DER efectista.

efectividad n. f. **1** Capacidad de producir efecto. SIN eficacia. **2** Cualidad de lo que es real, verdadero o válido: *para que este documento tenga efectividad debe llevar el sello del departamento.*

efectivo, -va adj. **1** Que produce un efecto, que es eficaz: *la aspirina es un medicamento efectivo contra el dolor de cabeza.* **2** Que es real, verdadero o válido. ◆ n. m. **3** Dinero en monedas o en billetes: *cuando se paga en efectivo no se usa un cheque ni la tarjeta de crédito.* ◆ n. m. pl. **4** efectivos Conjunto de personas que pertenecen a un ejército, a la policía o a otros grupos organizados: *han participado en la extinción del incendio efectivos de la Cruz Roja.*
▶ hacerse efectivo Entrar en vigor; empezar a funcionar: *la nueva ley se hará efectiva a partir de enero.*
DER efectivamente, efectividad.

efecto n. m. **1** Resultado de una causa: *un medicamento hace efecto si actúa y da el resultado que se espera.* **2** Impresión producida en el ánimo: *sus palabras causaron muy buen efecto.* **3** Finalidad u objetivo. **4** Documento o valor comercial: *las letras, los cheques y los pagarés son efectos que se utilizan para el pago en operaciones comerciales.* **5** Movimiento giratorio que se da a una bola o pelota al impulsarla y que la hace desviarse de su trayectoria normal. ◆ n. m. pl. **6** efectos Bienes o cosas que pertenecen a una persona.
▶ a efectos de Con el fin de: *depuramos el agua a efectos de evitar infecciones.* efectos especiales En cine y teatro, técnica o truco que hace que una cosa parezca real: *en las películas de ciencia ficción aparecen muchos efectos especiales.* efecto invernadero Subida de la temperatura de la atmósfera que se produce como resultado de la contaminación industrial. en efecto Expresión que se usa para confirmar algo que se ha dicho antes: *en efecto, tienes razón.* surtir efecto Dar el resultado deseado: *las palabras que le dijiste han surtido efecto, lo has convencido.*
DER efectismo, efectivo, efectuar.

efectuar v. tr. **1** Hacer o realizar. SIN ejecutar. ◆ v. prnl. **2** efectuarse Hacerse o cumplirse.
OBS En su conjugación, la *u* se acentúa en algunos tiempos y personas, como en *actuar.*

efeméride n. f. **1** Hecho importante que se recuerda en un aniversario. **2** Celebración de ese hecho. ◆ n. f. pl. **3** efemérides Hechos importantes ocurridos en un mismo día, pero en años diferentes: *algunas publicaciones tienen unas páginas dedicadas a las efemérides del día.*

efervescencia n. f. **1** Desprendimiento de burbujas gaseosas de un líquido. **2** Agitación o excitación grandes: *cuando llegamos, la asamblea estaba en plena efervescencia.*
DER efervescente.

efervescente adj. **1** Que está o puede estar en efervescencia: *en medio de un ambiente efervescente se va fraguando el arte del nuevo siglo.* **2** [sustancia] Que en contacto con un líquido desprende burbujas gaseosas a la vez que se disuelve: *una aspirina efervescente; agua mineral efervescente.*

eficacia n. f. Capacidad para producir el efecto deseado: *la eficacia de un medicamento.*
SIN efectividad. ANT ineficacia.

eficaz adj. Que produce el efecto esperado, que va bien para una determinada cosa: *solución eficaz.* SIN efectivo. ANT ineficaz.
DER eficacia; ineficaz.

eficiencia n. f. **1** Capacidad para realizar o cumplir adecuadamente una función: *la eficiencia en el trabajo es fundamental.*

eficiente adj. Que realiza o cumple adecuadamente su función: *empleada eficiente.*
DER eficiencia; coeficiente; ineficiente.

efigie n. f. **1** Imagen de una persona reproducida en una moneda, una pintura o una escultura: *en una de las caras de la moneda aparece la efigie del rey.* **2** Representación de una cosa abstracta por medio de rasgos que se consideran propios de las personas.

efímero, -ra adj. Que dura poco tiempo: *hay insectos que tienen una vida efímera: mueren el mismo día que nacen.*

efluvio n. m. Emisión de vapores o de partículas muy pequeñas que se desprenden de una cosa y llegan a nuestros sentidos.

efusividad n. f. Muestra intensa de alegría, de afecto o de otro sentimiento: *se abrazaron con efusividad.*

DER efusivo.

egipcio, -cia adj. **1** De Egipto o que tiene relación con este país del norte de África: *el Nilo desemboca en la costa egipcia.* ◆ adj./ n. m. y f. **2** [persona] Que es de Egipto.

égloga n. f. Composición poética que idealiza la vida de los pastores y del campo.

ego n. m. Valoración excesiva de uno mismo: *su ego le impide reconocer que se ha equivocado.*

DER egoísmo, egolatría, egotismo.

egocéntrico, -ca adj. [persona] Que se considera el centro de todo; que cree ser muy importante y que todo el mundo se ha de preocupar de él.

egoísmo n. m. Amor excesivo hacia uno mismo, que lleva a preocuparse solo del propio interés, con olvido del de los demás.

DER egoísta.

egoísta adj./ n. com. [persona] Que solo se preocupa de sí misma y no ayuda a los demás: *a los egoístas no les gusta compartir sus cosas.* ANT altruista.

egregio, -gia adj. [persona] Ilustre, famoso o que destaca por su categoría.

¡eh! int. Expresión que se utiliza para llamar la atención de alguien o para preguntar: *¡eh, Juan, estamos aquí!*

eje n. m. **1** Barra cilíndrica que pasa por el medio de una rueda u otra pieza semejante y le sirve de sostén o apoyo: *los coches llevan dos ejes: uno une las ruedas de delante y otro, las de detrás.* **2** MAT. Línea que atraviesa una figura geométrica por su centro. **3** MAT. Recta alrededor de la cual se supone que gira una línea para generar una superficie o una superficie para generar un cuerpo. **4** Cosa o persona que es el elemento principal de un conjunto: *la defensa de los valores tradicionales fue el eje de su discurso.*

▶ eje de simetría Línea imaginaria que divide una figura, un cuerpo o cualquier cosa en dos partes iguales y simétricas: *el eje de simetría del cuerpo humano.*

ejecución n. f. **1** Realización de una cosa, cumplimiento de un proyecto, encargo u orden. **2** Acto de dar muerte a una persona en cumplimiento de una condena. **3** Interpretación de una pieza musical.

ejecutar v. tr. **1** Realizar una cosa, dar cumplimiento a un proyecto, encargo u orden: *aquellos soldados ejecutan las órdenes de sus jefes.* **2** Cantar o tocar una pieza musical. **3** Matar a una persona condenada a muerte: *lo han ejecutado en la silla eléctrica.*

DER ejecución, ejecutiva, ejecutivo, ejecutoria.

ejecutiva n. f. Grupo de personas que dirige una corporación o sociedad.

ejecutivo, -va adj. **1** Que no admite espera ni que sea aplazada su ejecución. **2** [organismo] Que ejecuta o hace cumplir una cosa: *el poder ejecutivo se encarga de llevar a la práctica lo que dicta el poder legislativo.* ◆ n. m. y f. **3** Persona que ocupa un cargo en la dirección de una empresa: *los ejecutivos viajan a menudo.*

ejemplar adj. **1** Que sirve o puede servir de modelo a los demás. **2** Que sirve o puede servir de escarmiento: *el profesor impuso al alumno un castigo ejemplar.* ◆ n. m. **3** Reproducción de un mismo original o modelo: *si se venden todos los ejemplares de un libro, habrá que hacer otra edición o reimpresión.* **4** Individuo de una especie o de un género. **5** Objeto de una colección científica que es de distinto género que los demás que hay en ella.

ejemplificar v. tr. Demostrar o ilustrar con ejemplos.

OBS En su conjugación, la *c* se convierte en *qu* delante de *e*.

ejemplo n. m. **1** Persona o cosa que sirve de modelo o muestra de lo que debe imitarse o evitarse: *las personas que engañan son un mal ejemplo.* **2** Frase, acción u objeto que se usa para explicar una cosa o aclararla: *los diccionarios tienen ejemplos que ayudan a entender las definiciones.*

▶ por ejemplo Expresión que se usa para presentar un caso concreto de lo que estamos explicando: *hay reptiles que tienen patas; por ejemplo, la lagartija.*

DER ejemplar, ejemplificar.

ejercer v. tr./ intr. **1** Realizar las funciones propias de una profesión. SIN ejercitar, profesar. ◆ v. tr. **2** Hacer que una fuerza, una acción o un poder actúe sobre alguien o algo: *los padres ejercen mucha influencia sobre los hijos durante los primeros años de vida.* **3** Hacer uso de un derecho o de un privilegio.

OBS En su conjugación, la *c* se convierte en *z* delante de *a* y *o*.

DER ejercicio, ejercitar.

ejercicio n. m. **1** Práctica que sirve para adquirir unos conocimientos o desarrollar una habilidad: *las redacciones son ejercicios para aprender a escribir bien.* **2** Prueba que ha de pasar una persona que se examina. **3** Actividad física que se hace para conservar o recuperar la salud o para prepararse para un deporte: *caminar es un buen ejercicio.* **4** Dedicación a una actividad, arte u oficio. **5** Uso que se hace de un derecho o privilegio: *los trabajadores se declararon en huelga haciendo ejercicio de sus derechos.*

▶ en ejercicio Que practica su profesión: *tendremos que consultar a un abogado en ejercicio porque yo hace mucho que no ejerzo.*

ejercitar v. tr. **1** Practicar de forma continuada una actividad para adquirir destreza en ella: *los pianistas ejercitan constantemente los dedos.* ◆ v. tr. **2** Realizar las funciones propias de una profesión: *nunca pudo llegar a ejercitar su oficio.* **SIN** ejercer.

DER ejercitación, ejército.

ejército n. m. **1** Conjunto de las fuerzas armadas de un país: *cada vez hay más mujeres en el ejército.* Ejército de Tierra Conjunto formado por las fuerzas armadas de una nación que desarrollan su actividad en tierra. Ejército del Aire Conjunto de las fuerzas aéreas de una nación. **SIN** aviación. **2** Grupo numeroso de personas organizadas o agrupadas para un fin: *el famoso cantante iba rodeado de un ejército de guardaespaldas.*

ejido n. m. Terreno comunal a las afueras de un pueblo donde se reúne el ganado y se establecen las eras: *los ejidos o terrenos próximos al pueblo se dedican al pastoreo, a la extracción de piedras de sus canteras o a la construcción de las eras para la trilla.*

él, ella pron. pers. Forma del pronombre de tercera persona en género masculino y femenino y número singular que desempeña la función de sujeto, de predicado nominal o de complemento precedido de preposición: *iré con él al cine.*

OBS El plural es *ellos, ellas.*

el, la det. art. Artículo en género masculino y femenino y número singular; indica que el nombre al que acompaña es conocido tanto por el hablante como por el oyente o ya han hablado de él: *me gustó la película de ayer.* **NOTA** Precede a nombres incontables: *el arroz es bueno.*

OBS La forma *el* acompaña a un nombre femenino cuando este empieza por *a-* o *ha-* acentuadas: *el arma, el hacha.* El plural es *los* para el masculino y *las* para el femenino.

elaboración n. f. **1** Preparación de una o más materias para convertirlas en un producto: *para la elaboración del papel se necesita pasta de fibras vegetales.* **SIN** confección, fabricación. **2** Formación o creación de una idea, teoría o proyecto.

elaborado adj. **1** Muy pensado y trabajado para un fin: *sus discursos son muy elaborados.* **2** [producto] Que ha sufrido un proceso de elaboración industrial.

elaborar v. tr. **1** Preparar una o más materias para convertirlas en un producto: *aquellas magdalenas habían sido elaboradas con ingredientes de primera calidad.* **SIN** confeccionar, fabricar. **2** Desarrollar una idea, teoría o proyecto.

DER elaboración, elaborado.

elasticidad n. f. Propiedad de un cuerpo sólido para recuperar su forma cuando cesa la fuerza que la altera.

elástico, -ca adj. **1** Que puede recuperar su forma cuando cesa la fuerza que la altera: *goma elástica; los muelles son elásticos.* **2** Que puede ajustarse a distintas circunstancias. **SIN** flexible. **3** Que admite muchas interpretaciones. ◆ n. m. **4** Cinta de goma o de tejido elástico que se coloca en una prenda de vestir para ajustarla al cuerpo: *el elástico de los calcetines me aprieta demasiado.*

DER elasticidad.

ele n. f. Nombre de la letra *l*.

elección n. f. **1** Selección de una cosa para un fin. **2** Designación, generalmente por votación, de una o más personas para ocupar un puesto en una comisión, consejo u organismo semejante. **3** Capacidad o posibilidad de elegir: *debes aceptarlo, no tienes elección.* **SIN** alternativa, opción. ◆ n. f. pl. **4** elecciones Emisión de votos para elegir cargos políticos o sindicales.

▶ elecciones generales Elecciones que se celebran para elegir a los representantes de los partidos políticos en el Congreso de los Diputados y en el Senado. elecciones munici-

pales Elecciones que se celebran para elegir a los concejales de un ayuntamiento.
DER selección.

electoral, -ra adj./ n. m. y f. Persona que tiene derecho a votar en unas elecciones.

electorado n. m. Conjunto de los electores: *según las últimas encuestas, el electorado está muy indeciso.*

electoral adj. De los electores o las elecciones o que tiene relación con ellos: *la campaña electoral.*
DER electoralismo.

electoralista adj. Que se hace con electoralismo o lo implica: *sus motivos no son ideológicos, sino puramente electoralistas.*
OBS Se usa con sentido despectivo.

electricidad n. f. **1** Energía que se deriva de la existencia en la materia de cargas eléctricas positivas y negativas que normalmente se neutralizan. electricidad dinámica Electricidad que se deriva del movimiento de los electrones: *las pilas producen electricidad dinámica.* electricidad estática Electricidad que se encuentra en la superficie de un cuerpo por la disposición de los electrones. **2** Parte de la física que estudia los fenómenos eléctricos. **3** Corriente eléctrica: *han cortado la electricidad del local porque todavía no han pagado los recibos.*
DER electricista; fotoelectricidad, hidroelectricidad, piezoelectricidad, radioelectricidad, termoelectricidad.

electricista n. com. Persona que se dedica a colocar y arreglar instalaciones eléctricas.

eléctrico, -ca adj. **1** De la electricidad o que tiene relación con esta forma de energía: *han construido una central eléctrica.* **2** Que funciona por medio de la electricidad: *un radiador eléctrico.*
DER electricidad, electrificar, electrizar.

electrificar v. tr. **1** Hacer que una máquina, un tren o una fábrica funcionen con electricidad. **2** Proveer de electricidad un lugar.
OBS En su conjugación, la *c* se convierte en *qu* delante de *e*.

electrizar v. tr. **1** Producir electricidad en un cuerpo o comunicársela: *con este cepillo se me electriza el pelo.* SIN ionizar. **2** Producir entusiasmo o excitación: *la actuación del cantante electrizó al auditorio.*
OBS En su conjugación, la *z* se convierte en *c* delante de *e*.
DER electrizante; deselectrizar.

electrocardiograma n. m. Gráfico de los movimientos del corazón obtenido con un aparato que capta los fenómenos eléctricos que allí se producen.

electrocutar v. tr./ prnl. Morir o matar mediante descargas eléctricas: *se electrocutó al pisar un cable de alta tensión.*
DER electrocución.

electrodo o **eléctrodo** n. m. Extremo de un conductor en contacto con un medio, al que lleva o del que recibe una corriente eléctrica: *la pila de una linterna y la batería de un coche tienen dos electrodos.*

electrodoméstico n. m. Aparato eléctrico que se usa en el hogar con un fin: *la nevera, la lavadora, la televisión y la plancha son electrodomésticos.*

electroencefalograma n. m. Gráfico de la actividad del cerebro obtenido con un aparato que capta los fenómenos eléctricos que allí se producen.

electroimán n. m. Barra de hierro que lleva enrollado alrededor de ella un hilo conductor de la electricidad; al pasar la corriente eléctrica por el hilo, la barra se comporta como si fuera un imán.

electrólisis o **electrolisis** n. f. Separación de los elementos de un compuesto producida por la corriente eléctrica.
OBS El plural también es *electrólisis.*

electrólito o **electrolito** n. f. Sustancia, generalmente un líquido, que conduce la corriente eléctrica o que se descompone en la electrólisis.

electromagnético, -ca adj. Que tiene elementos eléctricos y magnéticos relacionados entre sí: *máquina electromagnética.*

electrón n. m. Partícula que se encuentra alrededor del núcleo del átomo y que tiene carga eléctrica negativa.
DER electrónico.

electrónica n. f. Parte de la física que estudia los cambios y los movimientos de los electrones y la acción de las fuerzas electromagnéticas y los utiliza en aparatos que reciben y transmiten información.
DER microelectrónica.

electrónico, -ca adj. De la electrónica o de los electrones, o que tiene relación con ellos: *los móviles, las tabletas y las consolas de videojuegos son aparatos electrónicos.*
DER electrónica.

electrostático, -ca adj. De la electricidad estática o causado por la electricidad que no se mueve en una corriente, sino que es atraída a la superficie de ciertos objetos.

elefante, -ta n. m. y f. Mamífero de gran tamaño, el más grande de todos los que viven en la Tierra, con la piel gruesa de color gris oscuro y sin pelo, orejas grandes, nariz en forma de trompa y dos colmillos muy largos, que son sus defensas: *el elefante vive en Asia y África.*
▶ **elefante marino** Mamífero marino de gran tamaño, con las extremidades adaptadas para nadar y la boca alargada, que se alimenta de peces y pequeños animales. **SIN** morsa.

elegancia n. f. Característica de la persona o de la cosa que es elegante: *se comporta y habla con elegancia.*

elegante adj. **1** [persona] Que lleva vestidos bien hechos y armónicamente combinados y que actúa y habla con naturalidad y distinción. **2** [vestido, mueble, objeto] Que es de calidad, está bien hecho y tiene buen gusto: *llevas un traje azul muy elegante.* **3** [establecimiento] Que es de categoría, está bien decorado y sus clientes son distinguidos.
DER elegancia.

elegía n. f. LIT. Composición poética en la que se expresa un sentimiento de dolor o pena, especialmente por la muerte de una persona.

elegiaco, -ca o **elegíaco, -ca** adj. Que está relacionado con la elegía: *el «Canto a Teresa» de Espronceda es un poema elegíaco a la muerte de su amada.*

elegir v. tr. **1** Seleccionar una cosa para un fin: *elige un vestido para la fiesta: ¿cuál quieres?* **SIN** optar. **2** Designar, generalmente por votación, a una o más personas para ocupar un puesto: *en los países democráticos, el presidente es elegido por el pueblo.*
DER elegido; reelegir.

elemental adj. **1** Que es muy importante o necesario. **SIN** fundamental, principal. **2** Que es muy sencillo y se puede entender fácilmente.

elemento n. m. **1** Parte de una cosa; cosa que forma con otras un conjunto: *las palabras son elementos de las oraciones.* **2** QUÍM. Sustancia que no se puede descomponer en otra más simple: *los metales son elementos químicos.* **3** Medio en que vive un ser. **4** Persona, valorada positiva o negativamente: *¡menudo elemento es tu hijo! No deja de hacer travesuras.* ◆ n. m. pl. **5** **elementos** Fuerzas de la naturaleza que pueden hacer daño o destruir: *las casas se protegen de los elementos.* **6** Conjunto de los principios básicos o fundamentales de una ciencia o arte: *elementos de astronomía.*
▶ **elemento compositivo** GRAM. Morfema léxico, generalmente de origen griego o latino, que interviene en la formación de palabras compuestas anteponiéndose o posponiéndose a otro del mismo tipo o a una palabra ya existente.
DER elemental; bioelemento, oligoelemento.

elenco n. m. **1** Conjunto de actores que forman una compañía teatral o intervienen en una obra, una película u otra representación artística. **2** Conjunto de personas que trabajan juntas o que constituyen un grupo representativo. *en el seminario destacaba el elenco de prestigiosos conferenciantes.* **3** Catálogo o índice donde elegir algo: *en el catálogo se especifica el elenco de materiales.*

elegir

INDICATIVO	SUBJUNTIVO
presente	**presente**
elijo	elija
eliges	elijas
elige	elija
elegimos	elijamos
elegís	elijáis
eligen	elijan
pretérito imperfecto	**pretérito imperfecto**
elegía	eligiera o eligiese
elegías	eligieras o eligieses
elegía	eligiera o eligiese
elegíamos	eligiéramos o eligiésemos
elegíais	eligierais o eligieseis
elegían	eligieran o eligiesen
pretérito perfecto simple	**futuro**
elegí	eligiere
elegiste	eligieres
eligió	eligiere
elegimos	eligiéremos
elegisteis	eligiereis
eligieron	eligieren
futuro	IMPERATIVO
elegiré	elige (tú)
elegirás	elija (usted)
elegirá	elegid (vosotros)
elegiremos	elijan (ustedes)
elegiréis	FORMAS NO PERSONALES
elegirán	**infinitivo** elegir
condicional	**gerundio** eligiendo
elegiría	**participio** elegido
elegirías	
elegiría	
elegiríamos	
elegiríais	
elegirían	

elevación n. f. **1** Subida o aumento. **2** Parte de una cosa que está situada más arriba que las otras: *una montaña es una elevación del terreno.*

elevado, -da adj. **1** Que es alto o que está levantado a gran altitud. **2** Que demuestra grandes cualidades morales o espirituales: *¡Qué pensamiento tan elevado!*

elevador, -ra adj./ n. m. y f. [vehículo, aparato] Que sirve para subir, bajar o transportar mercancías.

elevalunas n. m. Mecanismo o dispositivo para subir y bajar los cristales de las ventanillas de un automóvil: *un automóvil con elevalunas eléctrico.*

OBS El plural es *elevalunas.*

elevar v. tr./ prnl. **1** Poner en un lugar más alto, hacer que esté más arriba: *las aves se elevan sobre los árboles.* SIN levantar. **2** Hacer que una cosa sea más intensa, más alta o tenga más valor: *se puede elevar el precio del pan, la temperatura o la presión de un gas.* **3** Colocar a una persona en un puesto más alto o de más categoría u honor. **4** MAT. Multiplicar un número por sí mismo cierta cantidad de veces: *si elevas 2 al cubo, el resultado es 8.* ◆ v. prnl. **5** elevarse Alcanzar gran altura, especialmente una torre, un árbol, una montaña u otra cosa parecida: *el Everest se eleva por encima de los 8000 metros.*

elfo, -fa n. m. y f. Espíritu o genio con figura de enano y poderes mágicos; vive en los bosques, las aguas y en las proximidades de las casas y trabaja como herrero y orfebre: *el elfo pertenece a la mitología escandinava.*

OBS Existente también el femenino *elfina*, menos usado.

elidir v. tr. **1** Suprimir la vocal con que acaba una palabra cuando la siguiente empieza por vocal: *en la contracción «del», por «de el», se ha elidido la vocal de la preposición.* **2** Suprimir una palabra de una oración cuando se sobrentiende: *en español a menudo eludimos el sujeto porque los morfemas de las formas verbales ya indican quién realiza la acción.*

DER elisión.

eliminación n. f. **1** Desaparición o supresión. **2** Exclusión o alejamiento de una persona o cosa de un grupo o asunto: *eliminación de la competición.* SIN exclusión. **3** MAT. Desaparición de la incógnita de una ecuación mediante el cálculo. **4** Expulsión de una sustancia del organismo.

eliminar v. tr. **1** Hacer desaparecer: *he comprado un detergente muy efectivo que elimina todas las manchas.* SIN quitar. **2** Excluir o apartar a una persona de un grupo o de un asunto. **3** Dejar fuera de una competición deportiva, de un campeonato o de un concurso: *los equipos que llegan a la final han eliminado antes a los competidores.* **4** Expulsar del organismo una sustancia: *con la orina se eliminan agua, ácido úrico, amoníaco y otras sustancias.* **5** Matar a una persona o a un animal: *el gánster eliminó a los miembros de la banda enemiga.*

DER eliminación, eliminatoria, eliminatorio.

eliminatoria n. f. Parte de una competición deportiva o de un concurso en la que se enfrentan dos contrincantes para decidir cuál de ellos pasa a la siguiente fase: *la eliminatoria se decidirá en el partido de vuelta.* SIN ronda.

elipse n. f. Figura geométrica curva, cerrada y plana, con dos ejes diferentes que forman ángulo recto: *la órbita de la Tierra alrededor del Sol es una elipse.* SIN óvalo.

DER elipsoide, elíptico.

elipsis n. f. Supresión de una o más palabras de una frase sin que por ello se pierda el sentido: *en inglés, la elipsis de sujeto es un rasgo de coloquialidad.*

OBS El plural también es *elipsis.*

elíptico, -ca adj. **1** De la elipse o parecido a ella: *la órbita de la Tierra alrededor del Sol es elíptica.* **2** De la elipsis o que contiene una: *en la frase «voy a veranear a la playa cada año», el sujeto «yo» es elíptico: no se dice, pero se sobrentiende.*

elisión n. f. Supresión de la vocal con que acaba una palabra cuando la siguiente empieza por vocal.

élite n. f. Grupo escogido de personas que destacan en un campo o una actividad: *tropa de élite; deportistas de élite.*

OBS La Real Academia Española también admite *elite*, pero su uso es muy raro.

DER elitismo.

elitista adj./ n. com. De la élite o que tiene relación con ella: *los colegios elitistas son solo para una minoría que puede permitirse pagarlos.*

élitro n. m. Ala anterior muy dura que en número de dos tienen algunos insectos, como los coleópteros, y que sirve para proteger otro par de alas más finas y flexibles.

elixir n. m. **1** Líquido compuesto de sustancias medicinales, generalmente disueltas en alcohol. **2** Medicamento o remedio que tiene un poder mágico para curar, mejorar o preservar de algo: *los alquimistas buscaban el elixir de la eterna juventud.*

ella pron. pers. Forma del pronombre de tercera persona en género femenino y número singular que hace la función de sujeto, de predicado nominal o de complemento precedido de preposición.

elle n. f. Nombre del dígrafo *ll.*

ello pron. pers. Forma del pronombre de tercera persona en género neutro y número singular que hace la función de sujeto, de predicado nominal o de complemento precedido de preposición: *discutieron hace unos años, por ello ahora no se hablan.*

OBS No tiene plural.

elocución n. f. Manera de hablar que tiene una persona.

elocuencia n. f. **1** Capacidad de hablar bien, de decir las cosas de manera correcta y efectiva para convencer al público. **2** Eficacia para convencer o conmover que tienen las palabras, gestos, ademanes, unas imágenes o cualquier cosa capaz de comunicar algo.

elocuente adj. **1** Que explica muy bien las cosas, que convence a las personas que lo escuchan. **2** Que significa o da a entender una cosa: *su silencio me pareció bastante elocuente.* SIN significativo.

DER elocución, elocuencia.

elogiar v. tr. Alabar o mostrar admiración por una persona o cosa; hacer un elogio: *el muchacho fue elogiado por su buena acción.* SIN enaltecer, ensalzar. ANT criticar.

OBS En su conjugación, la *i* es átona, como en *cambiar.*

elogio n. m. Expresión o discurso con que se alaba o se muestra admiración y reconocimiento. SIN alabanza. ANT crítica.

DER elogiar, elogioso.

eludir v. tr. Evitar una cosa con habilidad o por medio de alguna trampa: *algunas personas eluden pagar los impuestos.*

DER ineludible.

e-mail n. m. **1** Correo electrónico, sistema que permite el intercambio de mensajes entre distintas computadoras interconectadas a través de una red. **2** Mensaje transmitido por medio de este sistema de correo: *tenía tres e-mails nuevos de su amigo.*

OBS Es una palabra inglesa. El plural es *e-mails.*

emanación n. f. **1** Salida o desprendimiento de un olor, un vapor o una radiación: *emanaciones de gas.* **2** Procedencia, origen o principio.

emanar v. intr. **1** Proceder una cosa de otra, tener su origen. ◆ v. intr./ tr. **2** Salir o desprenderse un olor, un vapor o una radiación de un cuerpo o de un objeto. SIN despedir.

DER emanación, emanantismo.

emancipación n. f. Liberación de una o más personas respecto de un poder, una autoridad o cualquier otro tipo de subordinación o dependencia: *la emancipación de la mujer.*

emancipar v. tr. Liberar respecto de un poder, una autoridad, una tutela o cualquier otro tipo de subordinación o dependencia. SIN independizar.

DER emancipación.

embadurnar v. tr./ prnl. Extender una sustancia espesa o pegajosa sobre una superficie, o cubrirla con ella: *el niño se ha embadurnado toda la cara y el pelo con mantequilla.*

embajada n. f. **1** Mensaje para tratar algún asunto importante, en especial los que intercambian los jefes de estado por medio de sus embajadores. **2** Cargo de embajador. **3** Edificio, lugar u organización de la representación del gobierno de un país en un estado extranjero. **4** Proposición o exigencia impertinente.

DER embajador.

embajador, -ra n. m. y f. Persona autorizada oficialmente para representar al gobierno de su país en un estado extranjero de modo permanente.

embalaje n. m. **1** Caja o cualquier envoltura con que se protege un objeto que se va a transportar. **2** Empaquetado o colocación de un objeto dentro de una caja para transportarlo con seguridad: *el embalaje de las obras de arte es una tarea complicada.*

embalar v. tr. **1** Envolver un objeto o ponerlo en una caja para transportarlo con seguridad. ◆ v. tr./ prnl. **2** Aumentar la velocidad: *se embala con la bici.* SIN acelerar. ◆ v. prnl. **3** embalarse Animarse una persona a hablar y decir muchas cosas sin parar: *no te embales, y empieza a contar lo que pasó con calma.*

embalsamar v. tr. Tratar un cadáver con determinadas sustancias o realizando en él diversas operaciones para evitar que se corrompa: *los antiguos egipcios embalsamaban los cadáveres de sus faraones.*

embalsar v. tr. Recoger el agua en un embalse o en un hueco del terreno.

DER embalse; desembalsar.

a b c d e f g h i j k l m n ñ o p q r s t u v w x y z

embalse n. m. Lago artificial en el que se acumulan las aguas de un río para aprovecharlas mejor: *los embalses suelen estar cerrados por un dique o presa.* SIN pantano, presa.

embarazada adj./ n. f. [mujer] Que está preñada, que espera un hijo.

embarazar v. tr. **1** Causar el embarazo de una mujer. ◆ v. tr./ prnl. **2** Hacer que alguien se sienta incómodo o avergonzado: *consiguió embarazar a todos con sus comentarios.* SIN violentar. ◆ v. prnl. **3** embarazarse Quedarse embarazada.
OBS En su conjugación, la *z* se convierte en *c* delante de *e*.

embarazo n. m. **1** Estado en que se encuentra la mujer embarazada. **2** Sensación de incomodidad o vergüenza que experimenta una persona en una situación determinada. SIN violencia.
DER embarazoso.

embarazoso, -sa adj. Que hace sentir incomodidad o vergüenza: *una situación embarazosa.*

embarcación n. f. Construcción con el fondo cóncavo que navega movida generalmente por el viento o por un motor; sirve para transportar personas y cosas por el mar, un lago o un río.
DER embarcadero, embarcar.

embarcadero n. m. **1** Lugar a la orilla del mar, de un río o de un lago que se encuentra acondicionado o se utiliza para el embarque y desembarque de personas y mercancías. **2** Dispositivo fijo utilizado para el embarque y desembarque de mercancías en estaciones, aeropuertos, etc.

embarcar v. tr./ intr./ prnl. **1** Subir o introducir personas o mercancías en un barco o avión para viajar: *embarcamos en Madrid destino Bilbao.* ANT desembarcar. ◆ v. tr./ prnl. **2** Hacer que una persona participe o entre en una empresa difícil o peligrosa: *me ha embarcado en un negocio peligroso.*
OBS En su conjugación, la *c* se convierte en *qu* delante de *e*.
DER embarco, embarque; desembarcar.

embargar v. tr. **1** Retener un bien por orden de una autoridad judicial o administrativa, con el fin de responder de una deuda o de la responsabilidad de un delito: *a una persona que no paga sus deudas le pueden embargar la casa.* **2** Hacer que una persona sea incapaz de actuar o pensar: *embargada de emoción, no pudo hablar durante varios minutos.*
OBS En su conjugación, la *g* se convierte en *gu* delante de *e*.
DER embargo; desembargar.

embargo n. m. **1** Retención de bienes por orden de una autoridad judicial o administrativa, con el fin de responder de una deuda o de la responsabilidad de un delito. **2** Prohibición de comerciar y transportar una cosa, especialmente armas.
▶ sin embargo Indica oposición; expresa valor adversativo: *no tengo mucho apetito; sin embargo, probaré esos canapés.*

embarrancar v. intr./ prnl. Quedar sin movimiento una embarcación al tropezar con arena o piedras: *el barco embarrancó en la playa.* SIN encallar.
OBS En su conjugación, la *c* se convierte en *qu* delante de *e*.
DER desembarrancar.

embarrar v. tr./ prnl. Llenar o cubrir de barro.

embeber v. tr. **1** Absorber un cuerpo sólido algún líquido: *la esponja embebe el agua.* **2** Llenar un cuerpo con algún líquido, empaparlo: *embeber la miga de pan en leche.* ◆ v. intr./ prnl. **3** Encogerse.

embelesar v. tr. Causar o sentir placer, admiración o sorpresa tan grandes que hagan olvidar todo lo demás. SIN embobar.

embeleso n. m. **1** Estado de la persona que siente un placer o admiración tan intenso por algo, que no puede apartar la atención de ello. SIN éxtasis. **2** Cosa que embelesa.
DER embelesar.

embellecer v. tr. Hacer que una persona o cosa sea más bella. ANT afear.
OBS En su conjugación, la *c* se convierte en *zc* delante de *a* y *o*, como en *agradecer*.
DER embellecedor, embellecimiento.

embellecimiento n. m. Acción que consiste en hacer que una persona o cosa sea más bella.

embestida n. f. Ataque impetuoso y violento: *la embestida del toro.*

embestir v. tr. Lanzarse de manera violenta contra una persona o cosa, especialmente un animal.
OBS En su conjugación, la *e* se convierte en *i* en algunos tiempos y personas, como en *servir*.
DER embestida.

emblema n. m. **1** Figura o símbolo acompañado de un texto que explica su significado y que representa a una persona o grupo: *en el papel de la carta aparece el emblema de la*

familia real. **2** Objeto que se usa para representar una idea, un lugar, una persona o un grupo de personas: *la balanza es el emblema de la justicia.*
DER emblemático.

emblemático, -ca adj. **1** Del emblema o que tiene relación con él. **2** [cosa] Que es característico de un lugar o de un grupo de personas: *el edificio más emblemático de al-Andalus es la Mezquita Mayor de Córdoba.*

embobar v. tr. Causar o sentir placer, admiración o sorpresa tan grandes que hagan olvidar todo lo demás. SIN embelesar.
DER embobamiento.

embocadura n. f. **1** Lugar por donde los buques pueden penetrar en un río, en un puerto o en un canal. **2** Pieza pequeña y hueca que se adapta al tubo de varios instrumentos musicales de viento y que sirve para producir el sonido al soplar. SIN boquilla. **3** Gusto o sabor de un vino.

émbolo n. m. **1** Pieza que está perfectamente ajustada dentro de un depósito cilíndrico y que se puede mover hacia arriba y hacia abajo. **2** MED. Burbuja de aire o cuerpo extraño que, alojado en un vaso sanguíneo, impide la circulación de la sangre.
DER embolia.

emborrachar v. tr./ prnl. **1** Hacer que una persona tome una cantidad excesiva de bebida alcohólica y alterar sus facultades físicas y mentales: *cuando te emborrachas, no sabes lo que haces.* SIN embriagar. ◆ v. tr. **2** Empapar o mojar bien un bizcocho en licor.

emboscada n. f. Acción que consiste en esconderse para atacar por sorpresa.

emboscarse v. prnl. Escondere para atacar por sorpresa.
OBS En su conjugación, la *c* se convierte en *qu* delante de *e*.
DER emboscada.

embotellador, -ra n. m. y f. **1** Persona que tiene por oficio embotellar. ◆ adj./ n. f. **2** [máquina] Que se utiliza para embotellar.

embotellamiento n. m. **1** Acción de embotellar un líquido u otra cosa. **2** Acumulación excesiva de personas o vehículos que impide la circulación normal por un lugar: *los temidos embotellamientos de tránsito de las autopistas en verano.* SIN atasco, congestión. ANT descongestión.

embotellar v. tr. **1** Meter un líquido u otra cosa en una botella: *embotellar el vino.* **2** Hacer que se acumule una cantidad excesiva de personas o vehículos que impiden la circulación normal por un lugar. **3** MAR Impedir que una embarcación enemiga salga al mar.
DER embotellado, embotellamiento.

embozar v. tr./ prnl. **1** Cubrir el rostro por la parte inferior hasta la nariz o hasta los ojos. ◆ v. tr. **2** Disimular una cosa con palabras o acciones.
OBS En su conjugación, la *z* se convierte en *c* delante de *e*.
DER desembozar.

embozo n. m. **1** Doblez que se hace en la sábana superior de la cama por la parte que toca al rostro. **2** Parte de la capa y otras prendas de vestir que cubre la cara: *hacía frío y se tapó con el embozo hasta las orejas.*
DER embozar.

embragar v. intr. Pisar el embrague de un vehículo para cambiar de marcha.
OBS En su conjugación, la *g* se convierte en *gu* delante de *e*.

embrague n. m. **1** Mecanismo que permite unir o separar el eje del cambio de velocidades de un vehículo al movimiento del motor: *este coche tiene el embrague automático.* **2** Pedal que permite accionar este mecanismo.
DER embragar; desembrague.

embriagador, -dora adj. Que produce una sensación de placer, especialmente al percibirse por el olfato o el oído, como un aroma o una música.

embriagar v. tr./ prnl. **1** Emborrachar. **2** Causar un estado de excitación: *el éxito embriaga.*
OBS En su conjugación, la *g* se convierte en *gu* delante de *e*.
DER embriagador, embriaguez.

embriaguez n. f. **1** Estado en el que se pierde el control como consecuencia de un consumo excesivo de alcohol. SIN borrachera. **2** Estado de excitación causado por una alegría o satisfacción.

embrión n. m. **1** Ser vivo en la primera etapa de su desarrollo, cuando todavía no se distinguen los órganos. **2** Aquello que constituye el origen de una cosa antes de crearse o constituirse o que está en su fase inicial, por lo que todavía no tiene las características que lo conformarán definitivamente: *el embrión de un proyecto.*
DER embriología, embrionario.

embrionario, -ria adj. **1** Del embrión o que tiene relación con él: *la fase embrionaria* *se inicia cuando el óvulo es fecundado.* **2** Que está empezando a formarse; que no está decidido o acabado.

embrollar v. tr. **1** Hacer que un asunto o una situación resulte más complicado de lo normal: *decir mentiras embrolla siempre las cosas.* SIN liar. ◆ v. prnl. **2** embrollarse Hablar de manera poco clara, mezclando las palabras o dejando las cosas a medio decir: *se embrolla contando anécdotas.*
DER embrollador, embrollo; desembrollar.

embrollón, -llona adj./ n. m. y f. Que hace que un asunto o situación sea o resulte más complicado de lo normal.

embrujar v. tr. **1** Hechizar, trastornar el juicio o la salud con prácticas mágicas: *en las películas de miedo aparecen siempre casas embrujadas.* ◆ v. tr./ intr. **2** Atraer irresistiblemente la atención, la simpatía o el amor de una persona mediante algo que le resulta física o moralmente atractivo: *Lucía tiene una mirada que embruja.* SIN cautivar, fascinar.
DER embrujamiento, embrujo.

embrujo n. m. **1** Conjunto de palabras con poder mágico que se pronuncian con el fin de dominar la voluntad de alguien o controlar los acontecimientos. SIN encantamiento, hechizo. **2** Condición de estar bajo la influencia o control de tales palabras. SIN encantamiento, hechizo. **3** Atracción o interés considerables que produce una persona. SIN fascinación.

embrutecer v. tr. Hacer que una persona se comporte de modo poco sensible y violento.
OBS En su conjugación, la *c* se convierte en *zc* delante de *a* y *o*, como en *agradecer.*
DER embrutecimiento.

embudo n. m. Instrumento hueco en forma de cono y acabado en un tubo, que sirve para llenar una botella u otro recipiente de boca estrecha sin que el líquido se vierta.

embustero, -ra adj./ n. m. y f. [persona] Que dice embustes o mentiras. SIN mentiroso.

embutido n. m. Tripa de cerdo o funda alargada de otro material rellena de carne picada, generalmente de cerdo, condimentada con especias: *son embutidos el chorizo, el salchichón y la butifarra.*

embutir v. tr. **1** Meter carne picada, generalmente de cerdo y condimentada con especias, dentro de una tripa. **2** Meter una cosa dentro de un espacio apretándola.
DER embutido.

eme n. f. Nombre de la letra *m.*

emergencia n. f. Asunto que se debe solucionar con mucha rapidez, sin perder tiempo: *los bomberos siempre están preparados por si se presenta una emergencia.* SIN urgencia.

emergente adj. **1** Que emerge de cierta cosa o tiene principio en ella: *la nueva editorial publica la mejor literatura emergente.* **2** FÍS [rayo luminoso] Que después de atravesar un medio sale de él.

emerger v. intr. Salir una cosa de dentro del agua o de otro líquido. ANT sumergir.
OBS En su conjugación, la *g* se convierte en *j* delante de *a* y *o.*
DER emergencia.

-emia Elemento sufijal que entra en la formación de palabras con el significado de 'sangre': *anemia.*

emigración n. f. Movimiento de población por el cual se deja el lugar o país de origen para establecerse en otro de modo permanente. SIN éxodo, migración.

emigrado, -da adj./ n. m. y f. [persona] Que vive en un país o región que no es el suyo propio de origen.

emigrante n. com. Persona que deja su lugar de origen para establecerse en otro país o región de modo permanente: *en los años sesenta había en Alemania muchos emigrantes de origen español.*

emigrar v. intr. **1** Dejar el lugar de origen para establecerse en otro país o región de modo permanente. ANT inmigrar. **2** Dejar un lugar y dirigirse a otro determinadas especies de aves, peces y otros animales: *las cigüeñas emigran en verano.*
DER emigración, emigrado, emigrante, emigratorio.

emigratorio, -ria adj. De la emigración o que tiene relación con ella: *flujo emigratorio.* SIN migratorio.

eminencia n. f. **1** Persona que es muy sabia y destaca mucho en el campo científico o artístico. **2** Título que se da a los cardenales y otras personas importantes de la Iglesia.

eminente adj. [persona] Que es muy importante por sus méritos o por sus conocimientos en una ciencia o profesión: *un científico eminente.*
DER eminencia, eminentísimo; preeminente.

eminentísimo, -ma adj. Superlativo de eminente. Se aplica como tratamiento a los cardenales.

a b c d e f g h i j k l m n ñ o p q r s t u v w x y z

emir n. m. Príncipe o jefe político y militar en algunos países árabes: *el emir de Kuwait.*
DER emirato.

emirato n. m. **1** Territorio que gobierna un emir. **2** Título o cargo del emir. **3** Período de tiempo en que gobierna un emir.

emisario, -ria n. m. y f. Persona que es enviada a un lugar para llevar un mensaje o tratar un asunto.

emisión n. f. **1** Salida o expulsión de algo hacia el exterior: *el uso generalizado de gas natural traerá consigo una reducción en las emisiones de dióxido de carbono.* **2** Lanzamiento de ondas hertzianas que transmiten sonidos e imágenes. **3** Puesta en circulación de billetes de banco, monedas u otros valores: *la prensa ha anunciado la emisión de euros.*
DER emisivo.

emisor, -ra adj. **1** Que emite o envía algo hacia fuera: *un foco es un aparato emisor de luz.* ◆ n. m. y f. **2** Persona que emite el mensaje en el acto de la comunicación: *el emisor envía el mensaje y el receptor lo recibe.* ANT receptor. ◆ n. m. **3** Aparato que permite enviar mensajes a distancia a través de ondas hertzianas.

emisora n. f. Conjunto de aparatos e instalaciones que permiten enviar a distancia música, palabras e imágenes mediante ondas hertzianas.

emitir v. tr. **1** Producir y echar hacia fuera una cosa: *el Sol emite rayos luminosos.* **2** Lanzar ondas que transmiten sonidos e imágenes: *algunas radios emiten durante todo el día.* **3** Poner en circulación billetes de banco, monedas u otros valores: *el Banco de España ha emitido una nueva serie de billetes.* **4** Expresar o manifestar una opinión, un juicio o un voto.
DER emisario, emisión, emisor.

emmenthal n. m. Queso de vaca de pasta consistente, color dorado, grandes agujeros redondos y regulares, gran tamaño y que es originario de Suiza.
OBS También se escribe *emmental.*

emoción n. f. Sentimiento muy fuerte de alegría, placer, tristeza o dolor: *voz cargada de emoción.*
DER emocional, emocionar, emotivo.

emocional adj. **1** De la emoción o que tiene relación con los sentimientos. SIN emotivo. **2** [persona] Que se deja llevar por las emociones.

emocionante adj. **1** Que causa emoción. SIN conmovedor, emotivo. **2** Que tiene una emoción o interés especial: *el final de la carrera ciclista fue muy emocionante.* SIN apasionante.

emocionar v. tr. Producir una emoción intensa: *Pablo no se esperaba aquel recibimiento y se emocionó.* SIN conmover.
DER emocionante.

emoji n. m. Dibujo o signo que se puede enviar en los mensajes de teléfonos móviles y cuentas de correo electrónico, y que tiene más o menos el mismo tamaño que los demás carácteres alfanuméricos disponibles
OBS Se pronuncia aproximadamente «emoyi».

emoticono o **emoticón** n. m. Representación gráfica formada por la combinación de signos ortográficos que intenta expresar las emociones o estados de ánimo de un usuario informático: *el símbolo :-) es un emoticono que expresa alegría.*

emotividad n. f. **1** Capacidad de experimentar emociones o sentimientos. **2** Capacidad de una cosa para causar emoción: *la despedida estuvo llena de emotividad.*

emotivo, -va adj. **1** De la emoción o que tiene relación con los sentimientos. SIN emocional. **2** Que causa emoción. SIN conmovedor, emocionante. **3** [persona] Que se emociona fácilmente y lo expresa: *es una mujer muy emotiva y siempre llora en las despedidas.*
DER emotividad.

empachar v. tr./ intr./ prnl. **1** Causar una indisposición por comer en exceso y tener una digestión difícil: *se ha empachado con la merienda.* ◆ v. tr./ intr. **2** Cansar o hartar una persona o cosa por ser reiterativa o excesiva: *sus números cómicos empachan.* ◆ v. prnl. **3** **empacharse** Avergonzarse por algo.
DER empacho.

empacho n. m. **1** Alteración del aparato digestivo causada por una comida excesiva. SIN indigestión. **2** Cansancio o aburrimiento: *tengo empacho de leer tantas horas seguidas.*

empadronar v. tr. Inscribir a una persona en el padrón o registro en el que constan los habitantes de una población. SIN censar.
DER empadronamiento.

empalagoso, -sa adj. [cosa, persona] Que empalaga.

empalmar v. tr. **1** Unir dos cosas por sus extremos: *el electricista ha estado empalmando los cables de la luz.* ◆ v. tr./ intr. **2** Relacionar o unir una idea con otra. SIN encadenar, engarzar, enlazar. ◆ v. intr. **3** Combinarse o unirse un

medio de transporte con otro. SIN enlazar. ◆ v. prnl. **4** empalmarse *malsonante* Excitarse sexualmente un hombre o un animal macho, con erección del pene.
DER empalme; desempalmar.

empanada n. f. **1** Pasta o masa en forma de media luna rellena de ingredientes dulces o salados que se fríe en abundante aceite o se cuece al horno: *empanada de carne.* NOTA En España es más frecuente *empanadilla* que *empanada.* **2** Pastel salado de forma plana y generalmente rectangular, relleno de alimentos troceados y condimentados con cebolla y tomate que se cuece al horno: *empanada gallega.* **3** Confusión de ideas: *tienes una empanada que no te aclaras, yo que tú me lo volvería a estudiar todo.* NOTA También *empanada mental.*
DER empanadilla, empanarse.

empanadilla n. f. Empanada (pasta en forma de media luna).

empanar v. tr. **1** Rebozar un alimento con pan rallado antes de freírlo. ◆ v. prnl. **2** empanarse Quedarse una persona aturdida o absorta en algo.
DER empanada.

empañar v. tr. **1** Cubrir un cristal de vaho: *se nos empañó el parabrisas.* **2** Cubrir los ojos de lágrimas: *al oír la triste noticia se me empañaron los ojos.* **3** Perder la buena fama o el mérito: *semejante escándalo empañó su buen nombre.*
DER desempañar.

empapar v. tr./ prnl. **1** Mojar completamente, llegando la humedad hasta el interior: *como no llevaba paraguas, me he empapado.* SIN calar, impregnar. **2** Absorber y retener un líquido.

empapelar v. tr. **1** Cubrir con papel pintado una superficie: *empapelar las puertas de un armario.* **2** Someter a una persona a un proceso judicial o abrirle un expediente: *lo empapelaron por estafador.* ANT desempapelar.
DER empapelado; desempapelar.

empaque n. m. **1** Distinción y buena presencia. **2** Falta de naturalidad.

empaquetar v. tr. Envolver una cosa o preparar con ella un paquete para que no se estropee durante su transporte.

emparedado n. m. Bocadillo hecho con dos rebanadas de pan de molde entre las que se pone algún alimento: *un emparedado de jamón y queso.* SIN sándwich.

emparedar v. tr. Encerrar a una persoma entre paredes impidiéndole la comunicación con el exterior: *antiguamente mataban a la gente emparedándola.*
DER emparedado.

emparejar v. tr./ prnl. **1** Unir formando pareja: *emparejó a los dos perros para que criaran.* ◆ v. tr. **2** Poner dos o más cosas al mismo nivel.

emparentar v. intr. Establecer una relación de parentesco con una o más personas a través del matrimonio: *cuando una persona se casa, emparenta con la familia de la mujer o del marido.*
OBS En su conjugación, la *e* se convierte en *ie* en sílaba acentuada, como en *acertar.*

empastar v. tr. **1** Cubrir con una pasta especial el hueco que ha dejado la caries en un diente o una muela: *el dentista me ha empastado una muela que tenía picada.* **2** Cubrir o llenar una cosa con pasta.
DER empaste.

empaste n. m. **1** Relleno de los huecos que la caries ha producido en los dientes y las muelas. **2** Pasta con la que se rellena el hueco que deja la caries en dientes o muelas: *se me ha caído el empaste.*

empatar v. tr. Obtener la misma cantidad de puntos, de goles o de votos que otro jugador, otro equipo u otro partido político. ANT desempatar.
DER empate; desempatar.

empate n. m. Obtención del mismo número de puntos, de goles o de votos por parte de dos deportistas, dos equipos o dos partidos políticos.

empatía n. f. Participación afectiva de una persona en una realidad ajena a ella, generalmente en los sentimientos de otra persona: *el tratamiento funcionó para las personas sometidas a él y, quizá por empatía, para dos de las que recibieron el placebo.*

empedernido, -da adj. [persona] Que no puede abandonar un hábito o una mala costumbre: *un fumador empedernido.*

empedrado n. m. Suelo cubierto de piedras.

empedrar v. tr. Cubrir el suelo con piedras, ajustándolas entre sí: *antiguamente, las calles se empedraban.*
OBS En su conjugación, la *e* se convierte en *ie* en sílaba acentuada, como en *acertar.*
DER empedrado; desempedrar.

empeine n. m. Parte superior del pie que va desde los dedos hasta la unión con la pierna: *estos zapatos me aprietan un poco en el empeine.*

empeñado, -da adj. **1** Que tiene muchas

deudas o una deuda muy grande por haber pedido prestado mucho dinero. **2** Que tiene la intención muy firme y decidida de hacer una cosa, y no se le puede hacer cambiar de idea aunque tenga muchas razones en contra: *está empeñado en estudiar solfeo y piano.*

empeñar v. tr. **1** Entregar una joya u otra cosa de valor a cambio de una cantidad de dinero. **2** Comprometer el honor o la palabra como prueba de que se cumplirá lo que se ha prometido. ◆ v. prnl. **3** empeñarse Contraer una persona abundantes deudas: *me he empeñado para comprar el coche.* **4** Proponerse una cosa e intentarla con fuerza; insistir repetidamente: *se ha empeñado en comprarse un piso en el centro.*
DER empeñado, empeño; desempeñar.

empeño n. m. **1** Deseo intenso por realizar o conseguir algo; aspiración máxima: *su mayor empeño es acabar sus estudios.* **2** Esfuerzo, cuidado o interés: *pone mucho empeño en todo lo que hace.* **3** Intento o propósito de hacer una cosa.

empeorar v. tr./ intr./ prnl. Hacer que la persona o cosa que estaba mal se ponga peor: *muchas personas ancianas empeoran cuando hace frío.*
DER empeoramiento.

empequeñecer v. tr./ prnl. **1** Hacer más pequeño o menos importante. **2** Quitar importancia, valor o grandeza: *empequeñecer una victoria.* ANT enaltecer, encumbrar. ◆ v. prnl. **3** empequeñecerse Sentirse poco o nada importante: *se empequeñecía al oír los abucheos.*
OBS En su conjugación, la *c* se convierte en *zc* delante de *a* y *o*, como en *agradecer.*

emperador, -ratriz n. m. y f. **1** Persona que gobierna un imperio: *Augusto y Claudio fueron emperadores romanos.* ◆ n. f. **2** Mujer del emperador. ◆ n. m. **3** Pez marino comestible de piel áspera y con la parte superior de la boca en forma de espada: *al emperador también lo llamamos* pez espada.

emperifollar v. tr./ prnl. Adornar o arreglar con cuidado o en exceso.

empero conj. *formal* Pero, sin embargo: *las condiciones habían mejorado; empero, no fueron aceptadas.*

empezar v. tr. **1** Dar principio; hacer que una cosa exista o se haga: *el profesor empezó a hablar cuando los alumnos guardaron silencio.* SIN comenzar. **2** Comenzar a usar o consumir: *papá empezó el jamón y todos comimos un poco.* ◆ v. intr. **3** Tener principio; pasar a existir o a hacerse: *hacía un día de sol y de repente empezó a llover.* SIN comenzar.
▶ por algo se empieza Expresión que se utiliza para indicar que de un principio pequeño o poco importante puede hacerse algo grande: *solo tengo ahorrados veinte euros, pero por algo se empieza.*
DER empiece.

empiece n. m. Comienzo, origen y principio de una cosa.

empinado, -da adj. [terreno, camino] Que tiene una pendiente o una cuesta muy pronunciada.

empinar v. tr. **1** Inclinar un recipiente, soste-

empezar

INDICATIVO

presente
empiezo
empiezas
empieza
empezamos
empezáis
empiezan

pretérito imperfecto
empezaba
empezabas
empezaba
empezábamos
empezabais
empezaban

pretérito perfecto simple
empecé
empezaste
empezó
empezamos
empezasteis
empezaron

futuro
empezaré
empezarás
empezará
empezaremos
empezaréis
empezarán

condicional
empezaría
empezarías
empezaría
empezaríamos
empezaríais
empezarían

SUBJUNTIVO

presente
empiece
empieces
empiece
empecemos
empecéis
empiecen

pretérito imperfecto
empezara o empezase
empezaras o empezases
empezara o empezase
empezáramos o empezásemos
empezarais o empezaseis
empezaran o empezasen

futuro
empezare
empezares
empezare
empezáremos
empezareis
empezaren

IMPERATIVO

empieza	(tú)
empiece	(usted)
empezad	(vosotros)
empiecen	(ustedes)

FORMAS NO PERSONALES

infinitivo
empezar

gerundio
empezando

participio
empezado

niéndolo en alto, para beber. ◆ v. prnl. **2 empinarse** Ponerse sobre las puntas de los pies y alzarse. **3** Ponerse un animal sobre las patas traseras, levantando las patas delanteras. **4** Adquirir mucha pendiente hacia arriba un camino o un terreno. **5** Alcanzar gran altura, especialmente una torre, un árbol, una montaña u otra cosa parecida.
▶ **empinar el codo** Beber en exceso vino u otros licores: *se pasa el día metido en el bar, empinando el codo.*
DER empinado.

empingorotado, -da adj. [persona] Que tiene una posición social ventajosa y presume de ello.

empírico, -ca adj. Que está basado en la experiencia y en la observación de los hechos: *estudios empíricos han demostrado que algunas variedades de medicina alternativa son muy efectivas.*
DER empirismo.

empirismo n. m. Método o procedimiento basado en la experiencia y la observación de los hechos.

emplazamiento n. m. **1** Colocación o situación en un determinado lugar: *han buscado un buen emplazamiento para el hotel: sobre una colina, mirando al mar.* **2** Aviso por el que se convoca a una persona para que acuda a un juzgado, en un día y hora determinados, para alguna diligencia.

emplazar v. tr. **1** Colocar o situar en un lugar determinado. **2** Citar a una persona en un lugar y un momento determinados, especialmente para que acuda ante un juez: *está usted emplazado el jueves 12 en el juzgado número 1.*
OBS En su conjugación, la *z* se convierte en *c* delante de *e*.
DER emplazamiento; reemplazar.

empleado, -da n. m. y f. Persona que desempeña un trabajo a cambio de un salario: *los empleados del banco están en huelga.*

emplear v. tr. **1** Usar para un fin determinado: *emplea los domingos para estudiar.* **2** Dar trabajo; ocupar en una actividad. **3** Gastar, consumir: *empleas mal el tiempo.*
DER empleado, empleo; subemplear.

empleo n. m. **1** Trabajo u ocupación que se realiza a cambio de un salario: *Pedro ha perdido el empleo.* **SIN** colocación. **2** Ocupación de una persona en una actividad. **3** Uso, utilización: *modo de empleo.*
DER desempleo, pluriempleo.

empobrecer v. tr./ intr./ prnl. Hacer pobre o más pobre. **ANT** enriquecer.
OBS En su conjugación, la *c* se convierte en *zc* delante de *a* y *o*, como en *agradecer.*
DER empobrecimiento.

empollar v. tr. **1** Mantener el embrión contenido en un huevo a temperatura constante por medios naturales o artificiales: *la gallina empolla sus huevos.* ◆ v. tr./ intr./ prnl. **2** Estudiar mucho: *es muy estudioso, se pasa los días de verano empollando.*
DER empollón.

empollón, -llona adj./ n. m. y f. [persona] Que estudia mucho; especialmente, si destaca más por su aplicación que por su talento: *los alumnos gastaron una broma al empollón de la clase.*

emporrarse v. prnl. Experimentar una alteración del estado físico y anímico como consecuencia de fumar porros.

empotrado, -da adj. **1** Que está metido en una pared y asegurado con trabajos de albañilería: *todos los dormitorios de su casa tienen armarios empotrados.* **2** Que está completamente metido dentro de una cosa, generalmente a causa de un choque.

empotrar v. tr. **1** Meter una cosa en una pared o en el suelo, asegurándola con trabajos de albañilería. ◆ v. prnl. **2 empotrarse** Quedarse una cosa completamente metida dentro de otra, generalmente a causa de un choque: *el conductor perdió el control y el coche se empotró en la pared.*
DER empotrado.

emprendedor, -ra adj. [persona] Que tiene decisión e iniciativa para realizar acciones que son difíciles o entrañan algún riesgo.

emprender v. tr. Empezar a hacer alguna cosa, comenzarla; especialmente cuando exige esfuerzo y trabajo: *el presidente emprenderá hoy viaje a la zona siniestrada.* **SIN** acometer.
▶ **emprenderla con** Mostrar una actitud hostil o poco amigable hacia una persona: *no le he dado motivos para que la emprenda conmigo.*
DER emprendedor, empresa; reemprender.

empresa n. f. **1** Entidad en la que intervienen el capital y el trabajo como factores de producción de actividades industriales o mercantiles o para la prestación de servicios: *esta empresa se dedica a la producción de alimentos en conserva.* **SIN** compañía. **2** Acción o tarea que entraña esfuerzo y trabajo: *escribir una novela es empresa difícil y larga.*
DER empresariado, empresarial, empresario.

empresariado n. m. Conjunto de las empresas o de los empresarios de una industria, región o país.

empresarial adj. De la empresa, de los empresarios o que tiene relación con ellos.

empresario, -ria n. m. y f. Persona que tiene o dirige una empresa.

empujar v. tr. **1** Hacer fuerza contra una persona o cosa para moverla, sostenerla o rechazarla: *no me empujes, que ya me aparto.* **2** Presionar o influir sobre una persona para que haga cierta cosa: *las circunstancias me empujaron a dejar mi trabajo.*
DER empuje, empujón; arrempujar.

empuje n. m. **1** Fuerza que se hace contra una persona o cosa para moverla, sostenerla o rechazarla. **2** Fuerza producida por el peso de una cubierta o de un arco sobre los elementos que lo sostienen: *estos contrafuertes contrarrestan el empuje de la bóveda.* **3** Valor o decisión para hacer algo.

empujón n. m. **1** Golpe fuerte que se da a una persona o cosa para moverla o apartarla: *pretendía abrirse paso a empujones.* **2** Avance rápido que se da a lo que se está haciendo: *ayer le dimos un buen empujón al trabajo.*

empuñadura n. f. Parte por la que se sujetan las armas y otros objetos: *la empuñadura de una espada.*

empuñar v. tr. Agarrar por el puño un arma u otro objeto.
DER empuñadura.

emular v. tr. Imitar algo hecho por otra persona, procurando igualarlo o superarlo.
DER emulación, émulo.

émulo, -la adj./ n. m. y f. Que trata de emular o imitar a otro.

emulsión n. f. **1** Líquido que contiene sin disolverse pequeñas gotas de otro líquido: *el agua y el aceite no se mezclan, sino que forman una emulsión.* **2** Sustancia química que recubre las películas fotográficas.
DER emulsionar.

en prep. **1** Indica posición o lugar: *está en el trabajo.* **2** Indica el momento en que ocurre una cosa: *sucedió en 1940.* **3** Indica modo o manera, especialmente de hacer una cosa: *vamos en tren.* **4** Indica aquello a lo que se dedica o en lo que destacan una o varias personas: *es experto en temas políticos.* **5** Precedido y seguido de un numeral y en combinación con la preposición *de*, indica conjunto formado por un número determinado de unidades: *sube los peldaños de la escalera de tres en tres.* **6** En combinación con la preposición *de*, indica sucesión de elementos: *fue de puerta en puerta intentando vender una enciclopedia.* **7** Seguido de gerundio, indica que una cosa ocurre inmediatamente antes que otra: *en llegando el maestro, todos los niños se callan.*

en- Prefijo que entra en la formación de palabras con el significado de: **a.** 'Inclusión', 'encierro': *enlatar, embotellar.* **b.** En palabras científicas significa 'dentro de': *encéfalo.*
OBS Ante *p* o *b* toma la forma *em-*.

enagua n. f. Prenda interior femenina que se lleva de la cintura para abajo y se pone debajo de la falda.
OBS Se usa también en plural.

enajenación n. f. Falta de atención a causa de un pensamiento o de una impresión fuerte.
▶ enajenación mental Perturbación o trastorno de las facultades mentales. SIN demencia, locura.

enajenado, -da adj. Que tiene trastornadas las facultades mentales. SIN loco.

enajenar v. tr. **1** Vender o pasar a otra persona el derecho sobre un bien: *el Estado ha enajenado una serie de terrenos de la zona.* ◆ v. tr./ prnl. **2** Sacar de sí a una persona, turbarle el uso de la razón o de los sentidos: *enajenarse por el furor.*
DER enajenación, enajenado.

enaltecer v. tr./ prnl. **1** Dar mayor valor, grandeza u honor: *tus buenas obras, por supuesto, te enaltecen.* SIN engrandecer, ennoblecer, ensalzar. ANT empequeñecer. ◆ v. tr. **2** Alabar, decir cosas buenas de una persona o cosa. SIN elogiar, ensalzar.
OBS En su conjugación, la *c* se convierte en *zc* delante de *a* y *o*, como en *agradecer*.
DER enaltecimiento.

enaltecimiento n. m. Alabanza, elogio.

enamoradizo, -za adj. Que se enamora con facilidad.

enamorado, -da adj./ n. m. y f. **1** [persona] Que siente un profundo amor por una persona. **2** [persona] Que gusta mucho de una cosa determinada o es muy aficionado a ella: *soy un enamorado de París.*

enamoramiento n. m. Estado en el que se encuentra la persona que siente mucho amor por otra o por una cosa.

enamorar v. tr. **1** Conseguir el amor de una persona: *todos los días le regalaba un ramo de*

a b c d e f g h i j k l m n ñ o p q r s t u v w x y z

rosas para enamorarla. **SIN** conquistar. ◆ v. tr./ prnl. **2** Gustar mucho de una cosa: *esta casa me enamoró nada más verla.* ◆ v. prnl. **3** **enamorarse** Empezar a sentir amor hacia una persona.

DER enamoradizo, enamorado, enamoramiento, enamoriscarse; desenamorar.

enamoriscarse v. prnl. Enamorarse ligeramente de alguien. **NOTA** Se usa de forma irónica.

OBS En su conjugación, la *c* se convierte en *qu* delante de *e*.

enano, -na adj. **1** Que es extremadamente pequeño. **SIN** diminuto. **ANT** gigante. ◆ n. m. y f. **2** Persona que tiene una altura mucho menor de lo normal en los individuos de la misma edad y raza debido a una alteración del crecimiento. **3** Niño: *me gusta contarle cuentos a los enanos.* **NOTA** Se usa cariñosamente. **4** En los cuentos e historias infantiles, criatura con figura humana, de baja estatura y que suele tener poderes mágicos.

DER enanismo.

enarbolar v. tr. **1** Llevar en alto una bandera o un estandarte. **2** Llevar en alto un arma u otro objeto en actitud de amenaza: *algunos campesinos salieron a la calle enarbolando palos.* **3** Defender una idea o una causa: *el diplomático enarboló la causa de la paz mundial.*

enarcar v. tr. Dar forma de arco: *enarcó las cejas en señal de asombro.* **SIN** arquear.

OBS En su conjugación, la *c* se convierte en *qu* delante de *e*.

enardecer v. tr./ prnl. Excitar o avivar una pasión, pugna o disputa: *el público enardece a los futbolistas durante el partido.* **SIN** enfervorizar.

OBS En su conjugación, la *c* se convierte en *zc* delante de *a* y *o*, como en *agradecer*.

DER enardecimiento.

encabalgamiento n. m. LIT. Distribución en versos contiguos de partes de una palabra o frase que normalmente constituyen una unidad léxica o sintáctica: *los versos «y mientras miserable / mente se están los otros abrasando» de fray Luis de León tienen un encabalgamiento.*

encabezamiento n. m. Fórmula fija con que se comienza un escrito: *en el encabezamiento de la carta puedes poner: «Muy señores míos».*

encabezar v. tr. **1** Estar al comienzo de una lista: *encabeza la clasificación.* **2** Poner un encabezamiento al comienzo de un escrito. **3** Dirigir o ir a la cabeza de un grupo o un movimiento: *el alcalde encabezaba la procesión.*

OBS En su conjugación, la *z* se convierte en *c* delante de *e*.

DER encabezamiento.

encabritarse v. prnl. **1** Levantar el caballo las patas delanteras apoyándose en las traseras. **2** Enfadarse mucho: *le molestaron sus comentarios y acabó por encabritarse con toda la familia.* **SIN** cabrear, encolerizar, enfurecer.

encadenamiento n. m. **1** Atadura o sujeción con cadenas. **2** Relación que se establece entre dos o más cosas para formar un conjunto o una idea homogénea y coherente: *el encadenamiento de los fragmentos de un discurso.* **SIN** engarce, engranaje.

encadenar v. tr. **1** Atar o sujetar con cadenas: *encadenaron al oso por miedo.* **2** Impedir o quitar el movimiento o la capacidad de acción. **SIN** atar. ◆ v. tr./ prnl. **3** Relacionar dos o más cosas entre sí para formar un conjunto o una idea homogénea y coherente. **SIN** empalmar, engarzar, enlazar.

DER encadenado, encadenamiento; desencadenar.

encajar v. tr./ intr. **1** Meter una cosa dentro de otra de manera que quede bien ajustada: *estas piezas no encajan.* **ANT** desencajar. ◆ v. tr. **2** Aceptar una situación molesta o desagradable o reaccionar bien ante ella: *hay que saber encajar las críticas y las bromas.* **3** Recibir un golpe: *el boxeador encajó el puñetazo de su adversario.* **4** Recibir en contra, especialmente tantos o puntos: *el equipo encajó tres tantos.* ◆ v. intr. **5** Coincidir o estar de acuerdo: *su declaración no encaja con los hechos.* **6** Adaptarse una persona a un lugar o situación.

DER encaje; desencajar.

encaje n. m. **1** Tejido transparente hecho con calados que forman dibujos: *encaje de bolillos.* **2** Introducción de una pieza en otra de manera que queden ajustadas perfectamente.

encajonar v. tr. **1** Meter una cosa en un sitio demasiado estrecho: *metí el coche en una calle muy estrecha y me quedé encajonada.* **2** Meter o guardar en un cajón. ◆ v. prnl. **3** **encajonarse** Correr un río o arroyo por un lugar muy estrecho: *el río se encajona al pasar por la sierra.*

DER desencajonar.

encalar v. tr. Blanquear con una capa de cal o yeso blanco diluidos en agua. **SIN** blanquear.

encallar v. intr./ prnl. Quedar detenida una embarcación al tropezar con arena o piedras: *el barco encalló en un arrecife de corales.* **SIN** embarrancar.

DER desencallar.

encallecer v. tr./ prnl. **1** Poner dura una parte de la piel; salir callos. **2** Hacer fuerte, duro o insensible: *las penalidades encallecieron su corazón.*

OBS En su conjugación, la *c* se convierte en *zc* delante de *a* y *o*, como en *agradecer*.

encaminar v. tr. **1** Poner en camino, dirigir hacia un lugar determinado: *se encaminaron hacia el sur de la península.* SIN guiar, orientar. **2** Dirigir la intención hacia un fin determinado: *nuestros esfuerzos se encaminan a conseguir una mayor productividad.* SIN orientar.

encanallamiento n. m. Adquisición paulatina de costumbres propias de un canalla: *la figura definitiva del pícaro se hizo a partir del Lazarillo, acentuando su encanallamiento y su cinismo.*

DER encanallar.

encanijar v. tr./ prnl. Poner débil, flaco y enfermizo.

encantado, -da adj. **1** Satisfecho, contento: *estoy encantada con mi nueva casa.* **2** [cosa, lugar] Que ha sufrido un encantamiento: *una casa encantada.*

encantador, -ra adj. **1** Que resulta muy agradable: *Sandra es una persona encantadora: siempre ayuda a los demás.* ANT antipático, desagradable. ◆ n. m. y f. **2** Persona que se dedica a hacer encantamientos: *en este cuento el protagonista es un encantador de serpientes experimendado.*

encantamiento n. m. **1** Conjunto de palabras con poder mágico que se pronuncian para cambiar la naturaleza o la forma de alguien o algo: *la bruja convirtió al príncipe en sapo por medio de un encantamiento.* SIN embrujo, hechizo. **2** Atracción que se ejerce sobre la voluntad de alguien mediante la gracia, la simpatía o el talento. SIN embrujo, hechizo.

encantar v. tr. **1** Pronunciar un conjunto de palabras con poder mágico para cambiar la naturaleza o la forma de alguien o algo. SIN hechizar. **2** Gustar mucho una persona o cosa: *a mi profesor de lengua le encanta la novela rosa.* SIN enloquecer, entusiasmar. ANT disgustar.

DER encantador, encantamiento, encanto.

encanto n. m. **1** Aspecto de una persona o cosa que atrae: *no es muy guapa, pero sí tiene cierto encanto.* SIN atractivo. NOTA Se usa como apelativo cariñoso: *como tú quieras, encanto.* ◆ n. m. pl. **2** encantos Atractivo físico de una persona: *es muy consciente de sus encantos.*

encañar v. tr. **1** Poner cañas a las plantas para que trepen por ellas o para sostenerlas: *encañar las judías.* ◆ v. intr./ prnl. **2** Empezar a formar caña los tallos de los cereales: *el trigo encaña por mayo.*

encapotarse v. prnl. Cubrirse [el cielo] con nubes oscuras que amenazan tormenta inminente. SIN entoldarse. ANT desencapotarse.

encapricharse v. prnl. **1** Empeñarse en conseguir un capricho: *cuando se encapricha con algo, no hay quien lo pare; se ha encaprichado de un libro de poemas.* **2** Enamorarse de una persona de forma poco seria o pasajera: *ahora se ha encaprichado de una chica mucho más joven que él.*

encarado, -da Adjetivo que se utiliza en las expresiones *bien encarado* y *mal encarado*, que se aplican a personas con el significado, respectivamente, de 'que tiene buen aspecto, facciones bonitas' o 'que tiene mal aspecto, facciones feas': *se le acercó un tipo mal encarado y se asustó.*

DER malencarado.

encaramar v. tr. **1** Subir o levantar a una persona o una cosa a un lugar alto y difícil de alcanzar. **2** Colocar a una persona en una posición social o laboral alta. **3** Alabar mucho a alguien. ◆ v. prnl. **4** encaramarse Subir a un lugar alto.

encarar v. tr. **1** Considerar las diversas soluciones e intentar resolver un problema o una situación difícil: *no sabía cómo encarar el problema.* SIN enfrentar. **2** Poner dos cosas una frente a otra. ◆ v. prnl. **3** encararse Colocarse una persona o animal frente a otro en actitud agresiva: *se encaró con el jefe y le echaron del trabajo.*

DER encarado.

encarcelamiento n. m. Reclusión de una persona en la cárcel: *su encarcelamiento duró quince años.*

encarcelar v. tr. Meter a alguien en la cárcel.

DER encarcelamiento.

encarecer v. tr./ prnl. **1** Aumentar el precio de un producto o servicio; hacer más caro. ANT abaratar. ◆ v. tr. **2** Pedir o encargar con insistencia. **3** Alabar mucho las buenas cualidades de una persona o cosa.

OBS En su conjugación, la *c* se convierte en *zc* delante de *a* y *o*, como en *agradecer*.

DER encarecimiento.

encargado, -da n. m. y f. Persona que se encarga de un establecimiento o negocio y representa al dueño o interesado: *el encargado de una tienda.*

encargar v. tr. **1** Confiar a alguien la realización de una tarea: *si te encargan el cuidado de un niño, procura que no le pase nada.* **2** Pedir que un fabricante o comerciante disponga de un producto en un momento posterior o que lo haga venir de otro lugar: *he encargado unas bandejas de dulces para celebrar mi cumpleaños.* ◆ v. prnl. **3** encargarse Hacer una cosa o hacerse responsable de ella: *hay diferentes cuepos policiales que se encargan de la seguridad de los aeropuertos.*

OBS En su conjugación, la *g* se convierte en *gu* delante de *e*.

DER encargado, encargo.

encargo n. m. **1** Acción de mandar o encomendar a alguien la realización de algo. **2** Cosa que se pide a un fabricante o a un vendedor: *el tendero me dijo que aún no había llegado el encargo que había pedido.* SIN pedido. **3** Cosa que se tiene que hacer.

▶ como hecho de encargo Con las cualidades o condiciones adecuadas: *el traje te queda como hecho de encargo.* de encargo Hecho especialmente para una persona con un fin determinado: *los muebles de la cocina han sido fabricados de encargo.*

encariñar v. tr. **1** Hacer que una persona o un animal tome cariño a algo o alguien: *tiene un don para encariñar a los perros.* ◆ v. prnl. **2** encariñarse Tomar cariño a algo o alguien: *los niños están muy encariñados con la chica que los cuida.*

encarnación n. f. **1** Adopción de una forma material o carnal por parte de un ser espiritual. **2** Representación o símbolo de una idea, de una doctrina o de otra cosa abstracta: *era la encarnación del mal.*

encarnado, -da adj./ n. m. De color rojo. SIN colorado.

encarnar v. intr./ prnl. **1** Tomar forma material o carnal un ser espiritual: *creía que en otra vida se encarnaría en un león.* ◆ v. tr. **2** Personificar o representar una idea o doctrina: *mi padre encarna la bondad misma.* **3** Representar un personaje en una obra de teatro o en una película. ◆ v. prnl. **4** encarnarse Introducirse una uña, al crecer, en la carne que la rodea produciendo alguna molestia.

DER encarnación, encarnadura; reencarnarse.

encarnizado, -da adj. [pelea, discusión] Que es muy violento o salvaje. SIN campal.

encarrilar v. tr. **1** Hacer que un vehículo vaya por un carril: *encarrilar el tren.* **2** Conducir un asunto o a una persona por el camino adecuado. SIN encauzar.

encasillar v. tr. **1** Colocar en casillas. **2** Clasificar a personas o cosas: *como actor, te has encasillado en papeles de malo.*

encauzar v. tr. **1** Abrir un cauce por el que conducir una corriente de agua: *encauzaron las aguas del río para regar los campos.* **2** Hacer que un negocio o un asunto vaya por el buen camino para conseguir el resultado apetecido: *has encauzado muy bien tu vida.*

OBS En su conjugación, la *z* se convierte en *c* delante de *e*.

DER encauzamiento.

encéfalo n. m. Conjunto de órganos que forman el sistema nervioso de los vertebrados y que está encerrado y protegido por el cráneo: *el encéfalo está formado por el cerebro, el cerebelo y el bulbo raquídeo.*

encendedor n. m. Aparato que sirve para encender una materia combustible. SIN mechero.

encender v. tr. **1** Hacer que una cosa arda; prender fuego, pegar fuego: *encendió una cerilla.* **2** Conectar un circuito eléctrico para que funcione un determinado aparato: *podemos encender la luz o la televisión.* **3** Provocar un acto violento: *la envidia encendió las disputas entre las dos familias.* **4** Provocar o hacer más intenso un sentimiento, especialmente si es desagradable: *se le acusó de encender el odio racial contra los inmigrantes asiáticos.* ◆ v. prnl. **5** encenderse Ruborizarse o ponerse colorado: *sentía tantísima vergüenza, que se encendió cuando escucho el comentario.*

OBS En su conjugación, la *e* se convierte en *ie* en sílaba acentuada, como en *entender*.

DER encendedor, encendido, encendimiento.

encendido, -da adj. **1** De color rojo fuerte: *tenía el rostro encendido de ira.* ◆ n. m. **2** Mecanismo que produce la chispa en los motores de explosión.

OBS Es el participio de *encender*.

encerado n. m. Superficie de forma rectangular, negra o verde, que se usa para escribir con tiza y permite borrar lo escrito en ella con facilidad. SIN pizarra.

encerar v. tr. Cubrir el suelo con cera: *si el parqué se encera, brilla más y se conserva mejor.*

DER encerador, enceradora.

encerrar v. tr./ prnl. **1** Meter en un lugar de

donde no se quiere o no se puede salir o del cual no se puede sacar algo sin tener el instrumento o los medios necesarios: *me encierro en mi habitación para poder estudiar.* ◆ v. tr. **2** Contener, incluir o llevar implícito: *la pregunta encierra un misterio.* **3** Poner palabras dentro de ciertos signos ortográficos para separarlas de las demás en un escrito. ◆ v. prnl. **4** **encerrarse** Ocupar un edificio público como acto de protesta: *los estudiantes se encerraron en el rectorado para exigir un cambio en los planes de estudio.*

OBS En su conjugación, la *e* se convierte en *ie* en sílaba acentuada, como en *acertar.*

DER encerrona, encierro.

encerrona n. f. Situación, preparada de antemano, en la que se consigue que alguien se vea obligado a afrontar algo inesperado o a obrar de determinada manera.

encestar v. tr. En el juego del baloncesto, meter la pelota en la canasta del equipo contrario.

DER enceste.

encharcar v. tr./ prnl. **1** Cubrir de agua un terreno, formando charcos. **2** Llenarse de sangre u otro líquido un órgano del cuerpo.

OBS En su conjugación, la *c* se convierte en *qu* delante de *e.*

enchufado, -da adj./ n. m. y f. [persona] Que ha conseguido un empleo o beneficio por enchufe.

enchufar v. tr. **1** Conectar un aparato eléctrico a la red encajando las dos piezas del enchufe: *enchufa el ordenador.* **2** Unir dos tubos ajustando el extremo de uno en el de otro: *enchufa la manguera a la boca de riego.* **3** Dirigir un chorro de agua o luz hacia un punto. ◆ v. tr./ prnl. **4** Colocar en un cargo o empleo a una persona por medio de influencias y recomendaciones: *ha enchufado a su hermano en la oficina.*

DER enchufado, enchufe, enchufismo, enchufista; desenchufar.

enchufe n. m. **1** Pieza de material aislante con dos o tres salientes metálicos que sirve para conectar un aparato eléctrico a la red: *se ha roto el enchufe de la plancha.* **SIN** clavija. **NOTA** Se denomina también *enchufe macho.* **2** Pieza de material aislante con dos o tres agujeros y unida a la red eléctrica que sirve para hacer pasar la electricidad: *busca un enchufe y conecta la aspiradora.* **NOTA** Se denomina también *enchufe hembra.* **3** Conjunto formado por un enchufe macho y un enchufe hembra que se ajustan y sirve para hacer pasar la electricidad de la red a un aparato eléctrico. **4** Conjunto de relaciones de amistad con otras personas que sirve para obtener un empleo o un cargo: *tenía enchufe con el director del hotel y consiguió el puesto.*

encía n. f. Carne que cubre interiormente las mandíbulas y protege la raíz de los dientes.

encíclica n. f. Carta que el papa dirige a los obispos y fieles sobre un tema relacionado con la religión.

enciclopedia n. f. Libro o colección de libros que contiene artículos ordenados sobre el conocimiento humano en general o una ciencia o arte en particular.

DER enciclopédico, enciclopedismo.

enciclopédico, -ca adj. **1** De la enciclopedia o que tiene relación con ella: *información enciclopédica.* **2** Que tiene conocimientos que abarcan una gran variedad de temas: *María posee una cultura enciclopédica.*

encierro n. m. **1** Acto de protesta que consiste en ocupar un edificio público. **2** Fiesta popular que consiste en conducir los toros a la plaza antes de la corrida.

encima adv. **1** En un lugar superior o más alto que otra cosa: *déjalo ahí encima.* **SIN** sobre. **ANT** debajo. **2** Consigo; sobre la propia persona: *ahora no llevo dinero encima.* **3** Además; por si fuera poco: *encima de que no me pagan me insultan.*

▶ **por encima** De modo superficial: *me he leído el libro por encima porque no he tenido tiempo.*

DER encimera.

encimera n. f. **1** Pieza superior de un mueble, paralela a la base; en especial, pieza que recubre los muebles de cocina donde suelen prepararse los alimentos. **2** Placa o fogón con los fuegos para cocinar.

encina n. f. **1** Árbol de tronco fuerte y grueso, copa grande y redonda, con las hojas duras y permanentes, cuyo fruto es la bellota. **2** Madera de este árbol.

DER encinar, encino.

encinar n. m. Lugar donde crecen muchas encinas.

encinta adj. [mujer] Que está embarazada, que espera un hijo: *mi hermana está encinta de cinco meses.*

enclaustramiento n. m. **1** Entrada o encierro en un convento. **2** Apartamiento de la vida social, encerrándose en casa.

enclavado, -da adj. [lugar] Que está situado o encerrado dentro del área de otro.

enclave n. m. **1** Territorio de una región o país situado dentro de otra región o país: *Petilla de Aragón es un enclave de Navarra en la provincia de Zaragoza.* **2** Grupo de personas que es diferente de la gente que les rodea.

enclenque adj. Que es muy débil, enfermizo o flaco: *es muy enclenque: siempre está enfermo.*

enclítico, -ca adj./ n. m. y f. GRAM. [palabra] Que, por no tener acento propio, se une a la palabra anterior y forma un todo con ella: *los pronombres átonos son enclíticos del verbo, como en «aconséjame».* **ANT** proclítico.

encoger v. intr. **1** Disminuir de tamaño: *el jersey ha encogido.* ◆ v. tr./ prnl. **2** Contraer o doblar el cuerpo o una parte de él: *cuando le pregunté si le importaba, se encogió de hombros.* **3** Causar o tener miedo; asustar: *sé valiente y no te encojas.*
OBS En su conjugación, la *g* se convierte en *j* delante de *a* y *o*.
DER encogido, encogimiento; desencoger.

encolar v. tr. **1** Pegar con cola: *el carpintero ha encolado las patas del taburete.* **2** Cubrir con una capa de cola una superficie que se va a pegar.
DER encolado; desencolar.

encolerizar v. tr./ prnl. Hacer que uno se enfade mucho. **SIN** encabritarse.
OBS En su conjugación, la *z* se convierte en *c* delante de *e*.

encomendar v. tr. **1** Pedir a una persona que haga una cosa o que se encargue de ella: *le encomendaron una importante misión.* ◆ v. prnl. **2** encomendarse Ponerse bajo la protección de alguien, pidiéndole su ayuda: *se encomendó a Dios y a los santos.*
OBS En su conjugación, la *e* se convierte en *ie* en sílaba acentuada, como en *acertar*.
DER encomienda; recomendar.

encomienda n. f. **1** Petición a una persona para que haga una cosa o se encargue de ella. **2** Beneficio o renta vitalicia que se concedía sobre un lugar o territorio: *el rey le concedió una encomienda en América.*

enconar v. tr. Provocar un estado de enfrentamiento, nerviosismo y hostilidad contra una o más personas: *la decisión del jurado enconó los ánimos de los participantes.*
DER enconado, encono.

encontrado, -da adj. Opuesto o contrario: *tenemos pareceres encontrados.*

encontrar v. tr. **1** Dar con una persona o cosa que se buscaba: *no encuentro las llaves del coche.* **SIN** hallar. ◆ v. tr./ prnl. **2** Dar con una persona o cosa que no se buscaba. **SIN** hallar. ◆ v. tr. **3** Pensar, creer o considerar: *encuentro que no es justo.* **4** Notar una cualidad o circunstancia con los sentidos o con la mente: *te encuentro muy cambiado.* ◆ v. prnl. **5** encontrarse Sentirse de determinada manera: *se encuentra muy cansado.* **6** Reunirse dos o más personas en un mismo lugar: *nos encontraremos en el teatro.* **7** Estar una persona en un lugar determinado: *me encontraba en París cuando mi mujer dio a luz.*
OBS En su conjugación, la *o* se convierte en *ue* en sílaba acentuada, como en *contar*.
DER encontradizo, encontrado, encontronazo, encuentro; reencontrar.

encontronazo n. m. **1** Encuentro violento de dos o más cuerpos, de los cuales al menos uno está en movimiento. **SIN** colisión, choque. **2** Enfrentamiento o discusión fuerte y esporádica entre dos personas: *tuvo un encontronazo con su jefe; (fig) con la pubertad llegaron los primeros encontronazos con la sociedad.*

encopetado,-da adj. Que pertenece a una clase social noble o alta o que es propio de esta clase.

encorsetar v. tr. Limitar la libertad o someter a unas normas demasiado rígidas.
DER encorsetado.

encorvar v. tr./ prnl. **1** Doblar y torcer una cosa dándole forma curva. ◆ v. prnl. **2** encorvarse Doblarse hacia adelante una persona hasta adoptar forma curva.
DER encorvado.

encrespado, -da adj. [pelo] Que es rizado y áspero.

encrespar v. tr./ prnl. **1** Rizar el cabello haciendo ondas muy pequeñas. **2** Erizarse el pelo o el plumaje por alguna emoción fuerte. **3** Enfurecer, irritar a una persona o a un animal. **4** Agitarse las olas del mar con el viento. **SIN** alborotar.
DER encrespamiento.

encriptar **1** v. tr. Codificar mediante el lenguaje matemático una información según una clave secreta para que nadie pueda saber qué dice o de qué trata su contenido. **2** INFORM. Convertir el contenido de un mensaje en otro código para que pueda ser leído o interpretado más adelante o en otro momento: *hay programas que encriptan las URL para poder acortarlas.*

encrucijada n. f. **1** Lugar en el que se cruzan dos o más calles o caminos. **2** Situación de la que es difícil salir porque ofrece dos o más soluciones: *estamos en una encrucijada de la que tenemos que salir tomando una decisión cuanto antes.* SIN dilema.

encuadernación n. f. **1** Acción de encuadernar. **2** Parte exterior de un libro encuadernado, hecha de un material resistente, que cubre y protege el conjunto de las hojas sujetas en el lomo: *encuadernación en rústica; encuadernación en tela.* **3** Taller donde se encuaderna.

encuadernar v. tr. Coser o pegar las hojas que forman un libro y ponerles cubierta o tapas.
DER encuadernación, encuadernador.

encuadrar v. tr. **1** Poner un marco o cuadro a una fotografía, pintura o lámina. SIN enmarcar. **2** Disponer los elementos que forman parte de una imagen según el modo en que una cámara de cine o de fotografía los enfoca. ◆ v. tr./ prnl. **3** Señalar los límites espaciales, temporales, culturales, económicos o políticos que rodean una cosa y determinan en parte sus características: *la obra de Clarín se encuadra en el realismo.* SIN enmarcar.
DER encuadre.

encuadre n. m. Disposición de los elementos que forman parte de una imagen según el modo en que una cámara de cine o de fotografía los enfoca.

encubrir v. tr. **1** Ocultar la verdad para evitar que se conozca: *encubrió todo lo que hizo para que no lo echaran del trabajo.* SIN celar, cubrir. **2** Ocultar y proteger a una persona que ha cometido una falta o delito para que no sea descubierta: *será acusada de haber encubierto al criminal.* SIN cubrir. ANT delatar.
OBS El participio es *encubierto.*
DER encubridor, encubrimiento.

encuentro n. m. **1** Coincidencia o reunión de dos o más personas en un mismo lugar: *un encuentro casual o fortuito.* **2** Competición deportiva en la que se enfrentan dos equipos. SIN partido.

encuesta n. f. **1** Reunión de datos obtenidos mediante una serie de preguntas sobre un tema determinado que se hace a muchas personas para conocer su opinión: *cuando hay elecciones, se hacen encuestas para tratar de conocer cuál será el partido más votado.* **2** Papel o impreso donde se recogen esas preguntas.

encuestador, -ra n. m. y f. Persona que realiza encuestas.

encuestar v. tr. Hacer preguntas para una encuesta.
DER encuesta, encuestado.

encumbrar v. tr./ prnl. **1** Colocar a una persona en una posición o puesto alto: *sus méritos personales lo encumbraron al puesto más elevado de la empresa.* **2** Dar mayor valor, grandeza u honor. SIN enaltecer, engrandecer, ensalzar. ANT empequeñecer.
DER encumbrado, encumbramiento.

ende Palabra que se utiliza en la locución culta por ende, que significa 'por tanto, por consiguiente': *a esa hora los vi en el bar; por ende, no pueden ser los que robaron en tu domicilio.*

endeble adj. Que es muy débil, que tiene poca fuerza o resistencia: *una silla endeble; un argumento endeble.* SIN flojo. ANT fuerte.
DER endeblez.

endeca- Elemento prefijal que entra en la formación de palabras con el significado de 'once': *endecasílabo.*

endecasílabo, -ba adj./ n. m. LIT. [verso] Que tiene once sílabas.

endecha n. f. **1** LIT. Estrofa que consta de cuatro versos de seis o siete sílabas, generalmente asonantes. **2** LIT. Canción triste o de lamento.

endémico, -ca adj. **1** [acción, hecho] Que se repite frecuentemente o que está muy extendido: *el paro es un problema endémico en las sociedades actuales.* **2** [enfermedad] Que afecta habitualmente a una región o país: *el paludismo es endémico en las zonas pantanosas.* **3** [ser vivo] Que vive únicamente en una región determinada: *muchas plantas son especies endémicas de las islas Canarias.*

endemoniado, -da adj./ n. m. y f. **1** Poseído del demonio. ◆ adj. **2** Que es muy malo, molesto o nocivo: *hace un tiempo endemoniado.*

enderezar v. tr. **1** Poner derecho o vertical lo que está torcido o inclinado: *atemos la planta a un palo, a ver si podemos enderezarla.* **2** Arreglar una cosa o una situación: *no pudieron enderezar el negocio y se arruinaron.* ◆ v. tr. **3** Arreglar o corregir el comportamiento de una persona.
OBS En su conjugación, la *z* se convierte en *c* delante de *e.*

endeudar v. tr./ prnl. Contraer deudas.
DER endeudamiento.

endibia n. f. Hortaliza con las hojas puntiagudas, lisas y amarillas, unidas por la base.
OBS También se escribe *endivia.*

endiosar v. tr. **1** Elevar a uno a la categoría de dios: *los seguidores adolescentes endiosan a*

sus ídolos. ◆ v. prnl. **2** endiosarse Volverse una persona soberbia, altiva y vanidosa.
DER endiosamiento.

endivia n. f. Endibia, hortaliza.

endo- Prefijo que entra en la formación de palabras con el significado de 'dentro', 'en el interior': *endocarpio, endodoncia.*

endocrino, -na adj. **1** [glándula] Que produce hormonas o secreciones que van a parar directamente a la sangre: *el tiroides es una glándula endocrina.* **2** De las hormonas o las glándulas que las producen o que tiene relación con ellas: *su problema de obesidad es de origen endocrino.* ◆ n. m. y f. **3** Especialista en endocrinología.
DER endocrinología.

endosfera n. f. Núcleo de la Tierra, formado probablemente por níquel y hierro.

endrina n. f. Fruto del endrino, de color negro azulado, forma redondeada y sabor áspero y agrio.

endrino n. m. Arbusto de hojas alargadas, flores blancas y ramas con espinas; su fruto es la endrina.
DER endrina.

endulzar v. tr. **1** Hacer que una cosa sea dulce. SIN dulcificar. ◆ v. tr./ prnl. **2** Hacer más agradable una situación difícil o penosa: *el dinero le servirá para endulzar sus penas.* SIN aliviar, dulcificar.
OBS En su conjugación, la *z* se convierte en *c* delante de *e*.

endurecer v. tr./ prnl. **1** Poner duro o más duro. ANT ablandar, enternecer, reblandecer. **2** Hacer más resistente física y mentalmente: *la vida del campo endurece.* ANT reblandecer. **3** Hacer más severo o inflexible: *tanto los sindicatos como la patronal han endurecido sus posturas.*
OBS En su conjugación, la *c* se convierte en *zc* delante de *a* y *o*, como en *agradecer*.
DER endurecimiento.

endurecimiento n. m. **1** Aumento de la dureza de un cuerpo. **2** Fortalecimiento del cuerpo o de la mente. **3** Proceso por el que algo se hace más exigente, riguroso o severo.

ene n. f. Nombre de la letra *n*.

enea n. f. **1** Planta de tallos altos y cilíndricos, con las hojas largas y estrechas, dispuestas en dos filas a lo largo del tallo y las flores en forma de espiga. SIN espadaña. **2** Hoja seca de esta planta que se usa para tejer asientos y otros objetos. SIN espadaña.

enea- Elemento prefijal que entra en la formación de palabras con el significado de 'nueve': *eneasílabo.*

eneágono n. m. Figura geométrica de nueve lados. SIN nonágono.

eneasílabo, -ba adj./ n. m. LIT. [verso] Que tiene nueve sílabas: *este poema está escrito en eneasílabos.*

enebro n. m. **1** Arbusto de tronco ramoso, copa espesa, hojas agrupadas de tres en tres, rígidas y punzantes, y flores de color pardo rojizo; su fruto es una baya de forma esférica y color negro azulado: *la ginebra se hace con las bayas del enebro.* **2** Madera de este arbusto, roja, fuerte y olorosa.

enema n. m. **1** Medicamento líquido que se aplica en el cuerpo a través del ano. SIN lavativa. **2** Instrumento manual para introducir ese líquido.
OBS No se debe confundir con *edema*.

enemigo, -ga adj. **1** Que se opone o es contrario. ◆ n. m. y f. **2** Persona que odia a otro y le desea o le hace mal: *mi padre fue un hombre bueno y nunca tuvo enemigos.* ANT amigo. **3** Persona que está en contra o no gusta de algo: *es un enemigo del tabaco.* **4** Persona o grupo de personas contra las que se lucha.
DER enemistad.

enemistad n. f. Sentimiento de rechazo u odio entre dos o más personas. ANT amistad.
DER enemistar.

enemistar v. tr./ prnl. Hacer que dos o más personas sean enemigas o pierdan su amistad.

energético, -ca adj. **1** De la energía o que tiene relación con esta fuerza: *crisis energética.* **2** Que produce energía: *el azúcar y las almendras son energéticos.*

energía n. f. **1** Fuerza que tiene un cuerpo para poder hacer un trabajo, producir un cambio o una transformación: *energía eléctrica, atómica, nuclear.* **2** Capacidad y fuerza para actuar física y mentalmente: *desde que como más sano, me siento lleno de energía.*
DER energético, enérgico.

enérgico, -ca adj. Que tiene energía, que actúa con mucha fuerza y decisión: *el gobierno tomará medidas enérgicas para evitar la huelga.*

energúmeno, -na n. m. y f. Persona colérica y que al enojarse se expresa con violencia.

enero n. m. Primer mes del año: *enero tiene 31 días.*

enésimo, -ma adj. **1** Que se ha repetido un número indeterminado de veces: *es la enési-*

ma vez que te digo que te estés quieto, no te lo diré más. **2** MAT. [término] Que ocupa un lugar indeterminado en una serie o sucesión: *en la serie de números 1, 2, 3, 4, ..., el término enésimo puede ser cualquier número.*

enfadar v. tr. **1** Causar disgusto o enfado: *se ha enfadado, pero se le pasará.* **SIN** disgustar, enojar. **ANT** agradar. ◆ v. prnl. **2** **enfadarse** Romperse la buena relación que existía entre dos o más personas: *se enfadaron y aún no se hablan.*
DER enfadado, enfado.

enfado n. m. Sentimiento que se experimenta contra una persona por haber cometido esta una falta de obediencia, obligación o respeto: *¿se te ha pasado el enfado?* **SIN** enojo.
DER enfadoso; desenfado.

enfangar v. tr. **1** Cubrir de barro una cosa o meterla en él. ◆ v. prnl. **2** **enfangarse** Mezclarse en un asunto ilegal o fraudulento.
OBS En su conjugación, la *g* se convierte en *gu* delante de *e*.

énfasis n. m. **1** Fuerza en la expresión o en la entonación con la cual se pretende destacar la importancia de lo que se dice. **2** Importancia o relieve que se concede a algo.
OBS El plural también es *énfasis*.
DER enfático, enfatizar.

enfático, -ca adj. Que se expresa con énfasis, lo denota o lo implica.

enfatizar v. tr. **1** Expresarse con énfasis. **2** Hablar articulando con intensidad las sílabas o las palabras: *enfatizaba sus «no» para que todos tuviéramos claro qué se podía hacer y qué no.* **3** Destacar algo o darle una importancia especial.

enfermar v. intr. **1** Caer o ponerse enfermo: *su padre ha enfermado del corazón.* **ANT** curar, sanar. ◆ v. tr. **2** Causar disgusto, molestia o poner de mal humor: *tanta tranquilidad y lentitud me enferma.* **SIN** disgustar, enfadar, enojar. **ANT** gustar.

enfermedad n. f. **1** Alteración más o menos grave de la salud de un ser vivo: *la enfermedad de una planta atacada por pulgones.* **enfermedad carencial** Enfermedad que se produce por falta de vitaminas o minerales en la alimentación: *la anemia es una enfermedad carencial.* **enfermedad crónica** Enfermedad que se padece a lo largo de mucho tiempo, generalmente por no tener cura, aunque sí un tratamiento que evita sus consecuencias. **enfermedad mental** Enfermedad que afecta a la mente debido a una lesión cerebral o a causas psíquicas. **enfermedad profesional** Enfermedad que se produce por el ejercicio de un determinado trabajo: *la silicosis es una enfermedad profesional propia de mineros y canteros.* **2** Cosa que afecta o daña gravemente a una persona y es difícil de combatir o frenar: *su miedo a la oscuridad llegó a convertirse en una enfermedad.*

enfermería n. f. **1** Lugar donde se presta una primera atención a las personas enfermas o heridas. **2** Conjunto de conocimientos relacionados con el cuidado de enfermos y heridos y con la ayuda a los médicos en su trabajo.

enfermero, -ra n. m. y f. Persona que se dedica al cuidado de enfermos y ayuda al médico en la aplicación de medios técnicos para la curación de las enfermedades.
DER enfermería.

enfermizo, -za adj. **1** [ser vivo] Que tiene poca salud y enferma con frecuencia. **2** De la enfermedad o que está relacionado con ella: *sentía unos celos enfermizos por tus hermanos.*

enfermo, -ma adj./ n. m. y f. [ser vivo] Que padece una enfermedad.
DER enfermar, enfermedad, enfermero, enfermizo.

enfervorizar v. tr./ prnl. Provocar un intenso entusiasmo, generalmente en un conjunto numeroso de personas: *la aparición del cantante en el escenario enfervorizó al público.* **SIN** enardecer.
OBS En su conjugación, la *z* se convierte en *c* delante de *e*.

enfilar v. tr./ intr. **1** Comenzar a recorrer un camino; tomar una dirección: *comenzó a correr cuando los toros enfilaron la calle Estafeta.* ◆ v. tr. **2** Vigilar de cerca a una persona con la intención de castigarla en cuanto cometa un error.
DER desenfilar.

enflaquecer v. tr. Poner más flaca o delgada a una persona.
OBS En su conjugación, la *c* se convierte en *zc* delante de *a* y *o*, como en *agradecer*.

enfocar v. tr. **1** Ajustar un mecanismo óptico para hacer que una imagen se vea con claridad: *tardó un buen rato en enfocar correctamente al grupo.* **ANT** desenfocar. **2** Dirigir un cámara u otro instrumento óptico hacia un lugar. **3** Dirigir un foco de luz hacia un lugar para iluminarlo: *el policía enfocó los faros del coche hacia el lugar del accidente.* **4** Valorar o considerar una cosa desde un determinado punto de vista.
OBS En su conjugación, la *c* se convierte en *qu* delante de *e*.
DER enfoque; desenfocar.

enfoque n. m. **1** Grado de nitidez y claridad

que tiene una imagen enfocada a través de una cámara u otro dispositivo óptico. **2** Manera particular de valorar o considerar una cosa: *el nuevo profesor hizo un enfoque lúdico de las matemáticas.* **SIN** ángulo, perspectiva.

enfrentamiento n. m. Oposición a la voluntad, a los intereses o a la fuerza de otro: *el enfrentamiento entre policía y manifestantes se saldó con detenciones.*

enfrentar v. tr./ prnl. **1** Oponerse a la voluntad, a los intereses o a la fuerza de otra persona: *el cobro de la herencia enfrentó a varios hermanos.* **2** Poner una persona o cosa frente a otra. ◆ v. prnl. **3** enfrentarse Considerar las diversas soluciones e intentar resolver un problema o una situación difícil: *si te han despedido, no debes desmoronarte, sino enfrentarte a tu nueva situación.* **SIN** encarar.
DER enfrentamiento.

enfrente adv. En la parte opuesta o delante de un lugar, persona o cosa: *la cocina está enfrente del salón.*
DER enfrentar.

enfriamiento n. m. **1** Disminución de la temperatura de un cuerpo o de un lugar: *por la noche se produce un enfriamiento paulatino del ambiente.* **2** Disminución de la intensidad de un fenómeno, de una actividad o de un sentimiento: *la distancia fue la causante del enfriamiento de su amistad.* **3** Malestar físico provocado por la inflamación de las membranas mucosas del aparato respiratorio, que produce un aumento de la secreción nasal y suele ir acompañado de tos, fiebre y dolores musculares. **SIN** catarro, constipado, resfriado.

enfriar v. tr. **1** Hacer que disminuya la temperatura de un cuerpo; poner frío: *puso a enfriar el vino en un vaso con hielo.* **ANT** calentar. **2** Hacer que disminuya la intensidad de un fenómeno, de una actividad o de un sentimiento: *el Gobierno ha tomado medidas para enfriar la economía.* **ANT** calentar. ◆ v. prnl. **3** enfriarse Contraer una enfermedad leve del aparato respiratorio consistente en una inflamación de la garganta y del tejido interior de la nariz, que a menudo va acompañada de fiebre y dolores musculares. **SIN** acatarrarse, constiparse, resfriarse.
OBS En su conjugación, la *i* se acentúa en algunos tiempos y personas, como en *desviar.*
DER enfriamiento.

enfundar v. tr. **1** Guardar una cosa dentro de su funda. **ANT** desenfundar. **2** Colocar una funda encima de una cosa para protegerla. **ANT** desenfundar. ◆ v. prnl. **3** enfundarse Ponerse una prenda de vestir, especialmente si es ajustada al cuerpo.
DER desenfundar.

enfurecer v. tr./ prnl. Poner furioso a una persona o animal. **SIN** cabrear, encabritarse, encolerizar.
OBS En su conjugación, la *c* se convierte en *zc* delante de *a* y *o*, como en *agradecer.*
DER enfurecimiento.

enfurruñarse v. prnl. Enfadarse, especialmente de manera leve pero con expresión de disgusto.
DER enfurruñamiento.

engalanar v. tr./ prnl. Embellecer con adornos y colgaduras, generalmente en señal de fiesta u homenaje.

enganchada n. f. Disputa o discusión.

enganchar v. tr. **1** Sujetar, unir o colgar de un gancho o de otra cosa parecida: *enganchó la caravana al coche y emprendió la marcha.* **2** Quedar sujetas entre sí dos cosas por algún punto, generalmente de manera accidental: *se enganchó el pantalón con una zarza y se hizo un siete.* ◆ v. tr./ intr. **3** Sujetar uno o varios animales a un vehículo o un instrumento para que tiren de él: *enganchar los perros al trineo.* ◆ v. tr. **4** Conseguir atraer el interés de una persona: *es una gran novela que engancha al lector desde la primera página.* ◆ v. prnl. **5** engancharse Llegar a tener una relación de dependencia o adicción hacia una cosa: *engancharse a la heroína.*
DER enganchado, enganche, enganchón; desenganchar, reengancharse.

enganche n. m. **1** Sujeción o unión de dos cosas mediante un gancho u otra cosa que tenga forma o función parecidas. **2** Pieza o aparato que sirve para enganchar o sujetar una cosa: *el enganche de una pulsera.* **3** Sujeción o unión de uno o más animales a un vehículo o un instrumento para que tiren de él: *el enganche de los bueyes a la carreta lo hizo el boyero.* **4** Animal o conjunto de animales, generalmente caballerías, que tiran de un vehículo, y forma en la que están unidos a él. **5** Operación mediante la cual un aparato o sistema se conecta a una red general.
▶ banderín de enganche Reclamo o ejemplo que sirve para ganar adeptos a una causa o colaboradores para un trabajo común: *el éxito español en las Olimpiadas es el mejor banderín de enganche para que los jóvenes se acerquen al deporte.*

engañador, -ra adj. Que engaña.

a b c d e f g h i j k l m n ñ o p q r s t u v w x y z

engañar v. tr. **1** Hacer creer a una persona algo que en realidad es mentira: *el jugador simuló la falta para engañar al árbitro.* **2** Mantener relaciones sexuales con una persona distinta de la pareja habitual: *engañó a su marido con su mejor amigo.* **3** Calmar momentáneamente una necesidad o un sentimiento: *engañaba al miedo que sentía cantando en voz alta.* ◆ v. intr. **4** Causar una impresión equivocada en los sentidos: *en campo abierto, las distancias engañan mucho.* ◆ v. prnl. **5** engañarse Tener una idea falsa de la realidad por desconocimiento o por el deseo de creer en lo más cómodo o agradable: *te engañas si crees que fumar poco no perjudica la salud.*
DER engañifa, engaño; desengañar.

engañifa n. f. Cosa que parece de gran valor o muy útil, pero que en realidad es de poca calidad o inútil.

engaño n. m. **1** Falta a la verdad que se comete cuando se hace creer a una persona algo que en realidad es mentira. **2** Medio o procedimiento que se emplea para llevar a cabo este hecho: *algunos recipientes son un engaño; parecen contener más producto del que tienen en realidad.* **3** Relación sexual que se mantiene con una persona distinta de la pareja habitual. **4** Impresión o idea equivocada o falsa que se tiene de una cosa. **5** Capote o muleta que se usa para torear a un toro: *maneja muy bien el engaño.*
▶ llamarse a engaño Sentirse engañado en un asunto: *antes de venderme su coche, mi amigo me advirtió, para que no me llamara a engaño, de que tenía el radiador en mal estado.*
DER engañoso.

engañoso, -sa adj. Que engaña o puede inducir al engaño.

engarce n. m. **1** Unión de una cosa con otra formando una cadena: *el engarce de las cuentas de un collar.* **2** Encaje de una cosa en un soporte o sobre una superficie. **3** Soporte o superficie sobre la que se lleva a cabo este encaje: *el joyero montó una gran perla negra en un engarce de oro.* **4** Relación que se establece entre dos o más cosas para formar un conjunto o una idea homogénea y coherente. SIN encadenamiento, engranaje.

engarzar v. tr. **1** Unir una cosa con otra formando una cadena: *engarzar los eslabones de una cadena.* **2** Engastar una cosa en un soporte o sobre una superficie. SIN engastar. **3** Relacionar dos o más cosas entre sí para formar un conjunto o una idea homogénea y coherente. SIN encadenar, enlazar.
OBS En su conjugación, la *z* se convierte en *c* delante de *e*.
DER engarce; desengarzar.

engastar v. tr. Encajar firmemente una cosa en un soporte o sobre una superficie; especialmente, una perla o una piedra preciosa en una joya: *engastar un diamante en un pendiente.* SIN engarzar.
DER engaste; desengastar.

engatusar v. tr. Ganarse la voluntad o el favor de una persona adulándola o aparentando tener ciertas cualidades que en realidad no se tienen. SIN camelar.

engendrar v. tr. **1** Crear una persona o un animal un ser de su misma especie mediante la reproducción natural. **2** Producir un efecto o resultado; ser el origen o la razón de que una cosa ocurra: *el uso de la violencia engendra más violencia.* SIN causar, ocasionar, originar.
DER engendro.

englobar v. tr. Incluir varias partes, elementos o individuos en una sola unidad o conjunto. SIN abarcar.

engordar v. intr. **1** Ponerse gordo; aumentar de peso. ANT adelgazar. ◆ v. tr./ intr. **2** Aportar el exceso de sustancias alimenticias o grasas que hacen que una persona se ponga gorda o aumente de peso. ANT adelgazar. ◆ v. tr. **3** Alimentar a un animal para que aumente de peso o se ponga gordo, generalmente con el fin de aprovechar su carne. SIN cebar.
DER engorde.

engorde n. m. Alimentación encaminada a lograr que un animal aumente de peso o se ponga gordo, generalmente con el fin de aprovechar su carne: *el engorde del ganado mediante hormonas está prohibido por la ley.*

engorro n. m. Cosa que resulta fastidiosa o molesta: *es un engorro tener que hacer la declaración de la renta.*
DER engorroso.

engorroso, -sa adj. Molesto o fastidioso.

engranaje n. m. **1** Encaje de dos o más ruedas dentadas entre sí: *el golpe ha desajustado el engranaje del coche de juguete.* **2** Conjunto de ruedas dentadas y piezas que encajan entre sí y forman parte de un mecanismo o de una máquina. **3** Conjunto de personas, relaciones y actuaciones que caracterizan el funcionamiento de un grupo o de una empresa o institución. **4** Relación que se establece entre dos o más cosas para formar un conjunto o una idea homogénea y coherente: *mediante un agudo engranaje teórico, el científico logró demostrar sus teorías.* **SIN** encadenamiento, engarce.

engrandecer v. tr./ prnl. **1** Dar mayor valor, grandeza u honor. **SIN** enaltecer, encumbrar, ensalzar. **ANT** empequeñecer. **2** Hacer grande o más grande una cosa. **SIN** agrandar, ensanchar.
OBS En su conjugación, la *c* se convierte en *zc* delante de *a* y *o*, como en *agradecer.*
DER engrandecimiento.

engrasar v. tr. Aplicar grasa a una superficie para facilitar su deslizamiento sobre otra, reduciendo el rozamiento.
DER engrase.

engreído, -da adj./ n. m. y f. [persona] Que muestra un orgullo excesivo por sus cualidades o por sus actos propios. **SIN** creído, vanidoso. **ANT** humilde.

engrosar v. tr./ prnl. Aumentar el número o la cantidad de una cosa: *los obreros despedidos de la factoría engrosarán la lista de parados.*

enguarrar v. tr. Ensuciar, manchar.

engullir v. tr. **1** Tragar la comida con rapidez y casi sin masticar. **2** Comer con rapidez; generalmente, una gran cantidad de alimentos. **SIN** zampar.
OBS En su conjugación, la *i* de la desinencia se pierde absorbida por la *ll* en algunos tiempos y personas, como en *mullir.*

enharinar v. tr. Cubrir un alimento con una fina capa de harina: *enharinar el pescado antes de freírlo.*

enhebrar v. tr. **1** Pasar un hilo a través del agujero de un objeto; especialmente, del ojo de una aguja: *enhebrar una aguja antes de coser.* **SIN** ensartar. **2** Hablar de muchos temas yendo de uno a otro sin orden ni concierto. **SIN** ensartar.
DER desenhebrar.

enhorabuena n. f. Expresión de la alegría y la satisfacción que se siente por una cosa agradable o feliz que le ha ocurrido a otra persona: *la presidenta dio personalmente la enhorabuena a los alpinistas españoles.*

enigma n. m. **1** Frase o pregunta difícil que, como pasatiempo o juego, una persona propone a otra para que le encuentre el sentido oculto o le dé una solución. **SIN** acertijo, adivinanza, rompecabezas. **2** Cosa que no tiene una explicación racional conocida: *es un enigma el saber cómo algunos animales consiguen orientarse cuando migran.*
DER enigmático.

enigmático, -ca adj. **1** Que tiene un significado desconocido u oculto: *cuando dijo que quería hablar conmigo, me lanzó una mirada enigmática.* **2** Que no tiene una explicación racional conocida.

enjabonar v. tr./ prnl. Aplicar y extender agua y jabón sobre una superficie: *enjabonó las manos del niño y se las lavó.* **SIN** jabonar.

enjaezar v. tr. Embellecer una caballería colocándole adornos o jaeces.
OBS En su conjugación, la *z* se convierte en *c* delante de *e.*

enjalbegar v. tr. Blanquear una pared con cal, yeso o tierra blanca.
OBS En su conjugación, la *g* se convierte en *gu* delante de *e.*

enjambre n. m. **1** Conjunto numeroso de abejas con su reina, especialmente cuando salen juntas de una colmena para formar otra colonia. **SIN** colmena. **2** Conjunto numeroso de personas, animales o cosas: *un enjambre de periodistas perseguía por el aeropuerto al famoso cantante.*
DER enjambrar.

enjaular v. tr. **1** Meter o encerrar en una jaula a un animal. **ANT** desenjaular. **2** Encarcelar a una persona. **SIN** enchiquerar, enchironar. ◆ v. prnl. **3** enjaularse Recluirse en su casa [una persona].

enjoyar v. tr. Adornar con joyas una parte del cuerpo de una persona.

enjuagar v. tr. **1** Aclarar con agua algo manchado o enjabonado para limpiarlo o aclararlo: *enjuaga bien la camisa antes de tenderla.* ◆ v. prnl. **2** enjuagarse Limpiarse los dientes y la boca manteniendo en ella y moviendo una porción de agua o líquido antiséptico que luego se escupe.
OBS En su conjugación, la *g* se convierte en *gu* delante de *e.*
DER enjuague.

enjugar v. tr. **1** Eliminar la humedad o el líquido que cubre algo con un paño o una esponja: *enjugar las lágrimas.* **SIN** secar. ◆ v. tr. **2** Hacer disminuir o eliminar una deuda o un déficit: *no logró enjugar los gastos con lo obtenido con los beneficios y tuvo que cerrar la tienda.* **3** Hacer disminuir o eliminar una diferencia de puntos, tantos o goles.
OBS En su conjugación, la *g* se convierte en *gu* delante de *e.*

enjuiciar v. tr. **1** Adoptar una opinión o juicio sobre un asunto. **2** DER. Someter a una persona a un proceso legal mediante el que

a b c d e f g h i j k l m n ñ o p q r s t u v w x y z

un juez decide si es responsable de un delito: *el Tribunal Internacional de La Haya enjuició a algunos de los responsables del genocidio.*
OBS En su conjugación, la *i* es átona, como en *cambiar.*
DER enjuiciamiento.

enjundia n. f. Riqueza y profundidad de ideas del contenido de un libro, un discurso o una película u obra de teatro: *algunos críticos reprochan al cine norteamericano su infantilismo y su falta de enjundia.*
DER enjundioso.

enjuto, -ta adj. [persona, animal] Que está muy delgado. **SIN** flaco. **ANT** gordo, grueso, rollizo.

enlace n. m. **1** Relación que se establece entre dos o más elementos. **2** Vía de comunicación que une dos lugares: *el túnel bajo el canal de la Mancha es el único enlace terrestre entre las islas británicas y Francia.* **3** Lugar en el que se unen o cruzan dos vías de comunicación o dos medios de transporte. **4** Persona que facilita el trato o la relación personal con otras, especialmente dentro de una institución, empresa u organización: *los directivos se reunieron con los enlaces sindicales.* **SIN** contacto. **5** Unión de dos personas mediante determinados ritos o formalidades legales por los cuales ambos se comprometen a llevar una vida en común: *el enlace se celebrará en la iglesia de San Miguel.* **SIN** boda, casamiento, matrimonio. **6** GRAM. Partícula o palabra que sirve para establecer relaciones entre las partes de una oración: *conjunciones y preposiciones ejercen de enlaces gramaticales.* **7** Fuerza que mantiene unidos los átomos de una molécula o las moléculas entre sí.

enlatar v. tr. Meter un producto en una lata para facilitar su conservación o transporte, especialmente un alimento.

enlazar v. tr./ intr./ prnl. **1** Relacionar dos o más cosas entre sí para formar un conjunto o una idea homogénea y coherente. **SIN** encadenar, engarzar, entrelazar. ◆ v. tr. **2** Unir o atar con un lazo. **ANT** desenlazar. **3** Cruzar una cosa con otra para unirlas: *los novios enlazaron sus manos ante el sacerdote.* **SIN** entrelazar. ◆ v. intr. **4** Combinar dos o más medios de transporte para llegar al destino deseado: *varias compañías navieras enlazan las islas Canarias con la península Ibérica.* **SIN** empalmar.
OBS En su conjugación, la *z* se convierte en *c* delante de *e.*
DER enlace; desenlazar.

enloquecer v. tr. **1** Perder el juicio o la razón a una persona; volver loco. ◆ v. tr. **2** Gustar mucho: *a la mayoría de los niños les enloquece el chocolate.* **SIN** encantar, entusiasmar.
OBS En su conjugación, la *c* se convierte en *zc* delante de *a* y *o*, como en *agradecer.*
DER enloquecimiento.

enlosar v. tr. Cubrir el suelo de una habitación o de un recinto con losas fijándolas ordenadamente a la superficie sobre la que se colocan.
DER enlosado.

enlucir v. tr. **1** Cubrir un techo o una pared con una capa fina de yeso, argamasa, estuco o escayola para procurar un acabado más cuidado. **2** Limpiar y sacar brillo a una superficie.
OBS En su conjugación, la *c* se convierte en *zc* delante de *a* y *o*, como en *lucir.*

enmadrado, -da adj. [hijo] Que está excesivamente apegado a su madre.

enmarañar v. tr. **1** Entrelazar de manera desordenada y accidental hilos, cabellos, cuerdas, cables o cosas parecidas: *el viento enmarañó su amplia y larga melena.* **SIN** enredar. **ANT** desenredar. **2** Complicar y dificultar la solución o la comprensión de un asunto: *el despido de Juan enmarañó la situación en la empresa.* **SIN** enredar. **ANT** desenredar.
DER enmarañado; desenmarañar.

enmarcar v. tr. **1** Poner un marco a una fotografía, pintura o lámina: *enmarcó el mapa de España y lo colgó en la pared de su habitación.* **SIN** encuadrar. ◆ v. tr./ prnl. **2** Señalar los límites espaciales, temporales, culturales, económicos o políticos que rodean una cosa y determinan en parte sus características: *la segunda guerra mundial enmarca la trama del film* Casablanca. **SIN** encuadrar.
OBS En su conjugación, la *c* se convierte en *qu* delante de *e.*

enmascarado, -da adj./ n. m. y f. Que lleva la cara tapada con una máscara o con un antifaz.

enmascarar v. tr./ prnl. **1** Cubrir la cara con una máscara o un antifaz. **ANT** desenmascarar. **2** Cambiar la apariencia exterior para ocultar el aspecto real de una cosa o con el fin de disimular los verdaderos sentimientos: *enmascaraba la enorme antipatía que sentía hacia su vecino.* **SIN** disfrazar.
DER enmascarado; desenmascarar.

enmendar v. tr./ prnl. Corregir un error o un defecto.

OBS En su conjugación, la *e* se convierte en *ie* en sílaba acentuada, como en *acertar*.

DER enmienda.

enmohecer v. tr. **1** Cubrir una superficie con una capa de moho: *el calor enmoheció la fruta.* ◆ v. prnl. **2 enmohecerse** Perder ciertas cualidades por falta de ejercicio: *debes jugar de vez en cuando al tenis si no quieres enmohecerte.* **SIN** agarrotar, anquilosar, atrofiar.

OBS En su conjugación, la *c* se convierte en *zc* delante de *a* y *o*, como en *agradecer*.

DER desenmohecer.

enmoquetar v. tr. Cubrir una superficie con moqueta.

enmudecer v. intr. **1** Dejar de hablar; dejar de hacer ruido o de producir sonidos. **SIN** callar. ◆ v. tr. **2** Hacer callar: *la grandeza de las pirámides hace enmudecer a cuantos las contemplan.* ◆ v. tr./ prnl. **3** Hacer perder el habla.

OBS En su conjugación, la *c* se convierte en *zc* delante de *a* y *o*, como en *agradecer*.

DER enmudecimiento.

ennegrecer v. tr./ prnl. Poner de un color más oscuro o negro: *la polución ennegrece las fachadas de los edificios.* **ANT** blanquear.

OBS En su conjugación, la *c* se convierte en *zc* delante de *a* y *o*, como en *agradecer*.

DER ennegrecimiento.

ennoblecer v. tr./ prnl. **1** Conceder un título de nobleza a una persona. **2** Hacer noble y bueno: *la cultura ennoblece a quienes la poseen.* **ANT** deshonrar. **3** Dar mayor valor, grandeza o distinción: *la biblioteca de la universidad se ha ennoblecido con la adquisición de varios incunables.*

OBS En su conjugación, la *c* se convierte en *zc* delante de *a* y *o*, como en *agradecer*.

DER ennoblecimiento.

enojar v. tr. Causar enojo o enfado. **SIN** disgustar, enfadar, enfermar. **ANT** gustar.

DER enojo, enojoso.

enojo n. m. Enfado que se siente hacia una persona.

enojoso, -sa adj. Que causa enojo o enfado.

enología n. f. Conjunto de conocimientos relativos a los procesos de elaboración y crianza de vinos.

enólogo, -ga n. m. y f. Persona especialista en enología.

DER enología.

enorgullecer v. tr./ prnl. Sentir gran satisfacción por haber hecho una acción especialmente buena o una obra digna de mérito. **ANT** avergonzar.

OBS En su conjugación, la *c* se convierte en *zc* delante de *a* y *o*, como en *agradecer*.

DER enorgullecimiento.

enorme adj. **1** Que es muy grande, excesivo: *sufrir un disgusto enorme.* **SIN** inmenso. **ANT** mínimo. **2** Que sobresale entre los demás por sus excelentes características: *la prensa deportiva coincide en calificarlo como un atleta enorme.*

DER enormidad.

enormidad n. f. Exceso, desmesura.

▶ **una enormidad** Cantidad grande y excesiva; muchísimo: *creo que hemos comprado una enormidad de carne para la barbacoa.*

enraizar v. intr./ prnl. **1** Echar raíces una planta. **SIN** arraigar. ◆ v. tr./ intr. **2** Hacer firme y duradero un sentimiento o una costumbre: *el flamenco se halla enraizado en la cultura popular andaluza.* **SIN** arraigar. ◆ v. prnl. **3** **enraizarse**

enraizar

INDICATIVO

presente
enraízo
enraízas
enraíza
enraizamos
enraizáis
enraízan

pretérito imperfecto
enraizaba
enraizabas
enraizaba
enraizábamos
enraizabais
enraizaban

pretérito perfecto simple
enraicé
enraizaste
enraizó
enraizamos
enraizasteis
enraizaron

futuro
enraizaré
enraizarás
enraizará
enraizaremos
enraizaréis
enraizarán

condicional
enraizaría
enraizarías
enraizaría
enraizaríamos
enraizaríais
enraizarían

SUBJUNTIVO

presente
enraíce
enraíces
enraíce
enraicemos
enraicéis
enraícen

pretérito imperfecto
enraizara o enraizase
enraizaras o enraizases
enraizara o enraizase
enraizáramos o enraizásemos
enraizarais o enraizaseis
enraizaran o enraizasen

futuro
enraizare
enraizares
enraizare
enraizáremos
enraizareis
enraizaren

IMPERATIVO

enraíza	(tú)
enraíce	(usted)
enraizad	(vosotros)
enraícen	(ustedes)

FORMAS NO PERSONALES

infinitivo enraizar
gerundio enraizando
participio enraizado

Establecerse en un lugar de forma duradera: *muchos emigrantes españoles en Alemania se enraizaron allí.* SIN arraigar, asentar.

enrarecer v. tr./ prnl. **1** Dilatar un gas haciéndolo menos denso: *conforme aumenta la altura, el aire se enrarece.* **2** Contaminar el aire; disminuir o hacer disminuir la proporción de oxígeno del aire. **3** Sufrir un proceso de deterioro las relaciones de amistad o respeto entre dos o más personas: *la desconfianza mutua ha enrarecido mucho el ambiente en la oficina.*

OBS En su conjugación, la *c* se convierte en *zc* delante de *a* y *o*, como en *agradecer.*

DER enrarecimiento.

enredadera adj./ n. f. **1** [planta] Que tiene un tallo fino y flexible que crece y sube enredándose en un elemento vertical o en otras plantas: *la yedra y la vid son plantas enredaderas.* ◆ n. f. **2** Planta silvestre, de tallo largo y nudoso, hoja permanente y flores de color rosa en forma de pequeñas campanas.

enredar v. tr./ prnl. **1** Entrelazar de manera desordenada y accidental hilos, cabellos, cuerdas, cables o cosas parecidas. SIN enmarañar. ANT desenredar. **2** Hacer que una persona participe en un negocio o asunto, especialmente si es peligroso o ilegal: *lo enredaron en un negocio oscuro y acabó siendo acusado de fraude fiscal.* SIN envolver. **3** Complicar y dificultar la solución o la comprensión de un asunto. SIN enmarañar. **4** Procurar confundir a una persona: *el fiscal intentó enredar con sus preguntas al testigo de la defensa.* SIN envolver. **5** Hacer perder el tiempo: *me encontré con mis amigos a la salida del trabajo y me enredaron hasta las tantas.* SIN entretener. ◆ v. intr. **6** Molestar haciendo travesuras o manejando lo que no se debe: *deja de enredar con los rotuladores y ponte a estudiar.* ◆ v. prnl. **7** enredarse Confundirse; no comprender o no obrar de forma acertada o clara: *desarrolla el problema paso a paso y no te enredarás.* **8** Mantener una relación amorosa o sexual que no implica compromiso: *se ha enredado con un camarero.*

DER enredadera, enredado, enredador, enredo, enredoso; desenredar.

enredo n. m. **1** Conjunto de hilos, cabellos, cuerdas, cables o cosas parecidas entrelazadas que no pueden separarse fácilmente. SIN lío, maraña. **2** Conjunto de engaños y maniobras secretas para conseguir un objetivo. **3** Asunto peligroso o ilegal. **4** Confusión o falta de claridad en las ideas o en los conocimientos: *tu examen está lleno de enredos e inexactitudes.* **5** Conjunto de acciones o relaciones que unen a los personajes de una obra de ficción. **6** Relación amorosa o sexual que no implica compromiso. SIN afer, aventura, lío.

enrejar v. tr. Proteger con rejas una puerta o ventana o rodear un lugar con ellas.

DER enrejado.

enrevesado, -da adj. Que tiene un contenido complicado y muy difícil de comprender: *el texto de algunas leyes es demasiado enrevesado.*

enriquecedor, -ra adj. Que enriquece espiritualmente a una persona: *viajar resulta enriquecedor, porque nos aproxima al conocimiento de otras culturas.*

enriquecer v. tr. **1** Hacer rico o más rico: nos enriquecimos en poco tiempo. ANT empobrecer. **2** Dotar de mayor calidad o valor a una cosa mejorando sus propiedades y características: *procuraba enriquecer su dieta tomando alimentos frescos y naturales.*

OBS En su conjugación, la *c* se convierte en *zc* delante de *a* y *o*, como en *agradecer.*

DER enriquecedor, enriquecimiento.

enriquecimiento n. m. **1** Obtención de riquezas por parte de una persona o grupo de personas. **2** Proceso mediante el cual se dota de mayor calidad o valor a una cosa mejorando sus propiedades y características: *la lectura es la principal fuente de enriquecimiento cultural de una persona.*

enrocar v. intr./ tr. En el juego del ajedrez, mover en una misma jugada el rey y una torre según ciertas condiciones.

OBS En su conjugación, la *c* se convierte en *qu* delante de *e.*

DER enroque.

enrojecer v. tr./ prnl. **1** Dar a una cosa un color rojo. ◆ v. intr./ prnl. **2** Ponerse roja una parte del cuerpo de una persona, especialmente la cara: *enrojeció de vergüenza al verse descubierto.*

OBS En su conjugación, la *c* se convierte en *zc* delante de *a* y *o*, como en *agradecer.*

DER enrojecido, enrojecimiento.

enrolar v. tr. **1** Inscribir entre los miembros de la tripulación de un barco. ◆ v. prnl. **2** enrolarse Inscribirse en una sociedad, empresa u organización, especialmente, en el ejército: *se enroló en el Ejército del Aire.*

enrollar v. tr. **1** Dar a una cosa forma de rollo: *enrollar una persiana.* SIN arrollar, enroscar. ANT desarrollar, desenrollar. ◆ v. prnl. **2** **enrollarse** Extenderse demasiado al hablar o al escribir: *el profesor solía pedir a sus alumnos que no se enrollaran en los exámenes.* **3** Dar a una persona un trato especialmente favorable: *dile a tu jefe que se enrolle y te dé la tarde.* **4** Participar activamente en un grupo de personas o en un ambiente social: *tu primo se enrolla muy bien, en seguida se ha hecho amigo de todos.* **5** Tener una relación amorosa o sexual durante un breve período de tiempo: *se enrolló con un compañero de trabajo.*
DER enrollado; desenrollar.

enroscar v. tr. **1** Dar a una cosa forma de rosca: *la boa se enroscó alrededor del cuerpo de su víctima.* SIN arrollar, enrollar. ANT desarrollar, desenrollar. ◆ v. tr. **2** Ajustar una cosa dentro de otra dándole vueltas: *enroscar una bombilla.*
OBS En su conjugación, la *c* se convierte en *qu* delante de *e*.

ensaimada n. f. Bollo redondo y aplanado formado por una tira de pasta hojaldrada enrollada en espiral.

ensalada n. f. **1** Comida fría que se hace con diversas hortalizas crudas, cortadas y condimentadas con aceite, vinagre y sal. **2** Mezcla confusa y desordenada de cosas que no tienen relación entre sí: *perdió los nervios y su examen acabó siendo una ensalada de nombres y fechas disparatadas.*
▶ **ensalada (o ensaladilla) rusa** Comida fría que se hace con patatas y hortalizas hervidas, huevo duro y atún picados en trozos pequeños, trabados y cubiertos con salsa mayonesa.
DER ensaladera, ensaladilla.

ensaladera n. f. Recipiente ancho y profundo que se usa para servir la ensalada.

ensaladilla n. f. Ensalada rusa. NOTA También *ensaladilla rusa*.

ensalzamiento n. m. **1** Alabanza de una persona o cosa en la que se resaltan mucho sus cualidades o méritos. **2** Atribución de grandeza, honor o gran valor a una persona o cosa.

ensalzar v. tr. **1** Elogiar, mostrar gran admiración por una persona o cosa. SIN enaltecer. ◆ v. tr./ prnl. **2** Exaltar, alabar: *todos los educadores acostumbran a ensalzar la importancia del deporte.* SIN enaltecer, encumbrar, engrandecer. ANT empequeñecer.
OBS En su conjugación, la *z* se convierte en *c* delante de *e*.
DER ensalzamiento.

ensambladura n. f. Ensamblaje.

ensamblaje n. m. Unión de dos piezas o elementos, especialmente si son de madera, que han sido diseñados para que ajusten entre sí perfectamente. SIN acoplamiento, ajuste, ensambladura.

ensamblar v. tr. **1** Unir dos piezas o elementos, especialmente si son de madera, que han sido diseñados para que ajusten entre sí perfectamente. SIN acoplar. **2** Construir una cosa uniendo y ajustando perfectamente las piezas o elementos que la forman.
DER ensambladura, ensamblaje, desensamblar.

ensanchamiento n. m. Aumento de la anchura de una cosa. SIN ensanche.

ensanchar v. tr. **1** Aumentar la anchura de una cosa: *ensanchar una acera.* SIN agrandar, engrandecer, extender. ANT estrechar. **2** Dotar de mayores posibilidades de desarrollo y progreso.

ensanche n. m. **1** Ensanchamiento, aumento de la anchura. **2** Conjunto de terrenos situados en las afueras de una población y destinados a nuevas edificaciones: *San Sebastián fue una de las primeras ciudades en habilitar un ensanche para su ampliación.* **3** Conjunto de nuevas edificaciones construidas en estos terrenos de acuerdo a un único plan urbanístico.

ensangrentar v. tr. Manchar de sangre.
OBS En su conjugación, la *e* se convierte en *ie* en sílaba acentuada, como en *acertar*.

ensañarse v. prnl. **1** Atacar y herir con gran violencia un animal a su víctima. **2** Causar un intenso dolor, de manera deliberada e innecesaria, a una persona que no puede defenderse.
DER ensañamiento.

ensartar v. tr. **1** Pasar un hilo, cuerda o alambre a través del agujero de un objeto; especialmente, del ojo de una aguja: *ensartar las perlas de un collar.* SIN enhebrar. **2** Atravesar un cuerpo con un objeto alargado acabado en punta: *ensartar la carne de cerdo en los pinchitos.* **3** Hablar de muchos temas yendo de uno a otro sin orden ni concierto: *iba ensartando un cotilleo con otro en animada cháchara con la vecina.* SIN enhebrar.

ensayar v. tr. **1** Realizar varias veces un mismo acto o conjunto de actos con objeto de

perfeccionar su ejecución: *tras los entrenamientos, solía quedarse en el campo ensayando tiros libres.* **2** Probar la eficacia de diversas sustancias, artilugios o productos para lograr el fin deseado: *la guerra del Golfo sirvió para ensayar la eficacia de numerosas armas.*
DER ensayo.

ensayista n. com. Persona que escribe ensayos.

ensayístico, -ca adj. Del ensayo o que está relacionado con este género literario: *lo más genuinamente unamuniano son los textos ensayísticos.*

ensayo n. m. **1** Repetición de un mismo acto o conjunto de actos con objeto de perfeccionar su ejecución: *durante unos ensayos un actor cayó del escenario y se rompió una pierna.* **2** Prueba que se hace para determinar las cualidades y la eficacia de un material o de un producto. **3** Obra literaria en prosa, generalmente de corta extensión, en la que el autor expone sus propias ideas acerca de un asunto o tema general, pero sin la extensión y aparato de un tratado: *los ensayos de Ortega y Gasset sobre España.* **4** Género literario formado por ese tipo de obras. **5** Jugada del rugby que consiste en apoyar el balón tras la línea de marca del equipo contrario con las manos, los brazos o el tronco.
▶ ensayo general Representación completa de una obra de teatro previa al día del estreno, que se realiza sin público y sirve de preparación última del espectáculo.
DER ensayismo.

enseguida adv. Sin perder tiempo; de manera inmediata: *tras el relámpago, pudo oír enseguida un pavoroso trueno.*

ensenada n. f. Entrante del mar en la tierra que forma un seno donde pueden fondear los barcos para abrigarse del viento; es de dimensiones menores que una bahía. SIN rada.

enseña n. f. Objeto que representa a un colectivo de personas; generalmente, una bandera.

enseñanza n. f. **1** Comunicación de conocimientos, habilidades, ideas o experiencias a una persona que no las tiene con la intención de que las aprenda. **2** Conjunto de personas, instituciones y medios destinados a esta comunicación de conocimientos: *asistió a un congreso en el que se debatía la enseñanza en España.* **3** Sistema de formación destinado a conseguir el desarrollo de las capacidades intelectuales de las personas. SIN educación. enseñanza básica o enseñanza primaria Primera y obligatoria enseñanza que reciben los niños en la escuela. enseñanza media o enseñanza secundaria Etapa de la enseñanza que sigue a la básica o primaria y comprende estudios con un mayor grado de especialización. enseñanza superior Enseñanza que se recibe en la universidad y comprende los estudios especializados de una profesión o carrera. **4** Idea, hecho, dato o experiencia de la que una persona puede aprender algo útil y beneficioso: *espero que el susto que te has llevado con el accidente te sirva de enseñanza.*

enseñar v. tr. **1** Comunicar conocimientos, habilidades, ideas o experiencias a una persona que no las tiene con la intención de que las aprenda: *mis abuelos me enseñaron a pescar.* SIN instruir. **2** Mostrar a la vista de una o varias personas: *el secuestrador levantó la mano y enseñó a los pasajeros del avión una granada.* **3** Dar una señal, dato o información que permita llegar al conocimiento de una cosa: *un pastor nos enseñó el camino para llegar al refugio.* SIN indicar. **4** Servir de experiencia o ejemplo del que aprender algo útil y beneficioso: *el perderte en el bosque te enseñará a no andar solo por lugares desconocidos.*
DER enseñanza.

enseñorearse v. prnl. Hacerse con el dominio de una cosa o de una situación: *las tropas musulmanas se enseñorearon con rapidez de la península Ibérica.*

enseres n. m. pl. Conjunto de muebles, ropas o instrumentos que son propiedad de una persona o que se usan en una profesión. SIN bártulos.

ensillar v. tr. Poner la silla de montar a un caballo u otra caballería: *ensíllame el caballo.* ANT desensillar.

ensimismarse v. prnl. Poner toda la atención en lo que se hace o piensa hasta llegar a aislarse de lo demás: *algunas enfermedades mentales hacen que el enfermo se ensimisme y pierda todo contacto con la realidad.*
DER ensimismamiento.

ensobrar v. tr. Meter en un sobre cartas, impresos, etc. SIN ensobretar.

ensombrecer v. tr./prnl. **1** Cubrir de sombras. **2** Causar pena o tristeza: *el atentado ensombreció la ceremonia de clausura de las Olimpiadas.* SIN apenar, entristecer.

OBS En su conjugación, la *c* se convierte en *zc* delante de *a* y *o*, como en *agradecer*.

ensoñación n. f. Ensueño, imagen mental irreal.

ensordecedor, -ra adj. [sonido, ruido] Que es muy intenso y no permite oír otra cosa: *la salida de los equipos al campo provocó un griterío ensordecedor.*

ensordecer v. tr. **1** Hacer perder el sentido del oído; dejar sordo. ◆ v. tr. **2** Impedir un sonido o ruido muy intenso que una persona oiga otra cosa. **3** Bajar la intensidad de un sonido.

OBS En su conjugación, la *c* se convierte en *zc* delante de *a* y *o*, como en *agradecer*.

DER ensordecedor, ensordecimiento.

ensuciar v. tr. **1** Poner sucio; hacer que una cosa deje de estar limpia: *ensuciar el babero de papilla.* SIN manchar. ANT limpiar. **2** Dañar con palabras o acciones la dignidad, la estima y la respetabilidad de una persona o de una cosa: *el cantante se quejó de que la prensa hubiera ensuciado el nombre de su familia.* SIN deshonrar. ANT ennoblecer.

OBS En su conjugación, la *i* es átona, como en *cambiar*.

ensueño n. m. Imagen mental irreal fruto de la imaginación. SIN ensoñación, fantasía, ilusión.

▶ **de ensueño** Maravilloso, magnífico: *hemos pasado unos días de vacaciones en un hotel de ensueño.*

entablar v. tr. **1** Cubrir, cerrar o asegurar un lugar con tablas: *decidió entablar el suelo de las cuadras para evitar que los caballos resbalasen.* **2** Dar comienzo a una actividad o proceso: *el lunes se entablaron las primeras conversaciones para llegar a un acuerdo.*

DER entablado, entablamento.

entablillar v. tr. Inmovilizar la extremidad de una persona o animal colocándola entre tablas o tablillas firmemente atadas, generalmente para impedir que sufra un hueso roto o fracturado: *entablillar una pierna rota.*

ente n. m. **1** Cosa o ser que tiene existencia real o imaginaria. **2** Organismo, institución o empresa, generalmente de carácter público: *las televisiones autonómicas son entes dependientes de los parlamentos de cada autonomía.*

entendedor, -ra adj./n. m. y f. Que comprende y tiene idea clara del sentido de las cosas: *uno de los objetivos principales de esta asignatura es convertirte en un buen entendedor de discursos y escritos.*

entender v. tr. **1** Comprender, tener idea clara del sentido de las cosas. **2** Comprender, conocer el sentido de los actos o los sentimientos de una persona: *entiendo tu ánimo de venganza hacia el ladrón de tu coche.* **3** Formar juicio a partir de señales o datos: *tal y como está el tiempo, entiendo que te quedas en casa.* **4** Conocer la personalidad y el temperamento de una persona y el modo en que hay que tratarla: *si no estás de acuerdo con tu nota, déjame que hable yo con el profesor, que lo entiendo mejor.* **5** Tener conocimientos sobre un asunto o materia: *Fernando dice que entiende mucho de pesca.* **6** Tener autoridad y competencia para conocer un

entender

INDICATIVO	SUBJUNTIVO
presente	**presente**
entiendo	entienda
entiendes	entiendas
entiende	entienda
entendemos	entendamos
entendéis	entendáis
entienden	entiendan
pretérito imperfecto	**pretérito imperfecto**
entendía	entendiera o entendiese
entendías	entendieras o entendieses
entendía	entendiera o entendiese
entendíamos	entendiéramos o entendiésemos
entendíais	entendierais o entendieseis
entendían	entendieran o entendiesen
pretérito perfecto simple	**futuro**
entendí	entendiere
entendiste	entendieres
entendió	entendiere
entendimos	entendiéremos
entendisteis	entendiereis
entendieron	entendieren
futuro	IMPERATIVO
entenderé	entiende (tú)
entenderás	entienda (usted)
entenderá	entended (vosotros)
entenderemos	entiendan (ustedes)
entenderéis	FORMAS NO PERSONALES
entenderán	**infinitivo** entender
condicional	**gerundio** entendiendo
entendería	**participio** entendido
entenderías	
entendería	
entenderíamos	
entenderíais	
entenderían	

a b c d e f g h i j k l m n ñ o p q r s t u v w x y z

asunto: *la Audiencia Nacional entiende los delitos terroristas.* ◆ v. prnl. **7** entenderse Llevarse bien con una persona por conocer su personalidad y temperamento: *llevan muchos años casados y se entienden a las mil maravillas.* **8** Llegar a un acuerdo con una o varias personas: *al final no logró entenderse con el vendedor y se quedó sin coche.* **9** Trabajar en equipo con otra persona de manera coordinada y con buenos resultados. **10** Mantener relaciones amorosas o sexuales ocultas: *la vecina se entiende con el mecánico.*

DER entendederas, entendido, entendimiento; desentenderse, sobreentender, sobrentender.

entendido, -da adj./ n. m. y f. [persona] Que se dedica a una rama determinada de la ciencia, la técnica o el arte, en la que tiene conocimientos profundos: *entendido en literatura medieval.* SIN especialista.

DER malentendido.

entendimiento n. m. **1** Capacidad de formar ideas o representaciones de la realidad en la mente relacionándolas entre sí; capacidad de aprender, comprender, juzgar y tomar decisiones: *el entendimiento es un don que únicamente poseen los seres humanos.* SIN inteligencia, intelecto, razón. **2** Relación amistosa basada en la confianza y en el mutuo conocimiento. **3** Acuerdo al que llegan dos o más personas mediante el cual expresan su conformidad con algo.

enterado, -da adj./ n. m. y f. [persona] Que se cree más listo y con más conocimiento que los demás, de lo cual siempre presume.

enterar v. tr. **1** Informar a una persona acerca de algo: *me entero de lo que pasa en el mundo viendo la tele.* **2** Darse cuenta de algo: *cuando le robaron la cartera, ni se enteró.* **3** Entender con claridad una persona lo que otra le dice: *el camarero será muy simpático, pero no se entera: pido un zumo y me trae un batido.*

entereza n. f. **1** Capacidad de una persona para afrontar problemas, dificultades o desgracias con serenidad y fortaleza. **2** Fortaleza para mantener las propias ideas, juicios o decisiones: *los ruegos de los hijos no minaron la entereza del padre.*

enternecer v. tr. Producir ternura: *las películas procedentes de la factoría Disney consiguen enternecer a grandes y pequeños.*

OBS En su conjugación, la *c* se convierte en *zc* delante de *a* y *o*, como en *agradecer.*

DER enternecimiento.

entero, -ra adj. **1** Que está completo; que no le falta ninguna parte o trozo: *como llegamos a tiempo al cine, pudimos ver la película entera.* **2** [persona] Que muestra entereza en su carácter: *asistió muy entero al funeral por sus padres.* **3** [persona] Que muestra buenas condiciones físicas. **4** MAT. [número] Que está formado solo por una o más unidades, a diferencia de los números decimales y quebrados: *el 5 y el –5 son números enteros.* ◆ n. m. **5** ECON. Centésima parte del valor nominal de una acción de bolsa.

▶ por entero De manera completa y total: *la ciudad se volcó por entero en el evento.*

DER enterar, entereza, enterizo.

enterramiento n. m. **1** Operación de depositar el cadáver de una persona en una fosa o en un nicho y cerrarlos con tierra, con una lápida o con una losa. SIN entierro, sepultura. **2** Fosa o agujero en la tierra que contiene el cadáver de una persona. SIN sepultura, tumba. **3** Construcción, generalmente de piedra o mármol, que se levanta sobre el nivel del suelo y sirve para enterrar el cadáver de una o más personas: *el mausoleo es una forma de enterramiento.* SIN sepultura, tumba.

enterrar v. tr. **1** Depositar el cadáver de una o más persona en una fosa o en un nicho y cerrarlos con tierra o una lápida o losa. SIN sepultar. **2** Poner bajo tierra: *enterró a lo largo del jardín la conducción del agua para el riego por goteo.* ANT desenterrar. **3** Hacer desaparecer una cosa debajo de otra u otras: *la desidia del funcionario hizo que una montaña de papeles enterrara su solicitud.* **4** Olvidar de manera definitiva una cosa para no volver a pensar en ella: *prometió a su madre enterrar todas las diferencias que lo separaban de su hermano.*

OBS En su conjugación, la *e* se convierte en *ie* en sílaba acentuada, como en *acertar.*

DER enterrador, enterramiento, entierro; desenterrar.

entidad n. f. **1** Valor o importancia que tiene una cosa. **2** Asociación o empresa, generalmente de carácter privado: *entidad bancaria.*

entierro n. m. **1** Operación de depositar el cádaver de una persona en una fosa o en un nicho y cerrarlos con tierra o una lápida o losa. SIN enterramiento, sepultura. **2** Conjunto de personas que acompañan el cadáver de una persona cuando lo llevan a enterrar.

▶ entierro de la sardina Fiesta que señala el

fin del carnaval, en la que se pasea y lleva a enterrar de modo burlesco la figura de una gran sardina.

entlo. Abreviatura de *entresuelo* (de un edificio).

entonación n. f. **1** Variación del tono de la voz de una persona según el sentido o la intención de lo que dice. **2** GRAM. Secuencia sonora de los tonos con que se emite el discurso oral, que constituye una línea melódica y puede contribuir al significado de este: *la entonación de las oraciones interrogativas suele tener un final ascendente.* **3** Adecuación del canto al tono adecuado: *una parte del coro perdió la entonación.*

entonar v. tr. **1** Cantar con el tono adecuado. ◆ v. tr. **2** Comenzar a cantar una canción, cántico o himno: *el público entonó el himno nacional.* **3** Dar las primeras notas de una canción para que otra u otras personas la canten con la misma entonación. **4** Combinar bien los tonos o colores de varias cosas y formar un conjunto agradable: *logró entonar con gracia los colores de los muebles del salón.* ◆ v. tr./ prnl. **5** Devolver al cuerpo de una persona o a una parte de él la buena forma y la plenitud de sus funciones: *antes de cada partido solía entrenar durante media hora para entonar los músculos.* **6** Sentir la excitación y alegría propia del comienzo de la embriaguez.

DER entonación.

entonces adv. **1** En aquel tiempo o en aquella ocasión: *entonces yo no tenía dinero y tuve que pedir un préstamo.* **2** En ese momento o instante: *cerramos la casa, entramos en el coche y entonces escuchamos la explosión.* **3** En tal caso, siendo así: *si no consigues el coche de tu padre, entonces iremos en la moto de mi hermano.* ▶ en (o por) aquel entonces Por aquel tiempo u ocasión: *en aquel entonces la única forma de ir a América era en barco.*

entontecer v. intr./ prnl. Volver tonto; hacer tonto o más tonto. SIN atontar.

OBS En su conjugación, la *c* se convierte en *zc* delante de *a* y *o*, como en *agradecer.*

entornar v. tr. **1** Colocar una puerta o ventana de tal manera que no llegue a estar completamente cerrada. **2** Bajar los párpados sin llegar a cerrarlos por completo: *entornó los ojos y pidió perdón a su padre.*

DER entornado.

entorno n. m. Conjunto de personas, objetos o circunstancias que rodean a una persona o cosa: *el entorno de amor y confianza en el que se educó hizo que fuera una persona abierta y tolerante.* SIN ambiente.

entorpecer v. tr./ prnl. **1** Poner los medios o proporcionar las causas que impiden el desarrollo normal de una actividad o proceso: *un coche mal aparcado entorpece el paso.* SIN dificultar, obstaculizar. ANT facilitar, favorecer. ◆ v. tr. **2** Hacer perder agilidad, destreza o facilidad para hacer una cosa.

OBS En su conjugación, la *c* se convierte en *zc* delante de *a* y *o*, como en *agradecer.*

DER entorpecimiento; desentorpecer.

entrada n. f. **1** Paso de un sitio a otro, generalmente, de un lugar exterior a otro interior. ANT salida. **2** Espacio por donde se entra a un lugar: *Sergio esperaba en la entrada del cine.* ANT salida. **3** Parte de un lugar por la que es posible acceder a su interior: *la entrada de un bosque.* **4** Parte de una casa, dependencia o edificio que hay junto a la puerta principal y que se usa para recibir a los que llegan: *hemos dejado la compra en la entrada.* SIN vestíbulo. **5** Billete pequeño de papel impreso, generalmente de forma rectangular, que se compra y da derecho a entrar u ocupar asiento en un espectáculo o un lugar. SIN boleto. **6** Conjunto de personas que asisten a un espectáculo o bien que están presentes en un establecimiento público: *a pesar de ser un partido internacional, el campo no pasó de la media entrada.* **7** Cantidad de dinero que se obtiene en un espectáculo. SIN recaudación. **8** Cantidad de dinero que se entrega por adelantado o como primera parte del pago para comprar o alquilar una cosa: *cuando se compra un piso, se suele dar una entrada.* **9** Ingreso de una persona en un grupo, sociedad o empresa: *el día de mi entrada en la empresa me presentaron a todo el personal.* **10** Parte frontal superior de la cabeza de una persona, en la que ya se ha caído el pelo: *si de tan joven ya tiene entradas, es que pronto estará calvo.* **11** Plato de los que componen un almuerzo o cena que se come al inicio de la comida, antes del plato principal. SIN entrante. **12** Palabra que se define en cada uno de los artículos de un diccionario o de una enciclopedia. SIN lema. **13** Primeras horas o primeros días de un período de tiempo amplio: *celebramos juntos la entrada del nuevo año.* **14** Operación mediante la cual se señala el momento en que ha de empezar una persona su intervención en un espectáculo o en un acto público: *tras la obertura, el director de la orquesta dio entrada a los metales.* **15** En el fútbol y otros deportes, acción de acercarse a un jugador contrario con la intención de arrebatarle la pelota: *el árbitro sancionó la dura entrada del defensa con penalti.* **16** Cantidad de dinero que entra en una caja o en un registro. ▶ de entrada Para empezar, en principio, en primer lugar: *nada más ver mi coche, el mecánico me advirtió que, de entrada, tenía que cambiarle el motor.*

entradilla n. f. Primer párrafo o líneas iniciales de una noticia en que se resume lo esencial de su contenido: *el cuerpo de la noticia puede ser más o menos largo y añade más o menos detalles a lo dicho en la entradilla.*

entramado n. m. **1** Armazón de madera o metal que sirve para hacer una pared, tabique o suelo, una vez rellenados los huecos. **2** Conjunto de cosas relacionadas entre sí que forman un todo: entramado industrial.

entrambos, -bas adj. pl. **1** *formal* Entre uno y otro; los dos: *entrambas ciudades corría un río.* SIN ambos. **2** culto Uno y otro, los dos: *lo hicieron entrambos.* SIN ambos.

entrante adj. **1** [período de tiempo] Que está inmediatamente próximo en el futuro: *el mes entrante es el que sigue al actual.* ◆ n. m. **2** Plato de los que componen un almuerzo o cena que se come al inicio de la comida, antes del plato principal: *de entrante tomaré un consomé.* SIN entrada. **3** Parte de una cosa que entra en otra: *el cauce del río tenía un pequeño entrante en la orilla.*

entraña n. f. **1** Cada uno de los órganos contenidos en el interior del tronco del ser humano o del animal. SIN víscera. NOTA Se usa sobre todo en plural. **2** Parte más importante y central de una cosa. ◆ n. f. pl. **3** entrañas Zona más interior, oculta y de difícil acceso de un lugar: *los mineros sacan el carbón de las entrañas de la tierra.* **4** Conjunto de sentimientos que rigen la conducta de una persona: *es una mujer sin entrañas, no tiene piedad de nadie.*
DER entrañable, entrañar.

entrañable adj. Que es muy íntimo y afectuoso.

entrañar v. tr. Tener como resultado o producir como consecuencia directa alguna cosa problemática o negativa: *la escalada libre entraña numerosos riesgos.*

entrar v. intr. **1** Ir o pasar de un sitio a otro, generalmente, de un lugar exterior a otro interior. **2** Pasar a formar parte de los miembros de un grupo, sociedad o empresa: *entró en la facultad que deseaba porque tenía unas notas excelentes.* **3** Penetrar o introducirse una cosa en un lugar. **4** Tener una cosa el tamaño necesario para poder colocarse o ajustarse alrededor de otra: *si la ropa no entra en la maleta, tendrás que dejar algo fuera.* SIN caber. **5** Estar incluida o contenida una cosa dentro de otra. **6** Participar o tomar parte en una cosa, especialmente en una conversación o asunto en el que es necesario adoptar una postura definida: *parece que le guste entrar en polémicas.* **7** Comenzar una estación o un período amplio de tiempo: *hemos entrado en el nuevo año con buen pie.* **8** Ser agradable y fácil de tomar una comida o una bebida: *el agua mineral entra divinamente cuando se tiene mucha sed.* **9** En los juegos de cartas, participar en una apuesta: *déjate de faroles y entra solamente cuando tengas buenas cartas.* SIN ir. **10** Empezar una persona su intervención en un espectáculo o en un acto público: *en esta escena entran los bailarines.* ◆ v. tr. **11** Empezar a tener una sensación o un sentimiento que va haciéndose más intenso: *me entró sueño.* **12** En el fútbol y otros deportes, aproximarse a un jugador contrario con la intención de arrebatarle la pelota. ◆ v. intr. **13** Acometer o atacar el toro. **14** Acometer o ejercer influencia en una persona: *a José no hay por dónde entrarle.*
DER entrada, entrante.

entre prep. **1** Indica situación o estado intermedio de dos o más personas o cosas: *encontró las fotos que buscaba entre las páginas de un libro.* **2** Indica situación o estado en un período de tiempo del que se señalan el principio y el fin: *tiene obligación de pagar el alquiler entre los días uno y diez de cada mes.* **3** Indica una calidad o estado intermedio con respecto a otros: *el atracador debía de tener entre 30 y 35 años.* **4** Indica participación o colaboración de dos o más personas o cosas: *entre todos consiguieron subir el armario al quinto piso.* **5** Indica la pertenencia de una persona o cosa a un grupo o colectividad: *entre médicos, es costumbre no cobrar las consultas privadas.*
▶ entre tanto En el mismo período de tiempo durante el que se hace u ocurre una cosa: *puse a freír las patatas y entre tanto llamé a mi madre.* SIN entretanto.

entre- Prefijo que entra en la formación de palabras con el sentido de 'situación o calidad intermedia': *entrecejo, entrepaño, entreacto.*

entreabierto, -ta part. Participio irregular de *entreabrir*. También se usa como adjetivo: *la ventana se quedó entreabierta toda la noche.*

entreabrir v. tr. Abrir una cosa un poco o a medias: *la ventana se entreabría con el viento.*
OBS El participio es *entreabierto.*
DER entreabierto.

entreacto n. m. Intermedio de un espectáculo público, generalmente de una representación teatral.

entrecejo n. m. Espacio que separa las dos cejas. **SIN** ceño.
▶ **fruncir (o arrugar) el entrecejo** Hacer un gesto de enfado arrugando la frente y juntando las cejas: *frunció el entrecejo cuando le dijeron que el tren saldría con retraso.*

entrecerrar v. tr. **1** Dejar una puerta o ventana casi cerrada pero sin llegar a cerrarla completamente o sin llegar a encajarla en su marco. **SIN** entornar. **2** Bajar los párpados sin llegar a cerrar los ojos del todo. **SIN** entornar.

entrechocar v. tr./ prnl. Chocar entre sí dos o más cosas, especialmente si es de manera repetida.
OBS En su conjugación, la *c* se convierte en *qu* delante de *e*.

entrecomillar v. tr. Escribir una palabra, frase o texto entre comillas: *se suelen entrecomillar los textos que se citan de otros autores.*
DER entrecomillado.

entrecortado, -da adj. [sonido, respiración] Que se emite con interrupciones muy breves y continuadas.

entrecot n. m. Filete grueso de carne de vacuno que se saca del espacio que hay entre una costilla y otra.
OBS El plural es *entrecots.*

entrecruzar v. tr. **1** Colocar una cosa sobre otra formando una figura parecida a la de una cruz. **SIN** cruzar. **2** Pasar por un punto o camino dos personas, animales o cosas en dirección diferente. **SIN** cruzar. **3** Encontrarse o tener trato con una persona: *sus destinos se entrecruzaron durante un viaje de trabajo al extranjero.* **SIN** cruzar.
OBS En su conjugación, la *z* se convierte en *c* delante de *e*.

entredicho n. m. Duda sobre la honradez, veracidad o posibilidades de futuro de una persona o de una cosa: *los críticos pusieron en entredicho la capacidad artística del actor.*
OBS Se usa sobre todo con el verbo *poner.*

entrega n. f. **1** Operación o proceso mediante el cual se da una cosa a otra persona. **2** Cosa que se entrega: *la entrega de pescado estaba en malas condiciones.* **3** Atención y esfuerzo que se dedica al desarrollo de una actividad o trabajo: *los años de entrega del médico a sus pacientes.* **4** Publicación de una parte de un relato o de un libro completo que tiene una estrecha relación con otras partes u otras obras ya publicadas: *el público esperaba con impaciencia nuevas entregas de las aventuras de Hércules Poirot.*

entregar v. tr. **1** Dar o poner en poder de una persona una cosa: *entregó a los alumnos una hoja con las preguntas.* ◆ v. prnl. **2 entregarse** Dedicarse con gran esfuerzo y atención a una cosa: *se entregaron con pasión al cuidado de los más necesitados.* **3** Dejarse dominar por una cosa, especialmente una pasión, un vicio o una mala costumbre: *se entregó al juego.* **4** Rendirse o aceptar la derrota y ponerse en manos del otro: *el secuestrador aéreo se entregó a la policía.*
OBS En su conjugación, la *g* se convierte en *gu* delante de *e*.
DER entrega, entregado.

entrelazar v. tr./ prnl. **1** Unir o atar una cosa con otra cruzándolas entre sí: *los novios entrelazaron sus manos.* ◆ v. tr./ prnl. **2** Relacionar dos o más cosas entre sí para formar un conjunto o una idea homogénea y coherente: *en la novela picaresca se entrelazan las vidas de numerosos personajes.* **SIN** enlazar, entretejer.
OBS En su conjugación, la *z* se convierte en *c* delante de *e*.
DER entrelazado.

entremedias adv. **1** Entre dos lugares o cosas, rodeado de algo o mezclado con ello: *había una montaña de calcetines negros, y, entremedias, alguno rojo; pasó entremedias de los dos.* **2** En un punto del tiempo que se sitúa en algún momento indeterminado dentro de un periodo mayor o entre dos momentos: *pasó unas horas en Montevideo por negocios y entremedias aprovechó para visitarnos.*
OBS También se escribe *entre medias.*

entremés n. m. **1** Pieza teatral breve y de tono humorístico que originalmente se representaba entre acto y acto de las obras de teatro: *Cervantes fue autor de numerosos entremeses.*

a b c d e f g h i j k l m n ñ o p q r s t u v w x y z

◆ n. m. pl. **2 entremeses** Conjunto de alimentos ligeros, generalmente fríos, que se toman en una comida antes del primer plato y suelen compartirse con los demás comensales: *nos sirvieron quesos y embutidos como entremeses.*

entremeter v. tr. **1** Doblar o meter hacia dentro una parte saliente de una tela o un papel. **2** Meter una cosa entre otras. ◆ v. prnl. **3 entremeterse** Meterse una persona en un asunto, dando opiniones, consejos o indicaciones. SIN entrometerse, inmiscuirse.

DER entremetido.

entremetido, -da adj./n. m. y f. [persona] Que acostumbra a entremeterse en asuntos que no le afectan y en los cuales nadie le ha pedido que participe: *es un entremetido que todo lo quiere saber.* SIN entrometido.

entremezclar v. tr. Mezclar una cosa con otra sin que formen un conjunto homogéneo o se confundan entre sí: *en la mayor parte de las revistas se entremezcla la publicidad y la información.*

entrenador, -ra n. m. y f. **1** Persona que se dedica a entrenar a otras personas o a animales para que desarrollen una actividad física a partir de la enseñanza de principios técnicos predeterminados y del aprovechamiento de las cualidades naturales del individuo. **2** Persona que se dedica a la dirección técnica de un equipo deportivo, designando los jugadores que deben jugar en un partido y la función determinada que cada uno debe desempeñar.

entrenamiento n. m. Conjunto de ejercicios físicos que se realizan para perfeccionar el desarrollo de una actividad, especialmente para la práctica de un deporte.

entrenar v. tr. Preparar o adiestrar a personas o animales para perfeccionar el desarrollo de una actividad, especialmente para la práctica de un deporte: *el preparador alemán entrenará al equipo las dos próximas temporadas.*

DER entrenador, entrenamiento; desentrenarse.

entrepierna n. f. **1** Parte interior de los muslos próxima a las ingles. **2** Zona de una prenda de vestir que corresponde a esta parte del cuerpo. **3** Órganos genitales de una persona.

entresacar v. tr. **1** Sacar una cosa que está colocada entre otras. **2** Cortar parte del cabello para que resulte menos espeso. **3** Espaciar las plantas o árboles que han nacido demasiado juntos.

OBS En su conjugación, la *c* se convierte en *qu* delante de *e*.

entresijo n. m. **1** Aspecto o característica poco conocida u oculta de una persona o cosa: *ha sido jugador de fútbol muchos años y conoce a la perfección todos los entresijos del club.* NOTA Suele usarse en plural. **2** Repliegue membranoso del peritoneo, que une el estómago y el intestino con las paredes del abdomen. SIN mesenterio.

entresuelo n. m. **1** Piso de un edificio situado entre el bajo y el principal. **2** Piso bajo situado sobre el sótano que se levanta más de un metro sobre el nivel de la calle. **3** Planta de un cine o teatro situada sobre el patio de butacas.

entretanto adv. En el mismo período de tiempo durante el que se hace u ocurre una cosa. SIN mientras.

OBS También se puede escribir *entre tanto*.

entretejer v. tr. **1** Mezclar hilos de texturas o colores diferentes para componer adornos en un tejido: *entretejió unas iniciales en su jersey.* **2** Relacionar dos o más cosas entre sí para formar un conjunto o una idea homogénea y coherente: *los guionistas de culebrones entretejen turbulentas historias de amor.* SIN enlazar, entrelazar.

entretela n. f. **1** Tejido de algodón que se coloca entre la tela y el forro de las prendas de vestir para darles forma: *la entretela se coloca en el cuello y las solapas.* ◆ n. f. pl. **2 entretelas** Conjunto de circunstancias o sentimientos más ocultos e íntimos: *las malas pasadas de su hermano le llegaron a lo más profundo de las entretelas.*

entretener v. tr. **1** Hacer pasar el tiempo de manera agradable: *los dibujos animados suelen entretener mucho a los niños.* SIN distraer, divertir. ANT aburrir. **2** Hacer perder el tiempo impidiendo la realización o continuación de una acción: *se entretuvo hablando con unos amigos en el bar y llegó tarde.* SIN enredar. ◆ v. tr. **3** Hacer menos molesta o más agradable una cosa: *entretuvo el hambre comiéndose el pan de la cena.*

OBS Se conjuga como *tener*.

DER entretenido, entretenimiento.

entretenido, -da adj. **1** Que hace pasar el tiempo de manera agradable: *era una película muy entretenida.* SIN ameno, distraído, divertido. ANT aburrido, tedioso. **2** Que requiere la dedicación de mucho tiempo o de mucho trabajo: *los trabajos de carpintería son muy entretenidos.*

entretenimiento n. m. **1** Actividad o espectáculo que contribuyen a pasar el tiempo de manera agradable. SIN diversión, distracción. **2** Hecho de pasar el tiempo de manera agradable o haciendo algo que gusta y que produce placer. SIN divertimento.

entretiempo n. m. Período de tiempo de la primavera o del otoño, próximo al verano, que se caracteriza por una temperatura suave en contraste con el frío o calor rigurosos: *ropa de entretiempo.*

entrever v. tr. **1** Ver con poca claridad por causa de algún obstáculo o de la distancia. **2** Sospechar, intuir o tener la esperanza de que una cosa puede suceder en el futuro: *se entrevé la posibilidad de que haya una recuperación económica.*

OBS Se conjuga como *ver.* El participio es *entrevisto.*

entrevista n. f. **1** Reunión mantenida por dos o más personas para tratar de un asunto, generalmente profesional o de negocios: *representantes de las dos empresas mantuvieron varias entrevistas.* entrevista de trabajo Reunión mantenida con una persona aspirante a un puesto de trabajo que sirve para conocerla personalmente y determinar si posee las características más idóneas. **2** Conversación que mantiene un periodista con otra persona que contesta una serie de preguntas y da su opinión sobre diversos temas o asuntos: *es un actor que nunca concede entrevistas.*

entrevistado, -da n. m. y f. Persona a la que se hace una entrevista.

entrevistador, -ra n. m. y f. Persona que hace una entrevista.

entrevistar v. tr. **1** Mantener una conversación un periodista con una persona que contesta una serie de preguntas y da su opinión sobre diversos temas o asuntos. ◆ v. prnl. **2** entrevistarse Mantener una reunión dos o más personas para tratar de un asunto, generalmente profesional o de negocios: *se entrevistó con varios editores para intentar publicar su libro.*

DER entrevista, entrevistador, entrevisto.

entristecer v. tr. **1** Causar pena o tristeza. SIN apenar. ANT alegrar. **2** Dar un aspecto triste: *el invierno parece entristecer los pueblos costeros.* ANT alegrar. ◆ v. prnl. **3** entristecerse Ponerse triste y melancólica una persona o situación: *se entristeció al oír aquellas injustas declaraciones sobre ella.*

OBS En su conjugación, la *c* se convierte en *zc* delante de *a* y *o*, como en *agradecer.*

entrometerse v. prnl. Meterse una persona en un asunto que no le afecta y en el cual nadie le ha pedido que participe, dando opiniones, consejos o indicaciones: *si tu amigo discute con su hermano, tú no te entrometas.* SIN inmiscuirse.

DER entrometido, entrometimiento.

entrometido, -da adj./ n. m. y f. [persona] Que acostumbra entremeterse en asuntos que no le afectan y en los cuales nadie le ha pedido que participe: *es una entrometida y solo sabe meterse en las cosas de los demás.* SIN entremetido.

entroncar v. intr./ prnl. **1** Tener o contraer una relación de parentesco con una familia o linaje: *al casarse con ella, entroncó con uno de los apellidos más ilustres del país.* ◆ v. tr./ intr. **2** Tener o contraer una relación de correspondencia o dependencia.

OBS En su conjugación, la *c* se convierte en *qu* delante de *e.*

DER entronque.

entronizar v. tr. **1** Poner a una persona en un trono para conferirle autoridad y poder reales. SIN entronar. ANT desentronizar, destronar. **2** Conceder a una persona o cosa un valor e importancia muy superior a las demás: *la década de los ochenta entronizó modelos sociales basados exclusivamente en el éxito económico.* SIN entronar. ANT destronar.

OBS En su conjugación, la *z* se convierte en *c* delante de *e.*

DER entronización.

entumecer v. tr. Dejar sin flexibilidad o movimiento, especialmente una parte del cuerpo: *cuando voy por la calle en invierno se me entumecen los dedos por el frío.* SIN agarrotar, anquilosar.

DER entumecimiento, entumido; desentumecer.

enturbiar v. tr./ prnl. **1** Quitar claridad o transparencia a un líquido poniéndolo turbio: *enturbió el agua del estanque al agitar el lodo del fondo.* **2** Hacer perder el orden, la costumbre o la tranquilidad: *el atentado enturbió el ambiente de alegría de las fiestas del pueblo.* SIN perturbar, turbar.

OBS En su conjugación, la *i* es átona, como en *cambiar.*

entusiasmar v. tr./ prnl. **1** Causar entusiasmo. ◆ v. tr. **2** Gustar mucho una cosa: *me entusiasma el cine de aventuras.* SIN apasionar, encantar.
DER entusiasmado.

entusiasmo n. m. **1** Estado de ánimo del que se siente muy alegre y excitado, y lo exterioriza generalmente con risas, gestos y gran agitación. **2** Atención y esfuerzo dedicados con empeño e interés al desarrollo de una actividad o trabajo: *cuando le regalaron un telescopio, se dedicó con entusiasmo al estudio de la astronomía.*
DER entusiasmar, entusiasta.

entusiasta adj./ n. com. [persona] Que siente entusiasmo por una persona o una cosa o es propenso a entusiasmarse.

enumeración n. f. **1** Exposición sucesiva y ordenada de las partes que forman un conjunto o un todo. **2** Figura del lenguaje que consiste en referir rápidamente varias ideas o distintas partes de un concepto o pensamiento general.

enumerar v. tr. Exponer de manera sucesiva y ordenada las partes que forman un conjunto o un todo: *el director enumeró una por una las razones del despido de varios trabajadores.*
DER enumeración.

enunciado n. m. **1** Conjunto de datos o elementos que forman parte de una pregunta o problema, a partir de los cuales es necesario establecer la respuesta o la solución: *leí el enunciado tres veces y al final lo entendí.* **2** GRAM. Conjunto de palabras o frases que forman parte de un acto de comunicación: *un enunciado puede estar constituido por una o varias oraciones.*

enunciar v. tr. **1** Expresar con palabras una idea de manera breve y sencilla: *la entrenadora enunció los motivos que la habían llevado a presentar la dimisión.* **2** Expresar los datos o elementos que forman parte de una pregunta o de un problema, a partir de los cuales es necesario establecer la respuesta o la solución.
OBS En su conjugación, la *i* es átona, como en *cambiar.*
DER enunciación, enunciado, enunciativo.

enunciativo, -va adj. **1** Que enuncia con palabras una idea de manera breve y sencilla. **2** GRAM. [frase, oración] Que afirma o que niega alguna cosa acerca de una persona o cosa: *las oraciones enunciativas se oponen a las interrogativas, exhortativas, exclamativas, etc.*

envainar v. tr. Guardar la espada u otra arma blanca en la vaina.

envalentonar v. tr. **1** Infundir valentía a una persona o hacer que se crea con capacidad para emprender una acción difícil: *las muestras de apoyo lo envalentonaron.* **2 envalentonarse** ◆ v. prnl. Mostrarse valiente y desafiante.

envasado n. m. Operación mediante la cual se envasa un producto.

envasador, -ra adj./ n. m. y f. **1** Que envasa: *máquinas envasadoras de productos de importación.* ◆ n. m. **2** Embudo grande.

envasar v. tr. Meter un producto en un envase para facilitar su conservación o transporte, especialmente un alimento.
DER envasado, envase.

envase n. m. Recipiente en el que se coloca un producto para facilitar su conservación o transporte, especialmente un alimento: *la botella de plástico o cristal y el tetrabrik son tipos de envases.*

envejecer v. tr./ intr./ prnl. **1** Hacer o hacerse vieja una persona o cosa. **2** Conservar el vino o el licor en toneles, barricas u otros recipientes durante un período de tiempo largo para que adquiera las características deseadas.
OBS En su conjugación, la *c* se convierte en *zc* delante de *a* y *o*, como en *agradecer.*
DER envejecimiento.

envejecimiento n. m. Proceso de transformación que lleva a envejecer a una persona o cosa.

envenenamiento n. m. **1** Alteración o daño que sufre el organismo de un ser vivo por causa de un veneno: *un vertido ilegal pudo ser la causa del envenenamiento de miles de peces del río.* **2** Administración de veneno a un ser vivo con la intención de causarle la muerte. **3** Deterioro o corrupción de una cosa, especialmente de una relación: *nadie sabe qué es lo que provocó el envenenamiento de su relación.*

envenenar v. tr. **1** Intoxicar o matar a un ser vivo con un veneno. **2** Poner veneno en una cosa, generalmente en la comida o en la bebida, para provocar la muerte de un ser vivo. **3** Hacer que las relaciones entre dos o más personas dejen de ser agradables y amistosas: *un chisme puede envenenar nuestra amistad.*
DER envenenado, envenenamiento.

envergadura n. f. **1** Distancia entre las dos puntas de las alas de un avión. **2** Distancia entre las puntas de los dedos de las dos manos de una persona cuando tiene los brazos en cruz completamente extendidos. **3** En general, tamaño o volumen de una persona o animal. **4** MAR. Ancho de la vela de un barco en la parte por donde va unida a la verga del mástil. **5** Importancia, categoría o trascendencia de una cosa: *la comunicación entre España y Marruecos con un túnel subterráneo es un proyecto de gran envergadura.*

envés n. m. Cara posterior de una cosa plana y delgada, especialmente de una tela o de una hoja de una planta: *el envés de un tejido debe quedar siempre hacia el lado interior que no se ve.* SIN reverso. ANT anverso, cara, haz.

enviado, -da n. m. y f. Persona que lleva un mensaje por encargo de otra: *un enviado de las Naciones Unidas intentará mediar en el conflicto bélico.* SIN mensajero.

▶ enviado especial Periodista de radio, televisión o prensa, que envía información desde el mismo lugar en que se produce una noticia: *un enviado especial de la televisión española resultó alcanzado por los disparos de francotiradores.*

enviar v. tr. **1** Hacer ir a una persona a un lugar: *el padre envió a los hijos mayores a buscar al más pequeño.* SIN mandar. **2** Hacer llegar una cosa a un lugar: *en Navidades enviaba felicitaciones a todos sus amigos.* SIN mandar.

OBS En su conjugación, la *i* se acentúa en algunos tiempos y personas, como en *desviar.*

DER enviado, envío.

envidia n. f. **1** Sentimiento de tristeza o irritación producido en una persona por el deseo de la felicidad o alguna cosa de otra persona: *tienen envidia de Fernando porque le ha tocado la lotería.* **2** Deseo de algo que no se posee: *le daba envidia mi abrigo nuevo y se compró uno igual.*

DER envidiable, envidiar, envidioso.

envidiar v. tr. **1** Sentir envidia por una persona. **2** Desear algo que no se posee, especialmente una facultad o capacidad: *envidio tu buena memoria, si la tuviera no tendría que estudiar tanto.*

OBS En su conjugación, la *i* es átona, como en *cambiar.*

envidioso, -sa adj./ n. m. y f. [persona] Que siente envidia por la felicidad o alguna cosa de otra persona.

envilecer v. tr. **1** Hacer que una persona se comporte de una manera vil y malvada: *el afán desmedido de riqueza envilece a las personas.* ◆ v. prnl. **2** envilecerse Volverse una persona vil y malvada.

OBS En su conjugación, la *c* se convierte en *zc* delante de *a* y *o*, como en *agradecer.*

envío n. m. **1** Operación mediante la cual se hace llegar a un lugar una cosa. **2** Cosa que se envía de un lugar a otro.

envite n. m. **1** En algunos juegos de cartas, como el mus, apuesta que permite ganar una cantidad determinada de tantos extraordinarios: *no debes aceptar todos los envites que te hagan los otros jugadores.* **2** Ofrecimiento que se hace de una cosa. **3** Golpe brusco que se da hacia delante a una persona o cosa: *el caballo blanco recibió un fuerte envite del toro.* SIN empujón. **4** Provocación o incitación a una persona para luchar o competir con ella. SIN desafío, reto.

▶ al primer envite De buenas a primeras, sin pensarlo dos veces: *le comenté si quería acompañarnos al viaje y al primer envite ya estaba haciendo planes.*

DER envidar.

enviudar v. intr. Perder [una persona] a su cónyuge por fallecimiento de este.

envoltorio n. m. **1** Material que sirve para envolver un objeto o un producto. SIN envoltura. **2** Objeto o producto envuelto en este material. **3** Conjunto de cosas atadas o envueltas de manera desordenada.

envoltura n. f. **1** Envoltorio: *los cables eléctricos tienen una fina envoltura de plástico.* **2** Capa exterior que rodea o envuelve una cosa: *el capullo es una envoltura de seda que rodea al gusano cuando se transforma en crisálida.*

envolvente adj. **1** Que rodea una cosa de modo que cubre todas sus partes: *una sustancia envolvente.* **2** Que produce una sensación agradable de atracción o de seducción: *mirada envolvente.*

envolver v. tr. **1** Cubrir una cosa rodeándola total o parcialmente: *el mendigo se envolvió en una manta.* **2** Hacer que una persona participe en un negocio o asunto sin estar del todo enterada de él, especialmente si es peligroso o ilegal: *se ha envuelto en unos feos asuntos de drogas.* SIN enredar. ◆ v. tr. **3** Enrollar un hilo, una cuerda o una cinta alrededor de una cosa: *envolvió el regalo con una cinta de color dorado.* **4** Rodear a una persona o cosa un ambiente o unas circunstancias que determinan sus características: *el misterio* *envolvía todas las historias que se contaban de la vieja mansión.* **5** Rodear o cercar al enemigo en una acción de guerra. **6** Vencer una persona a otra en una discusión rodeándola de argumentos y dejándola cortada y sin salida. **7** Mostrar el comportamiento o las palabras de una persona una idea o sentimiento distinto u opuesto al que en realidad tiene: *la felicitación de todos sus compañeros envolvía una mal disimulada envidia.* SIN esconder.

OBS En su conjugación, la *o* se convierte en *ue* en sílaba acentuada, como en *mover*. El participio es *envuelto*.

DER envoltorio, envoltura, envolvente, envuelto; desenvolver.

enyesar v. tr. **1** Cubrir una superficie o tapar un agujero con yeso: *antes de pintar enyesó las grietas de la pared.* **2** Inmovilizar una parte del cuerpo envolviéndola en un vendaje empapado en yeso o escayola que, al secarse, se endurece: *le enyesaron el brazo tras fracturarse el codo.* SIN escayolar.

enzarzar v. tr. **1** Enredar a dos o más personas en una disputa: *Antonio los enzarzó en una trifulca interminable.* ◆ v. prnl. **2** enzarzarse Tomar parte en una disputa o en una pelea: *gobierno y oposición se enzarzaron en una polémica sobre la subida de impuestos.* **3** Implicarse en un negocio o asunto sin estar del todo enterado de él, especialmente si es peligroso o ilegal.

OBS En su conjugación, la *z* se convierte en *c* delante de *e*.

enzima n. amb. BIOL. Molécula producida por las células vivas del organismo, que favorece y regula las reacciones químicas en los seres vivos: *las enzimas están compuestas principalmente por proteínas.*

OBS No se debe confundir con el adverbio *encima*.

DER enzimología.

eñe n. f. Nombre de la letra *ñ*: *la letra eñe solo existe en castellano.*

eólico, -ca adj. Del viento o que tiene relación con él.

¡epa! int. Se usa, generalmente, para avisar sobre algo que va a ocurrir o para que alguien tenga cuidado: *¡Epa! ¿Adónde vas corriendo de esa manera?; ¡Epa! Casi chocas conmigo.*

epanadiplosis n. f. Figura retórica de construcción que consiste en repetir al final de una frase o de un verso la misma palabra con que empieza: *el verso «Verde que te quiero verde» de García Lorca es un ejemplo de epanadiplosis.*

OBS El plural también es *epanadiplosis*.

epi- Prefijo que entra en la formación de palabras con el significado de 'sobre': *epicarpio, epidermis.*

épica n. f. Género de poesía que narra con lenguaje elevado las hazañas y los amores de personajes ilustres y legendarios.

epiceno adj./ n. m. [género de un sustantivo] Que señala la diferencia de sexo mediante la oposición macho/ hembra: *gran parte de los nombres de animales son sustantivos de género epiceno, pues hay que decir, por ejemplo, «el buitre macho» y «el buitre hembra».*

epicentro n. m. Punto de la superficie de la Tierra bajo el cual tiene origen un terremoto.

épico, -ca adj. **1** De la épica o que tiene relación con este género literario: *el* Cantar de mío Cid *es el poema épico por excelencia de la literatura española.* **2** Que causa admiración por su gran valentía, heroísmo y esfuerzo ante situaciones adversas y peligrosas: *el equipo español logró una victoria épica.*

DER épica.

epidemia n. f. **1** Enfermedad infecciosa que ataca a un gran número de personas del mismo lugar y durante un mismo período de tiempo. SIN plaga. **2** Daño o desgracia que están muy extendidos y afectan a un número cada vez más grande de personas: *la epidemia de la drogadicción, de la violencia, del racismo.* SIN plaga.

DER epidémico, epidemiología.

epidémico, -ca adj. **1** [enfermedad infecciosa] Que ataca a un gran número de personas del mismo lugar y durante un mismo período de tiempo. **2** De la epidemia o que tiene relación con las enfermedades infecciosas.

epidemiología n. f. Parte de la medicina que estudia el desarrollo epidémico de las enfermedades infecciosas.

DER epidemiológico.

epidérmico, -ca adj. **1** De la epidermis o que tiene relación con esta capa de la piel: *las escamas forman el tejido epidérmico de los peces y de algunos reptiles.* **2** [persona, idea] Que no presta atención a lo importante y se queda en las apariencias: *su rechazo a la violencia era puramente epidérmico.* SIN superficial.

epidermis n. f. **1** Capa más exterior de la piel de los vertebrados y de los invertebra-

dos; está situada encima de la dermis y formada por cinco capas muy finas. **SIN** cutícula. **2** BOT. Membrana formada por una sola capa de células que recubre el tallo y las hojas de algunos vegetales.
OBS El plural también es *epidermis*.
DER epidérmico.

epidídimo n. m. Órgano situado en la parte posterior del testículo, en el que se elabora el semen y donde se almacenan los espermatozoides.

epiglotis n. f. Cartílago en forma de lengüeta situado sobre la laringe y unido a la parte posterior de la lengua, que cierra la glotis durante la ingestión de alimentos.
OBS El plural también es *epiglotis*.

epígono n. m. Persona que continúa las tendencias artísticas o científicas de un maestro, escuela o generación anterior.

epígrafe n. m. **1** Título que aparece al comienzo de un escrito, o de cada una de sus partes: *en el índice aparecen los capítulos y sus epígrafes.* **2** Explicación breve y que aparece al comienzo de un escrito resumiendo lo principal de su contenido. **3** Texto breve grabado en piedra o metal: *en el epígrafe del monumento está la dedicatoria del pueblo a la memoria del héroe.*
DER epigrafía, epigrama.

epigrama n. m. **1** Texto breve grabado sobre metal, piedra u otro material duro. **2** Composición poética muy breve que explica un pensamiento ingenioso o satírico: *encontró un libro con epigramas anónimos.*

epilepsia n. f. Enfermedad del sistema nervioso debida a la aparición de actividad eléctrica anormal en la corteza cerebral, que causa ataques repentinos caracterizados por convulsiones violentas y pérdida del conocimiento.
DER epiléptico.

epiléptico, -ca adj. **1** De la epilepsia o relacionado con ella. ◆ adj./n. m. y f. **2** [persona] Que padece epilepsia.

epílogo n. m. **1** Parte última de ciertas obras literarias, de cine o de teatro en la que se desarrolla una acción o se refiere algún suceso que tiene relación con la acción principal y suele explicarla: *la película tiene un pequeño epílogo en el que se narra la distinta suerte de los personajes pasados los años.* **2** Parte final de un discurso u obra en la que se ofrece un resumen general de su contenido. **3** Conjunto de circunstancias o consecuencias que permanecen después de finalizada una actividad o proceso: *la inestabilidad política de África fue el epílogo de largos años de colonización europea.*

episcopado n. m. **1** Cargo de obispo. **SIN** obispado. **2** Período de tiempo que dura el ejercicio del cargo de un obispo en un territorio. **3** Conjunto de todos los obispos de un país o territorio.
DER episcopal.

episcopal adj. **1** Del obispo o que tiene relación con este sacerdote: *conferencia episcopal.* **2** Libro litúrgico en el que se recogen las ceremonias y los oficios propios de los obispos.
DER episcopaliano, episcopalismo.

episodio n. m. **1** Programa de radio o televisión independiente en el que se narra una parte de la acción de una obra o serie: *los culebrones de televisión suelen estar formados por numerosísimos episodios.* **2** Hecho o acontecimiento que junto con otros, con los que está relacionado, forma el conjunto de una historia real o imaginada: *ayer leí el episodio del Quijote de la lucha contra los molinos de viento.*
DER episódico.

epístola n. f. **1** LIT. Carta o misiva que se escribe a una persona. **2** Composición literaria en forma de carta, en prosa o en verso, cuyo fin suele ser moralizar, instruir o satirizar. **3** Parte de la misa católica en que se lee o se canta algún pasaje de las cartas escritas por los apóstoles.
DER epistolar, epistolario.

epistolar adj. De la epístola o que tiene relación con esta carta o misiva.

epistolario n. m. **1** Libro en el que se recogen varias cartas de uno o varios autores. **2** Libro en que se recogen las epístolas que se leen en la misa católica. **3** Conjunto de epístolas o cartas recibidas de una o varias personas.

epitafio n. m. Texto dedicado a un difunto, generalmente grabado en su sepultura.

epitalamio n. m. Composición lírica escrita en celebración de una boda.

epíteto n. m. **1** Adjetivo que expresa una cualidad característica del nombre al que acompaña, generalmente usado para producir un determinado efecto estético: *en «la verde hierba», «verde» es un epíteto.* **2** Expresión en la que se emite un juicio con el que se califica una cosa: *la actuación del torero mereció epítetos bastante desagradables.*

época n. f. **1** Período determinado en la historia de una civilización o de una sociedad al que se hace referencia aludiendo a un hecho histórico, un personaje o un movimiento cultural, económico o político que se ha desarrollado en él: *la época de la primera revolución industrial.* SIN era. **2** Período del pasado que se caracteriza por una circunstancia determinada: *por aquella época yo era un joven inexperto.* SIN tiempo.
▶ **de época** Que es propio de un tiempo pasado: *acudieron vestidos con trajes de época.* **hacer época** Tener tanta importancia una cosa que se da por seguro que su recuerdo perdurará a través del tiempo.

epopeya n. f. **1** Poema épico de gran extensión en el que se cuentan las hazañas legendarias y sobrenaturales de personajes heroicos que, generalmente, forman parte del origen de una estirpe o de un pueblo: *la «Ilíada» y la «Odisea» son dos grandes epopeyas clásicas.* **2** Conjunto de poemas de este tipo que forman la tradición épica de un pueblo. **3** Acción o hecho que causa admiración por su gran valentía, heroísmo y esfuerzo ante situaciones adversas y peligrosas: *la película* Éxodo *cuenta la epopeya del pueblo judío y la fundación del estado de Israel.*

equi- Elemento prefijal que entra en la formación de palabras con el significado de 'igualdad en lo designado por el componente al que se une': *equivalencia.*

equidad n. f. Igualdad o justicia en el reparto de una cosa entre varios o en el trato de las personas: *algunas comunidades autónomas se han quejado de la falta de equidad en el reparto de los fondos del Estado.*
DER equitativo.

equidistante adj. **1** Que equidista. **2** [actitud] Que es equilibrada y no se inclina ante una de las partes de un conflicto.

equidistar v. intr. Estar a la misma distancia dos o más puntos o cosas de otro u otros cosas o a la misma distancia entre sí: *todos los puntos de referencia del perímetro de una circunferencia equidistan del centro.*
DER equidistante.

equilátero, -ra adj. [triángulo] Que tiene los tres lados de igual longitud.

equilibrado, -da adj. **1** [persona] Que actúa de un modo razonable sin dejarse llevar alocadamente por las propias ideas o sentimientos. SIN sensato. ◆ n. m. **2** Ajuste de una pieza o elemento mecánico para dotarlo del equilibrio adecuado que mejore su funcionamiento: *en el taller le recomendaron el equilibrado de los neumáticos.*

equilibrar v. tr. **1** Ajustar una cosa de modo que se igualen las fuerzas a las que está sometida. SIN estabilizar. ANT desequilibrar, desestabilizar. **2** Hacer que una cosa permanezca estable en un lugar o en unas condiciones particulares, procurando que ningún elemento de los que la integran exceda en cantidad o importancia al resto: *al perder la reina y el alfil se equilibró la partida de ajedrez.*
DER equilibrado; desequilibrar.

equilibrio n. m. **1** Estado de un cuerpo sometido a una serie de fuerzas que se contrarrestan entre sí: *los platillos de la balanza están en equilibrio porque el peso es el mismo en ambos lados.* ANT desequilibrio. **2** Situación de un cuerpo que ocupa una posición en el espacio sin caerse, especialmente si tiene un base de sustentación muy reducida: *mantuvieron en equilibrio una silla apoyada sobre su frente.* SIN estabilidad. ANT desequilibrio. **3** Proporción y armonía entre los elementos dispares que integran un conjunto. **4** Capacidad de una persona para actuar conforme a la razón sin dejarse llevar alocadamente por las propias ideas o sentimientos: *gracias a la psicoterapia logró recuperar el equilibrio que había perdido con la muerte de su pareja.* ◆ n. m. pl. **5 equilibrios** Actos con los que se consigue manejar una situación difícil y problemática: *se pasó todo el viaje haciendo equilibrios para que sus amigos no discutieran entre sí.*
DER equilibrar, equilibrismo.

equilibrista adj./ n. com. Persona que practica ejercicios consistentes en mantenerse en equilibrio o mantener objetos en equilibrio, en especial si se dedica a ello profesionalmente: *los equilibristas desarrollan al máximo el sentido del equilibrio; (fig) equilibrista de la diplomacia.*

equino, -na adj. **1** Del caballo o que tiene relación con este animal. **2** De los équidos o que tiene relación con estos animales: *caballos, asnos y mulos constituyen el ganado equino.* ◆ n. m. **3** Animal doméstico, como el caballo u otro de la familia de los équidos, que sirve para montar en él o para transportar cosas. **4** Moldura convexa típica del capitel dórico.

equinoccio n. m. ASTR. Momento del año en que el Sol parece pasar sobre el ecuador y en que el día y la noche duran lo mismo: *el equinoccio de primavera se produce entre los días 20 y 21 de marzo, y el equinoccio de otoño, entre el 22 y el 23 de septiembre.*

equinodermo adj./ n. m. **1** [animal] Que pertenece al tipo de los equinodermos. ◆ n. m. pl. **2** equinodermos Tipo de animales marinos invertebrados con la piel gruesa dotada de placas y espinas calcáreas, que tienen en el interior del cuerpo un sistema de canales por donde circula el agua; carecen de cabeza y su boca suele estar situada en la cara inferior del cuerpo: *el erizo de mar y la holoturia pertenecen a los equinodermos.*

equipaje n. m. Conjunto de ropas y objetos de uso personal que una persona lleva consigo cuando viaja o se traslada de un lugar a otro.

equipamiento n. m. **1** Suministro o entrega del equipo necesario para desarrollar una actividad o trabajo: *una firma comercial se encargaba del equipamiento de los windsurfistas.* **2** Conjunto de medios e instalaciones necesarios para el desarrollo de una actividad: *la alcaldesa se ha quejado de la falta de equipamiento deportivo de la ciudad.* SIN infraestructura.

equipar v. tr. Proporcionar el equipo necesario para desarrollar una actividad o trabajo: *equiparon la nave para una larga travesía.*
OBS Se suele construir con las preposiciones *de* y *con*.
DER equipaje, equipamiento, equipo.

equiparable adj. Que puede ser equiparado: *viven situaciones laborales equiparables.*

equiparar v. tr. Considerar dos o más cosas o personas como equivalentes al compararlas.
DER equiparación.

equipo n. m. **1** Conjunto de objetos y prendas necesarias para desarrollar una actividad o trabajo: *adquirió el equipo necesario para pescar.* **2** Conjunto de personas organizado para realizar una actividad o trabajo: *un equipo de cirujanos llevó a cabo el trasplante con éxito.* **3** Conjunto organizado de personas que juega contra otro en una competición deportiva.
▶ caerse con todo el equipo Fracasar completamente de manera inesperada: *se cayó con todo el equipo al creer que podría copiar en el examen.*
en equipo En colaboración coordinada con otras personas: *todos los vecinos trabajaron en equipo para pintar el interior del edificio.*

equis n. f. **1** Nombre de la letra *x*. **2** Signo o carácter que tiene la forma de la letra *x*: *debes poner una equis en cada casilla de la quiniela.* **3** Signo que representa la incógnita o el valor desconocido en los cálculos: *tienes que despejar la equis en esa ecuación.* ◆ adj. **4** Indica el valor de una cantidad que es desconocida o cuyo conocimiento resulta indiferente: *el fontanero me advirtió que cada equis años tendría que cambiar la cisterna.* **5** Indica la calificación pornográfica de una película o un cine: *una película X.*
OBS El plural también es *equis*.

equitación n. f. Técnica, actividad o deporte de montar a caballo: *la equitación es un deporte olímpico.*

equitativo, -va adj. Que es justo e imparcial: *el padre realizó un reparto equitativo de la herencia.*

equivalencia n. f. Igualdad en la función, el valor, la potencia o la eficacia de dos o más cosas distintas entre sí: *esta tabla muestra la equivalencia entre millas y kilómetros.*

equivalente adj. **1** [cosa, persona] Que mantiene una relación de equivalencia con otra cosa o persona: *¿cuál será el equivalente de esta temperatura en grados Fahrenheit?* ◆ adj. **2** [figura] Que tiene igual área o volumen que otra, pero forma diferente.

equivaler v. intr. Mantener una cosa con otra una relación de igualdad de función, valor, potencia o eficacia, siendo ambas diferentes entre sí: *una hora equivale a 60 minutos y a 3600 segundos.*
OBS Se conjuga como *valer*.
DER equivalencia, equivalente.

equivocación n. f. **1** Idea u opinión que una persona tiene por buena, cuando, en realidad, es falsa. SIN error. **2** Actuación de una persona que no obtiene los objetivos previstos o tiene consecuencias negativas para ella: *por equivocación he eliminado unos archivos del disco duro.* SIN error.

equivocar v. tr./ prnl. **1** Cometer una equivocación. SIN errar. ◆ tr. **2** Hacer que una persona cometa una equivocación.
OBS En su conjugación, la *c* se convierte en *qu* delante de *e*.
DER equivocación, equívoco.

equívoco, -ca adj. **1** Que puede entenderse de varias maneras o admitir explicaciones distintas: *vela, llama y cabo son palabras equívocas.* SIN ambiguo. **2** Que puede provocar la equivocación de los demás: *el peatón hizo un*

gesto equívoco al cruzar y a punto estuvo de ser atropellado. ◆ n. m. **3** Figura del lenguaje que consiste en utilizar palabras ambiguas que dan a entender cosas distintas.
DER inequívoco.

era n. f. **1** Período determinado en la historia de una civilización o de una sociedad al que se hace referencia aludiendo a un hecho histórico, un personaje o un movimiento cultural, económico o político que se ha desarrollado en él: *dicen que estamos en la era de las comunicaciones; sucedió en el año 25 de nuestra era.* SIN época, tiempo. **era cristiana** Era que comienza a contarse desde el nacimiento de Cristo. **2** GEOL. Período muy extenso de tiempo que abarca una fase de la evolución de la Tierra y de la flora y la fauna que la habitan: *en la actualidad vivimos en la era cuaternaria.* **3** Terreno descubierto, de superficie llana y limpia donde se trilla el cereal.
DER erial.

erario n. m. **1** Conjunto de haberes, rentas e impuestos que recauda el Estado: *la subida de los impuestos hará aumentar el erario.* SIN hacienda pública. **2** Lugar en el que se guardan estos haberes, rentas e impuestos.

érase Forma de pretérito imperfecto del verbo ser más pronombre se que constituye una fórmula tradicional del comienzo de cuentos y relatos; es muy habitual que vaya seguido de una vez: *érase una vez una princesa; un famoso poema de Quevedo comienza con los versos «Érase un hombre a una nariz pegado / Érase una nariz superlativa /...».*

erasmismo n. m. Corriente de pensamiento surgida en Europa en el siglo XVI por influencia del humanista Erasmo de Rotterdam.
DER erasmista.

erasmista adj./ n. com. Que es partidario del erasmismo o está influido por él.

ere n. f. Nombre de la letra *r* en su sonido suave o simple: *la palabra «área» tiene una ere, y «florero» tiene dos.*

erección n. f. **1** Acción de ponerse erecta o rígida una cosa. **2** Construcción de una edificación importante o de un monumento. **3** Aumento del volumen y la rigidez de un órgano del cuerpo (como el clítoris, los pezones o, especialmente, el pene) que se produce por la afluencia de sangre a dicho órgano.

erecto, -ta adj. Que está levantado, derecho o rígido.
DER eréctil.

ergonomía n. f. Estudio y adecuación de las condiciones del lugar de trabajo, máquinas, vehículos o equipo a las características físicas y psicológicas del trabajador o usuario: *la ergonomía del asieno del conductor es importante.*
DER ergonómico.

erguir v. tr. **1** Levantar y poner derecho el cuerpo o una parte de él: *erguir la cabeza.* SIN incorporar. ◆ v. prnl. **2 erguirse** Levantarse una cosa por encima del nivel del suelo: *a un lado del camino se erguía una larga fila de chopos.* **3** Comportarse con orgullo o superioridad frente a los demás, tratándolos de un modo despectivo y desconsiderado: *a la que consiguió un poco de fama empezó a erguirse y se volvió un cursi insoportable.*

erial adj./ n. m. [terreno] Que no se cultiva ni se labra.

erguir

INDICATIVO	SUBJUNTIVO
presente	**presente**
irgo o yergo	irga o yerga
irgues o yergues	irgas o yergas
irgue o yergue	irga o yerga
erguimos	irgamos o yergamos
erguís	irgáis o yergáis
irguen o yerguen	irgan o yergan
pretérito imperfecto	**pretérito imperfecto**
erguía	irguiera o irguiese
erguías	irguieras o irguieses
erguía	irguiera o irguiese
erguíamos	irguiéramos o irguiésemos
erguíais	irguierais o irguieseis
erguían	irguieran o irguiesen
pretérito perfecto simple	**futuro**
erguí	irguiere
erguiste	irguieres
irguió	irguiere
erguimos	irguiéremos
erguisteis	irguiereis
irguieron	irguieren
futuro	IMPERATIVO
erguiré	irgue o yergue (tú)
erguirás	irga o yerga (usted)
erguirá	erguid (vosotros)
erguiremos	irgan o yergan (ustedes)
erguiréis	FORMAS NO PERSONALES
erguirán	**infinitivo** erguir — **gerundio** irguiendo
condicional	**participio** erguido
erguiría	
erguirías	
erguiría	
erguiríamos	
erguiríais	
erguirían	

a b c d e f g h i j k l m n ñ o p q r s t u v w x y z

erigir v. tr. **1** Construir o levantar una edificación o monumento por encima del nivel del suelo: *la torre inclinada de Pisa se erigió a principios del siglo* XII. ◆ v. tr./ prnl. **2** Otorgar a una persona o institución una función o categoría de especial importancia: *el congreso de su partido lo erigió en su líder indiscutible.*

OBS En su conjugación, la *g* se convierte en *j* delante de *a* y *o*.

erisipela n. f. Enfermedad infecciosa y contagiosa que afecta a la piel y al tejido subcutáneo, en especial de la cara, y se caracteriza por la aparición de placas rojas y brillantes y la presencia de fiebre.

erizar v. tr./ prnl. Levantar y poner rígida una cosa, especialmente el pelo de una persona o animal: *se le erizó el vello del cuerpo cuando escuchó la explosión.*

OBS En su conjugación, la *z* se convierte en *c* delante de *e*.

DER erizado.

erizo n. m. **1** Animal mamífero de pequeño tamaño, con la espalda cubierta de espinas, que se alimenta de insectos; tiene las patas, la cola y la cabeza muy pequeñas, y el hocico puntiagudo: *el erizo adopta un forma de bola cuando advierte un peligro inminente.* NOTA Para indicar el sexo se usa *el erizo macho* y *el erizo hembra*. **2** Envoltura dura y espinosa que recubre la castaña y otros frutos. **3** Persona difícil de tratar y de carácter áspero.

▶ erizo de mar (o marino) Animal invertebrado marino de pequeño tamaño con forma de media esfera cubierta por una concha compuesta por placas calcáreas con púas.

DER erizar.

ermita n. f. Iglesia o capilla pequeña situada generalmente en una zona deshabitada o en las afueras de una población.

DER eremita, ermitaño.

ermitaño, -ña n. m. y f. **1** Persona que vive sola en una ermita en donde se dedica a la oración y al cuidado del lugar. **2** Persona que vive sola en un lugar deshabitado, especialmente si dedica su tiempo a la oración. ◆ adj./ n. m. y f. **3** [persona] Que vive en soledad sin mantener contacto con los demás.

-ero, -er, -era Sufijo que entra en la formación de palabras con el sentido de: **a.** 'Oficio': *aduanero.* **b.** 'Planta': *limonero.* **c.** 'Lugar': *hormiguero.* **d.** 'Pertenencia o relación': *dominguero.* **e.** 'Afición exagerada': *futbolero, pesetero.*

erosión n. f. **1** Desgaste o destrucción que se produce en la superficie de la Tierra por fenómenos naturales o por la acción del ser humano y de los seres vivos: *el proceso de erosión del terreno se acelera con la falta de vegetación.* **2** Desgaste que se produce en la superficie de un cuerpo a causa del roce o frotamiento con otro cuerpo. **3** Herida producida en la superficie de un cuerpo por el roce de otro. **4** Disminución o pérdida de la calidad, la importancia o la influencia de una persona o cosa: *la corrupción política provoca la erosión de la democracia.* SIN deterioro.

DER erosionar, erosivo.

erosionar v. tr. **1** Desgastar la superficie de la Tierra los fenómenos naturales o la acción del ser humano y de los seres vivos: *la potencia de las olas y las fuertes corrientes erosionan las costas.* **2** Desgastar la superficie de un cuerpo a causa del roce o frotamiento con otro cuerpo. ◆ v. tr./ prnl. **3** Disminuir o perder la calidad, la importancia o la influencia una persona o cosa: *la industria japonesa erosiona cada vez más la primacía tecnológica de los Estados Unidos.* SIN deteriorar.

erosivo, -va adj. De la erosión o que tiene relación con ella.

erótico, -ca adj. **1** Del erotismo o relacionado con él. **2** [obra] Que trata asuntos relacionados con las relaciones amorosas y sexuales entre las personas. **3** Que excita o provoca el deseo sexual de una persona: *la censura prohibió el videoclip por contener escenas eróticas.*

erotismo n. m. **1** Conjunto de elementos que forman parte de la excitación y el placer de los sentidos en las relaciones sexuales de las personas: *hay una gran diferencia entre erotismo y pornografía.* **2** Carácter de lo que excita o provoca el deseo sexual de una persona. **3** Expresión de las relaciones amorosas y sexuales entre las personas en una obra artística.

erradicar v. tr. Eliminar o suprimir de manera completa una cosa que se considera mala o perjudicial y que, generalmente, afecta a muchas personas: *el Ministerio pretende erradicar el analfabetismo.*

OBS En su conjugación, la *c* se convierte en *qu* delante de *e*.

DER erradicación.

errante adj. Que va de un lugar a otro sin un fin determinado.

a b c d **e** f g h i j k l m n ñ o p q r s t u v w x y z

errar

INDICATIVO	SUBJUNTIVO
presente	**presente**
yerro o erro	yerre o erre
yerras o erras	yerres o erres
yerra o erra	yerre o erre
erramos	erremos
erráis	erréis
yerran o erran	yerren o erren
pretérito imperfecto	**pretérito imperfecto**
erraba	errara o errase
errabas	erraras o errases
erraba	errara o errase
errábamos	erráramos o errásemos
errabais	errarais o erraseis
erraban	erraran o errasen
pretérito perfecto simple	**futuro**
erré	errare
erraste	errares
erró	errare
erramos	erráremos
errasteis	errareis
erraron	erraren
futuro	IMPERATIVO
erraré	yerra o erra (tú)
errarás	yerre o erre (usted)
errará	errad (vosotros)
erraremos	yerren o erren (ustedes)
erraréis	
errarán	
condicional	FORMAS NO PERSONALES
erraría	**infinitivo** errar
errarías	**gerundio** errando
erraría	**participio** errado
erraríamos	
erraríais	
errarían	

errar v. tr./ intr. **1** Cometer un error. SIN equivocar, fallar. ◆ v. intr. **2** Ir de un lugar a otro sin un fin o motivo determinado: *los animales abandonados por sus dueños suelen errar por el campo o la ciudad aturdidos y desorientados.* SIN vagar. **3** Divagar la imaginación o el pensamiento, yendo de una cosa a otra sucesivamente sin orden, objetivo ni motivo concreto: *dejó errar su imaginación durante un rato antes de levantarse.*
DER errabundo, errado, errante, errata, errático, error; aberrar.

errata n. f. Alteración de la forma ortográfica correcta de una palabra escrita o impresa por un descuido o por un fallo mecánico.

errático, -ca adj. Que va de un lugar a otro sin un fin o motivo determinado.

erre n. f. Nombre de la letra *r* o del dígrafo *rr* y sonidos que representa: *la palabra parra tiene una erre.* **erre doble o doble erre** Dígrafo *rr*.
▶ **erre que erre** Con mucha insistencia o constancia: *el niño seguía asegurando erre que erre que había visto a un fantasma.*

erróneo, -nea adj. Que no es correcto.

error n. m. **1** Idea u opinión que una persona tiene por buena, cuando, en realidad, es falsa: *Copérnico demostró que era un error considerar que el Sol giraba en torno a la Tierra.* SIN equivocación. **error de bulto** Error que es de importancia o tiene consecuencias especialmente graves. **2** Actuación de una persona que no obtiene los objetivos previstos o tiene consecuencias negativas para ella. SIN equivocación. ANT acierto. **3** Diferencia entre el valor real o exacto de una magnitud y el que resulta del cálculo hecho por una persona o por una máquina: *en las estadísticas siempre hay que tener en cuenta un margen de error.*
DER erróneo; yerro.

ertzaina n. com. Miembro de la Ertzaintza, policía autónoma del País Vasco.
OBS Se pronuncia aproximadamente «erchaina».

eructar v. intr. Expulsar por la boca gases del estómago de manera sonora o ruidosa.
DER eructo.

eructo n. m. **1** Acción de eructar. **2** Conjunto de gases del estómago expulsados de una vez por la boca de manera sonora.

erudición n. f. Conocimiento amplio, extenso y profundo de una o varias materias, especialmente si están relacionadas con las humanidades.
DER erudito.

erudito, -ta adj./ n. m. y f. [persona] Que tiene una gran erudición sobre una o varias materias. SIN sabio.

erupción n. f. **1** Aparición brusca de granos o manchas en la piel, generalmente por causa de una enfermedad o de una reacción alérgica: *uno de los síntomas de la rubeola es la erupción cutánea.* **2** Conjunto de granos o de manchas en la piel que aparecen de esta manera. **3** Expulsión al exterior de materias sólidas, líquidas o gaseosas procedentes del interior de la Tierra a través de un volcán: *la erupción del Vesubio en el año 79 sepultó la ciudad de Pompeya.*
DER eruptivo.

esbeltez n. f. Cualidad de esbelto de una cosa, una persona o un animal: *la esbeltez de una gacela.*

esbelto, -ta adj. [persona, cosa] Que tiene una figura alta, delgada y bien proporcionada: *las modelos tenían unas piernas esbeltas.*
DER esbeltez.

esbozar v. tr. **1** Hacer un primer diseño o proyecto de una obra artística de manera provisional, con los elementos esenciales y sin dar ningún detalle. SIN bosquejar. **2** Explicar una idea o plan de manera vaga o en sus líneas generales. SIN bosquejar. **3** Hacer un gesto de modo leve y contenido, especialmente una sonrisa.
OBS En su conjugación, la *z* se convierte en *c* delante de *e*.

esbozo n. m. **1** Primer diseño o proyecto de una obra artística, hecho de manera provisional, con los elementos esenciales y sin dar ningún detalle. SIN boceto, bosquejo. **2** Explicación de una idea o plan de manera vaga y en sus líneas generales. SIN bosquejo. **3** Insinuación de un gesto, especialmente de una sonrisa: *en su cara se reflejó el esbozo de una sonrisa.*
DER esbozar.

escabel n. m. Tarima pequeña que se coloca delante de un asiento y que sirve para descansar los pies cuando se está sentado.

escabroso, -sa adj. **1** [terreno] Que es difícil de atravesar por estar lleno de rocas, cortes y pendientes muy pronunciadas. SIN abrupto, escarpado. **2** Que está próximo a lo inmoral y obsceno, y puede herir la sensibilidad de algunas personas. **3** [asunto, tema] Que es muy embarazoso y difícil de manejar o de resolver: *no quise hablar con él de sexo, pues es un tema muy escabroso para mí.*
DER escabrosidad.

escabullirse v. prnl. **1** Deslizarse o escaparse una cosa de entre otras que la sujetan, especialmente de las manos. **2** Salir o escaparse de un lugar sin que se note, con disimulo o con habilidad: *uno de los detenidos se escabulló por los servicios del juzgado.* **3** Evitar un trabajo, una obligación o una dificultad con disimulo: *¡eh, tú!, no te escabullas, que hoy te toca fregar los platos a ti.*
OBS En su conjugación, la *i* de la desinencia se pierde absorbida por la *ll* en algunos tiempos y personas, como en *mullir.*

escafoides adj./ n. m. **1** [hueso] Que está en la muñeca formando parte de la primera fila del carpo y está articulado con el radio: *se rompió el hueso escafoides y le tuvieron que escayolar la mano.* **2** [hueso] Que está en el pie formando parte del tarso y está articulado con el astrágalo: *el escafoides es uno de los siete huesos que componen el tarso.*

escala n. f. **1** Serie de elementos de la misma especie, ordenados por alguna de sus características: *la escala de colores.* **2** Serie de rayas o señales con que se marcan los diversos valores, grados o magnitudes que puede medir un instrumento: *la escala del termómetro.* **3** Proporción existente en un mapa o plano entre la medida del objeto o el terreno representado y sus dimensiones en la realidad. **4** Importancia, tamaño o extensión que tiene un plan o una situación: *el sida es un problema de escala mundial.* **5** Escalera portátil, generalmente de madera, de cuerda o de ambas cosas. **6** Parada que realiza en un puerto o aeropuerto un barco o avión durante un viaje. escala técnica Escala que se lleva a cabo para repostar combustible o solucionar un problema mecánico: *en un viaje tan largo ya sabíamos que el barco haría alguna escala técnica.* **7** Puerto o aeropuerto en el que se detiene un barco o avión durante un viaje. **8** Lista de las personas que forman parte de un organismo o profesión, especialmente el ejército, clasificadas según su cargo, grado, categoría o antigüedad. **9** MÚS. Serie ordenada de las notas que componen un sistema musical: *la escala musical más conocida consta de siete notas básicas: do, re, mi, fa, sol, la, si.*
DER escalafón, escalar, escalera, escalinata, escalón.

escalabrar v. tr./ prnl. **1** Herir de un golpe a una persona, especialmente en la cabeza: *se cayó del tobogán y se escalabró.* SIN descalabrar. ◆ v. tr. **2** Causar daño o perjuicio: *ha escalabrado el proyecto con sus absurdas y desbaratadas ideas.* SIN descalabrar.
OBS La Real Academia Española prefiere la forma *descalabrar.*

escalada n. f. **1** Subida hasta una gran altura por un terreno muy pendiente, especialmente por una montaña: *la escalada en alta montaña requiere una buena preparación y un equipo específico.* escalada libre Escalada que se hace por una pared escarpada sin más ayuda que los pies y las manos. **2** Aumento rápido, y por lo general alarmante, de la intensidad o el valor de una cosa, a partir de una sucesión de fenómenos o hechos relacionados entre sí: *se ha registrado una escalada de violencia en Corea del Sur.* **3** Paso sucesivo por diversos puestos o categorías cada vez más importantes: *inició su escalada en la política hace ya muchos años.*

escalador, -ra n. m. y f. **1** Persona que escala montañas por afición. SIN alpinista. **2** Persona que practica el ciclismo y es especialista en subir por carreteras empinadas de montaña.

escalafón n. m. **1** Clasificación de las personas que forman parte de un organismo o profesión, según su cargo, grado, categoría o antigüedad. SIN escala. **2** Nivel o posición que ocupa una persona en esta clasificación: *los escalafones inferiores.*

escalar v. tr. **1** Subir hasta una gran altura por un terreno muy pendiente, especialmente por una montaña. **2** Pasar sucesivamente por diversos puestos o categorías cada vez más importantes: *fue escalando hasta llegar a director de la empresa.* ◆ adj./ n. com. **3** FÍS. [cantidad] Que carece de dirección y se expresa por un solo número.
DER escalada, escalador.

escaleno adj. [triángulo] Que tiene distinta longitud en cada uno de sus tres lados.

escalera n. f. **1** Construcción o estructura inclinada formada por una sucesión de pequeñas plataformas horizontales superpuestas que sirve para comunicar dos niveles que tienen distinta altura, permitiendo que una persona pueda subir y bajar por ella con comodidad: *¿subes por la escalera o coges el ascensor conmigo?* escalera de caracol Escalera que tiene forma de espiral. escalera mecánica Aparato en forma de rampa con una serie de escalones que suben o bajan automáticamente movidos por un mecanismo eléctrico. **2** Instrumento portátil, formado por dos largueros o barras largas paralelas unidas entre sí por travesaños colocados a distancias regulares, que sirve para comunicar dos niveles con distinta altura, permitiendo que una persona pueda subir y bajar por ella: *se cayó de la escalera cuando iba a pintar el techo.* **3** Serie de tres o más naipes o cartas con un valor correlativo: *en este juego tienes que conseguir hacer tríos y escaleras hasta quedarte sin cartas.* escalera de color Serie de tres o más naipes o cartas con un valor correlativo y del mismo palo: *he ganado la partida, porque yo tengo escalera de color y tú solo una doble pareja.* **4** Corte irregular o desigual en el pelo: *este peluquero es un novato y me ha dejado escaleras por todas partes.*
DER escalerilla.

escaléxtric n. m. **1** Juego de coches eléctricos con un sistema de carreteras con muchas curvas a distintos niveles, unas por encima de otras. **2** Conjunto formado por varias carreteras que pasan por distintos niveles, unas sobre otras sin cruzarse.
OBS Procede de *Scalextric,* nombre de una marca registrada.

escalfar v. tr. Cocer un huevo sin cáscara en agua hirviendo.

escalinata n. f. Escalera amplia construida en un lugar público, en el exterior de un edificio o en su vestíbulo.

escalofriante adj. Que causa una gran emoción, una enorme sorpresa o un intenso miedo: *los saltos al vacío de los paracaidistas son escalofriantes.*

escalofrío n. m. Sensación de frío intensa y repentina acompañada de un ligero temblor del cuerpo, generalmente producida por un cambio brusco de temperatura, por la fiebre o por una fuerte emoción o miedo: *tenía mucha fiebre y le daban escalofríos.*
DER escalofriante.

escalón n. m. **1** Cada una de las pequeñas plataformas horizontales de una escalera donde se apoya el pie al subir o bajar: *cuando era joven bajaba los escalones de casa de tres en tres.* SIN peldaño. **2** Grado o rango que tiene una persona en un grupo, empresa u organización. SIN rango. **3** Momento, período o estado que forma parte de una serie o de un proceso: *la enseñanza universitaria es un escalón más en la preparación intelectual de una persona.* SIN estadio, etapa, fase.
DER escalonar.

escalonar v. tr./ prnl. Distribuir una cosa en el tiempo o en el espacio de manera ordenada y sucesiva: *cuando se marchó al extranjero, tuvo que escalonar las visitas a sus padres.*
DER escalonamiento.

escalpelo n. m. Instrumento de cirugía que consiste en una hoja larga y estrecha de metal y un mango y que se usa para hacer incisiones en los tejidos blandos: *el escalpelo y el bisturí son muy similares.*

escama n. f. **1** Placa pequeña, plana y dura, que, superpuesta a otras iguales, forma una capa que cubre y protege la piel de algunas clases de animales, como peces y reptiles: *limpié bien el pescado de escamas.* **2** Objeto que tiene una forma similar a la de esta escama. **3** Placa muy pequeña, formada por células de tejido muertas, que se desprende de la piel de las personas. **4** Lámina pequeña que forma una capa sobre la superficie de una cosa: *las escamas de óxido cubrían la verja del jardín.* **5** Hoja pequeña y dura que protege la superficie de una planta: *en los climas fríos, las plantas se cubren de escamas.*

DER escamar, escamoso.

escamar v. tr./ prnl. **1** Hacer que una persona tenga sospecha o desconfianza de una cosa: *la gran rebaja que ofrecía el vendedor escamó al comprador.* ◆ v. tr. **2** Quitar las escamas del cuerpo de un animal, generalmente del pescado: *el pescadero escamó el pescado con un cuchillo.*

DER descamar.

escamotear v. tr. **1** Hacer desaparecer un objeto a la vista de una persona con habilidad, sin que esta se dé cuenta. **2** Robar con habilidad y astucia. **3** Ocultar un dato o una información a una persona que tiene derecho a conocerla: *la oposición ha acusado al Gobierno de escamotear algunos datos económicos.*

escampar v. impersonal Aclararse el cielo nublado y dejar de llover.

escandalizar v. tr. **1** Causar gran asombro e indignación en una o varias personas la actuación de otra, por considerarla contraria a la moral: *solía escandalizar a los vecinos con las fiestas nocturnas que hacía en su casa.* ◆ v. intr. **2** Causar la alteración o pérdida de la tranquilidad, el silencio o el orden. ◆ v. prnl. **3** escandalizarse Sentir un gran asombro e indignación ante lo que se considera una actuación contraria a la moral.

OBS En su conjugación, la *z* se convierte en *c* delante de *e*.

escándalo n. m. **1** Alteración o pérdida de la tranquilidad, el silencio o el orden: *el escándalo de la verbena del barrio le impedía dormir.* SIN alboroto, jaleo. **2** Hecho o dicho que causa gran asombro e indignación en una o varias personas por considerarlo contrario a la moral: *sus relaciones amorosas fueron todo un escándalo.* **3** Gran asombro e indignación que causa en una o varias personas lo dicho o hecho por otra persona, por considerarlo contrario a la moral.

DER escandalera, escandalizar, escandaloso.

escandaloso, -sa adj./ n. m. y f. Que causa escándalo: *esa chica tiene una risa escandalosa.*

escandinavo, -va adj. **1** De Escandinavia o que tiene relación con esta región que comprende países del área del mar Báltico y del mar del Norte: *Dinamarca, Finlandia, Noruega y Suecia son los países escandinavos.* ◆ adj./ n. m. y f. **2** [persona] Que es de Escandinavia.

escanear v. tr. **1** Pasar un objeto o un cuerpo a través de un escáner para obtener una imagen de su interior: *escanear un órgano del cuerpo para detectar lesiones internas; escanear el equipaje en un aeropuerto para detectar materiales explosivos.* **2** Pasar un texto o una imagen a través de un escáner para convertirlo en un conjunto de datos procesables por una computadora o un sistema informático: *escanear una foto.*

escáner n. m. **1** Aparato de rayos X que permite analizar el interior de un objeto o de un cuerpo mediante el procesamiento informático de las imágenes obtenidas de sucesivas divisiones horizontales del mismo: *el escáner se emplea en medicina para diagnosticar lesiones internas.* **2** Exploración o análisis que se hace con ese aparato. **3** Aparato parecido a una fotocopiadora que permite convertir un texto o una imagen en un conjunto de datos procesables por un ordenador o un sistema informático: *utiliza el escáner para introducir todo el texto en el ordenador.*

OBS El plural es *escáneres.*

DER escanear.

escansión n. m. **1** LIT. Medición de un verso examinando el número de pies, sílabas u otras unidades de que consta. **2** División de un verso en unidades.

escaño n. m. **1** Asiento que ocupa un político en un parlamento o senado: *varios parlamentarios abandonaron sus escaños en señal de protesta.* **2** Cargo político de la persona que ha sido elegida para formar parte de un parlamento o senado. **3** Asiento de madera con forma de banco alargado en el que caben varias personas.

escapada n. f. **1** Salida precipitada de un lugar cerrado, especialmente si se hace de manera oculta. **2** Viaje o visita a un lugar que se hace de manera rápida y por muy poco tiempo: *este fin de semana haremos una escapada al pueblo del abuelo.* **3** En ciclismo y otros deportes, circunstancia que se produce en una carrera cuando uno o varios corredores se adelantan al resto y obtienen una cierta distancia de ventaja.

escapar v. intr./ prnl. **1** Salir precipitadamente de un lugar cerrado, especialmente si es

a b c d e f g h i j k l m n ñ o p q r s t u v w x y z

de manera oculta: *varios presos escaparon de la cárcel.* SIN huir. **2** Librarse de un peligro o un daño: *toda la familia consiguió escapar del incendio.* **3** Quedar un asunto o circunstancia fuera del alcance, la competencia o la influencia de una persona o institución: *hay problemas que se escapan al poder de la voluntad.* **4** Quedar una idea o asunto fuera de la capacidad de comprensión de una persona: *la causa de su dimisión escapa a los análisis de los especialistas en cuestiones políticas.* **5** Desaprovechar una ocasión u oportunidad: *dejó escapar una posibilidad de trabajo al no contestar a la petición de la empresa.* ◆ v. prnl. **6** **escaparse** Soltarse una persona, animal o cosa de donde estaba sujeta: *se me acaba de escapar el perro.* **7** Alejarse un medio de transporte sin que pueda llegar a él la persona que quería tomarlo. **8** Salirse de modo imprevisto un líquido o un gas del lugar en que está contenido. **9** Pasar inadvertida una cosa por descuido o falta de atención de una persona: *se le escaparon detalles fundamentales a la hora de analizar la novela que había leído.* **10** Decir una cosa que se quería o se tenía que ocultar: *no quería que Luis se enterase, pero se me ha escapado.* **11** Notarse una cosa que se quería o se tenía que ocultar: *se le escapó una carcajada cuando el profesor resbaló y cayó al suelo.* **12** En algunos deportes, como el ciclismo, distanciarse uno o varios corredores del resto, logrando una cierta distancia de ventaja.
DER escapada, escapatoria, escape.

escaparate n. m. **1** Espacio cerrado con cristales y situado al frente o a la entrada de un establecimiento que sirve para exponer los productos ante el público: *los ladrones rompieron el escaparate y se llevaron los relojes y todas las joyas.* **2** Medio de promoción o propaganda en el que se muestran las características más significativas o atractivas de una cosa: *el Festival de Cannes es un importante escaparate del cine europeo.*
DER escaparatista.

escaparatista n. com. Persona que se dedica profesionalmente a arreglar escaparates de forma que los objetos expuestos resulten atractivos y llamativos.

escapatoria n. f. **1** Lugar por el que es posible escapar de un espacio cerrado: *el ladrón se vio acorralado, no tenía escapatoria y se tuvo que entregar.* **2** Medio o recurso para solucionar una situación difícil y escapar de un problema o peligro: *el Gobierno ha tomado medidas para dejar sin escapatoria a los defraudadores fiscales.* SIN escape.

escape n. m. **1** Salida imprevista de un líquido o un gas contenido en un recipiente: *un pequeño escape de gas butano puede provocar una explosión.* **2** Escapatoria de una situación difícil. **3** En un motor de explosión, salida al exterior de los gases residuales de la combustión: *tubo de escape.*
▶ **a escape** A toda prisa: *todos salieron a escape del edificio.*

escapismo n. m. Tendencia a eludir responsabilidades y a evadirse de los problemas de la realidad: *el mundo que los rodea no les basta a estos poetas, de ahí el escapismo, la evasión en el tiempo o en el espacio para soñar mundos de deslumbrante belleza.*
DER escapista.

escapulario n. m. Cinta de tela que cuelga sobre el pecho y la espalda y que lleva una insignia o imagen.

escaque n. m. Cada una de las casillas cuadradas en que se divide un tablero de ajedrez o damas.
DER escaquearse.

escaquearse v. prnl. Evitar un trabajo, una obligación o una dificultad con disimulo: *mi hermano siempre intenta escaquearse de sus obligaciones.* SIN escabullirse.

escarabajo n. m. **1** Insecto coleóptero de color negro u oscuro, que es de cuerpo ovalado, patas cortas y alas anteriores duras: *el escarabajo es el insecto que más especies distintas tiene, unas 300 000.* **escarabajo de la patata** Escarabajo pequeño, de color amarillo con líneas negras, que se alimenta de las hojas, las flores y los brotes de la patata, el tomate y la berenjena. **escarabajo pelotero** Escarabajo de color negro que se caracteriza por hacer rodar bolas de basura con sus patas posteriores. **2** Coche bajo y de formas redondeadas, muy popular, fabricado por la casa alemana Volkswagen.
OBS Para indicar el sexo se usa *el escarabajo macho* y *el escarabajo hembra.*
DER escarabajuelo.

escaramuza n. f. Enfrentamiento de poca importancia que mantienen dos grupos de personas o dos ejércitos.

escarbar v. tr. **1** Remover la tierra ahondando un poco en ella: *la gallina escarbaba la tierra con el pico buscando gusanos.* **2** Indagar o investigar en una cosa, especialmente si está oculta o es desconocida: *el periodista escarbó entre un montón de hechos para descubrir el escándalo político.* ◆ v. tr./ prnl. **3** Tocar repetidamente una cosa, especialmente si se hace con los dedos: *se escarbaba los dientes con un palillo.*

escarcha n. f. Vapor de agua que primero se transforma en gotas muy pequeñas y luego se congela en la superficie de los cuerpos expuestos a la intemperie a causa del frío de la noche: *esta noche ha hecho tanto frío que se ha formado una capa de escarcha.*
DER escarchar.

escarchar v. impersonal **1** Transformarse el rocío en escarcha: *todo el campo estaba blanco porque había escarchado durante la noche.* ◆ v. tr. **2** Confitar la fruta o los frutos secos de manera que el azúcar cristalice en su superficie, como si fuera una capa de escarcha.

escarlata n. m./ adj. Color rojo intenso, entre el carmesí y el grana: *las butacas del teatro eran escarlatas.*
OBS Usado como adjetivo en aposición a un sustantivo es invariable: *vestidos escarlata.*
DER escarlatina.

escarlatina n. f. **1** Enfermedad infecciosa caracterizada por fiebre alta, manchas de color rojo en la piel y dolor de garganta: *la escarlatina ataca principalmente a los niños pequeños.* **2** Tela de lana de color escarlata.

escarmentar v. intr. **1** Aprender de los errores o las faltas propios o de los demás para evitar reincidir en ellos: *después del accidente escarmentó, y ahora conduce con más precaución.* ◆ v. tr. **2** Castigar a una persona por haber cometido un error o una falta con la intención de que no reincida: *lo castigaron para escarmentarlo por su desobediencia.*
OBS En su conjugación, la *e* se convierte en *ie* en sílaba acentuada, como en *acertar.*

escarmiento n. m. **1** Enseñanza o experiencia que se extrae de los errores o las faltas propios o de los demás y que sirve para no reincidir en ellos. SIN lección. **2** Castigo que se le impone a una persona por haber cometido un error o una falta con la intención de que no reincida: *los árbitros han pedido un escarmiento ejemplar para los jugadores que los insultan en el campo.*
DER escarmentar.

escarnio n. m. Burla cruel y humillante: *fue acusada de colaborar con el enemigo y sometida al escarnio de ser rapada al cero.*

escarola n. f. Planta hortícola de hojas grandes, rizadas y amarillas, unidas por la base y con bordes muy dentados, flores de color azulado y fruto muy pequeño: *la escarola se consume sobre todo en ensalada.*

escarpado, -da adj. [terreno] Que es difícil de atravesar por estar lleno de rocas, cortes y pendientes muy pronunciadas: *los bandoleros solían refugiarse en las zonas más escarpadas de las sierras.* SIN abrupto, escabroso.

escarpia n. f. Clavo con la cabeza doblada en ángulo recto, que suele utilizarse para colgar cosas de él: *la escarpia tiene forma de L.* SIN alcayata.

escasear v. intr. Haber poca cantidad de una cosa, especialmente si se considera necesaria. ANT abundar.

escasez n. f. **1** Falta o poca cantidad de una cosa, especialmente si se considera necesaria. ANT abundancia. **2** Falta de las cosas más necesarias para vivir: *Europa debería tomar medidas ante la escasez en la que vive el Tercer Mundo.* SIN penuria.

escaso, -sa adj. **1** Que es muy poco o insuficiente en número o cantidad: *la celebración fue divertida pero la comida, escasa.* ANT abundante. **2** Que tiene muy poca cantidad de una cosa: *desde que lo despidieron, anda escaso de dinero.* ANT sobrado. **3** Que le falta muy poco para estar completo: *nos faltan dos cucharadas escasas de azúcar para poder hacer el pastel.*
DER escasear, escasez.

escatimar v. tr. Dar la menor cantidad posible de lo que se especifica: *los vecinos acusan al ayuntamiento de escatimar recursos en las obras en curso.* SIN regatear.

escatología n. f. **1** Conjunto de expresiones, imágenes o alusiones relacionadas con los excrementos. **2** Conjunto de creencias y doctrinas relacionadas con la vida después de la muerte y el destino último del ser humano y el universo.
DER escatológico.

escatológico, -ca adj. De la escatología o que tiene relación con ella.

escayola n. f. **1** Masa hecha con yeso calcinado y agua, que es fácil de trabajar y se endurece cuando se seca: *con escayola se recubren superficies y también se hacen moldes, esculturas, molduras y diversos objetos de decoración.* **2** Objeto hecho con esta masa endurecida. **3** Vendaje hecho con esta masa, con el cual

se envuelve una parte del cuerpo para que, una vez endurecido al secarse, se mantenga inmovilizada.
DER escayolar, escayolista.

escayolar v. tr. **1** Cubrir o decorar una superfice con escayola. **2** Inmovilizar una parte del cuerpo envolviéndola en un vendaje empapado en yeso o escayola que, al secarse, se endurece: *se rompió el peroné y le tuvieron que escayolar la pierna.* SIN enyesar.

escena n. f. **1** Parte de un teatro o local destinada a que los actores actúen y representen un espectáculo ante el público: *al levantarse el telón, un único personaje ocupaba toda la escena.* SIN escenario. **2** Cada uno de los fragmentos de una pieza teatral que componen un acto de la obra. **3** Fragmento de una película en el que se produce una acción determinada: *le encantaba la escena final de Casablanca.* **4** Situación de la vida real que se caracteriza por ser especialmente asombrosa, divertida o dramática: *tras el accidente se vivieron escenas de gran dramatismo.* **5** Arte de la interpretación de obras teatrales. **6** Teatro o literatura dramática: *Lope de Vega fue el impulsor de la escena española.* **7** Grupo social o profesional integrado por personas especialmente destacadas o conocidas públicamente: *se retiró de la escena cultural para dedicarse por completo a escribir.* **8** Actitud exagerada y fingida con la que se pretende llamar la atención: *le montó una escena a su tendero diciendo que vendía mercancía de mala calidad.*
▶ poner en escena Preparar una obra de teatro para representarla.
DER escenario, escénico, escenificar, escenografía.

escenario n. m. **1** Parte de un teatro o local destinada a que los actores actúen y representen un espectáculo ante el público: *a lo largo del escenario se mueven los actores y en él se halla el decorado.* SIN escena. **2** Lugar en el que se desarrolla una acción o un suceso: *el director rodará la mayor parte de su película en escenarios naturales.* **3** Conjunto de circunstancias o ambiente que rodean a una persona o situación: *tras la caída del Muro de Berlín, el escenario internacional ha cambiado radicalmente.*

escénico, -ca adj. De la escena teatral o que tiene relación con ella.

escenificar v. tr. **1** Representar una obra de teatro. **2** Representar en público un hecho real o tomado de una obra literaria: *escenificaron un fragmento del Quijote.*
OBS En su conjugación, la *c* se convierte en *qu* delante de *e.*
DER escenificación.

escenografía n. f. **1** Conjunto de elementos necesarios para representar y dotar del ambiente deseado a una obra de teatro, una película de cine o un programa de televisión: *la escenografía busca recrear el ambiente de una familia de pescadores.* **2** Arte de preparar los elementos necesarios para representar y dotar del ambiente deseado a una obra de teatro, una película de cine o un programa de televisión: *para montar una obra teatral son necesarios conocimientos de escenografía.*
DER escenógrafo.

escenógrafo, -fa n. m. y f. Persona encargada de dirigir la escenografía de una obra de teatro, una película de cine o un programa de televisión.

escepticismo n. m. **1** Recelo o falta de confianza en la verdad o la eficacia de una cosa: *mantiene su escepticismo ante una posible paz en Oriente Medio.* **2** FILOS. Tendencia y doctrina filosófica que considera que la verdad no existe o que el ser humano no es capaz de conocerla en caso de que exista.
DER escéptico.

escéptico, -ca adj. **1** [persona] Que duda o desconfía de la verdad o la eficacia de una cosa: *se muestra escéptico ante las promesas de los políticos.* ◆ adj./n. m. y f. **2** [persona] Que sigue la doctrina filosófica del escepticismo.

escindir v. tr. Dividir un conjunto en dos o más partes, generalmente de importancia o valor semejante: *en vista de las graves diferencias entre sus miembros, el grupo se escindió.*
DER prescindir, rescindir.

escisión n. f. División de un conjunto en dos o más partes, generalmente de valor o importancia semejante: *la Segunda Guerra Mundial provocó la escisión de Europa en dos zonas antagónicas.*

esclarecer v. tr. **1** Aclarar o resolver un asunto o materia: *el juez se entrevistó con el agresor y con el agredido para esclarecer los hechos.* **2** Hacer famosa a una persona o una cosa. ◆ v. intr. **3** Empezar a amanecer.
OBS En su conjugación, la *c* se convierte en *zc* delante de *a* y *o*, como en *agradecer.*
DER esclarecido, esclarecimiento.

esclarecido, -da adj. [persona] Que tiene una serie de características que lo hacen digno de admiración y de respeto: *antes de ope-*

rarse consultó a los más esclarecidos especialistas de corazón. SIN ilustre, insigne.

esclavista adj. **1** De la esclavitud o que tiene relación con ella. ◆ adj./ n. com. **2** [persona] Que es partidario de la esclavitud.

esclavitud n. f. **1** Situación y condición social en la que se encuentra una persona que carece de libertad y derechos propios por estar sometida de manera absoluta a la voluntad y el dominio de otra. **2** Régimen social y económico basado en el uso de esclavos como mano de obra: *en 1863 Abraham Lincoln abolió la esclavitud en los Estados Unidos.* **3** Falta de libertad provocada por el sometimiento a la voluntad de una persona, a una forma de vida opresiva o a un vicio.

esclavizar v. tr. Someter o conducir a una persona a un estado de esclavitud: *la droga esclaviza a cuantos caen en sus redes.*

OBS En su conjugación, la *z* se convierte en *c* delante de *e*.

esclavo, -va adj./ n. m. y f. **1** [persona] Que carece de libertad y derechos propios por estar sometido de manera absoluta a la voluntad y el dominio de otra persona. **2** [persona] Que carece de libertad por estar sometido a la voluntad de otra persona, a una forma de vida opresiva o a un vicio.

DER esclavina, esclavista, esclavitud, esclavizar.

esclerosis n. f. **1** Enfermedad que consiste en un aumento anormal del tejido conjuntivo de un órgano que provoca su endurecimiento anormal y progresivo: *el colesterol provoca la esclerosis de los vasos sanguíneos.* **2** Falta de evolución y adaptación a una nueva situación o planteamiento: *los años en el poder provocaron una esclerosis en el partido.*

OBS El plural también es *esclerosis.*

escoba n. f. **1** Instrumento formado por un cepillo alargado de fibras flexibles sujeto al extremo de un palo o barra larga, que sirve para barrer. **2** Juego de cartas que consiste en intentar sumar 15 puntos con una carta propia y una o varias de las que hay sobre la mesa.

DER escobajo, escobazo, escobilla, escobón.

escobajo n. m. **1** Escoba vieja. **2** Raspa de racimo después de quitadas las uvas: *acabado el racimo, estuvo un poco con el escobajo en la mano.*

escobilla n. f. **1** Instrumento formado por un pequeño cepillo de fibras flexibles, generalmente redondeado, sujeto al extremo de un palo o barra corta, que sirve para limpiar: *la escobilla de la taza de un retrete.* **2** Tira fina y alargada de goma sujeta a la varilla del limpiaparabrisas. **3** Pieza de un mecanismo eléctrico formada por un haz de hilos metálicos que sirve para establecer una conexión.

escocer v. intr. **1** Causar una sensación de picor intenso y doloroso, parecida a la que produce una quemadura: *me escocían los ojos porque me había entrado jabón.* **2** Causar una sensación de malestar y amargura: *le escuece que hayan ascendido a su compañero cuando él creía tener más méritos.* ◆ v. prnl. **3** **escocerse** Producirse una irritación en la piel debida al sudor o al roce de una prenda: *he puesto crema al bebé en las ingles porque se le han escocido.*

OBS En su conjugación, la *o* se convierte en *ue* en sílaba acentuada y la *c* en *z* delante de *a* y *o*, como en *cocer.*

DER escocedura, escozor.

escocés, -cesa adj. **1** De Escocia o que tiene relación con este país del norte del Reino Unido. **2** [tela, prenda de vestir] Que tiene rayas que forman cuadros de diversos colores: *se compró una falda escocesa.* ◆ adj./ n. m. y f. **3** [persona] Que es de Escocia. ◆ n. m. **4** Lengua hablada en Escocia, procedente del céltico: *el escocés es una lengua germánica.*

escofina n. f. Lima con dientes gruesos que sirve para quitar las partes más bastas de la madera: *los dientes de las escofinas suelen ser triangulares.*

escoger v. tr. Tomar o preferir una cosa o persona entre varias posibles: *me escogió a mí para formar pareja en el campeonato de tenis.* SIN elegir, seleccionar.

OBS En su conjugación, la *g* se convierte en *j* delante de *a* y *o*.

DER escogido.

escogido, -da adj. Que se considera el mejor entre los de su especie y por ello ha sido elegido. SIN selecto.

escolapio, -pia adj./ n. m. y f. **1** [persona] Que pertenece a la orden de las Escuelas Pías: *estudió la primaria con los padres escolapios.* ◆ adj. **2** De las Escuelas Pías o que tiene relación con esta orden: *la orden escolapia fue fundada en 1597 por san José de Calasanz.*

escolar adj. **1** De la escuela o que tiene relación con ella: *en septiembre comienza el año escolar.* ◆ n. com. **2** Niño o joven que recibe enseñanza y estudia en una escuela.

DER escolaridad, escolarizar; preescolar.

a b c d e f g h i j k l m n ñ o p q r s t u v w x y z

escolarización n. f. **1** Acción de escolarizar: *las autoridades educativas pretenden la escolarización de todos los niños.* **2** Efecto de escolarizar: *el nivel de escolarización de los niños aumentó un 30 %.*

escolarizar v. tr. Proporcionar una escuela a un niño o joven para estudiar y recibir la enseñanza adecuada: *la ley obliga a los padres a escolarizar a sus hijos.*
OBS En su conjugación, la *z* se convierte en *c* delante de *e*.
DER escolarización.

escolástico, -ca adj. **1** FILOS. De la escolástica o que tiene relación con esta doctrina filosófica: *el pensamiento escolástico se basaba en el sistema aristotélico.* ◆ adj./ n. m. y f. **2** FILOS. [persona] Que sigue la doctrina filosófica de la escolástica.

escollera n. f. Conjunto de bloques de cemento que se depositan en el fondo del mar para reforzar un dique o espigón o como fundamento para un muelle.

escollo n. m. **1** Problema o dificultad que supone un obstáculo para el desarrollo de un proceso o actividad: *su negativa a un traslado supuso un escollo insalvable en la renovación de su contrato.* **2** Roca poco visible en la superficie del agua y que constituye un grave peligro para las navegaciones.
DER escollar, escollera.

escolta n. f. **1** Protección o custodia que se da a una persona o cosa acompañándola a los lugares donde acude o es conducida: *varios guardias civiles se ocupan de la escolta de los detenidos.* **2** Grupo formado por las personas encargadas de esta protección o custodia. ◆ n. com. **3** Cada una de las personas que forman parte de este grupo: *un escolta resultó muerto en el atentado terrorista.* **4** Jugador de un equipo de baloncesto cuya función principal es encestar a media distancia y ayudar al base en su juego.

escoltar v. tr. **1** Proteger o custodiar a una persona o cosa acompañándola a los lugares donde acude o es conducida: *tropas españolas escoltan convoyes humanitarios de la ONU.* **2** Acompañar a una persona en señal de honor.
DER escolta.

escombrera n. f. Lugar donde tiran los escombros que resultan del derribo de un edificio o de una obra de albañilería: *el solar contiguo a la obra acabó convertido en una escombrera.*

escombro n. m. Conjunto de desechos y materiales de construcción inservibles que resultan del derribo de un edificio o de una obra de albañilería.
OBS Se usa sobre todo en plural.
DER escombrar, escombrera.

esconder v. tr./ prnl. **1** Poner en un lugar retirado o secreto para no ser visto o encontrado: *solía esconder el dinero entre los libros de la biblioteca.* **SIN** ocultar. **2** Estar una cosa colocada de forma que impide que otra sea vista o encontrada: *un cuadro esconde la caja fuerte.* **3** Mostrar el comportamiento o las palabras de una persona una idea o sentimiento distinto u opuesto al que en realidad tiene: *la amabilidad del timador escondía su verdadera intención.*
DER escondidas, escondido, escondite, escondrijo.

escondidas Palabra que se utiliza en la locución *a escondidas*, que significa 'de manera secreta para no ser visto por otras personas': *la ladrona entró a escondidas en el museo y se llevó el cuadro.* **SIN** a hurtadillas.

escondido, -da adj. Que no se puede ver porque está oculto o en un lugar poco habitual.

escondite n. m. **1** Juego de niños que consiste en esconderse todos excepto uno que intenta encontrarlos. **2** Lugar retirado o secreto que es adecuado para esconder a una persona o cosa. **SIN** escondrijo.

escondrijo n. m. Lugar retirado o secreto que es adecuado para esconder a una persona o cosa. **SIN** escondite.

escopeta n. f. Arma de fuego portátil compuesta por uno o dos cañones largos, con una culata de madera triangular que sirve para apoyarla contra el hombro cuando se dispara.
DER escopetado, escopetazo, escopetear.

escoplo n. m. Herramienta de hierro acerado que sirve para trabajar la madera o la piedra, de punta afilada y plana y mango de madera que se golpea con un mazo.
DER escopladura, escopleadura.

escoria n. f. **1** Sustancia de desecho que resulta de las impurezas de los metales cuando se funden. **2** Lava poco densa que lanza al exterior un volcán durante una erupción. **3** Persona despreciable que se comporta con maldad y carece de virtudes: *el alcalde calificó de escoria social a los autores del apaleamiento de algunos jóvenes.* **SIN** basura.

escorpio adj./ n. com. [persona] Que ha nacido entre el 24 de octubre y el 22 de noviembre, tiempo en que el Sol recorre aparentemente Escorpión, octavo signo del Zodíaco.

escorpión n. m. Arácnido de abdomen alargado y cola terminada en un aguijón venenoso con forma de gancho: *los escorpiones suelen ocultarse bajo piedras, troncos o en pequeñas oquedades.* SIN alacrán.

OBS Para indicar el sexo se usa *el escorpión macho* y *el escorpión hembra.*

escorrentía n. mf. Agua de lluvia que circula libremente sobre la superficie del terreno: *la erosión provocada por el viento y la escorrentía.*

escorzo n. m. **1** Representación de una figura que se extiende oblicua o perpendicularmente al plano del papel o lienzo sobre el que se pinta, acortando sus líneas de acuerdo con las reglas de la perspectiva. **2** Figura o parte de figura representada de este modo.

escote n. m. **1** Corte o abertura en la parte del cuello de una prenda de vestir, que deja descubierta parte del pecho o de la espalda: *escote redondo.* SIN escotadura. **2** Parte del busto que queda descubierta por ese corte o abertura: *tenía un escote precioso.*

▶ a escote Pagando cada persona la parte que le corresponde en un gasto común: *nada de invitar tú, esto lo pagamos a escote.*

DER escotar.

escotilla n. f. Abertura en el armazón de un avión, de un barco u otra nave, que comunica con un espacio interior.

escotillón n. m. Trampa que consiste en una tabla que cubre un recinto o salida bajo el suelo que se puede abrir y cerrar, en especial la que hay en los escenarios.

escozor n. m. **1** Sensación de picor y ardor intenso y doloroso parecida a la que produce una quemadura: *el humo produce escozor en los ojos.* SIN escocimiento. **2** Disgusto o desazón debido a una pena o un resentimiento: *sus declaraciones han causado escozor.*

escriba n. m. Persona que se dedicaba a copiar textos o a escribir al dictado: *en algunos pueblos de la Antigüedad había muchos escribas.* SIN amanuense, copista.

escribano n. m. Funcionario público que antiguamente daba garantía de que los documentos o escrituras que pasaban ante él eran auténticos o verdaderos.

DER escriba, escribanía.

escribiente n. com. Empleado de oficina que se dedica a copiar escritos o pasarlos a limpio, o bien escribir lo que le dictan.

escribir v. tr. **1** Representar las palabras o las ideas mediante letras u otros signos gráficos convencionales: *el niño aún no sabe escribir su nombre.* **2** Componer o crear un texto o una música: *escribió la marcha nupcial para la boda de sus amigos.* ◆ v. tr./ intr./ prnl. **3** Comunicar una cosa a alguien por escrito: *cuando llegues al Reino Unido, escríbenos.* ◆ v. intr. **4** Funcionar o hacer sus trazos un bolígrafo, un lápiz u otro objeto que sirva para escribir: *déjame otro rotulador, que este no escribe.* SIN pintar.

OBS El participio es *escrito.*

DER escribano, escribiente, escrito, escritura; adscribir, circunscribir, describir, inscribir, prescribir, proscribir, sobrescribir, subscribir, suscribir, transcribir.

escrito n. m. **1** Comunicación, papel o documento que se hace mediante la escritura. **2** Obra literaria o científica.

▶ por escrito Por medio de la escritura: *para que no quedaran dudas, lo hizo constar todo por escrito.*

DER escritor, escritorio.

escritor, -ra n. m. y f. Persona que se dedica a crear y escribir obras literarias o científicas.

escritorio n. m. Mueble para escribir, formado por un tablero, que generalmente se levanta para cerrarlo, y una serie de cajones y compartimentos para guardar papeles: *buscaré un folio en mi escritorio.*

escritura n. f. **1** Sistema de representación de palabras o ideas por medio de letras u otro conjunto de signos gráficos convencionales. escritura alfabética Escritura que emplea uno o más signos para representar cada sonido: *el castellano, como todas las lenguas occidentales, se sirve de la escritura alfabética.* escritura iconográfica Escritura que emplea como signo la imagen del objeto al que se hace referencia: *algunas lenguas orientales usaban la escritura iconográfica.* escritura ideográfica Escritura que emplea un signo para representar cada idea o palabra: *el chino y el japonés utilizan la escritura ideográfica.* escritura simbólica (o jeroglífica) Escritura que emplea imágenes a modo de símbolos: *en las pirámides egipcias se conservan imágenes propias de la escritura jeroglífica.* **2** Modo o manera de escribir: *ese tipo de escritura es poco claro y no se entiende.* **3** Documento público en que se recoge un acuerdo o una obligación y que está

escritos

según soporte	según texto	género literario	partes del escrito
cartel	anales	autobiografía	apartado
diario	anuncio	biografía	conclusión
documento	apunte	comedia	cuerpo
escritura	carta	cuento	desenlace
etiqueta	copia	descripción	encabezamiento
extracto	criptograma	diálogo	epígrafe
ficha	dedicatoria	drama	epílogo
folleto	definición	ensayo	fragmento
formulario	dictado	epístola	introducción
gaceta	epigrama	epopeya	línea
graffiti	epitafio	fábula	nudo
historial	escrito	farsa	oración
impreso	esquema	folletín	parágrafo
letrero	glosa	greguería	párrafo
libro	informe	leyenda	prefacio
magazine	inscripción	libreto	prólogo
página	instrucción	mito	título
pancarta	manifiesto	narración	verso
panfleto	memorándum	novela	
periódico	nota	poesía	
pintada	noticia	prosa	
postal	posdata	relato	
póster	receta	retrato	
prensa	redacción	romance	
prospecto	remite	sátira	
revista	reseña	teatro	
rótulo	resumen	tragedia	
semanario	síntesis	tragicomedia	
tarjeta	sumario		
	transcripción		

firmado por las partes interesadas: *en la escritura no figuraba el valor real de la finca.* **4** Conjunto de obras que componen la Biblia: *subió al cielo en cuerpo y alma según las Escrituras.* NOTA En esta acepción se escribe con mayúscula y se suele usar en plural.

DER escriturar.

escriturar v. tr. Formalizar y dar carácter legal a un acuerdo o una obligación mediante una escritura o documento público que lo recoja.

escroto n. m. ANAT. Bolsa de piel que cubre los testículos de los mamíferos.

escrúpulo n. m. **1** Duda o recelo que se tiene sobre si una acción es buena, moral o justa, e inquietud o preocupación que provoca: *no tuvo escrúpulos para quedarse con todo el dinero.* NOTA Se usa frecuentemente en plural. **2** Repugnancia a tomar un alimento o hacer uso de alguna cosa por temor a la suciedad o al contagio. NOTA Se usa frecuentemente en plural. **3** Atención y cuidado que se pone al hacer una cosa.

DER escrupuloso.

escrupuloso, -sa adj./ n. m. y f. **1** [persona] Que siente o tiende a sentir repugnancia a tomar o hacer uso de algo por temor a la suciedad o el contagio. ◆ adj. **2** [persona] Que es exacto y cuidadoso al hacer o examinar una cosa y en el cumplimiento de los deberes: *es muy escrupuloso y finaliza sus trabajos cuidando todos los detalles.*

DER escrupulosidad.

escrutar v. tr. **1** Reconocer y computar los votos dados en una elección o en los boletos presentados en una apuesta: *comenzaron a escrutar los votos una vez que se cerraron todos los colegios electorales.* **2** Examinar o analizar con mucha atención: *escrutó el horizonte para saber si lo seguían.*

DER escrutinio; inescrutable.

escrutinio n. m. **1** Recuento de los votos de una elección: *el primer escrutinio los dio ganadores.* **2** Examen de los boletos de un juego de apuestas para establecer los ganadores en las diferentes categorías: *el escrutinio de las quinielas.* **3** Examen o averiguación de algo hecho con mucha atención y detalle con el fin de formarse un juicio: *los candidatos a integrar el jurado serán objeto de un intenso escrutinio.*

escuadra n. f. **1** Instrumento con forma de triángulo, con un ángulo recto y dos lados iguales, que sirve para medir y trazar líneas: *con la escuadra y el cartabón se trazan paralelas.* **2** En el fútbol y otros deportes, cada uno de los dos rincones superiores de la portería: *lanzó la falta y el balón entró por la mismísima escuadra.* **3** Pieza de metal con dos brazos en ángulo recto que se usa para asegurar la unión de dos piezas: *cuelga la estantería y sujétala con dos escuadras.* **4** Conjunto de barcos de guerra que forman una unidad. **5** Unidad militar formada por un pequeño grupo de soldados mandados por un cabo.

▶ a escuadra En forma de escuadra o en ángulo recto.

DER escuadrilla, escuadrón.

escuadrón n. m. **1** Unidad militar de caballería mandada generalmente por un capitán: *un regimiento de caballería está formado por varios escuadrones.* **2** Unidad militar del ejército del Aire equiparable en importancia o jerarquía al batallón del ejército de Tierra. **3** Unidad militar compuesta de un gran número de aviones: *un escuadrón de vigilancia aérea.*

escuálido, -da adj. [persona, animal] Que está muy flaco o delgado. SIN esquelético. ANT gordo, obeso.

DER escualo.

escualo n. m. ZOOL. Pez con una gran aleta triangular en la parte superior y con la boca en la parte inferior de la cabeza: *el tiburón y el cazón son escualos.*

escucha n. f. **1** Acción que consiste en escuchar o prestar atención a lo que se oye: *procedieron a la escucha de la grabación una vez más pero siguieron sin reconocer la voz.* escucha telefónica Acción que consiste en escuchar y registrar las conversaciones telefónicas de una persona sin que esta lo note. ◆ n. com. **2** Persona encargada de seguir los programas de radio o televisión para tomar nota de los defectos o de la información que se emite. ◆ n. m. **3** Aparato que percibe los sonidos que se producen en un lugar y los transmite a otro lugar determinado: *he instalado un escucha en la habitación del bebé para saber cuándo llora.*

▶ a la escucha Atento para escuchar algo: *seguiremos a la escucha para ver si conseguimos más noticias.* NOTA Se suele usar con los verbos *estar, ponerse* y *seguir.*

escuchar v. tr. **1** Prestar atención a lo que se oye. **2** Hacer caso de un consejo o aviso: *escucha las sugerencias de tus padres y te irá mejor.* ◆ v. intr. **3** Aplicar el oído para oír algo.

DER escucha.

escudar v. tr. **1** Proteger a alguien contra una amenaza o peligro: *si te escudas siempre en tu hermano, nunca te atreverás tú solo.* ◆ v. prnl. **2** escudarse Valerse de alguna cosa como defensa o pretexto para hacer o dejar de hacer lo que se expresa: *se escudaba en que le dolía mucho la cabeza y nos dejaba todo el trabajo para nosotros.*

escudería n. f. Equipo de competición de automóviles o motocicletas de carreras: *tanto los pilotos como los vehículos y el personal técnico forman parte de la escudería.*

escudero n. m. Paje o sirviente que acompañaba a un caballero para llevarle el escudo y las armas y para servirle: *Sancho Panza fue el fiel escudero de don Quijote.*

DER escudería.

escudilla n. f. Vasija ancha y de forma de media esfera en la que se suelen servir la sopa y el caldo.

escudo n. m. **1** Arma de defensa formada por una plancha de metal o madera y que se lleva en el brazo contrario al que maneja el arma de ataque. **2** Superficie u objeto con la forma de esa arma, que lleva las insignias y otros símbolos que identifican una nación, ciudad o familia. SIN blasón. **3** Insignia de una entidad o corporación: *siempre lleva el escudo de su equipo de fútbol.* **4** Defensa o protección: *la puerta les sirvió de escudo contra el fuego.* **5** Unidad monetaria de Portugal hasta su sustitución por el euro. **6** Moneda antigua de plata o de oro.

DER escudar, escudero.

escudriñar v. tr. Examinar u observar una cosa con gran cuidado, tratando de averiguar las interioridades o los detalles menos manifiestos: *escudriñaba con ansiedad el horizonte en busca de alguna nave.*

escuela n. f. **1** Establecimiento público donde se enseña, especialmente el que se dedica a la enseñanza primaria. **2** Establecimiento donde se imparte un tipo determinado de conocimientos: *estudiaré en la escuela de peritos industriales.* **3** Método o estilo peculiar de cada maestro para enseñar. **4** Conjunto de profesores, alumnos y otros miembros de una escuela. **5** Conocimiento o enseñanza que se adquiere o que se imparte: *sabe lo que tiene que hacer frente a cada contratiempo, tiene mucha escuela.* **6** Conjunto de discípulos, seguidores o imitadores de una persona o de su doctrina, su estilo o su arte: *se trata de una exposición de pinturas de la escuela flamenca.*

escueto, -ta adj. Que es breve y no contiene adornos, rodeos o palabras innecesarias.

esculpir v. tr. **1** Hacer una obra de escultura trabajando o labrando una materia, especialmente piedra, metal o madera. **2** Grabar sobre una superficie de piedra, metal o madera, en hueco o en relieve.

escultor, -ra n. m. y f. Persona que se dedica al arte de la escultura.

escultórico, -ca adj. De la escultura o que tiene relación con este arte o técnica.

escultura n. f. **1** Arte o técnica de representar objetos o crear figuras de bulto trabajando o labrando un material cualquiera, como barro, piedra, madera o bronce: *estudia escultura en la escuela de bellas artes.* **2** Obra artística en la que se ha aplicado esa técnica: *le gustan mucho las esculturas griegas.*
DER escultor, escultórico, escultural.

escultural adj. **1** Que tiene unas proporciones y una perfección dignos de una escultura: *un modelo escultural.* **2** De la escultura o relacionado con ella.

escupir v. intr. **1** Arrojar saliva por la boca: *no escupas en el suelo, que es de mala educación.* ◆ v. tr. **2** Echar de la boca alguna cosa: *escupe el chicle.* **3** Echar o despedir del interior de forma violenta: *el volcán escupió mucha lava ardiente.* **4** Echar un cuerpo a la superficie lo que está mezclado con él. **5** Contar lo que se sabe: *¡escupe ahora mismo todo lo que sepas!* SIN cantar, confesar.
DER escupidera, escupidura, escupitajo.

escupitajo n. m. Saliva que se escupe por la boca de una vez. SIN escupitinajo.

escupitinajo n. m. Escupitajo.

escurridor n. m. Utensilio de cocina con la base o con la base y los laterales agujereados que sirve para escurrir el agua de algunos alimentos.

escurrir v. tr./ prnl. **1** Hacer que una cosa mojada pierda el líquido que la empapa: *escurre la ropa antes de tenderla.* ◆ v. tr. **2** Apurar las últimas gotas del líquido que queda en un recipiente. ◆ v. intr. **3** Soltar una cosa el líquido que contiene: *deja la toalla colgada para que escurra.* ◆ v. intr./ prnl. **4** Deslizar o resbalar sobre una superficie: *cuidado al bajar por la escalera porque escurre mucho y os podéis caer.* ◆ v. prnl. **5 escurrirse** Salir o escaparse de un lugar sin que se note, con disimulo o con habilidad: *logró escurrirse de la reunión y se fue a ver el partido.* SIN escabullirse. **6** Deslizarse o escaparse una cosa de entre otras que la sujetan, especialmente de las manos: *se le escurrió el vaso entre los dedos y se hizo añicos.* SIN escabullirse.
▶ escurrir el bulto Evitar o escapar de una situación que se considera mala, de peligro o de compromiso: *nadie quiere hacer el trabajo con él, porque cuando llega la hora, siempre escurre el bulto.*
DER escurridero, escurridizo, escurridor, escurriduras.

esdrújulo, -la adj./ n. f. GRAM. [palabra] Que lleva el acento en la antepenúltima sílaba: *«pájaro», «matemáticas», «helicóptero» y «mecánica» son palabras esdrújulas.*
DER sobreesdrújulo, sobresdrújulo.

ese, esa pron. dem. **1** Indica lo que está cerca de la persona con quien se habla o representa y señala lo que esta acaba de mencionar: *¿Quieres este collar? No, prefiero ese.* NOTA Se deben escribir con acento gráfico cuando existe riesgo de ambigüedad. El plural de *ese* es *esos* y el de *esa* es *esas*. ◆ det. dem. **2** Indica lo que está cerca de la persona con quien se habla o representa y señala lo que esta acaba de mencionar: *coge esa caja y la pones en la estantería.* NOTA Cuando va detrás del nombre suele tener un valor despectivo (*¡de nuevo me encontré con el hombre ese!*). El plural de *ese* es *esos* y el de *esa* es *esas*. ◆ n. f. **3** Nombre de la letra *s*. **4** Eslabón de una cadena, que tiene forma de ese.
▶ hacer eses Moverse de un lado a otro, de forma que parece describir la letra ese: *no podía controlar la dirección del coche e iba haciendo eses.* ni por esas De ninguna manera, ni siquiera en una circunstancia adecuada: *se lo he pedido hasta de rodillas, pero ni por esas.*

esencia n. f. **1** Conjunto de características permanentes e invariables que determinan la naturaleza de un ser: *uno de los grandes temas filosóficos es el de la esencia del ser humano.* **2** Característica principal o fundamental de una cosa: *este tratado recoge la esencia de la química.* quinta esencia Cualidad más pura que distingue a una cosa: *sus trajes son la quinta esencia de la elegancia.* **NOTA** También se escribe *quintaesencia.* **3** Perfume con gran concentración de la sustancia olorosa que se saca de ciertas plantas. **4** Extracto líquido y concentrado de una sustancia, generalmente aromática.

▶ **en esencia** De forma resumida: *y, en esencia, estas fueron las preguntas que me hizo.*

DER esencial.

esencial adj. **1** De la esencia o que tiene relación con ella. **2** Que es lo más importante y necesario. **SIN** básico, fundamental.

DER esencialmente.

esenio, -nia adj./ n. m. y f. [persona] Que pertenecía a una antigua secta judía caracterizada por llevar una vida muy austera y fundar una comunidad dedicada a la oración.

esfera n. f. **1** Cuerpo geométrico limitado por una superficie curva cuyos puntos están todos a igual distancia de uno interior llamado centro: *las naranjas tienen forma de esfera.* **esfera celeste** Superficie ideal, curva y cerrada, concéntrica a la Tierra y sobre la cual se ven moverse los planetas y las estrellas. **esfera terrestre** Cuerpo geométrico que representa a la Tierra y en cuya superficie se representa la disposición de sus tierras y mares. **SIN** globo. **2** Círculo en el que giran las agujas de un reloj: *la esfera de este reloj es blanca y los números son dorados.* **3** Clase o condición social de una persona y demás circunstancias sociales que la rodean: *es un político de altas esferas.* **4** Conjunto de circunstancias, relaciones y conocimientos que están vinculados entre sí por tener algo en común. **SIN** ámbito.

DER esférico, esferoide; semiesfera.

esférico, -ca adj. **1** De la esfera o que tiene la forma de este cuerpo geométrico. ◆ n. m. **2** En el lenguaje del deporte, balón o pelota de material flexible y lleno de aire: *el portero despejó sin dificultad el esférico.*

esfinge n. f. Animal fabuloso con cabeza y pecho de mujer, y cuerpo y pies de león.

▶ **parecer una esfinge** Tener una actitud fría y misteriosa, sin mostrar al exterior lo que se piensa o se siente: *en aquella tertulia no abrió la boca, parecía una esfinge.*

esfínter n. m. ANAT. Músculo en forma de anillo con el que se abren o cierran las aberturas de distintos conductos naturales del cuerpo: *los esfínteres regulan la apertura y el cierre de la vejiga de la orina.*

esforzado, -da adj. [persona] Que es valiente y animoso y actúa con gran energía y fuerza moral.

esforzar v. tr. **1** Someter un órgano o una capacidad a un esfuerzo, al usarlo con mayor intensidad de la normal. ◆ v. prnl. **2** **esforzarse** Hacer un esfuerzo físico o mental para conseguir alguna cosa: *tendrás que esforzarte mucho para aprobar esa asignatura.*

OBS En su conjugación, la *o* se convierte en *ue* en sílaba acentuada y la *z* en *c* delante de *e*, como en *forzar.*

DER esforzado, esfuerzo.

esfuerzo n. m. **1** Empleo enérgico de la fuerza física o mental con un fin determinado. **2** Empleo de medios superiores a los normales para conseguir un fin determinado.

esfumar v. tr. **1** Difuminar o hacer más débiles y suaves los trazos o los contornos de un dibujo. ◆ v. prnl. **2** **esfumarse** Marcharse de un lugar con rapidez y disimulo: *cuando volví a mirar, ya se habían esfumado.* **SIN** evaporarse. **3** Desaparecer poco a poco una cosa.

esfumino n. m. Utensilio de dibujo que sirve para suavizar los colores y el contorno de las figuras y así crear sensación de movimiento y perspectiva; tiene forma de lápiz con una o dos puntas y está hecho con papel fuertemente enrollado. **SIN** difumino.

esgrima n. f. **1** Deporte olímpico que consiste en el enfrentamiento de dos personas armadas con una espada, sable o florete, y protegidas con una careta y un traje especial. **2** Arte de manejar la espada y otras armas blancas para combatir: *tuvo al mejor maestro de esgrima y fue un gran espadachín.*

esgrimir v. tr. **1** Manejar o sostener una espada u otra arma blanca con intención de atacar o de defenderse. **2** Usar una cosa no material para atacar o defenderse o para lograr alguna cosa: *tendrás que esgrimir nuevos argumentos si quieres convencernos.*

DER esgrima.

esguince n. m. Lesión producida por un estiramiento violento de una articulación que hace que se dañen o se rompan las fibras musculares de una zona: *ha sufrido un esguince de tobillo.*

eslabón n. m. **1** Cada una de las piezas con forma de anillo que, enlazadas unas con otras, conforman una cadena: *el joyero me ha quitado un eslabón de la pulsera.* **2** Elemento necesario para relacionar dos ideas o acciones: *los últi-*

mos avances suponen el eslabón que faltaba para la obtención de la vacuna.
DER eslabonar.

eslalon n. m. Carrera de habilidad en esquí alpino en la que los deportistas siguen un trazado de gran pendiente con pasos obligatorios señalizados mediante banderines.

eslavo, -va adj. **1** De un antiguo grupo de pueblos indoeuropeos que habitaron el norte y el este de Europa, o que tiene relación con él. ◆ adj./ n. m. y f. **2** [persona] Que pertenece a ese grupo de pueblos. ◆ adj./ m. **3** [lengua] Que pertenece a la familia del indoeuropeo y se habla en el norte y el este de Europa: *el ruso, el búlgaro y el polaco son lenguas eslavas.*

eslip n. m. Modelo de braga, calzoncillo o bañador masculino de tejido fino y elástico, ajustado y sin pernera, que se ciñe justo encima del muslo en la parte baja de la cadera.
OBS El plural es *eslips*. Se usa también en plural para hacer referencia a una sola prenda: *ponte los eslips y luego los pantalones.*

eslogan n. m. Frase corta y que se puede recordar fácilmente, que se usa para vender un producto o para aconsejar a la población sobre algo.
OBS El plural es *eslóganes*.

eslovaco, -ca adj. **1** De Eslovaquia o relacionado con este país del centro de Europa. ◆ adj./ n. m. y f. **2** [persona] Que es de Eslovaquia: *los eslovacos y los checos formaban la antigua Checoslovaquia.* ◆ n. m. **3** Lengua de Eslovaquia: *el eslovaco pertenece al grupo de las lenguas eslavas.*

esloveno, -na adj. **1** De Eslovenia o relacionado con este país del centro de Europa. ◆ adj./ n. m. y f. **2** [persona] Que es de Eslovenia. ◆ n. m. **3** Lengua que se habla en este país: *el esloveno pertenece al grupo de lenguas eslavas.*

esmaltar v. tr./ prnl. **1** Aplicar esmalte a una cosa: *esmaltar un metal; esmaltarse las uñas.* **2** Adornar o embellecer una cosa, especialmente dándole diversos colores o matices: *se encontraban ante un campo esmaltado de flores.*

esmalte n. m. **1** Cosmético de laca, de secado rápido, que sirve para colorear las uñas y darles brillo: *uso guantes al fregar los platos para que no se me estropee el esmalte de las uñas.* **2** Barniz o pasta brillante y dura, que se obtiene fundiendo polvo de vidrio coloreado con óxidos metálicos, y que se aplica sobre metal o cerámica. **3** Objeto cubierto o adornado con este barniz o pasta. **4** Sustancia blanca y dura que cubre la parte de los dientes que está fuera de las encías: *el esmalte va sobre el marfil del diente y lo protege contra la caries.*
DER esmaltar.

esmerado, -da adj. Que ha sido hecho con gran esmero o cuidado.

esmeralda n. f. **1** Piedra preciosa, brillante y de color verde azulado, que se usa como adorno. ◆ n. m./ adj. **2** Color verde como el de esa piedra.

esmerarse v. prnl. Poner mucho cuidado y atención en el cumplimiento de una obligación o al hacer una cosa: *debes esmerarte más y no descuidar los detalles.*
DER esmerado.

esmeril n. m. Roca negruzca que se emplea en polvos para deslustrar el vidrio, labrar piedras preciosas y pulimentar los metales: *el esmeril es tan duro que puede rallar todos los cuerpos excepto el diamante.*
DER esmerilar.

esmerilar v. tr. Pulimentar una superficie con esmeril.

esmero n. m. Sumo cuidado y especial atención que se ponen en el cumplimiento de una obligación o al hacer una cosa: *ha cocinado con gran esmero y no se ha dejado ni el más mínimo detalle.*
DER esmerarse.

esmoquin n. m. Traje masculino de etiqueta cuya chaqueta no tiene faldones y que se usa en fiestas u ocasiones importantes: *el esmoquin es de menos ceremonia que el frac.*
OBS El plural es *esmóquines*.

esnifar v. tr. Aspirar cocaína u otra droga en polvo por la nariz.
DER esnifada.

esnobismo n. m. Exagerada admiración por todo lo que está de moda, sea por afectación o para darse importancia: *su esnobismo le hace poco natural.*

eso pron. dem. Indica o señala una cosa cercana a la persona con que se habla o una cosa conocida o nombrada con anterioridad: *no recuerdo que me dijeras eso.*
▶ **a eso de** Expresión que da idea de un tiempo o un momento aproximados: *nos veremos a eso de las diez.*
OBS Nunca lleva acento gráfico.

esófago n. m. ANAT. Conducto del aparato digestivo que va desde la faringe al estómago.

esotérico, -ca adj. **1** Que está oculto, reser-

vado o solo es perceptible o asequible para unos pocos iniciados: *me dan cierto miedo el ocultismo, el espiritismo y otros temas esotéricos.* **2** Que es incomprensible o difícil de entender.
DER esoterismo.

esoterismo n. m. Calidad de lo que está oculto o es difícil de entender.

espabilar v. tr. **1** Hacer pasar a alguien del estado de modorra o sueño al de vigilia y actividad: *el café te espabilará.* **2** Hacer que aumente la inteligencia, la agilidad mental y la capacidad de una persona para relacionarse con el mundo que la rodea: *lo que necesita es que lo espabilen o no encontrará nunca trabajo.* SIN despabilar. **3** Quitar de una vela, un cirio, etc., la parte del pabilo ya quemada para que avive su luz, o soplar o efectuar otra operación similar en una cosa que arde con el mismo fin: *el monaguillo espabiló las velas.* SIN despabilar. ◆ v. intr. **4** Aumentar [una persona] su inteligencia, agilidad mental y capacidad para relacionarse con el mundo que la rodea: *si no espabila, él será el que reciba los palos.* SIN despabilar. ◆ v. intr./ prnl. **5** Darse prisa en algo: *espabila, que llegamos tarde.* SIN despabilar. ◆ v. prnl. **6** espabilarse Pasar de un estado de modorra o sueño al de vigilia y actividad: *sírveme un poco de café, que tengo que espabilarme.* SIN despabilarse.

espaciador n. m. Tecla que se pulsa en el teclado de una máquina de escribir o de un ordenador para dejar espacios en blanco.

espacial adj. Del espacio o relacionado con él: *nave espacial, viaje espacial.*
DER aeroespacial.

espaciar v. tr. **1** Separar o poner distancia entre dos o más cosas. **2** Aumentar el intervalo de tiempo que transcurre entre dos o más acciones: *debes espaciar un poco más las comidas.* **3** Separar las líneas, palabras o letras de un texto impreso con los debidos espacios.
OBS En su conjugación, la *i* es átona, como en *cambiar.*
DER espaciador.

espacio n. m. **1** Extensión en la que están contenidos todos los cuerpos que existen: *la filosofía siempre se ha ocupado del espacio y del tiempo.* **2** Parte de esa extensión, generalmente la que ocupa cada cuerpo. espacio aéreo Zona de la atmósfera bajo el control de un país y por la que circulan aviones comerciales o militares: *el avión ruso violó el espacio aéreo estadounidense.* espacio libre Hueco o lugar donde no hay nada: *tengo que buscar un espacio libre para colocar los libros.* espacio vital Terreno o extensión necesaria para el desarrollo y la vida de un ser o de una colectividad. **3** Parte de esa extensión situada más allá de la atmósfera terrestre: *ha sido lanzado un nuevo cohete al espacio.* **4** Período de tiempo: *puedes estar hablando por espacio de treinta minutos.* **5** Separación entre líneas, especialmente en un texto escrito: *los originales deberán presentarse mecanografiados a doble espacio.* **6** Extensión vacía en un texto escrito que equivale a la que ocupa una letra: *las palabras se separan unas de otras mediante un espacio.* **7** Programa o parte de la programación de radio o televisión. **8** FÍS. Distancia recorrida por un cuerpo que se mueve en un tiempo determinado.
DER espacial, espaciar, espacioso; hiperespacio.

espacioso, -sa adj. **1** Que es grande o amplio: *habitación muy espaciosa.* ANT estrecho. **2** Que es lento o pausado.

espada n. f. **1** Arma blanca larga, recta y cortante con una empuñadura en un extremo para cogerla. **2** Carta de la baraja española en la que aparece dibujada una o varias de estas armas. ◆ n. m. **3** Torero que mata al toro con esta arma: *el espada dirige la cuadrilla compuesta por tres toreros y dos picadores.* SIN diestro, maestro, matador. ◆ n. f. pl. **4** espadas Conjunto de cartas o palo de la baraja española en el que aparece dibujada este arma: *los palos de la baraja española son oros, copas, espadas y bastos.*
▶ espada de Damocles Amenaza continua de un peligro. entre la espada y la pared En situación de tener que decidirse por una cosa u otra sin poder posponerlo ni elegir otro camino.
DER espadachín, espadaña, espádice, espadín.

espadaña n. f. **1** Campanario formado por una sola pared con uno o más huecos en que van colocadas las campanas. **2** Planta de tallos altos y cilíndricos, con las hojas largas y estrechas, dispuestas en dos filas a lo largo del tallo y con las flores en forma de espiga. **3** Hoja seca de esta planta que se usa para tejer asientos y otros objetos.

espagueti n. m. Pasta de harina de trigo en forma de cilindros macizos, largos y delgados, pero más gruesos que los fideos.
OBS Se usa más frecuentemente en plural.

a b c d e f g h i j k l m n ñ o p q r s t u v w x y z

espalda n. f. **1** Parte posterior del cuerpo humano que va desde los hombros hasta la cintura. **2** Lomo o parte posterior del cuerpo de algunos animales. **3** Parte de la prenda de vestir que cubre esta parte del cuerpo humano: *estoy haciendo un jersey de punto y ya he terminado la espalda y las mangas.* **4** Parte posterior u opuesta a la de la frontal de cualquier cosa. **5** En natación, estilo que consiste en nadar boca arriba, moviendo los brazos en círculo y las piernas de arriba abajo.
▶ **a espaldas de una persona** En su ausencia y sin que se entere: *todo fue organizado a espaldas del director.* **caerse de espaldas** Sorprenderse mucho: *te vas a caer de espaldas cuando te diga quién me ha llamado.* **dar (o volver) la espalda** Negar una ayuda o abandonar a alguien: *nunca doy la espalda a los amigos cuando me necesitan.* **guardar las espaldas** Proteger o defender: *llega tarde porque tiene quien le guarde las espaldas.* **por la espalda** Sin avisar o a traición: *en esa película, al protagonista lo matan por la espalda.*
OBS Se usa también en plural con el mismo significado.
DER espaldar, espaldera, espaldilla.

espalderas n. f. pl. **1** Aparato de gimnasia formado por varias barras de madera horizontales que están fijas a la pared y dispuestas a distintas alturas para hacer ejercicios.

espantapájaros n. m. Muñeco de figura humana que, colocado en terrenos de cultivo o en los árboles, sirve para ahuyentar a los pájaros.
OBS El plural es *espantapájaros.*

espantar v. tr./ prnl. **1** Causar miedo o espanto: *le espanta la muerte.* **2** Sentir miedo o espanto: *nos espantaron los truenos durante la noche.* ◆ v. tr. **3** Echar de un lugar: *espantar las moscas.* ◆ v. prnl. **4 espantarse** Quedarse admirado o asombrado.
DER espantada, espantadizo, espantajo.

espanto n. m. **1** Miedo muy intenso. **SIN** terror. **2** Impresión fuerte o turbación del ánimo que se siente ante un hecho repentino y desagradable: *el accidente de la carretera me causó verdadero espanto.* **3** Hecho que molesta o resulta poco agradable.
▶ **de espanto** Muy grande: *¡hoy hace un calor de espanto!* **estar curado de espanto** No sorprenderse ante un hecho o situación por estar acostumbrado a ello.
DER espantar, espantoso.

espantoso, -sa adj. **1** Que produce espanto o miedo. **2** Que es muy feo o desagradable y provoca rechazo. **SIN** horrendo, horrible. **3** Que es muy grande o intenso. **SIN** horrendo, horrible.

español, -la adj. **1** De España o relacionado con este país del sur de Europa. **SIN** hispánico, hispano. ◆ adj./ n. m. y f. **2** [persona] Que ha nacido en España. ◆ n. m. **3** Lengua románica hablada principalmente en España y en numerosos países sudamericanos.
DER españolada, españolismo, españolizar.

esparadrapo n. m. Tira de tela, papel o plástico con una de sus caras adhesiva y que se usa generalmente para sujetar un vendaje.

esparcimiento n. m. **1** Diversión o distracción, especialmente para alejarse por un tiempo de un trabajo o preocupación: *después de los exámenes te vendrán bien unos días de esparcimiento.* **2** Extensión o separación de algo que estaba junto. **3** Divulgación de una noticia.

esparcir v. tr./ prnl. **1** Separar o extender lo que está junto: *esparció sobre la mesa todo lo que llevaba en los bolsillos.* **2** Extender una cosa haciendo que ocupe más espacio: *la mancha de aceite se esparció al intentar quitarla con agua.* **3** Extender o dar a conocer una noticia. ◆ v. prnl. **4 esparcirse** Divertirse o distraerse, especialmente para alejarse por un tiempo de un trabajo o una preocupación: *esparcir el ánimo.*
OBS En su conjugación, la *c* se convierte en *z* delante de *a* y *o.*
DER esparcimiento.

espárrago n. m. **1** Yema o brote comestible, de forma alargada y de color verde o blanco, que crece por primavera en las raíces de la esparraguera: *me encantan los espárragos con mayonesa.* **espárrago triguero** Espárrago silvestre, fino y de color verde, que crece en las tierras de cultivo. **2** Planta de tallo recto y cilíndrico, con frutos rojos del tamaño de un guisante y raíces rastreras de las que crecen estas yemas comestibles. **3** Tornillo de metal, fijo por un extremo, que se introduce por el agujero de una pieza y sirve para sujetarla.
▶ **a freír espárragos** Expresión con que se despide o se rechaza con desprecio a una persona o una cosa: *estaba harto de ella y la mandó a freír espárragos.*
DER esparraguera.

espartano, -na adj. **1** De Esparta o relacionado con esta ciudad de la antigua Grecia. **2** [persona, educación, ley] Que es muy austero, duro y exigente: *lleva una vida espartana sin comodidades.* ◆ adj./ n. m. y f. **3** [persona] Que es de Esparta.

esparto n. m. **1** Planta herbácea de tallo recto y hojas largas y muy resistentes que están enrolladas sobre sí mismas. **2** Hoja de esta planta que se utiliza para hacer sogas, esteras y otros objetos.

espasmo n. m. Contracción brusca e involuntaria de las fibras musculares: *durante el monitoraje se registraron espasmos neuromusculares.*
DER espasmódico.

espátula n. f. **1** Herramienta formada por una lámina de metal de forma triangular, con los bordes afilados y un mango largo. **2** Ave zancuda de plumaje blanco de joven y rosado de adulta, de patas largas y finas y el pico largo y aplanado en el extremo: *la espátula abunda en las marismas del sur de España.*

especia n. f. Sustancia vegetal aromática que se usa para dar sabor a los alimentos: *el comino, la pimienta y el azafrán son especias.*
OBS No debe confundirse con *especie.*
DER especiería, especiero.

especial adj. **1** Que se diferencia de lo que es normal, común o general: *no seas tan especial y relaciónate con todo el mundo.* SIN singular. **2** Que es muy adecuado o propio para un fin determinado.
▶ en especial De un modo en particular: *no tengo que decirte nada en especial.*
DER especialidad, especializar, especialmente.

especialidad n. f. **1** Producto en cuya preparación destaca una persona, un establecimiento o una región: *su especialidad es el cordero.* **2** Rama de la ciencia o del arte a la que se dedica una persona.
DER especialista.

especialista adj./ n. com. **1** [persona] Que se dedica a una rama determinada de la ciencia, la técnica o el arte sobre los que tiene conocimientos profundos: *el médico de cabecera me ha enviado al especialista.* ◆ n. com. **2** Persona que sustituye a un actor o una actriz de cine o televisión en las escenas peligrosas o en las que requieren cierta destreza: *la caída del vehículo por el acantilado está realizada por un especialista.* SIN doble.

especialización n. f. **1** Preparación o adiestramiento en una rama determinada de una ciencia, de un arte o de una actividad. **2** Limitación a un uso o a un fin determinado: *esta empresa se ha enriquecido gracias a su especialización en ediciones informáticas.*

especializar v. tr. **1** Preparar o adquirir conocimientos especiales en una rama determinada de una ciencia, de un arte o de una actividad: *se ha especializado en medicina deportiva.* **2** Limitar una cosa a un uso o un fin determinado.
OBS En su conjugación, la *z* se convierte en *c* delante de *e*.
DER especialización, especializado.

especiar v. tr. Añadir especias a un alimento para darle más sabor o hacerlo más gustoso.
SIN sazonar.
OBS En su conjugación, la *i* no se acentúa, como en *cambiar*.

especie n. f. **1** Conjunto de personas o de cosas semejantes entre sí por tener una o varias características comunes. **2** BIOL. Categoría de clasificación de los seres vivos, inferior a la de género y superior a la de raza, que comprende a un conjunto determinado de individuos con ciertos caracteres comunes que les diferencia de otros grupos: *el elefante asiático es una especie en peligro de extinción.*
▶ en especie Con cosas o acciones pero no con dinero. una especie de Parecido a lo indicado por el sustantivo al cual precede: *el gazpacho es una especie de sopa fría.*
OBS No debe confundirse con *especia.*
DER especia, especial, específico; subespecie.

especificar v. tr. Dar los datos o detalles necesarios sobre una persona o una cosa para diferenciarlas con claridad de otra: *para pedir el libro al almacén debes especificar el autor, la editorial y el año.*
OBS En su conjugación, la *c* se convierte en *qu* delante de *e*.
DER especificación, especificativo.

especificativo, -va adj. Que tiene virtud o eficacia para especificar o determinar de forma precisa.

específico, -ca adj. **1** Que es propio o peculiar de una persona o una cosa y sirve para caracterizarla o distinguirla de otras. ◆ n. m. **2** Medicamento especialmente indicado para una enfermedad determinada.
DER especificar, especificidad.

espécimen n. m. Muestra, modelo o ejemplar que tiene las cualidades o características de su especie muy bien definidas: *en el zoo encontramos un buen espécimen de jaguar.*

OBS El plural es *especímenes,* con cambio de la sílaba tónica; en el singular es *espécimen* y en plural *especímenes.*

espectacular adj. **1** Que llama la atención y despierta admiración por ser exagerado o estar fuera de lo común. **2** Del espectáculo público o que tiene relación con él.
DER espectacularidad.

espectacularidad n. f. Conjunto de circunstancias o de características que hacen que un hecho o una cosa llame la atención y despierte admiración por ser exagerado o estar fuera de lo común.

espectáculo n. m. **1** Acto que se representa ante un público con el fin de divertir. **2** Acción o cosa que llama la atención y causa admiración: *las fallas de Valencia son un auténtico espectáculo.* **3** Acción o cosa que causa extrañeza o escándalo: *¡cállate ya, que vas dando el espectáculo por la calle!*
OBS Se usa frecuentemente con el verbo *dar.*
DER espectacular.

espectador, -ra adj./n. m. y f. **1** [persona] Que presencia un espectáculo público. **2** Que mira y observa con atención alguna cosa: *mirada espectadora.*
DER telespectador.

espectro n. m. **1** Figura irreal, generalmente horrible, que alguien ve a través de su imaginación y llega a parecer real. **2** Persona muy delgada o decaída físicamente. **3** Conjunto o serie de elementos que forman un todo: *el espectro político nacional.* **4** FÍS. Serie de frecuencias que resultan de la dispersión de un fenómeno formado por ondas. **espectro luminoso** El que se ve y se percibe como una serie de colores que va del rojo al violeta. **espectro solar** El que resulta de la dispersión de las radiaciones de la luz blanca del sol al pasar a través de un prisma. **5** Imagen o representación gráfica del sonido obtenida a través de un aparato especial.
DER espectral.

especulación n. f. **1** Idea o pensamiento no fundamentado y carente de una base real: *es preciso trabajar con datos demostrados y no con meras especulaciones.* **2** Operación comercial que consiste en comprar un bien cuyo precio se espera que suba a corto plazo, con el único fin de venderlo en el momento oportuno y obtener un beneficio. **3** Pensamiento, meditación o reflexión en profundidad sobre alguna cosa.

especular v. intr. **1** Meditar o pensar con profundidad. **2** Hacer suposiciones y pensar sin tener una base real. **3** Comprar un bien cuyo precio se espera que va a subir a corto plazo con el único fin de venderlo oportunamente y obtener un beneficio.
DER especulación, especulador, especulativo.

espejismo n. m. **1** Fenómeno óptico que consiste en ver ciertos objetos lejanos a través de una imagen invertida: *los espejismos son frecuentes en los desiertos.* **2** Imagen o representación engañosa de la realidad provocada en la mente por la imaginación o por la interpretación errónea de los datos aportados por los sentidos. **SIN** ilusión.

espejo n. m. **1** Superficie de cristal, cubierta en su cara posterior por una capa de mercurio o por una plancha de metal, en la que se reflejan la luz y las imágenes de los objetos. **2** Cosa a través de la cual se ve algo retratado: *la cara es el espejo del alma.* **3** Modelo que debe ser imitado: *es un espejo de bondad.*
DER espejismo.

espeleología n. f. **1** Ciencia que estudia el origen y la formación de las cavernas, así como su fauna y flora. **2** Actividad que consiste en la exploración de cuevas y otras cavidades naturales subterráneas.

espeleólogo, -ga n. m. y f. Persona que se dedica a la espeleología.

espeluznante adj. Que causa miedo o terror. **SIN** terrorífico.

espera n. f. Período de tiempo durante el cual se está aguardando la llegada de una persona o que ocurra una cosa: *la espera en el dentista se me hizo interminable.*

esperanto n. m. Idioma creado artificialmente con la idea de que sirviera de lengua universal.

esperanza n. f. **1** Confianza en que ocurra o en lograr algo que se desea: *tengo la esperanza de conseguir un buen empleo.* **SIN** ilusión. **2** Objeto de esa confianza. **3** Virtud teologal por la cual los cristianos esperan la ayuda de Dios en este mundo y la gloria eterna tras la muerte: *las virtudes teologales son fe, esperanza y caridad.*
DER esperanzar.

esperanzador, -ra adj. Que hace tener esperanza o confianza en el cumplimiento de un deseo.

esperanzar v. tr. Dar o tener esperanza en el logro o el cumplimiento de una cosa que se desea. **ANT** desesperanzar.

OBS En su conjugación, la *z* se convierte en *c* delante de *e*.
DER esperanzador.

esperar v. tr. **1** Tener la esperanza de conseguir algo que se desea: *espero poder llegar a tiempo a la cita.* **2** Creer que va a ocurrir o suceder una acción generalmente favorable. ◆ v. tr./ intr. **3** Quedarse en un lugar hasta que llegue una persona u ocurra una cosa: *te esperé toda la tarde en el bar.* ◆ v. intr. **4** Estar a punto de ocurrir una cosa que generalmente no se puede evitar: *si no estudias, ¡menudo futuro te espera!*
▶ esperar sentado Indica que es poco probable que ocurra una cosa, o que, en todo caso, ocurrirá con mucho retraso sobre el momento deseado: *ya puedes esperar sentado, si crees que te voy a prestar más dinero.*
DER espera, esperanza; desesperar, inesperado.

esperma n. amb. Fluido de color blanquecino que se produce en las glándulas genitales del aparato reproductor masculino: *bancos de esperma.* SIN semen.
DER espermafito, espermaticida, espermatofito, espermatozoide, espermatozoo, espermicida.

espermatozoide n. m. ZOOL. Célula sexual masculina de los animales, destinada a la fecundación del óvulo y a la constitución, junto con este, de un nuevo ser. SIN espermatozoo.

espermatozoo n. m. ZOOL. Espermatozoide.

espermicida adj./ n. m. Sustancia que destruye los espermatozoides: *las cremas espermicidas se usan como método anticonceptivo.*

esperpéntico, -ca adj. Del esperpento o relacionado con este género literario.

esperpento n. m. **1** Persona o cosa muy fea o ridícula. **2** Género literario en el que se presenta una realidad deformada y grotesca: *el creador del esperpento es Ramón del Valle-Inclán.*

espesar v. tr. **1** Hacer más espeso un líquido. ◆ v. prnl. **2** espesarse Unirse o apretarse unas cosas con otras. ◆ v. prnl./ intr. **3** Hacerse más espesa una cosa: *deje que la salsa se espese.*

espeso, -sa adj. **1** [líquido, sustancia] Que es denso y no fluye fácilmente: *me gusta el chocolate espeso.* ANT claro. **2** Que está formado por elementos que están muy juntos o apretados: *niebla espesa.* **3** Que es grueso, macizo o con mucho cuerpo. **4** Que es complicado o difícil de comprender y de resolver.
DER espesar, espesativo, espesor, espesura.

espesor n. m. **1** Densidad o condensación de un fluido: *la mezcla tenía tal espesor que resultaba difícil removerla.* **2** Anchura o de un cuerpo sólido: *he puesto una pared de medio metro de espesor.* SIN grosor.

espesura n. f. **1** Densidad o grado de fluidez de un líquido: *este líquido fluye lentamente debido a su espesura.* **2** Complicación o dificultad para ser comprendido o resuelto. **3** Paraje muy poblado de árboles y matorrales: *la espesura del bosque.*

espía n. com. Persona que, con algún interés o al servicio de alguien, se dedica a conseguir información secreta, especialmente si esta proviene de un país extranjero.
DER espiar.

espiar v. tr. **1** Observar o escuchar con atención y disimulo lo que otros hacen o dicen: *no me gusta que me espíen tras la puerta.* **2** Tratar de conseguir información secreta, especialmente de un país extranjero.
OBS En su conjugación, la *i* se acentúa en algunos tiempos y personas, como en *desviar*.
DER espionaje.

espiga n. f. **1** Conjunto de granos dispuestos a lo largo de un tallo común, especialmente de los cereales: *espiga de trigo.* **2** Conjunto de flores insertadas directamente a lo largo de un tallo común. **3** Parte de una pieza o madera cuyo espesor se ha disminuido para introducirla o encajarla en otra.
DER espigar, espigón, espiguilla.

espigar v. tr. **1** Recoger las espigas que han quedado en el campo tras la siega. **2** Recabar información consultando distintas fuentes y tomando los datos que conviene aprovechar de ellas. ◆ v. intr. **3** Comenzar a echar espigas los cereales.
OBS En su conjugación, la *g* se convierte en *gu* delante de *e*.
DER espigado.

espigón n. m. **1** Muro grueso construido para proteger las aguas de un puerto o encauzar el curso de un río que avanza sobre el mar o perpendicular a la orilla del río. **2** Extremo o punta de un instrumento puntiagudo con que se asegura una cosa en otra.

espina n. f. **1** Pincho o púa que crece en algunas plantas o en sus frutos y que les sirve de defensa. **2** Hueso de pez, especialmente el que es largo, duro y puntiagudo: *debes tener cuidado porque este pescado tiene muchas espinas.* **3** Trozo de un material que es pequeño, alargado y con punta y que se puede clavar. **4** Pesar o pensamiento que inquieta y atormenta: *tiene clavada la espina de no haber viajado nunca al extranjero.*

▶ **espina dorsal** Serie de huesos pequeños y planos unidos entre sí que recorre la espalda para sujetar el esqueleto. **SIN** columna, espinazo. **dar mala espina** Provocar sospecha o hacer pensar que ocurre o va a ocurrir una cosa mala: *tantos elogios me dan mala espina, seguro que va a pedirnos algo.* **sacarse la espina** Conseguir una satisfacción por un daño recibido en un momento anterior: *con la goleada consiguieron sacarse la espina de la derrota anterior.*

DER espinar, espinazo, espineta, espinilla, espino.

espinaca n. f. Hortaliza con el tallo ramoso y las hojas estrechas y suaves unidas por la base.

espinal adj. De la espina o que tiene relación con ella: *la médula espinal.*

espinazo n. m. Serie de huesos pequeños y planos unidos entre sí, que recorre la espalda de los vertebrados y cuya función es la de aguantar el esqueleto.

▶ **doblar el espinazo** **a.** Trabajar o esforzarse en realizar una tarea: *nunca quiere doblar el espinazo.* **b.** Obedecer sin protestar las órdenes de un superior.

espinilla n. f. **1** Grano de pequeño tamaño que aparece en la piel por la obstrucción de los poros de las glándulas sebáceas: *durante la adolescencia tuve muchas espinillas.* **2** Parte anterior del hueso de la pierna que va desde la rodilla al pie.

DER espinillera.

espinillera n. f. Pieza de material rígido que se usa en algunos deportes y oficios para cubrir y proteger la pierna por la parte de la espinilla: *los futbolistas llevan espinilleras.*

espino n. m. Arbusto de la familia del rosal, con las ramas llenas de espinas y las flores blancas y olorosas: *el espino crece silvestre en zonas montañosas.*

DER espinoso.

espinoso, -sa adj. **1** Que tiene espinas: *tallo espinoso.* **2** Que es difícil o delicado: *es una cuestión espinosa.*

espionaje n. m. **1** Actividad secreta que consiste en tratar de conseguir información confidencial, especialmente de un país extranjero. **espionaje industrial** Espionaje que tiene como fin conseguir información relacionada con una industria determinada. **2** Organización y medios destinados a espiar.

DER contraespionaje.

espiración n. f. Salida del aire de los pulmones: *la espiración y la inspiración son las dos fases de la respiración.* **ANT** aspiración, inspiración.

espiral n. f. **1** Línea curva que da vueltas alrededor de un punto, alejándose cada vez más de él. **2** Proceso rápido y que escapa de todo control: *es preocupante la espiral de violencia desencadenada.*

DER espira.

espirar v. intr. **1** Expulsar el aire de los pulmones. **ANT** aspirar, inspirar. ◆ v. tr. **2** Despedir o exhalar una cosa un olor determinado.

OBS No debe confundirse con *expirar*.

DER espiración, espirante, espíritu; aspirar, conspirar, inspirar, respirar, suspirar, transpirar.

espiratorio, -ria adj. De la espiración o relacionado con ella: *para dar intensidad y fuerza al sonido, hay que forzar el empuje del diafragma, para aumentar la presión espiratoria enviada sobre las cuerdas vocales.*

espíritu n. m. **1** Parte inmaterial del ser humano de la que dependen los sentimientos y las facultades intelectuales. **SIN** alma. **ANT** cuerpo. **2** Ser inmaterial dotado de voluntad y de razón. **3** Alma de una persona muerta a la que se supone con capacidad para entrar en comunicación sensible con los vivos: *la bruja invocó a los espíritus.* **4** Persona considerada por una cualidad determinada: *espíritu aventurero.* **5** Conjunto de cualidades, gustos y características de una persona. **6** Valor, fuerza o ánimo para actuar o hacer frente a las dificultades. **7** Principio general, idea central o intención. **8** Tendencia o inclinación que puede apreciarse en las manifestaciones de una persona o colectividad: *la defensa de la naturaleza debe formar parte del espíritu de nuestra época.*

▶ **Espíritu Santo** En la religión crisitana, Tercera Persona de la Santísima Trinidad que procede igualmente del Padre y del Hijo: *la Virgen María concibió a Jesús por obra del Espíritu Santo.* **NOTA** En esta acepción se escribe con mayúscula. **levantar el espíritu** Dar o tomar fuerzas y ánimo.

DER espiritismo, espiritoso, espiritual, espirituoso.

espiritual adj. **1** Del espíritu o que tiene relación con él: *ejercicios espirituales.* **2** [persona] Que tiene mayor interés por los sentimien-

tos y los pensamientos que por las cosas materiales. ANT materialista. ◆ n. m. **3** Canto religioso originario de la población negra del sur de Estados Unidos.
DER espiritualidad, espiritualismo, espiritualizar.

espiritualidad n. f. **1** Calidad de las cosas espirituales. **2** Sensibilidad o inclinación de una persona hacia los pensamientos, los sentimientos y las cuestiones religiosas, y desinterés hacia lo material.

espléndido, -da adj. **1** Que causa admiración por su perfección, grandeza o lujo. **2** [persona] Que es generoso y gasta su dinero de manera abundante, generalmente en obsequiar a otros.
DER esplendidez.

esplendor n. m. **1** Grandeza, hermosura o riqueza. **2** Situación de la persona o cosa que ha conseguido un grado muy alto en una cualidad o en una labor: *solo hizo buenos retratos en su época de esplendor.*
DER esplendoroso; resplandor.

esplendoroso, -sa adj. Que está lleno de esplendor e impresiona por su hermosura o riqueza.

espliego n. m. **1** Planta de tallos largos y delgados, hojas estrechas y de color gris y flores azules en espiga. **2** Semilla de esta planta, usada para producir humo aromático.

espolear v. tr. **1** Picar con la espuela a la cabalgadura. **2** Animar o convencer a una persona para que haga una cosa: *el hambre los espoleaba para llegar a casa cuanto antes.* SIN convidar, incitar, estimular.
DER espoleadura.

espoleta n. f. Mecanismo que va colocado en las bombas y otros artefactos con carga explosiva para provocar la explosión.

espolón n. m. **1** Pequeño saliente óseo que tienen algunas aves en la parte trasera de las patas. **2** Muro construido en la orilla de un río o del mar para contener las aguas y que en algunas poblaciones sirve de paseo. **3** Punta en que termina la parte delantera del casco de una embarcación. **4** Sabañón que sale en el pie.

espolvorear v. tr. Esparcir una sustancia en polvo sobre alguna cosa.

esponja n. f. **1** Animal marino con el cuerpo lleno de agujeros que permiten la entrada de agua. **2** Masa elástica con agujeros que forma el esqueleto de estos animales marinos y que absorbe con facilidad el agua: *las esponjas son preparadas como utensilios de higiene o de limpieza.* **3** Objeto fabricado con la elasticidad, suavidad y porosidad de estos esqueletos y que se utiliza como utensilio de limpieza. **4** Persona que bebe mucho, especialmente alcohol.
DER esponjar, esponjoso.

esponjar v. tr. **1** Ahuecar o hacer más poroso un cuerpo. ◆ v. prnl. **2** **esponjarse** Llenarse de orgullo o vanidad: *no puede evitar esponjarse cuando le hablan de lo bien que canta su hija.*

esponjoso, -sa adj. [cuerpo] Que es de estructura elástica, porosa y suave como la de una esponja.
DER esponjosidad.

esponsales n. m. pl. Promesa mutua de casamiento entre dos personas, especialmente cuando se hace con cierta formalidad y ceremonia.

espónsor n. m. Patrocinador publicitario que esponsoriza especialmente un equipo o un evento deportivo.
OBS Puede encontrarse la grafía inglesa *sponsor.*

espontaneidad n. f. Naturalidad y sinceridad en el comportamiento o en el modo de pensar.

espontáneo, -a adj. **1** Que es natural y sincero en el comportamiento o en el modo de pensar. **2** [persona] Que se comporta o habla dejándose llevar por sus impulsos naturales y sin tener en cuenta las consideraciones dictadas por la razón: *es muy espontáneo y te contesta de corazón.* ◆ n. m. y f. **3** Persona que va a un espectáculo como espectador y que de forma repentina interviene en él por propia iniciativa y sin estar autorizado.
DER espontanearse, espontaneidad.

espora n. f. Célula vegetal reproductora que no necesita ser fecundada.
DER esporangio, esporífero, esporofilo, esporofito, esporulación.

esporádico, -ca adj. Que se da con poca frecuencia, no es regular y ocurre aisladamente sin relación alguna con otros casos anteriores o posteriores. SIN ocasional.

esposar v. tr. Poner las esposas a alguien.

esposas n. f. pl. Objeto formado por dos anillas de metal que se abren y se cierran, que están unidas entre sí por una cadena y que sirven para sujetar por las muñecas a los presos.
DER esposar.

esposo, -sa n. m. y f. Persona casada respecto a su cónyuge. SIN consorte, cónyuge.
DER esposas; desposar.

esprín n. m. Aceleración repentina de poca duración que hace un corredor para conseguir la máxima velocidad posible, generalmente al final de la carrera: *se aseguró la victoria con el esprín final; (fig) el esprín final de la campaña comercial*
OBS Puede encontrarse con la grafía inglesa *sprint* y con la grafía adaptada *esprint*.

espuela n. f. Arco de metal formado por una pieza alargada terminada en una estrella o ruedecilla con dientes, que se ajusta el jinete a los talones de sus botas para poder picar al caballo.
DER espolear, espoleta, espolón.

espuma n. f. **1** Conjunto de burbujas amontonadas que se forman en la superficie de un líquido y que se adhieren entre sí: *las olas del mar se deshacen en espuma.* **2** Parte del jugo e impurezas que sobrenadan al cocer ciertas sustancias. **3** Tejido muy ligero y esponjoso: *medias de espuma.*
DER espumar, espumarajo, espumear, espumillón, espumoso.

espumillón n. m. Tira con flecos, muy ligera, de colores vivos y brillantes, que se usa para adornar el árbol de Navidad: *compramos espumillones y bolas de cristal en la feria de Navidad.*

espumoso, -sa adj. **1** Que hace o tiene mucha espuma: *el jabón es espumoso.* ◆ adj./ n. m. **2** [vino] Que forma espuma por haber sufrido una segunda fermentación: *el cava es un vino espumoso.*

espurio, -ria adj. Que es falso, ilegal o no auténtico: *un especialista en falsificaciones demostró que los documentos eran espurios.*

esputo n. m. Saliva y flema que se escupen de una vez por la boca.
DER esputar.

esqueje n. m. Tallo o brote de una planta que se emplea para injertarlo en otra o para plantarlo en el suelo con el fin de que eche raíces y nazca una nueva planta.

esquelético, -ca adj. [persona, animal] Que está muy flaco o delgado: *tiene los brazos esqueléticos.* SIN escuálido. ANT gordo.

esqueleto n. m. **1** Conjunto de huesos unidos entre sí por articulaciones que sostiene y da consistencia al cuerpo de los vertebrados. SIN osamenta. **2** Piel muy dura que cubre y protege el cuerpo de los invertebrados: *en algunos animales el esqueleto está formado por escamas o por un caparazón.* **3** Estructura o armazón que sostiene una cosa. **4** Persona muy delgada.
▶ mover el esqueleto Bailar con música moderna.
DER esquelético; endosqueleto.

esquema n. m. **1** Conjunto de informaciones más importantes sobre un asunto o materia que se colocan ordenadas y relacionadas con líneas o signos gráficos: *debes resumir cada lección en un esquema que recoja las ideas más significativas.* SIN cuadro. **2** Representación gráfica o simbólica de una cosa en la que aparecen solo sus líneas o características más salientes.
DER esquemático, esquematismo, esquematizar.

esquemático, -ca adj. Que está explicado o está hecho de manera muy simple, con los rasgos generales y sin entrar en detalles.

esquematizar v. tr. Simplificar o reducir la exposición o enunciado de una cosa a los rasgos esenciales.
OBS En su conjugación, la *z* se convierte en *c* delante de *e*.

esquí n. m. **1** Especie de patín formado por una tabla larga y estrecha que sirve para deslizarse sobre la nieve o sobre el agua. **2** Deporte que se practica deslizándose con esas tablas sobre la nieve: *durante el invierno se dedica a practicar el esquí.*
▶ esquí acuático El que consiste en deslizarse sobre el agua con estos patines y siendo arrastrado por una lancha motora.
OBS El plural es *esquís*.
DER esquiar; telesquí.

esquiador, -ra n. m. y f. Persona que practica el esquí.

esquiar v. intr. Deslizarse sobre la nieve o sobre el agua con unos esquís.
OBS En su conjugación, la *i* se acentúa en algunos tiempos y personas, como en *desviar*.
DER esquiador.

esquila n. f. Cencerro pequeño en forma de campanilla que se cuelga del cuello de las ovejas y las cabras.

esquilar v. tr. Cortar el pelo o la lana a un animal, especialmente a una oveja.
DER esquila; trasquilar.

esquilmar v. tr. **1** Agotar o hacer que disminuya una fuente de riqueza por explotarla más de lo debido. **2** Sacarle dinero u otros bienes a una persona de manera abusiva. **3** Recoger datos de una fuente.
DER esquilmo.

esquilmo n. m. Fruto o provecho que se saca de la tierra o de los animales.

esquimal adj. **1** [pueblo] Que habita, en pequeños grupos dispersos, las tierras próximas al Polo Norte. **2** De ese pueblo o que tiene relación con él. ◆ n. com. **3** Persona que pertenece a ese pueblo. ◆ n. m. **4** Lengua de ese pueblo: *las palabras* iglú *y* kayak *procede del esquimal.*

esquina n. f. **1** Ángulo saliente o arista formada en la calle por dos paredes de un edificio: *la farmacia está en la esquina de esta calle.* **2** Parte exterior del lugar en que se juntan dos lados de alguna cosa.

▶ a la vuelta de la esquina Muy cerca o muy pronto: *los exámenes están a la vuelta de la esquina.*

DER esquinar, esquinazo.

esquinar v. tr./ intr. **1** Hacer o formar esquina. ◆ v. tr. **2** Poner en esquina alguna cosa: *esquinar la cama.* ◆ v. tr./ prnl. **3** Poner a mal, enemistar a una persona con otra: *desde que tuvo aquella discusión, se ha esquinado con su hijo.*

DER esquinado.

esquinazo n. m. Esquina de un edificio.

▶ dar esquinazo Abandonar o evitar el encuentro con una persona: *desde que me debe dinero, siempre procura darme esquinazo.*

esquirla n. f. Astilla o fragmento alargado y puntiagudo desprendido de un hueso fracturado, un vidrio, una piedra u otro material duro: *el aparato se rompió y saltaron esquirlas metálicas.*

esquirol n. com. Persona que trabaja mientras los demás obreros hacen huelga o que se presta a realizar el trabajo abandonado por un huelguista.

esquivar v. tr. **1** Realizar un movimiento para evitar un golpe o para salvar un obstáculo: *vi venir el golpe, pero no pude esquivarlo.* **2** Eludir un asunto o problema o rehuir un encuentro.

esquivo, -va adj. [persona] Que rehúye el trato de otras personas y rechaza las atenciones y las muestras de cariño: *no seas tan arisco y esquivo con tus padres.*

DER esquivar, esquivez.

estabilidad n. f. **1** Firmeza o seguridad en el espacio: *unos buenos amortiguadores aseguran la estabilidad del vehículo.* **2** Ausencia de cambios y constancia en un período determinado: *estabilidad atmosférica.* ANT desequilibrio.

DER estabilizar.

estabilizar v. tr. **1** Hacer estable. **2** Dar o adquirir estabilidad: *viajaremos cuando se estabilice el tiempo.* SIN equilibrar. ANT desequilibrar, desestabilizar.

OBS En su conjugación, la *z* se convierte en *c* delante de *e*.

DER estabilización, estabilizador, estabilizante.

estable adj. **1** Que está firme y seguro sin peligro alguno de caer o perder el equilibrio: *es un coche muy estable en las curvas.* ANT inestable. **2** Que no cambia y es constante o duradero en el tiempo: *régimen político estable; situación atmosférica estable; un puesto de trabajo estable.* ANT inestable.

DER estabilidad, establecer.

establecer v. tr. **1** Hacer que empiece a funcionar una cosa o una actividad, generalmente con propósito de continuidad: *la multinacional ha establecido una nueva sucursal en esta ciudad.* SIN crear, fundar. **2** Disponer lo que debe hacerse. SIN ordenar. **3** Dejar demostrado con firmeza un pensamiento de valor general. ◆ v. prnl. **4** establecerse Fijar la residencia o quedarse a vivir en un lugar. **5** Abrir o crear un negocio por cuenta propia.

OBS En su conjugación, la *c* se convierte en *zc* delante de *a* y *o*, como en *agradecer*.

DER establecimiento; preestablecido, restablecer.

establecimiento n. m. **1** Lugar en el que se realiza una actividad comercial, industrial o de otro tipo: *en esta calle hay muchos establecimientos comerciales.* **2** Creación o fundación de algo, generalmente con un propósito de continuidad.

establo n. m. **1** Lugar cubierto en el que se encierra el ganado. **2** Lugar muy sucio y desordenado. SIN cuadra.

DER estabulación.

estaca n. f. **1** Palo con punta en un extremo para que pueda ser clavado. **2** Palo grueso y fuerte, especialmente el que se puede manejar como un bastón.

estación n. f. **1** Lugar o edificio donde se detiene habitualmente un tren u otro vehículo para recoger y dejar viajeros: *iremos a pie hasta la próxima estación del metro.* **2** Conjunto de edificios e instalaciones de un servicio de transporte público, generalmente en el lugar de comienzo y finalización de su recorrido: *iré a recibirte a la estación de autobuses.* estación de servicio Conjunto de instalaciones provisto de los productos y servicios necesarios para atender a los automovilistas y a sus vehículos.

3 Conjunto de aparatos e instalaciones destinados a realizar o a cumplir una actividad determinada: *estación meteorológica.* 4 Período de tiempo en que se divide el año según el tiempo atmosférico, la longitud del día y otras características: *las estaciones son primavera, verano, otoño e invierno.* 5 Temporada o período de tiempo, especialmente el señalado por una actividad o por ciertas condiciones climáticas. 6 Visita que se hace por religión a las iglesias o los altares.
DER estacional, estacionar; subestación.

estacional adj. Que es propio o característico de una de las estaciones del año.

estacionamiento n. m. 1 Detención y colocación de un vehículo en un lugar temporalmente. SIN aparcamiento. 2 Lugar de la vía pública o del interior de un recinto donde un conductor puede dejar el vehículo. SIN aparcamiento.

estacionar v. tr. 1 Detener y dejar un vehículo en un lugar de la vía pública o en una zona señalizada del interior de un recinto. SIN aparcar. ◆ v. prnl. 2 estacionarse Detenerse o quedarse estancado, especialmente estabilizarse o dejar de avanzar una enfermedad grave: *su enfermedad se ha estacionado.*
DER estacionamiento, estacionario.

estacionario, -ria adj. Que no cambia y permanece en el mismo estado o situación.

estadio n. m. 1 Instalación pública en la que se practican distintos deportes y competiciones deportivas que consta de gradas con asientos para los espectadores. 2 Momento, período o estado que forma parte de una serie o de un proceso: *dividiremos la realización de este trabajo en tres estadios.* SIN escalón, etapa, fase.

estadista n. com. 1 Persona especializada en asuntos concernientes a la dirección de los Estados o instruida en materias de política. 2 Jefe de un Estado. 3 Persona que se dedica a la estadística. SIN estadístico.

estadística n. f. 1 Disciplina que tiene por objeto reunir, clasificar y contar todos los hechos que tienen una determinada característica en común para poder llegar a conclusiones a partir de los datos numéricos extraídos. 2 Conjunto de los datos recogidos y clasificados: *las últimas estadísticas indican una mejoría económica.*
DER estadístico.

estadístico, -ca adj. 1 De la estadística o que tiene relación con esta disciplina. ◆ n. m. y f. 2 Persona que se dedica a la estadística. SIN estadista.

estado n. m. 1 Situación de algo o alguien: *este televisor está ya en muy mal estado.* 2 Clase o condición de una persona. estado civil Condición de una persona en el orden social: *el estado civil de una persona que no se ha casado es soltero.* 3 Terreno y población de un país independiente: *el partido recorrerá todo el estado durante su campaña.* estado federal El que está formado por territorios que se gobiernan por leyes propias, aunque dependen de un gobierno central común. 4 Territorio que se gobierna por leyes propias, aunque depende del gobierno central del país. 5 Conjunto de órganos de gobierno de un país: *se ha iniciado la construcción de un grupo de viviendas financiadas por el Estado.* NOTA Se escribe con letra mayúscula cuando se refiere a un estado concreto. 6 FÍS. Grado de unión de las moléculas de una sustancia: *el agua en estado sólido se llama hielo.*
▶ en estado [mujer, hembra] Que está embarazada. estado de excepción Situación que las autoridades consideran suficientemente grave como para suspender los derechos legales de los ciudadanos. estado mayor Conjunto de mandos y oficiales que dirigen un ejército.
DER estadillo, estadio, estadista, estadística, estatal.

estadounidense adj. 1 De Estados Unidos de América o que tiene relación con este país. ◆ adj./ n. com. 2 [persona] Que es de Estados Unidos.
OBS También se escribe *estadunidense.*

estafa n. f. 1 Robo de dinero o de bienes que se hace con engaño. SIN timo. 2 Incumplimiento de las condiciones o las promesas que se habían asegurado, especialmente en una venta o en un trato. SIN timo.

estafador, -ra n. m. y f. Persona que comete estafas habitualmente: *red de estafadores inmobiliarios.*

estafar v. tr. 1 Robar dinero o bienes con engaño. SIN timar. 2 No cumplir o satisfacer lo prometido, especialmente en una venta o en un trato: *piensa que su partido político lo ha estafado.* SIN timar. 3 Dar a una persona menos de lo debido de una cosa o cobrarle más de lo justo: *si te han cobrado más de mil euros por esto, te han estafado.*
DER estafa, estafador.

a b c d e f g h i j k l m n ñ o p q r s t u v w x y z

estalactita n. f. Formación de piedra alargada y puntiaguda que cuelga del techo de algunas cuevas naturales y que ha sido producida por una infiltración de aguas que contienen sales calizas y otras sustancias.

estalagmita n. f. Formación de piedra alargada y puntiaguda que hay en el suelo de algunas cuevas naturales y que ha sido producida por las gotas de agua que caen de una estalactita.

estallar v. intr. **1** Reventar o romperse una cosa de golpe y con gran ruido: *la bomba estalló segundos antes de que pasara la comitiva.* SIN explotar. **2** Ocurrir o sobrevenir un suceso de forma repentina y violenta: *la tormenta estalló mientras dormíamos.* **3** Mostrar con fuerza un sentimiento: *tras sus palabras estallaron los aplausos.* SIN prorrumpir. ◆ v. intr./ prnl. **4** Abrirse o romperse una cosa por efecto de la presión.
DER estallido; restallar.

estallido n. m. **1** Rotura o explosión producida de golpe y con gran ruido. **2** Ruido producido al estallar algo. **3** Producción de un suceso de forma repentina y violenta. **4** Manifestación brusca y violenta de una pasión o un sentimiento: *los primeras notas de la canción provocaron un estallido de gritos y aplausos.*

estambre n. m. **1** BOT. Órgano de reproducción masculino de algunas flores, formado por un filamento que sostiene la antera que contiene el polen. **2** Tejido de lana hecho con hilos muy largos: *el estambre es una tela muy gruesa.*

estamental adj. Del estamento o relacionado con él.

estamento n. m. Estrato social o parte de una sociedad que tiene unas características concretas.
DER estamental.

estampa n. f. **1** Imagen o figura impresa en un papel. SIN grabado, lámina. **2** Trozo pequeño de papel o cartulina en el que está representada una imagen religiosa: *siempre lleva en la cartera una estampa de la Virgen del Pilar.* **3** Figura o aspecto de una persona o de un animal: *paseaba en un caballo de magnífica estampa.* SIN planta, presencia. **4** Cuadro o escena, especialmente si es típico o pintoresco: *el almanaque viene decorado con estampas andaluzas.* **5** Persona que se parece mucho a otra: *es la viva estampa de su padre.* SIN retrato.
DER estampilla.

estampación n. f. Impresión mediante la presión con un molde de dibujos o de letras generalmente sobre tela o sobre papel. SIN estampado.

estampado, -da adj./ n. m. **1** [tejido] Que tiene dibujos o colores impresos. ANT liso. ◆ n. m. **2** Impresión mediante la presión con un molde de dibujos o de letras y generalmente sobre tela o sobre papel: *en esta tienda se dedican al estampado de escudos y rótulos en camisetas.* SIN estampación.

estampar v. tr. **1** Imprimir dibujos o letras sobre una tela o un papel mediante la presión con un molde. **2** Prensar un trozo de metal con un molde de acero grabado en hueco para marcar un relieve. **3** Dejar una huella o señal: *ha estampado sus manos llenas de chocolate sobre la pared blanca.* ◆ v. tr./ prnl. **4** Tirar o lanzar con fuerza a una persona o una cosa haciéndola chocar contra una superficie firme: *se enfureció y estampó el jarrón contra el suelo.* SIN estrellar.
DER estampa, estampado, estampida, estampido.

estampida n. f. Escapada o huida rápida e impetuosa que emprende un grupo de personas o de animales.

estampido n. m. Ruido grande, fuerte y seco: *el estampido de una detonación; el estampido de algunos truenos.*

estancamiento n. m. Detención o suspensión del curso de alguna cosa.

estancar v. tr. **1** Detener el curso de un líquido, especialmente el de una corriente de agua. **2** Parar la marcha o evolución de un asunto o proceso. **3** Convertir un producto en monopolio del Estado o de una entidad y prohibir su venta libre.
OBS En su conjugación, la *c* se convierte en *qu* delante de *e*.
DER estancado, estancamiento, estanco, estanque.

estancia n. f. **1** Aposento o habitación de una casa, especialmente si es grande y lujosa: *pudimos visitar las estancias de palacio.* **2** Permanencia durante cierto tiempo en un lugar: *aprovechó su estancia entre nosotros para aprender el idioma.* **3** LIT. Estrofa formada por una combinación variable de versos de siete y once sílabas que se repite a lo largo de todo el poema.

estanco, -ca adj. **1** Que está completamente cerrado y no tiene comunicación con otras cosas: *un compartimiento estanco.* ◆ n. m. **2** Establecimiento en el que se venden productos que tienen prohibida la venta libre, general-

mente tabaco, sellos y papel timbrado: *es el Gobierno quien fija el precio de los productos que se venden en el estanco.*
DER estanquero.

estándar adj. **1** Que copia, repite y sigue un modelo. ◆ n. m. **2** Tipo o modelo muy corriente de una cosa: *no ha sabido amoldarse al estándar de vida actual.*
DER estandarizar.

estandarte n. m. Bandera o insignia que usan ciertos organismos militares y religiosos y que consiste en una pieza de tela sujeta al borde superior de una barra horizontal: *en el estandarte aparece el escudo o distintivo de la corporación a la que representa.* SIN pendón.

estanque n. m. Depósito construido para recoger agua para el riego, la cría de peces o como adorno.

estante n. m. **1** Tabla o lámina horizontal que se coloca en una pared, dentro de un armario o en una estantería, y sirve para colocar objetos sobre ella. SIN anaquel, balda. **2** Mueble formado por esas tablas. SIN estantería.

estantería n. f. Mueble formado por estantes: *en la estantería tiene todos los libros de cuando era pequeño.* SIN estante.

estañar v. tr. **1** Unir dos piezas de metal con estaño. **2** Cubrir o bañar con estaño.

estaño n. m. Metal de color blanco o gris que se trabaja fácilmente y puede extenderse en planchas: *el símbolo del estaño es Sn.*
DER estañadura, estañar.

estar v. copulativo **1** Existir o encontrarse en un lugar, en una situación o de un modo determinado: *mi casa no está lejos.* **2** Permanecer o encontrarse con cierta estabilidad en un lugar, en una situación o de un modo determinado. NOTA No se suele usar para hablar de cualidades permanentes, sino para las que indican un estado que puede cambiar: *Juan es español,* pero *Juan está enfermo.* **3** Sentirse o encontrarse: *estoy cansado.* **4** Sentar, caer o quedar una prenda de vestir: *la chaqueta no te está bien.* **5** Encontrarse a punto de ocurrir lo que se expresa a continuación: *mis padres están al llegar.* NOTA Se usa seguido de *al* y un infinitivo. **6** Costar o tener un precio determinado: *¿a cuánto están hoy los tomates?* **7** Encontrarse en un momento o en un proceso determinado. NOTA Se usa seguido de la preposición *de.* **8** Hacer un trabajo durante un período de tiempo determinado: *hoy he estado de mecánico intentando arreglar el coche.* NOTA Se usa seguido de la preposición *de.* **9** Ser un día, mes o año determinado. NOTA Se usa seguido de la preposición *a.* **10** Vivir, trabajar o hacer una cosa con alguien: *estoy con unos amigos en un piso de alquiler.* **11** Ser causa o razón y consistir o radicar una cosa en algo o en alguien: *la felicidad no está en el dinero.* **12** Tener una intención o una disposición; encontrarse preparado: *yo ya no estoy para esos trotes.* **13** No haberse hecho todavía una cosa y estar casi decidido o sentir la tentación de hacerla: *cuando me dijo lo ocurrido, estuve por irme y dejarlo plantado.* NOTA Se usa seguido de la preposición *por* y un infinitivo. ◆ v. auxiliar **14** Forma pasiva de resultado seguido de un participio: *el coche está destrozado.* **15** Indica duración en una perífrasis seguido

estar

INDICATIVO	SUBJUNTIVO
presente	**presente**
estoy	esté
estás	estés
está	esté
estamos	estemos
estáis	estéis
están	estén
pretérito imperfecto	**pretérito imperfecto**
estaba	estuviera o estuviese
estabas	estuvieras o estuvieses
estaba	estuviera o estuviese
estábamos	estuviéramos o estuviésemos
estabais	estuvierais o estuvieseis
estaban	estuvieran o estuviesen
pretérito perfecto simple	**futuro**
estuve	estuviere
estuviste	estuvieres
estuvo	estuviere
estuvimos	estuviéremos
estuvisteis	estuviereis
estuvieron	estuvieren
futuro	IMPERATIVO
estaré	está (tú)
estarás	esté (usted)
estará	estad (vosotros)
estaremos	estén (ustedes)
estaréis	FORMAS NO PERSONALES
estarán	**infinitivo** estar — **gerundio** estando
condicional	**participio** estado
estaría	
estarías	
estaría	
estaríamos	
estaríais	
estarían	

de un gerundio: *el niño está durmiendo.* **NOTA** En esta acepción y acompañado de gerundio no puede usarse *ser.* ◆ v. prnl. **16** **estarse** Permanecer o quedarse: *se estuvo en casa con ella.*

▶ **estar al caer** Encontrarse a punto de ocurrir o de llegar. **estar de más** o **estar de sobra** No ser necesario o molestar: *después de su frío saludo, comprendí que allí estaba de más.* **estar en todo** Ocuparse a un tiempo de muchas cosas sin descuidar ningún detalle: *encárgate tú de avisarle, que yo no puedo estar en todo.* **estar por ver** Ser dudoso o no tener la seguridad de que ocurra o se haga una cosa: *dice que no llegará tarde, pero eso está por ver.* **estar visto** Ser evidente: *está visto que no os puedo dejar solos.* **ya está bien** Se utiliza para indicar que es demasiado: *ya está bien de que me tomes el pelo.*

DER estancia; bienestar, malestar.

estatal adj. Del Estado o relacionado con él o con sus órganos de gobierno.

DER estatalizar; interestatal.

estático, -ca adj. **1** Que permanece en un mismo estado y no experimenta cambios: *no puedes quedarte estático ante tales calumnias.* **SIN** inmóvil, quieto. **2** [persona] Que se queda parado a causa de una emoción.

DER estatismo; antiestático.

estatua n. f. Obra de escultura que representa una figura humana o animal y que suele tener un carácter simbólico: *han puesto una estatua de mármol en el centro de la plaza.*

DER estatuaria, estatuario.

estatuario, -ria adj. **1** De la estatua o que tiene relación con ella. **2** Que es propio de una estatua por su belleza o perfección.

estatura n. f. Altura de una persona desde los pies a la cabeza. **SIN** talla.

estatus n. m. Posición social que una persona tiene dentro de un grupo o una comunidad: *siempre había gozado de un estatus privilegiado en la empresa.*

OBS El plural es *estatus.*

estatuto n. m. Reglamento, ordenanza o conjunto de normas legales por las que se regula el funcionamiento de una entidad o de una colectividad: *han vuelto a modificar el estatuto de los trabajadores.*

▶ **estatuto de autonomía** Conjunto de leyes y normas por las que se rigen las comunidades autónomas españolas, que tiene un carácter legislativo inferior a la Constitución.

DER estatutario.

este, -ta pron. dem. **1** Indica o señala lo que está más cerca en el tiempo o en el espacio de la persona que habla: *el queso que yo prefiero es este.* **NOTA** Puede llevar tilde si existe ambigüedad. ◆ det. dem. **2** Indica o señala que algo está más cerca en el tiempo o en el espacio de la persona que habla: *esta situación política es insostenible.* **NOTA** Cuando va detrás del nombre suele tener valor despectivo: *¡qué hartita estoy del hombre este!* ◆ n. m. **3** Punto del horizonte situado donde nace el Sol. **SIN** levante, oriente. **4** Lugar situado hacia ese punto: *las provincias del este de España.* **SIN** levante, oriente. **5** Conjunto de países del este de Europa que hasta 1990 tuvieron regímenes comunistas. **NOTA** Se escribe con inicial mayúscula.

estela n. f. **1** Señal que deja tras de sí en el agua o en el espacio un cuerpo en movimiento: *los delfines seguían la estela del barco.* **SIN** rastro. **2** Señal o huella que deja una cosa que ocurre o pasa.

estelar adj. **1** De las estrellas o que tiene relación con ellas. **SIN** sideral. **2** De mucha importancia o de gran categoría.

DER interestelar.

estepa n. f. Gran extensión de terreno seco, llano y con escasa vegetación.

DER estepario.

estepario, -ria adj. De la estepa o que tiene relación con ella.

estera n. f. Pieza de tejido grueso, de esparto u otro material parecido, que sirve para cubrir parte del suelo.

DER esterilla.

estercolar n. m. **1** Lugar donde se recoge y fermenta el estiércol. ◆ v. tr. **2** Abonar un terreno con estiércol: *estercolar un huerto.* ◆ v. intr. **3** Expulsar un animal doméstico sus excrementos.

DER estercolero.

estercolero n. m. **1** Lugar donde se recoge y se amontona el estiércol o la basura. **2** Lugar muy sucio y maloliente: *has convertido tu habitación en un estercolero.*

estéreo adj. **1** Que se graba y reproduce por medio de dos o más canales, que se reparten los tonos agudos y graves, dando de este modo una sensación de relieve acústico. ◆ adj./ n. m. **2** [equipo, sistema] Que usa esa técnica para grabar y reproducir el sonido: *se ha comprado un equipo estéreo para el coche.*

OBS Es la forma abreviada de *estereofónico.*

estereotipo n. m. Imagen o idea aceptada

comúnmente por un grupo o por una sociedad y que tiene un carácter fijo e inmutable: *esa novela está llena de este reotipos: el malo es muy malo y el bueno es buenísimo.*

estéril adj. **1** [ser vivo] Que no puede reproducirse. **2** Que no da fruto o no produce nada: *tierras estériles.* **ANT** productivo. **3** Que no tiene bacterias ni microbios que puedan provocar una infección: *limpia la herida con una gasa estéril.* **SIN** aséptico.
DER esterilidad, esterilizar.

esterilidad n. f. **1** Propiedad de lo que es estéril y no produce. **2** Estado que impide fecundar en el caso del macho o concebir en caso de la hembra. **3** Falta o ausencia de gérmenes que puedan provocar una infección.

esterilización n. f. **1** Destrucción total de los gérmenes causantes de enfermedades que hay o puede haber en alguna cosa: *antes de volver a utilizar estos instrumentos hay que someterlos a un proceso de esterilización.* **2** Privación de la facultad de reproducción en una persona o un animal.

esterilizar v. tr. **1** Destruir los gérmenes causantes de enfermedades que hay o puede haber en alguna cosa. **SIN** desinfectar. **2** Hacer infecunda o estéril a una persona o un animal. **ANT** fertilizar.
OBS En su conjugación, la *z* se convierte en *c* delante de *e*.
DER esterilización, esterilizador.

esterilla n. f. **1** Pieza alargada de material áspero y resistente, normalmente de fibra vegetal, que se coloca en la entrada de un lugar para limpiarse la suela de los zapatos antes de pasar a su interior. **SIN** alfombrilla. **2** Pieza rectangular de material fino y flexible, generalmente de paja, que se utiliza para sentarse o tumbarse encima y no estar en contacto directo con el suelo: *no olvides las esterillas cuando vayas a la playa.*
▸ **esterilla eléctrica** Almohadilla conectada por un cable a la corriente eléctrica que produce calor y que una persona se aplica a una parte del cuerpo, generalmente con fines terapéuticos. **NOTA** También simplemente *esterilla.*

esternón n. m. Hueso plano de forma alargada y acabado en punta donde se unen los siete primeros pares de costillas: *el esternón está situado en la parte anterior del tórax.*

estética n. f. **1** Aspecto exterior de una persona o cosa desde el punto de vista de lo bello. **2** Doctrina filosófica que estudia las condiciones de lo bello en el arte y en la naturaleza.

esteticismo n. m. **1** Planteamiento ideológico que sitúa la estética y la búsqueda de la belleza absoluta como objetivo fundamental del hecho artístico. **2** Actitud de la persona que adopta ante la vida este planteamiento.

esteticista n. com. Persona que se dedica profesionalmente a cuidar y mejorar el aspecto del cuerpo humano, especialmente el del rostro.

estético, -ca adj. **1** De la estética o relacionado con esta doctrina filosófica. **2** Que tiene un aspecto bello o artístico: *decoración estética.* **3** [cirugía] Que se utiliza para embellecer el cuerpo o el rostro.
DER esteta, esteticismo; antiestético.

estetoscopio n. m. Instrumento médico que sirve para explorar los sonidos producidos por los órganos de las cavidades del pecho y del abdomen.
DER estetoscopia.

estibador, -ra n. m. y f. Persona que se dedica a cargar y descargar las mercancías de las embarcaciones y se ocupa de la adecuada distribución de los pesos.

estiércol n. m. **1** Mezcla de excremento de animal con restos vegetales en descomposición que se usa como abono: *el estiércol es un abono natural muy rico en nitrógeno.* **2** Excremento de animal.

estigma n. m. **1** Marca o señal que se hace en el cuerpo. **2** Causa de mala fama: *sus antecedentes penales fueron el estigma que le impidió prosperar.* **3** Marca o señal que aparece en el cuerpo de algunos santos y que no se debe a causas naturales: *en la palma de las manos y los pies tenía estigmas que algunas veces sangraban.* **4** BOT. Parte superior del órgano de reproducción femenino. **5** ZOOL. Cada uno de los pequeños agujeros que tienen en su tejido los insectos, los arácnidos y otros animales con respiración traqueal para que entre por ellos el aire: *los estigmas forman parte del aparato respiratorio de las arañas.*

estilarse v. prnl. Usarse, ser costumbre o estar de moda hacer o utilizar algo.

estilista n. com. **1** Persona que se dedica a cuidar el estilo y la imagen, especialmente en decoración o en las revistas de moda. **2** Autor que se distingue por su estilo elegante y cuidado.

estilística n. f. Estudio del estilo o de la expresión lingüística en general: *la estilística analiza los efectos bellos y expresivos del lenguaje.*
DER estilístico.

estilístico, -ca adj. Del estilo de hablar o escribir o que tiene relación con él.

estilizar v. tr. **1** Hacer que algo parezca más delgado de lo que es, especialmente la silueta corporal: *lleva vestidos largos y ceñidos que estilizan su figura.* **2** Representar artísticamente algo de manera que destaquen solo sus elementos característicos o los que más responden a la idea que el artista pretende transmitir.
OBS En su conjugación, la *z* se convierte en *c* delante de *e*.
DER estilización.

estilo n. m. **1** Manera característica de escribir o hablar: *este novelista tiene un estilo inimitable.* **2** Modo, manera o forma de hacer algo: *hay varios estilos de natación.* **3** Costumbre o moda: *en la foto aparece vestido al estilo de la época.* **4** Conjunto de rasgos que caracterizan a un artista, una obra o un período artístico: *estilo gótico.* **5** Personalidad y elegancia. **6** BOT. Cilindro pequeño, hueco y blando que sale del ovario de las flores: *el estilo termina en el estigma.*
▶ por el estilo Parecido: *tendrás que comprarme uno igual u otro por el estilo.*
DER estilar, estilismo, estilizar.

estima n. f. Cariño o afecto: *no me gustaría que le ocurriera nada, pues le tengo gran estima.* SIN aprecio.
DER autoestima.

estimable adj. Que merece ser apreciado o estimado.

estimación n. f. **1** Determinación del valor que se da y en que se tasa o considera algo: *se está haciendo una estimación de los daños.* SIN apreciación. **2** Afecto o consideración hacia alguien o algo.

estimar v. tr. **1** Sentir cariño o afecto por alguien. SIN apreciar. **2** Considerar o tener una opinión razonada sobre algo: *no estimé conveniente volver a intentarlo.* **3** Determinar el valor de algo: *a causa de la tormenta se estiman pérdidas.* SIN apreciar.
DER estima, estimable, estimación; desestimar, subestimar.

estimativo, -va adj. **1** Que valora o sirve para valorar. **2** Que está calculado de manera aproximada: *datos estimativos.*
DER estimación, estimatorio.

estimulante adj. **1** Que anima o incita a hacer algo o a hacerlo más rápido o mejor: *esas fotografías tan estimulantes proporcionan a la agencia de viajes muchos clientes.* ◆ adj./ n. m. **2** [sustancia] Que aviva o excita la actividad de los órganos: *el atleta fue descalificado al detectar ciertos estimulantes en su sangre.*

estimular v. tr. **1** Incitar a hacer algo o a hacerlo más rápido o mejor. ANT desanimar. **2** Poner en funcionamiento o avivar la actividad de un órgano o una función orgánica: *estimular el apetito.*

estímulo n. m. **1** Lo que mueve a actuar o realizar algo: *aquel regalo fue el estímulo que necesitaba para estudiar.* SIN acicate, aguijón, aliciente. **2** Agente o causa que provoca una reacción o una respuesta en el organismo o en una parte de él: *estímulos nerviosos.*
DER estimular.

estío n. m. Estación del año comprendida entre la primavera y el otoño. SIN verano.
DER estival.

estipular v. tr. Acordar o determinar las condiciones de un trato: *cumple lo que se estipula en el contrato.*
DER estipulación.

estirado, -da adj. [persona] Que no se presta al trato llano con los demás y se comporta con aires de superioridad.

estiramiento n. m. **1** Alargamiento o extensión, especialmente de los miembros del cuerpo para desentumecerlos. **2** Eliminación de las arrugas o los pliegues.

estirar v. tr. **1** Alargar o extender, generalmente tirando de los extremos: *la goma se estira con facilidad.* ANT encoger. **2** Poner liso o quitar los pliegues o las arrugas. **3** Gastar con moderación y prudencia para poder comprar o hacer más cosas: *por más que intento estirar el sueldo, no consigo llegar a fin de mes.* **4** Hacer más grande o más largo. ◆ v. intr./ prnl. **5** Crecer o hacerse más alto un niño: *¡hay que ver cómo ha estirado el niño!* ◆ v. prnl. **6** estirarse Extender y poner tensos los miembros para recuperar la agilidad después de haber estado quietos mucho tiempo.
DER estirado, estiramiento, estirón.

estirón n. m. **1** Movimiento con que se estira o arranca algo con fuerza. **2** Crecimiento rápido en altura de una persona, especialmente de un joven adolescente.

estirpe n. f. **1** Ascendencia de una persona, especialmente si es ilustre: *se casó con un joven* *de noble estirpe.* **SIN** abolengo, linaje. **2** Conjunto de personas que forman una familia, especialmente si es de origen noble: *todos eran miembros de la misma estirpe.*

estival adj. Del estío o verano o que tiene relación con esta estación del año. **SIN** veraniego.

esto pron. dem. Indica o señala lo que está más cerca de la persona que habla o algo conocido o que se va a decir: *¿qué es esto?* **NOTA** Nunca lleva acento gráfico.

▶ **a todo esto** Expresión que introduce en la conversación una nota al margen o que está relacionada con lo que se acaba de decir: *a todo esto, ¿me has traído lo que te pedí?* **esto es** Expresión que introduce una explicación de lo que se acaba de decir: *el día dieciocho, esto es, el martes.* **SIN** es decir.

estofa n. f. *despectivo* Clase, naturaleza o condición de una persona o un grupo de personas: *gente de baja estofa.* **SIN** ralea.

estofado n. m. Guiso que se hace cociendo en crudo y a fuego lento un alimento, generalmente carne, y condimentándolo con aceite, sal, ajo, cebolla y otras especias: *estofado de ternera con guisantes.*

estofar v. tr. Cocer un alimento, generalmente carne, en crudo y a fuego lento, y condimentarlo con aceite, sal, ajo, cebolla y diversas especies.

DER estofado.

estoicismo n. m. **1** Fortaleza y dominio sobre uno mismo, especialmente ante las desgracias y dificultades: *aunque su música le parece horrible, soportó el concierto con gran estoicismo.* **2** FILOS. Doctrina filosófica fundada por Zenón.

estoico, -ca adj. **1** Que muestra fortaleza y dominio sobre sí mismo, especialmente ante las desgracias y dificultades. **2** FILOS. Del estoicismo o que tiene relación con esta doctrina filosófica: *escuela estoica.* ◆ adj./ n. m. y f. **3** FILOS. [persona] Que sigue la doctrina filosófica del estoicismo: *los estoicos actúan de acuerdo con la naturaleza y la razón.*

DER estoicismo.

estola n. f. **1** Prenda femenina, generalmente de piel, con forma de banda larga que se pone alrededor del cuello o sobre los hombros para abrigar o adornar. **2** Banda de tela muy larga y estrecha que se pone el sacerdote alrededor del cuello dejando caer las puntas sobre el pecho. **3** Vestido masculino griego y romano parecido a la túnica, pero con una banda de tela ceñida a la cintura que caía por detrás hasta el suelo.

estomacal adj. **1** Del estómago o relacionado con este órgano: *dolor estomacal.* ◆ adj./ n. m. **2** [sustancia, medicamento] Que tonifica el estómago y favorece la digestión: *el bicarbonato se usa como estomacal.*

estómago n. m. **1** Órgano en forma de bolsa del aparato digestivo en el que se descomponen los alimentos para ser asimilados por el organismo. **2** Parte del cuerpo comprendida entre el final del pecho y el comienzo de la cintura, especialmente cuando está más abultada de lo normal: *durante las vacaciones le ha salido un poco de estómago.* **SIN** barriga, panza, tripa.

▶ **revolver el estómago** Causar una sensación de aversión o repugnancia, que puede ir acompañada de náuseas: *se le revolvió el estómago cuando hablamos de canibalismo.* **tener estómago** Tener capacidad para hacer o soportar cosas que resultan desagradables o humillantes.

DER estomagar.

estomatólogo, -ga n. m. y f. Médico especializado en el estudio y tratamiento de las enfermedades de la boca.

estonio, -nia o **estoniano, -na** adj. **1** De Estonia o relacionado con este país del nordeste de Europa. ◆ adj./ n. m. y f. **2** [persona] Que es de Estonia. ◆ n. m. **3** Lengua que se habla en Estonia: *el estonio es una lengua báltica.*

estopa n. f. Parte basta o gruesa del lino o del cáñamo que se emplea en la fabricación de cuerdas y tejidos.

estoque n. m. Espada estrecha, afilada solo en la punta, especialmente la que usan los toreros para matar al toro.

DER estacada.

estor n. m. Cortina de una sola pieza que cubre el hueco de una ventana, puerta o balcón y que se recoge verticalmente.

estorbar v. tr. **1** Molestar o ser causa de que alguien se encuentre a disgusto: *quiero que te vayas a tu casa inmediatamente y dejes de estorbar.* **2** Obstaculizar o dificultar la ejecución de una acción: *aquel camión estorba el paso de los vehículos.*

DER estorbo.

estorbo n. m. Persona o cosa que estorba: *esa mesa es un estorbo.*

estornino n. m. Pájaro de unos 22 cm, de cabeza pequeña y pico amarillento, plumaje negro con reflejos verdes y morados y pintas blancas.
OBS Para indicar el sexo se usa *el estornino macho* y *el estornino hembra*.

estornudar v. intr. Expulsar de forma violenta y ruidosa por la nariz y la boca el aire de los pulmones en un movimiento involuntario y brusco del diafragma.
DER estornudo.

estornudo n. m. Expulsión violenta y ruidosa por la nariz y la boca del aire de los pulmones mediante un movimiento involuntario y repentino del diafragma.

estrabismo n. m. MED. Disposición anómala de los ojos, en que los dos ejes visuales no se dirigen simultáneamente al mismo objeto o al mismo punto.

estrado n. m. Tarima o suelo de tablas elevado sobre un armazón que se usa para poner sobre él un trono o la mesa principal de un acto solemne.

estrafalario, -ria adj./n. m. y f. [persona] Que llama la atención por vestir de manera original y ridícula o por tener una forma de pensar de manera extraña: *solamente a un estrafalario se le ocurriría llevar botas de goma a una fiesta.* SIN estrambótico, extravagante.

estrago n. m. **1** Daño o destrucción producida por una acción natural o por una guerra: *la epidemia de cólera causó grandes estragos entre la población infantil.* **2** Daño o destrucción moral: *las malas compañías hicieron estragos en su comportamiento.*
OBS Se usa sobre todo en plural.

estrambótico, -ca adj. Que es raro u original a la vez que caprichoso y ridículo. SIN estrafalario, extravagante.

estrangular v. tr. **1** Ahogar a una persona o animal oprimiéndolo por el cuello hasta impedirle la respiración. **2** Impedir o dificultar el paso por una vía o conducto: *algún cuerpo extraño debe estrangular las tuberías, pues no cae agua por el grifo.* **3** MED. Detener la circulación sanguínea de una parte del cuerpo presionando o con una ligadura.
DER estrangulación, estrangulamiento.

estratagema n. f. Medio que se emplea con habilidad y astucia para conseguir algo, especialmente para engañar o evitar un engaño: *no sabía qué estratagema utilizar para ir al cine.* SIN ardid, artimaña.

estratega n. com. Persona experta o entendida en estrategia.

estrategia n. f. **1** Arte de proyectar y dirigir las operaciones militares en la guerra: *los ejércitos aliados siguieron la misma estrategia tras el desembarco.* SIN táctica. **2** Modo o sistema de dirigir un asunto para lograr un fin. SIN táctica.
DER estratagema, estratega, estratégico.

estratégico, -ca adj. **1** De la estrategia o que tiene relación con ella: *tengo un plan estratégico para que nos inviten a la fiesta.* **2** [lugar] Que es clave o tiene una importancia decisiva para el desarrollo de algo.

estratificación n. f. Disposición en estratos o en capas.

estratificar v. tr. Disponer en estratos o en capas: *las diferencias económicas estratifican la sociedad.*
OBS En su conjugación, la *c* se convierte en *qu* delante de *e*.
DER estratificación.

estrato n. m. **1** Capa mineral uniforme, paralela y superpuesta a otras que forma los terrenos sedimentarios: *en este dibujo se distinguen los estratos de la Tierra.* **2** Capa o serie de capas, como las de un tejido orgánico o las de un yacimiento arqueológico. **3** Nube baja que tiene forma de banda paralela al horizonte: *los estratos tienen forma alargada.* **4** Capa o nivel de la sociedad: *los impuestos más elevados deben recaer sobre los estratos sociales más altos.* **5** Conjunto de elementos que, con determinados caracteres comunes, se ha integrado con otros conjuntos previos o posteriores para formar un producto histórico: *la cantidad de préstamos del árabe son ejemplo de uno de los estratos de la lengua española.*
DER estratificar, estratigrafía, estratosfera; adstrato, nimboestratos, substrato, superestrato, sustrato.

estratosfera n. f. Zona superior de la atmósfera situada entre los diez y los cincuenta kilómetros de altura: *la estratosfera contiene una capa de ozono.*

estratosférico, -ca adj. **1** De la estratosfera o relacionado con esta zona de la atmósfera. **2** Que puede mantenerse en la estratosfera: *un globo estratosférico de un programa meteorológico lanzado para estudiar las capas de la atmósfera y medir temperatura y presión.* **3** Que resulta excesivamente elevado: *precios estratosféricos.*

a b c d e f g h i j k l m n ñ o p q r s t u v w x y z

estrechamiento n. m. **1** Reducción o disminución de la anchura: *tras el primer puente encontrarás un estrechamiento de la carretera.* **2** Profundización o intensificación de una relación. **3** Apretón con los brazos o las manos en señal de saludo o afecto.

estrechar v. tr. **1** Reducir o disminuir la anchura: *estrechar una falda.* **ANT** ensanchar. **2** Hacer más cercana e íntima una relación o aumentar su intensidad: *los países vecinos procuran estrechar sus relaciones.* **3** Apretar o coger con fuerza con los brazos o las manos en señal de saludo o afecto: *me estrechó entre sus brazos.* ◆ v. prnl. **4 estrecharse** Apretarse o juntarse mucho para que quepa más en el mismo espacio: *estrecharse para caber todos.*
DER estrechamiento.

estrechez n. f. **1** Característica de las cosas que no son lo suficientemente anchas. **SIN** estrechura. **2** Escasez de dinero: *pasan estrecheces para llegar a fin de mes.* **NOTA** Se suele usar en plural.

estrecho, -cha adj. **1** Que es delgado o poco ancho: *una calle estrecha.* **SIN** angosto. **ANT** ancho. **2** Que aprieta o es demasiado ajustado: *este vestido me queda estrecho.* **3** Que es rígido o estricto: *estará sometido a una estrecha vigilancia.* **4** [relación] Que es muy intenso y mantiene unos vínculos muy fuertes: *trabaja en estrecha colaboración con su amigo.* ◆ adj./n. m. y f. **5** [persona] Que tiene ideas muy conservadoras en relación con el sexo o que está reprimido sexualmente: *no es que sea un estrecho, solo es muy tímido.* **NOTA** Se usa con sentido despectivo. ◆ n. m. **6** Parte de mar poco ancha que separa dos costas próximas y comunica dos mares.
DER estrechar, estrechez, estrechura.

estrechura n. f. Estrechez de un espacio.
OBS Se usa frecuentemente en plural.

estrella n. f. **1** Astro o cuerpo celeste que brilla con luz propia en el firmamento: *se ha comprado un telescopio para mirar las estrellas por la noche.* **estrella fugaz** Estrella que aparece de pronto moviéndose muy rápido y que desaparece en seguida: *cuando veas una estrella fugaz, formula un deseo.* **Estrella Polar** Estrella que está en el extremo de la Osa Menor y señala el norte. **2** Figura que consiste en varias líneas que parten de un centro común y que pueden formar picos entre sí: *el niño dibujó una estrella y una Luna.* **3** Objeto con esa forma: *sopa de estrellas.* **4** Signo de esa forma que sirve para indicar una categoría: *hotel de cinco estrellas.* **5** Signo de esa forma que indica la graduación de jefes y oficiales del ejército: *un capitán lleva tres estrellas de seis puntas.* **6** Persona que destaca en una profesión o que es muy popular, especialmente en un deporte o en el arte: *a la fiesta acudieron varias estrellas de cine.* **SIN** astro, figura. **7** Suerte o destino: *siempre he tenido buena estrella.*
▶ **estrella de mar** Animal marino con forma de estrella, con cinco brazos de simetría radial, el cuerpo plano y un esqueleto exterior calizo. **unos nacen con estrella y otros nacen estrellados** Expresión que indica que unas personas tienen más suerte que otras. **ver las estrellas** Sentir un dolor muy fuerte y vivo: *no fue un golpe grande, pero vi las estrellas.*

estrellado, -da adj. **1** Con forma de estrella. **2** Lleno de estrellas: *cielo estrellado.*

estrellar v. tr. **1** Lanzar con violencia un objeto contra otro objeto o una superficie firme y hacerlo pedazos. **SIN** estampar. ◆ v. prnl. **2 estrellarse** Chocar con violencia contra un objeto o una superficie: *se ha estrellado un avión.* **3** Fracasar en un intento al tropezar con dificultades insuperables. **4** Llenarse o cubrirse de estrellas el cielo.

estremecedor, -ra adj. Que hace temblar o causa alteración en el ánimo: *un frío estremecedor.*

estremecer v. tr. **1** Hacer temblar: *el terremoto estremeció la ciudad.* **2** Impresionar o causar una alteración en el ánimo: *me estremecí al oír el aullido de un lobo.* **SIN** sobresaltar.
OBS En su conjugación, la *c* se convierte en *zc* delante de *a* y *o*, como en *agradecer*.
DER estremecedor, estremecimiento.

estremecimiento n. m. **1** Temblor o movimiento con sacudidas breves, rápidas y frecuentes. **2** Alteración del ánimo: *aquella catástrofe causó un gran estremecimiento en todo el país.*

estrenar v. tr. **1** Usar por primera vez: *ya veo que estrenas zapatos.* **2** Representar o presentar por primera vez ante el público un espectáculo: *esta semana estrena su nueva película.* ◆ v. prnl. **3 estrenarse** Empezar a desempeñar un trabajo o darse a conocer por vez primera en una profesión.
DER estreno; reestrenar.

estreno n. m. **1** Uso de algo por primera vez. **2** Representación o presentación de un espectáculo por primera vez ante el público: *muchos de los actores asistían al estreno de la película.*

estreñimiento n. m. Alteración del intestino que provoca la retención de los excrementos y hace difícil su expulsión. **ANT** diarrea.

estreñir v. tr./ intr./ prnl. Producir o padecer estreñimiento: *dile que se tome este medicamento, evitará que se estriña.*
OBS En su conjugación, la *i* de la desinencia se pierde absorbida por la *ñ* y la *e* se convierte en *i* en algunos tiempos y personas, como en *ceñir.*
DER estreñido, estreñimiento; constreñir.

estrépito n. m. Ruido muy grande. **SIN** estruendo, fragor.
DER estrepitoso.

estrepitoso, -sa adj. **1** Que causa estrépito. **2** Muy ostensible o espectacular: *un fracaso estrepitoso.*

estrés n. m. Estado de gran tensión nerviosa, generalmente causado por un exceso de trabajo, que suele provocar diversos trastornos físicos y mentales.
OBS El plural es *estreses.*
DER estresar.

estresar v. tr./ intr. **1** Producir estrés. **2 estresarse** ◆ v. prnl. Sufrir estrés: *el trabajo acabará estresándote.*
DER estresante.

estribación n. f. Conjunto de montañas laterales que derivan de una cordillera: *en esta comarca se encuentran las estribaciones del Sistema Central.*
OBS Se usa más en plural.

estribar v. intr. Fundarse o apoyarse: *el éxito que tiene estriba en su buena voluntad.* **SIN** residir.
OBS Se construye seguido de la preposición *en.*
DER estribación.

estribillo n. m. **1** Conjunto de palabras o versos que se repite al final de cada estrofa de un poema o canción. **2** Palabra o frase que se repite, por vicio, muchas veces al hablar o escribir.

estribo n. m. **1** Pieza de metal que cuelga a cada lado de la silla de montar y en la que el jinete apoya los pies: *el jinete puso el pie en el estribo y subió al caballo.* **2** Pieza que a modo de escalón sirve para subir o bajar de ciertos vehículos. **3** ANAT. Hueso del oído medio de los vertebrados. **4** ARQ. Construcción vertical que se levanta pegada al muro de un edificio para hacerlo más resistente a la carga que debe soportar. **SIN** contrafuerte.
▶ **perder los estribos** Enfadarse y perder la serenidad o la paciencia.
DER estribar, estribillo.

estribor n. m. MAR. Lado derecho de una embarcación, mirando desde la parte trasera, o popa, hacia la delantera, o proa: *vimos tierra a estribor.* **ANT** babor.

estricto, -ta adj. Que se ajusta con exactitud a lo necesario o a lo establecido y que no admite excepciones ni permite otra interpretación: *las reglas establecidas son muy estrictas.*
SIN rígido, riguroso.
DER estrictamente.

estridencia n. f. **1** Sonido agudo, fuerte y desapacible. **2** Violencia al actuar o al expresarse.

estridente adj. **1** [sonido] Que es agudo, fuerte y desapacible: *música estridente.* **2** Que causa una sensación molesta por su exageración o contraste violento: *lleva una corbata de colores estridentes.*
DER estridencia.

estriptis o **estriptís** n. m. Espectáculo de variedades en el que el artista se va quitando la ropa poco a poco y de forma sugestiva al ritmo de la música, hasta quedarse desnudo.
OBS También se escribe *striptease.*

estrofa n. f. Combinación fija de versos que forma parte de un poema: *un poema de seis estrofas.*
DER estrófico; antiestrofa.

estrófico, -ca adj. **1** De la estrofa o relacionado con esta combinación de versos: *unidad estrófica.* **2** [poema] Que está dividido en estrofas.

estrógeno n. m. Hormona sexual femenina que interviene en la aparición de los caracteres sexuales secundarios.

estropajo n. m. **1** Trozo de un tejido o de otro material generalmente ásperos que se usa para fregar. **2** Planta cuyo fruto, una vez seco, se usa para el aseo: *las esponjas vegetales se sacan del estropajo.*
DER estropajoso.

estropear v. tr. **1** Deteriorar, hacer perder la calidad o el valor: *la carne se ha estropeado.* **SIN** romper. **ANT** arreglar. **2** Echar a perder una situación, un asunto o un proyecto: *la lluvia estropeó la inauguración del estadio.* **SIN** arruinar, malograr.
DER estropicio.

estructura n. f. **1** Modo de estar organizadas u ordenadas las partes de un todo: *la estructura de una organización.* **2** Conjunto de piezas o elementos que sirve de soporte y esqueleto de algo: *la estructura de un edificio.* **SIN** armadura, armazón.

DER estructural; infraestructura, superestructura.

estructuración n. f. Organización u ordenación de las parte de un todo: *la dimisión de los dos ministros ha obligado a una nueva estructuración del gobierno.*

estructurador, -ra adj. Que sirve para estructurar o dar estructura a algo: *el interlineado desempeña también una función estructuradora cuando con él aislamos ciertos párrafos e ideas.*

estructural adj. **1** De la estructura o relacionado con ella: *función estructural.* **2** Que realiza un análisis o estudio de una cosa considerándola una estructura o un conjunto de estructuras susceptibles de formalización: *antropología estructural.*

DER estructuralismo.

estructuralismo n. m. **1** filos. Doctrina filosófica que trata de establecer relaciones sistemáticas entre los elementos que estudia: el estructuralismo comenzó a desarrollarse en el siglo XIX. **2** GRAM. Escuela lingüística que considera la lengua como una estructura o un sistema de relaciones y establece los principios de forma y función para delimitar y clasificar las unidades de la lengua: *el estructuralismo lingüístico nació a principios del siglo* XX *con Saussure, entre otros, como precursor.*

DER estructuralista.

estructurar v. tr. Organizar u ordenar las partes de un todo. **ANT** desorganizar.

DER estructuración, estructurado; reestructurar.

estruendo n. m. **1** Ruido muy grande. **SIN** estrépito, fragor. **2** Jaleo, confusión o desorden formado por mucha gente gritando y moviéndose.

DER estruendoso.

estrujar v. tr. **1** Retorcer o apretar con fuerza algo que tiene líquido para sacárselo: *estruja un poco de limón sobre el pescado.* **SIN** exprimir. **2** Apretar hasta deformar o arrugar: *estrujó el papel entre sus manos.* **3** Apretar con fuerza a una persona. **4** Sacar todo el partido posible de alguien o de algo: *por más que te estrujes la cabeza no darás con la solución.* **SIN** exprimir.

DER estrujón.

estuario n. m. Desembocadura de un río caudaloso en el mar caracterizada por tener la forma de un embudo cuyos lados van apartándose en el sentido de la corriente y por la influencia de las mareas en la unión de las aguas fluviales con las marítimas.

estucar v. tr. **1** Cubrir una superficie con estuco. **2** Colocar sobre un muro o columna las piezas de estuco previamente moldeadas y desecadas.

OBS En su conjugación, la *c* se convierte en *qu* delante de *e*.

estuchar v. tr. Recubrir con un estuche de papel u otra materia un producto industrial, como los terrones de azúcar.

estuche n. m. Caja o envoltura adecuada para guardar o proteger un objeto determinado o un juego de ellos: *un estuche de lápices.*

DER estuchar.

estuco n. m. **1** Masa de yeso blanco y agua de cola que se emplea para enlucir paredes interiores, hacer molduras y reproducciones de figuras o de relieves: *el estuco ya está dado y ahora solo queda pintar.* **SIN** escayola. **2** Masa de cal apagada y polvo de mármol con que se hace un enlucido al que se da lustre después con cera o aguarrás.

DER estucar.

estudiante n. com. Persona que cursa estudios en un centro docente.

DER estudiantado, estudiantil, estudiantina.

estudiantil adj. De los estudiantes o relacionado con ellos.

estudiar v. tr. **1** Poner en funcionamiento el entendimiento para investigar, comprender y aprender: *no voy a salir, pues tengo que estudiar.* **2** Pensar y considerar algo con atención y cuidado: *cuando se decida a comprarlo, ya estudiaremos la forma de pago.* ◆ v. tr./ intr. **3** Cursar estudios en un centro de enseñanza.

OBS En su conjugación, la *i* es átona, como en *cambiar.*

DER estudiado, estudiante, estudio.

estudio n. m. **1** Ejercicio o esfuerzo del entendimiento para comprender o aprender algo, especialmente una ciencia o un arte: *dedica casi dos horas al día al estudio del alemán.* **2** Obra o trabajo en el que se estudia un asunto o cuestión, o se explica y se reflexiona sobre él. **3** Habitación de una casa que se usa para estudiar o trabajar. **4** Lugar de trabajo de una persona que se dedica al arte o a la ciencia. **5** Lugar donde se graban películas, emisiones de radio y televisión, discos u otras cosas. **6** Apartamento de pequeñas dimensiones, generalmente compuesto de una pieza principal, una pequeña cocina y un cuarto

de baño. **7** MÚS. Composición musical escrita para practicar y aprender una técnica difícil. **8** PINT. Dibujo o pintura que se hace como prueba o modelo antes de iniciar la obra definitiva: *se conservan algunos estudios previos del Guernica de Picasso.* ◆ n. m. pl. **9 estudios** Conjunto de materias que se estudian para conseguir un título. **10** Actividad de estudiar para conseguir un título: *se pagó los estudios trabajando como camarero en verano.*
DER estudioso.

estudioso, -sa adj. **1** [persona] Que estudia mucho. ◆ adj./ n. m. y f. **2** [persona] Que se dedica al estudio de un tema o materia y tiene un conocimiento extenso y profundo sobre ello.

estufa n. f. Aparato para calentar un recinto quemando en él un combustible o mediante la energía eléctrica.

estupefacción n. f. Admiración o sorpresa tan grande que deja parado y sin saber qué hacer o decir a quien la siente: *reaccionó con estupefacción cuando le dieron el premio porque no se lo esperaba en absoluto.*

estupefacto, -ta adj. [persona] Que queda asombrada, sin respuesta o reacción, ante una sorpresa. SIN patidifuso, patitieso.
DER estupefacción, estupefaciente.

estupendo, -da adj. **1** Que destaca o llama la atención por sus buenas cualidades. SIN excelente, magnífico. ANT pésimo. ◆ adv. **2 estupendo** Muy bien: *lo pasamos estupendo en la fiesta de ayer.*

estupidez n. f. **1** Dificultad y gran lentitud para comprender las cosas: *ofrece constantes muestras de su estupidez.* SIN imbecilidad. **2** Obra o dicho propios de una persona estúpida. SIN imbecilidad.

estúpido, -da adj. **1** Propio de la persona que es torpe o que le falta inteligencia. ◆ adj./ n. m. y f. **2** [persona] Que es torpe o carece de inteligencia: *pareces estúpido cuando actúas con tan poco sentido común.* SIN tonto. **3** [persona] Que molesta o disgusta por su falta de discreción u oportunidad.
OBS Se usa como insulto.
DER estupidez.

estupor n. m. **1** Admiración o asombro extremados que impide hablar o reaccionar: *empezó a desnudarse en medio del estupor de los presentes.* **2** Disminución de la actividad de las funciones mentales, así como de la capacidad de respuesta a los estímulos.

eta n. f. Séptima letra del alfabeto griego: *la eta equivale a la e larga.*

etanol n. m. QUÍM. Estimulante que se forma con la fermentación de la glucosa mediante bacterias: *el etanol es el ingrediente principal de las bebidas alcohólicas.* SIN alcohol etílico.

etapa n. f. **1** Momento, período o estado que forma parte de una serie o de un proceso: *la infancia y la vejez son dos etapas de la vida.* SIN estadio, fase. **2** Trayecto o distancia que se recorre entre dos puntos, especialmente la que se recorre de una sola vez en determinadas pruebas deportivas: *hicimos el viaje en dos etapas.*

etc. Abreviatura de *etcétera*: *patos, loros, etc.*

etcétera n. m. Expresión que se usa para sustituir la parte final de una enumeración y evitar seguir detallándola por ser muy larga o por sobrentenderse lo que sigue con facilidad: *«etcétera» también se usa en su forma abreviada, «etc».*

éter n. m. Compuesto químico orgánico, sólido, líquido o gaseoso, en cuya molécula existe un átomo de oxígeno unido a dos radicales de hidrocarburos: *hay una variedad del éter que se usa como anestésico.*
DER etano, etéreo, etilo.

etéreo, -a adj. **1** *formal* Que es poco consistente o concreto. **2** QUÍM. Del éter o que tiene relación con él.

eternidad n. f. **1** Espacio de tiempo sin principio ni fin: *nada material dura hasta la eternidad.* **2** Vida del alma después de la muerte en determinadas religiones. **3** Espacio de tiempo muy largo.

eternizar v. tr. **1** Hacer durar demasiado tiempo: *la conferencia de prensa empieza a eternizarse.* **2** Hacer durar para siempre. ◆ prnl. **3 eternizarse** Tardar mucho tiempo en hacer una cosa: *se eterniza arreglándose.*
OBS En su conjugación, la *z* se convierte en *c* delante de *e*.

eterno, -na adj. **1** Que no tiene principio ni fin: *para los católicos Dios es eterno.* **2** Que permanece y mantiene su calidad o estado siempre: *juró que su amor sería eterno.* SIN infinito, perenne. **3** Que se repite de manera frecuente y con insistencia. **4** Que dura demasiado tiempo.
DER eternidad, eternizar.

ética n. f. **1** Parte de la filosofía que estudia la moral y el comportamiento humano en cuanto al bien y el mal: *Aristóteles es el fundador de* *la ética.* **2** Conjunto de reglas morales que dirigen el comportamiento del hombre, en general o en un campo específico: *su ética profesional le impide contarnos más cosas.* SIN moral.

ético, -ca adj. **1** De la ética o que tiene relación con esta parte de la filosofía. **2** Que se ajusta al conjunto de reglas que dirigen el comportamiento del hombre.
DER ética.

etílico, -ca adj. QUÍM. Del etanol o que tiene relación con esta sustancia química. SIN alcohólico.

étimo n. m. GRAM. Palabra o raíz de la que procede o deriva una palabra: *el vocablo latino «oculum» es el étimo de «ojo».*
DER etimología.

etimología n. f. **1** GRAM. Origen de las palabras y explicación de su significado y su forma. **2** GRAM. Disciplina que estudia el origen de las palabras.
DER etimológico, etimólogo.

etimológico, -ca adj. GRAM. De la etimología o que tiene relación con esta disciplina: *diccionario etimológico.*

etíope adj. **1** De Etiopía, o que tiene relación con este país del noreste de África. ◆ adj./ n. com. **2** [persona] Que ha nacido en Etiopía.

etiqueta n. f. **1** Trozo de papel, cartón u otro material parecido que se pega a una cosa para dar información sobre ella: *creo que el precio lo han puesto en la etiqueta.* **2** Calificación que recibe una persona y por la que se identifica o caracteriza: *en cuanto entró a trabajar le colgaron la etiqueta de pelota.* **3** Ceremonial o conjunto de reglas y formalidades que se siguen en actos oficiales y solemnes, o en sociedad: *si me tratas con tanta etiqueta, muestras cierta falta de confianza entre nosotros.* **4** INFORM.En un programa informático, conjunto de caracteres que sirven para identificar instrucciones o datos. **5** INFORM.Conjunto de caracteres precedidos por una almohadilla (#) que sirve para identificar o etiquetar un mensaje en las webs de microblogs.
▶ de etiqueta **a.** Expresión que se aplica al tipo de ropa adecuada para una ocasión solemne: *traje de etiqueta.* **b.** Expresión que se aplica al acto, fiesta o reunión solemne que exige llevar una ropa adecuada.
DER etiquetar, etiquetero.

etiquetado n. m. **1** Acción que consiste en etiquetar algo o en colocar una etiqueta a una cosa: *los productos derivados del cacao tendrán una nueva reglamentación sobre su envasado, etiquetado y rotulación para que los usuarios tengan una información más clara sobre ellos.* SIN etiquetaje. **2** Etiqueta de un producto: *se deben consultar las indicaciones que la mayoría de los vinos traen en su etiquetado.*

etiquetar v. tr. **1** Colocar la etiqueta a una cosa. **2** Poner una etiqueta o calificativo a alguien de manera que lo identifique o lo caracterice.

etnia n. f. Grupo de personas que pertenecen a la misma raza y que comparten un origen, lengua, religión y cultura propios.
DER étnico.

étnico, -ca adj. De la etnia o relacionado con ella: *grupos étnicos; estudio étnico.*

etnografía n. f. Ciencia que estudia y describe las razas y los pueblos.
DER etnográfico.

etrusco, -ca adj. **1** De Etruria o relacionado con esta antigua región del noroeste de Italia: *arte etrusco.* ◆ adj./ n. m. y f. **2** [persona] Que era de Etruria. ◆ n. m. **3** Lengua hablada por los antiguos habitantes de esta región del noroeste de Italia.

eucalipto n. m. **1** Árbol originario de Australia de gran altura y rápido crecimiento, con el tronco recto y la copa en forma de cono, las hojas duras y olorosas y las flores amarillas: *las hojas del eucalipto contienen esencias balsámicas.* **2** Madera de ese árbol. **3** Olor y sabor que se obtiene de las hojas de ese árbol.

eucaristía n. f. **1** Sacramento de la Iglesia católica mediante el cual el pan y el vino se convierten en el cuerpo y la sangre de Cristo por las palabras que el sacerdote pronuncia en la consagración. **2** Ceremonia católica en la que se celebra el sacrificio del cuerpo y la sangre de Cristo bajo las especies de pan y vino y en la que se da y recibe el sacramento de la comunión: *la eucaristía es la principal celebración religiosa de la Iglesia católica.* SIN misa.

eucarístico, -ca adj. De la eucaristía o que tiene relación con ella: *sacramento eucarístico.*

eufemismo n. m. GRAM. Palabra o expresión más suave o decorosa con que se sustituye otra considerada de mal gusto, grosera o demasiado franca. ANT tabú.
DER eufemístico.

euforia n. f. Sensación intensa de alegría o de bienestar, generalmente exteriorizada.
DER eufórico.

euro n. m. Unidad monetaria europea formada por una combinación de las distintas monedas nacionales de los países que constituyen la Unión Europea.

euro- Elemento prefijal que entra en la formación de palabras con el valor de 'europeo': *eurocomunismo.*

eurodiputado, -da n. m. y f. Diputado del parlamento europeo.

europarlamentario, -ria adj. **1** Del parlamento europeo o que está relacionado con él. ◆ n. m. y f. **2** Miembro del parlamento europeo: *europarlamentario socialista.*

europeísmo n. m. Movimiento político que propugna la unificación entre todos los países de Europa. SIN paneuropeísmo.

europeísta adj. **1** Del europeísmo o que tiene relación con él: *política europeísta.* ◆ adj./ n. com. **2** [persona] Que es partidario del europeísmo.

europeización n. f. **1** Acción de europeizar o europeizarse: *en los escritores del 98, el amor a España se combinó con un anhelo de europeización muy vivo en su juventud.* **2** Efecto de europeizar o europeizarse.

europeizar v. tr./ prnl. Dar o adquirir el carácter, las costumbres y la cultura europeos.
OBS En su conjugación, la *i* se acentúa en algunos tiempos y personas y la *z* se convierte en *c* delante de *e*, como en *homogeneizar.*

europeo, -a adj. **1** De Europa o relacionado con este continente. ◆ adj./ n. m. y f. **2** [persona] Que es de un país de Europa.
DER europeidad, europeísmo, europeísta, europeizar, europio.

euskera o **eusquera** n. m. **1** Lengua que se habla en las comunidades autónomas del País Vasco y Navarra y en el territorio vascofrancés. SIN vasco, vascuence. ◆ adj. **2** De la lengua vasca o relacionado con ella.

eutanasia n. f. Provocación de la muerte a un enfermo incurable para poner fin a sus sufrimientos: *la eutanasia es una práctica prohibida en la mayoría de los países.*

evacuar v. tr. **1** Obligar a salir o sacar de un lugar a una persona: *evacuaron la discoteca por un incendio en los baños.* SIN desalojar. **2** Dejar vacío un lugar. SIN desalojar. ◆ v. intr. **3** Expulsar los excrementos del organismo. SIN cagar, defecar, deponer.
OBS En su conjugación, la *u* es átona, como en *adecuar.*
DER evacuación, evacuatorio.

evadir v. tr. **1** Evitar con habilidad y astucia una dificultad, un compromiso o un peligro: *evadir la respuesta.* **2** Sacar ilegalmente del país dinero u otros bienes. ◆ v. prnl. **3 evadirse** Salir precipitadamente de un lugar cerrado, especialmente si es de manera oculta. SIN escapar, fugarse, huir. **4** Distraer o apartar la atención de un asunto o una situación: *se fue una semana de vacaciones para evadirse de sus preocupaciones.*
DER evasión, evasiva, evasivo, evasor.

evaluación n. f. **1** Determinación del valor, la importancia o la trascendencia de una cosa: *se ha hecho una primera evaluación de los daños causados por las últimas lluvias.* **2** Valoración de los conocimientos, la actitud y el rendimiento de un alumno.

evaluar v. tr. **1** Determinar el valor, la importancia o la trascendencia de una cosa. **2** Valorar los conocimientos, la actitud o el rendimiento de un alumno: *el profesor evalúa a sus alumnos cada trimestre.*
OBS En su conjugación, la *u* se acentúa en algunos tiempos y personas, como en *actuar.*
DER evaluación.

evangélico, -ca adj. **1** De la historia de la vida de Jesús y de los primeros cristianos, escrita por san Mateo, san Marcos, san Lucas y san Juan. **2** De una doctrina religiosa cristiana que tuvo su origen en las ideas del religioso alemán Lutero en el siglo XVI. SIN protestante.

evangelio n. m. **1** Historia de la vida, doctrina y milagros de Jesucristo contenida en los cuatros relatos escritos por san Mateo, san Marcos, san Lucas y san Juan. **2** Libro que recoge la vida y doctrina de Jesús y que forma parte del Nuevo Testamento. **3** Religión cristiana: *predicar el evangelio.* **4** Verdad que no admite discusión: *si lo ha dicho mi padre, para mí es el evangelio.*
DER evangélico, evangelista, evangelizar.

evangelista n. m. Autor de uno de los cuatro evangelios: *los evangelistas son san Mateo, san Marcos, san Lucas y san Juan.*

evangelizar v. tr. Predicar o dar a conocer la doctrina cristiana: *los misioneros fueron a evangelizar a los indígenas.*
OBS En su conjugación, la *z* se convierte en *c* delante de *e.*
DER evangelización.

evaporación n. f. Cambio de un líquido o un sólido al estado gaseoso.

evaporar v. tr. **1** Convertir un líquido o un sólido en gas: *hace tanto calor, que el agua de la charca se ha evaporado.* ◆ v. prnl. **2 evaporarse** Desaparecer con rapidez: *su fortuna se evaporó en unos meses; siempre que hay trabajo se evapora.* **SIN** esfumarse.
DER evaporación.

evasión n. f. **1** Salida precipitada de un lugar cerrado, especialmente si se hace de manera oculta. **SIN** escapada, fuga, huida. **2** Rechazo con habilidad y astucia de una dificultad.
▶ **evasión de capital** Transferencia ilegal de bienes, especialmente de dinero, a un país extranjero. **de evasión** Expresión que se aplica a la narración o película cuya única finalidad es la de divertir o entretener: *las películas de evasión ayudan a olvidarse de los problemas.*

evasiva n. f. Salida o recurso para escapar de una dificultad, un compromiso o un peligro: *no admitiré más evasivas, quiero saberlo todo.*
OBS Se usa normalmente en plural.

evasivo, -va adj. Que trata de evitar una dificultad, un compromiso o un peligro: *medios evasivos.*

evento n. m. Acontecimiento, especialmente si es de cierta importancia.
DER eventual.

eventual adj. **1** Que no es fijo ni regular o que está sujeto a las circunstancias: *contrato eventual.* ◆ adj./n. com. **2** [trabajador] Que no forma parte de la plantilla de la empresa y presta sus servicios temporalmente: *la mitad de los trabajadores son eventuales.*
DER eventualidad.

eventualidad n. f. **1** Inseguridad o dependencia de las circunstancias que presenta alguna cosa: *la eventualidad de mi situación económica no me permite hacer grandes inversiones.* **2** Cosa que puede suceder o no suceder, especialmente un problema que se plantea de manera no prevista. **SIN** contingencia, imprevisto.

evidencia n. f. Certeza absoluta tan clara y manifiesta que no admite duda: *ante la evidencia de las pruebas, el acusado confesó su delito.*
▶ **en evidencia** En ridículo o en una situación comprometida: *al desmentir mis respuestas me has puesto en evidencia delante de todos.*
OBS Se usa con verbos como *poner* o *quedar.*
DER evidenciar, evidente.

evidenciar v. tr. Probar o mostrar que una cosa es tan clara y manifiesta que no admite duda.
OBS En su conjugación, la *i* es átona, como en *cambiar.*

evidente adj. Que es tan claro y manifiesto que no se puede negar o poner en duda: *es evidente que no estaban a gusto, pues se fueron nada más llegar.*
DER evidentemente.

evitable adj. Que puede o debe evitarse: *galicismos evitables; algunas lesiones son perfectamente evitables solo con seguir una serie de normas.*

evitar v. tr. **1** Impedir que algo tenga lugar, especialmente un peligro, una obligación o un problema. **2** Procurar no hacer una cosa: *evitaré hacerle preguntas comprometidas.* **3** Procurar no encontrarse o tratar a una persona: *intenta evitar a Enrique.*
DER inevitable.

evocación n. f. Representación en la memoria o en el pensamiento de algo o de alguien: *el orador comenzó haciendo una evocación de los tiempos pasados.*

evocador, -ra adj. Que trae a la memoria o al pensamiento.

evocar v. tr. **1** Recordar o traer a la memoria o al pensamiento. **SIN** rememorar. **ANT** olvidar. **2** Recordar una cosa a otra por su relación o parecido.
OBS En su conjugación, la *c* se convierte en *qu* delante de *e.*
DER evocación, evocador.

evolución n. f. **1** Cambio o transformación gradual, especialmente de las ideas, las teorías, la conducta o la actitud: *hizo un trabajo sobre la evolución social experimentada en los últimos años.* **ANT** involución. **2** Desarrollo de las cosas o de los organismos por medio del cual pasan de un estado a otro. **ANT** involución. **3** Movimiento de una persona, animal o cosa que se desplaza de un lugar a otro, especialmente cuando lo hace describiendo curvas: *todos pudieron contemplar las evoluciones de una escuadrilla de aviones.* **NOTA** Se usa más en plural.
DER evolucionar, evolucionismo, evolutivo.

evolucionar v. intr. **1** Cambiar o transformarse gradualmente, especialmente las teorías o la conducta. **2** Desarrollarse las cosas o los organismos pasando de un estado a otro: *los heridos evolucionan favorablemente.* **3** Desplazarse de un lugar a otro, especialmente haciendo curvas.

evolucionismo n. m. Teoría que sostiene

que todos los seres vivos actuales proceden, por evolución y a través de cambios más o menos lentos a lo largo de los tiempos geológicos, de antecesores comunes: *Darwin expuso sus ideas sobre el evolucionismo.*
DER evolucionista.

evolutivo, -va adj. Que ocurre o se hace por evolución: *proceso evolutivo.*

ex- Prefijo que entra en la formación de palabras con el significado de: **a.** 'Fuera', 'más allá': *extender, excéntrico.* **b.** 'Pérdida de la dignidad, el cargo o la condición expresados por el sustantivo al que antecede': *exministro, exalumno.*

exacerbar v. tr. **1** Causar un enfado muy grande y violento. SIN crispar, exasperar, irritar. **2** Hacer más fuerte un sentimiento o dolor: *tu comportamiento exacerba mi mal genio.*

exactitud n. f. Fidelidad, precisión o completo ajuste con otra cosa: *necesito saber con toda exactitud cómo funciona esto.* ANT imprecisión.

exacto, -ta adj. **1** Que es fiel o preciso o que se ajusta en todo a otra cosa. ANT impreciso, inexacto. ◆ adv. **2** exacto Indica la verdad de lo que se ha dicho: *¿Es este el botón de encendido? Exacto, ese es.*
DER exactamente, exactitud.

exageración n. f. **1** Aumento desmedido de la intensidad, gravedad o importancia de una cosa: *la exageración de tu relato convierte esta historia ligera en una tragedia.* **2** Obra o dicho excesivo o que traspasa los límites de lo razonable.

exagerado, -da adj. **1** Que es excesivo o que traspasa los límites de lo razonable. ◆ adj./ n. m. y f. **2** [persona] Que aumenta mucho o da unas proporciones excesivas a las cosas.

exagerar v. tr. Aumentar mucho o atribuir unas proporciones excesivas a las cosas.
DER exageración, exagerado.

exaltación n. f. **1** Alabanza o reconocimiento excesivos. **2** Excitación o entusiasmo del que se ha dejado llevar por una pasión y ha perdido la calma.

exaltar v. tr. **1** Alabar o demostrar gran admiración. ◆ v. prnl. **2** exaltarse Dejarse llevar por una pasión y perder la moderación y la calma: *debes procurar no exaltarte.*
DER exaltación, exaltado.

examen n. m. **1** Investigación u observación atenta y cuidadosa de algo: *la policía local realizó un minucioso examen del lugar de los hechos.* **2** Prueba que se hace a una persona para valorar su capacidad en una actividad o sus conocimientos en una materia: *este domingo no puedo salir, porque el lunes tenemos examen.*
DER examinar.

examinar v. tr. **1** Investigar u observar con atención y cuidado una cosa: *el médico examina a sus pacientes.* ◆ v. tr./ prnl. **2** Someter a alguien a una prueba o examen para valorar su capacidad en una actividad o sus conocimientos en una materia: *el martes nos examinamos de física.*

exasperación n. f. Irritación o enfurecimiento grandes: *me llena de exasperación su falta de puntualidad.*

exasperar v. tr./ prnl. Irritar, enfurecer o causar un enfado muy grande y violento. SIN crispar, exacerbar, irritar.
DER exasperación.

excarcelar v. tr. Poner en libertad a un preso por mandamiento judicial: *excarcelar a un recluso.* ANT encarcelar.
DER excarcelación.

excavación n. f. **1** Ahondamiento o perforación del suelo o de un cuerpo sólido. **2** Hoyo o cavidad abierto en un terreno: *las autoridades locales visitaron las excavaciones arqueológicas.*

excavadora n. f. Máquina que sirve para excavar: *grúas y excavadoras.* SIN topadora.

excavar v. tr. Hacer hoyos, agujeros o cavidades en el suelo o en un cuerpo sólido quitándole parte de su masa: *los topos excavan galerías bajo la tierra.* SIN cavar.
DER excavación, excavadora.

excedencia n. f. Situación del trabajador, especialmente del funcionario público, que deja de ejercer sus funciones o su trabajo durante un período de tiempo.

excedente adj./ n. m. **1** Que está de más o sobra: *han puesto de oferta los excedentes de la temporada pasada.* ◆ adj./ n. com. **2** [funcionario público] Que deja de ejercer sus funciones o su trabajo durante un período de tiempo.

exceder v. tr. **1** Superar o aventajar en algo. SIN sobrepasar. ◆ v. intr. **2** Sobrepasar cierta cantidad o cierto límite: *tú te quedas con todo lo que exceda de cien euros.* ◆ v. prnl. **3** excederse Ir más allá de lo que se considera lícito o razonable: *cuando le negó aquel permiso se excedió en sus atribuciones.*
DER excedencia, excedente, exceso.

excelencia n. f. **1** Tratamiento honorífico

que se da a determinadas personas por su cargo o dignidad: *presidió la mesa su excelencia el gobenador.* **2** Superioridad en las buenas cualidades de una persona o cosa: *muchos escritores hablaron de las excelencias de los vinos de nuestra tierra.*

▶ por excelencia Expresión que indica que un nombre o un adjetivo corresponde con más propiedad a una persona o cosa que a otras a las que también se puede aplicar: *es la ciudad del turismo por excelencia.* SIN por antonomasia.

excelente adj. Que destaca por sus buenas cualidades. SIN extraordinario, magnífico. ANT pésimo.
DER excelencia, excelentísimo.

excelso, -sa adj. Que destaca por su gran valor moral, científico o artístico: *se trata de un excelso poeta.*

excentricidad n. f. Extravagancia o rareza excesiva.

excéntrico, -ca adj. **1** Que es demasiado original o extraño y se aparta de lo común: *nunca pasa inadvertida con los vestidos tan excéntricos que suele llevar.* **2** MAT. Que está fuera del centro o que tiene un centro diferente: *dibuja dos elipses excéntricas.* ◆ adj./ n. m. y f. **3** [persona] Que llama la atención por actuar o pensar de manera demasiado original o extraña. SIN extravagante.
DER excentricidad.

excepción n. f. **1** Exclusión de algo que se aparta de la regla común o de la generalidad: *no suelo beber vino, pero en esta ocasión haré una excepción.* **2** Cosa o hecho que se aparta de la regla común o condición general: *es la excepción que confirma la regla.*

▶ de excepción Que es muy bueno o extraordinario. SIN excepcional.
DER excepcional.

excepcional adj. **1** Que es tan particular o poco frecuente que cuando ocurre causa sorpresa y extrañeza. **2** Que es muy bueno o extraordinario: *ha hecho una carrera excepcional y seguro que conseguirá medalla.* SIN de excepción.

excepto prep. Indica que lo expresado por las palabras a las que acompaña no está incluido en lo que se dice o es una excepción: *está abierto todos los días, excepto los domingos.* SIN menos, salvo.
DER excepción, exceptuar.

exceptuar v. tr./ prnl. Dejar fuera o excluir de la generalidad o de una regla común.
OBS En su conjugación, la *u* se acentúa en algunos tiempos y personas, como en *actuar.*

excesivamente adv. Mucho más de lo que se considera normal o razonable: *las dietas excesivamente energéticas ocasionan obesidad.*

excesivo, -va adj. Que excede o va más allá de lo que se considera normal o razonable: *me parece un castigo excesivo por una trastada tan pequeña.*

exceso n. m. **1** Superación de los límites de lo normal, lo permitido o lo conveniente: *exceso de velocidad.* **2** Acción abusiva o injusta: *en las guerras se cometen muchos excesos.* NOTA Se usa más en plural.

▶ en exceso Más de lo normal, lo permitido o lo conveniente: *los domingos duermes en exceso.* por exceso Acompaña a expresiones que indican error o inexactitud cometidos por sobrepasar los límites de lo normal: *ya sé que lo mimo demasiado, pero prefiero equivocarme por exceso que por defecto.*
DER excesivo.

excitación n. f. Intensificación o estimulación de una actividad o de un sentimiento: *la gran excitación que le produjo el nombramiento no le permitía hablar.*

excitante adj./ n. m. Que excita: *sustancia excitante.*

excitar v. tr. **1** Intensificar la actividad de un órgano u organismo, generalmente mediante un estímulo. ◆ v. tr./ prnl. **2** Provocar un sentimiento o emoción fuertes o intensos: *se excitó demasiado viendo la final del campeonato.* **3** Provocar deseo sexual.
DER excitabilidad, excitación, excitante.

exclamación n. f. **1** Expresión que refleja la intensidad de un sentimiento o una emoción o que da vigor y eficacia a lo que se dice por pronunciarse con viveza: *emitió una gran exclamación de alegría cuando le dieron el premio.* **2** GRAM. Signo de ortografía (¡!) que se coloca al principio y al final de algunas palabras o frases para expresar sorpresa o alguna emoción intensa. SIN admiración.

exclamar v. tr. Emitir palabras o frases con fuerza o vehemencia para expresar la intensidad de una emoción o dar vigor y eficacia a lo que se dice: *¡caramba!, exclamó, sorprendido.*
DER exclamación, exclamativo.

exclamativo, -va adj. Que expresa o permite expresar la admiración o la emoción que siente el hablante.

excluir v. tr. **1** Dejar fuera de un lugar o de un grupo. **ANT** incluir. **2** Rechazar o no tener en cuenta una posibilidad. **SIN** descartar. **ANT** aceptar, admitir. ◆ v. prnl. **3** **excluirse** No poder existir una cosa junto con otra por ser opuestas o incompatibles.
OBS En su conjugación, la *i* se convierte en *y* delante de *a, e* y *o,* como en *huir.*
DER exclusión, exclusive, exclusivo, excluyente.

exclusión n. f. Supresión o rechazo de una persona o de una cosa de un grupo, de un lugar o de un asunto. **SIN** eliminación. **ANT** inclusión.

exclusiva n. f. **1** Derecho o privilegio por el que una persona o una entidad es la única autorizada para realizar algo prohibido a las demás: *una cadena de televisión tiene la exclusiva de este torneo deportivo.* **2** Noticia publicada por un solo medio informativo, que se reserva los derechos de su difusión.

exclusivo, -va adj. **1** Que no hay otro del mismo tipo: *modelos exclusivos.* **2** Que excluye o rechaza: *ese restaurante es exclusivo, no admiten hombres sin corbata.*
DER exclusivamente, exclusividad, exclusivismo.

excomulgar v. tr. En la Iglesia católica, excluir de la comunidad y negársele los sacramentos a un fiel la autoridad eclesiástica: *fue excomulgado por hereje.*
OBS En su conjugación, la *g* se convierte en *gu* delante de *e.*

excomunión n. f. En la Iglesia católica, exclusión de un fiel dictada por la autoridad eclesiástica por la que queda apartado de la comunidad y del derecho a recibir los sacramentos.
DER excomulgar.

excreción n. f. Proceso mediante el cual se expulsan del organismo las sustancias de desecho.

excremento n. m. Residuos de alimento que, tras haberse hecho la digestión, elimina el organismo por el ano. **SIN** caca, mierda.

excretar v. intr. **1** Expulsar los excrementos. **2** Expeler las sustancias del organismo elaboradas por las glándulas.
DER excretor.

excretor, -ra adj. BIOL. [órgano, conducto] Que sirve para expulsar la orina, los excrementos y otras sustancias: *los riñones forman parte del aparato excretor.*

excursión n. f. Salida o viaje de corta duración que se realiza como diversión, por deporte o para hacer algún estudio: *si hace buen tiempo, iremos de excursión.*
DER excursionismo.

excursionismo n. m. Ejercicio y práctica de las excursiones con un fin deportivo o educativo.
DER excursionista.

excursionista n. com. Persona que hace excursiones o practica el excursionismo.

excusa n. f. Razón o prueba dada para justificar un comportamiento, un fallo o un error. **SIN** disculpa, pretexto.
▶ **pedir (o presentar) excusas** Pedir perdón por haber causado una molestia o un perjuicio.

excusar v. tr./ prnl. **1** Dar razones o pruebas para justificar o disculpar a una persona de una culpa que se le imputa: *una madre siempre excusa las travesuras de sus hijos.* **2** Dispensar o liberar a una persona de una carga, obligación o compromiso: *si vienes tú a recogerlo, me excusas tener que salir mañana.* **NOTA** Se construye con un infinitivo. **3** Librar a una persona del pago de tributos o de un servicio personal.
DER excusa, excusado; inexcusable.

exención n. f. Liberación de una obligación o una carga: *exención de impuestos.*

exento, -ta adj. **1** Que está libre o que no está sujeto a una obligación o una carga: *tiene beneficios exentos de impuestos.* **2** ARQ. Que está aislado y no toca con otra cosa: *ha diseñado un edificio exento.*

exfoliación n. f. **1** División o separación en escamas o láminas: *la exfoliación de algunos minerales.* **2** Escamación de la epidermis.

exfoliar v. tr. Dividir o separar en escamas o láminas: *el yeso se exfolia con facilidad.*
OBS En su conjugación, la *i* es átona, como en *cambiar.*
DER exfoliación.

exhalación n. f. **1** Lanzamiento de un suspiro o de un lamento. **2** ASTR. Cuerpo celeste que aparece en forma de luz que se mueve rápidamente y desaparece en seguida de nuestra vista: *las exhalaciones se llaman comúnmente estrellas fugaces.*
▶ **como una exhalación** Muy rápido: *conducía el coche como una exhalación.*

exhalar v. tr. **1** Desprender o despedir gases, vapores u olores: *las rosas del jardín exhalan un suave perfume.* **2** Lanzar quejas o suspiros.
DER exhalación, exhalante.

exhaustivo, -va adj. Que está hecho de manera completa y muy a fondo: *ha hecho un estudio exhaustivo que analiza todas las palabras.*

exhausto, -ta adj. Que está muy cansado o agotado.
DER exhaustivo.

exhibición n. f. Presentación, muestra o exposición en público: *una exhibición de vuelo acrobático.*

exhibicionismo n. m. **1** Deseo persistente y excesivo de exhibirse: procura hacer cosas sorprendentes por puro exhibicionismo. **2** Conducta sexual consistente en mostrar los propios órganos genitales en público.
DER exhibicionista.

exhibicionista adj./ n. com. [persona] Que practica el exhibicionismo.

exhibir v. tr. **1** Mostrar en público o enseñar abiertamente: *exhibe sus cuadros en una galería muy importante.* **2** Presentar un documento o una prueba: *el policía exhibió su placa y entró al edificio.* ◆ v. prnl. **3** exhibirse Procurar ser visto o dejarse ver en público con el fin de llamar la atención.
DER exhibición, exhibicionismo.

exhortación n. f. **1** Incitación por medio de palabras, razones o ruegos a actuar de cierta manera. **2** Plática o sermón familiar y breve.

exhortar v. tr. Incitar con palabras, razones o ruegos a actuar de cierta manera.
DER exhortación, exhortativo.

exhortativo, -va adj. Que expresa o implica una petición, un ruego o un mandato: ¡cállate, por favor! *es una oración exhortativa.*

exhumar v. tr. **1** Desenterrar un cadáver. ANT enterrar, inhumar. **2** Recordar o volver a la actualidad algo ya olvidado. SIN desenterrar.
DER exhumación.

exigencia n. f. **1** Petición imperiosa o enérgica de una cosa: *la entrega de las armas fue una exigencia previa a la firma del tratado de paz.* **2** Requerimiento o necesidad forzosa de alguna cosa. **3** Pretensión caprichosa o excesiva: *no estoy dispuesto a acceder a semejantes exigencias.*

exigente adj./ n. com. [persona] Que exige mucho, especialmente si lo hace de forma abusiva o caprichosa.

exigible adj. Que puede o debe exigirse: *la coherencia es también exigible en tus discursos y en tus escritos.*

exigir v. tr. **1** Pedir de forma imperiosa o enérgica una cosa a la que se tiene derecho: *exige que se le trate siempre igual que a todo el mundo.* **2** Necesitar o ser forzosamente necesario. SIN requerir.
OBS En su conjugación, la *g* se convierte en *j* delante de *a* y *o*.
DER exigencia, exigente, exigible.

exiguo, -gua adj. Que es muy escaso, pequeño o insuficiente: *un salario exiguo.*

exilado, -da adj./ n. m. y f. **1** Exiliado.

exilar v. tr. Exiliar.

exiliado, -da adj./ n. m. y f. [persona] Que se ha visto obligada a abandonar su país, generalmente por razones políticas. SIN exilado.

exiliar v. tr. **1** Expulsar o hacer salir de un país o de un territorio. SIN desterrar. ◆ v. prnl. **2** exiliarse Abandonar el propio país obligado por razones políticas: *se exilió durante la guerra civil.* SIN exilar.
OBS En su conjugación, la *i* es átona como en *cambiar.*
DER exiliado.

exilio n. m. **1** Castigo que consiste en expulsar o hacer salir a una persona de un país o de un territorio: *fue condenado a un largo exilio.* SIN destierro. **2** Abandono del propio país obligado por razones políticas. SIN destierro. **3** Lugar en el que vive la persona que ha sido o se ha sentido obligada a salir de un país o de un territorio. SIN destierro.
DER exiliar.

eximente adj. **1** Que exime o libra de una carga, culpa u obligación. ◆ adj./ n. f. **2** [circunstancia] Que exime de la responsabilidad de un delito.

eximio, -mia adj. [persona] Que es muy ilustre o que destaca por alguna cualidad: *eximio escritor.*

eximir v. tr. Dispensar o liberar de una carga, una obligación o un compromiso. SIN excusar, librar.
OBS El participio es *eximido*. El participio irregular *exento* se usa generalmente como adjetivo.
DER excención, exento, eximio.

existencia n. f. **1** Hecho o circunstancia de existir: *no sabía de la existencia de este tipo de máquinas.* ANT inexistencia. **2** Vida del hombre: *en su larga existencia conoció a muchas personalidades.* **3** FILOS. Realidad concreta de un ser, por oposición a esencia. ◆ n. f. pl. **4** existencias Conjunto de mercancías que permanecen almacenadas para su venta o para su consumo posteriores.
DER existencial.

existencial adj. **1** De la existencia o que tiene relación con este hecho o circunstancia: *crisis existencial.* **2** FILOS. Del existencialismo o que tiene relación con esta doctrina filosófica. SIN existencialista.
DER existencialismo.

existencialismo n. m. FILOS. Doctrina filosófica que trata de fundar el conocimiento de toda realidad sobre la experiencia inmediata de la existencia propia.
DER existencialista.

existencialista adj. **1** FILOS. Del existencialismo o relacionado con esta doctrina filosófica. SIN existencial. ◆ adj./n. com. **2** FILOS. [persona] Que sigue el existencialismo.

existente adj. Que existe en el momento de que se trata: *problemas existentes; la revolución terminó con el régimen político existente; los recuentos de población existentes antes de 1857 son poco exactos.*

existir v. intr. **1** Tener realidad una persona o cosa: *eso solo existe en tu imaginación.* **2** Tener vida: *no hables de las personas que ya no existen.* SIN vivir. ANT morir. **3** Estar o encontrarse en un lugar o en una situación determinados: *en esta zona existen importantes restos arqueológicos.* SIN hallar.
DER existencia, existente; coexistir, preexistir.

éxito n. m. **1** Resultado feliz o muy bueno de algo: la exposición ha sido un éxito. **2** Buena aceptación que tiene una persona o cosa. ANT fracaso.
DER exitoso.

éxodo n. m. Movimiento de población por el cual se deja el lugar de origen para establecerse en otro país o región: *el éxodo rural ha dejado muchos pueblos deshabitados.* SIN emigración. ANT inmigración.

exoesqueleto n. m. Tejido orgánico duro y rígido que recubre exteriormente el cuerpo de los artrópodos y otros invertebrados: *los artrópodos poseen un exoesqueleto muy duro compuesto por una sustancia llamada quitina sobre la que, en ocasiones, se depositan sales minerales que lo endurecen todavía más.*

exorcismo n. m. Conjunto de ritos y fórmulas destinadas a expulsar un espíritu maligno del alma de una persona.
DER exorcista, exorcizar.

exosfera n. f. Capa más exterior de la atmósfera terrestre situada sobre la ionosfera, entre los quinientos y los dos mil kilómetros de altura.

exotérico, -ca adj. Que es común o accesible para la mayoría de personas.

exótico, -ca adj. **1** Extranjero, especialmente si es de un país lejano y poco conocido: *hizo un largo viaje y conoció muchos países exóticos.* **2** Que es extraño o raro: *comida exótica.*
DER exotismo.

exotismo n. m. Circunstancia de ser de un país lejano y desconocido o de ser raro o extraño.

expandir v. tr. **1** Extender algo o hacer que ocupe más espacio: *expandir la zona portuaria.* **2** Difundir o hacer que un hecho o una noticia sean conocidos por muchas personas: *la noticia se expandió rápidamente por todo el pueblo.*
DER expansión, expasivo.

expansión n. f. **1** Propagación, extensión o dilatación de algo: *la expansión de una ciudad.* **2** Expresión o desahogo de un pensamiento o sentimiento íntimos. **3** Distracción o diversión: *estoy tan ocupado durante la semana que no tengo momentos de expansión.* **4** ECON. Aumento del volumen de la producción y de la demanda: *tras la larga crisis, en el país se produjo una etapa de expansión.*
DER expansionarse, expansionismo.

expansionismo n. m. Tendencia de un pueblo o nación a extender su dominio político y económico a otras áreas geográficas.

expansivo, -va adj. **1** Que tiende a extenderse o dilatarse ocupando mayor espacio: *la onda expansiva de la bomba provocó la rotura de los cristales.* **2** Que es comunicativo y manifiesta abiertamente sus estados de ánimo, pensamientos o sentimientos: *es tan expansivo que sabes lo que piensa en todo momento.*

expatriar v. tr. Expulsar o hacer salir de un país o territorio a una persona. SIN desterrar, exiliar.
DER expatriación, expatriado.

expectación n. f. Interés o intensidad con que se espera un acontecimiento.

expectante adj. Que espera observando con interés e intensidad lo que pasa para actuar en consecuencia: *estaré expectante hasta que salgan los resultados.*
DER expectación.

expectativa n. f. Esperanza o posibilidad de conseguir una cosa: *ha estudiado mucho y tiene grandes expectativas de conseguir la beca.*
▶ estar a la expectativa Esperar el fin de una situación y no actuar hasta ver lo que su-

cede: *está a la expectativa de un trabajo en el Ministerio.*

expectorar v. tr. Arrancar, mediante tos o carraspeo, las flemas u otras secreciones de las vías respiratorias y arrojarlas por la boca.
SIN esputar.
DER expectoración, expectorante.

expedición n. f. **1** Salida o viaje colectivo que se realiza con un fin determinado, especialmente científico, militar o deportivo. **2** Conjunto de personas que participan en esa salida. **3** Envío de una carta, una mercancía o algo semejante: *comprueba la fecha de expedición del paquete.* **4** Realización por escrito y según indica la ley o la costumbre de un documento: *en esta oficina se encargan de la expedición de los títulos.*
DER expedicionario.

expedicionario, -ria adj./ n. m. y f. Que participa en una expedición o está destinado a realizarla.

expedientar v. tr. Abrir un expediente o procedimiento administrativo a alguien para enjuiciar su actuación: *le expedientaron por ausentarse del trabajo sin justificación.*

expediente n. m. **1** Conjunto de todos los documentos correspondientes a un asunto o negocio. **expediente académico** Conjunto de documentos que recogen las notas y el historial de un estudiante. **2** Procedimiento administrativo en el que se juzga el comportamiento de un funcionario, empleado o estudiante.
DER expedientar.

expedir v. tr. **1** Remitir o enviar de un lugar a otro: *expedir un paquete por correo.* **2** Extender o poner por escrito un documento según indica la ley o la costumbre: *expedir un certificado oficial.*
OBS En su conjugación, la *e* se convierte en *i* en algunos tiempos y personas, como en *servir.*
DER expedición, expedientar, expedito; reexpedir.

expeditivo, -va adj. Que actúa con eficacia y rapidez en la resolución de un asunto sin detenerse ante los obstáculos o inconvenientes o sin respetar los trámites.

expeler v. tr. **1** Arrojar o lanzar con fuerza algo que se encontraba contenido: *el volcán expele lava; el pozo expelió inesperadamente un gran chorro de petróleo.* SIN despedir. **2** Hacer salir algo del organismo.
OBS El participio es *expelido.* El participio irregular *expulso* se usa generalmente como adjetivo.

expender v. tr. Vender al por menor una mercancía, billetes o entradas: *expender bebidas alcohólicas.*
DER expendeduría, expensas.

expensas Palabra que se utiliza en la expresión *a expensas,* que significa 'a costa o por cuenta de alguien': *vive a expensas de sus padres.*

experiencia n. f. **1** Conjunto de conocimientos que se consiguen con el uso, la práctica o las propias vivencias: *ha conseguido el trabajo gracias a su amplia experiencia en el tema.* ANT inexperiencia. **2** Hecho de conocer o sentir una persona algo por sí misma: *nunca había suspendido y no le ha gustado la experiencia.* **3** Experimento o prueba práctica para averiguar algo.
DER experimental, experimentar.

experimentación n. f. Método científico de investigación que consiste en provocar un fenómeno con el fin de estudiarlo: *la experimentación en el campo de la genética está consiguiendo grandes avances.*

experimentado, -da adj. [persona] Que tiene mucha experiencia: *es un profesor experimentado.*

experimental adj. **1** Que se basa en la experiencia o en la experimentación: *ciencias experimentales.* **2** Que se somete a prueba para comprobar su validez.
DER experimentalismo.

experimentar v. tr./ intr. **1** Provocar un fenómeno con el fin de analizar los hechos que tienen lugar durante su desarrollo y comprobar la validez de una hipótesis. ◆ v. tr. **2** Sentir o notar en uno mismo, especialmente una sensación o un estado de ánimo: *experimenté una enorme alegría al saber que ya estaba bien.* **3** Sufrir alguien o algo un cambio o transformación: *los precios experimentaron una fuerte subida.* **4** Probar y examinar prácticamente una cosa.
DER experimentación, experimentado, experimento.

experimento n. m. **1** Prueba que consiste en provocar un fenómeno con el fin de analizar los hechos que tienen lugar durante su desarrollo y determinar la validez de una hipótesis o de un principio científico. **2** Prueba de carácter práctico. SIN experiencia.

experto, -ta adj. **1** [persona] Que tiene mucha experiencia o es muy hábil en una actividad: *era un cirujano experto.* SIN experimentado. ◆ n. m. y f. **2** Especialista o que sabe mucho de una materia.

DER inexperto.

expiar v. tr. **1** Borrar una culpa por medio de un sacrificio o de una penitencia: *expiar los pecados.* **2** Sufrir o cumplir la pena que se deriva de una falta o un delito cometidos: *expió su crimen en la cárcel.*

OBS En su conjugación, la *i* se acentúa en algunos tiempos y personas, como en *desviar.*

DER expiatorio.

expirar v. intr. **1** Dejar de tener vida. SIN fallecer, fenecer, morir. ANT vivir. **2** Terminar un período de tiempo: *infórmate de cuándo expira el plazo de matrícula.* SIN vencer.

OBS No se debe confundir con *espirar.*

explanada n. f. Terreno llano o que ha sido allanado: *explanda natural.*

explayar v. tr. **1** Extender la vista o el pensamiento. ◆ v. prnl. **2** explayarse Extenderse en exceso al hablar: *se explayó en sus comentarios y solo pudimos hacerle un par de preguntas.* **3** Distraerse o divertirse: *los niños necesitan explayarse.* **4** Expresar abiertamente un deseo, un dolor o una preocupación para encontrar consuelo. SIN desahogar.

explicación n. f. **1** Expresión con la que se enseña algo de forma clara o ejemplificada para hacerlo comprensible. **2** Justificación de un comportamiento o un sentimiento que se da como disculpa: *no tengo por qué darte explicaciones.* **3** Exposición de la causa o la razón de algo.

explicar v. tr. **1** Hacer que se conozca o entienda, generalmente un pensamiento o sentimiento: *explícanos todo lo que viste.* **2** Enseñar o dar clase: *dije que no lo comprendía y me lo explicó de nuevo.* **3** Justificar una conducta, especialmente cuando se pretende disculparla: *espero que me explique lo que nos ha hecho.* ◆ v. prnl. **4** explicarse Llegar a comprender la razón de algo: *ahora me lo explico.*

OBS En su conjugación, la *c* se convierte en *qu* delante de *e.*

DER explicable, explicación, explicaderas, explicativo.

explicativo, -va adj. Que explica o que sirve para explicar o aclarar: *nota explicativa.*

explícito, -ta adj. **1** Que está especificado de forma clara y patente. SIN expreso. ANT implícito. **2** Que expresa algo con claridad. ANT implícito.

DER explícitamente, explicitar.

exploración n. f. **1** Reconocimiento exhaustivo de un terreno o lugar: *la exploración de la isla.* **2** Examen y observación de una situación o circunstancia. **3** Examen o reconocimiento médico.

explorador, -ra n. m. y f. Persona que se dedica a explorar lugares lejanos y poco conocidos: *Colón y Marco Polo son dos famosos exploradores.*

explorar v. tr. **1** Recorrer y examinar minuciosamente un territorio para tratar de descubrir lo que hay en él. **2** Intentar averiguar las circunstancias o las características de una cosa: *sería bueno explorar el mercado al que iría nuestro nuevo producto.* **3** Examinar el estado de una parte del cuerpo para ver si está enfermo o dañado.

DER exploración, explorador.

explosión n. f. **1** Acción de reventar o romperse bruscamente una cosa por aumento de la presión interior, lanzando violentamente los fragmentos y el contenido y produciendo un gran ruido: *afortunadamente la explosión solo ha causado daños materiales.* **2** Dilatación repentina del gas contenido en un dispositivo mecánico con el fin de conseguir un movimiento: *motor de explosión.* **3** Muestra viva y enérgica de un sentimiento o estado del ánimo: *una explosión de alegría.* **4** Desarrollo rápido y espectacular: *explosión demográfica.*

DER explosión, explosivo.

explosionar v. tr. **1** Causar o provocar una explosión: *el minero explosiona varias cargas de pólvora.* ◆ v. intr. **2** Explotar [una cosa] (hacer explosión): *un artefacto explosionó.*

explosivo, -va adj. **1** Que hace o es capaz de hacer explosión: *la policía encontró un paquete con una carga explosiva.* **2** Impresionante, muy llamativo: *es una teoría explosiva.* ◆ adj./ n. f. **3** GRAM. [consonante oclusiva] Que se pronuncia haciendo salir con rapidez el aire retenido: *el sonido de la* p *es explosivo.* ◆ n. m. **4** Sustancia química que se incendia con explosión y se emplea para producir explosiones.

explotación n. f. **1** Conjunto de elementos o instalaciones destinados a sacar provecho de un producto natural: *una zona con importantes explotaciones agrícolas.* **2** Conjunto de operaciones destinadas a sacar provecho de un producto natural. **3** Utilización de una persona en beneficio propio de forma abusiva, especialmente haciéndola trabajar mucho y pagándole poco.

explotar v. intr. **1** Reventar o romperse una cosa de golpe por aumento de la presión interior, lanzando violentamente los fragmentos y el contenido y produciendo un gran ruido. SIN estallar. **2** Mostrar viva y enérgicamente un sentimiento o estado del ánimo: *no pudo aguantar más sus provocaciones y explotó dando gritos.* ◆ v. tr. **3** Sacar riqueza o provecho de algo poniendo los medios necesarios para ello. **4** Utilizar a una persona en beneficio propio de forma abusiva, especialmente haciéndola trabajar mucho y pagándole poco. SIN estrujar, exprimir.
DER explotación.

expoliar v. tr. Despojar injustamente o con violencia: *tras el asalto expoliaron la ciudad.*
OBS En su conjugación, la *i* es átona, como en *cambiar.*
DER expolio.

expolio n. m. **1** Expoliación: *saqueo y expolio.* **2** Botín que el vencedor toma del vencido. **3** Conjunto de bienes que, por haber sido adquiridos con rentas eclesiásticas, quedan en propiedad de la Iglesia al morir sin haber hecho testamento el clérigo que los poseía.
OBS También se escribe *espolio.*

exponente n. m. **1** Persona o cosa que sirve de modelo o ejemplo por representar lo más característico en un género: *Gandhi fue el máximo exponente del pacifismo.* SIN prototipo. **2** MAT. Número o expresión matemática colocado en la parte superior y a la derecha de otro número o expresión, para indicar las veces que debe multiplicarse por sí mismo.

exponer v. tr. **1** Presentar, mostrar o poner a la vista: *dime el nombre de la galería en la que expondrás tus pinturas.* **2** Decir, explicar o manifestar alguna cosa: *todo el mundo tiene derecho a exponer sus opiniones.* ◆ v. tr./ prnl. **3** Colocar una cosa para que reciba la acción o la influencia de un agente: *se expuso demasiado al sol y se quemó.* **4** Poner en peligro algo o correr el riesgo de que se dañe o se pierda: *con este frío y sin abrigo te expones a coger una pulmonía.*
OBS Se conjuga como *poner.*
DER exponente, exposición, expositivo, expósito, expositor, expuesto.

exportación n. f. **1** Transporte y venta en el extranjero de los productos del país. ANT importación. ◆ n. f. pl. **2** **exportaciones** Conjunto de cosas que se exportan: *para mejorar la economía es preciso aumentar las exportaciones y disminuir las importaciones.*

exportar v. tr. Transportar y vender en el extranjero los productos del país. ANT importar.
DER exportación, exportador.

exposición n. f. **1** Presentación o muestra de algo para que sea visto: *una exposición de pintura.* **2** Conjunto de obras o de productos que se exponen: *han trasladado la exposición a otra ciudad.* **3** Explicación o presentación de ideas o conocimientos: *les he hecho una exposición detallada de mi proyecto y lo han aceptado.* **4** Colocación de manera que reciba la acción o influencia de un agente. **5** Tiempo durante el cual recibe luz una película fotográfica para que se impresione.
DER exposímetro.

expositivo, -va adj. Que expone o presenta algo para que se vea, se oiga o se entienda: *un texto expositivo es el que informa sobre un tema de interés y lo explica aportando datos o pruebas.*

exprés adj. **1** [electrodoméstico] Que es rápido o funciona con rapidez utilizando una gran presión: *cafetera exprés; olla exprés.* ◆ adj./ n. m. **2** [café] Que está hecho con una cafetera de este tipo.

expresar v. tr. Dar a conocer con palabras o con otros signos exteriores un pensamiento o sentimiento: *este niño se expresa muy bien para la edad que tiene.*
DER expresión, expresivo.

expresión n. f. **1** Comunicación con palabras o con otros signos exteriores de un pensamiento o un sentimiento: *la risa es una expresión de alegría.* SIN manifestación. **2** Palabras o conjunto de palabras: *este diccionario ofrece muchas expresiones coloquiales.* **3** Gesto o aspecto de una persona que da a conocer un sentimiento: *tenía una profunda expresión de dolor en su rostro.* **4** Forma o modo de expresarse o de hablar.
DER expresionismo.

expresionismo n. m. Movimiento artístico de origen europeo surgido a principios del siglo XX que se caracteriza por la intensidad de la expresión de los sentimientos y las sensaciones.
DER expresionista.

expresionista adj. **1** Del expresionismo o relacionado con este movimiento artístico. ◆ adj./ n. com. **2** [persona] Que es partidario y seguidor del expresionismo.

expresividad n. f. Capacidad para expresar con viveza los pensamientos o los sentimientos: *la expresividad de su cara siempre me indica su estado de ánimo.*

expresivo, -va adj. Que muestra con gran viveza los pensamientos o los sentimientos. ANT inexpresivo.

DER expresividad; inexpresivo.

expreso, -sa adj. **1** Que está dicho o especificado de forma clara y patente, no solo insinuado o dado por sabido: *estas son órdenes expresas del jefe.* SIN explícito. ANT implícito. ◆ adj./ n. m. **2** [tren] Que transporta personas y se detiene solamente en las estaciones principales: *el expreso Málaga-Madrid llegará a la hora prevista.* NOTA También se dice *tren expreso.*

DER expresamente, expresar.

exprimidor n. m. Utensilio de cocina, eléctrico o no, para exprimir frutas, en especial cítricos, y recoger su jugo.

exprimir v. tr. **1** Retorcer o apretar con fuerza una cosa, especialmente una fruta, para sacarle el jugo que tiene dentro: *exprimiré unas naranjas y nos tomaremos un zumo.* SIN estrujar. **2** Sacar de alguien o de algo todo el partido posible. SIN estrujar. **3** Utilizar a una persona en beneficio propio de forma abusiva, especialmente haciéndola trabajar mucho y pagándole poco. SIN estrujar, explotar.

DER exprimidor.

expropiar v. tr. Quitar legalmente una propiedad a su dueño por motivos de interés público y previo pago de una indemnización: *expropiaron parte de sus tierras.*

OBS En su conjugación, la *i* es átona, como en *cambiar.*

DER expropiación.

expulsar v. tr. Hacer salir a una persona o una cosa de un lugar.

DER expulsión, expulsor.

expulsión n. f. **1** Apartamiento forzoso de un grupo o de un lugar que sufre una persona. **2** Lanzamiento o salida hacia fuera de una cosa contenida en el interior.

exquisitez n. f. Calidad, refinamiento y buen gusto extraordinarios.

exquisito, -ta adj. **1** Que es de una calidad, un refinamiento y un buen gusto extraordinarios. ANT ordinario, vulgar. **2** Que es muy bueno y capaz de satisfacer el gusto más refinado: *una comida exquisita.*

DER exquisitez.

éxtasis n. m. **1** Estado de la persona que siente un placer o una admiración tan intensos por algo que no puede apartar la atención de ello: *cuando ve una obra de arte se queda en éxtasis y ya no ve ni siente nada más.* SIN embeleso. **2** Estado del alma que logra la unión mística con Dios por medio de la contemplación y del amor y que produce un sentimiento agradable y una disminución de todas las funciones orgánicas. **3** Droga química que causa falsos estados de alegría o de excitación sexual.

OBS El plural también es *éxtasis.*

DER extasiarse, extático.

extender v. tr. **1** Abrir, desplegar o desenrollar una cosa aumentando su superficie: *extiende la mantequilla en el pan.* **2** Poner por escrito y según indica la ley o la costumbre: *extender un cheque.* ◆ v. tr./ prnl. **3** Hacer que se separen y ocupen más espacio cosas que estaban juntas o amontonadas: *el jarrón se rompió y los fragmentos se extendieron por toda la habitación.* SIN esparcir. **4** Propagar o hacer que llegue a muchos lugares especialmente una noticia o una influencia: *se ha extendido la moda del pelo corto.* **5** Ampliar o aplicar a más cosas algo originariamente más restringido, especialmente una autoridad, jurisdicción o derecho: *su autoridad se extiende por todo el territorio.* ◆ v. prnl. **6** **extenderse** Ocupar una cantidad de espacio o de tiempo: *la ciudad se extiende a ambos lados del río.* **7** Alcanzar, llegar: *la deuda se extiende ya a más de un millón de euros.* **8** Mostrarse enteramente una gran extensión: *desde la cima, todo el valle se extendía a nuestros pies.*

OBS En su conjugación, la *e* se convierte en *ie* en sílaba acentuada, como en *entender.*

DER extensible, extensión, extenso, extensor.

extensible adj. Que se puede extender: *mesa extensible; las antenas de los aparatos de radio son extensibles.*

extensión n. f. **1** Aumento del espacio que ocupa una cosa: *el viento ayudó a la rápida extensión del incendio.* **2** Movimiento por el que se estira o extiende una cosa. **3** Alcance, importancia de una cosa: *es sorprendente la extensión de su poder.* **4** Difusión o propagación de una noticia, influencia o algo semejante. **5** Superficie, tamaño o espacio ocupado: *¿cuál es la extensión de esta finca?* **6** Línea de teléfono conectada a una centralita; número que corresponde a esta línea: *todos los despachos* *disponen de una extensión.* **7** Amplitud o duración en el tiempo.

extensivo, -va adj. Que se extiende o puede extenderse a más cosas de las que en principio comprende.

extenso, -sa adj. Que tiene mucha extensión: *una extensa llanura.* ANT reducido.
▶ por extenso Ampliamente o con mucho detalle: *me explicó la película por extenso.*

extenuar v. tr. Cansar al máximo o dejar muy débil. SIN agotar.
OBS En su conjugación, la *u* se acentúa en algunos tiempos y personas, como en *actuar.*
DER extenuación, extenuado.

exterior adj. **1** Que está por la parte de fuera. **2** [vivienda, habitación] Que las ventanas dan a la calle y no a un patio interior: *quiero alquilar una habitación exterior.* **3** Que tiene relación con otros países o se desarrolla fuera del país: *potencial comercio exterior.* ◆ n. m. **4** Parte de fuera de una cosa, especialmente de un edificio: *el exterior de la catedral de Santiago es impresionante.* ◆ n. m. pl. **5** exteriores Espacios al aire libre y fuera de un estudio cinematográfico o de televisión en los que se ruedan escenas: *el director ha encontrado magníficos exteriores en nuestro pueblo.* **6** Escenas de película rodadas fuera de los estudios y al aire libre.
DER exteriorizar, exteriormente, externo.

exteriorizar v. tr. Mostrar o manifestar al exterior un pensamiento o un sentimiento: *no seas tímido y exterioriza todo lo que sientes.* ANT interiorizar.
OBS En su conjugación, la *z* se convierte en *c* delante de *e.*
DER exteriorización.

exterminar v. tr. **1** Destruir totalmente, especialmente una especie animal o vegetal. **2** Destruir o devastar un lugar habitado en una batalla.

exterminio n. m. Destrucción total de algo, especialmente de una especie animal o vegetal.

externalizar v. tr. Confiar una empresa una parte de su producción o de sus actividades a empresas externas.

externo, -na adj. **1** Que está, actúa o se manifiesta por fuera: *las pomadas son medicamentos de uso externo.* ANT interno. ◆ adj./ n. m. y f. **2** [persona] Que no reside ni come en el mismo lugar en el que trabaja o estudia: *los alumnos externos llegan todos los días al colegio en autobús.* ANT interno.

extinción n. f. **1** Hecho de apagar un fuego, especialmente un incendio: *muchos civiles colaboraron en las tareas de extinción.* **2** Terminación de algo que ha ido disminuyendo o desapareciendo poco a poco: *especies en peligro de extinción.*

extinguir v. tr. **1** Apagar un fuego: *los bomberos consiguieron extinguir el incendio.* SIN sofocar. **2** Terminar o dejar de existir algo después de haber ido disminuyendo o desapareciendo poco a poco: *si no cuidamos la naturaleza muchas especies se extinguirán en pocos años.* ◆ v. prnl. **3** extinguirse Finalizar o concluir un plazo: *su contrato se extinguió y está en el desempleo.*
OBS En su conjugación, la *gu* se convierte en *g* delante de *a* y *o.*
DER extinción, extinguible, extinguido, extintor.

extintor n. m. Aparato que se usa para apagar un incendio arrojando sobre el fuego un chorro del líquido o fluido que contiene y así impedir la combustión: *un local público debe disponer de extintores.*

extirpar v. tr. **1** Quitar definitivamente algo perjudicial del lugar en el que ha crecido o se ha producido: *le han tenido que extirpar un riñón.* **2** Destruir o acabar del todo con algo perjudicial o peligroso: *el nuevo alcalde ha prometido extirpar la pobreza del municipio.*
DER extirpación.

extorsión n. f. **1** Usurpación mediante el uso de la fuerza o la intimidación: *el chantajista está en la cárcel por un delito de extorsión.* **2** Alteración de la marcha o el estado normal de las cosas que causa trastorno o molestia.
DER extorsionar.

extorsionar v. tr. Obtener una cosa de una persona mediante el uso de la violencia, las amenazas o la intimidación: *extorsionan al empresario.*
DER extorsionista.

extra adj. **1** De calidad superior a la normal: *jamón cocido extra.* ◆ adj./ n. m. **2** Que se añade a lo normal: *ha hecho muchas horas extras en su trabajo.* ◆ n. com. **3** Persona que interviene en una película o una obra de teatro como comparsa o figurante: *contrataron a muchos extras para hacer de público en la película.* ◆ n. f. **4** Paga que se añade al sueldo.

extra- Prefijo que entra en la formación de palabras con el significado de: **a.** 'Fuera de': *extramuros, extraordinario.* **b.** 'Sumamente, extremadamente': *extraplano.*

a b c d e f g h i j k l m n ñ o p q r s t u v w x y z

extracción n. f. **1** Colocación de una cosa fuera del lugar en el que estaba metida, incluida o situada. **2** Obtención de una sustancia separándola del cuerpo o del compuesto que la contiene: *la extracción del azúcar de la remolacha.* **3** Obtención del resultado de una operación: *uno de los ejercicios es hacer la extracción de una raíz cúbica.* **4** Origen o condición social heredada de la familia.

extracomunitario, -ria adj. Que no pertenece a la Unión Europea: *jugador extracomunitario.* ANT comunitario.

extracto n. m. **1** Resumen o reducción de un escrito o documento a sus puntos esenciales: *he pedido al banco un extracto de los últimos movimientos de mi cuenta.* **2** Sustancia muy concentrada que se saca de otra a través de su cocción: *extracto de camomila.*
DER extractar.

extractor, -ra adj. **1** Que extrae o sirve para extraer una cosa: *campana extractora.* ◆ n. m. **2** Aparato que sirve para sacar el humo o los olores y echarlos fuera de un lugar: *he comprado un extractor para la cocina.*

extradición n. f. Entrega de una persona refugiada o detenida en un país a las autoridades de otro que la reclama para juzgarla: *la extradición de un terrorista.*

extraditar v. tr. Entregar a una persona detenida en un país a las autoridades de otro que la reclama para juzgarla.
DER extradición.

extraer v. tr. **1** Poner una cosa fuera del lugar en el que estaba metida, incluida o situada: *extraer una muela.* SIN sacar. **2** Obtener una sustancia separándola del cuerpo o del compuesto que la contiene. **3** Averiguar el valor o resultado de una raíz matemática: *extraer una raíz cuadrada.*
DER extracción, extracto, extractor.

extraescolar adj. Que se desarrolla fuera del centro de enseñanza o no pertenece a él: *horario extraescolar.*

extralingüístico, -ca adj. Que no es estrictamente lingüístico o es exterior a la lengua como código, aunque influye en el proceso de la comunicación lingüística: *la gesticulación es un factor extranlingüístico.*

extraliterario, -ria adj. Que no está relacionado directamente con la literatura, pero se tiene en cuenta o influye en las obras literarias o su interpretación.

extramuros adv. Fuera del recinto de una población: *San Pablo era una basílica extramuros de Roma.*

extranjería n. f. **1** Situación y condición legal de la persona que es extranjera en relación con las leyes del país donde reside. **2** Conjunto de normas que regulan la condición y los intereses de los extranjeros en un país: *ley de extranjería.*

extranjerismo n. m. GRAM. Palabra o modo de expresión procedente de una lengua extranjera que no se hallan totalmente incorporados a la lengua que los usa: *la palabra «barman» es un extranjerismo en español.*

extranjero, -ra adj./ n. m. y f. **1** Que es o viene de otro país. ANT nativo. ◆ n. m. **2** País o países distintos del propio. NOTA Siempre se usa con el artículo *el.*
DER extranjería, extranjerismo, extranjerizar.

extrañamiento n. m. **1** Acción de extrañar o extrañarse. **2** Efecto de extrañar o extrañarse.

extrañar v. tr./ prnl. **1** Producir una cosa sorpresa, admiración o extrañeza a alguien: *me extraña que no haya llegado todavía.* ◆ v. tr. **2** Echar de menos o sentir la falta de una persona o cosa. **3** Encontrar rara una cosa por ser diferente de la que usamos comúnmente.

extrañeza n. f. **1** Conjunto de características que hacen que algo resulte extraño, raro o distinto de lo normal. **2** Sorpresa, admiración o asombro: *me miró lleno de extrañeza cuando le conté aquel caso.*

extraño, -ña adj. **1** Que es raro o distinto de lo normal: *es extraño que tú me hagas esa pregunta.* **2** Que no tiene parte en lo que se expresa: *no participó en el asunto y permaneció extraño a los problemas que surgieron.* NOTA Se contruye con la preposición *a.* **3** [cosa] Que se desconoce o ignora y no se comprende su naturaleza y cualidades: *la química es una materia extraña para nosotros.* SIN desconocido. ◆ adj./ n. m. y f. **4** [persona] Que pertenece a un grupo o círculo no conocido. SIN desconocido.
DER extrañar, extrañeza.

extraoficial adj. Que no tiene carácter oficial: *asunto extraoficial.*

extraordinario, -ria adj. **1** Que destaca por sus buenas cualidades; que sobresale entre lo demás; que es admirable. SIN estupendo, excelente, formidable, magnífico. ANT pésimo. **2** Que se aparta de lo normal: *sorteo extraordinario.* ANT ordinario. ◆ adj./ n. m.

a b c d e f g h i j k l m n ñ o p q r s t u v w x y z

3 [publicación] Que aparece por una razón especial: *esta semana saldrá un extraordinario sobre los mundiales de fútbol.* **paga extraordinaria** Que se añade al sueldo: *haremos un viaje con el dinero de la paga extraordinaria.* **SIN** extra.

extrapolar v. tr. **1** Aplicar a un campo las conclusiones conseguidas en otro. **2** Sacar una frase o expresión del lugar en el que se ha dicho y darle un sentido distinto del que tiene al colocarla en otro contexto. **3** MAT. Calcular el valor de una variable en un momento y en unas condiciones dadas.
DER extrapolación.

extrarradio n. m. Alrededores de un pueblo o una ciudad; zona de una población alejada del centro y tocando estos alrededores.

extraterrestre adj. **1** Del espacio exterior a la Tierra o relacionado con él. ◆ adj./ n. com. **2** Que procede de otro planeta: *nave extraterrestre.*

extravagante adj. **1** Que es demasiado original o extraño y se aparta de lo común: *este coche pintado a cuadros de colores resulta muy extravagante.* ◆ adj./ n. com. **2** [persona] Que llama la atención por actuar o pensar de manera demasiado original o extraña: *deja de hacer cosas raras y no seas tan extravagante.* **SIN** estrafalario, estrambótico, excéntrico.
DER extravagancia.

extravertido, -da o **extrovertido, -da** adj./ n. m. y f. [persona] Que es muy sociable y su atención, interés y actividad anímica se dirigen predominantemente al mundo exterior: *si quieres tener amigos debes procurar ser más extravertido.* **ANT** introvertido.
DER extraversión.

extraviar v. tr./ prnl. **1** Perder alguien una cosa, no encontrarla en su sitio y no saber dónde está: *he extraviado las llaves y ahora no puedo entrar en casa.* **ANT** encontrar. **2** Perder o hacer perder el camino. **ANT** encontrar. **3** Apartar de lo que es justo y razonable; desviarse de la vida normal y seguir una conducta desordenada: *las malas compañías lo han extraviado.* **SIN** descarriar. **4** No fijar la vista en un objeto determinado: *extraviar la mirada.*
OBS En su conjugación, la *i* se acentúa en algunos tiempos y personas, como en *desviar.*
DER extraviado, extravío.

extravío n. m. **1** Pérdida de algo que no se encuentra o no se sabe dónde está. **2** Conducta desordenada, que se sale de lo normal y razonable: *en aquellos años jóvenes cometió muchas locuras y extravíos.* **NOTA** Se usa más en plural.

extremado, -da adj. **1** Situado o llevado al extremo de una escala o gradación; sumamente bueno o malo en su género: *es una persona de extremada inteligencia.* **2** Exagerado, que se sale de lo normal.

extremar v. tr. **1** Llevar una cosa al extremo o al grado máximo. ◆ v. prnl. **2** **extremarse** Esmerarse o poner mucho cuidado en la realización de una cosa.
DER extremado.

extremeño, -ña adj. **1** De Extremadura o relacionado con esta comunidad autónoma española. ◆ adj./ n. m. y f. **2** [persona] Que es de Extremadura. ◆ n. m. **3** Variedad del español hablado en Extremadura.

extremidad n. f. **1** Cada una de las partes que constituyen los extremos del cuerpo en el hombre y los animales, especialmente los brazos y las piernas o las patas: *los brazos son las extremidades superiores y las piernas las inferiores.* **2** Parte primera o última de una cosa. **SIN** extremo. **3** Último estado o valor que puede alcanzar una cosa.

extremis Palabra que se utiliza en la expresión *in extremis*, que significa 'en el último momento de una situación o circunstancia que llega a su fin': *el equipo español logró empatar el partido in extremis.*

extremista adj. **1** Del extremismo o que tiene relación con esta tendencia: *las posturas extremistas no son recomendables.* ◆ adj./ n. com. **2** [persona] Que es partidario de unas ideas o unas actitudes extremas o exageradas, especialmente en política.

extremo, -ma adj. **1** Que es muy intenso o que tiene una cualidad en mayor grado que los demás. **2** Que está muy distante o lejano en el espacio o el tiempo: *Extremo Oriente.* **3** Que es el último o que se encuentra en el límite: *la dimisión es siempre un recurso extremo.* ◆ n. m. **4** Parte primera o última: *estaba en el otro extremo de la calle.* **SIN** cabo, punta. **5** Punto último al que puede llegar una cosa. **6** Jugador de la línea delantera de un equipo de fútbol y de otros deportes que se coloca próximo a las bandas derecha e izquierda del campo. ◆ n. m. pl. **7** **extremos** Muestras exageradas de un sentimiento.
▶ **en extremo** Demasiado, excesivamente: *se*

entregó en extremo a su trabajo. en último extremo Si no hay otra salida o remedio.
DER extremar, extremidad, extremismo.

extrínseco, -ca adj. Que no es propio ni característico de una cosa o que es externo a ella: *no debes fijarte en los rasgos extrínsecos.*
ANT intrínseco.

extrovertido, -da adj./ n. m. y f. Extravertido.
OBS La Real Academia Española recoge *extrovertido*, pero prefiere la forma *extravertido.*

exuberancia n. f. Abundancia o desarrollo extraordinario de una cosa.

exuberante adj. Que es muy abundante o que está extraordinariamente desarrollado: *vegetación exuberante.*
DER exuberancia.

exudar v. intr./ tr. Salir un líquido a través de los poros o las grietas del cuerpo que lo contiene: *hasta que la herida no deje de exudar, no cicatrizará.*
DER exudación.

exultante adj. Que siente y da muestras de una gran alegría.

exvoto n. m. Ofrenda hecha a Dios, a la Virgen o a los santos en agradecimiento a un beneficio recibido: *en la ermita, los exvotos en honor de la Virgen adoptaban la forma de la parte del cuerpo sanada por su mediación.*

eyacular v. tr. Expulsar con fuerza el contenido de un órgano, una cavidad o un conducto, especialmente el semen.
DER eyaculación.

-eza Sufijo que entra en la formación de sustantivos femeninos abstractos con el significado de 'cualidad': *alteza, aspereza, delicadeza, sutileza.*

abcdeFghijklmnñopqrstuvwxyz

f n. f. Sexta letra del alfabeto español. Su nombre es efe: *la palabra feliz empieza con* f.

fa n. m. Cuarta nota de la escala musical: *el fa sigue al mi.*
OBS El plural es *fas.*

fabada n. f. Comida típica de Asturias que se hace con judías, chorizo, tocino y morcilla.

fábrica n. f. **1** Establecimiento que tiene máquinas y las instalaciones necesarias para crear o elaborar productos en gran número: *fábrica de zapatos.*
DER fabricar, fabril.

fabricación n. f. Preparación de un producto a partir de la combinación de sus componentes, especialmente cuando es producción en serie y por medios mecánicos: *trabaja en la fabricación de componentes eléctricos.* SIN confección, elaboración.

fabricante adj. [persona, empresa] Que se dedica a fabricar o elaborar productos en gran cantidad: *devolveremos la pieza defectuosa al fabricante.*

fabricar v. tr. **1** Preparar un producto a partir de la combinación de sus componentes, especialmente cuando se produce en serie y por medios mecánicos: *esta compañía fabrica aparatos de radio.* SIN confeccionar, elaborar. **2** Construir o hacer manualmente alguna cosa: *él mismo fabricó las herramientas que más tarde iba a necesitar.* **3** Levantar, disponer o inventar una cosa no material.
OBS En su conjugación, la *c* se convierte en *qu* delante de *e.*
DER fabricación, fabricante; prefabricar.

fabril adj. De la fábrica o que tiene relación con ella: *este invento facilita la transformación fabril de ciertas materias primas.*

fábula n. f. **1** Obra literaria en prosa o verso que cuenta una historia con contenido moral y cuyos protagonistas suelen ser animales: *le ha explicado la fábula de la hormiga y la cigarra.* **2** Mito o historia basada en las acciones de dioses o seres superiores. **3** Historia inventada que no se ajusta a la realidad: *déjate de fábulas y cuéntanos la verdad.* **4** Comentario que corre entre la gente. SIN rumor.
▶ **de fábula** Estupendo, muy bien o muy bueno: *el partido del domingo fue de fábula.*
DER fabular, fabuloso.

fabular v. tr. Imaginar o inventar una historia o argumento.
DER fabulación, fabulista; confabular.

fabulista n. com. Persona que escribe fábulas literarias: *Iriarte y Samaniego fueron grandes fabulistas españoles.*

fabuloso, -sa adj. **1** Que es inventado y no se ajusta a la realidad: *en estos cuentos aparecen animales fabulosos.* **2** Que destaca por sus buenas cualidades: *ahora tiene un coche fabuloso.* SIN extraordinario, fantástico, maravilloso.

facción n. f. **1** Bando de gente que se separa de un grupo por no estar de acuerdo con sus ideas y se opone a ellas de modo violento: *una facción del ejército intentó un golpe de Estado.* **2** Cada una de las partes de la cara humana: *el paso de los años no ha estropeado sus bellas facciones.* NOTA Se usa generalmente en plural.
DER faccioso.

faceta n. f. **1** Aspecto que puede ser considerado en un asunto o en la vida de una persona: *he descubierto una nueva faceta de mi personalidad.* **2** Cara de una figura sólida, especialmente, cuando es de pequeño tamaño.
DER polifacético.

facha n. f. **1** Manera de aparecer o de mostrarse a la vista: *no te he reconocido con esa facha que tienes hoy.* SIN apariencia, aspecto. **2** Persona o cosa fea o ridícula o extravagante.
◆ adj./ n. com. **3** [persona] Que es partidario del fascismo. SIN fascista. NOTA Tiene sentido despectivo.

fachada n. f. **1** Pared exterior y principal de un edificio: *han decidido restaurar la fachada del edificio.* **2** Apariencia externa de una persona o una cosa: *no son tan ricos, todo es pura fachada.*

facial adj. De la cara o que tiene relación con ella: *los músculos faciales hacen que podamos mover la boca.*

fácil adj. **1** Que se puede hacer, entender o conseguir con poca inteligencia, poco trabajo o poca habilidad: *nos ha puesto un examen muy fácil.* ANT arduo, difícil. **2** Que es muy probable o que hay muchas posibilidades de que suceda: *es fácil que venga hoy.* ANT difícil. **3** [persona, carácter] Que es agradable en el trato con la gente. ANT difícil. **4** [persona] Que se deja seducir sin oponer resistencia y se presta fácilmente a tener relaciones sexuales. NOTA Tiene valor despectivo.
DER facilidad, facilitar, fácilmente, facilongo.

facilidad n. f. **1** Disposición o capacidad para hacer, entender o conseguir una cosa sin esfuerzo o sin dificultad: *tiene gran facilidad para las matemáticas.* **2** Ausencia de dificultad o esfuerzo en la realización de algo. ◆ n. f. pl. **3** facilidades Condiciones o circunstancias que se proporcionan a alguien y le hacen fácil o posible conseguir o ejecutar una cosa: *necesitan vender y ofrecen muchas facilidades de pago.*

facilitar v. tr. **1** Hacer fácil o posible un proceso o una acción: *una grúa nos facilitó el trabajo.* SIN favorecer. ANT dificultar, entorpecer, obstaculizar. **2** Entregar o proporcionar a alguien una cosa o intervenir para que la tenga: *un amigo suyo nos facilitará alojamiento.*

facsímil n. m. Perfecta imitación o reproducción de una cosa, especialmente de un escrito o un dibujo: *he encontrado un facsímil de un antiguo manuscrito.*
DER facsimilar.

factible adj. Que se puede hacer o ejecutar: *el proyecto es factible.*
OBS No se debe confundir su uso con el de *posible.*

fáctico, -ca adj. Que está basado en los hechos y no en la teoría: *los poderes fácticos.*

facto Palabra que se utiliza en la expresión latina *de facto* que significa 'de hecho': *aunque no había sido nombrado oficialmente, Jesús estuvo haciendo de consejero de facto en el comité de direción.*

factor, -ra n. m. **1** Elemento o circunstancia que contribuye, junto con otras cosas, a producir un resultado: *la mala suerte ha sido el factor decisivo.* **2** MAT. Cada una de las cantidades que se multiplican para calcular su producto: *los factores de una multiplicación son el multiplicando y el multiplicador.* **3** MAT. Número que está contenido exactamente dos o más veces en otro: *el 2 es factor de todos los números pares porque todos lo contienen una cantidad exacta de veces.* SIN divisor, submúltiplo.
DER factoría.

factoría n. f. **1** Fábrica o industria. **2** Establecimiento que un país tiene en otro para comerciar con los nativos: *los fenicios crearon importantes factorías en las costas levantinas.* **3** Oficina del factor.
DER factorial; piscifactoría.

factura n. f. **1** Cuenta en la que se detallan las mercancías compradas o los servicios recibidos y la cantidad de dinero que se pide por ellos. **2** Forma de una cosa o manera en la que está hecha: *realizó en mármol una estatua de bella factura.*
▶ pasar factura **a.** Pedir un favor como contraprestación de otro que se había hecho: *en cuanto tuvo ocasión, me pasó factura por la ayuda que me prestó.* **b.** Traer consecuencias negativas: *si no has estudiado, el curso te pasa factura.*
DER facturar.

facturación n. f. **1** Acción de facturar: *la facturación de unas telas.* **2** Cantidad de dinero que suman todas las facturas emitidas por una empresa durante un período determinado de tiempo: *la facturación de la multinacional.*

facturar v. tr. **1** Entregar y registrar en una estación de transportes un equipaje o mercancía para que sea enviada a su lugar de destino. **2** Hacer una factura o detallar las mercancías compradas o los servicios recibidos y el importe que se pide por ellos: *le va bien el negocio y cada mes factura más.*
DER facturación.

facultad n. f. **1** Capacidad o aptitud física, intelectual o moral que tiene una persona para hacer una cosa o ejercer una función: *está recibiendo clases de tenis porque le han visto facultades.* **2** Poder o derecho para hacer una cosa. **3** Parte de una universidad que corresponde a una rama del saber y que organiza los estudios de varias carreras: *la facultad de Filología.* **4** Edificio e instalaciones en que se encuentra esa parte de la universidad: *han construido nuevos aparcamientos junto a la facultad de letras.*
DER facultar, facultativo.

a b c d e f g h i j k l m n ñ o p q r s t u v w x y z

facultar v. tr. Conceder a alguien facultad, poder o derecho para hacer una cosa: *este título te faculta para ejercer como médico.*

facultativo, -va adj. **1** Que puede hacerse o dejar de hacerse: *este trabajo es facultativo.* SIN potestativo. **2** Que puede desarrollarse o funcionar, pero no es obligatorio: *medida facultativa.* **3** [persona] Que es funcionario y tiene una preparación específica: *personal facultativo.* **4** [cuerpo] Que agrupa a todos los miembros facultativos de una misma especialidad: *cuerpo facultativo de Archiveros.* **5** De la medicina o del facultativo (médico), o relacionado con ellos: *prescripción facultativa.* SIN médico. ◆ n. m. y f. **6** Persona que tiene la autorización académica y legal para ejercer la medicina: *la receta de un facultativo.* SIN médico.

faena n. f. **1** Actividad, tarea o trabajo que requiere esfuerzo físico o mental: *lleva todo el día trabajando, pero aún le queda mucha faena.* **2** Labor del torero, especialmente, en el último tercio de la corrida. **3** Obra o dicho que molesta, causa un daño o está hecho con mala intención: *si sigues haciendo faenas, te vas a quedar sin amigos.*
DER faenar.

faenar v. intr. **1** Pescar y hacer las faenas propias de la pesca marina: *los barcos fueron apresados cuando faenaban en aguas internacionales.* **2** Trabajar la tierra.
DER faenero; enfaenado.

fagocitar v. tr. BIOL. Absorber y digerir ciertas células las partículas nocivas o inútiles del organismo con fines de defensa o alimenticios.

fagocito n. m. Célula de la sangre y de muchos tejidos animales que tiene la propiedad de capturar y digerir partículas nocivas o inútiles para el organismo: *los glóbulos blancos son los fagocitos más importantes.*
DER fagocitar, fagocitosis.

fagot n. m. Instrumento musical de viento formado por un tubo de madera con llaves del que sale otro de metal corto, fino y curvo, que termina en una boquilla de caña: *el grupo de instrumentos de madera está formado por la flauta, el oboe, el clarinete y el fagot.*
OBS El plural es *fagotes.*

faisán n. m. Gallinácea del tamaño de un gallo, cuyo macho tiene un penacho de plumas en la cabeza, una cola larga y tendida, y un vistoso plumaje amarillo, verde y rojo; la hembra tiene el plumaje pardo y la cola corta; es comestible y muy apreciada como pieza de caza.

faja n. f. **1** Prenda interior de tejido elástico que cubre desde la cintura hasta la parte alta de las piernas: *con la faja pareces más delgada.* **2** Banda de tela o de punto con que se rodea el cuerpo por la cintura, dándole varias vueltas. **3** Zona de terreno más larga que ancha. SIN franja. **4** Tira de papel que envuelve o rodea un libro, un periódico o un paquete: *la revista llega por correo con una faja que lleva mi nombre y dirección.* **5** ARQ. Tira de piedra lisa donde se colocan pinturas o esculturas.
DER fajar, fajín; refajo.

fajo n. m. Conjunto de cosas, generalmente, largas y estrechas, puestas unas sobre otras y atadas por su centro: *un fajo de billetes.* SIN haz.
DER fajina.

falacia n. f. Engaño o mentira, especialmente, cuando con ello se intenta hacer daño: *con tales falacias solo conseguirás que los demás te desprecien.*

falange n. f. **1** ANAT. Cada uno de los pequeños huesos que forman el esqueleto de los dedos: *cada dedo tiene tres falanges, excepto el pulgar, que tiene dos.* **2** Conjunto de personas unidas para un mismo fin. **3** Cuerpo de tropas numeroso.
DER falangeta, falangina, falangismo.

falangeta n. f. ANAT. Hueso pequeño que está ubicado en la punta de cada uno de los dedos de manos y pies.

falangina n. f. ANAT. Hueso pequeño que está en los dedos de manos y pies, entre la falange y la falangeta.

falangismo n. m. Movimiento político y social de Falange Española, fundado por José Antonio Primo de Rivera en 1933 y basado en el ideario del fascismo italiano: el falangismo propugna la desaparición de los partidos políticos, así como la protección oficial de la tradición religiosa española.

falaz adj. **1** Que engaña o dice mentiras. **2** Que atrae o halaga con falsas y engañosas apariencias: *no debes creerte sus falaces promesas, pues nunca cumple lo que dice.*
DER falacia.

falda n. f. **1** Prenda de vestir, generalmente de mujer, que cae desde la cintura hacia abajo. **2** Parte de una prenda de vestir que cae suelta desde la cintura hacia abajo: *estás arrastrando las faldas del abrigo.* NOTA Se usa

frecuentemente en plural. **3** Tela que cubre una mesa redonda y que suele llegar hasta el suelo. Se usa más en plural. **4** Carne que cuelga de la parte delantera de las reses sin pegarse ni al hueso ni a las costillas: *falda de ternera.* **5** Parte inferior del lado de una montaña: *acamparemos en la falda de la montaña.*
▶ pegarse a las faldas Depender demasiado del cuidado y autoridad de una mujer: *este niño es muy tímido y se pega a las faldas de su madre.*
DER faldero, faldón; minifalda.

faldón n. m. **1** Parte inferior de una prenda de vestir que se extiende hasta por debajo de la cintura. **2** Falda larga y suelta que se pone a los bebés encima de las otras prendas.

falla n. f. **1** Defecto material de una cosa. **2** Fallo o mal cumplimiento de una obligación: *encontraron varias fallas en el balance de cuentas.* **3** GEOL. Fractura que se ha producido en un terreno a causa de un movimiento de tierra: *las fallas son lugares de actividad sísmica.* **4** Figura o conjunto de figuras de madera y cartón que representan de forma humorística y satírica personajes o escenas de actualidad y que han sido construidas para ser quemadas en las calles durante las fiestas valencianas. ◆ n. f. pl. **5** Fallas Fiestas populares de Valencia: *las Fallas se celebran en torno al día de San José.* NOTA Se escribe con letra mayúscula.
DER fallero.

fallar v. intr. **1** No llegar a buen fin o no conseguir lo que se espera: *han fallado nuestros cálculos.* **2** Perder una cosa su resistencia o su capacidad: *falló un cable y toda la carga se vino al suelo.* v. tr./ intr. **3** Tomar una decisión un tribunal o un jurado.
DER fallir, fallo.

fallecer v. intr. Morir una persona. SIN expirar, fenecer, finar.
OBS En su conjugación, la *c* se convierte en *zc* delante de *a* y *o*, como en *agradecer*.
DER fallecimiento; desfallecer.

fallecimiento n. m. Muerte o terminación de la vida de una persona: *no sabía nada del fallecimiento de tu madre.*

fallido, -da adj. Que no da el resultado esperado.

fallo n. m. **1** Equivocación o error: *cometer un fallo.* **2** Avería que impide el buen funcionamiento de una máquina o aparato. **3** Decisión de un tribunal o de un jurado: *no todos estábamos de acuerdo con el fallo del tribunal.* **4** Falta de un palo, en ciertos juegos de cartas: *tengo fallo a corazones.*

falsear v. tr. **1** Cambiar o alterar una cosa para que deje de ser verdadera o auténtica: *falseó los hechos al contar solo lo que le interesaba.* v. intr. **2** Perder fuerza, resistencia o firmeza.

falsedad n. f. Falta de verdad o de autenticidad: *todas las noticias insisten en la falsedad de esos rumores.* ANT veracidad.

falsificación n. f. Copia o imitación de algo que se hace pasar por verdadera o auténtica: *ha cometido un delito de falsificación de moneda.*

falsificar v. tr. Hacer una copia o una imitación de algo para hacerla pasar por verdadera o auténtica.
OBS En su conjugación, la *c* se convierte en *qu* delante de *e*.
DER falsificación.

falso, -sa adj. **1** Que no es verdadero o que no corresponde a la realidad: *es falso que ayer fuera al cine, no salí de casa en todo el día.* ANT verdadero. **2** Que imita o se parece a una cosa real: *un billete falso; un falso testimonio.* ANT genuino. **3** Que engaña por su aspecto o intención. ◆ n. m. **4** Tira de tela que se pone en la parte interior de una prenda de vestir, donde la costura hace más fuerza o en los bordes.
▶ en falso **a.** Con intención contraria a la que se expresa: *jurar en falso.* **b.** Sin seguridad o sin apoyo: *pisó en falso y se cayó.*
DER falsario, falsear, falsedad, falsete, falsificar, falsilla.

falta n. f. **1** Error o equivocación: *este escrito tiene varias faltas de ortografía.* **2** Carencia, privación de una cosa necesaria o útil: *intentaron solucionar la falta de agua y de alimentos.* **3** Ausencia de una persona: *nadie notó tu falta en la fiesta.* **4** Apunte con el que se indica que una persona no está en el sitio que debe. **5** Acción censurable o merecedora de un castigo que comete una persona: *falta de respeto.* **6** Incumplimiento de una regla en un juego o en un deporte: *el árbitro pitó la falta cometida por el portero.* SIN infracción. **7** Ejecución o realización del castigo que corresponde a dicha falta: *el delantero lanzó la falta.* **8** Defecto o imperfección. **9** Desaparición de la menstruación o regla en la mujer: *cree que puede estar embarazada porque ha tenido tres faltas.*
▶ caer en falta No cumplir con una obligación: *has caído en falta al no acabar el trabajo a tiempo.* echar en falta Echar de menos: *durante*

las vacaciones, eché en falta a los amigos del colegio. **hacer falta** Ser necesario: *no hace falta que vengas.* **sin falta** Con seguridad: *esta tarde sin falta te devuelvo lo que te debo.*

faltar v. intr. **1** No estar en un lugar o no existir donde sería necesario: *falta un libro en esta estantería; en esta casa falta luz.* SIN carecer. **2** Tener que transcurrir para llegar a cierto punto o situación: *faltan tres días para las vacaciones.* **3** Quedar todavía por hacer: *ya solo me faltan los ejercicios de inglés.* **4** Acabarse o no haber bastante: *no pudimos comprarlo porque nos faltaba dinero.* **5** No responder o no cumplir: *Juan faltó a su palabra y no cumplió lo prometido.* v. intr./ tr. **6** Tratar sin respeto ni consideración a una persona: *perdí los nervios cuando comenzó a faltarme.*

▶ **¡no faltaba más!** o **¡no faltaría más!** **a.** Expresión con que se enfatiza el rechazo de una petición o un hecho que se considera inadmisible: *quiere salir todos los días y tiene que estudiar, pues ¡no faltaría más!* **b.** Expresión de cortesía que significa 'desde luego, sin duda': *¿me deja ver el periódico? ¡No faltaba más!*

DER falta, falto.

falto, -ta adj. Carente o necesitado de la cosa que se expresa: *falto de recursos.*

DER faltón.

falucho n. m. Pequeña embarcación costera con una vela latina o triangular.

fama n. f. **1** Opinión de la gente sobre una persona: *tiene fama de trabajador.* **2** Situación o estado de popularidad y admiración pública: *alcanzó la fama en muy poco tiempo.* SIN celebridad.

DER famoso; afamar, difamar, infamar.

familia n. f. **1** Grupo de personas emparentadas entre sí que viven juntas: *el próximo fin de semana me quedo en casa con mi familia.* **2** Conjunto de ascendientes, descendientes y demás personas relacionadas entre sí por parentesco de sangre o legal: *mi familia se instaló en esta ciudad hace tres generaciones.* **3** Hijo o conjunto de hijos o descendientes de una persona. **4** Conjunto de personas o cosas que tienen una característica o condición común: *el español y el italiano son de la misma familia de lenguas que el francés.* **5** BIOL. Categoría de clasificación de los seres vivos inferior a la de orden y superior a la de género: *el gato pertenece a la familia de los félidos.*

▶ **de buena familia** Que pertenece a una familia de clase social alta. **de la familia** Que tiene una relación estrecha con las personas de una casa: *no es necesario que salgas, tú eres de la familia.* **en familia** Sin gente extraña y con confianza: *ahora que estamos en familia, hablaremos de nuevo del tema.*

DER familiar; subfamilia.

familiar adj. **1** De la familia o que tiene relación con ella: *estrechar los lazos familiares.* **2** Que es sencillo y llano: *estilo familiar y cariñoso.* **3** Que se conoce muy bien o se hace fácilmente: *su cara me resulta familiar.* **4** [lenguaje] Que se usa en la conversación normal y corriente. ◆ n. m. **5** Persona que pertenece a la misma familia que otra: *estuve visitando a un familiar.* SIN pariente.

DER familiaridad, familiarizar; unifamiliar.

familiaridad n. f. Sencillez y sinceridad en el trato, propia de la amistad o del parentesco. SIN confianza.

familiarizar v. tr./ prnl. **1** Adaptar, acostumbrar o hacer familiar o común una cosa: *intenta familiarizarte con las nuevas tecnologías.* v. prnl. **2** **familiarizarse** Llegar a tener un trato familiar con una persona: *no tardará en familiarizarse con sus compañeros.*

OBS En su conjugación, la *z* se convierte en *c* delante de *e*.

famoso, -sa adj. Que es muy conocido o tiene fama: *los famosos salen en televisión.* SIN célebre, conocido.

fan n. com. Persona que admira o apoya a una persona o una cosa con gran pasión.

OBS Es de origen inglés. El plural es *fans*.

familia

consanguíneo	
padre/madre	hijo/-a
hermano/-a	primo/-a (hermano/-a)
tío/-a	sobrino/-a
abuelo/-a	nieto/-a
bisabuelo/-a	biznieto/-a
tatarabuelo/-a	tataranieto/-a

político		**adoptivo**
suegro/-a	marido/mujer	padrastro/ madrastra
yerno/nuera	padrino/madrina	hijastro/-a
cuñado/-a	ahijado/-a	hermanastro/-a

términos relacionados: antecesor, ascendiente, antepasado, descendiente, sucesor, generación, familiar, pariente, allegado, emparentado, consanguíneo, origen, parentesco, familia, clan, tribu, casa, linaje, casta, dinastía, prole, cuna, maternal, paternal, filial, fraternal, conyugal, huérfano

fanático, -ca adj./ n. m. y f. **1** [persona] Que defiende una creencia o una opinión con pasión exagerada: *los fanáticos suelen ser intolerantes con las creencias de los demás.* **2** [persona] Que se preocupa o está entusiasmada de forma desmesurada por algo: *es un fanático de los coches.* SIN fan, furibundo.
DER fanatismo.

fanatismo n. m. Pasión exagerada al defender una creencia: *el fanatismo suele llevar a la intolerancia.*

fandango n. m. **1** Baile popular de movimiento vivo y apasionado: *el fandango es un baile típico andaluz.* **2** Canto y música que acompañan a este baile y tiene un compás de tres por cuatro o de seis por ocho.
DER fandanguillo.

fanega n. f. **1** Medida de capacidad para el grano, las legumbres y otros frutos secos, de valor variable según las regiones: *la fanega equivale en Castilla a 55,5 litros, y en Aragón, a 22,4 litros.* **2** Medida agraria de superficie, de valor variable según las regiones: *la fanega equivale en Castilla a unas 64 áreas.*

fanerógamo, -ma adj./ n. f. BOT. Planta que se reproduce por semillas formadas en las flores: *el rosal es una fanerógama.*

fanfarria n. f. **1** Conjunto musical ruidoso y festivo formado principalmente por instrumentos de metal: *muchas fanfarrias recorren las calles del pueblo durante las fiestas.* **2** Música interpretada por este conjunto musical. **3** Importancia excesiva que se da una persona a sí misma: *hazme una demostración y déjate de fanfarrias.*

fanfarrón, -rrona adj. [persona] Que presume de lo que no es, especialmente de valiente, o de lo que tiene: *es un fanfarrón y se atribuye proezas increíbles.* SIN bravucón, fantasma.
DER fanfarria, fanfarronear, fanfarronería.

fanfarronada n. f. Dicho o hecho propio de una persona fanfarrona.

fanfarronear v. intr. Hablar y comportarse con arrogancia como un fanfarrón.

fango n. m. **1** Barro espeso y pegajoso, especialmente, el que se forma en el suelo que tiene agua estancada. **2** Mala fama, descrédito o deshonra que cae sobre una persona por aquello que se ha dicho de ella: *los periódicos lo cubrieron de fango.*
DER fangoso; enfangar.

fantasear v. intr. **1** Dejar libre la imaginación o la fantasía: *su mente infantil fantaseaba constantemente.* v. tr. **2** Imaginar algo fantástico o que no es real.
DER fantaseador.

fantasía n. f. **1** Cualidad del ser humano para formar imágenes mentales, para inventar o crear ideas. SIN imaginación. **2** Imagen mental irreal fruto de la imaginación: *los gigantes y encantadores eran fantasías de don Quijote.* NOTA Se usa más en plural. SIN ensueño, ilusión. **3** Imaginación creadora o facultad mental para inventar o producir obras literarias o de arte: *la fantasía es el rasgo más destacado en los escritores románticos.* **4** MÚS. Composición musical creada de forma libre.
▶ de fantasía **a.** Se aplica a la prenda de vestir que lleva muchos adornos o dibujos imaginativos y poco corrientes: *llevaba una corbata de fantasía.* **b.** Se aplica al adorno que tiene la apariencia de un material noble o lo imita: *llevaba pendientes y collar de fantasía.*
DER fantasear, fantasioso, fantástico.

fantasioso, -sa adj. [persona] Que tiene mucha fantasía y tiende a dejarse llevar por la imaginación: *su mente fantasiosa lo llevó a creer que triunfaríamos y seríamos famosos.*

fantasma adj. **1** Que tiene una existencia dudosa o poco segura: *barco fantasma.* **2** [lugar] Que está abandonado: *en este pueblo fantasma no hay nadie.* adj./ n. com. **3** [persona] Que presume de aquello que no es o de tener aquello que no tiene: *está hecho un fantasma, se atribuye cosas que él nunca sería capaz de hacer.* SIN fanfarrón. ◆ n. m. **4** Imagen de una persona muerta que se aparece a los vivos: *¿tú crees en los fantasmas?* SIN aparecido, aparición. **5** Imagen o idea irreal creada por la imaginación, especialmente, la que está impresa en la memoria de forma atormentadora: *todos tenemos que luchar contra el fantasma del hambre.*
DER fantasmada, fantasmagoría, fantasmal, fantasmear, fantasmón.

fantasmada n. f. Dicho o hecho presuntuoso que se hace de forma muy visible y para alardear; suele ser exagerado o, en el caso del dicho, falso: *le encanta contar fantasmadas y ser el centro de atención.*

fantástico, -ca adj. **1** Que no es real o que es producto de la imaginación: *el unicornio no ha existido nunca: es un ser fantástico.* **2** Que sobresale entre los demás por sus buenas cualidades: *un pianista fantástico.* SIN extraordinario, fabuloso, maravilloso. **3** De la fantasía o que tiene relación con ella: *literatura fantástica.*

fantoche n. m. **1** Persona que presume de lo que no es o de tener lo que no tiene. SIN fanfarrón, fantasma. **2** Persona de aspecto ridículo y grotesco. **3** Muñeco que se mueve por medio de hilos o metiendo la mano en su interior. SIN marioneta, títere.
DER fantochada.

faquir n. m. **1** Religioso de la India y otros países orientales que lleva una vida de oración y gran austeridad, vive de la limosna y realiza actos de mortificación sorprendentes. **2** Persona que hace un espectáculo en el que se somete a pruebas que suelen causar daño sin que ello le produzca ningún dolor: *el faquir del circo camina sobre vidrios rotos o brasas ardiendo.*

faradio o **farad** n. m. Unidad de capacidad eléctrica, en el Sistema Internacional: *F es el símbolo del faradio.*
OBS *Farad* es la denominación internacional del *faradio.*
DER microfaradio.

faraón n. m. Soberano del antiguo Egipto: *el faraón era considerado como un dios.*
DER faraónico.

faraónico, -ca adj. **1** Del faraón o relacionado con él. **2** Que es excesivamente lujoso o que exige demasiado esfuerzo, especialmente, económico: *la ciudad no necesita ese proyecto faraónico.*

fardar v. intr. **1** Presumir o alardear de una virtud o de una cosa que se posee: *le gusta fardar delante de sus amigos de todo lo que tiene.* **2** Resultar vistoso y atractivo: *ese vestido farda mucho.*
DER fardón.

fardo n. m. Lío o paquete de ropa u otra mercancía muy apretado y atado: *preparó un fardo con la ropa y se lo echó a la espalda.*
DER fardar.

seres fantásticos y fabulosos

ánima	espectro	musa
aparecido	fantasma	ninfa
bruja	genio	ogro
cancerbero	gnomo	quimera
centauro	hada	sátiro
cíclope	harpía	selenita
dragón	leviatán	sirena
duende	marciano	vampiro
esfinge	minotauro	zombi

farero, -ra n. m. y f. Persona que se dedica al mantenimiento y vigilancia de un faro.

faringe n. f. ANAT. Parte del aparato digestivo en forma de tubo, de paredes musculosas y situada a continuación de la boca.
DER faríngeo, faringitis; nasofaríngeo.

faringitis n. f. Inflamación de la faringe.
OBS El plural también es *faringitis.*

fariseo, -sea adj./ n. . y f. **1** [persona] Que es hipócrita y finge una moral, unos sentimientos o unas creencias religiosas que no tiene: *no puedes fiarte de su palabra: es un fariseo.* ◆ n. m. **2** Miembro de una secta judía de la época de Jesucristo que demostraba rigor y austeridad, pero solo prestaba interés a la forma externa de los preceptos religiosos, pero no a su esencia.
DER farisaico, fariseísmo.

farmacéutico, -ca adj. **1** De la farmacia o que tiene relación con este establecimiento: *productos farmacéuticos.* ◆ n. m. y f. **2** Persona que tiene los estudios de farmacia o se dedica a preparar o vender medicinas en una farmacia. SIN boticario.

farmacia n. f. **1** Establecimiento donde se hacen o venden medicinas: *tengo que ir a la farmacia a comprar las pastillas para el estómago.* SIN botica. **2** Ciencia que trata de la preparación de los medicamentos y de las propiedades de sus componentes como remedio o prevención contra las enfermedades.
DER farmacéutico.

fármaco n. m. Sustancia que sirve para curar, calmar o evitar enfermedades. SIN medicamento, medicina.
DER farmacia, farmacología; psicofármaco.

farmacología n. f. Rama de la medicina que se ocupa de los medicamentos y de su acción terapéutica.

faro n. m. **1** Torre alta en las costas y puertos que dispone de una luz potente en la parte superior para orientar de noche a los navegantes: *la luz del faro se divisa desde muy lejos.* **2** Foco de luz potente en la parte delantera de los vehículos automotores que sirve para iluminar el camino. **3** Persona o cosa que sirve como guía o modelo: *él ha sido nuestro faro durante la realización del trabajo.*
DER farero, farol.

farol n. m. **1** Caja con una o más caras de cristal o de otro material transparente que contiene una luz para alumbrar. **2** Obra o dicho exagerado o sin fundamento con el que se

pretende presumir, sorprender o engañar: *no te marques otro de tus faroles y dime de verdad cuánto tienes.* **3** Jugada falsa hecha para desorientar al contrario en los juegos de naipes.
DER farola, farolillo.

farola n. f. Farol grande y colocado en alto, generalmente sobre un pie o un poste, que sirve para alumbrar las calles y algunos tramos de carretera.

farolillo n. m. **1** Farol de papel, celofán o plástico de colores que se cuelga del techo y de las paredes como adorno en las fiestas: *la verbena estaba decorada con farolillos y luces de colores.* **2** Planta de jardín cuyas flores tienen forma de campanilla agrupadas en ramilletes piramidales y son de color azul o blanco.
▶ farolillo rojo Último puesto en una clasificación o en una competición deportiva: *si seguimos siendo el farolillo rojo de la liga descenderemos de categoría.*

farra n. f. Diversión o fiesta muy animada, en especial, si es desenfrenada o licenciosa.

farsa n. f. **1** Obra de teatro cómica y de corta duración: *la compañía representó una farsa en la calle.* **2** Obra de teatro de poca calidad o de mal gusto: *esa comedia no es más que una farsa.* **NOTA** Tiene valor despectivo. **3** Hecho o situación que es un engaño: *las votaciones fueron una farsa.*
DER farsante.

farsante, -ta adj./ n. m. y f. **1** [persona] Que miente o engaña, especialmente, finge lo que no siente o se hace pasar por lo que no es: *es un farsante, y aunque lo veas llorar, no creas que tiene pena.* ◆ n. com. **2** Persona que se dedicaba a representar farsas. **NOTA** En este sentido existía el femenino *la farsanta*..

fascículo n. m. Cada una de las partes de un libro que se publican periódicamente y, en general, en forma de cuaderno impreso.
DER fasciculado.

fascinación n. f. Atracción o seducción irresistible: *las joyas le causaban una auténtica fascinación.*

fascinante adj. Que atrae o seduce irresistiblemente: *tienes una mirada fascinante.*

fascinar v. tr. Atraer irresistiblemente la atención, simpatía o amor de una persona con algo que le resulta física o moralmente muy interesante.
DER fascinación, fascinante.

fascismo n. m. **1** Movimiento sociopolítico fundado en Italia por Benito Mussolini después de la Primera Guerra Mundial. **2** Doctrina de carácter totalitario y nacionalista de este movimiento y otros similares en otros países: *el fascismo fue adoptado por partidos políticos de extrema derecha.*
DER fascista.

fascista adj. **1** Del fascismo o relacionado con él. ◆ adj./ n. com. **2** [persona] Partidario del fascismo. **3** [persona] Muy autoritario.

fase n. f. **1** Momento, período o estado que forma parte de una serie o de un proceso: *los que aprueben este examen pasarán a la siguiente fase.* **SIN** escalón, estadio, etapa. **2** ASTR. Aspecto con que se muestra un planeta en relación con su movimiento alrededor de un punto, especialmente, cada una de las diversas apariencias que toma la Luna según la ilumina el Sol: *la Luna tiene cuatro fases: luna nueva, cuarto creciente, luna llena y cuarto menguante.*
DER anafase, bifásico, desfase, monofásico, polifásico, trifásico.

fastidiar v. tr. **1** Enfadar, disgustar o molestar, debido, generalmente, a un contratiempo sin importancia o una situación ligeramente desagradable: *me fastidia tener que pedirle dinero.* **2** Causar a alguien un perjuicio no muy grave: *la lluvia nos fastidió todo el fin de semana.* ◆ v. prnl. **3** fastidiarse Aguantarse o sufrir con paciencia un contratiempo que no se puede evitar.
OBS En su conjugación, la *i* es átona, como en *cambiar.*

fastidio n. m. Disgusto, molestia o cansancio, debido, generalmente, a un contratiempo de poca importancia o una situación ligeramente desagradable: *es un fastidio tener que empezar de nuevo.*
DER fastidiar, fastidioso.

fastidioso, -sa adj. Que causa fastidio: *no seas fastidioso y deja de molestar.*

fasto, -ta adj. **1** [período] Que es muy favorable o feliz: *desde aquel fasto día mis penas desaparecieron.* **ANT** nefasto. ◆ n. m. **2** Lujo extraordinario: *en aquel suntuoso palacete vivían con gran fasto y esplendor.*
DER nefasto.

fastuoso, -sa adj. Que tiene o muestra un lujo extraordinario: *una casa fastuosa.*
DER fastuosidad.

fatal adj. **1** Que es muy malo o no se puede soportar: *hace un día fatal.* **2** Que es desgraciado, infeliz o muy perjudicial: *sufrió un accidente de fatales consecuencias.* **3** Inevitable o

determinado por el destino: *el destino fatal del ser humano es la muerte.* ◆ adv. **4** Muy mal: *está triste porque piensa que lo hizo fatal.*
DER fatalidad, fatalismo, fatídico.

fatalidad n. f. Desgracia o mala suerte: *tuvo la fatalidad de caer y romperse una pierna.*

fatalismo n. m. **1** FILOS. Doctrina filosófica que considera que los acontecimientos no se pueden evitar por estar sujetos a una fuerza superior que rige el mundo. SIN determinismo. **2** Actitud de la persona que se somete con resignación al curso de los sucesos porque cree que es imposible torcer el destino.

fatídico, -ca adj. **1** Que es desgraciado, nefasto o muy negativo: *camina con muletas desde que tuvo aquel fatídico accidente.* **2** Que anuncia lo que sucederá en el futuro, generalmente, desgracias.

fatiga n. f. **1** Sensación de cansancio que se experimenta después de un intenso y continuado esfuerzo físico o mental: *la fatiga le impedía continuar corriendo.* **2** Molestia o dificultad al respirar. **3** Molestia, sufrimiento o trabajo excesivo: *mis padres han tenido que pasar muchas fatigas para sacar el negocio adelante.* NOTA Se usa más en plural. **4** Miramiento, reparo o escrúpulo.

fatigar v. tr./ prnl. Causar fatiga o cansancio: *este trabajo tan pesado fatiga a cualquiera.* SIN cansar.
OBS En su conjugación, la *g* se convierte en *gu* delante de *e*.
DER fatiga, fatigado, fatigoso; infatigable.

fatigoso, -sa adj. **1** Que causa fatiga o cansancio: *trabajo fatigoso.* **2** Que tiene o muestra fatiga o dificultad al respirar: *el enfermo habló con el médico con voz fatigosa.*

fatuo, -tua adj./ n. m. y f. **1** [persona] Que es presuntuoso y engreído y presume de lo que no es o de tener lo que no tiene. **2** [persona] Que tiene poco entendimiento: *qué necio y qué fatuo es: no se entera de nada.*
DER fatuidad.

fauces n. f. pl. Parte posterior de la boca de los mamíferos que va desde el velo del paladar hasta el principio del esófago: *las fauces del león.*

fauna n. f. Conjunto de las especies animales de un país o región o de un período geológico.

fauno n. m. Divinidad de la mitología romana que habitaba en los campos y las selvas: *el fauno era un semidiós con las patas de macho cabrío.*
DER fauna.

favela n. f. Vivienda muy humilde propia del Brasil construida con materiales ligeros y, generalmente, de desecho; suele estar situada, junto con otras, en suburbios sin urbanizar. SIN barraca, chabola.

favor n. m. **1** Ayuda o protección que se da o se concede: *me hizo el favor de llevarme a casa.* NOTA Se suele usar con el verbo *hacer.* **2** Confianza, apoyo o privilegio prestado a alguien, generalmente, por una autoridad, poder o influencia: *siempre trata de ganarse el favor del jefe.*
▶ a favor de **a.** En beneficio o utilidad de alguien o algo: *voté a favor de nuestro representante.* **b.** Con la ayuda de o en la misma dirección: *nadar a favor de la corriente.* en favor de En beneficio o utilidad de alguien o algo: *se ha convocado una manifestación en favor de los derechos humanos.* hacer el favor de o por favor Expresión de cortesía que se utiliza para pedir o rogar alguna cosa, aunque también puede decirse con enfado: *¡haz el favor de sentarte!* tener a favor Tener de su parte a alguien o algo como ayuda o defensa: *tengo a mi favor a toda la familia.*
DER favorable, favorecer, favorito.

favorable adj. **1** Que favorece o hace más fácil una cosa o una acción: *saldremos a navegar si las condiciones meteorológicas son favorables.* ANT desfavorable. **2** Inclinado a hacer una cosa o a conceder lo que se le pide.

favorecer v. tr. **1** Dar o hacer un favor. **2** Hacer más fácil o posible la ejecución de una cosa o una acción: *el buen tiempo favorece la maduración de los frutos.* SIN facilitar. ANT dificultar. **3** Mostrar apoyo o confianza: *su intervención nos favoreció ante la comisión.* **4** Dar hermosura o sentar bien un adorno o una vestimenta. ANT desfavorecer.
OBS En su conjugación, la *c* se convierte en *zc* delante de *a* y *o*, como en *agradecer*.

favorito, -ta adj. **1** Que es mejor considerado o más querido que los demás: *es una de mis películas favoritas.* **2** Que tiene las mayores posibilidades de ganar una competición: *el caballo favorito va en cabeza.* ◆ n. m. y f. **3** Persona que goza de la confianza o del apoyo de un rey o de una persona con poder: *dejó el gobierno en manos de su favorito.*
DER favoritismo.

fax n. m. **1** Sistema de comunicación que permite mandar información escrita a través del teléfono: *te envié por fax toda la información que me pediste.* **2** Aparato que permite mandar y recibir mensajes a través de dicho sistema de comunicación. **3** Mensaje escrito que se ha comunicado a través de dicho sistema de comunicación: *el fax decía que no podría asistir.*

faz n. f. **1** Parte anterior de la cabeza de las personas, en la que están la boca, la nariz y los ojos: *su faz mostraba una profunda preocupación.* SIN cara, rostro, semblante. **2** Lado o superficie externa de una cosa: *lo he buscado por toda la faz de la tierra.* **3** Cara la faz de la tierra. **4** Cara o lado principal de una moneda o una medalla. SIN anverso.
DER faceta, facial.

fe n. f. **1** Virtud teologal del cristianismo que consiste en creer en la palabra de Dios y en la doctrina de la Iglesia. **2** Conjunto de ideas y creencias de una religión o doctrina: *la fe cristiana.* **3** Confianza o creencia en personas o cosas de las que no es necesario demostrar que existan o que sean buenas o útiles: *es una noticia digna de fe.* **4** Palabra o documento que asegura que una cosa es cierta: *la fe de bautismo es el documento que certifica que te han bautizado.*
▶ dar fe Afirmar la verdad de algo de manera legal: *el notario dio fe de la venta.* de buena (o mala) fe Con buena o mala intención o deseo: *actuó de buena fe intentando arreglar la radio.* fe de erratas Lista que se añade a veces en un libro para señalar y corregir todos los errores que han aparecido en él: *este libro tiene tantos errores que le hace falta una fe de erratas.*
DER fedatario, fehaciente.

fealdad n. f. Rasgo que caracteriza a una persona, animal o cosa que es feo.

febrero n. m. Segundo mes del año: *febrero solo tiene 28 días, excepto en los años bisiestos, que tiene 29.*

febril adj. **1** De la fiebre o que tiene relación con este síntoma: *esta enfermedad presenta un largo proceso febril.* **2** Que tiene fiebre. **3** Que es muy intenso, apasionado o agitado: *desbordaba pasión durante aquel discurso febril.*

fecal adj. De las heces o relacionado con los excrementos intestinales.

fecha n. f. **1** Momento en que se hace u ocurre una cosa: *no recuerdo la fecha exacta.* **2** Indicación del lugar y tiempo en que se hace u ocurre una cosa, especialmente, la que figura al principio o al final de una carta o un documento. **3** Cada día que pasa a partir de un momento determinado.
▶ hasta la fecha Hasta el momento actual: *hasta la fecha, no he suspendido ningún examen.*
DER fechar.

fechar v. tr. **1** Poner la fecha en un escrito: *olvidaron fechar la factura y no sé en qué mes se hicieron esos gastos.* SIN datar. **2** Determinar la fecha más aproximada de un escrito, un objeto o un acontecimiento: *los investigadores tratan de fechar el manuscrito que han descubierto.* SIN datar.
DER fechador.

fechoría n. f. Acción mala.

fécula n. f. Sustancia de color más o menos blanco, que abunda en las semillas, tubérculos y raíces de ciertas plantas y que se puede convertir en harina.
DER feculento.

fecundación n. f. Unión del elemento reproductor masculino con el femenino para dar origen a un nuevo ser.
▶ fecundación artificial La que se hace de modo artificial. fecundación in vitro Aquella que se logra en un laboratorio: *tras la fecundación in vitro, el huevo es implantado en el útero de la hembra.*

fecundar v. tr. **1** Unir el elemento reproductor masculino al femenino para dar origen a un nuevo ser: *en la mayoría de las especies animales, el macho fecunda a la hembra.* **2** Hacer fecunda o productiva una cosa.
DER fecundación.

fecundidad n. f. Cualidad de fecundo: *la fecundidad de la tierra; la tasa de fecundidad ha descendido.* SIN fertilidad.

fecundo, -da adj. **1** [terreno] Que produce en abundancia: *es tierra muy fecunda.* SIN feraz, fértil. **2** [persona, cosa] Que produce una gran cantidad de obras o de resultados: *es un pintor muy fecundo.* SIN fértil. **3** [ser vivo] Que se reproduce por medios naturales o es capaz de fecundar: *si el macho es fecundo, no será necesario inseminar a la hembra.* SIN fértil.
DER fecundar, fecundidad, fecundizar.

federación n. f. **1** Unión o pacto entre grupos sociales o estados: *el alcalde ha pedido a los vecinos que establezcan una federación.* SIN confederación. **2** Organismo, entidad o estado resultante de esta unión o pacto: *Fede-*

ración Rusa; Federación Española de Baloncesto. SIN confederación.

federal adj. 1 Federativo, de la federación: *Canadá es un estado federal.* ◆ adj./ n. com. 2 [persona] Que es federalista o partidario del federalismo.
DER federalismo.

federalismo n. m. 1 Sistema político de los estados federales. 2 Doctrina política que propugna la organización federativa de los estados.
DER federalista.

federativo, -va adj. 1 De la federación o que tiene relación con este tipo de organización o de alianza: *la violencia en un estadio deportivo puede ser causa de una sanción federativa para el equipo de casa.* SIN confederado, federal. 2 [entidad, estado] Que está formado por grupos sociales o estados con autonomía y leyes propias, excepto para algunos casos o situaciones que están sujetos a normas y derechos comunes. SIN confederado, federal. ◆ n. m. y f. 3 Directivo de una federación, especialmente, deportiva: *en la asamblea de federativos se aprobó el nuevo sistema de ascenso en liguilla.*

fehaciente adj. Que prueba o demuestra de forma clara e indudable una cosa o una acción: *su huida no es prueba fehaciente de su culpabilidad.*

feldespato n. m. Mineral compuesto, principalmente, por silicato de aluminio, de gran dureza y brillo nacarado y que forma parte de muchas rocas.

felicidad n. f. 1 Estado de ánimo del que se encuentra satisfecho o contento. SIN alegría, dicha. ANT infelicidad. 2 Acontecimiento o situación que causa este sentimiento: *¡Qué mayor felicidad que obtener un excelente!* SIN dicha.

felicitación n. f. 1 Expresión de la alegría y satisfacción que se siente por las cosas agradables o felices que le han ocurrido a otra persona: *deseo expresarle mi felicitación por ganar el premio.* 2 Escrito, palabras o tarjeta con los que se felicita: *recibimos tu felicitación de Navidad.*

felicitar v. tr. 1 Expresar a una persona la alegría y satisfacción que se siente por una cosa agradable o feliz que le ha ocurrido: *quiero felicitarte por el nacimiento de tu primer hijo.* 2 Expresarle a una persona el deseo de que sea feliz. ◆ v. prnl. 3 **felicitarse** Alegrarse o mostrar alegría y satisfacción por un acontecimiento agradable o feliz: *al terminar un trabajo tan difícil, no pudo menos que felicitarse.*
DER felicitación.

feligrés, -gresa n. m. y f. 1 Persona que pertenece a una parroquia determinada: *fue un cura muy querido por sus feligreses.* 2 Persona que frecuenta un establecimiento público: *la taberna, desde hacía años, tenía los mismos feligreses.*

felino, -na adj. 1 Del gato, relacionado con este animal o con alguna de sus características. ◆ adj./ n. m. 2 [mamífero] Que tiene uñas agudas y retráctiles, una gran agilidad y flexibilidad y es carnívoro: *el gato es el felino más común.*

feliz adj. 1 Que siente o tiene felicidad: *nos sentimos muy felices de estar entre vosotros.* 2 Que produce felicidad. 3 Que es acertado o adecuado: *aprovechar este viaje para vernos ha sido una feliz idea.*
DER felicidad, felicitar, felizmente; infeliz.

felpudo n. m. Pieza gruesa de material áspero y resistente, normalmente, de fibra de coco u otra fibra vegetal, tejida de manera que su superficie hace las veces de cepillo; se usa para limpiarse la suela de los zapatos. SIN alfombrilla.

femenino, -na adj. 1 De la mujer, relacionado con ella, o con rasgos o cualidades que se consideran característicos de ella: *intuición femenina.* ANT masculino. 2 [ser vivo] Que tiene órganos para ser fecundado: *las flores femeninas son fecundadas por el polen que depositan en ellas los insectos o el viento.* 3 De los seres vivos que tienen órganos para ser fecundados o relacionado con ellos. ◆ adj./ n. m. 4 GRAM. [género gramatical] Que se aplica a los sustantivos que significan 'seres vivos de sexo femenino' y a otros seres inanimados: *«casa», «luna» y «mujer» son palabras femeninas.* ANT masculino. 5 Que tiene relación con el género gramatical femenino. ANT masculino.
DER feminidad, feminismo.

fémina n. f. *formal* Mujer, persona de sexo femenino.
DER femenino; afeminar.

feminidad n. f. 1 Cualidad de femenino. SIN femineidad. 2 Conjunto de características físicas, psíquicas o morales que se consideran propias de la mujer o de lo femenino, en oposición a lo masculino.

feminismo n. m. Doctrina y movimiento so-

cial que pide para la mujer el reconocimiento de unas capacidades y unos derechos que, tradicionalmente, han estado reservados a los hombres: *el feminismo defiende la igualdad entre el hombre y la mujer.*
DER feminista.

feminista adj. **1** Del feminismo o relacionado con esta doctrina y este movimiento. ◆ adj./n. com. **2** [persona] Que defiende las ideas del feminismo: *la dirigente feminista participó en un debate político.*

femoral adj. ANAT. Del fémur o que tiene relación con este hueso.

fémur n. m. Hueso de la pierna que es el más largo del cuerpo humano: *el fémur se articula con la cadera, por un lado, y con la tibia y el peroné, por el otro.*
OBS El plural es *fémures.*
DER femoral.

fenecer v. intr. **1** *formal* Morir una persona. SIN expirar, fallecer, finar. **2** Acabarse o terminarse una cosa: *en poco tiempo, feneció su esplendor.*
OBS En su conjugación, la *c* se convierte en *zc* delante de *a* y *o*, como en *agradecer.*

fenicio, -cia adj. **1** De Fenicia o relacionado con este antiguo país asiático: *el territorio fenicio correspondía a lo que actualmente conocemos como Líbano.* ◆ adj./ n. m. y f. **2** [persona] Que era de Fenicia. **3** Persona a la que le gusta hacer negocios y que tiene suerte en ellos: *este hombre es un fenicio: ha conseguido un frigorífico a cambio de cuatro trastos viejos.* ◆ n. m. **4** Lengua que se habló en Fenicia.

fénix n. m. **1** Ave fabulosa, semejante a un águila; según los antiguos, era única en su especie y renacía de sus cenizas. **2** Persona o cosa exquisita o única en su especie por su genialidad.
OBS El plural también es *fénix.*

fenomenal adj. **1** Que es muy grande o muy fuerte. **2** Que es muy bueno, estupendo o maravilloso. ◆ adv. **3** Muy bien: *la mesa les ha quedado fenomenal.* SIN fenómeno.

fenómeno n. m. **1** Manifestación o apariencia material o espiritual que se produce: *las lluvias, la nieve y el granizo son fenómenos atmosféricos.* **2** Acontecimiento, suceso o cualidad poco corrientes, extraordinarios, sorprendentes: *están ocurriendo una serie de fenómenos inexplicables hasta el momento.* ◆ adj./ n. com. **3** Que destaca por sus buenas cualidades: *es un fenómeno tocando el piano y la guitarra.* ◆ adv. **4** Muy bien: *me parece fenómeno que quieras invitarme al cine.* SIN fetén.
DER fenomenal, fenomenología.

fenomenología n. f. FILOS. Método y doctrina filosóficos que tratan de describir los contenidos de la conciencia en su origen y desarrollo.
DER fenomenológico.

feo, fea adj. **1** Que carece de belleza y causa una impresión desagradable: *me han regalado una corbata muy fea.* ANT bonito, guapo. **2** [acción] Que es malo y va contra la moral o la justicia: *robar a un compañero es una acción muy fea.* **3** Que parece malo o no favorable: *el asunto se está poniendo feo.* ◆ n. m. **4** Desaire o desprecio hecho a una persona: *me hizo el feo de no venir sabiendo que estaba esperándolo.*
DER fealdad; afear.

feraz adj. [terreno] Que produce en abundancia: *el valle es la parte más feraz de la región.* SIN fecundo, fértil.
DER feracidad.

féretro n. m. Caja en la que se coloca a una persona muerta para enterrarla. SIN ataúd.

feria n. f. **1** Mercado que se celebra en un lugar público y en determinadas fechas para comprar y vender todo tipo de productos, especialmente, agrícolas y ganaderos: *fueron a la feria a comprar unas mulas.* **2** Fiesta popular que se celebra en una localidad cada año en las mismas fechas. **3** Lugar donde se colocan instalaciones recreativas y puestos de venta con ocasión de estas fiestas: *en la feria de este año, hay muchas atracciones nuevas.* **4** Instalación en la que se exhiben, cada cierto tiempo, productos de un determinado ramo industrial o comercial para su promoción y venta: *la feria del libro.*
DER ferial, feriar.

feriar v. tr. Comprar o vender en la feria.
OBS En su conjugación, la *i* es átona, como en *cambiar.*
DER feriante.

fermentación n. f. Proceso bioquímico por el que una sustancia orgánica se transforma en otra, generalmente más simple, por la acción de un fermento: *el vino es un producto de la fermentación del zumo de las uvas.*

fermentar v. intr. Transformarse químicamente una sustancia orgánica en otra, generalmente más simple, por la acción de un fermento.
DER fermentación.

fermento n. m. **1** Sustancia orgánica soluble en agua que interviene en diversos procesos de transformación química: *el fermento hizo que la leche se cuajara.* **2** Causa o motivo de agitación y descontento entre la gente que suele llevar a un cambio de situación: *muchos de sus escritos fueron considerados como un importante fermento revolucionario.*
DER fermentar.

fermio n. m. Elemento radiactivo artificial que pertenece al grupo de las tierras raras y cuyo número atómico es 100: *Fm es el símbolo del fermio.*

-fero, -fera Elemento sufijal que entra en la formación de palabras con el significado de 'que lleva', 'que produce': *aurífero, esporífero.*

ferocidad n. f. **1** Cualidad de lo que es cruel y violento. SIN fiereza. **2** Crueldad y agresividad natural de ciertos animales: *el domador consigue dominar la ferocidad de sus leones.* SIN fiereza.

feroz adj. **1** Que es cruel, violento y agresivo: *una lucha feroz.* SIN fiero, sangriento, sanguinario. **2** Muy grande o intenso: *hambre feroz.*
DER ferocidad.

férreo, -a adj. **1** Que es muy duro o tenaz y se mantiene firme en sus ideas o intenciones: *es de voluntad férrea.* **2** Que es de hierro o tiene alguna de sus características: *en su interior lleva una estructura férrea.* **3** Del ferrocarril o relacionado con este medio de transporte: *vía férrea.*
DER ferretero, ferroso.

ferretería n. f. Establecimiento en el que se venden herramientas y objetos de carpintería, bricolaje y herrería, así como recipientes de metal u otro material.

ferrocarril n. m. **1** Medio de transporte formado por varios vagones que son arrastrados por una locomotora y circulan sobre raíles: *prefiero viajar en ferrocarril.* SIN tren. **2** Conjunto de instalaciones, equipos, vehículos y personas que hacen funcionar ese medio de transporte.

ferroviario, -ria adj. **1** Del ferrocarril o que tiene relación con él: *la red ferroviaria nacional.* ◆ n. m. y f. **2** Persona que trabaja en el ferrocarril: *entre aquel grupo de ferroviarios, había un interventor y un maquinista.*

ferry n. m. Embarcación de gran tamaño destinada al transporte de pasajeros, vehículos y cargas pesadas que suele hacer siempre el mismo recorrido, generalmente, entre las orillas de un río o de un estrecho. SIN transbordador.
OBS Es de origen inglés.

fértil adj. **1** [terreno] Que produce en abundancia: *tiene la suerte de cultivar una tierra fértil.* SIN fecundo, feraz. **2** [ser vivo] Que es capaz de reproducirse o fecundar: *una yegua fértil.* SIN fecundo. **3** [período de tiempo] Que da lugar a una producción grande. **4** [persona] Que produce una gran cantidad de obras: *es un escritor muy fértil.* SIN fecundo.
DER fertilidad, fertilizar.

fertilidad n. f. **1** Capacidad de producir en abundancia: *la fertilidad de estas tierras nos garantiza una cosecha abundante.* **2** Capacidad de fecundar y de reproducirse.

fertilizante n. m. Producto o sustancia que fertiliza o hace productiva la tierra: *existen medidas de protección ecológica contra el uso de fertilizantes químicos.*

fertilizar v. tr. Hacer fértil o más fértil la tierra incorporándole sustancias que mejoran su calidad y facilitan el crecimiento de las plantas.
OBS En su conjugación, la *z* se convierte en *c* delante de *e*.
DER fertilización, fertilizante.

férula n. f. **1** MED. Tablilla flexible y resistente que se emplea en el tratamiento de las fracturas para mantener el hueso roto o dañado en una posición fija: *lleva la mano escayolada y con una férula en cada dedo.* **2** Abuso de autoridad o poder: *no quería continuar viviendo bajo la férula de aquel hombre.*

ferviente adj. Que tiene o muestra fervor: *un ferviente admirador.* SIN fervoroso.

fervor n. m. **1** Sentimiento religioso muy intenso y activo: *todos rezaban con gran fervor.* SIN devoción. **2** Gran entusiasmo y admiración hacia alguien o hacia alguna cosa. **3** Entrega y dedicación grande e intensa que se ponen en una actividad.
DER ferviente, fervoroso; enfervorizar.

fervoroso, -sa adj. Que tiene o muestra fervor: *es un fervoroso ecologista.* SIN ferviente.

festejar v. tr. **1** Celebrar o conmemorar alguna cosa con fiestas: *todos los años festejan su aniversario.* **2** Hacer festejos o fiestas en honor de alguien para agasajarle o para obtener algo de él. **3** Tener novio o novia: *mis padres festejaron un año antes de casarse.*

festejo n. m. **1** Fiesta que se realiza para celebrar algo: *muchos periodistas acudieron al festejo.* ◆ n. m. pl. **2** festejos Cada uno de los

actos de diversión o recreo que se celebran en unas fiestas populares: *el alcalde ha presentado un excelente programa de festejos.*
DER festejar.

festín n. m. Banquete o comida espléndida por la calidad y la gran variedad de platos, especialmente, la que se organiza para celebrar alguna cosa y a veces se acompaña de baile y música.

festival n. m. **1** Conjunto de actuaciones o representaciones dedicadas a un arte o a un artista, a veces, con carácter de competición: *festival de cine.* **2** Cosa que resulta o se convierte en un gran espectáculo: *el partido ha sido un festival de goles.*

festividad n. f. Día en que se celebra una fiesta, especialmente la fijada por la Iglesia católica para conmemorar un santo o un suceso sagrado.

festivo, -va adj. **1** [día] Que no es laborable por ser fiesta oficial o eclesiástica: *si trabajas los festivos, cobrarás un sueldo más alto.* **2** Que tiene o muestra alegría o buen humor.
DER festival, festividad.

fetal adj. Del feto o que tiene relación con él.

fetén adj. **1** Que destaca o llama la atención por sus buenas cualidades: *todos dicen de él que es un tío fetén.* SIN estupendo. ◆ adv. **2** Muy bien: *lo pasé fetén en aquella fiesta.* SIN fenómeno.

fetiche n. m. **1** Objeto al que se atribuye la capacidad de traer buena suerte: *cree ciegamente en el poder de sus fetiches.* **2** Figura o imagen que representa a un ser sobrenatural que tiene poder y gobierna una parte de las cosas o de las personas, y al que se adora y rinde culto como si fuera un dios.
DER fetichismo.

fetidez n. f. Mal olor intenso y desagradable: *la fetidez de estas aguas residuales es espantosa.* SIN hedor.

fétido, -da adj. Que despide un mal olor intenso: *compró unas bombas fétidas en una tienda de artículos de broma.* SIN hediondo.
DER fetidez.

feto n. m. **1** Embrión de los mamíferos placentarios y marsupiales desde que este se implanta en el útero hasta el nacimiento. **2** Animal mamífero que ha muerto antes de nacer. **3** Persona deforme o muy fea: *Yoli lo ve muy guapo, y para mí es un feto.* NOTA Se usa en sentido despectivo.
DER fetal.

feudal adj. Del feudo o del feudalismo o que tiene relación con ellos.
DER feudalismo.

feudalismo n. m. **1** Sistema de gobierno y de organización económica, social y político propio de la Edad Media, basado en una serie de lazos y obligaciones que vinculaban a vasallos y señores. **2** Período de la Edad Media en que estuvo vigente este sistema de gobierno y de organización social y económica.

feudo n. m. **1** Contrato por el cual el rey o un noble concedía tierras o rentas en usufructo a cambio de determinados servicios y obligaciones. **2** Tierra, bien o derecho que se concede por este contrato. **3** Propiedad, zona o parcela en las que se ejerce una influencia o un poder exclusivos: *esta región se ha convertido en el feudo del partido centrista.*
DER feudal; enfeudar.

fez n. m. Gorro de fieltro rojo y de figura de cubilete propio de moros y turcos: *el fez suele llevar una borla que cuelga de la parte superior.*

fi n. f. Vigésima primera letra del alfabeto griego: *la fi equivale a la f del español.*
OBS La Real Academia Española solo registra *phi*, pero se usa más *fi*.

fiabilidad n. f. **1** Confianza que inspira una persona: *confía en él, es de una fiabilidad absoluta.* **2** Probabilidad de que una máquina, un aparato o un dispositivo funcionen correctamente: *es un coche de gran fiabilidad.*

fiable adj. **1** [persona] Que inspira confianza: *yo respondo por ella, es una persona muy fiable.* **2** [cosa] Que inspira seguridad: *los últimos datos tomados son fiables.*
DER fiabilidad.

fiambre n. m. **1** Carne o pescado que, una vez cocidos, salados o arreglados, se toman fríos: *los embutidos son fiambres.* **2** Cuerpo sin vida de una persona: *nadie sabía nada del fiambre encontrado en el río.* SIN cadáver.

fiambrera n. f. Recipiente de plástico o metal que sirve para conservar o llevar alimentos. SIN tartera.

fianza n. f. **1** Cantidad de dinero u objeto de valor que se da para asegurar el cumplimiento de una obligación o un pago: *para alquilar un piso hay que pagar un mes de fianza.* SIN garantía. **2** Obligación de hacer lo que corresponde a otra persona en el caso de que esta no lo cumpla.
DER afianzar.

a b c d e f g h i j k l m n ñ o p q r s t u v w x y z

fiar v. tr. **1** Vender una cosa a alguien sin exigir que pague en el momento en que hace la compra. **2** Hacerse responsable una persona de que otra pagará o cumplirá lo que promete: *no creas que no hará su parte del trabajo, yo lo fío.* v. prnl. **3** **fiarse** Tener confianza en una persona o una cosa: *no seas tan desconfiado y fíate de tus amigos.* **NOTA** Se usa seguido de la preposición *de.* **SIN** confiar.
▶ **ser de fiar** Merecer confianza una persona o cosa: *sube con cuidado, que la escalera no es de fiar.*
OBS En su conjugación, la *i* se acentúa en algunos tiempos y personas, como en *desviar.*
DER fiable, fiado, fiador, fianza; desafiar.

fiasco n. m. Desengaño o resultado adverso en una cosa que se esperaba que sucediese bien. **SIN** fracaso.

fibra n. f. **1** Filamento que forma parte de algunos tejidos orgánicos animales o vegetales o que se encuentra en algunos minerales. **2** Hilo que se consigue de modo artificial y se emplea en la confección de tejidos.
▶ **fibra de vidrio** Filamento que tiene un origen químico y está formado por materia mineral. **fibra óptica** Filamento de un material muy transparente que sirve para conducir o transmitir impulsos luminosos y se utiliza en sistemas de telecomunicación.
DER fibrilar, fibrina, fibroma, fibrosis, fibroso.

-ficar Elemento sufijal que entra en la formación de verbos con el significado de 'hacer', 'producir', 'convertir en': *osificar, dulcificar.*

ficción n. f. **1** Presentación como verdadero o real de algo que no lo es: *era incapaz de distinguir la ficción de la realidad.* **2** Obra literaria o género literario que cuenta, en prosa, historias imaginarias: *prefiero la novela de ficción a la novela histórica.*

ficha n. f. **1** Pieza pequeña y delgada de plástico, madera u otro material a la que se le asigna un valor convencional y se utiliza con distintos fines: *una ficha de parchís o de dominó.* **2** Trozo rectangular de papel o cartón que sirve para anotar datos y poder archivarlos o clasificarlos después con otros que se han anotado de la misma forma: *busca la ficha del libro en el archivo de la biblioteca.* **3** Tarjeta o pieza similar que sirve para contabilizar el tiempo que ha estado trabajando un empleado. **4** Informe o conjunto de informes sobre una cosa. **ficha técnica** Informe en el que se dan datos técnicos sobre alguna cosa: *en la ficha técnica de una película aparecen el metraje y los actores.*
DER fichar, fichero; microficha.

fichaje n. m. **1** Acción de fichar. **2** Contrato de un empleado o deportista. **SIN** ficha. **3** Cantidad de dinero que una organización paga por el contrato de un empleado muy cualificado o de un deportista: *la operadora cuenta con el fichaje de un alto ejecutivo.* **4** Persona que entra a formar parte de una organización empresarial o deportiva: *los fichajes de última hora no podrán jugar.*

fichar v. tr. **1** Hacer una ficha, anotar en ella una serie de datos sobre una persona o cosa para su clasificación: *se lo llevaron detenido a comisaría y lo ficharon.* **2** Considerar a una persona con prevención y desconfianza: *en este trabajo ya te tienen fichado.* ◆ v. tr./ intr. **3** Entrar o hacer que alguien entre a formar parte de un equipo, especialmente, deportivo: *ha fichado por un equipo extranjero.* **NOTA** En uso intransitivo, se construye seguido de la preposición *por.* ◆ v. intr. **4** Marcar en un trozo de papel, cartón u otro material la hora de entrada y salida del trabajo.
DER fichaje.

fichero n. m. **1** Conjunto de fichas ordenadas: *es una empresa antigua que cuenta con un amplio fichero de clientes.* **2** Mueble o lugar que sirve para guardar fichas de modo ordenado. **3** INFORM. Conjunto ordenado de datos guardados con un mismo nombre: *tiene el número de teléfono de todos sus amigos en un fichero.* **SIN** archivo.

-fico, -fica Elemento sufijal que entra en la formación de palabras con el significado de 'que hace, produce o convierte en lo designado por el primer elemento al que se une': *benéfico, maléfico, calorífico.*

ficticio, -cia adj. Que es falso o fingido: *ofreció unos datos ficticios para engañar a los compradores.*

fidedigno, -na adj. Que es digno de fe y merece confianza: *la noticia ha llegado a través de fuentes fidedignas.*

fidelidad n. f. **1** Firmeza o constancia en los afectos, en las ideas o en las obligaciones. **SIN** lealtad. **2** Exactitud o conformidad con la veracidad de los hechos: *el testigo relató el suceso con la mayor fidelidad posible.* **3** Precisión en la ejecución de una cosa: *el pintor reprodujo el paisaje con fidelidad.*
▶ **alta fidelidad** Grabación y reproducción del

sonido en los aparatos de música, de radio o de televisión con un alto nivel de perfección.
DER infidelidad.

fidelizar v. tr. Conseguir la fidelidad de un cliente por medio de ofertas especiales, regalos u otros recursos.
OBS En su conjugación, la *z* se convierte en *c* delante de *e*.
DER fidelización.

fideo n. m. **1** Pasta de harina de trigo que tiene forma de hilos cortos y finos: *sopa de fideos.* NOTA Se usa frecuentemente en plural. **2** Persona que está muy delgada: *estás hecho un fideo.* SIN palillo.

fiebre n. f. **1** Síntoma de enfermedad que consiste en la elevación de la temperatura del cuerpo por encima de lo normal y el aumento del ritmo cardíaco y respiratorio: *se considera que tienes fiebre cuando tienes más de 37 grados.* SIN calentura. **2** Enfermedad infecciosa cuyo síntoma principal es el aumento de la temperatura corporal: *cogió unas fiebres en una zona tropical.* NOTA Se usa también en plural. fiebre amarilla Enfermedad infecciosa propia de las zonas tropicales, muy contagiosa y que provoca epidemias. fiebre de Malta Enfermedad infecciosa transmitida por un producto animal y que se caracteriza por el cambio súbito de la temperatura corporal. fiebre del heno Alergia propia de la primavera y el verano que se produce al haber inhalado polen de algunas plantas. fiebre tifoidea Enfermedad infecciosa intestinal producida por un microbio y caracterizada por la ulceración de los intestinos. **3** Agitación o alteración en el ánimo o en las ideas que provoca un aumento de la actividad: *la fiebre del dinero.*
DER enfebrecido.

fiel adj. **1** [persona] Que es firme y constante en sus afectos, ideas y obligaciones: *los amigos fieles son los que nunca te abandonan.* **2** Que es exacto o conforme a la verdad: *un relato fiel de los hechos.* **3** Que cumple de forma exacta su función. SIN preciso. ◆ adj./n. com. **4** [persona] Que sigue una doctrina o religión: *el mensaje va dirigido a todos los fieles de la Iglesia.* ◆ n. m. **5** Aguja que marca el peso en una balanza.
DER infiel.

fieltro n. m. Paño que no está tejido, sino que es una mezcla de lana o pelo prensados de manera artificial: *un sombrero de fieltro.*

fiera n. f. **1** Animal salvaje, especialmente, el mamífero que se alimenta de otros animales a los que ataca y devora. **2** Persona de carácter cruel o violento: *menuda fiera tienes de jefe, da miedo hablar con él.*
▶ hecho una fiera Muy irritado o encolerizado: *se puso hecho una fiera cuando se lo contaron.* NOTA Se usa normalmente con los verbos *estar* o *ponerse*. ser una fiera en una actividad Destacar en la realización y desarrollo de una actividad: *es una fiera en programación, sabe más que su profesor.*

fiereza n. f. **1** Carácter cruel y violento: *el volcán se manifestó con fiereza durante la erupción.* SIN ferocidad. **2** Crueldad y agresividad natural de ciertos animales: *es un animal de terrible fiereza.* SIN ferocidad.

fiero, -ra adj. **1** De las fieras o que tiene relación con ellas. **2** Que es cruel, violento y agresivo: *un perro guardián muy fiero.* SIN bravo, feroz. **3** Que es muy grande o excesivo.
DER fiera, fiereza; enfierecerse.

fiesta n. f. **1** Ocasión en que se reúnen varias personas para celebrar un acontecimiento o para divertirse: *nos conocimos en una fiesta de Nochevieja.* **2** Día en que no se trabaja por celebrarse una conmemoración religiosa o civil. **3** Día en que la Iglesia católica celebra la memoria de un santo o de un acontecimiento religioso. fiesta de guardar o fiesta de precepto Día en que la Iglesia católica obliga a ir a misa. **4** Conjunto de actos preparados para que el público se divierta: *los pueblos de la costa suelen tener sus fiestas en el verano.* NOTA Se usa también en plural con el mismo significado. ◆ n. f. pl. **5** fiestas Muestra de afecto o de alegría: *el perro hace fiestas a su amo.* **6** Vacaciones que se disfrutan por Navidad, Pascua u otras celebraciones: *la resolución se ha dejado para después de las fiestas.*
▶ aguar la fiesta Estropear unos momentos de alegría o molestar a los que se están divirtiendo: *estábamos todos tan contentos y ha venido él a aguarnos la fiesta.* guardar (o santificar) las fiestas Ocupar el día en actos religiosos y no trabajar. hacer fiesta Tomar como festivo un día laborable: *mañana no abren porque hacen fiesta.* tengamos la fiesta en paz Expresión que se usa para pedir a una persona que no discuta o que no provoque un enfado: *no hablemos más del tema y tengamos la fiesta en paz.*

figuras geométricas

lados/caras	polígono (figura plana delimitada por rectas o lados)	poliedro (cuerpo delimitado por caras o polígonos)
3	triángulo	
4	cuadrilátero (paralelogramo, cuadrado, rectángulo, rombo, trapecio, trapezoide)	tetraedro
5	pentágono	pentaedro
6	hexágono	hexaedro (paralelepípedo, cubo)
7	heptágono	heptaedro
8	octágono	octaedro
10	decágono	decaedro
12	dodecágono	dodecaedro
20	icoságono	icosaedro
	círculo circunferencia	pirámide cono prisma cilindro esfera

figura n. f. **1** Forma o aspecto exterior de un cuerpo que permite diferenciarlo de otro. **2** Representación dibujada o hecha con cualquier material de una cosa, especialmente, de una persona o de un animal: *la niña dibujó la figura de un perro.* **3** Persona que destaca en una profesión o una actividad, especialmente, en un deporte o en el arte: *en pocos años se ha convertido en una figura del nundo del cine.* **SIN** astro, estrella. **4** Personaje de una obra literaria considerado como un conjunto de características o cualidades. **5** Naipe que representa a una persona o a un animal: *las figuras de la baraja española son el rey, el caballo y la sota.* **6** En geometría, espacio cerrado por líneas o por superficies. **7** LIT. Cambio o desviación de la forma, el sentido o el significado original de una palabra o expresión: *el texto de este poeta es muy complicado porque está lleno de figuras retóricas.*
DER figurar, figurativo, figurín, figurón.

figuración n. f. Imaginación o representación de algo en la mente, especialmente, una idea desprovista de fundamento.

figurado, -da adj. [significado] Que tiene una palabra o una expresión que se aparta del originario o literal: *la expresión «clavar los codos» tiene el uso figurado de estudiar.* **ANT** recto.
OBS Es el participio de *figurar.*

figurante n. com. Persona que forma parte del acompañamiento o que tiene un papel poco importante y sin texto en una obra de teatro o una película de cine.

figurar v. intr. **1** Estar alguien o algo presente en un lugar o en un acto o negocio: *tu nombre no figura en la lista de los seleccionados.* **2** Destacar o sobresalir entre los demás: *va a las fiestas solo para figurar.* ◆ v. tr. **3** Fingir o representar como real alguna cosa: *figuró una enfermedad para no ir a clase.* ◆ v. prnl. **4 figurarse** Imaginar o suponer algo que no se conoce: *me figuro que te habrá dolido su marcha.*
DER figuración, figurado, figurante; configurar, desfigurar, prefigurar, transfigurar.

figurativo, -va adj. **1** Que representa o figura otra cosa. **2** [arte, artista] Que representa personas y objetos reales y reconocibles. **ANT** abstracto.

figurón n. m. Hombre al que le gusta presumir o ser el centro de atención aparentando ser y tener más de lo que es y tiene.
OBS Tiene sentido despectivo.

fijación n. f. **1** Colocación de un objeto junto a otra cosa de forma que quede sujeto o seguro: *no es fácil la fijación de un tornillo tan pequeño a la pared.* **2** Estabilización de una cosa. **3** Determinación o establecimiento de alguna cosa de forma definitiva o exacta. **4** Manía excesiva y permanente: *tiene la fijación de mantener limpio su cuarto.* SIN obsesión.

fijador n. m. Líquido o sustancia que sirve para fijar: *el fijador fotográfico fija la imagen.*

fijar v. tr. **1** Poner o dejar quieto, sujeto o seguro: *fijaron un anuncio en la pared con chinchetas.* **2** Determinar o establecer: *se ha fijado una nueva subida del carburante.* **3** Dirigir, poner o aplicar con intensidad: *fijar la mirada.* ◆ v. tr./ prnl. **4** Dar una forma definitiva. ◆ v. prnl. **5** fijarse Poner atención o cuidado: *no me fijé bien y ahora no me acuerdo.*
DER fijación, fijado, fijador.

fijeza n. f. **1** Insistencia o continuidad: *me miraba con fijeza.* **2** Firmeza o seguridad en la opinión: *defendió su opinión con fijeza.*

fijo, -ja adj. **1** Que está quieto, sujeto o seguro: *no intentemos retirar la mesa, que está fija a la pared.* ANT móvil. **2** Que está determinado o establecido. **3** Que es permanente o no está expuesto a cambios o alteraciones. **4** Que se dirige o aplica con intensidad: *se quedó con la mirada fija en el suelo.*
▶ de fijo Con toda seguridad: *sé de fijo que aprobaré.*
DER fijar, fijeza; afijo, infijo, prefijo, sufijo.

fila n. f. **1** Serie de personas o cosas colocadas una tras otra en línea: *formaron una gran fila delante de la taquilla para sacar las entradas.* SIN hilera. fila india La que forman varias personas que están colocadas una tras otra en una sola línea. **2** Conjunto de cosas dispuestas una al lado de otra y formando una línea horizontal: *nuestra entrada correspondía a la tercera fila de butacas.* **3** Conjunto de soldados que, mirando al frente, están colocados uno al lado del otro. ◆ n. f. pl. **4** filas Colectivo, agrupación de personas, especialmente, si es de carácter político: *es uno de los políticos más activos de las filas de la oposición.* **5** Ejército o grupo militar: *en caso de guerra, serían llamados a filas.*
▶ en filas En el servicio militar: *terminó los estudios y ahora está en filas.*
DER desfilar, enfilar.

fila-, -filo, fila- Elemento prefijal y sufijal que entra en la formación de palabras con el significado de 'amigo'; 'amante de': *filosofía, cinéfilo.*
DER miso-, -fobo, -foba.

filamento n. m. **1** Cuerpo o elemento en forma de hilo que puede ser flexible o rígido. **2** Hilo de metal conductor que se pone incandescente al paso de una corriente eléctrica y produce luz o calor: *el filamento de una bombilla.*

filántropo n. com. Persona que se dedica a ayudar a otras personas y procurar su bien de manera desinteresada.
DER filantropía, filantropismo.

filatelia n. f. Afición a coleccionar y a estudiar sellos de correos.
DER filatélico, filatelista.

filete n. m. **1** Trozo ancho, alargado y de poco grosor de carne sin hueso o pescado sin espinas. **2** Dibujo o saliente en forma de línea larga y estrecha que sirve, generalmente, para adornar.

-filia Elemento sufijal que entra en la formación de sustantivos femeninos con el significado de 'simpatía', 'afición': *bibliofilia.* ANT -fobia.

filiación n. f. **1** Afiliación a una corporación o dependencia de una doctrina, un grupo o un partido: *se desconoce su filiación política.* **2** Relación de dependencia de una persona o cosa con respecto a otras. **3** Conjunto de datos personales de un individuo: *este documento acredita mi filiación.*

filial adj./ n. f. **1** [establecimiento] Que es dependiente de otro más importante: *trabaja en la filial de una gran empresa japonesa.* ◆ adj. **2** Del hijo o que tiene relación con él: *amor filial.*
DER filiar.

filibustero n. m. Pirata que durante el siglo XVII operaba en el mar de las Antillas y atacaba a los barcos que comerciaban con las colonias españolas de América.

filigrana n. f. **1** Adorno hecho con hilos de oro o plata entrelazados con mucha perfección y delicadeza. **2** Marca o dibujo transparente hecho en el papel al fabricarlo: *la filigrana es el logotipo de la empresa que fabrica el papel.* **3** Cosa hecha con perfección y muy delicada o que requiere mucha habilidad y trabajo: *el nuevo fichaje hace filigranas con el balón.*
DER afiligranar.

filipino, -na adj. **1** De Filipinas o relacionado con este país asiático: *la capital filipina es Manila.* ◆ adj./ n. m. y f. **2** [persona] Que es de las islas Filipinas.

filisteo, -a adj. **1** Del pueblo que habitó el sudoeste de Palestina hasta el siglo VII a.C. o relacionado con él. ◆ adj./ n. m. y f. **2** [persona] Que perteneció a un antiguo pueblo que habitaba el sudoeste palestino y que era enemigo de los israelitas: *los filisteos fueron sometidos por el rey David.* **3** [persona] Que es vulgar, tiene escasos conocimientos y carece de sensibilidad artística o literaria. NOTA Se usa más como nombre masculino. ◆ n. m. **4** Hombre alto y corpulento.

filmación n. f. Registro de imágenes o escenas en una película cinematográfica.

filmar v. tr. Registrar imágenes o escenas en película cinematográfica: *dejaremos de filmar cuando no tengamos la luz adecuada.* SIN rodar.
DER filmación.

filme n. m. Película cinematográfica.
OBS Es de origen inglés. También se escribe *film*.
DER film, filmar, fílmico, filmina, filmografía, filmología, filmoteca; microfilme, telefilme.

filmoteca n. f. **1** Lugar donde se guardan ordenados para su conservación, exhibición y estudio filmes o películas que ya no suelen proyectarse comercialmente. **2** Colección de películas o filmes.

filo n. m. **1** Borde agudo o afilado en que termina una superficie, generalmente, el de la hoja de un instrumento cortante: *se cortó con el filo de la navaja.* SIN corte. **2** Punto o línea que divide una cosa en dos partes.
▶ al filo Muy cerca o alrededor: *salieron al filo de la medianoche.*
DER afilar, refilón.

filología n. f. **1** Disciplina que estudia una cultura a través de su lengua y de su literatura, apoyándose, fundamentalmente, en los textos escritos. **2** Técnica que se aplica para reconstruir, fijar o explicar textos escritos: *las técnicas de la filología nos permitirán hacer una edición crítica.*
DER filológico, filólogo.

filológico, -ca adj. De la filología o relacionado con esta disciplina o técnica.

filólogo, -ga n. m. y f. Persona que se dedica al estudio de la filología.

filón n. m. **1** Masa mineral que llena un agujero o una fisura de una formación rocosa: *un filón de oro.* SIN vena, veta. **2** Negocio o situación del que se saca o se espera sacar gran provecho: *el nuevo negocio puede ser un filón para todos.*

filosofía n. f. **1** Conjunto de razonamientos sobre la esencia, las propiedades, las causas y los efectos de las cosas naturales, especialmente, sobre el hombre y el universo. **2** Sistema filosófico, conjunto sistemático de los razonamientos expuestos por un pensador: *la filosofía de Platón.* **3** Forma de pensar o de entender las cosas: *no entiendo qué filosofía sigue nuestra empresa.* **4** Conjunto de los principios y las ideas básicas de una ciencia determinada: *la filosofía del derecho es fundamental en la redacción de leyes.* **5** Fuerza o ánimo para soportar situaciones o acontecimientos desagradables con serenidad: *aunque pienses que se equivocan, debes tomártelo con filosofía.*
DER filosofar, filosófico, filósofo.

filosófico, -ca adj. De la filosofía o que tiene relación con ella.

filósofo, -fa n. m. y f. Persona que se dedica a la filosofía, especialmente, la que crea un sistema filosófico.

filtración n. f. **1** Paso de un líquido u otro elemento a través de un filtro: *la filtración del agua es necesaria antes de consumirla.* **2** Penetración de un líquido o de otro elemento a través de los poros o pequeñas aberturas de un cuerpo: *la filtración de la luz a través de la persiana.* **3** Transmisión indebida de una información reservada o secreta: *llegó hasta el periódico la filtración de la noticia de su destitución.*

filtrar v. tr. **1** Hacer pasar un fluido u otro elemento por un filtro para retener alguno de sus componentes: *hay que filtrar el café para que no queden posos.* **2** Seleccionar lo que se considera mejor o más importante para configurar una información. **3** Comunicar secretos o asuntos reservados a un público o a un competidor. ◆ v. intr./ prnl. **4** Penetrar un líquido en un cuerpo sólido a través de sus poros o de sus pequeñas aberturas: *el agua se ha filtrado por la pared.* ◆ v. tr./ prnl. **5** Dejar un cuerpo sólido pasar un fluido a través de sus poros: *utiliza transparencias de colores para filtrar la luz.*
DER filtración; infiltrar.

filtro n. m. **1** Materia u objeto a través del cual se hace pasar un líquido para hacerlo más claro o puro. **2** Dispositivo que sirve para eliminar determinadas frecuencias en la corriente que lo atraviesa: *los aparatos de música disponen de filtros que eliminan los ruidos.* **3** Pantalla o cristal que refleja ciertos rayos de luz y deja pasar otros: *la lámpara del salón lleva filtros de colores.* **4** Sistema o proceso que sirve para seleccionar lo que se considera mejor o más importante. **5** Bebida elaborada

con diversos ingredientes a la que se le atribuyen efectos mágicos, especialmente, el de conseguir el amor de quien lo toma: *la vieja preparó un filtro de amor.*
DER filtrar.

fimosis n. f. MED. Estrechez de la abertura de la piel que rodea el pene y que impide descubrir de forma completa su extremo.
OBS El plural también es *fimosis.*

fin n. m. **1** Parte o momento en que termina alguna cosa: *trabajo de fin de carrera.* SIN final, terminación. ANT inicio, principio. fin de año Último día del año: *nos reunimos todos en las fiestas de fin de año.* fin de fiesta Acto con que se termina un espectáculo o una celebración: *presentaremos un número muy espectacular como fin de fiesta.* fin de semana Período de tiempo que comprende los días de la semana en que no se trabaja, generalmente, el sábado y el domingo. **2** Objetivo o razón por el que se hace una cosa determinada. SIN finalidad.
▶ a fin de Indica la razón por la que se hace una cosa. a fin (o fines) de En la última parte del período de tiempo que se señala: *siempre cobramos a fin de mes.* a fin de cuentas o al fin y al cabo Después de todo: *a fin de cuentas, da igual que protestes o no.* al fin o por fin Por último, después de vencer todos los obstáculos: *¡por fin hemos acabado el trabajo!* en fin En resumen o en definitiva: *en fin, que Manolo se salió, como siempre, con la suya.* un sin fin Una gran cantidad de algo: *si no, el día de mañana tendrás un sin fin de problemas.*
DER final, finar, finito; afín, confín, definir.

final adj. **1** Del fin o lo último, o que tiene relación con ello: *fase final.* ANT inicial. ◆ adj./ n. f. **2** GRAM. [oración] Que expresa un fin o una finalidad cuyo cumplimiento es posterior a la acción, el proceso o el estado expresado por otra oración: *en «han venido todos para celebrar tu cumpleaños», «para celebrar tu cumpleaños» es una oración final.* ◆ n. m. **3** Parte o momento en que termina una cosa: *es una película con final feliz.* SIN fin, terminación. ANT inicio, principio. ◆ n. f. **4** Parte última de una competición deportiva de la que sale un ganador: *el próximo domingo se celebrará la final.*
DER finalidad, finalísima, finalista, finalizar; semifinal.

finalidad n. f. Objetivo o razón por el que se hace una cosa determinada: *todos hemos venido con la finalidad de ayudarte.* SIN fin.

finalista adj. [persona, obra] Que llega a la final de una competición: *el atleta español quedó finalista en las competiciones europeas.*

finalizar v. tr. **1** Dar fin a una cosa: *haremos el viaje cuando finalicemos el curso.* SIN acabar, terminar. ◆ v. intr. **2** Terminarse o acabarse una cosa.
OBS En su conjugación, la *z* se convierte en *c* delante de *e.*
DER finalización.

financiación n. f. Entrega del dinero necesario para hacer una cosa o para hacer frente a los gastos que genera: *el Ayuntamiento asume la financiación del servicio de limpieza.*

financiar v. tr. Poner el dinero necesario para pagar los gastos de una actividad o de una obra.
OBS En su conjugación, la *i* es átona, como en *cambiar.*
DER financiación, financiera, financiero.

financiero, -ra adj. **1** De la hacienda pública, de las cuestiones bancarias o bursátiles o de los negocios mercantiles, o que tiene relación con ellos. ◆ n. m. y f. **2** Persona que conoce y se dedica a la teoría y a la práctica de estas materias relacionadas con la inversión del dinero: *los financieros saben cómo reactivar la economía nacional.*

finanzas n. f. pl. **1** Bienes que se tienen, especialmente, en forma de dinero: *lo compro porque mis finanzas me lo permiten.* **2** Conjunto de actividades que tienen relación con la inversión del dinero: *las finanzas del Estado.* **3** Hacienda pública.
DER financiar.

finar v. intr. *formal* Morir o dejar de vivir. SIN expirar, fallecer, fenecer.
DER finado.

finca n. f. Propiedad inmueble en el campo o en la ciudad: *las fincas rústicas suelen ser extensiones más o menos grandes de tierra.*
DER afincarse.

finés, -nesa adj. **1** De un pueblo antiguo que invadió el norte de Europa y dio nombre a Finlandia, o que tiene relación con él: *la capital finesa es Helsinki.* **2** De Finlandia o relacionado con este país europeo. SIN finlandés. ◆ adj./ n. m. y f. **3** [persona] Que perteneció a un pueblo antiguo del norte de Europa. **4** [persona] Que es de Finlandia. SIN finlandés. ◆ n. m. **5** Lengua de Finlandia. SIN finlandés.

fineza n. f. **1** Delicadeza o buena educación. SIN finura. **2** Obra o dicho con el que se manifiesta afecto o cariño hacia otra persona: *le dijo muchas finezas y la llenó de atenciones.*

fingimiento n. m. Simulación, presentación como cierto o real de algo falso o imaginado.

fingir v. tr. Presentar como cierto o real lo que es falso o imaginado: *fingió un gran dolor de cabeza para no ir al colegio.* SIN aparentar, simular.
OBS En su conjugación, la *g* se convierte en *j* delante de *a* y de *o*.
DER fingimiento.

finito, -ta adj. Que tiene fin o límite. ANT infinito.

finlandés, -desa adj. **1** De Finlandia o que tiene relación con este país del norte de Europa. SIN finés. ◆ adj./ n. m. y f. **2** [persona] Que es de Finlandia. SIN finés. ◆ n. m. **3** Lengua hablada por los habitantes de Finlandia. SIN finés.

fino, -na adj. **1** Que es delgado o tiene poco grosor o espesor: *esta pared es tan fina que se oye lo que hablan en la otra habitación.* ANT gordo, grueso. **2** [persona, comportamiento] Que tiene o muestra mucha educación, cortesía o delicadeza. **3** [sentido] Que es agudo en percibir las sensaciones: *su fino olfato le permite distinguir al instante una comida en mal estado.* **4** Que es delicado y de buena calidad: *me han regalado un anillo finísimo.* **5** [superficie] Que es suave, liso y no tiene asperezas. **6** [metal] Que es puro o sin mezcla: *es una pulsera de plata fina.* **7** [persona] Que es muy lista, astuta o hábil. ◆ n. m. **8** Vino blanco muy seco y de alta graduación alcohólica que se elabora en Andalucía: *fuimos a tomarnos unos finos antes de comer.*
DER fineza, finolis, finura; afinar, refinar.

finta n. f. En algunos deportes, ademán o amago que se hace para engañar al contrario: *el delantero hizo una finta y consiguió despistar a su adversario.*
DER fintar.

fintar v. tr./ intr. Hacer un movimiento rápido el jugador que lleva la pelota para engañar al defensa contrario y dejarlo atrás.

finura n. f. **1** Delgadez o poco grosor o espesor. **2** Gran educación, cortesía o delicadeza en el trato que muestra una persona. **3** Agudeza de un sentido corporal en percibir las sensaciones: *la finura de su oído capta los ruidos más insignificantes.* **4** Delicadeza y buena calidad. **5** Suavidad y ausencia de asperezas: *la piel de los niños es de una gran finura.*

fiordo n. m. Antiguo valle glaciar invadido por el mar que se caracteriza por su gran estrechez y profundidad: *los fiordos más importantes se encuentran en las costas nórdicas de Europa y América.*

firma n. f. **1** Nombre y apellido de una persona escrito a mano por ella misma, generalmente, acompañados de una rúbrica y que se coloca al pie de documentos o escritos: *tienes que poner tu firma y DNI al final de la solicitud.* **2** Acto de escribir a mano una persona su nombre y apellido en un documento o en un escrito. **3** Sociedad o empresa comercial: *una firma muy importante.*
DER antefirma.

firmamento n. m. Parte del espacio sobre la Tierra en el que están las nubes y donde se ven el Sol, la Luna y las estrellas: *le gusta dormir en el campo para contemplar el firmamento de noche.* SIN cielo.

firmar v. tr. Escribir a mano una persona su nombre y apellido en un documento o en un escrito.
DER firma, firmante; afirmar, confirmar.

firme adj. **1** Que es estable y seguro, no se mueve y difícilmente puede caerse. **2** Que es constante o que es definitivo: *mi intención de casarme con él es muy firme.* ◆ n. m. **3** Capa sólida de terreno, natural o preparada, sobre la que se puede construir: *para edificar tu casa, necesitas un firme que sea seguro.* ◆ adv. **4** Con valor, energía y constancia: *ha trabajado firme para tener unos ahorros.*
▶ de firme **a.** Con energía y de forma constante: *llover de firme.* **b.** Con solidez o con seguridad: *estoy seguro, lo sé de firme.* en firme Expresa el carácter definitivo de una cosa, sobre todo, un acuerdo: *hemos quedado en firme para vernos todos aquí el lunes próximo.* ¡firmes! Expresión con que los militares ordenan cuadrarse o ponerse derecho: *fue arrestado por seguir en posición de descanso ante la orden de ¡firmes!*
DER firmar, firmeza.

firmeza n. f. **1** Estabilidad y seguridad que tiene una cosa que no se mueve y que difícilmente puede caerse. **2** Constancia o carácter definitivo de una cosa, generalmente, la voluntad o la decisión de una persona: *no cabe duda de la firmeza de su ideología.*

fiscal adj. **1** Del fisco o que tiene relación con él: *licencia fiscal.* **2** Del fiscal o que tiene relación con esta persona: *ministerio fiscal.*

◆ n. com. **3** Persona legalmente encargada de acusar de los delitos ante los tribunales de justicia: *el juez estuvo absolutamente de acuerdo con la pena que solicitaba el fiscal.*
DER fiscalía, fiscalidad, fiscalizar.

fiscalía n. f. **1** Profesión o cargo de fiscal. **2** Oficina o despacho del fiscal.

fisgar v. intr. Procurar enterarse con disimulo de una información, especialmente, de datos referentes a la vida privada de las personas: *¡deja ya de fisgar en mis cuentas!* SIN curiosear.
OBS En su conjugación, la *g* se convierte en *gu* delante de *e*.
DER fisga, fisgón.

física n. f. Ciencia que estudia la materia y la energía y establece las leyes que explican los fenómenos naturales.
DER físico; astrofísica, biofísica, geofísica, metafísica.

físico, -ca adj. **1** De la física o que tiene relación con esta ciencia: *la ley de la gravedad es un principio físico.* **2** Del cuerpo o de su naturaleza o que tiene relación con ellos: *debes hacer ejercicios físicos.* ◆ n. m. y f. **3** Persona que se dedica a la ciencia de la física: *Isaac Newton fue un famoso físico.* ◆ n. m. **4** Aspecto exterior que muestra una persona: *su hermoso físico llama mucho la atención.*

fisiología n. f. BIOL. Disciplina que estudia los órganos de los seres vivos y su modo de funcionamiento.
DER fisiológico, fisiólogo.

fisiológico, -ca adj. De la fisiología o que tiene relación con ella: *comer y dormir son necesidades fisiológicas.*

fisioterapeuta n. com. Persona que se dedica a la fisioterapia.

fisonomía n. f. **1** Aspecto particular de la cara de una persona. **2** Aspecto exterior que muestra una cosa.
DER fisonómico, fisonomista.

fístula n. f. MED. Conducto anormal en la piel o en las membranas mucosas que comunica con el exterior o con otro órgano.

fisura n. f. **1** Abertura entre cuyos bordes hay una separación muy pequeña, que se hace en un cuerpo sólido, especialmente, en un hueso: *el accidente de moto le produjo una fisura de cráneo.* SIN grieta, hendidura, raja. **2** Defecto que puede empeorar: *la economía del país tiene graves fisuras.* **3** Separación o desunión que se produce en lo que parecía unido y homogéneo: *comienzan a detectarse las primeras fisuras entre los partidos que forman el gobierno de coalición.*

flacidez n. f. Cualidad de flácido. SIN flaccidez.

flácido, -da o **fláccido, -da** adj. Blando y sin consistencia o sin fuerza: *si no haces ejercicio físico, tendrás el vientre flácido.*
OBS La Real Academia Española recoge *fláccido*, pero prefiere la forma *flácido*.
DER flacidez.

flaco, -ca adj. **1** [persona, animal] Que está muy delgado. SIN enjuto. ANT gordo, grueso. **2** Que es débil, frágil y sin fuerzas: *su flaco entendimiento le impide enterarse de lo que ocurre aquí.*
DER flaquear, flaqueza; enflaquecer.

flagelación n. f. Serie continuada de golpes, a modo de castigo, con un instrumento: *murió a consecuencia de una terrible flagelación.*

flagelado, -da adj./ n. m. [protozoo] Que tiene uno o varios flagelos.

flagelar v. tr. **1** Dar golpes o azotar como castigo sirviéndose de un instrumento: *se flagelaba como penitencia por sus pecados.* SIN fustigar. ◆ v. tr. **2** Criticar o reprender con dureza: *deja de flagelar mi buen nombre.* SIN fustigar, vituperar.
DER flagelación, flagelado.

flagelo n. m. **1** Azote o instrumento que se usa para flagelar. **2** Calamidad o desgracia continuadas: *los terremotos son el flagelo de algunos países.* **3** Extremidad muy fina que sirve para moverse en algunos protozoos: *muchos seres unicelulares están dotados de minúsculos flagelos.*
DER flagelar.

flamante adj. **1** Que destaca por su buen aspecto: *ha hecho obras en su casa, y la verdad es que el resultado es flamante.* **2** Que es nuevo, reciente o que se estrena: *llevaba un traje flamante.*

flamear v. intr. **1** Despedir llamas: *la antorcha olímpica flameaba en el estadio.* **2** Moverse en el aire, generalmente, una bandera o las velas de una embarcación. ◆ v. tr. **3** Quemar un líquido inflamable sobre una superficie, o pasar una llama por algún objeto: *flameó los alicates aplicándoles la llama de su mechero.*

flamenco, -ca adj. **1** De Flandes o que tiene relación con esta antigua región del norte europeo: *pintura flamenca.* ◆ adj./ n. m. y f. **2** [persona] Que es de Flandes. **3** [cante, baile] Que se caracteriza por la fusión de la expresión gitana con el orientalismo musical andaluz: *el cante flamenco tiene numerosas modalidades.* **4** [persona] Que se comporta de un modo insolente y bravucón en una situación: *muy flamenca tú, llegas la última y quieres ser la primera.* **5** [persona] Que tiene un aspecto robusto y sano: *desde que hace deporte, mi hermano está hecho un flamenco.* n. m. **6** Lengua que se habla en algunas zonas de Bélgica y Francia: *en la región de Dunkerke se habla flamenco.* **7** Ave zancuda que tiene la cabeza, la espalda y la cola de color rosa; el resto del cuerpo, blanco, las patas, largas; el pico, fino y el cuello, flexible: *los flamencos son de gran tamaño y viven agrupados en zonas acuáticas.* **NOTA** Para indicar el sexo se usa *el flamenco macho* y *el flamenco hembra.*

DER flamencología.

flan n. m. Dulce elaborado con yemas de huevo, leche y azúcar que se cuaja al baño María en un molde: *el flan suele tomarse de postre.*

▶ **estar hecho un flan** Estar muy nerviosa una persona: *antes de examinarse, estaba hecha un flan.*

flanco n. m. Parte lateral de una cosa, especialmente, de un barco o de una formación de tropa: *el flanco derecho del ejército se fue desplegando rápidamente.*

DER flanquear.

flanquear v. tr. Estar colocado a los flancos o a los lados: *dos guardaespaldas flanqueaban al ministro.*

flaquear v. intr. **1** Debilitarse o desaparecer la fuerza física [una cosa]. **SIN** flojear. **2** Perder [una persona] la fuerza moral o el ánimo y mostrar falta de energía o valor: *no debes flaquear ahora; de pronto, sintió flaquear su vocación.* **SIN** flojear. **3** Saber [una persona] menos de una materia que de otra u otras: *flaquea un poco en geografía.*

flaqueza n. f. **1** Escasez de carne o de grasas, o abatimiento: *tu flaqueza se debe a que comes y duermes muy poco.* **SIN** delgadez. **2** Debilidad, falta de vigor o de resistencia. **3** Acto que se comete por esta debilidad: *fue una flaqueza decirle que sí, no supe negarme.*

flas o **flash** n. m. **1** Luz intensa y de corta duración que se usa para hacer una fotografía cuando la iluminación es escasa o para que no aparezcan ciertas sombras: *como se estaba haciendo de noche, usó el flas para fotografiarme.* **2** Dispositivo que produce esa luz. **3** Información breve de una noticia importante que se acaba de recibir: *el flas solo anunciaba que acababa de suspenderse el acto.* **4** Plano muy corto de una película: *el flas del amanecer sobre la ciudad era muy hermoso.*

OBS Es de origen inglés. La Real Academia Española solo admite la forma *flas.*

flato n. m. Acumulación de gases en el aparato digestivo que produce un dolor fuerte, pero que se alivia muy pronto.

DER flatulento.

flatulencia n. f. Molestia o indisposición debida a la acumulación excesiva de gases en el intestino.

flauta n. f. **1** Instrumento musical de viento que consiste en un tubo con agujeros por el cual se sopla a la vez que se van tapando y destapando los orificios con los dedos o con llaves: *las flautas emiten sonidos muy dulces.* **flauta de Pan** La que está formada por varios tubos de desigual tamaño unidos en paralelo: *en una flauta de Pan se va soplando por los distintos tubos.* **flauta dulce** La que se toca en posición vertical y tiene la embocadura con forma de boquilla: *en el colegio, los alumnos aprendían a tocar la flauta dulce.* **flauta travesera** La que se toca en posición horizontal y tiene la embocadura lateral en un extremo en forma de agujero ovalado. **2** Barra de pan larga y delgada: *prefiero las flautas a las hogazas porque son más tiernas.* n. com. **3** Persona que toca este instrumento musical de viento. **SIN** flautista.

▶ **sonó la flauta** (o **sonó la flauta por casualidad**) Indica que un hecho acertado ha ocurrido por casualidad: *compró un décimo de lotería y le tocó el premio, sonó la flauta.*

DER flautín, flautista; aflautar.

flautín n. m. **1** Flauta pequeña, de sonido más agudo y penetrante que la flauta ordinaria: *el flautín siempre está afinado a una octava superior que la flauta.* **2** Persona que toca este instrumento.

flautista n. com. Persona que toca la flauta: *el flautista de Hamelin.* **SIN** flauta.

flebitis n. f. MED. Inflamación de las venas: *esta flebitis te puede producir un coágulo en los vasos sanguíneos.*

OBS El plural también es *flebitis.*

flecha n. f. **1** Arma formada por una vara delgada y ligera, con la punta afilada en uno de sus extremos, que se lanza o dispara, generalmente, mediante un arco. **SIN** saeta. **2** Signo que tiene la forma de esa arma y que sirve para indicar una dirección: *para encontrar la*

salida, sigue la dirección que apuntan las flechas de los paneles. **3** Remate apuntado de una torre o un campanario. SIN aguja.
DER flechazo.

flechazo n. m. **1** Lanzamiento de una flecha. **2** Golpe o herida que produce el lanzamiento de una flecha. **3** Enamoramiento repentino.

fleco n. m. **1** Adorno formado por una serie de hilos o cordoncillos que cuelgan de una tela o de un vestido: *procura que el fleco de la colcha no toque el suelo.* **2** Borde de una tela que tiene algunos hilos colgando por haberse roto la costura en ese lugar. **3** Problema poco importante que falta por resolver para concluir un negocio o acuerdo que, en lo fundamental, ya está cerrado: *la firma del nuevo convenio laboral está a la espera de la negociación de los últimos flecos.*
DER flequillo.

flema n. f. **1** Calma excesiva, impasibilidad o frialdad en la manera de actuar. **2** Sustancia mucosa que se forma en las vías respiratorias y se expulsa por la boca.
DER flemático, flemón.

flemático, -ca adj. Que actúa con una excesiva calma, impasibilidad o frialdad: *es tan flemático que se quedó sin trabajo y no se preocupó.*

flemón n. m. Bulto o hinchazón que aparece al infectarse las encías: *ayer me dolía una muela, y hoy ya me he despertado con un flemón en la cara.*

flequillo n. m. Porción de cabello que se deja caer sobre la frente.

fletar v. tr. **1** Alquilar un vehículo terrestre, marítimo o aéreo para transportar mercancías o personas: *fletaremos dos autobuses para la excursión.* **2** Embarcar mercancías o personas en un vehículo terrestre, marítimo o aéreo.

flexibilidad n. f. **1** Capacidad de doblarse fácilmente sin que exista peligro de rotura: *el contorsionista tiene una gran flexibilidad.* ANT rigidez. **2** Facilidad para adaptarse a las circunstancias o al parecer de otras personas: *su flexibilidad le proporciona muchos amigos.* ANT rigidez.

flexibilizar v. tr. Hacer que cierta cosa sea flexible o más flexible.
OBS En su conjugación, la *z* se convierte en *c* delante de *e*.

flexible adj. **1** Que se puede doblar fácilmente sin romperse. ANT rígido. **2** Que se adapta fácilmente a las circunstancias o al parecer de otras personas: *tus planes deben ser más flexibles para que puedan ir cambiando según los acontecimientos del viaje.* ANT inflexible.
DER flexibilidad, flexibilizar, flexo.

flexión n. f. **1** Movimiento que consiste en doblar el cuerpo o uno de sus miembros: *hemos hecho flexiones en clase de educación física y tengo agujetas.* **2** GRAM. Cambio de forma que experimenta una palabra para expresar sus funciones y sus relaciones de dependencia mediante un afijo que indica la categoría gramatical: *el modo y el tiempo forman parte de la flexión verbal y se expresan mediante desinencias.*
DER flexible, flexionar, flexivo, flexor; genuflexión, inflexión, reflexión.

flexionar v. tr. Doblar el cuerpo o una parte de él.

flexivo, -va adj. **1** GRAM. De la flexión gramatical o que tiene relación con ella: *en español, el género y el número se expresan mediante morfemas flexivos.* **2** GRAM. Que tiene flexión gramatical: *el latín es una lengua flexiva.*

flexo n. m. Lámpara de mesa con brazo flexible o articulado: *la luz del flexo no me molesta porque la dirijo sobre el libro.*

flipante adj. Que causa sorpresa, asombro y una fuerte impresión. SIN alucinante.

flipar v. intr. **1** Gustar mucho o entusiasmar: *el helado de chocolate flipa un montón.* **2** Tener visiones o sensaciones que no son reales y que se deben a los efectos de una droga: *¿flipas o qué? ¿no ves que no es él?* SIN alucinar. ◆ v. prnl. **3** fliparse Drogarse.

flirt n. m. **1** Coqueteo o relación amorosa que se establece de forma pasajera y superficial: *tiene un flirt con una niña muy guapa.* SIN flirteo. ◆ n. com. **2** Persona con quien se coquetea o se establece esa relación amorosa: *es un antiguo flirt de mi amiga.*
OBS Es de origen inglés.
DER flirtear.

flirtear v. intr. Coquetear o establecer una relación amorosa de forma pasajera y superficial.
DER flirteo.

flirteo n. m. Coqueteo o relación amorosa que se establece de forma pasajera y superficial. SIN flirt.

floema n. m. Tejido vegetal que distribuye la savia elaborada desde las hojas al resto de la planta.

flojear v. intr. **1** Perder [una persona o una cosa] fuerza, calidad, eficacia o rendimiento. SIN flaquear. **2** Perder fuerza física [una cosa] o fuerza moral [una persona]. SIN flaquear.

flojedad n. f. **1** Debilidad y falta de resistencia o de ánimo. **2** Pereza, descuido o lentitud al realizar una acción

flojo, -ja adj. **1** Que está mal atado, poco apretado o poco tirante: *el lazo estaba flojo y el perro se ha escapado.* **2** Que es muy débil, que tiene poca fuerza o resistencia: *he dormido mal y hoy me siento flojo.* ◆ adj./ n. m. y f. **3** Que es perezoso, descuidado y lento en realizar una acción: *es muy flojo, así que tendrás que animarlo para que estudie.*
DER flojear, flojedad, flojera; aflojar.

flor n. f. **1** Parte de una planta, generalmente, de colores vistosos, donde se encuentran los órganos reproductores de las plantas. **2** Expresión con que se alaba o se piropea a una persona: *es muy creído, no para de echarse flores por todo lo que hace.* NOTA Se usa más en plural. **3** Parte mejor o más importante de una cosa.
▶ **flor de la canela** Lo mejor o más bonito: *este niño es la flor de la canela.* **flor y nata** Lo mejor o más escogido de su género: *la flor y nata de la sociedad.* **a flor de piel** Sensible y que se nota o se muestra con facilidad: *no le lleves la contraria, que tiene los nervios a flor de piel.* **en flor** Lleno de flores: *en la primavera los campos están en flor.* **estar en la flor de la vida** Estar en plena juventud. **ir de flor en flor** No parar o no detenerse, especialmente, en el trato con otras personas: *este chico va de flor en flor sin tomarse en serio ninguna relación.* **ni flores** Ni idea o en absoluto: *no tengo ni flores de dónde vive.* **ser flor de un día** Durar poco tiempo: *la fama de este cantante ha sido flor de un día.*
DER flora, floral, florear, florecer, florero, florescencia, floresta, florete, floricultura, floripondio, florista, floritura; aflorar, desflorar.

flora n. f. **1** Conjunto de las plantas de un territorio o de una época determinados: *la flora depende del clima y de la naturaleza del suelo.* **2** Conjunto de microorganismos que están adaptados a un medio determinado: *el yogur regenera la flora intestinal.*

floración n. f. **1** Aparición o nacimiento de las flores de una planta. SIN florecimiento. **2** Época en que se produce la aparición de las flores: *van de excursión durante la floración.* **3** Tiempo que duran abiertas las flores de las plantas de una misma especie: *la floración de los rosales es muy duradera.*

floral adj. De la flor o que tiene relación con ella: *en mayo se hacen ofrendas florales a la Virgen.*

florear v. tr. Adornar con flores.
DER floración, florido.

florecer v. intr./ tr. **1** Echar flores una planta: *ya está floreciendo el jazmín.* v. intr. **2** Prosperar o aumentar la importancia o la riqueza: *la carrera del escultor empezó a florecer después de ganar importantes premios.* **3** Existir y desarrollarse en un tiempo o lugar determinados una persona o un acontecimiento importantes: *el realismo floreció en el s. XIX.* ◆ v. prnl. **4 florecerse** Enmohecerse o criar moho: *el pan se ha florecido y está verde.*
OBS En su conjugación, la *c* se convierte en *zc* delante de *a* y *o*, como en *agradecer*.
DER floreciente, florecimiento.

floreciente adj. Que es favorable o que cada vez es más importante o rico. SIN próspero.

florecimiento n. m. **1** Aparición o nacimiento de las flores de una planta. SIN floración. **2** Prosperidad o aumento de la importancia, la grandeza o la riqueza: *el florecimiento de una ciudad.*

florero n. m. Recipiente que sirve para poner flores.

floresta n. f. Terreno frondoso poblado de árboles: *en la floresta existe una gran variedad de animales y plantas.*

florete n. m. Espada de hoja estrecha que lleva un botón en la punta para bloquear el filo cortante: *el florete se utiliza en la práctica y en la competición de esgrima.*

floricultura n. f. Cultivo de las flores.
DER floricultor.

florido, -da adj. **1** Que tiene flores: *rosal florido.* **2** [lenguaje, estilo] Que tiene muchos adornos: *este autor tiene un estilo muy florido y difícil de entender.*

florín n. m. **1** Unidad monetaria de los Países Bajos hasta su sustitución por el euro. **2** Nombre genérico de la unidad monetaria de distintos países.

floristería n. f. Establecimiento o puesto en el que se venden flores. SIN florería.

-floro, -flora Elemento sufijal que entra en la formación de palabras con el significado de 'flor': *multifloro.*

flota n. f. **1** Conjunto de barcos que pertenecen a una persona, un estado o una compañía de navegación. **2** Conjunto de barcos o

aviones que realizan juntos una acción determinada. **3** Conjunto de vehículos de una empresa: *la empresa necesita ampliar la flota de autobuses.*
DER flotar, flotilla.

flotación n. f. Mantenimiento de un cuerpo en equilibrio sobre la superficie de un líquido: *la flotación del aceite en el agua se debe a su menor densidad.*

flotador n. m. **1** Objeto que flota en el agua y se sujeta al cuerpo de una persona para evitar que esta se hunda: *el niño llevaba un flotador porque no sabía nadar.* **2** Aparato que sirve para indicar la altura alcanzada por un líquido en un recipiente: *el flotador del depósito está muy bajo, queda muy poca agua.* **3** Objeto que flota en un líquido y que se usa con un fin determinado: *cuando el flotador de la caña de pescar se hunda, significa que un pez ha picado el anzuelo.*

flotante adj. Que está sometido a variación o que no está fijo: *población flotante; costillas flotantes.*

flotar v. intr. **1** Mantenerse un cuerpo en equilibrio sobre la superficie de un líquido: *en el mar flotaban trozos de madera.* **2** Mantenerse un cuerpo suspendido en un medio gaseoso. **3** Notarse una sensación o un estado de ánimo en el ambiente: *la preocupación flotaba en la sala del hospital.*
DER flotación, flotador, flotante, flote; reflotar.

flote Palabra que se utiliza en la locución *a flote*, que significa 'flotando o en equilibrio sobre la superficie de un líquido': *ponemos a flote nuestro velero.*
▶ sacar (o salir) a flote Salir de una situación difícil o de peligro: *después de muchos problemas, consiguieron sacar a flote su pequeño negocio.*

flotilla n. f. MAR. Conjunto de barcos pequeños o ligeros destinados a un mismo fin: *para la vigilancia de las costas se utiliza una flotilla de lanchas motoras.*
OBS Es el diminutivo de *flota*.

fluctuación n. f. Aumento y disminución del valor de la moneda o de otra cosa de manera alternativa: *se aprovecharon de la fluctuación del precio del petróleo.*

fluctuar v. intr. Aumentar y disminuir el valor de la moneda o de alguna cosa de manera alternativa: *fluctuar los precios.* SIN oscilar.
OBS En su conjugación, la *u* se acentúa en algunos tiempos y personas, como en *actuar.*
DER fluctuación.

fluidez n. f. **1** Facilidad o naturalidad en el uso del lenguaje: *ha estado un año en París y habla francés con mucha fluidez.* **2** Facilidad en la marcha o el desarrollo: *la fluidez del tráfico se debe a que han puesto un carril adicional.* **3** Propiedad característica de la sustancia que tiene sus moléculas muy separadas entre sí y toma fácilmente la forma del recipiente que la contiene: *la fluidez del gas provoca su expansión inmediata por el medio en que se encuentra.*

fluido, -da adj. **1** [lenguaje] Que es natural y fácil de entender. **2** Que marcha o se desarrolla con facilidad. ◆ adj./ n. m. **3** [sustancia] Que tiene sus moléculas muy separadas entre sí y toma fácilmente la forma del recipiente que lo contiene: *los líquidos y los gases son cuerpos fluidos.* ◆ n. m. **4** Corriente eléctrica: *ha habido un corte en el fluido a causa de una avería.*
DER fluidez, fluidificar.

fluir v. intr. **1** Brotar un líquido o un gas de algún lugar o correr por él: *el agua fluye por el manantial.* **2** Marchar algo sin dificultad, sin obstáculos: *a pesar de haber una gran circulación, el tráfico fluía sin problemas.* **3** Salir o brotar en gran abundancia las palabras o los pensamientos.
OBS En su conjugación, la *i* se convierte en *y* delante de *a, e* y *o,* como en *huir.*
DER fluido, flujo, fluxión; afluir, confluir, influir, refluir.

flujo n. m. **1** Brote de un líquido o de un gas al exterior o movimiento de estos por un lugar: *el flujo del gas butano provocó un fuerte olor.* **2** Movimiento de subida de la marea causado por la atracción del Sol y de la Luna. **3** Exceso en la cantidad o intensidad de una cosa: *tiene un flujo de ideas impresionante.* **4** Movimiento de personas o de cosas de un lugar a otro: *se ha producido un importante flujo migratorio del campo a la ciudad.*

flúor n. m. QUÍM. Elemento químico gaseoso, cuyo número atómico es 9, de color amarillo verdoso y de olor fuerte: *el símbolo del flúor es F.*
DER fluorescencia, fluorita, fluorización.

fluorescente adj. **1** [sustancia] Que tiene la propiedad de emitir luz cuando recibe la acción de cierto tipo de radiaciones. ◆ adj./ n. m. **2** [tubo] Que es de cristal y contiene una sustancia que emite luz cuando recibe la acción de cierto tipo de radiaciones: *los fluorescentes son más duraderos que las bombillas.*

a b c d e f g h i j k l m n ñ o p q r s t u v w x y z

fluvial adj. De los ríos o que tiene relación con ellos.

fobia n. f. **1** Temor exagerado, irracional y obsesivo a determinadas personas o cosas: *no vendrá al cine con nosotros porque le tiene fobia a las pantallas grandes.* **2** Antipatía muy grande hacia una persona o a una cosa: *desde que me gastaron esa broma tan pesada, tengo fobia a todos mis compañeros de trabajo.*

-fobia Elemento sufijal que entra en la formación de palabras con el significado de: **a.** 'Temor morboso': *hidrofobia.* **b.** 'Aversión', 'hostilidad': *xenofobia.* ANT -filia.

-fobo, -foba Elemento sufijal que entra en la formación de palabras con el significado de 'que siente aversión, horror o espanto a lo designado por el primer elemento al que se une': *hidrófobo, xenófobo.*

foca n. f. **1** Mamífero carnívoro adaptado a la vida acuática que habita los mares fríos, mide hasta dos metros de longitud, tiene el cuerpo redondeado y las extremidades en forma de aleta. NOTA Para indicar el sexo se usa la *foca macho* y la *foca hembra.* **2** Persona muy gruesa: *no comas tanto, que te vas a poner como una foca.* NOTA Tiene uso despectivo.

focalizar v. tr. **1** Hacer que diferentes ideas, conceptos o argumentos se dirijan hacia un mismo punto: *focalizan todos sus esfuerzos en poner de acuerdo a los vecinos y a la Administración.* **2** Hacer ir a un punto común un haz de rayos de luz o de calor: *focalizaron el láser sobre la rodilla lesionada.*

OBS En su conjugación, la *z* se convierte en *c* delante de *e.*

foco n. m. **1** Punto donde se encuentran y reúnen los rayos de luz o el calor que refleja un espejo curvo o una lente. **2** Lámpara, generalmente dirigible, que emite una luz muy intensa: *cuando entró en el estadio, los focos deslumbraron al atleta.* **3** Punto o lugar donde se produce una cosa y desde donde se va extendiendo: *el médico localizó en el hígado el foco de la infección.*

DER focal; enfocar.

fofo adj. Que es blando y no tiene consistencia: *las personas que no hacen nunca deporte tienen la musculatura fofa.* SIN flácido.

fogata n. f. Fuego de gran tamaño con llamas altas que se hace al aire libre: *estaban quemando rastrojos en una fogata.* SIN hoguera.

fogón n. m. **1** Lugar de la cocina donde se hace el fuego y se cocina. SIN fuego. **2** Lugar de una máquina de vapor o de unos hornos en el que se quema el combustible.

DER fogonazo, fogonero.

fogonazo n. m. **1** Llama o fuego instantáneo que produce una explosión, generalmente, un disparo: *al amanecer en el coto, brillaban los continuos fogonazos de las escopetas de los cazadores.* **2** Luz intensa e instantánea.

fogoso, -sa adj. **1** [persona] Que tiene o que muestra apasionamiento y ardor: *los fogosos amantes.* **2** Que es propio de las personas fogosas: *el abogado convenció a todos con su fogosa defensa de la justicia.*

fogueo n. m. Acción de foguear.

▶ **de fogueo** [munición] Que solo contiene pólvora: *en las salvas se usan balas de fogueo.*

foie-gras n. m. Pasta hecha tradicionalmente con hígado cocido de oca, pato o ganso y, en la actualidad, también con hígado de cerdo o de gallina y pato. SIN fuagrás.

OBS Se pronuncia aproximadamente «fuagrás».

folclore o **folklore** n. m. Conjunto de costumbres, creencias y elementos culturales propios de un pueblo: *los ritos religiosos son parte del folclore de un país.*

folclórico, -ca adj. **1** Del folclor o que tiene relación con las costumbres de un pueblo: *la tradición folclórica española es muy rica.* **2** Que es pintoresco: *un personaje muy folclórico y estrafalario.* ◆ n. m. y f. **3** Persona que canta y baila piezas musicales del flamenco.

foliar v. tr. Numerar ordenadamente las páginas de un escrito o impreso.

OBS En su conjugación, la *i* es átona, como en *cambiar.*

DER foliación, foliado; exfoliar.

folículo n. m. **1** BOT. Fruto sencillo y seco que se abre por una sutura o línea central y contiene muchas semillas. **2** ANAT. Glándula en forma de saco pequeño situado en la piel o en las mucosas que segrega alguna sustancia: *el acné se produce por la inflamación de los folículos de la piel.*

folio n. m. **1** Hoja de papel que resulta de cortar por la mitad un pliego, y cuyo tamaño equivale a dos cuartillas: *un folio mide 21 cm de ancho y 29,7 de largo.* **2** Hoja de papel de un escrito o impreso: *cada folio de este cuaderno tiene dos caras.*

folk n. m. **1** Tipo de música perteneciente al folclore de un pueblo o inspirado en él. **2** Tipo de música pop originaria de Estados Unidos que se caracteriza por el contenido

social de sus letras y la sencillez de su composición: *Joan Baez fue una estrella del folk.*
OBS Es una palabra de origen inglés.

folklore n. m. Palabra de origen inglés que se ha adaptado al español con la forma *folclor* o *folclore*.

follaje n. m. **1** Conjunto de hojas y ramas de un árbol o de una planta: *el abeto tiene un follaje perenne.* **SIN** fronda. **2** Conjunto de palabras que no aportan contenido alguno en un discurso hablado o escrito: *la mitad de las páginas de este libro es mero follaje.*

follar v. intr./ tr. *malsonante* Copular, realizar el acto sexual. **SIN** joder.

folletín n. m. **1** Escrito literario que se publica por partes en un periódico o revista periódica y que constituye una novela o cuento por entregas. **2** Obra literaria o cinematográfica que busca conmover al público mediante una historia sentimental, complicada y, generalmente, poco creíble: *esa obra de teatro es un verdadero folletín: solo tiene enredos y amoríos disparatados.* **3** Hecho o situación real poco común, con unas características similares a este tipo de obras: *su vida era un folletín.*
DER folletinesco.

folleto n. m. **1** Escrito impreso, no periódico y de corta extensión, que sirve para explicar brevemente algo: *cogí un folleto con las reseñas de cada obra de la exposición.* **2** Escrito que informa sobre un producto o da a conocer un servicio para conseguir compradores o clientes: *en el buzón nos han dejado un folleto de propaganda.* **3** Escrito que explica las características y el modo de empleo de un determinado aparato o servicio.
DER folletín.

follón n. m. **1** Situación o suceso en que hay confusión y gran alboroto. **2** Asunto o situación difícil de aclarar, entender o resolver: *saber a quién hay que dirigirse en esa empresa es un follón.* **SIN** lío. **3** Conjunto de cosas desordenadas y revueltas: *en esta habitación hay tanto follón que no encuentro nada.* **4** Desorden muy grande.

fomentar v. tr. Hacer que se desarrolle una cosa, generalmente una actividad, o impulsarla y aumentar su intensidad: *preparan una campaña para fomentar el turismo.*

fomento n. m. Impulso que recibe una actividad para ser desarrollada o aumentar su intensidad: *existen becas para el fomento de la industria textil.*
DER fomentar.

fonación n. f. Proceso mediante el cual se emite la voz y se articulan o pronuncian las palabras: *acude a un logopeda porque tiene problemas de fonación.*

fonda n. f. Establecimiento de categoría inferior al hostal, que ofrece alojamiento y sirve comidas a cambio de dinero: *esta es una fonda para estudiantes.*

fondeadero n. m. Lugar que tiene la profundidad necesaria para que pueda fondear en él una embarcación: *buscamos como locos un fondadero cuando empezó la tormenta.*

fondear v. tr. **1** MAR. Hacer que una embarcación se quede quieta y sujeta por medio de anclas o de pesos: *el trasatlántico fondeó en la dársena.* ◆ v. tr. **2** Registrar toda la carga de una embarcación, especialmente, para comprobar si lleva productos de contrabando: *tardaron varias horas en fondear el buque, pero no encontraron nada.* **3** MAR. Examinar el fondo del agua: *los buzos de la policía fondearon el puerto en busca del arma del crimen.*
DER fondeadero.

fondista n. com. Deportista que participa en pruebas de fondo, especialmente, en atletismo.

fondo n. m. **1** Parte interior e inferior de una cosa hueca, especialmente, si la parte superior está abierta: *encontraron el cubo en el fondo del pozo.* **2** Parte opuesta a la entrada de un lugar o al lugar desde el que se habla: *pasa a mi habitación y verás la cama nueva al fondo.* **3** Profundidad de una cosa hueca. **4** Superficie sólida que está por debajo del agua del mar, de un río o de un lago: *el fondo del río tiene arena rojiza.* **5** Parte principal o elemento clave de un asunto: *el fondo de su problema escolar es que no sabe estudiar.* **6** Carácter o modo de ser de una persona: *no se enfadará porque tiene buen fondo.* **7** Superficie de color de un cuadro o pintura, sobre la que se representan dibujos o figuras. **8** Cantidad de dinero, especialmente, si es para destinarlo a un fin determinado: *tengo un fondo reservado para comprar los regalos de Navidad.* **9** Conjunto de libros, documentos u obras artísticas que posee una institución o entidad. **10** Capacidad que tiene un deportista para resistir un prolongado esfuerzo físico: *mediante el entrenamiento diario, ha adquirido un gran fondo.*
▶ **a fondo** Indica que una acción se hace con profundidad, de manera exhaustiva o teniendo en cuenta todo detalle: *tiene que abor-*

dar a fondo el problema. bajos fondos Barrios o sectores de una ciudad donde hay muchos delincuentes. de fondo Prueba deportiva que consiste en recorrer una larga distancia y que está basada en la resistencia física del atleta: *los diez mil metros es una prueba olímpica de fondo.* en el fondo Indica lo que por encima de las apariencias es esencial en un asunto: *en el fondo me cae bien.* tocar fondo Llegar al límite de una mala situación: *he tocado fondo: ya no me queda ni un euro.*

DER fondear, fondista, fondón; desfondar, trasfondo.

fondue n. f. **1** Plato que se puede elaborar con distintos ingredientes que se fríen en aceite caliente o se recubren con alguna preparación derretida al sumergirlos en un cazo colocado sobre un infiernillo en la mesa, donde se consumen en ese mismo momento: *fondue de champiñones; fondue de carne.* fondue de queso Fondue que consiste en una mezcla de varios quesos, especialmente gruyer y emmental, vino blanco o *kirsch* y pimienta, que se pone a cocer hasta que el queso está fundido y envuelve con facilidad los trozos de pan que se sumergen en él. NOTA También simplemente *fondue.* **2** Conjunto de calentador a alcohol, cazuela, tenedores de mango largo y, en ocasiones, varias salseras que se utiliza para preparar este plato.

OBS Se pronuncia aproximadamente «fondí».

fonema n. m. Unidad fonológica mínima que puede oponerse a otra para diferenciar significados, como en *bata* y *lata.*

DER epifonema.

fonética n. f. **1** Disciplina lingüística que estudia los sonidos del lenguaje humano desde el punto de vista de la articulación y la percepción. **2** Conjunto de sonidos del lenguaje humano que se articulan o pronuncian en una lengua determinada: *la fonética del francés me resulta complicada.*

DER fonético.

fonético, -ca adj. **1** De los sonidos del lenguaje humano o que tiene relación con ellos: *transcripción fonética.* **2** [alfabeto] Que representa los sonidos que, combinados, forman las palabras de una lengua.

fónico, -ca adj. Que está relacionado con la voz o con el sonido: *los recursos fónicos empleados en el lenguaje poético son variadísimos, como la aliteración, la armonía imitativa y otros.*

fono-, -fono, -fona Elemento prefijal y sufijal que entra en la formación de palabras con el significado de 'sonido', 'voz': *fonología, audífono.*

fonógrafo n. m. Aparato que graba y reproduce los sonidos mediante un procedimiento mecánico que recoge las distintas vibraciones.

fonología n. f. Disciplina lingüística que estudia los fonemas o descripciones teóricas de los sonidos de vocales y consonantes que forman una lengua.

DER fonológico, fonólogo.

fonológico, -ca adj. De la fonología o que tiene relación con ella: *el sistema fonológico de una lengua es el conjunto de fonemas que la forman.*

fontana n. f. **1** *formal* Corriente de agua que brota de la tierra: *en el interior de la cueva se oía el murmullo de la fontana.* SIN fuente, manantial. **2** *formal* Lugar donde brota esta corriente de agua. SIN fuente, manantial. **3** *formal* Construcción en un lugar público con uno o más grifos por donde sale agua. SIN fuente. **4** *formal* Construcción artística con uno o varios caños por los que sale agua: *tenemos varias fotos junto a la fontana de la plaza de España.* SIN fuente.

fontanería n. f. **1** Técnica y oficio de colocar, conservar y arreglar los tubos e instalaciones que regulan, conducen y reparten el agua: *se dedica a la fontanería.* **2** Conjunto de tubos e instalaciones que regulan, conducen y reparten el agua en un edificio. **3** Establecimiento en el que se venden estos aparatos: *compré los sanitarios del baño en esta fontanería.*

DER fontanero.

fontanero, -ra n. m. y f. Persona que se dedica a poner o a reparar los tubos e instalaciones que conducen, reparten y regulan el agua: *el fontanero ha cambiado la goma del grifo para que no gotee.*

footing n. m. Ejercicio físico que consiste en correr una distancia larga a un ritmo moderado y continuo: *cada mañana hace footing por el parque.*

OBS Se pronuncia aproximadamente «futin».

foque n. m. MAR. Vela triangular de una embarcación, especialmente la principal, que se apoya sobre el palo horizontal de la proa.

forajido, -da adj. [persona] Que comete delitos y vive huyendo continuamente de la justicia: *en las películas de vaqueros, los forajidos que son capturados mueren en la horca.*

foral adj. **1** Del fuero o que tiene relación con el conjunto de leyes y normas de una comunidad, territorio o estado. **2** [comunidad, territorio] Que tiene fueros propios: *Comunidad Foral de Navarra.*

foráneo, -nea adj. Que es propio de otro lugar: *costumbres foráneas.*

forastero, -ra adj. [persona] Que ha venido o es de otro lugar: *los forasteros se sorprendían de las costumbres de aquel pueblo.*

forcejear v. intr. **1** Luchar o hacer esfuerzos para vencer la resistencia de una persona o de una cosa: *los deportistas de lucha libre forcejeaban en la pista.* **2** Discutir con una persona u oponerse con fuerza a lo que dice para conseguir algo: *forcejearon durante varias horas acerca de quién debía trabajar las semanas de vacaciones.*
DER forcejeo.

fórceps n. m. **1** MED. Instrumento en forma de pinza que es utilizado para ayudar a salir a los bebés en determinados partos difíciles. **2** Instrumento en forma de tenaza que se usa para extraer piezas dentales de la boca.
OBS El plural también es *fórceps.*

forense adj. **1** De los tribunales de justicia o relacionado con ellos: *realizó las pruebas de balística en un laboratorio forense.* ◆ adj./ n. com. **2** [médico] Que está encargado por un juez de señalar el origen de las lesiones sufridas por un herido o, especialmente, de determinar las causas que han provocado la muerte de una persona: *una vez finalizada la autopsia que está practicando el forense, se conocerá el motivo de la muerte de la víctima.*

forestal adj. De los bosques o que tiene relación con ellos: *un incendio forestal.*

forja n. f. **1** Trabajo de un metal, por medio de golpes o por presión, para darle una forma definida. **2** Taller donde se realiza este trabajo. **3** Creación o formación de una cosa, generalmente, de algo no material: *la forja de un buen futuro exige estudio y trabajo.* **4** Mezcla de cal, arena y agua que se usa en la construcción. SIN mortero.
DER forjar.

forjar v. tr. **1** Trabajar un metal y darle una forma definida cuando está caliente por medio de golpes o por presión. ◆ v. tr./ prnl. **2** Crear o formar una cosa, generalmente no material, para el beneficio propio: *forjarse un porvenir.* **3** Imaginar o inventar algo: *forjarse ilusiones.*

forma n. f. **1** Figura o conjunto de líneas y superficies que determinan el aspecto exterior de una cosa: *este cojín tiene forma de media luna.* **2** Modo de ser, actuar o hacer una cosa: *tiene una forma de trabajar muy distinta a la mía.* SIN manera. **3** Modo de aparecer o manifestarse una cosa: *hay distintas formas de energía.* **4** Modo de actuar y comportarse con las demás personas y en público, especialmente, según ciertas reglas sociales: *descuidó las formas y comenzó a gritarle a todo el mundo.* NOTA Se usa frecuentemente en plural. **5** Modo de expresar el pensamiento o las ideas, especialmente, en la escritura: *el contenido de esta obra desmerece de su forma.* **6** Pieza plana, redonda y muy fina de pan, que es consagrada por un sacerdote y se toma en la misa durante el sacramento de la comunión. SIN hostia. NOTA También son usadas *forma sagrada* o *sagrada forma.* **7** GRAM. Aspecto que presenta una palabra o unidad lingüística con una determinada información gramatical: *forma del plural.*
▶ de forma que Enlace gramatical entre dos oraciones que indica que lo que se dice en la segunda oración es un efecto, consecuencia o resultado de lo que se ha dicho en la primera: *conocían la manera de puntuar los exámenes, de forma que no pueden quejarse por los suspensos.* de todas formas Indica que una cosa que se ha dicho antes o que se sabe no impide lo que se dice a continuación: *está muy ocupado estos días, pero de todas formas vendrá.* en forma Indica que una persona se encuentra en buenas condiciones físicas o mentales para hacer algo: *pese a su avanzada edad, está en forma.*
DER formal, formar, formato, formón, fórmula.

formación n. f. **1** Manera de estar configurado o dispuesto el aspecto exterior de algo: *la formación del terreno es abrupta.* **2** Creación o constitución de una cosa que no existía antes: *formación de un partido político.* **3** Educación y conjunto de conocimientos de una persona: *tiene una formación lingüística y literaria muy sólida.* **4** Colocación de personas en fila: *todos los soldados desfilaban en formación.* **5** Conjunto organizado de personas, especialmente de soldados dispuestos en fila. **6** GEOL. Conjunto de rocas o minerales que se han depositado en un lugar durante el mismo período geológico.

formal adj. **1** [persona] Que tiene un comportamiento correcto y educado: *tengo unos*

alumnos muy formales que no alborotan en clase. **2** [persona] Que cumple con sus obligaciones y compromisos: *es un tipo muy poco formal.* ANT informal. **3** Que cumple con las condiciones necesarias o con los requisitos establecidos para llevarse a cabo: *he presentado una protesta formal, rellenando el impreso correspondiente.* **4** Del aspecto exterior de algo o que tiene relación con él. **5** Del modo de expresar el pensamiento o que tiene relación con él: *en un comentario de texto hay que hacer un análisis formal y del contenido.*
DER formalidad, formalismo, formalizar, formalote.

formalidad n. f. **1** Condición necesaria o requisito establecido para que se haga o se cumpla una cosa: *no me han concedido la beca porque no cumplí la formalidad de solicitarla dentro del plazo fijado.* **2** Corrección y educación en el comportamiento de una persona: *durante la entrevista de trabajo procura guardar la formalidad.* **3** Seriedad y responsabilidad de una persona en el cumplimiento de sus obligaciones y compromisos: *en esta empresa valoran mucho la formalidad.*

formalizar v. tr. **1** Hacer formal o explícito algo: *han formalizado el noviazgo.* **2** Dar forma legal a una cosa: *formalizar un expediente.* ◆ v. prnl. **3** **formalizarse** Hacerse formal, adquirir seriedad o responsabilidad.
OBS En su conjugación, la *z* se convierte en *c* delante de *e*.
DER formalización.

formante n. m. ling. Morfema: logia *es un formante griego que significa 'ciencia'.*

formar v. tr. **1** Hacer una cosa, dándole su forma o aspecto exterior: *con tres sábanas y un palo formó una bandera.* ◆ v. tr./ prnl. **2** Crear o constituir una cosa que antes no existía: *se formó una borrasca en pocos minutos.* **3** Enseñar o dar una educación a alguien: *se formó en los maristas.* ◆ v. intr. **4** Colocarse en filas o en determinado orden una o varias personas: *después del recreo, los alumnos formaron ante el profesor.*
DER formación, formativo; conformar, deformar, informar, reformar, transformar, uniformar.

formatear v. tr. INFORM. Preparar un disquete dándole una estructura que el ordenador pueda utilizar.
DER formateo.

formativo, -va adj. Que forma o sirve para enseñar: *estas conferencias tienen un interés formativo para el alumno.*

formato n. m. Forma y tamaño de una cosa, especialmente, de un libro o publicación semejante: *amplió la foto a formato 15 por 18.*
DER formatear.

-forme Elemento sufijal que entra en la formación de adjetivos con el significado de 'forma': *multiforme.*

formidable adj. **1** Que destaca entre otros de su misma especie por su calidad o capacidad: *es un jugador formidable.* SIN extraordinario. **2** [cosa] Que destaca y asombra por su gran tamaño: *se ha comprado una casa de cuatro plantas formidable.*

formón n. m. Herramienta que sirve para cortar o trabajar la madera, y que tiene el corte más ancho y menos grueso que el escoplo.

fórmula n. f. **1** Escrito en el que se describe la composición de un producto y el modo de prepararlo: *lee la fórmula de esta pastilla.* **2** Modo o forma establecida para hacer o expresar una cosa: *leyó la fórmula de juramento antes de tomar posesión de su cargo.* **3** Modo o método que se propone para resolver un problema o conseguir una cosa: *creo que el ahorro es la única fórmula que tenemos para comprarnos algún día una casa.* **4** Expresión simbólica y general de una ley física o matemática. **5** QUÍM. Expresión simbólica de la composición química de un cuerpo o sustancia: *la fórmula del cloruro de sodio es ClNa.* **6** Categoría en que se dividen las competiciones de automovilismo según la potencia del motor y el peso del vehículo: *Fittipaldi fue campeón del mundo de coches de Fórmula 1.*
DER formular, formulario, formulismo.

formulación n. f. **1** Expresión de una ley física, un principio matemático o una composición química a través de una fórmula. **2** Expresión de una cosa con palabras o por escrito, generalmente, con claridad y exactitud.

formular v. tr. **1** Expresar una ley física, un principio matemático o una composición química mediante una fórmula o combinación de números, letras y signos: *el profesor nos pidió que formuláramos la composición del anhídrido carbónico.* **2** Expresar una cosa con palabras o por escrito, generalmente, con claridad y exactitud.
DER formulación.

formulario, -ria adj. **1** De la fórmula o que está relacionado con el modo establecido de hacer o expresar algo. ◆ n. m. **2** Escrito impreso con espacios en blanco para que una persona anote los datos o responda las cuestiones que se solicitan: *tienes que rellenar el formulario y entregarlo en secretaría.* **3** Libro que contiene un conjunto de fórmulas.

fornicar v. intr. Realizar el acto sexual, especialmente, fuera del matrimonio.
OBS En su conjugación, la *c* se convierte en *qu* delante de *e*.

fornido, -da adj. [persona, parte del cuerpo] Que es fuerte o de gran corpulencia: *era un boxeador bajito, pero muy fornido.*

foro n. m. **1** Plaza central en las ciudades de la antigua Roma donde estaban los principales edificios públicos y se celebraban las reuniones políticas y los juicios. **2** Reunión de personas para tratar un asunto ante un público que también puede expresar su opinión: *participará en el foro sobre desarme nuclear.* SIN fórum. **3** Espacio de Internet u otra red donde participan varias personas para tratar un asunto de interés y comparten su opinión, plantean dudas o aportan soluciones.**4** Fondo del escenario de un teatro, que está más alejado de los espectadores.
DER foral, forense; aforar.

forofo, -fa n. m. y f. **1** Persona a la que le gusta mucho o practica con pasión una actividad determinada, especialmente, un deporte: *es una forofa de los libros: lee varios cada semana.* **2** Persona aficionada a un deporte que anima con pasión y entusiasmo a su equipo o deportista favorito: *los forofos no dejaron de animar a su equipo durante todo el partido.*

forraje n. m. Hierba que se da al ganado para alimentarlo: *en el granero hay forraje para las vacas.* SIN pasto.
DER forrajero.

forrajero, -ra adj. [planta] Que sirve como alimento para el ganado.

forrar v. tr. **1** Cubrir un objeto por su parte exterior para protegerlo y conservarlo en buen estado: *forra todos los libros con papel.* **2** Poner una pieza de tela en la superficie interior de las prendas de vestir: *he forrado el vestido para que no se transparente.* ◆ v. prnl. **3** forrarse Ganar gran cantidad de dinero: *me he forrado con la venta de uno de los pisos que heredé.*

forro n. m. **1** Pieza con que se cubre un objeto para protegerlo y conservarlo en buen estado. **2** Pieza de tela que se cose en la superficie interior de una prenda de vestir: *se está descosiendo el forro de mi abrigo.*
▶ ni por el forro **a.** Indica desconocimiento total o absoluto de una cosa: *por lo que ha dicho, no ha leído ni por el forro los apuntes de clase.* **b.** Se usa para negar de manera tajante una cosa: *ni por el forro tengo intención de acudir a su casa esta noche.*
DER forrar.

fortalecer v. tr./ prnl. **1** Hacer más fuerte a una persona o aumentar el vigor de su musculatura: *con este ejercicio fortaleces el bíceps.* **2** Hacer más intensa una relación o sentimiento entre dos personas o grupos: *el comercio fortalece la relación entre los países vecinos.*
OBS En su conjugación, la *c* se convierte en *zc* delante de *a* y *o*, como en *agradecer*.
DER fortalecimiento.

fortalecimiento n. m. **1** Aumento de la fuerza de una persona o del vigor de su musculatura. **2** Aumento de la intensidad de una relación o sentimiento entre dos personas o grupos.

fortaleza n. f. **1** Fuerza física o moral de una persona para afrontar situaciones difíciles: *superó la enfermedad de su hija con una gran fortaleza.* ANT debilidad. **2** Recinto protegido con murallas o construcciones de defensa para resguardarse de los enemigos: *en el centro de la fortaleza se alzaba el castillo.*
DER fortalecer.

fortificación n. f. **1** Construcción de obras de defensa para proteger un lugar: *la fortificación de Itálica por parte de los soldados romanos duró decenas de años.* **2** Obra o conjunto de obras con que se protege un lugar: *tenía una pésima fortificación y fue tomada por los enemigos en pocas horas.*

fortificar v. tr. **1** Hacer más fuerte o aumentar la fuerza física o moral de una persona: *decía que la vida monacal fortificaba su espíritu.* ◆ v. tr./ prnl. **2** Proteger con construcciones de defensa un lugar: *los romanos fortificaban todas las ciudades y plazas que conquistaban.*
OBS En su conjugación, la *c* se convierte en *qu* delante de *e*.
DER fortificación.

fortín n. m. Pequeño fuerte o construcción militar para resistir ataques enemigos.
DER fortificar.

fortísimo, -ma adj. Superlativo de fuerte.

fortuito, -ta adj. Que sucede inesperadamente y por casualidad: *aquel encuentro fortuito fue el inicio de una buena amistad.*

fortuna n. f. **1** Causa inexplicable a la que se atribuyen sucesos buenos o malos: *la fortu-*

na hizo que la conociese aquella tarde y que nos enamorásemos. **SIN** azar. **2** Suerte favorable para alguien. **3** Cantidad de dinero y bienes que posee una persona: *se estima que tiene una fortuna de miles de millones.* **SIN** hacienda. **4** Cantidad indeterminada pero muy grande de dinero que vale una cosa. **NOTA** Se usa, generalmente, con los verbos *costar, valer* o *pagar.* **5** Éxito o rápida aceptación de una cosa entre la gente: *este nuevo juguete no ha tenido mucha fortuna entre nuestros clientes.*

▶ **por fortuna** Indica que un determinado hecho es debido a la buena suerte: *por fortuna, no hubo ningún herido en el accidente.* **probar fortuna** Intentar hacer o conseguir una cosa difícil: *voy a probar fortuna como piloto de carreras.*

DER afortunado; infortunado.

fórum n. m. Reunión de personas para tratar un asunto, a menudo ante un público que también puede expresar su opinión. **SIN** foro. **OBS** El plural es *fórums.*

forúnculo o **furúnculo** n. m. Inflamación localizada que se produce en la piel debida a la infección de un folículo o saquito de grasa.

forzado, -da adj. [acción] Que no se hace de manera espontánea o natural sino por obligación: *risa forzada.*

▶ **trabajos forzados** Pena con que se castiga a un preso, que consiste en realizar trabajos muy duros o que requieren mucha fuerza física: *lo condenaron a trabajos forzados en una cantera de piedra.*

forzar v. tr. **1** Vencer la resistencia de una cosa mediante la fuerza o la violencia. **2** Abusar sexualmente de una persona: *el violador forzó a su víctima en el portal de la casa.* **3** Obligar a una persona a que haga algo que no quiere hacer. **4** Hacer o pretender que una cosa sea diferente a como es de un modo natural: *no fuerces la situación.*

OBS En su conjugación, la *o* se convierte en *ue* en sílaba acentuada y la *z* en *c* delante de *e.*

DER forzado, forzoso, forzudo; esforzar, reforzar.

forzoso, -sa adj. [cosa] Que es necesario, obligatorio o que no se puede evitar por ningún medio: *con esa fractura, es forzoso que dejes de jugar al tenis.*

forzudo, -da adj. [persona] Que tiene gran fuerza física: *dos forzudos trasladaron la nevera.*

fosa n. f. **1** Hoyo que se hace en la tierra, especialmente, para enterrar a los muertos: *sobre la fosa colocaron la lápida.* **fosa común** Lugar en el que se entierran juntos los cadáveres que no tienen sepultura particular: *Mozart fue enterrado en una fosa común.* **2** ANAT. Cavidad o hueco de un organismo humano o animal: *fosas nasales.* **3** GEOL. Depresión, zona hundida de la corteza terrestre o del fondo de los océanos: *las fosas oceánicas suelen estar cerca de los continentes.*

DER foso.

fosfato n. m. Sal formada a partir del ácido fosfórico, que se emplea, generalmente, como fertilizante.

fosforescencia n. f. Propiedad que tienen ciertas sustancias de emitir luz durante un tiempo después de haber estado expuestas a una fuente luminosa.

fosforescente adj. [sustancia, cuerpo] Que posee la propiedad de emitir luz durante un tiempo después de haber estado expuesto a una fuente luminosa: *puso pegatinas fosforescentes en el techo de la habitación.*

fosforito adj. De color chillón y que se ve enseguida porque destaca sobre otros colores: *los ciclistas suelen llevar camisetas fosforito para que los conductores los vean con facilidad.* **NOTA** Es invariable en número: *rotuladores fosforito.* ◆ n. m. **2** Rotulador de color chillón con que se resalta una parte de un texto. **SIN** marcador.

fósforo n. m. **1** QUÍM. Elemento químico sólido, muy combustible y venenoso, que emite luz en la oscuridad. **2** Trocito de papel enrollado y encerado o palito hecho con madera u otro material combustible que está recubierto de fósforo y azufre en un extremo y prende al rozarlo con una superficie rugosa: *encendió la vela con un fósforo.* **SIN** cerilla, mixto.

DER fosfato, fosforado, fosforecer, fosfórico, fosforita, fosforito.

fósil adj./ n. m. **1** [sustancia orgánica] Que se ha convertido en piedra formando parte de una capa terrestre: *los fósiles de animales marinos indican que, en otro período geológico, la zona estuvo cubierta por el agua del mar.* ◆ n. m. **2** Persona o cosa que es vieja o está anticuada: *esta máquina de escribir es un fósil.*

DER fosilizarse.

foso n. m. **1** Hoyo alargado y profundo que hay en un terreno. **2** Hoyo alargado y profundo que rodea un castillo, una fortaleza u otra construcción similar: *en el foso de esta antigua torre cayeron muchos enemigos.* **3** Piso inferior de un escenario, situado entre este y la platea, donde, generalmente, se coloca la orquesta: *la orquesta estaba situada en el foso del teatro.* **4** Lugar con arena sobre el que caen los atletas de las dos modalidades deportivas de salto: *en el triple salto y en el salto de longitud, los deportistas caen en un foso.*

foto n. f. Forma abreviada de *fotografía*: *te enviaré las fotos de la fiesta.*

foto- Elemento prefijal que entra en la formación de palabras con el significado de: **a.** 'Luz', 'radiación luminosa': *fototerapia, fotomecánica.* **b.** Fotografía o relacionado con ella: *fototeca, fotonovela.*

fotocopia n. f. Copia fotográfica instantánea sobre papel de un escrito o dibujo, que se hace con una máquina eléctrica: *nos dio una fotocopia y se quedó el original.*
DER fotocopiadora, fotocopiar.

fotocopiadora n. f. Máquina eléctrica para hacer fotocopias. SIN copiadora.

fotocopiar v. tr. Hacer una o varias fotocopias de un escrito o dibujo original.
OBS En su conjugación, la *i* es átona, como en *cambiar.*

fotofobia n. f. MED. Intolerancia anormal a la luz, originada, principalmente, por una enfermedad ocular.
DER fotofóbico.

fotogénico, ca adj. [persona] Que sale muy favorecido al ser reproducido en una fotografía o película: *niña fotogénica.*

fotogénico, -ca adj. Que sale muy favorecido o causa un efecto muy agradable al ser reproducido en fotografía o un soporte audiovisual.

fotografía n. f. **1** Técnica y arte de obtener imágenes por la acción química de la luz sobre una superficie con unas características determinadas. **2** Imagen sobre papel que se obtiene mediante esta técnica: *hizo una fotografía de la casa para enseñártela.* NOTA En esta acepción también se usa de forma abreviada: *foto.* **3** Descripción, narración o representación de una persona o de una cosa que se caracteriza por su exactitud. SIN retrato.
DER fotografiar, fotográfico, fotógrafo; aerofotografía, macrofotografía, microfotografía, telefotografía.

fotografiar v. tr./ prnl. Reproducir la imagen de una persona o cosa por medio de la fotografía: *fotografió los jardines del palacio.*
OBS En su conjugación, la *i* se acentúa en algunos tiempos y personas, como en *desviar.*

fotográfico, -ca adj. De la fotografía o que tiene relación con esta técnica: *cámara fotográfica.*

fotógrafo, -fa n. m. y f. Persona que se dedica a la fotografía profesionalmente o como aficionado: *esta fotógrafa ha obtenido numerosos premios.*

fotograma n. m. Fotografía o imagen de una película cinematográfica: *cuando ves una película, pasan delante de tus ojos 24 fotogramas por segundo.*

fotólisis o **fotolisis** n. f. Descomposición química que, durante la fotosíntesis, sufre una molécula de agua debido a la acción de los rayos ultravioleta.

fotomontaje n. m. Unión o combinación de varias fotografías para componer otra, generalmente, con intención artística o publicitaria: *el folleto de propaganda de esta bebida se basa en un fotomontaje donde una botella tiene ojos y piernas de persona.*

fotosíntesis n. f. BOT. Proceso químico de las plantas verdes o con clorofila, mediante el cual se transforman en alimento ciertas sustancias inorgánicas utilizando la luz del sol: *en la fotosíntesis, las plantas desprenden oxígeno.*
DER fotosintético.

fototropismo n. m. Tendencia de moverse hacia la luz que tiene un organismo, especialmente vegetal: *el movimiento del girasol se debe al fototropismo.*

fotovoltaico, -ca adj. [sustancia, cuerpo] Que genera una fuerza electromotriz al encontrarse bajo la acción de una radiación luminosa o análoga: *la conversión fotovoltaica consiste en la transformación directa de la energía luminosa en energía eléctrica.*

frac n. m. Traje masculino de etiqueta y ceremonia, cuya chaqueta se caracteriza por llegar a la altura de la cintura por la parte de delante y prolongarse por detrás en dos faldones.
OBS Es de origen francés. El plural es fraques.

fracasado, -da adj. [persona] Que ha perdido la credibilidad, el buen nombre o la estima a causa de uno o de varios fracasos: *la falta de éxitos laborales la convirtieron en una mujer fracasada.*

fracasar v. intr. **1** Salir mal una cosa: *el plan ha fracasado porque no nos apoyó lo suficiente.* **2** No obtener una persona el resultado que pretendía en una actividad: *fracasó como cantante de ópera.*
DER fracasado.

fracaso n. m. **1** Resultado adverso en una actividad: *mi proyecto ha sido un fracaso.* ANT logro, éxito. **2** Mala aceptación de una cosa.
DER fracasar.

fracción n. f. **1** Parte dividida de un todo considerada por separado: *a cada hermano le toca una fracción de la herencia.* **2** MAT. Expresión que se representa con una barra oblicua u horizontal entre dos cantidades de las cuales, la primera (o numerador) indica la cantidad proporcional que se considera de la segunda (o denominador), que es la unidad dividida en partes iguales: *5/9 es una fracción.* SIN quebrado. **3** Grupo de personas que pertenecen a una asociación, especialmente, a un partido político, que tiene opiniones distintas a las del resto en determinados asuntos: *la fracción más conservadora del partido no acepta al nuevo representante.*
DER fraccionar, fraccionario; difracción, infracción, refracción.

fraccionar v. tr./ prnl. Dividir en partes un todo: *el mineral se fraccionó al caer al suelo.*

fraccionario, -ria adj. De una parte de un todo o que tiene relación con ella.

fractura n. f. **1** Rotura violenta de algo sólido, especialmente, de un hueso del cuerpo: *el golpe le produjo una fractura múltiple en el brazo.* **2** Lugar por donde se rompe una cosa sólida y señal que deja. **3** Aspecto determinado que presenta la superficie de un mineral o de una roca cuando se rompe: *el cuarzo tiene una fractura irregular.* **4** GEOL. Grieta o rotura que se produce en un terreno: *la falla es una fractura en la que, además, se desplaza uno de los bloques de terreno.*
DER fracturar.

fracturar v. tr./ prnl. Romperse violentamente algo sólido, especialmente, un hueso del cuerpo.

fragancia n. f. Olor suave y muy agradable que desprende una cosa: *la fragancia de este perfume es de rosas.*
DER fragante.

fragante adj. [olor] Que es suave y muy agradable: *el olor fragante del jardín llegó hasta la casa.*

fragata n. f. **1** MAR. Barco de guerra más pequeño que un destructor, ligero y rápido que se utiliza como patrulla o para la protección de otras embarcaciones. **2** Antiguo barco de guerra con tres palos y velas cuadradas.

frágil adj. **1** [cosa] Que se rompe con facilidad: *ya sabes que el cristal de Murano es muy fino y frágil.* **2** Que es débil o puede deteriorarse con facilidad: *aunque su salud es frágil, no ha dejado de trabajar cada día.*
DER fragilidad.

fragilidad n. f. **1** Facilidad para romperse que tiene una cosa. **2** Debilidad o facilidad para deteriorarse: *la fragilidad de la paz en aquel país es debida a los continuos atentados terroristas.*

fragmentación n. f. División de un todo en partes o de una cosa homogénea en trozos pequeños.

fragmentar v. tr. Dividir un todo en partes o hacer trozos pequeños de una cosa homogénea: *al aumentar la temperatura, el iceberg se fragmentará.*
DER fragmentación.

fragmentario, -ria adj. **1** [cosa] Que está compuesto o formado por fragmentos o partes. **2** [cosa] Que no está completo o acabado: *con una información tan fragmentaria, no consiguió enlazar los hechos.*

fragmento n. m. **1** Parte separada o dividida de un todo. **2** Parte breve de una obra literaria o musical: *tocó al piano un fragmento de una obra de Chopin.*
DER fragmentar, fragmentario.

fragor n. m. Ruido muy fuerte y prolongado: *desde mi casa se oía el fragor del público en el estadio.*

fragua n. f. **1** Horno en el que se calientan metales para forjarlos o trabajarlos: *el herrero sacó la barra de hierro de la fragua.* **2** Taller donde se forjan o trabajan: *en esta fragua te harán la verja del jardín.*
DER fraguar.

fraguar v. tr. **1** Trabajar un metal y darle una forma definida por medio de golpes o por presión. **2** Planear la realización de algo: *durante años estuvo fraguando su huida.* ◆ v. intr. **3** Llegar a endurecerse el cemento u otra sustancia parecida en una obra de construcción: *cuando terminemos el muro, hay que esperar a que fragüe el cemento.* **4** Tener el efecto deseado una idea o proyecto: *la campaña de publicidad no ha fraguado como esperábamos.* SIN cuajar.
OBS En su conjugación, la *u* es átona, como en *adecuar.*

fraile n. m. Hombre que pertenece a una orden religiosa: *los frailes hacen votos solemnes.* SIN monje.

frailuno, -na adj. *despectivo* Que es propio del fraile o de los frailes.

frambuesa n. f. **1** Fruto silvestre comestible, de color rojo más oscuro que el de la fresa, olor suave y sabor agridulce: *comió tostadas con mermelada de frambuesa.* adj. **2** De color rojo claro, parecido al de este fruto: *lleva una blusa frambuesa.*
OBS No varía en plural: *tonos frambuesa.*

francés, -cesa adj. **1** De Francia o que tiene relación con este país de Europa. **SIN** franco. ◆ adj./ n. m. y f. **2** [persona] Que es natural de Francia. ◆ n. m. **3** Lengua que se habla en este país y en otros del mundo, especialmente, los que fueron colonias o formaron parte de él.
DER franchute, francio; afrancesar.

francio n. m. QUÍM. Elemento químico metálico y líquido que neutraliza los ácidos y es muy radiactivo: *el símbolo del francio es Fr.*

franciscano, -na adj./ n. m. y f. **1** [religioso] Que pertenece a una de las órdenes fundadas por san Francisco de Asís: *los primeros frailes franciscanos son del siglo XIII.* ◆ adj. **2** De la orden de los franciscanos o que tiene relación con ella.

francmasonería n. f. Masonería, asociación secreta e internacional que aspira a la fraternidad y la ayuda entre todas las personas.

franco, -ca adj. **1** [persona] Que es sincero y habla con claridad: *prefiero ser franco y decirte lo que pienso sin mentir.* **2** Que es tan claro que no ofrece duda alguna: *esta empresa está en franco retroceso.* **3** Que no presenta impedimentos o está libre de obstáculos: *buscaban una vía franca para pasar la frontera.* **4** Que está libre de un pago, especialmente, de un impuesto: *en una zona franca, no se cargan impuestos a los productos extranjeros.* **5** De Francia o que tiene relación con este país de Europa occidental que limita por el sur con España: *esta empresa es franco-alemana.* **SIN** francés. ◆ adj./ n. m. y f. **6** Del pueblo germánico que estableció su reino en la antigua Galia romana o que tiene relación con él. ◆ n. m. **7** Lengua hablada por este pueblo germánico. **8** Unidad monetaria de Francia, Bélgica y Luxemburgo, así como de Suiza y otros países, hasta su sustitución por el euro. **9** Unidad monetaria de varios países que tiene un valor diferente en cada uno de ellos: *franco belga; franco suizo.*
DER franquear, franqueza, franquía, franquicia.

francotirador, -ra n. m. y f. **1** Soldado que no pertenece al ejército regular y que combate aisladamente. **2** Tirador que, intentando no ser visto, dispara desde lejos con gran puntería sobre blancos humanos. **3** Persona que actúa por su cuenta y cuyos dichos o hechos van en contra de la mayoría: *ese periodista es un francotirador.*

franela n. f. Tejido fino de lana o algodón con pelo en una de las caras de su superficie: *en invierno siempre lleva pantalones de franela.*

franja n. f. **1** Banda de tela que se usa para adornar una cosa, especialmente, una prenda de vestir: *me gustaría más ese vestido si no tuviera la franja de seda.* **2** Superficie alargada que destaca sobre el resto: *plantó una franja de margaritas en el jardín.* **SIN** banda, lista.

frankfurt n. m. Salchicha ahumada.
OBS El plural es *frankfurts.* Se pronuncia aproximadamente «fránfur».

franquear v. tr. **1** Apartar los obstáculos o impedimentos para que pueda pasar alguien o algo en movimiento. **2** Pasar de un lado a otro venciendo un obstáculo o una dificultad: *el jinete franqueó limpiamente la ría durante el concurso hípico.* **3** Pagar en sellos un envío que se hace por correo: *antes de enviar el paquete, hay que franquearlo en correos.* ◆ v. prnl. **4** franquearse Explicar a otra persona lo que se considera más íntimo de uno mismo: *se franqueó con su amigo.*
DER franqueo; infranqueable.

franqueo n. m. **1** Colocación de los sellos necesarios a una cosa para enviarla por correo. **2** Cantidad de dinero que se paga en sellos para enviar una cosa por correo: *el franqueo de este paquete a Estados Unidos es carísimo.*

franqueza n. f. Sinceridad y claridad al hablar: *se lo dijo con franqueza.*

franquicia n. f. Privilegio que se concede para no pagar impuestos por el uso de un servicio público o por determinadas actividades comerciales: *esta empresa tiene franquicia y no ha de pagar por introducir sus productos en el país.*

franquismo n. m. **1** Régimen político de carácter totalitario que fue implantado en España por el general Francisco Franco desde 1939 hasta su muerte en 1975. **2** Período histórico durante el cual hubo este régimen en España.

franquista adj. **1** De Franco o relacionado con este político o su gobierno: *gobierno fran-*

a b c d e f g h i j k l m n ñ o p q r s t u v w x y z

quista; época franquista; régimen franquista. ◆ adj./ n. com. **2** [persona] Que es partidario de las ideas de este político o de su gobierno: *el triunfo de los franquistas.*
DER franquismo.

frasco n. m. Vaso o recipiente pequeño, generalmente, de cristal, que tiene el cuello estrecho: *rellenó el frasco de colonia.*
DER enfrascarse.

frase n. f. Conjunto de palabras que tiene sentido por sí mismo sin llegar a formar una oración: *su frase de despedida fue breve, pero muy cariñosa.*
▶ **frase hecha** Frase que se reproduce siempre de la misma manera sin alterar el orden de las palabras ni cambiar ninguna de ellas: *«no hay dos sin tres» es una frase hecha.*
DER frasear, fraseología.

fraseológico, -ca adj. De la frase o relacionado con ella: *veremos algunos enlaces fraseológicos del tipo «volviendo a lo de antes», «mejor dicho», etc.*
DER fraseología.

fraternal adj. De los hermanos o que tiene relación con el afecto y la confianza entre ellos. SIN fraterno.

fraternidad n. f. Relación de afecto y confianza entre personas que se considera propia de hermanos.
DER fraternal, fraternidad, fraternizar, fratricidio.

fraterno, -na adj. Fraternal.
DER fraternal, fraternidad, fraternizar, fratricidio.

fratricida adj./ n. com. [persona] Que mata a un hermano: *el fratricida fue condenado a 20 años de cárcel.*

fratricidio n. m. Muerte causada por una persona a un hermano suyo de manera intencionada.
DER fratricida.

fraude n. m. Engaño que se hace para sacar provecho o beneficio, especialmente, si perjudica a alguien: *sospechaban que se había cometido un fraude electoral.*
▶ **fraude fiscal** Engaño al hacer la declaración de la renta para intentar no pagar impuestos o menos de los obligados: *acusaron al empresario de fraude fiscal.*
DER fraudulento; defraudar.

fraudulento, -ta adj. Que implica o conlleva fraude.

fray n. m. Forma abreviada de *fraile* que se usa delante del nombre de religiosos de ciertas órdenes.

freático, -ca adj. **1** [agua] Que está bajo tierra acumulada sobre una capa de tierra impermeable: *las aguas freáticas se pueden aprovechar construyendo pozos.* **2** [estrato] Que está bajo tierra y no permite filtrar el agua.

frecuencia n. f. **1** Repetición de un acto o suceso de manera habitual: *viene a vernos con frecuencia.* **2** Número de veces que ocurre una cosa durante un período de tiempo determinado. **3** FÍS. Número de vibraciones, ondas o ciclos realizados en una unidad de tiempo determinada.
DER frecuente.

frecuentar v. tr. **1** Ir a un mismo lugar a menudo. **2** Tratar a una persona de manera habitual: *frecuenta nuestra pandilla.*

frecuente adj. **1** Que ocurre o se repite de manera habitual: *es frecuente que venga a visitarnos.* SIN incesante. **2** Que es común o normal: *es frecuente que haga calor en esta época del año.* ANT infrecuente.
DER frecuentar, frecuentativo; infrecuente.

fregadero n. m. Pila o recipiente que se usa para fregar la vajilla y los utensilios de cocina y que consta de un grifo y un desagüe.

fregar v. tr. Limpiar y lavar una cosa frotándola con un estropajo u otro utensilio empapado en agua y jabón o cualquier producto de limpieza: *fregar el suelo.*
OBS En su conjugación, la *e* se convierte en *ie* en sílaba acentuada y la *g* en *gu* delante de *e*, como en *regar.*
DER fregadero, fregado, fregona.

fregona n. f. **1** Utensilio que consta de un palo largo y delgado terminado en una pieza que sujeta unas tiras de material absorbente y que sirve para fregar el suelo de pie. **2** Mujer que se dedica a fregar suelos y a cocinar.
NOTA Tiene un valor despectivo.

freidora n. f. Recipiente para freír alimentos en abundante aceite con una cesta metálica extraíble que deja pasar el aceite.

freír v. tr./ prnl. **1** Cocinar un alimento teniéndolo durante un tiempo en aceite hirviendo. ◆ v. tr. **2** Matar a alguien disparándole muchos tiros: *en la película, el policía fríe a tiros a los ladrones.* **3** Molestar mucho y repetidamente a alguien: *freír a preguntas.* ◆ v. prnl. **4 freírse** Pasar mucho calor: *en esta casa en verano te fríes.*
▶ **ir (o mandar) a freír espárragos** Se usa para despedir con enfado y de manera despectiva a una persona a la que no se quiere hacer

caso o que molesta: *dile que se vaya a freír espárragos.*
OBS Tiene un participio regular, *freído*, y un participio irregular, *frito*, más usado en los tiempos compuestos y como adjetivo. En su conjugación, la *i* de la desinencia se pierde y la *e* se convierte en *i* en algunos tiempos y personas, como en *reír*.
DER freidora, freidura, frito; sofreír.

frenar v. tr./ intr. **1** Hacer que un vehículo se pare o vaya más despacio utilizando el freno. **2** Detener o disminuir una actividad o la intensidad de algo: *debes frenar tu mal genio.*
DER frenazo; desenfrenarse, refrenar.

frenazo n. m. **1** Acción de frenar un vehículo de forma súbita y violenta. SIN frenada. **2** Disminución o detención brusca de una actividad.

frenesí n. m. **1** Exaltación violenta del ánimo: *trabajaba con un frenesí casi enfermizo.* SIN delirio. **2** Manifestación exaltada de un sentimiento, especialmente, amoroso: *lo que sentía por él era frenesí.*
OBS El plural es *frenesíes* (culto) o *frenesís* (popular).
DER frenético.

frenético, -ca adj. **1** Que muestra una exaltación violenta del ánimo. **2** Que tiene o muestra rabia, furia o enfado de manera exagerada: *los ruidos le ponen frenético.*

frenillo n. m. Membrana que se forma en ciertas partes del organismo y que limita el movimiento de un órgano: *el frenillo de la lengua; el frenillo del prepucio.*

freno n. m. **1** Mecanismo que sirve para disminuir la velocidad de un vehículo o pararlo: *el freno puede ser de disco o de tambor.* **2** Mando o pedal que acciona ese mecanismo: *puso el freno de mano y salió del coche.* **3** Cosa que modera o disminuye un proceso: *las previsiones climatológicas han sido un freno para el turismo.* **4** Pieza de hierro donde se atan las riendas y que se coloca en la boca de los caballos para sujetarlos y dirigirlos.
DER frenar, frenillo; servofreno.

frente n. f. **1** Parte superior de la cara por encima de los ojos hasta el nacimiento del cuero cabelludo y entre las dos sienes. ◆ n. m. **2** Parte delantera de una cosa. **3** Zona en la que se enfrentan los ejércitos en un combate o lucha: *los soldados fueron enviados al frente.* **4** Organización política en la que se agrupan distintos partidos que tienen un interés común. **5** Superficie teórica que separa dos masas de aire con características meteorológicas distintas y que produce variaciones bruscas de temperatura y humedad: *mañana llegará el frente frío a la península.*
▶ **al (o de) frente** Indica dirección hacia delante: *dar un paso al frente.* **con la frente alta** Indica que una persona no debe sentir vergüenza por algo que ha hecho o que le ha sucedido. **de frente** Indica que algo se ha de hacer con decisión y sin rodeos: *debes hablar con él de frente.* **frente a** **a.** Indica situación delante de lo que se expresa: *frente a tu coche tengo el mío.* SIN ante. **b.** Indica oposición: *frente a lo que opina la mayoría, yo creo que es un buen negocio.* **frente a frente** **a.** Indica que dos personas están situadas de cara, una delante de la otra. **b.** Indica que una cosa se trata sin ocultarse ninguna de las dos personas que están implicadas en ella: *si quiere que hablemos frente a frente del asunto, dile que venga.* **hacer frente** **a.** Poner los medios o actuar de determinada manera para que se resuelva una situación difícil: *hay que hacer frente a las pérdidas económicas.* **b.** Enfrentarse física o verbalmente a una persona: *nadie hace frente a ese chico porque es muy agresivo.* **ponerse (o estar) al frente** Tomar el mando de una cosa o de un grupo de personas o dirigirlas en una determinada actividad.
DER afrenta, enfrente.

fresa n. f. **1** Planta herbácea, con hojas dispuestas en grupos de tres y con flores blancas o amarillentas. **2** Fruto comestible de esa planta, casi redondo, carnoso y azucarado, de color rojo con pequeñas semillas negras o amarillas en la superficie. **3** Herramienta formada por cuchillas o dientes metálicos que, al girar rápidamente, hace agujeros en los metales o en materiales duros. adj. **4** De color rojo, parecido al del fruto de la fresa: *se pintó los labios de color fresa.* NOTA No varía en plural: *tonos fresa.*
DER fresón.

fresal n. m. Terreno en el que se cultivan fresas.

fresca n. f. Cosa desagradable que se dice a una persona para ofenderla o molestarla: *se enfadó con ella y le soltó una fresca.*

fresco, -ca adj. **1** Que tiene una temperatura fría, pero que no es desagradable: *se lavó la cara con agua fresca.* **2** Que acaba de ocurrir o suceder: *escucha los boletines de la radio para tener noticias frescas.* **3** [alimento] Que no está congelado o curado y conserva sus cualidades originales: *siempre compra verduras frescas.* **4** [persona] Que se mantiene joven y sano: *tiene ochenta años, pero al verlo tan fresco nadie lo diría.* **5** [persona] Que está descansado o lo parece: *no entiendo como puede estar tan fresca después del partido de fútbol.* **6** [persona] Que está tranquilo o que no muestra preocupación: *se quedó tan fresco cuando se enteró que tenía que competir con el número uno.* **7** [tela, prenda de vestir] Que es ligera y no produce calor. **8** [colonia] Que tiene un olor agradable. ◆ adj./ n. m. y f. **9** [persona] Que habla u obra sin vergüenza ni respeto: *¡vaya hombre más fresco! Se ha ido sin pagar.* NOTA Se usa con valor despectivo. ◆ n. m. **10** Temperatura fría, pero que no es desagradable: *aquella noche hacía fresco.* SIN frescor, frescura. **11** Pintura hecha sobre paredes o en techos humedecidos con colores disueltos en agua de cal: *los frescos del Vaticano.*

▶ **estar fresco** Indica que no se cumplirán las esperanzas de una persona: *estás fresco si crees que vas a venir.* **traer al fresco** No importar ni preocupar una cosa a alguien: *le trae al fresco lo que diga la gente.*

DER fresca, frescales, frescor, fresquera.

frescor n. m. Temperatura fría, pero que no es desagradable. SIN fresco, frescura.

frescura n. f. **1** Temperatura fría, pero que no es desagradable. SIN fresco, frescor. **2** Propiedad de los alimentos recién obtenidos o que no han sufrido ningún proceso de curación: *se nota que este pescado ha perdido frescura por el color apagado.* **3** Falta total de vergüenza o respeto: *el chico habló a su madre con frescura y esta le regañó.*

fresneda n. f. Terrreno poblado de fresnos.

fresno n. m. **1** Árbol de tronco grueso, madera clara y corteza gris, con la copa espesa y las hojas caducas de forma alargada. **2** Madera que se obtiene de este árbol y que se caracteriza por su elasticidad.

DER fresneda.

fresón n. m. Fruto comestible, muy parecido a la fresa, casi redondo pero con punta, de color rojo oscuro y con pequeñas semillas negras o amarillas en la superficie.

frialdad n. f. **1** Sensación de frío o de falta de calor: *la frialdad del ambiente no era agradable.* **2** Falta total de interés o entusiasmo que demuestra una persona en lo que hace: *me habló con frialdad.* **3** Indiferencia que muestra una persona al recibir una impresión o estímulo externo capaces de alterar el estado de ánimo: *el acusado escuchó la sentencia con frialdad.* SIN impasibilidad.

fricación n. f. Roce o fricción que el aire expelido produce en la boca cuando se pronuncia una consonante fricativa.

fricativo, -va adj./ n. f. [consonante] Que se pronuncia acercando determinados órganos de la boca de manera que el aire pasa rozando entre ellos: *la f y la z son consonantes fricativas.*

fricción n. f. **1** Rozamiento de dos superficies cuando al menos una de ellas está en movimiento: *la fricción de estas dos piedras hará que salten varias chispas.* SIN rozamiento. **2** Frotación que se aplica a una parte del cuerpo, especialmente, para dar calor o aliviar una dolencia: *su madre le dio una fricción con alcohol en la espalda porque le dolía.* SIN friega. **3** Desacuerdo entre dos o más personas: *tendréis que solucionar esas fricciones que han surgido entre vosotros.*

DER friccionar.

friega n. f. Frotación sobre una parte del cuerpo, especialmente, para curar o aliviar una dolencia: *el masajista le dio unas friegas al futbolista.* SIN fricción.

friegaplatos n. m. Aparato eléctrico que sirve para lavar los platos, vasos, cubiertos y demás utensilios de cocina. SIN lavaplatos, lavavajillas.

OBS El plural también es *friegaplatos.*

frígido, -da adj. **1** Que no siente deseo o placer sexual. ◆ adj. **2** Que está muy frío. NOTA Es una palabra culta que se usa en el lenguaje poético.

DER frigidez.

frigoría n. f. Unidad de medida para el frío: *el símbolo de la frigoría es fg.*

frigorífico, -ca adj. **1** Que produce frío o lo mantiene de manera artificial. ◆ n. m. **2** **frigorífico** Aparato eléctrico que sirve para conservar fríos los alimentos y las bebidas. SIN nevera.

frijol o **fríjol** n. m. **1** Planta leguminosa de tallo delgado y en espiral, con flores blancas y amarillas. Es originaria de América. **2** Fruto de esta planta, encerrado en una cáscara blanda, alargada y plana.

fringílido, -da adj./ n. m. **1** [ave] Que pertenece a la familia de los fringílidos o está relacionado con ellos. ◆ n. m. pl. **2** **fringílidos**

Familia de aves cantoras, pequeñas o medianas, con el pico corto y robusto, muy ancho en la base; el plumaje suele ser muy vistoso: *pardillos, jilgueros y verderones son fringílidos.*

frío, fría adj. **1** Que tiene una temperatura baja o más baja de lo normal: *esta ciudad tiene un clima frío.* **2** [persona] Que es tranquilo y no pierde la calma: *el ladrón era un hombre frío y calculador.* **3** Que no muestra afectos ni sentimientos pasionales. **ANT** cálido. **4** Que produce sensación de temperatura baja en el cuerpo o que no retiene el calor: *esta casa es fría porque está muy mal orientada.* **ANT** cálido, caliente. **5** [color] Que pertenece a la escala del azul: *le gusta mucho vestir con colores fríos.* **ANT** cálido. ◆ n. m. **6** Temperatura baja del ambiente: *esta noche hace frío.* **NOTA** Se usa con el verbo *hacer.* **ANT** calor. **7** Sensación que experimenta un cuerpo al aproximarse o entrar en contacto con un cuerpo de temperatura más baja: *baja el aire acondicionado porque tengo frío.* **NOTA** Se suele usar con el verbo *tener.* **ANT** calor.

▶ coger frío Resfriarse o constiparse una persona: *ha dormido destapada y ha cogido frío.* en frío Indica que algo se hace sin estar bajo la influencia o presión de una circunstancia o del momento: *tendrás que analizar este problema en frío.* quedarse frío Asustarse o quedarse sin capacidad de reacción a causa de un hecho inesperado: *cuando le comunicaron la noticia se quedó frío.*

DER frialdad, friolero; enfriar, resfriarse.

friolera n. f. Gran cantidad de una cosa, especialmente, de dinero: *ha cobrado la friolera de dos millones.*

friolero, -ra adj. [persona] Que tiende a sentir frío con facilidad: *Juan es muy friolero.*

DER friolera.

frisar v. intr./ tr. Acercarse o aproximarse a una edad determinada: *ya frisa los noventa años.*

friso n. m. **1** Banda horizontal con que se adorna la parte inferior de las paredes: *puso un friso de azulejos a lo largo del pasillo.* **SIN** rodapié, zócalo. **2** ARQ. Banda horizontal que sirve para decorar y se encuentra en el entablamento de los edificios clásicos.

fritanga n. f. Conjunto de alimentos fritos, en especial, si están muy grasientos.

frito, -ta part. **1** Participio pasado irregular del verbo *freír.* ◆ adj. **2** Que ha sido cocinado durante un tiempo en aceite o mantequilla caliente: *pimientos fritos, pescadilla frita.* **3** Profundamente dormido: *apenas comenzó la clase, se quedó frito.* **4** Muerto: *le pegaron cuatro tiros y lo dejaron frito en el coche.* **5** Harto y cansado por las molestias que le provoca una persona o cosa: *estos mosquitos me tienen frito.* n. m. **6** Alimento que se cocina manteniéndolo durante un tiempo en aceite o mantequilla caliente.

DER fritada, fritura.

fritura n. f. Conjunto de alimentos del mismo tipo, en especial, pescado, que se fríen y se sirven a la vez. **SIN** fritada.

frivolidad n. f. **1** Cualidad de frívolo. **2** Cosa, dicho o hecho propios de una persona frívola.

frívolo, -la adj. **1** [persona] Que es poco serio o profundo en lo que dice o hace. **SIN** superficial. **ANT** profundo. **2** [persona] Que tiene un comportamiento caprichoso e irresponsable: *la actriz, con fama de frívola hasta ahora, ha decidido casarse y por fin sentar la cabeza.* **3** Que tiene una idea alegre y despreocupada de la vida, y evita cualquier sentimiento de tristeza.

DER frivolidad.

fronda n. f. Conjunto de hojas y ramas de los árboles o de las plantas: *la fronda del bosque no me dejaba ver con claridad aquella avioneta que planeaba.* **SIN** follaje.

DER frondoso.

frondoso, -sa adj. **1** [árbol] Que tiene gran cantidad de hojas y ramas: *se sentó a leer bajo un frondoso árbol.* **2** [lugar] Que tiene mucha vegetación.

DER frondosidad.

frontal adj. **1** De la frente o la parte superior de la cara, o que tiene relación con ella. **2** De la parte delantera de una cosa o que tiene relación con ella: *por la parte frontal de la caja se puede ver lo que hay dentro.* ◆ adj./ n. m. **3** ANAT. [hueso] Que forma la parte anterior y superior del cráneo.

DER frontalera.

frontera n. f. **1** Lugar o línea imaginaria que limita un Estado y lo separa de otro: *los Pirineos constituyen una frontera natural entre España y Francia.* **2** Límite imaginario que existe entre dos cosas muy próximas.

DER fronterizo, frontero.

fronterizo, -za adj. **1** De la frontera o que tiene relación con este límite entre Estados. **2** [lugar] Que limita o tiene frontera con otro lugar: *dos pueblos fronterizos.*

frontis n. m. Fachada o parte delantera de

una cosa, especialmente, de un edificio: *muchas casas antiguas tienen en el frontis el escudo de la familia.*
OBS El plural también es *frontis.*
DER frontispicio.

frontispicio n. m. **1** ARQ. Fachada delantera de un edificio: *el frontispicio de esta catedral es de estilo plateresco.* **2** ARQ. Construcción triangular que se coloca en la parte superior de una fachada, un pórtico o una ventana. SIN frontón. **3** Página de un libro anterior a la portada, en la que suele haber algún dibujo: *un famoso pintor ha ilustrado el frontispicio de este libro.*

frontón n. m. **1** Pared principal sobre la que se lanza la pelota en determinados deportes: *la pelota vasca es un deporte que se practica en un frontón.* **2** Deporte que consiste en golpear una pelota con una raqueta lanzándola contra una pared principal, de modo que rebote en ella, o en otra lateral, y vuelva. **3** Edificio o lugar preparado para practicar ese deporte. **4** ARQ. Construcción triangular que se coloca en la parte superior de una fachada, un pórtico o una ventana.

frotamiento n. m. **1** Acción de frotar: *los cuerpos metálicos se pueden electrizar por frotamiento.* **2** Efecto de frotar.

frotar v. tr./ prnl. Pasar repetidamente una cosa sobre otra con fuerza, generalmente, con el fin de limpiar o sacar brillo: *frotó los muebles con un abrillantador.*
DER frotación, frotamiento.

fructífero, -ra adj. **1** Que produce fruto. **2** Que es de utilidad o produce buenos resultados. SIN fructuoso.

fructificar v. intr. **1** Dar fruto los árboles y otras plantas: *los árboles fructifican en verano.* **2** Ser una cosa de utilidad o producir buenos resultados: *este negocio fructificará con el esfuerzo de todos.*
OBS En su conjugación, la *c* se convierte en *qu* delante de *e*.
DER fructificación, fructuoso.

fructosa n. f. Azúcar que está presente en la miel y en muchas frutas.

fructuoso, -sa adj. Que es de utilidad o produce buenos resultados: *tus esfuerzos han sido fructuosos.*

frugal adj. **1** [comida] Sencillo y poco abundante: *almuerzo frugal.* **2** [persona] Que se alimenta de comidas sencillas y poco abundantes.
DER frugalidad.

frugalidad n. f. Moderación al comer o beber: *su secreto para mantenerse en forma es la frugalidad.*

frugívoro, -ra adj. **1** ZOOL. [animal] Que se alimenta de frutos: *el lirón es un roedor frugívoro.* **2** ZOOL. [forma de alimentación] Que es propio de los animales frugívoros: *alimentación frugívora.*

frunce n. m. Pliegue o conjunto de pliegues que se hacen en una tela o en parte de ella.

fruncido, -da adj. **1** [tela] Que tiene muchas arrugas o pliegues paralelos: *una tela fruncida.* ◆ n. m. **2** Conjunto de pliegues paralelos que se hacen en una tela o en parte de ella.

fruncir v. tr. **1** Arrugar la frente o las cejas una persona para mostrar su enfado o preocupación: *cuando no le gusta algo frunce el ceño.* **2** Coser una tela haciendo pequeños pliegues paralelos para darle vuelo.
OBS En su conjugación, la *c* se convierte en *z* delante de *a* y *o*.
DER fruncido.

frustración n. f. **1** Imposibilidad de satisfacer una necesidad física o un deseo. **2** Sentimiento de tristeza o dolor que provoca esta imposibilidad: *un sentimiento prolongado de frustración puede llevar a la depresión.*

frustrar v. tr./ prnl. **1** Impedir que una persona logre satisfacer una necesidad o un deseo. **2** Impedir que una idea o un proyecto salga bien: *la protección policial frustró el atentado.* SIN malograr.
DER frustración, frustrado.

fruta n. f. Fruto comestible de ciertas plantas y árboles: *la sandía y la manzana son frutas.* ▶ fruta del tiempo Fruta que se come en la misma estación en que madura. fruta de sartén Dulce hecho con masa frita, de nombres y formas diferentes: *el pestiño y las rosquillas son frutas de sartén.*
DER frutal, frutero; afrutado.

frutal adj. [árbol] Que da o produce fruta.

frutería n. f. Establecimiento o puesto en el que se vende fruta.

frutero, -ra n. m. y f. **1** Persona que se dedica a vender fruta. ◆ n. m. **2** Plato o recipiente que sirve para contener o servir fruta.
DER frutería.

fruticultura n. f. Técnica de cultivar plantas o árboles que producen fruto.

fruto n. m. **1** Parte de la planta que contiene las semillas, rodeada por piel o cáscara, procede del desarrollo del ovario y se separa de la planta cuando está madura. fruto seco Fruto que no tiene humedad o la ha perdido y se puede conservar durante mucho tiempo: *la nuez y la almendra son frutos secos.* **2** Producto de la tierra que tiene una utilidad: *la tierra ya ha dado sus frutos.* **3** Producto de la mente o del trabajo humano: *tu aprobado es fruto del esfuerzo.* **4** Persona en cuanto a sus padres: *tiene dos hijos, fruto de su matrimonio.*

▶ fruto prohibido Cosa o actividad que no están permitidas: *las golosinas son fruto prohibido para mí.* sacar fruto Conseguir el efecto que se desea: *hay que aprender a sacar fruto de los desengaños.*

DER fruta, frutícola, fruticultura; disfrutar.

fuagrás n. m. Foie-gras.

fucsia n. f. **1** Planta tropical originaria de América, de hojas ovaladas y flores de color rosa fuerte. ◆ adj. **2** De color rosa fuerte. ◆ adj./ n. m. **3** [color] Que es rosa fuerte.

OBS Como adjetivo no varía en plural: *tonos fucsia.*

fuego n. m. **1** Luz y calor que se desprende al quemarse una cosa. **2** Materia combustible encendida en brasa o en llama: *echa leña al fuego.* fuegos artificiales o fuegos de artificio Cohetes y otros artificios de pólvora que producen ruido, luz y colores, y se usan por la noche en fiestas y espectáculos como diversión. **3** Cada uno de los orificios por los que sale el fuego en una cocina o encimera: *aparta la olla del fuego.* SIN fogón. **4** Materia que arde de forma fortuita o provocada, de grandes proporciones y que destruye cosas que no deberían quemarse. SIN incendio. **5** Disparo o conjunto de disparos de un arma de fuego: *los soldados se metieron en la trinchera para resguardarse del fuego enemigo.* **6** Pasión o sentimiento muy fuerte: *el fuego de la envidia lo corroía.*

▶ abrir fuego Comenzar a disparar con un arma. alto el fuego Interrupción de una acción de guerra: *después de dos años de guerra, se ordenó el alto el fuego.* atizar el fuego Hacer más vivo o intenso un enfado o lucha: *no le digas más cosas con lo enfadada que está, lo único que consigues es atizar el fuego.* echar fuego Mostrar o manifestar gran enfado o rabia. estar entre dos fuegos Encontrarse en una situación peligrosa o difícil o entre dos bandos o personas enfrentados entre sí: *el jefe está entre dos fuegos porque lo presionan los directivos y sus empleados.* jugar con fuego Exponerse a un peligro sin necesidad.

fuelle n. m. **1** Instrumento que sirve para soplar, recogiendo aire y expulsándolo con fuerza en una dirección determinada: *aviva el fuego con el fuelle antes de que se apague.* **2** Arruga o pliegue en la ropa. **3** Pliegue de cuero: *el fuelle de un acordeón.* **4** Capacidad para respirar que tiene una persona: *se queda sin fuelle después de correr.*

fuente n. f. **1** Corriente de agua que brota de la tierra. SIN fontana, manantial. **2** Lugar donde brota esta corriente de agua. SIN fontana, manantial. **3** Construcción en un lugar público con uno o más grifos por donde sale agua: *llevó la burra a la fuente para que bebiera.* SIN fontana. **4** Origen o principio de una cosa. SIN manantial. **5** Documento, obra o persona que proporciona información: *fuentes cercanas al presidente nos han desmentido su enfermedad.* **6** Recipiente en forma de plato grande, ovalado o redondo, generalmente hondo, que se usa para servir alimentos: *trae la fruta en la fuente de cristal.* **7** Cantidad de comida que cabe en este recipiente.

fuera adv. **1** En la parte exterior o hacia la parte exterior: *salió fuera de la habitación.* ANT dentro. **2** En un tiempo que no está comprendido entre dos momentos determinados: *entregó la solicitud fuera de plazo.* **3** En el exterior de un espacio o período que no es real o concreto: *me han dejado fuera de sus planes.* ◆ n. m. **4** Jugada que se produce al salir de los límites del terreno de juego la pelota o el objeto con que se juega. ◆ int. **5** ¡fuera! Indica desagrado o desaprobación con alguien que habla o actúa en público: *un grupo de seguidores le gritaba ¡fuera! al árbitro.* NOTA Se usa para echar a alguien de un lugar.

▶ de fuera Indica que una persona o una cosa es de otro lugar: *es de fuera.* fuera de Indica que lo expresado a continuación no está incluido en lo que se dice después o es una excepción: *fuera de que se nos estropeó el coche, el viaje ha sido estupendo.* fuera de combate Indica que una persona está vencida o derrotada, especialmente, en boxeo. fuera de juego Posición que anula un gol o una jugada de ataque en fútbol o deportes semejantes cuando el jugador que recibe el pase se encuentra más adelantado que todos los defensas del equipo contrario en el momento justo en que el balón sale impulsado por el jugador que da el pase. fuera de sí Indica que una persona no tiene control sobre sus propios actos: *estaba fuera de sí.*

DER afuera.

fueraborda n. amb. **1** Motor con hélice que se instala en la popa de una embarcación por la parte exterior. **2** Embarcación que lleva instalado este motor. NOTA Se construye a menudo en aposición a otro nombre con el que no concuerda en número: *lanchas fueraborda.*

OBS Se usa más en masculino.

fuero n. m. **1** Ley o conjunto de privilegios que en la Edad Media un monarca concedía a los habitantes de un territorio o localidad. **2** Conjunto de leyes o normas que se conceden a un territorio o a una persona. **3** Libro que contiene el conjunto de leyes o normas de un territorio: *las leyes visigodas estaban contenidas en el Fuero Juzgo.* **4** Poder o autoridad de una persona o estamento para juzgar algo: *el fuero eclesiástico.* **5** Orgullo excesivo de una persona: *hay que ser más humilde y no tener tantos fueros.* NOTA Se usa, generalmente, en plural.

▶ fuero interno Conciencia de una persona para aprobar las buenas acciones y rechazar las malas: *en su fuero interno sabe que obra mal.*

fuerte adj. **1** Que tiene fuerza y resistencia: *la pana es un tejido fuerte.* **2** [persona] Que tiene fuerza o ánimo para soportar y afrontar desgracias y situaciones difíciles: *esa mujer tan fuerte crió sola a cuatro hijos.* ANT débil. **3** Que tiene gran intensidad: *el ajo tiene un sabor muy fuerte.* **4** Que es importante o tiene poder o solidez: *nuestro hombre fuerte es el administrador.* **5** Que tiene conocimientos o experiencia en una ciencia o arte: *está fuerte en matemáticas.* NOTA Se usa con el verbo *estar.* **6** Que causa gran impacto en el ánimo: *me dijo cosas muy fuertes.* **7** [carácter] Que es irritable: *tiene un carácter tan fuerte que no me atrevo a decirle nada.* ◆ n. m. **8** Ciencia o actividad en que destaca una persona o que le gusta especialmente: *su fuerte es la pintura.* **9** Lugar protegido por construcciones de defensa para resguardarse de los enemigos: *en el fuerte estaban los soldados.* SIN fortaleza. ◆ adv. **10** En abundancia o con mucha intensidad: *llover fuerte.*

▶ hacerse fuerte Resistirse una persona a ceder en algo: *intenté conseguir una rebaja pero se hizo fuerte.*

DER fuerza.

fuerza n. f. **1** Capacidad física para hacer un trabajo o mover una cosa. **2** Esfuerzo o aplicación de esta capacidad física sobre algo: *levantó la caja con fuerza.* **3** FÍS. Causa capaz de modificar el estado de reposo o movimiento de un cuerpo. fuerza de gravedad FÍS. Fenómeno de atracción que todo cuerpo ejerce sobre aquellos otros que lo rodean: *los objetos caen al suelo por la fuerza de gravedad de la Tierra.* **4** Violencia física contra una persona o animal: *la agarró con fuerza y no la dejó irse.* fuerza bruta Capacidad física para hacer algo, en oposición a la competencia que da el derecho o la razón. **5** Capacidad de una cosa material o inmaterial para producir un efecto: *la fuerza de los antibióticos.* fuerza mayor Suceso inevitable que, al no poderse prever, impide la realización de una obligación: *solo a causa de una fuerza mayor se suspenderán los exámenes.* **6** Intensidad con que se manifiesta algo, especialmente un sentimiento: *superaron los problemas gracias a la fuerza de su amor.* **7** Capacidad de una cosa para sostener un cuerpo o resistir un empuje: *la fuerza de un dique.* ◆ n. f. pl. **8** fuerzas Conjunto de tropas de un ejército y del material militar que emplean: *las fuerzas de defensa se situaron estratégicamente.*

▶ fuerzas armadas Conjunto formado por los ejércitos de tierra, mar y aire de un país. fuerzas de choque Conjunto de militares preparados, especialmente, para el ataque en una guerra. a fuerza de Indica la repetición de una cosa o acción de manera insistente: *a fuerza de trabajo.* a la fuerza o por fuerza **a.** Indica que algo se hace contra la propia voluntad y, generalmente, con violencia: *lo llevó al médico a la fuerza porque no quería ir.* **b.** Indica que algo se hace por necesidad. fuerzas de orden público o fuerza pública Conjunto de personas encargadas de mantener el orden en un lugar. fuerzas vivas Conjunto de personas con poder o con capacidad de representación, que promueven y controlan la actividad y la prosperidad de un lugar. irse la fuerza por la boca Hablar mucho sobre cómo se han de hacer las cosas, pero no hacer nada. sacar fuerzas de flaqueza Hacer un esfuerzo extraordinario al realizar algo: *el ciclista tuvo que sacar fuerzas de flaqueza para subir el puerto.*

fuet n. m. Embutido curado hecho con carne de cerdo, pimienta y sal, recubierto por una capa blanquecina que se forma debido a su proceso de curado en un ambiente caldeado y húmedo y que se consume crudo.

fuga n. f. **1** Salida precipitada de un lugar cerrado, especialmente, si se hace de manera oculta: *la fuga de una prisión.* SIN escapada, evasión, huida. **2** Salida o escape de un líquido o de un gas por una abertura a causa de una avería. **3** MÚS. Composición musical que se basa en la repetición de un tema corto en diferentes voces y tonos.
DER fugarse, fugaz, fugitivo, fuguillas; prófugo, refugio, subterfugio, tránsfuga.

fugacidad n. f. Duración muy breve de una cosa, especialmente, inmaterial: *la fugacidad del tiempo.*

fugarse v. prnl. Salir precipitadamente de un lugar cerrado, especialmente, si es de manera oculta: *varios reclusos preparaban fugarse.* SIN escapar, huir.

fugaz adj. **1** Que tiene una duración muy breve. SIN fugitivo. **2** Que se mueve con gran velocidad y se aleja y desaparece rápidamente: *una estrella fugaz.* SIN huidizo.

fugitivo, -va adj. **1** Que se fuga o se escapa de un lugar sin ser visto: *los fugitivos se ocultaron en el túnel.* adj. **2** Que tiene una duración muy breve. SIN fugaz.

-fugo, -fuga Elemento sufijal que entra en la formación de palabras con el significado de: **a.** 'Que huye', 'que se aleja': *centrífugo, lucífugo.* **b.** Con el valor de 'ahuyentar', aporta el sentido de 'que elimina, rechaza o neutraliza': *fumífugo, ignífugo.*

fulana n. f. Mujer que mantiene relaciones sexuales a cambio de dinero. Tiene valor despectivo. SIN puta.

fulano, -na n. m. y f. **1** Persona imaginaria o sin determinar: *siempre pendiente de fulano y mengano y a nosotros, ni caso.* NOTA Suele ir acompañada de *mengano* o *zutano.* **2** Persona cuyo nombre se desconoce, no se recuerda o no se quiere decir. SIN individuo.

fular n. m. Pañuelo de forma generalmente alargada, de muselina de seda o algodón, que se lleva al cuello como adorno.
OBS También se escribe *foulard.*

fulgurante adj. **1** Que brilla o resplandece con mucha intensidad. **2** Que destaca por su rapidez o su calidad: *una carrera fulgurante.*

fulminante adj. **1** Que destruye, causa daño o causa la muerte de forma rápida: *el infarto fue fulminante.* **2** Que es muy rápido y de efecto inmediato: *tuvo un éxito fulminante.* ◆ n. m. **3** Materia que se usa para hacer estallar cargas explosivas.

fulminar v. tr. **1** Destruir o causar daño o la muerte de forma rápida, especialmente, un rayo o un arma: *un rayo ha fulminado a una oveja.* **2** Dejar admirada o impresionada a una persona, especialmente con una mirada o una voz que muestra odio o amor: *la madre fulminó a su hijo con la mirada por la impertinencia que había dicho.*
DER fulminante.

fumador, -ra adj. [persona] Que fuma tabaco por costumbre.
▶ fumador pasivo Persona que, sin tener la costumbre de fumar, aspira el humo de quienes fuman y, en consecuencia, está sometida a los efectos nocivos del tabaco.

fumar v. intr./ tr. **1** Aspirar y despedir el humo del tabaco o de otras sustancias herbáceas: *fuma puros y tabaco rubio.* ◆ v. prnl. **2** fumarse Gastarse los bienes o el dinero con gran rapidez: *se fuma la paga del mes en unos días.* SIN derretir, fundir. **3** No cumplir con una obligación.

fumarola n. f. **1** Emisión de gases o vapores de un volcán a través de una abertura o grieta. **2** Grieta o abertura de un volcán por la que salen estos gases o vapores.

fumigar v. tr. Hacer que desaparezcan plagas de insectos u organismos que dañan, utilizando productos químicos: *han fumigado los árboles frutales.*
OBS En su conjugación, la *g* se convierte en *gu* delante de *e.*

función n. f. **1** Actividad propia de los órganos de los seres vivos o uso o destino de una cosa: *la función del riñón es purificar la sangre.* **2** Ejercicio de un cargo o empleo: *su función en la empresa es la de contable.* **3** Representación de un espectáculo o proyección de una película: *una función de teatro.* **4** GRAM. Relación que se establece entre los elementos de una estructura gramatical: *en la oración el verbo hace la función de núcleo del sintagma verbal.* **5** MAT. Relación entre dos magnitudes de manera que los valores de una dependen de los de la otra: $y = f(x)$ *es una función.*
▶ en función de Indica que una cosa depende de lo que se dice a continuación: *el tamaño de la sala debe elegirse en función del número de invitados.* en funciones Indica que una persona está haciendo un trabajo en sustitución de otra o de forma temporal.

DER funcional, funcionalismo, funcionar, funcionario; disfunción.

funcional adj. **1** De la función biológica o psíquica, o que tiene relación con ellas. **2** [cosa] Que está pensado y creado para tener una utilidad práctica: *la decoración de la casa es funcional.*
DER funcionalidad.

funcionamiento n. m. **1** Realización por parte de una persona o cosa de la función que le es propia. **2** Uso o empleo de algo: *el friegaplatos trae un manual explicando su funcionamiento.* SIN manejo.

funcionar v. intr. **1** Realizar una persona o cosa la función que le es propia: *este coche no funciona bien, lo llevaré al mecánico.* **2** Marchar bien: *nuestra relación funciona porque nos respetamos.*
DER funcionamiento.

funcionario, -ria n. m. y f. Persona que ocupa un cargo o empleo en la Administración pública: *es funcionaria de Correos.*

funda n. f. Cubierta con la que se envuelve una cosa para guardarla o protegerla: *metió el teléfono móvil en la funda.*

fundación n. f. **1** Establecimiento o creación de una ciudad, un edificio, una empresa o una institución: *celebraron el centenario de la fundación de mi colegio.* **2** Sociedad u organización cuyos miembros se dedican a hacer obras sociales, culturales o humanitarias sin finalidad lucrativa. SIN patronato.

fundador, -ra adj. [persona] Que funda o crea una cosa.

fundamental adj. **1** Que es lo más importante y necesario o sirve de principio: *para este trabajo es fundamental la atención.* **2** Que sirve de fundamento o principio. SIN básico, esencial. ANT secundario.

fundamentalismo n. m. Movimiento religioso, social y político basado en la interpretación literal de los textos sagrados y en el estricto cumplimiento de sus leyes o normas.
DER fundamentalista.

fundamentalista adj. **1** Del fundamentalismo o relacionado con él. ◆ adj./n. com. **2** [persona] Partidario del fundamentalismo. SIN integrista.

fundamentar v. tr. **1** Poner una base para construir sobre ella algo. SIN cimentar. **2** Establecer los principios o la base de una cosa: *el conferenciante fundamentó su charla en la diferencia de clases.* SIN basar.

fundamento n. m. **1** Parte de una construcción que está bajo tierra y le sirve de apoyo o base. NOTA Se usa con frecuencia en plural. SIN cimiento. **2** Principio u origen en que se asienta una cosa no material. **3** Formalidad, sensatez o seriedad que tiene una persona: *es una persona con fundamento.* ◆ n. m. pl. **4** fundamentos Elementos básicos de cualquier arte o ciencia: *el primer curso de carrera estudiamos los fundamentos de la economía.*
DER fundamental, fundamentalismo, fundamentar.

fundar v. tr. **1** Establecer, crear una ciudad, una empresa, un edificio o una institución: *los romanos fundaron muchas ciudades.* ◆ v. tr./prnl. **2** Establecer los principios o la base de una cosa: *la teoría se fundaba en su propia experiencia.* SIN basar, fundamentar.
DER fundación, fundador, fundamento; infundado.

fundición n. f. **1** Paso de una sustancia sólida a líquida por la acción del calor: *para la fundición de los metales se requieren altas temperaturas.* **2** Fábrica donde se funden metales. **3** Mezcla de hierro y carbono que contiene más de un 2% de este. **4** Conjunto de letras o moldes de una clase que se usan en imprenta.

fundir v. tr. **1** Convertir una sustancia sólida en líquida por la acción del calor. ◆ v. tr. **2** Dar forma en un molde a un metal derretido: *las campanas de la iglesia se fundieron en esta ciudad.* **3** Gastar los bienes o el dinero con gran rapidez: *funde la paga de un mes en una semana.* SIN derretir, fumar. ◆ v. tr./prnl. **4** Reducir a una sola cosa dos o más cosas diferentes: *las dos empresas se han fundido.* ◆ v. prnl. **5** fundirse Dejar de funcionar un aparato eléctrico: *se ha producido una subida de tensión y se han fundido los plomos.*
DER fundición, fundido; confundir, difundir, infundir, refundir, transfundir.

fúnebre adj. **1** Que tiene relación con los difuntos: *coche fúnebre; cortejo fúnebre.* **2** Que es muy triste o sombrío.

funeral adj. **1** Del entierro de una persona muerta o que tiene relación con él: *cortejo funeral.* SIN funerario. ◆ n. m. **2** Ceremonia religiosa que se celebra para recordar la muerte de una persona y rezar por la salvación de su alma: *para los que no puedan asistir al entierro se celebrará un funeral.*
▶ funeral córpore insepulto o funeral de cuer-

po presente Ceremonia religiosa que se celebra ante el cadáver del muerto.
DER funerario.

funeraria n. f. Empresa que se encarga de organizar todo lo relacionado con el entierro de los muertos.

funerario, -ria adj. Del entierro de una persona muerta o que tiene relación con él. SIN funeral.
DER funeraria.

funesto, -ta adj. **1** Que es origen de tristezas o de desgracias: *aquel funesto día perdió todo lo que tenía.* **2** Que es muy triste o desgraciado.

fungicida n. m. Sustancia que sirve para destruir los hongos parásitos que causan enfermedades o daños.

funicular adj./ n. m. [vehículo] Que funciona arrastrado por medio de una cuerda o cable: *un funicular nos subirá a lo alto de la montaña.*

furgón n. m. **1** Vehículo automóvil de cuatro ruedas, con un espacio interior grande y que se usa para el transporte de mercancías. **2** Vagón de un tren destinado al transporte de equipaje, correo o de mercancías.
▶ furgón de cola Vagón que va al final del tren.
DER furgoneta.

furgoneta n. f. Vehículo de cuatro ruedas que sirve para transportar mercancías.

furia n. f. **1** Ira o violencia producida por un enfado muy grande y que no se puede controlar: *gritar con furia.* SIN furor. **2** Persona muy enfadada: *se puso hecho una furia.* **3** Fuerza, energía y prisa con que se hace una cosa: *trabajaba con furia para conseguir terminar en el día previsto.* SIN furor. **4** Agitación violenta con que se produce algo, especialmente, la que causan los elementos de la naturaleza: *un mar en furia.* SIN furor. **5** Momento de mayor intensidad de una moda o costumbre: *eran los tiempos de la furia de la música clásica.*
DER furibundo, furioso, furor; enfurecer.

furibundo, -da adj. **1** Que está enfurecido o tiende a enfadarse con facilidad: *carácter furibundo.* **2** Que muestra rabia o furia: *le lanzó una furibunda mirada.* **3** [persona] Que admira o apoya a una persona o un grupo con pasión exagerada: *es una furibunda seguidora de las carreras de motos.* SIN fan, fanático.

furioso, -sa adj. **1** Que está enfurecido o muy enfadado: *se puso furioso cuando vio la pelea entre los dos amigos.* **2** Que tiene o muestra violencia.

furor n. m. **1** Ira o violencia producida por un enfado muy grande y que no se puede controlar: *le sentó tan mal lo que le dijo que lo insultó con furor.* SIN furia. **2** Agitación violenta con que se produce algo, especialmente, la que causan los elementos de la naturaleza: *el furor del viento.* SIN furia. **3** Fuerza, energía y prisa con la que se realiza una actividad. SIN furia. **4** Afición desordenada y excesiva: *le gustan las motos con furor.*
▶ causar (o hacer) furor Indica que una cosa está muy de moda en un momento determinado: *este invierno causará furor la moda de los sesenta.*

furtivo, -va adj. **1** Que se hace a escondidas o de manera disimulada: *le dirigió una mirada furtiva para indicarle que se quería ir de aquel lugar.* ◆ adj./ n. m. y f. **2** [cazador] Que caza o pesca sin tener permiso o cuando está prohibido.
DER furtivismo.

fusa n. f. MÚS. Figura cuya duración equivale a la mitad de la semicorchea.

fusible n. m. Hilo metálico que se coloca en una instalación eléctrica, el cual se rompe e interrumpe el paso de la corriente eléctrica cuando la intensidad es superior a la establecida.

fusil n. m. Arma de fuego automática compuesta por un cañón largo, con un cargador de balas y una culata de forma triangular que se apoya contra el hombro cuando se dispara: *el fusil forma parte del armamento básico de la infantería.*
▶ fusil submarino Arma que sirve para lanzar arpones a gran velocidad bajo la superficie del agua.
DER fusilar; subfusil.

fusilamiento n. m. Ejecución de una persona disparándole, especialmente, con uno o varios fusiles.

fusilar v. tr. **1** Ejecutar a una persona disparándole, especialmente, con uno o varios fusiles. **2** Copiar una obra o partes de la obra de otro autor: *para dar la conferencia fusiló varias obras y fue abucheado por el público.* SIN plagiar.
DER fusilamiento.

fusión n. f. **1** Paso del estado sólido al líquido por la acción del calor. fusión nuclear FÍS. Reacción nuclear producida por la unión de dos o más átomos sometidos a muy altas temperaturas, que provoca un gran desprendimiento de energía. **2** Unión de intereses,

a b c d e f g h i j k l m ñ n o p q r s t u v w x y z

ideas o partidos diferentes: *se ha producido la fusión de varios bancos.*

DER fusionar; efusión, transfusión.

fusionar v. tr./ prnl. Producir una unión entre intereses, ideas o partidos diferentes: *varias cajas de ahorros andaluzas se han fusionado en una.*

fusta n. f. Vara delgada y flexible con una correa en uno de sus extremos que se usa para golpear al caballo y darle órdenes.

fustigar v. tr. **1** Dar golpes o azotar como castigo sirviéndose de un instrumento: *fustigó al caballo para que corriera.* **2** Criticar o reprender con dureza a una persona o hablar mal de una cosa. **SIN** flagelar, vituperar.

OBS En su conjugación, la *g* se convierte en *gu* delante de *e*.

futbito n. m. Deporte similar al fútbol que se juega entre dos equipos de cinco o seis jugadores en un campo pequeño, como el de balonmano, con una pelota más pequeña y que bota menos que la de fútbol. **SIN** fútbol sala.

fútbol o **futbol** n. m. Deporte que se juega entre dos equipos de once jugadores y que consiste en meter un balón en la portería del contrario, utilizando los pies, la cabeza o cualquier parte del cuerpo que no sean las manos o los brazos. **SIN** balompié.

▶ fútbol americano Deporte que consiste en llevar un balón ovoide más allá de una línea protegida por el contrario, o en meterlo en su meta, utilizando cualquier parte del cuerpo. fútbol sala Deporte que se practica en un terreno más pequeño que el del fútbol y con un balón también de medidas más pequeñas.

DER futbito, futbolín, futbolista, futbolístico.

futbolín n. m. **1** Juego que consiste en mover unas figuras de madera o metal para que golpeen una bola y la metan en un hueco, como en el fútbol. **2** Mesa con figuras, que imita un campo de fútbol con sus jugadores y se usa para ese juego.

OBS Procede probablemente de una marca registrada.

futbolista n. com. Persona que juega al fútbol: *los futbolistas se entrenan todos los días.*

futbolístico, -ca adj. Del fútbol o relacionado con este deporte.

fútil adj. Que tiene poco valor e importancia por su naturaleza o por su falta de contenido. **SIN** banal, vano.

DER futilidad.

futón n. m. Colchón de algodón, según técnica tradicional japonesa, que se tiende directamente sobre el suelo o sobre una superficie dura.

futurismo n. m. **1** Actitud favorable hacia el futuro. **2** Movimiento artístico de principios del siglo XX que intenta romper con la tradición y revolucionar las ideas, costumbres, el arte, la literatura y el lenguaje: *el futurismo surge en 1909 con un manifiesto del poeta italiano Marinetti.*

futurista adj. **1** Que muestra una actitud favorable hacia el futuro: *«2001, una odisea en el espacio» es una película futurista.* ◆ adj./ n. com. **2** [persona] Que es partidario del movimiento artístico del futurismo.

futuro, -ra adj. **1** Que todavía no ha sucedido o que está próximo en el tiempo: *en un futuro viaje, iremos a visitarte.* ◆ adj./ n. m. **2** GRAM. [tiempo verbal] Que indica que una acción todavía no se ha producido: *la forma verbal «volveré» está en futuro.* ◆ n. m. y f. **3** Persona que está comprometida con otra para casarse: *presentó a su futuro a sus padres.* ◆ n. m. **4** Tiempo que todavía no ha llegado: *hablaremos del asunto en el futuro.*

DER futura, futurismo, futurología.

futurólogo, -ga n. m. y f. Persona que se dedica a prever lo que va a ocurrir en el futuro.

abcdef**G**hijklmnñopqrstuvwxyz

g n. f. **1** Séptima letra del alfabeto español. Su nombre es *ge*: *la palabra «guapa» empieza con g.* NOTA Delante de *e, i* representa el sonido consonántico velar fricativo sordo y se pronuncia como la letra *j*, como en *gente, colegio*. Delante de *a, o, u* o consonante representa el sonido consonántico velar fricativo sonoro, como en *gato, goma, guante, gris*. Este sonido sonoro se representa con la grafía *gu*, con *u* muda, delante de *e, i*, como en *Miguel, guisante*; por esta razón, cuando la *u* se pronuncia delante de *e, i* ha de llevar diéresis, como en *cigüeña, pingüino*. **2** Abreviatura de gramo, unidad de masa que equivale a la milésima parte de un kilogramo: *medio kilo son 500 g.*

gabacho, -cha n. m. y f. Persona que es de Francia. NOTA Es un apelativo despectivo.

gabán n. m. Prenda de vestir de abrigo de tela fuerte, larga y con mangas, que se pone sobre otras prendas.

gabardina n. f. **1** Prenda de vestir larga de tela impermeable que sirve para protegerse de la lluvia. **2** Tejido fuerte de algodón usado para fabricar esa u otras prendas. **3** Masa de harina o pan rayado y huevo con que se envuelven algunos alimentos antes de freírlos: *gambas con gabardina.*

gabarra n. f. **1** Embarcación pequeña y chata para la carga y descarga de los barcos. **2** Embarcación de gran tamaño que sirve para transportar mercancías.

gabinete n. m. **1** Habitación destinada a estudiar o para recibir visitas: *se encierra en su gabinete a preparar sus clases.* **2** Local destinado al ejercicio de una profesión o a la investigación o estudio de algunas ciencias: *lleva a su hijo a un gabinete de psicología.* **3** Conjunto de ministros que componen el Gobierno de un país.

gacela n. f. Animal mamífero rumiante muy veloz, de patas largas y finas, cabeza pequeña, cuernos curvados, de color blanco en el vientre y marrón claro en el resto del cuerpo.
OBS Para indicar el sexo se usa *la gacela macho* y *la gacela hembra.*

gaceta n. f. **1** Publicación periódica destinada a dar información de carácter cultural o científico. **2** Persona que se entera de casi todo lo que ocurre y lo cuenta: *este chico es la gaceta de la oficina.*
DER gacetilla.

gacha n. f. **1** Masa blanda que debería ser espesa y consistente: *esta bechamel es una gacha.* ◆ n. f. pl. **2** gachas Comida hecha con harina cocida con agua y sal que se puede aderezar con leche, miel o cualquier otra sustancia: *le gustan las gachas con miel y pan frito.* **3** Masa que resulta de mezclar tierra y agua.

gachí n. f. Mujer, generalmente joven.

gachó n. m. **1** Hombre, generalmente joven. **2** Hombre que es el amante de una mujer.

gacho, -cha adj. **1** Inclinado hacia la tierra: *el perro se fue con las orejas gachas.* **2** [res] Que tiene un cuerno o los dos curvados hacia abajo.
▶ a gachas Con las manos y las rodillas apoyadas en el suelo: *lo encontré a gachas buscando el pendiente.*

gaditano, -na adj. **1** De Cádiz o relacionado con esta ciudad y provincia del sur de España. ◆ adj./n. m. y f. **2** [persona] Que es de Cádiz.

gaélico, -ca adj./n. m. [lengua] Que pertenece a un grupo de dialectos célticos que se hablan en ciertas comarcas de Irlanda y Escocia.

gafar v. tr. Dar o traer mala suerte: *es mejor que no lo invites a la fiesta porque la va a gafar.*

gafas n. f. pl. Conjunto de dos cristales, con graduación óptica o sin ella, colocados en una montura que se apoya en la nariz y que

se sujeta detrás de las orejas con unas patillas: *siempre lleva gafas de sol.*
▶ **gafas submarinas** Gafas que sirven para poder ver bajo la superficie del mar, con un solo cristal grande o con dos, ajustados en la cabeza con una cinta elástica.

gafe adj./ n. com. **1** [persona] Que es desafortunado o que su presencia se considera que acarrea mala suerte a los demás. ◆ n. m. **2** Mala suerte: *tengo el gafe encima y no doy ni una.* SIN cenizo.
DER gafar.

gafotas adj./ n. com. Que utiliza gafas por tener algún defecto en la vista. NOTA Tiene valor despectivo.
OBS El plural también es *gafotas.*

gag n. m. Golpe de efecto cómico en una película, representación teatral, programa de televisión, etc.
OBS El plural es *gags.*

gaita n. f. **1** Instrumento musical de viento formado por una bolsa que se llena de aire, un tubo por el que se sopla y dos o tres más por los que sale el aire: *la gaita es un instrumento típico de Galicia y de Asturias.* **2** Actividad que resulta pesada o molesta: *es una gaita tener que desplazarse tantos kilómetros.*
▶ **templar gaitas** Hacer que desaparezca un enfado: *la llamó por teléfono para templar gaitas.*
DER gaitero.

gajo n. m. **1** Parte diferenciada en que se divide de la carne de algunas frutas: *gajos de naranja.* SIN casco. **2** Grupo de uvas en que se divide un racimo.
DER desgajar.

gala n. f. **1** Vestido y adornos elegantes: *se puso sus mejores galas para ir al estreno de la ópera.* NOTA Se usa sobre todo en plural. **2** Fiesta o ceremonia de carácter extraordinario, elegante y con muchos invitados que se organiza para celebrar o conseguir una cosa: *celebraron una comida de gala en este hotel.* **3** Actuación de un artista: *durante el verano los cantantes realizan numerosas galas.*
▶ **hacer gala** Presumir una persona de algo: *ha hecho gala de sus dotes de pianista.* **llevar (o tener) a gala** Presumir o estar orgulloso de una cosa: *el niño lleva a gala ser hijo del director del colegio.*
DER galán.

galáctico, -ca adj. De la galaxia o relacionado con este sistema formado por estrellas y cuerpos celestes.

galaico, -ca adj. **1** De un pueblo primitivo que habitaba en Galicia y en el norte de Portugal. ◆ adj./ n. m. y f. **2** Gallego.

galaicoportugués, -guesa n. m. **1** Lengua derivada de uno de los dialectos romances en que se dividió el latín en la península Ibérica y que se habla en Galicia y la parte norte de Portugal. ◆ adj. **2** De esta lengua o relacionado con ella.

galán n. m. **1** Hombre de aspecto agradable, elegante y educado: *es todo un galán.* **2** Hombre que corteja o pretende a una mujer: *el galán mandaba flores a su amada.* **3** Actor principal de cine o de teatro que representa el papel de hombre atractivo, elegante y conquistador: *Robert Redford ha hecho muchos papeles de galán.* **4** Mueble que sirve para colgar, durante un breve tiempo, la ropa y mantenerla sin arrugas, especialmente, la masculina: *cuelga el traje de chaqueta en el galán para que no se te arrugue.*
DER galano, galante; engalanar.

galante adj. **1** [persona] Que es muy educado y atento: *el conde, galante, besó su mano.* **2** Que es propio de estas personas: *actitud galante; palabras galantes.*

galantear v. tr. Enamorar o tratar de enamorar a una persona, especialmente tratándola de manera muy educada y agradable.
DER galante, galanteo.

galantería n. f. Obra o dicho educados y agradables de un hombre hacia una mujer: *tuvo la galantería de venir desde muy lejos el día de mi cumpleaños.*

galápago n. m. Reptil muy parecido a la tortuga, pero adaptado a la vida acuática, provisto de una concha, bajo la cual es capaz de retraer completamente cabeza y extremidades.
OBS Para indicar el sexo se usa *el galápago macho* y *el galápago hembra.*

galardón n. m. Premio que se concede por méritos o por haber prestado determinados servicios.
DER galardonar.

galardonar v. tr. Conceder un premio a una persona, especialmente, por méritos o por haber prestado determinados servicios: *ha sido galardonado con el Nobel de Medicina.*

galaxia n. f. ASTR. Agrupación de estrellas, cuerpos celestes, gas y polvo interestelar que gira en torno a un núcleo.

galeno n. m. Médico.

galeón n. m. MAR. Barco antiguo de vela, grande y de tres o cuatro palos.

galera n. f. **1** Embarcación grande de vela y remo usada en las guerras. ◆ n. f. pl. **2 galeras** Castigo consistente en realizar trabajos forzados remando en los barcos: *fue condenado a galeras durante cinco años.*

galería n. f. **1** Habitación larga y amplia, generalmente, con muchas ventanas y columnas: *por la galería saldrás al jardín.* **2** Pasillo abierto o con cristales que sirve para hacer llegar la luz a espacios interiores. **3** Establecimiento en el que se exponen y venden obras de arte: *una galería de arte moderno.* **4** Parte más alta de un teatro o cine. SIN gallinero. **5** Conjunto de personas en general: *de cara a la galería se hace el simpático.* **6** Paso subterráneo, largo y estrecho: *la galería de una mina.* **7** Armazón de madera o metal donde van colgadas las cortinas: *hemos colocado una galería de madera en el salón.* ◆ n. f. pl. **8 galerías** Conjunto de establecimientos comerciales que están en un mismo lugar.

galerna n. f. MAR. Viento frío que sopla en la costa del norte de España.

galés, -lesa adj. **1** De Gales o relacionado con este país del oeste de Gran Bretaña. ◆ adj./n. m. y f. **2** [persona] Que es natural de Gales. ◆ n. m. **3** Lengua céltica hablada en Gales.

galgo, -ga adj. [perro] Que pertenece a una raza de figura delgada, musculatura fuerte, muy rápido y que sirve para la caza.

galicismo n. m. Palabra o modo de expresión propios de la lengua francesa que se usa en otro idioma: *el término «au pair» es un galicismo.*
DER galicista.

galio n. m. QUÍM. Metal muy parecido al aluminio, de color gris azulado o blanco brillante, que se usa en odontología: *el símbolo del galio es Ga.*

gallardo, -da adj. **1** [persona] Que es valiente y noble en su manera de actuar: *el gallardo caballero defendió el honor de su dama.* SIN bizarro. ANT cobarde, mezquino. **2** Que tiene buen aspecto y es elegante en los movimientos.
DER gallardear, gallardía.

gallego, -ga adj. **1** De Galicia o relacionado con esta comunidad autónoma del noroeste de España. ◆ adj./n. m. y f. **2** [persona] Que es de Galicia. ◆ n. m. **3** Lengua derivada del latín que se habla en Galicia.
DER galleguismo.

galleguismo n. m. Palabra o modo de expresión propio de la lengua gallega que se usa en otro idioma: *la palabra «morriña» es un galleguismo en español.*

galleta n. f. **1** Dulce seco hecho con una masa de harina, azúcar, huevos, leche u otros ingredientes, cocida al horno y con formas y tamaños diferentes, generalmente, de poco grosor: *casi siempre desayuna leche con galletas.* **2** Golpe dado en la cara con la mano abierta: *se puso tan nervioso, que le dio una galleta.* SIN bofetada, torta.

gallina n. f. **1** Hembra del gallo, de menor tamaño que este, con la cresta más corta y sin espolones. ◆ adj./n. com. **2** [persona] Que es cobarde o excesivamente miedoso o asustadizo: *lánzate, gallina.*
▶ **acostarse con las gallinas** Irse a dormir muy pronto. **como gallina en corral ajeno** Se utiliza para indicar que una persona se encuentra incómoda y confusa por estar entre personas extrañas o estar tratando asuntos de otras personas: *se sentía como gallina en corral ajeno porque no conocía a nadie.* **la gallina (o la gallinita) ciega** Juego infantil en que uno de los participantes lleva los ojos vendados y debe tratar de coger a otro y adivinar de quién se trata. **la gallina de los huevos de oro** Persona o cosa de la cual se obtienen grandes ganancias o beneficios: *este negocio, que parecía tan difícil al principio, ha resultado ser la gallina de los huevos de oro.*
DER gallináceo, gallinaza, gallinero.

gallinero n. m. **1** Lugar en el que duermen los gallos, las gallinas y otras aves de corral. **2** Lugar en el que hay mucho ruido, producido, principalmente, por el griterío de la gente: *esto es un gallinero, por favor, hablad de uno en uno.* **3** Conjunto de asientos que se encuentran en la parte más alta de un teatro o cine. SIN galería.

gallo n. m. **1** Ave doméstica de pico corto y plumaje lustroso y abundante, que tiene una cresta roja en lo alto de la cabeza y espolones en las patas. **2** Pez marino de cuerpo comprimido, boca grande y cuyos ojos están en uno de los lados; es comestible: *el gallo vive en aguas atlánticas y mediterráneas.* **3** Nota aguda o chillona que emite una persona al hablar y al cantar: *al presentador del programa le ha salido un gallo.* ◆ adj./n. m. **4** [hombre] Que pretende sobresalir entre los demás, presumiendo o alardeando excesivamente de sus

cualidades, especialmente, de su fuerza o su valentía.
▶ en menos que canta un gallo Se utiliza para indicar que algo se hace o sucede en muy poco tiempo o con mucha rapidez: *este trabajo va a estar listo en menos que canta un gallo.* otro gallo le cantara (o cantaría) Expresión que indica que, de haberse hecho una cosa, se habría conseguido un resultado mejor que el obtenido: *si me hubiera hecho caso, otro gallo le cantara.*
DER gallear, galliforme, gallina, gallito.

galo, -la adj. **1** De Francia o relacionado con este país del oeste de Europa. SIN francés, franco. **2** Natural de la Galia, actual Francia, o relacionado con esta antigua región. ◆ adj./ n. m. y f. **3** [persona] Que es de Francia. SIN francés, franco. **4** [persona] Que es de la antigua Galia. ◆ n. m. **5** Lengua celta que se hablaba en la antigua Galia.

galopante adj. [enfermedad] Que tiene un desarrollo o un desenlace muy rápido: *el enfermo tiene una infección galopante.*

galopar v. intr. **1** Ir un caballo a galope. **2** Cabalgar una persona sobre un caballo que va a galope: *los jinetes galopaban por la pradera.*

galope n. m. Manera de andar una caballería, más rápida que el trote, en la cual el animal mantiene por un momento las cuatro patas en el aire.
▶ a galope tendido **a.** Velocidad máxima del galope de un caballo: *el caballo iba desbocado por el prado, a galope tendido.* **b.** Se utiliza para indicar que una cosa se hace muy rápidamente y con prisa.
DER galopar, galopín.

galvanizar v. tr. Cubrir un metal con un baño de cinc para que no se oxide: *galvanizaron las rejas de las ventanas antes de pintarlas.*
OBS En su conjugación, la *z* se convierte en *c* delante de *e*.
DER galvanización.

gama n. f. **1** Escala de colores: *hoy vamos a practicar en clase de dibujo con la gama de marrones.* **2** Serie de cosas de la misma clase, pero distintas en alguno de sus elementos constitutivos. **3** MÚS. Serie ordenada de las notas que componen un sistema musical. SIN escala.

gamba n. f. Crustáceo marino parecido al langostino, pero de menor tamaño; es comestible y su carne es muy apreciada.
▶ meter la gamba Hacer o decir una persona algo inconveniente o inoportuno: *has metido la gamba haciéndole esa pregunta tan impertinente.*

gamberrada n. f. Acción propia de un gamberro.

gamberrismo n. m. Conducta de la persona que se divierte haciendo cosas poco cívicas y molestando o causando perjuicios a los demás.

gamberro, -rra adj. [persona] Que se divierte haciendo cosas poco cívicas y molestando y causando perjuicios a otras personas: *unos gamberros han volcado los contenedores de basura.*

gameto n. m. BIOL. Célula reproductora masculina o femenina de un ser vivo.

gamma n. f. Nombre de la tercera letra del alfabeto griego: *la gamma equivale al sonido suave de la g española.*
DER gama, gamada.

gamo, -ma n. m. y f. Mamífero rumiante de pelo rojo oscuro con pequeñas manchas blancas y los cuernos aplastados en su extremo en forma de palas.

gamopétalo, -la adj. BOT. [flor, corola] Que tiene los pétalos unidos lateralmente, en mayor o menor extensión.

gamosépalo, -la adj. BOT. [flor, cáliz] Que tiene los sépalos unidos lateralmente, en mayor o menor extensión.

gamuza n. f. **1** Mamífero rumiante, parecido a la cabra, con pelo pardo, cola corta, patas fuertes y cuernos lisos y rectos, con las puntas curvadas hacia atrás en forma de ganchos. NOTA Para indicar el sexo se emplea *la gamuza macho* y *la gamuza hembra*. **2** Piel curtida de este animal, fina y muy flexible, de aspecto aterciopelado: *se ha puesto una chaqueta de gamuza.* **3** Paño de tela que se usa para limpiar.

gana n. f. **1** Deseo o voluntad que tiene una persona de hacer una cosa: *hoy tengo ganas de pasear.* NOTA Se usa, sobre todo, en plural. **2** Deseo de comer o apetito que tiene una persona. NOTA Se usa, sobre todo, en plural.
▶ con ganas **a.** Se utiliza para indicar que una cosa se hace con agrado y ánimo: *hemos organizado la fiesta con ganas.* **b.** Se utiliza para intensificar un adjetivo o una expresión calificativa: *es feo con ganas.* dar la gana Querer una persona hacer cierta cosa únicamente por el deseo de hacerla, aunque no

se tenga razón para ello: *haré lo que me dé la gana.* de buena gana Se utiliza para indicar que una cosa se hace con gusto y agrado: *de buena gana haré lo que me pides.* de mala gana Se utiliza para indicar que una cosa se hace sin gusto ni agrado.

DER desgana.

ganadería n. f. **1** Cría de ganado para su explotación y comercio. **2** Clase o raza de ganado, especialmente, el que pertenece a un mismo propietario y, particularmente, hablando de toros: *los toros de la corrida de esta tarde son de una famosa ganadería.*

ganadero, -ra adj. **1** Del ganado o de la ganadería, o relacionado con el ganado o con la ganadería: *la industria ganadera.* ◆ n. m. y f. **2** Persona que se dedica a la cría, explotación y comercio del ganado: *el ganadero tiene una enorme finca donde pasta todo su ganado.*

ganado n. m. **1** Conjunto de animales de cuatro patas que son criados para su explotación y comercio: *el ganado pastaba en el campo.* ganado mayor Ganado formado por animales de gran tamaño. ganado menor Ganado formado por animales de menor tamaño que los del ganado mayor. **2** Conjunto numeroso de personas: *¡vaya ganado había anoche en la calle!* NOTA Tiene valor despectivo.

DER ganadería, ganadero.

ganador, -ra adj. Que gana o vence: *el atleta español ha sido el ganador de la carrera.*

ganancia n. f. **1** Cantidad de dinero que se obtiene como resultado de una inversión: *este año hemos tenido ganancias en el negocio.* SIN beneficio. ANT pérdida. **2** Bien moral o material que se recibe o que se obtiene gracias al trabajo. SIN beneficio, provecho.

▶ no le arriendo la ganancia Expresión empleada para dar a entender que una persona está en peligro o va a vivir una mala situación como consecuencia de sus propios actos: *después de lo que has hecho, no te arriendo la ganancia con la regañina que te van a dar.*

DER ganancial, ganancioso.

ganar v. tr. **1** Lograr o conseguir, generalmente, dinero y cosas buenas, con el trabajo, el esfuerzo o por suerte: *ha ganado un premio en el sorteo.* ANT perder. **2** Lograr o conseguir una cosa por la que una persona mantiene un enfrentamiento, disputa o competición con otra: *ganar una medalla.* ANT perder. **3** Cobrar una cantidad de dinero por un trabajo. **4** Llegar al lugar que se intenta alcanzar: *el atleta consiguió ganar la meta.* **5** Superar o llegar a ser mejor que otra persona en una cosa: *tú me ganas en el deporte, pero yo te gano a ti en manualidades.* ◆ v. tr./ intr. **6** Conseguir la victoria en un enfrentamiento, disputa o competición que una persona mantiene con otra u otras: *ganamos una batalla.* ANT perder. ◆ v. tr./ prnl. **7** Captar la voluntad de una persona: *ha ganado numerosos adeptos para su partido.* **8** Lograr o llegar a tener la confianza o el afecto de otras personas: *se ha ganado el respeto de sus alumnos.* **9** Merecer una persona cierta cosa por sus propios actos: *te has ganado una buena reprimenda.* ◆ v. intr. **10** Llegar una persona o una cosa a tener unas condiciones o unas cualidades mejores: *con ese corte de pelo ganas mucho, pareces más joven.*

DER ganado, ganador, ganancia.

ganchillo n. m. **1** Aguja fuerte que se utiliza para hacer labores de punto, de unos 20 centímetros de largo, y con un extremo más delgado y acabado en forma de gancho. **2** Labor que consiste en tejer con esa aguja: *mi abuela me ha hecho un paño de ganchillo para la mesa.*

ganchito n. m. Alimento ligero y crujiente que suele tomarse como aperitivo o entre comidas, normalmente, hecho con maíz y otros ingredientes, de sabores y formas diversos.

gancho n. m. **1** Instrumento con forma curva y con punta en un extremo o en ambos, que sirve para sostener, colgar o sujetar una cosa. **2** Persona que colabora con un estafador o timador para ayudarlo a engañar a sus víctimas: *los timadores llevan un gancho que anima al público a comprar.* **3** Capacidad para gustar o atraer: *una canción con gancho.* **4** En boxeo, puñetazo dado de abajo arriba, arqueando el brazo: *un gancho de derecha.* **5** En baloncesto, tiro a canasta que se realiza arqueando el brazo por encima de la cabeza: *el público aplaudió el gancho.*

DER ganchillo; enganchar.

gandul, -la adj./ n. m. y f. [persona] Que tiene poca disposición para hacer algo que requiere esfuerzo o constituye una obligación, sobre todo, trabajar. SIN haragán, holgazán, vago.

DER gandulear, gandulería.

ganga n. f. **1** Cosa de buena calidad o de valor que se consigue a bajo precio o con poco esfuerzo: *este coche es una ganga.* SIN bicoca.

a b c d e f g h i j k l m n ñ o p q r s t u v w x y z

2 Materia que se separa de los minerales por no tener utilidad.

ganglio n. m. MED. Masa o bulto pequeño que se encuentra en un nervio o en una vía linfática y está formado por un conjunto de células nerviosas.

gangrena n. f. Muerte de un tejido de una persona o un animal debido a la falta de riego sanguíneo o por infección de una herida.
DER gangrenarse.

gangrenarse v. prnl. Sufrir gangrena un tejido de una persona o un animal: *se le ha gangrenado la pierna a causa de una herida infectada.*

ganso, -sa n. m. **1** Ave palmípeda doméstica de plumaje gris y pico anaranjado, casi negro en la punta, que se cría en ambientes húmedos y grazna fuertemente al menor ruido. SIN oca. ◆ adj./ n. m. y f. **2** [persona] Que es lento o torpe en sus reacciones y movimientos.
▶ hacer el ganso Hacer o decir tonterías una persona con el fin de hacer reír: *para de hacer el ganso y déjanos estudiar.*
DER gansada.

gánster n. com. Persona perteneciente a una banda organizada de delincuentes que se dedica a negocios clandestinos y actividades criminales, en especial, cuando esta banda opera en Estados Unidos.
OBS El plural es *gánsteres.*

ganzúa n. f. Alambre fuerte y doblado en uno de sus extremos que sirve para abrir cerraduras cuando no se puede hacer con una llave: *los ladrones utilizaron una ganzúa para abrir la puerta del coche.*

gañir v. intr. **1** Dar gritos agudos y repetidos un animal al ser maltratado, sobre todo, un perro. **2** Emitir graznidos ciertas aves, como el cuervo, el grajo o el ganso: *los cuervos gañían en la montaña.* SIN graznar.
OBS En su conjugación, la *i* de la desinencia se pierde absorbida por la *ñ* en algunos tiempos y personas, como en *gruñir.*
DER gañido; desgañitarse.

garabatear v. intr/ tr. Hacer garabatos con un instrumento de escritura. SIN garrapatear.

garabato n. m. Letra o rasgo mal formado o trazo que no representa nada: *tu letra no se entiende nada: solo se ven garabatos en ella.*
DER garabatear.

garaje n. m. **1** Lugar donde se guardan uno o más vehículos: *este bloque de pisos tiene un garaje subterráneo.* **2** Taller de reparación y mantenimiento de vehículos: *he llevado el coche al garaje.*

garantía n. f. **1** Seguridad que se ofrece de que una cosa va a realizarse o suceder: *su palabra es la mejor garantía, ya que siempre cumple lo que promete.* **2** Compromiso que adquiere el vendedor de un aparato de reparar gratuitamente las averías que tenga durante un período de tiempo determinado como seguridad sobre su buen funcionamiento: *la garantía de este coche incluye las piezas de recambio, pero no la mano de obra.* **3** Escrito en el que un vendedor se compromete a reparar gratuitamente, durante un período de tiempo determinado, las averías que tenga el aparato que ha vendido. **4** Cantidad de dinero u objeto de valor que se da para asegurar el cumplimiento de una obligación o un pago. SIN fianza.

garantizar v. tr. **1** Dar garantía u ofrecer la seguridad de que una cosa va a realizarse o suceder: *el director de la empresa me ha garantizado la renovación de mi contrato.* **2** Comprometerse el vendedor de un aparato, mediante un escrito, a reparar gratuitamente las averías que tenga durante un período de tiempo determinado.
OBS En su conjugación, la *z* se convierte en *c* delante de *e.*

garbanzo n. m. **1** Planta herbácea de tallo duro y ramoso que produce unas legumbres ordenadas en hilera dentro de una cáscara fina y flexible. **2** Semilla comestible de esa planta, de pequeño tamaño, forma redondeada y color amarillento, que se consume, generalmente, hervida.
▶ garbanzo negro Persona que destaca negativamente en un grupo, especialmente, una familia, por su carácter o por su modo de comportarse: *es tan holgazán que se ha convertido en el garbanzo negro de mi casa.*
DER garbancero.

garbo n. m. **1** Gracia y desenvoltura que muestra una persona o un animal en la manera de obrar o de moverse, especialmente, al andar: *pese a su corta edad, el niño desfilaba con mucho garbo.* **2** Gracia, originalidad y elegancia que muestra una cosa, especialmente, una manifestación artística.
DER garbeo, garboso; desgarbado.

garcilasiano, -na adj. De Garcilaso de la Vega o relacionado con este poeta o con su obra.

gardenia n. f. **1** Arbusto de tallos espinosos,

con las hojas grandes, lisas, ovaladas y de color verde brillante, que se cultiva principalmente por sus flores. **2** Flor de este arbusto, grande y olorosa, generalmente blanca.

garfio n. m. Instrumento de forma curva y acabado en punta, generalmente de hierro, que sirve para coger o sujetar una cosa.

garganta n. f. **1** Parte delantera del cuello de una persona o de un animal. **2** Zona interna del cuello de una persona o de un animal, entre el velo del paladar y el principio del esófago: *tiene picores en la garganta porque está resfriado.* **3** Valle o paso estrecho que está encajado entre montañas.
DER gargantilla; gargajo, gárgara.

gargantilla n. f. Collar corto que queda ajustado al cuello.

gárgara n. f. Mantenimiento de un líquido en la garganta con la boca abierta hacia arriba mientras se expulsa aire lentamente para que el líquido se mueva.
▶ mandar a hacer gárgaras **a.** Expresión con la que se echa de un lugar a una persona que resulta molesta: *no hacía más que pedirme dinero, así que lo mandé a hacer gárgaras.* **b.** Expresión que se usa para rechazar o despreciar a una persona: *si no quieres que vuelva, mándalo a hacer gárgaras.*

gárgola n. f. Elemento arquitectónico y decorativo de un edificio o de una fuente que está colocado en la parte final de la cornisa de un tejado o de un caño para que caiga o salga el agua de la lluvia o de la fuente; puede tener forma humana y de animal.

garito n. m. **1** Casa de juego no autorizada. SIN timba, gazapón. **2** Establecimiento destinado a la diversión, en especial, el que tiene mala reputación.

garra n. f. **1** Uña fuerte, curva y afilada que tienen en el extremo de los dedos algunos animales: *el tigre, el león y el águila tienen garras.* **2** Mano o pie del animal que tiene esas uñas: *algunas aves cazan atrapando a sus presas con las garras.* SIN zarpa. **3** Mano de una persona: *quita tus garras de la tarta.* ◆ n. f. pl. **4** garras Parte de la piel de un animal que se utiliza en peletería, que corresponde a las patas y que es menos apreciada que el resto.
▶ tener garra Tener una persona o una cosa mucha capacidad para convencer, atraer o gustar: *esta película será un gran éxito, porque tiene mucha garra.*
DER agarrar; desgarrar.

garrafa n. f. Recipiente que se utiliza, principalmente, para contener o transportar líquidos; de cristal, de plástico o de otro material, tiene el cuerpo ancho y el cuello largo y estrecho.
▶ de garrafa [bebida alcohólica] Que viene de un envase de grandes proporciones y es de mala calidad: *no pidas ginebra en ese bar, porque es de garrafa y después te dolerá la cabeza.* SIN de garrafón.

garrapata n. f. Ácaro que vive como parásito de ciertos mamíferos y aves, con forma ovalada y con las patas terminadas en dos uñas con las cuales se adhiere a algunos animales para chuparles la sangre.
DER garrapatear.

garrota n. f. **1** Palo grueso y fuerte que se usa, principalmente, como bastón o para golpear con él: *el viejo caminaba apoyándose en una garrota.* SIN garrote, tranca. **2** Bastón de madera que tiene la parte superior curvada. SIN cayado.

garrote n. m. **1** Palo grueso y fuerte que se usa, principalmente, como bastón o para golpear con él. SIN garrota, tranca. **2** Instrumento con el que, antiguamente, se ajusticiaba a los condenados, que consistía en un palo al que se ataba al reo y un aro de hierro con que se le aprisionaba el cuello y se apretaba hasta causarle la muerte. **3** Instrumento con el que, antiguamente, se torturaba a algunas personas, consistente en un palo con el que se retorcía una cuerda que aprisionaba algún miembro o alguna parte del cuerpo.
DER garrota, garrotazo, garrotillo; agarrotar.

garza n. f. Ave que vive en pantanos y en la orilla de lagos y ríos, con las patas y el cuello muy largos y el pico con forma cónica y muy puntiagudo.

garzo, -za adj. Azulado: *ojos garzos.*

gas n. m. **1** Cuerpo que se encuentra en el estado de la materia caracterizada por una gran separación de sus moléculas: *el gas es un fluido.* **2** Combustible en ese estado: *gas natural.* gas ciudad Combustible gaseoso que se canaliza y se distribuye mediante tuberías para uso doméstico o industria. gas lacrimógeno Gas tóxico que provoca irritación en los ojos y abundantes lágrimas: *la policía usó gases lacrimógenos para hacer salir a los asaltantes.* ◆ n. m. pl. **3** gases Aire que se acumula en el aparato digestivo: *las coles producen gases.*

DER gasear, gaseiforme, gasificar, gasógeno, gasoil, gasóleo, gasometría; antigás.

gasa n. f. **1** Tejido de hilo o de seda, muy delgado y sutil: *le encantan los pañuelos de gasa.* **2** Tejido estéril y suave que se usa para fines médicos: *para que no se infectara, le tapó la quemadura con una gasa.*

gascón, -cona adj. **1** De Gascuña o relacionado con esta antigua región del sudoeste de Francia o con sus habitantes. ◆ adj./ n. m. y f. **2** [persona] Que es de Gascuña. ◆ n. m. **3** Variedad dialectal del occitano con rasgos muy diferenciados que se habla en esta zona.

gaseosa n. f. Bebida transparente azucarada, efervescente y sin alcohol, hecha con agua y ácido carbónico.

gaseoso, -sa adj. **1** Que se encuentra en estado de gas. **2** [líquido] Que contiene o desprende gases.

gasoducto n. m. Conducto de cierta anchura y de gran longitud para transportar gas combustible a grandes distancias.

gasoil n. m. Gasóleo, combustible líquido.
OBS La Real Academia Española solo admite la forma *gasóleo*.

gasóleo n. m. Producto líquido que se saca del petróleo crudo y que sirve como combustible: *los motores diesel funcionan con gasóleo.* **SIN** gasoil.

gasolina n. f. Líquido inflamable que se obtiene del petróleo y que se usa como combustible de coches, aviones y otros vehículos: *pararemos a poner gasolina en la próxima estación de servicio.*

gasolinera n. f. Establecimiento en el que se suministra gasolina y otros combustibles para vehículos.

gastador n. m. Soldado encargado de cavar para abrir trincheras o de abrir camino en las marchas.

gastar v. tr. **1** Consumir o hacer desaparecer una cosa poco a poco por el uso: *las suelas de los zapatos se gastan con el tiempo.* ◆ v. tr. **2** Usar el dinero para comprar o para obtener alguna cosa. **ANT** ahorrar. **3** Tener una persona cierta actitud habitualmente; en especial si es negativa: *esta chica gasta muy mal genio.* **4** Usar, emplear o llevar habitualmente cierta cosa: *es un chico que gasta bromas a todo el mundo.*
▶ **gastarlas** Comportarse o proceder una persona habitualmente de una manera determinada: *tú no sabes cómo se las gasta el profesor cuando se enfada.*
DER gastado, gastador, gasto; desgastar, malgastar.

gasterópodo adj./ n. m. **1** [molusco] Que tiene un pie carnoso que le sirve para arrastrarse, el cuerpo generalmente protegido por una concha de una sola pieza, y uno o dos pares de tentáculos en la cabeza: *el caracol es un gasterópodo.* ◆ n. m. pl. **2 gasterópodos** Clase formada por estos moluscos.

gasto n. m. **1** Acción de usar el dinero para comprar o para obtener alguna cosa. **2** Cantidad de dinero que se gasta: *tuvo muchos gastos durante el mes de mayo.* **NOTA** Se emplea frecuentemente en plural. **gasto público** Cantidad de dinero que aporta la Administración para satisfacer ciertas necesidades de los ciudadanos: *el gobierno intenta reducir el gasto público.* **3** Consumo o deterioro de una cosa debido a su uso continuado.
▶ **correr con los gastos** Encargarse de satisfacer el importe de ellos: *pedid la comida que más os apetezca, que yo corro con los gastos.* **cubrir gastos** Proporcionar una cosa el beneficio mínimo para satisfacer los gastos que ha ocasionado.

gástrico, -ca adj. Del estómago o que tiene relación con este órgano del cuerpo: *una úlcera gástrica.*
DER gastritis; epigastrio, hipogastrio.

gastritis n. f. MED. Inflamación de las mucosas del estómago debida a la producción excesiva de ácido.
OBS El plural también es *gastritis*.

gastro-, gastr- Elemento prefijal que entra en la formación de palabras con el significado de 'estómago': *gastrointestinal, gastronomía.*

gastroenteritis n. f. MED. Inflamación de las mucosas del estómago y del intestino conjuntamente, debida a una infección.
OBS El plural también es *gastroenteritis*.

gastrointestinal adj. MED. Del estómago y los intestinos conjuntamente, o relacionado con estos dos órganos del cuerpo: *problemas gastrointestinales.*

gastronomía n. f. **1** Arte y técnica de preparar una buena comida. **2** Afición de alguien a la buena comida: *la gastronomía es su pasión.*
DER gastronómico, gastrónomo.

gastronómico, -ca adj. De la gastronomía o que está relacionado con ella.

gastrónomo, -ma n. m. y f. **1** Persona que es especialista en gastronomía. **2** Persona a la que le gusta la buena comida y sabe mucho de cocina y de buenos restaurantes.

gastropatía n. f. MED. Enfermedad del estómago: *este medicamento puede prescribirse en los enfermos que padezcan úlceras gástricas o duodenales, u otras gastropatías.*

gastrovascular adj. [cavidad] Que está en el interior del cuerpo de ciertos animales, como la medusa, y es donde van a parar los alimentos y se realiza la digestión.

gatear v. intr. Andar una persona apoyando las manos y las rodillas en el suelo: *cuando los niños no saben caminar, gatean.*

gatillo n. m. Pieza de un arma de fuego que se presiona con el dedo y sirve para poner en movimiento la palanca de disparo: *apretó el gatillo del revólver.*

gato, -ta n. m. y f. **1** Mamífero felino doméstico, de patas cortas, cabeza redonda, pelo espeso y suave y uñas retráctiles, que se distingue por su habilidad cazando ratones: *el gato es un mamífero carnívoro.* **gato de Angora** Gato de pelo muy largo que procede de Angora. **gato montés** Gato salvaje, de color amarillento con rayas negras que en la cola forman anillos, que se alimenta de pequeños animales. **gato siamés** Gato de pelo muy corto y de color amarillento o gris, más oscuro en la cara, las orejas y la cola que en el resto del cuerpo, que procede de Asia. ◆ n. m. **2** Instrumento que sirve para levantar grandes pesos a poca altura.

▶ **a gatas** Manera de andar una persona apoyando las manos y las rodillas en el suelo. SIN a gachas. **como gato panza (o boca) arriba** Se utiliza para expresar que una persona está en actitud de defensa: *después de la pelea estaba como gato panza arriba.* **cuatro gatos** Muy poca cantidad de gente: *en la conferencia solo estábamos cuatro gatos.* **dar gato por liebre** Engañar una persona a otra haciéndole pasar una cosa de muy poco valor o calidad por otra parecida pero de mucho valor o gran calidad: *ese comerciante siempre te da gato por liebre.* **haber gato encerrado** Haber algo oculto o secreto en una situación o asunto. **llevarse el gato al agua** Conseguir un éxito o una victoria en un cosa: *íbamos empatados, pero al final me llevé el gato al agua.*

DER gatear, gatera, gatillo, gatuperio.

gauchesco, -ca adj. De los gauchos o relacionado con estos campesinos de las pampas sudamericanas.

gaucho, -cha adj. **1** Del gaucho o relacionado con este campesino de las pampas sudamericanas: *traje gaucho.* ◆ n. m. y f. **2** Campesino que habitaba en las pampas de América del Sur y se dedicaba especialmente a trabajos ganaderos.

DER gauchesco.

gaveta n. f. **1** Cajón corredizo que hay en algunos muebles, como los escritorios. **2** Mueble que tiene uno o varios de estos cajones.

gavia n. f. En los barcos de vela, vela que se coloca en el mastelero mayor o en cualquiera de los otros dos masteleros.

gavilán n. m. Ave rapaz de unos 30 centímetros, de plumaje gris azulado en la parte superior y con bandas de color pardo rojizo en el resto, que se diferencia de otras rapaces por tener las alas cortas y redondeadas y la cola larga.

OBS Para indicar el sexo se usa *el gavilán macho* y *el gavilán hembra.*

gaviota n. f. Ave palmípeda marina, de plumaje gris en la espalda y con el resto del cuerpo blanco, de pico naranja y algo curvo, que vive en las costas y se alimenta esencialmente de peces.

OBS Para indicar el sexo se usa *la gaviota macho* y *la gaviota hembra.*

gay adj./ n. m. [hombre] Que es homosexual.

OBS Es de origen inglés y se pronuncia aproximadamente «guei».

gazapo n. m. **1** Cría del conejo: *en la madriguera había dos gazapos.* **2** Error o equivocación que comete una persona al escribir o al hablar. SIN errata.

gaznate n. m. Parte interior de la garganta: *voy a beber un poco de agua porque tengo seco el gaznate.*

gazpacho n. m. Sopa fría que se hace principalmente con tomates, cebolla, pimiento, ajo, aceite, vinagre, sal y pan.

DER gazpachuelo.

ge n. f. Nombre de la letra *g*: *la palabra «gato» empieza por «ge».*

géiser n. m. Agujero de la corteza de la Tierra del que sale agua muy caliente a gran presión.

OBS El plural es *géiseres.*

gel n. m. **1** Jabón líquido que se usa para el aseo personal. **2** Producto que tiene una consistencia semejante a la de la gelatina.

a b c d e f g h i j k l m n ñ o p q r s t u v w x y z

gelatina n. f. **1** Sustancia sólida, transparente e incolora, casi inodora e insípida, que se obtiene cociendo en agua huesos, tendones y ligamentos de animales; se emplea en cocina, farmacia, así como en la fabricación de películas y pegamento. **2** Alimento, dulce o salado, preparado con esta sustancia, agua y zumo de fruta o trozos de alguna verdura, carne o pescado, que se pone en un molde hasta que se solidifica; su consistencia es blanda y temblorosa y su aspecto brillante.
DER gel, gelatinoso.

gelatinoso, -sa adj. **1** Que tiene el aspecto denso típico de la gelatina: *sustancia gelatinosa.* **2** Que tiene gelatina.

gélido, -da adj. Que es o está muy frío: *sopla un viento gélido.* SIN glacial, helado.
DER congelar.

gema n. f. **1** Piedra preciosa: *el diamante es una gema.* **2** BOT. Brote de los vegetales del que nacen las ramas, las hojas y las flores: *las primeras gemas nacen en el mes de febrero.* SIN yema.
DER gemación, gemología.

gemación n. f. **1** Forma de multiplicación de una célula en que esta se divide en dos partes desiguales, cada una con un núcleo, que se separan. **2** Forma de multiplicación asexual, propia de algunos animales inferiores, en que el animal emite, en alguna parte de su cuerpo, una yema o protuberancia que se convierte en un nuevo individuo. **3** BOT. Desarrollo de una yema en una planta, a partir de la cual se forma una rama, una hoja o una flor.

gemelo, -la adj. **1** [cosa] Que es igual en su forma o función a otro objeto o elemento con el que forma un par: *las torres gemelas de una iglesia; camas gemelas.* **2** Que se parece mucho a otra cosa o es casi igual a ella: *son dos almas gemelas.* ◆ adj./ n. m. y f. **3** [persona, animal] Que ha nacido a la vez que otro del mismo parto. ◆ adj./ n. m. **4** [músculo] Que está situado en la parte inferior de la pierna y que, con otro igual a él, se une al talón y sirve para mover el pie. ◆ n. m. **5** Adorno formado por dos piezas unidas por una cadenita, que sirve para cerrar el puño de la camisa. ◆ n. m. pl. **6 gemelos** Aparato que sirve para ver más cerca las cosas que están a bastante distancia, formado por dos cilindros unidos que se colocan delante de los ojos y que contienen una serie de prismas y lentes para aumentar la imagen.

gemido n. m. Sonido o voz que expresa dolor o pena: *el perrito no paraba de gemir porque estaba herido.*

geminar v. intr./ prnl. GRAM. Tender un sonido a pronunciarse en dos momentos distintos, pero seguidos, de modo que forman parte de dos sílabas distintas.
DER geminado.

géminis adj./ n. com. [persona] Que ha nacido entre el 20 de mayo y el 21 de junio, tiempo en que el Sol recorre aparentemente Géminis, tercer signo del Zodíaco.

gemir v. intr. Emitir sonidos o voces que expresan dolor o pena.
OBS En su conjugación, la *e* se convierte en *i* en algunos tiempos y personas, como en *servir*.
DER gemido; gimotear.

gen n. m. BIOL. Partícula que se halla dispuesta a lo largo de un cromosoma junto con otras, y que hace que algunas características de los padres pasen a los hijos: *los genes determinan la aparición de los caracteres hereditarios.*

genealogía n. f. **1** Conjunto de los antepasados de cierta persona. SIN ascendencia. **2** Escrito o gráfico en el que se recogen los antepasados de una persona.
DER genealógico, genealogista.

genealógico, -ca adj. De la genealogía o relacionado con el conjunto de los antepasados de una persona.

genealogista n. com. Persona que es especialista en genealogías y linajes y escribe sobre ellos.

generación n. f. **1** Acción que consiste en producir o crear una cosa. **2** Acción que consiste en crear nuevos seres vivos por medio de la reproducción. **3** Conjunto de personas que han nacido en la misma época: *es nuestro deber preservar el medio ambiente para las futuras generaciones.* **4** Conjunto de personas, generalmente dedicadas al arte o a la ciencia, cuya obra tiene características comunes: *Unamuno fue un escritor que perteneció a la generación del 98.* **5** Conjunto de aparatos construidos en un mismo período de tiempo y que tienen características comunes: *es un ordenador de la tercera generación.*
DER generacional.

generacional adj. De la generación o relacionado con una generación: *conflicto generacional.*

generador, -ra adj. **1** Que genera, produce o crea una cosa: *central generadora; motor* *generador.* ◆ n. m. **2** Aparato o pieza de una máquina que produce energía: *la dinamo es un generador de electricidad.*

general adj. **1** Que es común a todos o a la mayor parte de los individuos de un conjunto: *la idea general de un libro nos informa de su contenido.* **2** Que es poco preciso y no entra en detalles: *lo explicó de modo general.* **3** Que es muy frecuente o común: *es una costumbre muy general.* ◆ n. com. **4** Miembro del ejército o de la aviación que pertenece a la categoría más alta: *el grado de general es superior al de coronel.*

▶ general de brigada Miembro del ejército o de la aviación que pertenece a la categoría inmediatamente superior a la de coronel. general de división Miembro del ejército o de la aviación que pertenece a la categoría inmediatamente superior a la de general de brigada. NOTA El femenino *generala* se usa muy poco. en (o por) lo general **a.** Se utiliza para indicar que una cosa se expresa de forma global, sin tener en cuenta los detalles o los casos especiales: *las personas, en general, viven mejor ahora.* **b.** Se utiliza para expresar que una cosa es frecuente, normal o común: *en febrero, por lo general, hace mucho frío.*

DER generala, generalato, generalidad, generalizar, generalmente.

generalidad n. f. **1** Conjunto que incluye la mayoría o prácticamente la totalidad de las personas o cosas que componen un todo: *estoy hablando para la generalidad.* **2** Vaguedad o poca precisión en aquello que una persona dice o escribe. **3** Idea general, poco precisa. NOTA Se usa frecuentemente en plural. ◆ n. f. pl. **4** generalidades Conocimientos básicos o fundamentales de una ciencia o materia: *el profesor nos explicó las generalidades de la fonética.*

generalización n. f. **1** Aplicación a un conjunto de lo que es propio de un individuo: *hay asuntos en los que puede resultar peligroso hacer generalizaciones.* **2** Acción de extender o hacer general o común una cosa.

generalizar v. tr./ prnl. **1** Extender o hacer general o común una cosa: *se ha generalizado el uso de ordenadores.* ◆ v. intr. **2** Aplicar a un conjunto lo que es propio de un individuo: *no debes generalizar diciendo que todo el mundo vive muy bien.*

OBS En su conjugación, la *z* se convierte en *c* delante de *e*.

DER generalización.

generalmente adv. Indica que una acción se produce con bastante frecuencia y es habitual que ocurra así: *generalmente me levanto a las ocho.* SIN normalmente.

generar v. tr. Producir, crear alguna cosa: *su última película ha generado un enorme interés.* SIN originar.

DER generación, generador, generativo, generatriz, género, génesis; degenerar, regenerar.

generatriz adj. MAT. [línea, superficie] Que engendra con su movimiento una figura o un sólido geométrico.

genérico, -ca adj. **1** Que es común o se refiere a un conjunto de elementos del mismo género: *«perro» es un nombre genérico que sirve para hablar de los distintos tipos de perros que hay.* **2** GRAM. Del género o relacionado con esta categoría gramatical.

género n. m. **1** Conjunto de personas o cosas que tienen unas características comunes: *el género humano.* **2** Conjunto de propiedades o características que distinguen a una persona o a una cosa: *ese género de vida no es para mí.* SIN clase, tipo. **3** Mercancía o producto de cualquier tipo: *este supermercado tiene muy buen género.* **4** Clase de tela o tejido: *el vestido está hecho en un género de gran calidad.* **5** Categoría o clase en que se pueden ordenar las obras artísticas, literarias o musicales según los rasgos comunes de forma y contenido: *la comedia y la tragedia son géneros literarios.* género chico Clase de obras de teatro cortas, generalmente musicales y de estructura sencilla: *la zarzuela pertenece al género chico.* **6** Categoría gramatical que aparece en el sustantivo, el adjetivo, el pronombre y el artículo y que les permite concordar entre sí. género ambiguo Género de los sustantivos que pueden llevar artículo masculino o femenino: *«mar» es una palabra de género ambiguo.* género común Género de los sustantivos de persona que pueden llevar artículo masculino o femenino según se refieran a hombres o a mujeres: *«testigo» es una palabra de género común.* género femenino Género de los sustantivos que se combinan con el determinante esta y con otros determinantes del mismo tipo: *la palabra «casa» tiene género femenino.* género masculino Género de los sustantivos que se combinan con el determinante este y con otros determinantes del mismo tipo: *la palabra «cazo» tiene género masculino.* género neutro Género de los sustantivos que no son

masculinos ni femeninos: *la palabra «aquello» es de género neutro.* **7** BIOL. Categoría de clasificación de los seres vivos inferior a la de familia y superior a la de especie.
DER general, genérico, generoso, genocidio.

generosidad n. f. **1** Cualidad de la persona que ayuda y da lo que tiene a los demás sin esperar nada a cambio. **ANT** cicatería, egoísmo. **2** Nobleza de carácter que tiene una persona: *la generosidad consiste en perdonar a los que te han ofendido.*

generoso, -sa adj. **1** [persona] Que ayuda y da lo que tiene a los demás sin esperar nada a cambio: *has sido muy generoso al prestarme el dinero.* **SIN** desprendido. **ANT** egoísta. **2** [persona] Que tiene o muestra un carácter noble. **3** Que es abundante: *en este bar las raciones son bastante generosas.* **ANT** escaso.
DER generosidad.

génesis n. f. **1** Principio u origen de una cosa: *existen muchas teorías sobre la génesis del universo.* **SIN** nacimiento. **2** Proceso mediante el cual se ha originado o formado una cosa: *la génesis del conflicto.*
OBS El plural también es *génesis.*
DER genésico, genética.

-génesis Elemento sufijal que entra en la formación de palabras con el significado de 'origen', 'principio', 'proceso de generación': *orogénesis.*

genética n. f. Parte de la biología que estudia los genes y los mecanismos que regulan la transmisión de los caracteres hereditarios: *Mendel es el padre de la genética.*
DER genético.

genético, -ca adj. **1** De los genes o relacionado con estas partículas. **2** De la genética o que tiene relación con esta rama de la biología. **3** De la génesis o relacionado con el principio u origen de una cosa: *no se sabe de manera segura cuál fue el proceso genético de la Tierra.*

genial adj. **1** Que se considera propio de un genio o de la persona con gran inteligencia o capacidad para crear o inventar cosas nuevas y admirables. **2** *coloquial* Que es bueno, original y divertido. ◆ adv. **3** *coloquial* Muy bien.
SIN excelente. **ANT** pésimo.

genialidad n. f. **1** Inteligencia o capacidad que tienen algunas personas para crear o inventar cosas nuevas y admirables: *la genialidad del artista no fue reconocida en su época.* **2** Cualidad de lo que es muy bueno o extraordinario. **3** Hecho o idea que resulta raro o extraño: *Dalí se divertía sorprendiendo a la gente con sus genialidades.* **SIN** excentricidad.

genio n. m. **1** Manera de ser, carácter de una persona: *las personas que tienen mal genio se enfadan con facilidad.* **2** Persona muy inteligente o con gran capacidad para crear o inventar cosas nuevas y admirables: *tu idea es propia de un genio.* **3** Inteligencia o capacidad para crear o inventar cosas nuevas y admirables: *todos admiramos el genio creador de Falla.* **4** Personaje de los cuentos y leyendas que tiene poderes mágicos.
DER genial; congeniar, ingenio.

genital adj. **1** Que sirve para la reproducción o está relacionado con los órganos reproductores. ◆ n. m. pl. **2** **genitales** Órganos sexuales externos.

genitivo, -va adj. **1** *formal* Que puede producir una cosa o dar la vida. ◆ n. m. **2** GRAM. Caso de la declinación de algunas lenguas, como el latín, que expresa relación de posesión o pertenencia y de materia de que está hecha una cosa.

genocidio n. m. Aniquilación o exterminio sistemático y deliberado de un grupo social por motivos raciales, políticos, religiosos.

genoma n. m. BIOL. Conjunto de los cromosomas de una célula.

genotipo n. m. BIOL. Conjunto de los genes que existen en cada núcleo celular de los individuos pertenecientes a una determinada especie animal o vegetal.

gente n. f. **1** Conjunto de personas. **2** Grupo o clase social en que se divide la sociedad: *le gusta codearse con la gente de dinero.* **gente de bien** Conjunto en el que se incluye a la persona que es honrada y tiene buenas intenciones. **gente de paz** Conjunto en el que se incluye a la persona que no tiene intención de comportarse de manera violenta. **gente menuda** Conjunto formado por los niños o las personas de corta edad: *este programa de televisión va dirigido a la gente menuda.* **3** Conjunto de personas del mismo grupo familiar: *tengo a mi gente aquí de vacaciones.* **SIN** familia. **4** Persona, en cuanto a su manera de ser: *no parece mala gente.*
DER gentil, gentilicio, gentío, gentuza.

gentil adj. **1** [persona] Que es amable, educado y atento con los demás. **SIN** cortés. **2** Que tiene muy buen aspecto o buena presencia: *gentil figura.*
DER gentileza.

gentileza n. f. **1** Cualidad de la persona que actúa o se comporta con amabilidad, educación o atención hacia los demás: *el dueño de la casa ha tenido la gentileza de invitarnos a comer.* SIN cortesía. **2** Regalo de poca importancia que se da como muestra de afecto y consideración: *estos dulces son una gentileza del hotel.* SIN cortesía. **3** Garbo, gracia o gallardía con que una persona realiza una cosa.

gentilhombre n. m. **1** Buen mozo. **2** Noble que servía en casa de reyes o de otras personas importantes.
OBS El plural es *gentileshombres.*

gentilicio, -cia adj./ n. m. [nombre, adjetivo] Que sirve para indicar de qué lugar es originaria o natural una persona: *«malagueño» y «malacitano» son los gentilicios que se usan para referirse a la persona nacida en Málaga.*

gentío n. m. Gran cantidad de gente reunida en un mismo lugar. SIN muchedumbre, multitud.

gentuza n. f. Gente considerada despreciable.
OBS Se usa con sentido despectivo.

genuino, -na adj. Que conserva sus características propias o naturales y no es falso ni de imitación: *esta cartera está hecha de piel genuina.* SIN auténtico, puro. ANT falso.

geo- Elemento prefijal que entra en la formación de palabras con el significado de 'tierra': *geografía.*

geocéntrico, -ca adj. Que considera la Tierra como centro del Universo.
DER geocentrismo.

geodésico, -ca adj. De la geodesia o relacionado con esta ciencia: *análisis geodésico.*

geografía n. f. Ciencia que estudia y describe la Tierra, sus montañas, continentes, océanos, países y las personas que viven en ellos, así como los diferentes climas, las plantas, los animales y los productos naturales que se producen en ella.
DER geográfico, geógrafo.

geográfico, -ca adj. De la geografía o relacionado con esta ciencia: *accidente geográfico.*

geología n. f. Ciencia que estudia el origen y formación de la Tierra, los materiales que la componen y su estructura actual.
DER geológico, geólogo.

gentilicios

Un gentilicio es la palabra que se utiliza para referirse a las personas o las cosas de un país, región, ciudad o lugar. Los gentilicios son adjetivos, a menudo también se usan como nombres, y la forma más habitual de formarlos es añadiendo al nombre del lugar alguno de los siguientes sufijos:

-aco, -aca	austríaco, polaca
-ano, -ana	valenciano, mexicano, coreana
-ense	ovetense, nicaragüense
-eño, -eña	malagueño, extremeño, brasileña
-és, -esa	barcelonés, francés, neozelandesa
-í	ceutí, marroquí, magrebí
-ino, -ina	santanderino, argentina
-o, -a	canario, rusa

Algunos gentilicios son bastante diferentes del nombre del lugar al que se refieren, porque se han formado a partir del nombre antiguo de ese lugar o no derivan de la forma actual del nombre de la ciudad. En esta lista hay algunos gentilicios de poblaciones españolas con esta característica:

Ávila (Abula)	avilés, abulense
Cádiz (Gades)	gaditano
Calahorra (Calagurris)	calagurritano
Cuenca (Conca)	conquense
Huelva (Onuba)	onubense
Huesca (Osca)	oscense
Jaén	jienense/jiennense
Lugo (Lucus Augusti)	lucense
Madrid (Matritum)	matritense
Málaga (Malaca)	malacitano
San Sebastián (Donostia)	donostiarra
Sevilla (Hispalis)	sevillano, hispalense
Tarragona (Tarraco)	tarraconense
Teruel (Turba, Túrbula, Turbolium)	turolense
Valladolid (Vallisoletum)	vallisoletano

geológico, -ca adj. De la geología o relacionado con esta ciencia: *período geológico.*

geometría n. f. Parte de las matemáticas que estudia las características del espacio, las relaciones entre puntos, líneas, ángulos, planos y figuras, y la manera como se miden.

geométrico, -ca adj. De la geometría o relacionado con esta parte de las matemáticas: *figura geométrica.*

geotérmico, -ca adj. Que está relacionado con el calor que se encuentra en el interior de la Tierra: *una energía alternativa es la geotérmica, que aprovecha el calor interno de la Tierra.*
DER geotermia.

geranio n. m. **1** Planta de jardín, de tallos ramosos y hojas grandes que se cultiva por sus flores, de vivos colores y reunidas en pequeñas cabezas. **2** Flor de esta planta, de color rojo, rosa, lila o blanco principalmente.

gerente n. com. Persona que dirige, gestiona o administra una sociedad, empresa u otra entidad. SIN director, jefe.
DER gerencia.

geriatra n. com. Médico especializado en el estudio y tratamiento de las enfermedades de la vejez, a partir de los sesenta y cinco años.

geriátrico, -ca adj. **1** De la geriatría o relacionado con ella. ◆ adj./ n. m. **2** [establecimiento] Destinado al cuidado de los ancianos alojados en él.

gerifalte n. m. **1** Ave rapaz de plumaje pardo que constituye el halcón de mayor tamaño que se conoce: *el gerifalte fue muy apreciado como ave de cetrería.* ◆ n. com. **2** Persona que destaca o sobresale en cualquier actividad: *en la cabeza de la procesión iban los gerifaltes de la ciudad.*

germanía n. f. Manera de hablar o jerga que usan entre sí ladrones y rufianes, formada por palabras del español a las que se da un significado diferente del que tienen y por otras voces de distinto origen.

germánico, -ca adj. **1** De Alemania o relacionado con este país del centro de Europa. SIN alemán, germano. **2** De la Germania o de los germanos o relacionado con esta antigua región del centro de Europa o con los pueblos que la habitaban. **3** [lengua] Que pertenece a un grupo de lenguas derivadas del antiguo germánico. ◆ n. m. **4** Lengua indoeuropea hablada por los antiguos pueblos germanos: *el alemán tiene su origen en el germánico.*

germanio n. m. Elemento químico sólido, metálico, de color blanco grisáceo, que se utiliza en la fabricación de transistores y otros dispositivos electrónicos: *el símbolo del germanio es Ge.*

germanismo n. m. Palabra o modo de expresión propio de la lengua alemana o del germánico que se usa en otro idioma.
DER germanista.

germano, -na adj. **1** De la antigua Germania o relacionado con esta antigua zona del centro de Europa habitada por pueblos de origen indoeuropeo. **2** De Alemania o relacionado con este país del centro de Europa. SIN alemán, germánico. ◆ adj./ n. m. y f. **3** [persona] Que pertenecía a uno de los pueblos de la antigua Germania. **4** [persona] Que es de Alemania. SIN alemán.
DER germanía, germánico, germanismo, germanizar, germanófilo.

germanófilo, -la adj. Que muestra una actitud de simpatía hacia todo lo que tiene relación con Alemania.

germen n. m. **1** Organismo muy pequeño, formado por una sola célula, que es capaz de causar enfermedades: *limpió el suelo con lejía para eliminar los gérmenes.* **2** Célula o conjunto de células que cuando se desarrollan dan origen a un animal o a una planta. **3** Parte de una semilla que crece y se convierte en una nueva planta: *dentro de unos meses este germen se habrá transformado en un rosal.* **4** Origen o principio de una cosa: *los conflictos sociales fueron el germen de la revolución popular.*
DER germicida, germinal, germinar.

germinación n. f. Acción de empezar a crecer y desarrollarse una semilla.

germinal adj. **1** Del germen o relacionado con esta parte de la semilla: *brote germinal.* **2** Del germen o relacionado con el origen o principio de una cosa.

germinar v. intr. **1** Empezar a crecer y a desarrollarse una semilla para dar una nueva planta. **2** Empezar a desarrollarse una cosa: *su discurso hizo que germinase una idea en mi mente.*

gerundense adj. **1** De Gerona o relacionado con esta provincia de Cataluña o con su capital. ◆ adj./ n. com. **2** [persona] Que es de Gerona.

gerundio n. m. GRAM. Forma no personal del verbo que expresa duración de la acción ver-

bal: *en la frase «están tocando nuestra canción», «tocando» es un gerundio.*
OBS El gerundio en español termina en *-ndo.*
gesta n. f. Hecho o conjunto de hechos dignos de ser recordados, especialmente los que destacan por su heroicidad o trascendencia: *el descubrimiento de la penicilina es una gesta científica.*
gestación n. f. **1** Período durante el cual se desarrolla el feto en el interior de la madre antes de su nacimiento: *la gestación de un niño dura nueve meses.* **2** Proceso de elaboración o formación de una cosa: *la gestación de un proyecto.*
gestante adj./ n. f. [mujer] Que está embarazada.
gestar v. tr. **1** Desarrollar la madre el feto en su interior hasta el momento del parto: *aquellas perras gestaron tres crías al mismo tiempo.* ◆ v. prnl. **2 gestarse** Concebirse y desarrollarse una idea, un proyecto o un sentimiento: *una nueva novela se está gestando en su mente.*
DER gestación, gestante, gestatorio.
gesticular v. intr. Hacer gestos, especialmente cuando se hacen de manera exagerada: *hay personas que cuando hablan gesticulan constantemente.*
DER gesticulación.
gestión n. f. **1** Cada una de las acciones o trámites que hay que llevar a cabo para conseguir o resolver una cosa: *para pedir una beca hay que hacer diversas gestiones.* **2** Conjunto de operaciones que se realizan para dirigir y administrar un negocio o una empresa.
DER gestionar, gestor; autogestión.
gestionar v. tr. **1** Hacer las acciones o los trámites necesarios para conseguir o resolver una cosa. **2** Dirigir y administrar un negocio o asunto: *el notario gestionó el asunto de la herencia.*
gesto n. m. **1** Movimiento de la cara, las manos u otra parte del cuerpo, con el que se expresa una cosa, especialmente un estado de ánimo: *hizo un gesto afirmativo con la cabeza.* **2** Acción realizada por un impulso o sentimiento, especialmente cuando con ella se muestra educación, delicadeza o cariño: *fue un gesto muy bonito por su parte enviarle una postal.* **SIN** detalle.
DER gesticular, gestual.
gestor, -ra adj. **1** Que hace las gestiones necesarias para conseguir una cosa. ◆ n. m. y f. **2** Persona que realiza la gestión de una empresa o negocio o que se encarga de solucionar los asuntos de otra persona: *dos gestores administran los bienes de la empresa.*
gestoría n. f. Oficina donde el gestor desarrolla su actividad: *la gestoría tramita seguros.*
gestual adj. **1** De los gestos o relacionado con estos movimientos de la cara. **2** Que se hace por medio de gestos: *lenguaje gestual.*
ghetto n. m. Gueto, conjunto de personas que viven aisladas de la sociedad, y lugar que habitan.
giba n. f. **1** Abultamiento o protuberancia que tienen en el lomo ciertos animales y está formado por acumulación de grasas: *el camello tiene dos gibas y el dromedario una.* **SIN** joroba. **2** Deformación de la columna vertebral o de las costillas de una persona que hace que su espalda y su pecho tengan una forma abultada o curvada anormal. **SIN** corcova, joroba.
DER gibar, giboso.
gibraltareño, -ña adj. **1** Relativo a Gibraltar, colonia británica situada en el sur de España, o a sus habitantes. **SIN** llanito. **2** Relativo a Gibraltar, peñón del sur de la Península Ibérica. ◆ n. m. y f. **3** [persona] De Gibraltar. **SIN** llanito.
giga- Elemento prefijal que entra en la formación de palabras con el significado de 'mil millones': *gigabyte.*
gigabyte n. m. INFORM. Mil millones de bytes o unidades que almacenan información.
gigante adj. **1** Que es de un tamaño mucho mayor que el normal: *el niño se está comiendo un helado gigante.* **SIN** gigantesco. **ANT** enano. ◆ n. com. **2** Personaje imaginario de los cuentos infantiles, semejante a un hombre, pero extremadamente alto y fuerte y, generalmente, cruel. **3** Persona de estatura mucho mayor que la normal. **4** Figura de madera o de cartón que representa a una persona de gran altura y que recorre las calles en las fiestas populares. **5** Persona o grupo de personas que destacan mucho en una actividad: *Japón es un gigante industrial.*
DER gigantesco, gigantismo; agigantar.
gigantesco, -ca adj. Que es de un tamaño mucho mayor que el normal: *ha construido un complejo de apartamentos gigantesco.*
gilipollas adj. *malsonante* Que es tonto, estúpido o excesivamente lelo: *¡no hagas más el gilipollas!*
OBS El plural también es *gilipollas.*
DER gilipollez; agilipollar.

gilipollez n. f. *malsonante* Dicho o hecho propios de un gilipollas. SIN gilipollada.

gimnasia n. f. **1** Conjunto de ejercicios físicos que sirven para desarrollar el cuerpo y darle flexibilidad. **gimnasia deportiva** Conjuntos de ejercicios de gimnasia que se practican sobre aparatos fijos. **gimnasia rítmica** Conjunto de ejercicios gimnásticos que se realizan acompañados de música y generalmente con aparatos móviles, como la cinta, la cuerda o las mazas. **gimnasia sueca** Conjunto de ejercicios físicos que se practican sin aparatos. **2** Práctica con la que se ejercita una facultad o se adquiere gran desarrollo en una actividad: *si quieres ser un buen matemático, debes hacer mucha gimnasia mental.*
DER gimnasio, gimnasta.

gimnasio n. m. Local o establecimiento dotado de las instalaciones y de los aparatos adecuados para hacer gimnasia y practicar ciertos deportes: *todas las tardes va a un gimnasio para mantenerse en forma.*

gimnasta com. Persona que practica algún tipo de gimnasia, especialmente la que participa en competiciones gimnásticas: *el gran gimnasta ruso obtuvo dos medallas de oro en las últimas Olimpíadas.*
DER gimnástico.

gimnospermo, -ma adj./ n. f. [planta] Que tiene las semillas al descubierto porque sus carpelos no llegan a constituir una cavidad cerrada.

gimotear v. intr. Llorar o gemir de forma débil y sin una razón importante o hacer los gestos del llanto sin llegar a llorar: *el niño no dejaba de gimotear.*
DER gimoteo.

gin n. f. Ginebra, bebida alcohólica.
▶ **gin tonic** Bebida que se hace mezclando ginebra con tónica.
OBS Es de origen inglés y se pronuncia aproximadamente «yin».

ginebra n. f. Bebida alcohólica, transparente, que se obtiene de diferentes cereales y se aromatiza con las bayas del enebro. SIN gin.

gineceo n. m. **1** BOT. Parte de la estructura reproductora femenina de una flor, compuesta por el estigma, el estilo y el ovario. SIN pistilo. **2** En la antigua Grecia, habitación retirada dentro de la casa que estaba destinada a las mujeres.

ginecólogo, -ga n. m. y f. Médico especializado en el estudio y tratamiento de las enfermedades de los órganos de reproducción femeninos.

gineta n. f. Mamífero carnívoro de cuerpo delgado, cabeza pequeña, patas cortas y cola muy larga, con el pelo marrón con bandas negras. SIN jineta.
OBS Para indicar el sexo se usa *la gineta macho* y *la gineta hembra.*

gira n. f. **1** Serie de actuaciones sucesivas que un artista o grupo de artistas hacen por distintas poblaciones. **2** Excursión o viaje que una persona o grupo de personas realizan recorriendo distintos lugares: *estamos preparando una gira turística por el románico catalán.*

giralda n. f. Veleta de una torre, cuando tiene figura humana o de animal.

girar v. tr. **1** Mover una persona o una cosa haciéndole dar vueltas sobre sí misma o alrededor de otra cosa: *la Tierra gira sobre sí misma.* ◆ v. intr. **2** Cambiar una persona o una cosa la dirección que llevaba: *al llegar a la esquina, gira a la derecha.* SIN doblar, torcer. **3** Desarrollarse una conversación sobre un tema determinado: *la conversación giraba en torno a ti.* ◆ v. tr. **4** Mandar una cantidad de dinero por correo: *les giró mil dólares para ayudar en los gastos de la boda.*
DER giratorio, giro.

girasol n. m. Planta de tallo grueso, alto y derecho, con las flores grandes y amarillas y el fruto con muchas semillas negruzcas comestibles: *pipas de girasol.*

giratorio, -ria adj. Que gira o da vueltas sobre sí mismo o alrededor de otra cosa: *silla giratoria.*

giro n. m. **1** Movimiento circular que da un cuerpo al moverse sobre sí mismo o alrededor de una cosa. **2** Cambio de la dirección que llevaba una persona o una cosa. **3** Dirección o aspecto que toma una conversación o un asunto: *la conversación tomó un giro inesperado.* **4** Envío por correo de una cantidad de dinero: *le he mandado un giro de 20 euros.* **5** GRAM. Manera especial en que están ordenadas las palabras de una frase: *esta persona utiliza giros muy extraños.*

girola n. f. Pasillo semicircular que rodea por detrás el altar mayor de las catedrales y algunas iglesias.

gitanismo n. m. **1** Forma de vida y cultura propia de los gitanos. **2** Palabra o expresión propia de la lengua gitana empleada en otra lengua.

gitano, -na adj. **1** De los gitanos o relacionado con esta raza. ◆ adj./ n. m. y f. **2** [persona] Que pertenece a una raza nómada que probablemente tuvo su origen en la India y que se extendió por Europa. **3** [persona] Que tiene gracia para ganarse la simpatía o la voluntad de los demás: *es tan gitana que siempre consigue de mí todo lo que quiere.*
▶ que no se lo salta un gitano Expresión que se usa para indicar que algo es muy bueno o extraordinario: *un bocadillo que no se lo salta un gitano.*
DER gitanear, gitanería, gitanismo; agitanar.

glaciación n. f. **1** Formación de glaciares en grandes superficies de la corteza terrestre. **2** Período en que se produce este fenómeno.

glacial adj. **1** Que es extremadamente frío: *viento glacial.* SIN gélido, helado. ANT cálido. **2** [zona] Que está cubierta de hielo y es uno de los dos círculos polares de la Tierra.
OBS No debe confundirse con *glaciar.*
DER glaciación, glaciar.

glaciar n. m. **1** Masa grande de hielo que se forma en las partes más altas de las montañas y que va descendiendo lentamente, como si fuese un río de hielo. ◆ adj. **2** De esa masa de hielo o que tiene relación con ella: *los valles glaciares tienen forma de U.*
OBS No debe confundirse con *glacial.*

gladiador n. m. Hombre que en la antigua Roma luchaba contra otro o contra una fiera en el circo: *los gladiadores se dividían en varias clases según el armamento que llevaban.*

glande n. m. Parte final del pene, de forma más abultada. SIN balano, bálano.

glándula n. f. ANAT. Órgano de un organismo que se encarga de elaborar y segregar sustancias necesarias para su funcionamiento: *la glándula lacrimal produce lágrimas.*
▶ glándula endocrina ANAT. Órgano que produce sustancias que van directamente a la sangre: *el tiroides es una glándula endocrina.* glándula exocrina ANAT. Órgano que produce sustancias que van al exterior del organismo a través de unos conductos: *el sudor y las lágrimas son producidos por glándulas exocrinas.*
DER glandular.

glauco, -ca adj. *formal* Que es de color verde claro.
DER glaucoma.

glaucoma n. m. MED. Enfermedad del ojo caracterizada por un aumento de la presión dentro del globo ocular que causa un daño progresivo en la retina y a veces pérdida de la visión.

glicerina n. f. Líquido incoloro, de sabor dulce y espeso, que se obtiene de grasas y de aceites animales y vegetales y se usa mucho en farmacia y perfumería.

global adj. Que se refiere a todo un conjunto, y no a sus partes: *el precio global de un viaje lo incluye absolutamente todo.* ANT parcial.
DER globalización.

globalización n. f. Proceso por el cual la economía, cultura y tecnología de los diferentes países del mundo se relacionan y funcionan de manera global.

globalizar v. tr. **1** Integrar una serie de datos, hechos, etc., en un planteamiento mundial o global: *globalizar la economía.* ◆ v. tr./ intr. **2** Considerar o juzgar un problema en su conjunto, sin diferenciar aspectos o detalles.
OBS En su conjugación, la *z* se convierte en *c* delante de *e.*

globo n. m. **1** Bolsa de goma o de otro material flexible que se llena de aire o de un gas menos pesado que el aire, y que utilizan los niños para jugar o se coloca como adorno en algún lugar: *decoraron la fiesta de cumpleaños con globos plateados.* **2** Objeto que tiene forma esférica o redonda: *algunas lámparas llevan un globo de cristal que cubre la bombilla.* **3** Trozo de texto, generalmente rodeado por una línea, que se coloca junto a un dibujo saliendo de la boca del personaje que habla. SIN bocadillo. **4** Globo aerostático. **5** Globo terráqueo: *la temperatura ha aumentado en todo el globo.*
▶ globo aerostático Aerostato sin motor que tiene normalmente forma de esfera y lleva debajo una gran cesta para el transporte de personas y cosas. globo dirigible Aerostato que lleva motores, unas hélices y un sistema de dirección para ser conducido: *el globo dirigible tiene forma ovalada y está hecho con una armadura que da rigidez a la bolsa.* SIN zepelín. globo ocular ANAT. Parte esférica del ojo, que es la que recibe la luz. globo sonda Globo aerostático de pequeño tamaño que no lleva personas, sino aparatos para hacer mediciones: *los meteorólogos utilizan globos sonda para analizar las características de la atmósfera.* globo terráqueo **a.** Planeta Tierra. **b.** Esfera que representa la Tierra, en cuya superficie se refleja la disposición de sus tierras y mares. SIN esfera terrestre.
DER global, globoso, glóbulo; englobar.

glóbulo n. m. **1** ANAT. Célula de forma redonda u ovalada que se encuentra en diversos líquidos del cuerpo de los animales, especialmente en la sangre. **glóbulo blanco** ANAT. Célula incolora de la sangre de los animales vertebrados que se encarga de defender el organismo de las infecciones. **SIN** leucocito. **glóbulo rojo** ANAT. Célula de color rojo de la sangre de los animales vertebrados que contiene hemoglobina y se encarga de transportar el oxígeno a todas las partes del cuerpo. **2** Cuerpo de pequeño tamaño con forma esférica.
DER globular, globulina.

gloria n. f. **1** En la religión católica, estado de felicidad y gracia eterna que provoca estar en el cielo cerca de Dios. **SIN** bienaventuranza. **2** Esplendor, grandeza o hermosura de una cosa: *el jardín, en toda su gloria, se abre ahora al público.* **3** Honor, admiración y prestigio que alguien consigue por haber hecho algo importante y reconocido por todos: *Miguel de Cervantes ha alcanzado la gloria con sus novelas.* **4** Hecho o cosa que da honor y prestigio. ◆ n. m. **5** En la religión católica, canto y oración de la misa con el que se alaba a Dios: *el gloria cantado en latín comienza con las palabras «Gloria in excelsis Deo».*
▶ **estar en la gloria** Estar una persona muy contenta o encontrarse muy bien. **que en gloria esté** Expresión que se utiliza después del nombre de una persona que ha muerto: *don Joaquín, que en gloria esté, era muy bueno.* **saber a gloria** Gustar mucho o ser muy agradable una cosa: *la comida nos supo a gloria.*
DER gloriarse, glorieta, glorificar, glorioso.

glorificación n. f. Alabanza que se da a una cosa digna de honor, admiración y aprecio.

glorificar v. tr. **1** Dar gloria a una persona o cosa o hacerla digna de honor o prestigio. **2** Alabar o dar muestras de gran admiración o aprecio hacia una persona o cosa: *en los cantares de gesta se glorifica a los héroes.*
OBS En su conjugación, la *c* se convierte en *qu* delante de *e*.
DER glorificación.

glorioso, -sa adj. **1** Que merece admiración, alabanza y honor: *el equipo de fútbol vivió una jornada gloriosa.* **2** De la gloria eterna o relacionado con este estado de la religión católica.

glosa n. f. **1** Explicación, nota o comentario que se añade a un texto difícil de entender para aclararlo. **2** Composición poética elaborada a partir de unos versos que aparecen al principio y que se van desarrollando y explicando: *las glosas empezaron a aparecer en el siglo XV.*
DER glosar, glosario.

glosar v. tr. Incluir explicaciones, notas o comentarios en un texto para aclarar el significado de palabras o expresiones difíciles de entender.
DER desglosar.

glosario n. m. Lista en orden alfabético de las palabras y expresiones de un texto que son difíciles de comprender, junto con su significado o con una explicación o comentario: *el libro habría resultado más útil si se hubiera incluido un glosario de términos técnicos.*

glotis n. f. ANAT. Abertura superior de la laringe: *la glotis se abre al respirar.*
OBS El plural también es *glotis*.
DER epiglotis.

glotón, -tona adj. [persona] Que come de manera excesiva y con ansia: *a pesar de ser tan glotona, consigue estar delgada.*
DER glotonear, glotonería.

glotonería n. f. **1** Conducta de la persona que come con ansia y en exceso. **2** Acción de comer con ansia y en exceso.

glucosa n. f. Azúcar que se encuentra en la miel, la fruta y la sangre de los animales y que proporciona energía al organismo: *el cuerpo convierte los hidratos de carbono en glucosa.*
DER glucósido, glucosuria.

gluten n. m. Sustancia formada por proteínas que se encuentra en la semilla del trigo y de otras gramíneas y que proporciona gran cantidad de energía al organismo.
OBS El plural es *glútenes*.
DER aglutinar.

glúteo, -tea adj. **1** ANAT. De la nalga o relacionado con esta parte del cuerpo: *región glútea.* **2** ANAT. [músculo] Que junto con otros dos forma la nalga: *hace mucho ejercicio para fortalecer los glúteos.*

gneis n. m. Roca metamórfica de grano grueso, formada esencialmente por cuarzo, feldespato y mica.
OBS El plural también es *gneis*.
DER gnéisico.

gnomo n. m. Personaje imaginario de los cuentos infantiles que tiene el aspecto de un enano, lleva una barba y un sombrero puntiagudo y tiene poderes mágicos: la figura del gnomo procede de la mitología nórdica.

gnosticismo n. m. Doctrina filosófica y religiosa de los primeros siglos de la iglesia, que pretendía tener un conocimiento intuitivo misterioso de las cosas divinas; el gnosticismo era una mezcla de la doctrina cristiana con creencias judaicas y orientales.
DER gnóstico; agnosticismo.

gobernación n. f. Acción que consiste en desempeñar el control y la dirección de un estado, ciudad o colectividad. SIN gobierno.

gobernador, -ra n. m. y f. **1** Jefe superior de un territorio o provincia que ejerce una jurisdicción militar o política. **2** Persona encargada de un determinado organismo y que es nombrada por el gobierno de la nación: *el gobernador del Banco de España.*

gobernante adj. [persona, grupo de personas] Que gobierna o dirige un país o forma parte de un gobierno: *los gobernantes de este país son elegidos democráticamente por todos los ciudadanos.*

gobernar v. tr. **1** Ejercer la dirección, la administración y el control de un estado, ciudad o colectividad: *el rector gobierna la universidad.* ◆ v. tr. **2** Conducir una embarcación o vehículo: *el capitán gobernó el barco durante toda la travesía.* **3** Guiar el comportamiento de una persona o influir mucho sobre ella: *tiene un carácter muy fuerte y no se deja gobernar por nadie.* ◆ v. prnl. **4** gobernarse Desenvolverse una persona por sí misma y llevar su propia administración y control.
OBS En su conjugación, la *e* se convierte en *ie* en sílaba acentuada, como en *acertar.*
DER gobernabilidad, gobernación, gobernador, gobernanta, gobernante, gobierno.

gobierno n. m. **1** Acción que consiste en desempeñar el control y la dirección de un Estado, ciudad o colectividad. SIN gobernación. **2** Conjunto de personas que gobiernan o dirigen un estado: *el gobierno está formado por el presidente y sus ministros.* **3** Modo de gobernar o dirigir un estado, una ciudad o una colectividad: *los países del Este han adoptado un gobierno democrático.*
DER autogobierno.

goce n. m. Sentimiento muy intenso de placer, satisfacción y alegría por el disfrute de una cosa: *es un goce tumbarse al sol en una playa desierta.* SIN gozo.

godo, -da adj. **1** De un antiguo pueblo germánico que invadió el Imperio romano o relacionado con este pueblo. ◆ adj./ n. m. y f. **2** [persona] Que pertenecía a este pueblo.

gofre n. m. Pasta elaborada con una preparación a base de harina y miel que se cuece en un molde especial en forma de rejilla rectangular y se suele cubrir con azúcar, chocolate, nata o mermelada.

gol n. m. **1** En el fútbol y otros deportes, acción de introducir la pelota en la portería contraria: *con este gol el equipo consigue empatar el partido.* **2** En el fútbol y otros deportes, punto que se consigue al introducir la pelota en la portería contraria.
DER golear.

golazo n. m. Gol muy espectacular, conseguido con un potente disparo o tras una jugada de gran calidad: *un soberbio golazo.*

goleada n. f. En algunos deportes, cantidad numerosa de goles que un equipo mete a otro, especialmente si hay mucha diferencia con la cantidad de goles que encaja.

golear v. tr./ intr. En el algunos deportes, marcar goles al equipo contrario, especialmente si se encajan muchos.
DER goleada, goleador.

goleta n. f. MAR. Embarcación de vela ligera, con dos o tres palos y con las bordas poco elevadas.

golf n. m. Deporte que consiste en dar una serie de golpes con un palo a una pelota pequeña para introducirla en los 18 hoyos que se encuentran en un campo cubierto de césped.
DER golfista; minigolf.

golfa n. f. Mujer que mantiene relaciones sexuales a cambio de dinero.

golfista n. com. Persona que juega al golf por afición o como deportista profesional.

golfo, -fa adj./ n. m. y f. **1** [persona] Que vive de manera desordenada, tiene costumbres poco formales y solo se preocupa de divertirse y entregarse a los vicios. ◆ n. m. **2** Porción de mar de gran extensión que entra en la tierra y que está situada entre dos cabos.
DER engolfarse.

golondrina n. f. **1** Pájaro pequeño de color negro azulado por encima y blanco por el pecho y el vientre, alas acabadas en punta, pico corto y negro y cola larga con forma de horquilla. **2** Barca pequeña de motor, usada para el transporte de viajeros en trayectos cortos.
DER golondrino.

a b c d e f g h i j k l m n ñ o p q r s t u v w x y z

golosina n. f. Producto comestible de pequeño tamaño y sabor muy dulce que suelen comer los niños por su sabor agradable: *los caramelos y los chicles son golosinas.* **SIN** chuchería.
DER engolosinar.

goloso, -sa adj./ n. m. y f. **1** [persona] Que tiene mucha inclinación y afición a comer dulces o golosinas. **2** [cosa] Que es muy deseada o codiciada: *creo que habrá muchos aspirantes porque el puesto es muy goloso.*
DER golosina.

golpe n. m. **1** Choque repentino y violento de un cuerpo contra otro: *dio varios golpes con el puño en la puerta.* golpe bajo **a.** Golpe antirreglamentario que un boxeador da por debajo de la cintura de su oponente. **b.** Hecho o dicho traicionero o malintencionado con el que se pretende perjudicar a alguien: *ha sido un golpe bajo no avisarnos a tiempo.* **2** Señal que deja este choque: *los futbolistas tienen las piernas llenas de golpes.* **3** Desgracia que ocurre de repente y causa una fuerte impresión en una persona: *la muerte de la madre ha sido un duro golpe para los hijos.* **4** Ocurrencia divertida que una persona expresa de improviso en el curso de una conversación: *tiene cada golpe que te tronchas de risa.* **5** Situación especialmente cómica en una obra teatral o cinematográfica: *la película tiene unos golpes muy buenos.* **6** Robo o atraco que se lleva a cabo con gran habilidad: *los ladrones se preparaban para dar un golpe.*
▶ de golpe Se utiliza para indicar que una cosa se hace de forma rápida, sin pensarla mucho tiempo: *se ha bebido la copa de golpe.* golpe de estado Acción que consiste en tomar un grupo de personas el gobierno de un país, con violencia y de forma ilegal. no dar golpe No hacer una persona un trabajo que tendría que hacer o no hacer nada por pereza: *lo van a echar del trabajo porque no da golpe.*
DER golpear, golpismo; agolparse, contragolpe.

golpear v. tr./ intr. Dar uno o varios golpes: *el atracador golpeó al cajero en la cabeza.*

golpista adj. **1** Del golpe de estado o relacionado con esta acción: *la intentona golpista resultó fallida en aquella ocasión.* ◆ adj./ n. com. **2** [persona] Que participa en un golpe de estado o lo apoya.

goma n. f. **1** Sustancia viscosa que producen o se extrae de ciertas plantas y que se hace sólida en presencia del aire: *la goma se utiliza para pegar o adherir cosas.* goma arábiga Sustancia que se obtiene de ciertos árboles de Arabia y es muy utilizada en farmacia y como cola para pegar. goma de mascar Golosina dulce que se mastica, pero no se traga. **SIN** chicle. **2** Material elástico y resistente que se obtiene por procedimientos químicos a partir de esta sustancia: *estos zapatos tienen la suela de goma.* **3** Tira elástica de caucho que suele usarse para sujetar juntos varios objetos: *se sujetó el pelo con una goma; puso una goma.* **4** Utensilio hecho de caucho que se usa para borrar la tinta o el lápiz de un papel: *coge la goma y borra esa palabra.* **5** Preservativo, anticonceptivo masculino.
DER gomina, gomoso; engomar.

gomaespuma n. f. Caucho natural o sintético muy esponjoso y elástico.

gomero, -ra adj. **1** De La Gomera o relacionado con esta isla de las islas Canarias. ◆ adj./ n. m. y f. **2** [persona] Que es de La Gomera.

gomina n. f. Sustancia viscosa que se usa para fijar el cabello. **SIN** bandolina.
DER engominarse.

gónada n. f. Glándula sexual masculina o femenina que elabora las células reproductoras.

góndola n. f. Embarcación ligera, larga y estrecha, movida por un solo remo situado a popa, con el fondo plano y los extremos salientes y acabados en punta: *la góndola es típica de los canales de Venecia.*
DER gondolero.

gong n. m. Instrumento musical de percusión que consiste en un disco grande de bronce que está colgado en un soporte y vibra al ser golpeado por una maza.

gongorino, -na adj. **1** De Góngora o relacionado con este poeta o con su obra. **2** Que sigue o imita el estilo literario de este autor.

-gono, -gona Elemento sufijal que entra en la formación de palabras con el significado de 'ángulo': *polígono.*

gonococo n. m. BIOL. Bacteria que causa enfermedades en la uretra y que se transmite en el acto sexual.

gonorrea n. f. MED. Enfermedad caracterizada por un flujo mucoso en las vías genitales debido a la inflamación de la uretra.

gordinflas adj./ n. com. [persona] Que está gordo, en especial un niño pequeño.
OBS El plural también es *gordinflas.*

gordo, -da adj. **1** [persona, animal] Que tiene mucha grasa o carne, especialmente cuando su peso es excesivo en relación con su estatura. SIN grueso, rollizo. ANT delgado, enjuto, flaco. ◆ adj. **2** Que es ancho, abultado o voluminoso: *el hilo es demasiado gordo y no cabe en la aguja.* ANT fino. **3** Que es más grande o más importante de lo normal: *creo que pasa algo gordo.* ◆ n. m. **4** Primer premio de la lotería, especialmente la de Navidad: *le tocó el gordo y se marchó a vivir a una isla del Pacífico.*

▶ armarse una gorda Desencadenarse una pelea, una riña o un gran alboroto entre dos o más personas: *le tiró una cerveza a la cara y se armó una gorda.* caer gordo No resultar agradable o simpática una persona a otra: *me cae gordo.* no tener una gorda o estar sin gorda No tener una persona absolutamente nada de dinero: *quiero hacer un viaje, pero no tengo una gorda.* tocar el gordo Conseguir una persona una cosa de gran valor o muy beneficiosa por medio de la suerte.

DER gordinflas, gordinflón, gordura; engordar.

gorila n. m. **1** Mono de gran tamaño, de estatura parecida a la del hombre, que camina sobre dos patas y se alimenta de vegetales. NOTA Para indicar el sexo se usa *el gorila macho* y *el gorila hembra.* **2** Persona que se dedica a acompañar a otra para protegerla: *el ministro venía con dos gorilas.* SIN guardaespaldas.

gorjear v. intr. **1** Cantar los pájaros emitiendo una serie de sonidos cortos y agudos. SIN trinar. **2** Hacer una persona una serie de quiebros en la voz con la garganta: *los bebés suelen gorjear.*

DER gorjeo.

gorjeo n. m. **1** Canto de algunos pájaros que consiste en una serie de sonidos cortos y agudos: *los gorjeos de los pájaros lo despertaron por la mañana.* SIN trino. **2** Quiebro de la voz hecho con la garganta.

gorra n. f. Prenda de vestir que se lleva sobre la cabeza para cubrirla, sin copas ni alas, y generalmente con visera: *la gorra forma parte de muchos uniformes militares; la rapera llevaba una gorra hacia atrás.*

▶ de gorra Se utiliza para indicar que una cosa se hace gratis, sin pagar por ella porque lo paga otra persona: *siempre fuma tabaco de gorra.*

DER gorro, gorrón.

gorrino, -na n. m. y f. **1** Cerdo, especialmente el que tiene menos de cuatro meses. ◆ adj./ n. m. y f. **2** *despecrtivo* [persona] Que no cuida su aseo personal o que produce asco por su falta de limpieza: *no seas gorrino.* SIN cerdo.

DER gorrinear.

gorrión, -rriona n. m. y f. Pájaro de pequeño tamaño, de plumaje marrón o pardo con manchas negras y rojizas y el pecho gris, que suele vivir en las poblaciones: *el gorrión es muy común en España.*

gorro n. m. Prenda de vestir que se lleva sobre la cabeza para cubrirla y abrigarla, generalmente hecha de tela, piel o lana, y especialmente la que tiene forma redonda y carece de alas y visera: *en invierno llevo guantes, bufanda y gorro.*

▶ estar hasta el gorro Estar una persona harta de una cosa: *estoy hasta el gorro de tus groserías.*

gorronear v. tr./ intr. Consumir o utilizar una cosa de otra persona de forma aprovechada y sin ofrecer ninguna compensación o devolver el favor: *¡dejad ya de gorronearme el tabaco!* SIN buitrear, gorrear.

gota n. f. **1** Partícula de un líquido que adopta una forma esférica al caer o desprenderse de algún lugar: *le caían gotas de sudor de la frente.* **2** Cantidad pequeña de cualquier cosa: *no nos queda más que una gota de vino.* **3** MED. Enfermedad que produce una inflamación muy dolorosa de algunas articulaciones.

▶ cuatro gotas Lluvia de poca intensidad y duración: *solo son cuatro gotas, enseguida parará de llover.* gota fría Masa de aire muy frío que desciende de las capas altas de la atmósfera causando gran inestabilidad con fuertes lluvias. la gota que colma el vaso Cosa que acaba con la paciencia de una persona: *su insulto es la gota que colma el vaso.* ni gota Completamente nada de la cosa que se expresa: *no tengo ni gota de sueño.* parecerse (o ser) como dos gotas de agua Parecerse tanto que resultan casi iguales: *Marcela y su prima son como dos gotas de agua.* ser la última gota Ser una cosa lo que acaba con la paciencia de una persona: *esta gamberrada es la última gota.*

DER gotear, gotelé, gotera, gotoso; agotar.

gotear v. intr. **1** Caer un líquido gota a gota: *no cerraste bien el grifo y ha estado goteando toda la noche.* v. impersonal **2** Caer algunas gotas de manera poco intensa al empezar y al terminar de llover: *está empezando a gotear y no he cogido el paraguas.*

goteo n. m. Acción de caer un líquido gota a gota.

gotera n. f. **1** Filtración del agua a través de una grieta o agujero del techo: *cada vez que llueve hay goteras.* **2** Agujero o grieta por donde caen gotas de agua.
DER goterón.

gótico, -ca adj. **1** Del gótico o que tiene relación con este estilo artístico. **2** De los godos o que tiene relación con ellos. **3** [tipo de letra] Que tiene formas angulosas y rectilíneas: *la letra gótica se introdujo en España en el siglo XII.* ◆ n. m. **4** Estilo artístico que se desarrolló en Europa entre los siglos XII y XVI y que se caracteriza en arquitectura por la presencia del arco ojival, los pináculos y las elevadas agujas: *el gótico es un arte urbano de origen francés.* **gótico flamígero** o **gótico florido** Estilo artístico que se desarrolló en el último período del gótico que se caracteriza por una decoración exuberante y por los adornos en forma de llama. **5** Lengua germánica hablada por los godos.

gourmet n. com. Persona que aprecia y disfruta la buena comida.
OBS El plural es *gourmets.*

gozar v. intr. **1** Sentir placer, satisfacción o alegría con mucha intensidad por el disfrute de una cosa. SIN disfrutar. **2** Tener o disfrutar de una condición o una circunstancia buena: *goza de buena salud.*
OBS En su conjugación, la *z* se convierte en *c* delante de *e.*
DER goce, gozada.

gozne n. m. Mecanismo que une una puerta o una ventana con el marco y que permite que se pueda abrir y cerrar; está formado por dos piezas articuladas entre sí por un eje sobre el que pueden girar. SIN bisagra.

gozo n. m. Sentimiento muy intenso de placer, satisfacción y alegría por el disfrute de una cosa. SIN goce.
DER gozar, gozoso; regocijar.

gozoso, -sa adj. **1** [persona] Que siente gozo por una cosa: *el niño estaba gozoso con su bicicleta nueva.* **2** Que produce gozo: *encuentro gozoso.*

grabable adj. [dispositivo] Que puede utilizarse para grabar en él datos informáticos: *disco grabable.*

grabación n. f. Acción que consiste en grabar o recoger imágenes y sonidos en un disco o en una cinta magnética para reproducirlos.

grabado n. m. **1** Arte o técnica de grabar sobre una superficie: *el grabado sobre superficies duras se suele hacer con cinceles y otros objetos punzantes.* **grabado al agua fuerte** Procedimiento para grabar sobre una lámina en el que se emplea el ácido nítrico. **grabado en hueco** Arte o técnica en el que se emplea un molde de piedra, metal o madera para grabar. **2** Dibujo o cuadro que ha sido obtenido por cualquiera de los procedimientos para grabar: *he encontrado unos grabados preciosos en una tienda de antigüedades.*
DER fotograbado, huecograbado, pirograbado.

grabar v. tr. **1** Tallar o labrar en relieve sobre metal, madera, piedra o sobre cualquier superficie dura una figura, un dibujo o un texto. **2** Tallar un dibujo en una plancha de metal o madera para poder reproducirlos después en copias en papel. **3** Recoger imágenes, sonidos o informaciones en un disco, en una cinta magnética o en cualquier soporte que luego permite reproducirlos. ◆ v. tr./ prnl. **4** Fijar fuertemente en la memoria un hecho o un sentimiento: *tengo grabada en la mente la última entrevista.*
DER grabable, grabación, grabado, grabadora.

gracejo n. m. Gracia o desenvoltura que tiene una persona al hablar o escribir.

gracia n. f. **1** Capacidad que tiene una persona o una cosa de divertir o hacer reír: *me ha hecho gracia ese chiste.* NOTA Suele usarse con los verbos *hacer* y *tener.* **2** Hecho o dicho divertido o que hace reír: *siempre está diciendo gracias.* **3** Conjunto de cualidades por las cuales las personas o cosas que las poseen nos resultan atractivas o agradables: *no es muy guapo, pero tiene una gracia especial.* **4** Elegancia, garbo y desenvoltura con que se mueve una persona: *lo que más me gusta es la gracia que tiene al andar.* SIN sal, salero. **5** En la religión cristiana, ayuda y asistencia gratuita que Dios da a los hombres para que consigan su salvación: *gracia divina.* **6** Perdón o indulto de una pena que concede el jefe del estado o quien tiene autoridad para ello a una persona condenada: *petición de gracia.* ◆ n. f. pl. **7** **gracias** Expresión que se usa para agradecer alguna cosa a alguien: *tendrás que darle las gracias.*
▶ **caer en gracia** Resultar agradable y producir simpatía una persona o una cosa: *el profesor ha caído en gracia a los alumnos.* **gracias a** Se utiliza para indicar que una cosa se realiza

o sucede mediante la persona o cosa que se expresa: *he solucionado el problema gracias sobre todo a mi hermano.* **SIN** merced a.

DER gracejo, gracioso; agraciar, congraciar, desgracia.

grácil adj. Que es delgado, delicado o ligero: *la bailarina movía su grácil figura.*

gracioso, -sa adj. **1** Que divierte y hace reír: *es un chico muy gracioso y ocurrente.* **2** [persona] Que molesta o perjudica a los demás con sus acciones: *algún gracioso ha cerrado la puerta con llave.* **NOTA** Se usa generalmente de forma irónica. **3** Que resulta atractivo o agradable: *esta chica tiene una sonrisa muy graciosa.* **SIN** salado. ◆ n. m. y f. **4** En la comedia clásica, actor que representa personajes que hacen reír.

grada n. f. **1** Asiento para gran cantidad de personas, a manera de escalón largo, que suele haber en teatros, estadios o lugares a los que acude gran cantidad de público: *nos sentamos en la grada para ver mejor el partido.* **2** Conjunto de estos asientos. **SIN** graderío. **3** Superficie elevada sobre la que está el altar: *la grada del altar era de mármol.* ◆ n. f. pl. **4 gradas** Conjunto de escalones que suelen tener los grandes edificios delante de su pórtico o fachada: *se hicieron las fotos en las gradas de la catedral.*

DER graderío.

gradación n. f. **1** Disposición o ejecución de una cosa en grados sucesivos, ascendentes o descendentes. **2** Serie de cosas ordenadas por grados: *esa gradación representa los diferentes sonidos vocálicos.* **3** LIT. Figura del lenguaje que consiste en acumular palabras o ideas que, con respecto a su significado, van aumentando o descendiendo por grados, de modo que cada una de ellas expresa algo más o menos que la anterior: *es un ejemplo de gradación la frase sintió un miedo grande, enorme, terrible, sobrecogedor.*

DER progradación.

gradería n. f. Graderío.

graderío n. m. **1** Conjunto de gradas que suele haber en teatros, estadios o lugares a los que acude gran cantidad de público: *el público ha llenado en este concierto la mitad del graderío.* **2** Público que ocupa este conjunto de gradas. **SIN** gradería.

grado n. m. **1** Unidad de medida de la temperatura: *esta noche el termómetro marcaba 11 grados bajo cero.* **2** Unidad de medida de la cantidad de alcohol que contienen las bebidas alcohólicas: *algunos licores tienen más de 40 grados.* **3** Unidad de medida de ángulos que se define como cada una de las 360 partes iguales en que se divide la circunferencia: *un ángulo recto tiene 90 grados.* **4** Estado, valor o calidad que puede tener una persona o cosa en relación con otras y que puede ordenarse con otros estados, valores o calidades de mayor a menor o de menor a mayor: *este trabajo exige un alto grado de preparación.* **SIN** cota, nivel. **5** Cada una de las generaciones que marcan el parentesco entre las personas: *somos parientes en segundo grado.* **6** Lugar o nivel que ocupa una persona dentro de una organización jerárquica, especialmente en un escalafón militar: *tiene el grado de capitán.* **SIN** graduación, rango. **7** Título que se da al estudiante que ha completado sus estudios universitarios: *grado de doctor.* **8** GRAM. Forma que tienen los adjetivos de indicar la intensidad de una cualidad: *el adjetivo tiene tres grados: positivo, comparativo y superlativo.* **9** MAT. En un polinomio, el exponente más alto de los términos que lo forman: *el polinomio 4y 5 - 2y 3 + x 2 es de grado 5.* **10** Voluntad o disposición para hacer una cosa: *te lo diré de buen grado.*

DER agradar, agradecer.

-grado Elemento sufijal que entra en la formación de palabras con el significado de 'que marcha o camina': *plantígrado.*

graduación n. f. **1** Acción que consiste en dar a una cosa un grado, una calidad o intensidad determinada. **2** Acción que consiste en medir la intensidad o la calidad de una cosa en grados: *graduación de la vista.* **3** Obtención de un título universitario o militar: *el rey acude a la ceremonia de graduación en la Academia Militar de Zaragoza.* **4** Grado o categoría militar: *acudieron varios militares de alta graduación.* **SIN** rango. **5** Cantidad proporcional de alcohol que contienen algunas bebidas: *este vino es de baja graduación.*

graduado, -da n. m. y f. Persona que ha alcanzado el grado de licenciado o doctor en una universidad.

▶ **graduado escolar** Título que se obtiene al completar los estudios primarios.

gradual adj. Que se desarrolla o cambia en etapas sucesivas y no repentinamente: *ha habido un aumento gradual de las temperaturas en los últimos años.*

graduar v. tr. **1** Marcar en un objeto o aparato los diferentes grados o divisiones que servirán para medir algunas cosa: *graduar un termómetro.* **2** Dividir u ordenar una cosa según diferentes grados o niveles: *estos ejercicios se han graduado según su dificultad.* **3** Dar a una cosa un grado, una calidad o intensidad determinada. **4** Medir la intensidad o la calidad de una cosa en grados: *he ido a la óptica a que me gradúen la vista.* **5** Conceder a una persona un título universitario o un grado militar. ◆ v. prnl. **6** graduarse Obtener una persona un título universitario o un grado militar: *hace dos años que se graduó en medicina.*

OBS En su conjugación, la *u* se acentúa en algunos tiempos y personas, como en *actuar.*

DER graduación, graduado.

grafema n. m. GRAM. Unidad mínima e indivisible de la escritura de una lengua: *«s», «t» o «a» son grafemas; no lo son «ll» o «ch», ya que se pueden dividir en «l» y «l», y «c» y «h».*

graffiti n. m. Grafiti.

OBS Es de origen italiano y se pronuncia aproximadamente «grafiti». El plural también es *graffiti.*

grafía n. f. Letra o signo gráfico con que se representa un sonido en la escritura: *el sonido [b] se representa mediante las grafías «b» y «v».*

DER gráfico, grafismo.

-grafía Elemento sufijal que entra en la formación de palabras con el significado de: **a.** 'Descripción', 'teoría', 'tratado': *geografía, cristalografía.* **b.** 'Escritura', 'expresión o reproducción gráfica': *caligrafía, telegrafía, cinematografía.*

gráfico, -ca adj. **1** De la escritura o la imprenta o que tiene relación con ellas: *la tilde es un acento gráfico; un taller de artes gráficas.* **2** Que representa o describe con mucha claridad la idea que se desea expresar: *su descripción de la guerra fue muy gráfica.* **3** Que se representa por medio de signos o dibujos: *una representación gráfia del cuerpo humano.* ◆ n. m. **4** Representación de datos numéricos o de cantidades que se hace por medio de dibujos, coordenadadas, esquemas o líneas que reflejan la relación que existe entre dichos datos: *en este gráfico he ordenado los datos estadísticos del paro en este año.*

grafismo n. m. Actividad que tiene como objeto el cuidado de la tipografía y de los dibujos y fotografías que aparecen en libros, revistas, películas y programas de televisión.

DER grafista.

grafiti n. m. Escrito o dibujo hecho en las paredes, puertas o muros de lugares públicos, con tema político, humorístico o grosero: *las paredes del metro están llenas de grafitis.*

DER grafitero.

grafito n. m. Mineral de color negro o gris oscuro, blando y de tacto graso, compuesto casi exclusivamente de carbono: *el grafito se utiliza para hacer minas de lápiz.*

grafo-, -grafo, -grafa Elemento prefijal y sufijal que entra en la formación de palabras con el significado de 'escritura', 'expresión gráfica': *grafología.*

grafología n. f. Técnica que estudia las características psicológicas de las personas a través de la forma de su escritura: *un experto en grafología interpretó mi firma.*

DER grafológico, grafólogo.

grafólogo, -ga n. m. Persona que es especialista en grafología o se dedica profesionalmente a esta técnica.

gragea n. f. Medicamento con forma de píldora o tableta, que está recubierto por una capa de sabor agradable y que se traga sin deshacer.

grajo, -ja n. m. Pájaro parecido al cuervo, de color negruzco, pico y pies rojos y uñas grandes y negras.

grama n. f. Hierba silvestre que tiene las hojas cortas, planas y agudas y las flores en espiga.

-grama Elemento sufijal que entra en la formación de sustantivos masculinos con el significado de: **a.** 'Línea': *pentagrama.* **b.** 'Esquema gráfico': *organigrama.* **c.** 'Registro de mensajes o de datos': *telegrama.*

gramática n. f. **1** Ciencia que estudia la estructura y el funcionamiento de una lengua, los elementos que la componen y la manera en que estos se combinan para formar oraciones: *la gramática incluye la morfología y la sintaxis.* **2** Libro que describe la estructura y el funcionamiento de una lengua, los elementos que la componen y la manera en que estos se combinan para formar oraciones. **3** Conjunto de normas y reglas para hablar y escribir correctamente una lengua. **4** Libro que recoge y explica este conjunto de normas y reglas: *todas las gramáticas están de acuerdo en este punto.*

▶ gramática comparada Gramática que estudia las relaciones de semejanzas o diferencias que pueden establecerse entre dos o más lenguas. **gramática descriptiva** Gramática que estudia una lengua en un momento determinado sin considerar su pasado ni su evolución. **gramática general** Gramática que trata de establecer los principios comunes a todas las lenguas. **gramática generativa** Gramática que trata de formular las reglas y principios por medio de los cuales un hablante es capaz de producir y comprender todas las oraciones posibles y aceptables de su lengua. **gramática histórica** Gramática que estudia el proceso de evolución de una lengua a través del tiempo. **gramática normativa** Gramática que enseña a hablar y a escribir correctamente una lengua. **gramática parda** Conjunto de conocimientos o habilidades que sirven para salir de una situación difícil o para conseguir un provecho: *a ese no hay manera de pillarlo, tiene mucha gramática parda.*

DER gramatical, gramático.

gramatical adj. **1** De la gramática o que tiene relación con esta ciencia: *estructura gramatical.* **2** Que se ajusta a las reglas de la gramática: *la oración «yo estás cansado» no es gramatical.*

DER gramaticalidad; agramatical.

gramático, -ca n. m. y f. Persona que se dedica profesionalmente al estudio de la gramática: *hoy impartirá una conferencia un importante gramático.*

gramíneo, -nea adj./ n. f. **1** [planta] Que tiene el tallo cilíndrico, nudoso y generalmente hueco, las flores en espiga y el fruto formado por un solo cotiledón. ◆ n. f. pl. **2 gramíneas** Familia a la que pertenecen estas plantas.

gramo n. m. Unidad de masa que equivale a la milésima parte de un kilogramo: *la abreviatura del gramo es g.*

DER centigramo, hectogramo, kilogramo, microgramo, miligramo, miriagramo, quilogramo.

gramófono n. m. Aparato que reproduce sonidos grabados en un disco mediante una aguja de metal situada en el extremo de un brazo móvil; tiene un altavoz en forma de trompa.

gran adj. Apócope de grande: *volaba a gran altura.*

OBS Se usa delante de nombres masculinos y femeninos en singular.

granada n. f. **1** Fruto del granado que es redondo, con corteza delgada de color entre amarillo y rojo, y tiene en su interior muchos granos rojos y jugosos. **2** Proyectil de pequeño tamaño que contiene explosivos en su interior y está provisto de un dispositivo que al arrancarlo provoca la explosión de la carga.

DER granadina, granado.

granadina n. f. Bebida hecha con zumo de granada.

granadino, -na adj. **1** De Granada o que tiene relación con esta provincia de Andalucía o con su capital. ◆ adj./ n. m. y f. **2** [persona] Que es de Granada.

granado, -da adj. **1** Que se considera lo mejor o más escogido entre otras cosas de su especie: *a la exposición acudió lo más granado de la ciudad.* ◆ n. m. **2** Árbol que tiene el tronco liso y nudoso, la copa extendida con muchas ramas delgadas, las hojas brillantes y las flores grandes de color rojo: *el fruto del granado es la granada.*

granar v. intr. Formarse y crecer el grano de los frutos en algunas plantas: *el trigo ha empezado a granar.*

DER granado; desgranar.

granate adj. **1** Que es de color rojo oscuro. ◆ adj./ n. m. **2** [color] Que es rojo oscuro: *el granate te sienta muy bien.* ◆ n. m. **3** Mineral formado por un compuesto de hierro, aluminio y silicio cuyo color más frecuente es el rojo oscuro.

grande adj. **1** Que tiene un tamaño mayor de lo normal: *es una casa muy grande y cabe mucha gente.* ANT pequeño. **2** Que es muy intenso o fuerte: *tiene un dolor de estómago muy grande.* **3** Que es importante o destaca por alguna cualidad. ◆ adj./ n. com. **4** [persona] Que es mayor o adulto: *cuando sea grande quiere ser bombero.*

▶ **a lo grande** Con mucho lujo. **en grande** Muy bien: *lo pasamos en grande estas vacaciones.* **grande de España** Persona que tiene el grado máximo de la nobleza española.

DER gran, grandeza, grandioso, grandullón; agrandar, engrandecer.

grandeza n. f. **1** Importancia o valor que tiene una persona o una cosa: *la grandeza del deporte es que el trabajo supone su recompensa.* **2** Nobleza o bondad que tiene una persona. ANT mezquindad. **3** Dignidad nobiliaria de grande de España. **4** Conjunto de los grandes de España.

grandilocuencia n. f. Manera de escribir o hablar que se caracteriza por el uso de palabras y construcciones demasiado cultas y rebuscadas y por dar un énfasis excesivo a aspectos del discurso que no lo merecen: *me disgustó la grandilocuencia de su discurso.*

grandilocuente adj. **1** [estilo, expresión] Que se caracteriza por emplear palabras y construcciones demasiado cultas y rebuscadas y por dar un énfasis excesivo a aspectos del discurso que no lo merecen. SIN altisonante, pomposo. **2** [persona] Que escribe o se expresa con grandilocuencia: *es un orador muy grandilocuente.*
DER grandilocuencia.

grandiosidad n. f. Capacidad que tiene una cosa para impresionar a causa de su tamaño o alguna de sus cualidades.

grandioso, -sa adj. Que destaca o impresiona por su tamaño o alguna de sus cualidades: *en Asia hay montañas grandiosas, como el Himalaya.* SIN magnífico.
DER grandiosidad.

granel Palabra que se utiliza en la locución *a granel*, que significa: **a.** 'Sin envase' o 'sin empaquetar': *aceite a granel.* **b.** 'En gran cantidad' o 'abundancia': *en la boda de mi prima hubo flores a granel.*

granero n. m. **1** Lugar o sitio en el que se guarda el grano: *después de la cosecha los graneros están repletos.* **2** Territorio en el que abundan los cereales: *España era antes el granero de Europa.*

granítico, -ca adj. Del granito o que tiene relación o semejanza con esta roca: *roca granítica.*

granito n. m. Roca compacta y muy dura que está formada por cuarzo, feldespato y mica.
DER granítico.

granizada n. f. Lluvia abundante de granizo: *una fuerte granizada arruinó la cosecha de fruta de la temporada.*

granizado n. m. Bebida refrescante que se prepara con hielo picado y jugo de fruta, café u otras bebidas o ingredientes, como jarabes o esencias.

granizar v. impersonal Caer granizo: *si graniza se estropeará la cosecha.*
OBS En su conjugación, la *z* se convierte en *c* delante de *e*.
DER granizado.

granizo n. m. Agua congelada que cae de las nubes y tiene forma de bolas pequeñas, duras y blancas.
DER granizar.

granja n. f. **1** Casa de campo con un terreno para cultivar y con otros edificios donde se crían vacas, cerdos, gallinas y otros animales domésticos. **2** Conjunto de instalaciones dedicadas a la cría de aves y otros animales domésticos: *las granjas se dedican a la cría y explotación de animales para el consumo humano.* **3** Establecimiento en el que se vende leche y todos los productos derivados de ella.
DER granjear, granjero.

granjear v. tr./ prnl. tr. Captar o atraer [una persona] con su manera de ser o bien de comportarse un sentimiento o una actitud determinados en los demás o un determinado estado de hechos que le afecta: *ya desde las primeras palabras, su discurso le granjeó el respeto del auditorio; se ha granjeado muchos enemigos.*

granjero, -ra n. m. y f. Persona que posee una granja o se dedica al cuidado de ella.

grano n. m. **1** Semilla y fruto de un cereal: *almacenaron los granos de trigo en el granero hasta la próxima temporada.* **2** Semilla pequeña de una planta o fruto: *grano de café.* **3** Cada una de las semillas o frutos que con otros iguales forma un conjunto: *granos de uva.* **4** Parte pequeña y redonda de alguna cosa: *grano de arena.* **5** Bulto pequeño que aparece en la superficie de la piel.
▶ granito de arena Ayuda pequeña que una persona aporta y con la que contribuye para conseguir un fin determinado: *en las obras de caridad cada uno aporta su granito de arena.* ir al grano Decir o explicar las cosas importantes sin entretenerse en contar los detalles: *déjate de rodeos y ve al grano.*
DER granar, granero, granito, granizo, gránulo.

granuja adj./ n. com. [persona] Que hace las cosas con astucia y engaña a los demás en su provecho: *no seas granuja y deja de estafar al prójimo.* SIN pillo.
DER granujiento; engranujarse.

granulado, -da adj./ n. m. **1** Que se presenta o que está formado por pequeños granos: *azúcar granulado.* SIN granular, granuloso. ◆ n. m. **2** Preparado farmacéutico que se presenta en forma de granos.

granular adj. **1** Granuloso: *textura granular.* ◆ v. tr. **2** Desmenuzar una cosa en granos muy pequeños: *granular el azúcar.*

grapa n. f. Pieza de metal pequeña y delgada cuyos extremos se clavan y se doblan para unir o sujetar papeles, tejidos y otras cosas.
DER grapar.

grapadora n. f. Utensilio que sirve para grapar. SIN abrochadora, engrampadora, engrapadora.

grapar v. tr. Unir o sujetar con grapas.
DER grapadora.

grasa n. f. **1** Sustancia animal o vegetal que se encuentra en los tejidos orgánicos y que forma las reservas de energía de los seres vivos: *debes practicar deporte para eliminar la grasa que te sobra.* **2** Sustancia que se usa para engrasar. **3** Manteca o sebo de un animal: *la grasa del cerdo se utiliza para hacer embutido.*
DER grasiento; engrasar.

grasiento, -ta adj. Que tiene mucha grasa: *esta comida te ha salido muy grasienta.*

graso, -sa adj. Que tiene grasa o está formado por ella: *cabellos grasos.*
DER grasa.

gratificar v. tr. Recompensar una persona a otra con una cosa o una cantidad de dinero por la realización de un servicio o un favor.
OBS En su conjugación, la *c* se convierte en *qu* delante de *e*.
DER gratificación, gratificante.

gratinar v. tr./ prnl. Tostar o dorar en el horno la parte superior de un alimento: *los canelones se gratinan con queso rallado.*

gratis adv. **1** Sin pagar o sin cobrar dinero: *no creas que voy a trabajar gratis para ti.* adj. **2** Que no cuesta dinero. SIN gratuito.

gratitud n. f. Sentimiento de agradecimiento y reconocimiento que se tiene hacia una persona que nos ha hecho un favor, un servicio o un bien: *no sé cómo expresaros a todos mi gratitud.* ANT ingratitud.

grato, -ta adj. Que es muy agradable y produce mucho placer: *recuerdo las charlas tan gratas que solíamos tener.*
DER gratitud, gratuito; gratificar, ingrato.

gratuidad n. f. **1** Uso que se hace de una cosa sin tener que pagar nada por ello. **2** Falta o carencia de base o fundamento en una cosa o en un argumento: *me sorprendía la gratuidad de sus declaraciones.*

gratuito, -ta adj. **1** Que no cuesta dinero. SIN gratis. **2** Que no es necesario o carece de causa: *en la película había demasiado sexo y violencia gratuitos.*
DER gratuidad.

grava n. f. **1** Conjunto de piedras pequeñas que proceden de la erosión de las rocas. **2** Piedra triturada que se usa para construir caminos y carreteras: *la grava se usa también para hacer hormigón.*

gravar v. tr. Imponer un impuesto u obligación económica: *el gobierno ha decidido gravar las importaciones de los artículos de lujo.*
DER gravamen, gravoso; desgravar.

grave adj. **1** Que tiene mucha importancia o dificultad: *padece una enfermedad muy grave.* **2** [persona] Que está muy enfermo: *está muy grave y lo han llevado al hospital.* **3** Que tiene o demuestra una gran seriedad: *ambos llegaron con el rostro grave porque traían malas noticias.* adj./ n. m. **4** [sonido, voz] Que tiene una frecuencia de vibraciones pequeña. ANT agudo. ◆ adj./ n. f. **5** [palabra] Que lleva el acento en la sílaba anterior a la última: *«camino» y «cárcel» son palabras graves.* SIN llano, paroxítono.
DER gravar, gravedad, grávido, gravitar; agravar.

gravedad n. f. **1** Importancia o dificultad que presenta una cosa grave: *aún no se había dado cuenta de la gravedad de la situación.* **2** Seriedad en la forma de obrar o comportarse una persona: *se dirigió a todos con un gesto de gravedad.* **3** Fuerza de atracción que ejerce un objeto con masa sobre otro objeto; especialmente, la que ejerce la Tierra sobre los cuerpos que están sobre ella o próximos a ella.

grávido, -da adj. **1** *formal* Que está muy lleno o cargado: *el héroe se sentía grávido de fuerzas.* **2** [mujer] Que está embarazada.
DER gravidez; ingrávido.

gravilla n. f. Grava de pequeño tamaño.

gravitación n. f. **1** Fuerza de atracción mutua que ejercen entre sí dos masas separadas por una determinada distancia: *Isaac Newton formuló la ley de la gravitación universal.* **2** Movimiento de un cuerpo por efecto de la atracción gravitatoria que otro cuerpo ejerce sobre él.

gravitar v. intr. **1** Moverse un cuerpo celeste alrededor de otro por efecto de la atracción gravitatoria: *la Luna gravita alrededor de la Tierra.* **2** Descansar o apoyarse un cuerpo pesado sobre otro: *los arcos gravitan sobre dos columnas o pilares.* **3** Caer o pesar sobre una persona o cosa un trabajo, una obligación o un peligro: *la amenaza de una guerra mundial gravitaba sobre las cabezas de todos.*

graznar v. intr. Emitir graznidos ciertas aves: *los cuervos, los grajos y los gansos graznan.*
DER graznido.

greca n. f. Tira o franja de adorno, estampada o dibujada, en que se repite la misma combinación de elementos decorativos, y especialmente la compuesta por líneas que forman ángulos rectos.

grecolatino, -na adj. De los griegos y los latinos o que tiene relación con estos pueblos o civilizaciones.

grecorromano, -na adj. De los griegos y los romanos o que tiene relación con estos pueblos o civilizaciones.

gregario, -ria adj. **1** [animal] Que vive en rebaño o en grupo: *las ovejas son animales gregarios.* **2** [persona] Que no tiene ideas e iniciativas propias y sigue siempre las de los demás. ◆ n. m. **3** Corredor de ciclismo cuyo fin es ayudar al ciclista más destacado de su equipo.
DER gregarismo.

gregoriano, -na adj. **1** De algunos de los papas llamados Gregorio o que tiene relación con ellos: *época gregoriana.* **2** [año, calendario, era] Que fue reformado por el papa Gregorio XIII en el siglo XIV: *en la actualidad seguimos el calendario gregoriano.* ◆ adj./ n. m. **3** [canto religioso] Que se canta en latín a una sola voz y ha sido adoptado para la liturgia de la Iglesia.

greguería n. f. Agudeza o imagen en prosa que presenta una visión personal, sorprendente y a veces humorística de algún aspecto de la realidad, y que fue creada por el escritor Ramón Gómez de la Serna: *«los mejillones son las almejas de luto» es una greguería de Ramón Gómez de la Serna.*

gremio n. m. **1** Asociación o agrupación de personas que tienen el mismo oficio o profesión y defienden sus intereses según unos estatutos. **2** Conjunto de personas que tienen el mismo oficio o profesión o pertenecen al mismo estado social: *el gremio de los médicos.* **3** Conjunto de personas que se encuentran en la misma situación o tienen los mismos gustos: *el gremio de los fumadores.*
DER gremial; agremiar.

greña n. f. Pelo mal peinado, revuelto o enredado: *tiene unas greñas impresentables.*
▶ andar a la greña Reñir o discutir dos o más personas o estar siempre dispuestos para enfrentarse: *son compañeros de trabajo y siempre andan a la greña.*

grey n. f. **1** Rebaño o manada: *el pastor condujo a la grey hacia los pastos.* **2** Conjunto de fieles cristianos agrupados bajo la dirección de un sacerdote.

grial n. m. Copa que, según una leyenda medieval, fue usada por Jesucristo durante la última cena en la ceremonia de la eucaristía.

griego, -ga adj. **1** De Grecia o que tiene relación con este país de Europa: *el filósofo griego.* ◆ adj./ n. m. y f. **2** [persona] Que es de Grecia. ◆ n. m. **3** Lengua que se habla en Grecia.
▶ griego demótico Modalidad del griego que está apartada de la lengua culta y constituye la lengua oficial de Grecia.

grieta n. f. Abertura o hueco estrecho, largo e irregular, que se hace en la tierra o en otra superficie: *la sequía ha abierto grietas en todo el terreno.*

grifería n. f. Conjunto de grifos y llaves que sirven para regular el paso del agua en un lugar.

grifo n. m. **1** Mecanismo provisto de una llave que sirve para abrir o cerrar el paso de un líquido: *si cierras el grifo del lavabo dejará de salir agua.* **2** Ser fantástico que tiene el cuerpo mitad de águila y mitad de león.
DER grifería.

grill n. m. **1** Utensilio para asar o tostar alimentos que consiste en una rejilla sobre una estructura metálica y provista generalmente de un mango. SIN parrilla. **2** Fuente de calor situada en la parte superior de los hornos que se utiliza para gratinar o dorar los alimentos.
OBS El plural es *grills.*

grillarse v. prnl. Volverse loco o perder el juicio una persona.

grillete n. m. Arco de hierro semicircular, con sus extremos unidos por un perno, para asegurar una cadena al pie de un presidiario, a un punto de una embarcación, etc.

grillo n. m. **1** Insecto de color negro, cabeza gruesa y redonda, ojos salientes, alas anteriores duras y patas posteriores adaptadas para saltar: *el grillo macho produce un sonido agudo frotando las alas.* ◆ n. m. pl. **2** grillos Conjunto de dos grilletes unidos por una cadena que se colocaba en los pies de los presidiarios para impedirles andar.
DER grillarse, grillete.

gringo, -ga n. m. y f. Persona que es de los Estados Unidos.

gripal adj. De la gripe o que tiene relación con esta enfermedad: *proceso gripal.*
DER antigripal.

griparse v. prnl. Quedarse atascadas dos o

más piezas de un mecanismo, especialmente de un motor, que están en contacto.

gripe n. f. Enfermedad contagiosa que produce fiebre, dolor de cabeza y una sensación de malestar general.
DER gripal, griposo.

gris adj. **1** Del color que resulta de la mezcla del blanco y el negro o azul: *un abrigo gris.* ◆ adj./ n. m. **2** [color] Que resulta de la mezcla del blanco y del negro o azul: *el gris es el color del acero y el cemento.* gris marengo Gris que es muy oscuro: *llevaba un traje gris marengo muy elegante.* gris perla Gris que es claro: *la tapicería del salón es gris perla.* adj. **3** [día, tarde] Que está nublado, frío o lluvioso: *el invierno trae muchos días grises.* **4** Que no se destaca del resto: *es un estudiante gris.*
DER grisáceo.

grisáceo, -cea adj. De color parecido al gris o con tonalidades grises: *la camisa es grisácea.*

gritar v. intr./ tr. **1** Hablar dando voces o levantando mucho la voz: *si todos gritan a la vez no se entiende nada.* SIN chillar, vocear. **2** Dar gritos una persona por alguna causa determinada: *cuando vio al atracador gritó y salió huyendo.* SIN chillar. ◆ v. tr. **3** Reñir o regañar a una persona o dar una orden levantando la voz: *no grites a los niños.*
DER griterío, grito, gritón.

griterío n. m. Conjunto de voces altas y poco claras que producen mucho ruido y confusión. SIN vocerío.

grito n. m. **1** Sonido que se emite en voz muy alta y de manera fuerte o violenta. **2** Palabra o expresión que se emite en voz muy alta y manifiesta un sentimiento o una sensación.
▶ a grito pelado Dando voces al hablar o decir una cosa: *desde el balcón llamaba a su primo a grito pelado.* pedir a gritos Necesitar una cosa con mucha urgencia: *este niño está pidiendo a gritos un baño.* poner el grito en el cielo Mostrar una persona gran enfado o indignación ante una cosa: *puso el grito en el cielo cuando se enteró del engaño.* ser el último grito Estar una cosa muy a la moda o ser muy nueva: *esos zapatos son el último grito.*

gritón, -tona adj. [persona] Que habla en un tono de voz muy alto o suele dar gritos por cualquier cosa: *nunca he soportado a los niños gritones.*

grosería n. f. Hecho o dicho descortés, maleducado o poco delicado: *deja de molestar con tus groserías.*

grosero, -ra adj. [persona] Que se comporta con poca educación y delicadeza y hace o dice cosas de mal gusto.
DER grosería.

grosor n. m. Espesor o anchura de un cuerpo sólido: *la tabla tiene poco grosor.* SIN grueso.
DER engrosar.

grosso modo De un modo aproximado o general y sin entrar en detalles: *cuéntame grosso modo lo que pasó y no entres en detalles.*
OBS No debe decirse *a grosso modo.*

grotesco, -ca adj. Que produce risa o burla por ser extraño, ridículo o absurdo.

grúa n. f. **1** Máquina que sirve para elevar cosas muy pesadas y para transportarlas de un lugar a otro a distancias cortas; está formada por una estructura metálica con un brazo móvil horizontal del que cuelga un cable con un gancho: *han traído una grúa porque van a hacer obras en este solar.* **2** Camión provisto de una máquina de estas características que se usa para remolcar automóviles averiados o que han aparcado en un lugar prohibido: *aparqué en un vado y la grúa se llevo mi coche.* **3** Aparato provisto de un brazo móvil sobre el que se sitúa una cámara de cine o televisión para grabar o registrar imágenes desde una cierta altura.

grueso, -sa adj. **1** [persona] Que está gordo o tiene mucha grasa en el cuerpo: *es un hombre grueso y muy corpulento.* ANT delgado, enjuto. **2** Que tiene un grosor más grande del normal: *este lápiz es demasiado grueso para escribir.* ANT delgado, fino. **3** Que es muy grande o que es más grande de lo normal. ◆ n. m. **4** Grosor o espesor de un cuerpo sólido. SIN anchura. **5** Parte mayor y más importante de una cosa: *el grueso de la población está a favor del gobierno.*

grulla n. f. Ave zancuda de un metro de altura, de color gris, cuello largo y negro, alas grandes y redondas y cola pequeña, que tiene unas plumas largas en la parte superior de la cabeza: *la grulla vuela a gran altura durante sus migraciones.*

grumete n. m. Muchacho que ayuda a la tripulación en las tareas de un barco para aprender a ser marinero.

grumo n. m. Parte de una masa líquida que se hace más densa o compacta en un alimento u otra sustancia y que suele tener forma de bola pequeña.
DER grumoso.

gruñido n. m. **1** Sonido que emite el cerdo. **2** Voz que emite el perro y otros animales para amenazar o en señal de ataque. **3** Sonido no articulado o palabra murmurada entre dientes que emite una persona para expresar enfado o desagrado: *estaba de tan mal humor que solo se le oían gruñidos.*

gruñir v. intr. **1** Emitir gruñidos el cerdo. **2** Emitir gruñidos el perro y otros animales para amenazar o en señal de ataque. **3** Emitir una persona sonidos no articulados o palabras murmuradas entre dientes en señal de enfado o desagrado. SIN refunfuñar.

gruñón, -ñona adj. [persona] Que emite con mucha frecuencia gruñidos o sonidos no articulados o palabras murmuradas entre dientes que expresan enfado o desagrado: *su mal humor hace de ella una gruñona.* SIN refunfuñón.

grupa n. f. Parte posterior del lomo de una caballería: *la grupa del caballo.* SIN anca.

grupo n. m. **1** Conjunto de personas, animales o cosas que están juntos o reunidos o que tienen una característica común. **2** Conjunto de figuras pintadas, esculpidas o fotografiadas: *un grupo escultórico.* **3** Unidad del ejército que está formada por varios escuadrones y se encuentra bajo las órdenes de un comandante. **4** QUÍM. Cada una de las columnas del sistema periódico que contiene elementos de propiedades semejantes.
▶ grupo electrógeno FÍS. Equipo formado por un motor de explosión y un generador que sirve para producir energía eléctrica. grupo sanguíneo Cada uno de los tipos en que se clasifica la sangre de las personas y que está en función del antígeno presente en los glóbulos rojos del plasma sanguíneo: *mi grupo sanguíneo es 0 +.*
DER grupúsculo; agrupar.

gruta n. f. Cavidad natural profunda que está situada en un lugar subterráneo o entre rocas: *unos espeleólogos están explorando la gruta.* SIN caverna, cueva.

gruyer n. m. Queso de vaca de pasta consistente en agujeros redondos y regulares mucho más pequeños y forma de rueda de menor tamaño y peso, que es utilizado como base de la fondue de queso; es originario de Suiza.
OBS Puede encontrarse la grafía francesa *gruyère.*

guacamole n. m. Salsa fría que se prepara con aguacate machacado, al cual se agrega

gruñir

INDICATIVO	SUBJUNTIVO
presente	**presente**
gruño	gruña
gruñes	gruñas
gruñe	gruña
gruñimos	gruñamos
gruñís	gruñáis
gruñen	gruñan
pretérito imperfecto	**pretérito imperfecto**
gruñía	gruñera o gruñese
gruñías	gruñeras o gruñeses
gruñía	gruñera o gruñese
gruñíamos	gruñéramos o gruñésemos
gruñíais	gruñerais o gruñeseis
gruñían	gruñeran o gruñesen
pretérito perfecto simple	**futuro**
gruñí	gruñere
gruñiste	gruñeres
gruñó	gruñere
gruñimos	gruñéremos
gruñisteis	gruñereis
gruñeron	gruñeren
futuro	IMPERATIVO
gruñiré	gruñe (tú)
gruñirás	gruña (usted)
gruñirá	gruñid (vosotros)
gruñiremos	gruñan (ustedes)
gruñiréis	
gruñirán	FORMAS NO PERSONALES
condicional	**infinitivo** gruñir
gruñiría	**gerundio** gruñendo
gruñirías	**participio** gruñido
gruñiría	
gruñiríamos	
gruñiríais	
gruñirían	

cebolla, tomate, chile serrano y cilantro; es típica de México y de algunos países centroamericanos.

guadalajareño, -ña adj. **1** De Guadalajara o que tiene relación con esta provincia de Castilla-La Mancha o con su capital. ◆ adj./n. m. y f. **2** [persona] Que es de Guadalajara.

guadaña n. f. Herramienta formada por un mango largo y una cuchilla ancha, curva y puntiaguda, que se usa para segar a ras de tierra.

guagua n. f. En Canarias, autobús de servicio urbano.

gualdo, -da adj. De color amarillo dorado: *la bandera española es roja y gualda.*

guanche adj. **1** De un pueblo que habitó las islas Canarias antes del siglo XV o que tiene relación con él. ◆ adj./n. com. **2** [persona] Que pertenecía a este pueblo. ◆ n. m. **3** Lengua con la que se comunicaba este pueblo.

guantazo n. m. Golpe dado en la cara con la palma de la mano. **SIN** guantada, torta, tortazo.

guante n. m. Prenda que cubre o protege la mano y que tiene una funda para cada uno de los dedos.

▶ **arrojar el guante** Desafiar o retar a una persona para que luche o compita: *los caballeros arrojaban el guante a la persona con la que se batían en duelo.* **colgar los guantes** Abandonar un trabajo o una actividad, especialmente del boxeo. **como un guante** o **más suave que un guante** Muy dócil y obediente: *riñeron a la niña y se quedó como un guante.* **de guante blanco** [ladrón] Que es muy hábil y no usa la violencia: *un ladrón de guante blanco.* **echar el guante** Coger o atrapar a una persona: *la policía consiguió echar el guante a los ladrones.*

DER guantada, guantazo, guantelete, guantera.

guaperas adj. [persona] Que es guapo y presume de ello: *ese tío es un guaperas.*

OBS El plural también es *guaperas.*

guapo, -pa adj./ n. m. y f. **1** [persona] Que tiene la cara muy bella o es muy atractivo. **SIN** bello, hermoso. **ANT** feo. **2** [persona] Que es elegante y va bien vestido o arreglado: *te has puesto muy guapa para ir la la fiesta.* ◆ adj. **3** Que es bonito o de mucha calidad: *se ha comprado una casa muy guapa.*

DER guapear, guaperas, guapote, guapura.

guaraní adj. **1** De un pueblo indígena sudamericano que se extendía desde el Amazonas hasta el Río de la Plata o que tiene relación con él. ◆ adj./ n. com. **2** [persona] Que pertenece a este pueblo indígena. ◆ n. m. **3** Lengua originaria de este pueblo indígena. **4** Unidad monetaria de Paraguay.

OBS El plural es *guaraníes* (culto) o *guaranís* (popular).

guarda n. com. **1** Persona que se encarga de la vigilancia y la conservación de una cosa: *los guardas forestales vigilan los bosques.* **SIN** vigilante. **guarda jurado** Persona que se encarga de la vigilancia de una cosa y jura su cargo y sus responsabilidades ante la autoridad: *los guardas jurados pueden ser contratados por empresas particulares.* ◆ n. f. **2** Protección o cuidado de una cosa o una persona: *esta chica se encargará de la guarda de los bebés.* **3** Autoridad que se concede por ley a una persona adulta para cuidar de alguien que no puede hacerlo por sí mismo y de sus bienes. **SIN** tutela. **4** Hoja en blanco que se pone al principio y al final de un libro encuadernado. Esta acepción se usa más en plural.

DER guardés.

guardabarros n. m. Pieza acanalada y curva que llevan los automóviles y bicicletas en la parte superior de las ruedas para protegerlos de las salpicaduras de barro. **SIN** guardafango.

OBS El plural es *guardabarros.*

guardabosque n. com. Persona que tiene por oficio vigilar y cuidar los bosques de una determinada zona.

OBS También *guardabosques.*

guardaespaldas n. com. Persona que se dedica a acompañar a otra para protegerla de posibles agresiones.

guardameta n. com. Jugador que se coloca en la portería para evitar que entre la pelota. **SIN** portero.

OBS El plural es *guardametas.*

guardamuebles n. m. Local que está destinado a guardar muebles.

OBS El plural también es *guardamuebles.*

guardar v. tr./ prnl. **1** Poner o colocar una cosa en un sitio adecuado para que no se pierda o para que se conserve en buen estado: *guárdalo en el cajón.* **2** Vigilar a una persona o una cosa para protegerla y cuidarla: *el pastor guarda el rebaño en la montaña.* **3** Mantenerse una persona en una posición o situación durante un tiempo determinado: *tuvimos que guardar una hora de cola.* **4** Cumplir o acatar una persona una regla o norma: *debes guardar las normas.* **5** Ahorrar dinero: *guarda la mitad de su sueldo para cuando se jubile.* ◆ v. prnl. **6** **guardarse** Evitar hacer una determinada acción o cosa: *guárdate de hablar en ese tono a mi madre.* **7** Precaverse o prevenirse de una persona o de una cosa que encierra daño o peligro.

▶ **guardársela** o **guardarla** No olvidar un mal recibido y estar dispuesto a vengarse cuando se presente una ocasión: *esta se la guardo.*

DER guarda, guardabarros, guardería, guardia; aguardar, resguardar.

guardarropa n. m. **1** Lugar de un establecimiento público en el cual los clientes pueden depositar prendas de vestir y otros objetos. **2** Conjunto de las prendas de vestir que tiene una persona: *cada temporada renueva su guardarropa.* **SIN** vestuario. ◆ n. com. **3** Persona

que cuida o se encarga de un guardarropa o un guardarropía.
OBS El plural es *guardarropas.*

guardería n. f. Establecimiento en el que se cuida a los niños que todavía no tienen edad de ir a la escuela.

guardia n. com. **1** Persona que pertenece a cualquiera de los cuerpos del estado que se encargan de las funciones de vigilancia y defensa: *guardia municipal.* ◆ n. f. **2** Conjunto de soldados o de personas armadas encargados de vigilar a una persona o una cosa: *la guardia real vigila a la entrada del palacio.* guardia civil **a.** Cuerpo de seguridad del estado español que se encarga de mantener el orden fuera de las ciudades. **b.** Persona que pertenece a este cuerpo: *un guardia civil me paró en la carretera.* guardia suiza Cuerpo de seguridad que da escolta al Papa y se ocupa del mantenimiento del orden en el Vaticano. **3** Protección o cuidado de una cosa: *han confiado la guardia de las joyas a una empresa de seguridad.* SIN guarda. **4** Servicio especial que deben realizar algunos profesionales, fuera del horario normal de trabajo: *farmacia de guardia.* **5** Servicio de vigilancia que hacen los cuerpos del estado que se dedican a la vigilancia y defensa: *los soldados hacen guardia a la entrada del cuartel.*
▶ bajar la guardia Descuidar la vigilancia o dejar de prestar atención: *no bajes la guardia que todavía no ha pasado el peligro.* en guardia En actitud de defensa o de desconfianza. poner en guardia Llamar la atención o advertir a una persona sobre un daño o peligro: *el compañero de trabajo le puso en guardia.*
DER guardián; retaguardia, vanguardia.

guardián, -diana n. m. y f. Persona que se dedica a vigilar o guardar un lugar.

guardilla n. f. **1** Parte más alta de una casa, justo debajo del tejado, que tiene el techo inclinado y se utiliza como vivienda. SIN buhardilla. **2** Ventana que se abre en un tejado. SIN buhardilla.
DER guardillón.

guarecer v. tr. **1** Proteger de un daño o peligro: *la casita nos había guarecido de la lluvia.* ◆ v. prnl. **2** guarecerse Refugiarse una persona o un animal en un lugar: *durante la nevada nos guarecimos en un refugio.*
OBS En su conjugación, la *c* se convierte en *zc* delante de *a* y *o*, como en *agradecer.*

guarida n. f. **1** Lugar en el que se refugian los animales salvajes. **2** Lugar donde se refugian y esconden las personas que huyen de un daño o peligro: *en la película, la policía descubrió la guarida de los asesinos.*

guarismo n. m. Signo o conjunto de signos con que se representa una cantidad numérica: *el número 12 está formado por dos guarismos.* SIN cifra.

guarnecer v. tr. **1** Poner adornos u otras cosas que sirven de complemento: *podemos guarnecer el vestido con lazos.* **2** Proteger o defender un lugar por medio de armas y personas: *enviaron más soldados para guarnecer el cuartel.* **3** Cubrir la parte exterior de un muro o pared con cemento u otro material. SIN revestir.
OBS En su conjugación, la *c* se convierte en *zc* delante de *a* y *o*, como en *nacer.*
DER guarnición; desguarnecer.

guarnición n. f. **1** Adorno que se pone sobre una cosa y que está hecho de un material distinto: *compró un baúl de ébano con guarniciones de plata.* **2** Alimento o conjunto de alimentos que se sirven como complemento o acompañamiento de un plato más fuerte: *nos sirvieron un filete de ternera con una guarnición de patatas fritas.* **3** Conjunto de soldados que defiende una población o un lugar. **4** Parte de la espada o de cualquier arma blanca que se pone junto al puño para proteger la mano: *heredé de mi abuelo una espada con la guarnición de plata.* ◆ n. f. pl. **5** guarniciones Conjunto de correas y otros objetos que se ponen a las caballerías para montarlas o engancharlas al carro.
DER guarnicionar.

guarrada n. f. **1** Acción sucia, propia de una persona guarra: *no se hacen guarradas con la comida.* SIN cochinada, guarrería, marranada. **2** Acción que molesta o causa un perjuicio, sea o no malintencionada: *¡vaya guarrada el cambio de horario!* SIN guarrería, marranada. NOTA Se usa con sentido despectivo. **3** Dicho o hecho que se considera indecoroso, indigno o contrario a la moral, en especial por lo que se refiere a la conducta sexual: *como esas revistas de guarradas.* SIN cochinada, guarrería, marranada.

guarrería n. f. **1** Acción sucia, propia de una persona guarra: *no se hacen guarrerías con la comida.* SIN cochinada, guarrada, marranada. **2** Dicho o hecho que se considera indecoroso, indigno o contrario a la moral, en especial en en cuanto a la conducta sexual. **SIN** cochinada, marranada, porquería. **3** Cosa sucia, mal hecha o desagradable: *este cuarto es una guarrería, ¿cuándo piensas limpiarlo?* **SIN** cochinada, marranada.

guarro, -rra adj. **1** Que está sucio o falto de limpieza. ◆ adj./ n. m. y f. **2** [persona] Que no cuida su aseo personal ni la higiene o limpieza de las cosas que lo rodean: *no seas guarro y dúchate cada día, haz el favor.* **SIN** cerdo. ◆ n. m. y f. **3** **SIN** cerdo.
DER guarrada, guarrazo, guarrear, guarrería.

guasa n. f. Burla irónica y disimulada: *no le hagas caso que está de guasa.*

guasearse v. prnl. Bromear con una persona o burlarse de una persona o una cosa: *se guasea de cualquiera.*

¡guau! int. Expresión que se usa para indicar admiración: *¡guau, vaya coche!*

guay adj. Que es muy bueno o estupendo: *fuimos a una discoteca guay.*
OBS Se usa también como adverbio: *lo pasamos guay.*

gubernamental adj. **1** Del gobierno del estado o que tiene relación con él: *política gubernamental.* **2** Que es partidario del gobierno o está a favor de él: *partido gubernamental.*

gubia n. f. Herramienta formada por una barra de acero con la punta en bisel y unida a un mango de madera que se usa para labrar superficies curvas.

guepardo n. m. Mamífero felino carnívoro, de cuerpo esbelto, cabeza pequeña y pelo corto de color claro con manchas negras; se le considera el más rápido de los mamíferos.
OBS Para indicar el sexo se usa *el guepardo macho y el guepardo hembra.*

guerra n. f. **1** Enfrentamiento continuado entre dos o más ejércitos de distintos países o del mismo país. **SIN** conflicto, contienda. **ANT** paz. **guerra biológica** Enfrentamiento armado en el que se usan bacterias y armas químicas para causar enfermedades al enemigo. **guerra civil** Enfrentamiento armado en el que luchan entre sí personas y ejércitos de un mismo país. **guerra nuclear** Enfrentamiento armado en el que se usan armas atómicas. **guerra química** Enfrentamiento armado en el que se usan sustancias venenosas para eliminar al enemigo. **guerra santa** Enfrentamiento armado que se da por causas religiosas. **2** Situación tensa o problemática que se produce entre dos o más personas o naciones.
▶ **guerra fría** Situación en la que dos naciones o grupos de naciones tienen una relación de gran hostilidad y tensión sin llegar a la lucha armada. **dar guerra** Molestar o fastidiar: *a esta edad los niños dan mucha guerra.*
DER guerrear, guerrera, guerrero, guerrilla; aguerrir, posguerra.

guerrear v. intr. Hacer la guerra: *en la época feudal, los señores guerreaban unos contra otros.*

guerrera n. f. Chaqueta ajustada y abrochada hasta el cuello que forma parte de algunos uniformes militares.

guerrero, -ra adj. **1** De la guerra o que tiene relación con ella: *danza guerrera; espíritu guerrero.* **SIN** bélico. **ANT** pacífico. ◆ n. m. y f. **2** Persona que lucha o interviene en una guerra: *los guerreros de la tribu se han pintado la cara.* ◆ adj./ n. m. y f. **3** [niño] Que es muy inquieto y revoltoso. **4** [persona] Que es un pendenciero y siempre está buscando peleas o líos con los demás.
DER guerrera.

guerrilla n. f. Grupo de personas armadas que no forman parte de un ejército organizado y que luchan contra el gobierno de un país o contra un ejército mediante los ataques por sorpresa y las emboscadas.
DER guerrillero.

guerrillero, -ra n. m. y f. Persona que forma parte de una guerrilla: *el ministro fue capturado por los guerrilleros.*

gueto n. m. **1** Barrio muy pobre de una ciudad en el que vive mucha gente hacinada y apartada del resto de la ciudad: *cuando era niño vivió en uno de los guetos más pobres de Nueva York.* **2** Conjunto de personas que tienen un mismo origen o condición y viven aisladas y marginadas por motivos raciales o culturales: *el gueto judío de Varsovia.*
OBS También se escribe *ghetto.*

guía n. com. **1** Persona que conduce y enseña a otras: *es muy peligroso andar por la montaña sin un guía.* **guía turístico** Persona que acompaña a las personas que visitan una ciudad y les proporciona información sobre la historia, el arte, los edificios y los lugares de más interés. **2** Persona que enseña y dirige a otra para hacer o lograr una cosa: *su padre siempre fue su guía y su consejero.* ◆ n. f. **3** Cosa que ayuda a encontrar el camino que se ha de seguir para ir a un lugar o para conseguir una cosa: *las indicaciones de las carreteras sirven de guía.* **4** Libro donde se puede encontrar la información necesaria sobre una ciudad o un país. **5** Libro que contiene una serie de datos e informaciones acerca de una determinada materia: *la guía de teléfonos.* **6** Libro en el que se da información y consejos sobre un oficio o una técnica: *la guía del automovilista es muy útil.* **7** Libro que contiene indicaciones acerca de la forma de utilizar o manejar un determinado aparato o mecanismo. **8** Palo o caña que se clava junto al tronco principal de una planta para que crezca recta: *he puesto una guía a la enredadera para que suba hacia arriba.* **9** Carril o ranura que tienen algunos mecanismos para que se deslicen por ella y recorran siempre una misma dirección: *la persiana se ha salido de la guía.*

guiar v. tr. **1** Indicar el camino a seguir o dirigir hacia un lugar determinado: *aquel muchacho nos guió a través de la galería de arte.* SIN encaminar, orientar. **2** Dirigir u orientar la vida de una persona mediante consejos y enseñanzas. **3** Conducir un vehículo: *nunca he intentado guiar una barca.* ◆ v. prnl. **4** **guiarse** Dejarse llevar o dirigir una persona por otra o por una cosa inmaterial: *no te dejes guiar por tus sentimientos.*
OBS En su conjugación, la *i* se acentúa en algunos tiempos y personas, como en *desviar*.
DER guía, guion.

guijarro n. m. Piedra pequeña y con forma redonda a causa de la erosión: *en el río abundan los guijarros.*
DER enguijarrado.

guillotina n. f. **1** Máquina formada por una cuchilla que baja o se desliza por un armazón de madera y se usaba para cortar la cabeza a los condenados a muerte. **2** Máquina provista de una cuchilla muy afilada que sirve para cortar el papel.
DER guillotinar.

guindilla n. f. Variedad de pimiento que es muy pequeño, alargado y picante.

guineano, -na adj. **1** De Guinea o que tiene relación con este país de África: *la frontera guineana.* ◆ adj./ n. m. y f. **2** [persona] Que es de Guinea.

guiñar v. tr. **1** Cerrar y abrir con rapidez un ojo dejando el otro abierto, generalmente para hacer una señal: *me guiñó un ojo en señal de complicidad.* **2** Cerrar un poco los ojos, ya sea a causa de una luz deslumbrante o molesta o por mala visión.
DER guiñada, guiño.

guiño n. m. **1** Gesto que consiste en cerrar y abrir con rapidez un ojo dejando el otro abierto, generalmente para hacer una señal. **2** Mensaje implícito que no se expresa claramente sino mediante algún tipo de signo: *la obra de teatro estaba llena de guiños dirigidos al espectador.*

guiñol n. m. Representación teatral que se hace con títeres o muñecos movidos con las manos por personas que están ocultas tras el escenario.

guion n. m. **1** Texto escrito de manera esquemática en el que se recoge de forma breve y ordenada la información más importante acerca de un asunto o materia y que sirve como guía o ayuda para desarrollar una exposición. **2** Texto que contiene los diálogos y las indicaciones necesarias para la realización de una película, una obra de teatro o un programa de radio o televisión. **3** Signo gráfico de puntuación en forma de raya horizontal que se usa principalmente para indicar que una palabra termina en un renglón y continúa en el siguiente y para unir las dos partes de algunas palabras compuestas: *el guion se representa con el signo –.*
DER guionista.

guionista n. com. Persona que se dedica profesionalmente a escribir guiones de cine, radio o televisión.

guipuzcoano, -na adj. **1** De Guipúzcoa o que tiene relación con esta provincia del País Vasco. ◆ adj./ n. m. y f. **2** [persona] Que es de Guipúzcoa.

guiri com. Persona que es extranjera: *las playas están llenas de guiris en verano.*

guirnalda n. f. Tira hecha con flores, hojas, papel u otro material entretejido que se usa como adorno.

guisa n. f. Modo o manera en que se lleva puesta una cosa: *llevaba una sábana a guisa de túnica.*
DER guisar; desaguisado.

guisado n. m. Comida que se elabora cociendo en una salsa trozos de carne, patatas, verduras y otros ingredientes. SIN guiso.

guisante n. m. **1** Planta leguminosa de tallo trepador que tiene las flores blancas y el fruto en legumbre. **2** Semilla comestible de esta planta, de pequeño tamaño, forma redondeada y color verde.

guisar v. tr. **1** Cocinar un alimento sometiéndolo a la acción del fuego, cociéndolo en una salsa y añadiéndole condimentos para darle mejor sabor: *tu madre guisa el bacalao de ma-*

ravilla. ◆ v. prnl. **2 guisarse** Preparar u organizar una cosa de manera secreta: *en este asunto se está guisando algo gordo.*
DER guisado, guiso.

guiso n. m. Guisado: *este guiso está hecho con verduras y carne.*

guitarra n. f. Instrumento musical de seis cuerdas que está formado por una caja hueca de madera de formas redondeadas, con un agujero redondo en medio y un mango o mástil dividido en diferentes partes o trastes.
▶ **guitarra eléctrica** Instrumento musical de seis cuerdas que no tiene la caja hueca y que se conecta a un amplificador y a unos altavoces para aumentar el sonido producido por la vibración de las cuerdas: *las guitarras eléctricas son muy utilizadas por los grupos de rock.*

guitarrista n. com. Persona que toca la guitarra por afición o como músico profesional.

gula n. f. Tendencia que tiene una persona a comer y beber en exceso: *si sigo comiendo es por gula, no porque tenga hambre.*

gusanillo n. m. **1** Hilo, alambre o plástico que está enrollado en espiral y sirve para formar con él ciertas labores o para colgar visillos: *se me ha abierto el gusanillo del cuaderno.* **2** Inquietud o curiosidad que siente una persona acerca de algo que no tiene o no conoce: *desde muy pequeño le entró el gusanillo por el cine .*
▶ **matar el gusanillo a.** Satisfacer el hambre u otra necesidad de manera momentánea: *antes de comer mataremos el gusanillo con una cerveza bien fría.* **b.** Tomar por la mañana en ayunas una ración de aguardiente.

gusano n. m. **1** Animal invertebrado de cuerpo alargado, plano o cilíndrico, blando y sin extremidades, que se mueve encogiendo y estirando el cuerpo. **2** Larva de algunos insectos u oruga de ciertas mariposas: *algunos insectos son gusanos antes de convertirse en adultos.* **gusano de seda** Oruga de la mariposa de la seda que produce un hilo de seda con el que teje un capullo: *las mariposas de los gusanos de seda mueren a las pocas horas de nacer.* **3** Persona insignificante o despreciable: *para insultarme me dijo que era un gusano.*
DER gusanillo; agusanarse.

gustar v. intr. **1** Agradar una cosa o resultar agradable o atractiva: *me gusta leer libros de historia.* **ANT** disgustar. **2** Parecer bien una cosa a una persona: *me gusta que seas amable.* **3** Sentir agrado o afición por una cosa: *gusta de salir por las noches a cenar fuera de casa.* **4** Se utiliza como fórmula de cortesía para ofrecer a una persona algo de lo que otra está comiendo o bebiendo: *este bocadillo está buenísimo, ¿gustas?* ◆ v. intr./ prnl. **5** Caer bien una persona a otra o atraerse físicamente: *Juan y Luisa se gustan.* ◆ v. tr. **6** Probar o catar un alimento: *gustó el asado para comprobar si estaba en su punto.* **SIN** degustar. **7** Probar o experimentar una determinada sensación: *cambió de trabajo para gustar distintos ambientes.*
DER degustar, disgustar.

gustativo, -va adj. Del sentido del gusto o que tiene relación con él.

gustazo n. m. Satisfacción grande que produce una cosa agradable: *hoy vamos a darnos el gustazo de comer en un restaurante caro.*

gusto n. m. **1** Sentido corporal mediante el cual se perciben y se reconocen los sabores: *el sentido del gusto está localizado en la lengua.* **2** Sabor de una cosa que se percibe a través de este sentido: *algunos medicamentos tienen mal gusto.* **3** Placer o satisfacción que produce una cosa: *tengo el gusto de invitarles a mi boda.* **4** Agrado con el que se hace una cosa: *si tú me lo pides lo haré con gusto.* **5** Forma propia que tiene cada persona de valorar las cosas: *cada cual tiene sus gustos.* **6** Capacidad que tiene una persona para distinguir entre lo que es bello y lo que no lo es: *tiene mucho gusto para vestir.*
▶ **a gusto** Cómodamente o sin problemas: *aquí trabajo muy a gusto.* **coger el gusto** Aficionarse una persona a una cosa: *le he cogido el gusto a leer.* **con mucho gusto** Expresión de cortesía que se utiliza cuando se accede a una petición. **dar gusto** Hacer aquello que agrada a una persona: *su marido siempre le da gusto y hace lo que ella quiere.* **tanto gusto** Expresión de cortesía que se usa como respuesta cuando se presenta a una persona.
DER gustar, gustativo, gustoso; regusto, retrogusto.

gustoso, -sa adj. **1** [persona] Que hace una cosa con placer y agrado: *te acompañaré gustoso al aeropuerto.* **2** [alimento] Que está muy sabroso: *el guisado de hoy te ha salido muy gustoso.*

gutural adj. **1** De la garganta o que tiene relación con esta parte del cuerpo: *sonido gutural.* adj./ n. f. **2** GRAM. [sonido] Que se pronuncia acercando la parte posterior de la lengua al velo del paladar o tocándolo: *la consonante «k» tiene un sonido gutural.* **SIN** velar. **3** GRAM. [consonante] Que representa este sonido: *la «p», la «j» y la «k» son consonantes guturales.* **SIN** velar.

h n. f. **1** Octava letra del alfabeto español. **NOTA** Su nombre es *hache*. El plural es *haches*. No representa ningún sonido, excepto en algunas palabras de origen extranjero en las que se pronuncia como una aspiración parecida a la *j*. **2** Abreviatura de hora: *el avión sale a las 9.15 h.*

haba n. f. **1** Planta leguminosa con las flores blancas o rosadas con manchas negras y el fruto en vaina larga y gruesa que encierra unas semillas anchas y bastante planas. **2** Fruto de esta planta, que tiene forma de vaina grande, alargada y aplastada. **3** Semilla comestible contenida en esta vaina, que es ancha, plana y de color verde.

▶ ser habas contadas **a.** Ser o quedar muy pocos: *los días que nos quedan para las vacaciones son habas contadas.* **b.** Ser una cosa cierta o segura.

OBS En singular se le anteponen los determinantes *el, un,* salvo que entre el determinante y el nombre haya otra palabra: *el haba, la sabrosa haba.*

DER habichuela, habón.

habano n. m. Cigarro puro elaborado en la isla de Cuba: *he comprado una caja de habanos.*

haber v. auxiliar **1** Se usa para formar los tiempos compuestos e indica que la acción, el proceso o el estado expresado por el verbo ha terminado: *cuando él llegó, yo ya me había vestido; lo he hecho; ha dicho.* **NOTA** El verbo que expresa la acción, el proceso o el estado va siempre en participio. ◆ v. impersonal **2** Existir o estar presente en un lugar: *hay un gato en el tejado.* **NOTA** Se usa solo en la tercera persona del singular y en infinitivo; el presente es *hay*; es incorrecto el uso plural. **3** Tener lugar o suceder una cosa: *hubo un accidente.* ◆ n. m. **4** Conjunto de bienes, dinero o cosas que posee una persona o una comunidad: *tiene en su haber un gran patrimonio.* **5** Parte del balance o de la cuenta del banco en la que se ponen las sumas o ingresos de los que se dispone: *el deber no ha de ser mayor que el haber.* **6** Dinero que se cobra periódicamente por la realización de un trabajo o un servicio: *hay que pagarle sus haberes al abogado.*

▶ haber de + infinitivo Ser un deber o una obligación lo que se dice a continuación: *has*

haber

INDICATIVO	SUBJUNTIVO
presente	**presente**
he	haya
has	hayas
ha	haya
hemos	hayamos
habéis	hayáis
han	hayan
pretérito imperfecto	**pretérito imperfecto**
había	hubiera o hubiese
habías	hubieras o hubieses
había	hubiera o hubiese
habíamos	hubiéramos o hubiésemos
habíais	hubierais o hubieseis
habían	hubieran o hubiesen
pretérito perfecto simple	**futuro**
hube	hubiere
hubiste	hubieres
hubo	hubiere
hubimos	hubiéremos
hubisteis	hubiereis
hubieron	hubieren
futuro	IMPERATIVO
habré	he (tú)
habrás	haya (usted)
habrá	habed (vosotros)
habremos	hayan (ustedes)
habréis	FORMAS NO PERSONALES
habrán	**infinitivo** haber
condicional	**gerundio** habiendo
habría	**participio** habido
habrías	
habría	
habríamos	
habríais	
habrían	

de ser bueno. **haber que + infinitivo** Ser necesaria u obligatoria una cosa: *no hay que pagar entrada.* **NOTA** Solo se usa en frases impersonales. **habérselas** Enfrentarse con una persona o situación o tratar con ella: *si quiere mi cargo tendrá que habérselas conmigo.*

habichuela n. f. **1** Planta leguminosa de tallo delgado y en espiral, hojas grandes y flores blancas o amarillas. **SIN** alubia, judía. **2** Fruto comestible de esta planta, que tiene forma de vaina alargada, estrecha y aplastada. **SIN** alubia, judía. **3** Semilla comestible contenida en esta vaina, que tiene pequeño tamaño y forma arriñonada. **SIN** alubia, judía.

hábil adj. **1** Que puede hacer una cosa fácilmente y bien: *un mecánico ha de ser hábil montando las piezas.* **ANT** torpe. **2** Que es apto legalmente para realizar una acción: *los domingos y demás fiestas no son días hábiles.*
DER habilidad, habilitar.

habilidad n. f. Capacidad para hacer bien, con facilidad y rapidez algo que resulta difícil para los demás: *habilidad para los negocios.* **ANT** torpeza.

habilitado, -da n. m. y f. Persona autorizada legalmente para efectuar los pagos de cantidades de dinero asignadas por el Estado: *el habilitado ingresará el dinero en las cuentas corrientes de los funcionarios.*

habilitar v. tr. **1** Hacer que una persona o una cosa sirvan para una función que no es la que desempeña habitualmente: *si tenemos muchos invitados podemos habilitar el salón como comedor.* **2** Dar autorización legal a una persona para hacer una cosa: *el carné de conducir nos habilita para poder llevar un coche.* **3** Conceder una cantidad de dinero la administración pública para la realización de un fin determinado: *el estado habilitará los créditos para pagar las viviendas de protección oficial.*
DER habilitado; inhabilitar, rehabilitar.

habitabilidad n. f. **1** Cualidad de lo que es habitable: *los científicos tienen señalada una zona del sistema solar a la que consideran como área de habitabilidad por sus condiciones de masa y situación en relación al Sol.* **2** Cualidad de habitable de un local o una vivienda, conforme a determinadas normas legales: *las obras deberán realizarse para la mejora estructural y las condiciones de habitabilidad de la vivienda.*

habitable adj. Que tiene las condiciones necesarias para poder ser habitado. **ANT** inhabitable.

habitación n. f. **1** Parte del espacio de una casa o edificio separada de las demás por paredes. **SIN** cuarto. **2** Parte del espacio de una vivienda que se usa para dormir: *vete a tu habitación y acuéstate ahora mismo.* **SIN** alcoba, cuarto, dormitorio.

habitáculo n. m. **1** Lugar que está destinado para poder ser habitado: *la cuadra es el habitáculo de la caballería.* **2** Espacio disponible para las personas en el interior de un vehículo: *el habitáculo de mi coche es bastante amplio.*

habitante n. m. Persona que vive en un lugar determinado y forma parte de la población.

habitar v. intr./ tr. Vivir o estar habitualmente en un lugar determinado: *los lapones habitan en tierras muy frías.* **SIN** morar, residir.
DER habitable, habitación, habitáculo, habitante, hábitat; cohabitar, deshabitar.

hábitat n. m. Medio natural con características específicas donde vive un animal o una planta: *el hábitat del pez es el agua; el hábitat del escorpión son zonas áridas y pedregosas.*
OBS El plural es *hábitats.*

hábito n. m. **1** Manera de actuar que se repite con frecuencia o con regularidad: *el hábito de la lectura es muy recomendable.* **SIN** costumbre. **2** Facilidad para hacer algo que se adquiere con la práctica: *después del régimen, cogió el hábito de comer poco.* **3** Traje que visten los miembros de una orden religiosa. **colgar los hábitos** Abandonar la carrera eclesiástica o la actividad que se llevaba a cabo. **el hábito no hace al monje** Expresión que indica que la apariencia exterior de alguien no siempre se corresponde con lo que es en realidad. **4** MED. Dependencia física o mental de una sustancia: *el hábito de fumar es perjudicial para la salud.*
DER habitual, habituar.

habitual adj. **1** Que se hace a menudo o por costumbre: *ese gesto es habitual en él.* **2** [persona] Que va a un lugar o está en él con mucha frecuencia.

habituar v. tr. Acostumbrar a una persona a hacer una cosa con frecuencia o regularidad.
OBS En su conjugación, la *u* se acentúa en algunos tiempos y personas, como en *actuar.*

habla n. f. **1** Capacidad natural o facultad de hablar o de comunicarse con palabras que tienen las personas: *el habla nos permite exteriorizar lo que pensamos y sentimos.* **2** Manifestación hablada de la lengua, en oposición a la lengua escrita. **3** Utilización particular

e individual que cada persona hace de la lengua. **4** Variedad lingüística propia de una región o un lugar determinados que se caracteriza por ciertos rasgos peculiares. **5** Modo de hablar o expresarse que tiene una persona o un grupo de personas: *el habla de un niño.*
▶ **al habla** **a.** Expresión que se usa como contestación telefónica e indica que la persona con la que se quiere hablar por teléfono ya está a la escucha: *—¿Es usted Juan? —Al habla.* **b.** En contacto o en comunicación: *nos pondremos al habla con usted.*
OBS En singular se le anteponen los determinantes *el, un,* salvo que entre el determinante y el nombre haya otra palabra: *el habla, la hermosa habla.*

hablador, -ra adj./n. m. y f. [persona] Que habla mucho o habla demasiado: *ella es una chica muy habladora.*
DER habladuría.

habladuría n. f. Comentario sin fundamento que circula entre la gente, generalmente de carácter negativo o chismoso: *lo que dicen de él son solo habladurías.* **SIN** chisme, hablilla.

hablante n. com. Persona que habla una determinada lengua o es usuaria de ella.

hablar v. intr. **1** Expresarse o comunicarse una persona mediante palabras: *los niños de un año no saben hablar.* **2** Pronunciar o articular sonidos una persona: *habla mal y no se le entiende.* **3** Conversar dos o más personas acerca de un asunto: *ayer hablé largamente con mi padre.* **4** Pronunciar una persona un discurso. **5** Comunicarse dos o más personas mediante signos distintos de la palabra: *los sordomudos se hablan por señas.* **6** Murmurar sobre un asunto o persona o criticarlos: *a la gente le encanta hablar de los demás.* **7** Decir la verdad o todo lo que se sabe acerca de un asunto: *el prisionero dice que no hablará.* **SIN** confesar, revelar. **8** Tratar de un asunto de palabra o por escrito: *tenemos que hablarlo con el jefe.* **9** Acordar o convenir una cosa entre dos o más personas: *lo hemos hecho tal y como lo hablamos el martes.* **10** Dar a una persona un determinado tratamiento al dirigirse a ella: *hablar de usted; hablar de tú.* **SIN** tratar. ◆ v. tr. **11** Conocer y poder usar un idioma para expresarse o comunicarse: *habla bien inglés, alemán e italiano.* ◆ v. prnl. **12** **hablarse** Tratarse o relacionarse dos o más personas: *llevamos meses sin hablarnos.*
▶ **hablar entre dientes** Articular mal las palabras para protestar por lo bajo o por fastidio o enfado. **hablar por hablar** Decir algo sin tener un conocimiento exacto sobre ello o por no estar callado. **hablar por los codos** Hablar mucho una persona: *cómo te enrollas, hablas por los codos.* **¡ni hablar!** Expresión que indica negación completa: *—¿Nos dejas ir al cine esta noche? —¡Ni hablar!*
DER habla, hablador, bienhablado, malhablado.

habón n. m. Bulto que sale en la piel a causa de una alergia o de la picadura de un insecto. **SIN** picadura.

hacendado, -da adj. [persona] Que tiene muchas tierras y fincas: *este joven es un rico hacendado.*

hacer v. tr. **1** Crear una cosa o darle existencia: *según la Biblia, Dios hizo al hombre y la mujer.* **2** Construir o fabricar una cosa a partir de elementos materiales: *se hizo una casa junto al*

hacer

INDICATIVO	SUBJUNTIVO
presente	**presente**
hago	haga
haces	hagas
hace	haga
hacemos	hagamos
hacéis	hagáis
hacen	hagan
pretérito imperfecto	**pretérito imperfecto**
hacía	hiciera o hiciese
hacías	hicieras o hicieses
hacía	hiciera o hiciese
hacíamos	hiciéramos o hiciésemos
hacíais	hicierais o hicieseis
hacían	hicieran o hiciesen
pretérito perfecto simple	**futuro**
hice	hiciere
hiciste	hicieres
hizo	hiciere
hicimos	hiciéremos
hicisteis	hiciereis
hicieron	hicieren
futuro	IMPERATIVO
haré	haz (tú)
harás	haga (usted)
hará	haced (vosotros)
haremos	hagan (ustedes)
haréis	
harán	FORMAS NO PERSONALES
condicional	**infinitivo** hacer · **gerundio** haciendo
haría	**participio** hecho
harías	
haría	
haríamos	
haríais	
harían	

mar. **3** Arreglar o preparar una cosa: *hacer la cama; hacer la comida.* **4** Causar o producir: *no hagas tanto ruido.* **5** Realizar una acción o tarea: *tengo que hacer el trabajo para mañana.* **SIN** ejecutar, obrar. **6** Conseguir o ganar una cosa: *ha hecho mucho dinero.* **7** Creer o suponer una cosa: *te hacía más joven.* **8** Ejercitar los miembros o los músculos del cuerpo para fomentar su desarrollo o agilidad: *haz piernas para la carrera.* **9** Actuar una persona de una determinada manera: *hacer el tonto.* **10** Obligar a realizar una acción: *nos hizo venir aunque estábamos enfermos.* **11** Sumar en total: *ocho y dos hacen diez.* **12** Ocupar un lugar en una serie o fila: *yo hago el quinto.* **13** Dar o tener un determinado aspecto: *el negro le hace más delgado.* **14** Alcanzar un vehículo cierta velocidad: *este coche hace 250 kilómetros por hora.* **15** Recorrer una distancia o camino: *hice Madrid-París de un tirón.* **16** Emitir o producir un sonido: *el perro hace guau.* **17** Expulsar o expeler los excrementos: *hacer pis.* ◆ v. tr./ intr. **18** Representar un personaje en una película o en una obra de teatro: *hizo de Blancanieves.* ◆ v. intr. **19** Convenir una cosa a un asunto o conversación: *eso que dices no hace al caso.* ◆ v. tr./ prnl. **20** Adaptar a una persona a una situación o costumbre: *enseguida me hago a todo.* **21** Fingir una persona ser una cosa que no es: *se hace el tonto para no adquirir responsabilidades.* ◆ v. auxiliar **22** Sustituye a un verbo aparecido anteriormente e indica que se ejecuta la acción señalada por él: *necesito descansar pero no puedo hacerlo.* ◆ v. impersonal **23** Estar el tiempo atmosférico de una determinada forma: *hace buen tiempo.* **24** Haber pasado un tiempo: *ocurrió hace tres años.* ◆ v. prnl. **25** **hacerse** Convertirse una persona o una cosa en algo diferente de lo que era: *se ha hecho sacerdote.* **26** Conseguir o poder alcanzar un objeto o fin: *se hará con la medalla de oro.* **27** Tener la impresión o parecer una cosa a una persona: *la vuelta se me hizo más corta.* **28** Apartarse o retirarse de un sitio: *hazte a un lado.*

▶ **hacerla buena** Estropear una cosa o situación: *la hiciste buena ayer en la fiesta.* **no tener nada que hacer** Ser muy inferior una cosa a otra: *tu coche no tiene nada que hacer con el mío.* **¡qué le vamos a hacer!** Expresión que indica que hay que aguantar con resignación un mal momento o una situación contraria: *si no se puede ¡qué le vamos a hacer!*

DER hacedor, hacendoso, hacienda, hechizo, hecho, hechura; deshacer, quehacer, rehacer.

hacha n. f. **1** Herramienta para cortar madera compuesta de una pieza de metal plana y con filo que se coloca en el extremo del mango: *cortaba leña con el hacha.* **2** Vela de cera grande y gruesa.

▶ **enterrar (o desenterrar) el hacha de guerra** Finalizar o comenzar, respectivamente, una enemistad, un enfrentamiento o un conflicto: *los sindicatos han decidido desenterrar el hacha de guerra.* **ser un hacha** Ser muy eficiente y destacar en una actividad: *es un hacha: cada vez que sale de cacería vuelve con una buena pieza.*

OBS En singular se le anteponen los determinantes *el, un,* salvo que entre el determinante y el nombre haya otra palabra: *el hacha, la cortante hacha.*

hachazo n. m. Golpe dado con un hacha: *taló el árbol de un hachazo.*

hachís n. m. **1** Droga que se obtiene de la mezcla de hojas y flores secas del cáñamo índico con sustancias aromáticas y azucaradas, que produce sensaciones euforizantes y alucinógenas; se fuma mezclada con tabaco: *el hachís puede provocar adicción; no se recomienda su consumo.* **SIN** marihuana. **2** Cáñamo índico. **SIN** marihuana.

hacia prep. **1** Indica dirección o destino: *vamos hacia casa.* **2** Indica el tiempo o el lugar aproximado: *llegaré hacia las tres.*

hacienda n. f. **1** Finca que está dedicada a la agricultura: *su hacienda tenía una gran extensión.* **2** Conjunto de posesiones y riquezas que tiene una persona. **3** Ministerio que se encarga de administrar los bienes y riquezas que posee un estado.

▶ **hacienda pública** Conjunto de bienes, rentas e impuestos que recauda el estado: *la hacienda pública ha crecido en los últimos años.* **SIN** erario.

DER hacendado, hacendista.

hacinado, -da adj. [persona, cosa] Que está junto a otros de su especie en muy poco espacio: *en los suburbios de Maputo la población vive hacinada y apenas existe alcantarillado público.* **SIN** amontonado.

hacinar v. tr. Acumular o amontonar las cosas sin ningún orden o formando hacina: *hacinaba la leña al lado de la pared; los automóviles se hacinan en las ciudades.*

DER hacinamiento.

hacker n. com. Persona con grandes conocimientos de informática que se dedica a acceder ilegalmente a sistemas informáticos ajenos y a manipularlos: *algunos hackers crean virus informáticos.* SIN pirata informático.

OBS Es una palabra inglesa. El plural es *hackers*.

hada n. f. Ser imaginario o fantástico que está representado por una mujer y tiene poderes mágicos: *el hada madrina del cuento de Cenicienta.*

OBS En singular se le anteponen los determinantes *el, un,* salvo que entre el determinante y el nombre haya otra palabra: *el hada, la hermosa hada.*

hado n. m. **1** Fuerza supuesta y desconocida que determina lo que ha de ocurrir o suceder: *el hado ha hecho que volvamos a encontrarnos.* SIN destino, sino. NOTA Su uso es poético. **2** Divinidad o fuerza irresistible de la antigua Roma que regía o determinaba el destino de los hombres y los dioses.

haitiano, -na adj. **1** Que tiene relación con Haití, país de América Central, o con sus habitantes. ◆ adj./ n. m. y f. **2** [persona] Que es de Haití. ◆ n. m. **3** Variedad dialectal del francés que se habla en Haití.

halagador, -ra adj. **1** [hecho, dicho] Que halaga o satisface el orgullo o la vanidad: *estas afirmaciones tan halagadoras.* SIN halagüeño. ◆ adj./ n. m. y f. **2** [persona] Que halaga o tiene tendencia a halagar: *no me gusta porque es muy halagador.*

halagar v. tr. **1** Decir palabras de admiración o adulación a una persona para ganar su voluntad o conseguir su favor: *no hace más que halagar al jefe haciéndole la pelota.* **2** Satisfacer el orgullo o la vanidad de una persona.

OBS En su conjugación, la *g* se convierte en *gu* delante de *e*.

DER halagador, halago, halagüeño.

halago n. m. **1** Muestra exagerada de admiración y adulación que se hace para conseguir el favor de una persona. **2** Hecho o dicho con que se satisface el orgullo o la vanidad de una persona: *a los niños les gustan los halagos.*

halcón n. m. Ave rapaz diurna, de color gris, con el pecho y el vientre casi blancos y con rayas, y pico fuerte y curvo: *el halcón se utiliza en la caza de cetrería.*

OBS Para indicar el sexo se usa *el halcón macho* y *el halcón hembra.*

DER halconero.

hall n. m. Parte de una casa, dependencia o edificio que está junto a la puerta principal y que se usa para recibir a los que llegan. SIN entrada, vestíbulo.

OBS Es de origen inglés y se pronuncia aproximadamente «jol».

hallar v. tr. **1** Encontrar o descubrir una cosa o a una persona que se está buscando: *halló a su hijo jugando en el parque.* **2** Descubrir o inventar una cosa: *muy pronto se hallará un remedio contra esa enfermedad hoy letal.* **3** Observar o notar una cosa: *lo hallé muy cambiado.* ◆ v. prnl. **4** hallarse Estar o encontrarse una persona en un lugar o en una situación determinada.

▶ no hallarse Sentirse una persona molesta o a disgusto por alguna causa: *desde que dejo al niño en la guardería no me hallo sola en casa.*

hallazgo n. m. **1** Descubrimiento o encuentro de una cosa que se está buscando: *el hallazgo del cadáver ha dado un vuelco a la investigación policial.* **2** Cosa muy valiosa e importante que se descubre o se encuentra: *hallazgos arqueológicos.*

halo n. m. **1** Círculo luminoso que en ocasiones se ve alrededor de un astro. SIN cerco, corona. **2** Círculo luminoso que se representa encima o detrás de las cabezas de las imágenes religiosas como símbolo de la gracia de Dios. SIN aureola, corona. **3** Fama que rodea a una persona o un ambiente: *un halo de elegancia rodea al mundo de la moda.*

halógeno, -na adj./ n. m. **1** [elemento químico no metal] Que forma sales minerales al unirse directamente con un metal: *algunos halógenos son el flúor y el cloro.* **2** [lámpara, faro] Que consta de un hilo conductor rodeado de alguno de estos elementos en estado gaseoso que se vuelve muy luminoso cuando se calienta, produciendo una luz clara y brillante: *hemos puesto un halógeno en la terraza.*

hamaca n. f. **1** Pieza alargada de red o de tela resistente que se cuelga por los extremos y sirve para echarse en ella. **2** Asiento que consta de un armazón, generalmente en forma de tijera, al que se sujeta una tela fuerte que sirve de asiento y respaldo; el armazón abierto puede ponerse en posición horizontal: *al llegar a la playa abrí la hamaca y me tumbé.*

hambre n. f. **1** Gana o necesidad de comer: *esta mañana no he desayunado y ahora tengo* *mucha hambre.* SIN apetito. ANT desgana, inapetencia. hambre canina Deseo o necesidad muy fuerte de comer. **2** Situación en la que hay escasez de alimentos: *se buscan soluciones para erradicar el hambre en el mundo.* **3** Deseo fuerte o intenso que se siente por una cosa: *el hambre de libertad la llevó a viajar sola por el mundo.*

▶ más listo que el hambre Que es muy listo o más listo de lo normal: *tengo un perro más listo que el hambre.*

OBS En singular se le anteponen los determinantes *el, un,* salvo que entre el determinante y el nombre haya otra palabra: *el hambre, la negra hambre.*

DER hambriento, hambrón, hambruna.

hambriento, -ta adj. **1** [persona, animal] Que tiene hambre. **2** [persona] Que tiene deseo o necesidad de una cosa.

hambruna n. f. Escasez generalizada de alimentos básicos que padece una población de forma intensa y prolongada: *persiste la hambruna en esa región, a pesar de las medidas tomadas.* SIN hambre.

hamburguesa n. f. **1** Comida que se prepara con carne picada de animales vacunos, cerdo o aves de forma redonda y plana; suele asarse a la plancha o freírse. **2** Sándwich de hamburguesa con un pan blando y redondo al que se le suelen añadir otros ingredientes o condimentos, como tomate, cebolla, queso, ketchup, mostaza, etc.: *se comieron un par de hamburguesas en un bar y luego fueron a ver una película.*

DER hamburguesería.

hamburguesería n. f. Establecimiento en el que se sirven y venden hamburguesas y otros tipos de comida rápida: *han abierto una hamburguesería que imita el estilo de las norteamericanas.*

hampón adj./ n. m. **1** [hombre] Que vive de forma marginal y comete delitos de manera habitual: *los mensajes cifrados los han empleado los maleantes para que no los entiendan quienes no son hampones.* **2** [persona] Que presume de valiente sin serlo.

hámster n. m. Mamífero roedor parecido al ratón, de cuerpo rechoncho, pelo suave y orejas, patas y cola cortas; vive en madrigueras subterráneas; es utilizado en la investigación médica: *el hámster es usado como mascota.*

OBS Se pronuncia aproximadamente «jámster». El plural es *hámsters.*

hándicap o **handicap** n. m. **1** Condición o circunstancia que supone una desventaja en relación con otros o dificulta la realización o consecución de algo: *su ignorancia en el tema es un hándicap para que le contraten en esa empresa.* **2** DEP Modalidad de carrera, generalmente hípica, en la que se igualan las posibilidades de los participantes mediante la concesión de unos metros de ventaja, la imposición de peso en la silla, etc.

OBS Se pronuncia aproximadamente «jándicap». El plural es *hándicaps* o *handicaps.*

haragán, -gana adj. [persona] Que no quiere trabajar o no cumple con su trabajo por falta de atención e interés: *Julia es una haragana: se pasa el día en el sofá.* **2** SIN holgazán, vago.

DER haraganear.

harapiento, -ta adj. [persona] Que viste ropas llenas de harapos. SIN andrajoso.

harapo n. m. Pedazo de tela muy vieja, rota o sucia: *el mendigo vestía solamente unos harapos.* SIN andrajo.

OBS Se usa más en plural.

DER harapiento; desharrapado.

hardware n. m. Conjunto de elementos físicos o materiales que constituyen una computadora o un sistema informático: *un fallo en el hardware la obligó a cambiar de ordenador.*

OBS Se pronuncia aproximadamente «járgüer».

harén n. m. **1** Parte de la casa musulmana en donde viven las mujeres: *en el viejo palacio se conserva un harén.* SIN serrallo. **2** Conjunto de mujeres que viven dependiendo de un mismo jefe de familia en las sociedades musulmanas: *el sultán había decidido viajar con todo su harén por aquellos países lejanos.* SIN serrallo.

OBS También se escribe *harem.*

harina n. f. **1** Polvo blanco que se obtiene al moler granos de trigo o de otros cereales: *el pan se hace con harina.* harina en flor Harina que está tamizada y es muy blanca y pura. harina integral Harina que está mezclada con el salvado. **2** Polvo al que quedan reducidas ciertas materias sólidas al ser trituradas, machacadas o molidas: *harina de pescado.*

▶ estar metido en harina Estar haciendo una cosa o estar dedicado por completo a una actividad: *ya que estamos metidos en harina vamos a adelantar una parte del trabajo de mañana.* ser harina de otro costal Ser un asunto diferente a otro o no tener nada que ver con el asunto de que se trata: *no me hables ahora de eso, que es harina de otro costal.*

DER harinero, harinoso; enharinar.

harpía n. f. **1** Ser mitológico que tiene la cabeza de mujer y el cuerpo de ave de rapiña. **2** Mujer que es mala y perversa.

hartar v. tr./ intr./ prnl. **1** Saciar en exceso el apetito de comer o beber: *se hartó de queso y luego le sentó mal.* SIN atiborrar. ◆ v. tr./ prnl. **2** Molestar o cansar una cosa a una persona: *me harta tanto viaje.* **3** Dar o recibir una cosa en abundancia. ◆ v. prnl. **4** hartarse Realizar una actividad con gran intensidad o dedicación durante un largo período de tiempo hasta quedar satisfecho o saciado: *en estas vacaciones me he hartado de ver cine.*

DER hartada.

harto, -ta adj. **1** Que está lleno o saciado de comida o bebida. SIN ahíto. **2** Que está molesto o cansado: *estoy harto de ser amable con él.* ◆ adv. **3** Bastante o demasiado: *la situación es harto complicada.* SIN muy.

DER hartar, hartazgo, hartazón, hartón, hartura.

hartón n. m. Hartazgo: *se dio un hartón de comer garbanzos.* SIN hartada.

hasta prep. **1** Indica el término o el límite en cuanto al tiempo, el espacio o la cantidad: *el metro llega hasta mi ciudad.* SIN a. **2** Indica que lo que se dice a continuación es muy sorprendente: *hasta mi madre le ha perdonado lo que nos hizo.* SIN incluso.

▶ hasta ahora o hasta luego Expresión que se usa para despedirse de una persona a quien se espera ver pronto o en el mismo día. hasta que Expresa el momento en que acaba la acción, el proceso o el estado que expresa el verbo principal: *esperaré hasta que se vaya.*

hastiar v. tr./ prnl. Causar disgusto, aburrimiento o asco una cosa: *estos culebrones de televisión hastían a cualquiera.*

OBS En su conjugación, la *i* se acentúa en algunos tiempos y personas, como en *desviar.*

hastío n. m. Sensación de cansancio, aburrimiento o asco que produce una cosa.

hatajo n. m. **1** Grupo pequeño de ganado: *hatajo de ovejas.* SIN atajo, hato. **2** Conjunto o grupo de personas o cosas: *dijo un hatajo de estupideces.* SIN atajo.NOTA Tiene sentido despectivo.

hato n. m. **1** Paquete o envoltorio que se hace liando ropa y otros objetos o enseres personales. **2** Grupo pequeño de ganado: *acabo de comprar un hato de cabras.* SIN hatajo.

DER hatajo.

haya n. f. **1** Árbol de gran altura que tiene el tronco grueso, liso, de color gris y las ramas muy altas formando una copa redonda y espesa. **2** Madera de este árbol que es muy apreciada en ebanistería.

OBS En singular se le anteponen los determinantes *el, un,* salvo que entre el determinante y el nombre haya otra palabra: *el haya, la alta haya.*

hayedo n. m. **1** Terreno con muchas hayas: *los hayedos forman bosques frondosos en el norte de España.*

haz n. m. **1** Montón de hierba, plantas o palos que están atados con una cuerda por la parte central: *un haz de leña.* **2** Conjunto de cosas largas y estrechas atadas o unidas por el centro o en un punto determinado: *un haz de flechas.* **3** Conjunto de rayos de luz que tienen un mismo origen o parten de un mismo punto. ◆ n. f. **4** Cara superior o principal de la hoja de una planta: *el haz de aquellas hojas es más brillante que el envés.* SIN anverso. ANT envés, reverso. **5** Cara que está del derecho en una tela u otro objeto que tenga anverso y reverso.

OBS En singular se le anteponen los determinantes *el, un,* salvo que entre el determinante y el nombre haya otra palabra: *el haz, la hermosa haz.*

OBS El plural es *haces.*

haza n. f. Trozo de terreno dedicado al cultivo: *he comprado otra haza de tierra.*

OBS En singular se le anteponen los determinantes *el, un,* salvo que entre el determinante y el nombre haya otra palabra: *el haza, la extensa haza.*

hazaña n. f. Hecho heroico e importante que exige esfuerzo y valor: *las hazañas del caballero castellano.* SIN proeza.

heavy n. m. **1** Estilo musical nacido a finales de la década de 1960 como derivación del rock duro, que se caracteriza por su ritmo fuerte y repetitivo y porque se toca a un volumen muy elevado y distorsionando: *estuvo en el festival de heavy en Londres.* heavy metal Variedad radical del heavy, en que cobran especial importancia la potencia sonora y el sonido metálico de los instrumentos eléctricos. NOTA Se pronuncia aproximadamente «jevi métal». ◆ adj./ n. com. **2** [persona] Que es aficionado a este estilo musical y al movimiento juvenil creado en torno a él: *en algunas ciudades ocurren enfrentamientos entre heavies y punks.* **3** Que produce impresión por ser algo extraordinario, desagradable o muy intenso: *en esta película hay escenas muy heavies.*

OBS El plural es *heavies.*

hebilla n. f. Pieza que sirve para unir los dos extremos de un cinturón o para ajustar una cinta a otra: *la hebilla sujeta el cinturón a la cintura.*

hebra n. f. **1** Trozo de hilo que se usa para coser: *metió la hebra por el agujero de la aguja.* **2** Fibra o filamento de una materia que tiene forma de hilo. **3** Fibra o filamento de una materia textil: *está blusa está confeccionada con hebras de seda.* **4** Fibra vegetal o animal en forma de hilo que tienen algunos alimentos sólidos: *las judías verdes tienen hebras.* **5** Estigma de la flor del azafrán.

▶ pegar la hebra Entablar una conversación y alargarla demasiado: *estuve toda la tarde pegando la hebra con la vecina.*

DER enhebrar.

hebreo, -brea adj. **1** Perteneciente o relativo a una doctrina religiosa que se basa en el Talmud y cuyos seguidores creen en un único Dios y en la venida futura de su hijo. SIN judío, mosaico. ◆ adj./ n. m. y f. **2** [persona] Que cree en esta doctrina religiosa. SIN judío. ◆ adj. **3** De Israel o que está en relación con este país asiático. SIN judío. ◆ n. m. y f. **4** [persona] Que es nacido en Israel. SIN judío. ◆ n. m. **5** Lengua de Israel.

hecatombe n. f. Suceso trágico en el que se produce una gran destrucción y muchas desgracias humanas y materiales: *el paso del huracán ha sido una hecatombe para los pueblos pobres.*

hechicero, -ra n. m. y f. **1** Persona que utiliza hechizos o encantamientos para dominar los acontecimientos o la voluntad de las personas: *las hechiceras pronunciaban las palabras mágicas.* SIN brujo. ◆ n. m. **2** Hombre de algunas culturas primitivas que tiene el poder de comunicar con los dioses y curar enfermedades usando poderes mágicos y hierbas. SIN brujo, chamán. ◆ adj. **3** Que atrae de una forma irresistible: *ojos hechiceros.*

DER hechicería.

hechizar v. tr. **1** Dominar o controlar mediante un hechizo la voluntad de una persona o el curso de los acontecimientos: *la bruja del cuento hechizó al príncipe y lo convirtió en rana.* SIN embrujar, encantar. **2** Atraer de una forma irresistible la atención, la simpatía o el amor de una persona mediante un rasgo físico o moral que resulta atractivo. SIN cautivar, fascinar.

OBS En su conjugación, la *z* se convierte en *c* delante de *e.*

hechizo n. m. **1** Conjunto de cosas con poder mágico que se realizan con el fin de dominar la voluntad de una persona o controlar los acontecimientos: *en los cuentos infantiles, las brujas realizan hechizos.* SIN embrujo, encanto. **2** Atracción irresistible que produce una persona y provoca admiración o fascinación.

DER hechicero, hechizar.

hecho, -cha adj. **1** Que ha llegado a la madurez o ha alcanzado el pleno desarrollo: *las naranjas no están hechas hasta septiembre u octubre.* **2** Que está acabado o terminado: *la pasta está hecha.* **3** Que está acostumbrado o familiarizado con una cosa: *es una persona hecha a todo.* ◆ n. m. **4** Acción u obra que realiza una persona: *se le acusa de un hecho delictivo.* hecho consumado Acción que se realiza antes de que algo pueda impedirla: *tu despido es ya un hecho consumado.* **5** Acontecimiento o suceso que ocurre o sucede: *este hecho tuvo lugar el 22 de julio de 1994.* **6** Asunto o materia sobre los que se trata: *este es el hecho del que tenemos que ocuparnos ahora.* ◆ int. **7** Indica que se acepta una cosa que se propone o se pacta: *—¿Vienes al cine esta tarde? —Hecho.*

▶ de hecho En realidad: *me he llevado una sorpresa, aunque de hecho lo esperaba.* hecho y derecho [persona] Que ya es adulto: *tu hijo ya es un hombre hecho y derecho.*

DER contrahecho.

hectómetro n. m. Medida de longitud que equivale a 100 metros: *el símbolo del hectómetro es hm.*

hediondo, -da adj. **1** Que despide o desprende un olor malo, desagradable e intenso. SIN fétido. **2** Que es muy obsceno y resulta repugnante o desagradable: *utiliza un lenguaje hediondo que ofende al oído.*

hedor n. m. Olor que es muy desagradable e intenso: *un terrible hedor a pescado.* SIN peste.

DER heder.

hegemonía n. f. Dominio o supremacía que ejerce un país sobre otros.

DER hegemónico.

hégira o **héjira** n. f. Era de los musulmanes, que se cuenta desde la fecha en que Mahoma huyó de La Meca a Medina, y que se compone de años lunares de 354 días: *la hégira comienza en el año 622 de la era cristiana.* **OBS** La Real Academia Española recoge *héjira*, pero prefiere la forma *hégira*.

helada n. f. Fenómeno atmosférico que consiste en la congelación del agua debido a un descenso de la temperatura por debajo de los cero grados centígrados.

heladería n. f. Establecimiento en el que se venden y en ocasiones se elaboran helados.

helado, -da adj. **1** Que se ha convertido en hielo: *la nieve es agua helada.* **2** Que está muy frío o se ha quedado muy frío: *el agua estaba helada.* **3** Que está muy sorprendido o asustado: *la noticia me dejó helado.* ◆ n. m. **4** Alimento dulce que se elabora con leche, azúcar y otros ingredientes y se somete a cierto grado de congelación para que adquiera una consistencia casi sólida: *tomaré un helado de turrón.*

helar v. tr./ prnl. **1** Pasar un líquido a estado sólido al bajar la temperatura unos determinados grados centígrados: *el agua se hiela a 0° centígrados.* **SIN** congelar. **ANT** fundir. **2** Asustar o sorprender una cosa a una persona: *el susto me heló por completo.* ◆ v. impersonal **3** Hacer una temperatura igual o inferior a 0°C: *esta noche ha helado.* ◆ v. prnl. **4 helarse** Pasar alguien mucho frío. **5** Secarse o dañarse una planta por acción del frío: *este invierno se han helado los geranios.*
DER helada, helado; deshelar.

helecho n. m. Planta herbácea sin flores, con hojas compuestas y delicadas, que suele crecer en los lugares húmedos: *el helecho se reproduce mediante esporas.*
DER helechal.

helénico, -ca adj. Relativo a la antigua Grecia o la Grecia actual, o a sus habitantes: *el mundo helénico dio grandes filósofos.* **SIN** griego, heleno.

helenismo n. m. **1** Período de la historia y la cultura griegas que abarca desde la muerte de Alejandro Magno en el siglo IV hasta la dominación romana que tuvo lugar en el siglo I a. de C. **2** Influencia ejercida por la cultura griega clásica en otras civilizaciones. **3** Palabra o modo de expresión de la lengua griega que se usa en otro idioma: *«hipnosis» es un helenismo en español.*
DER helenista.

heleno, -na adj. **1** Relativo a la antigua Grecia o la Grecia actual, o a sus habitantes: *Atenas es la capital helena.* **SIN** griego, helénico. ◆ adj./ n. m. y f. **2** [persona] Que es de la antigua Grecia o de la Grecia actual. **SIN** griego.
DER helénico, helenismo, helenístico, helenizar.

hélice n. f. **1** Pieza de un motor compuesta por varias palas que giran alrededor de un eje y que sirve, especialmente, para dar impulso a barcos, aviones y helicópteros. **2** Línea curva que da vueltas en distintos planos sin llegar a cerrarse: *los muelles son hélices.*
DER helicoidal.

helicóptero n. m. Vehículo sin alas que vuela propulsado por una hélice horizontal de dos palas muy largas situadas en su parte superior y central que, al girar rápidamente, le permiten moverse vertical y horizontalmente, así como mantenerse quieto en el aire.

helio n. m. Elemento químico gaseoso que no tiene olor ni color y es más ligero que el aire: *el símbolo del helio es He.*

heliotropo n. m. Planta de jardín que tiene las hojas de color verde oscuro y las flores pequeñas y blancas o violetas, de olor agradable.
DER heliotropismo.

hematoma n. m. Mancha amoratada o amarillenta que aparece bajo la piel por la acumulación de sangre u otro líquido corporal a consecuencia de un golpe o por otra causa. **SIN** cardenal.

hematuria n. f. MED. Presencia de sangre en la orina.

hembra n. f. **1** Animal de sexo femenino: *la hembra del toro es la vaca.* **NOTA** Se usa en aposición a nombres de animales que no varían de forma al cambiar de género: *cachalote hembra.* **2** Planta que solo tiene órganos reproductores femeninos. **3** Persona de sexo femenino: *dio a luz trillizos, dos varones y una hembra.* **SIN** mujer. **4** Pieza que tiene un hueco o un agujero en el que encaja otra pieza: *enchufe hembra.*

hemiciclo n. m. **1** Salón central de un edificio o recinto que está provisto de asientos colocados en filas escalonadas y dispuestas en forma de medio círculo, orientadas en dirección a una tribuna: *la sala del congreso de los diputados se llama hemiciclo.* **2** Conjunto de personas que ocupan los asientos de este salón. **3** Cada una de las dos mitades de un círculo divididas por un diámetro: *el diámetro de un círculo forma dos hemiciclos.* **SIN** semicírculo.

hemisferio n. m. **1** Mitad de una esfera o de un objeto de forma redondeada que se obtiene al dividirlo en dos partes iguales. **2** Mitad del planeta Tierra que resulta de dividirlo imaginariamente por el Ecuador: *España se encuentra en el hemisferio norte.* **3** Mitad lateral en que se divide el cerebro o el cerebelo.

hemistiquio n. m. Cada una de las dos partes de un verso que está dividido en dos mitades separadas por una cesura o pausa interna: *el verso alejandrino de Iriarte «en cierta ciudad / una campana había» tiene dos hemistiquios.*

hemorragia n. f. Salida de sangre de las arterias, venas o capilares por donde circula, especialmente cuando se produce en cantidades muy grandes: *tiene hemorragias por la nariz con mucha frecuencia.*

henchir v. tr. **1** Llenar por completo el espacio vacío de un cuerpo, aumentando así su volumen: *henchir los pulmones de aire.* ◆ v. prnl. **2 henchirse** Satisfacer los deseos, las esperanzas o las aspiraciones de una persona: *henchirse de orgullo.* **SIN** colmar, llenar. **3** Hartarse o llenarse de comida o bebida.
OBS En su conjugación, la *e* se convierte en *i* en algunos tiempos y personas, como en *servir.*

hender v. tr./ prnl. **1** Producir una abertura o hueco estrecho, largo y poco profundo en un cuerpo sólido. **SIN** hendir. ◆ v. tr. **2** Atravesar un fluido o un líquido: *la flecha hiende el aire.* **SIN** hendir.

hendidura n. f. Abertura o hueco estrecho, largo y poco profundo que se hace en un cuerpo sólido: *el alpinista logró sujetarse a una hendidura.*

hendir v. tr. Hender.
OBS La Real Academia Española recoge *hendir,* pero prefiere la forma *hender.*

heno n m. **1** Planta herbácea de hojas estrechas y agudas que tiene las flores en racimo y el tallo en forma de caña delgada. **2** Hierba que se corta y se deja secar para alimentar al ganado.

henrio o **henry** n. m. Unidad básica de inductancia o inducción de la corriente eléctrica en el Sistema internacional de unidades: *el símbolo del henrio es H.*

hepático, -ca adj. Del hígado o que tiene relación con este órgano: *la cirrosis es una enfermedad hepática.*

hepatitis n. f. Enfermedad causada por un virus que provoca la inflamación del hígado y cuyos síntomas son fiebre, coloración amarillenta de la piel y dolores abdominales.
OBS El plural también es *hepatitis.*

heptaedro n. m. Cuerpo geométrico de siete caras.

heptágono n. m. Figura geométrica que tiene siete lados.
DER heptagonal.

heptasílabo, -ba adj./ n. m. [verso, palabra] Que tiene siete sílabas.
DER heptasilábico.

heráldica n. f. Disciplina que estudia las imágenes y figuras de los escudos de armas.

heráldico, -ca adj. De la heráldica o que tiene relación con esta disciplina.
DER heráldica.

heraldo n. m. **1** Cortesano de la Edad Media encargado de llevar mensajes de cierta importancia, organizar las grandes ceremonias y llevar el registro de personas pertenecientes a la nobleza. **2** Persona encargada de llevar un mensaje importante o de mediar en una situación o asunto. **3** Cosa que anuncia con su presencia la llegada de otra: *la caída de la hoja es el heraldo del otoño.* **SIN** anuncio.
DER heráldico.

herbicida adj. **1** Que sirve para impedir el desarrollo de las hierbas perjudiciales que crecen en un terreno: *la acción herbicida de esa sustancia es doble.* ◆ adj./ n. m. **2** [producto químico] Que impide el desarrollo de las hierbas perjudiciales que crecen en un terreno: *sustancia herbicida.*

herbívoro, -ra adj. [animal] Que se alimenta solamente de vegetales, especialmente de hierba.

herboristería n. f. Establecimiento en el que se venden hierbas y plantas medicinales o productos manipulados derivados de ellas.
SIN herbolario.

hércules n. m. Hombre que tiene mucha fuerza.
OBS El plural también es *hércules.*
DER hercúleo.

heredad n. f. **1** Terreno dedicado al cultivo que pertenece a un solo dueño. **2** Conjunto de tierras y posesiones que pertenecen a una persona, a una familia o a una entidad.

heredar v. tr. **1** Recibir los bienes, el dinero o los derechos de una persona cuando esta muere, en cumplimiento de la ley o de las

disposiciones señaladas en un testamento: *los hijos heredaron la casa de su padre cuando este murió.* **2** Recibir un hijo de sus padres algunas características genéticas físicas o relativas a su carácter y modo de ser: *heredó la belleza de su madre.* **3** Recibir principios, ideas o problemas derivados de personas o circunstancias anteriores: *el gobierno ha heredado una cuantiosa deuda de los gobernantes anteriores.* **4** Recibir una cosa de otra persona cuando esta ya no hace uso de ella: *el hermano pequeño suele heredar la ropa del mayor.*
DER heredad, heredero, hereditario; desheredar.

heredero, -ra adj./ n. m. y f. **1** [persona] Que recibe los bienes, el dinero o los derechos de una persona cuando esta muere, en cumplimiento de la ley o de las disposiciones señaladas en un testamento. **2** Que ha recibido de sus padres o antecesores algunas características genéticas físicas o relativas al carácter y modo de ser. **3** Que recibe principios, ideas o problemas derivados de personas o circunstancias anteriores.
DER coheredero.

hereditario, -ria adj. De la herencia o que se transmite a través de ella: *el color de la piel es un carácter hereditario.*

hereje n. com. Persona que defiende ideas religiosas contrarias a los dogmas y a la fe de una doctrina religiosa: *la Inquisición perseguía a los herejes.*

herejía n. f. **1** Idea o conjunto de ideas religiosas contrarias a los dogmas y a la fe de una doctrina religiosa. **2** Postura o posición que se enfrenta a los principios y las reglas establecidas de una ciencia o un arte. **3** Disparate o tontería: *qué herejía acabas de decir.*

herencia n. f. **1** Derecho de heredar que tiene una persona por ley o por testamento: *estas tierras me correspondieron por herencia.* **2** Conjunto de bienes, dinero y derechos que se reciben legalmente de una persona cuando esta muere. **3** Proceso mediante el cual se transmiten una serie de características de los padres a los hijos a través de los genes. **4** Conjunto de bienes espirituales, obras o ideas que se reciben de los antecesores.

herida n. f. **1** Daño o lesión que se produce en los tejidos del cuerpo provocados por un corte o un golpe: *tiene una herida de bala en el brazo.* **2** Pena o daño moral que es causado por una ofensa: *esas palabras le causaron una profunda herida.*
▶ hurgar en la herida Hablar sobre un tema que molesta o hace daño a una persona: *deja de hurgar en la herida con esos comentarios.*

herido, -da adj. Que ha recibido una o más heridas: *llegó con la mano herida.*
▶ sentirse herido Ofenderse o enfadarse una persona con otra por lo que ha dicho o hecho: *cuando le habló de ese modo se sintió herido.*

herir v. tr./ prnl. **1** Causar una herida en los tejidos del cuerpo mediante un corte o un golpe. **2** Producir a una persona una pena o un daño moral a causa de una ofensa. **3** Producir una sensación desagradable y molesta en alguno de los cinco sentidos corporales: *el sol le hiere la vista.* **4** *formal* Pulsar o hacer sonar las cuerdas de un instrumento musical: *Aurora hería las cuerdas del laúd con infinita dulzura.*
▶ herir de muerte Causar una o varias heridas lo bastante graves como para causar la muerte.
OBS En su conjugación, la *e* se convierte en *ie* en sílaba acentuada o en *i* en algunos tiempos y personas, como en *hervir.*
DER herida, herido, hiriente; malherir, zaherir.

hermafrodita adj. **1** [ser vivo] Que reúne en un mismo individuo los órganos sexuales masculinos y los femeninos: *los caracoles son hermafroditas.* ◆ n. com./ adj. **2** Persona que tiene los órganos sexuales formados por tejido masculino y femenino a causa de una anomalía somática o física.

hermanar v. tr. **1** Juntar o unir dos o más cosas haciéndolas compatibles: *nuestras naciones están hermanadas por la historia.* **2** Establecer un vínculo entre dos localidades o poblaciones que tienen una base cultural semejante.
DER hermanado, hermanamiento.

hermandad n. f. **1** Relación de parentesco que existe entre hermanos: *la relación de hermandad debe estar llena de amor.* SIN confraternidad. **2** Relación de afecto y solidaridad que existe entre un grupo de personas o pueblos: *hubo una conferencia por la hermandad de las razas.* SIN confraternidad, confraternización. **3** Asociación de personas que tienen unos mismos intereses profesionales o altruistas: *hermandad de ganaderos.* **4** Asociación que algunas personas religiosas forman con fines piadosos: *Javier es miembro de una hermandad.* SIN cofradía.

hermano, -na n. m. y f. **1** Persona o animal que ha nacido del mismo padre y de la misma madre que otro: *tiene tres hermanos.* **hermano bastardo** Hermano que tiene en común con otro u otros el padre o la madre y que ha nacido fuera de un matrimonio legal. **hermano de leche** Hijo de la nodriza respecto de otra persona a la que esta amamantó, y viceversa. **hermano de madre** o **hermano de padre** Hermano que solo tiene en común con otro u otros la madre o el padre, respectivamente. **hermano gemelo** Persona que ha nacido a la vez que otra en el mismo parto y del mismo óvulo. SIN gemelo. **hermano mellizo** Persona que ha nacido a la vez que otra en el mismo parto pero de óvulos diferentes. SIN mellizo. **hermano político** Cuñado. **hermano siamés** Persona que nace a la vez que otra en el mismo parto y con el cuerpo unido por algún punto al de esta. **medio hermano** Hermano que solo tiene en común con otro u otros uno de los padres. **2** Persona que pertenece a un grupo religioso o a una hermandad: *hermanas de la caridad; hermano marista.* **3** Persona que está unida a otra por una gran amistad, por una fe religiosa común o por los mismos sentimientos u opiniones. **4** Cosa que tiene el mismo origen que otra o que suele ir acompañada de otra: *el catalán y el francés son dos lenguas hermanas.*

DER hermanar, hermanastro, hermandad.

hermético, -ca adj. **1** Que cierra perfectamente y no deja pasar el aire ni el líquido: *las cápsulas espaciales de los astronautas son herméticas.* **2** Que es difícil de conocer o entender: *este texto es muy hermético.*

DER hermetismo.

hermetismo n. m. Cualidad que tienen las cosas que son difíciles de conocer o entender: *los dos embajadores llevan sus conversaciones con total hermetismo.*

hermoso, -sa adj. **1** [persona, cosa] Que tiene belleza o hermosura: *una mujer hermosa.* SIN bello, bonito. ANT feo. **2** Que tiene o demuestra una gran humanidad y sensibilidad: *hizo un hermoso gesto de caridad.* SIN bello, bonito. **3** Que está fuerte, sano o gordo: *tiene un niño muy hermoso.* **4** Que es grande o abundante: *¡qué piso tan hermoso!*

DER hermosear, hermosura.

hermosura n. f. **1** Conjunto de características o cualidades que hacen que el aspecto físico de una persona resulte atractivo y agradable. **2** Conjunto de características de una cosa que provocan un placer sensorial o espiritual. **3** Persona o cosa que destaca por ser hermosa: *¡qué hermosura de niño!*

hernia n. f. Órgano o parte de él que sale, de forma natural o accidental, fuera de la cavidad que normalmente lo contiene: *tiene una hernia abdominal.*

DER herniarse.

herniarse v. prnl. **1** Sufrir una hernia: *al realizar repetidamente un esfuerzo puedes llegar a herniarte.* **2** *coloquial* Trabajar mucho o en exceso: *tranquilo, no te muevas de ahí, no vaya a ser que te hernies.*

héroe, heroína n. m. y f. **1** Persona admirada por haber hecho algo que requería mucha valentía o por haber logrado un objetivo muy difícil de conseguir: *Agustina de Aragón fue una heroína española de la guerra de la Independencia.* **2** Personaje de mayor importancia en una obra literaria o una película, especialmente el que es admirado por sus buenas cualidades. **3** En la mitología griega y romana, hijo de un dios y de un ser humano: *Hércules, Aquiles y Eneas eran héroes.*

DER heroico, heroína, heroísmo; antihéroe.

heroicidad n. f. **1** Cualidad extraordinaria o digna de admiración propia del héroe. **2** Hecho extraordinario y admirable que exige esfuerzo y valor: *el soldado relató las heroicidades de sus compañeros.* SIN proeza.

heroico, -ca adj. **1** Que es extraordinario y admirable y requiere gran esfuerzo y valor: *acto heroico.* **2** [poema] Que relata con mucho énfasis y entusiamo grandes hazañas y proezas.

DER heroicidad.

heroína n. f. Droga derivada de la morfina que suele presentarse en forma de polvo blanco de sabor amargo y que se usa como calmante: *el consumo de heroína crea adicción.*

DER heroinómano.

heroinómano, -na adj./ n. m. y f. [persona] Que es adicto a la heroína..

heroísmo n. m. Conjunto de cualidades propias de un héroe, como el valor y el esfuerzo.

herradura n. f. Pieza de hierro en forma de U que se les clava a los caballos y a otros animales en los cascos de las patas para evitar que se hagan daño al andar.

herraje n. m. Conjunto de piezas de hierro con las que se decora o se refuerza la estructura de una puerta, una mesa u otro objeto: *restauraron la puerta y cambiaron todos los herrajes.*

herramientas

albañilería: artesa, cincel, espátula, llana, maceta, nivel, paleta, plomo

agricultura y jardinería: aspersor, azada, azadón, carretilla, cortacésped, guadaña, hacha, horca, hoz, manguera, pala, pico, rastrillo, regadera, tijeras de podar

carpintería: barrena, berbiquí, broca, cartabón, cepillo, cincel, destornillador, escoplo, escuadra, formón, gubia, lima, martillo, mazo, punzón, serrucho, sierra, taladradora, tenazas

mecánica: alicates, calibre, gato, martillo, llave inglesa, sierra, taladradora, tenazas, tornillo, yunque

herramienta n. f. **1** Instrumento que se usa con las manos para hacer o reparar algo: *en la caja de las herramientas tengo un martillo, destornilladores y una lijadora.* **2** Elemento necesario para desarrollar un trabajo de manera satisfactoria.

herrar v. tr. **1** Clavar las herraduras a los caballos y a otros animales en los cascos de las patas. **2** Marcar la piel de un animal con un hierro candente: *los vaqueros hierran el ganado para identificarlo.*
OBS No se debe confundir con *errar*. En su conjugación, la *e* se convierte en *ie* en sílaba acentuada, como en *acertar*.
DER herrador.

herrero, -ra n. m. y f. Persona que se dedica a fabricar o trabajar objetos de hierro.
DER herrería, herrerillo.

hervir v. intr. **1** Moverse agitadamente un líquido que está sometido a la acción del fuego cuando alcanza una temperatura determinada, formando burbujas. SIN bullir, cocer. **2** Moverse un líquido formando burbujas por una reacción química, por fermentación o por otras causas. SIN bullir. **3** Estar en un lugar una cantidad grande de personas o cosas en continuo movimiento: *el sábado el mercado hervía de gente.* SIN bullir. ◆ v. tr. **4** Hacer que un líquido alcance la temperatura de ebullición. **5** Poner un alimento o una cosa en un líquido muy caliente durante un tiempo para cocinarlo o esterilizarlo: *herviré unas judías.*
▶ hervir la sangre Enfadarse o excitarse mucho una persona.
DER hervidero, hervido, hervidor, hervor.

hervor n. m. **1** Acción de hervir: *las langostas se hacen con un hervor.* **2** Fogosidad y entusiasmo propios de la juventud: *el hervor de la sangre joven.*

hespérides n. f. pl. En la mitología griega, ninfas que, con ayuda de un dragón, guardaban el jardín de las manzanas de oro que Gea dio a Hera como regalo de bodas.

heterogeneidad n. f. Mezcla de elementos diferentes que se reúnen en un todo.

heterogéneo, -nea adj. **1** Que está formado por elementos de distinta clase o naturaleza: *el público es heterogéneo.* ANT homogéneo. **2** Que es diferente para los diversos elementos que forman un determinado grupo o conjunto: *la renta per cápita del pueblo es heterogénea.* ANT homogéneo.
DER heterogeneidad.

heterónimo n. m. GRAM. Palabra que tiene una gran proximidad semántica con otra,

hervir

INDICATIVO	SUBJUNTIVO
presente	**presente**
hiervo	hierva
hierves	hiervas
hierve	hierva
hervimos	hirvamos
hervís	hirváis
hierven	hiervan
pretérito imperfecto	**pretérito imperfecto**
hervía	hirviera o hirviese
hervías	hirvieras o hirvieses
hervía	hirviera o hirviese
hervíamos	hirviéramos o hirviésemos
hervíais	hirvierais o hirvieseis
hervían	hirvieran o hirviesen
pretérito perfecto simple	**futuro**
herví	hirviere
herviste	hirvieres
hirvió	hirviere
hervimos	hirviéremos
hervisteis	hirviereis
hirvieron	hirvieren
futuro	IMPERATIVO
herviré	hierve (tú)
hervirás	hierva (usted)
hervirá	hervid (vosotros)
herviremos	hiervan (ustedes)
herviréis	FORMAS NO PERSONALES
hervirán	**infinitivo** hervir
condicional	**gerundio** hirviendo
herviría	**participio** hervido
hervirías	
herviría	
herviríamos	
herviríais	
hervirían	

pero procede de un étimo distinto: *«toro» y «vaca» son heterónimos.*

heterosexual adj./ n. com. **1** [persona] Que siente atracción sexual por personas de sexo distinto al suyo. ◆ adj. **2** [atracción sexual, relación sexual] Que se da entre personas que tienen distinto sexo.

hexaedro n. m. Cuerpo geométrico de seis caras: *el cubo es un hexaedro regular.*

hexagonal adj. **1** Que tiene forma de hexágono: *plaza hexagonal.* **2** GEOL [sistema cristalino] Que tiene cristales con un eje principal senario y seis binarios, equivalentes tres a tres.
OBS También se escribe *exagonal.*

hexágono n. m. Figura geométrica de seis lados: *las celdas de las abejas tienen forma de hexágono.* SIN seisavo.
DER hexagonal.

hexasílabo, -ba adj./ n. m. [verso o palabra] Que tiene seis sílabas.

hiato n. m. Pronunciación en sílabas distintas de dos vocales que están juntas dentro de una palabra: *en la forma «había» hay un hiato.*

hibernación n. f. **1** Estado de letargo que experimentan algunos animales en invierno por el cual la temperatura del cuerpo disminuye y entran en una especie de sueño: *la hibernación es característica de los osos y marmotas.* **2** Técnica que reduce la temperatura de un órgano o un cuerpo para curarlo o conservarlo mediante el uso de ciertos fármacos: *en los viajes espaciales del futuro quizás se emplee la hibernación.*

hibernar v. intr. **1** Pasar el invierno un animal en estado de hibernación: *los osos hibernan en cuevas.* ◆ v. tr. **2** Aplicar la técnica de la hibernación a un órgano o un cuerpo.
DER hibernación.

híbrido, -da adj./ n. m. **1** [animal, vegetal] Que procede de la unión de dos individuos de un mismo género, pero de especies diferentes: *maíz híbrido.* **2** [cosa, persona] Que es producto de elementos de distinta naturaleza: *el plateresco es un estilo arquitectónico de carácter híbrido.*

hidalgo, -ga n. m. y f. **1** Persona que pertenecía a la baja nobleza castellana. ◆ adj. **2** Del hidalgo o que tiene relación con esta persona: *era de familia hidalga.* **3** Que es generoso y noble.

hidalguía n. f. **1** Condición social de hidalgo. **2** Nobleza y generosidad: *con los más pobres y necesitados se comportaba con hidalguía.*

hidratación n. f. Acción de hidratar: *crema para la hidratación de la piel.*

hidratante adj./ n. m. [producto cosmético] Que hidrata la piel y restablece el grado de humedad normal: *una crema hidratante hace que la piel no se seque.*

hidratar v. tr. **1** Restablecer el grado de humedad normal de la piel. **2** Combinar el agua con un cuerpo o sustancia. ANT deshidratar.
DER hidratación, hidratante; deshidratar.

hidrato n. m. QUÍM Sustancia química que contiene moléculas de agua en su composición.
▶ **hidrato de carbono** Sustancia orgánica sólida, blanca y soluble en agua, que constituye las reservas energéticas de las células animales y vegetales. SIN azúcar, glúcido, sacárido.
DER hidratar.

hidráulico, -ca adj. Que funciona o es movido por la acción del agua o de otro líquido: *energía hidráulica.*

hidroavión n. m. Avión provisto de uno o de varios flotadores para amarar en el agua o despegar desde esta: *el hidroavión aterrizó cuando las olas estaban pequeñas.* SIN hidroplano.

hidrocarburo n. m. Compuesto químico formado por carbono e hidrógeno: *el butano es un hidrocarburo gaseoso.*

hidrógeno n. m. Elemento químico que se presenta en la naturaleza en forma de gas, sin color ni olor, y que arde fácilmente; forma, junto con el oxígeno, el agua: *el símbolo del hidrógeno es H.*
DER hidrogenar.

hidropesía n. f. MED. Acumulación excesiva de líquido en alguna cavidad o tejido del organismo.

hidrópico, -ca adj. **1** De la hidropesía o que tiene relación con ella. **2** [persona] Que padece hidropesía, especialmente de vientre. **3** [persona] Que tiene una sed anormal o excesiva.

hidropónico, -ca adj. Que tiene relación con el cultivo de plantas en un líquido, por lo general con una base de arena o grava.
DER hidroponía.

hiedra n. f. Planta de hojas brillantes y verdes que crece subiendo por paredes y árboles mediante pequeñas raíces que salen de su tallo y se adhieren a la superficie que le sirve de apoyo. SIN yedra.

hiel n. f. **1** Líquido de color amarillo verdoso

y de sabor amargo que es segregado por el hígado. SIN bilis. **2** Sentimiento de intensa amargura que incita a hacer daño a otras personas: *la hiel de sus palabras mostraba un intenso resentimiento.*

hielo n. m. Agua en estado sólido por efecto de una temperatura muy baja.

▶ hielo seco Dióxido de carbono en estado sólido que se utiliza para refrigerar y apagar incendios. romper el hielo Acabar con una situación de indiferencia, desconfianza o tensión con otra persona, iniciando la conversación con ella y procurando crear un ambiente agradable: *para romper el hielo le preguntó por sus padres.*

hiena n. f. **1** Animal mamífero salvaje que tiene el cuello largo y el pelo áspero y gris; caza en manada y se alimenta principalmente de carroña. **2** Persona despreciable que se comporta con crueldad y cobardía.

OBS Para indicar el sexo se usa *la hiena macho* y *la hiena hembra.*

hierba n. f. **1** Planta sin tronco cuyos tallos son hojas pequeñas y alargadas de color verde, generalmente, de pequeño tamaño. SIN yerba. **2** Planta sin tronco con hojas de color verde, finas, cortas y tupidas, que se planta en jardines por motivos ornamentales y en terrenos deportivos para facilitar la práctica de algunos deportes. SIN césped. **3** Droga que se saca de las hojas y flores secas del cáñamo índico y que se fuma mezclada con tabaco. SIN marihuana.

▶ finas hierbas Hierbas que están picadas muy menudas y sirven para condimentar los alimentos. hierba luisa Planta sin tronco con hojas pequeñas y aromáticas que se toman como infusión. mala hierba Conjunto de plantas perjudiciales que crecen de forma espontánea en un campo de cultivo.

DER hierbabuena.

hierro n. m. **1** Metal duro y dúctil, de color gris, que abunda en la naturaleza y que sirve para hacer todo tipo de herramientas, estructuras y objetos. hierro colado Hierro fundido sin refinar que es enfriado en diversos moldes. hierro dulce Hierro que no tiene aleación con otros metales ni está mezclado con minerales. hierro forjado Hierro que se trabaja a golpes, poniéndolo al rojo y enfriándolo, sucesivamente. **2** Elemento químico metálico que corresponde a este metal: *el símbolo del hierro es Fe.* **3** Objeto o instrumento hecho con este metal. **4** Marca o dibujo que se hace en la piel del ganado con un instrumento de metal calentado al rojo vivo, y que sirve para determinar el dueño del animal.

▶ de hierro **a.** [persona] Que tiene un carácter marcado por una gran fortaleza y voluntad. **b.** [salud] Que es muy buena y resistente a cualquier enfermedad: *a pesar de sus años disfruta de una salud de hierro.* quitar hierro Tratar de hacer menos grave, tensa o difícil una situación: *trató de quitar hierro a la noticia.*

DER herradura, herraje, herramienta, herrar, herrero, herrete, herrumbre; aherrojar.

hígado n. m. Órgano de forma oval y aplanada, tamaño grande y color marrón, que se encuentra junto al estómago; interviene en la función digestiva segregando la bilis, almacena sustancias nutrientes y sintetiza enzimas, proteínas y glucosa.

▶ echar los hígados Hacer un esfuerzo muy grande: *echó los hígados para subir el armario.*

higiene n. f. **1** Limpieza del cuerpo y de los objetos que rodean a las personas para mejorar la salud y prevenir enfermedades o infecciones. **2** Parte de la medicina que se ocupa de la conservación de la salud individual y colectiva.

DER higiénico, higienizar.

higiénico,-ca adj. De la higiene o que tiene relación con la limpieza.

higo n. m. Fruto comestible de la higuera, que tiene una forma parecida a la pera, color verde o marrón y carne suave, dulce y con muchas semillas.

▶ de higos a brevas En escasas ocasiones y muy distanciadas en el tiempo: *en casa comemos marisco de higos a brevas.* hecho un higo Muy arrugado o estropeado. higo chumbo Fruto de la chumbera; tiene la corteza de color verde y cubierta de espinas y la pulpa comestible, dulce y de color anaranjado.

higuera n. f. Árbol frutal de mediana altura y madera blanda que tiene las hojas verdes y grandes y cuyo fruto es el higo.

hijastro, -tra n. m. y f. Hijo de la persona con la que está casado alguien: *es su hijastro, hijo de su primera mujer.*

hijo, -ja n. m. y f. **1** Persona o animal en relación con los padres que lo han engendrado. hijo adoptivo Persona que no ha sido procreada por ninguno de sus dos padres legales, pero que tiene los mismos derechos y vínculos con ellos que un hijo engendrado de forma natural. hijo bastardo Hijo nacido de una mujer que no es la esposa de su padre. hijo ilegítimo Hijo que no ha sido reconocido legalmente por su padre. hijo legítimo Hijo que ha sido reconocido legalmente por su padre. hijo natural Hijo cuyos padres no están legalmente casados. **2** Persona en relación con el lugar o país en el que ha nacido: *Picasso es uno de los hijos más famosos de Málaga.* hijo predilecto Título honorífico que un municipio concede a una persona nacida en él en señal de gratitud y reconocimiento por sus valores profesionales y humanos. **3** Yema o tallo nuevo que le sale a una planta: *la planta que me regalaron está echando un hijo.* SIN brote. **4** Forma de tratamiento que se da normalmente a una persona más joven con la que se mantiene una relación de confianza o de superioridad de conocimientos y experiencia.

▶ cada hijo de vecino Expresión que indica que algo es aplicable a todo el mundo. hijo de papá Persona que pertenece a una familia rica o acomodada y a la que sus padres pagan todos sus caprichos. hijo de perra o hijo de puta *malsonante* Persona mala y despreciable. Se usa como insulto y ofensa muy graves. hijo político Persona que está casada con el hijo o la hija de otra: *mi marido es el hijo político de mis padres.*

DER hijastro; ahijar, prohijar.

hilandero, -ra n. m. y f. Persona que se dedica a hilar para fabricar hilo: *antes de que el proceso se industrializara había muchas hilanderas.*

DER hilandería.

hilar v. tr. **1** Transformar las fibras textiles de origen vegetal o animal en un hilo homogéneo y continuo. **2** Tejer un gusano su capullo o una araña su tela a partir de la fibra que estos mismos animales segregan. **3** Relacionar varias ideas entre sí para construir un pensamiento homogéneo o una conclusión: *a partir de unos pocos datos hiló una buena respuesta.*

▶ hilar fino Pensar o actuar una persona con gran astucia, meticulosidad y exactitud.

DER hilada, hilado, hilandero; deshilar, sobrehilar.

hilera n. f. **1** Conjunto de personas o cosas colocadas una tras otra en línea: *el nuevo paseo del centro está flanqueado por dos hileras de castaños.* SIN fila. **2** Máquina o instrumento que se usa en metalurgia y orfebrería para obtener hilos o alambres de un metal. ◆ n. f. pl. **3** hileras Apéndice anal de las arañas que alberga la glándula encargada de segregar el hilo.

hilo n. m. **1** Hebra larga, delgada y flexible que se obtiene al entrelazar fibras textiles de origen vegetal o animal: *el hilo se utiliza para hacer tejidos o para coser.* **2** Material largo, delgado y flexible que se obtiene al entrelazar fibras textiles extraídas del tallo del lino. SIN lino. **3** Fibra que segregan algunos gusanos o arañas para construir sus capullos o telas. **4** Material largo, delgado y flexible de cobre o de otro metal que es buen conductor de la electricidad: *hilo de cobre.* **5** Chorro muy fino de líquido que cae o sale de un lugar de manera lenta y continua deslizándose a través de una superficie: *un hilo de sangre manaba de la nariz del herido.* **6** Relación que une varias ideas o sucesos entre sí y les da continuidad y sentido: *he perdido el hilo de la película.*

▶ al hilo de En referencia a una cosa con la que tiene relación lo que se dice: *durante el debate, al hilo del descubrimiento de América, se discutió sobre el papel colonizador de la lengua española.* colgar (o pender) de un hilo Estar una cosa en una situación de gran inseguridad, riesgo o peligro: *la vida de los pasajeros pendía de un hilo.* hilo de voz Voz muy débil que apenas puede oírse. hilo musical Sistema de transmisión de programas musicales mediante receptores conectados al cable del teléfono.

DER hilacho, hilar, hilatura, hilera; ahilarse, enhilar.

himno n. m. Composición poética o musical de tono solemne que representa y exalta a una nación, país o región y en cuyo honor se interpreta en actos públicos.

hincar v. tr. **1** Clavar o meter una cosa con punta en otra ejerciendo una presión: *hincó su cuchillo en un árbol.* **2** Apoyar una cosa en otra ejerciendo fuerza: *hincó la cabeza en el suelo al hacer la pirueta.*

▶ hincar el diente Comer un alimento. hincarse de rodillas Apoyar las rodillas en el suelo.

OBS En su conjugación, la *c* se convierte en *qu* delante de *e*.

hincha n. f. **1** Sentimiento de rechazo o disgusto hacia una persona o cosa: *tiene hincha contra los toreros.* SIN ojeriza, tirria. ◆ n. com. **2** Persona que sigue con pasión y entusias-

mo a su equipo o deportista favorito: *los hinchas celebraron el título hasta el amanecer.* SIN forofo.
DER hinchada.

hinchable adj. **1** Que puede ser hinchado: *flotador hinchable; colchoneta hinchable.* ◆ adj./ n. m. **2** [objeto] Que es de plástico o de goma y debe hincharse antes de ser utilizado: *pusieron en la plaza un gran hinchable en forma de castillo para que saltaran los niños dentro.*

hinchada n. f. Conjunto de hinchas de un equipo deportivo: *solo se oían los gritos de la hinchada.*

hinchar v. tr. **1** Aumentar el tamaño o volumen de un cuerpo al llenar su interior con un gas u otra sustancia: *hinché el globo con aire.* SIN inflar. ANT deshinchar, desinflar. ◆ v. tr. **2** Exagerar la importancia o el valor de una cosa: *un diario local ha hinchado la noticia del robo.* SIN inflar. ◆ v. prnl. **3** hincharse Aumentar el volumen de una parte del cuerpo por una acumulación excesiva de sangre o de otro líquido orgánico. SIN inflamar. **4** Realizar una actividad con gran intensidad o dedicación durante un largo período de tiempo: *hoy me he hinchado de comer pollo y patatas.* **5** Sentir y mostrar un gran orgullo de los propios actos o virtudes: *se hinchaba cuando alababan su novela.*
DER hincha, hinchado, hinchazón; deshinchar.

hinchazón n. f. Aumento del volumen de una parte del cuerpo por una acumulación excesiva de sangre o de otro líquido orgánico: *el puñetazo le produjo una gran hinchazón en el ojo.*

hindi n. m. Lengua procedente del sánscrito que se habla en la India.

hindú adj. **1** De la India o que tiene relación con este país del sur de Asia. ◆ adj./ n. com. **2** [persona] Que es de la India. **3** [persona] Que profesa el hinduismo.
OBS El plural es *hindúes* (culto) o *hindús* (popular).
DER hinduismo.

hinduismo n. m. Religión politeísta originaria de la India que se caracteriza por creer en la reencarnación y en la existencia de un Ser supremo (Brahma) en que el alma del hombre aspira a diluirse cuando sea liberada del cuerpo y consiga abandonar su karma.
DER hinduista.

hinduista adj. **1** Del hinduismo o relacionado con él. SIN hindú. ◆ adj./ n. com. **2** [persona] Que profesa el hinduismo. SIN hindú.

hipar v. intr. **1** Tener hipo una persona. **2** Llorar emitiendo sollozos y gemidos entrecortados: *el bebé hipaba en la cuna.*
DER hipo.

hiperactivo, -va adj. Que desarrolla una actividad muy intensa, superior a lo normal en su clase: *es un niño hiperactivo, no se queda quieto.*

hipérbaton n. m. Figura del lenguaje que consiste en alterar el orden habitual y lógico de las palabras o de las oraciones: *en «del rincón en el ángulo oscuro», de Bécquer, hay un hipérbaton.*
OBS El plural es *hipérbatos.*

hipérbole n. f. Figura del lenguaje que consiste en exagerar lo que se expresa: *«érase un hombre a una nariz pegado» es una hipérbole.*
DER hiperbólico, hiperbolizar.

hiperbólico, -ca adj. **1** De la hipérbole o que tiene relación con esta figura del lenguaje: *comparación hiperbólica.* **2** De la hipérbola o que tiene relación con esta curva: *figura hiperbólica.*

hipercrítica n. f. Crítica excesiva o muy rigurosa que se hace de algo.

hiperenlace n. m. Sistema informático mediante el cual una secuencia de texto o una imagen, al pulsar sobre ella con el ratón, lleva a otra con la cual está conectada.

hipermercado n. m. Establecimiento comercial que ocupa una gran superficie en el que se venden toda clase de productos y en el que el cliente elige o coge lo que quiere comprar y lo paga a la salida.
OBS A veces se abrevia como *híper.*

hiperónimo n. m. GRAM. Palabra cuyo significado engloba la significación de otro u otros términos: *«insecto» es hiperónimo de «mosquito», «hormiga» o «escarabajo».*

hipersensibilidad n. f. **1** Tendencia de una persona a sentirse afectada en sus sentimientos por cosas que para los demás resultan poco importantes. **2** Reacción anormalmente sensible del organismo de una persona que se produce como rechazo a una sustancia que se le administra o con la que tiene contacto: *este paciente tiene hipersensibilidad a los antibióticos.*

hipersensible adj. [persona] Que tiende a sentirse afectada en sus sentimientos por cosas que para los demás resultan poco im-

portantes: *era una persona muy insegura e hipersensible a cualquier crítica.*
DER hipersensibilidad.

hipertensión n. f. Presión excesivamente alta de la sangre sobre la pared de las arterias: *la hipertensión arterial puede provocar infartos.*
DER hipertenso.

hipertexto n. m. Secuencia de texto o imagen conectada a otra mediante un hiperenlace.

hipertiroidismo n. m. MED. Enfermedad que se caracteriza por el aumento de la actividad funcional de la glándula tiroides y el exceso de secreción de hormonas tiroideas; provoca bocio, hiperactividad y taquicardia, entre otros síntomas.

hipertrofia n. f. **1** Crecimiento excesivo y anormal de un órgano del cuerpo: *la hipertrofia de la próstata.* **2** Desarrollo o aumento desmesurado y perjudicial de una cosa: *la hipertrofia de la burocracia.*
DER hipertrofiarse.

hip-hop o **hip hop** n. m. Movimiento cultural nacido en Estados Unidos de América en la década de 1970 que se caracteriza por sus bailes y ritmos peculiares; entre sus manifestaciones alternativas se encuentra la indumentaria y el graffiti.
OBS Se pronuncia aproximadamente «jip-jop».

hípica n. f. Deporte que se practica a caballo y que engloba diferentes modalidades, como el salto de obstáculos, la doma o las carreras: *la doma es una de las modalidades olímpicas más importantes de la hípica.*

hípico, -ca adj. Del conjunto de deportes que se practican a caballo o que tiene relación con ellos.
DER hípica.

hipnosis n. f. Estado de inconsciencia semejante al sueño que se logra por sugestión y que se caracteriza por la sumisión absoluta de la voluntad de alguien a las órdenes de quien se lo ha provocado: *mediante la hipnosis es posible recordar circunstancias olvidadas.*

hipnotismo n. m. Conjunto de técnicas y teorías relacionadas con los procedimientos para provocar la hipnosis y con los procesos mentales que sufre la persona que se somete a esta práctica.

hipnotizador, -ra n. m. y f. Persona que se dedica a practicar la hipnosis.

hipnotizar v. tr. **1** Provocar que una persona o animal entre en estado de hipnosis. SIN magnetizar. **2** Causar una gran fascinación y asombro o atraer la atención de manera irresistible: *el paisaje lo hipnotizó.*
OBS En su conjugación, la *z* se convierte en *c* delante de *e*.
DER hipnotizador.

hipo n. m. Movimiento violento e involuntario del diafragma que fuerza a los pulmones a expulsar aire de manera brusca y entrecortada produciendo un sonido característico.
▶ **quitar el hipo** Causar un gran asombro o sorpresa: *tiene un cochazo que quita el hipo.*
DER hipido.

hipocondría n. f. MED. Depresión anímica que se caracteriza por tristeza habitual y una preocupación obsesiva por la propia salud que lleva a creer que se padece una enfermedad sin padecerla realmente.
DER hipocandríaco.

hipocresía n. f. Actitud de la persona que finge en público tener unas ideas o sentimientos, pero en realidad tiene otros contrarios: *hizo cuanto pudo para que yo no ganara y luego tuvo la hipocresía de felicitarme.*
DER hipócrita.

hipócrita adj./ n. com. **1** [persona] Que finge en público tener unas ideas o sentimientos, pero en realidad tiene otros contrarios. ◆ adj. **2** Que es propio de estas personas: *una sonrisa hipócrita.*

hipódromo n. m. Instalación pública en la que se practican distintos deportes hípicos.

hipopótamo n. m. Animal mamífero de gran tamaño que tiene el cuerpo grande y gordo, la piel gruesa y casi sin pelo, las patas cortas, la cabeza y la boca enormes y las orejas pequeñas.
OBS Para indicar el sexo se usa *el hipopótamo macho* y *el hipopótamo hembra.*

hipoteca n. f. **1** Derecho de propiedad sobre una casa, un terreno u otro bien inmueble que su dueño da a otra persona, banco o sociedad, para asegurar o avalar una deuda que ha contraído con ellos: *firmó la hipoteca con una caja de ahorros para poder comprarse el piso.* **2** Cantidad de dinero que constituye esta deuda.
DER hipotecar, hipotecario.

hipotecar v. tr. **1** Poner la propiedad de una casa, un terreno u otro bien inmueble bajo una hipoteca para obtener a cambio el préstamo de una cantidad de dinero o como garantía de un pago. **2** Arriesgar la seguridad o la existencia de una cosa haciendo depender su futuro de factores o elementos extraños: *debes dejar el tabaco si no quieres hipotecar tu salud.*

OBS En su conjugación, la *c* se convierte en *qu* delante de *e*.

DER deshipotecar.

hipotensión n. f. Presión excesivamente baja de la sangre sobre la pared de las arterias: la hipotensión puede provocar desmayos.

DER hipertensión.

hipotenso, -sa adj. [persona] Que padece hipotensión.

hipotenusa n. f. MAT Lado opuesto al ángulo recto en un triángulo rectángulo: *el cuadrado de la hipotenusa es igual a la suma de los cuadrados de los otros dos lados.*

hipótesis n. f. Idea, juicio o teoría que se supone verdadera, aunque no se haya demostrado o confirmado, y a partir de la cual se extrae una consecuencia o una conclusión: *la policía especula con la hipótesis de que el industrial desaparecido ha sido secuestrado.*

OBS El plural también es *hipótesis*.

DER hipotético.

hipotético, -ca adj. **1** De la hipótesis o que está relacionado con esta idea que se supone verdadera sin haberse demostrado. **2** Que está basado o fundamentado en una hipótesis o en una suposición: *cálculo hipotético.*

hippy o **hippie** adj. **1** Del movimiento contracultural juvenil de carácter pacifista surgido en la década de 1960 que propugnaba principalmente la vida en comunas, la vuelta a la naturaleza y el fin de las guerras: *ideología hippy.* adj./ n. com. **2** [persona] Que pertenece a este movimiento.

OBS Se pronuncia aproximadamente «jipi». El plural es *hippies*.

hispánico, -ca adj. **1** De España o que está en relación con este país del sur de Europa. **SIN** español, hispano. **2** De Hispania o que tiene relación con este antiguo territorio romano que corresponde a la actual península Ibérica. **SIN** hispano. **3** Del español o que tiene relación con esta lengua.

hispanidad n. f. **1** Conjunto de países o pueblos formado por España y por los pueblos colonizados por dicho país y cuya lengua oficial o más hablada es el español. **2** Conjunto de características culturales comunes a estos países o pueblos.

hispano, -na adj. **1** De Hispanoamérica o que tiene relación con el conjunto de países y pueblos colonizados por España en América cuya lengua oficial o más hablada es el español. **SIN** hispanoamericano. **2** De España o que tiene relación con este país de Europa. **SIN** español, hispánico. **3** De Hispania o que tiene relación con este antiguo territorio romano que corresponde a la actual península Ibérica. **SIN** hispánico. ◆ adj./ n. m. y f. **4** [persona] Que es de un país de Hispanoamérica. **SIN** hispanoamericano.

DER hispánico, hispanidad, hispanismo, hispanista, hispanizar.

hispanoamericano, -na adj. **1** De Hispanoamérica o que tiene relación con el conjunto de países y pueblos colonizados por España en América cuya lengua oficial o más hablada es el español. **SIN** hispano. **2** De la colectividad cultural, social y económica formada por España e Hispanoamérica o que tiene relación con ella. ◆ adj./ n. m. y f. **3** [persona] Que es de un país de Hispanoamérica. **SIN** hispano.

hispanohablante adj./ n. com. **1** [persona] Que habla español como lengua materna. **SIN** castellanohablante. ◆ adj. **2** [país, comunidad] Que tiene como lengua oficial o materna el español. **SIN** castellanohablante.

hispanoparlante adj./ n. com. [persona] Que habla español como lengua materna. **SIN** hispanohablante.

hispanorromano, -na adj. Relativo a la península Ibérica en el período histórico en que formaba parte del Imperio Romano y a sus habitantes: *la población hispanorromana en tiempos de los visigodos era de unos 4 millones.*

histérico, -ca adj. **1** De la histeria o el histerismo o que tiene origen en esta enfermedad nerviosa o con este estado de intensa excitación: *ataque histérico.* ◆ adj./ n. m. y f. **2** [persona] Que padece histeria. **3** [persona] Que se encuentra en un estado de intensa excitación nerviosa provocado por una circunstancia o una situación anómala.

histograma n. m. Gráfico utilizado en la representación de datos que no son numéricos: *el histograma estará formado por rectángulos anchos que se adosarán unos a otros y nos servirá para representar variables cuantitativas que tomen muchos valores.*

historia n. f. **1** Disciplina que estudia los acontecimientos y hechos que pertenecen al tiempo pasado; especialmente, los que han tenido una especial importancia y han afectado a un grupo amplio de personas: *historia del arte.* **2** Conjunto de acontecimientos y hechos que pertenecen al tiempo pasado; especialmente, los vividos por una persona, por un grupo o por los miembros de una comunidad social: *la historia de la Tierra tiene su origen hace 4 700 millones de años.* **3** Narración o exposición ordenada y detallada de estos acontecimientos y hechos: *le regaló un libro sobre la historia de su pueblo natal.* historia sagrada Conjunto de acontecimientos que se cuentan en la Biblia. **4** Narración que hace una persona de un acontecimiento o hecho especialmente importante o curioso que conoce o que le ha ocurrido en su vida: *le contaba a todo el mundo la historia de la vez que se estrelló el avión en el que viajaba.* **5** Conjunto de acontecimientos o hechos inventados que se narran, generalmente, con la intención de divertir o entretener. ◆ n. f. pl. **6** historias Acontecimientos o hechos inventados que cuenta una persona con la intención de engañar a otra: *estoy harto de que me cuentes historias para excusarte por llegar tarde.*

▶ hacer historia Llevar a cabo una hazaña de una gran importancia que merece ser recordada: *el equipo español de waterpolo hizo historia en las Olimpiadas de Atlanta de 1996.* historia clínica Conjunto de datos e informaciones referidas a la evolución de la salud o la enfermedad de un paciente durante un período largo de tiempo. historia natural Conjunto de las ciencias que estudian la naturaleza: *la historia natural comprende el estudio de los reinos animal, vegetal y mineral.* pasar a la historia Ser recordado un acontecimiento, un hecho o una persona por su gran importancia o por su carácter único. ser historia Pertenecer al pasado y no tener importancia o consecuencias en el momento actual: *las desavenencias en su matrimonio ya son historia.* tener una historia **a.** Enfrentarse o tener un problema una persona con otra: *cuando era joven tuvo una historia con la policía.* **b.** Tener una relación amorosa con una persona: *tuvo una historia con el novio de una amiga.*

DER historial, historiar, histórico, historieta, historión; prehistoria, protohistoria.

historiador, -ra n. m. Persona que se dedica al estudio de la historia y a escribir obras de análisis sobre ella.

historial n. m. Relación detallada y ordenada que se hace sobre el desarrollo de una actividad o sobre la carrera de una persona, en especial de un funcionario: *historial académico.*

histórico, -ca adj. **1** De la historia o que tiene relación con esta disciplina. **2** [acontecimiento, persona] Que ha ocurrido o existido realmente: *el Cid fue, en efecto, un personaje histórico.* **3** [acontecimiento] Que tiene la suficiente importancia y trascendencia como para formar parte de la historia. **4** [obra literaria, película] Que fundamenta su trama en acontecimientos históricos.

DER historicidad, historicismo.

historieta n. f. **1** Serie o secuencia de viñetas con dibujos que cuentan una historia. **2** Relato breve e informal en el que una persona cuenta acontecimientos de su vida que considera especialmente importantes o por los que siente un gran cariño.

hit n. m. Disco o canción que tiene un gran éxito de popularidad y venta: *tengo el hit de moda.*

▶ hit parade Clasificación en la que figuran, por orden de popularidad y venta, los discos y canciones de mayor éxito: *es un cantante desconocido quien domina el hit parade.* NOTA Se pronuncia aproximadamente «jit pareid».

OBS Es una palabra inglesa. El plural es *hits.*

hitita adj. **1** De un pueblo indoeuropeo que en el segundo milenio a. de C. constituyó un poderoso imperio en Asia Menor y Siria o que está relacionado con él. ◆ adj./ n. com. **2** [persona] Natural u originario de este pueblo. ◆ n. m. **3** Lengua indoeuropea hablada por este pueblo.

hito n. m. **1** Señal en forma de poste que sirve para marcar los límites de un terreno o las partes de una vía o camino: *junto a un hito del camino.* **2** Acontecimiento muy importante y significativo en el desarrollo de un proceso o en la vida de una persona.

▶ mirar de hito en hito Mirar una cosa con gran atención y sin perder ni un detalle: *el púgil miraba de hito en hito a su oponente.*

hobby n. m. Actividad u ocupación que se realiza meramente por placer durante el tiempo libre: *su gran hobby es la restauración de coches antiguos.* SIN pasatiempo, afición, distracción.

OBS Es de origen inglés y se pronuncia aproximadamente «jobi». El plural es hobbies.

hocicar v. tr. Escarbar un animal con el hocico en la tierra o en otra materia.
OBS En su conjugación, la *c* se convierte en *qu* delante de *e*.
DER ahocicar.

hocico n. m. **1** Parte saliente y prolongada de la cabeza de algunos animales en la que está situada la boca y los orificios nasales: *el cerdo tiene hocico.* SIN morro. **2** Boca de una persona: *no pongas el hocico en la botella para beber.*
▶ meter el hocico o meter los hocicos Intentar una persona enterarse de asuntos ajenos que no le afectan ni son de su incumbencia: *el portero metía los hocicos en la vida privada de todos los vecinos.*
DER hocicar, hociquear.

hockey n. m. Deporte que se juega entre dos equipos que tratan de introducir una pequeña bola o un disco en la portería contraria ayudándose de un bastón largo, plano y con forma curva en uno de sus extremos: *es un buen jugador de hockey.*
OBS Se pronuncia aproximadamente «jóquey».

hogaño adv. En este año; por extensión, en esta época.

hogar n. m. **1** Casa o lugar donde vive habitualmente una persona y donde tiene la mayor parte de sus objetos personales y demás posesiones. **2** Conjunto de personas que viven juntas en este lugar y que generalmente están unidas por lazos de parentesco: *emigró a Alemania y allí fundó un hogar.* **3** Lugar de una casa donde se enciende fuego o donde se hace lumbre: *le gustaba sentarse a leer al calor del hogar.* hogar del jubilado u hogar del pensionista Edificio o recinto destinado a acoger a personas de la tercera edad para que pasen su tiempo libre o desarrollen diversas actividades.

hogareño, -ña adj. **1** Del hogar o relacionado con él: *tareas hogareñas.* **2** [persona] Que gusta de pasar la mayor parte del tiempo libre en su hogar y en compañía de la familia: *es un hombre hogareño.*

hoguera n. f. Fuego de gran tamaño y con mucha llama que se hace en el suelo al aire libre con leña u otro material. SIN fogata.

hoja n. f. **1** Órgano de las plantas que crece de las ramas o del tallo; generalmente, es de color verde, ligero, plano y delgado, y puede tener diversas formas dependiendo de la especie vegetal a la que pertenezca la planta. hoja caduca Hoja de una planta que en otoño pierde su color verde, muere y cae. hoja perenne Hoja de una planta que no muere ni cae de la planta con la llegada del otoño, sino que se renueva paulatinamente a lo largo del año. **2** Pétalo de las flores: *la margarita tiene hojas blancas.* **3** Lámina lisa y delgada de un material: *una hoja de papel.* hoja de lata Hojalata. **4** Lámina de metal, generalmente de acero, que forma la parte cortante de un instrumento o de un arma blanca: *la hoja de un cuchillo.* SIN cuchilla. **5** Parte de una puerta o de una ventana que está sujeta al marco mediante goznes o bisagras y que se abre y se cierra: *abre solo una hoja de la ventana.*
▶ hoja de cálculo Programa informático que sirve para hacer operaciones matemáticas y presentar los resultados de formas diferentes. hoja de servicios Documento oficial en el que se recoge toda la información profesional de un funcionario público: *consultó la hoja de servicios del cabo.* hoja parroquial Publicación de una parroquia en la que se da cuenta de las actividades sociales y religiosas desarrolladas en ella y se opina sobre temas de interés para los feligreses. no tener (o no haber) vuelta de hoja Expresión que indica que una cosa solo puede hacerse o entenderse de un único modo: *este asunto no tiene vuelta de hoja.*
DER hojarasca, hojear, hojoso, hojuela; deshojar.

hojalata n. f. Lámina delgada y lisa de hierro o acero cubierta de una capa fina de estaño por ambas caras: *la hojalata se usa en la fabricación de botes de conservas y de otros envases.*
SIN lata.

hojaldre n. m. **1** Pasta de harina, agua y manteca que se amasa laboriosamente y que al cocerse crece formando láminas delgadas separadas entre sí: *una masa de hojaldre rellena de crema.* **2** Pastel o pastelillo, dulce o salado, hecho con masa de hojaldre: *sirvieron galletas secas y hojaldres.*
DER hojaldrar.

hojarasca n. f. **1** Conjunto de hojas secas que han caído de los árboles y que cubren el suelo: *el jardinero recogió la hojarasca del paseo del parque.* **2** Exceso de hojas que tiene una planta. **3** Conjunto de cosas que se usan de adorno o relleno y que tienen poco valor e importancia por su naturaleza o por su falta de contenido: *la mayor parte del examen era hojarasca.*

hojear v. tr. **1** Pasar las hojas de un periódico, revista, libro u otra publicación de manera rápida, observando o leyendo su contenido de modo superficial: *hojear revistas del corazón.* SIN ojear.

¡hola! int. **1** Expresión que se usa para saludar: *¡hola! ¿Cómo estás?* **2** Expresión que indica sorpresa o extrañeza: *¡hola, hola!, ¿así que te casas?*

holandés, -desa adj. **1** De Holanda o que tiene relación con este país. ◆ adj./ n. m. y f. **2** [persona] Que es de Holanda. SIN neerlandés. ◆ n. m. **3** Lengua que se habla en Holanda.

holding n. m. Sociedad financiera que posee las acciones y se encarga de la administración de un conjunto de empresas que se dedican a diversas actividades económicas o industriales.

OBS Es de origen inglés y se pronuncia aproximadamente «joldin».

holgado, -da adj. **1** [prenda de vestir] Que es más grande de lo necesario para el fin al que está destinado: *esta falda me queda holgada.* SIN ancho. **2** Que tiene bienestar económico: *una vida holgada.*

holgar v. intr. **1** Ser una cosa innecesaria o estar de sobra: *si trae consigo una lijadora eléctrica, huelga que tú me dejes la tuya.* **2** Ser innecesario aclarar una cosa por ser conocida y aceptada por la mayoría. **3** Disfrutar de descanso y tranquilidad una persona que no tiene nada que hacer, especialmente si es por propia voluntad.

OBS En su conjugación, la *o* se convierte en *ue* en sílaba acentuada y la *g* en *gu* delante de *e*, como en *colgar*.

DER holgado, holganza, holgazán, holgazanear, holgura, huelga.

holgazán, -zana adj. [persona] Que no quiere trabajar o no cumple con su trabajo por falta de atención e interés. SIN vago.

OBS Se suele usar como apelativo despectivo.

DER holgazanear, holgazanería.

holgazanear v. intr. Estar sin trabajar por propia voluntad o no cumplir con el trabajo asignado por falta de atención e interés: *le encantaba holgazanear los domingos.*

holgura n. f. **1** Amplitud o anchura superior a la necesaria o conveniente: *los libros le cabían en la mochila con holgura.* **2** Espacio vacío que queda entre dos cosas que están encajadas una dentro de la otra. **3** Desahogo o bienestar económico: *su sueldo le permite vivir con holgura.*

hollar v. tr. **1** Pisar con el pie una superficie o un lugar: *ningún hombre ha hollado la superficie de Marte.* **2** Comprimir o apretar una cosa con los pies.

OBS En su conjugación, la *o* se convierte en *ue* en sílaba acentuada, como en *contar*.

holocausto n. m. **1** Antiguo sacrificio religioso, especialmente entre los judíos, en que se quemaba la víctima completamente. **2** Gran matanza de personas, especialmente la que tiene como fin exterminar a un grupo social por motivos de raza, de religión o de política: *el holocausto del pueblo judío fue terrible.* **3** *formal* Sacrificio o entrega que hace una persona por el bien o el beneficio de otras: *hizo holocausto de su honor.*

hombre n. m. **1** Individuo adulto de sexo masculino que pertenece a la especie humana. **2** Individuo de la especie humana: *todos los hombres debieran ser iguales ante la ley.* SIN persona, humano. **3** Persona de sexo masculino que está, junto a otras, bajo las órdenes de un jefe: *los hombres del comisario.* **4** Persona de sexo masculino con la que se mantiene una relación amorosa: *decidió abandonar a su hombre.* NOTA Suele usarse con un determinante o posesivo. ◆ int. **5 ¡hombre!** Expresión que indica admiración, sorpresa, extrañeza o disgusto: *¡hombre! ¡Cómo no me has avisado del nacimiento de tu hijo!* **de hombre a hombre** Expresión que se utiliza para indicar que una cosa se dice con la mayor confianza y franqueza: *el sargento me preguntó, de hombre a hombre, si yo sabía quién era el ladrón.* **hombre de Cromañón** Raza de seres humanos que vivieron al final del paleolítico y se caracterizaron por tener el cráneo alargado, la frente ancha y una estatura media de 170 cm. **hombre de Neanderthal** Raza de seres humanos que vivieron a mediados del paleolítico y se caracterizaron por tener una complexión robusta, las mandíbulas muy desarrolladas, poca frente y estatura baja. **hombre de paja** Persona que actúa en secreto bajo las órdenes de otra y cuyos intereses defiende: *el narcotraficante tenía a un hombre de paja a cargo de una importante cadena de restaurantes.* **hombre orquesta** Músico que lleva varios instrumentos sujetos a diversas partes de su cuerpo y

los toca todos al mismo tiempo. **hombre rana** Persona que va equipada con un traje de goma, gafas, aletas y bombonas de oxígeno y que realiza diversas actividades debajo de la superficie del mar, de un río o bien de un lago. **NOTA** El plural es *hombres rana*. **SIN** buzo. **ser un hombre hecho y derecho** Expresión que se utiliza para indicar que una persona de sexo masculino es ya un adulto con plena conciencia de los actos que realiza y de las responsabilidades que debe asumir: *cuando acabó sus estudios universitarios era ya un hombre hecho y derecho.*
DER hombrada, hombría, hombrón, hombruno; prohombre, superhombre.

hombro n. m. **1** Parte del cuerpo de algunos vertebrados en la que se unen al tronco las extremidades superiores o delanteras: *los soldados desfilan con el fusil apoyado en el hombro.* **2** Porción de una prenda de vestir que cubre esta parte del cuerpo de las personas.
▶ **arrimar el hombro** Colaborar unas personas con otras en un trabajo o actividad: *todos debemos arrimar el hombro para restaurar la catedral.* **encogerse de hombros** Mover una persona los hombros hacia arriba en señal de extrañeza o indiferencia. **hombro con hombro** Expresión que indica que una cosa se hace en estrecha colaboración con otra persona: *trabajó hombro con hombro con sus compañeros.* **mirar por encima del hombro** Tratar con menosprecio y superioridad a una persona.
DER hombrera.

homenaje n. m. **1** Celebración pública que se hace en señal de respeto, admiración y estima hacia una persona: *en el aniversario de su muerte el ayuntamiento celebró un homenaje en su memoria.* **2** Muestra de veneración o sumisión que realiza una persona. **3** Juramento solemne de fidelidad que un vasallo hacía a su señor en el sistema feudal de la Edad Media.
DER homenajear.

homenajear v. tr. Dedicar o rendir un homenaje a una persona o a su memoria en señal de respeto, admiración y estima: *el ayuntamiento de su pueblo homenajeó al atleta ganador.*

homeópata n. com./ adj. Persona que se dedica al estudio de la homeopatía o la ejerce como profesión.

homeopatía n. f. Método curativo de algunas enfermedades que se fundamenta en la aplicación de pequeñas cantidades de sustancias que, si se aplicaran en grandes proporciones a un individuo sano, producirían los mismos síntomas que se pretenden combatir: *para la homeopatía las enfermedades tienen un origen espiritual.*
DER homeópata, homeopático.

homicida adj. [persona, cosa] Que ha causado la muerte de una persona: *la policía encontró el arma homicida.*

homicidio n. m. Muerte que una persona causa a otra.

homilía n. f. Discurso o sermón sencillo pronunciado en público por un sacerdote y que contiene explicaciones o instrucciones sobre ciertas materias religiosas: *la homilía es parte integrante de la liturgia.*

homínido adj./ n. m. **1** [primate] Que pertenece a la familia de los homínidos. ◆ n. m. pl. **2** **homínidos** Familia de primates catarrinos con capacidad para andar sobre dos pies en posición erguida y dotados de inteligencia y habilidad manual: *el hombre es el único representante actual de los homínidos.*

homofobia n. m. Rechazo u odio hacia los homosexuales: *es imprescindible combatir la homofobia de nuestra sociedad.*
DER homófobo.

homófono, -na adj./ n. m. GRAM. [palabra] Que se pronuncia exactamente igual que otra palabra, pero tiene distinto significado: *«hola», saludo, y «ola», de agua, son palabras homófonas.*
DER homofonía.

homogeneizar v. tr. **1** Adoptar las características a la clase o naturaleza de dos o más cosas para hacer posible que se establezca entre ellas una relación de semejanza: es necesario homogeneizar el nivel de desarrollo industrial de los países del mundo. **2** Someter una sustancia a un proceso químico mediante el cual se disgregan los elementos que la integran.
DER homogeneización.

homogéneo, -nea adj. **1** [conjunto, grupo] Que está formado por elementos con una serie de características comunes por lo que se refiere a su clase o naturaleza que permiten establecer entre ellos una relación de semejanza. **2** [sustancia] Que se caracteriza por la uniformidad de su composición y estructura: *masa homogénea.*
DER homogeneidad, homogeneizar.

homologar v. tr. **1** Poner una cosa en relación de igualdad o equivalencia con otra por tener ambas en común características referidas a su naturaleza, función o clase: *homologar el sistema de ventas con el de otros países.* SIN equiparar. **2** Registrar o comprobar de manera oficial que las características de categoría y calidad de una cosa se adaptan a la legislación que existe sobre ella: *un televisor homologado.* **3** Registrar o comprobar de manera oficial el resultado de una prueba deportiva u otra actividad de acuerdo con la normativa adecuada: *homologar un récord.*

homogeneizar

INDICATIVO

presente
homogeneizo
homogeneizas
homogeneiza
homogeneizamos
homogeneizáis
homogeneizan

pretérito imperfecto
homogeneizaba
homogeneizabas
homogeneizaba
homogeneizábamos
homogeneizabais
homogeneizaban

pretérito perfecto simple
homogeneicé
homogeneizaste
homogeneizó
homogeneizamos
homogeneizasteis
homogeneizaron

futuro
homogeneizaré
homogeneizarás
homogeneizará
homogeneizaremos
homogeneizaréis
homogeneizarán

condicional
homogeneizaría
homogeneizarías
homogeneizaría
homogeneizaríamos
homogeneizaríais
homogeneizarían

SUBJUNTIVO

presente
homogeneice
homogeneices
homogeneice
homogeneicemos
homogeneicéis
homogeneicen

pretérito imperfecto
homogeneizara u homogeneizase
homogeneizaras u homogeneizases
homogeneizara u homogeneizase
homogeneizáramos u homogeneizásemos
homogeneizarais u homogeneizaseis
homogeneizaran u homogeneizasen

futuro
homogeneizare
homogeneizares
homogeneizare
homogeneizáremos
homogeneizareis
homogeneizaren

IMPERATIVO

homogeneiza (tú)
homogeneice (usted)
homogeneizad (vosotros)
homogeneicen (ustedes)

FORMAS NO PERSONALES

infinitivo
homogeneizar

gerundio
homogeneizando

participio
homogeneizado

OBS En su conjugación, la *g* se convierte en *gu* delante de *e*.
DER homologable, homologación.

homonimia n. f. GRAM. Característica en común que tienen varias palabras que se escriben o se pronuncian exactamente igual, pero tienen significados distintos: *hay una relación de homonimia entre «banco», para sentarse, y «banco», para guardar el dinero.*

homónimo, -ma adj./ n. m. **1** GRAM. [palabra] Que se escribe y se pronuncia exactamente igual que otra, pero tiene distinto significado y distinto origen etimológico: *«vela», de barco, y «vela», de cera, son palabras homónimas.* **2** [persona, cosa] Que tiene el mismo nombre propio que otra: *la capital de la provincia de Sevilla es la ciudad homónima.*

homosexual adj./ n. com. **1** [persona] Que siente atracción sexual por personas de su mismo sexo. ◆ adj. **2** [relación sexual, atracción sexual] Que se da entre personas que tienen el mismo sexo.
DER homosexualidad.

homosexualidad n. f. **1** Atracción sexual que una persona siente hacia otra del mismo sexo. **2** Práctica sexual que se da entre personas del mismo sexo.

honda n. f. Tira de cuero, esparto u otro material flexible que, doblada sobre sí misma, se hace girar para lanzar piedras a distancia aprovechando la fuerza centrífuga.
OBS No se debe confundir con *onda*.

hondo, -da adj. **1** [lugar] Que está alejado de la superficie de una cosa o de la parte superior o exterior: *el pueblo estaba enclavado en un hondo valle.* SIN profundo. **2** [recipiente] Que tiene mucha distancia entre el fondo y el borde superior. SIN profundo. **3** [mar, río, lago] Que tiene mucha distancia entre el fondo y la superficie. SIN profundo. **4** Que llega hasta muy adentro. SIN profundo. **5** [sensación, sentimiento] Que es muy intenso y provoca una gran alteración del ánimo: *el naufragio causó una honda impresión entre los vecinos.* SIN profundo. **6** [pensamiento, comunicación] Que es de difícil comprensión: *únicamente sus amigos más íntimos sabían descifrar el significado más hondo de sus canciones.* SIN profundo.
DER hondonada, hondura; ahondar.

hondonada n. f. Parte de un terreno más baja que las zonas que la rodean.

hondura n. f. **1** Distancia que hay desde la superficie o la parte superior de una cosa hasta su parte inferior. SIN profundidad. **2** Intensidad de una sensación o sentimiento que provoca una gran alteración del ánimo. SIN profundidad. **3** Complejidad de un pensamiento o comunicación que hace difícil su comprensión. SIN profundidad.

hondureño, -ña adj. **1** Relativo a Honduras, país de América Central, o a sus habitantes. ◆ adj./ n. m. y f. **2** [persona] Que es de Honduras.

honestidad n. f. **1** Cualidad de una persona que actúa de acuerdo con la justicia, la verdad y el honor: *el funcionario consideró un insulto a su honestidad que ella quisiera sobornarlo.* SIN honor, honorabilidad. **2** Respeto a la normas morales socialmente establecidas, especialmente a las de carácter sexual. SIN decencia, decoro. ANT indecencia, inmoralidad.

honesto, -ta adj. **1** [persona] Que actúa con honestidad. SIN cabal, honrado. ANT deshonesto. **2** Que se hace de acuerdo con la justicia, la verdad y el honor: *un honesto negocio.* SIN honrado.

DER honestidad; deshonesto.

hongo n. m. **1** Organismo vivo que vive fijo en la tierra o en la superficie en la que crece, carece de clorofila y se reproduce de forma sexual o asexual. ◆ n. m. pl. **2 hongos** Grupo al que pertenecen estos organismos.

▶ crecer como hongos Desarrollarse o extenderse mucho y muy rápidamente una cosa: *desde que se hizo famoso, sus amigos crecieron como hongos.*

honor n. m. **1** Actitud moral que impulsa a una persona a actuar de acuerdo con la justicia, la verdad y el honor y a cumplir con sus deberes u obligaciones. SIN honestidad, honorabilidad. **2** Respeto y buena opinión que se tiene hacia las cualidades morales y la dignidad de una persona: *el caballero había puesto en duda su honor llamándolo traidor.* SIN honra. ANT deshonra. **3** Satisfacción que siente una persona al recibir de los demás una prueba pública de respeto, admiración y estima. ◆ n. m. pl. **4 honores** Manifestación pública de respeto, admiración y estima que se ofrece a una persona en razón de su cargo o de su personalidad.

▶ dama de honor Mujer que acompaña a otra que es la más importante de una ceremonia pública. división de honor Categoría en la que se agrupan los mejores equipos de un deporte. hacer honor a Poner de manifiesto una cosa o dejarla en buen lugar: *el actual campeón del mundo hizo honor a su nombre y se adjudicó el primer premio.* hacer los honores Tratar con atención y esmero a los invitados a un acto, reunión o fiesta. palabra de honor Prueba que ofrece una persona de la verdad de lo que dice mediante la cual pone en juego su dignidad y consideración pública si esto resulta ser mentira: *dio su palabra de honor a sus amigos.* saque de honor Ceremonia en la que se simula el inicio de un partido por parte de una persona a la que se le quiere rendir un homenaje público de respeto, admiración y estima. tener el honor Disfrutar de la satisfacción de hacer una cosa importante y agradable: *tuvo el honor de representar a España en las Olimpiadas.*

DER honorable, honorario, honorífico; deshonor.

honorabilidad n. f. Cualidad de una persona que actúa de acuerdo con la justicia, la verdad y el honor y es digna de ser honrada y respetada por sus virtudes: *su honorabilidad no permitía a la abogada recibir regalos de sus clientes.* SIN honor, honestidad.

honorable adj. **1** [persona] Que es honrado y merece el respeto o la estima de los demás: *es una persona honorable que nunca ha robado.* **2** Que es propio de estas personas: *el equipo ocupó un honorable segundo lugar.* **3** Tratamiento honorífico que se concede a personas que tienen determinados cargos o dignidades: *el honorable presidente de la Nación.*

DER honorabilidad.

honorífico, -ca adj. Que supone una prueba pública de respeto, admiración y estima, aunque no tiene remuneración económica.

honra n. f. **1** Respeto y buena opinión que se tiene de las cualidades morales y de la dignidad de una persona: *intentó mantener ocultos los problemas económicos y no arruinar la honra de su familia.* SIN honor. ANT deshonra. **2** Satisfacción que siente una persona al recibir de los demás una prueba pública de respeto, admiración y estima. SIN honor. **3** Buena fama que tiene una persona que se comporta con honestidad moral.

▶ a mucha honra Expresión con la que se muestra satisfacción y orgullo por una condición o situación: *soy del Betis y a mucha honra.* honras fúnebres Ceremonia religiosa que se celebra en honor de una persona que ha muerto para rezar por la salvación de su alma: *a las honras fúnebres asistieron personalidades de todo el mundo.* **SIN** funeral.

honradez n. f. Cualidad de la persona o cosa que es honrada: *su honradez y sencillez son su carta de presentación.*

honrado, -da adj. **1** [persona] Que actúa con honradez. **SIN** cabal, honesto. **2** Que se hace de acuerdo con la justicia, la verdad y el honor: *el detenido aseguró que sus negocios eran honrados.* **SIN** honesto.

honrar v. tr. **1** Realizar una prueba pública de respeto, admiración y estima hacia una persona: *inauguraron un monumento para honrar la memoria del escritor en el aniversario de su muerte.* **2** Reconocer o premiar las cualidades morales y la dignidad de alguien. ◆ v. prnl. **3** **honrarse** Sentirse orgullosa una persona de una condición o situación: *el famoso cirujano se honraba de haber operado a importantes personalidades.*

DER honra, honradez, honrado, honroso; deshonrar.

honroso, -sa adj. **1** Que da honra: *una honrosa muerte en el campo de batalla.* **2** [cosa] Que, aun no siendo todo lo positivo que se esperaba o deseaba, permite conservar la dignidad o buena opinión de los demás: *logró un honroso tercer puesto.*

hooligan n. m. Hincha de uno de los equipos ingleses de fútbol que se caracteriza por su actitud violenta y su comportamiento destructivo.

OBS El plural es *hooligans.* Es de origen inglés y se pronuncia aproximadamente «júligan».

hora n. f. **1** Medida de tiempo que equivale a 60 minutos: *un día tiene 24 horas.* **2** Momento del día determinado por el tiempo que marca un reloj: *¿qué hora es?; ¿tienes hora?* **3** Momento oportuno y determinado para hacer una cosa: *estudió mucho para estar preparado cuando llegara la hora del examen.* **4** Cita que se fija para un día y momento determinado en la que una persona recibe a otra por motivos profesionales: *tengo hora con el médico.* **5** Instante final de la vida de una persona: *le llegó su hora.*

▶ **a buenas horas** Expresión que indica que una cosa sucede cuando es demasiado tarde y ya no sirve para nada: *a buenas horas vienes a ayudarme.* **a primera hora** Al principio del día o al principio del tiempo dedicado al trabajo o a otra actividad. **a todas horas** Continuamente: *está hablando de fútbol a todas horas.* **a última hora** Al final del día o al final del tiempo dedicado al trabajo o a otra actividad: *lograron empatar el partido a última hora.* **entre horas** Entre las horas de las comidas principales del día: *siempre está picando entre horas.* **hacer horas** Trabajar después de la jornada laboral marcada u obligatoria. **hora punta** Momento del día en que hay en las calles de una ciudad mayor presencia y movimiento de personas o vehículos: *en las horas punta son frecuentes los atascos.* **horas muertas** Período largo de tiempo que una persona dedica a una actividad de forma que llega a aislarse de todo lo demás: *pasaba las horas muertas con su ordenador.* **poner en hora** Ajustar el reloj para que marque el tiempo oficial correcto. **ya era hora** Expresión que indica que una cosa que ocurre en ese momento ya tendría que haber sucedido con anterioridad: *por fin ha llegado la pizza que encargaste, ya era hora.*

DER horario; ahora, deshora, enhorabuena.

horario, -ria adj. **1** Del tiempo que marca un reloj o que tiene relación con él: *zona horaria.* ◆ n. m. **2** Distribución de los días y las horas en que se presta un servicio o se debe realizar una actividad o trabajo: *con el horario de clases de este año tengo todas las tardes libres.* **3** Cuadro, panel o publicación que recoge esta distribución.

horca n. f. **1** Armazón de madera del que cuelga una cuerda con un nudo corredizo que sirve para ejecutar a una persona colgándola por el cuello hasta que muere. **2** Pena de muerte que se ejecuta colgando a las personas por el cuello hasta que mueren. **3** Instrumento de labranza formado por un palo largo terminado en dos o más puntas que se usa para mover hierba o paja cortada y para otros trabajos agrícolas. **4** Instrumento formado por una vara con dos puntas que sirve para sujetar, colgar o descolgar una cosa. **SIN** horquilla.

OBS No se debe confundir con *orca.*

DER horqueta, horquilla; ahorcar.

horchata n. f. Bebida refrescante elaborada a base de jugo de chufas machacadas mezclado con agua y azúcar; es típica de España, en particular de Valencia: *en vez de soda tomó horchata.*

DER horchatería.

horda n. f. **1** Grupo numeroso de personas que actúan de manera violenta destruyendo todo lo que encuentran a su paso: *una horda de aficionados furiosos arrasó los aledaños del estadio.* **2** Grupo numeroso de personas pertenecientes al mismo pueblo o tribu que tienen costumbres nómadas y guerreras: *las hordas bárbaras* .

horizontal adj. **1** Que es paralelo a la línea imaginaria del horizonte. ◆ adj./ n. f. **2** [línea, recta] Que es perpendicular a la vertical o está trazada de derecha a izquierda.

horizonte n. m. **1** Línea imaginaria que parece separar el firmamento de la tierra o el mar cuando se observan desde una perspectiva alejada: *el sol se oculta tras el horizonte.* **2** Espacio encerrado en esa línea. **3** Conjunto de posibilidades o perspectivas que ofrece una cosa. **4** Campo que abarcan las inquietudes y las ambiciones de una persona: *tiene una gran amplitud de horizontes.*

horma n. f. **1** Molde que sirve para dar forma a un material o a un objeto, en especial al calzado o a un sombrero. **2** Forma de un zapato en relación con el pie: *le gustaban los zapatos de horma alargada y en punta.* **3** Instrumento que se coloca en el interior de los zapatos cuando no se llevan puestos para ensancharlos o para que conserven su forma original.

▶ la horma de su zapato Expresión que se aplica a una persona o cosa para indicar que esta es capaz de competir con otra, hacer frente o someter a otra.

DER ahormar.

hormiga n. f. Insecto de cuerpo pequeño y alargado, color oscuro o rojizo, y dotado de antenas y fuertes mandíbulas que vive formando grandes colonias en galerías subterráneas o en los árboles.

▶ como una hormiga o como una hormiguita Expresión que se usa para resaltar el carácter trabajador, modesto y ahorrativo de una persona: *trabajando como una hormiguita, fue amasando una gran fortuna.*

DER hormiguear, hormiguero, hormiguillo.

hormigón n. m. Material de construcción formado por una mezcla de piedras menudas y un tipo de argamasa (cal, cemento, arena y agua): *la casa está hecha con hormigón.* SIN calcina, concreto. hormigón armado Bloque de hormigón reforzado interiormente por una armadura de barras de hierro o acero para, una vez fraguado, absorber los esfuerzos de tracción a que queda sometido: *el hormigón armado es muy resistente a las altas temperaturas.* SIN cemento armado.

DER hormigonera.

hormiguero n. m. **1** Cavidad que construyen las hormigas como refugio para vivir, reproducirse y almacenar alimentos, generalmente compuesta por una gran multitud de cámaras e intrincadas galerías: *los hormigueros suelen estar construidos bajo tierra.* **2** Comunidad de hormigas que habitan en un mismo nido: *cada día todo el hormiguero sale en busca de alimento.* **3** Reunión o aglomeración numerosa de personas que se mueven con rapidez y en todas direcciones: *el metro es un hormiguero a ciertas horas.*

hormona n. f. BIOL Sustancia química producida por un órgano, o por parte de él, cuya función es la de regular la actividad de un tejido determinado: *la insulina es una hormona.*

DER hormonal.

hormonal adj. De la hormona o de las hormonas, o relacionado con ellas: *desequilibrio hormonal.*

hornear v. tr. Poner en un horno un alimento u otra cosa para que con la acción del calor pierda humedad y se cueza, se ase o se dore: *hornear un pastel.* SIN ahornar, enhornar.

hornero, -ra n. m. y f. **1** Persona que se dedica profesionalmente a cocer pan en el horno. ◆ n. m. **2** Pájaro de unos 20 cm de longitud propio del sur y el centro de América y plumaje de color canela, con el cuello blanco y las alas castañas; hace el nido con barro y en forma de horno: *el hornero se encuentra en todos los hábitats posibles (selvas, desiertos, costas).*

horno n. m. **1** Aparato para cocer cosas, como pan, ladrillos, cerámica, etc., que consiste en un espacio cerrado, de albañilería o de metal, en el que se consigue una temperatura elevada por medio de algún combustible: *este pan lo elaboran en hornos de leña.* horno crematorio Horno destinado a la incineración de cadáveres. **2** Aparato electrodoméstico que funciona mediante electricidad o gas y sirve para calentar o cocinar los alimentos: *horno eléctrico.* horno microondas Horno eléctrico que emite radiaciones electromagnéticas con las que los alimentos se calientan, cuecen o cocinan rápidamente: *el horno microondas descongela los alimentos.* NOTA También simplemente *microondas*. **3** Lugar en el que hace mucho calor: *este lugar es un horno.* **4** Establecimiento en el que se elabora o se vende pan y a menudo productos de bollería. **SIN** panadería.

▶ **al horno** [alimento] Que ha sido cocinado o cocido en un horno: *papas al horno.* **no estar el horno para bollos** Expresión que indica que una determinada situación no es propicia para hacer cierta cosa: *ha tenido un mal día y no está el horno para bollos.*

DER hornada, hornazo, hornear, hornero, hornilla, hornillo.

horóscopo n. m. **1** Predicción de los hechos futuros que hace una persona a partir de la situación de los planetas del sistema solar y de su relación con los signos del zodíaco. **2** Escrito que recoge esta predicción: *hoy mi horóscopo dice que tendré un buen día.* **3** Signo del zodíaco al que pertenece una persona.

horquilla n. f. **1** Pieza pequeña y alargada de metal flexible doblada por la mitad que se usa para sujetar el pelo: *la novia llevaba un moño sujeto con horquillas.* **2** Parte del armazón de una bicicleta o de una motocicleta que une la rueda delantera al manillar. **3** Palo o vara alargado terminado en dos puntas en forma de V que sirve para colgar, descolgar o sujetar una cosa: *utilizó una horquilla para sujetar una de las ramas más cargadas del peral.*

DER ahorquillar.

horrendo, -da adj. **1** Que produce horror o miedo: *fue una muerte horrenda.* **SIN** espantoso, horrible. **2** Que es muy feo o desagradable: *Natalia se ha comprado un vestido horrendo.* **SIN** espantoso, horrible. **3** Que es muy grande o intenso: *hoy hace un calor horrendo.* **SIN** espantoso, horrible.

horrible adj. **1** Que produce horror o miedo: *tuvieron un accidente horrible.* **SIN** espantoso, horrendo. **2** coloquial Que es muy feo o desagradable: *un peinado horrible.* **SIN** espantoso, horrendo. **3** Que es muy grande o intenso: *un dolor de cabeza horrible.* **SIN** espantoso, horrendo.

horror n. m. **1** Miedo muy intenso. **2** Sentimiento intenso de rechazo y repugnancia: *dio un grito de horror cuando un ratón pasó junto a sus pies.* **3** Acto cruel, violento o sangriento: *los horrores de la guerra.* **4** Persona o cosa que es muy fea o desagradable: *el sofá me parece un horror.* ◆ adv. **5** Muchísimo o en gran cantidad: *los ruidos me molestan horrores.*

▶ **¡qué horror!** Expresión que muestra sorpresa o rechazo: *¡qué horror!, se me ha manchado el traje nuevo.*

DER horrendo, horrible, horripilar, horrísono, horrorizar, horroroso.

horrorizar v. tr. Causar horror.

OBS En su conjugación, la *z* se convierte en *c* delante de *e*.

horroroso, -sa adj. **1** Que produce horror o miedo: *un crimen horroroso.* **SIN** horrendo, horrible. **2** Que es muy feo o desagradable: *tenía un aspecto horroroso.* **SIN** espantoso, horrendo, horrible. **3** Que es muy grande o intenso: *en verano hace un calor horroroso.* **SIN** horrible.

hortaliza n. f. Planta comestible que se cultiva en un huerto: *el melón, la cebolla y el tomate son hortalizas.*

hortelano, -na adj. **1** De la huerta o que tiene relación con este terreno. **SIN** hortense. ◆ n. m. y f. **2** Persona que se dedica a cultivar y cuidar una huerta.

hortensia n. f. **1** Arbusto de jardín de mediana altura que tiene hojas abundantes y dentadas, fruto en cápsula y flores muy vistosas. **2** Flor de esta planta de color rosa, azulado o blanco que crece en tallos agrupados en torno a un eje principal: *la hortensia es muy olorosa.*

hortera adj. Que pretende ser elegante y es vulgar, ordinario y de mal gusto: *este chico es un hortera.*

DER horterada.

horterada n. f. Acción o cosa que resulta hortera: *la combinación de ropa que lleva puesta es una horterada.*

hosco, -ca adj. **1** Que tiene malos modos o es poco agradable en el trato con los demás: *Daniel tiene un carácter hosco y arisco.* **SIN** áspero. **ANT** agradable. **2** [lugar, tiempo] Que resulta desagradable y poco acogedor.

DER hosquedad.

hospedar v. tr. **1** Dar hospedaje a una persona: *en verano solía hospedar a excursionistas en el piso superior de su casa.* **SIN** albergar, alojar. ◆ v. prnl. **2 hospedarse** Vivir una persona de forma temporal en un lugar que pertenece a otra persona.

DER hospedador, hospedaje, hospedería, hospedero.

hospedería n. f. **1** Establecimiento público donde se acogen huéspedes que pagan por su alojamiento y por los servicios que allí reciben. **2** Conjunto de habitaciones de un edificio ocupado por una comunidad religiosa que están destinadas a hospedar a visitantes y peregrinos.

hospital n. m. Establecimiento público o privado dotado de habitaciones con camas para la estancia de personas enfermas o heridas, y provisto de dependencias con material técnico y quirúrgico donde los enfermos son sometidos a examen, diagnóstico, tratamiento y curación por parte del personal médico. SIN residencia, sanatorio.
DER hospitalario, hospitalidad, hospitalizar.

hospitalario, -ria adj. **1** Del hospital o que tiene relación con este establecimiento: *un ingreso hospitalario.* **2** [persona] Que recibe y acoge en su casa o en su tierra a los visitantes o extranjeros con amabilidad y toda clase de atenciones: *los andaluces tienen fama de ser muy hospitalarios.* SIN acogedor. **3** [lugar] Que resulta agradable y acogedor para la persona que vive o está en él de una forma temporal.

hospitalidad n. f. Amabilidad y atención con que una persona recibe y acoge a los visitantes o extranjeros en su casa o en su tierra: *nos recibió en su casa con gran hospitalidad.*

hospitalización n. f. Ingreso de una persona enferma o herida en un hospital para su examen, diagnóstico, tratamiento y curación por parte del personal médico: *tres de los accidentados necesitaron hospitalización.*

hospitalizar v. tr. Ingresar a un enfermo en un hospital.
OBS En su conjugación, la *z* se convierte en *c* delante de *e*.
DER hospitalización.

hostal n. m. Establecimiento público de categoría inferior al hotel que proporciona alojamiento y comida a los húespedes a cambio de dinero. SIN hostería.
DER hostelería, hostelero.

hostelería n. f. Conjunto de servicios que dan las empresas y personas que se dedican a proporcionar alojamiento y comidas a otras personas a cambio de dinero: *la hostelería es una de las mayores fuentes de ingresos de la economía española.*

hostelero, -ra adj. **1** De la hostelería o que tiene relación con ella. ◆ n. m. y f. **2** Persona que trabaja en el ramo de la hostelería.

hostería n. f. Hostal.

hostia n. f. **1** Pieza plana de pan ázimo, redonda y muy fina, que el sacerdote consagra durante la misa y da a los fieles en la comunión. **2** *malsonante* Golpe violento y fuerte: *se dio una hostia con el coche.* ◆ int. **3** ¡hostia! *malsonante* Expresión que indica sorpresa, admiración o disgusto; en general añade intensidad a lo que se dice. ser la hostia *malsonante* Impresionar mucho, de forma positiva o de forma negativa: *montarse en un Ferrari debe de ser la hostia.*
DER hostiar.

hostiar v. tr./ prnl. *malsonante* Golpear a una persona de manera violenta y repetida.

hostigar v. tr. **1** Azotar, dar latigazos: *hostigar al caballo.* **2** Acosar con insistencia a una persona o animal, persiguiéndolo, molestándolo, golpeándolo, etc.: *algunas personas fueron hostigadas por ciudadanos no uniformados.* SIN hostilizar.
OBS En su conjugación, la *g* se convierte en *gu* delante de *e*.
DER hostigamiento.

hostil adj. Que muestra una actitud de enemistad o aversión hacia el otro.
DER hostilidad, hostilizar.

hostilidad n. f. **1** Enemistad o aversión hacia otro individuo que una persona o animal muestra en su comportamiento. **2** Ataque o acción militar que se produce entre los ejércitos que combaten en una guerra: *las hostilidades de la guerra del Golfo.*

hotel n. m. Establecimiento preparado para dar alojamiento y comidas a cambio de dinero: *se aloja en un hotel de tres estrellas.*
▶ hotel residencia Hotel que no dispone de servicio de comedor.
DER hotelero.

hoy adv. **1** En el día actual: *si ayer fue martes, hoy ha de ser miércoles.* **2** En la actualidad. ◆ n. m. **3** Tiempo actual: *asistí a una conferencia sobre el hoy y el mañana de la lucha contra el sida.*
▶ hoy en día En la actualidad: *hoy en día, aún miles de personas mueren en el mundo por falta de alimento.* hoy por hoy En el presente, aunque en el futuro pueda ser de otra manera. hoy por ti, mañana por mí Expresión con la que se señala que un favor hecho a una persona en el presente puede ser correspondido por ella con otro favor en el futuro: *si tienes que marcharte temprano, yo haré tu trabajo: hoy por ti, mañana por mí.*

hoyo n. m. **1** Agujero hecho en la tierra de manera natural o artificial: *necesitamos hacer un hoyo para plantar un árbol.* **2** En el juego del golf, agujero pequeño de forma circular hecho en el campo en el que hay que introducir la pelota.

hoyuelo n. m. Pequeña cavidad que tienen algunas personas en mitad de la barbilla o que se les hace en las mejillas, cerca de la boca, al reír.

hoz n. f. **1** Herramienta compuesta por una hoja curva de metal con filo unida a un mango de madera; sirve para segar. **2** Cauce de un río o valle muy estrecho limitado por paredes altas de roca: *las hoces del río Cabriel.*

hucha n. f. **1** Recipiente cerrado para guardar monedas: *tiene una hucha para los niños pobres.* SIN alcancía. **2** Cantidad de dinero que se tiene guardado o ahorrado: *tiene una hucha considerable y piensa irse de viaje.*

hueco, -ca adj. **1** Que está vacío por dentro: *los huevos de chocolate normalmente están huecos.* **2** Que tiene el interior esponjoso y blando: *cabello hueco.* **3** [tela, prenda de vestir] Que no está pegado a la superficie que cubre: *le gustaba que las camisas le quedaran huecas por la cintura.* **4** [modo de hablar o escribir] Que usa palabras y construcciones grandilocuentes, pero está vacío de contenidos y conceptos. SIN pedante. **5** [sonido] Que es profundo y retumba: *un sonido hueco.* ANT macizo. ◆ n. m. **6** Agujero o abertura en una superficie: *la cucaracha se coló por un hueco del mueble de la cocina.* **7** Porción de espacio o sitio que queda por ocupar: *encontró un hueco en el centro para aparcar.* **8** Período de tiempo breve que queda libre. **9** Cargo, empleo o puesto que queda por ocupar: *gracias a un amigo, le hicieron a mi hijo un hueco en el colegio.*

huelga n. f. Interrupción del trabajo que llevan a cabo de común acuerdo los trabajadores como medida de protesta ante el patrón o el gobierno: *la huelga de la minería asturiana.*
▶ **huelga de brazos caídos** Interrupción de la actividad laboral sin abandonar el lugar de trabajo. **huelga de celo** Actividad de protesta de los trabajadores que consiste en el cumplimiento de las obligaciones y normas laborales con la máxima meticulosidad y lentitud. **huelga de hambre** Negativa a comer por parte de una o varias personas como medida de protesta o reivindicación. **huelga general** Huelga que llevan a cabo todos los trabajadores de una población, región o país como protesta contra la autoridad competente.
DER huelguista, huelguístico.

huelguista n. com. Persona que participa en una huelga: *los huelguistas exigen un aumento salarial.*

huella n. f. **1** Señal que queda en una superficie por el contacto que ha tenido con ella una persona, animal o cosa: *las huellas de un oso en la nieve.* **2** Señal que queda de una cosa pasada o antigua: *cuando volvió al pueblo de sus padres, apenas encontró huellas de su familia.* SIN vestigio, rastro. **3** Conjunto de características culturales o humanas que son consecuencia del contacto con una persona o grupo social: *el mundo árabe dejó una huella importantísima en España.*
▶ **huella dactilar** o **huella digital** Señal que deja en una superficie la yema de un dedo. **seguir las huellas** Seguir la actitud, teoría o profesión de una persona: *pretende seguir las huellas de su padre y ser también un gran médico.*

huérfano, -na adj./ n. m. y f. **1** [persona] Que no tiene padre, madre o ninguno de los dos, porque han muerto. ◆ adj. **2** Que no tiene una cualidad o característica necesaria; especialmente, que carece de protección o ayuda.

huerta n. f. **1** Terreno de regadío mayor que el huerto, destinado al cultivo de verduras, legumbres y árboles frutales. **2** Zona agrícola compuesta en su mayoría por terrenos de esta naturaleza: *las naranjas de la huerta valenciana.*
DER huertano.

huerto n. m. Terreno de regadío de pequeña extensión destinado al cultivo de verduras, legumbres y árboles frutales.
▶ **llevar (o llevarse) al huerto** **a.** Convencer o engañar a una persona para que haga algo que no quiere o no le conviene. **b.** Tener una relación sexual con una persona.
DER huerta, huertano.

hueso n. m. **1** Pieza del esqueleto de los animales vertebrados, de naturaleza dura y resistente y color blanco, que tiene diversos tamaños, formas y funciones. **2** Materia de la que están constituidas estas piezas. **3** Parte dura y leñosa del fruto de los vegetales que contiene el embrión de la nueva planta: *no escupas los huesos de las uvas al suelo.* SIN semilla, simiente. **4** Persona exigente e inflexible que no muestra comprensión o piedad hacia los demás: *me ha caído un sargento que es un hueso.* **5** Asunto o materia que causa muchos problemas por ser difícil de desarrollar o resolver: *las matemáticas siempre fueron un hueso para ella.* ◆ n. m. pl. **6** huesos Cuerpo de una persona: *acabó dando con sus huesos en la cárcel.*

▶ estar (o quedarse) en los huesos Quedarse una persona o animal muy delgado. hueso de santo Dulce de forma cilíndrica hecho de mazapán y relleno de yema.

DER huesudo; deshuesar.

huésped, -da n. m. y f. **1** Persona que se aloja en un hotel o en casa de otra persona. **2** Persona que aloja a otra u otras en su casa. **3** Animal o vegetal a cuya costa vive, temporal o permanentemente, un parásito: *el perro es, a veces, huésped de pulgas.*

hueste n. f. **1** Conjunto de personas armadas que forman un ejército: *las huestes musulmanas invadieron la Península Ibérica en el siglo VIII.* **2** Conjunto de partidarios de una persona o de una causa: *las huestes del partido aclamaron a su líder.*

OBS Se suele usar en plural.

huesudo, -da adj. [persona o animal] Que tiene poca masa muscular o poca grasa y se le marcan mucho los huesos, generalmente por estar muy delgado.

hueva n. f. Conjunto de huevos de algunas especies de peces: *el caviar se elabora con las huevas del esturión.* SIN ovas. NOTA Se usa más en plural con el mismo significado.

huevera n. f. **1** Recipiente en forma de copa pequeña donde se coloca de pie un huevo pasado por agua y sirve como soporte para comérselo. **2** Recipiente de cartón o plástico con cavidades en forma de huevo que sirve para transportarlos o guardarlos.

huevo n. m. **1** Cuerpo redondo u ovalado, con una membrana o cáscara exterior, que contiene en su interior el embrión de la cría de un animal y el alimento necesario para que lo tome y crezca hasta salir de él. **2** Alimento constituido por la clara y la yema del cuerpo ovalado que pone la gallina. huevo al plato Comida que se hace cocinando al calor suave este alimento con mantequilla o aceite, jamón y tomate, y se sirve en el mismo recipiente en el que ha sido preparado. huevo duro El que se cuece en agua hirviendo hasta que cuaje completamente la yema y la clara. huevo frito Comida que se hace friendo este alimento sin batir en una sartén. huevo pasado por agua El que se cuece en agua hirviendo sin que cuaje completamente la yema y la clara. huevos revueltos Comida que se hace friendo este alimento sin batir en una sartén con mantequilla o poco aceite y removiéndolo hasta que cuaje. **3** BIOL. Célula a partir de la cual se desarrolla el embrión de un ser vivo, que resulta de la unión de las células sexuales masculina y femenina: *el huevo es el primer paso en el desarrollo del feto humano.* SIN cigoto, zigoto. **4** *malsonante* Testículo.

▶ a huevo *coloquial* En las condiciones más fáciles o favorables: *le pusieron a huevo aprobar el examen.* costar un huevo **a.** *malsonante* Suponer un gran esfuerzo o trabajo: *subir la pendiente en bicicleta me ha costado un huevo.* **b.** *malsonante* Valer mucho dinero: *le debe haber costado un huevo.* estar hasta los huevos *malsonante* No poder soportar más una situación. pisando huevos Muy despacio. tener huevos *malsonante* Ser muy valiente y atrevido.

DER hueva, huevera, huevería, huevero, huevón.

huida n. f. **1** Alejamiento de un lugar que se realiza de manera rápida para evitar un daño o un peligro: *el ciervo emprendió la huida al detectar la presencia del cazador.* **2** Salida precipitada de un lugar cerrado; especialmente, si se hace de manera oculta. SIN escapada, evasión, fuga.

huidizo, -za adj. **1** [persona o animal] Que evita el trato por ser muy tímido y receloso: *era un vecino huidizo.* **2** Que se mueve con mucha velocidad y se aleja y desaparece rápidamente: *saludó a su oponente con un gesto huidizo antes de comenzar el partido.* SIN fugaz.

huir v. intr. **1** Alejarse de un lugar o de una persona de manera rápida para evitar un daño o un peligro. **2** Salir precipitadamente de un lugar cerrado; especialmente, si es de manera oculta: *el detenido huyó de los juzgados por una ventana de los servicios.* SIN fugarse.

OBS En su conjugación, la *i* se convierte en *y* delante de *a*, *e* y *o*.

DER huida, huidizo, huido; rehuir.

hule n. m. **1** Tela recubierta en uno de sus lados por una capa de barniz u otro material sintético que le da un aspecto brillante y la hace impermeable. **2** Árbol que se cultiva en las regiones de clima cálido y húmedo de América, de 25 m de altura, con hojas alargadas y ásperas, y del que se extrae un jugo lechoso a partir del cual se fabrica el hule o caucho.

humanidad n. f. **1** Conjunto de todos los seres humanos que habitan la Tierra. **2** Capacidad para sentir afecto, comprensión o compasión hacia las demás personas: *los que trabajan para el Tercer Mundo demuestran tener una gran humanidad.* **3** Tamaño o fortaleza grande de un cuerpo: *cuando por fin llegó a casa, dejó caer toda su humanidad en la cama.* ◆ n. f. pl. **4 humanidades** Conjunto de estudios y disciplinas referentes a la literatura, el arte o las ciencias humanas.

humanismo n. m. **1** Conjunto de ideas, doctrinas y sentimientos que toman como modelos a los clásicos de la Grecia y de la Roma antiguas y que consideran más importante al hombre como individuo que como objeto de la creación o elemento de la sociedad, y, por tanto, conceden una especial importancia a su educación y formación cultural. **2** Corriente de pensamiento que tiene como objeto último y principal de sus ideas el ser humano y la humanidad. **3** Formación intelectual de una persona basada en el estudio de las disciplinas que son propias de las humanidades.
DER humanista.

humanista adj. **1** Del humanismo o que tiene relación con él: *el Renacimiento es una consecuencia del movimiento humanista que surgió en Europa.* ◆ adj./ n. com. **2** [persona] Que se dedica al estudio y cultivo de las disciplinas propias de las humanidades.

humanístico, -ca adj. **1** Del humanismo o que tiene relación con él. **2** De las disciplinas propias de las humanidades o que tiene relación con ellas: *la filosofía, la filología y la historia son disciplinas humanísticas.*

humanitario, -ria adj. **1** Que se dedica a prestar auxilio y ayuda a grupos de personas especialmente necesitadas: *la Cruz Roja es una organización humanitaria.* **2** [persona] Que tiene la capacidad de sentir afecto, comprensión o compasión hacia las demás personas: *era un médico amable y humanitario.* SIN humano. ANT inhumano.
DER humanitarismo.

humanización n. f. **1** Tendencia a sentir afecto, comprensión o compasión hacia las demás personas. **2** Adaptación a las características y necesidades propias del ser humano: *la humanización del progreso es la única alternativa a la alienación del hombre.*

humanizar v. tr. **1** Adaptar a las características y necesidades propias del ser humano: *es necesario humanizar el trabajo.* ◆ v. tr./ prnl. **2** Sentir afecto, comprensión o compasión hacia las demás personas: *el roce con sus nietos contribuyó a que se humanizara aún más.*
OBS En su conjugación, la *z* se convierte en *c* delante de *e*.
DER humanización; deshumanizar.

humano, -na adj. **1** Del hombre o que tiene relación con él: *la especie humana.* **2** Que es propio de los defectos o limitaciones del hombre: *equivocarse es humano.* **3** [persona] Que tiene la capacidad de sentir afecto, comprensión o compasión hacia las demás personas: *pidió a sus captores que le dieran un trato humano.* ANT inhumano.
▶ ser humano Hombre, persona.
DER humanidad, humanismo, humanístico, hu-

huir

INDICATIVO	SUBJUNTIVO
presente	**presente**
huyo	huya
huyes	huyas
huye	huya
huimos	huyamos
huis	huyáis
huyen	huyan
pretérito imperfecto	**pretérito imperfecto**
huía	huyera o huyese
huías	huyeras o huyeses
huía	huyera o huyese
huíamos	huyéramos o huyésemos
huíais	huyerais o huyeseis
huían	huyeran o huyesen
pretérito perfecto simple	**futuro**
hui	huyere
huiste	huyeres
huyó	huyere
huimos	huyéremos
huisteis	huyereis
huyeron	huyeren
futuro	IMPERATIVO
huiré	huye (tú)
huirás	huya (usted)
huirá	huid (vosotros)
huiremos	huyan (ustedes)
huiréis	
huirán	FORMAS NO PERSONALES
condicional	**infinitivo** huir — **gerundio** huyendo
huiría	
huirías	**participio** huido
huiría	
huiríamos	
huiríais	
huirían	

manitario, humanizar, humanoide; infrahumano, inhumano, sobrehumano.

humareda n. f. Cantidad grande de humo.

humeante adj. **1** Que echa o despide humo: *varios científicos se aproximaron al cráter humeante del volcán.* **2** Que echa o despide vapor: *la sopa está humeante.*

humear v. intr. **1** Echar o despedir humo. **2** Echar o despedir vapor: *la tetera humeaba.*

humedad n. f. **1** Presencia de agua u otro líquido en la superficie o en el interior de un cuerpo o en el aire: *en las zonas próximas al mar o a los ríos suele haber bastante humedad en el ambiente.* **2** Agua u otro líquido que está en la superficie o en el interior de un cuerpo o en el aire: *la humedad oxida el hierro.*

▶ humedad relativa Relación entre la cantidad de vapor de agua que tiene una masa de aire y la máxima que podría tener: *la humedad relativa en el desierto suele estar en torno al 20 %.*

humedecer v. tr. Poner un cuerpo húmedo o mojarlo ligeramente.

OBS En su conjugación, la *c* se convierte en *zc* delante de *a* y *o*, como en *agradecer.*

húmedo, -da adj. **1** Que tiene en su superficie o contiene en su interior agua u otro líquido: *se limpió las manos con una toallita húmeda.* **2** [lugar, clima] Que se caracteriza por tener frecuentes lluvias. ANT árido.

DER humedad, humedecer.

húmero n. m. ANAT. Hueso largo de la parte superior del brazo que une el codo con el hombro.

DER humeral.

humidificar v. tr. Aumentar [algo o alguien] el nivel de humedad relativa del ambiente de una habitación o lugar cerrado.

OBS En su conjugación, la *c* se convierte en *qu* delante de *e.*

humildad n. f. **1** Cualidad del carácter de una persona que le hace restar importancia a sus propias virtudes y logros y reconocer sus defectos y errores: *el científico reconoció con humildad que la gloria del descubrimiento debía ser para su equipo de colaboradores.* SIN modestia. ANT soberbia, vanidad. **2** Falta de importancia social o de medios económicos: *a pesar de la humildad del equipo rival, les costó mucho ganar el partido.* SIN modestia.

humilde adj. **1** [persona] Que resta importancia a las propias virtudes y logros y reconoce sus defectos y errores. SIN modesto. ANT creído, engreído, vanidoso. **2** [acto, actitud] Que demuestra humildad por parte de la persona que lo realiza: *con unas humildes palabras agradeció a sus amigos lo mucho que lo habían ayudado.* **3** Que es de poca importancia social o carece de medios económicos. SIN modesto.

humillación n. f. **1** Desprecio público del orgullo o del honor de una persona: *sometieron a los prisioneros a la humillación de pasearlos en fila por las calles de la ciudad.* SIN degradación. **2** Vergüenza que siente una persona al sufrir este desprecio.

humilladero n. m. Lugar devoto, marcado con una imagen o una cruz sobre un pedestal, que hay en la entrada de algunos pueblos y junto a ciertos caminos.

humillante adj. Que humilla o envilece.

humillar v. tr. **1** Despreciar públicamente el orgullo o el honor de una persona avergonzándola por ello. SIN degradar, pisar, pisotear. **2** Bajar la cabeza u otra parte del cuerpo en señal de respeto y sumisión: *los cardenales humillaron la cabeza cuando el papa entró en la sala.* ◆ v. prnl. **3** humillarse Adoptar una actitud de excesiva humildad en una situación o ante una persona: *no debes humillarte ante tu jefe.*

DER humillación, humilladero, humillante.

humo n. m. **1** Conjunto de gases y polvo muy fino que desprende una cosa cuando se quema: *el humo de la hoguera.* **2** Vapor de agua que despide un líquido al alcanzar una temperatura alta o un cuerpo al sufrir una reacción química: *el agua ya hierve porque echa humo.* ◆ n. m. pl. **3** humos Arrogancia o soberbia que muestra una persona con sus actos: *después de recibir el premio tenía unos humos que lo hacían insoportable.*

▶ bajar los humos Hacer que una persona pierda su arrogancia o soberbia. cortina de humo Conjunto de hechos o circunstancias con las que se pretende ocultar las verdaderas intenciones o desviar la atención de los demás: *su tristeza es solo una cortina de humo que esconde una profunda depresión.* echar humo Estar muy enfadado: *entró en la sala echando humo.*

DER humareda, humear; ahumar.

humor n. m. **1** Estado de ánimo de una persona que se manifiesta en una actitud de alegría o enfado ante los acontecimientos de la vida: *antes de pedirle un día libre al jefe, mira* *antes de qué humor anda.* **NOTA** Se usa, generalmente, con los verbos *tener, estar* o *ponerse.* **humor de perros** Estado de ánimo de la persona que está muy enfadada: *se levantaba con un humor de perros.* **NOTA** Se usa, generalmente, con los verbos *tener, estar* o *ponerse.* **buen humor** Estado de ánimo que supone una actitud de alegría. **NOTA** Se usa, generalmente, con los verbos *tener, estar* o *ponerse.* **mal humor** Estado de ánimo que supone una actitud de enfado. **SIN** malhumor. **NOTA** Se usa, generalmente, con los verbos *tener, estar* o *ponerse.* **2** Manera de actuar, hablar o representar la realidad dirigida a divertir y hacer reír a las personas: *una película de humor.* **SIN** humorismo. **humor negro** Diversión o risa producida por situaciones que debieran provocar compasión, pena o terror: *la comicidad con la que presentaban el asesinato daba un tono de humor negro a la película.* **3** Actividad profesional de la persona que se dedica a divertir y hacer reír a los demás: *el mejor número del espectáculo es el de humor.* **SIN** humorismo. **4** Nombre con que antiguamente se denominaba cualquier líquido del interior del organismo de los seres vivos.

▶ **estar de humor** Mostrarse una persona dispuesta a realizar una actividad o trabajo con buen ánimo: *les dijo a sus amigos que no estaba de humor para salir.* **humor vítreo** Sustancia gelatinosa y transparente encerrada en una fina membrana que se halla entre la retina y el cristalino del ojo. **sentido del humor** Capacidad de una persona para reírse de sí misma y para desdramatizar los problemas: *hizo gala de un gran sentido del humor.*

humorismo n. m. **1** Manera de actuar, hablar o representar la realidad dirigida a divertir y hacer reír a las personas: *el fino humorismo crítico de la película le supuso algunos problemas con la censura.* **SIN** humor. **2** Actividad profesional de la persona que se dedica a divertir y hacer reír a los demás. **SIN** humor.

DER humorista.

humorista n. com. Persona que se dedica a divertir y hacer reír a los demás.

DER humorístico.

humorístico, -ca adj. **1** Que expresa o contiene humor: *los comentarios humorísticos sobre su hermana no le hicieron ninguna gracia.* **2** Que tiene relación con la actividad profesional del humorista.

humus n. m. Sustancia que se crea a partir de la descomposición de materias orgánicas presentes en la capa superficial de un suelo: *la transformación de la materia orgánica en humus es lenta.*

OBS El plural es *humus.*

DER exhumar, inhumar, trashumar.

hundido, -da adj. Que se siente profundamente triste y desanimado. **SIN** abatido. **ANT** animado.

hundimiento n. m. **1** Acción de sumergirse completamente una cosa: *el hundimiento del barco.* **2** Caída de una construcción: *el hundimiento del edificio.* **3** Deformación de una superficie de arriba a abajo o de fuera hacia dentro. **4** Fracaso físico o moral: *el abuso del alcohol fue la causa de su hundimiento.* **SIN** abatimiento. **5** Pérdida de poder: *el hundimiento de la bolsa.*

hundir v. tr. **1** Sumergir completamente una cosa: *hundió la cabeza en el río para refrescarse.* **2** Introducir parte de un cuerpo en el interior de otro. **3** Caer una construcción: *el terremoto hundió el edificio.* **SIN** derrumbar. **4** Deformar una superficie o terreno de arriba abajo o de fuera hacia dentro: *el choque hundió parte de la chapa lateral del coche.* **5** Destruir física o moralmente: *el corredor se hundió a falta de dos vueltas para el final.* **SIN** abatir, agobiar. **6** Hacer fracasar algo o hacer que pierda poder: *la empresa se hundió por falta de planificación económica.* **SIN** arruinar.

DER hundido, hundimiento.

húngaro, -ra adj. **1** De Hungría o que tiene relación con este país del centro de Europa. ◆ adj./ n. m. y f. **2** [persona] Que es de Hungría. ◆ n. m. **3** Lengua de Hungría.

huracán n. m. **1** Viento extremadamente fuerte que avanza girando sobre sí mismo de forma muy rápida: *los huracanes suelen formarse en zonas próximas al mar Caribe.* **SIN** ciclón. **2** Viento muy fuerte. **SIN** vendaval. **3** Persona inquieta e impetuosa: *el niño de los vecinos es un huracán.* **SIN** torbellino.

DER huracanado.

huracanado, -da adj. [viento] Que tiene una intensidad o fuerza similar a la del huracán: *los vientos huracanados en el mar provocan grandes olas.*

huraño, -ña adj. [persona] Que rehúye el trato de otras personas y rechaza las atenciones y muestras de cariño: *tras la muerte de su mujer, se volvió una persona huraña y amargada que pocas veces salía de su casa.*

hurón n. m. Animal mamífero de pequeño tamaño, de cuerpo alargado, patas cortas y pelo áspero y largo.
OBS Para indicar el sexo se usa *el hurón macho* y *el hurón hembra*.
DER huronear, huronera.

huronear v. intr. Procurar enterarse con disimulo de una información, especialmente de datos referentes a la vida privada de las personas. SIN curiosear.

hurtadillas Palabra que se usa en la locución adverbial *a hurtadillas*, que indica que algo se hace de manera secreta para no ser visto por otras personas: *caminó a hurtadillas por toda la casa.*

hurtar v. tr. Apoderarse de cosas ajenas sin violencia o intimidación: *lo detuvieron en los grandes almacenes por intentar hurtar unos pantalones.* SIN sustraer.

husillo n. m. Tornillo metálico o de madera utilizado para el movimiento de las prensas y otras máquinas similares.

husmear v. tr. **1** Aspirar aire de manera reiterada para sentir un olor: *el perro husmea el rastro.* ◆ v. intr. **2** Procurar enterarse con disimulo de una información, especialmente de datos referentes a la vida privada de las personas: *la prensa del corazón anda siempre husmeando en la vida de los famosos.* SIN fisgar.
DER husmeo.

i n. f. **1** Novena letra del alfabeto español. El plural es *íes*: *la* i *es la tercera de las cinco vocales del español.* **2** Letra que representa el valor de 1 en el sistema de numeración romana. NOTA Siempre se escribe con letra mayúscula.

▶ **i griega** Nombre de la letra y: *la palabra* yunque *empieza por i griega.* **i latina** Nombre de la letra i: *la palabra* imagen *empieza por i latina.* **poner los puntos sobre las íes** Señalar o explicar con claridad los detalles de un asunto sobre los que podría haber duda: *cuando sus colaboradores empezaron a discutir, el jefe puso los puntos sobre las íes.*

-iatra Elemento sufijal que entra en la formación de palabras que designan al médico dedicado a determinadas especialidades: *pediatra, psiquiatra, geriatra.*

-iatría Elemento sufijal que entra en la formación de palabras que indican 'especialidad médica para la curación de lo que designa el primer elemento al que se une': *pediatría, psiquiatría, geriatría.*

ibérico, -ca o **iberio, -ria** adj. **1** De Iberia o que tiene relación con esta antigua demarcación geográfica que actualmente comprende los territorios continentales de España y Portugal. ◆ adj./ n. m. y f. **2** [persona] Que es de Iberia. SIN ibero.

▶ **península Ibérica** Zona del sur de Europa que comprende los territorios continentales de España y Portugal.

ibero, -ra o **íbero, -ra** adj. **1** De un antiguo pueblo que vivía en Iberia o que tiene relación con él. ◆ adj./ n. m. y f. **2** [persona] Que formaba parte de este pueblo. SIN ibérico. ◆ n. m. **3** Lengua hablada por este pueblo.

DER ibérico.

iberoamericano, -na adj. **1** De Iberoamérica o que tiene alguna relación con el conjunto de países y pueblos colonizados por España y Portugal en América, cuya lengua oficial o más hablada es el español o el portugués. **2** De la colectividad cultural, social y económica formada por España, Portugal e Iberoamérica: *la cumbre iberoamericana fue presidida por el Rey de España.* ◆ adj./ n. m. y f. **3** [persona] Que es de un país de Iberoamérica.

ibicenco, -ca adj. **1** De Ibiza o que tiene relación con esta isla del sur de las Baleares. ◆ adj./ n. m. y f. **2** [persona] Que es de Ibiza.

ibídem adv. Indicación que se usa para señalar que el título de la obra y el lugar citados coinciden con los indicados en la referencia, nota o cita inmediatamente anterior.

ibis n. f. Ave parecida a la cigüeña, de pico largo y encorvado, plumaje blanco en el cuerpo y negro en la cabeza, cola y extremidad de las dos alas.

OBS El plural también es *ibis.*

iceberg n. m. Bloque grande de hielo desprendido de un glaciar o de una costa helada que flota a la deriva en los mares de los polos Norte y Sur.

▶ **la punta del iceberg** Parte pequeña que se ve o se conoce de un asunto que en realidad es mucho más grande o importante: *las aprehensiones de droga solo son la punta del iceberg del tráfico real.*

OBS El plural es *icebergs.*

-ico, -ica Sufijo que entra en la formación de nombres y adjetivos con el significado de: **a.**'Relación': *gráfica, gramática, heroico.* **b.** En química indica generalmente que uno de los componentes se halla en su valencia máxima: *sulfúrico, oxálico.*

icono- Elemento prefijal que entra en la formación de palabras con el significado de 'imagen': *iconografía.*

icono o **ícono** n. m. **1** Signo que representa un objeto o idea con los que guarda cierta relación de parecido: *los iconos que representan los diversos deportes olímpicos.* **2** Imagen que representa a Jesucristo, a la Virgen o a un santo, pintada en una tabla de madera según el antiguo estilo bizantino.

iconoclasta adj. **1** De un antiguo movimiento religioso que rechazaba la adoración de imágenes sagradas y las destruía. ◆ adj./ n. com. **2** [persona] Que era partidaria de este movimiento: *los iconoclastas destruían o cubrían de cal las imágenes sagradas.* **3** Que no respeta los valores, las normas o las formas tradicionales y trata de destruirlos o ponerlos en ridículo.

iconografía n. f. **1** Conjunto de imágenes relacionadas con un personaje o tema artístico: *la iconografía de San Sebastián suele representarlo desnudo y con el cuerpo cubierto de flechas.* **2** Estudio u obra que describe y analiza las imágenes relacionadas con un personaje o tema artístico y sus características.
DER iconográfico.

iconográfico, -ca adj. De la iconografía o que tiene relación con ella: *el Pantocrátor es el motivo iconográfico principal de la portada de muchas iglesias.*

icosaedro n. m. MAT. Cuerpo sólido limitado por veinte caras.

ictericia n. f. MED. Color amarillento que toma la piel y los ojos de una persona como síntoma de una enfermedad; generalmente, por un mal funcionamiento del hígado.

ictio- Elemento prefijal que entra en la formación de palabras con el significado de 'pez': *ictiología.*

ida n. f. Movimiento por el que una persona, animal o cosa se dirige hacia un punto, lugar o término: *billete de ida y vuelta.* ANT regreso, vuelta.

idea n. f. **1** Representación abstracta de algo real o irreal que se forma en la mente de una persona. SIN concepto. **2** Opinión o juicio que se tiene de una persona o cosa: *tiene una idea equivocada de la situación.* SIN concepto, criterio. **3** Proyecto o plan para hacer una cosa: *durante el viaje por Marruecos tuve la idea de escribir una novela.* **4** Tema principal de algo: *su idea es pasar las vacaciones en el extranjero.* **5** Ocurrencia ingeniosa u original: *tiene ideas muy buenas pero no sabe llevarlas a la práctica.* ◆ n. f. pl. **6 ideas** Conjunto de conceptos y opiniones que una persona tiene sobre los diversos aspectos del mundo y la vida: *ideas políticas.* SIN ideario, ideología.
▶ **hacer una idea** Indicar de modo aproximado y general cómo va ser una cosa: *nos pusieron un examen para que nos hiciéramos una idea de cómo sería el de selectividad.* **hacerse a la idea** Aceptar una situación desagradable o con la que no se está de acuerdo: *estás castigado, así que hazte a la idea de que no vas a ir al cine.* **idea de bombero** Proyecto o intención poco común y muy difícil de llevar a cabo: *querer dar la vuelta al mundo en patines me parece una idea de bombero.* **idea fija** Proyecto o deseo que una persona desea llevar a cabo por encima de cualquier cosa y en el que está pensando continuamente: *desde niño tenía la idea fija de ser futbolista.* **mala idea** Intención de hacer daño: *jugando, me dio un empujón con mala idea y me tiró al suelo.* **no tener ni idea** No saber nada de algo o no recordar alguna cosa: *no tengo ni idea de dónde he puesto las llaves del coche.*
DER ideal, idear, ideología.

ideal adj. **1** Que es lo más adecuado que se podía pensar: *encontró plaza en un colegio ideal.* **2** De las ideas o que tiene relación con ellas: *la existencia ideal de los personajes de una novela.* ◆ n. m. **3** Ejemplo o modelo de perfección que se adapta a lo más adecuado que se podía pensar: *el ideal de belleza femenina y masculina.* **4** Conjunto de conceptos y opiniones que una persona tiene sobre los diversos aspectos del mundo y la vida. SIN ideario, ideología.
DER idealismo, idealizar.

idealidad n. f. Calidad de ideal; generalmente se opone a materialidad y a realidad.

idealismo n. m. **1** Tendencia a considerar el mundo y la vida de acuerdo con unos modelos de armonía y perfección ideal que no se corresponden con la realidad. **2** En filosofía, sistema que considera la idea como el elemento más importante de la realidad.

idealista adj. **1** Del idealismo o que tiene relación con él: *sus planteamientos políticos fueron tachados de idealistas.* ◆ adj./ n. com. **2** [persona] Que tiene una concepción del mundo y de la vida dominada por el idealismo, o que actúa conforme a él: *el idealista piensa que es posible una sociedad sin ninguna injusticia.*

idealización n. f. Consideración de una persona o cosa como un modelo de perfección ideal que no se corresponde con la realidad: *la idealización del progreso tecnológico.*

idealizar v. tr. Considerar que una persona

o una cosa se adapta a un modelo de perfección ideal aunque no se corresponda con la realidad.
OBS En su conjugación, la *z* se convierte en *c* delante de *e*.
DER idealización.

idear v. tr. Formar en la mente una idea, especialmente si es útil para resolver un problema o como punto de partida para un proyecto o plan: *Henry Ford ideó el sistema de producción en serie de automóviles.*
DER ideación, ideario.

ideario n. m. Conjunto de conceptos y opiniones que una persona, grupo o empresa tiene sobre un tema: *el ideario de un partido político.* SIN ideal, ideología.

idéntico, -ca adj. **1** Que es exactamente igual. **2** Que es muy parecido o casi igual: *hay hermanos gemelos que son idénticos.*
DER identificar.

identidad n. f. **1** Conjunto de características, datos o informaciones que permiten distinguir a un individuo o un elemento entre un conjunto: *gracias a testigos, la policía ha logrado establecer la indentidad de los autores del atentado.* **2** Conjunto de características culturales y sociales que son propias de una persona o de un grupo de personas. **3** Igualdad o parecido que existe entre dos o más cosas idénticas entre sí.
▶ carné de identidad Documento oficial en el que consta el nombre, la fotografía, la firma y otras informaciones de una persona, y que sirve para identificarla.

identificación n. f. **1** Característica o conjunto de características que permiten reconocer que una persona o cosa es la que se supone que es: *la identificación del sospechoso.* **2** Documento en el que consta el nombre y otras informaciones de una persona, y que sirve para identificarla: *el policía mostró su identificación.* **3** Consideración de dos o más cosas como idénticas cuando no lo son: *la identificación del progreso industrial con el bienestar social.* **4** Coincidencia en el modo de pensar o sentir con el de otra u otras personas: *la identificación de los seguidores de fútbol con sus ídolos.*

identificar v. tr. **1** Reconocer o probar que una persona o cosa es la que se supone que es: *identificó enseguida el reloj que le habían sustraído* . ◆ v. tr **2** Considerar dos o más cosas como idénticas cuando no lo son. ◆ v. prnl. **3** identificarse Estar de acuerdo con el modo de pensar o sentir de otra u otras personas: *suelo identificarme con los héroes de las novelas que leo.*
OBS En su conjugación, la *c* se convierte en *qu* delante de *e*.
DER identificable, identificación.

ideo- Elemento prefijal que entra en la formación de palabras con el significado de 'idea': *ideología, ideograma.*

ideográfico, -ca adj. De la ideografía o que tiene relación con ella: *el chino utiliza escritura ideográfica.*

ideología n. f. Conjunto de conceptos y opiniones que una persona o grupo tiene acerca de diversos temas que afectan al hombre. SIN ideal, ideario.
DER ideológico, ideólogo.

ideológico, -ca adj. De la ideología o que tiene relación con ella.

ideólogo, -ca n. m. y f. Persona que se dedica al análisis y difusión de una ideología política, social o religiosa.

idílico, -ca adj. Que es hermoso y produce sensación de paz y tranquilidad: *en el Pirineo aragonés la naturaleza ofrece rincones idílicos.* SIN paradisiaco.

idilio n. m. Relación amorosa entre dos personas, generalmente breve e intensa.

idioma n. m. Lengua que utiliza una nación, un país o una comunidad para comunicarse. SIN lenguaje.

idiomático, -ca adj. **1** Del idioma o que tiene relación con él. **2** GRAM. [palabra, expresión] Que es propio de un idioma y diferente de otros.

idiosincrasia n. f. Manera característica de pensar, sentir o actuar de una persona o de una comunidad que la distingue de otros.

idiota adj./ n. m. y f. **1** [persona] Que es poco inteligente y posee escaso entendimiento sin padecer ninguna enfermedad o retraso mental. SIN estúpido, tonto, imbécil. ◆ adj. **2** [expresión, acción] Que es propia de una persona poco inteligente e ignorante: *una pregunta idiota.* SIN estúpido, tonto.
DER idiotez, idiotismo, idiotizar.

idiotez n. f. **1** Cualidad de idiota. **2** Dicho o hecho propios de un idiota (persona poco inteligente): *decir idioteces.*

ido, -da adj. **1** [persona] Que no tiene completas sus facultades mentales: *creo que mi padre anda ido desde que lo despidieron de la fábrica.* SIN loco. **2** [persona] Que está muy

distraída y no presta atención a lo que ocurre a su alrededor: *durante toda la tarde estuvo como ido y no ganó ni una partida.*
OBS Es el participio de *ir*.

idolatrar v. tr. **1** Adorar o rendir culto a un ídolo. **2** Amar y admirar con exceso a una persona o a una cosa: *idolatraba a su hijo.*

idolatría n. f. **1** Adoración o culto de un ídolo. **2** Amor y admiración exagerados.

ídolo n. m. **1** Imagen o representación de una divinidad a la que se adora y rinde culto: *aquel tótem era un ídolo para la tribu.* **2** Persona a la que se ama y admira en exceso: *fue un ídolo para millones de aficionados al fútbol.*
DER idólatra.

idóneo, -nea adj. **1** Que tiene un conjunto de características adecuadas para desempeñar una función, actividad o trabajo: *un todoterreno es el vehículo idóneo para desplazarse campo a través.* **2** Oportuno: *le llegó el dinero en un momento idóneo.*

iglesia n. f. **1** Edificio donde una comunidad cristiana se reúne para rezar o realizar ceremonias religiosas. **SIN** templo. **2** Conjunto de personas que creen en la doctrina religiosa cristiana. **NOTA** En esta acepción se escribe con letra mayúscula: *la Iglesia católica.* **3** Conjunto de obispos, sacerdotes y demás personas que pertenecen a una orden o congregación religiosa cristiana. **NOTA** En esta acepción se escribe con letra mayúscula.

iglú n. m. Pequeño habitáculo en forma de media esfera hecho con bloques de hielo, propio de las regiones polares.
OBS El plural es *iglúes* (culto) o *iglús* (popular).

ígneo, -nea adj. De fuego o que tiene relación con él: *la materia ígnea es expulsada por la boca del volcán.*
DER ignición, ignífugo.

ignífugo, -ga adj. [material, objeto] Que protege contra el fuego porque no puede quemarse o porque arde con mucha dificultad: *el titanio es ignífugo.*

ignorancia n. f. **1** Falta de conocimiento sobre un asunto o materia. **SIN** desconocimiento. **2** Falta de cultura, educación o formación. **SIN** incultura.

ignorante adj./ n. m. y f. **1** [persona] Que no tiene conocimiento sobre un asunto o materia. **2** [persona] Que no tiene cultura, educación o formación: *fue un ignorante que nunca fue al colegio.* **SIN** inculto. ◆ adj. **3** Que implica ignorancia: *el desprecio ignorante a lo que es ajeno.*

ignorar v. tr. **1** No tener idea de una cosa o no comprender su naturaleza, cualidades y relaciones: *el médico ignoraba el origen del mal que aquejaba al paciente.* **SIN** desconocer. **ANT** conocer, saber. **2** No hacer caso o no tener en cuenta: *ignorar las señales de control de la velocidad.* **SIN** desatender.
DER ignorancia, ignorante.

igual adj. **1** [persona, animal, cosa] Que tiene características de naturaleza, cantidad o cualidad comunes con las de otra persona, animal o cosa: *no existen dos personas con las huellas dactilares iguales.* **SIN** idéntico. **2** [persona, animal, cosa] Que tiene características de naturaleza, cantidad o cualidad parecidas: *los dos hermanos son muy iguales.* **3** Que mantiene relación de proporción o correspondencia. **4** Constante: *mantuvieron un ritmo igual durante toda la carrera.* **5** [terreno, superficie] Sin relieves. ◆ adj./ n. com. **6** [persona] Que tiene la misma clase o nivel que otra u otras: *solo acostumbra conversar con sus iguales.* ◆ n. m. **7** MAT. Signo que representa la equivalencia entre dos cantidades o funciones matemáticas: *el igual se escribe así:* =. ◆ adv. **8** De la misma manera. **9** La misma cantidad: *estos tres bolígrafos cuestan igual.* **10** Indica la posibilidad de que ocurra o sea cierto lo que se expresa: *si llueve, igual esta tarde me voy al cine.* **SIN** quizá. ◆ n. m. pl. **11** iguales Cupones o décimos de lotería que llevan el mismo número.
▶ **al igual** De la misma manera; del mismo modo: *mi hermano, al igual que sus compañeros de clase, se marcha de viaje.* **dar (o ser) igual** No importar, ser indiferente: *se va al campo y le es igual que llueva o no.* **sin igual** Que no puede compararse con nada en su género por su belleza o su calidad.
DER igualar, igualdad, igualmente; desigual.

igualar v. tr./ prnl. **1** Hacer iguales dos o más personas, animales o cosas: *la ley iguala a ricos y pobres.* ◆ v. tr. **2** Hacer que una cosa llegue a alcanzar una relación de proporción o correspondencia con otra. **3** Allanar un terreno para poner toda su superficie al mismo nivel: *igualar el firme de una carretera.* **SIN** nivelar. **4** Relacionar dos cantidades o funciones matemáticas con el signo igual: *igualar dos ecuaciones.* ◆ tr./ intr. **5** En deporte, empatar a puntos: *el equipo español logró igualar el marcador.* ◆ v. intr./ prnl. **6** Ser una cosa igual a otra.
DER iguala, igualación; inigualable.

16

LÁMINAS PARA UN HABLANTE COMO TÚ

Cada día aprendes una palabra nueva (o varias), las oyes en clase, por la calle, en casa, por internet... Estas láminas pretenden ayudarte a almacenar cada nueva voz como si fuera una joya del tesoro y a alimentar tu vocabulario potencial. Después tú ya le sacarás todo el jugo. ¡Imagínate cuántas cosas podrás explicar con tantas palabras!

¿Sabes qué pasa cuando aprendes nuevas expresiones y voces? Que las que ya conocías y dominabas alcanzan una nueva dimensión, porque, al ponerlas una al lado de la otra, te das cuenta de los matices que tiene cada una: a veces comparten muchos de ellos y, otras, solo alguno. Es precisamente esto lo que ocurre con *rodaja* respecto a *lasca*, *penca*, *rebanada* o *viruta*; o a *apero* respecto a *artefacto*, *artilugio*, *dispositivo* o *herramienta*. Son palabras que están muy cerca unas de otras, ¿verdad? Pero cada una de ellas se relaciona con las demás de una manera particular y, a estas alturas, ya toca saber qué tienen en común y en qué se diferencian.

Toda una aventura que te puede llevar a navegar no solo por estas láminas, sino también por todas las páginas de este diccionario.

1 CÓMO CLASIFICAMOS

Cuando ordenamos algo, lo estamos colocando de acuerdo a un plan. Si lo ordenamos en distintas clases, hablamos de clasificación.

¿Conoces otras palabras relacionadas con la ordenación?

En los ayuntamientos el lugar más alto del **escalafón** lo ocupan los alcaldes.

Dentro de algunas **escalas**, se distinguen diversas **gamas**.

La magnitud de los terremotos se mide según una **escala**.

Escala de Richter

Grado	Efectos máximos
De 1 a 4,9	Se mueven los objetos y no se producen casi daños.
De 5 a 7,9	Los daños son serios en zonas extensas.
De 8 a 9	Gravísimos daños en cientos de kilómetros a la redonda.

Durante la Edad Media, la población estaba dividida en **estratos** sociales; es la sociedad feudal.

En aquellos tiempos, las familias de alto **linaje** se disputaban el poder.

Dentro de una ordenación, el grado nos permite conocer el nivel que ocupa cada elemento.

Grado es una palabra polisémica, es decir, que tiene diversos significados.

—

Una ecuación de segundo **grado**.

—

Por culpa del accidente, Noa sufre quemaduras de segundo **grado**.

—

Tras cursar un **grado** medio, es posible inscribirse en un grado superior.

Algunas organizaciones se estructuran por orden de importancia, es decir, según una jerarquía.

Organización piramidal de la manada de lobos

Algunos prefijos dan cuenta de la posición inferior o superior.
Se usan sobre todo en cultismos y en tecnicismos.

⊕	Ejemplos	⊖	Ejemplos
archi-	archicofradía archiconocido archiduque	**hipo-**	hipocampo hipocentro hipoglucemia
epi-	epicarpio epicentro epidermis	**infra-**	infrahumano inframundo infrarrojo
hiper-	hiperactividad hiperónimo hipermercado	**so-**	socavar sofreír soterrar
supra-	supranacional supraconductor suprarrenal	**sub-**	sub-18 submarino subterráneo

2 CÓMO NOS RELACIONAMOS

Entre las cosas y las personas se establecen relaciones de diversos tipos como verás en los siguientes textos.

dependencia — Desde que Eduardo perdió la vista, su nieta le lee.

cooperación y coordinación — Los bomberos españoles y los portugueses extinguen juntos el incendio.

reciprocidad — Al encontrarse los amigos, todos se saludan entre sí.

Muchas palabras que expresan relación son polisémicas, es decir, tienen varios significados. Es lo que ocurre con el verbo corresponder y la relación de correspondencia:

—

La **correspondencia** entre líneas de metro.

—

Un amor no **correspondido**.

—

Eva recoge la **correspondencia** del buzón.

—

Le **corresponde** a él limpiar su cuarto, no a sus padres.

Un sistema es un conjunto ordenado de elementos que permite que algo funcione. Puede referirse tanto a elementos materiales como no materiales.

—

El **sistema operativo** del ordenador permite que los demás programas funcionen.

—

El **sistema eléctrico** funciona siempre que las conexiones estén bien.

Preparar una cena especial no es fácil. Es aconsejable buscar el **equilibrio** entre sabores, lo cual puede conseguirse por **afinidad** o por **contraste**. Es fundamental que la salsa quede bien **ligada**, es decir, con los ingredientes bien integrados y sin grumos. En conjunto, el menú debe tener cierta **trabazón**: la elección del entrante, del plato principal y del postre ha de tener una cierta **consistencia**.

Como guinda, hay que pensar en un buen **maridaje** para que las bebidas que se sirvan **armonicen** con los platos.

	Ejemplos	¿Qué tipo de relación es?
afinidad	… de caracteres entre personas … de gustos o preferencias … entre átomos y moléculas	de parecido, de analogía, de coincidencia
concordancia	… de intereses … de opiniones … gramatical	de correspondencia o conformidad
enlace	… entre átomos … entre dos trenes … matrimonial	de unión o de cruce, material o no, entre elementos
equilibrio	… de fuerzas … de poderes … emocional	de estabilidad entre varias fuerzas que se contrarrestan
vínculo	… de amistad entre personas … histórico entre dos países … a una página web	de unión inmaterial

3 LOS CONJUNTOS

Podemos reunir varias cosas, o bien juntarlas o unirlas, y pasarán a formar un grupo.

Cuando agrupamos varias personas, animales o cosas con una característica común, decimos que son un conjunto.

En general, es habitual que los conjuntos de trabajadores reciban un nombre según la profesión:

- un **elenco** de actores
- el **ejército** de tierra
- una **cuadrilla** de vendimiadores
- el **claustro** de profesores

Algunos conjuntos reciben nombres especiales. Así, las formaciones de músicos pueden ser:

— **dúos, tríos, cuartetos, quintetos**
(según el número de miembros)

— **bandas, orquestas**
(según si van por la calle tocando o si tocan en una sala de conciertos)

⊖
Cuando se trabaja en equipo, pueden surgir conflictos que **dividan** al grupo. Las discrepancias pueden sembrar la discordia y **fragmentar** a los integrantes en bandos enfrentados. En ocasiones, la tensión puede ser tan fuerte que los miembros opten por **dispersarse** y que el grupo, por tanto, termine **disgregándose**.

⊕
En estos casos, lo mejor es hablar con calma. Los equipos que mejor trabajan son los que están **cohesionados**, es decir, los que permanecen estrechamente unidos incluso frente a las dificultades. Otro rasgo de los mejores equipos es que saben cómo **reagruparse** y **organizarse** a la hora de abordar nuevas tareas según las habilidades de cada cual.

	Ejemplos	¿Qué tienen en común?
abanico	... de opciones ... de destinos donde viajar ... de productos a la venta	Que despliega diversas posibilidades.
colección	... de fósiles ... de novelas policíacas ... de zapatos	Que son objetos homogéneos que alguien reúne.
manojo	... de cartas y papeles ... de llaves ... de nervios	Que son cosas que cogemos a lo largo y que caben en la mano.
par	... de botines ... de sinvergüenzas ... eléctrico	Que lo forman dos elementos.
rosario	... de luces en la carretera ... de calamidades ... de éxito	Que los elementos se disponen a lo largo y en serie.

En el delta, las aguas inundan los **arrozales** y **cañaverales**. Allí suelen ir los ornitólogos para observar las **bandadas** de pájaros.

En el interior hay tierras de cultivo, como los **trigales** y **olivares**, y también dehesas, donde pastan los **rebaños**.

Más arriba, en la montaña, abundan los **hayedos** y **pinares**, y, con un poco de suerte, es posible cruzarse con una **manada** de ciervos.

¿Has visto qué montón de nombres colectivos? ¡Cuéntalos!

4 LOS FRAGMENTOS

Cada cosa completa y diferenciada que encontramos en un conjunto constituye una unidad.

En cuanto a las cosas difíciles de separar y de contar, decimos que necesitan medida.

Podemos determinar la **magnitud**, que se expresa por **unidades** (sustantivos contables), o bien expresar una aproximación, si la cantidad es **no mensurable** (sustantivos no contables):

contables
- La presión atmosférica se mide por **bares**.
- La pureza del oro se mide por **quilates**.

no contables
- Una cantidad muy pequeña es un **ápice**.
- Venta de legumbres **a granel**.

Magnitudes como la **longitud** reciben diversos nombres según el objeto medido:

longitud (en milímetros)
- el **calibre** de una arma
- la **sección** de un cable

volumen (en cm^2) — la **cilindrada** de una moto

longitud (en CV) — los **caballos** de un motor

El tiempo es difícil de medir, porque cambia a cada **instante**, aunque los físicos, con sus cronómetros, pueden medir hasta **nanosegundos**. En la escuela y el instituto, contamos los **trimestres**, mientras que la universidad se organiza en **cuatrimestres** y **semestres**. Al envejecer, empezamos a recordar **lustros** y **décadas**, y los libros de historia hablan de **siglos**, o **centurias**, e incluso de **milenios**, **edades** y **eras**. Si vemos un documental sobre el big bang, comprenderemos **en un parpadeo** el tiempo cosmológico, que raya en lo **inconmensurable**.

Períodos de la prehistoria

Paleolítico inferior
(4 millones –150 000 años)

Paleolítico medio
(150 000 – 40 000 años)

Paleolítico superior
(40 000 – 9 000 años)

Neolítico
(9 000 – 6 000 años)

El español dispone de muchos nombres para expresar la medida de materias y sustancias. No todos proporcionan medidas exactas, sino que algunos solo acotan un fragmento.

	Forma		Se obtiene de...
lasca … de sílex (piedra) … de queso parmesano … de bacalao	plana y delgada		alimentos y objetos
loncha … de jamón … de queso … de lacón	ancha, larga y muy fina		productos de charcutería
rebanada * … de pan	fina	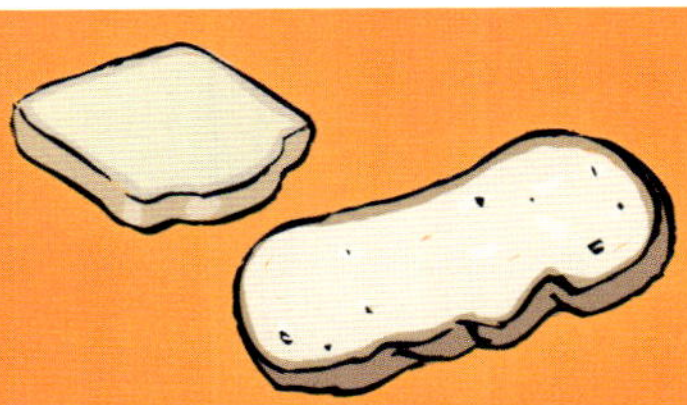	pan
rodaja … de chorizo … de naranja … de tomate	fina y circular		frutas y embutidos
viruta … de madera … de hierro … de jamón	de tira delgada y enrollada		alimentos y objetos

* En castellano también nos podemos rebanar un dedo y otras partes del cuerpo.

5 LAS PROPIEDADES DE LAS COSAS

Hay cualidades que son propias de ciertos sustantivos y se expresan con adjetivos que llamamos epítetos, que van delante del nombre.

la rosada aurora — el radiante mediodía — el romántico crepúsculo — la lóbrega noche

Otras cualidades pueden atribuirse a sustantivos diversos. Para ello empleamos el resto de adjetivos calificativos, que van detrás del nombre y expresan una característica.

—

Una novela con un argumento **fascinante** o **aburrido.**

—

Un salmón **insípido** o **sabroso.**

—

Unas instrucciones **claras** o **incomprensibles.**

⊖

Ayer, por desgracia, presenciamos un episodio de violencia machista. Un hombre de mal **pelaje** iba por la calle increpando a su pareja. Era un individuo de esos de la peor **ralea**. De inmediato, varias personas nos acercamos, avisamos a la policía, arropamos a la señora y alguien lo mandó a él a que insultara «a los de su **calaña**». Es lamentable que haya hombres de tan baja **estofa** que traten así a las mujeres.

⊕

Independientemente de otros **atributos**, yo creo que la **valía** de las personas se mide por su capacidad de comprender y defender a los más débiles. En mi opinión, la empatía es un **valor** fundamental y además necesario para tener **madera** de líder. Por supuesto, las personas empáticas suelen presentar también otras **virtudes**, pero ese **don** supone una **ventaja** decisiva a la hora de granjearse la confianza ajena.

Los rasgos y los aspectos caracterizan algo o a alguien.

Pueden referirse tanto a cuestiones físicas como inmateriales.

—

Javier tiene algunos **rasgos** de personalidad que recuerdan a su madre, y, a demás son como dos gotas de agua: el color de los ojos, los cabellos... incluso la sonrisa.

—

El problema es muy complejo. Por tanto, conviene considerar sus distintos **aspectos**.

Los distintivos, las peculiaridades y las particularidades son cualidades que permiten diferenciar a una persona o cosa de otras de su clase.

—

Para una playa, la bandera azul es un **distintivo** de calidad.

—

La **peculiaridad** de estas gafas está en el material: son de madera.

—

Entre los candidatos, Jaime tiene la **particularidad** de hablar chino con fluidez.

La calidad permite que podamos valorar una cosa por comparación con otras. Se distribuye entre buena o excelente y mala o deficiente.

—

En la almazara, el técnico realiza el **control de calidad**.

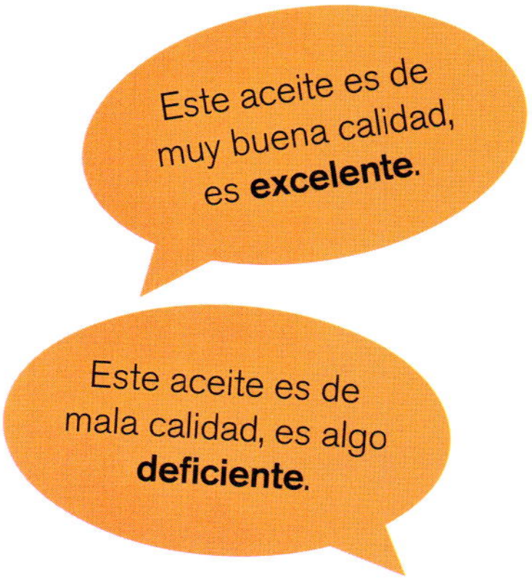

6 LAS FUNCIONES Y LOS OBJETIVOS

Función es el destino que se le da a algo, aquello para lo que sirve.

La **finalidad** es el objetivo que tiene una acción determinada.

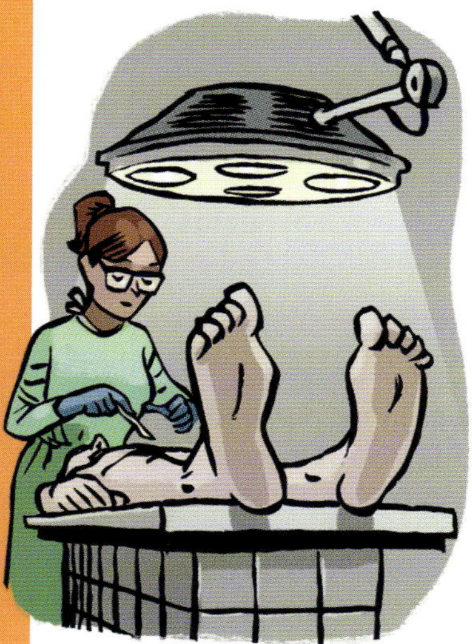

Entre los **cometidos** de Blanca está determinar la causa de la muerte. ¿Cuál es su profesión?

Médica forense

—

¿Quién tiene como **ocupación** llevar o vender agua?

Aguador

—

En las novelas de Harry Potter, ¿quién desempeña el **rol** de líder en el Colegio Hogwarts de magia y hechicería?

Albus Dumbledore

Por **designio** de los dioses, Ulises tardó en regresar a su tierra. ¿Cuál es?

Ítaca

—

¿Qué impuestos tienen por **objeto** gravar las mercancías que entran en un país?

Los aranceles

—

El **propósito** del implante coclear es ayudar a las personas a oír mejor. ¿Quién crees que lo necesita?

Las personas que no oyen bien

Teresa es barista y su **ideal** es saberlo todo sobre el producto en que es especialista. ¿Cuál es?

El café

—

La **meta** académica de Joaquín es ser un prestigioso cardiólogo. ¿Qué quiere estudiar?

El corazón y sus enfermedades

—

Un famoso compositor hizo que Salieri fuera el **blanco** de diversas acusaciones de plagio. ¿Quién era?

Wolfgang Amadeus Mozart

¿Has conocido a alguna de esas personas que siempre están **urdiendo** algún plan oscuro? Yo, por desgracia, sí los conozco muy bien. Se pasan la vida **tramando** maldades y **maquinando** venganzas. De todos modos, si por algo me desagrada ese tipo de gente es porque, a la hora de emprender cualquier proyecto, suelen **arrogarse la función** de líderes y para colmo solo son capaces de **pergeñar** esbozos de ideas que nunca llegan a nada.

Para **trazar** un plan de trabajo se deben considerar varias cuestiones. Antes de nada, hay que **programar** las distintas tareas y asignarlas a cada miembro del equipo. Seguidamente, conviene **diseñar** unos criterios de trabajo comunes, es decir, unos modos de procedes comunes para todos. A lo largo del proceso, aunque cada uno desarrolle su parte, conviene **forjar** una estrecha colaboración y mantener abierta la comunicación entre todos.

Anhelo, empeño y aspiración son nombres relacionados con la noción de objetivo.

Las tres palabras sugieren una intención, un deseo o una fuerza de voluntad intensos.

—

El mayor anhelo de Claudia es visitar Machu Picchu. ¿Adónde deberá viajar?

A Perú

—

Diego tiene el empeño de trabajar como fiscal. ¿Qué carrera universitaria le recomendarías?

Derecho

—

¿Qué lenguas deberá estudiar Ana si su pretensión es vivir en Nueva Zelanda?

Inglés y maorí

7 EL PORQUÉ DE LAS COSAS

Casi todo tiene su causa, es decir, su motivo, su razón y su porqué.

Unas cosas ocasionan que otras ocurran: son su causa. Si intervienen diversas causas, entonces hablamos de factores.

—

Las lluvias son la **causa** de las inundaciones.

—

La alimentación, el deporte y el descanso son **factores** que influyen en la salud.

Todo lo que tiene un principio se ha originado en algún momento y lugar.

Pueden ser orígenes muy cercanos o remontarse a la génesis de los tiempos. Los antecedentes influyen en otros hechos posteriores y nos ayudan a entenderlos mejor.

—

Este tren tiene su **origen** en la frontera.

—

La mantequilla es grasa de **origen** animal.

—

Los SMS son el **antecedente** de los mensajes de WhatsApp.

—

El **antecedente** de Instagram son los álbumes de fotos.

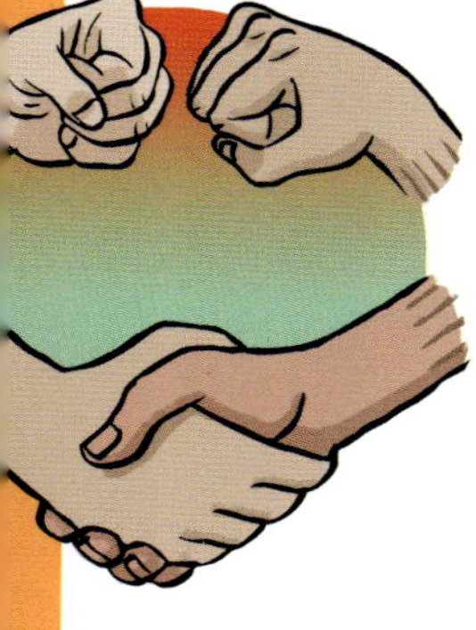

⊖

El odio es la **raíz** de todos los males. Está en el **origen** de muchas guerras y tiene la **culpa** de diversos desastres. Muchas veces, el odio solamente **esconde** miedos. Sin embargo, el odio y el miedo no son los únicos **responsables** de todos los problemas, porque también la ignorancia **provoca** conflictos.

⊕

De todas formas, podemos solucionar esos problemas: contra el odio, la empatía **facilita** la amistad, y para acabar con las guerras, deberemos **engendrar** una sociedad más justa. Quizá así podamos **concebir** un mundo de paz. Ante cualquier disputa, ponerse en el lugar del otro suele **generar** buenos resultados, del mismo modo que ayudar a otro a superar sus temores puede **proporcionarnos** mucho bienestar.

Orígenes

	Ejemplos	¿De qué tipo de origen se trata?
cimientos	...de un sistema de valores ...de una empresa ...de una relación	de uno que se construye con esfuerzo
embrión	...de un programa ...de un proyecto ...de una idea	de uno que más tarde crecerá para dar lugar a otra cosa
génesis	...de una montaña ...de los tiempos ...de una idea	de uno lejano en el tiempo
raíz	...raíces familiares ...de un problema ...de todos los males	de uno oculto a primera vista
semilla	...de la desconfianza ...de la revolución ...del éxito	de uno que da lugar a un proceso que crece

Mi familia **proviene** de América. En concreto, mi madre es **originaria** de México y mi padre **desciende** de una familia de artistas brasileños. Mi abuela siempre dice que las **raíces** familiares son importantes y por eso me está enseñando portugués, que es un idioma **derivado** del latín. Mi otra abuela sabía náhuatl y, aunque era su **lengua materna**, nunca me lo enseñó, pero sí me explicó que es un idioma muy antiguo, cuyos orígenes **se remontan** a muchos siglos atrás.

8 LA FORMA DE LAS COSAS

Si observamos la configuración exterior de algo, podemos advertir su forma.

A menudo, usamos comparaciones y metáforas para describirla:

— un **arco** de **herradura**
— una **bóveda** de **cañón**
— una **escalera** de **caracol**
— una **cúpula bulbosa**

Por tratarse de una palabra polisémica, forma se refiere también a otros aspectos, como la manera en que algo se organiza, se manifiesta o actúa.

Si quieres que te tomen en serio, has de **guardar las formas**.

República y monarquía son **formas de gobierno**.

Tanto la eólica como la solar son **formas de energía** renovables.

Ayer estuvimos **modelando figuras** con arcilla. Hace dos cursos ya habíamos dado forma a arcilla con las manos, pero esta vez hemos usado un **torno**. Trabajar con arcilla me gusta más que con escayola porque no hace falta **molde**.

Marina, la profesora, es también escultora y nos ha enseñado cómo usar un **cincel** para **tallar** la piedra. Esa es su **técnica** habitual, aunque antes de cada **pieza** suele hacer un **estudio** más pequeño, que **labra** en madera con una **gubia**.

Durante las dos primeras décadas del siglo XX, fue **tomando forma** el cubismo, una de las vanguardias que más contribuyeron a **transformar** la historia del arte. Muchos artistas modernos, deseosos de nuevos métodos, encontraron en esta corriente la **horma** de su zapato.

El cubismo permite **forzar** la perspectiva para conjugar distintos puntos de vista en una sola imagen. Gracias a este procedimiento, la atención del espectador **se desvía** de los detalles para considerar los múltiples aspectos que los objetos presentan.

	Ejemplos	¿Qué tiene de especial?
maqueta	... de un rascacielos ... de una carabela ... de un avión	Que reproduce una construcción a tamaño menor.
modelo	... de comportamiento ... de fabricación un contrato modelo	Que se puede imitar para crear otras formas.
molde	... para hornear bizcochos ... para fabricar jabón pan de molde	Que sirve como instrumento para dar forma a algo.
perfil	... de alguien en Facebook ... de ingreso a una carrera ... profesional	Que reúne rasgos que definen una forma o a persona.
silueta	... de un gato en la noche ... de un extraño una silueta esbelta	Que delimita el contorno de una figura.

9 EL PROCESO Y EL CICLO

Las acciones y fenómenos complejos se estructuran en etapas o en fases.

El vino, por ejemplo, requiere un proceso largo con varias fases.

vendimia
primero se recoje la uva

↓

pisado
tradicionalmente se pisaba en el lagar

↓

fermentación
se mete el líquido en las cubas

↓

reposo
se deja reposar

↓

embotellado
finalmente se mete el vino en botellas

Esto es un proceso

Crear un canal exitoso de YouTube está al alcance de cualquiera. Si tienes una buena idea **latente**, es decir, oculta, ya eres un ***youtuber*** en **potencia**: basta con que la muestres al mundo. Pero ¡cuidado!, los comienzos pueden ser difíciles, ya que un canal incipiente tiene escasa presencia en la red. Es cuestión de trabajar duro.

—

En ese **estado** inicial, conviene **madurar** la idea, tener paciencia e ir subiendo **paulatinamente** nuevos vídeos. Lo mejor es tratar varios temas en torno a una idea principal, como las series de zombis, por ejemplo, e irlos **desarrollando** con un mayor o menor **grado** de profundidad, según cómo reaccione nuestra audiencia.

—

Como en todo, el esfuerzo acabará dando sus **frutos**. Si **producimos** contenidos de calidad, tendremos cada vez más seguidores y, como **resultado**, aumentarán las visitas. Puede ser que incluso terminemos obteniendo un **rendimiento** económico con el proyecto. Se mire como se mire, ¡hacerse youtuber es una actividad de **provecho**!

Algunos procesos también se denominan cadenas, si la relación entre etapas es muy estrecha.

Cadena tròfica

Esto es un ciclo

Si el fin de un proceso coincide con su principio y sus fases se repiten una y otra vez, hablamos de ciclo. Por ejemplo, el **ciclo** del agua.

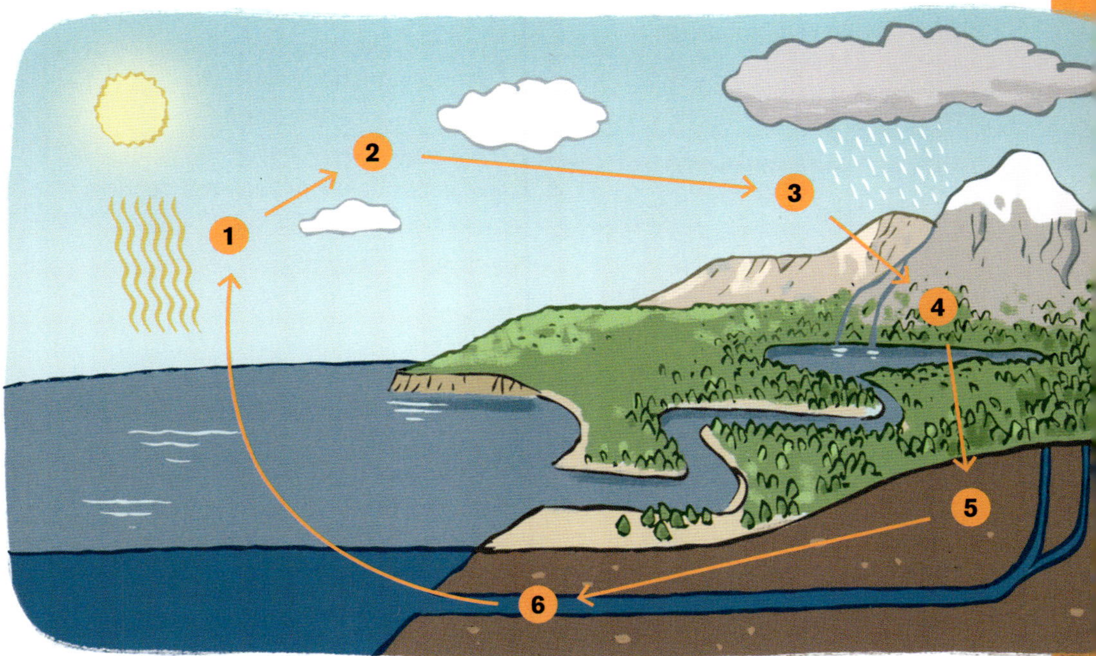

1 evaporación — **2** condensación — **3** precipitación — **4** escorrentía
5 filtración — **6** circulación subterránea

10 SOMOS LO QUE HACEMOS

Las acciones, los hechos y los actos dan cuenta de algo o de lo que hace alguién.

Las tres son palabras polisémicas y hay que saber cuándo utilizarlas.

Acción

La **acción** del viento sobre las rocas es fuertemente erosiva.

—

En la vida en comunidad, cada uno es responsable de sus propias **acciones**.

—

Podrían vivir sin trabajar porque poseen un sustancioso paquete de **acciones** bursátiles.

Hecho

La placa conmemora un **hecho** histórico muy importante: el reconocimiento del derecho de voto de las mujeres.

—

No es ninguna suposición, tu despido ya es un **hecho** consumado.

—

Por aviso de la policía, el juez de guardia se personó en el lugar de los **hechos**.

Acto

Pedir perdón siempre es un **acto** de valentía.

—

El **acto** de graduación de la promoción se celebrará el jueves.

—

El presidente ha sufrido un **acto** de terrorismo durante un mitin.

—

La obra de teatro se divide en tres **actos**.

La **derivación nominal** permite crear sustantivos añadiendo **sufijos** a las raíces verbales o bien a otros nombres.

pan	→	panadero	→	panadería
alimento que se hace con harina, sal, levadura y agua		persona que hace o vende pan		tienda en que se hace y vende pan

Gracias a este procedimiento, nuestra lengua es capaz de designar un amplio repertorio de acciones, tanto físicas como inmateriales.

Sufijo	¿A qué tipo de acciones alude?	Ejemplos
-aje	de todo tipo	aterrizar → aterriz**aje** camuflar → camufl**aje** fichar → fich**aje**
-azo	golpes y acciones bruscas en general	cabeza → cabez**azo** cañón → cañon**azo** sartén → sarten**azo**
-ción	de todo tipo	actuar → actua**ción** aproximar → aproxima**ción** manifestar → manifesta**ción**
-dura/-tura	de todo tipo	escribir → escri**tura** picar → pica**dura** quemarse → quema**dura**
-ido	sonidos	mugir → mug**ido** pitar → pit**ido** silbar → silb**ido**
-ón	acciones repentinas o golpes dados con partes del cuerpo	empujar → empuj**ón** mano → manot**ón** resbalar → resbal**ón**
-zón	sensaciones desagradables	hartarse → harta**zón** picar → pica**zón** quemarse → quema**zón**

11 SIGNOS Y HUELLAS

Las señales y los signos sirven para representar, indicar o demostrar algo.

Los símbolos son señales o símbolos convencionales, es decir, nos hemos puesto de acuerdo sobre su significado. Si se asemejan al objeto representado, también se llaman iconos.

Marina está descubriendo el ordenador. En el escritorio aparece el **icono** de la papelera de reciclaje y, aunque no lo ha visto nunca antes, la semejanza con una papelera real le **indica** cuál es su función, y **deduce** que allí pueden eliminarse archivos.

Rafa está impaciente por saber si lo admitirán en la carrera que desea cursar. En el buzón recoge una carta encabezada por **membrete** con el **logo** de la universidad, por lo que **interpreta** que por fin saldrá de dudas. La misiva le **notifica** que ha sido admitido.

Haciendo senderismo, los amigos ven humo en la montaña: un **indicio** de fuego. Como están prohibidas las hogueras, **interpretan** que hay un incendio y **denuncian** la situación a los bomberos. Por fortuna, al llegar estos ya se ha extinguido y solo quedan unas pocas cenizas como **huella** del conato.

Las indicios nos descubren la existencia de una cosa.

Algunos objetos que cumplen la función de señalar reciben nombres especiales.

La piloto localiza la pista gracias a una señal luminosa, ¿cuál es su nombre?
Baliza

El alcalde porta un estandarte, que simboliza la ciudad. ¿Sabes cómo se llama?
Pendón o enseña

Las huellas, los rastros y las trazas son señales de algo que ocurrió anteriormente.

En español, disponemos de varios sinónimos para la palabra huella. ¿Sabrías cuándo emplear vestigio, impronta, rastro y traza?

La Dama de Elche es un **vestigio** de un antiguo pueblo, el de lo iberos.

¿Qué personaje inglés ha dejado su **impronta** en muchas novelas de detectives?
Sherlock Holmes

A los celíacos les interesa especialmente si un alimento contiene **trazas** de cereales con gluten.

Los sabuesos son los perros que gracias a su fino olfato saben seguir los **rastros**.

12 COMUNICARSE

Comunicar es hacer saber algo a alguien, o bien **transmitir** información por medio de códigos. Podemos comunicar mensajes por diferentes medios.

El director comunica al alumnado por megafonía que reformarán la biblioteca.
⟶ Lo hace **de viva voz**

La embajadora comunica a la ministra la noticia a través de Skype®.
⟶ Utiliza la **videoconferencia**

La astronauta comunica con la base que saldrán de la nave.
⟶ Va vía **satélite**

La comunicación entre puntos geográficos puede hacerse por **tierra**, **aire**, **mar** o **satélite**.

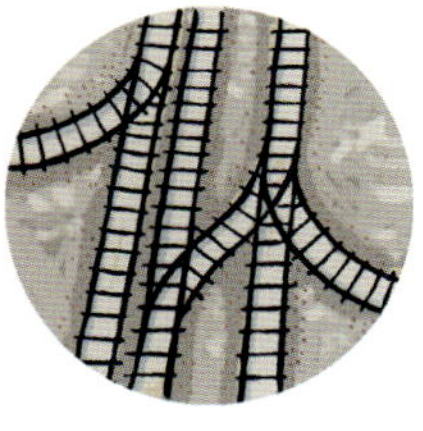

Comunicación ferroviaria **(terrestre)**

Comunicación postal por dron **(aérea)**

Telecomunicación por GPS **(por satélite)**

⊖

La malaria es una enfermedad infecciosa que **transmiten** los mosquitos. Concretamente, el insecto **inocula** un parásito a los humanos a través de una picadura. Aunque el mal también se **propaga** en climas templados, están más **expuestas** al **contagio** las poblaciones de regiones cálidas.

⊕

Médicos Sin Fronteras ha **proporcionado** asistencia sanitaria a millones de pacientes en todo el mundo. Por ese motivo, fue **galardonada** con el Premio Nobel de la paz en 1999. Son los numerosos socios y voluntarios quienes **confieren** a MSF su fuerza, ya que **ceden** una parte de su dinero y de su tiempo a una buena causa. Iniciativas como esta, que **irradian** altruismo y **propagan** la generosidad, son el mejor **legado** que podemos dejar a las generaciones futuras.

Podemos comunicar información; también se pueden transmitir muchas otras cosas, como estados de ánimo, enfermedades y eventos.

La monitora **transmite** ilusión.

El sida se **transmite** generalmente por contacto con sangre infectada.

La emisora de radio **transmite** el concierto de los tenores.

	Ejemplos	¿Qué tiene de especial?
conceder	... una petición ... unos días de vacaciones ... permiso para entrar	Dar el que tiene autoridad o poder a alguien algo (como un favor, un premio o un permiso).
contagiar	... la gripe ... el entusiasmo ... la ilusión	Transmitir una enfermedad o un sentimiento.
propagar(se)	... la buena suerte ... un incendio por el monte ... una epidemia	Hacer que una cosa se extienda en varias direcciones.
suministrar	... agua corriente a una casa ... harina a una panadería ... electricidad a una fábrica	Dar a alguien algo que necesita.
transferir	... dinero de una cuenta a otra ... un derecho ... un futbolista a un equipo	Dar algo a alguien, sobre todo con valor económico.

13 HABLEMOS DE DERECHOS Y DEBERES

Casi todo en nuestra vida está regulado por normas.

Las normas del derecho se llaman leyes y códigos, y los ciudadanos deben cumplirlas.

La **ley** antitabaco prohíbe fumar en los espacios públicos.

El **código** de tráfico y seguridad vial indica cómo conducir vehículos.

No solo las normas orientan nuestros actos, también los usos, las costumbres y los hábitos.

Los amigos tienen la **costumbre** de echar un partido los viernes por la tarde.

Además del derecho, otras disciplinas tienen normas y reglamentos.

Normas de ortografía

Reglamento de baloncesto

	Ejemplos	¿Qué tiene de especial?
carga	cargas familiares cargas fiscales (o «impuestos») cargas laborales	Obligación pesada o costosa de cumplir.
compromiso	anillo de compromiso compromiso de compra un compromiso social	Obligación que se adquiere por promesa.
directriz	directrices de un proyecto directrices de una ley línea directriz	Norma que orienta cómo debe hacerse algo.
tarea	las tareas del campo las tareas del colegio una tarea ardua	Trabajo que se está obligado a hacer.
transgresión	transgresión de las costumbres transgresión de los derechos humanos transgresión de una ley	Violación de una norma.

⊖

A lo largo de la historia, muchas personas han vivido **bajo el yugo** de los trabajos forzados. Hoy en día, la **esclavitud** está erradicada en la mayor parte del mundo, aunque sigue habiendo muchas personas **sometidas** a condiciones de trabajo indignas. Sigue existiendo, por ejemplo, el trabajo infantil, que no solo es una **transgresión** de los derechos del niño, sino una de las mayores lacras de nuestro tiempo.

⊕

Abraham Lincoln y los Libertadores son **ejemplos** de personas que lucharon por abolir la esclavitud. La historia nos **aconseja** seguir el ejemplo de estas personas, que pueden servirnos como **guía** para construir un mundo más justo. Otro **modelo** que la historia nos brinda es Nelson Mandela, que libró una dura batalla por la defensa de los derechos humanos en Sudáfrica.

Mi madre es **abogada** y se dedica al **derecho laboral**, es decir, asesora a los trabajadores sobre sus **derechos** y sus **deberes**. En su tiempo libre, es voluntaria en una ONG que lucha por el **cumplimiento** de los **derechos humanos** en las cárceles. Mi amigo Jaime colabora también con una ONG, una asociación protectora que vela por los **derechos de los animales**.

14 INSTRUMENTOS Y APARATOS

Los utensilios, los aparatos y las herramientas son instrumentos que ayudan a hacer tareas.

Para cavar la tierra se utiliza un **apero** de labranza.

—

La pascalina es la primera calculadora moderna; era un **artefacto** muy aparatoso inventado por Blaise Pascal en el siglo XVII.

—

La catapulta es un **artilugio** militar que se usaba para lanzar proyectiles.

El termostato es el **dispositivo** que regula la temperatura del aire acondicionado.

—

Los engranajes conforman el **mecanismo** que permite transmitir un movimiento a través de diferentes ruedas dentadas.

—

Las válvulas son las **piezas** que controlan el flujo de agua en las cañerías y de sangre en el corazón.

Los órganos son las partes que componen el cuerpo de un ser vivo y que desempeñan una función determinada.

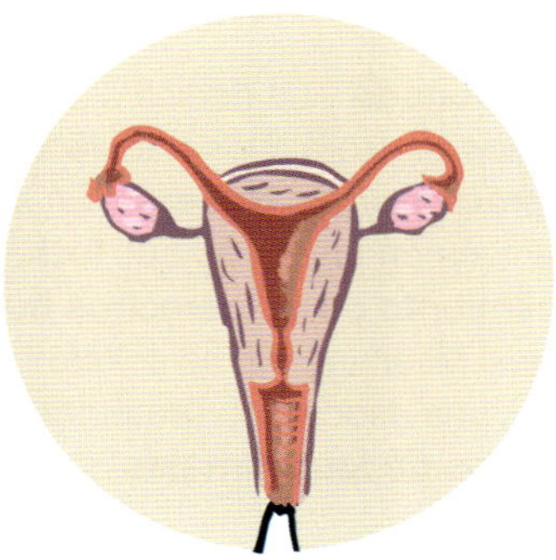

Los ovarios, las trompas de Falopio y el útero son **órganos** del **aparato** reproductor femenino.

Un aparato es un conjunto de órganos que realiza combinadamente una función. Del mismo modo que los órganos, pueden referirse tanto a seres vivos como a organizaciones.

El Parlamento Europeo es un **órgano** del **aparato** de la política de la Unión Europea.

alicates, barrena, berbiquí, cincel, destornillador, formón, fresa, lima, llave inglesa, martillo, mordaza, soplete, teflón, tenazas

Todas las herramientas del fontanero constituyen su **utillaje**.

aguja, aspirador, bisturí, cubeta, cánula, fonendoscopio, gasa, jeringa, pinzas, respirador, separador, sierra, sonda, tijeras

El conjunto de instrumentos que emplea el cirujano se denomina **instrumental quirúrgico**.

En algunos casos, los conjuntos de instrumentos y utensilios reciben nombres especiales. Es lo que sucede, con frecuencia, en el ámbito de algunos oficios y profesiones.

El conjunto de utensilios de una cocina constituye el **menaje**.

almirez, batidora, cazo, cazuela, colador, cuchillo, espumadera, lengua de gato, manga pastelera, marmita, mortero, olla, paellera, rallador, sartén

El **aparejo** es el conjunto de diversos útiles que necesita el pescador para hacer su trabajo.

anzuelo, arpón, candelero, caña de pescar, carrete, corcho, cucharilla, curricán, nansa, nasa, palangre, red, sedal, tridente

15 LAS SENSACIONES Y LAS EMOCIONES

Tanto las **sensaciones** como las **percepciones** son **impresiones** de tipo sensorial, mientras que las **emociones** son alteraciones del ánimo.

La **sensación** de calor es insoportable. Debe haber llegado la canícula.

—

Ángel sufre de parosmia, es decir, no goza de una buena **percepción** de los olores.

—

Llegar a Compostela tras haber caminado durante semanas produce una intensa **emoción**.

Disponemos de muchos verbos con distintos matices para expresar que experimentamos sensaciones diversas:

Si nos asustamos con facilidad, ciertas películas de miedo pueden **turbarnos**.

En el cine **nos conmueven** las escenas de ternura, como el reencuentro con un hijo perdido.

Algo **nos consterna** cuando nos abate del todo el ánimo, como ocurre con las grandes decepciones.

Por medio de adjetivos podemos expresar los efectos que las sensaciones y percepciones producen.

—

El concierto ha producido una emoción muy difícil de asimilar: ha sido una actuación **sublime**.

—

No puedo expresar mi felicidad con palabras. Es una sensación **inefable**.

—

Enma siempre anda intentando asombrarnos sin motivo. ¿Por qué pretende siempre ser tan **epatante**?

Las ideas y los conceptos son representaciones mentales que elaboramos por medio del entendimiento.

—

Tal y como hoy lo concebimos, el amor es una **idea** que se gestó en el Romanticismo.

—

El vampiro es un **arquetipo** de la literatura clásica de terror.

—

Aun en la fase inicial del trabajo, ya se debe disponer de un **esquema**.

—

El **concepto** de belleza es diferente para cada persona y para cada cultura.

La percepción no es meramente sensorial ni por medio de la razón, sino que también puede estar relacionada con la intuición.

Tengo el **pálpito** de que Mara finalmente no vendrá.

Dile lo que sientes. Seguro que ella te corresponde, ¡tengo una **corazonada**!

Todos tenemos un mal **presentimiento**, como si se avecinara una desgracia.

16 ACTITUDES Y GESTOS

Actitud es la postura corporal que manifiesta un estado de ánimo.

Los movimientos faciales o corporales concretos con que las actitudes se expresan son **gestos**.

La mirada sagaz y la sonrisa pícara revelan una actitud de **complicidad**.

Mirar de reojo indica una actitud de **suspicacia** o de **ironía**.

El gesto torcido denota una actitud de **contrariedad**.

Algunas palabras designan gestos concretos.

Teresa no puede evitar guiñar el ojo, ¡qué **tic** más molesto, pobre!

Más vale que te dejes de **mohínes**, porque no te librarás del castigo.

En nuestro día a día, al relacionarnos con los demás, adoptamos distintas actitudes, tanto en persona como por teléfono, en los chats, etc.

Así, según cada situación…

… tomamos una actitud de **enojo**.

… mostramos una actitud que denota **avaricia**.

… observamos una actitud **pensativa**.

… nos invade la **vergüenza** o la **timidez**.

… adoptamos una actitud de **suficiencia**.

… hacemos **mofa** de algo.

… quedamos **desconcertados** o **sorpendidos**.

… guardamos una actitud **reservada**.

igualdad n. f. **1** Semejanza o parecido entre las características de naturaleza, cantidad y cualidad de dos o más personas o cosas: *igualdad de oportunidades.* **2** Proporción o correspondencia que existe entre dos más cosas: *igualdad entre ingresos y gastos.* **3** Expresión matemática de la equivalencia que existe entre dos cantidades o funciones: *la expresión* $x - y = 32$ *es una igualdad.*
DER igualitario.

igualitario, -ria adj. Que se basa en la igualdad social o pretende conseguirla: *potenciar políticas igualitarias.*

iguana n. f. Reptil de gran tamaño parecido al lagarto, con una pequeña cresta en la papada y otra más larga que recorre su cuerpo desde el lomo hasta el principio de la cola.
OBS Para indicar el sexo se usa *la iguana macho* y *la iguana hembra.*

ikurriña n. f. Bandera oficial del País Vasco: *la ikurriña está compuesta por un aspa verde y una cruz blanca sobre fondo rojo.*

ilegal adj. **1** Que no está permitido por la ley: *el tráfico de drogas es ilegal.* SIN ilegítimo, ilícito. ANT legal, legítimo, lícito. **2** [persona] Que realiza una actividad que no está permitida por la ley.
DER ilegalidad.

ilegalidad n. f. **1** Falta de conformidad o acuerdo con la ley: *el abogado comenzó por señalar la ilegalidad de los allanamientos.* ANT legalidad. **2** Acción o cosa ilegal: *la oposición no dejará pasar ni una sola ilegalidad.*

ilegalizar v. tr. Declarar ilegal una cosa: *en su gobierno ilegalizará el tráfico de influencias.*
OBS En su conjugación, la *z* se convierte en *c* delante de *e*.

ilegible adj. Que no puede leerse, porque resulta ininteligible, porque es excesivamente aburrido o de mala calidad, porque tiene muchas faltas de ortografía, etc.: *mi médico tiene una letra ilegible.* ANT legible.

ilegítimo, -ma adj. Que no está permitido por la ley o por la moral. SIN ilegal, ilícito. ANT legal, legítimo, lícito.
▶ hijo ilegítimo Persona que es hijo de alguien que no le reconoce legalmente.
DER ilegitimar.

íleon n. m. **1** Parte final del intestino delgado situada entre el yeyuno y el ciego. **2** Ilion, hueso de la cadera.

ilerdense adj. **1** De Lérida o que tiene relación con esta ciudad y provincia catalana. SIN leridano. ◆ adj./ com. **2** [persona] Que es de Lérida. SIN leridano.

ileso, -sa adj. [persona] Que ha estado en peligro o ha sufrido un accidente y no ha recibido ningún daño físico.

iletrado, -da adj. **1** [persona] Que no sabe leer ni escribir. SIN analfabeto. **2** [persona] Que no tiene cultura o conocimientos elementales: *un pueblo iletrado está más expuesto a la manipulación de los gobernantes.* SIN analfabeto, inculto. ANT culto.

ilicitano, -na adj. **1** De Elche o relacionado con esta localidad alicantina. ◆ adj./ n. m. y f. **2** [persona] Que ha nacido en Elche.

ilícito, -ta adj. Que no está permitido por la ley o la moral: *el comercio con órganos humanos es ilícito.* SIN ilegal, ilegítimo. ANT legal, lícito.

ilimitado, -da adj. **1** Que no tiene límites, o que si los tiene, son desconocidos: *el sol es una fuente ilimitada de energía.* ANT limitado. **2** Que es muy numeroso y grande. SIN interminable.

ilion n. m. Hueso saliente de forma ancha y curvada que unido al pubis y al isquion forma la parte lateral de la pelvis. SIN íleon.

Ilmo., Ilma. Abreviaturas de *ilustrísimo* e *ilustrísima*, formas de tratamiento que se anteponen a *señor* y *señora*, respectivamente, y que se aplican a las personas que tienen ciertos cargos o dignidades, como obispos y cónsules.

-ilo Elemento sufijal que entra en la formación de palabras designando radical químico: *acetilo, etilo.*

ilógico, -ca adj. Que no responde a la razón o la lógica: *es ilógico que abandones la carrera.* SIN incoherente. ANT lógico.

iluminación n. f. **1** Cantidad de luz que hay en un lugar: *el gran ventanal hace que la sala tenga una iluminación magnífica.* **2** Conjunto de luces eléctricas que dan luz a un lugar, especialmente a una vía pública, un edificio o una habitación: *la iluminación de una calle.* SIN alumbrado. **3** En cine y teatro, técnica de iluminar la escena. **4** Saber o conocimento que, según ciertas creencias, se alcanza por intervención divina. **5** Ilustración de un manuscrito.

iluminado, -da adj. [persona] Que cree estar siempre en posesión de la verdad absoluta y tener conocimientos superiores a los de los demás.
OBS Es el participio de *iluminar*.

iluminar v. tr./ intr. **1** Dar luz: *iluminar un objeto con una linterna.* SIN alumbrar. ◆ v. tr. **2** Poner luz o luces en un lugar especialmente en una vía pública, un edificio o una habitación. SIN alumbrar. **3** Explicar y hacer comprender una idea o un concepto confuso: *el método de enseñanza del profesor lograba iluminar el texto.* **4** Adornar con dibujos en color: *los monjes medievales solían iluminar los manuscritos que copiaban.*
DER iluminación, iluminancia, iluminaria.

ilusión n. f. **1** Confianza en que ocurra o en lograr una cosa que se desea: *le hacía mucha ilusión visitar París.* SIN esperanza. **2** Sentimiento de alegría y satisfacción que produce conseguir una cosa que se desea mucho: *no tiene ilusión por nada.* **3** Imagen mental engañosa provocada en la mente por la imaginación o por la interpretación errónea de lo que perciben los sentidos. SIN espejismo.
▶ ilusión óptica Representación engañosa de la realidad provocada por una interpretación errónea de lo que perciben los sentidos: *la proyección de fotogramas a una cierta velocidad provoca la ilusión óptica de movimiento en el cine.*
DER ilusionar, ilusionismo, ilusorio; desilusión.

ilusionar v. tr./ prnl. Hacer que una o varias personas tengan la confianza de que ocurra o de lograr una cosa que se desea: *la idea de llegar a ser estrellas ilusiona a todos los jugadores jóvenes.*

ilusionismo n. m. Conjunto de técnicas y juegos que permiten realizar trucos de magia.
DER ilusionista.

iluso, -sa adj. **1** [persona] Que se deja engañar con facilidad porque cree que todo el mundo actúa con buena voluntad: *no seas iluso, si te venden un coche tan barato es porque no debe estar muy bien.* **2** [persona] Que tiende a sentir con facilidad una confianza injustificada en que ocurra o en lograr una cosa que desea: *eres un iluso si piensas que aprobarás sin estudiar.*

ilusorio, -ria adj. **1** Que puede producir una imagen o idea falsa y engañosa: *es ilusorio pensar que el éxito se logra sin esfuerzo.* **2** Que no existe o no es real: *ha sido una visión ilusoria.*

ilustración n. f. **1** Colocación de fotografías, dibujos o láminas en un texto o un impreso con la intención de hacerlo más atractivo a la vista o de explicar y ampliar su contenido: *la ilustración de cuentos infantiles.* **2** Fotografía, dibujo o lámina que se coloca en un texto o impreso con esta intención. **3** Explicación de una idea o concepto por medio de ejemplos. **4** Movimiento filosófico y literario que se desarrolló en Europa y América durante el siglo XVIII y que defendía la razón y la educación como base del progreso social: *la Ilustración culminó con la Revolución Francesa.* NOTA En esta acepción se suele escribir con mayúscula. **5** Período histórico durante el que se desarrolló ese movimiento. NOTA En esta acepción se suele escribir con mayúscula.

ilustrado, -da adj. **1** [texto, impreso] Que tiene ilustraciones: *una edición ilustrada de El Quijote.* **2** Del movimiento de la Ilustración o que tiene relación con él. ◆ adj./ n. m. y f. **3** [persona] Que tiene un nivel cultural y erudito muy alto: *es un hombre muy ilustrado.*

ilustrador, -ra adj. **1** Ilustrativo: *un caso muy ilustrador.* ◆ n. m. y f. **2** Persona que se dedica profesionalmente a hacer ilustraciones: *los dibujos fueron hechos por un famoso ilustrador.*

ilustrar v. tr. **1** Colocar fotografías, dibujos o láminas en un texto o un impreso con la intención de hacerlo más atractivo a la vista o de explicar y ampliar su contenido: *se dedica a ilustrar cuentos para niños.* **2** Explicar y hacer comprender una idea o concepto por medio de ejemplos: *el relato de un suceso real sirvió al policía para ilustrar el modo de actuación de muchos atracadores.* ◆ v. tr./ prnl. **3** Dar a una persona diversos conocimientos para procurar aumentar su nivel cultural: *el profesor ilustra a sus alumnos.*
DER ilustración, ilustrado, ilustrador.

ilustrativo, -va adj. Que ilustra o esclarece: *ejemplos ilustrativos.*

ilustre adj. **1** [persona, grupo] Que tiene un origen familiar noble o distinguido. SIN egregio. **2** [persona, grupo, institución] Que es muy conocido por haber hecho una cosa importante o por poseer unas grandes virtudes: *una ilustre universidad.* SIN famoso. **3** Forma de tratamiento que se usa hacia cargos, personas o instituciones de especial importancia y significación: *el Ilustre Colegio de Abogados de Barcelona.*
DER ilustrísimo.

ilustrísimo, -ma adj. Superlativo de ilustre: *a los obispos se les debe el tratamiento de ilustrísimos.*
OBS Se aplica como forma de tratamiento hacia

cargos o personas de especial importancia y significación.

imagen n. f. **1** Representación o figura de una cosa: *en el cuadro de* La Gioconda *se muestra la imagen de una joven sonriendo ligeramente.* **2** Visión de una cosa o hecho captada por el ojo, por un espejo o por un aparato óptico, de fotografía, de cine o de vídeo: *la imagen del hombre pisando la Luna.* **3** Aspecto externo de una persona: *ha hecho un cambio de imagen.* **4** Representación mental, idea u opinión que se tiene de una cosa material o abstracta: *la imagen idílica de la vida en el campo.* **5** Expresión que mediante el lenguaje nos sugiere una sensación o una vivencia.

▶ ser la viva imagen **a.** Parecerse mucho dos o más personas o cosas: *era la viva imagen del padre.* **b.** Ser una persona o cosa la representación real de una idea o estado de ánimo: *es la viva imagen del éxito.*

DER imaginar, imaginero.

imaginación n. f. **1** Capacidad de formar en la mente ideas, relaciones y representaciones de cosas materiales o abstractas. SIN imaginativa. **2** Sensación o idea falsa que no existe sino en la mente de quien la tiene: *esa supuesta subida de sueldo inminente creo que es una imaginación tuya.*

▶ pasarse por la imaginación Pensar o tener una idea: *cuando el profesor le mandó salir a la pizarra, se le pasó por la imaginación salir corriendo.*

imaginar v. tr./prnl. **1** Formar en la mente ideas, relaciones y representaciones de cosas materiales o abstractas: *Julio Verne imaginó un viaje a la Luna en su novela* De la Tierra a la Luna. **2** Suponer o formar un juicio a partir de ciertas informaciones o señales: *imaginó que su amigo se marchaba de viaje cuando lo vio haciendo el equipaje.* SIN sospechar.

DER imaginación, imaginario, imaginativo.

imaginaria n. f. **1** Vigilancia que realiza uno o varios soldados del lugar donde duermen sus compañeros: *cada imaginaria suele ocupar dos horas de la noche.* ◆ n. m. **2** Soldado que realiza esta vigilancia.

imaginario, -ria adj. Que solo existe en la mente de la persona que lo piensa: *solía pasarse muchas tardes jugando a las muñecas con una amiga imaginaria.*

DER imaginaria.

imaginativa n. f. Capacidad de formar en la mente ideas, relaciones y representaciones de cosas materiales o abstractas: *su gran imaginativa le hacía crear novelas que tenían un inmediato éxito de ventas.* SIN imaginación.

imaginativo, -va adj. **1** De la imaginación o que tiene relación con ella. **2** [persona] Que tiene una gran capacidad de imaginación: *un escritor muy imaginativo.* **3** Que no es copiado ni imitado, sino fruto de la creación. SIN original.

DER imaginativa.

imaginería n. f. **1** Arte y técnica de tallar o pintar imágenes de personas, animales o cosas; especialmente figuras religiosas. **2** Conjunto de imágenes talladas o pintadas que representan personas, animales o cosas; especialmente figuras religiosas: *la imaginería de Cristo crucificado.*

imán n. m. **1** Pieza de mineral, metal u otro material que tiene la propiedad de atraer el hierro, el acero y otros cuerpos. **2** Capacidad de atraer y ganar la confianza y el interés de otras personas: *tenía un especial imán para ganarse la simpatía de los compradores.* SIN magnetismo. **3** En la religión islámica, jefe religioso encargado de la dirección espiritual de una comunidad de creyentes. **4** En la religión islámica, persona encargada de dirigir la oración en la mezquita.

imantar v. tr. Comunicar a un metal o a una sustancia las propiedades que tiene el imán de atraer el hierro, el acero y otros cuerpos: *las tijeras se han imantado.* SIN imanar, magnetizar.

imbatible adj. Que no puede ser batido o vencido: *un equipo imbatible.*

imbécil adj. [persona] Que es poco inteligente: *adelantando con el coche por donde no debes te comportas como un imbécil.* SIN bobo, idiota, tonto. NOTA Tiene un sentido peyorativo.

DER imbecilidad.

imbecilidad n. f. **1** Conjunto de características propias de la personalidad de una persona imbécil. SIN estupidez. **2** Obra o dicho propio de una persona imbécil: *ha sido una imbecilidad vender el coche si te hace falta para tu trabajo.* SIN estupidez.

imberbe adj./n. m. [hombre] Que no le crece pelo abundante en la barba o en el bigote. SIN lampiño.

imborrable adj. **1** Que está escrito o dibujado con tinta que no se puede borrar. **2** Que no puede o no debe olvidarse: *un recuerdo imborrable.* SIN inolvidable.

imbricar v. tr. Colocar una serie de cosas de forma y tamaño similar de manera que unas se superpongan parcialmente a otras formando capas sucesivas: *imbricar las tejas de un tejado.*

OBS En su conjugación, la *c* se convierte en *qu* delante de *e*.

DER imbricado.

imbuir v. tr. Hacer que una persona piense y actúe de un modo distinto al habitual por propio convencimiento o por la influencia de razones y motivos dados por otros: *el ambiente que respiró lo imbuyó de una paz interior que sosegó su vida.* **SIN** inculcar, infundir.

OBS En su conjugación, la *i* se convierte en *y* delante de *a, e* y *o,* como en *huir.*

imitación n. f. **1** Actuación que una persona o animal lleva a cabo para hacer semejante su comportamiento al del un modelo: *sus amigos solían reírse cuando hacía la imitación de los movimientos del famoso cantante.* **2** Proceso mediante el que una cosa adquiere el mismo aspecto exterior que un modelo: *la imitación de cuadros famosos.* **3** Cosa que tras este proceso tiene el mismo aspecto exterior que su modelo: *una imitación del original.*

imitador, -ra n. m. y f. Persona que se dedica a imitar los gestos y el modo particular de hablar de un personaje famoso para hacer reír a un público.

imitar v. tr. **1** Actuar una persona o animal de modo que su comportamiento sea semejante al de un modelo. **2** Ser parecido el aspecto exterior de una cosa a otra: *algunas formaciones rocosas imitan figuras de animales o formas humanas.*

DER imitable, imitación, imitador, imitativo.

impaciencia n. f. Falta de tranquilidad para esperar una cosa que tarda: *el entrenador miraba el reloj con impaciencia.* **ANT** paciencia.

impacientar v. tr./ prnl. Causar intranquilidad o nerviosismo la espera de una cosa que tarda.

impaciente adj. [persona] Que muestra intranquilidad o nerviosismo por esperar una cosa que tarda: *todos los niños suelen acostarse impacientes la noche de Reyes.*

DER impacientar.

impactar v. intr. **1** Chocar violentamente una cosa con otra; especialmente si una de ellas es de mucho menor tamaño que la otra: *un meteorito impactó en un campo cercano.* **2** Causar una intensa impresión emocional: *campañas de publicidad pretenden impactar en la opinión pública.*

impacto n. m. **1** Choque violento de una cosa con otra; especialmente si una de ellas es de mucho menor tamaño que la otra: *a pesar del fuerte impacto, todos resultaron ilesos.* **2** Marca o señal que produce este choque: *el muro aún conserva los impactos de las balas.* **3** Impresión emocional intensa: *las imágenes del linchamiento causaron un fuerte impacto social.* **4** Conjunto de consecuencias provocadas por un hecho o actuación que afecta a un entorno o ambiente social o natural: *el impacto ecológico que causa la construcción de una autopista.*

DER impactar.

impalpable adj. **1** Que no produce sensación al tacto, o produce muy poca. **2** Que es muy difícil o imposible de notar o percibir: *un temblor de tierra impalpable.*

impar adj./ n. m. **1** [número] Que no se puede dividir exactamente por dos: *1, 3, 5 y 7 son números impares.* **SIN** non. **ANT** par. ◆ adj. **2** Que no tiene igual o parecido con nada, generalmente, por sus excelentes cualidades: *un novelista de impar ingenio.* **SIN** sin par.

imparable adj. Que no se puede parar o detener.

imparcial adj. Que no se inclina en favor o en contra de una persona o cosa al obrar o al juzgar un asunto: *un juez debe ser imparcial.* **ANT** parcial.

DER imparcialidad.

imparcialidad n. f. Ausencia de inclinación en favor o en contra de una persona o cosa al obrar o al juzgar un asunto: *actúa siempre con imparcialidad.* **ANT** parcialidad.

impartir v. tr. Dar o comunicar conocimientos, ideas o juicios: *impartir clases.*

impasibilidad n. f. **1** Capacidad de una persona para impedir que una impresión o estímulo externo altere su estado de ánimo. **SIN** frialdad. **2** Incapacidad de una persona para tener sentimientos o emociones que afecten a su estado de ánimo: *la impasibilidad con que confesó el asesino cuando fue detenido asombró a la policía.* **SIN** frialdad.

impasible adj. [persona] Que no experimenta o no muestra ningún sentimiento o emoción que afecte a su estado de ánimo por lo que sucede: *el profesor se mostró impasible ante los ruegos del alumno.* **SIN** imperturbable, inalterable.

DER impasibilidad.

impávido, -da adj. [persona] Que no experimenta o no muestra ante un peligro o problema ningún temor o angustia: *el rehén permaneció impávido cuando el secuestrador lo encañonó.*
DER impavidez.

impecable adj. **1** [actuación de una persona] Que no tiene ningún fallo o error: *hizo un examen impecable y aprobó con nota.* **2** Que no tiene ningún defecto, mancha o imperfección: *el novio iba vestido con un esmoquin impecable.*

impedido, -da adj. [persona] Que tiene una discapacidad o problema físico que le impide mover por sí mismo una parte de su cuerpo con total libertad: *se rompió la pierna y quedó un par de meses impedido.* SIN imposibilitado.

impedimento n. m. Situación o circunstancia que dificulta o imposibilita hacer una cosa: *el mal tiempo no supuso ningún impedimento para el viaje en barco.*

impedir v. tr. Hacer que una actividad o proceso sea difícil o imposible de realizar: *la falta de luz impidió acabar el partido.* SIN imposibilitar.
OBS En su conjugación, la *e* se convierte en *i* en algunos tiempos y personas, como en *servir*.
DER impedido, impedimenta, impedimento.

impenetrable adj. **1** [objeto, cuerpo] Que no puede ser atravesado o penetrado por otro. **2** [persona] Que no muestra ningún sentimiento o emoción que permita conocer su estado de ánimo o su pensamiento. **3** Que es difícil de llegar a conocer o comprender: *los secretos impenetrables de la mafia.*
DER impenetrabilidad.

impensable adj. **1** Que no se puede pensar o considerar desde un punto de vista lógico o racional: *es del todo impensable que aún existan dinosaurios.* SIN inconcebible. **2** Que es difícil o casi imposible que suceda. SIN inconcebible.

imperante adj. [cosa] Que ejerce dominio en un aspecto determinado: *el buen gusto imperante.*

imperar v. intr. **1** Ejercer el mando un emperador. SIN reinar. **2** Tener una cosa una mayor importancia y dominio sobre las demás: *es necesario que siempre impere entre las personas la cordialidad.* SIN reinar, dominar.
DER imperante, imperativo.

imperativo, -va adj. **1** Que supone una exigencia, orden o mandato: *el guardia de seguridad nos dijo que saliéramos en tono imperativo.*
◆ adj./ n. m. **2** GRAM. [modo verbal] Que expresa orden, ruego o mandato: *la forma verbal salid está en modo imperativo.*

imperceptible adj. Que no se puede percibir por los sentidos: *un sonido casi imperceptible llegaba a sus oídos.* ANT perceptible.

imperdible n. m. Alfiler doblado sobre sí mismo que se abrocha encajando el extremo puntiagudo en un cierre colocado en el otro extremo para que no se abra de modo accidental.

imperdonable adj. [actitud, comportamiento, hecho] Que no se puede o no se debe perdonar.

imperecedero, -ra adj. **1** [producto] Que conserva sus propiedades durante un período largo de tiempo antes de estropearse. ANT perecedero. **2** Que está destinado a permanecer siempre presente y no desaparecer nunca: *los árabes dejaron en nuestro país un legado imperecedero.* SIN inmortal.

imperfección n. f. **1** Existencia de fallos, errores o defectos en una cosa, proceso o modo de ser de una persona: *la imperfección de los billetes falsos hacía que fueran fácilmente reconocibles.* ANT perfección. **2** Fallo, error o defecto que tiene una cosa, proceso o modo de ser de una persona.

imperfecto, -ta adj. Que no es perfecto por tener fallos, errores o defectos.
▶ pretérito imperfecto GRAM. Tiempo verbal que expresa una acción anterior al presente cuyo desarrollo aún no ha acabado: *creía es pretérito imperfecto de creer.*
DER imperfección, imperfectivo.

imperial adj. Del imperio o que tiene relación con él: *la Francia imperial de Napoleón.*

imperialismo n. m. Sistema político y económico por el cual un país dotado de una fuerte industria y ejército domina y explota a otro.
DER imperialista.

imperio n. m. **1** Estado formado por varios países unidos por la fuerza de las armas que cuentan con diversos niveles de independencia; son gobernados por una única persona que ha sido investida solemnemente para este cometido llamada emperador: *el Imperio bizantino.* **2** Período histórico durante el que un territorio o Estado tiene esta forma de gobierno: *el Imperio romano fue una época fundamental para la cultura occidental.* **3** Período

histórico durante el que un territorio o Estado es gobernado por un emperador: *el imperio de Julio César.* **4** País o Estado dotado de una fuerte industria y ejército que ejerce una gran influencia política y económica sobre otras naciones, a las que domina y explota. **5** Empresa o conjunto de empresas pertenecientes a un único propietario que tienen un gran poder económico y una especial influencia comercial: *el imperio naviero de Onassis.* **6** Dominio o influencia que ejerce una cosa sobre las demás: *el imperio del dinero.*
▶ **valer un imperio** Ser de gran valor o utilidad: *el nuevo secretario vale un imperio.*
DER imperial, imperioso.

imperioso, -sa adj. **1** Que es muy necesario y urgente: *se levantó a media noche con una imperiosa necesidad de beber.* **2** Que supone un uso exclusivo y exagerado de la autoridad: *el guardia se dirigió al conductor con voz imperiosa.* SIN despótico.

impermeabilizar v. tr. Cubrir una superficie con una sustancia o material impermeable para impedir que penetre en ella la humedad, el agua u otro líquido.
OBS En su conjugación, la *z* se convierte en *c* delante de *e*.

impermeable adj. **1** [sustancia, material] Que no permite el paso de la humedad, el agua u otro líquido: *el plástico es impermeable.* ANT permeable. ◆ n. m. **2** Prenda de vestir amplia y larga que se pone sobre las otras y que está hecha de un tejido o material que no deja pasar la lluvia o el agua.

impersonal adj. **1** Que no posee ninguna característica que haga referencia a la personalidad de una persona, sus ideas o sus sentimientos: *el estilo impersonal de los documentos oficiales o legales.* **2** Que no hace alusión a ninguna persona en concreto: *habló de forma impersonal.* **3** GRAM. [oración, verbo] Que no tiene un sujeto explícito determinado: *la oración «se vende piso» es impersonal.*
DER impersonalizar.

impertinencia n. f. Acción o dicho inoportuno que afecta al respeto, dignidad u honor de una persona: *es una impertinencia preguntarle a una persona desconocida por su vida íntima.*

impertinente adj. **1** Que resulta inoportuno porque afecta al respeto, dignidad u honor de una persona. ◆ adj./ n. com. **2** [persona] Que resulta molesto por las impertinencias que hace o dice: *un alumno impertinente le aseguró que el peluquín le quedaba fatal.* ◆ n. m. pl. **3 impertinentes** Conjunto de dos cristales colocados en una montura dotada de una varilla lateral vertical que se sujeta con la mano para ponerlos delante de los ojos.

imperturbable adj. [persona] Que no experimenta o no muestra ningún sentimiento o emoción que afecte a su estado de ánimo por lo que sucede: *el árbitro permaneció imperturbable a pesar de los insultos del público.* SIN impasible, inalterable.

ímpetu n. m. Fuerza intensa con la que se hace o sucede una cosa: *el ímpetu con que expresó sus proyectos gustó a sus jefes.*
DER impetuoso.

impetuoso, -sa adj. **1** Que tiene ímpetu: *un caballo impetuoso.* ◆ adj./ n. m. y f. **2** [persona] Que se comporta de forma irreflexiva y precipitada: *era un jugador muy impetuoso pero poco inteligente.*
DER impetuosidad.

impío, -pía adj. [persona] Que no muestra respeto hacia la religión. ANT pío.

implacable adj. **1** Que no se puede calmar o satisfacer: *sentía un deseo implacable de abandonar su trabajo.* **2** [persona] Que no se aparta de su punto de vista o de lo que considera justo o razonable.

implantación n. f. **1** Establecimiento de algo nuevo en un lugar; generalmente, que ya existía o funcionaba con continuidad en otro sitio o en otro tiempo: *la implantación de cajeros automáticos.* **2** MED. Colocación en el cuerpo de un órgano o un aparato que sustituye a otro órgano o a una parte de él: *la implantación de una válvula cardíaca.*

implantar v. tr. **1** Establecer algo nuevo en un lugar; generalmente, lo que ya había existido o funcionado en otro sitio o en otro tiempo: *la caña de azúcar se implantó en Canarias.* SIN establecer. **2** MED. Colocar en el cuerpo un órgano o un aparato que sustituye a otro órgano o a una parte de él.
DER implantación; reimplantar.

implante n. m. **1** Colocación de una cosa en el cuerpo de un ser vivo mediante una intervención quirúrgica, especialmente un órgano o un aparato en sustitución de otro órgano, o de una parte de él, para mejorar su funcionamiento: *le han hecho un nuevo implante coclear.* SIN implantación. **2** Pieza artificial u órgano que se implanta quirúrgicamente en un ser vivo: *tiene un implante en el oído derecho.*

implicación n. f. **1** Consecuencia o efecto de un hecho o de un acontecimiento: *la subida de los impuestos tendrá graves implicaciones.* **2** Participación o relación voluntaria en un asunto o circunstancia: *el detenido negó cualquier implicación con el asesinato.*

implicar v. tr. **1** Tener como resultado o producir como consecuencia directa: *obtener un crédito bancario implica necesariamente tener que devolverlo.* SIN comportar, conllevar, suponer. **2** DER. Acusar o decir que una persona ha participado en un crimen o acción contra la ley: *uno de los detenidos lo implicó en el robo.* ◆ v. tr./ prnl. **3** Tener algún tipo de relación o participación en un asunto o circunstancia: *implicarse en la lucha contra la intolerancia.*

OBS En su conjugación, la *c* se convierte en *qu* delante de *e*.

DER implicación, implícito.

implícito, -ta adj. Que se entiende incluido en una cosa, aunque no se diga o se explique: *la vida en sociedad lleva implícita una serie de derechos y obligaciones.* ANT explícito, expreso.

implorar v. tr. Pedir o rogar con gran humildad y sentimiento, tratando de provocar compasión: *imploró a sus captores que lo pusieran en libertad.*

imponente adj. Que causa una intensa impresión de admiración, sorpresa o miedo: *un chalé imponente.*

imponer v. tr. **1** Obligar a cumplir o a aceptar una cosa: *el juez le impuso la pena máxima.* **2** Poner o dar un nombre: *le impusieron el nombre de Alberto.* **3** Colocar o poner a una persona una condecoración u otro símbolo de manera solemne: *imponer una medalla a un héroe de guerra.* **4** Hacer uso de la autoridad o de un mayor poder sobre los demás: *el jefe impuso su opinión.* ◆ v. tr./ intr. **5** Causar una intensa impresión de admiración, sorpresa o miedo: *le impuso un gran respeto estar tan cerca de su ídolo.* ◆ v. prnl. **6** imponerse Superar a las demás personas en una competición o prueba: *el tenista español se impuso en la final.* **7** Hacerse popular o general una costumbre, una moda u otra circunstancia: *en los sesenta se impuso la minifalda.* **8** Ser necesaria, obligatoria o imprescindible una acción o decisión: *ante la sequía se impone ahorrar agua.*

OBS Se conjuga como *poner.*

DER imponente, imponible, imposición, impositor.

impopular adj. **1** Que no tiene buena fama en una comunidad. **2** Que no tiene una buena acogida por parte de la opinión pública: *el aumento del precio de los carburantes es una medida impopular.* ANT popular.

importación n. f. **1** Entrada en un país de materias o productos obtenidos, elaborados o fabricados en el extranjero: *importación de petróleo.* ANT exportación. ◆ n. f. pl. **2** importaciones Materia o producto que entra en un país de este modo: *las importaciones se pagan en divisas.*

importancia n. f. Cualidad que hace a una persona o cosa tener una influencia, valor o interés superior a las demás: *un cargo de importancia.*

▶ darse importancia Hablar una persona de sí misma en términos muy elogiosos y presumiendo de ser superior a las demás.

importante adj. Que tiene importancia: *una persona importante.*

importar v. intr. **1** Tener una persona o cosa una influencia, valor o interés superior a las demás: *lo que más le importa es su familia y sus amigos.* **2** Ser motivo de preocupación o molestia: *¿le importa que entre?* SIN afectar. ◆ v. tr. **3** Introducir en un país productos extranjeros: *España importa gas de Argelia.* ANT exportar. **4** Costar una cantidad de dinero: *la minuta del abogado importa una cantidad de la que no dispongo.* SIN ascender.

▶ ¿qué importa? Expresión que indica rechazo o falta de atención o interés por parte del hablante: *si tus amigos no quieren venir al cine, a mí ¿qué me importa?* NOTA Se usa generalmente con el pronombre: *¿qué me importa?, ¿qué te importa?*

DER importación, importancia, importante, importe.

importe n. m. Cantidad de dinero que se debe pagar.

importunar v. tr. Molestar con insistencia a una persona requiriendo su atención y haciéndole perder el tiempo: *las continuas llamadas de teléfono me han importunado toda la tarde.*

importuno, -na adj. **1** Que se hace u ocurre en un momento, lugar o situación inadecuada. SIN inoportuno. ANT oportuno. **2** Que causa molestia con insistencia a una persona requiriendo su atención y haciéndole perder el tiempo: *una importuna reunión de última hora hizo que perdiera el tren.*

DER importunar.

imposibilidad n. f. Falta de ocasión o medios para que una cosa exista, ocurra o pueda realizarse. **ANT** posibilidad.

imposibilitado, -da adj. [persona] Que tiene una discapacidad o problema físico que le impide mover por sí misma una parte de su cuerpo con total libertad: *tuvo un accidente de moto y quedó imposibilitado.* **SIN** impedido.
OBS Es el participio de *imposibilitar.*

imposibilitar v. tr. **1** Impedir que algo exista, ocurra o pueda realizarse: *la lluvia imposibilita la celebración del concierto.* **2** Producir a una persona una discapacidad o problema físico que le impida mover por sí misma una parte de su cuerpo con total libertad. **SIN** incapacitar.
DER imposibilitado.

imposible adj./ n. m. **1** Que no puede existir, ocurrir o realizarse: *es imposible que un vehículo consiga alcanzar la velocidad de la luz.* **ANT** posible. ◆ adj. **2** [persona] Que tiene un carácter o una manera de comportarse insoportable para los demás: *es una niña muy caprichosa que se pone imposible cuando no se hace su voluntad.* **3** Que está en mal estado o en malas condiciones: *el tráfico está imposible.*
▶ **hacer lo imposible** Utilizar todos los medios para que una cosa ocurra o se realice: *haré lo imposible para poder estar en tu fiesta de cumpleaños.*
DER imposibilidad, imposibilitar.

imposición n. f. **1** Obligación que se le exige a una persona que cumpla o acepte: *el director no estaba dispuesto a aceptar ninguna imposición.* **2** Colocación a una persona de una condecoración o de otro símbolo de manera solemne: *la imposición de medallas.* **3** Cantidad de dinero que se ingresa en una cuenta de un banco o de una caja de ahorros: *una imposición de 100 000 de euros.* **4** ECON. Obligación de pagar una cantidad de dinero al Estado, comunidad autónoma o ayuntamiento para que haga frente al gasto público: *todas las rentas salariales están sujetas a una imposición directa.* **SIN** impuesto, tributo.

impostar v. tr. MÚS Controlar el nivel y la intensidad de la voz para poder emitir un sonido uniforme y en su plenitud, sin vacilación ni temblor: *carraspeó, impostó la voz y empezó la declamación.*

impostor, -ra adj. **1** [persona] Que se hace pasar por otra persona o que dice tener unos conocimientos, capacitación o cargo que no posee en realidad: *era un impostor que se hacía pasar por médico sin tener el título.* **2** [persona] Que dice mentiras o embustes para perjudicar o acusar a otra persona.
DER impostura.

impostura n. f. **1** Engaño con apariencia de verdad: *para poner en evidencia al político, el escritor fue desemascarando una a una las imposturas de su discurso.*

impotencia n. f. **1** Falta de fuerza, poder o competencia para realizar una cosa o hacer que suceda: *sintió una terrible impotencia cuando vio que su casa se quemaba.* **2** Imposibilidad del hombre para consumar el acto sexual.
DER impotente.

impotente adj. **1** [persona, grupo] Que carece de fuerza, poder o competencia para realizar una cosa o hacer que suceda. ◆ adj./ n. m. **2** [hombre] Que padece impotencia sexual.

impracticable adj. **1** Que no puede ocurrir o realizarse: *las dificultades económicas hacen impracticable el proyecto.* **SIN** inviable. **2** [terreno, camino] Que está en muy malas condiciones y no es posible andar o circular por él: *un terreno de juego impracticable.* **SIN** inviable.

imprecación n. f. Expresión con la que se muestra deseo intenso de que reciba un mal o un daño una persona o un grupo.

imprecisión n. f. Falta de exactitud o detalle: *la imprecisión de un disparo.* **ANT** exactitud, precisión.

impreciso, -sa adj. Que no es exacto o detallado: *me han dado una dirección imprecisa y no acabo de encontrar la casa.* **ANT** exacto, preciso.
DER imprecisión.

impredecible adj. Que no se puede prever o predecir: *lo que te ocurrirá en el futuro es impredecible.*

impregnar v. tr. **1** Mojar la capa más superficial de un cuerpo con un líquido o con una sustancia espesa o pegajosa: *impregnó de pegamento las dos piezas.* **2** Mojar completamente, llegando la humedad hasta el interior: *impregnar un tampón de tinta.* **SIN** empapar. **3** Transmitir una forma de pensar o sentir característico y particular.

imprenta n. f. **1** Técnica de imprimir textos escritos y dibujos sobre papel. **2** Taller o lugar donde se desarrolla esta técnica.

imprescindible adj. Que es muy necesario porque sin su presencia no es posible lo que se pretende: *para subir al avión es imprescindible que tengas el billete.* **SIN** indispensable.

impresentable adj. [persona] Que se comporta de manera muy inadecuada o irrespetuosa: *tiene un jefe impresentable; sus amigas son unas impresentables.*

impresión n. f. **1** Efecto o alteración del ánimo causada por un estímulo externo: *la noticia del accidente causó una viva impresión.* **2** Idea u opinión general y poco precisa que una persona tiene sobre un asunto o materia. **3** Reproducción de un texto escrito o dibujo en un papel por medio de procedimientos mecánicos o eléctricos. **4** Conjunto de características del texto escrito o dibujo referidas al modo en que se ha realizado esta reproducción: *la impresión era muy borrosa.*
DER impresionar, impresionismo.

impresionable adj. [persona] Que se impresiona con facilidad: *es una persona impresionable, se altera rápido.*

impresionante adj. Que causa una impresión muy intensa de admiración, sorpresa o miedo: *una explosión impresionante.*

impresionar v. tr. **1** Provocar una gran alteración en el ánimo de una persona; generalmente, fruto de una sensación intensa de admiración, sorpresa o miedo: *la aparición de los cadáveres impresionó a toda la opinión pública.* **2** Hacer que una imagen o sonido quede recogido en una superficie preparada para ello, para poder luego reproducirlo por medios fotográficos o eléctricos: *impresionar una película fotográfica.*
DER impresionable, impresionante.

impresionismo n. m. Movimiento artístico, especialmente referido a la pintura, que intenta reflejar en las obras las sensaciones e impresiones particulares que el artista experimenta: *el impresionismo surgió en Francia a finales del siglo XIX.*

impresionista adj. **1** Del impresionismo o que tiene relación con él. ◆ adj./ n. com. **2** [persona] Que sigue la tendencia artística del impresionismo.

impreso n. m. **1** Hoja o conjunto de hojas de papel con un texto que ha sido reproducido mediante la técnica de la imprenta. **2** Texto escrito preparado para que se rellene: *un policía le ayudó a rellenar un impreso.*
DER impresor, impresora.

impresor, -ra adj. [persona] Que se dedica a imprimir textos o dibujos.

impresora n. f. INFORM. Máquina que se conecta a un ordenador electrónico y que sirve para imprimir en papel la información contenida en él que se desea: *las impresoras funcionan con agujas, a chorro de tinta o por medio de un rayo láser.*

imprevisible adj. Que no se puede conocer, intuir o esperar antes de que realmente suceda. ANT previsible.
DER imprevisión, imprevisto.

imprevisto, -ta adj./ n. m. [acontecimiento, situación, gasto] Que no se ha previsto: *una avería imprevista.* SIN contingencia, eventualidad.

imprimir v. tr. **1** Reproducir un texto escrito o dibujo en un papel por medio de procedimientos mecánicos o eléctricos. **2** Fijar en el carácter de una persona un modo de ser, de pensar o de sentir particular: *la estancia en el internado le imprimió un profundo sentido de la disciplina.* **3** Transmitir una fuerza o impulso a un cuerpo: *el delantero imprimió un gran efecto a su disparo.*
OBS Los participios son *imprimido* e *impreso*; el primero se usa casi exclusivamente en la conjugación; el segundo se usa más y también como adjetivo.
DER imprenta, impresión, impreso, imprimátur; reimprimir, sobreimprimir.

improbable adj. Que es difícil que exista, ocurra o se realice: *es improbable que vuelva a hablarte después de haberlo insultado.* ANT probable.

improductivo, -va adj. **1** Que no produce o no puede producir: *todo el terreno es improductivo.* ANT productivo. **2** Que no es útil ni provechoso: *los diálogos fueron improductivos.* ANT productivo.

impropiedad n. f. **1** Cualidad de impropio. **2** Uso de las palabras o frases con sentidos que no son los que propiamente les corresponden.

impropio, -pia adj. **1** Que no se corresponde con las características propias de una persona o cosa: *es impropio de una persona educada insultar a otra.* **2** Que no es adecuado u oportuno a las circunstancias del momento: *regañó a su hijo porque tuvo un comportamiento impropio.* SIN inadecuado.
DER impropiedad.

improrrogable adj. Que no puede ser prorrogado: *un empleo con una duración de seis meses improrrogables.* ANT prorrogable.

improvisación n. f. **1** Realización de una cosa que no estaba prevista o preparada. **2** Poema, canción o pieza musical que se desarrolla a medida que se va recitando, cantando o tocando: *el pianista interpretó una improvisación sobre un nocturno de Chopin.*

improvisar v. tr. **1** Hacer una cosa que no estaba prevista o preparada: *su compañero se rompió una pierna y tuvieron que improvisar una camilla para transportarlo.* **2** Componer o desarrollar un poema, canción o tema musical a medida que se va recitando, cantando o tocando.
DER improvisación, improviso.

improviso Palabra que se usa en la locución adverbial *de improviso,* que significa 'de repente, de manera inesperada y brusca': *se levantó de improviso y abandonó el aula a mitad de examen.*

imprudencia n. f. **1** Falta de juicio, sensatez y cuidado que una persona demuestra en sus acciones: *la imprudencia es la principal causa de accidentes de tráfico.* SIN inconsciencia. **2** Acción que se realiza con esta falta de juicio, sensatez y cuidado.
▶ imprudencia temeraria DER. Delito que comete una persona cuando por sus acciones pone en peligro la vida o la seguridad de otros: *acusaron al médico de imprudencia temeraria por no atender al herido.*

imprudente adj./ n. com. Que tiene o muestra imprudencia: *fue imprudente dejar el móvil a la vista de todos.* SIN incauto. ANT cauto, prudente.
DER imprudencia.

impudicia n. f. Falta de pudor o de vergüenza: *su impudicia les pareció grosera.*
DER impúdico.

impúdico,-ca adj. Que tiene o muestra impudicia.

impuesto n. m. Cantidad de dinero que se da al Estado, comunidad autónoma o ayuntamiento obligatoriamente para que haga frente al gasto público: *el IVA es el impuesto sobre el valor añadido.* SIN tributo.
▶ impuesto directo ECON. Tributo que se aplica de manera periódica e individual a las personas sobre sus bienes e ingresos económicos: *el impuesto sobre la renta es un impuesto directo.* impuesto indirecto ECON. Tributo que se aplica a las cosas que se consumen o a los servicios que se usan: *los impuestos indirectos gravan la gasolina, el alcohol o el tabaco.* impuesto revolucionario Cantidad de dinero que exige un grupo de terroristas a un empresario o persona adinerada bajo la amenaza de muerte.

impugnar v. tr. Negar la validez o legalidad de una opinión o decisión por considerarla falsa, injusta o ilegal: *un opositor impugnó la decisión del tribunal.*
DER impugnación.

impulsar v. tr. **1** Aplicar la fuerza necesaria para que una cosa se mueva: *la fuerza del motor impulsa al coche.* **2** Dotar de la fuerza o ayuda necesaria para que una cosa crezca, se desarrolle y tenga éxito: *impulsar la creación de empleo.* SIN estimular. **3** Proporcionar a una persona el ánimo y la fuerza necesaria para que haga una cosa. SIN animar.
DER impulsivo, impulso, impulsor.

impulsivo, -va adj./ n. m. y f. **1** [persona] Que se deja llevar por sus emociones o impulsos sin pensar en las consecuencias de sus actos: *era una persona impulsiva que decidió abandonar su trabajo.* ◆ adj. **2** [acción, comportamiento] Que es propio de este tipo de personas.

impulso n. m. **1** Fuerza que aplicada a una cosa hace que esta se mueva. **2** Fuerza o ayuda que se le presta a una cosa para que crezca, se desarrolle y tenga éxito: *su última película ha supuesto un nuevo impulso a su carrera.* SIN estímulo. **3** Deseo intenso que lleva a hacer una cosa de manera inesperada y sin pensar en las consecuencias: *sintió un irrefrenable impulso de abandonar la cena cuando se burlaron de él.*
▶ coger impulso o tomar impulso Iniciar una carrera o mover el cuerpo de modo que se facilite y se haga más intenso un movimiento, golpe o salto: *flexionó las rodillas para coger impulso y saltar la valla.*

impulsor, -ra adj./ n. m. y f. **1** [persona] Que ha aportado la ayuda o la fuerza necesaria para hacer que una cosa crezca, se desarrolle y tenga éxito. **2** Que impulsa: *movimiento impulsor.*

impune adj. [delito, autor de delito] Que queda sin castigo: *en las novelas de Ágata Christie ningún crimen queda impune.*
DER impunidad.

impuntual adj. Que no es puntual.

impureza n. f. **1** Sustancia o conjunto de sustancias extrañas a un cuerpo o materia y que están mezcladas con ella: *las impurezas del petróleo son eliminadas en las refinerías.* **2** Falta de virtudes morales, especialmente las de carácter sexual.

impuro, -ra adj. **1** Que tiene mezcla de sus-

tancias extrañas que alteran su pureza: *los minerales impuros se purifican en los altos hornos.* **2** Que va contra la moral establecida, especialmente en el aspecto sexual: *pensamientos impuros.* ANT puro.
DER impureza, impurificar.

in- Prefijo que entra en la formación de palabras con el significado de 'privación' o 'negación': *inacabable, incomunicar, inacción.* NOTA Se convierte en *a) im-* antes de *b* o *p*: *imbatido, imponer, imposible. b) i-* antes de *l*: *ilegal. c) ir-* antes de *r*: *irrumpir, irreflexivo.*

inabarcable adj. [asunto, materia] Que tiene unos contenidos tan extensos, que no se pueden conocer o comprender con facilidad: *el conjunto de estudios sobre la Biblia es inabarcable.*

inacabable adj. **1** Que tiene un volumen o una extensión tan grande, que parece que no se puede acabar o terminar. SIN interminable. **2** Que es tan pesado o molesto, que parece que no acaba o no tiene fin: *la ópera se me hizo inacabable.* SIN interminable.

inacabado, -da adj. Que no ha sido acabado o completado: *Miguel Ángel dejó a su muerte algunas esculturas inacabadas.* SIN incompleto, inconcluso. ANT acabado, completo.
DER inacabable.

inaccesible adj. **1** [lugar] Que no tiene acceso o entrada, o que es muy difícil llegar hasta él. ANT accesible. **2** [persona] Que es muy difícil poder llegar hasta ella: *el famoso cantante se mantuvo en todo momento inaccesible para la prensa.* **3** [persona] Que tiene un trato difícil y poco amable. ANT accesible. **4** Que no se puede entender por ser muy difícil: *el griego es una lengua que me resulta inaccesible.* ANT accesible.

inacción n. f. Falta de actividad o movimiento: *la inacción de una máquina.* SIN inactividad. ANT acción.

inacentuado, -da adj. GRAM. [vocal, palabra, sílaba] Que no lleva acento y se pronuncia sin acentuar: *en la palabra «casa», la sílaba «sa» es inacentuada.* SIN átono. ANT tónico.

inaceptable adj. Que no se puede aceptar como bueno o válido: *el representante sindical calificó de inaceptable la propuesta salarial de la empresa.* ANT aceptable.

inactividad n. f. Falta de actuación, trabajo o movimiento: *tras la inactividad de las vacaciones, siempre le costaba cogerle el ritmo al trabajo.* SIN inacción. ANT acción, actividad.

inactivo, -va adj. Que no desarrolla ninguna actividad, trabajo o movimiento: *el médico ha dicho que el futbolista estará dos meses inactivo.* ANT activo.
DER inactividad.

inadaptado, -da adj. [persona] Que no se adapta o acomoda a las condiciones en que vive o a las circunstancias que le rodean. SIN desplazado.
DER inadaptación.

inadecuado, -da adj. Que no es adecuado u oportuno a las circunstancias del momento: *una señal de tráfico colocada en un lugar inadecuado puede llegar a ser peligrosa.* SIN impropio.
DER inadecuación.

inadmisible adj. Que no puede ser admitido: *cometió un error inadmisible.* ANT admisible.

inadvertido, -da adj. Que no ha sido percibido, notado o advertido: *la presencia del famoso actor en el restaurante pasó inadvertida para todos.*

inagotable adj. Que no se puede acabar o agotar.

inaguantable adj. Que no se puede aguantar o sobrellevar: *los hijos de los vecinos hacen un ruido inaguantable.* SIN insoportable.
OBS Se suele utilizar con verbos como *estar, ponerse* o *ser*.

inalámbrico, -ca adj. **1** Que no usa hilos o cables para recibir y enviar mensajes: *micrófono inalámbrico.* ◆ adj./n. m. **2** [aparato telefónico] Que no tiene unidos la base y el auricular por medio de un cable, lo que permite hacer llamadas y recibirlas a cierta distancia de la base: *con el inalámbrico puedes hablar desde el jardín.*

inalcanzable adj. Que no se puede alcanzar o conseguir: *la paz parece un objetivo inalcanzable en Oriente Medio.*

inalienable adj. [derecho, propiedad] Que no se puede negar o quitar a una persona.

inalterable adj. **1** Que no se puede alterar o cambiar: *el horario de clases es inalterable.* **2** [persona] Que no experimenta o no muestra ningún sentimiento o emoción que afecte a su estado de ánimo: *el prisionero permaneció inalterable ante la amenaza de los enemigos.*

inamovible adj. Que no puede moverse o cambiarse: *a pesar de todos los ruegos, su decisión fue inamovible.*

inanición n. f. Extrema debilidad física provocada por la falta de alimento.

inanimado, -da adj. [objeto, cuerpo] Que no tiene vida.

inapelable adj. **1** DER. [sentencia, fallo] Que no se puede apelar. **2** Que no se puede evitar o remediar: *un gol inapelable.*

inapetencia n. f. Falta de ganas de comer: *la depresión suele provocar inapetencia y debilidad física.* **SIN** desgana. **ANT** apetito, hambre.

inasequible adj. Que es imposible de alcanzar o de conseguir: *elevó el arte de la canción a un nivel lírico inasequible.*

inasible adj. Que no se puede asir o coger: dirige sus poemas al inasible objeto de su amor.

inaudito, -ta adj. **1** Que es tan particular o poco frecuente que cuando ocurre causa sorpresa y extrañeza: *un barrio de la ciudad ha sufrido una inaudita plaga de chinches.* **SIN** excepcional, inusual. **2** Que no se puede admitir o tolerar y merece ser rechazado: *es inaudito que grandes multinacionales se aprovechen del trabajo de los niños en el Tercer Mundo.* **SIN** intolerable.

inauguración n. f. **1** Momento en que da comienzo el desarrollo de una actividad o de un acto: *las riadas han retrasado la inauguración de la autovía.* **2** Ceremonia formal con la que se celebra este momento.

inaugural adj. De la inauguración o relacionado con ella: *ceremonia inaugural.*

inaugurar v. tr. **1** Dar principio o comienzo a una cosa, especialmente si se hace de manera solemne: *el rector inauguró el nuevo curso.* **2** Celebrar la apertura de un local o edificio. **3** Comenzar a introducir una nueva idea o moda: *el autor de esta novela inauguró una nueva corriente artística.*
DER inauguración, inaugural.

inca adj. **1** De un antiguo pueblo indígena que habitaba en el continente americano o que tiene relación con él. ◆ adj./ n. com. **2** [persona] Que pertenecía a este pueblo.
DER incaico.

incalculable adj. Que no se puede calcular: *han sufrido pérdidas incalculables.*

incandescente adj. [metal] Que adquiere color rojo o blanco al aumentar la temperatura. **SIN** candente.
DER incandescencia.

incansable adj. Que no se cansa o que resiste mucho sin descansar: *un viajero incansable.* **SIN** infatigable.

incapacidad n. f. **1** Falta de conocimiento, preparación o medios para realizar una acción o una función: *su incapacidad para enfrentarse a los problemas le hizo abandonar.* **ANT** capacidad. **2** Falta de espacio en un lugar para que quepa algo. **ANT** cabida, capacidad. **3** DER. Falta de aptitudes físicas o mentales de una persona para ejercer determinados derechos: *el fiscal alegó la incapacidad del testigo para declarar.*
▶ **incapacidad laboral** Pérdida de la posibilidad de trabajar a causa de un daño físico o mental permanente provocado por una enfermedad o un accidente.

incapacitar v. tr. **1** Hacer que una persona no tenga capacidad para realizar una acción o desempeñar una función. **SIN** imposibilitar. **2** Quitar o perder un estado o condición legal: *el tribunal lo condenó por fraude y lo incapacitó para volver a ocupar cargos públicos.*
DER incapacitación, incapacitado.

incapaz adj. **1** Que no tiene capacidad para hacer una cosa: *soy incapaz de subir hasta la cima.* **ANT** capaz. **NOTA** Se suele usar seguido de la preposición *de* y un infinitivo. **2** Que no puede desarrollar una actividad debido a la falta de conocimiento, preparación o medios: *se demostró que era incapaz para ocupar ese puesto.* **SIN** inepto. **ANT** capaz, apto. **3** [persona] Que es idiota o tonto. **SIN** inepto. **NOTA** Se usa como apelativo despectivo. **4** Que no tiene la capacidad necesaria para un fin determinado.
DER incapacidad, incapacitar.

incautarse v. prnl. Tomar posesión legal la autoridad competente de un objeto, mercancía o bien propiedad de una persona: *la policía se incautó de las armas.*
DER incautación.

incauto, -ta adj./ n. m. y f. **1** [persona] Que tiene o muestra una gran falta de juicio, sensatez y cuidado en sus acciones: *deja el coche abierto porque es un incauto.* **SIN** imprudente. **ANT** cauto, prudente. **2** [persona] Que se deja engañar fácilmente por no pensar mal de los demás. **SIN** cándido, ingenuo, inocente.
DER incautarse.

incendiar v. tr./ prnl. Prender fuego a una cosa que no estaba originalmente destinada a arder.
OBS En su conjugación, la *i* es átona, como en *cambiar.*
DER incendiario.

incendiario, -ria adj./ n. m. y f. **1** [persona]

Que provoca un incendio de forma voluntaria. ◆ adj. **2** [artefacto, arma] Que sirve para quemar algo. **3** Que incita a la violencia y al desorden: *pronunció unas palabras incendiarias ante la muchedumbre.*

incendio n. m. Fuego grande en el que resulta destruida una cosa que no estaba originalmente destinada a arder: *el incendio de un edificio, de un barco, de un motor.*
DER incendiar.

incentivar v. tr. **1** Animar a una persona por medio de un premio o gratificación económica para que trabaje más o consiga un mejor resultado en una acción o en una actividad: *la empresa incentivó a sus empleados con una paga extraordinaria.* **2** Dar fuerza o empuje a una actividad para que crezca, se desarrolle y tenga éxito: *se ha hecho una reforma para incentivar la inversión de capital.*
DER incentivo.

incentivo -va adj./n. m. **1** Que impulsa a hacer o desear una cosa: *las excursiones son un incentivo para conocer la naturaleza.* ◆ n. m. **2** Premio o gratificación económica que se le ofrece o entrega a una persona para que trabaje más o consiga un mejor resultado en una acción o en una actividad.

incertidumbre n. f. Falta de conocimiento seguro o fiable sobre una cosa, especialmente cuando crea inquietud en alguien. ANT certeza, certidumbre.

incesante adj. **1** Que no se detiene: *lleva toda la tarde cayendo una lluvia incesante.* **2** Que se repite de manera habitual: *cuando operaron a su padre, fueron incesantes sus idas y venidas al hospital cada día.*

incesto n. m. Relación sexual entre familiares directos: *Edipo cometió incesto con su madre sin saberlo.*
DER incestuoso.

incidencia n. f. **1** Influencia o efecto que tiene una cosa sobre otra: *la incidencia de la droga en la delincuencia.* **2** Circunstancia o suceso secundarios que ocurre en el desarrollo de un asunto o negocio, pero que puede influir en el resultado final: *las incidencias del día están detalladas en el informe.*

incidental adj. **1** [circunstancia, suceso] Que sucede de manera inesperada y puede afectar al desarrollo de un asunto o negocio, aunque no forme parte de él. **2** [circunstancia, suceso] Que tiene relación con un asunto o negocio aunque le afecta de un modo muy poco importante: *es una cuestión incidental para el tema que nos ocupa.*

incidente n. m. **1** Circunstancia o suceso que sucede de manera inesperada y que puede afectar al desarrollo de un asunto o negocio, aunque no forma parte de él: *la celebración se desarrolló sin incidentes.* **2** Enfrentamiento violento e inesperado que se produce entre dos o más personas.

incidir v. intr. **1** Influir en un asunto o negocio o causar un efecto en él: *la alimentación incide de modo decisivo en la salud de las personas.* SIN repercutir. **2** Resaltar el interés de una característica, circunstancia o hecho para llamar la atención sobre su importancia. **3** Caer una cosa sobre una superficie: *incidir un rayo de luz en un espejo.*
DER incidencia, incidente; coincidir, reincidir.

incienso n. m. Mezcla de resinas vegetales de árboles asiáticos o africanos que al arder despiden olor.
DER incensario.

incierto, -ta adj. **1** Que no es verdadero o cierto: *a la luz del informe, su afirmación es incierta.* SIN falso. ANT cierto, verdadero. **2** Que no es o no está seguro: *resultado incierto.* **3** Que no se conoce: *un futuro incierto.*

incinerar v. tr. Quemar una cosa material o un cadáver hasta reducirlo a cenizas.
DER incineración, incinerador.

incipiente adj. Que empieza a desarrollarse, especialmente si es con fuerza y energía: *una barba incipiente.*

incisión n. f. Raja o corte poco profundo hecho en un cuerpo o en una superficie con un instrumento cortante: *logró extraer la espina con una pequeña incisión.*

incisivo, -va adj. **1** [instrumento] Que sirve para cortar o abrir: *el asesinó mató a su víctima con un arma incisiva.* ◆ adj./n. m. **2** [diente] Que está situado en la parte delantera de la boca, es plano y cortante y tiene una sola raíz: *los roedores tienen los dientes incisivos muy desarrollados.* **3** Que critica con ironía de forma cruel o con mala intención. SIN mordaz.

inciso, -sa adj. **1** [estilo] Que es cortado: *cerámica incisa.* ◆ n. m. **2** Pausa o comentario que se intercala en un discurso o conversación y que no está relacionado con el tema que se trata: *el conferenciante hizo un inciso para recordar una anécdota personal.* SIN paréntesis. **3** Parte de una oración que se in-

tercala en ella con un sentido parcial y que, generalmente, se coloca entre comas o entre paréntesis.
DER incisión, incisivo.

incitación n. f. Estímulo o motivo que provoca en una persona las ganas de hacer algo: *su actitud era una incitación a la violencia.*

incitar v. tr. Estimular o animar a una persona para que haga una cosa: *un piquete incitó a los trabajadores a que abandonaran la fábrica.* SIN espolear.

incívico, -ca adj. Que denota falta de civismo: *el comportamiento incívico de sus paisanos le avergonzaba.* SIN incivil, incivilizado.

inclemencia n. f. **1** Fenómeno atmosférico desagradable y difícil de soportar que provoca el mal tiempo: *las inclemencias invernales son muy duras en el norte de Europa.* NOTA Se usa sobre todo en plural. **2** Falta de compasión en la manera de obrar: *el fiscal tuvo demasiada inclemencia con el acusado.* ANT clemencia, compasión.
DER inclemente.

inclinación n. f. **1** Desviación de la posición vertical u horizontal que ocupa una cosa: *la inclinación de una embarcación.* **2** Situación de una cosa que no ocupa una posición vertical u horizontal: *la inclinación del tejado.* **3** Estado anímico o actitud con la que una persona indica su intención o el deseo de hacer una cosa. SIN tendencia. **4** Gesto que hace una persona inclinando la cabeza o el cuerpo hacia adelante en señal de respeto o de saludo. SIN reverencia.

inclinar v. tr. **1** Desviar de la posición vertical u horizontal que ocupa una cosa: *inclinar una botella para verter su contenido.* **2** Convencer a una persona para que haga o diga una cosa de la que no estaba segura: *inclinó a todos en favor de su propuesta.* SIN convencer, persuadir. ◆ v. prnl. **3 inclinarse** Tener una persona la intención o el deseo de hacer una cosa: *me inclino a creerlo.* SIN tender.

incluir v. tr. **1** Poner una cosa en el interior de otra o dentro de sus límites: *el vendedor incluyó un secador de pelo en el lote.* **2** Contener una cosa a otra o llevarla consigo formando un todo: *el libro incluye un capítulo sobre anatomía.* ANT excluir. **3** Hacer referencia a un tema o asunto a lo largo de una exposición.
OBS En su conjugación, la *i* se convierte en *y* delante de *a, e* y *o,* como en *huir.*
DER inclusión, inclusive, incluso.

inclusión n. f. **1** Acción de incluir: *la inclusión de nuevas tareas.* **2** Efecto de incluir.

inclusive adv. **1** Indica que se incluyen los límites que se nombran en el conjunto total: *el juez aplicó en su resolución los artículos 51 al 54, ambos inclusive.* **2** Incluso, incluyendo la persona o cosa que se nombra: *vinieron todos, sus padres inclusive.*

incluso adv. **1** Indica que se incluye la persona o cosa que se nombra dentro de un conjunto: *vendió todas sus pertenencias, incluso sus libros y objetos más queridos.* SIN inclusive. ◆ conj. **2** Indica una dificultad o hecho que no impide que se realice o produzca una acción: *quedó el primero en la carrera, incluso con la lesión de la rodilla.* SIN inclusive. ◆ prep. **3** Indica sorpresa o admiración: *incluso los críticos más severos alabaron su obra.* SIN hasta. **4** Indica mayor fuerza o grado en una comparación: *la calidad de la televisión era mala antes, pero ahora es incluso peor.*

incógnita n. f. **1** MAT. En una expresión o ecuación matemática, cantidad que no se conoce y se debe averiguar, que, generalmente, se representa por una de las letras iniciales o finales del alfabeto: *en la ecuación* $2x + 3y = 43$, *las incógnitas son* x *e* y. **2** Cosa que se desconoce: *el nombre y la procedencia del nuevo director son una incógnita.*

incógnito, -ta adj. *formal* Que no es conocido: *tierra incógnita.*
▶ de incógnito Indica que una persona se oculta o disimula para no dar a conocer su verdadera identidad: *la famosa cantante visitó la ciudad de incógnito.*
DER incógnita.

incoherencia n. f. **1** Falta total de unión o relación adecuada de todas las partes que conforman un todo. ANT coherencia. **2** Cosa que contradice a otra o no guarda con ella una relación lógica: *su conferencia estaba plagada de incoherencias.*
DER incoherente.

incoherente adj. **1** Que no guarda una relación adecuada entre sus partes. SIN incongruente. ANT coherente. **2** Que no mantiene una correspondencia lógica entre las ideas y el comportamiento. SIN incongruente. ANT coherente.

incoloro, -ra adj. [cuerpo, sustancia] Que no tiene color: *el agua es incolora.*

incombustible adj. **1** Que no puede arder o que arde con dificultad: *el amianto es un* *material incombustible.* ANT combustible. **2** [persona] Que no se ve afectado por el paso del tiempo o por problemas y dificultades: *es incombustible, lleva más de veinte años dirigiendo la empresa.*

incomodar v. tr. Provocar o sentir enfado o disgusto: *sus constantes elogios me incomodan.*
DER incomodado.

incomodidad n. f. **1** Cualidad de incómodo: *la llegada de su amigo le ha causado incomodidades.* ANT comodidad. **2** Cosa (normalmente material) que hace sentirse incómodo y dificulta la estancia en un lugar o la realización de ciertas tareas: *fue un viaje lleno de incomodidades.* NOTA Se usa generalmente en plural. ANT comodidad.

incómodo, -da adj. **1** Que provoca malestar físico y cansancio: *una silla muy incómoda.* ANT cómodo, confortable. **2** Que causa en el ánimo de una persona malestar e intranquilidad: *le hicieron al político algunas preguntas muy incómodas.* ANT cómodo. **3** [persona] Que tiene el ánimo alterado a causa de una molestia que le ha hecho perder el bienestar y la tranquilidad. ANT cómodo.
DER incomodidad, incomodar.

incomparable adj. **1** Que no se puede comparar para establecer un parecido o relación: *estos dos coches son absolutamente incomparables.* ANT comparable. **2** Que es muy bueno o tiene cualidades superiores a otros de la misma especie: *desde la colina se puede ver un paisaje incomparable.*

incompatible adj. **1** Que no puede existir, ocurrir o hacerse junto con otra cosa al mismo tiempo o de manera conjunta. ANT compatible. **2** [cargo, función] Que no puede ejercerse legalmente a la vez que otro: *su actual posición en la empresa es incompatible con este cargo de directivo.*
DER incompatibilidad.

incompetencia n. f. Carencia de capacidad para hacer cierta cosa, especialmente para realizar un trabajo u ocupar un puesto: *la incompetencia de los jóvenes administradores produjo el cierre de la empresa.* ANT competencia.

incompetente adj. Que no posee las aptitudes o la preparación necesarias para desarrollar una actividad: *el incompetente fiscal no logró reunir pruebas para encarcelar a los culpables.* ANT competente.
DER incompetencia.

incomplejo, -ja adj. [forma] Que tiene una cantidad que se expresa en un solo tipo de unidad: *el tiempo 1 h 22 min 19 s está expresado en forma compleja; en cambio, 5299 s expresa de forma incompleja la misma duración.* ANT complejo.

incompleto, -ta adj. Que no ha sido acabado o completado: *la obra quedó incompleta por falta de presupuesto.* SIN inacabado, inconcluso. ANT acabado, completo.

incomprendido, -da adj./ n. m. y f. [persona] Que no recibe de los demás la aceptación o el reconocimiento que merece.
DER incomprensible, incomprensión.

incomprensible adj. **1** Que no se puede entender el significado: *habían grabado en la piedra unos símbolos incomprensibles.* ANT comprensible. **2** Que no se puede justificar o razonar de ningún modo. ANT comprensible.

incomprensión n. f. Actitud poco tolerante de la persona que no respeta los sentimientos o actos de otras: *decidió ser artista a pesar de la total incomprensión de su familia.* ANT comprensión.

incomunicación n. f. **1** Falta total de relación, trato o comunicación con otra u otras personas. ANT comunicación. **2** Aislamiento de una persona por el que se le priva del contacto y relación con otras: *la incomunicación de un secuestrado.*

incomunicar v. tr. **1** Aislar a una persona para impedir que tenga contacto o relación con otras: *el juez mandó incomunicar a los detenidos.* ◆ v. prnl. **2 incomunicarse** Aislarse o separarse del trato con otras personas.
OBS En su conjugación, la *c* se convierte en *qu* delante de *e*.
DER incomunicación.

inconcebible adj. **1** Que no se puede pensar o considerar desde un punto de vista lógico o racional. SIN impensable. **2** Que es muy difícil o casi imposible que suceda: *es inconcebible que el actual campeón del mundo pueda perder este partido.* SIN impensable.

inconcluso, -sa adj. Que no ha sido acabado o completado: *la catedral quedó inconclusa a la muerte del arquitecto.* SIN inacabado, incompleto. ANT acabado, completo.

inconcreto, -ta adj. Que no es concreto, que es impreciso: *quizá el mayor horror de mi situación consiste en que mis temores son inconcretos.*

incondicional adj. **1** Que no tiene limitaciones ni condición alguna. ANT condicional.

◆ adj./ n. com. **2** [persona] Que sigue fielmente a una persona, sin limitación o condición ninguna o que es muy aficionada a una cosa: *soy una incondicional de la ópera.* SIN adepto, fan, forofo.

inconexo, -xa adj. Que no tiene unión o no guarda una relación adecuada entre sus partes: *estaba tan aturdido que solo fue capaz de decir frases inconexas.*
DER inconexión.

inconfesable adj. Que no puede darse a conocer por ser especialmente vergonzoso, inmoral o ilegal: *el asunto resultaba inconfesable; pensamiento inconfesable.*

inconformismo n. m. Actitud de no aceptar fácilmente una circunstancia determinada, especialmente cuando es impuesta o injusta: *su inconformismo le llevó a repetir el examen para obtener mejor nota.* ANT conformismo.
DER inconformista.

inconformista adj./ n. com. Que no acepta fácilmente una circunstancia determinada, especialmente cuando es impuesta o injusta.

inconfundible adj. Que no se puede confundir con otro de la misma especie.

incongruente adj. **1** Que no guarda una relación adecuada entre sus partes. SIN incoherente. **2** Que no mantiene una correspondencia lógica entre las ideas y el comportamiento: *si te gusta la playa, es incongruente que pases siempre las vacaciones en la montaña.* SIN incoherente.
DER incongruencia.

inconsciencia n. f. **1** Estado de la persona que ha perdido el conocimiento y generalmente también la capacidad de moverse y de sentir: *se dio un golpe en la cabeza y por unos instantes quedó en total inconsciencia.* **2** Falta total de juicio, sensatez y cuidado que una persona demuestra en sus acciones. SIN imprudencia. ANT prudencia.
DER inconsciente.

inconsciente adj. **1** [persona] Que ha perdido el conocimiento y generalmente también la capacidad de moverse y de sentir. ANT consciente. ◆ adj./ n. com. **2** [persona] Que tiene o muestra una gran falta de juicio, sensatez y cuidado en sus acciones: *es un inconsciente: hace las cosas a lo loco y sin pensar.* SIN imprudente. ◆ n. m. **3** Conjunto de procesos mentales de los que no es consciente la persona que los tiene, pero que afectan a su manera de obrar o a su carácter.

inconsecuente adj. **1** Que no mantiene correspondencia lógica entre las ideas y el comportamiento: *es inconsecuente con lo que dice y con lo que hace.* ANT consecuente. **2** [persona] Que no actúa en consecuencia con sus ideas o con lo que expresa: *era un poco inconsecuente en sus doctrinas.*

inconsistencia n. f. **1** Cualidad de la materia que no resiste sin romperse o que se deforma fácilmente: *la inconsistencia de la madera podrida provocó el derrumbe de las vigas de la casona.* ANT consistencia. **2** Falta total de unión y relación adecuada de todas las partes que forman un todo: *el fiscal puso de manifiesto la inconsistencia de la coartada del acusado.* ANT consistencia.

inconsistente adj. **1** Que se rompe o deforma con facilidad. ANT consistente. **2** Que carece de relación lógica y de contenidos: *el alumno dio una serie de excusas inconsistentes.* ANT consistente.

inconstancia n. f. Actitud de la persona que no tiene una voluntad firme y continuada en la determinación de hacer una cosa o en el modo de realizarla: *su inconstancia en los estudios lo condujeron al fracaso en la universidad.* ANT constancia, perseverancia.

inconstante adj. **1** [persona] Que no tiene una voluntad firme y continuada en la determinación de hacer una cosa o en el modo de realizarla. SIN voluble. ANT constante. **2** Que no es continuado y no se prolonga mucho tiempo con la misma intensidad: *un viento inconstante.* ANT constante. **3** Que no se repite con una frecuencia determinada manteniendo la misma intensidad. ANT constante.

inconstitucional adj. Que no se ajusta a lo establecido en la Constitución vigente: *el recurso considera inconstitucionales varios artículos de la nueva ley.* ANT constitucional.
DER inconstitucionalidad.

incontable adj. **1** Que no puede ser contado. **2** Que es muy numeroso o existe en una cantidad enorme: *los incontables monumentos árabes de Andalucía.* SIN innumerable.

incontenible adj. Que no se puede contener o aguantar: *unas incontenibles ganas de reír; una necesidad de orinar incontenible.*

incontinencia n. f. **1** Alteración del organismo que consiste en expulsar involuntariamente la orina o los excrementos. **2** Falta total de control sobre un sentimiento o impulso para moderar su intensidad: *su inconti-*

nencia verbal le lleva a insultar a los demás con frecuencia. **ANT** contención.

incontrolable adj. Que no se puede controlar: *cuando supo que había aprobado, sintió una euforia incontrolable.*

inconveniencia n. f. **1** Falta total de comodidad o de conveniencia de algo: *la inconveniencia de no poder recibir llamadas por tener el teléfono roto.* **ANT** conveniencia. **2** Obra o dicho inoportuno o inadecuado en el trato social: *es un bocazas y se pasó toda la cena diciendo inconveniencias.*

inconveniente adj. **1** Que no resulta adecuado por sus características o por el momento en que sucede. **ANT** conveniente. ◆ n. m. **2** Situación, circunstancia o razón que dificulta o imposibilita hacer una cosa: *le puso muchos inconvenientes para dejarle el coche.* **3** Perjuicio o molestia que provoca una cosa. **SIN** inconveniencia.
DER inconveniencia.

incordiar v. tr./ intr. Fastidiar o molestar a una persona con algo que resulta pesado o repetitivo: *no incordies con tus preguntas.*
OBS Se conjuga como *cambiar.*

incorporación n. f. **1** Suma o unión de una cosa en un todo: *el político decidió en el último momento su incorporación a las listas electorales.* **2** Comienzo de una actividad en un momento determinado: *su incorporación a la universidad se producirá en enero.*

incorporar v. tr. **1** Sumar o unir una cosa a un todo: *han incorporado la cocina al salón.* **SIN** agregar, añadir. ◆ v. tr./ prnl. **2** Levantar y poner derecho el cuerpo o una parte de él: *incorporó a su hijo que estaba en la cama para darle un consomé.* **SIN** erguir. ◆ v. prnl. **3** incorporarse Presentarse en un lugar por primera vez para comenzar a desarrollar una actividad o después de un tiempo para continuarla: *tras ser contratado, se incorporó inmediatamente a su puesto.*
DER incorporación; reincorporar.

incorpóreo, -rea adj. **1** Que no tiene cuerpo, volumen o consistencia: *la presencia incorpórea de un fantasma le asustó.* **ANT** corpóreo. **2** Que pertenece al espíritu o que no se puede percibir por los sentidos. **SIN** inmaterial. **ANT** material.

incorrección n. f. **1** Falta, error o defecto, especialmente si es de poca importancia o no tiene consecuencias. **ANT** corrección. **2** Comportamiento no adecuado a las normas sociales: *cometió la incorrección de saludar a los reyes sin el debido protocolo.* **ANT** corrección, educación.
DER incorrecto, incorregible.

incorrecto, -ta adj. **1** Que presenta faltas, errores o defectos: *has adelantado de un modo incorrecto.* **ANT** correcto. **2** Que no es acertado o adecuado. **ANT** correcto. **3** Que no es adecuado y respetuoso con las normas sociales. **ANT** correcto.

incorregible adj. **1** Que es muy difícil o imposible de corregir: *era un vicio incorregible.* **2** [persona] Que no puede o no quiere abandonar un determinado hábito o costumbre: *tu madre es una fumadora incorregible.*

incorruptible adj. Que no puede corromperse o viciarse: *se presentó como un político incorruptible.*

incrédulo, -la adj. [persona] Que tiene dificultades para creer lo que ve o lo que otros le cuentan: *el joven contempló incrédulo el coche que le acababa de regalar su padre.* **ANT** crédulo.
DER incredulidad.

increíble adj. **1** Que causa admiración o sorpresa: *un gol increíble.* **SIN** admirable, asombroso, sorprendente. **2** Que parece mentira o es muy difícil de creer: *todas aquellas historias de ovnis y extraterrestres le parecían increíbles.* **SIN** inverosímil. **ANT** creíble, verosímil.

incrementar v. tr. Añadir una parte a un conjunto de elementos o a un todo y aumentar su cantidad, tamaño o volumen: *el cierre de empresas incrementa el número de parados.*

incremento n. m. **1** Crecimiento en tamaño, en cantidad, en calidad o en intensidad. **SIN** aumento. **ANT** disminución. **2** Cantidad que se aumenta: *aún no se ha fijado el incremento de los salarios.* **SIN** aumento. **ANT** disminución.
DER incrementar.

increpar v. tr. Corregir o llamar la atención con violencia a una persona por haber cometido un error o por su mal comportamiento: *el jugador increpó al árbitro por no haber señalado penalti.* **SIN** recriminar.

incruento, -ta adj. Que no es cruel ni violento o que no causa perjuicios físicos a las personas: *una incruenta batalla.* **ANT** cruento.

incrustar v. tr./ prnl. **1** Penetrar pequeñas partes o elementos de una materia en otra hasta quedar unidas perfectamente formando un solo cuerpo: *la metralla de la bomba se incrustó en la carrocería de los vehículos.* ◆ v. tr. **2** Introducir pequeños adornos de piedra, madera, metal u otro material de valor en una superficie de manera que queden ajustados perfectamente, generalmente formando formas geométricas.

DER incrustación; desincrustar.

incubación n. f. **1** Desarrollo de una enfermedad en un organismo desde el momento del contagio hasta cuando aparecen los primeros síntomas: *la incubación de la legionella dura unos diez días.* **2** Desarrollo oculto o poco conocido de un movimiento político, cultural, religioso o social, antes de que comience a cobrar importancia y a manifestarse en su totalidad. **3** Desarrollo de un embrión contenido en un huevo puesto por un animal ovíparo mediante su mantenimiento a una temperatura de calor constante por medios naturales o artificiales: *en muchas especies de aves el macho y la hembra comparten la incubación de los huevos.*

incubadora n. f. **1** Aparato donde se tiene a los niños recién nacidos prematuros o con problemas de salud para facilitar el desarrollo de sus funciones orgánicas: *mi hijo estuvo varios días en una incubadora.* **2** Aparato o local que está destinado a la incubación artificial y en el cual los huevos puestos por animales ovíparos se mantienen a una temperatura de calor constante para lograr el desarrollo de los embriones: *la incubadora de una granja avícola.*

incubar v. tr. **1** Desarrollar el organismo una enfermedad desde el momento del contagio hasta cuando aparecen los primeros síntomas. **2** Mantener a una temperatura de calor constante el embrión contenido en un huevo puesto por un animal ovíparo por medios naturales o artificiales: *las aves suelen colocarse sobre sus huevos para incubarlos.* SIN empollar. ◆ v. prnl. **3** incubarse Desarrollarse de manera oculta o poco conocida un movimiento político, cultural, religioso o social, antes de que comience a cobrar importancia y a manifestarse en su totalidad: *a partir de la subida del pan comenzó a incubarse la revolución.*

DER incubación, incubadora.

incuestionable adj. Que es tan claro para los sentidos o para la inteligencia, que no se puede cuestionar. SIN indiscutible, indudable. ANT discutible.

inculcar v. tr. Hacer que una persona piense y actúe de un modo distinto al habitual por propio convencimiento o por la influencia de razones y motivos dados por otros: *sus padres le inculcaron desde pequeño tolerancia y respeto a los demás.* SIN imbuir, infundir.

OBS En su conjugación, la *c* se convierte en *qu* delante de *e*.

DER inculcación.

inculpar v. tr. Acusar a una persona de un delito: *las pruebas inculpan a los principales dirigentes de la secta religiosa.*

DER inculpación.

inculto, -ta adj./ n. m. y f. [persona] Que no tiene cultura o conocimientos elementales: *fue toda su vida una persona inculta porque nunca pudo estudiar.* SIN analfabeto, iletrado. ANT culto.

DER incultura.

incultura n. f. Falta de cultura o conocimientos elementales: *la incultura de los políticos impide el desarrollo de los pueblos.* SIN analfabetismo. ANT cultura.

incumbir v. intr. Corresponder o tener como obligación por razón de un cargo o empleo: *solo al juez le incumbe la decisión de enviar a una persona a la cárcel.* SIN atañer, competer, concernir.

DER incumbencia.

incumplimiento n. m. Falta que comete una persona, empresa o institución cuando no realiza o hace mal una actuación que debía llevar a cabo como consecuencia de una obligación, una promesa o una orden: *el sargento fue arrestado por el incumplimiento de las órdenes dadas por el capitán.* ANT cumplimiento.

incumplir v. tr. Dejar de actuar con rigor y seriedad de acuerdo con una obligación, una promesa o una orden: *incumplió su contrato.* ANT cumplir.

DER incumplimiento.

incunable adj./ n. m. [libro, texto] Que fue impreso antes del año 1500: *el primer ejemplar incunable español se imprimió en Zaragoza en 1475.*

incurable adj. Que no puede ser curado con ningún tratamiento o remedio: *enfermo incurable.* ANT curable.

incurrir v. intr. Hacer o ejecutar una acción equivocada, incorrecta o ilegal: *la avaricia lo condujo a incurrir en numerosos delitos.* SIN cometer.

incursión n. f. **1** Ataque rápido cuyo propósito principal es causar daño más que ocupar el territorio enemigo: *una escuadra de soldados hizo una incursión en el campo enemigo para* *volar el arsenal.* **2** Entrada rápida en un lugar en el que se está muy poco tiempo. **3** Dedicación de una persona durante un breve período de tiempo a una actividad o trabajo que no realiza habitualmente: *era un gran actor de teatro que había hecho algunas incursiones en el cine con poco éxito.*

indagar v. tr. Preguntar e investigar para procurar enterarse de datos o informaciones; especialmente si son referentes a un asunto oculto o secreto: *la policía indagó en el entorno de la víctima del asesinato.*
OBS En su conjugación, la *g* se convierte en *gu* delante de *e*.
DER indagación.

indebido, -da adj. Que no se debe hacer por no ser conveniente, legal o justo.

indecencia n. f. **1** Falta de respeto a las normas morales socialmente establecidas, especialmente a las de carácter sexual. ANT decencia, decoro, honestidad. **2** Acción o dicho que pone de manifiesto esta falta de respeto a las normas morales: *escribió una carta al periódico quejándose de las indecencias que ponían por televisión.* **3** Falta de respeto de una persona a la justicia, a la verdad y al honor. ANT decencia.

indecente adj. Que no es decente: *lleva una ropa indecente para ir al trabajo.* ANT decente.
DER indecencia.

indecible adj. **1** Que no se puede decir o explicar. **2** Que es muy intenso, muy grande, etc., y por eso es difícil de expresar: *el equipo sufrió lo indecible para ganar el partido.*

indecisión n. f. Falta de decisión: *lo que me saca de quicio es su indecisión.*

indeciso, -sa adj. **1** [persona] Que aún no ha tomado una decisión. **2** [persona] Que carece del valor y la firmeza para tomar decisiones por sí misma: *era un chico tímido e indeciso que se dejaba manipular por los demás.* ANT decidido.
DER indecisión.

indefectible adj. Que no puede faltar o dejar de ser o que tiene que ocurrir de manera necesaria: *de modo indefectible, el sol sale cada día por el este.*

indefensión n. f. Situación o estado de la persona que está falta de la defensa, ayuda o protección que necesita: *el niño se encontraba en total indefensión.*

indefenso, -sa adj. [persona, animal] Que carece de ayuda o protección: *tras la evacuación de las tropas de la ONU, la población civil quedó indefensa.*
DER indefensión.

indefinible adj. Que no se puede definir.

indefinido, -da adj. Que no está fijado de manera clara y exacta o que no tiene unos límites concretos. SIN indeterminado. ANT definido.
▶ pretérito indefinido GRAM. Tiempo verbal que expresa una acción anterior al presente cuyo desarrollo ya ha acabado: *«cayó» es pretérito indefinido de «caer».* SIN pretérito simple.

indeformable adj. Que no puede perder su forma original.

indemnización n. f. **1** Compensación que recibe una persona por un daño o perjuicio que ha sufrido ella misma o sus propiedades: *los afectados por la riada recibirán indemnizaciones del Estado.* **2** Cantidad de dinero con la que se compensa por un daño o perjuicio

indemnizar v. tr. Satisfacer o compensar a una persona por un daño o perjuicio que ha recibido ella misma o sus propiedades
OBS En su conjugación, la *z* se convierte en *c* delante de *e*.

independencia n. f. **1** Capacidad para elegir y actuar con libertad y sin depender de un mando o autoridad extraña: *cuando se fue a vivir solo, logró una cierta independencia.* ANT dependencia. **2** Proceso político mediante el que un territorio se separa del estado al que pertenece o del que depende para establecer uno por sí mismo y poder gobernarse de manera autónoma. SIN soberanía. ANT dependencia.
▶ con independencia de Indica que no se tomará en consideración lo que se dice para tomar una determinada decisión o hacer algo que se ha decidido: *con independencia del tiempo que haga, saldremos al campo.*

independentismo n. m. Movimiento político que propugna la independencia de un territorio.
DER independentista.

independentista adj. **1** Del independentismo o que tiene relación con este movimiento político. ◆ adj./ n. com. **2** [persona] Que es partidaria del independentismo: *Simón Bolívar fue el más significado líder independentista hispanoamericano.*

independiente adj. **1** Que tiene la capacidad de elegir y actuar con libertad y sin depender de un mando o autoridad extraña. SIN autónomo. 2 [territorio] Que tiene independencia política del estado al que pertenecía: *Bosnia es un estado independiente que antes formaba parte de la antigua Yugoslavia.* ANT dependiente. 3 Que carece de una relación que haga depender una cosa de otra. 4 [habitación] Que está separada del resto de las que componen un piso, vivienda o local por una puerta o por un tabique. ◆ adj./ n. com. 5 [persona] Que tiene un trabajo no sujeto al mando o autoridad de otra u otras personas: *es un asesor fiscal independiente que trabaja en su propio despacho.* SIN autónomo.

DER independencia, independentismo, independizar.

independizar v. tr./ prnl. 1 Dejar o quedar libre respecto de un poder, una autoridad, una tutela o cualquier otro tipo de subordinación o dependencia. SIN emancipar. 2 Obtener un territorio la independencia política del estado al que pertenecía.

OBS En su conjugación, la *z* se convierte en *c* delante de *e*.

indescifrable adj. Que es muy difícil de descifrar o comprender: *la caligrafía de algunos alumnos hace que sus exámenes sean indescifrables.*

indescriptible adj. Que provoca tal admiración, asombro o conmoción que no se puede decir, explicar o describir. SIN inenarrable.

indeseable adj./ n. com. [persona] Que no es recomendable tratar con ella por ser despreciable y actuar con maldad.

indestructible adj. Que no se puede destruir: *el blindaje de los carros de combate los hace indestructibles.*

indeterminado, -da adj. Que no está fijado de manera clara y exacta o que no tiene unos límites concretos: *en el accidente ha habido un número de muertos aún indeterminado.* SIN indefinido.

DER indeterminable, indeterminación.

indexar v. tr. Registrar datos en forma de listado o índice, especialmente datos informáticos.

indiano, -na adj. 1 De los territorios que formaron las colonias españolas en América o que tiene relación con ellos. ◆ adj./ n. m. y f. 2 [persona] Que emigró a América en busca de fortuna y allí se hizo rica.

indicación n. f. 1 Información o conjunto de instrucciones que se dan a una persona para explicarle lo que debe hacer para obtener el objetivo que desea. 2 Cartel, señal o soporte con la que se le da esta información a una persona: *seguí las indicaciones y encontré la calle.* NOTA Se usa generalmente en plural. 3 Orden o instrucción dada a una persona para decirle cómo debe actuar o comportarse. NOTA Se usa generalmente en plural.

indicador n. m. 1 Señal que sirve para aportar un dato o información sobre una cosa. SIN indicativo. 2 Parte de un instrumento de medida que informa del estado de funcionamiento de un mecanismo en un panel de control: *el indicador de las luces intermitentes del coche se ha estropeado.* 3 Dato o información que sirve para conocer las características o la intensidad de un hecho o para determinar su evolución futura: *el número de desempleados de un país es un claro indicador del estado de su economía.* SIN índice, indicio.

indicar v. tr. 1 Dar una señal, dato o información a una persona para explicarle lo que debe hacer para obtener el objetivo que desea. SIN enseñar. 2 Dar una orden o instrucción a una persona para decirle cómo debe actuar o comportarse: *le indicó que se levantara; me indicó dónde estaba la salida.*

OBS En su conjugación, la *c* se convierte en *qu* delante de *e*.

DER indicación, indicador, indicativo; contraindicar.

indicativo, -va adj. 1 Que indica o sirve para indicar algo: *cartel indicativo.* ◆ adj./ n. m. 2 GRAM. [modo verbal] Que expresa una acción, un proceso o un estado como algo real y objetivo: *la forma canta está en modo indicativo.* ◆ n. m. 3 Señal que sirve para aportar un dato o información sobre una cosa. SIN indicador.

índice n. m. 1 Lista ordenada de las materias o de las partes de un libro o de una publicación que aparece al principio o al final de estos: *buscó en el índice del libro la página en que comenzaba el capítulo que le interesaba consultar.* 2 Lista en la que se registran, describen y ordenan, siguiendo determinadas normas, personas, cosas o sucesos que tienen algún punto en común: *el índice de libros publicados por una editorial.* SIN catálogo. 3 Dato o información que sirve para conocer las características o la intensidad de un hecho o para determinar su evolución futura: *el número de delitos resueltos es un buen índice para conocer la eficacia de la policía.* SIN indicador, indicio.

4 Valor numérico que expresa la relación estadística entre varias cantidades referentes a un mismo fenómeno. **índice de mortalidad** Valor numérico que expresa la relación entre el número de muertes que se producen en un período de tiempo y el número total de individuos de una población. **índice de natalidad** Valor numérico que expresa la relación entre el número de nacimientos que se producen en un período de tiempo y el número total de individuos de una población. **5** MAT. Número o letra que indica el grado de una raíz: *el índice de una raíz cúbica es tres.* ◆ adj./n. m. **6** [dedo] Que es el segundo de la mano, contando desde el pulgar.
DER indicar, indicio; subíndice.

indicio n. m. **1** Dato o información que sirve para conocer las características o la intensidad de un hecho o para determinar su evolución futura: *las contradicciones de su declaración sirvieron de indicio a la policía.* SIN indicador, índice. **2** Hecho o circunstancia que permite deducir la existencia de una cosa o la realización de una acción de la que no se tiene un conocimiento directo: *el humo es indicio de fuego.*

indiferencia n. f. Falta de interés, atracción o repulsión hacia una cosa: *solía pasar la tarde mirando la tele con indiferencia.*
DER indiferenciado.

indiferente adj. **1** [persona] Que no muestra interés, atracción o repulsión hacia una cosa. **2** Que carece de interés o importancia por no tener consecuencias ni afectar a otra cosa: *me apetece cenar fuera, pero me es indiferente el restaurante al que vayamos.*
DER indiferencia.

indígena adj./n. com. [persona, pueblo] Que es originario del lugar en el que vive; especialmente si no ha tenido contacto con otros pueblos y otras razas o pertenece a una civilización primitiva. SIN aborigen, autóctono.
DER indigenismo.

indigencia n. f. Falta de los mínimos recursos económicos para poder vivir: *vivía en la indigencia, durmiendo en el metro y pidiendo limosna.*

indigenismo n. m. **1** Estudio de los caracteres y la cultura de los pueblos indígenas que habitaban en los territorios que fueron colonizados por las naciones europeas. **2** Doctrina política que defiende la identidad política y social y el valor de la cultura de indios y mestizos: *el indigenismo defiende el derecho de los indios a conservar su hábitat.* **3** Palabra o modo de expresión procedente de una lengua indígena y que se usa en otro idioma.
DER indigenista.

indigenista adj. **1** Del indigenismo o que tiene relación con esta doctrina política: *una novela indigenista.* ◆ n. com. **2** Persona que se dedica al estudio de la cultura indígena de un pueblo.

indigente adj. [persona] Que carece de los mínimos recursos económicos necesarios para poder vivir.
DER indigencia.

indigestarse v. prnl. **1** Sufrir una indigestión. **2** Resultar antipática y desagradable una persona o una cosa que con anterioridad no era tan molesta: *en aquel curso se le indigestó el latín.*
DER indigestión.

indigestión n. f. Alteración del aparato digestivo por comer en exceso o por no haber digerido bien un alimento. SIN empacho.

indignación n. f. Sentimiento de intenso enfado que provoca un acto que se considera injusto, ofensivo o perjudicial.

indignado, -da adj. Que está muy enfadado o disgustado por algo que considera injusto.

indignante adj. Que indigna: *recibió un trato indignante por su incapacidad.*

indignar v. tr. Producir indignación: *la actitud del jugador indignó a la afición.*
DER indignación, indignado, indignante, indigno.

indigno, -na adj. **1** Que tiene unas características de inferior calidad y categoría de las que se podría esperar del honor, dignidad o fama de una persona o cosa: *le dieron una habitación indigna del nivel del hotel.* ANT digno. **2** Que supone un desprecio público del honor y la dignidad de una persona. **3** Que es despreciable, bajo y malo: *descubrió las indignas maniobras de su socio para quedarse con todo el negocio.* SIN vil.
DER indignidad.

indio, -dia adj. **1** De la India o que tiene relación con este país del sur de Asia: *la independencia india data de 1947.* ◆ adj./n. m. y f. **2** [persona] Que es natural de la India. ◆ adj. **3** De los pueblos que originariamente habitaban el continente americano. ◆ adj./n. m. y f. **4** Que pertenece a estos pueblos. ◆ n. m. **5** QUÍM.

Elemento químico, metálico, muy escaso en la naturaleza: *el símbolo del indio es In.*

▶ hacer el indio **a.** Hacer tonterías y payasadas, generalmente para hacer reír a los demás: *el profesor le dijo al alumno que no hiciera el indio durante la clase.* **b.** Comportarse de modo equivocado y con poco juicio.

DER indiano.

indirecta n. f. Expresión o comunicación que sirve para dar a entender una cosa pero sin decirla de manera clara y precisa: *no entendió las indirectas que le lanzaba la chica.* SIN insinuación.

indirecto, -ta adj. **1** Que se desvía de un recorrido, camino o rumbo directo. ANT directo. **2** Que ha sido producido por una causa que tenía otro fin: *dejar de fumar provoca un ahorro indirecto de dinero.*

DER indirecta.

indisciplinado, -da adj. [persona] Que no obedece ni respeta las reglas establecidas para mantener el orden entre los miembros de un grupo: *el jugador indisciplinado fue apartado del equipo.*

indiscreción n. f. **1** Falta de discreción: *hablaba con total indiscreción de asuntos privados de su trabajo.* ANT discreción. **2** Dicho o hecho indiscreto: *no querría cometer una indiscreción, pero ¿no nos conocemos?*

indiscreto, -ta adj./ n. m. y f. **1** [persona] Que no es capaz de guardar un secreto o suele contar lo que sabe y no hay necesidad de que conozcan los demás: *no hables demasiado con tu vecina, porque es muy indiscreta.* ANT discreto. **2** [persona, conducta] Que se caracteriza por su falta de moderación, prudencia y sensatez. ANT discreto. ◆ adj. **3** Que es imprudente e inadecuado.

DER indiscreción.

indiscriminado, -da adj. Que no distingue unas personas o cosas de otras ni establece diferencias entre ellas: *el psicópata disparó de manera indiscriminada.*

indiscutible adj. Que es tan claro para los sentidos o para la inteligencia, que no se puede cuestionar o poner en duda: *es indiscutible la importancia que tiene la cultura española en toda América.* SIN incuestionable, indudable. ANT discutible.

indisoluble adj. [relación] Que no se puede romper o separar: *la Constitución se fundamenta en la indisoluble unidad de España.*

indispensable adj. Que es muy necesario porque sin su presencia no es posible lo que se desea: *para jugar al tenis es indispensable tener una raqueta apropiada.* SIN imprescindible.

indisposición n. f. Alteración leve y pasajera de la salud de una persona, especialmente cuando la causa es una mala digestión: *indisposición de estómago.*

indistinto, -ta adj. **1** Que carece de unas características propias que lo hagan tener consecuencias ni afectar a otra cosa de manera particular: *para entrar en las salas del museo está permitido el uso indistinto de pantalón largo o corto.* **2** [cuenta corriente, depósito] Que abren dos o más personas conjuntamente, del cual puede disponer cualquiera de ellas.

individual adj. **1** Del individuo o que tiene relación con él. **2** Que corresponde a una sola persona: *asientos individuales.* SIN personal. **3** Que es característico de la personalidad de un individuo. SIN personal.

DER individualidad, individualismo, individualizar.

individualidad n. f. **1** Característica particular de la personalidad de un individuo que lo distingue especialmente de los demás. **2** Individuo que se distingue especialmente de los demás: *el equipo cuenta con grandes individualidades.*

individualismo n. m. **1** Tendencia de una persona a obrar según su propia voluntad, sin contar con la opinión de los demás individuos que pertenecen al mismo grupo y sin atender a las normas de comportamiento que regulan sus relaciones: *fue apartado temporalmente del equipo de trabajo por su individualismo.* **2** Tendencia de una persona a obrar según su propio interés, sin tener en cuenta el de los demás: *el individualismo provoca la insolidaridad.* SIN egoísmo.

DER individualista.

individualista adj./ n. com. **1** [persona] Que obra según la propia voluntad, sin contar con la opinión de los demás individuos que pertenecen al mismo grupo y sin atender a las normas de comportamiento que regulan sus relaciones. **2** [persona] Que obra según su propio interés, sin tener en cuenta el de los demás. SIN egoísta. ANT altruista.

individuo n. m. **1** Persona perteneciente a una clase o grupo, considerada independientemente de las demás: *solo un 1 % de los individuos encuestados se negaron a contestar a las preguntas.* **2** Persona cuya identidad se des-

conoce o no se expresa: *tres individuos armados perpetraron el atraco.* **3** Ser vivo, animal o vegetal, perteneciente a una especie, considerado independientemente de los demás: *en los Montes de Toledo quedan 20 individuos de lince ibérico.*
DER individual.

indivisible adj. Que no se puede dividir.

indocumentado, -da adj. **1** [dato, información] Que carece de documentos o testimonios válidos que lo demuestren: *su propuesta está indocumentada, por eso no vale.* ◆ adj./n. m. y f. **2** [persona] Que no dispone de los documentos legales de identificación personal necesarios para acreditar su identidad: *la policía detuvo a varios inmigrantes indocumentados.* **3** [persona] Que carece de los conocimientos y de la preparación necesaria para llevar a cabo una actividad o trabajo determinados: *el periodista llamó indocumentados a algunos dirigentes deportivos.*

indoeuropeo, -pea adj. **1** De un antiguo pueblo procedente de Asia que se extendió desde la India hasta Europa a finales del neolítico. ◆ n. m. **2** Lengua hablada por este pueblo que es el tronco común del que se derivan muchas familias de lenguas europeas y asiáticas.

índole n. f. **1** Manera de ser que es resultado de un conjunto de cualidades y circunstancias por las que una persona se distingue de las demás: *todos sus amigos eran de índole abierta y tolerante.* SIN carácter, condición, naturaleza. **2** Conjunto de características particulares que determinan la naturaleza de una cosa y la distinguen de las demás: *la empresa acabó desapareciendo por problemas de índole económica.* SIN carácter, naturaleza.

indolente adj. [persona] Que no tiene voluntad, energía o ánimo: *pasaba los días indolente, encerrado en su casa viendo la televisión.*
DER indolencia.

indomable adj. **1** Que no puede ser domado o controlado por el hombre. **2** [persona] Que no se deja someter o controlar por nada ni nadie.

indonesio, -sia adj. **1** De Indonesia o que tiene relación con este país del sur de Asia. ◆ n. m. y f. **2** Persona que es de Indonesia.

inducción n. f. **1** Influencia que se ejerce sobre una persona para que realice una acción o piense del modo que se desea; especialmente si es con el objetivo de que haga algo malo o perjudicial para otro: *fue acusado de inducción al delito porque convenció a su amigo para que lo cometiera.* **2** Razonamiento que establece una ley general desconocida a partir de la observación de hechos particulares o concretos conocidos. ANT deducción. **3** FILOS. Forma de pensamiento que consiste en estudiar casos particulares para obtener una conclusión general: *la inducción se emplea como método científico para formar una teoría.* SIN deducción. **4** Proceso por el cual el campo magnético creado por un conductor eléctrico provoca una fuerza eléctrica en otro conductor: *los transformadores eléctricos están basados en la inducción electromagnética.*

inducir v. tr. **1** Influir en una persona para que haga algo o piense del modo que se desea; especialmente si es con el objetivo de que haga algo malo o perjudicial para otro. SIN instigar. **2** Establecer una ley general a partir del conocimiento de unos hechos particulares por medio de un razonamiento. ANT deducir.
OBS En su conjugación, la *c* se convierte en *zc* delante de *a* y *o* y el pretérito indefinido es irregular, como en *conducir.*
DER inducción, inducido, inductancia, inductivo, inductor.

inductivo, -va adj. [razonamiento] Que a partir de una serie de hechos particulares establece una ley general: *la lógica inductiva suele partir de la experimentación y de la observación.* ANT deductivo.

indudable adj. Que es tan claro para los sentidos o para la inteligencia, que no se puede cuestionar o poner en duda. SIN incuestionable, indiscutible. ANT discutible.

indulgencia n. f. **1** Tendencia a juzgar con benevolencia y castigar sin demasiado rigor: *el juez lo condenó con indulgencia por ser su primer delito.* SIN clemencia. **2** Perdón que concede una autoridad de la Iglesia a los fieles por los pecados cometidos.

indulgente adj. **1** Que actúa con indulgencia: *el emperador fue indulgente con los enemigos cautivos.* **2** Que implica o denota indulgencia: *veredicto indulgente.*
DER indulgencia.

indultar v. tr. Retirar la autoridad competente la obligación que tiene una persona de cumplir una pena impuesta por un juez o un tribunal.
DER indulto.

indulto n. m. Medida especial de gracia por la

cual la autoridad perdona a un condenado: *solicitar el indulto.*

indumentaria n. f. Conjunto de las prendas que una persona viste: *la indumentaria de gala de la Guardia Civil es vistosa y colorista.* SIN ropa, vestimenta.

industria n. f. **1** Actividad económica y técnica que consiste en transformar las materias primas hasta convertirlas en productos adecuados para satisfacer las necesidades del hombre: *la industria editorial produce libros.* **2** Fábrica o empresa que se dedica a esa actividad. **3** Conjunto de fábricas o empresas que se dedican a la realización de los mismos productos o de sus componentes: *Cádiz es un importante núcleo de la industria naval.*
DER industrial.

industrial adj. **1** De la industria o que tiene relación con esta actividad económica y técnica. ◆ n. com. **2** Director o propietario de una industria.
DER industrialismo, industrializar.

industrialización n. f. **1** Desarrollo del sistema económico y técnico necesario para transformar las materias primas hasta convertirlas en productos adecuados para satisfacer las necesidades de un grupo de personas. **2** Desarrollo de la actividad industrial en una región o país implantando en él industrias o desarrollando las que ya existen: *la industrialización de los países del Tercer Mundo es el único modo de procurar su progreso.*

industrializar v. tr. **1** Establecer el sistema económico y técnico necesario para transformar las materias primas hasta convertirlas en productos adecuados para satisfacer las necesidades de un grupo de personas: *industrializar la fabricación de muebles.* **2** Hacer que aumente la actividad industrial en una región o país implantando en él industrias o desarrollando las que ya existen.
OBS En su conjugación, la *z* se convierte en *c* delante de *e*.
DER industrialización.

inédito, -ta adj. **1** [obra] Que no ha sido nunca publicado o dado a conocer al público: *una novela inédita.* **2** [escritor] Que no ha publicado nada. **3** Que es nuevo y desconocido: *la informática ha supuesto un modo inédito de comunicación entre las personas.*

inefable adj. Que no se puede decir, explicar o describir con palabras: *los inefables sentimientos que provoca el amor en las personas.*

ineficacia n. f. Falta del provecho, resultado o interés adecuado al que era de esperar. ANT eficacia.

ineficaz adj. Que no produce el provecho, resultado o interés adecuado al que era de esperar: *el nuevo insecticida ha resultado ineficaz.* ANT eficaz.
DER ineficacia.

ineficiente adj. Que no es capaz de realizar o cumplir adecuadamente una función: *actividad económica ineficiente.* ANT eficiente.

ineludible adj. [obligación, dificultad, problema] Que no se puede evitar o rehuir.

inenarrable adj. Que provoca tal admiración, asombro o conmoción que no se puede decir, explicar o describir: *una aventura inenarrable.* SIN indescriptible.

inepto, -ta adj. Que no posee la inteligencia o preparación necesaria para desarrollar una actividad: *lo despidieron porque era un inepto.* SIN incapaz, incompetente. ANT apto, capaz, competente.
DER ineptitud.

inequívoco, -ca adj. [comportamiento de una persona, mensaje o comunicación] Que solo puede entenderse o explicarse de un modo: *su actitud ante su madre se interpretó como un gesto inequívoco de respeto.* ANT equívoco.

inercia n. f. **1** FÍS. Propiedad de los cuerpos que les hace resistir la fuerza que pretende moverlos, si están en reposo, detenerlos, si están en movimiento, o cambiar su dirección: *a pesar de frenar el conductor, no pudo evitar que la inercia del vehículo lo hiciera salirse de la carretera.* **2** Falta de energía física o moral para alterar una costumbre o un modo de actuación: *salía con sus amigos por inercia.*

inerme adj. [persona] Que no dispone de medios o de armas para defenderse: *el hombre se halla, a menudo, inerme ante la fuerza de la naturaleza.*

inerte adj. **1** Que no tiene vida: *el cuerpo inerte de un muerto.* **2** QUÍM. [sustancia, materia] Que carece de la capacidad de provocar reacciones químicas: *los gases nobles son inertes.*
DER inercia.

inescrutable adj. [persona, cosa] Que no presenta ninguna característica visible que permita saber o averiguar algo sobre ella: *una mirada inescrutable.*

inesperado, -da adj. Que ocurre sin haberlo esperado o previsto.

inestabilidad n. f. **1** Incapacidad de un cuerpo para mantener o recuperar el equilibrio. ANT estabilidad. **2** Alteración constante o frecuente de las condiciones y características de un fenómeno: *la inestabilidad atmosférica es propia del otoño.* ANT estabilidad. **3** Alteración constante o frecuente del carácter, el humor y la tranquilidad de una persona.

inestable adj. **1** [cuerpo] Que es incapaz de mantener o recuperar el equilibrio. ANT estable. **2** [fenómeno] Que sufre continuas o frecuentes alteraciones de sus condiciones y caracterísiticas: *el anuncio de huelga general ha creado un clima social inestable.* ANT estable. **3** [persona] Que sufre constantes o frecuentes alteraciones del carácter, el humor y la tranquilidad: *era un niño caprichoso de humor inestable.*
DER inestabilidad.

inestimable adj. Que tiene un valor tan grande, que es imposible calcularlo: *pude acabar mi trabajo gracias a la ayuda inestimable de un experto.*

inevitable adj. Que no se puede evitar, eludir o detener. SIN inexorable.

inexactitud n. f. **1** Falta de exactitud o precisión: *la inexactitud de una noticia.* SIN imprecisión. **2** Acción, dato, cálculo, medida, expresión, etc., que es inexacto o impreciso: *las inexactitudes de un mapa.* SIN imprecisión.

inexacto, -ta adj. Que no es preciso o exacto o que no se ajusta a otra cosa. SIN impreciso.
DER inexactitud.

inexistente adj. **1** Que no tiene existencia real o material. **2** Que no tiene valor, validez o capacidad: *sus conocimientos de álgebra son casi inexistentes.* SIN nulo.
DER inexistencia.

inexorable adj. **1** Que no se puede evitar, eludir o detener: *el inexorable paso del tiempo.* SIN inevitable. **2** Que no se deja convencer o ablandar por ruegos y súplicas: *la decisión inexorable de un juez.*

inexperiencia n. f. Falta de los conocimientos que se consiguen con el uso, la práctica o las propias vivencias. ANT experiencia.

inexperto, -ta adj./ n. m. y f. [persona] Que tiene poca o ninguna experiencia en algo y por tanto no es competente: *un fotógrafo inexperto.* ANT experto.

inexplicable adj. Que no tiene explicación: *la telepatía es un fenómeno inexplicable.*

inexpresivo, -va adj. [persona] Que no revela con su rostro, con su comportamiento o con sus palabras lo que siente o lo que piensa: *el rostro inexpresivo del juez impresionó al acusado.* ANT expresivo.

inexpugnable adj. [lugar] Que no se puede alcanzar o conquistar por la fuerza: *un castillo inexpugnable.*

infalible adj. **1** [persona] Que no se equivoca nunca o que jamás comete un error: *te crees infalible, pero ahora has cometido una equivocación.* **2** Que nunca deja de funcionar correctamente y siempre proporciona el resultado deseado.
DER infalibilidad.

infamar v. tr. Quitar la fama, el honor o la dignidad a una persona: *acusó a sus compañeros de trabajo de infamarlo ante su jefe.*
DER infamatorio, infame.

infame adj. **1** Que es muy malo y despreciable en su especie: *de primer plato me pusieron una sopa infame.* ◆ adj./ n. com. **2** [persona] Que tiene muy mala fama y carece de honor o dignidad: *el vendedor era un individuo infame que solo pretendía engañarme.*
DER infamia.

infamia n. f. **1** Ofensa pública que sufre la fama, el honor o la dignidad de una persona. **2** Acción mala y despreciable: *las infamias cometidas en la guerra contra los civiles indefensos.*

infancia n. f. **1** Edad que está entre la del recién nacido y la del adolescente. SIN niñez. **2** Conjunto de niños que se hallan en esta edad.

infante, -ta n. m. y f. **1** Niño que tiene pocos días, meses o años de vida. SIN crío. **2** Hijo de un rey que no tiene la condición de príncipe o princesa heredera de la corona: *el príncipe y las infantas asistieron a la ceremonia.* **3** Título honorífico que un rey concede a un miembro de su familia.
▶ infante de marina Soldado que pertenece al cuerpo de infantería de marina.
DER infancia, infantería, infanticidio, infantil.

infantería n. f. Sección del ejército de tierra integrada por tropas que se desplazan a pie.

infanticidio n. m. Asesinato o intento de asesinato de un niño.
DER infanticida.

infantil adj. **1** De la infancia o que tiene relación con esta edad. **2** Que es característico del comportamiento y la sensibilidad propia

de un niño: *fue infantil que tu jefe se enfadara porque no lo invitaras a tu boda.*
DER infantilismo.

infanzón, -zona n. m. y f. Hidalgo que tenía un poder limitado sobre sus terrenos o propiedades: *los nobles ricos, caballeros, infanzones o hidalgos estaban exentos del pago de impuestos ordinarios.*

infarto n. m. MED. Muerte de los tejidos que forman parte de un órgano por la interrupción del riego sanguíneo y la falta de suministro de oxígeno a las células que lo constituyen. NOTA Se usa frecuentemente *infarto* para referirse al del corazón.
▶ infarto de miocardio Parada del corazón o grave alteración del ritmo de sus latidos producida por la obstrucción de una arteria.

infatigable adj. Que no se cansa o que resiste mucho sin descansar: *Juan es un viajero infatigable.* SIN incansable.

infección n. f. **1** Transmisión de una enfermedad por contacto con el germen o el virus que la causa. SIN contagio, contaminación. **2** Enfermedad causada por esta transmisión: *el niño tiene una infección de garganta.*
DER infeccioso.

infeccioso, -sa adj. **1** De la infección o que tiene relación con la transmisión de una enfermedad. SIN contagioso. **2** [enfermedad] Que se produce por el contacto con el germen o virus que la causa: *el cólera es una enfermedad infecciosa.*

infectar v. tr. **1** Transmitir una enfermedad un ser vivo a otro por contacto con el germen o virus que la causa. SIN contagiar, contaminar. ◆ v. prnl. **2** infectarse Contraer una enfermedad por contacto con el germen o virus que la causa. **3** Desarrollar gérmenes una herida: *se me ha infectado el corte que me hice en la rodilla.*
DER infección, infecto; desinfectar.

infecto, -ta adj. Que está tan sucio y descuidado que puede perjudicar la salud y provocar infecciones: *el agua infecta de un charco.*

infelicidad n. f. Estado de ánimo de la persona que se siente desgraciada y se encuentra triste por causa de un gran dolor o aflicción: *la infelicidad le condujo a una fuerte depresión.* ANT dicha, felicidad.

infeliz adj. **1** [persona] Que se siente desgraciado y se encuentra triste por causa de un gran dolor o aflicción. SIN desventurado. **2** [persona] Que se deja engañar por los demás con facilidad por tener un carácter afable, bondadoso y confiado.

inferior adj. **1** Que está debajo o más bajo: *se hizo una herida en el labio inferior.* ANT superior. **2** Que es menor en cantidad, calidad o importancia: *la fruta de calidad inferior es bastante más barata.* ANT superior. ◆ adj./ n. com. **3** [persona] Que trabaja a las órdenes de otra que ocupa un cargo más importante. SIN subordinado. ANT superior.
DER inferioridad.

inferioridad n. f. Estado o situación que ocupa una cosa que es menor en cantidad, calidad o importancia que otra.

inferir v. tr. **1** Sacar una conclusión por medio de un razonamiento, a partir de una situación anterior o de un principio general: *cabe inferir que un aumento desmesurado del precio de los combustibles repercutirá en el costo de otros productos.* SIN argüir, deducir. **2** *formal* Causar un grave daño u ofensa: *el asesino infirió a su víctima varias puñaladas en la espalda.*
OBS En su conjugación, la *e* se convierte en *ie* en sílaba acentuada o en *i* en algunos tiempos y personas, como en *hervir.*
DER inferencia.

infernal adj. **1** Del infierno o que tiene relación con él: *vio una película sobre una casa habitada por criaturas infernales.* **2** Que causa gran disgusto o enfado o es muy desagradable: *un ruido infernal; un tiempo infernal; un tráfico infernal.*

infestar v. tr. Invadir o llenar por completo un lugar; especialmente animales o plantas dañinas: *las cucarachas infestan la casa abandonada.*
DER desinfestar.

inficionar v. tr. **1** Infectar, corromper o envenenar una sustancia u otra cosa: *inficionar las aguas.* **2** Corromper o envilecer a una persona con malas ideas, doctrinas o ejemplos.

infidelidad n. f. **1** Engaño que consiste en tener relaciones sexuales con una persona distinta de la pareja habitual: *muchos divorcios tienen como origen la infidelidad conyugal.* **2** Incumplimiento de un juramento o de una promesa.

infiel adj. **1** [persona] Que ha incumplido un juramento o una promesa o que no ha sido constante en unas ideas o sentimientos: *el sindicalista fue infiel a sus compañeros y acabó apoyando a su patrón.* SIN desleal. ANT fiel. **2** [persona] Que engaña a su pareja habitual al tener relaciones sexuales con otra persona. ◆ adj./ n. com. **3** [persona] Que defiende ideas religiosas contrarias a los dogmas y a la fe de una doctrina religiosa.

infierno n. m. **1** Según algunas religiones, lugar al que van las almas de las personas que mueren en pecado para sufrir toda clase de tormentos y penalidades a lo largo de la eternidad. SIN abismo, averno. ANT cielo, paraíso. **2** Lugar en el que es insoportable permanecer por mucho tiempo.
▶ en el quinto infierno Indica un lugar remoto o muy alejado: *se compró una casa en el quinto infierno.* irse al infierno Fracasar un proyecto o un asunto: *se ha ido al infierno nuestro plan de abrir un negocio.* mandar al infierno Poner fin a una situación que molesta o causa disgusto: *harto de lesiones, mandó al infierno su carrera de deportista.* ¡vete al infierno! *coloquial* Expresión que se dirige a la persona que molesta o causa disgusto con la intención de perderla de vista: *estoy harto de tus estupideces, ¡vete al infierno!*
DER infernal, infiernillo.

infijo, -ja adj./ n. m. GRAM. Afijo introducido en el interior de una palabra o de su lexema o raíz: *el elemento ar de polvareda es un infijo.* SIN interfijo.

infiltrar v. tr. **1** Introducir un líquido a presión en el interior de un cuerpo. ◆ v. prnl. **2** infiltrarse Introducirse de modo secreto una persona en un grupo u organización con la intención de conocer sus actividades y denunciarlas o comunicarlas a aquellos para quienes trabaja.
DER infiltración, infiltrado.

ínfimo, -ma adj. Que es lo más bajo o lo último en cantidad, calidad o importancia: *la comida de esta cafetería es de una calidad ínfima.*

infinidad n. f. Número o cantidad muy grande o imposible de calcular o limitar. SIN sinfín, sinnúmero.

infinitesimal adj. [cantidad] Que es tan pequeña que está muy próxima al 0: *el ángstron es una medida de longitud infinitesimal.*

infinitivo n. m. GRAM. Forma no personal del verbo que expresa una idea verbal de forma abstracta, sin concretar las variaciones gramaticales de voz, modo, tiempo, aspecto, número y persona: *los infinitivos en español acaban en -ar, -er e -ir.*
OBS El infinitivo puede hacer las funciones del nombre.

infinito, -ta adj. **1** Que no tiene límites ni fin. ANT finito. **2** Que es muy numeroso y grande: *con las palabras de un idioma se pueden construir un conjunto infinito de mensajes.* SIN ilimitado. ◆ n. m. **3** Punto lejano e indeterminado del espacio: *desde la cima fijó la vista en el infinito.* **4** MAT. Signo en forma de un ocho tendido que expresa un valor mayor que cualquier cantidad. ◆ adv. **5** infinito De modo excesivo, mucho, sin límite: *me gusta infinito el cine.*
DER infinidad, infinitesimal, infinitivo.

inflación n. f. ECON. Proceso económico provocado por el desequilibrio existente entre la producción y la demanda; causa una subida continuada de los precios a lo largo del tiempo de la mayor parte de los productos y servicios, y una pérdida del valor del dinero para poder adquirirlos o hacer uso de ellos.
DER inflacionario, inflacionismo.

inflamable adj. Que arde con facilidad: *el butano es un gas altamente inflamable.*

inflamación n. f. Alteración anormal de una parte del cuerpo o de los tejidos de un órgano, caracterizada por el enrojecimiento de la zona, el aumento de su volumen y temperatura, y la sensación de dolor: *un golpe en la cara le produjo una gran inflamación.*

inflamar v. tr. **1** Encender y hacer arder con llamas una materia o una sustancia. **2** Excitar los ánimos, los deseos o las pasiones: *las desigualdades sociales pueden inflamar los odios entre las personas.* ◆ v. prnl. **3** inflamarse Producirse una inflamación en una parte del cuerpo o en los tejidos de un órgano.
DER inflamable, inflamación, inflamatorio.

inflar v. tr./ prnl. **1** Aumentar el tamaño o volumen de un cuerpo al llenar su interior con un gas: *inflar un flotador.* SIN hinchar. ANT desinflar. **2** Exagerar la importancia o el valor de una cosa: *el periodista infló la noticia para llamar la atención.* SIN hinchar. ◆ v. prnl. **3** inflarse Realizar una actividad con gran intensidad o dedicación durante un largo período de tiempo, especialmente comer en exceso: *fue a un bufé y se infló de comida.* NOTA Si se indica la comida o bebida, se hace con las preposiciones *a* o *de*. **4** Sentir un gran orgullo de los propios actos o virtudes: *se iba inflando a medida que sus compañeros lo elogiaban.*
DER inflación, inflado; desinflar.

inflexible adj. [persona] Que no se aparta de su punto de vista o de lo que considera justo

o razonable: *el profesor se mostró inflexible.* SIN implacable.
DER inflexibilidad.

inflexión n. f. **1** Cambio de tono de la voz que da un carácter particular a la entonación: *con una inflexión de súplica le pidió permiso a su padre para salir.* **2** Inclinación de la cabeza o de una parte del cuerpo. **3** GRAM. Cambio de forma que experimenta una palabra para expresar sus funciones y sus relaciones de dependencia mediante un afijo que indica la categoría gramatical: *el género y el número forman parte de la inflexión de sustantivos y adjetivos.* SIN flexión.
▶ punto de inflexión MAT. **a.** Lugar de una curva en el que cambia el sentido de su curvatura. **b.** Cambio en la tendencia o en el sentido que seguía un proceso: *la explosión atómica de Hiroshima supuso un punto de inflexión en la concepción de la guerra moderna.*

infligir v. tr. **1** Causar o producir un daño: *el púgil infligió un duro castigo a su rival.* **2** Imponer o aplicar un castigo: *la junta directiva decidió infligir un castigo.*
OBS No se debe confundir con *infringir*. En su conjugación, la *g* se convierte en *j* delante de *a* y *o*.

inflorescencia n. f. BOT. Conjunto de flores que nacen agrupadas de un mismo tallo: *el racimo o la espiga son algunas de las formas que pueden adoptar las inflorescencias.*

influencia n. f. **1** Capacidad que tiene una persona de determinar o alterar la forma de pensar o de actuar de otra u otras. SIN influjo. **2** Efecto, consecuencia o cambio que produce una cosa en otra. SIN influjo. ◆ n. f. pl. **3** influencias Relaciones de amistad o interés con otras personas que sirven para obtener favores personales: *recurrió a sus influencias para conseguir una entrada para el concierto.*

influenciar v. intr. Influir.
OBS En su conjugación, la *i* es átona, como en *cambiar*.

influir v. intr. **1** Determinar o alterar una persona la forma de pensar o de actuar de otra u otras personas. SIN influenciar. **2** Producir una cosa en otra un determinado efecto, consecuencia o cambio: *el clima influye en el carácter de las personas.* SIN influenciar.
OBS En su conjugación, la *i* se convierte en *y* delante de *a, e* y *o*, como en *huir*.
DER influenciar, influjo, influyente.

influjo n. m. Influencia.

influyente adj. Que tiene la capacidad de determinar o alterar la forma de pensar o de actuar de otra u otras: *el político se entrevistó con los empresarios más influyentes del país.*

información n. f. **1** Noticia o conjunto de noticias que se comunica o se conoce: *un periódico de información deportiva.* **2** Proceso por el que este conjunto de noticias se da a conocer a las personas. **3** Lugar, establecimiento u oficina donde se dan noticias o explicaciones sobre una cosa a la persona que lo solicita: *oficina de información turística.*
DER informática.

informador, -ra adj. [persona] Que se dedica a la comunicación o difusión de la información: *a la rueda de prensa acudieron muchos informadores.* SIN periodista.

informal adj. **1** [persona, grupo] Que no acostumbra cumplir con sus obligaciones o compromisos: *es un trabajador muy informal.* ANT formal. **2** Que no se ajusta a normas legales, sino que se fundamenta en la confianza entre las personas: *llegó con su amigo a un acuerdo informal para comprarle la casa.* **3** Que no está sujeto a reglas protocolarias, ceremoniales o solemnes, sino que es propio del trato entre amigos o familiares: *esta noche tengo una cena informal.* **4** [prenda, ropa] Que es adecuada para la vida privada o familiar y se viste más por comodidad que por elegancia: *los fines de semana usaba ropa informal.*
DER informalidad.

informar v. tr. Comunicar una noticia o un conjunto de noticias a quien las desconoce.
DER información, informado, informador, informante, informativo, informe; desinformar.

informática n. f. Conjunto de conocimientos científicos y técnicos que se ocupan del tratamiento de la información por medio de ordenadores electrónicos.
DER informático, informatizar; teleinformática.

informático, -ca adj. **1** De la informática o que tiene relación con ella. ◆ n. m. y f. **2** Persona que se dedica a la informática: *contrataron a un informático.*

informativo, -va adj. **1** De la información o que tiene relación con ella. ◆ n. m. **2** Programa de radio o televisión en que se dan noticias sobre hechos de la actualidad del interés del público en general: *siempre procuro ver el informativo de las tres.* SIN noticiario.

informatizar v. tr. Implantar o aplicar medios informáticos para el desarrollo de una actividad o trabajo: *informatizar una sucursal.*

OBS En su conjugación, la *z* se convierte en *c* delante de *e*.

DER informatización.

informe n. m. **1** Comunicación escrita u oral en la que se dan informaciones, explicaciones y opiniones sobre una persona, asunto o negocio: *el ministro presentó un informe sobre la violencia juvenil.* **2** Noticia o conjunto de noticias que se conocen sobre una persona, asunto o negocio: *hemos contratado a una niñera de la que tenemos muy buenos informes.* ◆ adj. **3** Que no tiene una forma determinada o propia: *la tarta cayó al suelo y quedó hecha una masa informe.*

infortunado, -da adj. Que no tiene suerte o fortuna: *perdió la mano en un infortunado accidente.* **SIN** desafortunado, desgraciado. **ANT** afortunado.

DER infortunio.

infortunio n. m. **1** Mala suerte. **2** Hecho provocado por la mala suerte que causa un gran dolor e infelicidad: *una serie encadenada de infortunios condujeron su empresa a la quiebra.*

infra- Prefijo que entra en la formación de palabras con el significado de 'inferior', 'por debajo de': *infrahumano, infraestructura.*

infracción n. f. Acción u omisión que va en contra de una ley, norma o pacto: *el jugador cometió una infracción del reglamento al agredir a un contrario.*

DER infractor.

infractor, -ra adj./ n. m. y f. [persona] Que comete una infracción: *empresas infractoras.*

infraestructura n. f. Conjunto de medios técnicos, servicios e instalaciones necesarios para el desarrollo de una actividad o para que un lugar pueda ser habitado: *el ayuntamiento debe desarrollar la infraestructura del polígono industrial.* **SIN** equipamiento.

infranqueable adj. **1** [obstáculo] Que no es posible de atravesar o salvar: *el chalé estaba rodeado por un muro infranqueable.* **2** [problema, dificultad] Que es imposible de solucionar o vencer.

infrarrojo, -ja adj. [tipo de radiación] Que es emitida por una fuente de calor y no es visible por el ojo humano por tener una longitud de onda mayor que la del color rojo.

infravalorar v. tr. Dar a una persona o cosa una importancia menor de la que verdaderamente tiene o le corresponde: *piensa que su jefe lo infravalora.*

infrecuente adj. **1** Que no ocurre de manera habitual o que apenas se repite: *cuando se casó, sus visitas al bar de sus amigos fueron más infrecuentes.* **ANT** frecuente. **2** Que no es común ni normal. **ANT** frecuente.

infringir v. tr. Actuar en contra de una ley, norma o pacto: *infringir el código de la circulación puede llegar a suponer perder el carné.* **SIN** contravenir, transgredir, vulnerar.

OBS No se debe confundir con *infligir*. En su conjugación, la *g* se convierte en *j* delante de *a* y *o*.

ínfulas n. f. pl. Muestra excesiva de orgullo que hace una persona de lo que considera que son sus virtudes o bienes propios: *tras ascender en la empresa, empezó a comportarse con muchas ínfulas ante sus antiguos compañeros.* **SIN** jactancia.

infundado, -da adj. [idea, opinión, juicio] Que carece de fundamentos y razones para haberse elaborado o establecido: *tenía un temor infundado a los ascensores.*

DER infundio.

infundir v. tr. Hacer que una persona piense y actúe de un modo distinto al habitual por propio convencimiento o por la influencia de razones y motivos dados por otros: *las felicitaciones le infundieron ánimos.* **SIN** imbuir, inculcar.

OBS Tiene un participio irregular culto, *infuso*, y otro regular, *infundido*, que se usa en la conjugación.

DER infusión, infuso.

infusión n. f. Bebida que se hace hirviendo o echando en agua muy caliente algunas partes de una planta, especialmente sus hojas o semillas.

ingeniar v. tr. Crear una cosa útil o práctica combinando con inteligencia y habilidad los conocimientos que se poseen y los medios técnicos de los que se dispone: *ingenió un sistema para recoger agua de lluvia.*

▶ ingeniárselas Solucionar un problema o salvar una dificultad con inteligencia y habilidad: *el preso se las ingenió para escapar de la prisión sin ser visto.*

OBS En su conjugación, la *i* es átona, como en *cambiar*.

ingeniería n. f. Conjunto de conocimientos científicos y técnicos que permiten el uso de las fuentes de energía y el trabajo para mo-

dificar la materia y adaptarla a las necesidades de las personas: *el túnel bajo el Canal de la Mancha es una gran obra de ingeniería.*
▶ ingeniería genética Parte de la bioquímica que estudia los genes de los seres vivos y el modo de modificar su estructura y composición

ingeniero, -ra n. m. y f. Persona que se dedica a la ingeniería.
▶ ingeniero aeronáutico Persona que se dedica al diseño y construcción de aviones y helicópteros. ingeniero agrónomo Persona que se dedica al estudio y aplicación de medios técnicos de explotación agrícola. ingeniero de caminos, canales y puertos Persona que se dedica al diseño y construcción de obras públicas, como autovías, puentes o embalses. ingeniero de minas Persona que se dedica a la detección, construcción y explotación de minas y yacimientos minerales. ingeniero de montes Persona que se dedica al estudio y aplicación de medios técnicos para la conservación y explotación de los montes. ingeniero de telecomunicaciones Persona que se dedica al diseño, construcción y mantenimiento de sistemas y aparatos de comunicación a distancia. ingeniero industrial Persona que se dedica al diseño y construcción de maquinaria industrial. ingeniero naval Persona que se dedica al diseño y construcción de barcos. ingeniero técnico Técnico de grado medio en ingeniería. SIN perito.

ingenio n. m. **1** Capacidad que tiene una persona para imaginar o crear cosas útiles combinando con inteligencia y habilidad los conocimientos que posee y los medios técnicos de que dispone: *el ingenio de Leonardo da Vinci le llevó a diseñar numerosas máquinas.* **2** Capacidad que tiene una persona para pensar con rapidez y claridad. **3** Capacidad que tiene una persona para crear una obra a partir de su imaginación y de su inteligencia: *el ingenio de Lope de Vega le llevó a escribir docenas de piezas de teatro.* **4** Aparato o mecanismo que desarrolla un trabajo útil o una función práctica: *la cocina moderna está repleta de ingenios eléctricos.*
DER ingeniar, ingeniería, ingenioso.

ingenioso, -sa adj. **1** [persona] Que es capaz de pensar con rapidez y claridad: *es un periodista muy ingenioso.* **2** [cosa, obra] Que ha sido creada con ingenio: *Arquímedes inventó varios ingeniosos relojes de agua.*

ingente adj. Que es muy grande o numeroso: *una fortuna ingente; un trabajo ingente.*

ingenuidad n. f. **1** Desconocimiento del mal: *la ingenuidad de un niño.* SIN candor, inocencia. ANT malicia. **2** Falta de malicia, astucia o doblez al actuar. SIN inocencia. **3** Acción o dicho que demuestra falta de malicia o de experiencia: *darle dinero ha sido una ingenuidad porque nunca lo devuelve.*

ingenuo, -nua adj. **1** Que desconoce el mal y tiene sentimientos puros. SIN cándido, inocente. ◆ adj./ n. m. y f. **2** [persona] Falto de malicia, astucia o doblez al obrar. SIN cándido, incauto, inocente.
DER ingenuidad.

ingerir v. tr. Hacer o dejar pasar una cosa desde la boca al estómago: *un ciclista debe ingerir alimentos mientras disputa una etapa de una carrera.* SIN tragar.
OBS En su conjugación, la *e* se convierte en *ie* en sílaba acentuada o en *i* en algunos tiempos y personas, como en *hervir.*
DER ingestión.

ingestión n. f. Acción de ingerir: *ingestión de fármacos.*

ingle n. f. Parte del cuerpo en la que se une la parte superior de la pierna con el vientre: *el paracaídas iba fuertemente sujeto al cuerpo por correas que pasaban por los hombros y las ingles.*

inglés, -glesa adj. **1** De Inglaterra o que tiene relación con este territorio que forma parte de Gran Bretaña. ◆ n. m. y f. **2** [persona] Que es natural de Inglaterra. ◆ n. m. **3** Lengua de Gran Bretaña, Estados Unidos, Australia y otros países.

inglete n. m. **1** Ángulo de 45 grados que forma la hipotenusa del cartabón con cada uno de sus catetos. **2** Unión de los trozos de una moldura u otra cosa de modo que formen un ángulo de 90 grados.

ingratitud n. f. Falta de agradecimiento hacia una persona que nos ha hecho un favor, un servicio o un bien. ANT gratitud.

ingrato, -ta adj. **1** [persona] Que no reconoce el valor de un beneficio o favor recibido. SIN desagradecido. ANT agradecido. **2** Que es desagradable y produce mucho disgusto: *tuvo que hacerse cargo de la ingrata tarea de reconocer el cadáver.* ANT grato.

ingrávido, -da adj. **1** [cuerpo] Que no está sometido a una fuerza de atracción ejercida por otro cuerpo con una masa inmensamente mayor. **2** [cuerpo] Que tiene muy poco

a b c d e f g h i j k l m n ñ o p q r s t u v w x y z

peso: *la ingrávida niebla iba cubriendo todo el valle.*
DER ingravidez.

ingrediente n. m. **1** Componente o sustancia que se combina con otras para formar un compuesto: *el ingrediente fundamental de la paella es el arroz.* **2** Elemento que forma parte de las características generales de una cosa: *es una película de terror que tiene algunos ingredientes propios de la comedia.*

ingresar v. intr. **1** Entrar en un hospital o en otro establecimiento sanitario para someterse a un tratamiento médico: *uno de los heridos en el accidente ingresó ya cadáver en el centro hospitalario.* **2** Comenzar a formar parte de un grupo, conjunto o institución: *ingresar en la facultad.* ◆ v. tr. **3** Entregar a un banco o caja de ahorros una cantidad de dinero para que la guarde. **4** Ganar dinero: *con la taquilla del domingo el club ingresó un buen montón de millones.*
DER reingresar.

ingreso n. m. **1** Entrada de una persona en un hospital o en otro establecimiento sanitario para someterse a un tratamiento médico. **2** Entrada de una persona o cosa en un grupo, conjunto o institución. **3** Entrega a un banco o caja de ahorros de una cantidad de dinero para que la guarde: *el ingreso de la recaudación del mes.* **4** Cantidad de dinero que se entrega con este motivo. ◆ n. m. pl. **5** ingresos Cantidad de dinero que gana una persona, grupo o empresa de manera periódica y regular: *los ingresos familiares se vieron mermados cuando la despidieron.*
DER ingresar.

inhabilitar v. tr. **1** Imposibilitar a una persona o cosa para cierta acción: *una avería eléctrica inhabilitó los semáforos.* **2** Incapacitar de modo legal a una persona para el ejercicio de un cargo o de un derecho: *el concejal ha sido inhabilitado para cargos públicos.*
DER inhabilitación.

inhabitable adj. [lugar] Que carece de las condiciones necesarias para poder ser habitado: *la atmósfera de Marte hace que sea un planeta inhabitable para el hombre.* ANT habitable.

inhalador n. m. Aparato para hacer inhalaciones.

inhalar v. tr. Aspirar una persona o animal un gas o una sustancia pulverizada, especialmente si lo hace por la nariz: *se mareó al inhalar el humo del puro.*
DER inhalación, inhalador.

inherente adj. Que es esencial y permanente en un ser o en una cosa o no se puede separar de él por formar parte de su naturaleza y no depender de algo externo: *el riesgo es inherente a las carreras de automóviles.* SIN inmanente.
DER inherencia.

inhibición n. f. **1** Vergüenza, miedo o freno que impide a una persona actuar de acuerdo a sus sentimientos, deseos o capacidades. **2** Renuncia a intervenir en un asunto o en una actividad: *la inhibición de la policía durante la manifestación evitó enfrentamientos violentos en la calle.* **3** Disminución o detención de las funciones normales de una parte del organismo por medios mentales o químicos.

inhibir v. tr. **1** Impedir la vergüenza, el miedo u otro freno a una persona actuar de acuerdo a sus sentimientos, deseos o capacidades. **2** Disminuir o suspender las funciones normales de una parte del organismo por medios mentales o químicos: *el abuso de algunos tranquilizantes puede provocar la inhibición del aparato respiratorio.* ◆ v. prnl. **3** inhibirse Renunciar a intervenir en un asunto o en una actividad: *el árbitro se inhibió ante una clara jugada de penalti.* SIN desentenderse, despreocuparse.
DER inhibición; desinhibir.

inhóspito, -ta adj. [lugar] Que carece de las condiciones necesarias para resultar agradable y acogedor: *un edificio inhóspito; procura evitar pasar por la calle a horas inhóspitas.*

inhumano, -na adj. Que causa un gran sufrimiento y dolor: *es inhumano que una persona permanezca secuestrada.* SIN cruel. ANT humanitario, humano.

inhumar v. tr. Depositar de manera solemne el cadáver de una persona en una fosa o en un nicho para, posteriormente, cubrir la cavidad con tierra o cerrarla con una lápida o losa. SIN enterrar, sepultar.
DER inhumación.

iniciación n. f. **1** Proceso mediante el cual una persona adquiere los primeros conocimientos de una faceta de la vida o actividad que desconoce: *su abuelo le ayudó en su iniciación en la carpintería.* **2** Origen y principio de una cosa. SIN comienzo, inicio. ANT fin, final, terminación. **3** Ritual al que se somete una persona que va a entrar en un grupo, secta o sociedad secreta: *la compleja ceremonia de iniciación en la masonería.*

a b c d e f g h **i** j k l m n ñ o p q r s t u v w x y z

iniciado, -da adj./ n. m. y f. **1** [persona] Que participa de las prácticas o de los conocimientos de algo secreto: *solo los iniciados podrán tomar parte en los ritos mágicos.* **2** [persona] Que tiene suficiente experiencia y capacidad para hacer o entender algo. **SIN** advertido.

inicial adj. **1** Del principio u origen de una cosa o que tiene relación con él: *durante la fase inicial del partido ambos equipos actuaron con cautela.* **ANT** final. ◆ adj./ n. f. **2** [letra] Que es la primera de una palabra.

iniciar v. tr. **1** Comenzar a hacer algo: *lo han enviado para iniciar las negociaciones de paz.* ◆ v. tr./ prnl. **2** Proporcionar a alguien el conocimiento o los primeros conocimientos de una faceta de la vida o actividad que desconoce. **3** Admitir a una persona en un grupo, secta o sociedad secreta mediante una serie de pruebas.

OBS En su conjugación, la *i* es átona, como en *cambiar.*

DER iniciación, iniciado, iniciativa.

iniciativa n. f. **1** Proposición o idea que sirve para iniciar alguna cosa: *lo hicimos entre todos, pero la iniciativa fue totalmente suya.* **2** Capacidad para idear, inventar o emprender cosas: *encontró pronto trabajo porque es un joven con mucha iniciativa.*

▶ **tomar la iniciativa** Adelantarse a los demás en la realización de algo.

inicio n. m. Principio u origen de una cosa. **SIN** comienzo, iniciación. **ANT** fin, final, terminación.

DER inicial, iniciar.

inigualable adj. Que no se puede igualar por extraordinario o bueno.

inimaginable adj. **1** Que no se puede imaginar, especialmente por la magnitud o la intensidad de lo que se expresa. **2** Que es difícil o casi imposible que suceda: *las modas actuales eran inimaginables hace unos años.*

inimitable adj. Que no se puede imitar: *un espectáculo inimitable; una construcción inimitable.*

ininteligible adj. Que no se puede entender o comprender: *explicación ininteligible; no he podido corregir tu examen porque la escritura es ininteligible.* **ANT** inteligible.

iniquidad n. f. Injusticia o gran maldad en el modo de obrar: *se arrepintió de la iniquidad de sus acciones.*

injerencia n. f. Intervención de una persona en asuntos ajenos o en cuestiones que no son de su incumbencia: *es inadmisible su injerencia en nuestras relaciones personales.* **SIN** intromisión.

injerir v. tr. **1** Introducir una cosa en otra: *injerir una rama en un árbol.* ◆ v. prnl. **2** **injerirse** Entremeterse o intervenir en asuntos ajenos.

OBS En su conjugación, la *e* se convierte en *ie* en sílaba acentuada o en *i* en algunos tiempos y personas, como en *hervir.*

DER injerencia.

injertar v. tr. **1** Introducir en la rama o tronco de una planta un trozo de otra con alguna yema para que brote y pueda crecer en ella o unirlas por la zona de corte. **2** MED. Implantar un trozo de tejido vivo tomado de una parte del cuerpo en otra distinta de la misma persona o en el cuerpo de otro individuo: *tomaron un trozo de piel de la espalda para injertarlo en el brazo quemado.*

OBS El participio irregular *injerto* solo se usa como sustantivo.

DER injerto.

injerto n. m. **1** Fragmento de una planta provisto de yemas que se une a otra para que brote: *ha comprado varios injertos para ponérselos a los rosales.* **2** Planta o fruto que resulta al unir un trozo de planta con otra: *el injerto ha florecido.* **3** Implantación de un trozo de tejido vivo (carne, piel, hueso, etc.) en una lesión, de modo que se establezca una unión orgánica: *le hicieron un injerto de piel en la cara.*

injuria n. f. Insulto u ofensa contra la dignidad o el honor de una persona, especialmente mediante acusaciones injustas: *decir que se quedaba con parte del dinero fue una injuria.* **SIN** agravio.

injuriar v. tr. Insultar u ofender la dignidad o el honor de una persona, especialmente mediante acusaciones injustas.

OBS En su conjugación, la *i* es átona, como en *cambiar.*

DER injuria, injurioso.

injurioso, -sa adj. Que injuria u ofende: *se sintió muy ofendido por sus injuriosas palabras.*

injusticia n. f. **1** Acción contraria a la justicia: *es una injusticia que no todos tengamos las mismas oportunidades.* **2** Falta de justicia. **ANT** justicia.

injustificable adj. Que no se puede explicar o disculpar: *es injustificable que me digas ahora que no sé hacer las cosas bien.*

injusto, -ta adj. Que no es justo o no obra con justicia: *era un entrenador injusto.*

DER injustamente, injustificable, injustificado.

inmaculado, -da adj. Que está completamente limpio o no tiene ninguna mancha.

inmadurez n. f. Cualidad de inmaduro: *inmadurez emocional.*

inmaduro, -ra adj. **1** [fruta] Que todavía no tiene la maduración que la hace adecuada para ser cogida y comida. SIN verde. ANT maduro. **2** [proyecto] Que no está completamente pensado. ◆ adj./ n. m. y f. **3** [persona] Que no ha alcanzado la madurez de juicio propia de la edad adulta o de la edad que tiene: *no pueden dar un puesto de esa responsabilidad a una persona tan inmadura.* ANT maduro. **4** [pez] Que es pequeño y aún no ha alcanzado el estado adulto.
DER inmadurez.

inmanente adj. Que es esencial y permanente en un ser o en una cosa o que no se puede separar de él por formar parte de su naturaleza y no depender de algo externo: *no creo que la maldad sea inmanente al ser humano.* SIN inherente.
DER inmanencia.

inmaterial adj. Que pertenece al espíritu y no al mundo físico o que no se puede percibir por los sentidos. SIN incorpóreo. ANT material.

inmediaciones n. f. pl. Territorio o terreno que rodea un lugar: *la policía buscó alguna pista por las inmediaciones del lugar del atentado.*

inmediato, -ta adj. **1** Que está próximo a otra cosa, a su lado o muy cerca, sin nada en medio. SIN cercano. ANT mediato. **2** Que ocurre en seguida, justo después de otra cosa: *dio una respuesta inmediata a su pregunta.*
▶ de inmediato Indica que algo sucede enseguida o justo después de otra cosa, sin pasar tiempo entre ellas: *lo llamé para un favor y vino de inmediato.*
DER inmediaciones, inmediatez.

inmejorable adj. Que es tan excelente y bueno que no se puede mejorar: *un vino inmejorable; una actitud inmejorable.* SIN insuperable.

inmemorial adj. Que es tan antiguo que no hay memoria de cuándo comenzó: *muchas costumbres están implantadas desde tiempos inmemoriales.*

inmensidad n. f. **1** Extensión o tamaño muy grande que resulta imposible limitar: *la inmensidad del mar.* **2** Cantidad muy grande de algo: *una inmensidad de gente se manifestaba por la calle.*

inmenso, -sa adj. Que es tan grande en tamaño, número o intensidad que no puede medirse ni contarse: *inmenso dolor; ciudad inmensa.* SIN enorme. ANT mínimo.
DER inmensidad, inmensurable.

inmersión n. f. **1** Introducción completa de una cosa en un líquido. **2** Profundizar en algo que se quiere aprender de modo que se pone toda la atención en ello: *el mejor método de aprender una lengua es la inmersión en el lugar en que se habla.*

inmerso, -sa adj. **1** Que está sumergido en un fluido. **2** [persona] Que tiene la atención puesta intensamente en un pensamiento o en una acción, con descuido de cualquier otra cosa: *está tan inmerso en sus meditaciones que no te ha oído.* ANT absorto.
DER absorción.

inmigración n. f. Movimiento de población que consiste en la llegada de personas a un país o región diferente de su lugar de origen para establecerse en él.

inmigrante n. com. Persona que llega a un país o región diferente de su lugar de origen para establecerse en él: *ha nacido aquí, pero desciende de inmigrantes.* ANT emigrante.

inmigrar v. intr. Establecerse en un país o región diferente del lugar de origen. ANT emigrar.
DER inmigración, inmigrante, inmigratorio.

inminencia n. f. Gran proximidad en el tiempo de un suceso, en especial de un peligro o de un riesgo: *la inminencia del peligro.*

inminente adj. Que va a ocurrir en seguida: *el cierre de la empresa es inminente.*
DER inminencia.

inmiscuirse v. prnl. Dar opiniones, consejos o indicaciones sobre un asunto ajeno sin el permiso de los implicados. SIN entrometerse.
OBS En su conjugación, la *i* se convierte en *y* delante de *a, e* y *o,* como en *huir.*

inmobiliaria n. f. Sociedad o empresa que se dedica a construir, vender, alquilar y administras viviendas.

inmolar v. tr. **1** Sacrificar una víctima a un dios como signo de reconocimiento u obediencia. ◆ v. prnl. **2** inmolarse Dar la vida o los bienes en provecho u honor de una persona o de una causa.
DER inmolación.

inmoral adj. [persona, acción] Que se opone a la moral establecida o no guarda las normas éticas. ANT moral.
DER inmoralidad.

a b c d e f g h i j k l m n ñ o p q r s t u v w x y z

inmoralidad n. f. **1** Alejamiento en la opinión, el comportamiento o los hechos de las reglas de la moral establecida. ANT moralidad. **2** Obra o dicho inmoral: *tratar ciertos temas sexuales en público puede parecer una inmoralidad.*

inmortal adj. **1** Que no puede morir. ANT mortal. **2** Que dura indefinidamente en la memoria de las personas: *la creación literaria de Cervantes es inmortal.* SIN imperecedero.
DER inmortalidad, inmortalizar.

inmortalidad n. f. **1** Cualidad de inmortal: *Drácula es un personaje inmortal.* ANT mortalidad. **2** Duración indefinida de una cosa en la memoria de los hombres: *con sus pinturas alcanzó la inmortalidad.*

inmortalizar v. tr. Hacer que se conserve para siempre una persona o una cosa en la memoria de los hombres.
OBS En su conjugación, la *z* se convierte en *c* delante de *e*.

inmóvil adj. **1** Que no se mueve. SIN estático, quieto. ANT móvil. **2** Que es firme y constante: *a pesar de todas las explicaciones, sigue inmóvil en su actitud.*
DER inmovilidad, inmovilismo, inmovilizar.

inmovilidad n. f. Cualidad de inmóvil.

inmovilismo n. m. Actitud en la que se defiende la tradición y se rechazan los cambios que afecten a lo ya establecido.
DER inmovilista.

inmovilización n. f. Hecho de imposibilitar el movimiento: *el agente ordenó la inmovilización del vehículo que estaba mal aparcado.*

inmovilizar v. tr. Imposibilitar el movimiento: *los ladrones llevaban unas cuerdas para inmovilizar al banquero.* ANT movilizar.
OBS En su conjugación, la *z* se convierte en *c* delante de *e*.
DER inmovilización.

inmueble adj. **1** DER. [propiedad] Que no puede separarse del lugar en el que está: *las fincas y las viviendas son bienes inmuebles.* ANT mueble. ◆ n. m. **2** Edificio o vivienda.

inmundicia n. f. **1** Suciedad o basura. NOTA Se usa frecuentemente en plural. **2** Deshonestidad.

inmune adj. **1** [persona, lugar] Que no se encuentra sometido a los procedimientos legales normales y está libre de ciertos cargos u obligaciones: *las ciudades inmunes quedaban libres del pago de ciertos impuestos.* **2** Que no puede ser atacado por cierta enfermedad: *lo vacunaron y es inmune al sarampión.* **3** [persona] Que no le afecta o altera algo que se considera negativo: *es inmune a las críticas.*
DER inmunidad, inmunitario, inmunizar.

inmunidad n. f. **1** Privilegio por el que ciertas personas y lugares no se someten a los procedimientos legales normales y quedan libres de determinadas obligaciones, penas o cargos: *el diputado gozaba de inmunidad parlamentaria.* **2** Protección o resistencia contra una enfermedad.

inmunitario, -ria adj. De la inmunidad o relacionado con esta resistencia del organismo a las enfermedades: *el organismo desarrolla su propio sistema inmunitario.*

inmunizar v. tr. **1** Proteger o hacer resistente a alguien frente a una enfermedad: *esta vacuna te inmuniza contra los resfriados.* **2** Fortalecer o hacer resistente a alguien frente a un mal o un daño.
OBS En su conjugación, la *z* se convierte en *c* delante de *e*.
DER inmunización.

inmunodeficiencia n. f. MED. Estado del organismo que consiste en la pérdida de gran parte de sus defensas inmunitarias: *no resistirá a una infección debido a su inmunodeficiencia.*

inmunología n. f. Parte de la medicina que estudia los fenómenos de inmunidad del organismo: *la inmunología se ocupa de la resistencia del organismo frente a las enfermedades y de las vacunas.*
DER inmunológico, inmunólogo.

inmutable adj. **1** Que no cambia o no puede cambiar: *el reglamento de la asociación es inmutable.* **2** [persona] Que no siente o no muestra alteración del ánimo: *permaneció inmutable ante sus duras palabras.* SIN inalterable.

inmutar v. tr. Alterar o impresionar de forma visible el ánimo de alguien: *quise darle un susto, pero ni se inmutó.*
OBS Se usa más en forma pronominal y en frases negativas.
DER inmutable.

innato, -ta adj. Que no es aprendido y pertenece a la naturaleza de un ser desde su origen o nacimiento: *sus aptitudes para el dibujo son innatas.*

innecesario, -ria adj. Que no es necesario: *es innecesario que vengas tan pronto.*

innegable adj. Que no se puede negar: *es innegable que ha hecho todo lo que ha podido.* SIN incuestionable, indiscutible, indudable.

innovación n. f. Cambio que supone una novedad: *en el nuevo vehículo se han introducido importantes innovaciones.*

innovador, -ra adj. Que cambia las cosas introduciendo novedades: *los innovadores no son bien vistos en ambientes conservadores.*

innovar v. tr. Cambiar las cosas introduciendo novedades: *Darwin innovó las ciencias naturales con la formulación de la teoría de la evolución.*
DER innovación, innovador.

innumerable adj. **1** Que es tan numeroso que no puede ser contado o numerado: *la innumerable cantidad de estrellas.* SIN incalculable, incontable. **2** Que es muy numeroso o abundante. SIN incontable.
OBS Se usa solo con sustantivos en plural, excepto cuando se trata de colectivos: *ejército innumerable; soldados innumerables.*

inocencia n. f. **1** Ausencia de culpabilidad: *no será difícil demostrar la inocencia del acusado.* **2** Simplicidad o falta de malicia, astucia o doblez al actuar: *aún conserva la inocencia de cuando era niño.* SIN ingenuidad.

inocentada n. f. **1** Dicho o hecho sin malicia, mala intención o picardía. **2** Broma o engaño en que se cae por descuido o por falta de malicia; especialmente, broma del día de los Santos Inocentes.

inocente adj. **1** Que no daña o que no tiene malicia: *no hay mala intención en sus inocentes bromas.* ◆ adj./ n. com. **2** [persona] Que está libre de culpa o de pecado: *el jurado lo declaró inocente.* ANT culpable. **3** [persona] Que no merece un castigo o una pena: *en las guerras mueren muchos inocentes.* **4** [persona] Que es simple, fácil de engañar y está falto de malicia: *es un inocente: se lo cree todo.* SIN cándido, ingenuo.
DER inocencia, inocentada, inocentón.

inocular v. tr. Introducir en el organismo por medios artificiales el virus o la bacteria de una enfermedad contagiosa.
DER inoculación.

inocuo, -cua adj. Que no hace daño: *un medicamento inocuo.* SIN inofensivo. ANT nocivo.
DER inocuidad.

inodoro, -ra adj. **1** Que no tiene olor: *el agua es un líquido inodoro.* ◆ n. m. **2** Recipiente conectado con una tubería de desagüe y provisto de una cisterna con agua, que sirve para orinar y evacuar los excrementos en él. SIN retrete, váter.

inofensivo, -va adj. **1** Que no puede causar daño ni molestia: *no tengas miedo, es un perro inofensivo.* **2** Que no hace daño: *este producto es totalmente natural e inofensivo.* SIN inocuo. ANT dañino.

inolvidable adj. Que no puede olvidarse: *algunas escenas de esa película son inolvidables.* SIN imborrable.

inoperante adj. Que es ineficaz o no produce el efecto deseado: *esta ley es inoperante.*

inoportuno, -na adj. [persona, cosa] Que actúa o sucede en un momento, lugar o situación inadecuados o que no convienen: *ha sido una visita inoportuna, porque llegó justo cuando iba a salir.* ANT oportuno.

inorgánico, -ca adj. **1** [elemento] Que no tiene vida ni puede tenerla: *los minerales son inorgánicos.* **2** Que no está organizado u ordenado. ANT orgánico.

inoxidable adj. Que no se puede oxidar: *una cubertería de acero inoxidable.*

input n. m. INFORM. Conjunto de dispositivos y señales que permiten la introducción de información en un sistema y los datos y programas que se introducen.
OBS Es de origen inglés y se pronuncia aproximadamente «ímput».

inquebrantable adj. Que no se puede quebrantar por su gran firmeza y solidez: *tiene una salud inquebrantable.*

inquietante adj. Que causa preocupación o altera los nervios: *resulta inquietante que aún no hayamos tenido noticias de él.*

inquietar v. tr. Causar preocupación e intranquilidad o alterar los nervios: *el suspenso inquietó a mis padres.*
DER inquietante.

inquieto, -ta adj. **1** [persona] Que no puede estar quieto: *es un niño muy inquieto y suele alborotar mucho.* **2** Que no está tranquilo por una agitación del ánimo: *estoy un poco inquieto porque ya es muy tarde y todavía no han llegado.* **3** [cosa] Que no se tiene con calma o tranquilidad. **4** Que está siempre dispuesto a conocer o emprender cosas nuevas: *es una persona muy inquieta.*
DER inquietar, inquietud.

inquietud n. f. **1** Falta de quietud o de sosiego. **2** Tendencia o inclinación hacia una actividad o estudio, especialmente en el campo de las artes: *este niño tiene muchas inquietudes, se interesa por todo y disfruta mucho.* NOTA Se usa más en plural.

inquilino, -na n. m. y f. Persona que alquila una vivienda o parte de ella para habitarla.

inquina n. f. Antipatía o mala voluntad hacia una persona: *le ha tomado verdadera inquina a muchos de sus compañeros.* **SIN** odio.

inquirir v. tr. Indagar o tratar de llegar a conocer una cosa haciendo preguntas y gestiones para conseguir una información.

OBS En su conjugación, la *i* se convierte en *ie* en sílaba acentuada, como en *adquirir.*

DER inquisición, inquisitivo.

inquisición n. f. **1** Indagación o investigación para conseguir una información: *las inquisiciones de la policía consiguieron resolver el caso.* **2** Antiguo tribunal eclesiástico establecido para descubrir y castigar las faltas contra la fe o las doctrinas de la Iglesia. **NOTA** En esta acepción se escribe con mayúscula.

DER inquisidor, inquisitorial.

inquisidor, -ra adj. **1** Que indaga o trata de averiguar de forma apremiante y exigente. ◆ n. m. **2** Juez del tribunal de la Inquisición: *el inquisidor sentenciaba los procesos de herejía y asistía a los tormentos.*

inquisitorial adj. **1** Del inquisidor o la Inquisición, o relacionado con ellos: *persecución inquisitorial.* **2** Que tiene una severidad o una agresividad propias de los procedimientos investigadores de la Inquisición: *métodos inquisitoriales; tortura inquisitorial.*

insaciable adj. Que no se puede saciar o satisfacer: *prepara mucha comida porque tus invitados son insaciables.*

insalubre adj. Que es malo para la salud: *viven en terrenos pantanosos e insalubres.* **SIN** insano, malsano.

DER insalubridad.

insalvable adj. Que es imposible de salvar o muy difícil: *un muro insalvable; limitaciones insalvables.* **ANT** salvable.

insano, -na adj. **1** Que es malo para la salud: *dormir poco es una costumbre costumbre insana.* **SIN** insalubre, malsano. **ANT** sano. **2** Que es inmoral o hace daño al espíritu: *el rencor es un sentimiento insano.* **SIN** malsano. **ANT** sano.

insatisfacción n. f. **1** Sentimiento de malestar o disgusto que se tiene cuando no se colma un deseo o no se cubre una necesidad: *aquel ambiente provinciano, que le producía un gran aburrimiento y una profunda tristeza, aumentaba su insatisfacción.* **2** Cosa que provoca malestar o disgusto.

insatisfecho, -cha adj. Que no está satisfecho o saciado: *estoy muy insatisfecho con el resultado de nuestro trabajo.*

DER insatisfacción.

inscribir v. tr./ prnl. **1** Apuntar en una lista para un fin determinado: *me he inscrito en el campeonato de ajedrez.* ◆ v. tr. **2** Grabar o dejar marcado en metal, en piedra o en otra materia dura: *ha inscrito sus iniciales y un corazón en el árbol del jardín.* **3** Escribir algo o el nombre de alguien en un registro. **4** MAT. Trazar una figura geométrica dentro de otra de manera que estén en contacto por varios puntos de sus perímetros, pero sin cortarse: *debes inscribir un triángulo dentro de una circunferencia de forma que esta toque cada uno de sus vértices.* **SIN** circunscribir.

OBS El participio es *inscrito.*

DER inscripción, inscrito.

inscripción n. f. **1** Inclusión de un nombre en una lista para un fin determinado. **2** Escrito grabado en una superficie dura: *las inscripciones en las tumbas egipcias.*

insecticida adj./ n. m. [sustancia] Que sirve para matar insectos: *ha echado insecticida porque había muchos mosquitos.*

insectívoro, -ra adj. **1** [animal, planta] Que se alimenta de insectos: *muchas aves son insectívoras.* ◆ adj./ n. m. **2** ZOOL. Mamífero pequeño plantígrado que tiene el hocico acabado en punta y los dientes especializados para masticar insectos: *el topo y el erizo son animales insectívoros.* ◆ n. m. pl. **3** insectívoros ZOOL. Orden de estos mamíferos.

insecto adj./ n. m. **1** [animal invertebrado] Que es pequeño y tiene el cuerpo dividido en cabeza, tórax y abdomen, tres pares de patas, dos antenas y dos o cuatro alas; sufre transformaciones en su desarrollo y respira por tráqueas comunicadas con el exterior: *las hormigas, las abejas, los escarabajos y las mariposas son insectos.* **NOTA** Se usa más como nombre masculino. insecto social Inseto que vive vive formando parte de una comunidad con numerosos individuos de la misma especie que de manera jerarquizada cumplen las funciones que les corresponden: *las abejas son insectos sociales.* ◆ n. m. pl. **2** insectos ZOOL. Clase de estos pequeños animales invertebrados.

DER insecticida, insectívoro; desinsectar.

inseguridad n. f. **1** Presencia de peligro o riesgo: *la policía pretende erradicar la inseguridad ciudadana.* **ANT** seguridad. **2** Falta de valor o firmeza en el carácter y en la manera de actuar: *debes vencer tu inseguridad.* ANT seguridad.

inseguro, -ra adj. **1** Que no está libre de peligro o de daño, o que es incierto. ANT seguro. **2** [persona] Que tiene dudas sobre sí mismo y su propia capacidad: *es muy inseguro y siempre desconfía de sus propias posibilidades.*

inseminación n. f. Llegada del semen del macho al óvulo de la hembra para fecundarlo: *la inseminación es el primer paso para la fecundación.*
▶ inseminación artificial Procedimiento que consiste en hacer llegar el semen al óvulo mediante un instrumento o artificio.

inseminar v. tr. Poner semen masculino en las vías genitales femeninas para que llegue hasta el óvulo y lo fecunde.
DER inseminación.

insensatez n. f. **1** Falta de buen juicio y de reflexión antes de actuar: *estuvimos a punto de estrellarnos debido a tu insensatez.* ANT sensatez. **2** Obra o dicho insensato: *salir a la calle con esta tormenta es una insensatez.*

insensato, -ta adj. Que no muestra buen juicio o madurez en sus actos. ANT sensato.

insensible adj. **1** Que no puede sentir o que ha perdido la sensibilidad. **2** Que no tiene sentimientos o sensibilidad: *es insensible al sufrimiento humano.* **3** Que no se nota o es difícil de notar: *se ha registrado un crecimiento insensible de la economía.*
DER insensibilidad, insensibilizar.

inseparable adj. **1** Que no se puede separar o que es muy difícil hacerlo. ANT separable. **2** [persona] Que está muy unido a una persona con vínculos muy estrechos de amistad o de amor: *dos amigos inseparables.* **3** GRAM. [partícula] Que no tiene valor por sí mismo y siempre va unido a una palabra: *«in» o «per» son partículas inseparables que entran en la formación de palabras compuestas.*

inserción n. f. **1** Inclusión o introducción de una cosa en otra: *la inserción de un nuevo capítulo ha alterado la estructura de la novela.* **2** Introducción de un elemento anatómico o de un órgano entre las partes de otro, o adhesión a su superficie: *la inserción de un diente en la encía.*

insertar v. tr. **1** Incluir o meter una cosa en otra: *para poder jugar, inserte una moneda.* ◆ v. prnl. **2** Introducirse un elemento anatómico o un órgano entre las partes de otro o adherirse a su superficie. NOTA El segundo es irregular y se utiliza más como adjetivo.
OBS Tiene dos participios *insertado* e *inserto.*
DER inserción, inserto; reinsertar.

inservible adj. Que no sirve o no está en condiciones para ser usado: *la cámara se ha mojado y ha quedado inservible.*

insigne adj. [persona, cosa] Que es muy conocido y admirado por tener características que lo distinguen de los demás: *el insigne escritor ha sido distinguido con un importante premio.* SIN afamado.

insignia n. f. **1** Señal o figura distintiva, especialmente cuando es pequeña y puede llevarse sujeta a la ropa: *el general lleva varias insignias y medallas que ganó en la última guerra.* **2** Bandera o enseña que toma una asociación o grupo social como distintivo. SIN emblema, estandarte.

insignificancia n. f. Pequeñez, falta de importancia o ausencia de valor: *no todo el mundo comprende la insignificancia del ser humano en medio del Universo.*

insignificante adj. Que es muy pequeño, poco importante o que carece de valor: *se lo vendo por una cantidad insignificante.*
DER insignificancia.

insinuación n. f. Obra o dicho que sirve para dar a entender una cosa de manera sutil o disimulada sin decirla claramente.

insinuar v. tr. **1** Dar a entender una cosa de manera sutil o disimulada sin decirla claramente. ◆ v. prnl. **2** insinuarse Dar a entender de manera sutil o disimulada el deseo de establecer relaciones amorosas.
OBS En su conjugación, la *u* se acentúa en algunos tiempos y personas, como en *actuar.*
DER insinuación.

insípido, -da adj. **1** [alimento] Que tiene poco o ningún sabor: *pondré un poco de sal en la sopa, me ha quedado un poco insípida.* SIN insulso. **2** Que no tiene gracia o interés: *no entiendo cómo te divierten unos programas tan insípidos.* SIN insulso, soso.
DER insipidez.

insistencia n. f. **1** Repetición reiterada: *perdone mi insistencia, pero necesitamos saberlo ya.* **2** Firmeza para conseguir algo: *logró saber del tema gracias a su insistencia.*

insistente adj. Que insiste: *fue muy insistente y consiguió lo que pretendía.*
DER insistencia.

insistir v. intr. **1** Repetir varias veces una pe-

tición o una acción: *llama, y si no te abren insistes.* **2** Destacar la importancia de una cosa repitiéndola. **3** Persistir o mantenerse firme en una cosa, generalmente en una opinión o idea: *a pesar de sus críticas, yo insistí en mi postura.*
DER insistente.

insolación n. f. Trastorno o malestar producidos por una exposición prolongada a los rayos del sol: *si sigues tomando sol, vas a coger una insolación.*

insolencia n. f. **1** Atrevimiento o falta de respeto en el trato. **2** Obra o dicho ofensivos o insultantes: *no estoy dispuesto a soportar tus insolencias.*

insolente adj./ n. m. y f. **1** [persona] Que falta al respeto o se muestra orgulloso, soberbio y desvergonzado. ◆ adj. **2** [cosa] Que implica falta de respeto: *dio una contestación insolente a una pregunta insolente.*

insolidaridad n. f. Actitud o característica de la persona que es insolidaria.

insolidario, -ria adj. Que se comporta sin solidaridad, que no se preocupa por los demás y no apoya a quien lo necesita.
DER insolidaridad.

insólito, -ta adj. Que es muy particular o poco frecuente: *como lo habitual es que llegue tarde, resulta insólito que haya tenido que esperarnos.* SIN excepcional, inaudito, inusitado.

insoluble adj. **1** Que no se puede disolver: *esta sustancia es insoluble en el agua.* ANT soluble. **2** Que no se puede resolver o que no tiene solución: *un problema insoluble.* ANT soluble.

insolvente adj. **1** Que no dispone de fondos para pagar deudas: *como no puede hacer frente a sus deudas se ha declarado insolvente.* **2** Que no ofrece garantías para confiarle un cargo o una misión.
DER insolvencia.

insomne adj. Que no duerme o tiene dificultad para conciliar el sueño.

insomnio n. m. Dificultad para conciliar el sueño cuando se debe dormir. SIN desvelo.
DER insomne.

insondable adj. **1** Que es tan difícil e impenetrable, que no se puede llegar a conocer o comprender: *sus pensamientos nos resultan insondables.* **2** Que es tan profundo, que no se puede alcanzar su fondo.

insonorizar v. tr. Acondicionar un lugar cerrado para que los sonidos que se producen dentro de él no pasen al exterior o que los del exterior no entren: *insonorizaremos el local de ensayo.*
OBS En su conjugación, la *z* se convierte en *c* delante de *e*.
DER insonorización.

insoportable adj. Que no se puede soportar o sufrir: *salgamos fuera, aquí hace un calor insoportable.* SIN inaguantable.

insospechado, -da adj. Que no se sospecha o espera: *la música puede expresar emociones insospechadas.*
DER insospechable.

insostenible adj. **1** Que no se puede soportar o tolerar más: *hemos llegado a una situación insostenible.* **2** Que no se puede mantener o defender con razones.

inspección n. f. **1** Examen y observación atentos y cuidadosos: *han hecho una inspección sanitaria en el colegio.* SIN control, supervisión. **2** Oficina o dependencias del inspector.

inspeccionar v. tr. Examinar y observar con atención y cuidado: *la policía inspeccionó la escena del crimen.*
DER inspección, inspector.

inspector, -ra adj. **1** Que reconoce y examina una cosa: *han enviado una comisión inspectora a la zona.* ◆ n. m. y f. **2** Persona que se dedica a examinar, controlar y vigilar las actividades que se realizan en el campo al que pertenece: *inspector de hacienda.*
DER subinspector.

inspiración n. f. **1** Introducción de aire u otra sustancia gaseosa en los pulmones: *la inspiración es una de las fases de la respiración.* SIN aspiración. ANT espiración. **2** Estado en el que se siente una especial facilidad para la creación: *me vino la inspiración y escribí el poema en un momento.* **3** Estímulo que favorece este estado y hace producir obras de arte de modo fácil y rápido. SIN musa. **4** Cualidad que da a una obra valor artístico: *está escrito correctamente, pero sin inspiración.* **5** Influencia sobre una obra de arte u otra creación: *un edificio de inspiración neoclásica.*

inspirar v. tr. **1** Atraer el aire exterior e introducirlo en los pulmones. SIN aspirar. ANT espirar. **2** Causar un sentimiento, una sensación o una idea: *ese tipo no me inspira ninguna confianza.* ◆ v. tr./ prnl. **3** Sugerir ideas para la producción artística: *este paisaje inspiró al poeta para componer aquella oda.* **4** Influir sobre una persona, especialmente sobre un

artista: *la arquitectura griega inspiró buena parte de las obras posteriores.*
DER inspiración, inspiratorio.

instalación n. f. **1** Colocación en el lugar y la forma adecuados de cosas necesarias para un servicio. **2** Establecimiento o acomodo de una persona, especialmente si es para fijar su residencia: *no fue fácil la instalación de los damnificados en barracones.* **3** Conjunto de aparatos y cosas instaladas: *la instalación eléctrica.* **4** Recinto o lugar acondicionado con todas las cosas necesarias para cumplir un servicio: *instalaciones deportivas.*

instalar v. tr. **1** Colocar en el lugar y la forma adecuados las cosas necesarias para un servicio: *vienen a instalar la antena parabólica.* **2** Poner en el lugar destinado a un servicio todo lo necesario para que pueda ser utilizado: *han instalado un nuevo supermercado en el barrio.* ◆ v. tr./ prnl. **3** Establecer o acomodar a una persona, especialmente si es para fijar su residencia: *instalaron a sus familiares en el piso de arriba.*
DER instalación, instalador; reinstalar.

instancia **1** Petición por escrito redactada siguiendo determinadas fórmulas: *para concursar a esta plaza tengo que presentar una instancia solicitándolo.* **2** Documento oficial en el que se solicita una cosa. SIN solicitud. **3** DER. Grado establecido por la ley para solucionar asuntos legales: *tribunales de primera instancia.*
▶ a instancias de A petición de o por ruego de una persona: *a instancias de su padre hizo un curso en el extranjero.* en última instancia Como último recurso: *intentaré hacerlo yo, y solo en última instancia acudiré a él.*

instantánea n. f. Fotografía que se impresiona en un instante y se obtiene en el momento: *tengo las instantáneas de tu cumpleaños.*

instantáneo, -nea adj. **1** Que solo dura un instante: *el relámpago es un fulgor instantáneo.* **2** Que se produce o se consigue en un instante: *este medicamento es de efecto instantáneo.* **3** [alimento] Que se disuelve con facilidad en un líquido sin necesidad de cocerlo: *pon un sobre de café instantáneo en cada taza.*

instante n. m. Período de tiempo muy breve: *te han llamado hace un instante.* SIN momento.
▶ a cada instante Continuamente: *es un pesado, me llama por teléfono a cada instante.* al instante Inmediatamente: *le pedí un favor y me lo hizo al instante.* por instantes Rápidamente: *en esta serie el suspense crece por instantes.*

instar v. tr./ intr. Obligar mediante la fuerza o la autoridad a que se haga algo con rapidez.
SIN urgir.
DER instante.

instaurar v. tr. Establecer o fundar una cosa que no existía, especialmente costumbres, leyes o formas de gobierno: *han dado un golpe de estado y han instaurado un nuevo régimen.*
DER instauración; reinstaurar.

instigador, -ra adj. **1** Que instiga: *el germen instigador del sueño.* ◆ adj./ n. m. y f. **2** [persona] Que instiga: *el fiscal le señaló como instigador de unos hechos delictivos.*

instigar v. tr. Influir en una persona para que realice una acción o piense de un modo, especialmente si es negativo: *un grupo de ellos se ocupó de instigar a la revuelta.* SIN inducir.
OBS En su conjugación, la *g* se convierte en *gu* delante de *e*.
DER instigación, instigador.

instintivo, -va adj. Que es obra o resultado de un instinto y no de la reflexión o de la razón: *antes de chocar se protegió la cara de forma instintiva.*

instinto n. m. **1** Conducta innata y no aprendida que se transmite genéticamente entre los seres vivos de la misma especie y que les hace responder de una misma forma ante una serie de estímulos. **2** Impulso natural e interior que provoca una acción o un sentimiento sin que se tenga conciencia de la razón a la que obedece: *no cogí el avión siniestrado por instinto.* **3** Capacidad natural para percibir y valorar con rapidez y facilidad una cosa: *triunfará porque tiene instinto para los negocios.*
DER instintivo.

institución n. f. **1** Establecimiento o fundación de algo que antes no existía: *todos acordaron la institución de una comisión permanente.* **2** Organismo que ha sido fundado para un fin, especialmente el que desempeña una función de interés público: *la Universidad es una institución de enseñanza.* **3** Ley u organización fundamental de un Estado, una nación o una sociedad: *las instituciones están al servicio del ciudadano.*

institucional adj. De la institución o que tiene relación con ella: *una ayuda institucional.*
DER institucionalizar.

institucionalizar v. tr. Convertir una cosa en institucional o darle carácter legal o de institución.

OBS En su conjugación, la *z* se convierte en *c* delante de *e*.
DER institucionalización.

instituir v. tr. Fundar o establecer una cosa que no existía: *instituir una moda.* SIN instaurar.
OBS En su conjugación, la *i* se convierte en *y* delante de *a, e* y *o,* como en *huir.*
DER institución, instituto, institutriz.

instituto n. m. **1** Centro estatal de enseñanza donde se imparte educación secundaria: *este año mi hijo deja el colegio y pasa al instituto.* **2** Organización científica, social o cultural: *el Instituto Cervantes me ha concedido una beca.* **instituto de belleza** Establecimiento comercial donde se proporcionan servicios de embellecimiento al público. **3** Regla que ordena cierta forma y método de vida o de enseñanza, especialmente el de las órdenes religiosas: *el instituto de esta orden religiosa no permite visitas.*

institutriz n. f. Mujer que se dedica a educar y enseñar a uno o más niños en la casa de estos.

instrucción n. f. **1** Enseñanza de los conocimientos necesarios para una actividad: *recibió su primera instrucción en la escuela de su pueblo.* **2** Conjunto de conocimientos adquiridos: *es una persona con una gran instrucción.* **instrucción militar** Conjunto de conocimientos y prácticas necesarios para la formación del soldado. **3** DER. Inicio y desarrollo de un proceso o expediente: *he conocido al juez que llevará la instrucción de este caso.* ◆ n. f. pl. **4 instrucciones** Conjunto de reglas o indicaciones que se dan para hacer una actividad o para manejar un objeto: *antes de instalarlo debes consultar el manual de instrucciones.*

instructivo, -va adj. Que instruye o sirve para instruir: *anécdota instructiva.*

instructor, -ra adj. **1** Que enseña o instruye: *un juez instructor.* ◆ n. m. y f. **2** Persona que se dedica a enseñar o instruir, especialmente en actividades deportivas o militares.

instruido, -da adj. [persona] Que tiene un buen caudal de conocimientos adquiridos: *no se trata de un analfabeto, sino de un hombre instruido.*

instruir v. tr. **1** Comunicar conocimientos, habilidades, ideas o experiencias a una persona que no las tiene con la intención de que las aprenda: *el profesor instruye a sus alumnos.* SIN enseñar. **2** DER. Realizar las acciones necesarias para ejecutar un proceso: *la jueza que instruyó el caso no hizo declaraciones a la prensa.*
OBS En su conjugación, la *i* se convierte en *y* delante de *a, e* y *o,* como en *huir.*
DER instrucción, instructivo, instructor, instruido.

instrumental adj. **1** Del instrumento o que tiene relación con él. **2** [música] Que se ha escrito para ser tocado con instrumentos y no para ser cantado: *Las cuatro estaciones de Vivaldi es una obra instrumental.* ANT vocal. ◆ n. m. **3** Conjunto de instrumentos necesarios para realizar una actividad: *instrumental quirúrgico.* SIN aparejo.

instrumentar v. tr. **1** MÚS. Preparar una obra musical para que pueda ser interpretada con varios instrumentos a la vez. SIN orquestar. **2** Disponer u organizar los medios necesarios para llevar a cabo un plan o llegar a una solución: *el comité ha decidido instrumentar una protesta.*
DER instrumentación.

instrumentista n. com. Músico que toca un instrumento.

instrumento n. m. **1** Objeto simple o formado por una combinación de piezas y que es adecuado para un uso concreto, especialmente el que se usa para realizar operaciones manuales técnicas o delicadas. **2** Objeto formado por una o varias piezas que se usa para producir música: *es un gran músico que*

instrumentos musicales

instrumentos de cuerda		instrumentos de viento		instrumentos de percusión	
arpa	laúd	acordeón	flautín	batería	maraca
bandurria	lira	armónica	oboe	bombo	pandereta
banjo	piano	caramillo	órgano	caja	platillos
clave	tímpano	clarín	saxofón	campana	tambor
clavicordio	viola	clarinete	trombón	carillón	timbal
contrabajo	violín	corno inglés	trompa	castañuela	triángulo
guitarra	violonchelo	fagot	trompeta	gong	xilófon
		flauta	tuba		

sabe tocar varios instrumentos. **instrumento de cuerda** Instrumento que produce música mediante la vibración de las cuerdas que posee: *el violín, la guitarra y el piano son instrumentos de cuerda.* **instrumento de percusión** Instrumento que produce música al ser golpeado: *el tambor y el xilófono son instrumentos de percusión.* **instrumento de viento** Instrumento que produce música al soplar por él: *la trompeta y la flauta son instrumentos de viento.* **3** Medio que sirve para alcanzar un fin: *solo he sido un instrumento para lograr sus ambiciones.*
DER instrumental, instrumentar, instrumentista.

insubordinación n. f. Falta de subordinación: *atajar cualquier intento directo de indisciplina o insubordinación.*

insuficiencia n. f. **1** Escasez o falta de la cantidad que se necesita de una cosa: *la insuficiencia de la alimentación puede causar trastornos en el metabolismo.* ANT suficiencia. **2** Incapacidad o inadecuación de una persona para desempeñar un trabajo. ANT suficiencia. **3** MED. Incapacidad de un órgano para realizar adecuadamente sus funciones: *insuficiencia renal; insuficiencia hepática.*

insuficiente adj. **1** Que no es bastante para lo que se necesita: *la ayuda conseguida es insuficiente para paliar el problema.* ANT suficiente. ◆ n. m. **2** Nota o calificación académica que indica que no se ha llegado al nivel mínimo exigido para aprobar. SIN suspenso. ANT aprobado, suficiente.
DER insuficiencia.

insuflar v. tr. **1** Introducir, a soplos o inyectados, un gas, un vapor o una sustancia en polvo dentro de una cavidad u órgano del cuerpo: *insuflaron aire en sus pulmones para que recuperara el ritmo respiratorio.* **2** Comunicar o transmitir ideas, estímulos o sentimientos.

insufrible adj. Que es tan molesto, tan pesado o tan antipático, que no se puede soportar o sufrir: *tiene tan mal genio que a veces se pone insufrible.*

ínsula n. f. **1** Porción de tierra que está rodeada de agua por todas partes: *divisaron una extraña ínsula.* SIN isla. **2** País o gobierno de poca entidad: *don Quijote de la Mancha le promete a Sancho conquistar para él una ínsula que Sancho gobernará.*

insular adj. **1** De la isla o que tiene relación con ella: *el gobierno insular de Gran Canaria.* SIN isleño. ◆ adj./ n. com. **2** [persona] Que es de una isla. SIN isleño.

insulina n. f. **1** Hormona producida por el páncreas y encargada de regular la cantidad de glucosa en la sangre: *los diabéticos no producen suficiente insulina.* **2** Medicamento hecho con esta hormona y que se emplea en el tratamiento contra la diabetes.

insulso, -sa adj. **1** [alimento] Que tiene poco o ningún sabor. SIN insípido, insustancial. **2** Que no tiene gracia o interés: *esta película me resulta insulsa.* SIN insípido, soso.
DER insulsez.

insultante adj. Que constituye un insulto o una ofensa o se interpreta como tal: *me parece insultante que después de tantos años me traten así.*

insultar v. tr. Ofender a alguien con palabras o acciones que hieren sus sentimientos o su dignidad: *no me insultes y trátame con respeto.*
DER insultante, insulto.

insulto n. m. **1** Palabra o expresión que se emplea para insultar. **2** Acción que ofende o humilla a alguien: *no dudes de su capacidad porque se lo tomará como un insulto.*

insumisión n. f. **1** Actitud de la persona o animal insumisos: *siempre manifestó insumisión ante los profesores.* ANT sumisión. **2** Negativa a hacer el servicio militar o el servicio social a que obligaban las leyes del Estado: *los pacifistas apoyaban la insumisión.*

insumiso, -sa adj. **1** Que no se deja someter o dominar por la fuerza de las circunstancias o por la autoridad de otros: *una tierra insumisa a la domesticada vegetación.* SIN rebelde. ANT sumiso. **2** Que implica o denota insumisión: *tiene una actitud insumisa y luchadora.* ◆ **3** adj./ n. m. [persona] Que se negaba a hacer el servicio militar o el servicio social a que obligaban las leyes del Estado: *un centenar de insumisos fueron detenidos.*
DER insumisión.

insuperable adj. **1** Que es insalvable o no se puede superar: *creo que nos encontramos ante una dificultad insuperable.* **2** Que es tan excelente o bueno que no cabe otro superior: *la eficacia de este detergente es insuperable.* SIN inmejorable.

insurgente adj. **1** Que se levanta o se subleva contra la autoridad: *movimiento insurgente.* SIN insurrecto. ◆ adj./ n. com. **2** [persona] Que se levanta o se subleva contra la autoridad: *hostilidades entre los insurgentes y las tropas gubernamentales.* SIN insurrecto.

insurrección n. f. Levantamiento o suble-

vación de una colectividad contra la autoridad: *los altos cargos consiguieron sofocar la insurrección.* **SIN** rebelión.
DER insurreccionar, insurrecto.

insustancial adj. **1** [alimento] Que está insípido o falto de sabor. **2** Que no tiene importancia o interés: *toda su obra me parece insustancial.* **ANT** sustancial.
OBS También se escribe *insubstancial.*

insustituible adj. Que es muy adecuado o bueno en su función y no se puede sustituir o es muy difícil sustituirlo: *se trata de una pieza insustituible.*
OBS También se escribe *insubstituible.*

intachable adj. Que es tan perfecto y sin tacha que no admite ni el más mínimo reproche: *conducta intachable.* **SIN** irreprochable.

intacto, -ta adj. **1** Que no se ha tocado: *nadie probó la tarta y quedó intacta.* **2** Que no ha sufrido alteración o daño. **3** Que no se ha tratado o estudiado: *es un campo de investigación que aún está intacto.*

intangible adj. **1** Que merece extraordinario respeto y no puede o no debe ser alterado o dañado: *la libertad de expresión es intangible.* **2** Que no tiene realidad física. **ANT** tangible.

integración n. f. **1** Acción de integrar: *promover la integración social.* **2** Efecto de integrar: *su integración en la familia fue positiva.*
DER integracionista.

integrador, -ra adj. Que integra o incorpora diferentes características o elementos poniéndolos al mismo nivel, de manera que forman parte de un todo: *sus orientaciones estéticas son integradoras de distintos estilos, desde el Renacimiento a las vanguardias.*

integral adj. **1** Que está completo o es global: *el pan integral es el que se hace sin quitar el salvado.* ◆ n. f. **2** MAT. Función que se obtiene por una operación a partir de la derivada. **3** MAT. Operación por la que se calcula el área de una función.

integrante adj. Que forma, junto con otros elementos, un conjunto: *los países integrantes de la Unión Europea.*

integrar v. tr. **1** Formar o componer un conjunto: *aún no sabemos qué jugadores integrarán el equipo.* **2** MAT. Determinar mediante cálculo una cantidad, conociendo solo la expresión derivada. ◆ v. tr./ prnl. **3** Incorporar a una persona a un todo y hacer que se adapte a él: *es muy tímido y le cuesta integrarse en clase.*
DER integración, integrante; reintegrar.

integridad n. f. **1** Estado de lo que está completo o tiene todas sus partes: *luchan por la integridad de sus territorios.* **2** Honradez y rectitud en la conducta.

integrismo n. m. Tendencia al mantenimiento estricto de una tradición, especialmente religiosa, y a su defensa frente a cualquier tipo de cambio o renovación: *el integrismo se opone a todo tipo de renovación.*
DER integrista.

integrista adj. **1** Del integrismo o relacionado con esta actitud: *movimiento integrista.* ◆ adj./ n. com. **2** [persona] Que es partidario o seguidor del integrismo: *líder integrista.*

íntegro, -gra adj. **1** Que está completo o tiene todas sus partes: *entrega el sueldo íntegro a sus padres.* **2** [persona] Que se comporta con honradez y rectitud.
DER integral, integrar, integridad, integrismo.

intelecto n. m. Facultad humana de aprender, comprender y razonar: *el intelecto distingue a las personas de los animales.* **SIN** entendimiento, inteligencia.
DER intelectivo, intelectual.

intelectual adj. **1** Del intelecto o relacionado con esta facultad humana: *debes practicar algún deporte y no limitarte a las actividades intelectuales.* ◆ adj./ n. com. **2** [persona] Que se dedica al estudio o al cultivo de las ciencias y las letras.
DER intelectualidad, intelectualismo, intelectualizar.

inteligencia n. f. **1** Facultad humana de aprender, comprender y razonar: *es una mujer de inteligencia privilegiada.* **SIN** entendimiento, intelecto, razón. **inteligencia artificial** Aplicación de los conocimientos sobre la inteligencia humana al desarrollo de sistemas informáticos que reproduzcan o aventajen su funcionamiento. **2** Habilidad, destreza: *desempeña sus funciones con gran inteligencia y acierto.* **3** Sustancia espiritual, en oposición a cuerpo: *algunos creen que una inteligencia superior rige el universo.* **4** Organización que se encarga del espionaje y el contraespionaje de un estado o nación: *pertenece al servicio de inteligencia.*
DER inteligente, inteligible; intelecto.

inteligente adj. **1** Que está dotado de inteligencia. **2** [cosa] Que manifiesta inteligencia: *su actitud fue muy inteligente y consiguió lo que quería.* ◆ adj./ n. com. **3** [persona] Que tiene mucha inteligencia: *tú eres inteligente y te lo sabrás en seguida.*

inteligible adj. Que se puede comprender o entender: *un escrito inteligible; una explicación inteligible.* ANT ininteligible.

intemperie n. f. Ambiente atmosférico considerado como las variaciones e inclemencias del tiempo que afectan a los lugares o cosas no cubiertos o protegidos: *debes resguardar estas plantas de la intemperie.*

▶ **a la intemperie** Al aire libre, sin techo ni otra protección: *en el campamento, pasamos una noche a la intemperie.* SIN raso.

DER intemperante.

intención n. f. Determinación o voluntad de hacer cierta cosa: *tenía la intención de volver pronto.* SIN propósito.

▶ **segunda intención** Propósito que está oculto y no se nota a primera vista: *cuando digo que eres muy listo, no creas que lo digo con segunda intención.*

DER intencionado, intencional.

intencionado, -da adj. **1** Que ha sido hecho o dicho con cierta intención: *aunque no lo parezca, su acto ha sido bien intencionado.* NOTA Se usa con los adverbios *bien, mal, mejor* y *peor.* **2** Que ha sido hecho a propósito, de forma voluntaria: *la falta cometida por el defensa había sido intencionada.* SIN deliberado.

DER bienintencionado, malintencionado.

intencionalidad n. f. Premeditación o carácter intencionado o deliberado con los que se realiza una cosa.

intendencia n. f. **1** Control y administración de algún servicio o del abastecimiento de alguna colectividad: *fuimos encargados de la intendencia y tuvimos que buscar todo el material necesario para el viaje.* **2** Cuerpo del ejército encargado de proporcionar y organizar todo lo que necesitan las fuerzas armadas o los campamentos para funcionar de forma adecuada. **3** Cargo de intendente. **4** Lugar de trabajo u oficina del intendente.

intendente n. m. **1** Jefe superior de los servicios de administración militar. **2** Jefe de algunos servicios económicos o de empresas dependientes del estado.

DER intendencia; superintendente.

intensidad n. f. **1** Grado de fuerza o de energía con que se manifiesta un fenómeno o se realiza una acción: *está lloviendo con gran intensidad.* **2** Fuerza o vehemencia con que se manifiestan los sentimientos. **3** Cualidad de un sonido que condiciona su audición y que depende del grado de amplitud de sus ondas: *la intensidad de los sonidos vocales depende de la fuerza espiratoria con que se pronuncian.* **4** Cantidad de electricidad que pasa por un conductor en una unidad de tiempo: *la intensidad se mide en amperios por segundo.*

intensificar v. tr. Aumentar la intensidad: *la polución se ha intensificado alarmantemente en los núcleos urbanos.*

OBS En su conjugación, la *c* se convierte en *qu* delante de *e.*

DER intensificación.

intensivo, -va adj. Que se hace de forma intensa y en un espacio de tiempo inferior a lo normal: *hizo un curso intensivo de inglés durante las vacaciones.*

▶ **jornada intensiva** Período de trabajo diario que se lleva a cabo sin interrupción ni descanso prolongado para comer. SIN jornada continua.

intenso, -sa adj. **1** Que se manifiesta o se realiza con mucha fuerza o energía. **2** [sentimiento] Que es muy fuerte o vivo: *siente un intenso amor por su pareja.*

DER intensidad, intensificar, intensivo.

intentar v. tr. Hacer el esfuerzo o las acciones necesarias para realizar una cosa, aunque no se tenga la certeza de conseguirlo: *alguien ha intentado robarme el coche.* SIN pretender, procurar.

intento n. m. **1** Propósito o voluntad de hacer algo, aunque no se tenga la certeza de conseguirlo: *está acusado de intento de asesinato.* **2** Acción de intentar una cosa: *lo consiguió al segundo intento.*

DER intentar, intentona.

inter- Prefijo que entra en la formación de palabras con el significado de 'entre', 'en medio': *intercutáneo, interponer, intercambio.*

interacción n. f. Acción, relación o influencia recíproca entre dos o más personas o cosas: *la interacción entre algunos medicamentos es perjudicial para la salud.*

interactivo, -va adj. **1** Que procede por interacción: *aprendizaje interactivo.* **2** INFORM [sistema, programa] Que permite una interacción, a modo de diálogo, entre la máquina y el usuario: *juego interactivo.*

intercalar v. tr. Colocar una cosa entre otras.

DER intercalado.

intercambiar v. tr./ prnl. Cambiar una cosa entre sí dos o más personas o grupos: *durante la reunión intercambiaron opiniones.*

OBS En su conjugación, la *i* es átona, como en *cambiar*. En la forma pronominal tiene valor recíproco.

intercambio n. m. Cambio mutuo o recíproco, especialmente el de actividades o servicios entre organismos, entidades o países: *un intercambio de ideas.*

interceder v. intr. Hablar ante alguien en favor de otra persona para conseguirle un bien o librarla de un mal: *intercedió por su hermano ante el juez.* SIN mediar.

interceptar v. tr. **1** Detener o apoderarse de una cosa antes de que llegue a su destino: *interceptar un mensaje.* **2** Obstruir, dificultar o interrumpir el paso en una vía de comunicación: *un camión averiado interceptó el carril derecho.* **3** MAT. Cortar una línea o superficie a otra línea o superficie.

intercesión n. f. Intervención en favor de alguien: *fue perdonado gracias a su intercesión.*
DER intercesor.

intercontinental adj. Que está situado, ocurre o se realiza entre dos o más continentes: *una ruta intercontinental.*

intercultural adj. Que afecta o se refiere a dos o más culturas.

interdental adj./ n. f. **1** GRAM. [sonido] Que se articula poniendo la punta de la lengua entre los dientes incisivos superiores y los inferiores: *el sonido de las dos «c» en «cenicero» es interdental.* **2** GRAM. [letra] Que representa este sonido: *la letra z es interdental en español.*

interdependencia n. f. Relación de dependencia recíproca entre dos o más personas o cosas: *interdependencia económica.*

interés n. m. **1** Provecho o bien buscado: *mamá debe cambiar por su propio interés.* ANT desinterés. **2** Valor o utilidad que en sí tiene una cosa: *es un monumento de gran interés.* **3** Atracción o inclinación hacia algo: *pusimos un interés especial en este trabajo.* **4** Cantidad que cada cierto tiempo da el banco por tener el dinero depositado en él: *en una cuenta a plazo fijo obtendrás un mayor interés.* **5** Cantidad que se ha de pagar, generalmente al banco, por el uso de un dinero recibido en calidad de préstamo. ◆ n. m. pl. **6** intereses Bienes y propiedades que se poseen: *tiene intereses en una empresa de servicios.* **7** Conveniencias o necesidades de una persona o de un colectivo.
DER interesar; desinterés.

interesado, -da adj./ n. m. y f. **1** Que tiene interés en una cosa: *gracias, pero no estoy interesado en comprarlo.* **2** Que se deja llevar por el interés propio o que solo se mueve por él: *es un interesado.*

interesante adj. Que interesa o que es digno de interés: *un tema interesante.*

interesar v. tr. **1** Atraer, gustar o producir interés: *este artículo me interesa.* **2** Despertar en alguien el interés por una cosa: *me gustaría interesar a mis hijos en el mundo de los animales.* **3** Ser útil o bueno: *te interesa llevarte bien con tus compañeros.* ◆ v. prnl. **4** interesarse Manifestar interés o inclinación: *llamó para interesarse por el estado del paciente.*
DER interesado, interesante.

interestelar adj. Que está situado entre las estrellas: *espacio interestelar.*

interfaz n. f. INFORM Dispositivo capaz de transformar las señales generadas por un aparato en señales comprensibles por otro: *interfaz de alta velocidad.*
OBS Puede encontrarse la grafía inglesa *interface.*

interferencia n. f. **1** Alteración o perturbación del desarrollo normal de una cosa mediante la interposición de otra que puede llegar a resultar un obstáculo: *se sintió feliz hasta la interferencia brusca de una mano que le tiró de la manga.* **2** Señal que altera la recepción de otra: *la señal llega sin apenas interferencias.*

interferir v. tr. **1** Cruzar o interponer una cosa o una acción en el desarrollo normal de otra: *es mejor que no te interfieras en nuestros asuntos.* ◆ v. tr./ intr. **2** Causar interferencias o perturbaciones en la recepción de una señal.
OBS En su conjugación, la *e* se convierte en *ie* en sílaba acentuada o en *i* en algunos tiempos y personas, como en *hervir.*
DER interferencia.

interfijo adj./ n. m. GRAM. Afijo introducido en el interior de una palabra o de su lexema o raíz. SIN infijo.

intergaláctico, -ca adj. **1** [zona espacial] Que se encuentra entre galaxias: *el medio intergaláctico es poco conocido.* **2** De esa zona o que está relacionado con ella: *las observaciones por satélites indican la presencia de gas intergaláctico.*

interino, -na adj./ n. m. y f. [persona] Que desempeña una función o trabajo por cierto tiempo en sustitución de una persona: *un profesor interino me sustituirá durante el permiso por maternidad.*
DER interinidad.

interior adj. **1** Que está o queda dentro: *una prenda interior.* **2** Del país al que pertenece o que tiene relación con él: *es un asunto de política interior.* **3** Que pertenece a los pensamientos o sentimientos íntimos de una persona: *nunca cuenta nada de su vida interior.* ◆ adj./ n. m. **4** [vivienda, habitación] Que sus ventanas no dan a la calle, sino a un patio o a la parte trasera: *las habitaciones de mi casa son interiores.* ◆ n. m. **5** Parte de dentro de una cosa: *solo se come el interior de la fruta.* **6** Parte de un país situada en el centro y que se opone a la zona costera o fronteriza. **7** Conjunto de pensamientos y de sentimientos íntimos de alguien: *al ver tu vestido sintió cierta envidia en su interior.* **8** Jugador de la línea delantera de un equipo de fútbol y de otros deportes que se coloca entre el delantero centro y el extremo. ◆ n. m. pl. **9** **interiores** Parte de una película que se rueda dentro de un estudio o edificio: *los interiores los filmaron en Londres y los exteriores en Castilla.*
DER interioridad, interiorismo, interiorizar.

interioridad n. f. **1** Cualidad de interior: *la interioridad de la casa.* ◆ n. f. pl. **2** **interioridades** Asuntos privados, generalmente secretos, de las personas, familias o grupos: *es un gran amigo al que puedo contar mis interioridades.*

interiorista adj./ n. com. [persona] Que se dedica al interiorismo: *arquitecto interiorista.* SIN decorador.

interiorización n. f. Acción o proceso de interiorizar algo.

interiorizar v. tr. Hacer propio o asentar de manera profunda e íntima en la mente, especialmente un pensamiento o un sentimiento.
OBS En su conjugación, la *z* se convierte en *c* delante de *e*.

interjección n. f. Palabra o expresión que, pronunciada en tono exclamativo, expresa por sí sola un estado de ánimo o capta la atención del oyente: *al decir «¡viva!», «¡olé!» o «¡ay!» estamos empleando interjecciones.*
OBS Las interjecciones se escriben entre signos de admiración o exclamación.
DER interjectivo.

interjectivo, -va adj. **1** De la interjección o relacionado con ella: *es muy teatral y suele dar a sus frases una entonación interjectiva para llamar la atención.* **2** [expresión] Que tiene carácter de interjección: *¡Ay qué dolor! es una locución interjectiva.*

interlineado n. m. **1** Escritura que se hace entre dos líneas o renglones. **2** Conjunto de los espacios blancos que hay entre las líneas de un texto.
DER interlineal.

interlocutor, -ra n. m. y f. Persona que toma parte en una conversación: *debes escuchar a tus interlocutores.*
DER interlocución.

intermediario, -ria adj./ n. m. y f. **1** [persona] Que media entre dos o más partes para comerciar con mercancías que no ha producido. **2** [persona] Que media entre dos o más partes para que lleguen a un acuerdo en un negocio o problema: *hizo de intermediario y negoció una solución del conflicto.* SIN mediador.

intermedio, -dia adj. **1** Que está entre dos o más puntos, en el espacio o en el tiempo: *quedaremos en un lugar intermedio entre tu casa y la mía.* **2** Que está entre los extremos de una escala: *el gris es un tono intermedio entre el blanco y el negro.* ◆ n. m. **3** Período de tiempo que hay entre dos acciones o dos momentos: *a media mañana hicimos un intermedio para tomar un bocadillo.* **4** Período de tiempo durante el que se interrumpe un espectáculo o una competición deportiva. SIN descanso.
DER intermediar.

interminable adj. Que no se puede acabar o que así lo parece: *vivía tan lejos que el viaje fue interminable.*

intermitente adj. **1** Que se interrumpe y prosigue cada cierto tiempo: *llevamos toda la semana con lluvias intermitentes.* ◆ n. m. **2** Luz lateral de un vehículo que se enciende y apaga con periodicidad constante y frecuente para señalar un cambio de dirección o una avería. **3** Dispositivo que enciende y apaga con periodicidad constante y frecuente una o varias luces.
DER intermitencia.

internacional adj. **1** De dos o más naciones o que tiene relación con ellas. ◆ adj./ n. com. **2** [deportista] Que toma parte en competiciones en las que participan varias naciones: *los deportistas internacionales se cotizan más que los demás.*
DER internacionalizar.

internacionalizar v. tr. Convertir en internacional algo que es de una sola nación o estado: *internacionalizar un conflicto.*
OBS En su conjugación, la *z* se convierte en *c* delante de *e*.

internado n. m. **1** Conjunto de estudiantes internos de un centro educativo: *el internado quiere organizar una fiesta para celebrar el fin de curso.* **2** Estado y régimen del estudiante interno en un centro educativo o de la persona interna en un centro sanitario o benéfico: *en sus años de internado echaba de menos a su familia.* **3** Edificio en el que viven los estudiantes internos de un centro educativo u otras personas internas.

internar v. tr. **1** Meter o dejar a una persona en un lugar, especialmente en una institución, para que permanezca en ella o para someterla a un tratamiento: *la familia ha internado al abuelo en una residencia de ancianos.* ◆ v. tr./ prnl. **2** Trasladar o llevar al interior de un lugar: *se internaron en el bosque y se perdieron.* ◆ v. prnl. **3** internarse Profundizar en una materia o introducirse en la intimidad de una persona: *decidimos internarnos en aquella rama de la medicina.*
DER internado, internamiento.

internet n. amb. Red mundial de comunicación compuesta por miles de redes telefónicas e informáticas que se encuentran conectadas entre sí para transmitir información: *le gusta navegar por internet.*
OBS Es frecuente que se comporte como nombre propio, en cuyo caso se escribe con mayúscula y no lleva artículo.
DER internauta.

interno, -na adj. **1** Que está o queda dentro: *alguna pieza del mecanismo interno del reloj está estropeada.* **ANT** externo. **2** Del interior o que tiene relación con él: *medicina interna.* **3** Del país al que pertenece o que tiene relación con él: *la política interna le preocupa mucho menos que los asuntos exteriores.* ◆ adj./ n. m. y f. **4** [persona] Que vive en el mismo lugar en el que trabaja o estudia: *los internos del colegio superior solo vuelven a casa en vacaciones.* **ANT** externo. **5** [médico] Que realiza su especialización o sus prácticas en un hospital o en una cátedra: *el interno observó con atención la intervención del cirujano.* ◆ n. m. y f. **6** Persona que cumple condena en un establecimiento penitenciario.
DER internar, internista.

interpelar v. tr. **1** Exigir explicaciones sobre un asunto, especialmente si se hace con autoridad o con derecho: *el fiscal interpeló al testigo.* **2** Plantear un diputado o un senador al gobierno o a la mesa una discusión ajena a los proyectos de ley y a las proposiciones: *el Gobierno fue interpelado con dureza por la oposición.*
DER interpelación.

interplanetario, -ria adj. **1** [zona espacial] Que se encuentra entre dos o más planetas: *estas partículas de polvo pueblan el espacio interplanetario desde la formación de la nebulosa que generó el sistema solar.* **2** De esa zona o relacionado con ella: *fuerza interplanetaria.* **3** [vehículo] Que está preparado para viajar por el espacio: *nave interplanetaria; cohete interplanetario.*

interpolar v. tr. **1** Poner o colocar una cosa entre otras: *en medio del libro podemos interpolar algunas láminas.* **2** Introducir palabras o fragmentos en un texto ya terminado: *desconocemos quién interpoló este poema en el manuscrito.*
DER interpolación.

interponer v. tr./ prnl. **1** Poner entre dos cosas o entre dos personas o grupos: *el árbitro se interpuso entre los dos boxeadores.* ◆ v. tr. **2** DER. Formalizar un recurso mediante un escrito que se presenta ante el juez: *interponer una demanda de divorcio.*
OBS Se conjuga como *poner.*
DER interposición, interpuesto.

interposición n. f. **1** Colocación de una cosa o de una persona en medio de otras dos. **2** DER. Formalización de un recurso mediante un escrito que se presenta ante el juez.

interpretación n. f. **1** Explicación del significado de algo: *la discusión se basa en una interpretación diferente de la misma ley.* **2** Representación de un papel o de un texto dramático: *su interpretación de Hamlet es una de las mejores que he visto.* **SIN** actuación. **3** Ejecución de una pieza musical o de un baile: *la soprano realizó una magnífica interpretación.* **SIN** actuación.

interpretar v. tr. **1** Explicar el significado de algo, especialmente un texto que está poco claro: *los juristas interpretan las leyes.* **2** Dar a una cosa un significado determinado: *no quiero que interpretes mal mis palabras.* **3** Representar un papel o un texto dramático: *no todos los actores se atreven a interpretar a Macbeth.* **4** Ejecutar una pieza musical o un baile.
DER interpretación, interpretativo; malinterpretar.

intérprete n. com. **1** Persona que se dedica a traducir la conversación entre personas de lenguas diferentes: *en la ONU hay muchos in-*

térpretes. **2** Persona que se dedica a interpretar papeles o textos dramáticos: *los intérpretes actuaban muy mal.* **3** Persona que se dedica a interpretar piezas musicales o de baile: *además de intérprete, es autor de sus propias canciones.*
DER interpretar.

interrelación n. f. Relación entre personas, animales o cosas que se influyen mutuamente: *los sociólogos han puesto de relieve la interrelación entre religión y sociedad.*
DER interrelacionar.

interrelacionar v. tr./ prnl. Establecer una persona, animal o cosa una relación con otra u otras de manera que se influyan mutuamente: *la película pretende mostrar cómo se interrelacionan la realidad y la fantasía.*

interrogación n. f. **1** Pregunta que se hace para conocer una información. **2** Signo de ortografía que se pone al principio y al final de un enunciado interrogativo: *la interrogación se representa con los signos ¿?* SIN interrogante.

interrogante n. amb. **1** Pregunta que se hace para conocer una información: *le planteó una interrogante difícil y el pobre hombre no supo contestar.* NOTA Se usa con los artículos *el* o *la*, aunque la Real Academia Española prefiere *la interrogante.* **2** Cuestión que se desconoce o que sigue produciendo dudas: *la energía nuclear sigue planteando numerosas interrogantes.* NOTA Se usa con los artículos *el* o *la*, aunque la Real Academia Española prefiere *la interrogante.* ◆ n. m. **3** Signo de ortografía que se pone al principio y al final de un enunciado interrogativo. SIN interrogación.

interrogar v. tr. Hacer muchas preguntas para aclarar un hecho o sus circunstancias: *la policía interrogó al detenido sobre los hechos.*
OBS En su conjugación, la *g* se convierte en *gu* delante de *e*.
DER interrogación, interrogante, interrogativo, interrogatorio.

interrogativo, -va adj. Que indica o expresa una pregunta: *«¿quién ha venido?» es una oración interrogativa.*

interrogatorio n. m. Serie de preguntas que la policía o un juez hace a una persona para aclarar un hecho o sus circunstancias: *sala de interrogatorios.*

interrumpir v. tr. **1** Hacer que una cosa no pueda continuar: *tuvo que interrumpir sus vacaciones por una urgencia familiar.* **2** Cortar una conversación porque se habla mientras otra persona está hablando: *es de mala educación interrumpir a quien está hablando.*
DER interrupción, interruptor; ininterrumpido.

interrupción n. f. Detenimiento de una cosa que se está realizando.

interruptor n. m. Mecanismo que sirve para abrir o cerrar el paso de corriente eléctrica en un circuito: *pulsó el interruptor y apagó la luz.*
SIN conmutador.

intersección n. f. Encuentro de dos líneas, dos superficies o dos sólidos que se cortan: *la intersección de dos líneas es un punto.*

intersticio n. m. Espacio pequeño entre dos cuerpos o dos partes de un mismo cuerpo.

intervalo n. m. **1** Espacio o distancia que hay entre dos momentos o entre dos puntos: *nos vemos a intervalos regulares: generalmente, una vez al mes.* **2** Conjunto de valores entre dos límites determinados. **3** MÚS. Distancia de tono que existe entre dos notas de la escala natural: *entre la nota do y la nota re hay un intervalo de un tono.*

intervención n. f. **1** Participación en un asunto o situación: *gracias a su intervención hemos conseguido el crédito.* **2** Operación quirúrgica: *la intervención ha sido un éxito.* **3** Control que una autoridad ejerce sobre la comunicación privada de alguien: *la policía ha solicitado al juez la intervención del teléfono del sospechoso.* **4** Apropiación por parte de una autoridad de una mercancía ilegal.
DER intervencionismo.

intervencionismo n. m. **1** Tendencia política que defiende la intervención de un país en los conflictos o problemas que afectan a países terceros. **2** Doctrina económica que defiende la intervención del Estado en los asuntos económicos y sociales.
DER intervencionista.

intervencionista adj. **1** Del intervencionismo o que tiene relación con él: *política intervencionista.* ◆ adj./ n. com. **2** [persona] Que es partidario del intervencionismo.

intervenir v. intr. **1** Tomar parte en un asunto o situación: *en una película interviene mucha gente.* ◆ v. tr. **2** MED. Operar quirúrgicamente. **3** Controlar una autoridad la comunicación privada de alguien: *intervenir el teléfono de una persona.* **4** Apoderarse una autoridad de una mercancía ilegal: *la policía ha intervenido un cargamento de cocaína.*
OBS Se conjuga como *venir.*
DER intervención, interventor.

interviniente adj./ n. com. [persona] Que interviene en una discusión, debate, etc.: *entre los intervinientes en el recital poético de aquella noche de 1927 estaban Jorge Guillén, Federico García Lorca, Rafael Alberti, Dámaso Alonso y Gerardo Diego.*

intervocálico, -ca adj. [consonante] Que se halla entre vocales.

intestinal adj. Del intestino o que tiene relación con este conducto: *la flora intestinal.*
DER gastrointestinal.

intestino, -na adj. **1** [oposición, lucha] Que está o se produce en el interior: *las luchas intestinas por el poder desmembraron el partido.* ◆ n. m. **2** Conducto membranoso que forma parte del aparato digestivo y que va del estómago hasta el ano. NOTA Se usa también el plural *intestinos* para referirse al singular.
▶ intestino delgado Parte menos ancha y más larga de este conducto que comienza en el estómago y acaba en el intestino grueso. intestino grueso Parte más ancha y menos larga de este conducto que comienza en el intestino delgado y termina en el ano.
DER intestinal.

intimar v. intr. Establecer una amistad íntima: *desde que trabajan juntos en el proyecto han intimado mucho.*

intimidad n. f. **1** Amistad muy estrecha o íntima: *se tratan con gran intimidad.* **2** Parcela privada de la vida de una persona: *algunos periodistas no respetan la intimidad de los famosos.* **3** Carácter privado o reservado: *celebramos la boda en la intimidad.* ◆ n. f. pl. **4** intimidades Asuntos o sentimientos de la vida privada de una persona: *yo solo cuento mis intimidades a mis amigos.* **5** Órganos sexuales externos de una persona.
DER intimidación.

intimidar v. tr./ intr. Causar miedo: *un perro grande que ladra y enseña los dientes nos intimida.* SIN asustar, atemorizar.

intimismo n. m. Tendencia artística en la que se da mucha importancia a los temas privados y personales.
DER intimista.

intimista adj. Que expresa sentimientos íntimos o representa temas de la vida familiar: *es una novela intimista en la que el autor expresa sus sentimientos e inquietudes.*

íntimo, -ma adj. **1** Que es privado, reservado o profundo: *la atmósfera de este restaurante es muy íntima y adecuada para una cena romántica.* ◆ adj./ n. m. y f. **2** [amigo] Que es de mucha confianza: *a la boda solo asistieron los íntimos.*
DER íntimamente, intimar, intimidad, intimidar, intimismo.

intocable adj. **1** Que no puede ser tocado: *las estrellas son intocables.* SIN intangible. ANT tangible, tocable. **2** Que merece extraordinario respeto y no puede o no debe ser alterado o dañado: *sus principios morales son intocables.* SIN intangible. ◆ adj./ n. com. **3** [persona] Que pertenece a la casta inferior en la India: *los intocables son los más marginados.*

intolerable adj. Que no se puede o no se debe admitir o tolerar: *las imprudencias de algunos conductores son intolerables.*

intolerancia n. f. **1** Incapacidad de aceptar las opiniones o ideas de los demás que no coinciden con las propias: *muchas comunidades han sufrido la intolerancia religiosa y racial.* ANT tolerancia. **2** Incapacidad para tolerar o resistir, especialmente alimentos o medicamentos: *la intolerancia a la penicilina.* ANT tolerancia.

intolerante adj./ n. com. Que es incapaz de aceptar las opiniones o ideas de los demás si no coinciden con las propias. ANT tolerante.
DER intolerable, intolerancia.

intoxicación n. f. Enfermedad causada por un veneno o por una sustancia tóxica o en mal estado.

intoxicar v. tr. **1** Causar daño en el organismo con un veneno o con una sustancia tóxica o en mal estado: *la mayonesa intoxicó a veinte personas.* **2** Dar una información manipulada o falsa para crear un estado de opinión propicio para un fin: *publicaron la noticia para intoxicar a la opinión pública.*
OBS En su conjugación, la *c* se convierte en *qu* delante de *e*.
DER intoxicación.

intra- Prefijo que entra en la formación de palabras con el significado de 'dentro de', 'en el interior': *intramuscular.*

intrahistoria n. f. Vida tradicional del pueblo que subyace a la historia cambiante y visible: *a los autores del 98 les atrajo lo que Unamuno llamó la intrahistoria, es decir, la vida de los hombres que, con su labor diaria, han hecho la historia más profunda.*
DER intrahistórico.

intranet n. m. Red informática de una organización, que tiene carácter interno y está cerrada al acceso público desde el exterior: *algunas empresas tienen intranet para que los empleados dispongan de una instalación compartida de todos los programas.*

intranquilidad n. f. Estado de agitación, preocupación o nervios: *ha vivido siempre con mucha intranquilidad.*

intranquilizar v. tr. **1** Quitar la tranquilidad a alguien o hacer que se ponga nervioso: *la situación económica lo intranquilizó mucho.* ANT tranquilizar. ◆ v. prnl. **2 intranquilizarse** Pasar a tener intranquilidad: *te intranquilizas más de lo debido por tu economía.* ANT tranquilizarse.
OBS En su conjugación, la *z* se convierte en *c* delante de *e*.

intransigencia n. f. Incapacidad para cambiar las opiniones o ideas o para ser persuadido de algo: *se achaca la ruptura de las negociaciones a la intransigencia de las partes en conflicto.*
DER intransigente.

intransigente adj./ n. com. Que es incapaz de cambiar sus opiniones o ideas o de ser persuadido de algo.

intransitivo, -va adj. GRAM. [oración, verbo] Que se construye sin objeto directo: *el verbo «crecer» es intransitivo.* ANT transitivo.

intrascendente adj. Que es trivial o carece de importancia: *no vamos a discutir por cosas intrascendentes.*
DER intrascendencia.

intratable adj. **1** Que no puede ser tratado o es muy difícil de tratar: *un asunto intratable.* ANT tratable. **2** [persona] Que es poco sociable o difícil de tratar: *hoy estás intratable, ¿por qué tienes tan mal humor?* ANT tratable.

intravenoso, -sa adj. Que está o se pone en el interior de una vena: *vía intravenosa; inyección intravenosa.*

intrepidez n. f. Valor o determinación de la persona que no teme el peligro: *la intrepidez le ayudó a superar los obstáculos y llegar a la cima.* SIN arrojo.

intrépido, -da adj. Que es valiente, decidido y no teme el peligro. SIN arrojado.
DER intrepidez.

intriga n. f. **1** Acción o plan, generalmente malintencionado, preparado en secreto y con astucia para conseguir un fin: *con sus intrigas y enredos consiguió ser nombrado para el cargo.* SIN trama. **2** Sentimiento o sensación de intranquilidad que produce la espera o el interés por conocer una cosa: *es una película de intriga: el asesino no se descubre hasta el final.* SIN suspense.

intrigante adj. **1** Que provoca intriga o curiosidad: *siempre muestra una sonrisa intrigante.* ◆ adj./ n. com. **2** [persona] Que intriga o que participa en una intriga: *si no fuera tan intrigante, confiaría más en él.*

intrigar v. intr. **1** Actuar con astucia y en secreto para conseguir un fin. SIN maquinar, tramar. ◆ v. tr. **2** Excitar la curiosidad o el interés de alguien: *con tantos misterios has conseguido intrigarme.*

intrincado, -da adj. [asunto] Que es complicado o confuso: *este asunto tan intrincado es muy difícil de resolver.*

intrincar v. tr. Complicar y dificultar la solución o la comprensión de un asunto.
OBS En su conjugación, la *c* se convierte en *qu* delante de *e*.
DER intrincado.

intrínseco, -ca adj. Que es propio o característico de una cosa por sí misma y no por causas exteriores: *la blancura es una característica intrínseca de la nieve.* ANT extrínseco.

introducción n. f. **1** Colocación en el interior de algo: *la policía vigila la introducción de droga en el país.* **2** Aparición de algo que no había o de algo nuevo: *la introducción de un nuevo producto en el mercado.* **3** Todo aquello que se hace, se escribe o se dice al comienzo de un escrito, un discurso o una obra narrativa o musical: *la sinfonía tiene una introducción un poco larga.* **4** Preparación para un estudio: *introducción a la astronomía.*

introducir v. tr. **1** Hacer que una persona o cosa entre dentro de un lugar: *se introdujeron en el coche.* **2** Hacer que una persona entre a formar parte de una sociedad o comunidad: *lo introdujo en la alta sociedad.* **3** Poner en uso algo nuevo o que no se conocía: *introdujeron un nuevo sistema de trabajo.*
OBS En su conjugación, la *c* se convierte en *zc* delante de *a* y *o* y el pretérito perfecto simple es irregular, como en *conducir*. Es incorrecta la forma **introduciste* por *introdujiste*.
DER introducción, introductor.

introductor, -ra adj./ n. m. y f. Que introduce: *este diseñador fue el introductor del estilo italiano en la moda española.*
DER introductorio.

introductorio, -ria adj. Que sirve como introducción: *curso introductorio.*

intromisión n. f. Intervención de una persona en asuntos ajenos o en cuestiones que no son de su incumbencia. SIN injerencia.

introspección n. f. Observación y examen que una persona hace de sus propias ideas, pensamientos y sentimientos: *período de introspección.*
DER introspectivo.

introversión n. f. Actitud o forma de ser de la persona introvertida.

introvertido, -da adj. [persona] Que tiende a encerrarse en sí mismo y tiene dificultades para expresar su mundo interior: *las personas introvertidas suelen ser muy tímidas.* SIN cerrado. ANT extrovertido.

intrusión n. f. Intervención en un asunto sin tener derecho o autorización para ello: *esta famosa cantante no permite ninguna intrusión en su vida privada.*

intruso, -sa adj./ n. m. y f. [persona] Que se ha introducido en un lugar sin derecho o autorización: *hay intrusos en el castillo.*

intuición n. f. **1** Habilidad para comprender algo rápidamente sin pensar sobre ello o estudiarlo. **2** Conocimiento inmediato de una realidad o una idea sin la intervención del pensamiento o la razón: *tuve la intuición de que estabas metido en problemas.*

intuir v. tr. Conocer o comprender de manera inmediata una realidad o una idea sin la intervención del pensamiento o la razón: *no me has dicho nada, pero intuyo que estás preocupado por algo.*
OBS En su conjugación, la *i* se convierte en *y* delante de *a, e* y *o,* como en *huir.*
DER intuición, intuitivo.

intuitivo, -va adj. **1** De la intuición o relacionado con ella: *tiene un conocimiento intuitivo.* **2** [persona] Que usa más la intuición que el razonamiento: *es muy intuitiva y se guía por sus primeras impresiones.*

inundación n. f. **1** Cubrimiento de un lugar con agua: *las lluvias torrenciales producen graves inundaciones.* **2** Abundancia excesiva de algo: *hemos recibido una inundación de felicitaciones.*

inundar v. tr. **1** Cubrir el agua un lugar: *durante las últimas lluvias se nos inundó el garaje.* SIN anegar. **2** Llenar un lugar: *los turistas inundan en verano las costas españolas.*

inusitado, -da adj. Que es muy particular o poco frecuente: *me recibió con una frialdad inusitada, no suele tratarme así.* SIN inaudito, insólito, inusual.

inusual adj. Que no es usual: *es inusual que el teléfono de casa suene a medianoche.* SIN inaudito, insólito, inusitado.

inútil adj. **1** Que no sirve para nada: *es inútil que te enfades por haber perdido.* SIN inane. ANT útil. ◆ adj./ n. com. **2** [persona] Que hace mal una cosa que es fácil.
DER inutilidad, inutilizar, inútilmente.

inutilidad n. f. Cualidad de inútil: *se dio cuenta tarde de la inutilidad de su esfuerzo.* ANT utilidad.

inutilizar v. tr. Hacer que una cosa no se pueda utilizar para lo que estaba previsto: *la descarga eléctrica de la tormenta inutilizó el alumbrado de la ciudad.*
OBS En su conjugación, la *z* se convierte en *c* delante de *e.*
DER inutilizable.

invadir v. tr. **1** Entrar por la fuerza en un lugar para ocuparlo. **2** Llenar un lugar una cosa que resulta perjudicial o molesta: *una plaga de langostas invadió los campos.* **3** Introducirse sin derecho: *algunos periodistas son acusados de invadir la intimidad de los famosos.* **4** Apoderarse un estado de ánimo de una persona dominándola por completo: *los domingos me invade la tristeza.*
DER invasión, invasor.

invalidar v. tr. Quitar la validez o dejar sin efecto una cosa.

invalidez n. f. **1** Incapacidad permanente o temporal de una persona para andar, mover algún miembro del cuerpo o realizar determinadas actividades, debida a una discapacidad física o psíquica: *el anciano padecía invalidez.* **2** Circunstancia de no ser válida una cosa: *la invalidez de un documento legal.*

inválido, -da adj./ n. m. y f. **1** [persona] Que tiene una deficiencia física o psíquica que le impide realizar ciertas actividades: *cuidó de su madre inválida durante muchos años.* ◆ adj. **2** [argumento] Que no es correcto por no estar bien pensado o por no reunir las condiciones que exigen las leyes: *declararon el acuerdo inválido.*
DER invalidar, invalidez.

invariable adj. **1** Que no cambia o varía: *el menú es invariable, pero la comida está siempre buena.* **2** GRAM. [palabra] Que no tiene diferentes formas según el género, el número, el modo, el tiempo o la persona: *las preposiciones, los adverbios, las conjunciones y las interjecciones son invariables.*

invasión n. f. **1** Entrada en un lugar por la

fuerza para ocuparlo: *durante la Segunda Guerra Mundial, la invasión de Francia por los aliados se hizo a través de Normandía.* **2** Ocupación total de un lugar por algo que resulta perjudicial o molesto: *esta playa tan tranquila padece cada año la invasión de los turistas.*

invasor, -ra adj./ n. m. y f. Que invade: *especie invasora; los invasores asolaron la ciudad.*

invectiva n. f. Discurso o escrito crítico y violento contra personas o cosas: *los periódicos continúan lanzando invectivas contra el gobierno.*

invencible adj. Que no se puede vencer: *Felipe II creía que su armada era invencible.*

invención n. f. **1** Creación o diseño de una cosa nueva o que no se conocía. SIN invento. **2** Cosa inventada. SIN invento. **3** Creación de una historia o una excusa que no es verdadera para engañar a alguien: *su capacidad de invención es bien conocida.* **4** Hecho o dicho falso o que engaña: *mi viaje al extranjero fue una invención para estar a solas con mi familia.* SIN mentira.

inventar v. tr. **1** Crear o diseñar una cosa nueva o no conocida: *el automóvil se inventó en el siglo XIX.* ◆ v. tr./ prnl. **2** Crear una historia o una excusa que no es verdadera para engañar a alguien: *no tiene credibilidad porque siempre anda inventando historias.*
DER invención, inventario, invento, inventor.

inventario n. m. **1** Lista ordenada de los bienes y demás cosas que pertenecen a una persona, a una empresa o a una asociación: *algunas tiendas cuando hacen inventario tienen que cerrar durante varios días.* **2** Libro o documento en el que está escrita esta lista.

inventiva n. f. Capacidad y facilidad para inventar o crear. SIN creatividad.

invento n. m. **1** Creación o diseño de una cosa nueva o que no se conocía: *el invento del ordenador portátil tuvo una aceptación masiva e inmediata.* SIN invención. **2** Cosa inventada: *la máquina de vapor fue un revolucionario invento.* SIN invención.

inventor, -ra adj./ n. m. y f. Que inventa o se dedica a inventar: *Johannes Gutenberg fue el inventor de la imprenta.*

invernadero n. m. Lugar acondicionado para mantener una temperatura regular y en el que se cultivan plantas fuera de su ámbito natural.
▶ efecto invernadero Aumento de la cantidad de dióxido de carbono y otros gases en la atmósfera que se cree que es la causa del calentamiento gradual de la superficie de la Tierra.

invernal adj. Del invierno o que tiene relación con esta estación del año.

invernar v. intr. Pasar el invierno en cierto lugar: *al final del otoño, las aves llegan a la laguna a invernar.*
OBS En su conjugación, la *e* se convierte en *ie* en sílaba acentuada, como en *acertar.*

inverosímil adj. Que es muy difícil de creer y no parece verdadero: *tu historia es completamente inverosímil.* SIN increíble. ANT creíble, verosímil.

inversión n. f. **1** Cambio del orden, la dirección o la posición de algo por sus opuestos. **2** Empleo de una cantidad de dinero en una cosa para conseguir ganancias: *las inversiones más seguras son las de las empresas públicas.* **3** Empleo de tiempo o esfuerzo: *la preparación de los exámenes exige una gran inversión de tiempo y esfuerzo.*
DER inversionista, inversor.

inverso, -sa adj. Que es opuesto o contrario en el orden, la dirección o el sentido: *en una carretera, los coches que vienen de frente van en dirección inversa a la nuestra.*
▶ a la inversa De forma totalmente opuesta: *a la inversa de lo que acordamos, hoy no celebraremos la reunión.* SIN al contrario.

inversor, -ra adj./ n. m. y f. Que invierte una cantidad de dinero para conseguir ganancias: *busco un socio inversor para ampliar la empresa.*

invertebrado, -da adj. **1** [animal] Que no tiene columna vertebral: *los insectos son invertebrados.* ANT vertebrado. ◆ n. m. pl. **2** invertebrados Tipo de estos animales en la antigua clasificación zoológica.

invertido, -da adj./ n. m. y f. [persona] Que siente atracción sexual por individuos de su mismo sexo.
OBS Su uso tiene un matiz despectivo.

invertir v. tr. **1** Cambiar el orden, la dirección o la posición de algo por sus opuestos: *si quieres que funcione el reloj de arena, tienes que invertirlo.* **2** Emplear una cantidad de dinero en una cosa para conseguir ganancias: *es un buen momento para invertir en esta empresa.* SIN colocar. **3** Dedicar tiempo o esfuerzo.
OBS En su conjugación, la *e* se convierte en *ie* en sílaba acentuada o en *i* en algunos tiempos y personas, como en *hervir.*
DER inversión, invertido, inverso.

investidura n. f. Acto por el que se concede un cargo importante o un honor: *mañana es la ceremonia de investidura del nuevo presidente del gobierno.*

investigación n. f. Hecho de investigar: *tras una larga investigación, la policía dio con el culpable.*

investigador, -ra adj./ n. m. y f. [persona] Que investiga: *se celebra en Salamanca un congreso de jóvenes investigadores.*

investigar v. tr. **1** Tratar de llegar a saber o conocer una cosa examinando atentamente todos los detalles o preguntando: *un detective privado investiga la vida privada del empresario.* **SIN** indagar. **2** Estudiar y experimentar una materia o ciencia para aumentar los conocimientos sobre ella: *los científicos investigan los fenómenos naturales.*
OBS En su conjugación, la *g* se convierte en *gu* delante de *e*.
DER investigación, investigador.

investir v. tr. Dar un cargo importante o de honor.
OBS En su conjugación, la *e* se convierte en *i* en algunos tiempos y personas, como en *servir*.
DER investidura.

inviable adj. **1** Que no puede ocurrir o realizarse: *el proyecto has planteado es inviable.* **SIN** impracticable. **ANT** viable. **2** [camino] Que está en muy malas condiciones y no es posible andar, circular o practicar en él una actividad o trabajo: *la carretera que va a mi pueblo es inviable.* **SIN** impracticable. **ANT** viable.

invicto, -ta adj. Que no ha sido vencido: *el equipo permanece invicto después de siete jornadas de competición.*

invidente adj./ n. com. Que está privado de la vista: *ayudó a un invidente a cruzar la calle.* **SIN** ciego. **ANT** vidente.

invierno n. m. Estación del año comprendida entre el otoño y la primavera: *en el hemisferio norte, el invierno se sitúa aproximadamente entre el 21 de diciembre y el 21 de marzo.*
DER invernal, invernar.

inviolable adj. Que no se debe o no se puede violar, dañar o poner en duda: *cada persona tiene el derecho inviolable a ser protegido por un sistema legal.*
DER inviolabilidad.

invisible adj. Que no se puede ver: *no hay personas invisibles.* **ANT** visible.

invitación n. f. **1** Petición que se hace a una persona de que participe en un acontecimiento o una celebración: *estoy encantado de aceptar tu invitación.* **2** Pago de lo que otra persona consume: *no puedo aceptar otra vez tu invitación, hoy deja que pague yo.* **3** Incitación a hacer algo. **4** Tarjeta o carta con que se invita: *Pedro nos invitó a su boda la semana pasada, y hoy hemos recibido la invitación.*

invitado, -da n. m. y f. Persona que ha sido invitada: *en la boda había cien invitados.*

invitar v. tr. **1** Pedir a una persona que participe en un acontecimiento o una celebración: *te invito a comer en mi casa.* **SIN** convidar. **2** Pagar lo que otra persona consume: *me invitó a una copa.* **SIN** convidar. **3** Pedir a una persona que haga una cosa, especialmente cuando se pide con firmeza y educación: *el guía nos invitó cortésmente a guardar silencio.* ◆ v. intr. **4** Incitar, animar o convencer a una persona para que haga una cosa: *esta música invita a bailar.* **SIN** convidar, incitar, espolear.
DER invitación, invitado.

invocación n. f. Apelación que se hace a un poder superior, especialmente una ley o a una divinidad, como ayuda o defensa en una mala situación: *los hombres de esta tribu hacen invocaciones para pedir una buena cosecha.*

invocar v. tr. Apelar a un poder superior, especialmente una ley o a una divinidad, como ayuda o defensa en una mala situación: *esta danza sagrada se baila para invocar a los dioses.*
OBS En su conjugación, la *c* se convierte en *qu* delante de *e*.

involución n. f. Retroceso en la marcha o evolución de un proceso: *se produce una involución política cuando hay un golpe de Estado.* **ANT** evolución.
DER involucionar, involucionismo.

involucrar v. tr./ prnl. Hacer participar a alguien en un asunto comprometiéndole en él: *sin querer, me he involucrado en un negocio que no me gusta nada.*

involuntario, -ria adj. Que no se hace de manera voluntaria: *un golpe rápido en la rodilla causa un movimiento involuntario de la pierna.* **ANT** voluntario.

invulnerable adj. **1** Que no puede ser dañado o herido: *el búnker es invulnerable incluso a un ataque nuclear.* **ANT** vulnerable. **2** Que no resulta afectado por lo que se hace o dice contra él. **ANT** vulnerable.

inyección n. f. **1** Introducción a presión de una sustancia, especialmente un gas o un líquido, en el interior de un cuerpo: *algunos diabéticos necesitan inyecciones diarias de insulina.* **2** Sustancia que se inyecta: *el médico me ha recetado unas inyecciones para curar la gripe.* **3** Aportación que puede servir de estímulo: *una beca es una inyección para la debilitada economía de un alumno.*

inyectable adj./ n. m. [sustancia, medicamento] Que se introduce en el cuerpo por medio de una inyección: *recetó inyectables.*

inyectar v. tr. **1** Introducir un gas o un líquido a presión en el interior de un cuerpo: *el doctor le inyectó la anestesia antes de la intervención quirúrgica.* **2** Aportar algo que puede servir de estímulo: *si queremos que la empresa sobreviva, tendremos que inyectarle grandes cantidades de dinero.*
DER inyección, inyectable, inyector.

ion n. m. En la electrólisis, sustancia que aparece, cada una en un polo, como resultado de la descomposición del electrólito.
OBS El plural es *iones.*
DER ionizar.

ionizar v. tr./ prnl. QUÍM. Convertir los átomos de un compuesto en átomos cargados eléctricamente. **SIN** electrizar.
OBS En su conjugación, la *z* se convierte en *c* delante de *e.*
DER ionización.

ionosfera n. f. Capa de la atmósfera terrestre situada entre los 80 y los 600 kilómetros de altura, que se caracteriza por la abundancia de iones.

ipso facto Expresión latina que se usa para indicar que una cosa se hace inmediatamente, en seguida: *ve ipso facto a la nevera y tráeme hielo.*

ir v. intr./ prnl. **1** Dirigirse a un lugar o moverse de un sitio a otro: *fuimos a Zaragoza en tren.* ◆ v. intr. **2** Asistir a un lugar: *no puedo ir a la fiesta.* **3** Funcionar o marchar: *el ascensor no va.* **4** Actuar o desenvolverse: *¿cómo te va en el nuevo trabajo?* **5** Vestir, llevar puesto: *en el colegio siempre tengo que ir con falda.* **6** Convenir, combinar o armonizar: *el verde te va mucho, te sienta muy bien.* **7** Importar, gustar o concernir: *eso va por ti también.* **8** Existir diferencia entre dos términos que se comparan: *de 2 a 8 van cuatro.* **9** Extenderse desde un punto a otro: *el capítulo tercero va desde la página 90 hasta la 130.* ◆ v. prnl. **10 irse** Abandonar un lugar, marcharse: *no aguanto más en este trabajo, me voy.* **11** Desaparecer o borrarse: *al lavarlo, se me ha ido la mancha que tenía en el pantalón.* **12** Morirse: *pensé que me iba, pero conseguí superar el diagnóstico.* **13** Gastarse o consumirse: *el dinero se me va de las manos sin darme cuenta.*
▶ **a eso iba (o voy)** Expresión que se usa para indicar que se tiene intención de hablar de un tema: *¿y no me cuentas nada de lo que te han ofrecido? —A eso iba.* **el no va más** Lo mejor que puede existir: *se ha comprado un coche que es el no va más.* **estar ido** Haber perdido el juicio: *desde que sufrió el accidente está un poco ido.* **ir + gerundio** Indica que la acción que se expresa se está realizando: *el enfermo va mejorando.* **ir a + infinitivo** Indica intención de realizar la acción que se expresa o inicio de esta: *iba a decirte que sería mejor que no la llamaras.* **ir y + verbo** Indica que la acción que

ir

INDICATIVO	SUBJUNTIVO
presente	**presente**
voy	vaya
vas	vayas
va	vaya
vamos	vayamos
vais	vayáis
van	vayan
pretérito imperfecto	**pretérito imperfecto**
iba	fuera o fuese
ibas	fueras o fueses
iba	fuera o fuese
íbamos	fuéramos o fuésemos
ibais	fuerais o fueseis
iban	fueran o fuesen
pretérito perfecto simple	**futuro**
fui	fuere
fuiste	fueres
fue	fuere
fuimos	fuéremos
fuisteis	fuereis
fueron	fueren
futuro	IMPERATIVO
iré	ve (tú)
irás	vaya (usted)
irá	id (vosotros)
iremos	vayan (ustedes)
iréis	FORMAS NO PERSONALES
irán	**infinitivo** ir
condicional	**gerundio** yendo
iría	**participio** ido
irías	
iría	
iríamos	
iríais	
irían	

se expresa ocurre de pronto o no se espera: *como el niño lloraba sin parar, fue y le trajo unos caramelos.* **qué va** Expresión que se usa para negar: *¿vas a ir de vacaciones? —Qué va, no tengo dinero.*

OBS Es incorrecta la forma *ves* en lugar del imperativo *ve*.

DER ida, ido.

ira n. f. Enfado muy grande o violento: *no debes descargar tu ira con la familia.*

DER iracundia, irascible; airar.

iracundia n. f. **1** Propensión a la ira. **2** Enfado grande y violento. **SIN** indignación.

iracundo, -da adj./ n. m. y f. Que siente ira con facilidad o que está dominado por ella: *se puso iracundo cuando le dieron la noticia.*

iraní adj. **1** De Irán o que tiene relación con este país del sudoeste de Asia. ◆ adj./ n. com. **2** [persona] Que es de Irán.

OBS El plural es *iraníes* (culto) o *iranís* (popular).

iraquí adj. **1** De Irak o que tiene relación con este país del sudoeste de Asia. ◆ adj./ n. com. **2** [persona] Que es de Irak.

OBS El plural es *iraquíes* (culto) o *iraquís* (popular).

irascible adj. Que se enfada con facilidad: *a medida que se hace mayor se vuelve cada vez más irascible.*

iridio n. m. Elemento químico metálico, de color blanco grisáceo y de número atómico 77, que unido al platino sirve para fabricar la punta de las estilográficas y los instrumentos de cirugía: *el símbolo del iridio es Ir.*

iris n. m. Disco situado en la parte central del ojo que puede tener distintas coloraciones y en cuyo centro está la pupila.

DER irisar.

irlandés, -desa adj. **1** De Irlanda o que tiene relación con esta isla o país europeos del océano Atlántico. ◆ adj./ n. m. y f. **2** [persona] Que es natural de Irlanda. ◆ n. m. **3** Lengua céltica de Irlanda.

ironía n. f. **1** Modo de expresión o figura retórica que consiste en dar a entender lo contrario de lo que se dice. **2** Tono burlón que se utiliza en este modo de expresión: *me dijo con ironía que no esperaba menos de mí.* **3** Situación o hecho inesperado, opuesto o muy diferente al que se esperaba y que parece una broma pesada: *siempre dije que no trabajaría en su empresa y ahora tengo un cargo directivo: ironías del destino.*

DER irónico, ironizar.

irónico, -ca adj. Que muestra, expresa o implica ironía.

ironizar v. intr. Hablar con ironía sobre algo: *ironizó sobre ello.*

OBS En su conjugación, la *z* se convierte en *c* delante de *e*.

irracional adj. **1** Que no es racional o que no tiene capacidad de pensar o razonar. **2** Que es absurdo o que no tiene sentido: *que la gente se mate en una guerra es irracional.* **3** MAT. [número] Que no puede expresarse exactamente con un número entero o fraccionario: *la raíz cuadrada de 2 es un número irracional.*

DER irracionalidad, irracionalismo.

irradiación n. f. Emisión de radiaciones luminosas, térmicas, o de otro tipo: *irradiación masiva.* **SIN** radiación.

irradiar v. tr. **1** Despedir o emitir un cuerpo rayos de luz, calor u otro tipo de energía: *el sol irradia luz y calor.* **2** Someter un cuerpo a la acción de determinados rayos. **3** Transmitir una cosa o persona su influjo, cualidades o sentimientos: *es una chica que siempre irradia alegría.*

OBS En su conjugación, la *i* es átona, como en *cambiar*.

DER irradiación.

irreal adj. Que no es real. **ANT** real.

DER irrealidad.

irrealizable adj. Que no se puede hacer o realizar: *tu proyecto es irrealizable.*

irreconciliable adj. Que no puede existir acuerdo entre dos personas o dos ideas: *la pareja se ha divorciado porque sus posturas eran irreconciliables.*

irreconocible adj. Que está tan diferente a cómo se recordaba que casi no se puede reconocer.

irrecuperable adj. Que no se puede recuperar: *los datos del ordenador que se han perdido son irrecuperables.*

irreductible adj. Que no se puede reducir a cantidades más pequeñas o más simples.

irreemplazable o **iremplazable** adj. Que no puede ser reemplazado: *su falta es irreemplazable.* **ANT** reemplazable.

irreflexivo, -va adj. **1** Que se dice o hace sin reflexionar o sin pensar: *fue un acto irreflexivo.* ◆ adj./ n. m. y f. **2** [persona] Que no reflexiona y actúa sin juicio ni prudencia: *un muchacho irreflexivo.*

irrefrenable adj. Que no se puede refrenar, contener o reprimir: *la tragedia suele presentar* *en el escenario unos conflictos terribles suscitados por grandes pasiones (como la ambición, el amor irrefrenable, etc.).*

irrefutable adj. Que no se puede rechazar, negar o refutar: *el argumento irrefutable.*

irregular adj. **1** Que no es regular en su forma: *polígono regular.* ANT regular. **2** Que sufre irregularidades: *sufre de un pulso irregular, pero se medica para regularlo.* SIN anómalo, anormal. **3** Que no se ajusta a la ley, a las reglas o a lo que se espera normalmente: *está metido en algunos negocios bastante irregulares.* **4** GRAM. [palabra] Que tiene una forma que no sigue la regla general: *el verbo «ir» es un verbo irregular.*

irregularidad n. f. Cambio o falta respecto a lo que es normal, regular, natural o legal: *el inspector ha encontrado algunas irregularidades en las cuentas de la empresa.* SIN anomalía, anormalidad.

irrelevante adj. Que no es importante o que no merece ser tenido en cuenta: *estos documentos antiguos son irrelevantes para nuestra investigación.*

irremediable adj. Que no se puede remediar, corregir o solucionar: *los ciudadanos lamentan la pérdida irremediable de su presidente.*
OBS No se debe confundir con *irremisible.*

irremisible adj. Que no se puede o no se debe perdonar: *la pena que le impuso el juez es irremisible.* SIN imperdonable.
OBS No se debe confundir con *irremediable.*

irreparable adj. Que no se puede reparar o compensar: *si no se frena el vertido de crudo, los daños causados en la costa serán irreparables.*

irrepetible adj. Que no puede ser repetido: *la función que hemos disfrutado esta noche es irrepetible.*

irreprochable adj. Que no merece reproche porque no tiene ninguna falta ni defecto: *su conducta es irreprochable.*

irresistible adj. **1** Que no se puede rechazar o evitar porque es demasiado placentero, atractivo o fuerte: *una oferta irresistible.* **2** Que no se puede soportar, aguantar o resistir: *el ruido de esta fábrica es irresistible.* SIN insoportable.

irrespetuoso, -sa adj. Que no muestra respeto o consideración. ANT respetuoso.

irrespirable adj. **1** Que no puede respirarse: *los vapores de mercurio son irrespirables.* **2** Que difícilmente puede respirarse. **3** [ambiente social] Que hace sentirse molesto o a disgusto: *había tanta tensión, que el ambiente era irrespirable.*

irresponsabilidad n. f. **1** Cualidad de irresponsable. **2** Acto irresponsable: *cometer irresponsabilidades.*

irresponsable adj./ n. com. **1** [persona] Que no es responsable: *los niños son legalmente irresponsables.* **2** [persona] Que obra o toma decisiones sin pensar en las consecuencias: *solo un irresponsable puede conducir después de haber bebido.* ◆ adj. **3** [acto] Que no ha sido pensado cuidadosamente ni se han calculado sus consecuencias: *una conducción irresponsable puede ser la causa de muchos accidentes.*
DER irresponsabilidad.

irreverente adj./ n. com. Que no muestra el respeto debido a las cosas oficiales, importantes o sagradas: *no se debe ser irreverente en la iglesia.*
DER irreverencia.

irreversible adj. Que no se puede volver a un estado o situación anterior: *los efectos del envejecimiento son irreversibles.* ANT reversible.

irrevocable adj. Que no se puede revocar: *presentó su dimisión irrevocable.*

irrigación n. f. **1** Riego de un terreno: *el nuevo sistema de irrigación podría revitalizar la zona de cultivo.* **2** MED. Aporte de sangre a los tejidos del organismo: irrigación sanguínea. **3** MED. Introducción de un líquido en una cavidad, especialmente en el intestino a través del ano. **4** MED. Líquido introducido de esta manera.

irrigar v. tr. **1** Regar un terreno. **2** MED. Llevar la sangre a todas las partes del cuerpo a través de los vasos y conductos sanguíneos: *si la sangre no irriga el cerebro, la persona puede perder el conocimiento y morir.* **3** MED. Introducir un líquido en una cavidad, especialmente en el intestino a través del ano: *le irrigaron el intestino para hacerle unas radiografías.*
OBS En su conjugación, la *g* se convierte en *gu* delante de *e.*
DER irrigación.

irrisorio, -ria adj. **1** Que provoca risa y burla: *tenía un aspecto irrisorio.* **2** Que es muy pequeño, insignificante o de poco valor: *cobra un sueldo irrisorio.*

irritable adj. Que se enfada o irrita fácilmente: *ten cuidado con lo que dices, está muy irritable.*
DER irritabilidad.

irritación n. f. **1** Enfado muy grande: *el ruido es una de las cosas que me producen más irrita-*

ción. **2** Reacción de un órgano o de una parte del cuerpo, caracterizada por inflamación, enrojecimiento o dolor: *las anginas son una irritación en la garganta.*

irritante adj. **1** Que molesta o enfada mucho: *era una persona irritante.* **2** Que causa o produce inflamación, enrojecimiento o dolor en una parte del cuerpo: *el polen es irritante: causa el enrojecimiento de los ojos en las personas sensibles a él.*

irritar v. tr. **1** Causar un enfado muy grande: *hay personas que se irritan por cualquier cosa.* SIN exacerbar, exasperar. **2** Causar una reacción en un órgano o una parte del cuerpo, caracterizada por inflamación, enrojecimiento o dolor: *las ortigas irritan la piel.*
DER irritable, irritación, irritado, irritante.

irrompible adj. Que no se rompe: *me aseguraron que este cristal era irrompible.*

irrumpir v. intr. **1** Entrar violentamente en un lugar: *algunas veces, la policía irrumpe en una casa para detener a un delincuente.* **2** Aparecer con fuerza o de pronto: *la moda de la minifalda irrumpió con fuerza.*
DER irrupción.

irrupción n. f. **1** Entrada violenta en un lugar. **2** Aparición de algo que se produce con fuerza o de pronto.

isabelino, -na adj. De cualquiera de las reinas españolas o inglesas que se llamaron Isabel o que tiene relación con ellas: *los muebles de estilo isabelino corresponden a la época de Isabel II.*

isla n. f. **1** Porción de tierra que está rodeada de agua por todas partes. **2** Zona aislada o bien diferenciada del espacio que la rodea: *en una ciudad tan bulliciosa, este parque es una isla de paz.*
DER isleño, isleta, islote; aislar.

islam n. m. **1** Doctrina religiosa que se basa en el Corán y cuyos seguidores creen que Mahoma es el único profeta de Dios. SIN islamismo. **2** Conjunto de los pueblos y naciones en los que esta doctrina es la religión mayoritaria.

islámico, -ca adj. Del islam o relacionado con esta doctrina religiosa. SIN musulmán.

islamismo n. m. Doctrina religiosa que se basa en el Corán y cuyos seguidores creen que Mahoma es el único profeta de Dios. SIN islam.

islamista adj. **1** Del islamismo o relacionado con él: *gobierno islamista.* ◆ adj./ n. com. **2** [persona] Que profesa el islamismo o es partidario de él.

islandés, -desa adj. **1** De Islandia o que tiene relación con este país del noroeste de Europa. ◆ adj./ n. m. y f. **2** [persona] Que es natural de Islandia. ◆ n. m. **3** Lengua germánica que se habla en Islandia.

isleño, -ña adj. **1** De la isla o que tiene relación con ella. SIN insular. ◆ adj./ n. m. y f. **2** [persona] Que es de una isla. SIN insular.

islote n. m. **1** Isla pequeña y desierta: *en aquel islote los náufragos no podrían sobrevivir mucho tiempo.* **2** Roca muy grande rodeada de mar.

ismo n. m. Tendencia o movimiento de orientación innovadora, principalmente en las artes, que se opone a lo ya existente: *el futurismo fue uno de los ismos más revolucionarios de las vanguardias de principios del siglo XX.*

-ismo Sufijo que entra en la formación de sustantivos masculinos con el sentido de: **a.** 'Doctrina, sistema o escuela': *animismo, calvinismo, platonismo.* **b.** 'Actitud': *egoísmo, puritanismo.* **c.** 'Actividad deportiva': *alpinismo, atletismo.* **d.** En nombres abstractos de tipo científico significa 'condición': *isomorfismo, tropismo.*

iso- Elemento prefijal que entra en la formación de palabras con el significado de 'igual': *isomorfo.*

isobara o **isóbara** n. f. Línea que en los mapas meteorológicos une los puntos de la Tierra que tienen la misma presión atmosférica: *cuando estamos bajo el influjo de un anticiclón, las isobaras están muy separadas.*

isometría n. f. **1** Aplicación o transformación geométrica que conserva las distancias existentes entre rectas, longitudes y ángulos. **2** Igualdad del número de sílabas en varios versos.
DER isométrico.

isósceles adj. [triángulo] Que tiene iguales dos de sus tres lados.

isotermo, -ma adj. **1** FÍS. De igual temperatura: *recipiente isotermo.* ◆ n. f. **2** Línea que en los mapas meteorológicos une los puntos de la Tierra que tienen la misma temperatura media anual.

isótopo n. m. QUÍM. Átomo que pertenece al mismo elemento químico que otro, que tiene su mismo número atómico, pero distinta masa atómica.
DER radioisótopo.

isquion n. m. Hueso de forma plana, estrecha

y curva que está unido al pubis y al ilion, y forma la parte inferior de la cadera.

israelí adj. **1** De Israel o que tiene relación con este país de Oriente Medio. **SIN** hebreo, judío, israelita. ◆ adj./ n. com. **2** [persona] Que es de Israel. **SIN** hebreo, judío, israelita.
OBS El plural es *israelíes* (culto) o *israelís* (popular).

israelita adj. **1** Del judaísmo o relacionado con esta religión. **SIN** hebreo, judío, mosaico. ◆ adj./ n. com. **2** [persona] Que practica el judaísmo. **SIN** hebreo, judío. ◆ adj. **3** De un antiguo pueblo semita que habitó Palestina en la Antigüedad o relacionado con él. **SIN** hebreo, judío. ◆ adj./ n. com. **4** [persona] Que pertenecía a este pueblo semita. **SIN** hebreo, judío. ◆ adj. **5** De Israel o que tiene relación con este país de Oriente Medio. **SIN** hebreo, judío, israelí. ◆ adj./ n. com. **6** [persona] Que es de Israel. **SIN** hebreo, judío, israelí.

-ista Sufijo que entra en la formación de nombres con el significado de: **a.** 'Oficio, profesión': *dentista.* **b.** 'Partidario de una escuela, movimiento o doctrina': *absolutista, socialista.*

istmo n. m. Franja alargada y estrecha de terreno que une dos continentes, dos partes diferenciadas de un continente o una península y un continente: *el istmo de Panamá está situado entre América del Norte y América del Sur.*

italianismo n. m. **1** Amor o admiración por la cultura y las tradiciones de Italia. **2** GRAM. Palabra o modo de expresión del italiano que se usa en otro idioma.

italiano, -na adj. **1** De Italia o que tiene relación con este país del sur de Europa. ◆ adj./ n. m. y f. **2** [persona] Que es de Italia. ◆ n. m. **3** Lengua hablada en Italia y en otros lugares.
DER itálico, italianismo, italianizar.

itálico, -ca adj. **1** De Italia o que tiene relación con esta península del sur de Europa cuando era el centro antiguo de la cultura romana. ◆ adj./ n. f. **2** [letra] Que tiene el trazo inclinado hacia la derecha. **SIN** bastardilla.

iterativo, -va adj. **1** Que se repite o se ha repetido muchas veces. **SIN** reiterativo, repetitivo. **2** GRAM. [palabra] Que denota repetición: *el verbo «repicar» y el nombre «goteo» son iterativos.*

itinerante adj. Que va de un lugar a otro sin permanecer fijo en ninguno: *ha llegado a nuestra ciudad la exposición itinerante de Goya.*

itinerario n. m. **1** Camino previsto por donde debe discurrir un recorrido o viaje: *el Camino de Santiago es uno de los itinerarios turísticos más transitados de España.* **SIN** ruta. **2** Plano o mapa en el que se describen las características principales de este camino: *el cartero consultó su itinerario antes de comenzar el reparto.*
DER itinerante.

-itis Sufijo que entra en la formación de sustantivos femeninos con el significado de 'inflamación': *encefalitis, amigdalitis.*

-ito Sufijo que se usa en química para indicar que el cuerpo proviene de un ácido con el sufijo *-oso*: *sulfito.*

-ito, -ita Sufijo que entra en la formación de palabras con significación diminutiva y, frecuentemente, con matices especiales de cariño, estimación, menosprecio o ironía: *Pepito, morita, papelito.* **NOTA** Se combina con *-ec-* y *-ecec-*: *piececito, geniecito, gentecita.*

ITV n. f. Revisión de vehículos obligatoria y periódica para asegurar las condiciones técnicas necesarias a la circulación: *pasar la ITV.*
OBS De la sigla de *inspección técnica de vehículos.*

IVA n. m. Impuesto que grava el valor añadido de un producto en las distintas fases de su producción.
OBS De la sigla de *impuesto sobre el valor añadido.*

-ivo, -iva Sufijo que entra en la formación de adjetivos para denotar capacidad para lo designado por la base verbal a la que se une o inclinación a ello: *nutritivo, reflexivo.*

izar v. tr. Subir una bandera a lo largo de su mástil o la vela de una embarcación a lo largo de su palo: *cada mañana se izaba la insignia nacional en el campamento.* **ANT** arriar.
OBS En su conjugación, la *z* se convierte en *c* delante de *e.*

-izo, -iza Sufijo que entra en la formación de adjetivos con el significado de 'propensión o semejanza': *enfermizo.*

izqdo., izqda. Abreviaturas de *izquierdo* e *izquierda.*

izquierdista adj. **1** Del izquierdismo o que tiene relación con él: *los partidos comunistas defienden una ideología izquierdista.* ◆ adj./ n. com. **2** [persona] Que es partidario del izquierdismo político.

izquierdo, -da adj. **1** [parte, órgano] Que está situado en el mismo lado del cuerpo que el corazón: *es zurdo porque lo vi escribiendo con la mano izquierda.* ANT derecho. **2** [parte] Que está situado, en relación con la posición de una persona, en el mismo lado en el que esta tiene el corazón. ANT derecho. **3** [lugar, objeto] Que, respecto de su parte delantera, está situado en el mismo lado que correspondería al del corazón de un hombre. ANT derecho. ◆ n. f. **4** Mano o pierna de una persona situada en el mismo lado del corazón: *los diestros llevan el reloj en la izquierda.* ANT derecha. **5** Dirección o situación de una cosa que se halla al mismo lado que correspondería al del corazón de una persona: *se debe adelantar a los vehículos por la izquierda.* **6** Conjunto de personas que defienden una ideología que propugna transformaciones sociales y económicas contrarias a las ideas conservadoras. ANT derecha.

DER izquierdismo, izquierdista.

abcdefghi J klmnñopqrstuvwxyz

j n. f. Décima letra del alfabeto español. NOTA Su nombre es *jota*. El plural es *jotas*.

OBS Representa el sonido consonántico velar fricativo sordo. En Andalucía, Extremadura, Canarias y algunas zonas de Hispanoamérica se pronuncia como la *h* aspirada.

jabalí, -lina n. m. y f. Mamífero salvaje parecido al cerdo, de cuello robusto y hocico agudo, con el pelo fuerte de color marrón o gris y con dos colmillos curvos que le sobresalen de la boca.

OBS El plural es *jabalíes* (culto) o *jabalís* (popular).

DER jabato.

jabalina n. f. Barra de fibra o metal acabada en punta, parecida a una lanza, que se emplea para competir en atletismo lanzándola por encima del hombro a la mayor distancia posible.

jabardillo n. m. **1** Multitud susurradora e inquieta de insectos o pequeñas aves: *la totalidad de las avispas que avanzaban en furioso jabardillo.* **2** Remolino de gente.

jabato, -ta n. m. y f. **1** Cría del jabalí. ◆ adj./ n. m. y f. **2** [persona] Que es valiente y atrevido: *se defendió de sus agresores como un jabato.*

jabón n. m. Sustancia sólida, en polvo o líquida, que se mezcla con agua para limpiar la piel o la ropa.

▶ dar jabón Mostrar una admiración exagerada por una persona o decirle cosas agradables con fines interesados: *si quieres que te haga una rebaja, procura darle jabón al vendedor.* SIN adular.

DER jabonar, jaboncillo, jabonera, jabonero, jabonoso; enjabonar.

jabonar v. tr. Aplicar y extender agua y jabón sobre una superficie. SIN enjabonar.

jabonera n. f. **1** Recipiente, abierto o cerrado, para depositar una pastilla de jabón. *jabonera de cristal.* **2** Planta de flores grandes, olorosas, de color blanco rosado, agrupadas en panojas. SIN saponaria.

jabugo n. m. Jamón serrano muy apreciado elaborado en España a partir de cerdos ibéricos. NOTA También *jamón de Jabugo*.

jaca n. f. **1** Hembra del caballo. SIN yegua. **2** Caballo o yegua de poca altura: *montaba una jaca árabe.*

DER jaco.

jacinto n. m. **1** Planta de jardín, de hojas largas, gruesas y brillantes, con flores olorosas en forma de espiga. **2** Flor de esta planta.

jaco n. m. Caballo pequeño, débil y de mal aspecto.

jacobeo, -bea adj. Del apóstol Santiago o que tiene relación con él: *los peregrinos recorren los diversos caminos jacobeos hasta llegar a Santiago de Compostela.*

jacobinismo n. m. Tendencia política surgida durante la Revolución francesa que defendía el radicalismo violento y extremista: *fue acusado de jacobinismo por sus métodos revolucionarios y violentos.*

jacobino, -na adj. **1** Del jacobinismo o que tiene relación con esta tendencia política: *extremismo jacobineo.* ◆ adj./ n. m. y f. **2** [persona] Que es partidario del jacobinismo.

DER jacobinismo.

jactancia n. f. Muestra excesiva de orgullo que hace una persona de lo que considera que son sus virtudes o bienes propios.

DER jactancioso.

jactarse v. prnl. Hablar o presumir una persona en exceso de sus virtudes o bienes propios: *se jactó ante sus amigos del dinero que estaba ganando.*

DER jactancia.

jaculatoria n. f. Oración breve y fervorosa: *reza una jaculatoria a santa Bárbara cuando hay tormenta.*

jacuzzi n. m. Piscina o bañera de hidromasaje.

OBS También se escribe *yacusi* o *yacuzzi*.

jade n. m. Mineral muy duro, de color blanco o verde y muy usado en joyería.

jadeante adj. Que jadea: *respiración jadeante.*

jadear v. intr. Respirar con dificultad y de forma entrecortada a causa del cansancio o por una enfermedad.
DER jadeo.

jaguar n. m. Mamífero parecido al gato, pero más grande, generalmente de color amarillo con pequeñas manchas oscuras, vientre claro, cola larga y potentes zarpas que usa para cazar animales.
OBS Para indicar el sexo se usa *el jaguar macho* y *el jaguar hembra.*

jalar v. tr./ prnl. Comer con mucho apetito. SIN jamar.

jalea n. f. Conserva transparente y dulce que se hace con pulpa de fruta o gelatina, azúcar y zumo de frutas.
▶ jalea real Sustancia fluida de color blanco que elaboran las abejas para alimentar a las larvas y a las abejas reinas.

jalear v. tr. **1** Animar dando voces o palmadas: *el público jaleó con aplausos a los bailaores.* **2** Incitar a los perros dando voces para que sigan a la caza: *el cazador jaleaba a sus perros.*
DER jaleo.

jaleo n. m. **1** Alteración o pérdida de la tranquilidad, el silencio o el orden: *salió al balcón para pedir a los niños que no armaran tanto jaleo.* **2** Ambiente alegre y ruidoso producido por mucha gente reunida: *un jaleo de risas.* SIN ambientación, animación, bullicio.

jalón n. m. **1** Palo con puerta metálica que se clava en la tierra para marcar los límites de un terreno o las partes de una vía o camino: *colocó jalones a lo largo del jardín para que los niños no pisasen las plantas recién sembradas.* **2** Acontecimiento muy importante y significativo en el desarrollo de un proceso o en la vida de una persona: *el descubrimiento de la penicilina fue un jalón importante de la historia de la ciencia.* SIN hito.
DER jalonar.

jalonar v. tr. **1** Señalar un terreno con jalones. **2** Marcar un acontecimiento importante y significativo la vida de una persona o el desarrollo de un proceso: *mi decisión de estudiar medicina jalonó toda mi vida.*

jamaicano, na adj. **1** Relativo a Jamaica, país de América Central, o a sus habitantes. SIN jamaiquino. ◆ adj./ n. com. **2** [persona] Que es de Jamaica. SIN jamaiquino.

jamar v. tr. Comer con mucho apetito: *se lo ha jamado todo en un minuto.* SIN jalar.

jamás adv. Nunca: *no lo olvidaré jamás.*
OBS Se puede usar después de *nunca* o de *siempre* para reforzar el sentido de estas palabras: *nunca jamás suspenderé un examen.*

jamba n. f. Pieza vertical que sostiene el arco o el dintel de una ventana o una puerta.

jamón n. m. **1** Pata trasera del cerdo: *ese cerdo tiene dos buenos jamones.* **2** Carne de la pata trasera del cerdo curada con sal. jamón de pata negra Jamón serrano de cerdo ibérico, que tiene la pezuña negra y forma delgada y alargada, y que ha sido criado en el campo y alimentado con bellotas: *el jamón de pata negra es de una calidad exquisita.* jamón en dulce o jamón de york o jamón york Jamón que ha sido cocido y se come como fiambre. jamón serrano Jamón que ha sido curado y no cocido. **3** Parte superior de la pierna de una persona, especialmente si es gruesa.
▶ estar jamón Ser físicamente muy atractivo: *¡vaya chico, está jamón!* ¡y un jamón! o ¡y un jamón con chorreras! Expresión con la que se niega o rechaza una cosa: *¡y un jamón!, a mí no me mandes hacer lo que te han encargado a ti.*
DER jamona.

japonés, -nesa adj. **1** De Japón o que tiene relación con este país asiático. ◆ adj./ n. m. y f. **2** [persona] Que es de Japón ◆ n. m. **3** Lengua oficial de Japón.

jaque n. m. Jugada del ajedrez en la que el rey o la reina de uno de los jugadores está amenazado por una pieza del otro jugador.
▶ jaque mate Jugada del ajedrez que pone fin a una partida por estar amenazado el rey y no haber ninguna posibilidad de salvación. SIN mate. tener (o poner o traer) en jaque Molestar continuamente a una persona inquietándola o no dejándole realizar lo que quiere: *estos niños traen en jaque a sus padres.*

jaqueca n. f. Dolor fuerte de cabeza que afecta a un lado o una parte de ella.

jara n. f. Arbusto de hojas alargadas, olorosas y pegajosas, con flores grandes de corola blanca y fruto en cápsula: *la jara es muy abundante en la zona mediterránea.*
DER jaral.

jarabe n. m. **1** Medicina líquida, generalmente espesa y dulce: *toma jarabe para la tos porque está muy resfriado.* **2** Bebida muy dulce hecha con agua hervida con azúcar y alguna esencia o zumo.

▶ jarabe de palo Conjunto de golpes o paliza: *ese bruto necesita jarabe de palo para calmarse.*

jarana n. f. **1** Diversión muy animada, con ruido y desorden. SIN parranda. **2** Enfrentamiento o pelea entre dos o más personas: *ha habido un choque en la calle y por poco acaba en jarana.*
DER jaranero.

jarcha n. f. LIT. Versos escritos en mozárabe y de carácter popular que se encuentran al final de algunos poemas árabes o hebreos llamados moaxajas: *las jarchas son la primera manifestación literaria en lengua castellana.*

jarcia n. f. Conjunto de los aparejos y cabos de una embarcación: *nos mostraron las jarcias de un velero.*
OBS Se usa más en plural.

jardín n. m. Terreno en el que se cultivan plantas y flores ornamentales para hacerlo agradable.
▶ jardín botánico Lugar donde se cultivan plantas de muchas clases para que el público pueda verlas o estudiarlas: *hemos visitado el jardín botánico para conocer algunas plantas exóticas.* jardín de infancia Establecimiento en el que se cuida a los niños que todavía no tienen edad de ir a la escuela: *llevé a mi hija al jardín de infancia.* SIN guardería.
DER jardinera, jardinero; ajardinar, enjardinar.

jardinera n. f. Recipiente alargado en el que se siembran plantas o donde se meten tiestos como adorno: *ha puesto en su terraza dos jardineras con geranios.*
▶ a la jardinera [comida] Que se cocina o complementa con distintos tipos de verduras: *sopa a la jardinera.*

jardinería n. f. Arte y oficio que consiste en cuidar y cultivar los jardines.

jardinero, -ra n. m. y f. Persona que se dedica a cuidar y cultivar un jardín: *en enero viene un jardinero a casa a podar los rosales y los árboles.*
DER jardinería.

jarra n. f. Recipiente de boca y cuello anchos, con una o dos asas, que se usa para contener líquidos o de adorno: *una jarra de cerveza.*
▶ en jarras Con los brazos arqueados, separados del cuerpo y las manos apoyadas en la cintura: *se puso en jarras, mostrándose muy seguro de sí mismo.*
DER jarrear, jarro.

jarro n. m. Jarra de una sola asa: *trajo agua a la mesa en un jarro de vidrio.*
▶ a jarros Con intensidad o en abundancia: *llover a jarros.* SIN a cántaros. echar un jarro de agua fría Quitar la ilusión o la esperanza.
DER jarrón.

jarrón n. m. Recipiente más alto que ancho que sirve para contener flores o como objeto de adorno: *voy a colocar las flores en el elegante jarrón de cristal.*

jaspe n. m. Piedra de grano fino, variedad del cuarzo, de colores vivos entremezclados y que se usa como adorno: *el jaspe es muy empleado en joyería.*
DER jaspeado.

jauja n. f. Lugar o situación imaginarios donde reina la prosperidad y la abundancia: *deja de pedir imposibles, que esto no es jauja.*

jaula n. f. **1** Caja hecha con barrotes o listones separados entre sí que sirve para encerrar o transportar animales. **2** Cárcel.
DER enjaular.

jauría n. f. Conjunto de perros que cazan juntos: *la jauría perseguía a su presa sin parar de ladrar.*

jazmín n. m. **1** Arbusto de tallos trepadores y muy flexibles con flores pequeñas, blancas o amarillas, y muy olorosas. **2** Flor de este arbusto.

jazz n. m. Género musical que se caracteriza por tener un ritmo base sobre el que los músicos suelen hacer cambios a medida que van tocando: *el jazz nació en las comunidades negras del sur de Estados Unidos a finales del siglo XIX.* SIN yaz.
OBS Es de origen inglés y se pronuncia aproximadamente «yas».

jeep n. m. Vehículo resistente que se adapta a todo tipo de terreno. SIN todoterreno.
OBS Procede de una marca registrada y se pronuncia aproximadamente «yip».

jefatura n. f. **1** Cargo de jefe: *dimitió de su jefatura porque se encontraba cansado.* **2** Oficina o edificio de determinados cuerpos oficiales: *jefatura de tráfico.*

jefe, -fa n. m. y f. **1** Persona que tiene poder o autoridad sobre un grupo para dirigir su trabajo o sus actividades. **2** Representante o líder de un grupo: *en la sesión de ayer, intervino el jefe de la oposición.* jefe de Estado Persona que tiene la mayor autoridad en un país: *el rey es el jefe del Estado español.* jefe del Gobierno Persona que preside y gobierna el Consejo de Ministros de un país. **3** Miembro del ejército y de la marina de categoría superior a la de capitán e inferior a la de general. **4** Trata-

miento hacia personas que tienen algún tipo de autoridad y que indica respeto y confianza: *¡jefe!, ¿me dice cuánto le debo?*
DER jefatura; subjefe.

jengibre n. m. **1** Planta herbácea india de tallo subterráneo horizontal, hojas lanceoladas, y flores de corola purpúrea y fruto capsular, con mucha pulpa: *un cultivo de jengibre.* **2** Rizoma de esta planta, grueso, algo aplastado, de olor aromático y picante, usado como condimento.

jeque n. m. Jefe de un territorio en algunos países musulmanes: *un jeque árabe.*

jerarquía n. f. **1** Organización o clasificación de categorías o poderes, siguiendo un orden de importancia: *la cabeza de la jerarquía eclesiástica es el Papa.* **2** Conjunto de personas que están al frente de una organización: *la jerarquía del partido ha mostrado su repulsa ante el atentado terrorista.*
DER jerarca, jerárquico, jerarquizar.

jerárquico, -ca adj. De la jerarquía o que tiene relación con este tipo de organización.

jerarquizar v. tr. Organizar o clasificar en rangos de distintas categorías: *no jerarquices tanto y trátanos a todos por igual.*
OBS En su conjugación, la *z* se convierte en *c* delante de *e*.

jerez n. m. Vino blanco muy seco y de alta graduación alcohólica que se elabora en la zona de Jerez de la Frontera, en la provincia de Cádiz.

jerga n. f. **1** GRAM. Variedad de lengua que utilizan para comunicarse entre sí las personas que pertenecen a un mismo oficio o grupo social. **SIN** argot. **2** Lenguaje difícil de entender: *este niño habla mucho, pero en su jerga, así que casi no lo entendemos.* **SIN** jerigonza. **3** Tejido grueso y áspero: *la jerga se usaba para hacer colchones.*
DER jergal, jerigonza.

jergón n. m. Colchón de forma plana y rectangular lleno de paja, hierba u otros materiales y que no lleva ataduras que sujeten el relleno: *el pastor echó una siesta en un jergón mientras el ganado pastaba.*

jerigonza n. f. Lenguaje difícil de entender: *podrías hablar más claro, porque con esa jerigonza no hay nadie que te entienda.* **SIN** jerga.
OBS También se puede escribir *jeringonza*.

jeringa n. f. Instrumento que consiste en un tubo hueco con un émbolo en su interior y con un extremo muy estrecho por el que se expulsan o aspiran líquidos o sustancias blandas: *la enfermera le sacó sangre con la jeringa.*
DER jeringar, jeringuilla.

jeringar v. tr./ prnl. Molestar o enfadar: *me jeringa que esté todo el día sonando el teléfono.*
OBS En su conjugación, la *g* se convierte en *gu* delante de *e*.

jeringuilla n. f. Jeringa pequeña en la que se coloca una aguja hueca de punta aguda cortada a bisel que se usa para poner inyecciones: *tengo que comprar una jeringuilla para que me pongan la inyección.*

jeroglífico, -ca adj. **1** [escritura] Que emplea signos que representan seres y objetos de la realidad y tienen un valor ideográfico o fonético: *la escritura egipcia era una escritura jeroglífica monumental.* ◆ n. m. **2** Signo de este tipo de escritura. **3** Pasatiempo que consiste en adivinar una palabra o frase a partir de cifras, signos o símbolos. **4** Expresión o asunto difícil de entender: *escribe más claro, porque esto es un jeroglífico.*

jerónimo, -ma adj./ n. m. y f. [religioso] Que pertenece a la orden de san Jerónimo, fundada por unos ermitaños en el siglo XIV.

jersey n. m. Prenda de vestir de punto de lana o algodón, de manga larga, que cubre el cuerpo desde el cuello hasta la cintura. **SIN** suéter.
OBS El plural es *jerséis*.

jesuita adj./ n. m. [religioso] Que pertenece a la Compañía de Jesús, orden fundada por san Ignacio de Loyola en el siglo XVI.
DER jesuítico.

jet n. m. Avión que usa motor de reacción, especialmente destinado al transporte de personas: *jet privado.*
OBS Se pronuncia aproximadamente «yet».

jeta n. f. **1** Cara o parte anterior de la cabeza. **2** Hocico del cerdo: *del cerdo se aprovecha todo, hasta la jeta y las orejas.* **3** Persona desvergonzada o descarada: *eres un jeta, llegas el último y te pones el primero.* **4** Desfachatez o descaro: *¡qué jeta tiene, otra vez ha faltado a clase sin motivo!*

jet lag n. m. Desajuste temporal de las funciones del cuerpo humano que se produce después de hacer un viaje largo en avión.
OBS Se pronuncia «yetlac».

jienense o **jiennense** adj. **1** De Jaén o que tiene relación con esta ciudad y provincia andaluza. ◆ adj./ n. com. **2** [persona] Que es de Jaén.

jilguero n. m. Pájaro cantor de pequeño tamaño, color marrón en la espalda, con una mancha roja en la cara, otra negra en la parte superior de la cabeza, cola y alas negras y amarillas con las puntas blancas, y cuello blanco. SIN colorín.
OBS Para indicar el sexo se usa *el jilguero macho* y *el jilguero hembra*.

jineta n. f. Mamífero carnívoro de cuerpo delgado, cabeza pequeña, patas cortas y cola muy larga, con el pelo marrón con bandas negras. SIN gineta.
OBS Para indicar el sexo se usa *la jineta macho* y *la jineta hembra*.

jinete n. m. Hombre que monta a caballo: *en la carrera hípica participarán 35 jinetes.*
DER jinetear.

jirafa n. f. **1** Mamífero rumiante muy alto, con el cuello muy largo y delgado, la cabeza pequeña, las patas delgadas y el pelo de color amarillento con manchas marrones. NOTA Para indicar el sexo se usa *la jirafa macho* y *la jirafa hembra*. **2** Brazo articulado que sostiene un micrófono, permite moverlo y ampliar su alcance y puede aproximarse desde arriba.

jirón n. m. **1** Trozo desgarrado de una tela o de una prenda de vestir: *se ha hecho un jirón en el pantalón.* **2** Parte pequeña de un todo: *solamente nos recitó unos jirones de su extensa obra.*

jiu-jitsu n. m. Deporte de origen japonés que consiste en un sistema de defensa personal sin armas.
OBS Es de origen japonés y se pronuncia aproximadamente «yiu yitsu».

¡jo! int. Expresión que denota sorpresa, admiración o fastidio: *¡jo, qué aburrimiento!*

¡jobar! int. Expresión que denota sorpresa, admiración o fastidio: *¡jobar, menuda casa tienes!*

jockey n. com. Persona que se dedica profesionalmente a montar caballos de carreras.
OBS Es de origen inglés y se pronuncia aproximadamente «yoquei». La Real Academia Española solo admite las formas *yóquey* y *yoqui*.

jocoso, -sa adj. Que es gracioso y divertido: *Quevedo escribió muchos poemas jocosos.*
DER jocosidad.

jocundo, -da adj. Que es alegre, gracioso y tiene buen humor: *tiene un carácter jocundo.*

joder v. intr./ tr. **1** *malsonante* Realizar el acto sexual. ◆ v. tr./ intr./ prnl. **2** *malsonante* Molestar o fastidiar: *me está jodiendo tanta risa a mi costa.* SIN jorobar. ◆ v. tr./ prnl. **3** *malsonante* Estropear una cosa o impedir que un proyecto salga bien: *acabo de joder el mando de la tele.* SIN jorobar. ◆ int. **4** ¡joder! *malsonante* Expresión que denota enfado o sorpresa: *¡joder, qué porrazo acabo de darme!*
DER jodienda.

jofaina n. f. Vasija en forma de taza muy ancha y poco profunda que sirve para lavarse la cara y las manos: *en casa de mis abuelos hay una jofaina y una jarra de porcelana antiguas.*

jolgorio n. m. Diversión muy animada, con ruido y desorden. SIN jarana, juerga.

¡jolín! int. Expresión que denota enfado o sorpresa: *¡jolín, qué tarde se nos ha hecho!*
OBS Se usa también la forma plural *¡jolines!*

jondo adj. [cante] Que combina elementos andaluces, árabes y gitanos y tiene tono de queja: *la seguiriya es un cante jondo.*

jónico, -ca adj./ n. m. y f. **1** ARQ. [orden] Que adorna la parte superior de las columnas con volutas: *la columna jónica tiene base, su fuste es acanalado y su capitel está provisto de volutas.* **2** De Jonia o que tiene relación con esta región de la antigua Grecia. SIN jonio. ◆ adj./ n. m. y f. **3** [persona] Que era de Jonia. SIN jonio.

¡jopé! int. Expresión que denota enfado o sorpresa: *¡jopé, he vuelto a perder las gafas!*

jordano, -na adj. **1** Relativo a Jordania, país de Oriente Medio, o a sus habitantes. ◆ adj./ n. m. y f. **2** [persona] Que es de Jordania.

jornada n. f. **1** Tiempo que se dedica al trabajo en un día o en una semana: *su jornada laboral se reduce a cuatro horas diarias.* jornada continua o jornada intensiva Período de trabajo diario que se lleva a cabo sin interrupción ni descanso prolongado para comer. jornada partida Período de trabajo diario que se lleva a cabo con una interrupción o descanso prolongado para comer. **2** Período de tiempo de 24 horas. **3** Distancia que se recorre en un día de viaje: *en una jornada es capaz de hacer cuarenta kilómetros a pie.* **4** Parte en la que se divide una obra de teatro clásico español y que generalmente abarca un día en la vida de los personajes: *este drama de Lope de Vega se desarrolla en cinco jornadas.*
DER jornal.

jornal n. m. Cantidad de dinero que gana un trabajador por cada día de trabajo.
DER jornalero.

jornalero, -ra n. m. y f. Persona que trabaja a jornal, especialmente en el campo: *ha contratado a unos jornaleros para que le recojan el trigo.*

joroba n. f. **1** Bulto que tienen en el lomo ciertos animales formado por acumulación de grasas: *el camello tiene dos jorobas y el dromedario solo una.* **2** Deformación de la columna vertebral o de las costillas que provoca que la espalda y el pecho tengan una forma abultada y curva anómala. SIN chepa. ◆ int. **3** ¡joroba! Expresión que denota enfado o molestia: *¡joroba, otra vez se me ha escapado el autobús!*
DER jorobar.

jorobado, -da adj./ n. m. y f. [persona, animal] Que tiene joroba.

jorobar v. tr. **1** Molestar o fastidiar: *no me jorobes y déjame en paz.* **2** Estropear una cosa o impedir que un proyecto salga bien: *nos ha jorobado la fiesta con su actitud.*

jota n. f. **1** Nombre de la letra j: *jamaicano se escribe con jota.* **2** Baile popular de varias regiones de España: *la jota aragonesa.* **3** Canción y música que acompaña a este baile.
▶ ni jota Nada o casi nada: *voy a ponerme las gafas porque no veo ni jota.* SIN ni papa.

joule n. m. FÍS. Unidad de trabajo y de energía en el Sistema Internacional de Unidades: *joule es la denominación internacional del julio.*
OBS Es de origen francés y se pronuncia aproximadamente «yul».

joven adj./ n. com. **1** [persona] Que está en el período situado entre la niñez y la edad adulta. ◆ adj. **2** De la juventud o que tiene relación con este período de la vida de una persona: *una tienda de moda joven.* **3** Que está en las primeras etapas de su existencia o de su desarrollo. ANT viejo.

jovial adj. Que es alegre, divertido y tiene buen humor: *siempre mantiene una actitud jovial con todos.*
DER jovialidad.

joya n. f. **1** Objeto hecho con piedras y metales preciosos que suele usarse como adorno. **2** Persona o cosa que tiene muy buenas cualidades o un gran valor: *tiene un hijo que es una joya.*
DER joyel, joyero; enjoyar.

joyería n. f. **1** Establecimiento en el que se fabrican, arreglan o venden joyas. **2** Arte, técnica y comercio de las joyas: *se dedica a la joyería.*

joyero, -ra n. m. y f. **1** Persona que se dedica a hacer, reparar o vender joyas: *joyero y gemólogo.* ◆ n. m. **2** Caja pequeña, estuche o armarito de sobremesa para guardar joyas.
DER joyería.

juanete n. m. Deformidad o bulto en el hueso del dedo gordo del pie.

jubilación n. f. **1** Retirada definitiva de un trabajo por haber cumplido la edad determinada por la ley o por enfermedad. **2** Cantidad de dinero que cobra una persona cuando se produce esa retirada definitiva del trabajo: *le ha quedado una buena jubilación.*

jubilado, -da adj./ n. m. y f. [persona] Que está retirado de su trabajo por haber cumplido la edad determinada por la ley o por enfermedad.

jubilar v. tr. **1** Retirar a una persona de su trabajo por haber cumplido la edad determinada por la ley o por enfermedad: *se jubiló después de trabajar cincuenta años en la misma empresa.* **2** Dejar de usar o abandonar una cosa que ya no es útil: *voy a jubilar este traje porque está muy estropeado.*
DER jubilación, jubilado, jubileo, júbilo.

júbilo n. m. Alegría grande que se manifiesta exteriormente: *nos abrazamos con júbilo al vernos.*

jubiloso, -sa adj. Que tiene una gran alegría y la manifiesta exteriormente: *nos anunció jubiloso que había aprobado las oposiciones.*

judaico, -ca adj. De los judíos o que tiene relación con ellos.

judaísmo n. m. Religión basada en el Talmud, cuyos seguidores creen en un único Dios y en la venida futura de su hijo.

judas n. m. Hombre traidor y malvado: *no te fíes de él, es un judas y puede traicionarte.*
OBS El plural también es *judas.*

judeocristiano, -na adj. Que se deriva de la tradición judía y de la cristiana, religiones que compartían gran parte de sus ideas y creencias.

judería n. f. Barrio en que vivían los judíos en la Edad Media.

judía n. f. **1** Planta leguminosa de tallo delgado y en espiral, hojas grandes y flores blancas o amarillas. SIN alubia, habichuela. **2** Fruto comestible de esta planta de color verde en forma de vaina alargada, estrecha y aplastada. SIN alubia, habichuela. **3** Semilla comestible contenida en este fruto en forma de vaina, de pequeño tamaño y forma arriñonada. SIN alubia, habichuela.
DER judión.

judicatura n. f. **1** Cargo o empleo de juez: *acceder a la judicatura.* **2** Tiempo durante el cual un juez ejerce su cargo: *una larga judica-*

tura. **3** Cuerpo formado por los jueces de un país: *la judicatura francesa.*

judicial adj. Del juicio, de la administración de justicia o de la judicatura, o que tiene relación con ellos.
DER extrajudicial.

judío, -día adj. **1** Del judaísmo o relacionado con esta doctrina religiosa que se basa en el Talmud. SIN hebreo, mosaico. ◆ adj./ n. m. y f. **2** [persona] Que cree en esta doctrina religiosa. SIN hebreo. ◆ adj. **3** De Israel o que tiene relación con este país asiático. SIN hebreo. ◆ adj./ n. m. y f. **4** [persona] Que ha nacido en Israel. SIN hebreo.

judo n. m. Deporte de origen japonés en que dos luchadores pelean cuerpo a cuerpo para vencer aprovechando la fuerza y el impulso del contrario. SIN yudo.
OBS Se pronuncia aproximadamente «yudo». La Real Academia Española admite *judo*, pero prefiere la forma *yudo*.
DER judoca.

judoca n. com. Persona que practica el judo.
OBS Se pronuncia aproximadamente «yudoca». La Real Academia Española admite la forma *judoca*, pero prefiere *yudoca*.

juego n. m. **1** Acción que se realiza para divertirse o entretenerse. **2** Actividad recreativa que se realiza bajo unas reglas que los participantes deben respetar. juego de azar Juego que depende de la suerte: *los dados es un juego de azar.* juego de manos Juego que se basa en la habilidad y agilidad de las manos para hacer aparecer y desaparecer objetos: *es un gran prestidigitador que hace unos juegos de manos increíbles.* **3** Práctica de actividades recreativas en las que se apuesta dinero: *es ludópata y el juego lo ha arruinado.* **4** Movimiento de cosas que están articuladas: *tiene que hacer rehabilitación para recuperar el juego de la rodilla.* **5** Conjunto de cosas que se usan y complementan con un fin: *un juego de sábanas.* **6** Combinación de elementos para conseguir un efecto estético: *juego de luces.* **7** Parte en que se divide un partido en algunos deportes: *el tenista ha ganado dos juegos del primer set.* **8** Intriga o plan para conseguir algo, especialmente si es malo o secreto: *descubrieron su juego y no pudo estafarlos.* ◆ n. m. pl. **9** juegos Conjunto de competiciones que se celebraban en la Antigüedad clásica.
▶ Juegos Olímpicos Conjunto de competiciones deportivas que se celebran cada cuatro años en una ciudad determinada. NOTA Se escribe con mayúscula. juegos florales Concurso poético en el que se premia al vencedor con una flor natural. dar juego Ofrecer muchas posibilidades: *una camisa blanca da mucho juego porque combina con todos los colores.* hacer el juego Favorecer o apoyar a una persona en un asunto o punto de vista: *deja de hacerle el juego y si no estás de acuerdo dínoslo.* hacer juego Combinar bien una cosa con otra: *esa corbata no te hace juego con la camisa.* juego de niños Actividad o asunto que es fácil de hacer o resolver: *freír un huevo es un juego de niños.* juego de palabras Figura del lenguaje que consiste en usar y combinar palabras que tienen una forma parecida o que pueden ser interpretadas de varias formas: *si dices «no estoy cansado, sino casado», estás haciendo un juego de palabras.* juego limpio Respeto por las reglas de juego. juego sucio Forma de jugar o actuar con trampas y sin respetar las reglas. juegos malabares Ejercicios de equilibrio y habilidad que se hacen lanzando al aire y recogiendo diversos objetos o manteniéndolos en equilibrio. poner en juego Arriesgar algo con una finalidad.
DER jugar, juguete; telejuego, videojuego.

juerga n. f. Diversión muy animada, con ruido y desorden: *es muy casero y no le gustan para nada las juergas.* SIN jarana, parranda.
DER juerguista.

jueves n. m. Cuarto día de la semana: *el jueves está entre el miércoles y el viernes.*
▶ no ser nada del otro jueves No ser nada especial o fuera de lo normal: *este traje es bonito, pero no es nada del otro jueves.*
OBS El plural también es *jueves.*

juez, -za n. m. y f. **1** Persona que tiene capacidad para juzgar y sentenciar y que es responsable de la aplicación de las leyes. juez de instrucción o juez de primera instancia Juez que se encarga de los asuntos penales: *ha denunciado el grave caso ante la jueza de instrucción.* **2** Persona que tiene autoridad para juzgar en un concurso público y hacer que se cumplan las reglas que lo rigen. **3** Persona que resuelve una duda o una discusión: *como el juez en este dilema, tienes que decirnos quién crees que tiene razón.* **4** Persona que en una competición deportiva se encarga de hacer cumplir el reglamento.
▶ juez de línea Auxiliar del árbitro principal que vigila el juego por las líneas laterales del

campo, en el fútbol y otros deportes. **juez de silla** Juez que, en algunos deportes de red, vigila que se cumplan las reglas. **ser juez y parte** Juzgar una cosa en la que no se puede ser neutral por estar de algún modo implicado: *no puedo dar mi opinión objetiva porque soy juez y parte.*

DER juicio; juzgar.

jugada n. f. **1** Intervención de un jugador en el transcurso de un juego o competición deportiva, cuando tiene ocasión, especialmente si es una acción destacada o determinante: *jugada maestra.* **2** Hecho o dicho malintencionado contra una persona: *jugada imperdonable.* SIN faena, jugarreta. **3** Acción que resulta beneficiosa para una persona: *enriquecerse con una jugada.*

jugador, -ra adj./ n. m. y f. **1** [persona] Que se dedica profesionalmente a jugar, especialmente en el deporte: *ficharon a un jugador desconocido.* **2** [persona] Que es muy aficionado a los juegos de azar: *es un jugador empedernido.*

jugar v. intr. **1** Realizar una actividad para divertirse o entretenerse: *le gusta jugar con los puzles.* **2** Tratar a una persona o una cosa sin la consideración, el respeto o la importancia que merecen: *no juegues conmigo y trátame como merezco.* **3** Tomar parte en un asunto o negocio. **jugar limpio** Proceder honradamente o con buena intención: *fíate de él, jugará limpio y no te engañará.* **jugar sucio** Proceder sin honradez o con mala intención. ◆ v. tr./ intr. **4** Participar en una actividad recreativa que se realiza bajo unas reglas que los participantes deben respetar: *ayer jugamos al parchís.* **5** Intervenir un jugador cuando le corresponde o llega su turno: *te toca jugar a ti.* ◆ v. tr./ prnl. **6** Participar en un sorteo o en un juego de azar con la finalidad de ganar dinero: *le gusta jugar y pierde mucho dinero en el bingo.* **jugar fuerte** Exponer una cantidad grande de dinero. ◆ v. prnl. **7** **jugarse** Llevarse a cabo un partido o un juego: *el partido se jugó el pasado fin de semana.* **8** Arriesgar o poner en peligro: *no debes correr tanto con el coche porque te juegas la vida.* **9** Apostar sobre una cosa: *me juego lo que quieras a que acabo el trabajo antes que tú.*

▶ **jugarla** o **jugársela a alguien** Engañar a una persona con la intención de perjudicarla: *se la has jugado diciéndole que habían cambiado la hora del examen: cuando ha llegado, habíamos terminado.*

OBS En su conjugación, la *u* se convierte en *ue* en sílaba acentuada y la *g* en *gu* delante de *e*.

DER jugada, jugador, jugarreta.

jugarreta n. f. Jugada (hecho o dicho malintencionado): *jugarreta del destino.* SIN faena.

juglar, resa n. m./ n. y f. **1** Persona que en la Edad Media divertía a la gente con sus canciones, bailes o juegos. **2** En la Edad Media, artista que recitaba poemas de los trovadores y que actuaba en ambientes cortesanos.

DER juglaresco, juglaría.

juglaresco, -ca adj. Del juglar o que tiene relación con este artista medieval.

juglaría n. f. Actividad y oficio del juglar: *el mester de juglaría es el género literario al que pertenecen las primeras creaciones épicas castellanas.*

jugo n. m. **1** Líquido que se extrae de sustancias animales y vegetales al ser calentadas o exprimidas: *este limón no tiene nada de jugo.* **2** Líquido orgánico que segrega una célula o una glándula: *jugo pancreático.* **jugo gástrico** Líquido ácido que segregan las glándulas del estómago para digerir los alimentos. **3** Utilidad o provecho que se saca de una cosa: *he vuelto a ver la película para sacarle todo su jugo.*

DER jugoso; enjugar.

jugoso, -sa adj. **1** Que contiene jugo: *carne jugosa.* ANT seco. **2** [alimento] Que es sustancioso o nutritivo: *alcachofas jugosas.* **3** Que es útil o estimable: *premio jugoso.*

DER jugosidad.

juguete n. m. **1** Objeto que sirve para jugar: *este niño recoge siempre los juguetes después de jugar.* **2** Persona o cosa dominada o manejada por una fuerza material o moral que la mueve a su gusto: *José es un juguete de sus amigos, hacen con él lo que quieren.* **3** Pieza musical o teatral breve y desenfadada: *durante el Siglo de Oro español se compusieron muchos juguetes escénicos.*

DER juguetear, juguetería, juguetón.

juguetear v. intr. Entretenerse jugando o haciendo cosas sin importancia: *mientras hablaba por teléfono, jugueteaba con el bolígrafo.*

DER jugueteo.

juguetería n. f. **1** Establecimiento o puesto de venta de juguetes. **2** Fabricación y comercio de juguetes.

juguetón, -tona adj. [persona, animal] Que le gusta mucho jugar y lo hace con frecuencia: *este perro es muy juguetón.*

juicio n. m. **1** Capacidad de pensar y considerar las situaciones y circunstancias para distinguir lo positivo de lo negativo: *es una persona con mucho juicio.* **SIN** cordura. **2** Opinión razonada sobre un asunto o persona: *no debes hacer juicios sobre nadie sin conocerlo.* **a mi juicio** Según mi opinión: *a mi juicio, no debemos hacerlo.* **3** Sensatez en la manera de actuar: *si tuvieras juicio, estudiarías más.* **estar en su sano juicio** Estar en posesión de sus facultades mentales y actuar de manera sensata. **perder el juicio** Volverse loco: *lo han llevado al psiquiátrico porque ha perdido el juicio.* **4** DER. Proceso legal por el que se resuelve un asunto: *voy a declarar como testigo en el juicio de un accidente de tráfico.*

▶ **juicio penal** o **juicio criminal** DER. Juicio que tiene por objeto establecer la responsabilidad de una persona en un delito. **juicio sumario** DER. Juicio civil en el que, para hacerlo más rápido, intervienen solo los abogados y se eliminan algunas formalidades. **juicio sumarísimo** DER. Juicio militar que se celebra de la forma más breve posible por la gravedad de los hechos o la claridad del delito. **juicio final** o **juicio universal** Juicio que, según la religión cristiana, celebrará Dios al final de los tiempos.

DER juicioso; enjuiciar.

juicioso, -sa adj./n. m. y f. [persona] Que muestra juicio y sensatez en sus actos: *María es muy juiciosa y no hará ninguna tontería.* **SIN** sensato.

julepe n. m. **1** Bebida medicinal hecha con una mezcla de agua destilada, jarabe y otras sustancias. **2** Juego de naipes de seis jugadores que consiste en hacer como mínimo dos bazas de las cinco posibles. **3** Esfuerzo o trabajo excesivo: *estoy pintando las paredes de la casa y me he dado un buen julepe.*

julio n. m. **1** Séptimo mes del año: *julio tiene 31 días.* **2** FÍS. Unidad de trabajo y de energía: *J es el símbolo del julio.* **SIN** joule.

jumento, -ta n. m. y f. Mamífero cuadrúpedo doméstico, parecido al caballo aunque más pequeño, con grandes orejas, cola larga y pelo áspero y grisáceo, que se usa para trabajos en el campo y para la carga por ser muy fuerte. **SIN** asno, burro.

juncal adj. **1** Que es delgado, bello y elegante: *tiene una juncal figura.* ◆ n. m. **2** Lugar donde crecen juncos.

junco n. m. **1** Planta herbácea silvestre con muchos tallos rectos, largos y flexibles de color verde oscuro y acabados en una punta dura. **2** MAR. Embarcación ligera de vela usada en Oriente.

DER juncal, junquera, junquillo.

jungla n. f. Bosque tropical formado por una vegetación muy abundante y una fauna muy variada: *el tigre es un animal característico de la jungla.* **SIN** selva.

junio n. m. Sexto mes del año: *el mes de junio tiene 30 días.*

junta n. f. **1** Reunión de personas para tratar un asunto: *la junta de vecinos ha decidido pintar la fachada del edificio.* **2** Conjunto de personas elegidas para dirigir y gobernar los asuntos de una colectividad. **3** Parte por donde se unen dos o más cosas: *las juntas de las tuberías deben estar bien limpias y secas para poder soldarlas.* **SIN** juntura. **4** Pieza de goma u otro material flexible que se coloca en la unión de dos tubos o partes de un aparato para asegurar su unión. **SIN** juntura. **5** Espacio que queda entre las piedras o los ladrillos de una pared y que se rellena con una masa de material elástico, mortero o yeso: *la junta de dilatación permite que la pared se contraiga o se dilate en función de su temperatura.*

juntar v. tr. **1** Reunir o formar un grupo de cosas o personas: *juntó toda la ropa de verano encima de la cama.* **ANT** separar. **2** Acercar una cosa a otra. **ANT** alejar, separar. ◆ v. prnl. **3 juntarse** Tener amistad o relacionarse con alguien: *¿con quién te juntas ahora que no hay quien te vea?* **4** Acercarse mucho a una persona: *júntate más para que quepáis todos en el coche.* **ANT** alejar, separar. **5** Ir a vivir con una persona y mantener relaciones sexuales con ella sin estar casados. **SIN** amancebarse.

OBS El participio *juntado* se usa en la conjugación verbal y el participio irregular *junto* se usa como adjetivo y adverbio.

DER juntura; adjuntar, ajuntar, conjuntar, rejuntar.

juntillas Palabra que se utiliza en la expresión *a pie(s) juntillas*, que indica que alguien hace algo tal y como se le pide o que cree algo tal y como se lo dicen, sin dudarlo: *seguían a pie juntillas la máxima de la búsqueda de la felicidad; jamás dudaría de su palabra, lo creo a pies juntillas.*

junto, -ta adj. **1** Que está cercano, reunido o unido. **2** Que obra en compañía o en colaboración con alguien: *llegaron juntos a la reunión.* **NOTA** Se usa más en plural. ◆ adv. **3 junto** En una posición inmediata o cercana: *te esperaré*

junto a tu casa. **4** Al mismo tiempo o a la vez: *junto al aparato te envío las instrucciones.*
DER junta, juntar.

juntura n. f. **1** Parte por donde se unen dos o más cosas: *por las junturas de las ventanas entra agua.* SIN junta. **2** Pieza de goma u otro material flexible que se coloca en la unión de dos tubos o partes de un aparato para asegurar su unión. SIN junta.

jura n. f. Hecho y ceremonia por los que una persona se compromete a cumplir con fidelidad los deberes de un cargo o servicio: *a la jura del nuevo presidente de Gobierno y los nuevos ministros asistirá el rey.*
▶ jura de bandera Hecho y ceremonia por los que una persona se compromete a servir y ser fiel a la nación.

jurado, -da adj. **1** [persona] Que ha prestado juramento para desempeñar su cargo o su función: *es un intérprete jurado.* **2** [declaración] Que se hace bajo juramento: *tuvo que presentar una declaración jurada.* ◆ n. m. **3** Tribunal formado por un conjunto de ciudadanos que tiene la función de determinar la inocencia o la culpabilidad del acusado en un proceso judicial: *en España se implantó el jurado en 1996.* **4** Ciudadano que forma parte de este tribunal. **5** Tribunal formado por un conjunto de personas especialistas en una materia que examina y califica en un concurso o en una competición deportiva.

juramentar v. tr. **1** Tomar juramento a una persona. ◆ v. prnl. **2** juramentarse Obligarse varias personas con juramento a hacer algo: *se han juramentado para finalizar a tiempo su trabajo.*

juramento n. m. **1** Acto y expresión con los que una persona asegura una cosa de forma rotunda, poniendo por testigo a Dios o a personas o cosas muy respetadas. **2** Palabra o expresión malsonante u ofensiva: *es muy mal hablado, de cada dos palabras tres son juramentos.* SIN palabrota, taco.

jurar v. tr. **1** Asegurar una cosa de forma rotunda poniendo por testigo a Dios o a personas o cosas muy respetadas: *te juro por mi hijo que no volveré a hacerlo.* **2** Comprometerse a cumplir con fidelidad los deberes de un cargo o servicio. ◆ v. intr. **3** Decir palabras o expresiones malsonantes y ofensivas: *se ha dado un golpe y ha empezado a jurar de manera incontrolada.*
▶ jurar bandera Comprometerse a servir y ser fiel a la nación: *ha jurado bandera y ahora tendrá unos días de vacaciones.* jurársela o jurárselas a alguien Asegurar una persona que se vengará de otra: *te la juró cuando le gastaste aquella mala pasada.*

jurásico, -ca adj./n. m. **1** GEOL. [período] Que forma parte de la era secundaria o mesozoica de la historia de la Tierra y durante el que los dinosaurios experimentaron una gran expansión y diversificación. ◆ adj. **2** GEOL. De este período geológico o que tiene relación con él.

jurel n. m. Pez marino comestible de cuerpo carnoso y espinas fuertes y agudas en los costados, con la parte superior de color azul: *el jurel habita formando bancos en el mar Negro, el Mediterráneo y el Atlántico oriental.* SIN chicharro.

jurídico, -ca adj. Del derecho o sus leyes o que tiene relación con él.
DER jurisconsulto, jurisdicción, jurisperito, jurisprudencia, jurista.

jurisconsulto, -ta n. m. y f. Persona especializada en la ciencia del derecho que se dedica a la teoría y a resolver consultas legales.

jurisdicción n. f. **1** Autoridad o poder para juzgar y aplicar las leyes: *este asunto es de la jurisdicción del gobernador, no del alcalde.* **2** Territorio en el que se ejerce esa autoridad o poder.
DER jurisdiccional.

jurisprudencia n. f. **1** DER. Estudio y ciencia del derecho: *es un experto en jurisprudencia y todo el mundo le consulta dudas.* **2** DER. Doctrina o enseñanza que se extrae de las sentencias de los tribunales. **3** DER. Norma que sustituye la falta de una ley y que se basa en las prácticas seguidas en casos iguales o parecidos: *esta nueva sentencia sentará jurisprudencia, puesto que no había ningún delito parecido.*

jurista n. com. Persona que se dedica a estudiar o ejercer el derecho.

justa n. f. **1** Combate entre dos personas montadas a caballo y armadas con lanza que se realizaba como entrenamiento o como exhibición en un festejo durante la Edad Media. **2** Competición literaria: *una justa en la que participarán alumnos de diversos centros.*

justicia n. f. **1** Cualidad o virtud de proceder o juzgar respetando la verdad y dando a cada uno lo que le corresponde: *debes decidir con justicia quién se merece el puesto de trabajo.* ANT injusticia. **2** Acción de proceder o juzgar respetando la verdad y dando a cada uno lo que le corresponde: *los damnificados pedían justicia ante el tribunal.* **3** Organismo oficial que se encarga de juzgar y de aplicar las leyes: *los estafadores han caído en manos de la justicia.* **4** Aplicación de una pena tras un juicio: *recibieron justicia a los pocos días.*

▸ **hacer justicia** Proceder o juzgar respetando la verdad y dando a cada uno lo que le corresponde: *los jueces deben hacer justicia.*

DER justiciero; ajusticiar, injusticia.

justificable adj. Que se puede justificar por tener razones a favor: *la violencia es difícilmente justificable.*

justificación n. f. **1** Explicación de la causa o del motivo razonable de una cosa: *la justificación de su durísima respuesta es obvia: lo habían insultado repetidamente.* **2** Demostración con pruebas de una cosa: *el jefe me ha exigido la justificación de los gastos.*

justificante adj. **1** Que justifica. ◆ n. m. **2** Documento que atestigua y verifica algo, como un pago: *justificante médico.* SIN comprobante.

justificar v. tr. **1** Ser la causa, la explicación o el motivo razonable de una cosa: *la grave enfermedad de su madre justifica que ande nervioso y de mal humor.* **2** Demostrar o probar una cosa, especialmente con documentos escritos: *justificó su enfermedad con un certificado médico.* **3** En tipografía, igualar la longitud de las líneas de un texto impreso. ◆ v. tr./ prnl. **4** Defender o demostrar la inocencia de una persona: *no ha venido, pero se ha justificado diciendo que ha tenido un imprevisto.*

OBS En su conjugación, la *c* se convierte en *qu* delante de *e*.

DER justificación, justificante.

justo, -ta adj./ n. m. y f. **1** [persona] Que actúa con objetividad y justicia: *es una persona muy justa y te dará lo que te mereces.* ◆ adj. **2** Que respeta las leyes: *ha sido una sentencia justa.* **3** Que es exacto: *tienes que decirme las medidas justas de tu cama.* **4** Que está apretado o ajustado: *el pantalón me está justo.* ◆ adv. **5** **justo** Exactamente: *es justo lo que quería oírte decir.*

DER justicia, justificar, justipreciar; ajustar, injusto.

juvenil adj. **1** De la juventud o que tiene relación con ella: *a pesar de su edad, le gusta vestirse de forma juvenil.* ◆ adj./ n. com. **2** [deportista] Que se incluye, por tener una edad entre los 15 y 18 años, en la categoría comprendida entre la de cadete y la de júnior.

juventud n. f. **1** Período de la vida que está entre la niñez y la edad adulta: *durante su juventud hizo muchas locuras.* SIN mocedad. ANT senectud, vejez. **2** Energía y vitalidad propias de este período de la vida: *aunque tiene sesenta años, está en plena juventud.* **3** Conjunto de personas jóvenes: *cada vez son más frecuentes los accidentes de tráfico entre la juventud.* **4** Primera etapa en la existencia o el desarrollo de algo. ◆ n. f. pl. **5** **juventudes** Conjunto de jóvenes que forman parte de un partido político: *las juventudes del partido se reúnen este fin de semana.*

DER rejuvenecer.

juzgado n. m. **1** Tribunal de un solo juez: *tu asunto lo llevará el juzgado número seis.* **2** Edificio o local donde se juzga: *el detenido llegó al juzgado esposado.* **3** Territorio en el que un juez tiene autoridad: *este asunto no es competencia de este juzgado.* **4** Conjunto de jueces que forman un tribunal.

juzgar v. tr. **1** Deliberar, quien tiene autoridad para ello, acerca de las acciones o las condiciones de una persona y emitir sentencia o dictamen sobre ellas: *lo van a juzgar por un caso de racismo.* **2** Formar una opinión razonada sobre un asunto o persona: *no se debe juzgar a nadie por la primera impresión.* SIN considerar.

OBS En su conjugación, la *g* se convierte en *gu* delante de *e*.

DER juzgado; prejuzgar.

abcdefghij**K**lmnñopqrstuvwxyz

k n. f. Undécima letra del alfabeto español.
NOTA Su nombre es *ka*. El plural es *kas*: *las palabras que se escriben con* k *son de origen griego, como kilo, o extranjero, como kárate.*
OBS Representa ante las cinco vocales el mismo sonido consonántico velar oclusivo sordo que tiene la *c* ante *a, o, u*.

ka n. f. Nombre de la letra k.

kabuki n. m. Modalidad teatral japonesa de carácter popular en la que se alterna el diálogo con partes recitadas o cantadas.
OBS Es de origen japonés.

karaoke n. m. **1** Sistema audiovisual que reproduce la música y, a la vez, la letra escrita de una canción para que sea interpretada por un cantante no profesional: *le hemos regalado un karaoke a mi hijo, porque se divierte mucho cantando en casa.* **2** Establecimiento público en el que se halla instalado este sistema, generalmente un bar, un pub o una discoteca: *creíamos que era una persona tímida, pero estuvimos anoche en un karaoke y no paró de cantar ante decenas de personas.*
OBS Es de origen japonés.

karate o **kárate** n. m. Técnica de lucha sin armas procedente de Japón que consiste en intentar derribar al contrario mediante golpes secos realizados con los bordes de las manos, con los codos y con los pies: *el kárate es un arte marcial y fundamentalmente un sistema de defensa personal.*
OBS Es de origen japonés. En España es más frecuente el uso de la forma *kárate*.

karateca n. com. Persona que practica el kárate: *karateca experimentado.*
OBS También se escribe *karateka*.

karma n. m. En algunas religiones de la India, creencia en que el comportamiento de un ser en una vida influye en sus vidas sucesivas: *según el karma, los actos que realices hoy condicionan tus próximas existencias.*

karst o **carst** n. m. Paisaje calcáreo lleno de grietas, galerías y formas modeladas por la acción erosiva y disolvente del agua: *este terreno lleno de piedras calizas es un karst.*
DER kárstico.

kárstico, -ca o **cárstico, -ca** adj. Del karst o con las características de este relieve: *el Torcal de Antequera es una formación kárstica.*
OBS La Real Academia Española admite tanto *kárstico* como *cárstico*.

kart n. m. Automóvil monoplaza de pequeño tamaño que está provisto de un motor de dos tiempos y embrague automático y carece de caja de velocidades, carrocería y suspensión: *las competiciones de karts se realizan en circuitos; los karts no están homologados para circular por carretera.*
OBS Es una palabra inglesa. El plural es *karts*

kayak n. m. Embarcación pequeña muy ligera, estrecha, alargada y casi cerrada, con una o más aberturas centrales para los tripulantes; navega propulsada por remos de pala muy ancha que no están sujetos al casco de la nave.

kebab n. m. Comida de origen árabe consistente en una masa de carne (de codero, ternera o pollo) ensartada en una varilla que se asa haciéndola girar: *un kebab de cordero.*
OBS Es una palabra turca. El plural es *kebabs*.

kéfir n. m. Alimento líquido y espeso, parecido al yogur, que se hace con leche fermentada mediante bacterias y levaduras: *el kéfir tiene un sabor fuerte y agridulce.*

kelvin n. m. Unidad básica de temperatura en el sistema internacional que mide el calor producido por una acción mecánica: *K es el símbolo del kelvin, denominación internacional del kelvinio.*

kendo n. m. Técnica de lucha de origen japonés, parecida a la esgrima, que se practica con sables de bambú.

kétchup n. m. Salsa de tomate sazonada con vinagre, azúcar y especias: *los productos de las hamburgueserías suelen llevar mucho kétchup.*
OBS También se escribe *ketchup.*

kiko n. m. Grano de maíz tostado y salado: *compra un paquete de kikos en ese quiosco.*
OBS También se escribe *quico.*

kilo n. m. **1** Unidad básica de masa en el sistema internacional: *kilo es la abreviatura de kilogramo.* SIN kilogramo. **2** Millón de antiguas pesetas: *todavía no me creo que le tocaran cien kilos en la lotería.*
OBS También se escribe *quilo.*

kilocaloría n. f. Unidad de energía térmica que equivale a 1000 calorías: *kcal es el símbolo de la kilocaloría.*

kilogramo n. m. Unidad básica de masa en el sistema internacional: *kg es el símbolo de kilogramo.* SIN kilo.
▶ kilogramo fuerza Unidad de fuerza que equivale al peso de un kilogramo sometido a la gravedad normal: *9,8 newton corresponden a un kilogramo fuerza.* SIN kilopondio.
OBS También puede escribirse quilogramo.

kilolitro n. m. Medida de capacidad que equivale a 1 000 litros: *el símbolo del kilolitro es kl.*

kilometraje n. m. Número de kilómetros que hay o se recorren entre dos puntos: *no te olvides de medir el kilometraje para facturar los gastos de este viaje.*

kilométrico, -ca adj. **1** Del kilómetro o que tiene relación con esta unidad de longitud: *punto kilométrico.* **2** Que es muy largo: *el orador pronunció un discurso kilométrico: se hizo de noche y seguía hablando.*
OBS También se escribe *quilométrico.*

kilómetro n. m. Medida de longitud que equivale a 1000 metros: *km es el símbolo de kilómetro.*
▶ kilómetro cuadrado Medida de superficie que equivale a un millón de metros cuadrados: *km^2 es el símbolo de kilómetro cuadrado.* kilómetro cúbico Medida de volumen que equivale a mil millones de metros cúbicos: *km^3 es el símbolo de kilómetro cúbico.* kilómetro por hora Medida de velocidad que equivale a 1/3,6 metros por segundo: *km/h es el símbolo de kilómetro por hora.*
OBS También se escribe *quilómetro.*
DER kilometrar, kilométrico.

kilopondio n. m. Unidad de fuerza en el sistema internacional que equivale al peso de 1 kilogramo sometido a la gravedad normal: *kp es el símbolo del kilopondio.* SIN kilogramo fuerza.

kilovatio n. m. FÍS. Unidad de potencia eléctrica en el sistema internacional que equivale a 1000 vatios: *kW es el símbolo del kilovatio.*
▶ kilovatio hora FÍS. Unidad de trabajo o energía equivalente a la energía producida o consumida por una potencia de un kilovatio en una hora: *el símbolo del kilovatio hora es kWh.*

kimono n. m. **1** Prenda de vestir japonesa que llega hasta los pies, está cruzada y ceñida por delante y tiene mangas largas y anchas: *es muy original: en vez de un batín, usa un kimono.* **2** Prenda deportiva compuesta por una chaqueta y un pantalón anchos, de tejido resistente y con los que se practican diversas artes marciales: *el karateca se ajustó el kimono con el cinturón.*
OBS Es de origen japonés. La Real Academia Española también admite la forma *quimono.*

kiosco n. m. **1** Caseta de pequeño tamaño, generalmente de material ligero, que está colocada en las calles y otros lugares públicos para vender periódicos, flores, golosinas y otros artículos: *no he podido comprar el periódico, porque el kiosco está cerrado.* **2** Construcción de pequeño tamaño con forma de templete, cubierta y abierta por todos los lados, que se instala en parques o jardines: *el pasado domingo hubo teatro para niños en el kiosco de la alameda.*
OBS La Real Academia Española recoge *kiosco,* pero prefiere la forma *quiosco.*

kit n. m. Conjunto de objetos que sirven para distintos usos de una misma acción o actividad: *kit de primeros auxilios.*
OBS El plural es *kits.*

kiwi n. m. **1** Fruto comestible, de forma redonda, con la cáscara fina y de color marrón y con el interior verde o amarillo y jugoso. **2** Arbusto trepador de flores blancas o amarillas que da ese fruto. **3** Ave originaria de Nueva Zelanda, de plumas largas y parduscas, alas muy poco desarrolladas y pico largo y curvado: *el kiwi es un ave nocturna que se alimenta de gusanos, insectos y diversos vegetales.*
NOTA Para indicar el sexo se usa *el kiwi macho y el kiwi hembra.*

kleenex n. m. Pañuelo de papel.
OBS Procede de una marca registrrada. El plural es *kleenex.* También se escribe *clínex.*

K. O. n. m. **1** Fuera de combate: *un K. O. técnico; dejar K. O. al adversario.* **2** Derrotado o sorprendido: *la noticia de su muerte nos dejó K.O.; el fallo del jurado fue tan sorprendente que la prensa se quedó K.O.*

OBS Sigla de la expresión inglesa *knock out.*

koala n. m. Mamífero parecido a un oso pequeño, con grandes orejas y pelo gris, cuya hembra tiene una bolsa en el vientre donde guarda a sus hijos los primeros meses de vida: *el koala es originario de Australia, vive en los árboles y se alimenta de vegetales.*

OBS Para indicar el sexo se usa *el koala macho* y *el koala hembra.*

kril n. m. Conjunto de pequeños crustáceos marinos que forman parte del plancton y sirven de alimento a las ballenas y otros animales marinos.

OBS También se escribe *krill.*

kung-fu n. m. Técnica de lucha de origen chino que se basa tanto en los golpes con las manos y los pies como en la concentración mental del luchador.

OBS Es de origen chino y se pronuncia aproximadamente «cunfú». La Real Academia Española también admite la forma *kunfgú.*

kurdo, -da adj. **1** Del Kurdistán o que tiene relación con esta región del Oriente Medio que abarca zonas de Turquía, Armenia, Irak e Irán. ◆ adj./ n. m. y f. **2** [persona] Que es del Kurdistán. ◆ n. m. **3** Lengua hablada en esta región.

OBS También se escribe *curdo.*

abcdefghijk**L**mnñopqrstuvwxyz

l n. f. **1** Duodécima letra del alfabeto español. **NOTA** Su nombre es ele. El plural es eles. **2** Letra que tiene el valor de 50 en la numeración romana. **NOTA** Se escribe con letra mayúscula. **3** Abreviatura de litro. **NOTA** Se puede escribir con letra minúscula o mayúscula, pero se prefiere la primera.

la det. **1** Forma femenina singular del artículo determinado: *la casa; la amistad.* **NOTA** Véase *él.* ◆ pron. pers. **2** Forma femenina del pronombre de complemento directo: *—¿dónde está mi regla?—La he visto en la mesa.* **NOTA** El plural es *las.* ◆ n. m. **3** Sexta nota de la escala musical.
DER laísmo.

laberíntico, -ca adj. **1** [construcción, edificio] Que tiene planta de laberinto. **2** Que es confuso o está enmarañado o enredado como las calles de un laberinto: *estructura laberíntica.*

laberinto n. m. **1** Conjunto de calles y caminos que se entrecruzan y disponen de tal manera que es muy difícil hallar la salida; suelen construirse con paredes de ladrillos o bien con un cercado de matas y arbustos vivos. **2** Problema o situación difícil por presentar diferentes posibilidades o aspectos que confunden: *el detective tiene pistas para aclarar el laberinto que debía resolver.* **3** Entretenimiento gráfico que consiste en un conjunto de espacios entre líneas impresas combinadas de manera que todas cierran el paso menos una, la cual permite hallar la salida o llegar al objetivo. **4** ANAT. Parte del oído interno de los vertebrados compuesta por un conjunto de pequeños conductos y cavidades.

labial adj. **1** De los labios o que está relacionado con ellos: *lápiz labial.* ◆ adj./ n. f. **2** LING [sonido consonántico] Que se articula con intervención de los labios: *la* b *es una labial.*
DER bilabial.

labio n. m. **1** Cada una de las dos partes exteriores, carnosas y movibles de la boca de los mamíferos. **labio leporino** Labio superior de una persona cuando está partido por una malformación del paladar. **2** Borde exterior de algunas cosas, especialmente si su forma recuerda a un labio. **NOTA** Suele usarse en plural. **3** Órgano que sirve para hablar, sobre todo cuando quiere expresarse que no se utiliza: *te juro que de mis labios no han salido tales acusaciones.*
▶ **morderse los labios** Hacer esfuerzos por no hablar o por no reír, a pesar de tener motivos sobrados para hacerlo: *me tuve que morder los labios para no discutir.* **no despegar los labios** No hablar, sobre todo cuando se hace con obstinación: *Miguel no ha despegado los labios en toda la tarde.*
DER labia, labiado, labial.

labiodental adj./ n. f. [sonido consonántico] Que se pronuncia acercando el labio inferior a los dientes superiores: *la* f *es un sonido labiodental.*

labor n. f. **1** Trabajo o actividad que una persona lleva a cabo: *después de su enfermedad volvió a sus labores periodísticas.* **2** Operación que se realiza en el trabajo agrícola, especialmente la del cultivo de la tierra. **3** Trabajo que se hace cosiendo, bordando o tejiendo: *se compró una revista de labores.*
▶ **estar por la labor** Estar interesado y atento al realizar una actividad: *le dije que teníamos que acabar el trabajo, pero no estaba por la labor.* **NOTA** Suele usarse en frases negativas. **hacer labor** o **hacer labores** Coser o realizar un trabajo manual con hilo, lana o tela. **sus labores** Dedicación de la persona que no tiene una profesión remunerada y que se dedica a hacer los trabajos de su propia casa.
DER laboral, laborable, laborar, laboratorio, laborear, laborioso, laborismo; colaborar.

laborable adj. **1** [día, fecha, hora] Que se dedica al trabajo: *horario laborable.* ANT festivo. **2** [terreno] Que se puede laborar o trabajar: *tierra laborable.*

laboral adj. Que tiene relación con el trabajo o con los trabajadores, especialmente en los aspectos económicos, jurídicos y sociales: *pidieron la reducción de la jornada laboral.*
DER laboralista.

laborar v. intr. **1** *formal* Esforzarse para conseguir un fin determinado, especialmente si es algo de mucho interés. ◆ v. tr. **2** Cultivar la tierra o prepararla para el cultivo. SIN labrar.
DER laborable, laboratorio; colaborar, elaborar.

laboratorio n. m. **1** Local equipado para realizar experimentos científicos o trabajos técnicos. **2** Local dispuesto técnicamente para revelar negativos de filmaciones y fotografías. ▶ laboratorio de idiomas Aula dotada de medios audiovisuales para la enseñanza de idiomas.

laborioso, -sa adj. **1** Que trabaja mucho y de manera constante y aplicada: *las hormigas son laboriosas.* SIN afanoso. **2** [actividad, trabajo] Que exige mucho esfuerzo y dedicación. SIN afanoso.

labrado, -da adj. **1** Que ha sido grabado, esculpido o tallado. ◆ n. m. **2** Trabajo que se realiza en algún material, generalmente madera, metal, piedra o mármol, para darle forma o grabar en él. **3** Campo arado y preparado para sembrar en él.

labrador, -ra n. m. y f. Persona que se dedica a las labores del campo, especialmente si cultiva sus propias tierras. SIN campesino.

labranza n. f. **1** Cultivo de los campos: *apero de labranza.* **2** Hacienda de campo o tierra de labor.

labrar v. tr. **1** Cultivar la tierra o prepararla para el cultivo. **2** Abrir surcos en la tierra para sembrarla después: *labraron la tierra con el arado y luego plantaron las simientes.* SIN arar. **3** Trabajar un material, generalmente madera, piedra, metales, cuero o materias textiles, para elaborar un producto o para hacer adornos en relieve. **4** Cultivar una tierra ajena, por ejemplo una tierra por la que se ha pagado en concepto de arrendamiento o alquiler. **5** Fabricar o construir un edificio. SIN edificar. ◆ v. tr./ prnl. **6** Trabajar o esforzarse para conseguir una cosa: *está labrándose su fortuna.* NOTA Se utiliza con palabras como *desgracia, felicidad, fortuna, perdición, porvenir, ruina.*
DER labrada, labrado, labrador, labrantío, labranza, labriego.

labriego, -ga n. m. y f. Persona que cultiva los campos y vive en el medio rural.

laca n. f. **1** Sustancia que se aplica al cabello en aerosol y que sirve para fijarlo y conservar el peinado. **2** Sustancia resinosa que se forma en ciertos vegetales asiáticos y que está producida por insectos parecidos a la cochinilla; se utiliza en la fabricación de barnices y colorantes. **3** Barniz duro y brillante, hecho con laca natural o con productos sintéticos, que se usa en la decoración de objetos. laca de uñas Laca que, extendida sobre las uñas, les da color y brillo. **4** Objeto cubierto o decorado con laca, como un estuche, un jarrón o una figura: *una exposición de lacas.*
DER lacar.

lacado, -da adj. Que tiene la superficie pintada o barnizada con laca: *las puertas van en madera lacada.*

lacar v. tr. Pintar o barnizar con laca un objeto.
OBS En su conjugación, la *c* se convierte en *qu* delante de *e*.

lacayo n. m. **1** Criado que acompañaba a su señor a pie, a caballo o en el coche: *los lacayos llevaban un elegante uniforme llamado librea.* **2** Cada uno de los dos soldados de a pie que acompañaban a los caballeros en la guerra armados con una ballesta. **3** Persona aduladora y servil: *el ministro estaba rodeado de lacayos.*

lacio, -cia adj. **1** [cabello] Que cae sin formar ondas ni rizos: *tenía el pelo negro y lacio.* SIN liso. **2** [planta, flor] Que no tiene buen aspecto porque ha perdido su frescura, su verdor o su abundancia de hojas. SIN marchito, mustio. **3** Que no tiene o no hace fuerza: *estrechó su mano lacia.* SIN débil, flojo.

lacónico, -ca adj. **1** Que utiliza pocas palabras al hablar o al escribir: *es un novelista lacónico.* **2** Que es breve o conciso: *me respondió de forma lacónica.*

lacra n. f. **1** Señal que deja en una persona una enfermedad o un daño físico. **2** Defecto o vicio que marcan a una persona o a la sociedad: *el hambre y la miseria son lacras que debemos erradicar.*
DER lacrar.

lacrar v. tr. Cerrar o sellar una carta o documento con lacre.

lacre n. m. Pasta sólida semejante a la cera y

preparada en barritas, normalmente de color rojo, que se derrite con facilidad y vuelve a solidificarse rápidamente; se utiliza para cerrar una carta, documento o paquete, o para sellado y garantizar su autenticidad: *el lacre se calienta y se deja caer sobre la carta.*

lacrimal adj. De las lágrimas o que tiene relación con estas gotas de líquido que salen por los ojos: *glándula lacrimal.*

lacrimógeno, -na adj. **1** Que produce lágrimas: *la policía utilizó gases lacrimógenos para disolver la manifestación.* **2** [hecho, narración] Que provoca el llanto. SIN lacrimoso.

lacrimoso, -sa adj. **1** [ojo] Que llora o que tiene lágrimas: *tenía los ojos lacrimosos.* SIN lloroso. **2** [hecho, narración] Que provoca el llanto. SIN lacrimógeno. **3** [persona] Que llora o se lamenta con frecuencia. SIN llorón.

lactancia n. f. **1** Período de la vida de las crías de los mamíferos durante el cual se alimentan básicamente de leche, especialmente de la que maman de su madre. **2** Forma de alimentación que se da durante este período de vida.

lactante adj./ n. com. **1** [cría] Que mama o se alimenta de leche. ◆ adj./ n. f. **2** [madre] Que da de mamar.
DER lactancia.

lácteo, -tea adj. De la leche o que tiene relación con este producto alimenticio de color blanco: *la mantequilla y el yogur son productos lácteos.*

lactosa n. f. QUÍM. Azúcar que está presente en la leche de los mamíferos.

lacustre adj. **1** De los lagos o que tiene relación con estas acumulaciones de agua. **2** [ser vivo] Que tiene como hábitat los lagos y sus orillas: *las aves lacustres son grandes nadadoras.*

ladear v. tr. **1** Inclinar o desviar una cosa hacia un lado: *ladeó la cabeza para observar a su hermano.* ◆ v. intr. **2** Andar por las laderas de las montañas o fuera del camino derecho. ◆ v. prnl. **3** ladearse Tender o inclinarse una persona hacia una cosa.
DER ladeo.

ladera n. f. Pendiente de una montaña por cualquiera de sus lados: *el ganado se alimenta en las laderas.*

ladilla n. f. Insecto muy pequeño, chupador, sin alas y de cuerpo casi redondo, similar al piojo, que parasita en las zonas vellosas de los órganos genitales de los seres humanos.

ladino, -na adj./ n. m. y f. **1** [persona] Que actúa con astucia y disimulo para conseguir lo que se propone. ◆ n. m. **2** Dialecto del español, reflejo del que se hablaba en los siglos XIV y XV; lo utilizan las comunidades judías descendientes de las expulsadas de España en 1492. SIN sefardí.

lado n. m. **1** Parte izquierda o derecha del tronco o del cuerpo de una persona o animal. SIN costado. **2** Parte izquierda o derecha de un todo. **3** Parte situada junto a una persona o una cosa: *se sentó al lado de su madre.* **4** Parte próxima a los extremos de un cuerpo o un espacio determinado: *se agruparon a los lados del salón para dejar más espacio en el centro.* **5** Cara de un objeto: *los dos lados de una moneda.* **6** Lugar o sitio inconcreto en un espacio: *vámonos a otro lado.* **7** Aspecto concreto de un asunto general o punto de vista de un asunto al que se hace referencia como distinto de otro: *por un lado me pareció muy listo.* **8** Cada una de las dos líneas rectas que forman un ángulo: *los lados de un ángulo recto forman 90º.* **9** Cada uno de los segmentos que, junto con otros, limitan un polígono o una superficie: *los tres lados de un triángulo.* **10** Medio que se toma para lograr un fin determinado: *si no lo consigues de este modo, prueba de hacerlo por otro lado.* **11** Generatriz de la superficie lateral del cono y del cilindro.
▶ al lado Muy cerca de una cosa o una persona: *mi casa está al lado de la estación.* dar de lado Rechazar o excluir de una relación o del trato a una persona: *le dieron de lado.* de lado Que no es o que no está recto sino que está inclinado sobre una de sus partes: el sombrero te quedará mejor si te lo pones de lado. de medio lado Que no es o que no está recto, especialmente por descuido o negligencia: *ponte derecho, que siempre vas de medio lado.* dejar de (o a un) lado No tener en cuenta el asunto o persona que se menciona: *siempre le dejan de lado.* echarse (o hacerse) a un lado Apartarse para dejar paso o sitio libre o para evitar una cosa: *se echó a un lado justo a tiempo y la moto no le atropelló.* estar (o ponerse) del lado de Estar a favor o ser partidario de una persona, un grupo, una ideología u otra cosa: *la suerte no está de nuestro lado.* ir cada uno por su lado Seguir cada uno su camino por no estar de acuerdo con el otro o los otros. ir de lado Estar equivocado o no seguir el camino adecuado en un determinado propósito: *como no sigas mi consejo, irás de lado.* mirar de (o de

medio) lado **a.** Mirar a alguien con desprecio: *no me gusta ir a ese bar, hasta los camareros nos miran de lado.* **b.** Mirar con disimulo: *me miró de medio lado y al final cruzó la calle para no saludarme.*
DER ladear, ladera.

ladrador, -ra adj. Que ladra.

ladrar v. intr. **1** Dar ladridos el perro: *el caniche siempre ladraba a los extraños.* ◆ v. tr./ intr. **2** Hablar gritando o de manera poco agradable o educada: *ese chico solamente abre la boca para ladrar.* ◆ v. intr. **3** Amenazar a una persona sin actuar contra ella: *si al jefe le da por ladrar, ya se le pasará.*
DER ladrido.

ladrido n. m. **1** Voz característica del perro. **2** Grito o expresión desagradable o poco educada.

ladrillo n. m. **1** Pieza de barro cocido, generalmente con forma de prisma rectangular, que se usa en la construcción: *el albañil une los ladrillos con cemento.* **2** Cosa muy aburrida y difícil de soportar: *esa asignatura era un ladrillo.*
DER ladrillazo; enladrillar.

ladrón, -drona adj./ n. m. y f. **1** [persona, animal] Que roba: *los ladrones desvalijaron la casa.* NOTA Se usa como apelativo afectivo en el lenguaje familiar: *¡Ven aquí, ladrón, granuja, no te escapes!.* Se usa también como apelativo despectivo. ◆ n. m. **2** Pieza que se coloca en una toma de corriente para poder enchufar varios aparatos a la vez: *la televisión y la lámpara estaban conectados al mismo enchufe gracias a un ladrón.* **3** Paso abierto en un cauce o una presa para desviar parte del agua.

ladronzuelo, -la n. m. y f. Ladrón que roba con habilidad y sin violencia.

lady n. f. Título honorífico que se da a las señoras de la nobleza inglesa.

lagar n. m. **1** Recipiente en que se pisan, prensan o trituran las uvas, las aceitunas o las manzanas para obtener el mosto, el aceite o la sidra. **2** Edificio o lugar donde se realizan las labores de pisado, prensado y triturado de la uva, la aceituna o la manzana: *construyeron el lagar entre los olivares.*

lagartija n. f. Reptil terrestre pequeño y huidizo, con cuatro patas cortas y cola y cuerpo largos, de colores muy variados, aunque las más comunes son verdes o pardas; en muchos casos frecuentan lugares habitados por el ser humano.

lagarto, -ta n. m. y f. **1** Reptil terrestre de tronco fuerte, generalmente de color verde, con cuatro patas cortas y robustas y cola larga: *el lagarto se considera útil para la agricultura por los muchos insectos que devora.* ◆ adj./ n. m. y f. **2** [persona] Que actúa con listeza o que es hábil para engañar a otros: *al muy lagarto de Fermín no hay quien le engañe.* SIN astuto, taimado, pícaro. ◆ int. **3** ¡lagarto! Expresión que los supersticiosos usan cuando ocurre una cosa que creen que trae mala suerte, para ahuyentarla: *después de romper el espejo gritó: ¡lagarto, lagarto!* NOTA Se suele usar de manera repetida.
DER lagartija.

lago n. m. Acumulación grande y permanente de agua, generalmente dulce, en una depresión del terreno.

lágrima n. f. **1** Cada una de las gotas de líquido que se vierten por los ojos; se producen en las glándulas lagrimales, situadas entre el globo ocular y la órbita, y aparecen por una emoción intensa o por irritación del ojo: *una lágrima resbaló por su rostro.* lágrimas de cocodrilo Lloro fingido de una persona. **2** Objeto que tiene forma de lágrima: *limpió una por una las lágrimas de la lámpara.* **3** Pequeña cantidad de una bebida, especialmente de un licor. **4** Gota de líquido que segregan algunas plantas al ser podadas: *la vid segrega lágrimas cuando cortas sus ramas.* ◆ n. f. pl. **5** lágrimas Dolores, penas o sufrimientos: *en su matrimonio todo fueron lágrimas.*
▶ llorar a lágrima viva Llorar mucho y con gran pena: *hicieron las paces y acabaron llorando a lágrima viva.* saltársele las lágrimas Asomar las lágrimas en los ojos de una persona, generalmente por un sentimiento o una impresión muy fuerte: *no puede ver películas tristes, porque en seguida se le saltan las lágrimas.*

lagrimal n. m. **1** Zona del ojo comprendida en el ángulo de los párpados por el lado de la nariz: *el lagrimal derecho.* ◆ adj. **2** De las lágrimas o relacionado con ellas: *conducto lagrimal.* SIN lacrimal. ◆ adj./ n. m. **3** ANAT [hueso] Que es pequeño y delgado, está situado en la parte anterior e interna de las órbitas de los ojos y, junto con otro, contribuye a formar los conductos lagrimal y nasal: *los huesos lagrimales o unguis.*

laguna n. f. **1** Acumulación natural de agua, generalmente dulce, menos extensa y profunda que un lago. **2** Parte de un escrito o una exposición que falta o que se omite: *este* *manuscrito no está completo, tiene bastantes lagunas.* **3** Parte de una cosa que se desconoce o que se ha olvidado: *mi abuela cada vez tenía más lagunas en la memoria.* **4** Espacio que está sin ocupar en una lista, conjunto o serie: *en el registro de nacimientos encontró una laguna inexplicable.*

laicismo n. m. Corriente ideológica que defiende la independencia del ser humano, de la sociedad y del Estado de toda influencia religiosa o eclesiástica.

laico, -ca adj. **1** [cristiano] Que no ha recibido órdenes religiosas. SIN lego, seglar. **2** Que es independiente de toda confesión religiosa: *Diego estudió en una escuela laica y Francisco en un colegio de frailes.*
DER laicado, laicismo, laicizar.

laísmo n. m. GRAM. Fenómeno que consiste en usar las formas *la* y *las* del pronombre personal como objeto indirecto, en lugar de *le* y *les*; es un uso incorrecto: *un ejemplo de laísmo es decir *«la dije que viniera» en lugar de «le dije que viniera».*

laja n. f. Piedra grande, lisa, plana y no muy gruesa: *un muro hecho de lajas de pizarra.* SIN lancha.

lama n. m. **1** Sacerdote budista de la región del Tíbet. ◆ n. f. **2** Barro blando y oscuro que hay en el fondo de algunos mares, ríos, lagos y de lugares donde hay agua acumulada: *si tocas la lama del pantano toda el agua se enturbia.* **3** Tira lisa y delgada de una materia dura, especialmente madera, metal o cristal. **4** En minería, lodo de mineral molido que se deposita en los canales por donde corren las aguas procedentes de los aparatos trituradores. **5** Tela hecha de hilos de oro y plata. **6** Capa sólida en forma de tela fina que se forma en la superficie de algunos líquidos.

lambda n. f. Undécima letra del alfabeto griego: *la lambda equivale a la* l.

lameculos adj./ n. com. *malsonante* [persona] Que alaba a alguien o trata de agradar, movido por el interés y con el único objetivo de conseguir un favor o un beneficio. SIN pelota.
OBS El plural también es *lameculos*.

lamelibranquio adj./ n. m. **1** [molusco] Que pertenece a la clase de los lamelibranquios. ◆ n. m. pl. **2** lamelibranquios ZOOL. Clase de moluscos acuáticos cubiertos por dos conchas articuladas y simétricas: *la ostra, la almeja y el mejillón pertenecen a los lamelibranquios.*

lamentable adj. **1** [acontecimiento, acto] Que produce pena o dolor. **2** [acontecimiento, acto] Que causa mala impresión porque es inoportuno o desacertado. **3** [aspecto, estado] Que produce mala impresión porque está desmejorado o maltrecho: *tenía una cara lamentable.* SIN lastimoso, penoso.

lamentación n. f. Expresión del dolor, pena o disgusto que se siente: *no debería pasar el día entre lamentos inútiles.* SIN lamento, queja.
OBS Suele usarse en plural.

lamentar v. tr. **1** Sentir pena, disgusto o arrepentimiento por una cosa: *lamento que tuvieran que marcharse de la fiesta tan pronto.* SIN sentir. ◆ v. prnl. **2** lamentarse Expresar con palabras la pena, el dolor o la contrariedad que se siente: *pasaba el día lamentándose por la desaparición de su hijo.* SIN quejarse.

lamento n. m. Expresión del dolor, pena o disgusto por algo que se siente.
DER lamentar, lamentoso.

lamer v. tr. **1** Pasar la lengua por una cosa. **2** *formal* Tocar o rozar, especialmente un líquido, algún lugar con suavidad: *el mar lame las costas levantinas.*
DER lametada, lametazo, lametón, lamido; relamer.

lametazo n. m. Lametón.

lametón n. m. Roce de la lengua al lamer, en especial si se hace con energía: *el perro lo despertó a lametones.* SIN lametazo.

lámina n. f. **1** Pieza plana y delgada de cualquier materia: *no se puede entrar porque unas láminas de madera tapan la puerta.* **2** Plancha de metal, especialmente de cobre, en la que está grabado un dibujo que se va a reproducir después sobre una superficie. **3** Imagen o figura que está impresa en un papel: *me regalaron unas láminas con las mejores fotografías del año.* SIN estampa, grabado. **4** Parte ancha de las hojas de las plantas. **5** Aspecto o figura total de un animal. SIN estampa. **6** Parte más ancha de un hueso o de un cartílago.

laminar v. tr. **1** Reducir o transformar un metal u otro material maleable para darle forma de lámina, chapa o barra. **2** Recubrir una cosa con láminas. ◆ adj. **3** [cuerpo] Que tiene forma de lámina. **4** [cuerpo] Que tiene una estructura formada por láminas superpuestas y paralelas: *la estructura laminar del grafito.*
DER laminación, laminado, laminador.

lámpara n. f. **1** Instrumento que sirve para iluminar artificialmente. **2** Objeto que sirve de soporte para una o varias luces: *la lámpara del comedor era preciosa.* **3** Bombilla eléctrica: *llevo un juego de lámparas de repuesto.* **4** Dispositivo eléctrico parecido a una bombilla que llevan los televisores y algunos aparatos de radio. **5** Mancha en la ropa.

lampiño, -ña adj. **1** [hombre, muchacho] Que no tiene barba o que todavía no le ha salido. SIN imberbe. ANT barbudo. **2** [persona, cosa] Que tiene poco pelo o vello. ANT peludo. **3** BOT. [planta] Que no tiene pelos. ANT piloso.

lampista n. com. Persona que se dedica profesionalmente a hacer trabajos de fontanería y electricidad.

lana n. f. **1** Pelo de las ovejas y carneros, así como de otros animales que lo tienen parecido: *la lana de las llamas y de las vicuñas es muy apreciada.* **2** Hilo elaborado con este pelo: *en invierno llevamos ropa de lana.* **3** Tela elaborada con hilo de lana. lana virgen Lana empleada directamente y sin mezclas después de cortarla del animal. **4** Pelo de las personas, especialmente si lo llevan largo y revuelto: *recógete esas lanas.* SIN pelambrera, greña. NOTA Normalmente se usa en plural.

► ir por lana y volver (o salir) trasquilado **a.** Llevar la intención de sacar provecho de un asunto y salir perdiendo: *si pretendes ganar dinero en el casino, irás por lana y volverás trasquilado.* **b.** Querer perjudicar a alguien y salir perjudicado uno mismo.

DER lanar, lanero, lanoso, lanudo.

lanar adj. [res, especie] Que tiene lana: *ganado lanar.*

lance n. m. **1** Suceso real o imaginario que constituye una acción completa y con interés: *fue un viaje lleno de lances divertidos.* **2** Situación crítica, muy difícil o decisiva: *tenemos que ser fuertes para superar este lance.* **3** Enfrentamiento entre dos personas. lance de honor Combate entre dos personas, provocado por una ofensa inferida por una de ellas a la otra y ejecutado según ciertas normas caballerescas. SIN desafío, duelo. **4** Acción destacada que se produce en el transcurso de un juego de cartas o de un enfrentamiento deportivo. **5** Acción que consiste en lanzar una cosa despidiéndola con fuerza. **6** Pase que el torero da con la capa: *la verónica es uno de los lances más apreciados en el toreo.*

lancha n. f. **1** Barca grande de motor que se usa para servicios auxiliares en buques, puertos y lugares costeros. lancha rápida Barca grande de vigilancia costera o al servicio de buques de guerra. **2** Embarcación pequeña de remo o de motor, sin mástiles y con la popa cortada, cuyo suelo está formado normalmente por unas tablas atravesadas. lancha neumática Embarcación plegable e hinchable, de goma o de plástico, que se utiliza en rescates, desembarcos y en la navegación deportiva. **3** Embarcación auxiliar que va a bordo de un buque. **4** Barca utilizada para el transporte de pasajeros o carga, o para la pesca, en un río o en una zona costera: *pasamos al otro lado de la ría en la lancha.* **5** Piedra grande, lisa, plana y no muy gruesa. SIN laja.

landa n. f. Llanura extensa en la que solo crecen plantas silvestres: *las landas son características de las regiones templadas de clima atlántico.*

langosta n. f. **1** Crustáceo marino de color pardo oscuro, de ojos prominentes, cuerpo cilíndrico, cola larga y gruesa y cabeza grande, con cinco pares de patas y antenas muy desarrolladas; su carne, comestible, es muy apreciada. **2** Insecto de cuerpo alargado, ojos salientes, patas posteriores fuertes y muy largas con las que da saltos; se alimenta de vegetales y se reproduce con gran rapidez, por lo que algunas especies de costumbres migratorias llegan a constituir plagas para la agricultura.

langostino n. m. Crustáceo marino semejante a la langosta pero más pequeño, de cuerpo alargado y comprimido lateralmente; su carne, comestible, es muy apreciada

languidecer v. intr. **1** Perder la fuerza o la intensidad una persona o cosa: *las plantas languidecieron a causa del calor excesivo.* **2** Perder el ánimo o la alegría una persona o cosa. OBS En su conjugación, la *c* se convierte en *z* delante de *a* y *o*, como en *agradecer.*

lánguido, -da adj. **1** [persona, cosa] Que no tiene fuerza o energía: *su lánguido monólogo nos aburría.* **2** [persona, cosa] Que no tiene ánimo o alegría: *su mirada lánguida y triste daba lástima.*

lanudo, -da adj. Que tiene mucha lana o vello.

lanza n. f. **1** Arma formada por una vara muy larga con una punta metálica aguda y cortante en su extremo. **2** Vara larga de madera que sale de la parte delantera de un carruaje que sirve para darle dirección y para sujetar en ella los animales de tiro. **3** Tubo de me-

tal colocado como remate de las mangueras para dirigir el chorro de líquido: *la lanza del fumigador se ha embozado.*
▶ a punta de lanza Con severidad y exigencia: *lleva la dirección de su empresa a punta de lanza.* con la lanza en ristre Preparado para trabajar o enfrentarse a algo: *no nos podemos relajar nunca, siempre tenemos que estar con la lanza en ristre.* romper una lanza Salir en defensa de algo o de alguien.
DER lancero, lanceta, lanzada, lanzar.

lanzada n. f. Golpe dado con una lanza o herida producida por esta arma.
▶ lanzada a moro muerto Frase figurada con que se alude al ataque u ofensa que se hace contra enemigos, obstáculos o situaciones que ya no existen.

lanzadera n. f. **1** Pieza del telar que lleva un carrete de hilo en su interior y que utilizan los tejedores haciéndola correr a uno y otro lado del telar para formar el tejido; también existe en las máquinas de coser aunque tiene forma diferente: *la lanzadera sirve para insertar el hilo de la trama en la urdimbre.* **2** Aeronave capaz de transportar una carga al espacio y que puede regresar a la Tierra para volver a ser utilizada. **3** Vehículo que une regularmente dos puntos que están más o menos cerca: *la lanzadera entre las terminales del aeropuerto va a salir ahora.*

lanzado, -da adj. **1** [persona] Que es muy decidido y se atreve a todo. **2** Muy rápido o veloz: *el coche no pudo frenar a tiempo porque iba lanzado.*

lanzador, -ra n. m. y f. Deportista que practica alguna de las pruebas atléticas de lanzamiento: *la jabalina debe salir por encima del hombro del lanzador.*

lanzagranadas n. m. Arma portátil que se usa para lanzar granadas.
OBS El plural es *lanzagranadas.*

lanzamiento n. m. **1** Impulso fuerte que se da a una cosa para enviarla o proyectarla en una dirección, generalmente al aire: *retransmitieron por televisión el lanzamiento del cohete.* **2** Campaña publicitaria que da a conocer un producto que se pone a la venta: *el lanzamiento del nuevo diccionario ha sido todo un éxito editorial.* **3** Acción de lanzar la pelota en los diversos deportes que la utilizan, especialmente para volverla a poner en juego o para castigar una falta: *lanzamiento de tiros libres.* **4** Prueba de atletismo que consiste en lanzar un determinado objeto: *lanzamiento de peso.* **5** DER. Procedimiento judicial que obliga al ocupante de una vivienda a abandonarla: *el lanzamiento se decidió porque el inquilino no pagaba su deuda.*

lanzamisiles adj./n. m. [vehículo, lugar] Que se usa para lanzar misiles: *plataforma lanzamisiles.*
OBS El plural es *lanzamisiles.*

lanzar v. tr. **1** Dar un impulso fuerte a una cosa para enviarla o proyectarla en una dirección, generalmente al aire: *los chicos se lanzaron al agua.* **2** Dirigir palabras o expresiones contra alguien, especialmente cuando se hace con enfado: *le lanzó una mirada de odio.* **3** Emitir sonidos o palabras, generalmente con violencia o súbitamente: *la película de terror le hacía lanzar gritos histéricos.* **4** Dar a conocer al público alguna cosa, especialmente un nuevo producto, haciendo publicidad de él: *su empresa ha lanzado un nuevo perfume al mercado.* ◆ v. prnl. **5** lanzarse Dirigirse o precipitarse con rapidez o violencia hacia algo: *el halcón se lanzó sobre su presa.* SIN abalanzarse. **6** Decidirse a emprender una acción o actividad con energía, valor o violencia: *se lanzó al mundo de los negocios.*
OBS En su conjugación, la *z* se convierte en *c* delante de *e.*
DER lance, lanzada, lanzadera, lanzado, lanzador, lanzamiento; relanzar.

lapa n. f. **1** Molusco marino con una concha en forma de cono aplastado, lisa o con estrías, que vive adherido a las rocas de la costa; es comestible. **2** Persona demasiado insistente y pesada, de la que es difícil librarse.

lapicero n. m. Instrumento en forma de barra delgada y larga, con un cilindro fino de grafito u otra sustancia mineral en el interior, que sirve para escribir, dibujar o pintar. SIN lápiz.

lápida n. f. Piedra lisa, plana y no muy gruesa en la que se graban unas palabras en memoria de una persona o de un hecho: *las lápidas del cementerio eran de mármol o de granito.*

lapidar v. tr. **1** Matar a pedradas: *en los antiguos pueblos hebreos se lapidaba a los condenados a muerte.* **2** Lanzar piedras contra una persona. SIN apedrear.
DER lapidación; dilapidar.

lápiz n. m. **1** Instrumento en forma de barra delgada y larga, con un cilindro fino de grafito u otra sustancia mineral en el interior, que sirve para escribir, dibujar o pintar. SIN lapicero. **lápiz óptico** Dispositivo electrónico que tiene forma de lápiz y que puede captar señales y transmitirlas a un aparato electrónico, como un ordenador: *el lápiz óptico es muy útil para el diseño por ordenador.* **2** Barra de tamaño pequeño que contiene una sustancia para maquillar los ojos o los labios: *sacó un lápiz de labios de su bolso.*

▶ **a lápiz** Dibujado con ese instrumento: *el artista presentó también unos bocetos a lápiz de sus cuadros.*

lapso n. m. **1** Período de tiempo entre dos límites: *transcurrió un lapso de cinco años hasta que volvieron a verse.* **2** Lapsus, equivocación.
DER colapso, prolapso, relapso.

lapsus n. m. Equivocación que se comete por olvido o falta de atención: *son cuatro, no seis, lo siento, ha sido un lapsus.* **SIN** lapso. **lapsus línguae** Lapsus que se comete al hablar: *cometió un lapsus línguae al decir «cachalote» en vez de «chocolate».*
OBS El plural también es *lapsus.*

lar n. m. **1** Lugar de la casa o de la cocina donde se enciende el fuego. **SIN** hogar. **2** Divinidad de la casa o del hogar en la antigua Roma: *se creía que los lares protegían a la familia.* ◆ n. m. pl. **3** **lares** Lugar de origen de una persona o casa en la que vive con su familia: *¡hombre, Rogelio! ¿Qué haces tú por estos lares?*

largar v. tr. **1** Decir algo con insolencia y malas maneras. **2** Dar o propinar un golpe. **3** Hablar demasiado o inoportunamente: *no se lo cuentes, que siempre lo larga todo.* **4** Dar algo con desprecio o deprisa: *le largó veinte duros para que se callara.* **5** Echar a una persona de un lugar o de un empleo: *sus padres le han largado de casa.* **6** MAR. Soltar o dejar libre poco a poco una cuerda o un cable: *le largaron un cabo para que subiera a bordo.* ◆ v. intr. **7** Hablar sin un fin determinado o sobre temas poco importantes. ◆ v. prnl. **8** **largarse** Irse o marcharse de un lugar: *se ha largado sin decir adiós.*
OBS En su conjugación, la *g* se convierte en *gu* delante de *e.*

largo, -ga adj. **1** Que tiene mucha longitud o duración. **ANT** breve, corto. **2** Que tiene demasiada longitud o duración. **3** [tiempo, medida] Que pasa de lo justo o indicado: *su padre mide dos metros largos.* **4** [tiempo, período] Que es muy grande o dilatado: *estuvo trabajando largos años en aquella empresa.* **NOTA** En esta acepción el adjetivo se antepone siempre al sustantivo. **5** [persona] Que es muy alto. **6** [persona] Que es inteligente o tiene habilidad: *es muy largo y lo resuelve todo rápidamente.* **7** [persona] Que da con generosidad lo que tiene: *es cariñosa y larga en atenciones.* **8** [prenda] Que llega hasta los pies: *lucía un vestido largo.* **ANT** corto. ◆ adj./n. f. **9** [vocal, sílaba] Que tiene mayor duración: *en la métrica del latín y el griego se cuentan las sílabas largas y breves.* **ANT** breve. ◆ n. m. **10** Longitud total de una cosa: *mide siete metros y medio de largo.* **11** Distancia que se nada en una piscina al atravesarla por el lado de mayor longitud: *todos los días hacía veinte largos.* **12** Longitud de un animal que corre en una carrera con otros: *mi caballo ganó por un largo.* **13** MÚS. Composición o parte de una composición que se toca a un ritmo muy lento: *me gusta el largo de la sonata.* **SIN** lento. **14** Trozo de tela o de tejido de determinada longitud: *para hacerte ese vestido necesitarás tres largos de tela.* ◆ int. **15** **¡largo!** Expresión que se usa para echar violentamente a alguien: *¡largo de aquí!* **a la larga** Después de haber pasado cierto tiempo: *a la larga, trabajar así te resultará rentable.* **a lo largo** Siguiendo una longitud o duración: *a lo largo del río hay embarcaderos y balsas.* **dar largas** Retrasar un hecho o acontecimiento de manera intencionada: *cuando le digo que me devuelva el dinero, siempre me da largas.* **de largo a.** Con vestido hasta los pies: *Teresa irá a esa boda de largo.* **b.** Desde mucho tiempo antes: *es un problema que arrastra de largo.* **largo y tendido** Con detenimiento y durante mucho rato: *hablaremos largo y tendido sobre este asunto.*
DER largamente, largar, larguero, largueza, larguirucho, largura; alargar.

largometraje n. m. Película cinematográfica de duración superior a una hora.

laringe n. f. ANAT. Órgano del aparato respiratorio en forma de tubo, de paredes musculosas y situado entre la faringe y la tráquea: *en la laringe se encuentran las cuerdas vocales que, al vibrar, producen la voz.*
DER laríngeo, laringitis, laringología, laringotomía.

laríngeo, -gea adj. ANAT. De la laringe o que tiene relación con este órgano.

laringitis n. f. MED. Inflamación de la laringe.
OBS El plural también es *laringitis.*

larva n. f. ZOOL. Animal en estado de desarrollo en la fase posterior a la salida del huevo

y anterior a su forma adulta, entre los seres vivos que pasan por diversas transformaciones, como la mayoría de los invertebrados o los anfibios: *el renacuajo es la larva de la rana.*
DER larvado, larvario.

lasaña n. f. Plato que se prepara con láminas de pasta que se alternan con capas de picadillo variado: *lasaña de pescado.*
OBS Puede encontrarse la grafía italiana *lasagna.*

lasca n. f. Fragmento plano y delgado desprendido de una piedra.

lascivo, -va adj. **1** [gesto, palabra] Que manifiesta una inclinación exagerada al deseo sexual: *dirigió a la mujer una mirada lasciva.* SIN lujurioso. ◆ adj./ n. m. y f. **2** [persona] Que siente una inclinación exagerada al deseo sexual. SIN lujurioso.
DER lascivia.

láser n. m. **1** Rayo de luz de un solo color, de luz intensa y de gran energía: *en la discoteca hay un juego de luces con láser.* **2** Aparato electrónico que produce este tipo de rayos: *el láser se utiliza en medicina, en las telecomunicaciones y en la industria.*
OBS Deriva de una sigla inglesa, *Light Amplification by Stimulated Emission of Radiation,* que significa 'amplificación de la luz por emisión estimulada de radiación'. Su plural es *láseres,* pero si acompaña a otro nombre en aposición, es invariable: *rayos láser.*

lasitud n. f. Estado de debilidad y cansancio próximo al desfallecimiento.

lástima n. f. **1** Sentimiento de pena o dolor que se tiene hacia una persona que sufre o hacia una cosa que ha sufrido un mal. SIN compasión. **2** Cosa que causa pena o dolor: *fue una lástima que no pudieras asistir a la fiesta.* ◆ int. **3** **¡lástima!** Se usa para lamentarse porque una cosa no ha sucedido como se esperaba: *¡lástima!, hemos vuelto a perder por un solo punto.* **dar lástima** Causar una cosa o persona compasión en alguien: *me da lástima ver tanta pobreza.*

lastimar v. tr./ prnl. **1** Herir o causar dolor físico: *se lastimó una pierna haciendo gimnasia.* ◆ v. tr. **2** Ofender o producirle un daño moral a una persona: *las críticas negativas lastimaron su orgullo.*
DER lástima, lastimero, lastimoso.

lastimero, -ra adj. [expresión, queja] Que provoca lástima o compasión: *se podía oír la voz lastimera de un niño abandonado.* SIN lastimoso.

lastimoso, -sa adj. **1** Que produce pena o dolor: *llegaron a una situación lastimosa y decidieron separarse.* **2** [aspecto, estado] Que produce mala impresión porque está desmejorado o maltrecho: *le llevaron a casa en un estado lastimoso.* SIN lamentable.

lastrar v. tr. **1** Poner peso en una embarcación para hacer que baje su línea de flotación y darle mayor estabilidad. **2** *formal* Poner obstáculos o impedimentos a algo: *graves limitaciones ideológicas lastraban sus investigaciones.*

lastre n. m. **1** Peso que se pone en el fondo de una embarcación para hacer que baje su línea de flotación y aumente su estabilidad. **2** Peso que llevan los globos aerostáticos en un conjunto de sacos de tierra para desprenderse de ellos cuando quieren ganar altura o ralentizar el descenso. **3** Obstáculo físico o moral que hace difícil llevar a buen fin lo que se intenta: *esas malas costumbres son un lastre para sus relaciones sociales.* **4** Piedra de mala calidad que queda en la superficie de una cantera.
DER lastrar.

lata n. f. **1** Lámina delgada y lisa de hierro o de acero cubierta con una capa fina de estaño por las dos caras. SIN hojalata **2** Recipiente hecho con este material; se usa para guardar y conservar sólidos o líquidos: *las latas de conservas están herméticamente cerradas.* **3** Asunto que cansa o que molesta, por ser muy pesado: *la película fue una lata.*
▶ **dar la lata** Molestar o hacerse pesado con cosas inoportunas o con exigencias: *te voy a dar la lata hasta que me hagas caso.*
DER latazo, latón, latoso; enlatar.

latazo n. m. Persona o cosa pesada, fastidiosa y molesta: *las clases de filosofía son un latazo.*

latente adj. Que está oculto o que existe sin mostrarse al exterior: *se comportaba con amabilidad, pero un odio latente crecía en su pecho.*
DER latencia.

lateral adj. **1** Que está o pertenece al lado de una cosa. **2** [asunto] Que tiene una importancia menor: *siempre estamos discutiendo por problemas laterales.* SIN secundario. **3** [genealogía, herencia] Que no es directo: *Carmen tiene conmigo un parentesco lateral, ya que es la mujer de mi hermano.* ◆ adj./ n. f. **4** [sonido] Que se pronuncia dejando salir el aire por los lados de la lengua: *el sonido de la ll es lateral.* **5** [letra] Que representa este sonido: *la l es* *una letra lateral.* ◆ n. m. **6** Parte de un objeto que está cerca del extremo: *el balcón está en un lateral de la casa.* ◆ n. com. **7** Jugador que habitualmente se mueve por los lados del campo en deportes de equipo como el balonmano o el fútbol.

DER lateralizar; bilateral, colateral, unilateral.

látex n. m. Jugo vegetal de aspecto lechoso que se obtiene de los cortes hechos en el tronco de algunos árboles y que se emplea en la fabricación de gomas y resinas: *el látex coagula al contacto con el aire.*

OBS El plural también es *látex.*

latido n. m. **1** Movimiento rítmico del corazón al contraerse y dilatarse. **2** Golpe producido por este movimiento. **3** Sensación intermitente de dolor: *notaba unos latidos en la sien muy molestos.*

latifundio n. m. Propiedad de tierra de cultivo de gran extensión que pertenece a una sola persona: *en el sur de España abundan los latifundios.* **ANT** minifundio.

latifundismo n. m. Distribución de la propiedad de la tierra en fincas de gran extensión de un único propietario y sistema de explotación agraria de estas.

latifundista adj. **1** Del latifundio o relacionado con él. ◆ n. com. **2** Propietario de uno o más latifundios.

latigazo n. m. **1** Golpe dado con un látigo u otro objeto parecido. **2** Sonido del látigo al golpear o al restallar en el aire. **3** Dolor agudo, breve y repentino: *creía que no me había hecho daño al caer, pero al levantarme sentí un latigazo en la rodilla.* **4** Sacudida que se siente al recibir una pequeña descarga eléctrica: *al intentar arreglar el enchufe me dio un latigazo.* **5** Hecho inesperado que produce un gran daño moral o que sirve de estímulo a alguien: *los latigazos de la crítica le animaron a esforzarse más en su trabajo.* **6** Trago de una bebida alcohólica.

látigo n. m. **1** Instrumento que consiste en una cuerda o correa larga y flexible, unida por un extremo a una vara y que sirve para castigar o para golpear a los animales y que se muevan o realicen un trabajo. **2** Atracción de feria que consiste en una serie de coches o vagonetas que van unidos manteniendo cierta distancia entre sí; impulsados eléctricamente, recorren un circuito en el que hay curvas, en las cuales se producen fuertes sacudidas al aumentar la velocidad. **3** Cuerda o correa que sirve para apretar o asegurar la cincha de la cabalgadura.

▶ **usar el látigo** Actuar severamente o con gran dureza: *si no acabamos hoy, el jefe usará el látigo.*

latín n. m. **1** Lengua que los antiguos romanos hablaron y extendieron por todo el Imperio romano y de la que proceden las lenguas románicas. ◆ n. m. pl. **2** **latines** Palabra o frase en lengua latina empleada en español: *el anciano empezó a decir latines y nadie lo entendió.*

▶ **saber latín** Ser muy inteligente o astuto: *ten cuidado, que ese gato sabe latín.*

latinista n. com. Persona que se dedica a estudiar la lengua, la literatura y la cultura latinas.

latinizante adj. Que imita la lengua, la cultura o las costumbres latinas o lo que se considera propio de ellas: *rasgos latinizantes; un gusto latinizante.*

latino, -na adj. **1** Que tiene relación con el latín: *el francés, el catalán y el español son lenguas latinas.* **2** Relacionado con los países o regiones en que se habla alguna lengua procedente del latín: *los países latinos.* **3** Que tiene relacion con Latinoamérica, especialmente si vive en EE.UU.: *la salsa, el mambo y el merengue son ritmos latinos.* ◆ adj./ n. m. y f. **4** [persona] Que pertenece a un país latinoamericano: *los latinos constituyen la minoría más grande en EE.UU.*

DER grecolatino, neolatino.

latinoamericano, -na adj. **1** [país americano] Que fue colonizado por las naciones latinas de Europa. **2** De estos países o que tiene relación con ellos. ◆ n. m. y f. **3** Persona nacida en uno de estos países o que vive habitualmente en uno de ellos.

latir v. intr. **1** Moverse con ritmo el corazón o las arterias por sus movimientos de contracción y dilatación. **2** Estar muy vivo y presente, pero sin mostrarse al exterior: *un fuerte deseo latía en su pecho.*

DER latido.

latitud n. f. **1** Distancia que hay desde un punto de la superficie de la Tierra hasta el paralelo del ecuador; se mide en grados, minutos y segundos sobre los meridianos: *Lugo está a 43 grados de latitud norte.* **2** Distancia astronómica desde el plano de la órbita hasta un punto de la esfera celeste o del círculo galáctico. **3** Región o localidad, considerados respecto a su distancia con el ecuador: *la vegetación varía según la latitud.* **NOTA** En este sentido se usa también en plural para referirse a un lugar desacostumbrado o alejado: *¿qué haces por estas latitudes?* **4** En un cuerpo de dos dimensiones, la menor. **SIN** anchura. **ANT** longitud.

lato, -ta adj. **1** *formal* Que es extenso. **2** [sentido] Que se da a una palabra, frase o texto por extensión de su significado y que no es el que le corresponde estricta y literalmente: *en la frase «hemos organizado un banquete de ochenta cubiertos», la palabra «cubierto» se utiliza en sentido lato para referirse a los comensales.*
DER latitud.

latón n. m. Metal de color amarillo, mezcla de cobre y cinc; es dúctil y maleable, y se pule y brilla con facilidad: *los apliques de ese mueble son de latón.*

latrocinio n. m. Hurto o fraude, especialmente el que se comete contra bienes públicos: *el fraude fiscal es una forma de latrocinio.*

laúd n. m. Instrumento musical de cuerda más pequeño que una guitarra y con caja de forma ovalada; las cuerdas, seis o más, son dobles, y la tablilla de las clavijas forma un ángulo muy pronunciado con el mango, que es corto.

laudes n. f. pl. Conjunto de oraciones que se dicen después de maitines; constituyen una de las partes en que se divide el rezo diario a que están obligados algunos eclesiásticos.

laurel n. m. **1** Árbol con el tronco liso, de corteza delgada y con las hojas duras, permanentes, lanceoladas, de color verde oscuro, brillantes y de olor agradable. **2** Premio o fama que resulta de un éxito o un triunfo: *los laureles de la victoria.* **NOTA** Se usa más en plural.
▶ dormirse en los laureles No esforzarse lo suficiente en conseguir algo por estar satisfecho con los resultados ya obtenidos y confiar demasiado en el éxito: *un campeón no debe dormirse en los laureles.*
DER laurear.

lava n. f. Materia fundida e incandescente que surge de un volcán en erupción y forma corrientes por sus laderas: *la lava, al enfriarse, se solidifica y forma rocas.*

lavable adj. Que puede ser lavado sin que se estropee: *tejido lavable.*

lavabo n. m. **1** Pila fija, normalmente de porcelana o cerámica, con uno o más grifos y un desagüe, que suele instalarse en los cuartos de baño y se usa sobre todo para lavarse las manos, la cara y los dientes. **2** Habitación de aseo personal equipada con una de estas pilas y un retrete: *el lavabo está al fondo del pasillo.* **SIN** aseo, servicio, váter.

lavadero n. m. **1** Lugar o habitación en donde se lava la ropa. **2** Pila, normalmente de cemento, para lavar ropa. **3** Lugar de una mina donde se lavan los minerales, especialmente las arenas que contienen oro.

lavado n. m. **1** Acción que consiste en limpiar una cosa mojándola con agua u otro líquido. **2** Limpieza o reparación de manchas morales como las culpas y las ofensas.
▶ lavado de cerebro Acción psicológica sistemática que se ejerce sobre una persona para imponerle unas ideas y transformar su mente de una manera determinada: *sufrió un lavado de cerebro en aquella secta.* lavado de estómago Limpieza del estómago haciendo pasar por él agua con medicamentos que eliminan las sustancias dañinas: *el niño tragó detergente y tuvieron que hacerle un lavado de estómago en el hospital.*
DER prelavado.

lavadora n. f. Electrodoméstico para lavar la ropa.

lavamanos n. m. **1** Recipiente que se llena con agua y limón y se pone en la mesa para lavarse los dedos. ◆ n. m. **2** Pequeño lavabo que sirve para lavarse las manos. **SIN** lavatorio. **3** Mueble de madera o hierro donde se coloca la palangana o un jarro de agua y objetos para el aseo personal. **SIN** aguamanil, lavatorio, pajecillo, palanganero.
OBS El plural también es *lavamanos.*

lavanda n. f. **1** Arbusto de tallo leñoso, hojas pequeñas y finas de color verde grisáceo y flores azules en espiga muy aromáticas. **SIN** espliego. **2** Líquido elaborado con la esencia de las flores y las hojas de ese arbusto que se utiliza como perfume: *colonia de lavanda.*

lavandería n. f. Establecimiento comercial donde se dedican a lavar ropa: *lleva el traje a la lavandería porque es muy delicado.*

lavandero, -ra n. m. y f. Persona que se dedica profesionalmente a lavar ropa.

lavaplatos n. m. **1** Electrodoméstico que sirve para lavar los platos, los vasos y otros utensilios de cocina. **SIN** lavavajillas. ◆ n. com. **2** Persona que se dedica profesionalmente a lavar platos: *el lavaplatos del restaurante era un chico muy joven.*
OBS El plural también es *lavaplatos.*

lavar v. tr./ prnl. **1** Limpiar una cosa mojándo-

la con agua u otro líquido. **2** Limpiar manchas morales, del honor o de la conciencia, como una culpa o un agravio: *el caballero quería lavar la ofensa con sangre.* **3** Dar color o sombras a un dibujo con aguadas o con tinta diluida en agua: *el pintor lavó el dibujo para difuminar algunos detalles.* ◆ v. intr. **4** Resistir un tejido el lavado: *las prendas de algodón lavan muy bien.*
DER lavable, lavabo, lavadero, lavado, lavadora, lavandero, lavativa, lavatorio, lavazas, lavotear.

lavativa n. f. **1** Líquido que se inyecta por el ano en el intestino para provocar la defecación o con otros fines terapéuticos o analíticos. SIN enema. **2** Instrumento manual que se utiliza para inyectar ese líquido.

lavatorio n. m. **1** Limpieza que se hace con agua u otro líquido. **2** Ceremonia católica del Jueves Santo que recuerda a Jesucristo lavando los pies a sus apóstoles. **3** Líquido hervido con sustancias medicinales que se usa para limpiar una parte exterior del cuerpo. **4** Pequeño lavabo que sirve para lavarse las manos; está formado por un depósito de agua con un caño, una llave y una pila: *compraron un lavatorio de cerámica.*

lavavajillas n. m. **1** Electrodoméstico que sirve para lavar los platos, los vasos y otros utensilios de cocina. SIN lavaplatos. **2** Detergente que sirve para lavar los platos, los vasos y otros utensilios de cocina.
OBS El plural también es *lavavajillas.*

laxante adj./n. m. [medicamento, alimento] Que facilita la expulsión de los excrementos.

lazada n. f. **1** Atadura que se deshace fácilmente tirando de una de las puntas: *se ató los zapatos con doble lazada para que no se le aflojaran.* **2** Cada uno de los círculos o anillas que quedan al hacer ese nudo. **3** Lazo de adorno.

lazar v. tr. Coger o sujetar a una persona, un animal o una cosa con un lazo.
OBS En su conjugación, la *z* se convierte en *c* delante de *e.*
DER lazada; enlazar, entrelazar.

lazarillo n. m. **1** Persona o perro que acompaña a un ciego para guiarle. **2** Persona que acompaña a otra para ofrecerle su ayuda.

lazo n. m. **1** Atadura que se deshace fácilmente tirando de una de las puntas: *la dependienta cerró el paquete y lo ató haciendo un lazo con la cuerda.* SIN lazada. **2** Adorno de cinta que imita este nudo u otro más elaborado, especialmente el que sirve para sujetar o adornar el pelo: *se cambió la diadema por un bonito lazo de terciopelo.* **3** Cosa que imita la forma de este nudo: *lazo de flores.* **4** Unión o relación con una persona o cosa: *lazos de amistad.* SIN vínculo. **5** Corbata ancha que se anuda con dos lazadas junto al cierre del cuello: *el lazo se utilizaba mucho antiguamente.* **6** Nudo corredizo de alambre que sirve como trampa para animales, sobre todo conejos: *la caza con lazos está prohibida.* **7** Cuerda gruesa con un nudo corredizo en un extremo que sirve para cazar o sujetar animales. **8** Trampa o acción que tiene como fin llevar a alguien a una situación que le perjudica: *sus enemigos le tendieron un lazo.*
▶ echar (o tender) el lazo Atrapar a alguien contra su voluntad: *María te echó el lazo, ¿eh?*
DER lacería, lacero, lazar.

le pron. pers. Forma del pronombre de tercera persona para el objeto indirecto, en género masculino y femenino y en número singular: *le entregó la carta.* NOTA Se escribe unido al verbo cuando va detrás: *dile que venga.*
OBS La Real Academia Española no rechaza su uso como objeto directo cuando se refiere a una persona en masculino y en singular: *—¿visteis ayer a mi hijo? —Sí, le vimos.*

leal adj. **1** [persona] Que merece confianza porque es firme en sus afectos e ideas y no engaña ni traiciona: *siempre ha sido una amiga leal.* SIN fiel. ANT desleal. **2** [persona] Que es partidario de una persona, grupo o institución: *los soldados leales al presidente defendieron valientemente el palacio.* ANT desleal, traidor. ◆ adj. **3** [palabra, acto] Que se dice o se hace con firmeza y sinceridad. ANT falso, hipócrita, desleal. **4** [animal] Que muestra obediencia a su dueño y le sigue fielmente: *el perro y el caballo son considerados animales muy leales.* SIN fiel. ANT desleal.
DER lealtad; desleal.

lealtad n. f. **1** Firmeza en los afectos y en las ideas que lleva a no engañar ni traicionar a los demás: *la lealtad es una gran virtud.* SIN fidelidad. **2** Gratitud y obediencia incondicional que muestra un animal hacia su dueño. SIN fidelidad.

lebrato n. m. Cría de la liebre o liebre de corta edad.

lebrel adj./n. m. [perro] Que pertenece a una raza de talla alta y extremamente delgada, con el labio superior y las orejas caídas y las patas retiradas hacia atrás: *los lebreles son muy veloces y se usan para la caza.*

lección n. f. **1** Parte de un libro de texto o manual que forma una unidad independiente. SIN tema. **2** Conjunto de conocimientos que un maestro imparte de una vez: *la lección de hoy tratará de la generación del 27.* SIN clase. **3** Parte de una materia que se aprende de una vez: *la profesora nos ha puesto mucha lección para mañana.* **4** Explicación oral sobre un tema que da una persona: *han publicado sus lecciones de gramática.* lección magistral **a.** Lectura solemne y pública de un trabajo sobre un tema concreto que tiene lugar con motivo de un acontecimiento señalado. **b.** Lección impartida por un profesor o por otra persona, sin ninguna participación de los alumnos o de la audiencia: *viene aquí a darnos sus lecciones magistrales, y nosotros a callar y a tomar apuntes.* **5** Experiencia o ejemplo que sirve de enseñanza o de escarmiento: *aquel suceso le sirvió de lección.*

▶ dar una lección Hacerle comprender a una persona un defecto que tiene o un error que ha cometido, corrigiéndolo hábil o duramente: *la vida se encargará de darle una lección a ese egoísta.* tomar la lección Escuchar la lección el maestro al alumno para comprobar si ha aprendido lo que debía.

leche n. f. **1** Líquido blanco que producen las hembras de los mamíferos para alimentar a sus hijos, especialmente el que producen las vacas: *la leche y sus derivados son la principal fuente de calcio alimentario.* leche condensada Líquido blanco y espeso que se obtiene industrialmente evaporando leche y azúcar y que se reconstituye como leche al añadirle agua. leche entera Leche que conserva todas sus sustancias nutritivas, incluidas las grasas, después de tratarla industrialmente. leche frita Dulce que se prepara mezclando leche con harina y friéndola en la sartén. leche merengada Bebida refrescante que se prepara con leche, huevo, azúcar y canela. **2** Líquido blanco que segregan algunos vegetales. **3** Líquido más o menos concentrado que se obtiene macerando determinadas semillas en agua y luego machacándolas: *la leche de almendras se utiliza en alimentación y cosmética.* **4** Crema líquida de color blanco que se utiliza como cosmético: *la leche hidratante es buena para las pieles resecas.* **5** Golpe que recibe o da una persona: *menuda leche le arreó su padre por levantarle la voz.* **6** Cosa muy molesta o fastidiosa: *es una leche tener que trabajar los fines de semana.* SIN rollo. **7** *malsonante* Semen. ◆ int. **8** ¡leche! o ¡leches! Expresión que se usa para expresar asombro o fastidio: *¡leche!, ya me he olvidado otra vez las llaves.* a toda leche A toda velocidad o con mucha prisa: *tomó la curva a toda leche.* de leche **a.** [animal] Que es criado por los seres humanos para aprovechar su leche: *tenían muchas vacas de leche.* SIN lechero. **b.** [animal] Que todavía mama. mala leche **a.** Intención de hacer un daño físico o moral: *le dio un sopapo con toda su mala leche.* **b.** Mal humor de una persona: *tu hermano es un amargado, siempre está de mala leche.* ser la leche Ser un hecho o una persona asombroso o indignante: *es la leche: ha vuelto a subir el paro.* tener leche Ser muy afortunado.

DER lechada, lechal, lechazo, lechera, lechero, lechón, lechoso.

lechera n. f. Recipiente que se usa para guardar, servir o transportar la leche.

lechero, -ra adj. **1** De la leche o que tiene relación con este producto: *la industria lechera es muy importante en Asturias y Galicia.* **2** Que tiene leche o alguna de sus propiedades: *el cardo lechero es una planta muy alta que está cubierta de leche.* **3** [animal] Que es criado por los seres humanos para aprovechar su leche: *tengo una vaca lechera.* ◆ n. m. y f. **4** Persona que se dedica a vender o repartir leche: *el lechero dejó dos botellas en la puerta de la casa.*

DER lechería.

lecho n. m. **1** *formal* Cama para dormir o descansar. **2** Capa de un material preparada sobre el suelo para que el ganado duerma o descanse: *el buey se recostó sobre un lecho de paja.* **3** Depresión del terreno por donde corre un curso de agua: *el lecho del río contenía diminutas pepitas de oro.* SIN cauce. **4** Superficie sobre la que se asienta una masa de agua, como la del mar o la de un lago: *limpiaron el lecho del pantano.* SIN fondo. **5** Superficie plana de una materia determinada que cubre otra superficie y que puede servir para poner otras cosas encima: *un lecho de pétalos de rosa cubría toda la plaza.* **6** GEOL. Masa mineral en forma de capa que forma los terrenos sedimentarios. SIN estrato. **7** Especie de banco en que los romanos y los orientales se reclinaban para comer.

lechón n. m. Cría del cerdo que todavía mama. SIN cochinillo.

lechoso, -sa adj. **1** Que se parece a la leche: *las cremas hidratantes son lechosas.* **2** [vegetal] Que contiene un jugo blanco semejante a la leche.

lechuga n. f. Hortaliza que tiene unas hojas grandes y verdes que se unen en un tronco y que suele comerse en ensalada.
▶ más fresco que una lechuga **a.** Muy sano y fresco, con la energía propia de la salud: *se ha pasado la noche estudiando, pero está más fresco que una lechuga.* **b.** Muy fresco o desvergonzado: *Luis es más fresco que una lechuga: trata a todo el mundo con mucha confianza.*
DER lechuguino.

lechuza n. f. Ave rapaz de ojos grandes, con la cabeza redonda y la cara en forma de corazón, de pico pequeño y curvo y grandes alas; es de costumbres nocturnas y se alimenta principalmente de roedores.

lectivo, -va adj. Que se destina a dar clases en las escuelas y en otros centros de enseñanza: *esta semana tiene solo tres días lectivos.*

lector, -ra adj./ n. m. y f. **1** [persona] Que lee o que tiene afición por la lectura. ◆ n. m. y f. **2** Persona que ayuda en la enseñanza de su lengua materna en una universidad o escuela extranjeras: *Luisa pasó un año como lectora de español en una universidad inglesa.* **3** Persona que lee los textos enviados a una editorial y cuya opinión se valora a la hora de publicarlos o no. ◆ n. m. **4** Aparato electrónico que permite reproducir o transformar las señales grabadas en bandas o discos magnéticos: *un lector de discos compactos.* lector óptico Aparato electrónico que permite la lectura automática de caracteres escritos: *el lector óptico sirve para leer los códigos de barras.* **5** Aparato electrónico que proyecta en una pantalla lo que está escrito en microfilmes o microfichas.
DER lectorado, lectura.

lectura n. f. **1** Actividad que consiste en interpretar el significado de una serie de signos escritos. **2** Texto u obra que se lee o que ha de leerse. **3** Interpretación del sentido de una obra o de un hecho concreto: *el crítico hizo una lectura muy particular de la obra completa de Cervantes.* **4** Actividad que consiste en descifrar e interpretar, o en registrar, cualquier tipo de signo: *la lectura de los contadores de la luz.* **5** Exposición oral ante un tribunal de un trabajo escrito anteriormente: *la lectura de la tesis.* **6** Reproducción o visualización de los datos almacenados informáticamente: *el disco duro está estropeado y no permite la lectura de los archivos.*

leer v. tr. **1** Interpretar el significado de una serie de signos escritos: *mi hijo está aprendiendo a leer.* leer de corrido Leer algo de una vez y rápidamente: *me he leído el periódico de corrido porque no tenía tiempo.* **2** Pronunciar en voz alta un texto escrito. **3** Descifrar e interpretar cualquier tipo de signo: *ha aprendido a leer los labios.* **4** Adivinar una intención o el significado de algo a partir de determinadas señales: *me gustaría aprender a leer el futuro.* **5** Exponer y defender en público un trabajo de investigación o un ejercicio: *mañana leerá la tesis doctoral.* **6** Reproducir o visualizar los datos almacenados informáticamente.
▶ leer el pensamiento Adivinar la intención de una persona sin que ella la exprese: *sa-*

leer

INDICATIVO	SUBJUNTIVO
presente	**presente**
leo	lea
lees	leas
lee	lea
leemos	leamos
leéis	leáis
leen	lean
pretérito imperfecto	**pretérito imperfecto**
leía	leyera o leyese
leías	leyeras o leyeses
leía	leyera o leyese
leíamos	leyéramos o leyésemos
leíais	leyerais o leyeseis
leían	leyeran o leyesen
pretérito perfecto simple	**futuro**
leí	leyere
leíste	leyeres
leyó	leyere
leímos	leyéremos
leísteis	leyereis
leyeron	leyeren
futuro	
leeré	
leerás	
leerá	
leeremos	
leeréis	
leerán	
condicional	
leería	
leerías	
leería	
leeríamos	
leeríais	
leerían	

IMPERATIVO	
lee	(tú)
lea	(usted)
leed	(vosotros)
lean	(ustedes)

FORMAS NO PERSONALES	
infinitivo	**gerundio**
leer	leyendo
participio	
leído	

bía lo que iba a decir: le estaba leyendo el pensamiento. **leer entre líneas** Deducir algo que no se explica abiertamente en un escrito: *se podía leer entre líneas que no tenía intención de asistir.*

OBS En su conjugación, la *i* de la desinencia se convierte en *y* delante de *o* y *e*.

DER lectivo, lector, leído; releer.

legado n. m. **1** Bien material que una persona hereda de otra. **SIN** herencia. **2** Cosa espiritual o material que se recibe de los que vivieron antes. **SIN** herencia. **3** Hombre enviado por una autoridad para que actúe en su nombre con un fin determinado: *el príncipe acudió como legado del rey.*

legajo n. m. Conjunto de papeles escritos, generalmente atados, que tratan de un mismo asunto.

legal adj. **1** Que es ordenado por la ley y se ajusta a ella: *el curso legal de una moneda.* **ANT** ilegal. **2** De la ley, del derecho o que tiene relación con ellos: *el fiscal emprendió una acción legal contra los estafadores.* **3** [persona] Que es responsable y puntual en el cumplimiento de un deber: *los acusados aseguran haber sido siempre legales trabajadores.* **4** [persona] Que merece confianza porque es firme en sus afectos e ideas y no engaña ni traiciona.

DER legalidad, legalismo, legalizar; ilegal.

legalidad n. f. **1** Conformidad o adecuación con lo que la ley establece: *investigaron la legalidad de sus actos.* **2** Sistema de leyes vigente en un país o territorio.

legalismo n. m. **1** Tendencia o actitud de quien antepone a todo la aplicación estricta de las leyes. **2** Formalidad o detalle legal que obstaculiza o condiciona la plena resolución de una cosa: *los legalismos son una gran traba para el desarrollo de las iniciativas privadas.*

legalización n. f. **1** Acción de legalizar: *una manifestación por la legalización del aborto.* **2** Acto administrativo por el que la autoridad competente acredita la autenticidad de un documento o firma: *la legalización de un testamento.*

legalizar v. tr. **1** Hacer legal una cosa: *muchos inmigrantes intentan legalizar su situación.* **2** Confirmar la autenticidad de una firma o documento: *el notario legalizó la firma de los herederos.*

OBS En su conjugación, la *z* se convierte en *c* delante de *e*.

DER legalización.

legaña n. f. Secreción de color amarillo que se acumula en los ángulos internos de los ojos o en las pestañas, generalmente durante el sueño. **SIN** lagaña, pitarra.

legañoso, -sa adj. Que tiene legañas en los ojos. **SIN** pitañoso.

legar v. tr. **1** Dejar en herencia un bien, un derecho o una obligación mediante un testamento: *le legó todas sus propiedades a él solo.* **2** Dejar o transmitir una cosa, especialmente cultura, ideas o tradiciones, a los que siguen en el tiempo: *legó toda su obra a la posteridad.* **3** Enviar a una persona como legado o representante.

OBS En su conjugación, la *g* se convierte en *gu* delante de *e*.

DER legación, legado, lejajo, legal, legatario; relegar.

legendario, -ria adj. **1** De las leyendas o que tiene relación con estas narraciones populares: *Ulises es un héroe legendario.* **2** [persona, suceso, cosa] Que fue muy famoso y que sigue siendo muy comentado. ◆ n. m. **3** Libro en el que se reúnen varias leyendas o varias vidas de santos: *mi profesora de literatura tiene un legendario auténtico del siglo XVI.*

legging n. m. Pantalón largo, básicamente femenino, de tejido elástico que se ajusta a las piernas. **SIN** mallas.

OBS Se usa más el plural *leggings* para referirse a una sola prensa. Se pronuncia aproximadamente «leguin».

legible adj. Que se puede leer: *tiene una letra legible: se entiende muy bien.*

DER legibilidad; ilegible.

legión n. f. **1** Cuerpo especial del ejército, formado por soldados profesionales, que actúa como fuerza de choque: *la legión es propia de los ejércitos español y francés.* **2** Cuerpo del ejército compuesto de infantería y caballería en el Imperio romano. **3** Cantidad grande de personas o animales, especialmente cuando persiguen un mismo fin: *una legión de adolescentes corría hacia el aeropuerto.*

legionario, -ria adj. **1** De la legión o que tiene relación con este cuerpo militar. ◆ n. m. y f. **2** Soldado de una legión moderna o de las legiones romanas: *los legionarios participaron en las tareas de pacificación.*

legislación n. f. **1** Conjunto de leyes por las cuales se regula un estado o una actividad determinada: *legislación laboral.* **2** Ciencia y conocimiento de las leyes: *asiste a un curso de legislación financiera.* **3** Acción que consiste en legislar: *la legislación es la tarea propia de los parlamentos.*

legislador, -ra adj./ n. m. y f. [persona, organismo] Que legisla o puede legislar.

legislar v. intr. Elaborar o establecer una o varias leyes: *los órganos encargados de legislar en España son el Congreso y el Senado.*
DER legislación, legislador, legislativo, legislatura.

legislativo, -va adj. **1** [organismo] Que tiene la misión o la facultad de hacer leyes: *los parlamentos de las comunidades autónomas son asambleas legislativas.* **2** Que está relacionado con los organismos que legislan y especialmente con el parlamento: *elecciones legislativas.* **3** Que está relacionado con la legislación o con las personas que legislan: *cuerpo legislativo.*

legislatura n. f. **1** Período de tiempo durante el cual el Gobierno y el parlamento de un Estado ejercen sus poderes; se inicia con la elección de sus miembros y acaba con su disolución, antes de celebrar unas nuevas elecciones: *según la Constitución española, la duración máxima de una legislatura es de cuatro años.* **2** Conjunto de órganos legislativos que actúan durante este período.

legitimar v. tr. **1** Convertir en legítima una cosa que no lo era: *no se pueden legitimar esas acciones violentas.* **2** Confirmar la autenticidad de un documento o firma: *el notario legitimó el contrato.* SIN legalizar. **3** Autorizar a una persona para ejercer una función o un cargo: *su victoria electoral lo legitima como nuevo presidente.* **4** Reconocer como legítimo un hijo que no lo era.
DER legitimación.

legitimidad n. f. Carácter o condición de lo que está conforme con la ley.

legítimo, -ma adj. **1** Que es conforme a las leyes: *los herederos exigieron sus legítimos derechos.* SIN legal, lícito. ANT ilegal, ilegítimo, ilícito. **2** Que es auténtico y verdadero. ANT falso, ilegal, ilegítimo. **3** Que es como tiene que ser y no se puede censurar: *sus peticiones eran legítimas.* SIN justo, lícito.

lego, -ga adj. **1** Que no tiene experiencia o conocimientos de determinada materia: *no me lo preguntes a mí, soy lego en política económica.* ◆ adj./ n. m. y f. **2** [persona] Que no ha recibido órdenes religiosas. SIN laico, seglar. ◆ adj./ n. m. **3** [religioso de un convento] Que no ha recibido las órdenes sagradas. ◆ adj./ n. f. **4** [religiosa de un convento] Que se dedica a faenas domésticas.

legua n. f. Medida de longitud que equivale a 5572,7 metros.
▶ **a la legua** o **a una legua** o **a cien leguas** De lejos, a gran distancia y de forma muy evidente: *se nota a la legua que no tienes idea de lo que dices.*

legumbre n. f. **1** Fruto o semilla que crece formando una hilera con otras iguales en el interior de una vaina: *las lentejas, las judías, los garbanzos y los guisantes son legumbres.* SIN leguminoso. **2** Planta que se cultiva en un huerto para su consumo, especialmente las de fruto en forma de vaina que se consumen frescas, como la judía o el guisante.

leguminoso, -sa adj./ n. f. **1** BOT. [planta] Que tiene fruto en legumbre o vaina, con varias semillas en su interior, y flores en forma de mariposa: *la acacia y la retama son plantas leguminosas.* ◆ n. f. pl. **2** **leguminosas** Familia que forman estas plantas: *las leguminosas pertenecen a la clase de las dicotiledóneas.*

lehendakari n. m. y f. Presidente del gobierno del País Vasco, en España.
OBS También se escribe *lendakari.*

leído, -da adj. [persona] Que ha leído mucho y tiene gran cultura y erudición: *es una mujer muy leída.*

leísmo n. m. GRAM. Fenómeno que consiste en usar las formas *le* y *les* del pronombre personal como objeto directo, en lugar de *lo* y *los*; es un uso incorrecto: *si se dice «me he comprado un cuadro, *mírale», se está cometiendo un leísmo, porque se debería decir «míralo».*
OBS El leísmo se admite generalmente como correcto cuando le se refiere a personas del género masculino: *a Álex, le vi ayer.*

leitmotiv n. m. Idea o motivo central de un escrito o discurso que se repite a lo largo de él: *el leitmotiv del relato es la crisis de valores.*
OBS Es de origen alemán.

lejanía n. f. **1** Parte o lugar que está o se ve lejos. **2** Distancia grande entre dos puntos.

lejano, -na adj. **1** Que está lejos o a gran distancia en el espacio o en el tiempo. SIN distante. ANT cercano. **2** [parentesco, semejanza] Que no tiene vínculos directos o firmes: *tiene un parecido lejano con mi hermano mayor.*
DER lejanía.

lejía n. f. Sustancia química líquida, transparente y de olor muy fuerte, compuesta generalmente de agua, sales alcalinas y sosa cáustica, que se usa para poner blanca la ropa y para desinfectar.

lejos adv. A gran distancia en el espacio o en el tiempo: *Australia está muy lejos de España.*
▶ **a lo lejos** A mucha distancia o desde mucha distancia: *solo una nube se veía a lo lejos.* **de (o desde) lejos** Desde bastante o mucha distancia: *de lejos parecía otra cosa.* **lejos de + infinitivo** Sirve para introducir una expresión que indica que lo que sucede o lo que se hace es todo lo contrario a lo que ese infinitivo expresa: *lejos de huir, se enfrentó a la fiera cara a cara.*
DER lejano; alejar.

lema n. m. **1** Frase que expresa un pensamiento que sirve de guía al comportamiento de una persona: *su lema fue siempre «divide y vencerás».* SIN regla. **2** Frase de un escudo o de un emblema. **3** Texto corto que se coloca delante de ciertas obras literarias para subrayar su idea central o resumir su contenido. **4** Palabra que encabeza cada artículo de un diccionario y que es la que se define: *el lema aparece siempre en un tipo de letra distinto, para que resalte.* **5** Palabra o conjunto de palabras que sirven para mantener en secreto el nombre del autor de una obra que se presenta a un concurso o a un examen; dicho secreto se mantiene hasta después del fallo del jurado: *presentó su novela bajo el lema «Rosa del desierto».* **6** Tema de un discurso o de un acto social. **7** MAT. Proposición que hay que demostrar antes de establecer un teorema matemático.
DER dilema.

lencería n. f. **1** Ropa interior y ropa para dormir femenina: *lencería fina.* **2** Ropa para la mesa, la cama o el baño. **3** Establecimiento donde se venden estos tipos de ropa: *voy a la lencería a comprarme unas medias.* **4** Industria y comercio de estos tipos de ropa: *la lencería aporta grandes beneficios a estos almacenes.*

lengua n. f. **1** Órgano muscular blando, carnoso y movible que se encuentra en el interior de la boca de los seres humanos y de algunos animales; interviene en la masticación y la deglución de los alimentos y en la articulación de sonidos: *una niña me sacó la lengua.* **lengua afilada (o viperina)** Manera de hablar de las personas aficionadas a criticar y a hablar mal de los demás: *con su lengua viperina no dejó títere con cabeza.* **lengua de trapo (o de estropajo) o media lengua** Persona que no pronuncia correctamente: *de pequeña le llamaban lengua de trapo porque no sabía hablar bien.* NOTA Se aplica sobre todo a los niños pequeños. **malas lenguas** Conjunto de personas que critican y hablan mal de los demás: *las malas lenguas dicen que mis vecinos se van a divorciar.* **2** Cosa que tiene la forma de ese órgano: *unas lenguas de fuego descendieron sobre los apóstoles.* **lengua de gato** Galleta o trozo de chocolate en forma de lengua: *me han regalado una caja de lenguas de gato.* **3** Sistema de palabras que utiliza una comunidad de hablantes para comunicarse: *muchas lenguas africanas no tienen un código escrito.* SIN idioma. **lengua extranjera** Lengua que no es propia del país del hablante. SIN segunda lengua. **lengua madre** Lengua de la que derivan otras lenguas: *el latín es la lengua madre de las lenguas romances.* **lengua materna a.** Lengua que, aprendida de los padres, se habla como propia: *el español es su lengua materna, pero habla además otros cuatro idiomas.* **b.** Lengua que es propia del país en que ha nacido el hablante: *la lengua materna de los franceses es el francés.* **lengua muerta** Lengua que ya no se habla: *el latín es una lengua muerta.* **lengua viva** Lengua que se habla actualmente en uno o más territorios: *el ruso y el japonés son lenguas vivas.* **lenguas hermanas** Lenguas que derivan de una misma lengua: *el castellano, el italiano, el francés y el portugués son lenguas hermanas, porque derivan todas ellas del latín.* **segunda lengua a.** Lengua que se aprende en segundo lugar y no se usa como propia o principal: *el inglés es mi segunda lengua.* **b.** Lengua que no es propia del país del hablante. SIN lengua extranjera. **4** Forma de hablar o de escribir característica de un grupo de personas, de un autor, de una región o de un período determinados. SIN habla, lenguaje. **5** Badajo o pieza móvil que cuelga en el interior de una campana y que la hace sonar.
▶ **con la lengua fuera** Con gran cansancio o atropelladamente por las prisas y el esfuerzo realizado: *subió las escaleras a toda prisa y llegó con la lengua fuera.* **darle a la lengua** Hablar demasiado o hablar de cosas sin importancia: *se pasaron toda la mañana dándole a la lengua y no hicieron nada de provecho.* **haber comido lengua** Expresión con la que se indica que alguien tiene mucha disposición para hablar: *no para de hablar, parece que haya comido lengua.* **hacerse lenguas** Alabar mucho una cosa: *no para de hacerse lenguas de lo bien que le trataron allí.* **irse de la lengua** Decir

una persona un secreto o algo que no tenía que decir: *Ana se fue de la lengua y desveló el secreto.* **morderse la lengua** Contenerse una persona para no decir algo que le gustaría poder decir: *tuve que morderme la lengua para no contestarle.* **tener la lengua muy larga** Tener facilidad en hablar de más, en decir inconveniencias o en ser poco discreto: *tu hermana tiene la lengua muy larga.* **tirar de la lengua** Hacer que una persona cuente un secreto o alguna cosa que en principio no quería contar: *le tiró de la lengua y él acabó explicándole el problema que tenía.*

DER lenguaje, lenguaraz, lengüeta; deslenguado.

lenguado n. m. Pez marino de cuerpo oval y muy aplanado, de boca lateral y ojos muy juntos en uno de sus lados cuya carne es muy apreciada.

lenguaje n. m. **1** Capacidad propia del ser humano para expresar pensamientos y sentimientos por medio de la palabra. **2** Conjunto de señales que usan los miembros de una misma especie animal para comunicarse: *el biólogo estudió el lenguaje de los delfines.* **3** Sistema de símbolos y señales que sustituye a las palabras y que permite componer y comprender un mensaje: *mi amigo aprendió el lenguaje de los sordomudos.* **4** Manera de expresarse que es característica de una persona o de un grupo: *el lenguaje periodístico.* **5** Medio que sirve para hacer comprender algo: *tuvieron que usar el lenguaje de las armas.* **6** Sistema de caracteres y símbolos informáticos que se utiliza para dar instrucciones a un ordenador: *es informático y sabe varios lenguajes de programación.*

DER metalenguaje.

lengüeta n. f. **1** Tira de cuero que lleva el calzado con cordones, que sirve para atarlos sin dañar el pie y para reforzar el empeine. **2** Pieza plana y pequeña, generalmente de caña o de metal, que, colocada en la boca de determinados instrumentos de viento, produce sonidos al vibrar: *no le sonaba el saxofón porque se le había roto la lengüeta.* **3** Objeto, mecanismo o instrumento delgado y alargado o parecido a una lengua: *la lengüeta de un cepo.*

lente n. f. **1** Cristal transparente con sus dos caras curvas o con una curva y otra plana, que cambia la dirección de la luz, consiguiendo así un determinado efecto óptico: *los microscopios, los telescopios y las cámaras fotográficas funcionan con lentes.* **2** Dispositivo electromagnético que hace las mismas funciones que los cristales ópticos de ciertos aparatos: *las lentes de un microscopio electrónico.* ◆ n. amb. pl. **3 lentes** Conjunto de dos cristales colocados en una montura que se apoya en la nariz y que se sujeta detrás de las orejas: *se puso los lentes para leer el periódico.* SIN gafas.
▶ **lente de contacto** Disco pequeño, flexible y transparente, que se aplica directamente sobre el ojo y sirve para corregir los defectos de la vista.

DER lentilla.

lenteja n. f. **1** Planta leguminosa con tallos débiles y ramosos, hojas compuestas y flores blancas, que produce unas vainas alargadas y aplastadas con semillas ordenadas en hilera en su interior. **2** Fruto de esta planta, compuesto por una vaina alargada y aplastada. **3** Semilla de esta planta, que es pequeña, marrón, redonda y aplastada, y que es comestible: *las lentejas tienen mucho hierro.*

DER lentejuela, lenticular.

lentejuela n. f. Laminilla redonda usada para hacer adornos a ciertas prendas de vestir: *un vestido de lentejuelas.*

lentilla n. f. Lente de contacto.

DER microlentilla.

lentisco n. m. Arbusto de hojas perennes y madera rojiza utilizada en ebanistería: *el lentisco abunda en los matorrales mediterráneos.*

lentitud n. f. Ritmo poco veloz con que se lleva a cabo una acción o un movimiento. ANT rapidez.

lento, -ta adj. **1** Que va despacio o que invierte mucho tiempo en realizar algo. ANT rápido. **2** [persona] Que no es rápido para comprender o que hace las cosas con mucha tranquilidad. **3** [acción, suceso] Que tarda mucho o demasiado en llegar a su desenlace: *tuvo una muerte lenta.* ANT rápido. **4** [calor] Que actúa con poca intensidad o fuerza: *has de cocer el arroz a fuego lento para que no se pegue.* ◆ n. m. **5** MÚS. Composición o parte de una composición que se toca a un ritmo muy lento: *el lento de la sinfonía me produce mucha tristeza.* SIN largo. ◆ adv. **6 lento** De manera lenta: *come más lento o te vas a atragantar.* SIN despacio.

DER lentitud.

leña n. f. **1** Conjunto de troncos, ramas y trozos de madera cortados de manera que sirven para hacer fuego. **2** Conjunto de golpes que se dan como castigo o en una pelea.

▸ echar leña al fuego Hacer que una situación conflictiva lo sea todavía más: *la discusión se iba haciendo cada vez más violenta, porque los vecinos no dejaban de echar leña al fuego.*

leñador, -ra n. m. y f. Persona que se dedica a cortar leña del bosque o a venderla.

leño n. m. **1** Trozo grueso de árbol cortado y limpio de ramas, listo para su uso como leña: *trae un par de leños, que el fuego se apaga.* **2** Parte sólida y consistente del tronco de los árboles que está debajo de la corteza: *el pino tiene un leño de color marrón claro.* **3** Tejido vegetal formado por el conjunto de los vasos leñosos de una planta. **4** Persona torpe y poco inteligente: *este hijo mío es un leño.* SIN zoquete, zote.

▸ dormir como un leño Dormir profundamente.

leñoso, -sa adj. Que tiene la dureza y consistencia propias de la madera: *el tallo de algunas plantas es leñoso.*

leo adj./n. com. [persona] Que ha nacido entre el 23 de julio y el 22 de agosto, tiempo en que el Sol recorre aparentemente Leo, el quinto signo del Zodíaco.

león, leona n. m. y f. **1** Mamífero felino muy fiero, grande y fuerte, con el pelo de color marrón claro, la cabeza grande, la cola larga y con uñas fuertes que usa para cazar a otros animales; el macho tiene una larga melena. **2** Persona valiente y decidida.

▸ león marino Mamífero carnívoro marino semejante a la foca, pero más grande, y que vive generalmente en grandes manadas en los mares fríos y se alimenta de peces. NOTA Para indicar el sexo se usa *el león marino macho* y el *león marino hembra*.

leonera n. f. **1** Casa o habitación que está muy desordenada: *ordena tu cuarto, parece una leonera.* **2** Jaula o sitio en el que se tienen encerrados los leones.

leonés, -nesa adj. **1** De León o que tiene relación con esta provincia de Castilla y León o con su capital. **2** Del antiguo reino de León o que tiene relación con él. ◆ adj./n. m. y f. **3** [persona] Que es de la provincia o de la ciudad de León. ◆ n. m. **4** Variedad lingüística medieval derivada del latín y usada en Asturias y el antiguo reino de León. **5** Variedad del castellano hablado en territorio leonés.

leopardo n. m. Mamífero felino, generalmente de color amarillento con manchas oscuras y el vientre claro, muy rápido y fiero, con uñas fuertes que usa para cazar animales: *el leopardo habita en África y Asia.*
OBS Para indicar el sexo se usa *el leopardo macho* y *el leopardo hembra*.

leotardo n. m. **1** Prenda de vestir muy ajustada, hecha de punto de lana o algodón, que cubre las piernas desde los pies hasta la cintura. **2** Prenda de vestir sin mangas de tejido muy delgado y elástico que se ajusta mucho al cuerpo.
OBS Se usa más el plural *leotardos*.

lepidóptero adj./n. m. **1** [insecto] Que pertenece al orden de los lepidópteros. ◆ n. m. pl. **2** lepidópteros ZOOL. Orden de insectos con dos pares de alas membranosas cubiertas de escamas, boca chupadora en forma de espiral, un par de antenas y ojos compuestos: *las mariposas pertenecen a los lepidópteros.*

lepra n. f. **1** Enfermedad grave provocada por una bacteria que infecta la piel y los nervios, produciendo manchas y heridas que no se cierran: *la lepra es una enfermedad muy infecciosa.* **2** Mal moral que se extiende con rapidez y es difícil de controlar: *el racismo es una lepra que hay que exterminar.*
DER leprosería, leproso.

leproso, -sa adj./n. m. y f. [persona] Que padece lepra: *antiguamente, los leprosos eran expulsados de las ciudades.*

leridano, -na adj. **1** De Lérida o que tiene relación con esta provincia de Cataluña o con su capital. SIN ilerdense. ◆ adj./n. m. y f. **2** [persona] Que es de Lérida. SIN ilerdense.

lesbianismo n. m. Atracción que siente una mujer por su mismo sexo en sus relaciones sexuales o amorosas.

lesbiano, -na adj. **1** Del lesbianismo o que tiene relación con este tipo de atracción sexual. ◆ adj./n. f. **2** [mujer] Que siente atracción sexual hacia otra mujer.

lesión n. f. **1** Daño físico causado por una herida, golpe o enfermedad: *tiene una lesión de espalda.* **2** Ofensa o daño moral: *una grave lesión a su honor.* SIN agravio, perjuicio.

lesionar v. tr. **1** Producir un daño o lesión: *el golpe lesionó la rodilla izquierda del jugador de baloncesto.* ◆ v. tr. **2** Hacer una ofensa o producir un daño moral.
DER lesionado.

letal adj. Que causa o puede causar la muerte: *ajusticiaron al condenado con una inyección letal.* SIN mortífero.

letanía n. f. **1** Oración formada por una serie de súplicas y llamadas, cada una de las cuales es dicha o cantada por una persona y repetida, contestada o completada por las demás. **2** Lista o relación larga y aburrida: *empezó con la letanía de todas sus desgracias.* SIN retahíla.

letargo n. m. **1** Estado de adormecimiento e inactividad en que quedan algunos animales en determinadas épocas del año. **2** Estado de cansancio y torpeza de los sentidos en el que se encuentra una persona por causa del sueño o de una enfermedad.

letra n. f. **1** Signo escrito que, solo o unido a otros, representa un sonido: *la palabra mosca tiene cinco letras.* letra de imprenta Letra que es mayúscula y está escrita a mano de la manera más clara posible: *por favor, rellene este impreso con letra de imprenta.* letra de molde Letra que ha sido impresa. letra pequeña (o menuda) Cláusula de un contrato que puede pasar desapercibida, como las escritas en un tipo menor que el texto principal: *tienes que fijarte bien en la letra pequeña antes de firmar.* **2** Forma de trazar los signos escritos propia de una persona, época o lugar: *tiene una letra horrible y no se entiende nada.* **3** Texto de una pieza musical cantada: *¿puedes copiarme la letra de esta canción?* **4** Documento por el que se debe hacer un pago en una fecha determinada: *todavía me quedan por pagar tres letras de mi casa.* NOTA También se dice *letra de cambio.* **5** Sentido exacto y literal de las palabras de un texto. **6** Pieza de imprenta que lleva una letra u otra figura que puede estamparse: *en las máquinas de escribir, las letras eran móviles.* ◆ n. f. pl. **7** letras Conjunto de estudios y disciplinas dedicados a la literatura, el arte o las ciencias humanas: *todavía no sabe si quiere estudiar letras o ciencias.*

▶ primeras letras Primera educación de los niños o período en el que se les enseña a leer y a escribir. a la letra o al pie de la letra De forma completa y fiel: *cumple sus promesas a la letra.*

DER letrado, letrero, letrilla; deletrear.

letrado, -da adj. **1** Que es sabio y tiene muchos conocimientos culturales. ANT iletrado. ◆ n. m. y f. **2** Persona licenciada en derecho, que da consejo en temas legales y representa a las partes afectadas en los juicios: *el letrado de la acusación.* SIN abogado.

DER iletrado.

letrero n. m. Indicación escrita que se pone en un lugar destacado para dar aviso o noticia de una cosa: *no veo bien el letrero de esa calle.* SIN rótulo.

letrilla n. f. Poema satírico o lírico con versos de ocho o seis sílabas y con unos estribillos que se repiten al final de cada estrofa.

letrina n. f. **1** Cuarto o caseta tosca donde se construye un depósito para evacuar los excrementos. **2** Lugar muy sucio o de aspecto repugnante.

leucemia n. f. Enfermedad de la sangre provocada por un exceso anormal de leucocitos o glóbulos blancos.

DER leucémico.

leucocito n. m. Célula de la sangre de los vertebrados, esférica e incolora, que se encarga de combatir a los microbios: *en la sangre hay millones de leucocitos.* SIN glóbulo blanco.

levadizo, -za adj. Que se puede levantar mediante un dispositivo: *puente levadizo.*

levadura n. f. **1** Sustancia que hace fermentar los cuerpos con los que se mezcla: *la levadura se emplea para hacer el pan, los pasteles y la cerveza.* **2** BOT. Hongo que forma esa sustancia.

levantamiento n. m. **1** Acción que consiste en mover o moverse una cosa de abajo hacia arriba. **2** Construcción de una obra, especialmente de un edificio o de un monumento: *fueron necesarios cientos de años para el levantamiento de esta catedral.* **3** Rebelión de un grupo numeroso de personas contra una autoridad: *en el siglo pasado se produjeron muchos levantamientos militares.* SIN alzamiento, motín, sublevación. **4** Suspensión de una pena o prohibición que es llevada a cabo por una persona autorizada para ello: *el juez ha decidido que se proceda al levantamiento del castigo.*

▶ levantamiento de un cadáver Reconocimiento de un cadáver por el juez y el médico forense que permite su traslado a un depósito; es una diligencia legal que se lleva a cabo tras los accidentes mortales.

levantar v. tr./prnl. **1** Mover de abajo hacia arriba: *levantó la mano porque quería hacer una pregunta.* **2** Poner en un lugar más alto: *se levantó la falda para cruzar el arroyo.* SIN alzar, subir. **3** Poner en posición vertical una cosa que estaba caída, inclinada o en posición horizontal: *por favor, levanta la silla que se ha caído.* SIN incorporar. **4** Fortalecer o dar vigor a una cosa, especialmente el ánimo: *¡levanta ese* *ánimo!, no te vayas a hundir ahora.* **5** Hacer que se separe una cosa de una superficie: *el agua ha levantado el parqué del suelo.* **6** Ocasionar o producir una cosa: *sus declaraciones han levantado mucha polémica.* **7** Crear un negocio o una empresa, o hacer que vuelva a funcionar después de una crisis: *todos los socios levantaron la empresa.* ◆ v. tr. **8** Hacer un edificio, un monumento u otra obra de construcción. **SIN** construir. **9** Aumentar la intensidad de una cosa, especialmente de la voz: *no le levantéis la voz a vuestro abuelo.* **SIN** alzar. **10** Desmontar y recoger lo que estaba montado en un lugar: *levantaron el campamento.* **11** Hacer que un animal salga del lugar donde se esconde para cazarlo: *el perro levantó una liebre.* **12** Robar una cosa a una persona. **13** Cortar o dividir la baraja de cartas en dos o más partes: *tú levantas la baraja y yo reparto.* **14** Superar el valor de una carta que está en juego. **15** Suspender un castigo, una pena o prohibición una persona autorizada para ello: *le levantaron la pena de muerte por intervención del presidente.* **SIN** conmutar. **16** Hacer que una acción conste sobre papel: *el notario levantó acta.* **17** Hacer que se extienda una opinión o creencia: *no levantes falsos testimonios.* **18** Hacer terminar una reunión de personas: *levantó la sesión hasta el día siguiente.* **19** Realizar o trazar un mapa o un plano. ◆ v. tr./ prnl. **20** Provocar un estado de rebelión contra una autoridad: *consiguieron levantar a todos los obreros contra el patrón.* **SIN** amotinar, sublevar. **21** Dirigir una cosa hacia arriba, especialmente la vista, la mirada, los ojos, la puntería o el espíritu. **22** Aclararse el día o las nubes: *las nubes se levantaron y brilló el sol.* ◆ v. prnl. **23** **levantarse** Dejar la cama tras el descanso habitual o después de una enfermedad. **24** Ponerse en pie. **25** Sobresalir una cosa en altura sobre una superficie: *en el horizonte se levantaban las cumbres nevadas.* **26** Agitarse el mar o el viento. **27** Aparecer el sol o un cuerpo celeste por el horizonte.

▶ **levantar el vuelo** **a.** Separarse del suelo y comenzar a volar: *los gorriones levantaron el vuelo.* **b.** Empezar a funcionar o a salir bien un asunto o negocio: *después de la crisis, la empresa ha levantado el vuelo.*

DER levantamiento, levante, levantisco.

levante n. m. **1** Punto del horizonte situado donde nace el Sol. **SIN** este, oriente. **2** Lugar situado hacia ese punto: *Alicante está en el levante mediterráneo.* **SIN** este, oriente. **3** Viento que viene de ese punto. **SIN** solano. **4** Conjunto de los territorios de las regiones de Valencia y Murcia. **NOTA** En esta acepción se escribe con mayúscula inicial.

levantino, -na adj. **1** De Levante o que tiene relación con esta zona oriental de la península Ibérica. ◆ adj./ n. m. y f. **2** [persona] Que es de Levante.

levar v. tr. MAR. Arrancar y levantar el ancla o las anclas del fondo: *el capitán mandó levar anclas.*

DER leva, levadizo, levadura; elevar, relevar, sublevar.

leve adj. **1** [daño, falta] Que tiene poca importancia o gravedad: *era un dolor leve.* **ANT** grave. **2** Que pesa poco. **SIN** ligero, liviano. **ANT** pesado. **3** [movimiento] Que es poco evidente o marcado: *me dirigió una leve sonrisa.* **4** [perfume, sabor, viento] Que es suave y sutil. **5** [trance] Que es soportable y llevadero: *la lectura hizo más leve su convalecencia.*

DER levar, levedad, levemente.

levedad n. f. **1** Cualidad de leve o ligero de una cosa o una persona. **SIN** ligereza, liviandad. **2** Poca importancia o escasa gravedad. **SIN** liviandad.

leviatán n. m. Monstruo marino bíblico, inhumano y destructor, que se toma como representación del demonio: *el leviatán se describe en el libro de Job.*

lexema n. m. GRAM. Parte de la palabra que tiene significado propio y se define por el diccionario y no por la gramática: *el lexema de «pato» es «pat-».* **SIN** raíz.

léxico, -ca adj. **1** Del vocabulario o que tiene relación con él: *se propuso realizar un estudio léxico del español de América.* ◆ n. m. **2** Conjunto de las palabras de una lengua: *el léxico del español es muy abundante.* **SIN** vocabulario. **3** Conjunto de palabras y expresiones que utiliza un grupo de personas de una región o un período determinado, o que comparten la misma profesión. **SIN** vocabulario.

lexicología n. f. Parte de la lingüística que estudia el léxico, sus unidades y las relaciones que existen entre ellas dentro del sistema de la lengua.

ley n. f. **1** Regla o norma establecida por una autoridad superior para mandar, prohibir o regular alguna cosa: *todos los ciudadanos deben respetar la ley.* **ley del talión** Ley que castiga a la persona que ha causado un daño con el mismo daño que ella provocó: *le aplicaron la ley del talión: ojo por ojo, diente por diente.* ley marcial Ley de orden público que se establece en caso de guerra: *la ley marcial prohíbe reunirse en grupos por la noche.* ley orgánica Ley que se deriva directamente de la Constitución y la desarrolla: *la enseñanza pública se rige por una ley orgánica.* ley sálica Ley que impedía reinar a las mujeres. ley seca Ley que prohíbe consumir bebidas alcohólicas y comerciar con ellas. **2** Regla o norma constante e invariable a la que está sujeta una cosa, especialmente un fenómeno de la naturaleza, por sus propias características o por la relación con otros elementos: *Newton formuló la ley de la gravedad.* **3** Manera de proceder o de tomar una decisión: *allá donde va intenta imponer su ley.* ley de la ventaja Ley que, en una competición deportiva, no impone un castigo que pueda resultar favorable al equipo que comete la falta: *el árbitro aplicó la ley de la ventaja porque el jugador al que le habían hecho falta consiguió recuperar el balón rápidamente.* ley del embudo Ley que se emplea con desigualdad, siendo muy estricto con unas personas y muy permisivo con otras. ley del más fuerte Ley que no tiene en cuenta los intereses de los débiles: *entre los animales rige la ley del más fuerte.* **4** Conjunto de reglas y normas propias de una religión: *los judíos siguen la ley de Moisés.*

▶ con todas las de la ley Con todos los requisitos necesarios: *actuaron con todas las de la ley y no se les puede culpar.* de buena (o mala) ley De buena (o mala) calidad material o espiritual: *tú eres un amigo de buena ley.* de ley **a.** Que tiene la cantidad de metal precioso que, según unas normas oficiales, debe tener: *oro de ley.* **b.** Que tiene las cualidades que se consideran las debidas: *es de ley y puedes confiar en ella.* hecha la ley, hecha la trampa Expresión con la que se indica que siempre se pueden encontrar medios para no respetar una regla o norma sin que le pillen a uno.

leyenda n. f. **1** Narración popular que cuenta hechos fantásticos e imaginarios pero está basada en un hecho real que la tradición ha transmitido y elaborado: *cuenta la leyenda que en una noche de luna llena se convirtió en lobo.* leyenda negra Opinión negativa sobre un país, una persona o una cosa basada en una serie de hechos que se dan por ciertos, aunque puedan no serlo. leyenda urbana Historia popular moderna que se transmite oralmente como si fuera cierta aunque no lo es. **2** Composición literaria que recrea una narración popular de ese tipo. **3** Persona convertida en ídolo, sobre todo en el mundo del espectáculo o del deporte: *es una leyenda viva del ciclismo.* **4** Idea o concepto que se considera inalcanzable: *la leyenda de la igualdad.* SIN utopía. **5** Texto que aparece en las monedas o al pie de un cuadro, un mapa o un escudo: *la leyenda de la medalla estaba borrosa.*

liana n. f. **1** Enredadera de la selva tropical de tallos largos y leñosos que crece y sube sujetándose a los árboles hasta que se ramifica. **2** Planta cuyo tallo crece y sube sujetándose a los árboles, varas u otros objetos: *las lianas habían inundado el jardín.* SIN enredadera.

liar v. tr. **1** Atar y asegurar un fardo o un paquete con una cuerda o algo parecido. **2** Envolver una cosa, sujetándola con papel, cuerda, cinta u otra cosa parecida: *está liando el paquete muy bien para enviarlo luego por correo.* **3** Hacer un cigarrillo envolviendo la picadura en el papel de fumar. ◆ v. tr./ prnl. **4** Hacer que un asunto o una situación resulte más complicado de lo normal: *las cosas se han liado últimamente.* SIN complicar, enredar. **5** Hacer que una persona entre a formar parte de un asunto o de una situación complicados: *lo liaron para que organizase la fiesta.* **6** Mezclar una cosa de manera desordenada: *se ha liado el cable de los auriculares.* **7** Confundir o hacer que una persona se equivoque por tener las ideas poco claras: *no nos líes con explicaciones que no vienen a cuento.* ◆ v. prnl. **8** liarse Establecer dos personas una relación amorosa o sexual sin estar casados: *se liaron en una fiesta universitaria.* **9** Empezar a dar golpes: *se lio a bofetadas.*

▶ liarla Originar una situación comprometida: *como la vuelvas a liar te van a despedir.* liarse a + infinitivo Ponerse a hacer una cosa con fuerza o determinación: *se lio a darle tortas.*

OBS En su conjugación, la *i* se acentúa en algunos tiempos y personas, como en *desviar.*

DER lía, liado, liante, lío; aliar, desliar.

libanés, -nesa adj. **1** Del Líbano o que tiene relación con este país asiático. ◆ adj./ n. m. y f. **2** [persona] Que es del Líbano.

libar v. tr. **1** Chupar un insecto el néctar de las flores: *las abejas liban las flores.* **2** *formal* Probar o degustar una bebida, especialmente si contiene alcohol.

DER libación.

libélula n. f. Insecto grande de cuerpo muy alargado y ojos prominentes y esféricos, con dos pares de alas largas y transparentes: *las libélulas viven cerca de los ríos y los estanques.*

liberación n. f. **1** Acción que consiste en liberar o poner en libertad. **2** Desaparición de una situación de dependencia o de sometimiento: *la liberación de la mujer.* **3** Cancelación de las hipotecas y de las cargas de un inmueble: *ha tardado quince años en conseguir la liberación de la hipoteca de la casa.*

liberado, -da adj. **1** [persona] Que no se siente obligado por las trabas impuestas por la sociedad o la moral: *mujer liberada.* ◆ adj./ n. m. y f. **2** [persona] Que está afiliado a un partido o sindicato y recibe un sueldo por su dedicación exclusiva a ellos.

liberal adj. **1** Del liberalismo o que tiene relación con esta doctrina política: *el partido liberal.* **2** [persona] Que da con generosidad lo que tiene: *es más liberal en promesas que en dinero.* SIN generoso, largo. ANT tacaño. **3** [profesión] Que es intelectual y puede ejercerse privadamente y sin subordinación: *la arquitectura, la medicina y la abogacía son profesiones liberales.* ◆ adj./ n. com. **4** [persona] Que es partidario del liberalismo. **5** [persona] Que es abierto y respetuoso con otras opiniones y costumbres. SIN tolerante. **6** [persona] Que tiene costumbres e ideas libres y sin prejuicios, especialmente, en lo referido a la sexualidad: *parece muy liberal, pero es un machista.* **7** [persona] Que desempeña una profesión intelectual que puede ejercerse privadamente y sin subordinación: *los profesionales liberales trabajan por cuenta propia.*
DER liberalidad, liberalismo, liberalizar.

liberalidad n. f. **1** Generosidad en dar lo que se tiene: *se repartieron subvenciones con liberalidad.* **2** Respeto y tolerancia con otras opiniones y costumbres.

liberalismo n. m. **1** Doctrina política, económica y social, nacida a finales del siglo XVIII, que defiende la libertad del individuo y una intervención mínima del Estado en la vida social y económica: *el liberalismo confía en la libre competencia como motor de la sociedad.* **2** Actitud de la persona que es tolerante y abierta: *defendía el liberalismo y era respetuosa con todo el mundo, aunque no compartieran su opinión.*

liberalización n. f. Transformación o cambio hacia una mayor libertad, especialmente, en la economía y el comercio.

liberalizar v. tr. Hacer que una persona o una cosa sea más liberal, especialmente, la economía y el comercio: *en la reunión se decidió liberalizar el comercio de la pesca.*
OBS En su conjugación, la *z* se convierte en *c* delante de *e*.
DER liberalización.

liberar v. tr. **1** Poner en libertad: *los atracadores han liberado al rehén esta mañana.* SIN libertar. ◆ v. tr./ prnl. **2** Quitar una obligación, una carga o un compromiso: *se liberó de sus obligaciones.* **3** Superar un obstáculo moral o social: *no conseguía liberarse de la sensación de culpabilidad.* **4** Hacer que un país o un territorio deje de estar dominado u ocupado militarmente. **5** Desprender una cosa una sustancia o producirla. SIN desprender.
DER liberación, liberado.

liberiano, -na adj. **1** De Liberia o que tiene relación con este país africano. ◆ adj./ n. m. y f. **2** [persona] Que es de Liberia. ◆ adj. **3** BOT. [vaso o conducto del tejido vegetal] Que transporta la savia elaborada.

libérrimo, -ma adj. Muy libre.
OBS Es superlativo irregular de *libre*.

libertad n. f. **1** Facultad de las personas para actuar según su propio deseo en el seno de una sociedad organizada y dentro de los límites de reglas definidas: *la libertad es un derecho que deberían tener todos los seres humanos.* **2** Derecho que tienen las personas para hacer una cosa sin que intervenga una autoridad. **libertad de culto** Facultad de practicar públicamente la religión que uno tiene. **libertad de opinión** Facultad de pensar y expresar ideas sin ninguna presión del poder: *el ejercicio del periodismo requiere libertad de opinión.* **3** Estado o condición de la persona o animal que no está en la cárcel ni sometido a la voluntad de otro: *a los presos se les priva de la libertad.* **libertad condicional** Permiso que se le concede a un condenado en la última parte de la pena por haber mostrado buen comportamiento: *salió de la cárcel en libertad condicional.* **libertad provisional** Permiso que se le da a un procesado para que no ingrese en prisión mientras no se establezca una sentencia. **4** Permiso para hacer una cosa. **5** Desenvoltura o naturalidad en los movimientos: *se mueve con gran libertad sobre el escenario.* **6** Confianza para tratar con las personas: *estamos en familia: puedes hablar con entera libertad.*
▶ **tomarse la libertad** Actuar una persona en

un asunto sin pedir la opinión o el consentimiento de alguien relacionado con el propio asunto: *como no estabas, me he tomado la libertad de abrir tu cajón.* **tomarse libertades** Comportarse con una familiaridad excesiva: *para ser su primer día de trabajo, se toma muchas libertades con el jefe.*

DER libertario.

libertar v. Poner en libertad: *los delincuentes libertaron a los rehenes.* **SIN** liberar.

DER libertador.

libertario, -ria adj. [ideología, persona] Que defiende la libertad absoluta del individuo y la desaparición del Estado y las leyes. **SIN** anarquista.

libertinaje n. m. **1** Abuso de la libertad propia que va contra la libertad y los derechos de los demás. **2** Conducta inmoral y viciosa.

libertino, -na adj. **1** [persona, actitud] Que actúa con libertinaje y va contra la libertad y los derechos de los demás. **2** [persona] Que es de costumbres viciosas o que no pone freno ni orden a sus impulsos y antojos. **SIN** disoluto.

DER libertinaje.

libio, -bia adj. **1** De Libia o que tiene relación con este país del norte de África. ◆ adj./ n. m. y f. **2** [persona] Que es de Libia.

libra n. f. **1** Unidad monetaria del Reino Unido y de otros países. **libra esterlina** Unidad monetaria del Reino Unido de Gran Bretaña e Irlanda del Norte. **2** Medida de peso antigua que equivale a 460 gramos. ◆ adj./ n. com. **3** [persona] Que ha nacido entre el 23 de septiembre y el 23 de octubre, tiempo en que el Sol recorre aparentemente Libra, séptimo signo del Zodíaco.

librar v. tr. **1** Evitar un problema, una obligación o una situación desagradable: *de buena te has librado.* ◆ v. tr. **2** Sostener una lucha: *los dos caballeros libraron allí una larga batalla.* **3** Extender una letra de cambio u otro documento de orden de pago. **4** Dar a conocer o comunicar una sentencia o comunicación oficial: *el juez librará sentencia mañana.* ◆ v. intr. **5** Tener un trabajador un día de descanso: *trabajo los domingos, pero los lunes libro.*

DER librador, libramiento, libranza.

libre adj. **1** [persona] Que tiene la capacidad de elegir una forma de actuación o de pensamiento: *eres libre para venir con nosotros o quedarte.* **2** [persona] Que tiene la capacidad de hacer y decir cualquier cosa que no se oponga a la ley ni a la costumbre: *soy libre de expresar mis ideas políticas.* **3** [persona, animal] Que vive en libertad. **4** [lugar] Que no está ocupado o usado: *ese taxi está libre.* **5** [acceso] Que no tiene impedimentos o límites: *la entrada es libre.* **6** [persona, beneficio] Que no está obligado o sujeto: *está libre del servicio militar.* **7** [espacio de tiempo] Que no es dedicado al trabajo: *llámame por las mañanas, que las tengo libres.* **8** [alumno] Que no está obligado a asistir a clase, pero ha de hacer los exámenes: *los alumnos libres vinieron solo el día del examen.* **9** [entrada, camino] Que no tiene obstáculos que impidan el paso. **10** [estilo] Que no tiene en cuenta normas o imposiciones: *dibujo libre.* **11** [traducción, versión] Que no refleja literalmente el original: *han hecho una versión libre de una obra de Shakespeare.* **12** [prueba deportiva] Que no tiene una norma de ejecución definida: *los cien metros libres.*

▶ **por libre** Sin tener en cuenta la opinión o la costumbre de los demás: *este chico siempre va por libre.*

OBS El superlativo es *libérrimo.*

DER librar, libremente.

librea n. f. Traje o uniforme de gala que usan algunos trabajadores, generalmente, porteros, conserjes y ujieres: *los grandes señores tenían criados de librea.*

librería n. f. **1** Establecimiento comercial en que se venden libros. **2** Mueble o estantería para colocar libros.

librero, -ra n. m. y f. Persona que se dedica a vender libros.

DER librería.

libreta n. f. Cuaderno pequeño que se usa para hacer apuntes o cuentas.

▶ **libreta de ahorros** Libreta que registra los movimientos de dinero que una persona realiza en el banco. **SIN** cartilla.

libreto n. m. Texto escrito de una obra musical: *fue autor de libretos de ópera y zarzuela.* **SIN** libro.

DER libretista.

libro n. m. **1** Conjunto de hojas impresas o escritas colocadas en el orden en que se han de leer, unidas por uno de sus lados y cubiertas con unas tapas: *fue a la biblioteca a devolver un libro.* **libro de bolsillo** Libro que es pequeño, ligero y, generalmente, flexible: *los libros de bolsillo son baratos.* **2** Texto o conjunto de textos o de imágenes que ocupan las

páginas de un libro: *escribió su último libro hace dos años.* **libro de caballerías** Libro que trata sobre las aventuras amorosas y guerreras de uno o varios caballeros. **libro de cabecera** Libro preferido por una persona o en el que se basa su manera de pensar. **libro de texto** Libro usado en las escuelas como guía de estudio: *la maestra dijo que abrieran el libro de texto por la página 120.* **3** Conjunto de hojas en las que se anotan los datos de determinadas personas. **libro de cuentas** Libro que recoge operaciones económicas. **libro de escolaridad** Libro que recoge las calificaciones que ha obtenido un alumno en cada curso. **libro de familia** Libro que recoge los datos personales de un matrimonio y de sus hijos. **libro de oro** Libro en el que se recogen los nombres de los visitantes importantes de un lugar: *el príncipe firmó en el libro de oro de nuestra institución.* **4** Cada una de las partes de una obra de larga extensión: *en el libro tercero habla de la llegada a Asia.* **5** Tercera de las cuatro partes del estómago de los rumiantes: *el libro tiene pliegues en su pared interna.* **6** Texto escrito de una obra musical: *no sabemos quién es el autor del libro de esta zarzuela.* SIN libreto.
▶ **colgar los libros** Dejar los estudios durante un tiempo o para siempre. **como un libro abierto** Actitud de quien se expresa con claridad o de quien se comporta sin ocultar nada y con sinceridad.

DER librero, libresco, libreta, libreto, librillo.

licencia n. f. **1** Permiso para hacer algo: *le dieron licencia para que se retirara.* **2** Autorización legal otorgada por la Administración para hacer o utilizar algo: *una licencia de armas.* SIN permiso. **3** Documento en que consta esta autorización: *el guarda le pidió que le enseñara la licencia de pesca.* SIN permiso. **licencia fiscal a.** Impuesto que pagan a la Administración las empresas o los trabajadores por cuenta propia para poder ejercer sus actividades. **b.** Documento que certifica el pago de este impuesto. **4** Permiso para ausentarse de un empleo temporalmente. **licencia absoluta** Permiso que se le concede a una persona al concluir el servicio militar, por el cual queda liberada de las obligaciones militares. NOTA También se dice únicamente *licencia*: *solo queda un mes para que, por fin, le den la licencia.* **5** Abuso de libertad, que lleva al desorden moral: *mi abuela siempre decía que tanta libertad degeneraría en licencia.* SIN libertinaje.
◆ n. f. pl. **6 licencias** Permiso que reciben los eclesiásticos de sus superiores para celebrar y predicar durante un tiempo indefinido.
▶ **licencia poética** Libertad que un autor se permite por necesidades de la expresión, aunque comporte una incorrección en el lenguaje o en el estilo. **tomarse la licencia** Hacer algo sin pedir permiso: *me he tomado la licencia de invitarla.*

DER licenciar, licenciatura, licencioso.

licenciado, -da n. m. y f. **1** Persona que ha obtenido el título universitario de licenciatura: *esa empresa busca licenciados en económicas.* **2** Soldado que ha cumplido el servicio militar y ha obtenido la licencia absoluta.

licenciar v. tr. **1** Dar el título de licenciado a la persona que ha terminado una carrera universitaria: *la facultad de letras licenció a doscientos alumnos.* **2** Dar permiso a un soldado para que abandone el servicio militar: *licenciaron al recluta por su enfermedad.* ◆ v. prnl. **3 licenciarse** Terminar una carrera universitaria y conseguir el título de licenciado: *ya salían juntos antes de licenciarse.* **4** Terminar el servicio militar.

OBS En su conjugación, la *i* es átona, como en *cambiar.*

DER licenciado.

licenciatura n. f. **1** Título académico que se obtiene al acabar una carrera universitaria de más de tres años: *consiguió en solo cinco años su licenciatura en medicina.* **2** Conjunto de estudios necesarios para conseguir ese grado.

liceo n. m. **1** Sociedad o institución en que las personas se reúnen participar en actividades culturales y pasar su tiempo libre. **2** Centro de enseñanza media de algunos países, como Francia, Italia y algunos países hispanoamericanos: *en mi ciudad hay un liceo francés.*

lícito, -ta adj. Que está permitido por la ley o por la moral. SIN legal, legítimo, justo. ANT ilícito.

licor n. m. **1** Bebida con mucho alcohol obtenida por destilación. **2** Bebida alcohólica de sabor dulce que se consigue por destilación, con frutas o hierbas maceradas en él: *los monjes elaboraban licores de hierbas.*

DER licorera, licorero.

licra o **lycra** n. f. Fibra sintética, elástica e indeformable, que se utiliza para fabricar tejidos transpirables que se adaptan al cuerpo,

como los empleados en medias y prendas de ropa interior, de gimnasia y trajes de baño.
OBS Procede de *Lycra,* nombre de una marca registrada.

licuadora n. f. Pequeño electrodoméstico para licuar alimentos, en especial, frutas y verduras: *preparó un jugo de zanahoria con la licuadora.*

licuar v. tr. Convertir un sólido o un gas en líquido.

lid n. f. **1** *formal* Acción que consiste en luchar o emplear entre sí dos o más personas o animales la fuerza, las armas o cualquier otro recurso con la intención de hacerse daño, matarse o imponer su voluntad. **SIN** lucha, pelea. ◆ n. f. pl. **2** lides Actividad o asunto que requiere cierta habilidad o conocimiento: *nunca me había visto en estas lides.*
▶ en buena lid De manera legal, sin hacer trampas: *ha ganado en buena lid.*
OBS El plural es *lides.*
DER lidiar.

líder n. com. **1** Persona que dirige un grupo o una sociedad, especialmente cuando influye en su forma de pensar o de actuar: *el líder del partido habló ante los afiliados.* **2** Persona o grupo de personas que ocupa el primer lugar en una clasificación o en una competición deportiva: *esta empresa es líder en el sector electrónico.* **NOTA** Se usa en aposición a otros sustantivos: *empresa líder, producto líder.*
OBS El plural es *líderes.*

liderar v. tr. **1** Dirigir un partido, grupo o movimiento. **2** Ir en cabeza de una clasificación, generalmente, de tipo deportivo: *lidera la clasificación por etapas.*

liderazgo n. m. **1** Condición de líder: *el corredor ha asumido el liderazgo del equipo.* **SIN** liderato. **2** Ejercicio del liderazgo de un grupo: *bajo su liderazgo se construyó una nueva sociedad.* **SIN** liderato.

lidia n. f. Conjunto de acciones que se llevan a cabo en las plazas de toros desde que sale el toro al ruedo hasta que muere, siguiendo las artes del toreo.

lidiar v. intr./ tr. **1** Intentar el torero o el rejoneador dominar la conducta de un toro en la plaza para realizar la labor correspondiente. **2** Conducir hábilmente un asunto que se presenta difícil: *lidió durante horas con el jefe hasta que consiguió el aumento de sueldo.*

liebre n. f. **1** Mamífero roedor parecido al conejo, pero más grande, de color marrón grisáceo, con las orejas largas, las patas traseras mucho más largas que las delanteras y la cola corta; es muy veloz y vive en las llanuras sin hacer madrigueras. **2** Atleta que en las carreras de velocidad corre muy rápido sin pretender ganar, para hacer más vivo el ritmo y favorecer así a otro corredor.
▶ levantar la liebre Sacar a la luz o atraer la atención sobre algo que ha estado oculto o no se conoce: *esos dos periodistas levantaron la liebre sobre el tema de la corrupción.* saltar la liebre Ocurrir algo de manera inesperada: *cuando menos lo esperas, salta la liebre.*
OBS Para indicar el sexo se usa *la liebre macho* y *la liebre hembra.*
DER lebrato, lebrel.

liendre n. f. Huevo que ponen algunos parásitos, especialmente, el piojo.

lienzo n. m. **1** Tela fuerte preparada para pintar sobre ella. **2** Pintura hecha sobre esa tela. **3** Tela de lino, cáñamo o algodón. **4** ARQ. Trozo continuo y recto de una pared o un muro.
DER lencería.

lifting n. m. Operación de cirugía estética que consiste en el estiramiento de la piel para eliminar arrugas.
OBS Es una palabra inglesa. El plural es *liftings.*

liga n. f. **1** Tira de tela, normalmente elástica, que impide que las medias o los calcetines se caigan. **2** Competición deportiva en la que participan equipos de una misma categoría y en la que se enfrentan todos entre sí: *el vencedor de una liga es el equipo que consigue mayor número de puntos.* **3** Conjunto de personas u organismos unidos por unos mismos intereses. **SIN** alianza, coalición, confederación. **4** Sustancia muy pegajosa que se extrae de algunas semillas y que sirve para untar las trampas para cazar: *el pájaro se debatía desesperadamente para desengancharse de la liga.* **5** Mezcla de dos o más metales fundidos, en especial, cobre u otro metal con el oro y la plata para hacer alhajas o monedas: *el bronce es el producto de la liga de cobre y estaño.* **SIN** aleación. **6** Cobre o metal inferior que se mezcla con el oro y la plata para hacer alhajas o monedas.

ligadura n. f. **1** Sujeción hecha con cuerda u otra cosa: *el secuestrado consiguió librarse de las ligaduras que lo ataban y pudo huir.* **SIN** atadura. **2** Cuerda o correa usada para atar. **3** Impedimento moral que dificulta la realización de algo: *hasta que no ha roto las ligaduras paternas no ha logrado descubrirse a sí mismo.* **SIN** atadura. **4** Operación quirúrgica que consiste en obstruir un vaso sanguíneo u otro conducto mediante un nudo: *una ligadura de trompas.* **5** MÚS. Línea que une dos o más notas que se han de ejecutar como una sola sumando su duración: *hay una ligadura y no debes separar esas tres corcheas.*

ligamento n. m. Cordón fibroso y resistente que une los huesos de las articulaciones: *se rompió el ligamento de la rodilla.*

ligar v. tr. **1** Unir o poner en relación dos o más cosas o personas: *las ventas están ligadas a la publicidad.* **2** Imponer una obligación o un compromiso: *el contrato del jugador lo liga a su nuevo club por un período de tres años.* ◆ v. intr./ prnl. **3** Establecer relaciones amorosas o sexuales pasajeras. ◆ v. tr. **4** Unir o sujetar con cuerda, hilo o venda. **5** Mezclar dos metales fundidos para conseguir una aleación: *ligaron cobre y cinc para hacer latón.* **SIN** alear. ◆ v. tr./ intr. **6** Hacer que un alimento líquido se vuelva más denso: *añadió harina para ligar la salsa.* **7** MÚS. Unir la duración de dos o más notas musicales: *no puedo ligar tantas notas seguidas: me quedo sin aire.*

OBS En su conjugación, la *g* se convierte en *gu* delante de *e*.

DER liga, ligadura, ligamaza, ligamento, ligazón, ligón, ligue, liguero, liguilla; coligarse, desligar, obligar.

ligereza n. f. **1** Cualidad de las cosas que pesan poco: *las plumas tienen una gran ligereza.* **SIN** levedad, liviandad. **2** Rapidez y agilidad en los movimientos: *es mayor, pero deberías ver con qué ligereza juega al frontón.* **3** Falta de responsabilidad en la manera de actuar. **ANT** sensatez. **4** Obra o dicho poco pensados o poco responsables.

ligero, -ra adj. **1** Que pesa poco: *mi maleta es ligera como una pluma.* **SIN** liviano. **ANT** pesado. **2** Que es poco fuerte, poco intenso, poco importante o apenas consistente: *tengo el sueño muy ligero.* **SIN** leve. **3** Que es rápido y veloz: *un caballo ligero como el viento.* **ANT** lento. **4** [alimento] Que se puede digerir fácilmente: *te conviene tomar comidas más ligeras.* **ANT** pesado. **5** [prenda de vestir] Que abriga muy poco. **6** [persona, conversación] Que no es serio ni formal: *una chica ligera.* **SIN** liviano.

▶ **a la ligera** De manera irreflexiva o superficial: *no debes hablar tan a la ligera.*

OBS Seguido de la preposición *de* significa 'con poco de lo que se expresa': *ligero de equipaje.*

DER ligereza; aligerar, ultraligero.

light adj. **1** [alimento, bebida] Que tiene menos calorías de las habituales: *las bebidas light tienen poco azúcar.* **2** Ligero, suave, con sus características poco acentuadas: *el tabaco light tiene menos nicotina.*

OBS Es de origen inglés y se pronuncia aproximadamente «lait».

lignito n. m. Carbón mineral con menor poder calorífico que la hulla: *en el lignito es apreciable la textura de la madera de que procede.*

ligue n. m. **1** Relación amorosa o sexual que se establece de forma pasajera: *no le gusta comprometerse, prefiere los ligues de fin de semana.* **2** Persona con la que se establece esta relación: *todavía no conocemos a su nuevo ligue.*

lija n. f. **1** Papel fuerte que lleva granos pequeños de vidrio o arena en una de sus caras y que sirve para pulir madera o metales: *el carpintero alisó la tabla con lija.* **2** Pez marino comestible, de cuerpo alargado, cabeza pequeña, con muchos dientes y la piel muy áspera.

DER lijar.

lijar v. Pulir, desgastar o alisar una superficie con lija.

DER lijadora.

lila n. f. **1** Flor en forma de racimo morado o blanquecino, con un olor agradable e intenso. **2** Arbusto muy ramoso, con las hojas blandas en forma de corazón, que da esa flor. ◆ n. m./ adj. **3** Color morado claro, como el de estas flores. ◆ adj./ n. com. **4** [persona] Que es tonto e ingenuo: *siempre la están engañando porque es una lila.*

liliputiense adj./ n. com. [persona] Que tiene escasa estatura.

lima n. f. **1** Herramienta alargada de acero, con la superficie rugosa, que se usa para desgastar o alisar materias duras: *estuvo igualando con la lima las patas de la mesa.* **2** Instrumento alargado de superficie rugosa, que se usa para pulir y dar forma a las uñas. **3** Fruta de corteza lisa y amarilla, de pulpa verdosa y más pequeña que el limón. **4** Árbol de tronco liso y flores blancas y olorosas que da esa fruta. **5** Corrección o perfeccionamiento de una obra: *sus escritos necesitan una buena lima.* **6** Persona que come mucho: *este niño es una lima, siempre tiene hambre.*

DER limero.

limar v. **1** Pulir o desgastar un objeto con una lima para alisarlo: *después de cortarse las uñas de las manos, se las limó.* **2** Corregir una cosa para hacerla más perfecta: *el poeta limaba sus versos una y otra vez.* SIN pulir. **3** Corregir o hacer más agradable o adecuada una cosa, especialmente, un defecto o un comportamiento: *debería usted limar sus modales.*
DER limadora, limadura, limatón.

limbo n. m. **1** Parte más ancha y aplanada de las hojas de los vegetales: *podemos clasificar las plantas comparando sus limbos.* **2** Lugar al que van las almas de los niños que mueren sin bautizar, según la doctrina cristiana. **3** En astronomía, círculo brillante que se ve a veces alrededor de una estrella: *las estrellas se aprecian mejor cuando se ve el limbo.*
▶ estar en el limbo Estar distraído y no enterarse de lo que ocurre alrededor: *¡eh, escúchame, que estás en el limbo!*

limícola adj. **1** [organismo] Que vive en el limo o lodo del fondo del mar o de los ríos y lagos. ◆ n. f. pl. **2** limícolas Grupo de aves que viven en las costas y riberas y se alimentan, sobre todo, de los pequeños animales que encuentran entre el lodo o cieno.

limitación n. f. **1** Acción que consiste en establecer o fijar límites físicos o morales: *limitación de competencias.* **2** Circunstancia o condición que limita o dificulta el desarrollo de una cosa: *el ser humano tiene unas limitaciones que debe vencer.* **3** Restricción de algún bien o de tiempo: *trabaja sin limitaciones horarias.*

limitado, -da adj. **1** Que tiene límites: *plazas limitadas.* ANT ilimitado. **2** [persona] Que es corto de entendimiento.
DER ilimitado.

limitar v. tr. **1** Poner límites a una cosa, especialmente, una superficie o territorio: *los obreros limitaron el terreno poniendo estacas.* **2** Reducir la cantidad de una cosa estableciendo unos límites o con otras medidas: *quieren limitar el consumo de agua.* SIN restringir. ◆ v. intr. **3** Tener dos territorios un límite o frontera común: *Andorra limita con Francia y España.* ◆ v. prnl. **4** limitarse Hacer una cosa únicamente: *desde ahora te limitarás a tus obligaciones.*
DER limitación, limitado; delimitar, extralimitarse.

límite n. m. **1** Línea real o imaginaria que marca un territorio y lo separa de otros: *el ganadero valló su finca para que nadie pudiera traspasar los límites.* **2** Fin o grado máximo de una cosa que no se puede o no se debe superar: *la paciencia de su padre estaba llegando a su límite.* NOTA Se usa en aposición a otros sustantivos como *hora límite, velocidad límite, situación límite* (en este caso, el plural también es *límite: situaciones límite.* **3** MAT. Magnitud fija a la cual se acercan cada vez más los términos de una secuencia infinita de magnitudes: *la secuencia de los números $2n/(n+1)$ tiene como límite el número 2.*

limítrofe adj. [lugar] Que está al lado o que limita con otro lugar: *Italia, Eslovenia y Austria son países limítrofes.* SIN vecino.

limo n. m. Barro del fondo de las aguas o que se forma en el suelo cuando llueve: *el limo que dejan las crecidas de los ríos es rico en materia orgánica.* SIN cieno, lodo.

limón n. m. **1** Fruto comestible de color amarillo y de forma ovalada, de sabor ácido y muy aromático. **2** Árbol con el tronco liso y ramoso, copa abierta, hojas duras, permanentes y de color verde brillante, y flores olorosas de color blanco y rosa, que da ese fruto. SIN limonero.

limonada n. f. Bebida refrescante hecha con zumo de limón, agua y azúcar.

limonero, -ra n. m. **1** Árbol con el tronco liso y ramoso, copa abierta, hojas duras, permanentes y de color verde brillante y flores olorosas de color blanco y rosa; su fruto es el limón. SIN limón. ◆ n. m. y f. **2** Persona que se dedica a vender limones.

limosna n. f. **1** Ayuda o auxilio que se da a los necesitados, generalmente, dinero: *un mendigo pedía limosna a la puerta de la iglesia.* SIN caridad. **2** Cantidad demasiado pequeña de dinero que se da como pago de un trabajo: *cuando vi lo que me pagaba, le dije que no quería sus limosnas.*
DER limosnear, limosnero.

limpia n. f. Acción enérgica de limpieza de una cosa: *hizo una limpia del armario y tiró muchas cosas.*

limpiabotas n. com. Persona que se dedica a limpiar y dar brillo al calzado de otras personas.
OBS El plural también es *limpiabotas.*

limpiacristales n. com. **1** Persona que se dedica a limpiar los cristales de ventanas, puertas, etc. ◆ n. m. **2** Producto que sirve para limpiar cristales y espejos.
OBS El plural es *limpiacristales.*

a b c d e f g h i j k l m n ñ o p q r s t u v w x y z

limpiador, -ra adj. **1** [producto, instrumento] Que sirve para limpiar. ◆ n. m. y f. **2** Persona que se dedica a limpiar.

limpiaparabrisas n. m. Varilla articulada y provista de una goma que se sitúa en los cristales delantero y trasero del automóvil para limpiar la lluvia o la nieve que cae sobre ellos: *el limpiaparabrisas arrastra y expulsa el agua y seca el cristal.*
OBS En el habla informal, se usa también la forma abreviada *limpia.*

limpiar v. tr./ prnl. **1** Quitar o eliminar la suciedad: *se limpió la mancha de salsa con el pañuelo.* ANT ensuciar, manchar. ◆ v. tr. **2** Quitar o eliminar lo que estorba o no sirve: *has de limpiar bien el pescado antes de rebozarlo.* **3** Quitar o eliminar las manchas morales: *se confesó para limpiar sus culpas.* SIN purificar. ANT ensuciar, manchar. **4** Expulsar de un lugar a quienes son considerados molestos o dañinos: *se ha propuesto limpiar de maleantes la ciudad.* **5** Dejar a una persona sin dinero o riquezas mediante un timo o un robo: *los ladrones le limpiaron la casa.* **6** Dejar sin dinero en un juego de azar: *decía que no sabía jugar al póquer y nos ha limpiado a todos.*
OBS En su conjugación, la *i* es átona, como en *cambiar.*
DER limpia, limpiador.

límpido, -da adj. Que es puro y sin mancha: *el límpido aire serrano ensanchaba sus pulmones.*

limpieza n. f. **1** Cualidad de aquello que está limpio: *está muy pendiente de la limpieza de su casa.* ANT suciedad. limpieza de sangre Cualidad que antiguamente se derivaba de no haberse mezclado una familia con personas, razas o religiones que se consideraban deshonrosas. **2** Eliminación de la suciedad, lo superfluo o lo perjudicial. limpieza en seco Eliminación de la suciedad de los tejidos por medio de compuestos químicos no líquidos que la disuelven. **3** Destreza y habilidad en la realización de un ejercicio físico: *esquivó con limpieza al contrario.* **4** Acción que consiste en dejar a una persona sin dinero o riquezas mediante un timo o un robo o en un juego de azar: *le hicieron una buena limpieza en el casino.* **5** Honradez e integridad con que se comporta una persona: *los dos contrincantes jugaron con limpieza.*

limpio, -pia adj. **1** Que no tiene ninguna mancha o suciedad: *quítate esa camisa y ponte otra limpia.* ANT sucio. **2** Que está libre de impurezas o de cosas accesorias: *esa escritora tiene un estilo muy limpio.* **3** Que no tiene mezclas consideradas dañinas: *en el pueblo aún se puede respirar aire limpio.* ANT impuro. **4** [persona, animal] Que cuida de su higiene y su aspecto exterior. SIN pulcro. **5** [dinero] Que resulta una vez que se han restado los gastos o los impuestos: *he ganado 9 000 euros limpios.* SIN neto. **6** [persona] Que es bueno y honrado: *Miguel es limpio e incapaz de engañar a nadie.* SIN noble. **7** [persona] Que no tiene culpa: *después de tantas acusaciones salió limpio del juicio.* **8** [persona] Que se ha quedado sin dinero: *jugó con ellos a las cartas y lo dejaron limpio.* **9** [persona] Que carece de conocimientos de una materia: *las preguntas sobre literatura ya las responderás tú, que yo estoy limpio.* ◆ adv. **10** limpio De manera honrada y sin trampas: *el árbitro pidió a los jugadores que jugaran limpio.*
▶ en limpio Sin errores y bien presentado: *ha puesto las cuentas en limpio.* pasar a limpio Escribir un texto en su forma definitiva y sin errores ni tachaduras, utilizando un borrador: *todavía tengo que pasar la redacción a limpio.* sacar en limpio Obtener una idea clara o una conclusión concreta de una conversación: *aunque discutimos mucho, no sacamos nada en limpio.*

limusina n. f. Automóvil lujoso y muy largo: *algunas limusinas tienen más de dos ejes.*
OBS Puede encontrarse la grafía francesa *limousine.*

linaje n. m. Conjunto de antepasados y descendientes de una persona, especialmente, si es noble. SIN estirpe.
DER linajudo.

lince n. m. **1** Mamífero felino parecido al gato, pero más grande, de color pardo, con pelos largos en las puntas de las orejas y fuertes uñas que usa para cazar animales. NOTA Para indicar el sexo se usa *el lince macho* y *el lince hembra.* **2** Persona muy astuta, inteligente y rápida de mente: *este chico es un lince, lo comprende todo a la primera.*

linchar v. tr. **1** Golpear violentamente [una muchedumbre exaltada], como castigo, a un presunto criminal que todavía no ha sido juzgado. **2** Golpear violentamente [un grupo de gente exaltada] a una persona, generalmente, indefensa: *un grupo de enardecidos lincharon a un indigente.*
DER linchamiento.

a b c d e f g h i j k l m n ñ o p q r s t u v w x y z

lindar v. intr. **1** Estar al lado o tener límite o frontera: *esas casas lindan con el campo.* **2** Estar muy cerca de lo que se expresa: *tus palabras lindan con la grosería.*
OBS Se construye con la preposición *con.*
DER colindar, deslindar.

linde n. amb. Línea real o imaginaria que marca un territorio o una finca y lo separa de otros: *el agricultor marcó las lindes de sus tierras.*
SIN límite.
DER lindar, lindero.

lindeza n. f. **1** Cualidad de lindo. **2** Cosa linda o hermosa, sea material o inmaterial, en especial, dicho o hecho gracioso e ingenioso: *la cantante agradeció las cariñosas lindezas de sus incondicionales; en la carta encontrarán ravioles de piñones, albahaca y espinacas, canelones de marisco y otras lindezas.* **3** Insulto u ofensa que se dicen contra alguien o contra algo: *después de llamarme buitre, carroñero y otras lindezas semejantes, comprenderás que nuestra relación no sea precisamente cordial.*

lindo, -da adj. Que es muy bello y agradable a la vista: *¡qué vestido tan lindo!* SIN bonito.
▶ de lo lindo Mucho o en exceso: *disfrutamos de lo lindo en el zoo.*
DER lindeza.

línea n. f. **1** Sucesión continua de puntos en el espacio: *la extensión de una línea es la longitud.* línea curva Línea que está formada por elementos que cambian de dirección sin formar ángulo: *el círculo es una línea curva cerrada.* línea quebrada Línea que no es recta pero está compuesta por rectas que, al unirse en determinados puntos, forman ángulos: *la letra M está formada por una línea quebrada.* línea recta Línea más corta entre dos puntos, que sigue siempre la misma dirección: *traza una línea recta, sin torcerte.* **2** Señal o marca larga y estrecha que se hace sobre un cuerpo o superficie: *la línea discontinua de la calzada.* SIN raya. **3** Serie de letras dispuestas horizontalmente en una página: *he escrito 20 líneas.* SIN renglón. **4** Serie de personas o de cosas colocadas unas tras otras o unas junto a otras. línea de combate Franja de terreno donde los soldados combaten. **5** En el fútbol y otros deportes de equipo, conjunto de jugadores que desempeñan una función igual o semejante. **6** Dirección que sigue una conducta o un comportamiento: *todos valoraron positivamente la línea que llevaba la empresa.* **7** Servicio de transporte que con regularidad une dos o más lugares: *coge el metro en la línea 3.* línea aérea Línea que se sirve de aviones para comunicar dos o más lugares. línea férrea Línea que se sirve de trenes para comunicar dos o más lugares. **8** Estilo o carácter propio de una cosa: *me gusta la ropa de línea deportiva.* **9** Relación de parentesco entre personas: *son mis tíos por línea materna.* **10** Figura o contorno de un objeto: *la línea de este deportivo es muy aerodinámica.* **11** Figura delgada y esbelta que se considera conveniente para las personas: *si quieres guardar la línea, no comas tantos bombones.* SIN silueta. **12** Serie de productos con características iguales o parecidas y que ofrece una cierta variedad: *la nueva línea de cosméticos.* **13** Sistema y conjunto de los aparatos e hilos conductores necesarios para comunicarse por medio del teléfono o del telégrafo: *la línea telefónica.* **14** Comunicación por medio del teléfono o del telégrafo: *han cortado la línea.* **15** Raya que señala los límites de un terreno de juego: *la pelota no llegó a rebasar la línea.* línea de fondo Línea que marca el límite de un extremo del terreno. línea de meta Línea que está bajo la portería: *el balón cruzó la línea de meta, así que fue gol.* **16** Categoría o clase a la que pertenece una persona o una cosa: *ganó un tenista de tercera línea.* ◆ n. f. pl. **17** líneas Texto de corta extensión: *solo pude escribirte unas líneas.*
▶ en líneas generales Desde un punto de vista general, sin entrar en aspectos particulares: *en líneas generales, el clima de las costas es muy agradable.* leer entre líneas Deducir algo que no se explica abiertamente en un escrito: *en la noticia se podía leer entre líneas que no tenía intención de asistir.*

lineal adj. **1** De la línea, con líneas o que está relacionado con ella: *su asignatura preferida es el dibujo lineal.* **2** Que tiene una forma semejante a una línea: *revisaron el trazado lineal del metro.* **3** Que sigue un desarrollo constante, sin alteraciones: *un aumento lineal y progresivo.*

linealidad n. f. **1** Cualidad de lo que es lineal: *cuando el narrador sigue la linealidad cronológica, expone los sucesos a medida que han ido pasando.* **2** Disposición lineal de los elementos en el habla.

linfa n. f. BIOL. Líquido claro y sin color compuesto por células esféricas que defienden al organismo de las enfermedades: *los leucocitos de la linfa crean anticuerpos.*
DER linfático, linfatismo, linfocito; endolinfa.

linfático, -ca adj. BIOL. De la linfa o que tiene relación con este líquido del organismo: *vasos linfáticos.*

linfocito n. m. Leucocito o glóbulo blanco de pequeño tamaño que se halla en la linfa o en la sangre y cuya función es formar anticuerpos.

lingotazo n. m. Trago de una bebida alcohólica.

lingote n. m. Trozo o barra de metal limpio y fundido, generalmente de hierro o de un metal noble, como el oro, la plata o el platino: *aquel lingote de oro resolvería todos sus problemas.*

lingüista n. com. Persona que estudia el lenguaje humano y las lenguas, especialmente si se dedica profesionalmente a ello.

lingüística n. f. Ciencia que estudia el lenguaje en general y las distintas lenguas.
▶ lingüística aplicada Rama de la lingüística que se ocupa de dar un fin práctico a los conocimientos sobre las lenguas: *la elaboración de manuales de español para extranjeros es labor de la lingüística aplicada.* lingüística contrastiva Rama de la lingüística que se ocupa de estudiar y comparar dos o más lenguas. lingüística diacrónica (o histórica) Rama de la lingüística que se ocupa de estudiar la transformación y el cambio de las lenguas a través del tiempo. lingüística general Rama de la lingüística que trata de establecer principios comunes a todas las lenguas. lingüística sincrónica Rama de la lingüística que se ocupa del estudio de la lengua en un determinado estado, sin tener en cuenta el cambio.

lingüístico, -ca adj. **1** De la lengua o que tiene relación con este sistema de palabras: *sistema lingüístico.* **2** De la lingüística o que tiene relación con esta ciencia que estudia el lenguaje y las lenguas: *el investigador hizo un riguroso estudio lingüístico.*

lino n. m. **1** Planta herbácea de flores azules, de cuyo tallo recto y hueco se saca una fibra que sirve para hacer tejidos. **2** Fibra que se saca de los tallos de esta planta. **3** Tejido hecho de esa fibra.
DER lináceo, linaza, linóleo, linóleum.

linóleo n. m. Tela impermeable hecha con fibra de yute cubierta con una capa de corcho en polvo amasado con aceite de linaza: *el linóleo en láminas se utiliza para cubrir el suelo.*

linterna n. f. **1** Aparato manual y portátil que sirve para dar luz y que funciona con pilas eléctricas. **2** ARQ. Torre pequeña con ventanas que se construye en lo alto de algunos edificios y que permite que pase la luz al interior: *sobre la cúpula hay una linterna octogonal.*
DER linternón.

lío n. m. **1** Desorden de objetos: *menudo lío tiene en su habitación.* SIN barullo. **2** Asunto o situación difícil de resolver, especialmente si va acompañado de alboroto: *se ha metido en un buen lío.* SIN barullo, enredo. **3** Conjunto de cosas atadas, especialmente de ropa: *haz un lío con la ropa sucia y llévalo a la lavandería.* **4** Relación amorosa o sexual entre dos personas que no forman pareja estable. SIN aventura, enredo.

lioso, -sa adj. **1** [asunto, situación] Que es confuso o complicado. ◆ adj./ n. m. y f. **2** [persona] Que hace que un asunto o una situación resulten más complicados de lo normal.

lípido n. m. Sustancia orgánica, comúnmente llamada *grasa,* que almacena y transporta las reservas energéticas de los seres vivos.

lipograma n. f. Escrito en el que voluntariamente se evita el uso de una o más letras determinadas.

liposoluble adj. [sustancia orgánica] Que es soluble en las grasas o aceites: *las grasas llevan disueltas vitaminas liposolubles.*

lipotimia n. f. Pérdida repentina y pasajera del sentido que se produce por falta de riego sanguíneo en el cerebro.

liquen n. m. Planta formada por la simbiosis de un hongo y un alga, que crece en los lugares húmedos, sobre las rocas y las cortezas de los árboles.

liquidación n. f. **1** Pago del total de una deuda o de una cuenta: *no puedo hacer la liquidación del pedido hasta principios del mes próximo.* **2** Venta a un precio muy bajo de las mercancías de un comercio debida a un traslado, a una quiebra o a un traspaso: *en la tienda de ropa están de liquidación.* **3** Finalización definitiva de algo: *la liquidación de nuestros problemas no será posible hasta que nos sentemos a hablar.* **4** Dinero que una empresa paga a un trabajador cuando deja de prestar sus servicios: *obtuvo menos de lo que esperaba de la liquidación.*

liquidar v. **1** Pagar completamente una deuda o una cuenta: *se marchó del país sin liquidar las deudas que había contraído.* SIN saldar. **2** Acabar una cosa. SIN saldar. **3** Vender a

un precio muy bajo las mercancías de un comercio: *al final de la temporada de verano, las tiendas liquidan las existencias que han sobrado.* **4** Gastar completamente una cantidad de dinero: *liquidó en un mes lo que su abuelo le había dejado en herencia.* **5** Matar a una persona. **SIN** eliminar.
DER liquidación.

liquidez n. f. **1** Capacidad para hacer frente a sus obligaciones financieras: *debe vender pronto los pisos para salvar su liquidez.* **2** Capacidad de un bien de ser fácilmente transformado en dinero efectivo: *es un buen producto por su liquidez y rentabilidad.* **3** Cualidad o estado de líquido.

líquido, -da adj./ n. m. **1** [sustancia] Que está en un estado que no es sólido ni gaseoso y que, debido a la poca cohesión de las moléculas que lo componen, se adapta a la forma del recipiente que lo contiene: *el médico me ha aconsejado que tome muchos líquidos.* ◆ adj./ n. f. **2** [sonido consonántico] Que forma sílaba con la consonante sorda que va delante o detrás: *la «s» de la palabra latina «spectaculum» es una líquida.* **3** [sonido consonántico] Que puede ir detrás de otro sonido consonántico y delante de uno vocálico para formar una sílaba, como en *clave* y *drama*: *la «l» y la «r» son las únicas consonantes líquidas del castellano.* ◆ adj./ n. m. **4** ECON. [cantidad de dinero] Que queda tras comparar lo que se tiene con lo que se debe: *había un saldo líquido de 400 euros.* **5** MED. Sustancia fluida del organismo: *el cuerpo humano tiene un alto porcentaje de líquidos.*
▶ **líquido amniótico** MED. Líquido que está dentro de la placenta y que protege y envuelve las crías de los mamíferos.

lira n. f. **1** Unidad de moneda de Italia (hasta su sustitución por el euro), Turquía y otros países. **2** Instrumento musical antiguo semejante al arpa pero más pequeño, con las cuerdas tensadas sobre una caja de la que salen dos brazos de forma curva. **3** Poema en el que se combinan cinco versos, de siete sílabas el primero, tercero y cuarto, y de once los otros dos, en el que riman el primero con el tercero, y el segundo con el cuarto y el quinto.
DER lírica, lírico.

lírica n. f. Género literario de las obras, generalmente, escritas en verso, que se caracterizan por expresar las ideas y los sentimientos íntimos del autor y que provocan ideas y sentimientos parecidos: *ese poeta, en su juventud, cultivó la lírica.*

lírico, -ca adj. **1** De la lírica o que tiene relación con este género literario. **2** [escritor] Que cultiva el género de la lírica: *Quevedo es considerado un gran poeta lírico.* **3** [obra de teatro] Que se canta total o parcialmente: *escribió óperas y otras obras líricas.* **4** De este tipo de obras o que tiene relación con ellas.

lirio n. m. **1** Planta con hojas largas y duras, alrededor de un tallo central ramoso, con flores grandes, de seis pétalos azules, morados o blancos. **2** Flor de esta planta.
▶ **lirio blanco** Planta de tallo alto y hojas largas y estrechas, que da una flor grande, blanca y olorosa. **SIN** azucena.

lirismo n. m. Expresión profunda e íntima de sentimientos y emociones, generalmente, en la literatura.

lirón n. m. **1** Mamífero roedor parecido al ratón, de color marrón y con grandes orejas y cola larga y peluda, que vive en los árboles y pasa el invierno oculto y alimentándose de los frutos que ha almacenado. **NOTA** Para indicar el sexo se usa *el lirón macho* y *el lirón hembra.* **2** Persona que duerme mucho. **SIN** marmota.

lisa n. f. Pez marino de cuerpo rechoncho y labio superior muy grueso, que suele habitar en mares templados.

lisiado, -da adj./ n. m. y f. **1** [persona] Que tiene una lesión permanente, especialmente, una amputación o defecto en las extremidades: *durante la guerra, los lisiados colmaban los hospitales.* **SIN** tullido. ◆ adj. **2** Que está muy cansado por haber realizado un gran esfuerzo: *vengo lisiado del trabajo.*

lisiar v. Producir una lesión permanente en alguna parte del cuerpo: *una bomba le lisió los dos brazos.*
OBS En su conjugación, la *i* es átona, como en *cambiar.*
DER lisiado.

liso, -sa adj. **1** [superficie] Que no tiene asperezas, salientes ni arrugas. **SIN** llano, plano. **ANT** rugoso. **2** [pelo] Que no tiene rizos. **SIN** lacio. **3** [tejido, papel] Que es de un solo color o que no tiene dibujos o adornos. **ANT** estampado. **4** Que no tiene obstáculos: *la carrera de cien metros lisos.*
DER lisura.

lisonja n. f. Alabanza exagerada e hipócrita

para conseguir un favor o para ganar la voluntad de una persona. SIN adulación.
DER lisonjear, lisonjero.

lisonjero, -ra adj. [persona] Que alaba hipócrita y exageradamente a una persona para conseguir un favor o para ganar su voluntad.

lista n. f. **1** Serie ordenada de nombres o de datos, generalmente dispuestos en columna: *fue a comprobar la lista del censo.* SIN listado. lista de bodas Lista que elaboran los novios indicando los objetos de un comercio que desean recibir como regalo de boda. lista de espera Lista que contiene los asuntos o los nombres de las personas que deben guardar un turno: *los hospitales tienen listas de espera para los enfermos que han de operarse.* lista de pasajeros Lista de las personas que viajan en un medio de transporte: *el sobrecargo tiene la lista de pasajeros.* lista negra Lista que contiene los nombres de personas o grupos que se consideran peligrosos o enemigos. **2** Raya, línea larga y delgada que decora una tela o un tejido: *la camiseta llevaba dos listas verticales de color morado.* SIN franja, raya. **3** Tira de papel, tela o cualquier material.
▶ pasar lista Leer en voz alta una relación de nombres de personas para saber cuáles están presentes: *el maestro siempre pasaba lista antes de empezar la clase.*
DER listado, listín, listón; alistar.

listado, -da adj. **1** [tejido] Que tiene listas o franjas: *llevaba una camiseta listada.* ◆ n. m. **2** Serie ordenada de nombres o de datos, generalmente dispuestos en columna: *el jefe pidió un listado de todos los empleados de la empresa.* SIN lista.

listar v. tr. Hacer un listado o relación de datos: *lista diez alimentos que se consumen habitualmente en una ciudad y averigua dónde se producen o se fabrican.*
DER listado.

listín n. m. Libro en que aparecen los números de teléfono de todas las personas de una población.

listo, -ta adj. **1** Que entiende las cosas con facilidad y rapidez. SIN inteligente. **2** Que es muy hábil para afrontar y resolver problemas: *se cree muy listo, pero a nosotros no nos engañará.* **3** [persona, cosa] Que está dispuesto o preparado para algo: *¿estás listo para salir?* ◆ int. **4** ¡listo! Expresión para indicar que se ha acabado de hacer algo o que algo ya está preparado: *¡listo!, ¡ya podemos empezar a buscar!* andar listo Estar bien atento o dispuesto: *ya puede andar listo para no volver a cometer un error.* estar (o ir) listo Estar equivocado en cuanto a una opinión o deseo: *si se cree que vamos a permitir que lo haga, va listo.* pasarse de listo Intentar mostrarse más inteligente o hábil que los demás y estar equivocado: *hazme caso a mí y no te pases de listo.*
DER listeza, listillo.

listón n. m. **1** Pieza de madera larga y delgada: *hizo el marco del cuadro con cuatro listones.* **2** Barra que se coloca horizontalmente para marcar la altura que se debe superar en las pruebas deportivas de salto.
▶ dejar (o poner) el listón alto Hacer algo muy bien, de modo que sea difícil de superar para los que vienen detrás: *con esta película el director ha dejado el listón muy alto.*

litera n. f. **1** Mueble formado por dos o más camas superpuestas. **2** Cada una de las camas que forman parte de ese mueble. **3** Cama fija de los camarotes de un barco y de ciertos vagones de tren. **4** Vehículo antiguo formado por una caja de la que salen dos varas largas hacia adelante y otras dos hacia atrás para ser transportado por dos personas o, a veces, dos animales.

literal adj. **1** Que sigue fielmente el significado exacto de las palabras, sin buscar interpretaciones o sentidos figurados: *no te debes tomar esa amenaza en sentido literal.* ANT figurado. **2** Que respeta exactamente las palabras del modelo o la fuente original: *no debes hacer una traducción literal palabra por palabra.*

literario, -ria adj. De la literatura o que tiene relación con este arte: *vocación literaria.*

literato, -ta n. m. y f. Persona que se dedica a escribir literatura o a estudiarla. SIN escritor.

literatura n. f. **1** Arte que se expresa por medio de la palabra escrita y hablada: *la lírica, la narrativa y el teatro forman parte de la literatura.* **2** Conjunto de teorías que tratan del arte literario, de sus obras y de sus autores: *el profesor de literatura era un gran erudito.* **3** Conjunto de las obras literarias de un género, de un país o de un período determinados: *la literatura del Siglo de Oro es muy importante.* **4** Conjunto de libros que tratan sobre un tema determinado: *literatura jurídica.* SIN bibliografía.
▶ hacer literatura Darle vueltas teóricamente a un problema sin ofrecer soluciones prácticas: *se hace mucha literatura con el problema del*

racismo, pero hacen falta más soluciones prácticas.

DER literario, literato.

litigio n. m. **1** Discusión y resolución en juicio de un problema o diferencia entre dos o más personas: *el litigio se resolvió a nuestro favor.* **SIN** pleito. **2** Discusión o enfrentamiento por una diferencia de opiniones o de intereses: *no quiero litigios contigo, así que no hablemos de política.*
▶ **en litigio** Expresión que se aplica a aquello que se discute o que se disputa en juicio.

litio n. m. Elemento químico del grupo de los alcalinos, metal blanco y ligero de número atómico 3: *el símbolo del litio es Li.*

litografía n. f. **1** Arte de trazar o grabar, antiguamente en piedra calcárea y hoy en planchas metálicas, dibujos, escritos o fotografías. **2** Técnica para imprimir textos o imágenes previamente grabados en piedra calcárea o plancha metálica. **3** Reproducción obtenida mediante esta técnica.

litoral adj. **1** De la costa del mar o que tiene relación con ella: *el clima litoral es húmedo.* **SIN** costero. ◆ n. m. **2** Franja de tierra que está tocando con el mar: *el litoral cantábrico.* **SIN** costa.

litosfera n. f. Capa exterior y sólida de la Tierra: *la litosfera está formada por la corteza y parte del manto terrestre.*

litro n. m. Medida de capacidad que equivale a 0,001 metros cúbicos: *compró una garrafa de cinco litros.*

DER litrona; centilitro, decalitro, decilitro, hectolitro, mililitro, mirialitro.

lituano, -na adj. **1** Relativo a Lituania, país del este de Europa, o a sus habitantes: *Vilna, la capital lituana, está cerca de la frontera bielorrusa.* ◆ adj./ n. m. y f. **2** [persona] De Lituania. ◆ n. m./ adj. **3** Lengua báltica que se habla en este país. ◆ adj. **4** Que tiene relación con esta lengua.

liturgia n. f. Conjunto de prácticas y reglas de las ceremonias religiosas. **SIN** rito.

litúrgico, -ca adj. De la liturgia o relacionado con ella.

liviandad n. f. **1** Cualidad de las cosas que pesan poco. **SIN** levedad, ligereza. **2** Cualidad de los asuntos que tienen poca importancia o escasa gravedad. **SIN** levedad. **3** Inconstancia, facilidad para el cambio de ideas o de conducta: *la liviandad de su carácter hace que no tenga amigos.*

liviano, -na adj. **1** Que pesa poco. **SIN** leve, ligero. **ANT** pesado. **2** [asunto] Que es poco importante o serio. **SIN** leve, ligero. **3** [asunto] Que supone poco esfuerzo, dificultad o molestia. **SIN** llevadero. **ANT** pesado. **4** Que cambia de ideas o de comportamiento con demasiada facilidad. **SIN** inconstante, voluble.

DER liviandad.

lívido, -da adj. **1** Que está de color morado, debido al frío, a un golpe o a una herida: *tenía la cara lívida y los ojos hinchados.* **2** Que está muy pálido: *al recibir la noticia se quedó lívido del susto.*

ll n. f. Decimocuarta letra del alfabeto español, constituida por un dígrafo de la escritura española que representa el sonido consonántico lateral y palatal. Su nombre es *elle*. El plural es *elles*.

llaga n. f. **1** Herida abierta en alguna parte interior o exterior del cuerpo de una persona o animal, que puede segregar pus. **SIN** úlcera. **2** Pena o dolor moral que se siente por una desgracia: *le será difícil curar la llaga de la muerte de su hijo.* **3** ARQ. Junta vertical entre dos ladrillos de una misma serie horizontal.
▶ **poner el dedo en la llaga** Señalar el punto más importante o la causa principal de un problema que afecta a alguien: *los escritos de este poeta ponían el dedo en la llaga de los problemas sociales.*

DER llagar.

llagar v. tr. Producir llagas.

OBS En su conjugación, la *g* se convierte en *gu* delante de *e*.

llama n. f. **1** Masa de gas ardiendo que desprende un cuerpo que se quema; tiene forma de lengua puntiaguda y emite luz y calor. **2** Fuerza o intensidad de una pasión o deseo: *se encendió en su corazón la gran llama del amor.* **3** Animal mamífero rumiante doméstico, con pelo largo y marrón y orejas largas y erguidas: *la llama es originaria de América del Sur.* **NOTA** Para indicar el sexo se usa *la llama macho* y *la llama hembra*.

DER llamarada, llamear.

llamada n. f. **1** Voz, sonido o gesto que sirven como señal para atraer la atención de una persona o animal. **2** Comunicación a través del teléfono: *esperaba una llamada importante.* **3** Señal en los textos escritos que sirve para enviar al lector de una parte del texto a otra con el fin de relacionar conceptos o de ampliar información: *las llamadas* *suelen hacerse con asteriscos o con números que remiten a notas escritas al pie de la página o al final del capítulo.* **4** Invitación o convocatoria que hace una persona a un grupo para que este actúe de un modo determinado: *el alcalde hizo una llamada a la calma.* **5** Impulso o atracción que ejerce una cosa sobre una persona: *sintió la llamada de la naturaleza y se marchó a vivir a la montaña.*

llamamiento n. m. **1** Invitación o convocatoria que hace una persona a un grupo para que este actúe de un modo determinado: *las organizaciones humanitarias han hecho un llamamiento a la generosidad y la buena voluntad de la población.* SIN llamada. **2** Aviso que exige la presencia de una persona para hacer el servicio militar: *se incorporará al ejército cuando hagan el próximo llamamiento.* SIN convocatoria.

llamar v. **1** Emitir sonidos o palabras, o hacer gestos para captar la atención de una persona o un animal: *oí que alguien me llamaba.* **2** Comunicarse a través del teléfono: *tu hermana te llama desde Bilbao.* SIN telefonear. **3** Dar un nombre a una persona, animal o cosa: *si es niño, lo llamarán Luis.* **4** Aplicar un sobrenombre o un adjetivo calificativo a una persona: *nos llamó estúpidos en presencia de todos.* **5** Gustar o atraer cierta cosa a una persona: *le llama la aventura.* **6** Usar una forma de tratamiento hacia alguien: *a mis jefes siempre los llamo de usted.* SIN tratar. **7** Citar o convocar a una persona: *me llamaron a declarar en aquel juicio.* ◆ v. intr. **8** Golpear una puerta o hacer sonar un timbre: *abre la puerta, que están llamando.* ◆ v. prnl. **9** llamarse Tener el nombre o título que se expresa: *me llamo Eduardo Pérez, ¿y usted?* **10** Se utiliza para expresar que algo es como uno piensa que ha de ser verdaderamente: *eso es lo que se llama todo un caballero.*

▶ llamar la atención **a.** Atraer la curiosidad o el interés de una persona o animal: *los pendientes que llevo le llaman la atención al gato.* **b.** Regañar a una persona por haber cometido una falta: *le llamó la atención por mascar chicle en clase.*

DER llamada, llamador, llamamiento, llamativo.

llamarada n. f. **1** Llama grande que se forma de manera repentina y violenta, y que se apaga o pierde intensidad rápidamente. SIN fogarada. **2** Manifestación repentina y pasajera de un sentimiento o de un estado de ánimo: *una llamarada de pasión.*

llamativo, -va adj. Que llama mucho la atención, especialmente por ser muy bello o muy exagerado y excéntrico: *llevaba una blusa de colores llamativos.*

llameante adj. Que arde. SIN ardiente.

llana n. f. Herramienta de albañilería compuesta por una pieza plana de metal con un asa de madera que sirve para extender y dejar lisa la masa. SIN plana.

▶ dar de llana Extender y dejar liso el yeso o la argamasa utilizando la llana.

llaneza n. f. **1** Cualidad de la persona que tiene un comportamiento sencillo y natural con los demás: *nos ha tratado con llaneza.* SIN sencillez. **2** Sencillez y claridad de estilo.

llano, -na adj. **1** [superficie] Que tiene el mismo nivel en todas sus partes, sin desniveles o desigualdades. SIN liso, plano. **2** Que es sencillo, claro y comprensible: *le gusta escribir en un estilo llano.* **3** [persona] Que tiene un comportamiento sencillo y natural con los demás: *nuestro director es una persona llana.* **4** [persona, pueblo] Que no pertenece a las clases sociales importantes o privilegiadas: *el pueblo llano luchaba por defender sus derechos.* SIN plebeyo. **5** [palabra] Que lleva el acento en la penúltima sílaba: *las palabras «examen», «mudéjar» y «casa» son llanas.* SIN grave, paroxítono. ◆ n. m. **6** Extensión grande de terreno que tiene el mismo nivel en todas sus partes: *descendieron de la montaña al llano.* SIN llanura.

DER llana, llanear, llanero, llaneza, llanura; allanar, arrellanarse, rellano.

llanta n. f. **1** Pieza circular de metal de una rueda sobre la que se monta y sujeta el neumático: *llantas de aleación.* **2** Aro de metal que protege la parte exterior de una rueda de carro, para que no se desgaste con el roce.

llanto n. m. **1** Derramamiento de lágrimas, generalmente, acompañado de lamentos y quejas que expresan dolor o tristeza. SIN lloro. **2** Expresión de una queja por una pena o una necesidad, generalmente, para despertar compasión o conseguir un fin: *todos los días viene con su llanto para que le conceda una semana de vacaciones.* SIN lloro.

DER llantera, llantina.

llanura n. f. Extensión grande de terreno que tiene el mismo nivel en todas sus partes. SIN llano.

DER penillanura.

llave n. f. **1** Objeto que sirve para abrir y cerrar una cerradura. llave maestra Llave que abre y cierra distintas cerraduras. **2** Pieza que abre y cierra el paso de una corriente eléctrica: *la llave general de la luz está en el portal.* **3** Pieza que regula el paso de un fluido, ya sea gas o líquido. llave de paso Pieza que se coloca en un punto de la cañería del gas o del agua para regular la cantidad de fluido: *para cambiar los grifos, cierra la llave de paso.* **4** Herramienta que sirve para apretar o aflojar una tuerca: *necesito una llave para quitar la rueda del coche.* llave inglesa Llave que dispone de un mecanismo que permite adaptarla a tuercas de diferentes medidas. **5** Instrumento que sirve para dar cuerda a un reloj o a un objeto con clavijas: *los relojes de pared antiguos tienen una llave para poder darles cuerda.* **6** Signo de ortografía que sirve para encerrar un conjunto de números o de letras: *las llaves se representan con estos signos: { }.* **7** En algunos deportes de lucha como el judo, movimiento que sirve para sujetar al contrario y tirarlo al suelo o inmovilizarlo: *le hizo una llave para dejarlo fuera de combate.* **8** Medio que permite conseguir o descubrir una cosa: *la calidad ha sido la llave de su éxito.* SIN clave. **9** En un instrumento musical de viento, pieza que, al ser apretada, abre o cierra el paso del aire para producir sonidos diferentes: *el clarinete y la flauta travesera llevan llaves.*

▶ guardar (o poner) bajo siete llaves Guardar un objeto en un lugar seguro. poner bajo llave Guardar una cosa importante en un sitio que cuenta con cerradura.

DER llavero, llavín.

llavero n. m. Objeto que sirve para guardar y llevar juntas las llaves.

llegada n. f. **1** Aparición de una persona o una cosa en un lugar: *no esperábamos tu llegada.* **2** Momento en el que una persona o cosa llega a un lugar: *la llegada de la primavera cada año se da antes.* **3** En los deportes en que se debe recorrer un trayecto, lugar o punto donde termina este: *los corredores se aproximan agrupados a la línea de llegada.* SIN meta. ANT salida.

llegar v. **1** Pasar a estar en un lugar al cual se va desde otro lugar: *cuando lleguemos a casa, cenaremos.* **2** Alcanzar una etapa tras haber pasado otras: *Luis ya ha llegado a la pubertad.* **3** Alcanzar un objetivo determinado, especialmente un cargo o profesión: *ese chico llegará a presidente.* **4** Alcanzar el final de un recorrido: *el tren llega a las seis y media.* **5** Conseguir que se produzca la acción que expresa el verbo en infinitivo: *no llegó a oírnos.* **6** Durar hasta un tiempo determinado: *siempre dice que no llegará a vieja.* **7** Producirse un suceso o circunstancia: *la primavera llega en marzo; llegar la noche.* **8** Alcanzar una longitud o nivel determinados: *el agua nos llegaba a las rodillas.* **9** Alcanzar una cantidad determinada: *los gastos no llegan a tres mil euros.* **10** Producir una profunda impresión: *esa obra de teatro llega a todos los públicos.* ◆ v. tr. **11** Ser suficiente la cantidad de una cosa para hacer algo: *el dinero que tengo no nos llega para pasar el mes.* ◆ v. prnl. **12** llegarse Ir hasta un lugar que está a corta distancia: *llégate a la tienda y compra una barra de pan.*

▶ llegar a las manos Pelear físicamente empleando la fuerza tras haber discutido. llegar al alma Causar una impresión muy fuerte en el ánimo de una persona: *sus lamentos me llegaron al alma.* llegar lejos Conseguir hacer lo que una persona se ha propuesto por tener buenas cualidades: *este chico llegará lejos en el mundo de la música.*

OBS En su conjugación, la *g* se convierte en *gu* delante de *e*.

DER llegada; allegar.

llenado n. m. Acción que consiste en llenar un espacio o un recipiente.

llenar v. tr./ prnl. **1** Ocupar un espacio vacío con una cosa: *la madre le llenó el vaso de leche.* **2** Poner en un lugar una gran cantidad de cosas: *la tarta se llenó de moscas enseguida.* ◆ v. tr. **3** Dedicar un tiempo determinado a una actividad: *llena sus horas libres ayudando a los más pobres.* SIN emplear, ocupar. **4** Dar a una persona gran cantidad de algo: *nos llenaban de regalos.* SIN colmar. **5** Satisfacer un deseo, una esperanza o una aspiración: *nada en el mundo llena su ansia de riqueza.* SIN colmar. **6** Escribir datos o signos en los huecos de un impreso: *llena el formulario para pedir información.* SIN rellenar. ◆ v. intr./ prnl. **7** Dejar harto de comida o de bebida: *las patatas llenan mucho.* ◆ v. tr./ intr. **8** Conseguir que el público abarrote un recinto: *el cantante llenó el estadio de fútbol.*

DER llenado.

lleno, -na adj. **1** [recipiente] Que contiene todo lo que su capacidad permite: *coge otra caja porque esta está llena.* ANT vacío. **2** Que está cubierto total o parcialmente por una cosa: *llevas los zapatos llenos de barro.* **3** [lugar] Que está repleto de gente: *el cine está lleno.*

ANT vacío. **4** [persona] Que está harto de comida o de bebida: *no quiero tomar postre: estoy muy lleno.* **NOTA** Se utiliza generalmente con los verbos *estar* y *sentirse.* **5** [persona] Que está un poco gordo: *se puso a régimen porque se había puesto lleno.* ◆ n. m. **6** Presencia de personas en un espectáculo público que ocupan todo el espacio o los asientos disponibles: *el lleno de la plaza de toros era impresionante.*

▶ **de lleno** Enteramente, totalmente: *el golpe le dio de lleno en el pecho.*

DER llenar, llenazo; relleno.

llevadero, -ra adj. [actividad, sentimiento] Que se puede soportar sin mucho esfuerzo: *el trabajo es duro pero llevadero.*

llevar v. tr. **1** Mover o trasladar una cosa de un lugar a otro: *lleva estos platos a la cocina.* **2** Conducir o guiar un medio de transporte: *llevaron la barca hasta la orilla.* **3** Vestir una prenda o transportar un objeto consigo: *lleva una chaqueta gris.* **4** Ser necesario o haber sido necesario invertir un tiempo y esfuerzo en la realización de algo: *este tapiz lleva mucho trabajo.* **5** Haber pasado un período de tiempo haciendo algo que todavía se hace: *lleva dos años trabajando en Jaén.* **6** Tener una cosa o disponer de ella: *no llevo dinero suelto.* **7** Soportar una cosa, generalmente una actividad o una pena: *llevaba una pena en el corazón.* **8** Tratar con habilidad a alguien para que actúe u opine como uno quiere: *un buen profesor ha de saber llevar a sus alumnos.* **9** Acompañar a una persona a un lugar, especialmente, para guiarla o protegerla: *nos llevó a visitar la ciudad.* **10** Seguir acompasadamente un ritmo o una acción: *los soldados desfilaban llevando el paso.* **11** Haber conseguido una cantidad determinada haciendo algo: *llevo escritas dos páginas.* **12** Cobrar una cantidad de dinero. **13** Encargarse de un asunto o actividad, especialmente, de un negocio: *lleva la empresa porque su jefa está de viaje.* **14** Haber realizado la acción que se indica mediante el participio de un verbo transitivo: *ya llevo contados dieciséis coches rojos.* ◆ v. tr./ intr. **15** Dirigir o conducir hacia un destino o fin: *esta carretera lleva a Barcelona.* ◆ v. tr./ prnl. **16** Superar o haber una diferencia en una cantidad determinada de tiempo o espacio: *tu hermana y yo nos llevamos dos años.* ◆ v. prnl. **17** **llevarse** En operaciones aritméticas, cuando se suman o multiplican cifras de dos o más dígitos, pasar las decenas de la suma o multiplicación parcial a la que sigue por orden: *ocho y cuatro suman doce, escribo el dos y me llevo una.* **18** Entenderse en una relación o trato dos o más personas: *se lleva mal con su padre.* **NOTA** Se usa con un adverbio o una locución adverbial. **19** Estar de moda una cosa: *el año que viene se llevarán los colores chillones.* **20** Sentir o experimentar una emoción o sensación: *se llevó un buen susto.* **21** Obtener o conseguir una cosa, especialmente, un premio: *se llevó el premio a la mejor actriz secundaria.* **22** Hurtar o robar una cosa: *los ladrones se llevaron todo lo que teníamos.*

▶ **dejarse llevar** **a.** Actuar influido por un sentimiento o por una sensanción: *no debes dejarte llevar por el odio.* **b.** Dejarse influir por una persona: *se deja llevar por sus amigos.* **llevar adelante** Hacer que un asunto, proyecto o iniciativa funcione bien: *me he propuesto llevar adelante la empresa familiar.* **llevar la contraria** **a.** Decir o tener una opinión opuesta a la de otra persona: *siempre está llevando la contraria a su madre.* **b.** Hacer lo opuesto a lo que se dice o se espera: *no se ha puesto corbata únicamente por llevarle la contraria a su padre.* **llevar la corriente** Decir o hacer lo que propone una persona para no discutir con ella: *vendrá diciendo tonterías, pero tú llévale la corriente.* **llevar las de ganar** (o **perder**) Prever que en una discusión, pelea o competición una persona tiene ventaja (o desventaja) sobre otra: *mejor que no juegues con esos pillos, porque llevarías las de perder.* **llevarse a matar** Tener una relación muy mala: *Pedro y Luis se llevan a matar.* **llevarse por delante** Atropellar o destruir lo que se interpone en el trayecto de una persona o cosa en movimiento: *entró tan deprisa que se llevó por delante al conserje.*

DER llevadero; conllevar, inllevable, sobrellevar.

llorar v. tr./ intr. **1** Derramar lágrimas en señal de dolor, tristeza, alegría o necesidad. ◆ v. intr. **2** Fluir lágrimas de los ojos: *siempre que corto cebolla me lloran los ojos.* ◆ v. tr./ intr. **3** Quejarse de las penas o de las necesidades propias, generalmente, para despertar compasión o conseguir un fin: *empezó a llorarle a su madre para que la dejara salir.* **4** Echar una cosa pequeñas gotas de líquido parecidas a las lágrimas: *los pinos lloraban resina.* ◆ v. tr. **5** Sentir profundamente una desgracia: *lloraba su mala suerte.*

▶ **llorar a moco tendido** Llorar intensa y desconsoladamente.

DER llorera, llorica, lloriquear, lloro.

lloro n. m. **1** Derramamiento de lágrimas, generalmente acompañado de lamentos y quejas que expresan dolor o tristeza. **SIN** llanto. **2** Expresión de una queja por una pena o una necesidad, generalmente para despertar compasión o conseguir un fin: *con sus lloros ha conseguido un aumento de sueldo.* **SIN** llanto.
DER llorón, lloroso.

llorón, -rona adj./ n. m. y f. **1** [persona] Que llora fácilmente y por cualquier motivo, a menudo, sin causa justificada. **2** [persona] Que se queja frecuentemente.
OBS Se usa en sentido despectivo.

lloroso, -sa adj. Que tiene apariencia de haber llorado o de estar a punto de llorar.

llover v. impersonal **1** Caer agua de las nubes en forma de gotas: *han dicho que esta tarde lloverá.* **NOTA** Solo se usa en tercera persona de singular. ◆ v. intr. **2** Caer o venir gran abundancia de una cosa sobre alguien: *solo llovían desgracias sobre ellos.*
▶ como quien oye llover Sin hacer caso o sin prestar atención a lo que otra persona dice o hace: *le dije lo que yo opinaba, pero él estaba como quien oye llover.* haber llovido Haber transcurrido mucho tiempo: *ha llovido mucho desde entonces.* llover a cántaros Caer agua de las nubes en gran cantidad: *no salgas ahora, porque está lloviendo a cántaros.* llover sobre mojado Suceder alguna cosa que empeora una situación que ya era mala o desgraciada.
OBS Se conjuga como *mover.*
DER llovedizo, lloviznar, lluvia.

lloviznar v. impersonal Llover en forma de llovizna.
DER llovizna.

lluvia n. f. **1** Fenómeno atmosférico que consiste en la caída de agua de las nubes en forma de gotas. lluvia ácida Lluvia que tiene un alto contenido de sustancias contaminantes procedentes de la polución que provocan ciertas industrias. lluvia meona Lluvia muy fina que cae suavemente. **2** Agua que cae al llover: *las lluvias han desbordado el río.* **3** Abundancia o gran cantidad de una cosa: *cayó una lluvia de arroz sobre los recién casados.*
▶ lluvia de estrellas Fenómeno que consiste en la aparición de gran cantidad de estrellas fugaces; suele suceder en determinadas épocas del año.
DER lluvioso.

lluvioso, -sa adj. [clima, lugar, tiempo] De abundantes lluvias: *Galicia tiene un clima muy lluvioso.*

lo det. **1** Forma del artículo determinado en género neutro; se usa: **a.** delante de adjetivos calificativos con el fin de convertirlos en sustantivos abstractos: *has de saber distinguir lo bueno de lo malo.* **b.** delante de una oración subordinada adjetiva para convertirla en sustantiva: *lo que yo te dije.* **c.** delante de pronombres posesivos o de la preposición *de* para indicar la relación de posesión de una cosa, que no se menciona porque ya se sabe, con una persona: *esto es lo tuyo; ¿todavía no sabes lo de María?* **NOTA** El artículo determinado en género neutro no tiene plural. ◆ pron. pers. **2** Forma masculina del pronombre de tercera persona de objeto directo: *lavó el jersey y lo tendió.* **NOTA** Se escribe unida al verbo cuando va detrás de él (*cógelo*). El femenino es *la.*
DER loísmo.

loa n. f. **1** Expresión o discurso con que se alaban las cualidades o los méritos de una persona o cosa: *el padrino hizo una loa de los novios.* **SIN** alabanza, elogio. **2** Poema breve en el que se alaba a una persona o un acontecimiento. **3** Composición dramática breve que servía de introducción a las obras teatrales en el teatro antiguo: *las loas eran discursos o diálogos, y en ellas se alababa al público presente.*
DER loable.

loar v. *formal* Alabar o elogiar con palabras a una persona o una cosa dando muestras de admiración.
DER loa, loor.

lob n. m. En el tenis, pelota lanzada por alto y describiendo una curva para que pase por encima del adversario: *aunque corrió hacia atrás, no pudo llegar al lob.*

lobato n. m. Cría del lobo. **SIN** lobezno.
OBS Para indicar el sexo se usa *el lobato macho* y *el lobato hembra.*

lobby n. m. Grupo de presión formado por personas con capacidad para presionar sobre un Gobierno o una empresa, especialmente, en lo relativo a las decisiones políticas y económicas.
OBS Se pronuncia «lobi». El plural es *lobbies.*

lobezno n. m. Cría del lobo. **SIN** lobato.

lobo, -ba n. m. y f. Animal mamífero salvaje parecido al perro, que tiene el hocico alargado y puntiagudo, pelo gris oscuro, orejas rectas, cola larga y mucho pelo; se alimenta de otros animales.

▶ lobo de mar Marinero que tiene mucha experiencia de la vida en el mar y de la navegación: *el capitán de este barco es un viejo lobo de mar.* lobo marino Animal mamífero que tiene el cuerpo voluminoso y redondeado, el pelaje corto y las extremidades en forma de aletas; vive generalmente en mares fríos y se alimenta de peces y pequeños animales. NOTA Para indicar el sexo se usa *el lobo marino* macho y *el lobo marino* hembra. SIN foca. ¡menos lobos! Expresión que indica que lo que se dice es muy exagerado: *así que te defendiste tú solo de diez atracadores, ¡menos lobos!*
DER lobanillo, lobato, lobera, lobezno.

lóbrego, -ga adj. **1** Que está muy oscuro: *nos hizo bajar hasta la lóbrega bodega.* SIN tenebroso. **2** Que está triste o melancólico: *llevó una vida lóbrega.*
DER lobreguez; enlobreguecer.

lobulado, -da adj. Que tiene lóbulos: *hoja lobulada, arco lobulado.*

lóbulo n. m. **1** Parte inferior, carnosa, blanda y redondeada de la oreja. **2** Parte redondeada y saliente en un órgano de un ser vivo que está separada de las demás partes por un pliegue o hendidura: *los pulmones y el cerebro tienen lóbulos.* **3** Parte saliente del borde de una cosa: *el interior de ese arco árabe está rematado con lóbulos en forma de ondas.*
DER lobulado.

local adj. **1** De un territorio, municipio o región o que tiene relación con estos lugares: *fiestas locales.* **2** Que solamente afecta a una parte de un todo: *anestesia local.* ◆ n. m. **3** Lugar o espacio cubierto y cerrado que suele usarse para poner en él un establecimiento o negocio.
DER localidad, localismo, localizar, locativo; dislocar.

localidad n. f. **1** Pueblo o ciudad en los que habitan las personas. **2** Plaza o asiento de un cine, teatro u otro lugar en el que se celebran espectáculos. **3** Billete que da derecho al espectador a ocupar una de estas plazas o asientos: *compró dos localidades para el partido.*

localización n. f. **1** Determinación del lugar en el que se encuentra una persona o una cosa. **2** Reducción de una cosa a unos límites determinados: *le encargaron la localización de la epidemia.*

localizar v. **1** Determinar el lugar en el que se encuentra una persona o una cosa: *no lograba localizar a su padre.* SIN encontrar, situar. ◆ v. tr./ prnl. **2** Fijar o determinar una cosa dentro de unos límites determinados.
OBS En su conjugación, la *z* se convierte en *c* delante de *e*.
DER localización.

loción n. f. **1** Producto medicinal o cosmético que se usa para el cuidado de la piel o el pelo. **2** Masaje o lavado que se hace en una parte del cuerpo con un producto medicinal o cosmético.

loco, -ca adj./ n. m. y f. **1** [persona] Que ha perdido la razón o tiene perturbadas las facultades mentales. SIN demente, perturbado. **2** [persona] Que tiene poco juicio o se comporta de forma imprudente. NOTA Se usa como apelativo despectivo. ◆ adj. **3** [persona] Que experimenta un sentimiento de una forma muy intensa: *están locos de alegría con su nieto.* NOTA Se construye seguido de la preposición *de*. **4** [persona] Que desea intensamente hacer una cosa o que esta ocurra: *estamos locos por verte.* NOTA Se construye seguido de la preposición *por* más un infinitivo. **5** Que es muy agitado y movido: *fue una noche loca la de aquella fiesta.* **6** Que sobresale mucho o es extraordinario o excesivo: *ha tenido una suerte loca con ese trabajo.*
▶ a lo loco Sin pensar o sin razonar con tranquilidad: *te ha salido mal porque lo hiciste a lo loco.* hacer el loco Divertirse haciendo cosas que no son normales o armando mucho ruido. hacerse el loco Fingir que no se ve o no se entiende una cosa aparentando estar distraído: *lo llamó para regañarlo, pero él se hizo el loco.* loco de atar o loco perdido o loco de remate [persona] Que se comporta como si hubiera perdido la razón: *no le hagas ni caso: está loco perdido.* ni loco Nunca o de ningún modo: *no pienso ir contigo ni loco.* volver loco **a.** Molestar mucho una cosa a una persona: *deja ya de hacer ruido, porque me estás volviendo loco.* **b.** Gustar mucho una persona o una cosa: *el cava y el salmón me vuelven loco.*
DER locatis, locuelo, locura, locuelo, loquero; alocado, enloquecer.

locomoción n. f. **1** Movimiento de un lugar a otro: *el barco es un medio de locomoción.* **2** Facultad que tienen algunos seres vivos para trasladarse de un lugar a otro.

locomotor, -ra adj. Que sirve para mover una cosa o moverse de un lugar a otro: *aparato locomotor.* SIN locomotriz.
DER locomotora, locomotriz.

locomotora n. f. Máquina provista de un motor y montada sobre ruedas que mueve o arrastra los vagones de un tren enganchados a ella: *las antiguas locomotoras se movían por vapor.*

locomotriz adj. Que sirve para mover una cosa o moverse de un lugar a otro: *esta máquina produce una fuerza locomotriz.* **SIN** locomotor.
OBS Es la forma femenina de *locomotor.*

locuaz adj. Que habla mucho o demasiado.
DER locuacidad, locución.

locución n. f. Conjunto de palabras que presentan un orden fijo y que funcionan como un elemento único: *la frase «al pie de la letra» es una locución.*
▶ **locución adjetiva** Locución que califica a un nombre y funciona como un adjetivo: *en «es una mujer de armas tomar», «de armas tomar» es una locución adjetiva.* **locución adverbial** Locución que funciona como un adverbio: *en «le gusta comer a deshora», «a deshora» es una locución adverbial.* **locución conjuntiva** Locución que funciona como una conjunción: *«por consiguiente» y «a pesar de que» son locuciones conjuntivas.* **locución nominal** Locución que funciona como un nombre o sustantivo: *en «no me hablo con esa mosquita muerta», «mosquita muerta» es una locución nominal.* **locución prepositiva** Locución que funciona como una preposición: *«en pos de» y «en torno a» son locuciones prepositivas.* **locución verbal** Locución que funciona como un verbo: *en «mi hermana nos pidió que le echáramos una mano», «echáramos una mano» es una locución verbal.* **SIN** modismo.
DER locutor; alocución, circunlocución, elocución.

locura n. f. **1** Trastorno o perturbación de las facultades mentales de una persona. **2** Acción imprudente o temeraria que realiza una persona de forma irreflexiva: *es una locura coger el coche con la nevada que está cayendo.* **3** Entusiasmo grande o amor excesivo que siente una persona por alguien o algo: *sentía locura por los coches de carreras.* **SIN** pasión.
▶ **con locura** Muchísimo o en extremo: *te quiero con locura.* **de locura** Que es exagerado o está fuera de lo normal: *hacía un viento de locura.*

locutor, -ra n. m. y f. Persona que se dedica a dar las noticias o informar en radio o televisión o presenta un programa: *sustituyeron al locutor porque se había quedado afónico.*
DER locutorio; interlocutor.

locutorio n. m. **1** Habitación o local dividido por una reja o un cristal donde se recibe a las visitas en los monasterios y en las cárceles: *el funcionario acompañó al preso hasta el locutorio.* **2** Habitación o espacio pequeño en el que hay un teléfono público de uso individual: *en las estaciones, aeropuertos y grandes almacenes hay locutorios para uso público.* **SIN** cabina. **3** Establecimiento que dispone de varias cabinas para realizar llamadas telefónicas y, generalmente, también de ordenadores conectados a Internet, entre otros servicios. **4** Estudio de una emisora de radio que está preparado para realizar la emisión de un programa.

lodazal n. m. Terreno lleno de lodo. **SIN** lodazar.

lodo n. m. **1** Barro blando que se forma en los lugares donde hay agua o cuando llueve. **SIN** cieno, lama, limo. **2** Deshonra o mala fama: *su comportamiento cubrió de lodo nuestro apellido.*
DER lodazal; enlodar.

logaritmo n. m. MAT. Exponente al que hay que elevar un número o una base positivos para conseguir una cantidad determinada: *se llama logaritmo en base a de un número n al exponente al que hay que elevar la base a para obtener el número n.*
DER logarítmico.

lógica n. f. **1** Ciencia que estudia las formas y las leyes generales que rigen el conocimiento humano y científico. **lógica matemática** Lógica que utiliza el método y los símbolos de las matemáticas. **2** Método o razonamiento con que se hace una cosa: *su modo de hacer las cosas carece de toda lógica.* **3** Capacidad de razonar o actuar con sentido común que tiene una persona: *usa la lógica para resolver esta contradicción.*

lógico, -ca adj. **1** De la lógica o que tiene relación con esta ciencia: *planteamientos lógicos.* **ANT** ilógico. **2** Que responde a la razón o al sentido común: *resolver una cosa de forma lógica.* **ANT** ilógico. ◆ adj./ n. m. y f. **3** [persona] Que se dedica al estudio de la lógica: *Aristóteles fue un gran lógico de la Antigüedad.*
DER lógica, lógicamente, logística; ilógico.

logística n. f. **1** Técnica militar que se ocupa del movimiento de los ejércitos, de su transporte y de su mantenimiento. **2** Conjunto de los medios necesarios para llevar a cabo un fin determinado de un proceso complicado: *capturaron al responsable de la infraestructura y*

logística del grupo terrorista. **3** Lógica que utiliza el método y los símbolos de las matemáticas: *nuestro profesor de lógica ha escrito varios libros de logística.* SIN lógica matemática.
DER logístico.

logo n. m. Logotipo, dibujo o símbolo.

-logo, -loga Elemento sufijal que entra en la formación de palabras con el significado de: **a.** 'Estudioso', 'especialista': *geólogo, neurólogo.* **b.** 'Discurso', 'lenguaje': *monólogo, epílogo.*

logopeda n. com. Persona que es especialista en logopedia.

logopedia n. f. Tratamiento y corrección de los trastornos que afectan a la voz, a la pronunciación y al lenguaje oral y escrito, mediante técnicas de reeducación.

logotipo n. m. Dibujo o símbolo que distingue a una empresa, institución o sociedad y a las cosas que tienen relación con ella. SIN distintivo, logo.

lograr v. **1** Conseguir u obtener una cosa que se intenta o se desea. ◆ v. prnl. **2** lograrse Alcanzar una cosa el máximo desarrollo o perfección: *el mal tiempo ha hecho que no se logre la cosecha.*
DER logrado, logro; malograr.

logro n. m. **1** Obtención de una cosa que se intenta o se desea: *están muy contentos por el logro de lo que siempre habían deseado.* SIN consecución. **2** Éxito o resultado muy satisfactorio: *ha sido todo un logro que acabase la carrera.*
ANT fracaso.

logroñés, -ñesa adj. **1** De Logroño o que tiene relación con esta ciudad de La Rioja. ◆ adj./n. m. y f. **2** [persona] Que es de Logroño.

loísmo n. m. Uso que se hace de las formas *lo* y *los* del pronombre personal como objeto indirecto, en lugar de *le* y *les*: *el loísmo se produce al decir «lo vi las manos sucias», en vez de «le vi las manos sucias».*
DER loísta.

loma n. f. Elevación del terreno que tiene poca altura y bordes suaves. SIN colina.

lombriz n. f. Gusano de color blanco o rosa, de cuerpo blando, cilíndrico y muy alargado que vive en la tierra: *la lombriz se alimenta de los principios orgánicos de la tierra.*
▶ lombriz de tierra Lombriz que vive en las zonas húmedas del suelo: *el pescador usa lombrices de tierra como cebo.* lombriz intestinal Parásito parecido a un gusano que vive en el intestino del hombre y de algunos animales.
OBS El plural es *lombrices.*

lomo n. m. **1** Parte superior del cuerpo de un animal de cuatro patas que va desde el cuello a las patas traseras. **2** Carne que forma la parte superior del cuerpo del cerdo: *el lomo es muy apreciado en alimentación.* lomo embuchado Lomo aderezado con sal y pimentón que está embutido en una tripa; y se consume como fiambre. **3** Parte del libro opuesta al corte de las hojas por donde se pegan o se cosen los pliegos: *la mayoría de los libros tienen el título inscrito en el lomo.* **4** Parte de un instrumento cortante opuesta al filo: *el lomo de un cuchillo.* **5** Tierra que queda entre dos surcos: *este terreno tiene unos lomos muy anchos.* **6** Parte inferior y central de la espalda de una persona.
▶ a lomos de Expresión que indica que se va montado sobre la parte superior del cuerpo de un animal de cuatro patas, en especial, de una caballería: *corríamos campo a través a lomos de su caballo.*
DER loma; deslomar.

lona n. f. **1** Tejido fuerte e impermeable que es de algodón o cáñamo: *la lona se emplea para hacer toldos y tiendas de campaña.* **2** Suelo sobre el que se disputa una competición deportiva de boxeo o lucha libre.
▶ besar la lona Caer un boxeador o un luchador fuera de combate o ser derrotado por su contrincante: *el rival lo derribó con un gancho izquierdo y besó la lona.*
DER loneta.

loncha n. f. Trozo ancho, alargado y muy delgado que se corta de un alimento sólido: *una loncha de jamón.* SIN rodaja.

londinense adj. **1** De Londres o que tiene relación con esta ciudad que es capital del Reino Unido. ◆ adj./n. com. **2** [persona] Que es de Londres.

longaniza n. f. Embutido fresco o curado, parecido a una salchicha, hecho con carne de cerdo picada y adobada; se consume frito o asado cuando es fresco o crudo cuando está curado.

longevo, -va adj. **1** Que tiene mucha edad o ya es muy viejo: *era un escritor longevo.* **2** Que vive mucho tiempo: *la tortuga es un animal longevo.*
DER longevidad.

longitud n. f. **1** Dimensión o extensión máxima de una superficie: *esta habitación tiene diez metros de longitud y cinco de anchura.* **2** Distancia que hay desde un punto cual-

quiera de la superficie de la Tierra hasta el meridiano de Greenwich o meridiano cero: *la longitud se mide de este a oeste, o viceversa, en grados, minutos y segundos.* **3** Magnitud que expresa la distancia entre dos puntos o cada una de las dimensiones de un cuerpo.
▶ longitud de onda Distancia mínima que separa dos puntos consecutivos que están en el mismo estado de vibración en un movimiento ondulatorio.

longitudinal adj. **1** De la longitud o que tiene relación con esta dimensión o extensión. **2** Que está colocado en el mismo sentido de la longitud. ANT transversal.

lonja n. f. **1** Edificio público donde se compran y venden mercancías en grandes cantidades. **2** Loncha que se corta de un alimento: *lonja de jamón.*

lontananza n. f. **1** Parte más alejada de un lugar: *el caballo se acercaba por la lontananza.* SIN lejanía. **2** Parte o sección de un cuadro que está más alejada del plano principal: *la lontananza de esta pintura representa un espeso bosque.* SIN fondo.
▶ en lontananza A lo lejos: *en lontananza se veían venir tres coches.*

lopesco, -ca adj. De Lope de Vega o relacionado con este escritor o con su obra.

lord n. m. Título honorífico dado a los individuos de la primera nobleza inglesa y a algunos altos cargos.
OBS El plural es *lores.*

loriga n. f. Armadura formada por pequeñas chapas de acero que servía para proteger el pecho y la espalda de los soldados: *la lanza no pudo traspasar la loriga.*

loro n. m. **1** Ave trepadora de pico fuerte, grueso y curvo y plumas de vistosos y variados colores que es capaz de repetir sonidos propios del lenguaje humano. SIN papagayo. **2** Persona muy fea y de aspecto extraño o estrafalario: *no sé cómo te puede gustar ese loro.* **3** Persona que habla mucho sin decir nada interesante. SIN cotorra. **4** Aparato de radio o radiocasete: *ayer le robaron el loro del coche.*
▶ estar al loro Expresión que indica que una persona está atenta a lo que pasa o se dice o está al corriente de lo que ocurre: *estate al loro, que nos pueden ver.*

lorquiano, -na adj. De Federico García Lorca o relacionado con este escritor o con su obra.

losa n. f. **1** Piedra lisa, plana y delgada que se usa para pavimentar suelos y alicatar paredes. **2** Piedra plana y delgada que cubre una tumba. SIN lápida. **3** Cosa que resulta ser una carga dura y difícil de soportar para el ánimo de una persona: *aquel suceso fue para él una losa sobre su conciencia.*
DER loseta; enlosar.

loseta n. f. Piedra lisa, plana y delgada que es más pequeña que una losa y se usa para cubrir suelos y muros. SIN baldosa, losa.

lote n. m. **1** Conjunto de cosas que tienen unas características comunes: *un lote de productos de belleza.* **2** Cada una de las partes en que se divide o se reparte una cosa: *hicieron seis lotes iguales.*
▶ darse (o pegarse) el lote Besarse y acariciarse una pareja: *había una pareja en el sillón dándose el lote.*

lotería n. f. **1** Juego público de azar que consiste en sacar unos números de un bombo y premiar con dinero a las personas que posean los billetes cuyos números coincidan con los extraídos en el sorteo. lotería primitiva Juego público que consiste en sortear diversas cantidades de dinero entre los acertantes de un máximo de seis números y un mínimo de tres elegidos entre cuarenta y nueve cifras; un número más, llamado *complementario,* se suma a los cinco aciertos y aumenta el premio que a esta categoría corresponde; acertar otro número, llamado *reintegro,* trae consigo la devolución del importe de la apuesta. **2** Asunto en el que interviene el azar o la suerte: *la vida es una lotería.* **3** Cosa que es muy buena o beneficiosa: *este horario de trabajo es una lotería.*
▶ tocar la lotería **a.** Ganar dinero con este juego público de azar: *le ha tocado la lotería y se comprado una casa.* **b.** Tener mucha suerte una persona: *le tocó la lotería al casarse contigo, Pepi.*
DER lotero.

loza n. f. **1** Barro fino, cocido y barnizado que se usa para hacer platos, tazas y vajillas. SIN china, porcelana. **2** Conjunto de objetos fabricados con este barro.

lozanía n. f. **1** Salud y buen aspecto que tiene una persona o un animal. **2** Verdor y frondosidad que tiene una planta: *las plantas han recuperado la lozanía.*

lozano, -na adj. **1** [persona, animal] Que tiene salud y buen aspecto: *tus hijos son unos* *niños lozanos.* **2** [planta] Que tiene verdor y frondosidad.

lubina n. f. Pez marino de hasta 1 m de longitud, color gris metálico, cola recta, boca grande, aletas espinosas y dos aguijones en cada opérculo; su carne es comestible. SIN céfalo, róbalo.

lubricante adj./ n. m. [sustancia aceitosa] Que se aplica a las piezas de un mecanismo para facilitar el deslizamiento de unas sobre otras con el mínimo rozamiento.

lubricar v. Aplicar una sustancia aceitosa a una superficie para facilitar su deslizamiento sobre otra con el mínimo rozamiento. SIN engrasar.

OBS En su conjugación, la *c* se convierte en *qu* delante de *e*.

DER lubricación, lubricante, lúbrico, lubrificar.

lúbrico, -ca adj. **1** Que resbala o se desliza con facilidad. **2** Que es propenso a la lujuria o que provoca este deseo sexual: *el personaje mostraba un comportamiento lúbrico durante toda la película.*

lubrificar v. tr. Lubricar.

OBS En su conjugación, la *c* se convierte en *qu* delante de *e*.

DER lubrificación, lubrificante.

lucerna n. f. Abertura en un techo o en la parte alta de las paredes para que entren el aire y la luz en una habitación. SIN lumbrera.

lucero n. m. **1** Cuerpo celeste que se ve en el cielo y que brilla de forma muy intensa. lucero del alba o lucero de la mañana Planeta que es el segundo del sistema solar: *Venus es el lucero del alba.* **2** Mancha blanca y grande que tienen en la frente algunos animales de cuatro patas.

lucha n. f. **1** Enfrentamiento o combate que se realiza mediante la fuerza física o las armas. **2** Disputa o pelea que se produce entre dos o más personas de forma verbal: *lo que empezó siendo un simple debate acabó en lucha.* **3** Deporte en el que dos personas se enfrentan cuerpo a cuerpo.

▶ lucha grecorromana Deporte en el que vence el participante que consigue que el contrincante tenga la espalda en el suelo durante unos segundos. lucha libre Deporte en el que están permitidos ciertos golpes y vence el participante que consigue que el contrincante quede de espaldas y no se pueda mover.

luchador, -ra n. m. y f. **1** Persona que lucha para someter o destruir aquello que considera perjudicial. **2** Persona que lucha o se esfuerza por vencer los obstáculos que encuentra y por conseguir el fin que se propone. **3** En deportes, persona que se dedica a practicar alguna de las modalidades de lucha.

luchar v. intr. **1** Enfrentarse o combatir usando la fuerza física o las armas. SIN pelear, contender. **2** Trabajar o esforzarse mucho una persona para vencer los obstáculos y conseguir un fin determinado: *la sociedad lucha contra la droga.*

DER lucha, luchador.

lucidez n. f. Claridad y rapidez mental que tiene una persona para exponer o comprender las cosas: *expuso su teoría con gran lucidez.*

lucido, -da adj. **1** Que da buena impresión o apariencia: *te ha quedado un trabajo muy lucido.* **2** Que destaca o permite mostrar una habilidad o capacidad: *ese actor tiene un papel lucido en la obra de teatro.*

lúcido, -da adj. **1** [persona] Que expone o comprende las ideas y los hechos de forma clara y rápida: *es un estudiante lúcido y aprende muy bien.* **2** Que es inteligente: *un lúcido razonamiento.* **3** Que se encuentra en un estado mental normal.

DER lucidez.

luciente adj. Que luce o brilla: *cristal luciente; lucientes cabellos color de cobre.*

luciérnaga n. f. Insecto volador que desprende una luz verdosa de la parte posterior de su cuerpo y cuya hembra carece de alas y tiene el abdomen formado por anillos.

lucimiento n. m. **1** Muestra de habilidad o capacidad que realiza una persona en un trabajo o una actividad: *la calidad de la obra permite el lucimiento del artista.* **2** Esplendor o brillo que tiene una cosa: *su presencia dio lucimiento a la fiesta.*

lucio n. m. Pez de agua dulce que tiene el cuerpo alargado y algo plano, de color verdoso y la cabeza en forma de punta, con la boca grande y muchos dientes afilados; es comestible.

lucir v. intr. **1** Dar o producir luz: *esa bombilla ya no luce.* **2** Brillar con suavidad una cosa: *las estrellas lucen por la noche.* **3** Aparecer o mostrarse el resultado de un trabajo o un esfuerzo: *después de tres días, ya empieza a lucirle el trabajo.* **4** Dar una cosa prestigio o importancia a una persona: *tener un buen coche luce mucho en mi entorno social.* ◆ v. intr./ prnl.

5 Sobresalir o destacar una persona o una cosa entre otras: *ella era la persona que más lució en la fiesta.* ◆ v. tr. **6** Mostrar una cosa presumiendo de ella: *lució todas sus joyas en la fiesta.* ◆ v. prnl. **7** lucirse Mostrar habilidad o capacidad en un trabajo o una actividad presumiendo de ello: *salió a la pista a lucirse delante de sus amigos.* **8** Salir una cosa mal a una persona: *te luciste ayer hablando de ese modo.*
OBS En su conjugación, la *c* se convierte en *zc* delante de *a* y *o*.
DER lucido, lucimiento; deslucir, relucir, traslucir.

lucrar v. tr./prnl. Obtener lucro o beneficio de una cosa o persona: *lo único que quería era lucrar a mi costa.* NOTA Su uso pronominal es más frecuente en España.

lucrativo, -va adj. Que produce muchas ganancias o beneficios: *se dedica a una actividad muy lucrativa.*

lucro n. m. Ganancia o beneficio que se consigue en un asunto o en un negocio.

lúdico, -ca adj. Del juego o que tiene relación con esta actividad: *actividades lúdicas.*
DER ludibrio, lúdicro, ludopatía.

ludópata adj./n. com. **1** [persona] Que padece ludopatía. ◆ adj. **2** [acto, comportamiento] Que es propio estas personas.

ludopatía n. f. Inclinación patológica a los juegos de azar: *se ha arruinado a causa de su ludopatía.*

ludoteca n. f. Lugar público que dispone de juegos y juguetes con los que los usuarios pueden jugar.

luego adv. **1** Después o más adelante en el tiempo: *ahora no puedo, luego iré a verte.* ◆ conj. **2** Introduce una oración que es resultado o consecuencia de la oración anterior: *pienso, luego existo.*
▶ desde luego **a.** Expresión que indica afirmación o entendimiento: *desde luego que iré a tu fiesta.* **b.** Expresión que se usa para dar énfasis a lo que se dice: *desde luego, no entiendo nada.* hasta luego Expresión que se usa como despedida o adiós: *nos veremos dentro de un rato, hasta luego.*

luengo, -ga adj. *formal* Que tiene mucha longitud: *era un anciano de luengas barbas.* SIN largo.

lugar n. m. **1** Parte o punto de un espacio que puede estar ocupado o se puede ocupar: *se esconde en algún lugar del bosque.* SIN sitio. **2** Posición que tiene una persona o una cosa en una serie o un conjunto: *llegó en quinto lugar.* **3** Espacio que está libre o disponible: *buscaba un lugar donde sentarse a descansar.* SIN sitio. **4** Pueblo o población pequeña: *era el más listo del lugar.*
▶ dar lugar a Producir o provocar una cosa: *tu comportamiento da lugar a muchos enfados.* en lugar de En sustitución de o en vez de: *fui a trabajar en lugar de mi hermano.* estar fuera de lugar No ser una cosa o persona adecuada u oportuna: *tus gritos están fuera de lugar.* lugar común Expresión que indica que lo que se está diciendo ha sido muy repetido anteriormente y carece de originalidad. SIN tópico. sin lugar a dudas Sin posibilidad de error o de forma cierta: *sin lugar a dudas, eres mi mejor amigo.* tener lugar Ocurrir o producirse una cosa en un determinado sitio o momento: *la conferencia tuvo lugar en el salón de actos.*
DER lugareño.

lugarteniente n. com. Persona que puede sustituir a otra en su cargo o empleo.

lúgubre adj. **1** Que es triste y oscuro: *la escasa luz daba a la iglesia un aspecto lúgubre.* **2** Que es fúnebre o tétrico: *tuvo la lúgubre idea de visitar el cementerio.*

luisa n. f. Planta de jardín de olor agradable cuyas hojas se usan en infusión con propiedades tonificantes y digestivas: *la luisa también se conoce como «hierba luisa».*

lujo n. m. **1** Abundancia u ostentación de riqueza y grandes comodidades que tiene una persona: *la habitación estaba decorada con lujo.* **2** Gasto que se realiza en bienes de consumo que no son necesarios o imprescindibles para vivir: *tener tres coches es un lujo que no nos podemos permitir.* impuesto de lujo Tasa o cantidad de dinero que debe pagarse al adquirir artículos o propiedades que no se consideran necesarios o imprescindibles para vivir. **3** Abundancia, gran cantidad de una cosa: *me contó la historia de Irene con todo lujo de detalles.* **4** Cosa que es muy buena o extraordinaria: *tu trabajo es un verdadero lujo.*
▶ permitirse el lujo Atreverse una persona a hacer una cosa sin solicitar permiso para ello.
DER lujoso.

lujoso, -sa adj. Que muestra u ostenta riqueza y abundancia de dinero: *llevaba un lujoso collar.*

lujuria n. f. Deseo o actividad sexual desenfrenados o inmoderados. ANT castidad.
DER lujurioso.

lujurioso, -sa adj. **1** De la lujuria o que tiene relación con este deseo o actividad sexual: *lo miró con ojos lujuriosos.* **2** Que tiene un deseo o una actividad sexual desenfrenada o inmoderada. SIN lascivo.

lumbago n. m. Dolor reumático de los huesos o de los músculos de la parte baja de la espalda.

lumbar adj. **1** [zona del cuerpo] Que está situada entre la última costilla y los glúteos. **2** De la zona del cuerpo situada entre la última costilla y los glúteos o que tiene relación con ella: *dolor lumbar.*

lumbre n. f. **1** Fuego encendido que proporciona luz y calor: *acércate a la lumbre para calentarte.* SIN candela. **2** Materia combustible que está encendida: *atiza la leña para que no se apague la lumbre de la chimenea.* SIN candela. ▶ dar lumbre Dar fuego para encender un cigarro.

DER lumbrera; alumbrar, columbrar, deslumbrar, relumbrar, vislumbrar.

lumbrera n. f. **1** Persona que es muy inteligente y culta: *este alumno es una auténtica lumbrera.* **2** Abertura que se hace en el techo para dejar pasar el aire y la luz.

lumen n. m. Unidad de flujo luminoso en el Sistema internacional de unidades: *el símbolo del lumen es lm.*

lumínico, -ca adj. *formal* Luminoso (de la luz o relacionado con ella).

luminiscencia n. f. Propiedad de algunos cuerpos de emitir una luz muy débil, pero visible en la oscuridad, sin que se produzca aumento de la temperatura: *la luminiscencia puede observarse en las luciérnagas.*

luminosidad n. f. **1** Abundancia de luz que tiene una cosa o un lugar. **2** Claridad o brillantez: *el color blanco da sensación de luminosidad.*

luminoso, -sa adj. **1** Que despide o emite luz: *las estrellas son luminosas.* **2** Que tiene mucha luz natural o está bien iluminado: *el salón y la cocina de la casa son muy luminosos.* **3** [color] Que es claro y brillante. **4** Que es muy acertado o excelente: *tenía ideas luminosas para el proyecto.* ◆ adj./n. m. **5** [cartel, letrero] Que emite luz artificial: *los luminosos de los comercios.*

DER lumínico, luminiscente, luminosidad.

luminotecnia n. f. **1** Técnica de la iluminación artificial que consiste en colocar luces eléctricas con fines industriales o artísticos: *Martín es un experto en luminotecnia.* **2** Conjunto de luces artificiales que se colocan con fines industriales o artísticos: *la luminotecnia del teatro.*

DER luminotécnico.

luna n. f. **1** Satélite de la Tierra que gira a su alrededor y que se ve porque refleja la luz del Sol: *la Luna tarda 28 días en dar la vuelta a la Tierra.* NOTA En esta acepción se escribe con mayúscula. luna creciente Fase lunar en la que la Luna se hace visible cuando solo refleja luz su parte derecha. luna llena Fase lunar en la que la Luna se hace visible cuando refleja luz toda entera y se percibe como un disco iluminado. SIN plenilunio. luna menguante Fase lunar en la que la Luna se hace visible cuando solo refleja luz su parte izquierda. luna nueva Fase lunar en la que la Luna no refleja luz, por lo que no es visible desde la Tierra. **2** Cuerpo celeste que gira alrededor de un planeta: *Ganímedes es una luna del planeta Júpiter.* **3** Luz del Sol que es reflejada por el satélite de la Tierra y por la noche se hace visible: *la luna entra por los resquicios de la ventana.* **4** Período de tiempo que tarda el satélite de la Tierra en dar una vuelta completa al planeta: *una luna equivale a 28 días.* **5** Cristal grande y grueso que forma un espejo, un escaparate o una vitrina: *al abrir la puerta del armario se ha caído la luna del espejo.* ▶ estar en la luna Estar una persona despistada o no prestar atención a lo que ocurre o se dice alrededor: *siempre estás en la luna y no te enteras de nada.* luna de miel **a.** Viaje de placer que hace una pareja de recién casados después de la boda. **b.** Período inicial de la vida de un matrimonio. media luna Figura semejante a la de la Luna cuando solo tiene iluminada una mitad: *la media luna es el símbolo del Islam.* pedir la luna Pedir una persona una cosa imposible de realizar o conseguir.

DER lunación, lunar, lunaria, lunático, lunatismo, luneta, lúnula; alunizar.

lunar adj. **1** De la Luna o que tiene relación con este satélite de la Tierra. ◆ n. m. **2** Mancha pequeña, redondeada y de color marrón que sale en la piel del cuerpo humano. **3** Punto o dibujo en forma de círculo con que se adorna una tela: *los visillos son de lunares.*

lunático, -ca adj. [persona] Que tiene cambios bruscos de carácter o humor.

lunes n. m. Día que es el primero de la semana.

OBS El plural también es *lunes.*

a b c d e f g h i j k l m n ñ o p q r s t u v w x y z

lupa n. f. Cristal transparente que tiene las dos caras curvas, está sujeto en un soporte y sirve para aumentar la imagen de los objetos. SIN lente.
▶ con lupa Expresión que indica que una cosa se hace o se examina detenidamente o con mucha atención y cuidado: *este es un asunto que hay que mirarlo con lupa.*

lusitano, -na o **luso, -sa** adj. **1** De Portugal o que tiene relación con este país del sur de Europa. SIN portugués. ◆ adj./ n. m. y f. **2** [persona] Que es de Portugal. SIN portugués.

lustrar v. tr. Dar brillo a una cosa frotando con fuerza.

lustre n. m. **1** Brillo que tiene una cosa después de limpiarla o frotarla con fuerza: *la vecina admiró el lustre del suelo recién encerado.* **2** Aspecto sano que tiene una persona o una cosa: *el lustre de los melocotones.* **3** Distinción o prestigio social: *los negocios le salieron bien y en poco tiempo consiguió cierto lustre.*
DER lustrar, lustroso; deslustre, ilustre.

lustro n. m. Período de tiempo que comprende de cinco años. SIN quinquenio.

lustroso, -sa adj. **1** Que tiene lustre o brillo. SIN brillante. **2** Que tiene un aspecto sano debido al color y la limpieza de la piel.

luteranismo n. m. Doctrina religiosa protestante que defiende la libre interpretación de los textos de la Biblia y sostiene que la fe es la única vía de salvación del hombre: *el luteranismo está basado en las teorías de Lutero.*

luterano, -na adj. **1** De Lutero o del luteranismo o que tiene relación con esta doctrina religiosa o con este reformador alemán: *la reforma luterana nació en el s.* XVI. ◆ adj./ n. m. y f. **2** [persona] Que es seguidor o partidario de la doctrina de Lutero: *los luteranos son cristianos protestantes.*
DER luteranismo.

luto n. m. **1** Dolor y pena causados por la muerte de una persona: *el ayuntamiento izó la bandera a media asta en señal de luto.* **2** Muestra exterior de dolor y pena causados por la muerte de una persona que se manifiesta en el uso de ropa negra y determinados objetos y adornos: *viste de negro porque lleva luto por las muertes de su marido y de su hijo.* **3** Período de tiempo que dura esta muestra exterior de dolor: *el luto duró siete años.*
DER enlutar.

lux n. m. Unidad de intensidad de iluminación en el Sistema internacional de unidades; su símbolo es lx.

luxación n. f. Daño que se produce cuando un hueso se sale de su articulación: *una luxación en la muñeca.* SIN dislocación.

luxemburgués, -guesa adj. **1** De Luxemburgo o que tiene relación con este país de Europa. ◆ adj./ n. m. y f. **2** [persona] Que es de Luxemburgo. ◆ n. m. **3** Lengua que se habla en Luxemburgo, junto al alemán y al francés.

luz n. f. **1** Forma de energía que ilumina las cosas y las hace visibles y se propaga mediante partículas llamadas *fotones*: *la luz impresiona mucho la retina del ojo.* luz artificial Luz eléctrica. luz eléctrica Luz que es producida mediante energía eléctrica: *la luz eléctrica es muy limpia y cómoda.* luz natural Luz producida por el Sol. **2** Claridad que desprende un cuerpo que está en combustión: *la luz de las llamas es amarillenta.* **3** Objeto o aparato que sirve para alumbrar: *se ha fundido la luz del cuarto de baño.* luz corta o luz de cruce Luz de un vehículo que debe iluminar como mínimo unos 40 metros de vía: *al circular por un túnel es obligatorio poner la luz corta.* luz de posición Luz de un vehículo que sirve para ser visto en lugares que tienen poca iluminación. luz larga o luz de carretera Luz de un vehículo que debe iluminar como mínimo unos 100 metros de vía. **4** Corriente eléctrica: *el precio de la luz ha vuelto a subir este año.* **5** Espacio abierto en una pared que deja pasar la claridad: *esta casa tiene pocas luces.* luz cenital Luz que entra por un espacio abierto en el techo. **6** Modelo que marca un camino o una guía: *ese filósofo fue la luz de muchos jóvenes de mi generación.* ◆ n. f. pl. **7** luces Inteligencia o entendimiento de una persona: *es un profesor con muchas luces.*
▶ arrojar luz Aclarar un asunto: *las nuevas pruebas arrojan luz sobre el misterioso asesinato.* a todas luces De manera clara y segura: *ha sido, a todas luces, una injusticia.* dar a luz Expulsar el feto la mujer. SIN parir. sacar a la luz Publicar un texto u obra: *ese año sacó a la luz la que sería su obra más famosa.*
DER lucerna, lucero, lúcido, luciérnaga, lucífilo, lucífugo, lucir, lux; contraluz, parteluz, tragaluz.

lycra n. f. Licra.

abcdefghijkl**M**nñopqrstuvwxyz

m n. f. **1** Decimotercera letra del alfabeto español. **2** Letra que representa el valor de 1000 en la numeración romana. **NOTA** Se escribe con letra mayúscula. **3** Abreviatura de *metro*: *la barra medía 1,5 m.*

macabeo, -bea adj. **1** De los macabeos o relacionado con ellos. ◆ n. m. y f. **2** Nombre con el que se designa a cada descendiente del sacerdote Matatías. ◆ n. m. pl. **3 macabeos** En la tradición cristiana, nombre que reciben los siete hermanos que fueron martirizados junto a su madre, según narra el segundo libro de los Macabeos.

macabro, -bra adj. Que tiene relación con el aspecto más repulsivo y desagradable de la muerte: *nos contó una historia macabra sobre un cadáver recién enterrado.*

macarrón n. m. **1** Pasta italiana en forma de tubo de unos 5 cm de largo. **2** Tubo delgado de plástico flexible y resistente que se usa para recubrir alambres o cables eléctricos.
DER macarrónico.

macarrónico, -ca adj. [idioma] Que se usa incorrectamente, en el que se mezclan palabras de la propia lengua con otras de la lengua que se intenta usar o en el que se inventan palabras con sonidos o terminaciones de esa lengua: *hablaba un inglés macarrónico.*

macedonia n. f. Postre que consiste en frutas cortadas en trozos, aliñadas con su zumo o el de otras frutas y al que puede añadirse azúcar o licor.

macedónico, -ca adj. Macedonio.

macedonio, -nia adj. **1** De Macedonia o relacionado con este Estado europeo de los Balcanes. **SIN** macedónico. ◆ adj./ n. m. y f. **2** [persona] Que es de Macedonia. **SIN** macedónico.

macerar v. tr. **1** Dejar durante un tiempo un alimento en una especie de salsa o adobo, antes de cocinarlo, para ablandarlo y condimentarlo. **2** Dejar sumergida una sustancia sólida en un líquido durante un tiempo para extraer de ella las partes solubles. ◆ v. intr./ prnl. **3** Permanecer durante un tiempo [un alimento] en una especie de salsa o adobo, antes de ser cocinado, para ablandarse y ser condimentado: *la carne maceró durante toda la noche en yogur y especias; dejó los filetes macerándose con aceite, limón y pimienta un día entero.* **4** Permanecer sumergida [una sustancia sólida] en un líquido durante un tiempo para que puedan extraerse de ella las partes solubles. ◆ v. tr. **5** Ablandar una cosa por medio de golpes o por presión: *maceró el filete con el mazo antes de echarlo a la sartén.*
DER maceración, maceramiento.

maceta n. f. **1** Recipiente de barro cocido o material plástico que, lleno de tierra, se usa para cultivar plantas. **SIN** tiesto. **2** Conjunto del recipiente, la tierra y la planta. **3** Martillo con cabeza de dos bocas iguales y mango corto que usan los canteros para golpear el cincel.
DER macetero.

macetero n. m. Soporte o recipiente que sirve para colocar macetas con plantas.

machacar v. tr. **1** Deshacer o aplastar algo dándole golpes: *machacó ajo y perejil en el mortero.* **SIN** majar. **2** Trabajar algo a fondo, especialmente si se trata del estudio de alguna materia: *el profesor nos machacó la lección y por eso aprobamos todos.* **3** Ganar o vencer al contrario con mucha ventaja o con facilidad: *el aspirante machacó al campeón.* ◆ v. intr. **4** Insistir mucho en algún asunto o tema hasta llegar a molestar y cansar: *deja ya de machacar, que estás siempre con la misma canción.*
OBS En su conjugación, la *c* se convierte en *qu* delante de *e*.
DER machaca, machacón, machaqueo.

machacón, -cona adj./ n. m. y f. Que repite algo hasta el punto de cansar o molestar: *no aguanto esta música machacona.* SIN pesado.
DER machaconería.

machete n. m. Cuchillo grande con la hoja ancha.

machihembrar v. tr. Ensamblar o encajar dos piezas de madera, una de las cuales tiene una ranura en el lateral y otra, una lengüeta que encaja en la ranura de la primera: *estas tiras de parquet flotante pueden instalarse fácilmente con solo machihembrar unas piezas con otras.*
DER machihembrado.

macho n. m. **1** Ser vivo de sexo masculino: *el faisán macho tiene la cola más larga que la hembra.* NOTA Se usa en aposición a los nombres de animales y plantas que no varían de género. **2** Pieza que se introduce en otra con la que encaja: *en los enchufes, el macho es la pieza que va al final del cable y la hembra es la que se clava en la pared y tiene dos agujeros.* **3** Se usa como apelativo dirigido a un amigo: *hombre, macho, ¿qué es de tu vida?* SIN tío. **4** Mazo grande y pesado que usa el herrero. ◆ adj. **5** [hombre] Que tiene o cree tener las cualidades consideradas tradicionalmente como propias del género masculino.
DER machote.

macizo, -za adj. **1** Que es sólido, que está lleno y no tiene hueco en su interior: *la pulsera es de oro macizo.* SIN compacto. **2** Que es fuerte y con las carnes duras: *los futbolistas tienen unas piernas macizas.* SIN recio, robusto. **3** Que tiene un cuerpo muy bien formado, fuerte y musculado y que resulta atractivo: *mira qué tío macizo, es guapísimo.* ◆ n. m. **4** Grupo de alturas o montañas, o elevación del terreno generalmente rocosa: *el macizo de la sierra de Gredos.* **5** Conjunto de plantas cultivadas con el que se decoran los cuadros de los jardines o parques: *macizos de tulipanes y margaritas.* SIN parterre. **6** ARQ. Parte de una pared que está entre dos huecos.

macramé n. m. **1** Tejido hecho a mano con hilos o cuerdas gruesos que se trenzan o anudan y cuya estructura se parece al encaje de bolillos. **2** Hilo o cuerda con que se prepara este tejido.

macro n. f. INFORM. Instrucción u orden preparada para que, cuando se active, origine en el ordenador la ejecución de una secuencia o serie de operaciones.

macroeconomía n. f. Parte de la ciencia económica que estudia la economía de una región, un país o conjunto de ellos considerada globalmente y empleando medidas como el empleo, la renta nacional o las inversiones.

macroscópico, -ca adj. Que se ve a simple vista sin ayuda del microscopio. ANT microscópico.

macuto n. m. Saco o mochila de tela fuerte o piel que se cuelga a la espalda.

madeja n. f. Hilo recogido en vueltas iguales y grandes: *colocó la madeja en las manos separadas de su hermano y fue tirando del hilo para hacer un ovillo.*
▶ **enredar la madeja** Complicar un asunto. SIN liar.
DER desmadejar.

madera n. f. **1** Material duro y fibroso que forma el tronco y las ramas de los árboles: *el tronco tiene la madera más gruesa que las ramas.* **2** Material duro y fibroso que procede de los árboles: *este armario es de madera de nogal.*
▶ **tener madera** Tener talento o capacidad innata para hacer algo: *este tiene madera de músico.* NOTA En esta locución siempre va seguido de la preposición *de*. **tocar madera** Expresión que se utiliza para alejar un mal que no se desea que llegue: *toca madera, ojalá no nos pregunten los temas que no hemos estudiado.*
DER maderar, maderero, madero.

maderamen n. m. Conjunto de vigas y maderas que se emplea para la construcción de un edificio.

maderar v. tr. Convertir árboles en madera: *maderar un bosque.*

maderero, -ra adj. **1** De la madera o que tiene relación con este material: *la producción maderera aumentó el año pasado.* ◆ n. m. y f. **2** Persona que se dedica a comerciar con maderas. **3** Persona que se dedica a transportar madera por el río.

madero n. m. **1** Tabla larga de madera. **2** Árbol cortado y sin ramas: *atrancó la puerta del corral con un madero.* ◆ n. com. **3** Agente de policía: *los estudiantes siguieron encerrados en el aula hasta que llegaron los maderos.*

madrasa n. f. Escuela musulmana de estudios superiores.
OBS En español, el término es específico en cuanto al carácter religioso y el nivel de estudios que imparte la institución, pero en árabe se aplica a todo tipo de escuela.

madrastra n. f. **1** Nueva mujer del padre respecto a los hijos que este tiene de un matrimonio anterior. **2** Mala madre, que trata mal a sus hijos.

madre n. f. **1** Mujer o hembra de animal que ha parido: *fue madre por primera vez a los 25 años.* **2** Mujer o hembra con respecto a su hijo o hijos. **madre adoptiva** Mujer que hace todas las funciones de madre sin haber dado a luz a sus hijos legales. **madre de alquiler** Mujer que concibe un hijo para otra que no puede gestarlo. **madre de leche** Mujer que da el pecho a uno o a varios niños sin ser suyos. SIN nodriza. **madre política** La madre de la persona con la que se está casado o se convive en pareja. **madre soltera** Aquella mujer que forma una unidad familiar con su hijo o hijos sin la participación del padre. **3** Mujer que pertenece a una orden religiosa. **madre superiora** Religiosa de mayor autoridad en el convento. **4** Causa u origen más importante de una cosa: *este desacuerdo fue la madre de todos los problemas.* **5** Parte del terreno por donde va una corriente de agua: *el río se ha salido de su madre.* SIN cauce, lecho. **6** Heces del vino o vinagre: *la tinaja de vino está casi vacía, por eso sale con tantas madres.* NOTA En esta acepción, se usa generalmente en plural.
▶ **ciento y la madre** Gran cantidad de gente: *era casi imposible entrar allí, había ciento y la madre.* **como su madre lo trajo al mundo** Completamente desnudo, sin ropa alguna. **la madre del cordero** Razón real de un hecho o asunto: *en esa familia están todos en el paro, esa es la madre del cordero de todos sus problemas.* **¡la madre que te parió!** *malsonante* Expresión que indica enfado o disgusto contra la persona o cosa a la que se le dirige. **¡madre mía!** Expresión que indica sorpresa o admiración: *¡madre mía!, casi nos matamos.* **salirse de madre** Perder el dominio, la tranquilidad o la paciencia: *en la fiesta todo el mundo se salió de madre.*
DER madrastra, madraza, madrina; comadre, desmadre, enmadrarse.

madreselva n. f. Arbusto de tallos largos y nudosos, hojas ovaladas y flores olorosas: *la madreselva se utiliza como planta decorativa.*

madrigal n. m. **1** Poema corto de tema amoroso en el que se combinan versos de siete y once sílabas. **2** MÚS. Composición musical para varias voces de tema no religioso: *el madrigal es característico de la música renacentista.*

madriguera n. f. **1** Cueva o túnel que excavan algunos animales para usarlo como refugio. **2** Escondrijo en el que se refugian una o varias personas buscadas por realizar actividades delictivas: *los ladrones tenían su madriguera en un piso de las afueras de la ciudad.* **3** Lugar generalmente pequeño y recogido en el que alguien puede estar solo o tranquilo.

madrileño, -ña adj. **1** De Madrid o relacionado con esta comunidad autónoma, con su provincia o su capital. ◆ adj./ n. m. y f. **2** [persona] Que es de Madrid.

madrina n. f. **1** Mujer que presenta o acompaña a una persona cuando esta recibe un sacramento: *madrina de bodas.* **2** Mujer que preside un acto público determinado. **3** Mujer elegida para botar un barco: *la madrina rompió la botella de cava contra el casco del velero.* **4** Mujer que favorece a una persona para que esta consiga sus deseos o pretensiones: *tenía como madrina a la mujer del jefe.*
DER amadrinar.

madroño n. m. **1** Arbusto de flores blancas y hojas perennes que da un fruto comestible. **2** Fruto del madroño, de forma redonda, rojo por fuera y amarillo por dentro y con la superficie áspera; es comestible y tiene un sabor dulce. **3** Borla pequeña que tiene la forma de este fruto.

madrugada n. f. **1** Parte del día que va desde las doce de la noche hasta el amanecer. **2** Tiempo durante el cual sale el Sol. SIN alba, aurora, amanecer.
▶ **de madrugada** Al amanecer.

madrugador, -ra adj./ n. m. y f. **1** [persona] Que tiene por costumbre levantarse muy temprano: *es un hombre madrugador.* ◆ adj. **2** Que ocurre antes de tiempo o que tiene lugar muy pronto: *¡qué madrugadora tu petición de la plaza!*

madrugar v. intr. **1** Levantarse muy pronto, especialmente, al amanecer. **2** Ganar tiempo en un asunto o negocio: *sabía que le pediría la licencia, así que madrugó entregándosela de antemano.* ANT tardar.
OBS En su conjugación, la *g* se convierte en *gu* delante de *e*.
DER madrugada, madrugador, madrugón.

madrugón n. m. Acción de levantarse muy temprano o más temprano de lo usual, especialmente, antes de la salida del sol.

maduración n. f. **1** Proceso por el cual un fruto llega al momento justo y adecuado para ser cogido o comido. **2** Proceso de desarrollo intelectual y físico de la persona en relación con sus condicionantes hereditarios, el contexto social en el que vive y sus circunstancias personales. **SIN** madurez. **3** Etapa en la elaboración del vino y algunos licores, durante la cual se mantienen en cubas especiales antes de ser embotellados.

madurar v. tr. **1** Hacer alcanzar a un fruto el desarrollo completo: *el sol maduró las frutas del huerto.* **2** Meditar sobre una idea, un proyecto o un asunto antes de llevarlo a cabo: *la idea para la película es buena, pero hay que madurarla.* ◆ v. intr. **3** Alcanzar un fruto su desarrollo completo: *las uvas maduran lentamente.* **SIN** sazonar. **4** Crecer y desarrollarse una persona en relación con sus condicionantes hereditarios, el contexto social en el que vive y sus circunstancias personales: *Ana es muy niña, le falta madurar.*
DER maduración.

madurez n. f. **1** Estado de un fruto que ha alcanzado un desarrollo completo. **2** Culminación del proceso de desarrollo de una persona en relación con sus condicionantes hereditarios, el contexto social en el que vive y sus circunstancias personales. **SIN** sensatez. **ANT** inmadurez. **3** Edad adulta, entre la juventud y la vejez: *la madurez trajo serenidad y experiencia a su vida.*

maduro, -ra adj. **1** [fruto] Que ha alcanzado su desarrollo completo. **ANT** verde. **2** [persona] Que obra con juicio. **SIN** sensato. **ANT** inmaduro. **3** [persona] Que tiene una edad avanzada, pero que todavía no ha entrado en la vejez. **4** [idea, proyecto] Que está meditado y preparado por completo: *cuando el plan estuvo maduro, el grupo lo llevó a cabo.*
DER madurar, madurez; inmaduro.

maese n. m. *formal* Tratamiento de respeto que se anteponía al nombre propio de hombres que tenían determinados oficios: *maese Pedro el organista.*

maestre n. m. *formal* Persona que ocupa el cargo superior de una orden militar.
DER maestranza, maestrazgo; contramaestre.

maestría n. f. **1** *formal* Gran habilidad y perfección: *ejecutó varias piezas al piano con gran maestría.* **SIN** destreza. **2** Oficio y título de maestro, especialmente, en una profesión técnica o manual: *se preparó unas oposiciones de maestría industrial.*

maestro, -tra adj. **1** [cosa] Que destaca entre los del mismo tipo o clase por su perfección: *con solo veinte años escribió una obra maestra.* **SIN** magistral. **ANT** corriente. ◆ n. m. y f. **2** Persona que se dedica a la enseñanza y que tiene título para ello, especialmente, quien enseña en la escuela primaria. **SIN** profesor, educador. **3** Persona de gran experiencia en una materia: *es un maestro del balón.* **4** Persona o cosa que enseña o forma: *no hay mejor maestro que la experiencia.* **5** Persona que dirige el personal o las actividades de un servicio: *es maestro de cocina en un conocido restaurante.* **maestro de ceremonias** Persona que dirige los actos públicos en lugares oficiales o importantes: *el maestro de ceremonias ordenó servir la cena.* **6** Persona que compone música o que dirige un conjunto musical: *la maestra ya había dirigido esa orquesta en varias ocasiones.* **7** Persona que se dedica profesionalmente a torear. **SIN** torero. ◆ n. f. **8** ARQ. Pieza larga de madera o fila de piedras que se coloca verticalmente y sirve de guía a los albañiles para construir una pared.
DER maestre, maestría; amaestrar.

mafia n. f. **1** Organización secreta e ilegal nacida en Sicilia que ejerce su poder a través de la fuerza, el crimen y el chantaje. **NOTA** En esta acepción, se escribe con mayúscula. **2** Organización secreta e ilegal dedicada al crimen. **3** Organización que emplea métodos ilegales o poco claros en sus negocios.
DER mafioso.

mafioso, -sa adj. **1** De la mafia o relacionado con este tipo de organización criminal. ◆ adj./ n. m. y f. **2** [persona] Que pertenece a la Mafia o está relacionado con una mafia.

magacín, magazín o **magazine** n. m. **1** Programa de televisión o radio en que se mezclan reportajes, entrevistas y actuaciones artísticas. **2** Revista periódica ilustrada con artículos de información general muy variados.
OBS La Real Academia Española solo registra las formas *magacín* y *magazín*. La forma *magazine* es de origen inglés y se pronuncia aproximadamente «magasín».

magdalena n. f. **1** Bollo pequeño hecho con harina, leche, huevo, azúcar y aceite que se cuece al horno dentro de un molde de papel. **2** Mujer que está muy arrepentida por alguna cosa mala que ha hecho.
▶ **llorar como una Magdalena** Llorar mucho.

magdaleniense n. m. Período prehistórico

del paleolítico caracterizado por el pulimento de huesos y las pinturas rupestres.

magenta adj./ n. m. Color carmesí oscuro.

magia n. f. **1** Conjunto de trucos y técnicas con los que se hacen cosas sorprendentes que parecen reales aunque no lo son: *el espectáculo cuenta con varios números de magia.* SIN ilusionismo, prestidigitación. **2** Conjunto de conocimientos y técnicas que se proponen conseguir algo extraordinario con ayuda de seres o fuerzas sobrenaturales. SIN ocultismo. magia blanca Tipo de magia que, por medio de causas naturales, obra efectos sobrenaturales: *la hipnosis es una forma de magia blanca.* magia negra Tipo de magia que pretende hacer cosas sobrenaturales, perjudiciales para alguien, con la ayuda del demonio. SIN brujería. **3** Encanto de una persona o cosa que la hace atractiva para alguien: *los amaneceres junto al mar tienen magia.* SIN atractivo.

▶ como por arte de magia Sin explicación lógica y de una forma que sorprende: *desapareció del local como por arte de magia.*

DER mágico, mago.

magiar adj. **1** De un pueblo que habita en Hungría y Transilvania. ◆ adj./ n. com. **2** [persona] Que pertenece a este pueblo. ◆ adj. **3** De Hungría o relacionado con este país del centro de Europa o con sus habitantes. SIN húngaro. ◆ adj./ n. com. **4** [persona] Natural de Hungría. SIN húngaro. ◆ adj./ n. m. **5** Lengua que se habla en Hungría y otras zonas: *la palabra «coche» viene del magiar «kocsi» ('carruaje').* SIN húngaro. ◆ adj. **6** Que tiene relación con esta lengua. SIN húngaro.

mágico, -ca adj. **1** De la magia o que tiene relación con ella: *poderes mágicos.* **2** Que se sale de lo normal y causa un efecto positivo: *aquel paisaje mágico me inspiraba tranquilidad.* SIN fantástico, maravilloso.

magisterio n. m. **1** Conjunto de estudios universitarios que deben cursarse para conseguir el título de maestro. **2** Actividad del maestro y del que enseña en general. SIN enseñanza. **3** Conjunto de maestros de una zona determinada. SIN profesorado.

DER magistral.

magistrado, -da n. m. y f. Juez que forma parte de un tribunal: *magistrado de una audiencia provincial.*

DER magistratura.

magistral adj. **1** [cosa] Que está hecho con perfección y maestría: *toreó de manera magistral.* SIN maestro, genial. **2** Que se relaciona con la actividad del maestro o con el magisterio: *el rector de la universidad dará una clase magistral para inaugurar el curso.*

magistratura n. f. **1** Cargo o profesión de magistrado. **2** Tiempo durante el cual ejerce su cargo un magistrado. **3** Conjunto de los magistrados: *la magistratura dio a conocer su opinión.*

magma n. m. Masa de rocas fundidas que se encuentra en el interior de la Tierra y que sale al exterior a través de los volcanes o las grietas: *el magma se convierte en lava y la lava, en roca.*

DER magmático.

magmático, -ca adj. Del magma o relacionado con esta materia fundida del interior de la Tierra: *las rocas magmáticas se forman por solidificación del magma.*

magnanimidad n. f. *formal* Bondad y comprensión.

magnánimo, -ma adj. *formal* Que es bondadoso y comprensivo: *fue un rey magnánimo y justo.*

DER magnanimidad.

magnate n. com. Persona rica y muy importante, por su cargo o su poder, en el mundo de los negocios, la industria o las finanzas.

magnesio n. m. Elemento químico del grupo de los alcalinos; metal de color blanco, maleable, ligero y de número atómico 12: *el símbolo del magnesio es Mg.*

magnético, -ca adj. **1** Que tiene las cualidades propias del imán: *la brújula se construye con una aguja magnética.* **2** Del magnetismo o que tiene relación con esta propiedad. **3** [persona, cosa] Que posee capacidad de atracción: *su forma de hablar es magnética.*

magnetismo n. m. **1** Propiedad que tiene el imán para atraer el hierro. **2** Conjunto de fenómenos producidos por los imanes y las cargas en movimiento y, en consecuencia, por las corrientes eléctricas: *el físico quiso estudiar el magnetismo y su influencia en los metales.* **3** Disciplina que estudia esos fenómenos. **4** Atractivo que una persona o una cosa ejerce sobre otras personas: *poseía un magnetismo especial para gustar a las mujeres.* SIN atractivo.

DER magnético, magnetizar, magneto; electromagnetismo, ferromagnetismo, geomagnetismo.

magnetita n. f. Mineral formado por la combinación de dos óxidos de hierro, muy pesado y de color negro, que tiene la propiedad de atraer el hierro y el acero: *aunque la magnetita es un imán natural, la mayor parte de los imanes son artificiales.*

magnetizar v. tr. **1** Comunicar a un metal o a una sustancia las propiedades que tiene el imán de atraer el hierro, el acero y otros cuerpos. SIN imanar, imantar. **2** Ganar o conseguir el interés o la voluntad de una persona. SIN atraer.

magnetofónico, -ca adj. Del magnetófono o que tiene relación con este aparato eléctrico: *una cinta magnetofónica.*

magnetófono o **magnetofón** n. m. Aparato eléctrico que sirve para grabar y reproducir sonidos por medio de una cinta cubierta de óxido de hierro: *puso en marcha el magnetófono y grabó toda la conversación.*

magnificar v. tr. **1** *formal* Alabar o ensalzar a alguien: *el director del museo magnificó a sus benefactores.* SIN elogiar, loar. **2** *formal* Exagerar o dar excesiva importancia a algo: *no debes magnificar los hechos ni las cifras.*

OBS En su conjugación, la *c* se convierte en *qu* delante de *e*.

magnificencia n. f. **1** *formal* Gran suntuosidad y lujo: *la magnificencia de las pinturas barrocas.* ANT modestia. **2** Generosidad para realizar grandes gastos o para emprender grandes empresas.

magnífico, -ca adj. **1** Que destaca por sus buenas cualidades: *su última novela es verdaderamente magnífica.* SIN excelente. **2** Que causa admiración por su grandeza, lujo o perfección: *vive en una magnífica mansión.* SIN espléndido. **3** Tratamiento honorífico que se aplica a los rectores de las universidades.

NOTA El adjetivo se coloca antes del nombre al que acompaña.

DER magnificencia.

magnitud n. f. **1** Aspecto de la realidad que puede ser medido, como la longitud, la superficie o el peso: *la temperatura es una magnitud.* **2** Grandeza o importancia: *no se sabe el número total de víctimas, pero la magnitud de la tragedia es evidente.* SIN dimensión, alcance.

magno, -na adj. *formal* Que es grande o importante: *todos alabaron el magno esfuerzo de los voluntarios.*

OBS Suele colocarse antes del sustantivo al que acompaña.

DER magnate, magnicidio, magnificar, magnitud.

magnolio n. m. Magnolia (árbol).

mago, -ga n. m. y f. **1** Persona que, usando ciertas técnicas y trucos, hace cosas sorprendentes que parecen reales. SIN prestidigitador. **2** Persona que emplea unos conocimientos y técnicas para conseguir algo extraordinario con ayuda de seres o fuerzas sobrenaturales: *una maga le predijo que se casaría con un rey.* SIN adivino, brujo. **3** Persona que está especialmente capacitada para realizar una actividad determinada: *es un mago de las finanzas.*

magrear v. tr. Manosear o sobar [una persona] a otra de forma lasciva.

magrebí adj. **1** Del Magreb o que tiene relación con esta región del norte de África que se extiende por Argelia, Marruecos y Tunicia. ◆ adj./ n. com. **2** [persona] Que es del Magreb.

magro, -gra adj. **1** [carne] Que no tiene grasa. ◆ n. m. **2** Carne de cerdo cercana al lomo que tiene poca grasa.

magulladura n. f. Lesión o daño de los tejidos orgánicos de alguna parte del cuerpo que se produce como consecuencia de un golpe o de una compresión sin causar herida exterior: *al caer se hizo varias magulladuras.* SIN contusión, magullamiento.

magullar v. tr. Causar a un cuerpo lesiones, pero sin herirlo, comprimiéndolo o golpeándolo violentamente: *al saltar la tapia se magulló un poco una rodilla.* SIN contusionar.

DER magulladura, magullamiento.

mahometano, na adj./ n. m. y f. **1** [persona] Que sigue la religión del Islam que fundó Mahoma: *el libro sagrado de los mahometanos es el Corán.* SIN moro, musulmán. ◆ adj. **2** De Mahoma o de la religión por él fundada.

DER mahometismo.

mahometismo n. m. Doctrina religiosa que se basa en el Corán; sus seguidores creen que Mahoma es el único profeta de Dios. SIN islam, islamismo.

mahonés, -nesa adj. **1** De Mahón o relacionado con esta ciudad del archipiélago balear. ◆ adj./ n. m. y f. **2** [persona] Que ha nacido en Mahón.

mahonesa adj./ n. f. [salsa] Que se hace mezclando huevo crudo, aceite, vinagre o limón y sal.

OBS Como sustantivo, la Real Academia Española admite *mahonesa*, pero prefiere la forma *mayonesa*.

maicena n. f. Harina muy fina de maíz.

maillot n. m. **1** Prenda de vestir deportiva de tela fina y elástica que se ajusta al cuerpo: *en las clases de aerobic se suele usar maillot.* **2** Camiseta ajustada que llevan los ciclistas.
OBS Es una palabr francesa. El plural es *maillots.*

maitines n. m. pl. Conjunto de oraciones que se dicen antes de amanecer; constituyen la primera de las partes en que se divide el rezo diario a que están obligados algunos eclesiásticos.

maíz n. m. **1** Semilla de color amarillo, pequeña y abultada que crece agrupada en una especie de racimo compacto que se llama mazorca; es comestible y de él se extrae también aceite: *las palomitas se hacen tostando maíz.* **2** Planta de tallos rectos y largos, con las hojas grandes y las flores agrupadas en racimo que da como fruto el maíz: *el maíz procede de América.*
OBS El plural es *maíces.*
DER maicena, maizal.

maizal n. m. Terreno sembrado de maíz.

majada n. f. **1** Lugar donde se refugian el ganado y los pastores por la noche. **2** Excremento del ganado. SIN estiércol.

majadero, -ra adj./ n. m. y f. **1** [persona] Que hace o dice cosas poco adecuadas o alocadas. SIN tonto, loco. NOTA Se usa como apelativo despectivo. ◆ n. m. **2** Herramienta parecida a un mazo, que se usa para romper piedra o ladrillo.
DER majadería.

majar v. tr. Golpear algo hasta triturarlo o reducirlo a trozos muy pequeños: *el mortero se usa para majar el ajo, la nuez moscada y otros condimentos.* SIN machacar.

majestad n. f. **1** Solemnidad o elegancia que infunde admiración y respeto: *el caballero cabalgaba con majestad.* **2** Forma de tratamiento que se aplica a Dios, a un rey o a un emperador: *sus Majestades los Reyes Magos de Oriente.* NOTA En esta acepción se escribe con mayúscula.
▶ en majestad Indica, en pintura y escultura, la imagen de Cristo o de la Virgen sentados en un trono: *es propio del arte medieval el Cristo en majestad.*

majestuoso, -sa adj. Que impresiona por su solemnidad o elegancia.
DER majestuosidad.

majo, -ja adj. **1** [persona] Que es simpático o agradable en el trato. **2** [persona] Que es guapo. SIN hermoso. **3** [cosa] Que es bonito, pero no lujoso o excesivo: *se ha comprado un coche muy majo.* SIN coqueto. ◆ adj./ n. m. y f. **4** Se usa como apelativo afectivo: *hola, maja, ¿cómo te han ido los exámenes?* ◆ n. m. y f. **5** Personaje típico del Madrid de los siglos XVIII y XIX que se caracterizaba por sus trajes vistosos y sus modales un poco descarados.

mal adv. **1** De un modo que no es adecuado o correcto: *oigo mal.* ANT bien. **2** De manera contraria a la debida: *se portó mal con nosotros.* ANT bien. **3** En un estado de enfermedad o incomodidad física: *me encuentro mal de salud.* ANT bien. **4** Contrariamente a lo que se espera o desea: *lo pasamos mal en la fiesta de Alberto.* ANT bien. **5** Con dificultad: *mal puedo creer en tu palabra si siempre me engañas.* NOTA En esta acepción suele colocarse delante del verbo. ◆ n. m. **6** Cosa que produce un daño físico o moral: *la droga es uno de los males de nuestra sociedad actual.* ANT bien. mal de ojo Maleficio que se transmite, según la superstición, con la mirada de alguien con poder especial a la persona que se desea perjudicar. **7** Enfermedad o dolencia: *tiene un mal incurable.* mal de montaña o mal de altura Malestar físico que se siente en alturas elevadas debido a la disminución de la presión atmosférica. **8** Idea abstracta de todo lo que se aparta de lo bueno o justo: *tradicionalmente, el demonio representa el mal.* ANT bien. ◆ adj. **9** Apócope de la forma masculina del adjetivo *malo* cuando va delante del sustantivo: *no es mal chico.*
▶ ir de mal en peor Avanzar hacia una situación cada vez más difícil o más grave. mal que Locución que significa lo mismo que *aunque*: *seguiré haciéndolo, mal que te pese.* menos mal Locución que significa 'por suerte': *menos mal que el jarrón no se ha roto al caer.*
DER malear.

malabar adj. [juego] Que consiste en mantener objetos en equilibrio inestable, lanzarlos al aire y recogerlos.

malabarismo n. m. **1** Ejercicio de equilibrio y habilidad que se hace lanzando al aire y recogiendo diversos objetos o manteniéndolos en equilibrio inestable. SIN juegos malabares. **2** Solución inteligente y hábil a cuestiones de gran dificultad y complicación: *hace malabarismos con el dinero para llegar a final de mes.*

malabarista n. com. Persona que se dedica a practicar ejercicios de equilibrio y habilidad lanzando al aire y recogiendo diversos objetos o manteniéndolos en equilibrio inestable.

malacitano, -na adj. **1** *formal* De Málaga o relacionado con esta provincia de Andalucía. SIN malagueño. ◆ adj./ n. m. y f. **2** *formal* [persona] Que es de Málaga. SIN malagueño.

málaga n. m. Vino dulce que se elabora en la provincia española de Málaga.

malagueño, -ña adj. **1** De Málaga o que tiene relación con esta provincia de Andalucía. SIN malacitano. ◆ adj./ n. m. y f. **2** [persona] Que es de Málaga. SIN malacitano.

malaria n. f. Enfermedad caracterizada por ataques intermitentes de fiebre muy alta, transmitida por la picadura del mosquito Anopheles hembra. SIN paludismo.

malayo, -ya adj./ n. m. y f. **1** [persona] Que es de una raza caracterizada por estatura baja, piel oscura, nariz aplastada y labios prominentes: *la mayor parte de la población malaya está repartida por la Oceanía occidental.* **2** De Malaca y de Malasia o que tiene relación con estas zonas orientales. ◆ n. m. **3** malayo Lengua del grupo de las indonesias hablada en Malaca, Malasia y otras zonas asiáticas.

malbaratar v. tr. **1** Vender una cosa por un precio más bajo del que le corresponde: *necesitaba dinero y tuvo que malbaratar su coche.* **2** Gastar los bienes o el dinero sin orden ni cuidado. SIN disipar.

malcriar v. tr. Educar mal; permitir que una persona, especialmente un niño, siempre haga su voluntad sin corregir o castigar sus malas acciones. SIN consentir, mimar.

maldad n. f. **1** Característica de la persona que tiene siempre malas intenciones o propósitos. ANT bondad. **2** Acción mala e injusta que cometen las personas que actúan con mala intención: *todo el pueblo sufría las maldades de aquellos criminales.*

maldecir v. tr. **1** Pedir y desear que le ocurra un mal a alguien, sobre todo, si para hacerlo se usan supuestos poderes sobrenaturales. ANT bendecir. ◆ v. tr./ intr. **2** Mostrar odio o enfado hablando mal de algo o de alguien: *maldigo la hora en que la conocí.* SIN despotricar. ANT alabar.

OBS Se conjuga como *bendecir.*

DER maldiciente, maldición, maldito.

maldición n. f. **1** Palabra o frase con la que alguien muestra odio o enfado contra una persona o contra una cosa: *empezó a soltar maldiciones contra todo el mundo.* **2** Deseo de que a una persona le ocurra algo malo: *la bruja le echó una maldición.* **3** Castigo o mal producido por una fuerza sobrenatural: *la destrucción de la bíblica torre de Babel fue una maldición del cielo.* ANT bendición. ◆ int. **4** ¡maldición! Expresión que indica disgusto o enfado: *¡maldición, se me han escapado esos rufianes!*

maleable adj. **1** [metal] Que puede descomponerse en planchas o láminas delgadas: *el estaño es un metal maleable.* SIN dúctil. ANT duro. **2** [material] Que puede trabajarse con facilidad: *la plastilina es un muy maleable.* SIN dúctil. ANT rígido. **3** [persona] Que se deja influir fácilmente por los demás: *tiene un carácter maleable.* SIN dúctil.

DER maleabilidad.

maleante adj./ n. com. [persona] Que comete de forma habitual robos y otros delitos no permitidos por la ley. SIN delincuente, malhechor.

malear v. tr. **1** Dañar o echar a perder una cosa: *las fuertes lluvias malearon muchas de las cosechas.* SIN estropear. **2** Enseñar malas costumbres o un mal comportamiento a una persona. SIN corromper, pervertir. ANT formar.

DER maleante.

maledicencia n. f. *formal* Hecho de murmurar y hablar mal sobre la conducta de los demás: *procuraba que no le afectaran la envidia y la maledicencia.*

maleducado, -da adj./ n. m. y f. Que no respeta las normas de la buena educación o del correcto comportamiento social. ANT educado, atento.

maleficio n. m. **1** Daño provocado por medio de la magia o la brujería. SIN sortilegio. **2** Conjunto de palabras o acciones mágicas o de brujería que se dicen o hacen para causar un daño. SIN hechizo.

DER maléfico.

maléfico, -ca adj. **1** Que ocasiona o puede ocasionar daño: *descubrieron a tiempo sus maléficas intenciones.* **2** Que perjudica y hace daño a otro mediante maleficios: *la maléfica bruja.*

OBS Suele anteponerse al nombre al que acompaña.

malentendido n. m. Error que alguien comete, bien por entender mal una cosa o bien por interpretar incorrectamente una situa-

ción que puede entenderse de varias maneras: *si desde el principio dejamos las cosas claras, no habrá ningún malentendido.*
OBS El plural es *malentendidos.*

malestar n. m. **1** Sensación física de no encontrarse muy bien: *tengo un malestar general que no sé si terminará en gripe.* SIN molestia. **2** Sensación de inquietud y desazón: *creció el malestar entre los trabajadores, tras las declaraciones del consejero delegado.*

maleta n. f. **1** Caja rectangular, de tela, cuero o plástico, con un asa, que sirve para llevar la ropa y otros objetos necesarios en un viaje: *la policía de aduanas halló dos maletas con doble fondo con 20 kilogramos de cocaína.* ◆ n. com. **2** Persona que practica con torpeza el trabajo a que se dedica: *es un maleta jugando al fútbol.*
DER maletero, maletilla, maletín.

maletero, -ra n. m. y f. **1** Persona que transporta maletas y objetos de viaje de otras personas en estaciones, aeropuertos, hoteles, etc. ◆ n. m. **2** Espacio cerrado en un vehículo destinado al equipaje. **3** Parte alta de un armario o armario empotrado cerca del techo que sirve para guardar objetos que se usan poco.

maletín n. m. **1** Caja pequeña, de tela, cuero o plástico, con un asa, que sirve para llevar documentos y objetos pequeños: *el maletín del médico; sacó el portátil del maletín y lo conectó al proyector.* **2** Maleta pequeña.

malévolo, -la adj. Inclinado a hacer daño o sin buena intención: *aleja de ti esos malévolos pensamientos.* SIN malvado, perverso.

maleza n. f. **1** Conjunto de árboles, arbustos y otras plantas que crecen muy juntas y de forma salvaje. SIN broza, espesura. **2** Conjunto de malas hierbas que causan daño a las tierras de cultivo.

malformación n. f. Irregularidad o defecto de nacimiento en alguna parte del cuerpo: *el diagnóstico prenatal permite detectar malformaciones congénitas.*

malgastar v. tr. Gastar algo sin sacar provecho o de forma inadecuada: *no malgastes ni tu tiempo ni tu dinero.* SIN derrochar.

malhablado, -da adj. [persona] Que usa muchas expresiones malsonantes al hablar: *es un malhablado: se pasa el día diciendo tacos.* SIN grosero.

malhadado, -da adj. Que no tiene suerte o fortuna: *un malhadado suceso.* SIN desgraciado, desafortunado, desventurado. ANT afortunado.

malhechor, -ra adj. [persona] Que comete de forma habitual robos y otros delitos: *una banda de malhechores asaltaba los caminos.* SIN maleante.

malherido, -da adj. Que tiene alguna herida grave.

malherir v. tr. Herir gravemente.
OBS En su conjugación, la *e* se convierte en *ie* en sílaba acentuada o en *i* en algunos tiempos y personas, como en *hervir.*

malhumor n. m. Estado de enojo o enfado con o sin causa aparente: *está de muy malhumor porque su novia lo ha dejado.*
OBS También se escribe *mal humor.*

malhumorado, -da adj. Que está enojado, enfadado o de mal humor con o sin causa aparente: *hoy estoy malhumorado, así que no me molestes.*

malicia n. f. **1** Característica de la persona que tiene siempre malas intenciones o propósitos: *actuaba siempre con malicia.* SIN maldad. ANT bondad. **2** Actitud mental de la persona que atribuye mala intención a los hechos o a las palabras de los demás. ANT ingenuidad, inocencia. **3** Habilidad de algunas personas para sacar provecho de los otros o convencerlos: *tienes que tener cuidado con este tipo, tiene mucha malicia y acabarás haciendo lo que te pida.* SIN picardía, astucia.
DER maliciar, malicioso.

maliciar v. tr./prnl. Sospechar o pensar mal de una persona o de un hecho: *no confiaba en él y se maliciaba que no iba a hacer nada bueno.*
OBS En su conjugación, la *i* es átona, como en *cambiar.*

malicioso, -sa adj. **1** Que tiene siempre malas intenciones y propósitos. **2** [persona] Que atribuye mala intención a lo que dicen o hacen los demás.

maligno, -na adj. **1** Que tiende a hacer el mal o a pensar mal. SIN malo, malvado. ANT bueno, bondadoso. **2** Que tiene mala intención: *le lanzó una mirada maligna.* SIN malicioso, malvado. ANT inocente, ingenuo. **3** Que causa o puede causar un daño: *las plagas son malignas para las cosechas.* SIN perjudicial, nocivo, malo. ANT beneficioso. **4** [enfermedad] Que es grave y que tiene pocas esperanzas de curación: *le extirparon dos tumores malignos.* ANT benigno. **5** [fuerza, espíritu] Del mal entendido como representación del Diablo: *el sacerdote exorcizó a la niña y alejó a los espíritus malignos.* ◆ n. m. **6** Espíritu del mal: *el Maligno*

se apoderó de su espíritu. NOTA Con este significado siempre se dice y se escribe *el Maligno.* SIN diablo.
DER malignidad.

malintencionado, -da adj. Que tiene mala intención y actúa con maldad para conseguir sus propósitos. SIN malicioso, malévolo.

malinterpretar v. tr. Interpretar de forma incorrecta a una persona o lo que dice o hace.

malla n. f. **1** Prenda de vestir de tejido muy delgado y elástico, que se ajusta mucho al cuerpo: *los bailarines suelen usar mallas.* **2** Tejido parecido a una red: *una bolsa de malla roja.* **3** Tejido formado por anillos de metal unidos entre sí: *el guerrero llevaba una cota de malla bajo la armadura.* ◆ n. f. pl. **4** mallas Prenda de vestir que cubre de los pies hasta la cintura hecha de tejido elástico que se adapta al cuerpo.

mallorquín, -quina adj. **1** De Mallorca o que tiene relación con esta isla del Mediterráneo. ◆ adj./ n. m. y f. **2** [persona] Que es de Mallorca. ◆ n. m. **3** Variedad del catalán que se habla en las Islas Baleares.

malnutrición n. f. Consumo insuficiente de proteínas para el buen funcionamiento del organismo: *la malnutrición es la causa de gran número de enfermedades.*

malo, -la adj. **1** Que tiende a hacer el mal o a pensar mal: *tiene cara de hombre malo.* SIN malvado. ANT bueno. **2** Que se porta mal o que causa problemas: *es un niño muy malo y no hace caso a sus padres.* SIN travieso. ANT bueno, formal. **3** Que es molesto o desagradable a los sentidos: *malos olores.* ANT bueno, agradable. **4** Que es dañino para la salud: *fumar es malo.* SIN perjudicial, nocivo. ANT beneficioso. **5** [persona] Que no es hábil o no realiza sus tareas tal como se exige: *es muy malo tocando el piano.* SIN torpe. ANT bueno. **6** [cosa] Que no tiene calidad. ANT bueno. **7** Que tiene un efecto negativo: *la mala gestión llevó el banco a la quiebra.* ANT bueno. **8** Que está enfermo o que tiene mala salud: *de pequeño siempre estaba malo.* ANT sano. NOTA En esta acepción se suele usar con los verbo *estar* y *ponerse.* **9** [situación] Que hace padecer moralmente: *con la crisis económica, muchas familias pasaron por un mal momento.* **10** [comida] En estado deteriorado: *todas las manzanas estaban malas.* NOTA Se suele usar con el verbo *estar.* **11** [tiempo] Que es desapacible: *hace un día muy malo para ir de excursión.* ◆ int. **12** Expresión con la que se indica que no se tiene una buena impresión de algo: *cuando vi que venía muy serio me dije ¡malo!*
▶ estar de malas Estar de mal humor o no tener buena disposición: *el jefe está de malas.* lo malo Seguido del verbo *ser* introduce algo que puede ser un obstáculo o dificultad para algún fin: *me gustaría ir, lo malo es que el mismo día tengo una boda.* por las malas Indica que una cosa se hace usando la fuerza: *lo sacaron del bar por las malas.*
DER mal, maldad, malear, malévolo, malicia, maligno, malucho.

malograr v. tr. **1** Impedir que una idea o un proyecto salga bien: *un accidente de coche malogró su carrera deportiva.* SIN frustrar. **2** No llegar a alcanzar una persona o cosa el estado de desarrollo o perfección que le era natural o propio: *las últimas heladas han malogrado todas la cosechas de naranjas.* SIN arruinar, estropear.

maloliente adj. Que despide mal olor.

malparado, -da adj. Que ha resultado perjudicado o dañado en algún asunto: *salió bastante malparada de la discusión con sus compañeros.* SIN maltrecho.

malpensado, -da adj. [persona] Que siempre considera las acciones o palabras de otra persona como malas o de mala intención. SIN malicioso.

malsano, -na adj. **1** Que hace daño a la salud: *un clima malsano.* SIN nocivo, perjudicial. ANT beneficioso, sano. **2** Que parece propio de un enfermo o de un loco: *siente una pasión casi malsana por los libros viejos.* SIN enfermizo. ANT sano.

malsonante adj. [palabra, expresión] Que es vulgar y grosero y puede molestar a algunas personas.

maltés, -tesa adj. **1** Relativo a Malta, país insular de Europa al sur de Italia, o a sus habitantes. ◆ adj./ n. m. y f. **2** [persona] De Malta. ◆ n. m./ adj. **3** Variedad dialectal del árabe que se habla en esta isla. ◆ adj. **4** Que tiene relación con esta variedad dialectal.

maltratador, -ra adj./ n. m. y f. [persona] Que maltrata.

maltratar v. tr. **1** Causar daño físico o moral a una persona o a un animal. **2** Cuidar poco de las cosas: *no maltrates así el abrigo nuevo.* SIN mancillar.
DER maltrato.

maltrecho, -cha adj. **1** Que ha sufrido un daño físico: *la caída lo dejó maltrecho.* **2** Que ha sufrido un daño moral: *salió maltrecho de la entrevista de trabajo.* SIN malparado.

malva adj./ n. m. **1** Morado claro, parecido al rosa, pero más intenso. ◆ n. f. **2** Planta de tallo ramoso, con las hojas de color verde intenso y las flores grandes de color morado claro: *las malvas crecen en terrenos húmedos y tierras sin cultivar.*
▶ criar malvas Estar muerto y enterrado: *los matones lo enviaron a criar malvas.* ser una malva Ser bueno, tranquilo y agradable en el trato: *ese marido tuyo es una malva.*

malvado, -da adj. Que es muy malo; que su intención es perjudicar o hacer daño a alguien: *un chico malvado.* SIN perverso.

malvasía n. f. **1** Variedad de uva muy dulce y fragante, producida por una variedad de vid importada de la isla griega de Quío por los catalanes durante las cruzadas: *con la viura y la malvasía se elaboran vinos dulces.* **2** Vino dulce que se elabora con esta uva: *en Sitges se producen vinos dulces como el moscatel y la malvasía.* **3** Pato de unos 45 cm de longitud, de plumaje pardo en el cuerpo, blanco en la cabeza y negro en el cuello; tiene la cabeza grande, el cuerpo regordete y la cola larga y puntiaguda, frecuentemente levantada. Vive en lagos y pantanos: *la malvasía es buena nadadora y buceadora.*

malvender v. tr. Vender una cosa por un precio más bajo del que le corresponde. SIN malbaratar.

malversar v. tr. Gastar o negociar de forma ilegal con los bienes o el dinero de otra persona o del Estado que se administran por encargo.
DER malversación.

malvivir v. intr. Vivir pobremente sin tener cubiertas las necesidades elementales.

mama n. f. **1** Órgano glandular de las hembras de los mamíferos que produce la leche que sirve para alimentar a las crías. SIN pecho, teta. **2** Nombre que le dan los niños a la madre en algunos sitios. NOTA Se usa como apelativo afectivo. SIN mamá.
DER mamá, mamar, mamario, mamífero, mamografía; amamantar.

mamá n. f. Nombre que le dan los hijos a la madre: *mamá, ¿puede venir Laura a comer?* SIN mama.
OBS Se usa como apelativo afectivo. El plural es *mamás.*
DER premamá.

mamar v. tr. **1** Chupar con los labios y la lengua la leche de las mamas: *el cachorro mamaba la leche con ansia.* **2** Tomar licores y bebidas alcohólicas en abundancia: *se pasan el día mamando en el bar.* SIN beber. ◆ v. tr. **3** Aprender algo desde niño por estar en contacto con ello: *habla bien el francés porque lo ha mamado desde niño.* ◆ v. prnl. **4** mamarse Emborracharse.

mamario, -ria adj. ANAT. De las mamas de las hembras o las tetillas de los machos o que está relacionado con ellas.

mamarracho n. m. **1** Persona que viste o se comporta de forma ridícula, en general, para hacer reír a otros. **2** Persona que carece de formalidad y compostura y no merece ser tomada en serio ni ser tratada con respeto. **3** Figura, adorno u otra cosa que resulta fea, mal hecha y de ningún valor.
DER mamarrachada.

mambo n. m. **1** Baile de ritmo alegre procedente de Cuba. **2** Música y canto de ese baile.

mamífero, -ra adj./ n. m. ZOOL. [animal] Que es vertebrado y de temperatura constante, cuyo embrión se desarrolla dentro de la madre; las hembras alimentan a sus crías con la leche de las mamas: *hay mamíferos de formas muy diversas, como el hombre, el caballo, la ballena y el murciélago.*

mamitis n. f. Deseo exagerado de estar siempre con la madre.
OBS El plural también es *mamitis.*

mamografía n. f. MED. Radiografía de la mama de la mujer.

mamotreto n. m. **1** Libro o conjunto de papeles muy abultado. **2** Objeto, generalmente una máquina o un mueble, muy grande, pesado y mal hecho o poco útil. SIN armatoste.
OBS Las dos acepciones tienen un sentido despectivo.

mampara n. f. Plancha movible de madera, cristal u otro material que se coloca para dividir una habitación o aislar un espacio: *en la bañera había una mampara de cristal.*

mamparo n. m. Tabique de tablas con que se divide en compartimentos el interior de un barco.

mamut n. m. Animal mamífero prehistórico con dos dientes muy largos y curvados hacia arriba, y de pelo áspero y largo, parecido al elefante, pero más grande.

OBS Para indicar el sexo se usa *el mamut macho* y *el mamut hembra*.

maná n. m. **1** En el Antiguo Testamento, alimento, a modo de escarcha, que Dios envió a los israelitas desde el cielo para socorrerlos en el desierto. **2** Bienes que se reciben sin trabajo alguno y de manera inesperada: *aquellos libros me vinieron como maná caído del cielo.* **3** Líquido azucarado que fluye de ciertos vegetales, como el fresno y el eucalipto, y que se solidifica rápidamente.

manada n. f. **1** Grupo de ganado, especialmente de animales de cuatro patas: *una manada de caballos.* **2** Conjunto de animales de la misma especie que andan reunidos. **3** Grupo grande de personas: *los motoristas llegaban en manada.* SIN tropel.

manantial n. m. **1** Corriente de agua que brota de la tierra. SIN fontana, fuente. **2** Lugar donde brota esta corriente de agua. SIN fontana, fuente. **3** Origen o principio de una cosa: *el sol es manantial de salud.* SIN fuente.

manar v. intr./ tr. **1** Brotar o salir un líquido: *el agua manaba de una roca.* ◆ v. intr. **2** Aparecer o surgir abundancia de una cosa con facilidad: *las ideas manaban rápidamente de su mente.* SIN brotar.

DER manantial; dimanar, emanar.

manazas adj./ n. com. [persona] Torpe con las manos: *algún manazas ha tirado el café sobre la tapicería del sofá.*

OBS El plural es *manazas*.

mancebía n. f. Establecimiento en el que se ejerce la prostitución. SIN burdel, prostíbulo.

mancebo n. m. **1** *formal* Hombre joven. SIN mozo, muchacho. **2** Dependiente o empleado de una farmacia.

DER mancebía; amancebarse.

mancha n. f. **1** Señal o marca, especialmente de suciedad. SIN lámpara. **2** Zona de una superficie que tiene un color diferente al del resto: *los dálmatas son perros blancos con manchas negras.* **3** Cosa que afecta o hace daño a la fama o el honor de una persona: *este suspenso es una mancha en tu expediente.*

DER manchar.

manchar v. tr./ prnl. **1** Ensuciar algo dejando una señal o una marca. ◆ v. tr. **2** Dañar la honra o el honor: *su vinculación con el narcotráfico manchó su reputación.* SIN mancillar.

manchego, -ga adj. **1** De La Mancha o que tiene relación con esta región. ◆ adj./ n. m. y f. **2** [persona] Que es natural de La Mancha. ◆ adj./ n. m. **3** [queso] Que se produce en esta zona, es de oveja y tiene un sabor salado.

manchú adj. **1** De un pueblo mongólico establecido en Manchuria o que tiene relación con esta región del noreste de China. ◆ n. m. **2** Lengua hablada por muchos habitantes de esta región.

-mancia o **-mancía** Elemento sufijal que entra en la formación de sustantivos con el valor de 'adivinación': *nigromancia.*

mancillar v. tr. Dañar o manchar la honra o el honor. SIN manchar.

manco, -ca adj. **1** [persona, animal] Que está falto de un brazo o una mano, o que no lo puede usar por tener un defecto físico. ◆ adj. **2** Que está incompleto: *esa obra le ha quedado manca.*

mancomunidad n. f. **1** *formal* Unión de personas o empresas para conseguir un fin común. **2** Unión o relación legal de varias poblaciones con intereses comunes.

mandado, -da n. m. y f. **1** Persona a la que se encarga una labor o trabajo especial. ◆ n. m. **2** Mensaje que se da o compra que se realiza siguiendo las órdenes de otra persona. SIN recado.

▶ **ser un mandado** Limitarse a obedecer la orden de un superior y sin autoridad para hacer otra cosa: *no vengas a quejarte a mí, yo soy un mandado.*

mandamiento n. m. **1** Orden o indicación de un superior a un inferior. SIN mandato. **2** Regla de la ley de Dios y la Iglesia católica: *los mandamientos de la ley de Dios son diez.* **3** DER. Orden de un juez que se da por escrito mandando ejecutar una cosa.

mandar v. tr. **1** Dar una orden u obligar a hacer una cosa: *nos mandó callar.* SIN ordenar. **2** Enviar o hacer llegar algo a alguien: *nos mandó una postal desde Tenerife.* SIN expedir, remitir. **3** Hacer que una persona se traslade a otro lugar: *lo mandaron a las oficinas.* SIN enviar. **4** Encargar algo a una persona: *por favor, manda a Pepe que venga con los archivos.* ◆ v. tr./ intr. **5** Dirigir o estar al mando de algo o alguien: *el general mandaba los ejércitos de tres países.* ◆ int. **6 ¡mande!** Expresión que se usa para contestar a una llamada o para pedir que se repita una palabra o una frase que no se ha entendido: *—Vente conmigo a la cocina. —¡Mande! —Que te vengas conmigo a la cocina.* **¡a mandar!** Expresión que indica que una persona está preparada para obedecer: *¡a man-*

dar, señor conde! mandar al otro barrio Matar: *en aquella película del oeste, los mandaban a todos al otro barrio con una facilidad increíble.*
DER mandado, mandamás, mandamiento, mandato, mando; comandar, demandar, desmandarse.

mandarín n. m. **1** Nombre que dan los europeos a la persona que poseía un alto cargo civil o militar en la China imperial. **2** Dialecto del chino, originario de Pekín, hablado en la mayor parte de China. **3** Persona que tiene poder e influencia en la vida pública: *su dinero lo ha convertido en el mandarín de la economía.*
DER mandarina.

mandarina n. f. Fruto del mandarino, parecido a la naranja, de carne dulce y cuya cáscara es fácil de quitar.
DER mandarino.

mandatario, -ria n. m. y f. **1** Persona que acepta de otra el encargo de representarla o de llevar sus negocios. **2** Persona que gobierna un país o desempeña un alto cargo político: *Madrid fue sede de la reunión de los altos mandatarios.*

mandato n. m. **1** Orden que da un superior a sus subordinados para que sea obedecida, observada o ejecutada. SIN mandado. **2** Período de tiempo durante el cual una autoridad manda o gobierna.
DER mandatario.

mandíbula n. f. **1** Cada una de las dos piezas óseas o cartilaginosas que forman la boca de los vertebrados y de las que salen los dientes: *en los seres humanos, la mandíbula es el maxilar inferior.* **2** Cada una de las dos piezas córneas que forman el pico de las aves. **3** Cada una de las dos piezas duras que conforman la boca de algunos insectos: *los insectos masticadores mueven lateralmente las mandíbulas.*
▶ reír a mandíbula batiente Reír con ganas y de manera ruidosa.

mandil n. m. Prenda que se cuelga del cuello, tapa la parte delantera del cuerpo, se ata a la cintura y sirve para no mancharse la ropa o para protegerse en un trabajo: *ponte el mandil si vas a cocinar.* SIN delantal.
DER mandilón.

mandioca n. f. **1** Arbusto tropical originario de América con una raíz muy grande y carnosa, hojas muy divididas y flores en forma de racimo. **2** Sustancia granulada que se extrae de la raíz de ese arbusto y se usa en alimentación.

mando n. m. **1** Autoridad o poder que tiene una persona o un organismo para dirigir o gobernar: *el capitán pidió el mando de la tercera compañía.* **2** Botón, llave o mecanismo que sirve para controlar el funcionamiento de un aparato o una máquina: *el piloto revisó los mandos del avión antes de iniciar el vuelo.* NOTA Se usa también en plural. mando a distancia Dispositivo que sirve para manejar el funcionamiento de un aparato electrónico que está alejado de la persona que lo usa. **3** Persona u organismo que tiene autoridad y poder para dirigir y gobernar: *los mandos pasaron revista en el cuartel.* NOTA Se usa también en plural.
▶ alto mando Persona o conjunto de personas que dirigen un ejército: *el alto mando planeó el ataque.*
DER mandón; telemando.

mandoble n. m. **1** Golpe fuerte dado con la mano abierta. SIN bofetada. **2** Golpe o corte que se da con un arma blanca agarrándola con las dos manos.

mandón, -dona adj./n. m. y f. **1** [persona] Que tiene una tendencia exagerada a mandar.

mandril n. m. **1** Mono con pelo espeso de color marrón, hocico largo, nariz roja con aletas azules, cola corta y trasero rojo: *el mandril vive cerca de las costas occidentales de África.* NOTA Para indicar el sexo se usa *el mandril macho* y *el mandril hembra.* **2** Pieza cilíndrica de la máquina en la que se asegura el objeto que se ha de tornear. **3** Herramienta que sirve para agrandar los agujeros en las piezas de metal. **4** Pieza de metal o de madera que se introduce en algunos instrumentos huecos y que sirve para facilitar la penetración de estos en determinadas cavidades del cuerpo; se usa en cirugía.

manecilla n. f. **1** Varilla delgada y larga que señala las medidas en algunos instrumentos de medición: *manecillas del reloj.* SIN aguja, saeta. **2** Broche metálico que se usa para cerrar ciertos libros: *el misal de mi abuela tenía una manecilla de oro.* **3** Signo que representa la figura de una mano con el índice extendido y que suele ponerse en un impreso para llamar la atención sobre alguna parte del texto.

manejable adj. Que puede ser manejado con facilidad.

manejar v. tr. **1** Usar o mover una cosa con las manos: *el sastre maneja con soltura la má-*

quina de coser; manejaban los remos al unísono. **2** Usar o emplear una cosa con un fin determinado. **3** Gobernar, dirigir o administrar un asunto: *mi jefe maneja varios negocios importantes.* **4** Tener dominio sobre una persona: *mi madre nos maneja a todos a su voluntad.* **SIN** manipular. ◆ v. prnl. **5** manejarse Moverse con agilidad después de haber padecido algún impedimento: *a pesar de su caída, ya puede manejarse por sí mismo.* **6** Actuar con desenvoltura y habilidad en un asunto: *se maneja muy bien con los niños.* **SIN** desenvolver, valer.
DER manejable, manejo.

manejo n. m. **1** Uso o utilización de una cosa, especialmente si se hace con las manos: *es un experto en el manejo del bisturí.* **2** Uso o empleo de una cosa con un fin determinado: *el manejo de este diccionario es muy sencillo.* **SIN** funcionamiento. **3** Gobierno, dirección y administración de un asunto. **4** Habilidad, desenvoltura para realizar una cosa o tratar un asunto: *el presidente demostró un gran manejo de la situación.* ◆ n. m. pl. **5** manejos Actividad engañosa o fraudulenta que se realiza de manera oculta en un asunto o negocio: *no sé qué manejos se trae, pero no debe de ser nada claro.*

manera n. f. **1** Forma o modo de ser o suceder una cosa: *están buscando la manera de llegar a un acuerdo.* ◆ n. f. pl. **2** maneras Forma o modo de comportarse una persona: *debería cuidar más sus maneras.*
▶ a la manera de A semejanza de, como lo hace otra persona: *escribió un soneto a la manera de Góngora.* a manera de Como si fuera: *se enrolló una tela en la cabeza a manera de turbante.* de cualquier manera Indica que una cosa se hace con descuido y desinterés: *últimamente va muy desaliñado, se viste de cualquier manera.* de manera que Indica el efecto, el resultado o la consecuencia: *te avisaron a tiempo, de manera que ahora no te quejes.* de ninguna manera Indica una negación absoluta y tajante: *de ninguna manera admito que me trates de ese modo.* de todas maneras En cualquier caso o cualquiera que sea la circunstancia: *quizás no esté yo, pero, de todas maneras, puedes venir a mi casa.* en gran manera Mucho, en exceso: *quedar bien en mi trabajo me preocupa en gran manera.* sobre manera Mucho, en exceso, en gran manera: *me agradó sobre manera su forma de comportarse.*
DER amanerar, sobremanera.

maneta n. f. Pieza estrecha y alargada que tienen algunos objetos, que sirve para accionar manualmente un mecanismo, como la maneta de los frenos en una bici o la maneta del embrague en una moto.

manga n. f. **1** Parte de la prenda de vestir que cubre el brazo en parte o por completo. manga corta Manga que cubre hasta el codo como máximo. manga larga Manga que cubre hasta la muñeca. **2** Manguera, tubo largo y flexible: *coge la manga más larga para regar todo del jardín.* manga pastelera Utensilio de cocina de tela o plástico y en forma de cono, que tiene una boquilla en uno de sus extremos, se llena con algún alimento cremoso y se usa para adornar alimentos. **3** Objeto de tela con forma de cono que se usa para señalar la dirección y la intensidad del viento: *en las zonas de mucho viento de las autopistas, suele haber mangas.* **4** Parte de una competición deportiva: *tan solo cuatro jugadores han pasado a la segunda manga.* **5** Anchura máxima de una embarcación: *compró un yate que medía diez metros de manga.* **6** Filtro de tela en forma de cono que sirve para colar líquidos: *antes, el café se hacía en un puchero y se usaba una manga para colar los posos.* n. m. **7** Cómic de origen japonés de estética generalmente sencilla y definida y personajes con rasgos ligeramente exagerados: *uno de los mangas más conocidos es el de la serie* Dragon Ball; *la enorme industria exterior que generan los mangas ha hecho que sean conocidos mundialmente.* ◆ adj. **8** Que pertenece o es propio de este tipo de cómic: *estética manga; disfraces manga.* **NOTA** Es invariable en número, como adjetivo.
▶ en mangas de camisa Indica que una persona no lleva chaqueta ni otra prenda similar encima de la camisa. manga ancha Tolerancia que se manifiesta ante los fallos de una persona: *cuando cometimos aquel tremendo error, demostró tener con nosotros mucha manga ancha.* manga de agua Lluvia fuerte y de corta duración: *cayó una manga de agua que inundó la calle.* manga por hombro Indica que algo está desordenado y abandonado: *la habitación era una pena, todo estaba manga por hombro.* sacarse de la manga Decir o hacer una cosa de manera improvisada y sin mucho fundamento: *se sacó de la manga que yo me había ido de viaje, no era cierto.* tener (o guardar) en la manga Tener una cosa oculta para poder usarla en el momento más oportuno: *sabíamos que aún tenía en la manga la prueba de nuestra culpabilidad.*
DER manguera, manguito; remangar.

manganeso n. m. QUÍM. Metal brillante, duro y quebradizo, resistente al fuego y muy oxidable, de color gris claro y muy abundante en la naturaleza: *el símbolo del manganeso es Mn.*

mangar v. tr. Robar una cosa con engaño y con la intención de aprovecharse de los demás. NOTA Tiene valor despectivo.

OBS En su conjugación, la *g* se convierte en *gu* delante de *e*.

DER mangante.

mango n. m. **1** Parte estrecha y alargada de un objeto por donde se coge con la mano: *el mango de la cuchara.* SIN asidero. **2** Fruto carnoso de forma ovalada, de piel gruesa y rojiza y de pulpa anaranjada, amarilla o rojiza, y muy aromático. **3** Árbol de grandes dimensiones de tronco recto y corteza negra y rugosa que da ese fruto.

manguera n. f. Tubo largo y flexible que conduce un líquido, tomándolo por uno de sus extremos y expulsándolo por el opuesto. SIN manga.

manía n. f. **1** Trastorno mental que se caracteriza por la presencia obsesiva de una idea fija y produce en el enfermo un estado anormal de agitación. SIN psicosis, obsesión. manía persecutoria Trastorno mental que sufre quien cree ser siempre objeto de persecución y maltrato de alguien. **2** Costumbre o comportamiento raro o poco corriente. **3** Sentimiento de odio o antipatía hacia una persona. SIN ojeriza. **4** Pasión grande o afición exagerada hacia una cosa: *tiene la manía de coleccionar posavasos.*

DER maniaco, maníaco, maniático, manicomio.

-manía Elemento sufijal que entra en la formación de sustantivos femeninos con el significado de 'manía', 'gusto particular, extremo o patológico': *toxicomanía.*

maniaco, -ca o **maníaco, -ca** adj. [persona] Que padece una manía o trastorno mental. SIN psicópata.

maniático, -ca adj./ n. m. y f. [persona] Que tiene alguna manía.

manicomio n. m. **1** Hospital destinado a proporcionar asistencia y tratamiento médico-psiquiátrico, acondicionado para que en él residan los enfermos durante el tratamiento. **2** Lugar en el que reinan el bullicio, la confusión y la desorganización.

manicura n. f. Cuidado y arreglo de las manos y de las uñas.

DER manicuro.

manierismo n. m. Estilo artístico que surgió en Italia a comienzos del siglo XVI y que se caracteriza por la abundancia de las formas difíciles y poco naturales.

manierista adj. **1** Del manierismo o relacionado con este estilo artístico. ◆ adj./ n. com. **2** [persona] Que practica el manierismo.

manifestación n. f. **1** Concentración pública de gran número de personas que recorren las calles para reclamar algo o protestar por alguna cosa. **2** Comunicación, exteriorización de una opinión, un estado de ánimo o un sentimiento: *las manifestaciones de la artista sobre su vida personal escandalizaron a la opinión pública.* **3** Cosa que es muestra o reflejo de otra: *la expresión de su cara es una clara manifestación de su alegría.*

manifestante n. com. Persona que participa en una manifestación o concentración pública.

manifestar v. tr. **1** Dar a conocer una persona una opinión o un sentimiento: *el escritor que recibió el premio manifestó su agradecimiento públicamente.* SIN declarar, expresar. **2** Mostrar o hacer evidente una cosa: *su gran altruismo se manifestaba en sus obras de caridad.* ◆ v. prnl. **3** manifestarse Organizar una manifestación o concentración pública o participar en ella.

OBS En su conjugación, la *e* se convierte en *ie* en sílaba acentuada, como en *acertar.*

DER manifestación, manifestante.

manifiesto, -ta adj. **1** Que es muy claro y evidente: *los celos por su mujer eran manifiestos.* SIN palpable, patente. ◆ n. m. **2** Escrito que una persona o grupo de personas hacen público y en el que exponen su concepción ideológica; generalmente, es de carácter político o artístico.

▶ poner de manifiesto Dar a conocer una opinión o hacer evidente una cosa: *el presidente puso de manifiesto su preocupación por la paz mundial.*

DER manifiestamente, manifestar.

manilla n. f. **1** Aguja del reloj que señala las horas, los minutos o los segundos. SIN manecilla. **2** Palanca pequeña que sirve para accionar la cerradura de una puerta o ventana. **3** Pulsera, brazalete de metal para las muñecas.

manillar n. m. Parte delantera de la bicicleta o de la motocicleta en la que se apoyan las manos al conducir y que sirve para controlar la dirección. SIN guía.

a b c d e f g h i j k l m n ñ o p q r s t u v w x y z

maniobra n. f. **1** Movimiento u operación que se hace con cualquier tipo de vehículo para dirigir su marcha. **2** Movimiento u operación que se hace con una máquina para dirigir su funcionamiento: *el operario de la grúa efectúa con cuidado la maniobra de descarga.* **3** Operación que se hace en un asunto con habilidad y astucia para conseguir un fin determinado: *consiguió quitarle el puesto mediante sucias maniobras.* SIN manejo. **4** Ejercicio militar que se realiza en el ejército para adiestrar a los soldados. NOTA Se usa más en plural.
DER maniobrar.

maniobrar v. intr. **1** Realizar maniobras, especialmente, para dirigir un vehículo o una máquina. **2** Realizar maniobras militares un ejército.

manipulación n. f. **1** Acción que consiste en manejar una cosa con las manos: *la manipulación de los alimentos.* **2** Acción que consiste en influir en una persona o intervenir en un asunto para conseguir un fin determinado: *los socios de la empresa denunciaron la manipulación a la que se ven sometidos por parte del gerente.*

manipulador, -ra n. m. y f. **1** Persona que en su trabajo maneja las cosas con las manos. **2** Persona que influye en otra o interviene en un asunto para conseguir un fin determinado: *el vendedor era un gran manipulador y captaba clientes con falsas promesas.*

manipular v. tr. **1** Manejar una cosa con las manos: *la bomba estalló al intentar manipularla.* **2** Manejar a una persona o un asunto de forma solapada y poco honesta para conseguir un fin determinado: *fue acusado de manipular las cuentas del banco.* **3** Controlar la conducta de una persona impidiendo que actúe con libertad: *aquel hombre manipula los actos de toda su familia.* SIN dominar, manejar. **4** Mezclar o combinar un producto con otra sustancia para alterar su composición o para crear un nuevo producto: *si se manipulan algunos componentes de la leche, se obtienen sus diferentes derivados.*
DER manipulación, manipulador.

maniqueísmo n. m. **1** Doctrina religiosa que se basa en la existencia de dos principios contrarios y eternos que luchan entre sí: el bien y el mal; el maniqueísmo fue fundado por el filósofo persa Manes en el siglo III. **2** Actitud o interpretación de la realidad que tiende a valorar las cosas como buenas o malas sin términos medios: *la película nos ofrecía una visión de la realidad en la que primaban el maniqueísmo y la simplicidad.*

maniquí n. m. **1** Figura con forma humana que sirve para mostrar o exhibir prendas de vestir. **2** Armazón con figura de cuerpo humano sin extremidades que sirve para probar y arreglar prendas de vestir. **3** Persona que cuida mucho su aspecto y siempre va muy bien vestida. ◆ n. com. **4** Persona que se dedica profesionalmente a mostrar o exhibir prendas de vestir: *la maniquí lució en la pasarela la nueva colección de invierno.* SIN modelo.
OBS El plural es *maniquíes* (culto) o *maniquís* (popular).

manivela n. f. Pieza, generalmente de hierro, con forma de ángulo recto que se usa para dar vueltas a una rueda o al eje de un mecanismo: *los primeros automóviles se ponían en marcha con una manivela.*

manjar n. m. **1** Cualquier alimento o comida: *servir una comida formada por diversos manjares.* **2** Alimento o comida muy buena y preparada con esmero: *la mesa estaba repleta de ricos manjares.*

mano n. f. **1** Parte del cuerpo humano que va desde la muñeca hasta la punta de los dedos: *la mano está provista de cinco dedos articulados.* **2** Pata delantera de un animal cuadrúpedo. **3** Lado en que está situada una cosa, respecto de una persona: *los servicios están a mano derecha.* **4** Capa de pintura que se da a una superficie: *tendré que darle otra mano de barniz.* **5** Habilidad que tiene una persona para hacer una cosa o resolver un asunto: *Juan tiene mano para la ebanistería.* buena mano Habilidad que tiene una persona para hacer una cosa o resolver un asunto. mano dura Severidad, exigencia que tiene una persona para tratar a otras o dirigir un asunto: *ese jefe usa mano dura con sus empleados.* mano izquierda Habilidad que tiene una persona para manejar o resolver un asunto con tacto: *en el mundo de los negocios se necesita tener mucha mano izquierda.* **6** Mazo del mortero o del almirez: *machaca los ajos y el perejil con la mano del mortero.* **7** Partida de cartas: *vamos a jugar otra mano.* **8** Persona que empieza una partida de cartas: *tú sales, eres la mano.* **9** Conjunto de cinco cuadernillos de papel: *compra en la papelería una mano de papel de seda.*
▶ a mano **a.** Sin ayuda de ninguna máquina: *tengo que lavar esta ropa a mano.* **b.** Cerca

o al alcance de una persona: *¿tienes a mano un bolígrafo?* **a mano armada** Usando armas: *se produjo un robo a mano armada en el banco.* **a manos llenas** Con mucha generosidad: *repartió todo su dinero a manos llenas.* **alzar (o levantar) la mano** Pegar o amenazar con pegar a una persona. **bajo mano** De manera encubierta: *hizo por él todo lo que pudo, pero bajo mano, sin que nadie se enterara.* **coger (o pillar) con las manos en la masa** Sorprender a alguien haciendo una mala acción durante su desarrollo: *estaba robando y lo cogieron con las manos en la masa.* **con las manos vacías** Sin ninguna posesión material: *llegó con las manos vacías y ahora es dueño de media ciudad.* **con una mano detrás y otra delante** Sin dinero o sin empleo u ocupación: *cuando se incorporó a esta empresa, vino con una mano detrás y otra delante.* **darse la mano** Saludarse dos personas estrechándose la mano: *se dieron la mano cuando los presentaron.* **de primera mano** **a.** Directamente, de la fuente original: *una noticia de primera mano.* **b.** Sin estrenar: *un coche de primera mano.* **de segunda mano** Que ya ha sido usado: *nos compramos un piso de segunda mano.* **echar una mano** Ayudar a una persona: *si tienes que mudarte de casa, yo te echaré una mano.* **estar en manos de una persona** Depender de una persona para hacer una cosa o resolver un asunto: *la solución de mi problema está en manos del juez.* **irse de las manos** Perder el control sobre una cosa o una acción: *la inflación se le ha ido de las manos al Gobierno.* **irse la mano** Realizar con exceso una acción determinada: *al cocinero se le ha ido la mano con la sal.* **lavarse las manos** Desentenderse una persona de un asunto: *yo me lavo las manos, no tuve nada que ver.* **llegar a las manos** Llegar a pegarse dos o más personas en una disputa. **llevarse las manos a la cabeza** Asustarse o asombrarse una persona por algo: *no sé por qué te llevas las manos a la cabeza, eso le pasa a cualquiera.* **mano a mano** Entre dos personas solamente: *los dos invitados discutieron mano a mano.* **mano de obra** **a.** Trabajo que realiza un obrero: *es más cara la mano de obra que las piezas.* **b.** Conjunto de obreros: *tenemos que conseguir mano de obra para comenzar a construir la casa.* **mano de santo** Solución o remedio rápido y adecuado: *este jarabe es mano de santo para la tos.* **mano sobre mano** Sin hacer nada: *se pasa el día en su casa mano sobre mano.* **meter mano** Tocar las partes íntimas del cuerpo de alguien: *acusó al chico por querer meterle mano.* **pedir la mano** Pedir autorización a los padres para casarse con su hija. **poner la mano en el fuego** Asegurar o dar fe de alguna cosa: *yo pongo la mano en el fuego por mi amigo.* **poner la mano encima** Pegar o golpear a una persona: *a mi hijo nadie le pone la mano encima.* **tender la mano** Ayudar a una persona. **tener las manos libres** Tener libertad para hacer una cosa. **traer entre manos** Estar tramando un asunto: *están muy raros, creo que algo se traen entre manos.* **-mano, -mana** Elemento sufijal que entra en la formación de palabras con el significado de: **a.** 'Apasionado, inclinado excesivamente': *melómano.* **b.** 'Hábito patológico': *heroinómano.*

DER manecilla, manija, manilla, manojo, manopla, manosear, manotazo, manotear, manual; antemano, contramano, trasmano.

manojo n. m. **1** Conjunto de cosas que están agrupadas en forma de haz y se pueden coger de una vez con la mano: *manojo de flores.* **2** Conjunto de cosas agrupadas que son de la misma clase: *compra un manojo de espárragos en el mercado.*

▶ **ser (o estar hecho) un manojo de nervios** Ser una persona muy nerviosa o ponerse nerviosa ante una situación determinada.

manoletina n. f. Zapato escotado de cuero fino o tela, línea simple, punta redondeada, suela completamente plana y sin cierres ni apenas adornos.

manómetro n. m. Aparato usado en física que sirve para medir la presión de un fluido.

manopla n. f. **1** Guante sin separaciones para los dedos o con una para el pulgar. **2** Pieza de la armadura que cubre y protege la mano. **SIN** guantelete.

manosear v. tr. Tocar repetidamente a una persona o cosa con las manos. **SIN** sobar.

DER manoseo.

manotazo n. m. Golpe que se da con la mano abierta. **SIN** bofetada.

manriqueño, -ña adj. [estrofa] Que está formado por cuatro versos octosílabos (primero, segundo, cuarto y quinto) y dos tetrasílabos (tercero y sexto); su esquema es: 8a, 8b, 4c, 8a, 8b, 4c: *la copla de pie quebrado o estrofa manriqueña produce un ritmo de marcha lenta, grave, solemne.*

mansedumbre n. f. Docilidad y suavidad que se muestra en el carácter o se manifiesta en el trato: *el caballo mostró su mansedumbre al ser montado por el jinete.*

mansión n. f. Casa o vivienda que es muy grande y lujosa: *el conde vive en una mansión.*

manso, -sa adj. **1** [animal] Que se muestra dócil y no actúa con fiereza. ANT bravo, fiero. **2** Que es sosegado y tranquilo y se mueve lentamente: *mirábamos el manso discurrir de las aguas del río.* ◆ n. m. **3** Animal macho que conduce un rebaño de ganado de su misma especie. SIN buey.

DER mansamente, mansedumbre, amansar.

manta n. f. **1** Pieza de tejido grueso que sirve para abrigar y suele ponerse en la cama. **2** Pez marino de cuerpo ancho, muy plano, forma de rombo y cola larga y delgada. NOTA Para indicar el sexo se usa *la manta macho* y *la manta hembra*. **3** Serie de golpes que puede dar o recibir una persona: *manta de azotes.* SIN paliza, zurra. ◆ n. com. **4** Persona que es perezosa en su trabajo u otra actividad.

▶ a manta De forma muy abundante o copiosa. liarse la manta a la cabeza Tomar una decisión o iniciar una acción y llevarla hacia delante a pesar de las consecuencias que pueda tener: *se lió la manta a la cabeza y se compró el piso.* tirar de la manta Revelar una persona un asunto que se mantenía en secreto y que puede comprometer a otras personas: *los acusados decidieron tirar de la manta y dar a conocer el nombre de sus cómplices.*

DER mantear.

manteca n. f. **1** Grasa del cerdo y de algunos otros animales. **2** Sustancia grasa de la leche y de la semilla de algunos frutos.

DER mantecada, mantecado, mantecoso, mantequera, mantequería, mantequilla.

mantecado n. m. **1** Bollo pequeño hecho con manteca de cerdo, harina y azúcar. **2** Helado o sorbete que se prepara con leche, huevos y azúcar.

mantecoso, -sa adj. [alimento] Que es graso, tierno y suave al paladar: *queso mantecoso.*

mantel n. m. Pieza de tela, papel o plástico que se coloca sobre la mesa para comer.

DER mantelería.

mantelería n. f. Juego de mantel y servilletas.

manteleta n. f. Pañuelo o pequeña capa de tela fina o calada que llevan las mujeres sobre los hombros cubriendo el escote; suele formar dos puntas largas que, en ocasiones, se cruzan por delante del cuerpo y se atan por detrás: *me recibió su madre, una viejecita menuda y avispada, vestida de negro, manteleta de lana negra y peinada a la moda de aquellos años.*

mantener v. tr. **1** Conservar una cosa en su estado para que no se degrade: *el frigorífico mantiene los alimentos en buenas condiciones.* **2** Dar o proporcionar a una persona el alimento, el dinero y todo lo necesario para vivir: *se mantiene solamente con varios trabajos esporádicos.* SIN sustentar. **3** Sostener o sujetar una cosa para que no se caiga o no se tuerza: *los muros se mantienen en pie gracias a los contrafuertes.* **4** Afirmar o defender una idea u opinión con convicción: *se ha mantenido firme en sus creencias.* ◆ v. tr. **5** Realizar o continuar con una acción o una situación: *mantienen una estrecha amistad.*

OBS Se conjuga como *tener.*

DER mantenido, mantenimiento.

mantenido, -da n. m. y f. **1** Persona que vive a expensas del dinero de otra. **2** Persona que tiene relaciones sexuales con otra y vive a expensas del dinero de esta. SIN amante.

mantenimiento n. m. **1** Conservación de una cosa en buen estado o en una situación determinada para evitar su degradación: *los operarios se encargan a diario del mantenimiento de las máquinas.* **2** Conjunto de alimentos, dinero y medios necesarios para vivir: *el mantenimiento de los hijos.* SIN manutención.

mantequilla n. f. Alimento graso de consistencia blanda que se obtiene batiendo la nata de la leche de vaca.

mantillo n. m. **1** Capa superior del suelo formada por tierra y restos de animales y de vegetales en descomposición: *el mantillo es utilizado para abonar un terreno.* **2** Abono que se obtiene de la descomposición del estiércol: *suelo usar mantillo para abonar las plantas.*

mantis n. f. Insecto de cuerpo alargado y estrecho, de color verde o amarillo, que tiene las patas delanteras largas, erguidas y juntas, y que se alimenta de otros insectos: *cuando la mantis está en reposo, une las patas delanteras y parece que rece; la hembra de mantis suele devorar al macho tras la cópula.* SIN campanero; santateresa.

OBS También *mantis religiosa*. El plural también es *mantis*.

manto n. m. **1** Prenda de vestir parecida a la capa, muy ancha, sin mangas y abierta por delante, que cubre desde los hombros hasta los pies y se lleva sobre la ropa: *algunas imá-*

genes religiosas van ataviadas con un elegante manto. **2** Cosa que cubre u oculta algo: *un oscuro manto de nubes cubre el cielo.* **3** GEOL. Capa sólida de la Tierra que está entre el núcleo y la corteza. **4** ZOOL. Repliegue de la piel de los moluscos y algunos crustáceos que es segregado por la concha o el caparazón.

DER manta, mantilla, mantillo, desmantelar.

mantón n. m. Prenda de vestir femenina de forma cuadrada que generalmente se dobla en diagonal y se lleva sobre los hombros y los brazos. SIN chal.

▶ mantón de Manila Mantón de seda, bordado con colores muy llamativos, que se lleva como adorno sobre los hombros.

manual adj. **1** Que se hace con las manos: *el punto y el ganchillo son labores manuales.* SIN artesanal. ANT mecánico. ◆ n. m. **2** Libro que recoge lo más importante de una materia: *manual de instrucciones; manual de matemáticas.*

manualidad n. f. Trabajo que se hace con las manos: *realizar manualidades en el colegio ayuda a desarrollar la creatividad del niño.*

OBS Se usa más en plural.

manufactura n. f. **1** Proceso de fabricación de un producto que se realiza con las manos o con ayuda de máquinas. **2** Producto elaborado con las manos o con ayuda de máquinas, a partir de una materia prima. **3** Fábrica o industria donde se elaboran estos productos.

DER manufacturar.

manufacturar v. tr. Fabricar o elaborar objetos con medios mecánicos.

manufacturero, -ra adj. De productos elaborados a partir de una materia prima o que está relacionado con ellos.

manuscrito, -ta adj. **1** Que está escrito a mano: *como tenía estropeado el ordenador, le envié una carta manuscrita.* ◆ n. m. **2** Texto o libro escrito a mano, especialmente el que tiene algún valor histórico o literario: *el historiador estudió los manuscritos notariales del reinado de Juan II.* **3** Texto escrito por un autor, a partir del cual se compone un libro: *el joven escritor envió el manuscrito de su novela para que lo leyera el editor.* SIN original.

manutención n. f. Conjunto de alimentos, dinero y medios necesarios para vivir: *en esa casa, la manutención de la familia corre a cargo de los padres.* SIN mantenimiento, sustento.

manzana n. f. **1** Fruto del manzano, de forma redondeada, con la piel fina, de color verde, amarillo o rojo, y carne blanca y jugosa, y sabor dulce o ácido. **2** Espacio de terreno urbano, generalmente cuadrangular, que está limitado por calles por todos sus lados y puede estar o no estar edificado: *mis padres viven a dos manzanas de aquí.*

▶ manzana de la discordia Cosa que es motivo habitual de discusiones o disputas: *este tema es realmente la manzana de la discordia.*

DER manzanilla, manzano.

manzanal n. m. Manzanar.

manzanar n. m. Terreno poblado de manzanos. SIN manzanal.

manzanilla n. f. **1** Planta herbácea con tallos débiles, hojas pequeñas y abundantes y flores muy olorosas. SIN camomila. **2** Flor de esta planta que tiene los pétalos blancos y el centro amarillo. **3** Bebida que se hace hirviendo en agua las flores secas de la manzanilla y suele tomarse caliente. **4** Vino blanco, seco y muy aromático, que se elabora en algunas zonas de Andalucía. **5** Variedad de aceituna, pequeña y muy fina, que se consume verde.

manzano n. m. Árbol frutal de tronco áspero y nudoso, ramas gruesas y copa ancha, con las hojas ovaladas y las flores olorosas, cuyo fruto es la manzana.

maña n. f. **1** Habilidad, facilidad y destreza para hacer algo: *tiene mucha maña cocinando.* SIN destreza, pericia. ANT torpeza. ◆ n. f. pl. **2** mañas Artimaña para hacer con menos esfuerzo un trabajo determinado o para conseguir aquello que se desea: *echó mano de todas sus mañas para intentar convencer a su padre.* SIN ardid, truco.

▶ darse maña Tener una persona habilidad y destreza para manejar con facilidad una situación: *se da mucha maña en los negocios.*

DER mañoso; amañar, artimaña, desmañado.

mañana n. f. **1** Parte del día que va desde el amanecer hasta el mediodía: *durante la mañana trabajo y por la tarde estudio.* **2** Parte del día que comprende las primeras horas, desde la medianoche hasta el amanecer: *volvimos a casa a las tres de la mañana.* SIN madrugada. ◆ n. m. **3** Tiempo futuro que no está muy lejano: *debemos estar bien preparados porque no sabemos qué nos depara el mañana.* SIN porvenir. ◆ adv. **4** En el día que sigue inmediatamente al de hoy: *hoy no he podido ir a verte, iré mañana.*

▶ pasado mañana En el día que sigue inmedia-

tamente al de mañana: *si hoy es martes, pasado mañana será jueves.* de mañana En las primeras horas del día: *nos levantamos muy de mañana para ir al campo.* ¡hasta mañana! Expresión de despedida que se utiliza cuando las personas que se despiden se verán de nuevo al día siguiente: *me voy a acostar, ¡hasta mañana!*
DER mañanero, mañanita.

mañanero, -ra adj. **1** [persona, cosa] Que se levanta o se produce muy pronto, especialmente antes de la salida del Sol: *el periodista consiguió una mañanera entrevista con el candidato favorito a la presidencia.* SIN madrugador. **2** De la mañana o relacionado con esta parte del día.

mañanita n. f. **1** Prenda de vestir en forma de capa corta que las mujeres se ponen sobre el camisón de dormir mientras están sentadas en la cama. ◆ n. f. pl. **2** mañanitas Canción popular mejicana que se dedica a alguien con motivo de su santo o cumpleaños y que se suele cantar al amanecer.

maño, -ña adj. **1** De Aragón o relacionado con esta comunidad autónoma de España. SIN aragonés. ◆ adj./ n. m. y f. **2** [persona] Que es de Aragón. SIN aragonés.

maorí adj. **1** De un pueblo polinésico que habita en Nueva Zelanda o relacionado con él. ◆ adj./ n. com. **2** [persona] Que pertenece a este pueblo. ◆ n. m. **3** Lengua hablada por los miembros de este pueblo.

mapa n. m. Representación geográfica de la Tierra o de parte de ella que se hace en una superficie plana y de acuerdo con una escala. SIN carta.
▶ mapa mudo Mapa que no lleva escritos los nombres de las poblaciones, de los ríos y de los demás accidentes del terreno. borrar del mapa Matar una persona a otra: *el secuestrador amenazó a los rehenes con borrarlos del mapa si no lo obedecían.*
DER mapamundi.

mapache n. m. Animal mamífero cuyo cuerpo está cubierto por un pelo fino de color gris oscuro, cola larga y el hocico blanco con unos círculos negros alrededor de los ojos; es de vida nocturna.
OBS Para indicar el sexo se usa *el mapache macho* y *el mapache hembra.*

mapamundi n. m. Mapa que representa la superficie completa de la Tierra dividida en dos hemisferios.
OBS El plural es *mapamundis.*

maqueta n. f. **1** Proyecto o reproducción de un monumento, edificio u otra construcción hecho en tamaño reducido: *colecciona maquetas de coches antiguos.* **2** Composición de una página en la que se distribuyen los distintos elementos que van a formar parte de ella y que sirve de modelo antes de imprimir: *antes de editar la enciclopedia, hay que hacer la maqueta de cada una de sus páginas.* **3** Modelo de prueba que se hace antes de editar un tema musical: *el grupo de rock envió las maquetas de sus canciones a todas las casas discográficas nacionales.*

maqueto, -ta adj./ n. m. y f. [persona] Que ha emigrado al País Vasco procedente de otra región española. NOTA Tiene valor despectivo.

maqui n. com. Persona que, huida a los montes, vive en rebeldía y oposición armada al sistema político establecido. SIN maquis.

maquillaje n. m. **1** Acción que consiste en aplicar productos cosméticos sobre la piel, especialmente la del rostro, para darle color, embellecerla, cubrir algún defecto o caracterizar a una persona. **2** Producto cosmético que se aplica sobre la piel, especialmente la del rostro, para darle color, embellecerla o cubrir algún defecto. **3** Conjunto de técnicas que sirven para maquillar de manera profesional: *estudió maquillaje.*

maquillar v. tr./ prnl. **1** Aplicar productos cosméticos sobre la piel, especialmente la del rostro, para darle color, embellecerla, cubrir algún defecto o caracterizar a una persona: *maquillaron a la novia con tonos muy discretos.* SIN pintar. ◆ v. tr. **2** Alterar el aspecto real de una cosa para que parezca distinta: *la familia intentó maquillar el suicidio.* SIN disfrazar.
DER maquillador, maquillaje; desmaquillar.

máquina n. f. **1** Conjunto de piezas ajustadas entre sí que transforma una forma de energía en otra para hacer un trabajo determinado: *tengo en casa una máquina de coser que era de mi abuela.* **2** Parte de un tren que lleva el motor y arrastra a los demás vagones. SIN locomotora. **3** Conjunto de elementos ordenados entre sí que forman un todo: *la máquina del universo se mueve de forma muy precisa.* **4** Aparato eléctrico que funciona introduciendo dinero y que sirve para jugar, vender un producto u otras cosas: *los billetes de metro se compran en la máquina.* **5** Conjunto de mecanismos que sirven para cambiar los

montajes escénicos en un teatro: *el encargado de la máquina advirtió que el decorado del segundo acto se había averiado.* **SIN** tramoya.
▶ a máquina Con ayuda de una máquina en lugar de a mano: *escribir a máquina.* a toda máquina Con mucha rapidez o intensidad.
DER maquinal, maquinar, maquinaria, maquinilla, maquinista.

maquinación n. f. Acción o plan secreto entre dos o más personas para preparar o manipular algo que, normalmente, supone beneficio o perjuicio. **SIN** intriga.

maquinal adj. [acto, movimiento] Que se hace sin pensar o de forma involuntaria: *el bostezo es una acto maquinal.* **SIN** automático, mecánico.

maquinar v. tr. Actuar con astucia y en secreto para conseguir un fin: *estuvieron maquinando una venganza terrible contra su enemigo.* **SIN** intrigar, tramar.

maquinaria n. f. **1** Conjunto de máquinas que se usan para lograr un fin determinado. **2** Conjunto de piezas que componen un mecanismo y que sirven para poner en funcionamiento un aparato: *la maquinaria del reloj.* **3** Conjunto de técnicas para construir máquinas: *se especializó en maquinaria industrial.* **4** Conjunto de personas y medios organizados que hace funcionar una determinada actividad humana colectiva: *la maquinaria de la justicia.*

maquinilla n. f. Utensilio para afeitar o cortar el pelo. maquinilla de afeitar Maquinilla formada por un mango y una pieza perpendicular a este que sujeta una cuchilla con la que afeita. **NOTA** También simplemente *maquinilla.* maquinilla eléctrica Aparato eléctrico para afeitarse que está provisto de pequeñas cuchillas que cortan en seco la barba o el vello mediante su vibración o rotación. **SIN** afeitadora.

maquinista n. com. **1** Persona que se dedica a conducir una máquina de tren. **2** Persona que se dedica a arreglar una máquina y controlar su funcionamiento.

maquis n. com. **1** Persona que, huida a los montes, vive en rebeldía y oposición armada al sistema político establecido: *los maquis lucharon en Francia contra la ocupación alemana.* **SIN** maqui. ◆ n. m. **2** Organización de esta oposición armada contra el sistema establecido.
OBS El plural tambiés es *maquis.*

mar n. amb. **1** Masa de agua salada que cubre la mayor parte de la superficie de la Tierra. alta mar Zona del mar que está muy alejada de la costa: *algunos tipos de pescados solo se pescan en alta mar.* mar de fondo Agitación de las aguas que proviene de la zona de alta mar: *el mar de fondo llega a las costas impulsado por el viento.* mar gruesa Agitación de las aguas con olas que pueden llegar hasta una altura de seis metros. ◆ n. m. **2** Parte en que se divide la masa de agua salada y tiene una dimensión menor que el océano: *el mar Mediterráneo baña el sur de Europa.* **3** Masa de agua que está limitada por tierra. **SIN** lago. **4** Gran cantidad de una cosa: *vivo en un mar de dudas.*
▶ a mares En gran cantidad o número: *llover a mares.* la mar de **a.** Gran cantidad de una cosa: *vino la mar de gente a la inauguración.* **b.** Muy: *es un chico la mar de simpático.* hacerse a la mar Salir una embarcación del puerto para navegar.
DER marea, marejada, maremoto, marina, marino, marisma, marítimo; amarar, amerizar, ultramar.

maraca n. f. Instrumento musical de percusión formado por un mango y una bola hueca llena de pequeñas piedras o semillas y que se agita para que suene: *las maracas son originarias de América del Sur.*
OBS Se usa más en plural.

maragato, -ta adj. **1** De La Maragatería o relacionado con esta comarca de la provincia de León. ◆ adj./ n. m. y f. **2** [persona] Que ha nacido en La Maragatería.

maraña n. f. **1** Conjunto de hilos, pelos o cosas de forma semejante que están enrollados y entrecruzados de manera que no se pueden separar. **SIN** enredo. **2** Conjunto de plantas que crecen muy juntas entrecruzando y enredando sus ramas de manera que dan lugar a una gran espesura: *arrancaron la maraña para evitar incendios en el bosque.* **SIN** maleza. **3** Asunto confuso, desordenado y difícil de resolver: *para resolver este caso lo primero es deshacer la maraña de datos de que disponemos.* **SIN** enredo, lío.
DER desmarañar, enmarañar.

marañón n. m. Árbol de tronco irregular, hojas ovaladas y flores en racimo que tiene el fruto de semilla comestible en forma de nuez; crece en América Central: *el anacardo es el fruto del marañón.*

maratón n. m. **1** Prueba deportiva de atletismo que consiste en correr a pie un recorrido de 42 kilómetros y 195 metros. **2** Cualquier tipo de prueba o competición que sea dura y larga y requiera resistencia física. **3** Actividad intensa que se desarrolla sin descansar o en menos tiempo que si se realizara a un ritmo normal: *los profesores han hecho un maratón para corregir todos los exámenes a tiempo.*
DER maratoniano.

maravedí n. m. Antigua moneda española que ha tenido diferentes valores y calificativos.

maravilla n. f. **1** Persona, cosa o suceso que produce admiración y asombro por reunir unas características extraordinarias: *el paisaje era una auténtica maravilla.* SIN portento, prodigio. **2** Sentimiento de admiración y asombro que produce una persona, una cosa o un suceso extraordinario: *causa maravilla lo bien que toca el violín.* **3** Planta de jardín cuyas flores son de color anaranjado. SIN caléndula. **4** Planta de jardín con las flores azules, cuyo tallo crece y sube sujetándose a los árboles, varas u otros objetos.
▶ a las mil maravillas Muy bien, perfectamente: *Jesús y Nuria se entienden a las mil maravillas.* contar (o decir) maravillas Hablar muy bien de una persona o de una cosa: *los que han visto Granada cuentan maravillas de esa ciudad.* de maravilla Muy bien, perfectamente: *el traje te sienta de maravilla.* hacer maravillas Hacer muchas cosas o hacerlas muy bien y con medios escasos: *con lo que gano, tengo que hacer maravillas para llegar a fin de mes.* ser la octava maravilla Ser una cosa o una persona muy extraordinaria y admirable: *se cree la octava maravilla del mundo.* ser una maravilla Ser único o superior en uno o varios aspectos: *mi hijo es una maravilla.*
DER maravillar, maravilloso.

maravillar v. tr./ prnl. Causar admiración o asombro una persona, cosa o suceso por ser extraordinarios: *las gracias del payaso maravillaban a todos los niños.* SIN admirar, asombrar.

maravilloso, -sa adj. **1** Que es extraordinario o muy bueno: *hizo un día maravilloso.* SIN estupendo, fantástico. **2** Que no se puede explicar por causas naturales: *los cuentos medievales están llenos de fenómenos maravillosos.* SIN sobrenatural.

marca n. f. **1** Señal que se hace sobre una cosa y sirve para distinguirla o identificarla: *mi libro es inconfundible, le hice una marca con tinta en la solapa.* **2** Señal o huella que deja un golpe, una herida o una presión: *aún tiene en el brazo la marca de los arañazos del gato.* **3** Nombre comercial que un fabricante pone a un producto. marca registrada Nombre comercial de un producto que está reconocido por la ley y que solo puede usar su fabricante. **4** Resultado máximo que consigue un deportista en una prueba de competición: *el atleta ha superado su propia marca.* SIN récord. **5** Utensilio que sirve para señalar, medir o identificar una cosa: *el ganadero señaló a sus reses con una marca.* **6** Territorio o distrito fronterizo.
▶ de marca **a.** Que es de un fabricante conocido e importante: *se niega a llevar ropa que no sea de marca.* **b.** Que destaca o se sale de lo común: *Antonio es un estudiante de marca.* de marca mayor Que destaca o se sale de lo común: *he cogido un resfriado de marca mayor.*
DER marcar; plusmarca.

marcado, -da adj. [cosa] Que destaca o se nota con claridad: *mantiene un acento extranjero muy marcado.* SIN acusado.

marcador n. m. **1** Tablero o cuadro en el que se anotan los puntos que consigue un jugador o un equipo deportivo: *el marcador señalaba un resultado favorable.* **2** Resultado de un partido o una competición deportiva: *no pudieron remontar el marcador adverso.*

marcador, -ra n. m. y f. **1** Jugador que se encarga de vigilar de cerca a un rival para dificultar su actuación. ◆ n. m. **2** Rotulador de color chillón para resaltar partes de un texto. SIN fosforito.

marcaje n. m. Acción de seguir de cerca un jugador a otro del equipo contrario y dificultar o impedir la realización de su juego: *este defensa ha realizado un férreo marcaje al goleador del equipo visitante.*

marcar v. tr. **1** Hacer o poner una marca o una señal sobre algo para distinguirlo o identificarlo: *han marcado las cartas de la baraja para hacer trampa.* **2** Indicar un aparato de medición una cantidad o una medida: *el reloj marca las horas.* **3** Pulsar las teclas o señalar en el disco del teléfono los números de otro para comunicar con él: *para llamar al extranjero hay que marcar el prefijo internacional.* **4** Conseguir un gol o un tanto en un partido de fútbol, especialmente: *fue el equipo que marcó* *más goles.* **5** Dejar una situación determinada un recuerdo o una huella en alguien: *los años que pasó en el extranjero marcaron su vida para siempre.* **6** Fijar o hacer notar un movimiento rítmico o una acción: *marcar el ritmo.* **7** Poner el precio a una cosa que se va a vender: *antes de poner a la venta esos libros, hay que marcarlos.* **8** Señalar o indicar una dirección o una situación: *el capitán del barco marcó el rumbo que seguirían.* **9** Herir o golpear a una persona dejando una señal visible: *le marcó la cara con la navaja.* ◆ v. tr./ intr. **10** Peinar el pelo para darle la forma deseada colocando rulos o pinzas, o dándole forma con el secador: *en esta peluquería se dedican solamente a lavar y marcar.* ◆ v. tr./ prnl. **11** Destacar o hacer resaltar una cosa: *ese vestido te marca mucho las caderas.*

OBS En su conjugación, la *c* se convierte en *qu* delante de *e.*

DER marcado, marcador, marcaje; demarcar, desmarcarse, enmarcar, remarcar.

marcha n. f. **1** Desplazamiento que se realiza para ir de un lugar a otro: *los excursionistas iniciarán la marcha a las seis de la mañana.* SIN andadura. **2** Desarrollo o manera de funcionar de una cosa: *sigo atentamente la marcha de los negocios de mi padre.* **3** Posición del cambio de las velocidades de un automóvil, un camión o una motocicleta que permite correr a mayor o menor velocidad. **4** Concentración numerosa de personas que caminan juntas con un fin determinado: *se ha organizado una marcha contra el racismo.* **5** Pieza musical de ritmo regular que suele acompañar a desfiles, cortejos y actos solemnes: *una marcha militar.* **6** Prueba deportiva de atletismo que se realiza caminando muy deprisa. **7** Energía, ánimo o alegría de una persona: *esta chica tiene mucha marcha.* **8** Diversión o animación que hay en un lugar o se da en una determinada situación: *en la fiesta, la marcha empezó después de medianoche.*

▶ a marchas forzadas Muy deprisa y con un ritmo muy intenso: *trabajar a marchas forzadas.* a toda marcha Con prisa, rápidamente: *salió a toda marcha porque perdía el tren.* coger la marcha Adquirir habilidad, dominio y práctica en alguna actividad: *cuando le cojas la marcha al trabajo, podrás hacerlo con mayor rapidez.* dar marcha atrás **a.** Introducir una marcha a un vehículo que le permite circular hacia atrás: *dando marcha atrás.* **b.** No continuar con una idea o proyecto: *dio marcha atrás en sus declaraciones y acabó retirando la denuncia.* poner en marcha Hacer que empiece a funcionar una cosa: *aún no sabe poner en marcha el ordenador.* sobre la marcha De manera improvisada y sin meditar previamente: *este trabajo no puede acabar bien, se ha ido haciendo sobre la marcha.* tener marcha Estar siempre animado y dispuesto para la diversión: *los jóvenes tienen, generalmente, más marcha que los mayores.*

DER marchoso.

marchamo n. m. Marca o señal que se pone en un objeto o un producto después de haber sido analizado o revisado.

marchar v. intr. **1** Caminar o moverse avanzando a pie: *el corredor marcha por delante de sus rivales.* **2** Funcionar o desarrollarse una cosa o un mecanismo: *los negocios no marchan demasiado bien.* **3** Caminar o moverse un ejército de forma ordenada: *la tropa marchaba en columna.* ◆ v. intr./ prnl. **4** Ir de un lugar a otro o partir de un lugar: *se ha marchado hace una hora.*

DER marcha.

marchitar v. tr./ prnl. **1** Hacer que las plantas y las flores pierdan frescura y verdor, o comiencen a secarse. **2** Hacer que una persona pierda la belleza, la fuerza y la vitalidad: *la edad había marchitado la belleza de aquella mujer.* SIN ajar, deslucir.

marchito, -ta adj. **1** [flor, planta] Que está seco y falto de verdor y frescura. SIN mustio. **2** [persona] Que no tiene fuerza o vitalidad.

marcial adj. **1** Propio de la guerra o del ejército: *ley marcial.* SIN militar. **2** Que camina muy erguido y con firmeza, como lo hacen los militares.

DER marcialidad.

marciano, -na n. m. y f. **1** Habitante imaginario del planeta Marte y, por extensión, de cualquier otro planeta. SIN extraterrestre. ◆ adj. **2** De Marte o relacionado con este planeta del sistema solar: *la superficie marciana.*

marco n. m. **1** Cerco o moldura que rodea y adorna los bordes de una cosa: *el marco de un cuadro.* **2** Armadura en la que encaja una puerta o una ventana: *los marcos de las puertas eran de madera de roble.* **3** Unidad monetaria de Alemania y Finlandia hasta su sustitución por el euro. **4** Entorno o ámbito que rodea a alguna cosa: *el jardín resultó ser un marco muy adecuado para celebrar aquella fiesta.* SIN paisaje. **5** Límites que rodean un problema, un

asunto o una etapa histórica: *en el marco de la Constitución.*
DER enmarcar.

marea n. f. **1** Movimiento de ascenso y descenso de las aguas del mar, causado por las fuerzas de atracción del Sol y de la Luna. **2** Cantidad grande de personas que se encuentran en un lugar: *los almacenes fueron invadidos por una marea de clientes.*
▶ marea negra Mancha de petróleo de gran extensión vertida en el mar. marea roja Acumulación de microorganismos y toxinas que produce un color rojizo en el agua del mar.

mareante adj. Que marea o causa aturdimiento: *apenas puesto el pie en la estación, le asaltó un bullicio mareante; el año pasado, el déficit comercial se acercó a una cifra mareante.*

marear v. tr. **1** Causar aturdimiento, molestia o fastidio a una persona solicitando su atención continuamente: *siempre está mareando con sus constantes preguntas.* **2** Llevar a una persona de un sitio a otro obligándola a dar muchos pasos para conseguir una cosa: *mi hijo me ha mareado esta tarde en busca de unas deportivas.* ◆ v. prnl. **3** marearse Experimentar una sensación de malestar en la cabeza y en el estómago, que, generalmente, se manifiesta con vómitos y pérdida del equilibrio: *me mareo cuando viajo por una carretera con muchas curvas.* **4** Emborracharse ligeramente o estar un poco bebido: *me mareo con solo beberme una copa de cava.*
DER mareado, mareo.

marejada n. f. **1** Movimiento agitado y violento de las aguas del mar con olas de gran altura: *hay marejada en el mar Cantábrico.* **2** Situación de nerviosismo y excitación que se da en un grupo de personas y se manifiesta con un gran alboroto de voces: *las palabras del diputado provocaron una marejada que terminó en escándalo.*
DER marejadilla.

maremagno n. m. **1** Abundancia de cosas desordenadas y confusas: *un maremágnum de ideas habitaba en su mente.* SIN confusión. **2** Multitud de personas que se comportan de manera alborotada gritando y haciendo ruido.
OBS La Real Academia permite el uso de *maremágnum.*

marengo adj./ n. m. [color] Que es gris muy oscuro.
OBS Acompaña al nombre *gris* en aposición: *una blusa gris marengo.* No varía de número.

mareo n. m. **1** Sensación de malestar en la cabeza y en el estómago que puede llegar a manifestarse con ganas de vomitar y pérdida del equilibrio. **2** Estado de aturdimiento físico y mental que se produce por una situación que molesta o fastidia: *¡qué mareo estar todo el día de un lado para otro!*

marfil n. m. **1** Material duro y blanco del que están formados los dientes de los mamíferos. ◆ adj./ n. m. **2** [color] Que es blanco amarillento: *la novia llevaba un vestido de color marfil.* NOTA Se usa en aposición a un nombre y no varía en número.
DER marfileño.

margarita n. f. **1** Flor en forma de roseta con el centro amarillo y los pétalos blancos. **2** Planta herbácea que da esta flor y posee un tallo fuerte y hojas abundantes. **3** Pieza de una máquina de escribir o de una impresora que sirve para imprimir y en la que están todos los signos; tiene forma de disco. **4** Perla de los moluscos. ◆ n. m. **5** Bebida refrescante hecha con tequila, zumo de lima y licor de naranja.

margen n. f. **1** Parte del terreno que queda a ambos lados de un río. SIN orilla, ribera. ◆ n. m. **2** Espacio en blanco que queda entre los bordes de una página y el texto escrito. **3** Espacio o período de tiempo: *no he podido acabar el test porque he tenido muy poco margen de tiempo.* **4** Ocasión u oportunidad que se da a una persona para hacer una cosa: *con tu comportamiento les diste margen para que abusaran de tu confianza.* **5** Ganancia o beneficio que se obtiene al vender un producto.
▶ al margen De forma apartada y sin participar en un asunto: *me mantuve al margen durante la conversación.*
DER marginal, marginar.

marginación n. f. **1** Situación de aislamiento y rechazo en que vive una persona o un grupo de personas por falta de integración en un grupo o en la sociedad. SIN discriminación. **2** Acción que consiste en dejar de lado algo o apartar de una relación o del trato social a una persona: *el ministro se quejó de la marginación de su país.*

marginado, -da adj. [persona] Que vive una situación de aislamiento y rechazo a causa de la falta de integración en un grupo o en la sociedad: *muchas agrupaciones humanitarias ayudan a los marginados.* SIN marginal.

marginal adj. **1** Que es secundario o poco importante: *las cuestiones marginales se dejaron para el final de la conferencia.* **2** Que vive una situación de aislamiento y rechazo por la falta de integración en un grupo o en la sociedad. SIN marginado. **3** Que está escrito o dibujado en el espacio en blanco que hay entre los bordes de una página y el texto escrito. **4** [persona, grupo] Que vive o actúa fuera de las normas sociales establecidas: *varios actores jóvenes formaron un grupo de teatro marginal.*

marginar v. tr. **1** Poner o dejar a una persona o grupo de personas en una situación de aislamiento y rechazo por falta de integración en un grupo o en la sociedad: *algunas personas marginan a otras porque no son de su raza.* SIN discriminar. **2** Dejar de lado una cosa o apartar de una relación o del trato social a una persona: *al principio, marginaron al recién llegado.*
DER marginación, marginado.

maría n. f. **1** Asignatura que resulta muy fácil de aprobar: *la maría de este curso es Música.* **2** Marihuana, droga blanda. **3** Pájaro de color blanco en el vientre y negro brillante en el resto del cuerpo. SIN marica, urraca.

mariano, -na adj. De la Virgen María o relacionado con su culto: *el Papa inauguró el año mariano.*
DER marianista.

marica n. m. **1** Hombre que tiene movimientos y actitudes que se consideran propios de las mujeres. NOTA Tiene valor despectivo. SIN afeminado. **2** Hombre que siente atracción sexual hacia otro hombre. NOTA Tiene valor despectivo. ◆ n. f. **3** Pájaro de color blanco en el vientre y negro brillante en el resto del cuerpo: *la marica es un ave que vuela bajo.* SIN maría, urraca.
DER maricón, mariquita.

maricón n. m. **1** *malsonante* Hombre que tiene movimientos y actitudes que se consideran propios de las mujeres. SIN afeminado, marica. **2** *malsonante* Hombre que siente atracción sexual hacia otro hombre. **3** *malsonante* Hombre que hace cosas para fastidiar a los demás o tiene malas intenciones.
OBS Tiene valor despectivo.
DER mariconada, mariconera; amariconado.

maridar v. tr. **1** Casarse dos personas o unirse en matrimonio. **2** Hacer que dos cosas diferentes se correspondan o se adapten entre sí: *algunos artistas intentan maridar la música árabe y el rock.*
DER maridaje.

marido n. m. Hombre que está casado respecto de su cónyugue. SIN esposo.

marihuana n. f. **1** Droga que se obtiene de las hojas y flores secas del cáñamo índico y que se fuma mezclada con tabaco. **2** Cáñamo índico de cuyas hojas se obtiene esta droga: *plantaciones de marihuana.*

marina n. f. **1** Conjunto de barcos de un país o nación; conjunto de personas que prestan servicio en ellos. SIN flota. marina de guerra Conjunto de barcos armados. SIN armada. marina mercante Conjunto de barcos que se emplean en el comercio: *los buques petroleros forman parte de la marina mercante.* **2** Conjunto de técnicas que enseñan a navegar y manejar las embarcaciones: *para navegar solo en alta mar es necesario que tengas algunas nociones de marina.* SIN náutica. **3** Cuadro o pintura que representa un paisaje marítimo: *son muy famosas las marinas que pintó Sorolla.* **4** Parte del terreno que está situada en la costa o junto al mar.
DER marine, marinero.

marinar v. tr. Dejar durante un tiempo un alimento, especialmente un pescado, en una especie de salsa o adobo para condimentarlo o conservarlo: *salmón marinado.*
DER marinada.

marine n. m. Soldado de infantería de marina de Estados Unidos de América o del Reino Unido.

marinero, -ra adj. **1** De la marina o que tiene relación con esta actividad: *es una familia muy marinera.* **2** [embarcación] Que permite navegar con facilidad y seguridad: *cruzaron el estrecho en una goleta muy marinera.* ◆ n. m. y f. **3** Persona que trabaja en las tareas de un barco. SIN navegante. **4** Persona que tiene un grado militar inferior al de suboficial y que presta servicio en la marina de un país. SIN marino.
DER marinería.

marino, -na adj. **1** Propio del mar: *soplaba una agradable brisa marina; corrientes marinas.* SIN marítimo. **2** [color] Que es azul muy oscuro: *azul marino.* NOTA Acompaña al nombre *azul* en aposición. ◆ n. m. **3** Persona que tiene una profesión que se desarrolla principalmente en el mar: *marino mercante.* **4** Persona que tiene un grado militar y presta servicio en la marina de un país. SIN marinero.
DER submarino.

marioneta n. f. **1** Muñeco articulado que puede ser movido desde arriba por medio de una cruceta y unos hilos atados a su cuerpo o bien metiendo la mano en su interior por debajo del vestido. SIN títere. **2** Persona de poca voluntad y carácter débil que se deja manejar por los demás: *deja de ser una marioneta y empieza a pensar y decidir por ti mismo.*

mariposa n. f. **1** Insecto de cuerpo alargado que tiene cuatro alas grandes y de colores muy vistosos. **2** Estilo de natación que consiste en mover los dos brazos a la vez, en círculo y hacia adelante, mientras las piernas suben y bajan juntas para ayudar a impulsar el cuerpo. **3** Pieza que se ajusta a un tornillo y que tiene dos alas pequeñas para poder ser apretada o aflojada con la mano. **4** Hombre que tiene movimientos o actitudes que considerados propios de las mujeres. NOTA Tiene valor despectivo.
DER mariposear; amariposado.

mariquita n. f. **1** Insecto de forma ovalada, con dos alas y dos élitros de color rojo o amarillo con puntos negros. ◆ n. m. **2** Hombre que tiene movimientos y actitudes que se consideran propios de las mujeres. SIN afeminado, marica. NOTA Tiene valor despectivo.

mariscada n. f. Plato que consiste en un surtido abundante de marisco asado o cocido.

mariscal n. com. **1** En algunos países, persona que tiene la más alta graduación militar de un ejército. SIN general. **2** En algunos países, graduación militar más alta del ejército.

marisco n. m. Animal marino invertebrado que es comestible, especialmente, los moluscos y los crustáceos: *las gambas y los langostinos son mariscos.*
DER mariscada, mariscar, marisquería.

marisma n. f. Terreno bajo que ha sido invadido por las aguas del mar o de un río.
OBS Se usa más en plural.
DER marismeño.

marisquería n. f. Establecimiento en el que se vende o se consume marisco como alimento principal.

marista adj./ n. m. [persona] Que es miembro del Instituto de Hermanos Maristas o de alguna otra congregación devota de la Virgen María.

marítimo, -ma adj. **1** Del mar o que tiene relación con él: *fauna marítima.* SIN marino. **2** Que está situado junto al mar: *paseo marítimo.*
DER aeromarítimo.

marketing o **márketing** n. m. Conjunto de principios y técnicas que buscan la mejor comercialización de un producto o servicio.
OBS La Real Academia Española prefiere *mercadotecnia,* aunque admite el uso de *marketing,* sin tilde y en cursiva par indicar que es un extranjerismo.

mármol n. m. Piedra caliza, brillante y fría, con vetas de distintos colores, que se emplea como material de construcción y decoración.
DER marmolillo, marmolista, marmóreo.

marmota n. f. **1** Animal mamífero roedor de vida nocturna, con cola larga, cabeza voluminosa, orejas pequeñas, pelo espeso de color pardo rojizo por el lomo y blanco por el vientre, y uñas curvas: *las marmotas hibernan.* NOTA Para indicar el sexo se usa *la marmota macho* y *la marmota hembra.* **2** Persona que es muy dormilona o duerme demasiado. SIN lirón.

maroma n. f. Cuerda gruesa hecha de fibras vegetales, como el cáñamo, o artificiales. SIN soga.

marqués, -quesa n. m. y f. Persona que tiene un título nobiliario de categoría inferior al de duque y superior al de conde.
DER marquesado.

marquesina n. f. **1** Cubierta o alero que protege la entrada de algunos edificios, teatros, restaurantes, estaciones de ferrocarril, etc. **2** Construcción cubierta y protegida por los lados que está destinada, en las paradas de transportes públicos, a proteger a los viajeros que esperan.

marquetería n. f. **1** Técnica que consiste en recortar una lámina de madera formando dibujos y calados. **2** Trabajo decorativo o artístico que se hace incrustando en madera trozos pequeños de marfil, nácar y otras maderas.

marrano, -na n. m. y f. **1** Animal mamífero doméstico, de cuerpo bajo y grueso, patas cortas, cola pequeña y retorcida y hocico casi redondo. SIN cerdo, cochino, puerco. ◆ adj./ n. m. y f. **2** [persona] Que apenas cuida su aseo personal. **3** [persona] Que hace daño a los demás o tiene malas intenciones.
OBS Se usa de manera despectiva.
DER marranada.

marrón n. m./ adj. **1** Color como el del chocolate o la cáscara de la castaña. NOTA Para hacer referencia al pelo de las personas, no se usa *marrón*, sino *castaño*. ◆ n. m. **2** Cosa que resulta muy molesta o desagradable: *nos hemos metido en un buen marrón.* **3** Piedra que se lanza en el juego del marro: *ganó él, pues fue el jugador que mejor lanzó el marrón.*

▶ marrón glacé Castaña confitada y cubierta de azúcar. NOTA Es de origen francés y se pronuncia aproximadamente «marrón glasé».
pillar de marrón Descubrir a una persona en el momento justo en que está realizando una acción que puede resultar reprochable: *si intentas copiar en el examen, te pueden pillar de marrón.*

marroquí adj. **1** De Marruecos o que tiene relación con este país del norte de África. ◆ adj./ n. com. **2** [persona] Que ha nacido en Marruecos.
OBS El plural es *marroquíes* (culto) o *marroquís* (popular).

marrullero, -ra adj./ n. m. y f. **1** [persona] Que aparenta amabilidad, buena intención o debilidad para beneficiarse de algo o conseguir cierta cosa: *sabía que su ayudante era marrullero y poco de fiar, pero tuvo que contarle lo ocurrido.* ◆ adj. **2** Que es propio de una persona marrullera o que tiene sus características: *fue una carrera accidentada y marrullera.*

marsopa n. f. Mamífero cetáceo parecido al delfín, pero algo más pequeño, con la cabeza redondeada, el hocico corto y una aleta dorsal triangular.

marsupial adj./ n. m. [animal] Que es mamífero y se caracteriza por tener la hembra una bolsa en el vientre, llamada marsupio, en la que mantiene y alimenta a sus crías durante varios meses después del nacimiento: *el canguro es marsupial.*

marsupio n. m. ZOOL. Bolsa que llevan en la parte delantera las hembras de los mamíferos marsupiales y que sirve para que las crías completen su desarrollo en ellas.

marta n. f. Animal mamífero con cabeza pequeña, cola larga y pelo suave y espeso de color marrón vivo y con una mancha amarilla o blanca en la garganta, que se alimenta de otros animales.
OBS Para indicar el sexo se usa *la marta macho* y *la marta hembra.*

martes n. m. Segundo día de la semana.
OBS El plural también es *martes.*

martillazo n. m. Golpe fuerte dado con un martillo.

martillear v. tr. **1** Golpear repetidamente una cosa con un martillo. **2** Golpear repetidamente una cosa contra otra: *las gotas de lluvia martilleaban los cristales de las ventanas.* **3** Repetir una cosa con insistencia: *se pasa el día martilleando que quiere un coche y ya nos tiene hartos.* SIN machacar.

martillo n. m. **1** Herramienta que consiste en una cabeza de metal y un mango de madera encajado en ella, que sirve para golpear. **2** ANAT. Hueso del oído medio de los mamíferos que transmite las vibraciones del tímpano a otro hueso. **3** Esfera de hierro de 6,8 kg unida a un cable de acero que termina en una empuñadura, con la que se realiza una de las pruebas de lanzamiento en atletismo: *el deportista hace girar el martillo sobre su cabeza hasta que consigue suficiente fuerza para lanzarlo.*
DER martillazo, martillear.

mártir n. com. **1** Persona que ha sido perseguida o que ha muerto por haber defendido su religión. **2** Persona que es criticada, marginada e incluso perseguida por sus ideas o creencias: *muchos intelectuales y artistas fueron mártires de la sociedad de su tiempo.* **3** Persona que padece sufrimientos o injusticias y que los lleva con resignación.
DER martirio, martirizar, martirologio; protomártir.

martirio n. m. **1** Muerte o sufrimientos que se padecen por creer en una doctrina y defenderla, especialmente, si esta es religiosa. **2** Sufrimiento físico o moral intenso. **3** Trabajo largo y penoso: *trabajar en la mina era un martirio para él.*

martirizar v. tr. **1** Hacer sufrir o matar a una persona por defender sus creencias, especialmente, si son religiosas. **2** Maltratar, molestar o hacer sufrir a una persona o animal.
OBS En su conjugación, la *z* se convierte en *c* delante de *e*.

marxismo n. m. **1** Doctrina filosófica surgida de Karl Marx, que rechaza el capitalismo y defiende una sociedad sin clases. **2** Conjunto de movimientos políticos que se basan en esa doctrina.

marxista adj. **1** Del marxismo o que tiene relación con esta doctrina filosófica. ◆ adj./ n. com. **2** [persona] Que es partidario del marxismo.

marzo n. m. Tercer mes del año.

mas conj. Indica que lo que se dice a continuación está en oposición con lo que se ha dicho. Es una conjunción adversativa que equivale a *pero* y que se utiliza, sobre todo, en el lenguaje literario: *quise, mas no pude.*

más adv. **1** Indica mayor cantidad o intensidad en una comparación: *tengo más caramelos que tú.* NOTA El segundo término de la comparación va detrás de la conjunción *que.* Si es un número o una expresión cuantitativa, va seguido de la preposición *de: esperé más de una hora.* **2** Equivale a *otro* en frases negativas: *no te queda más remedio que comprar una lavadora nueva.* **3** Precedido del artículo determinado, sirve para construir el superlativo relativo: *el más listo, la más alta.* ◆ adv. **4** Indica preferencia: *me gustaría más que viniera después de la cena.* **5** Indica gran cantidad o intensidad; equivale a *tan* cuando acompaña a adjetivos, y a *tanto* cuando acompaña a sustantivos: *¡qué casa más bonita tiene!; ¡hacía más frío!* NOTA Se usa en oraciones exclamativas. ◆ conj. **6** Indica suma o adición; equivale a *y*: *dos más dos son cuatro.* ◆ n. m. **7** Signo que representa la suma (+).

▶ a lo más Acompaña a cantidades para indicar como máximo o como mucho: *seremos 30 a lo más.* a más no poder Con gran intensidad o en gran cantidad: *llueve a más no poder.* de más Indica que algo sobra: *está de más hablar así.* es más Se usa para añadir un comentario o razón que refuerza lo que se ha dicho antes: *ya te lo presentaré, es más, prepararé una fiesta para que os conozcáis.* ir a más Aumentar en intensidad una cosa: *la fiebre va a más.* más bien Se usa para corregir o precisar algo que otra persona ha dicho: *di, más bien, que no has hecho los deberes porque no has querido.* más que Se usa en frases negativas para indicar una exclusión de la negación: *no vine más que yo.* ni más ni menos En su justa medida: *solo quiero lo que se me debe, ni más ni menos.* no más Solamente o únicamente: *váyase no más.* NOTA Se usa en el español de América. por más que Indica que lo que se dice a continuación resultará inútil para hacer o conseguir algo; equivale a *aunque*: *no te oirá por más que le grites porque tiene la música muy alta.* sin más ni más Indica que algo se hace sin consideración ni cuidado u ocurre por sorpresa: *se presentaron en mi casa sin más ni más.* sus más y sus menos Indica desacuerdo o discusión entre dos personas por algún motivo que, generalmente, termina resolviéndose por no ser grave: *los dos niños tuvieron sus más y sus menos cuando repartieron los juguetes.*

masa n. f. **1** Mezcla espesa y blanda, hecha con un líquido y una sustancia en polvo; especialmente, la que se utiliza para hacer pan y repostería. SIN pasta. **2** Conjunto numeroso de personas, animales o cosas muy juntas: *una masa de orugas devoró la planta.* **3** Gran cantidad de gente: *la televisión es un medio de comunicación de masas.* SIN multitud. **4** FÍS. Cantidad de materia que tiene un cuerpo: *la masa es el peso de un cuerpo.* **5** Parte o porción de una materia: *masa de aire.*

▶ en masa En conjunto o con la participación de todos: *los estudiantes fueron en masa a la manifestación.*

DER masificar, masilla; amasar.

masacrar v. tr. Matar a muchas personas a la vez: *los enemigos tomaron la ciudad y masacraron a sus habitantes.* SIN asesinar, matar.

masacre n. f. Matanza conjunta de muchas personas: *masacre de población civil.* SIN matanza.

DER masacrar.

masaje n. m. Acción realizada generalmente con las manos o con algún instrumento que consiste en presionar, frotar o golpear suavemente determinadas zonas del cuerpo: *el masaje sirve para relajar los músculos.*

DER masajear, masajista.

masajista n. com. Persona que se dedica profesionalmente a dar masajes.

mascar v. tr. **1** Partir y triturar con los dientes, generalmente, un alimento. SIN masticar. **2** Hacer que una cosa sea más comprensible para alguien: *le he mascado el problema de matemáticas.* **3** Hablar entre dientes sin pronunciar claramente las palabras y en voz baja: *se marchó mascando quejas inútiles.* SIN mascullar. ◆ v. prnl. **4** mascarse Presentir o saber que va a ocurrir un hecho: *se mascaba la tragedia.* OBS En su conjugación, la *c* se convierte en *qu* delante de *e.*

máscara n. f. **1** Objeto que representa la cara de un ser humano, de un animal o de un personaje real o ficticio con la que se cubre el rostro o parte de él: *máscara de Carnaval.* SIN careta. **2** Objeto que cubre la cara o parte de ella; se usa para proteger el rostro o para no aspirar gases tóxicos: *los bomberos llevaban máscaras al entrar en el edificio en llamas.* **3** Trozo de tela o papel que cubre y protege la nariz y la boca por motivos de higiene. **SIN** mascarilla: máscara de enfermera. **4** Fingimiento o disimulo con que una persona oculta sus intenciones o su manera de ser: *su preocupación es una máscara.* **SIN** careta.

▶ quitar la máscara Descubrir ante los demás las verdaderas intenciones o la manera de ser de una persona: *se quitó la máscara y supieron que solamente quería vengarse de ellos.*

DER mascarada, mascarilla, mascarón; enmascarar.

mascarilla n. f. **1** Trozo de tela o papel que cubre y protege la nariz y la boca por motivos de higiene: *los cirujanos y las enfermeras usan mascarillas durante las operaciones.* **SIN** máscara. **2** Aparato que se coloca sobre la nariz y la boca con el que se facilita la aspiración de ciertos gases: *pusieron una mascarilla al paciente porque se ahogaba.* **3** Producto cosmético o sustancia hecha con ingredientes naturales que se aplica formando una capa sobre la cara y el cuello o el pelo para embellecerlos.

mascota n. f. **1** Animal de compañía. **2** Figura que se utiliza como símbolo de un acontecimiento público importante: *han abierto un concurso para elegir la mascota de los próximos Juegos Olímpicos.* **3** Persona, animal o cosa a los cuales se atribuyen virtudes para alejar desgracias o atraer la buena suerte: *un perro es la mascota del equipo.* **SIN** amuleto, talismán.

masculino, -na adj. **1** Del hombre o que tiene relación con él: *el paro masculino ha disminuido en el último semestre.* **2** [ser vivo] Que tiene órganos para fecundar. **3** Que tiene alguna cualidad que se considera propia o característica del hombre: *ese corte de pelo es muy masculino.* ◆ adj./ n. m. **4** [género] De los sustantivos que se refieren a personas o animales de sexo masculino y a ciertos seres inanimados: *«palo» y «niño» son palabras de género masculino.*

DER masculinidad.

mascullar v. tr. Hablar entre dientes sin pronunciar claramente las palabras y en voz baja: *el perdedor se retiró a su rincón mascullando insultos.* **SIN** mascar.

masetero n. m. ANAT. Músculo situado en la parte posterior de cada mejilla que sirve para elevar la mandíbula inferior y poder masticar.

masía n. f. Casa de campo, rodeada de tierras de cultivo: *las masías son características de Cataluña.*

masificación n. f. **1** Desaparición de las características personales o individuales de los miembros de un grupo social. **2** Utilización de un servicio por una gran cantidad de personas: *es preciso limitar el número de plazas para evitar la masificación de las aulas.*

masificar v. tr. **1** Dar carácter de masa uniforme a un grupo de personas, en especial, haciendo perder sus características individuales: *masificar el comercio de barrio.* ◆ v. prnl. **2** masificarse Aumentar extraordinariamente [el número de personas o usuarios de un lugar, servicio, etc.]: *se pretende evitar que un turismo masificado acabe con la riqueza ecológica del lugar.*

OBS En su conjugación, la *c* se convierte en *qu* delante de *e*.

masilla n. f. Masa o pasta blanda, especialmente la compuesta de tiza y aceite de linaza, que al secarse se endurece y que se emplea para tapar agujeros o juntas, sujetar cristales a los marcos, etc.

masivo, -va adj. **1** Que se hace en gran cantidad: *los biólogos están preocupados por la migración masiva de cigüeñas.* **2** [dosis de medicamento] Que se acerca al límite de lo que puede tolerar el organismo: *una dosis masiva de antibióticos.*

masonería n. f. Sociedad secreta que, supuestamente, aspira a la hermandad universal, admitiendo y respetando todas las religiones, y que se basa en la ayuda y la compasión por los que sufren.

DER francmasonería.

mastaba n. f. Tumba del antiguo Egipto que tiene forma de pirámide truncada y comunica con una cámara en la que se depositaba el cadáver.

máster n. m. **1** Curso de especialización en una determinada materia, generalmente, dirigido a estudiantes de tercer ciclo universitario. **2** Título académico que se consigue al terminar este curso.

OBS El plural es *másters*.

masticar v. tr. Partir y triturar con los dientes, generalmente, un alimento: *masticar chicle.* **SIN** mascar.

OBS En su conjugación, la *c* se convierte en *qu* delante de *e*.

mástil n. m. **1** Palo largo de una embarcación

que, colocado verticalmente, sirve para sostener las velas. **2** Palo colocado de manera vertical que sostiene una cosa: *un mástil en el que ondea la bandera olímpica.* **3** Parte estrecha y larga de un instrumento de cuerda que une la cabeza con el cuerpo: *tomó el violín por el mástil y se lo colocó sobre el hombro para tocar.* **4** BOT. Tallo grueso y fuerte de una planta: *el huracán no consiguió romper los mástiles de estas plantas.*

mastín, -tina n. m. y f./ adj. Perro de gran tamaño, cuerpo robusto y fuerte, cabeza grande, cuello corto y ancho, patas gruesas, orejas pequeñas y caídas, y pelo corto generalmente y de color claro con zonas negras.

masturbación n. f. Acción que consiste en tocar o tocarse los órganos sexuales para sentir placer.

masturbar v. tr. Tocar los órganos sexuales a una persona o animal para darle placer.
DER masturbación.

mata n. f. **1** Planta o arbusto de poca altura: *matas de tomate.* SIN matojo. **2** Conjunto de hierbas o plantas cortadas: *puso una mata de hierbabuena para perfumar el armario.* **3** Cantidad grande de pelo: *tiene una buena mata, no se quedará calvo.*
▶ a salto de mata **a.** De manera poco constante y sin método: *si estudias a salto de mata, no aprobarás.* **b.** A gran velocidad: *los ladrones huyeron a salto de mata.*
DER matojo, matorral.

matacán n. m. ARQ. En las antiguas fortificaciones, obra que sobresale en la parte superior de una muralla, torre o puerta, y que tiene parapeto y aberturas para defenderse del enemigo.

matadero n. m. Lugar donde se matan y descuartizan animales que después se destinarán al consumo público.

matador, -ra n. m. y f. **1** Persona que se dedica a torear en las plazas de toros, dirige la lidia y se encarga de dar muerte al toro. SIN diestro, maestro. ◆ adj. **2** Que es ridículo, feo o de mal gusto: *entró en la sala con un sombrero matador.* SIN hortera.

matamoscas n. m. **1** Utensilio ligero de forma similar a una pala, compuesto por una pequeña superficie plana (de plástico, rejilla u otro material) con un mango largo, que sirve para matar moscas y otros insectos. **2** Tira de papel o lienzo pegajoso que se emplea para el mismo fin. **3** Sustancia química líquida o gaseosa que se emplea para el mismo fin.
OBS El plural es *matamoscas.*

matanza n. f. **1** Acción de matar a muchas personas o animales. **2** Faena en la que se mata un cerdo y se prepara su carne para que sirva de alimento: *la matanza suele hacerse en invierno.* **3** Período del año en el que se matan los cerdos. **4** Carne de cerdo preparada de distintos modos para comerla: *los chorizos, las morcillas, los lomos y los jamones forman parte de la matanza.*

matar v. tr. **1** Quitar la vida a un ser vivo. **2** Causar dolor, molestia o sufrimiento a una persona: *el calor me mata.* **3** Molestar o fastidiar una persona a otra: *me estás matando con tanto lloro.* **4** Calmar la sensación de hambre o sed: *comieron un bocadillo para matar el hambre.* **5** Pasar el tiempo realizando una actividad como entretenimiento: *hacía pajaritas de papel para matar el tiempo.* **6** Destruir una cosa inmaterial: *ha matado todas las ilusiones que tenía puestas en él.* **7** Hacer que disminuya la intensidad o el brillo de un color: *hay que matar un poco este verde tan chillón.* **8** Sorprender a una persona con algo inesperado: *ahora sí que me has matado con lo de su boda.* **9** Echar una carta de más valor que la del contrario. **10** Cortar o limar una esquina o punta. ◆ v. prnl. **11** matarse Perder la vida involuntariamente: *se mató en un accidente automovilístico.* **12** Quitarse la vida voluntariamente: *se mató con veneno.* SIN suicidarse. **13** Esforzarse mucho en una actividad: *se mata a trabajar para dar de comer a sus hijos.* **14** Desentonar colores, objetos o ideas: *el naranja y el rojo se matan.*
▶ a matar **a.** Con la intención de quitar la vida: *dispararon a matar.* **b.** Muy mal o de mala manera: *no se hablan porque se llevan a matar.* matarlas callando Hacer malas acciones, aparentando ser incapaz de cometerlas: *hay que tener cuidado con él porque las mata callando.*
DER matadero, matador, matadura, matanza, matarife, matón; rematar.

matarife n. m. Persona que se dedica a matar y descuartizar el ganado que es destinado al consumo.

matarratas n. m. **1** Sustancia venenosa que se usa para matar roedores. **2** Bebida alcohólica de mal sabor y baja calidad.
OBS El plural también es *matarratas.*

matasellos n. m. **1** Utensilio que se usa en las oficinas de correos para marcar los sellos de las cartas y paquetes. **2** Dibujo que deja ese instrumento sobre el sello: *el matasellos indica la fecha y el lugar de origen de la carta.*
OBS El plural también es *matasellos.*

matasuegras n. m. Objeto formado por un tubo de papel enrollado en espiral que tiene una boquilla con un pito en un extremo, por donde se sopla para que se extienda de golpe y suene, con el fin de asustar en fiestas y otras diversiones.
OBS El plural es *matasuegras.*

mate adj. **1** [cosa] Que no tiene brillo: *el cuadro estaba pintado en tonos mates.* ◆ n. m. **2** Jugada de ajedrez en la que se amenaza al rey y este no puede salvarse, con lo que se pone fin a la partida. **3** Planta que crece en América del Sur, de flores blanquecinas y fruto de color rojo. **4** Bebida que se prepara hirviendo en agua las hojas secas y tostadas de esta planta. **5** En el juego del baloncesto, canasta que se consigue acompañando la pelota con la mano hasta el aro e introduciéndola con un rápido movimiento de muñeca de arriba abajo. **6** En diversos deportes de red, golpe fuerte que se da a la pelota de manera que al botar contra el suelo se eleva a gran altura y con gran velocidad: *fue incapaz de devolver el mate.*

matemática n. f. Ciencia que estudia las propiedades de los números y las relaciones que se establecen entre ellos mediante el razonamiento lógico.
OBS Se usa frecuentemente en plural.

matemático, -ca adj. **1** De la matemática o que tiene relación con esta ciencia. **2** Que es exacto: *su razonamiento es matemático e irrebatible.* ◆ n. m. y f. **3** Persona que se dedica a las matemáticas: *aquel joven matemático ha escrito un tratado de álgebra.*

materia n. f. **1** Elemento o conjunto de elementos que puede transformarse por la acción de otros que actúen sobre él: *la materia y la energía constituyen el universo.* **2** Sustancia de la que está hecha una cosa. materia prima Sustancia básica natural o elaborada, que se emplea para crear otros productos; especialmente la que se utiliza en industrias: *el petróleo es una materia prima.* materia gris **a.** Parte del sistema nervioso compuesta por el cuerpo de las neuronas, sus dendritas y sus axones. **b.** Cerebro, entendido como la capacidad para pensar o razonar: *dile que use la materia gris.* materia orgánica Conjunto de células animales y vegetales, descompuestas total o parcialmente por la acción de microorganismos: *en el suelo de los bosques hay mucha materia orgánica.* **3** Cuerpo de la persona en oposición a su espíritu. **4** Asunto principal sobre el que se habla, escribe o piensa: *sus observaciones son materia científica.* **5** Parte de una carrera o plan de estudios que trata un tema específico: *¿qué materias hacéis en cuarto curso?* SIN asignatura.
▶ entrar en materia Empezar a tratar un asunto principal, especialmente después de haber tratado otros menos importantes: *antes de entrar en materia, me gustaría aclararles algo.* en materia de En el asunto o especialidad que se dice a continuación: *se acordarán unos puntos en materia de defensa.*
DER material.

material adj. **1** De la materia o que tiene relación con la sustancia que forma los cuerpos. **2** Que pertenece al mundo físico y no al espíritu y por lo tanto se puede percibir por los sentidos: *el hombre es parte material, parte espiritual.* ANT espiritual. **3** Que da excesivo valor a las cosas del mundo físico: *tiene unos sentimientos muy materiales.* ◆ n. m. **4** Sustancia de la que está hecha una cosa: *el material de esta bolsa es plástico.* SIN materia. **5** Elemento que sirve para elaborar una cosa, especialmente el que se utiliza para construir: *el cemento es un material de construcción.* **6** Conjunto de herramientas, materias u objetos necesarios en un trabajo o profesión: *material de oficina.*
DER materialismo, materializar; inmaterial.

materialidad n. f. Calidad o condición de lo que es material, pertenece al mundo físico y se puede percibir por los sentidos: *la simple materialidad de las cosas.*

materialismo n. m. **1** Doctrina filosófica que considera que solo existe la materia y reduce el espíritu a una consecuencia de ella. **2** Actitud de la persona que da excesivo valor a las cosas materiales, como el dinero o las propiedades.
DER materialista.

materialista adj. **1** Del materialismo o que tiene relación con esta doctrina filosófica. **2** [actitud] Que valora en exceso las cosas materiales. ◆ adj./ n. com. **3** [persona] Que es partidario del materialismo: *los materialistas*

a b c d e f g h i j k l m n ñ o p q r s t u v w x y z

se oponen a los idealistas. **4** [persona] Que da excesivo valor a las cosas materiales.

materializar v. tr. Hacer real y concreto un proyecto, una idea o un deseo: *después de grandes esfuerzos, sus planes se materializaron.*
OBS En su conjugación, la *z* se convierte en *c* delante de *e*.
DER materialización; desmaterializar.

maternal adj. [sentimiento, actitud] Que es o se considera como el de una madre hacia su hijo: *el instinto maternal.*

maternidad n. f. **1** Estado de la mujer que ha sido madre: *la felicitaron por su nueva maternidad.* **2** Hospital o servicio de un hospital preparado para que las mujeres den a luz: *ingresó en la maternidad.*

materno, -na adj. De la madre o que tiene relación con ella: *amor materno.*
DER maternal, maternidad, maternizar.

matinal adj. **1** De la mañana, especialmente de las primeras horas, o que tiene relación con esta parte del día: *nos despertó una fuerte lluvia matinal.* SIN matutino. ◆ adj./ n. f. **2** [sesión, espectáculo] Que tiene lugar por la mañana: *fuimos a la función matinal del circo.*

matiz n. m. **1** Tono o grado de intensidad en que se puede presentar un mismo color: *un amarillo lleno de matices.* **2** Característica o aspecto que no se percibe fácilmente, pero que da un significado o valor determinado a una cosa o hecho: *notamos cierto matiz despectivo en sus palabras.*
DER matizar.

matizar v. tr. **1** Combinar adecuadamente distintos colores y tonos: *el pintor ha matizado los blancos y los rosas a la perfección.* **2** Darle a un color un tono determinado: *hay que matizar un poco este verde.* **3** Graduar algo con diversos tonos o con un matiz determinado: *su discurso estaba matizado de sarcasmo.* **4** Añadir una nota u observación a una explicación para precisarla: *el ministro explicó que se harían grandes reformas, pero matizó que primero habría que aprobar los presupuestos.* SIN precisar.
OBS En su conjugación, la *z* se convierte en *c* delante de *e*.
DER matización.

matojo n. m. Planta o arbusto de poca altura y muy espeso: *se escondió detrás de un matojo.*
SIN mata.

matón, -tona n. m. y f. **1** Persona, en especial hombre, provocadora o pendenciera que alardea de su valentía y emplea la fuerza o las amenazas para obligar a los demás a hacer algo. ◆ n. m. **2** Hombre, generalmente de aspecto fuerte y robusto, que no pertenece a un cuerpo de seguridad y se contrata para proteger la integridad física de una persona o de una cosa. ◆ n. m. **3** Sicario.

matorral n. m. **1** Conjunto de plantas o arbustos espesos y de poca altura. **2** Terreno donde abundan las plantas y los arbustos de poca altura.

matraz n. m. Recipiente de cristal, generalmente de forma esférica y con un cuello recto y estrecho, que se usa para contener líquidos: *el matraz se usa en los laboratorios.*
OBS El plural es *matraces*.

matriarcado n. m. Predominio o mayor autodidad de la mujer en una sociedad o grupo social. ANT patriarcado.

matriarcal adj. Del matriarcado o relacionado con él.

matricida adj. [persona] Que mata a su madre: *el matricida se entregó a la policía.*

matricidio n. m. Muerte que da un hijo a su propia madre: *fue juzgado por un delito de matricidio.*
DER matricida.

matrícula n. f. **1** Inscripción de una persona en un registro o lista oficial. **2** Conjunto de personas o cosas inscritas en un registro o lista oficial; especialmente el conjunto de personas que están inscritas en un centro de enseñanza para realizar ciertos estudios: *en la secretaría del centro puede usted consultar la matrícula para este curso.* **3** Documento oficial que demuestra que una persona está inscrita en un registro o lista oficial: *para pedir el título, debes presentar una fotocopia de la matrícula.* **4** Placa que llevan los vehículos en la parte delantera y en la trasera donde se indica el número con el que están registrados legalmente y el lugar en el que han sido matriculados.
▶ matrícula de honor Distinción que mejora la calificación máxima de sobresaliente concedida en una prueba o examen y que da derecho a registrarse sin pagar en el curso siguiente.
DER matricular.

matricular v. tr. **1** Inscribir a una persona en un registro o lista oficial con un fin determinado; especialmente en un centro de enseñanza para que realice unos estudios. **2** Inscribir un vehículo en un registro y colocar la placa que lo identifica legalmente: *el* *concesionario se encargará de matricularme el coche nuevo.*

DER matriculación.

matrimonial adj. Del matrimonio o que tiene relación con él: *la pareja atraviesa una crisis matrimonial.*

DER matrimonialista; prematrimonial.

matrimonio n. m. **1** Unión de dos personas reconocida por la ley como familia. matrimonio civil Matrimonio que se celebra ante un juez conforme a la ley civil y sin seguir ningún rito religioso. matrimonio religioso Matrimonio que se celebra según los ritos de una religión, especialmente de la religión cristiana. SIN casamiento, enlace. **2** Sacramento de la Iglesia católica que une a un hombre y a una mujer ante Dios y ante la Iglesia: *la pareja se unió en santo matrimonio.* **3** Pareja formada por dos personas casadas.

▶ consumar el matrimonio Realizar la pareja casada el primer acto sexual después de haber celebrado el matrimonio. contraer matrimonio Casarse o unirse legalmente dos personas en una ceremonia.

DER matrimonial.

matritense adj. **1** De Madrid o que tiene relación con esta ciudad española. SIN madrileño. ◆ adj./ n. com. **2** [persona] Que es de Madrid. SIN madrileño.

matriz n. f. **1** ANAT. Órgano interno de reproducción de las hembras de los mamíferos en el que se desarrolla el feto. SIN útero. **2** Recipiente hueco que sirve como molde para hacer objetos iguales: *estas matrices se utilizan para hacer llaves.* **3** Parte que queda en un libro de cheques una vez cortadas las hojas que lo forman. **4** MAT. Conjunto de números colocados en líneas horizontales y verticales y dispuestos en forma de rectángulo; la posición de cada número en la matriz determina las operaciones matemáticas que hay que hacer para hallar un resultado.

matrona n. f. **1** Mujer que se dedica a ayudar a las mujeres en el parto. **2** Mujer madura que está un poco gruesa. **3** Madre de familia respetable, en la Antigua Roma.

matutino, -na adj. **1** De la mañana, especialmente de las primeras horas, o que tiene relación con esta parte del día: *paseo matutino.* SIN matinal. ◆ adj./ n. m. **2** [diario] Que se pone a la venta por la mañana.

maullar v. intr. Emitir maullidos el gato: *el gato maullaba para pedir comida.*

OBS En su conjugación, la *u* se acentúa en algunos tiempos y personas, como en *aunar.*

maullido n. m. Voz que emite el gato. SIN miau.

mausoleo n. m. Construcción lujosa que cubre una tumba, generalmente la de una persona importante.

maxilar adj. **1** De la mandíbula o que tiene relación con ella: *una fractura maxilar.* ◆ n. m. **2** Hueso que forma parte de la mandíbula: *el maxilar inferior es móvil.*

máxima n. f. **1** Frase que recoge una idea moral, un consejo o una enseñanza: *«Pienso, luego existo» es una máxima del filósofo Descartes.* **2** Norma por la que se rige la conducta de una persona: *una de sus máximas es la seriedad en el trabajo.* **3** Principio o regla que admite un grupo de personas sobre lo que se debe o no hacer en determinadas circunstancias: *su trabajo de investigación va contra las máximas de la ciencia médica.* **4** Temperatura más alta que alcanza la atmósfera en un período de tiempo determinado: *la máxima de hoy ha sido de 25 °C y la mínima de 12 °C.*

máxime adv. *formal* Con más razón: *un triunfo es importante, máxime si se consigue en campo contrario.*

maximizar v. tr. Desarrollar hasta el máximo una cosa material o inmaterial. **2** INFORM Aumentar al máximo una ventana en la pantalla de un ordenador.

OBS En su conjugación, la *z* se convierte en *c* delante de *e.*

máximo, -ma adj. **1** Que es mayor o superior en grado: *el profesor se ha ganado el máximo respeto de sus alumnos.* ◆ n. m. **2** máximo Límite superior o extremo al que puede llegar una cosa: *su velocidad ha sobrepasado el máximo permitido por la ley.*

▶ como máximo Se usa para expresar que es el límite al cual llega o puede llegar una cosa: *tardaré como máximo tres horas en hacerlo.*

OBS Es el superlativo de *grande.*

DER máxima, maximalismo, máxime.

maya adj. **1** [pueblo indígena] Que habita en la península de Yucatán, norte de Guatemala y Honduras. **2** De ese pueblo indígena o que tiene relación con él. ◆ adj. n. com. **3** [persona] Que pertenece a ese pueblo. ◆ n. m. **4** Lengua de los indígenas que habitan en Yucatán, norte de Guatemala y Honduras.

mayar v. intr. Emitir el gato su voz característica: *«maullar» y «mayar» son dos palabras onoma-*

topéyicas que indican el sonido que hacen los gatos. SIN maullar.

mayo n. m. **1** Quinto mes del año. **2** Árbol o palo alto, adornado con tiras de colores, que se coloca en las plazas de los pueblos durante el mes de mayo como señal de fiesta. **3** Canción popular que cantan los mozos a las mozas el último día de abril y el primero de mayo.

mayonesa n. f. Salsa que se hace mezclando huevo, aceite, vinagre o limón y sal. SIN mahonesa.

mayor adj. **1** [persona] Que tiene más edad en relación a otra: *su hermano mayor dijo que vendría con nosotros.* ANT menor. NOTA Acompañado del artículo, forma el grado superlativo: *el mayor vendrá con nosotros.* **2** [cosa] Que es más grande en tamaño o importancia: *he engordado y necesito una talla mayor.* **3** [persona] Que tiene mucha edad: *mi padre ya es mayor.* **4** MÚS. [intervalo] Que es de segunda, tercera, sexta o séptima en la escala natural. **5** MÚS. [modo, tono] Que tiene los intervalos de tercera, sexta y séptima de esa clase. ◆ adj./n. com. **6** [persona] Que está en la edad adulta: *primero comieron los niños y después, los mayores.* ◆ n. m. **7** Miembro del ejército de categoría inmediatamente superior a la de capitán: *el mayor dirigió el ataque por el frente norte.* ◆ n. f. **8** Vela principal de una embarcación que va sujeta al palo mayor. ◆ n. m. pl. **9** mayores Personas de las que se desciende: *nuestros mayores soñaron un futuro mejor.*
▶ al por mayor Referido a una compra o venta, realizada en cantidades grandes y a precio más barato que el que paga el público en general. mayor que MAT. Signo que indica que el término que está a su izquierda tiene más valor que el de su derecha: *mayor que se representa como* >.
OBS Es el comparativo de superioridad de *grande.*
DER mayoral, mayorazgo, mayoría, mayorista.

mayoral n. m. **1** Persona con autoridad sobre un grupo de pastores. **2** Persona con autoridad sobre un grupo de trabajadores del campo. SIN capataz.

mayorazgo n. m. **1** Derecho que tiene el hijo mayor a heredar todos los bienes de sus padres, con la condición de conservarlos para su familia. **2** Persona que, por ser la mayor de varios hermanos, tiene el derecho de heredar todos los bienes de sus padres. **3** Conjunto de los bienes heredados: *todas aquellas tierras pertenecían al mayorazgo.*

mayordomo, -ma n. m. y f. Sirviente principal de una casa, encargado de la economía y de la organización del servicio.

mayoría n. f. **1** Parte mayor de las personas o cosas que componen un grupo o un conjunto: *la mayoría de las manzanas estaban podridas.* ANT minoría. **2** Número mayor de votos en una votación: *ese partido ganó las elecciones por mayoría.* mayoría absoluta Cantidad de votos iguales que constituye más de la mitad del total. mayoría relativa o mayoría simple Cantidad de votos iguales que es la mayor de todas las que constituyen el total.
▶ mayoría de edad Edad que, según la ley, es necesaria para que una persona pueda ejercer todos los derechos civiles: *la mayoría de edad en España se alcanza a los dieciocho años.*
DER mayoritario.

mayorista adj. **1** [comercio] Que compra o vende mercancías en grandes cantidades: *comercio mayorista.* ◆ n. com. **2** Persona que se dedica a vender mercancías al por mayor: *los mayoristas abastecen de productos a los pequeños comercios.* ANT minorista.

mayoritario, -ria adj. [persona, cosa] Que es la parte más numerosa de un conjunto: *el sí fue la respuesta mayoritaria de los votantes.* ANT minoritario.

mayúscula n. f. Letra de mayor tamaño que la minúscula y de forma distinta, que se emplea generalmente como inicial en los nombres propios, después de punto, o al principio de un texto.

mayúsculo, -la adj. Que es más grande de lo normal: *su sorpresa fue mayúscula .* ANT minúsculo.

maza n. f. **1** Herramienta parecida a un martillo, pero con una cabeza más pesada y con un mango más largo, que sirve para golpear y aplastar: *los albañiles emplean una maza para partir el escombro.* **2** Arma antigua de hierro o de madera, con un mango largo y delgado y, en un extremo, una cabeza gruesa. **3** Instrumento formado por una bola recubierta de cuero unida a un mango de madera, que sirve para tocar el tambor. **4** Parte más gruesa del palo o taco con que se juega al billar. **5** Utensilio de madera u otro material, de forma alargada y más grueso en uno de los extremos, que se utiliza en algunos juegos malabares o en ejercicios de gimnasia rítmica lanzándolo al aire o haciéndolo girar: *la gimnasta realizó su ejercicio de mazas.*

DER macero, mazazo, mazo.

mazapán n. m. **1** Pasta de almendras crudas molidas y azúcar pulverizado que se utiliza como relleno de pasteles o en la elaboración de distintos tipos de dulces. **2** Dulce hecho con pasta de mazapán que puede tener diversas formas y suele pintarse con yema de huevo antes de cocinarlo.

mazmorra n. f. Calabozo pequeño y oscuro, generalmente construido bajo tierra.

mazo n. m. **1** Martillo grande y pesado: *el herrero golpea el hierro con un mazo.* **2** Martillo pequeño de madera que sirve para golpear, aplastar y triturar: *siempre ha partido las almendras y las avellanas con un mazo.* SIN maceta. **3** Conjunto de cosas agrupadas, especialmente de papeles y naipes: *arrancó un mazo de hojas del calendario.*

mazorca n. f. Frutos de algunas plantas, especialmente del maíz, que se presentan formando una espiga grande de granos gruesos y apretados. SIN espiga.

mazurca n. f. **1** Baile con ritmo de tres por cuatro procedente de Polonia. **2** Música con que se acompaña ese baile: *la orquesta interpretó una mazurca.*

me pron. pers. Forma del pronombre de primera persona del singular tanto para el objeto directo como para el indirecto: *Pablo me saludó desde el autobús; mis compañeros me regalaron un cuadro.*

OBS Nunca va acompañado de preposición. Se escribe unido al verbo cuando va detrás de él: *mírame.*

meandro n. m. **1** Curva pronunciada que forma un río en su curso. **2** Línea ondulante que se usa como adorno en escultura o arquitectura: *el friso estaba adornado por meandros.*

mear v. intr./ prnl. **1** Expulsar la orina. SIN orinar. ◆ v. tr. **2** Expulsar un líquido o una piedra por la uretra. SIN orinar.

▶ mearse de risa *coloquial* Reírse mucho: *hace tantas tonterías que te meas de risa.*

DER meada, meato, meón.

meca n. f. Lugar que se considera el centro más importante de una actividad: *Hollywood es la meca del cine.*

¡mecachis! int. Expresión con que se indica enfado o disgusto: *¡mecachis!, ¡he vuelto a perder el autobús!*

mecánica n. f. **1** Parte de la física que trata del movimiento y del equilibrio de los cuerpos, así como de las fuerzas que los producen. **2** Técnica de inventar, construir, arreglar o manejar máquinas. **3** Conjunto de piezas o elementos que, ajustados entre sí y mediante un movimiento, hacen un trabajo o cumplen una función. SIN mecanismo. **4** Modo de funcionar una cosa.

DER mecánico; aeromecánica, biomecánica, fotomecánica.

mecánico, -ca adj. **1** De la mecánica o que tiene relación con esta parte de la física. **2** De las máquinas o relacionado con ellas: *aparatos mecánicos.* **3** Que se hace con una máquina: *la fabricación mecánica.* **4** [movimiento, acto] Que se hace de forma automática por haber sido repetido muchas veces: *andar es un movimiento mecánico.* ◆ n. m. y f. **5** Persona que se dedica a manejar y arreglar máquinas, especialmente vehículos: *el mecánico reparó los frenos.* mecánico dentista Persona que ayuda al dentista en la preparación de dientes y dentaduras artificiales.

DER mecanicismo, mecanismo, mecanizar.

mecanismo n. m. **1** Conjunto de piezas o elementos que, ajustados entre sí y mediante un movimiento, hacen un trabajo o cumplen una función: *este reloj funciona mediante un complicado mecanismo.* **2** Manera de producirse o de realizar una actividad: el mecanismo de la digestión.

DER servomecanismo.

mecanización n. f. Equipamiento con máquinas para realizar una actividad de manera mecánica y empleando menos tiempo y esfuerzo: *la mecanización ha suprimido muchos puestos de trabajo.*

mecanizar v. tr. **1** Utilizar máquinas para dedicar menos tiempo y esfuerzo a una actividad: *los agricultores han mecanizado las faenas agrícolas.* **2** Convertir en automáticos los actos o movimientos humanos.

OBS En su conjugación, la *z* se convierte en *c* delante de *e.*

DER mecanización.

mecano n. m. Juguete formado por piezas que se pueden unir con tornillos y tuercas para hacer construcciones y objetos articulados.

OBS Procede de *Meccano,* nombre de una marca registrada.

mecanografiar v. tr. Escribir una cosa a máquina.
OBS En su conjugación, la *i* se acentúa en algunos tiempos y personas, como *desviar*.

mecanógrafo, -fa n. m. f. Persona que se dedica a escribir textos a máquina.

mecedor n. m. **1** Asiento sujeto a dos cuerdas o cadenas colgadas de un armazón de madera o de metal a la rama de un árbol, que se mueve hacia atrás y hacia delante. SIN columpio. **2** Utensilio de madera que se usa para remover un líquido, especialmente el vino en la cuba.

mecedora n. f. Asiento con brazos y cuatro patas que descansan en dos arcos, de modo que al sentarse en ella se balancea de atrás hacia delante y viceversa.

mecenas n. com. Persona o fundación que favorece, generalmente dando dinero, las actividades culturales y a las personas que se dedican a ellas: *el mecenas organizaba tertulias literarias en su mansión.*
OBS El plural también es *mecenas*.
DER mecenazgo.

m

mecer v. tr. **1** Mover con suavidad de un lado a otro una cosa que cuelga de un punto fijo o que está apoyada sobre una superficie: *el padre mece la cuna del recién nacido.* SIN balancear. **2** Agitar un líquido contenido en un recipiente para que se mezcle: *cuando el vino está en la cuba hay que mecerlo.*
OBS En su conjugación, la *c* se convierte en *z* delante de *a* y *o*.
DER mecedor, mecedora.

mecha n. f. **1** Cuerda hecha de hilos retorcidos que se queman con facilidad: *la mecha de este petardo es demasiado corta.* **2** Tubo de papel o de algodón que está relleno de pólvora y se utiliza para dar fuego a las minas o barrenas. **3** Conjunto de pelos de la cabeza que destacan del resto del cabello por ser de distinto tono o color: *el peluquero le ha teñido unas mechas rubias.* NOTA Se usa más en plural. **4** Trozo de tocino o de jamón que se introduce dentro de otras carnes: *este asado de carne lleva mechas de tocino.*
▶ a toda mecha Con mucha rapidez: *lo llamaron por teléfono y salió de la reunión a toda mecha.* aguantar mecha Soportar una situación desagradable o una impertinencia: *no tienes más remedio que aguantar mecha.*
DER mechar, mechero, mechón.

mechar v. tr. Rellenar la carne o las aves que se van a guisar con trozos de tocino, jamón u otros ingredientes.

mechero n. m. **1** Aparato que funciona con gas o gasolina y que sirve para encender una materia combustible. SIN encendedor. **2** Aparato que, mediante una mecha que se mantiene encendida, sirve para dar luz o calor: *se fue la luz y encendimos un mechero de alcohol.*

mechón n. m. Conjunto de pelos o hilos separados de otros del mismo tipo con los que forman un todo: *le separó el pelo en tres mechones y le hizo una trenza.*

medalla n. f. **1** Placa de metal plana, generalmente redonda u ovalada, que lleva grabada una imagen: *llevaba una medalla de oro colgando del cuello.* **2** Placa de metal que lleva grabado algún motivo y que se recibe como premio: *el atleta ganó dos medallas de oro.*
DER medallero, medallista, medallón.

medallero n. m. **1** Relación de las medallas ganadas por cada país o equipo en una competición deportiva. **2** Vitrina, mueble u otro lugar destinado a guardar medallas.

medallista n. com. **1** Deportista que ha ganado una medalla en una competición deportiva. **2** Grabador de medallas.

medallón n. m. **1** Joya en forma de caja pequeña y plana, que se cuelga al cuello con una cuerda o cadena. **2** Pieza de carne o pescado que se corta en forma redonda y gruesa: *el redondo de ternera se corta en medallones.* **3** Adorno en relieve que se utiliza en arquitectura, con forma circular u ovalada y en cuyo interior se pinta o esculpe algo.

media n. f. **1** Prenda de vestir femenina de tejido elástico fino con la que se cubre cada pierna desde el pie hasta más arriba de la rodilla. **2** Prenda de vestir de punto de lana o algodón, que cubre la pierna desde el pie hasta la rodilla: *los jugadores de fútbol llevan medias.* SIN calcetín. **3** Cantidad que representa de manera proporcional otras cantidades y que se calcula mediante diversas operaciones: *la media de alumnos por aula es de 25.* **4** Mitad de una hora: *son la diez y media.*
◆ n. f. pl. **5** medias Prenda de vestir de tejido elástico fino o tupido, que cubre cada pierna desde los pies a la cintura.

mediación n. f. Intervención de una persona u organismo en una discusión o en un enfrentamiento entre dos partes para encontrar una solución.

mediado, -da adj. Que solo contiene la mitad de su capacidad: *cogió la botella mediada de aceite y dejó las que estaban llenas.*

▶ **a mediados** Hacia la mitad de un período de tiempo señalado: *vendrá a mediados del mes que viene.*

mediador, -ra n. m. y f. Persona u organismo encargado de intervenir en una discusión o en un enfrentamiento entre dos partes para encontrar una solución.

mediana n. f. **1** Pared de pequeña altura que divide los sentidos de la circulación en una carretera: *está prohibido que los vehículos crucen la mediana para cambiar de sentido.* **2** Línea recta que une el vértice de un triángulo con el punto medio del lado opuesto.

medianero, -ra adj. **1** [muro, pared] Que se encuentra en medio de dos casas o fincas. ◆ adj./ n. m. y f. **2** [persona] Que pide o media por otro para conseguirle un bien o evitarle un mal: *este abogado ha hecho de medianero.* ◆ n. m. y f. **3** Persona que trabaja una tierra a medias con otra y se reparten los beneficios.
DER medianería.

medianía n. f. **1** Punto o lugar medio entre dos partes o extremos. **2** Falta de cualidades destacadas o sobresalientes en una persona: *el profesor se quejaba de la medianía de sus alumnos.* **3** Persona que no destaca por sus cualidades.

mediano, -na adj. **1** [persona, cosa] Que no es ni grande ni pequeño: *una talla mediana.* **2** [cosa] Que no es ni bueno ni malo: *un trabajo mediano.* **3** [cualidad] Que es mediocre y no destaca: *talento mediano.*
DER medianero, medianía.

medianoche n. f. **1** Hora que señala el fin de un día y el principio del siguiente: *el reloj dio la medianoche.* **2** Período de tiempo alrededor de las doce horas de la noche: *hacia medianoche sonó el teléfono.*

▶ **a medianoche** Alrededor de las doce de la noche: *llegamos a casa a medianoche.*
OBS El plural es *mediasnoches.*

mediante prep. Por medio de: *la forma más rápida de comunicar una noticia es mediante el teléfono.*

mediar v. intr. **1** Intervenir ante alguien o pedirle un favor para una tercera persona: *el empleado medió por su amigo ante el director general.* **2** Intervenir en una discusión o en un enfrentamiento entre dos partes para encontrar una solución: *el diplomático mediará entre los dos países.* **3** Existir algo en medio de dos personas o dos cosas: *entre ellas mediaba una gran rivalidad.* **4** Pasar o transcurrir el tiempo entre dos o más sucesos o hechos: *mediaron quince días entre una visita y otra.* SIN transcurrir.
OBS En su conjugación, la *i* es átona, como en *cambiar.*
DER mediación, mediado, mediador, mediante; intermediar.

mediático, -ca adj. **1** De los medios de comunicación o relacionado con ellos: *sistema mediático.* **2** [persona] Que aparece a menudo en los medios de comunicación: *actriz mediática.*

mediatizar v. tr. Influir en una persona o grupo de personas condicionando su libertad de acción: *el gobierno mediatizaba la opinión pública.*
OBS En su conjugación, la *z* se convierte en *c* delante de *e.*

mediato, -ta adj. Que está próximo a una cosa, pero separado de ella por una tercera cosa.
DER mediatizar; inmediato.

mediatriz n. f. Recta perpendicular a un segmento que se traza en su punto medio.

medicación n. f. **1** Administración de una o más medicinas para curar o para prevenir una enfermedad, o para aliviar un dolor físico. **2** Conjunto de medicinas y medios para curar o prevenir una enfermedad, o para aliviar un dolor físico.

medicamento n. m. Sustancia que se utiliza para curar o prevenir una enfermedad, o para aliviar un dolor físico. SIN fármaco, medicina.
DER medicamentoso.

medicamentos

analgésico, antibiótico, antídoto, antiinflamatorio, antipirético, antiséptico, antivirus, calmante, compuesto, desinfectante, diurético, droga, elixir, específico, fármaco, homeopático, laxante, medicación, medicamento, medicina, preparado, remedio, vitamina

presentación

aerosol, ampolla, aspirina, bálsamo, cápsula, comprimido, crema, gotas, gragea, granulado, infusión, inhalador, inyección, inyectable, jarabe, pastilla, píldora, pomada, solución, suero, supositorio, suspensión, tableta, ungüento, vacuna

administración

aplicación, dosis, medida, toma, uso externo, uso tópico, vía inhalatoria, vía oral, vía rectal

a b c d e f g h i j k l m n ñ o p q r s t u v w x y z

medicar v. tr. **1** Administrar medicamentos a una persona. SIN medicinar. **2** Recetar fármacos [un médico] a su paciente.
OBS En su conjugación, la *c* se convierte en *qu* delante de *e*.
DER medicación, medicamento.

medicina n. f. **1** Ciencia que se ocupa de curar, calmar o prevenir las enfermedades: *voy a la facultad de medicina.* **medicina natural** Ciencia que emplea medios naturales para conservar la salud y tratar las enfermedades. **medicina popular** Conjunto de creencias sobre las enfermedades y las formas de curarlas que proceden de una tradición popular y no de un estudio científico: *el mejor remedio de la medicina popular para el resfriado es la leche con miel.* **2** Sustancia que sirve para curar o prevenir una enfermedad o para aliviar un dolor físico. SIN fármaco, medicamento. **3** Acción que beneficia física o moralmente a una persona: *después de un duro día de trabajo, la mejor medicina para mí es dar un paseo.*
DER medicinal, medicinar; biomedicina.

medicinal adj. [cosa] Que tiene un efecto curativo: *las aguas de ese balneario son medicinales.*

medicinar v. tr. Administrar medicinas a una persona: *tenga cuidado al medicinarse.*

medición n. f. Acción de medir una magnitud, como la longitud, la extensión, el volumen o la intensidad. SIN medida.

médico, -ca n. m. y f. **1** Persona que se dedica a curar o prevenir enfermedades. SIN doctor. **médico de cabecera** Médico que se encarga habitualmente de curar o prevenir las enfermedades de tipo general de un individuo. ◆ adj. **2** De la medicina o que tiene relación con esta ciencia: *tratamiento médico.*
DER medicar, medicina.

medida n. f. **1** Acción de medir una magnitud con un utensilio o aparato tomando como patrón una unidad. SIN medición. **2** Cantidad que resulta de determinar una magnitud: *la medida de la mesa es 1 metro de largo por 60 centímetros de ancho.* **3** Unidad, o múltiplo o divisor de esta, con que se compara una magnitud para medirla: *el kilómetro es una medida de longitud.* **4** Acción para conseguir, prevenir o evitar alguna cosa: *los bomberos exigen que se adopten medidas de prevención contra incendios.* **5** Grado o intensidad: *el paro afecta en mayor medida a las mujeres y a los jóvenes.* **6** Instrumento que sirve para medir: *el lechero tiene una medida para vender la leche.* **7** Cuidado y equilibrio al hacer algo: *deberías comer con medida.* **8** Número de sílabas que tiene un verso: *la medida de cada uno de los versos de un soneto es la misma.*
▶ **a la medida** **a.** Hecho a propósito con unas dimensiones determinadas: *necesito un armario a la medida para esta habitación.* **b.** Que es muy adecuado o viene muy bien: *encontraron un restaurante a la medida.* **a la medida de** En proporción o relación con: *debes comprar un coche a la medida de tus posibilidades.* **a medida que** Conforme; según: *el anfitrión saludaba a los invitados a medida que llegaban.* **en cierta medida** De algún modo: *su opinión coincide en cierta medida con la mía.*

medieval adj. De la Edad Media o que tiene relación con este período de la historia.
DER medievalismo.

medievo o **medioevo** n. m. Período de la historia que va desde el fin del Imperio romano, hacia el siglo V, hasta el siglo XV.
DER medieval.

medio, -dia adj. **1** Que es igual a la mitad de una cosa: *media manzana.* NOTA Si el sustantivo va precedido de otro numeral, se coloca detrás de aquel, acompañado de la conjunción *y*: *dos litros y medio.* **2** Que está entre dos extremos más o menos equidistantes: *nos sentamos en la parte media del avión.* **3** Que representa las características más comunes de un grupo de personas: *el español medio no puede permitirse esos lujos.* **4** Que es la gran parte del nombre al que acompaña: *medio país se ha ido de vacaciones.* NOTA Se usa para expresar de modo exagerado una cantidad que no se conoce exactamente. ◆ n. m. **5** Punto o lugar que está entre dos extremos equidistantes: *se puso a gritar en el medio de la plaza.* **6** Elemento o sistema que tiene un fin determinado: *hay que buscar el medio de salir de aquí.* **medio de comunicación** Sistema que sirve para dar información y entretener a los miembros de una comunidad determinada: *la radio es un medio de comunicación.* **medio de transporte** Vehículo que sirve para llevar personas o cosas de un lugar a otro: *el tren es un medio de transporte.* **7** Elemento o conjunto de circunstancias en que vive un ser: *los anfibios necesitan un medio húmedo.* **medio ambiente** Conjunto de circunstancias y condiciones físicas en que vive un ser, que afectan a su desarrollo y a su comportamiento: *la conta-*

minación del agua destruye el medio ambiente. NOTA También *medioambiente.* **8** Tercer dedo de la mano. ◆ adv. **9** No completamente, pero bastante: *Juan estaba medio tumbado sobre la cama.* ◆ n. m. pl. **10** medios Conjunto de instrumentos, dinero y bienes necesarios para un fin determinado: *no tiene medios como para hacer frente a esos gastos.*

▶ a medias **a.** Sin terminar una cosa o una acción: *ha dejado ese cuadro a medias y ha empezado otro.* **b.** Entre dos o más personas: *pagaremos la comida a medias.* en medio Entre dos o más cosas o extremos: *se situó en medio de la sala.* medio de vida Forma de conseguir el dinero y los alimentos necesarios para vivir: *es muy joven y todavía no ha encontrado un medio de vida.*

DER media, mediana, medianero, mediano, mediar, mediático, mediato, mediatriz.

medioambiental adj. Del medio ambiente o que tiene relación con este entorno ambiental que rodea a un ser vivo: *contaminación medioambiental.*

medioambiente n. m. Medio ambiente.

DER medioambiental.

mediocre adj. **1** Que es de baja calidad, casi mala: *su último disco es una obra un tanto mediocre.* **2** Que no es interesante o que no tiene valor: *el trabajo realizado fue mediocre, por eso no ganó el premio.* ◆ adj./ n. com. **3** [persona] Que no es inteligente o que no tiene suficiente capacidad para la actividad que realiza: *es un cantante mediocre.*

DER mediocridad.

mediocridad n. f. **1** Calidad baja, casi mala. **2** Falta de valor o de interés: *el profesor se sintió defraudado por la mediocridad de los trabajos.* **3** Falta de inteligencia o de capacidad para realizar algo: *el jefe detestaba la mediocridad, por eso despidió a su ayudante.*

mediodía n. m. **1** Hora en la que el Sol está en el punto más alto de su elevación sobre el horizonte. **2** Período de tiempo alrededor de las doce horas de la mañana: el mediodía se presenta muy caluroso. **3** Punto del horizonte opuesto al norte: *Andalucía está situada en el mediodía español.* SIN sur.

medir v. tr. **1** Determinar o averiguar una magnitud con un utensilio o aparato tomando como patrón una unidad: *mediremos la presión con el manómetro.* **2** Considerar y calibrar las ventajas o inconvenientes que implica hacer algo: *debemos medir los riesgos antes de decidirnos.* ◆ v. tr./ prnl. **3** Comprobar una habilidad, fuerza o actividad comparándola con otra: *los rivales midieron sus fuerzas.* **4** Controlar lo que se va a hacer o decir para evitar un mal: *mide tus palabras, que estás hablando con el jefe.*

OBS En su conjugación, la *e* se convierte en *i* en algunos tiempos y personas, como en *servir.*

DER medición, medida; comedirse, desmedirse.

meditabundo, -da adj. [persona] Que está completamente entregado a sus pensamientos y en silencio. SIN pensativo.

meditación n. f. **1** Pensamiento o consideración cuidadosa sobre un asunto: *después de una profunda meditación decidió aceptar el puesto.* SIN reflexión. **2** Oración o rezo que se hace en silencio y que se basa en la reflexión: *los místicos y ascetas se dedican a la meditación.*

meditar v. tr. **1** Pensar y considerar un asunto con atención y cuidado para estudiarlo o comprenderlo bien: *¿has meditado sobre lo que te dije?* SIN reflexionar. ◆ v. intr. **2** Orar o rezar en silencio.

DER meditabundo, meditación; premeditar.

mediterráneo, -nea adj. Del mar Mediterráneo y de sus territorios o que tiene relación con ellos: *Valencia está situada en la costa mediterránea.*

médium n. com. Persona que supuestamente tiene poderes mentales extraordinarios que le permiten comunicarse con los espíritus del más allá.

OBS El plural también es *médiums.*

medrar v. intr. Mejorar una persona en su posición social y económica: *se marchó a la capital a medrar.*

medroso, -sa adj. Que se asusta con facilidad: *¡no seas tan medroso!* SIN miedoso.

DER amedrentar.

médula o **medula** n. f. **1** Sustancia grasa que se encuentra dentro de los huesos de los animales: *me gusta chupar la medula de la ternera.* medula amarilla Sustancia que se encuentra en el interior de los huesos largos. SIN tuétano. medula roja Sustancia que se encuentra en el interior de los huesos y que tiene muchos vasos sanguíneos. **2** Aspecto o parte central y más importante de una cosa o un asunto: *hay que llegar hasta la medula del problema.* **3** Parte central del tallo y de la raíz de ciertas plantas.

▶ medula espinal Cordón de tejido nervioso

situado en el interior de la columna vertebral, que comunica el cerebro con la piel y los músculos mediante terminaciones nerviosas.
DER medular.

medular adj. De la medula espinal o que tiene relación con este tejido: *una lesión medular.*

medusa n. f. Animal marino invertebrado con el cuerpo en forma de sombrilla del que cuelgan unos tentáculos o brazos; se reproduce sexualmente.

mega n. m. INFORM. Megabyte.

mega- Elemento prefijal que entra en la formación de palabras con el significado de: *a)* 'Grande': *megalito. b)* 'Amplificación': *megafonía.* ANT micro-. *c)* 'Un millón': *megabyte.*

megabyte n. m. INFORM. Medida de almacenamiento de información equivalente a un millón de bytes.
OBS Es de origen inglés y se pronuncia aproximadamente «megabait». El plural es *megabytes.* Con frecuencia se usa la forma abreviada *mega.*

megafonía n. f. **1** Técnica que se ocupa de los aparatos y de las instalaciones necesarias para aumentar el volumen del sonido: *un especialista en megafonía controlará el sonido en el campo de fútbol.* **2** Conjunto de aparatos que aumentan el volumen del sonido.

megáfono n. m. Aparato para aumentar el volumen del sonido y difundirlo, especialmente de la voz, y transmitirlo a distancia; consiste en un tubo cónico en cuyo extremo más estrecho hay una embocadura.
DER megafonía.

megalito n. m. Monumento prehistórico de gran tamaño construido con uno o varios bloques de piedra: *los megalitos tenían carácter funerario o conmemorativo.*
DER megalítico.

megalomanía n. f. **1** Trastorno psiquiátrico por el cual una persona se cree más importante de lo que es. **2** Deseo excesivo de grandeza que tiene una persona: *su megalomanía le lleva a despreciar a otras personas de su misma condición.*

megalópolis n. f. *formal* Ciudad de grandes dimensiones que es el resultado de la unión de varias áreas metropolitanas: *la ciudad de El Cairo es una megalópolis.*
OBS El plural también es *megalópolis.*

mejicano, -na adj. Mexicano.

mejilla n. f. Parte carnosa de la cara de las personas que se encuentra bajo los ojos y a ambos lados de la nariz: *tiene las mejillas llenas de pecas.* SIN carrillo.

mejillón n. m. Animal marino invertebrado con dos conchas casi triangulares y de color negro; su carne es comestible.
DER mejillonero.

mejor adj. **1** Que es superior a otra cosa de la misma especie o que sobresale en una cualidad: *su casa es mejor que la nuestra.* ANT peor. NOTA Es el comparativo de superioridad de *bueno.* Acompañado del artículo determinado forma el grado superlativo: *es la mejor película que he visto.* **2** Que es preferible: *es mejor que hoy no salgas porque hace mucho frío.* ◆ adv. **3** Más bien o de manera más conforme a lo bueno o lo conveniente: *¿te encuentras mejor de tu gripe?* ANT peor. NOTA Es el comparativo de superioridad de *bien.*
▶ a lo mejor Locución que se usa para indicar posibilidad, especialmente cuando se quiere expresar un matiz de temor o de esperanza: *a lo mejor no sabe llegar hasta aquí.* SIN quizá.

mejora n. f. **1** Cambio o progreso de una cosa hacia un estado mejor: *se espera una mejora de las condiciones atmosféricas.* SIN mejoría. **2** Obra que se realiza en una vivienda, en un edificio o en un lugar con el fin de mejorarlo. **3** Porción de bienes que el testador deja a uno o varios de sus descendientes además de la herencia que por ley les corresponde. **4** En algunos deportes, fase final en la que solamente compiten los deportistas que han alcanzado unas marcas determinadas en la fase clasificatoria.
DER mejorar, mejoría.

mejorana n. f. **1** Planta herbácea muy aromática que tiene las flores pequeñas, blancas o rosadas, y que se utiliza en medicina como estomacal o sedante. **2** Especia aromática que se elabora con las flores y las hojas de esta planta.

mejorar v. tr. **1** Poner una cosa o situación mejor de lo que estaba: *el gobierno prometió mejorar la situación de los pensionistas.* ANT empeorar. **2** Hacer que una cosa sea mejor que otra con la que se compara: *el atleta mejoró el récord actual.* SIN superar. ◆ v. tr./ intr./ prnl. **3** Hacer que una persona enferma se ponga mejor de salud sin llegar a curarse completamente: *si no se mejora, habrá que operarlo.* ANT empeorar. ◆ v. intr./ prnl. **4** Ponerse el tiempo benigno o más agradable: *si el tiempo no mejora, no podremos ir de excursión.* ANT empeorar.

DER mejora, mejoramiento; desmejorar, inmejorable.

mejoría n. f. **1** Cambio o progreso de una cosa hacia un estado mejor: *se espera una mejoría de la economía.* **SIN** mejora. **2** Disminución de una dolencia o alivio en una enfermedad.

melancolía n. f. **1** Sentimiento que se caracteriza por una tristeza indefinida que puede no tener causa en una verdadera desgracia: *con el crepúsculo le invade la melancolía.* **2** Característica de lo que denota este sentimiento: *la melancolía de la mirada.* **3** Característica de lo que inspira este sentimiento: *la melancolía de un paisaje.*

DER melancólico.

melancólico, -ca adj. **1** [persona] Que siente o tiende a sentir melancolía. **2** [expresión, actitud] Que denota melancolía. **3** [naturaleza, obra de arte] Que inspira melancolía: *música melancólica.*

melé n. f. **1** Jugada de rugby que consiste en colocarse los delanteros de ambos equipos cara a cara y empujarse, mientras otro jugador intenta coger el balón que está entre ellos en el suelo. **2** Fase del juego del rugby en la cual varios jugadores de ambos equipos se agrupan alrededor del balón para intentar atraparlo. **3** Confusión que se produce por la aglomeración de personas: *cuando el artista salió del hotel se organizó una melé de fans.* **SIN** follón, barullo, tumulto.

melena n. f. **1** Cabello largo, especialmente el que cae suelto sobre los hombros sin recoger ni trenzar. **SIN** cabellera. **2** Pelo grueso y duro que tiene el león alrededor de la cabeza. **SIN** crin. ◆ n. f. pl. **3** melenas Cabello muy largo, mal peinado o de aspecto desagradable.

DER melenudo; desmelenar.

melillense adj. **1** De Melilla o relacionado con esta ciudad española del norte de África. ◆ adj./ n. com. **2** [persona] Que es de la ciudad de Melilla.

melindre n. m. **1** Dulce que consiste en masa frita hecha con miel y harina. **2** Pasta de mazapán, generalmente en forma de rosquilla, cubierta de azúcar. **3** Delicadeza y escrúpulo excesivos en las acciones o en las palabras: *déjate de tantos melindres y toma una decisión rápidamente.* **SIN** remilgo. **NOTA** Se usa frecuentemente en plural.

DER melindroso.

mella n. f. **1** Rotura o grieta pequeña en el borde de un objeto, sobre todo en el filo de una herramienta o un arma. **2** Hueco que queda al descubierto cuando falta algo, especialmente el que queda al caerse un diente: *su dentadura estaba llena de mellas.* **3** Deterioro o mengua que sufre una cosa material o inmaterial: *su salud ha sufrido una mella importante.*

▶ hacer mella Causar una fuerte impresión o dejar huella una cosa o un acontecimiento: *la noticia del asesinato hizo mella en el pueblo.*

DER mellar.

mellar v. tr. **1** Romper el filo o agrietar el borde de un objeto: *dio un fuerte golpe en el plato y lo melló.* **2** Causar un deterioro o una mengua en una cosa material o inmaterial: *aquel hecho del pasado ha mellado su reputación.*

DER mellado.

mellizo, -za adj. [persona, animal] Que ha nacido a la vez que otro u otros en un mismo parto. **SIN** gemelo.

melocotón n. m. **1** Fruta esférica que tiene la piel amarillenta y aterciopelada, la pulpa dulce y jugosa y un hueso duro en su interior; es comestible. **2** Árbol de flores blancas o rosadas que da este fruto. **SIN** melocotonero.

melocotonero n. m. Árbol de flores blancas o rosadas cuyo fruto es el melocotón. **SIN** melocotón.

melodía n. f. **1** Sucesión ordenada de sonidos de diferente altura que forman una estructura con sentido musical: *me gusta la melodía de esta canción.* **2** Sucesión de sonidos que por su manera de combinarse resulta musical o agradable de oír: *la melodía del canto de los pájaros.*

DER melódico, melodioso.

melódico, -ca adj. De la melodía o que tiene relación con esta sucesión de sonidos: *música melódica.*

melodioso, -sa adj. [sonido] Que resulta agradable al oído.

melodrama n. m. **1** Género y obra musical en que un texto dialogado se canta acompañado de música. **2** Género y obra de teatro, cine o televisión en que se cuenta una historia exagerando los sentimientos con el fin de conmover al público y mantener su atención. **SIN** folletín. **3** Acontecimiento de la vida real exageradamente triste y desgraciado: *la vida de esa mujer es un melodrama.*

DER melodramático.

melodramático, -ca adj. **1** Del melodrama o relacionado con él. **2** [persona] Que tiene tendencia a dramatizar los acontecimientos. **3** [acontecimiento, relato] Exageradamente triste y desgraciado.

melomanía n. f. Pasión y entusiasmo por la música: *su melomanía comenzó a los siete años.*
DER melómano.

melómano, -na adj./ n. m. y f. [persona] Que siente pasión y entusiasmo por la música.
SIN filarmónico.

melón n. m. **1** Fruta comestible de gran tamaño y forma alargada, con una corteza muy gruesa y rugosa, pulpa jugosa y dulce, y con muchas semillas alargadas y planas en el centro. melón de agua Sandía. **2** Planta herbácea rastrera que se cultiva en países cálidos y cuyo fruto es el melón. **3** Cabeza de una persona, especialmente si es grande.
SIN calabaza. NOTA Es humorístico. **4** Persona que es poco inteligente o poco hábil: *¡ay, melón, todo lo que tocas lo estropeas!*

melonar n. m. Terreno en el que se cultivan melones.

meloso, -sa adj. **1** Que contiene miel o una característica que se considera propia de la miel: *el dulce de membrillo tenía una consistencia melosa.* **2** [persona, comportamiento] Que es afectadamente dulce y amable: *el gato se acercó con actitud melosa.* **3** [forma de hablar, comportamiento] Que es dulce o suave.
DER melosidad.

membrana n. f. **1** Lámina muy delgada de tejido orgánico, generalmente flexible y resistente, de los seres animales o vegetales; entre sus funciones están la de recubrir un órgano o un conducto o la de separar o conectar dos cavidades o estructuras adyacentes. **2** Capa de citoplasma diferenciada, generalmente porosa, que constituye el límite en una célula: *la membrana nuclear separa el núcleo del citoplasma de una célula.* **3** Lámina delgada de materia porosa que, colocada entre dos fluidos, permite que se realicen intercambios entre estos: *membranas celulares.* **4** Lámina muy tensada de piel, plástico u otro material que al ser golpeada o frotada vibra y produce sonidos: *la membrana de la pandereta.*
DER membranoso.

membranoso, -sa adj. Que tiene membranas o que es parecido a una membrana: *los murciélagos tienen las alas membranosas.*

membrete n. m. Nombre, dirección y título de una persona o entidad que aparece en la parte superior de un sobre o de un impreso, o en la parte superior o inferior de un escrito.

membrillo n. m. **1** Fruto comestible muy aromático que tiene la piel amarilla y la carne áspera. **2** Arbusto muy ramoso, con hojas ovaladas y flores blancas o rosadas, que da este fruto. **3** Dulce elaborado con este fruto.

memo, -ma adj./ n. m. y f. [persona] Que tiene poca inteligencia.
DER memez.

memorable adj. Que merece ser recordado: *aquella final de liga fue memorable.*

memorando o **memorándum** n. m. **1** *formal* Comunicación diplomática en la que se resumen hechos y razones para que se tengan presentes en un asunto grave: *los miembros del consejo de seguridad de la ONU leyeron el memorándum del embajador.* **2** Informe o documento en el que se exponen hechos y razones en relación con un asunto determinado: *el presidente del banco pidió a sus consejeros que elaboraran un memorándum.* **3** Librito donde se anotan las cosas que debe recordar una persona.
OBS El plural de *memorando* es *memorandos;* el de *memorándum* es *memorándums.*

memoria n. f. **1** Capacidad de recordar: *tener buena o mala memoria.* de memoria Usando tan solo el recuerdo y sin ayudarse de escritos: *se sabe la lección de memoria.* en memoria Como recuerdo de un hecho o fecha importante: *guardaron un minuto de silencio en memoria del fallecido.* refrescar la memoria Hacer que alguien recuerde algo: *me reprochó que nunca le había ayudado, pero le refresqué la memoria.* venir (o traer) a la memoria Recordar algo. **2** Imagen o conjunto de imágenes de situaciones o hechos pasados que vienen a la mente: *sus palabras quedaron en la memoria de todos.* SIN recuerdo. **3** Informe del estado o desarrollo de una actividad: *durante la sesión de clausura se leerá la memoria del año.* memoria de calidades Lista de materiales con que está hecha una construcción. **4** Estudio o trabajo sobre un tema determinado que se presenta por escrito: *para optar a la plaza de profesor hay que presentar una memoria de la asignatura.* **5** INFORM. Parte de un ordenador donde se almacenan datos. ◆ n. f. pl. **6** memorias Libro o escrito en el que se cuentan los recuerdos y acontecimientos de la vida de una persona.

memorial n. m. **1** Acto público en memoria y honor de una persona: *en el pabellón deportivo se celebró un memorial en honor de un famoso deportista.* **2** Libro o cuaderno en el que se apunta una cosa con un fin determinado: *María anotaba todos los datos en el memorial.* **3** Publicación oficial de algunas sociedades: *la sociedad ha publicado el memorial de sus actividades.* **4** Escrito en el que se pide una gracia, alegando las razones o los méritos de dicha solicitud: *escribió un memorial donde solicitaba una beca.*
DER inmemorial.

memorístico, -ca adj. Que se basa únicamente en la memorización.

memorización n. f. Proceso que consiste en aprender de memoria: *la memorización y el razonamiento son elementos fundamentales del aprendizaje.*

memorizar v. tr. Aprender una cosa de memoria.
OBS En su conjugación, la *z* se convierte en *c* delante de *e*.
DER memorización.

mena n. f. Mineral tal como se extrae de la mina y aún no se ha limpiado: *en la mina se separa la mena de la ganga.*

menaje n. m. **1** Conjunto de muebles, utensilios y demás objetos necesarios en una casa. SIN ajuar. **2** Conjunto de utensilios de cocina. **3** Material pedagógico de una escuela: *cuando cambia el plan de estudios hay que renovar el menaje del curso.*

mención n. f. Recuerdo o memoria que se hace de una persona o cosa: *la radio merece una mención por su labor informativa.*
▶ mención honorífica Distinción o recompensa que se concede a un trabajo de mérito presentado a concurso, pero que no ha recibido un premio o un accésit: *esa película recibió una mención honorífica en el festival de cine.* hacer mención de Nombrar o hacer referencia a una persona o cosa: *en el prólogo, el autor hace mención de todas las personas que han colaborado en la obra.* SIN mencionar, citar, aludir.

mencionar v. tr. Nombrar o hacer referencia a una persona o cosa: *en la reunión, uno de ellos mencionó a Antonio.*

mendelismo n. m. Teoría que está basada en las leyes genéticas de Mendel acerca de la transmisión hereditaria de caracteres en los seres vivos.

mendicante adj./ n. com. **1** [persona] Que pide limosna. ◆ adj. **2** Se aplica a las personas o a las órdenes religiosas que viven únicamente de la limosna de los fieles y del trabajo: *los franciscanos pertenecen a una orden mendicante.*

mendicidad n. f. **1** Situación social de la persona que no posee otros ingresos para vivir que los que le proporcionan las limosnas: *cada día son más quienes viven en la mendicidad.* **2** Acción de pedir limosna: *en algunos países las personas sin trabajo han de recurrir a la mendicidad.*

mendigar v. tr./ intr. **1** Pedir ayuda o auxilio a modo de limosna, generalmente en forma de dinero o alimentos: *sin nada para subsistir, no le quedó más remedio que mendigar.* **2** Solicitar un favor de forma humillante e importuna: *se presentó ante el director mendigando un trabajo para su hijo.*
OBS En su conjugación, la *g* se convierte en *gu* delante de *e*.

mendigo, -ga n. m. y f. Persona muy pobre que vive de las limosnas. SIN pordiosero.
DER mendigar.

mendrugo n. m. **1** Pedazo de pan duro o desechado. ◆ adj./ n. m. **2** [persona] Que es torpe o poco inteligente: *pero qué mendrugo eres, no entiendes nada.* SIN zoquete, tocho, tarugo.

menear v. tr. **1** Mover algo de un lado al otro: *el perro meneaba el rabo alegremente.* **2** Hacer gestiones con rapidez y decisión para resolver un asunto: *si no lo meneas, tu problema tardará en resolverse.* ◆ v. prnl. **3** menearse Obrar con rapidez; darse prisa: *¡vamos, meneáte!*
▶ de no te menees Que es muy grande, muy intenso o muy importante: *no salgas, hace un frío de no te menees.*
DER meneo.

menester n. m. **1** *formal* Ocupación o trabajo: *el jefe raramente está disponible, pues anda muy ocupado en sus menesteres.* **2** Falta o necesidad de una cosa: *el agua es un menester básico para la humanidad.*
▶ ser menester Ser necesario o imprescindible: *se ofrecieron a ayudar en lo que fuera menester.*
OBS Se usa frecuentemente en plural. Se considera registro culto cuando se utiliza en singular.
DER menesteroso.

menesteroso, -sa adj. [persona] Que carece de lo necesario para vivir y necesita ayuda. SIN necesitado, pobre.

menestra n. f. Comida en que se mezclan

diversas hortalizas y verduras cocidas servidas sin caldo.

mengano, -na n. m. y f. Nombre que se usa para designar a una persona imaginaria o sin determinar: *es muy curioso: siempre quiere saber qué es de fulano, qué es de mengano.*
OBS Se suele usar detrás de *fulano* y antes que *zutano* o *perengano.* Es frecuente en diminutivo: *menganito.*

mengua n. f. Disminución en la cantidad, tamaño, calidad o valor de una cosa: *la mengua de mis ahorros me preocupa; le prometieron que su prestigio no sufriría mengua alguna.* **SIN** merma.

menguante adj. **1** Que mengua. ◆ n. f. **2** Descenso o escasez del agua de una corriente, a causa de la sequía: *el Nilo experimenta crecientes y menguantes drásticas.*
▶ menguante de la Luna Intervalo de tiempo que hay entre el plenilunio (luna llena) y el novilunio (luna nueva) en que la superficie lunar disminuye aparentemente con respecto a la Tierra.

menguar v. intr. **1** Disminuir el tamaño o la cantidad de una cosa. **SIN** disminuir, empequeñecer, encoger. **ANT** crecer. **2** Disminuir el tamaño de la parte iluminada de la Luna. **ANT** crecer. **3** Decaer o venir a menos. **4** Disminuir el número de puntos en una labor para hacerla más estrecha: *al tejer las mangas de un jersey hay que menguar en la sisa.* **ANT** crecer.
OBS En su conjugación, la *u* no se acentúa y la *gu* se convierte en *gü* delante de *e*, como en *averiguar.*
DER menguante.

menhir n. m. Monumento prehistórico que está formado por una gran piedra alargada clavada en el suelo en posición vertical.

menina n. f. Niña de la nobleza que servía a la reina o a las infantas niñas.

meninge n. f. Cada una de las tres membranas que envuelven el encéfalo y la médula espinal.

meningitis n. f. Enfermedad por la que se inflaman las meninges debido a una infección de virus o bacterias.
OBS El plural también es *meningitis.*
DER meningítico.

menisco n. m. Cartílago en forma de media luna que sirve para facilitar la articulación de los huesos de la rodilla.

menopausia n. f. **1** Desaparición natural de la menstruación y de la capacidad de reproducción de la mujer. **2** Período en la vida de la mujer en el que se produce la desaparición de la menstruación.

menor adj. **1** Que es menos grande o menos intenso respecto a otra cosa con la que se compara implícita o explícitamente: *José necesita una talla menor.* **ANT** mayor. **NOTA** Es el comparativo de pequeño y el segundo término de la comparación va introducido por *que.* **2** Acompañado de un artículo y seguido por un sustantivo, equivale a *ningún* o *ninguno*: *esto que dices no tiene la menor importancia.* **3** MÚS. [intervalo] Que es igual que el mayor, pero cuya nota superior ha bajado medio tono. **4** MÚS. [modo] Que tiene los intervalos de tercera, sexta y séptima de esa clase. ◆ adj./n. com. **5** [persona, animal] Que tiene menos edad: *el menor de mis hijos tiene dos años.* **ANT** mayor. **6** [persona] Que no ha llegado a la edad adulta legal: *esta película no es apta para menores.*
▶ al por menor En cantidades pequeñas, especialmente tratándose de la venta o comercio de mercancías. **ANT** al por mayor. menor que MAT. Signo matemático que indica que el término que está a su izquierda tiene menos valor que el de su derecha: *menor que* se representa como <.

menorquín, -quina adj. **1** De Menorca o que tiene relación con esta isla balear del noreste de España. ◆ adj./n. m. y f. **2** [persona] Que es de Menorca. ◆ n. m. **3** Variedad dialectal del catalán balear que se habla en la isla de Menorca.

menos adv. **1** Indica menor cantidad o intensidad en una comparación: *tu padre es menos importante que el mío.* **2** Indica idea opuesta a la de preferencia: *no quiero abandonarte, pero menos quisiera hacerte daño.* **3** Indica que una persona o cosa no está incluida en lo que se dice: *todos los niños fueron al cine menos Alberto.* **SIN** excepto. ◆ conj. **4** Indica resta o sustracción: *siete menos dos son cinco.* ◆ n. m. **5** Signo aritmético que representa la resta o se antepone a un número para indicar que este es negativo (–).
▶ a menos que Introduce una oración subordinada en la que se hace una salvedad a propósito de lo expresado en la principal: *deberías ser puntual, a menos que tengas una buena excusa.* **SIN** a no ser que. al menos o por lo menos **a.** Indica el límite mínimo en el cálculo de una cantidad, especialmente cuando se

considera que es una cantidad grande: *por lo menos llamaron treinta personas.* SIN como mínimo. **b.** Expresa una salvedad respecto de algo que se ha dicho: *estamos en pleno agosto, pero al menos no hace tanto calor como esperábamos.* de menos En cantidad o intensidad menor a lo que corresponde: *me ha dado usted dinero de menos.* nada menos Expresión que sirve para enfatizar, especialmente si se trata de una cantidad: *el coche le ha costado cuatro millones nada menos.* ni mucho menos Expresión con que se enfatiza una negación: *no es ni mucho menos el mejor alumno de la clase.*

menoscabar v. tr. Hacer perder calidad o valor a una cosa: *el escándalo menoscabó su fama.* SIN mermar.
DER menoscabo.

menospreciable adj. **1** Que no es digno de aprecio o estimación o que moralmente merece ser despreciado. SIN despreciable. ANT apreciable. **2** Que no es lo bastante grande, numeroso o importante como para tenerse en cuenta: *acepte el empleo: el sueldo que le ofrecen no es menospreciable.* SIN desdeñable, despreciable.

menospreciar v. tr. **1** No tener en cuenta una cosa o a una persona por considerar que es menos importante de lo que es en realidad: *no menosprecies su capacidad de trabajo.* SIN desdeñar. **2** No apreciar una cosa o a una persona por considerarla indigna de estimación: *menosprecio la hipocresía y la calumnia.* SIN despreciar.
OBS En su conjugación, la *i* es átona, como en *cambiar.*
DER menospreciable, menosprecio.

menosprecio n. m. **1** Sentimiento por el cual se da menos valor o importancia a una persona o cosa de la que realmente tiene: *su menosprecio hacia el dinero lo llevará a la ruina.* **2** Sentimiento por el cual se considera a una persona o cosa como indigna de estimación. SIN desprecio, desdén. ANT aprecio.

mensaje n. m. **1** Noticia o información que una persona comunica a otra u otras: *entró el emisario con un mensaje para el rey.* SIN recado. **2** Comunicación solemne del jefe del Estado o del Gobierno a la nación: *esta noche se emitirá el mensaje del presidente.* **3** Contenido ideológico o moral que pretende transmitir una obra literaria o artística: *me gusta que las letras de las canciones tengan mensaje.* **4** Conjunto de señales o signos que se usan en una comunicación: *descifrar el mensaje.* **5** En la teoría de la comunicación, información que un emisor transmite a un receptor: *mensaje acústico; mensaje visual.*
DER mensajero.

mensajear v. tr./ v. intr. **1** Enviar mensajes de texto o audiovisuales a través de un dispositivo electrónico.

mensajería n. f. **1** Servicio de reparto de cartas y paquetes urgentes, generalmente dentro de una misma ciudad. **2** Sociedad o empresa que se dedica a ese servicio. mensajería electrónica Servicio de envío, recepción o consulta de mensajes que se lleva a cabo mediante dispositivos (ordenadores, móviles, etc.) conectados a una red.

mensajero, -ra adj. **1** Que lleva un mensaje: *palomas mensajeras.* ◆ n. m. y f. **2** Persona que se dedica a llevar cartas y paquetes urgentes a su destino, generalmente dentro de una misma ciudad.
DER mensajería.

menstruación n. f. **1** Proceso fisiológico por el que las mujeres y las hembras de ciertas especies animales evacuan periódicamente por la vagina sangre procedente del útero. SIN período, regla. **2** Flujo sanguíneo procedente del útero que, durante algunos días de cada mes, evacuan de forma natural las mujeres y las hembras de ciertas especies animales.

mensual adj. **1** Que se repite cada mes: *una publicación mensual.* **2** Que dura un mes: *en esta empresa los contratos son mensuales.*
DER mensualidad; bimensual.

mensualidad n. f. **1** Cantidad de dinero que corresponde a una persona por el trabajo realizado en un mes. **2** Cantidad de dinero mensual, generalmente fija, que corresponde al pago de cierto concepto: *debe dos mensualidades a su casero.*

ménsula n. f. **1** Repisa para sostener un objeto de utilidad o adorno. **2** ARQ. Elemento arquitectónico que sobresale de un plano vertical y sirve para sostener alguna cosa.

menta n. f. **1** Planta herbácea con las hojas verdes y aromáticas y con flores moradas formando racimos. **2** Esencia extraída de esa planta que se emplea para aromatizar y dar sabor: *una pastilla de menta.* **3** Licor preparado con esa planta. **4** Infusión que se prepara hirviendo las hojas secas de esa planta.
DER mentol, mentolado.

-menta Sufijo que entra en la formación de nombres con significado colectivo: *cornamenta, osamenta.*
OBS También *-mienta,* como en *herramienta.*

mental adj. **1** De la mente o que tiene relación con las funciones intelectuales y psíquicas del hombre: *cuando cometió el crimen, no estaba en plenas facultades mentales.* **2** Que tiene lugar únicamente en la mente: *es muy bueno en cálculo mental.*
DER mentalidad, mentalizar, mentalmente.

mentalidad n. f. **1** Conjunto de creencias y costumbres que conforman el modo de pensar, enjuiciar la realidad y actuar de un individuo o de una colectividad: *tu padre tiene una mentalidad algo anticuada.* **2** Capacidad intelectual: *es un hombre adulto, pero tiene la mentalidad de un niño de tres años.*

mentalizar v. tr. Preparar, predisponer o concienciar a una persona para que acepte y afronte una determinada situación, circunstancia o problema: *el entrenador intenta mentalizar a sus jugadores para que afronten el partido con optimismo.*
OBS En su conjugación, la *z* se convierte en *c* delante de *e.*
DER mentalización.

mentar v. tr. Nombrar o hacer referencia a una persona o cosa. SIN mencionar, citar.
OBS En su conjugación, la *e* se convierte en *ie* en sílaba acentuada, como en *acertar.*

mente n. f. **1** Conjunto de capacidades intelectuales de la persona: *el psiquiatra estudia los trastornos de la mente.* **2** Conjunto de las funciones psíquicas de la persona: *dejaba su mente en blanco y se relajaba.* **3** Intención, propósito o voluntad: *lo siento, en mi mente no estaba ofenderte.* **4** Modo de pensar y de enjuiciar la realidad: *tiene una mente algo anticuada.* SIN mentalidad.
▶ mente calenturienta Modo de interpretar la realidad según el cual en todas las cosas existe un significado oculto y adverso. tener en mente Tener pensada, proyectada o prevista una cosa: *el presidente de la compañía tiene en mente aumentar el sueldo de los empleados.*
DER mental, mentar; demente.

mentecato, -ta adj. [persona] Que es poco inteligente y que tiene poco juicio. SIN necio, tonto.

mentir v. intr. **1** Decir lo contrario de lo que se sabe, se cree o se piensa que es verdad: *suele mentir en lo referente a su edad.* **2** Llevar a error, conducir a un razonamiento falso: *muchos filósofos creen que los sentidos mienten.*
▶ ¡miento! Expresión que se usa para indicar que lo que se acaba de decir no es cierto: *creo que ayer estuvo aquí; ¡miento!, no fue ayer, sino anteayer.*
OBS En su conjugación, la *e* se convierte en *ie* en sílaba acentuada o en *i* en algunos tiempos y personas, como en *hervir.*
DER mentidero, mentira; desmentir.

mentira n. f. **1** Expresión contraria a lo que se sabe, se cree o se piensa que es verdad: *eso que dices es mentira.* ANT verdad. mentira oficiosa Mentira que se cuenta para servir o agradar a una persona. mentira piadosa Mentira que se cuenta a una persona para evitar que se ofenda o se entristezca: *preguntó si se iba a curar, y no nos quedó más remedio que contestarle con una mentira piadosa.* **2** Cosa ilusoria y sin fundamento: *según un pesimista, la felicidad no es más que una mentira.* SIN engaño. **3** Manchita blanca que sale en las uñas: *las mentiras aparecen por falta de minerales.*
▶ de mentira Como broma o engaño: *se enfadó de mentira para que todos le hicieran más caso.* parece mentira Expresión que indica que una cosa causa extrañeza o admiración: *parece mentira que a tu edad todavía no sepas multiplicar.*
DER mentirijillas, mentiroso.

mentirijillas Palabra que se utiliza en la locución adverbial *de mentirijillas,* que significa que algo no es verdad, y se ha dicho o hecho para engañar o bromear: *no te creas lo que te he dicho, iba de mentirijillas.*

mentiroso, -sa adj. [persona] Que miente o tiende a mentir a menudo. SIN embustero.

mentís n. m. Declaración o demostración con que se desmiente o contradice una cosa dicha por otra persona: *el presidente compareció para dar el mentís sobre los rumores de su dimisión.*
OBS El plural también es *mentís.*

mentol n. m. Sustancia que se obtiene de la esencia de menta y se emplea principalmente como antiséptico y en la elaboración de perfumes y licores: *pastillas balsámicas de mentol.*

mentolado, -da adj. Que contiene mentol o sabe a mentol.

mentón n. m. Parte de la cara que está debajo de la boca y forma la prominencia de la mandíbula inferior. SIN barbilla.

mentor, -ra n. m. y f. Persona que es consejera, guía y protectora de otra. SIN tutor.

menú n. m. **1** Conjunto de platos que componen una comida. menú del día Comida que ofrece un restaurante por un precio fijo, con posibilidad limitada de elección. SIN cubierto. **2** Lista de comidas y bebidas que se pueden elegir en un restaurante o establecimiento análogo: *leyeron el menú y eligieron los platos típicos del lugar.* SIN carta. **3** INFORM. Lista de acciones y funciones que aparecen en la pantalla de un ordenador y que este ejecutará a partir de la elección del usuario: *si aprietas la tecla de función, se desplegará el menú de ayuda.*
OBS El plural es *menús.*

menudo adj. **1** Que es delgado, bajo o de pequeño tamaño: *Sandra es una chica menuda.* ANT enorme, grande. **2** Que tiene poca importancia: *los asuntos menudos no los trataremos hasta al final de la reunión.* **3** En frases exclamativas, intensifica el valor del sustantivo que le sigue: *¡menudo coche se ha comprado!* ◆ n. m. pl. **4** menudos Vísceras, patas y sangre del ganado muerto y de las aves: *pedí al carnicero menudos para mi perro.*
▶ a menudo Con frecuencia: *no van muy a menudo a la iglesia.*
DER menudear, menudencia, menudillos.

meñique adj./ n. m. [dedo] Que es quinto y el más pequeño de la mano o del pie.

meollo n. m. **1** Parte esencial de una cosa: *ahora acabas de dar con el meollo de la cuestión.* **2** Masa nerviosa de la cavidad del cráneo. SIN seso.

mercader n. m. Persona que se dedica a vender mercancías. SIN comerciante, vendedor.
DER mercachifle, mercadería.

mercadillo n. m. Mercado formado por puestos ambulantes que se instalan cada cierto tiempo, generalmente al aire libre, y donde se venden productos baratos.

mercado n. m. **1** Lugar o edificio público donde se compran o se venden mercancías: *suele comprar en el mercado la fruta, la verdura y el pescado.* SIN plaza. **2** Actividad de compra y venta de mercancías y servicios: *el mercado del trabajo.* mercado negro Compra, venta o permuta clandestina de productos: *puede ser peligroso cambiar moneda en el mercado negro.* **3** Conjunto de compradores potenciales de una mercancía o servicio: *a pesar de que estos productos son muy caros, tienen un amplio mercado.* **4** Zona geográfica a la que un país o industria destina su producción: *las grandes potencias económicas buscan nuevos mercados internacionales.* **5** Conjunto de las operaciones financieras que rigen la economía: *el mercado se rige por la ley de la oferta y la demanda.*
DER mercader, mercadillo, mercar; euromercado, hipermercado, supermercado.

mercancía n. f. **1** Producto con el que se comercia. SIN género. ◆ n. m. **2** mercancías Tren que transporta solamente productos: *por la vía 2 va a pasar un mercancías.*

mercante adj./ n. m. **1** [embarcación] Que sirve para transportar pasajeros y mercancías. ◆ adj. **2** Que se dedica al comercio por mar: *una flota mercante.*
DER mercancía, mercantil.

mercantil adj. Del comercio o que tiene relación con él: *una sociedad anónima es un tipo de sociedad mercantil.*
DER mercantilismo.

mercantilismo n. m. **1** Doctrina económica según la cual los metales preciosos constituyen la riqueza esencial de los Estados: *el mercantilismo se desarrolló en los siglos* XVI *y* XVII. **2** Interés excesivo en conseguir ganancias en cosas que no deberían ser objeto de comercio: *el mercantilismo crea problemas en las sociedades comerciales.*
DER mercantilista.

mercar v. tr. Conseguir un producto a cambio de dinero. SIN comprar.
OBS En su conjugación, la *c* se convierte en *qu* delante de *e.*

merced n. f. **1** Honor, favor, perdón o beneficio concedido por una persona: *la noble dama me concedió la merced de recibirme.* **2** Forma de tratamiento de segunda persona en desuso que indica respeto y cortesía: *si su merced quiere, yo le acompañaré.* SIN usted. NOTA Se usaba con *su, vuestra* o *vuesa* y era equivalente a *usted.*
▶ a merced de Bajo la voluntad y el poder de una persona o cosa: *el barco quedó a merced de los vientos.* merced a *formal* Por causa de una persona o cosa que produce un bien o un mal: *consiguió salir adelante merced a una pequeña renta.* SIN gracias a.
DER mercedario, mercenario.

mercedario, -ria adj. **1** [orden religiosa católica] Que se dedica principalmente a desarrollar tareas relacionadas con la educación y la reinserción de presos; fue fundada por san Pedro Nolasco en 1203: *la orden mercedaria* *es también llamada orden de la Merced.* **2** De la orden mercedaria o que está relacionado con ella. ◆ adj./ n. m. y f. **3** [religioso, religiosa] Que pertenece a esta orden.

mercenario, -ria adj. **1** [soldado] Que lucha al servicio de un país extranjero a cambio de dinero o de un favor. **2** [persona] Que solamente trabaja para ganar dinero, generalmente haciendo cosas que no son legales: *para asesinar al presidente, contrataron a dos mercenarios.*

mercería n. f. **1** Establecimiento en el que se venden artículos para coser y hacer labores, como hilo, alfileres, botones, etc. **2** Comercio de estos artículos: *representante de mercería.* **3** Conjunto de estos artículos: *tiene una mercería bien surtida.*

mercurio n. m. Metal líquido a la temperatura ordinaria, denso y de color gris plata: *el símbolo del mercurio es Hg.* SIN azogue.

merecer v. tr. **1** Ser digno de una cosa o de una persona: *por lo que acabas de hacer mereces un castigo.* **2** Tener una cosa el valor o la importancia suficientes: *tus ofensivas preguntas no merecen respuesta.* ◆ v. intr. **3** Esforzarse al realizar una acción para conseguir un provecho, un fin o un premio: *los oficinistas se pasaban el día mereciendo delante del jefe.*

OBS En su conjugación, la *c* se convierte en *zc* delante de *a* y *o*, como en *agradecer.*

DER merecido, merecimiento; desmerecer.

merecido n. m. Castigo justo y adecuado: *te voy a dar tu merecido, sinvergüenza.*

OBS Suele usarse con los verbos *dar, llevarse, recibir* y acompañado del posesivo: *mi merecido, tu merecido, su merecido, nuestro merecido, vuestro merecido.*

merendar v. tr. **1** Tomar alimento por la tarde, antes de la cena. ◆ v. prnl. **2** **merendarse** Vencer en una competición con gran superioridad: *el equipo español se merendó al italiano en la segunda parte.*

merendola n. f. Merienda muy buena y abundante.

merengar v. tr. **1** Batir la leche mezclada con clara de huevo, azúcar y canela hasta que adquiere consistencia de merengue. **2** Estropear una persona una situación que resulta agradable molestando de forma insistente. SIN fastidiar, jorobar.

OBS En su conjugación, la *g* se convierte en *gu* delante de *e.*

merengue n. m. **1** Dulce hecho con claras de huevo batidas y azúcar, y luego cocido al horno. **2** Baile típico del Caribe. **3** Persona delicada y débil: *eres un merengue, no puedes estar sin quejarte.* ◆ adj./ n. com. **4** [persona, jugador] Que pertenece al club de fútbol Real Madrid.

meridiano, -na adj. **1** Del mediodía. **2** Que es muy claro y manifiesto: *de repente lo vio todo con claridad meridiana.* SIN diáfano. ◆ n. m. **3** Círculo imaginario trazado en la esfera de la Tierra y que pasa por los polos. **4** MAT. Línea de intersección de una superficie de revolución con un plano que pasa por su eje.

DER meridional; antemeridiano, posmeridiano.

meridional adj./ n. com. Del sur o relacionado con una región o un país del sur. ANT septentrional.

merienda n. f. **1** Alimento que se toma por la tarde, antes de la cena. **2** Acción de tomar este alimento: *ven a mi casa a la hora de la merienda.*

merino, -na adj. **1** [raza de ovejas] Que se caracteriza por que las ovejas que pertenecen a ella son de tamaño mayor al normal y tienen la lana muy fina, corta, rizada y muy suave: *estas ovejas son de raza merina.* **2** [lana] Que se obtiene de las ovejas de esta raza. ◆ adj./ n. m. y f. **3** [oveja, carnero] Que pertenece a esta raza de ovejas.

mérito n. m. **1** Derecho a recibir un premio o una alabanza: *ha realizado un trabajo digno de mérito.* **2** Valor o importancia que tiene una cosa: *tiene mucho mérito que quieras ayudar a los más pobres.*

▶ **de mérito** Que es notable y recomendable: *su último libro es de mérito.* SIN meritorio. **hacer méritos** Esforzarse para conseguir una cosa: *si quieres que te suban el sueldo, tendrás que hacer méritos.*

DER meritorio; demérito, emérito.

meritorio, -ria adj. **1** Que merece un premio o una alabanza. ◆ n. m. y f. **2** Persona que trabaja sin recibir un sueldo con el fin de conseguir una plaza remunerada: *está de meritorio en la biblioteca.*

merluza n. f. **1** Pez marino de cuerpo alargado, con la primera aleta dorsal corta y la segunda larga; es comestible y muy apreciado. **2** Estado transitorio de la persona en el que se alteran su coordinación motriz, percepción sensorial y emotividad a causa del consumo excesivo de alcohol. SIN borrachera.

DER merluzo.

merluzo, -za adj. [persona] Que tiene poco entendimiento. SIN bobo, tonto.
OBS Es despectivo.

merma n. f. Disminución o reducción en el número o en el tamaño de una cosa.

mermar v. intr./ prnl. **1** Disminuir el número o el tamaño de algo o consumirse de manera natural una parte de lo que antes tenía: *en los últimos años la fortuna del empresario ha mermado considerablemente.* SIN menguar. ANT aumentar. ◆ v. tr. **2** Quitar o reducir una parte de una cosa: *la lluvia mermará las posibilidades de ganar el partido.* ANT aumentar.
DER merma.

mermelada n. f. Dulce en conserva que se hace con frutas cocidas y trituradas, agua y azúcar.

mero, -ra adj. **1** Que es único; que es simplemente lo que indica el nombre: *va al trabajo por el mero placer de pasar el día cerca de sus compañeros.* SIN puro, simple, solo. NOTA Se coloca siempre delante del nombre. ◆ n. m. **2** Pez marino de color castaño rojizo, ojos grandes y mandíbula inferior que sobresale del maxilar; es comestible y su carne es muy fina y delicada.

merodear v. intr. Andar por los alrededores de un lugar con malas intenciones, curioseando o buscando algo: *una señora llamó a la policía porque vio a un hombre merodeando por su casa.*
DER merodeo.

mes n. m. **1** Período de tiempo que, junto con otros once, forma un año: *los meses del año son doce.* **2** Período de tiempo de treinta días. **3** Cantidad de dinero que se paga o se cobra cada treinta días: *ya han pagado los dos primeros meses del piso que han comprado.*

mesa n. f. **1** Mueble formado por una tabla horizontal, sostenida por uno o varios pies, sobre la cual se pueden poner objetos. mesa camilla Mesa redonda, bajo la cual hay una tarima donde se colocaba un brasero, que suele cubrirse con una tela que llega hasta el suelo; sirve para calentarse o para secar la ropa. SIN camilla. mesa de operaciones Estructura metálica, en forma de mesa articulada, en la cual se coloca al paciente sometido a una intervención quirúrgica. **2** Comida o arte de la cocina: *es un amante de la buena mesa.* SIN gastronomía. **3** Conjunto de personas que ocupan una mesa en un restaurante u otro establecimiento donde se sirven comidas o bebidas: *esta botella de vino es para la mesa 3.* **4** Conjunto de personas que dirigen una reunión o un acto: *pidió la palabra a la mesa.* mesa electoral Conjunto de personas designadas para recoger los votos en un colegio electoral. mesa redonda Reunión de varias personas para hablar sobre un asunto, generalmente ante un público que también puede dar su opinión: *participamos en una mesa redonda sobre lexicografía.*
▶ levantarse de la mesa Dejar el sitio que se ha ocupado para comer: *se levantó de la mesa sin terminar la comida.* poner la mesa Colocar sobre la mesa los objetos necesarios para comer. quitar o levantar la mesa Recoger los objetos y restos de comida que cubren la mesa después de comer. sentarse a la mesa Ocupar un asiento para comer.
DER meseta, mesilla; comensal, sobremesa.

mesana n. f. **1** Palo que está más cercano a la popa en una embarcación de tres mástiles. **2** Vela atravesada que se coloca en este palo.

mesar v. tr. Arrancar o estrujar el cabello o la barba con las manos: *lloraban y se mesaban los cabellos ante el cadáver.*

mesenterio n. m. ANAT. Repliegue del peritoneo que une el intestino delgado con la pared del abdomen.

meseta n. f. Extensión de terreno llano y elevado respecto al nivel del mar.
DER amesetado.

mesianismo n. m. **1** Creencia religiosa que propugna la futura llegada de un enviado de Dios, o Mesías, que liberará al pueblo y pondrá fin al orden establecido instaurando un nuevo orden basado en la justicia y la felicidad. **2** Confianza absoluta en que el futuro puede ser mejor y en la solución de problemas sociales mediante la intervención de una sola persona o un líder.

mesías n. m. **1** Persona que ha sido enviada por Dios y anunciada por los profetas para liberar al pueblo de un orden establecido no deseado. NOTA En esta acepción se escribe con mayúscula. **2** Persona de la que se espera que solucione todos los problemas.

mesilla n. f. Mueble pequeño en forma de mesa con cajones, que se coloca junto a la cabecera de la cama.

mesita n. f. Mesa auxiliar pequeña que se pone junto a la cabecera de la cama. SIN mesa de noche, mesilla. NOTA También *mesita de noche*.

a b c d e f g h i j k l m n ñ o p q r s t u v w x y z

mesnada n. f. **1** Conjunto de hombres armados que en la Edad Media estaban a las órdenes de un rey o de un noble. **2** Conjunto de los seguidores o partidarios de una persona. **NOTA** En esta acepción se usa más en plural.

meso- Elemento prefijal que entra en la formación de palabras con el significado de 'en medio': *mesocarpio.*

mesocarpio n. m. BOT. Capa intermedia de las tres que forman el pericarpio o envoltura que cubre la semilla y que constituye la parte carnosa de diferentes frutos: *en una ciruela o en un melocotón la pulpa es el mesocarpio.*

mesón n. m. **1** Establecimiento donde se sirven comidas y bebidas que suele estar decorado de forma tradicional y rústica. **2** Establecimiento, situado en un camino, que hospedaba a los viajeros. **SIN** posada, venta, fonda. **3** FÍS. Partícula elemental producida a partir de ciertas reacciones nucleares; su masa es intermedia entre el electrón y el nucleón.
DER mesonero.

mesonero, -ra n. m. y f. Persona que es dueña de un mesón.

mesopotámico, -ca adj. **1** De Mesopotamia o relacionado con esta región histórica de Asia central bañada por los ríos Éufrates y Tigris o con las civilizaciones que allí se desarrollaron. ◆ adj./ n. m. y f. **2** [persona] Que pertenecía a una civilización que se desarrolló en esta región.

mesosfera n. f. **1** Capa de la atmósfera que está situada entre la estratosfera y la termosfera; se caracteriza por una disminución gradual de la temperatura según se alcanza mayor altitud: *la mesosfera se extiende aproximadamente entre los 40 y 80 kilómetros de altura.* **2** Capa de la Tierra que se extiende a partir de 600 o 700 kilómetros de profundidad hasta la endosfera.

mester n. m. Antiguamente, arte u oficio.
▶ **mester de clerecía** Escuela poética medieval española formada por clérigos y personas cultas que componían una poesía erudita con métrica fija y temática preferentemente religiosa; se desarrolló en el siglo XIII. **mester de juglaría** Escuela poética medieval española de carácter popular y de tradición oral cuyas poesías recitaban los juglares; se desarrolló en los siglos XII y XIII.

mestizaje n. m. **1** Cruce de razas distintas. **2** Conjunto de individuos que resultan de este cruce.

mestizo adj. [persona] Que ha nacido de un padre y una madre de diferente raza.
DER mestizaje.

mesura n. f. **1** Moderación al hablar o comportarse: *comer con mesura.* **2** Actitud del que se comporta con moderación: *alabó su mesura al hablar.*

mesurar v. tr. Moderar la conducta: *por favor, mesura tu comportamiento.*
DER desmesurar.

meta n. f. **1** Lugar o punto en el que termina una carrera. **ANT** salida. **2** Fin al que se dirige una acción u operación: *¿cuál es tu meta en la vida?* **SIN** objetivo. **3** Armazón formado por dos postes y un larguero cubiertos por una red, donde debe ir a parar la pelota para conseguir marcar un gol en ciertos deportes. **SIN** portería.

meta- Prefijo que entra en la formación de palabras con el significado de: *a)* 'Cambio', 'mutación': *metástasis. b)* 'Más allá de': *metafísica. c)* 'Despues', 'posterior': *metacarpo.*

metabolismo n. m. Conjunto de reacciones físico-químicas que se producen continuamente en las células de todos los seres vivos.
▶ **metabolismo basal** Consumo mínimo de energía necesario para que se mantengan las funciones vitales en un organismo en reposo absoluto.
DER metabólico.

metacarpo n. m. ANAT. Conjunto de los cinco huesos situados entre la muñeca y los dedos en el esqueleto de los miembros anteriores de los vertebrados.

metadona n. f. Opiáceo sintético que se usa en medicina como narcótico y analgésico y especialmente como producto de sustitución progresiva en el tratamiento de desintoxicación de drogadictos.

metafísico, -ca adj. **1** De la metafísica o que tiene relación con esta disciplina. **2** Que es abstracto y difícil de comprender: *se habían enzarzado en complejas discusiones metafísicas.* ◆ adj./ n. m. y f. **3** [persona] Que estudia los problemas metafísicos y profesa esa disciplina.

metáfora n. f. **1** Uso de una palabra con el significado de otra, basándose en la relación de semejanza que existe entre las dos realidades que ambas palabras designan: *la primavera de la vida es una metáfora de la juventud.* **2** Uso de la imagen de una realidad determinada con el significado de otra, basándose en la relación de semejanza que existe entre ambas: *la imagen del pistolero disparando contra el piano como metáfora de la muerte del arte.*

metafórico, -ca adj. **1** [palabra, imagen] Que se usa con el significado de otra, como una metáfora: *la palabra* perlas *tiene un uso metafórico cuando hace referencia a las lágrimas.* **2** [estilo artístico] Que emplea frecuentemente metáforas.

metal n. m. **1** Elemento químico, generalmente sólido a temperatura normal, que es buen conductor del calor y de la electricidad y que tiene un brillo característico: *el mercurio es el único metal líquido a temperatura normal.* metal noble Metal con alta resistencia a la oxidación: *el iridio es un metal noble.* metal precioso Metal que tiene mucho valor; suele emplearse en joyería: *el oro, la plata y el platino son metales preciosos.* **2** Material duro y brillante formado por oro, plata o platino o por la aleación de varios de ellos; se usa para fabricar numerosos objetos: *las cucharas y los tenedores son de metal.* **3** Conjunto de instrumentos de viento de una orquesta que están hechos con ese material: *la trompeta y el trombón pertenecen al metal.*

▶ vil metal Dinero: *solo le interesa el vil metal: es un materialista.*

DER metálico, metaloide, metalurgia; bimetalismo, monometalismo.

metalenguaje n. m. Lenguaje que se usa para hablar de una lengua o para describirla: *hacemos uso del metalenguaje cuando decimos que* fertilizante *tiene cinco sílabas.*

metálico, -ca adj. **1** Del metal o que está hecho de este material: *la silla tenía las patas metálicas.* **2** Que tiene una característica que se considera propia del metal: *el reloj cayó al suelo haciendo un ruido metálico.* ◆ n. m. **3** Cantidad de dinero de la que se dispone: *¿pagará usted con tarjeta o en metálico?* SIN efectivo.

metalingüístico, -ca adj. GRAM. Del metalenguaje o que tiene relación con él: *una definición como «mesa es un femenino de dos sílabas» es un ejemplo de uso metalingüístico del lenguaje.*

metalizado, -da adj. Que tiene el brillo o los reflejos propios del metal.

metalurgia n. f. Industria que se ocupa de extraer los metales contenidos en los minerales para elaborarlos y darles forma.

DER metalúrgico.

metalúrgico, -ca adj. **1** De la metalurgia o que tiene relación con esta industria: *el sector metalúrgico decrece.* ◆ adj./ n. m. y f. **2** [persona] Que trabaja en la industria de la metalurgia o se dedica a su estudio.

metamórfico, -ca adj. **1** Del metamorfismo o que tiene relación con esta transformación de las rocas. **2** [roca] Que ha sufrido metamorfismo: *la pizarra es una roca metamórfica.*

metamorfismo n. m. Transformación física y química que sufre una roca en el interior de la corteza terrestre como resultado de las variaciones de temperatura y presión: *el metamorfismo se produce en las rocas después de su consolidación primitiva.*

DER metamórfico.

metamorfosear v. tr. Transformar: *en la fábula mitológica, Polifemo mata al joven lanzándole una roca que lo aplasta, y la sangre del joven fluye metamorfoseada en río.*

metamorfosis o **metamorfosi** n. f. **1** Transformación o cambio: *las nuevas ideas suponen una metamorfosis de nuestro modo de pensar.* **2** Cambio que experimentan muchos animales en su desarrollo y que afecta no tan solo a su forma, sino también a sus funciones y su modo de vida: *después de su metamorfosis, los renacuajos se convierten en ranas.*

OBS El plural también es *metamorfosis.*

DER metamorfismo.

metano n. m. Gas incoloro, inodoro y muy inflamable, principal componente del gas natural, que en la naturaleza se produce por la descomposición de sustancias orgánicas; se utiliza como combustible y en la elaboración de productos químicos.

metanol n. m. Alcohol metílico, incoloro y muy tóxico que se obtiene de la reacción del monóxido de carbono con el hidrógeno; se usa para disolver aceites y como aditivo para combustibles líquidos.

metástasis n. f. MED. Reproducción y extensión de una enfermedad o de un tumor en otra parte del organismo: *el cáncer avanzado suele producir metástasis.*

OBS El plural también es *metástasis.*

metatarso n. m. ANAT. Conjunto de los cinco huesos largos que están situados entre el tarso y los dedos del pie o de las extremidades posteriores de los vertebrados.

metátesis n. f. GRAM. Fenómeno lingüístico y figura del lenguaje que consiste en cambiar

de lugar uno o más sonidos de una palabra: *cuando decimos «dentrífico» en lugar de «dentífrico» se produce una metátesis de la «r».*
OBS El plural también es *metátesis.*

meteorito n. m. Cuerpo del espacio exterior que puede entrar en la atmósfera y deshacerse cayendo en trozos sobre la superficie de la Tierra.

meteoro o **metéoro** n. m. Fenómeno natural no permanente que se produce en la atmósfera, como el viento, la lluvia, el arcoíris, los rayos, etc.: *el viento, la nieve y los rayos son meteoros.*
DER meteórico, meteorismo, meteorito, meteorología.

meteorología n. f. Disciplina que estudia los fenómenos de la atmósfera como el viento, la lluvia, los rayos, etc.
DER meteorológico, meteorólogo.

meteorológico, -ca adj. De la meteorología o que tiene relación con esta disciplina: *según el parte meteorológico, tendremos sol durante toda la semana.*

meteorólogo, -ga n. m. y f. Persona que se dedica a estudiar los fenómenos de la atmósfera.

meter v. tr./ prnl. **1** Introducir o dejar una cosa o a una persona en el interior de un objeto o un lugar: *metió la mano en la bolsa.* ANT sacar. **2** Proporcionar un empleo a una persona: *lo han metido en la fábrica de su tío.* SIN colocar. ◆ v. tr. **3** Depositar dinero en el banco o invertirlo en un negocio: *metió todos sus ahorros en el negocio familiar.* **4** Hacer que una pieza de tela resulte más corta o más estrecha doblándola y cosiéndola por las costuras: *tuvo que meterle de largo porque le estaba muy grande.* **5** Provocar verbalmente o mediante una acción un efecto determinado: *meter miedo; meter prisa; meter un susto.* **6** Producir un sonido fuerte, desagradable o confuso: *meter escándalo.* **7** Propinar: *meter un guantazo; meter un puñetazo.* SIN dar. **8** Vender con engaño o a la fuerza: *me metió unos filetes de mala calidad.* ◆ v. prnl. **9** meterse Participar en una cosa sin tener derecho a ello o sin haber sido llamado: *se metió en una clase que no era la suya.* SIN entrometerse, inmiscuirse. **10** Seguir o desempeñar un oficio: *como siga sin salir de casa, acabará metiéndose a monja.* NOTA Se suele usar con la preposición *a.* **11** Poner en un lugar o en una situación determinada: *he buscado a Anselmo por toda la casa, pero es imposible ubicarlo; no sé dónde se ha metido.* SIN ir a parar.
▶ a todo meter Con gran intensidad o con gran ímpetu: *iban con la moto a todo meter.* meterse con Provocar, enfadar o insultar a una persona: *se estuvo metiendo con él toda la tarde y al final se pelearon.*
DER metedura, meticón, metido; cometer, entremeter, entrometer, malmeter, prometer, remeter, someter.

meticuloso, -sa adj./ n. m. y f. **1** [persona] Que hace las cosas deteniéndose en pequeños detalles. SIN minucioso. ◆ adj. **2** Que se hace con detenimiento y cuidando los más pequeños detalles. SIN minucioso.
DER meticulosidad.

metido, -da adj. **1** Que abunda en una cosa: *es un señor algo metido en carnes.* NOTA Se usa seguido de la preposición *en.* ◆ n. m. **2** Trozo de tela que se dobla en una prenda de vestir para hacerla más corta o más estrecha: *el metido del pantalón queda muy feo.*

metódico, -ca adj. **1** Que se hace con método y orden. **2** [persona] Que hace las cosas con método y orden.

método n. m. **1** Modo ordenado y sistemático de proceder para llegar a un resultado o a un fin determinados; especialmente para descubrir la verdad y organizar los conocimientos de un sistema determinado: *como no obraste con método, has partido de una hipótesis verdadera pero has llegado a unas conclusiones falsas.* **2** Modo de obrar que una persona tiene habitualmente: *dice que tiene un método infalible para aprender chino en seis meses.* **3** Conjunto de reglas y ejercicios destinados a enseñar una actividad, un arte o una ciencia: *aprendió a escribir a máquina siguiendo un método informático.*
DER metódico, metodismo, metodología.

metodología n. f. Conjunto de métodos que se siguen en una disciplina científica, en un estudio o en una exposición doctrinal.

metonimia n. f. Figura del lenguaje que consiste en cambiar el nombre de una cosa por el de otra que es su causa, efecto o continuación: *si decimos «hay que respetar las canas» por «hay que respetar la vejez», utilizamos la figura de la metonimia.*

metonímico, -ca adj. De la metonimia o relacionado con esta figura retórica: *lenguaje metonímico.*

metopa o **métopa** n. f. ARQ. Espacio que

queda entre dos triglifos de los frisos pertenecientes al orden dórico.

metralla n. f. Conjunto de pequeños pedazos de metal con que se cargan ciertos proyectiles, bombas o artefactos explosivos.
DER metralleta; ametrallar.

metralleta n. f. Arma de fuego automática, portátil y de repetición que dispara de forma muy rápida; el cañón es de poca longitud. SIN ametralladora.

-metría Elemento sufijal que entra en la formación de sustantivos femeninos con el significado de 'medida', 'técnica de medición': *planimetría, trigonometría.*

métrica n. f. Arte y técnica que se ocupa de la medida de los versos, de su estructura, sus clases y sus combinaciones.

métrico, -ca adj. **1** Que está basado en el metro como unidad de medida: *el centímetro es una unidad de medida del sistema métrico decimal.* **2** De la medida de los versos o que tiene relación con esta técnica: *está haciendo un estudio métrico de la poesía del Siglo de Oro.*

metro n. m. **1** Unidad de longitud en el Sistema internacional de unidades: *el símbolo del metro es m.* **metro cuadrado** Unidad de superficie en el sistema internacional: *el símbolo del metro cuadrado es* m^2. **metro cúbico** Unidad de volumen en el sistema internacional: *el símbolo del metro cúbico es* m^3. **metro por segundo** Unidad de velocidad en el sistema internacional: *el símbolo del metro por segundo es m/s.* **2** Instrumento en forma de regla o de cinta graduada que generalmente tiene un metro de longitud y que sirve para medir: *el carpintero tomó las medidas con un metro.* **3** Tren eléctrico total o parcialmente subterráneo que comunica las distintas partes de una ciudad. SIN metropolitano. NOTA Es la forma abreviada de *metropolitano.* **4** Conjunto de instalaciones y estaciones donde para ese tren para recoger o dejar viajeros: *buscaron la boca de metro más cercana.* **5** Medida característica de una clase de versos: *los poetas renacentistas adaptaron al español el metro italiano.*

metrópoli o **metrópolis** n. f. **1** Ciudad muy grande y con gran número de habitantes. **2** Ciudad o nación que gobierna y administra otras regiones: *España fue la metrópoli de gran parte de América del Sur.* **3** Iglesia de la que dependen otras iglesias sufragáneas.
OBS Es preferible usar el singular *metrópoli,* ya que la Real Academia Española considera que la forma singular *metrópolis* es anticuada. El plural es *metrópolis.*
DER metropolitano.

metropolitano, -na adj. **1** De la metrópoli o que tiene relación con una gran ciudad. ◆ n. m. **2** Tren eléctrico total o parcialmente subterráneo que comunica las distintas partes de una ciudad. SIN metro. **3** Arzobispo respecto de sus obispos sufragáneos.

mexicano, -na o **mejicano, -na** adj. **1** De México o que tiene relación con este país norteamericano. ◆ adj./ n. m. y f. **2** [persona] Que es de México.
OBS La grafía oficial del nombre del país es *México,* con una *x* que se pronuncia como jota tanto en este caso como en sus derivados.
DER mexicanismo.

mezcla n. f. **1** Operación de unir o combinar elementos distintos: *obtenemos el color verde a partir de la mezcla de azul y amarillo.* **2** Conjunto formado por la unión de dos o más elementos distintos: *los invitados formaban una extraña mezcla de campesinos y gente de ciudad.* **3** Sustancia que resulta de la unión de dos o más elementos distintos. **4** Tejido elaborado con hilos de varias clases y colores. **5** Operación de combinar y ajustar las imágenes con los sonidos y la música en una película: *varios técnicos se encargan de la mezcla.* **6** Material para la construcción que resulta de mezclar cal, arena y agua. SIN mortero. **7** QUÍM. Asociación de varias sustancias o cuerpos sin que se produzca reacción química entre ellos.

mezclar v. tr. **1** Juntar o unir varias cosas distintas para que formen un todo: *el bodeguero mezclaba vino y agua.* **2** Alterar mediante su manipulación el orden de algo que estaba ordenado: *no me mezcles las fotos.* **3** Juntar o reunir personas o cosas distintas: *en su fiesta mezcló a intelectuales y artistas.* **4** En cinematografía, unir varias imágenes, sonidos y música: *en el laboratorio se mezclan los fotogramas de la película con los efectos especiales.* **5** Meter a una persona en un asunto que no le incumbe o que puede traerle problemas: *no te mezcles en este asunto y evitarás problemas.* SIN involucrar. ◆ v. prnl. **6 mezclarse** Introducirse o meterse entre la gente: *el cantante se mezcló entre el público para pasar desapercibido.* **7** Tener relación o trato: *sus padres le prohibieron mezclarse con los otros chicos del barrio.*
DER mezcla; entremezclar.

mezquindad n. f. **1** Falta de sentimientos nobles: *su mezquindad le llevó a quitarle el trabajo a su mejor amigo.* SIN vileza. **2** Falta de generosidad: *si no se compra un coche no es por falta de dinero, sino por mezquindad.* **3** Obra o dicho despreciable provocado por sentimientos poco nobles. SIN vileza.

mezquino, -na adj. **1** Que es despreciable por carecer de sentimientos nobles: *es un mezquino, no esperes que te ayude.* SIN ruin, vil. **2** Que intenta gastar menos de lo que podría permitirse: *el patrón es tan mezquino que escatima la comida a sus huéspedes.* SIN avaro, tacaño, miserable. ANT generoso. **3** Que es excesivamente pequeño, escaso o poco importante: *no quiero pelear por una cantidad tan mezquina.*
DER mezquindad.

mezquita n. f. Edificio donde una comunidad musulmana se reúne para rezar o realizar ceremonias religiosas. SIN aljama.

mi det. pos. **1** Forma del determinante posesivo en primera persona, que indica que el nombre al que acompaña pertenece a la persona que habla: *mi amiga vendrá a verme en Navidad.* NOTA Siempre va delante del nombre. ◆ n. m. **2** Tercera nota de la escala musical: *el mi está entre el re y el fa.*

mí pron. Forma del pronombre personal de la primera persona del singular: *trajo una camiseta para Juan y otra para mí.* NOTA Se usa siempre detrás de una preposición. Con la preposición *con*, forma la palabra *conmigo*.
▶ ¡a mí qué! Indica que una cosa o una acción no importa o no preocupa a la persona que habla: *—¿Sabes que Antonio se casa? —¡A mí qué!* para mí que Según cree la persona que habla: *para mí que en realidad te molesta su boda.*

miasma n. m. Olor muy desagradable o sustancia maloliente que se desprende de los cuerpos enfermos, de la materia en estado de descomposición o de las aguas estancadas. SIN efluvio.
OBS Se usa más en plural.

miau n. m. Onomatopeya de la voz del gato.

mica n. f. Mineral formado por varias láminas delgadas, brillantes, blandas y flexibles, que se utiliza como aislador eléctrico.

micelio n. m. BIOL. Aparato vegetativo de los hongos que está constituido por células que forman filamentos.

mico, -ca n. m. y f. **1** Mono de pequeño tamaño y de cola larga. **2** Nombre que se le da a los niños pequeños como apelativo cariñoso.

micra n. f. Medida de longitud que equivale a la millonésima parte de un metro y que se utiliza para medir objetos microscópicos.

micro n. m. Micrófono, aparato que transforma las ondas acústicas en ondas eléctricas.

micro- **1** Elemento prefijal que entra en la formación de palabras con el significado de 'pequeño', 'de magnitud reducida': *microorganismo, microprocesador, microscopio, micrófono.* SIN mini-. ANT mega-. **2** Elemento prefijal que entra en la formación de submúltiplos de determinadas unidades con el significado de 'la millonésima parte': *microsegundo.*

microbiano, -na adj. De los microbios o relacionado con ellos: *las enfermedades infecciosas las provoca una invasión microbiana del organismo.*

microbio n. m. Organismo vivo unicelular, animal o vegetal, que no se puede ver sin la ayuda del microscopio, especialmente el que puede producir enfermedades: *las bacterias son microbios carentes de núcleo.* SIN microorganismo.
DER microbiología, microbiólogo.

microbiología n. f. Parte de la biología que estudia los organismos microscópicos.

microchip n. m. Chip (circuito electrónico).
OBS El plural es *microchips*.

microclima n. m. Conjunto de las condiciones climáticas particulares de una zona determinada y que son distintas a las comunes en la región en la que se encuentra.

microcrédito n. m. Préstamo de poca cuantía o bajo interés que conceden las ONG y ciertas entidades bancarias a personas que tienen escasos recursos, y lo necesitan para poder financiar una actividad laboral o empresarial que generará ingresos y beneficios: *en los países en vías de desarrollo, los microcréditos hacen posible que las personas sin recursos puedan financiar proyectos laborales.*

microeconomía n. f. Parte de la ciencia económica que estudia la economía de una región, país o conjunto de ellos considerada en función de los individuos o entidades, como los compradores y vendedores.

micrófono n. m. Aparato que, por medio de una membrana que vibra, convierte las ondas sonoras en corriente eléctrica para aumentar la intensidad de los sonidos o para transmitirlos: *los cantantes utilizan micrófonos para que el público los oiga bien.*

microondas adj./ n. m. [horno] Que funciona con radiaciones electromagnéticas, que permiten que los alimentos se calienten o se cocinen con gran rapidez.

microorganismo n. m. Organismo vivo unicelular, animal o vegetal, que no se puede ver sin la ayuda del microscopio, especialmente el que puede producir enfermedades. SIN microbio.

microprocesador n. m. Procesador de muy pequeñas dimensiones en el que todos los elementos están agrupados en un solo circuito integrado.

microrrelato n. m. Relato o cuento muy breve.

microscópico, -ca adj. **1** Que tiene un tamaño tan pequeño que únicamente puede verse a través de un microscopio. **2** Que es de tamaño muy reducido: *el anillo lleva engarzado un diamante microscópico.* SIN minúsculo, diminuto.

microscopio n. m. Instrumento óptico que, por medio de un sistema de lentes de gran aumento, amplía la imagen de seres y objetos tan extremadamente pequeños que no se pueden ver a simple vista. microscopio electrónico Microscopio que usa ondas electrónicas para iluminar el objeto que se desea observar: *la universidad ha adquirido un potente microscopio electrónico.*

DER microscópico.

microsegundo n. m. Medida de tiempo que resulta de dividir el segundo en un millón de partes: *el símbolo que corresponde al microsegundo es* μs.

microsurco n. m. **1** [disco de gramófono] Que tiene un surco o ranura muy finos dispuestos en una espiral muy apretada, lo cual le confiere una duración mayor que otros discos de gramófono antiguos. **2** Surco o ranura de este disco.

miedica adj./ n. com. [persona] Que tiende a sentir miedo con facilidad o se asusta por cualquier cosa: *es muy miedica y no se atreve a quedarse solo en casa.* SIN cobarde, miedoso. ANT valiente.

OBS Tiene valor despectivo.

miedo n. m. **1** Sensación de angustia provocada por la presencia de un peligro real o imaginario: *miedo a la oscuridad.* SIN pánico, temor, terror. **2** Sentimiento de desconfianza que impulsa a creer que ocurrirá un hecho contrario a lo que se desea: *tenía miedo de que la fiesta saliera mal.* SIN aprensión, recelo.

▶ de miedo **a.** Que es muy grande o muy acentuado: *cogió un enfado de miedo.* **b.** Que es muy bueno o que tiene gran calidad: *la comida está de miedo.* **c.** Que tiene una cara y un cuerpo bellos y bien formados: *tu novia está de miedo.* **d.** De manera muy positiva: *lo pasamos de miedo.*

DER miedica, mieditis, miedoso.

miedoso, -sa adj. Que tiene miedo por cualquier cosa. SIN medroso.

miel n. f. Sustancia espesa, pegajosa y muy dulce que elaboran las abejas con el néctar de las flores.

▶ dejar con la miel en los labios Privar a una persona de alguna cosa que le empezaba a gustar o de la que empezaba a disfrutar: *no quiso contarme el final de la historia y me dejó con la miel en los labios.* hacerse de miel Portarse de manera más suave y agradable de lo necesario: *si te haces de miel con esas personas, pronto se aprovecharán de ti.* miel sobre hojuelas Indica que una cosa o situación buena se une a otra y la mejora: *le tocó la lotería y además encontró novia, así que miel sobre hojuelas.*

miembro n. m. **1** Parte del cuerpo del hombre y de los animales que está articulada con el tronco: *los brazos son los miembros superiores del cuerpo humano.* SIN extremidad. **2** Parte o apartado que, junto con otros, forman un conjunto o sistema: *los miembros de una oración son el sujeto, el verbo y los complementos.* **3** Órgano sexual masculino. SIN pene. miembro viril Órgano sexual masculino. SIN pene. **4** MAT. Cantidad que, junto con otra, forma una ecuación o una desigualdad. ◆ n. com. **5** Persona que forma parte de un grupo o de una comunidad: *los miembros del jurado.*

mientras adv. **1** Indica que dos o más acciones ocurren al mismo tiempo: *Juan estaba estudiando y, mientras, Carlos estaba cocinando.* SIN entretanto. ◆ conj. **2** Indica que dos o más acciones ocurren al mismo tiempo: *siempre canta mientras se ducha.*

▶ mientras que Indica que las dos cosas, animales o personas que se comparan son distintos u opuestos: *yo soy muy ordenada, mientras que tú eres un desastre.* SIN en cambio, sin embargo. mientras tanto Indica que dos o más acciones ocurren al mismo tiempo: *id a comprar las bebidas y, mientras tanto, yo prepararé los bocadillos.* SIN entretanto, mientras.

miércoles n. m. Tercer día de la semana.
▶ miércoles de ceniza Día en el que empieza la Cuaresma.
OBS El plural también es *miércoles*.

mierda n. f. **1** Excremento que se expulsa por el ano. SIN caca. **2** Suciedad que se queda pegada a la ropa o a otra cosa: *a ver si limpias el coche, que está lleno de mierda.* **3** Estado en el que se pierde el control de los actos a causa del consumo excesivo de alcohol: *llevaba una mierda encima que no se aguantaba.* SIN borrachera. **4** Cosa fea, mal hecha o de mala calidad: *vaya mierda de disco que me han regalado.* ◆ n. com. **5** Persona cobarde o que no tiene buenas cualidades: *opino que tu novio es un mierda.* NOTA Se usa como insulto. ◆ int. **6** ¡mierda! *malsonante* Expresión que indica enfado, disgusto o asco: *¡mierda, me he olvidado la agenda en casa!*
▶ hecho una mierda **a.** [cosa] Que está estropeado o en malas condiciones: *tiene la casa hecha una mierda.* **b.** Que está muy cansado: *vengo hecho una mierda.* irse a la mierda Estropearse o echarse a perder algo que se tenía planeado: *a causa de la lluvia, todos sus planes se fueron a la mierda.* mandar a la mierda Rechazar una cosa o a una persona con enfado y disgusto y dejar de hacerle caso: *me cansé de mi trabajo y lo mandé a la mierda.* ¡una mierda! *malsonante* Expresión que indica que no se acepta o no se quiere hacer una cosa: *—Elena, vete a hacer la compra. —¡Una mierda, que vaya Andrés!*

mies n. f. **1** Cereal que está maduro. **2** Tiempo en el que se cosecha y se recoge el grano. ◆ n. f. pl. **3** mieses Terrenos en los que se cultivan cereales: *el caserío de mi abuelo estaba rodeado de mieses.*

miga n. f. **1** Parte interior y más blanda del pan que está rodeada por la corteza. SIN molla, molledo. **2** Trozo muy pequeño de pan o de otro alimento. SIN migaja. **3** Contenido especialmente importante, interesante o complejo de algo, en ocasiones el que no lo parece a simple vista: *un discurso con miga; el asunto tiene miga.* **4** migas ◆ n. f. pl. Plato que se prepara con trozos de pan duro humedecidos en agua que se fríen en aceite o grasa con otros ingredientes y condimentos, generalmente tocino y ajo.
▶ hacer migas Romper algo en trozos muy pequeños: *le has dado tal golpe al reloj que has hecho migas la esfera; el cristal se he hecho migas.* SIN hacer polvo. hacer (buenas o malas) migas Tener una relación buena o mala con una persona: *pronto ha hecho migas con sus nuevos compañeros.*
DER migaja, migar.

migaja n. f. **1** Trozo muy pequeño de pan o de otro alimento. **2** Porción muy pequeña de una cosa: *no queda ni una migaja de comida.* SIN pizca. ◆ n. f. pl. **3** migajas Restos que quedan de una cosa después de haberla usado o consumido.
DER desmigajar.

migración n. f. **1** Movimiento de población que consiste en dejar el lugar de residencia para establecerse en otro país o región, especialmente por causas económicas o sociales. SIN emigración. **2** Viaje que las aves, los peces y otros animales realizan cada cierto tiempo por exigencias de la alimentación o la reproducción. SIN emigración.

migrante adj./ n. com. [persona] Que efectúa una migración.

migraña n. f. Dolor fuerte de cabeza que afecta, generalmente, a un lado o una parte de ella y a menudo va acompañado de náuseas y vómitos. SIN jaqueca.

migrar v. intr. **1** Dejar [una persona] su lugar de residencia para establecerse temporal o definitivamente en otro país u otra región. SIN emigrar. **2** Dejar [los animales] un lugar para dirigirse a otro de condiciones climáticas más propicias a su especie. SIN emigrar.
DER migración, migratorio; emigrar, inmigrar, transmigrar.

migratorio, -ria adj. De la emigración o que tiene relación con este movimiento de población por el cual un grupo de personas o animales dejan un lugar para establecerse en otro.

mihrab n. m. En una mezquita, hueco en forma de arco que está abierto en un muro y está orientado en dirección a La Meca, hacia donde hay que situarse para rezar.
OBS El plural también es *mihrab*.

mijo n. m. **1** Planta de la familia de los cereales con el tallo fuerte y las hojas planas, largas y terminadas en punta. **2** Semilla de esa planta, pequeña, redonda y brillante.

mil num. card. **1** Indica que el nombre al que acompaña o al que sustituye está 1000 veces: *son mil euros.* NOTA Puede ser determinan-

te *(vinieron mil personas)* o pronombre *(vinieron las mil)*. ◆ n. m. **2** Nombre del número 1 000. ◆ num. ord. **3** Indica que el nombre al que acompaña o al que sustituye ocupa el lugar número 1 000 en una serie: *soy el mil de la lista.* SIN milésimo. NOTA Es preferible el uso del ordinal *milésimo.* **4** Indica que una cantidad es muy grande o que está sin determinar: *te he dicho como mil veces que no te muerdas las uñas.* ◆ n. m. pl. **5** miles Conjuntos de 1 000 unidades: *le han tocado varios miles de euros.*
DER milenario, milenio, milésimo.

milagro n. m. **1** Hecho que no se puede explicar por las leyes naturales y que se considera producido por la intervención de Dios o de un ser sobrenatural: *Dios hizo un milagro separando las aguas del mar Rojo.* **2** Hecho extraordinario que provoca admiración o sorpresa: *todos consideran un milagro que ese equipo haya ganado la final.*
▶ de milagro Escapando casualmente o por muy poco de un peligro o adversidad: *está vivo de milagro, porque el accidente fue horrible.* hacer milagros Hacer una o varias cosas mejor de lo que se podría hacer con los pocos medios de que se dispone: *Isabel hace milagros con su sueldo.* SIN hacer maravillas.
DER milagrería, milagrero, milagroso.

milagroso, -sa adj. **1** Que no se puede explicar por las leyes naturales. SIN prodigioso. ANT natural. **2** Que es raro, extraordinario y provoca admiración y sorpresa: *la recuperación de los heridos fue milagrosa.* SIN prodigioso. **3** Que hace milagros: *agua milagrosa.*

milano n. m. Ave rapaz diurna de color rojizo, de cola y alas muy largas, que se alimenta de pequeños animales, como roedores o insectos.
OBS Para indicar el sexo se usa el milano macho y el milano hembra.

milenario, -ria adj. **1** Que tiene mil años o más: *las pirámides de Egipto son milenarias.* **2** Que es muy antiguo: *usos milenarios.* ◆ n. m. **3** Fecha en la que se celebra que se cumplen uno o varios millares de años de un acontecimiento o hecho determinado.

milenio n. m. Período de mil años.

milésimo, -ma num. ord. **1** Que ocupa el número 1 000 en una serie ordenada: *a la milésima persona que entre en el cine le regalarán una entrada.* ◆ num. **2** Parte que resulta de dividir un todo en 1 000 partes iguales: *la milésima parte de 5 000 es 5.*

mileurista adj./ n. com. [persona] Que cobra un salario de unos mil euros mensuales: *un graduado mileurista.*

milhojas o **milhoja** n. amb. Pastel hecho con varias láminas finas de hojaldre superpuestas y entre las que se pone crema, mermelada u otra sustancia blanda; en algunos casos también puede ir relleno con ingredientes salados.
OBS El plural es *milhojas.*

mili n. f. Servicio que se presta al Estado siendo soldado durante un período de tiempo determinado. SIN milicia.
OBS Es la forma abreviada y usual de *milicia.*

mili- Elemento prefijal que entra en la formación de palabras con el significado de 'milésima parte': *miligramo.*

milibar n. m. Medida de presión de la atmósfera que es la milésima parte de un bar: *el símbolo del milibar es mb.*

milicia n. f. **1** Ejército o conjunto de personas que pertenecen a las fuerzas armadas de un país. SIN tropa. **2** Técnica de hacer la guerra y de preparar a los soldados para ella: *los romanos extendieron su lengua, sus costumbres y su milicia.* **3** Profesión de los militares. **4** Servicio que se presta al Estado siendo soldado durante un período de tiempo determinado: *mi padre hizo la milicia en las islas Canarias.* SIN mili.

miliciano, -na n. m. y f. Persona que forma parte de una milicia, especialmente de una milicia urbana: *durante la guerra civil española los milicianos luchaban en la zona republicana.*

miligramo n. m. Medida de masa que equivale a la milésima parte de un gramo: *la abreviatura de miligramo es mg.*

mililitro n. m. Medida de capacidad que equivale a la milésima parte de un litro o a un centímetro cúbico: *la abreviatura de mililitro es* ml *o* mL.

milimetrado, -da adj. **1** Que está dividido o graduado en milímetros: *papel milimetrado.* **2** Que está calculado u organizado con gran exactitud y precisión.

milímetro n. m. Medida de longitud que equivale a la milésima parte de un metro: *la abreviatura de milímetro es mm.*
DER milimetrado.

militancia n. f. **1** Pertenencia de una persona a un partido político u organización política, sindical o social. **2** Actitud y actividad de la persona que defiende activamente una idea u opinión: *la militancia feminista de una escritora.* **3** Conjunto de las personas que pertenecen a un partido político u otra organización política, sindical o social: *la militancia de un partido.*

militante adj. [persona] Que forma parte de un grupo o una organización, especialmente de un partido político: *los militantes se reunirán en asamblea.*

militar adj. **1** De la milicia o la guerra, o que tiene relación con ellas: *mi hermano quiere seguir la carrera militar.* ◆ n. com. **2** Persona que forma parte de un ejército. ANT civil. ◆ v. intr. **3** Formar parte de una milicia o servir en la guerra: *durante la guerra milité en los cuerpos especiales.* **4** Formar parte de un grupo o de una organización, especialmente de un partido político.

militarismo n. m. **1** Influencia y poder excesivos de los militares en el gobierno de un país. **2** Actitud o modo de pensar que defiende una influencia excesiva de los militares en el gobierno de un país.

milla n. f. **1** Medida de longitud que equivale aproximadamente a 1609 metros: *en el Reino Unido y en Estados Unidos utilizan la milla en vez del kilómetro.* **2** Medida de longitud empleada en la marina que equivale a 1852 metros. NOTA También se llama milla marina.

millar n. m. **1** Conjunto formado por 1000 unidades: *en el concierto había más de un millar de personas.* **2** Cantidad que es muy grande e indeterminada: *he leído el poema un millar de veces.*

millardo n. m. Cantidad equivalente a mil millones.

millón n. m. **1** Cantidad que resulta de multiplicar 1000 por 1000: *ha ganado un millón de euros en la lotería.* **2** Cantidad que es muy grande e indeterminada: *te he dicho un millón de veces que no vuelvas tan tarde.*
DER millonada, millonario, millonésimo.

millonario, -ria adj. **1** [persona] Que tiene muchísimo dinero: *logró casarse con un millonario.* SIN rico. **2** [cantidad] Que supera el millón: *ha ganado una suma millonaria.*
DER archimillonario, multimillonario.

millonésimo, -ma num. ord. **1** Que ocupa el número 1 000 000 en una serie ordenada. ◆ num. **2** Parte que resulta de dividir un todo en un millón de partes iguales: *este instrumento es capaz de medir el tiempo en millonésimas de segundo.*

milord n. m. Tratamiento que se da tradicionalmente a los señores de la nobleza inglesa.
OBS El plural es *milores.*

mimado, -da adj. [persona, niño] Malacostumbrado o consentido por el exceso de mimos: *la pintura y la escultura son las niñas mimadas de la restauración artística.*

mimar v. tr. **1** Tratar con mucho cariño dando muestras de amor o afecto, como abrazos, besos o caricias. **2** Tratar a alguien, en especial a los niños, permitiendo en exceso que hagan lo que quieran, sin corregirlos ni castigarlos. SIN consentir, malcriar.

mimbre n. amb. **1** Arbusto de cuyo tronco nacen muchas ramas largas, delgadas y flexibles, de corteza gris y de madera blanca. **2** Rama larga, delgada y flexible que sale de ese arbusto y que se utiliza para hacer cestos, muebles y otros objetos.
DER mimbrera.

mímesis o **mimesis** n. f. **1** *formal* Imitación que hace una persona de los gestos, movimientos, manera de hablar o de actuar de otra: *hay que dar buen ejemplo a los niños porque actúan por mímesis.* **2** *formal* Imitación de la naturaleza como objeto del arte que se hace en la estética y la poética clásicas.
OBS La Real Academia Española admite la forma llana *mimesis*, pero prefiere *mímesis*. El plural también es *mímesis* o *mimesis*.
DER mimético, mimetismo.

mimetismo n. m. BIOL. Propiedad que tienen algunas plantas y animales para imitar la forma o el color de los seres o cosas que tienen cerca, con el fin de esconderse o defenderse de algún peligro.

mimetizar v. tr. **1** Imitar, copiar. **2** **mimetizarse** ◆ v. prnl. [Una planta o animal] Cambiar su apariencia para confundirse con el entorno.
OBS En su conjugación, la *z* se convierte en *c* delante de *e*.

mímica n. f. Arte y técnica de imitar, representar acciones o expresarse por medio de gestos y movimientos corporales. SIN mimo.

mímico, -ca adj. **1** Del mimo o que está relacionado con este actor que se expresa mediante gestos: *representación mímica.* **2** De la mímica o que tiene relación con este tipo de expresión: *lenguaje mímico.*

mimo n. m. **1** Expresión y señal de amor o afecto. SIN cariño. NOTA Se usa generalmente en plural. **2** Forma de tratar a alguien, en especial a los niños, permitiendo en exceso

que hagan lo que quieran, sin corregirlos ni castigarlos. **3** Delicadeza o cuidado con que se hace o se trata una cosa: *trata este libro con mimo, que es muy valioso.* **4** Arte y técnica de imitar, representar acciones o expresarse por medio de gestos y movimientos corporales: *en el mimo no se utilizan las palabras.* SIN mímica. ◆ n. com. **5** Actor que se expresa y representa acciones por medio de gestos.
DER mimar, mímesis, mímico, mimoso.

mimosa n. f. Árbol que tiene unas hojas muy pequeñas y flores redondas, también pequeñas, de color amarillo. Las mimosas se hacen tan grandes como un árbol y en algunas especies las hojas se repliegan un instante si se rozan.

mimoso, -sa adj. Que disfruta dando y recibiendo muestras de cariño: *mi hermana es muy mimosa y siempre está pidiéndole besos y caricias a mi madre.*

mina n. f. **1** Lugar de la tierra donde hay muchos minerales. SIN yacimiento. **2** Conjunto de instalaciones, excavaciones y galerías subterráneas que se realizan en los yacimientos para extraer minerales de la tierra. **3** Barra fina de grafito o de otra sustancia mineral, que va en el interior de los lápices y de otros utensilios de escritura, y que sirve para dibujar o escribir: *este lápiz tiene la mina rota.* **4** Aparato que explota cuando se toca o se roza, y que se coloca estratégicamente camuflado o enterrado bajo tierra o bajo el agua: *sembraron de minas el campo del enemigo.* mina submarina Explosivo que se utiliza para defender los puertos y canales contra los barcos enemigos. **5** Cosa, asunto o persona que puede proporcionar mucha utilidad: *este libro es una verdadera mina de consejos.* **6** Oficio o negocio en el que con poco trabajo se consigue mucho beneficio: *el trabajo de tu amiga es una mina.* **7** Paso subterráneo que se utiliza para establecer una comunicación o para conducir el agua o el gas de un sitio a otro.
DER minar, mineral, minería, minero.

minar v. tr. **1** Colocar explosivos para volar o derribar muros y edificios, o para impedir el paso del enemigo. **2** Consumir poco a poco o debilitar una cosa, especialmente las fuerzas, la salud o la alegría de una persona: *la enfermedad está minando la salud de Alberto.* **3** Abrir galerías subterráneas.

minarete n. m. Torre de una mezquita desde donde el almuédano o funcionario religioso convoca a los fieles musulmanes a la oración. SIN alminar.

mineral adj. **1** [compuesto natural] Que no tiene vida: *las plantas toman el agua y todas las sustancias minerales del suelo.* SIN inorgánico. ANT orgánico. **2** Del conjunto de los compuestos naturales sin vida que forman la corteza de la tierra o que tiene relación con ellos: *reino mineral.* ◆ n. m. **3** Compuesto natural sin vida que se encuentra en la corteza de la Tierra y que está formado por uno o más elementos químicos. **4** Materia natural sin vida que se saca de los yacimientos para distintos fines industriales: *los metales se extraen de los minerales.*

mineralogía n. f. Ciencia que estudia los minerales, su origen y su formación.

minería n. f. **1** Técnica que se ocupa de la extracción de minerales de las minas. **2** Conjunto de las minas de un país o de una región. **3** Conjunto de personas que trabajan en una mina extrayendo minerales.

minero, -ra adj. **1** De la minería o que tiene relación con esta técnica de explotar las minas. ◆ n. m. y f. **2** Persona que trabaja en una mina. NOTA Para indicar la forma femenina puede decirse *la minero* o *la minera.*

mini- Elemento prefijal que entra en la formación de palabras con el significado de 'pequeño', 'breve', 'corto': *minigolf, minifalda.* SIN micro-.

miniatura n. f. **1** Objeto artístico de pequeño tamaño, delicado y valioso, como por ejemplo una reproducción a pequeña escala de una escultura o de un monumento famoso. **2** Persona o cosa pequeña: *su reloj es una miniatura.* **3** Pintura de pequeño tamaño, realizada con gran detalle, especialmente la que adorna los documentos y los libros antiguos: *las biblias medievales contienen preciosas miniaturas.*
▶ en miniatura [objeto] Que es una reproducción de otro objeto, hecha a pequeña escala: *nos enseñó una copia en miniatura de la Torre Eiffel.*

miniaturista adj./ n. com. [persona] Que se dedica a pintar miniaturas.

minibar n. m. **1** Bar de reducidas dimensiones que se instala en un compartimiento de un vagón de un tren, o que un empleado lleva en un carrito por sus pasillos. **2** Pequeño refrigerador instalado en las habitaciones de los hoteles para que el cliente pueda servirse bebidas frías y pequeños alimentos.

minifalda n. f. Falda muy corta que llega hasta medio muslo: *la minifalda se puso de moda hacia 1960.*

minifundio n. m. Propiedad de tierra de poca extensión que resulta poco productiva porque no puede dar el fruto suficiente para pagar el trabajo que exige su explotación. **ANT** latifundio.

minifundismo n. m. Sistema de explotación agraria basado en la distribución de la propiedad de la tierra en minifundios o terrenos de escasa extensión y baja productividad. **ANT** latifundismo.

minifundista adj. **1** Del minifundismo o que tiene relación con él. ◆ n. com. **2** Persona propietaria de un minifundio.

minigolf n. m. **1** Juego parecido al golf que se practica en un campo o pista de menor tamaño y obstáculos artificiales. **2** Campo o pista donde se practica este juego.

mínima n. f. Temperatura más baja que alcanza la atmósfera en un período de tiempo determinado. **ANT** máxima.

minimalista adj. **1** Del minimalismo o relacionado con él. **SIN** minimal. ◆ **2** adj./ n. com. [persona] Partidario del minimalismo.

minimizar v. tr. Dar a una cosa menos valor o importancia del que tiene.

mínimo, -ma adj. **1** Que es el más pequeño posible en su especie: *no tiene la mínima educación y se comporta con grosería en la mesa.* **NOTA** Se aplica a las cosas más pequeñas en grado o cantidad (no en número o tamaño, pues en ese caso se emplea *menor*). **2** Que es muy pequeño: *tus progresos en los estudios son mínimos, tienes que esforzarte más.* **SIN** diminuto, minúsculo. **NOTA** Es superlativo irregular de *pequeño.* ◆ n. m. **3** Extremo o límite más bajo al que puede llegar una cosa: *hay que reducir los gastos al mínimo.*

minino, -na n. m. y f. Gato, animal mamífero doméstico, de patas cortas y pelo espeso y suave; es muy hábil cazando ratones y sirve al hombre de compañía.

minio n. m. Polvo de color rojo claro que se obtiene por oxidación del plomo; se emplea en pintura disuelto en aceite o en un ácido para proteger el hierro de la oxidación.

ministerial adj. Del ministerio o que tiene relación con alguno de estos departamentos de gobierno.

ministerio n. m. **1** Departamento que, junto con otros, es el responsable de la administración de un aspecto determinado de la vida política, social o económica de un país: *Ministerio de Asuntos Exteriores.* **NOTA** En esta acepción se suele escribir con mayúsculas. **ministerio fiscal** Representación de la ley y defensa del interés público ante los tribunales de justicia. **2** Cargo de ministro de un gobierno que ocupa una persona. **3** Edificio en el que trabajan los ministros: *los manifestantes se han instalado frente al Ministerio de Economía y Hacienda.* **4** Conjunto de ministros que gobiernan un país. **5** Cargo u oficio propio de una persona, especialmente de quienes tienen que realizar trabajos importantes y elevados, como por ejemplo los sacerdotes, los médicos o los abogados: *el sacerdote ejercía su ministerio con mucha dedicación.*
DER ministerial.

ministro, -tra n. m. y f. **1** Persona que forma parte del gobierno de un país como responsable de la administración de un determinado aspecto de su vida política, social o económica. **primer ministro** Jefe del gobierno de un país: *en España no existe el cargo de primer ministro.* **2** Persona que ha sido enviada por el Estado o por otra persona para realizar una función determinada, especialmente para tratar un asunto político.
▶ **ministro de Dios** Sacerdote, hombre que dedica su vida a Dios y a la Iglesia, con facultad para celebrar y ofrecer el sacrificio de la misa.
OBS El femenino puede ser *ministro* o *ministra.*
DER ministrable.

minoría n. f. **1** Parte menor de las personas o cosas que conforman un grupo o conjunto. **ANT** mayoría. **2** En una votación o una asamblea, conjunto de votos que opinan lo contrario a la mayoría. **ANT** mayoría. **3** Parte pequeña de una colectividad, que se diferencia del resto por su raza, lengua, religión u otra característica social: *las minorías de raza negra se manifestaron en contra del racismo.*
▶ **minoría de edad** Condición de la persona que no ha alcanzado una cierta edad fijada por las leyes, por lo cual debe estar bajo la autoridad de otra persona, como por ejemplo los padres o un tutor.

minorista adj. **1** [comercio] Que vende sus productos en pequeñas cantidades. **ANT** mayorista. ◆ n. com. **2** Persona que vende sus productos en pequeñas cantidades. **ANT** mayorista.

minoritario, -ria adj. Que forma la menor parte de un conjunto o sociedad: *los partidos minoritarios del parlamento formaron un frente común.*

minotauro n. m. Ser fabuloso, mitad hombre y mitad toro, que vivía encerrado en el laberinto de Creta.

minuciosidad n. f. Cuidado, paciencia y atención que se pone al realizar una cosa difícil o complicada.

minucioso, -sa adj. **1** Que se hace con gran cuidado, detalle y atención, empleando tiempo y paciencia para que salga bien: *hacer una revisión minuciosa.* **2** Que hace las cosas con gran cuidado, detalle y atención, empleando tiempo y paciencia para que salgan bien: *es un investigador muy minucioso que nunca deja un detalle sin resolver.*

minuendo n. m. MAT. Cantidad a la que se le resta otra cantidad para obtener la diferencia: *en la resta 5 – 3 = 2, 5 es el minuendo y 3, el sustraendo.*

minúsculo, -la adj. **1** Que es de tamaño muy pequeño o más pequeño de lo normal: *tenía unos ojos minúsculos; la diferencia de precio era minúscula.* **SIN** diminuto. **ANT** mayúsculo. ◆ adj./ n. f. **2** [letra] Que es de tamaño pequeño y se emplea generalmente para escribir. **ANT** mayúsculo.

minusvalía n. f. Disminución del valor que tiene una cosa por causas externas a ella: *ha perdido mucho dinero debido a la minusvalía de sus tierras.*

minusválido, -da adj. [persona] Que tiene un defecto o un daño físico o mental que le impide hacer ciertas actividades.

minutero n. m. Aguja del reloj que marca los minutos.

minuto n. m. **1** Unidad de tiempo que equivale a sesenta segundos: *una hora tiene sesenta minutos.* **2** MAT. Cada una de las sesenta partes iguales que forman un grado de una circunferencia.

▶ sin perder un minuto Con gran rapidez y sin perder tiempo. **SIN** enseguida, pronto.

mío, mía det. pos. Forma del determinante posesivo en primera persona, que indica que una persona o cosa pertenece a la persona que habla: *Juan es amigo mío.*

▶ esta es la mía Indica que ha llegado la ocasión favorable para que actúe la persona que está hablando: *el ladrón vio que los policías no miraban y, diciendo «esta es la mía», se escapó.* lo mío Lo que hace muy bien la persona que habla o lo que le gusta mucho hacer: *lo mío es la biología.* los míos Las personas que pertenecen a la familia de la persona que habla, o a un colectivo al que pertenece: *esta tarde vienen los míos a merendar.*

miocardio n. m. Tejido muscular del corazón de las personas y de los animales vertebrados: *falleció a causa de un infarto de miocardio.*

miope adj. **1** Que padece un defecto del ojo que le impide ver con claridad o nitidez las cosas que están lejos. **2** Que no ve o no se da cuenta de cosas que son muy claras y fáciles de entender.

miopía n. f. **1** Defecto del ojo que produce una visión poco clara o nítida de las cosas que están lejos de la vista. **2** Incapacidad de darse cuenta de cosas que son muy claras y fáciles de entender: *me extraña su miopía para apreciar la gravedad del problema.*

MIR n. m. **1** Examen que da acceso a un puesto de médico en un hospital para realizar las prácticas que le permitan especializarse en una rama de la medicina. ◆ n. com. **2** Médico de un hospital que realiza prácticas para especializarse en una rama de la medicina.

OBS Se forma con las primeras letras de las palabras de la expresión *médico interno y residente*. En la primera acepción, y a veces también en la segunda, es frecuente su escritura con mayúsculas.

mira n. f. **1** Pieza que tienen las armas de fuego y algunos instrumentos de medida, que permite dirigir y fijar la vista en un punto determinado para apuntar bien o medir con precisión: *este fusil tiene una mira de gran alcance.* **2** Objetivo o intención que tiene una persona al hacer una cosa: *todo lo hace con miras egoístas.*

▶ con miras a Con la intención de: *Juan está ahorrando con miras a comprarse un piso nuevo.*

DER mirilla.

mirada n. f. **1** Acción que consiste en mirar: *échale una mirada a mi coche nuevo.* **2** Modo de mirar que tiene una persona o un animal: *mirada cariñosa.*

mirado, -da adj. **1** [persona] Que es muy prudente y considerado y que procura no causar molestias a los demás: *es una mujer muy mirada.* **2** [persona] Que es muy cuidadosa y prudente y que reflexiona mucho antes de llevar a cabo una acción. **3** Que es considerado o juzgado de la manera que se expresa: *antes estaba muy mal mirado tener hijos sin estar casado.* NOTA Se usa detrás de los adverbios *bien, mal, mejor* o *peor*.

▶ bien mirado Expresión que se usa para indicar que se ha reflexionado o pensado sobre un asunto: *bien mirado, no es una cosa tan grave lo que ha ocurrido.*

mirador n. m. **1** Lugar alto y bien situado desde el que se puede contemplar con facilidad un paisaje agradable. **2** Balcón cubierto y cerrado, generalmente con cristales: *el mirador de una casa.*

miramiento n. m. **1** Respeto y consideración con que actúa una persona al decir o hacer una cosa, para no molestar a los demás: *las personas sensatas y educadas obran siempre con miramiento.* **2** Respeto, cuidado y atención que se tiene hacia una persona: *mi primo trata a su suegra con mucho miramiento.* **3** Precaución y cuidado con que actúa una persona al hacer alguna cosa.

mirar v. tr. **1** Dirigir y fijar la vista en algo prestándole atención para verlo bien: *mira bien este vestido y dime si te gusta.* NOTA Se usa también como pronominal. **2** Pensar y considerar con cuidado una cosa antes de hacerla: *mira bien lo que haces.* **3** Tener un objetivo determinado al realizar una acción: *solo mira su provecho.* **4** Apreciar a una persona o tratarla con muchas atenciones: *en casa de mi novia miran mucho por mí.* NOTA Se suele usar con la preposición *por*. ◆ v. intr. **5** Estar orientado hacia una dirección determinada: *esta casa mira al mar.* SIN dar. ◆ v tr./ intr./ prnl. **6** Buscar una cosa o registrar un sitio para encontrar algo: *mira en tu armario a ver si lo encuentras.* ◆ v. prnl. **7** mirarse No realizar una acción o no decir una cosa que pueda traer problemas: *se mirará mucho de no pronunciar ese nombre en mi presencia.* NOTA Se suele usar con la preposición *de*.

▶ de mírame y no me toques Muy delicado o frágil: *ese cristal es de mírame y no me toques.* ¡mira! Expresión que sirve para avisar o llamar la atención de alguien: *¡mira! ¡Marta ha venido a visitarnos!* ¡mira quién habla! Expresión con la que se le reprocha a una persona el mismo defecto que ella censura a otra persona. mirar atrás Pensar y recordar hechos del pasado: *es mejor que no mires atrás y pienses en el futuro.* mirar por encima del hombro Tratar a alguien con desprecio o considerarlo inferior: *es muy orgulloso y mira por encima del hombro a todo el mundo.* se mire como se mire De cualquier modo: *se mire como se mire, este problema no tiene solución.*

DER mira, mirada, mirado, mirador, miramiento, mirón; admirar, remirar.

mirlo n. m. Pájaro cantor de unos 25 cm de longitud, de plumaje negro y pico amarillo en el macho, y de plumaje y pico pardos en la hembra; se alimenta de frutos, semillas e insectos. SIN merlo.

▶ mirlo blanco Persona o cosa poco común, que destaca entre las demás por sus cualidades excepcionales: *su hija es un mirlo blanco.*

mirón, -rona adj./ n. m. y f. **1** [persona] Que mira demasiado o con mucha curiosidad las cosas. ◆ n. m. y f. **2** Persona a la que le gusta mirar cómo trabajan los demás o presenciar una partida de un juego sin participar: *los jugadores de cartas se ponen nerviosos con los mirones.*

mirra n. f. Sustancia pegajosa, compuesta por aceites, resina y goma, de color rojo y de olor intenso, que se saca de un árbol procedente de Arabia y Etiopía.

mirto n. m. Arbusto alto de ramas flexibles, con hojas pequeñas y duras de color verde intenso y con flores blancas. SIN arrayán.

misa n. f. **1** Ceremonia religiosa cristiana en la que el sacerdote ofrece a Dios el cuerpo y la sangre de Jesucristo en forma de pan y vino. misa cantada Misa que celebra un solo sacerdote acompañada de canto. misa concelebrada Misa que celebran conjuntamente varios sacerdotes. misa de campaña Misa que se celebra al aire libre para un grupo muy grande de gente, generalmente para militares. misa del alba Misa que se celebra al amanecer. misa del gallo Misa que se celebra alrededor de medianoche en Nochebuena. misa negra Rito que se celebra en homenaje al diablo. **2** Composición musical escrita sobre las partes de la ceremonia religiosa cristiana: *el coro interpretó magistralmente la misa.*

▶ cantar misa Celebrar la primera misa un nuevo sacerdote. decir misa Celebrar la misa un sacerdote. ir a misa Ser una cosa que se dice segura e indiscutible: *lo que dice mi madre va a misa.* no saber de la misa la media Saber muy poco o nada sobre un asunto determinado. También se puede decir «no saber de la misa la mitad». oír misa Estar presente en la celebración de la misa: *yo oigo misa todos los domingos.*

DER misal.

misal n. m. Libro en el que se recogen las oraciones de la misa y que indica el orden y el modo en que se ha de celebrar la misa: *el sacerdote dejó el misal sobre el atril.*

misántropo, -pa n. m. y f. *formal* Persona que huye del trato con otras personas o siente gran aversión hacia ellas. ANT sociable.

DER misantropía.

miscelánea n. f. Conjunto de cosas diferentes entremezcladas.

misceláneo, -nea adj. Que está compuesto por varias cosas distintas o de géneros diferentes: *Jaime presenta en la televisión un programa misceláneo de cine y música.* SIN mixto, variado.

miserable adj. **1** Que es desgraciado e infeliz. SIN desdichado, mísero. **2** Que intenta gastar lo menos posible. SIN avaro, mezquino, tacaño. **3** Que es muy malo, no tiene honor y no le importa hacer daño a los demás. SIN canalla, malvado, mezquino. **4** Que es muy pobre y está necesitado de la ayuda económica de los demás: *viven en una chabola miserable.* SIN mísero. **5** [cantidad] Que es demasiado pequeño o escaso.

miserere n. m. **1** Salmo de la Biblia que fue compuesto por el rey David para pedir perdón por sus pecados y que comienza con la palabra *miserere*, que en latín significa 'apiádate'. **2** Canto solemne que se hace de este salmo durante la cuaresma: *el coro de la iglesia interpreta un miserere.* **3** Ceremonia religiosa en que se canta este salmo.

▶ cólico miserere Nombre que se le daba antiguamente a la obstrucción de intestino: *el cólico miserere podía ser mortal.*

miseria n. f. **1** Falta o escasez de dinero y de los medios necesarios para poder vivir: *antes era rico, pero liego se arruinó y cayó en la miseria.* **2** Desgracia, problema o pena que sufre una persona en su vida: *me estuvo contando sus miserias.* SIN desdicha, penalidad, sufrimiento. NOTA Se usa sobre todo en plural. **3** Cantidad demasiado pequeña o insignificante de una cosa: *la herencia que les ha dejado es una miseria.* **4** Característica que tienen las personas que tratan de gastar lo menos posible. SIN avaricia, mezquindad.

DER miserable, misericordia, mísero; conmiseración.

misericordia n. f. **1** Virtud que inclina a las personas a sentir pena o compasión por los que sufren y a tratar de ayudarlos. SIN piedad. **2** Cualidad de Dios, por la cual perdona las faltas y remedia las penas de las personas: *la misericordia de Dios es infinita.*

misericordioso, -sa adj. Que siente pena o compasión hacia quienes sufren y trata de ayudarlos. SIN piadoso.

mísero, -ra adj. **1** [persona] Que intenta gastar lo menos posible. SIN avaro. **2** [persona] Que es muy pobre y necesita la ayuda económica de los demás. SIN miserable. **3** Que es desgraciado e infeliz: *él llevaba una vida mísera desde que le abandonó su mujer.* SIN desdichado, miserable. **4** [cantidad] Que es demasiado pequeño o escaso. SIN insignificante.

misérrimo, -ma adj. *formal* Que es exageradamente mísero: *viven en condiciones misérrimas.*

OBS Es el superlativo de *mísero.*

misil n. m. Proyectil movido por el empuje de los gases que salen a gran velocidad de su parte posterior, que suele llevar una carga explosiva y que puede dirigirse hacia un objetivo.

misión n. f. **1** Trabajo o encargo que una persona o un grupo tiene la obligación de hacer: *su misión en esta empresa es archivar todos los documentos.* SIN cometido. **2** Encargo o poder que un gobierno le da a una persona, especialmente a un diplomático, para ir a desempeñar un trabajo en algún lugar: *los observadores de la onu llegaron en misión de paz.* **3** Obra o función moral que se tiene que realizar por el bien de alguien: *los padres tienen la misión de cuidar de sus hijos.* **4** Enseñanza de la religión cristiana a los pueblos que no la conocen: *la monja sintió una fuerte vocación por las misiones.* NOTA En esta acepción se suele usar en plural. **5** Territorio donde se lleva a cabo la enseñanza de la religión cristiana. NOTA En esta acepción se suele usar en plural. **6** Casa, centro o iglesia donde viven y actúan las personas dedicadas a enseñar la religión cristiana en los territorios donde no se conoce.

misionero, -ra adj. **1** De la misión o que tiene relación con este tipo de labor religiosa. ◆ n. m. y f. **2** Persona dedicada a enseñar la religión cristiana a los pueblos que no la conocen: *el sacerdote se hizo misionero.*

misiva n. f. *formal* Carta que una persona envía a otra para informarle de algo: *recibí una misiva de mi jefe.*

mismo, -ma adj. **1** Indica que la persona o la cosa que se presenta es una sola en distintas circunstancias: *estos tres libros son del mismo autor.* **2** Que es muy parecido o casi igual: *tiene la misma cara que su padre.* NOTA Se usa siempre delante del sustantivo. ◆ pron. **3** Que no ha cambiado: *Manuel ya no es el mismo.* NOTA Se usa acompañado del artículo. **4** Indica que es la persona o cosa citada y no otra la que realiza la acción: *tú mismo me dijiste que me recogerías.* NOTA Se usa acompañado de pronombres y sustantivos. **5** Resalta la fuerza de lo que se dice: *es real como la vida misma.* ◆ adv. **6** Exactamente; en concreto: *hoy mismo te llamo para quedar.* NOTA Se usa junto a otro adverbio.

▶ dar lo mismo No importar: *si no puedes venir hoy, da lo mismo, ya lo haremos mañana.* por uno mismo Sin necesitar la ayuda de los demás: *déjala, ya puede hacerlo por sí misma.*

miso- Elemento prefijal que entra en la formación de palabras con el significado de 'que odia o detesta': *misoginia.*

misoginia n. f. Sentimiento de odio o de rechazo hacia las mujeres.

misógino, -na adj. Que siente o demuestra odio o rechazo hacia las mujeres.

miss n. f. **1** Mujer que es la ganadora de un concurso de belleza: *la miss de este año es una chica muy joven.* **2** Título que se da a esta mujer.

OBS Es de origen inglés y se pronuncia aproximadamente «mis». El plural es *misses.*

misterio n. m. **1** Hecho que no tiene explicación y no se puede entender: *los científicos tratan de desvelar los misterios de la naturaleza.* SIN enigma. **2** Asunto secreto que conocen pocas personas y se oculta a los demás: *los misterios de la política.* SIN secreto. **3** Hecho que los cristianos deben creer como verdadero aunque no lo comprendan: *el misterio de la Santísima Trinidad.* **4** Cada uno de los hechos de la vida, pasión y muerte de Jesucristo, realizados con imágenes o figuras: *el misterio de la pasión de Jesucristo.* SIN paso. **5** Representación teatral de tema religioso que se celebra en las iglesias o junto a ellas en algunas fiestas populares. **6** Ceremonia secreta en la que se da culto a algunos dioses paganos.

misterioso, -sa adj. **1** Que no tiene explicación y no se puede entender o que es secreto para la mayoría de la gente: *su comportamiento misterioso levantó muchas sospechas.* SIN enigmático. **2** Que entiende o explica las cosas como si fueran misterios cuando no lo son: *no me gusta ese hombre, siempre tan misterioso y malpensado.*

mística n. f. Parte de la teología que trata de la unión del hombre con Dios, de los grados de esta unión y de la vida contemplativa.

misticismo n. m. **1** Estado de perfección religiosa que consiste en la unión del alma con Dios por medio del amor. **2** Doctrina que defiende que es posible la unión del alma con Dios por medio del amor.

místico, -ca adj. **1** De la mística o que tiene relación con esta parte de la teología: *la literatura mística española.* ◆ n. m. y f. **2** Persona que se dedica a la vida espiritual y a la contemplación de Dios, o a escribir sobre ello.

DER mística, misticismo.

mistral n. m./ adj. **1** Viento frío del noroeste que sopla en el mar Mediterráneo. **2** Viento seco y frío del norte que sopla en la costa francesa del mar Mediterráneo.

mitad n. f. **1** Parte que, junto con otra igual, forma un todo: *la mitad de 20 es 10.* **2** Lugar que está a la misma distancia de dos extremos: *parte la manzana por la mitad.*

▶ en mitad de Durante el desarrollo de una acción: *salió de la sala en mitad del concierto.* mitad y mitad A partes iguales: *—¿Cómo nos lo vamos a repartir? —Mitad y mitad.*

mítico, -ca adj. **1** Del mito o que tiene relación con él: *Zeus, Eros y Poseidón son personajes míticos.* **2** Que es tan famoso que entra a formar parte de la historia o se ha convertido en modelo a imitar: *el mítico actor James Dean protagonizó solamente tres películas.* SIN legendario.

mitificar v. tr. **1** Convertir en mito. **2** Valorar o admirar excesivamente a una persona o cosa: *los adolescentes suelen mitificar su primer amor.* SIN idealizar.

DER mitificación; desmitificar.

mitigar v. tr. Disminuir la importancia o la gravedad de una cosa, especialmente de un dolor físico o moral: *las aspirinas mitigan el dolor de cabeza.* SIN atenuar, calmar.

mitin n. m. Reunión de personas en donde uno o varios oradores pronuncian discursos de tema político o social.

▶ dar un mitin Pronunciar un discurso de tema político o social.
OBS El plural es *mítines.*

mito n. m. **1** Historia fantástica que narra las acciones de los dioses y héroes de la Antigüedad. **2** Historia o relato que altera las verdaderas cualidades de una persona o de una cosa y les da más valor del que tienen en realidad. **3** Persona, cosa o hecho muy importante que entra a formar parte de la historia o se ha convertido en modelo a imitar: *Elvis Presley es un mito del rock.*
DER mítico, mitificar, mitología, mitomanía.

mitocondria n. f. BIOL. Orgánulo de una célula cuya principal función es la respiración celular.

mitología n. f. Conjunto de historias fantásticas que narran las acciones de los dioses y los héroes de la Antigüedad, y que pertenecen a la historia, a la cultura y a la religión de un pueblo.

mitológico, -ca adj. De la mitología o que tiene relación con este conjunto de historias fantásticas que pertenecen a la cultura de un pueblo: *las sirenas, los unicornios y los centauros son seres mitológicos.*

mitosis n. f. BIOL. Tipo de división de una célula que se caracteriza por la duplicación de todos sus elementos dando origen a dos células hijas que tienen el mismo número de cromosomas e igual información genética que la célula madre.

mitra n. f. Gorro muy alto con el que se cubren la cabeza los religiosos importantes en las ceremonias oficiales; está formado por dos partes, una delante y otra detrás, terminadas en punta.
DER mitrado, mitral.

mixto, -ta adj. **1** Que está compuesto por dos o más cosas distintas mezcladas: *en un colegio mixto estudian tanto chicos como chicas.* ◆ n. m. **2** Pieza pequeña de madera u otro material, con una cabeza hecha de una sustancia que arde al ser rozada sobre una superficie áspera. SIN cerilla, fósforo.
DER mixtura.

mnemotecnia n. f. Método que desarrolla la capacidad de la memoria para retener más información en ella.
OBS También se escribe *nemotecnia.*

mnemotécnico,-ca adj. De la mnemotecnia o que tiene relación con este método de retener información en la memoria.

mobbing n. m. Maltrato psicológico sistemático y continuo contra una persona que se produce en el lugar de trabajo y cuya intención es desestabilizar emocionalmente al individuo y provocarle daños físicos, psicológicos, morales y profesionales: *se puede sufrir mobbing por parte de los jefes o superiores y por parte de los compañeros de trabajo.*
OBS Se pronuncia «mobin».

mobiliario n. m. Conjunto de muebles de una casa o de una habitación.
DER inmobiliario.

moblaje n. m. Conjunto de muebles de una casa o de una habitación. SIN mobiliario.

moca n. amb. **1** Café de buena calidad que procede de Arabia. **2** Crema hecha con café, mantequilla, azúcar y vainilla que se utiliza para preparar tartas y dulces.

mocasín n. m. **1** Zapato bajo de piel que lleva una pieza ancha en el empeine cosida a los lados. **2** Zapato de piel sin curtir de una sola pieza amplia que forma suela, cuyos extremos se levantan a los lados y por delante y se cosen a otra pieza que hace de empeine; es característico de los indios de América del Norte y de los lapones.

mocedad n. f. Período de la vida de una persona que está entre la niñez y el comienzo de la edad madura. SIN juventud.

mochila n. f. Bolsa de tela fuerte que se lleva a la espalda sujeta a los hombros por medio de dos correas y que sirve para llevar las cosas necesarias para un viaje. SIN macuto.

mocho, -cha adj. **1** [cosa] Que no tiene punta o le falta la terminación adecuada: *este lápiz está mocho.* **2** Que tiene el pelo muy rapado: *la abuela tiene un gato viejo y mocho.* ◆ n. m. **3** Extremo grueso y sin punta de un instrumento o utensilio largo: *la culata es el mocho del fusil.* **4** Utensilio que sirve para fregar el suelo, formado por un palo largo y delgado y una pieza en su extremo que sujeta varias cintas de un material absorbente. SIN fregona.

mochuelo n. m. **1** Ave nocturna, de menor tamaño que el búho, que se alimenta de pequeños animales, como por ejemplo roedores y reptiles. **2** Culpa o responsabilidad mayor en un asunto o en un trabajo desagradable: *al final le hicieron cargar con el mochuelo del robo.* **3** Trabajo desagradable o difícil de hacer, y del que nadie quiere encargarse: *siempre le cargan a ella con el mochuelo.*

▶ **cada mochuelo a su olivo** Indica que ya es hora de que un grupo de personas se separe y se vaya cada una a su casa: *cuando acabó la película nos fuimos cada mochuelo a su olivo.*

moco n. m. **1** Sustancia espesa y pegajosa elaborada por la membrana mucosa de la nariz. **2** Sustancia densa y pegajosa que forma grumos dentro de un líquido. **3** Cera derretida que cae de las velas y se va quedando sólida a lo largo de ellas.

▶ **llorar a moco tendido** Llorar mucho y con gran pena o de manera aparatosa. **no ser moco de pavo** Ser una cosa importante o tener valor: *su sueldo no es moco de pavo, tiene más dinero del que necesita para vivir.* **tirarse el moco** Presumir de lo que no se es o de lo que no se ha hecho: *el muy chulo siempre se tira el moco de lo bien que conduce.*

DER mocoso, moquear, moquero, moquillo.

mocoso, -sa adj. **1** Que tiene la nariz llena de mocos. ◆ n. m. y f. **2** Persona joven que todavía no tiene la edad suficiente para lo que hace o para lo que intenta hacer: *es un mocoso que aún no va a la escuela.*

moda n. f. **1** Conjunto de gustos, costumbres y modos de comportarse propios de un período de tiempo, de un conjunto de personas o de un país determinado. **2** Conjunto de prendas de vestir, adornos y complementos con un estilo o un diseño común, que se usan durante un período de tiempo determinado.

▶ **a la moda** Con ropa, adornos y complementos nuevos y actuales: *Susana siempre viste a la moda.* **de moda** Dentro de los gustos y costumbres de un período de tiempo o de un país determinado: *este invierno están muy de moda las botas altas con cordones.* **pasado de moda** Que se ha dejado de usar o que está fuera de los gustos y costumbres de un período de tiempo. SIN anticuado.

DER modisto.

modal adj. **1** GRAM. Del modo o que tiene relación con esta categoría gramatical del verbo: *hay tres categorías modales: el indicativo, el subjuntivo y el imperativo.* ◆ n. m. pl. **2 modales** Acciones y formas de comportarse ante los demás con que una persona da a conocer su buena o mala educación: *toda esa familia tiene muy buenos modales.*

modalidad n. f. **1** Modo de ser, de actuar o de presentarse que tiene una cosa. **2** En algunos deportes, categoría, estilo o forma de practicar un deporte: *el piloto español corre en la modalidad de 125 centímetros cúbicos.*

modelado n. m. Arte o técnica que consiste en dar la forma deseada a una materia blanda: *dedica sus ratos libres al modelado del barro.*

modelar v. tr. **1** Dar la forma deseada o hacer una figura con un material blando, como por ejemplo cera, barro o plastilina. **2** Cambiar la forma de ser de una persona para mejorarla, haciendo que adquiera unos rasgos determinados: *el maestro consiguió modelar el carácter de sus discípulos.* SIN formar, moldear.

DER modelado; remodelar.

modélico, -ca adj. Que sirve o puede servir de modelo por tener cualidades representativas o extraordinarias: *pareja modélica.*

modelismo n. m. Construcción de maquetas o reproducciones a escala reducida de barcos, trenes, aviones, edificios, máquinas y otras cosas.

modelo n. m. **1** Persona u objeto que sirve como pauta para imitarlo o copiarlo: *toma a su padre como modelo.* **2** Persona que merece ser imitada por sus buenas cualidades: *modelo de bondad.* NOTA Puede usarse en aposición a otro sustantivo: *tu hijo es un niño modelo.* **3** Objeto que se fabrica en serie y que tiene las mismas características que los que pertenecen a su mismo tipo: *me he comprado un televisor último modelo.* **4** Prenda de vestir que pertenece a una colección de ropa diseñada por alguien: *la señorita viste un precioso modelo realizado en seda.* **5** Representación de un objeto a pequeña escala. **6** Esquema teórico que representa una realidad compleja o un proceso complicado y que sirve para facilitar su comprensión: *algunas pruebas matemáticas comparan un modelo teórico con los datos recogidos de la realidad.* ◆ n. com. **7** Persona, generalmente alta y bien formada, que se dedica a mostrar en público prendas de vestir u otros productos: *todas las modelos lucieron las nuevas joyas en la pasarela.* SIN maniquí. **8** Persona que posa para ser representada en una obra de arte, especialmente en un cuadro, una escultura o una fotografía: *hice de modelo para ese pintor.*

DER modelar, modélico.

módem n. m. INFORM. Dispositivo que, conectado a un ordenador, convierte una señal digital en analógica o viceversa y que permite la comunicación con otro ordenador por vía telefónica.

OBS El plural es *módems.*

moderación n. f. Cualidad que consiste en contener o frenar los sentimientos, las palabras o los impulsos exagerados: *si actúas con moderación, todo te irá bien.*

moderado, -da adj. **1** Que está en un punto medio entre dos extremos y no es exagerado: *unos precios moderados.* **2** Que tiene ideas políticas poco radicales: *político muy moderado.* ANT extremista, fanático.

moderador, -ra n. m. y f. Persona que dirige una reunión en la que varias personas discuten sobre un tema y da la palabra a los que quieren intervenir.

moderar v. tr. **1** Disminuir la intensidad o evitar el exceso de una cosa: *en las curvas es recomendable moderar la velocidad.* **2** Dirigir una reunión en la que varias personas discuten sobre un tema, dando la palabra a los que quieren intervenir: *un periodista famoso modera cada jueves una mesa redonda sobre política.* ◆ v. tr./ prnl. **3** Contener o frenar los sentimientos, las palabras o los impulsos exagerados: *modérate en la mesa y trata de no comer tanto.* SIN controlar, reprimir.

DER moderación, moderado, moderador.

modernidad n. f. Cualidad que tienen las cosas o las personas modernas.

modernismo n. m. **1** Movimiento literario que se siguió en España y en Hispanoamérica a finales del siglo XIX y principios del siglo XX, y que se caracteriza por el cuidado de la lengua y el refinamiento de la expresión. **2** Corriente artística europea de finales del siglo XIX y principios del XX, en la que se suelen representar temas relacionados con la naturaleza y en la que abundan las líneas curvas y asimétricas. **3** Gusto por las cosas modernas y actuales, especialmente en arte y en literatura.

DER modernista; posmodernismo.

modernista adj. **1** Del modernismo o que tiene relación con este movimiento artístico y literario: *la literatura modernista se interesó sobre todo por los aspectos rítmicos del lenguaje.* ◆ adj./ n. com. **2** [artista] Que practica el modernismo en literatura o en arte.

modernización n. f. **1** Proceso mediante el cual una cosa antigua toma forma o aspecto modernos. **2** Adaptación del modo de vida a los usos y costumbres más avanzados y modernos: *la tecnología ha contribuido mucho a la modernización de la sociedad.*

modernizar v. tr. **1** Hacer que una cosa antigua tome forma o aspecto modernos. ◆ v. tr./ prnl. **2** Adaptar una cosa a los usos y costumbres más avanzados y modernos: *la empresa se modernizó cuando compraron ordenadores.*

OBS En su conjugación, la *z* se convierte en *c* delante de *e*.

moderno, -na adj. **1** Que pertenece al presente, al tiempo actual. ANT antiguo. **2** Que existe, se conoce o se usa desde hace poco tiempo. SIN reciente. **3** Que sigue las últimas tendencias o adelantos: *en esa fábrica emplean la tecnología más moderna.* SIN avanzado, innovador, novedoso. **4** Que está de acuerdo con la moda del momento actual: *lleva un peinado muy moderno.* ANT anticuado, clásico.

DER modernidad, modernismo, modernizar.

modestia n. f. **1** Cualidad que tienen las personas que no se creen superiores a los demás o se quitan importancia a sí mismas: *la modestia es una gran virtud.* SIN humildad. ANT orgullo, soberbia, vanidad. **2** Escasez de dinero o de los medios necesarios para vivir: *el matrimonio vivía con modestia.* SIN humildad, sencillez. ANT lujo.

modesto, -ta adj. **1** Que no se cree superior a los demás y no le da demasiada importancia a su persona ni a las obras que lleva a cabo. SIN humilde. ANT orgulloso, soberbio, vanidoso. **2** Que tiene poca importancia social o poco dinero: *llevó una vida modesta y sin grandes lujos.* ANT lujoso.

DER modestia.

módico, -ca adj. [cantidad, precio] Que es moderado y accesible: *precio módico.*

modificación n. f. Cambio pequeño o alteración de una cosa que no afecta a sus características principales: *tu trabajo de ciencias está bastante bien, pero habría que hacer algunas modificaciones.* SIN variación.

modificador n. m. GRAM. Palabra que determina el sentido de otra: *el adverbio es un modificador del verbo.*

modificar v. tr. **1** Alterar o transformar una cosa cambiando alguna de sus características, pero sin alterar las principales: *modificaron la cubierta del libro al hacer una segunda edición.* SIN variar. **2** GRAM. Limitar o determinar el sentido de una palabra: *los adjetivos modifican a los sustantivos.*

DER modificación, modificador.

modismo n. m. Expresión característica de una lengua que está formada por un grupo de palabras con una estructura fija y que tiene un significado que no se puede deducir del significado de las palabras que lo forman: *«en un abrir y cerrar de ojos» es un modismo en lengua española.* **SIN** locución.

modisto, -ta n. m. y f. Persona que se dedica a diseñar y a confeccionar prendas de vestir, especialmente de moda.

modo n. m. **1** Forma de ser o de hacer una cosa: *no me gusta nada su modo de comportarse.* **SIN** manera. **2** GRAM. Categoría gramatical que expresa la actitud del hablante con respecto a la acción expresada por el verbo. **modo imperativo** Modo que expresa una orden, un ruego o un mandato: *en las oraciones «abre la puerta» y «comed despacio», los verbos están en modo imperativo.* **modo indicativo** Modo que expresa una acción real y refleja una actitud objetiva del hablante respecto a la acción: *en las oraciones voy en coche y ayer comí arroz, los verbos están en modo indicativo.* **modo subjuntivo** Modo que expresa una actitud subjetiva del hablante respecto a la acción del verbo, como por ejemplo de deseo o duda: *en la oraciones «ojalá llueva» y «quizá no habría venido» el verbo está en modo subjuntivo.* **3** MÚS. Forma de ordenarse los sonidos en la escala musical. **modo mayor** Disposición de los sonidos de una escala musical cuando entre la primera y tercera nota hay dos tonos de distancia. **modo menor** Disposición de los sonidos de una escala musical cuando entre la primera y tercera nota hay un tono y medio de distancia. ◆ n. m. pl. **4 modos** Manera de comportarse una persona en sociedad o con los demás: *entró preguntando por él de muy malos modos.*

▶ **a modo de** Como si fuera: *usó la mano a modo de visera.* **SIN** como. **de modo que a.** Por tanto: *tenemos que acabar el trabajo pronto, de modo que ponte a escribir ya.* **b.** De forma que: *tienes que doblar el papel varias veces de modo que quede muy pequeño.* **de ningún modo** Indica negación de manera tajante: *de ningún modo voy a llamarle si no me pide perdón.* **de todos modos** Indica que una cosa que se ha dicho antes o que se sabe no impide lo que se dice a continuación: *ya sé que lo acordamos por teléfono, pero de todos modos me gustaría ponerlo por escrito.*

DER modal, modificar, modismo, modoso.

modorra n. f. Sensación de sueño que provoca pesadez y torpeza en los sentidos: *después de comer me entra tanta modorra que no soy capaz de hacer nada.* **SIN** somnolencia, sopor.

DER amodorrarse.

modulación n. f. **1** MÚS. Acción que consiste en variar el tono de una voz o de un instrumento hasta conseguir el adecuado: *la cantante tiene una hermosa modulación de los agudos.* **2** Modificación de las características de las ondas, especialmente de las ondas sonoras, para conseguir que se transmitan mejor: *el técnico de sonido se encarga de la modulación de todos los sonidos que emiten los instrumentos.*

modular adj. **1** [objeto] Que está formado por varias partes o módulos que se pueden separar y combinar de distintas maneras: *ha encargado un armario modular.* ◆ v. tr. **2** MÚS. Variar el tono de una voz o de un instrumento hasta conseguir el adecuado: *la soprano modula su voz magníficamente.* **3** Modificar las características de las ondas, especialmente de las ondas sonoras, para conseguir que se transmitan mejor.

módulo n. m. **1** Pieza que forma parte de un conjunto pero que también puede considerarse por separado: *un sofá formado por cuatro módulos separables.* **2** Medida que se toma como modelo para medir las proporciones de los objetos que son artísticos o arquitectónicos: *el templo dórico se construía usando como módulo la medida del capitel.*

DER modular.

mofa n. f. Obra o dicho con que se intenta despreciar o poner en ridículo a una persona o cosa: *sus compañeros hicieron mofa de él y de su traje.* **SIN** burla.

DER mofarse.

mofarse v. prnl. Reírse de una persona o gastarle una broma despreciándola o poniéndola en ridículo: *todos se mofaron de la ingenuidad del recién llegado.* **SIN** burlar, cachondearse.

mofeta n. f. Animal mamífero nocturno de color negro con bandas blancas, que lanza un líquido de olor muy desagradable cuando se siente amenazado.

moflete n. m. Mejilla que está gruesa y carnosa.

mogollón n. m. **1** Cantidad muy grande de la cosa que se expresa: *un mogollón de cosas.* **SIN** montón, montonera, porrada. **2** Lío, confusión o desorden: *en un momento se monta el mogollón.* ◆ adv. **3** Mucho: *la película me ha gustado mogollón.*

moho n. m. **1** Hongo que crece en la superficie de los alimentos y otros materiales orgánicos provocando su descomposición; forma una capa de color negruzco, verdoso o blanco. **2** Capa de óxido de color verde que se forma sobre los objetos de metal a causa de la humedad. SIN orín, verdín.
DER mohoso; enmohecer.

mohoso, -sa adj. Que está cubierto de moho: *el pan estaba mohoso.*

moisés n. m. Cuna portátil para recién nacido, parecida a un cesto grande, hecha de material flexible y con asas.
OBS Su plural también es *moisés.*

mojar v. tr./ prnl. **1** Humedecer el agua u otro líquido la superficie de un cuerpo o entrar en su interior: *llovía y el periódico se ha mojado.* ANT secar. **2** Orinar encima de uno mismo, sin quitarse la ropa o, especialmente, en la ropa de la cama: *el niño moja la cama todas las noches.* ◆ v. tr. **3** Hacer que el agua u otro líquido humedezca la superficie de un cuerpo o entre en su interior: *para limpiar el mueble mojó el paño con agua.* ANT secar. **4** Meter trozos de pan o de otro alimento en una salsa o en una bebida: *mojaba tres o cuatro galletas en un vaso de leche.* **5** Celebrar una cosa tomando unas bebidas: *esta noticia tan fantástica hay que mojarla.* SIN remojar. ◆ v. prnl. **6** mojarse Comprometerse en un asunto conflictivo o con una manera de pensar y actuar asumiendo las responsabilidades o consecuencias que conlleva el compromiso: *no quiso decirnos su opinión porque no le gusta mojarse.*
DER mojado; remojar.

mojigato, -ta adj./ n. m. y f. **1** [persona] Que se escandaliza con facilidad o muestra exageradamente su moralidad. SIN beato. **2** *despetivo* [persona] Que se comporta con falsa humildad o con una timidez simulada para conseguir algún fin: *ser tan mojigata le habrá servido para ascender, pero ahora nadie confía en ella.*
DER mojigatería.

mol n. m. Unidad básica de cantidad de materia del sistema internacional que equivale a la masa de tantas unidades elementales (átomos, moléculas, iones, electrones, etc.) como átomos de carbono existen en 12 gramos de carbono-12 puro.

molar adj. **1** De la muela o que tiene relación con estos dientes: *una infección molar.* **2** Que sirve para moler o triturar: *la piedra molar es la que se usa para machacar el grano en los molinos.* ◆ adj./ n. m. **3** [diente] Que está situado en la parte más posterior de la boca y sirve para triturar los alimentos: *los dientes molares están detrás de los caninos.* SIN muela. NOTA Se usa sobre todo como sustantivo masculino. ◆ v. intr. **4** Gustar o ser del agrado de una persona: *no veas cómo me mola esa chica.*

moldavo, -va adj. **1** De Moldavia o que tiene relación con este Estado de Europa Oriental. ◆ adj./ n. m. y f. **2** [persona] Que es natural de Moldavia. ◆ n. m. **3** Lengua hablada en Moldavia.

molde n. m. **1** Recipiente o pieza hueca donde se echa una masa líquida o blanda que toma la forma del recipiente al volverse sólida: *siempre pongo caramelo líquido en el molde antes de echar el flan.* **2** Pieza o instrumento de cualquier tipo, aunque no sea hueco, que se usa para dar forma o cuerpo a una cosa; sobre todo se dice de los usados para estampar las letras de imprenta.
▶ romper moldes Actuar saliendo de las normas establecidas: *su boda civil rompió moldes en la larga tradición católica de su familia.*
DER moldear, moldura; amoldar.

moldeado n. m. **1** Rizado u ondulado del cabello que se hace de manera artificial y duradera enrollando los mechones de pelo en una especie de tubos cilíndricos y aplicando un líquido fuerte sobre ellos. SIN permanente. **2** Operación mediante la cual se realizan objetos o figuras por medio de un molde: *el moldeado de algunos objetos decorativos todavía se realiza a mano.*

moldear v. tr. **1** Dar forma a una sustancia blanda o fundida, echándola en un molde, o con la ayuda de las manos o algún utensilio: *el escultor moldea el barro con sus manos.* SIN modelar. **2** Formar a una persona para que desarrolle unas cualidades o un carácter determinado, acorde con un modelo: *los padres intentan moldear la personalidad del niño.* **3** Poner en un molde una masa líquida o blanda que al volverse sólida toma su forma. **4** Ondular o rizar el pelo: *el peluquero le puso unos rulos gruesos para moldearle la melena.*
DER moldeado.

moldura n. f. **1** En carpintería, listón de madera liso o con relieves que sirve para tapar juntas o como adorno. **2** Marco de cuadro o fotografía. **3** ARQ. Banda saliente que se usa de adorno o de refuerzo y que se coloca a lo largo de una fachada, en la unión de las paredes con el techo o en las junturas en general.

mole n. f. **1** Cosa de gran tamaño y pesada: *una mole de cemento se desplomó desde lo alto de la grúa.* **2** Persona o animal grande y corpulento: *está hecho una mole, pesa 100 kilos.*
DER molécula; demoler.

molécula n. f. FÍS. Parte más pequeña que puede separarse de una sustancia pura sin que la sustancia pierda sus propiedades.
DER molecular; macromolécula.

molecular adj. De la molécula o relacionado con ella.

moler v. tr. **1** Triturar algo, especialmente granos o frutos, golpeándolo o frotándolo entre dos piezas duras hasta reducirlo a trozos muy pequeños o a polvo: *molió un poco de café.* ◆ v. tr./ intr. **2** Cansar mucho físicamente: *estoy molido después de tanto ejercicio.* SIN fatigar.
▶ moler a palos Pegar a alguien: *como vuelva a pillarte robándome, te voy a moler a palos.*
OBS Se conjuga como *mover.*
DER molienda; demoler.

molestar v. tr. **1** Causar incomodidad o perturbar la tranquilidad de alguien: *¿le molesta que abramos la ventana?* SIN fastidiar. **2** Producir un dolor ligero o poco importante: *aún le molestan los puntos.* ◆ v. tr./ prnl. **3** Disgustar o enfadar ligeramente a alguien: *me molesté por sus insinuaciones.* SIN ofender. ◆ v. prnl. **4** molestarse Esforzarse en hacer una cosa: *no te molestes en venir.*

molestia n. f. **1** Cosa, persona o situación fastidiosa que causa incomodidad o perturba la tranquilidad, especialmente cuando obliga a un esfuerzo. SIN fastidio. **2** Dolor ligero o poco importante: *siento algunas molestias en el estómago.*

molesto, -ta adj. **1** Que causa una incomodidad o un dolor ligero: *la ropa ajustada me resulta molesta.* **2** Que siente un dolor ligero o poco importante o que está enfadado o disgustado: *estoy molesto con mi amigo porque últimamente no viene a verme.*
DER molestar, molestia.

molibdeno n. m. Elemento químico metálico que se caracteriza por tener un punto de fusión muy elevado y una gran resistencia a la corrosión; se emplea en la fabricación de aceros: *el símbolo químico del molibdeno es Mo.*

molinero, -ra n. m. y f. Persona que trabaja en un molino o lo tiene a su cargo.

molinillo n. m. **1** Instrumento o aparato pequeño de cocina que sirve para moler. **2** Juguete de niños que consiste en una vara o palo en cuyo extremo va sujeta una rueda o estrella de papel que gira impulsada por el viento: *el niño sopla para ver cómo gira el molinillo.*

molino n. m. **1** Máquina o mecanismo que sirve para triturar una materia hasta reducirla a trozos muy pequeños o a polvo. molino de viento Molino que se mueve por la fuerza del viento. molino de agua o hidráulico Molino que funciona por la fuerza de una corriente de agua. **2** Edificio donde está instalada esta máquina.
DER molinero, molinete, molinillo; remolino.

molleja n. f. **1** Estómago muscular de las aves, de paredes gruesas, donde trituran los alimentos. **2** Parte carnosa de las glándulas de algunos animales. NOTA En esta acepción se usa generalmente en plural.

molusco adj./ n. m. **1** ZOOL. [animal] Que es invertebrado y de cuerpo blando; suele tener concha: *el caracol, la sepia y el mejillón son especies diferentes de moluscos.* ◆ n. m. pl. **2** moluscos Grupo formado por todos los invertebrados.

momentáneo, -nea adj. **1** Que dura solo un momento: *un dolor momentáneo.* SIN pasajero, fugaz. ANT eterno. **2** Que es provisional: *una solución momentánea.* SIN temporal.

momento n. m. **1** Período de tiempo muy breve: *estaré listo en un momento.* SIN instante. **2** Tiempo puntual en el que se hace u ocurre una cosa: *en el momento en que salía, tropezó.* **3** Período sin duración específica que se singulariza por algún motivo, especialmente al hacer referencia a tiempos pasados: *los momentos que pasé con él son inolvidables.* **4** Tiempo oportuno para hacer o para que ocurra una cosa: *es el momento de invertir.* **5** Tiempo presente: *el resultado de las elecciones es la noticia del momento.*
▶ a cada momento Con mucha frecuencia: *viene a cada momento.* al momento Inmediatamente: *te lo arreglo al momento.* de (o por el) momento Por ahora: *de momento no he recibido información.* de un momento a otro Muy pronto, pero sin saber exactamente cuándo: *el ministro vendrá de un momento a otro.* en un momento En muy poco tiempo, enseguida. hace un momento Hace muy poco tiempo.
DER momentáneo.

momia n. f. **1** Cadáver que se conserva sin pudrirse de forma natural, o bien porque se le han aplicado ciertas sustancias: *en las tumbas egipcias se han encontrado momias de los faraones.* **2** Persona que se encuentra físicamente desmejorada o envejecida.
DER momificar, momio.

momificar v. tr. Preparar un cadáver para que se conserve sin descomponerse. SIN embalsamar.
OBS En su conjugación, la *c* se convierte en *qu* delante de *e*.
DER momificación.

mona n. f. **1** Primate de tamaño pequeño y sin cola que vive en el norte de África y en Gibraltar. **2** Estado en el que se está bajo los efectos del alcohol. SIN borrachera. NOTA En esta acepción suele usarse con los verbos *coger, llevar* o *tener.* **3** Tipo de bollo adornado con huevos cocidos o de chocolate que en algunas zonas de España se come tradicionalmente el día de Pascua de Resurrección.
DER monada, monería, mono.

monacal adj. De las monjas o los monjes o que tiene relación con estos religiosos y con su estilo de vida retirada. SIN monástico.
DER monacato.

monacato n. m. **1** Estado o profesión del monje. **2** Conjunto de las órdenes o instituciones monásticas.

monaguillo n. m. Niño que ayuda al sacerdote en la misa.

monarca n. com. En una monarquía, persona que desempeña el cargo de jefe del Estado. SIN rey, soberano.
DER monarquía.

monarquía n. f. **1** Forma de gobierno en la que la jefatura del Estado reside en una sola persona, un rey o una reina, habitualmente de forma hereditaria y vitalicia. monarquía absoluta Forma de gobierno en la que el rey no tiene limitado su poder por ningún tipo de ley. monarquía constitucional Forma de gobierno en la que la Constitución limita el poder del rey: *en España el sistema de gobierno actualmente en vigencia es el de una monarquía constitucional.* **2** País gobernado por un monarca. **3** Período de tiempo en el que un monarca dirige un Estado.
DER monárquico.

monárquico, -ca adj. **1** De la monarquía o relacionado con ella. ◆ adj./ n. m. y f. **2** [persona] Que es partidario de la monarquía.

monasterio n. m. Edificio en el que vive una comunidad de religiosos o religiosas.
DER monástico.

monástico, -ca adj. Del monasterio o de los monjes, que tiene relación con ese edificio o con los religiosos que residen allí. SIN monacal.

monda n. f. Piel o cáscara que se quita de las hortalizas y las frutas.
▶ ser la monda Ser algo o alguien muy gracioso y divertido: *tu amigo es la monda.*

mondadientes n. m. Palo pequeño y delgado de madera que sirve para pinchar los alimentos o para limpiar los dientes. SIN palillo.
OBS El plural también es *mondadientes.*

mondar v. tr. **1** Quitar la piel o la cáscara a las hortalizas y las frutas. SIN pelar. **2** Quitar de los árboles las ramas viejas o secas. SIN podar. ◆ v. prnl. **3** mondarse Reírse mucho: *nos mondábamos con las anécdotas de aquel hombre tan gracioso.* SIN desternillarse.
DER monda, mondadura; escamondar.

mondo, -da adj. **1** Que está limpio y libre de cosas extrañas, añadidas o innecesarias: *los restauradores han dejado las paredes mondas de yeso y pintura.* **2** Que no tiene pelo: *su cabeza está monda como una calavera.* SIN calvo.
▶ mondo y lirondo Que no tiene o lleva cosas añadidas: *viven del sueldo de ella mondo y lirondo.*
DER mondar.

moneda n. f. **1** Unidad aceptada en uno o más países como medida común para el intercambio comercial. **2** Pieza de metal a la que se le asigna un valor económico determinado y que sirve para comprar o pagar; generalmente tiene forma redonda y un relieve en cada cara.
▶ pagar con la misma moneda Comportarse una persona con otra de la misma manera en que fue tratada por ella: *si le haces una faena, él te pagará con la misma moneda.* ser moneda corriente Ser algo común o frecuente: *los insultos son moneda corriente en esas reuniones.*

monedero n. m. Bolsa o cartera de pequeño tamaño que sirve para guardar el dinero, suele ser de tela o cuero.

monegasco, -ca adj. **1** Relativo a Mónaco, principado del sudeste de Europa, o a sus habitantes. ◆ adj./ n. m. y f. **2** [persona] Que es de Mónaco.

monema n. m. **1** GRAM. Unidad mínima que tiene significado: *los lexemas y los morfemas* *son monemas.* **2** GRAM. Término que integra un sintagma.

monetario, -ria adj. De la moneda o que tiene relación con ella y en general con el dinero.

mongol, -la adj. **1** De Mongolia o que tiene relación con este país de Asia central. ◆ adj./ n. m. y f. **2** [persona] Que es de Mongolia. ◆ n. m. **3** Lengua hablada en Mongolia.

mongolismo n. m. MED. Malformación de tipo genético que provoca retraso mental y físico y transtornos del crecimiento: *el mongolismo se llama también síndrome de Down.*

monigote n. m. **1** Muñeco o figura grotesca: *le colgaron un monigote en la espalda el día de los Santos Inocentes.* **2** Figura humana o de animal, pintada, dibujada o hecha de cualquier materia, generalmente con fin humorístico: *el niño dibujó dos monigotes y dijo que eran sus padres.* SIN mono. **3** Persona considerada insignificante en lo físico o lo moral: *¿quién es ese monigote para darme órdenes a mí?* SIN mamarracho. NOTA Se usa con sentido despectivo. **4** Niño pequeño: *vamos a ver, monigote: ¿qué es lo que quieres que te pinte aquí?* SIN mequetrefe, renacuajo.NOTA Se usa como apelativo cariñoso.

monismo n. m. Doctrina o concepción filosófica que trata de reducir todos los seres y fenómenos del universo a una única idea o sustancia de la que todo procede o se deriva.

monitor, -ra n. m. y f. **1** Persona que enseña a realizar una actividad concreta en la que es experta, especialmente actividades deportivas o culturales. SIN instructor. **2** Persona que asume responsabilidades de educador o guía en grupos infantiles u otros similares. ◆ n. m. **3** Mecanismo que proporciona datos visuales o sonoros para que resulte más fácil controlar el funcionamiento de un aparato o sistema: *cuando se encienden las luces y suena la alarma del monitor, significa que hay riesgo de incencio.* **4** Pantalla de un ordenador, un televisor y otros aparatos electrónicos.

monitorizar v. tr. **1** Controlar el desarrollo de una acción o un suceso a través de uno o varios monitores: *en medicina se monitoriza a los enfermos graves para controlar todas sus variables fisiológicas.* **2** Instalar monitores en un lugar para someterlo a vigilancia: *los cajeros automáticos están monitorizados.*

OBS En su conjugación, la *z* se convierte en *c* delante de *e*.

monja n. f. Mujer que pertenece a una orden religiosa.

monje n. m. Hombre que pertenece a una orden religiosa y que vive en comunidad o en aislamiento.

DER monja, monjil.

mono- Elemento prefijal que entra en la formación de palabras con el significado de 'único', 'uno solo': *monólogo, monarquía, monopatín.* SIN uni-.

mono, -na adj. **1** Que es bonito, gracioso o agradable a la vista: *el vestido es muy mono y te sienta muy bien.* SIN cuco, majo. ◆ n. m. y f. **2** Animal mamífero que tiene pies y manos capaces de sujetar cosas y un aspecto similar al del hombre. ◆ n. m. **3** Prenda de vestir de una pieza, con pantalones y cuerpo; generalmente es de tejido grueso y se usa para no mancharse: *el mecánico tenía el mono manchado de grasa.* **4** Síndrome de abstinencia, estado físico y mental de malestar que se produce al interrumpir el consumo de una droga u otra sustancia que crea dependencia.

▶ **ser el último mono** Ser la persona menos importante o con menos poder de decisión de un lugar: *asistía a las reuniones pero, como era el último mono, no tenía derecho a hablar.*

monocotiledóneo, -nea adj./ n. f. **1** BOT. [planta] Que tiene solamente un cotiledón en la semilla: *la palmera es una monocotiledónea.* ◆ n. f. pl. **2** monocotiledóneas BOT. Clase a la que pertenecen estas plantas.

monocromo, -ma adj. *formal* Que es de un solo color.

monóculo n. m. Lente que se coloca en un solo ojo.

DER monocular.

monocultivo n. m. En agricultura, sistema de cultivo que consiste en dedicar toda la tierra disponible a un solo producto.

monodosis n. m. Dosis de un medicamento que viene preparada para ser ingerida, aplicada o inyectada de una sola vez: *compra el suero fisiológico en monodosis.*

OBS El plural es *monodosis.*

monogamia n. f. *formal* Estado o situación de quien está casado solamente con una persona. ANT poligamia.

monografía n. f. Estudio detallado sobre un aspecto concreto y particular de una materia: *lleva dos años preparando una monografía sobre Cervantes.*

DER monográfico.

monográfico, -ca adj. **1** Que estudia o trata con detalle un solo tema o un aspecto de una materia: *hay un ciclo monográfico sobre el director de cine Luis Buñuel.* ◆ n. m. **2** Estudio detallado sobre un aspecto concreto y particular de una materia.

monolingüe adj./n. com. **1** [persona] Que habla una sola lengua. ◆ adj. **2** Que está escrito solo en una lengua: *esta edición de las poesías de Baudelaire es monolingüe.*

monolítico, -ca adj. **1** Del monolito o relacionado con esta construcción. **2** Que está hecho de una sola pieza de piedra. **3** Muy compacto, con una unión tan fuerte entre sus distintas partes, como si fuera de una sola pieza: *forman un grupo monolítico.*

monolito n. m. Monumento de piedra de una sola pieza: *los monolitos son propios de las culturas prehistóricas.*
DER monolítico.

monólogo n. m. **1** Discurso en voz alta una persona consigo misma. **2** Obra literaria, especialmente de teatro, en la que habla un solo personaje. SIN diálogo.
DER monologar.

monomio n. m. MAT. Expresión matemática que consta de un solo término: *10x es un monomio.*

monopatín n. m. Objeto en forma de patín grande que está compuesto por una plataforma de madera o de plástico provista de ruedas en su parte inferior para subir sobre ella con los dos pies y que sirve para deslizarse o desplazarse.

monoplaza adj. **1** [vehículo] Que tiene capacidad para una sola persona: *avioneta monoplaza.* ◆ n. m. **2** Automóvil de competición con una sola plaza para el piloto: *los monoplazas se disponen a ocupar su lugar en la parrilla de salida.*

monopolio n. m. **1** Derecho legal concedido a un individuo o a una empresa para explotar en exclusiva un negocio o para vender un determinado producto: *hay algunos países donde el comercio de la gasolina es un monopolio.* **2** Dominio o influencia total sobre una cosa, excluyendo a otros: *los ancianos tenían el monopolio de la plaza y no dejaban que los niños jugaran allí.*

monopolizar v. tr. **1** Tener o conseguir el permiso exclusivo para explotar un negocio o para vender un determinado producto: *en algunos países una sola empresa monopoliza la distribución del petróleo y sus derivados.* **2** Realizar una actividad o negocio prácticamente de forma exclusiva o con mayor éxito que los demás: *las empresas japonesas monopolizan el mercado de la electrónica.* **3** Acaparar la atención: *monopolizó la conversación durante toda la noche.*
OBS En su conjugación, la *z* se convierte en *c* delante de *e*.
DER monopolización.

monorrimo, -ma adj. [conjunto de versos, composición poética] Que tiene una sola forma de rima.

monosacárido n. m. **1** QUÍM. Hidrato de carbono que no puede descomponerse en unidades menores o más sencillas: *la glucosa es un monosacárido.* ◆ n. m. pl. **2** **monosacáridos** QUÍM. Grupo al que pertenecen estos hidratos de carbono.

monosemia n. f. Fenómeno del lenguaje que consiste en que una palabra tiene un solo significado: *en la palabra «crucigrama» se da monosemia, porque solamente puede significar una cosa.*
DER monosémico.

monosémico, -ca adj. [palabra] Que tiene un solo significado: *la palabra «sobrino» es monosémica.*

monosílabo, -ba adj./n. m. [palabra] Que tiene una sola sílaba: *son monosílabos las palabras como «mi», «tras», «de», «en» o «y».* ANT polisílabo.
DER monosilábico.

monoteísmo n. m. Doctrina religiosa que defiende la existencia de un solo dios: *el cristianismo, el judaísmo y el islamismo tienen en común el monoteísmo.* ANT politeísmo.

monoteísta adj. **1** Del monoteísmo o que tiene relación con esta doctrina. ANT politeísta. ◆ n. com. **2** Persona que cree en la existencia de un solo dios. ANT politeísta.

monotonía n. f. **1** Uniformidad de tono o entonación: *la monotonía de la voz del orador acabó durmiendo a la audiencia.* **2** Falta de variación que produce aburrimiento o cansancio: *quería acabar con la monotonía de su vida.*

monótono, -na adj. **1** Que tiene siempre el mismo tono o entonación. **2** Que no varía y por esta razón produce aburrimiento o cansancio: *un paisaje monótono.*
DER monotonía.

monovolumen n. m. Vehículo turismo en cuya línea exterior no destacan los espacios destinados a motor y equipaje, sino que parecen una continuación del habitáculo de pasajeros; suele ser más alto que los otros turismos.

monóxido n. m. QUÍM Combinación de un radical simple o compuesto con un átomo de oxígeno: *monóxido de carbono.*

monseñor n. m. Forma de tratamiento de respeto y cortesía que se usa hacia los altos cargos de la Iglesia católica: *monseñor Fernández ofició la misa.*

monstruo n. m. **1** Ser fantástico, generalmente feo o desagradable, que resulta espantoso; suele aparecer en la literatura, en el cine o en la tradición popular: *el monstruo del lago Ness.* **2** Ser vivo o cosa que no es normal en su especie, con malformaciones u otro tipo de alteraciones. **3** Persona o cosa muy fea o desproporcionada. **4** Persona muy cruel y perversa. **5** Cosa excesivamente grande o extraordinaria: *preparan un concierto monstruo para el verano.* **6** Persona dotada de cualidades extraordinarias para realizar una actividad en concreto: *Lope de Vega fue un monstruo de la literatura.* SIN fenómeno, genio.

monstruosidad n. f. **1** Cualidad de monstruoso: *la monstruosidad de un comportamiento.* **2** Cosa o acción monstruosa: *si es verdad todo lo que se dice que hizo, es una monstruosidad.*

monstruoso, -sa adj. **1** Que presenta una falta de proporción y de regularidad en su forma y que resulta muy feo o desagradable: *después del accidente su rostro había quedado monstruoso.* SIN deforme. **2** Que es muy cruel y malvado: *todos los países condenaron la monstruosa masacre de indígenas.* **3** Que es excesivamente grande o extraordinario: *este muchacho tiene una fuerza monstruosa.*
DER monstruosidad.

monta n. f. **1** Arte de montar a caballo: *es un experto en la monta de caballos.* **2** Unión sexual de un animal macho con la hembra; se usa especialmente para los caballos y los toros. **3** Valor o importancia de una cosa.
▶ de poca monta Que tiene poco valor o importancia: *no puedo perder el tiempo con asuntos de poca monta.*

montacargas n. m. Ascensor para subir y bajar mercancías.
OBS El plural es *montacargas.*

montado, -da adj. **1** Que va subido en un caballo o en otro animal: *la guardia montada está a las puertas del palacio.* **2** [nata, clara de huevo] Que se ha batido hasta ponerlo esponjoso: *el merengue se hace con claras montadas y azúcar.* ◆ n. m. **3** Alimento que consiste en un poco de carne asada o frita sobre un trozo de pan. NOTA Se usa también la forma *montadito.*

montador, -ra n. m. y f. **1** Persona que tiene por oficio montar máquinas o aparatos. **2** Persona que tiene por oficio montar películas de cine o programas de televisión: *el montador construye una maqueta definitiva de la película.*

montaje n. m. **1** Acción de montar o armar un objeto, poner juntas las piezas que se ajustan entre sí. **2** Objeto ya construido y terminado, resultado de haber unido todas las piezas que encajan entre sí: *la maqueta del avión es un montaje perfecto.* **3** Organización y preparación de una representación teatral u otro tipo de espectáculo, y especialmente el conjunto de decisiones que toma un director para ajustar un guion a su plan artístico. **4** En cine, radio y televisión, selección y unión de una serie de escenas o de sonidos previamente grabados para elaborar la versión definitiva de una película o de un programa: *la Academia de Cine premió esa película por su estupendo montaje.* **5** Situación preparada para hacer parecer verdadero lo que es falso: *el asesino intentó demostrar que todas las pruebas eran un montaje de la policía.* SIN farsa.
▶ montaje fotográfico Imagen conseguida con partes de varias fotografías: *en la portada de la revista aparece un montaje fotográfico del acueducto de Segovia en medio del desierto.*
DER fotomontaje.

montaña n. f. **1** Elevación natural del terreno de gran altura, que sobresale del entorno. SIN monte. **2** Terreno en el que abundan estas elevaciones naturales: *nos iremos de excursión a la montaña.* SIN sierra. **3** Gran cantidad, número o acumulación de una cosa, especialmente si forma un montón: *hay una montaña de ropa vieja.* **4** Asunto que resulta difícil de solucionar, dificultad: *has convertido en una montaña algo sin importancia.*
▶ montaña rusa Atracción de feria con pequeños vehículos que circulan muy rápido por una vía con muchas curvas, desniveles y pendientes pronunciadas.
DER montañero, montañés, montañismo.

montañés, -ñesa adj. **1** De la montaña o que tiene relación con esta elevación de terreno: *el clima montañés sentó de maravilla a los niños.* ◆ adj./ n. m. y f. **2** [persona] Que vive en la montaña.

montañismo n. m. Deporte que consiste en andar por las montañas y subir a sus cimas. SIN alpinismo.

montañoso, -sa adj. [terreno] Que tiene muchas montañas: *el río nace en un terreno montañoso.*

montar v. intr./ prnl. **1** Subir encima de una cosa que está en un lugar más alto: *se montaron en la noria.* **2** Subir sobre un animal o subir a un vehículo: *se montó sobre el caballo y se fue.* ANT desmontar. ◆ v. intr./ tr. **3** Cabalgar sobre un animal o conducir un vehículo: *montó en bicicleta.* **4** Ascender una suma o un total a una cantidad determinada. SIN sumar. ◆ v. tr. **5** Armar un objeto, poner juntas las piezas que se ajustan entre sí: *los soldados aprenden a montar las pistolas.* SIN ensamblar. ANT desmontar. **6** Organizar y preparar lo necesario para una representación teatral, una fiesta u otro espectáculo: *para fin de año montaremos una fiesta en mi casa.* **7** Disponer o preparar lo necesario para una actividad: *ha montado un negocio de exportación de telas.* **8** En joyería, poner una piedra preciosa sobre un soporte: *el joyero montó un brillante en el anillo.* SIN engarzar. **9** Batir la nata de la leche o la clara de huevo hasta que quede esponjosa. **10** Unirse sexualmente un animal macho a la hembra: *ha comprado un semental para que monte las vacas.* **11** Seleccionar y unir escenas y sonidos para elaborar una película de cine o un programa de radio o televisión: *ya han completado el rodaje y solo les queda acabar de montar la película.*

▶ montar en cólera Experimentar un fuerte enfado y mostrarlo: *montó en cólera y rompió varios vasos.* montárselo Organizarse para sacar ventajas de una situación: *para poder estudiar y trabajar hay que saber montárselo.* tanto monta, monta tanto Expresión que indica que los dos elementos de los que se habla tienen la misma importancia: *puedes consultárselo a Luisa o a María del Carmen, tanto monta, monta tanto.*

DER monta, montado, montador, montaje, montante, montura; desmontar, remontar.

montaraz adj. **1** *formal* Que se ha criado en la montaña o vive en este tipo de terreno: *en la dehesa pastaban varios caballos montaraces.* SIN silvestre. **2** *formal* [persona] Que tiene un carácter violento y un comportamiento poco educado. SIN rudo.

monte n. m. **1** Elevación natural del terreno de gran altura. SIN montaña. **2** Terreno sin cultivar en el que hay vegetación: *he cogido tomillo en el monte.* monte alto Monte poblado con árboles grandes: *en el monte alto encontramos pinos y abetos, pero no arbustos o matas.* monte bajo Monte poblado con hierbas y árboles pequeños: *el conejo corría por el monte bajo escondiéndose entre los arbustos.*

▶ echarse al monte Huir de los lugares habitados, generalmente por estar fuera de la ley: *se echó al monte para que no lo encontrara la policía.* monte de piedad Establecimiento en el que se pueden empeñar algunos objetos para conseguir a cambio dinero prestado a un bajo interés: *acumulamos una gran deuda y tuvimos que llevar las joyas al monte de piedad.* monte de Venus Pubis de la mujer, parte baja del vientre femenino. no todo el monte es orégano Expresión con la que se indica que no todo es fácil: *no creas que todo el monte es orégano, aquí te vas a encontrar con muchas dificultades.* NOTA Se usa con verbos como *creer* o *pensar.*

DER montaña, montaraz, montero, montés, montículo, montón.

montenegrino, -na adj. **1** Relativo a Montenegro, país del sudeste de Europa, o a sus habitantes. ◆ adj./ n. m. y f. **2** [persona] Que es de Montenegro.

montera n. f. Gorra de terciopelo negro y pasamanería de seda que lleva el torero.

montero, -ra n. m. y f. Persona que busca y localiza la caza por el monte: *el duque llamó a los monteros para que le ojearan las piezas.*

DER montera, montería.

montés, -tesa adj. [animal, planta] Que habita o se cría en el monte: *gato montés.* SIN salvaje, silvestre.

montículo n. m. Elevación del terreno pequeña y aislada, natural o hecha por el hombre o los animales: *se escondieron detrás de un montículo de pinaza.*

monto n. m. Suma final de varias cantidades: *el monto ascendía a un millón de euros.*

montón n. m. **1** Conjunto de cosas puestas sin orden unas sobre otras: *sobre la mesa había un montón de revistas y papeles.* **2** Número o cantidad considerable de cosas.

▶ a montón o a montones De manera abundante, en gran cantidad: *en la biblioteca hay libros a montones.* **ser del montón** Ser normal y corriente: *es una chico del montón, no destaca en nada.*

DER montonera; amontonar.

montura n. f. **1** Armazón sobre el que se monta algo, que sostiene las piezas de un objeto: *gafas con montura metálica.* **2** Animal sobre el que se puede montar. **SIN** caballería. **3** Conjunto formado por la silla y los objetos necesarios para montar sobre un caballo u otro animal.

monumental adj. **1** De los monumentos o que tiene relación con ellos. **2** Que tiene un tamaño mucho mayor de lo normal o que por alguna razón destaca mucho: *próximamente empezarán las obras de una monumental estación de ferrocarril.* **SIN** gigantesco.

monumento n. m. **1** Obra de arquitectura, escultura o grabado hecha para recordar a una persona, un acto o una fecha importante. **2** Edificio u obra pública de gran valor histórico o artístico. **monumento nacional** Monumento que por su interés es protegido por el Estado. **3** Objeto o documento de gran valor para la historia o para la ciencia. **4** Obra científica, artística o literaria de gran valor: La Celestina *es un verdadero monumento de la literatura española.* **5** Lugar donde el día de Jueves Santo se pone la hostia consagrada para el Viernes Santo: *el Jueves Santo visitaron todos los monumentos de la ciudad.* **6** Persona de gran belleza: *ese chico es un verdadero monumento.* **SIN** bombón.

DER monumental.

monzón n. m. Viento que sopla periódicamente en el sudeste de Asia, unas veces en una dirección y otras veces en la opuesta.

monzónico, -ca adj. **1** Del monzón o relacionado con este viento: *los vientos monzónicos de verano traen lluvias torrenciales.* **2** [clima] Que tiene lluvias fuertes y abundantes en verano: *el clima monzónico es propio de Asia meridional.*

moño n. m. **1** Peinado que se hace recogiendo el pelo, enrollándolo y sujetándolo a la cabeza, generalmente con horquillas. **2** Conjunto de plumas o de pelo que sobresale en la parte superior de la cabeza de ciertos animales: *la garza tiene moño.*

DER moña.

mor Palabra que se utiliza en la locución *por mor de,* que indica que una cosa se hace o no se hace a causa de otra o en consideración a alguien: *no me obligues a mentir por mor de librarte de la culpa.*

OBS Es aféresis de la palabra *amor.*

mora n. f. **1** Fruto de la morera, formado por granos ovalados de color blanco o rosado y de sabor dulce. **2** Fruto del moral, de forma redondeada, formado por pequeños granos de color morado y de sabor agridulce. **3** Fruto de la zarzamora, de forma redondeada, de color verde al nacer y morado o negro cuando está maduro.

morada n. f. *formal* Casa o lugar donde habitualmente vive una persona o un animal.

morado, -da n. m./ adj. Color violeta oscuro, como el de las moras: *las berenjenas son moradas.*

▶ **pasarlas moradas** Encontrarse en una situación difícil: *las he pasado moradas para aparcar.* **ponerse morado** Satisfacer en exceso el deseo de una cosa, especialmente de comida o bebida: *siempre que va a un banquete se pone morado.*

DER moradura, moratón; amoratarse.

morador, -ra adj. *formal* Que vive en un lugar: *los moradores de aquella casa jamás salían a la calle.*

moral adj. **1** De los valores o costumbres que se consideran buenos o que tiene relación con un conjunto de reglas: *tenemos la obligación moral de colaborar con este proyecto de ayuda al tercer mundo.* **2** Que es conforme a las costumbres que se consideran buenas en una comunidad. **ANT** inmoral. **3** Del ánimo o la mente, en oposición al cuerpo: *ya no tenía fuerza moral para continuar.* ◆ n. f. **4** Conjunto de reglas que se consideran buenas para dirigir o juzgar el comportamiento de las personas en una comunidad. **SIN** ética. **5** Estado de ánimo o de confianza: *el equipo tiene la moral alta y puede ganar.* ◆ n. m. **6** Árbol de tronco grueso y recto; su fruto es la mora.

DER moraleja, moralidad, moralina, moralizar; amoral, inmoral.

moraleja n. f. Enseñanza provechosa que se saca de una historia: *las fábulas terminan con una moraleja.*

moralidad n. f. **1** Cualidad de moral o conforme a las costumbres que se consideran buenas. **ANT** inmoralidad. **2** Grado de adecuación de la opinión, el comportamiento o los hechos con las reglas de la moral: *fue un filósofo preocupado por la poca moralidad de su tiempo.*

moralista adj. **1** Que tiene una intención moralizadora: *ha escrito numerosos tratados moralistas.* ◆ n. com. **2** Persona que se dedica a hacer reflexiones morales y a escribir sobre moral.

moralizar v. tr. Hacer que alguien o algo tenga un comportamiento o adquiera caracteres morales: *moralizar las costumbres; los hábitos se moralizan.*
OBS En su conjugación, la *z* se convierte en *c* delante de *e*.
DER desmoralizar.

morar v. intr. *formal* Vivir habitualmente en un lugar.
DER morada, morador.

moratón n. m. Mancha en la piel de color morado y amarillento que sale después de un golpe. SIN cardenal, morado.

morbo n. m. **1** Morbosidad, atracción por lo desagradable o prohibido: *mucha gente fue a ver esa película sangrienta por morbo.* **2** *formal* Enfermedad o alteración de la salud: *el morbo se extendió hasta afectar a la mayor parte de la población.* SIN afección.
DER mórbido, morboso.

morboso, -sa adj. **1** Que muestra atracción por las cosas desagradables, crueles, prohibidas o que van contra la moral. **2** *formal* De la enfermedad o que tiene relación con alguna alteración de la salud.
DER morbosidad.

morcilla n. f. **1** Embutido de color negro, de forma cilíndrica alargada y gruesa, elaborado con sangre de cerdo cocida, especias y cebolla, que se fríe o se asa antes de comerlo. **2** Conjunto de palabras o frases improvisadas que un actor introduce en su papel: *como no se sabía el papel, no dejó de meter morcillas.*
▶ que te (o le, os, les) den morcilla Expresión con la que se indica desprecio o desinterés por alguna persona: *seguro que espera que le ayude pero, por mí, que le den morcilla.*

morcillo n. m. Porción carnosa de la parte superior de las patas de la vaca, el toro y otros animales bovinos.

mordacidad n. f. Ironía o comentario hiriente y agudo dicho con mala intención.

mordaz adj. Que critica de forma cruel, irónicamente y con mala intención. SIN incisivo, satírico.
DER mordacidad, mordaza.

mordaza n. f. **1** Trozo de tela o de otro material con el que se tapa la boca a alguien para impedir que hable o grite: *los secuestradores le pusieron una mordaza.* **2** Cualquier cosa que impide que una persona hable o se exprese con libertad. **3** Instrumento formado por dos piezas que hacen de tenazas y que pueden cerrarse para sujetar algo entre ellas.
DER amordazar.

mordedura n. f. **1** Acción de clavar los dientes. **2** Herida o señal que se deja al morder: *una mordedura de serpiente.*

morder v. tr. **1** Sujetar algo clavándole los dientes o apretar algo entre los dientes: *el niño muerde la manzana.* **2** Gastar poco a poco arrancando partes pequeñas: *la lima muerde el acero.* SIN desgastar, limar. **3** Corroer un ácido un material; sobre todo en artes gráficas cuando se desgasta una plancha para grabarla.
▶ estar que muerde Demostrar el enfado o el mal humor que se siente: *hoy están que muerden, déjalas y no las molestes.*
OBS Se conjuga como *mover.*
DER mordedura, mordida, mordiente, mordisco; remorder.

mordisco n. m. **1** Acción de clavar los dientes: *fue un mordisco castigado severamente por el profesor.* SIN dentellada. **2** Herida o señal que queda al morder algo: *mostró en su pantorrilla el mordisco del perro.* SIN dentellada. **3** Trozo que se arranca de una cosa, normalmente un alimento, al morderla: *¿quieres un mordisco de mi pan?* **4** Parte o ganancia que se saca de un negocio, un reparto, un sorteo o cosa parecida: *los acreedores se llevaron un buen mordisco de la herencia.* SIN pellizco.
DER mordisquear.

mordisquear v. tr. Morder algo repetidamente y con poca fuerza: *el ratón mordisqueaba la fruta.*
DER mordisqueo.

morena n. f. Pez marino parecido a la anguila, de hasta 1,5 m de longitud, color marrón y aletas dorsal y anal que llegan hasta la cola; es carnívoro y habita en arrecifes del Mediterráneo y el Atlántico; su carne es comestible. SIN murena.

moreno, -na adj. **1** [persona] Que tiene el pelo de color oscuro o negro. **2** [persona] Que tiene la piel oscura. **3** Que ha tomado el sol y tiene la piel más oscura que de costumbre. **4** [azúcar, pan] Que tiene un color más oscuro de lo normal en su especie: *para hacer el pastel de manzana, use azúcar moreno.*

◆ adj./ n. m. y f. **5** [persona] Que es de raza negra o mulata. **NOTA** No se recomienda el uso de esta acepción, porque puede resultar ofensivo. ◆ n. m. **6** Color oscuro que adquiere la piel al tomar el sol.

▶ **¡y lo que te rondaré, morena!** Expresión que indica que un asunto no ha acabado todavía y durará mucho tiempo: *llevan diez años de novios y lo que te rondaré, morena.*

morera n. f. Árbol con el tronco ancho, la copa abierta, hojas ovaladas y flores verdes, cuyo fruto es la mora.

morería n. f. **1** Barrio que habitaron los moros. **2** Territorio o país habitado por moros.

moretón n. m. Mancha en la piel de color morado y amarillento que sale después de un golpe. **SIN** moratón.

morfema n. m. GRAM. Unidad más pequeña de la lengua con significado: *una palabra puede estar formada por varios morfemas.* **morfema derivativo** Morfema que añadido a una palabra sirve para formar palabras nuevas: *los prefijos, los infijos y los sufijos son morfemas derivativos.* **morfema gramatical** Morfema que sirve para expresar la información gramatical de un palabra: *género, número, persona, tiempo, aspecto y modo verbal: en la palabra «guapa», «-a» es un morfema gramatical que indica género femenino.* **morfema léxico** Morfema que tiene significado léxico y se mantiene en todas las formas de una palabra variable: *en la palabra «comían», «com-» es el morfema léxico, el mismo que aparece también en «comeremos» y «comida».* **SIN** raíz. **morfema relacional** Morfema que sirve para establecer relaciones entre los distintos elementos de la oración: *las preposiciones y las conjunciones son morfemas relacionales.*

morfina n. f. Sustancia que se extrae del opio y se emplea como analgésico en medicina y también como droga.

DER morfinómano.

morfo-, -morfo, -morfa Elemento prefijal y sufijal que entra en la formación de palabras con el significado de 'forma': *morfología, antropomorfo.*

morfología n. f. **1** BIOL. Parte de la biología que trata de la forma de los seres vivos y de sus cambios y transformaciones: *la morfología de la rana.* **2** GRAM. Parte de la lingüística que estudia la forma de las palabras y los elementos de que se componen.

morfológico, -ca adj. De la morfología o que tiene relación con esta ciencia.

moribundo, -da adj. Que se está muriendo: *el pajarillo moribundo dejó de piar.*

morigerar v. tr. Moderar la intensidad de un sentimiento, de una pasión o de una actitud que tenía demasiada fuerza.

morir v. intr./ prnl. **1** Dejar de estar vivo un organismo: *la planta se murió porque no la regaban.* **SIN** fallecer, perecer. **2** Terminarse alguna cosa: *regresaron cuando ya moría el día.* **SIN** finalizar, concluir. ◆ v. intr. **3** Terminar en un punto o ir a parar a un lugar el curso, un camino, un río, y, en general, algo que sigue una línea: *el río muere en el mar.*

▶ **morirse de** Sentir intensamente una sensación o un sentimiento: *se morían de hambre y de frío.* **morirse por** Sentir un deseo o pasión muy fuerte: *me muero por bailar contigo.*

OBS En su conjugación, la *o* se convierte en *ue* en sílaba acentuada o en *u* en algunos tiempos y personas, como en *dormir*. El participio es *muerto*.

morisco, -ca adj./ n. m. y f. **1** [persona] Que pertenece al grupo de pueblos árabes que se quedaron en España cuando terminó la Reconquista. ◆ adj. **2** Que tiene relación con esos pueblos árabes.

moro, -ra adj./ n. m. y f. **1** *despectivo* [persona] Que proviene del norte de África. **2** *despectivo* [persona] Que sigue la religión de Mahoma. **SIN** musulmán. **3** [persona] Que pertenece al pueblo árabe que vivió en España: *los moros dejaron en España una rica cultura y tradición.* ◆ adj. **4** Del norte de África y de sus habitantes o que tiene relación con estos pueblos. **5** Del pueblo árabe que vivió en España o que tiene relación con él: *tradición mora.* ◆ adj./ n. m. **6** *despectivo* [hombre] Que intenta dominar absolutamente a su pareja por desconfianza y celos. **SIN** celoso. ◆ n. m. **7** En el lenguaje propio de los traficantes de hachís, Marruecos.

▶ **haber moros en la costa** Estar cerca una o varias personas que no deben enterarse de un asunto determinado: *no salgas, hay moros en la costa.*

DER moreno, morería, morisco, moruno.

morrada n. f. Golpe que se produce al chocar la cabeza de una persona con la cabeza de otra.

morrena n. f. GEOL. Conjunto de rocas, arena, barro y otros materiales que erosiona, transporta y acumula un glaciar.

morriña n. f. Tristeza o pena, especialmente la que se siente al estar lejos de las personas o de los lugares queridos. **SIN** nostalgia, añoranza.

morro n. m. **1** Parte de la cabeza de algunos animales donde se encuentran la nariz y la boca: *el perro alzó el morro y olió el aire.* **SIN** hocico. **2** Labios de una persona. **3** Extremo delantero que sobresale de algunos objetos: *chocó contra el morro de un avión.* **4** Montaña o roca pequeña y redonda. **5** Desvergüenza, falta de respeto: *¡menudo morro que tienes, deja de pedirme dinero!* **SIN** cara, jeta, frescura.

▶ **beber a morro** Beber sin vaso, directamente del recipiente que contiene un líquido. **estar de morro** o **estar de morros** Estar enfadado: *las dos vecinas estaban de morro.* **por el morro** Sin pagar y sin hacer ningún esfuerzo para conseguir algo: *se presentó en una fiesta por el morro.* **torcer el morro** Demostrar disgusto y enfado: *cuando le dije que me marchaba, torció el morro.*

DER morral, morralla, morrear, morrón; amorrar.

morrocotudo, -da adj. Que es muy importante, intenso o grave, o muy difícil: *al caer de espaldas, se llevó un susto morrocotudo.* **SIN** formidable, magnífico.

morsa n. f. Animal mamífero similar a la foca pero de mayor tamaño, que vive generalmente en mares fríos, tiene las extremidades terminadas en aletas, cabeza pequeña y grandes bigotes; el macho tiene un par de colmillos superiores muy desarrollados.

OBS Para indicar el sexo se usa *la morsa macho* y *la morsa hembra.*

morse n. m. Sistema de comunicación que combina puntos y rayas para codificar el alfabeto y que permite componer y comprender un mensaje cifrado.

mortadela n. f. Embutido de color rosa, de forma cilíndrica, alargada y gruesa, hecho con carne picada de cerdo o de vaca, que se come frío sin necesidad de freírlo o asarlo.

mortaja n. f. Sábana o pieza de tela en la que se envuelve un cadáver para enterrarlo.

DER amortajar.

mortal adj. **1** [ser vivo] Que ha de morir: *el hombre es un ser mortal.* **ANT** inmortal. **2** Que causa o puede causar la muerte: *el soldado tiene una herida mortal.* **SIN** letal. **3** [característica] Que se considera propio de un muerto o parecido a un muerto: *palidez mortal.* **4** [sentimiento] Que hace desear de forma real o figurada la muerte de una persona: *le tienen un odio mortal.* **5** Que produce cansancio, fatiga o angustia: *aquella fue una espera mortal.* **6** Que es muy fuerte o intenso: *hace un frío mortal.* **7** [pecado] Que se opone gravemente a la ley o la norma y no es fácil de perdonar: *matar a una persona es un pecado mortal.* ◆ n. m. **8** Ser humano: *es propio de mortales.*

DER mortalidad; inmortal.

mortalidad n. f. **1** Cualidad de mortal. **ANT** inmortalidad. **2** Cantidad de personas que mueren en un lugar y en un período de tiempo determinados en relación con el total de la población: *la mortalidad infantil es cada día menor en los países europeos.*

mortandad n. f. Gran cantidad de muertes causadas por una desgracia, ya sea una guerra, una epidemia o una catástrofe natural: *la mortandad provocada por la epidemia de cólera todavía es un recuerdo doloroso.*

mortecino, -na adj. Que no tiene vida o fuerza, especialmente referido a la iluminación o el fuego: *una luz mortecina iluminaba apenas la habitación.*

mortero n. m. **1** Utensilio de cocina o laboratorio compuesto de un recipiente con forma de vaso ancho y un pequeño mazo que sirve para moler o machacar especias, semillas o sustancias químicas: *echó ajo, perejil y almendras en el mortero para hacer la picada de la comida.* **SIN** almirez. **2** Mezcla de cal o cemento, arena y agua que se usa en la construcción: *el albañil levantó la pared con piedras y mortero.* **3** Arma de artillería que lanza proyectiles muy pesados a distancias cortas: *el ejército utilizó morteros para lanzar bombas.*

mortífero, -ra adj. Que causa o puede causar la muerte: *emplearon un veneno mortífero.* **SIN** letal.

mortificación n. f. **1** Dolor o sufrimiento físico buscado como castigo para conseguir dominar los deseos y las pasiones. **2** Dolor, pena, remordimiento o daño en general: *tener que estudiar cuando hace tanto calor es una mortificación.* **3** Cosa que produce sufrimiento o dolor: *la drogadicción de su hijo es su mortificación.*

mortificar v. tr. **1** Lastimar el propio cuerpo o una parte de él como penitencia: *mortificarse con ayunos.* **2** Hacer que una persona o una parte de su cuerpo padezca o sufra algún dolor de forma continuada: *este dolor de cabeza me mortifica.* **3** Hacer que alguien padezca continuadamente disgustos o molestias: *anoche los mosquitos me han mortificado.*

4 **mortificarse** ◆ v. prnl. Padecer disgustos o molestias: *no quiero mortificarme pensando qué va a ser de ellos.*

OBS En su conjugación, la *c* se convierte en *qu* delante de *e*.

DER mortificación.

mortuorio, -ria adj. De los muertos o relacionado con la muerte o las ceremonias dedicadas a los muertos. SIN fúnebre.

moruno, -na adj. De los moros o que está relacionado con estos pueblos del norte de África. SIN moro.

mosaico n. m. **1** Técnica artística que consiste en ajustar y pegar sobre una superficie piezas pequeñas de distintos colores para formar un dibujo. **2** Obra de arte hecha con esta técnica. **3** Conjunto formado por elementos de distinto tipo: *la península Ibérica fue un mosaico de culturas y religiones.*

mosca n. f. **1** Insecto de cuerpo negro con dos alas transparentes, seis patas con uñas y ventosas y un aparato bucal para chupar las sustancias de que se alimenta. **2** Barba pequeña que crece entre el labio inferior y la barbilla. **3** Persona pesada y molesta: *¡ay, hijo, qué mosca eres!*

▶ peso mosca Categoría de boxeo que incluye a los púgiles que no pesan más de 51 kilos. aflojar la mosca Pagar: *cuando vayamos al bar, te toca a ti aflojar la mosca.* cazar moscas Ocuparse en cosas que no son útiles o importantes: *en lugar de buscar trabajo, se pasa el día cazando moscas.* con la mosca detrás de la oreja Que sospecha o no tiene confianza en una persona o en un asunto: *creo que mis hijos no me han dicho la verdad y estoy con la mosca detrás de la oreja.* estar mosca **a.** Estar inquieto por algo, desconfiar: *está mosca porque le han ingresado en el banco menos dinero del que esperaba.* **b.** Estar enfadado o molesto: *está mosca porque no lo has saludado.* mosca muerta Persona aparentemente débil o tímida, pero que siempre se aprovecha de la situación: *mira la mosca muerta esta, finge ser tu amiga y luego te critica a tus espaldas.* por si las moscas Por lo que pueda ocurrir: *dicen que a los que se queden no les pasará nada pero yo, por si las moscas, me marcho.* ¿qué mosca te ha picado? Expresión que se usa para preguntar a una persona cuál es la causa de su enfado o de su mal humor: *¿por qué me gritas?, pero, ¿qué mosca te ha picado?*

DER moscarda, moscón, mosquear, mosquito.

moscardón n. m. **1** Insecto similar a la mosca pero de mayor tamaño; es de color marrón oscuro y muy velloso. **2** Persona pesada y molesta: *el famoso futbolista siempre tiene un moscardón pidiéndole autógrafos.*

moscatel adj. **1** [uva] Que tiene un sabor muy dulce. ◆ adj./ n. m. **2** [vino] Que se elabora con esta uva y es dulce: *el moscatel suele tomarse como vino de postre o aperitivo.*

moscovita adj. **1** De Moscú o relacionado con esta ciudad rusa. ◆ adj./ n. com. **2** [persona] Que es de Moscú.

mosquear v. tr. **1** Hacer sospechar a una persona: *las continuas salidas de su hijo lo están mosqueando.* **2** Hacer enfadar a una persona: *tus continuas indirectas acabarán por mosquearme.* SIN molestar.

DER mosqueo.

mosquetero n. m. Antiguo soldado armado con un mosquete, un arma de fuego parecida al fusil pero más larga y de mayor calibre: *los mosqueteros también eran diestros en el manejo de la espada.*

mosquetón n. m. **1** Arma de fuego más corta y ligera que el fusil: *robaron el mosquetón de un guardia.* **2** Utensilio en forma de anilla o gancho que se usa en el deporte del alpinismo para sujetar las cuerdas; se puede abrir o cerrar mediante un muelle o un resorte.

mosquitera n. f. Mosquitero (tela metálica o cortina): *la mosquitera de una tienda de campaña.*

mosquito n. m. Insecto más pequeño que la mosca, de cuerpo más fino, con dos alas transparentes y patas alargadas; el mosquito hembra tiene una boca en forma de trompa con un aguijón en la punta que utiliza para alimentarse de la sangre de los mamíferos.

DER mosquitero.

mostacho n. m. Bigote, especialmente si es muy espeso: *tenía un mostacho tan largo que le tapaba la boca.* SIN bigote.

mostaza n. f. **1** Planta de hojas grandes, flores amarillas y semillas negras por fuera y amarillas por dentro. **2** Semilla de esta planta. **3** Salsa de color amarillo y sabor fuerte y picante hecha con las semillas de esta planta.

mosto n. m. Zumo de la uva antes de que fermente para elaborar el vino: *el mosto no tiene alcohol.*

mostrador n. m. Mesa o tablero que hay en las tiendas, los bares y otros establecimientos y que se usa para mostrar las mercancías y servir los productos que piden los clientes.

a b c d e f g h i j k l m n ñ o p q r s t u v w x y z

mostrar v. tr. **1** Exponer una cosa para que pueda ser vista. ANT ocultar, tapar. **2** Expresar o manifestar una cualidad, un sentimiento o estado: *el joven mostró su valor en el combate.* **3** Dar a conocer una cosa mediante una explicación o una indicación: *el técnico les mostró el funcionamiento del aparato.* SIN explicar, indicar. ◆ v. prnl. **4** mostrarse Darse a conocer una persona o comportarse de una determinada manera: *se mostró muy amable con sus invitados.*
OBS En su conjugación, la *o* se convierte en *ue* en sílaba acentuada, como en *contar.*
DER mostrador, muestra; demostrar.

mota n. f. **1** Partícula de cualquier cosa, de un tamaño muy pequeño, que se pega a los tejidos o a otros sitios: *mota de polvo.* **2** Manchita o dibujo pequeño más bien redondeado: *el caballo era de tonalidad gris con motas blancas.* SIN pinta.
DER motear.

mote n. m. Nombre que se da a una persona en lugar del suyo propio, que suele hacer referencia a alguna característica de su forma de ser o de comportarse. SIN alias, apodo, sobrenombre.
DER motejar, motete.

motel n. m. Establecimiento hotelero situado cerca de una carretera en el que se alojan los viajeros que van de paso.

motín n. m. Acto de levantamiento o rebelión que lleva a cabo un grupo numeroso de gente contra una autoridad: *los presos organizaron un motín.* SIN sublevación.
DER amotinar.

motivación n. f. **1** Estímulo que anima a una persona a mostrar interés por una cosa determinada: *los niños necesitan una motivación para estudiar.* **2** Causa o razón que hace que una persona actúe de una manera determinada. SIN motivo.

motivar v. tr. **1** Ser una cosa la causa o la razón de que otra suceda: *sus insultos y sus injurias motivaron una fuerte discusión.* SIN causar. ◆ v. tr./ prnl. **2** Hacer que una persona muestre interés por una cosa: *este chico no se motiva con nada.* SIN estimular.
DER motivación; desmotivar, inmotivado.

motivo n. m. **1** Causa o razón que justifica la existencia de una cosa o la manera de actuar de una persona. **2** Forma o figura que se repite en un dibujo o adorno: *motivos geométricos.*
▶ con motivo de Con ocasión de: *le regalé un diamante con motivo de nuestro aniversario.*
DER motivar.

moto n. f. Motocicleta.
▶ estar como una moto **a.** Estar una persona muy nerviosa o inquieta: *tengo tantas cosas que hacer que estoy como una moto.* **b.** Estar una persona muy loca: *está como una moto, no para de hacer chorradas.*
OBS Es la forma abreviada de *motocicleta.*
DER motocross.

motocicleta n. f. Vehículo de dos ruedas y movido por un motor de explosión que tiene capacidad para albergar una o dos personas. SIN moto.
DER motociclismo.

motociclismo n. m. Deporte que se practica con una motocicleta e incluye diversas modalidades y competiciones.
DER motociclista.

motociclista n. com. **1** Persona que conduce una motocicleta: *Juan cedió el paso al motociclista que se encontró en el cruce.* SIN motorista. **2** Persona que practica el deporte del motociclismo: *los motociclistas esperaban en la línea de salida.* SIN motorista. ◆ **3** adj. De la motocicleta o que tiene relación con ella.

motocross n. m. Modalidad de motociclismo que consiste en competir en velocidad por terrenos al aire libre muy accidentados (con desniveles, ríos, caminos pedregosos o embarrados): *para practicar el motocross se usan motos especiales.*
OBS Se pronuncia «motocrós».

motor, -ra adj. **1** Que produce movimiento: *el mecanismo motor de esta máquina es muy potente.* NOTA El femenino también puede ser *motriz.* ◆ n. m. **2** Mecanismo formado por un conjunto de piezas que transforma una energía en movimiento. motor de arranque Mecanismo eléctrico que pone en funcionamiento otro mecanismo mayor: *el motor de arranque de los coches les permite ponerse en marcha.* motor de combustión interna o motor de explosión Mecanismo que produce movimiento quemando un combustible en su interior, generalmente gasolina: *la mayoría de los automóviles tienen motores de combustión interna.* motor diesel Motor de combustión interna cuyo combustible es el gasóleo y no lleva bujías: *los camiones suelen funcionar con motor diesel.* motor de reacción Mecanismo que produce movimiento expulsando un chorro de gases a gran velocidad: *muchos aviones llevan motor de reacción.* motor eléctrico Mecanismo que produce movimiento transformando la energía eléctrica: *el secador de pelo tiene un motor eléctrico.*

DER motora, motorismo, motorizar, motriz; automotor, bimotor, cuatrimotor, electromotor, heliomotor, locomotor, psicomotor, turbomotor, velomotor.

motora n. f. Embarcación pequeña provista de motor: *la motora se aproximó hacia el embarcadero.* NOTA Se construye a menudo en aposición a otro nombre: *barca motora; lanchas motoras.*

motorista n. com. **1** Persona que conduce una motocicleta. **2** Persona que practica el deporte del motorismo. **3** Agente de la guardia civil de tráfico que va en motocicleta: *dos motoristas nos multaron.*

motorizar v. tr. **1** Dotar de maquinaria a una industria o equipar con vehículos de motor a un ejército. SIN mecanizar. ◆ v. prnl. **2** motorizarse Proveerse una persona o una entidad de un vehículo automóvil.

OBS En su conjugación, la *z* se convierte en *c* delante de *e*.

DER motorización.

motriz adj. f. Que mueve o produce movimiento: *la fuerza motriz del agua.*

OBS Solo se usa con nombres femeninos. El adjetivo masculino es *motor.*

DER motricidad.

mountain bike n. f. Bicicleta de montaña.

OBS Se pronuncia aproximadamente «montan baik». El plural es *mountain bikes.*

mousse n. amb. Preparación cremosa y esponjosa, dulce o salada, hecha a base de un puré de diversos ingredientes mezclado con claras de huevo montadas o gelatina; se puede tomar caliente, fría o helada: *un mousse de chocolate.*

OBS Se pronuncia «mus».

movedizo, -za adj. **1** Que es poco firme o inseguro: *arenas movedizas.* **2** Que se mueve o se puede mover con facilidad: *había una pared movediza que se accionaba con un botón.* **3** Que es inconstante o cambia fácilmente de opinión: *la joven tenía un espíritu inquieto y movedizo.*

mover v. tr./ prnl. **1** Hacer que un cuerpo deje el lugar o espacio que ocupa y pase a ocupar otro: *si quieres sentarte tendrás que mover la silla.* SIN trasladar. **2** Agitar o llevar de un lado para otro una cosa o parte de algún cuerpo: *el viento mueve las hojas de los árboles.* **3** Incitar a alguien a que realice una cosa o a un comportamiento determinado: *su interés por el mundo de la moda le movió a emprender un nuevo negocio.* ◆ v. tr. **4** Hacer lo necesario para que un asunto se resuelva bien y rápidamente: *si quieres conseguir trabajo tienes que moverte mucho.* ◆ v. intr. **5** Cambiar de sitio las fichas en un juego: *después te tocará mover a ti.* **6** Provocar un sentimiento, conmover: *su desgracia mueve a la piedad.*

DER movedizo, movible, movida, movido, móvil, movimiento; conmover, promover, remover.

movible adj. Que puede moverse o ser movido: piezas movibles. SIN móvil.

movida n. f. **1** Situación de alboroto y confusión en la que hay mucha agitación o ajetreo:

mover

INDICATIVO	SUBJUNTIVO
presente	**presente**
muevo	mueva
mueves	muevas
mueve	mueva
movemos	movamos
movéis	mováis
mueven	muevan
pretérito imperfecto	**pretérito imperfecto**
movía	moviera o moviese
movías	movieras o movieses
movía	moviera o moviese
movíamos	moviéramos o moviésemos
movíais	movierais o movieseis
movían	movieran o moviesen
pretérito perfecto simple	**futuro**
moví	moviere
moviste	movieres
movió	moviere
movimos	moviéremos
movisteis	moviereis
movieron	movieren

INDICATIVO	
futuro	**condicional**
moveré	movería
moverás	moverías
moverá	movería
moveremos	moveríamos
moveréis	moveríais
moverán	moverían

IMPERATIVO	
mueve	(tú)
mueva	(usted)
moved	(vosotros)
muevan	(ustedes)

FORMAS NO PERSONALES	
infinitivo	**gerundio**
mover	moviendo
participio	
movido	

se organizó una gran movida al llegar la policía. **2** Animación y diversión en la que participa un gran número de personas: *algunas ciudades tienen una famosa movida nocturna.*

movido, -da adj. **1** Que es muy activo, agitado y ajetreado: *el día de la mudanza fue muy movido.* **2** [persona] Que es muy activo e inquieto en su comportamiento. **3** [fotografía, imagen] Que tiene los perfiles borrosos o poco claros: *las fotos han salido movidas.*

móvil adj. **1** Que se mueve o puede moverse: *este juguete tiene una parte móvil y otra parte fija.* SIN movible. ANT fijo. ◆ n. m. **2** Causa o razón que tiene una persona para realizar una cosa: *el detective descubrió el móvil del crimen.* SIN motivo. **3** Objeto de decoración formado por figuras que cuelgan de hilos y se mueven con facilidad; suele colgarse del techo. **4** FÍS. Cuerpo que está en movimiento. ◆ adj./ n. m. [teléfono] Que puede efectuar y recibir llamadas desde cualquier lugar en que se halle y no se conecta a una red por medio de un cable.

DER movilidad, movilizar; inmóvil.

movilidad n. f. Capacidad que tiene una persona o una cosa para poder moverse.

movilización n. f. **1** Puesta en marcha de una actividad o un movimiento para conseguir un fin determinado: *los obreros propusieron la movilización del sector industrial.* **2** Preparación de las tropas que se realiza ante una situación de guerra agrupando a las personas y reuniendo el material necesario.

movilizar v. tr. **1** Poner en marcha una actividad o un movimiento para conseguir un fin. **2** Poner en actividad o movimiento a las tropas de un ejército. **3** Convocar a los soldados y reunir el material necesario ante una situación de guerra.

OBS En su conjugación, la *z* se convierte en *c* delante de *e*.

DER movilización; desmovilizar.

movimiento n. m. **1** Cambio de lugar o de posición de una persona o una cosa: *desde la ventana, observo el movimiento de las personas y de los coches.* **2** Estado de un cuerpo mientras cambia de lugar o de posición: *la Tierra siempre está en movimiento.* **3** Circulación, agitación o tráfico de muchas personas, animales o cosas en un lugar: *los sábados por la noche hay mucho movimiento.* **4** Levantamiento civil o militar contra el poder o una autoridad establecida: *los movimientos revolucionarios.* SIN sublevación. **5** Conjunto de manifestaciones artísticas o ideológicas de una época determinada que tienen características en común: *el romanticismo fue un movimiento filosófico, político y artístico.* SIN corriente, tendencia. **6** Conjunto de alteraciones o novedades que ocurren durante un período de tiempo determinado en algunos campos de la actividad humana: *movimiento bursátil.* **7** Alteración de la cantidad de dinero que se tiene en la cuenta de un banco. **8** MÚS. Parte independiente de una composición musical que tiene un tiempo y una velocidad de ejecución propios. **9** Velocidad del compás o tiempo de una composición musical.

mozambiqueño, -ña adj. **1** Relativo a Mozambique, país del sudeste de África, o a sus habitantes. ◆ adj./ n. m. y f. **2** [persona] Que es de Mozambique.

mozárabe adj./ n. com. **1** [persona] Que profesaba la religión cristiana y vivía en el territorio musulmán de la península Ibérica durante la dominación islámica. ◆ adj. **2** De estas personas o relacionado con ellas. ◆ n. m. **3** Lengua que hablaban los cristianos que vivían en territorio musulmán durante la dominación islámica.

mozo, -za adj. **1** [persona] Que tiene poca edad. SIN joven. ◆ n. m. y f. **2** Persona que trabaja en un oficio para el que no se necesitan conocimientos especializados: *mozo de almacén.* **3** Persona que sirve comidas y bebidas a los clientes en un bar y en otros establecimientos. SIN camarero. ◆ n. m. **4** Chico joven que ha sido llamado para hacer el servicio militar. SIN quinto.

▶ años mozos Juventud de una persona: *fue un gran deportista en sus años mozos.* buen mozo Persona alta que tiene el cuerpo esbelto y bien formado: *tu hijo se ha hecho un buen mozo.* mozo de escuadra Persona que es miembro de la policía autonómica de Cataluña.

DER mocedad, mocetón, mozalbete; remozar.

MP3 n. m. **1** Formato de compresión digital para la transmisión rápida de archivos de audio y vídeo a través de Internet. **2** Aparato, generalmente portátil y de pequeño tamaño, que sirve para reproducir archivos con este formato de compresión: *un MP3 último modelo.*

OBS Proviene de la sigla del inglés *MPEG-I Audio Layer III.*

a b c d e f g h i j k l **m** n ñ o p q r s t u v w x y z

mu n. m. Onomatopeya de la voz del toro o de la vaca.
▶ **no decir ni mu** No hablar o no decir una sola palabra: *le echó una buena bronca y él no dijo ni mu.*

muchacho, -cha n. m. y f. **1** Persona joven que está en la etapa de la adolescencia. SIN chico, adolescente. ◆ n. f. **2** Nombre que se daba antiguamente a la mujer joven que trabajaba en las tareas domésticas de una casa.
DER muchachada.

muchedumbre n. f. **1** Cantidad grande de personas. SIN gentío, multitud. **2** Cantidad grande de animales o cosas. SIN multitud.

mucho, -cha det. indef. **1** Indica que el nombre al que acompaña está en gran cantidad o número: *mucha gente.* ◆ pron. indef. **2** Indica que el nombre al cual sustituye está en gran cantidad o número: *no es mucho lo que usted pide.* ANT poco. ◆ adv. **3 mucho** En gran cantidad o más de lo normal: *en esta empresa trabajamos mucho.* ANT poco. **4** Añade intensidad al valor de ciertos adverbios: *se fue mucho antes de las doce.* **5** Gran cantidad de tiempo: *hace mucho que no te veo.* ANT poco.
▶ **como mucho** Indica que una cantidad se da como máxima: *asistieron cincuenta personas como mucho.* **ni mucho menos** Expresión que se utiliza para negar rotundamente: *ni mucho menos esperaba que me hiciese este feo.* **por mucho que** Expresión con valor concesivo que indica que a pesar de haber realizado cierta acción sucede otra sin poder evitarlo.

mucosa n. f. BIOL. Membrana del organismo que elabora una sustancia densa y pegajosa para proteger un órgano o una parte del cuerpo: *las mucosas están en el aparato digestivo, en el repiratorio y en el genital.*

mucosidad n. f. Sustancia densa y pegajosa producida por las mucosas de los organismos. SIN moco.

mucoso, -sa adj. **1** Que tiene la textura o el aspecto del moco: *sustancia mucosa.* SIN viscoso. **2** Que tiene o segrega mucosidad: *glándula mucosa.*
DER mucosa, mucosidad.

muda n. f. **1** Conjunto de ropa interior que se cambia o muda de una vez. **2** Cambio o renovación de la pluma, el pelo o la piel que experimentan algunos animales. **3** Período de tiempo que dura este proceso.

mudanza n. f. **1** Cambio que se hace de una vivienda o de una habitación a otra y que consiste en trasladar los muebles y los enseres al nuevo lugar de residencia: *estamos haciendo la mudanza.* **2** Cambio o transformación de unas ideas o unas actitudes: *los años sesenta trajeron una gran mudanza en las costumbres.*

mudar v. tr. **1** Cambiar el aspecto, la naturaleza o el estado de una cosa: *mudar el semblante.* **2** Renovar o cambiar un animal la pluma, el pelo o la piel: *al crecer, las serpientes mudan de piel.* **3** Variar o cambiar una persona sus ideas o su actitud: *mudar de parecer.* ◆ v. prnl. **4 mudarse** Cambiar una persona de vivienda o trasladarse del lugar en que se estaba a otro: *los vecinos se han mudado de piso.* **5** Quitarse una persona la ropa que lleva puesta y ponerse otra limpia: *siempre se muda después de bañarse.*
DER muda, mudanza; demudar.

mudéjar adj./n. com. **1** [persona] Que profesaba la religión musulmana y vivía en el territorio cristiano de la península Ibérica durante la dominación islámica. ◆ adj. **2** De estas personas o que tienen relación con ellas. ◆ adj./n. m. **3** [estilo arquitectónico] Que funde elementos románicos y góticos con el arte árabe: *el arte mudéjar floreció en la península Ibérica desde el siglo* XIII *al* XVI.

mudo, -da adj. **1** [persona] Que no puede hablar a causa de una incapacidad o una lesión. ◆ adj. **2** Que no tiene voz o sonido: *cine mudo.* ◆ adj./n. m. y f. **3** Que está callado o muy silencioso. ◆ adj. **4** [letra] Que no se pronuncia: *en español, la letra* h *es muda.*
DER mudez; enmudecer.

mueble n. m. Objeto fabricado en un material resistente que sirve para un uso concreto y con el que se equipa o se decora una casa, una oficina u otros locales: *los únicos muebles que hay en la sala son una mesa y un sofá.* **mueble bar** Armario o parte de un armario en el que se guardan botellas de licor.
DER amueblar, inmueble.

mueblería n. f. **1** Taller donde se hacen muebles. **2** Tienda donde se venden muebles.

mueblista n. com. Persona que tiene por oficio hacer o vender muebles.

mueca n. f. Gesto o movimiento hecho con los músculos de la cara que expresa un estado de ánimo determinado: *su cara tenía una mueca de burla.*

muela n. f. **1** Cada uno de los dientes situados en la parte posterior de las mandíbulas y que sirven para triturar los alimentos. SIN molar. **muela del juicio** Muela que está al final de las mandíbulas y aparece en edad adulta en los seres humanos: *el ser humano puede tener hasta cuatro muelas del juicio o no tener ninguna.* **2** Piedra redonda de un molino que gira sobre otra fija para triturar grano u otras cosas. **3** Piedra en forma de disco que se hace girar y se usa para afilar herramientas: *pasaré el cuchillo por la muela porque no corta nada.*

muelle n. m. **1** Pieza generalmente de metal, con forma de espiral que tiene una gran capacidad para estirarse y luego volver a tomar su posición inicial: *un colchón de muelles.* SIN resorte. **2** Obra construida en un puerto de mar o en la orilla de un río navegable para facilitar el atraque y las tareas de carga y descarga de las embarcaciones. **3** Plataforma de una estación de tren que está situada a la misma altura que los vagones y sirve para la carga y descarga de mercancías.

muérdago n. m. Planta parásita de tallos divididos en ramos, hojas perennes y fruto translúcido y pequeño de color blanco; vive sobre los troncos y las ramas de los árboles.

muerte n. f. **1** Fin de la vida. SIN defunción, fallecimiento. muerte natural Muerte que se produce por vejez o enfermedad y no por un accidente o traumatismo violento. **2** Figura imaginaria que personifica la muerte y que suele representarse con un esqueleto humano que lleva una guadaña. SIN parca. **3** Situación de destrucción y ruina que supone el fin o la desaparición de una cosa material o inmaterial: *la muerte del antiguo régimen.* **4** Acto de asesinar o matar a una persona. SIN homicidio.
▶ a muerte **a.** Locución que se aplica al enfrentamiento que solo acabará cuando muera uno de los dos contrincantes: *un duelo a muerte.* **b.** Locución que expresa gran intensidad: *odiar a muerte.* de mala muerte Que tiene muy poco valor o importancia: *tiene un cargo de mala muerte.* de muerte Que es muy grande: *disgusto de muerte.* muerte súbita En algunos deportes, jugada que deshace una situación de empate entre los jugadores.

muerto, -ta adj./ n. m. y f. **1** [ser] Que ha perdido la vida: *encontraron un animal muerto en medio del campo.* SIN cadáver, cuerpo, difunto. ANT vivo. ◆ adj. **2** Que está apagado o poco activo: *los pueblos de alta montaña están muertos en invierno.* **3** Que está muy cansado: *llevo de pie todo el día y vengo muerto.*
▶ callarse como un muerto Guardar silencio: *cuando le pregunté si había sido él, se calló como un muerto.* cargar (o echar) el muerto **a.** Echar la culpa, hacer responsable a uno de un asunto: *si esto sale mal, le echaremos el muerto a Luis.* **b.** Dar un trabajo pesado: *no me eches el muerto, que ya tengo bastante.* hacer el muerto Flotar sobre el agua tendido de espaldas: *me gusta hacer el muerto en la piscina.* más muerto que vivo Muy asustado: *esa película de terror me ha dejado más muerto que vivo.* ser un muerto de hambre Expresión que se usa despectivamente para indicar que alguien es pobre o no gana mucho dinero con su trabajo: *su padre no quería casarla con un muerto de hambre.* NOTA Se usa como apelativo despectivo: *vete de aquí, muerto de hambre.*
OBS Es el participio de *morir.*

muesca n. f. **1** Hueco estrecho y alargado que se hace en una cosa para introducir o encajar otra. **2** Corte de forma semicircular que se hace al ganado en la oreja para que sirva de señal.

muestra n. f. **1** Parte que se considera representativa de una cosa que se saca o se separa de ella para analizarla, probarla o estudiarla: *muestra de sangre.* **2** Cantidad pequeña de un producto o de una mercancía que se ofrece o se enseña para dar a conocer sus características: *en la farmacia me han regalado una muestra para que pruebe una crema hidratante.* **3** Cosa que se toma como modelo para ser imitado o copiado. **4** Prueba o manifestación que da a conocer una actitud, un sentimiento o una situación determinada: *muestras de alegría.* **5** Conjunto de personas o cosas que se consideran representativas del grupo al que pertenecen y se seleccionan para estudiar o determinar las características del grupo: *para hacer ese estudio estadístico se ha utilizado una muestra de trescientos estudiantes.* **6** Presentación en un recinto público de un conjunto de productos o de obras de arte: *mañana se abre al público la mayor muestra de material informático del mundo.* SIN exposición, feria.
DER muestrario, muestreo.

muestrario n. m. Conjunto de muestras de un producto o de una mercancía: *muestrario de telas.*

muflón n. m. **1** Mamífero rumiante ovino, similar al carnero, con el pelo corto de color castaño rojizo: *el muflón es originario de Córcega y Cerdeña.* **2** Lana de este animal: *abrigo de muflón.*

mugido n. m. **1** Voz del toro, la vaca y otros bóvidos: *los mugidos de las vacas alarmaron al* *ganadero.* **2** Grito o sonido fuerte que emite una persona a causa de la rabia o de un dolor intenso: *en el cuadrilátero, el boxeador lanzaba mugidos de dolor.* SIN aullido, bramido.

mugir v. intr. **1** Emitir mugidos el toro o la vaca: *el buey mugía bajito.* **2** Emitir mugidos una persona: *forcejeaban inútilmente y mugían como animales.*

OBS En su conjugación, la *g* se convierte en *j* delante de *a* y *o.*

DER mugido.

mugre n. f. Suciedad grasienta que se acumula en una cosa o un lugar: *el horno estaba lleno de mugre.*

DER mugriento.

mugriento, -ta adj. Que está cubierto de mugre: *pelo mugriento.* SIN mugroso.

mujer n. f. **1** Persona adulta de sexo femenino. mujer de la calle o mujer de la vida Mujer que mantiene relaciones sexuales a cambio de dinero. SIN prostituta. mujer fatal Mujer que atrae sexualmente a los hombres y domina por completo su voluntad. **2** Persona de sexo femenino respecto a su cónyuge: *quiero que conozcas a mi mujer y a mis hijos.*

▶ ser mujer Tener o haber tenido la primera menstruación: *fue mujer a los doce años.*

DER mujeriego, mujeril, mujerío, mujerzuela.

mujeriego, -ga adj./ n. m. [hombre] Que es muy aficionado a relacionarse con mujeres, intentando conquistarlas o seducirlas: *tiene fama de mujeriego.*

▶ a la mujeriega o a mujeriegas Expresión que indica la manera de sentarse en la silla de montar o en un vehículo, con las dos piernas juntas y colocadas hacia el mismo lado de la montura: *iba sentada a mujeriegas sobre el cuadro de la bici.*

mula n. f. Persona que trafica con drogas en pequeñas cantidades y transporta la mercancía alojada en su cuerpo.

muladar n. m. **1** Lugar donde se echa el estiércol y la basura de las casas. **2** Lugar que está muy sucio.

muladí n. com./ adj. Cristiano español que se convertía al islamismo durante la dominación musulmana de la península Ibérica.

OBS El plural es *muladíes* (culto) o *muladís* (popular).

mulato, -ta adj./ n. m. y f. [persona] Que ha nacido de padre blanco y madre negra o de padre negro y madre blanca. SIN mestizo.

muleta n. f. **1** Bastón de metal, madera u otra materia con el extremo superior adaptado para colocar la axila o el antebrazo y la mano, y que se utiliza para apoyarse al andar las personas que tienen alguna dificultad al hacerlo: *tiene la pierna rota y debe llevar muletas para caminar.* **2** Paño de color rojo sujeto a un palo que usa el torero para torear en la última parte de la corrida.

muletilla n. f. Palabra o frase que se repite a menudo al hablar y se usa por costumbre.

mullido, -da adj. **1** Que es blando y esponjoso: *un colchón mullido.* ◆ n. m. **2** Material blando y esponjoso que se utiliza para rellenar un almohadón, un sillón, etc.: *un mullido de plumas.* **3** Acción de mullir.

mullir v. tr. Ahuecar una cosa con las manos para que esté blanda y esponjosa: *la enfermera mulló las almohadas del enfermo.*

mullir

INDICATIVO	SUBJUNTIVO
presente	**presente**
mullo	mulla
mulles	mullas
mulle	mulla
mullimos	mullamos
mullís	mulláis
mullen	mullan
pretérito imperfecto	**pretérito imperfecto**
mullía	mullera o mullese
mullías	mulleras o mulleses
mullía	mullera o mullese
mullíamos	mulléramos o mullésemos
mullíais	mullerais o mulleseis
mullían	mulleran o mullesen
pretérito perfecto simple	**futuro**
mullí	mullere
mulliste	mulleres
mulló	mullere
mullimos	mulléremos
mullisteis	mullereis
mulleron	mulleren
futuro	IMPERATIVO
mulliré	mulle (tú)
mullirás	mulla (usted)
mullirá	mullid (vosotros)
mulliremos	mullan (ustedes)
mulliréis	FORMAS NO PERSONALES
mullirán	**infinitivo** mullir — **gerundio** mullendo
condicional	**participio** mullido
mulliría	
mullirías	
mulliría	
mulliríamos	
mulliríais	
mullirían	

mulo, -la n. m. y f. **1** Animal mamífero doméstico, de cuatro patas, nacido del cruce de un caballo y una burra o de una yegua y un burro: *los mulos se emplean como animales de carga.* **2** Persona que tiene mucha fuerza y energía y resiste bien el trabajo duro.
DER mular, mulato, mulero.

multa n. f. **1** Sanción o castigo que impone una autoridad por haber cometido una falta o delito y consiste en pagar una cantidad de dinero. **2** Papel oficial donde figura esta sanción y la cantidad de dinero que hay que pagar.

multar v. tr. Poner una multa una autoridad por haber cometido una falta o delito. SIN sancionar.

multi- Elemento prefijal que entra en la formación de palabras para añadir idea de multiplicidad: *multimillonario, multinacional, multitarea.* SIN poli-.

multidisciplinar adj. Que se compone de varias disciplinas científicas o culturales o está relacionado con ellas: *enfoque multidisciplinar.* SIN interdisciplinar, interdisciplinario, multidisciplinario.

multiforme adj. Que tiene muchas o varias formas o figuras: *el cristal roto refleja una imagen multiforme.* ANT uniforme.

multilingüe adj. **1** Que está hecho o escrito en varias lenguas: *diccionario multilingüe, comunidad multilingüe.* **2** [persona] Que habla varios idiomas.

multimedia adj./ n. m. **1** [tecnología, aparato] Que utiliza distintos medios de comunicación combinados, como texto, fotografías, imágenes de vídeo o sonido, con el propósito de educar o de entretener. **2** [equipo tecnológico] Que reúne diversos medios de comunicación, tales como sonido, gráficos, animación y vídeo, aplicados a la informática: *ordenador multimedia.*
OBS Es una palabra de forma invariable.

multimillonario, -ria adj./ n. m. y f. **1** [persona] Que tiene muchos millones o es muy rico. ◆ adj. **2** [cantidad, cifra] Que es muy elevado o que contiene muchos millones.

multinacional adj./ n. f. [empresa, sociedad] Que tiene negocios y actividades en varios países.

múltiple adj. **1** Que está formado por más de un elemento o por varias partes: *una fractura múltiple.* ANT simple, único. ◆ det. indef. pl. **2** múltiples Muchos o varios: *hay múltiples opiniones sobre el problema.*
DER multiplicar, multiplicidad, múltiplo.

multiplicación n. f. **1** Operación matemática que consiste en sumar un número tantas veces como indica otro número: *2 × 2 es una multiplicación.* **2** Aumento o crecimiento de la cantidad o el número de una cosa: *la multiplicación de los panes y los peces.*

multiplicador, -ra adj. **1** Que aumenta o hace crecer la cantidad o el número de una cosa. ◆ n. m. **2** MAT. Número de una multiplicación que indica cuántas veces tiene que sumarse otro númro, el multiplicando, para obtener el producto: *en 4 × 2 = 8 el multiplicador es el 2.*

multiplicando n. m. MAT. Número de una multiplicación que debe ser sumado tantas veces como indica el multiplicador: *en 4 × 2 = 8 el multiplicando es el 4.*

multiplicar v. tr. **1** Realizar una operación matemática que consiste en sumar un número tantas veces como indica otro número: *si multiplicas ocho por cinco el producto es cuarenta.* ◆ v. tr./ prnl. **2** Aumentar o hacer crecer la cantidad o el número de una cosa: *el año que viene debemos multiplicar los beneficios de la empresa.* ◆ v. prnl. **3** multiplicarse Reproducirse los seres vivos: *las ratas y los ratones se multiplican con gran facilidad.* **4** Hacer el esfuerzo una persona de atender a muchas cosas a la vez: *la anfitriona se multiplica para complacer a sus invitados.*
OBS En su conjugación, la *c* se convierte en *qu* delante de *e.*
DER multiplicación, multiplicador, multiplicando.

multiplicidad n. f. Variedad o abundancia excesiva de algunos hechos, especies o personas.

múltiplo adj./ n. m. MAT. [número] Que contiene a otro número varias veces exactamente: *el número quince es múltiplo de cinco.*

multitarea adj. **1** INFORM. [sistema informático] Que permite la ejecución concurrente o simultánea de diversas tareas y procesos. NOTA Como adjetivo, puede ser invariable en número. n. f. ◆ **2** INFORM. Desarrollo concurrente o simultáneo de diversas tareas y procesos.

multitud n. f. **1** Cantidad abundante de personas: *la alcaldesa saludó a la multitud desde el balcón.* SIN gentío, muchedumbre. **2** Cantidad grande de animales o cosas: *una multitud de gaviotas.*

multitudinario, -ria adj. Que reúne o forma una multitud: *se celebró un concierto multitudinario.*

multiuso adj. Que tiene varios usos.
OBS Es invariable en número.

mundanal adj. Propio del mundo humano: *huir del mundanal ruido.* SIN mundano.

mundano, -na adj. **1** Propio del mundo humano: *adoraba los placeres mundanos.* SIN mundanal, terrenal. ANT divino. **2** Propio del ambiente de la alta sociedad: *vida mundana.* **3** [persona] Que participa frecuentemente en las fiestas y reuniones de la alta sociedad.
DER mundanal.

mundial adj. **1** Que abarca o se refiere al mundo entero: *crisis mundial; un científico de prestigio mundial.* ◆ n. m. **2** Competición deportiva en la que participan deportistas de todos los países por el título de campeón del mundo: *mundial de fútbol.*
DER mundialista.

mundillo n. m. Conjunto limitado de personas que tienen la misma posición social, profesión o trabajo.

mundo n. m. **1** Planeta en el que viven los seres humanos. SIN Tierra. Mundo antiguo Parte del planeta que incluye Europa, Asia y el norte de África. NOTA En esta acepción se escribe con letra mayúscula. Nuevo Mundo Parte del planeta que incluye América y Oceanía: *los españoles llegaron al Nuevo Mundo en 1492.* NOTA En esta acepción se escribe con letra mayúscula. Tercer Mundo Conjunto de los países del planeta que tienen un menor desarrollo económico e industrial. NOTA En esta acepción se escribe con letra mayúscula. **2** Conjunto de todas las cosas que existen, incluyendo lo que está fuera del planeta Tierra: *se desconoce el verdadero origen del mundo.* SIN cosmos, orbe, universo. **3** Parte material o inmaterial en que se divide el conjunto de todas las cosas que existen: *mundo de las ideas.* el otro mundo Lugar al que se cree que van las almas de las personas después de la muerte: *se fue al otro mundo y les dejó una gran fortuna.* **4** Conjunto de personas que forman la humanidad o forman parte de una sociedad determinada: *en su mundo no se respetan las buenas maneras.* el mundo entero Totalidad de los seres humanos de la Tierra. todo el mundo Totalidad de los las personas de una sociedad determinada: *pienso decírselo a todo el mundo.* **5** Experiencia o conocimiento que tiene una persona acerca de cualquier situación y del trato con los demás que se adquiere a través de las vivencias: *se nota que es una persona de mundo.* **6** Vida seglar que escoge una persona por oposición a la vida monástica o religiosa: *dejó el mundo y se enclaustró en la abadía.* **7** Conjunto limitado de personas que tienen la misma posición social, profesión o trabajo: *el mundo cristiano; el mundo de las letras.* SIN mundillo.
▶ desde que el mundo es mundo Frase que indica que un hecho ocurre o sucede desde siempre. hacer un mundo Dar una importancia demasiado grande a un asunto que no la tiene: *hizo un mundo de una tontería.* hundirse el mundo Ocurrir una desgracia: *dijo que vendría aunque se hundiese el mundo.* no ser nada del otro mundo Ser una cosa común o normal: *no sé por qué te gusta tanto si no es nada del otro mundo.* ponerse el mundo por montera Actuar una persona según sus convicciones dejando a un lado la opinión y los comentarios de los demás: *se puso el mundo por montera y por una vez actuó con valentía.* por nada del mundo Expresión que indica que una persona no quiere hacer una cosa por mucho que le ofrezcan a cambio de hacerla. valer un mundo Ser una persona o una cosa muy apreciada por su valor material o moral. venir al mundo Nacer: *los gemelos vinieron al mundo un quince de marzo.* venirse el mundo encima Perder el ánimo por falta de fuerzas para resistir las cosas adversas: *cuando su padre murió se le vino el mundo encima.* ver mundo Viajar por muchas tierras y diferentes países: *se dedicó a ver mundo durante su juventud.*
DER mundano, mundial, mundillo; trasmundo.

munición n. f. **1** Conjunto de materiales de guerra y de provisiones que son necesarios para abastecer a un ejército. **2** Carga que se pone en un arma de fuego: *los cartuchos, las balas y la pólvora son municiones.*

municipal adj. **1** Del municipio o que depende de esta división administrativa. ◆ adj./n. com. **2** [persona] Que pertenece a la policía de un municipio y se encarga de mantener el orden en una población. SIN guardia.

municipio n. m. **1** División territorial administrativa más pequeña en que se organiza un Estado y está gobernada por un solo organismo: *el municipio está regido por un ayuntamiento.* **2** Territorio que comprende esta división administrativa. SIN término. **3** Conjunto de personas que viven en este territorio. **4** Organismo, formado por un alcalde y varios concejales, que gobierna y administra un municipio: *uno de los vecinos se quejó al municipio del escándalo que había en la calle.* SIN ayuntamiento.

DER municipal.

muñeca n. f. Parte del brazo humano donde la mano se articula o se une con el antebrazo: *el reloj de pulsera se lleva en la muñeca.*

DER muñeco, muñequera.

muñeco, -ca n. m. y f. **1** Juguete que tiene forma o figura humana. **2** Figura que tiene forma humana: *la muñeca del escaparate lucía un vestido de novia.* SIN maniquí. ◆ n. m. **3** Hombre que tiene poco carácter o voluntad y se deja llevar o manejar por otra persona: *es el muñeco de la oficina, todos lo traen y lo llevan por donde quieren.*

muñeira n. f. **1** Baile tradicional de Galicia. **2** Música de este baile que se canta y se acompaña con gaitas y tamboriles.

muñón n. m. Parte de un miembro que permanece unida al cuerpo después de haber sido cortado o amputado ese miembro.

mural adj. **1** Que se coloca o se hace sobre un muro o una pared. ◆ adj./ n. m. **2** [pintura] Que es de gran tamaño y se coloca o está hecha sobre un muro o una pared.

DER muralista.

muralla n. f. Muro alto y grueso que rodea un lugar y en algunas épocas sirvió de defensa o protección: *Ávila es famosa por su muralla.*

DER amurallar.

murciano, -na adj. **1** De Murcia o que tiene relación con esta comunidad autónoma o con su capital. ◆ adj./ n. m. y f. **2** [persona] Que es de Murcia.

murciélago n. m. Animal mamífero volador y nocturno cuyas alas están formadas por una membrana que va desde las extremidades anteriores hasta la cola; emite vibraciones para orientarse en la oscuridad.

OBS Para indicar el sexo se usa *el murciélago macho* y *el murciélago hembra.*

murmullo n. m. **1** Sonido confuso y poco perceptible que se produce cuando dos o más personas hablan en voz baja. **2** Ruido continuo y confuso que produce una cosa que está en movimiento: *le gustaba escuchar el murmullo del agua y del viento.*

murmuración n. f. Conversación en la que se habla mal de una persona que no está presente. SIN chisme.

murmurar v. intr./ tr. **1** Hablar mal de una persona que no está presente: *no hace más que murmurar acerca de los vecinos.* SIN criticar. **2** Hablar una o más personas en voz baja o entre dientes, especialmente manifestando queja o disgusto por alguna cosa. ◆ v. intr. **3** Hacer un ruido suave y confuso una cosa que está en movimiento, como el agua o el viento.

DER murmuración, murmurador.

muro n. m. **1** Construcción vertical hecha de piedra, ladrillo u otro material que cierra un espacio o separa un lugar de otro: *están restaurando los muros de la catedral.* SIN pared, tapia. **2** Muralla que rodea un lugar y en algunas épocas sirvió de defensa o protección.

DER mural, muralla; extramuros, intramuros.

mus n. m. Juego de cartas de envite que está formado por cuatro jugadas: *el mus suele jugarse por parejas.*

musa n. f. **1** Cada una de las diosas de la mitología griega que protegían las ciencias o las artes. **2** Estado en que el artista siente el estímulo que lo lleva a la creación o la composición de obras de arte: *el poeta dejó la pluma porque le había abandonado la musa.* SIN inspiración. ◆ n. f. pl. **3** musas Ciencias y artes liberales, especialmente humanidades y poesía.

musaraña n. f. Animal mamífero nocturno de pequeño tamaño, parecido a un ratón, con pelo corto y rojo oscuro y patas delanteras más pequeñas que las traseras. NOTA Para indicar el sexo se usa *la musaraña macho* y *la musaraña hembra.*

▶ mirar a las musarañas Estar una persona distraída o con la mirada perdida: *mientras el profesor explicaba, un alumno estaba mirando a las musarañas.* pensar en las musarañas Estar una persona distraída y sin poner atención en lo que se hace o se dice a su alrededor.

muscular adj. Del músculo o relacionado con este tejido: *sistema muscular.*

DER intramuscular.

musculatura n. f. Conjunto de los músculos del cuerpo.

músculo n. m. Tejido compuesto por fibras que se estiran y se contraen y que sirve para producir el movimiento: *los músculos realizan movimientos voluntarios o involuntarios.*

▶ hacer músculos Desarrollar la musculatura haciendo ejercicios específicos.

DER musculación, muscular, musculatura.

musculoso, -sa adj. **1** Que tiene músculos o está formado por tejido muscular: *el cora-*

zón es un órgano musculoso. **2** [persona] Que tiene los músculos muy desarrollados.

museo n. m. **1** Edificio abierto al público en el que se guardan y se exponen series ordenadas de objetos de valor para la ciencia, para el arte, para la cultura o para el desarrollo de los conocimientos humanos: *museo de ciencias naturales.* **2** Lugar en el que hay muchas obras de arte: *la casa de ese empresario es un auténtico museo.*

musgo n. m. **1** Planta sin flores, con tallo y hojas falsos y con pequeñas raíces que crece sobre las piedras, el suelo o las cortezas de los árboles, formando una capa verde, gruesa y suave. ◆ n. m. pl. **2** musgos Clase o grupo que forman estas plantas.

música n. f. **1** Arte de combinar los sonidos en una secuencia temporal atendiendo a las leyes de la armonía, la melodía y el ritmo: *estudia música desde muy joven.* **2** Sucesión de sonidos combinados según ciertas leyes que producen un efecto estético o expresivo y resultan gratos al oído. **3** Obra compuesta según las leyes de la armonía, la melodía y el ritmo: *compuso la música de muchas canciones.* **4** Conjunto de las obras o composiciones musicales de un autor, de un estilo, de un país o de un período determinados: *música clásica.*

▶ irse con la música a otra parte Expresión con la que se despide una persona que cree que está molestando o que cree no ser escuchada por los demás: *estoy de más, me voy con la música a otra parte.* música celestial Expresión que se usa para indicar que las palabras que se están escuchando son muy elegantes pero vanas y sin ningún fundamento.

DER musical, musicar, músico, musicología.

musical adj. **1** De la música o relacionado con este arte: *escala musical.* **2** Que tiene música o la produce: *instrumento musical.* **3** [sonido] Que es agradable o armonioso. ◆ adj./ n. m. **4** [película, obra de teatro] Que incluye piezas de música, canciones y baile como parte de la acción: *comedia musical.*

DER musicalidad, musicalizar.

musicalidad n. f. Conjunto de características armónicas, melódicas y rítmicas que son propias de la música.

músico, -ca n. m. y f. Persona que se dedica profesionalmente a tocar un instrumento musical o a componer música: *mi primo es músico en una orquesta.*

musicología n. m. Ciencia que estudia la teoría y la historia de la música.

musitar v. intr./ tr. *formal* Hablar una persona en voz muy baja. SIN susurrar.

muslo n. m. **1** Parte de la pierna que va desde la cadera hasta la rodilla: *el pantalón corto solo le cubría medio muslo.* **2** Parte superior y carnosa de la pata de un animal: *pidió un muslo de pollo asado para comer.*

DER muslera.

mustio, -tia adj. **1** [flor, planta] Que ha perdido el frescor, el verdor y la tersura. SIN marchito. **2** Que está triste y siente melancolía: *estos días la encuentro mustia, no sé qué le preocupará.* SIN melancólico.

DER amustiar.

musulmán, -mana adj. **1** Del islam o que tiene relación con esta doctrina religiosa basada en el Corán. SIN islámico, mahometano. ◆ adj./ n. m. y f. **2** [persona] Que cree en el islam. SIN mahometano.

mutación n. f. **1** BIOL. Alteración de la estructura genética o cromosómica de la célula de un ser vivo que pasa a sus descendientes: *la mutación de los cromosomas puede producir la aparición de un carácter nuevo.* **2** BIOL. Resultado visible producido por esta alteración: *el síndrome de Down se produce a causa de la mutación del cromosoma veintiuno.* **3** Cada una de las diferentes decoraciones que se realizan en el teatro al representar una obra.

mutante adj./ n. m. **1** BIOL. [gen, cromosoma] Que ha experimentado una mutación o una alteración. ◆ adj./ n. m. **2** BIOL. [célula, ser vivo] Que ha experimentado un cambio hereditario de material genético.

mutar v. tr. **1** *formal* Cambiar o alterar el aspecto, la naturaleza o el estado de una cosa. SIN mudar. **2** BIOL. Experimentar una célula una transformación genética o cromosómica.

DER mutabilidad, mutación, mutante; conmutar, inmutar, permutar, transmutar.

mutilación n. f. **1** Separación o corte de una parte del cuerpo de un ser vivo que se produce en circunstancias violentas: *la explosión le causó la mutilación de varios dedos.* **2** Corte o supresión de una parte de una cosa: *muchas obras sufrieron la mutilación de la censura.* SIN amputación.

mutilado, -da adj./ n. m. y f. [persona] Que ha perdido o tiene inutilizado algún miembro o extremidad del cuerpo: *mutilado de guerra.*

mutilar v. tr. **1** Cortar un miembro o una parte del cuerpo de una manera violenta: *una bomba le mutiló la mano.* **2** Quitar o suprimir una parte de una cosa: *la censura mutiló su novela.*

DER mutilación, mutilado.

mutis n. m. **1** En teatro, salida de la escena de un actor. ◆ int. **2** ¡mutis! Exclamación que se utiliza para hacer callar a una persona.

▶ hacer mutis por el foro Marcharse una persona de un lugar con discreción o sin llamar la atención: *tu hermano hizo mutis por el foro sin despedirse de nadie.*

OBS El plural también es *mutis.*

mutismo n. m. Silencio voluntario o impuesto que se tiene en un momento determinado: *las autoridades guardan un mutismo absoluto sobre el caso.*

mutualismo n. m. Relación entre seres vivos de distinta especie en la que los dos seres salen beneficiados de esa relación: *la anémona protege al pez de otros animales, y el pez atrae a pequeños animales de los que se alimenta la anémona en un claro ejemplo de mutualismo.* SIN simbiosis.

mutuo, -tua adj. Que se hace de manera recíproca entre dos personas, animales o cosas: *quedaron de mutuo acuerdo.* SIN recíproco.

DER mutualidad.

muy adv. Indica el grado más alto de lo que se expresa: *muy deprisa.* SIN mucho. NOTA Se usa ante adjetivos, participios, adverbios y locuciones adverbiales.

▶ muy de Indica que lo que se expresa es propio y característico de una persona o de una cosa: *es muy de María eso de llegar tarde.*

my n. f. Letra duodécima del alfabeto griego; se escribe μ: *la «my» corresponde a la «m» del alfabeto latino.*

n n. f. Decimocuarta letra del alfabeto español.

n.º Abreviatura de *número*, signo que representa una cantidad: *véase «Revista de Antropología», n.º 6, págs. 15-21.*
OBS También se abrevia *núm.*

nabo n. m. **1** Planta de hojas grandes, de borde dentado y color verde azulado, flores amarillas y de pequeño tamaño. **2** Raíz de esta planta, comestible, carnosa, de color blanco o amarillento y forma alargada. SIN rapo. **3** *coloquial* Pene.
DER nabiza.

nácar n. m. Sustancia dura y blanca que se forma en el interior de las conchas de algunos moluscos y que produce brillos y tonos de distintos colores cuando se refleja la luz.
DER nacarado.

nacarado, -da adj. **1** Que tiene alguna característica que es propia del nácar: *brillo nacarado.* **2** Que está adornado con nácar: *el libro tenía las tapas nacaradas.*
DER anacarado.

nacer v. intr. **1** Salir una persona o un animal vivíparo del vientre de la madre. **2** Salir un animal ovíparo del huevo. **3** Salir una planta de su semilla o brotar del suelo. **4** Salir las hojas, las flores o los frutos a una planta: *le han nacido brotes nuevos al árbol.* **5** Salir el pelo a una persona o la pluma a un animal: *al canario empiezan a nacerle las plumas de las alas.* **6** Comenzar a tener existencia una cosa: *el comercio nació en las ciudades.* **7** Surgir el agua u otro líquido de un lugar: *este río nace en la sierra vecina.* SIN brotar. **8** Aparecer por el horizonte un cuerpo celeste: *el sol nace por el este.* **9** Derivar o proceder una cosa de otra: *todo un movimiento filosófico nació de su forma de entender el mundo.*
▶ nacer para + nombre o nacer para + infinitivo Tener una persona una gran capacidad para hacer una cosa determinada: *nació para poeta.* volver a nacer Escapar una persona de un peligro grande sin haber sufrido un daño importante: *volvimos a nacer después de aquel accidente.* ANT morir.
DER nacido, naciente, nacimiento; renacer.

nacho n. m. Trozo de tortilla de maíz tostado o frito. SIN totopo.

nacer

INDICATIVO

presente
nazco
naces
nace
nacemos
nacéis
nacen

pretérito imperfecto
nacía
nacías
nacía
nacíamos
nacíais
nacían

pretérito perfecto simple
nací
naciste
nació
nacimos
nacisteis
nacieron

futuro
naceré
nacerás
nacerá
naceremos
naceréis
nacerán

condicional
nacería
nacerías
nacería
naceríamos
naceríais
nacerían

SUBJUNTIVO

presente
nazca
nazcas
nazca
nazcamos
nazcáis
nazcan

pretérito imperfecto
naciera o naciese
nacieras o nacieses
naciera o naciese
naciéramos o naciésemos
nacierais o nacieseis
nacieran o naciesen

futuro
naciere
nacieres
naciere
naciéremos
naciereis
nacieren

IMPERATIVO

nace	(tú)
nazca	(usted)
naced	(vosotros)
nazcan	(ustedes)

FORMAS NO PERSONALES

infinitivo nacer
gerundio naciendo
participio nacido

nacido, -da adj./ n. m. y f. [persona] Que ha salido del vientre de la madre.
▶ bien nacido Expresión que se usa para calificar a una persona de comportamiento noble y generoso. mal nacido Expresión que se usa para calificar a una persona de comportamiento malvado o miserable: *era un mal nacido que solo quería el daño de los demás.* NOTA Se usa como apelativo despectivo o como insulto. recién nacido Niño que acaba de nacer.

naciente adj. **1** Que es nuevo o empieza a desarrollarse. ◆ n. m. **2** Punto cardinal que está en la dirección en la que nace el sol. SIN este, levante, oriente.

nacimiento n. m. **1** Momento en que una persona o un animal vivíparo salen del vientre de la madre, un animal ovíparo sale del huevo y una planta sale de la semilla o brota del suelo. **2** Momento en que una cosa comienza a tener existencia. **3** Lugar del que comienza a salir el vello o el pelo. **4** Lugar del que brota una corriente de agua: *visitamos el nacimiento del río Tajo.* **5** Conjunto de figuras y objetos que representan momentos y lugares relacionados con el momento en que nació Jesucristo: *por Navidad siempre colocan un nacimiento en la puerta de la iglesia.* SIN belén, pesebre.
▶ de nacimiento Expresión que se usa para indicar que una determinada característica física o psíquica se tiene desde el momento en que se nace: *es sordo de nacimiento.*

nación n. f. **1** Conjunto de habitantes de un país regidos por un mismo gobierno. **2** Territorio en el que vive ese conjunto de personas. SIN país, patria. **3** Conjunto de personas de un mismo origen étnico que tienen unos vínculos históricos comunes y que generalmente hablan el mismo idioma: *la nación judía.* SIN pueblo.

nacional adj. **1** Propio de una nación o un territorio. **2** Que pertenece a la propia nación, en oposición a lo que es extranjero: *ellos suelen preferir el consumo de productos nacionales.* ◆ adj./ n. m. **3** [persona, grupo] Que durante la guerra civil española era partidario y seguidor del bando liderado por el general Franco: *bando nacional.*
DER nacionalidad, nacionalismo, nacionalizar; internacional, multinacional, supranacional, transnacional.

nacionalidad n. f. Estado o situación propios de las personas que pertenecen a una nación y poseen el derecho de ciudadanía: *tengo la nacionalidad española.*

nacionalismo n. m. **1** Doctrina política que exalta en todos los órdenes la personalidad nacional: *el nacionalismo surgió en Europa en el siglo XIX.* **2** Movimiento político que defiende la creación de un Estado independiente y autónomo.
DER nacionalista.

nacionalista adj. **1** Del nacionalismo o relacionado con este movimiento político: *partido político nacionalista.* ◆ adj./ n. com. **2** [persona] Que es partidario del nacionalismo.

nacionalizar v. tr. **1** Conceder a un extranjero los mismos derechos y privilegios de los que gozan las personas nacidas en un país. SIN naturalizar. **2** Transformar en propiedad del Estado empresas, bienes o servicios que eran de propiedad privada o estaban controlados por poderes extranjeros: *Argelia nacionalizó el gas después de su independencia de Francia.* SIN estatalizar, estatificar. ANT privatizar. ◆ v. prnl. **3** nacionalizarse Adquirir [una persona extranjera] los mismos derechos y privilegios de los que gozan las personas nacidas en su país. SIN naturalizarse.
OBS En su conjugación, la *z* se convierte en *c* delante de *e*.
DER nacionalización; desnacionalizar.

nacionalsocialismo n. m. Doctrina del partido político nacionalsocialista que defendía el poder absoluto del Estado y la superioridad y la supremacía del pueblo germano frente a los demás pueblos de Europa: *el nacionalsocialismo propugnaba una ideología totalitaria y racista.* SIN nazismo.

nacionalsocialista adj. **1** [partido político] Que fue fundado por Adolf Hitler y que propugnaba las doctrinas y las teorías del nacionalsocialismo. SIN nazi. ◆ adj./ n. com. **2** [persona] Que es partidario o seguidor del nacionalsocialismo. SIN nazi.
OBS El plural es *nacionalsocialistas.*

nada pron. indef. **1** Ninguna cosa: *dijo que no quería nada.* **2** Poco o muy poco: *se enfada por nada.* ◆ adv. **3** Indica negación total: *nada, que no lo quiere.* SIN no. **4** De ninguna manera, de ningún modo: *no estaba nada tranquilo.* ◆ n. f. **5** Falta total de cualquier ser o de cualquier cosa: *cree que tras la muerte está la nada.*
▶ ¡ahí es nada! Expresión que indica sorpresa o admiración: *pedía cuatro mil euros, ¡ahí es*

nada! como si nada Sin hacer ningún esfuerzo o sin dar la menor importancia: *volvió a hacerlo como si nada.* de nada Expresión con la que se responde a un agradecimiento. nada menos Expresión con la que se destaca la importancia o el valor de una persona o de una cosa: *lo ha dicho nada menos que el rey.*
DER nadería.

nadador, -ra adj. **1** Que nada o puede nadar. ◆ n. m. y f. **2** Persona que practica de manera profesional el deporte de la natación.

nadar v. intr. **1** Trasladarse dentro del agua una persona o un animal haciendo los movimientos necesarios y sin tocar el suelo: *me gusta nadar en el mar.* **2** Flotar una cosa en un líquido. **3** Tener una cosa en gran cantidad o abundancia: *el empresario nadaba en dinero.*
DER nadador; sobrenadar.

nadie pron. indef. Ninguna persona: *nadie nos ha visto.*
▶ ser un don nadie Ser una persona insignificante y sin poder alguno.

nado Palabra que aparece en la expresión *a nado*, que indica que 'un movimiento se efectúa nadando'.

nailon o **nylon** n. m. Fibra artificial, elástica y resistente que sirve para fabricar tejidos y prendas de vestir.

naipe n. m. **1** Cartulina pequeña de forma rectangular que forma parte de la baraja y lleva impresos por una de sus caras una figura o un número determinado de objetos y por la otra, un dibujo uniforme: *la baraja española tiene 48 naipes.* SIN carta. ◆ n. m. pl. **2** naipes Juego en el que se utiliza la baraja: *jugar a los naipes.* SIN cartas. NOTA Se usa a veces en singular: *le daban al naipe una tarde sí, otra no.*

nalga n. f. Cada una de las dos partes carnosas y redondeadas del cuerpo humano que están situadas donde acaba la espalda. SIN glúteo.
OBS En plural tiene el significado de 'culo' o 'trasero'.

nana n. f. **1** Canción que se canta a los niños pequeños para arrullarlos o para que se queden dormidos. **2** Especie de saco pequeño con una abertura anterior que se cierra con una cremallera y sirve para abrigar a los bebés. **3** Nombre que se le da cariñosamente a la abuela.
▶ el año de la nana Que es muy antiguo o tiene muchos años: *esta mesa es del año de la nana.*

nanotecnología n. f. Tecnología que se dedica al control y la manipulación de la materia de tamaño muy pequeño, al nivel de los átomos y las moléculas, y a la fabricación de materiales y procesos adecuados a este tamaño: *la nanotecnología se puede aplicar a la medicina y a otras disciplinas científicas.*

napia n. f. Nariz de una persona: *menudo golpe, casi me parto la napia.* SIN nariz.
OBS Se usa también en plural para referirse a una sola nariz.

napoleónico, -ca adj. De Napoleón o que tiene relación con este emperador francés, con su imperio o con su política.

napolitana n. f. Bollo plano y rectangular relleno de crema o chocolate.

napolitano, -na adj. **1** Relativo a Nápoles, ciudad del sur de Italia, o a sus habitantes. **2** Relativo al antiguo reino de Nápoles o a sus habitantes: *la corte napolitana de Alfonso el Magnánimo.* ◆ adj./ n. m. y f. **3** [persona] Que es de la actual ciudad o del antiguo reino de Nápoles. ◆ n. m./ adj. **4** Dialecto italiano que se habla en Nápoles y su región. ◆ adj. **5** Que tiene relación con este dialecto.

naranja n. f. **1** Fruto del naranjo que tiene forma redonda, cáscara gruesa y rugosa y pulpa agridulce, muy jugosa, dividida en gajos; es comestible. ◆ n. m./ adj. **2** Color como el de este fruto: *lleva una blusa naranja.*
▶ media naranja Persona que se adapta perfectamente a otra o se complementa con ella. ¡naranjas de la China! Expresión que se usa para negar: *me pidió que fuéramos andando y yo le dije que naranjas de la China.* SIN no.
DER naranjada, naranjal, naranjero, naranjo.

naranjada n. f. Bebida hecha con zumo de naranja, agua y azúcar.

naranjal n. m. Trozo de terreno plantado de naranjos.

naranjo n. m. **1** Árbol frutal de tronco liso, copa abierta, hojas verdes, ovaladas y flores blancas y olorosas, cuyo fruto es la naranja: *la flor del naranjo es el azahar.* **2** Madera de este árbol.

narcisismo n. m. Admiración excesiva que siente una persona por si misma.

narcisista adj. **1** Del narcisismo o relacionado con él: *actitud narcisista.* ◆ **2** adj./ n. com. [persona] Que se comporta con narcisismo: *es un narcisista.*

narciso n. m. **1** Flor olorosa de color blanco o amarillo. **2** Planta herbácea con raíz en forma de bulbo, hojas estrechas y apuntadas que nacen en la base del tallo y que produce esta flor. **3** Hombre que siente una admiración excesiva por sí misma.

narco n. com. Narcotraficante.

narcótico, -ca adj./ n. m. [sustancia] Que produce sueño, relajación muscular y pérdida de la sensibilidad y la consciencia: *el opio es una sustancia narcótica.*

DER narcotismo, narcotizar.

narcotizar v. tr. Administrar a una persona una sustancia narcótica.

OBS En su conjugación, la *z* se convierte en *c* delante de *e*.

narcotraficante n. com. Persona que se dedica al narcotráfico: *los narcotraficantes inventan formas de camuflar la droga.* SIN narco.

narcotráfico n. m. Comercio o negocio en el que se compran y se venden drogas tóxicas en grandes cantidades.

DER narcotraficante.

nardo n. m. **1** Flor blanca y muy olorosa, especialmente de noche, dispuesta en espiga. **2** Planta de jardín con el tallo sencillo y derecho y hojas largas que se prolongan como si fueran escamas, y que da esa flor: *el nardo se emplea en perfumería.*

narigudo, -da adj./ n. m. y f. [persona] Que tiene la nariz muy grande: *además de feo es narigudo.*

nariz n. f. **1** Parte saliente en el rostro humano situada entre los ojos y la boca que tiene dos orificios en la parte inferior: *por la nariz se respira y en ella está localizado el sentido del olfato.* nariz aguileña Nariz delgada y curva parecida al pico de un águila. nariz chata Nariz que es muy pequeña y aplastada. nariz griega Nariz que forma una línea de continuación con la frente. nariz respingona Nariz que está ligeramente levantada por la parte inferior. **2** Parte situada en la cabeza de los animales vertebrados que sirve para oler y para tomar el aire al respirar. **3** Capacidad para oler: *la policía utiliza perros porque tienen una nariz excelente.* SIN olfato.

▶ asomar las narices Aparecer una persona en un lugar para averiguar qué está ocurriendo. SIN husmear. dar con la puerta en las narices Negarse una persona a ayudar a otra: *fue a pedir un favor a su compañero, pero este le dio con la puerta en las narices.* dar en la nariz Sospechar una cosa: *me da en la nariz que van a venir sin avisarnos.* darse de narices Tropezar con una persona o con una cosa: *como nunca mira hacia delante, se dio de narices contra la farola.* SIN chocar. dejar con un palmo de narices Dejar sorprendida a una persona: *después de esperarlo dos horas nos dejó plantados y con un palmo de narices.* delante de las narices o en las propias narices Expresión que indica que una cosa está o se realiza delante de la presencia de una persona, sin que esta se entere o sin importar que se entere: *los ladrones robaron el coche delante de las narices de un policía.* estar hasta las narices Estar una persona muy harta de una cosa. hincharse las narices Enfadarse mucho una persona: *cuidado con él, que cuando se le hinchan las narices se pone como una fiera.* meter las narices Intentar averiguar y enterarse de lo que hacen otras personas: *me molesta que metan las narices en mis asuntos.* SIN entrometerse. no ver más allá de las narices No darse cuenta una persona de las cosas que pasan a su alrededor: *no ve más allá de sus narices, debería espabilarse.* pasar (o restregar) por las narices Mostrar una cosa insistiendo mucho para molestar a una persona: *ha conseguido un puesto importante y se lo pasa por las narices a todo el mundo.* por narices Expresión que indica que una cosa tiene que hacerse o suceder de manera forzosa o por obligación: *tuve que venir hoy por narices.* tener narices Expresión que indica que una persona tiene ánimo, valor y mucho arrojo: *tu hermano tiene narices para enfrentarse con quien sea.* tocarse las narices Hacer el vago, holgazanear: *va a la oficina a tocarse las narices.*

DER narigón, narigudo, narizotas; desnarigado.

narizotas n. com. **1** Persona que tiene la nariz muy grande. NOTA Se usa despectivamente o como insulto. ◆ n. f. pl. **2** Nariz que es muy grande. NOTA Es despectivo.

narración n. f. **1** Acción de contar un suceso real, o un hecho o historia ficticios. **2** Obra literaria escrita en prosa que relata una historia que puede ser real o inventada.

narrador, -ra n. m. y f. Persona que cuenta una historia real o inventada o que relata una serie de hechos.

narrar v. tr. Contar una persona algo que ha sucedido realmente o un hecho o una historia ficticios: *este cuento narra la historia de un príncipe encantado.* SIN relatar, referir.

DER narración, narrativa, narrativo; inenarrable.

narrativa n. f. Género literario en prosa que

utiliza sobre todo la narración y que incluye la novela, la novela corta y el cuento.
DER narratología.

narrativo, -va adj. De la narración o relacionado con esta forma literaria.

nasal adj. **1** De la nariz o relacionado con este apéndice de la cara: *fosas nasales; tabique nasal.* ◆ adj./ n. f. **2** [sonido] Que se pronuncia haciendo salir el aire, total o parcialmente, por la nariz: *el sonido de la letra m es nasal.* **3** [letra] Que representa ese sonido: *la letra m y la letra n son nasales.*
DER nasalizar.

nata n. f. **1** Sustancia espesa y cremosa que se forma en la superficie de la leche que se deja en reposo: *separamos la nata de la leche con un colador.* **2** Crema blanca y dulce que se hace mezclando y batiendo esta sustancia de la leche con azúcar: *la nata se utiliza para rellenar dulces o tartas.* **3** Sustancia espesa que se forma en la superficie de algunos líquidos: *el bodeguero destapó la tinaja de vino y le quitó la nata.*
DER natillas; desnatar.

natación n. f. Deporte o ejercicio que consiste en nadar.
DER natatorio.

natal adj. [lugar] Que es en el que ha nacido una persona: *ciudad natal; pueblo natal.*
DER natalicio, natalidad; perinatal, prenatal.

natalidad n. f. Número de personas que nacen en un lugar y en un período de tiempo determinados en relación con la totalidad de la población. ANT mortalidad.

natillas n. f. pl. Postre elaborado con una preparación a base de yemas de huevo, azúcar y leche.

natividad n. f. Nacimiento de Jesucristo, de la Virgen María y de san Juan Bautista: *la natividad de la Virgen se celebra el 8 de septiembre.*
OBS Suele escribirse con mayúscula.

nativo, -va adj. **1** Del lugar donde se ha nacido o relacionado con él: *lengua nativa.* ◆ adj./ n. m. y f. **2** [persona] Que ha nacido en el lugar de que se trata: *prefiero que me dé clases de inglés un profesor nativo.* SIN natural, oriundo. ANT extranjero.
DER natividad.

nato, -ta adj. **1** [cualidad, defecto] Que se tiene desde que se nace: *esta chica tiene una curiosidad nata por todo lo que le rodea.* **2** [persona] Que tiene una capacidad especial, una cualidad o un defecto desde que nace: *deportista nato.*
DER natal; innato, neonato, nonato.

natura n. f. Naturaleza, conjunto de las cosas y de las fuerzas que componen el universo.
▶ contra natura Que es contrario a las leyes de la naturaleza o a lo que el ser humano considera que son leyes de la naturaleza, especialmente cuando se trata de leyes morales: *maltratar a los niños va contra natura.*
DER natural, naturismo.

natural adj. **1** Que es de la naturaleza o que ha sido producido por la naturaleza sin la participación del ser humano: *el agua forma cuevas naturales en la roca.* ANT artificial. **2** Que está elaborado sin mezclar elementos artificiales y sin que el ser humano altere lo que había producido la naturaleza: *esta mermelada es natural.* **3** [cualidad] Que es propio y característico de una cosa. SIN inherente. **4** [hecho] Que es predecible, lógico o razonable porque ocurre normalmente: *que haga frío es natural en invierno.* **5** [persona, acción] Que es sencillo, que se realiza sin fingimiento y sin forzar las cosas: *has salido muy natural en esta foto.* SIN espontáneo. **6** Que se produce por las fuerzas de la naturaleza y no por una intervención sobrenatural o milagrosa: *fenómenos naturales.* ANT maravilloso, milagroso, sobrenatural. **7** [cosa] Que imita muy bien la realidad: *estas flores de tela son muy naturales.* NOTA Se usa frecuentemente con el adverbio *muy*. ◆ adj./ n. com. **8** [persona] Que ha nacido en un lugar determinado: *los naturales de Madrid se denominan madrileños.* SIN nativo. ◆ n. m. **9** Manera de ser o de comportarse una persona: *tiene un natural bondadoso y tranquilo.* SIN carácter, temperamento.
▶ al natural **a.** Sin elaboración ni adornos, tal y como es en realidad: *su voz es mucho más bella al natural que en los discos.* **b.** [fruto] Que está en su jugo, y no tiene condimentos ni componentes artificiales: *hay conservas de tomate al natural, pelado y triturado.* copiar del natural Realizar una obra de arte a partir de un modelo real y presente.
DER naturaleza, naturalidad, naturalismo, naturalizar, naturalmente; connatural.

naturaleza n. f. **1** Conjunto de las cosas y de las fuerzas que componen el universo y que no han sido hechas por el ser humano. **2** Principio universal que se considera que gobierna y dispone todas las cosas: *la naturaleza es* *sabia y compensa los desequilibrios.* **3** Manera de ser o de comportarse una persona: *ser de naturaleza violenta.* **SIN** carácter, temperamento. **4** Constitución física de una persona: *tuvo desde niño una naturaleza débil.* **5** Propiedad o conjunto de propiedades características de un ser o de una cosa: *la muerte forma parte de la naturaleza humana.* **SIN** esencia. **6** Especie, género, clase o tipo al que pertenece una cosa: *no me interesan los negocios de esa naturaleza.* **7** Documento o mecanismo legal que da derecho a una persona a ser considerada como natural de un país.

▶ **naturaleza muerta** Cuadro que representa animales muertos, frutas, flores u objetos sin vida. **SIN** bodegón. **por naturaleza** Por inclinación y manera natural de ser: *las personas son sociales por naturaleza.*

naturalidad n. f. Modo de actuar o de comportarse una persona sin orgullo ni fingimiento, mostrándose tal y como es en realidad: *hablaba con naturalidad, sin afectación.* **SIN** espontaneidad, sencillez.

naturalismo n. m. **1** Movimiento literario surgido a finales del siglo XIX; se caracteriza por aparecer en sus obras la parte más cruda y desagradable de la realidad con mucho realismo, tal y como es. **2** FILOS. Sistema de pensamiento que considera la naturaleza como principio de todas las cosas: *en el naturalismo se da mucha importancia a la experiencia.*

naturalista adj. **1** Del naturalismo o relacionado con este movimiento literario: La Regenta *es una novela naturalista de Clarín.* **2** Del naturalismo o relacionado con este sistema de pensamiento. ◆ adj./ n. com. **3** [persona] Que practica o defiende los principios del naturalismo como tendencia literaria o como sistema de pensamiento: *Zola fue un autor naturalista.* ◆ n. com. **4** Persona que se dedica al estudio de las ciencias naturales.

naufragar v. intr. **1** Hundirse o quedar destruida una embarcación que estaba navegando. **2** Estar una persona en una embarcación que se hunde o queda destruida: *naufragamos ante las costas de la isla y un barco nos rescató del agua.* **3** Fracasar un asunto o un negocio: *los proyectos mal planificados suelen naufragar.*

OBS En su conjugación, la *g* se convierte en *gu* delante de *e*.

DER naufragio.

naufragio n. m. **1** Hundimiento, destrucción o pérdida de una embarcación que se encontraba navegando. **2** Fracaso de un asunto o un negocio: *el naufragio de la empresa fue debido a una mala gestión.*

náufrago, -ga adj./ n. m. y f. [persona] Que ha sufrido un naufragio.

DER naufragar.

náusea n. f. **1** Sensación de malestar físico cuando se tienen ganas de vomitar: *algunos olores desagradables provocan náuseas.* **2** Repugnancia o asco muy intenso que provoca una cosa: *la habitación estaba muy sucia y daba náuseas entrar en ella.*

OBS Se usa frecuentemente en plural.

DER nauseabundo.

nauseabundo, -da adj. **1** Que produce asco o repugnancia intensos y ganas de vomitar: *un olor nauseabundo.* **2** Que produce una fuerte repugnancia por malo, indigno o inmoral: *su conducta fue nauseabunda.*

náutica n. f. Técnica de navegar: *curso de náutica.* **SIN** navegación.

DER aeronáutica, motonáutica.

náutico, -ca adj. De la navegación o relacionado con la técnica de navegar: *club náutico; escuela náutica.*

navaja n. f. **1** Instrumento parecido al cuchillo, cuya hoja está articulada de manera que el filo puede guardarse dentro del mango. **navaja de afeitar** Navaja de filo muy agudo que sirve para cortar el pelo de la barba. **2** Animal invertebrado marino que tiene el cuerpo alargado y encerrado entre dos conchas casi rectangulares; es comestible y muy apreciado.

navajazo n. m. **1** Golpe fuerte dado con el filo o con la punta de una navaja. **2** Herida o corte hecho violentamente con una navaja.

navajo, -ja adj. **1** De un pueblo amerindio norteamericano que habitaba en la zona sur de las montañas Rocosas o que tiene relación con él. ◆ adj./ n. m. y f. **2** [persona] Que pertenecía a este pueblo amerindio.

naval adj. **1** De la navegación o relacionado con la técnica de navegar. **2** De las embarcaciones o relacionado con las embarcaciones o los barcos: *industria naval.*

navarro, -rra adj. **1** De Navarra o relacionado con esta provincia o comunidad autónoma del norte de España. ◆ adj./ n. m. y f. **2** [persona] Que es natural de Navarra.

nave n. f. **1** Vehículo capaz de flotar y de navegar por el agua: *las naves de Cristóbal Colón* *cruzaron el Atlántico.* **SIN** barco, embarcación. **2** Vehículo para viajar por el aire impulsado por uno o más motores. **SIN** avión. **nave espacial** Vehículo que se utiliza para viajar por el espacio, fuera de la atmósfera terrestre: *el ser humano llegó a la Luna en una nave espacial.* **3** Edificio grande, de una sola planta, con el techo alto y sin divisiones, que se usa como fábrica, como granja o como almacén: *nave industrial.* **4** Espacio alargado que queda entre los muros o entre las columnas en el interior de una iglesia o de otro edificio de gran tamaño.

▶ **nave principal** Nave de una iglesia o de un templo que está situada en el centro y es más ancha y más alta que las otras: *el altar se coloca en la nave principal.* **quemar las naves** Tomar una decisión de modo que no se puede volver atrás: *cuando decidí cerrar mi negocio, quemé las naves y cambié de profesión.*

DER naval, navegar, navicular, navío; aeronave, astronave, cosmonave, motonave.

navegable adj. [canal, lago, río] Que es suficientemente profundo o amplio como para ser navegado: *el río Paraná es navegable.* **ANT** innavegable.

DER navegabilidad; innavegable.

navegación n. f. **1** Desplazamiento de una embarcación por el agua o de una nave por el aire. **2** Viaje que se hace en un barco o en una nave. **3** Técnica de navegar. **SIN** náutica.

navegador n. m. Aplicación o programa informático que permite navegar por Internet: *un navegador muy rápido.*

navegante n. com. Persona que navega. **SIN** marinero, marino.

navegar v. intr. **1** Desplazarse una embarcación por el agua o una nave por el aire. **2** Viajar por el agua en una embarcación o por el aire en una nave. **3** Desplazarse de una página o documento a otro en una red informática, a través de ciertos vínculos preestablecidos: *navegando por internet puedes encontrar información sobre todo tipo de temas.*

OBS En su conjugación, la *g* se convierte en *gu* delante de *e*.

DER navegable, navegación, navegador, navegante.

navidad n. f. **1** Fiesta religiosa con la que los cristianos celebran el nacimiento de Jesucristo: *las comunidades cristianas celebran la Navidad con la tradicional misa del gallo.* **NOTA** En esta acepción se escribe con mayúscula. **2** Día en el cual se celebra esta fiesta: *la Navidad es el 25 de diciembre.* **NOTA** En esta acepción se escribe con mayúscula. **3** Período de tiempo inmediato a ese día; para mucha gente se trata de un período de vacaciones: *pasaremos las navidades en casa de los abuelos.* **NOTA** En esta acepción se usa frecuentemente en plural.

DER navideño.

navideño, -ña adj. De la Navidad o que tiene relación con ella: *adornos navideños.*

navío n. m. Embarcación de gran tamaño, especialmente la que se utiliza con fines comerciales o como buque de guerra.

DER naviero.

nazareno, -na adj./n. m. y f. **1** De Nazaret o que tiene relación con esta población de Galilea. ◆ n. m. y f. **2** Persona que desfila como penitente en las procesiones de Semana Santa, vestida con una túnica: *los nazarenos suelen ir de color morado.*

nazi adj. **1** Del nazismo o que tiene relación con esta doctrina política o ideología. ◆ adj./n. com. **2** [persona] Que defiende o es partidaria del nazismo.

nazismo n. m. Doctrina política e ideología de carácter totalitario, nacionalista y expansionista; fue impulsada en Alemania por Adolf Hitler después de la Primera Guerra Mundial.

DER nazi.

neblina n. f. Niebla baja y poco espesa: *a través de la neblina se podía distinguir la silueta de los árboles.*

nebulosa n. f. ASTR. Masa de materia celeste brillante cuyo aspecto recuerda al de una gran nube.

nebuloso, -sa adj. **1** Que tiene niebla o está cubierto de niebla. **2** Que está borroso o poco claro o que es difícil de comprender: *solo recuerdo unas imágenes nebulosas del accidente.* **SIN** confuso.

necedad n. f. **1** Cualidad de necio: *tu necedad te acarreará problemas.* **SIN** torpeza, ignorancia. **2** Hecho o dicho torpe o poco adecuado: *sus críticas no eran más que necedades sin sentido.* **SIN** sandez.

necesario, -ria adj. Que hace falta para un fin o que es obligatorio o inevitable para algo: *el aire es necesario para la vida.* **SIN** imprescindible, indispensable. **ANT** innecesario.

neceser n. m. Bolsa o maletín que sirve para guardar o llevar objetos de aseo personal.

necesidad n. f. **1** Hecho de que sea necesaria una cosa o haga falta de manera obligatoria para un fin: *se dieron cuenta de la necesidad de una nueva carretera.* **2** Cosa que es necesaria o hace falta de manera obligatoria para un fin. **3** Deseo o impulso que una persona siente de hacer una cosa: *sintió la necesidad de salir corriendo.* **4** Carencia, privación de algo muy necesario para vivir, como alimentos o dinero para conseguirlos: *la necesidad le obligó a robar.* SIN pobreza, penuria. **5** Situación difícil en la que se encuentra una persona que tiene un grave problema personal o económico. SIN apuro.
▶ hacer sus necesidades Expulsar una persona o un animal los excrementos o la orina.
DER necesario, necesitar.

necesitado, -da adj./ n. m. y f. [persona] Que no tiene lo necesario para vivir. SIN pobre.

necesitar v. tr. Tener necesidad de algo o de alguien que hace falta de manera obligatoria para un fin.
▶ se necesita Se utiliza para intensificar lo que se dice a continuación: *¡se necesita ser imbécil para actuar así!*
DER necesitado.

necio, -cia adj./ n. m. y f. **1** [persona] Que es tonto o torpe o hace cosas que carecen de lógica o de razón. SIN ignorante, tonto. ◆ adj. **2** [acción, expresión] Que se hace o se dice de forma torpe o imprudente.
DER necedad.

necro- Elemento prefijal que entra en la formación de palabras con el significado de 'muerto', 'cadáver': *necrópolis.*

necrología n. f. **1** Biografía o nota biográfica breve que se hace de una persona que ha fallecido recientemente. **2** Notificación de la muerte de una persona que se hace a través de una sección de un periódico.

necrópolis n. f. Cementerio extenso en el que hay gran cantidad de monumentos fúnebres, especialmente si es muy antiguo, anterior a la era cristiana.
OBS El plural también es *necrópolis.*

néctar n. m. **1** Jugo azucarado que se encuentra en el interior de las flores: *las abejas chupan el néctar para fabricar la miel.* **2** Bebida suave de sabor dulce y agradable. **3** Licor excelente que bebían los dioses, según la mitología clásica.

nectarina n. f. **1** Árbol frutal, variedad de melocotonero, de fruto lampiño. **2** Fruto de este árbol, variedad de melocotón, de piel lisa y sin pelusa y con la pulpa no adherida al hueso.

neerlandés, -desa adj. **1** De los Países Bajos o que tiene relación con este país del norte de Europa. SIN holandés. ◆ adj./ n. m. y f. **2** [persona] Que es de los Países Bajos. SIN holandés. ◆ n. m. **3** Lengua germánica hablada en el norte de Bélgica y en los Países Bajos.

nefasto, -ta adj. **1** Que causa desgracia o va acompañado de ella: *fue un invierno nefasto para la agricultura.* SIN desgraciado. **2** Que es muy malo, de poca calidad. SIN detestable, pésimo.

nefrítico, -ca adj. MED. Del riñón o de los riñones o que tiene relación con estos órganos: *cólico nefrítico.* SIN renal.

negación n. f. **1** Acción que consiste en oponerse, prohibir, decir que no a una petición; acción de ir en contra de la existencia o la veracidad de alguna cosa. **2** Respuesta negativa que se da a lo que alguien pide o pretende. SIN negativa. **3** Carencia total de una cosa: *la negación de la libertad lleva al ser humano a la alienación.* **4** GRAM. Elemento gramatical o expresión que sirve para negar: *los adverbios «no», «jamás», «nunca» son negaciones.*

negado, -da adj./ n. m. y f. [persona] Que es muy torpe o muy inepto para hacer una cosa determinada: *soy negada para los trabajos manuales.* SIN incapaz.

negar v. tr. **1** Decir que no es verdad una cosa, o bien porque no existe, o bien porque es incorrecta. **2** Decir que no a lo que alguien pide o pretende: *me han negado la solicitud porque me faltaba un requisito.* **3** Prohibir una cosa. **4** No reconocer una persona el parentesco, la amistad o la relación que la une con otra: *el viejo negó a sus hijos: dijo que no los conocía de nada.* ◆ v. prnl. **5** negarse No querer hacer una cosa: *me niego a seguir escuchándote.*
▶ negarse a la evidencia No querer reconocer una cosa que es muy clara y evidente: *intentamos convencerlo, pero se negó a la evidencia.*
negarse a sí mismo Renunciar a los propios deseos u opiniones: *con esa actitud lo único que hace es negarse a sí mismo.*
OBS En su conjugación, la *e* se convierte en *ie* en sílaba acentuada y la *g* en *gu* delante de *e*, como en *regar.*
DER negación, negado, negativa, negativo; abnegar, denegar, innegable, renegar.

negativa n. f. Rechazo, oposición o respuesta negativa que se da a lo que alguien pide o pretende: *le pedí el coche pero me contestó con una negativa.* SIN negación.

negativo, -va adj. **1** Que contiene o expresa negación o está relacionado con la negación: *respuesta negativa.* ANT afirmativo, positivo. **2** Que produce algún daño o perjuicio o no está a favor de una cosa: *la película ha recibido críticas negativas.* ANT positivo. **3** [análisis, experimento] Que no presenta lo que se busca o se espera encontrar: *las pruebas han resultado negativas: no hay rastros de infección.* ANT positivo. **4** [persona] Que tiende a ver y a juzgar las cosas en su peor aspecto, del modo más desfavorable. SIN pesimista. ANT positivo. **5** FÍS. [polo, carga eléctrica] Que tiene el potencial eléctrico más bajo: *las pilas tienen un polo positivo y un polo negativo.* **6** MAT. [número, expresión matemática] Que es menor que cero; se señala colocando el signo – precediéndolo: *el 5 es un número positivo y el –5 es negativo.* ANT positivo. ◆ adj./ n. m. **7** [imagen, película fotográfica] Que reproduce invertidos los colores y los tonos de la realidad: *nos pidió los negativos de las fotos para hacer copias.* ANT positivo.

negligencia n. f. Falta de cuidado, aplicación y diligencia de una persona en el cumplimiento de una obligación: *la muerte se produjo por negligencias médicas.*

negligente adj. [persona] Que no pone el interés y el cuidado que tendría que poner al desempeñar una obligación: *una actitud negligente provocará que te despidan.*
DER negligencia.

negociación n. f. **1** Acción que consiste en tratar un asunto para llegar a un acuerdo o solución: *el acuerdo está en vías de negociación.* **2** Acción de realizar operaciones comerciales, comprando y vendiendo mercancías o servicios para conseguir ganancias.

negociado n. m. Dependencia o sección de una organización administrativa o gubernamental que se ocupa de un determinado asunto. SIN departamento.

negociador, -ra adj./ n. m. y f. **1** [persona] Que negocia. ◆ adj. **2** De la negociación o relacionado con ella: *sesiones negociadoras.*

negociante n. com. **1** Persona que se dedica a negociar o comprar y vender mercancías o servicios. SIN comerciante. ◆ adj./ n. com. **2** [persona] Que tiene un afán excesivo de hacer tratos y negocios para obtener beneficios: *no seas tan negociante y confórmate con lo que te ha tocado.*

negociar v. intr. **1** Realizar operaciones comerciales, comprando y vendiendo mercancías o servicios con el fin de conseguir ganancias. SIN comerciar. ◆ v. intr./ tr. **2** Tratar un asunto para llegar a un acuerdo o solución: *los sindicatos y la patronal negociaron para determinar el futuro de la fábrica.*
OBS En su conjugación, la *i* es átona, como en *cambiar.*
DER negociación, negociado, negociador, negociante; innegociable, renegociar.

negocio n. m. **1** Ocupación, actividad o trabajo que se realiza para obtener un beneficio, especialmente el que consiste en realizar operaciones comerciales, comprando y vendiendo mercancías o servicios: *ha alquilado un local y ha montado en él un pequeño negocio.* **2** Ganancia o beneficio conseguido en una actividad comercial o de otro tipo: *he hecho un mal negocio dejando los estudios.* **3** Establecimiento en el que se venden mercancías o se realizan actividades comerciales: *pasa la mayor parte del día en su negocio.* **4** Asunto o tema en que se ocupa una persona: *anda metido en negocios turbios.*
DER negociar.

negra n. f. MÚS. Nota musical cuya duración equivale a la mitad de una blanca.

negrero, -ra n. m. y f. **1** Persona que se dedicaba al comercio ilegal de personas negras y las vendía como esclavos. **2** Persona que explota a sus subordinados o los trata de forma cruel e inhumana.

negrita n. f. Tipo de letra que tiene el trazo más grueso y que resalta en el texto: *las entradas de los diccionarios suelen aparecer en negrita.*

negro, -gra n. m./ adj. **1** Color como el del carbón o el de la oscuridad total: *el color negro es la ausencia total de color.* ◆ adj. **2** De color oscuro o más oscuro que el de otras cosas de su especie: *me gusta mucho la cerveza negra.* **3** Que está muy sucio u oscurecido por la suciedad: *el niño siempre trae el cuello y los puños de la camisa negros.* **4** Que está muy bronceado o tostado por el sol: *se fue una semana a la playa y volvió negra.* **5** Que es triste, desafortunado o poco favorable: *hoy es un día negro, que conviene olvidar.* **6** [cine, novela] Que pertenece al género policíaco, está tratado con crudeza y realismo y se desarrolla en ambientes sórdidos y violentos: *en las películas de cine negro son frecuentes los gánsteres, los policías y los detectives privados.* **7** [rito, celebración] Que tiene relación con el diablo o con las fuerzas del mal: *magia negra.* ◆ adj./ n. m. y f. **8** [persona] De la etnia de piel oscura que comprende los principales pueblos de África y Oceanía, entre otros. ◆ adj. **9** Que está relacionado con la etnia humana que se caracteriza por la piel oscura: *música negra.* ◆ adj./ n. m. **10** [tabaco] Que es de olor y sabor fuerte: *antes fumaba rubio, después fumó negro y ahora ha dejado el tabaco.* ◆ n. m. y f. **11** Persona que trabaja para que otra destaque y se atribuya los méritos, especialmente escribiendo obras literarias: *ha hecho de negro para los youtubers.*

▶ estar (o ponerse) negro **a.** Estar muy enfadado, muy preocupado o muy harto de algo: *estoy negro con el carné de conducir, no hay manera de aprobarlo.* **b.** Complicarse mucho un asunto, de manera que se haga peligroso o difícil de realizar: *se está poniendo negro encontrar trabajo.* poner (o ponerse) negro Molestar o enfadar mucho a una persona, o hacerle perder la paciencia: *los culebrones me ponen negro.* verse negro para hacer algo Tener muchos problemas o mucha dificultad para hacer una cosa: *con este sueldo, me veo negro para llegar a fin de mes.*

DER negra, negrecer, negrero, negrita, negroide, negrura, negruzco; renegrido.

negrura n. f. Cualidad de ser negro o parecer negro.

negruzco, -ca adj. Que tiene un color oscuro, casi negro: *el mantel tenía unas manchas negruzcas.*

nemoroso, -sa adj. **1** *culto* Del bosque o que tiene relación con este terreno poblado de árboles: *paraje nemoroso.* SIN selvático. **2** *culto* Que está cubierto de bosques.

OBS Es de uso literario o poético.

nemotecnia n. f. Mnemotecnia.

nenúfar n. m. Planta acuática de hojas redondas u ovaladas que flotan en la superficie del agua; tiene flores olorosas, blancas, rosadas o amarillas.

neo- Elemento prefijal que entra en la formación de palabras con el significado de 'nuevo', 'reciente', 'renovado': *neofascismo, neologismo.*

neoclasicismo n. m. Corriente literaria y artística que dominó en Europa durante la segunda mitad del siglo XVIII; se caracteriza por recuperar la antigüedad clásica griega y latina, sus normas y sus gustos: *el neoclasicismo surgió como reacción contra el barroco.*

neoclásico, -ca adj. **1** Del neoclasicismo o relacionado con esta corriente literaria y artística. ◆ adj./ n. m. y f. **2** [persona] Que sigue las tendencias del neoclasicismo.

DER neoclasicismo.

neolatino, -na adj. [lengua] Que procede del latín: *el francés, el castellano y el gallgo son lenguas neolatinas.* SIN romance, románico.

neolítico, -ca adj./ n. m. **1** [período de la prehistoria] Que sigue al mesolítico y es anterior a la edad de los metales: *durante el período neolítico aparecieron la agricultura y la ganadería.* ◆ adj. **2** De este período prehistórico o que tiene relación con él.

neología n. m. **1** Parte de la lingüística que estudia los neologismos. **2** Proceso de formación de neologismos.

neologismo n. m. GRAM. Palabra o expresión de nueva incorporación a una lengua: *el lenguaje científico utiliza gran cantidad de neologismos.*

neón n. m. **1** QUÍM. Gas noble de gran conductividad eléctrica, que se encuentra en la atmósfera en pequeñas cantidades: *el símbolo químico del neón es Ne.* **2** Tubo delgado que está lleno de este gas y que produce luz cuando se le aplica una corriente eléctrica: *luces de neón.*

neoyorquino, -na adj. **1** De Nueva York o que tiene relación con esta ciudad del noreste de Estados Unidos o con el estado al que pertenece. ◆ adj./ n. m. y f. **2** [persona] Que es de Nueva York.

neozelandés, -desa adj. **1** De Nueva Zelanda o que tiene relación con este país insular de Oceanía. ◆ adj./ n. m. y f. **2** [persona] Que es de Nueva Zelanda.

neptunio n. m. Elemento químico metálico y radiactivo, de color plateado, del cual se obtiene el plutonio: *el símbolo del neptunio es Np.*

nervio n. m. **1** Órgano pequeño y delgado como un hilo, compuesto por muchas fibras nerviosas, que parte del cerebro, de la médula y de otros centros nerviosos y se distribuye por todo el cuerpo: *los nervios transmiten sensaciones e impulsos nerviosos.* **2** Fibra blanca y dura, parecida a un cordón, que tiene la carne comestible. SIN tendón. **3** Fibra con forma de hilo que tienen las hojas de las plantas y que se puede ver claramente en su parte posterior: *por los nervios de las hojas circula la savia.* **4** Fibra con forma de hilo que constituye el esqueleto de las alas membranosas de algunos insectos. **5** Cordón que sirve para unir los diversos cuadernillos de un libro: *los nervios de un libro forman un tejido en el lomo.* **6** Fuerza, energía o vigor que tiene una persona para hacer las cosas: *le contratamos porque tiene mucho nervio.* SIN vitalidad. **7** ARQ. Arco que se cruza con otros iguales para formar una bóveda de crucería. ◆ n. m. pl. **8 nervios** Estado de excitación o de falta de tranquilidad que experimenta una persona de forma temporal: *cada vez que voy al médico, me entran los nervios y no puedo estarme quieto.* SIN nerviosismo.

▶ **alterar** (o **crispar**) **los nervios** Intranquilizar, alterar emocionalmente a una persona. **poner los nervios de punta** Hacer perder la tranquilidad y la paciencia a una persona, poniéndola muy nerviosa, irritada o exasperada. **ser puro nervio** Ser muy activa e inquieta una persona y tener mucha energía al hacer las cosas. **tener nervios de acero** Tener una persona un gran control sobre sus emociones y no perder la calma en los momentos difíciles o peligrosos.

DER nervioso.

nerviosismo n. m. Estado pasajero de excitación nerviosa, inquietud o de falta de tranquilidad.

nervioso, -sa adj. **1** De los nervios o relacionado con estos órganos. **2** [persona, animal] Que se encuentra en un estado temporal de excitación nerviosa o inquietud. ANT tranquilo. **3** [persona] Que se inquieta o se excita y pierde la tranquilidad fácilmente. ANT tranquilo.

DER nerviosismo.

neto, -ta adj. **1** [cantidad de dinero] Que resulta después de haber descontado gastos, tasas u otras cantidades que tenía añadidas. **2** [peso] Que resulta después de haber descontado el peso del envase o recipiente en el que está contenida una cosa.

neumático, -ca adj. **1** [aparato, instrumento] Que funciona mediante la acción del aire o que, para realizar su función, se tiene que hinchar con aire: *martillo neumático, colchón neumático.* ◆ n. m. **2** Cubierta dura de caucho que se monta sobre la llanta de la rueda de algunos vehículos, como coches, motocicletas o bicicletas, y se llena de aire a presión; el neumático es la parte del vehículo que está en contacto con el suelo.

neumo- Elemento prefijal que entra en la formación de palabras con el significado de 'pulmón', 'vías respiratorias': *neumonía.*

neumonía n. f. MED. Enfermedad que consiste en una inflamación de los pulmones y que suele estar causada por la infección de un microorganismo. SIN pulmonía.

neura n. f. **1** *coloquial* Obsesión que tiene una persona: *neura por el pádel.* ◆ adj./ n. com. **2** *coloquial* [persona] Que está muy nervioso u obsesionado: *hoy está muy neura.*

neuralgia n. f. MED. Dolor intenso a lo largo de un nervio y sus ramificaciones, o en la zona a la que afecta este nervio: *una neuralgia del nervio facial.*

DER neurálgico.

neuro- Elemento prefijal que entra en la formación de palabras con el significado de 'nervio' o 'sistema nervioso': *neurobiología.*

neurología n. f. Parte de la medicina que se ocupa de la anatomía, la fisiología y las enfermedades del sistema nervioso.

DER neurológico, neurólogo.

neurona n. f. ANAT. Célula del sistema nervioso formada por un núcleo y una serie de prolongaciones, una de las cuales es más larga que las demás; las neuronas producen y transmiten los impulsos nerviosos.

neurosis n. f. MED. Enfermedad mental que consiste en un trastorno nervioso y que produce alteraciones emocionales, sin lesión física aparente.

OBS El plural también es *neurosis.*

DER neurótico.

neurótico, -ca adj. **1** De la neurosis. ◆ adj./ n. m. y f. **2** [persona] Que padece neurosis.

neutral adj. **1** Que no se inclina a favor de ninguna de las partes enfrentadas en una lucha o en una competición. SIN imparcial. **2** [país, territorio] Que no interviene en un conflicto armado ni beneficia a ninguna de las partes enfrentadas.

DER neutralidad, neutralismo, neutralizar.

neutralidad n. f. Actitud o situación de la persona o el país que no se inclina a favor de ninguna de las partes enfrentadas en una lucha o competición o no interviene en un conflicto armado.

neutralización n. f. **1** Acción de neutralizar o neutralizarse. **2** Efecto de neutralizar o neutralizarse: *con el antídoto se consigue la neutralización del veneno.*

neutralizar v. tr. **1** Hacer que disminuya o quede anulado el efecto de una acción mediante otra contraria que la constrarresta: *el antídoto neutralizó los efectos del veneno.* **SIN** contrarrestar. **2** Anular un período de tiempo o una parte de una competición deportiva, de manera que no tenga valor para el resultado final. **3** QUÍM. Hacer que una sustancia o un compuesto químico sea neutro, que pierda el carácter ácido o básico: *los ácidos se neutralizan con las bases, formando sales y agua.*

OBS En su conjugación, la *z* se convierte en *c* delante de *e*.

DER neutralización.

neutro, -tra adj. **1** Que no presenta ninguna característica de las dos opuestas que podría presentar. **2** Que no está determinado o definido: *el gris y el ocre son colores neutros.* **3** Que no comunica o muestra ninguna emoción o intención: *lo miraba con ojos neutros.* **4** Que no se inclina a favor de ninguna de las partes enfrentadas en una lucha o una competición. **SIN** imparcial, neutral. **5** FÍS. [cuerpo] Que tiene la misma cantidad de electricidad positiva y negativa. **6** QUÍM. [sustancia, compuesto químico] Que no es ácido ni básico: *champú neutro.* ◆ adj./n. m. **7** GRAM. Que pertenece a un género gramatical que no es masculino ni femenino: *el artículo «lo», el pronombre «ello» y los demostrativos «esto», «eso» y «aquello» son formas neutras.*

DER neutral, neutrón.

neutrón n. m. FÍS. Partícula elemental que no tiene carga eléctrica y que es uno de los componentes fundamentales del núcleo del átomo: *en el núcleo del átomo hay neutrones y protones.*

nevada n. f. **1** Acción de caer nieve. **2** Cantidad de nieve que cae de una vez y sin interrupción.

nevado, -da adj. **1** Que está cubierto de nieve. **2** Que tiene un color blanco como la nieve. **SIN** blanco.

nevar v. impersonal Caer nieve.

OBS En su conjugación, la *e* se convierte en *ie* en sílaba acentuada, como en *acertar*.

DER nevada, nevado, nevero, nevisca.

nevera n. f. **1** Electrodoméstico que se utiliza para conservar fríos los alimentos y las bebidas; tiene forma de armario con una o más puertas y suele estar en la cocina de una casa. **SIN** frigorífico. **2** Caja portátil o bolsa de material aislante, que sirve para conservar fríos los alimentos y las bebidas.

newton n. m. Unidad de fuerza del sistema internacional; equivale a la fuerza que hay que aplicar a un cuerpo que tiene una masa de un kilogramo para comunicarle una aceleración de un metro por segundo cada segundo: *el símbolo del newton es N.*

OBS Es de origen inglés y se pronuncia aproximadamente «niuton».

nexo n. m. **1** Unión o relación de una cosa con otra. **SIN** enlace. **2** GRAM. Parte de la oración que une o relaciona dos elementos gramaticales: *la conjunción sirve de nexo entre palabras u oraciones.*

ni conj. **1** Se utiliza para enlazar oraciones negativas o partes de una oración negativa con la misma función sintáctica: *no vendrá ni hoy ni mañana.* **NOTA** Cuando el verbo va al final de la oración, es obligatorio el uso de *ni* delante de cada término y es incorrecto el empleo de *no* ante el verbo: *ni de día ni de noche descansa.* **2** Se utiliza para añadir fuerza e intensidad a algo que se niega: *no quiero ni pensarlo.*

▶ **ni que** Se usa para expresar de manera exclamativa que se duda de que una cosa sea cierta o tal como se dice: *¡ni que fuese tonto!* **NOTA** Se usa en oraciones exclamativas y seguido de un verbo en subjuntivo.

nicaragüense adj. **1** De Nicaragua o relacionado con este país de América Central. ◆ adj./n. com. **2** [persona] Que es de Nicaragua.

nicho n. m. **1** Hueco o concavidad hecha en un muro o una pared para colocar una figura de adorno; generalmente es semicircular. **2** Hueco o cavidad alargados para colocar el cadáver o las cenizas de una persona.

nicotina n. f. Sustancia tóxica que se extrae de las hojas del tabaco.

nidificar v. intr. Hacer el nido las aves.

OBS En su conjugación, la *c* se convierte en *qu* delante de *e*.

nido n. m. **1** Refugio construido por las aves para poner sus huevos y alimentar a sus crías. **2** Refugio donde se reproducen y alimentan a sus crías los animales de diversas especies: *la serpiente salió de su nido para buscar comida.* **3** Lugar fabricado por el ser humano donde la gallina y otras aves domésticas ponen los huevos. **4** Parte o zona de un hospital donde se encuentran los niños que acaban de nacer: *las incubadoras están en el nido.*

5 Casa, vivienda de una persona o de una familia. SIN hogar. 6 Lugar donde viven o se reúne un grupo de personas, generalmente delincuentes o personas de mala reputación: *la casa resultó ser un nido de ladrones.* 7 Lugar en el que se acumula un grupo de objetos o materiales, especialmente si están escondidos o se consideran negativos: *nido de polvo.* 8 Lugar o situación donde se originan o se crean cosas no materiales, especialmente si son conflictivas, problemáticas o negativas en general: *ese programa de televisión es un nido de polémica.*
DER nidada, nidal, nidificar; anidar.

niebla n. f. Nube o conjunto de nubes bajas que está en contacto con la superficie terrestre y dificulta la visión.
DER antiniebla.

nieto, -ta n. m. y f. Hijo o hija del hijo o hija de una persona: *la abuela tiene nueve nietos.*
DER bisnieto, biznieto, tataranieto.

nieve n. f. Agua helada que se desprende de las nubes en forma de cristales muy pequeños, los cuales se agrupan al caer y llegan al suelo formando copos de color blanco.

NIF n. m. Número que sirve para control fiscal de actividades económicas y mercantiles.
OBS En plural, aunque se pronuncia «nif» o «nifs», se debe escribir *NIF* : *los NIF.*

nigromancia o **nigromancía** n. f. Práctica de adivinación del futuro por medio de la invocación a los espíritus de los muertos.
DER nigromante.

nigromántico, -ca adj. 1 De la nigromancia o que tiene relación con esta práctica adivinatoria. ◆ n. m. y f. 2 Persona que practica la nigromancia.

nihilismo n. m. 1 FILOS. Doctrina filosófica que niega que sea posible el conocimiento, y niega la existencia y el valor de todas las cosas. 2 Negación de toda creencia o todo principio religioso, político y social.
DER nihilista.

nimbo n. m. 1 Círculo luminoso que rodea la cabeza de una imagen en una representación: *el nimbo aparece principalmente sobre las imágenes religiosas o sagradas.* SIN aureola, halo. 2 Círculo luminoso que rodea a algunos astros. SIN aureola, halo.

ninfa n. f. 1 Diosa menor de la mitología clásica, que habitaba en las fuentes, los bosques, las montañas o los ríos. 2 Mujer joven y de gran belleza. 3 ZOOL. Insecto que ha pasado ya el estado de larva y todavía no ha iniciado la fase de adulto: *cuando el gusano está dentro de su capullo es una ninfa.*

ningún adj. Apócope de *ninguno*, que se usa ante nombre masculino singular: *no hay ningún libro.*

ninguno, -na adj. 1 Ni una sola persona o ni una sola cosa de las que se dicen: *no tenía ninguna idea buena.* NOTA Delante de un nombre masculino singular se usa *ningún*. Se utiliza pospuesto para hacer más intenso el valor de la negación: *eso no tiene valor ninguno.* ◆ pron. indef. 2 Ni una sola persona o cosa: *no ha venido ninguno de los invitados.*

niña n. f. Círculo pequeño y de color negro que hay en el ojo, a través del cual pasa la luz: *la niña está situada en el centro del iris.* SIN pupila.
▶ ser la niña de los ojos Persona o cosa a la que se quiere mucho o por la que se siente mucho cariño o aprecio: *sus hijos son las niñas de sus ojos.*

niñato, -ta n. m. y f. *coloquial* Joven inmaduro y a menudo presuntuoso: *¡este niñato..., aún no ha salido del cascarón y cree que se va a comer el mundo!*
OBS Tiene un valor despectivo.

niñería n. f. 1 Acción o expresión propia de niños. SIN niñada, niñez. 2 Hecho o dicho de poca importancia, que apenas tiene consecuencias: *no te enojes por una niñería así.* SIN pequeñez.

niñero, -ra adj. 1 Que le gustan los niños y disfruta en su compañía. ◆ n. m. y f. 2 Persona que se dedica profesionalmente a cuidar niños.

niñez n. f. Primer período de la vida humana, desde el nacimiento de una persona hasta la adolescencia: *tengo bonitos recuerdos de la niñez.* SIN infancia.

niño, -ña n. m. y f. 1 Persona que tiene pocos años de vida, que está en la niñez. niño de pecho o niño de teta Niño que aún está mamando. SIN bebé. 2 Hijo, especialmente si es de corta edad. ◆ adj./ n. m. y f. 3 [persona] Que tiene todavía poca experiencia en la vida: *es bastante niño, aún no está preparado.* 4 [persona] Que obra de manera irreflexiva y se comporta de forma infantil: *es un niño, siempre está haciendo el tonto.*
▶ como niño con zapatos nuevos Se utiliza para expresar que una persona está muy alegre y feliz porque ha conseguido una cosa importante: *le ha tocado la lotería y está como*

niño con zapatos nuevos. **¡ni qué niño muerto!** Expresión que se utiliza para indicar que no se comparte o que se desprecia una opinión: *¡qué descapotable ni qué niño muerto!: tienes que comprarte un coche grande.* **niño bien** o **niño bonito** Joven que pertenece a una familia con dinero y que se comporta de manera superficial y presumida: *los niños bien siempre quieren vestir a la última moda.* **Niño Jesús** **a.** Jesucristo cuando era pequeño: *la Virgen María sostiene al Niño Jesús entre sus brazos.* **b.** Imagen que representa a Jesucristo cuando era pequeño: *en la capilla había un Niño Jesús de alabastro.* **niño mimado** Persona que es la preferida de otra, especialmente de su padre o su madre. **niño probeta** Niño que ha sido concebido mediante una técnica artificial que consiste en fecundar el óvulo fuera de la madre.

OBS En el lenguaje informal, puede aplicarse a personas adultas, como apelativo cariñoso: *¡qué guapo estás hoy, niño!;* aunque también puede ser despectivo: *mira, niño, me estás hartando.*

DER niñada, niñato, niñera, niñería, niñero, niñez; aniñarse.

nipón, -pona adj. **1** Relativo a Japón, país del este de Asia, o a sus habitantes. **SIN** japonés. ◆ adj./ n. m. y f. **2** [persona] Que es de Japón. **SIN** japonés.

níquel n. m. Elemento químico metálico, de gran dureza y con un color y un brillo semejantes a los de la plata, que resiste la acción del óxido y es fácil de trabajar: *el símbolo del níquel es Ni.*

DER niquelar.

níscalo n. m. Seta comestible, con el sombrero de color rojizo o anaranjado y el pie corto y grueso.

níspero n. m. **1** Árbol de tronco tortuoso y delgado, ramas abiertas y algo espinosas, hojas caducas, ovaladas, grandes y duras, flores blancas y fruto (níspero) ovalado y comestible: *el níspero aparece también de forma silvestre.* **2** Fruto de este árbol, de forma ovalada, color anaranjado o amarillento, blando y de sabor dulce.

nitidez n. f. Cualidad de nítido. **SIN** claridad.

nítido, -da adj. **1** Que está limpio, claro y transparente: *el cielo estaba nítido.* **2** Que está muy claro y no presenta confusión: *dio unas nítidas instrucciones de lo que había que hacer.*

DER nitidez.

nitrato n. m. QUÍM. Sal que se forma a partir del ácido nítrico: *algunos nitratos se usan como abono.*

▶ **nitrato de Chile** Sustancia blanca formada por nitrato de sodio que procede de los excrementos de ciertas aves y que se usa para abonar las tierras de cultivo: *el nitrato de Chile es un abono natural.*

nítrico, -ca adj. **1** Del nitrógeno o que tiene relación con este elemento químico. **2** [ácido] Que se obtiene por la acción del ácido sulfúrico sobre el nitrato de sodio.

nitrogenado, -da adj. Que contiene nitrógeno.

nitrógeno n. m. Elemento químico que se presenta en la naturaleza en forma de gas, sin color ni olor, y que forma la mayor parte del aire de la atmósfera: *el símbolo del nitrógeno es N.*

DER nitrogenado.

nitroglicerina n. f. Sustancia pesada y aceitosa, resultado de la acción del ácido nítrico en la glicerina: *la dinamita se obtiene mezclando nitroglicerina con un absorbente.*

nivel n. m. **1** Altura a la que llega la superficie de un líquido o la parte de arriba de un conjunto de cosas amontonadas, o altura a la que está situada una cosa: *ha subido el nivel de las aguas.* **nivel del mar** Altura de las aguas del mar cuando está en calma, que sirve de referencia para medir la altura o la profundidad de un lugar: *Madrid está a unos 600 metros sobre el nivel del mar.* **2** Piso o planta de una construcción: *la casa tiene tres niveles.* **3** Valor, grado de calidad que puede tener una persona o una cosa en relación con otras: *tiene un buen nivel de inglés.* **nivel de vida** Grado de bienestar o de riqueza, principalmente material, alcanzado por una persona, por un grupo social o por el conjunto de los habitantes de un país o región. **4** Instrumento que sirve para averiguar la diferencia de altura entre dos puntos y para comprobar si una línea o un plano están completamente horizontales o verticales: *los albañiles y los carpinteros utilizan un nivel en su trabajo.*

▶ **a nivel** Se usa para indicar que una cosa está completamente horizontal o se hace siguiendo un plano completamente horizontal: *los ladrillos no estaban colocados a nivel.*

DER nivelar; desnivel.

nivelar v. tr. **1** Hacer que una superficie esté en posición totalmente horizontal. **2** Comprobar con la ayuda del nivel si una línea o

una superficie están completamente horizontales. **3** Allanar un terreno o una superficie, de manera que no tenga inclinaciones: *nivelar el asfalto.* **4** Poner a igual altura dos o más cosas. **SIN** equilibrar. **5** Igualar o poner al mismo nivel dos o más cosas o varios aspectos de una cosa: *la empresa ha conseguido nivelar los gastos y las ventas.*
DER nivelación.

no adv. **1** Expresa negación, especialmente como respuesta a una pregunta: *¿has traído el libro? —No.* **2** Indica que lo que se dice es incorrecto o falso: *no vendrá hoy, sino mañana.* **3** Indica prohibición, oposición o rechazo: *no me gusta el arroz.* **4** Se utiliza antepuesto a algunos sustantivos y adjetivos para expresar el significado opuesto de lo que expresan normalmente: *el gobierno habla de la no intervención en la guerra.* **5** Se utiliza con interrogación para indicar que se espera una respuesta afirmativa a lo que se pregunta, o la confirmación de algo que ya se sabía: *¿no has dicho que vendrías pronto?* **6** Se usa repetido para dar más fuerza a la negación: *no, no quiero verlo más.* ◆ n. m. **7** Negación, respuesta negativa que se da a lo que alguien pide o pretende: *al final me dio un no por respuesta.*
NOTA El plural es *noes.*
▶ **¡a que no!** Expresión que se utiliza para provocar o desafiar a una persona para que haga una cosa, manifestando incredulidad de que sea capaz o se atreva a hacerla: *¡a que no eres capaz de venir a trabajar el domingo!* **no más** Se utiliza para indicar que una cosa es o se hace de un solo modo, en una sola cosa o sin otra cosa: *tengo seis euros, no más.*

nobiliario, -ria adj. De la nobleza o relacionado con este grupo o clase social: *un título nobiliario.*

nobilísimo, -ma adj. Que es muy noble.
OBS Es el superlativo de *noble.*

noble adj. **1** Que es de origen o linaje ilustre o está relacionado con la nobleza como grupo social. **2** Que es generoso, digno de estimación y carece completamente de maldad: *tiene un corazón muy noble.* **3** [animal] Que es muy fiel al ser humano, no traicionero. **4** Que tiene gran calidad o valor o que es muy estimado y se considera de gran categoría: *la caoba y el nogal son maderas nobles.* **SIN** precioso. **5** QUÍM. [cuerpo, sustancia] Que es químicamente inactivo: *el argón y el neón son gases nobles.* ◆ adj./n. com. **6** [persona] Que posee un título concedido por un rey o heredado de sus antepasados, el cual lo sitúa en una clase o estado social privilegiado: *en la boda había marqueses, duques y otros nobles.*
DER nobleza; ennoblecer, innoble.

nobleza n. f. **1** Clase o grupo social formado por los nobles de un país o de un territorio. **2** Generosidad, honradez y total ausencia de maldad en una persona, en su comportamiento, su actitud o sus acciones: *nobleza de carácter.* **3** Cualidad de los animales que son fieles al ser humano. **4** Característica de las cosas que tienen gran calidad, categoría o valor: *la nobleza de la madera y del mármol hacen de este mueble un ejemplar único.*

noche n. f. **1** Período de tiempo desde que se pone el sol hasta que vuelve a salir: *las noches son más cortas en verano.* **ANT** día. **noche cerrada** Noche oscura, en la que no hay luz natural de la luna o las estrellas. **2** Parte de este período de tiempo que se dedica a dormir: *he pasado una mala noche.* **3** Período de tiempo o situación triste o desafortunada.
▶ **ayer noche** Indica un tiempo que corresponde a la noche que transcurrió entre ayer y hoy. **SIN** anoche. **buenas noches** Expresión que se usa para saludar o para despedirse cuando ya se ha puesto el sol. **de la noche a la mañana** Se utiliza para indicar que una cosa se hace u ocurre de forma repentina e inesperada, o en muy poco tiempo. **de noche** Se utiliza para indicar que algo se realiza u ocurre después de ponerse el sol. **hacer noche** Detenerse en alguna parte para dormir durante un viaje largo: *de camino a Málaga, hicimos noche en un hotel de Jaén.* **hacerse de noche** Ponerse el sol y empezar a oscurecer. **SIN** anochecer. **noche y día** Se utiliza para indicar que una cosa se realiza u ocurre de manera constante, durante todo el tiempo y sin cesar: *trabaja noche y día.* **pasar la noche en blanco** No poder dormir durante toda la noche: *he pasado la noche en blanco.* **perderse en la noche de los tiempos** Haber nacido, existido u ocurrido una cosa hace mucho tiempo.
DER anoche, anochecer, trasnochar.

nochebuena n. f. Noche del día 24 de diciembre, en que la tradición cristiana celebra el nacimiento de Jesucristo.
OBS Se suele escribir con mayúscula.

nochevieja n. f. Noche del día 31 de diciembre, que es la última del año.
OBS Se suele escribir con mayúscula.

noción n. f. **1** Conocimiento, idea o conciencia que se tiene sobre una cosa: *se queda viendo la tele y pierde la noción del tiempo.* SIN idea. **2** Conocimiento básico o elemental acerca de una materia: *tengo nociones de alemán, pero no lo domino.* NOTA Se usa más en plural.

nocivo, -va adj. Que hace daño o es perjudicial: *el tabaco es nocivo para la salud.* SIN dañino.

noctámbulo, -la adj./ n. m. y f. **1** [persona, animal] Que tiene tendencia a realizar sus principales actividades durante la noche: *la lechuza es un ave noctámbula.* SIN nocturno. ANT diurno. ◆ adj. **2** Que es propio de estas personas o animales: *vida noctámbula.*
DER noctambulismo.

nocturno, -na adj. **1** De la noche o relacionado con este período de tiempo. **2** [animal] Que busca su alimento y desarrolla su actividad vital durante la noche: *el búho es una rapaz nocturna.* SIN noctámbulo. **3** [planta] Que solo tiene sus flores abiertas durante la noche. ◆ n. m. **4** Composición musical breve, tranquila, de melodía melancólica y dulce.
DER nocturnidad.

nodriza n. f. **1** Mujer que amamanta a un niño que no es su hijo. **2** Barco, avión o nave que se emplea para abastecer de combustible a otros vehículos. NOTA En esta acepción funciona en aposición a otros nombres.

nogal n. m. **1** Árbol de tronco alto y fuerte, con la corteza lisa y la copa grande y redonda, formada por ramas gruesas con hojas verdes y brillantes; su fruto es la nuez: *el nogal crece en lugares templados de Europa y Asia.* **2** Madera de este árbol: *el nogal es una madera dura, con vetas y muy apreciada en ebanistería.* ◆ n. m./ adj. **3** Color como el de esta madera: *el nogal es un color pardo rojizo.*
DER nogalina.

nómada adj./ n. com **1** [persona, animal] Que va de un lugar a otro y no vive en un lugar fijo: *pastores nómadas.* ◆ adj. **2** Que es propio de estas personas o animales: *vida nómada.*

nomadismo n. m. Forma de vida que se caracteriza por ir de un lugar a otro sin establecerse en un sitio de forma permanente.

nombramiento n. m. **1** Elección o designación de una persona para desempeñar un cargo o una función. **2** Documento que atestigua la elección de una persona para desempeñar un cargo.

nombrar v. tr. **1** Decir el nombre de una persona o una cosa. SIN citar, mencionar. **2** Elegir o designar a una persona para desempañar un cargo o una función: *lo han nombrado delegado.*
DER nombradía, nombrado, nombramiento.

nombre n. m. **1** Palabra o conjunto de palabras con las que se designan y se distinguen los objetos físicos o abstractos. **2** Palabra o conjunto de palabras con las que se distingue a las personas: *mi nombre es Juan Pedro.* **nombre de guerra** Nombre que adopta una persona para realizar una actividad, especialmente si es una actividad clandestina. **nombre de pila** Nombre que se da a una persona cuando es bautizada y que precede a los apellidos. **3** Título de una publicación, un libro o denominación de una obra en general: *el nombre de la novela es «La Regenta».* **nombre comercial** Nombre distintivo de un establecimiento o de un producto; marca. **4** Fama, opinión que se tiene sobre una persona: *se ha labrado un nombre dentro de la profesión.* SIN reputación. **5** GRAM. Parte de la oración que tiene género y lleva morfemas de número, que funciona como núcleo de un sintagma nominal y que puede realizar, entre otras, la función de sujeto. SIN sustantivo. **nombre abstracto** Sustantivo que no designa cosas materiales, sino que señala y distingue cualidades o propiedades: *«paciencia», «movimiento» y «democracia» son nombres abstractos.* **nombre colectivo** Sustantivo que indica, en singular, un conjunto de seres de la misma especie: *«docena», «arboleda» y «escuadrón» son nombres colectivos.* **nombre común** o **nombre genérico** Sustantivo que se aplica a personas o cosas pertenecientes a conjuntos de seres que tienen unas mismas características: *«libro» es un nombre común.* **nombre concreto** Sustantivo que designa cosas materiales. **nombre propio** Sustantivo que se aplica a personas, animales y lugares únicos, para distinguirlos de otros de la misma clase: *«César» y «Cristina» son nombres propios de persona.* NOTA La primera letra de los nombres propios se escribe con mayúscula.
▶ **a nombre de** Se utiliza para indicar que una cosa es para la persona o entidad que se llame así: *el paquete vino a nombre de José Navas.* **en nombre de** Se utiliza para indicar que una persona actúa o hace una cosa en lugar de otra y con su representación y autoridad: *el secretario firmó en nombre del presidente.* **no tener nombre** Ser una acción tan horrenda

y vituperable, que no se puede calificar: *su comportamiento no tiene nombre.*

DER nombramiento, nombrar; pronombre, renombre, sobrenombre.

nomenclatura n. f. Conjunto de los términos técnicos propios de una ciencia: *nomenclatura química.*

-nomía Elemento sufijal que entra en la formación de palabras con el significado de 'conjunto de leyes', 'gobierno': *autonomía, economía.*

nómina n. f. **1** Lista de nombres de personas o cosas: *la nómina de laureados.* **2** Lista de los nombres de las personas que trabajan en una empresa o entidad pública y cobran un sueldo de ella. **SIN** plantilla. **3** Cantidad de dinero que recibe regularmente una persona de la empresa donde trabaja. **SIN** sueldo. **4** Documento en el que consta el sueldo que una persona recibe regularmente de una empresa: *el IRPF aparece en la nómina.*

nominación n. f. **1** Acción de nominar: *la nominación del embajador tuvo lugar unos días después.* **2** Efecto de nominar: *la ciudad ha obtenido la nominación como sede de los juegos olímpicos.*

nominal adj. **1** Del nombre o relacionado con el nombre: *el predicado nominal es el que tiene como núcleo un nombre.* **2** [valor, cargo] Que solo existe de nombre, se llama así pero no es realmente lo que ese nombre describe: *tiene un cargo nominal pero realmente no lo desempeña.*

DER nominalismo, nominalizar; postnominal.

nominar v. tr. Proponer o señalar a una persona como candidata para un posible cargo o a una persona o una obra para que le sea concedido un premio: *la actriz fue nominada para el premio a la mejor interpretación.*

OBS Es un anglicismo.

DER nominación, nominativo; denominar.

nominativo, -va adj. **1** [documento] Que debe llevar el nombre de la persona que lo posee: *un cheque nominativo.* ◆ n. m. **2** GRAM. Caso de la declinación de algunas lenguas, como el latín, en que se designa el sujeto de la oración.

non adj./ n. m. **1** [número] Que no se puede dividir exactamente por dos: *el uno y el tres son números nones.* **SIN** impar. **ANT** par. ◆ adv. **2** nones *coloquial* Expresión que indica una negación rotunda: *le pedí el coche y me respondió que nones.* **NOTA** No se emplea como respuesta y solo se utiliza en frases de estilo indirecto.

nonagenario, -ria adj. n. m. y f. Que tiene noventa años o más, pero no llega a los cien.

nonagésimo, -ma num. ord. **1** Indica que el nombre al que acompaña o sustituye ocupa el lugar número 90 de una serie. **NOTA** Puede ser determinante (*el nonagésimo participante*) o pronombre (*somos los nonagésimos*). ◆ num. **2** [parte] Que resulta de dividir un todo en 90 partes iguales.

nonato, -ta adj. Que no ha nacido de forma natural, sino que ha sido sacado del vientre de la madre.

noningentésimo, -ma num. ord. **1** Indica que el nombre al que acompaña o sustituye ocupa el lugar número 900 de una serie. **NOTA** Puede ser determinante (*el noningentésimo día*) o pronombre (*somos los noningentésimos*). **2** [parte] Que resulta de dividir un todo en 900 partes iguales.

nono, -na num. ord. Indica que el nombre al que acompaña ocupa el lugar número 9 de una serie. **SIN** noveno.

nordeste n. m. **1** Punto del horizonte situado entre el norte y el este, a la misma distancia de ambos. **SIN** noreste. **2** Parte de un país, un territorio u otro lugar situada hacia ese punto: *Cataluña está en el nordeste de la península.* **3** Viento que sopla o viene de ese punto.

nórdico, -ca adj. **1** Del norte o relacionado con él. **2** Natural del norte de Europa o relacionado con esta zona de la Tierra. ◆ adj./ n. m. y f. **3** [persona] Que es del norte de Europa. ◆ n. m. **4** Edredón relleno de plumas.

noreste n. m. Nordeste, punto situado entre el norte y el este.

OBS La Real Academia Española recoge *noreste*, pero prefiere la forma *nordeste*.

noria n. f. **1** Máquina que se utiliza para sacar agua de un pozo o de otro lugar, que consiste en dos grandes ruedas engranadas, una horizontal movida por un animal y otra que gira verticalmente y que está provista de unos recipientes que recogen y suben el agua. **2** Atracción de feria que consiste en una gran rueda que gira verticalmente y que tiene una serie de cabinas con asientos para las personas.

norma n. f. **1** Regla o conjunto de reglas que hay que seguir para llevar a cabo una acción, porque está establecido o ha sido ordenado de ese modo. **2** Regla que determina el ta-

maño, la composición y otras características que debe tener un objeto o un producto industrial: *algunos productos fueron retirados del mercado porque no cumplían las normas de la Unión Europea.* **3** GRAM. Conjunto de reglas que determinan el uso correcto de la variante estándar de una lengua.
DER normal, normativa, normativo.

normal adj. **1** Que es corriente o habitual y no llama la atención ni se sale de lo ordinario. **2** Que se encuentra en su estado natural: *el médico examinó el corazón y vio que estaba normal.* **3** Que está de acuerdo con una norma fijada de antemano, o con lo que se considera razonable o de sentido común: *si le insultaste, es normal que no te quiera hablar.*
DER normalidad, normalizar, normalmente; anormal, subnormal.

normalidad n. f. **1** Característica de lo que es normal: *se comportó con normalidad.* **2** Situación que es normal, habitual o no se sale de lo ordinario: *después de las vacaciones hay que volver a la normalidad.*

normalización n. f. **1** Adaptación o sometimiento de una cosa a una serie de normas o reglas. **2** Restablecimiento de la normalidad o el orden en una cosa. **3** Proceso lingüístico por el cual se dota a una lengua con una gramática normativa, un diccionario y una ortografía para que se utilice en todos los ámbitos y campos de las relaciones sociales públicas y privadas.

normalizar v. tr. **1** Hacer normal una cosa que no lo era o que había dejado de serlo: *los servicios de tren se normalizaron después de la huelga.* **2** Hacer que una o varias cosas se ajusten a una norma, una regla o un modelo común: *el gobierno trata de normalizar los presupuestos.*
OBS En su conjugación, la *z* se convierte en *c* delante de *e*.
DER normalización.

normando, -da adj. **1** De la antigua Normandía o que tiene relación con esta región que estaba situada al noroeste de Francia. ◆ adj./ n. m. y f. **2** [persona] Que era de la antigua región de Normandía. ◆ adj. **3** De un conjunto de pueblos germánicos procecentes de Escandinavia que a partir del siglo VIII conquistaron y colonizaron algunos territorios de Europa o que tiene relación con ellos. ◆ adj./ n. m. y f. **4** [persona] Que pertenecía a alguno de estos pueblos germánicos.

normativa n. f. Conjunto de normas por las que se regula o se rige determinada materia o actividad: *una normativa para la protección del medio ambiente.*

normativo, -va adj. Que sirve de norma o se encarga de fijar las normas.

noroccidental adj. [territorio] Que está situado en la parte noroeste: *Galicia se encuentra en la parte noroccidental de España.*

noroeste n. m. **1** Punto del horizonte situado entre el norte y el oeste, a la misma distancia de ambos. **2** Parte de un país, un territorio u otro lugar situada hacia ese punto: *Islandia se encuentra en el noroeste de Europa.* **3** Viento que sopla o viene de ese punto.

nororiental adj. [territorio] Que está situado en la parte noreste: *Japón se halla en la parte nororiental de Asia.*

norte n. m. **1** Punto del horizonte situado frente a una persona a cuya derecha está el lado por el que sale el sol. **2** Parte de un país, un territorio u otro lugar situada hacia ese punto: *Asturias está situada en el norte de la península Ibérica.* **3** Viento que sopla o viene de ese punto. **4** Persona o cosa que dirige o guía a otra u otras personas: *su filosofía se convirtió en el norte de toda la generación.* SIN guía.
DER norteño; desnortarse.

norteafricano, -na adj. **1** Del norte de África o que tiene relación con esta zona geográfica del continente africano. ◆ adj./ n. m. y f. **2** [persona] Que es del norte de África.

norteamericano, -na adj. **1** De Estados Unidos o relacionado con este país del norte del continente americano. SIN estadounidense. **2** De América del Norte o que tiene relación con esta zona de la Tierra. ◆ adj./ n. m. y f. **3** [persona] Que es de Estados Unidos de América. SIN estadounidense.

norteño, -ña adj. **1** [lugar] Que está situado en la parte norte de un país, un territorio u otro lugar. ◆ adj. n. m. y f. **2** Del norte o relacionado con este lugar.

noruego, -ga adj./ **1** De Noruega o que tiene relación con este país situado al norte de Europa. ◆ n. m. y f. **2** Persona que es de Noruega. ◆ n. m. **3** Lengua que se habla en este país.

nos pron. pers. Forma de primera persona en género masculino y femenino y en número plural, que funciona de complemento directo y de complemento indirecto; se usa para designar al hablante y a otro u otros individuos más: *nos llamó, pero no le hicimos caso.*

OBS No va acompañado de preposición. Se escribe unido al verbo cuando va detrás de él: *míranos.*

nosotros, -tras pron. pers. Forma de primera persona para el sujeto, en género masculino y femenino y en número plural; designa a la persona que habla y a otro u otros individuos más: *él cree que es difícil, pero nosotras no opinamos igual.*

OBS Si funciona como objeto directo o indirecto, o como complemento circunstancial, lleva preposición: *puedes venir con nosotros.*

nostalgia n. f. **1** Sentimiento de tristeza o de pena que se siente al estar lejos de las personas y de los lugares queridos. **2** Sentimiento que causa el recuerdo de un bien perdido: *la música de su juventud le hacía sentir nostalgia.* **SIN** añoranza.

DER nostálgico.

nostálgico, -ca adj. **1** Que muestra o manifiesta nostalgia: *ojos nostálgicos.* ◆ adj./ n. m. y f. **2** [persona] Que siente nostalgia.

nota n. f. **1** Mensaje corto escrito para comunicar o recordar una cosa. **2** Papel donde se escribe ese mensaje. **3** Calificación o número de puntos conseguidos en un examen o evaluación. **4** Calificación alta en un examen o evaluación. **5** Cuenta o lista donde se detallan los gastos o el dinero que hay que pagar por ellos: *el camarero le entregó la nota de la cena.* **SIN** factura. **6** Escrito que se coloca a pie de página o al final de un texto para comentar o aclarar el contenido o para dar ciertos datos. **7** Marca o señal que se hace en alguna parte de un texto para llamar la atención sobre lo que ahí se dice: *pon una nota en el margen del párrafo.* **8** Apunte que se toma sobre una materia para después ampliarla o recordarla. **9** Noticia de la prensa que ocupa un espacio pequeño. **10** Documento escrito de carácter oficial en el que se explica algo o se da noticia de ello, redactado de forma más sencilla y esquemática que una carta: *el primer ministro ha hecho pública una nota explicando las razones de la reforma.* **11** Detalle o característica que destaca sobre un conjunto de cosas iguales o parecidas: *la actuación del cómico puso la nota de humor a la velada.* **nota discordante** Dicho o acción que destaca por ser parcial o totalmente distinto de lo que dice o hace un grupo de personas. **nota dominante** Característica que destaca sobre otras por ser la más frecuente: *la ironía es la nota dominante de su obra.* **12** Signo gráfico convencional que se utiliza para representar un sonido musical. **13** MÚS. Sonido musical, producido por una vibración de frecuencia constante.

▶ **dar la nota** Llamar la atención diciendo o haciendo algo poco adecuado en una situación. **de mala nota** Que tiene mala fama. **tomar buena nota** Poner atención en una cosa para tenerla en cuenta en un futuro.

DER notar, notario.

notabilísimo, -ma adj. Que tiene mucho valor o mucha importancia: *notabilísimo científico.*

OBS Es el superlativo de *notable.*

notable adj. **1** [persona] Que llama la atención por su carácter o porque destaca en su profesión o actividad. **2** [cosa] Que llama la atención por su interés, su rareza o su importancia. ◆ n. m. **3** Calificación o nota que se da en los exámenes, la inmediatamente inferior a la de sobresaliente. ◆ n. m. pl. **4** **notables** Personas más importantes de un lugar o de una colectividad: *la asamblea de notables del municipio se reunía los viernes.*

DER notabilidad.

notación n. f. Sistema de signos convencionales que se utiliza en una disciplina determinada, en música y en matemáticas principalmente: *si no conoces la notación musical, no podrás interpretar una partitura.*

notar v. tr. **1** Experimentar una sensación o darse cuenta de ella. **SIN** sentir. **2** Darse cuenta de una cosa. **SIN** advertir, observar. **3** Tener una persona determinada sensación: *notar el calor.* ◆ v. tr./ prnl. **4** Encontrar a una persona con un estado de ánimo determinado: *todos lo notaban preocupado.*

▶ **hacer notar** Señalar una cosa para que se considere y se ponga atención en ella: *el empresario hizo notar la falta de inversiones extranjeras.* **SIN** advertir, señalar. **hacerse notar** Llamar la atención una persona por su comportamiento: *entraron silenciosamente en la sala de conferencias para no hacerse notar.*

DER notación; anotar, connotar, denotar.

notaría n. f. **1** Oficina donde trabaja el notario. **2** Cargo y profesión del notario.

notarial adj. **1** Del notario o que tiene relación con este cargo o profesión: *poderes notariales.* **2** Que está hecho o autorizado por un notario.

notario, -ria n. m. y f. Funcionario público que tiene autoridad para asegurar que un documento es verdadero y conforme a lo que dice la ley, y para dar fe de actos públicos o entre personas.
DER notaría, notariado, notarial.

noticia n. f. **1** Comunicación hecha en general de un suceso reciente, para que sea conocido por alguien. **2** Suceso reciente que se va a comunicar para que sea conocido: *los periodistas siempre están en el lugar de la noticia.* noticia bomba Noticia que causa mucha impresión, por ser importante o inesperada. **3** Información, conocimiento o idea de una cosa: *recibí noticias suyas desde Cuba.* ◆ n. f. pl. **4** noticias Programa de radio, televisión u otro medio en el que se dan a conocer los hechos más relevantes y actuales. SIN informativo, noticiario.
DER noticiario, notición, noticioso.

noticiario n. m. Programa de radio, televisión u otro medio en el que se transmiten noticias. SIN informativo.

noticiero, -ra adj. **1** Que da noticias. ◆ n. m. y f. **2** Persona que tiene por oficio dar noticias, especialmente el que se encarga de redactar noticias en los periódicos. **3** Sección de un periódico dedicada a dar noticias de actualidad.

notificación n. f. **1** Comunicación oficial que hace una autoridad sobre una conclusión o determinación a la que ha llegado en relación a cierto tema. **2** Documento en el que se comunica una cosa de manera oficial: *recibió una notificación urgente del juzgado.* SIN circular.

notificar v. tr. **1** Comunicar una autoridad de forma oficial una conclusión o determinación a la que ha llegado en relación con cierto tema: *el juzgado notificó al acusado que había sido absuelto del delito.* **2** Hacer saber una cosa a alguien siguiendo ciertas formalidades: *envió tarjetas a todos sus familiares para notificarles que se casaba.*
OBS En su conjugación, la *c* se convierte en *qu* delante de *e*.
DER notificación.

notoriedad n. f. **1** Hecho de ser importante y muy conocida una persona. SIN fama, prestigio. **2** Circunstancia de ser una cosa muy conocida por todo el mundo: *la noticia alcanzó gran notoriedad.*

notorio, -ria adj. **1** [persona] Que es importante y muy conocido: *un dramaturgo notorio.* **2** [cosa] Que se ve con claridad. SIN evidente, patente, visible.
DER notoriedad.

nova n. f. ASTR. Estrella que adquiere de manera temporal un brillo muy intenso y superior al suyo habitual.

novatada n. f. **1** Broma, generalmente pesada, que se gasta a una persona nueva en un lugar: *al inicio del curso gastan novatadas a los de primero.* **2** Dificultad causada por la falta de experiencia en un asunto.
▶ pagar la novatada Sufrir una dificultad causada por la falta de experiencia en un asunto: *en nuestro primer viaje pagamos la novatada y llevamos demasiado equipaje.*

novato, -ta adj./n. m. y f. [persona] Que lleva poco tiempo en un lugar o en un trabajo y le falta experiencia.
DER novatada.

novecentismo n. m. Movimiento literario que surgió en España a principios del siglo XX como reacción contra el modernismo y que se caracteriza por la voluntad de conectar con Europa contra el decadentismo de fin de siglo.

novecentista adj. **1** Del novecentismo o que tiene relación con este movimiento literario. ◆ adj./n. com. **2** [persona] Que es seguidor del novecentismo.

novecientos, -tas num. card. **1** Indica que el nombre al que acompaña o al que sustituye está 900 veces: *vale novecientos euros.* NOTA Puede ser determinante (*vinieron novecientos chicos*) o pronombre (*vinieron los novecientos*). ◆ num. ord. **2** Que ocupa el orden número 900 en una serie. SIN noningentésimo. NOTA Es preferible el uso del ordinal *noningentésimo.* ◆ n. m. **3** Nombre del número 900.
DER novecentismo.

novedad n. f. **1** Aparición o utilización de una cosa que antes no existía o no se usaba. **2** Objeto que existe o se usa desde hace poco tiempo. **3** Noticia o información sobre un hecho reciente que se desconoce. SIN nueva. **4** Hecho que cambia o altera algo: *si hay alguna novedad, me llamas.* **5** Extrañeza o admiración que causan las cosas no vistas o no oídas antes: *¡qué novedad esto de que llegues pronto!* ◆ n. f. pl. **6** novedades Mercancías adecuadas a la moda: *vea nuestras novedades en la cuarta planta.*
DER novedoso.

novedoso, -sa adj. Que existe, se conoce o se usa desde hace poco tiempo.

novel adj./ n. com. [persona] Que lleva poco tiempo realizando una actividad y le falta experiencia: *pintor novel.*

novela n. f. **1** Obra literaria, generalmente extensa, que cuenta en prosa una historia imaginaria o real solo en parte. novela de caballerías Novela en la que se cuentan las hazañas fabulosas de caballeros aventureros o andantes. novela histórica Novela que se basa en hechos que ocurrieron en épocas pasadas, con personajes reales o ficticios, y que intenta reconstruir el ambiente de aquellas épocas. novela negra o policíaca Novela que trata de unos delitos violentos o misteriosos que uno o varios personajes deben resolver. novela picaresca Novela que relata, en primera persona, las peripecias de un pícaro. novela rosa Novela que cuenta una historia de amor y que generalmente tiene un final feliz. **2** Género literario formado por ese tipo de obras en prosa. **3** Historia de la vida real tan interesante que parece una historia imaginaria o falsa: *les contaba auténticas novelas de sus viajes por África.* **4** Hechos que no son verdad sino mentira o ficción: *¡no me vengas con novelas!*
DER novelar, novelería, novelero, novelesco, novelista, novelón; fotonovela, radionovela, telenovela.

novelar v. tr. **1** Dar forma de novela a una historia o a una relación de acontecimientos, generalmente deformándolos. ◆ v. intr. **2** Escribir novelas. **3** Escribir o contar mentiras: *no hace más que novelar sobre su vida.*

novelesco, -ca adj. **1** De la novela o que tiene relación con este género literario. SIN novelístico. **2** Que parece o se considera propio de una novela por ser extraordinario o interesante: *llevó una vida novelesca.*

novelista n. com. Persona que se dedica a escribir novelas: *Delibes es un novelista muy conocido.*
DER novelística, novelístico.

novelística n. f. **1** Género literario constituido por la novela, la novela corta y el cuento. SIN narrativa. **2** Tratado o estudio histórico o normativo sobre la novela.

novelístico, -ca adj. De la novela o que tiene relación con este género literario: *técnica novelística.* SIN novelesco.

novena n. f. **1** Conjunto de oraciones u otros actos devotos que se dedican a Dios, a la Virgen o a un determinado santo, que se repiten durante nueve días seguidos. **2** Conjunto de oraciones o rezos que se dedican a un difunto.

noveno, -na num. ord. **1** Indica que el nombre al que acompaña o al que sustituye ocupa el lugar número nueve en una serie. SIN nono. NOTA Puede ser determinante (*la novena vez*) o pronombre (*el noveno de la lista*). **2** Parte que resulta de dividir un todo en nueve partes iguales.

noventa num. card. **1** Indica que el nombre al que acompaña o al que sustituye está 90 veces. NOTA Puede ser determinante (*noventa estudiantes*) o pronombre (*me quedan noventa*). ◆ num. ord. **2** Que ocupa el lugar número 90 en una serie. SIN nonagésimo. NOTA Es preferible la utilización del ordinal *nonagésimo.* ◆ n. m. **3** Nombre del número 90.
DER noventavo.

noventayochista adj. **1** De la Generación del 98 o que tiene relación con este grupo de escritores españoles de finales del siglo XIX. ◆ adj./ n. com. **2** [persona] Que perteneció a la Generación del 98.

noviazgo n. m. Relación que existe entre dos personas que se van a casar: *su noviazgo fue muy corto.*

noviciado n. m. **1** Tiempo de prueba por que pasa un religioso antes de profesar: *el noviciado forja el carácter.* **2** *formal* Tiempo de aprendizaje en el inicio de una actividad o una profesión: *el noviciado en el mundo de los negocios es duro.* **3** Casa o residencia de novicios: *se recogieron a rezar en la capilla del noviciado.* **4** Conjunto de novicios: *el noviciado profesará dentro de un mes.*

novicio, -cia n. m. y f. **1** Persona que se prepara para entrar en una orden religiosa. ◆ adj./ n. m. y f. **2** [persona] Que comienza en un arte u oficio: *los maestros de pintura enseñan a los novicios.*
DER noviciado.

noviembre n. m. Undécimo mes del año.

novillo, -lla n. m. y f. Cría de la vaca que tiene de dos o tres años: *el novillero lidió dos novillos.*
▶ hacer novillos No ir a una clase o a un lugar donde se debe cumplir una obligación.
DER novillada, novillero.

novio, -via n. m. y f. **1** Persona que se acaba de casar. **2** Persona que mantiene una relación de amor con otra, especialmente si tienen intención de seguir juntas, de convivir o de casarse: *fueron novios durante dos años.*
▶ quedarse compuesto y sin novio No con-

seguir una cosa que se esperaba, después de haber hecho lo necesario para tenerla: *María se despidió del trabajo porque le ofrecían otro mejor, y ahora se ha quedado compuesta y sin novio porque no se lo han dado.* **¡vivan los novios!** Expresión que sirve para felicitar a dos personas que se acaban de casar y para mostrar alegría por la boda.

DER noviazgo; ennoviarse.

novísimo, -ma adj. Que tiene gran novedad o es lo último en su género: *este estilo de ropa es novísimo.*

OBS Es el superlativo de *nuevo.*

nubarrón n. m. Nube muy grande, espesa y oscura.

nube n. f. **1** Masa de vapor de agua que flota en el aire formada por una disminución de la temperatura de la atmósfera. **2** Agrupación de partículas de polvo, humo u otras sustancias, que van por el aire y adquiere el aspecto de una nube: *la chimenea soltaba una nube de humo.* **3** Cantidad enorme de personas, animales o cosas reunidas o acumuladas en un mismo lugar: *nos invadió una nube de mosquitos.* **4** Mancha pequeña y blanca que se forma en la córnea o parte externa del globo ocular que no deja ver con claridad. **5** Cosa que temporalmente oscurece, tapa o no deja ver otra: *una nube de confusión le impedía ver la solución del problema.* **6** INFORM. Espacio virtual al que se accede a través de Internet en el que se guardan documentos y programas informáticos, y al que los usuarios conectados pueden acceder desde diferentes dispositivos.

▶ **andar (o estar) en las nubes** Estar distraído o sin prestar atención a lo que sucede alrededor. **estar por las nubes** Tener determinada cosa un precio muy alto: *los pisos en Madrid están por las nubes.* **nube de verano** **a.** Tormenta con lluvia fuerte pero que dura poco tiempo. **b.** Enfado o disgusto muy fuerte que dura poco tiempo: *tuvieron una fuerte discusión, pero solo fue una nube de verano.* **poner por las nubes** Tener una opinión muy buena de una persona y expresarlo: *casi todas las madres ponen a sus hijos por las nubes.* **ponerse por las nubes** Hacerse más cara determinada cosa: *la gasolina se ha puesto por las nubes.* **vivir en las nubes** No darse cuenta de las cosas o pensar que todo está bien y es perfecto y maravilloso cuando no lo es.

DER nubarrón, nuboso; anubarrado.

nublado, -da adj. **1** Que está cubierto de nubes: *cielo nublado.* **SIN** nublo, nubloso. ◆ n. m. **2** Nube de tormenta: *un nublado empezó a cubrir el cielo mientras paseábamos.* **3** Tormenta fuerte: *un nublado dañó el tejado.*

nublar v. tr. **1** Ocultar las nubes el azul del cielo o la luz del Sol o la Luna: *el cielo se está nublando.* **2** Dificultar el sentido de la visión: *las lágrimas le nublaron la vista.* **3** Alterar y confundir la razón: *tantas horas estudiando le han nublado el cerebro.* **SIN** trastornar. **4** Quitar la importancia o el interés a una cosa inmaterial: *su fama se nubló pronto.* **SIN** empañar.

DER nublado, nublo.

nubloso, -sa adj. Que está cubierto de nubes: *la tarde se puso nublosa, pero no llego a llover.* **SIN** nublado, nublo.

nubosidad n. f. Presencia de nubes en la atmósfera: *mañana habrá nubosidad abundante en la cordillera.*

nuca n. f. Parte superior y posterior del cuello, donde se une con la cabeza: *se tapó la nuca con una bufanda.* **SIN** cogote.

DER desnucar.

nuclear adj. **1** Del núcleo de una célula o de un átomo. **2** Que emplea la energía que se encuentra en el núcleo de los átomos: *los países trabajan para conseguir el desarme nuclear.* **SIN** atómico. **3** Que es lo principal y lo más importante de alguna cosa: *el profesor pidió a sus alumnos que analizaran los elementos nucleares del relato.*

DER nuclearizar; antinuclear, termonuclear.

núcleo n. m. **1** Parte o punto que está en el centro de algo. **2** Parte principal o más importante de algo. **3** Parte del interior de una célula que controla sus funciones. **4** Parte central de un átomo que contiene la mayor parte de la masa y tiene carga positiva. **5** Elemento principal en un sintagma o grupo de palabras: *el núcleo del sintagma nominal es el nombre o sustantivo.* **6** Lugar en el que hay un conjunto de casas habitadas y cierta actividad comercial: *núcleo rural; núcleo urbano.* **7** ASTR. Parte más densa y brillante de un cuerpo celeste.

DER nuclear, nucleico, nucléolo.

nudillo n. m. Parte exterior de la articulación de cada uno de los dedos de la mano, que sobresale más cuando se doblan: *le dio un golpe con los nudillos.*

nudismo n. m. Actividad o práctica de las

personas que creen que la desnudez completa es conveniente para conseguir un equilibrio físico y moral: *en muchas playas de España se puede practicar el nudismo.*

nudista adj. **1** Del nudismo o que tiene relación con esta actividad. ◆ n. com. **2** Persona que practica el nudismo.

nudo n. m. **1** Lazo que se hace en un hilo, una cuerda u otra cosa parecida o que sirve para unir dos de esas cosas, y que cuanto más se estira por uno o los dos extremos, queda más apretado: *ató el paquete con una cinta y después hizo un nudo.* nudo corredizo Nudo que se hace con una sola cuerda, formando una anilla en un extremo y metiendo el otro extremo por ella de modo que se puede correr y hacer más grande o más pequeña dicha anilla. nudo marinero Nudo que es muy seguro para atar cosas, pero fácil de deshacer. **2** Sentimiento muy fuerte que une a dos personas. **SIN** lazo, vínculo. **3** Dificultad básica o más importante en una materia o asunto: *se propuso llegar al nudo del problema y lo resolvió.* **4** Punto donde se cruzan dos o más vías de comunicación: *la ciudad era el principal nudo ferroviario del país.* **5** Parte más interesante en el desarrollo de la acción de una narración, donde tienen lugar los hechos más importantes antes del desenlace. **6** Bulto que se forma en ciertas partes de los árboles o plantas por donde salen las hojas, tallos o ramas: *el tallo de los claveles tiene muchos nudos.* **7** Bulto pequeño y duro que destaca en una superficie lisa, especialmente el que sobresale entre los hilos de una tela. **8** Unidad para medir la velocidad que alcanza cualquier tipo de embarcación que equivale a una milla marítima (1852 m): *el barco navegaba a cincuenta nudos.*

▶ nudo gordiano Problema que tiene una solución difícil, pero que hay que resolver inmediatamente. un nudo en la garganta Sensación molesta que impide tragar, respirar e incluso hablar y que se debe a un esfuerzo violento o a una emoción: *llegó pálido y, con un nudo en la garganta, nos explicó que un ladrón le había intentado robar la cartera.*

DER nudillo, nudoso; anudar.

nuera n. f. Mujer o esposa de un hijo.

nuestro, -tra det. pos. **1** Forma de primera persona, en género masculino y femenino y en número singular o plural; indica que el nombre al que acompaña pertenece a dos o más personas: al hablante y a otro u otros individuos: *nuestro padre.* ◆ pron. pos. **2** Forma de primera persona, en género masculino y femenino y en número singular o plural; sustituye a personas o cosas que pertenecen al hablante y a otro u otros individuos más: *en vez de ir en dos coches, iremos en el nuestro.*

▶ la nuestra Ocasión más favorable para hacer algo la persona que habla en nombre de ella y de otro u otros individuos más: *¡esta es la nuestra! Vámonos antes de que nos riñan.* lo nuestro Actividad que hacen muy bien o que les gusta hacer a la persona que habla en nombre de ella y de otro u otros individuos más: *hacer crucigramas es lo nuestro, ¿verdad?* los nuestros Las personas que pertenecen al mismo grupo que el que habla: *era uno de los nuestros, no podíamos abandonarlo.*

nueva n. f. Noticia o información sobre algo que se desconoce. **SIN** novedad.

▶ coger de nuevas Encontrar a una persona sin estar preparada para algo o sin saber nada de un asunto: *el cambio de planes nos ha cogido de nuevas.* hacerse de nuevas Dar a entender una persona que desconoce cierta noticia, cuando en realidad la sabe: *no te hagas de nuevas, que sabías muy bien que Rosa se iba a casar con Ernesto.*

nueve num. card. **1** Indica que el nombre al que acompaña o al que sustituye está nueve veces. **NOTA** Puede ser determinante (*nueve naranjas*) o pronombre (*son nueve*). ◆ num. ord. **2** Indica que el nombre al que acompaña o al que sustituye ocupa el lugar número 9 en una lista. **NOTA** Es preferible la utilización del ordinal: *soy el noveno.* **SIN** noveno. ◆ n. m. **3** Número que representa el valor de ocho más uno.

nuevo, -va adj. **1** Que acaba de aparecer, de formarse o de ser hecho. **ANT** antiguo. **2** Que se ve o se oye por primera vez. **3** Que se añade a un conjunto o a una clase: *el modelo nuevo de utilitario.* **4** Que es distinto respecto a lo que existía o se conocía antes. **5** Que sustituye a una cosa de su misma clase: *ayer nos mudamos a la nueva casa.* **6** Que no está estropeado, gastado o viejo por el uso. **NOTA** Se usa con el verbo *estar.* **7** [persona] Que se siente descansado y recuperado: *después de las vacaciones te sentirás nuevo.* ◆ adj./ n. m. y f. **8** [persona] Que lleva poco tiempo en un lugar, en una profesión o en un trabajo.

▶ de nuevo Otra vez o una vez más.

nuez n. f. **1** Fruto del nogal de forma ovalada, cáscara de color marrón claro, dura, rugosa y formada por dos mitades que encierran la semilla de sabor dulce. **nuez moscada** Fruto que tiene forma ovalada, con una almendra color marrón por fuera y blancuzco por dentro y sabor fuerte. **2** Bulto pequeño de la laringe, en la parte anterior del cuello de los hombres adultos.
OBS El plural es *nueces.*

nulidad n. f. **1** Falta de valor o efecto de algo por no estar hecho de acuerdo con las leyes: *pide la nulidad del matrimonio.* **2** Falta de capacidad o aptitud para determinada cosa: *perdió el empleo por su nulidad para dirigir.* **3** Persona que no tiene aptitud para determinada cosa: *es una nulidad para el deporte.* SIN inútil.

nulo, -la adj. **1** [cosa, hecho] Que no tiene valor: *combate nulo.* ANT válido. **2** [cosa, hecho] Que no tiene efecto: *los resultados de la investigación fueron nulos.* ANT válido. **3** [persona] Que no tiene capacidad para una cosa determinada: *eres nulo para los trabajos manuales.* SIN incapaz, inepto.
DER nulidad; anular.

núm. Abreviatura de *número,* 'signo que representa una cantidad': *véase «Primer Acto», núm. 183, págs. 73-105.*
OBS También se abrevia *n.º.*

numantino, -na adj. **1** De Numancia o que tiene relación con esta antigua ciudad de la España prerromana y romana. **2** Que es muy fuerte y resiste con valor. ◆ adj./ n. m. y f. **3** [persona] Que era de Numancia.

numeración n. f. **1** Conjunto de números en orden que identifican una serie de cosas: *la numeración de las páginas.* **2** Proceso que consiste en poner números a una serie de cosas. **3** Sistema para expresar todos los números con una cantidad limitada de palabras y de signos.
▶ **numeración arábiga** o **numeración decimal** Sistema más usado actualmente que, con el valor y la posición de diez signos de origen árabe, puede expresar cualquier cantidad: *los números 1, 8 y 9 pertenecen a la numeración arábiga.* **numeración romana** La que expresa los números por medio de siete letras del alfabeto latino: *el número CXXXIV de la numeración romana equivale al 134.*

numerador n. m. Número que, situado en la parte superior de una fracción o ante la barra /, indica las partes iguales del todo o de la unidad que se toman en una división: *el numerador de la fracción 3/2 es 3.*

numeral adj. **1** Del número o que tiene relación con este signo. ◆ adj./ n. m. **2** [determinante, pronombre] Que sirve para indicar cantidad, orden, partición o mutiplicación: *«dos», «segundo», «octavo» y «triple» son numerales.*
▶ **numeral cardinal** Numeral que sirve para designar un número o cantidad: *«uno», «dos», «tres», «cuatro»... son numerales cardinales.* **numeral ordinal** Numeral que indica un orden: *«primero», «segundo», «tercero»... son numerales ordinales.*

numerar v. tr. **1** Contar los elementos que componen una serie siguiendo el orden establecido de los números. **2** Marcar los elementos que componen una serie con números ordenados: *numere las páginas.*
DER numeración, numerador; enumerar.

numérico, -ca adj. **1** Del número o que tiene relación con este valor o expresión de la cantidad. **2** Que está hecho utilizando números o compuestos de estos.

número n. m. **1** Signo con que se representa una cantidad o un valor. SIN cifra. **número arábigo** Signo que se usa de manera universal para representar la cantidad: *los números arábigos son 1, 2, 3, 4, 5, 6, 7, 8, 9, 0.* **número romano** Letra del alfabeto latino que se usa para representar una cantidad: *los siglos se expresan en números romanos: siglo XXI.* **2** Valor o expresión de la cantidad, con relación a la unidad: *las operaciones matemáticas son posibles gracias a los números.* **número atómico** Número que indica la cantidad de protones que hay en el núcleo del átomo de un elemento. **número cardinal** Número que expresa únicamente cantidad: *1, 95, 123 y 4000 son números cardinales.* **número complejo** Número formado por la suma de un número real y otro imaginario: *7 + 8i es un número complejo.* **número compuesto** Número que puede expresarse como producto de factores más simples: *18 es un número complejo que puede expresarse como 2 × 3 × 3.* **número decimal** Número que lleva una coma y está entre dos enteros: *0,5 y 129,85 son números decimales.* **número entero** Cualquier número positivo o negativo no quebrado: *2 y −5 son números enteros.* **número fraccionario** o **quebrado** Número que tiene una parte inferior a la unidad y que se expresa por dos números enteros separados por una raya horizontal u oblicua: *2/3 es un número fraccionario.* **número imaginario** Nú-

números

número	definición	ejemplo
real	expresión numérica cualquiera, racional o irracional	4; 3; 5; 1/5; $\sqrt{2}$; 8
racional	cociente de dos números enteros	6; 0,5; 1/3
entero	consta de 1 o más unidades completas	1; 2; 3; –1; –7
natural	entero mayor que 0	1; 2; 3; 4
fraccionario o quebrado	tiene una parte inferior a la unidad y se expresa por medio de dos números enteros separados por una raya horizontal u oblicua	4/3; 1/2; 1/4; 3/8
irracional	no puede ser cociente de dos números enteros	$\sqrt{1}$; $\sqrt{2}$
imaginario	raíz cuadrada de un número negativo real	$\sqrt{-1}$; $\sqrt{-2}$
positivo	mayor que 0	1; 2; 4; 86
negativo	menor que 0	–1; –2; –3,5; –3,7
decimal	tiene una parte inferior a la unidad expresada tras la coma	0,1; 7,8
periódico	el que tiene una cifra decimal que se repite indefinidamente	3,66666; 2,237373737
par	entero que dividido por 2 da un número entero	2; 4; 6; –8; –12
impar	entero que dividido por 2 da un número no entero	1; 3; 5; –7; –13
primo	entero que solo puede dividirse por él mismo y por la unidad	5; 13; 29; 37
cardinal	cualquier número entero	1; 2; 3; 4
ordinal	expresa orden o sucesión	1.º; 2.º; 3.º; 4.º
compuesto	puede expresarse como producto de factores más simples	12 (=3×4; 6×2); 20 (=10×2; 4×5; 2×2×5)

mero que es el resultado de la raíz cuadrada de un número negativo: *el número imaginario se representa con la letra i y equivale a la raíz cuadrada de –x.* número impar o número non Número que dividido por dos da un número no entero: *el número siete es un número impar.* número irracional Número con cifras decimales que no se repiten periódicamente, ya que no puede expresarse como cociente de dos enteros: *el número π (3,141592) es un número irracional.* número natural Número entero positivo: *8, 29 y 500 son números naturales.* número negativo Número menor que 0: *los números negativos se representan precedidos del signo –.* número ordinal Número que expresa idea de orden: *primero y segundo son números ordinales.* número par Número que dividido por dos da un número entero: *el catorce es un número par.* número periódico Número con cifras decimales que se repiten periódicamente: *4,333333 y 2,9686868 son números periódicos.* número positivo Número que es mayor que 0: *los números positivos se pueden representar precedidos del signo +.* número primo Número que solo se puede dividir por él mismo y por la unidad: *el dos, el tres, el cinco y el siete son números primos.* número racional Cualquier número entero o quebrado: *3 y 4/3 son números racionales.* número real Cualquier número racional o irracional: *el conjunto de los números reales se representa con la letra R mayúscula.* **3** Cantidad no determinada de personas, animales o cosas: *un gran número de jóvenes.* **4** Puesto que se ocupa en una fila u otra serie ordenada: *soy el número cien en las listas del censo.* **5** Fascículo o cuaderno que aparece periódicamente y que forma parte de una serie: *ya está a la venta el número de invierno.* **6** Billete en el que aparece una cifra con la cual se puede participar en un sorteo. **7** Medida por la que se ordenan los zapatos y las prendas de vestir, según su tamaño. **8** Parte o acto de un espectáculo o de una función destinada al público: *los niños disfrutan con el número de los payasos.* número musical Parte de una película o de una obra de teatro en la que se canta o se baila. **9** Morfema o parte de una palabra que hace referencia a la cantidad: *en español, el número puede ser singular o plural.* **10** Acción extraña o con que se llama la atención o se hace el ridículo: *había bebido demasiado y montó un número impresionante.* **11** Persona sin graduación en los cuerpos militares de la Guardia Civil y de la Policía.

▶ de número Que forma parte de un conjunto compuesto por una cantidad fija y limitada de personas: *hoy se reúnen los miembros de número de la Real Academia Española.* en números redondos Acercando el valor total a la unidad inmediatamente superior o inferior: *el coche cuesta 24 795 euros, es decir, 25 000 en números redondos.* hacer números Calcular las posibilidades de hacer o conseguir una cosa con dinero: *debemos hacer números antes de comprar esa casa.* números rojos Saldo negativo en la cuenta de un banco o caja. número uno Persona que destaca en una actividad por encima de los demás. SIN as.

DER numeral, numerar, numerario, numérico.

numeroso, -sa adj. **1** Que incluye gran número de personas, animales o cosas. SIN abundante. **2** Que existe en mucha cantidad. SIN mucho.

OBS Se usa especialmente ante sustantivos y en plural.

numismática n. f. Disciplina que trata del conocimiento de las monedas y de las medallas, especialmente las antiguas.

nunca adv. En ningún tiempo o ninguna vez: *el niño nunca ha visto el mar.* SIN jamás.

▶ nunca más o nunca jamás Expresión que indica de manera muy intensa en ningún tiempo o ninguna vez: *no volveremos a hablarte nunca más.*

OBS No lleva negación cuando va antes del verbo (*nunca ha visto el mar*), pero la necesita cuando va detrás (*no ha visto nunca el mar*).

nuncio n. m. **1** Hombre que es el representante diplomático del Papa en un país o estado. **2** Hombre que lleva encargos, noticias o avisos de una persona a otra. SIN mensajero. **3** Cosa que anuncia y precede algo.

nupcial adj. De la boda o que tiene relación con esta ceremonia: *tarta nupcial.*

DER nupcialidad; prenupcial.

nupcias n. f. pl. Ceremonia en la que dos personas se casan. SIN boda.

nutria n. f. Animal mamífero de cuerpo largo y delgado, abundante pelo rojo oscuro o marrón, patas cortas, que nada muy bien y se alimenta principalmente de peces; habita en todos los continentes, excepto en Oceanía.

OBS Para indicar el sexo se usa *la nutria macho* y *la nutria hembra.*

nutrición n. f. **1** Hecho de aumentar la sustancia de un ser vivo por medio de alimento, para reparar las partes que se van perdiendo o para hacerlo crecer. **2** Conjunto de funciones que realizan determinados órganos de un ser vivo para transformar los alimentos en energía y sustancias para el crecimiento: *ese pediatra es especialista en nutrición infantil.* SIN alimentación.

nutrido, -da adj. Que incluye gran cantidad de personas, animales o cosas: *la mansión tenía una nutrida biblioteca.*

nutriente n. m. Sustancia que asegura la conservación y crecimiento de un organismo: *nutrientes químicos.*

nutrir v. tr. **1** Proporcionar las sustancias que necesita el organismo de un ser vivo para completar lo que pierde y para crecer: *las plantas se nutren de minerales, agua y luz.* SIN alimentar. **2** Abastecer o llenar una cosa de lo que necesita para funcionar: *las centrales térmicas nutren de energía a las ciudades y los pueblos.* **3** Aumentar o dar fuerzas, especialmente de tipo moral, a una persona: *su vida se iba nutriendo de conocimientos.*

DER nutricio, nutrición, nutrido, nutriente, nutriología, nutritivo; desnutrirse.

nutritivo, -va adj. Que sirve para alimentar.

nylon n. m. Nailon.

OBS Procede de una marca registrada y se pronuncia aproximadamente «nailon».

abcdefghijklmnÑopqrstuvwxyz

ñ n. f. Decimoquinta letra del alfabeto español: *la letra «ñ» es una consonante característica del abecedario español.*

ñame n. m. **1** Planta trepadora de hojas grandes y flores pequeñas y verdosas agrupadas en espigas: *el ñame tiene los tallos muy endebles.* **2** Raíz de esta planta, que tiene la corteza casi negra y la carne parecida a la batata; es un tubérculo comestible: *el ñame se come asado o cocido en los países tropicales.*

ñandú n. m. Ave procedente de América del Sur, de color gris, con patas y cuello largos y fuertes, con solo tres dedos en cada pie, que corre y no puede volar: *el ñandú es parecido al avestruz pero más pequeño.*

OBS Para indicar el sexo se usa *el ñandú macho* y *el ñandú hembra*. El plural es *ñandúes* (culto) o *ñandús* (popular).

ñoñería n. f. Obra o dicho de una persona que es simple, tímida y falta de ingenio: *¡no digas ñoñerías! No es escandaloso darle un beso a tu novio en la calle.* **SIN** ñoñez.

ñoñez n. f. **1** Inseguridad y simplicidad en la manera de actuar y pensar una persona: *el hermano pequeño no tiene la ñoñez del mayor, sino que es más espabilado.* **2** Obra o dicho de una persona que es muy simple, tímida y poco segura: *me fastidian sus ñoñeces, siempre se está quejando por todo.* **SIN** ñoñería. **3** Cosa que es sosa, no tiene gracia ni interés: *han criticado mucho esa película porque es una ñoñez.*

OBS El plural es *ñoñeces*.

ñoño, -ña adj./ n. m. y f. **1** [persona] Que es muy simple, tímido y apocado: *aquella chica tan ñoña no dijo nada en todo el rato, parecía que tenía miedo.* ◆ adj. **2** [cosa] Que no tiene gracia ni interés. **SIN** soso.

DER ñoñería, ñoñez.

ñoqui n. m. Pasta alimenticia elaborada con patatas, harina de trigo, mantequilla, leche, huevo y queso rallado, que se corta en trozos pequeños y se hierve en abundante agua con sal: *el ñoqui es un alimento de origen italiano.*

ñu n. m. Animal mamífero con el cuerpo parecido al de los caballos, la cabeza grande y cuernos curvos como los de los toros, el pelo de color pardo o gris y abundante crin, que se alimenta de vegetales: *el ñu habita en la sabana africana.*

OBS Para indicar el sexo se usa *el ñu macho* y *el ñu hembra*. El plural es *ñúes* (culto) o *ñus* (popular).

abcdefghijklmnñ**O**pqrstuvwxyz

o n. f. **1** Decimosexta letra del alfabeto español. El plural es *oes*: *la «o» es una vocal.* ◆ conj. **2** Se usa para unir dos elementos de un mismo nivel o función gramatical y expresa alternativa o exclusión de uno de ellos: *¿tomarán vino blanco o tinto?* **NOTA** Cuando precede inmediatamente a otra palabra que empiece por *o-* o por *ho-* se usa *u*: *no sé si llegó ayer u hoy.* **3** Se usa para decir o explicar una cosa de otro modo que equivale o es igual a lo dicho anteriormente: *el protagonista o personaje principal de la fábula es Hércules.* **NOTA** Cuando precede inmediatamente a otra palabra que empiece por *o-* o por *ho-* se usa *u*. **4** Se usa entre dos números para delimitar de manera aproximada una cantidad: *vinieron quince o veinte personas.* **NOTA** Cuando precede inmediatamente a un número que empiece por *o-* se usa *u*: *seiscientos u ochocientos.* Desde la Ortografía de 2010 ya no es necesario escribirla acentuada cuando va entre números para no confundirla con el 0: 5000 o 6000. **5** Se usa para indicar que lo que se expresa afecta a ambos elementos, sin necesidad de excluir a ninguno de los dos: *pintura para suelos o paredes.* **NOTA** Cuando precede inmediatamente a otra palabra que empiece por *o-* o por *ho-* se usa *u*.

▶ no saber hacer la o con un canuto Ser muy tonto o no saber nada: *dice que es ingeniero, pero no sabe hacer la o con un canuto.* o sea Se usa para decir o explicar una cosa de otro modo que equivale o es igual a lo dicho anteriormente: *la madre de su padre, o sea, su abuela le regaló este anillo.*

oasis n. m. Lugar con agua en el que crece la vegetación y que se encuentra en medio de un desierto.

OBS El plural también es *oasis*.

obcecar v. tr. **1** Confundir la mente de una persona e impedir que se pueda razonar con claridad: *su presencia me obceca.* ◆ v. prnl. **2 obcecarse** Insistir mucho en una actividad o idea sin atender a ninguna otra: *se obcecó con el estudio de esa asignatura y suspendió el resto.* **SIN** obstinarse.

OBS En su conjugación, la *c* se convierte en *qu* delante de *e*.

DER obcecación.

obedecer v. tr. **1** Cumplir una persona la voluntad de quien manda o lo que establece una ley o norma: *te conviene obedecer a tus padres.* **2** Hacer un animal los movimientos que se le ordenan: *el caballo obedece a su jinete.* **3** Ceder una cosa ante el esfuerzo que se hace para cambiar su forma o estado: *por fin sus piernas han obedecido al tratamiento, después de meses de recuperación ya logra dar sus primeros pasos.* ◆ v. intr. **4** Tener origen una cosa: *su cansancio obedecía a que llevaba dos noches sin dormir.*

OBS En su conjugación, la *c* se convierte en *zc* delante de *a* y *o*, como en *agradecer*.

DER obediencia, obediente; desobedecer.

obediencia n. f. **1** Cumplimiento de la voluntad de la persona que manda, de lo que establece una norma o de lo que ordena la ley. **2** Tendencia de una persona a cumplir lo que se le manda.

obediente adj. Que hace o acostumbra a hacer lo que se le manda.

obelisco n. m. Monumento con forma de columna cuadrada y alta, un poco más estrecho en la parte superior que en la base y acabado en punta piramidal, que tiene carácter religioso o conmemorativo de un hecho.

obertura n. f. Pieza con que se comienza una obra musical larga, especialmente una ópera u oratorio, que no es cantada sino que se ejecuta únicamente con instrumentos: *algunas oberturas también son piezas musicales independientes.* **SIN** preludio.

obesidad n. f. Exceso de grasa en el cuerpo.

obeso, -sa adj. [persona] Que tiene exceso de grasa en el cuerpo.
DER obesidad.

óbice n. m. *formal* Dificultad u obstáculo para hacer algo: *la ausencia de cuatro socios no es óbice para que se pueda celebrar la reunión.* SIN impedimento.
OBS Se usa sobre todo en expresiones negativas.

obispado n. m. **1** Cargo y dignidad de obispo. SIN episcopado. **2** Territorio o zona donde un obispo ejerce sus funciones. SIN diócesis, episcopado. **3** Edificio u oficina donde funciona la administración que depende del obispo: *los obispados están al lado de la catedral en muchas ciudades.* SIN episcopado.

obispo n. m. Sacerdote cristiano de grado más elevado que gobierna una zona o territorio llamado diócesis: *el Papa nombra a los obispos de todo el mundo.*
DER obispado, obispal, obispillo; arzobispo.

objeción n. f. Razón que se propone o dificultad que se presenta para rechazar o negar una idea o una propuesta: *puso algunas objeciones, pero al final se convenció.*
▶ objeción de conciencia Razón o razones de carácter ético o religioso que una persona propone para rechazar u oponerse a cumplir el servicio militar, practicar un aborto o realizar otra acción.

objetar v. tr. **1** Proponer una razón contraria a lo que se ha dicho: *no tengo nada que objetar.* ◆ v. intr. **2** Negarse una persona a cumplir el servicio militar por razones de carácter ético o religioso.
DER objeción, objetor.

objetivar v. tr. Dar a un asunto o a una idea un carácter objetivo o imparcial prescindiendo de las consideraciones personales o subjetiva.

objetividad n. f. Imparcialidad con que se trata o se considera un asunto prescidiendo de las consideraciones y los criterios personales o subjetivos: *la información periodística debería ser contada con objetividad.* SIN objetivismo. ANT subjetividad.

objetivismo n. m. **1** Objetividad. **2** Creencia de que existe una realidad de tipo objetivo.

objetivo, -va adj. **1** Que no está determinado por sentimientos o intereses personales: *un juicio objetivo.* SIN imparcial. ANT subjetivo. **2** Del objeto o que tiene relación con lo que existe realmente: *el ser humano analiza la realidad objetiva.* ◆ n. m. **3** Fin al que se dirige una acción u operación: *su objetivo era conseguir la beca para seguir estudiando.* SIN objeto. **4** Lente o sistema de lentes que aumenta la visión en los instrumentos ópticos y que está colocado en la parte que se dirige hacia el objeto: *el telescopio tenía un objetivo muy potente.* **5** Punto o zona que se ha de atacar u ocupar militarmente: *el escuadrón de aviones bombardeó los objetivos militares.*
DER objetivamente, objetivar; teleobjetivo.

objeto n. m. **1** Cosa material e inanimada, generalmente de tamaño pequeño o mediano: *los muebles, las herramientas o los libros son objetos.* SIN cosa. **2** Materia o asunto que el individuo percibe y sobre el cual piensa: *el ser humano es el sujeto que observa y reflexiona sobre el mundo, que es su objeto.* **3** Materia o asunto de que se ocupa una ciencia: *la lengua es el objeto de estudio de la lingüística.* **4** Fin al que se dirige una acción u operación: *el objeto de mi viaje es descansar.* SIN objetivo. **5** Complemento del verbo en una oración: *en la oración «el estudiante consulta el diccionario», «el diccionario» es el objeto.* SIN complemento. objeto directo Palabra o sintagma que designa la persona o cosa afectada por la acción del verbo o la persona o cosa que especifica la acción o el proceso expresado por el verbo: *en «hablo catalán y castellano», «catalán y castellano» es el objeto directo.* SIN complemento directo. objeto indirecto Palabra o sintagma que designa la persona o cosa afectado por la acción del verbo o la persona o cosa presentada como destinataria o beneficiada por la acción del verbo: *en «todos los meses escribo a mis amigos de Alemania», «a mis amigos de Alemania» es el objeto indirecto.* SIN complemento indirecto.
▶ al objeto de o con objeto de Con la finalidad de: *le envío esta carta al objeto de comunicarle su inmediato ascenso.* SIN para.
DER objetar, objetivo.

objetor, -ra adj./n. m. y f. [persona] Que se niega a cumplir el servicio militar por considerarlo contrario a su conciencia, pero realiza en su lugar un servicio a la comunidad. NOTA También, *objetor de conciencia.*

oblicuángulo, -la adj./n. m. MAT. [figura geométrica] Que no tiene ningún ángulo recto.

oblicuidad n. f. **1** Inclinación respecto a la posición vertical y horizontal. **2** Inclinación que aparta del ángulo recto una línea o un plano en relación con otra línea o con otro plano: *ese ángulo tiene una oblicuidad de 45 grados.*

oblicuo, -cua adj. **1** Que está en una posición media entre la vertical y la horizontal: *la lluvia caía de manera oblicua a causa del viento.* **2** [línea, plano] Que no forma ángulo recto con relación a otro.

DER oblicuidad.

obligación n. f. **1** Exigencia establecida por la moral, por la ley o por la autoridad. SIN deber. **2** Cosa que se debe hacer. SIN deber. **3** Título que representa una cantidad de dinero que ha sido prestada por una persona u organismo a alguien con la exigencia de ser devuelto en un plazo determinado.

obligar v. tr. **1** Mover o impulsar con autoridad a hacer una cosa a una persona sin dejarle elegir: *un semáforo en rojo nos obliga a detenernos.* **2** Tener suficiente autoridad determinada cosa para hacer cumplir lo que ordena: *el contrato le obliga a vender la mansión.* **3** Hacer fuerza en una cosa para conseguir un efecto de ella: *tendrá que obligar la llave para que entre en la cerradura.* SIN forzar. ◆ v. prnl. **4** obligarse Comprometerse a cumplir una cosa: *se obligó a venir y ahora tiene que hacerlo aunque no quiera.*

OBS En su conjugación, la *g* se convierte en *gu* delante de *e*.

DER obligación, obligado, obligatorio.

obligatoriedad n. f. Obligación de cumplir o hacer una cosa.

obligatorio, -ria adj. Que debe hacerse o cumplirse.

oboe n. m. **1** Instrumento musical de viento, formado por un tubo de madera con orificios y llaves y una boquilla con dos lengüetas por la que se sopla. ◆ n. com. **2** Persona que en una orquesta o grupo musical toca este instrumento.

obra n. f. **1** Cosa hecha o producida por un agente: *este destrozo es obra de las lluvias torrenciales.* **2** Producción del pensamiento humano en la ciencia, la cultura o el arte hecha en un momento determinado y que perdura en el tiempo por su interés o valor artístico: *hacen una exposición sobre las obras científicas y filosóficas del siglo XVIII.* SIN trabajo. obra completa Conjunto de todos los trabajos de un autor. obra de arte Objeto o trabajo de gran valor artístico: *colecciona obras de arte y tiene un cuadro de Picasso, entre otras.* obra de taller PINT. Objeto o trabajo en el que han participado los ayudantes de un artista: *los cuadros de algunos pintores son obras de taller.* obra de teatro **a.** Texto escrito para ser representado por unos actores. **b.** Representación de un texto previamente escrito: *en lugar de ir al cine fuimos a ver una obra de teatro.* obra literaria Producción escrita que se considera propia de la literatura, especialmente la que es de buena calidad y tiene cierta extensión. **3** Construcción o arreglo de un edificio o de parte de él, de un camino, de un canal o de otra cosa. obra pública Construcción que se destina a uso de todos los ciudadanos: *las carreteras y las autopistas son obras públicas.* **4** Actividad o trabajo hecho por una o varias personas. **5** Acción buena o ejemplar: *los cristianos ganan la vida eterna con su fe y sus obras.* ▶ obra de caridad Acción que se realiza para ayudar al prójimo, especialmente si se trata de personas necesitadas. obra de misericordia Acción que hace el cristiano para ayudar a los demás. de obra De manera material y no de palabra: *el acusado maltrataba de obra a su esposa.* en obras En proceso de construcción o de arreglo. obra de El Escorial Trabajo que tarda mucho tiempo en terminarse: *la construcción de su nueva casa de campo es la obra de El Escorial: no acaba nunca.* obra de romanos Cosa que cuesta mucho trabajo y tiempo, o que es grande y perfectamente acabada: *su proyecto del puente sobre el río es obra de romanos.* obra social Organismo o centro dedicado a la cultura o a la ayuda de personas necesitadas: *varias de las antiguas cajas de ahorros tienen una obra social.* por obra de Por medio de o mediante el poder de: *desapareció por obra de magia.* por obra y gracia del Espíritu Santo Sin esforzarse o sin trabajar: *los deberes de la escuela no se hacen por obra y gracia del Espíritu Santo.*

obrador n. m. Taller artesanal, especialmente el de repostería o el dedicado a trabajos de plancha y costura: *obrador de plancha; obrador de pan; diversos artistas acudían a ver pintar al maestro en su obrador.*

obrar v. intr. **1** Comportarse o proceder de una manera determinada. **2** Existir en un lugar determinado: *el testamento obra en poder del notario.* **3** Expulsar excrementos por el ano. SIN defecar. ◆ v. tr. **4** Someter una materia a una acción continua y ordenada para darle forma. SIN trabajar. **5** Construir o levantar un edificio. **6** Causar un efecto de-

terminado en algo o alguien: *el remedio no ha obrado una mejoría en el enfermo.*
DER obra, obrador, obrero.

obrero, -ra n. m. y f. **1** Persona que se dedica a hacer un trabajo físico y cobra dinero por él. ◆ adj. **2** De las personas que se dedican a hacer un trabajo físico o que tiene relación con ellas: *el sector obrero.*
DER obrerismo.

obsceno, -na adj. Que va contra lo que establece la moral, especialmente en el terreno sexual: *el cantante hacía gestos obscenos en público.* SIN impúdico.
DER obscenidad.

obsequiar v. tr. **1** Dar u ofrecer una cosa a una persona como muestra de afecto o de consideración. SIN agasajar, regalar. **2** Tratar con afecto y consideración a alguien: *las autoridades del país obsequiaron a los nuevos embajadores.* SIN agasajar.
OBS En su conjugación, la *i* es átona, como en *cambiar.*

obsequio n. m. Cosa que se hace o se da a una persona como muestra de afecto o de consideración: *te hemos traído un obsequio por tu cumpleaños.* SIN regalo.
DER obsequiar, obsequioso.

observación n. f. **1** Examen detenido de una cosa o de un fenómeno, generalmente para extraer determinadas conclusiones. **2** Nota escrita que explica o aclara un dato o información que puede confundir o hacer dudar: *a pie de página, el traductor hace una observación sobre el término inglés y su traducción al castellano.* **3** Razón que se propone o problema que se presenta para rechazar, cambiar o mejorar una idea o una propuesta: *hizo unas cuantas observaciones inteligentes que fueron aceptadas inmediatamente.* SIN advertencia, objeción. **4** Cumplimiento de una ley o mandato: *la observación de unas normas de convivencia es necesaria para la vida en sociedad.*
DER observacional.

observador, -ra adj./n. m. y f. **1** [persona, animal] Que examina detenidamente algo. ◆ n. m. y f. **2** Persona que asiste a un acontecimiento para seguirlo con atención pero sin poder intervenir en él: *ha estado como observador en la reunión del comité internacional.*

observar v. tr. **1** Mirar o examinar con atención: *con este telescopio observaremos las estrellas.* **2** Darse cuenta de un hecho: *observo que cojea.* SIN advertir, reparar. **3** Cumplir exactamente lo que se manda: *si observas las indicaciones del médico, te curarás en seguida.*
DER observable, observación, observador, observancia, observatorio.

observatorio n. m. **1** Edificio que tiene el personal y los instrumentos adecuados para observar el cielo o el espacio. **2** Lugar apropiado para observar.

obsesión n. f. Idea fija o preocupación excesiva que ocupa la mente: *el amor por ella se convirtió en una obsesión.* SIN fijación.

obsesionante adj. Que produce obsesión: *padecía un obsesionante miedo a la muerte.*

obsesionar v. tr./prnl. Ocupar la mente con una idea fija o una preocupación de modo que apenas se hace o se piensa nada más: *el aspecto físico obsesiona a algunas personas.*

obsesivo, -va adj. **1** Que no se puede apartar de la mente y queda reflejado en los actos. ◆ adj./n. m. y f. **2** [persona] Que tiene inclinación a obsesionarse.

obsoleto, -ta adj. Que no se usa por ser muy antiguo: *las máquinas de escribir se quedaron obsoletas con la llegada de los ordenadores.* SIN anticuado.

obstaculizar v. tr. Impedir o hacer difícil el paso o el desarrollo de una acción: *su furgoneta está obstaculizando la salida del garaje.*
OBS En su conjugación, la *z* se convierte en *c* delante de *e.*

obstáculo n. m. **1** Cosa que impide pasar o avanzar. **2** Situación o hecho que impide el desarrollo de una acción: *la lluvia no fue obstáculo para que se celebrase la competición.* SIN impedimento. **3** Cada una de las barreras que se ponen en el recorrido de una carrera deportiva y que los atletas deben saltar para llegar a la meta.
DER obstaculizar.

obstante Palabra que se utiliza en la locución *no obstante,* con la que se indica que aquello de que se ha hablado no es obstáculo para lo que sigue: *no había dormido en toda la noche; no obstante, aprobó el examen.*
OBS No se debe decir **no obstante de,* *no obstante a,* *no obstante que.*

obstar v. intr. Ser una cosa impedimento o dificultad para que se desarrolle determinada acción: *su buen comportamiento de los últimos meses no obsta para que dentro de un año cometa un delito.*
OBS Se usa sobre todo en expresiones negativas.
DER obstáculo, obstante.

obstinación n. f. Mantenimiento excesivamente firme de una idea, intención u opinión, generalmente poco acertada, sin tener en cuenta otra posibilidad.

obstinarse v. prnl. Mantenerse excesivamente firme en una idea, intención u opinión, generalmente poco acertada, sin tener en cuenta otra posibilidad: *se obstinó en arreglar él mismo la avería.* SIN obcecar.
DER obstinación, obstinado.

obstrucción n. f. **1** Estrechamiento o cierre que impide el paso por un conducto, una vía o un camino. SIN atasco, oclusión. **2** Acto que tiene como fin impedir o hacer difícil una acción: *fue acusado de obstrucción a la justicia.*
DER obstruccionismo.

obstruir v. tr./ prnl. **1** Cerrar o estrechar el paso de una cosa en movimiento por una vía, un conducto o un camino: *el trapo que se cayó ha obstruido la cañería.* **2** Cerrar o impedir el acceso a un lugar. SIN atascar, atrancar, taponar. ◆ v. tr. **3** Impedir o hacer difícil el desarrollo de un proceso o de una actividad: *el cómplice trató de obstruir la investigación policial.*
OBS En su conjugación, la *i* se convierte en *y* delante de *a, e* y *o,* como en *huir.*
DER obstrucción.

obtención n. f. **1** Logro de determinada cosa que se merece o se solicita a través de una persona o institución: *la obtención de una beca.* **2** Producción de una cosa a partir de otra o extracción de un material que se encuentra en un lugar.

obtener v. tr. **1** Lograr, conseguir o llegar a tener algo que se quiere o se solicita: *obtiene grandes beneficios de sus negocios.* **2** Producir o sacar determinada cosa, generalmente a partir de otra: *la familia obtiene la miel de las colmenas que ella misma cuida.*
OBS Se conjuga como *tener.*
DER obtención.

obturar v. tr. Cerrar o tapar una abertura o un conducto: *obturar una cañería; obturar el objetivo de una cámara fotográfica.*

obtusángulo, -la adj. [triángulo] Que tiene un ángulo mayor de 90 grados.

obtuso, -sa adj. **1** [objeto] Que no tiene punta: *un compás obtuso.* SIN romo. **2** [persona] Que es lento en comprender las cosas más simples. **3** MAT. [ángulo] Que tiene más de 90 grados y menos de 180.

obús n. m. **1** Arma de artillería de menor tamaño y diámetro que un cañón: *el obús tiene mayor alcance que el mortero.* **2** Proyectil que se dispara con esta arma: *un obús le llevó una pierna al oficial.*

obviar v. tr. **1** Evitar o hacer desaparecer obstáculos o problemas: *ese problema se obviaría si todos llegaran a un acuerdo.* **2** Dejar de nombrar o decir algo, especialmente cuando se considera sabido: *obviaré los datos concretos porque aparecen en el libro de texto.*
OBS En su conjugación, la *i* es átona, como en *cambiar.*

obvio, -via adj. **1** [suceso, hecho] Que está a la vista. SIN evidente. **2** Que es muy claro o que no es difícil de entender: *la conclusión es obvia.* SIN evidente.
DER obviamente, obviar.

oc Palabra que aparece en la expresión *lengua de oc,* que es el nombre que recibieron en la época medieval un conjunto de dialectos que se hablaban en la región del Mediodía francés. SIN provenzal.

oca n. f. **1** Ave con el pico de color naranja, casi negro en la punta, con el pecho y el vientre amarillos, la cabeza y el cuello de color gris oscuro y el resto del cuerpo gris con rayas marrones; viven en lugares pantanosos pero también se crían en corrales como animales de granja. SIN ganso. NOTA Para indicar el sexo se usa *la oca macho* y *la oca hembra.* **2** Juego de mesa que consiste en un tablero con 63 casillas, numeradas y colocadas en espiral, por las que cada jugador tiene que hacer avanzar una ficha según el número que sale en un dado. NOTA En las casillas aparecen distintos dibujos que van marcando lo que tienen que hacer los jugadores.

ocasión n. f. **1** Lugar o momento más oportuno en el tiempo para hacer o conseguir una cosa: *aprovechar la ocasión.* **2** Momento y lugar en los que se sitúa un hecho o una circunstancia: *en aquella ocasión tú llevabas un traje gris.*
▶ **con ocasión de** En el momento o circunstancia que se dice a continuación: *celebraremos una fiesta con ocasión del décimo aniversario.*
de ocasión [mercancía] Que se vende a un precio más bajo del habitual o es de segunda mano: *en esa tienda venden muebles de ocasión y hay verdaderas gangas.*
DER ocasional, ocasionar.

ocasional adj. **1** Que ocurre por azar o accidente: *un encuentro ocasional.* **2** Que no es habitual o no se hace por costumbre, sino solo en un momento determinado: *corredor ocasional.* SIN circunstancial.

ocasionar v. tr. Ser causa u origen de un suceso: *un escape de gas ocasionó el incendio.* SIN causar, originar.

ocaso n. m. **1** Puesta del sol o de otro cuerpo celeste por el horizonte. **2** Punto cardinal situado hacia donde se oculta el sol. SIN oeste, poniente, occidente. **3** Decadencia o desaparición de algo: *en el ocaso de su vida.*

occidental adj. **1** Del occidente o que tiene relación con este punto cardinal. **2** De los países de Occidente o que tiene relación con ellos. ◆ adj./ n. com. **3** [persona] Que es de uno de los países de Occidente.

occidente n. m. **1** Punto del horizonte situado donde se oculta el Sol. SIN oeste, poniente. **2** Lugar situado hacia ese punto: *España tiene el océano Atlántico en el occidente.* **3** Conjunto de países de la parte oeste de Europa. NOTA En este sentido va en mayúscula. **4** Conjunto de países de varios continentes, cuyas lenguas y culturas proceden del oeste de Europa en oposición al conjunto de países orientales, especialmente los del continente asiático.
DER occidental.

occipital adj./ n. m. [hueso] Que está situado en la parte posterior de la cabeza, donde esta se une con las vértebras del cuello.

oceánico, -ca adj. **1** Del océano o que tiene relación con él: *fondo oceánico.* **2** [clima] De pocos contrastes térmicos y abundantes lluvias: *Galicia, Asturias, Cantabria y el País Vasco tienen un clima oceánico.* **3** De Oceanía.

océano n. m. **1** Masa de agua salada, que cubre aproximadamente las tres cuartas partes de la Tierra. SIN mar. **2** Cada una de las partes en que se considera dividida esa masa: *los océanos son cinco: Atlántico, Pacífico, Índico, Boreal y Austral.* **3** Cantidad o extensión grande de una cosa, generalmente inmaterial: *un océano de dificultades.*
DER oceánico, oceanicultura, oceanografía.

oceanografía n. f. ciencia que estudia los mares, sus fenómenos, y su flora y fauna.

oceanográfico, -ca adj. De la oceanografía o que tiene relación con esta disciplina de la biología.

ochenta num. card. **1** Indica que el nombre al que acompaña o sustituye está 80 veces. NOTA Puede ser determinante (*ochenta niños*) o pronombre (*tengo ochenta*). ◆ num. ord. **2** [persona, cosa] Que sigue en orden al que hace el número 79. SIN octogésimo. NOTA Es preferible el uso del ordinal: *soy el octogésimo.* ◆ n. m. **3** Número que representa el valor de diez multiplicado por ocho.

ochentavo, -va num. [parte] Que resulta de dividir un todo en 80 partes iguales.

ocho num. **1** Indica que el nombre al que acompaña o al que sustituye está ocho veces: *vale ocho euros.* NOTA Puede ser determinante (*cinieron ocho chicos*) o pronombre (*vinieron ocho*). ◆ num. ord. **2** [persona, cosa] Que sigue en orden al que hace el número siete. SIN octavo. NOTA Es preferible el uso del ordinal: *soy el octavo.* ◆ n. m. **3** Número que representa el valor de siete más uno.
▶ dar igual ocho que ochenta No importar nada: *ahora ya le da igual ocho que ochenta.*
DER ochenta.

ochocientos, -tas num. card. **1** Indica que el nombre al que acompaña o al que sustituye está 800 veces: *vale ochocientos euros.* NOTA Puede ser determinante (*ochocientos chicos*) o pronombre (*son ochocientos*). ◆ num. ord. **2** Que ocupa el orden número 800 en una serie. SIN octigentésimo. NOTA Es preferible el empleo del ordinal *octingentésimo.* ◆ n. m. **3** Nombre del número 800.

ocio n. m. **1** Tiempo libre o descanso de las ocupaciones habituales. **2** Diversión u ocupación que se elige para los momentos de tiempo libre.
DER ocioso.

ociosidad n. f. Estado en el que está la persona que se encuentra en una etapa de inactividad o tiene ocio y tiempo libre.

ocioso, -sa adj. **1** [persona] Que no tiene obligaciones ni cosas que hacer porque no tiene trabajo. **2** [persona] Que está descansando o haciendo una pausa en el trabajo o en una actividad. **3** [cosa inmaterial, objeto] Que no tiene utilidad, provecho ni sentido: *aunque tus disculpas son ociosas, te perdono.*
DER ociosidad.

oclusión n. f. Cierre o estrechamiento que impide o dificulta el paso de un fluido por una vía o conducto del organismo: *una oclusión intestinal.* SIN obstrucción.

oclusivo, -va adj. **1** MED. Que cierra un conducto del organismo: *las válvulas de la aorta tienen una función oclusiva.* ◆ adj./ n. f. **2** Sonido consonante que se pronuncia de la siguiente manera: los órganos articulatorios se ponen en contacto en un punto impidiendo por un instante la salida del aire, y luego se expulsa el aire acumulado: *en español las consonantes oclusivas son: [p], [t], [k], [b], [d], [g].*

ocre adj. **1** De color amarillo oscuro. ◆ adj./ n. m. **2** [color] Que es amarillo oscuro. ◆ n. m. **3** Mineral con aspecto de tierra y de color amarillo, que se emplea en pintura.

octaedro n. m. Cuerpo geométrico formado por ocho caras que son triángulos: *el octaedro está formado por dos pirámides unidas por la base.*

octagonal adj. Que tiene forma de octógono. SIN octogonal.

octágono n. m. Octógono.
DER octagonal.

octava n. f. **1** Estrofa en la que se combinan ocho versos de cualquier clase con rima consonante. octava aguda Estrofa formada por ocho versos de once y siete sílabas en rima consonante, en la que el cuarto y el octavo son agudos y riman entre sí. octava real u octava rima italiana Estrofa de ocho versos de once sílabas que riman en consonante, los seis primeros de forma alterna y los dos últimos entre sí: *el esquema de una octava real es ABABABCC.* **2** MÚS. Serie de sonidos que comprende las siete notas de una escala musical y la repetición de la primera de ellas. **3** Último sonido de una serie de ocho notas, que tiene el doble de vibraciones que el primero: *ella puede cantar en una octava más alta que yo.* **4** Período de ocho días durante los que la Iglesia católica celebra una fiesta determinada. **5** Último de los ochos días en que la Iglesia católica celebra una fiesta.

octavilla n. f. **1** Hoja pequeña de papel impresa con publicidad, generalmente de carácter político. **2** Estrofa de ocho versos de ocho o menos sílabas que riman en consonancia.

octavo, -va num. ord. **1** [persona, cosa] Que sigue en orden al que hace el número siete. **2** [parte] Que resulta de dividir un todo en ocho partes iguales: *si somos ocho para comer, me toca un octavo de tarta.*
▶ octavos de final Parte de una competición en la que se enfrentan por parejas 16 deportistas o equipos.
DER octava, octavilla, octeto.

octigentésimo, -ma num. ord. **1** Indica que el nombre el que acompaña o sustituye ocupa el lugar número 800 de una serie. NOTA Puede ser determinante (*el octigentésimo día*) o pronombre (*somos los octigentésimos*). **2** [parte] Que resulta de dividir un todo en 800 partes iguales.

octo- Elemento prefijal que entra en la formación de palabras con el significado de 'ocho': *octópodo.*

octogenario, -ria adj./ n. m. y f. Que tiene ochenta años o más pero no llega a los noventa: *anciano octogenario.*

octogésimo, -ma num. ord. **1** Indica que el nombre el que acompaña o sustituye ocupa el lugar número 80 de una serie. NOTA Puede ser determinante (*el octogésimo día*) o pronombre (*somos los octogésimos*). **2** [parte] Que resulta de dividir un todo en 80 partes iguales.

octogonal adj. Con forma de octógono.

octógono n. m. Figura geométrica de ocho lados: *la planta de la torre es un octógono.*
OBS También se escribe *octágono.*
DER octogonal.

octógono u octágono n. m. Figura plana de ocho lados y ocho ángulos.
DER octogonal.

octosilábico, -ca adj. De ocho sílabas: *versificación octosilábica.*

octosílabo, -ba adj./ n. m. [verso] Que tiene ocho sílabas.
DER octosilábico.

octubre n. m. Décimo mes del año que tiene 31 días.

ocular adj. **1** Del ojo o que tiene relación con este órgano de la visión. ◆ n. m. **2** Cristal o sistema de lentes que aumenta el tamaño de la imagen y se coloca en el extremo de un instrumento, por donde mira el observador: *el ocular del telescopio.*
DER oculista.

oculista n. com. Médico especializado en el estudio y tratamiento de las enfermedades de los ojos. SIN oftalmólogo.

ocultar v. tr. **1** Impedir que una persona, animal o cosa sea encontrada: *un ladrón se ocultaba en la sombra.* SIN esconder. **2** Hacer que una cosa material o inmaterial no sea advertida por los demás: *ocultaba la cicatriz con maquillaje.* SIN disimular. **3** Callar lo que se debe decir. ◆ v. prnl. **4** ocultarse Desaparecer de la vista el Sol o la Luna.
DER ocultación.

ocultismo n. m. Conjunto de teorías y creencias que defienden la existencia de ciertos fenómenos que carecen de explicación racional o científica y prácticas que pretenden dominar este tipo de fenómenos.

oculto, -ta adj. [persona, animal, cosa] Que no se deja ver o encontrar.
DER ocultar, ocultismo.

ocupa n. com. Persona que se instala en una vivienda o local deshabitado, sin tener derecho a ello según la legalidad vigente.
OBS También se escribe *okupa.*

ocupación n. f. **1** Toma de posesión de un lugar: *la policía ha evitado la ocupación del edificio por parte de los huelguistas.* **ocupación militar** Estancia en un territorio del ejército de otro Estado, el cual interviene en la vida pública de aquél pero sin anexionarse a él. **2** Trabajo que una persona realiza a cambio de dinero y de manera más o menos continuada: *gran cantidad de personas se encuentra actualmente sin ocupación.* SIN empleo. **3** Actividad a la que una persona se dedica en un determinado tiempo.
DER ocupacional.

ocupacional adj. De la ocupación laboral o relacionado con ella: *curso de formación ocupacional.*

ocupante adj./n. com. [persona] Que ocupa un lugar, generalmente una casa, un vehículo o un asiento: *los tres ocupantes del automóvil salieron ilesos del accidente.*

ocupar v. tr. **1** Llenar un espacio o un lugar: *la fuente ocupa toda la plaza.* **2** Entrar en un lugar, invadirlo o instalarse en él: *el ejército enemigo ocupó la ciudad.* **3** Habitar una casa o estar instalado en un lugar: *el director ocupa el despacho principal.* **4** Obtener o desempeñar un empleo, un trabajo o un cargo determinados: *el señor Martín ocupará el puesto de fiscal.* **5** Necesitar un período de tiempo determinado para hacer algo: *la limpieza de la oficina nos ocupará varias semanas.* SIN llevar. **6** Dedicar un período de tiempo determinado a una actividad determinada: *ocupaba sus ratos libres en pintar.* SIN llenar. **7** Dar trabajo o empleo a alguien. ◆ v. prnl. **8** **ocuparse** Hacerse responsable de un asunto o negocio o encargarse de ellos: *yo me ocuparé de la cena.* **9** Preocuparse por una persona, prestándole cuidado y atención: *el canguro se ocupa del niño cuando sus padres estan fuera.* **10** Tratar, hablar o escribir sobre un asunto determinado: *en el capítulo anterior nos ocupamos del adjetivo.*
DER ocupa, ocupante; desocupar, preocupar.

ocurrencia n. f. **1** Idea inesperada o pensamiento original que tiene una persona: *tuvo la ocurrencia de venir a buscarnos en helicóptero.* **2** Dicho o hecho gracioso e ingenioso de una persona: *no te aburrirás nunca con ella, tiene unas ocurrencias muy divertidas.*

ocurrente adj. **1** [persona] Que tiene ideas originales o inesperadas. **2** [dicho] Que es gracioso e ingenioso.

ocurrir v. intr. **1** Producirse un hecho: *el accidente ocurrió en mi casa.* SIN acaecer, acontecer, suceder. ◆ v. prnl. **2** **ocurrirse** Venir de pronto a la imaginación determinada idea o manera de hacer algo: *no se me ocurre ningún otro ejemplo.*
OBS Solamente se usa en tercera persona del singular o del plural y en las formas no personales: infinitivo, gerundio y participio.
DER ocurrencia, ocurrente.

oda n. f. LIT. Poema extenso dividido en estrofas de asuntos diversos aunque más frecuentemente se compone para alabar a una persona o a una cosa.

odalisca n. f. **1** Mujer que es esclava en un harén turco. **2** Concubina de un hombre turco.

odiar v. tr. Sentir rechazo o disgusto: *odio la crueldad con los animales.* SIN abominar, aborrecer, detestar. ANT amar.

odio n. m. Sentimiento fuerte de rechazo o antipatía hacia una persona o cosa cuyo mal se desea: *el odio al racismo.* SIN aversión. ANT amor.

odioso, -sa adj. **1** Que provoca un sentimiento de odio. SIN detestable. **2** Que es molesto y desagradable. SIN fastidioso. ANT agradable.

odisea n. f. **1** Viaje largo lleno de aventuras y dificultades. **2** Conjunto de dificultades que pasa una persona para conseguir un fin determinado: *para millares de extranjeros es una auténtica odisea conseguir el permiso de residencia.*

odontología n. f. Parte de la medicina que se ocupa de la dentadura y sus enfermedades.
DER odontólogo.

odontólogo, -ga n. m. y f. Médico especialista en los dientes, sus enfermedades y los tratamientos para repararlos, extraerlos o sustituirlos. SIN dentista.

odre n. m. Saco hecho de cuero o piel de algún animal que se utiliza para guardar o contener líquidos: *el odre se fabrica generalmente de piel de cabra.* **SIN** cuero, pellejo.

oeste n. m. **1** Punto cardinal situado donde se oculta el sol. **2** Lugar situado hacia ese punto. **3** Viento que sopla de ese punto cardinal. **4** Territorio de Estados Unidos de América situado entre los Apalaches y el Pacífico: *he visto una película del Oeste.* **NOTA** En esta acepción se escribe con mayúscula.

ofender v. tr. **1** Hacer o decir algo que significa para una persona humillación o desprecio: *lo ofendió llamándolo cobarde.* **SIN** injuriar, herir. ◆ v. tr./ v. intr. **2** Causar algo o alguien una sensación desagradable a los sentidos: *esta combinación de colores ofende la vista.* **SIN** herir. ◆ v. prnl. **3** ofenderse Sentirse molesto por considerarse humillado o despreciado: *se ofendió cuando dijiste que eras más guapa que ella.*
DER ofendido, ofensa.

ofensa n. f. Acción o dicho que hace que alguien se sienta humillado o despreciado: *no lo invitaron y le pareció una ofensa.* **SIN** injuria, agravio.
DER ofensiva, ofensivo, ofensor.

ofensiva n. f. Ataque, especialmente militar: *cientos de personas perdieron la vida durante la ofensiva.*
▶ tomar la ofensiva Prepararse para atacar al enemigo: *el ejército tomó la ofensiva.*
DER contraofensiva.

ofensivo, -va adj. **1** Que se hace para humillar o despreciar a alguien. **SIN** insultante, injurioso. **2** Que sirve para atacar.
DER inofensivo.

oferta n. f. **1** Ofrecimiento para realizar o cumplir una cosa: *me ha hecho una oferta tan buena que no la he podido rechazar.* **2** Acción de ofrecer mercancías, especialmente a un precio bajo o más bajo. **SIN** rebaja. de oferta [artículo] Que se vende a precio rebajado: *hoy el chorizo está de oferta.* **3** Mercancía que se ofrece a un precio más bajo de lo normal. **4** ECON. Conjunto de mercancías o servicios que compiten en el mercado: *hay poca oferta de pisos.* **5** Cantidad de dinero que se ofrece para conseguir una mercancía o un servicio que se vende o se subasta: *la oferta que han hecho es demasiado baja.*
DER ofertar, ofertorio.

ofertar v. tr. Ofrecer mercancías a un precio rebajado.

oficial adj. **1** Que depende o procede de una autoridad estatal o local: *boletín oficial; impreso oficial.* **2** Que es reconocido y aceptado por la autoridad pública pertinente: *en esta escuela de idiomas la enseñanza es oficial.* ◆ adj./ n. com. **3** [persona] Que estudia y prepara la parte administrativa de los negocios en una oficina bajo las órdenes de un jefe: *oficial administrativo.* **4** [persona] Que asiste a un centro que depende del Estado: *los alumnos oficiales se matricularán en junio.* ◆ n. com. **5** Miembro del ejército con una graduación entre la de alférez o segundo teniente y la de capitán, ambas inclusive. **6** Persona que se ocupa o trabaja en un oficio, especialmente si es físico: *el oficial de laboratorio me ha ordenado hacer un pedido de material.* ◆ n. m. y f. **7** Persona que ha terminado de aprender un oficio, pero que todavía no es maestro: *en la obra trabajan un maestro albañil, cuatro oficiales y dos aprendices.*
DER oficialía, oficialidad, oficializar, oficialmente; extraoficial, suboficial.

oficialidad n. f. **1** Autenticidad o veracidad de una cosa que es oficial. **2** Conjunto de oficiales que forman un ejército.

oficializar v. tr. Dar carácter o validez oficial a algo que no lo tenía: *la pareja oficializó su unión.*
OBS En su conjugación, la *z* se convierte en *c* delante de *e*.

oficiante adj./ n. m. [sacerdote] Que celebra la misa.

oficiar v. tr. **1** Decir la misa y demás oficios de la Iglesia. **2** DER. Comunicar una cosa de forma oficial y por escrito. ◆ v. intr. **3** Actuar haciendo lo que se indica: *oficiar de moderador.*
OBS En su conjugación, la *i* es átona, como en *cambiar.*
DER oficiante.

oficina n. f. Local donde se llevan a cabo trabajos administrativos o de gestión: *trabaja en la oficina de unos grandes almacenes.* **SIN** despacho.

oficinista n. com. Persona empleada en una oficina y que se dedica a hacer los trabajos administrativos, burocráticos o de gestión.

oficio n. m. **1** Ocupación que requiere esfuerzo físico o habilidad manual: *su oficio ha sido siempre el de albañil.* **2** Ocupación habitual: *¿cuál es su oficio?* **3** Función propia de alguna cosa: *la bicicleta está muy vieja, pero todavía hace su oficio.* **4** Comunicación escrita que trata de los asuntos del servicio público en las dependencias del Estado: *ha recibido un oficio del Ministerio de Hacienda.* **5** Ceremonia de la Iglesia, especialmente cada una de las de Semana Santa. **oficio de difuntos** Oficio que tiene destinado la Iglesia para rogar por los muertos.

▶ **de oficio** DER. **a.** Que depende del Estado y no debe ser pedido ni pagado por parte alguna: *si puedes justificar que no tienes dinero, te asignarán un abogado de oficio.* **b.** Que se realiza por orden de una autoridad: *no hay acusación privada, pero se abrirá una investigación de oficio.* **no tener oficio ni beneficio** No tener trabajo ni dinero ni medios seguros para conseguirlo. **ser del oficio** Dedicarse a la prostitución.

DER oficial, oficiar, oficina, oficioso.

ofidio adj./ n. m. **1** ZOOL. [reptil] Que tiene un cuerpo largo y estrecho recubierto de escamas y que carece de extremidades. **SIN** serpiente. ◆ n. m. pl. **2** **ofidios** ZOOL. Grupo que comprende todos los ofidios.

ofrecer v. tr. **1** Dar o dejar voluntariamente alguna cosa a alguien para que la use o la tome si lo desea: *me ofreció su amistad.* **2** Proponer a alguien para ocupar un puesto determinado o participar en una actividad concreta: *le han ofrecido ser director de un hotel.* **3** Prometer dar o entregar algo, generalmente a cambio de otra cosa: *ofrecen una recompensa de un millón por el ladrón.* **4** Poner delante de alguien o acercarle algo: *le ofreció la mejilla para que la besara.* **5** Decir la cantidad que se está dispuesto a pagar por una cosa. **6** Dar una comida o una celebración en honor de alguien: *ofrecieron una fiesta para celebrar el aniversario de boda.* **SIN** obsequiar. **7** Dedicar una obra, una oración, etc., a Dios o a los santos: *el sacerdote ofrece el pan y el vino en la misa.* ◆ v. tr./ prnl. **8** Mostrar o presentar algo o alguien un aspecto determinado o unas ciertas características: *la operación ofrecía algunos riesgos.* ◆ v. prnl. **9** **ofrecerse** Estar o mostrarse dispuesto voluntariamente para hacer una cosa: *se ofreció a llevarla en el coche.*

▶ **¿qué se le ofrece?** Expresión educada para preguntar a alguien qué necesita o qué desea.

OBS En su conjugación, la *c* se convierte en *zc* delante de *a* y *o*, como en *agradecer.*

DER ofrecimiento, ofrenda.

ofrecimiento n. m. Acción de ofrecer u ofrecerse: *agradezco tu ofrecimiento, pero no puedo aceptarlo.*

ofrenda n. f. **1** Regalo que se ofrece y se dedica a Dios o a los santos. **2** *formal* Regalo o servicio que se ofrece como muestra de respeto y amo.

ofrendar v. tr. Ofrecer algo para mostrar amor o respeto o para dar gracias: *las niñas ofrendaron una corona de flores a la Virgen.*

oftalmología n. f. Parte de la medicina que estudia el ojo y se ocupa de sus enfermedades.

DER oftalmológico, oftalmólogo.

oftalmólogo, -ga n. m. y f. MED. Médico especializado en el estudio y tratamiento de las enfermedades de los ojos. **SIN** oculista.

ofuscación n. f. **1** Confusión mental grande que sufre una persona y que le impide razonar o ver las cosas con claridad: *el enfado te ha provocado tal ofuscamiento que no has pensado lo que decías.* **SIN** ofuscación. **2** Turbación de la vista que se produce por un reflejo grande de luz que da directamente en los ojos.

ofuscamiento n. m. Ofuscación.

ofuscar v. tr. **1** Perder momentáneamente la capacidad de razonar y no poder pensar con claridad: *le ofuscó el entusiasmo después de la victoria.* **SIN** trastornar. **2** *formal* No poder ver con claridad debido a un exceso de luz. **SIN** cegar. ◆ v. prnl. **3** **ofuscarse** Obsesionarse con algo y no poder pensar con claridad.

OBS En su conjugación, la *c* se convierte en *qu* delante de *e.*

DER ofuscación.

ogro, -gresa n. m. y f. **1** Ser fantástico y gigantesco parecido al hombre que se alimenta de carne humana: *los ogros de los cuentos.* **2** Persona insociable, cruel o de mal carácter: *no se puede hablar con él porque es un ogro.* **NOTA** Se usa con sentido despectivo.

oh int. Expresa un sentimiento fuerte, generalmente sorpresa, admiración o pena: *¡oh, qué bonito!*

ohm u **ohmio** n. m. Unidad de resistencia eléctrica; equivale a la resistencia eléctrica que hay entre dos puntos de un conductor cuando, al aplicar entre ellos una diferencia de potencial de un voltio, se produce una intensidad de corriente de un amperio.

OBS La forma *ohm* es la que se usa en el Sistema Internacional de Unidades.

oído n. m. **1** Órgano del cuerpo con el que se

perciben los sonidos: *el oído humano está en el interior de la oreja.* **2** Sentido del cuerpo con el que se perciben los sonidos. **3** Capacidad de una persona para recoger, distinguir y reproducir de manera exacta sonidos musicales: *Pedro siempre ha tenido muy buen oído.*

▶ al oído Cerca de la oreja de una persona para que nadie más pueda oír: *me molesta que se digan cosas al oído cuando yo estoy delante.* dar oídos o prestar oídos Escuchar y creer lo que se dice: *si diera oídos a Luisa, posiblemente me enemistaría con todo el mundo.* de oído Referido a la música, de haberlo aprendido por uno mismo sin enseñanza académica o de otro tipo: *aprendió a tocar la guitarra de oído.* duro de oído Que no puede oír bien: *grítale que es un poco duro de oído.* entrar por un oído y salir por el otro Se dice de lo que se escucha sin prestar atención y sin hacer caso: *lo que digo le entra por un oído y le sale por el otro.* llegar a oídos de alguien Llegar algo a conocimiento de una persona: *ha llegado a mis oídos que te irás a vivir a Francia, ¿es cierto?* regalar el oído Decir cosas agradables a una persona: *el jefe me ha regalado el oído, diciéndome que últimamente todo lo hago bien.* ser todo oídos Escuchar con mucha atención: *cúentame, soy toda oídos.*

oír v. tr. **1** Percibir los sonidos por medio del oído: *¿has oído la nueva canción?* **2** Prestar atención a lo que se dice: *¿me estás oyendo, Roberto?* SIN escuchar. **3** Hacer caso de lo que se dice: *oye los consejos de los mayores.* SIN escuchar. **4** En un juicio, atender el juez a todos los datos aportados por las partes implicadas antes de resolver. **5** Responder a los ruegos o peticiones de alguien: *nadie oyó sus súplicas.*

▶ como lo oyes (u oye) Expresión que indica que lo que se cuenta es verdad, aunque parezca extraño. como quien oye llover Sin hacer ningún caso ni prestar atención: *yo le advertí de todos los peligros, pero él, como quien oye llover.* ¡oiga! u ¡oigan! u ¡oye! Expresión con que se llama la atención de una persona, especialmente cuando no se conoce su nombre: *¡oiga! Se le ha caído este papel.*

DER oídas, oído, oiga, oyente; desoír.

ojal n. m. **1** Corte alargado y bien rematado con hilo que se hace en una tela para que pueda pasar por ella un botón con el que abrochar. **2** Orificio que atraviesa una cosa de parte a parte: *he hecho un ojal en la cortina para pasar una cinta.*

ojalá int. Expresión que indica deseo de que suceda una cosa: *ojalá puedas venir a buscarme mañana.*

OBS Si se usa seguido de un verbo, este aparece en subjuntivo.

ojeada n. f. Mirada rápida y sin prestar mucha atención: *echa una ojeada al periódico.* SIN vistazo.

ojeador, -ra n. m. y f. **1** Persona que ojea la caza. **2** Persona que busca gente o cosas que le convienen para un fin determinado.

ojear v. tr. **1** Dirigir los ojos y mirar superficialmente: *ojeó los titulares de las revistas en el quiosco.* NOTA No confundir con *hojear*. **2** Buscar personas o cosas necesarias para un fin determinado. **3** Asustar y perseguir la caza para que se dirija a un lugar determinado: *han ojeado tres conejos en aquel cerro.*

oír

INDICATIVO	SUBJUNTIVO
presente oigo oyes oye oímos oís oyen	**presente** oiga oigas oiga oigamos oigáis oigan
pretérito imperfecto oía oías oía oíamos oíais oían	**pretérito imperfecto** oyera u oyese oyeras u oyeses oyera u oyese oyéramos u oyésemos oyerais u oyeseis oyeran u oyesen
pretérito perfecto simple oí oíste oyó oímos oísteis oyeron	**futuro** oyere oyeres oyere oyéremos oyereis oyeren
futuro oiré oirás oirá oiremos oiréis oirán	IMPERATIVO oye (tú) oiga (usted) oíd (vosotros) oigan (ustedes)
condicional oiría oirías oiría oiríamos oiríais oirían	FORMAS NO PERSONALES **infinitivo** oír **gerundio** oyendo **participio** oído

ojera n. f. Mancha amoratada que se forma alrededor del párpado inferior, generalmente a causa del cansancio: *llevaba gafas de sol para ocultar las ojeras.*
OBS Se usa más en plural.
DER ojeriza, ojeroso; anteojera.

ojeriza n. f. Antipatía que se siente hacia alguien y que se percibe en el trato: *mi hijo dice que su profesora le tiene ojeriza.* SIN manía. ANT predilección.

ojeroso, -sa adj. [persona] Que tiene ojeras: *se levantó cansado y ojeroso.*

ojo n. m. **1** Órgano de la vista del ser humano y de los animales situado en la cabeza. ojo compuesto BIOL. Ojo de los insectos y otros invertebrados que está formado por varios ojos más pequeños u ocelos unidos entre sí. **2** Parte de ese órgano que es visible en la cara, a ambos lados de la nariz: *Carlos tiene los ojos azules.* NOTA Se usa generalmente en plural: *los ojos.* ojo a la funerala Ojo que tiene un color amoratado a causa de un golpe: *un balonazo le ha puesto un ojo a la funerala.* ojos de besugo Ojos que son muy redondos y salientes: *tiene los ojos de besugo y eso lo acompleja.* NOTA Se usa con valor despectivo. ojos de carnero degollado Ojos que tienen una expresión triste: *cuando me pide un favor, pone ojos de carnero degollado.* ojos de gato Ojos que tienen un color verde o gris: *mi sobrina tiene unos preciosos ojos de gato.* ojos de sapo Ojos grandes y saltones: *si lloras mucho, se te pondrán los ojos de sapo.* NOTA Se usa con valor despectivo: *¡anda, ojos de sapo, déjame en paz!* ojos rasgados Ojos que tienen muy prolongada la comisura de los párpados. ojos saltones Ojos que sobresalen demasiado de las órbitas. ojos tiernos Ojos que tienen exceso de agua y lloran involuntariamente. ojos vivos Ojos que brillan mucho y que resultan muy expresivos. **3** Atención y cuidado que se pone al hacer una cosa: *ten mucho ojo y no estropees la tela.* **4** Capacidad para percibir rápidamente las características de un asunto o de una persona y formar un juicio sobre él: *presume de tener un gran ojo para conocer a las personas.* SIN tino. **5** Agujero que tiene la aguja de coser para meter el hilo. **6** Anillo que tienen las tijeras y otras herramientas para introducir los dedos o el mango con el que se manejan: *las llaves antiguas tienen el ojo muy grande.* **7** Agujero de una cerradura por donde se introduce la llave. **8** Gota de aceite o grasa que flota en un líquido: *si echas aceite en el agua, salen ojos.* **9** Espacio o arco entre dos columnas o muros de un puente: *el puente del río tiene tres ojos.* **10** Centro de algo: *el ojo del huracán.* **11** Hueco o agujero que presentan ciertos alimentos: *he comprado un queso con grandes ojos.* **12** Dibujo circular de colores que aparece en las plumas de la cola de algunas aves, especialmente del pavo real. **13** Fuente que surge en un llano: *los animales beben en el ojo de la pradera.* ◆ int. **14** Expresión que indica que hay que tener mucho cuidado o poner gran atención: *¡ojo! Recién pintado.* SIN cuidado.

▶ a ojo o a ojo de buen cubero De manera aproximada y sin realizar ningún cálculo ni medición: *así, a ojo, esa bolsa tiene cinco kilos de patatas.* SIN a bulto. abrirle los ojos a alguien Mostrar a una persona un aspecto de algo o de alguien que desconocía; generalmente es algo negativo: *su mejor amigo le abrió los ojos: su novia lo engañaba.* alegrársele los ojos a alguien Mostrar alegría y felicidad a causa de una noticia o un hecho favorable: *al volver a ver a sus padres, se le alegraron los ojos.* andar con ojo Estar prevenido: *ándate con ojo, que no quiero que te engañen.* bailarle los ojos a alguien Tener alegría, ánimo y energía. cerrar los ojos Morir: *cerró los ojos de madrugada.* clavar los ojos Mirar fijamente y con mucha atención: *el detective clavó los ojos en el hombre del sombrero y lo siguió.* comer con los ojos **a.** Desear fuertemente la comida por su buen aspecto y no por el apetito que se tiene: *este niño solo come con los ojos, se ha dejado la mitad del helado.* **b.** Mirar con deseo y pasión: *en las escenas de amor, los actores se comen con los ojos.* costar un ojo o costar un ojo de la cara Valer mucho: *esta pulsera te habrá costado un ojo.* cuatro ojos Persona que lleva gafas. ¡dichosos los ojos! Expresión que indica gran alegría al encontrar a una persona a la que hacía tiempo que no se veía: *¡dichosos los ojos que te ven!* echar el ojo Desear tener una cosa o a una persona que se ha visto: *le he echado el ojo a una camisa de seda.* en un abrir y cerrar de ojos En muy poco tiempo: *Alfonso se afeitó en un abrir y cerrar de ojos.* entrar por los ojos Gustar mucho por el aspecto exterior: *el cuadro que hemos comprado nos entró por los ojos en cuanto lo vimos.* llenársele a alguien los ojos de agua Aparecer las lágrimas en los ojos sin llegar a llorar. meter por los ojos Hablar muy bien de una cosa o de una persona para que otra la acepte: *el vendedor les metió por los ojos el televisor.* no pegar ojo No dormir: *los ruidos de la calle no me han dejado pegar ojo.* no quitar ojo No dejar de mirar: *el señor de enfrente no te quita ojo.* ojo avizor En actitud de vigilancia: *le pareció oír ruidos en la casa y estaba con ojo avizor.* ojo de buey **a.** Ventana o claraboya de forma circular: *los barcos tienen ojos de buey.* **b.** Foco, generalmente halógeno, que se empotra en el techo: *hemos puesto ojos de buey en el salón.* ojo de gallo Dureza redonda que se forma en los dedos de los pies: *el callista le extirpó un ojo de gallo que le dolía.* ojo del culo *malsonante* Abertura por donde se expulsan los excrementos. SIN ano. pasar los ojos Leer por encima: *pasó los ojos por el periódico y lo dejó.* poner los ojos en blanco Mostrar admiración, cansancio extremo o hartazgo: *todos los presentes pusieron los ojos en blanco al oír las historias del aventurero.* sacar los ojos Abusar de una persona, especialmente haciéndole gastar dinero: *su familia le está sacando los ojos.* saltar un ojo Perder un ojo o quedarse ciego de un ojo. ser el ojo derecho de alguien Ser el preferido de una persona. tener entre ojos No tener simpatía: *el capataz es una mala persona, por eso todos le tienen entre ojos.* SIN odiar.

DER ojal, ojera, ojete, ojoso; anteojos, aojar, reojo.

O. K. u **OK** Se utiliza para mostrar asentimiento; equivale a 'bien', 'de acuerdo'.

OBS Se pronuncia «o-key».

okapi n. m. Rumiante de pelaje corto y marrón, con rayas blancas en las patas, y cabeza blanquecina, que habita en zonas forestales de África central: *el macho del okapi tiene dos pequeños cuernos.*

okupa n. com. Persona que se instala en una vivienda o local deshabitado, sin tener derecho a ello según la legalidad vigente.

OBS También se escribe *ocupa.*

ola n. f. **1** Masa de un líquido, generalmente agua, que se levanta y se mueve a causa del viento o de una corriente. SIN onda. **2** Fenómeno atmosférico que provoca un cambio de temperatura en un lugar: *ola de calor.* **3** Afluencia de gran cantidad de gente que forma un grupo: *una ola de personas esperaba a la entrada del local.* SIN avalancha, oleada. **4** Aparición no esperada de una gran cantidad de cosas, acontecimientos o personas: *ola de sarampión.* SIN oleada.

▶ nueva ola Tendencia nueva en los gustos de la gente: *estos grupos musicales pertenecen a la nueva ola.*

OBS No debe confundirse con *hola.*

DER oleada, oleaje.

olé int. Expresión que se usa para alabar, aprobar o dar ánimo.

oleada n. f. **1** Aparición no esperada de una gran cantidad de cosas, personas o acontecimientos: *el hambre ha provocado una oleada de robos; oleada de protestas.* SIN ola. **2** Afluencia de gran cantidad de gente que forma un grupo: *los policías no pudieron contener la oleada de manifestantes.* SIN avalancha, ola. **3** Golpe de una ola.

oleaje n. m. Movimiento continuo de las olas.

óleo n. m. **1** Pintura que se hace con pigmentos disueltos en aceite. al óleo Que ha sido pintado con colores disueltos en aceite: *tiene cuadros al óleo en el salón.* **2** Cuadro pintado con este tipo de colores. **3** Aceite que se usa en ciertas ceremonias de la Iglesia: *el sacerdote ungió al enfermo con el santo óleo.* NOTA Se usa frecuentemente en plural con el mismo significado.

DER oleico, oleicultura, oleífero, oleoducto, oleoso.

oleoducto n. m. Tubería que sirve para llevar petróleo de un lugar a otro.

oler v. tr. **1** Percibir los olores al aspirar el aire por la nariz: *la señorita olió la rosa.* SIN olfatear. **2** Preguntar o tratar de averiguar con insistencia: *ya está este oliendo otra vez.* SIN olfatear. ◆ v. tr./ prnl. **3** Adivinar o sospechar una cosa oculta: *me huelo que nos está engañando.* SIN presentir. ◆ v. intr. **4** Despedir olor: *la casa huele a cerrado.* **5** Parecer o tener un aspecto determinado, generalmente malo. ➜ Cuadro en la página siguiente.

DER oliscar, olismear, olor; maloliente.

olfatear v. tr. **1** Aspirar el aire por la nariz repetidas veces para percibir los olores. SIN oler. **2** Preguntar o tratar de averiguar con excesiva insistencia: *odio que la policía venga por aquí a olfatearnos.* SIN fisgar, curiosear.

olfativo, -va adj. Del olfato o que tiene relación con este sentido.

olfato n. m. **1** Sentido del cuerpo que permite percibir y distinguir los olores. SIN nariz. **2** Capacidad que tiene una persona para descubrir lo que está oculto o percibir lo que no es muy evidente: *¡menudo olfato tiene para los negocios!* SIN ojo.

DER olfatear, olfativo.

a b c d e f g h i j k l m n ñ o p q r s t u v w x y z

oler

INDICATIVO	SUBJUNTIVO
presente	**presente**
huelo	huela
hueles	huelas
huele	huela
olemos	olamos
oléis	oláis
huelen	huelan
pretérito imperfecto	**pretérito imperfecto**
olía	oliera u oliese
olías	olieras u olieses
olía	oliera u oliese
olíamos	oliéramos u oliésemos
olíais	olierais u olieseis
olían	olieran u oliesen
pretérito perfecto simple	**futuro**
olí	oliere
oliste	olieres
olió	oliere
olimos	oliéremos
olisteis	oliereis
olieron	olieren
futuro	IMPERATIVO
oleré	huele (tú)
olerás	huela (usted)
olerá	oled (vosotros)
oleremos	huelan (ustedes)
oleréis	FORMAS NO PERSONALES
olerán	
condicional	**infinitivo** oler / **gerundio** oliendo
olería	
olerías	**participio**
olería	olido
oleríamos	
oleríais	
olerían	

oligarquía n. f. **1** Forma de gobierno en la que el poder está en manos de unas pocas personas que pertenecen a una misma clase social. **2** Estado que se gobierna de esa manera. **3** Grupo reducido de personas pertenecientes a una misma clase social que gobierna de esta manera: *el fin de la oligarquía militar.* **4** Grupo reducido de personas poderosas que dirige una organización o actividad: *una influyente oligarquía controla el negocio del petróleo.* SIN minoría. **5** Organización o actividad dirigida por ese grupo de personas. SIN monopolio.
DER oligarca, oligárquico.

oligoelemento n. m. BIOL. Componente químico que aparece en muy pequeñas cantidades en las células de los seres vivos.

olimpiada u **olimpíada** n. f. **1** En la Grecia antigua, fiesta deportiva y literaria que se celebraba cada cuatro años en la ciudad de Olimpia. **2** Competición deportiva de carácter internacional que tiene lugar cada cuatro años en una ciudad determinada: *en Barcelona se celebraron las Olimpiadas de 1992.* SIN Juegos Olímpicos. NOTA En esta acepción se escribe con mayúscula y se usa generalmente en plural. **3** Período de cuatro años comprendido entre dos celebraciones de los Juegos Olímpicos. SIN Juegos Olímpicos.
DER olimpismo; paralimpiada, paraolimpiada.

olímpicamente adv. De manera desconsiderada o altanera: *se olvidó olímpicamente de nosotros.*

olímpico, -ca adj. **1** Que tiene relación con los Juegos Olímpicos: *deporte olímpico.* **2** Del monte Olimpo o que tiene relación con este lugar mitológico: *Zeus es uno de los dioses olímpicos.* ◆ adj./ n. m. y f. **3** [persona] Que ha participado en uno o más Juegos Olímpicos.
▶ Juegos Olímpicos Competición deportiva de carácter internacional que tiene lugar cada cuatro años en una ciudad determinada. SIN olimpiada.

olimpismo n. m. Conjunto de todas las normas y valores que afectan o conciernen a los juegos olímpicos modernos.

olimpo n. m. **1** Lugar donde vivían las divinidades de la mitología griega. NOTA En esta acepción, suele escribirse con mayúscula. **2** Lugar real o figurado al que solo acceden algunas personas privilegiadas o consideradas superiores en un ámbito: *Pitágoras tiene un puesto destacado en el olimpo de las matemáticas.* **3** Conjunto de las personas que se encuentran en este lugar.

oliva n. f. **1** Fruto del olivo, de tamaño pequeño, forma ovalada, color verde o negro y con hueso duro en su interior; es comestible una vez adobado y de él se extrae un tipo de aceite. SIN aceituna. **2** Árbol de tronco corto, grueso y torcido, con la copa ancha y ramosa, hojas duras, perennes y de color verde oscuro por el derecho y blanquecinas por el revés y que tiene las flores pequeñas, blancas y en racimos; su fruto es la oliva o aceituna. SIN olivo.

olivar n. m. Tierra en la que hay plantados olivos.

olivo n. m. **1** Árbol de tronco corto, grueso y torcido, con la copa ancha y ramosa, hojas duras, perennes y de color verde oscuro por el derecho y blanquecinas por el revés y que tiene las flores pequeñas, blancas y en racimos; su fruto es la oliva o aceituna. SIN oliva. **2** Madera de ese árbol.

DER oliva, oliváceo, olivar, olivarero, olivicultura.

olla n. f. **1** Recipiente redondo y hondo, de barro o metal, con una o dos asas y con tapa que se usa para cocinar. olla exprés u olla a presión Olla de metal que se puede cerrar herméticamente de manera que aumenta la presión en su interior permitiendo que se cocinen los alimentos con rapidez. **2** *coloquial* Cabeza o mente humana: *hoy no tengo la olla para chismorreos.*

▶ comerse la olla *coloquial* Preocuparse demasiado por algo o pensar intensamente en una cosa, generalmente en busca de una solución: *se queda todo el día en casa recordando a su ex y comiéndose la olla.* estar mal de la olla *coloquial* Estar loco: *¿en serio quieres hacer eso tan peligroso?, ¡estás mal de la olla!* írsele la olla a alguien *coloquial* Ofuscársele a una persona la razón o el juicio por alguna causa. **3** Guiso hecho con carne, legumbres y hortalizas que se cuecen juntas. olla podrida Guiso con distintos tipos de carnes, embutidos, hortalizas y legumbres. olla de grillos Lugar donde hay mucho ruido y alboroto: *con tanto crío aquello era una olla de grillos.*

olmedo n. m. Terreno con muchos olmos.

olmo n. m. Árbol de tronco fuerte y derecho, copa ancha, hojas ovaladas cubiertas de vello por una cara y flores de color blanco rosado.

DER olmedo.

olor n. m. **1** Emanación de ciertos cuerpos o sustancias que percibe el olfato y que produce algún tipo de sensación. **2** Aspecto extraño que mueve a sospechar algo malo: *no quise participar en su negocio porque tenía cierto olor a delito.*

▶ al olor de Atraído por: *vino al olor del dinero.* en olor de Con fama de lo que se expresa: *murió en olor de santidad.* en olor de multitudes Aclamado por la multitud. olor a tigre Olor desagradable de un lugar cerrado en el que han permanecido una o varias personas un cierto tiempo y no se ha ventilado.

oloroso, -sa adj. **1** Que despide olor, especialmente si este es agradable. SIN aromático.

◆ n. m. **2** Vino de Jerez muy aromático.

olvidadizo, -za adj. [persona] Que se olvida de las cosas con facilidad y con mucha frecuencia.

olvidar v. tr./ prnl. **1** Perder la memoria o el recuerdo de una persona o cosa. ANT recordar. **2** No coger una cosa de un sitio por descuido: *he olvidado las llaves.* **3** Dejar de hacer una cosa que debía hacerse. **4** Perder el trato o el afecto: *¡qué pronto olvidas a tus amigos!* **5** No tener en cuenta: *olvida los agravios que te hicieron.*

OBS En su forma pronominal la normativa dice que debe llevar siempre la preposición *de*, aunque en la lengua hablada esto no es así.

DER olvidadizo, olvido; inolvidable.

olvido n. m. **1** Hecho de perder la memoria o no recordar una cosa. ANT recuerdo. **2** Hecho de dejar de hacer una cosa que debe hacerse: *¡qué olvido más tonto he tenido!* **3** Perder el trato o el afecto: *su gran amistad cayó en el olvido.*

ombligo n. m. Cicatriz pequeña, redonda y permanente que queda en medio del vientre de los mamíferos al separar el cordón umbilical que unía el feto con su madre.

▶ ser el ombligo del mundo Ser el centro o la parte más importante de una cosa: *se cree que es el ombligo del mundo y no tiene dónde caerse muerto.*

omega n. f. Última letra del alfabeto griego: *la omega equivale a la «o» larga del latín.*

omeya adj. **1** De la primera dinastía islámica formada por los descendientes del jefe árabe Muhawiyya o que tiene relación con ella.

◆ adj./ n. com. **2** [persona] que era miembro o descendiente de esta dinastía.

omisión n. f. **1** Acción y resultado de no decir o no hacer algo voluntaria o involuntariamente. **2** Falta que se comete por haber dejado de decir o de hacer una cosa.

omitir v. tr. **1** Dejar de decir o consignar una cosa voluntaria o involuntariamente. **2** Dejar de hacer algo voluntaria o involuntariamente.

DER omisión, omiso.

omni- Elemento prefijal que entra en la formación de palabras en las que se extiende a la totalidad lo expresado por el elemento al que se une: *omnipresencia, omnívoro.*

ómnibus n. m. Vehículo automóvil de gran capacidad, que sirve para transportar personas: *el ómnibus que traerá a los niños del colegio.* SIN autobús, autocar.

OBS El plural también es *ómnibus.*

omnipotente adj. **1** Que tiene un poder que lo abarca todo. SIN todopoderoso. **2** Que tiene un poder muy grande: *la directora del instituto de mis hijos es omnipotente.*

a b c d e f g h i j k l m n ñ **o** p q r s t u v w x y z

omnipresencia n. f. Capacidad de estar presente en todas partes a la vez. SIN ubicuidad.
OBS Se usa, sobre todo, con sentido humorístico.
DER omnipresente.

omnipresente adj. **1** Que está presente en todas partes a la vez. SIN ubicuo. **2** Que se encuentra con facilidad y parece que está en todas partes: *es la actriz de moda: está omnipresente en todas las revistas.* NOTA Se usa, sobre todo, con sentido humorístico.

omnisciente adj. Que conoce todas las cosas reales y posibles.
DER omnisciencia.

omnívoro, -ra adj./n. m. **1** [animal] Que se alimenta de toda clase de sustancias orgánicas: *los cerdos son omnívoros.* ◆ n. m. pl. **2** omnívoros Grupo que comprende todos los animales de este tipo.

omoplato u omóplato n. m. ANAT. Hueso ancho, triangular y casi plano, situado en la parte posterior del hombro y donde se articulan los huesos del brazo y el hombro. SIN escápula.

-ón, -ona Sufijo que entra en la formación de palabras para: *a)* Aportar significado aumentativo: *narigón. b)* Indicar carencia o privación: *pelón. c)* Denotar edad unido a numerales: *cincuentón, sesentón. d)* Indicar reiteración de la acción del verbo al que se une: *besucón. e)* Indica acción brusca y rápida: *apretón, empujón.*

once num. card. **1** Indica que el nombre al que acompaña o al que sustituye está 11 veces: *si tengo 100 manzanas y te doy 89, me quedan once.* ◆ num. ord. **2** Indica que el nombre al que acompaña o al que sustituye ocupa el lugar 11 en una serie. NOTA Es preferible el uso del ordinal: *soy el undécimo de la lista.* ◆ n. m. **3** Nombre del número 11. ◆ n. m. **4** Equipo de fútbol: *el entrenador dio la alineación del once inicial.*
DER onceavo, onceno.

onceavo, -va num. Parte que resulta de dividir un todo en 11 partes iguales.

onceno, -na num. ord. **1** Indica que el nombre al que acompaña o al que sustituye ocupa el lugar número 11 en una serie. SIN undécimo. ◆ num. **2** Parte que resulta de dividir un todo en 11 partes iguales. SIN undécimo.

oncología n. f. Parte de la patología que estudia los tumores y su tratamiento: *la oncología se ocupa del cáncer.* SIN cancerología.
DER oncológico.

oncológico, -ca adj. De la oncología o relacionado con ella: *enfermo oncológico.*

onda n. f. **1** Cada una de las elevaciones o de los círculos concéntricos que se forman en la superficie de una masa líquida a causa de una agitación o de un movimiento: *tiró una piedra al lago y produjo ondas.* SIN ondulación. **2** Curva con forma de ola o de S en un cuerpo no líquido: *las ondas del pelo le caen a los lados de la cara.* NOTA En esta acepción suele usarse en plural. **3** FÍS. Vibración periódica a través de un medio o del vacío: *la televisión se transmite mediante ondas.* onda corta FÍS. Onda que tiene una longitud de entre diez y cincuenta metros: *he cogido una frecuencia de onda corta.* onda electromagnética FÍS. Onda que se produce por cargas eléctricas en movimiento. onda hertziana FÍS. Onda que se propaga en el vacío a la misma velocidad que la luz: *la televisión se transmite por medio de ondas hertzianas.* onda larga FÍS. Onda que tiene una longitud de mil metros o más: *la onda larga ya no se emplea en emisiones de radiodifusión.* onda media u onda normal FÍS. La que tiene una longitud de entre doscientos y mil metros: *ese programa se emite en onda media.* **4** Adorno con forma de arco o de medio círculo con el que se rematan los bordes de vestidos y de otras prendas: *le puso ondas al bajo de su falda.* **5** Estilo o moda: *parece que vuelve la onda de los años sesenta.*
▶ captar la onda Entender una cosa que se dice de modo indirecto: *no fui muy explícito al decirle que estaba estorbando, pero creo que captó la onda.* estar en la onda Estar al corriente de lo que ocurre o de las últimas tendencias: *los jóvenes están en la onda de lo último que sale al mercado en música de discoteca.*
OBS No se debe confundir con *honda.*
DER ondear, ondular; radioonda.

ondear v. intr. **1** Moverse formando ondas a causa del aire o viento: *la bandera ondea en lo más alto del mástil.* SIN ondular. ◆ v. tr. **2** Agitar algo en el aire de manera que haga ondas: *ondeaban los pañuelos desde la ventanilla del tren.*

ondulación n. f. **1** Onda en una superficie. **2** Movimiento de onda que se produce en un cuerpo flexible.

ondulado, -da adj. Que tiene o forma ondas.

ondular v. tr. **1** Hacer o formar ondas: *el peluquero le onduló el pelo.* ◆ v. intr. **2** Moverse formando ondas. SIN ondear.
DER ondulación, ondulado, ondulante, ondulatorio.

ondulatorio, -ria adj. Que se extiende o se propaga mediante ondas o en forma de ondas.

ONG n. f. Institución sin ánimo de lucro que no depende del gobierno y realiza actividades de interés social.
OBS De la sigla de *organización no gubernametal.*

onírico, -ca adj. *formal* De los sueños o que tiene relación con ellos.

onomatopeya n. f. **1** Expresión articulada por el hombre con la que se imita un sonido que no es propio del lenguaje humano: *«¡guau!» es una onomatopeya.* **2** GRAM. Palabra que imita un sonido que no es propio del lenguaje humano: *en la frase «se oía el tic tac del reloj», «tic tac» es una onomatopeya.*
DER onomatopéyico.

onubense adj. **1** De Huelva o que tiene relación con esta provincia de Andalucía. ◆ adj./ n. com. **2** [persona] Que es de Huelva.

onza n. f. **1** Medida de peso que equivale a 28,70 gramos: *la onza era una medida muy utilizada antiguamente.* **2** Cada una de las partes o cuadros iguales en que viene dividida una tableta de chocolate. **3** Antigua moneda de oro de unos 28,70 gramos de peso aproximadamente.

opacidad n. f. **1** Falta de transparencia para dejar pasar la luz que tiene un cuerpo: *el cemento es un material de una absoluta opacidad.* **2** Falta de brillo o luminosidad que tiene la superficie de una cosa.

opaco, -ca adj. **1** Que no deja pasar la luz: *he puesto un cristal opaco en la puerta del cuarto de baño.* ANT transparente. **2** Que que no tiene brillo ni luz: *una hierba opaca cubría el jardín.* **3** Que no destaca: *es una persona opaca.* SIN insignificante.
DER opacidad.

ópalo n. m. Mineral duro de distintos colores y que se puede usar en joyería como piedra preciosa: *el ópalo es una variedad del cuarzo.*

opción n. f. **1** Posibilidad que se presenta de elegir entre varias cosas: *no nos queda opción: tenemos que hacer lo que nos mandan.* SIN alternativa, elección. **2** Posibilidad, de entre varias, que se elige en un caso determinado: *la opción de cenar en casa me parece la más adecuada.* SIN alternativa, elección. **3** Derecho que se tiene a un oficio, honor, cargo o título: *el príncipe tiene opción al trono.*
DER opcional.

opcional adj. Que se puede elegir según una preferencia y, por tanto, no es obligatorio.

open n. m. Campeonato o torneo abierto en el que pueden participar deportistas aficionados y profesionales: *open de golf; open de tenis.*

ópera n. f. **1** Género musical en el que un texto dialogado se canta y se escenifica acompañado de música de orquesta. **2** Obra que pertenece a este género. **3** Teatro donde se representa este tipo de obras: *se vistió con un traje de noche para ir a la ópera.*
DER opereta.

operación n. f. **1** Ejecución de una acción: *una operación de la policía.* **2** Intervención médica que consiste en abrir o cortar un tejido u órgano dañado con los instrumentos adecuados y con la intención de curar a un enfermo: *durante la operación se presentaron complicaciones.* **3** Combinación de números y operadores o de expresiones matemáticas a las que se aplican unas reglas para obtener un resultado: *creo que el resultado de esta operación es correcto.* **4** Acción de comprar y vender mercancías o servicios para conseguir ganancias: *operaciones de Bolsa.*

operador, -ra adj. **1** Que opera: *los contratos los han negociado dos operadores de nuestra empresa.* ◆ n. m. y f. **2** Técnico encargado de manejar y hacer que funcionen ciertos aparatos: *Rafa trabaja como operador de ordenadores en una empresa.* **3** Persona que en un servicio telefónico establece las comunicaciones que no son automáticas: *la operadora me puso en comunicación con la habitación de mi amigo.* ◆ n. m. **4** operador Símbolo utilizado en matemáticas para indicar la operación que se realiza: *el signo + es un operador.*

operar v. tr. **1** Intervenir a un enfermo abriendo y cortando el tejido o el órgano dañado con los instrumentos médicos adecuados: *han operado a su madre del corazón.* ◆ v. intr. **2** Combinar números o expresiones matemáticas aplicando unas reglas para obtener un resultado: *para resolver este problema, hay que operar con números naturales.* SIN calcular. **3** Ejecutar acciones, especialmente, comerciales, militares o ilegales: *las fuerzas de la OTAN están operando en el Atlántico Norte.* SIN actuar. **4** *formal* Producir el efecto esperado: *el calmante operó rápidamente sobre el paciente.* SIN actuar. ◆ v. tr./ prnl. **5** *formal* Producir: *al fin se opera un profundo cambio en su comportamiento.* SIN realizar. ◆ v. intr. **6** operarse Dejar que el médico cure un órgano o tejido dañado del cuerpo, abriéndolo y cortándolo con los instrumentos quirúrgicos adecuados. DER operación, operador, operario, operativo, operatorio; cooperar, inoperable, inoperante.

operario, -ria n. m. y f. Persona que se dedica a hacer un trabajo de tipo manual. SIN obrero.

operatividad n. f. Cualidad de operativo: *para aumentar la operatividad se distribuye el trabajo.*

operativo, -va adj. **1** Que produce el resultado esperado: *si este remedio no da resultado, habrá que buscar uno que resulte más operativo.* **2** Que tiene relación con la práctica y la ejecución de las acciones: *los objetivos de este proyecto son concretos y operativos.*
DER operatividad.

opinar v. intr./ tr. **1** Expresar una opinión de palabra o por escrito: *opino que no debes invertir ese dinero.* ◆ v. intr. **2** Formar o tener opinión: *es necesario conocer los hechos e informarse antes de opinar.*
DER opinión.

opinión n. f. **1** Idea que se forma o se tiene de una cosa o una persona. SIN parecer. opinión pública Manera de pensar que es común a la mayoría de las personas sobre un asunto. **2** Fama o idea que se tiene de una persona o cosa: *la buena opinión que tengo de ti me hace aceptar lo que me propongas.*

opio n. m. Sustancia que se obtiene de una planta que se llama adormidera verde y que, por sus efectos narcóticos, se considera una droga.
DER opiáceo.

oponente adj./ n. com. **1** [persona] Que tiene una opinión contraria a la de otra u otras personas. SIN contrario. **2** [persona, grupo] Que se enfrenta a otro en una competición deportiva. SIN contrincante, rival.

oponer v. tr. **1** Exponer razones contrarias a una idea o un proyecto: *el diputado opuso varios argumentos a la construcción del embalse.* **2** Poner un obstáculo para impedir una acción. ◆ prnl. **3** oponerse Ser contrario a lo que se expresa: *el blanco se opone al negro.* **4** Manifestar desacuerdo con una acción o con una persona: *nadie se opuso a su decisión.* **5** Estar una cosa colocada enfrente a otra.
OBS El participio es *opuesto.* Se conjuga como *poner.*
DER oponente, oponible, oposición, opuesto.

oportunidad n. f. **1** Circunstancia favorable o que se da en un momento adecuado u oportuno para hacer algo: *debes aprovechar esta oportunidad.* SIN ocasión. **2** Cualidad de oportuno: *no pongo en duda la oportunidad de su visita.* **3** Producto que se vende a bajo precio: *hay una sección de oportunidades en la planta baja.* SIN saldo. NOTA En esta acepción se usa, generalmente, en plural.

oportunista adj./ n. com. [persona] Que quiere aprovechar al máximo las oportunidades y que para ello no duda en anteponer su beneficio a cualquier otro principio o actitud.

oportuno, -na adj. **1** Que se hace u ocurre en un momento adecuado o conveniente. ANT inoportuno. **2** [persona] Que es ingenioso en la conversación e interviene con gracia: *una chica muy oportuna.* ANT inoportuno.
DER oportunidad, oportunismo; importuno,.

oposición n. f. **1** Situación de las cosas o personas enfrentadas: *la familia no puso oposición a que los jóvenes se casaran.* SIN resistencia. **2** Procedimiento de selección de personas que aspiran a ocupar un puesto laboral que consiste en una serie de exámenes: *las oposiciones tendrán lugar en febrero.* SIN concurso. NOTA Se usa, generalmente, en plural. **3** Grupo político o social que no está en el poder y que representa las opiniones contrarias a las de los dirigentes: *la oposición votó en contra.*
DER opositar.

opositar v. intr. Preparar unas oposiciones y presentarse a ellas: *opositar a notarías.*
DER opositor.

opositor, -ra n. m. y f. **1** Persona que aspira a un puesto que se concede por oposición. **2** Persona que se opone a otra. SIN oponente.

opresión n. f. **1** Acción de someter a alguien a una autoridad excesiva e injusta: *escapó de casa para huir de la opresión de su padre.* **2** Molestia producida por una cosa que aprieta.

opresivo, -va adj. **1** Que hace un uso abusivo de su poder o su autoridad: *gobierno opresivo.* SIN opresor. **2** Que provoca una sensación de opresión o ahogo: *sentimiento opresivo.* SIN agobiante.

opresor, -ra adj. [persona, cosa] Que domina o manda con autoridad excesiva o injusta.

oprimir v. tr. **1** Ejercer presión sobre algo: *hay que oprimir el botón para que funcione.* SIN presionar. **2** Apretarle a una persona algo: *este pantalón me oprime.* **3** Dominar o mandar con autoridad excesiva o injusta: *el dictador opri-*

mía al pueblo. **4** Producir algo angustia: *este ambiente tan sofisticado me oprime.*
DER opresión, opresivo, opresor.

oprobio n. m. *formal* Deshonra o vergüenza que se vive de manera pública: *sufriste el oprobio y todos tus amigos te abandonaron.* SIN afrenta.

optar v. intr. **1** Escoger o preferir una posibilidad de un conjunto: *opté por comprar el más económico.* **2** Intentar conseguir o hacer una cosa: *dos aspirantes optaban al cargo.* SIN aspirar.
DER opción, optativo; adoptar.

optativo, -va adj. **1** [cosa] Que no es obligatorio: *una asignatura optativa.* SIN opcional. ◆ adj. **2** GRAM Que expresa deseo: ojalá llueva *es una oración optativa.* SIN desiderativo.

óptica n. f. **1** Establecimiento en el que se venden instrumentos para corregir o mejorar la visión: *fui a la óptica a cambiar mis gafas.* **2** Arte de construir espejos, lentes e instrumentos para corregir o mejorar la visión: *ha estudiado óptica y se ha especializado en lentes de contacto.* **3** Disciplina física que trata de la luz y de los fenómenos que tienen relación con ella. **4** Punto de vista: *desde mi óptica, es totalmente imposible.*

óptico, -ca adj. **1** De la vista o del ojo o que tiene relación con ellos. **2** De la óptica o relacionado con esta técnica. **3** De la óptica o que tiene relación con esta disciplina física. ◆ n. m. y f. **4** Persona que se dedica a fabricar o vender instrumentos de óptica.

optimismo n. m. Tendencia a ver y a juzgar las cosas o a las personas en su aspecto más positivo o más agradable. ANT pesimismo.

optimista adj./ n. com. [persona] Que tiende a ver y juzgar las cosas o a las otras personas en su aspecto más positivo o más agradable: *los optimistas están convencidos de que todo les va a salir bien.* ANT pesimista.

optimizar v. tr. **1** Planificar una actividad para obtener los mejores resultados: *han hecho varios cambios con el fin de optimizar los rendimientos.* **2** En matemáticas e informática, determinar los valores de las variables que intervienen en un proceso o sistema para que el resultado que se obtiene sea el mejor posible.
OBS En su conjugación, la *z* se convierte en *c* delante de *e*.

óptimo, -ma adj. Que no puede ser mejor ni más adecuado para algo. SIN inmejorable. ANT pésimo.
OBS Es el superlativo de *bueno*.
DER optimar, optimismo, optimizar.

palabras opuestas

complementarias: cuando la negación de una afirma la otra	normal-anormal, limpio-sucio
antónimas: si entre ellas hay una gradación	egoísta-generoso, simpático-antipático
recíprocas: cuando una implica a la otra	pregunta-respuesta, enviar-recibir

opuesto, -ta adj. **1** Que es totalmente diferente a algo: *tiene ideas opuestas a las mías.* **2** [persona] Contrario a algo: *era opuesto a las celebraciones.* **3** Que está enfrente o al otro extremo de algo: *edificios opuestos.* **4** Referido a la dirección de un cuerpo, que se mueve en sentido contrario: *el coche salió en sentido opuesto al de la moto.*
OBS Es el participio irregular de *oponer.*

opulencia n. f. **1** Gran riqueza: *gracias al petróleo, el país vive en la opulencia.* **2** Abundancia o desarrollo extraordinario: *opulencia informativa.* SIN exuberancia.

opulento, -ta adj. **1** Que es muy rico. ANT pobre. **2** Que es muy abundante: *me sirvieron un desayuno opulento.* SIN generoso. ANT pobre. **3** [persona, cosa] Que está muy desarrollado o que tiene gran cantidad de alguna cosa: *era una mujer de caderas opulentas.*
DER opulencia.

oquedad n. f. Espacio hueco en el interior de un cuerpo u objeto.

oración n. f. **1** Ruego que se hace a una divinidad o a los santos. **2** Expresión formada por una palabra o un grupo de palabras y que tiene sentido completo: *la oración es una de las principales unidades de la lengua.*
▶ oración compuesta GRAM. Oración formada por más de un sujeto y más de un predicado o por una serie de oraciones simples. oración coordinada GRAM. Oración unida a otra de la misma naturaleza y función, pero que no depende de ella: *«María estudia» y «Juan trabaja» son oraciones coordinadas.* oración simple GRAM. Oración formada por un solo predicado y un solo sujeto: *«Pedro pasea por el parque» es una oración simple.* oración subordinada GRAM. Oración que depende de otra a la que se llama principal: *en la frase «cuando llueve, me mojo», la oración cuando llueve es una oración subordinada.*

oracional adj. De la oración gramatical o que tiene relación con ella.

oráculo n. m. **1** Mensaje o respuesta que procede de un dios, sobre todo, en la antigua Grecia: *la interpretación de oráculos era propia de las civilizaciones griega y romana.* **2** Lugar donde se acude para consultar a un dios: *el oráculo de Delfos.* SIN santuario. **3** Persona sabia y autorizada cuya opinión se considera verdadera: *sabe de todo: es un oráculo.*

orador, -ra n. m. y f. **1** Persona que habla en público. **2** Persona que tiene facilidad para hablar en público y que lo hace bien: *es un buen orador.*
DER oratorio.

oral adj. **1** Que se hace o expresa con palabras habladas. SIN verbal. **2** De la boca o que tiene relación con esta parte del cuerpo. **3** [medicina] Que se toma por la boca: *este medicamento se toma por vía oral.* **4** En lingüística, sonido que se articula dejando salir el aire únicamente por la boca y no por la nariz: *los tres sonidos no orales del español son «m», «n» y «ñ».*

orangután n. m. Mamífero del tamaño de un hombre, de pelo marrón o rojizo, que camina sobre dos patas, tiene las extremidades anteriores muy largas y la cabeza alargada, se alimenta de vegetales y vive en los árboles.
OBS Para indicar el sexo se usa *el orangután macho* y *el orangután hembra.*

orar v. intr. **1** Rogar a Dios o a los santos. **2** Hablar en público: *para orar es conveniente no ponerse nervioso.*
DER oración, orador; adorar.

oratoria n. f. **1** Arte de saber hablar bien en público para agradar, convencer o provocar un sentimiento determinado. SIN elocuencia, retórica. **2** Género literario que comprende las obras escritas para ser proclamadas oralmente: *la oratoria abarca el estudio de sermones, discursos y disertaciones.*

oratorio n. m. **1** Lugar en una casa o edificio público en el que hay un altar para celebrar misa y donde se acude para rezar. **2** MÚS. Composición musical de asunto religioso para coro y orquesta.

orbe n. m. **1** Conjunto de todas las cosas existentes. SIN universo. **2** Conjunto de todas las cosas que pertenecen a un determinado campo o terreno: *su descubrimiento revolucionó el orbe científico.* SIN mundo, ámbito. **3** *formal* Esfera terrestre o celeste.
DER orbicular, órbita.

órbita n. f. **1** Trayectoria que describe un cuerpo alrededor de otro en el espacio, sobre todo, un planeta, cometa, satélite, etc., como consecuencia de la acción de la fuerza de gravedad. **2** ANAT. Cavidad situada debajo de la frente en la que se encuentra el ojo: *tiene unos ojos tan grandes que parece que no le caben en las órbitas.* SIN cuenca. **3** Campo de acción o de influencia de una persona o cosa: *el mercado hispanoamericano está en la órbita de esta empresa.* SIN ámbito.
▶ **estar en órbita** Conocer un ambiente o asunto: *me ha dicho que sobre este tema está en órbita.* **estar fuera de órbita** No conocer un ambiente o asunto: *a mí no me preguntes qué música está de moda porque estoy fuera de órbita.* **poner en órbita** Lanzar al espacio una nave o un satélite: *la NASA ha puesto en órbita un satélite artificial.*
DER orbital, orbitar.

orca n. f. Mamífero marino de la familia del delfín, de unos 10 m de longitud, azul oscuro en el lomo y blanco en el vientre, con una gran aleta dorsal: *la orca es un depredador voraz.*

orden n. m. **1** Colocación de las cosas, las personas o los hechos en el lugar que les corresponde según un determinado criterio. SIN ordenación, ordenamiento. ANT desorden. **2** Organización o clasificación de las cosas siguiendo una regla o un criterio determinado: *el diccionario sigue un orden alfabético.* ANT desorden. **orden establecido** Organización social, política y económica propia de una comunidad: *la revolución es la lucha contra el orden establecido.* **orden natural** Organización y forma de ocurrir las cosas según las leyes de la naturaleza: *el orden natural establece que la muerte ha de venir tras la vida.* **3** Estado de normalidad y sin alteraciones: *todos salimos en orden.* **orden público** Situación o estado de paz y de respeto a la ley de una comunidad: *los disturbios pretendían alterar el orden público.* **4** Clase, tipo: *todas las preguntas que hizo fueron del mismo orden.* **5** ARQ. Estilo o colocación y proporción de los cuerpos principales y elementos decorativos que componen un edificio siguiendo un modelo determinado: *la arquitectura moderna no sigue el orden clásico.* **orden compuesto** ARQ. Orden romano que combina el corintio y el jónico. **orden corintio** ARQ. Orden griego que adorna la parte superior de las columnas con hojas. **orden dórico** ARQ. Orden griego que presenta columnas acanaladas y sin base. orden jónico ARQ. Orden griego con columnas esbeltas y base circular que adorna el capitel con volutas. orden toscano ARQ. Orden romano sólido y sencillo, con fuste liso y con base. **6** BIOL. Categoría de clasificación de los seres vivos, inferior a la de clase y superior a la de familia: *el perro y el gato pertenecen al orden de los carnívoros, pero son de distinta familia.* ◆ n. amb. **7** Sacramento de la Iglesia católica por el que un hombre se convierte en sacerdote: *los presbíteros recibieron el orden sacerdotal.* **8** Grado o categoría de los hombres que están al servicio de la Iglesia: *las órdenes pueden ser mayores o menores.* **NOTA** En plural se usa el género femenino. ◆ n. m. **9** *formal* Grupo o categoría social: *la aristocracia romana estaba formada por el orden de los senadores.* ◆ n. f. **10** Acción que se manda obedecer, observar y ejecutar: *el soldado cumplió la orden.* **SIN** mandato. real orden Mandato del gobierno de una monarquía. **11** Comunidad religiosa aprobada por la Iglesia que vive bajo unas reglas establecidas por su fundador: *Santa Teresa de Jesús fundó la orden de las Carmelitas descalzas.* **SIN** congregación. **12** Organización civil o militar creada con un fin determinado.

▶ a la orden Expresión que indica que se va a obedecer en lo que se ha mandado. a las órdenes de Bajo el mando de: *Sancho trabajaba a las órdenes de Don Quijote.* ¡a sus órdenes! Expresión militar que se usa para saludar y para responder a un mando superior: *¡a sus órdenes, mi capitán!* dar órdenes Mandar: *se pasa el día dando órdenes.* del orden de Aproximadamente: *las pérdidas son del orden de cuatro millones.* en orden Siguiendo una organización establecida: *desfilaremos en orden.* estar a la orden del día **a.** Ser muy frecuente. **b.** Estar de moda: *la minifalda está a la orden del día.* llamar al orden Mandar a una persona que deje de hacer una cosa que no debe hacer: *el bibliotecario llamó al orden a los que estaban hablando en voz alta.* orden del día **a.** Serie de puntos que han de tratarse en una reunión. **b.** Serie de actividades que tienen que realizarse a lo largo de un día. poner en orden Colocar las cosas en el lugar que les corresponde. **SIN** ordenar. sin orden ni concierto De cualquier manera: *los coches circulaban sin orden ni concierto.*

DER ordenanza, ordenar; contraorden, desorden, suborden, superorden.

ordenación n. f. **1** Colocación de las cosas, las personas o los hechos siguiendo una norma o un criterio determinado. **SIN** orden, ordenamiento. **2** Organización o clasificación de las cosas, las personas o los hechos siguiendo una norma o un criterio determinados: *la ordenación política tiene como modelo la de otros países democráticos.* **3** Ceremonia religiosa por la que se hace una persona sacerdote cristiano.

ordenada n. f. MAT. Distancia que hay en dirección vertical, dentro de un plano, entre un punto y un eje horizontal. **ANT** abscisa.

▶ eje de ordenadas Eje vertical que se representa con la letra *y*: *tienes que dibujar un eje de ordenadas y otro de abscisas.*

ordenado, -da adj. [persona] Que guarda orden y método en sus acciones y en sus cosas.

ordenador n. m. Máquina capaz de tratar información de manera automática mediante operaciones matemáticas y lógicas realizadas con mucha rapidez y controladas por programas informáticos: *el ordenador simplifica los trabajos mecánicos y repetitivos.* **SIN** computador, computadora.

▶ ordenador compatible Ordenador capaz de ejecutar los mismos programas que otros ordenadores del mismo tipo. ordenador personal Ordenador de tamaño reducido que incluye unidad central, teclado, pantalla y una o más unidades de disco y que puede funcionar sin estar conectado a ninguna red informática. ordenador portátil Ordenador personal de peso y tamaño tan reducido que se puede llevar de un lado a otro cómodamente como si fuera un maletín; una batería incorporada le permite cierta autonomía de funcionamiento.

DER microordenador, miniordenador.

ordenamiento n. m. **1** Colocación de cosas, personas o hechos en el lugar u el orden que les corresponde. **SIN** orden, ordenación. **2** DER. Conjunto breve de disposiciones legales o normas relacionadas con una materia: *el nuevo ordenamiento propone ciertas restricciones comerciales.* **SIN** reglamento.

ordenanza n. f. **1** Conjunto de normas u órdenes que se dan para el buen gobierno y funcionamiento de algo, especialmente, de una ciudad o comunidad: *las ordenanzas municipales.* **NOTA** Se usa, generalmente, en plural. ◆ n. com. **2** Empleado de ciertas oficinas que realiza funciones diversas, como hacer recados o recoger el correo. **3** Soldado que está bajo las órdenes de un oficial o de un jefe para los asuntos del servicio.

ordenar v. tr. **1** Poner una cosa o persona en el lugar que le corresponde según un criterio determinado: *ordenaron alfabéticamente los libros; pasó toda la mañana ordenando su habitación.* ANT desordenar. **2** Dar un mandato: *le ordené que volviera.* SIN mandar. ◆ v. tr./ prnl. **3** Nombrar o hacer sacerdote por medio de un sacramento.

DER ordenación, ordenada, ordenador, ordenamiento.

ordeñar v. tr. **1** Sacar la leche de los animales hembra exprimiendo las ubres. **2** Sacar todo el provecho posible de una situación o de una persona.

DER ordeñadora.

ordinal adj. **1** Del orden o que tiene relación con él: *los cargos militares tienen una escala ordinal.* ◆ adj./ n. m. **2** GRAM. [adjetivo, pronombre] Que indica un orden: *los numerales primero, segundo y tercero son ordinales.* SIN cardinal, numeral.

ordinariez n. f. Acción o expresión que demuestran mal gusto y falta de educación: *hurgarse la nariz en público es una ordinariez.*

ordinario, -ria adj. **1** Que es habitual o normal: *la medicación que le dieron era ordinaria.* SIN corriente. ANT extraordinario. **2** Que no se distingue por ser el mejor ni el peor: *Carlos es un estudiante ordinario.* **3** [actitud, lenguaje] Que es vulgar: *su comportamiento fue de lo mas ordinario.* SIN chabacano. ANT exquisito. **4** [cosa] Que está hecho sin refinamiento: *el tejido del vestido es muy ordinario.* **5** [juez, tribunal] Que pertenece a la justicia civil; que no es militar ni religioso. **6** [correo] Que se envía siguiendo el proceso más habitual: *envíe el sobre por correo ordinario, no es necesario que lo certifique.* ◆ adj./ n. m. y f. **7** [persona] Que es poco educado o tiene escasa formación cultural: *es muy ordinario, siempre está soltando tacos.* SIN rudo, vulgar.

DER ordinariez; extraordinario.

orear v. tr. **1** Dejar que el aire dé en una cosa para enfriarla, secarla o quitarle el olor: *hemos oreado las pieles.* ◆ v. prnl. **2** orearse Salir a tomar el aire.

DER oreo.

orégano n. m. Hierba aromática de tallos vellosos con las hojas pequeñas y ovaladas y las flores rosadas o malvas en espiga.

▶ no todo el monte es orégano Expresión que indica que no todas las cosas son fáciles y agradables: *eres un ingenuo, ya te advertimos que no todo el monte es orégano.*

oreja n. f. **1** Órgano situado en cada lateral de la cabeza y que forma la parte exterior del oído. SIN pabellón auditivo. **2** Capacidad para oír o para enterarse de las cosas: *yo no lo he oído porque tengo mala oreja.* **3** Parte de un objeto que se parece a ese órgano: *tengo un sillón con orejas.*

▶ agachar (o bajar) las orejas Ceder de modo humilde o aceptar sin protestar: *no estoy dispuesto a seguir agachando las orejas ante las injusticias.* aguzar las orejas Poner mucha atención o cuidado: *aguzad las orejas porque lo voy a decir por última vez.* aplastar (o planchar) la oreja Dormir: *estoy muy cansado, me voy a planchar la oreja.* asomar o descubrir o enseñar la oreja Descubrir las intenciones verdaderas de alguien: *creí en él hasta que enseñó la oreja.* calentar las orejas Regañar con dureza: *cuando descubra al culpable, le va a calentar las orejas.* con las orejas caídas o gachas Con tristeza por no haber conseguido lo que se deseaba o avergonzado: *se marchó de la fiesta con las orejas gachas porque no había podido bailar con Ana.* mojar la oreja Insultar o molestar a una persona tratando de discutir con ella: *no sigas mojándome la oreja, que te voy a dar una bofetada.* poner las orejas coloradas Regañar con dureza: *haré bien el trabajo porque no quiero que luego me pongan las orejas coloradas.* ver las orejas al lobo Encontrarse en una situación de mucho peligro: *cuando tuvo el accidente le vio las orejas al lobo y ahora es muy prudente con la moto.*

DER orejera, orejón, orejudo.

orensano, -na adj. **1** De Orense o que tiene relación con esta provincia gallega o con su capital. ◆ adj./ n. m. y f. **2** [persona] Que es de Orense.

orfanato n. m. Establecimiento dedicado a recoger, criar y educar niños cuyos padres han muerto, los han abandonado o no pueden hacerse cargo de ellos. SIN orfelinato.

orfandad n. f. Situación o estado de la persona que ha perdido al padre, a la madre o a ambos.

orfebre n. com. **1** Persona que se dedica a trabajar objetos de oro, plata u otros metales preciosos. **2** Persona que se dedica a la venta de objetos de oro, plata u otros metales preciosos.

DER orfebrería.

orfebrería n. f. Arte de trabajar objetos de oro, plata u otros metales preciosos.

orfelinato n. m. Establecimiento dedicado a recoger, criar y educar niños cuyos padres han muerto, los han abandonado o no pueden hacerse cargo de ellos. SIN orfanato.

OBS Esta palabra procede del francés; la Real Academia Española prefiere la forma *orfanato*.

orfeón n. m. Agrupación de personas que cantan en coro sin acompañamiento de instrumentos. SIN coro.

orgánico, -ca adj. **1** [cuerpo, ser] Que tiene vida: *las plantas y los animales son seres orgánicos.* ANT inorgánico. **2** [sustancia o materia] Que es o ha sido parte o está formado por restos de seres vivos: *el petróleo está formado a partir de restos orgánicos.* ANT inorgánico. **3** Del organismo, de los órganos de los seres vivos o que tiene relación con ellos. **4** Que está organizado en partes separadas que cumplen una función determinada y que están relacionadas entre sí: *los códigos de leyes deben ser conjuntos orgánicos.* **5** QUÍM. [sustancia] Que se compone, principalmente, de carbono.

DER inorgánico.

organigrama n. m. Representación gráfica de la estructura de una empresa o una institución; en ella se muestran las relaciones entre sus diferentes partes y la función de cada una de ellas, así como de las personas que trabajan en las mismas.

organismo n. m. **1** Conjunto de los órganos que forman un ser vivo: *el organismo de los recién nacidos es muy delicado.* **2** Ser vivo. **3** Conjunto de oficinas, dependencias o empleos que forman un cuerpo o una institución dedicados a un fin determinado: *trabaja en un organismo del Ministerio de Agricultura.*

DER microorganismo.

organista n. com. Persona que toca el órgano.

organización n. f. **1** Acción y resultado de organizar u organizarse: *verdaderamente, la organización del congreso fue muy buena.* **2** Forma de ordenarse algo: *te falta organización en tu vida.* SIN orden. ANT anarquía. **3** Grupo de personas y medios organizados con un fin determinado: *la organización nacional de ciegos da trabajo a muchos invidentes.*

nuestro organismo

	constituido por		trastornos
aparato respiratorio	**vías respiratorias** cavidad nasal, laringe faringe, tráquea	**pulmones** bronquios, alveolos bronquiolos, capilares	pulmonía, bronquitis tuberculosis, enfisema asma bronquial, pulmonar
aparato circulatorio	**vasos sanguíneos** arterias capilares venas	**corazón** aurículas ventrículos	arteriosclerosis hipertensión infarto
aparato digestivo	**tubo digestivo** boca, intestino delgado faringe, intestino grueso esófago, recto estómago	**glándulas anejas** glándulas salivares hígado páncreas	intoxicación, gastritis diarrea, úlcera estreñimiento indigestión
aparato reproductor	**aparato masculino** uréter, próstata vejiga, uretra vesícula seminal, pene epidídimo, glande testículo, escroto	**aparato femenino** útero, vagina trompa de Falopio u oviducto, uretra ovario, clítoris cuello, vejiga	enfermedades de transmisión sexual o enfermedades venéreas próstata
sistema nervioso	**encéfalo** cerebro cerebelo bulbo raquídeo	**médula espinal** materia gris materia blanca nervios raquídeos	meningitis, migraña epilepsia, fobias depresión
sistema endocrino	**glándulas** glándula pituitaria, testículos glándula tiroides, ovarios páncreas	**hormonas** insulina estrógeno	diabetes

organizador, -ra adj. [persona] Que organiza o que tiene especial capacidad para organizar.

organizar v. tr. **1** Preparar una cosa pensando y cuidando todos sus detalles: *han organizado una gran fiesta.* SIN planear. ANT desorganizar. **2** Disponer y preparar un conjunto de personas y medios para un fin determinado: *la Cruz Roja organizará un grupo de salvamento.* **3** Poner en orden: *podrías organizar un poco tu mesa de trabajo.* ◆ v. prnl. **4 organizarse** Prepararse con los medios adecuados para un fin determinado. **5** Imponerse uno mismo un orden: *no sabe organizarse.* **6** Formarse una cosa de forma espontánea: *se organizó una pelea en plena calle.* SIN armar.
OBS En su conjugación, la *z* se convierte en *c* delante de *e*.
DER organización, organizador, organizativo; desorganizar, reorganizar.

órgano n. m. **1** Parte de un ser vivo que puede considerarse separadamente pues cumple una función determinada: *el accidente no le ha dañado ningún órgano vital.* **2** Parte de un conjunto organizado que puede considerarse separadamente porque cumple una función determinada: *el Parlamento es un órgano de gobierno.* **3** Instrumento musical de viento formado por unos tubos de gran tamaño y por un teclado con el que se acciona un mecanismo que produce aire; este, al pasar por los tubos, origina los distintos sonidos.
▶ órgano eléctrico Órgano que produce una gran gama de sonidos por medios eléctricos sin intervención del aire.
DER orgánico, organismo, organista, organizar, órganon, orgánulo.

orgánulo n. m. BIOL. Parte de la célula que tiene una unidad estructural y cumple una función determinada.

orgasmo n. m. Momento de mayor satisfacción en la excitación sexual.

orgía n. f. **1** Fiesta en la que se quiere experimentar intensamente con el sexo, la comida y la bebida. **2** Abuso en la satisfacción de pasiones y deseos: *de joven se dedicó a la orgía y su salud se ha resentido.*
DER orgiástico.

orgullo n. m. **1** Exceso de valoración propia por el que uno se cree superior a los demás: *su orgullo le impide pedir perdón.* SIN soberbia. **2** Sentimiento de satisfacción por un comportamiento bueno o por una obra bien hecha: *puede decir con orgullo que, en toda la carrera, no ha suspendido ni un solo examen.*
DER orgulloso; enorgullecer.

orgulloso, -sa adj./ n. m. y f. **1** [persona] Que se valora excesivamente. SIN arrogante. ◆ adj. **2** [persona] Que siente satisfacción por un comportamiento bueno o por una obra bien hecha: *está muy orgulloso de sus hijos.*

orientación n. f. **1** Colocación en una posición determinada respecto a los puntos cardinales: *me gusta la orientación de tu casa, tiene mucha luz natural.* **2** Posición respecto de los puntos cardinales: *trataban de buscar la orientación con una brújula.* **3** Dirección hacia la que se orienta una cosa o una persona: *no me gusta la orientación que le da a sus estudios.* **4** Información o pauta que se da sobre alguna cuestión para que se lleve a cabo correctamente.

oriental adj. **1** Del oriente o que tiene relación con él. **2** De los países de Oriente o que tiene relación con ellos. ◆ adj./ n. com. **3** [persona] Que es de uno de los países de Oriente.
DER orientalista.

orientar v. tr. **1** Colocar en una posición determinada respecto a los puntos cardinales: *orientaron el espejo hacia el sol.* **2** Ocupar una posición respecto de los puntos cardinales. **3** Determinar una posición para situar todos los puntos cardinales: *orientaron el mapa para mirar dónde se encontraban.* **4** Informar sobre un asunto o negocio: *nos orientó sobre lo que teníamos que hacer.* **5** Dirigir hacia un fin determinado: *orientaron su política hacia la lucha contra el paro.* SIN encaminar, guiar. **6** Dirigir hacia un lugar determinado: *las flechas te orientarán para llegar hasta la salida.* SIN encaminar, guiar.
DER orientación; desorientar, reorientar.

oriente n. m. **1** Punto del horizonte situado donde nace el sol. SIN este, levante. **2** Lugar situado hacia ese punto.
▶ Extremo Oriente, Lejano Oriente u Oriente Conjunto de países de la parte oriental de Asia. Oriente Medio, Oriente Próximo o Oriente Cercano Conjunto de países situados en el suroeste de Asia y el noreste de África, que en su gran mayoría son de cultura árabe.

orificio n. m. **1** Abertura o agujero, especialmente el que está hecho intencionadamente o tiene una finalidad. **2** Abertura de algunos conductos del organismo que los comunica con el exterior: *orificios nasales.*

origen n. m. **1** Principio o causa de una cosa. **2** Lugar de donde procede originalmente una persona o una cosa. **3** Clase social de la familia a la que se pertenece: *se casó con una joven de origen noble.*

DER original, originar; aborigen.

original adj. **1** Del origen o que tiene relación con él: *el equipo original estaba compuesto por cuatro personas.* **2** Que no ha sido copiado ni imitado de otro, sino fruto de la creación: *los trajes de esta diseñadora son muy originales.* **3** [persona] Que produce obras o ideas nuevas y diferentes, que no son copia ni imitación de otras: *es un escritor muy original.* ◆ adj./ n. m. **4** [obra, documento] Que ha sido producido directamente por su autor sin ser copia de otro: *el cuadro original.* ◆ n. m. **5** Texto que se da a la imprenta para que se haga la impresión de una obra con arreglo a él: *el original del autor venía manuscrito y fue preciso mecanografiarlo.* **6** Cosa que se copia o sirve de modelo para una copia: *el retrato es muy fiel al original.*

originalidad n. f. **1** Característica de lo que es original por no haber sido copiado ni imitado de otro, sino fruto de la creación: *la originalidad de su idea le hizo triunfar.* SIN singularidad. **2** Obra, dicho o hecho original.

originar v. tr. **1** Ser causa u origen de una cosa: *un rayo originó el incendio.* SIN causar, ocasionar. ◆ prnl. **2** originarse Tener origen o principio una cosa: *la guerra se originó por un conflicto territorial.*

originario, -ria adj. **1** Que da origen o principio a una cosa. **2** [persona, cosa] Que procede de un lugar determinado. SIN oriundo, natural. **3** [lugar, país] Que es el de origen o procedencia de una persona o cosa.

orilla n. f. **1** Zona límite entre la tierra y una masa de agua, como un mar, un lago o un río. **2** Franja de tierra más próxima al mar, a un lago o a un río: *tiene una casa a orillas del mar.* **3** Parte extrema o borde de una superficie: *la orilla de la tela está muy gastada.* **4** En las calles sin acera, camino junto a las casas destinado a los peatones: *caminad por la orilla.*

DER orillar, orillo.

orín n. m. **1** Óxido rojizo que se forma en la superficie del hierro por la acción del aire o de la humedad. ◆ n. m. pl. **2** orines Líquido de color amarillo que se forma en el riñón como resultado de la depuración y el filtrado de la sangre, se acumula en la vejiga y se expulsa por la uretra. SIN orina.

orina n. f. Líquido de color amarillo que se forma en el riñón como resultado de la depuración y filtrado de la sangre, se acumula en la vejiga y se expulsa por la uretra: *se hizo un análisis de orina.*

DER orinal, orinar.

orinal n. m. Recipiente de loza, metal, plástico, etc., que sirve para recoger la orina y los excrementos: *sentó al niño en el orinal.*

orinar v. intr. **1** Expulsar la orina por la uretra: *perdonad, chicos, pero tengo que ir a orinar.* SIN mear. ◆ v. tr. **2** Expulsar por la uretra: *orinar sangre.* ◆ v. prnl. **3** orinarse Expulsar la orina sobre uno mismo de forma involuntaria: *el niño todavía se orina en la cama.*

oriundo, -da adj. **1** Que procede del lugar que se especifica. SIN originario. **2** [futbolista] Que es de nacionalidad extranjera, pero, al tener padre o madre españoles, se le considera jugador español.

orla n. f. **1** Adorno grabado, dibujado, impreso o bordado que figura alrededor de una tela o de un papel. **2** Franja o banda de tejido o piel que se coloca a lo largo del borde de una tela, vestido, cortina u otra cosa para embellecerla: *lleva una orla de armiño en su manto.* **3** Cuadro en el que se reúnen las fotografías de los estudiantes de una misma promoción, cuando terminan sus estudios o consiguen el título.

DER orlar.

orlar v. tr. **1** Poner una orla o adorno alrededor de una cosa: *orlar un retrato o un cuadro.* **2** Adornar el borde de una tela o de un vestido con una orla: *orlar una cortina.*

ornamentación n. f. **1** Colocación de elementos que sirven para embellecer o adornar una cosa. **2** Conjunto de cosas que sirven para adornar u ornamentar.

ornamental adj. De la ornamentación o que sirve para ornamentar o decorar. SIN decorativo.

ornamentar v. tr. *formal* Poner adornos a una cosa para embellecerla. SIN ornar.

DER ornamentación.

ornamento n. m. **1** *formal* Adorno o motivo decorativo que sirve para embellecer una cosa. ◆ n. m. pl. **2** ornamentos Vestiduras adornos que usan los sacerdotes en las funciones litúrgicas.

DER ornamental, ornamentar.

a b c d e f g h i j k l m n ñ o p q r s t u v w x y z

ornar v. tr. *formal* Poner adornos para embellecer una cosa. **SIN** adornar, ornamentar.
DER ornamento, ornato; adornar, exornar, sobornar.

ornato n. m. *formal* Adorno o conjunto de adornos que embellecen algo: *los ornatos del sagrario están hechos de oro y marfil.*

ornitología n. f. Parte de la zoología que se especializa en el estudio de las aves.
DER ornitológico, ornitólogo.

ornitológico, -ca adj. Relacionado con el estudio de las aves.

ornitorrinco n. m. Mamífero ovíparo de unos 50 cm de longitud (cola incluida), pelo pardo oscuro muy fino, cuerpo aplastado, hocico carnoso grande y ancho similar al pico del pato, pies palmeados y cola muy ancha y aplanada; es buen nadador y vive solo o en pareja en ríos y lagos de Australia.

oro n. m. **1** Metal precioso de color amarillo brillante que es muy maleable y dúctil, y muy resistente a la corrosión y a la oxidación; tiene gran valor comercial: *el símbolo del oro es Au.* **2** Sustancia que resulta de la mezcla o aleación de ese metal con otros metales y que se usa en joyería, odontología, orfebrería, etc.: *tengo una pulsera bañada en oro.* oro batido Hojas de oro muy finas que sirven para dorar. oro de ley Oro que tiene las proporciones de metal puro que señala la ley. oro molido Oro en polvo preparado para iluminaciones de libros y miniaturas. **3** Caudal, dinero y riquezas: *gastaron mucho oro en aquel negocio.* **SIN** plata. **4** Cosa muy importante, que tiene mucho valor o mérito: *el tiempo es oro.* **5** Primer premio en una competición que consiste en una medalla de este metal: *la tenista española consiguió el oro.* **6** Carta de la baraja española en la que aparecen dibujadas una o varias monedas amarillas, especialmente, el as. ◆ n. m./ adj. **7** Color amarillo como el del oro: *tenía los cabellos de oro.* ◆ n. m. pl. **8** oros Palo de la baraja española en el que aparecen dibujadas monedas amarillas.
▶ como oro en paño Con mucha atención y cuidado: *guardaba aquel retrato como oro en paño.* de oro Que es muy bueno o que tiene mucho valor: *tenía un corazón de oro.* hacerse de oro Ganar mucho dinero: *si nos sale bien este negocio, nos haremos de oro.* oro negro Petróleo. prometer el oro y el moro Ofrecer cosas imposibles o exageradas: *les prometió el oro y el moro, y luego no les dio nada.* valer su peso en oro Tener mucho valor: *ten cuidado con ese jarrón, que vale su peso en oro.*
DER dorar.

oro- Elemento prefijal que entra en la formación de palabras con el significado de 'montaña': *orografía.*

orografía n. f. **1** Parte de la geografía física que estudia y describe las montañas. **2** Conjunto de montes de una región o de un país: *la orografía tiene numerosos efectos sobre el clima y la vegetación.*
DER orográfico.

orográfico, -ca adj. Relativo al estudio del relieve de la Tierra.

orquesta n. f. **1** Conjunto de músicos que tocan diversos instrumentos siguiendo las indicaciones de un director para interpretar piezas musicales. orquesta de cámara Orquesta formada por un número reducido de músicos que tocan únicamente instrumentos de cuerda y de viento. orquesta filarmónica Orquesta que puede incluir instrumentos e interpretar obras que no son habituales en la sinfónica: *la banda sonora de esta película será interpretada por una famosa orquesta filarmónica.* orquesta sinfónica Orquesta formada aproximadamente por 100 músicos en la que figuran las tres clases de instrumentos: cuerda, viento y percusión. **2** Conjunto de los instrumentos que ejecutan juntos una obra musical: *concierto para piano y orquesta.* **3** Lugar en un teatro destinado a los músicos y comprendido entre el escenario y las butacas.
DER orquestal, orquestar, orquestina.

orquestar v. tr. **1** Preparar y adaptar una obra musical para que pueda ser interpretada por una orquesta. **SIN** instrumentar. **2** Organizar o dirigir una cosa: *el partido le encargó orquestar la publicidad electoral.*
DER orquestación.

orquídea n. f. **1** Flor de jardín, grande y de colores vistosos, que tiene un pétalo más desarrollado que los otros. **2** Planta que crece subiendo por las ramas y los troncos de los árboles y que da esa flor.
DER orquidáceo.

ortiga n. f. Planta herbácea silvestre cuyas hojas, de forma ovalada, están cubiertas por unos pelos que segregan un líquido que pica e irrita la piel.

orto n. m. *formal* Salida del sol o de otro astro por el horizonte.

orto- Elemento prefijal que entra en la formación de palabras con el significado de 'derecho' y, en sentido figurado, 'regular, correcto, recto': *ortografía, ortodoncia, ortodoxia.*

ortocentro n. m. Punto donde se cortan las alturas de un triángulo.

ortodoncia n. f. **1** Parte de la odontología que se ocupa de corregir los defectos y las irregularidades de posición de los dientes. **2** Tratamiento que consiste en corregir los defectos y las irregularidades de posición de los dientes.

ortodoxia n. f. **1** Conformidad con una doctrina, una tendencia o unas reglas tradicionales y generalizadas: *ortodoxia literaria.* **2** Conformidad con el dogma o la doctrina de la Iglesia católica: *ese grupo de teólogos se ha movido siempre dentro de la ortodoxia.* ANT herejía. **3** Conjunto de las iglesias cristianas orientales separadas de la Iglesia de Roma en el siglo XI.

DER ortodoxo.

ortodoxo, -xa adj. **1** Que sigue fielmente los principios de una doctrina o una tendencia o que cumple unas normas tradicionales y generalizadas: *sus métodos son poco ortodoxos pero muy eficaces.* **2** Que sigue los principios de la doctrina de la Iglesia católica: *teólogo ortodoxo.* **3** [persona] Que sigue los principios de las iglesias cristianas orientales: *los ortodoxos no aceptan la autoridad del Papa.* ◆ adj. **4** Que es propio de la doctrina religiosa cristiana oriental fundada en el siglo IV y separada de la Iglesia de Roma en el siglo XI que hoy comprende a las iglesias de Rusia, Grecia, además de otros países balcánicos: *iglesia ortodoxa.*

ortoedro n. m. Prisma de base rectangular.

ortografía n. f. **1** Parte de la gramática que enseña las reglas de uso de las letras y los signos auxiliares para escribir correctamente. **2** Forma correcta de escribir las palabras y de utilizar los signos auxiliares de una lengua: *faltas de ortografía.*

DER ortográfico.

ortográfico, -ca adj. De la ortografía o que tiene relación con esta parte de la gramática o con la forma correcta de escribir las palabras y de utilizar los signos auxiliares: *corrección ortográfica; regla ortográfica.*

ortología n. f. Parte de la gramática que establece las normas de pronunciación correcta de los sonidos de una lengua.

ortopedia n. f. Tratamiento para prevenir o corregir de forma mecánica o quirúrgica las deformaciones o desviaciones de los huesos y de las articulaciones del cuerpo.

DER ortopédico.

ortopédico, -ca adj. **1** De la ortopedia o que tiene relación con este tratamiento: *clínica ortopédica.* **2** Que sirve para prevenir o corregir las deformaciones o desviaciones de los huesos y de las articulaciones del cuerpo: *calzado ortopédico.*

oruga n. f. **1** Larva de la mariposa con forma de gusano y que se alimenta de hojas. **2** Cinta articulada o cadena situada en el lateral de un vehículo y rodeando sus ruedas que permite que este pueda franquear obstáculos y desplazarse por terrenos blandos o irregulares: *las orugas de un tanque.* **3** Vehículo que tiene las ruedas de cada lado unidas entre sí por esta cinta articulada: *necesitan una oruga para avanzar por la nieve.*

orujo n. m. **1** Piel de la uva después de prensada. **2** Licor transparente y de alta graduación que se obtiene por destilación de la piel de la uva prensada. **3** Residuo de la aceituna molida y prensada.

orzuelo n. m. Inflamación e infección de un folículo piloso que produce un abultamiento pequeño en el borde del párpado: *tiene un orzuelo en el ojo derecho.*

os pron. pers. Forma átona de segunda persona del plural del pronombre personal *vosotros, vosotras* en función de objeto directo e indirecto; también se usa como pronombre reflexivo o recíproco: *os dejé un mensaje en el contestador.*

OBS Se escribe unido al verbo cuando va detrás de él, como con el infinitivo, el gerundio y el imperativo, que pierde la *d* final: *miraros, mirándoos, miraos.* Nunca va precedido de preposición.

osadía n. f. **1** Capacidad para enfrentarse sin miedo y con entereza a situaciones difíciles, insólitas o peligrosas. SIN coraje, valentía, valor. ANT cobardía. **2** Valentía en exceso debida a una falta de vergüenza o de respeto en la forma de obrar o de hablar: *cometió la osadía de tutear al jefe.* SIN atrevimiento.

osado, -da adj. **1** [persona] Que se comporta sin miedo y con entereza ante situaciones difíciles, insólitas o peligrosas. SIN valiente. **2** [acción, palabra] Que implica osadía, valentía. **3** Que habla u obra con atrevimiento, sin vergüenza ni respeto. SIN descarado. **4** Que implica osadía o atrevimiento.

DER osadía.

a b c d e f g h i j k l m n ñ **o** p q r s t u v w x y z

osamenta n. f. Conjunto de huesos del cuerpo de los vertebrados. SIN esqueleto.

osar v. intr./ tr. **1** *formal* Intentar hacer o hacer con valor una cosa peligrosa o arriesgada: *osó enfrentarse a todos sus compañeros.* SIN atreverse. **2** *formal* Atreverse a hacer algo sin vergüenza ni respeto.
DER osado.

osario n. m. **1** En los cementerios, lugar donde se entierran los huesos que se sacan de las sepulturas. **2** Lugar en donde hay muchos huesos enterrados: *al derribar la pared, descubrieron un osario.*

óscar n. m. **1** Premio cinematográfico que concede, anualmente, la academia estadounidense de artes y ciencias cinematográficas a películas, actores, directores y técnicos: *óscar a la mejor actriz.* **2** Estatuilla que representa a este premio.
OBS El plural es *óscares* (recomendado) u *óscars.* En la primera acepción, se puede escribir en mayúscula.

oscense adj. **1** De Huesca o que tiene relación con esta provincia aragonesa o con su capital. ◆ adj./ n. com. **2** [persona] Que es de Huesca.

oscilación n. f. **1** Movimiento de un cuerpo, primero hacia un lado y después hacia el otro: *lo hipnotizó con la oscilación del péndulo.* SIN vaivén. **2** Cambio, variación en sentidos opuestos y alternativos de una cantidad, intensidad o valor: *oscilación de las temperaturas.* SIN fluctuación.

oscilar v. intr. **1** Moverse alternativamente un cuerpo, primero hacia un lado y luego hacia el contrario, desde una posición de equilibrio determinada por un punto fijo o un eje: *su cabeza oscilaba de derecha a izquierda.* **2** Variar en sentidos opuestos y alternativamente una cantidad, una intensidad o un valor: *oscilar los precios.* **3** Variar en sentidos opuestos y alternativamente el estado de ánimo o el modo de pensar de una persona: *oscilar entre la alegría y la tristeza.*
DER oscilación, oscilador, oscilante, oscilatorio.

oscurantismo n. m. Actitud contraria a que se extienda la cultura entre las clases bajas de la sociedad.
OBS También se escribe *obscurantismo.*
DER oscurantista.

oscurantista adj. **1** Del oscurantismo o que tiene relación con esta actitud. ◆ adj./ n. com. **2** [persona] Que es partidario del oscurantismo.

oscurecer v. impersonal **1** Hacerse de noche, empezar a desaparecer la luz del sol: *oscurece más tarde en verano que en invierno.* SIN anochecer. ANT amanecer. ◆ v. tr./ prnl. **2** Disminuir la luz y la claridad: *al correr las cortinas, se ha oscurecido la sala.* ◆ v. tr. **3** Hacer disminuir el valor o la importancia: *su mal carácter ha oscurecido su triunfo.* SIN ensombrecer. **4** Hacer difícil el entendimiento de una idea: *esta forma de escribir oscurece el contenido.* ANT aclarar. ◆ v. prnl. **5** **oscurecerse** Ocultar las nubes el cielo, el sol o la luna: *el cielo se oscureció de repente.*
OBS También se escribe *obscurecer.* En su conjugación, la *c* se convierte en *zc* delante de *a* y *o*, como en *agradecer.*
DER oscurecimiento.

oscurecimiento n. m. Descenso de la intensidad de la luz o la claridad de una cosa o un lugar.

oscuridad n. f. **1** Falta o escasez de luz: *la oscuridad de la capilla invita a la oración.* ANT claridad. **2** Lugar donde falta o escasea la luz. **3** Parecido o proximidad de un color con el negro. **4** Dificultad que ofrece una cosa para ser entendida: *la oscuridad de un pensamiento.* ANT evidencia. **5** Falta o escasez de información acerca de las causas y circunstancias de un suceso: *la oscuridad envuelve este asunto.* **6** Falta de certidumbre o de seguridad: *en aquella encrucijada de su vida, sentía que estaba en la más completa oscuridad.* SIN incertidumbre.
OBS También se escribe *obscuridad.*

oscuro, -ra adj. **1** Que no tiene luz o que tiene poca: *cuando se hizo oscuro, encendieron la luz.* ANT luminoso. **2** [día, cielo] Que está tapado por las nubes. SIN nublado. ANT despejado. **3** [color] Que se acerca al negro y que se opone a otro más claro de su misma tonalidad. ANT claro. **4** Que es difícil de entender: *razonamiento oscuro.* SIN confuso, ininteligible. ANT claro, evidente. **5** [suceso, asunto] Que parece contener algo sospechoso o delictivo. SIN turbio. **6** Que destaca poco, que tiene poco prestigio: *un escritor oscuro.* **7** Que es incierto o poco seguro: *veo tu porvenir muy oscuro.*
▶ **a oscuras** Sin luz: *se quedaron a oscuras.*
OBS También se escribe *obscuro.*
DER oscurantismo, oscurecer, oscuridad.

óseo, ósea adj. **1** Del hueso o que tiene relación con esta pieza del esqueleto de los vertebrados: *fractura ósea.* **2** Que está hecho de la materia del hueso o que es parecido al hueso.

osera n. f. Guarida del oso.

osezno n. m. Cría del oso.

osmio n. m. QUÍM. Metal que se encuentra en el platino; es maleable y de gran dureza: *el símbolo del osmio es Os.*

ósmosis u **osmosis** n. f. Fenómeno por el que un líquido, un gas o alguno de sus componentes pasa a través de una membrana semipermeable que los separa y se mezcla el uno con el otro.
OBS La Real Academia admite ambas formas, pero prefiere la esdrújula *ósmosis*. El plural también es *ósmosis* u *osmosis*.

-oso, -osa **1** Sufijo que entra en la formación de adjetivos con el significado de: *a)* 'Abundancia': *aceitoso, sudoroso. b)* 'Cualidad': *resbaloso, esponjoso.* **2** En los compuestos químicos denota la mínima valencia del derivado: *sulfuroso; nitroso.*

oso, -sa n. m. y f. **1** Animal mamífero, de tamaño grande y pelo largo y espeso, que tiene el cuerpo macizo, el hocico alargado y las patas cortas y provistas de fuertes garras; es omnívoro. oso blanco o polar Oso de tamaño mayor y pelo blanco que vive en las regiones polares. oso negro Oso de pelo oscuro que vive en América del Norte. oso pardo Oso que tiene el pelo de un color marrón que puede ir del claro al oscuro; es la especie de oso más común en España. **2** Animal que recuerda por su aspecto a ese mamífero. oso hormiguero Animal mamífero, de pelo áspero y gris, con cola larga y sin dientes, que tiene una larga lengua que usa para atrapar hormigas: *los osos hormigueros viven en América del Sur.* oso marino Animal mamífero marino y carnívoro, con pelo; es una especie de foca. oso panda Animal mamífero que tiene el pelo de color blanco y negro y se alimenta principalmente de vegetales: *el oso panda vive en los bosques de bambú de China.* SIN panda.
▶ hacer el oso Hacer o decir tonterías y gracias para provocar la risa en los demás: *si no dejas de hacer el oso, te castigarán.*
DER osera, osezno.

ostensible adj. Que se ve o comprueba con facilidad: *presentaba síntomas ostensibles de fatiga.* SIN manifiesto, visible, evidente.

ostentación n. f. Exhibición orgullosa, indiscreta y excesiva de lo que se tiene o se usa: *le encanta hacer ostentación de sus riquezas.* SIN jactancia.

ostentar v. tr. **1** Exhibir abiertamente y con orgullo una cosa. **2** Ocupar un cargo o estar en posesión de una cosa que resulte ventajosa: *ostentar un récord.* NOTA La Real Academia Española no recoge este segundo significado de la palabra.
DER ostensible, ostentación, ostentoso.

osteoporosis n. f. MED Enfermedad ósea que se caracteriza por una disminución de la densidad del tejido óseo y tiene como consecuencia una fragilidad exagerada de los huesos: *la osteoporosis afecta fundamentalmente a las mujeres.*

ostra n. f. Molusco marino que tiene dos conchas rugosas y que vive en aguas poco profundas; su carne, que se puede comer cruda, es muy apreciada: *algunas especies de ostras dan perlas.*
▶ aburrirse como una ostra Estar muy aburrido: *en esta película me he aburrido como una ostra.* ¡ostras! Exclamación que denota admiración, asombro o contrariedad.
DER ostricultura.

ostracismo n. m. **1** *formal* Destierro a que se condenaba a los ciudadanos que se consideraban peligrosos para el Estado. **2** *formal* Aislamiento de la vida pública que sufre una persona por parte del Estado o de una colectividad, generalmente, por cuestiones políticas: *los escritores del régimen anterior fueron condenados al ostracismo.*

ostrogodo, -da adj. Que pertenece a un antiguo pueblo germánico de origen godo.

-ote Sufijo que entra en la formación de palabras para indicar:*a)* Valor aumentativo con matices de afecto: *amigote. b)* Valor despectivo: *pasmarote.*

otear v. tr. **1** Mirar desde un lugar alto: *se subió a la colina para otear el horizonte.* **2** Mirar con cuidado para descubrir algo.

otero n. m. Elevación del terreno aislada que domina un llano: *el rayo cayó justo encima del olivo que corona aquel otero.*

otitis n. f. Enfermedad en la que el oído se inflama debido a una infección.
OBS El plural también es *otitis*.

otomano, -na adj. **1** De la dinastía turca de los Otomanos. **2** De Turquía o relacionado con este país asiático. SIN turco.

otoñal adj. **1** Del otoño o que tiene relación con esta estación del año: *moda otoñal.* **2** [persona] Que tiene una edad madura.

otoño n. m. **1** Estación del año comprendida entre el verano y el invierno. **2** Período en la vida de una persona cercano a la vejez: *el anciano sentía que estaba en el otoño de su vida.* **3** Período en el que se inicia el declive de una actividad.

otorgar v. tr. **1** Conceder una cosa como favor o recompensa: *por fin me han otorgado la beca.* ANT denegar. **2** Hacer testamento o contrato ante notario.
OBS En su conjugación, la *g* se convierte en *gu* delante de *e*.

otorrino n. com. Otorrinolaringólogo.

otorrinolaringología n. f. Parte de la medicina que estudia las enfermedades relacionadas del oído, la nariz y la garganta.

otorrinolaringólogo, -ga n. m. y f. Médico especialista en las enfermedades del oído, la nariz y la garganta.
OBS Se usa frecuentemente la forma abreviada *otorrino*.

otro, otra det./ pron. indef. **1** Indica que una persona o cosa es diferente de la que se habla, pero de la misma clase: *el novelista había publicado otro libro.* **2** Indica una cosa más de la misma clase: *compra otra barra de pan.* **3** Indica que una persona o cosa parece reproducir algo o a alguien a quien se asemeja: *este palacio es otro Versalles.* ◆ adj. **4** Indica un pasado cercano: *la otra tarde vino Juan.* NOTA Se usa precedido del artículo determinado y ante sustantivos como *día, mañana, tarde* o *noche*. **5** Indica el tiempo futuro que sigue inmediatamente: *al otro día ya se encontraba bien.* NOTA Se usa precedido de *al* o *a la* y ante sustantivos como *día, semana, mes* o *año*. SIN siguiente.

out n. m. En algunos deportes, indica que la pelota ha salido fuera del campo.
OBS Es de origen inglés y sepronuncia aproximadamente «aut».

ovación n. f. Aplauso sostenido, fuerte, ruidoso y entusiasta de un grupo grande de personas: *la actriz recibió la ovación del público.*
DER ovacionar.

ovacionar v. tr. Aplaudir de forma sostenida, fuerte, ruidosa y entusiasta un grupo grande de personas.

oval adj. Que tiene forma de óvalo o similar a la de un huevo.

ovalado, -da adj. Que tiene forma de óvalo. SIN oval.

óvalo n. m. Curva cerrada y alargada con dos ejes diferentes que forman ángulo recto; es una forma semejante a la de un huevo.
DER oval, ovalar.

ovario n. m. **1** Órgano sexual femenino que produce los óvulos y las hormonas sexuales: *las hembras de los vertebrados tienen dos ovarios.* **2** BOT. Órgano sexual de la flor, situado en el interior del pistilo, que contiene los óvulos y que, tras la fecundación, forma generalmente el fruto.
DER ovárico.

oveja n. f. **1** Animal mamífero rumiante hembra que tiene el cuerpo cubierto de lana; es doméstico y se cría por su carne, su leche y su lana: *el macho de la oveja es el carnero.* **2** Persona que forma parte de una colectividad cristiana: *el sacerdote cuida de sus ovejas.*
▶ **oveja descarriada** o **negra** Persona cuya conducta o ideas se apartan de las aceptadas por un grupo: *todos han estudiado menos él, que es la oveja negra de la familia.* **cada oveja con su pareja** Expresión que indica que las personas deben unirse con otras de su misma clase: *no debes juntarte con personas de su condición: cada oveja con su pareja.*
DER ovejero.

ovejuno, -na adj. De la oveja o relacionado con este mamífero.

overbooking n. m. Venta de más plazas de las disponibles, especialmente, en hoteles y medios de transporte, realizada con el objetivo de asegurar el lleno: *hubo tanta gente en el hotel que se generó una situación de overbooking.*
OBS Se pronuncia aproximadamente «overbukin».

ovetense adj. **1** De Oviedo o relacionado con esta ciudad del norte de España y capital de Asturias. ◆ adj./ n. com. **2** [persona] Que ha nacido en Oviedo.

ovillo n. m. Bola que se forma enrollando un hilo sobre sí mismo: *necesitó seis ovillos de lana para tejer el jersey.*
▶ **hacerse un ovillo a.** Acurrucarse formando una figura redondeada a causa del frío, del dolor o del miedo: *el erizo se hace un ovillo para defenderse.* **b.** Hacerse un lío, confundirse al hablar o al pensar: *con tantos conceptos nuevos me voy a hacer un ovillo.*
DER ovillar, ovillejo.

ovino, -na adj. **1** Del ganado que tiene lana o que tiene relación con él: *se dedica a la cría ovina.* ◆ adj./ n. m. **2** [animal] Que es un rumiante de pequeño tamaño y tiene pelo en el hocico y cuernos enroscados, mayores en los machos que en las hembras: *el carnero es un ovino.* ◆ n. m. pl. **3** ovinos Subfamilia de mamíferos rumiantes bóvidos de pequeño tamaño, a la que pertenecen las cabras y las ovejas.

ovíparo, -ra adj./ n. m. **1** ZOOL. [animal] Que nace de un huevo, en el que ha completado su desarrollo, después de ser expulsado por la madre: *las aves son ovíparas.* ◆ n. m. pl. **2** ovíparos Especie animal que nace de un huevo en el que han completado su desarrollo, después de ser expulsado por la madre.

ovni n. m. Objeto volador de origen y naturaleza desconocidos.

OBS *Ovni* se forma con las iniciales de *objeto volante no identificado.*

ovovivíparo, -ra adj. [animal] Que pasa el proceso de gestación en un huevo, pero dentro del cuerpo de la madre: *los tiburones son ovovivíparos.*

ovulación n. f. Desprendimiento del óvulo, ya maduro para ser fecundado, del ovario en que se forma: *la ovulación se produce, aproximadamente, hacia la mitad del ciclo menstrual.*

óvulo n. m. **1** Célula sexual femenina que se forma en el ovario. **2** BOT. Órgano en forma de saco que se encuentra en el interior del ovario de la flor: *el óvulo se convierte en semilla al madurar el fruto.* **3** Medicamento en forma de pequeño huevo que se introduce en la vagina.

DER ovular; anovulatorio.

oxidación n. f. **1** Formación de una capa de color rojizo en la superficie del hierro y otros metales a causa de la humedad o del agua. **2** Transformación de un cuerpo mediante la acción del oxígeno. **3** QUÍM. Disminución del número de electrones de un elemento químico. ANT reducción.

oxidar v. tr. **1** Formar una capa de color rojizo en la superficie del hierro y otros metales por causa de la humedad o del agua: *la humedad ha oxidado los radios de las bicicletas.* **2** Transformar un cuerpo mediante la acción del oxígeno: *la fruta pelada se oxida en contacto con el aire.* **3** QUÍM. Disminuir el número de electrones de un elemento químico.

DER oxidación, oxidante; desoxidar, inoxidable.

óxido n. m. **1** Capa de color rojizo que se forma en la superficie del hierro y otros metales a causa de la humedad o del agua. SIN orín. **2** QUÍM. Compuesto formado por oxígeno y otro elemento químico, metálico o no metálico: *el óxido de calcio es la cal.*

DER oxidar; bióxido, dióxido, monóxido, peróxido, trióxido.

oxigenación n. f. **1** Entrada de aire puro y limpio en un lugar: *el aeróbic es bueno para la oxigenación de la sangre.* **2** Aclarado del color del pelo con un producto químico, especialmente, agua oxigenada.

oxigenado, -da adj. **1** [lugar] Que tiene aire puro y limpio porque está ventilado. **2** [pelo] Que ha sido aclarado su color con un producto químico, especialmente, agua oxigenada. **3** [persona] Que se ha aclarado el color del pelo con un producto químico, especialmente, agua oxigenada.

oxigenar v. tr. **1** Dejar que aire puro y limpio entre en un lugar: *la enfermera pasaba a oxigenar la habitación cada día.* SIN airear, ventilar. ◆ v. tr./ prnl. **2** Aclarar el color del pelo con un producto químico, especialmente, agua oxigenada: *la actriz se oxigenó el cabello y se convirtió en una rubia platino.* **3** QUÍM. Combinar el oxígeno con otro elemento químico: *los óxidos metálicos resultan de oxigenar los metales.* ◆ v. prnl. **4** oxigenarse Respirar aire puro y limpio, generalmente, fuera de la ciudad: *los fines de semana vamos a oxigenarnos al campo.*

DER oxigenación, oxigenado; desoxigenar.

oxígeno n. m. Elemento químico que forma parte del aire, del agua y de la mayor parte de los compuestos; es un gas inodoro e incoloro: *el símbolo del oxígeno es O.*

DER oxigenar.

oxítono, -na adj./ n. f. GRAM. [palabra] Que lleva el acento en la última sílaba: *palabras como «adiós», «tomar», «vendré» o «salí» son oxítonas.* SIN agudo.

DER paroxítono.

oyente adj./ n. com. **1** [persona] Que escucha, especialmente, un programa de radio. **2** [persona] Que asiste a un curso solamente para oír, pero sin estar matriculado, por lo que no se presenta a examen ni puede conseguir un título.

ozono n. m. Gas de color azul pálido, constituido por tres moléculas de oxígeno, que se forma en las capas altas de la atmósfera y que protege la Tierra de la acción de los rayos ultravioleta del sol: *se ha constatado un descenso del contenido de ozono en la estratosfera.*

abcdefghijklmnño**P**qrstuvwxyz

p n. f. Decimoséptima letra del alfabeto español. Su nombre es pe.

OBS El plural es *pes*.

pabellón n. m. **1** Edificio que depende de otro principal, del que se encuentra más o menos alejado: *en aquel pabellón están los laboratorios de la universidad.* **2** Cada uno de los edificios que forma parte de un conjunto: *el hospital está formado por tres pabellones.* **3** Pequeño edificio aislado, construido en un jardín o en un parque, que sirve, generalmente, de refugio: *pabellón de caza.* **4** Tienda de campaña cónica sostenida en su interior por un palo y sujeta al terreno con cuerdas y clavos: *junto al oasis plantaron un hermoso pabellón blanco.* **5** Tela lujosa, colocada en un armazón, que cuelga sobre una cama. SIN dosel. **6** Bandera nacional: *en lo alto del mástil ondeaba el pabellón español.* **7** Nacionalidad de un barco de mercancías: *el buque hundido navegaba bajo pabellón británico.* **8** Extremo ensanchado de algunos instrumentos de viento: *pabellón de la trompeta.* **9** ANAT. Extremo de un tubo o conducto que se hace más ancho: *pabellón de la pelvis.*

▶ pabellón auditivo ANAT. Parte visible del oído externo del hombre y de los mamíferos. SIN oreja.

pacense adj. **1** De Badajoz o relacionado con esta ciudad y provincia de la comunidad autónoma de Extremadura. SIN badajocense. ◆ adj./ n. com. **2** [persona] Que ha nacido en Badajoz. SIN badajocense.

pacer v. intr./ tr. **1** Comer el ganado la hierba en el campo: *las ovejas pacen en la dehesa.* SIN pastar. ◆ v. tr. **2** Dar pasto al ganado. SIN apacentar.

OBS En su conjugación, la *c* se convierte en *zc* delante de *a* y *o*, como en *nacer*.

pachá n. m. En la antigua Turquía, funcionario con un cargo equivalente al de gobernador.

▶ vivir como un pachá Vivir con toda clase de lujo y comodidades: *Juan vive como un pachá.*

pachucho, -cha adj. **1** [fruta, flor, planta] Que está demasiado maduro y no tiene frescura ni tersura: *tiramos las flores a la basura porque estaban pachuchas.* SIN mustio. **2** [persona] Que está débil y se encuentra decaído o triste de ánimo o ligeramente enfermo: *vengo a verte porque me han dicho que estás pachucho.* SIN flojo, mustio.

paciencia n. f. **1** Cualidad de las personas que consiste en saber sufrir y tolerar las adversidades con valor y sin quejarse: *soportó la desgracia con una paciencia ejemplar.* **2** Cualidad que consiste en saber esperar con tranquilidad una cosa que tarda: *en urgencias debes tener paciencia.* ANT impaciencia. **3** Aptitud para realizar una actividad o un trabajo difícil, pesado o minucioso con perseverancia. **4** Dulce pequeño, redondo y abombado por arriba que está hecho con harina, huevo, almendras y azúcar, y cocido en el horno.

▶ acabarse la paciencia No poder soportar más una situación. armarse (o cargarse) de paciencia Prepararse para soportar una cosa pesada, difícil o molesta: *se armó de paciencia y consiguó acabar el rompecabezas.*

DER paciente; impaciencia.

paciente adj. **1** [persona] Que tiene paciencia y sabe tolerar las adversidades. **2** [persona] Que sabe esperar con tranquilidad una cosa que tarda. ANT impaciente. **3** [persona] Que tiene perseverancia para realizar actividades o trabajos difíciles, pesados o minuciosos. **4** GRAM. [sujeto] Que en una oración pasiva recibe la acción realizada por el complemento agente: *el sujeto paciente es el sujeto gramatical de una oración pasiva.* ANT activo. ◆ n. com. **5** Persona que recibe tratamiento médico o quirúrgico. SIN enfermo.

pacificación n. f. Establecimiento de la paz

en un lugar en que había guerra o entre varias personas o bandos en conflicto: *fuerzas de pacificación.*

pacificar v. tr. **1** Establecer la paz entre los bandos en conflicto: *las Naciones Unidas intentan pacificar el país.* ◆ v. prnl. **2** **pacificarse** Quedarse en calma lo que estaba alterado: *pacificarse los vientos.*
OBS En su conjugación, la *c* se convierte en *qu* delante de *e.*
DER pacificación, pacífico, pacifismo.

pacífico, -ca adj. **1** Que no usa la violencia o que no es propenso a fomentar conflictos. **ANT** violento. **2** [lugar] Que no está alterado por luchas o guerras: *desembarcaron en una isla pacífica.*

pacifismo n. m. Movimiento que defiende la paz y es contrario a los actos violentos y a los enfrentamientos armados: *el pacifismo condena la guerra.*

pacifista adj. **1** Del pacifismo o que tiene relación con este movimiento: *política pacifista; espíritu pacifista.* **ANT** belicista. ◆ adj./ n. com. **2** [persona] Que es partidario del pacifismo. **ANT** belicista.

pack n. m. Paquete o lote de productos iguales que se venden juntos: *un pack de cartones de leche.*
OBS El plural es *packs.*

pactar v. tr./ intr. Acordar una serie de condiciones con la obligación de cumplirlas: *el Gobierno pactó con los sindicatos.*

pacto n. m. **1** Acuerdo entre dos o más personas o grupos que obliga a cumplir una serie de condiciones: *los dos empresarios hicieron un pacto.* **2** Condición o serie de condiciones que se han de cumplir por ese acuerdo: *el policía les recordó que el pacto había sido liberar al rehén.*
DER pactar.

paddel n. m. Pádel.

padecer v. tr./ intr. **1** Sentir un dolor o una molestia o tener una enfermedad. **SIN** sufrir. **2** Soportar con paciencia un daño moral o físico: *la madre padecía en silencio los desvaríos de su hijo.* **SIN** aguantar, soportar, sufrir. **3** Tener una necesidad: *durante el viaje por el desierto, padecieron hambre y sed continuamente.*
OBS En su conjugación, la *c* se convierte en *zc* delante de *a* y o, como en *agradecer.*
DER padecimiento; compadecer.

padecimiento n. m. Sufrimiento de un dolor o de una situación mala.

pádel n. m. Deporte de reglas parecidas a las del tenis que se practica en una pista más pequeña y con paredes en los laterales y el fondo, y con una raqueta de madera y mango corto.
OBS También se escribe *paddle, pádel-tenis* y *paddle-tenis.*

padrastro n. m. **1** Marido de la madre en cuanto a los hijos que esta tiene de un matrimonio anterior: *la madre les presentó al que sería su padrastro.* **2** Mal padre, que no cuida a sus hijos o no se preocupa de ellos. **3** Trozo de piel junto a las uñas, roto y levantado, que causa dolor y molestia.

padre n. m. **1** Hombre o animal macho que ha engendrado un hijo: *fue padre muy joven.* **2** Hombre en cuanto a sus hijos: *mi padre llega mañana.* **padre adoptivo** Hombre que no ha engendrado a sus hijos, pero que es legalmente su padre. **padre de familia** Hombre que es cabeza de familia ante la ley. **padre político** Padre de la persona con quien se está casado. **SIN** suegro. **NOTA** En muchas zonas de América *padre* es ofensivo y se suele emplear *papá.* **3** Dios para los cristianos. **NOTA** En esta acepción se escribe con mayúscula. **4** Sacerdote o religioso. **NOTA** Se usa como apelativo y también se puede usar delante de un nombre propio o de un apellido. **padre de la Iglesia** Doctor de la antigua Iglesia griega o latina: *los padres de la Iglesia escribieron sobre los dogmas.* **padre espiritual** Sacerdote que es el confesor y el guía espiritual de una persona. **Santo Padre** El Papa: *el Santo Padre vive en el Vaticano.* **5** Causa u origen de una cosa: *el odio es el padre de las guerras.* **6** Persona que ha creado o inventado una cosa o que ha hecho avanzar mucho una ciencia o una rama del saber: *Bell y Edison son los padres del teléfono.* **7** Macho que se destina a la cría: *el ganadero llevó al padre donde estaban todas las hembras para que las preñara.* ◆ adj. **8** Que es muy grande o muy intenso: *lío padre.* **NOTA** Es invariable y se usa siempre después del sustantivo. ◆ n. m. pl. **9** **padres** Padre y madre de una persona: *vive con sus padres.* **10** Personas de las que descienden otras: *en el pasillo hay retratos de los padres de la familia.* **SIN** ancestro, antecesor, antepasado.
▶ **de padre y muy señor mío** Que es muy grande o muy intenso: *aquella mañana cayó una nevada de padre y muy señor mío.* **ser el**

padre de la criatura Ser autor o causante de una cosa. **sin padre ni madre, ni perro que le ladre** Expresión que indica que una persona se siente abandonada y sola. **¡tu padre!** Expresión que indica enfado: *¡tu padre!, ¡qué pesada que eres!*
DER padrastro, padrazo, padrino.

padrenuestro n. m. Oración que rezan los cristianos y que empieza por las palabras «Padre nuestro».
OBS El plural es *padrenuestros.*

padrino n. m. **1** Hombre que presenta o acompaña a una persona cuando esta recibe un sacramento: *le pidió a su mejor amigo que fuera su padrino de boda.* **2** Hombre que presenta o acompaña a una persona cuando esta va a participar en una competición o cuando va a recibir un honor: *el joven debutó como torero teniendo por padrinos a dos grandes figuras.* **3** Persona que protege y favorece a otra: *seguro que conseguirá el puesto, ya que tiene muchos padrinos.* ◆ n. m. pl. **4 padrinos** Padrino y madrina de una persona: *mis padrinos de boda fueron mi cuñada y mi padre.*
DER padrinazgo; apadrinar.

padrón n. m. Lista oficial donde figuran las personas que viven en un lugar: *cada Ayuntamiento debe elaborar un padrón de su localidad.*
SIN censo, registro.
DER empadronar.

paella n. f. **1** Comida hecha a base de arroz, al que se le añaden otros ingredientes como mariscos, carne, pescado, verduras, legumbres, etc.: *la paella es el plato más típico de Valencia.* **2** Recipiente de metal, de poco fondo y con dos asas, que sirve para cocinar esa comida.

pág. Abreviatura de *página,* 'cara de una hoja de una publicación o de un cuaderno': *véase* Revista de Cardiología*, núm. 18, págs. 94-121.*
OBS El plural es *págs.*

paga n. f. **1** Entrega de dinero que se debe por un trabajo. **2** Cantidad de dinero que se cobra o se paga por un trabajo. **3** Cantidad de dinero que se percibe, generalmente de forma periódica, por un servicio o un trabajo realizado: *voy a la oficina del contable a cobrar la paga.* SIN salario, sueldo. **paga extraordinaria** o **paga extra** Paga adicional al sueldo y de similar cuantía: *en Navidad cobraremos la paga extraordinaria.* **4** Cantidad de dinero que se da a los niños o a los jóvenes todas las semanas o los días de fiesta.

paganismo n. m. **1** Para los cristianos, conjunto de las religiones o las creencias que adoran a varios dioses. **2** Etapa de la civilización, anterior al cristianismo, en que se adoraba a varios dioses y, especialmente, la antigüedad grecorromana.

pagano, -na adj. **1** Del paganismo o que, desde la perspectiva cristiana, tiene relación con una religión o civilización que defiende la existencia de varios dioses: *ritual pagano.* ◆ adj./ n. m. y f. **2** [persona] Que adora a varios dioses o imágenes, especialmente, en las antiguas Grecia y Roma. **3** [persona] Que no cree en la doctrina cristiana. **4** [persona] Que paga la culpa o la deuda de otra persona.
DER paganini.

pagar v. tr./ intr. **1** Dar una cantidad de dinero a cambio de una cosa, un servicio o un trabajo. **2** Dar una cantidad de dinero para cubrir una deuda o una carga pública: *todos debemos pagar impuestos.* **3** Cumplir una pena o un castigo: *el asesino pagará por su crimen.* **4** Corresponder al cariño o al favor de otra persona: *¿así es como pagas mis desvelos?* **5** Sufrir los resultados de una equivocación: *pagó su imprudencia con la vida.* ◆ v. prnl. **6 pagarse** Presumir, hacer ostentación de una cosa de la que se está muy satisfecho: *se paga de tener el coche más lujoso.*
▶ **pagar justos por pecadores** Sufrir injustamente un castigo por culpa de otros: *no descubrieron al culpable y pagaron justos por pecadores.* **pagarlas** o **pagarlas todas juntas** Sufrir el castigo o el efecto de un conjunto de malas acciones: *si sigues fastidiando, al final las pagarás todas juntas.*
OBS En su conjugación, la *g* se convierte en *gu* delante de *e.*
DER paga, pagadero, pagador, paganini, pagaré, pago.

pagaré n. m. Documento con el que una o varias personas se comprometen a pagar cierta cantidad de dinero en un tiempo determinado.

página n. f. **1** Cara de la hoja de un libro o un escrito: *este libro tiene 300 páginas.* SIN plana. **2** Texto escrito o impreso en esa cara de la hoja: *leyó dos páginas y se durmió.* **3** Hecho ocurrido en el curso de una vida o una actividad y que será recordado por su importancia: *el día de hoy se señalará como una feliz página en la historia de España.*
▶ **páginas amarillas** Guía telefónica en la que

se encuentran los datos de profesionales, establecimientos y empresas, ordenados según los diferentes tipos de servicios que prestan.
OBS Procede de una marca registrada.

paginar v. tr. Ordenar o numerar las páginas de un libro, un cuaderno o un documento.
DER paginación.

pago n. m. **1** Entrega de una cantidad de dinero que se debe: *hizo el primer pago del préstamo.* **2** Cantidad de dinero que se paga. **3** Premio con el que se corresponde a algo que se ha recibido: *y como pago a sus servicios, me complace entregarle este obsequio.*
DER impago.

pagoda n. f. Edificio donde una comunidad religiosa oriental, especialmente la budista, se reúne para rezar o para hacer celebraciones religiosas.

país n. m. **1** Estado independiente. **SIN** nación. **2** Territorio correspondiente a un pueblo o nación. **3** Conjunto de los habitantes de ese territorio: *todo el país seguía el discurso del presidente.*
DER paisaje, paisano.

paisaje n. m. **1** Extensión de terreno que se ve desde un lugar determinado: *pararon junto al camino para admirar el paisaje.* **2** Cuadro o fotografía que representa esa extensión: *el pintor presentó una colección de paisajes.*
DER paisajismo, paisajístico; apaisado.

paisajístico, -ca adj. Que está relacionado con el paisaje.

paisano, -na adj./ n. m. y f. **1** [persona] Que ha nacido en el mismo lugar que otra: *se conocieron en el extranjero y descubrieron que eran paisanos.* **SIN** compatriota. ◆ n. m. y f. **2** Persona que vive y trabaja en el campo.
▶ de paisano Que no lleva uniforme militar: *es policía, pero va de paisano.*

paja n. f. **1** Tallo del trigo y otros cereales una vez seco y separado del grano: *la cosechadora separa el grano de la paja.* **2** Conjunto de esos tallos secos: *el mozo fue a buscar un poco de paja para los caballos.* **3** Brizna de hierba o de otra cosa parecida: *se le metió una paja en el ojo.* **4** Tubo muy delgado de plástico flexible que sirve para beber líquidos absorbiéndolos. **5** Parte poco importante o con poco contenido en un escrito, conversación o asunto. ◆ adj. **6** [color] Que es amarillo claro como el de la paja seca. **NOTA** El plural es invariable.
▶ hacerse una paja *malsonante* Tocarse los órganos sexuales para sentir placer. por un quítame allá esas pajas Por una cosa poco importante: *se enzarzaron en una discusión por un quítame allá esas pajas.*
DER pajar, pajizo, pajolero.

pajar n. m. Lugar donde se guarda la paja.

pájara n. f. Pérdida de las fuerzas que sufren algunos deportistas, especialmente los ciclistas, al hacer un esfuerzo grande.
DER pajarita.

pajarita n. f. **1** Figura que se hace con un papel doblado varias veces y que recuerda la forma de un pájaro. **2** Lazo de tela que se pone alrededor del cuello de una camisa como adorno.

pájaro, -ra n. m. **1** Ave voladora, especialmente si es de pequeño tamaño. pájaro bobo Ave palmípeda marina de plumaje negro y blanco cuyas alas, convertidas en aletas, no le permiten volar. **SIN** pingüino. pájaro carpintero Pájaro de plumaje muy variable que tiene un pico muy fuerte capaz de perforar la madera del tronco de los árboles. **SIN** carpintero, pico. pájaro mosca Pájaro de vivos colores y pequeño tamaño que se alimenta del néctar que aspira de las flores con su largo pico. ◆ n. m. y f. **2** Persona que es hábil para engañar o tiene malas intenciones: *ten cuidado con ese pájaro o te traerá problemas.* **NOTA** Tiene valor despectivo.
▶ pájaro de cuenta Persona en la que no se debe tener confianza debido a su mal comportamiento: *tu tío es un pájaro de cuenta.* matar dos pájaros de un tiro Hacer o lograr dos cosas de una sola vez. tener pájaros en la cabeza Tener poco juicio o demasiada imaginación: *deja de tener pájaros en la cabeza y piensa en el futuro.*
DER pájara, pajarera, pajarería, pajarita, pajarero, pajarraco.

pajarraco, -ca n. m. y f. **1** Persona que es hábil para engañar o tiene malas intenciones: *menudo pajarraco está hecho.* **NOTA** Tiene valor despectivo. ◆ n. m. **2** Pájaro grande y feo. **NOTA** Tiene valor despectivo.

paje n. m. Hombre joven y noble que estaba al servicio de un caballero.
▶ paje de armas Paje que acompañaba a su señor y le llevaba las armas. paje de hacha Paje que alumbraba el camino a su señor en los desplazamientos.

pala n. f. **1** Herramienta grande compuesta por una pieza de madera, plástico o metal plana y rectangular, que está sujeta a un mango largo y que sirve para recoger y trasladar algunas cosas: *cargaba arena con una pala.* **2** Contenido recogido por esta herramienta de una sola vez: *han sacado tres palas de escombros.* **3** Parte ancha y plana de ciertos instrumentos: *las palas de una bisagra.* **4** Parte, generalmente movible, en que termina el brazo de ciertas máquinas y que sirve para recoger una carga: *esa excavadora tiene una pala de gran tamaño.* **5** Plancha que gira alrededor de un eje: *esta hélice tiene tres palas.* SIN aspa, paleta. **6** Tabla redonda de madera, unida a un mango, que sirve para golpear la pelota en distintos juegos: *pala de ping-pong.* SIN paleta. **7** Estructura ovalada de madera que sujeta una red y está unida a un mango y que sirve para golpear la pelota en ciertos juegos. SIN raqueta. **8** Parte superior del calzado que rodea el empeine del pie. **9** Diente con una sola raíz, plano y cortante, que está situado en la parte delantera y superior de la boca humana. SIN incisivo, paleta. **10** Diente que cambia la cría del caballo a los treinta meses.

DER palada, palamenta, paleta, palista.

palabra n. f. **1** Sonido o conjunto de sonidos articulados que representan una idea: *el extranjero no comprendió algunas de las palabras de la conversación.* SIN término. palabra simple Palabra que no se compone de otras de la misma lengua: *«casa» es una palabra simple.* palabra compuesta Palabra que está formada por la unión de otras de la misma lengua: *«abrelatas» y «guardaespaldas» son dos palabras compuestas.* **2** Representación gráfica de estos sonidos, que consiste en un grupo de letras delimitado por espacios: *la palabra «holocausto» se escribe con hache.* **3** Capacidad de expresar el pensamiento por medio del lenguaje articulado: *Raquel no tiene el don de la palabra.* **4** Promesa de que una cosa es verdad o de que se va a hacer lo que se dice: *ha dado su palabra.* NOTA Se puede usar como exclamación. palabra de honor Promesa cuyo cumplimiento está garantizado por la honradez o la reputación de la persona que la hace: *te doy mi palabra de honor que no contaré lo sucedido a nadie.* **5** Fidelidad a una promesa: *es una persona de palabra.* **6** Derecho o turno para hablar: *el señor García tiene la palabra.* ◆ n. f. pl. **7** palabras Dichos que no responden a ninguna realidad: *no lo ha dicho de corazón, solo son palabras.* **8** Dicho o texto de una persona: *no lo he dicho yo, son palabras de Cervantes.*

▶ comerse las palabras Omitir palabras al hablar o escribir. de palabra Por medio de la expresión oral. de pocas palabras [persona] Que suele hablar poco. dejar con la palabra en la boca Dejar de escuchar lo que dice una persona. dirigir la palabra Hablar con alguien: *desde que discutimos, no me dirige la palabra.* en pocas palabras o en una palabra Expresión que introduce una conclusión o un resumen de un razonamiento. medias palabras Sugerencias o insinuaciones acerca de un asunto. medir las palabras Hablar con cuidado para no decir algo que no sea adecuado. ni palabra Nada: *no entiendo ni palabra.* palabra clave Palabra esencial o decisiva para la interpretación de una cosa. palabras mayores **a.** Cosa que puede ofender o insultar. **b.** Cosa o asunto importante: *si hablamos de tanto dinero, eso ya son palabras mayores.* quitar la palabra de la boca **a.** Decir lo que otra persona estaba a punto de expresar: *yo también te iba a sugerir que fuéramos al cine: me has quitado la palabra de la boca.* **b.** Interrumpir a quien está hablando. tener unas palabras Discutir o decirse cosas desagradables dos personas.

DER palabreja, palabrería, palabrota; apalabrar.

palabrota n. f. Palabra o expresión desagradable u ofensiva. SIN taco.

palacete n. m. **1** Palacio pequeño. **2** Casa parecida a un palacio pero más pequeña.

palaciego, -ga adj. **1** Del palacio del rey o que tiene relación con este edificio. SIN palatino. **2** Que es propio de la nobleza cortesana: *intrigas palaciegas.* ◆ adj./ n. m. y f. **3** [persona] Que forma parte de la corte. SIN cortesano.

palacio n. m. **1** Edificio grande y lujoso donde viven los reyes. **2** Casa lujosa y grande donde viven personajes importantes. **3** Edificio público muy grande donde se celebran reuniones, espectáculos o exposiciones: *la conferencia de paz se celebró en el palacio de exposiciones y congresos.*

DER palacete, palaciego.

paladar n. m. **1** Parte interior y superior de la boca de los vertebrados. **2** Capacidad para valorar el sabor de los alimentos: *no tienes paladar.* SIN gusto. **3** Capacidad de valorar una cosa que no es material.

DER paladear.

paladear v. tr. **1** Disfrutar poco a poco el sabor de un alimento o de una bebida: *paladear un gran helado.* SIN saborear. **2** Disfrutar pensando con detenimiento una cosa que agrada: *quiso paladear su última representación en el teatro.* SIN saborear.

paladio n. m. Metal blanco que absorbe el hidrógeno: *el símbolo del paladio es Pd.*

palanca n. f. **1** Barra que se apoya sobre un punto y que sirve para levantar un cuerpo situado en el extremo contrario al que se aplica una fuerza. **2** Pieza que sirve para hacer funcionar un aparato: *movió la palanca y salieron caramelos de la máquina.* **3** Influencia que permite conseguir un beneficio: *tiene una buena palanca en el Ministerio.* **4** Plataforma situada a cierta altura en una piscina y que sirve para tirarse al agua desde ella: *saltos de palanca.*
DER palanqueta, palanquín; apalancar.

palangana n. f. Recipiente circular, ancho y poco profundo que se usaba para lavarse.

palatal adj. **1** ANAT. Del paladar o que tiene relación con esta parte de la boca. **2** GRAM. [sonido] Que se pronuncia acercando la lengua al paladar: *la palabra «llave» empieza por un sonido palatal.* ◆ adj./ n. f. **3** GRAM. [letra] Que representa ese sonido: *consonante palatal.*

palatino, -na adj. **1** Del palacio del rey o que tiene relación con este edificio o con sus habitantes. SIN palaciego. ◆ adj./ n. m. y f. **2** [persona] Que ocupa un cargo destacado en palacio. ◆ adj. **3** ANAT. Del paladar o que tiene relación con esta parte de la boca. ◆ adj./ n. m. **4** ANAT. [hueso] Que forma el paladar.

palco n. m. **1** En los teatros, departamento independiente en forma de balcón que está provisto de asientos para ver un espectáculo: *tengo entradas de palco para asistir a la ópera.* **2** Tarima elevada que se construye para que la gente pueda ver un desfile o una función.
DER antepalco.

palentino, -na adj. **1** De Palencia o que tiene relación con esta provincia castellana o con su capital. ◆ adj./ n. m. y f. **2** [persona] Que es de Palencia.

paleografía n. f. Técnica que consiste en descifrar y datar los documentos, las inscripciones y los textos antiguos y en determinar el lugar del que proceden.
DER paleográfico, paleógrafo.

paleolítico, -ca adj./ n. m. y f. [período de la prehistoria] Que está comprendido entre la aparición de los primeros seres humanos y el descubrimiento de la agricultura y la ganadería.

paleontología n. f. Disciplina que estudia los fósiles.
DER paleontológico, paleontólogo.

palestino, -na adj. **1** De Palestina o relacionado con esta zona de Oriente Medio. ◆ adj./ n. m. y f. **2** [persona] Que es de Palestina.

palestra n. f. **1** Lugar en el que se celebraban luchas y competiciones de carácter deportivo. **2** Lugar en el que se celebran ejercicios literarios públicos o desde donde se habla al público: *el político subió a la palestra.*
▶ salir o saltar a la palestra **a.** Intervenir en una competición o en una discusión: *para defender sus ideas salió a la palestra.* **b.** Darse a conocer ante el público y convertirse en el centro de atención: *un nuevo caso de corrupción ha saltado a la palestra.*

paleta n. f. **1** Tabla pequeña con un agujero en uno de sus extremos para meter el dedo pulgar y sobre la que el pintor mezcla y compone los colores para pintar al óleo. **2** Conjunto o serie de colores utilizados en una obra por un pintor: *la paleta de este pintor tiene colores muy suaves.* SIN colorido. **3** Utensilio de cocina que consiste en una plancha metálica redonda unida a un mango largo: *la paleta sirve para sacar la comida de la sartén cuando está lista.* **4** Herramienta formada por una plancha triangular metálica unida a un mango de madera que utilizan los albañiles para extender la argamasa. **5** Plancha que gira alrededor de un eje: *las paletas de un ventilador.* SIN aspa, pala. **6** Diente con una sola raíz, plano y cortante, situado en la parte delantera superior de la boca. SIN incisivo, pala. **7** Tabla de madera de forma redonda, unida a un mango, que sirve para golpear la pelota en distintos juegos: *las paletas se utilizan en el tenis de mesa.* SIN pala.
DER paletada, paletear, paletilla, paletón.

paleto, -ta adj./ n. m. y f. *despectivo* **1** [persona] Que ha nacido en un pueblo pequeño o en el campo. NOTA Se usa como apelativo. **2** *despectivo* [persona] Que tiene malos modos o que es poco educado y refinado: *es un paleto, no sabe comportarse.* NOTA Tiene valor despectivo.

paliar v. tr. **1** Calmar o hacer menos intenso un dolor o una enfermedad. SIN mitigar, aliviar. ANT exacerbar. **2** Atenuar la gravedad de un hecho o de una situación: *paliar un error.*

OBS En su conjugación, la *i* es átona, como en *cambiar*.

paliativo, -va adj./ n. m. Que sirve para atenuar o suavizar los efectos de algo negativo, como un dolor, un sufrimiento o un castigo.

palidecer v. intr. **1** Ponerse pálido. **2** Perder o disminuir el valor o la importancia: *su prestigio palideció.*

OBS En su conjugación, la *c* se convierte en *zc* delante de *a* y *o*, como en *agradecer*.

palidez n. f. Característica del color que ha perdido intensidad o de la persona que está o se ha quedado pálida.

pálido, -da adj. **1** Que ha perdido su color de piel natural y es más claro y menos rosado de lo normal: *tienes la cara pálida, ¿te encuentras mal?* **2** [color] Que no es fuerte o intenso, que tiene gran parte de blanco en su mezcla: *rosa pálido.* **ANT** vivo.

DER palidecer, palidez, paliducho.

palillo n. m. **1** Palo de madera pequeño, delgado y afilado en ambos extremos que sirve para pinchar los alimentos o para limpiarse los dientes. **SIN** mondadientes. **2** Persona muy delgada: *come más, que estás hecho un palillo.* ◆ n. m. pl. **3** palillos Par de palos largos y delgados que se utilizan para comer en algunos países orientales: *los chinos comen el arroz con palillos.* **4** Par de palos redondos y con uno de los extremos acabado en cabeza que sirven para tocar el tambor.

DER palillero.

palíndromo n. m. Palabra o conjunto de palabras que se leen igual de izquierda a derecha que de derecha a izquierda: *«Ana» y «dábale arroz a la zorra el abad» son ejemplos de palíndromos.*

palio n. m. Dosel de tela lujosa colocado sobre un armazón de cuatro o más varas largas que transportan varias personas y bajo el cual va la Eucaristía, alguna imagen religiosa o una persona importante (el Papa, algunos jefes de Estado o algunos prelados) en una procesión religiosa u otra ceremonia: *el Papa va bajo palio en las procesiones.*

palique n. m. Conversación larga y sin un fin determinado sobre temas poco importantes: *estuvieron de palique más de dos horas después de comer.* **SIN** charla.

palisandro n. m. Madera de color rojo oscuro, veteada de negro, que se obtiene de varios árboles tropicales; es muy apreciada en ebanistería.

paliza n. f. **1** Cantidad grande de golpes que se da o se recibe. **SIN** zurra. **2** Derrota sufrida en una competición deportiva o en un juego: *el equipo local dio una buena paliza al visitante.* **3** Trabajo o esfuerzo duro y cansado: *me he dado una paliza estudiando.* ◆ n. com. **4** Persona que molesta y cansa: *mira, por ahí viene el paliza de Antonio.* **SIN** pesado.

▶ dar la paliza Molestar o cansar con una conversación pesada: *no me des la paliza, que no me vas a convencer.*

palma n. f. **1** Parte interior de la mano que va desde la muñeca hasta el inicio de los dedos: *apoyó las palmas de las manos en la mesa.* **2** Parte inferior de la pata de los caballos y otros animales: *el caballo se clavó una astilla en la palma y cojeaba.* **3** Árbol muy alto que tiene un tronco áspero y cilíndrico terminado en hojas grandes; sus flores son blancas y olorosas y su fruto, que pende en racimos debajo de las hojas, es comestible. **SIN** palmera. **4** Planta que pertenece a una familia que se caracteriza por tener el tronco leñoso, alto y terminado en un conjunto de hojas grandes y siempre verdes: *la palmera, el palmito y el cocotero son palmas.* **5** Hoja de esa planta, especialmente la amarillenta. **6** Victoria, fama y honor reconocido por todos: *la palma fue para la tenista.* ◆ n. f. pl. **7** palmas Golpe que se da chocando las manos abiertas una con otra: *el público daba palmas al compás de la música.* **SIN** aplauso, palmada.

▶ batir palmas o tocar las palmas Golpear las palmas de las manos para acompañar el ritmo del canto y el baile flamenco: *el cantaor batía palmas.* conocer como la palma de la mano Conocer una cosa muy bien. llevar en palmas Tratar con mucho cariño a una persona, teniendo toda clase de atenciones con ella: *cuando viene mi tía, todos la llevamos en palmas.* llevarse la palma Sobresalir en un aspecto o superar a otras personas en una actividad: *te llevas la palma de la tontería.*

DER palmada, palmear, palmera, palmero, palmo, palmotear.

palmada n. f. **1** Golpe dado con la palma de la mano: *me saludó con una palmada en la espalda.* **2** Golpe que se da chocando las manos abiertas una contra otra: *el maestro dio unas palmadas para que se callaran los niños.* ◆ n. f. pl. **3** palmadas Ruido que se hace golpeando las palmas de las manos una con otra. **SIN** aplauso.

palmar n. m. **1** Lugar donde hay muchas palmeras. SIN palmeral. ◆ v. intr. **2** Dejar de vivir: *si no te cuidas, palmarás antes de tiempo.* SIN morir.

palmarés n. m. **1** Conjunto de éxitos, méritos o victorias conseguidos, especialmente, en deporte: *logró otra medalla para su palmarés.* **2** Conjunto de los ganadores de una competición, especialmente, deportiva: *es difícil figurar en el palmarés.*

palmatoria n. f. Utensilio con forma de plato pequeño y con un soporte en forma de cilindro en el centro que sirve para sostener una vela.

palmear v. intr. **1** Dar palmadas con las manos. ◆ v. tr. **2** En baloncesto, impulsar la pelota lanzada por otro jugador dentro de la canasta para marcar un tanto.

palmera n. f. **1** Árbol de tronco recto y alto, con la copa sin ramas formada por hojas muy grandes con el nervio central recto y consistente, con flores blancas y fruto comestible. **2** Dulce de hojaldre que tiene forma de corazón.
DER palmeral.

palmeral n. m. Lugar donde hay muchas palmeras.

palmero, -ra n. m. y f. **1** Persona que cuida una plantación de palmeras. **2** Persona que acompaña el cante flamenco tocando las palmas.

palmípedo, -da adj. [ave] Que tiene los dedos de los pies unidos por membranas.

palmito n. m. **1** Árbol de la familia de las palmas, con el tronco subterráneo, las hojas en forma de abanico y las flores amarillas. **2** Tallo comestible, blanco, grueso y cilíndrico, que se encuentra dentro del tronco de ese árbol. **3** Cuerpo o tipo de una mujer esbelta o atractiva: *se compra ropa ajustada para lucir el palmito.*

palmo n. m. Medida de longitud que equivale a 20 centímetros, que es, aproximadamente, la distancia que hay desde el extremo del pulgar de una mano abierta y extendida hasta el dedo meñique.
▶ dejar con un palmo de narices Hacer que una persona sufra una decepción por no hacer o tener lo que esperaba. palmo a palmo **a.** Con lentitud o con dificultad: *el atleta fue ganando terreno palmo a palmo.* **b.** Con atención, detalle y minuciosidad: *he explorado el terreno palmo a palmo.*
DER palmito.

palmotear v. intr. Dar palmadas como muestra de alegría o satisfacción.
DER palmoteo.

palo n. m. **1** Trozo de madera más largo que grueso y, generalmente, de forma cilíndrica. **2** Golpe que se da con un trozo de madera de este tipo. **3** Serie de cartas con una característica en común y que, junto con otras tres series, forma una baraja: *los palos de la baraja española son cuatro: oros, copas, espadas y bastos.* **4** Madera: *cuchara de palo.* **5** Trozo de madera largo y redondo colocado en vertical que sirve para sostener las velas de un barco. SIN mástil. **6** Experiencia desagradable o situación difícil que causa molestias o daños: *es un palo tener que levantarse a las seis de la mañana.* **7** Trazo de una letra escrita que sobresale hacia arriba o hacia abajo: *la «b» tiene un palo hacia arriba.* **8** Madero vertical que, junto con otro, sujeta el madero horizontal de una portería de fútbol o de otro deporte: *el balón dio en el palo.* SIN poste. **9** Instrumento largo con el que se golpea la pelota en algunos deportes: *palo de béisbol.*
▶ a palo seco Sin una cosa que ayude o complemente: *se tomó tres copas de anís a palo seco.* dar palos de ciego Hacer una cosa sin saber muy bien lo que se hace ni los resultados o las consecuencias que puede tener: *como no se sabía el tema del examen, se limitó a dar palos de ciego.* no dar un palo al agua No trabajar.
DER palillo, palique, palitroque, palote; apalear, empalar, empalizada.

palomino n. m. **1** Cría de una paloma silvestre. SIN pichón. **2** Mancha de excrementos en la ropa interior de una persona.

palomo, -ma n. m. y f. **1** Ave de cuello corto y cabeza pequeña, que vuela muy rápido y que se puede domesticar. paloma mensajera Paloma que es usada por el hombre para llevar mensajes enrollados en alguna de sus patas de un lugar a otro. paloma torcaz Paloma que suele vivir en el campo y construir su nido en árboles muy altos: *las palomas torcaces tienen el cuerpo de color gris azulado.*
OBS Normalmente, se utiliza la forma femenina, *paloma*, para referirse al animal cuando no se distingue el sexo.
DER palomar, palomilla, palomino, palomita.

palote n. m. Trazo recto y vertical de escritura que hacen las personas que están aprendiendo a escribir.

palpable adj. **1** Que puede tocarse con las manos. **2** Que es claro y fácil de ver: *una prueba palpable.* SIN manifiesto, patente.

palpar v. tr. **1** Tocar con las manos con pequeños golpes para reconocer por el sentido del tacto: *el médico me palpó la barriga para ver dónde me dolía.* ◆ v. tr./ intr. **2** Tocar con las manos los objetos para reconocerlos por falta de luz o visión. SIN tantear. ◆ v. tr. **3** Notar o sentir una cosa tan claramente como si se tocara: *en el campo se palpa la tranquilidad.*

palpitación n. f. **1** Latido del corazón más fuerte y rápido de lo normal. **2** Movimiento involuntario, rápido y repetido de una parte del cuerpo: *cuando estaba nervioso tenía palpitaciones en el párpado.*

palpitante adj. Que despierta la atención y el interés de las personas: *un tema palpitante.*

palpitar v. intr. **1** Moverse con ritmo el corazón para hacer entrar y salir la sangre. SIN latir. **2** Aumentar el movimiento rítmico del corazón a causa de una emoción intensa: *se llevó un susto tan grande que su corazón empezó a palpitar.* **3** Moverse o agitarse un órgano del cuerpo de forma involuntaria, rápida y repetida. **4** Mostrarse o notarse con fuerza un afecto, una pasión o cualquier otro sentimiento fuerte: *su amor por Isabel palpita en su poesía.*

pálpito n. m. Sospecha o presentimiento de que algo va a ocurrir: *por un momento, tuvo el pálpito de que se presentaría.* SIN barruntamiento, corazonada.

palúdico, -ca adj. **1** Relativo a la laguna, pantano o terreno pantanoso. **2** Relativo al paludismo: *fiebre palúdica.* ◆ adj./ n. m. y f. **3** [persona] Que padece paludismo.

paludismo n. m. MED. Enfermedad caracterizada por ataques intermitentes de fiebre muy alta, transmitida por la picadura del mosquito *Anopheles* hembra: *el paludismo se da en zonas pantanosas.* SIN malaria.

palurdo, -da adj. [persona] Que tiene poca educación o escasa formación cultural, y no sabe comportarse con elegancia ni buenos modales en público. SIN paleto.

pamela n. f. Sombrero femenino de paja, de copa baja y ala ancha y flexible; es una prenda usada, sobre todo, en verano para protegerse del sol.

pampa n. f. **1** Vegetación propia de Argentina centroriental que se caracteriza por la ausencia de árboles y por el predominio de las gramíneas. **2** Zona centroriental de Argentina que se caracteriza por tener este tipo de vegetación. NOTA En esta acepción se escribe con mayúscula.

DER pampero.

pamplonés, -nesa adj. **1** De Pamplona, ciudad de España. ◆ adj./ n. m. y f. **2** [persona] Que es de Pamplona.

pamplonica adj. **1** De Pamplona o relacionado con esta ciudad y capital de Navarra. ◆ adj./ n. com. **2** [persona] Que ha nacido en Pamplona.

pan n. m. **1** Alimento hecho con harina, generalmente de trigo, mezclada y amasada con agua, sal y levadura, y cocinado al horno. pan ázimo Pan que se hace sin poner levadura en la masa: *el pan ázimo se come en la Pascua judía.* pan bendito Pan que bendice el sacerdote en la misa y se reparte al pueblo. pan de molde Pan hecho con leche y materias grasas, y se cocina en el horno dentro de un molde rectangular. pan integral Pan que se hace con el trigo entero, sin separar la cáscara del grano: *el pan integral es ideal para la dieta.* pan rallado Pan que está molido y se usa para cocinar: *muchos alimentos se rebozan en huevo y pan rallado antes de freírlos.* **2** Pieza de ese alimento que puede tener varias formas: *compró un pan de un kilo.* **3** Masa esponjosa elaborada con un fruto o una sustancia comestible: *pan de nueces.* **4** Alimento necesario para vivir: *limpia casas para ganarse el pan.* SIN sustento. **5** Lámina muy fina de oro, plata u otros metales que sirve para cubrir objetos y superficies, y darles un aspecto dorado o plateado.

▶ a falta de pan, buenas son tortas Expresión que indica que cuando falta lo importante, hay que conformarse con lo que se tiene. al pan, pan y al vino, vino Expresión con la que se indica que hay que decir las cosas claramente, sin rodeos: *al pan, pan, y al vino, vino: ese chico es tonto.* con su pan se lo coma Expresión con la que se indica falta de interés hacia las acciones o los asuntos de otra persona. contigo pan y cebolla Expresión con la que se indica que una persona siente un amor muy grande por otra aunque no tengan lo suficiente para vivir: *no me importa que te hayan despedido del trabajo, yo contigo pan y cebolla.* estar más bueno que el pan Ser una persona muy atractiva o estar un alimento muy rico: *este pastel está más bueno que el pan.*

ganarse el pan Trabajar para ganar el dinero necesario para vivir. pan sin sal Persona que no tiene gracia al hablar ni al actuar. SIN soso. ser el pan nuestro de cada día Ocurrir con frecuencia: *por desgracia, los accidentes de coche son el pan nuestro de cada día.* ser más bueno que el pan Ser una persona muy bondadosa. ser pan comido Ser muy fácil de hacer o de conseguir: *ese trabajo es pan comido.*

DER panadero, panecillo, panera, panificar; empanar.

pana n. f. Tejido grueso de algodón con pelo muy corto y suave en la superficie que forma rayas paralelas.

panacea n. f. **1** Medicina que se cree que puede curar distintas enfermedades. panacea universal Remedio que buscaban los antiguos alquimistas para curar todas las enfermedades. **2** Remedio o solución para cualquier tipo de problema.

panadería n. f. Establecimiento en el que se hace y se vende pan.

panadero, -ra n. m. y f. Persona que tiene por oficio hacer o vender pan o productos de bollería.

DER panadería.

panal n. m. **1** Conjunto de pequeñas celdas o huecos de forma hexagonal que construyen las abejas dentro de la colmena para guardar la miel y los huevos reproductores. **2** Estructura de algunas cosas, parecida a la que fabrican las abejas. SIN avispero.

panamá n. m. **1** Tejido de algodón de hilo muy grueso y de color claro, sobre el que se suelen bordar figuras y adornos. **2** Sombrero flexible hecho de pita con el ala recogida que usaban antiguamente los hombres en verano.

OBS El plural es *panamás.*

panameño, -ña adj. **1** De Panamá o que tiene relación con este país de América Central. ◆ adj./n. m. y f. **2** [persona] Que es de Panamá.

pancarta n. f. Trozo de papel, de cartulina o de tela de gran tamaño en que se escribe o dibuja una cosa para mostrarla a los demás.

páncreas n. m. Órgano del cuerpo situado en el abdomen que se encarga de producir los jugos que permiten digerir los alimentos.

OBS El plural también es *páncreas.*

DER pancreático.

panda n. f. **1** Grupo de personas que se reúnen habitualmente para divertirse o para realizar una actividad determinada en común: *Julio ha ido con su panda a la discoteca.* SIN pandilla. ◆ n. m. **2** Animal mamífero parecido a un oso que tiene el pelo de color blanco y negro, y se alimenta, principalmente, de vegetales.

DER pandear.

pandereta n. f. Instrumento musical de percusión, formado por una piel fina y tensada sobre un soporte en forma de aro en cuyo borde hay pequeñas chapas de metal que suenan al agitarse el instrumento o golpear la piel.

pandero n. m. **1** Instrumento musical de percusión que está formado por una piel fina y tensada sobre un aro de madera o de metal en cuyo borde puede haber pequeñas chapas metálicas que suenan al agitarse el instrumento o golpear la piel: *el pandero se toca con la mano o con una maza.* **2** Trasero grande de una persona: *con ese pandero no sé cómo se atreve a ponerse pantalones ajustados.*

DER pandereta.

pandilla n. f. Grupo de personas que se reúnen habitualmente para divertirse o para realizar en común una actividad determinada. SIN panda.

panecillo n. m. Pan pequeño y esponjoso, normalmente, de forma redonda o alargada. SIN bollo.

panegírico, -ca n. m. *formal* Discurso o escrito que se hace para alabar a una persona. SIN alabanza, apología.

panel n. m. **1** Cada una de las planchas lisas, generalmente, de forma cuadrada o rectangular, que forman parte de una superficie. **2** Plancha prefabricada de diversos materiales que se usa en construcción para dividir o separar espacios. **3** Plancha o tabla pegada o colgada a la pared en la que se colocan anuncios, avisos y noticias. **4** Cartel grande montado sobre un soporte metálico que sirve para colocar información o propaganda: *en los paneles de la carretera está muy bien indicado cómo llegar al pueblo.* **5** Tablero en el que se encuentran los mandos, los botones y los interruptores necesarios para el funcionamiento de un aparato eléctrico o de un vehículo. SIN cuadro de mandos. **6** Conjunto de personas que participan en un debate o en una discusión pública sobre un tema determinado.

panera n. f. **1** Recipiente o cestilla en el que

se pone el pan para servirlo en la mesa. **2** Recipiente de forma alargada y con tapa corrediza que sirve para guardar el pan en una casa. **3** Recipiente grande, de material flexible, que sirve para transportar grandes cantidades de pan de un sitio a otro.

panfleto n. m. **1** Papel en el que hay escrita propaganda política. **2** Cosa o acción que hace propaganda excesiva de unas ideas o de un comportamiento determinado: *esta película es un panfleto a favor del racismo.*
DER panfletario.

pánico n. m. Miedo muy fuerte e intenso: *cuando se declaró el incendio, cundió el pánico entre los vecinos.* SIN horror, terror.

panificadora n. f. Establecimiento o fábrica donde se elabora pan.

panoli adj. [persona] Que tiene poco carácter o no tiene voluntad: *pero qué panoli eres: te dejas dominar por todos.* SIN parado.

panorama n. m. **1** Vista de una gran extensión de terreno desde un lugar determinado, generalmente alto. SIN paisaje. **2** Aspecto que presenta en conjunto un asunto o una situación: *un panorama económico preocupante.*
DER panorámica, panorámico.

pantalla n. f. **1** Superficie grande, plana y lisa, sobre la que se proyectan imágenes de cine, fotografías o diapositivas. **2** Superficie de cristal en la que se forma la imagen en el televisor, el ordenador y otros aparatos electrónicos. **3** Mundo del cine y la televisión: *una estrella de la pantalla.* pantalla grande Cine: *muchas novelas han sido llevadas a la pantalla grande.* pequeña pantalla Televisión: *hacía un programa en la pequeña pantalla.* **4** Pieza plana y delgada que se coloca ante una fuente de luz para dirigirla hacia un punto concreto o para que no moleste a los ojos: *la lámpara de pie llevaba una pantalla de tela.* **5** Persona o cosa que oculta o hace sombra a otra.
▶ pantalla de humo Persona o cosa que atrae la atención sobre ella desviándola de una cosa o un asunto que no se quiere decir.

pantallazo n. m. Copia que se hace de lo que se muestra en un momento concreto en la pantalla de una computadora. SIN captura de pantalla.

pantalón n. m. Prenda de vestir que se ciñe al cuerpo en la cintura y llega hasta los tobillos, cubriendo cada pierna por separado. SIN captura de pantalla.
▶ llevar los pantalones Mandar o tener autoridad: *en su casa, es la madre la que lleva los pantalones.* ponerse los pantalones Hacer valer una persona su autoridad en una situación de desorden.
OBS Se usa también en plural para hacer referencia a una sola de estas prendas.

pantano n. m. **1** Terreno cubierto por barro y agua estancada, generalmente, con poca profundidad. **2** Lago artificial cerrado por un dique en el que se acumulan las aguas de uno o varios ríos o de la lluvia, para aprovecharlas para el riego y el suministro de agua a diferentes poblaciones. SIN embalse, presa.
DER pantanal, pantanoso; empantanar.

pantanoso, -sa adj. **1** [terreno, zona] Que tiene mucho barro y agua estancada, y es poco profundo. **2** [agua] Que se queda retenida de forma natural en un lugar. **3** Que es difícil o está lleno de peligros y obstáculos: *una cuestión pantanosa.*

panteísmo n. m. Sistema teológico y filosófico según el cual el universo y Dios son una misma realidad.

panteón n. m. Edificio o construcción que sirve para guardar el cuerpo muerto de varias personas, generalmente, de la misma familia. SIN mausoleo.

pantera n. f. Animal mamífero parecido al leopardo, generalmente, de color amarillo, con manchas oscuras y el vientre claro; es muy rápido y fiero, y tiene fuertes uñas que usa para cazar animales.
▶ pantera negra Pantera que tiene el pelo de color negro.
OBS Para indicar el sexo se usa *la pantera macho* y *la pantera hembra.*

pantomima n. f. **1** Representación de teatro en la que los actores no se expresan con palabras, sino haciendo gestos y movimientos con la cara y con el cuerpo. **2** Engaño que se basa en fingir una cosa que en realidad no se siente para conseguir un fin determinado: *aquellas lágrimas eran solo una pantomima para que todos la compadecieran.* SIN comedia, farsa.

pantorrilla n. f. Parte posterior de la pierna de una persona, que va desde debajo de la rodilla hasta el tobillo.

panza n. f. **1** Parte anterior del cuerpo comprendida entre el pecho y las extremidades inferiores, especialmente, cuando está más abultada de lo normal. SIN barriga, tripa, vientre. **2** Parte curva más saliente de un objeto, especialmente de un recipiente. **3** Primera de las cuatro partes del estómago de los rumiantes.

DER pancista, panzada, panzudo; despanzurrar.

panzada n. f. **1** Golpe dado con la panza o recibido en ella: *se ha tirado mal a la piscina y se ha dado una panzada.* **SIN** panzazo. **2** Hartazgo o ingestión excesiva de comida: *nos dimos una panzada de mejillones.* **3** Acción que se realiza con exceso: *una panzada de reír.* **SIN** atracón.

pañal n. m. **1** Pieza con forma de braga hecha de un tejido absorbente, especialmente celulosa, que se les pone a los bebés para absorber y retener los excrementos. **NOTA** Se usa en plural con el mismo significado. ◆ n. m. pl. **2** pañales Conjunto de las ropas que envuelven a un bebé.

▶ estar en pañales Tener una persona poca experiencia en una actividad determinada o estar al comienzo de ella: *tienes que darme un poco más de tiempo, aún estoy en pañales en este trabajo.*

paño n. m. **1** Tejido de lana apretada y tupida. **2** Pieza de tela que tiene distintos usos domésticos y que normalmente tiene forma cuadrada o rectangular: *limpió los cristales con un paño.* paño de cocina Pieza de tela que se emplea en la cocina, especialmente, para limpiarse las manos o secar los cubiertos y la vajilla. **SIN** trapo. **3** Pieza de tela adornada que sirve para decorar cosas y superficies: *un paño de ganchillo cubría la mesa.* **SIN** tapete. **4** Lienzo de tela que se cuelga en la pared para adornarla. **SIN** tapiz. **5** Mancha oscura que sale en la piel. **6** Capa de yeso u otra masa que se da a las paredes.

▶ conocer el paño Conocer muy bien un asunto del que se trata. en paños menores Solamente con la ropa interior. haber paño que cortar Haber mucha materia de la que hablar o mucho trabajo del cual ocuparse. paño de lágrimas Persona que escucha los problemas de alguien y da consejo y ayuda: *mi hermana es mi confidente y mi paño de lágrimas.* paños calientes Obra o dicho que pretenden hacer más suave o más fácil una situación o una acción: *si quieres abandonarme, dímelo sin paños calientes.* ser del mismo paño Tener una persona o una cosa las mismas características que otra: *te conozco muy bien, eres del mismo paño que tu hermano.*

DER pañal, pañito, pañuelo; empañar.

pañuelo n. m. **1** Pieza de tela o papel, pequeña y cuadrada, que sirve para limpiarse la nariz, el sudor u otras cosas. **2** Pieza de tela cuadrada lisa o estampada que se utiliza para adornar o tapar el cuello, los hombros o la cabeza.

papa n. m. **1** Máxima autoridad en la Iglesia católica: *el Papa vive en el Vaticano.* **SIN** pontífice. **NOTA** En esta acepción se escribe con mayúscula. **2** Nombre dado al padre por sus hijos. Se usa como apelativo afectivo. **SIN** papá. **3** Tubérculo comestible de forma redonda o alargada, de color marrón por fuera y blanco o amarillo por dentro, que se usa como alimento. **SIN** patata. **NOTA** Se usa en el español de Andalucía, Canarias y América.

▶ ni papa Nada en absoluto: *no entendía ni papa.* **SIN** ni jota.

DER paparrucha, papilla, papo.

papá n. m. **1** Nombre dado al padre por sus hijos. **SIN** papa. **NOTA** Se usa como apelativo afectivo. ◆ n. m. pl. **2** papás Padre y madre de una persona.

DER papi.

papada n. f. **1** Abultamiento de carne que cuelga bajo la barbilla de una persona, especialmente, si es gruesa. **2** Pliegue de la piel que sobresale en el borde inferior del cuello de algunos animales, como por ejemplo el cerdo o el toro. **SIN** papo.

papagayo n. m. **1** Ave de colores vistosos y pico grueso, con plumas levantadas en la parte superior de la cabeza, y cuatro dedos en cada pata con los que coge la comida para llevársela a la boca. **2** Persona que habla mucho y dice cosas sin sentido y poco interesantes: *es un papagayo y me aburre mucho hablar con él.* **SIN** loro.

papanatas n. com. Persona muy simple, tonta y fácil de engañar. **SIN** panoli.

OBS Se usa como apelativo despectivo. El plural también es *papanatas.*

papar v. tr. **1** Comer cosas blandas que no necesitan ser masticadas: *papar la sopa.* **2** Comer.

papaya n. f. Fruto tropical comestible de forma alargada, de color naranja y con muchas semillas en su interior: *la carne de la papaya es parecida a la del melón.*

papel n. m. **1** Lámina delgada hecha con pasta de fibras vegetales que se utiliza para muchas cosas, como por ejemplo para escribir, envolver cosas o dibujar. papel carbón o

a b c d e f g h i j k l m n ñ o p q r s t u v w x y z

papel de calco Papel que es negro por una de sus caras y se usa para hacer copias de un escrito. papel cebolla Papel transparente y muy fino que sirve, principalmente, para calcar y copiar. papel charol Papel fino, brillante y de algún color por una de sus caras: *los niños hicieron sus disfraces con papel charol de colores.* papel cuché Papel satinado que se usa para hacer copias fotográficas o para hacer revistas ilustradas. papel de aluminio o papel de plata Papel que está hecho con aluminio y se suele usar para envolver alimentos. papel de celofán Papel transparente de colores que está hecho de un material impermeable y se utiliza para envolver: *el ramo de flores estaba envuelto en un papel de celofán de color azul.* papel de embalar Papel resistente, normalmente de color marrón, que se utiliza para envolver cosas duras y hacer paquetes grandes. papel de estraza Papel fuerte y áspero que se usa para envolver cosas poco delicadas: *el papel de estraza suele ser amarillento o de color gris.* papel de fumar Papel muy fino y, generalmente, blanco que sirve para envolver el tabaco y liar cigarrillos. papel de lija Papel fuerte y resistente que tiene granos pequeños y duros en una de sus caras, y sirve para pulir madera y metales. papel de seda Papel muy fino y transparente, que puede ser de varios colores y se usa, principalmente, para envolver o adornar. papel higiénico Papel suave y fino que se vende en rollos y tiene usos sanitarios. papel moneda Billete de banco. papel pinocho Papel fino, arrugado y elástico. papel pintado Papel que tiene dibujos o adornos, se presenta en rollos de, aproximadamente, un metro de largo y se utiliza para recubrir las paredes de una habitación. papel secante Papel esponjoso que se usa para secar la tinta de un escrito. papel vegetal Papel transparente y duro que suelen usar los dibujantes y los delineantes: *los planos de la casa están hechos sobre papel vegetal.* **2** Trozo de esta lámina: *dame un papel, que tengo que apuntar una cosa.* **3** Documento, carta o certificado que se necesita para solucionar un asunto: *no he firmado el contrato porque me falta un papel.* **4** Documento escrito con el que se identifica una persona o una cosa: *la policía los detuvo porque no tenían los papeles en regla.* NOTA Se usa, sobre todo, en plural. **5** Parte de una obra de cine o teatro que tiene que representar un actor: *han dado el papel principal a un actor desconocido.* **6** Personaje representado por un actor: *Ana representa el papel de Julieta.* **7** Función que una persona desempeña en un lugar o en una situación: *el papel del entrenador es fundamental en un equipo de fútbol.*

▶ hacer buen (o mal) papel Quedar bien (o mal) en un sitio o en una situación. papel mojado Documento o cosa que no tiene valor legal: *una fotocopia de la carta es papel mojado, yo necesito el original.*

DER papela, papeleo, papelera, papelero, papeleta, papelina; empapelar, traspapelar.

papeleo n. m. Conjunto de trámites, papeles y documentos que se tienen que cumplimentar para solucionar un asunto: *hay que hacer mucho papeleo para renovar el carné de conducir.*

papelera n. f. **1** Recipiente grande donde se tiran los papeles y los objetos que no sirven. **2** Fábrica donde se elabora papel. **3** Mueble que sirve para escribir y guardar papeles. SIN escritorio.

papelería n. f. Establecimiento en el que se vende papel y otros objetos para escribir o dibujar.

papelero, -ra adj. **1** Del papel o que tiene relación con este material: *la industria papelera.* ◆ n. m. y f. **2** Persona que fabrica o vende papel.

DER papelería.

papeleta n. f. **1** Hoja pequeña de papel en la que figura un número para un sorteo. SIN boleto. **2** Hoja de papel que se usa para votar y en la que está escrito el nombre de la persona o del partido político a quien se vota. **3** Papel en el que está escrita la nota obtenida de un examen. **4** Problema o asunto muy difícil de resolver.

papeo n. m. Comida: *ir a por el papeo.*

papera n. f. **1** Desarrollo excesivo de la glándula tiroides, que aumenta el tamaño de la parte anterior e inferior del cuello. ◆ n. f. pl. **2** paperas Enfermedad en la que se hinchan las glándulas de la saliva situadas en la parte posterior de la boca, debido a la infección causada por un virus.

papila n. f. **1** Bulto muy pequeño en forma de cono que se encuentra en la piel de las personas y de los animales, especialmente, en la lengua. papilas gustativas Papilas que se encuentran en la lengua y que nos permiten distinguir los sabores. **2** Bulto muy pequeño en forma de cono que tienen algunas plantas.

DER papilar.

papilla n. f. **1** Alimento de consistencia cremosa y espesa que se obtiene por la trituración de los diversos alimentos; se emplea, especialmente, en la alimentación infantil y en dietas de personas con problemas digestivos o dentales: *le hice una papilla de cereales al niño.* **2** Sustancia opaca a los rayos X que es utilizada en el estudio radiológico del aparato digestivo: *tomó una papilla de bario para comprobar el tracto intestinal.*

▶ echar la papilla Vomitar todo el alimento contenido en el estómago: *hasta que no echó la papilla no se sintió mejor.* **NOTA** Para dar más énfasis o expresividad se varía la forma de la frase alternando los siguientes elementos: *echar* (o *arrojar*) *hasta la (primera) papilla*. hacer papilla Destrozar moralmente a una persona o materialmente una cosa: *que lo eliminaran en la primera vuelta del concurso le hizo papilla.* hecho papilla [persona, cosa] Que está destrozado: *no me esperaba esa respuesta, me ha dejado hecha papilla.*

papiloma n. m. MED Formación patológica constituida por tejido epitelial que se caracteriza por la hipertrofia de las papilas de la piel o de las membranas mucosas.

papiro n. m. **1** Planta que procede de Oriente Medio, de hojas largas y estrechas y tallo alto, hueco y liso. **2** Lámina flexible y delicada sacada del tallo de esa planta, que se emplea para escribir o dibujar en ella: *los egipcios, los griegos y los romanos usaron el papiro.* **3** Texto o dibujo realizado en esa lámina.

papiroflexia n. f. Técnica de realizar figuras con papel realizando diversos dobleces en una hoja.

papo n. m. **1** Parte abultada que tienen algunos animales bajo la cara, entre la barbilla y el cuello. **SIN** papada. **2** Bolsa que tienen las aves en el interior de la garganta y que les sirve para guardar los alimentos: *los pájaros guardan la comida en el papo.* **SIN** buche.

DER papada, papera; empapuzar, sopapo.

paquebote n. m. Embarcación que transporta viajeros y correo.

paquete n. m. **1** Objeto o conjunto de objetos atados o envueltos de una forma determinada para ser transportados: *compró un paquete de folios en la papelería del pueblo.* paquete postal Objeto envuelto o metido en una caja que se envía por correo. **2** Papel, cartón, plástico u otro material flexible que envuelve o contiene un conjunto de cosas: *se comió las galletas y tiró el paquete a la papelera.* **3** Conjunto de cosas de la misma especie o que tienen relación entre sí: *hay que organizar toda esta información en paquetes.* paquete de acciones ECON. Conjunto de acciones de una sociedad que pertenecen a un solo dueño. paquete de medidas Conjunto de decisiones tomadas con un fin determinado. **4** Persona que acompaña al conductor en un vehículo de dos ruedas: *ella conduce la moto y su novio va de paquete.* **5** Castigo, bronca o multa que se le da a una persona que se ha portado mal: *el sargento le metió un paquete a uno de los soldados.* **NOTA** Se suele usar con el verbo *meter.* **6** Abultamiento formado por los testículos y el órgano sexual masculino: *con esos pantalones ajustados va marcando paquete.*

DER paquetería; empaquetar.

paquidermo adj./ n. m. [animal] Que es mamífero, de piel muy gruesa y dura, grande y pesado, y que se alimenta, generalmente, de vegetales: *los elefantes y los hipopótamos son paquidermos.*

paquistaní adj. **1** De Paquistán o relacionado con este estado de Asia meridional. ◆ adj./ n. com. **2** [persona] Que es de Paquistán.

par adj. **1** [número] Que se puede dividir por dos: *el 44 es un número par.* **ANT** impar, non. **2** Que es igual o muy parecido: *los calcetines que llevas no son pares.* **3** ZOOL. [órgano] Que es igual a otro y ocupa una posición simétrica: *los ojos y las orejas son órganos pares.* ◆ n. m. **4** Conjunto de dos personas, animales o cosas de la misma especie o que tienen alguna característica común: *tu hermano y tú sois un par de tontos.* **SIN** pareja.

▶ a la par **a.** Al mismo tiempo: *no es bueno trabajar y comer a la par.* **b.** A la vez o además: *es sensible y, a la par, inteligente.* a pares De dos en dos: *comía los bombones a pares.* de par en par Abierto por completo: *las puertas y las ventanas estaban abiertas de par en par.* pares y nones Juego que consiste en adivinar si la suma de los elementos que esconden los jugadores será un número que se puede dividir por dos o no: *lo sorteamos a pares y nones.* sin par Que no tiene igual y no hay nada ni nadie que pueda superar sus buenas cualidades. **SIN** incomparable.

DER parear, pareja, parejo, paridad; dispar, impar.

para prep. **1** Indica finalidad o utilidad: *fue al cine para distraerse.* **2** Introduce un objeto indirecto añadiendo la idea de finalidad: *compraremos un juguete para el niño.* SIN a. **3** Indica la dirección de un movimiento hacia el punto al que se dirige: *salgo para Madrid.* SIN a, hacia. **4** Indica el tiempo aproximado en el que será ejecutada una acción: *volveremos para las fiestas de Navidad.* SIN hacia. **5** Indica capacidad o uso: *este jarabe es para la tos.* **6** Indica comparación u oposición: *este niño habla muy bien para lo pequeño que es.* **7** Indica causa o razón: *¿Para qué te levantas tan temprano?* **8** Indica la proximidad de que ocurra una acción: *toda la tarde estuvo para llover y decidimos no salir.*

▶ para con En relación con: *fue bueno para con toda su familia.* para eso Indica desprecio hacia una cosa, por ser demasiado fácil o por ser inútil: *para eso, mejor que no hubieras venido.* para mí Según mi opinión: *para mí que estudias demasiado.* que para qué Que es excesivo en tamaño, importancia o intensidad: *hacía un frío que para qué.*

para-, pará- Prefijo que entre en la formación de palabras con el significado de 'junto a', 'al margen de', 'contra': *paradoja.*

parábola n. f. **1** Cuento imaginario y simbólico del que se extrae una enseñanza moral: *Jesucristo explicaba sus doctrinas con parábolas.* **2** MAT. Curva abierta formada por dos líneas simétricas respecto a un eje.

DER parabólico, paraboloide.

parabólico, -ca adj. **1** De figura de parábola o curva abierta: *según la trayectoria que describe el balón, hablamos de pases tensos, parabólicos o en rebote.* ◆ adj./ n. f. **2** [antena de televisión] Que recibe la señal de las televisiones que emiten vía satélite: *instalaron la parabólica en la azotea.*

parabrisas n. m. Cristal delantero de un automóvil, que resguarda a los ocupantes cuando este está en marcha: *en el accidente el parabrisas se rompió.*

OBS El plural es *parabrisas.*

paracaídas n. m. **1** Aparato formado por una gran pieza de tela ligera y resistente, generalmente en forma rectangular o de media esfera, que se sujeta con cuerdas a un cuerpo y que, al soltarse desde una altura, se abre y cae lentamente, regulando la velocidad de caída del cuerpo al que va atado y evitando que se dañe: *el piloto se tiró del avión en paracaídas.* **2** Cosa que sirve para evitar o disminuir el golpe de una caída.

OBS El plural también es *paracaídas.*

DER paracaidismo.

paracaidismo n. m. **1** Técnica de salto con paracaídas desde un avión: *el paracaidismo como actividad militar se inició en la década de 1930.* **2** Deporte que consiste en saltar con paracaídas desde un avión, una montaña u otra altura.

paracaidista adj. **1** Del paracaidismo o relacionado con esta actividad militar o deportiva: *aprendió diversas técnicas paracaidistas.* ◆ n. com. **2** Persona que practica el paracaidismo: *paracaidistas expertos fueron contratados para la búsqueda.*

paracetamol n. m. Medicamento que se emplea como analgésico y antipirético.

parachoques n. m. Pieza de los automóviles colocada en su parte delantera o trasera que sirve para disminuir el efecto de los golpes: *gracias al parachoques, salieron ilesos.*

OBS El plural también es *parachoques.*

parada n. f. **1** Interrupción o fin de un movimiento, de una acción o de una actividad. SIN detención. **2** Lugar en el que se detienen los vehículos de transporte público para recoger o dejar viajeros. **3** Lugar en el que hay que detenerse por una causa determinada: *este museo es parada obligada de los turistas.* **4** Tropas militares que están puestas en formación para desfilar o pasar revista.

▶ parada nupcial Comportamiento y reunión de algunos animales durante la época de reproducción, en la cual el macho intenta fecundar a la hembra.

paradero n. m. Lugar o sitio donde está una persona o una cosa: *todavía no han dado con el paradero del estafador.*

paradigma n. m. **1** Ejemplo o modelo de algo. SIN canon, prototipo. **2** GRAM. Conjunto de unidades que pueden sustituir a otra en un mismo contexto porque cumplen la misma función y están relacionadas.

DER paradigmático.

paradisíaco, -ca o **paradisiaco, -ca** adj. Del paraíso o que tiene unas características parecidas: *en esta isla del Caribe hay unas playas paradisíacas.*

parado, -da adj./ n. m. y f. **1** [persona] Que no tiene trabajo. SIN desempleado. ◆ adj. **2** Que es tímido y no sabe cómo comportarse ante los demás en situaciones comunes y usuales.

3 Sorprendido o sin saber qué hacer ni qué decir: *al comunicarme la noticia me quedé parado.* NOTA Se suele usar con los verbos *quedar* y *dejar.* ▶ salir bien (o mal) parado Resultar una persona bien o mal favorecida en un asunto: *salió muy mal parado del accidente.*

paradoja n. f. **1** Hecho o dicho extraño que es contrario a la opinión general de la gente o que encierra una contradicción: *es una paradoja que sea tan friolero y le guste tanto la nieve.* **2** Figura retórica que consiste en poner en relación dos ideas o conceptos aparentemente opuestos, aunque en el fondo no lo son: *la frase vivo sin vivir en mí es una paradoja.*
DER paradójico, paradojismo.

paradójico, -ca adj. Que encierra una paradoja o contradicción. SIN contradictorio.

parador n. m. Hotel que depende de algún organismo oficial y que presta un servicio de gran calidad, con instalaciones conformes al arte, el estilo o las tradiciones típicas de la región en la que se encuentra.

parafernalia n. f. **1** Conjunto de instrumentos o aparatos que se necesitan para un fin determinado. **2** Conjunto de cosas y aparatos ostentosos que acompañan a una persona o un acto importante. SIN pompa.

parafrasear v. tr. *formal* Explicar o interpretar un texto usando palabras diferentes de las originales.

paráfrasis n. f. Interpretación de un texto con la intención de explicar o aclarar su significado.
OBS El plural también es *paráfrasis.*

parágrafo n. m. Parte de un texto entre dos puntos y aparte. SIN párrafo.

paraguas n. m. **1** Utensilio portátil que sirve para protegerse de la lluvia, y que está formado por un bastón que sostiene unas varillas plegables cubiertas por una tela impermeable. **2** Persona o cosa que sirve para resguardarse o protegerse.
OBS El plural también es *paraguas.*
DER paragüero.

paraguayo, -ya adj. **1** De Paraguay o que tiene relación con este país de América del Sur. ◆ adj./ n. m. y f. **2** [persona] Que es de Paraguay.

paragüero n. m. **1** Recipiente parecido a un cubo que sirve para guardar los paraguas. **2** Mueble propio de los recibidores de las casas en el que se dejan los abrigos, los sombreros y los paraguas.

paraíso n. m. **1** Según el Antiguo Testamento, lugar donde Dios puso a vivir al primer hombre y a la primera mujer. SIN edén. NOTA En esta acepción se escribe con mayúscula. **2** Según los cristianos, lugar en el que los santos y los espíritus de los justos gozan de la compañía de Dios para siempre. SIN cielo. NOTA En esta acepción se escribe con mayúscula. **3** Lugar muy bello, tranquilo y agradable: *aquella playa mediterránea era un auténtico paraíso.* **4** Conjunto de asientos que hay en el piso más alto de los teatros y cines: *el paraíso es lo más barato del teatro.*

paraje n. m. Lugar al aire libre, especialmente, si está alejado: *nadie había visitado aquellos parajes.*

paralela n. f. **1** MAT. Línea que no se encuentra nunca con otra porque todos sus puntos están a la misma distancia. ◆ n. f. pl. **2** paralelas Aparato formado por dos barras paralelas a la misma altura del suelo que sirve para realizar sobre él ejercicios de gimnasia y equilibrio. SIN barras paralelas.

paralelepípedo n. m. MAT. Cuerpo con seis caras iguales de cuatro lados cada una, siendo paralelas las opuestas entre sí.

paralelismo n. m. **1** Igualdad de distancia entre todos los puntos de dos o más líneas o planos. **2** Figura literaria y artística que consiste en repetir una misma estructura varias veces, pero alterando algún elemento. **3** Relación de semejanza que hay entre dos o más cosas: *el paralelismo entre los dos exámenes era tan grande que el profesor pensó que uno de los dos alumnos había copiado.*

paralelo, -la adj. **1** Que está colocado al lado de otra cosa, en la misma dirección y sin llegarse a tocar nunca con ella: *los rieles del tren son paralelos.* **2** Que se parece o que tiene relación o puntos en común con otra cosa: *los dos filósofos tenían un pensamiento paralelo.* SIN parecido, semejante. **3** Que ocurre al mismo tiempo que otra acción: *los terroristas han cometido atentados paralelos en varias ciudades.* SIN simultáneo. **4** MAT. [línea, plano] Que no puede cortar nunca otra línea u otro plano porque todos sus puntos están a la misma distancia del otro. ◆ n. m. **5** Comparación o relación de igualdad: *el autor del libro establece un paralelo entre la vida del protagonista y la del país entero.* **6** Cada uno de los círculos imaginarios que rodean la Tierra de forma horizontal y que se encuentran

entre el ecuador y los dos polos del globo terráqueo: *los paralelos sirven para determinar la latitud de un lugar.*
▶ en paralelo En electricidad, circuito que tiene colocados los componentes con los polos iguales unidos entre sí: *las resistencias en paralelo son más efectivas que en serie.* SIN en derivación.
DER paralela, paralelismo.
paralelogramo n. m. Figura geométrica plana de cuatro lados, de los cuales los opuestos son iguales y paralelos entre sí: *un rectángulo es un paralelogramo.*
paralimpiada o **paralimpíada** n. f. Conjunto de competiciones deportivas paralelas a los Juegos Olímpicos en las que solo participan disminuidos físicos. SIN paraolimpiada.
paralímpico, -ca adj. De la paralimpiada o que tiene relación con esta competición deportiva: *corredor paralímpico.* SIN paraolímpico.
parálisis n. f. Pérdida total o parcial de la capacidad de movimiento de una o más partes del cuerpo, debida, generalmente, a un daño sufrido por el sistema nervioso.
DER paralítico, paralizar.
paralítico, -ca adj. Que ha perdido total o parcialmente la capacidad de movimiento de una o más partes del cuerpo, debido, generalmente, a un daño del sistema nervioso.
paralizante adj. Que paraliza: *terror paralizante; gas paralizante.*
paralizar v. tr. **1** Hacer perder la capacidad de movimiento del cuerpo o de un órgano: *la enfermedad le ha paralizado el lado izquierdo de la cara.* SIN inmovilizar. **2** Detener la acción o el movimiento: *la crisis política paralizó la economía del país.* SIN frenar, parar. ANT mover. ◆ v. tr. **3** Dejar a alguien sin capacidad de reacción o movimiento: *el miedo me paralizaba y no era capaz de actuar.*
OBS En su conjugación, la *z* se convierte en *c* delante de *e*.
DER paralización.
paramento n. m. **1** Prenda que cubre y, a la vez, adorna una superficie: *el tapiz de la pared era un paramento muy elegante.* SIN ornamento. **2** Cara de una pared o muro.
parámetro n. m. **1** Elemento o dato fijo que se ha de tener en cuenta al analizar un asunto: *vamos a calificar el examen teniendo en cuenta dos parámetros: la claridad y la concisión.* **2** MAT. Constante que aparece en una ecuación y que tiene un valor variable que se fija a voluntad: *a, b y c son parámetros de las ecuaciones de segundo grado.*
paramilitar adj./ n. com. **1** [asociación, persona] Que copia la organización y distintivos de cuerpos militares y es de ideología reaccionaria: *organizaciones paramilitares.* ◆ adj. **2** Que es propio o característico de esas asociaciones o personas: *recibió una educación paramilitar.*
páramo n. m. **1** Llanura elevada y árida, donde hace mucho frío. **2** Terreno llano y seco, donde las plantas son pobres y escasas.
paranoia n. f. Enfermedad mental grave por la que el enfermo tiene imaginaciones fijas, obsesivas y absurdas, como por ejemplo la idea de que alguien lo está persiguiendo: *Se sabe que la paranoia es un estado de delirio.*
DER paranoico.
paranoico, -ca adj. **1** De la paranoia o que tiene relación con esta enfermedad mental: *fantasía paranoica.* ◆ adj./ n. m. y f. **2** [persona] Que padece una paranoia.
parapente n. m. Actividad deportiva que consiste en lanzarse corriendo desde una pendiente pronunciada con un paracaídas desplegado y descender lentamente hasta una zona más baja.
parapetado, -da adj. Que está resguardado detrás de un objeto o de un lugar que le sirve de protección.
parapetar v. tr. **1** Resguardar o proteger a una persona o cosa de algo que puede molestar o hacer daño, especialmente, con una cosa que sirva de parapeto: *me parapeté bajo un balcón hasta que pasó el chaparrón.* **2** parapetarse ◆ v. prnl. Librarse de hacer una cosa o resistirse a hacerla dando una razón determinada: *la acusada se parapetaba en su silencio y no aclaraba los hechos.*
DER parapetado.
paraplejia o **paraplejía** n. f. Parálisis de la mitad inferior del cuerpo que se debe a una lesión nerviosa sufrida en el cerebro o en la médula espinal: *padece paraplejía como consecuencia de un accidente.*
parapléjico, -ca adj. **1** De la paraplejía o que tiene relación con este tipo de parálisis. ◆ adj./ n. m. y f. **2** [persona] Que padece paraplejía: *quedar parapléjico.*
parar v. tr./ intr./ prnl. **1** Hacer que deje de producirse un movimiento o una acción: *el portero paró el balón con gran rapidez.* SIN detener.

◆ v. intr. **2** Finalizar o terminar una cosa, o llegar al final de un recorrido: *este tren para en Barcelona.* **3** Llegar una cosa determinada a ser propiedad de una persona: *las joyas fueron a parar a manos de un coleccionista.* **4** Estar o vivir durante un tiempo o de manera habitual en un lugar: *no sabemos dónde para Alfredo últimamente.* ◆ v. prnl. **5 pararse** Realizar una acción de pensamiento poniendo mucha atención y cuidado: *antes de hablar, párate a pensar lo que vas a decir.* **NOTA** Se usa seguido de la preposición *a* y un infinitivo.

▶ **¡dónde iremos a parar!** Expresión que indica sorpresa, confusión o alteración del ánimo ante una situación: *¡madre mía, qué cosas inventa la gente!, ¡dónde iremos a parar!* **¡dónde va a parar!** Expresión que se usa para alabar las cualidades de una cosa en comparación con otra. **ir a parar** Dirigirse y desembocar una cosa en un lugar determinado después de recorrer una distancia: *los ríos van a parar al mar.* **no parar** Trabajar mucho o esforzarse para conseguir una cosa: *la joven no paró hasta lograr una entrevista con el director.* **no parar en** No aparecer mucho por un lugar: *está todo el día fuera, no para en casa ni para comer.* **sin parar** Continuamente o sin descanso. **y para de contar** Y nada más: *te compraremos la camisa, los pantalones y para de contar.*

DER parada, paradero, parado, parador, paraje, paro; amparar, comparar, deparar, disparar, imparable, preparar, reparar.

pararrayos o **pararrayo** n. m. Aparato para proteger un edificio de los rayos que consiste en una o más barras metálicas terminadas en punta y unidas por un extremo con la tierra por medio de conductores metálicos; se coloca verticalmente en lo alto de los edificios: *los pararrayos están compuestos por una barra de hierro.*

OBS El plural es *pararrayos.*

pararrayos n. m. Aparato formado por una o más barras metálicas terminadas en punta y unidas por un extremo con la tierra o con el agua, que se coloca verticalmente en lo alto de los edificios para protegerlos de los rayos.

OBS El plural también es *pararrayos.*

parasíntesis n. f. GRAM. Procedimiento para formar palabras nuevas por medio de la adición de un prefijo y un sufijo a una palabra; también es parasíntesis cuando se forma una palabra mediante la composición de dos palabras a las que se añade un sufijo: *las palabras «encañonar» y «picapedrero» se han formado por el procedimiento de la parasíntesis.*

OBS El plural también es *parasíntesis.*

parasintético, -ca adj./ n. m. GRAM. [palabra] Que se ha formado por parasíntesis: *las palabras «ropavejero» y «desalmar» son parasintéticas.*

parasitario, -ria adj. De los parásitos o que tiene relación con estos organismos: *enfermedad parasitaria.*

DER antiparasitario.

parasitismo n. m. **1** Sistema de vida que tienen los parásitos. **2** Comportamiento o modo de vida de la persona que vive aprovechándose de otra.

parásito, -ta adj. **1** [animal, planta] Que vive alimentándose de las sustancias elaborado por otro ser de distinta especie y causándole un daño. ◆ n. m. y f. **2** Persona que vive aprovechándose de otra: *ese hombre es un parásito que vive a costa de su familia sin pegar ni golpe.*

DER parasitario, parasitismo, parasitología.

parasol n. m. **1** Utensilio plegable, parecido a un gran paraguas y fijado al suelo por un soporte, que sirve para dar sombra. **SIN** quitasol, sombrilla. **2** Pieza móvil de material duro colocada en la parte interior de un automóvil sobre el parabrisas, que sirve para evitar que el reflejo del sol moleste al conductor o a su acompañante.

parca n. f. LIT. En el lenguaje poético y literario, ser imaginario con figura de vieja que quita la vida a las personas. **SIN** muerte.

parcela n. f. **1** Terreno de pequeñas dimensiones, normalmente, dedicado al cultivo. **2** Terreno que pertenece a una persona y que está registrado legalmente. **SIN** finca. **3** Parte pequeña de una cosa: *le interesa estudiar biología, pero únicamente se centrará en una parcela de esa ciencia.*

parcelar v. tr. **1** Dividir un terreno en partes más pequeñas. **2** Medir y señalar los límites de un terreno, determinando su valor, para registrarlos legalmente.

DER parcelación, parcelario.

parche n. m. **1** Pieza de tela, papel, plástico u otro material flexible, que se pega sobre una superficie para tapar un agujero o una abertura: *llevo parches por si se pincha la rueda de la bicicleta.* **2** Pieza de tela o de plástico que contiene una medicina por una de sus caras y que se pega sobre una parte del cuerpo herida, enferma o dolorida. **3** Retoque que se añade a la forma original de una cosa, y la estropea o desentona en el conjunto, especialmente, en una obra artística: *el rascacielos es un parche en ese barrio de casa bajas.* **4** Arreglo provisional que se hace para solucionar un problema o para mejorar una situación: *poniendo parches no solucionaremos nada, hay que arreglar la situación por completo.* **5** Piel del tambor y de otros instrumentos de percusión, como por ejemplo la pandereta.

▶ **¡ojo al parche!** Expresión que indica que hay que tener mucho cuidado o poner gran atención: *¡ojo al parche, que en esta carretera hay muchas curvas!*

DER parchear.

parchís n. m. **1** Juego de mesa en el que cada jugador debe completar un recorrido y hacer llegar sus cuatro fichas a un cuadro central antes que los demás, avanzando tantas casillas como indique el dado que tira cada vez que es su turno. **2** Conjunto del tablero, los dados y las fichas con que se juega a este juego.

parcial adj. **1** Que no está completo o acabado: *hubo un eclipse parcial de sol.* **ANT** total. **2** Que se inclina injustamente en favor o en contra de una persona o cosa al juzgar un asunto. **SIN** subjetivo. **ANT** imparcial, objetivo. ◆ adj./n. m. **3** [examen] Que trata solamente una parte de la materia: *estoy preparando el parcial de geografía.*

DER parcialidad; imparcial.

parco, -ca adj. **1** [persona] Que es moderado y no le gusta excederse en las cosas: *parco en palabras.* **SIN** sobrio. **2** Que es escaso. **SIN** exiguo. **ANT** abundante.

DER parquedad.

pardillo, -lla adj./n. m. y f. **1** [persona] Que es poco inteligente y se deja engañar con facilidad. **SIN** primo. ◆ n. m. **2** Pájaro de cabeza y pecho rojos, vientre blanco y el resto del cuerpo de color marrón rojizo.

pardo, -da adj. **1** Del color marrón de la tierra. ◆ adj./n. m. **2** [color] Que es parecido al marrón de la tierra. ◆ adj. **3** Que está oscuro, especialmente, el cielo.

DER pardear, pardillo, pardusco.

pardusco, -ca adj. Que tiene un color indefinido, próximo al marrón. **SIN** pardo.

pareado, -da adj. **1** [construcción, edificio] Que está unido a otro: *se trasladaron a una casa pareada de la urbanización.* ◆ n. m. **2** Estrofa formada por dos versos que riman entre sí: *compuso un poema con versos pareados.*

parear v. tr. Formar parejas juntando personas o cosas de dos en dos.

DER pareado; aparear.

parecer n. m. **1** Opinión, juicio o idea que tiene una persona: *queremos saber tu parecer sobre el asunto.* **2** Aspecto físico de una persona, especialmente, cuando es bello: *es un chico de buen parecer.* ◆ v. intr. **3** Tener un aspecto determinado: *pareces tonto.* **4** Tener una opinión o creer una cosa: *me parece que lloverá.* ◆ v. impersonal **5** Haber o existir razones para creer una cosa: *parece que va a nevar.* ◆ v. prnl. **6** **parecerse** Mostrar una cosa o una persona características iguales o comunes a otra: *el padre y su hijo se parecen.*

▶ **al parecer** o **según parece** Según las señales y la información que se tiene: *al parecer está enferma.* **SIN** por lo visto. **parecer bien** o **parecer mal** Gustar o no gustar una cosa: *me parece mal que llegues tan tarde.*

OBS En su conjugación, la *c* se convierte en *zc* delante de *a* y *o*, como en *agradecer*.

DER parecido; comparecer.

parecido, -da adj. **1** Que se parece a otra persona o a otra cosa. **SIN** semejante, similar. **ANT** diferente, distinto. ◆ n. m. **2** Conjunto de características comunes que tienen dos cosas que se parecen: *el parecido de esta niña con su madre es sorprendente.* **SIN** semejanza, similitud.

▶ **bien (o mal) parecido** [persona] Que tiene una cara y un cuerpo bellos o feos: *es un actor bien parecido.*

pared n. f. **1** Construcción vertical que sirve para cerrar un espacio, separarlo de otro o aguantar un techo. **SIN** muro, tabique. **pared maestra** Pared principal de un edificio que soporta el peso mayor de la construcción. **2** Superficie lateral de un cuerpo. **3** Corte vertical en un lado de una montaña: *los alpinistas tuvieron problemas para escalar esa pared.*

▶ **entre cuatro paredes** Dentro de un lugar cerrado. **las paredes oyen** Expresión que indica que hay que cuidar bien dónde se dice una cosa que debe mantenerse en secreto: *no me lo cuentes aquí, las paredes oyen.* **subirse por las paredes** Estar muy enfadado: *se subía por las paredes cuando se enteró de que a su hijo lo habían echado del colegio.*

DER paredón; emparedar.

paredón n. m. Pared junto a la que se coloca a los condenados para fusilarlos: *fue fusilado en un paredón.*

pareja n. f. **1** Conjunto de dos personas, animales o cosas, especialmente, si son de la misma especie o tienen características comunes. SIN par. **2** Conjunto formado por dos personas que mantienen una relación sentimental o sexual: *fueron a cenar con otra pareja.* **3** Elemento que forma parte de un conjunto de dos: *a este calcetín le falta su pareja.* **4** Compañero o compañera sentimental de una persona: *se fue a vivir con su pareja.* **5** Compañero o compañera de baile o de otra actividad: *quiero que Elena sea mi pareja en el parchís.*
DER aparejar, desparejar, emparejar.

parentela n. f. Conjunto de personas que pertenecen a la familia de alguien. SIN familia.

parentesco n. m. **1** Relación familiar que se establece entre las personas. **2** Relación que se establece entre las cosas que tienen características comunes: *el crítico estableció un parentesco entre la película y un cuadro renacentista.*

paréntesis n. m. **1** Comentario o pausa que se introduce en un discurso o una conversación: *el presidente hizo un paréntesis en su discurso para alabar la labor de sus ministros.* SIN inciso. **2** Signo de ortografía que sirve para encerrar ese conjunto de palabras en un texto escrito: *los paréntesis se representan con los signos ( ).* **3** Interrupción, detención o parada en mitad de una acción o un proceso: *el profesor hizo un pequeño paréntesis en su explicación para buscar la tiza.* SIN pausa.
▶ abrir un paréntesis **a.** Escribir el signo (. **b.** Interrumpir un proceso o una acción: *la guerra abrió un paréntesis en la recuperación económica del país.* cerrar un paréntesis **a.** Escribir el signo). **b.** Acabar un proceso o una acción considerados pasajeros: *con la decisión del Gobierno se cierra un paréntesis de duda.* poner entre paréntesis **a.** Escribir algo entre los signos ( ). **b.** Poner en duda: *el diputado dijo que había que poner entre paréntesis las promesas del presidente.*
OBS El plural también es *paréntesis.*

paria n. com. **1** Persona de la casta más baja en la India. **2** Persona a la que se considera inferior y a la que se le niega el trato y las ventajas de que gozan las demás: *los mendigos y los vagabundos son considerados como los parias de nuestra sociedad.*

parida n. f. Tontería que se dice sin reflexionar o que resulta poco oportuna: *son capaces de contar siete veces la misma parida.*

paridad n. f. **1** *formal* Relación de igualdad o semejanza de dos o más cosas entre sí. **2** ECON. Valor que tiene una moneda en relación a otra o a la unidad de referencia internacional.
DER paritario.

pariente, -ta adj./ n. m y f. **1** [persona] Que pertenece a la misma familia que otra. SIN familiar. ◆ n. m. y f. **2** *coloquial* Esposo o esposa de una persona: *voy a decirle a mi parienta que no me espere a cenar.* NOTA Se usa generalmente con intención humorística o despectiva.
DER emparentar.

parietal adj./ n. m. ANAT. [hueso] Que forma junto con otro igual la parte media del cráneo: *los huesos parietales están en los laterales de la cabeza.*

parir v. intr./ tr. **1** Expulsar la hembra de los mamíferos el feto que tiene en su vientre. SIN alumbrar. ◆ v. tr. **2** Producir o crear una cosa: *las profesoras han parido un libro de ejercicios.*
▶ poner a parir Hablar muy mal de una persona o insultarla y criticarla.
DER parida, paritorio; malparir.

parisílabo, -ba adj./ n. m. y f. [palabra] que tiene un número par de sílabas.

parisino, -na adj. **1** De París o que tiene relación con esta ciudad. ◆ adj./ n. m. y f. **2** [persona] Que es de París.

parka n. f. Chaquetón, generalmente, impermeabilizado, acolchado, con una capucha ribeteada de piel y con una cinta o cordón en el dobladillo de los puños, cintura y borde de la capucha, que sirve para ajustar la prenda al cuerpo e impedir el paso del viento.
OBS También se escribe *parca.*

parking n. m. Lugar en la vía pública o en un edificio donde pueden aparcarse los vehículos y dejarlos durante un tiempo. SIN aparcamiento.
OBS Esta palabra procede del inglés. La Real Academia Española prefiere la forma *aparcamiento.*

párkinson n. m. Enfermedad crónica y degenerativa del sistema nervioso que se caracteriza por falta de coordinación y rigidez muscular y temblores: *el párkinson afecta sobre todo a la gente de edad avanzada.*
OBS También se escribe *enfermedad de Parkinson.*

parlamentar v. intr. Conversar dos o más

personas para llegar a un acuerdo o una solución en un asunto. SIN negociar.

parlamentario, -ria adj. **1** Del parlamento o que tiene relación con este órgano político. ◆ n. m. y f. **2** Político que forma parte de un parlamento: *los parlamentarios son elegidos por sufragio universal.*

parlamento n. m. **1** Órgano político encargado de elaborar, aprobar y reformar las leyes, compuesto por una o dos cámaras, cuyos miembros son elegidos por los ciudadanos con derecho a voto: *el parlamento español está formado por el congreso y el senado.* **2** Edificio en el que se reúnen los miembros de este órgano político. **3** Conversación o diálogo largo para llegar a un acuerdo o solucionar un problema. **4** Intervención larga en verso o en prosa que hace un actor en el teatro.

parlanchín, -china adj. Que habla mucho o que dice lo que debería callar. SIN charlatán, locuaz.

parlante adj. **1** [animal] Que emite sonidos parecidos a los de la voz humana, como un loro o un periquito. **2** [aparato, juguete] Que posee un mecanismo que le permite reproducir mensajes grabados de forma que parece que pueda hablar: *un despertador parlante; un ordenador parlante; una muñeca parlante.*

parlotear v. intr. Hablar de cosas sin importancia, por pasar el rato.
DER parloteo.

parloteo n. m. Charla insustancial o intrascendente: *todas las tardes disfrutaba del parloteo agradecido y confuso de la chica.*

parnasianismo n. m. Movimiento poético francés de la segunda mitad del siglo XIX caracterizado por su inclinación hacia una poesía objetiva en el fondo, de clásica perfección en la forma y una temática que huye del sentimentalismo; recrea mitos griegos y evoca ambientes refinados y exóticos.
DER parnasiano.

parnasiano, -na adj./ n. m. y f. **1** [persona] Que es partidario del parnasianismo. ◆ adj. **2** Del parnasianismo o relacionado con él.

parnaso n. m. **1** *formal* Grupo de poetas representativo de una época o de un lugar. **2** LIT. Libro de poemas de varios autores.

parné n. m. Dinero.

paro n. m. **1** Interrupción o cese de un movimiento, actividad o acción: *las máquinas estuvieron en paro durante una hora.* SIN detención. **2** Situación de la persona que no tiene empleo o que lo ha perdido; también, el conjunto de las personas en esta situación: *llevo en paro casi dos años.* SIN desempleo. ANT ocupación. **3** Cantidad de dinero que recibe la persona que está sin empleo y que tiene derecho a percibir una ayuda económica: *el paro que cobra una persona es proporcional al tiempo trabajado.*

-paro, -para Elemento sufijal que entra en la formación de palabras con el significado de 'que pare', 'que se reproduce': *ovíparo, vivíparo.*

parodia n. f. Imitación burlesca de un género, de una obra artística o literaria, del estilo de un escritor, o de los gestos o manera de ser de una persona: *el humorista realizó una parodia de una famosa actriz.*
DER parodiar, paródico.

parodiar v. tr. Imitar de manera burlesca un género, una obra artística o literaria, el estilo de un escritor o los gestos o la manera de ser de una persona.
OBS En su conjugación, la *i* es átona, como en *cambiar.*

parónimo, -ma adj./ n. m. [palabra] Que se parece a otra por la forma de escribirse o por su sonido, pero de significado distinto: *«agosto» y «angosto» son palabras parónimas.*

paronomasia n. f. **1** Semejanza fonética entre dos o más palabras que únicamente se diferencian por una vocal o una consonante: *«roja» y «reja» o «tela» y «vela» forman paronomasia.* **2** Conjunto formado por dos o más palabras que se parecen fonéticamente. **3** Figura retórica de dicción que consiste en colocar juntas dos o más palabras que se parecen fonéticamente; generalmente, se usa con intención burlesca.

paroxítono, -na adj. **1** GRAM. [palabra] Que lleva el acento tónico en la penúltima sílaba: *la palabra «árbol» es paroxítona.* **2** GRAM. [verso] Que termina con una palabra que lleva

parónimos

Los parónimos son palabras de forma parecida y significado distinto. Algunos, como los siguientes, en ocasiones provocan confusión:

abertura-obertura-apertura	infligir-infringir
actitud-aptitud	intimidar-intimar
competer-competir	óvulo-óvalo
descendente-descendiente	prejuicio-perjuicio
eclipse-elipse-elipsis	rebelar-relevar-revelar
hojear-ojear	vocal-bucal

el acento tónico en la penúltima sílaba. **SIN** grave, llano.
DER proparoxítono.

parpadear v. intr. **1** Abrir y cerrar los párpados repetidamente y de forma rápida. **SIN** pestañear. **2** Apagarse y encenderse una luz, o perder y ganar intensidad de manera intermitente y rápida: *las estrellas parpadean.* **SIN** vacilar, titilar.

parpadeo n. m. **1** Movimiento rápido y repetido de los párpados que se abren y se cierran: *el parpadeo del niño resultó ser un síntoma de conjuntivitis.* **2** Vacilación de una luz o de un cuerpo luminoso que se enciende y se apaga, de manera intermitente y rápida.

párpado n. m. Pliegue móvil de la piel que cubre y protege el ojo: *las pestañas nacen en el borde de los párpados.*
DER parpadear.

parque n. m. **1** Terreno público con plantas y árboles, generalmente, de gran extensión, para pasear, descansar y divertirse: *en el parque había un estanque con patos.* parque de atracciones Recinto en el que hay variedad de atracciones, espectáculos, juegos y aparatos mecánicos para divertirse: *la montaña rusa de ese parque de atracciones es gigantesca.* parque nacional Espacio natural protegido por el Estado debido a su interés paisajístico o científico. parque natural Espacio natural con valores naturales y paisajísticos destacados, protegido de tal forma que su conservación es compatible con el aprovechamiento de sus recursos y las actividades de sus habitantes. parque zoológico Recinto en el que se cuidan y crían animales, en especial, los exóticos o salvajes, para que el público pueda verlos. **SIN** zoo, zoológico. **2** Conjunto de medios, instrumentos y materiales destinados a un servicio público, y lugar donde se guardan: *el parque de bomberos.* parque automovilístico Conjunto de vehículos de un país o de una ciudad. **3** Armazón rodeado por una red que hace de pared y con el suelo, generalmente de lona, donde se deja a los niños pequeños para que jueguen sin peligro.
DER aparcar.

parqué o **parquet** n. m. Suelo de madera hecho con tablas muy finas unidas unas con otras que forman dibujos geométricos: *el parqué es muy delicado y se raya con facilidad.*
OBS Es una palabra de origen francés. El plural es *parqués.*

parquímetro n. m. Aparato situado en un estacionamiento de la vía pública, en el que se introduce el importe con efectivo o tarjeta en función del tiempo en que el vehículo estará estacionado.

parra n. f. Variedad de vid de tronco leñoso cuyos tallos crecen en alto y se sostienen sobre un soporte pegado a la pared o sobre un armazón o emparrado.
▶ subirse a la parra **a.** Encolerizarse: *cálmate y no te subas a la parra por tan poca cosa.* **b.** Tomar una persona atribuciones que no le corresponden.
DER parral, parrilla; emparrado.

parrafada n. f. **1** Trozo largo de discurso que se hace sin interrupción y, generalmente, con entusiasmo o vehemencia: *tras brindar nos soltó una parrafada sobre política.* **2** Conversación larga y confidencial: *tengo ganas de verle para echar una parrafada con él.*

párrafo n. m. Parte del texto separada del resto por un punto y aparte.
DER parrafada.

parranda n. f. Juerga o diversión muy animada y ruidosa, en especial, la que se hace recorriendo distintos lugares: *estuvo toda la noche de parranda.* **SIN** jarana.

parricidio n. m. Delito que consiste en matar a un familiar, en especial, al padre, a la madre, a un hijo o al cónyuge: *cumple una larga condena por parricidio.*

parrilla n. f. **1** Utensilio formado por un conjunto de rejillas de hierro, con un mango y unas patas, que se pone sobre el fuego o las brasas y se usa para asar o tostar alimentos: *cuando van a comer al campo, asan la carne y los chorizos en la parrilla.* **2** Restaurante en el que se sirven alimentos asados con este utensilio, generalmente, a la vista de la clientela. **SIN** asador.
▶ parrilla de programación Conjunto de programas de la radio o la televisión con su horario correspondiente. parrilla de salida Conjunto de líneas pintadas en el suelo que señalan el lugar en el que han de colocarse los vehículos al iniciarse una carrera.
DER parrillada.

parrillada n. f. Plato que consiste en un surtido de carne, pescado, marisco o verdura que se asa a la parrilla.

párroco adj./ n. m. [cura] Que dirige los asuntos de una parroquia.

parroquia n. f. **1** Iglesia principal de una

zona o distrito. **2** Territorio que está bajo la jurisdicción espiritual del párroco. **3** Conjunto de los fieles de dicho territorio o iglesia. **4** Conjunto de personas que compran, de manera frecuente, en un mismo establecimiento o utilizan sus servicios.
DER parroquial, parroquiano.

parsimonia n. f. Calma o tranquilidad ceremoniosa con que se hace algo: *trabajan con parsimonia.*
DER parsimonioso.

parte n. f. **1** Cantidad de un todo: *el anciano donó parte de su fortuna a una biblioteca.* **2** Unidad o cantidad determinada que se toma de un todo dividido: *hizo tres partes del pastel.* **3** Cantidad que corresponde recibir o dar a cada uno en cualquier distribución: *todos contribuyeron al regalo a partes iguales.* **4** Sitio o lugar cualquiera: *no le apetecía ir a ninguna parte.* SIN lado. **5** Cada una de las personas, grupos, sectas o ejércitos que se oponen, pleitean o luchan entre sí: *las partes enfrentadas en el conflicto quieren llegar a un acuerdo.* **6** Persona que, junto con otras, participa o tiene interés en un asunto o negocio: *la parte vendedora y la parte compradora firmaron el contrato ante un notario.* **7** Aspecto de una cosa o punto de vista con que se mira: *por una parte, este viaje es el más caro, pero por otra, dura más días.* **8** División de una obra científica o literaria: *aquella novela constaba de dos partes.* ◆ n. m. **9** Comunicación poco extensa: *parte meteorológico.* SIN informe. ◆ n. f. pl. **10** partes Órganos sexuales externos: *el portero recibió un balonazo en sus partes.*
▶ dar parte Comunicar unos hechos o noticias a la autoridad: *le robaron el coche y fue a dar parte a la policía.* de parte a parte De un lado al otro: *la bala le atravesó el pecho de parte a parte.* de parte de **a.** A favor o en defensa de algo o alguien: *Jesucristo estaba de parte de los más pobres.* **b.** En nombre o por orden de alguien: *cuando lo veas, dale recuerdos de mi parte.* en parte No del todo o de manera incompleta. llevar la mejor o la peor parte Resultar beneficiado o perjudicado en una lucha, competición o reparto. no ir a ninguna parte No tener importancia: *no vale la pena discutir por asuntos insignificantes que no van a ninguna parte.* poner de su parte Hacer todo lo posible por lograr un fin: *debes poner de tu parte para aprobar.* tomar parte Intervenir en algo.
DER partícula, partir; aparte.

parterre n. m. Parte de un jardín con césped y flores, generalmente, con forma cuadrada o rectangular y separada del resto. SIN macizo.

partición n. f. **1** Reparto o división de un todo en varias partes. SIN reparto. **2** Cada una de las partes que resulta de este reparto.

participación n. f. **1** Intervención en un suceso, acción o actividad: *el próximo festival contará con la participación de famosos artistas.* **2** Parte o cantidad de dinero que se juega en un décimo de la lotería. **3** Recibo o billete donde aparece la cantidad de dinero que se juega como parte de un décimo de lotería. **4** Aviso o comunicación que se hace de un acontecimiento o suceso, y el escrito en que se comunica: *ya hemos recibido la participación de la boda de Jaime.* SIN notificación. **5** ECON. Inversión que una persona hace en una empresa o negocio para obtener ciertos beneficios: *tiene participación en la empresa.*

participante adj. Que participa en una competición, en un sorteo o en un concurso.

participar v. intr. **1** Intervenir, tener o tomar parte en una actividad, competición, sorteo o reparto: *quiere participar en un concurso de la televisión.* NOTA Se construye con la preposición *en*. **2** Tener las mismas opiniones, cualidades, características o ventajas que otra persona o que otra cosa: *el presentador dijo que no participaba de las ideas de su invitado.* SIN compartir. NOTA Se construye con la preposición *de*. ◆ v. tr. **3** Comunicar una noticia o suceso: *le participó su pésame con una carta muy cariñosa.* SIN avisar, notificar.
DER participación, participante, participativo.

participativo, -va adj. Que participa o toma parte activa en algo: *socio participativo.*

partícipe adj. Que toma parte o participa en una cosa o una acción junto con otros: *su amigo fue partícipe en el robo.*
▶ hacer partícipe Comunicar una cosa a una persona o compartirla con ella: *nos hizo partícipes de su alegría.*
DER participar, participio; copartícipe.

participio n. m. Forma no personal del verbo que tiene en común con el adjetivo que puede presentar variación de género y número: *«salido» es el participio del verbo «salir».* NOTA El participio español termina en *-ado* si es de la primera conjugación, y en *-ido* si es de la segunda o la tercera.
▶ participio absoluto Construcción gramatical compuesta por un participio y un sustan-

tivo con el que concuerda en género y número; suele tener un valor adverbial, es decir, expresar tiempo, causa: *en la frase «acabado el permiso, empezó a trabajar» encontramos una construcción de participio absoluto, que es «acabado el permiso».*

partícula n. f. **1** Parte muy pequeña de alguna cosa o cuerpo muy pequeño. **SIN** mota, pizca, porción. **partícula elemental** FÍS. Parte constituyente del átomo; se define por sus características, por ejemplo, la masa o la carga eléctrica: *el neutrón, el protón y el electrón son partículas elementales.* **2** GRAM. Forma invariable que expresa relaciones entre elementos de la oración; también, prefijo o sufijo, elemento que entra en la formación de palabras derivadas: *las conjunciones, los adverbios y las preposiciones son partículas.*

DER particular.

particular adj. **1** Que es propio o característico de una persona o una cosa, que le corresponde con singularidad: *hay que respetar los gustos particulares de cada persona.* **SIN** peculiar. **ANT** general. **2** Que es extraordinario, raro o poco corriente. **SIN** especial, original. **3** Que pertenece a una persona o un grupo o es usado de manera privada. **4** Concreto o determinado: *se trata de solucionar este caso particular.* **5** Que se tiene o se realiza de manera privada o no oficial, fuera de un cargo o un empleo público: *el presidente tiene un coche oficial, pero también otro particular.* **SIN** privado. **ANT** oficial, público. ◆ adj./ n. com. **6** [persona] Que no tiene título, cargo oficial o empleo que la distingan de los demás: *los terrenos de los particulares fueron expropiados para construir la autovía.* ◆ n. m. **7** Tema, asunto o materia de que se trata: *hablaron sobre el particular durante varias horas.*

▶ **en particular** Especialmente: *le gustaban los pasteles, pero en particular, los de chocolate.* **sin otro particular** Sin más cosas que decir o añadir.

DER particularidad, particularismo, particularizar.

particularidad n. f. **1** Característica, cualidad o detalle que distingue a una cosa de otras de la misma clase o especie. **SIN** peculiaridad, singularidad. **2** Circunstancia poco importante o muy concreta de un asunto: *quiso tratar el asunto globalmente, sin entrar en particularidades.*

partida n. f. **1** Salida de un lugar: *me apenó el momento de la partida.* **SIN** marcha. **ANT** llegada. **2** Cierta cantidad de una mercancía que se entrega, se envía o se recibe de una vez: *una partida de latas de conserva.* **3** Cantidad que se anota en una cuenta, factura o presupuesto: *quería una factura que detallara todas las partidas para facilitar la contabilidad.* **4** Conjunto de jugadas que se realizan en un juego hasta que alguien gana o pierde. **5** Registro de ciertos hechos o circunstancias referentes a alguien anotados en el libro oficial de una parroquia o registro civil. **6** Documento o copia certificada en la que aparecen esas anotaciones: *la partida de nacimiento.* **SIN** certificado. **7** Grupo pequeño de personas armadas: *salió una partida de cazadores.*

▶ **por partida doble** Con un resultado que supone el doble de lo esperado: *ha tenido gemelos, ahora es madre por partida doble.*

DER contrapartida.

partidario, -ria adj. Que sigue o defiende una idea, una tendencia, un movimiento o a una persona. **SIN** seguidor.

OBS Se construye con la preposición *de.*

partidismo n. m. Inclinación favorable a una ideología, una opinión, una persona o un partido político, en especial, cuando se debe ser imparcial. **SIN** parcialidad.

partidista adj. **1** Del partidismo o relacionado con esta actitud de favor hacia algo o alguien. ◆ adj./ n. com. **2** [persona] Que actúa con partidismo.

partido n. m. **1** Organización o grupo de personas que comparten y defienden las mismas ideas políticas o sociales y que toman parte en la política de un país. **2** Competición deportiva en la que se enfrentan dos equipos o dos jugadores: *esta tarde jugaremos un partido contra el equipo del colegio.* **SIN** encuentro.

▶ **partido judicial** Territorio que comprende varias poblaciones de una provincia que tienen en común el juzgado de primera instancia. **sacar partido** Obtener ganancia o provecho de alguna cosa: *siempre saca partido de todos los negocios.* **ser un buen (o mal) partido** Ser una persona adecuada o poco adecuada para casarse con ella, especialmente, según su posición social o económica: *Pepe es un buen partido, heredará la hacienda de su padre.* **tomar partido** Elegir entre varias posibilidades: *en la discusión tomé partido por el más débil.*

DER partidario, partidismo.

partir v. tr. **1** Dividir o separar en partes un

todo: *partió la tarta en cinco trozos.* SIN fraccionar. **2** Cortar y separar un trozo de alguna cosa. **3** Hacer con una cosa varias partes y repartirlas entre varias personas: *partiremos ese dinero entre los amigos.* SIN distribuir. **4** Romper o rajar alguna cosa: *estuvo a punto de partirse la pierna.* **5** Causar a una persona un perjuicio o contrariedad: *cuando le robaron la furgoneta, le partieron, porque trabajaba con ella.* SIN fastidiar. ◆ v. intr. **6** Ponerse en marcha o alejarse de un lugar: *partimos hoy hacia Sevilla.* **7** Empezar o tener origen una cosa en un punto o momento determinado: *tu explicación parte de un supuesto falso.* ◆ v. prnl. **8** partirse Reírse mucho y con ganas. SIN desternillarse.
▶ a partir de Desde: *a partir de hoy, no se permite estacionar en esta calle.*
DER partición, partida, partido, partitivo; compartir, departir, impartir, repartir.

partitura n. f. MÚS. Texto escrito de una obra musical en el que se anotan los sonidos que han de ejecutar los distintos instrumentos o voces, y el modo en que han de hacerlo.

parto n. m. **1** Proceso por el que el feto sale del vientre de la mujer o de la hembra de una especie vivípara al final de la gestación. SIN alumbramiento. **2** Producción o creación de obras, fruto del ingenio o el entendimiento de la persona.
▶ el parto de los montes Expresión con que se alude al resultado irrelevante o ridículo de una cosa que se esperaba que fuera importante o de gran valor: *la novela tan esperada resultó ser el parto de los montes.* estar o ponerse de parto Tener los dolores que acompañan a la expulsión del feto.
DER partero, parturienta.

parturienta adj./n. f. [mujer] Que está pariendo o que acaba de parir: *trasladaron a la parturienta al hospital más cercano.*

parva n. f. **1** Cereal cortado y extendido sobre la era: *después de trillar la parva se separa el grano.* **2** Cantidad grande de una cosa. SIN montón.

parvulario n. m. Centro educativo donde se cuida y educa a los niños en edad preescolar.

párvulo, -a adj. **1** [niño] Que es de corta edad y que asiste a un parvulario. ◆ adj. **2** [persona] Que sabe muy poco y es fácil de engañar. SIN inocente.
DER parvulario.

pasa n. f. Uva dulce secada al sol en la vid o cociéndola con determinados productos.
▶ pasa de Corinto Pasa de pequeño tamaño que no contiene semillas.

pasacalles n. m. Pieza musical de ritmo vivo que, en las fiestas populares, las bandas tocan por las calles.
OBS El plural también es *pasacalles.*

pasada n. f. **1** Paso de una cosa sobre otra o aplicación de una capa de cierta sustancia como barniz o pintura: *daremos una pasada a la alfombra con el aspirador.* **2** Último repaso o retoque que se da a algo. **3** Acción de trasladarse de un lugar a otro: *hizo varias pasadas por delante del escaparate antes de decidirse a entrar en la tienda.* SIN paso. **4** Ligero movimiento de la plancha sobre la ropa: *no guardes las sábanas todavía, hay que darles una pasada.* **5** Vuelo que realiza un aparato volador sobre un lugar a una altura determinada: *la avioneta realizó una pasada rasante sobre los árboles.* **6** Puntada larga que se hace en la ropa y cosido hecho con estas puntadas: *se le descosió el dobladillo y le dio unas pasadas para que aguantara hasta que pudiera coserlo.* **7** Cosa o acción que destaca por estar fuera de lo normal: *¡el concierto de ayer fue una pasada!*
▶ de pasada Sin fijarse mucho en lo que se hace, de manera superficial: *me contó el problema de pasada.* mala pasada Acción malintencionada o injusta que perjudica a otro: *esa broma fue una mala pasada.*

pasadizo n. m. Paso estrecho en las calles o las casas que sirve para pasar de un sitio a otro. SIN corredor.

pasado, -da adj. **1** [tiempo] Que es anterior al presente: *la semana pasada estuvimos en el cine.* **2** Que está estropeado por no ser reciente: *estos tomates no se pueden comer, están pasados.* ◆ n. m. **3** Momento temporal anterior al presente: *tuvo con ella un romance, pero ya pertenece al pasado.* ◆ adj./n. m. **4** GRAM. [forma verbal] Que expresa una acción anterior al presente o a otra acción: *las formas «amé» o «amaba» son pasados del verbo «amar».* SIN pretérito.
DER antepasado.

pasador n. m. **1** Alfiler grande u horquilla que sirve para sujetar o adornar el pelo. **2** Alfiler que sirve para sujetar la corbata a la camisa. **3** Barra de metal sujeta a la hoja de una puerta o una ventana, que sirve para mantenerla cerrada corriéndola hasta hacerla entrar en una hembrilla sujeta en el marco. SIN cerrojo. **4** Utensilio de cocina que sirve para colar alimentos; tiene forma de cono o de media esfera con el fondo agujereado: *hemos hecho puré con el pasador.*

pasaje n. m. **1** Paso de una parte a otra. **2** Documento o billete que da derecho a viajar en un barco o avión; también, precio que se paga por este viaje. **3** Conjunto de personas que viajan en un barco o avión: *la tripulación informó al pasaje de que estaban a punto de aterrizar.* **4** Calle estrecha y corta o paso público entre dos calles, a veces cubierto: *tomaron el pasaje subterráneo para cruzar la ancha avenida.* **5** Fragmento con contenido completo de una obra literaria o musical: *leyó un pasaje del Lazarillo para explicarlo.* **6** Lugar por donde se pasa, en especial, el situado entre montañas, entre dos islas o entre una isla y la tierra.

pasajero, -ra adj. **1** Que pasa pronto o dura poco tiempo: *la moda es solo una fiebre pasajera.* ◆ n. m. y f. **2** Persona que viaja en un vehículo sin formar parte de su tripulación: *¡pasajeros al tren!* SIN viajero.

pasamontañas n. m. Gorro de lana o punto que cubre toda la cabeza y el cuello dejando al descubierto la cara o solo la zona de los ojos; es una prenda usada para protegerse del frío o para no ser reconocido: *los delincuentes tapaban sus rostros con pasamontañas.*
OBS El plural es *pasamontañas.*

pasaporte n. m. Documento personal que acredita la identidad y la nacionalidad de una persona y es necesario para viajar a algunos países.
▶ dar pasaporte **a.** Romper el trato o la relación con una persona. **b.** Matar a una persona.
DER pasaportar.

pasapurés n. m. Utensilio de cocina que sirve para triturar y colar alimentos; es un recipiente cóncavo con agujeros.
OBS El plural también es *pasapurés.*

pasar v. tr. **1** Llevar, conducir de un lugar a otro a una persona o cosa. **2** Dar una cosa propia a otra persona: *el moribundo pasó sus propiedades a sus herederos.* **3** Superar o llevar ventaja en una actividad, cualidad o característica determinada: *en altura, pasa a todos los de su clase.* SIN aventajar, rebasar, sobrepasar. **4** Introducir o sacar mercancías de forma ilegal: *el detenido pasaba droga y artículos de contrabando.* SIN traficar. **5** Sufrir o padecer una situación desfavorable o una enfermedad: *acabo de pasar la gripe.* **6** Tolerar o consentir una cosa, acción o actitud: *sus padres le pasaron muchos caprichos.* **7** Introducir una cosa por el hueco de otra: *si el hilo es muy grueso, no podrá pasar por el ojo de la aguja.* **8** Filtrar un líquido separando las partículas sólidas que contiene: *después de triturar el tomate, lo paso por el colador.* SIN colar. **9** Aprobar un examen o superar cualquier tipo de prueba. **10** Proyectar una película: *en este cine solamente pasan películas de acción.* **11** Ocupar un tiempo determinado: *la familia pasaba el verano en la playa.* ◆ v. tr./ intr. **12** Atravesar o cruzar por encima, por dentro o por el lado de una cosa: *pasaron el río gracias a unas barcas.* **13** Comunicar una información: *pásale el recado a Luis.* ◆ v. tr./ intr./ prnl. **14** Ir más allá del límite debido en cualquier cosa: *creo que te estás pasando de la raya.* SIN traspasar. ◆ v. tr./ prnl. **15** Deslizar una cosa por una superficie: *se pasó la mano por la frente.* **16** Tragar una cosa, sobre todo, cuando se hace con esfuerzo: *había comido tanto que ya no podía pasar el postre.* ◆ v. intr. **17** Entrar en un lugar: *como encontró la puerta abierta, pasó sin llamar.* **18** Cambiar de estado o de condición una persona o cosa: *el agua pasa de líquido a sólido a partir de 0° C.* **19** No intervenir en una jugada de un juego de cartas cuando llega el turno: *uno de los jugadores apostó el doble y el otro pasó.* **20** Empezar a realizar la acción que se expresa: *después de las presentaciones, pasaron a almorzar.* NOTA Se usa con la preposición *a* y un verbo en infinitivo. **21** Correr el tiempo: *la tarde pasó lentamente.* SIN transcurrir. **22** Estar una cosa en condiciones de ser admitida o usada: *este vestido puede pasar para la fiesta.* SIN servir. **23** Ser tenido o considerado por la gente como lo que se expresa: *ella pasa por ser la jefa, pero solo es la secretaria.* **24** No preocuparse, abstenerse o mostrar desinterés: *si le preguntas por la política, te contestará que pasa de todas esas tonterías.* ◆ v. intr./ prnl. **25** Andar, moverse o ir a un lugar sin detenerse mucho tiempo en él: *me pasaré por tu casa al salir de la oficina.* **26** Comunicarse una enfermedad de una persona a otra: *la gripe pasó de unos a otros.* SIN contagiar. **27** Acabar o terminar algo: *¿ya se te ha pasado el enfado?* SIN cesar, finalizar. **28** Conformarse, no necesitar o poder vivir sin algo o con ello: *no puede pasar sin fumar.* **29** Venir una idea o pensamiento a la imaginación: *nadie sabe lo que le pasa por la cabeza.* ◆ v. impersonal **30** Ocurrir o producirse un hecho: *¿qué pasó entre vosotros?* SIN suceder. ◆ v. prnl. **31** pasarse Cambiar o marcharse de un partido, organización o equipo por razones ideológicas o de otro tipo: *el diputado se pasó al partido de la oposición.* **32** Olvidar o borrarse de la memoria: *lo siento, se me pasó llamarte por teléfono.* **33** Estropearse o pudrirse un alimento con el tiempo: *los plátanos se han pasado, será mejor que los tires.* **34** Tener una cualidad o propiedad en exceso: *creo que se pasa de bueno.*

▶ pasar a mayores Adquirir más gravedad e importancia un asunto: *si no llegan a un acuerdo, el problema pasará a mayores.* pasar de largo Ir o atravesar un lugar sin detenerse: *vieron una gasolinera, pero pasaron de largo.* pasar las de Caín Sufrir mucho. pasar por alto No dar importancia o no censurar una cosa, en especial, un error o una conducta poco adecuada: *mi padre me ha pasado por alto que anoche llegara tarde a casa.* pasarse de listo Equivocarse por exceso de malicia: *se pasó de listo creyendo que llegaría antes por aquel atajo.*

DER pasable, pasada, pasadero, pasadizo, pasado, pasador, pasaje, pasante, pase, paso, pasotismo; propasar, repasar, sobrepasar, traspasar.

pasarela n. f. **1** Puente pequeño o provisional hecho de materiales ligeros, generalmente, el que se coloca entre un barco y el muelle. **2** Pasillo largo ubicado sobre un escenario por el que pasan los modelos o los artistas en un desfile de moda.

pasatiempo n. m. Diversión o juego que sirve para pasar un rato agradable: *la natación y la lectura eran sus pasatiempos de verano.* SIN entretenimiento.

pascal n. m. Unidad de presión en el Sistema Internacional, que corresponde a la presión que ejerce la fuerza de un newton sobre la superficie de un metro cuadrado: *el símbolo del pascal es Pa.*

pascua n. f. **1** Fiesta en la que la Iglesia católica celebra la Resurrección de Jesucristo: *la Semana Santa termina con la Pascua.* NOTA En esta acepción se suele escribir con mayúscula. **2** Cualquiera de las fiestas en las que la Iglesia católica celebra la Navidad, la Epifanía y Pentecostés. NOTA En esta acepción se suele escribir con mayúscula. **3** Fiesta más importante de los hebreos, en la que celebran la libertad y el fin de la esclavitud de su pueblo en Egipto. NOTA En esta acepción se suele escribir con mayúscula. ◆ n. f. pl. **4** pascuas Período que comprende de Navidad al día de Reyes. NOTA En esta acepción se suele escribir con mayúscula.

▶ de Pascuas a Ramos De vez en cuando, con poca frecuencia. estar como unas pascuas Estar muy alegre. hacer la pascua Molestar o hacer daño a una persona: *cree que sus amigos deberían ayudarlo en vez de hacerle la pascua.* SIN fastidiar, perjudicar. ¡santas pascuas! Expresión que indica que hay que conformarse con lo que se hace o se dice: *iremos al cine, y ¡santas pascuas!*

DER pascual.

pascual adj. De la Pascua o relacionado con esta fiesta religiosa que celebra la Resurrección de Jesucristo.

pase n. m. **1** Documento con el que se concede a una persona un permiso para hacer una cosa, especialmente, para entrar en un lugar: *los invitados debían mostrar al portero un pase especial.* SIN autorización, licencia. **2** Proyección de una película en el cine o en la televisión: *el próximo pase es a las nueve.* SIN sesión. **3** Desfile de modas. **4** En tauromaquia, cada una de las veces que el torero deja pasar al toro por debajo del capote después de haberlo llamado con la muleta. **5** En ciertos deportes, envío o lanzamiento de la pelota que hace un jugador a otro de su mismo equipo: *un pase del delantero decidió el partido.* **6** Cambio de lugar, categoría o estado: *el brillante juego del tenista le permitió su pase a la final.* **7** Movimiento que efectúa un mago o un hiponotizador con sus manos.

paseante n. com. Persona que pasea por un lugar.

pasear v. intr./ prnl. **1** Andar por diversión o para hacer ejercicio, generalmente, al aire libre y sin una meta fija. SIN caminar. **2** Ir montado en un caballo u otro animal, en un vehículo o en una embarcación, para divertirse o para hacer ejercicio: *un día pasearon en camello por el desierto.* ◆ v. tr. **3** Llevar de paseo a una persona, a un animal o a una cosa para distraerla, para que le dé el aire o para enseñarla: *paseaba al niño por el jardín.* ◆ v. prnl. **4** pasearse Presentarse una o más ideas en la mente de una persona: *miles de pensamientos se paseaban por su cabeza.*

DER paseante, paseo.

paseíllo n. m. Desfile que hacen los participantes en una corrida de toros por el ruedo antes de que comience la lidia; lo encabezan los alguacilillos, seguidos, por este orden, de matadores, banderilleros, picadores, monosabios, areneros y tiros de mulillas: *el paseíllo fue muy vistoso.* **SIN** paseo.

paseo n. m. **1** Recorrido o desplazamiento que se hace a pie sin una meta fija, por diversión o para hacer ejercicio. **2** Lugar público por donde se puede pasear con comodidad: *la ciudad tiene un hermoso paseo bordeado de árboles.* **3** Distancia corta que se puede recorrer en poco tiempo: *de su casa al colegio no hay más que un paseo.*

▶ **a paseo** Expresión que se usa para rechazar a una persona con enfado o disgusto: *¡vete a paseo y no me molestes!* **NOTA** Se usa con los verbos *ir, enviar, mandar* o *echar.*

DER paseíllo.

pasillo n. m. **1** Pieza larga y estrecha dentro de una casa o de un edificio que comunica unas habitaciones con otras: *mi despacho está hacia al final del pasillo.* **SIN** corredor. **2** Paso estrecho que se abre en medio de una multitud de personas para que otras puedan pasar por él.

pasión n. f. **1** Sentimiento muy fuerte e intenso o perturbación del ánimo que domina la voluntad y la razón de una persona, como el amor, el odio, los celos o la ira: *la pasión arrastró a los dos amantes.* **SIN** apasionamiento, arrebato. **2** Inclinación o preferencia muy intensa por una persona o una cosa: *sus hijos son su gran pasión.* **SIN** entusiasmo. **ANT** indiferencia. **3** Sufrimiento o padecimiento, especialmente, el de Jesucristo desde su entrada en Jerusalén hasta su muerte, narrado en el Evangelio: *el Viernes Santo se conmemora la Pasión de Jesucristo.* **NOTA** En esta acepción se suele escribir con mayúscula.

DER pasional; apasionar.

pasional adj. **1** De la pasión, especialmente amorosa, o que tiene relación con ella. **2** [persona] Que toma decisiones dejándose llevar por los sentimientos, sin pensar en las consecuencias de sus actos. **ANT** cerebral.

pasividad n. f. Actitud del que deja obrar a los demás y no hace nada.

pasivo, -va adj. **1** Que permanece inactivo y deja obrar a los demás: *estudia mucho, pero es muy pasivo en clase.* **SIN** indiferente. **ANT** activo. ◆ adj./n. f. **2** GRAM. [oración] Que lleva un sujeto que no realiza la acción del verbo, sino que la recibe y lleva un verbo en voz pasiva: *la oración «la mesa fue golpeada por los niños» es pasiva.* **ANT** activo. **pasiva refleja** GRAM. [oración] De significado pasivo que se forma añadiendo la partícula se a un verbo: *la oración «se limpian alfombras» es pasiva refleja.* **voz pasiva** GRAM. Forma del verbo que expresa que el sujeto no realiza la acción del verbo, sino que la recibe; en español se forma con el verbo *ser* como auxiliar seguido del participio del verbo principal. ◆ n. m. **3** ECON. Conjunto de las deudas y las obligaciones de una persona, empresa u organismo: *hay dé-*

conjugación pasiva

ser amado

INDICATIVO

presente
soy amado
eres amado
es amado
somos amados
sois amados
son amados

pretérito imperfecto
era amado
eras amado
era amado
éramos amados
erais amados
eran amados

pretérito perfecto simple
fui amado
fuiste amado
fue amado
fuimos amados
fuisteis amados
fueron amados

futuro
seré amado
serás amado
será amado
seremos amados
seréis amados
serán amados

condicional
sería amado
serías amado
sería amado
seríamos amados
seríais amados
serían amados

SUBJUNTIVO

presente
sea amado
seas amado
sea amado
seamos amados
seáis amados
sean amados

pretérito imperfecto
fuera amado o fuese amado
fueras amado o fueses amado
fuera amado o fuese amado
fuéramos amados o fuésemos amados
fuerais amados o fueseis amados
fueran amados o fuesen amados

futuro
fuere amado
fueres amado
fuere amado
fuéremos amados
fuereis amados
fueren amados

IMPERATIVO

sé amado (tú)
sea amado (usted)
sed amados (vosotros)
sean amados (ustedes)

FORMAS NO PERSONALES

infinitivo
ser amado

gerundio
siendo amado

participio
sido amado

ficit cuando el pasivo es mayor que los beneficios. ANT activo.
OBS La pasiva refleja no se construye con complemento agente.
DER pasividad.

pasmado, -da adj. Que queda como atontado debido al asombro o a la sorpresa.

pasmar v. tr. **1** Causar un gran asombro o sorpresa a una persona, dejándola sin saber qué hacer o qué decir. SIN asombrar, embobar, sorprender. ◆ v. prnl. **2** pasmarse Quedarse helada o aterida una persona rápidamente por el intenso frío.
DER pasmado, pasmarote.

pasmarote n. m. Persona ensimismada o embobada que permanece quieta sin hacer nada y sin entender lo que se le dice: *no te quedes ahí como un pasmarote y ven a ayudarnos.* SIN pasmado.

pasmo n. m. **1** Asombro o sorpresa exagerada que impide a una persona hablar o reaccionar: *nos miró con ojos de pasmo cuando se enteró de la noticia.* SIN extrañeza. **2** Enfermedad nerviosa provocada por la infección de una bacteria, que causa dolores y contracciones en los músculos, incapacidad de movimiento e, incluso, la muerte. SIN tétanos. **3** Malestar general producido por un enfriamiento o en el inicio de ciertas enfermedades, especialmente, gripe y constipado: *al salir a la calle, le entró el pasmo.*
DER pasmar, pasmoso; espasmo.

pasmoso, -sa adj. Que produce pasmo o asombro y sorpresa: *acudió con una tranquilidad pasmosa.*

paso n. m. **1** Movimiento que se hace al andar, levantando un pie, adelantándolo y volviéndolo a poner sobre el suelo. **2** Espacio que se recorre en cada uno de esos movimientos: *desde aquí a tu mesa hay seis pasos.* **3** Modo de moverse o de andar: *aceleró el paso porque perdía el tren.* **4** Manera de andar de los animales cuadrúpedos cuando lo hacen lentamente: *la pantera se acercó a la presa con pasos sigilosos.* **5** Lugar por donde se puede pasar de una parte a otra: *paso subterráneo.* paso a nivel Lugar donde la vía del tren se cruza con un camino o una carretera al mismo nivel: *han bajado las barreras del paso a nivel porque va a pasar el tren.* paso de cebra o paso de peatones Lugar señalizado con unas franjas blancas y paralelas por donde los peatones pueden cruzar la calle con preferencia sobre los vehículos. **6** Señal que deja el pie al pisar: *sobre la arena de la playa, se veían los pasos de dos personas.* SIN huella, pisada. NOTA Se usa más en plural. **7** Serie de variaciones en una danza o baile: *lo siento, no sé los pasos del tango.* **8** Avance que realiza un aparato al medir o contar una cantidad determinada: *en el recibo del teléfono viene detallado el número de pasos de cada llamada.* **9** Progreso o avance en una actividad o en un trabajo: *ese descubrimiento fue un gran paso para la ciencia.* **10** Gestión o proceso que se hace para pedir o conseguir una cosa: *para resolver una ecuación hay que seguir una serie de pasos.* SIN operación, trámite. NOTA Se usa más en plural. **11** Suceso importante o significativo en la vida de una persona: *elegir una carrera es un paso difícil para el estudiante.* **12** Escultura o grupo escultórico que representa una escena de la Pasión de Jesucristo y que se saca a la calle en las procesiones de Semana Santa. **13** Pieza de teatro muy breve y, generalmente, cómica o satírica. ◆ n. m. pl. **14** pasos En baloncesto y balonmano, falta que consiste en dar tres pasos o más sin botar la pelota.
▶ a (o con) ese paso A esa velocidad: *a ese paso no vais a acabar nunca.* a paso de tortuga Muy lentamente. a un (o dos o cuatro) pasos Muy cerca: *la iglesia está a cuatro pasos del ayuntamiento.* abrir paso Eliminar los obstáculos para poder pasar por un lugar: *un policía iba delante abriendo paso entre la muchedumbre.* abrirse paso Conseguir una cosa o tener éxito en la vida: *se abrió paso gracias a su tesón.* dar un paso en falso Equivocarse en algún asunto. no poder (o no saber) dar un paso sin Necesitar mucho la ayuda de una persona o una cosa: *no sabe dar un paso sin consultar.* paso a paso Con lentitud. paso del ecuador Fiesta o viaje que organizan los estudiantes universitarios que se encuentran en la mitad de la carrera. salir del paso Librarse de una obligación o compromiso de cualquier manera: *vinieron más invitados de los que esperábamos, pero salimos del paso con bocadillos.*
DER pasear, pasillo.

pasodoble n. m. **1** Baile español de ritmo rápido y vivo que se baila en pareja. **2** Música, generalmente, con ritmo de dos por cuatro, con la que se ejecuta este baile.

pasota adj./ n. com. **1** [persona] Que muestra despreocupación o desinterés por todo lo que le rodea.

pasotismo n. m. Actitud de desinterés e indiferencia propia del pasota: *no le interesa nada y su pasotismo es total.*

pasta n. f. **1** Masa espesa que se hace triturando y mezclando sustancias sólidas y líquidas. **2** Masa hecha de harina, manteca o aceite y otros ingredientes que se utiliza para hacer pasteles o empanadas. **3** Masa de harina de trigo y agua que se deja secar y con la que se fabrican los macarrones, los fideos, los espaguetis y otros alimentos. **4** Conjunto de alimentos realizados con esta masa: *mañana comeremos pasta de primer plato.* **5** Pieza pequeña dulce o de pastelería hecha de masa de harina, azúcar, leche y huevo y, generalmente, cocida al horno: *pusieron unas pastas para acompañar el café.* **6** Encuadernación de los libros, hecha de cartón. SIN tapa. **7** Dinero: *le atracó un chorizo y le quitó toda la pasta que llevaba encima.* pasta gansa Cantidad grande de dinero: *hace falta una pasta gansa para poder comprar una moto.* **8** Carácter o modo de ser de una persona: *puedes confiar en esta gente, todos son de buena pasta.*

DER pastoso; empastar.

pastar v. intr. Comer el ganado hierba en el campo para alimentarse. SIN pacer.

pastel n. m. **1** Dulce de pequeño tamaño que puede llevar crema, chocolate, frutas u otros componentes. **2** Masa hecha de harina, huevos y mantequilla que se rellena de carne, pescado, frutas u otros ingredientes y se cocina al horno. **3** Lápiz o barra de pasta de color, hecho con agua, polvo y materias colorantes, que se usa para pintar. **4** Técnica de pintura que emplea estos lápices sobre un papel rugoso y áspero, y también las obras realizadas con esta técnica. ◆ adj. **5** [color] Que es suave y pálido. NOTA Se usa con otros sustantivos que indican color y no varía de número.

▶ descubrirse el pastel Hacerse público un asunto que se mantenía oculto. repartirse el pastel Repartirse un dinero o un beneficio.

DER pastelear, pastelero, pastelillo.

pastelería n. f. **1** Establecimiento en el que se elaboran o se venden pasteles, pastas y toda clase de dulces. **2** Técnica de elaborar pasteles, pastas y otros dulces. **3** Conjunto de pasteles, pastas o dulces.

pasterizado, -da adj. Pasteurizado.

pasteurización n. f. Procedimiento que consiste en someter un alimento, generalmente líquido, a una temperatura aproximada de 80 °C durante un corto período de tiempo con el fin de destruir los gérmenes y de prolongar su conservación. NOTA También se escribe *pasterización.*

pasteurizado, -da adj. [alimento líquido] Que ha sido calentado a una temperatura elevada, inferior al punto de ebullición, y enfriado rápidamente para destruir los microbios: *la leche pasteurizada es calentada rápidamente a 72 °C durante quince segundos y después enfriada muy deprisa.*

OBS También se dice *pasterizado.*

pasteurizar v. tr. Someter un alimento, generalmente líquido, a una temperatura aproximada de 80 °C durante un corto período de tiempo y enfriarlo después rápidamente, con el fin de destruir los microorganismos sin alterar la composición y cualidades del alimento: *la leche se pasteuriza antes de ser envasada.* SIN pasterizar.

OBS En su conjugación, la *z* se convierte en *c* delante de *e*.

DER pasteurización.

pastilla n. f. **1** Porción pequeña y sólida de una sustancia medicinal, de forma generalmente redonda o cuadrada, que se puede tragar con facilidad. SIN comprimido, tableta. **2** Pieza de pasta dura de diferentes sustancias, generalmente, de forma cuadrada o redonda, que se usa con un fin determinado: *una pastilla de jabón.*

▶ a toda pastilla Muy rápido o a gran velocidad.

pastizal n. m. **1** Terreno donde hay pasto en abundancia. **2** Cantidad muy grande: *les costó un pastizal.*

pasto n. m. **1** Hierba u otro alimento que come el ganado en el campo. SIN forraje. **2** Campo donde abunda esta hierba. NOTA Se usa más en plural. **3** Materia o cosa que es destruida o consumida por una acción o actividad, o sobre la que se ejerce una actividad: *cada verano los bosques son pasto de las llamas.*

DER pastar, pastizal, pastor.

pastor, -ra n. m. y f. **1** Persona que se dedica a cuidar ganado. perro pastor Perro adiestrado para ayudar al pastor en el cuidado del rebaño; también, nombre dado a diversas razas de perros que, originariamente, tenían esa función. ◆ n. m. **2** Sacerdote o eclesiástico que tiene la obligación de cuidar de sus fieles.

DER pastoral, pastorear, pastorela, pastoril.

a b c d e f g h i j k l m n ñ o p q r s t u v w x y z

pastoral adj. **1** De los pastores de una iglesia o que tiene relación con ellos: *el obispo pronto realizará una visita pastoral a nuestra parroquia.* ◆ adj./ n. f. **2** [carta] Escrito o discurso que dirige un pastor de una iglesia a sus fieles. ◆ n. f. **3** Composición literaria o musical cuyo tema es la vida de los pastores.

pastorear v. tr. Llevar el ganado al campo y cuidar de él mientras pace.

pastoril adj. **1** De los pastores o que tiene relación con estas personas. **2** [obra literaria, género literario] Que trata de la vida y de los amores de los pastores en medio de una naturaleza perfecta o idílica. SIN bucólico.

pastoso, -sa adj. **1** Que es blando y moldeable: *el yeso es pastoso* **2** Que es más espeso de lo normal o que está muy pegajoso: *una salsa verde y pastosa; tenía la boca pastosa.*

pata n. f. **1** Cada una de las extremidades de un animal. **pata de gallo** **a.** Tejido con un dibujo cuadrangular cruzado que recuerda las huellas de un gallo. **b.** Arrugas que se forman en la parte exterior del ojo y que suelen tener tres surcos, como la pata de un gallo. NOTA Con este sentido suele usarse en plural. **2** Pieza de un mueble u otro objeto que sirve para que se apoye en el suelo o en otra superficie. **3** Pierna de una persona.
▶ **a cuatro patas** Manera de andar apoyándose en el suelo con las manos y los pies o las rodillas. **a la pata coja** Manera de andar dando saltos sobre un solo pie mientras se levanta el otro. **a pata** Andando, sin usar ningún medio de transporte: *se le ha acabado la gasolina al coche, así que tendremos que ir a pata.* **estirar la pata** Morirse: *estiró la pata sin hacer testamento.* **mala pata** Mala suerte: *estaba arruinado porque tenía muy mala pata para los negocios.* **meter la pata** Decir o hacer una cosa con poco acierto o equivocándose: *has metido la pata invitándola a venir.* **pata negra** **a.** Jamón serrano de cerdo ibérico, que tiene la pezuña negra y forma delgada y alargada, y que ha sido criado en el campo y alimentado con bellotas: *este jamón es pata negra; mi cuñado nos regaló un pata negra.* NOTA También *jamón de pata negra.* **b.** Persona o cosa que reúne grandes cualidades o las características más representativas de un conjunto: *un guitarrista pata negra.* NOTA También *patanegra.* **patas arriba** **a.** Al revés, con la parte superior debajo y la inferior encima: *el coche se salió de la carretera y quedó patas arriba.* **b.** Desordenado: *el niño estuvo jugando con el perro y la habitación quedó patas arriba.*
DER patada, patalear, patear, patoso; despatarrarse, espatarrarse.

-pata Elemento sufijal que entra en la formación de palabras con el significado de 'enfermo': *psicópata.*

patada n. f. Golpe dado con el pie o con la pata: *los futbolistas se pasan el día dando patadas al balón.*
▶ **a patadas** **a.** En abundancia o exceso: *en aquel río había truchas a patadas.* **b.** Con gran desconsideración: *como no le gustan los libros los trata a patadas.* **dar cien patadas** Desagradar o disgustar mucho una cosa: *le da cien patadas tener que poner buena cara delante de ese cliente.* **dar la patada** Despedir a una persona de su trabajo. SIN despedir. **en dos patadas** Con facilidad, sin esfuerzo, rápidamente: *no te preocupes, esto lo hacemos en dos patadas.*

patalear v. intr. **1** Mover las piernas o las patas rápidamente y con fuerza: *el animal cayó boca arriba y pataleaba, pero no podía levantarse.* **2** Dar patadas en el suelo, con fuerza y repetidamente, en señal de enfado o disgusto: *la niña empezó a llorar mucho y a patalear.* SIN patear.
DER pataleo, pataleta, patán.

pataleta n. f. Manifestación violenta y de poca duración de un disgusto o enfado producido, generalmente, por un hecho que se percibe como una contrariedad.

patán n. m./ adj. **1** Hombre que se comporta de forma ignorante, tosca y grosera: *es un patán, no se sabe comportar.* NOTA Se usa con sentido despectivo. ◆ n. m. **2** Hombre rústico que vive y trabaja en el campo.

patata n. f. **1** Planta herbácea, originaria de América del Sur, de tallo ramoso, con las hojas ovaladas y flores blancas y moradas; produce un tubérculo comestible. **2** Tubérculo comestible, de forma redonda o alargada y de color marrón por fuera y blanco o amarillo por dentro: *peló las patatas y las lavó antes de cortarlas.* **3** Cosa mal hecha o de mala calidad: *ese dibujo es una patata, más vale que hagas otro.*
▶ **ni patata** Nada: *cuando habla no se le entiende ni patata.*
DER patatero.

patatal n. m. Terreno sembrado de patatas.

patatín Palabra que se utiliza en la expresión *que (si) patatín, que (si) patatán* o *y patatín y* *patatán* que se usa para referirse a las palabras de otra persona o para resumir sus excusas dando a entender que ni unas ni otras merecen todo el crédito que se les supone: *ella intentaba convencerlo, pero él que si patatín, que si patatán, obstinado en que tenía razón.*

patatús n. m. Desmayo o indisposición repentinos, causados por una impresión muy fuerte, que puede ocasionar la muerte: *ayer le dio un patatús.* SIN patatú, soponcio.

patchwork n. m. Tejido hecho por la unión de pequeñas piezas de tejido cosidas por los bordes entre sí; con él se confeccionan colchas, tapices, alfombras, etc.
OBS Se pronuncia aproximadamente «páchguor».

paté n. m. Pasta comestible hecha de carne o hígado picados y condimentados, especialmente, de oca, pato, cerdo o pescado, que se cuece al horno o al baño María: *paté de salmón.*

patear v. tr. **1** Pisar o dar golpes con los pies. SIN pisotear. **2** Tratar a una persona o cosa de manera brusca y sin educación: *fue a pedir trabajo y el empleado de la fábrica lo pateó.* SIN maltratar. ◆ v. tr./ intr. **3** Andar mucho por uno o más lugares, en especial, haciendo gestiones para conseguir una cosa: *he pateado todas las tiendas de la ciudad buscando unos zapatos.* ◆ v. intr. **4** Dar patadas en el suelo en señal de enfado, dolor o disconformidad: *el público disgustado pateó durante gran parte de la representación.* SIN patalear.
DER pateo; repatear.

patena n. f. Plato pequeño de oro u otro metal en el que se coloca la hostia durante la misa.
▶ limpio como una patena o más limpio que una patena Exageradamente limpio o reluciente: *tenía la casa más limpia que una patena.*

patentar v. tr. Dar o conseguir una patente para un invento: *el industrial quiere patentar un nuevo modelo de lavadora.*
DER patentado.

patente adj. **1** Que se ve con claridad o que se percibe sin necesidad de razonamientos o explicaciones: *la sensación de alegría era patente en el rostro de los afortunados.* SIN claro, evidente, manifiesto. ◆ n. f. **2** Documento oficial en el que se reconoce la propiedad sobre un invento y que permite la exclusividad en su fabricación y venta durante un tiempo determinado. **3** Documento en el que se acredita una condición, un mérito o una autorización para hacer una cosa: *si quieres abrir una fábrica, necesitarás una patente.* SIN licencia.
▶ patente de corso **a.** Autorización para hacer una cosa que le está prohibida a los demás: *cree que tiene una patente de corso para llegar todos los días tarde al trabajo.* **b.** Autorización que un Gobierno otorgaba a su flota para practicar la piratería en caso de guerra.
DER patentar, patentizar.

patera n. f. Embarcación pequeña de madera, sin cubierta, con el fondo plano y poco calado, que se utiliza para pescar en aguas poco profundas: *llegaron dos pateras a las costas españolas.*

paternal adj. [comportamiento, sentimiento] Que es o se considera propio de los padres.
DER paternalismo.

paternalismo n. m. Tendencia a adoptar una actitud protectora hacia los demás, especialmente, hacia los subordinados, impidiendo que decidan por sí mismos.

paternalista adj./ n. com. Que adopta el paternalismo como forma de conducta.

paternidad n. f. **1** Estado o circunstancia de ser padre. **2** Origen o creación: *un científico quiso atribuirse la paternidad de la fórmula.*

paterno, -na adj. Del padre o los padres o que tiene relación con él o ellos.
DER paternal, paternidad.

patético, -ca adj. **1** Que causa una gran impresión y mueve a compasión o que expresa un dolor, un sufrimiento o una tristeza grandes: *la imagen del niño herido era francamente patética.* **2** Que resulta ridículo: *su comportamiento durante la fiesta fue patético.* SIN grotesco, absurdo.

patetismo n. m. Capacidad para provocar una impresión, una tristeza o un sufrimiento muy grandes.
DER patético.

-patía Elemento sufijal que entra en la formación de palabras con el significado de: *a)* 'Afección, enfermedad': *cardiopatía. b)* 'Sentimiento': *simpatía.*

patíbulo n. m. Lugar, generalmente alto, en el que se ejecutaba a los condenados a muerte.
DER patibulario.

patidifuso, -sa adj. Que está sorprendido o extrañado por algo extraordinario o inesperado: *la noticia de su boda dejó a todos patidifusos.* SIN estupefacto, pasmado, patitieso.

patilla n. f. **1** Franja de pelo que crece delante de las orejas y que en los hombres puede unirse a la barba. **2** Varilla muy fina y, generalmente, curvada que, junto con otra, sujeta el armazón de las gafas a las orejas: *esas gafas tienen una patilla rota.*

patín n. m. **1** Especie de bota adaptable al pie o plancha ajustable a la suela del zapato que lleva una hoja de metal con filo o ruedas, y que se usa para deslizarse sobre el hielo o sobre una superficie dura y lisa. **2** Juguete formado por una plancha con ruedas y una barra con manillar en la parte delantera; se usa colocando un pie sobre la plancha e impulsándose con el otro contra el suelo. **SIN** patinete. **3** Embarcación compuesta por dos flotadores paralelos, unidos con dos o más travesaños, que avanza a vela o por medio de un sistema de paletas movidas por pedales: *fueron a la playa y alquilaron un patín.*
DER patinar, patinete; monopatín.

patinador, -ra n. m. y f. Persona que practica el patinaje, especialmente, si se dedica a ello de manera profesional: *la patinadora canadiense consiguió la medalla de oro.*

patinaje n. m. Deporte que consiste en deslizarse con patines sobre el hielo u otra superficie dura y lisa, haciendo figuras y ejercicios diversos.

patinar v. intr. **1** Deslizarse con patines sobre el hielo u otra superficie dura y lisa. **2** Resbalar o deslizarse involuntariamente: *el coche patinó al frenar por culpa del hielo.* **3** Equivocarse o cometer una indiscreción: *me parece que has patinado con esta decisión tan repentina.*
DER patinador, patinaje, patinazo.

patinazo n. m. **1** Acción de patinar bruscamente una persona, un animal o una o más ruedas de un automóvil. **2** Equivocación o indiscreción que comete una persona: *esos patinazos tan espectaculares empañan cada vez más su currículum.* **SIN** resbalón.

patinete n. m. Juguete formado por una plancha con ruedas y una barra con manillar en la parte delantera, que se usa colocando un pie sobre la plancha e impulsándose con el otro contra el suelo. **SIN** patín.

patio n. m. Espacio descubierto, o cubierto por cristales, en el interior de un edificio: *los niños salieron al patio del colegio para jugar.*
▶ patio de armas Espacio descubierto dentro de un edificio militar, destinado a la formación de los soldados o al cambio de guardia.
patio de butacas Zona que ocupa el público en la planta baja de un cine o teatro, normalmente, más bajo que el escenario. **SIN** platea.
cómo está el patio Expresión que se usa para indicar una situación de nervios o de enfado de un grupo de personas: *¡hay que ver cómo estaba el patio ayer en la oficina!, nadie habló en todo el día.*

patitieso, -sa adj. **1** [persona] Que no puede mover las piernas o los pies. **2** Sorprendido o extrañado por un hecho inesperado. **SIN** estupefacto, patidifuso. **3** Que camina con el cuerpo muy erguido y derecho por presunción u orgullo.

pato, -ta n. m. y f. **1** Ave palmípeda de patas cortas y pico más ancho en la punta que en la base, que vive en estado salvaje o domesticada. ◆ adj./ n. m. **2** [persona] Que es sosa o de movimientos torpes: *¿te has caído?, ¡qué pato eres!*
▶ pagar el pato Cargar con la culpa o el castigo sin merecerlo: *él pagó el pato, pero la culpa la tuvieron sus hermanos.*

patógeno, -na adj. Que puede producir una enfermedad: *un virus patógeno.*

patología n. f. **1** Parte de la medicina especializada en el estudio de la composición, la estructura y la forma de tejidos y órganos enfermos. **2** En general, enfermedad física o mental que padece una persona: *el médico dictaminó una patología pulmonar.*

patológico, -ca adj. **1** Que está relacionado con el estudio de la composición, la estructura y la forma de tejidos y órganos enfermos. **2** Que es síntoma de una enfermedad o que la constituye: *siente un miedo patológico a las alturas.*

patoso, -sa adj. **1** [persona] Que es torpe o no tiene agilidad; especialmente, que tropieza fácilmente: *cuando estamos muy cansados, nos volvemos un poco patosos.* **2** [persona] Que es inoportuno en lo que dice o hace.

patraña n. f. Historia falsa que se presenta como verdadera. **SIN** mentira.

patria n. f. Lugar o país en el que ha nacido o está nacionalizada una persona; también, lugar al que se siente vinculada por razones legales, históricas o sentimentales. **SIN** nación, país.
▶ patria chica Pueblo, ciudad o región en la que se ha nacido.
DER patriota; apátrida, expatriar, repatriar.

patriarca n. m. **1** En la Biblia, nombre dado a algunos personajes del Antiguo Testamento que fueron jefes o cabezas de una numerosa familia o descendencia. **2** Persona que por su edad y sabiduría posee autoridad y es la más respetada en una gran familia o comunidad. **3** Título de dignidad concedido a algunos obispos, sobre todo, de la Iglesia ortodoxa: *el Papa fue recibido por el patriarca de Constantinopla.*

DER patriarcado, patriarcal.

patriarcado n. m. **1** Predominio o mayor autoridad del hombre en una sociedad o grupo social. **2** Dignidad de patriarca de la Iglesia. **3** Tiempo que dura dicha dignidad. **4** Territorio sobre el que ejerce el patriarca su autoridad.

patriarcal adj. **1** Que se basa en el patriarca o tiene relación con él. **2** [autoridad, gobierno] Que se ejerce con sencillez y sin excesiva dureza.

patricio, -cia adj. [persona] Que pertenece a la clase social más antigua y con más altos privilegios de la antigua Roma.

patrimonial adj. **1** Del patrimonio o que tiene relación con este conjunto de bienes. **2** Que pertenece a una persona por razón de su patria, su padre o sus antepasados: *el notario hizo una relación de los bienes patrimoniales de la familia.* **3** GRAM. [palabra, forma, construcción] Que ha seguido las normas generales de evolución de una lengua.

patrimonio n. m. **1** Conjunto de bienes que una persona adquiere por herencia familiar: *su familia poseía un gran patrimonio en tierras.* SIN herencia. **2** Conjunto de bienes propios de una persona, de una institución o de una sociedad; también, los de un Estado: *muchas obras de arte pertenecen al patrimonio de la Iglesia.*

▶ patrimonio histórico-artístico Conjunto de edificios, yacimientos arqueológicos, obras de arte, objetos y documentos de interés científico, histórico o artístico de un país.

DER patrimonial.

patrio, -tria adj. De la patria o que tiene relación con ese lugar o país: *trasladaron los restos mortales del poeta a suelo patrio.*

patriota adj. [persona] Que ama a su patria y busca la estabilidad y la prosperidad de esta.

DER patriótico, patriotero, patriotismo; compatriota.

patriótico, -ca adj. De la patria, del patriota o que tiene relación con ellos.

DER antipatriótico.

patriotismo n. m. Amor a la patria.

patrocinador, -ra adj./n. m. y f. [persona, entidad] Que patrocina: *los patrocinadores del programa.*

patrocinar v. tr. **1** Ayudar o proteger a una persona o promover cierto proyecto o idea. **2** Pagar los gastos de una actividad deportiva o cultural con fines publicitarios: *un banco patrocinaba al tenista.* SIN sufragar.

OBS Es innecesario el uso del anglicismo *sponsorizar.*

DER patrocinador.

patrocinio n. m. **1** Protección o ayuda prestadas a alguien para realizar un proyecto. SIN patronato. **2** Pago de los gastos de una actividad deportiva o cultural con fines publicitarios.

DER patrocinar.

patrón, -trona n. m. y f. **1** Persona que contrata obreros o trabajadores, generalmente, para hacer un trabajo físico: *el patrón acudía cada día a la obra para ver cómo avanzaban los trabajos.* SIN patrono. **2** Dueño o propietario. SIN patrono. **3** Defensor o protector de una persona o cosa. **4** Santo o Virgen que son elegidos como protectores de un grupo de personas o de un lugar, o que son titulares de una iglesia o cofradía: *santa Bárbara es la patrona de los mineros.* SIN patrono. **5** Persona que posee una pensión o casa de huéspedes: *la patrona pedía a los huéspedes el pago de la habitación por adelantado.* ◆ n. m. **6** Hombre que manda y dirige una embarcación pequeña: *el patrón salía a pescar cada día con su barca.* **7** Modelo de papel, cartón o tela según el cual se corta un material determinado: *la modista hace primero el patrón y luego corta la tela.* **8** Cosa que se toma como modelo o unidad de referencia, en especial, metal que se adopta para determinar el valor de la moneda en un sistema monetario: *el metro se toma como patrón para calcular la longitud.*

▶ cortado por el mismo patrón [cosa, persona] Que se parece mucho a otra persona o cosa: *padre e hijo están cortados por el mismo patrón.*

DER patronal, patronato, patronazgo.

patronal adj. **1** Del patrono, del patronato o que tiene relación con ellos: *las fiestas patronales se celebran en agosto.* ◆ n. f. **2** Conjunto de empresarios o patronos que defienden intereses comunes: *la patronal se reunió ayer con los representantes de los sindicatos.* SIN patronato.

patronato n. m. **1** Sociedad u organización dedicada a fines benéficos. SIN fundación.

a b c d e f g h i j k l m n ñ o p q r s t u v w x y z

2 Grupo de personas que dirigen o vigilan los asuntos de un organismo social o cultural para que cumpla sus fines. **3** Protección o ayuda prestadas a alguien para realizar un proyecto: *la carrera de atletismo se ha organizado gracias al patronato de una fundación privada.* SIN patrocinio. **4** Conjunto de empresarios o patronos que defienden intereses comunes. SIN patronal.

patrono, -na n. m. **1** Persona que contrata obreros o trabajadores, generalmente, para hacer un trabajo físico. SIN patrón. **2** Dueño o propietario. SIN patrón. **3** Virgen o Santo que son elegidos como protectores de un grupo de personas o de un lugar concreto, o son titulares de una iglesia o cofradía. SIN patrón.
DER patrón, patronear.

patrulla n. f. **1** Grupo pequeño de soldados o personas armadas que vigilan una zona o están encargadas de realizar una misión militar: *una patrulla de policía.* **2** Conjunto de barcos o aviones utilizados en la defensa o la vigilancia de una zona: *la patrulla costera persiguió la lancha en que huían los contrabandistas.*

patrullar v. tr. Circular por un lugar para vigilarlo, mantener el orden o llevar a cabo una misión militar.
DER patrulla, patrullera.

paulatino, -na adj. Que se produce o se realiza despacio o con lentitud. SIN lento, gradual.

paupérrimo, -ma adj. *formal* Que es muy pobre: *vivía en condiciones paupérrimas.* SIN mísero.
OBS Es el superlativo de *pobre*.

pausa n. f. **1** Interrupción breve de una acción o un movimiento. SIN descanso. **2** Lentitud en el movimiento o la actividad de una persona o una cosa: *el artesano moldea la arcilla con pausa.* SIN calma.
DER pausar.

pausado, -da adj. **1** Que actúa con lentitud: *es un hombre tranquilo y pausado.* **2** Que ocurre o se realiza con lentitud: *los movimientos pausados de las olas.*

pauta n. f. **1** Norma o modelo que se tiene en cuenta para realizar una cosa. SIN guía. **2** Raya o conjunto de rayas horizontales a igual distancia entre sí que se hacen en el papel para no torcerse al escribir: *los niños aprenden a escribir en cuadernos con pautas.* **3** Instrumento con que se trazan estas rayas.
DER pautar.

pavimentación n. f. Recubrimiento de un suelo con pavimento para que esté firme y llano: *iniciaron la pavimentación de los caminos.*

pavimentar v. tr. Cubrir o revestir el suelo con asfalto, cemento, adoquines u otro material similar para que esté firme y llano: *el Ayuntamiento quiere pavimentar las calles de los barrios antiguos.* SIN solar.
DER pavimentación.

pavimento n. m. **1** Superficie artificial con que se recubre el suelo para que esté firme y llano: *la casa tenía el pavimento de mármol.* SIN empedrado, piso, suelo. **2** Material que se utiliza para elaborar esta superficie artificial.
DER pavimentar.

pavo, -va n. m. **1** Ave gallinácea procedente de América, de plumaje negruzco con manchas blancas en los extremos de las alas y en la cola; tiene carnosidades rojas en su largo cuello y en la cabeza. pavo real Ave gallinácea de origen asiático cuyo macho posee un plumaje de vistoso colorido, sobre la cabeza un penacho de plumas y una cola que abre en forma de medio círculo. ◆ n. m. y f./ adj. **2** Persona con poca gracia o desenvoltura: *es un poco pavo para explicar chistes.*
▶ no ser moco de pavo Ser una cosa importante o considerable: *ya nos deben el importe de tres pedidos: no es moco de pavo.* pelar la pava Tener conversaciones amorosas una pareja de novios: *antes de despedirse, están pelando la pava en la portería un buen rato.* subírsele el pavo Ponérsele a uno la cara roja por vergüenza o timidez.
DER pava, pavero, pavonear.

pavonearse v. prnl. Presumir de forma exagerada o hacer ostentación excesiva de una cosa que se posee: *se pavoneaba ante los demás con su coche deportivo nuevo.* SIN vanagloriarse.
DER pavoneo.

pavor n. m. Miedo extremo: *las personas que sufren de vértigo tienen pavor a las alturas.* SIN terror.
DER pavoroso; despavorir.

pavoroso, -sa adj. Que produce un miedo extremo o terror: *fue pavoroso sufrir aquel accidente de tren.*

payasada n. f. **1** Dicho o hecho para hacer reír, propio de un payaso: *los niños se rieron mucho con las payasadas del humorista.* **2** Dicho o hecho que resulta ridículo o inoportuno: *el profesor no consentirá ninguna payasada en horas de clase.* SIN tontería.

payaso, sa n. m. **1** Artista de circo, generalmente vestido con un traje ridículo y la cara maquillada de forma llamativa, que se dedica a divertir y hacer reír. ◆ adj./ n. m. y f. **2** [persona] Que gasta bromas y hace reír a los demás con sus hechos o dichos: *este chico es un payaso, con sus ocurrencias distrae a toda la clase.* **3** [persona] Que se comporta con poca seriedad y hace el ridículo: *no quiero invitarle a la fiesta porque es un payaso.* SIN tonto.
DER payasada.

payés, -yesa n. m. y f. Campesino de Cataluña o de las islas Baleares.

payo, -ya n. m. y f. Entre los gitanos, persona que no pertenece a su pueblo.

paz n. f. **1** Situación en la que no hay guerra ni enfrentamientos entre dos o más países o partes enfrentadas. ANT guerra. **2** Acuerdo para poner fin a la guerra: *los dos dirigentes firmaron la paz.* **3** Situación de tranquilidad y buena relación entre los miembros de un grupo: *los padres se esfuerzan para que exista paz en la familia.* **4** Tranquilidad o silencio: *se marchó a la montaña en busca de la paz que necesitaba.* SIN quietud, sosiego.
▶ aquí paz y después gloria Expresión que se usa para poner fin a una discusión o un enfrentamiento: *como ya estáis de acuerdo, aquí paz y después gloria.* dejar en paz No molestar ni importunar a una persona o no mover ni tocar una cosa: *déjale en paz, está estudiando.* descansar en paz Estar muerto o enterrado en un determinado lugar: *el gran poeta descansa en paz en su pueblo natal.* estar en paz No tener ninguna deuda o haber devuelto un favor u ofensa recibidos: *aquí tienes el dinero que te debía, y con esto estamos en paz.* hacer las paces Volver a ser amigos los que estaban enfrentados o separados: *hicieron las paces con un abrazo.* SIN reconciliar. poner paz Intervenir en una discusión o enfrentamiento para encontrar una solución: *el moderador puso paz entre los asistentes.* SIN mediar. que en paz descanse Expresión que se usa para desear que una persona muerta goce de la gracia de Dios y de la vida eterna: *aquel hombre, que en paz descanse, fue una persona justa.* y en paz Expresión que se usa para dar por terminado un asunto: *no insistas, vete a estudiar y en paz.*
OBS El plural es *paces.*
DER pacificar; apacible, apaciguar.

PC n. m. Ordenador personal.
OBS De la sigla del inglés *personal computer.*

pe n. f. Nombre de la letra *p.*
▶ de pe a pa Desde el principio hasta el fin: *tiene una memoria prodigiosa, recitó un largo poema de pe a pa sin equivocarse.*

peaje n. m. **1** Cantidad de dinero que hay que pagar por pasar por una autopista, un puente, un túnel o un lugar parecido. **2** Lugar donde se paga esa cantidad de dinero: *la señal anuncia que el peaje está a 2 km.*

peana n. f. Base o apoyo que se utiliza para colocar encima una escultura u otro objeto. SIN pedestal.

peatón, -tona n. m. y f. Persona que va a pie por una vía pública. SIN viandante.
DER peatonal.

peatonal adj. Del peatón o relacionado con él: *zona peatonal.*

peca n. f. Mancha pequeña de color marrón que aparece en la piel, especialmente en la cara. SIN lunar.
DER pecoso.

pecado n. m. **1** Pensamiento, palabra o acción que va contra la ley o la voluntad de Dios. pecado original En el cristianismo, el de Adán y Eva, que se transmite a todos los hombres cuando nacen: *los cristianos consideran que el bautismo es el sacramento que lava el pecado original.* **2** Acto que se aparta de lo que es recto y justo: *puede considerarse un pecado acusar a una persona inocente por venganza.* **3** Acción o cosa lamentable, sobre todo cuando se considera un despilfarro o un mal uso: *es un pecado utilizar este vino exquisito para cocinar.*

pecador, -ra adj. [persona] Que peca o puede pecar.

pecaminoso, -sa adj. Del pecado, del pecador o que tiene relación con ellos: *pensamientos pecaminosos.*

pecar v. intr. **1** En religión, pensar, hablar o actuar contra la ley o contra la voluntad de Dios. **2** Apartarse de lo que es recto y justo. **3** Tener en exceso la cualidad que se expresa: *pecaba de ingenuo y algunas veces le engañaban.*
NOTA En esta acepción se escribe seguido de la preposición *de.*
OBS En su conjugación, la *c* se convierte en *qu* delante de *e.*
DER pecado, pecador, pecaminoso; impecable.

pecera n. f. Recipiente transparente con agua que está acondicionado para mantener vivos animales y plantas acuáticas. SIN acuario.

pechar v. tr. **1** Pagar o satisfacer un tributo.

◆ v. intr. **2** Asumir una carga, una responsabilidad o una obligación: *no quiso escuchar su consejo y ahora tendrá que pechar con las consecuencias.* **NOTA** En esta acepción se escribe seguido de la preposición *con*. **SIN** asumir.
DER apechar.

pecho n. m. **1** Parte superior del tronco del cuerpo humano, que va desde el cuello hasta el abdomen, en la que se encuentran el corazón y los pulmones. **SIN** tórax. **2** Zona externa que corresponde a esa parte del cuerpo: *no tiene pelo en el pecho.* **3** Parte delantera del tronco de los animales mamíferos o de las aves, situada debajo del cuello. **4** Conjunto de órganos que forman el aparato respiratorio, especialmente el de una persona. **5** Órgano de la mujer que produce leche: *durante los primeros meses, los bebés maman del pecho de su madre.* **SIN** mama, teta. **6** Conjunto de estos dos órganos de la mujer. **SIN** busto. **7** Interior de una persona o lugar que corresponde a los sentimientos: *el joven albergaba en su pecho un gran amor por la chica.* **SIN** corazón.
▶ **dar el pecho** Dar de mamar a un bebé. **SIN** amamantar. **echarse (o meterse) entre pecho y espalda** Comer o beber una persona copiosamente: *compró un bocadillo enorme y se lo metió entre pecho y espalda.* **partirse el pecho** **a.** *coloquial* Esforzarse o luchar mucho una persona por una cosa o por otra persona. **b.** *coloquial* Reírse mucho o con muchas ganas: *les conté un chiste y se partieron el pecho.* **tomarse a pecho** **a.** Ofenderse una persona por una cosa o considerarla demasiado en serio. **b.** Poner una persona gran empeño e interés en una cosa: *se toma muy a pecho su trabajo.*
DER pechar, pechera, pechuga; antepecho, repecho.

pechuga n. f. **1** Pecho de las aves: *el petirrojo tiene el plumaje de la pechuga de color rojo o naranja.* **2** Cada una de las dos partes simétricas que forman el pecho de las aves: *¿qué prefieres comer, pechuga o muslo?* **3** Pecho de una persona, especialmente la parte que asoma por el escote: *abróchate bien la blusa o vas a enseñar toda la pechuga.*
DER pechugón; apechugar, despechugar.

pecíolo o **peciolo** n. m. BOT. Rabillo de la hoja de una planta: *el pecíolo une la hoja al tallo o a una rama de la planta.*

pecoso, -sa adj. Que tiene pecas: *un chico muy pecoso.*

pectoral adj. **1** Del pecho o que tiene relación con esta parte del cuerpo. ◆ adj./n. m. **2** [medicamento] Que es beneficioso o es útil para aliviar la tos o las molestias del pecho: *el médico me ha recetado un jarabe pectoral.* **3** ANAT. [músculo] Que está situado en la parte anterior del pecho y que permite el movimiento del brazo. ◆ n. m. **4** Cruz que llevan sobre el pecho los obispos y el papa: *el pectoral es una insignia bendecida.*

peculiar adj. Que es propio o característico de una persona o de una cosa y solo de ella: *tiene un modo peculiar de hablar.* **SIN** particular.

peculiaridad n. f. Cualidad propia o característica de una persona o de una cosa, por la cual se distingue de otras de su especie.

pedagogía n. f. **1** Ciencia que estudia los métodos y las técnicas destinadas a enseñar y educar, especialmente a los niños y a los jóvenes. **2** Manera que tiene una persona de enseñar o educar: *la pedagogía de algunos profesores deja mucho que desear.*
DER pedagógico, pedagogo; psicopedagogía.

pedagógico, -ca adj. **1** De la pedagogía o que está relacionado con esta ciencia. **2** Que enseña las cosas con mucha claridad y es útil para aprender.

pedagogo, -ga n. m. y f. Persona que se dedica a la pedagogía o es especialista en esta ciencia.

pedal n. m. **1** Pieza de una máquina o un aparato que se acciona mediante el pie y que sirve para poner en movimiento un mecanismo: *los pedales de la bicicleta.* **2** Pieza de algunos instrumentos musicales, como el piano o el órgano, que se acciona con el pie y que sirve para producir ciertos sonidos o para darles una característica determinada.
DER pedalada, pedalear.

pedalear v. intr. Poner en movimiento uno o más pedales, especialmente los de una bicicleta.
DER pedaleo.

pedante adj./n. com **1** [persona] Que presume de manera inoportuna de tener muchos conocimientos. ◆ adj. **2** Que es propio de la persona que presume de manera inoportuna de tener muchos conocimientos.
DER pedantería.

pedantería n. f. **1** Cualidad de la persona que presume de manera inoportuna de tener muchos conocimientos. **2** Cosa pedante que una persona hace o dice.

pedazo n. m. Parte de una cosa que ha sido

separada de ella y no se puede considerar como un elemento individual: *le dio un pedazo de tarta de chocolate.* **SIN** trozo.

▶ **caerse a pedazos** Estar una cosa en muy mal estado: *ese coche se cae a pedazos de lo viejo que es.* **estar hecho pedazos** Estar una persona muy cansada por haber hecho un esfuerzo intenso: *después de la mudanza, toda la familia estaba hecha pedazos.* **hacerse pedazos** Romperse una cosa en muchos trozos pequeños. **pedazo de alcornoque** (o **de animal** o **de bestia** o **de bruto)** Persona que es muy torpe e ignorante: *¡anda, pedazo de alcornoque, déjalo, que ya lo haré yo!* **NOTA** Se usa como apelativo despectivo. **ser un pedazo de pan** Ser una persona muy bondadosa y generosa: *el abuelo es un pedazo de pan.*

DER despedazar.

pederasta n. com. Persona que abusa sexualmente de un niño: *el pederasta fue detenido con material pornográfico.*

pederastia n. f. Abuso sexual de un adulto con un niño o una niña.

pedestal n. m. Cuerpo sólido sobre el que se apoya una columna, una estatua u otro objeto: *los pedestales suelen tener forma de prisma rectangular.*

▶ **en un pedestal** Se utiliza para indicar que se tiene a una persona en muy buena opinión o consideración: *quería tanto a su padre, que lo tenía en un pedestal.* **NOTA** Se usa con verbos como *poner*, *estar* o *tener*.

-pedia Elemento sufijal que entra en la formación de palabras con el significado de 'educación': *ortopedia, enciclopedia.*

pediatra n. com. Médico especializado en el estudio y el tratamiento de las enfermedades de las personas desde que nacen hasta los doce años.

pedicura n. f. **1** Cuidado y arreglo de los pies o tratamiento de sus problemas: *hacer la pedicura.*

pedido n. m. Encargo de mercancías o materiales que se hace a un fabricante o a un vendedor.

pedigrí n. m. **1** Conjunto de los antepasados de un animal con un origen de calidad, especialmente de caballos y perros de raza: *han comprado un perro con pedigrí.* **2** Documento donde figuran los antepasados de un animal. **3** Calidad extraordinaria o fuera de lo común de una persona o cosa: *un restaurante con pedigrí.*

OBS También puede encontrarse la grafía inglesa *pedigree.*

pedir v. tr. **1** Decir una persona a otra sin ordenárselo que le dé o que haga cierta cosa, generalmente porque le hace falta o la necesita: *te he pedido la llave fija, no la llave inglesa.* **2** Poner o fijar un precio a una mercancía que se vende: *¡qué barbaridad, me ha pedido una fortuna por una maceta!* **3** Indica que una cosa necesita o requiere lo que se expresa a continuación: *estas sábanas están pidiendo un buen lavado.* **4** Querer o desear una persona cierta cosa: *solo pido que en el parto no haya problemas.* ◆ v. tr./ intr. **5** Rogar una persona a otras que le den una pequeña cantidad de dinero, especialmente si lo necesita para vivir: *en la puerta de la iglesia había un mendigo pidiendo limosna.* **6** Rezar a una divinidad rogándole ayuda: *cada día pido a Dios para que Paco se recupere de su enfermedad.*

OBS En su conjugación, la *e* se convierte en *i* en algunos tiempos y personas, como en *servir.*

DER pedida, pedido, pedigüeño, pidón; despedir.

pedo n. m. **1** Expulsión a través del ano de los gases contenidos en el interior del intestino, que se hace de una vez y a veces de forma ruidosa. **2** Borrachera, estado de embriaguez. **3** Estado de la persona que se encuentra bajo los efectos de la droga.

DER pedorro, peerse.

-pedo, -peda Elemento sufijal que entra en la formación de palabras con el significado de 'pie': *bípedo.*

pedrada n. f. **1** Acción que consiste en lanzar o arrojar con impulso una piedra: *llegaron en son de paz pero los recibieron a pedradas.* **2** Golpe que se da en alguna parte con una piedra lanzada. **3** Señal que deja en alguna parte el golpe de una piedra lanzada. **4** Expresión dicha con la intención de que una persona se moleste: *su amigo le lanzó una pedrada para que se diera por aludido.*

pedrea n. f. **1** Conjunto de premios menores de la lotería nacional. **2** Precipitación violenta en forma de granizo. **3** Enfrentamiento entre varias personas que se lanzan piedras.

pedregal n. m. Terreno en el que hay muchas piedras sueltas.

pedregoso, -sa adj. [lugar] Que tiene muchas piedras o está cubierto de piedras: *un sendero pedregoso.*

pedrería n. f. Conjunto o adorno de piedras preciosas.

pedrisco n. m. Granizo grueso que cae de manera muy abundante y con mucha violencia.

pedrusco n. m. Trozo de piedra que está sin labrar, especialmente si es de gran tamaño.

pedúnculo n. m. **1** Rabo que une una hoja, un fruto o una flor con el tallo de la planta. SIN rabillo. **2** Prolongación del cuerpo de ciertos animales por la cual se quedan pegados al suelo o a cualquier otra superficie: *los percebes tienen un pedúnculo con el que se adhieren a las rocas.*

peerse v. prnl. Expulsar a través del ano gases contenidos en el interior del intestino.

OBS En su conjugación, la *i* de la desinencia se convierte en *y* delante de *o* y *e*, como en *leer*.

pega n. f. **1** Sustancia que se usa para pegar alguna cosa. SIN pegamento. **2** Obstáculo, dificultad o inconveniente que se presenta o que alguien pone para la realización de algo: *siempre está poniéndole pegas a todo.*

▶ de pega Que no es real o auténtico sino que es imitación de algo real: *tu profesor es un erudito de pega.*

pegadizo, -za adj. **1** Que se graba fácilmente en la memoria: *esta canción tiene un ritmo muy pegadizo.* **2** Que se extiende fácilmente a otras personas: *tienes una risa simpática y pegadiza.* SIN contagioso, pegajoso.

pegado, -da adj. [persona] Que no domina o no tiene conocimientos sobre una materia.

DER pegadizo.

pegajoso, -sa adj. **1** Que se pega fácilmente. **2** Que se extiende fácilmente a otras personas: *los malos hábitos son muy pegajosos.* SIN contagioso, pegadizo. **3** Que resulta molesto porque da excesivas muestras de afecto o cariño: *¡qué pegajoso eres, deja ya de besuquearme!*

pegamento n. m. Sustancia que sirve para pegar. SIN cola, pega.

pegar v. tr. **1** Unir una cosa con otra con una sustancia adhesiva: *pegaron varios carteles en la pared.* **2** Maltratar una persona a otra o a un animal dándole golpes, usando las manos, los pies o cualquier instrumento: *no se debe pegar a los animales.* **3** Unir o juntar una cosa con otra cosiéndola, atándola o de otro modo parecido. **4** Acercar o colocar una cosa junto a otra de manera que se toquen o entren en contacto: *no pegues la silla a la pared, que la rayas.* SIN arrimar. **5** Realizar la acción que indica el nombre que va detrás: *pegar voces; pegar un tiro.* **6** Contagiar una persona a otra una enfermedad, una costumbre, un vicio u otra cosa, por entrar en contacto o tratar con ella: *creo que le he pegado la gripe.* ◆ v. tr./ intr. **7** Dar una persona uno o más golpes a alguien o sobre una cosa: *le pegó una patada en la cara.* ◆ v. intr. **8** Estar una cosa junto a otra o próxima a ella: *el banco es ese edificio que está pegando con Correos.* **9** Armonizar una cosa con otra, formando un conjunto agradable: *esa falda no pega con la blusa que llevas.* **10** Chocar, tropezar o golpear una cosa en otra con fuerza o violencia: *el coche frenó bruscamente y pegó contra una tapia.* **11** Calentar mucho el sol: *el sol pegaba en la ventana de la cocina.* **12** Estar de moda o tener mucho éxito una cosa en un momento determinado: *esa canción está pegando fuerte este verano.* **13** Rimar una palabra o un verso con otro: *risa pega con brisa.* ◆ v. intr./ prnl. **14** Unirse una cosa a otra debido a su naturaleza: *la grasa se pegaba a las paredes.* ◆ v. prnl. **15** pegarse Quedar una parte de un guiso unida al recipiente en que se ha cocinado por haberse quemado: *las lentejas se han pegado porque el fuego estaba muy fuerte.* **16** Unirse o seguir una persona a otra o a un grupo de personas sin haber sido invitada a ello: *nos pegamos al grupo de turistas para oír las explicaciones del guía.* **17** Quedarse grabada una cosa fácilmente en la memoria: *la música de los anuncios se pega bien, todo el mundo la canta.*

▶ pegársela **a.** Sufrir una persona o una cosa una caída, un choque o cualquier golpe violento: *por ir mirando hacia atrás se la ha pegado contra una farola.* **b.** Engañar una persona a otra, especialmente un cónyuge a otro siéndole infiel con otra persona: *todos sabían que se la pegaba con un vecino.*

OBS En su conjugación, la *g* se convierte en *gu* delante de *e*.

DER pega, pegado, pegajoso, pegamento, pegatina, pego, peguntoso; apegarse, despegar.

pegatina n. f. Lámina de papel, plástico u otro material con un dibujo o texto impreso que, impregnada por una de sus partes en una materia adhesiva o pegajosa, sirve para adherirla en una superficie: *pegatinas de marcas comerciales.* SIN adhesivo, calcomanía.

pego Palabra que se utiliza en la frase *dar el pego*, que significa 'aparentar una cosa lo que no es en realidad o estar hecha a imita-

ción de algo real, de manera que no se nota el engaño': *esta pintura da el pego, parece auténtica, pero es una falsificación.*
DER pegote.

pegote n. m. **1** Sustancia espesa y pegajosa o porción de algo que se ha pegado: *el automóvil estaba lleno de pegotes de barro.* **2** Añadido hecho de manera tosca y torpe, que generalmente no guarda armonía con el resto y estropea su calidad y que a menudo tiene la intención de ocultar algún defecto. **3** Persona que no se aparta de otra y que resulta un poco molesta o pesada. **4** Mentira, especialmente la que dice una persona para presumir de algo que no es o de algo que no ha hecho: *tirarse el pegote.*

peinado n. m. **1** Forma en la que una persona lleva arreglado el pelo: *lleva un peinado muy moderno.* **2** Acción de peinar o de arreglar el pelo. **3** Examen o registro cuidadoso de una zona para encontrar a una persona o cosa: *la policía hizo un peinado del bosque con perros adiestrados.* SIN rastreo.

peinar v. tr. **1** Arreglar o colocar de una forma determinada el cabello de una persona: *a mí siempre me gusta peinarme con la raya a un lado.* **2** Arreglar, desenredar o limpiar el pelo de un animal o de un tejido: *peinó la lana antes de meterla en el colchón.* **3** Examinar o registrar con mucho cuidado una zona para encontrar a una persona o una cosa: *la policía peinó el barrio buscando a los atracadores.*
DER peinado, peinador, peinazo; despeinar, repeinar.

peine n. m. **1** Utensilio que se utiliza para desenredar, arreglar y colocar bien el pelo, formado por una serie de púas paralelas, colocadas en fila y unidas a una parte más gruesa. **2** Parte de algunos mecanismos que tiene una forma muy parecida a la del peine para el pelo, como por ejemplo en un telar o en un arma de fuego.
▶ enterarse de lo que vale un peine Se utiliza para amenazar a una persona o advertirla de un castigo, un escarmiento o una acción negativa que se va a realizar contra ella: *como no llegues puntual, te vas a enterar de lo que vale un peine.*
DER peinar, peineta.

p. ej. Abreviatura de *por ejemplo.*

pela n. f. **1** Peseta, antigua unidad monetaria de España. ◆ n. f. pl. **2** pelas Dinero: *este mes voy muy mal de pelas.*

peladilla n. f. Confite formado por una almendra recubierta con una capa lisa de azúcar.

pelado, -da adj. **1** Que no tiene una cosa o una característica que habitualmente lo adorna, cubre o rodea: *a lo lejos se veía un monte pelado.* **2** Que no tiene dinero o se ha quedado sin él: *estoy pelado, no puedo invitarte a cenar.* **3** [número, cantidad] Que consta de decenas, centenas, millares, etc., justos: *el cuatro mil pelado.* **4** Con el pelo muy corto o totalmente rapado. ◆ n. m. **5** Acción de cortar el cabello de una persona y manera de llevarlo cortado: *llevas un pelado muy moderno.*
DER peladilla, peladura.

pelaje n. m. **1** Naturaleza o calidad del pelo o la lana de un animal. **2** Aspecto externo que presenta una persona o una cosa, a través del cual se puede ver su calidad, su condición o su categoría: *ese chico tiene muy mal pelaje, no quiero que vayas más con él.*

pelambrera n. f. Cantidad abundante de pelo o de vello, especialmente el que está muy largo o enredado.

pelar v. tr. **1** Quitar, cortar o arrancar el pelo de algo o alguien: *han pelado al perro en una peluquería canina.* **2** Quitar la piel, la cáscara o la corteza que recubre un fruto o un tubérculo: *no sabe pelar las manzanas y se las come con piel.* **3** Quitar la piel o el pellejo a un animal. **4** Quitarle las plumas a un ave. SIN desplumar. **5** Quitarle a una persona todos los bienes o todo el dinero de manera violenta o engañándola. **6** Criticar o hacer murmuraciones acerca de una persona: *estuvieron toda la tarde pelando al vecindario entero.* ◆ v. prnl. **7** pelarse Desprendérsele a una persona la piel poco a poco por haber tomado con exceso el sol, o por una quemadura o una rozadura. **8** Perder una persona el pelo por una enfermedad u otra causa.
▶ duro de pelar **a.** [cosa] Que es difícil de conseguir o de hacer: *este puzzle es duro de pelar.* **b.** [persona] Que es difícil de vencer o de convencer: *es un contrincante muy bueno y será duro de pelar.* pelársela**s** Hacer una cosa con mucha rapidez y energía: *este coche corre que se las pela.* que pela Que produce una sensación muy fuerte o intensa, generalmente de frío o de calor: *hace un frío que pela.*
DER pelado; repelar.

peldaño n. m. Cada una de las partes horizontales de una escalera, donde se apoya el pie al subir o bajar por ella. SIN escalón.

a b c d e f g h i j k l m n ñ o p q r s t u v w x y z

pelea n. f. **1** Acción que consiste en luchar o emplear entre sí dos o más personas o animales la fuerza, las armas o cualquier otro recurso con la intención de hacerse daño, matarse o imponer su voluntad: *se enzarzaron en una pelea y nadie pudo separarlos.* SIN combate, lucha. **2** Discusión o enfrentamiento que mantienen dos o más personas por no estar de acuerdo sobre una circunstancia o una idea. SIN disputa, riña. **3** Esfuerzo grande y continuado que realiza una persona para conseguir una cosa. SIN lucha.

pelear v. intr./ prnl. **1** Emplear entre sí dos o más personas o animales la fuerza, las armas o cualquier otro recurso con la intención de hacerse daño, matarse o imponer su voluntad: *no te pelees con tu hermano.* **2** Mantener una persona una discusión o un enfrentamiento con otra o con otras por no estar de acuerdo sobre una circunstancia o una idea: *a veces se pelean por cuestiones políticas.* ◆ v. intr. **3** Realizar una persona un esfuerzo grande y continuado para conseguir una cosa: *no tiene miedo a pelear si con ello consigue llegar alto.* ◆ v. prnl. **4** pelearse Enemistarse o perder la buena relación dos o más personas: *se pelearon por culpa de unas tierras.* SIN reñir.
DER pelea, peleón.

peliagudo, -da adj. Que es muy difícil de entender o de resolver: *un asunto peliagudo.*

pelícano n. m. Ave acuática palmípeda cuyo pico, largo y ancho, tiene una membrana en su parte inferior que forma una especie de bolsa; es de plumaje blanco y tiene las patas cortas.
OBS Para indicar el sexo se usa *el pelícano macho* y *el pelícano hembra.*

película n. f. **1** Conjunto de imágenes cinematográficas que componen un asunto o una historia: *ese director de cine ha dejado de hacer películas.* **2** Cinta de material sensible a la luz que contiene un conjunto de imágenes grabadas con una cámara de cine o de vídeo, preparadas para ser proyectadas en una pantalla. **3** Cinta de material sensible a la luz que se introduce en el interior de la cámara fotográfica y sobre la cual se imprimen las imágenes: *Juan llevó a revelar el rollo de película.* **4** Piel delgada y delicada o capa muy fina que cubre una cosa: *cuando la leche hierve se forma una película de nata en la superficie.* **5** Explicación de un hecho o de una historia: *y ahora, te contaré la película de mi vida.*
▶ de película **a.** Que tiene unas cualidades extraordinarias: *una casa de película.* **b.** Se utiliza para indicar que una cosa se hace muy bien: *cocinar de película.*
DER peliculero, peliculón.

peligrar v. intr. Estar en peligro: *la supervivencia de muchas especies animales peligra.*
DER peligro, peligroso.

peligro n. m. **1** Situación en la que es posible que ocurra un daño o un mal: *durante aquel viaje vivieron muchos peligros.* **2** Persona o cosa que crea una situación en la que puede ocurrir un daño o un mal: *este puente tan ruinoso es un peligro; vuestro hijo es un peligro.*
▶ correr peligro Estar expuesta una persona o una cosa a una situación en la que es posible que ocurra un daño o un mal: *ese jarrón de cristal corre peligro encima de la mesa.* SIN peligrar.

peligrosidad n. f. Posibilidad o riesgo que hay en algunas situaciones de que ocurra un daño o un mal.

peligroso, -sa adj. **1** Que tiene peligro o puede causar un daño o un mal. **2** [persona] Que puede causar daño o cometer actos delictivos y que habitualmente lo hace: *se busca a un bandido muy peligroso.*
DER peligrosidad.

pelillo n. m. Motivo poco importante de enfado, disgusto o preocupación: *déjate de pelillos y piensa en las cosas positivas.*
▶ echar pelillos a la mar Olvidar dos o más personas el motivo de su enfado y reconciliarse: *echa pelillos a la mar y pídele perdón.*

pelirrojo, -ja adj. Que tiene el pelo de color tirando a rojo: *los pelirrojos suelen ser muy pecosos.*

pella n. f. **1** Trozo de masa de forma redonda: *el cocinero tomó una pella de pasta para hacer un panecillo.* **2** Conjunto de los tallitos de la coliflor y otras plantas semejantes, antes de florecer.
▶ hacer pellas No ir una persona a un lugar donde tiene obligación de ir, sin tener ningún motivo justificado, especialmente a clase: *no aprobaron el curso porque frecuentemente hacían pellas.*
DER repellar.

pellejo n. m. **1** Piel o trozo de piel de una persona o de un animal: *los cazadores mataron un zorro para arrancarle el pellejo.* **2** Piel fina de algunas frutas y hortalizas: *esta uva tiene el pellejo muy grueso.* **3** Recipiente hecho de piel de animal, generalmente de cabra, que se utiliza, una vez tratada y cosida convenientemente, para contener líquidos, especialmente vino o aceite: *en la bodega había pellejos y toneles repletos de vino.* **SIN** odre.

▶ estar (o ponerse) en el pellejo Estar o ponerse una persona en la misma situación o condiciones que otra: *¿qué harías tú si estuvieras en su pellejo?* jugarse el pellejo Poner en peligro algo muy importante, especialmente la vida: *uno de los bomberos se jugó el pellejo saltando por los tejados.* salvar el pellejo Salvar una persona su vida de un peligro.

DER pelleja; despellejar.

pelliza n. f. **1** Prenda de vestir de abrigo, hecha o forrada con pieles finas. **SIN** zamarra. **2** Prenda de vestir de abrigo, con el cuello y los puños de tela fuerte, que cubre desde el cuello hasta las rodillas.

pellizcar v. tr. **1** Coger con dos dedos de la mano una pequeña cantidad de piel y carne de una persona, apretándola o retorciéndola, especialmente con el propósito de producir dolor. **2** Coger o pillar con fuerza la piel o la carne de una persona: *me he pellizcado con las tenazas.* **3** Quitar con los dedos una pequeña cantidad de una cosa que está entera: *tenía tanta hambre que pellizcaba el pan.*

OBS En su conjugación, la *c* se convierte en *qu* delante de *e*.

DER pellizco.

pellizco n. m. **1** Acción que consiste en pellizcar a una persona: *le dio un pellizco para que se callara.* **2** Señal que queda en la carne al pellizcarla: *todavía se nota el pellizco que me hiciste.* **3** Pequeña cantidad de una cosa que se quita con los dedos.

pelmazo, -za adj./ n. m. y f. [persona] Que es pesado, insistente, molesto y difícil de soportar: *si la invitas que no venga con el pelmazo de su novio.* **SIN** pelma, plasta.

DER pelma; apelmazar.

pelo n. m. **1** Fibra o filamento delgado, en forma de hilo, que nace de la piel de la mayor parte de los mamíferos y de otros animales: *el perro puso el sofá perdido de pelos.* **2** Conjunto de esas fibras que cubre el cuerpo de algunos animales o algunas partes del cuerpo de las personas, especialmente el de la cabeza: *llevaba el pelo recogido en un moño.* **3** Filamento muy fino que hay en la cáscara o la piel de algunos frutos y en algunas partes de las plantas: *el pelo del melocotón me produce alergia.* **4** Conjunto de fibras que forman parte de ciertos utensilios, como el cepillo: *he comprado una brocha de pelo duro para pintar todas las puertas.* **5** Hilo o filamento fino que sobresale o queda en la superficie de algunas telas o tejidos: *el paño está viejo y ya no tiene pelo.* **6** Sierra muy fina que se usa para cortar maderas delgadas: *pelo de marquetería.* **7** Cantidad muy pequeña o insignificante de una cosa: *ha faltado un pelo para que se cayera.*

▶ a pelo **a.** Se utiliza para indicar que una cosa se realiza sin ningún tipo de protección, especialmente sin ropa o sin nada que cubra el cuerpo: *era pleno invierno, pero él salía a pelo por las mañanas.* **b.** Se utiliza para indicar una forma de montar sobre una caballería sin emplear la silla ni ningún elemento sobre ella. al pelo Se utiliza para indicar que una cosa es muy adecuada u oportuna para la ocasión, o que se realiza en el momento justo: *me regalaron una caja que me vino al pelo para guardar caramelos.* caérsele el pelo Sufrir una persona las consecuencias por una mala acción que ha cometido, especialmente mediante un castigo duro: *como no vayas a clase, se te va a caer el pelo.* con pelos y señales Indica que algo se explica con gran cantidad de detalles. dar para el pelo Regañar a una persona o darle una azotaina como forma de castigo por algo que ha hecho: *te van a dar para el pelo, para que aprendas.* de pelo en pecho [persona] Que es muy fuerte o valiente: *era un hombre de pelo en pecho.* estar hasta el pelo (o los pelos) Estar una persona harta o cansada de alguien o de algo: *estoy hasta el pelo de tantas tonterías.* no tener pelos en la lengua Expresar abiertamente una persona sus pensamientos o sus sentimientos sin tener ningún reparo para ello: *yo no soy insolente, lo que pasa es que no tengo pelos en la lengua.* no tener un pelo de tonto Ser una persona muy despierta e inteligente, en contra de lo que pudiera creerse: *no intentes engañarme, porque no tengo un pelo de tonto.* no vérsele el pelo No aparecer una persona o no dejarse ver durante largo tiempo por un lugar que solía frecuentar. poner los pelos de punta Causar una cosa en una persona un fuerte sentimiento de asombro, miedo o terror: *la película nos puso los pelos de punta.* por los pelos Se utiliza para indicar que una cosa se realiza en el último momento o de manera muy ajustada: *se ha librado del castigo por los pelos.* soltarse el pelo Decidirse una persona a hablar o a actuar sin miramientos ni inhibiciones, de manera arrojada y despreocupada: *últimamente se ha soltado el pelo y sale todas las noches.* tirarse de los pelos Mostrar una persona un gran enfado o arrepentimiento por no haber aprovechado una oportunidad o por haber tenido un error que habría podido evitar: *se tiraba de los pelos cada vez que pensaba en el ridículo que había hecho.* tomar el pelo **a.** Burlarse de una persona para ponerla en ridículo: *llevaba un traje horrible y sus compañeros le tomaban el pelo diciéndole que era precioso.* **b.** Engañar a una persona haciéndole creer algo que es mentira: *eso que decís no es cierto, me queréis tomar el pelo.*

DER pelaje, pelambre, pelanas, pelar, pelechar, pelillo, pelón, peludo, pelusa; contrapelo, espeluznante.

pelota n. f. **1** Bola hecha de cuero, goma u otro material flexible, llena de aire o maciza, que se utiliza para jugar o para practicar determinados deportes: *pelota de fútbol.* **2** Juego que se practica con esa bola: *en el parque está prohibido jugar a la pelota.* pelota vasca Juego que se practica lanzando una pelota con la mano o con distintos instrumentos contra una pared para que rebote. **3** Objeto de forma redonda hecho con cualquier materia, generalmente blanda o flexible: *hizo una pelota de papel y la lanzó a la papelera, pero no acertó.* ◆ adj./ n. com. **4** [persona] Que alaba a alguien o trata de agradar, movido por el interés y con el único objetivo de conseguir un favor o un beneficio: *siempre le da la razón al jefe en todo porque es un pelota.* ◆ n. f. pl. **5** pelotas Testículos, glándulas sexuales que producen espermatozoides.

▶ devolver la pelota Responder una persona a una acción o un dicho de manera semejante: *él me hizo daño y ahora tengo ocasión de devolverle la pelota.* en pelota o en pelotas Completamente desnudo. NOTA Para dar más énfasis o expresividad también se utilizan las formas *en pelota picada* y *en pelota viva.* estar hasta las pelotas Estar una persona harta o cansada de alguien o de algo: *estoy hasta las pelotas de que se metan conmigo.* hacer la pelota Alabar o tratar de agradar a alguien con el único objetivo de conseguir un favor o un beneficio.

DER pelotari, pelotazo, pelotear, pelotera, pelotón; despelotarse.

pelotari n. com. Deportista que juega a la pelota vasca: *los pelotaris son muy fuertes y musculosos.*

pelotera n. f. Disputa, riña: *tuvo una pelotera con su hermano por una tontería.*

pelotillero, -ra adj./ n. m. y f. [persona] Que alaba de forma exagerada e interesada o trata de agradar a alguien con el único fin de conseguir un favor o un beneficio: *eres un pelotillero, no sé qué buscas con tanto halago.* SIN pelota, pelotero, pelotilla.

OBS Se usa con sentido despectivo.

pelotón n. m. **1** Grupo numeroso de personas que van juntas y sin orden. **2** Conjunto numeroso de ciclistas que durante una carrera van agrupados circulando al mismo ritmo: *un escapado ha saltado del pelotón.* **3** Pequeña unidad militar de infantería que forma parte de una sección y está mandada generalmente por un sargento o por un cabo.

DER apelotonar.

peluca n. f. Cabellera postiza.

DER peluquero, peluquín.

peluche n. m. **1** Tejido muy suave, con pelo largo por una de sus caras: *muñequito de peluche.* **2** Muñeco hecho de ese tejido, que suele tener forma de animal: *a algunos niños pequeños les gusta dormir con peluches.*

peludo, -da adj. Que tiene mucho pelo.

peluquería n. f. **1** Establecimiento en el que se peina, se corta y se cuida el pelo. **2** Oficio y técnica de la persona que se dedica a peinar, cortar, arreglar y cuidar el pelo: *estudió peluquería durante dos años.*

peluquero, -ra n. m. y f. Persona que tiene como profesión peinar, cortar, arreglar y cuidar el pelo.

DER peluquería.

peluquín n. m. Peluca que cubre únicamente la parte superior de la cabeza: *el director lleva peluquín.*

▶ ni hablar del peluquín Se usa para expresar rechazo o negación rotundos a algo que se propone: *¿dices que tienes fiebre y quieres salir a dar una vuelta? ¡Ni hablar del peluquín!*

pelusa n. f. **1** Pelo muy suave y fino que cubre ciertas frutas y plantas. SIN vello. **2** Pelo muy fino, casi imperceptible, que crece en la cara y en otras partes del cuerpo de una persona: *solemos tener pelusa en los lóbulos de las orejas.* SIN vello. **3** Pelo fino que sueltan las prendas de punto o algunos tejidos con el uso: *los jerséis de angora dejan mucha pelusa.* **4** Acumulación de polvo y suciedad debajo de los muebles y de otros lugares donde no se limpia frecuentemente. **5** Sentimiento de envidia o de celos propio de los niños: *mi hijo mayor tiene pelusa de su hermanito recién nacido.*

pelvis n. f. ANAT. Parte del esqueleto situada en la zona inferior del tronco de los mamíferos, en la que se articulan las extremidades inferiores.

OBS El plural también es *pelvis.*

pen drive n. m. Dispositivo de almacenamiento de datos digitales de pequeño tamaño y con un USB que permite conectarlo al ordenador u otros aparatos.

OBS El plural también es *pen drive.* Es de origen inglés y se pronuncia aproximadamente *«pen draif».*

pena n. f. **1** Castigo que una autoridad impone a una persona responsable de una falta o un delito: *lo han condenado a una pena de seis meses de cárcel.* SIN condena. **pena capital** o **pena de muerte** Condena por la que el culpable de un delito debe ser ejecutado: *en España no existe la pena capital.* **2** Sentimiento de dolor, sufrimiento o tristeza que provoca en una persona un hecho adverso o desgraciado: *me da pena ver a esos niños tan pobres y desnutridos.* SIN lástima. **3** Dificultad, trabajo o esfuerzo que le cuesta a una persona hacer una cosa: *han conseguido salir de la pobreza a costa de muchas penas.*

▸ **a duras penas** Se utiliza para indicar que una cosa se hace con mucha dificultad o muy apuradamente: *he conseguido aprobar a duras penas.* **de pena** **a.** Que tiene unas cualidades muy malas: *estoy leyendo un libro que es de pena.* **b.** Se utiliza para indicar que una cosa se hace muy mal: *cállate ya porque cantas de pena.* **merecer (o valer) la pena** Estar bien empleado el esfuerzo que cuesta una cosa: *déjalo, no vale la pena seguir insistiendo.* **sin pena ni gloria** Se utiliza para indicar que una cosa se hace sin sobresalir ni destacar, ni por lo bueno ni por lo malo: *aquel autor pasó sin pena ni gloria entre sus contemporáneos.*

DER penal, penar, penoso.

penacho n. m. **1** Grupo de plumas levantadas que tienen algunas aves sobre la cabeza. **2** Grupo de plumas que se ponen como adorno en cascos o sombreros. **3** Cosa que por su forma se parece a un grupo de plumas: *las palmeras inclinaban sus penachos.*

penal adj. **1** Que está relacionado con los delitos y las faltas o con las penas con las que estos se castigan: *el delincuente tenía antecedentes penales; el abogado defendió con el código penal en mano.* ◆ n. m. **2** Edificio o local en el que cumplen una pena, privadas de su libertad, las personas que han sido condenadas tras un juicio. SIN cárcel, prisión.

DER penalidad, penalista, penalizar, penalti.

penalidad n. f. Sufrimiento o adversidad grande que padece alguien.

penalizar v. tr. Imponer una pena, sanción o castigo, generalmente en un juego o deporte: *el ciclista fue penalizado con doce horas por salirse del recorrido.*

OBS En su conjugación, la *z* se convierte en *c* delante de *e.*

DER penalización; despenalizar.

penalti n. m. **1** Falta que en el fútbol y otros deportes comete un jugador dentro del área de gol de su propio equipo, y que es sancionada con el máximo castigo: *cometió un penalti y le sacaron la tarjeta roja.* **2** Pena que corresponde a esa falta: *el árbitro ha pitado tres penaltis en este partido.* **3** Lanzamiento de la pelota que debe efectuar el equipo contrario al que ha cometido esta falta; se ha de tirar directamente a la portería desde un punto determinado del área y sin más defensa que el portero: *el portero ha parado un penalti.*

▸ **casarse de penalti** Casarse dos personas porque la mujer está esperando un hijo.

OBS El plural es *penaltis.*

penar v. tr. **1** Imponer una pena o un castigo a la persona responsable de haber cometido una falta o un delito. SIN condenar. **2** DER. Señalar el castigo correspondiente a una acción delictiva: *la ley pena con la cárcel los delitos de robo y asesinato.*

DER penado; apenar.

pendencia n. f. Pelea, riña de palabras o de obras: *buscaba pendencia, y la encontró.*

pender v. intr. **1** Estar colgada, suspendida o inclinada una cosa: *el cuadro pende de la pared.* **2** Estar sin resolver o terminar un juicio o un asunto.

pendiente adj. **1** Que todavía está sin resolver o sin terminar: *el juicio está pendiente de sentencia.* **2** Que pone mucha atención en una persona o una cosa o se preocupa mucho por ella: *el padre estaba pendiente de su bebé en todo momento.* **3** Que está inclinado o tiene inclinación. ◆ n. m. **4** Adorno que una persona se pone o lleva colgando de alguna parte del cuerpo, generalmente del lóbulo de la oreja. ◆ n. f. **5** Terreno que está inclinado o tiene inclinación: *la pelota rodó por la pendiente.* **6** Inclinación más o menos pronunciada de un terreno o una superficie: *tejados con mucha pendiente.*

pendón n. m. **1** Bandera más larga que ancha que usaban como insignia distintiva los regimientos, los batallones y otras agrupaciones militares y religiosas. **2** Persona que lleva una vida irregular y desordenada.

pendular adj. Del péndulo o que tiene relación con este cuerpo: *movimiento pendular.*

péndulo n. m. Cuerpo sólido que, desde una posición de equilibrio determinada por un punto fijo del que está suspendido, situado por encima de su centro de gravedad, puede oscilar libremente primero hacia un lado y luego hacia el contrario: *el péndulo del reloj hace posible su funcionamiento.*
DER pendular.

pene n. m. Órgano sexual masculino: *el glande es uno de los extremos del pene.* SIN miembro.

penetración n. f. **1** Acción que consiste en introducirse una cosa en un lugar o en otra cosa. **2** Acción que consiste en comprender o descubrir el sentido más profundo de una cosa difícil: *resulta compleja la penetración en el pensamiento de Aristóteles.* **3** Capacidad que tienen algunas personas de pensar con gran inteligencia, rapidez y claridad: *con gran capacidad de penetración, el investigador vio que la ciencia moderna había comenzado en el Renacimiento.*

penetrante adj. **1** Que es profundo o penetra muy adentro en un cuerpo: *olor penetrante.* **2** [sonido] Que es agudo o de volumen elevado: *en medio del silencio se escuchó la voz penetrante del tenor.* **3** Que piensa con rapidez y claridad y comprende fácilmente lo más profundo u oculto de las cosas.

penetrar v. tr. **1** Introducirse una cosa en un lugar o en otra cosa: *el agua fluye y penetra la tierra.* **2** Hacerse sentir de manera intensa y violenta el frío, la humedad u otra sensación molesta: *aquel frío penetraba las carnes.* **3** Afectar algo a una persona produciéndole un dolor o un sentimiento de manera intensa y profunda: *el odio había penetrado en su corazón.* **4** Comprender o descubrir el sentido más profundo de una cosa difícil: *todavía no ha penetrado en el problema.* ◆ v. intr. **5** Introducirse una persona en el interior de un recinto o dentro de un grupo de personas: *los ladrones penetraron por la ventana.*
DER penetrable, penetración; compenetrar.

penibético, -ca adj. De la cordillera Penibética o que tiene relación con este sistema montañoso del sur de España.

penicilina n. f. Sustancia antibiótica extraída de los cultivos de un hongo, que se usa en medicina para curar algunas enfermedades producidas por bacterias: *la penicilina fue descubierta por Fleming.*

península n. f. Extensión de tierra que está rodeada de agua por todas partes menos por una, por donde se une con un territorio de mayor tamaño.
DER peninsular.

peninsular adj. **1** De la península o que tiene relación con esta extensión de tierra. **2** De la península Ibérica o que tiene relación con esta zona del sur de Europa. ◆ adj./n. com. **3** [persona] Que es de la península Ibérica, y no de las islas Baleares, Canarias o de las ciudades de Ceuta y Melilla.

penitencia n. f. **1** Sacramento de la Iglesia católica por el cual el sacerdote perdona los pecados en el nombre de Dios. **2** Pena que el sacerdote pone al pecador para que se le perdonen sus pecados: *me puso como penitencia que rezara dos rosarios.* **3** Castigo o sacrificio que una persona se impone a sí misma como mortificación por motivos religiosos. **4** Cosa muy molesta que una persona debe hacer o soportar: *convivir con este niño es una penitencia.*
DER penitenciario, penitente.

penitente n. com. **1** Persona que cumple una pena, tras la confesión, generalmente impuesta por un sacerdote, para que Dios le perdone sus pecados. **2** Persona que hace penitencia desfilando en las procesiones: *vimos a algunos penitentes desfilar descalzos y golpeándose la espalda desnuda.* SIN nazareno.
DER impenitente.

penoso, -sa adj. **1** Que produce pena o dolor. **2** Que exige mucho esfuerzo o presenta una gran dificultad: *después de la fiesta toca encarar la penosa tarea de limpiarlo todo.* SIN trabajoso. **3** Que es de muy mala calidad: *el trabajo de ese actor es penoso.*

pensador, -ra n. m. y f. Persona que se dedica a estudios muy elevados y profundiza mucho en ellos.

pensamiento n. m. **1** Capacidad que tienen

las personas de formar ideas y representaciones de la realidad en su mente, relacionando unas con otras: *el pensamiento es una cualidad humana.* **2** Sitio imaginario en el que se guardan las ideas formadas por la mente: *no puedo apartar ese problema de mi pensamiento.* **3** Idea o representación mental de una persona, cosa o situación: *pasó la tarde enfrascado en sus pensamientos.* **4** Deseo, intención o propósito que tiene una persona de hacer una cosa: *se acercó a la casa con malos pensamientos.* **5** Conjunto de ideas propias de una persona o de un grupo de personas: *el libro recoge el pensamiento de Ortega y Gasset.* **6** Idea o conjunto de ideas que destacan en un escrito o discurso: *cita a menudo los pensamientos de los clásicos.* **7** Planta de jardín pequeña, que da unas flores con cuatro pétalos abiertos de varios colores. **8** Flor de la planta del mismo nombre.

▶ leer el pensamiento Adivinar el pensamiento o las intenciones de una persona: *no hace falta que me lo digas, te leo el pensamiento.*

pensar v. tr./ intr. **1** Formar una persona ideas y representaciones de la realidad en su mente, relacionando unas con otras: *ese trabajo exige pensar mucho.* **2** Examinar una persona con mucho cuidado un asunto o una cuestión para tomar una decisión o formarse una opinión sobre ella: *pensaré en tu oferta y el lunes te diré algo.* SIN meditar. **3** Tomar una persona una decisión después de haber examinado detenidamente una cuestión o un asunto: *he pensado aceptar ese puesto de trabajo.* **4** Tener una persona la intención o el propósito de hacer una cosa o hacer proyectos sobre una cosa: *no pienso salir contigo esta noche.* **5** Usar una persona su inteligencia para inventar una idea útil o un buen método o sistema para hacer una cosa: *el prisionero pensó un plan para escapar.* SIN idear. **6** Tener una persona determinada opinión respecto de algo: *pienso que no llevas razón.* SIN opinar.

▶ dar que pensar Preocupar a alguien o hacer que piense sobre algo: *está muy callado; tanto, que me da que pensar.* ni pensarlo Se utiliza para rechazar una idea o propuesta o negar el permiso para hacer una cosa: *—Tendríamos que comprar una tele nueva. —Ni pensarlo, ahora vamos muy mal de dinero.* pensar mal Considerar las acciones o las palabras de otra persona como llenas de mala intención o de propósitos deshonestos: *no confía en nadie, siempre piensa mal de los que le rodean.* sin pensar **a.** Forma de hacer una cosa de manera rápida e inesperada: *se aburría, así que, sin pensar, tomó un tren con destino a Madrid.* **b.** Forma de hacer una cosa de manera involuntaria, sin tener la intención de hacerla: *perdóname, te juro que lo hice sin pensar.*

OBS En su conjugación, la *e* se convierte en *ie* en sílaba acentuada, como en *acertar.*

DER pensador, pensamiento, pensativo; impensable, impensado, malpensar.

pensativo, -va adj. Que está pensando con mucha atención en una cosa, sin atender o darse cuenta de lo que ocurre a su alrededor. SIN meditabundo.

pensión n. f. **1** Establecimiento público que ofrece alojamiento y comida a cambio de dinero, y que es de categoría inferior al hostal. **2** Cantidad de dinero que se cobra por ese alojamiento: *este mes no he pagado todavía la pensión.* **3** Conjunto de servicios de alojamiento y comida que se ofrece al cliente en un hotel u otro establecimiento de hostelería. media pensión Régimen de alojamiento que se compone de habitación, desayuno y una comida. pensión completa Régimen de alojamiento que se compone de habitación, desayuno, comida y cena. **4** Cantidad de dinero que un organismo oficial paga a una persona de manera periódica y como ayuda económica por un motivo determinado: *los jubilados cobran una pensión del Estado que no les alcanza para sobrevivir.* **5** Cantidad de dinero que una persona paga a otra como ayuda económica.

DER pensionar, pensionista.

pensionista n. com. **1** Persona que recibe una pensión, en especial la que tiene una incapacidad física o mental o tiene una edad avanzada y recibe una ayuda económica del Estado: *se jubiló por una enfermedad grave y ahora es pensionista.* **2** Persona que vive habitualmente en una pensión o está internada en un colegio: *cuando estudiaba el bachillerato fue pensionista.*

DER mediopensionista.

penta- Elemento prefijal que entra en la formación de palabras con el significado de 'cinco': *pentasílabo.*

pentadecasílabo, -ba adj./ n. m. [verso] Que tiene quince sílabas.

pentágono n. m. Figura plana de cinco ángulos y cinco lados: *el pentágono es un polígono.*

DER pentagonal.

a b c d e f g h i j k l m n ñ o p q r s t u v w x y z

pentagrama n. m. Conjunto de cinco líneas horizontales paralelas y equidistantes sobre el cual se escriben las notas musicales y demás signos de notación: *escribe las notas en el pentagrama.*

pentasílabo, -ba adj./ n. m. [palabra, verso] Que tiene cinco sílabas.

pentatlón n. m. En la antigua Grecia, conjunto de cinco pruebas deportivas que realizaba un mismo atleta y que incluía carrera, salto de longitud, lucha y lanzamiento de disco y jabalina. **pentatlón moderno** Conjunto de cinco pruebas deportivas que realiza una misma persona y que incluye equitación, tiro, natación, esgrima y carrera a campo traviesa.

penúltimo, -ma adj. Que ocupa el lugar inmediatamente anterior al último.
DER antepenúltimo.

penumbra n. f. **1** Estado o situación en que hay poca luz pero no se llega a la oscuridad: *en la penumbra se podían percibir sus siluetas pero no se distinguían sus caras.* **2** En un eclipse, sombra parcial que hay entre la parte que está iluminada y la que está completamente oscura.

penuria n. f. Situación de la persona que no tiene lo necesario para vivir. **SIN** pobreza.

peña n. f. **1** Piedra grande que se encuentra en estado natural, o que no ha sido trabajada por el hombre: *varias peñas se desprendieron y cayeron al barranco.* **2** Monte o altitud que tiene muchas rocas grandes y elevadas: *llegaron a una peña desde la que se divisaba el valle.* **3** Grupo de personas que tienen unos mismos intereses deportivos, culturales o de otro tipo, especialmente el que se reúne para celebrar ciertas fiestas: *me he apuntado a una peña futbolística.* **SIN** asociación, club. **4** Grupo de amigos: *el sábado fui de excursión con mi peña.* **5** Gente o grupo de personas muy grande: *había mucha peña en el concierto.*
DER peñasco, peñazo, peñón; despeñar.

peñascal n. m. Lugar en que hay muchos peñascos.

peñasco n. m. Roca de gran tamaño, situada generalmente en un lugar alto: *las cabras trepan con agilidad por los peñascos.*
DER peñascal, peñascoso.

peñón n. m. Monte o montaña en que hay muchas rocas o peñascos.

peón n. m. **1** Obrero no especializado que tiene la categoría profesional más baja. **peón caminero** Obrero que trabaja en la conservación y la reparación de las carreteras y las vías públicas. **2** Pieza del ajedrez, que es la de menos valor y se mueve siempre de frente, avanzando un solo cuadro en cada movimiento: *cada jugador tiene ocho peones para jugar.* **3** Pieza o ficha de algunos juegos de tablero. **4** Juguete con forma de cono, generalmente de madera y con una punta de hierro, al que se enrolla una cuerda para lanzarlo y hacer que gire sobre sí mismo. **SIN** peonza, trompo. **5** Soldado de a pie.
DER peonada, peonza.

peonza n. f. Juguete con forma de cono, generalmente de madera, al que se enrolla una cuerda para lanzarlo y hacer que gire sobre sí mismo: *hacía bailar la peonza sobre la mesa.* **SIN** peón, trompo.
▶ **a peonza** Se utiliza para indicar que una acción se realiza a pie o andando, sin utilizar ningún medio de transporte: *tuvimos que venir a peonza.*

peor adj. **1** Que es más malo o que es de inferior calidad respecto de otra cosa con la que se compara: *esta tela es peor que la que has comprado.* **ANT** mejor. **NOTA** Es el adjetivo comparativo de *malo.* Acompañado del artículo forma el grado superlativo: *de las ciudades que conozco, esta es la peor.* ◆ adv. **2** Se utiliza para indicar que una cosa está o se hace más mal respecto de otra cosa con la que se compara o de manera más contraria a lo bueno o conveniente: *el enfermo se encuentra peor.* **ANT** mejor. **NOTA** Es el adverbio comparativo de *mal.*
DER empeorar.

pepinillo n. m. Variedad de pepino de pequeño tamaño que se conserva en sal y vinagre: *banderillas de pepinillo y boquerón.*

pepino n. m. **1** Hortaliza de forma cilíndrica, con una corteza áspera y rugosa, verde o amarilla, y en su interior una carne blanca con muchas semillas pequeñas y planas en el centro. **2** Planta herbácea de tallos largos y rastreros, con hojas grandes y vellosas y flores amarillas, de la cual se extrae la hortaliza del mismo nombre. ◆ adj./ n. m. **3** [melón] Que está poco maduro: *al cortar el melón se dieron cuenta de que estaba pepino.*
▶ **importar un pepino** No importarle nada una cosa a una persona o no tener ningún valor o interés para ella: *a él le importaba un pepino que sus amigos lo hubieran abandonado.*
DER pepinazo, pepinillo.

pepita n. f. **1** Semilla de las frutas y las hortalizas carnosas, como la uva, la manzana, el melón o el tomate, que es dura y de pequeño tamaño. SIN pipa. **2** Trozo pequeño y pulido de oro o de otro metal, que suele encontrarse en terrenos formados por la acumulación de materiales que han sido arrastrados por las aguas. **3** Enfermedad que ataca a las gallinas y otras aves domésticas en la lengua.
DER despepitar.

peque n. com. Bebé o niño de corta edad, en especial el propio hijo: *ven aquí, peque; el peque de la casa sueña con los columpios que pondrán en el parque.* NOTA Se usa como apelativo cariñoso.

pequeñez n. f. **1** Cualidad de pequeño. **2** Cosa insignificante o de poca importancia: *eso son pequeñeces, no tienes por qué enfadarte.*

pequeño, -ña adj. **1** Que tiene un tamaño reducido o unas dimensiones menores de lo que es normal. ANT grande. **2** Que tiene poca altura o es de corta estatura. **3** Que es de poca importancia, duración o intensidad: *cayó un pequeño aguacero.* ◆ adj./ n. m. **4** [persona] Que tiene muy poca edad: *tienen un niño pequeño.*
DER peque, pequeñez; empequeñecer.

pequinés, -nesa adj. **1** Relativo a Pekín, capital de China, o a sus habitantes de esta ciudad. SIN pequinense. ◆ adj./ n. m. y f. **2** [persona] Que es de Pekín. SIN pequinense. ◆ n. m. y f./ adj. **3** Perro de compañía originario de China, de pequeño tamaño, cabeza achatada, hocico muy corto y obtuso, ojos saltones, orejas caídas, patas cortas, cola doblada sobre el lomo y pelo largo; es originario de China; hay especies de muy diversos colores: *tiene un perro pequinés.*

per- Prefijo que entra en la formación de palabras con estas funciones: a) Intensificar o aumentar el significado de las voces a las que se une: *perturbar.* b) En química indica intensificación o mayor cantidad de algún elemento: *perborato, perclorato.*

per cápita adj. Por cabeza o por persona: *tocamos a dos bombones per cápita.*

per se adv. *formal* Expresión latina que significa 'por sí mismo': *el regalo no tiene importancia per se, sino por el cariño con que me lo dieron.*

pera n. f. **1** Fruta comestible de color verde o amarillo, ancha por la parte de abajo y delgada por la de arriba, con la piel fina y la carne blanca, muy jugosa, de sabor dulce o ácido y, en el centro, unas semillas pequeñas de color negro. **2** Recipiente de goma con la forma de esa fruta, que se usa para impulsar un líquido o un gas. **3** Interruptor para llamar a un timbre o para encender y apagar la luz, que tiene la forma de este fruto. **4** Conjunto de pelo que se deja crecer en la punta de la barba. ◆ adj./ n. com. **5** [persona] Que es muy presumido y demasiado elegante y refinado: *los niños pera siempre usan ropa cara.*
▶ el año de la pera Indica que algo es o pertenece a un período de tiempo muy lejano: *lleva unas corbatas del año de la pera.* pedir peras al olmo Pedir o pretender algo que es imposible: *esperar de él un detalle es pedir peras al olmo.* pera (o perita) en dulce Persona o cosa extraordinaria o con muy buenas cualidades. ser la pera Destacar una persona o una cosa por una cualidad muy buena o muy mala: *los transportes son la pera: nunca llegan a tiempo.*
DER peral, perilla.

peral n. m. **1** Árbol de tronco recto y liso, copa muy poblada con hojas ovaladas y puntiagudas y flores blancas en grupo, cuyo fruto es la pera. **2** Madera de este árbol.

peralte n. m. **1** En una carretera o vía, mayor elevación que tiene la parte exterior de una curva en relación con la interior. **2** ARQ. Espacio que en la altura de un arco o de una bóveda sobrepasa del semicírculo. **3** ARQ. Elevación de una armadura por encima de los puntos de apoyo o arranque.
DER peraltar.

percance n. m. Hecho o accidente inesperado y de poca gravedad que impide o retrasa un proyecto: *han sufrido un pequeño percance en la carretera y no llegarán a tiempo a la reunión.* SIN contratiempo.

percatarse v. prnl. Darse cuenta una persona de una cosa: *el maestro se percató de que uno de los niños no estaba atento.* SIN notar.

percebe n. m. **1** Crustáceo marino de cuerpo cilíndrico y alargado protegido en su extremo por un caparazón reforzado por placas calizas; es hermafrodita, vive en las costas atlánticas, adherido a las rocas mediante un pedúnculo carnoso; el pedúnculo es comestible. SIN barnacla, escaramujo. **2** Persona torpe e ignorante: *hay que ser percebe para decir tantas tonterías juntas.*

percepción n. f. **1** Acción de recibir una persona cierta cosa, especialmente cobrar un sueldo u otra cantidad de dinero que le corresponde por algo: *el desempleado tendrá derecho a la percepción de una parte de su sueldo base.* **2** Proceso por el cual una persona tiene conocimiento del mundo exterior a partir de las impresiones que le comunican los sentidos: *las personas daltónicas tienen dificultad con la percepción de ciertos colores.* **3** Conocimiento, idea o comprensión de una cosa mediante la inteligencia: *su percepción del mundo es muy diferente de la nuestra.*

perceptible adj. Que se puede notar o percibir. **ANT** imperceptible.

percha n. f. **1** Utensilio que sirve para mantener colgadas prendas de vestir; es un soporte ligero, generalmente triangular, hecho de madera, metal o plástico, que se puede colgar de una barra o de otro lugar por medio de un gancho que tiene en la parte superior: *en el armario, la ropa se cuelga en perchas.* **2** Mueble que tiene unos ganchos para colgar la ropa, los sombreros u otros objetos: *en la entrada de la casa había una bonita percha de madera.* **SIN** perchero. **3** Gancho que está diseñado para colgar en él prendas de vestir u otros objetos: *detrás de la puerta está el albornoz colgado de la percha.* **4** Madero o palo que sirve para sostener algo: *las parras del jardín penden de la percha.* **5** Soporte de madera, formado por un palo horizontal generalmente sostenido por otro vertical, que sirve para que se posen en él las aves.
▶ tener buena percha Tener buen tipo o figura una persona: *para ponerse un jersey tan ajustado hace falta tener buena percha.*

perchero n. m. Mueble que tiene unos ganchos para colgar la ropa, los sombreros u otros objetos.

percibir v. tr. **1** Tener conocimiento del mundo exterior por medio de las impresiones que comunican los sentidos: *los colores se perciben a través de la vista.* **2** Recibir una persona cierta cosa, especialmente cobrar un sueldo u otra cantidad de dinero que le corresponde por algo: *el ganador percibirá el premio en metálico.* **3** Comprender o conocer una cosa por medio de la inteligencia: *siempre percibía los sentimientos de la gente.*
DER percepción, perceptible, perceptivo; apercibir.

percusión n. f. **1** Acción que consiste en dar uno o varios golpes, especialmente cuando ocurre repetidamente: *la percusión incesante del martillo resultaba muy molesta.* **2** Conjunto de instrumentos que producen música al ser golpeados con una baqueta, maza u otro objeto, o al ser golpeados entre sí: *el tambor y los platillos son instrumentos de percusión.* **3** MED. Técnica de exploración médica que consiste en dar golpes secos con los dedos sobre una parte del cuerpo.
DER percusionista.

percusionista n. com. Persona que toca algún instrumento de percusión, en especial si se dedica a ello profesionalmente: *es el percusionista de la orquesta.*

percutir v. tr. **1** Dar uno o varios golpes, en especial cuando se hace de manera repetida. **2** MED. Explorar una parte del cuerpo dando golpes secos con los dedos.
DER percusión, percusor, percutor; repercutir.

perdedor, -ra adj./ n. m. y f. [persona] Que pierde: *los perdedores tuvieron un premio de consolación.*

perder v. tr. **1** Dejar de tener una persona algo que poseía, o no saber dónde está: *he perdido las llaves del piso.* ◆ v. tr./ intr. **2** Resultar vencido en una lucha, una competición u otro tipo de enfrentamiento: *ha perdido la apuesta que hizo con su compañero.* **ANT** ganar. ◆ v. tr. **3** Verse privado de la compañía de una persona, generalmente a causa de su muerte. **4** Dejar de tener un sentimiento o una actitud: *el alumno no debe perder nunca el respeto a su maestro.* **5** Desperdiciar una cosa o no aprovecharla debidamente: *estás perdiendo el tiempo con ella.* **6** No conseguir una persona algo que necesita: *he perdido el autobús por entretenerme hablando.* **7** Producir una cosa un daño o un perjuicio grave a una persona: *el vicio lo ha perdido.* **8** Disminuir una determinada magnitud relativa a una persona o una cosa: *hizo un régimen para perder peso.* ◆ v. intr. **9** Tener una cosa peor calidad o aspecto o peores cualidades de las que tenía: *este programa ha perdido mucho.* ◆ v. tr./ intr. **10** Disminuir poco a poco el contenido de un recipiente: *la caldera debe de estar agujereada porque pierde agua.* ◆ v. prnl. **11** perderse Equivocarse de camino o no ser capaz de encontrar un camino o una salida correcta: *los excursionistas se perdieron en el bosque.* **12** Distraerse o despistarse una persona y no poder seguir el hilo de lo que estaba diciendo, leyendo o escuchando: *lo siento, me he perdido, ¿podría volver a empezar?* **13** Caer una persona en un estado o modo de vida deshonesto y entregado

a los vicios: *se perdió en juegos y diversiones por las malas amistades.* **14** Amar o sentir una fuerte pasión por una persona o una cosa: *se pierde por el cine.* **15** Dejar de disfrutar una cosa: *no llegué a tiempo y me perdí el principio del concierto.* **16** No encontrar la manera de superar un problema o una dificultad: *con tantos números me pierdo y ya no entiendo nada.*
▶ llevar o tener las de perder Tener una persona pocas posibilidades de salir con éxito de una situación: *sabía que llevaba las de perder, así que aceptó.* ¡piérdete! Se utiliza para indicar enérgicamente a una persona que se vaya y deje de molestar o importunar. saber perder No enfadarse ni quedar resentida una persona al resultar vencida en un juego o competición: *nadie quiere jugar con él porque no sabe perder.* tener buen (o mal) perder Aceptar una persona una derrota bien o mal: *menos mal que tiene buen perder, porque no gana ni una partida.*
OBS En su conjugación, la *e* se convierte en *ie* en sílaba acentuada, como en *entender.*
DER perdedor, perdición, pérdida, perdido.

perdición n. f. **1** Acción que consiste en caer en la ruina, la deshonra o la destrucción moral de una persona: *su afición a la bebida llevará a la perdición a toda su familia.* **2** Persona o cosa que provoca un daño o un perjuicio grave a alguien: *este niño tan rebelde va a ser nuestra perdición.*

pérdida n. f. **1** Acción de perder o perderse lo que se poseía: *su pérdida de peso se debe a la enfermedad que padece.* **2** Daño grave que se produce en una cosa: *la pérdida de la cosecha ha arruinado a los agricultores.* **3** Cantidad o cosa que se pierde, especialmente dinero: *la caída de la bolsa ha provocado pérdidas millonarias.* **4** Escape o fuga de un fluido. **5** Mal uso o desperdicio de una cosa: *este trabajo es una pérdida de tiempo y de energía, no sirve para nada.* **6** Muerte de una persona: *todos lloraron la pérdida de su hijo pequeño.*
▶ no tener pérdida Ser una cosa fácil de encontrar, sobre todo una calle o un lugar: *bajas por esa calle y al fondo está la tienda, no tiene pérdida.*

perdido, -da adj. **1** Que no tiene o no lleva un destino determinado: *creo que estamos perdidos.* **2** Se utiliza para aumentar y reforzar el sentido de ciertos adjetivos peyorativos: *el pobre hombre estaba loco perdido.* NOTA Se usa siempre detrás del adjetivo. ◆ n. m. y f. **3** Persona de vida desordenada o de malas costumbres, que se comporta de manera deshonesta y vive entregada a los vicios: *sois unos perdidos, no pensáis más que en la juerga.* SIN golfo.
▶ ponerse perdido Ensuciarse mucho una persona o mancharse mucho con algo: *el niño se ha puesto perdido de chocolate.*

perdigón n. m. **1** Bola pequeña de plomo que, junto con otras, forma la munición que normalmente se utiliza para cazar. **2** Cría de la perdiz. **3** Perdiz macho que usan los cazadores para atraer otras piezas.
DER perdigonada.

perdiz n. f. Ave de la familia de la gallina, del tamaño de una paloma, con la cabeza pequeña y el cuerpo grueso, plumaje ceniciento y el pico y las patas rojas.
▶ marear la perdiz Tratar el mismo asunto una y otra vez sin la intención de llegar a ninguna conclusión.
OBS Para indicar el sexo se usa *la perdiz macho* y *la perdiz hembra.*
DER perdigón, perdiguero.

perdón n. m. **1** Acción y resultado de olvidar una persona la falta que ha cometido alguien contra ella o contra otros o no tener en cuenta una deuda o una obligación que otra persona tiene con ella: *nos pidió perdón por habernos insultado.* **2** Acción y resultado de librar a una persona de una deuda, un castigo o una obligación: *el juez está considerando otorgar el perdón a un preso.*
▶ con perdón Expresión que se usa para disculparse una persona por algo que hace o dice y que puede molestar a alguien.
DER perdonar.

perdonar v. tr. **1** Olvidar una persona la falta que ha cometido otra persona contra ella o contra otros y no guardarle rencor ni querer castigarle por ella, o no tener en cuenta una persona una deuda o una obligación que otra tiene con ella: *no le ha perdonado lo que hizo.* **2** Librar a una persona de un castigo o una obligación: *vale, acepto tus disculpas y te perdono.* **3** No hacer una persona algo que le apetece mucho: *dice que está a régimen, pero el postre no lo perdona.* NOTA Se usa generalmente en oraciones negativas.
DER imperdonable.

perdulario, -ria adj./ n. m. y f. **1** Sumamente descuidado o desaliñado. **2** Vicioso incorregible.

perdurar v. intr. **1** Existir todavía una cosa o mantenerse en el mismo estado o situación: *nuestro amor perdurará incluso después de la muerte.* **2** Durar o mantenerse de manera indefinida una cosa: *hay muchas tradiciones populares que aún perduran hoy en día.*
DER perdurable.

perecedero, -ra adj. Que dura poco tiempo o que inevitablemente tiene que perecer o acabarse: *los alimentos perecederos se estropean en poco tiempo.* SIN caduco. ANT imperecedero.

perecer v. intr. **1** Perder la vida una persona como consecuencia de un accidente, una catástrofe o una acción violenta. SIN fallecer, morir. **2** Dejar de existir una cosa o llegar a su fin.
OBS En su conjugación, la *c* se convierte en *zc* delante de *a* y *o*, como en *agradecer.*
DER perecedero.

peregrinación n. f. **1** Viaje a un lugar sagrado, generalmente el que se hace andando y por motivos religiosos: *la catedral de Santiago es un famoso lugar de peregrinación para los cristianos.* **2** Acción de andar o viajar una persona por tierras extrañas. **3** Acción de andar una persona de un sitio a otro buscando una cosa o intentando resolver un asunto: *conseguir los permisos oficiales me ha costado una larga peregrinación.*

peregrinaje n. m. Peregrinación (viaje, acción).

peregrinar v. intr. **1** Ir a visitar un lugar sagrado, generalmente andando y por motivos religiosos. **2** Andar o viajar una persona por tierras extrañas. **3** Andar una persona de un sitio a otro buscando una cosa o intentando resolver un asunto.
DER peregrinación, peregrinaje.

peregrino, -na adj./n. m. y f. **1** [persona] Que va a visitar lugares sagrados o santos, generalmente andando y por motivos religiosos. ◆ adj. **2** [persona] Que anda o viaja por tierras extrañas. **3** [ave] Que emigra de un lugar a otro: *la golondrina es un ave peregrina.* SIN migratorio. **4** Que es extraño, sorprendente o raro por original o poco frecuente o porque carece de lógica.
DER peregrinar.

perejil n. m. Planta herbácea de tallo fino y hojas brillantes y aromáticas de color verde oscuro, que se usa como condimento.
DER emperejilar.

perenne adj. **1** BOT. [planta] Que vive más de dos años. SIN vivaz.**2** Que dura indefinidamente o se mantiene completo o con vida durante un período de tiempo muy largo. SIN perpetuo. ANT caduco. **3** Que es continuo y no tiene interrupción.

pereza n. f. Falta de ánimo o de disposición para hacer cierta cosa: *siempre está ideando cosas, pero no las hace por pereza.* SIN dejadez, desidia. ANT diligencia.
DER perezoso; desperezarse, esperezarse.

perezoso, -sa adj. **1** Que no tiene ganas de hacer lo que debe, especialmente de trabajar. SIN holgazán, vago. ANT trabajador, diligente. ◆ n. m. **2** Mamífero desdentado, de pelaje largo y espeso, con largas extremidades y manos adaptadas para trepar por los árboles, y que se desplaza con movimientos lentos y pesados; se alimenta de vegetales y es originario de América del Sur. NOTA Para indicar el sexo se usa *el perezoso macho* y *el perezoso hembra.*

perfección n. f. **1** Cualidad de lo que no tiene defectos. ANT imperfección. **2** Cosa bien hecha o de una gran belleza: *esa modelo es la perfección personificada.*
▶ a la perfección De manera perfecta.
DER perfeccionar, perfeccionismo.

perfeccionamiento n. m. Mejora que se hace para que una cosa sea más perfecta.

perfeccionar v. tr. **1** Acabar una cosa enteramente, dándole el mayor grado de perfección: *perfeccionó su pintura aplicándole una capa de barniz.* **2** Mejorar una cosa que está muy bien o hacerla más perfecta: *en vacaciones, muchos estudiantes acuden a Inglaterra para perfeccionar el inglés.* ANT empeorar.
DER perfeccionamiento.

perfeccionista adj./n. com. [persona] Que tiende a buscar la perfección en lo que hace, de manera que tiende a mejorarlo indefinidamente sin decidirse a considerarlo nunca acabado.

perfecto, -ta adj. **1** Que tiene todas las cualidades deseables o que no posee defectos. SIN inmejorable, insuperable. ANT imperfecto. **2** Que es muy adecuado para hacer alguna cosa. SIN ideal. **3** Completo o total: *ese hombre que está a tu lado es un perfecto mamarracho.* NOTA En esta acepción se usa siempre delante de un calificativo negativo o despectivo para intensificarlo. ◆ adj./n. m. **4** GRAM. [tiempo verbal] Que expresa una acción ya acabada, es decir, no en su transcurso o realización; son el pretérito indefinido y todos los tiempos compuestos: *la forma verbal «había cantado» es un tiempo perfecto.*

DER perfección, perfectamente, perfectivo; desperfecto, imperfecto.

pérfido, -da adj./ n. m. y f. [persona] Que con su conducta demuestra deslealtad y falta de fidelidad. **SIN** infiel, traidor.

DER perfidia.

perfil n. m. **1** Línea que marca el límite de una cosa mirada desde un punto determinado: *la luna dibujaba el perfil de los árboles en el jardín.* **SIN** contorno, silueta. **2** Vista lateral de una persona o cosa: *en la comisaría les hicieron fotos de frente y de perfil.* **3** Contorno de una figura representado en un plano por líneas que determinan su forma: *el pintor esbozó el perfil de la catedral.* **4** Aspecto particular con el que se presenta una cosa: *las negociaciones tomaron un perfil esperanzador.* **5** Conjunto de cualidades o rasgos propios de una persona o cosa: *un experto desveló el perfil psicológico del asesino.* ◆ n. m. pl. **6** **perfiles** Complementos y detalles con los que se termina o perfecciona una cosa.

perfilar v. tr. **1** Dibujar o marcar un perfil: *el maquillador perfiló los labios de la modelo con un lápiz rojo.* **2** Completar y perfeccionar algo para dejarlo perfecto: *el científico aún está perfilando su teoría.* **SIN** rematar. ◆ v. prnl. **3** **perfilarse** Empezar una cosa a tomar forma y adquirir un aspecto más claro y exacto: *al amanecer el barco se perfila en el horizonte.*

DER perfilado.

perforación n. f. **1** Acción que consiste en agujerear o taladrar una superficie, con una instrumento o máquina, atravesándola en parte o en su totalidad. **2** MED. Rotura de las paredes de un órgano hueco del cuerpo humano, como el intestino o el estómago: *la úlcera le provocó una perforación en el estómago.*

perforar v. tr. Hacer un agujero en una superficie atravesándola en parte o en su totalidad. **SIN** agujerear.

DER perforación, perforador.

perfumar v. tr. Dar un olor agradable a una persona o cosa mediante una sustancia olorosa: *perfumar los armarios.*

DER perfumado, perfumador.

perfume n. m. **1** Sustancia líquida o sólida, elaborada con flores, frutas u otras esencias olorosas, que se usa para dar buen olor. **2** Olor muy agradable: *la joven adoraba el perfume de lavanda.* **SIN** aroma, esencia, fragancia.

DER perfumar, perfumería, perfumista.

perfumería n. f. **1** Establecimiento en el que se venden colonias, perfumes y otros productos del aseo personal. **2** Industria que se dedica a la fabricación y la comercialización de perfumes, productos de maquillaje y de aseo personal. **3** Conjunto de productos y materias de esta industria: *la perfumería comprende cosméticos, perfumes y otros productos, como sales de baño, jabones o colonias.*

pergamino n. m. **1** Piel de las reses limpia y seca, convenientemente preparada y estirada, que se utilizaba antiguamente para escribir. **2** Documento escrito en esta piel.

DER apergaminarse.

pérgola n. f. Armazón formado por dos hileras paralelas de columnas o pilares que soportan un techo de vigas y correas transversales o un enrejado, sobre el que se entrelazan plantas trepadoras.

pericardio n. m. ANAT. Tejido membranoso que recubre el corazón.

pericarpio n. m. BOT. Parte exterior del fruto que envuelve las semillas.

pericia n. f. Capacidad para hacer bien, con facilidad y rapidez algo que resulta difícil para los demás. **SIN** destreza, maña. **ANT** torpeza.

perico n. m. **1** Ave propia de Cuba y América del Sur, con el plumaje de colores vistosos, en especial verde, y el pico fuerte, grueso y curvo. **SIN** loro, periquito. **NOTA** Para indicar el sexo se usa *el perico macho* y *el perico hembra.* **2** Abanico antiguo de gran tamaño. **3** Recipiente que se usa para orinar, que se puede llevar de un lugar a otro: *tenía el perico debajo de la cama.* **4** En el lenguaje de la droga, cocaína.

DER periquete, periquito.

periferia n. f. Zona que rodea un espacio geográfico considerado como centro o núcleo: *no vivo en el centro, sino en la periferia de la ciudad.*

DER periférico.

periférico, -ca adj. **1** De la periferia o que tiene relación con esta zona. ◆ n. m. **2** INFORM. Unidad exterior de un ordenador, que no forma parte de la unidad central de memoria y de tratamiento, y que sirve para la entrada y la salida de información: *la pantalla, la impresora y el escáner son periféricos.*

a b c d e f g h i j k l m n ñ o p q r s t u v w x y z

perífrasis n. f. Figura del lenguaje que consiste en expresar una idea dando un rodeo con las palabras, cuando puede decirse de forma más simple, con la intención de conseguir mayor expresividad: *«estación en flor» es una perífrasis para aludir a la primavera.* SIN circunloquio.
▶ perífrasis verbal GRAM. Grupo de palabras formado por un verbo en forma personal considerado auxiliar, seguido de otro verbo en infinitivo, gerundio o participio: *las siguientes frases contienen una perífrasis: «voy a contestar al teléfono», «anduvo mirando los cuadros» y «te tengo dicho que vengas pronto».*
OBS El plural también es *perífrasis.*
DER perifrástico.

perihelio n. m. Punto más próximo al Sol en la órbita de uno de los planetas del sistema solar. ANT afelio.

perilla n. f. Porción de pelo que se deja crecer en la punta de la barbilla: *su marido es ese hombre de perilla.* SIN pera.
▶ de perilla o de perillas A propósito, estupendamente: *me han pagado una gratificación que me viene de perillas.*

perímetro n. m. **1** Línea o conjunto de líneas que forman el contorno de una superficie o una figura: *una valla recorría el perímetro de la finca.* **2** Suma de todas las longitudes de este conjunto de líneas: *para hallar el perímetro de un cuadrado se suman las longitudes de todos sus lados.*

perineo o **periné** n. m. Parte del cuerpo que está situada entre el ano y los órganos genitales.

periodicidad n. f. Repetición regular de una cosa cada cierto tiempo: *esta revista sale con una periodicidad mensual.*

periódico, -ca adj. **1** Que ocurre o se hace con intervalos regulares de tiempo o con frecuencia: *se hace revisiones periódicas en el hospital.* ◆ n. m. **2** Publicación de información general, en especial la que sale a la venta todos los días: *todos los periódicos del país recogen la noticia del accidente.* SIN diario.
DER periodicidad, periodista.

periodismo n. m. **1** Profesión que comprende el conjunto de actividades relacionadas con la recogida, la elaboración y la difusión de la información que se transmite al público a través de la prensa, la radio o la televisión. **2** Conjunto de estudios necesarios para conseguir el título de periodista.

periodista n. com. Persona que se dedica a informar al público de las noticias que ocurren, a través de la prensa, la radio o la televisión.
DER periodismo, periodístico.

periodístico, -ca adj. De los periódicos o de los periodistas o que tiene relación con ellos.

período o **periodo** n. m. **1** Espacio de tiempo durante el cual se realiza una acción o se desarrolla algo: *el curso académico abarca un período de nueve meses aproximadamente.* SIN etapa, fase. **2** Espacio de tiempo que tarda una cosa en volver al estado o la posición que tenía al principio. **3** Proceso natural por el que las mujeres y las hembras de los mamíferos expulsan sangre y otras materias procedentes del útero cada cierto tiempo: *algunas mujeres sienten molestias cuando les viene el período.* SIN menstruación, regla, mes. **4** Espacio de tiempo que tarda en producirse cada fase del curso de una enfermedad: *la erupción del sarampión empieza en el primer período de la enfermedad.* **5** MAT. Cifra o conjunto de cifras decimales que se repiten indefinidamente en el cociente de una división no exacta: *10 dividido entre 3 da 3,3 período.* **6** GRAM. Conjunto formado por una serie de oraciones simples, relacionadas entre sí, que tienen un sentido completo: *«Juan estudia y María lee» forman un período.* SIN oración.
DER periódico.

peripecia n. f. Suceso imprevisto y repentino que altera el transcurso de una acción: *el viaje a Grecia estuvo lleno de divertidas peripecias.* SIN incidente, lance.

periquete *coloquial.* Palabra que se utiliza en la locución en *un periquete,* que significa 'en un momento, en un tiempo muy breve': *estaré con vosotros en un periquete, esperadme.*

periquito n. m. Ave prensora más pequeña que el loro, con el plumaje de colores vistosos, especialmente verde, y el pico fuerte, grueso y curvo. SIN perico.
OBS Para indicar el sexo se usa *el periquito macho* y *el periquito hembra.*

periscopio n. m. Instrumento óptico para observar, generalmente desde una posición oculta o protegida, un objeto situado por encima de un obstáculo que impide la visión directa; consiste en un sistema de espejos o prismas montados en un tubo colocado en vertical, que puede subir, bajar y girar en todas las direcciones; se usa especialmente en los submarinos: *el periscopio de campo se ha utilizado en las trincheras.*

peristáltico, -ca adj. ANAT. Que causa la contracción normal y fisiológica del estómago y de los intestinos, produciendo unos movimientos por los cuales se impulsan de arriba abajo las materias contenidas en el tubo digestivo: *movimiento peristáltico; contracciones peristálticas.*

peristilo n. m. **1** ARQ. Galería de columnas que rodea todo un edificio o un patio interior. **2** ARQ. Conjunto de columnas que decoran la fachada de un edificio.

peritar v. tr. Realizar un perito un informe técnico.

perito, -ta adj./ n. m. y f. **1** [persona] Que tiene experiencia, práctica o habilidad en determinada ciencia o arte: *los buenos críticos de cine son expertos peritos en la materia.* **SIN** especialista. ◆ n. m. y f. **2** Persona que tiene el título de técnico de grado medio en ingeniería. **SIN** ingeniero. perito mercantil Persona que ha realizado la carrera de comercio. **3** DER. Persona que por su profesión tiene conocimientos sobre ciertos puntos e informa al juez bajo juramento: *durante el juicio, fue determinante el informe del perito.*

DER peritar.

peritoneo n. m. ANAT. Membrana que cubre el interior del abdomen y que forma varios pliegues que envuelven las vísceras.

peritonitis n. f. Inflamación del peritoneo que puede ser causada por una infección.

OBS El plural también es *peritonitis.*

perjudicar v. tr./ prnl. Causar un daño material o moral a una persona o cosa: *el tabaco y el alcohol perjudican la salud.* **ANT** beneficiar.

OBS En su conjugación, la *c* se convierte en *qu* delante de *e.*

perjudicial adj. Que causa o puede causar un daño moral o material. **SIN** dañino, maligno. **ANT** beneficioso.

perjuicio n. m. Daño moral o material causado por una cosa en el valor de algo o en la salud y bienestar de las personas: *la helada causó grandes perjuicios en las huertas valencianas.* **ANT** beneficio, bien.

OBS No debe confundirse con *prejuicio.*

DER perjudicar.

perjurar v. intr. **1** Jurar con falsedad. ◆ v. tr. **2** Jurar con mucha frecuencia para añadir intensidad al juramento: *jura y perjura que no fue él quien rompió el jarrón.*

perjurio n. m. **1** Delito de jurar en falso o de no cumplir un juramento. **2** Incumplimiento de un juramento.

perjuro, -ra adj. [persona] Que jura en falso o que incumple un juramento.

perla n. f. **1** Bola pequeña de nácar, de color blanco o gris con reflejos brillantes, que suele formarse en el interior de la concha de algunos moluscos, en especial de la madreperla y la ostra. perla cultivada Perla que se forma en el interior de la madreperla o la ostra cuando se introduce de forma deliberada un cuerpo extraño: *las perlas cultivadas son más baratas que las naturales.* **2** Gota de un líquido muy claro: *en su frente se veían perlas de sudor.* **3** Persona o cosa muy apreciada por su gran valor o sus buenas cualidades: *ese vendedor es una perla: trabajador, simpático y eficiente.* **SIN** joya.

▶ de perlas Muy bien o de manera oportuna: *en invierno, un buen abrigo viene de perlas.*

DER perlar.

permanecer v. intr. **1** Mantenerse en un mismo lugar durante un tiempo: *aprendió varios idiomas mientras permaneció en el extranjero.* **2** Mantenerse sin cambios en un determinado estado, condición o cualidad: *el alumno permaneció callado mientras el profesor explicaba la lección.* **SIN** continuar, seguir.

OBS En su conjugación, la *c* se convierte en *zc* delante de *a* y *o*, como en *agradecer.*

DER permanente.

permanencia n. f. **1** Estancia en un lugar durante un tiempo. **2** Mantenimiento o duración de un estado, condición o situación.

permanente adj. **1** Que se mantiene en un mismo lugar, estado o situación sin experimentar cambio alguno. **SIN** continuo, constante. **ANT** pasajero. ◆ n. f. **2** Rizado artificial del pelo que se mantiene durante largo tiempo; se realiza enrollando los mechones, impregnados de un líquido cosmético, en unos bigudíes: *se ha hecho una permanente muy suave y natural.*

DER permanencia.

permeabilidad n. f. Capacidad que tiene un material para ser traspasado por una sustancia líquida.

permeable adj. **1** Que deja pasar el agua u otros líquidos. **ANT** impermeable. **2** [persona] Que se deja influir por los sentimientos o las

ideas de los demás: *no fue difícil convencerlo, debido a su carácter permeable.*
DER permeabilidad; impermeable.

permisible adj. Que puede ser permitido: *ese tipo de travesuras solo es permisible en los niños.* **ANT** impermisible.

permisividad n. f. Tolerancia excesiva con las personas que se manifiesta consintiéndoles cosas que otros castigarían o reprimirían. **NOTA** Es despectivo. **ANT** intolerancia.

permisivo, -va adj. Que permite o autoriza a hacer cierta cosa.
DER permisividad.

permiso n. m. **1** Consentimiento dado por una persona con autoridad para hacerlo: *pidió permiso para ir al servicio.* **SIN** autorización. **ANT** prohibición. **2** Autorización para abandonar el trabajo, el servicio militar u otras obligaciones por un tiempo: *los soldados tienen unos días de permiso.* **3** Tiempo que dura esta autorización: *pidió un permiso de dos días.*

permitir v. tr. **1** Autorizar o aprobar quien tiene autoridad para ello que se haga una cosa determinada: *el padre permitió que sus hijos se fueran de excursión.* **SIN** consentir, dejar. **ANT** prohibir. **2** No impedir una cosa que se debe o se debería evitar: *permitió que lo criticaran y no se defendió.* **SIN** consentir. **3** Hacer posible que una cosa se realice: *el microondas permite descongelar los alimentos en pocos minutos.* **SIN** posibilitar. ◆ v. prnl. **4** **permitirse** Tener los medios o tomarse la libertad de decir o hacer una cosa: *ella puede permitirse muchos lujos y caprichos.* **SIN** atreverse, osar.
DER permisible, permisivo, permiso.

permutación n. f. **1** Cambio o sustitución de una cosa por otra. **2** Cambio entre dos personas que ocupan un puesto público de sus respectivos cargos o empleos: *solicitó una permutación con un funcionario destinado en Madrid.* **3** MAT. Sustitución del orden de un determinado número de cosas por otro sin que cambien su naturaleza ni su número.

permutar v. tr. **1** Cambiar una cosa por otra, de la misma o distinta clase, sin que en el cambio intervenga el dinero a no ser que sea para igualar el valor de las cosas cambiadas. **2** Cambiar entre sí el empleo dos personas que ocupan puestos públicos. **3** Variar el orden o la colocación en que estaban dos o más cosas: *los factores de una suma se pueden permutar sin que varíe el resultado.*
DER permuta, permutación.

pernera n. f. **1** Parte del pantalón que cubre la pierna: *como le quedaba corto, le metió las tijeras a las perneras del pantalón para hacerse unas bermudas.* **SIN** pernil, pierna. **2** Parte de una prenda por donde se mete cada pierna: *estos calzoncillos tiene las perneras muy estrechas.*

pernicioso, -sa adj. Que causa mucho daño o es muy perjudicial. **SIN** malo, nocivo. **ANT** beneficioso, bueno.

pernoctar v. intr. Pasar la noche o dormir en un lugar fuera de la vivienda habitual, en especial cuando se viaja: *pernoctaron en un viejo hotel.*

pero conj. **1** Indica que el significado del enunciado al que precede es opuesto o contrario al significado de otro anterior: *quería ir a la playa, pero me quedé estudiando.* **SIN** aunque. **2** Indica que el significado del enunciado al que precede restringe, matiza o atenúa el significado de otro anterior: *te lo diré, pero no se lo digas a nadie.* **3** Se utiliza siempre al inicio de la frase para expresar con más fuerza e intensidad lo que se dice: *pero ¿qué haces ahí subido?* ◆ n. m. **4** Inconveniente o dificultad: *nunca está contento, siempre me pone algún pero.*
▶ **pero que** Delante de un adjetivo y un adverbio, añade fuerza o intensidad a lo que estos expresan: *tiene una casa pero que muy bonita.*

peroné n. m. Hueso largo y delgado, situado en la parte externa de la pierna junto a la tibia.

perorar v. intr. **1** Pronunciar un discurso. **2** Pronunciar un discurso largo y aburrido en una reunión familiar o entre amigos: *la gente se dormía cuando empezaba a perorar.*
DER perorata.

perpendicular adj./ n. f. [línea, plano] Que forma un ángulo recto con otra línea o plano: *dos líneas perpendiculares forman una cruz.*
DER perpendicularidad.

perpendicularidad n. f. Relación que existe entre una recta o un plano que forman un ángulo recto al juntarse con otros.

perpetrar v. tr. Cometer un delito.

perpetuar v. tr. Hacer que una cosa dure siempre o mucho tiempo: *la procreación tiene como objetivo perpetuar la especie.* **SIN** perdurar. **OBS** En su conjugación, la *u* se acentúa en algunos tiempos y personas, como en *actuar.*
DER perpetuación.

perpetuo, -tua adj. **1** Que dura para siempre o por mucho tiempo. **SIN** eterno. **2** [cargo, empleo] Que se conserva toda la vida, hasta la jubilación de la persona que lo desempeña. **SIN** vitalicio.

DER perpetuar, perpetuidad.

perplejo, -ja adj. [persona] Que duda o siente extrañeza en una determinada situación y no sabe lo que debe hacer, pensar o decir: *la sorprendente noticia nos dejó perplejos.* **SIN** confuso.

DER perplejidad.

perra n. f. **1** Enfado o llanto ruidoso y seguido, especialmente el de un niño: *¡menuda perra ha pillado porque no le quisimos comprar ese juguete!* **SIN** berrinche. **2** Deseo exagerado o idea fija: *hasta que consiga lo que quiere, no se le pasará la perra.* **SIN** manía. **3** Dinero o moneda: *no me queda ni una perra del sueldo de este mes.*

DER emperrarse.

perrito n. m. Panecillo blando con una salchicha alemana dentro que suele untarse con ketchup o mostaza.

OBS También se dice *perrito caliente.*

perro, -rra n. m. y f. **1** Animal mamífero doméstico de cuatro patas, con un olfato muy fino y de gran diversidad de tamaños, formas y pelajes, que sirve al hombre como animal de compañía o para cazar. **SIN** can, chucho. perro faldero **a.** Perro de pequeño tamaño que es apreciado como animal de compañía. **b.** Persona que muestra gran sumisión ante otra. perro policía Perro adiestrado para ayudar a la policía en sus tareas: *encontraron la droga gracias a los perros policía.* perro salchicha Perro de cuerpo alargado, patas cortas y orejas caídas. **2** Persona despreciable y malvada por cualquier causa.

▶ a otro perro con ese hueso Expresión con la que se rechaza una propuesta desventajosa o se indica que no se cree una cosa: *no me engañarás más, ve a otro perro con ese hueso.* atar los perros con longaniza Expresión con la que se destaca de forma irónica la abundancia o la riqueza que difruta una persona o que existe en algún sitio. como el perro y el gato Expresa que dos personas se llevan mal o discuten continuamente: *los vecinos del quinto se llevan como el perro y el gato.* de perros Muy malo, molesto o desagradable: *hace un día de perros.* echar (o soltar) los perros Regañar a una persona. muerto el perro, se acabó la rabia Expresión con la que se indica que, cuando desaparece una causa, también desaparecen sus efectos. perro viejo Persona astuta y hábil a la que su larga experiencia ha hecho muy difícil de engañar.

DER perrera, perrería, perruno; aperreado.

persa adj. **1** De Persia, en la actualidad Irán, o que tiene relación con este país del sudoeste de Asia. ◆ adj./ n. com. **2** [persona] Que es de Persia. ◆ n. m. **3** Lengua de Persia.

persecución n. f. **1** Acción de seguir a una persona o a un animal que huye para alcanzarlo. **2** Conjunto de acciones y castigos físicos que sufren las personas que defienden una doctrina, una religión o unas ideas determinadas.

perseguir v. tr. **1** Seguir a una persona o animal que huye con intención de alcanzarlo. **2** Seguir a una persona o buscarla por todas partes, molestándola e importunándola: *uno de sus pretendientes la perseguía de la mañana a la noche.* **SIN** acosar, asediar. **3** Tratar de conseguir o alcanzar una cosa poniendo todos los medios para ello: *lo único que él perseguía era un puesto mejor.* **SIN** pretender, procurar. **4** Acompañar una cosa, que produce malestar o angustia, a una persona sin abandonarla nunca: *sabe que actuó de forma incorrecta y ahora le persiguen los remordimientos.* **SIN** atormentar, oprimir. **5** DER. Proceder la justicia contra una persona o un delito: *la ley persigue el crimen organizado y el narcotráfico.*

OBS En su conjugación, la *gu* se convierte en *g* delante de *a* y *o*.

DER persecución, persecutorio.

perseverancia n. f. Dedicación y firmeza en las actitudes y las ideas o en la realización de las cosas: *gracias a su perseverancia en los estudios, logró resultados favorables en los exámenes.* **SIN** constancia, empeño, tenacidad. **ANT** inconstancia.

perseverante adj. Que persevera.

perseverar v. intr. Mantenerse firme y constante en un modo de ser o de obrar. **SIN** persistir. **ANT** abandonar, desistir.

DER perseverancia.

persiana n. f. Cierre que se coloca en las ventanas, los balcones o las puertas exteriores, formado por varias láminas finas y estrechas engarzadas unas con otras, que se pueden bajar, subir o enrollar para regular el paso de la luz: *sube la persiana, que ya es de día y te tienes que levantar.*

persignar v. tr. **1** Hacer la señal de la cruz

con los dedos en la frente, en la boca y en el pecho. ◆ v. prnl. **2** **persignarse** Manifestar una persona asombro exagerado haciéndose la señal de la cruz: *la anciana se persignó al enterarse de la noticia.*

persistencia n. f. **1** Existencia o duración de una cosa durante mucho tiempo. **2** Insistencia o firmeza en las acciones, las ideas o las intenciones. **SIN** perseverancia, tenacidad. **ANT** inconstancia.

persistente adj. Que persiste: las personas persistentes no paran hasta conseguir sus objetivos; un olor persistente se mantiene en el aire durante mucho tiempo.

persistir v. intr. **1** Mantenerse firme o constante en una manera de ser o de obrar: *los funcionarios persisten en la subida de aumento salarial.* **SIN** insistir, perseverar. **ANT** abandonar. **2** Durar o existir una cosa durante mucho tiempo: *la familia está alarmada porque persiste la gravedad del enfermo.* **SIN** perdurar, permanecer. **ANT** acabar, cesar.
DER persistente.

persona n. f. **1** Individuo de la especie humana. **SIN** hombre. **en persona** Uno mismo; estando presente uno mismo: *iré yo en persona a recoger el premio.* **persona física** Individuo o miembro de una comunidad. **persona jurídica** Sociedad o grupo de individuos que se unen en un negocio: *una sociedad anónima es una persona jurídica.* **persona no (o non) grata** Persona cuya presencia en un lugar no es deseada. **2** GRAM. Variación gramatical que altera la forma de los verbos y de los pronombres para hacer referencia a los individuos que intervienen en la comunicación: *en español hay tres personas gramaticales: la primera, la segunda y la tercera.* **primera persona** Persona que habla: *la primera persona se puede expresar con «yo», «nosotros» o con las formas correspondientes del verbo, como «canto», «cantamos».* **segunda persona** Persona a quien va destinado el mensaje: *la forma verbal «cantas» se refiere a la segunda persona.* **tercera persona** Persona de quien se habla en el discurso y que no es ni la primera ni la segunda: *«él», «ella», «ellos» y «ellas» son pronombres de tercera persona.*

personaje n. m. **1** Persona que por sus cualidades, conocimientos u otras actitudes destaca o sobresale en una determinada actividad o ambiente social. **SIN** celebridad, personalidad. **2** Persona, animal o ser ficticio, inventado por un autor, que interviene en la acción de una obra literaria o de una película: *la Cenicienta o los tres cerditos son personajes de cuentos infantiles.*

personal adj. **1** De la persona o que tiene relación con ella. **2** Que es de una sola persona o para una sola persona: *han traído a la fábrica un paquete personal a tu nombre.* **3** Que pertenece a la vida privada. **4** Que es característico de la personalidad de un individuo: *el artista supo dejar su toque personal en el cuadro.* **5** GRAM. [pronombre] Que señala a las personas que intervienen en la comunicación: *«tú» es un pronombre personal.* ◆ n. m. **6** Conjunto de las personas que trabajan en el mismo lugar o en el mismo organismo o empresa: *el personal de la oficina está en huelga.* **7** Grupo indeterminado de personas: *tras el anuncio de la apertura del nuevo centro comercial, el personal anda revuelto.* ◆ adj./ n. f. **8** [falta] Que comete un jugador de baloncesto al tocar o empujar a otro del equipo contrario para impedir una jugada.

personalidad n. f. **1** Conjunto de rasgos y cualidades que configuran la manera de ser de una persona y la diferencian de las demás: *Picasso reflejaba su fuerte personalidad en sus cuadros.* **SIN** carácter, naturaleza. **2** Circunstancia de ser determinada persona: *el pasaporte o el carné de identidad son documentos que acreditan la personalidad del individuo.* **3** Persona que, por sus cualidades, conocimientos u otras aptitudes, destaca o sobresale en una determinada actividad o ambiente social: *a la entrega del premio acudieron numerosas personalidades.* **SIN** celebridad, figura, personaje.

personalizar v. tr. **1** Referirse a una persona en particular al decir o relatar algo: *cuenta los hechos, pero no personalices para no herir los sentimientos.* **2** Adaptar algo a las características, al gusto o a las necesidades de una o de cada persona: *esta escuela debe personalizar más la enseñanza.*
OBS En su conjugación, la *z* se convierte en *c* delante de *e*.
DER despersonalizar.

personarse v. prnl. **1** Presentarse una persona en un lugar. **2** Presentarse ante el juez para llevar a cabo un trámite legal: *tras la detención del estafador, el abogado de las familias se personó en la causa.*

personificación n. f. **1** Persona o cosa que representa una cualidad o una característica.

SIN encarnación. **2** Representación de una cosa, generalmente de un sentimiento o de otra cosa abstracta, en forma de persona: *el escultor realizó la personificación de la pasión en la figura de una bella mujer.* **3** Figura retórica o del lenguaje que consiste en atribuirle a un animal o a una cosa cualidades propias de los seres humanos: *decir que la luna llora es una personificación.* SIN prosopopeya.

personificar v. tr. **1** Atribuir vida, acciones o cualidades propias de las personas a los animales o a las cosas: *la hormiga personifica el trabajo y el ahorro.* **2** Representar o servir de ejemplo de algo una persona, por tener una determinada cualidad muy marcada o desempeñar un papel muy destacado: *Einstein personifica la física del siglo XX.* SIN encarnar, ejemplificar, simbolizar.
OBS En su conjugación, la *c* se convierte en *qu* delante de *e*.
DER personificación.

perspectiva n. f. **1** Técnica que permite representar en una superficie plana objetos en la posición y la situación tal como aparecen a la vista; la sensación de profundidad se consigue reproduciendo la tercera dimensión. **2** Obra o representación ejecutada con esta técnica: *su última obra es una perspectiva de la ciudad tomada desde un monte.* **3** Paisaje o conjunto de cosas vistas desde un punto determinado, especialmente desde lejos: *desde lo alto del castillo se dominaba una perspectiva de varios kilómetros.* SIN panorama. **4** Punto de vista o modo de ver y considerar las cosas: *el escritor adoptó una perspectiva humorística.* SIN ángulo, óptica. **5** Circunstancia que puede preverse en un asunto o un negocio, en especial si es beneficiosa: *unas perspectivas económicas muy halagüeñas.* SIN expectativa. **6** Distancia o alejamiento desde los que se observa y considera un hecho o una situación con la intención de ganar objetividad: *la perspectiva histórica permite juzgar los acontecimientos del pasado.*

perspicacia n. f. Facultad para percatarse de cosas que pasan inadvertidas a los demás: *investigó con perspicacia y halló al culpable.*

perspicaz adj. **1** [persona] Que capta fácilmente la naturaleza oculta de las cosas, sobre todo, de las que se presentan complicadas o confusas. SIN sagaz, lince. ANT torpe. **2** [inteligencia, ingenio] Que es agudo y rápido: *el periodista hizo un comentario perspicaz.* SIN penetrante, sutil. **3** [vista] Que está muy desarrollado o que percibe las cosas con gran detalle: *los halcones, con sus ojos perspicaces, vigilan la llanura.*
DER perspicacia.

persuadir v. tr./ prnl. Conseguir mediante razonamientos que una persona piense de una manera determinada o que haga cierta cosa: *no conseguirás persuadirme.* SIN convencer, inducir, mover. ANT disuadir.
DER persuasión.

persuasión n. f. Capacidad o habilidad para convencer a una persona para que haga o crea alguna cosa, empleando razones o argumentos.

persuasivo, -va adj. Que es hábil y eficaz para persuadir.

pertenecer v. intr. **1** Ser algo propiedad de una persona: *la casa nos pertenece.* **2** Ser una cosa obligación de una persona o de un cargo determinado: *el presupuesto de los parques nacionales pertenece al Ministerio de Medio Ambiente.* SIN competer, concernir. **3** Formar parte una cosa de un conjunto o grupo: *no pertenece a ningún partido político.*
OBS Se construye con la preposición *a*. En su conjugación, la *c* se convierte en *zc* delante de *a* y *o*, como en *agradecer*.
DER perteneciente, pertenencia.

perteneciente adj. Que pertenece a la persona que se indica o forma parte de aquello que se dice: *fray Bartolomé de las Casas era un clérigo español perteneciente a la orden de los dominicos.*

pertenencia n. f. **1** Propiedad o cosa que pertenece a una persona o a una entidad: *recoge tus pertenencias y márchate: estás despedido.* NOTA Se usa más en plural. **2** Cosa que pertenece a otra como parte o accesorio: *alquiló el piso con todas sus pertenencias.* NOTA Se usa más en plural. **3** Acción de formar parte de un conjunto o grupo: *hice saber mi pertenencia a esa sociedad y me dejaron entrar en el edificio.*

pértiga n. f. Vara larga y flexible que utilizan los atletas en las pruebas de salto de altura para darse impulso hacia arriba.

pertinaz adj. **1** [persona] Que es muy obstinado o se mantiene excesivamente firme en sus actos, ideas o intenciones. SIN tenaz, terco, testarudo, tozudo. **2** Que dura mucho tiempo o que se mantiene sin cambios: *una sequía pertinaz azotó la región durante años.*

a b c d e f g h i j k l m n ñ o p q r s t u v w x y z

pertinencia n. f. Cualidad de lo que es pertinente.

pertinente adj. Que está relacionado con lo que se discute o habla: *sus comentarios fueron pertinentes.* SIN relevante. ANT impertinente.

perturbación n. f. **1** Alteración de la tranquilidad, de la paz, del orden o del desarrollo normal de algo: *la perturbación del orden público causa molestias a los ciudadanos.* **2** Alteración de las facultades mentales.

perturbado, -da adj. [persona] Que tiene alteradas sus facultades mentales. SIN loco.

perturbar v. tr. **1** Alterar el orden, la tranquilidad o el desarrollo normal de algo: *hable más bajo, está usted perturbando el silencio de la biblioteca.* SIN trastornar. **2** Hacer que una persona pierda la calma o se altere: *los gritos de la calle le perturbaban y no podía trabajar.* SIN inquietar. ANT calmar, tranquilizar. **3** Hacer perder el juicio o volver loco: *la muerte de su mujer perturbó sus facultades mentales.*

DER perturbación, perturbado; imperturbable.

peruano, -na adj. **1** De Perú o relacionado con este país de América. ◆ adj./ n. m. y f. **2** [persona] Que es de Perú.

perversión n. f. Corrupción moral de las costumbres, el gusto o las ideas de una persona, causada por los malos ejemplos o los malos consejos.

perverso, -sa adj. [persona] Que obra con mucha maldad o que hace daño con sus acciones, sentimientos o instintos de manera voluntaria: *la venganza es una acción perversa.* SIN depravado, malvado.

DER perversidad.

pervertido, -da adj./ n. m. y f. [persona] Que tiene una conducta sexual que se considera fuera de lo normal o de lo moralmente aceptado. SIN degenerado, depravado.

pervertir v. tr. Corromper o dañar las costumbres, los gustos o las ideas de una persona con malos consejos o malos ejemplos: *era un buen chico, pero se pervirtió a causa de las malas compañías.* SIN corromper, viciar.

OBS En su conjugación, la *e* se convierte en *ie* en sílaba acentuada o en *i* en algunos tiempos y personas, como en *hervir.*

DER perversión, perverso, pervertido.

pervivencia n. f. Duración o permanencia con vida de una cosa, a pesar del paso del tiempo, de los problemas o de las dificultades: *me sorprendió la pervivencia de esas costumbres tan antiguas en el pueblo.* SIN persistencia, subsistencia.

pervivir v. intr. Durar, permanecer o seguir viviendo una cosa, a pesar del tiempo, de los problemas o de las dificultades. SIN perdurar, persistir, subsistir.

pesa n. f. **1** Pieza de metal de peso conocido que se usa para determinar lo que pesa una cosa, con la que se equilibra en una balanza: *en un plato de la balanza se coloca el objeto que se quiere pesar y en el otro las pesas.* **2** Pieza de mucho peso que cuelga del extremo de una cuerda o cadena y que se usa para hacer funcionar ciertos relojes o para subir y bajar objetos pesados: *para dar cuerda al reloj hay que subir las pesas hasta arriba.* **3** Aparato gimnástico formado por una barra de metal con una o más piezas pesadas en cada extremo, que se usa en halterofilia y para hacer ejercicios musculares: *mañana hay una competición de levantamiento de pesas.* NOTA Se usa más en plural.

pesadez n. f. **1** Lentitud o torpeza de movimiento por estar excesivamente grueso, cansado o por vejez: *después del trabajo sentía pesadez en todo el cuerpo.* **2** Cosa que resulta molesta o difícil de soportar: *levantarse temprano en invierno es una pesadez.* SIN aburrimiento, lata, plomo. **3** Sensación molesta que se experimenta en la cabeza, en los ojos, en el estómago o en otra parte del cuerpo: *tomaba un jarabe para evitar la pesadez de estómago después de las comidas.* SIN malestar.

pesadilla n. f. **1** Sueño desagradable que produce miedo o terror. **2** Preocupación grave y continua por un asunto importante o por el temor a un peligro o adversidad: *los padres vivían una pesadilla intentando apartar a su hijo de la droga.* SIN angustia.

pesado, -da adj. **1** Que pesa mucho. ANT ligero. **2** Que cuesta mucho esfuerzo o que requiere mucha atención: *es demasiado mayor para realizar trabajos tan pesados.* SIN duro, trabajoso. **3** [sueño] Que es profundo y del que cuesta mucho despertarse. ANT ligero. **4** Que es muy lento o muy tranquilo en sus movimientos: *al cabo de las horas su andar se hizo pesado.* ANT ligero, rápido. **5** [cosa] Que es molesta, aburrida o que no despierta interés: *le gastaron una broma muy pesada.* **6** [órgano] Que produce una sensación de fatiga o cansancio: *se tumbó en la cama porque sentía las piernas pesadas.* SIN cargado. **7** Que puede sentar mal: *no comas plátanos por la noche, que son muy*

pesados. ANT ligero. ◆ adj./ n. m. y f. **8** [persona] Que es latoso, molesto o difícil de soportar: *¡qué pesado eres!*
DER pesadez, pesadilla.

pesadumbre n. f. **1** Sentimiento de tristeza o disgusto en lo físico o lo moral. SIN preocupación. **2** Causa o motivo que provoca tal sentimiento. SIN preocupación.
DER apesadumbrar.

pésame n. m. Expresión con la que se muestra a la familia de un difunto el dolor o la pena que se siente por la muerte de este: *todos los asistentes al entierro dieron su más sentido pésame a la viuda.*

pesar v. tr. **1** Tener un peso determinado: *la bolsa de patatas pesa tres kilos.* ◆ v. intr. **2** Tener peso, especialmente tener mucho peso: *no debes cargar con cosas que pesen.* **3** Tener una persona o cosa la suficiente importancia para influir considerablemente en algo: *hay una serie de razones que pesan en este asunto.* **4** Constituir una cosa una carga moral o física para una persona: *a sus años, le pesa tener que trabajar tantas horas seguidas.* SIN abrumar. ◆ v. impersonal **5** Producir a una persona arrepentimiento, pena o dolor un dicho o hecho: *le pesaba no haber podido hablar con ella.* NOTA Se usa con los pronombres *me, te, le, nos, os, les.* ◆ v. tr./ prnl. **6** Determinar el peso o la masa de una persona o cosa por medio de ciertos aparatos: *el carnicero pesa la carne en la báscula.* ◆ v. tr. **7** Examinar con atención las ventajas y los inconvenientes de un asunto. SIN calibrar, valorar. ◆ n. m. **8** Sentimiento de pena o dolor por una desgracia: *la marcha de su amigo le produjo un gran pesar.* SIN tristeza. **9** Arrepentimiento por haber hecho o haber dejado de hacer algo: *tengo un gran pesar por lo que te dije ayer.* SIN remordimiento.
▶ a pesar de Contra la voluntad o el gusto de una persona, o contra la fuerza o la resistencia de una cosa: *a pesar de tus protestas, se marchó de viaje.* NOTA Esta expresión puede ir seguida de la conjunción *que.* Con los pronombres *mío, suyo, tuyo,* se omite la preposición *de: a pesar suyo.* SIN aunque. a pesar de los pesares Contra todos los inconvenientes u obstáculos: *a pesar de los pesares, tengo que ir a reunirme con ella.* pese a En contra de la voluntad o el gusto de una persona o en contra de la fuerza o la resistencia de una cosa: *afirma que conseguirá sus objetivos, pese a quien pese.*
DER pesadumbre, pesaroso.

pesca n. f. **1** Conjunto de técnicas y actividades mediante las cuales el hombre captura peces, moluscos, crustáceos y otros animales que se encuentran en el mar o en aguas dulces: *todos lo felicitaron porque había hecho una pesca excelente.* pesca de altura Pesca que se realiza en aguas alejadas de la costa: *la pesca de altura solo se hace con grandes barcos.* pesca de arrastre Pesca que se hace arrastrando las redes: *para pescar atunes se emplea la pesca de arrastre.* pesca de bajura Pesca que se realiza en pequeñas embarcaciones cerca de la costa. pesca submarina Pesca que se realiza en el fondo del mar. **2** Conjunto de peces y animales que viven en el agua y que se pescan o se pueden pescar: *en esta zona del océano abunda la pesca.*
▶ y toda la pesca Expresión que sirve para cerrar o sustituir la parte final de una enumeración: *cuando vamos a la playa, preparamos las sillas, las toallas y toda la pesca.*

pescadería n. f. Establecimiento o puesto en el que se vende pescado y otros alimentos del mar.

pescadero, -ra n. m. y f. Persona que tiene por oficio vender pescado y otros productos del mar: *su abuelo fue pescadero toda su vida.*
DER pescadería.

pescadilla n. f. Cría de la merluza.

pescado n. m. **1** Pez comestible una vez sacado del agua donde vive: *pescado fresco.* pescado azul Pescado abundante en grasa, como la sardina, el boquerón o el jurel: *el pescado azul es rico en calorías y proteínas.* pescado blanco Pescado que contiene poca grasa, como la merluza, el gallo y el lenguado: *el pescado blanco es recomendable para ciertos regímenes alimenticios.* **2** Carne de pescado como alimento: *no sé si tomar carne o pescado.*
DER pescadero.

pescador, -ra n. m. y f. Persona que pesca o se dedica a pescar.

pescante n. m. **1** Asiento delantero en el exterior de un coche de caballos, desde donde el cochero gobierna las mulas o los caballos. **2** Pieza saliente colocada en una pared, en un poste o en una superficie vertical, que sirve para sostener o colgar alguna cosa: *tomó el hacha que colgaba del pescante y salió a cortar leña.* **3** Estructura del escenario de un teatro que se usa para hacer bajar o subir personas o figuras: *para hacer de ángel lo subieron con el pescante.*

pescar v. tr. **1** Coger peces y otros animales que viven en el mar o en aguas dulces con redes, cañas u otros instrumentos. **2** Sacar cualquier cosa del fondo del mar, de un río o de otro líquido: *esperó varias horas y al final pescó una bota vieja.* **3** Coger o agarrar alguna cosa como una enfermedad o una borrachera: *está en la cama porque ha pescado un fuerte resfriado.* **SIN** pillar. **4** Conseguir una cosa que se deseaba: *ha pescado un puesto de trabajo fabuloso.* **SIN** obtener, pillar. **5** Entender o captar con rapidez y perspicacia el significado de una cosa: *es un lince, pesca los chistes como nadie.* **SIN** comprender, percatarse. **6** Sorprender o descubrir a una persona haciendo una cosa a escondidas: *sus padres lo pescaron saliendo por la ventana.* **SIN** coger, pillar.
OBS En su conjugación, la *c* se convierte en *qu* delante de *e*.
DER pesca, pescada, pescado, pescador, pescante, pesquero; repescar.

pescuezo n. m. **1** Parte del cuerpo de un animal entre la cabeza y el tronco: *tiraba del perro con una cadena atada al pescuezo.* **2** Cuello de las personas.
▶ torcer o retorcer el pescuezo **a.** Matar a una persona o a un animal retorciéndole el cuello. **b.** Expresión que se utiliza como amenaza: *si no te estás quieto, te retorceré el pescuezo.*
DER pescozón.

pesebre n. m. **1** Especie de cajón, hecho de obra de albañilería, donde comen los animales domésticos. **2** Lugar donde se coloca ese cajón. **3** Conjunto de figuras y objetos que representan escenas o lugares relacionados con el nacimiento de Jesucristo: *el pesebre es un adorno típico de la Navidad.* **SIN** belén, nacimiento.

peseta n. f. **1** Unidad monetaria de España antes de su sustitución por el euro. **2** Moneda de ese valor. ◆ n. f. pl. **3** pesetas Dinero o riqueza: *si tuviera muchas pesetas, me compraría un buen coche.*
▶ cambiar la peseta Vomitar, especialmente por haberse mareado o emborrachado. mirar la peseta Intentar gastar lo menos posible o ser ahorrativo: *compra el televisor que te gusta y no mires tanto la peseta.*
DER pesetero.

pesimismo n. m. Tendencia que tienen algunas personas a ver y a juzgar las cosas en su aspecto más negativo o más desfavorable. **ANT** optimismo.
DER pesimista.

pesimista adj./ n. com. [persona] Que tiende a ver y a juzgar las cosas en su aspecto más negativo o desfavorable: *es algo pesimista y cree que todo ha de salirle mal.* **ANT** optimista.

pésimo, -ma adj. Que es muy malo o que no puede ser peor. **ANT** óptimo.
OBS Es el superlativo de *malo*.
DER pesimismo.

peso n. m. **1** Fuerza con la que los cuerpos son atraídos hacia el centro de la Tierra por acción de la gravedad: *el peso se mide en gramos.* **2** Valor que tiene esa fuerza: *esta bolsa de patatas tiene cinco kilos de peso.* peso atómico FÍS. Peso que tiene un átomo de un cuerpo: *el peso atómico del oxígeno es 16.* peso específico FÍS. Peso de la unidad de volumen de un cuerpo: *el lugar de la Tierra en que se encuentra un cuerpo determina su peso específico.* peso molecular Suma de los pesos atómicos de los átomos que forman una molécula. **3** Instrumento que sirve para conocer lo que pesa algo: *según este peso, he engordado tres kilos.* **SIN** balanza, báscula. **4** Unidad monetaria de varios países americanos, de Filipinas y de Guinea-Bissau. **5** Cosa pesada: *no puede coger mucho peso porque está mal de la columna.* **6** Carga, preocupación u obligación que sufre una persona: *con esta noticia me has quitado un peso de encima.* **7** Bola o esfera metálica utilizada por los atletas en determinadas pruebas de lanzamiento. **8** Categoría deportiva del boxeo en la que se encuadran los boxeadores atendiendo a su peso. peso gallo Categoría inferior al peso pluma y superior al peso mosca, en la que el boxeador profesional pesa menos de 53,524 kilos, y el no profesional no pasa de los 54 kilos. peso ligero Categoría inferior al peso pesado y superior al peso pluma, en la que el boxeador profesional pesa menos de 61,235 kilos, y el no profesional no pasa de los 60 kilos. peso mosca Categoría inferior al peso gallo, en la que el boxeador profesional pesa menos de 50,802 kilos, y el no profesional no pasa de los 51 kilos. peso pesado Categoría superior al peso ligero, en la que el boxeador pesa más de 79,378 kilos, y el no profesional supera los 80 kilos. peso pluma Categoría inferior al peso ligero y superior al peso gallo, en la que el boxeador profesional pesa menos de 57,152 kilos, y el no profesional no pasa de los 58 kilos.
▶ caer por su peso o por su propio peso Ser una cosa lógica y razonable: *eso es lógico: cae*

por su propio peso. **de peso** Que es importante o influyente: *es un político de peso en la ciudad.*

DER pesa, peseta; contrapeso, sobrepeso.

pesquero, -ra adj. **1** De la pesca o que tiene relación con esta actividad: *industria pesquera.* ◆ n. m. **2** Embarcación que se dedica a la pesca.

pesquisa n. f. Gestión o investigación hecha para descubrir o averiguar una cosa: *la policía comenzó una serie de pesquisas inmediatamente después del asesinato.*

OBS Se usa más en plural.

pestaña n. f. **1** Pelo que crece en el borde de los párpados: *tengo las pestañas demasiado largas.* **2** Pieza estrecha y saliente en el borde de cualquier cosa: *para abrir la caja de leche, levante la pestaña y tire de ella.*

▶ **quemarse las pestañas** Esforzar mucho la vista estudiando, leyendo o trabajando, sobre todo cuando se hace de noche o con poca luz: *se ha quemado las pestañas para sacar buenas notas.*

DER pestañear.

pestañear v. intr. Abrir y cerrar los párpados, moviendo las pestañas rápida y repetidamente. SIN parpadear.

▶ **sin pestañear** **a.** Con mucha atención: *el niño miraba la película de dibujos animados sin pestañear.* **b.** Con sumisión y sin titubear: *aceptó la regañina sin pestañear.*

DER pestañeo.

peste n. f. **1** Enfermedad grave y contagiosa que causa gran cantidad de muertos; sus principales síntomas son fiebre alta, hinchazón de los ganglios, hemorragia y coma: *la peste ocasionó grandes mortandades en Europa durante la Edad Media.* **2** Enfermedad o desgracia que causa muchas muertes o un daño grave en una población: *los accidentes de carretera son una auténtica peste en el país.* **3** Mal olor. SIN pestilencia. **4** Gran cantidad o abundancia de una cosa que molesta o es perjudicial: *durante el verano se produjo una peste de mosquitos y la gente no podía dormir.* SIN plaga. ◆ n. f. pl. **5 pestes** Palabras de enfado, de amenaza o de insulto: *se marchó echando pestes y dando un portazo.* NOTA Se usa con verbos como *decir, contar* o *echar.*

DER pesticida, pestífero, pestilente, pestoso; apestar.

pesticida n. m. Sustancia química usada para destruir las plagas de animales o plantas dañinas para el hombre y para los cultivos: *las asociaciones ecologistas recomiendan la reducción del uso de pesticidas.*

pestilencia n. f. Mal olor. SIN peste.

pestillo n. m. **1** Dispositivo consistente en una barrita de metal sujeta a la hoja de una puerta o ventana que, cuando se corre hasta hacerla encajar en una hembrilla sujeta en el marco, asegura su cierre: *echó el pestillo de su habitación.* **2** Pieza que sale de la cerradura, al girar la llave o impulsada por un resorte, y entra en el hueco del marco, cerrando una puerta, una tapa u otra cosa.

pestiño n. m. **1** Dulce hecho con una masa a base de harina y huevos que, cortada en trocitos delgados, se fríe en abundante aceite y luego se baña con miel o se espolvorea con azúcar. **2** *coloquial* Persona o cosa que resulta aburrida, pesada o molesta: *esta novela es un pestiño; ¡vaya pestiño de película!*

petaca n. f. **1** Estuche de cuero, metal u otro material, que sirve para llevar cigarros o tabaco. **2** Botella plana y de pequeño tamaño que sirve para llevar licor.

▶ **hacer la petaca** Gastar una broma que consiste en doblar la sábana de encima de la cama de manera que la persona que se acueste no pueda estirar las piernas y tenga que deshacer la cama y volverla a hacer correctamente.

pétalo n. m. Cada una de las hojas de color que constituyen la corola de una flor: *los pétalos protegen los órganos de reproducción de la flor.*

DER apétalo, gamopétalo, monopétalo.

petanca n. f. Juego en el que cada jugador tira por turno dos bolas procurando acercarse todo lo posible a una bolita que se ha lanzado anteriormente a cierta distancia.

petar v. tr. Causar agrado, placer o complacencia: *hazlo como te pete y no me preguntes mi opinión, que ya la sabes.*

petardo n. m. **1** Tubo de papel o cartón, lleno de pólvora o explosivos, que se prende por la parte inferior y explota produciendo un ruido muy fuerte: *durante las fiestas de San Juan se tiran muchos petardos.* **2** Persona o cosa muy aburrida, pesada o de escasas cualidades. SIN rollo. **3** Cigarrillo hecho a mano que contiene droga mezclada con tabaco. SIN canuto, porro.

petate n. m. Lío o paquete grande de ropa de cama o personal que llevan los marineros,

los soldados o los presos: *cada soldado llevaba su petate al hombro.*
▶ liar el petate Marcharse de un lugar.

petenera n. f. Cante flamenco de gran intensidad dramática con coplas de cuatro versos octosílabos.
▶ salir por peteneras Decir o hacer algo que no tiene nada que ver con lo que se está hablando o haciendo: *como no quería decir la verdad, salió por peteneras.*

petición n. f. **1** Súplica o ruego que se hace a una persona para que conceda o haga cierta cosa: *viajó a Madrid para hacerle algunas peticiones al ministro.* petición de mano Acto por el que un hombre solicita permiso a los padres de una mujer para casarse con ella. **2** Palabras o escrito en que se pide una o varias cosas: *la petición venía firmada por miles de personas.*

petimetre, -tra n. m. y f. Persona joven que se preocupa en exceso de su aspecto y de vestir según la moda.

petirrojo n. m. Pájaro rechoncho y de pequeño tamaño, que tiene el cuello, la garganta y el pecho de color rojo o naranja y el resto de color verdoso.
OBS Para indicar el sexo se usa *el petirrojo macho* y *el petirrojo hembra.*

peto n. m. **1** Pieza cuadrada de tela cosida por uno de sus extremos a la cinturilla de determinadas prendas y sujeta a los hombros por medio de tirantes: *el peto del pantalón.* **2** Pantalón con una de estas piezas: *me compré un peto vaquero.* **3** Pieza de tela o plástico que se pone sobre otras prendas y sujeta al cuello o los hombros cubre la parte anterior y a veces posterior del tronco hasta la cintura: *¿no tienes un peto para que este niño no se manche tanto?* **4** Protección de tela almohadillada o de cuero que cubre el pecho y el costado derecho del caballo del picador en una corrida de toros: *antes de que se permitiera el peto, muchos caballos morían corneados en la plaza.*

petrarquismo n. m. Estilo poético propio de Petrarca o de sus seguidores.

pétreo, -a adj. **1** Que es de piedra. **2** Que es parecido a la piedra o con algunas de sus características: *su pétreo corazón jamás albergó un sentimiento bueno.*

petrificado, -da adj. Que no se mueve ni reacciona durante un instante debido a una sorpresa o susto muy grandes: *cuando vio a su padre en el despacho del director, se quedó petrificada.*

petrificar v. tr./ prnl. **1** Convertir en piedra, o endurecer una cosa de manera que lo parezca: *un fósil es un animal que se ha petrificado con el paso del tiempo.* **2** Dejar a una persona muy sorprendida o aterrorizada: *aquella terrible noticia petrificó a los ciudadanos.*
OBS En su conjugación, la *c* se convierte en *qu* delante de *e.*
DER petrificación.

petróleo n. m. Líquido más ligero que el agua, de color oscuro y olor fuerte, formado por una mezcla de hidrocarburos, que arde con facilidad y que se encuentra en estado natural en yacimientos subterráneos.
DER petrolero, petrolífero.

petrolero, -ra adj. **1** Del petróleo o que tiene relación con este líquido: *industria petrolera; exportación petrolera.* ◆ n. m. **2** Buque de carga destinado al transporte de petróleo.

petrolífero, -ra adj. Que contiene petróleo: *yacimiento petrolífero.*

petroquímica n. f. Ciencia, técnica o industria que usa el petróleo o el gas natural como materias primas para la obtención de productos químicos.

petulancia n. f. Cualidad de la persona que presume en exceso y de modo ridículo de sus cualidades y actos y se cree superior a los demás: *habla con petulancia porque se cree el más listo de todos.* SIN pedantería.

petulante adj. Que presume en exceso y de modo ridículo de sus cualidades o sus actos y se cree superior a los demás. SIN engreído, pedante.
DER petulancia.

petunia n. f. **1** Planta herbácea muy ramosa y de hojas ovaladas, con flores grandes en forma de campanilla, muy olorosas, grandes y de diversos colores, que se cultiva en macetas y jardines por su vistosidad. **2** Flor de esta planta.

peyorativo, -va adj. [palabra, expresión] Que se usa o se entiende en el valor más negativo, despectivo o desfavorable de los que tiene.

pez n. m. **1** Animal vertebrado acuático de cuerpo alargado y generalmente protegido por escamas, con las extremidades en forma de aletas, que respira por branquias y se reproduce por huevos: *en casa tengo peces de colores en un acuario.* pez espada Pez marino de piel áspera y sin escamas, azul por el lomo y plateada en el vientre, con la mandíbula superior en forma de espada con dos cortes; habita en todos los mares cálidos del mundo y su carne es muy apreciada. **pez luna** Pez marino de cuerpo más alto que largo, de piel áspera de color gris, que acostumbra a flotar a la deriva tumbado de lado: *el pez luna vive en aguas tropicales.* **pez martillo** Pez marino que tiene la cabeza achatada y con dos prolongaciones laterales muy vistosas, en cuyos extremos están situados los ojos. **pez volador** o **pez volante** Pez marino pequeño, de cabeza gruesa, ojos grandes y boca pequeña, que está provisto de aletas pectorales muy desarrolladas que funcionan como alas y le permiten dar grandes saltos fuera del agua. ◆ n. m. pl. **2** **peces** Superclase de vertebrados acuáticos provistos de aletas, con el cuerpo generalmente cubierto de escamas, que respiran por branquias y se reproducen por huevos. ◆ n. f. **3** Sustancia negra o de color oscuro, muy espesa y pegajosa, que se saca del alquitrán y se utiliza para impermeabilizar superficies.

▶ **como pez en el agua** Estar cómodo o sentirse bien en un lugar o en un ambiente determinado: *Luisa se siente como pez en el agua cuando está con sus compañeros.* **estar pez** No saber nada sobre un asunto: *ha suspendido el examen porque estaba pez en matemáticas.* **pez gordo** Persona con mucho poder e influencia y mucho dinero: *en ese hotel se alojan peces gordos, por eso hay tanta vigilancia.*

OBS El plural es *peces.*

DER pecera.

pezón n. m. **1** Parte que sobresale más en los pechos, especialmente en los de las hembras de los mamíferos, rodeada por una pequeña zona circular de color rosado, por donde maman las crías. **2** Tallo muy fino que une la hoja, la flor o el fruto de las plantas con el tallo.

pezuña n. f. **1** Conjunto de dedos de una misma pata de algunos animales, como el cerdo, la vaca o el caballo, cubiertos con uñas o cascos. **2** Mano o pie de las personas: *saca tus pezuñas de ahí, lo vas a romper.* **NOTA** Tiene valor despectivo.

pi n. f. **1** Decimosexta letra del alfabeto griego; se escribe π: *la pi equivale a la «p» española.* ◆ n. m. **2** MAT. Número que equivale a 3,1416 aproximadamente y que resulta de la relación entre la longitud de una circunferencia y su diámetro.

piadoso, -sa adj. **1** [persona] Que siente pena o dolor hacia quienes sufren. **ANT** despiadado. **2** Que es muy religioso: *es muy piadoso y todos los días va a misa.* **SIN** devoto, pío.

pianista n. com. Persona que toca el piano.

piano n. m. **1** Instrumento musical de percusión, compuesto por un conjunto de cuerdas metálicas de diferentes medidas y colores, ordenadas de mayor a menor en una caja de resonancia, y unos martillos que las golpean al ser accionadas por unas teclas. **piano de cola** Piano más común que tiene las cuerdas extendidas horizontalmente: *en los grandes conciertos se suele emplear el piano de cola.* **piano de pared** o **piano vertical** Piano que tiene las cuerdas extendidas verticalmente para ocupar menos espacio. ◆ adv. **2** MÚS. Suavemente o con poca intensidad: *no toques tan fuerte en este fragmento: tócalo piano.* **3** Despacio y sin precipitación: *lo haremos, pero piano.*

DER pianista, pianístico, pianola.

piar v. intr. **1** Emitir los pollos y otras aves su voz característica: *el canario piaba en su jaula.* **2** Pedir una cosa con insistencia: *el chico no deja de piar para que le compremos la motocicleta.*

OBS En su conjugación, la *i* se acentúa en algunos tiempos y personas, como en *desviar.*

piara n. f. Manada de cerdos.

pibe, -ba n. m. y f. Chaval, chico o muchacho: *la palabra «pibe» se utiliza en Argentina y otros países de Hispanoamérica.*

pica n. f. **1** Especie de lanza de grandes dimensiones con una punta de hierro cortante en su extremo, usada antiguamente por los soldados de infantería. **2** Vara larga con una punta de hierro cortante en su extremo que se usa para herir a los toros desde el caballo. ◆ n. f. pl. **3** **picas** Palo de la baraja francesa en el que aparecen dibujadas unas figuras con forma de corazón invertido y sostenido por un pie: *puso encima de la mesa el as de picas.*

▶ **poner una pica en Flandes** Realizar con éxito una acción difícil: *si llegan a coronar la cima de la montaña, pondrán una pica en Flandes.*

picada n. f. **1** Mordedura de un reptil o picotazo que da un ave o un insecto: *querían vivir desnudos y era preciso aguerrirse contra las picadas de insectos innumerables.* **SIN** picadura. **2** Marca o señal que deja en la piel la mordedura de un reptil o el picotazo de un ave o un insecto. **SIN** picadura. **3** Acción de picar el pez el anzuelo.

picado, -da adj. **1** Que tiene agujeros, señales o marcas: *tiene la cara picada a causa de la viruela.* **2** Que está cortado a trozos pequeños: *añadió a la tarta un puñado de almendras muy picadas.* **3** Que está enfadado o disgustado por alguna razón: *está picada conmigo desde el día en que discutimos.* ◆ n. m. **4** Golpe fuerte y seco que se da en la parte baja de la bola de billar. **5** Toma que la cámara realiza desde arriba hacia abajo en cinematografía: *a lo largo de la película salen varios picados de la ciudad.* **6** MÚS. Conjunto de notas que se ejecuta interrumpiendo un momento el sonido entre unas y otras. **7** MÚS. Técnica de ejecutar este conjunto de notas: *el violinista domina muy bien el picado.*
▶ en picado **a.** Con mucha rapidez o intensidad: *las ventas del producto bajaron en picado.* **b.** Descenso rápido y a gran velocidad de un avión en posición perpendicular al suelo: *el aeroplano bajó en picado.* NOTA Se usa con verbos como *bajar*, *caer* o *descender*.
DER picadillo.

picadura n. f. **1** Mordedura de un ave o reptil o punzada que da un insecto con la trompa o el aguijón: *la picadura de las avispas es muy dolorosa.* **2** Señal que deja este tipo de mordedura o punzada: *se puso un poco de crema en la picadura de la abeja.* **3** Señales o marcas oscuras que se forman en los dientes por acción de la caries. **4** Tabaco desmenuzado en hebras o en partículas para liar cigarrillos o para fumarlo en pipa: *sacó de la petaca la picadura y llenó la pipa.* **5** Agujero o grieta que se produce en una superficie metálica a causa de la herrumbre.

picante adj./n. m. **1** [alimento] Que produce una sensación de picor o quemazón en el paladar al comerlo: *esta comida tiene salsa picante.* ◆ adj. **2** [chiste, historia] Que tiene intención o gracia llena de malicia, normalmente relacionado con el sexo: *no sabe contar más que chistes picantes.*

picapedrero, -ra n. m. y f. Persona que pica las piedras para las construcciones. SIN cantero.

picapica n. amb. Sustancia vegetal o mineral en forma de polvo o de pelusilla que produce picor o escozor o hace estornudar.
OBS Se usa a menudo en aposición a *polvos*.

picaporte n. m. **1** Dispositivo sujeto a una puerta o una ventana que sirve para abrirla o cerrarla. **2** Pieza de metal que se coloca en una puerta y que se golpea para llamar.

picar v. tr. **1** Cortar un alimento en trozos muy pequeños: *el carnicero picó carne de ternera.* **2** Tomar las aves su comida con el pico: *el canario picaba la lechuga de su propia mano.* SIN picotear. **3** Marcar una persona autorizada el billete de un medio de transporte o servicio: *el revisor me ha picado el billete.* **4** Hacer agujeros en algún material. **5** Golpear el jinete con las espuelas en los cuartos traseros al caballo: *picó espuelas y el caballo salió furioso al galope.* SIN espolear. **6** INFORM. Escribir un texto en un ordenador: *tenemos que picar los datos antes de procesarlos.* ◆ v. tr./intr. **7** Morder un pez el cebo puesto en el anzuelo: *lleva varias horas sentado ahí con la caña, pero parece que los peces no pican.* **8** Morder las aves y los reptiles o pinchar un insecto con la trompa o aguijón: *me ha picado un mosquito en el brazo.* **9** Comer trozos pequeños de alimento o cogerlos de uno en uno. **10** Golpear una superficie con un pico o herramienta con punta para arrancar partículas de una cosa dura: *hay que picar en este lugar para hacer un agujero.* **11** Herir al toro desde el caballo clavándole la pica en el morrillo. ◆ v. tr./prnl. **12** Excitar o provocar a una persona: *su manera de comportarse picó mi curiosidad.* SIN espolear, incitar. **13** Causar disgusto o enfado a una persona: *aquella acusación picó su amor propio.* SIN disgustar, enfadar, enojar. **14** Producir caries: *se le picaron todas las muelas de comer tantas golosinas.* ◆ v. intr. **15** Causar picor o escozor en una parte del cuerpo: *esta ropa es muy áspera y pica.* **16** Caer en un engaño o una trampa o dejarse convencer por una cosa: *le hicimos una broma y picó.* **17** Calentar el sol con intensidad. **18** Descender un pájaro o un avión en línea casi perpendicular al suelo: *durante la exhibición varios aviones picaron de forma peligrosa.* ◆ v. prnl. **19** picarse Tener o empezar a tener agujeros una tela: *la blusa se ha picado por la polilla.* **20** Empezar a estropearse un alimento o una bebida: *ese vino está picado: tíralo.* **21** Agitarse la superficie del mar formando olas pequeñas por el impulso del viento. **22** Tener o empezar a tener agujeros o grietas una superficie metálica: *la chapa del coche se ha picado con la humedad.* **23** En el lenguaje de la droga, inyectarse droga.
▶ picar muy alto Tener muchas pretensiones o aspirar a una cosa muy buena: *pica tan alto que no creo que lo consiga.*

OBS En su conjugación, la *c* se convierte en *qu* delante de *e*.

DER pica, picadero, picado, picador, picadura, picajoso, picante, picor; repicar.

picardía n. f. **1** Disimulo o astucia para que no se vea o no se sepa una cosa o para sacar provecho de ciertas situaciones: *le preguntó con mucha picardía dónde había estado, para sorprenderla en una mentira.* **2** Travesura poco importante: *estos niños se pasan el día haciendo picardías.* **3** Acción o dicho en el que hay malicia o atrevimiento, normalmente relacionado con el sexo: *se ruborizó con la picardía de sus palabras.* ◆ n. m. pl. **4** picardías Conjunto formado por un camisón corto y unas bragas.

DER picardear.

picaresca n. f. **1** Género literario al que pertenecen las obras en que se narra la vida de los pícaros: *la picaresca se desarrolló en España sobre todo durante los siglos* XVI *y* XVII. **2** Conjunto de costumbres que se consideran propias de los pícaros.

picaresco, -ca adj. **1** Que tiene relación con los pícaros. **2** [obra literaria] Que tiene como tema la vida y las aventuras de un pícaro: *la primera novela picaresca fue* La vida del Lazarillo de Tormes.

pícaro, -ra adj./ n. m. y f. **1** [persona] Que tiene picardía o que se comporta con astucia y disimulo para conseguir un fin determinado: *ese joven pícaro consiguió engañarlos.* SIN astuto, hábil, malicioso. **2** Personaje real o literario, sin honor y de humilde condición social, que se vale de toda clase de engaños y astucias para sobrevivir, y cuyo comportamiento, en ocasiones, suscita cierta simpatía. SIN pillo.

DER picaresca, picaresco.

picatoste n. m. Pedazo de pan que se puede cortar de varias formas, generalmente en dados, frito en aceite o tostado, que sirve para acompañar sopas, cremas y guisos; también se toma en desayunos y meriendas como acompañamiento de una bebida caliente: *crema de pollo con picatostes; chocolate caliente con picatostes.*

picha n. f. *coloquial* Órgano sexual masculino. SIN pene.

pichichi n. m. **1** Trofeo que recibe en España el jugador de fútbol que más goles haya marcado en el campeonato nacional de liga. **2** Futbolista que más goles ha marcado en el campeonato nacional de liga.

pichón, -chona n. m. **1** Cría de la paloma doméstica. ◆ n. m. y f. **2** Término que se aplica cariñosamente a las personas: *adiós, pichón, te veré más tarde.*

pícnic n. m. Comida o merienda que se lleva y se toma en el campo u otro espacio abierto en la que generalmente participan varias personas que se sientan a comer en el suelo: *ir de pícnic.*

OBS El plural es *pícnics*.

pico n. m. **1** Parte saliente de la cabeza de las aves, formada por dos piezas duras, que sirve para tomar la comida. **2** Parte puntiaguda que sale de la superficie o del borde de un objeto: *el pico de la mesa.* **3** Herramienta grande que sirve para cavar, formada por una pieza de metal duro que termina en dos puntas opuestas y que en el centro lleva insertado un mango largo, generalmente de madera, para sujetarla: *el obrero hacía una zanja con el pico.* **4** Herramienta parecida a la anterior pero con la pieza metálica acabada en punta por un extremo y con forma de pequeña hacha por el otro. **5** Parte saliente del borde de un recipiente por donde se vierte el líquido que contiene: *echa el agua por el pico de la jarra.* **6** Extremo más alto y agudo de una montaña: *los picos más altos siempre están nevados.* **7** Montaña que tiene la cumbre puntiaguda. **8** Parte que pasa de una cantidad determinada, cuyo valor no se conoce o no importa: *cuesta unas tres mil y pico.* **9** Parte pequeña que pasa de una cantidad determinada: *puedes quedarte con el pico como propina.* **10** Cantidad muy grande de dinero. **11** Facilidad o soltura para hablar muy bien: *¡qué pico tiene! Nos dejó a todos callados.* pico de oro Persona que tiene facilidad o soltura para hablar muy bien: *este abogado convencerá al juez porque es un pico de oro.* **12** Boca de una persona: *el niño cerró el pico y no hubo manera de que se tomara el jarabe.* **13** Dosis de droga que se introduce en las venas de una vez.

▶ abrir el pico Hablar una persona: *estuvo toda la tarde sin abrir el pico.* cerrar el pico Callar o dejar de hablar. irse (o andar) de picos pardos Irse de juerga o a divertirse: *se fue de picos pardos con sus amigos.* tener mucho pico Hablar demasiado sin saber bien lo que se dice: *no te creas todo lo que cuenta, tiene mucho pico.*

DER picotear, picudo.

picor n. m. **1** Sensación molesta que se produce en una parte del cuerpo y que hace rascarse. **2** Sensación molesta que se produce en la lengua o el paladar por haber comido una cosa picante: *la pimienta te deja un fuerte picor en la boca.*

DER picazón.

picota n. f. **1** Variedad de cereza que se caracteriza por tener una punta en la parte opuesta al rabo y ser de carne más dura: *las picotas no suelen tener rabito porque se les cae cuando las cogen de los árboles.* **2** Columna que se utilizaba para exponer a los reos a la vergüenza pública.

▶ poner a alguien en la picota Señalar públicamente las faltas o los errores de una persona.

picotazo n. m. **1** Golpe o mordisco que dan las aves con el pico. **2** Pinchazo o punzada que da un insecto. SIN picadura. **3** Señal o herida que dejan esos golpes.

picotear v. tr. **1** Herir o golpear repetidamente las aves con el pico: *el pájaro carpintero picotea la madera.* ◆ v. tr./ intr. **2** Comer cosas distintas y en pequeñas cantidades. SIN picar. ◆ v. intr. **3** Hablar mucho dos o más personas de cosas triviales o poco importantes: *algunos vecinos se sentaban en la plaza del pueblo a picotear.* **4** Mover continuamente la cabeza el caballo de arriba abajo.

DER picotazo.

pictograma n. m. Signo o dibujo que tiene un significado en un lenguaje de figuras o símbolos: *en la puerta del lavabo de señoras hay un pictograma que representa un pintalabios.*

pictórico, -ca adj. **1** De la pintura o que tiene relación con este arte o con su técnica. **2** Que es adecuado para ser representado en pintura: *un paisaje pictórico.*

pie n. m. **1** Parte del cuerpo del ser humano y de algunos animales, que va desde el tobillo hasta la punta de los dedos, y sirve principalmente para andar y para sostener el cuerpo. pie cavo Pie que tiene demasiado curvada la planta. pie plano Pie que tiene muy poco curvada la planta: *le tendrán que poner plantillas porque tiene los pies planos.* **2** Parte de un calcetín, media o calzado que cubre esta extremidad de la pierna. **3** Base en la que se apoya un objeto: *la lámpara no se aguanta bien porque tiene el pie muy estrecho.* **4** Parte de una cosa que se opone a la principal o cabecera: *los pies de la cama.* **5** Parte inferior de un escrito y espacio en blanco que queda al final de un papel: *el abogado le hizo firmar al pie del documento.* **6** Texto corto que aparece debajo de un dibujo o una pintura y que sirve de explicación o comentario. pie de imprenta Texto que aparece al principio o al final de un libro o una publicación, donde se indican el nombre de la imprenta y el lugar y la fecha de impresión. **7** Última palabra que dice un personaje en una representación teatral, que indica a otro el momento en que debe empezar a hablar. **8** Medida de longitud que equivale a 28 centímetros. **9** Parte de un verso compuesta por dos, tres o más sílabas que forman una unidad acentual: *en la métrica griega y latina los versos se medían en pies.* pie quebrado Verso de cinco o menos sílabas que se intercala entre otros más largos. **10** Tallo o tronco de una planta: *un pie de viña.*

▶ a pie Andando o caminando: *prefiero ir a pie porque el metro me agobia.* a pie (o a pies) juntillas Sin ninguna duda, con gran convencimiento. al pie de la letra De forma completa y fiel: *he seguido las recomendaciones del médico al pie de la letra.* al pie del cañón Atento y sin desatender una obligación: *su trabajo es duro, pero siempre está al pie del cañón.* buscarle tres (o cinco) pies al gato Empeñarse en encontrar complicaciones o problemas donde no existen: *pensar que ha hecho todo eso solamente para molestarte es buscarle tres pies al gato.* con buen pie De una manera acertada o con buena suerte: *entró con buen pie en la empresa, a todos les pareció simpático.* SIN con el pie derecho. con el pie derecho De una manera muy acertada o con buena suerte. SIN con buen pie. con el pie izquierdo Sin acierto o con mala suerte. SIN con mal pie. con los pies por delante Sin vida, muerto. con mal pie Sin acierto o con mala suerte: *he empezado el año con mal pie.* SIN con el pie izquierdo. con pies de plomo Con mucho cuidado o cautela: *ahora tienes que ir con pies de plomo en las relaciones con tu jefe.* dar pie Dar un motivo para que una persona haga algo: *el comportamiento del ministro ha dado pie a las quejas de los sindicatos.* de pie o en pie En posición erguida o vertical: *al entrar el director, los alumnos se pusieron en pie.* de pies a cabeza o de los pies a la cabeza De forma total o completa: *me mojé de pies a cabeza.* en pie de guerra Dispuesto a enfrentarse. hacer pie Llegar a tocar el suelo con los pies cuando se está en el agua: *puedes estar tranquilo porque en este lado de la piscina los niños hacen pie.* ir con el pie cambiado

Hacer una cosa al contrario de como debe hacerse: *cuando yo voy, él viene: siempre vamos con el pie cambiado.* nacer de pie Tener mucha suerte en todo lo que se hace: *tú has nacido de pie, porque todo te sale bien.* no dar pie con bola Equivocarse varias veces seguidas o muy a menudo: *no doy pie con bola, no he acertado ninguna pregunta.* no tener ni pies ni cabeza No tener lógica o sentido una determinada acción o cosa. parar los pies Hacer que una persona no siga haciendo algo que se considera malo: *a los traficantes de droga hay que pararles los pies.* pies, ¿para qué os quiero? Expresión con que una persona se da ánimo a sí misma para escapar o salir corriendo de una situación o de un lugar. poner los pies Llegar una persona a un lugar. poner pies en polvorosa Irse o escapar rápidamente una persona de un lugar: *cuando los ladrones oyeron las sirenas de la policía, pusieron pies en polvorosa.* SIN huir. saber de qué pie cojea Saber cuáles son los defectos o el punto débil de una persona: *no se atreverá a meterse conmigo, porque yo sé de qué pie cojea.* sin pies ni cabeza Sin sentido ni razón de ser. tener un pie en Estar muy cerca de un sitio o de una situación: *el enfermo tiene un pie en el otro mundo.*

DER traspié.

piedad n. f. **1** Sentimiento de pena o dolor que se tiene hacia quienes sufren. SIN compasión, misericordia. **2** Virtud que mueve a rezar, a ir a la iglesia y a adorar las cosas sagradas: *el sacerdote alabó la piedad de sus fieles.* **3** Pintura o escultura en la que se representa a la Virgen María con Jesucristo muerto entre sus brazos.

DER piadoso; apiadarse, despiadado.

piedra n. f. **1** Materia mineral muy dura y de estructura compacta: *los muros de la catedral son de piedra.* piedra pómez Materia mineral que es áspera, frágil, de estructura porosa y color grisáceo. piedra preciosa Piedra muy dura y que se usa por su escasez para fabricar objetos valiosos: *el diamante, el rubí y el zafiro son piedras preciosas.* NOTA A menudo se utiliza simplemente *piedra.* **2** Trozo de materia mineral dura, generalmente de pequeño o medio tamaño y sin una forma determinada: *a la orilla del río hay unos muchachos lanzando piedras al agua.* **3** Trozo de materia mineral dura al que se da determinada forma: *las piedras del edificio se están cayendo.* **4** Acumulación de trocitos de materia mineral u orgánica que se forma de una manera extraña en algunos órganos internos del cuerpo: *tienen que quitarle unas piedras del riñón.* SIN cálculo. **5** Pieza de los encendedores con la que se produce una chispa que enciende la llama. **6** Objeto grande y grueso, de forma circular y compuesto de materia mineral muy dura, que gira sobre un eje y que sirve para moler. SIN muela. **7** Granizo de gran tamaño: *tuvimos que protegernos de la tormenta de piedra que cayó anoche.*

▶ de piedra Muy sorprendido o impresionado ante un hecho inesperado: *me quedé de piedra cuando supe que habías tenido un accidente.* piedra angular **a.** Piedra que está en la esquina de la base de una construcción. **b.** Base o fundamento de una cosa: *sostiene que la piedra angular de toda la economía del país está en las exportaciones.* piedra filosofal Materia con la que los alquimistas pretendían convertir metales y otros materiales en oro. ser (o parecer) de piedra No tener sentimientos una persona: *parece de piedra, pero también sufre.* tirar la piedra y esconder la mano Obrar mal una persona y ocultarlo: *ese chico es de los que nunca dan la cara, tira la piedra y esconde la mano.* tirar piedras al propio tejado Obrar causándose daño a uno mismo: *con lo que dice se acusa a sí mismo, tira piedras a su propio tejado.* NOTA También se dice *contra* o *sobre el propio tejado.*

piel n. f. **1** Capa de tejido resistente y flexible que cubre y protege el cuerpo del hombre y de los animales: *esa niña tiene la piel muy morena.* piel de gallina Piel de las personas cuando, por el frío o el miedo, toma un aspecto parecido al de las aves sin plumas: *tenía tanto frío que se me puso la piel de gallina.* **2** Cuero curtido. **3** Cuero curtido de forma que conserve su pelo natural: *abrigos de piel.* **4** Capa delgada que cubre la carne de ciertos frutos: *quita la piel al melocotón antes de comértelo.*

▶ dejarse la piel Esforzarse mucho en un trabajo o tarea hasta acabar agotado: *el entrenador solo quiere jugadores que se dejen la piel en el campo.* piel roja Indio indígena de Norteamérica. NOTA El plural es *pieles rojas.* ser de la piel del diablo Ser muy travieso: *su hija es de la piel del diablo: siempre está haciendo trastadas.*

piélago n. m. **1** Zona del mar que comprende prácticamente su totalidad, a excepción de las orillas y el fondo. **2** *formal* Mar. **NOTA** Se usa en lenguaje poético o literario.

pienso n. m. Alimento que se da al ganado, especialmente el que es seco: *ha criado sus ovejas con pienso.*

▶ pienso compuesto Alimento para el ganado que está formado por varias clases de sustancias para que alimente más: *los piensos compuestos llevan vitaminas y minerales.*

piercing n. m. Práctica de horadar alguna parte del cuerpo para colocar en ella pendientes, aretes u otros abalorios con fines estéticos.

OBS Se pronuncia aproximadamente «pirsin».

pierna n. f. **1** Miembro inferior del cuerpo que une el tronco con el pie. **2** Parte de este miembro que va desde la rodilla hasta el pie. **3** Muslo de algunos animales: *en Navidad comemos pierna de cordero asada.*

▶ dormir a pierna suelta (o tendida) Dormir muy bien y profundamente: *estaba tan agotado que durmió a pierna suelta durante más de diez horas.* estirar las piernas Pasear o moverse para que las piernas recuperen la facilidad de movimiento, especialmente después de haber estado mucho tiempo sentado o quieto: *ya tenía ganas de estirar las piernas.* hacer piernas Hacer ejercicio andando: *salían a pasear todas las mañanas, necesitaban hacer piernas.*

DER entrepierna.

pierrot n. m. Personaje cómico del teatro clásico francés que se caracteriza por llevar un traje blanco y muy amplio con grandes botones: *para Carnaval iba disfrazado de pierrot.*

pieza n. f. **1** Cada una de las partes de que se compone un conjunto u objeto: *este vestido es de dos piezas.* **2** Elemento que forma parte de un mecanismo: *se ha roto una pieza del motor.* **3** Trozo de tela, especialmente la que se cose a otra que está rota o vieja: *necesito comprar una pieza de tela roja en la tienda de retales.* **4** Animal que se caza o se pesca. **5** Obra de teatro formada por un solo acto. **6** Composición musical: *el pianista interpretó una pieza de Chopin.* **7** Persona que destaca por tener un comportamiento poco adecuado: *¿que si conozco a Julio?, ¡claro, menuda pieza está hecho!* **NOTA** Se usa con palabras que le dan mayor intensidad. **8** Figura o ficha que se utiliza en ciertos juegos de mesa, como el ajedrez o las damas: *ya he colocado todas las piezas sobre el tablero de ajedrez.* **9** Habitación o cuarto de una casa. **10** Objeto trabajado artísticamente, especialmente si se trata de muebles, joyas u obras de arte: *ese cuadro es una pieza única.*

▶ de una pieza Muy sorprendido o impresionado ante un hecho inesperado: *su marcha nos ha dejado de una pieza.*

DER despiezar.

pifia n. f. **1** Obra o dicho equivocado o sin acierto de una persona: *cuando habla, siempre comete alguna pifia.* **2** Golpe malo o poco acertado que se da con el taco en la bola de billar.

pifiar v. intr. **1** Hacer o decir una cosa equivocada o sin acierto. **2** Dar un golpe malo o poco acertado con el taco en la bola de billar.

OBS En su conjugación, la *i* es átona, como en *cambiar.*

DER pifia.

pigmentación n. f. **1** Formación del pigmento de la piel o de un tejido. **2** Coloración anormal de la piel o de un tejido originada por distintas causas.

pigmento n. m. **1** Sustancia que se encuentra en las células de los seres vivos y que da color: *la melanina es un pigmento que nos hace estar morenos.* **2** Sustancia natural o artificial que da color y que se usa en la fabricación de pinturas: *muchos disolventes se fabrican con pigmentos naturales.* **SIN** colorante.

DER pigmentar.

pigmeo, -mea adj. **1** [grupo étnico] Que está constituido por personas que habitan en ciertas zonas de África y de Asia y que se caracterizan por ser de estatura muy baja. ◆ adj./ n. m. y f. **2** [persona] Que pertenece a este grupo étnico.

pijama n. m. Prenda de ropa ligera y cómoda, formada por dos piezas, pantalón y camiseta o chaqueta, que se usa para dormir: *los pijamas de seda son muy frescos.*

OBS En el español de América se pronuncia «piyama», y en algunos países de Hispanoamérica es palabra femenina.

pijo, -ja adj./ n. m. y f. **1** [persona] Que viste, se comporta o habla de manera afectada manifestando buena posición social y económica, en especial cuando es joven: *cuando hablé con tu novia me di cuenta de que es una chica muy pija.* ◆ adj. **2** Que es propio o característico de una persona pija: *se han comprado una moto muy pija.* ◆ n. m. **3** *malsonante* Pene. **SIN** pija.

▶ un pijo *malsonante* Nada o casi nada: *desde*

aquí no se oye un pijo, sube el volumen; su último disco no me gusta un pijo.
DER pijada, pijotero.

pila n. f. **1** Conjunto de cosas puestas unas sobre otras: *al fondo del almacén hay una pila de cajas de detergente.* SIN montón. **2** Cantidad grande de una cosa: *tiene una pila de juguetes.* **3** Dispositivo que sirve para producir corriente eléctrica continua, que permite que los aparatos eléctricos funcionen sin necesidad de estar conectados a la electricidad mediante un cable. **4** Recipiente cóncavo hecho de un material resistente donde cae o se echa el agua para diversos usos: *el fregadero de la cocina tiene dos pilas.*
▶ pila bautismal Recipiente cóncavo que hay en las iglesias y que contiene agua bendita para administrar el bautismo.
DER pilar, pilastra, pilón; apilar.

pilar n. m. **1** Elemento vertical de apoyo, más alto que ancho, que sirve para soportar una estructura de un edificio, un arco o cosas similares: *cuatro pilares sostienen la cúpula de la iglesia.* **2** Persona o cosa que sirve de apoyo o base: *el abuelo era el pilar de la familia.*

pilastra n. f. ARQ. Pilar de base cuadrada o rectangular, especialmente la que está pegada a un muro: *el muro de la catedral tiene grandes pilastras.*

píldora n. f. **1** Pastilla de medicamento de pequeño tamaño, generalmente de forma redonda. **2** Medicina que se toma por vía oral y que sirve para impedir el embarazo: *toma la píldora como anticonceptivo.*
▶ dorar la píldora Suavizar una noticia desagradable para evitar el enfado o el disgusto de la persona que la recibe: *no seas brusco y, si te vas de casa, dórale la píldora a tus padres.*

pillaje n. m. **1** Robo que se hace con violencia. **2** Robo o destrucción que hacen los soldados en un país enemigo.

pillar v. tr. **1** Coger o alcanzar una cosa o a una persona: *cuando consiga pillarte, ya hablaremos.* SIN agarrar, atrapar. **2** Alcanzar un vehículo a una persona o animal, causándole generalmente algún daño: *a Pedro lo pilló un coche.* SIN atropellar. **3** Ponerse a la misma altura o nivel: *el Betis ha pillado al Sevilla en la clasificación.* **4** Sorprender a una persona en el momento en que está cometiendo una falta o un engaño: *pillaron al cajero tratando de llevarse un fajo de billetes.* **5** Sorprender o coger desprevenido: *la noche nos pilló en el monte.* SIN coger. **6** Contraer una enfermedad o un estado de ánimo determinado: *pillé un tremendo catarro.* **7** Entender algo que es difícil o que tiene doble sentido: *habla tan rápido que no pillo ni una palabra.* **8** Robar o tomar algo por la fuerza: *rompieron los cristales de la tienda y pillaron todo lo que pudieron.* SIN saquear. ◆ v. tr./ prnl. **9** Sujetar o aprisionar una cosa, generalmente haciendo daño: *me pillé el dedo con la puerta.* ◆ v. intr. **10** Encontrarse en una posición determinada con respecto a algo o a alguien: *el trabajo me pilla muy cerca de casa.*
DER pillaje, pillastre, pillo.

pillo, -lla adj./ n. m. y f. **1** [persona] Que es hábil para engañar con el objeto de conseguir una cosa: *es un pillo, me hizo creer que le dolía la barriga para que lo cuidara.* SIN granuja. ◆ adj. **2** [persona] Que es pícara y actúa sin honradez. SIN sinvergüenza.
DER pillería.

pilón n. m. Recipiente de piedra en que cae y se acumula el agua de una fuente, que suele usarse como abrevadero o lavadero.

píloro n. m. ANAT. Orificio del estómago que comunica con el intestino delgado.

piloso, -sa adj. Del pelo o que tiene relación con este filamento de la piel de algunos mamíferos.

pilotar v. tr. **1** Dirigir o conducir un buque o una aeronave: *su gran ilusión era pilotar un avión de caza.* **2** Conducir un vehículo, especialmente cuando tiene potencia para alcanzar gran velocidad: *este año va a pilotar un fórmula uno.*

piloto n. com. **1** Persona que conduce un barco o una aeronave. **2** Persona que conduce un coche o una moto de competición: *piloto de coches de carreras.* piloto automático Mecanismo que conduce o gobierna automáticamente un coche, un barco o una aeronave: *el comandante conectó el piloto automático del avión.* ◆ n. m. **3** Luz de un vehículo, de color blanco en la parte anterior y rojo en la parte posterior, que sirve para marcar su posición. NOTA El piloto también se llama *luz de posición.* **4** Indicador luminoso en el panel de mandos de un vehículo: *cuando no hay suficiente gasolina en el coche, se enciende un piloto rojo.* **5** Luz en un aparato eléctrico que indica si está en funcionamiento: *cuando funciona la lavadora, se enciende el piloto verde.* **6** Muestra o modelo que sirve de experimento: *pro-*

yecto piloto. NOTA En esta acepción funciona siempre detrás de otros nombres; el plural también es *piloto: pisos piloto.*

DER pilotaje, pilotar; copiloto.

piltrafa n. f. **1** Trozo de carne con muchos nervios y con pellejo, que no se puede aprovechar como alimento. **2** Residuo o resto de comida que no se puede aprovechar. NOTA Se usa frecuentemente en plural. **3** Persona que está muy delgada y débil, generalmente por causa de una enfermedad: *después de la gripe me he quedado hecho una piltrafa.* **4** Cosa que tiene mal aspecto o no se puede aprovechar: *la guitarra que me dejaste es una piltrafa.*

pimentón n. m. Polvo que se obtiene al moler pimientos rojos secos y que sirve para condimentar comidas.

pimienta n. f. Fruto pequeño, rojo y redondo, que toma color negro cuando se seca y que tiene un sabor muy picante.

▶ pimienta blanca Pimienta que tiene color casi blanco porque se le ha quitado la corteza. pimienta negra Pimienta que conserva la corteza, que es seca y arrugada.

DER pimentero, pimentón, pimiento.

pimiento n. m. **1** Vegetal comestible hueco, alargado y de color verde, rojo o amarillo, en cuyo interior hay unas semillas planas de color blanco o amarillo. pimiento de Padrón Pimiento que es verde y de pequeño tamaño. pimiento del piquillo Pimiento que es rojo, de tamaño mediano, un poco picante, terminado en punta y se asa. pimiento morrón Pimiento que es rojo, grueso y tiene sabor dulce. **2** Planta de flores blancas cuyo fruto es el pimiento.

▶ un pimiento **a.** Nada o muy poco: *me importa un pimiento si vienes o te quedas.* **b.** Expresión que se usa en frases exclamativas para negar o rechazar algo con rotundidad: *¡y un pimiento!, yo no le plancho la ropa.*

pimpón n. m. Deporte que se juega alrededor de una mesa rectangular dividida por una red en dos campos y que consiste en golpear una pelota pequeña y ligera con una paleta con el fin de hacerla botar en el campo contrario. SIN ping-pong.

pin n. m. Pequeño adorno, generalmente metálico, que se pincha en una prenda de vestir y que puede tener diversas formas. SIN insignia.

OBS El plural es *pins.*

pinacoteca n. f. Museo o galería abierto al público en el que se exponen o se guardan cuadros o pinturas.

pinar n. m. Lugar donde crecen muchos pinos.

pinaza n. f. Acumulación de hojas secas de pino que suele cubrir el suelo de los pinares. SIN barrujo, pinocha.

pincel n. m. **1** Instrumento que sirve para pintar pequeñas superficies, formado por un mango con un conjunto de pelos o cerdas en un extremo, y que es más estrecho y delgado que una brocha: *limpió la pintura de los pinceles con aguarrás.* **2** Modo de pintar de una persona o grupo: *admiraba el pincel suave de los impresionistas.*

▶ ir hecho un pincel Vestir de forma muy elegante.

pincelada n. f. **1** Trazo hecho con un pincel en una superficie. **2** Rasgo o idea expresado con pocas palabras que da un carácter propio a un discurso o a un texto: *el libro está salpicado de pinceladas de humor e ironía.*

▶ dar la última pincelada (o las últimas pinceladas) Poner los elementos finales en una obra o un trabajo para terminarlo o para perfeccionarlo: *mañana entregaremos el proyecto, le estamos dando la última pincelada.*

pinchar v. tr./ prnl. **1** Clavar en una superficie un objeto puntiagudo, como una espina, un clavo o un alfiler: *ha pinchado con la aguja el globo que le regalé.* **2** Poner una inyección a alguien: *algunos diabéticos se han de pinchar cada día.* ◆ v. tr. **3** Sujetar o coger un objeto clavando en él un instrumento acabado en punta: *pincha la carne con el tenedor.* **4** Molestar o provocar a una persona para que se enfade. **5** Animar a una persona para que haga determinada cosa: *mi familia me pinchó mucho para que me presentara al concurso.* **6** Intervenir una línea telefónica para espiar las conversaciones que se producen a través de ella. ◆ v. tr./ intr. **7** Poner música variada para que la escuchen diferentes personas: *Jaime pincha discos en una discoteca.* ◆ v. intr. **8** Sufrir un pinchazo en la rueda de un coche. **9** No tener éxito o fracasar en algo que se quiere conseguir: *he vuelto a pinchar en los exámenes de este semestre.* ◆ v. prnl. **10** pincharse Inyectarse droga en la sangre.

▶ ni pinchar ni cortar Tener muy poco valor o influencia en un asunto: *sus opiniones no se tienen en cuenta, él aquí ni pincha ni corta.*

DER pinchazo, pinche, pincho.

pinchazo n. m. **1** Introducción de una medicina o de una droga líquida en la sangre: *el paciente notó el pinchazo en el brazo, pero no se quejó.* **2** Herida o señal que deja un instrumento que pincha. **3** Agujero que se hace al introducirse un cuerpo acabado en punta en la superficie de un objeto y que produce la salida del aire o el líquido que contiene: *el balón tiene un pinchazo y por eso se desinfla.* **4** Obra o dicho con que se molesta a una persona o se la convence para que tome una decisión: *los continuos pinchazos de su familia hicieron que cambiara de opinión.* **5** Sensación dolorosa y aguda en alguna parte del cuerpo: *notó un pinchazo en los pulmones.* **6** Intervención de una línea telefónica para espiar las conversaciones que se producen a través de ella.

pinche n. com. Persona que ayuda al cocinero en la cocina: *el cocinero le dijo al pinche que pelara las patatas y cortara las cebollas.*

pincho n. m. **1** Punta aguda y afilada: *me he clavado un pincho del cactus en el dedo.* **2** Comida ligera hecha con trozos pequeños de alimentos, que generalmente va pinchada con un palillo y se toma como aperitivo o como comida informal.

▶ pincho moruno Comida hecha con trozos de carne, generalmente de cerdo, preparados con especias y que van atravesados por una vara delgada de madera o de metal.

DER pinchito.

pineda n. f. Terreno poblado de muchos pinos. **SIN** pinar.

pingajo n. m. Trozo de tela roto o viejo que cuelga de un lugar o cosa.

pinganillo n. m. Auricular pequeño por el que una persona puede recibir instrucciones e información de otras: *el presentador recibe instrucciones del realizador a través del pinganillo mientras se emite el programa; todos los miembros de seguridad del edificio llevan un pinganillo para que el jefe coordine sus intervenciones.*

ping-pong n. m. Deporte parecido al tenis que se juega sobre una mesa rectangular dividida por una red en dos campos y que consiste en golpear una pelota pequeña y ligera con una paleta para hacerla botar en el campo contrario. **SIN** pimpón.

pingüino n. m. Ave de las zonas polares, que tiene las patas cortas y los dedos de los pies unidos por membranas, con la espalda y las alas negras y el pecho blanco, que nada muy bien y no puede volar.

OBS Para indicar el sexo se usa *el pingüino macho* y *el pingüino hembra.*

pinnípedo, -da adj./ n. m. **1** ZOOL. [animal mamífero] Que tiene los dedos de las patas delanteras unidos por membranas, las traseras en forma de aleta, una gruesa capa de grasa bajo la piel y vive en el mar, aunque tiene que salir a la superficie para poder respirar: *la foca es un animal pinnípedo.* ◆ n. m. pl. **2** pinnípedos ZOOL. Orden al que pertenecen estos mamíferos.

pino n. m. **1** Árbol de tronco fuerte y rugoso, con las hojas estrechas en forma de aguja, cuyo fruto es la piña y que crece sobre todo en Europa. **2** Madera de este árbol.

▶ en el quinto pino Muy lejos. hacer el pino Poner el cuerpo verticalmente con las manos apoyadas en el suelo y los pies hacia arriba. hacer los primeros pinos o hacer los primeros pinitos **a.** Dar los primeros pasos un niño que empieza a andar. **b.** Hacer los primeros progresos o avances en una actividad o un trabajo.

DER pinar; empinar.

pinrel n. m. Pie de una persona. **NOTA** Suele usarse de forma humorística.

pinta n. f. **1** Mancha o señal redondeada y pequeña en la piel, el pelo o las plumas de los animales, y en las alas de ciertos insectos: *era una gallina parda con pintas blancas.* **SIN** mota. **2** Dibujo en forma de mancha redondeada muy pequeña con el que se adorna una tela. **3** Aspecto o apariencia exterior de una persona o cosa: *con ese traje tienes pinta de hombre de negocios.* **NOTA** Cuando se trata del aspecto de una persona suele adquirir un valor despectivo: *¿dónde se cree que va con semejante pinta?* **4** Carta de la baraja que se descubre para señalar el palo que en un juego determinado es el triunfo o palo que tiene más valor. **5** Medida de capacidad para líquidos o para áridos: *pidió una pinta de cerveza.* ◆ n. m. **6** Hombre que habla u obra sin vergüenza ni respeto hacia los demás.

pintada n. f. **1** Escrito de gran tamaño hecho a mano sobre una superficie, generalmente una pared, que se pinta de manera encubierta y suele hacer referencia a algún aspecto político o social. **2** Ave de la familia de la gallina, con las plumas negras y manchas blancas, que tiene la cabeza pelada y una cresta dura.

pintado, -da adj. **1** [animal] Que tiene man-

a b c d e f g h i j k l m n ñ o p q r s t u v w x y z

chas de color en la piel, el pelo o las plumas. **SIN** pinto. **2** Que es muy parecido o casi igual a otra persona o cosa: *María es pintada a su madre.* **SIN** clavado.

▶ el más pintado La persona más hábil o adecuada para un determinado asunto: *no te preocupes, eso le ocurriría incluso al más pintado.* que ni pintado De forma muy adecuada u oportuna o muy a propósito: *esta hoja de papel me viene que ni pintada para apuntar los teléfonos.* **NOTA** Se suele utilizar con los verbos *venir* o *estar*.

pintalabios n. m. **1** Barra pequeña hecha de una sustancia compacta y grasa que se usa como cosmético para dar color a los labios, y que generalmente va guardada en un pequeño estuche alargado. **2** Sustancia grasa que se usa como cosmético para dar color a los labios: *su tía le dio un beso y le dejó una mancha de pintalabios en la mejilla.* **SIN** carmín.

OBS El plural es *pintalabios*.

pintar v. tr./ intr. **1** Representar algo en una superficie por medio de colores y líneas. ◆ v. tr. **2** Cubrir con color una superficie: *se pasó el fin de semana pintando la valla del jardín.* **3** Describir con palabras el aspecto o el carácter de algo o alguien: *no me parece que Isabel sea como tú la pintas.* ◆ v. tr./ prnl. **4** Dar color, cubrir defectos y hacer más bella la cara, usando productos naturales o artificiales: *Marta se pinta antes de salir.* **SIN** maquillar. ◆ v. intr. **5** Hacer trazos o colorear un lápiz o un objeto de características parecidas: *el bolígrafo ya no pinta.* **6** Tener valor o importancia o una determinada función: *él no pinta nada en la empresa.* **NOTA** Se usa en oraciones negativas e interrogativas que esperan una respuesta negativa: *¿se puede saber qué pinta Elvira aquí?* **7** Señalar una carta de la baraja el palo que más valor tiene en un juego o en una partida: *pintan copas.*

▶ pintárselas solo Ser suficientemente hábil una persona para hacer una cosa sin ayuda de otras: *Guillermo se las pinta solo para animar las fiestas.*

DER pintada, pintado, pintarrajear, pinto, pintor, pintorrear, pintura; despintar, repintar.

pintaúñas n. m. Laca que se usa para dar color y brillo a las uñas. **SIN** laca de uñas.

OBS El plural también es *pintaúñas*.

pinto, -ta adj. [animal] Que tiene manchas de color en la piel, en el pelo o en las plumas. **SIN** pintado.

pintor, -ra n. m. y f. **1** Persona que se dedica a la pintura artística: *Pablo Picasso fue un pintor genial.* **2** Persona que se dedica a pintar puertas, paredes, casas y superficies en general.

pintoresco, -ca adj. **1** Que presenta una imagen bella, agradable y única, muy adecuada para ser pintada: *desde el mirador se veía un paisaje muy pintoresco.* **2** Que llama la atención por ser peculiar o extraño. **3** [lenguaje, estilo] Que describe la realidad de forma viva y animada.

pintura n. f. **1** Arte de pintar o representar en una superficie con colores y líneas. **2** Obra que se hace aplicando ese arte: *este cuadro es una famosa pintura del Greco.* pintura rupestre Dibujo o representación hecho sobre roca de la época prehistórica. **3** Conjunto de obras pintadas de un autor, de un estilo, de un país o de un período determinados: *él es un apasionado de la pintura de Goya.* **4** Producto con un color determinado que se usa para pintar: *compró un bote de pintura negra para pintar las rejas.* **5** Técnica o procedimiento usado para pintar una obra o una superficie. pintura al fresco Técnica para pintar sobre paredes y techos especialmente preparados en la que se emplean colores disueltos en agua: *la pintura al fresco se ha utilizado para decorar muchas iglesias.* pintura al óleo Técnica para pintar en la que se emplean colores disueltos en aceite: *la pintura al óleo se suele hacer sobre lienzo.* pintura al pastel Técnica para pintar en la que se utilizan lápices de colores blandos: *en la pintura al pastel se pinta siempre sobre papel.* pintura al temple Técnica para pintar en la que se emplean colores mezclados con cola y agua caliente. **6** Descripción de personas o cosas por medio de palabras: *en esa novela se hace una pintura de la sociedad española durante la posguerra.* ◆ n. f. pl. **7** pinturas Conjunto de productos que sirven para pintarse o maquillarse la cara. **SIN** maquillaje.

▶ no poder ver ni en pintura Sentir mucha antipatía hacia una persona: *desde que le traicionó no lo puede ver ni en pintura.*

DER pinturero.

pinza n. f. **1** Instrumento formado por dos piezas alargadas, unidas con un muelle o pequeña palanca en el centro, que se separan por un extremo haciendo presión con los dedos por el otro extremo y se utiliza para sujetar o apretar cosas: *siempre usamos pinzas de madera para tender la ropa.* ◆ n. f. pl. **2** pinzas

Instrumento formado por dos piezas unidas por un extremo y separadas por el otro, que se juntan haciendo presión con los dedos por el centro y que sirve para coger cosas: *se quitaba los pelos de las cejas con unas pinzas de depilar.* **3** Pieza articulada que tienen algunos animales en el extremo de las patas; está dividida en dos partes que se cierran con fuerza para coger o apretar algo: *los cangrejos tienen unas pinzas muy fuertes.* **4** Pliegue cosido en la tela de una prenda de vestir: *pantalones de pinzas.*
DER pinzar.

pinzón n. m. Pájaro pequeño de pico largo que tiene un canto muy agradable y se alimenta de insectos.

piña n. f. **1** Fruto del pino y otros árboles, que tiene forma ovalada o de cono, termina en punta, y está formado por muchas piezas duras y colocadas en forma de escamas: *algunas clases de piñas tienen piñones comestibles.* **2** Fruto comestible de gran tamaño, de carne amarilla y muy jugosa, que tiene una corteza rugosa y áspera y que termina en un conjunto de hojas. **3** Planta tropical de la que se extrae esta fruta. **4** Conjunto de personas unidas estrechamente por un sentimiento de lealtad y fidelidad: *este grupo de amigos es una piña.* **5** Conjunto de personas, animales o cosas muy juntas: *la familia de chimpancés dormía en una piña.* **6** Golpe muy fuerte contra algo: *conducían como locos y se dieron una piña contra un muro.*
DER piñata, piño, piñón; apiñar.

piñata n. f. Recipiente lleno de dulces o regalos, que se cuelga para romperlo a palos con los ojos tapados: *en la fiesta los niños jugaron a romper una piñata.*

piñón n. m. **1** Semilla del pino, de forma ovalada, con una cáscara muy dura y una carne blanca y dulce. **2** Rueda pequeña y con dientes en el borde, que se ajusta con otra de igual o distinto tamaño en una máquina para transmitir movimiento: *las bicicletas pueden llevar varios piñones.*
DER piñonate, piñonero.

piñonero, -ra adj./ n. m. [pino] Que produce semillas comestibles. **SIN** pino.

pío, pía adj./ n. m. y f. **1** [persona] Que es muy religioso y lo demuestra con sus actos: *las personas pías van a misa todos los domingos.* **SIN** devoto, piadoso. **ANT** impío. ◆ n. m. **2** Onomatopeya de la voz del pollo o de los pájaros.
▶ no decir ni pío No decir ni una sola palabra.
DER piedad; expiar, impío.

piojo n. m. Insecto muy pequeño, de cuerpo aplastado, antenas cortas y sin alas que vive pegado al pelo de los seres humanos y otros animales; tiene la boca en forma de trompa y con ella chupa la sangre que le sirve de alimento.
▶ como piojos en costura En un espacio tan pequeño que hay que apretarse mucho para caber: *vivían 20 personas en la casa, estaban como piojos en costura.*
DER piojoso; despiojar.

piolet n. m. Utensilio de metal en forma de pico que utilizan los alpinistas para asegurarse cuando escalan sobre nieve o hielo.
OBS El plural es *piolets.*

pionero, -ra adj./ n. m. y f. **1** [persona] Que realiza los primeros descubrimientos o lleva a cabo los trabajos iniciales de una actividad determinada. **SIN** precursor. ◆ n. m. y f. **2** Persona que llega a un lugar, lo explora e inicia su colonización.

pipa n. f. **1** Semilla pequeña de ciertos frutos envuelta en una cáscara fina que se abre fácilmente: *la calabaza, el melón y la sandía tienen pipas.* **SIN** pepita. **2** Semilla negra y comestible del girasol: *se ha comprado una bolsa de pipas con sal.* **3** Instrumento que sirve para fumar y que está formado por un pequeño recipiente en el que se quema el tabaco y un tubo por el que se aspira el humo. **4** Arma de fuego de cañón corto, que se dispara con una sola mano. **SIN** pistola.
▶ pasarlo pipa *coloquial* Divertirse mucho.

pipeta n. f. Tubo de cristal que se usa en los laboratorios para trasladar pequeñas cantidades de líquido de un recipiente a otro; está graduado y suele ser más ancho por la parte central.

pipí n. m. Líquido de color amarillo que se forma en los riñones de los mamíferos y se expulsa al exterior: *los pañales absorben el pipí.* **SIN** orina, pis.
▶ hacer pipí Expulsar la orina al exterior: *el niño se ha vuelto a hacer pipí.* **SIN** mear, orinar.
OBS El plural es *pipís.*

pique n. m. **1** Enfado o disgusto pasajero provocado por una discusión o un enfrentamiento: *otra vez tuvieron un pique por una tontería.* **2** *coloquial* Empeño en hacer una cosa por amor propio o para demostrar la superioridad con respecto a otras personas: *son com-*

pañeros, pero hay un pique entre ellos para ver quién asciende antes.
▶ irse a pique **a.** Hundirse un barco hasta llegar al fondo. **b.** Estropearse o no llegar a su fin un proyecto.

piqueta n. f. **1** Herramienta que utilizan generalmente los albañiles para derribar muros, formada por una cabeza de metal, plana por un extremo y acabada en punta por el otro, y un mango corto de madera. **2** Objeto de madera o de metal acabado en punta que se clava en la tierra: *pusimos piquetas para sujetar la tienda de campaña al suelo.*

piquete n. m. **1** Pequeño grupo de soldados designado para hacer un servicio extraordinario, en especial fusilamientos. **2** Grupo de personas que recorren las calles o se colocan en ciertos lugares para informar sobre una plataforma reivindicativa o impedir que se trabaje cuando se ha convocado una huelga: *un piquete informaba a los trabajadores a la entrada de la fábrica.*

pira n. f. Fuego de llamas altas, especialmente el que se prepara para hacer sacrificios o para quemar cadáveres. SIN hoguera.

pirado, -da adj. [persona] Que tiene muy alterada la razón.

piragua n. f. Embarcación estrecha y alargada, con poco calado y sin quilla, que navega propulsada por remos de pala muy ancha no sujetos al casco de la nave.

piragüismo n. m. Deporte que consiste en navegar en una piragua.

piragüista n. com. Persona que practica el piragüismo: *ganaron los piragüistas alemanes.*

piramidal adj. Que tiene forma de pirámide.

pirámide n. f. **1** Cuerpo geométrico que tiene una base que no es redonda, y cuyas caras laterales son triángulos que se juntan en un punto común. pirámide truncada Pirámide que, en lugar de terminar en un vértice, está rematada por otra superficie no redonda y de tamaño menor que el de la base: *las civilizaciones azteca y maya construyeron monumentales pirámides truncadas.* **2** Construcción que tiene esa forma, especialmente si tiene por base un cuadrado: *las pirámides más conocidas están en Egipto.*
DER piramidal.

piraña n. f. Pez de agua dulce, de 15 a 40 cm de largo, cuerpo chato, cabeza ancha y dientes muy fuertes y afilados; es voraz y carnívoro, y habita formando grupos en zonas de América del Sur, como el Amazonas y el Orinoco.

pirarse v. prnl. *coloquial* Irse de un lugar.
▶ pirárselas Marcharse precipitadamente de un lugar.

pirata n. com. **1** Persona que navega sin licencia y que se dedica a asaltar los barcos en alta mar o en las costas para robar lo que contienen. pirata aéreo (o del aire) Persona que obliga a un avión a cambiar su dirección o su destino, generalmente para reivindicar algo. **2** Persona que se aprovecha del trabajo o de las obras de otros: *es un pirata, ha copiado la idea de su novela de otra del siglo pasado.* ◆ adj. **3** De la persona que practica la piratería o de este tipo de asalto en el mar. **4** Que va contra la ley o que no la sigue: *versión pirata de un programa informático.* SIN ilegal.
DER piratear, piratería.

piratear v. intr. **1** Asaltar barcos en alta mar o robar en las costas. **2** Aprovecharse del trabajo o de las obras de otros, especialmente copiando programas informáticos u obras de literatura o de música sin estar autorizado legalmente para hacerlo: *piratear películas de vídeo.*

piratería n. f. **1** Acción o actividad que consiste en asaltar los barcos en alta mar o en las costas para robar lo que contienen: *los bucaneros se dedicaron a la piratería.* **2** Apropiación ilegal del trabajo o las obras de otros o reproducción de las características de productos ajenos sin consentimiento: *piratería industrial; piratería informática.* SIN pirateo.

pirenaico, -ca adj. De los Pirineos o que tiene relación con este sistema montañoso.
DER transpirenaico.

piripi adj. Que está algo bebido: *estar piripi.*

pirita n. f. Mineral de hierro que es muy duro y de color dorado: *la pirita es sulfuro de hierro.*

pirómano, -na adj./ n. m. y f. [persona] Que tiene una tendencia patológica o enfermiza a provocar incendios.
DER piromanía.

piropo n. m. Palabra o frase que dirige una persona a otra para expresar admiración, generalmente por su belleza.
DER piropear.

pirotecnia n. f. Técnica que se ocupa de los fuegos artificiales, explosivos y toda clase de inventos con pólvora, tanto para fines militares como para las diversiones y las fiestas.
DER pirotécnico.

pirrar v. tr. **1** Gustar [una cosa] muchísimo: *a Juan le pirran las ensaladas de pasta.* ◆ v. prnl. **2** pirrarse Sentir agrado o afición por una cosa: *los niños se pirran por las golosinas.* NOTA Se usa con la preposición *por.* **3** Desear una cosa con vehemencia, gran pasión o entusiasmo: *me pirro por unas vacaciones en Australia.* NOTA Se usa solo con la preposición *por.*

pirueta n. f. **1** Movimiento ágil que se hace con el cuerpo sobre una superficie o en el aire: *el acróbata hizo una pirueta antes de recoger los tres aros.* **2** Giro completo que realiza una persona sobre sí misma: *el patinador hizo una magnífica pirueta.* SIN voltereta. **3** Acción con la que se resuelve una situación difícil o se sale de un aprieto: *el negocio iba mal, pero con muchas piruetas consiguió salvarlo.* NOTA Se usa más en plural. **4** Vuelta rápida que hace el caballo, obligándole a levantar las manos y a girar apoyado sobre las patas traseras.

pirula n. f. Acción que molesta, causa un daño a alguien o está hecha con mala intención: *hacer una pirula; siempre me estás haciendo la pirula.*

piruleta n. f. Caramelo redondo y plano sujeto a un palo muy fino que permite agarrarlo para chuparlo.

pirulí n. m. Caramelo, generalmente largo y en forma de cono, y con un palo muy fino que sirve de mango para sujetarlo.
OBS El plural es *pirulís.*
DER piruleta.

pis n. m. Líquido de color amarillo que se forma en el riñón y se expulsa. SIN orina, pipí.
▶ hacer pis Expulsar la orina.
OBS El plural es *pises.*

pisada n. f. **1** Colocación de un pie sobre algo, especialmente al andar. SIN paso. **2** Señal que deja un pie al pisar: *el suelo está lleno de pisadas.* SIN huella.

pisapapeles n. m. Objeto pesado que se pone sobre los papeles para sujetarlos.
OBS El plural también es *pisapapeles.*

pisar v. tr. **1** Poner el pie sobre una persona o cosa: *no pises el suelo con los zapatos sucios.* **2** Estrujar o apretar con los pies: *pisar la uva.* **3** Aparecer por un lugar: *hace varios años que no piso su casa.* NOTA Se suele usar en frases negativas. **4** Tratar mal o despreciar a una persona, causándole un daño moral: *no te dejes pisar por él ni por nadie.* SIN humillar, pisotear. **5** Adelantarse a otra persona en lograr un objetivo o proyecto: *me pisó el tema del artículo.* **6** Pulsar una tecla o una cuerda de un instrumento. **7** Cubrir parcialmente una cosa con otra: *fuimos a la playa y pusimos las toallas pisándose unas a otras.*
DER pisada, piso, pisón, pisotear.

piscicultura n. f. Técnica que se ocupa de la reproducción y la cría de peces y mariscos.
DER piscícola, piscicultor.

piscifactoría n. f. Conjunto de instalaciones adecuadas para la cría de peces y mariscos.

piscina n. f. **1** Recipiente de grandes dimensiones que se llena de agua para poder nadar y bañarse en ella: *en invierno voy a una piscina climatizada.* **2** Establecimiento o conjunto de instalaciones donde se puede practicar la natación y otros deportes de agua. **3** Recipiente de gran tamaño que se llena de agua para tener peces u otros animales que viven en el agua: *en el zoo tienen una piscina con tiburones.*

piscívoro, -ra adj./ n. m. y f. [animal] Que se alimenta de peces.

piscolabis n. m. Pequeña cantidad de comida que se toma entre horas, generalmente por capricho u ocasión más que por hambre o necesidad: *se servirá un piscolabis a todos los viajeros.*
OBS El plural es *piscolabis.*

piso n. m. **1** Vivienda en un edificio de varias plantas: *busco un piso en alquiler en el centro de la ciudad.* **2** Planta de un edificio o medio de transporte: *vivían en el piso tercero; viajamos en un autocar de dos pisos.* **3** Capa o estrato de un terreno o de una roca: *aprovecharon los pisos de la ladera para hacer campos de cultivo.* **4** Superficie artificial sobre la que se pisa, cubierta con diversos materiales: *el salón tiene el piso de moqueta.* SIN pavimento, suelo. **5** Capa superpuesta que con otras forma una unidad: *encargamos un pastel de tres pisos.* **6** Parte del calzado que queda debajo del pie y que toca el suelo. SIN suela.
DER entrepiso.

pisotear v. tr. **1** Pisar repetidamente a una persona, animal o cosa con la intención de maltratarlos o estropearlos. **2** Maltratar o despreciar a una persona, causándole un gran perjuicio o daño moral: *tienes que ser fuerte y no dejarte pisotear.* SIN humillar, pisar.
DER pisotón.

pisotón n. m. Pisada que se hace con fuerza sobre alguna cosa, especialmente sobre el pie de otra persona: *le dieron un pisotón en el autobús.*

pista n. f. **1** Señal que queda al pisar o al pasar por un lugar una persona o un animal: *el explorador seguía las pistas de los indios.* SIN huella, rastro. **2** Señal que sirve para descubrir una cosa o para llegar a una conclusión: *el policía seguía una pista falsa.* SIN indicio. **3** Superficie donde despegan y toman tierra los aviones. **4** Superficie que se utiliza para practicar deportes o hacer carreras con vehículos: *alquilaron una pista de tenis.* **5** Superficie que se utiliza para bailar: *decenas de parejas bailaban en la pista del salón.* **6** Superficie donde se representan espectáculos o funciones de circo: *los leones saltaron a la pista.* **7** Camino o carretera de tierra: *hicimos una excursión por la pista forestal.* **8** Carretera importante, con dos o más espacios para cada sentido de la circulación. SIN autopista. **9** Superficie lineal en que se divide un disco o una cinta magnética y que sirve para grabar información: *la voz se grababa en una pista y los instrumentos en otra.*
DER despistar.

pistacho n. m. **1** Fruto seco comestible de forma ovalada, que tiene una cáscara muy dura de color marrón claro y una semilla carnosa verde, cubierta por una piel oscura muy fina. ◆ n. m./ adj. **2** Color verde claro muy brillante. NOTA No varía de número.

pistilo n. m. BOT. Órgano de reproducción femenino de una flor, que tiene forma de botella y está en el centro de la flor, rodeado por los estambres.

pistola n. f. **1** Arma de fuego de cañón corto, que se dispara con una sola mano. **2** Utensilio formado por un recipiente y un mecanismo que permite esparcir un determinado líquido a presión sobre una superficie: *la pistola pulveriza la pintura líquida.* **3** Barra pequeña de pan.
DER pistolera, pistolero, pistoletazo.

pistolero, -ra n. m. y f. Persona que utiliza pistola para atracar, asaltar o matar: *ese atentado parece obra de pistoleros profesionales.*

pistoletazo n. m. **1** Disparo hecho con una pistola. **2** Ruido, herida y daño producidos por este disparo. **3** Señal que da comienzo a una actividad: *esta tarde se dará el pistoletazo de salida a las fiestas.*

pistón n. m. **1** Pieza de una bomba o del cilindro de un motor que se mueve impulsando un fluido o bien recibiendo el impulso de él: *el pistón va conectado a la biela.* SIN émbolo. **2** Llave que tienen ciertos instrumentos de viento en forma de émbolo, que se introduce en un tubo cuando se presiona con los dedos: *la trompeta lleva unos pistones que permiten emitir con precisión todas las notas.*

pistonudo, -da adj. Que es muy bueno o admirable. SIN fantástico, formidable.

pitada n. f. Conjunto de silbidos, pitos y gritos con que un grupo de personas muestra su rechazo, desaprobación o descontento por algo: *el árbitro señaló penalti y el público protestó con una sonora pitada.* SIN pita.

pitar v. intr. **1** Hacer sonar un pito. **2** Producir un sonido agudo y continuo: *me pitan los oídos.* SIN zumbar. **3** Hacer sonar pitos o silbar para demostrar disgusto o rechazo: *todos los espectadores pitaron al árbitro.* **4** Hacer de árbitro en una competición deportiva. SIN arbitrar. ◆ v. tr. **5** Señalar o indicar una falta usando un pito en una competición deportiva: *el árbitro pitó un penalti.*
▶ pitando Con mucha rapidez o de manera precipitada: *adiós, me voy pitando, que tengo mucha prisa.* NOTA Se usa con verbos que indican movimiento, como *irse, marcharse* o *salir.*
DER pita, pitada.

pitido n. m. **1** Sonido producido por un pito: *se despertó con el pitido de la sirena.* **2** Sonido agudo y continuado.

pitillo n. m. Cilindro pequeño y delgado de tabaco picado envuelto en un papel especial muy fino, que se fuma. SIN cigarrillo, pito.
DER pitillera.

pito n. m. **1** Instrumento pequeño y hueco que produce un sonido agudo cuando se sopla por él. SIN silbato. **2** Instrumento que tienen algunos vehículos y que produce un sonido fuerte: *el conductor del tren tocó el pito al llegar al paso a nivel.* SIN bocina, claxon. **3** Cilindro pequeño y delgado de tabaco picado envuelto en un papel especial muy fino, que se fuma: *se fumaron un pito sentados al borde del muro que separa el jardín.* SIN cigarrillo, pitillo. **4** Órgano sexual masculino. SIN pene. **5** Sonido que se produce juntando el dedo medio con el pulgar y haciendo resbalar el primero sobre el segundo. SIN chasquido. **6** En el juego del dominó, parte de la ficha que tiene el valor de un punto: *vamos a pito o a seis.*
▶ entre pitos y flautas Considerando todos los aspectos que afectan a una cosa en con-

junto: *entre pitos y flautas, la comida le ha salido muy cara.* **importar un pito** Despreciar o no dar importancia a una persona, una cosa o un acontecimiento: *me importa un pito que no quiera venir.* **no valer un pito** No tener importancia o valor una persona o cosa: *ha comprado una antigüedad que no vale un pito.* **tomar por el pito del sereno** Considerar que una persona no merece ser respetada o valorada.
DER pitar, pitido, pitillo, pitón, pitorro.

pitón n. m. **1** Punta del cuerno de algunos animales, especialmente de un toro, o cuerno que empieza a salir. **2** Tubo con forma de cono que sale de la parte superior de ciertos recipientes: *nunca aprenderás a beber por el pitón del botijo.* SIN pitorro. ◆ n. f. **3** Serpiente de gran tamaño con la cabeza parcialmente cubierta de escamas, que vive en tierra o en los árboles de las zonas húmedas y cálidas, y que se alimenta de carne.
DER pitonazo; empitonar.

pitonisa n. f. Mujer que tiene poderes mágicos con los que adivina cosas, especialmente los hechos que sucederán en el futuro.

pitorrearse v. prnl. Burlarse de una persona o de una cosa: *se pitorrean de él.* SIN cachondearse, chotearse.
DER pitorreo.

pitorreo n. m. **1** Burla que se hace de una persona o cosa. SIN choteo, cachondeo. **2** Falta de seriedad o de organización en un asunto que los exige. SIN choteo, cachondeo.

pitorro n. m. **1** Tubo con forma de cono que sale de la parte superior de ciertos recipientes: *cuando se bebe en porrón o en botijo no se debe chupar el pitorro.* SIN pitón. **2** Pieza que sobresale de un objeto, con un agujero por donde entra o sale un fluido: *el aire se salió por el pitorro.*

pituitario, -ria adj. **1** [órgano del cuerpo animal] Que contiene o segrega un líquido viscoso, en especial las membranas de la nariz y los bronquios. ◆ adj./n. f. **2** [membrana] Que reviste la cavidad de las fosas nasales. **3** [glándula] Que está situada en la base del cráneo y se encarga de controlar la actividad de otras glándulas y de regular el funcionamiento del cuerpo: *al llegar la pubertad, la hipófisis o glándula pituitaria empieza a producir unas hormonas que influyen directamente sobre los testículos y ovarios.*

pívot n. m. Jugador de baloncesto, generalmente de gran estatura, que se coloca cerca del tablero de la canasta para recoger los balones cuando no han entrado en la cesta o para encestar a corta distancia.
OBS El plural es *pívots.*

pivotar v. intr. **1** Girar sobre un pivote. **2** Girar sobre un pie un jugador de baloncesto para cambiar de posición.

pivote n. m. **1** Pieza situada en el extremo de un objeto en la que se apoya otro objeto que también puede girar alrededor de ella: *el tocadiscos tiene un pivote en el centro para meter los discos.* **2** Jugador de balonmano que actúa como atacante, intentado abrir huecos entre los defensas del equipo contrario. **3** Poste u objeto cilíndrico que se clava en el suelo, especialmente para impedir que aparquen los coches.
DER pivotar.

píxel o **pixel** n. m. INFORM. Unidad básica de una imagen digitalizada en pantalla a base de puntos de color o en escala de grises: *el equipo incorpora un sensor de imagen de media pulgada, que alcanza una resolución de 390 000 píxeles.*
OBS La variante *pixel* es más frecuente en algunos países de América.

pizarra n. f. **1** Superficie de forma rectangular que se usa para escribir en ella, generalmente con tiza, y poder borrar lo escrito con facilidad. SIN encerado. **2** Roca metamórfica de color negro azulado, que se divide con facilidad en hojas planas y delgadas.

pizca n. f. Cantidad muy pequeña de una cosa: *a la comida le falta una pizca de sal.*
▶ **ni pizca** Nada en absoluto: *no queda ni pizca de pan.*

pizza n. f. Comida que consiste en una masa de harina de trigo plana y redonda sobre la que se pone queso, tomate y distintos alimentos, y que se cocina al horno.
DER pizzería.

pizzería n. f. Establecimiento en el que se elaboran o venden pizzas y que en ocasiones dispone de mesas para los clientes.
OBS Se pronuncia aproximadamente «pitsería».

placa n. f. **1** Pieza plana y delgada, generalmente de metal, en la que se graba o escribe un texto: *en la puerta hay una placa dorada con el nombre del doctor.* **2** Pieza rectangular de metal que llevan los vehículos en la parte posterior y delantera para indicar el lugar y el número con el que están registrados legalmente. SIN matrícula. **3** Lámina o capa rígida

y fina que se forma sobre una cosa: *se formó una placa de hielo en el camino tras la nevada.* placa dental Capa endurecida de bacterias y proteínas que se forma en la base de los dientes y las muelas y que favorece la aparición de la caries. **4** Pieza de metal, generalmente plana, que forma parte de un aparato y que se calienta mediante una llama o eléctricamente: *este radiador tiene dos placas.* placa solar Pieza de un material especial que recoge la luz solar y la convierte en energía: *las placas solares son un medio natural y no contaminante de obtener energía.* **5** Objeto, generalmente de metal, que llevan los agentes de policía como distintivo: *el jefe de policía lleva una placa en el pecho para identificarse.* SIN chapa, insignia. **6** Pieza de metal delgada cubierta de una sustancia sensible a la luz sobre la que se hacen determinadas fotografías: *me pusieron la placa en la rodilla para hacerme la radiografía.* **7** GEOL. Parte que, junto con otras, forma la capa exterior de la Tierra.
DER plaqueta.

placaje n. m. DEP. En el rugby y el fútbol americano, acción que consiste en detener el ataque del contrario que lleva el balón abrazándolo por la cintura o las piernas hasta derribarlo.

placebo n. m. Sustancia que carece de acción curativa pero que produce un efecto terapéutico si el enfermo la toma convencido de que es una medicina realmente eficaz.
▶ efecto placebo Serie de consecuencias que siente por sugestión la persona que ha tomado un placebo: *el efecto placebo hace que se quite el dolor de cabeza sin haber tomado un analgésico real.*

placenta n. f. **1** Órgano de forma redondeada y aplastada hecho de tejido carnoso y esponjoso que, durante el embarazo, se desarrolla en el interior del útero y a través del cual el embrión recibe de la madre oxígeno y sustancias nutritivas. **2** Parte interna del ovario de la flor, a la cual están unidos los óvulos.
DER placentario.

placentario, -ria adj. **1** De la placenta o que tiene relación con esta estructura orgánica. ◆ adj./ n. m. **2** [animal] Que se desarrolla en una placenta dentro del útero de su madre: *la jirafa y el elefante son animales placentarios.* ◆ n. m. pl. **3** placentarios Grupo de mamíferos que nacen en avanzado estado de desarrollo y que en el interior de la madre están dentro de la placenta: *el hombre está dentro del grupo de los placentarios.*

placer n. m. **1** Satisfacción o sensación agradable producida por algo que gusta mucho: *es un placer tomar el sol en esta terraza.* **2** Diversión o cosa que produce alegría: *fue a Asturias en un viaje de placer.* ◆ v. intr. **3** Producir una sensación agradable a una persona: *me place verla feliz.*
DER placentero, plácido; complacer.

placidez n. f. Tranquilidad y paz que se siente o se transmite. SIN sosiego.

plácido, -da adj. Que está tranquilo y transmite sensación de paz: *la mañana amaneció plácida.*
DER placidez.

plafón n. m. **1** Lámpara plana traslúcida pe-

placer

INDICATIVO	SUBJUNTIVO
presente	**presente**
plazco	plazca
places	plazcas
place	plazca
placemos	plazcamos
placéis	plazcáis
placen	plazcan
pretérito imperfecto	**pretérito imperfecto**
placía	placiera o placiese
placías	placieras o placieses
placía	placiera o pluguiera o placiese o pluguiese
placíamos	placiéramos o placiésemos
placíais	placierais o placieseis
placían	placieran o placiesen
pretérito perfecto simple	**futuro**
plací	placiere o pluguiere
placiste	placieres
plació	placiere o pluguiere
placimos	placiéremos
placisteis	placiereis
placieron	placieren
futuro	IMPERATIVO
placeré	place (tú)
placerás	plazca (usted)
placerá	placed (vosotros)
placeremos	plazcan (ustedes)
placeréis	
placerán	FORMAS NO PERSONALES
condicional	**infinitivo** placer
placería	**gerundio** placiendo
placerías	**participio** placido
placería	
placeríamos	
placeríais	
placerían	

gada al techo o a una pared y que sirve para ocultar el foco y difuminar su luz. **2** Adorno en relieve, generalmente de yeso, que se coloca en el centro del techo de una sala: *plafones del techo.* **3** Tablero o superficie que sirve para separar zonas, cubrir, decorar u otros usos: *habilitaron despachos individuales con plafones.*

plaga n. f. **1** Enfermedad o desgracia que afecta a gran parte de una población y causa un daño grave: *la drogadicción es una plaga que hay que erradicar.* **2** Cantidad grande de personas, animales o cosas, especialmente si causan un daño: *la plaga de langostas arruinó la cosecha.*

▶ ser una plaga Se aplica a aquellas cosas que de modo rápido y progresivo pasan a estar de moda o a verse por todas partes: *estas mochilas de marca son una plaga, todos los jóvenes las llevan.*

DER plagar, plaguicida.

plagar v. tr./ prnl. Llenar o cubrir una cosa de otra desagradable, que hace daño o está mal: *plagó su discurso de errores sintácticos.*

OBS En su conjugación, la *g* se convierte en *gu* delante de *e*.

plagiar v. tr. Copiar una idea o una obra de otro autor, presentándola como si fuera propia.

OBS En su conjugación, la *i* es átona, como en *cambiar.*

plagio n. m. **1** Acción de plagiar: *el plagio de una patente.* **2** Idea u obra literaria, artística o científica de un autor, que se presenta como si fuera propia.

DER plagiar.

plan n. m. **1** Proyecto o idea que se concibe o se crea mentalmente para logar un fin o para hacer un trabajo: *él tenía un plan para fugarse de la cárcel.* **2** Conjunto de disposiciones tomadas para hacer un trabajo o con un fin determinado. plan B Idea alternativa que se tiene preparada en previsión de que no funcione la propuesta o solución inicial. plan de estudios Conjunto de materias que se han de tratar para conseguir o tener un título. plan de pensiones Modo de ahorro ideado por una entidad financiera o de seguros para conseguir el cobro de una pensión en el futuro. plan de trabajo Conjunto ordenado de actos que se proponen para repartir funciones o actividades. **3** Relación amorosa o sexual que se establece de forma pasajera: *creo que está buscando un plan para estas vacaciones.* SIN ligue.

▶ en plan de Con o en actitud de lo que se dice a continuación: *salimos en plan de amigos.* no ser plan No ser conveniente determinada cosa: *no es plan que nos pongamos tristes por esa tontería.*

DER planear, planificar.

plana n. f. **1** Cara de una hoja de papel. primera plana Portada de un periódico o una revista: *las palabras del presidente ocupaban la primera plana.* **2** Conjunto de jefes y personas al mando de una empresa o una comunidad. plana mayor Conjunto de jefes y personas al mando de una empresa o una comunidad, especialmente de jefes militares que no pertenecen a ninguna compañía determinada del ejército. **3** Herramienta metálica llana y delgada con un puño de madera que sirve para extender y dejar lisa una masa. SIN llana.

▶ a toda plana Ocupando toda la portada de un periódico o una revista: *mañana saldrá a toda plana la dimisión del presidente.*

plancha n. f. **1** Instrumento formado por una pieza de metal pesada y lisa en su cara inferior con forma triangular, que cuelga de un asa en posición horizontal, que se calienta mucho y sirve para quitar las arrugas a la ropa: *¿puedes pasar la plancha a esta camisa arrugada?* **2** Lámina de metal u otra materia, lisa y delgada: *la puerta de su casa está blindada con planchas de hierro.* **3** Pieza de metal plana y delgada que se calienta con una llama de gas o eléctricamente, despide calor y se usa para cocinar sobre ella: *Antonia ha puesto a asar en la plancha unos filetes.* **4** Conjunto de ropa a la que hay que quitar las arrugas: *esta semana tengo poca plancha.* **5** Acción de quitar las arrugas a la ropa: *el domingo es día de plancha.* **6** Sensación de ridículo y vergüenza que se siente al haber cometido una equivocación: *¡qué plancha!, no sabía que lo han despedido.* **7** Posición horizontal del cuerpo en la que este no tiene apoyo: *metió un gol tirándose en plancha.*

▶ a la plancha Cocinado sobre una superficie lisa de metal y caliente: *hemos comido gambas a la plancha.*

DER planchar, planchazo.

planchar v. tr. **1** Pasar una plancha caliente sobre una prenda de ropa para quitarle las arrugas o para estirarla. **2** Quitar las arrugas de una prenda de ropa empleando un medio

determinado: *en la lavandería planchan la ropa con prensas.*
DER planchado.
planchazo n. m. **1** Golpe que una persona se da en el vientre al lanzarse al agua y caer de forma horizontal: *cuando aprendemos a tirarnos de cabeza es inevitable algún que otro planchazo.* **2** Dicho o hecho que resulta equivocado, inoportuno o poco apropiado y provoca un sentimiento de vergüenza o ridículo. **SIN** plancha. **3** Planchado rápido y superficial que se da a la ropa: *darle un planchazo a la ropa.*
plancton n. m. Conjunto de animales y vegetales minúsculos que flotan y se desplazan en el agua del mar, los lagos y los ríos.
planeador n. m. Aeronave ligera y sin motor, que vuela aprovechando las corrientes de aire.
planear v. tr. **1** Pensar o preparar una acción para realizarla en el futuro: *estoy planeando irme pronto de vacaciones.* **SIN** organizar. **2** Pensar cómo se va a llevar a cabo una obra o idea: *el autor planea ya una nueva novela.* **SIN** proyectar. ◆ v. intr. **3** Volar un ave con las alas quietas y extendidas. **4** Mantenerse en el aire una aeronave que no tiene motor o sin utilizarlo: *el ala delta planeaba sobre el río.*
DER planeador, planeadora.
planeta n. m. Cuerpo celeste sólido que gira alrededor de una estrella y que no emite luz propia: *Júpiter es el planeta más grande del sistema solar.*
DER planetario.
planetario, -ria adj. **1** De los planetas o que tiene relación con estos cuerpos celestes sólidos. ◆ n. m. **2** Aparato que refleja en una gran pantalla con forma de bóveda los planetas del sistema solar y reproduce sus movimientos: *en el museo de la ciencia hay un planetario.* **3** Lugar en el que está instalado este aparato.
DER interplanetario.
planificación n. f. Preparación y organización de determinados actos e ideas para llevar a cabo un objetivo: *él se encargará de la planificación de la obra.*
▶ planificación familiar Conjunto de actos para controlar el número de hijos de una pareja y el tiempo en que han de nacer.
planificar v. tr. Pensar y organizar el modo de llevar a cabo un objetivo: *planificaron el trabajo hasta el último detalle.* **SIN** planear.
OBS En su conjugación, la *c* se convierte en *qu* delante de *e*.
DER planificación.
planisferio n. m. Mapa en el que la esfera terrestre o la celeste están representadas en un plano.
plano, -na adj. **1** Que es llano y muy liso. ◆ n. m. **2** Representación gráfica y a escala de un terreno, una población o la planta de un edificio: *el arquitecto ha trazado los planos del hospital.* **3** Espacio real o imaginario en el que se encuentran objetos que están a una misma distancia desde el punto de vista de la persona que los observa: *la mesa y el florero están en el primer plano de la fotografía.* **4** Punto de vista desde el que se observa o se considera una persona o un asunto: *en el plano moral es una gran persona.* **5** En geometría, superficie en la que puede haber una línea recta en cualquier posición: *si cortamos en cualquier sentido una figura geométrica, obtenemos un plano.* plano de simetría Superficie o línea que divide un cuerpo en dos partes iguales y de correspondencia exacta: *el plano de simetría de una esfera como la Tierra pasa por el ecuador.* plano inclinado Superficie que forma un ángulo agudo con otra superficie: *es más fácil subir pesos por un plano inclinado.* **6** Fragmento de una película que se ha rodado desde un lugar determinado o con unas características determinadas: *rodaron algunos planos en el desierto.* primer plano Fotograma o pequeño fragmento de una película que presenta con todo lujo de detalles personas y objetos enfocados desde muy cerca.
▶ de plano **a.** Se usa para indicar que alguien dice una cosa explicándola completamente y sin ocultar información: *el sospechoso confesó de plano.* **b.** Se usa para expresar que una cosa incide sobre otra verticalmente y la cubre por completo: *el sol le daba de plano en los ojos.*
DER plana; altiplano, aplanar, biplano, explanar, extraplano, hidroplano, monoplano, semiplano.
planta n. f. **1** Ser orgánico con células que forman tejidos, que vive y crece sin poder moverse de lugar voluntariamente: *estas plantas necesitan sol y agua abundante.* **2** Ser orgánico más pequeño que un árbol, que en lugar de tronco tiene tallo: *transplantó la planta de maceta.* **3** Parte inferior del pie que soporta todo el cuerpo y que está en contacto con el suelo: *no puede apoyar el pie derecho en el suelo*

porque tiene una herida en la planta. **4** Parte horizontal que forma, junto con otras, un edificio o medio de transporte: *la vivienda es de dos plantas.* **SIN** piso. **5** Instalación industrial en la que se transforman materiales o se fabrican cosas: *han construido una planta de energía eléctrica en las afueras de la ciudad.* **6** Aspecto físico de una persona: *este chico tiene buena planta.* **7** Dibujo que representa la sección horizontal de un edificio: *tenemos el dibujo de la planta de la casa.*

▶ **de planta** o **de nueva planta** Indica que algo se hace de nuevo o desde el principio, especialmente para referirse a la construcción de un edificio: *han construido la iglesia de nueva planta.*

DER plantar, plantear, plantel, plantificar, plantilla, plantío; entreplanta.

plantación n. f. **1** Gran extensión de tierra dedicada al cultivo de plantas de una determinada clase. **2** Acto de poner o meter una planta o una semilla en la tierra.

plantar v. tr. **1** Poner o meter en tierra una planta para que viva en ella o una semilla para que crezca una planta. **2** Poblar de plantas un terreno: *plantaron los montes de pinos.* **3** Clavar un objeto verticalmente en un lugar: *cuando pisó tierra, plantó una cruz en el suelo.* **4** Colocar una cosa en un lugar determinado: *plantó el florero encima de la mesa.* **5** No acudir a una cita con una persona: *mis amigos me plantaron.* **6** Pegar o golpear a una persona: *le plantó un bofetón en la cara.* **7** Dar un beso a una persona sin que esta lo espere: *nos plantó dos besos a cada uno nada más llegar.* **8** Poner a una persona en un lugar o estado contra su voluntad: *lo plantaron en la calle por cantar dentro del restaurante.* ◆ v. prnl. **9** **plantarse** Ponerse una persona o animal en un determinado lugar sin moverse: *los caballos se plantaron en medio del camino.* **10** Mantenerse firme en una idea u opinión: *Ana se plantó en que no cedería y nadie pudo convencerlo de lo contrario.* **11** En ciertos juegos, no querer más cartas de las que se tienen. **12** Llegar a un lugar que está a cierta distancia en un espacio corto de tiempo: *se plantó en Cádiz en media hora.*

DER plantación, plante, plantón; implantar, replantar, suplantar, trasplantar.

planteamiento n. m. **1** Esquema del conjunto de datos necesarios para solucionar un problema o para llevar a cabo algo: *el planteamiento del problema es muy sencillo.* **2** Manera de mostrar o dar a conocer un asunto.

plantear v. tr. **1** Enfocar la manera de solucionar un problema o de llevar a cabo algo: *el problema se puede plantear desde puntos de vista muy diferentes.* **2** Mostrar o dar a conocer un asunto: *nos planteó la cuestión del modo más simple.* **SIN** presentar. **3** Proponer un problema o asunto para poder solucionarlo: *el profesor planteó un problema de álgebra.* ◆ v. prnl. **4** **plantearse** Examinar o considerar un asunto antes de tomar una decisión o hacer algo respecto a él: *tengo que plantearme seriamente la compra de una casa.*

DER planteamiento; replantear.

plantígrado, -da adj. [animal] Que es mamífero, tiene cuatro patas y al andar apoya en el suelo toda la planta de los pies y de las manos: *el oso y el tejón son plantígrados.*

plantilla n. f. **1** Pieza delgada de material flexible que se introduce en el interior del calzado: *si los zapatos te están un poco grandes ponles unas plantillas.* **2** Pieza de material rígido y generalmente delgada, que sirve de modelo o de guía para dibujar o recortar el contorno de un objeto o figura. **3** Conjunto de personas que trabajan de forma fija en una empresa, una oficina u otro lugar. **4** Conjunto de jugadores que forman un equipo.

DER plantillazo.

plantío n. m. **1** Terreno plantado de árboles, plantas u hortalizas, o terreno en el que se pueden plantar. **2** Conjunto de árboles, plantas u hortalizas que hay en un terreno.

plantón n. m. **1** Falta a una cita con una persona o retraso muy grande al acudir a ella: *le dieron plantón y tuvo que ir sola al cine.* **SIN** plante. **2** Arbolito o planta joven preparada para trasplantarse o recién trasplantada: *la tierra del jardín aceptó bien los plantones.*

plañidera n. f. Mujer que llora en los entierros a cambio de dinero.

plaqueta n. f. **1** BIOL. Célula de la sangre de los mamíferos que hace que esta se haga más o menos espesa; tiene forma de disco ovalado o redondo y carece de núcleo: *las plaquetas hacen que se cierren las heridas.* **2** Pieza de piedra, cerámica u otro material duro, generalmente fina y lisa, que se usa para cubrir los suelos y las paredes.

plasma n. m. BIOL. Parte líquida de la sangre que contiene las células o los elementos sólidos de esta: *los glóbulos rojos, los leucocitos y las plaquetas están en el plasma.*

DER citoplasma, endoplasma, protoplasma.

plasmación n. f. Acción que consiste en dar forma o realizar una idea o un proyecto: *esta obra es la plasmación de todo su trabajo.*

plasmar v. tr. **1** Representar una cosa sobre una superficie o dar una forma determinada a un material que no la tiene: *esta pintura plasma una famosa batalla.* **2** Representar o formar una idea por medio de palabras o explicaciones: *en su artículo, plasmó vivamente la situación actual del mercado de trabajo.*
DER plasmación.

plasta n. f. **1** Cosa aplastada e informe: *el puré quedó hecho una plasta.* ◆ adj./ n. com. **2** [persona] Que es insistente, pesado y fastidioso. SIN pelma, pelmazo.
DER aplastar, emplastar.

plastelina n. f. Plastilina.

plástica n. f. Arte o técnica que consiste en crear objetos dando forma a una materia blanda: *en la clase de plástica hemos estado haciendo vasijas de arcilla.*

plasticidad n. f. **1** Propiedad que tiene un material de ser moldeado o trabajado para cambiarlo de forma: *la arcilla es un material de gran plasticidad.* ANT rigidez. **2** Expresividad y viveza del lenguaje con las que se realzan las palabras o las ideas que se expresan: *nos atrae el lenguaje de este escritor, ya que es de una gran plasticidad.*

plástico, -ca adj./ n. m. **1** [material] Que es sintético y que mediante determinados procesos químicos forma estructuras muy resistentes, tanto flexibles como rígidas: *una caja de plástico.* ◆ adj. **2** [material] Que se puede moldear o que puede, ejerciendo una fuerza sobre él, cambiar de forma y mantenerla permanente. **3** De la plástica o que tiene relación con este arte: *una escuela de artes plásticas.*
DER plástica, plasticidad, plastificar, plastilina.

plastificar v. tr. Cubrir un objeto con plástico fino: *plastificar los libros.*
OBS En su conjugación, la *c* se convierte en *qu* delante de *e*.

plastilina n. f. Material blando que se moldea con facilidad, que no se seca y que se presenta en diferentes colores.
OBS También se dice *plastelina.*

plata n. f. **1** Metal precioso de color blanco grisáceo, brillante y muy fácil de moldear, que se usa en joyería: *el símbolo de la plata es Ag.* **2** Conjunto de objetos hechos de este metal que posee una persona o que están en una casa: *regaló toda la plata que había heredado.* **3** Trofeo o medalla hecho de este material, que se entrega a la persona que en una competición queda en segundo lugar. **4** Sustancia que se parece a ese metal o que lleva parte de él: *estas cucharas llevan un baño de plata.* **5** Caudal, dinero y riquezas: *me he quedado sin plata.* NOTA Se usa frecuentemente en el español de América.
▶ **hablar en plata** Hablar sin dar rodeos o utilizando palabras malsonantes: *este asunto es una mierda, hablando en plata.*
DER platear, platería, platino.

plataforma n. f. **1** Superficie o tablero horizontal descubierto y puesto a cierta altura sobre el suelo, donde se colocan personas o cosas. **2** Conjunto de personas que han sido elegidas para representar a otras con un fin social: *los obreros formaron una plataforma reivindicativa.* **3** Medio que sirve para conseguir un fin que se persigue: *aquellas fiestas fueron la plataforma para conseguir amistades influyentes.* **4** Parte ancha que hay en los autobuses, los trenes y otros medios de transporte y por la cual se accede a la parte en que están los asientos. **5** Instalación sobre una superficie elevada a cierta distancia del suelo o del mar: *pasó seis meses trabajando en una plataforma petrolífera.*
▶ **plataforma continental** Parte del fondo del mar que rodea los continentes desde la costa hasta una profundidad de 200 metros.

platanera n. f. Planta de tallo muy alto, formado por hojas enrolladas unas sobre otras y terminado en una copa de hojas verdes, grandes y enteras, cuyo fruto es el plátano. SIN platanero, plátano.

platanero, -ra adj. **1** Del plátano o que tiene relación con este fruto. SIN bananero. ◆ n. m. y f. **2** Persona que se dedica a cultivar o vender plátanos. ◆ n. m. **3** Terreno donde se cultivan las plataneras. **4** Planta de tallo muy alto, formado por hojas enrolladas unas sobre otras, y terminado en una copa de hojas verdes, grandes y enteras, cuyo fruto es el plátano. SIN platanera, plátano.

plátano n. m. **1** Fruto comestible, de forma alargada y curva, cubierto por una gruesa corteza lisa y amarilla. SIN banana. **2** Planta de tallo muy alto, formado por hojas enrolladas unas sobre otras, y terminado en una copa de hojas verdes, grandes y enteras, que da ese fruto. SIN platanera, platanero. **3** Árbol de gran altura, con el tronco cilíndrico, de cuya corteza lisa se van desprendiendo placas, y que tiene hojas abundantes y anchas.

DER platanal, platanera, platanero; aplatanarse.

platea n. f. Planta baja de un cine o teatro donde se disponen los asientos en filas frente al escenario: *la platea también se llama patio de butacas.*

▶ **palco platea** Balcón aislado en el que se colocan varios asientos, que está situado alrededor de la platea y ligeramente elevado respecto a esta.

plateado, -da adj. **1** Que tiene un color parecido al de la plata. **2** Que tiene un baño de plata.

platear v. tr. Cubrir una superficie con plata o con una sustancia de color de plata.

DER plateado.

plateresco, -ca adj. **1** Que pertenece al plateresco o tiene rasgos propios de este estilo. ◆ n. m. **2** Estilo de la arquitectura española de finales del siglo XV y principios del XVI caracterizado por tener estructuras góticas a las que se añaden elementos renacentistas y adornos abundantes.

platero, -ra n. m. y f. **1** Persona que tiene por oficio labrar la plata: *el plateresco se denomina así porque se compara la labor realizada en los edificios con el trabajo de los joyeros y plateros.* **2** Persona que tiene por oficio vender objetos labrados de oro o de plata o joyas con pedrería. ◆ n. m. **3** Mueble con ranuras en la base de los estantes para colocar los platos verticalmente.

platicar v. tr. Hablar o conversar una persona con otra. **SIN** charlar.

OBS En su conjugación, la *c* se convierte en *qu* delante de *e*.

platillo n. m. **1** Objeto plano y redondo que tiene forma parecida a un plato. **platillo volador** o **platillo volante** Objeto que vuela, y que se supone que procede del espacio exterior. **2** Soporte de la balanza en el que se coloca lo que se quiere pesar, especialmente el que tiene forma de plato: *puso un quilo de patatas en uno de los platillos de la balanza.* **3** Disco de metal que produce un sonido al ser golpeado con un palo o con otro disco, y que forma parte de algunos instrumentos musicales de percusión. ◆ n. m. pl. **4** **platillos** Instrumento musical de percusión formado por dos discos de metal en forma de plato que suenan al chocar entre ellos.

platino n. m. **1** QUÍM. Metal brillante, muy duro y resistente a los ácidos, que se usa especialmente para fabricar instrumentos médicos, joyas y componentes eléctricos: *el símbolo del platino es Pt.* ◆ n. m./adj. **2** Color rubio que es muy claro, casi blanco: *la actriz se tiñó el pelo de rubio platino.* **NOTA** Se usa generalmente en aposición con *rubio.* No varía en género: *rubia platino.* ◆ n. m. pl. **3** **platinos** Piezas que sirven para establecer el contacto eléctrico en el encendido de un motor de explosión haciendo saltar una chispa en las bujías.

plato n. m. **1** Recipiente bajo, hundido por el centro y generalmente redondo, que se usa para poner alimentos u otras cosas: *sirve la verdura en los platos.* **plato hondo** Plato bastante hundido por el centro: *la sopa se sirve en platos hondos.* **SIN** plato sopero. **plato llano** Plato ligeramente hundido por el centro: *serviré el pollo en los platos llanos.* **plato sopero** Plato bastante hundido por el centro. **SIN** plato hondo. **2** Cantidad de alimento que cabe en uno de estos recipientes: *se comió dos platos de arroz.* **plato combinado** Conjunto de alimentos servidos en un único plato y que sirve de comida completa: *pedí un plato combinado que llevaba un huevo frito, ensalada y salchichas.* **plato fuerte** **a.** Alimento más importante de una comida o el que presenta una persona o un restaurante como el que mejor sabe preparar: *hoy el plato fuerte del día es cordero asado.* **b.** Cosa que resalta o llama la atención entre varias del mismo tipo: *el plato fuerte de la fiesta serán los fuegos artificiales.* **3** Comida que se prepara para ser consumida: *comimos pescado de segundo plato.* **4** Pieza redondeada y plana del tocadiscos sobre la que se coloca el disco y que gira alrededor de un pivote. **5** Objeto redondo que se lanza al aire para dispararle con un arma deportiva: *el tiro al plato se practica al aire libre.*

▶ **comer en el mismo plato** Haber mucha confianza entre dos personas: *no intentes romper su amistad porque comen en el mismo plato.* **no haber roto nunca un plato** No haber hecho nunca nada malo: *con esa cara de bueno que tiene, parece que nunca haya roto un plato.* **no ser plato de gusto** No agradar una cosa: *salir a la calle con el frío que hace no es plato de gusto.* **pagar los platos rotos** Ser castigado injustamente o sin tener culpa: *el profesor estaba enfadado y los estudiantes pagaron los platos rotos.*

ser plato de segunda mesa Sentirse una persona despreciada o poco importante comparándose con otra: *no bailaré con él después de que haya bailado con mi amiga: no me gusta ser plato de segunda mesa.*
DER platero, platillo.

plató n. m. Escenario donde se filma o graba un programa de televisión o las escenas de una película o de una serie televisiva y que está surtido de los recursos técnicos necesarios.

platónico, -ca adj. **1** [amor] Desinteresado, puro e imposible o muy idealizado: *siente un amor platónico por ella.* **2** FILOS. De la doctrina filosófica de Platón o que tiene relación con ella. ◆ adj./ n. m. y f. **3** FILOS. [persona] Que sigue la doctrina filosófica de Platón o se basa en ella.

platonismo n. m. FILOS. Doctrina filosófica de Platón que distingue entre el mundo material que se capta a través de los sentidos y el mundo de las ideas; estas existen al margen de lo que nos rodea como si tuviesen vida propia y son eternas.
DER platónico; neoplatonismo.

plausible adj. **1** [cosa] Que merece aprobación o recomendación: *las investigaciones ofrecieron unos resultados plausibles.* **2** [cosa] Que merece ser aplaudido o elogiado: *una acción plausible.*

playa n. f. **1** Extensión casi plana, de arena o piedras, que está en la orilla del mar, de un río o de un lago: *los niños hacen castillos de arena en la playa.* **2** Agua del mar que baña parte de esa superficie.
DER playera, playero; explayar.

playback n. m. Técnica usada en cine, televisión y espectáculos en directo que consiste en reproducir el sonido de los números musicales y de las canciones que ha sido grabado previamente; al reproducir el sonido el cantante o el bailarín lo interpreta mediante gestos y movimientos como si lo hiciera en directo.
OBS Es de origen inglés y se pronuncia aproximadamente «pleibac». También se puede encontrar escrito en dos palabras: *play back.*

playera n. f. Calzado que se usa sobre todo en verano, de tela fuerte y suela de goma.

playero, ra adj. **1** De la palya o relacionado con ella: *chiringuito playero.* **2** [prenda de vestir] Que por sus acraterísticas es adecuado para ir a la playa: *la ropa playera suele ser cómoda, ligera y de colores vivos.*

play-off o **play off** n. m. DEP Fase final en forma de liguilla o torneo menor que se realiza en algunas competiciones deportivas para diversos fines, como determinar qué equipo es campeón, cuáles cambian de categoría, etc.: *ya se han disputado todos los partidos del play-off de ascenso a primera división.*
OBS Es de origen inglés y se pronuncia aproximadamente «plei-of».

plaza n. f. **1** Lugar espacioso dentro de una población al que, generalmente, van a parar varias calles. **2** Lugar en el que cabe una persona o cosa: *el autocar tiene 40 plazas.* **3** Puesto de trabajo u ocupación: *ha conseguido la plaza de profesor.* **4** Edificio público y permanente en el que se venden alimentos y productos de consumo habitual: *me voy a comprar fruta a la plaza.* **SIN** mercado. **5** Lugar o población, especialmente la que está rodeada por muros de defensa: *el ejército romano asedió la plaza durante varias semanas.*
▶ **plaza de armas** Lugar en el que las tropas hacen ejercicios militares. **plaza de toros** Construcción redonda con gradas y arena en el centro donde se celebran corridas de toros.
DER biplaza, desplazar, emplazar, monoplaza.

plazo n. m. **1** Período de tiempo en el que se puede o se debe hacer una cosa. **2** Fecha o momento en que termina dicho período de tiempo: *será mejor que pagues el recibo antes de plazo.* **3** Cada una de las partes en que se divide una cantidad de dinero que hay que pagar por una cosa.
DER aplazar, emplazar.

plazoleta n. f. Plaza de extensión reducida, que suele haber en jardines y en algunos paseos con árboles.

pleamar n. f. **1** Fin de la marea o movimiento por el que suben las aguas del mar. **ANT** bajamar. **2** Tiempo que dura ese movimiento de subida.

plebe n. f. **1** Conjunto de personas en una sociedad que no tiene títulos nobiliarios, cargos importantes ni buena posición económica. **NOTA** Puede usarse en sentido despectivo. **2** Conjunto de personas que en la antigua sociedad romana no tenía los privilegios o los favores de los patricios.
DER plebeyo.

plebeyo, -ya adj./ n. m. y f. **1** [persona] Que en una sociedad pertenece al conjunto de personas que no tiene títulos nobiliarios, cargos importantes ni buena posición económica. NOTA Puede usarse en sentido despectivo. **2** [persona] Que no pertenece a la nobleza ni a la hidalguía. **3** [persona] Que en la antigua sociedad romana no tenía los privilegios o los favores de los patricios.

plebiscito n. m. Consulta que el gobierno de un Estado hace a los ciudadanos mediante una votación para aprobar o rechazar alguna cuestión. SIN referéndum.

plegable adj. [objeto] Que puede ser plegado: *silla plegable.*

plegamiento n. m. Fenómeno geológico por el que las capas horizontales de la corteza terrestre se deforman o se pliegan al estar sometidas a una presión lateral. SIN pliegue.

plegar v. tr. **1** Doblar un objeto flexible de manera que una parte de él se junte a otra: *plegar una sábana.* **2** Doblar y cerrar las piezas de un objeto articulado: *plegó la silla para que ocupase menos espacio.* ◆ v. prnl. **3** plegarse Darse por vencida una persona o actuar según la voluntad de otra sin oponer resistencia: *en cuanto vieron que los otros eran más que ellos, se plegaron.* SIN ceder.

OBS En su conjugación, la *e* se convierte en *ie* en sílaba acentuada y la *g* en *gu* delante de *e*, como en *regar.*

DER plegable, plegadera, plegamiento, pliego; desplegar, replegar.

plegaria n. f. Ruego mediante el cual se pide un favor, generalmente dirigido a Dios o a un santo.

pleitesía n. f. Muestra de reverencia y cortesía que se hace a una persona: *rendir pleitesía.*

pleito n. m. **1** Enfrentamiento entre dos personas o partes en un juicio: *entablaron un pleito por la herencia.* **2** Enfrentamiento entre dos o más personas por diferencia de opiniones o de intereses: *no sé qué pleitos tienen entre ellos.* SIN litigio.

DER pleitear.

plenilunio n. m. Fase de la luna durante la cual se ve entera o llena.

plenitud n. f. Momento de mayor importancia o intensidad: *en la plenitud de su carrera.*

pleno, -na adj. **1** [espacio, lugar] Que está lleno o completo. **2** Que es total: *goza de su plena confianza.* SIN completo. **3** Indica que algo ocurre en el momento culminante, central o de mayor intensidad: *el sol se ocultó en pleno día.* ◆ n. m. **4** Reunión o junta general de una sociedad o institución: *en el pleno del Senado se presentarán los nuevos presupuestos.* **5** Acierto de todos los resultados de una quiniela o de otro juego de azar: *si consiguiera un pleno, podría pagar todas sus deudas.*

▶ en pleno Sin que falte ninguna de las personas que componen un grupo o conjunto: *el equipo en pleno acudió a la llamada del capitán.*

DER plenario, plenitud.

pleonasmo n. m. Figura del lenguaje que consiste en emplear más palabras de las necesarias, sin aportar una información nueva; se usa a menudo en poesía para embellecer el estilo o resaltar una idea: *si decimos «lo vi con mis propios ojos», utilizamos la figura del pleonasmo.*

DER pleonástico.

pletórico, -ca adj. [persona] Que tiene en abundancia aquello que se expresa: *salió del hospital pletórico de ilusiones.* SIN rebosante.

pleura n. f. ANAT. Tejido formado por dos capas que recubre los pulmones.

DER pleuresía, pleuritis.

plexo n. m. ANAT. Red formada por nervios y vasos sanguíneos o linfáticos que se cruzan entre sí: *el plexo cardiaco está situado en el corazón.*

pliego n. m. **1** Hoja de papel de forma cuadrada o rectangular y doblada por la mitad: *en la mesa, tenía varios pliegos de papel.* **2** Hoja de papel que se vende sin doblar: *había comprado tres pliegos de papel de colores.* **3** Carta o documento que se envía a una persona para comunicarle algo: *nos envió un pliego en el que se relataba lo sucedido y los cargos que se nos imputaban.* **4** Conjunto de papeles contenidos en un mismo sobre o cubierta: *en ese pliego están los informes.*

▶ pliego de cordel (o suelto) Cuaderno de cuatro u ocho folios que contenía romances, novelas cortas u obras populares y que se vendía suelto.

DER pliegue.

pliegue n. m. **1** Parte que se dobla o se pliega en una cosa flexible: *la camisa llevaba un pliegue de adorno en las mangas.* **2** Señal que deja una arruga o un doblez: *tengo que planchar más la camisa porque todavía se notan los pliegues.* **3** GEOL. Proceso que se da en la corteza terrestre por el movimiento de rocas sometidas a una presión lateral.

plinto n. m. **1** Aparato de gimnasia con forma rectangular y alargada, hecho con varios cajones superpuestos, generalmente de madera, que se usa para hacer saltos sobre él.

2 ARQ. Pieza cuadrada o rectangular que se coloca como base de una columna.

plisar v. tr. Hacer pliegues en una tela, un papel u otro material flexible: *plisar una falda.*

plomizo, -za adj. De un color gris azulado parecido al del plomo: *el cielo se tornó de un tono plomizo y amenazaba lluvia.*

plomo n. m. **1** Metal pesado, blando y de color gris azulado, que se oxida fácilmente en contacto con el aire y que se usa principalmente para fabricar tubos, pinturas y balas para las armas de fuego: *el símbolo del plomo es Pb.* **2** Persona o cosa pesada y molesta: *ese hombre es un auténtico plomo.* **NOTA** Se usa como apelativo despectivo: *cállate ya, plomo.* **3** Pieza de pequeño tamaño que se dispara con un arma de fuego: *disparó la pistola y le metió tres plomos en el costado.* **SIN** bala. **4** Pesa de metal que, colgada de una cuerda, sirve para señalar una línea vertical: *el albañil utiliza un plomo para trazar una pared recta.* ◆ n. m. pl. **5** **plomos** Mecanismo hecho de ese metal, que se rompe o deja de funcionar cuando pasa por él una corriente eléctrica de gran intensidad: *se fundieron los plomos.* **SIN** fusible.

▶ **a plomo** **a.** De manera vertical: *las rocas del acantilado estaban cortadas a plomo.* **b.** Con fuerza, pesadamente: *se dejó caer a plomo en la cama.* **NOTA** En esta acepción se suele usar con el verbo *caer*. **con pies de plomo** Con mucho cuidado: *habrá que andar con pies de plomo si no queremos fracasar.*

DER plomada, plomizo; aplomar, desplomarse.

pluma n. f. **1** Pieza que cubre el cuerpo de las aves, que es ligera y resistente y tiene un tronco o mástil central del que salen unos pelillos muy suaves: *los pavos reales tienen plumas de colores.* **2** Conjunto de estas piezas con el que se rellenan almohadas, colchones y otros objetos parecidos: *edredón de pluma.* **3** Pluma de ave que, cortada por la punta, se usaba para escribir. **4** Instrumento para escribir parecido al anterior pero formado por un mango y una punta: *firmó el contrato con su pluma.* **pluma estilográfica** Instrumento para escribir que funciona con una carga de tinta insertada en el mango. **5** Persona que se dedica a escribir, especialmente obras literarias: *una conocida pluma firmaba aquella novela.* **6** Estilo propio de escribir de un autor: *cuando trata temas sociales, su pluma es contundente.* **7** Rasgo o característica propios de una mujer adoptados por un hombre: *le noté cierta pluma en sus gestos.*

▶ **a vuela pluma** Deprisa y sin detenerse mucho a pensar o corregir: *escribió estos versos a vuela pluma.*

DER plumaje, plumazo, plumero, plumilla, plumín, plumón; desplumar.

plumaje n. m. Conjunto de plumas que cubren el cuerpo de un ave.

plumcake n. m. Bizcocho que se elabora con una masa a la que se le añaden pasas y frutas confitadas y que se cuece dentro de un molde hondo y rectangular: *el plumcake es de origen inglés.*

OBS Se pronuncia «plumqueik». El plural es *plumcakes*.

plumero n. m. **1** Instrumento que sirve para quitar el polvo y está formado por un mango al que se ata en un extremo un conjunto de plumas de ave. **2** Conjunto de plumas que sirve para adornar los cascos, los sombreros o los peinados de las mujeres y la cabeza de los caballos.

▶ **vérsele el plumero** Notársele a alguien su intención o su pensamiento: *se le ve el plumero: se ofrece para llevar a Juana a casa porque está loco por ella.*

plumier n. m. Estuche o caja en el que se guardan utensilios que sirven para escribir.

OBS El plural es *plumieres*.

plumón n. m. Pluma corta, delgada y suave que tienen las aves debajo del plumaje exterior.

plural adj./ n. m. **1** [número gramatical] Que expresa más de una unidad: *la forma plural de «casa» es «casas».* **plural de modestia** GRAM. Uso del pronombre personal de primera persona en número plural y de las formas verbales correspondientes, para referirse la persona que habla a sí misma. **plural mayestático** GRAM. Uso del pronombre personal de primera persona en número plural y de las formas verbales correspondientes para referirse los papas, los reyes o los emperadores a sí mismos. ◆ adj. **2** Que presenta varios aspectos o varias características a la vez: *una sociedad plural.*

DER pluralidad, pluralismo, pluralizar.

pluralidad n. f. **1** Cantidad o número grande de una cosa: *la pluralidad de ideas favorece el diálogo.* **2** Variedad de aspectos o características que se dan a la vez en una cosa: *la pluralidad es esencial en una democracia.*

pluralismo n. m. Sistema por el cual se acepta o reconoce la pluralidad de doctrinas o métodos en política, economía u otras materias: *el pluralismo político es fundamental en un Estado de derecho.*
pluralista adj./ n. com. Que es seguidor o defensor del pluralismo: *política pluralista.*
pluricelular adj. [organismo vivo] Que está formado por más de una célula: *los animales son seres pluricelulares.*
pluridisciplinar adj. Que concierne o engloba varias disciplinas: *la arquitectura requiere un conocimiento pluridisciplinar.*
pluriempleado, -da adj./ n. m. y f. [persona] Que ejerce o desempeña varios empleos por los que cobra varios sueldos.
pluriempleo n. m. Desempeño de dos o más empleos por parte de una misma persona.
DER pluriempleado.
plurilingüe adj. **1** Que habla varios idiomas: *España es un país plurilingüe, pues se hablan y escriben varias lenguas.* **2** [libro] Que está escrito en diversos idiomas.
plus n. m. **1** Cantidad de dinero que se añade al sueldo normal de una persona: *los obreros del turno de noche cobran un plus.* **2** Característica o cosa que se añade a lo normal o que se sale de lo acordado: *es un médico competente y además tiene el plus de su afabilidad.*
OBS El plural es *pluses.*
pluscuamperfecto, -ta adj./ n. m. [tiempo verbal] Que expresa una acción acabada y anterior en relación con otra acción pasada: *en español, «había cantado» es la forma de la primera persona del singular del pretérito pluscuamperfecto de indicativo.*
plusmarca n. f. Mejor resultado o puntuación más alta conseguida por alguien en una modalidad deportiva, especialmente en atletismo. SIN récord.
DER plusmarquista.
plusvalía n. f. **1** Aumento del valor de una cosa, especialmente un bien inmueble, por circunstancias extrínsecas e independientes de cualquier mejora realizada en ella. ANT minusvalía. **2** Impuesto que grava este aumento de valor: *se está tramitando un nuevo tratamiento fiscal sobre las plusvalías.*
plutonio n. m. QUÍM. Elemento químico de color blanco plateado que se utiliza para producir energía nuclear: *el símbolo del plutonio es Pu.*
DER plutonismo.
pluvial adj. De la lluvia o que tiene relación con ella: *los canalones recogen y conducen las aguas pluviales.*
pluviómetro n. m. Aparato que sirve para medir la cantidad de lluvia que cae en un lugar y durante un período de tiempo determinados.
pluviosidad n. f. Cantidad de lluvia que cae en un lugar y en un período de tiempo determinados.
p. m. Abreviatura de la locución latina *post meridiem*, 'después del mediodía', que se utiliza cuando se escribe la hora: *11:00 p. m.*
poblacho n. m. Pueblo pequeño que es muy pobre o está muy mal conservado.
OBS Tiene valor despectivo.
población n. f. **1** Conjunto de personas que habitan en un lugar determinado. población activa Conjunto de personas con empleo que viven en un lugar. **2** Lugar con edificios, calles y otros espacios públicos donde habita un conjunto de personas: *esa carretera atraviesa pocas poblaciones.* **3** Conjunto de seres vivos de la misma especie que habitan en un lugar determinado: *la población de garzas aumenta cada año en el coto.* **4** Conjunto limitado de individuos o elementos con una característica común que son objeto de estudio estadístico: *la población estudiantil se está estancando debido al descenso de la natalidad.*
DER superpoblación.
poblado, -da adj. **1** [lugar] Que está habitado por personas: *los pueblos están más poblados en verano que en invierno.* **2** [lugar] Que está lleno de determinados seres vivos. **3** [barba] Que es muy espeso y abundante. ◆ n. m. **4** Lugar donde habita un conjunto de personas, especialmente cuando está poco desarrollado urbanísticamente: *un poblado indio en el Amazonas.*
DER superpoblado.
poblador, -ra n. m. y f. Persona que habita en un lugar: *se han hecho muchos estudios sobre los primeros pobladores de América.*
poblamiento n. m. Proceso de asentamiento humano en una región geográfica determinada.
poblar v. tr. **1** Ocupar un lugar y establecerse en él: *los colonos poblaron las tierras descubiertas.* **2** Ocupar un lugar con personas u otros seres vivos para que habiten en él: *poblarán el monte con conejos.* **3** Habitar o vivir en un lugar: *los seres vivos pueblan la Tierra.* **4** Estar alguna cosa en gran número en un lugar de-

terminado: *los libros poblaban la biblioteca del escritor.* ◆ v. prnl. **5** poblarse Llenarse en gran cantidad de una cosa determinada: *por las noches, el cielo se poblaba de estrellas.*

OBS En su conjugación, la *o* se convierte en *ue* en sílaba acentuada, como en *contar.*

DER poblacho, población, poblado, poblador, poblamiento; despoblar, repoblar.

pobre adj./ n. com. **1** [persona] Que no tiene lo necesario para vivir o que lo tiene con escasez. ◆ adj. **2** Que es escaso o no está completo: *la cena me ha parecido muy pobre.* **3** Que tiene poco valor o calidad: *la actuación del cantante fue muy pobre.* **4** [persona] Que es desgraciado o despierta compasión. NOTA En esta acepción se usa siempre delante del nombre. ◆ int. **5** ¡pobre! Palabra que se usa para expresar compasión hacia una persona o un animal: *¡pobre Nieves, al llegar de vacaciones descubrió que habían robado en su casa!* ¡pobre de mí! o ¡pobres de nosotros! **a.** Expresión que se usa para indicar compasión hacia uno mismo: *¡pobre de mí!, siempre tengo que solucionar los líos de los demás.* **b.** Expresión que se usa para indicar modestia o inocencia: *¿cómo te voy a ayudar, pobre de mí, si no sé nada de eso?* ¡pobre de ti! o ¡pobre de él! (etc.) Expresión que se usa para amenazar a una persona: *¡pobre de ti! Como llegues tarde, no sales en una semana.*

OBS Los superlativos son *pobrísimo* y *paupérrimo.*

DER pobreza; empobrecer.

pobreza n. f. **1** Falta o escasez de lo necesario para vivir: *la familia vivía en la más absoluta pobreza.* **2** Escasez de una cosa determinada: *el crítico denunció la pobreza intelectual de su país.* ANT abundancia. **3** Falta de calidad o valor de una cosa: *la pobreza de ese suelo impide una buena cosecha.* **4** Falta de bondad y de generosidad en una persona o en sus sentimientos: *la pobreza de su corazón le hacía un ser mezquino y despreciable.*

pocilga n. f. **1** Lugar cubierto en el que se encierra a los cerdos. **2** Lugar muy sucio o desordenado y, generalmente, con mal olor: *su casa es una pocilga.*

pócima n. f. **1** Bebida elaborada con hierbas medicinales, especialmente la que tiene poderes mágicos: *la bruja le dio una pócima mágica que lo convirtió en pájaro.* SIN filtro. **2** Líquido que resulta desagradable al beberlo: *¿qué clase de pócima me has puesto en mi vaso de agua?* SIN brebaje.

poción n. f. Bebida, especialmente la que es medicinal: *la bruja del castillo preparaba pociones mágicas.*

poco, -ca det. indef. **1** Indica la cantidad o el número pequeño de personas o cosas: *asistió poca gente.* ANT mucho. ◆ pron. indef. **2** Cantidad o número pequeño de personas o cosas: *ofrécele un poco de agua.* ◆ adv. **3** poco En una cantidad o grado pequeño o menos de lo que se considera normal: *trabaja muy poco.* ANT mucho. **4** Se usa para expresar escasez de una cualidad: *tu amigo es poco educado.* ANT muy. NOTA Se usa delante de un adjetivo. **5** Se usa para expresar un corto espacio de tiempo: *hace poco que estuve con él.* ANT mucho. NOTA Se usa con verbos de tiempo o antepuesto a los adverbios *antes* y *después.*

▶ a poco de En un breve período de tiempo después de determinada acción: *llegaron a poco de irte tú.* poco a poco **a.** Se usa para indicar que una acción se realiza lentamente: *hay que hacerlo poco a poco para no fallar.* **b.** Se usa para indicar que algo se toma en pequeñas cantidades: *se lo bebió poco a poco.* **c.** Se usa para indicar que una acción se realiza de manera gradual: *poco a poco la fuimos conociendo mejor.* poco más o menos Se usa para una cantidad que es aproximada: *hay 50 billetes poco más o menos.* por poco Indica que alguna cosa ha estado a punto de suceder: *resbaló y por poco se cae.* SIN casi. servir de poco Ser inútil una cosa o la realización de algo: *sirvió de poco que nos ayudases.* tener en poco No dar a una persona el valor que se merece: *aunque ella ha demostrado su capacidad, la siguen teniendo en poco.*

DER poquedad; apocar.

poda n. f. **1** Acción de podar. **2** Tiempo en que se realiza esta acción.

podar v. tr. Cortar o quitar las ramas que no son necesarias de los árboles o las plantas para que estos crezcan y se desarrollen con más fuerza.

DER poda, podadera.

poder n. m. **1** Autoridad para mandar, dominar o influir sobre los demás: *es una persona con mucho poder.* **2** Gobierno de un grupo de personas, especialmente de un país: *cuando subió al poder realizó reformas.* **3** Cada una de las tres funciones básicas del gobierno de un país: *poder ejecutivo; poder legislativo; poder judicial.* **4** Capacidad de una persona para actuar de determinada manera: *es increíble el*

poder

INDICATIVO	SUBJUNTIVO
presente puedo puedes puede podemos podéis pueden	**presente** pueda puedas pueda podamos podáis puedan
pretérito imperfecto podía podías podía podíamos podíais podían	**pretérito imperfecto** pudiera o pudiese pudieras o pudieses pudiera o pudiese pudiéramos o pudiésemos pudierais o pudieseis pudieran o pudiesen
pretérito perfecto simple pude pudiste pudo pudimos pudisteis pudieron	**futuro** pudiere pudieres pudiere pudiéremos pudiereis pudieren
futuro podré podrás podrá podremos podréis podrán	IMPERATIVO puede (tú) pueda (usted) poded (vosotros) puedan (ustedes)
condicional podría podrías podría podríamos podríais podrían	FORMAS NO PERSONALES **infinitivo** poder **gerundio** pudiendo **participio** podido

poder de convicción que tiene tu padre. **5** Fuerza o eficacia que tiene una cosa para producir un efecto: *el poder de destrucción de las bombas nucleares es enorme.* **6** Autorización que da una persona a otra para que haga alguna cosa: *he dado poderes al notario para que haga lo que estime conveniente.* NOTA Se usa sobre todo en plural. **7** Propiedad o posesión de una cosa: *la isla pasó a poder del enemigo.* ◆ v. tr./ intr. **8** Tener una persona o cosa capacidad para hacer algo: *con estos zapatos de tacón no puedo correr.* **9** Tener una persona facilidad o tiempo para hacer una cosa: *te puedo devolver el dinero cuando quieras.* ◆ v. tr. **10** Tener autorización o permiso para hacer una cosa: *aquí no podemos fumar.* ◆ v. impersonal **11** Ser posible que ocurra una cosa: *puede que llueva.* ◆ v. intr. **12** Tener fuerza para vencer o derrotar a otro: *los dos perros no pudieron con el gato.*

▶ **a más no poder** Todo lo que es posible: *Teresa es antipática a más no poder.* **de poder a poder** Indica que una acción se hace entre dos personas o grupos de igual fuerza o autoridad: *los dos tenistas se enfrentan de poder a poder; una discusión de poder a poder.* **no poder con** **a.** No ser capaz de dominar una situación o de hacer razonar a una persona: *no puedo con ellos, hacen siempre lo que les da la gana.* **b.** No ser capaz de aguantar a una persona: *Ramón no deja de decir estupideces: ¡no puedo con él!* **no poder más** No tener capacidad para continuar haciendo una cosa: *llevo seis horas limpiando sin parar, ya no puedo más.* **no poder menos que** No tener capacidad para evitar o dejar de hacer una cosa: *cuando vio que se caía, Rosa no pudo menos que ayudarle.* **¿se puede?** Expresión con la que se pide permiso para entrar en un lugar.

DER poderío, poderoso; apoderar.

poderío n. m. **1** Influencia o autoridad para dominar a una persona o una cosa: *el Mediterráneo estuvo bajo el poderío fenicio en la Antigüedad.* **2** Fuerza o energía grande para hacer una cosa: *Maruja se convirtió en una mujer llena de salud y poderío.* SIN vigor, vitalidad. **3** Conjunto de bienes y riquezas: *el marqués es un señor con mucho poderío.*

poderoso, -sa adj./ n. m. y f. **1** [persona] Que tiene capacidad y fuerza para hacer o conseguir cosas difíciles: *Alejandro Magno fue un hombre poderoso.* **2** [persona] Que es muy rico y tiene mucha influencia o autoridad: *es el terrateniente más poderoso de la comarca.* ◆ adj. **3** [país] Que es muy rico y que influye económica o políticamente sobre otros países: *los representantes de las naciones más poderosas se reunieron en Ginebra.* **4** Que produce el efecto que se quiere conseguir: *este producto es un poderoso detergente.* SIN eficaz, potente.

podio n. m. **1** Plataforma en la que se suben uno o varios deportistas que han ganado una prueba o competición: *los atletas vencedores suben al podio para recoger sus medallas.* **2** Plataforma donde se colocan una o varias personas para presidir un acto o para ser homenajeadas: *la familia real contempló el desfile desde el podio.* **3** ARQ. Plataforma más larga que ancha que sirve de base a un conjunto de columnas.

podólogo, -ga n. m. y f. MED. Persona que se

dedica al cuidado y el tratamiento de las enfermedades de los pies.

podredumbre n. f. **1** Descomposición de la materia por la acción de las bacterias: *la podredumbre de los alimentos producía un olor insoportable.* SIN putrefacción. **2** Maldad con que hace las cosas una persona: *la podredumbre de algunos políticos corruptos va en perjuicio de los ciudadanos.*

podrido, -da adj. **1** [materia, sustancia] Que está descompuesto o corrompido por la acción de diversos factores y de determinados microorganismos: *tira las peras podridas a la basura; el tronco del árbol está podrido; aquí huele a goma podrida.* **2** [persona] Que se deja corromper con dinero o regalos o que está dominado por la inmoralidad: *vivían en una sociedad podrida; los jóvenes músicos de rock lanzaron el mensaje de que algo estaba podrido en aquel país.* SIN corrupto.
▶ estar podrido de + algo *coloquial* Tener en abundancia una cosa determinada, especialmente dinero, o una cualidad negativa: *ese viejo está podrido de dinero.*

podrir v. tr./ prnl. Pudrir.
OBS La Real Academia Española recoge *podrir,* pero prefiere la forma *pudrir.* Solo se usa en infinitivo y en participio; para las restantes formas se utiliza *pudrir.*
DER podredumbre, podrido.

poema n. m. **1** Obra literaria escrita en verso: *un libro de poemas.* SIN poesía. poema en prosa Obra en prosa parecida a esa composición por su estilo y por su contenido. poema sinfónico Composición musical para orquesta, generalmente en un solo movimiento, que está compuesta a partir de un tema literario o poético. **2** Cosa que se considera ridícula: *su cara era todo un poema.*

poemario n. m. Colección o conjunto de poemas.

poesía n. f. **1** Obra literaria escrita en verso: *mi hermano ha escrito un libro de poesías.* SIN poema. **2** Arte de componer obras literarias que expresen la belleza o el sentimiento que la belleza produce. SIN poética. **3** Expresión oral o escrita de la belleza o del sentimiento que la belleza produce: *sus novelas están llenas de poesía.* **4** Conjunto de obras en verso de un autor, de una época determinada o que se producen en un lugar: *la poesía española del Siglo de Oro.* **5** Capacidad o cualidad de provocar un sentimiento profundo de belleza: *lo mejor de sus pinturas es la poesía de los paisajes.*

poeta, -tisa n. m. y f. Persona que compone obras literarias en verso, especialmente cuando tiene las cualidades necesarias para hacerlo.
OBS El femenino puede ser *poetisa* o *poeta.*
DER poema, poesía, poetastro, poética, poético, poetisa, poetizar.

poética n. f. **1** Arte de componer obras literarias que expresen la belleza o el sentimiento que la belleza produce. SIN poesía. **2** Disciplina que estudia la naturaleza y los principios de los poemas, sus géneros y el lenguaje literario. **3** Conjunto de principios o de reglas que siguen un género literario, una escuela o un autor.

poético, -ca adj. **1** De la poesía o que tiene relación con este arte de componer en verso: *mañana se celebrará un recital poético.* **2** Que expresa belleza o el sentimiento que la belleza produce: *leía en el atlas los poéticos nombres de ciudades lejanas.*

polaco, -ca adj. **1** De Polonia o que tiene relación con este país situado en el este de Europa. ◆ adj./ n. m. y f. **2** [persona] Que es natural de Polonia. ◆ n. m. **3** Lengua hablada en Polonia. **4** Persona nacida en Cataluña o que vive en esta comunidad autónoma. NOTA Se usa con valor despectivo.

polaina n. f. Prenda de paño o cuero, que cubre la pierna desde el pie a la rodilla y que se abrocha por fuera o se ajusta al pie con una tira.

polar adj. De los polos de la Tierra o que tiene relación con estas zonas terrestres.
DER polaridad, polarizar; bipolar, extrapolar.

polaridad n. f. **1** Propiedad que tiene un cuerpo magnético de orientarse en dirección norte o sur dentro de un campo magnético: *la aguja de una brújula tiene polaridad.* **2** Tendencia que tiene una molécula a ser atraída o repelida por una carga eléctrica, sea esta positiva o negativa.

polarizar v. tr. **1** Modificar los rayos luminosos por medio de la refracción o la reflexión de manera que no puedan refractarse o reflejarse de nuevo en otra dirección: *las ondas de luz se polarizan al atravesar un determinado medio.* **2** Acumular en dos partes determinadas de un cuerpo cargas eléctricas opuestas. **3** Concentrar una persona la atención o el ánimo en una cosa determi-

nada: *la atención de todos se polariza hacia los problemas sociales.*
OBS En su conjugación, la *z* se convierte en *c* delante de *e*.

polca n. f. **1** Baile de pareja de movimiento rápido, originario del centro de Europa y muy popular en el siglo XIX. **2** Música de ese baile, compuesta en compás de dos por cuatro: *Chopin compuso varias polcas.*

pólder n. m. Terreno pantanoso que se gana al mar y que una vez desecado se dedica al cultivo: *el pólder es característico de los Países Bajos y se rodea de diques para evitar inundaciones.*
OBS El plural es *pólderes*.

polea n. f. **1** Rueda giratoria que tiene en el borde un canal por el que se hace pasar una cuerda u otra cosa y que sirve para disminuir el esfuerzo necesario para levantar un cuerpo: *cogíamos agua del pozo con el cubo que estaba atado a la cuerda de la polea.* **2** Rueda plana de metal que gira sobre su eje y que sirve para transmitir movimiento en un mecanismo por medio de una correa.

polémica n. f. Discusión o enfrentamiento entre dos o más personas que defienden opiniones contrarias.

polémico, -ca adj. Que provoca discusión o enfrentamiento.
DER polémica, polemizar.

polemizar v. intr. Entablar o sostener una polémica o una discusión: *tiene el derecho a polemizar pues nada es completamente seguro.*
OBS En su conjugación, la *z* se convierte en *c* delante de *e*.

polen n. m. Conjunto de granos de pequeño tamaño que contienen las células masculinas que hacen posible la reproducción en la flor: *el polen sale de los estambres y se deposita en el pistilo.*
DER polínico, polinizar.

poleo n. m. **1** Planta de hojas pequeñas, verdes y de olor agradable y con flores de color azulado o morado que forman racimos. **2** Hojas secas de esta planta que se usan para hacer infusión. **3** Infusión que se hace con estas hojas.

poli n. f. **1** *coloquial* Forma de abreviar *policía* y que se refiere al cuerpo que se encarga de mantener el orden público. ◆ n. com. **2** *coloquial* Forma de abreviar *policía* y que se refiere a la persona que es miembro de este cuerpo.

poli- Elemento prefijal que entra en la formación de palabras expresando idea de 'abundancia', 'pluralidad': *polideportivo.* **SIN** multi-.

policía n. f. **1** Conjunto de personas y medios a las órdenes de las autoridades políticas, que se encarga de vigilar el mantenimiento del orden público, la seguridad de los ciudadanos y el cumplimiento de las leyes. policía judicial Conjunto de personas que trabaja a las órdenes de los tribunales de justicia para investigar los delitos y perseguir a los delincuentes. policía militar Policía que se encarga de la seguridad y del mantenimiento de la disciplina de los miembros del ejército. policía municipal o policía urbana Conjunto de personas que trabaja a las órdenes de un ayuntamiento y se encarga del cumplimiento de las normas del municipio. policía nacional Conjunto de personas que trabaja a las órdenes del gobierno y se encarga del cumplimiento de las leyes de una nación. policía secreta Policía que intenta pasar inadvertida para poder realizar misiones muy delicadas. ◆ n. com. **2** Persona que se dedica a vigilar el mantenimiento del orden público, la seguridad de los ciudadanos y el cumplimiento de las leyes: *dos policías vestidos de paisano siguieron al sospechoso hasta su casa.* **NOTA** Se puede especificar la especialidad a la que pertenece un policía: *policía judicial; policía militar; policía municipal* o *urbana; policía nacional; policía secreto.*
DER policiaco, policial.

policíaco, -ca o **policiaco, -ca** adj. **1** De la policía o los policías, o que tiene relación con las funciones que realizan. **2** [película, obra literaria] Que tiene relación con un crimen o algo ilegal.

policial adj. De la policía o que tiene relación con las personas que pertenecen a ella: *un uniforme policial.* **SIN** policiaco.

polícromo, -ma o **policromo, -ma** adj. Que es de varios colores: *ha pintado un cuadro realmente policromo.* **ANT** monocromo.

polideportivo, -va adj./ n. m. [instalación] Que está acondicionado para practicar distintos deportes.

poliedro n. m. Cuerpo geométrico sólido limitado por caras planas o polígonos: *el cubo es un poliedro.*
DER poliédrico.

poliéster n. m. Resina plástica que se obtiene mediante una reacción química y que es muy resistente a la humedad y a los produc-

tos químicos: *el poliester se utiliza para fabricar fibras artificiales y material textil.*
OBS El plural es *poliesteres.*

polietileno n. m. Material sintético que se obtiene por procesos químicos: *los tetrabriks están hechos de carón, polietileno y aluminio.*

polifacético, -ca adj. **1** [persona] Que tiene capacidad para realizar varias actividades distintas: *fue un artista polifacético: pintaba, esculpía y componía versos.* **2** Que tiene varias facetas o aspectos.

polifonía n. f. MÚS. Música que combina los sonidos de varias voces o instrumentos de manera que formen un todo armónico.

polifónico, -ca adj. MÚS. De la polifonía o que tiene relación con esta música: *después de la etapa polifónica, la música pasó a la etapa armónica.*

poligamia n. f. Estado civil de la persona que está casada con dos o más personas del sexo contrario: *la poligamia no está permitida en España.* **ANT** monogamia.

polígamo, -ma adj./ n. m. y f. **1** [persona] Que está casado al mismo tiempo con dos o más personas del sexo contrario. ◆ adj. **2** [animal macho] Que se junta con dos o más hembras de su especie: *los leones son animales polígamos.* **3** [árbol, planta] Que tiene flores masculinas, femeninas y hermafroditas: *el algarrobo y el fresno son árboles polígamos.* **4** De la poligamia o que tiene relación con este estado civil.
DER poligamia.

polígloto, -ta o **poligloto, -ta** adj./ n. m. y f. **1** [persona] Que habla varias lenguas. ◆ adj. **2** Que está escrito en varias lenguas.
OBS Tiene doble forma de masculino: *el polígloto* y *el políglota,* aunque esta última es ahora más frecuente.

poligonal adj. **1** Del polígono o que tiene la forma de esta figura geométrica: *planta poligonal.* **2** [prisma, pirámide] Que tiene por base un polígono.

polígono n. m. **1** Figura geométrica plana de varios ángulos limitada por tres o más rectas: *el pentágono, el octágono, el decágono y el dodecágono son polígonos.* **2** Superficie de terreno limitada y destinada a fines administrativos, industriales, militares o de otro tipo: *en las afueras de la ciudad han construido un nuevo polígono industrial.*

polilla n. f. **1** Mariposa de pequeño tamaño, grisácea, de alas estrechas y antenas casi verticales, que suele volar por la noche. **2** Larva o gusano de esa mariposa: *las polillas se alimentan de las sustancias que sacan de los tejidos.* **3** Cosa que progresivamente va destruyendo otra: *la polilla del juego se comió la fortuna de toda la familia.*
DER apolillarse.

polinización n. f. BOT. Proceso por el cual el polen es transportado al lugar adecuado de la planta para que germine o produzca semillas: *el viento, los insectos y las aves posibilitan la polinización a distancia.*

polinizar v. tr. BOT. Transportar el polen al lugar adecuado de la planta para que esta germine o produzca semillas.
OBS En su conjugación, la *z* se convierte en *c* delante de *e.*
DER polinización.

polinomio n. m. MAT. Expresión matemática que consta de dos o más números y valores variables unidos por signos de suma o resta: *$4x - 7y + 12$ es un ejemplo de polinomio.*

polio n. f. Forma abreviada de referirse a la enfermedad de la poliomielitis.

poliomielitis n. f. Enfermedad producida por un virus que ataca la médula espinal y provoca parálisis.
OBS También se usa la forma abreviada *polio.*
DER polio, poliomielítico.

pólipo n. m. **1** MED. Masa de células que se forma y crece en los tejidos que cubren el interior de algunos conductos del cuerpo que se comunican con el exterior: *los pólipos se forman generalmente en la nariz o en la vagina.* **2** Animal marino que no tiene esqueleto, en un período de su desarrollo en que tiene forma de tubo con una abertura hacia arriba, que está sujeto al fondo del mar o a las rocas mediante un pedúnculo.

-polis Elemento sufijal que entra en la formación de palabras con el significado de 'ciudad': *metrópolis, necrópolis.*

polisemia n. f. Fenómeno del lenguaje que consiste en que una misma palabra tenga varios significados: *en las palabras «ojo» y «banco» se da polisemia, porque pueden significar varias cosas.*
DER polisémico.

polisémico, -ca adj. [palabra] Que tiene más de un significado: *la palabra «órgano» es polisémica.*

polisílabo, -ba adj./ n. m. [palabra] Que tiene más de una sílaba: *las palabras «perro»,* *«historia» y «portafolios» son polisílabas.* **ANT** monosílabo.

polisíndeton n. m. Figura del lenguaje en que se unen varios elementos lingüísticos mediante repetidas conjunciones, que no son necesarias pero dan fuerza a lo que se quiere decir: *si decimos «y las manos y el rostro y el cuerpo todo», usamos la figura del polisíndeton.*
OBS El plural también es *polisíndeton*.

polisón n. m. Prenda con forma de cojín o almohadilla que llevaban las mujeres bajo el vestido para ahuecarlo o abultarlo por la parte de atrás.

politeísmo n. m. Creencia religiosa que defiende la existencia de varios dioses. **ANT** monoteísmo.

politeísta adj. **1** Del politeísmo o que tiene relación con esta creencia religiosa: *los antiguos griegos tenían creencias politeístas.* **ANT** monoteísta. ◆ n. com. **2** Persona que cree en la existencia de varios dioses. **ANT** monoteísta.

política n. f. **1** Ciencia que trata del gobierno y la organización de las sociedades humanas, especialmente de los Estados: *estudió política en la universidad.* **2** Actividad de los que gobiernan o aspiran a gobernar los asuntos públicos: *se dedica a la política desde los venite años.* **3** Conjunto de actos con los que se dirigen los asuntos que afectan a la sociedad o tienen relación con ella: *si no quieres discutir, no hablemos de política.* **4** Modo o manera de actuar de una persona o de una institución que persigue un fin: *el jefe de la empresa ha puesto en práctica una política que le ha permitido conseguir muchos beneficios.*

político, -ca adj./ n. m. y f. **1** [persona] Que se dedica a la política. ◆ adj. **2** De la política o que tiene relación con esta actividad: *un partido político.* **3** Que no es natural, sino consecuencia de un matrimonio: *mi suegra es mi madre política.* **NOTA** Se usa solo en relación con los parentescos.
DER política, politiquear, politizar, politología.

politizar v. tr. Dar contenido o carácter político a cosas, acciones o pensamientos que normalmente se caracterizan por no tenerlo: *no hay que politizar el poder judicial; el mundo del fútbol se está politizando cada vez más.* **ANT** despolitizar.
OBS En su conjugación, la *z* se convierte en *c* delante de *e*.
DER despolitizar.

politraumatismo n. m. Conjunto de varios traumatismos o lesiones graves causados de manera simultánea: *sufrió politraumatismo en el accidente.*

polivalente adj. **1** Que tiene varios valores. **SIN** plurivalente. **2** Que tiene varias funciones o puede desempeñar varias funciones. **3** Que puede ser utilizado con distintos fines: *una herramienta polivalente.* **4** QUÍM [elemento químico] Que tiene más de una valencia.

póliza n. f. **1** Documento con que se formalizan ciertos contratos de seguros, mercantiles o de operaciones comerciales: *esta póliza de seguros cubre los desperfectos en la maquinaria.* **2** Sello del Estado que se adjunta a ciertos documentos oficiales, como certificados e instancias, para satisfacer el impuesto de timbre que se requiere en ellos: *las pólizas se adquieren en los estancos.*

polizón, -zona n. m. y f. Persona que sube a un barco o un avión de forma oculta e ilegal con intención de viajar en él.

polizonte n. m. y f. Agente de policía.
OBS Se usa con sentido despectivo.

polla n. f. **1** Gallina joven que aún no pone huevos o que hace poco que ha empezado a ponerlos. **2** *malsonante* Pene. **3** *malsonante* Se emplea, en singular, en plural y formando parte de determinadas expresiones, para negar o rechazar rotundamente una petición, una afirmación o una protesta: *¡y una polla!; ¡pollas en vinagre!*
▶ **polla de agua** Ave zancuda similar a la focha, de unos 35 cm de longitud, con el plumaje de color verde oliváceo y gris, el pico rojizo y una placa córnea roja en la frente.

pollería n. f. Establecimiento donde se venden huevos y aves comestibles.

pollero, -ra n. m. y f. Persona que se dedica a criar o vender pollos.
DER pollería.

pollino, -na n. m. y f. **1** Animal mamífero doméstico con grandes orejas y cola larga, parecido al caballo aunque más pequeño que, por ser muy resistente, se usa para trabajos en el campo y como animal de carga. **SIN** asno, burro. ◆ adj./ n. m. y f. **2** [persona] Que no entiende bien las cosas o es ignorante.

pollo n. m. **1** Gallina joven, especialmente la destinada al consumo: *comió pollo asado con patatas; muslos de pollo.* **2** Cría que sale de un huevo, especialmente de la gallina. **3** Muchacho que tiene poca edad. **4** Saliva o mucosidad que se escupe por la boca de una vez. SIN escupitajo.

DER polla, pollada, pollero, polluelo; empollar.

polluelo, -la n. m. y f. Cría de un ave, especialmente de la gallina: *aunque el urogallo pone entre cinco y doce huevos, muchos de los polluelos mueren durante las primeras semanas de vida.*

polo n. m. **1** Extremo del eje alrededor del cual gira una esfera, especialmente cada uno de los dos de la Tierra: *los meridianos pasan por los polos.* **2** Zona cercana a cada uno de los extremos del eje imaginario alrededor del cual gira la Tierra: *el polo sur está en la Antártida.* **3** Helado hecho con agua, colorante y azúcar, de forma alargada y con un palo que lo atraviesa para cogerlo. NOTA En este sentido procede del nombre de una marca registrada. **4** Prenda de vestir de algodón u otro tejido ligero, con cuello, que cubre la parte superior del cuerpo hasta la cintura y tiene botones desde el cuello hasta el pecho. **5** FÍS. Parte extrema de un cuerpo en la que se acumula gran energía: *los imanes tienen dos polos.* polo magnético FÍS. Parte extrema de la Tierra que tiene la menor distancia hasta el núcleo: *la flecha de una brújula siempre señala hacia uno de los polos magnéticos.* **6** Extremo del circuito de una pila o de ciertas máquinas eléctricas. polo negativo Extremo de una pila que tiene menor potencial y por el que sale la energía eléctrica. SIN cátodo. polo positivo Extremo de una pila que tiene mayor potencial y por el que entra la energía eléctrica. SIN ánodo. **7** Lugar, cosa o persona que atrae la atención o el interés por algún motivo. **8** Deporte en el que se enfrentan dos equipos de cuatro jinetes y que tiene como objetivo meter una pequeña pelota de madera en la meta del equipo contrario golpeándola con unos mazos de mango muy largo que se manejan con una sola mano.

▶ de polo a polo De una parte a otra, con una gran distancia entre ambas: *rastreó la región de polo a polo.* polo opuesto Persona o cosa muy diferente a otra o que se diferencia mucho por una cualidad.

DER polar.

polonio n. m. Elemento químico metálico y sólido que es muy radiactivo y se utiliza como fuente de neutrones y partículas alfa: *el símbolo del polonio es Po.*

poltrona n. f. Asiento con brazos, ancho y cómodo y generalmente con las patas cortas.

DER poltronería; apoltronarse.

polución n. f. **1** Contaminación intensa y dañina del agua, del aire o del medio ambiente, producida por los residuos de procesos industriales o biológicos. **2** Expulsión de semen, especialmente cuando se produce de manera involuntaria.

DER polucionar.

polvareda n. f. **1** Cantidad de polvo que se levanta de la tierra, agitada por un viento fuerte o por otra causa. **2** Alboroto de la opinión pública provocado por un suceso, un comentario u otro motivo.

polvo n. m. **1** Conjunto de partículas muy pequeñas que flotan en el aire y caen sobre los objetos formando una capa de suciedad: *la casa estaba llena de polvo.* **2** Conjunto de partículas muy pequeñas que se levanta de la tierra seca al moverse el aire: *cuando pasaba el carruaje levantaba polvo con las ruedas.* **3** Conjunto de partes muy pequeñas que resultan de moler una sustancia sólida o de extraer toda el agua que contiene: *trajo un bote de leche en polvo.* ◆ n. m. pl. **4** polvos Producto hecho de partículas muy pequeñas que sirve para maquillarse la cara: *ponte unos polvos en las mejillas.*

▶ polvos de arroz Conjunto de partículas que se obtienen de moler esta semilla. polvos de talco Conjunto de partículas que se obtienen de moler el mineral talco y que se usan en cosmética e higiene. echar un polvo *malsonante* Realizar el acto sexual. estar hecho polvo Tener poca fuerza o ánimo una persona: *he tenido un día agotador y estoy hecho polvo.* hacer polvo **a.** Dejar muy cansada a una persona: *estos niños son tan revoltosos que me hacen polvo cada vez que tengo que cuidarlos.* **b.** Causar daño, generalmente un problema o una preocupación: *la noticia de su muerte ha hecho polvo a Sebastián.* **c.** Romper una cosa en trozos muy pequeños: *has hecho polvo el jarrón con el golpe que le has dado.* morder el polvo Ser vencida o derribada una persona: *si vuelves a hacer eso, te haré morder el polvo.* sacudir el polvo Pegar con fuerza y repetidamente a una persona: *discutimos en la calle y le sacudí el polvo.* SIN zurrar.

DER polvareda, polvera, pólvora, polvoriento, polvorilla, polvorón; empolvar, espolvorear.

pólvora n. f. **1** Mezcla inflamable y explosiva compuesta generalmente de nitrato de potasio, azufre y carbón. **2** Conjunto de fuegos artificiales que se disparan en una fiesta.

▶ correr (o extenderse) como la pólvora Difundirse [una noticia] muy rápido. gastar pólvora en salvas (o en chimangos) Poner medios inútiles y fuera de tiempo para un fin. haber inventado la pólvora Se aplica a la persona que dice o hace algo creyéndose que es nuevo, cuando es muy conocido.
DER polvorín.

polvoriento, -ta adj. Que está lleno o cubierto de polvo: *sacudió una alfombra polvorienta.*

polvorín n. m. **1** Lugar o edificio preparado para guardar pólvora y otras sustancias explosivas. **2** Pólvora o mezcla de trozos de metal triturados con que se cargan las armas de fuego. **3** Lugar en el que hay una situación conflictiva y donde se percibe que va a suceder algo: *antes de las elecciones el Parlamento era un polvorín.*

polvorón n. m. Dulce navideño, aromatizado y horneado, hecho con manteca, harina y azúcar; se deshace al moderlo: *polvorón de canela.*

pomada n. f. Mezcla hecha de grasa y otros ingredientes, que se emplea como cosmético o medicamento de uso externo: *pomadas para picaduras de insectos y quemaduras.*

pomelo n. m. **1** Árbol frutal de tronco recto, copa redonda, hojas grandes, de color verde oscuro, flores grandes, blancas y perfumadas, y fruto comestible semejante a la naranja y de sabor ácido. SIN toronjo. **2** Fruto de este árbol. SIN toronja.

pómez adj. [piedra] Que es esponjosa, frágil, de peso muy ligero y tiene origen volcánico.

pomo n. m. **1** Tirador redondo que hay en puertas y muebles para abrirlos. **2** Recipiente pequeño de cristal o metal, que sirve para contener y conservar licores, aceites o perfumes: *el perfume se derramó del pomo.* **3** Parte de la espada que está entre el puño y la hoja y que sirve para mantenerlos fuertemente unidos.

pompa n. f. **1** Burbuja que forma un líquido por el aire que se le introduce: *el niño hacía pompas de jabón soplando por un tubo.* **2** Gran despliegue de medios que acompaña un acto importante o una ceremonia: *tras su triunfo, fueron recibidos en el palacio con gran pompa.* SIN aparato, parafernalia.
▶ pompa fúnebre Acto o ceremonia que se organiza en honor de una persona que ha muerto: *la funeraria se encarga de organizar las pompas fúnebres.* NOTA Se usa generalmente en plural.
DER pomposo.

pompis o **pompi** n. m. Parte inferior y posterior del tronco del ser humano sobre la que descansa el cuerpo al sentarse. SIN culo, trasero.
OBS El plural es *pompis.*

pompón n. m. Bola de lana o de otro material que se utiliza para adornar el extremo de una cosa: *cada extremo de mi bufanda termina en un pompón de lana.* SIN borla.

pomposo, -sa adj. **1** Que muestra un lujo y una riqueza excesivos: *la novia llevaba un pomposo vestido.* **2** [lenguaje, estilo] Que está adornado en exceso con palabras demasiado formales y que no son necesarias. SIN altisonante, ampuloso, grandilocuente.
DER pomposidad.

pómulo n. m. **1** Hueso saliente de la cara, situado bajo los ojos y a ambos lados de la nariz. **2** Parte de la cara que corresponde a ese hueso: *es un niño de pómulos sonrosados.*

poncho n. m. Prenda de vestir de abrigo, de lana o paño, que consiste en una manta con una abertura en el centro para pasar la cabeza y que cubre desde los hombros hasta más abajo de la cintura: *los ponchos son prendas originarias de América del Sur.*

ponderación n. f. **1** Cuidado, consideración o mesura con que se hace o se dice una cosa: *me regañó con ponderación.* **2** Expresión de alabanza o elogio grande que se hace a una cosa o a una persona: *se deshizo en ponderaciones acerca de sus virtudes.*

ponderado, -da adj. [persona] Que se comporta con tacto, consideración o mesura: *persona ponderada y reflexiva.* SIN prudente.

ponderar v. tr. **1** Considerar o examinar con cuidado un asunto: *antes de tomar una decisión, el banco deberá ponderar todos los aspectos financieros.* **2** Alabar de forma exagerada las buenas cualidades de una persona o cosa.
DER ponderación, ponderado; imponderable.

ponderativo, -va adj. **1** Que pondera o alaba exageradamente: *mientras el plural de nombres contables nos informa de la cantidad (más de uno), el de los nombres no contables es puramente enfático o ponderativo, por ejemplo: «los aceites de España son excelentes».* **2** [persona] Que con frecuencia pondera.

ponencia n. f. Exposición de un tema concreto que hace un ponente: *en los congresos* *suele haber ponencias, mesas redondas y comunicaciones.*

poner v. tr. **1** Colocar o situar una cosa en un lugar: *pondremos el cuadro en esta pared.* **2** Añadir una cosa a algo para completarlo o rellenarlo: *¿le has puesto sal a la carne?* **3** Disponer o preparar una cosa con un fin determinado: *puse el despertador a las siete.* **4** Hacer uso de una cualidad o de una habilidad con un fin determinado: *puso todos sus esfuerzos para que el negocio saliera adelante.* **5** Adoptar un gesto o una expresión, especialmente en la cara, para expresar un estado de ánimo o una manera de ser: *pone cara de pocos amigos.* **6** Hacer que funcione un aparato eléctrico apretando el botón que lo activa o regular la intensidad de las funciones que tiene: *no pongas la radio muy alta.* **7** Establecer, instalar o montar una cosa, especialmente un negocio: *han puesto una tienda de ordenadores.* **8** Imaginar o suponer como cierta una cosa: *pongamos que el experimento resulta un fracaso, ¿qué harías?* **9** Escribir alguna cosa en un lugar: *el profesor puso en la pizarra una fórmula para resumir lo dicho.* **10** Representar una obra de teatro o proyectar una película o un programa sobre una pantalla: *esta noche no ponen nada interesante en la televisión.* **11** Exponer una cosa a la acción de un agente determinado: *pondremos la ropa al sol.* **12** Dejar que un asunto lo decida o lo resuelva otra persona: *he puesto el asunto en manos del abogado.* **13** Dar un nombre o apodo a una persona o animal: *cuando bautizaron a la niña, le pusieron Laura.* **14** Imponer o señalar una obligación a alguien: *le han puesto una multa por aparcar encima de la acera.* **15** Utilizar a una persona con un fin determinado: *pongo a Juan por testigo de que lo que digo es cierto.* NOTA Se usa con *por* o *como* seguido de un nombre que indique el fin que se persigue. **16** Tratar de una manera determinada a una persona: *lo puso de ladrón y de mentiroso.* **17** Dar una nota o calificación a alguien: *me han puesto un 8 en el trabajo de historia.* **18** Aportar una cosa o una cierta cantidad de dinero: *hemos de poner seis euros cada uno.* **19** Arriesgar una cantidad determinada de dinero, especialmente en un juego o una apuesta: *lo pusieron todo al número 15 y perdieron.* ◆ v. impersonal **20** Contener algo una información: *en la carta pone que hemos de estar allí a las diez.* SIN decir. ◆ v. tr./ intr. **21** Soltar un ave sus huevos: *las gallinas están poniendo.* ◆ v. tr./ prnl. **22** Colocar o ajustar una prenda u adorno en el cuerpo de una persona o en parte de él: *Isabel se ha puesto el vestido nuevo.* ANT quitar. **23** Situar a una persona en un lugar o posición determinada: *puso a los niños en fila.* **24** Untar o aplicar una sustancia sobre algo: *para tomar el sol me pongo crema protectora.* **25** Dedicar a un empleo o profesión: *se puso a trabajar como cajera.* **26** Hacer que una persona o una cosa adquiera un estado o una condición determinados: *ver cómo se pelean siempre me pone triste.* ◆ v. prnl. **27** **ponerse** Mancharse una persona o una cosa con algo: *se puso de barro hasta las rodillas.* **28** Hartarse de comer una persona: *se puso de bombones hasta arriba.* **29** Enfrentarse con una persona: *se puso conmigo porque no se atrevía con otros.* **30** Ocultarse un astro: *el Sol se pone más pronto en invierno.*

poner

INDICATIVO	SUBJUNTIVO
presente	**presente**
pongo	ponga
pones	pongas
pone	ponga
ponemos	pongamos
ponéis	pongáis
ponen	pongan
pretérito imperfecto	**pretérito imperfecto**
ponía	pusiera o pusiese
ponías	pusieras o pusieses
ponía	pusiera o pusiese
poníamos	pusiéramos o pusiésemos
poníais	pusierais o pusieseis
ponían	pusieran o pusiesen
pretérito perfecto simple	**futuro**
puse	pusiere
pusiste	pusieres
puso	pusiere
pusimos	pusiéremos
pusisteis	pusiereis
pusieron	pusieren

INDICATIVO	IMPERATIVO	
futuro		
pondré	pon	(tú)
pondrás	ponga	(usted)
pondrá	poned	(vosotros)
pondremos	pongan	(ustedes)
pondréis		
pondrán		

INDICATIVO	FORMAS NO PERSONALES	
condicional	**infinitivo**	**gerundio**
pondría	poner	poniendo
pondrías	**participio**	
pondría	puesto	
pondríamos		
pondríais		
pondrían		

▶ poner a parir *coloquial* Hablar muy mal de una persona: *en esa canción ponen a parir a los políticos.* poner al corriente Informar a alguien de un suceso: *en cuanto llegué me puso al corriente de todo.* poner bien Hablar bien de una cosa o persona: *mi madre siempre me pone bien cuando habla de mí.* poner fin Terminar una cosa o una acción: *hay que poner fin a tantas peleas inútiles.* poner mal Hablar mal de una cosa o persona: *en el periódico ponen muy mal la película.* poner verde Hablar muy mal de una persona: *son unos hipócritas: cuando no estás te ponen verde.* ponerse a + infinitivo Comenzar a hacer una cosa determinada: *se puso a leer la novela en cuanto llegó a su casa.* ponerse perdido Mancharse mucho de algo: *se puso perdido de chocolate.* NOTA Se usa con el infinitivo del verbo que indica la acción.

OBS El participio es *puesto.*

DER ponedor, ponente, poniente, puesto; anteponer, componer, contraponer, deponer, disponer, exponer, imponer, interponer, oponer, posponer, proponer, reponer, sobreponer, superponer, transponer, yuxtaponer.

poni n. m. Caballo de poca altura (hasta unos 140 cm), ágil y fuerte; hay muchas razas diferentes: *un poni del circo.*

OBS También se escribe *póney.*

poniente n. m. **1** Punto del horizonte situado donde se oculta el Sol. SIN occidente, oeste. ANT oriente, este. NOTA La Real Academia lo considera nombre propio: *Poniente.* **2** Viento que viene de ese punto.

pontevedrés, -dresa adj. **1** De Pontevedra o que tiene relación con esta provincia de Galicia o con su capital. ◆ adj./ n. m. y f. **2** [persona] Que es de Pontevedra.

pontificado n. m. **1** Dignidad de pontífice. **2** Tiempo durante el cual un pontífice ejerce sus funciones.

pontificar v. intr. **1** Presentar o exponer principios o ideas de una manera dogmática e irrefutable sin que hayan sido comprobados. **2** Celebrar actos litúrgicos con ritos pontificales.

OBS En su conjugación, la *c* se convierte en *qu* delante de *e.*

pontífice n. m. Sacerdote cristiano de grado más elevado que gobierna una diócesis: *los obispos y los arzobispos son pontífices de la Iglesia católica.*

▶ sumo pontífice Persona que para los cristianos es la máxima autoridad religiosa en la Tierra y que consideran sucesor de san Pedro en el gobierno universal de la Iglesia: *fue al Vaticano a visitar al Sumo Pontífice.* SIN Papa. NOTA Se escribe con mayúscula.

DER pontificado, pontifical, pontificar, pontificio.

pop adj./ n. m. **1** [música] Que tiene elementos del rock y de la música popular británica: *la música pop nació en la década de 1950.* ◆ adj. **2** Del pop o que tiene relación con esta música popular: *cantante pop.*

popa n. f. Parte posterior de una embarcación o una aeronave.

populacho n. m. Conjunto de personas del nivel social y cultural más bajo. SIN chusma. NOTA Tiene un valor despectivo.

DER populachero.

popular adj. **1** Del pueblo o que tiene relación con el conjunto de personas de un lugar, región o país: *el folclore popular español es muy rico y variado.* **2** Que pertenece a las clases más bajas de la sociedad: *vivía en un barrio popular.* **3** Que tiene aceptación y fama entre la mayoría de la gente: *cenaron en un restaurante muy popular.* SIN famoso. **4** [persona] Que tiene a favor muchos amigos o personas: *era la chica más popular del colegio.* **5** Que forma parte de la tradición de un pueblo: *el villancico es una canción popular de Navidad.* SIN tradicional. **6** Que está al alcance de las personas de escasa formación cultural. ANT culto. **7** Que es barato y está al alcance de las personas con menos medios económicos: *han lanzado una colección de ediciones populares de las mejores obras literarias.*

DER populacho, popularidad, popularismo, popularizar, populismo, populoso; impopular.

popularidad n. f. Aceptación y fama que tiene una persona o una cosa entre la mayoría de la gente: *es un restaurante con una gran popularidad.*

popularizar v. tr. **1** Hacer que una persona o una cosa adquiera fama entre la gente: *este baile se popularizó en 1920.* **2** Hacer que una cosa con carácter culto puedan entenderla y disfrutarla las personas de escasa formación cultural: *con este trabajo quieren popularizar la ópera.*

OBS En su conjugación, la *z* se convierte en *c* delante de *e.*

DER popularización; despopularizar.

populista adj./ n. com. Que implica o manifiesta populismo: *tono populista.*

populoso, -sa adj. [lugar] Que está habitualmente repleto de gente o que vive mucha gente en él: *Madrid es una ciudad populosa.*

póquer n. m. **1** Juego de naipes de envite en el que se usa baraja francesa y que consiste en combinar de diversas formas cinco cartas, generalmente apostando sobre ellas; gana la partida el jugador que obtiene la combinación de más valor y ha aceptado el envite; también se pueden emplear dados en lugar de naipes. **2** En este juego, combinación de cuatro cartas o cuatro dados del mismo valor: *póquer de ases.*
OBS También se escribe *póker.*

por prep. **1** Indica el lugar por donde se pasa: *fuimos por una carretera comarcal.* **2** Se usa para indicar un lugar de manera aproximada: *¿hay una farmacia por aquí cerca?* **3** Indica una parte o lugar concreto: *agarró al niño por una oreja y lo echó a la calle.* **4** Se usa para indicar un espacio de tiempo de manera aproximada: *iré a verte por Navidades.* **5** Indica la causa o la razón que produce algo: *gracias por su visita.* **6** Indica medio o instrumento a través del cual se hace una cosa: *anoche hablé con mi padre por teléfono.* **7** Indica el modo en que se hace una cosa: *nos pilló por sorpresa.* **8** Indica la finalidad de una acción: *ha venido solo por hablar contigo.* SIN para. **9** Indica una cantidad de dinero necesaria para comprar algo: *me he comprado una chaqueta por 20 euros.* **10** Indica la proporción de una cantidad: *cada uno recibirá el diez por ciento de los beneficios.* **11** Se usa para multiplicar cantidades: *cuatro por diez son cuarenta.* **12** Indica el autor de una acción o de una cosa: *el cuadro fue pintado por Picasso.* NOTA Introduce el complemento agente de una oración pasiva. **13** Indica que una cantidad se reparte con igualdad: *tocamos a diez por persona.* **14** En favor o en defensa de algo o de alguien: *haría cualquier cosa por su hijo.* **15** A cambio de otra cosa o en su lugar: *te doy tres caramelos por esos sellos.* **16** En cuanto a alguna cosa o con relación a ella: *por nuestra parte no hay ningún problema.* **17** Indica calidad o condición: *siempre lo ha tenido por tonto.* **18** Con la intención de buscar o recoger una cosa: *fueron por un poco de gasolina.* NOTA Se usa con verbos de movimiento: *voy a por pan.* **19** Indica separación de los elementos de una serie: *miré todos los cajones uno por uno.* **20** Se usa para indicar la razón que se opone a la ejecución de una acción, aunque no evita su cumplimiento: *por mucho que te quejes, no te harán ningún caso.* NOTA Se construye con un adjetivo o un adverbio y con la conjunción *que,* o precedido de *no*: *no por preocuparse uno mucho se solucionan los problemas.* **21** Indica falta de utilidad o sentido de una acción: *no hagas caso a Leticia, habla por hablar.* NOTA Se construye precedida de un verbo y seguida de ese mismo verbo en infinitivo. **22** Introduce muchas locuciones adverbiales: *por consiguiente; por de pronto; por fin; por las buenas; por lo general; por tanto...* ◆ n. m. **23** Signo que indica multiplicación de cantidades; se representa ×.
▶ por + infinitivo Indica que la acción que señala el infinitivo todavía no está hecha: *son las doce y las camas están por hacer.* por qué Se usa para preguntar la causa o la razón de algo: *¿por qué te has enfadado tanto?* NOTA No se debe confundir con *porque* ni con *porqué.* En la lengua coloquial a menudo se utiliza la forma abreviada *por* en lugar de *por qué*: *Juan no va a venir a la fiesta. —¿Por?*

porcelana n. f. **1** Loza fina, traslúcida y brillante, que se usa para hacer objetos de adorno: *sobre el mueble hay varios jarrones de porcelana.* SIN china. **2** Objeto hecho con este tipo de loza: *tiene una magnífica colección de porcelanas antiguas.*

porcentaje n. m. Cantidad que representa una parte de un total de cien: *ingresó su dinero en un banco y recibía unos beneficios con un porcentaje muy alto.*
DER porcentual.

porche n. m. Espacio exterior cubierto que hay a la entrada de algunos edificios.

porcino, -na adj. Del cerdo o que tiene relación con este animal.

porción n. f. **1** Cantidad separada de otra mayor o de una cosa que se puede dividir: *sírvete una porción de queso y otra de membrillo.* SIN trozo. **2** Parte que corresponde a cada persona al repartir una cosa: *¿qué porción de la herencia te ha tocado?*

pordiosero, -ra n. m. y f. Persona que no tiene las cosas necesarias para vivir y habitualmente pide limosna y alimentos. SIN mendigo.
DER pordiosear.

porfía n. f. **1** Lucha o disputa que se mantiene con insistencia y tenacidad: *mantuvieron una larga porfía acerca de la educación de los hi-*

jos. **2** Insistencia inoportuna y obstinada con que se solicita una cosa: *pidió con porfía un aumento de sueldo.*

porfiar v. intr. **1** Discutir de manera obstinada o manteniéndose alguien excesivamente firme en una opinión: *no seas tan terco y deja de porfiar.* **2** Pedir una cosa de forma repetida, insistiendo hasta molestar. **3** Insistir en una acción para lograr una cosa difícil o que opone resistencia: *la reja no cedía, pero él porfiaba en su intento de derribarla.*

OBS En su conjugación, la *i* se acentúa en algunos tiempos y personas, como en *desviar.*

DER porfiado.

pormenor n. m. **1** Detalle o circunstancia particular de un asunto: *después de cenar nos contó los pormenores de su viaje.* **2** Detalle poco importante de un asunto: *no nos interesan los pormenores de este trabajo, sino su resultado.*

OBS Se usa frecuentemente en plural.

pormenorizar v. tr. Describir o referir una cosa con todo detalle o minuciosamente.

OBS En su conjugación, la *z* se convierte en *c* delante de *e.*

pornografía n. f. **1** Conjunto de rasgos o características de las obras literarias o artísticas que presentan o describen actos sexuales con realismo o dureza. **2** Obra literaria o artística que presenta o describe actos sexuales con realismo o dureza: *él dice que es su obra de arte, los demás creen que es pornografía.* **3** Conjunto de obras que presentan o describen actos sexuales con realismo o dureza.

DER porno, pornográfico.

pornográfico, -ca adj. Que describe o muestra actos sexuales de forma explícita con la finalidad de excitar sexualmente: *revista pornográfica.*

poro n. m. **1** Agujero muy pequeño, que no se puede ver a simple vista, que hay en la superficie de los animales y los vegetales, especialmente el que permite la salida del sudor en la piel de los mamíferos. **2** Agujero que no se ve a simple vista entre las moléculas que forman un cuerpo: *el agua penetra por los poros de la esponja.*

poroso, -sa adj. [cosa, material] Que tiene poros: *el cemento es un material poroso.*

DER porosidad.

porque conj. **1** Se usa para introducir la causa o la razón que explica una determinada acción: *me quedo en casa porque tengo trabajo.*

NOTA No se debe confundir con *porqué* ni con *por qué.* **2** Se usa para indicar finalidad: *recemos porque no llueva.*

porqué n. m. Motivo o razón de una acción o de una cosa: *te diré el porqué del asunto.*

OBS No se debe confundir con *porque* ni con *por qué.* El plural es *porqués.*

porquería n. f. **1** Suciedad, excremento: *limpiar la porquería.* **2** Cosa sucia o muy sucia, rota, vieja o de poco valor: *porquerías del suelo; una porquería de película.* **3** Dicho o hecho que se considera grosero o indecente: *decir porquerías.* SIN guarrería, marranada. **4** Alimento indigesto, de escaso valor nutritivo o mal aspecto: *comer porquerías.*

porra n. f. **1** Palo con una bola o cabeza abultada en uno de sus extremos o más grueso en su extremo que por donde se sujeta, que se usa para golpear. **2** Objeto en forma de cilindro alargado, como un palo, que usan como arma la policía y otros cuerpos de seguridad. **3** Masa de harina de forma alargada que se fríe en aceite y se cubre de azúcar o chocolate; es más larga y gruesa que el churro. **4** Apuesta que se hace entre varias personas y que gana quien acierta un número o un resultado. ◆ int. **5 ¡porras!** Se usa para indicar enfado o disgusto: *¡porras, qué frío hace!* **irse a la porra a.** Expresión que sirve para mostrar rechazo hacia una persona por enfado o disgusto: *si no quiere venir, que se vaya a la porra.* **b.** Estropearse o salir mal una cosa, especialmente un negocio: *cuando llovió tanto se fue toda la cosecha a la porra.* **mandar a la porra** Rechazar a una persona, especialmente con enfado y disgusto: *quise ayudarle, pero me mandó a la porra.* **¡una porra!** Expresión que se usa para negar o rechazar con enfado o disgusto: *le pedí que me acompañara pero me dijo: «¡Una porra! Vas tú solo».*

DER porrada, porrazo, porrillo, porrón; aporrear.

porrazo n. m. **1** Golpe dado con una porra o con otro objeto. **2** Golpe que recibe una persona al caer o chocar contra un cuerpo duro.

porro n. m. *coloquial* Cigarro hecho a mano que contiene droga, generalmente hachís o marihuana, mezclada con tabaco. SIN canuto.

DER porreta; emporrado.

portada n. f. **1** Primera página de un periódico, de una revista o de un conjunto de hojas grapadas o encuadernadas. **2** Cubierta delantera de un libro en la que aparece el título, el nombre del autor y el lugar y la fecha de impresión. **3** Fachada o cara principal de

un edificio: *la portada de la catedral es gótica.* **4** Adorno arquitectónico que se coloca alrededor de una puerta o en la fachada de un edificio: *la iglesia tiene una portada decorada con motivos barrocos.*
DER portadilla; anteportada, contraportada.

portador, -ra adj./ n. m. y f. **1** [persona] Que lleva o trae una cosa de un lugar a otro: *soy portadora de buenas noticias.* **2** [persona, animal] Que lleva en su cuerpo las bacterias o los virus que causan una enfermedad y los puede transmitir o contagiar: *buscaron personas portadoras del virus del sida para probar nuevos medicamentos.* ◆ n. m. **3** Persona que tiene en su poder un documento público o un valor comercial que le da ciertos derechos por el simple hecho de poseerlo: *el papel decía que el portador del documento no estaba obligado a pagar peaje en la aduana.*
▶ al portador Expresión que aparece en ciertos documentos, como cheques o talones bancarios, y que indica que estos pertenecen a la persona que los tiene en su poder: *me firmó un cheque al portador.*

portaequipaje o **portaequipajes** n. m. Maletero de un vehículo automóvil.
OBS El plural es *portaequipajes.*

portaesquís o **portaesquíes** n. m. Soporte que se coloca en el techo de un vehículo automóvil para sujetar los esquís y poderlos transportar.
OBS El plural es *portaesquís* o *portaesquíes.*

portafolios n. m. Maletín o carpeta de forma rectangular y plana que se lleva en la mano y se usa para guardar y llevar papeles.
SIN portafolio.
OBS El plural es *portafolios.*

portal n. m. **1** Parte de una casa o de un edificio donde se encuentra la entrada o la puerta principal. SIN zaguán. **2** Espacio exterior cubierto por una estructura sujeta por columnas que, generalmente, está construido junto a un edificio, rodea una plaza o recorre una calle: *la plaza está rodeada por amplios portales.* SIN soportal.
▶ portal de Belén Representación del establo donde nació Jesucristo.
DER portalón; soportal.

portalámparas o **portalámpara** n. m. **1** Pieza metálica en la que se enrosca el casquillo de una bombilla para conectarla a la electricidad. **2** Aparato para sostener una lámpara.
OBS El plural es *portalámparas.*

portalápiz n. m. Tubo, estuche o bote para guardar lápices y otros objetos de escritura.

portaminas n. m. Lápiz de mina recambiable formado por un tubo hueco de plástico o de metal que contiene la mina con la que se escribe o dibuja.
OBS El plural también es *portaminas.*

portapapeles n. m. INFORM. Aplicación de un sistema operativo que sirve para almacenar el texto o imagen que se ha copiado o cortado para después poder pegarlo.
OBS El plural es *portapapeles.*

portar v. tr. **1** *formal* Llevar una persona una cosa generalmente en la mano o ayudándose con alguna otra parte del cuerpo: *el caballero portaba el estandarte real.* ◆ v. prnl. **2** portarse Tener un comportamiento o una actitud determinada: *se portó como un valiente.*
DER porta, portador, portante, portátil, porte; aportar, deportar, importar, transportar.

portátil adj. [objeto] Que es fácil de mover y transportar por ser manejable y de pequeño tamaño: *ordenador portátil.*

portaviones o **portaaviones** n. m. Buque de grandes dimensiones, cuya cubierta está preparada para que puedan despegar y aterrizar aviones.
OBS El plural también es *portaviones o portaaviones.*

portavoz n. com. **1** Persona que es elegida para representar a un grupo o a una colectividad y hablar en su nombre. **2** Funcionario autorizado para comunicar de manera oficiosa una noticia u opinión proveniente de un gobierno o de una casa real.

porte n. m. **1** Acción que consiste en transportar una mercancía de un lugar a otro; suele hacerse a cambio de una cantidad de dinero previamente acordada: *el camión hace un porte diario a Madrid.* **2** Cantidad de dinero que se paga por transportar una mercancía de un lugar a otro: *la empresa paga los portes de sus productos.* **3** Aspecto que muestra una persona y que se hace evidente en sus gestos, su modo de vestir, su educación o su comportamiento: *porte distinguido.* **4** Capacidad de transporte de un buque.
DER portear.

portento n. m. **1** Cosa o hecho extraordinario que produce admiración por su extrañeza o novedad: *las cataratas del Niágara son un portento de la naturaleza.* SIN maravilla, prodigio. **2** Persona que sobresale por tener una cualidad extraordinaria: *Juan es un portento de la fotografía.*

portentoso, -sa adj. [persona, cosa] Que produce admiración por ser sorprendente, novedoso o singular: *a pesar de ser tan pequeño tiene una fuerza portentosa.* SIN prodigioso.

portería n. f. **1** Parte de un edificio que está a continuación de la puerta principal y que sirve para acceder a la escalera, ascensor u otras partes del edificio. SIN portal. **2** Vivienda de la persona encargada de la vigilancia de un edificio. **3** Habitación en la que está temporalmente la persona encargada de la vigilancia de un edificio. **4** En ciertos deportes, armazón formado por dos palos verticales, uno horizontal y una red al fondo en el que debe entrar la pelota para marcar un tanto. SIN arco, meta, puerta.

portero, -ra n. m. y f. **1** Persona que se dedica a la vigilancia, al cuidado y al mantenimiento de la parte no habitable de un edificio: *el portero les pidió las acreditaciones para entrar.* SIN conserje. portero automático Mecanismo electrónico que sirve para abrir la puerta principal de un edificio desde el interior de cada una de las viviendas particulares. SIN portero electrónico. **2** Persona que juega en un equipo deportivo y defiende la portería de su equipo para evitar que entre la pelota: *el portero paró el balón.* SIN arquero, guardameta.
DER portería.

pórtico n. m. **1** Espacio exterior cubierto y con columnas que se construye en la parte delantera de un edificio. **2** Conjunto de arcos y columnas que están situados a lo largo de un muro o alrededor de una plaza y que forman una galería.
DER porticado.

portón n. m. **1** Puerta de entrada de una finca o una casa grande. **2** Puerta trasera de los coches y furgonetas que permite cargar el equipaje o entrar en el coche por detrás.

portorriqueño, -ña adj. Puertorriqueño.

portuario, -ria adj. Del puerto de mar o relacionado con este lugar: *tráfico portuario.*

portugués, -guesa adj. **1** De Portugal o que se relaciona con este país del oeste de la península Ibérica. SIN lusitano. ◆ adj./n. m. y f. **2** [persona] Que es de Portugal. SIN lusitano. ◆ n. m. **3** Lengua hablada en Portugal, Brasil y los países que antiguamente pertenecieron a Portugal.
DER portuguesismo.

porvenir n. m. **1** Hecho o tiempo futuro en el que una persona cree que va a vivir: *no sabemos qué nos deparará el porvenir.* SIN futuro, mañana. ANT pasado. **2** Situación o desenvolvimiento futuro profesional de una persona: *tiene un brillante porvenir.*
OBS No se usa en plural.

pos Palabra que se usa en la expresión *en pos de,* que significa 'detrás': *ir en pos de la victoria.*

pos-, post- Prefijo que entra en la formación de palabras con el significado de 'detrás', 'después de': *posponer, posdata.*

posada n. f. **1** Lugar que acoge u hospeda a las personas que viajan o van de paso y donde pueden dormir y comer. SIN fonda, mesón. **2** Alojamiento que se da a una persona: *le dimos posada en nuestra propia casa.* SIN albergue.

posaderas n. f. pl. Conjunto de las dos partes carnosas y redondeadas del cuerpo humano que están situadas donde acaba la espalda y constituyen el trasero. SIN culo, nalga.

posadero, -ra n. m. y f. **1** Persona que es dueña de una posada o está a su cargo. SIN mesonero. ◆ n. m. **2** Asiento que se fabrica de espadaña o de soga de esparto; suele ser de altura baja y forma cilíndrica.

posar v. intr. **1** Colocarse una persona en una posición determinada para retratarse o servir de modelo a un fotógrafo, un pintor o un escultor. ◆ v. tr. **2** Poner suavemente una cosa sobre otra: *posé la cabeza en su hombro.* **3** Dejar o soltar la carga que se lleva para poder descansar. ◆ v. prnl. **4** posarse Detenerse en un lugar las aves, los insectos o los aparatos aeronáuticos, tras haber volado. **5** Caer y acumularse en el fondo de un líquido la materia sólida que está flotando en él: *el azúcar se posó en el fondo de la taza de café.* **6** Caer el polvo que está suspendido en el aire sobre las cosas o en el suelo.
DER pose.

posavasos n. m. Soporte de cartón, metal, etc., usado para que los vasos servidos no dejen machas o rayaduras en los muebles.
OBS El plural es *posavasos.*

posdata o **postdata** n. f. Frase o mensaje que se añade al final de una carta ya firmada: *la abreviatura de posdata es P. D.*

pose n. f. **1** Postura o posición en la que se coloca una persona que va a ser fotografiada, retratada o pintada por otra. **2** Actitud fingida o exagerada que adopta una persona en su comportamiento y con la que intenta producir un efecto determinado: *se comporta con mucha simpatía, pero esto no es más que una pose ante los demás.*

poseedor, -ra adj./ n. m. y f. Que tiene o posee algo: *el poseedor de una cuenta bancaria.*

poseer v. tr. **1** Tener una cosa o ser dueño de ella: *esa familia posee una gran fortuna.* **2** Disponer de una cosa o contar con ella: *el joven posee una inteligencia portentosa.* SIN tener. ◆ v. prnl. **3** poseerse Contener, frenar o sujetar los propios impulsos: *estaba tan enfadado que no podía poseerse.*
OBS En su conjugación, la *i* de la desinencia se convierte en *y* delante de *o* y *e*, como en *leer.*
DER poseedor, poseído, posesión, posesivo, poseso; desposeer.

poseído, -da adj./ n. m. y f. **1** [persona] Que está dominado por un impulso, un sentimiento apasionado o un determinado estado de ánimo: *estaba poseído por los celos.* **2** [persona] Que está dominado por un espíritu generalmente maligno: *dicen que la niña estaba poseída por el demonio.* SIN endemoniado, poseso. **3** [persona] Que se comporta con superioridad y engreimiento: *desde que ganó el premio está muy poseído.*

posesión n. f. **1** Hecho o acto de poseer una cosa, tenerla o ser dueño de ella: *la fortuna está en posesión de los herederos.* **2** Cosa que tiene o posee una persona. **3** Hecho de entrar un espíritu en el cuerpo de una persona y dominar su carácter y su voluntad. **4** Terreno o finca que forma parte del patrimonio de una persona: *la familia tenía algunas posesiones en Álava.*
NOTA Se usa generalmente en plural.
▶ tomar posesión Ocupar una persona un cargo de forma oficial: *el presidente tomó posesión de su cargo.*
DER posesionar.

posesivo, -va adj. **1** [persona] Que tiene un carácter muy absorbente y pretende tener siempre cerca a las personas que quiere: *amante posesiva.* ◆ adj./ n. m. **2** [adjetivo, pronombre] Que expresa posesión o pertenencia: *las palabras «mi», «tu», «su» son adjetivos posesivos.*

poseso, -sa adj. [persona] Que está dominado por un espíritu generalmente maligno.
SIN endemoniado, poseído.

posgrado n. m. Estudios universitarios posteriores a la licenciatura.
OBS También se escribe *postgrado.*

posgraduado, -da adj. [persona] Que ha conseguido recientemente una graduación académica: *consiguió una beca para posgraduados.*
OBS También se escribe *postgraduado.*

posguerra o **postguerra** n. f. Período de tiempo que sigue al final de una guerra y durante el cual se sufren sus consecuencias.

posibilidad n. f. **1** Circunstancia u ocasión de que una cosa ocurra o suceda: *la posibilidad de que venga está asegurada.* ANT imposibilidad. **2** Cosa que es posible que ocurra o suceda. **3** Opción que tiene una persona de hacer o no hacer una cosa: *tú que tienes la gran posibilidad de viajar al extranjero, aprovéchala.* ◆ n. f. pl. **4** posibilidades Conjunto de medios, bienes o riquezas que tiene una persona o de los que dispone para hacer algo.

posibilitar v. tr. Hacer que una cosa, normalmente difícil y ardua, sea posible: *la nueva ley posibilitó la entrada de capital extranjero.* SIN facilitar.

posible adj. **1** Que puede ser o suceder; que se puede realizar: *es posible que venga mañana.* ANT imposible. ◆ n. m. pl. **2** posibles Conjunto de medios, bienes o riqueza que tiene una persona o de los que se dispone para hacer algo: *es una persona de posibles.*
▶ ¿es posible? o ¿cómo es posible? Expresión que indica sorpresa y admiración ante un hecho raro o extraño: *—¿Sabes que Juan y Luis han roto? —¿Es posible?* hacer todo lo posible Poner una persona todos los medios necesarios para conseguir un fin determinado.
DER posibilidad, posibilitar; imposible.

posición n. f. **1** Manera de estar o colocarse físicamente una persona, un animal o un objeto: *posición vertical.* SIN postura. **2** Lugar o situación que ocupa una persona o una cosa: *el atleta llegó a la meta en primera posición.* SIN emplazamiento, puesto. **3** Manera de pensar o de actuar una persona de acuerdo con sus ideas o sus puntos de vista: *el político mantuvo una posición muy radical.* SIN postura. **4** Condición social o económica de una persona: *goza de una buena posición.* **5** Punto situado en un lugar estratégico y ventajoso para realizar ciertas operaciones militares: *el ejército tenía una buena posición.*
DER posicionar.

posicionar v. intr./ prnl. **1** Tomar una posición, actitud o postura, definirse. ◆ v. tr. **2** Colocar o situar una cosa en la posición adecuada.

pósit n. m. Pequeña hoja de papel que lleva una franja adhesiva que se puede pegar y despegar varias veces: *te he dejado su dirección en un pósit pegado a la pantalla.*
OBS Procede de la marca registrada *Post-it*®.

positivar v. tr. Convertir en positivo un negativo fotográfico: *llevé a positivar las fotos.* SIN revelar.

positivismo n. m. **1** Actitud realista y práctica de una persona ante la vida. **2** FILOS. Doctrina filosófica y científica que considera que el único medio de conocimiento es la experiencia comprobada o verificada a través de los sentidos.
DER positivista.

positivo, -va adj. **1** Que indica o expresa afirmación: *me gustaría que la respuesta a mi pregunta fuera positiva.* SIN afirmativo. ANT negativo. **2** Que es cierto, real o que no ofrece duda alguna. **3** Que indica la presencia o la existencia de una cosa y no la falta de ella: *la prueba de embarazo ha dado un resultado positivo.* ANT negativo. **4** Que es útil, práctico o favorable: *los consejos que recibió fueron muy positivos para él.* **5** [persona] Que tiende a ver y juzgar las cosas en su aspecto mejor o más agradable: *es una persona muy positiva.* ANT negativo. **6** FÍS. [polo de un generador] Que atrae los electrones o las cargas negativas. ANT negativo. **7** GRAM. [adjetivo] Que presenta una cualidad del sustantivo en grado neutro, en oposición al grado superlativo y al grado comparativo. **8** MAT. [número, cantidad] Que es mayor que cero: *5 es un número positivo.* ANT negativo. ◆ n. m./ adj. **9** Copia fotográfica que reproduce los claros y los oscuros tal y como aparecen en la realidad; se obtiene de un negativo. ANT negativo.
DER positivar, positivismo.

poso n. m. **1** Materia sólida que después de haber estado flotando en un líquido se queda en el fondo del recipiente: *la taza tenía posos de café.* SIN sedimento. **2** Señal o huella que queda en el espíritu tras haber tenido un disgusto o un sufrimiento: *después de la pelea le quedó un poso de rencor hacia su amigo.*

posología n. f. Determinación de las dosis en que deben administrarse los medicamentos: *me prescibió la posología.*

posoperatorio, -ria adj. Que es posterior a una operación quirúrgica.
OBS También se escribe *postoperatorio.*

posponer v. tr. **1** Retrasar o retardar una cosa en el tiempo para realizarla en un momento o en una fecha posterior: *el viaje se pospuso por falta de medios.* SIN aplazar. **2** Poner o colocar una persona o una cosa después de otra en el tiempo o en el espacio. **3** Apreciar a una persona o cosa menos que a otra.
OBS Se conjuga como *poner.*
DER posposición, pospuesto.

posta n. f. **1** Conjunto de caballerías que antiguamente estaban preparadas en determinados puntos del recorrido de una diligencia para hacer el relevo a las que ya venían cansadas. **2** Lugar o casa donde estaba este conjunto de caballerías. **3** Bala pequeña de plomo que sirve de munición para cargar las armas de fuego.

postal adj. **1** Que es propio del servicio de correos: *el código postal.* **2** Que se envía por medio del servicio de correos: *un paquete postal.* ◆ adj./ n. f. **3** [tarjeta] Que se envía por correo sin sobre y tiene grabada en una de sus caras una fotografía o un dibujo.
DER aeropostal.

poste n. m. **1** Objeto alargado que se coloca de forma vertical para servir de apoyo o señal: *el poste de la lu.* **2** Palo vertical que hay a cada uno de los lados de una portería en algunos deportes.

póster n. m. Cartel con una imagen o una fotografía que se cuelga en una pared como elemento decorativo.
OBS El plural es *pósteres.*

postergar v. tr. **1** *formal* Dejar una cosa para hacerla después de otra a la que debería preceder. SIN aplazar, posponer. **2** Colocar a una persona o una cosa en un lugar inferior al que le corresponde: *en la empresa lo han postergado a un segundo plano.*
OBS En su conjugación, la *g* se convierte en *gu* delante de *e.*
DER postergación; impostergable.

posteridad n. f. **1** Conjunto de personas que pertenecen a las generaciones futuras: *la posteridad sabrá reconocer tus méritos.* **2** Tiempo futuro: *quiso dejar una obra importante para la posteridad.* **3** Fama que se tiene después de la muerte: *era un pintor obsesionado por la posteridad.*

posterior adj. **1** Que se dice, se hace o sucede después de otra cosa: *ella insistía en que su marcha fue posterior a la nuestra.* ANT anterior. **2** Que está situado detrás de una persona o

una cosa: *el accidente alcanzó a los coches posteriores.* ANT anterior. **3** Que está situado en la parte de atrás de una cosa. **4** GRAM. [fonema consonántico, fonema vocálico] Que se pronuncia colocando la lengua hacia la parte de atrás de la boca: *la k es una consonante posterior.*
DER posterioridad.

posteriori Palabra que se usa en la expresión a posteriori, que indica que una cosa se juzga después de haber sucedido.

posterioridad n. f. Tiempo futuro o situación temporal futura: *se graduó en la universidad y recibió el título con posterioridad.*

postigo n. m. **1** Puerta de una sola pieza que tiene un cerrojo y un picaporte. **2** Puerta de madera que se coloca en una ventana además de los cristales: *el postigo está sujeto al marco de la ventana mediante bisagras.* SIN contraventana. **3** Puerta pequeña abierta dentro de otra mayor. **4** Puerta pequeña que se abre en un muro, una muralla o un vallado. **5** Cualquiera de las puertas no principales de una ciudad o una villa.

postín n. m. **1** Género de vida que muestra riqueza, lujo y distinción: *una familia de mucho postín.* **2** Actitud arrogante y afectada de la persona que presume de tener riqueza, lujo y distinción: *se da mucho postín de vivir en la mejor zona de la ciudad.*
▶ de postín Que es rico, lujoso y elegante.

postizo, -za adj. **1** Que es añadido o imitado y puede sustituir de manera artificial a una cosa natural y propia: *dentadura postiza; uñas postizas.* ◆ n. m. **2** Pelo o cabellera artificial o natural que sirve para aumentar el volumen de un peinado o para disimular la falta de pelo propio.

postor, -ra n. m. y f. Persona que puja u ofrece una cantidad de dinero por un objeto en una subasta.
▶ mejor postor o mayor postor Persona que puja u ofrece la cantidad de dinero más alta por un objeto en una subasta: *adjudicaron el cuadro al mejor postor.*

postración n. f. Estado de abatimiento o decaimiento en que se encuentra una persona por causa de una enfermedad o un sentimiento de gran tristeza.

postrar v. tr. **1** Quitar a una persona la energía y la fuerza física y moral: *la enfermedad ha postrado su cuerpo.* ◆ v. prnl. **2** postrarse Ponerse una persona de rodillas ante otra en señal de respeto, súplica, adoración o humillación: *el caballero se postró ante la reina.*
DER postración.

postre n. m. Alimento que se toma al final de una comida y que suele ser de sabor dulce.
▶ a la postre En definitiva o finalmente: *después de muchas discusiones, a la postre nos pusimos todos de acuerdo.* para postre Expresión que se utiliza cuando una situación es algo desagradable y después sucede otra que todavía lo es más: *llegó una hora tarde y para postre no trajo lo que le encargué.*

postrer adj. *formal* Postrero: *el postrer día.*
OBS Es la forma apocopada de *postrero* y solo se utiliza antepuesto a un sustantivo.

postrero, -ra adj. *formal* Que es el último en una serie ordenada: *las horas postreras del día.*
DER postrer.

postulado n. m. **1** Principio que se admite como cierto sin necesidad de ser demostrado y que sirve como base para otros razonamientos. **2** Idea o principio que defiende una persona o un grupo de personas: *el partido que gobierna actúa de acuerdo con sus postulados.* **3** MAT. Supuesto que se fija para dar fundamento a una demostración.

postular v. tr. **1** Defender una persona o grupo de personas una idea o un principio de interés general: *el partido postula la democracia.* **2** Pedir dinero para utilizarlo con fines benéficos o religiosos: *este domingo miles de niños saldrán a postular para los refugiados confinados en los campos.*
DER postulación, postulado, postulante.

póstumo, -ma adj. Que sale a la luz o se realiza después de la muerte del padre o del autor: *hijo póstumo.*

postura n. f. **1** Manera o modo de estar situada, puesta o colocada físicamente una persona, un animal o una cosa. SIN posición, pose. **2** Manera de pensar o de obrar una persona o un grupo de personas con respecto a un asunto: *las posturas de los dos grupos políticos están enfrentadas.* SIN actitud, posición. **3** Cantidad de dinero que se ofrece en una subasta por una cosa que se vende o se alquila. **4** Conjunto de huevos puestos de una sola vez.
DER apostura.

potabilizador, -ra adj./ n. m. y f. **1** Que potabiliza: *planta potabilizadora.* ◆ n. f. **2** Complejo industrial en el que se desala el agua del mar para hacerla potable.

potable adj. **1** [agua] Que se puede beber sin que perjudique a la salud: *esta fuente es de agua potable.* **2** Que se puede admitir o aceptar como bueno.
DER potabilidad.

potaje n. m. **1** Comida o guiso que se prepara con caldo, verduras y legumbres. **2** Conjunto de cosas desordenadas, revueltas: *¡menudo potaje de libros tienes encima de la cama!*

potasa n. f. Hidróxido de potasio que es sólido y de color blanco.

potasio n. m. QUÍM. Elemento químico metálico del color de la plata; es blando y ligero, se oxida fácilmente y produce llama en contacto con el agua: *el símbolo del potasio es* K.

pote n. m. **1** Recipiente redondo de pequeño tamaño que sirve para beber o contener un líquido: *en este pote guardo el aceite de oliva.* **2** Recipiente de metal, redondo, de boca ancha y dos asas pequeñas a los lados que se usa para cocinar: *la señora está haciendo el guiso en el pote.* SIN olla. **3** Comida o guiso que se prepara con verduras, legumbres y caldo.
▶ darse pote Presumir una persona de las cualidades propias: *¡qué pote se da!, siempre está hablando de lo maravilloso que es.*
DER potito.

potencia n. f. **1** Capacidad que tiene una cosa para realizar una acción o producir un efecto determinado: *la escopeta tiene una gran potencia de tiro.* **2** Poder y fuerza con que cuenta un Estado para imponerse a los demás: *una potencia naval.* **3** País o nación que tiene un gran poder político o económico. **4** Cada una de las tres facultades del alma: *las potencias del alma son el entendimiento, la memoria y la voluntad.* **5** FILOS. Posibilidad o capacidad que tiene una cosa de convertirse en otra, de producir un cambio o de llegar a ser algo distinto. **6** FÍS. Trabajo realizado por una fuerza en la unidad de tiempo: *la potencia se mide en vatios.* **7** MAT. Producto que resulta de multiplicar un número por sí mismo una o varias veces: *en* $2^2 = 4$ *el cuatro es potencia de dos.*
▶ elevar a una potencia MAT. Multiplicar un número por sí mismo tantas veces como indique el exponente: *si elevas 8 a la segunda potencia el resultado es 64.* en potencia Que no es o no existe pero tiene posibilidad de ser o de existir en el futuro: *este niño es un científico en potencia.*
DER potencial, potenciar, potente; impotencia, omnipotencia, superpotencia.

potencial adj. **1** Que no es o no existe pero tiene la posibilidad de ser o de existir en el futuro. SIN posible. ◆ n. m. **2** Fuerza o poder del que se dispone para lograr un fin: *potencial económico.* **3** FÍS. Energía eléctrica acumulada en un cuerpo conductor: *el potencial eléctrico se mide en voltios.* **4** GRAM. Tiempo del verbo que expresa la acción como futura y posible. SIN condicional.

potenciar v. tr. **1** Comunicar fuerza o energía a una cosa: *se buscaban medidas que potenciasen el desarrollo industrial.* **2** Aumentar la fuerza o el poder de una cosa.
OBS En su conjugación, la *i* es átona, como en *cambiar.*
DER potenciación.

potenciómetro n. m. **1** Aparato que sirve para medir las diferencias de potencial eléctrico. **2** Resistencia que llevan los aparatos electrónicos y que varía según una gama de frecuencias.

potente adj. **1** Que tiene mucha potencia, fuerza física o poder: *es un equipo de fútbol muy potente.* SIN fuerte. **2** Que tiene riquezas, autoridad e importancia: *fue uno de los economistas más potentes de su época.* SIN poderoso. **3** Que es muy grande o desmesurado: *en medio del silencio se oyó un potente grito.*
DER potentado; prepotente.

potestad n. f. *formal* Poder o autoridad que se tiene sobre una persona o una cosa. SIN dominio, facultad.
▶ patria potestad Poder o autoridad legal que tienen los padres sobre los hijos que aún no están emancipados.

potestativo, -va adj. Que es voluntario y no obligatorio.

potosí n. m. Riqueza extraordinaria o muy grande: *ganó un potosí trabajando en Alemania.*
▶ valer un potosí Tener una persona o una cosa un gran valor: *este chico vale un potosí.*
NOTA Con este sentido, también se escribe con mayúscula: *vale un Potosí*
OBS El plural es *potosíes* (culto) o *potosís* (popular).

potro, -tra n. m. **1** Cría del caballo desde que nace hasta que cambia los dientes de leche. ◆ n. m. **2** Aparato de gimnasia formado por cuatro patas y un cuerpo alargado que sirve para realizar diferentes tipos de ejercicios y saltos. **3** Aparato antiguo de tortura en el que se sentaba e inmovilizaba a los procesados para obligarles a declarar.
DER potrada, potranco.

poyo n. m. Banco de piedra u otro material que normalmente se construye en una casa pegado a una pared o junto a la puerta.

poza n. f. **1** Hueco de un terreno donde se acumula el agua. SIN charca. **2** Parte de un río que tiene más profundidad.
DER pozal.

pozo n. m. **1** Agujero profundo que se hace en la tierra para sacar el agua que procede de manantiales subterráneos. pozo artesiano Agujero profundo que se excava para que el agua contenida entre dos capas subterráneas de la tierra salga a la superficie. pozo negro Agujero que se hace junto a las casas para acumular aguas sucias y residuales. **2** Agujero que se hace en la tierra para bajar a una mina o para extraer minerales: *pozos de petróleo.* **3** Persona que posee en abundancia una cualidad: *este chico es un verdadero pozo de ciencia.* **4** Parte de un río que tiene más profundidad. SIN poza.
▶ pozo sin fondo Expresión que se aplica a una tarea que parece no acabarse nunca o a una persona a la que se da dinero y cada vez reclama o pide más: *esta inversión es un pozo sin fondo porque cada vez nos saca más dinero.*
DER pocero, poza.

práctica n. f. **1** Ejercicio o realización de una actividad de una forma continuada y conforme a sus reglas: *se dedica a la práctica de la medicina.* **2** Habilidad o experiencia que se consigue o se adquiere con la realización continuada de una actividad: *el joven abogado no tiene mucha práctica.* SIN destreza. **3** Aplicación real o particular de una idea, una teoría o una doctrina: *la ciencia debe aunar teoría y práctica.* **4** Uso continuado o habitual que se hace de una cosa: *las prácticas religiosas cristianas han variado poco.* SIN costumbre, hábito. **5** Ejercicio o prueba que se hace bajo la dirección de un profesor para conseguir habilidad o experiencia en una profesión o trabajo: *hizo prácticas de enfermería en un hospital.*
NOTA Se usa más en plural.
▶ en la práctica Expresión que indica que en la realidad las cosas no son iguales que en la teoría: *estas ideas son difíciles de aplicar en la práctica.* llevar a la práctica o poner en práctica Realizar o llevar a cabo un proyecto o una idea: *el empresario llevó a la práctica la reforma de su empresa.*
DER practicar, práctico.

practicante adj./n. com. **1** [persona] Que profesa y practica una religión: *toda la familia era católica practicante.* ◆ n. com. **2** Persona que realiza pequeñas curas a los enfermos y pone inyecciones: *los practicantes pueden ejercer la cirugía menor.* **3** Persona encargada en una farmacia de preparar y despachar medicamentos bajo la dirección del farmacéutico.

practicar v. tr. **1** Realizar de forma continuada una actividad: *ha empezado a practicar la medicina en un hospital.* **2** Realizar una cosa: *el forense practicó la autopsia.* **3** Repetir varias veces una cosa que se ha aprendido para adquirir habilidad o experiencia sobre ella: *practicar idiomas.* SIN entrenar. **4** Profesar y aplicar los principios y las ideas de una religión o seguir sus normas.
OBS En su conjugación, la *c* se convierte en *qu* delante de *e*.
DER practicable, practicante.

práctico, -ca adj. **1** Que es útil o presta un buen servicio: *un coche pequeño es muy práctico en la ciudad.* **2** De la práctica o relacionado con esta aplicación real de la teoría: *la teoría no siempre funciona en el terreno práctico.* SIN pragmático. **3** [persona] Que tiene experiencia y es muy hábil para hacer las cosas. SIN diestro. **4** [persona] Que tiene un concepto de la vida muy realista: *lo mejor es dejarse de ilusiones y ser práctico para afrontar la realidad.* ◆ n. m. **5** MAR. Persona que dirige o conduce una embarcación en las maniobras difíciles o complicadas: *el práctico dirige la entrada al puerto de los grandes barcos.*

pradera n. f. **1** Lugar llano y con hierba que es más grande que el prado. **2** Conjunto de prados.

prado n. m. **1** Terreno llano y muy húmedo donde crece o se cultiva la hierba para que sirva de pasto al ganado. SIN pastizal. **2** Lugar llano y con hierba situado en el campo donde las personas van a pasear o a pasar el tiempo de forma agradable.

pragmática n. f. Parte de la lingüística que estudia la relación del lenguaje con el hablante y el oyente y con el contexto en que se realiza la comunicación.

pragmático, -ca adj. **1** Que se refiere a la práctica, la ejecución o la realización de las acciones y no a la teoría o a la especulación: *el conferenciante nos sorprendió con sus teorías pragmáticas.* SIN práctico. **2** De la pragmática o que tiene relación con esta parte de la

lingüística. **3** FILOS. Del pragmatismo o que tiene relación con esta doctrina filosófica.
DER pragmática, pragmatismo.

pragmatismo n. m. FILOS. Doctrina filosófica que considera que el único medio de juzgar la verdad de una doctrina moral, social, religiosa o científica consiste en considerar sus efectos prácticos. SIN pragmatista.

praliné n. m. **1** Crema elaborada con chocolate y almendra o avellana molida. **2** Bombón o chocolate relleno de esta crema.

praxis n. f. Actividad práctica en oposición a la teórica: *se debe recurrir a la praxis para confirmar las teorías.* SIN práctica.
OBS El plural también es *praxis.*

pre- Prefijo que entra en la formación de palabras con el significado de: *a)* 'Antelación': *preconcebir, precocinado. b)* 'Prioridad': *preceder. c)* 'Encarecimiento': *preclaro. d)* 'Superioridad o grado máximo': *prepotente.*

prealerta n. f. Estado de vigilancia y preparación en que entra un organismo o grupo ante la posibilidad de una catástrofe: *el gobierno entró en prealerta ante la posible llegada del huracán.*

preámbulo n. m. **1** Conjunto de palabras o expresiones que se dicen o se escriben antes de entrar en el tema central de un discurso o de un escrito. SIN prefacio, prólogo. **2** Rodeo o explicación que se da antes de decir claramente una cosa: *déjate de preámbulos y dime qué quieres.* SIN digresión.

precalentamiento n. m. Conjunto de ejercicios que hace un deportista para preparar el cuerpo y estirar o calentar los músculos antes de hacer un esfuerzo físico grande.

precariedad n. f. **1** Carencia o falta de los medios o recursos necesarios para algo: *precariedad económica.* **2** Carencia o falta de estabilidad o seguridad.

precario, -ria adj. **1** [situación] Que es poco estable, poco seguro o poco duradero: *su precario estado de salud le obliga a pasar mucho tiempo en cama.* **2** [situación] Que no cuenta con los medios o los recursos necesarios o suficientes. SIN escaso. **3** DER. [cosa material] Que se tiene o se disfruta sin poseer ningún título de propiedad ni ser el dueño.
DER precariedad.

precaución n. f. **1** Actitud o comportamiento cauteloso y prudente con que se actúa para evitar o prevenir un daño o un peligro: *debes cruzar la calle con precaución.* SIN cautela, cuidado. **2** Medida de seguridad o de prevención que se toma para evitar que suceda una cosa que no es deseable.

precavido, -da adj. **1** Que actúa o se comporta con cautela y prudencia e intenta evitar o prevenir un peligro. SIN cauto, prudente. **2** Que actúa con precaución o previsión.

precedente adj. **1** Que está colocado antes de una cosa o ha sucedido con anterioridad en el tiempo: *año precedente.* ◆ n. m. **2** Cosa que se hace, se dice o se vive en un momento anterior y que influye en otra cosa que ocurre posteriormente: *muchos estudiosos buscan los precedentes de la novela moderna.* SIN antecedente. **3** Acción realizada con anterioridad que sirve de ejemplo o norma para casos semejantes que sucedan después: *el abogado busca un caso parecido que sirva de precedente para salvar a su defendido.*
▶ sentar un precedente o sentar precedentes Hacer una cosa que pueda crear la obligación de actuar de la misma manera ante un caso parecido que ocurra posteriormente: *la resolución del jurado sentó un precedente clarísimo.*

preceder v. tr./ intr. **1** Estar colocada una persona o una cosa delante de otra: *el guía precedía al grupo de visitantes.* SIN anteceder. ◆ v. tr. **2** Suceder o realizarse una cosa antes que otra: *el embarazo precede al parto.* SIN anteceder. **3** Tener una persona o una cosa más importancia o superioridad que otra: *debes respetar a los que te han precedido en tu cargo.*
DER precedente.

preceptivo, -va adj. Que debe ser cumplido o acatado de manera obligatoria por estar ordenado mediante un precepto o una orden. SIN normativo, obligatorio.

precepto n. m. Orden o mandato relativo a una conducta e impuesto o establecido por una autoridad: *los católicos deben cumplir los preceptos establecidos por la Iglesia.* SIN disposición, norma, regla.
DER preceptivo, preceptor, preceptuar.

preceptor, -ra n. m. y f. Persona que antiguamente se dedicaba a enseñar y formar a un niño en su propia casa y de manera privada o particular.

preciado, -da adj. **1** Que es muy estimado o querido. SIN precioso. **2** Que tiene mucho valor. SIN valioso. **3** Que se comporta con vanidad y pedantería: *es una persona muy preciada de sí misma.* SIN vanidoso.

precintar v. tr. Poner o colocar un precinto en un objeto o un lugar: *precintan el producto.*

precinto n. m. **1** Acción y efecto de precintar: *el precinto de la vivienda.* SIN precintado. **2** Cuerda, tira de papel u otro material que sirve para que un objeto o un lugar no pueda ser abierto sin que esa sujeción se rompa y asegurar así que no se abra hasta que corresponda: *precinto de garantía.*
DER precintar.

precio n. m. **1** Cantidad de dinero que cuesta una cosa o que hay que pagar por ella. SIN coste. precio de coste Cantidad de dinero que cuesta hacer o producir una cosa. **2** Esfuerzo, pérdida o sufrimiento que sirve como medio para conseguir una cosa: *tuvo que pagar un precio muy alto para conseguir aquello que de verdad quería en la vida.*
▶ no tener precio Ser una cosa de mucho valor: *la salud es algo que no tiene precio.*
DER preciar.

preciosidad n. f. **1** Cualidad de precioso: *la preciosidad de sus ojos me cautivó.* **2** Persona, animal o cosa que destaca por esta cualidad: *tu hijo es una preciosidad.*

preciosista adj. **1** Que tiende al refinamiento extremado: *la mansión exhibía un estilo preciosista.* ◆ adj./ n. com. **2** [artista] Que tiende a aplicar el refinamiento extremado en sus obras.

precioso, -sa adj. **1** Que es muy bello y agradable a la vista. SIN bello, hermoso. ANT feo, horrible. **2** Que tiene mucho valor o estimación: *el diamante es una piedra preciosa.* SIN valioso.
DER preciosidad, preciosismo.

precipicio n. m. **1** Corte vertical y profundo de un terreno. **2** Ruina espiritual o material: *su depresión le está llevando al borde de un precipicio.*

precipitación n. f. **1** Manera rápida o imprevista en que sucede una cosa. **2** Prisa o rapidez con la que se actúa o con la que se hace una cosa. **3** Agua en estado líquido o sólido que procede de la atmósfera y cae sobre la superficie de la Tierra. NOTA Se usa más comúnmente en plural. **4** QUÍM. Acción de depositarse en el fondo de un recipiente la parte sólida que está suspendida en el líquido de una disolución por efecto de una reacción química.

precipitado, -da adj. **1** Que se hace o se dice de una manera demasiado rápida o con excesiva prisa: *una decisión precipitada.* **2** [persona] Que hace o dice las cosas de manera rápida o con mucha prisa y sin pensar en las consecuencias. ◆ **3** n. m. QUÍM Sustancia que a consecuencia de un cambio físico o químico se separa del líquido en que estaba disuelta y se posa más o menos rápidamente en forma sólida.

precipitar v. tr./ prnl. **1** Lanzar una persona o una cosa desde un lugar alto: *la mujer se precipitó desde una roca.* SIN arrojar. **2** Hacer que un acontecimiento o proceso suceda de una manera más rápida, acelerada o apresurada. SIN acelerar. ◆ v. tr./ intr. **3** QUÍM. Producir una reacción química por la que una sustancia sólida suspendida en el líquido de una disolución se deposita en el fondo del recipiente: *esta mezcla no ha precipitado.* ◆ v. prnl. **4** precipitarse Hacer o decir una persona una cosa de manera rápida o con mucha prisa y sin pensar en las consecuencias.
DER precipicio, precipitación, precipitado.

precisar v. tr./ intr. **1** Necesitar a una persona o una cosa para un fin determinado: *este trabajo es difícil y precisa mucha concentración.* SIN requerir. ◆ v. tr. **2** Decir o expresar una cosa de un modo exacto y completo: *le pidieron al director que precisara algunos puntos de su proyecto.* SIN determinar, puntualizar.

precisión n. f. Exactitud o determinación: *me admira la precisión de este reloj.* ANT imprecisión, vaguedad.
▶ de precisión [aparato, instrumento] Que es capaz de dar datos y resultados exactos o precisos: *reloj de precisión; balanza de precisión.*

preciso, -sa adj. **1** Que es necesario o indispensable para un fin determinado: *es preciso que me ayudes.* **2** Que es exacto o riguroso: *utilizaron una balanza muy precisa.* ANT impreciso. **3** Que es fijo, puntual o determinado: *en ese preciso instante, ocurrió lo que no deseábamos.*
DER precisamente, precisar, precisión; impreciso.

precocidad n. f. Carácter prematuro o temprano de una persona o de una cosa.

precocinado, -da adj./ n. m. [alimento] Que se compra ya cocinado y solo es preciso calentarlo.

preconizar v. tr. Defender o apoyar una cosa que se considera buena o recomendable. SIN promover, propugnar.
OBS En su conjugación, la *z* se convierte en *c* delante de *e*.

precontrato n. m. Contrato preliminar en virtud del cual dos o más personas se comprometen a firmar, en un cierto plazo de tiempo, un contrato definitivo: *firmar el precontrato.*

precoz adj. **1** [niño] Que destaca por tener cualidades morales o físicas que no son propias de su edad sino de una etapa posterior de su crecimiento: *es un niño muy precoz, con cuatro años toca el piano.* SIN adelantado. **2** Que se da, se hace o se desarrolla antes del tiempo habitual: *fruto precoz.* SIN temprano. ANT tardío. **3** [etapa, fase] Que se descubre o se detecta cuando está en los inicios. SIN temprano.
DER precocidad.

precursor, -ra adj./ n. m. y f. **1** Que precede o va delante en el tiempo o en el espacio: *la larva es precursora del insecto.* **2** Que inicia o introduce ideas o teorías nuevas que otros utilizan o desarrollan posteriormente. SIN pionero.

predecesor, -ra n. m. y f. **1** Persona que ocupaba un lugar, un puesto o un cargo con anterioridad a la que lo ocupa en la actualidad. SIN antecesor. **2** Persona de una familia que ha vivido con anterioridad a otra: *en esta familia siempre hemos honrado a nuestros predecesores.* SIN ancestro, antecesor, antepasado, ascendiente.

predecir v. tr. Anunciar un hecho que va a ocurrir en el futuro. SIN presagiar, vaticinar.
DER predicción, predicho; impredecible.

predestinación n. f. **1** Concepción filosófica y religiosa según la cual la vida presente y futura del ser humano está determinada o trazada previamente por fuerzas superiores. **2** Elección de la voluntad divina por la cual Dios tiene elegidas desde toda la eternidad a las personas que lograrán la gloria.

predestinar v. tr. **1** Disponer o decidir el destino de una persona o de una cosa: *trabajar de este modo es predestinar este proyecto al fracaso.* **2** En teología, elegir Dios desde la creación del mundo a las personas que por medio de su gracia gozarán de la salvación eterna.
DER predestinación, predestinado.

predeterminar v. tr. Determinar o resolver una cosa de una manera anticipada y prácticamente definitiva: *lo que digas en esta conversación puede predeterminar nuestra futura relación.*

predicación n. f. **1** Acto en que se comunica o se predica una doctrina o una enseñanza religiosa. **2** Doctrina o enseñanza que se predica o se transmite.

predicado n. m. **1** Parte de la oración gramatical que está formada por un verbo, que es el núcleo, y unos complementos: *en la oración «el tren llegaba con retraso», «llegaba con retraso» es el predicado.* predicado nominal Predicado formado por un verbo copulativo seguido de un atributo: *los atributos son predicados nominales.* NOTA Los predicados nominales son característicos de las oraciones atributivas. predicado verbal Predicado que tiene como núcleo un verbo no copulativo conjugado: *la oración «el chico salió a pasear» tiene un predicado verbal cuyo núcleo es «salió».* **2** En lógica, cosa que se afirma o se niega de un sujeto en una proposición.

predecir

INDICATIVO	SUBJUNTIVO
presente	**presente**
predigo	prediga
predices	predigas
predice	prediga
predecimos	predigamos
predecís	predigáis
predicen	predigan
pretérito imperfecto	**pretérito imperfecto**
predecía	predijera o predijese
predecías	predijeras o predijeses
predecía	predijera o predijese
predecíamos	predijéramos o predijésemos
predecíais	predijerais o predijeseis
predecían	predijeran o predijesen
pretérito perfecto simple	**futuro**
predije	predijere
predijiste	predijeres
predijo	predijere
predijimos	predijéremos
predijisteis	predijereis
predijeron	predijeren
futuro	IMPERATIVO
predeciré	predice (tú)
predecirás	prediga (usted)
predecirá	predecid (vosotros)
predeciremos	predigan (ustedes)
predeciréis	
predecirán	
condicional	FORMAS NO PERSONALES
predeciría	**infinitivo**
predecirías	predecir
predeciría	**gerundio**
predeciríamos	prediciendo
predeciríais	**participio**
predecirían	predicho

predicador, -ra adj./ n. m. y f. [persona] Que enseña o da a conocer la palabra de Dios escrita en el Evangelio.

predicamento n. m. Opinión o grado de estimación de que goza una persona y que se ha ganado por su manera de actuar o comportarse: *goza de un gran predicamento entre sus empleados.* SIN prestigio, crédito.

predicar v. tr. **1** Pronunciar un discurso o un sermón de contenido moral. **2** Propagar unas ideas o una doctrina. **3** Reñir a una persona y reprenderle acerca de su comportamiento. **4** GRAM. Enunciar o expresar una característica acerca del sujeto de una oración gramatical o de una proposición.
OBS En su conjugación, la *c* se convierte en *qu* delante de *e*.
DER prédica, predicación, predicado, predicador, predicamento, predicativo.

predicativo, -va adj. **1** GRAM. Del predicado o que tiene relación con esta parte de la oración gramatical. ◆ n. m. **2** GRAM. Parte de la oración gramatical que depende a la vez del sujeto y del verbo; tiene la función de calificar o modificar al sujeto o al objeto directo: *en la oración «María llega cansada», «cansada» es un predicativo del sujeto.* NOTA También *complemento predictivo*. El predicativo siempre concuerda en género y número con el elemento al que califica.

predicción n. f. Acción que consiste en predecir o anunciar un hecho del futuro que va a ocurrir: *predicción meteorológica.* SIN pronóstico.

predilección n. f. Preferencia o favoritismo que se muestra hacia una persona entre otras o hacia una determinada cosa.

predilecto, -ta adj. Que es preferido de manera especial y preferente sobre otras personas o cosas: *es mi restaurante predilecto.* SIN favorito.

predisponer v. tr. **1** Influir en el ánimo de una persona para conseguir que tenga una actitud determinada ante algo: *ella nos predispuso contra ti.* **2** Preparar con anticipación una cosa para conseguir un fin determinado: *lo predispuso todo para que volviérais a ser amigos.*
OBS Se conjuga como *poner*.
DER predisposición, predispuesto.

predisposición n. f. Inclinación o actitud que se tiene ante una cosa: *presume de tener muy buena predisposición para los negocios.* SIN tendencia.

predispuesto, -ta part. Participio irregular de *predisponer*. También se usa como adjetivo: *predispuesto a aburrirme.*

predominante adj. Que es más importante, más característico o más numeroso entre los elementos de su clase. SIN reinante.

predominar v. intr. **1** Existir en mayor número un tipo de personas o cosas dentro de un grupo: *en mi familia predominan las personas de ojos claros.* **2** Ser una persona o una cualidad más importante, influyente o poderosa que otras del mismo grupo.

predominio n. m. **1** Superioridad en poder o importancia que tiene una persona o cosa sobre otra u otras. **2** Superioridad en número que tiene un persona o cosa sobre otra u otras: *en su obra pictórica se observa un predominio absoluto del blanco.*

preelectoral adj. Que es anterior a unas elecciones: *acto preelectoral.*

preeminente adj. **1** Que está colocado en un lugar superior o más elevado: *el orador está situado en un lugar preeminente para que todos puedan verle.* SIN alto. **2** Que tiene una categoría o una importancia superior a otra persona u otra cosa. SIN alto, elevado.
DER preeminencia.

preescolar adj./ n. m. [etapa educativa] Que es anterior a la enseñanza primaria: *la educación preescolar acaba cuando el niño cumple seis años.*

preestreno n. m. Exhibición de una obra de teatro, una película u otra obra audiovisual inmediatamente anterior a su estreno público.

prefabricado, -da adj. Se aplica a la construcción (edificio, barco, etc.) o parte de ella que, en lugar de construirse en el lugar donde va emplazada, se ha fabricado en serie en otro lugar para que luego solo haya que colocarla o acoplarla en el lugar correspondiente: *casa prefabricada.*

prefabricar v. tr. Fabricar, generalmente en serie, los elementos y las piezas que después se montan y se ajustan para obtener una construcción, un aparato u otra cosa.
OBS En su conjugación, la *c* se convierte en *qu* delante de *e*.
DER prefabricado.

prefacio n. m. **1** Escrito que va colocado delante en un libro a modo de introducción y que generalmente no forma parte de la obra en sí. SIN preámbulo, prólogo. **2** Parte de la misa que precede inmediatamente al canon.

prefectura n. f. **1** Cargo o empleo que desempeña un prefecto. **2** Territorio que gobierna un prefecto: *José Bonaparte I dividió el país en 38 prefecturas.* **3** Oficina o despacho de un prefecto.

preferencia n. f. **1** Ventaja que una persona o cosa tiene sobre otra: *los coches que circulan por la derecha tienen preferencia sobre los demás.* SIN prioridad. **2** Inclinación favorable que se siente hacia una determinada persona o cosa: *tiene preferencia por su hijo.* SIN predilección. **3** Conjunto de las mejores localidades en una sala de espectáculos.

preferente adj. Que tiene ventaja o preferencia sobre otra persona o cosa.

preferible adj. Que es mejor, más adecuado o más conveniente.

preferir v. tr. Querer más a una persona o cosa que a otras o mostrar una mayor predilección por ella.

OBS En su conjugación, la *e* se convierte en *ie* en sílaba acentuada o en *i* en algunos tiempos y personas, como en *hervir.*

DER preferencia, preferente, preferible.

prefijación n. f. GRAM. Procedimiento para formar palabras nuevas mediante la adición de un prefijo a una palabra ya existente o a su raíz.

prefijar v. tr. **1** Determinar, señalar o fijar de manera anticipada una acción futura: *prefijaron la fecha de la siguiente reunión.* SIN predeterminar. **2** GRAM. Añadir un prefijo a una palabra para cambiar su significado y formar una palabra nueva.

DER prefijación.

prefijo, -ja n. m./ adj. **1** GRAM. Afijo que se añade al comienzo de una palabra para formar otra nueva: *el prefijo «in-» indica lo contrario de la palabra a la que se añade, como en «inconstante» o en «intolerable».* ◆ n. m. **2** Combinación de cifras o letras que se añade a los números de teléfono de una zona, ciudad o país para distinguirlos de los de otro lugar.

pregón n. m. **1** Anuncio o aviso oficial de una noticia o un hecho que hace en voz alta un funcionario del ayuntamiento en un lugar público para que sea conocida por todos: *leer el pregón.* **2** Discurso con que se da comienzo

prefijos

Los prefijos son morfemas que se anteponen a la raíz. Son siempre morfemas derivativos, es decir, que se añaden a una palabra o a una raíz para formar una nueva palabra con un significado distinto. Veamos algunos ejemplos:

prefijo	significado	ejemplos
a-/ana-/an-	negación, contrario	amoral, anacrónico, analfabeto
ab-	separación, corte	ablativo, ablación
anti-	opuesto, contrario	antisocial
archi-	superior (con nombres)	archiduque
	muy (con adjetivos)	archifamoso
bi-	dos, doble	bicicleta, bicameral
contra-	opuesto a	contraataque
des-	negación, contrario	deshacer, desacreditar, desprovisto
ex-	fuera	extraer, excéntrico
in-	dentro de	infiltrar
	negación, contrario	incapaz, inapropiado
infra-	inferior, debajo de	infrahumano
inter-	entre, en medio de	intermedio, intercostal
pos-/post-	detrás, después de	posdata, postónico, postnominal
pre-	delante, antes de	premolar, predecir
pro-	en lugar de	pronombre, procónsul
	delante, antes de	promover, proclamar
re-	repetición, volver a	reelegir, redoblar
requete-	muy	requeteguapo, requetebién
retro-	hacia atrás	retroactivo, retropropulsión
semi-	medio o casi	semicírculo, semidormido, semifinal
sin-	unión o simultaneidad	sincronizar
sobre-	abundancia o exceso	sobrealimentación, sobrecargar
sub-	debajo de	subterráneo, subdirector
super-	grado superior	superintendente, superabundar
	encima de	superponer
uni-	uno	unicameral

a una fiesta o una celebración e invita a participar en ella: *como cada año, el pregón abre las fiestas de la ciudad.*
DER pregonar.

pregonar v. tr. **1** Leer públicamente y en voz alta una noticia o un hecho para que sea conocido por todos: *antiguamente los empleados del ayuntamiento pregonaban en público los bandos del alcalde.* **2** Hacer pública una cosa que debía mantenerse oculta o en secreto: *le faltó tiempo para pregonar el secreto que había jurado guardar.* SIN divulgar, publicar. **3** Anunciar en voz alta la mercancía que se ofrece a la venta: *el vendedor ambulante pregona los artículos que vende.* SIN vocear.

pregonero, -ra n. m. y f. **1** Persona que pronuncia el discurso con que se da comienzo a una fiesta o un acontecimiento. **2** Persona que hace pública una cosa que se ignoraba. **3** Persona que trabaja en el ayuntamiento de un municipio y lee públicamente y en voz alta una noticia o un hecho para que sea conocido por todos.

pregunta n. f. **1** Conjunto de palabras con las que se pide una información determinada; se pronuncia con una entonación particular y se escribe entre los signos ¿?: *«¿Qué haces?» es una pregunta.* SIN cuestión, interrogación. **2** Enunciado que se formula en un ejercicio, una prueba o un examen y que debe ser contestado: *solo he contestado a la segunda pregunta del examen.*

preguntar v. tr./ intr./ prnl. **1** Pedir una persona a otra cierta información acerca de una cosa que le despeje una duda o que le niegue o le afirme algo; se realiza mediante un conjunto de palabras pronunciadas con una entonación determinada o escritas entre los signos ¿?: *preguntó la hora a un señor.* SIN interrogar. ANT responder. **2** Exponer una cuestión en forma interrogativa para dar a entender una duda o para dar fuerza a una expresión dicha con anterioridad: *él se pregunta: ¿será verdad?* SIN cuestionar.
DER pregunta, preguntón.

prehistoria n. f. **1** Período de la existencia de la humanidad que es anterior a todo documento escrito. **2** Disciplina histórica que estudia este período basándose en restos arqueológicos, humanos o de animales.
DER prehistórico.

prehistórico, -ca adj. **1** De la prehistoria o que tiene relación con este largo período histórico: *los dinosaurios son animales prehistóricos.* **2** Que es muy viejo o muy anticuado: *tiene un coche prehistórico.*

preinscripción n. f. Reserva de una plaza que se realiza antes de la inscripción en firme en alguna actividad que por lo general tiene las plazas limitadas, especialmente en un centro educativo: *se ha cerrado el plazo de preinscripción.*

prejubilación n. f. Jubilación anticipada de la edad que establece la ley.

prejuicio n. m. Juicio u opinión preconcebida que muestra rechazo hacia un individuo, un grupo o una actitud social.

prelado, -da n. m. y f. **1** Persona que tiene el cargo de superior dentro de un convento o una comunidad eclesiástica. ◆ n. m. **2** Hombre que tiene algún cargo o dignidad superior dentro de la Iglesia católica.
DER prelatura.

preliminar adj. **1** Que sirve de introducción para tratar un tema o una materia: *comentarios preliminares.* ◆ adj./ n. m. **2** Que se hace con anterioridad a una cosa y sirve como preparación: *estudios preliminares.* ◆ n. m. pl. **3** preliminares Serie de negociaciones y reglas generales que se establecen entre las partes contratantes o entre los ejércitos antes de establecer un tratado o un acuerdo.

preludiar v. tr. **1** Preparar, iniciar o dar paso a una cosa: *el deshielo de las nieves en las montañas preludia la llegada de la primavera.* ◆ v. intr./ tr. **2** MÚS. Ensayar o probar un instrumento musical o la voz antes de comenzar una pieza principal.
OBS En su conjugación, la *i* es átona, como en *cambiar.*

preludio n. m. **1** Cosa o acción que precede a otra y que le sirve de entrada, preparación o comienzo: *aquel beso fue el preludio de un gran amor.* **2** MÚS. Fragmento musical que se toca o se canta para ensayar la voz, probar los instrumentos o fijar el tono antes del inicio de una obra musical. **3** MÚS. Composición musical corta interpretada solo con instrumentos que generalmente se ejecuta antes de otra obra musical. SIN obertura.

prematuro, -ra adj. **1** Que se da, ocurre o sucede antes del tiempo habitual o necesario: *parto prematuro.* **2** Que no está suficientemente maduro: *frutos prematuros.* SIN precoz, temprano. ◆ adj./ n. m. y f. **3** [niño] Que nace antes de los nueve meses de embarazo.

premeditación n. f. **1** Acción que consiste en pensar una cosa detenida y cuidadosamente antes de realizarla. **2** DER. Acción que consiste en planear y organizar detenidamente la forma de cometer un delito y que constituye una circunstancia que agrava la responsabilidad criminal de la persona que incurre en ella.

premeditar v. tr. Pensar una cosa detenida y cuidadosamente antes de hacerla: *se comportó como si lo hubiera premeditado.*
DER premeditación.

premiar v. tr. Dar un premio a una persona como reconocimiento por una obra, una actividad o una cualidad. **SIN** galardonar, recompensar.
OBS En su conjugación, la *i* es átona, como en *cambiar.*

premio n. m. **1** Cosa que se da a una persona como reconocimiento por una obra, una actividad o una cualidad: *el director de cine no pudo acudir a recoger su premio.* **SIN** galardón, recompensa. **premio Nobel** **a.** Cada uno de los premios que concede cada año la fundación sueca Alfred Nobel a las personas que destacan de forma especial en una disciplina científica o cultural. **b.** Persona que recibe cada uno de estos premios o galardones: *invitaron a la fiesta benéfica al premio Nobel de la paz de este año.* **2** Objeto o dinero que se gana en un juego de azar: *el premio de esta rifa es un equipo de música.* **premio de consolación** Premio que no es el principal de un sorteo o un concurso y que se otorga a quien no ha obtenido ningún otro. **premio gordo** Premio más importante que se da en la lotería nacional española. **3** Nombre que reciben algunas competiciones literarias, deportivas o de otro tipo: *premio de narrativa.*
▶ **premio extraordinario** Calificación máxima que se da en una graduación académica: *le dieron el premio extraordinario de licenciatura.*

premisa n. f. **1** Afirmación o idea probada que se da como cierta y que sirve de base a un razonamiento o una discusión. **2** FILOS. Cada una de las dos primeras proposiciones del silogismo de las cuales se infiere la conclusión.

premolar adj./ n. m. [diente] Que está situado entre el colmillo y los molares: *hay ocho dientes premolares en la boca de un ser humano.*

premonición n. f. **1** Señal o sensación que se interpreta como el anuncio de un hecho que sucederá en el futuro: *tuvo una premonición terrible en un sueño.* **SIN** presagio, presentimiento. **2** Adivinación de los hechos futuros. **3** Advertencia moral: *me hizo una premonición pero desgraciadamente no la escuché.*
DER premonitorio.

premura n. f. *formal* Prisa o urgencia: *procura hacer tu trabajo con premura.* **SIN** rapidez. **ANT** tardanza.
DER premioso.

prenda n. f. **1** Objeto que forma parte del vestido o del calzado de una persona: *prenda de vestir.* **SIN** ropa. **2** Cosa que se deja como garantía del cumplimiento de una obligación. **3** Acción o gesto con el que se demuestra una cosa: *le regaló un collar de perlas como prenda de su amor.* **4** Cualidad física o moral de una persona: *se pasa el día hablando de las prendas de su hija.* **5** Persona a la que se quiere mucho: *¡prenda, ven a darme un beso!* **NOTA** Se usa como apelativo cariñoso. ◆ n. f. pl. **6** **prendas** Juego en el que cada participante que pierde entrega un objeto a una persona debiendo hacer lo que se le mande para recuperarlo.
▶ **soltar prenda** Decir una persona una cosa por la que puede quedar comprometido.

prendar v. tr. **1** Gustar o agradar mucho una persona a otra: *los ojos de esta mujer prendan a todo el mundo.* **2** Tomar un objeto como garantía del cumplimiento de una obligación. ◆ v. prnl. **3** **prendarse** Aficionarse o enamorarse de una persona o una cosa: *se prendó de él el primer día que lo vio.*

prender v. tr. **1** Sujetar o enganchar una cosa a otra mediante un objeto adecuado para ello: *prendió la flor en la solapa de la chaqueta con un alfiler.* **2** Detener o capturar la autoridad competente a una persona. **SIN** apresar.

prendas

prendas de abrigo: abrigo, anorak, bufanda, calcetín, capa, cazadora, chal, chaqueta, estola, forro polar, gabán, gabardina, gorro, guante, impermeable, jersey, leotardo, pelliza, poncho, rebeca, suéter, verdugo, zamarra

ropa de deporte: bañador, bermudas, bota, body, calcetín, calentadores, calzón, camiseta, chándal, chaqueta, gorra, mallas, mallot, mono, pantalón corto, polo, sudadera, zapatilla

ropa interior: body, bragas, calcetín, calzoncillos, camiseta, combinación, enagua, faja, leotardo, medias, sujetador, tanga

a b c d e f g h i j k l m n ñ o p q r s t u v w x y z

◆ v. tr./ prnl. **3** Encender un fuego o una luz: *un pirómano prendió el coche.* ◆ v. intr. **4** Empezar a arder una materia: *la leña no prende porque está mojada.* **5** Arraigar una planta en la tierra: *la tierra es fértil y la semilla prenderá fácilmente.* **6** Ser aceptada o acogida una cosa o un acontecimiento.

DER prendedor, prendido, prendimiento, preso, prisión; aprender, comprender, desprender, emprender, reprender, sorprender.

prendido n. m. Adorno femenino que se pone en el vestido o en el pelo.

prensa n. f. **1** Máquina que sirve para aplastar o reducir el volumen de una cosa por medio de dos superficies que se juntan sometiendo a presión lo que queda entre ellas: *pusieron las uvas en la prensa para extraer el mosto.* **2** Máquina que sirve para imprimir sobre papel y funciona mediante la presión de una plancha que tiene grabados caracteres o figuras. **3** Conjunto de publicaciones periódicas que se imprimen generalmente a diario y en las que se informa de las noticias tanto de ámbito nacional como internacional. **SIN** periódico. prensa amarilla Conjunto de publicaciones periódicas que trata las noticias de manera sensacionalista o tiende a exagerar los hechos. prensa del corazón Conjunto de publicaciones periódicas que trata temas relacionados con la vida privada y amorosa de personas famosas, populares o de cierta importancia social. **4** Conjunto de personas que se dedican al periodismo.

▶ en prensa Estar un libro imprimiéndose para ser publicado: *el libro ya está en prensa.* tener buena prensa Disfrutar una persona de buena fama o de buena opinión por parte de los demás. tener mala prensa Tener una persona mala fama o mala reputación: *este actor tiene muy mala prensa entre la gente de su gremio.*

prensar v. tr. Aplastar o reducir el volumen de una materia sometiéndola a presión: *esta máquina sirve para prensar papel.* **SIN** apretar, comprimir.

DER prensado; aprensar.

prensil adj. Que sirve para coger, agarrar o sujetar: *el elefante tiene una trompa prensil.*

preñada adj. [mujer, animal mamífero hembra] Que va a tener un hijo. **NOTA** Cuando se refiere a la mujer, es coloquial.

preñar v. tr. Fecundar o hacer que un animal mamífero hembra conciba un hijo: *llevaron un toro a la ganadería para que preñara a las vacas.*

DER preñada, preñez; empreñar.

preocupación n. f. **1** Sentimiento de inquietud, temor o intranquilidad que se tiene por una persona, una cosa o una situación determinada. **2** Persona, cosa o situación que provoca inquietud y ofuscación: *la falta de trabajo es mi única preocupación.*

preocupante adj. [cosa, situación] Que produce preocupación, desasosiego o inquietud: *cifras preocupantes.*

preocupar v. tr. **1** Tener una persona un sentimiento de inquietud, temor o intranquilidad por otra persona, una cosa o una situación determinada: *le preocupa mucho la guerra.* **SIN** inquietar. **2** Tener una persona interés por una cosa: *le preocupan los avances tecnológicos.* **SIN** importar. ◆ v. prnl. **3** preocuparse Dedicar atención y cuidados a una persona o una cosa de forma voluntaria: *se preocupa por los niños enfermos.*

DER preocupación, preocupado, preocupante; despreocuparse.

preparación n. f. **1** Acción que consiste en arreglar o disponer las cosas necesarias para realizar algo. **2** Conjunto de conocimientos que una persona posee sobre una determinada materia: *este chico no tiene preparación para realizar este trabajo.* **SIN** formación, saber. **3** Enseñanza y práctica de una materia, una disciplina o un deporte: *el entrenador se encarga de la preparación física de los futbolistas.* **4** BIOL. Sustancia orgánica o inorgánica que está dispuesta para ser observada a través de un microscopio.

preparado, -da adj. **1** [persona] Que tiene muchos conocimientos sobre una materia: *es una chica muy preparada.* ◆ n. m. **2** Sustancia que se elabora de manera industrial para un fin determinado: *preparado alimenticio.* **3** Medicamento que se elabora en la farmacia.

preparador, -ra n. m. y f. **1** Persona que se dedica a dar clases o lecciones a alguien sobre una determinada materia. **2** Persona que se dedica a enseñar, preparar y entrenar a un deportista o a un equipo. **SIN** entrenador, instructor.

preparar v. tr. **1** Disponer o arreglar las cosas necesarias para realizar algo o para un fin determinado: *preparar el equipaje.* **2** Estudiar una materia para tener más conocimientos o para realizar una prueba: *no he tenido tiempo* *de preparar el examen.* **3** Entrenar a una persona para realizar una prueba deportiva. **4** Disponer a una persona para realizar o afrontar una acción futura: *deberías preparar a tus padres antes de darles la mala noticia.* SIN prevenir. **5** Dar clases a una persona sobre una materia: *el profesor preparaba a los alumnos.* SIN enseñar, formar. ◆ v. prnl. **6 prepararse** Darse las condiciones necesarias para que ocurra cierta cosa: *en tu casa se está preparando un buen lío.*

DER preparación, preparado, preparador, preparativo, preparatorio.

preparativo n. m. Cosa que se dispone o se arregla para un fin determinado: *se están ultimando los preparativos de la boda.*

preparatorio, -ria adj. **1** Que prepara o dispone para un fin determinado: *cursillo preparatorio.* ◆ n. m. **2** Conjunto de estudios preliminares que se realizan en algunas carreras antes de iniciar los estudios en profundidad: *la carrera de música requiere el preparatorio.*

preponderancia n. f. Situación de superioridad que tiene una cosa frente a otra. SIN predominio, supremacía.

preponderante adj. Que prepondera: *papel preponderante.*

preposición n. f. **1** GRAM. Categoría gramatical que designa al conjunto de palabras invariables que se utilizan para unir o relacionar términos o sintagmas dentro de una oración. **2** GRAM. Cada una de las palabras que constituyen esta categoría gramatical: *las preposiciones más usadas son: «a», «con», «de», «en», «para» y «por».*

DER preposicional, prepositivo.

preposicional adj. **1** GRAM. De la preposición o que puede funcionar como esta clase de palabra: *las locuciones preposicionales funcionan como preposiciones.* **2** GRAM. [sintagma] Que está introducido por una preposición.

prepotencia n. f. **1** Poder muy grande o superior al de otros: *la dirección de la empresa hace valer su prepotencia a la hora de tomar las decisiones.* **2** Poder que se ejerce de manera abusiva: *los países más desarrollados hacen uso de una gran prepotencia.*

prepotente adj./ n. com. **1** Que actúa con prepotencia: *prepotente y vanidoso.* ◆ **2** adj. Que implica o denota prepotencia: *comentario prepotente.*

DER prepotencia.

prepucio n. m. Piel móvil que recubre el glande o el extremo final del pene del hombre y de algunos animales.

prerrogativa n. f. **1** Gracia o exención que se concede a una persona para que goce de ella: *las prerrogativas suelen concederse por razón de la dignidad, el empleo o el cargo.* SIN privilegio. **2** Facultad o derecho de los que gozan cada uno de los poderes del Estado.

prerromanticismo n. m. Movimiento artístio y cultural que precede al romanticismo y que apunta algunos de sus rasgos y características.

presa n. f. **1** Animal o persona que es cazado o atrapado por la fuerza. **2** Muro grueso, generalmente de piedra, construido a través de un río u otra corriente que sirve para acumular el agua y posteriormente conducirla fuera del cauce. SIN dique, embalse. **3** Acequia o canal por donde se conduce el agua derivada de una corriente natural para que pueda ser aprovechada. **4** Persona que sufre o padece un temor, un dolor, una enfermedad o un sentimiento: *fue presa de un ataque de nervios.*

DER presilla; apresar.

presagiar v. tr. **1** Anunciar mediante ciertos signos un hecho futuro: *las nubes negras presagiaban una tormenta.* SIN augurar. **2** Adivinar o prever un hecho futuro: *presagiar catástrofes.* SIN vaticinar.

OBS En su conjugación, la *i* es átona, como en *cambiar.*

presagio n. m. **1** Señal o signo que anuncia un hecho futuro favorable o contrario. SIN indicio, anuncio. **2** Adivinación de un hecho futuro. SIN vaticinio.

presbítero n. m. Sacerdote de la Iglesia católica.

DER presbiterado, presbiteriano, presbiterio.

prescindir v. intr. **1** Dejar de tener en cuenta o de contar con una persona o una cosa: *el jefe decidió prescindir de su secretaria.* **2** Renunciar a una persona o una cosa o privarse de ella: *para ahorrar más tendremos que prescindir de algunos caprichos.*

DER imprescindible.

prescribir v. tr. **1** Determinar o decidir una cosa: *la ley prescribe nuestros derechos.* **2** Mandar u ordenar el médico que un paciente se tome un medicamento o siga algún otro tratamiento para que se recupere. SIN recetar. ◆ v. intr. **3** Perder efectividad o valor un derecho, una acción o una responsabilidad

por haber transcurrido el tiempo fijado por la ley: *el período para exigir el pago prescribe a los cinco años.* SIN caducar.
OBS El participio es *prescrito.*
DER prescripción, prescrito.

prescripción n. f. **1** Orden o mandato. **2** Receta que hace el médico en la que se indica por escrito la preparación o administración de un medicamento. **3** Conclusión o extinción de un derecho o una obligación: *la prescripción del derecho de reclamación cumple al mes de la compra.*

preselección n. f. **1** Selección provisional que se hace de algo antes de una selección definitiva. **2** Conjunto de deportistas seleccionados entre otros muchos del que saldrá la selección definitiva para participar en una competición.
DER preseleccionar, preseleccionador.

presencia n. f. **1** Asistencia de una persona en un lugar: *agradeció su presencia en el acto.* ANT ausencia. **2** Circunstancia de existir una persona, un animal o una cosa en un lugar determinado. ANT inexistencia. **3** Figura y aspecto externo de una persona. SIN apariencia.
▶ presencia de ánimo Tranquilidad o serenidad que demuestra una persona ante un acontecimiento tanto adverso como próspero. SIN entereza. hacer acto de presencia Acudir una persona a un lugar determinado: *el alcalde hizo acto de presencia en el ayuntamiento.*
DER presencial, presenciar; omnipresencia.

presencial adj. Que presencia una cosa o está presente cuando sucede: *fue testigo presencial del robo.*

presenciar v. tr. Asistir o estar presente una persona en un hecho o un acontecimiento y verlo directamente: *presenció el concierto.*
OBS En su conjugación, la *i* es átona, como en *cambiar.*

presentación n. f. **1** Acción que consiste en mostrar, enseñar o exhibir una cosa o una persona: *mañana se celebra la presentación del nuevo disco.* **2** Manera en que se muestra, se enseña o se exhibe una cosa. SIN aspecto, presencia. **3** Acción que consiste en comentar y conducir cara al público un programa de televisión o de radio o un espectáculo.
▶ hacer las presentaciones Indicar el nombre de una persona a otra para que se conozcan. SIN presentar.

presentador, -ra n. m. y f. Persona que presenta un programa audiovisual o radiofónico o un espectáculo.

presentar v. tr. **1** Mostrar, enseñar o exhibir una cosa: *el abogado presentó las pruebas ante el jurado.* **2** Mostrar o tener una cosa unas características o unos rasgos determinados: *el enfermo presenta muy buen aspecto.* **3** Indicar el nombre de una persona a otra para que se conozcan: *Ana, te presento a Iván.* **4** Dar a conocer una cosa al público: *la escritora ha presentado un nuevo libro.* **5** Comentar y conducir cara al público un programa de televisión o de radio o un espectáculo. ◆ v. tr./ prnl. **6** Proponer a una persona para ejercer un cargo o empleo: *Juan se presenta como candidato a la alcaldía.* ◆ v. prnl. **7** presentarse Aparecer una persona en un lugar o ante otra persona: *el estudiante se presentó cuando la clase estaba a punto de acabar.* **8** Aparecer una persona en un lugar de manera inesperada: *no está bien presentarse en casa de los demás a las diez de la noche.* **9** Mostrarse o aparecer una cosa de una manera determinada: *el verano se presenta muy caluroso.* **10** Ofrecerse una persona voluntariamente para hacer una cosa.
DER presentación, presentable; representar.

presente adj./ n. com. **1** [persona] Que está en un lugar al mismo tiempo que otra persona: *había varias personas presentes cuando ocurrió el robo.* ANT ausente. ◆ adj. **2** Que ocurre actualmente: *circunstancia presente.* SIN actual. ◆ n. m./ adj. **3** Tiempo verbal que indica que la acción del verbo se realiza en el mismo momento en que se habla. presente histórico Tiempo verbal presente que se utiliza para narrar un hecho histórico pasado. ◆ n. m. **4** Tiempo actual, en oposición al pasado y al futuro: *vivimos en el presente.* **5** Regalo o cosa que se da voluntariamente en señal de agradecimiento o afecto.
▶ mejorando lo presente Expresión que se emplea por cortesía cuando se alaba a una persona que no está presente delante de la presencia de otra: *tu madre es muy guapa, mejorando lo presente.* tener presente Recordar o tener en cuenta a una persona o una cosa: *te será muy útil tener presente mis consejos.*
DER presencia, presentar.

presentimiento n. m. **1** Sensación que tiene una persona de que una cosa va a ocurrir sin tener pruebas reales que lo confirmen. **2** Hecho que se prevee que va a ocurrir sin tener pruebas reales que lo confirmen.

presentir v. tr. **1** Tener una persona la sensación de que va a ocurrir una cosa sin tener pruebas reales que lo confirmen. **2** Adivinar una cosa antes de que suceda por algunos indicios o señales que la preceden.
OBS En su conjugación, la *e* se convierte en *ie* en sílaba acentuada o en *i* en algunos tiempos y personas, como en *hervir.*
DER presentimiento.

preservación n. f. Cuidado o protección que se tiene sobre una cosa para evitar que sufra un daño o un peligro: *preservación de la naturaleza.*

preservar v. tr. Proteger o resguardar anticipadamente a una persona, un animal o una cosa de un daño o un peligro.
DER preservación, preservativo.

preservativo, -va adj. **1** Que protege o resguarda de algo. ◆ n. m. **2** Funda de goma muy fina que se coloca en el pene durante el coito y sirve para impedir el embarazo y para prevenir enfermedades de transmisión sexual. SIN condón, profiláctico.

presidencia n. f. **1** Hecho de tener una persona el primer puesto o cargo en un gobierno, una reunión, una empresa o un tribunal. **2** Cargo de presidente: *la carrera por la presidencia.* **3** Tiempo que dura este cargo. **4** Oficina o lugar que ocupa un presidente. **5** Persona o conjunto de personas que presiden una cosa.
DER presidencial.

presidencial adj. Del presidente o de la presidencia o relacionado con ellos: *coche presidencial.*
DER presidencialismo.

presidente, -ta n. m. y f. Persona que preside o dirige un gobierno, una reunión, una empresa o un tribunal: *presidente del Congreso de los Diputados.*
DER vicepresidente.

presidiario, -ria n. m. y f. Persona que cumple condena en un establecimiento penitenciario: *presidiarios y carceleros.* SIN preso, recluso.

presidio n. m. **1** Establecimiento penitenciario en el que los penados cumplen las condenas superiores al arresto. SIN penal, penitenciaría. **2** Situación en la que se encuentran las personas que cumplen una condena judicial: *tres años de presidio.*
DER presidiario.

presidir v. tr. **1** Tener una persona el primer puesto o cargo en un gobierno, en una reunión, en una empresa o en un tribunal: *presidió el gobierno de la nación durante cinco años.* **2** Predominar o destacar una cosa sobre las demás: *la justicia preside nuestros actos.* **3** Estar colocada una cosa en el lugar más importante de un espacio: *el cuadro de la familia preside el comedor.*
DER presidencia, presidente; copresidir.

presión n. f. **1** Fuerza o empuje que se ejerce sobre una cosa: *para abrir el bote hay que hacer presión sobre la tapa.* **2** Fuerza que ejerce un gas, un líquido o un sólido sobre una superficie: *la unidad que mide la presión recibe el nombre de pascal.* presión arterial Presión que ejerce la sangre sobre las paredes de las arterias. SIN tensión. presión atmosférica Presión que ejerce la atmósfera sobre la superficie de la Tierra: *la unidad que mide la presión atmosférica recibe el nombre de milibar.* presión sanguínea Presión que ejerce la sangre al circular por los vasos sanguíneos. **3** Influencia que se ejerce sobre una persona o una colectividad para determinar sus actos o su conducta: *en este trabajo estoy sometido a mucha presión.* SIN coacción.
▶ a presión Con fuerza o con empuje: *el desodorante de este frasco está envasado a presión.* presión fiscal Relación que hay entre los ingresos de la hacienda pública y el producto nacional bruto de un país: *el gobierno disminuirá la presión fiscal.*
DER presionar; opresión.

presionar v. tr. **1** Realizar una fuerza o un empuje sobre una cosa: *presione la tecla; el gas presiona las paredes del globo.* **2** Ejercer influencia sobre una persona o una colectividad para determinar sus actos o su conducta. **3** Defender o atacar un jugador o un equipo a otro de manera muy insistente.

preso, -sa n. m. y f./ adj. **1** Persona que está encerrada o recluida en una cárcel que le priva de libertad. SIN recluso. ◆ adj. **2** [persona] Que está dominada por un sentimiento o una pasión: *ha entrado en la habitación oscura y ha sido presa del pánico.*

prestación n. f. **1** Servicio o ayuda que una persona, una institución o una empresa ofrece a otra: *prestaciones sociales.* **2** Conjunto de características técnicas que una máquina ofrece al usuario: *estos modelos de coches ofrecen grandes prestaciones.* NOTA Se utiliza más en plural.
DER contraprestación.

prestamista n. com. Persona que se dedica a prestar dinero cobrando por ello un interés.

préstamo n. m. **1** Acción que consiste en prestar o dejar una cosa que debe ser devuelta. **2** Cantidad de dinero o cosa que se presta o se deja y que debe ser devuelta. **3** Palabra que una lengua toma de otra: *la palabra «rock» es un préstamo del inglés.*
DER prestamista.

prestar v. tr. **1** Dejar o entregar una cosa a una persona para que la utilice durante un tiempo y después la devuelva: *Carmen nos ha prestado diez libros.* **2** Ayudar o contribuir al logro de una cosa: *la prosperidad económica prestó un gran impulso a la cultura y al ocio.* **3** Dar u ofrecer una cosa inmaterial de manera desinteresada: *prestaremos nuestro apoyo.* **4** Conceder o dedicar una cosa: *prestar juramento.* ◆ v. prnl. **5** prestarse Ofrecerse o mostrarse una persona dispuesta voluntariamente para hacer una cosa de manera desinteresada: *nadie se prestó a ayudarnos.* **6** Acceder o avenirse una persona a realizar una cosa. **7** Dar motivo u ocasión para que ocurra una cosa: *sus palabras se prestan a malentendidos.*
DER prestado, prestamo, prestancia.

presteza n. f. Habilidad y rapidez para hacer o decir una cosa: *barajaba las cartas con gran presteza.*

prestidigitación n. f. Arte, técnica o habilidad para hacer juegos de manos y otros trucos.

prestidigitador, -ra n. m. y f. Persona que hace juegos de manos y otros trucos de magia. SIN mago.

prestigiar v. tr. Dar prestigio, autoridad, valor o buena fama a una persona o una cosa: *profesores como usted prestigian a toda la profesión.* ANT desprestigiar.
OBS En su conjugación, la *i* se acentúa en algunos tiempos y personas, como en *descafeinar.*

prestigio n. m. Influencia, autoridad, valor o buena fama que tiene una persona o una cosa.
DER prestigiar, prestigioso; desprestigio.

prestigioso, -sa adj. Que tiene prestigio: *han encargado esculpir el monumento a un prestigioso escultor.*

presto, -ta adj. **1** Que es muy rápido y diligente. **2** Que está preparado o dispuesto para hacer una cosa: *estaba presto a decir la verdad cuando le preguntaran.* ◆ n. m. **3** MÚS. En una composición musical, movimiento que se ejecuta muy rápido. ◆ adv. **4** *formal* Con prontitud o al instante: *presto tendrá usted noticias mías.* **5** MÚS. Con movimiento muy rápido.
DER presteza; aprestar.

presumido, -da adj. **1** Que presume de una cosa o se comporta con orgullo y vanidad. SIN vanidoso. **2** Que se arregla mucho y cuida con exageración su aspecto exterior.

presumir v. intr. **1** Mostrarse una persona orgullosa de sí misma y alardear de sus propias cualidades: *Almudena presume de guapa.* SIN jactarse, vanagloriarse. NOTA Se usa con la preposición *de.* **2** Cuidar mucho el aspecto personal para resultar bello y atractivo. ◆ v. tr. **3** Sospechar o suponer una cosa a partir de unas señales o indicios: *presumo que la reunión va a durar toda la mañana.* SIN conjeturar.
OBS El participio irregular es *presunto.*
DER presumible, presumido, presunción, presunto.

presunción n. f. **1** Vanidad de alguien que presume y alardea de sí misma y de sus cualidades: *es pura presunción.* SIN jactancia, presuntuosidad. **2** *formal* Consideración o aceptación de algo como verdadero o real a partir de ciertas señales o indicios, sin tener certeza completa de ello: *comentó sus presunciones.* **3** DER Cosa que según la ley se tiene como verdadera mientras no se demuestre lo contrario: *presunción de inocencia.*

presunto, -ta adj. Que se supone o se sospecha aunque no esté demostrado: *presunto asesino.* SIN supuesto.
DER presuntuoso.

presuntuoso, -sa adj./ n. m. y f. **1** [persona] Que muestra presunción o vanidad: *arisco y presuntuoso.* ANT sencillo. ◆ **2** adj. Que es propio de las personas presuntuosas: *carácter presuntuoso.*

presuponer v. tr. **1** Dar por cierta o conocida una cosa para pasar a tratar de otra que es posterior y está relacionada. SIN suponer. **2** Requerir o necesitar una cosa como condición previa e indispensable para que ocurra otra: *el crecimiento de la empresa presupone un gran esfuerzo por parte de todos.* SIN implicar.
OBS El participio irregular es *presupuesto.* Se conjuga como *poner.*
DER presupuesto.

presupuestar v. tr. **1** Calcular los gastos y los ingresos que resultan de un negocio público o privado. **2** Incluir una partida en un presupuesto: *no olvides presupuestar todos los gastos.*

presupuestario, -ria adj. Del presupuesto de un Estado o que tiene relación con este cálculo de los gastos e ingresos públicos para un período determinado: *debate de política presupuestaria.*

presupuesto n. m. **1** Cálculo de lo que va a costar una cosa: *la familia hizo un presupuesto de las obras de su casa.* **2** Cálculo de los gastos y los ingresos que se producirán en un período de tiempo determinado: *la fundación ha aprobado el presupuesto para el año próximo.* **3** Cantidad de dinero que se calcula necesaria para hacer frente a unos gastos determinados: *gastó todo el presupuesto del mes en aquella fiesta.*
DER presupuestar, presupuestario.

presuroso, -sa adj. Que tiene prisa o se hace con mucha prisa: *anda toda la semana presuroso.*
DER apresurar.

pretemporada n. f. Tiempo que transcurre antes de iniciarse una temporada deportiva y durante el cual se realizan torneos y pequeñas ligas.

pretencioso, -sa adj. Que pretende ser más de lo que en realidad es, aparentando virtudes o valores que no se poseen: *una persona pretenciosa.*

pretender v. tr. **1** Intentar conseguir una cosa utilizando los medios necesarios para ello: *nunca pretendió hacer daño.* **2** Pedir o solicitar una cosa sobre la que se cree tener cierto derecho: *varios príncipes europeos pretendían el trono vacante.* **3** Cortejar un hombre a una mujer para casarse con ella.
DER pretencioso, pretendiente, pretensión.

pretendiente adj./n. com. **1** [persona] Que pide o solicita una cosa: *este cargo tiene unos cuantos pretendientes.* SIN aspirante, candidato. ◆ n. com. **2** Persona que pretende casarse con otra. **3** Príncipe que reivindica el trono de un país al que cree tener derecho.

pretensión n. f. **1** Deseo o intención que tiene una persona de conseguir una cosa. SIN aspiración, propósito. **2** Derecho que una persona cree tener sobre una cosa con o sin fundamento. **3** Vanidad u orgullo que muestra una persona acerca de sus propios bienes, actos o cualidades.
▶ **tener muchas pretensiones** Tener unas aspiraciones desmesuradas: *esta chica tenía muchas pretensiones pero pocos amigos.*
DER pretencioso.

pretérito, -ta adj. **1** *formal* Que existió, se produjo u ocurrió en el pasado. SIN pasado. ◆ n. m./adj. **2** LING Tiempo verbal que expresa una acción anterior al presente.
▶ **pretérito anterior** Tiempo verbal que expresa una acción acabada inmediatamente antes de otra acción pasada y acabada: *el pretérito anterior de «saltar» es «hube saltado».* NOTA El pretérito anterior se forma con el pretérito perfecto simple de *haber* y el participio del verbo conjugado. **pretérito imperfecto** Tiempo verbal que expresa una acción pasada mientras esta se desarrolla: *el pretérito imperfecto de «ir» es «iba».* **pretérito perfecto simple** o **pretérito indefinido** Tiempo verbal que expresa una acción acabada en el pasado: *el pretérito simple de «ir» es «fui».* **pretérito perfecto** o **pretérito perfecto compuesto** Tiempo verbal que expresa una acción acabada dentro de una unidad de tiempo que incluye el presente: *el pretérito perfecto de «salir» es «he salido».* **pretérito pluscuamperfecto** Tiempo verbal que expresa una acción acabada y anterior en relación con otra acción pasada: *el pretérito pluscuamperfecto de «leer» es «había leído».*
DER preterición.

pretextar v. tr. Valerse alguien de un pretexto para hacer o decir algo.

pretexto n. m. Razón o causa que se da para justificar un comportamiento, un fallo o un error. SIN disculpa, excusa.

pretor n. m. Magistrado de la antigua Roma que ejercía jurisdicción en esta ciudad o en una provincia.

prevalecer v. intr. **1** Sobresalir o imponerse una persona o una cosa entre otras. SIN dominar. **2** Mantenerse o continuar existiendo una cosa no material: *la idea de que el Sol giraba alrededor de la Tierra prevaleció durante largo tiempo.*
OBS En su conjugación, la *c* se convierte en *zc* delante de *a* y *o*, como en *agradecer*.

prevaricar v. intr. Cometer un funcionario, un juez o un abogado un delito de incumplimiento de las obligaciones propias de sus cargos.
OBS En su conjugación, la *c* se convierte en *qu* delante de *e*.

prevención n. f. **1** Medida o disposición que se toma de manera anticipada para evitar que una cosa mala suceda: *han puesto en mar-*

cha una campaña de prevención contra la gripe. **2** Puesto de policía o de vigilancia de un distrito donde se lleva a las personas detenidas. **3** Idea preconcebida y poco favorable que se tiene respecto de una persona o una situación: *tengo cierta prevención hacia ella: no me inspira confianza.*

prevenir v. tr. **1** Tratar de evitar o impedir que se produzcan un daño o un peligro que se conocen con anterioridad: *muchas enfermedades se pueden prevenir.* **2** Avisar o informar a una persona de una cosa que va a ocurrir: *te previne sobre la escasez de agua.* **3** Influir en una persona poniéndola en contra de otra persona o de una cosa: *ella me previno contra vosotros.* ◆ v. tr./ prnl. **4** Preparar o disponer con anterioridad las cosas necesarias para un fin determinado: *Carlos previno todo lo necesario para el viaje.*
OBS Se conjuga como *venir.*
DER prevención, prevenido, preventivo.

preventivo, -va adj. Que intenta evitar un mal o un peligro o sirve para prevenirlo: *medicina preventiva.*

prever v. tr. **1** Conocer o suponer por medio de señales una cosa que va a ocurrir. **2** Preparar o disponer con antelación los medios necesarios para disminuir los efectos negativos de una acción: *no habían previsto las pérdidas.*
OBS Se conjuga como *ver.*
DER previsible, previsión, previsor, previsto.

previo, -via adj. **1** Que es anterior o precede a una cosa. ◆ n. m. **2** En cine, grabación del sonido que se realiza antes de impresionar la imagen.

previsible adj. Que puede ser previsto o conocido con antelación por medio de ciertas señales o indicios. **ANT** imprevisible.

previsión n. f. **1** Conjetura o cálculo anticipado que se hace de una cosa que va a suceder, a partir de unas determinadas señales o indicios: *previsión meteorológica.* **2** Disposición o preparación de las cosas necesarias para prevenir una cosa que puede suceder: *debemos instalar un sistema de seguridad en el banco en previsión de un posible robo.*

previsor, -ra adj./ n. m. y f. [persona] Que piensa y prepara con antelación las cosas que hará o las que necesitará. **SIN** precavido. **ANT** imprevisor.

prieto, -ta adj. **1** Que está muy apretado, ajustado o ceñido: *un nudo muy prieto.* **2** Que es duro o denso: *carnes prietas.*

prima n. f. **1** Cantidad de dinero que se concede como estímulo o recompensa para animar o incentivar a una persona en su trabajo. **2** Cantidad de dinero que se paga por tener un seguro. **3** MÚS. Cuerda primera o la más delgada de algunos instrumentos musicales. **4** Tercera de las siete horas canónicas que se reza a primera hora de la mañana.

primacía n. f. **1** Superioridad o ventaja de una persona o una cosa sobre otras de su misma especie. **2** Cargo o dignidad del primado.

primado n. m. En la Iglesia católica, el primero o el que tiene más categoría de todos los arzobispos y obispos de un país o región.
OBS También se usa en aposición: *arzobispo primado.*

primar v. intr. **1** Destacar, sobresalir o distinguirse una persona o una cosa entre otras: *lo que primó en su vida fue su dedicación a los pobres.* ◆ v. tr. **2** Conceder o pagar una cantidad de dinero como prima o premio a una persona en su trabajo.

primario, -ria adj. **1** Que es el primero en orden o grado: *enseñanza primaria.* **2** Que es necesario, principal o esencial: *los alimentos son un bien primario.* **3** Que es primitivo o está poco desarrollado: *utilizan un método muy primario.* **4** [persona] Que es rudo y se comporta sin educación: *era un tipo primario.* **5** [color] Que es puro y se mezcla con otro u otros para producir todos los colores posibles: *los colores primarios son el azul, el rojo y el amarillo.* ◆ adj./ n. m. **6** GEOL. [era geológica] Que se extiende desde hace 570 millones de años hasta hace 255 millones de años; es el segundo de los períodos históricos de la Tierra.

primate adj./ n. m. **1** [animal] Que tiene cinco dedos provistos de uñas en cada extremidad, tiene el pulgar oponible, los ojos orientados al frente y una alimentación muy variada; es mamífero: *los simios y los seres humanos son primates.* ◆ n. m. pl. **2** primates Orden que engloba a todos estos animales.

primavera n. f. **1** Estación del año comprendida entre el invierno y el verano. **2** Tiempo en el cual una persona o una cosa está en su mayor grado de desarrollo, belleza o energía: *la juventud es la primavera de la vida.* **3** Planta herbácea y perenne de pequeño tamaño, con las hojas anchas y largas y flores amarillas. ◆ adj./ n. m. **4** [persona] Que es fácil de engañar: *el vecino de al lado es un primavera.*

◆ n. f. pl. **5** primaveras Edad o años que tiene una persona joven: *acaba de cumplir veinte primaveras.*

primaveral adj. Que es propio de la primavera o está relacionado con esta estación del año.

primer adj. Apócope de primero: *hoy es el primer día del curso.* SIN primero.
OBS Solo se usa delante de un nombre masculino y singular.

primera adj./ n. f. [marcha del motor de un vehículo] Que es la que tiene más fuerza y menos velocidad y se usa para empezar a circular.
▶ a la primera de cambio o a las primeras de cambio Expresión que se usa para indicar que una cosa se hace en cuanto se tiene la menor ocasión para ello: *a la primera de cambio me pidió prestado dinero.* de buenas a primeras De manera inesperada o sin que haya una razón justificada: *empezó a llorar de buenas a primeras.* de primera **a.** Muy bueno o excelente: *la paella te ha salido de primera.* **b.** [permiso de conducir] Que permite llevar camiones y autobuses. de primera necesidad Que es imprescindible o básico: *los alimentos son productos de primera necesidad.* de primeras En un primer momento o al principio: *de primeras me pareció un buen chico.*

primerizo, -za adj. **1** Que hace por primera vez una cosa o es nuevo en un trabajo o profesión. SIN novato. ◆ adj./ n. f. **2** [hembra] Que va a dar a luz por primera vez: *el parto de una primeriza suele ser más largo de lo habitual.*

primero, -ra num. ord. **1** Indica que el nombre al que acompaña o al que sustituye ocupa el lugar número 1 en una serie: *ha llegado la primera a la meta.* ANT último. NOTA Puede ser determinante (*mis primeros esquís*) o pronombre (*somos los primeros*). **2** [persona] Que es más importante o mejor que los demás dentro de un conjunto o una serie: *el primero de la clase.* ◆ adj. **3** Que es antiguo y anteriormente se había poseído. SIN primitivo. ◆ n. m./ adj. **4** Cosa que es la más importante entre otras de su clase: *lo primero en tu vida es tu carrera y tus estudios.* SIN primordial. ◆ adv. **5** primero En primer lugar o antes que nada: *primero recoge todas tus cosas.* SIN antes. NOTA Expresa una preferencia entre dos posibilidades: *primero prefiero morirme de hambre que robar.*
▶ a primeros Expresión que indica que una cosa se hará o sucederá en los días iniciales de un período de tiempo: *iremos a verte a primeros de agosto.* no ser el primero Expresión que se usa para quitar importancia a una cosa que ha hecho una persona o que le ha ocurrido: *no eres el primero que mete la pata.*
DER primer, primera, primeramente, primerizo.

primicia n. f. **1** Noticia que se hace pública por primera vez. ◆ n. f. pl. **2** primicias Fruto o producto primero que da cualquier cosa.

primitivo, -va adj. **1** Que pertenece a los orígenes o primeros tiempos de una cosa: *en el yacimiento encontraron objetos primitivos.* **2** Que es muy elemental y está poco desarrollado: *todavía usan métodos primitivos para cultivar la tierra.* **3** [persona] Que es ruda, que se comporta sin educación: *es muy primitivo.* ◆ adj./ n. m. y f. **4** [pueblo, civilización] Que tiene un desarrollo y una cultura poco avanzados: *los pueblos primitivos cazaban animales y se cubrían con sus pieles.* ◆ adj. **5** [palabra] Que no se deriva de otra palabra de la misma lengua: *«pescado» es la palabra primitiva a partir de la que se han formado «pescadero» y «pescadería».* ◆ adj./ n. m. y f. **6** [artista, obra] Que es anterior al período clásico de un estilo: *la pintura de los artistas flamencos primitivos es de una belleza extraordinaria.*
DER primitivismo.

primo, -ma n. m. y f. **1** Persona respecto de otra que es hijo o hija de un tío o una tía. primo hermano Persona respecto de otra que es hijo o hija de los tíos carnales paternos o maternos. ◆ adj./ n. m y f. **2** *coloquial.* Persona sin malicia que se deja engañar fácilmente: *eres un primo, todo el mundo se aprovecha de ti.* SIN ingenuo.
▶ hacer el primo **a.** Dejarse engañar fácilmente: *no hagas el primo con ella porque te está engañando.* **b.** Hacer un trabajo sabiendo que no va a ser recompensado ni valorado: *estoy haciendo el primo, me mato a trabajar y nadie lo valora.*
DER primado.

primogénito, -ta adj. [hijo] Que nace primero: *el rey nombró heredero a su hijo primogénito.*
DER primogenitura.

primor n. m. **1** Habilidad, cuidado o delicadeza al hacer o decir una cosa: *bordaba las sábanas con primor.* SIN esmero. **2** Cosa muy bella hecha con habilidad, cuidado o delicadeza: *este mantel es un primor.*

primordial adj. Que es fundamental, necesario o muy importante. SIN esencial, básico.

primoroso, -sa adj. **1** Que es bello y está hecho con habilidad, cuidado o delicadeza: *es una labor de costura primorosa.* **2** [persona] Que tiene habilidad, cuidado o delicadeza al hacer o decir una cosa.

princesa n. f. **1** Hija de un rey o de un príncipe. **2** En España, hija del rey que es la sucesora inmediata de la corona. **3** Jefa de un Estado que tiene el título de principado: *princesa de Mónaco.* **4** Mujer de un príncipe.

principado n. m. **1** Título o dignidad de príncipe o princesa. **2** Territorio o lugar que pertenece a un príncipe.

principal adj. **1** Que es básico o fundamental. SIN importante, primero. **2** Que es el primero en estimación o importancia: *es el principal candidato.* ◆ adj./ n. m. **3** [piso] Que está encima del bajo o del entresuelo de un edificio: *esta familia vive en el principal.* **4** [oración, proposición] Que rige o subordina a otra.
DER principalmente.

príncipe n. m. **1** Hijo primogénito del rey que es el heredero de la corona. príncipe de Asturias Título que se da al hijo del rey de España. **2** Jefe de Estado de un principado. **3** Hombre que pertenece a una familia real. **4** Título de honor que da el rey a una persona por su mérito o su valor. **5** Hombre que es el primero o el mejor en una cosa.
▶ príncipe azul Hombre ideal del que una persona está enamorada. príncipe de Gales Tejido que tiene estampado unos cuadros en colores suaves.
DER princesa, principado, principal, principesco.

principiante adj./ n. com. [persona] Que empieza a ejercer una profesión o un oficio y no tiene demasiada experiencia. SIN novato.

principiar v. tr. Comenzar o empezar una cosa.
OBS En su conjugación, la *i* es átona, como en *cambiar.*
DER principiante.

principio n. m. **1** Primer momento o primera parte de la existencia de una cosa: *principio de la vida.* SIN comienzo, inicio. ANT fin, final. **2** Origen o causa de una cosa: *aquel encuentro fue el principio de una larga amistad.* SIN fundamento, base. **3** Idea en la que se apoya un razonamiento o una doctrina: *principio de Arquímedes.* SIN base. **4** Idea o norma que orienta la manera de pensar o de obrar de una persona: *es una persona sin principios.* NOTA Se usa generalmente en plural. **5** Elemento que junto con otros constituye un cuerpo o sustancia compuesta: *si te falta algún principio elemental no te saldrá bien lo que estás haciendo.*
▶ a principios En los primeros días de un período de tiempo: *vendrán a España a principios de mayo.* al principio Al comienzo o al inicio. dar principio Comenzar o empezar una cosa: *dio principio a la convención con una frase de bienvenida.* en principio De modo inicial o sin analizar en detalle: *en principio nos vemos mañana, pero esta tarde te lo aseguraré.*
DER principiar.

pringado, -da adj./ n. m. y f. **1** *coloquial* [persona] Que es ingenuo y se deja engañar fácilmente para hacer cosas que otros no quieren hacer: *ser un pringado.* SIN primo. **2** *coloquial* [persona] Que suele pagar las culpas por una falta o delito cometidos por otra persona. SIN primo.
OBS Puede encontrarse la grafía *pringao,* más cercana a la pronunciación habitual.

pringoso, -sa adj. Que tiene pringue, grasa o suciedad: *ropa pringosa.*

pringue n. amb. **1** Grasa que suelta el tocino u otro alimento grasiento sometido a la acción del fuego: *me manché con pringue.* **2** Cosa grasienta o pegajosa que ensucia: *el pringue de la cocina.*

prior, -ra n. m. y f. **1** Persona que gobierna una comunidad religiosa. SIN superior. **2** Persona que es el segundo prelado después del abad o de la abadesa.
DER priora, priorato, prioridad.

prioridad n. f. **1** Ventaja o preferencia que una persona o cosa tiene sobre otra: *este asunto tiene prioridad absoluta.* **2** Cosa que es más importante que otra o tiene ventaja sobre ella: *una de las prioridades de los ciudadanos es el bienestar.* NOTA Se usa más en plural. **3** Superioridad o primacía que tiene una cosa o una persona sobre otra en importancia o en consideración.
DER prioritario.

prioritario, -ria adj. Que tiene prioridad o preferencia respecto de otra cosa: *asunto prioritario.*

priorizar v. tr. Dar prioridad a algo: *priorizan los contratos indefinidos.*
OBS En su conjugación, la *z* se convierte en *c* delante de *e.*

prisa n. f. **1** Rapidez o diligencia con que ocurre o se hace una cosa: *volví del trabajo con mucha prisa para preparar la cena.* **2** Deseo o necesidad de hacer una cosa con rapidez: *tenemos mucha prisa por acabar el trabajo.* **SIN** urgencia.

▶ **a prisa** Aprisa, rápidamente. **correr prisa** Ser muy necesario y urgente el hecho de hacer una cosa: *ayúdame, que esto corre prisa.* **darse prisa** Hacer una cosa con rapidez y de manera apresurada: *date prisa en vestirte, que llegamos tarde.* **de prisa** Deprisa, con rapidez. **meter prisa** Intentar que una persona haga una cosa con mucha rapidez: *no me metas prisa porque al final me va a salir mal.* **SIN** apresurar.

DER aprisa, deprisa.

prisión n. f. **1** Edificio en el que están las personas que cumplen una condena judicial que les priva de libertad. **SIN** cárcel. **2** DER. Pena de privación de libertad que es inferior a la reclusión y superior a la de arresto: *fue condenado a veinte años de prisión.*

▶ **prisión mayor** Pena de privación de libertad que dura desde seis años y un día hasta doce años. **prisión menor** Pena de privación de libertad que dura desde seis meses y un día a seis años. **prisión preventiva** Pena de privación de libertad que se aplica a un procesado mientras dura el juicio.

DER prisionero; aprisionar.

prisionero, -ra n. m. y f. **1** Persona que está privada de libertad a causa de un secuestro, una captura u otras causas. **SIN** cautivo. **prisionero de guerra** Persona que es capturada en la guerra y privada de libertad por el ejército enemigo. **2** Persona que está dominada por una pasión o un afecto: *aquel hombre era prisionero del deseo.*

prisma n. m. **1** Cuerpo geométrico sólido terminado por dos caras planas, paralelas e iguales, que se llaman bases, y con tantas caras rectangulares como lados tiene cada base: *los diamantes tienen forma de prisma.* **prisma recto** Cuerpo geométrico cuyas caras forman un ángulo recto con la base. **prisma oblicuo** Cuerpo geométrico cuyas caras no forman un ángulo recto con la base. **2** Cuerpo geométrico de cristal y base triangular que se usa en óptica para reflejar, refractar o descomponer la luz. **3** Punto de vista o manera de entender o considerar una cosa: *tenemos que considerar el problema desde un prisma distinto.*

prismático, -ca adj. **1** Que tiene forma de prisma. ◆ n. m. pl. **2** **prismáticos** Aparato con dos tubos que tienen en su interior una combinación de prismas y que acercándolos a los ojos hace que se vean más próximas las cosas que están lejos.

privación n. f. **1** Pérdida de una cosa que se tenía o se poseía: *privación de libertad.* **2** Carencia, falta o escasez de las cosas que se necesitan para vivir: *cuando se quedó sin trabajo pasó muchas privaciones.* **NOTA** Se usa generalmente en plural.

privado, -da adj. **1** Que está falto de cierta cosa: *es una anciana privada de la vista y del oído.* **2** Que se realiza en presencia de muy poca gente o de manera muy familiar: *doy una fiesta privada en mi casa.* **3** Que es íntimo, personal o particular de cada persona: *vida privada.* **4** Que pertenece a una o varias personas y solo ellas pueden disponer de su uso: *este campo de golf es privado.* **SIN** particular. **ANT** público. **5** Que se tiene o se realiza de manera particular, fuera de una actividad, un cargo o un empleo públicos: *el médico tiene una consulta privada.* **SIN** particular. **ANT** público. ◆ n. m. **6** Hombre en quien confía un gobernante y al que suele pedir consejo: *el conde-duque de Olivares fue el privado del rey Felipe IV.* **SIN** valido.

privar v. tr. **1** Quitar a una persona una cosa que posee o de la que disfruta: *los dictadores privaron de sus derechos a los ciudadanos.* **SIN** despojar, desposeer. **2** Prohibir o impedir a una persona que haga una cosa. ◆ v. intr./ prnl. **3** Gustar mucho a una persona una cosa: *le privan los pasteles de chocolate.* ◆ v. intr. **4** Estar una cosa de moda: *lo que priva ahora son las energías alternativas.* ◆ v. prnl. **5** **privarse** Renunciar una persona voluntariamente a una cosa agradable o útil: *nos privamos de todos los lujos para poder ahorrar.*

DER privacidad, privado, privanza, privativo.

privatizar v. tr. Poner bajo la explotación y administración del sector privado empresas, bienes o servicios que eran de propiedad estatal: *privatizó la compañía telefónica.* **ANT** estatalizar, estatificar, nacionalizar.

OBS En su conjugación, la *z* se convierte en *c* delante de *e*.

DER privatización; reprivatizar.

privilegiado, -da adj./ n. m. y f. **1** [persona] Que disfruta de algún privilegio: *es una chica privilegiada.* ◆ adj. **2** Que destaca entre las cosas de su clase por ser extraordinario o muy bueno: *memoria privilegiada.* **3** Que tiene unas características o cualidades naturales que lo hacen excepcional o muy bueno: *vive en un barrio privilegiado.*

privilegio n. m. **1** Ventaja, derecho o exención de que disfruta una o varias personas. SIN concesión. **2** Documento en el que figura la concesión de una ventaja, un derecho, un provecho o una exención. **3** Beneficio económico, social o político que se obtiene por poseer un cargo considerado elevado por el resto de la sociedad.

DER privilegiar.

pro prep. En favor o en ayuda de una persona o de una entidad: *organizaron una colecta pro derechos humanos.* NOTA Se usa delante de nombres sin artículo.

▶ de pro [persona] Que se comporta honrada y honestamente: *este es un hombre de pro.* en pro de En defensa de una persona o una entidad: *todos firmaron la petición en pro de la naturaleza.* los pros y los contras Ventajas e inconvenientes que tiene un asunto: *analizaron los pros y los contras antes de tomar una decisión.*

pro- Prefijo que entra en la formación de palabras con el significado de: *a)* 'En vez de', 'en lugar de': *pronombre. b)* 'Ante, delante de': *progenitor, prólogo. c)* 'Continuidad de acción o movimiento hacia delante': *proseguir, promover. d)* 'Negación o contradicción': *proscribir.*

proa n. f. Parte delantera de una embarcación o de una aeronave.

probabilidad n. f. **1** Posibilidad de que una cosa se cumpla o suceda. **2** Cálculo matemático de las posibilidades que existen de que una cosa se cumpla o suceda.

probable adj. **1** Que es muy posible que se cumpla o suceda: *es muy probable que llueva.* SIN posible. ANT improbable. **2** Que se puede probar o demostrar. ANT improbable. **3** Que tiene buenas razones para ser verdadero o ser creído. SIN verosímil.

DER probabilidad, probabilismo, probablemente; improbable.

probador n. m. Espacio pequeño de los almacenes o las tiendas de ropa donde los clientes se prueban las prendas de vestir.

probar v. tr. **1** Usar una cosa para ver si funciona o sirve para un fin determinado: *prueba la plancha para ver si funciona.* SIN ensayar, experimentar. **2** Tomar una pequeña cantidad de comida o bebida para comprobar el sabor o la calidad. SIN catar. **3** Demostrar la verdad de un hecho mediante pruebas y razones. SIN acreditar, justificar. **4** Examinar las cualidades de una persona o de una cosa. ◆ v. intr. **5** Intentar o tratar de hacer una cosa: *probó a levantarse pero no pudo.* NOTA Se usa con la preposición *a* y otro verbo en infinitivo.

OBS En su conjugación, la *o* se convierte en *ue* en sílaba acentuada, como en *contar.*

DER probable, probado, probador, probatura, probeta, prueba; aprobar, comprobar, reprobar.

probatorio, -ria adj. Que sirve para probar la verdad de una cosa: *ejemplo probatorio.*

probeta n. f. Recipiente de cristal en forma de tubo que sirve para contener o medir un líquido o un gas.

problema n. m. **1** Hecho o situación que dificulta el hacer o conseguir una cosa: *mi problema es que no tengo tiempo para estudiar.* SIN dificultad. **2** Hecho o situación que tiene una solución difícil. **3** MAT. Presentación de un enunciado que plantea unos datos y una pregunta a partir de los cuales hay que dar una respuesta.

problemático, -ca adj. **1** Que da o causa problemas: *mis amigos tienen un hijo muy problemático.* **2** Que plantea duda e incertidumbre. SIN dudoso, incierto.

procedencia n. f. **1** Origen del que nace o procede una persona o una cosa. **2** Lugar exacto de donde viene una persona o una cosa. **3** Adecuación o conformidad de una acción a la moral, a la razón o al derecho: *se cuestiona la procedencia de su actuación.*

procedente adj. **1** Que procede de una persona o una cosa. **2** Que procede o viene de un lugar determinado: *el avión procedente de Bilbao.* **3** Que es conforme a la moral, a la razón o al derecho: *creo que los medios utilizados no han sido procedentes.*

DER procedencia; improcedente.

proceder v. intr. **1** Nacer o tener origen una persona o una cosa en un determinado lugar. SIN provenir. **2** Obtenerse u originarse una cosa a partir de otra sea de manera física o moral: *el español y el catalán proceden del latín.* **3** Comportarse una persona de una manera determinada. **4** Ser una cosa conveniente, adecuada o apropiada para un fin determinado: *en este caso lo que procede es actuar con prudencia.* SIN convenir. **5** Tener una cosa una determinada procedencia u origen.

6 Comenzar una persona a hacer una cosa: *después de la discusión procedieron a la votación.* **7** DER. Iniciar o comenzar un juicio o un procedimiento judicial: *el juez procedió contra el acusado.* ◆ n. m. **8** Manera o modo de comportarse una persona: *su proceder no fue el más adecuado a las circunstancias.*
DER procedente, procedimiento.

procedimiento n. m. **1** Método o trámite necesario para ejecutar una cosa: *le explicó el procedimiento para poner en marcha la maquinaria.* **2** DER. Actuación que se sigue mediante trámites judiciales o administrativos: *procedimiento judicial.*

procesador n. m. **1** Componente electrónico en el que se realizan los procesos lógicos. **2** INFORM. Programa informático que procesa o somete a una serie de operaciones la información introducida en el ordenador: *procesador de textos.*

procesar v. tr. **1** Formar un juicio o un proceso legal contra una persona: *el detenido ha sido procesado por la comisión de cuatro delitos.* **SIN** enjuiciar. **2** Dictar el juez una resolución en la que se considera a una persona culpable de un delito. **3** Someter una cosa a un proceso de elaboración o de transformación. **4** INFORM. Someter un conjunto de datos a un determinado programa informático ejecutando instrucciones sobre él: *el ordenador está procesando los datos de la estadística.*
DER procesado, procesador, procesamiento.

procesión n. f. **1** Conjunto de personas que caminan en orden por la calle con algún fin público, generalmente religioso: *la procesión de Semana Santa.* **2** Acción de caminar por la calle y en orden un conjunto de personas con algún fin público, generalmente religioso: *todo el pueblo fue en procesión hasta la ermita.* **3** Conjunto de personas o animales que van formando una hilera y en orden de un lugar a otro. **SIN** fila, hilera.
▶ ir la procesión por dentro Expresión que se utiliza cuando se siente pena, dolor o nerviosismo pero se aparenta serenidad y tranquilidad.
DER procesional, procesionaria.

proceso n. m. **1** Conjunto de las diferentes fases o etapas sucesivas que tiene una acción o un fenómeno natural o artificial. **2** Conjunto de las diferentes acciones que se realizan para conseguir un determinado resultado: *en el proceso de elaboración del pan se utilizan levaduras.* **3** Conjunto de actuaciones que realiza un tribunal de justicia en un procedimiento judicial desde su inicio hasta que se dicta sentencia: *mañana se reanuda el proceso contra los acusados.* **SIN** causa.
DER procesal, procesar; multiproceso.

proclama n. f. **1** Discurso que se expone de manera pública y tiene carácter político o militar; puede ser escrito o hablado: *en período de elecciones se lanzan muchas proclamas contra los adversarios políticos.* **2** Anuncio o notificación pública y oficial.

proclamación n. f. **1** Notificación o anuncio de una información oficial que se hace de manera solemne. **2** Conjunto de actos públicos con los que se anuncia o se celebra el inicio de una forma nueva de gobierno o de una etapa nueva dentro de él: *proclamación de la república.*

proclamar v. tr. **1** Decir una cosa en voz alta y públicamente: *proclamó nuestro secreto a los cuatro vientos.* **SIN** divulgar, publicar. **2** Hacer público el comienzo de un gobierno de una manera solemne y ceremoniosa. **SIN** declarar, promulgar. ◆ v. tr./ prnl. **3** Otorgar una mayoría unánime de personas un cargo o un título a alguien: *se proclamó vencedor.* ◆ v. prnl. **4** proclamarse Darse o atribuirse una persona a sí misma un cargo, una autoridad o un mérito: *Napoleón se proclamó emperador.*
DER proclama, proclamación.

proclítico, -ca adj. GRAM. [palabra átona] Que se pronuncia unida a la siguiente palabra aunque al escribirla se mantenga separada: *los artículos son palabras proclíticas.* **ANT** enclítico.

procrear v. tr. Producir el macho y la hembra de cualquier especie animal otro individuo de su misma especie. **SIN** engendrar.
DER procreación.

procurador, -ra n. m. y f. DER. Persona autorizada legalmente para ejercer ante los tribunales la representación de otra persona en un proceso judicial.
DER procuraduría.

procurar v. tr. **1** Hacer todo lo posible para conseguir o realizar una cosa: *procura portarte bien.* **SIN** intentar. ◆ v. tr./ prnl. **2** Conseguir una cosa para uno mismo o para los demás: *se procuró un buen empleo.*
DER procurador.

prodigar v. tr. **1** Dar una cosa con profusión o en gran abundancia: *la madre prodiga cari-*

cias y besos a sus hijos. **2** Gastar dinero con exceso y sin cuidado. **SIN** derrochar, malgastar. ◆ v. prnl. **3 prodigarse** Mostrarse en público una persona de forma muy frecuente y con la intención de exhibirse: *se prodiga en las fiestas de la alta sociedad.* **SIN** exhibir.
OBS En su conjugación, la *g* se convierte en *gu* delante de *e*.

prodigio n. m. **1** Hecho extraño que no puede explicarse por causas naturales y que provoca admiración. **2** Persona, cosa o hecho que produce admiración por tener unas determinadas cualidades o ser extraordinario: *un prodigio de belleza.* **SIN** maravilla, portento.
DER prodigioso.

prodigioso, -sa adj. **1** Que no se puede explicar por causas naturales y que provoca admiración. **2** Que produce admiración por tener unas determinadas cualidades o ser extraordinario: *la prodigiosa voz de la cantante.* **SIN** maravilloso, portentoso.

pródigo, -ga adj./ n. m. y f. **1** [persona] Que gasta dinero en exceso y sin cuidado. ◆ adj. **2** Que es muy generoso y da a los demás todo lo que tiene. **3** Que produce o da en abundancia una cosa: *esta tierra es pródiga en agua y materias minerales.*
DER prodigalidad, prodigar.

producción n. f. **1** Acción que consiste en fabricar o elaborar un producto: *esta fábrica se dedica a la producción de calzado.* **2** Cosa que se produce o se elabora de manera natural o artificial. **SIN** producto. **3** Suma de los productos que da el campo o de los que elabora la industria. **4** Acción que consiste en financiar económicamente la realización de una película, un programa de radio, televisión o internet o un espectáculo: *invierte su dinero en la producción de películas.* **5** Conjunto de personas que se dedican a realizar una película, un programa de radio, televisión o internet, o montar un espectáculo teatral. **6** Conjunto de actividades humanas dirigidas a aprovechar los recursos naturales para conseguir bienes útiles para el ser humano.
DER coproducción, superproducción.

producir v. tr. **1** Dar fruto la tierra o las plantas. **2** Fabricar o elaborar un producto a través del trabajo: *esta empresa produce yogures.* **3** Causar u ocasionar una cosa un efecto sobre otra: *la picadura de un mosquito produce un gran picor.* **4** Pagar o financiar los gastos que supone realizar un espectáculo teatral o una película, un programa de radio, televisión o internet. **5** Crear una persona una obra de arte. **6** Dar una cosa ganancias o beneficios económicos: *el dinero del banco me ha producido muy pocos intereses.* ◆ v. prnl. **7 producirse** Ocurrir o suceder una cosa: *el incendio se produjo a las dos de la mañana.*
OBS En su conjugación, la *c* se convierte en *zc* delante de *a* y *o*; el pretérito perfecto simple es irregular, como en *conducir.*
DER producción, productivo, producto, productor, productora; contraproducente, reproducir.

productividad n. f. **1** Capacidad para producir que tiene la industria o la naturaleza: *la productividad de la tierra.* **2** Relación entre la producción obtenida y los factores utilizados para obtenerla: *la excelente situación de la empresa se debe a su productividad.*

productivo, -va adj. **1** Que produce o es capaz de producir en abundancia: *están contentos porque tienen un negocio muy productivo.* **SIN** fructífero. **ANT** estéril. **2** Que da un resultado favorable al comparar los precios con los costes: *la inversión está resultando francamente productiva.*

producto n. m. **1** Cosa que se produce de manera natural o artificial: *productos lácteos.* **SIN** artículo, producción. **2** Resultado o consecuencia de una determinada situación o circunstancia: *el cargo que ahora tiene es producto de su esfuerzo.* **3** Provecho o ganancia económica que se obtiene de una cosa. **SIN** beneficio, rendimiento. **producto interior bruto** Conjunto de bienes económicos que produce un país durante un año. **producto nacional bruto** Conjunto de bienes económicos que obtiene un país durante un año. **4** Cantidad que resulta de multiplicar un número por otro: *64 es el producto que se obtiene al multiplicar 8 por 8.*

productor, -ra adj. **1** Que fabrica o elabora un producto: *las abejas son productoras de miel.* ◆ n. m. y f. **2** Persona que interviene en la producción de bienes y servicios en la organización del trabajo: *en el modelo económico actual todos somos productores y consumidores al mismo tiempo.* **3** Persona que paga o financia los gastos que supone realizar una película, un programa de radio, televisión o internet, o un espectáculo teatral.

proeza n. f. Acción importante y heroica que exige esfuerzo y valor. **SIN** hazaña, heroicidad.

prof., prof.ª Abreviaturas de *profesor* y *profesora*: *el prof. Velasco.*

profanar v. tr. **1** Tratar sin el debido respeto una cosa que se considera sagrada: *profanaron las tumbas durante la noche.* **2** Dañar la honra y el buen nombre de una persona que ya está muerta hablando mal de ella: *no profanes el recuerdo de tu padre.* SIN deshonrar, desacreditar.
DER profanación.

profano, -na adj. **1** Que no es sagrado ni está relacionado con la religión: *música profana.* SIN laico, secular. ◆ adj./ n. m. y f. **2** [persona] Que no tiene conocimientos de una determinada materia. SIN ignorante, lego.
DER profanar.

profecía n. f. **1** Anuncio o predicación de un hecho futuro que hace una persona por inspiración divina. SIN augurio, vaticinio. **2** Gracia o don sobrenatural que tiene una persona y consiste en conocer por inspiración divina los hechos futuros. **3** Suposición o juicio que se forma de una cosa por las señales que se observan en ella: *las profecías de aquel pensador se convirtieron en realidad.* SIN conjetura.

proferir v. tr. Pronunciar o decir una persona palabras o sonidos en voz muy alta expresando sentimientos de enfado o de mucha alegría: *empezó a proferir insultos.*
OBS En su conjugación, la *e* se convierte en *ie* en sílaba acentuada o en *i* en algunos tiempos y personas, como en *hervir.*

profesar v. tr. **1** Aceptar o unirse a una religión, doctrina o creencia: *profesa el budismo.* **2** Tener una persona una determinada inclinación o un sentimiento hacia alguien: *profesa una gran amistad a su vecino.* **3** Ejercer una persona una profesión, un arte o un oficio: *profesa la medicina.* SIN desempeñar. ◆ v. intr. **4** Ingresar una persona de manera voluntaria en una orden religiosa comprometiéndose a cumplir los votos propios de la orden: *profesó en los carmelitas.*
DER profesión, profeso, profesor.

profesión n. f. **1** Empleo, oficio o trabajo que una persona ejerce a cambio de una retribución económica. **2** Acción que consiste en ingresar una persona de manera voluntaria en una orden religiosa.
DER profesional.

profesional adj. **1** De la profesión o que tiene relación con el empleo de una persona: *vida profesional.* ◆ adj./ n. com. **2** [persona] Que realiza una actividad que constituye su profesión o medio de ganarse la vida: *deportista profesional.* ◆ n. com. **3** Persona que realiza su trabajo con gran capacidad y aplicación.
DER profesionalismo, profesionalizar.

profesionalidad n. f. Capacidad que tiene una persona para ejercer su profesión o su empleo de una manera seria, rápida y eficaz.

profesionalizar v. tr. **1** Convertir en profesión una actividad habitualmente no profesional: *el fútbol está profesionalizado.* **2** Convertir a alguien aficionado o lego en profesional. ◆ v. prnl. **3** profesionalizarse Convertirse en profesional [una persona aficionada o lega].
OBS En su conjugación, la *z* se convierte en *c* delante de *e*.

profeso Palabra que se utiliza en la locución adverbial *ex profeso*, que significa 'expresamente' o 'con el propósito exclusivo': *he hecho el viaje «ex profeso» para presentarle mi proyecto.* SIN adrede.

profeso, -sa adj. [persona] Que ha profesado en una orden religiosa.

profesor, -ra n. m. y f. **1** Persona que se dedica a ejercer o a enseñar de manera profesional una ciencia o un arte: *profesor de lengua.* SIN maestro. **2** Persona que toca un instrumento musical en una orquesta.

profesorado n. m. **1** Conjunto de profesores que trabajan en un centro de enseñanza. **2** Cargo de profesor: *obtuvo el profesorado.*

profeta, -tisa n. m. y f. **1** Persona que hace predicciones por inspiración divina. **2** Persona que hace suposiciones sobre un hecho futuro mediante las señales que observa.
DER profecía, profético, profetisa, profetizar.

profetizar v. tr. **1** Predecir una persona un hecho futuro por inspiración divina. **2** Hacer una persona suposiciones o juicios sobre un hecho futuro observando unas determinadas señales: *un vidente profetizó el terremoto.* SIN predecir.
OBS En su conjugación, la *z* se convierte en *c* delante de *e*.

profiláctico, -ca adj. **1** Que sirve para preservar o proteger de una enfermedad: *medidas profilácticas.* ◆ n. m. **2** Funda muy fina de goma que se coloca sobre el pene durante el coito para prevenir el contagio de enfermedades de transmisión sexual y el embarazo. SIN condón, preservativo.

profiterol n. m. Pastelillo en forma de buñuelo, abierto por la mitad y relleno de nata, crema o trufa.

prófugo, -ga adj./ n. m. y f. **1** [persona] Que ha escapado de la justicia o de otra autoridad. **SIN** fugitivo. ◆ adj./ n. m. **2** Hombre que se ausenta o se oculta para no hacer el servicio militar. **SIN** desertor.

profundidad n. f. **1** Distancia que hay desde la superficie hasta el fondo de una cosa o de un lugar: *la profundidad del lago.* **SIN** hondura. **2** Distancia que hay en una cosa desde la parte exterior hasta la más alejada de ella: *el paisaje representado en el cuadro da profundidad a la pintura.* **3** Dimensión de un cuerpo que es perpendicular a una superficie dada: *esta caja tiene más anchura que profundidad.* **SIN** altura. **4** Fuerza o intensidad de una idea, un sentimiento o una sensación: *es un autor de una gran profundidad intelectual.* **5** Capacidad de penetración del pensamiento y de las ideas en una cosa: *analizar un tema con mucha profundidad.* ◆ n. f. pl. **6** profundidades Parte de una masa de agua que está más alejada de la superficie.

▶ en profundidad De una forma completa y con absoluto rigor: *hay que tratar este asunto en profundidad.*

profundizar v. intr. **1** Estudiar o examinar un tema, una idea o un asunto con gran atención y cuidado para conocerlo y comprenderlo mejor. ◆ v. tr. **2** Hacer una cosa más profunda. **SIN** ahondar.

OBS En su conjugación, la *z* se convierte en *c* delante de *e.*

profundo, -da adj. **1** [lugar] Que tiene mucha distancia desde la superficie hasta el fondo. **SIN** hondo. **2** [cosa] Que tiene mucha distancia desde la parte exterior hasta la más alejada de ella: *los excursionistas exploraron unas cavernas muy profundas.* **3** [objeto] Que tiene el borde superior muy distante del fondo: *esta cazuela es profunda.* **4** Que es fuerte, grande o intenso: *sueño profundo.* **5** Que llega hasta muy adentro: *una herida profunda.* **SIN** hondo. **6** Que resulta difícil de entender y requiere una gran penetración del pensamiento para ser comprendido: *idea profunda.* **7** [sonido] Que tiene un tono muy grave: *voz profunda.* **8** [pensamiento, persona] Que llega hasta el fondo de las cosas para conocerlas y comprenderlas todo lo posible: *nunca he conocido a nadie tan profundo.* **ANT** superficial. ◆ n. m. **9** Parte más honda de una cosa. **SIN** profundidad. **ANT** superficie. **10** Parte más íntima de una persona: *sospecho que nadie conoce lo más profundo de mi ser.*

DER profundidad, profundizar.

profusión n. f. Abundancia o cantidad excesiva: *este autor utiliza cultismos con gran profusión.*

profuso, -sa adj. Que es muy abundante: *analizamos la profusa obra de este pintor.* **SIN** copioso.

progenie n. f. **1** Linaje o familia de la cual desciende una persona. **SIN** casta. **2** Conjunto de hijos o descendientes de una persona.

progenitor, -ra n. m. y f. Ascendiente directo de una persona: *nuestros padres son nuestros progenitores.*

progesterona n. f. Hormona sexual que segrega el ovario femenino.

programa n. m. **1** Proyecto o planificación ordenada de las diferentes partes o actividades que componen una cosa que se va a realizar: *el programa de trabajo de una empresa.* **2** Exposición o declaración previa de las cosas que se harán en una determinada materia: *programa electoral.* **3** Sistema y distribución de las materias que forman una asignatura o un curso escolar: *programa escolar.* **4** Anuncio o exposición de los distintos puntos o partes que componen una celebración o un espectáculo: *el concejal elaboró el programa de las fiestas del pueblo.* **5** Escrito en el que figura este proyecto, esta exposición, este sistema de distribución y este anuncio. **6** Emisión independiente y con un tema propio que retransmite una cadena de radio o de televisión. **7** Conjunto de operaciones que realizan algunas máquinas: *he comprado un lavavajillas que tiene un programa para lavar pocos platos.* **8** INFORM. Conjunto de instrucciones detalladas y codificadas que se dan a un ordenador u otro despositivo electrónico para que realice o ejecute determinadas operaciones.

DER programar.

programación n. f. **1** Acción que consiste en hacer una planificación ordenada de las distintas partes o actividades que componen una cosa que se va a realizar: *programación de un viaje.* **2** Conjunto de emisiones o programas que se retransmiten por radio o televisión. **3** INFORM. Acción que consiste en aplicar el conjunto de instrucciones detalladas y codificadas que se dan a un ordenador u otros dispositivos electrónicos para que realice o ejecute determinadas operaciones.

programador, -ra n. m. **1** Dispositivo automático que pone en funcionamiento el mecanismo electrónico de determinados aparatos: *el programador hace que la estufa se desconecte en media hora.* ◆ n. m. y f. **2** INFORM. Persona que se dedica a elaborar programas para ordenador.

programar v. tr. **1** Establecer o planificar el programa de una serie de actividades. **2** Preparar una máquina para que haga un trabajo de manera automática. ◆ v. tr./ intr. **3** INFORM. Elaborar y aplicar programas para un ordenador: *está haciendo un cursillo para aprender a programar.*

DER programación, programador, programático.

progresar v. intr. **1** Pasar una persona, una cosa o una materia a un estado mejor, más avanzado o más adelantado: *las conversaciones de paz no han progresado.* SIN adelantar, mejorar. **2** Mejorar una sociedad en el aspecto económico, social, científico y cultural: *el país ha progresado mucho en los últimos diez años.*

progresión n. f. **1** Avance, evolución o mejora de una cosa. **2** Serie o sucesión no interrumpida: *quiero ver cómo ha sido la progresión de mis calificaciones a lo largo de mis estudios.* **3** MAT. Serie de números o de términos matemáticos ordenados según una constante.

▶ progresión aritmética Progresión en que cada número es igual al anterior más una cantidad fija o constante: *los números 1, 3, 5, 7, 9 forman una progresión aritmética.* progresión geométrica Progresión en que cada número es igual al anterior multiplicado por una cantidad fija o constante: *los números 1, 2, 4, 8, 16, 32 forman una progresión geométrica.*

progresismo n. m. **1** Tendencia política que defiende y busca el desarrollo de una sociedad en el aspecto económico, social, científico y cultural. **2** Asociación política que defiende y apoya esta tendencia: *este partido lidera el progresismo político.*

DER progresista.

progresista adj. **1** Del progresismo o relacionado con esta tendencia política: *la nación necesitaba leyes progresistas.* ◆ adj./ n. com. **2** [persona, partido político] Que defiende y busca el desarrollo de una sociedad en el aspecto económico, social, científico y cultural.

DER progre.

progresivo, -va adj. Que avanza o progresa de forma continuada: *tenía una enfermedad progresiva.*

progreso n. m. **1** Cambio que experimenta una persona o una cosa a un estado mejor, más avanzado o más desarrollado: *ha hecho muchos progresos hablando español.* SIN mejora. **2** Desarrollo de una sociedad en el aspecto económico, social, científico y cultural.

DER progresar, progresión, progresismo, progresivo.

prohibición n. f. Acción de impedir el uso o la realización de una cosa.

prohibir v. tr. Impedir que una cosa se use o se realice: *en ese local se prohíbe fumar.* SIN vedar. ANT permitir.

DER prohibición, prohibitivo.

prohibir

INDICATIVO

presente
prohíbo
prohíbes
prohíbe
prohibimos
prohibís
prohíben

pretérito imperfecto
prohibía
prohibías
prohibía
prohibíamos
prohibíais
prohibían

pretérito perfecto simple
prohibí
prohibiste
prohibió
prohibimos
prohibisteis
prohibieron

futuro
prohibiré
prohibirás
prohibirá
prohibiremos
prohibiréis
prohibirán

condicional
prohibiría
prohibirías
prohibiría
prohibiríamos
prohibiríais
prohibirían

SUBJUNTIVO

presente
prohíba
prohíbas
prohíba
prohibamos
prohibáis
prohíban

pretérito imperfecto
prohibiera o prohibiese
prohibieras
o prohibieses
prohibiera o prohibiese
prohibiéramos
o prohibiésemos
prohibierais
o prohibieseis
prohibieran
o prohibiesen

futuro
prohibiere
prohibieres
prohibiere
prohibiéremos
prohibiereis
prohibieren

IMPERATIVO

prohíbe	(tú)
prohíba	(usted)
prohibid	(vosotros)
prohíban	(ustedes)

FORMAS NO PERSONALES

infinitivo
prohibir

gerundio
prohibiendo

participio
prohibido

a b c d e f g h i j k l m n ñ o p q r s t u v w x y z

prohibitivo, -va adj. **1** Que prohíbe o sirve para prohibir: *norma prohibitiva.* SIN prohibitorio. **2** Que es muy caro y no está al alcance de la mayoría de la gente: *precio prohibitivo.* SIN prohibitorio.

prohombre n. m. Hombre famoso e ilustre que es muy respetado por sus cualidades.

prójimo, -ma n. m. **1** Cada una de las personas que con respecto a otra forman la humanidad: *ser solidario con el prójimo.* SIN semejante. ◆ n. m. y f. **2** Individuo o sujeto cualquiera: *¿quién será el prójimo que viene con tu hermano?* NOTA Tiene un significado despectivo.

prole n. f. **1** Conjunto de hijos que tiene una persona. SIN descendencia, linaje. **2** Conjunto muy numeroso de personas que tienen algo en común. SIN pandilla.
DER proletario, proliferar, prolífico.

proletariado n. m. Clase social formada por las personas que no disponen de medios propios de producción y venden su fuerza de trabajo a cambio de un salario.

proletario, -ria adj. **1** Del proletariado o que tiene relación con esta clase social: *trabajo proletario.* ◆ n. m. y f. **2** Persona que no dispone de medios propios de producción y vende su fuerza de trabajo a cambio de un salario.

proliferación n. f. **1** Crecimiento o multiplicación rápida de una cosa. **2** Reproducción que se produce a partir de una división y produce como resultado seres iguales al originario.

proliferar v. intr. **1** Aumentar una cosa de manera rápida en cantidad o en número: *en los mares cálidos proliferan los tiburones.* SIN crecer. **2** Reproducirse por división una célula.

prolífico, -ca adj. **1** Que tiene facilidad para engendrar o reproducirse abundante y rápidamente: *animales prolíficos.* **2** [persona] Que tiene una extensa producción artística o científica: *Lope de Vega fue un escritor muy prolífico.* SIN fecundo.

prolijo, -ja adj. **1** Que es demasiado largo o extenso y resulta pesado: *sería prolijo explicar cada uno de los efectos de este medicamento.* ANT conciso, parco. **2** Que se detiene hasta en los detalles más pequeños: *presentó un prolijo cálculo de sus facturas.* SIN minucioso. **3** [persona] Que resulta demasiado pesado, molesto e impertinente.
DER prolijear, prolijidad.

prólogo n. m. **1** Escrito que va colocado delante en un libro y que explica algún dato del autor o de la obra y sirve de presentación. SIN preámbulo, prefacio. **2** Cosa que se hace antes que otra y que sirve de preparación: *el aperitivo es el prólogo de una buena comida.*
DER prologar, prologuista.

prolongación n. f. **1** Acción que consiste en alargar o extender una cosa. **2** Parte de una cosa que se extiende o se alarga fuera de ella: *la cola de los animales es una prolongación de su espina dorsal.* **3** Pieza que se añade a una cosa para hacerla más larga.

prolongar v. tr. **1** Extender o hacer más larga una cosa en longitud: *van a prolongar la carretera hasta el pueblo vecino.* SIN alargar. **2** Durar o hacer durar más tiempo de lo normal: *la fiesta se prolongó hasta las cuatro de la madrugada.* SIN alargar.
OBS En su conjugación, la *g* se convierte en *gu* delante de *e*.
DER prolongación, prolongado.

promediar v. tr. **1** Calcular o determinar el promedio de una cosa. ◆ v. intr. **2** Alcanzar una cosa la mitad de un período de tiempo determinado: *volveremos cuando promedie el verano.*
OBS En su conjugación, la *i* es átona, como en *cambiar.*

promedio n. m. Número que es igual a la media aritmética de un conjunto de varias cantidades: *las cifras arrojan un promedio del cinco por ciento.*
DER promediar.

promesa n. f. **1** Acto y expresión con los que una persona asegura o promete que va a hacer una cosa. SIN juramento. **2** Ofrecimiento solemne que hace una persona de cumplir con rectitud y fidelidad los deberes y las obligaciones de un cargo. SIN juramento. **3** Ofrecimiento que hace una persona a Dios o a un santo a cambio de que le conceda un ruego o petición: *va vestida con un hábito porque hizo una promesa.* **4** Persona que parece que va a tener éxito y que tiene posibilidades de triunfar en el futuro en una determinada actividad: *el joven delantero es una promesa del fútbol.*

prometedor, -ra adj. [persona, cosa] Que promete o da muestras de que va a triunfar o a resultar bueno en el futuro: *un futuro prometedor.*

prometer v. tr. **1** Asegurar o afirmar una persona que va a hacer una cosa. **2** Asegurar la verdad de una cosa que se está diciendo: *te* *prometo que no sabía de qué me estabas hablando.* **3** Declarar una persona mediante una promesa solemne que se compromete a cumplir con rectitud y fidelidad los deberes y las obligaciones de un cargo. **4** Dar muestras o indicios una cosa de que será tal y como se dice. ◆ v. intr. **5** Dar muestras una persona o una cosa de que va a triunfar o a resultar bueno en el futuro: *esta muchacha promete en la medicina.* ◆ v. prnl. **6** prometerse Comprometerse dos personas a casarse en el futuro. **7** Consagrarse una persona a la vida religiosa y de culto: *se hizo monja y se prometió a Dios.*

▶ prometérselas felices Tener esperanza una persona de lograr lo que desea sin gran dificultad: *se las promete muy felices en su nuevo puesto de trabajo.*

DER promesa, prometedor, prometido, promisión; comprometer.

prometido, -da n. m. y f. Persona que está comprometida para casarse con otra. SIN novio.

prominencia n. f. Elevación de una cosa sobre lo que está alrededor: *en el terreno se aprecian unas ligeras prominencias.* SIN abultamiento, saliente.

prominente adj. **1** Que se eleva, se levanta o sobresale en relación a lo que está alrededor: *nariz prominente.* **2** [persona] Que es ilustre o famoso: *prominente científico.*

DER prominencia.

promoción n. f. **1** Acción que consiste en promover o impulsar una cosa o la realización de ella: *las agencias de publicidad se encargan de la promoción de los productos comerciales.* SIN propaganda, publicidad. **2** Conjunto de personas que consiguen un grado o un empleo al mismo tiempo: *este chico es un compañero de mi promoción.* **3** Ascenso profesional o laboral de una persona en su cargo o empleo. **4** Torneo deportivo en el que se enfrentan dos equipos, de los cuales el ganador ascenderá a una categoría superior: *estos equipos juegan la promoción.*

▶ en promoción Expresión que se utiliza para indicar que un producto o un servicio se están dando a conocer y se ofrecen a un precio reducido.

promocionar v. tr./ prnl. **1** Ayudar a una persona a subir de categoría social o profesional. ◆ v. tr. **2** Dar a conocer al público un producto o un servicio, o hacer famosa a una persona realizando distintas acciones, especialmente de tipo publicitario: *una campaña publicitaria para promocionar la lectura.*

promontorio n. m. **1** Elevación del terreno, especialmente si se avanza en el mar: *hay un convento sobre el promontorio; los promontorios de la costa uruguaya.* **2** Amontonamiento molesto que se forma sobre algo: *un promontorio de revistas.*

promotor, -ra adj./ n. m. y f. [persona, grupo, entidad] Que realiza las acciones necesarias para promocionar cosas o personas: *no sé cuál es la empresa promotora de esta obra.*

promover v. tr. **1** Impulsar la realización de una actividad o procurar el éxito de una cosa: *el ayuntamiento está promoviendo una campaña contra las drogas.* SIN fomentar. **2** Dar lugar a una cosa que conlleva agitación o polémica: *el descontento de la gente promovió una oleada de protestas.* SIN causar, producir, suscitar. **3** Ascender a alguien de categoría social o profesional.

DER promoción, promotor.

promulgación n. f. Anuncio o publicación de una ley o disposición que se hace de una forma oficial o formal para que entre en vigor: *la promulgación del nuevo Código Civil tuvo lugar recientemente.*

promulgar v. tr. Publicar una cosa de forma oficial, especialmente una ley u otra disposición de la autoridad.

DER promulgación.

pronombre n. m. Palabra que desempeña las mismas funciones que un sustantivo o lo determina; el significado de los pronombres depende del contexto en que aparece y del sustantivo al que sustituye o determina: *en «ten en cuenta esto, mañana no saldrás», la palabra «esto» es un pronombre.*

▶ pronombre demostrativo Pronombre que se utiliza para señalar o mostrar una persona, animal o cosa que está más o menos lejos de la persona que habla: *«este», «ese» y «aquel» son pronombres demostrativos.* pronombre indefinido Pronombre que se utiliza para referirse a una persona, animal o cosa de manera poco exacta o concreta: *las palabras «alguien», «nadie», «poco» y «bastante» son pronombres indefinidos.* pronombre numeral Pronombre que se utiliza para expresar la idea de cantidad, orden, partición o multiplicación: *«tres», «cuarto», «dieciseisavo» y «doble» son pronombres numerales.* pronombre personal Pronombre que señala al hablante, al oyente o a cualquier per-

pronombres	
personales	**otros**
función de sujeto: yo, tú, usted, él, ella, ello, nosotros (-tras), vosotros (-tras), ellos, ellas **función de complemento:** me, te, lo, la, le, se, nos, os, los, las, les **tras preposición:** mí, ti, usted, él, ella, ello, nosotros (-tras), vosotros (-tras), ellos, ellas **formas especiales:** conmigo, contigo, consigo	**reflexivos y recíprocos:** me, te, se, nos, os **demostrativos:** este, ese, aquel (sus femeninos y plurales); esto, eso, aquello **posesivos:** mío, tuyo, suyo, nuestro, vuestro, suyo (sus femeninos y plurales) **numerales cardinales:** uno, dos, tres... **numerales ordinales:** primero, segundo... (sus femeninos y plurales) **indefinidos:** alguno, ninguno, varios, algo... **interrogativos:** qué, cuál (-es), cuánto (-a, -os, -as), quién (-es) **exclamativos:** cuánto (-a, -os, -as), qué **relativos:** que, cual (-es), quien (-es)

sona, animal o cosa que aparece en la comunicación: *«yo», «tú», «él», «nosotros», «vosotros» y «ellos» son pronombres personales.* pronombre posesivo Pronombre que expresa posesión o pertenencia: *«mío», «tuyo», «suyo», «nuestro» y «vuestro» son pronombres posesivos.* pronombre relativo Pronombre que se refiere a una persona, animal o cosa que ya se ha mencionado anteriormente: *«quien», «cual», «que» y «cuyo» son pronombres relativos.*

pronominal adj. **1** Del pronombre o que tiene relación con esta clase de palabras. **2** [verbo] Que se conjuga en todas sus formas junto con uno de los pronombres átonos *me, te, se, nos* u *os*: *los verbos «arrepentirse» y «enterarse» son pronominales.*

pronosticar v. tr. **1** Anunciar un hecho futuro o la evolución de un proceso basándose en criterios lógicos o científicos o a partir del análisis de los datos de que se dispone: *pronostican lluvias.* **2** Ser [algo] un indicio que permite conjeturar un hecho futuro a partir de criterios lógicos o científicos: *la calidad de la uva pronostica un buen año de vino.*

OBS En su conjugación, la *c* se convierte en *qu* delante de *e*.

pronóstico n. m. **1** Acción de anunciar lo que va a ocurrir en el futuro teniendo en cuenta determinadas señales o indicios: *contra todo pronóstico, el campeón del mundo perdió el combate.* SIN predicción. **2** Juicio que hace el médico sobre el estado o el desarrollo de una enfermedad: *hubo un accidente con dos heridos de pronóstico leve.*

▶ pronóstico reservado Pronóstico que no se revela porque sus indicios no son suficientes para que los médicos emitan un juicio seguro.

DER pronosticar.

prontitud n. f. Velocidad o rapidez con la que se realiza una cosa.

pronto, -ta adj. **1** Que es rápido o veloz: *una respuesta pronta.* **2** Que está dispuesto o preparado para hacer una cosa: *siempre se muestra pronta para ayudar a los demás.* SIN presto. ◆ n. m. **3** Reacción o impulso inesperado provocado por un fuerte sentimiento: *le dio un pronto y se marchó dando un portazo.* **4** Carácter fuerte de una persona: *¡menudo pronto tiene, no se puede hablar con él!* **5** Ataque repentino de algún mal: *le ha dado un pronto y ha empezado a hablar como si se quedara sin aire.* ◆ adv. **6** pronto En un breve espacio de tiempo: *volveré pronto.* **7** Antes de lo acostumbrado, o con anticipación al tiempo previsto. ANT tarde.

▶ al pronto A primera vista: *al pronto, parece joven.* de pronto Sin que nadie se lo espere: *de pronto empezó a llover.* SIN de repente. por de pronto o por lo pronto Por ahora o por el momento: *por lo pronto debo acabar mis estudios.*

DER prontitud, prontuario; apronta.

pronunciación n. f. **1** Acción que consiste en pronunciar o emitir sonidos articulados. **2** Manera de pronunciar de una persona: *tu pronunciación en francés es terrible.* SIN dicción. **3** Declaración pública de una opinión o de una respuesta que va en contra o a favor de algo: *la pronunciación del ministro fue favorable a nuestra propuesta.* SIN pronunciamiento.

pronunciado, -da adj. Que se nota o sobresale mucho: *tenía unas arrugas pronunciadas en la frente.* SIN acusado, marcado.

pronunciamiento n. m. **1** DER. Declaración de la decisión o sentencia de un juez o un tribunal: *se espera el pronunciamiento del juez.* **2** Rebelión militar que pretende derribar al gobierno. **3** Declaración pública de una opi-

a b c d e f g h i j k l m n ñ o p q r s t u v w x y z

nión o una respuesta que va en contra o a favor de algo: *en la reunión hubo un pronunciamiento en contra de mi propuesta.* **SIN** pronunciación.

pronunciar v. tr. **1** Emitir y articular sonidos al hablar: *tengo dificultades para pronunciar la erre y la jota.* **2** Decir unas palabras en voz alta y ante un público: *el presidente de la asociación benéfica pronunciará un discurso en el salón de actos.* **3** DER. Hacer pública una sentencia un juez o un tribunal. **SIN** dictar. ◆ v. tr./ prnl. **4** Destacarse o notarse mucho una cosa: *esa falda te pronuncia mucho las caderas.* **SIN** acentuar, marcar, resaltar. ◆ v. prnl. **5** pronunciarse Declararse a favor o en contra de un hecho o de una situación: *el activista se pronunció en contra de la ley de reforma laboral.* **6** Rebelarse un grupo militar contra el gobierno para derribarlo: *el ejército se pronunció y se hizo con el poder político.*
DER pronunciación, pronunciado, pronunciamiento; impronunciable.

propagación n. f. Acción que consiste en propagar o propagarse alguna cosa: *el viento contribuyó a la propagación del incendio.*

propaganda n. f. **1** Información o actividad que sirve para dar a conocer al público un producto, una opinión o a una persona, con un fin determinado: *esta pizzería es muy conocida gracias a la propaganda.* **SIN** publicidad. **2** Conjunto de medios o materiales que se utilizan para dar a conocer al público un producto, una opinión o a una persona, con un fin determinado: *cada día me encuentro el buzón de mi casa lleno de propaganda.* **SIN** publicidad.
DER propagandista, propagandístico.

propagandista adj. **1** De la propaganda o relacionado con la difusión o divulgación de información, ideas u opiniones: *labor propagandista.* ◆ **2** n. com. Persona que hace propaganda de algo, en especial de materias religiosas o políticas: *un propagandista de la no violencia.*

propagandístico, -ca adj. Que hace propaganda o divulgación acerca de un determinado producto o idea: *su discurso tuvo fines propagandísticos.*

propagar v. tr. Extender, esparcir o hacer llegar una cosa a muchos lugares y en todas las direcciones: *la enfermedad se ha propagado por toda la región.*
DER propagación, propaganda.

propasar v. tr./ prnl. **1** Hacer o decir una cosa que va más allá de lo debido o permitido: *se contará como falta propasar la línea blanca.* ◆ v. prnl. **2** propasarse Faltar al respeto, especialmente a una mujer: *Jaime se propasó con Laura y ella le dio una torta.* **3** Excederse más allá de lo que se considera razonable.

propenso, -sa adj. Que tiene inclinación o disposición natural hacia una cosa, o que suele hacerla: *propenso a engordar; propensa a tener anginas.*

propiciar v. tr. **1** Ayudar a que sea posible la realización de una acción o la existencia de una cosa: *la multitud de gente propició la huida de los presos.* **SIN** favorecer. ◆ v. tr./ prnl. **2** Atraer, conseguir o ganar la admiración o la benevolencia de alguien: *con su discurso se propició la admiración de todos.*
OBS En su conjugación, la *i* es átona, como en *cambiar.*

propicio, -cia adj. Que es oportuno o favorable para un fin: *tienes que esperar el momento propicio para poder invertir tus ahorros.* **SIN** adecuado.
DER propiciar, propiciatorio.

propiedad n. f. **1** Derecho o poder que tiene una persona de poseer una cosa y poder disponer de ella dentro de los límites legales: *aquellas tierras son propiedad privada del alcalde.* **2** Cosa que pertenece a una persona, especialmente si es un bien inmueble, como por ejemplo un terreno o un edificio. **SIN** bien. **3** Cualidad esencial y característica de una persona o de una cosa: *el agua mineral tiene propiedades medicinales.* **4** Adecuación exacta entre el uso que se hace de una palabra o una frase y lo que significan exactamente: *debemos hablar con propiedad y corrección.* **ANT** impropiedad. **5** Parecido o semejanza casi perfecta que hay entre una cosa y su imitación: *el artista ha copiado el paisaje con gran propiedad.* **SIN** exactitud, fidelidad.
DER copropiedad, impropiedad, multipropiedad.

propietario, -ria adj./ n. m. y f. **1** [persona, entidad] Que tiene derecho de propiedad sobre una cosa, especialmente sobre un bien inmueble. **SIN** dueño. **2** [persona] Que ocupa un puesto de trabajo que le pertenece permanentemente: *aprobé las oposiciones y ahora soy propietario de una plaza de profesor en un instituto.* **SIN** titular. **ANT** interino.

propina n. f. Cantidad de dinero que se da voluntariamente para agradecer un servicio.

▶ de propina Se usa para indicar que algo se hace por añadidura, además de otra cosa: *me dejó una sartén y, de propina, un poco de aceite.*

propinar v. tr. **1** *formal* Dar un golpe o proporcionar alguna cosa desagradable o dolorosa: *le propinaron una paliza.* **2** Decir una cosa desagradable, molesta o incómoda: *les propinó un aburrido discurso de tres horas.*
DER propina.

propio, -pia adj. **1** Que pertenece a una persona, un animal o una cosa: *cada niño tiene su propio cuarto.* NOTA A menudo se usa para reforzar el pronombre posesivo: *mi propio coche, tu propia casa.* **2** Que es característico de una persona, un animal o una cosa: *mentir es propio de gente poco sincera.* **3** Que es conveniente y adecuado para un fin determinado: *sus observaciones no eran propias para el caso.* **4** Se utiliza para hacer referencia a la misma cosa o persona de la que se habla: *me insultó en mi propia cara.* SIN mismo. NOTA Se coloca siempre delante del nombre. Sirve para enfatizar lo que se dice. **5** GRAM. [nombre] Que se refiere a una persona o cosa en concreto, para designarlos y diferenciarlos de otros de su misma clase: *«María», «Barcelona» y «Europa» son nombres propios.* ANT común.
DER propiamente, propiedad; apropiar, expropiar, impropio.

proponer v. tr. **1** Exponer un proyecto o una idea para que una o varias personas lo acepten: *me propuso un trabajo interesante.* ◆ v. tr./ prnl. **2** Presentar o recomendar a una persona para que ocupe un determinado cargo o empleo: *lo acaban de proponer como representante de los trabajadores.* ◆ v. prnl. **3** proponerse Decidirse a conseguir o a realizar una cosa poniendo los medios necesarios para ello: *se propuso aprender a conducir.*
DER proposición, propuesta, propuesto.

proporción n. f. **1** Relación de correspondencia y equilibrio entre las partes y el todo, o entre varias cosas relacionadas entre sí, en cuanto a tamaño y cantidad: *añade la sal en proporción a la cantidad de comida.* **2** Expresión matemática en la que aparecen dos cocientes separados por el signo igual (=). ◆ n. f. pl. **3** proporciones Tamaño o medida de una cosa: *no sé qué proporciones tiene el frigorífico.* **4** Intensidad o importancia que tiene una cosa: *el incendio alcanzó proporciones extraordinarias.*
DER proporcional, proporcionar; desproporción.

proporcionado, -da adj. **1** Que tiene proporción o armonía entre sus diferentes partes. **2** Que tiene una dimensión justa o adecuada sin ser ni demasiado grande ni demasiado pequeño.

proporcional adj. Que guarda o respeta una proporción: *has de dividirlo en partes proporcionales.*

proporcionalidad n. f. Relación o correspondencia de las partes con el todo o de una cosa con otra: *la segunda ley de Newton establece la proporcionalidad directa entre fuerza y aceleración.* SIN proporción.

proporcionar v. tr. **1** Poner a disposición de alguien lo que necesita o le conviene para un fin determinado: *en la oficina le proporcionaron un coche para el viaje de trabajo.* SIN facilitar, proveer, suministrar. **2** Producir o causar una cosa, especialmente un sentimiento: *los hijos proporcionan grandes alegrías.* **3** Colocar u ordenar las partes de una cosa con la debida proporción.

proposición n. f. **1** Ofrecimiento o invitación para hacer una cosa determinada: *proposición de matrimonio.* SIN oferta, propuesta. **2** GRAM. Palabra o conjunto de palabras que consta de sujeto y predicado, y que al unirse con otra forma una oración compuesta. **3** En matemáticas y lógica, enunciado de una verdad demostrada o de una opinión o juicio que se quiere demostrar. **4** En retórica, parte del discurso en que se expone aquello de lo que se quiere convencer a los oyentes.

propósito n. m. **1** Voluntad o intención de hacer una cosa. **2** Finalidad que tiene una cosa o una acción: *este nuevo libro tiene el propósito de servir de ayuda a los estudiantes de matemáticas.* SIN objetivo.
▶ a propósito **a.** De forma voluntaria o deliberada: *lo hizo a propósito para molestarme.* SIN adrede. **b.** De forma adecuada y conveniente para un fin: *esa mesa está hecha a propósito para dibujar planos.* **c.** Indica que aquello de lo que se está hablando tiene relación con lo que se acaba de decir: *dices que acabas de volver de vacaciones, pero, a propósito, ¿dónde has estado?* SIN por cierto. a propósito de En relación con el tema del que se está hablando: *a propósito de Beatriz, ¿cómo le va?* fuera de propósito Que no es adecuado ni conveniente: *el comentario que acaba de hacer está fuera de propósito.* SIN inoportuno.
DER despropósito.

propuesta n. f. **1** Ofrecimiento o invitación para hacer una cosa determinada: *le hicieron una propuesta para que cambiara de trabajo.* SIN proposición. **2** Idea o proyecto sobre un asunto o negocio que se presenta ante una o varias personas que tienen autoridad para aprobarlo o rechazarlo: *los alumnos hicieron una propuesta a la directora del colegio para salir cada viernes una hora antes.* **3** Presentación o recomendación de una persona para que ocupe un determinado cargo o empleo.
DER contrapropuesta.

propuesto, -ta part. Participio irregular de proponer: *me han propuesto como alcalde de mi ciudad; seguiremos el camino propuesto.*

propugnar v. tr. Defender una idea u otra cosa que se considera útil o adecuada: *el proyecto del Banco Europeo propugnaba un cambio económico.*
DER propugnación.

propulsar v. tr. Empujar una cosa de modo que se mueva hacia adelante: *los cohetes son propulsados por motores.* SIN impulsar.
DER propulsión, propulsor.

propulsión n. f. Acción que consiste en empujar una cosa de modo que se mueva hacia adelante: *los barcos y los aviones se mueven por propulsión.*
▶ propulsión a chorro Procedimiento que se utiliza para mover hacia delante un vehículo mediante la expulsión de una corriente de gases, producidos a gran presión por el motor, en dirección contraria a la marcha: *los cohetes y otras naves espaciales utilizan la propulsión a chorro.*
DER autopropulsión, motopropulsión, retropropulsión.

prórroga n. f. **1** Prolongación de la duración de una cosa, o del plazo de tiempo que se tiene para hacerla, por un tiempo determinado: *quiere pedir una prórroga de la beca para ampliar sus estudios.* **2** Aplazamiento del servicio militar obligatorio, que se les concede a los que son llamados a filas.

prorrogar v. tr. **1** Alargar o prolongar la duración de algo por un tiempo determinado: *prorrogar un contrato.* **2** Dejar para un momento posterior la realización de algo: *prorrogar un pago.* SIN aplazar.
OBS En su conjugación, la *g* se convierte en *gu* delante de *e*.
DER prórroga, prorrogable.

prorrumpir v. intr. Mostrar un sentimiento de forma repentina e intensa: *el público prorrumpió en aplausos.* SIN estallar.
OBS Suele ir seguido de la preposición en.

prosa n. f. **1** Forma natural del lenguaje que no está sujeta a una rima o a una medida: *las novelas están escritas en prosa.* **2** Exceso de palabras para decir cosas poco o nada importantes: *con tanta prosa se me está haciendo cada vez más pesado.*
DER prosaico, prosificar, prosista, prosístico.

prosaico, -ca adj. Que resulta vulgar y no tiene ninguna emoción o interés especial, por estar demasiado relacionado con lo material: *coser, limpiar o fregar son actividades prosaicas.*

proscenio n. m. **1** Lugar de un antiguo teatro griego o latino que está situado entre la escena y la orquesta. **2** Parte del escenario que está situada más cerca del público.

proscribir v. tr. **1** *formal* Expulsar a alguien de su patria, generalmente por causas políticas. SIN desterrar. **2** Prohibir un uso o una costumbre.
OBS El participio irregular es *proscrito.*
DER proscripción, proscrito.

proseguir v. tr./ intr. **1** Continuar con una actividad que se ha empezado: *como se hizo tarde decidieron proseguir la lectura al día siguiente.* ◆ v. intr. **2** Continuar una persona o una cosa en un estado o actitud determinado: *la huelga de trenes proseguirá toda la semana.*
DER prosecución.

proselitismo n. m. Empeño exagerado con que una persona o una institución tratan de convencer y ganar seguidores o partidarios para una causa o doctrina: *los miembros de algunas sectas hacen proselitismo en las escuelas de la zona.* NOTA Frecuentemente tiene un matiz despectivo.
DER proselitista.

prosificar v. tr. Poner en prosa una composición poética.
OBS En su conjugación, la *c* se convierte en *qu* delante de *e*, como *sacar.*

prosista n. com. Persona que escribe obras en prosa.

prosopopeya n. f. **1** Figura retórica que consiste en atribuir a los seres inanimados acciones y cualidades propias de los seres animados: *en «los árboles nos saludan» hay una prosopopeya.* SIN personificación. **2** Gravedad o solemnidad afectada en la manera de hablar o actuar: *gasta mucha prosopopeya para no decir nada importante.*

prospección n. f. **1** Exploración del terreno para descubrir la existencia de yacimientos geológicos, minerales, agua u otra cosa: *prospecciones petrolíferas.* **2** Estudio de las posibilidades futuras de un negocio teniendo en cuenta datos actuales.

prospecto n. m. **1** Papel en el que están escritas las características de un determinado producto y las instrucciones para utilizarlo: *antes de tomar un medicamento hay que leer el prospecto.* **2** Exposición o anuncio breve que se hace al público sobre una obra, un espectáculo, una mercancía u otra cosa: *había varios prospectos de propaganda en el buzón.* SIN folleto.

prosperar v. intr. **1** Mejorar de situación en la vida, especialmente de posición social y económica. SIN medrar. **2** Tener éxito o imponerse una idea, una opinión o una iniciativa: *la propuesta española sobre comercio no prosperó en el Parlamento Europeo.* SIN triunfar.

prosperidad n. f. **1** Éxito o desarrollo favorable de las cosas, especialmente si es económico. **2** Buena posición económica y social.

próspero, -ra adj. **1** Que es favorable y que tiene o conlleva éxito o felicidad: *os deseo una feliz Navidad y un próspero año nuevo.* **2** Que se desarrolla de forma favorable, y cada vez es más rico y poderoso: *cosecha próspera.*

DER prosperar, prosperidad.

próstata n. f. Glándula del aparato genital masculino de los mamíferos, de pequeño tamaño y forma irregular, que está situada junto a la vejiga de la orina.

prostíbulo n. m. Establecimiento en el que trabajan personas que mantienen relaciones sexuales a cambio de dinero. SIN burdel.

DER prostibulario.

prostitución n. f. Actividad de la persona que mantiene relaciones sexuales a cambio de dinero.

prostituto, -ta n. m. y f. Persona que mantiene relaciones sexuales a cambio de dinero.

protagonismo n. m. **1** Condición que tiene la persona o cosa que desempeña el papel principal en un asunto: *en esa obra los actos violentos cobran demasiado protagonismo.* **2** Tendencia que tiene una persona a estar siempre en el primer plano de un asunto o a mostrarse como la persona más cualificada.

protagonista n. com. **1** Personaje principal de una obra literaria, una película u otra creación artística. **2** Persona o cosa que desempeña el papel principal en una obra, un hecho o un acontecimiento.

DER protagonismo, protagonizar.

protagonizar v. tr. **1** Representar el personaje principal de una obra literaria, una película u otra creación artística: *le han ofrecido protagonizar una película.* **2** Desempeñar el papel principal en una obra, un hecho o un acontecimiento: *dos encapuchados protagonizaron un atraco a un banco.*

OBS En su conjugación, la *z* se concierte en *c* delante de *e*.

prótasis n. f. GRAM. Parte de la oración condicional que expresa una hipótesis o condición y va introducida por la conjunción si: *en la frase «si vas al mercado, compra arroz», la prótasis es «si vas al mercado».* ANT apódosis.

OBS El plural también es *prótasis*.

protección n. f. **1** Acción que consiste en proteger algo o a alguien de un daño o peligro: *el testigo necesitó la protección de la policía.* **2** Cosa que sirve para proteger.

DER proteccionismo.

proteccionismo n. m. Sistema de política económica que intenta favorecer la producción nacional frente a la competencia extranjera haciendo pagar impuestos por la entrada de productos extranjeros al país: *el gobierno evitó el proteccionismo.* SIN librecambismo.

DER proteccionista

proteccionista adj. **1** Del proteccionismo o relacionado con él: *política proteccionista.* ANT librecambista. ◆ **2** adj./ n. com. [persona] Que es partidario del proteccionismo.

protector, -ra adj. **1** Que protege o defiende de algún daño o peligro: *sociedad protectora de animales.* ◆ adj./ n. m. y f. **2** [persona] Que protege y ayuda a alguien, especialmente dándole dinero. ◆ n. m. **3** Objeto que sirve para proteger determinadas partes del cuerpo: *los boxeadores se ponen protectores en la boca para los combates.*

DER protectorado.

proteger v. tr. **1** Defender o ayudar a una persona o una cosa para que no sufra daño o esté en peligro. SIN resguardar. **2** Emplear una persona su influencia o su dinero para ayudar a alguien o para apoyar el desarrollo de una acción.

OBS En su conjugación, la *g* se convierte en *j* delante de *a* y *o*.

DER protección, protector, protegido.

protegido, -da n. m. y f. Persona que recibe

la protección, el apoyo y la confianza de otra que tiene más poder social o económico.

proteína n. f. Sustancia orgánica que es el componente más importante de las células vivas y está formada por oxígeno, hidrógeno, carbono y nitrógeno.
DER proteico, proteínico.

prótesis n. f. **1** Pieza o aparato artificial que se coloca en el cuerpo de un ser vivo para sustituir un órgano o un miembro. **2** Operación en la que se lleva a cabo esta sustitución.
OBS El plural también es *prótesis*.

protesta n. f. **1** Acción que consiste en protestar por algo que no gusta. SIN queja. **2** Documento o acto con el que se protesta por algo que no gusta: *todos los trabajadores de la empresa firmaron la protesta.*

protestante adj. **1** De una doctrina religiosa cristiana que tuvo su origen en las ideas del teólogo alemán Martín Lutero en el siglo XVI. SIN evangélico. ◆ adj./ n. com. **2** [persona] Que cree en esta doctrina.

protestantismo n. m. Doctrina religiosa cristiana que tuvo su origen en las ideas que propuso el teólogo alemán Martín Lutero en el siglo XVI.

protestar v. intr. Mostrar disconformidad, oposición o queja por alguna cosa. SIN quejarse.
DER protesta, protestante, protestón.

proto- Elemento prefijal que entra en la formación de palabras con el significado de 'prioridad', 'preeminencia', 'superioridad': *prototipo, protozoo.*

protocolario, -ria adj. **1** Del protocolo o que tiene relación con él: *normas protocolarias.* **2** Que se hace solo por cortesía y conforme a ciertos usos: *visita protocolaria.*

protocolo n. m. **1** Conjunto de reglas que se siguen en la celebración de determinados actos oficiales o formales, y que han sido establecidas por decreto o por costumbre: *el protocolo dice que la mesa es presidida por la persona más importante.* **2** Conjunto de escrituras y documentos que una persona autorizada guarda siguiendo ciertas formalidades: *el notario tiene el protocolo.* **3** Documento en el que se recoge un acuerdo o las conclusiones extraídas de una reunión: *los presidentes de los dos gobiernos firmaron el protocolo de intercambio comercial.* SIN acta.
DER protocolario.

protón n. m. Parte elemental del núcleo del átomo que tiene carga eléctrica positiva.

protónico, -ca adj. [sílaba] Que precede a la sílaba tónica: *tomando como referencia el acento, hay tres clases de sílabas: protónicas, tónicas y postónicas.*

prototipo n. m. **1** Primer ejemplar que se fabrica de una figura, un invento u otra cosa, y que sirve de modelo para fabricar otras iguales, o molde original con el que se fabrica: *prototipos de coches eléctricos.* **2** Persona o cosa que reúne en grado máximo las características principales de cierto tipo de cosas y puede representarlas: *Fernando es el prototipo de hombre machista.*
DER prototípico.

protozoo n. m./ adj. **1** Microorganismo formado por una sola célula o por una colonia de células iguales entre sí que vive en medios acuosos o en líquidos internos de organismos superiores. ◆ n. m. pl. **2** protozoos Grupo zoológico al que pertenecen estos microorganismos.

protuberancia n. f. Elevación o bulto de forma redondeada que sobresale de una superficie.
DER protuberante.

protuberante adj. Que sobresale más de lo que se considera normal: *nariz protuberante.*

provecho n. m. **1** Utilidad o beneficio que se saca de una cosa o que se proporciona a alguien. **2** Efecto natural que produce la comida o la bebida en el organismo. **3** Adelantamiento o buen rendimiento en una actividad: *ha trabajado con provecho y ha tenido muy buenas notas.*
▶ de provecho Se aplica a una persona o cosa para indicar que es muy útil o muy apta para un fin determinado: *un hombre de provecho.* buen provecho Expresión que indica deseo de que siente bien una comida o una bebida.
DER provechoso; aprovechar.

provechoso, -sa adj. Que es útil y produce un beneficio: *las clases que hemos recibido nos serán muy provechosas en el futuro.*

proveedor, -ra adj./ n. m. y f. [persona, empresa] Que se dedica a suministrar uno o varios productos a un grupo numeroso de personas, como por ejemplo un comercio, una empresa, un ejército o una comunidad.

proveer v. tr. **1** Proporcionar a alguien lo necesario para un fin determinado: *la empresa que*

provee de comida al colegio ha cambiado de dueños. SIN abastecer, suministrar, surtir. NOTA Va seguido de la preposición *de*. **2** Reunir las cosas necesarias para un fin determinado. **3** Resolver o dar salida a un asunto: *tuvieron que proveer una solución temporal mientras llegaban a un acuerdo.* **4** Dar un cargo o empleo a una persona. **5** DER. Dictar un tribunal o un juez una resolución o una sentencia: *la denuncia presentada aún está sin proveer por el juez.*
OBS No debe confundirse con *prever*.
DER proveedor; desproveer.

provenir v. intr. Proceder o tener origen en el lugar, cosa o persona que se expresa: *yo soy español pero mi familia proviene de Alemania.*
DER proveniencia.

provenzal adj. **1** De Provenza o que tiene relación con esta región del sur de Francia. ◆ adj./ n. com. **2** [persona] Que es de Provenza. ◆ n. m. **3** Conjunto de dialectos romances de la zona del sur de Francia que fueron utilizados como forma literaria por los trovadores de la Edad Media. **4** Lengua románica hablada en la actualidad en la región de Provenza.

proverbial adj. **1** Del proverbio, que tiene relación con él o que lo incluye: *le gusta hablar con refranes y frases proverbiales.* **2** Que es muy conocido por todos o desde siempre: *la proverbial neutralidad de los suizos.*

proverbio n. m. Frase que tiene forma fija y en la cual se expresa un pensamiento con un contenido moral, un consejo o una enseñanza: *los proverbios suelen ser de origen popular.* SIN aforismo, refrán, sentencia.
DER proverbial.

providencia n. f. **1** Cuidado que tiene Dios del mundo y de los hombres: *hemos hecho lo que hemos podido, solo nos queda confiar en la Providencia.* NOTA En esta acepción suele escribirse con mayúscula. Muchas veces va acompañada del adjetivo *Divina* y en ese caso suele hacer referencia a Dios. **2** Medida que se toma para lograr un fin determinado o para prevenir o remediar un daño o peligro: *el ayuntamiento dictó providencias para paliar los daños producidos por el incendio.* **3** DER. Resolución dictada por un juez en un asuntos de poca trascendencia.

providencial adj. **1** De la providencia, especialmente de la Divina, o que tiene relación con ella: *es providencial que no le haya pasado nada al niño.* **2** [acontecimiento, hecho] Que se produce de forma inesperada o casual y evita un daño o un suceso desgraciado: *la llegada de la madre fue providencial porque evitó la pelea de los dos hermanos.*
DER providencialismo.

provincia n. f. **1** Cada una de las divisiones territoriales y administrativas en que se organizan elgunos Estados, generalmente gobernadas por un poder central. **2** Conjunto de personas que habitan en ese territorio: *toda la provincia estuvo presente en la feria industrial.* **3** Cada uno de los distritos en que dividen un territorio las órdenes religiosas y que contiene una cantidad determinada de casas y conventos. ◆ n. f. pl. **4** provincias Ciudades y poblaciones de un país que no son la capital.
DER provincial, provinciano.

provincial adj. **1** De la provincia o que tiene relación con ella: *se presentó al campeonato provincial de ajedrez.* ◆ n. m. **2** Religioso que dirige y gobierna las casas y los conventos de una provincia.

provinciano, -na adj./ n. m. y f. **1** [persona] Que ha nacido o vive en una provincia, en oposición a una persona de la capital. **2** [persona] Que tiene una mentalidad cerrada y unas ideas atrasadas y poco desarrolladas. SIN paleto. NOTA Se usa como apelativo despectivo. ◆ adj. **3** Que es muy poco elegante o refinado: *modales provincianos.* SIN tosco.
DER provincianismo.

provisión n. f. **1** Acción que consiste en proporcionar a alguien lo necesario para un fin determinado: *una gran empresa se encarga de la provisión de alimentos al campamento.* **2** Conjunto de cosas, especialmente alimentos, que se guardan o se reservan para un fin determinado. NOTA Se usa generalmente en plural. **3** Acción que consiste en reunir o guardar un conjunto de cosas, especialmente alimentos, para un fin determinado. **4** DER. Resolución o sentencia dictada por un juez o un tribunal.
DER provisional; aprovisionar.

provisional adj. Que no es definitivo sino que depende de ciertas circunstancias: *un arreglo provisional.* SIN eventual, temporal.

provocación n. f. **1** Acción o palabras con las que una persona incita a otra a que se enfade. **2** Cosa o hecho que despierta el deseo sexual en los demás, especialmente si se hacen de manera intencionada: *su manera de vestir es una provocación.*

provocador, -ra adj. [cosa, persona] Que provoca, especialmente, si lo hace a menudo: *nos miró con ojos provocadores.*

provocar v. tr. **1** Hacer una cosa que ocurra otra como reacción o respuesta a ella: *las lluvias torrenciales han provocado el desbordamiento del río.* SIN ocasionar. **2** Hacer enfadar a alguien mediante palabras o acciones: *he discutido con él porque nunca deja de provocarme.* ◆ v. tr./ intr. **3** Tratar de despertar el deseo sexual de alguien.

DER provocación, provocador, provocativo.

provocativo, -va adj. Que provoca deseo sexual: *lleva siempre ropa provocativa para que la miren.*

proximidad n. f. **1** Cercanía o poca distancia en el espacio o en el tiempo: *ante la proximidad de las fiestas, la gente hace ya sus compras de Navidad.* ◆ n. f. pl. **2** proximidades Lugares cercanos a un sitio determinado: *no había ni un solo teléfono en las proximidades.*

próximo, -ma adj. **1** Que está cerca de algo en el espacio o en el tiempo: *en fecha próxima se inaugurará el hotel.* SIN cercano. ANT lejano. ◆ adj./ n. m. y f. **2** Que sigue a otra cosa o persona, o que está inmediatamente después: *el próximo día, traed un cuaderno y un bolígrafo.* SIN siguiente. ANT anterior.

DER próximamente, proximidad; aproximar.

proyección n. f. **1** Lanzamiento o impulso de una cosa hacia adelante o a distancia. **2** Importancia o influencia que alcanza una cosa: *la obra de este autor ha tenido gran proyección internacional.* SIN trascendencia. **3** Acción que consiste en reflejar sobre una pantalla o superficie una imagen o una película. **4** Imagen que se presenta sobre una pantalla u otra superficie: *sobre el muro se observaba la proyección de su sombra.* **5** Representación de un cuerpo en un plano que se consigue trazando líneas rectas desde todos los puntos del cuerpo: *en clase de dibujo hicimos la proyección de un cono.* **6** En psicología, mecanismo por el cual una persona le atribuye a otra un comportamiento o un sentimiento propio que no se atreve a reconocer.

proyectar v. tr. **1** Lanzar o impulsar una cosa hacia adelante o a distancia: *los focos proyectan la luz hacia el cielo.* **2** Pensar y decidir el modo y los medios necesarios para hacer una cosa: *está proyectando montar su propio negocio.* SIN planear. **3** Reflejar una imagen o una película sobre una pantalla o una superficie: *estaban proyectando una película de dibujos animados.* **4** Trazar líneas rectas desde todos los puntos de un cuerpo hasta un plano obteniendo así su representación. ◆ v. tr./ prnl. **5** Hacer que una figura se pueda ver sobre una superficie: *los árboles proyectan sus largas sombras en el camino.* **6** Reflejar un sentimiento, una idea o una pasión en una cosa, especialmente, en una obra artística o literaria: *en esta novela, el autor proyecta su amor por sus hijos.*

DER proyección, proyectil, proyecto, proyector.

proyectil n. m. Cuerpo que se lanza con fuerza a distancia, generalmente, con armas de fuego.

proyecto n. m. **1** Intención o deseo que una persona tiene de hacer una cosa: *tiene el proyecto de ir a Japón este verano.* SIN plan, propósito. **2** Conjunto de cálculos, análisis e investigaciones que se hacen para llevar a cabo un trabajo o una actividad importante. proyecto de ley DER. Conjunto de disposiciones que el Gobierno propone como ley para que el Parlamento las apruebe. **3** En arquitectura e ingeniería, conjunto de dibujos, cálculos y datos necesarios para la realización de una obra de construcción: *el arquitecto presentó el proyecto del hotel.*

DER proyectista; anteproyecto.

prudencia n. f. **1** Virtud que consiste en tener buen juicio para saber distinguir si una acción es buena y conveniente o no, para seguirla o apartarse de ella. SIN sensatez. **2** Virtud que consiste en contener o frenar los sentimientos o impulsos, evitando los excesos. SIN moderación, templanza. **3** Cuidado que se pone al hacer algo para evitar inconvenientes, dificultades o daños. SIN cautela, precaución.

prudencial adj. Que implica prudencia o mesura, que es moderado: *espérame un tiempo prudencial.*

prudente adj. Que muestra buen juicio y madurez en sus actos y obra con moderación. ANT imprudente.

DER prudencia; imprudente.

prueba n. f. **1** Uso o examen que se hace de una cosa para comprobar si funciona o se ajusta a un fin determinado: *he hecho una prueba y he visto que el aparato funciona bien.* **2** Examen que se hace para demostrar unos conocimientos o unas capacidades. prueba de fuego La prueba más importante y difícil: *si apruebas ese examen, habrás superado la prueba de fuego.* **3** Razón o testimonio que demuestra la verdad o la falsedad de una cosa: *el testigo dio pruebas de que el acusado era inocente.* **4** Señal o muestra de una cosa: *te regalo este anillo en prueba de mi amor.* **5** Situación o circunstancia triste y difícil: *la muerte de su madre fue una dura prueba para ella.* **6** Cantidad muy pequeña que se extrae de una cosa para examinar su calidad: *analizaron unas pruebas de orina.* **SIN** muestra. **7** Análisis médico. **8** Muestra provisional de un texto escrito que se utiliza para corregir los errores que tiene el texto antes de imprimirlo definitivamente. **9** MAT. Operación que sirve para comprobar la exactitud de otra que ya está hecha: *tengo bien la multiplicación: he hecho la prueba.* **10** Competición deportiva.

▶ **a prueba** En una situación que permite comprobar una cualidad o la calidad de una cosa o persona: *el nuevo empleado está trabajando a prueba.* **a prueba de** Indica que una cosa es muy fuerte o resistente a lo que se expresa a continuación: *tu padre tiene un estómago a prueba de bomba.* **poner a prueba** Comprobar si una cosa o una persona tienen las características adecuadas o necesarias para un fin: *pusieron a prueba sus conocimientos con un difícil problema de matemáticas.* **SIN** probar.

prusiano, -na adj. **1** De Prusia o que tiene relación con este antiguo estado de Alemania. ◆ adj./n. m. y f. **2** [persona] Que era de Prusia.

P. S. Abreviatura de la locución latina *post scriptum*, 'posdata', información que se añade a una carta detrás de la firma.

pseudo- Elemento prefijal que entra en la formación de palabras con el significado de 'falso', especialmente, en el sentido de 'pretendido', 'impropiamente llamado': *pseudónimo, pseudópodo.*

OBS Es más frecuente su escritura con la forma *seudo-*.

pseudónimo seudónimo.

psico- Elemento prefijal que entra en la formación de palabras con el significado de: *a)* 'Actividad mental': *psicología, psicoanálisis, psicoactivo.* *b)* 'Psicología', 'psicológico': *psicoterapia, psicosociología.*

OBS Puede adoptar la forma *sico-*.

psicoanálisis n. m. Método de tratamiento de enfermedades mentales a partir del análisis de los impulsos instintivos reprimidos por la conciencia, que influyen en las personas de manera inconsciente.

OBS El plural también es *psicoanálisis* . También se escribe *sicoanálisis*.

psicoanalista adj./n. com. [psiquiatra] Que practica el psicoanálisis.

OBS También se escribe *sicoanalista.*

psicofármaco n. m. Fármaco que es utilizado para combatir enfermedades o problemas psíquicos.

psicología n. f. **1** Ciencia que estudia la actividad mental y el comportamiento de los seres humanos. **2** Manera de sentir y de pensar de una persona o un grupo: *la psicología de los ancianos.* **3** Capacidad para comprender y conocer a las personas: *tiene mucha psicología.* **4** Todo lo que se refiere a la conducta de los animales: *vi un reportaje sobre la psicología de los gatos.*

OBS También se escribe *sicología.*

DER psicológico, psicólogo; parapsicología.

psicológico, -ca adj. **1** De la psicología o relacionado con esta ciencia: *teorías psicológicas.* **2** De la manera de sentir y de pensar de una persona o relacionado con ella: *la necesidad de aprobar le causaba una gran presión psicológica.* **3** [situación, suceso] Que provoca una rápida alteración de la manera de sentir y de pensar de una persona o de un grupo de personas.

OBS También se escribe *sicológico.*

psicólogo, -ga n. m. y f. **1** Persona que se dedica al estudio del entendimiento y la conciencia de las personas y el modo en que estos influyen en su carácter y su comportamiento. **2** Persona que tiene especial capacidad para conocer el carácter de las personas y comprender las causas de su comportamiento.

OBS También se escribe *sicólogo.*

psicomotricidad n. f. Relación que se establece entre la actividad psíquica de la mente humana y la capacidad de movimiento o función motriz del cuerpo.

psicópata n. com. Persona que padece una enfermedad mental que altera su conducta afectiva y su relación con los demás, pero mantiene sanas sus funciones mentales y perceptivas.

OBS También se escribe *sicópata.*

psicosis n. f. **1** Enfermedad mental muy grave que se caracteriza por una alteración de la mente. **2** Miedo o angustia irracional, especialmente, la que se da en un colectivo

de personas: *la falta de agua está produciendo una psicosis entre los ciudadanos.*
OBS El plural también es *psicosis*. También se escribe *sicosis*.

psicoterapia n. f. Tratamiento que se da a ciertas enfermedades mediante determinados procedimientos psicológicos.
OBS También se escribe *sicoterapia*.

psique n. f. *formal* Conjunto de procesos conscientes e inconscientes propios de la mente humana, en oposición a los que son puramente orgánicos.
DER psicosis, psiquis, psiquiatría.

psiquiatra n. com. Médico especializado en el estudio y tratamiento de las enfermedades mentales.
OBS También se escribe *siquiatra*.

psiquiatría n. f. Parte de la medicina especializada en el estudio y tratamiento de las enfermedades mentales.
OBS También se escribe *siquiatría*.

psiquiátrico, -ca adj. **1** De la psiquiatría o que tiene relación con esta parte de la medicina: *tratamiento psiquiátrico.* ◆ adj./ n. m. **2** [hospital, clínica] Que alberga a los enfermos mentales mientras reciben tratamiento.
OBS También se escribe *siquiátrico*.

psíquico, -ca adj. De la mente o que tiene relación con ella.
OBS También se escribe *síquico*.

pta. Abreviatura de *peseta*.
OBS El plural es *pts*.

-ptero, -ptera Elemento prefijal que entra en la formación de palabras con el significado de 'ala': *lepidóptero*.

púa n. f. **1** Cuerpo pequeño, delgado y firme, que acaba en una punta afilada. **2** Pincho o espina de un animal: *los erizos tienen púas por todo el cuerpo.* **3** Diente de un peine o de un cepillo del pelo. **4** Chapa triangular delgada y firme que se usa para tocar instrumentos de cuerda, especialmente, la guitarra. **5** Trozo de tallo de una planta o de un árbol que se mete en otro para hacer un injerto.

pub n. m. Establecimiento nocturno en el que se sirven bebidas y se escucha música.
OBS Se pronuncia aproximadamete «pab». El plural es *pubs*.

pubertad n. f. Primera fase de la adolescencia en la que se producen ciertos cambios físicos, como la aparición de vello en algunas partes del cuerpo o el cambio de voz, y se adquiere la capacidad de reproducción.

pubis n. m. **1** Parte inferior del vientre, próxima a los órganos sexuales: *el pubis se cubre de vello durante la pubertad.* **2** Cada uno de los dos huesos de la pelvis que se unen al ilion y al isquion.
OBS El plural también es *pubis*.

publicación n. f. **1** Acción que consiste en publicar una obra escrita. **2** Acción que consiste en dar a conocer a mucha gente una información o una noticia. **3** Obra escrita que se imprime y se pone a la venta, especialmente, un libro o una revista.

publicar v. tr. **1** Dar a conocer a mucha gente una información o una noticia: *los novios publicaron la fecha de su boda.* **2** Revelar o decir una cosa que era secreta y se debía ocultar. **3** Imprimir y poner a la venta un periódico, un libro u otra obra escrita.
DER publicación; impublicable.

publicidad n. f. **1** Conjunto de medios, técnicas y actividades que tienen como objetivo dar a conocer al público un producto, una opinión o a una persona, con un fin determinado. **2** Acción que consiste en dar a conocer al público un producto, una opinión, una noticia o a una persona, con un fin determinado: *han interrumpido la película cuatro veces para hacer publicidad.* SIN propaganda.
DER publicista, publicitar, publicitario.

publicista n. com. Persona que se dedica a la publicidad: *el jefe de Comunicación contrató a un publicista especializado.* SIN publicitario.

publicitario, -ria adj. De la publicidad o que tiene relación con ella: *campaña publicitaria.*

público, -ca adj. **1** Que es sabido o conocido por mucha gente: *su afición a la bebida es pública.* **2** [persona] Que es muy conocido por la mayoría de la gente: *los políticos y los artistas son personajes públicos.* **3** Que es de todos los ciudadanos o para todos ellos: *transporte público.* ANT particular. **4** Que pertenece al Estado o a su administración: *empresa pública.* ANT privado. ◆ n.m. **5** Conjunto de personas que forman una colectividad indefinida: *oficina de atención al público.* **6** Conjunto de personas que hay reunidas en un lugar, especialmente, para ver un espectáculo o un acontecimiento. **7** Conjunto de personas que forman un colectivo o participan de las mismas aficiones: *esta novela está dedicada al público infantil.*
▶ en público De manera que lo pueda ver

una gran cantidad de gente: *discutieron en público.* **sacar (o dar) al público** Dar a conocer una obra escrita u otra cosa: *acaba de sacar al público una novela.*

DER públicamente, publicar, publicidad.

puchero n. m. **1** Recipiente redondo, alto y un poco abombado, con la boca ancha y una o dos asas, que sirve para cocinar. **2** Comida de todos los días. **3** Gesto de la cara que se hace cuando se empieza a llorar: *al ver al padre enfadado, el niño comenzó a hacer pucheros.*

DER pucherazo.

pudiente adj./ n. com. [persona] Que tiene poder y riqueza.

pudin o **pudín** n. m. Especie de pastel, dulce o salado, que se elabora con diversos ingredientes picados y mezclados con huevos o leche, que se cuece y cuaja dentro de un molde de paredes altas al baño María: *pudin de chocolate.* **SIN** budín.

OBS Puede encontrarse la grafía inglesa *pudding.*

pudor n. m. **1** Vergüenza o timidez que siente una persona en una determinada situación, especialmente, en lo relacionado con el sexo. **2** Humildad y timidez que siente una persona.

DER púdico, pudoroso; impudor.

pudrir v. tr. **1** Descomponer o corromper una sustancia animal o vegetal: *el agua pudre la madera.* **2** Molestar o causar pena, disgusto o desagrado a una persona: *la ambición y el dinero han podrido su corazón.*

OBS El participio es *podrido.*

DER pudridero.

pueblerino, -na adj./ n. m. y f. **1** Del pueblo o relacionado con él. ◆ adj./ n. m. y f. **2** [persona] Que no sabe relacionarse en ambientes de mucha gente y tiene opiniones algo anticuadas. **NOTA** Se usa con sentido despectivo.

pueblo n. m. **1** Población más pequeña y menos importante que una ciudad, especialmente, aquella cuyos habitantes viven de actividades relacionadas con el sector primario. **2** Conjunto de personas que vive en esa población. **3** Conjunto de personas que viven en un lugar, región o país: *el pueblo gallego se solidarizó con las víctimas de la tragedia.* **4** Conjunto de personas que forman una comunidad y están unidas por una misma raza, una misma religión, un mismo idioma o una misma cultura: *el pueblo gitano sigue conservando sus costumbres.* **5** Conjunto de habitantes de un país con relación a sus gobernantes: *el pueblo elige democráticamente a sus representantes.* **6** Conjunto de personas que tienen un nivel social bajo: *la reina bajó del coche para mezclarse con el pueblo.*

DER pueblerino.

puente n. m. **1** Construcción que se hace sobre los ríos, los fosos y otros lugares para poder pasar de un lado a otro. **puente colgante** Puente sujeto con cables, cadenas de hierro o cuerdas gruesas. **puente levadizo** Puente que se puede levantar por uno de sus extremos. **2** Día en que no se trabaja por estar entre dos festivos. **3** Conjunto de los días seguidos de vacaciones cuando entre ellos hay un día de puente: *durante el puente de cinco días se han producido muchos accidentes en la carretera.* **4** Pieza de metal que sirve para sujetar los dientes artificiales a los naturales. **5** Conexión entre dos cables que permite el paso de la corriente eléctrica: *pusieron en marcha el coche haciendo un puente.* **6** Curvatura de la parte interior de la planta del pie. **7** Pieza central de las gafas que sirve para unir los dos cristales. **8** MAR. Plataforma con barandilla que hay en la cubierta de una embarcación, desde la que los oficiales comunican las órdenes a los marineros: *el capitán dirigía la maniobra desde el puente.* **9** Pequeña pieza de madera colocada en la parte inferior de un instrumento musical de cuerda, que sirve para sujetar las cuerdas. **SIN** cordal. **10** Ejercicio de gimnasia que consiste en dejar caer el cuerpo hacia atrás en forma de arco hasta hacerlo descansar sobre los pies y las manos. **11** Cualquier cosa que sirve para poner en contacto o acercar dos cosas o lugares: *los representantes sirven de puente entre los estudiantes y los dirigentes del colegio.*

▶ **puente aéreo** **a.** Comunicación frecuente que se establece entre dos lugares por medio de aviones para transportar personas y mercancías. **b.** Conjunto de instalaciones que están al servicio de la comunicación frecuente entre dos lugares por medio de aviones: *esperó unos minutos en el puente aéreo y luego tomó su avión.*

DER puentear.

puenting n. m. Deporte de aventura en el que el practicante se lanza al vacío desde un puente al que está sujeto mediante una cuerda elástica que lleva atada a sus pies.

OBS Se pronuncia aproximadamente «puentin».

puerco, -ca n. m. y f. **1** Animal mamífero doméstico, bajo, grueso, de patas cortas y cola pequeña y torcida cuya carne aprovecha el hombre. SIN cerdo, cochino, marrano. **puerco espín** Animal mamífero roedor, nocturno, que tiene la espalda y la cola cubiertas de espinas y la cabeza cubierta de pelos largos y fuertes; se alimenta de frutos secos y raíces: *el puerco espín utiliza sus espinas para defenderse de sus enemigos.* NOTA El plural es *puercos espinos*. ◆ adj./ n. m. y f. **2** [persona] Que no cuida su aseo personal o que produce asco. NOTA Se emplea como apelativo despectivo. SIN cerdo, guarro, marrano. ◆ adj. **3** Que está muy sucio.

puericultura n. f. Estudio y práctica de la salud, los cuidados y la crianza que debe darse a los niños durante los primeros años de vida. DER puericultor.

pueril adj. **1** Que es propio de los niños pequeños o tiene alguna característica propia de ellos. **2** Que tiene poco valor, poco interés o poca importancia. SIN trivial. DER puerilidad.

puerro n. m. Hortaliza de tallo largo, grueso, blanco y comestible, con las hojas verdes, planas, largas y estrechas, y las flores rosas.

puerta n. f. **1** Abertura que hay en una pared, normalmente, de forma rectangular, que va desde el suelo hasta una altura adecuada para poder entrar y salir por ella: *pasa, pasa, no te quedes en la puerta.* **2** Abertura por la cual se sale y se entra de un lugar, o a través de la que podemos acceder al interior de cosas como armarios o frigoríficos: *este coche tiene tres puertas.* **3** Plancha movible que se coloca en una abertura, sujeta a un marco, para cerrar o aislar un espacio: *las puertas están sujetas al marco con bisagras.* **4** Entrada monumental a una población. **5** Marco rectangular por el que tiene que entrar la pelota para marcar un tanto en un juego o deporte: *el delantero disparó a puerta.* SIN meta, portería.

▶ **a las puertas** Muy cerca de lo que se indica a continuación: *pasó la noche a las puertas de la muerte.* **a puerta cerrada** En secreto o de forma privada: *la firma del acuerdo se hizo a puerta cerrada.* **cerrarse todas las puertas** No recibir ayuda de nadie una persona: *al salir de la cárcel, se le cerraron todas las puertas.* **coger la puerta** Irse o salir de un sitio: *si no te gusta esto, puedes coger la puerta ahora mismo.* **dar con la puerta en las narices** Negar lo que se pide con malos modos o bruscamente: *el jefe le dio con la puerta en las narices cuando le pidió un aumento de sueldo.* **de puerta a puerta** Directamente del lugar de salida al lugar de destino: *voy a enviarte este paquete de puerta a puerta con un mensajero.* **de puertas adentro** De forma privada o en la intimidad: *de puertas adentro tiene un carácter insoportable.* **en puertas** A punto de ocurrir: *la boda está en puertas, se casan la próxima semana.* **por la puerta grande** Triunfalmente o con gran honor, orgullo y dignidad: *el torero salió por la puerta grande.*
DER compuerta.

puerto n. m. **1** Lugar de la costa o del lado de un río, preparado para que las embarcaciones se puedan refugiar y detener para la carga y descarga de mercancías o el embarque y desembarque de pasajeros. **puerto franco** Puerto que recibe mercancías libres del pago de impuestos de aduana. **2** Localidad en la que se encuentra ese lugar: *Cartagena es un gran puerto del Mediterráneo.* **3** Paso alto y estrecho entre montañas, o montaña en la que está. **4** Punto más alto de ese paso: *en la etapa de hoy de la vuelta ciclista hay dos puertos de primera categoría.* **5** Lugar, situación o persona que sirve como amparo o refugio.

▶ **llegar a buen puerto** Superar una situación difícil o peligrosa y conseguir lo que se desea: *después de la crisis ha llegado a buen puerto.* **tomar puerto** Llegar una embarcación a un puerto: *el transatlántico tomó puerto en la madrugada del lunes.*
DER aeropuerto, helipuerto.

puertorriqueño, -ña o **portorriqueño, -ña** adj. **1** De Puerto Rico o relacionado con este Estado libre de las Antillas asociado a Estados Unidos. ◆ adj./ n. m. y f. **2** [persona] Que es de Puerto Rico.

pues conj. **1** Sirve de enlace gramatical con valor ilativo o consecutivo, y relaciona la frase con lo que se ha dicho inmediatamente antes; a menudo, se utiliza en oraciones exclamativas o interrogativas, y también para añadir énfasis a lo que se dice: *¿no quieres venir?, pues no vengas.* **2** Sirve de enlace gramatical con valor causal para explicar el motivo de lo que se dice en la oración principal: *no puedo ir contigo pues viene mi madre a visitarme.* SIN porque. **3** Sirve de enlace gramatical con valor condicional: *pues tanto le quieres, cásate con él.*

puesta n. f. **1** Acción de ocultarse tras el horizonte el Sol u otro cuerpo celeste. **2** Acción que consiste en poner en marcha una cosa, especialmente, un asunto o un negocio. **puesta a punto** Operación que consiste en regular un mecanismo o una máquina para que funcione correctamente. **puesta de largo** Fiesta que se celebra para presentar a una joven en sociedad. **puesta en antena** Acción que consiste en emitir por primera vez un programa de radio o televisión. **puesta en escena** Preparación del decorado y el escenario de una obra de teatro o de una película. **puesta en marcha** Mecanismo que hace arrancar un automóvil. **3** Acción que consiste en poner huevos las aves: *muchas aves realizan la puesta en primavera.* **4** Conjunto de huevos que pone una ave de una vez.

puesto, -ta adj. **1** [persona] Que va muy bien vestido o muy arreglado: *ese hombre siempre va muy puesto a trabajar.* NOTA Se suele usar con el adverbio *muy*. **2** Que tiene muchos conocimientos sobre una materia o un tema determinados: *Javier está muy puesto en informática.* NOTA Suele ir con el verbo *estar*. Va seguido de la preposición *en*. ◆ n. m. **3** Lugar o espacio que ocupa o que le corresponde a una persona o cosa: *los nadadores se colocaron en sus puestos antes de la salida.* **4** Trabajo o cargo que tiene una persona. **5** Establecimiento comercial de pequeño tamaño, generalmente desmontable, que está o se coloca en las calles y los lugares públicos para vender artículos: *tiene un puesto de fruta en el mercado.* **6** Instalación o establecimiento de pequeño tamaño ocupado por un grupo de soldados, guardias, policías o cualquier otro grupo de profesionales que están en acto de servicio: *puesto de socorro.* **7** Lugar donde se esconde el cazador para disparar a la pieza.
▶ **puesto que** Introduce una oración subordinada que expresa la causa o el motivo de lo que se dice en la oración principal: *puesto que no tiene remedio, no lo lamentes más.*
DER peripuesto, sobrepuesto.

puf n. m. **1** Asiento individual sin respaldo, sin brazos y sin patas, que es bajo, blando y generalmente de forma circular. **2** **¡puf!** ◆ int. Expresa molestia, repugnancia o cansancio.
OBS El plural es *pufs*.

púgil n. com. **1** Persona que practica el boxeo: *el púgil inglés.* SIN boxeador. ◆ n. m. **2** Gladiador que en la antigua Roma combatía a puñetazos: *los púgiles luchaban en los juegos públicos.*
DER pugilato.

pugilato n. m. **1** Lucha o combate entre dos púgiles. **2** Discusión o pelea, especialmente, entre personas muy obstinadas.

pugna n. f. **1** Lucha o enfrentamiento armado. SIN batalla, pelea. **2** Enfrentamiento u oposición entre personas, países o partidos contrarios. SIN disputa.

pugnar v. intr. **1** *formal* Luchar o combatir, utilizando o no las armas o la fuerza: *los habitantes de la ciudad pugnaron por su defensa hasta la extenuación.* **2** Insistir con esfuerzo para lograr una cosa.
OBS Se usa con las preposiciones *para* o *por*.
DER pugna; impugnar, inexpugnable, opugnar, propugnar, repugnar.

pujante adj. Que se desarrolla con mucha fuerza y cada vez tiene más importancia: *la informática es una industria pujante.*

pujanza n. f. Fuerza o vigor con la que se desarrolla una cosa o se realiza una acción.

pujar v. intr. **1** Esforzarse para conseguir cierta cosa venciendo obstáculos y dificultades: *pujó, sin tener suerte, en diferentes contiendas.* ◆ v. tr./ intr. **2** Ofrecer una cantidad de dinero para adquirir algo que se ofrece en venta, subasta, etc.: *pujó por el cuadro.*
DER puja, pujante, pujanza.

pulcritud n. f. Cualidad de la persona que es pulcra o manera como hace las cosas.

pulcro, -cra adj. **1** Que tiene un aspecto muy limpio y cuidado. **2** [persona] Que hace las cosas con cuidado, limpieza y delicadeza: *es un carpintero muy pulcro.* **3** [cosa] Que está hecho con cuidado y delicadeza.
OBS El superlativo es *pulquérrimo*.
DER pulcritud, pulquérrimo.

pulga n. f. Insecto de color negro rojizo, sin alas, que es capaz de dar grandes saltos y vive como parásito de los mamíferos y las aves y se alimenta de su sangre: *mi perro lleva un collar que ahuyenta a las pulgas.*
▶ **buscar las pulgas** Provocar a una persona para que se enfade: *no me busques las pulgas, que acabaremos mal.* **pulga de agua** Pequeño crustáceo que se caracteriza por avanzar a pequeños saltos impulsándose con un segundo par de antenas muy desarrollado y móvil. **tener malas pulgas** Tener mal humor y enfadarse con facilidad: *este profesor tiene muy malas pulgas.*
DER pulgón, pulgoso.

pulgada n. f. **1** Medida de longitud que equivale a poco más de 2,3 centímetros. **2** Medida de longitud de los países anglosajones, que equivale a 2,54 centímetros.

pulgar n. m./ adj. Dedo que es el más grueso de la mano o del pie.
DER pulgada.

pulgón n. m. Insecto de cuerpo ovalado, de 1 o 2 mm de largo, color negro, marrón o verde, que expulsa un líquido azucarado por la parte posterior de su cuerpo; sus hembras y larvas parasitan apiñándose en las partes tiernas de las plantas, por lo que son muy dañinas para los cultivos.

pulimentar v. tr. Alisar una superficie para que quede suave y brillante. SIN pulir.
DER pulimento.

pulir v. tr. **1** Alisar una superficie para que quede suave y brillante: *esta máquina pule los suelos de mármol.* SIN pulimentar. **2** Revisar y corregir una cosa, especialmente, un escrito o un dibujo, para perfeccionarla. **3** Robar o hurtar una cosa a una persona: *unos chorizos me han pulido la cartera.* ◆ v. tr./ prnl. **4** Educar a una persona para que tenga buenos modales y sepa comportarse en sociedad: *los maestros junto con los padres se encargan de pulir a los niños.* ◆ v. tr./ prnl. **5** pulirse Gastar el dinero sin orden ni cuidado: *Pepe se pulió en una noche el sueldo de una semana.* SIN derrochar, malgastar.
DER pulido, pulimentar; repulir.

pulla n. f. Expresión con que se molesta o hiere a una persona: *las continuas pullas del periodista acabaron poniendo nervioso al entrevistado.* SIN aguijonazo.

pulmón n. m. Cada uno de los dos órganos de la respiración del hombre y de los animales vertebrados que viven fuera del agua, que están en la cavidad torácica; son blandos y esponjosos, y se contraen y se dilatan durante la respiración. pulmón de acero o pulmón artificial Recinto o cámara de aire en el que se introduce a un enfermo para ayudarlo a respirar, provocando en él los movimientos propios de la respiración por medio de cambios de presión del aire que se regulan de forma automática. **2** ZOOL. Cada uno de los órganos de respiración de ciertos moluscos y arácnidos. ◆ n. m. pl. **3** pulmones Capacidad para emitir una voz fuerte o para hacer ejercicios físicos que exigen un gran esfuerzo: *¡cómo llora este niño, tiene buenos pulmones!*
DER pulmonado, pulmonar, pulmonía.

pulmonar adj. De los pulmones o que tiene relación con estos órganos: *el tabaco es la causa de muchas enfermedades pulmonares.*

pulmonía n. f. Enfermedad que consiste en la inflamación y congestión de los pulmones, o de una parte de ellos, debido, generalmente, a una infección de bacterias. SIN neumonía.

pulpa n. f. **1** Parte blanda y carnosa de la fruta. **2** Parte blanda de algunas plantas leñosas que se encuentra en el interior del tronco o del tallo. **3** Carne de los animales limpia de huesos y ternilla. **4** Masa que se obtiene después de triturar una planta o de extraerle su jugo, y que tiene diversos usos industriales: *esta mermelada está hecha con pulpa de albaricoque.* **5** Tejido contenido en el interior de los dientes; tiene numerosos nervios y vasos sanguíneos.
DER pulpejo.

púlpito n. m. Plataforma pequeña que hay en las iglesias, que está levantada a cierta altura y, generalmente, tiene una baranda para apoyarse que utiliza el sacerdote para hablar desde ella a los asistentes.

pulpo n. m. **1** Molusco marino comestible, con el cuerpo redondo, ojos muy grandes y desarrollados, cabeza grande y ovalada, y ocho largos tentáculos. ◆ n. com. **2** Persona que toca mucho con las manos a los demás y resulta pesada y molesta. **3** Cuerda elástica, terminada en ganchos de metal por los dos extremos, que sirve para sujetar objetos, especialmente, una carga a la parte superior de un automóvil: *estas maletas irán en la baca bien sujetas con unos pulpos.*

pulquérrimo, -ma adj. *formal* Superlativo de *pulcro.*

pulsación n. f. **1** Golpe o latido producido por el movimiento de la sangre en las arterias. **2** Golpe o toque que se da en el teclado de una máquina de escribir o de un ordenador: *es un mecanógrafo que alcanza las trescientas pulsaciones por minuto.*

pulsar v. tr. **1** Tocar una cosa con la yema de los dedos presionando de forma suave. **2** Estudiar o tratar de conocer una opinión o el estado de un asunto.
DER pulsación, pulsador; compulsar, expulsar, impulsar, propulsar.

pulsera n. f. **1** Adorno o joya en forma de aro o de cadena que se pone en la muñeca. **2** Correa o cadena que lleva un reloj y que sirve para sujetarlo a la muñeca.

pulso n. m. **1** Conjunto de golpes o latidos producidos por el movimiento de la sangre en las arterias, que se percibe en algunas partes del cuerpo, especialmente, en la muñeca. **2** Parte de la muñeca donde se notan esos golpes. **3** Seguridad o firmeza en la mano para ejecutar una acción delicada con precisión: *no puede coger las tazas llenas de café porque no tiene pulso.* **4** Habilidad o cuidado que se tiene al tratar un asunto o al llevar a cabo un negocio: *tiene mucho pulso con los negocios.* **5** Oposición que existe entre dos grupos o partidos contrarios que tienen aproximadamente la misma fuerza o poder: *los dos equipos mantienen un pulso para ver cuál gana la liga.*

▶ a pulso **a.** Haciendo fuerza con la mano y la muñeca, sin apoyar el brazo, para sostener o levantar algo en alto: *Julio tiene mucha fuerza, puede levantar a pulso el motor.* **b.** Trabajando solo, con el propio esfuerzo y sin ayuda de nadie: *todo el dinero que tengo me lo he ganado a pulso.* echar un pulso Cogerse dos personas de una mano, apoyando el codo sobre una superficie, y hacer fuerza para vencer la resistencia del contrario hasta hacerle doblar el brazo. tomar el pulso **a.** Examinar la frecuencia y el ritmo de las pulsaciones de alguien: *el médico me tomó el pulso para ver cómo estaba.* **b.** Intentar conocer las características de un asunto o una opinión antes de tratarlo: *el Gobierno encargó una encuesta para tomar el pulso a los ciudadanos sobre la nueva ley.*

DER pulsar, pulsera.

pulular v. intr. Abundar y moverse mucho en un lugar personas, animales o cosas: *por esas calles pululan ladrones, traficantes y gentes de mal vivir.*

pulverizador n. m. Instrumento que sirve para esparcir un líquido en gotas muy pequeñas sobre un lugar: *los envases de laca llevan un pulverizador.*

pulverizar v. tr. **1** Reducir a polvo una cosa sólida: *esa máquina pulveriza la piedra.* ◆ v. tr. **2** Esparcir un líquido sobre un lugar en forma de gotas muy pequeñas: *pulverice el producto sobre la superficie manchada.* **3** Destruir por completo una cosa material o inmaterial: *el ejército pulverizó a la guerrilla.*

DER pulverización, pulverizador, pulverulento.

puma n. m. Animal mamífero de la especie de los felinos, de pelo suave de color marrón claro, y fuertes uñas que usa para cazar.

OBS Para indicar el sexo se usa *el puma macho* y *el puma hembra.*

pundonor n. m. Sentimiento que empuja a una persona a cuidar de su fama y de su honra personal, y a tratar de quedar bien ante los demás: *si pones en duda la palabra de una persona, estás hiriendo su pundonor.*

DER pundonoroso.

púnico, -ca adj. **1** De Cartago o que tiene relación con esta antigua ciudad del norte de África. ◆ adj./ n. m. y f. **2** [persona] Que era natural de Cartago. ◆ n. m. **3** Lengua hablada por los cartagineses.

punk adj. **1** [movimiento juvenil y musical] Que surgió como protesta ante el convencionalismo de la sociedad y que se manifiesta por una indumentaria algo estrafalaria y el pelo teñido y peinado de forma poco convencional. ◆ adj./ n. com. **2** [persona] Que es miembro o seguidor de este movimiento.

OBS El plural es *punks.*

punta n. f. **1** Extremo o parte final de una cosa, especialmente si sobresale: *vive en la otra punta de la ciudad.* **2** Extremo agudo de un objeto que corta o pincha: *me he pinchado el dedo con la punta de la aguja.* **3** Parte con forma de ángulo que sobresale del borde de una cosa: *las mesas cuadradas tienen cuatro puntas.* **4** Clavo de pequeño tamaño. **5** Parte de tierra alargada, baja y de poca extensión que entra en el mar: *caminamos por la playa hasta la punta.* **6** Pequeña cantidad de una cosa: *esta salsa lleva una punta de coñac.* **7** En fútbol, cada uno de los jugadores que forman la parte más adelantada del equipo y que tienen la misión de marcar goles. SIN delantero. **8** Cuerno del toro.

▶ a punta pala o a punta de pala En gran cantidad: *con este trabajo gana dinero a punta pala.* de punta De manera que queda recto, tieso o con la punta hacia arriba: *por mucho que me peino, siempre llevo el pelo de punta.* de punta a punta De un extremo al otro: *he recorrido la ciudad de punta a punta.* de punta en blanco Muy arreglado y bien vestido: *Tomás se puso de punta en blanco para ir a la discoteca.* NOTA Se usa con verbos como *ir* o *ponerse.* por la otra punta Expresión que indica que algo es contrario a lo que se dice: *es muy simpático por la otra punta.* sacar punta Encontrar a una cosa un sentido malicioso o negativo que en realidad no tiene: *no saques punta a mis palabras, yo no he dicho eso.* tener en la punta de la

lengua Estar una persona a punto de recordar una cosa que se quiere decir: *lo tengo en la punta, pero no me sale.*
DER puntada, puntal, puntazo, puntera, puntilla; apuntar, despuntar, pespuntar, repuntar.

puntal n. m. **1** Madero o barra de material fuerte y resistente que se fija en posición inclinada en algún lugar para sujetar una pared, una estructura o un edificio que puede caerse. **2** Persona o cosa que constituye el elemento principal de un sistema o de un asunto y que sirve de apoyo para los demás: *Mario es el puntal de nuestra familia.* SIN sostén. **3** MAR. Altura de una embarcación desde su parte inferior hasta la cubierta superior.
DER apuntalar.

puntapié n. m. Golpe dado con la punta del pie.
OBS El plural es *puntapiés.*

puntear v. tr. **1** Dibujar, pintar o grabar con puntos. **2** Marcar con puntos una superficie: *el profesor punteó en el mapa mudo las capitales de provincia.* **3** MÚS. Tocar por separado las cuerdas de un instrumento musical de forma que los sonidos salgan desligados: *está aprendiendo a puntear la guitarra.* **4** Comprobar si están todos los elementos de una lista o de una cuenta: *tienes que puntear los números del balance para ver si está correcto.*
DER punteo.

puntera n. f. **1** Parte del calzado, del calcetín o de la media que cubre la punta del pie. **2** Pieza que adorna o hace más fuerte la parte del calzado que cubre la punta del pie: *esas botas llevan una puntera de acero.*

puntería n. f. **1** Habilidad o facilidad para dar en el blanco al tirar o disparar: *tiene muy buena puntería.* **2** Dirección en que se apunta con un arma: *debe rectificar la puntería si quiere dar en aquella diana.*

puntero, -ra adj. **1** Que destaca o sobresale dentro de su género, especie o categoría: *una empresa puntera en tecnología digital.* ◆ n. m. **2** Palo o vara acabado en punta que sirve para señalar cosas en un texto o en un dibujo. **3** Herramienta que consiste en un trozo de metal duro con punta aguda en un extremo y plana en el otro, que se usa para hacer agujeros.
DER puntería.

puntiagudo, -da adj. Que tiene la punta aguda: *los pinos tienen las hojas puntiagudas.*

puntilla n. f. **1** Tejido estrecho con agujeros formando dibujos que se pone como adorno en el borde de las prendas de vestir y de otras telas. **2** Instrumento cortante, más corto que un cuchillo, que sirve para dar una muerte rápida a algunos animales.
▶ dar la puntilla **a.** Clavar este instrumento cortante en el cuello del toro para darle una muerte rápida: *el torero falló con el estoque y tuvieron que darle la puntilla al toro.* **b.** Destruir o acabar totalmente con una persona o una cosa: *la televisión está dando la puntilla al cine y al teatro.* SIN arruinar. de puntillas Sobre las puntas de los pies y sin apoyar los talones: *las bailarinas de ballet clásico andan de puntillas en el escenario.*
DER puntillero; apuntillar.

puntillo n. m. **1** MÚS. Signo que consiste en un punto que se coloca en el lado derecho de una nota y aumenta la mitad de su duración y su valor. **2** Amor propio muy exagerado y basado en cosas sin importancia.
DER puntillismo, puntilloso.

puntilloso, -sa adj. **1** [persona] Que se molesta o se enfada fácilmente por cosas sin importancia. SIN susceptible. **2** Que es muy exigente y pone mucho cuidado en todo lo que hace. ANT descuidado.

punto n. m. **1** Señal circular de pequeño tamaño que destaca por el contraste de color o de relieve sobre una superficie: *este dibujo está hecho a base de puntos.* **2** Pasada de una aguja con hilo a través de una tela: *coseré el botón de la camisa con un punto.* **3** Nudo pequeño hecho con un hilo: *se hizo una herida en la pierna y le dieron cuatro puntos.* **4** Tipo de tejido que se hace enlazando hilos, generalmente, de lana o algodón: *jersey de punto.* **5** Roto que se hace en las medias al soltarse uno de los nudos del tejido: *Pilar se ha enganchado la media y se ha hecho un punto.* **6** Sitio o lugar concreto: *¿en qué punto de la ciudad se encuentra la biblioteca?* **7** Unidad que sirve para valorar o calificar en algunos juegos o ejercicios: *cada pregunta del examen vale dos puntos.* **8** Parte o aspecto de una materia o de un asunto del que se trata: *ahora pasaremos al primer punto de nuestro debate.* **9** Parte muy pequeña de tiempo: *a partir de este punto, empieza la cuenta atrás.* SIN instante, momento. **10** Extremo o grado que se puede alcanzar con algo: *mi paciencia ha llegado a un punto en que no aguanto más.* **11** FÍS.

Grado de temperatura necesario para que ocurra un determinado fenómeno físico: *el punto de ebullición del agua es de 100 °C.* **12** Parte de una recta o plano al que se le puede dar una posición, pero que no posee extensión en ninguna de las dimensiones posibles. **13** Signo de escritura que indica el fin de una oración o que aparece después de una abreviatura. dos puntos Signo de escritura que se usa para indicar que ha terminado el sentido gramatical, pero no el sentido lógico, y que suele introducir una cita textual o preceder una enumeración: *esta mañana he hecho muchas cosas: he ido a comprar, he limpiado el piso y he visitado a mi abuela.* punto final Signo de escritura que se usa cuando acaba un escrito o una división importante de un texto. punto y aparte Signo de escritura que se usa cuando acaba un párrafo y el texto continúa en una nueva línea. punto y coma Signo de escritura que se usa para señalar una pausa algo mayor que la que representa la coma. punto y seguido Signo de escritura que se usa cuando acaba una oración y el texto continúa en la misma línea. puntos suspensivos Tres puntos seguidos que se usan para indicar que el sentido de la oración no queda completo. **14** Signo de escritura que se pone sobre las letras *i* y *j*. **15** Parte o aspecto de una persona o de una cosa: *Ana es muy simpática, pero hay un punto en su carácter que no me gusta.* punto débil o punto flaco Aspecto o parte de una persona o cosa que es vulnerable, tiene poca fuerza y puede ser dañado con facilidad: *mi punto débil en los estudios es la física.* punto fuerte Aspecto o parte de una persona o cosa que tiene más fuerza: *mi punto fuerte en el deporte es el salto de altura.* **16** Acción que causa sorpresa porque es buena y favorable: *¡qué punto!, apenas le conocía y me mandó a casa un gran ramo de flores.* **17** Borrachera pequeña y ligera: *bebí un par de cervezas y cogí un punto divertidísimo.*

▶ a punto **a.** Preparado para hacer algo: *yo ya estoy a punto para salir.* SIN listo. **b.** A tiempo o en el momento adecuado: *llegó a punto para ver el final de la película.* a punto de Expresión que indica que una acción está muy próxima a realizarse: *estoy a punto de salir.* NOTA Se construye seguida de un verbo en infinitivo. a punto de caramelo Preparado o listo para un fin determinado: *venid a sentaros que la comida está a punto de caramelo.* al punto Al momento o con gran rapidez: *se lo ordenaron y lo hizo al punto.* SIN enseguida. en punto Exactamente: *todavía no son las tres en punto.* en su punto En el estado o situación perfectos o en el mejor momento: *han servido la carne en su punto.* hasta cierto punto En cierto modo, pero no completamente: *hasta cierto punto tienes razón.* poner los puntos sobre las íes Aclarar o precisar una cosa que no está suficientemente especificada: *el jefe tuvo que ponerle a Laura los puntos sobre las íes porque no hacía bien su trabajo.* punto de nieve Estado que alcanza la clara de un huevo después de batirla hasta que toma consistencia y espesor, y pasa a ser de color blanco. punto de vista Manera de considerar un asunto o una cosa: *este problema se puede tratar desde varios puntos de vista.* punto en boca Expresión que se utiliza para decirle a alguien que debe callarse o guardar un secreto: *de lo que hemos hablado hoy, punto en boca.* punto limpio o punto verde Construcción o instalación destinada a recoger residuos generados por la actividad humana, que se separan según sus características o los materiales que los componen. punto muerto **a.** Posición en que se encuentra el cambio de velocidades de un automóvil cuando no se comunica el movimiento del motor a las ruedas. **b.** Estado en el que se encuentra un asunto que no avanza: *las obras de la nueva autopista están en punto muerto.* punto negro **a.** Cosa que resulta mala y negativa: *este suspenso es un punto negro en tu expediente.* **b.** Poro de la piel en el que hay grasa y suciedad.

DER punta, puntear, puntero, puntillo, puntual, puntuar; contrapunto.

puntuación n. f. **1** Conjunto de puntos que se le dan a una persona por hacer un ejercicio. SIN calificación. **2** Conjunto de signos de ortografía que se aplican a un texto y que sirven para distinguir las palabras y separar las oraciones y sus partes.

puntual adj. **1** Que llega a un lugar a la hora convenida. ANT impuntual. **2** Que hace las cosas a tiempo y sin retraso: *esta empresa siempre es puntual en los pagos.* **3** Que es concreto o específico: *una pregunta puntual.*

DER puntualidad, puntualizar, puntualmente.

puntualidad n. f. Cualidad que tienen las personas o las cosas de ser puntuales y hacer una cosa a su debido tiempo: *entregaron el trabajo con puntualidad.*

puntualización n. f. Acción y efecto de puntualizar: *hacer una puntualización.*

puntualizar v. tr. **1** Especificar una cosa que se ha dicho para que no quede incompleta o imprecisa y no haya malas interpretaciones: *en cuanto puntualice algunos detalles, te entrego el trabajo.* SIN concretar, precisar. **2** Contar una cosa describiendo todos los hechos y sin olvidar ningún detalle.
DER puntualización.

puntuar v. tr. **1** Poner en un escrito los signos de puntuación necesarios para distinguir el sentido de las oraciones y de sus partes. **2** Calificar con puntos un ejercicio o una prueba. ◆ v. tr./ intr. **3** Ganar o conseguir puntos en una competición deportiva: *el atleta puntuó poco en la carrera de obstáculos.* **4** Contar una prueba o un ejercicio para la puntuación de una competición: *la prueba de hoy puntúa para la clasificación general.*
DER puntuación.

punzada n. f. **1** Dolor agudo, repentino y breve que se siente en una parte del cuerpo y suele repetirse cada cierto tiempo: *punzadas en el estómago.* **2** Sentimiento de profunda tristeza o pena que se experimenta ante un hecho o un pensamiento que aflige: *una punzada de remordimiento.* **3** Herida pequeña y poco profunda que produce un objeto punzante o puntiagudo al clavarse en una superficie.

punzante adj. Que punza: *dolor punzante; objeto punzante; plantas punzantes.*

punzar v. tr. **1** Herir con un objeto que tiene punta. SIN pinchar. **2** Molestar a una persona o hacerle sentir pena o dolor.
DER punción, punzada, punzante, punzón.

punzón n. m. Herramienta de hierro u otro metal alargada, estrecha y acabada en punta, que se utiliza para hacer agujeros en las telas y para grabar metales.

puñado n. m. **1** Cantidad de cualquier cosa o materia que se puede contener en un puño: *cogió un puñado de arena y me lo tiró a los ojos.* **2** Cantidad pequeña de cualquier cosa o materia: *un puñado de arroz.*
▶ a puñados En grandes cantidades: *en las montañas había oro a puñados.*

puñal n. m. Arma de acero de hoja corta y puntiaguda que solo hiere con la punta.
DER puñalada; apuñalar.

puñalada n. f. **1** Herida hecha con un puñal u otra arma blanca parecida. **2** Disgusto o pena grande que se produce de pronto y sin aviso: *su muerte fue una puñalada para toda la familia.*
▶ puñalada trapera Acción hipócrita y traidora que hace daño a una persona.

puñetazo n. m. Golpe dado con el puño de la mano cerrado.

puño n. m. **1** Mano cerrada. **2** Parte de la manga de una prenda de vestir que rodea toda la muñeca. **3** Parte por donde se cogen algunos utensilios, herramientas o armas de filo con la mano. SIN mango.
▶ comerse los puños Estar muy hambriento: *los habitantes de las chabolas se comían los puños.* como un puño o como puños Expresión que indica que una cosa es muy grande o más grande que otras de su especie: *una mentira como un puño.* de puño y letra Escrito a mano por su autor: *tengo una carta escrita de su puño y letra.* en un puño Con miedo, asustado, intimidado u oprimido: *la amenaza de un nuevo ataque tiene a todo el país en un puño.*
NOTA Se usa con los verbos *meter, poner, tener.*
DER puñado, puñal, puñeta, puñetazo; empuñar.

pupa n. f. **1** Erupción en cualquier parte del cuerpo, especialmente, la que se forma en los labios a causa de la fiebre. SIN calentura. **2** Costra que se forma en la superficie de una herida al curarse. SIN costra. **3** Dolor o herida que siente o tiene un niño en el cuerpo. NOTA Se usa en el lenguaje infantil. **4** ZOOL. Insecto que está en una fase de desarrollo posterior a la larva y anterior al adulto. SIN crisálida.

pupila n. f. Círculo de color negro situado en el centro del ojo y a través del cual pasa la luz. SIN niña.

pupilo, -la n. m. y f. **1** Huérfano menor de edad que es educado por un tutor. **2** Persona que vive en una pensión o en una casa particular pagando cierta cantidad de dinero. SIN huésped. **3** Alumno de un maestro o educador.
DER pupila, pupilaje.

pupitre n. m. Mueble de madera parecido a una mesa, que tiene una tapa en forma de plano inclinado y sirve para escribir sobre él: *las aulas de los colegios tienen pupitres para los alumnos.*

puré n. m. Comida que se hace cociendo y triturando hortalizas, legumbres o verduras hasta conseguir una crema espesa.
▶ hecho puré Física y moralmente decaído o

destrozado: *he estado jugando al baloncesto y he terminado hecho puré.*

pureza n. f. **1** Cualidad que tienen las cosas o las personas puras: *es admirable la pureza de esas aguas.* ANT impureza. **2** Estado de la persona que no ha tenido relaciones sexuales. SIN castidad, virginidad.

purgante adj. **1** Que purga, quita lo malo, peligroso o dañino de algo. ◆ adj./ n. m. **2** [sustancia] Que sirve para purgar o evacuar el vientre: *tomar un purgante.*

purgar v. tr. **1** Quitar de una cosa lo malo, peligroso o dañino: *purgarán el manzano.* SIN expurgar. **2** Sufrir un castigo por haber cometido una falta, delito o culpa: *purgaron el robo.* SIN expiar. **3** Sufrir [el alma] las penas del purgatorio para poder alcanzar la gloria. **4** Administrar una purga a alguien para que evacue el vientre: *se había purgado con una infusión.* ◆ v. tr./ intr. **5** Expulsar [el organismo] un humor o sustancia nociva de forma natural o aplicando una medicina: *purgar una llaga.*

OBS En su conjugación, la *g* se convierte en *gu* delante de *e*.

DER purga, purgación, purgante, purgatorio; expurgar.

purgatorio n. m. **1** Según la Iglesia católica, lugar en el que las almas de los muertos pagan sus faltas antes de poder alcanzar la gloria eterna. **2** Lugar donde se pasa mal o se sufren penalidades: *para él su oficina era un purgatorio.* **3** Actividad o trabajo excesivo que produce dolor o sufrimiento: *los exámenes suponían un purgatorio para ella.*

purificación n. f. **1** Eliminación de las impurezas o imperfecciones de una cosa: *purificación del aire.* **2** Fiesta que celebra la Iglesia católica en recuerdo del día en que Jesús fue presentado en el templo por su madre. NOTA En esta acepción se escribe con mayúscula.

purificar v. tr. **1** Quitarle los elementos malos o extraños a una cosa para dejarla pura. SIN depurar. **2** Hacer perfecta o mejor una cosa no material.

DER purificación.

purista adj. **1** Que defiende o apoya la actitud que pretende preservar la lengua de palabras extranjeras: *estilo purista.* **2** Que defiende o apoya la actitud que pretende mantener un arte, una técnica o una práctica dentro de su ortodoxia: *es un músico muy purista, no admite innovaciones.*

puritanismo n. m. **1** Movimiento religioso que surgió en la iglesia católica de Inglaterra en los siglos XVI y XVII, que defiende una rigidez moral extrema y la más absoluta adecuación de las costumbres a la moral evangélica. **2** Rigidez y dureza excesivas en el modo de pensar y de actuar, especialmente, en el terreno moral: la prohibición de esa película es una muestra más del puritanismo de la sociedad.

puritano, -na adj. **1** Del puritanismo o que tiene relación con esta doctrina religiosa: *el dogma puritano.* ◆ adj./ n. m. y f. **2** [persona] Que practica el puritanismo. **3** [persona] Que presume de mostrar una rigidez y una dureza excesivas en lo moral y de cumplir con mucho rigor las virtudes públicas y privadas.

DER puritanismo.

puro, -ra adj. **1** Que no tiene mezcla de otra cosa: *estos anillos son de oro puro.* ANT impuro. **2** Que no tiene sustancias sucias o contaminantes: *aire puro.* **3** Que es honesto y respetuoso, y sigue las leyes morales establecidas: *sentía un amor puro por su amigo.* **4** Que es solo y exclusivamente lo que se expresa: *te estoy diciendo la pura verdad.* SIN mero. NOTA Se usa delante del sustantivo. **5** [lenguaje] Que es correcto y sigue estrictamente las normas de la gramática: *escribe con un castellano muy puro.* ◆ n. m. **6** Cilindro hecho de hojas de tabaco enrolladas para fumar.

DER pureza, puridad, purificar, purista, puritano; apurar, impuro, depurar.

púrpura adj. **1** De color rojo fuerte, casi morado. ◆ adj./ n. m. **2** [color] Que es rojo fuerte, casi morado. ◆ n. f. **3** Sustancia de color rojo fuerte que se usa para dar color o teñir. **4** Tela de este color, generalmente, de lana, que sirve para hacer los trajes de los reyes y las personas que tienen algún cargo importante.

DER purpurar, purpúreo, purpurina.

purpúreo, -rea adj. Que es de color púrpura.

purpurina n. f. **1** Polvo muy fino que se extrae del bronce o de metal blanco y se utiliza para adornar o decorar cosas: *se puso purpurina dorada en los párpados.* **2** Pintura brillante que se hace con esos polvos.

pus n. m. Líquido espeso, de color blanco, amarillento o verdoso que se forma en los tejidos infectados y fluye de las heridas. NOTA En España no está bien considerado su uso como nombre femenino: *la pus.*

pusilánime adj./ n. com. [persona] Que no tiene ánimo, valor o energía para aguantar las desgracias o para hacer cosas importantes.
DER pusilanimidad.

puta n. f. **1** *malsonante* Mujer que mantiene relaciones sexuales a cambio de dinero. **SIN** ramera, zorra. **2** *malsonante* Mujer que se entrega sexualmente con facilidad. **SIN** fulana, ramera, zorra.
OBS Se usa como insulto.
DER putañero, puterío, putero.

putada n. f. *malsonante* Obra o dicho que se hace con mala intención y molesta o perjudica a alguien: *menuda putada, le han despedido.* **SIN** faena.

putear v. tr. *malsonante* Fastidiar o perjudicar a alguien: *me está puteando todo el día.* **SIN** jorobar.
DER putada.

putrefacción n. f. Descomposición de una materia animal o vegetal.

putrefacto, -ta adj. Que está podrido, descompuesto o corrompido.

pútrido, -da adj. *formal* Que está podrido o corrompido: *aguas pútridas.* **SIN** putrefacto.

puzzle n. m. Juego que consiste en recomponer una figura combinando de manera correcta unas determinadas fichas o piezas de forma plana, en cada una de las cuales hay una parte de dicha figura. **SIN** rompecabezas.

PVP n. m. Precio con el que se vende al público un producto.
OBS De la sigla de *precio de venta al público.*

pza. n. f. Abreviatura de *plaza,* 'lugar de una población al que afluyen varias calles': *la cabalgata salió de la pza. Central.*

abcdefghijklmnñop**Q**rstuvwxyz

q n. f. Decimoctava letra del alfabeto español. **OBS** Su nombre es *cu*. El plural es *cúes* (culto) o *cus* (popular). Solamente forma sílaba delante de la *e* y la *i*, que se escriben precedidas de una *u* que no se pronuncia.

quark n. m. FÍS. Partícula elemental con la que se forman otras más pesadas: *los neutrones y los protones están formados por quarks.*
OBS El plural es *quarks*. Es de origen inglés y se pronuncia aproximadamente «cuarc».

quásar n. m. ASTR. Fuente de radiación celeste muy intensa que tiene apariencia estelar, pero cuya naturaleza exacta no se conoce. **NOTA** Es un acrónimo de origen inglés y se pronuncia «cuásar».
OBS El plural es *quásares*.

que pron. rel. **1** Se refiere a un sustantivo que ya ha aparecido con anterioridad: *en «la casa que nos hemos comprado es muy grande», «que» se refiere a «la casa».* **NOTA** Tiene como antecedente un nombre o un pronombre. ◆ conj. **2** Introduce una oración subordinada sustantiva: *en «le gusta que la peinen», «que la peinen» es el complemento directo del verbo «peinar».* **3** Se utiliza para enlazar proposiciones o sintagmas entre los que se expresa una comparación: *nadie es mejor que tú.* **4** Expresa un valor adversativo: *suya es la culpa, que no mía.* **SIN** pero, y. **5** Indica causa: *ya verás como lo hace, que ha prometido hacerlo.* **SIN** porque, pues. **6** Indica consecuencia: *hablaba tan rápido que nadie le entendía.* **7** Indica igualdad: *corre que vuela.* **NOTA** Equivale a *de manera que*. **8** Indica el progreso de una acción e incrementa su intensidad: *estuvimos charla que te charla toda la tarde.* **NOTA** Va precedido y seguido del mismo verbo. **9** Añade fuerza e intensidad a los adverbios *sí* y *no*: *no, hombre, que no, que no se lo digo a nadie.*
▶ **el que más y el que menos** Todos, sin excepción: *en aquel examen, el que más y el que menos sacó una mala nota.*

qué det./ pron. inter. **1** Indica pregunta: *¿qué libro estás leyendo?* **NOTA** Si va seguido de un verbo, equivale a *¿qué cosa?*: *¿qué haré?* ◆ det./ pron. **2** Introduce oraciones exclamativas que expresan emoción, admiración o disgusto: *¡qué bello es ese cuadro!* **NOTA** Se usa también con adverbios: *¡qué bien te ha salido ese dibujo!*
▶ **¿por qué?** Se utiliza para preguntar la causa o razón de una cosa: *¿por qué no me has llamado?* **¿qué?** **a.** Indica que no se entiende o no se quiere entender lo que se oye: *—Me voy a la compra. —¿Qué? —Que me voy a la compra.* **b.** Se usa para responder a una llamada: *—Oye, Silvia. —¿Qué? —¿Me dejas el coche?* **¿qué tal?** **a.** Expresión de saludo equivalente a *¿qué tal estás?* o *¿qué tal está usted?*: *¡hombre, Luis!, ¿qué tal?* **b.** Cómo: *¿qué tal me ha salido?* **¿y qué?** Expresión que indica que una cosa no importa: *—Últimamente te portas muy mal. —¿Y qué? Me da igual.*

quebrada n. f. Paso estrecho y abrupto entre montañas: *el pastor conduce a sus ovejas por las quebradas.*

quebradizo, -za adj. **1** Que se rompe fácilmente: *el cristal es un material quebradizo.* **SIN** frágil. **2** [ánimo, salud] Que es frágil y se debilita con facilidad: *tiene la salud quebradiza.* **SIN** enfermizo.

quebrado, -da adj. **1** [terreno] Que es desigual y tiene desniveles: *por este camino tan quebrado no pueden pasar los coches.* **SIN** tortuoso. ◆ adj./ n. m. **2** MAT. [número] Que expresa una o varias partes de un todo: *tres quintos y tres cuartos son números quebrados.* **SIN** fracción. **DER** quebradizo.

quebrantahuesos n. m. **1** Ave rapaz de gran tamaño, con las patas cubiertas de plumas hasta los dedos, que se alimenta de animales muertos. **2** Persona pesada que molesta o causa fastidio.
OBS El plural también es *quebrantahuesos*.

quebrantamiento n. m. Transgresión o violación de una ley, norma o contrato que supone la nulidad de lo realizado: *el quebrantamiento de la ley puede dar lugar a penas de prisión.* SIN quebranto.

quebrantar v. tr. **1** Romper de forma violenta una cosa dura, especialmente, sin que lleguen a separarse del todo sus partes: *le apretó la mano como si fuera a quebrantarle los huesos.* SIN cascar, quebrar, resquebrajar. **2** Poner una cosa en estado o situación de que se rompa con facilidad: *el viento quebranta las ramas de los árboles.* SIN quebrar, resquebrajar. **3** No cumplir una ley, una palabra dada o una obligación: *has quebrantado tu promesa y ahora ya no me fiaré de ti.* SIN violar. ◆ v. tr./ prnl. **4** Debilitar la fuerza, la salud o el ánimo de una persona: *el invierno acabó de quebrantar la poca salud del enfermo.*

DER quebrantado, quebrantamiento, quebranto; inquebrantable.

quebranto n. m. **1** *formal* Falta de ánimos o de fuerza para hacer las cosas. SIN debilidad. **2** Pérdida o daño grave: *la muerte del líder supuso un gran quebranto para todo el grupo.* **3** Dolor o pena grande: *ha sufrido numerosos quebrantos a lo largo de su vida.*

quebrar v. tr./ prnl. **1** Romper de forma violenta una cosa dura, especialmente, sin que lleguen a separarse del todo sus partes: *se sentó en la silla de golpe y quebró una pata.* SIN quebrantar, resquebrajar. **2** Doblar o torcer: *el caballo se ha quebrado una pata.* **3** Interrumpir o cortar la continuación de una cosa no material: *se le quebraba la voz al hablar de su hijo muerto.* ◆ v. intr. **4** Fracasar y dejar de funcionar un comercio o una industria por no poder pagar las deudas o no poder cumplir las obligaciones: *después de muchos altibajos y a pesar del gran empeño que han puesto todos los socios, la empresa ha quebrado.* ◆ v. prnl. **5** quebrarse Interrumpirse la continuidad en un terreno: *al fondo se puede ver cómo se quiebra la cadena montañosa.*

DER quebrada, quebradero, quebrado, quebradura, quebrantar, quiebra, quiebro; requebrar, resquebrar.

quechua adj. **1** [pueblo indígena] Que procede de la región de Cuzco, en Perú. **2** De ese pueblo indígena o que tiene relación con él. ◆ n. com. **3** Persona que pertenece a este pueblo indígena. ◆ n. m. **4** Lengua de los indígenas procedentes de la región de Cuzco, en Perú.

queda n. f. Hora de la tarde o de la noche, a partir de la cual la población civil tiene prohibida la libre circulación por las calles y tiene que recogerse en sus casas: *el toque de queda es una medida propia del estado de guerra.*

quedar v. intr./ prnl. **1** Estar en un sitio durante un tiempo determinado: *me quedaré en Madrid todo el mes.* SIN permanecer. **2** Estar o mantenerse en un estado o situación: *el documento ha quedado sin firmar.* ◆ v. intr. **3** Haber, estar o existir todavía: *en el armario solo queda una botella de aceite.* SIN restar. **4** Terminar o acabar: *allí quedó la negociación y nadie volvió a hablar del asunto.* SIN cesar. **5** Citarse con una persona: *¿qué te parece si quedamos mañana a las siete?* **6** Estar situado en un sitio determinado: *la imprenta queda muy cerca de la oficina.* **7** Sentar de cierta manera una prenda de vestir: *ese sombrero te queda muy bien.* **8** Dar o producir una impresión determinada a alguien: *quedé como un mentiroso delante de tu familia.* **9** Ponerse de acuerdo en algo: *entonces, quedamos en que tú compras la comida.* SIN convenir. ◆ v. prnl. **10** quedarse Coger una cosa y retenerla en su poder: *me quedaré con este bolso.* **11** Recordar o acordarse de algo: *aunque me ha repetido el número de teléfono varias veces, no me he quedado con él.* NOTA Va seguido de la preposición *con*. **12** Gastarle una broma a alguien o hacerle creer una cosa que no es cierta: *oye, no te quedes conmigo, que no me creo nada de lo que dices.* NOTA Va seguido de la preposición *con*. SIN engañar. **13** Perder la vida: *se quedó nada más llevarlo al hospital.* SIN morir.

▶ ¿en qué quedamos? *coloquial.* Expresión con que se pide a una persona que sea clara o que se decida: *bueno, ¿vienes o no?, ¿en qué quedamos?* quedar atrás Estar superada u olvidada una cosa: *quedaron atrás todas nuestras diferencias.* quedarse en blanco No recordar una cosa: *se quedó en blanco en el examen.* quedarse tan ancho o quedarse tan fresco No mostrar preocupación después de haber dicho o hecho una cosa poco adecuada: *discutió con su mejor amigo y se quedó tan fresco.*

DER queda, quedo.

quedo, -da adj. **1** *formal* Que está quieto, tranquilo y apenas se le oye: *el mar está quedo.* SIN silencioso. ◆ adv. **2** quedo *formal* En voz baja o con cuidado: *abrió la puerta quedo.*

quehacer n. m. Ocupación, negocio o tarea que se tiene la obligación de hacer: *tiene tan-*

tos quehaceres en la casa que nunca tiene tiempo de ver a sus amigos.

queja n. f. **1** Expresión de dolor, de pena, de descontento o de enfado: *se oían las quejas del paciente dentro de la consulta del dentista.* SIN lamentación, lamento, quejido. **2** Expresión de descontento o disgusto que se hace ante una persona con autoridad: *los sindicalistas expusieron las quejas de los trabajadores al ministro de trabajo.* SIN protesta. **3** Motivo para que alguien se queje: *es muy buen trabajador y no tengo queja de él.*
DER quejica, quejoso, quejumbroso.

quejarse v. prnl. **1** Expresar con la voz el dolor o la pena que una persona siente: *la enfermedad le produjo muchos dolores, pero nunca se quejó.* **2** Expresar resentimiento, disgusto o enfado: *¡anda, no te quejes tanto!* SIN protestar.
DER queja, quejido; aquejar.

quejica adj./ n. com. [persona] Que se queja mucho, especialmente, si es por costumbre o sin una causa importante. SIN quejicoso, quejoso.
DER quejicoso.

quejido n. m. Expresión o sonido con el que se demuestra dolor o pena: *cuando el médico le pinchó, soltó un quejido de dolor.* SIN lamento, queja.

quelonio adj./ n. m. **1** [reptil] Que se caracteriza por tener el cuerpo protegido por un caparazón duro, cuatro extremidades cortas y mandíbulas sin dientes: *el galápago y la tortuga son reptiles quelonios.* ◆ n. m. pl. **2** quelonios Orden al que pertenecen estos reptiles.

quema n. f. Destrucción con fuego de una cosa: *los habitantes del edificio no pudieron salvarse de la quema.* SIN incendio.
▶ huir de la quema Alejarse de un peligro o de una situación difícil: *cuando vio llegar al profesor, huyó de la quema librándose del castigo.*

quemado, -da adj./ n. m. y f. **1** Persona que ha sufrido quemaduras. **2** Que está enfadado, descontento, cansado o molesto con alguien o con alguna actividad: *el trabajo lo tiene muy quemado.*
DER quemadura.

quemadura n. f. **1** Herida en la piel producida por el fuego, el calor o por ciertas sustancias corrosivas: *el accidente le produjo quemaduras de gravedad.* **2** Debilidad y mal aspecto que tienen hojas y partes verdes de una planta debido a los cambios grandes y rápidos de temperatura.

quemar v. tr./ prnl. **1** Destruir o consumir una cosa con fuego o con calor: *después de leer la carta, la quemó.* **2** Causar una sensación de ardor: *sentí cómo el aguardiente me iba quemando la garganta.* **3** Secarse una planta por efecto del calor o del frío excesivo: *el frío ha quemado los geranios.* ◆ v. tr. **4** Hacer enfadar, molestar o cansar a alguien: *este asunto está empezando a quemar a la gente.* **5** Gastar dinero de forma poco adecuada: *el vizconde quemó toda su fortuna en cuatro días.* SIN derrochar, malgastar. ◆ v. intr. **6** Estar muy caliente o desprender mucho calor: *el agua del baño quema un poco.* ◆ v. prnl. **7** quemarse Sufrir o sentir mucho calor: *si soplas la sopa, no te quemarás.* **8** Estar muy cerca de encontrar una cosa.
DER quema, quemado, quemador, quemazón; requemar, resquemar.

quemazón n. f. **1** Sensación desagradable de calor o de picor. **2** Sensación desagradable de disgusto, tristeza o incomodidad: *sus palabras me dejaron una horrible quemazón durante todo el día.*

queratina n. f. Sustancia que constituye la parte fundamental de las capas más externas de la epidermis y de órganos como las uñas, el pelo, las plumas, las pezuñas o los cuernos.

querella n. f. **1** DER. Documento que se presenta ante un tribunal para acusar a alguien de un delito y pedir justicia: *van a presentar una querella en el juzgado.* **2** Enfrentamiento, diferencia de opiniones que hay entre dos o más personas: *entre ellos siempre hay alguna querella.* SIN conflicto.

querellarse v. prnl. DER. Acusar a alguien ante un tribunal para pedir justicia: *ha declarado que se querellará contra ellos por invadir su intimidad.*

querencia n. f. Tendencia o inclinación hacia una persona o cosa, especialmente, respecto al lugar en que se ha nacido o en el que se ha vivido mucho tiempo: *Juan tiene querencia hacia el mar.*

querer v. tr. **1** Desear tener o hacer una cosa: *no quiero cerveza, prefiero un refresco.* **2** Sentir cariño hacia una persona o cosa: *te quiero y me gustaría que viviéramos juntos.* SIN amar. **3** Intentar o hacer lo posible para conseguir algo: *quiero acabar este trabajo cuanto antes.* SIN pretender. **4** Necesitar o requerir una cosa: *estos pantalones quieren rápidamente un lavado.* SIN pedir. **5** Provocar una respuesta

querer

INDICATIVO

presente
quiero
quieres
quiere
queremos
queréis
quieren

pretérito imperfecto
quería
querías
quería
queríamos
queríais
querían

pretérito perfecto simple
quise
quisiste
quiso
quisimos
quisisteis
quisieron

futuro
querré
querrás
querrá
querremos
querréis
querrán

condicional
querría
querrías
querría
querríamos
querríais
querrían

SUBJUNTIVO

presente
quiera
quieras
quiera
queramos
queráis
quieran

pretérito imperfecto
quisiera o quisiese
quisieras o quisieses
quisiera o quisiese
quisiéramos o quisiésemos
quisierais o quisieseis
quisieran o quisiesen

futuro
quisiere
quisieres
quisiere
quisiéremos
quisiereis
quisieren

IMPERATIVO

quiere	(tú)
quiera	(usted)
quered	(vosotros)
quieran	(ustedes)

FORMAS NO PERSONALES

infinitivo	**gerundio**
querer	queriendo

participio
querido

o reacción: *estudiando tan poco quieres que te suspendan.*

▶ **querer decir** Significar cierta cosa algo: *esa mirada quiere decir que le gustas.* **sin querer** Sin tener la intención de que ocurra: *perdona, te he pisado sin querer.* ANT a propósito.

DER querencia, querendón, querido; malquerer.

querido, -da n. m. y f. Persona que mantiene relaciones amorosas o sexuales con otra sin estar casada con ella: *le pidió el divorcio al enterarse de que tenía una querida desde hacía años.* SIN amante.

queroseno n. m. Mezcla líquida de hidrocarburos que se obtiene a partir del petróleo y se emplea como combustible. NOTA También se escribe *keroseno*.

querubín n. m. **1** Espíritu del cielo, servidor y mensajero de Dios. SIN ángel. **2** Persona de gran belleza, especialmente, un niño pequeño: *mira ese bebé, es un querubín.*

quesero, -ra adj. **1** Del queso o que tiene relación con este alimento. **2** [persona] Que come queso con frecuencia y le gusta mucho. ◆ n. m. y f. **3** Persona que se dedica a hacer o a vender queso.

DER quesería.

quesito n. m. Porción de queso envuelta y empaquetada individualmente: *los quesitos se elaboran con un tipo de queso cremoso.*

queso n. m. **1** Alimento que se elabora haciendo sólida la leche: *el queso se hace con leche de vaca, oveja o cabra.* **2** Pie de una persona: *¡Cómo te huelen los quesos!*

▶ **darla con queso** Engañar a una persona: *es tan inocente que siempre se la dan con queso.*

DER quesera, quesero, quesito; requesón.

quetzal n. m. **1** Ave trepadora de plumaje verde tornasolado en la parte superior del cuerpo y rojo en el pecho y el abdomen, con el pico y las patas de color amarillento y un moño sedoso en la cabeza: *el quetzal habita en las regiones cálidas de América.* NOTA Para indicar el sexo se usa *el quetzal macho* y *el quetzal hembra*. **2** Moneda de Guatemala.

quevedesco, -ca adj. De Quevedo o relacionado con este escritor o con sus obras.

quevedos n. m. pl. Lentes de forma circular que están provistos de una montura que se sujeta únicamente a la nariz.

quiasmo n. m. Figura retórica de construcción que consiste en una inversión del orden de las partes simétricas de dos oraciones o dos elementos de una oración: *Unamuno utiliza el quiasmo en la oración «duerme el sosiego, la esperanza duerme».*

quicio n. m. Parte de una puerta o ventana en que se inserta el madero o eje al que van unidas las hojas: *se apoyaba en el quicio de la puerta.*

▶ **sacar de quicio** Exasperar o provocar una gran irritación o enfado a alguien: *me sacas de quicio con tus manías.*

DER quicial; desquiciar.

quid n. m. Razón, causa o punto más importante de una cosa o asunto: *el quid de la cuestión.* SIN clave.

▶ **dar en el quid** Acertar o descubrir: *al ver las caras de los demás, dio en el quid de la broma.*

OBS Se usa solamente en singular.

quiebra n. f. **1** Fin de un comercio o una industria por no poder pagar las deudas o no cumplir las obligaciones. **SIN** bancarrota, ruina. **2** Pérdida o disminución de una cosa no material: *la época renacentista supuso la quiebra de los valores del hombre medieval.* **3** Separación de una cosa en varias partes, especialmente, la que se produce de manera violenta. **SIN** rotura. **4** Abertura o separación en varias partes de la tierra de un lugar: *las lluvias han causado una quiebra en el valle.*

quien pron. rel. Señala a una persona sobreentendida o ya mencionada con anterioridad: *quien desee venir puede hacerlo.* **NOTA** Cuando la oración es negativa, equivale a *nadie*: *no hay quien aguante a ese hombre.*
▶ **como quien** Expresión que compara una acción o a una persona con otra: *saltó en paracaídas como quien bebe un vaso de agua.*

quién pron. inter. **1** Pregunta por la identidad de una persona: *¿quién ha venido a vernos?* ◆ pron. exclamativo. **2** Introduce oraciones exclamativas que expresan deseo o admiración: *¡quién pudiera hacer lo mismo que tú!*
▶ **no ser quién** No tener derecho, capacidad o poder para hacer una cosa: *tú no eres quién para decirme lo que tengo que hacer.* **quién más, quién menos** Todos, sin excepción: *quien más, quien menos, todos han bebido cerveza.*
OBS El plural es *quiénes.*

quienquiera pron. indef. Se utiliza para referirse a una persona indeterminada: *quienesquiera que hayan dicho eso están mintiendo.* **NOTA** Si se antepone al verbo, va acompañado del relativo *que.*

quieto, -ta adj. **1** [persona, animal] Que no se mueve: *el perro se estuvo quieto hasta que el cazador lo llamó.* **SIN** estático, parado. **2** Que está tranquilo y lleno de paz: *la casa está muy quieta desde que no están los niños.* **SIN** plácido.
DER quietismo, quietud; aquietar, inquieto.

quietud n. f. **1** Falta de movimiento. **2** Falta de agitación, movimiento o ruido: *le gustaba ir al campo porque allí se respiraba quietud.* **SIN** calma, serenidad, tranquilidad.

quijote n. m. **1** Persona que tiene altos ideales y que lucha y defiende causas nobles y justas de forma desinteresada: *este chico es un quijote que piensa que va a arreglar el mundo.* **SIN** idealista. **2** Pieza de una armadura que cubre el muslo.

quilate n. m. **1** Unidad de peso para las perlas y piedras preciosas: *un quilate equivale a 0,205 gramos.* **2** Unidad que mide la pureza del oro en una mezcla de este y de otro metal: *el quilate equivale a una parte de oro puro en veinticuatro partes de mezcla.* **3** Calidad, valor o bondad de una cosa no material: *su hija tiene una fuerza de voluntad de muchos quilates.*
DER aquilatar.

quilla n. f. **1** Pieza alargada de madera o de hierro que va de proa a popa por la parte inferior de una embarcación y en la que se apoya toda su armazón: *el fondo de la barca chocó contra un arrecife y se rompió la quilla.* **2** ZOOL. Hueso largo y afilado que recorre el pecho de las aves: *sobre la quilla de las aves se insertan los músculos de las alas.*

quilo n. m. **1** Unidad de masa que equivale a 1000 gramos. **SIN** kilo, kilogramo. **NOTA** La Real Academia Española admite *quilo*, pero prefiere la forma *kilo.* **2** Un millón de pesetas: *ha ganado un quilo en un concurso de la televisión.* **SIN** kilo. **3** MED. Líquido blanco, espeso y con gran cantidad de grasa que elabora el intestino: *el quilo resulta de la digestión de los alimentos.*

quilogramo n. m. Unidad de masa del Sistema Internacional, de símbolo *kg*, que equivale a la masa del prototipo de platino iridiado que se encuentra en la Oficina Internacional de Pesas y Medidas de París: *1 quilogramo son 1000 gramos.* **NOTA** También *quilo.*
OBS También *kilogramo*, más usual

quilométrico, -ca adj. **1** Del quilómetro o relacionado con esta medida de longitud: *poste quilométrico.* **2** Que tiene una gran longitud o duración: *distancia quilométrica.*
OBS También *kilométrico*, más usual.

quilómetro n. m. Medida de longitud que equivale a 1000 metros. **SIN** kilómetro.
OBS La Real Academia Española recoge *quilómetro*, pero prefiere la forma *kilómetro.*
DER quilométrico.

quimera n. f. **1** Sueño o cosa que se desea, pero que es casi imposible de realizar o conseguir: *con el poco dinero que tengo, comprar un piso es una quimera.* **SIN** ilusión, utopía. **2** Animal imaginario que echa llamas por la boca y que tiene la cabeza de león, el vientre de cabra y la cola de dragón.

quimérico, -ca adj. Que es imaginario, irreal o que no tiene una base cierta.

química n. f. Ciencia que estudia la composición y las propiedades de la materia, y las transformaciones que esta experimenta.
▶ **química biológica** Rama de la química que estudia los seres vivos. **química inorgánica**

Rama de la química que estudia los compuestos minerales. química orgánica Rama de la química que estudia los compuestos que contienen carbono en sus moléculas.

DER agroquímica, bioquímica, electroquímica.

químico, -ca adj. **1** De la química o que tiene relación con esta ciencia: *las industrias químicas son abundantes en esa zona.* **2** Que se refiere a la composición y propiedades de la materia y a las transformaciones que esta experimenta. ◆ n. m. y f. **3** Persona que se dedica a la química: *en el laboratorio trabajaban doce químicos.*

DER geoquímico.

quimioterapia n. f. Tratamiento médico de algunas enfermedades que consiste en la aplicación de sustancias químicas al organismo: *la quimioterapia se emplea como tratamiento contra el cáncer.*

quimo n. m. Pasta homogénea en que se transforman los alimentos dentro del estómago por efecto de la digestión.

quimono n. m. **1** Prenda de vestir de tela ligera, con mangas anchas, que cubre el cuerpo y se abrocha por delante con un cinturón o faja; es una prenda típica de Japón. **2** Conjunto deportivo de chaqueta y pantalón anchos y tela fuerte para practicar artes marciales.

OBS También se escribe *kimono.*

quina n. f. **1** Sustancia medicinal que se extrae de la corteza del quino. SIN quino. **2** Bebida dulce hecha con esta sustancia y otros ingredientes que se toma como medicina o como aperitivo.

▶ tragar quina Soportar o sufrir algo con disgusto y resignación: *el que no se alegre con mi ascenso que trague quina.*

quince num. card. **1** Indica que el nombre al que acompaña o al que sustituye está 15 veces. NOTA Puede ser determinante (*quince personas*) o pronombre (*seremos quince a comer*). ◆ num. ord. **2** Indica que el nombre al que acompaña o al que sustituye ocupa el lugar número 15 en una serie: *estamos en el puesto quince de la clasificación.* SIN decimoquinto. NOTA Es preferible el uso del ordinal: *decimoquinto.* ◆ n. m. **3** Signo que representa el valor de diez más cinco.

DER quinceavo, quincena.

quincena n. f. **1** Conjunto formado por 15 unidades: *una quincena de personas asistió a la reunión.* **2** Período de quince días: *el tratamiento durará una quincena.*

quincenal adj. **1** Que ocurre o se repite cada quince días: *los pagos serán quincenales.* **2** Que dura quince días: *me he apuntado a un curso quincenal de informática.*

quincuagésimo, -ma num. ord. **1** Persona o cosa que ocupa el número 50 en una serie ordenada. **2** Parte que resulta de dividir un todo en 50 partes iguales: *eran 50 personas y le correspondió a cada una un quincuagésimo.*

quingentésimo, -ma num. ord. **1** Persona o cosa que ocupa el número 500 en una serie ordenada. **2** Parte que resulta de dividir un todo en 500 partes iguales: *son 500 personas y le corresponderá un quingentésimo a cada una.*

quiniela n. f. **1** Juego de apuestas que consiste en acertar los resultados de una determinada competición deportiva, especialmente, de un partido de fútbol o de una carrera de caballos: *se gasta mucho dinero jugando a las quinielas.* NOTA Se usa frecuentemente en plural. **2** Impreso que se debe rellenar para participar en ese juego: *vamos a rellenar una quiniela, a ver si nos toca.* **3** Premio ganado con ese juego: *le tocó la quiniela y se compró una gran casa en la playa.*

DER quinielista.

quinientos num. card. **1** Indica que el nombre al que acompaña o al que sustituye está 500 veces: *vale quinientos euros.* NOTA Puede ser determinante (*vinieron quinientos chicos*) o pronombre (*vinieron los quinientos*). ◆ num. ord. **2** Indica que el nombre al que acompaña o al que sustituye ocupa el lugar número 500 en una serie: *soy el quinientos de la nueva lista.* SIN quingentésimo. NOTA Es preferible el uso del ordinal: *quingentésimo.* ◆ n. m. **3** Signo que representa el valor de 100 multiplicado por cinco: *escribe el quinientos después del 499.*

quino n. m. **1** Árbol de origen americano que tiene las hojas ovaladas, lisas por el haz y vellosas por el envés, y el fruto seco en forma de cápsula con muchas semillas en su interior. **2** Sustancia medicinal que se extrae de la corteza de este árbol. SIN quina.

quinqué n. m. Aparato para iluminar, con un tubo o una pantalla de cristal, que funciona con petróleo, aceite o electricidad.

OBS El plural es *quinqués.*

quinquenio n. m. Período de tiempo que comprende cinco años: *las cosas han cambiado mucho en el último quinquenio.* SIN lustro.

DER quinquenal.

quinqui n. com. Persona, generalmente, de

origen marginal, que vive de cometer pequeños actos delictivos.

quinta n. f. **1** Casa de campo que tienen algunas personas para ir de vacaciones o para descansar en ella. SIN finca. **2** Conjunto de soldados nuevos que entra en el ejército cada año: *la quinta del año pasado fue muy numerosa.* **3** Conjunto de personas que han nacido en un mismo año: *creo que los dos somos de la misma quinta.*

quintaesencia n. f. Cualidad más pura, fina y elevada que tiene una cosa: *la quintaesencia de la música.*
OBS También se puede escribir *quinta esencia.*

quintal n. m. Medida de masa que equivale a 100 kilogramos.

quinteto n. m. **1** Conjunto musical formado por cinco voces o cinco instrumentos: *ha formado un quinteto de rock con unos amigos.* **2** MÚS. Composición musical interpretada por cinco voces o instrumentos: *el compositor escribió un quinteto para instrumentos de cuerda.* **3** Poema o estrofa formada de cinco versos de más de ocho sílabas con rima consonante.

quintilla n. f. Estrofa de cinco versos de ocho sílabas con rima consonante.

quinto, -ta num. ord. **1** Persona o cosa que sigue en orden al que hace el número cuatro. **2** Parte que resulta de dividir un todo en cinco partes iguales: *si somos cinco para comer, me toca un quinto de tarta.* ◆ n. m. **3** Joven que ha sido llamado para hacer el servicio militar: *a los quintos se les corta mucho el pelo.* SIN mozo. **4** Botella de cerveza de 20 centilitros: *no hay quintos de esta marca de cerveza.*
DER quinteto, quintilla.

quíntuple adj./ n. m. **1** Que es cinco veces la cantidad, número o tamaño de cierta cosa: *una dosis quíntuple de medicamento; diez es el quíntuple de dos.* ◆ adj. **2** Que está formado por cinco elementos o se repite cinco veces: *el quíntuple crimen.*

quintuplicar v. tr./ prnl. Multiplicar por cinco una cosa o una cantidad: *las ventas se han quintuplicado desde que salió el anuncio en televisión.*
DER quintuplicación.

quíntuplo n. m. Número que resulta de multiplicar por cinco una cantidad: *diez es el quíntuplo de dos.*
DER quíntuple, quintuplicar.

quíntuplo, -pla adj./ n. m. Que es cinco veces el número o cantidad de cierta cosa: *el número quíntuplo de 5 es 25; diez es el quíntuplo de dos.* SIN quíntuple. NOTA Como adjetivo es poco usado.
DER quíntuple, quintuplicar.

quiosco n. m. **1** Construcción de pequeño tamaño, generalmente, de material ligero, que se coloca en las calles y lugares públicos para vender periódicos, revistas, golosinas y otros artículos. SIN kiosco. **2** Construcción pequeña, cubierta y abierta por los lados, que se coloca en los parques o jardines: *todos los domingos había un concierto en el quiosco de la plaza.* SIN kiosco.
DER quiosquero.

quiosquero, -ra n. m. y f. Persona que vende periódicos y otros artículos en un quiosco.

quirófano n. m. Sala de una clínica u hospital destinada a realizar operaciones quirúrgicas.

quiromancia o **quiromancía** n. f. Adivinación del futuro leyendo las rayas de la mano.
DER quiromántico.

quiróptero, -ra adj./ n. m. **1** [animal mamífero] Que puede volar gracias a dos membranas a modo de alas que se extienden entre el cuello, las extremidades y la cola: *el murciélago es un quiróptero.* ◆ n. m. pl. **2** quirópteros Orden al que pertenecen estos animales mamíferos.

quirúrgico, -ca adj. De la cirugía o que tiene relación con esta especialidad de la medicina: *tuvo que someterse a una operación quirúrgica para salvar la vida.*

quisque o **quisqui** n. m. Individuo o persona: *por esta calle pasa todo quisque.*
OBS Se usa detrás de *todo* o de *cada.*

quiste n. m. Bolsa que se forma en los tejidos del cuerpo y que puede contener líquidos o sustancias perjudiciales.
▶ quiste sebáceo Bulto que se produce en la piel por la acumulación de la grasa de una glándula cuando no puede salir al exterior: *los quistes sebáceos no suelen ser peligrosos.*
DER enquistarse.

quitaesmalte n. m. Sustancia líquida compuesta de acetona que se usa para quitar el esmalte de las uñas.

quitamanchas n. m. Sustancia que sirve para quitar manchas, especialmente, de la ropa.
OBS El plural es *quitamanchas.*

quitanieves adj./ n. com. [máquina] Que sirve para limpiar de nieve las calles, las carreteras y las vías del tren.
OBS El plural también es *quitanieves.*

quitar v. tr. **1** Coger una cosa y separarla o apartarla del lugar en que estaba: *quitó los platos sucios de la mesa y puso otros limpios.* ANT poner. **2** Hacer desaparecer: *el agua quita la sed rápidamente.* **3** Robar o coger una cosa de otra persona con engaño o por la fuerza: *me acaban de quitar la cartera.* **4** Impedir o prohibir: *esas pastillas quitan el hambre.* **5** Dejar a una persona sin una cosa que le pertenece o de la que disfruta: *la lluvia me quitó la ilusión por salir.* **6** Librar de cargas, deudas u obligaciones: *la madre quitó el castigo a los niños.* **7** Ser un problema, un obstáculo o un impedimento para hacer una cosa: *que tú no tengas hambre no quita que comamos nosotros.* NOTA Suele ir precedido del adverbio negativo *no.* ◆ v. tr./ prnl. **8** Quedarse sin una o varias prendas de vestir: *se quitó los zapatos.* ◆ v. prnl. **9** quitarse Dejar una cosa o apartarse totalmente de ella: *se ha quitado del tabaco porque le duelen los pulmones.* NOTA Va seguido de la preposición *de.*
▶ quitarse de encima Librarse de una cosa o de una persona que molesta: *consiguió quitarse de encima el problema.* quitarse de en medio Apartarse de un asunto o irse de un lugar para evitar problemas: *cuando vio que iban a pelear, se quitó de en medio y salió del bar.*
DER quite; desquitar.

quitasol n. m. Objeto plegable, parecido a un gran paraguas y fijado a un soporte, que sirve para dar sombra: *cuando voy a la playa suelo llevarme el quitasol.* SIN parasol, sombrilla.

quite n. m. Movimiento del torero, generalmente, con la capa, para librar a alguien del ataque del toro.

quitina n. f. Sustancia que constituye el material principal del que está formado el esqueleto externo de los artrópodos y de algunos hongos.

quizá o **quizás** adv. Indica posibilidad o duda: *quizá estamos equivocados.*

abcdefghijklmnñopq**R**stuvwxyz

r n. f. Decimonovena letra del alfabeto español. Su nombre es *ere* (vibración simple) o *erre* (vibración múltiple).

rábano n. m. **1** Planta herbácea con el tallo ramoso, las hojas ásperas y grandes y las flores blancas, amarillas o moradas. **2** Raíz carnosa y redondeada de color blanco o rojo que da esa planta y que es comestible.

▸ importar un rábano *coloquial.* No darle importancia a una cosa: *lo despreciaban, pero a él le importaba un rábano.* ¡un rábano! o ¡y un rábano! Expresión que se usa para decir que no a una idea o propuesta con la que no se está de acuerdo: *—¿Por qué no me ayudas a recoger? —Un rábano.*

rabel n. m. Antiguo instrumento musical de tres cuerdas que se toca con arco.

rabí n. m. Maestro que explica el libro sagrado entre los judíos.

OBS La Real Academia Española recoge *rabí*, pero prefiere la forma *rabino*. El plural es *rabíes*.

rabia n. f. **1** Enfermedad infecciosa que padecen ciertos animales, especialmente, los perros, y que se transmite a través de las mordeduras. **2** Enfado grande y violento. SIN furor, ira. **3** Sentimiento de antipatía hacia alguien: *dice que ha suspendido el examen porque el profesor le tiene rabia.* SIN manía.

DER rabiar, rabieta, rabioso; antirrábico.

rabiar v. intr. **1** Dar muestras de un enfado grande: *no le digas nada hoy, que está que rabia.* **2** Padecer un dolor muy fuerte: *rabiaba del dolor de muelas que tenía.* **3** Tener mucho deseo de una cosa: *rabiaba por tener un coche nuevo.*

NOTA Se construye con la preposición *por*.

▸ a rabiar *coloquial.* Indica que una acción se da mucho o con gran intensidad: *el chocolate me gusta a rabiar.*

DER enrabiar.

rabicorto, -ta adj. [animal] Que tiene el rabo corto. ANT rabilargo.

rabieta n. f. Enojo grande y violento que se muestra con llantos, gritos, gestos o irritación muy visibles; en especial, el enfado acompañado de llantos y gritos de los niños: *el niño cogió una rabieta porque no quería irse del parque.* SIN berrinche, perra.

DER enrabietarse.

rabilargo, -ga adj. [animal] Que tiene el rabo largo. ANT rabicorto.

rabillo n. m. Tallo fino y delgado de las hojas y los frutos: *cortó la hoja por el rabillo.* SIN peciolo, rabo.

▸ rabillo del ojo Ángulo del extremo exterior del ojo: *me miraba por el rabillo del ojo.*

rabino n. m. Maestro que explica el libro sagrado entre los judíos. SIN rabí.

rabioso, -sa adj. **1** Que sufre la enfermedad de la rabia. **2** Que está muy enfadado o muy molesto por algo. SIN colérico, furioso. **3** Total, grande o absoluto: *noticias de rabiosa actualidad.* SIN candente.

rabo n. m. **1** Cola que tienen ciertos animales, especialmente, los de cuatro patas. SIN cola. **2** Tallo muy fino y delgado de las hojas y los frutos: *sujetó la manzana por el rabo.* SIN peciolo, rabillo. **3** Parte posterior de un objeto, de forma delgada y larga. SIN mango. **4** Órgano sexual masculino. SIN pene.

▸ con el rabo entre las piernas coloquial Avergonzado o vencido: *él empezó la discusión, pero se marchó con el rabo entre las piernas.*

DER rabada, rabillo, rabón.

rabón, -bona adj. [animal] Que tiene el rabo más corto de lo normal o que no lo tiene.

rácano, -na adj./ n. m. y f. **1** [persona] Que es muy avaro y no suele gastar o dar cosas, especialmente, dinero. SIN agarrado, tacaño. ANT generoso. **2** [persona] Que se comporta como un vago tratando de evitar el trabajo: *tienes que madrugar más, so rácano.* SIN holgazán.

DER racanear, racanería.

racha n. f. **1** Período de tiempo corto de buena o mala suerte: *estamos pasando una mala racha.* **2** Golpe de viento violento y de poca duración. **SIN** ráfaga.
DER rachear.

racheado, -da adj. [viento] Que sopla a rachas, de manera violenta y durante espacios de tiempo muy cortos y seguidos.

racial adj. De la raza o que tiene relación con ella.

racimo n. m. **1** Conjunto de frutos que cuelgan de un tallo común, especialmente, las uvas. **2** Conjunto de flores que nacen de un eje común: *el olivo tiene las flores en racimo.* **SIN** inflorescencia. **3** Conjunto apretado de personas o cosas: *desde el aire, veíamos racimos de casas blancas.*
DER racimoso; arracimarse.

raciocinio n. m. **1** Capacidad de pensar o de razonar. **2** Conjunto de ideas sobre un asunto pensadas por alguien: *mediante unos complicados raciocinios, logró convencerlos de que tenía razón.* **SIN** razonamiento.

ración n. f. **1** Cantidad de alimento que corresponde a una persona o a un animal: *en esta olla se pueden hacer 12 raciones.* **2** Cantidad determinada de comida que se sirve en bares, cafeterías y restaurantes: *si tenéis hambre, podemos comer unas raciones de queso en ese bar.* **3** Cantidad suficiente de algo: *he ido a la playa a tomar mi ración de sol.*
DER racionar.

racional adj. **1** Que dispone de la capacidad de pensar o de razonar: *el hombre es un animal racional.* ◆ adj. **2** Que obedece a juicios basados en el pensamiento y la razón.

racionalidad n. f. Actitud de la persona que actúa de acuerdo con la razón y no se deja llevar por sus impulsos.

racionalismo n. m. FILOS. Doctrina que considera que la razón humana es el único medio que hace posible el conocimiento.

racionalista adj. **1** FILOS. Del racionalismo o que tiene relación con esta doctrina filosófica. ◆ adj./n. com. **2** [persona] Que sigue la doctrina filosófica del racionalismo.

racionalización n. f. **1** Proceso por el cual se da una explicación racional a una forma de comportamiento o a un sentimiento. **2** Organización del trabajo para aumentar la producción y disminuir el número de trabajadores, de máquinas necesarias para la producción o de horas de trabajo.

racionalizar v. tr. **1** Someter a explicación racional una forma de comportamiento o un sentimiento. **2** Organizar una actividad social, laboral o comercial de manera que disminuyan los gastos y aumenten el rendimiento del trabajo y los beneficios. **3** Ahorrar, gastar menos: *racionalizar el consumo de agua.*

racionamiento n. m. Reparto controlado que se hace de una cosa que es escasa.

racionar v. tr. **1** Repartir de forma controlada y limitada una cosa que es escasa: *a causa de la escasez de petróleo, el Gobierno ha decidido racionar la gasolina.* **2** Limitar o controlar el consumo de una cosa para evitar un mal.
DER racionado, racionamiento.

racismo n. m. **1** Tendencia o actitud de rechazo y desprecio hacia las personas que pertenecen a otra raza distinta de la propia. **2** Doctrina que defiende la superioridad de la raza propia frente a las demás.

racista adj. **1** Del racismo o que tiene relación con esta actitud de rechazo hacia las personas de distinta raza: *escribió un artículo racista.* ◆ adj./n. com. **2** [persona] Que siente rechazo y desprecio por las personas que pertenecen a otra raza: *un racista piensa, por ejemplo, que los blancos son mejores que los negros.*

radar n. m. **1** Sistema para localizar la presencia y la posición de objetos por medio de ondas electromagnéticas: *el radar se utiliza en navegación y en meteorología.* **2** Aparato detector de objetos que utiliza este sistema.
OBS El plural es *radares.*

radiación n. f. **1** FÍS. Emisión de luz, calor u otras partículas de energía: *la radiación del sol es aprovechada como fuente de energía.* **2** Exposición a un tipo determinado de energía con fines medicinales. **3** Transmisión o propagación de un suceso por radio: *Tomás se encargó de la radiación del partido de fútbol.*

radiactividad n. f. Capacidad que tienen ciertos elementos para emitir radiaciones cuando se produce la descomposición de sus átomos.

radiactivo, -va adj. [cuerpo, elemento] Que emite radiaciones de energía procedentes de la descomposición natural del átomo.
DER radiactividad.

radiador n. m. **1** Aparato formado por un conjunto de tubos por los que circula un líquido caliente y que sirve para calentar un lugar u otra cosa. **2** Aparato formado por un conjunto de tubos por los que circula agua para enfriar el motor de un automóvil.

radial adj. Radiado, dispuesto como los radios de una circunferencia.

radiante adj. **1** Que brilla o emite mucha luz: *al final salieron a pasear bajo un sol radiante.* **2** Que expresa gozo o alegría: *entró con una sonrisa radiante.*

radiar v. tr. **1** FÍS. Despedir un cuerpo radiaciones de energía: *ese cuerpo radia mucho calor.* SIN irradiar. **2** Tratar una enfermedad o una lesión con rayos X u otro tipo de radiación. **3** Emitir o transmitir un suceso por radio: *esta tarde radiarán el concierto desde Budapest.*
DER radiación, radiado, radiador, radiante; irradiar.

radical adj. **1** De la raíz o que tiene relación con ella. **2** BOT. [hoja] Que nace de la raíz de la planta directamente. **3** Que afecta a la parte fundamental de una cosa y es total o completo: *la empresa ha experimentado un cambio radical.* **4** Que tiene una actitud extremista y arriesgada. SIN inflexible. ◆ adj./n. com. **5** [persona] Que considera sus modos de actuación y sus ideas como los únicos posibles y correctos, despreciando los de los demás: *un grupo radical intervino en la manifestación.* ◆ n. m. **6** GRAM. Parte de una palabra que se mantiene fija en todas sus formas: *en la palabra «corríamos», «corr-» es el radical.* SIN lexema, raíz. **7** MAT. Signo que representa la operación de una raíz cuadrada o cúbica.
DER radicalismo, radicalizar, radicalmente.

radicalizar v. tr. **1** Hacer que alguien adopte una actitud radical: *radicalizaron a los jóvenes mediante la propaganda.* **2** Dar carácter radical a algo, especialmente, a una postura, opinión, etc.: *radicalizar una actitud; el liberalismo se radicalizó.*
OBS En su conjugación, la *z* se convierte en *c* delante de *e*.

radicando n. m. MAT. Número del que se extrae la raíz: *en la raíz cuadrada de 16, el radicando es 16.*

radicar v. intr./prnl. **1** Echar raíces. ◆ v. intr. **2** Estar o encontrarse una cosa en un lugar determinado. **3** Consistir o tener origen: *el problema radica en la falta de solidaridad.*
DER radicación, radicado, radicando; erradicar.

radio n. f. **1** Aparato eléctrico que recibe señales emitidas por el aire y las transforma en sonidos. NOTA Es la forma abreviada de *radiorreceptor.* **2** Aparato que produce y emite ondas con señales que luego pueden recibirse y transformarse en sonidos: *le comuniqué la noticia por la radio.* NOTA Es la forma abreviada de *radiotransmisor.* **3** Técnica de emitir ondas o señales que luego pueden recibirse y transformarse en sonidos: *lleva un mes trabajando como técnico de radio.* NOTA Es la forma abreviada de *radiofonía.* **4** Conjunto de personas y medios que se dedican a emitir información, música y otros eventos usando esa técnica: *escuché la noticia por la radio.* NOTA Es la forma abreviada de *radiodifusión.* radio pirata Radio que emite sin permiso legal. ◆ n. m. **5** Línea recta que une el centro de un círculo con cualquier punto del borde o de la superficie exterior: *el radio de una circunferencia es la mitad de su diámetro.* **6** Espacio circular definido por esa línea: *no había ninguna gasolinera en un radio de 30 kilómetros.* **7** Vara o trozo de metal recto que une el centro de una rueda con la parte más alejada de él: *mi bicicleta tiene tres radios rotos.* **8** Hueso más corto y fino de los dos que forman el antebrazo: *el cúbito y el radio forman el antebrazo.* **9** Metal de color blanco que desprende cierta radiación.
▶ radio de acción Alcance al que se extiende la influencia de una cosa: *el radio de acción que tiene esa bomba es de 20 kilómetros.* radio macuto Difusión popular de rumores o noticias sin confirmar: *lo sé por radio macuto.*
DER radón.

radioactividad n. f. Radiactividad: *la electrólisis, el descubrimiento de partículas elementales y la radioactividad son hechos fundamentales en cuanto al conocimiento del átomo.*

radioactivo, -va adj. Radiactivo: *contaminación radioactiva.*

radiocasete n. m. Aparato que consta de una radio y un casete. SIN casete.

radiocontrol n. m. Control a distancia por medio de ondas de radio.

radiodifusión n. f. **1** Emisión de noticias, música y otros programas, destinados al público, a través de ondas radioeléctricas o hertzianas. SIN radio. **2** Conjunto de personas y medios destinados a llevar a cabo esta emisión. SIN radio.

radiofonía n. f. Sistema de comunicación a distancia por medio de ondas radioeléctricas o hertzianas: *el inventor Marconi fue el primero*

en utilizar la comunicación entre Europa y América por radiofonía.
DER radiofónico.

radiofónico, -ca adj. De la radiofonía o que tiene relación con este sistema de comunicación.

radiografía n. f. **1** Procedimiento que consiste en hacer fotografías por medio de rayos X: *la radiografía permite la exploración de la mayoría de los órganos del cuerpo humano.* **2** Imagen o fotografía obtenida por medio de este procedimiento.
DER radiografiar, radiográfico.

radiología n. f. MED. Estudio y uso de sustancias radiactivas y de radiaciones, sobre todo los rayos X y el radio, en el diagnóstico y tratamiento de las enfermedades: *lo están sometiendo a sesiones de radiología para curarle el cáncer.*

radiólogo, -ga n. m. y f. Médico especialista en radiología.

radionovela n. f. Obra radiofónica dialogada que se transmite en capítulos sucesivos.

radiotelegrafía n. f. Sistema de comunicación telegráfica sin hilos que utiliza las ondas radioeléctricas o hertzianas para la transmisión de señales: *los barcos suelen usar la radiotelegrafía para pedir ayuda.*
DER radiotelegráfico, radiotelegrafista.

radioterapia n. f. Tratamiento médico de algunas enfermedades que consiste en la utilización y la aplicación de todo tipo de rayos, especialmente, los rayos X: *la radioterapia se utiliza en el tratamiento contra el cáncer.*

radioyente n. com. Persona que oye lo que se emite por radio.

radón n. m. Elemento químico radiactivo, gaseoso y artificial, originado en la desintegración del radio: *el símbolo del radón es Rn.*

raer v. tr. Raspar una superficie con un instrumento duro, cortante o áspero, o con otra superficie que roza.
DER raedura, raído.

ráfaga n. f. **1** Golpe de viento violento, repentino y, generalmente, de poca duración. **SIN** racha. **2** Golpe de luz vivo e instantáneo: *aquel faro lanzaba ráfagas de luz a su alrededor.* **3** Conjunto de disparos ininterrumpidos lanzados por un arma automática: *los soldados disparaban ráfagas de ametralladora.*

rafting n. m. Deporte de aventura que consiste en descender varias personas en una embarcación sin motor por un río de aguas bravas.
OBS Se pronuncia aproximadamente «raftin».

raído, -da adj. [tela, vestido] Que está muy gastado o estropeado por el uso, pero que no ha llegado a romperse.

raigambre n. f. **1** Conjunto de antecedentes, intereses o hábitos que hace que una cosa sea estable o segura o que ligan a una persona a un lugar determinado: *el Carnaval es una fiesta de vieja raigambre en las islas Canarias.* **2** Conjunto de tradiciones o antecedentes de una persona o una cosa: *pertenece a una familia de raigambre liberal.* **3** Conjunto de raíces de un vegetal cruzadas entre sí en el terreno.

raíl n. m. **1** Cada una de las barras de hierro alargadas y paralelas entre sí que forman las vías del ferrocarril y sobre las que circulan

raer

INDICATIVO	SUBJUNTIVO
presente	**presente**
raigo o rayo	raiga o raya
raes	raigas o rayas
rae	raiga o raya
raemos	raigamos o rayamos
raéis	raigáis o rayáis
raen	raigan o rayan
pretérito imperfecto	**pretérito imperfecto**
raía	rayera o rayese
raías	rayeras o rayeses
raía	rayera o rayese
raíamos	rayéramos o rayésemos
raíais	rayerais o rayeseis
raían	rayeran o rayesen
pretérito perfecto simple	**futuro**
raí	rayere
raíste	rayeres
rayó	rayere
raímos	rayéremos
raísteis	rayereis
rayeron	rayeren
futuro	IMPERATIVO
raeré	rae (tú)
raerás	raiga o raya (usted)
raerá	raed (vosotros)
raeremos	raigan o rayan (ustedes)
raeréis	
raerán	FORMAS NO PERSONALES
condicional	**infinitivo** raer
raería	**gerundio** rayendo
raerías	**participio** raído
raería	
raeríamos	
raeríais	
raerían	

los trenes. SIN carril. **2** Guía sobre la que se desplaza una cosa: *la puerta del garaje se movía sobre raíles.*

DER monorraíl.

raíz n. f. **1** Parte de la planta, introducida en la tierra, que crece en sentido contrario al tallo y le sirve como sostén y para absorber de la tierra las sustancias minerales necesarias para su crecimiento y desarrollo. **2** Parte oculta de una cosa y de la cual procede lo que está manifiesto. **3** Origen, principio o causa de una cosa: *la envidia era la raíz de todos sus problemas.* SIN motivo. **4** ANAT. Parte de los dientes de los vertebrados que queda dentro de los alveolos y llega al hueso de la mandíbula. **5** Parte de la nariz situada entre las cejas. **6** GRAM. Parte de una palabra variable que se mantiene en todas las formas de la misma familia de palabras y aporta lo esencial del significado: *con la raíz «sill-» podemos formar las palabras «silla», «sillón», «sillería», «sillero» o «sillita».* SIN lexema, radical. **7** MAT. Cantidad que se multiplica por sí misma una o varias veces para conseguir un número determinado. raíz cuadrada Cantidad que se multiplica por sí misma una vez para conseguir un número determinado: *la raíz cuadrada de 144 es 12.* raíz cúbica Cantidad que se multiplica por sí misma dos veces para conseguir un número determinado: *la raíz cúbica de 125 es 5.*

▶ a raíz de A causa de o inmediatamente después de: *los ecologistas estaban preocupados a raíz de la aparición de un agujero en la capa de ozono.* de raíz Enteramente o del principio al fin de una cosa: *los problemas deben solucionarse de raíz.* echar raíces Establecerse o afirmarse de manera permanente en un lugar: *echó raíces en América y nunca más volvió a su país.* SIN arraigarse.

DER raicilla, raigambre, raigón; enraizar.

raja n. f. **1** Abertura larga y estrecha en una superficie, generalmente, hecha con un objeto cortante. **2** Trozo delgado y alargado que se corta de un alimento, especialmente, de una fruta: *la sandía se corta en rajas.*

rajar v. tr. **1** Producir una abertura larga y estrecha en una superficie, generalmente, con un objeto cortante: *cogió el cuchillo y rajó la piña.* **2** Producir una herida con una navaja, un cuchillo u otra arma blanca. ◆ v. intr. **3** Protestar y quejarse de manera continuada de una situación: *cuando se enteró de que no le subían el sueldo, se pasó el día rajando.* **4** Exponer y comentar de manera desfavorable los defectos de las personas o de sus acciones: *a la hora del café, se pusieron a rajar del jefe.* ◆ v. prnl. **5** rajarse Abandonar de manera imprevista y en el último momento lo que se iba hacer o no cumplir lo prometido: *dijo que vendría de acampada y al final se rajó.*

ralea n. f. *despectivo* Especie, clase o condición de una persona o una cosa: *es de la misma ralea que su compañero.*

ralentí n. m. Número de revoluciones por minuto que debe tener el motor de un automóvil u otro vehículo cuando no está acelerado.

▶ al ralentí Disminución de la intensidad, actividad o rendimiento: *es difícil que se canse porque trabaja al ralentí.*

OBS El plural es *ralentís.*

DER ralentizar.

ralentizar v. tr. Hacer lenta o disminuir la velocidad de una actividad o un proceso: *esta cámara de vídeo ralentiza las imágenes.* SIN retrasar. ANT acelerar.

OBS En su conjugación, la *z* se convierte en *c* delante de *e*.

rallador n. m. Instrumento de cocina formado por una chapa de metal con agujeritos de puntas salientes que sirve para desmenuzar ciertos alimentos.

rallar v. tr. Desmenuzar o deshacer un cuerpo en partes muy pequeñas, especialmente un alimento, raspándolo con el rallador.

DER rallador, ralladura.

rally n. m. Prueba deportiva de velocidad y resistencia para automóviles, motos o camiones que pasa por carreteras y caminos públicos a menudo difíciles.

ralo adj. [cabello, pelo] Que es poco espeso o poblado: *bigote ralo.*

rama n. f. **1** Parte que crece a partir del tallo o del tronco de ciertas plantas y en la que brotan las hojas, las flores y los frutos. **2** Conjunto de personas que tienen su origen en un tronco común: *las dos ramas de la familia se encontraron en la boda.* **3** Parte secundaria de una cosa que se deriva de otra principal: *pertenece a la rama de gestión de la empresa.* **4** Parte de una ciencia, un arte o una actividad. SIN especialidad.

▶ andarse (o irse) por las ramas Tratar los aspectos poco importantes o que tienen poca relación, apartándose del asunto principal: *cada vez que se lo pregunto, se va por las ramas y no me contesta.* en rama Estado natural en que se encuentran ciertos productos o materias antes de ser manufacturados: *compró canela en rama para el arroz con leche.*

DER ramaje, ramal; enramar.

ramadán n. m. Noveno mes del calendario musulmán; durante él, se guarda riguroso ayuno desde la salida hasta la puesta del Sol.

ramaje n. m. Conjunto de las ramas de una planta o de un árbol.

ramal n. m. **1** Parte que arranca de la línea principal de un camino, una cordillera, un río u otra cosa que se pueda bifurcar: *este ramal de la carretera atraviesa toda la ciudad.* **2** Cada uno de los hilos o cabos de que se componen las sogas o cuerdas. **3** Cuerda que se sujeta a la cabeza de un animal de caballería para tirar de él.

DER ramalazo.

ramalazo n. m. **1** Ráfaga de viento, de lluvia o de otro tipo de precipitación. **2** Tendencia acusada al afeminamiento.

rambla n. f. **1** Cauce natural que forman las aguas cuando llueve de forma torrencial. **2** Avenida o calle ancha y con árboles, generalmente, con la acera en el centro.

DER arramblar.

ramera n. f. Mujer que mantiene relaciones sexuales a cambio de dinero. NOTA Se usa como apelativo despectivo.

ramificación n. f. **1** Extensión y división de las ramas de una planta o de un árbol. **2** Parte de una cosa que se deriva de otra principal: *las grandes empresas de alimentación tienen ramificaciones por todo el país.* **3** ANAT. División de las arterias, venas o nervios. **4** Consecuencia de un hecho o acontecimiento.

ramificarse v. prnl. **1** Extenderse y dividirse en ramas: *el árbol se ramifica.* **2** Ampliarse o difundirse una cosa principal: *la empresa se ha ramificado y ahora fabrican productos muy diferentes.*

OBS En su conjugación, la *c* se convierte en *qu* delante de *e*.

DER ramificación.

ramillete n. m. **1** Ramo pequeño de flores o de plantas olorosas hecho de forma artificial. **2** Conjunto o grupo de personas o cosas bonitas, útiles o selectas escogidas con un fin determinado: *consiguió rodearse de un buen ramillete de intelectuales.* SIN selección.

ramo n. m. **1** Manojo natural o artificial de flores, ramas o hierbas que se arreglan para que formen un conjunto bonito y agradable. **2** Rama de segundo orden que nace de una principal. **3** Rama cortada de un árbol. **4** Cada una de las partes en que se divide una ciencia, una industria, un arte o una actividad: *el ramo de la construcción genera muchos puestos de trabajo.*

DER rama, ramera, ramificarse, ramillete, ramonear, ramoso.

ramoso, -sa adj. [planta, árbol] Que tiene muchas ramas o ramos.

rampa n. f. Plano o terreno inclinado dispuesto para subir o bajar por él.

DER rampante.

ramplonería n. f. **1** Falta de buen gusto. SIN vulgaridad. **2** Falta de interés de una cosa por aburrida, común o corriente. SIN vulgaridad.

rana n. f. **1** Animal anfibio de agua dulce; tiene las extremidades posteriores muy desarrolladas para saltar, el tronco rechoncho, la cabeza grande y los ojos saltones que se alimenta de insectos que caza con la lengua. **2** Juego que consiste en lanzar desde cierta distancia una chapa o moneda para que entre por la boca abierta de una figura de metal con la forma de este animal. **3** Prenda de vestir para bebés que es de una sola pieza, tiene forma de saco en la parte inferior y deja las piernas al descubierto.

▶ salir rana Defraudar o no resultar del modo que se esperaba: *este niño ha salido rana.*

ranchera n. f. **1** Composición musical, popular y alegre procedente de diversos países de Hispanoamérica. **2** Baile y canto de esta música. **3** Automóvil con gran espacio trasero que permite aumentar la capacidad de pasajeros o de carga.

ranchero, -ra n. m. y f. **1** Persona que dirige, administra, trabaja o vive en un rancho: *en el horizonte aparecieron dos rancheros a caballo.* ◆ adj. **2** Del rancho o relacionado con él.

DER ranchería.

rancho n. m. **1** Comida hecha para muchas personas que suele consistir en un solo guisado. **2** En América, granja en la que se crían vacas, caballos y otros animales cuadrúpedos.

DER ranchera, ranchero.

rancio, -cia adj. **1** [vino, alimento graso] Que con el tiempo toma un sabor y olor más fuertes mejorándose o echándose a perder: *vino rancio.* **2** [olor] Que es penetrante y desagradable, como el de un lugar húmedo o poco ventilado: *olor rancio a casa de huéspedes.*

3 Antiguo, de larga tradición o muy apegado a lo antiguo: *una familia de rancio abolengo.* SIN rancioso.
DER enranciar.

rango n. m. **1** Categoría social o profesional de una persona. **2** Clase, índole o categoría: *el Estado dicta normas de distinto rango.*

ranking n. m. Lista de cosas o personas en que los diferentes elementos se ordenan según un criterio determinado.

ranura n. f. Hendidura larga y estrecha que se abre en un cuerpo sólido con diversos fines: *descolgó el teléfono antes de introducir las monedas por la ranura.*

rap n. m. **1** Estilo de música de baile de origen negro e hispano nacido en Estados Unidos en la década de 1980; se caracteriza por su ritmo monótono y muy sincopado, sus largos textos cantados casi de manera monologada y sus letras radicales. **2** Canción de este estilo: *cantar un rap.* ◆ adj. **3** De este estilo musical o relacionado con él: *música rap.* SIN rapero.

rapapolvo n. m. Reprimenda severa que se hace a una persona por haber cometido un error o por su mal comportamiento: *le echó un buen rapapolvo por haber llegado tarde al trabajo.* SIN bronca.
OBS El plural es *rapapolvos.*

rapar v. tr. **1** Afeitar la barba. SIN rasurar. **2** Cortar el pelo al rape con una cuchilla o con otro instrumento. SIN pelar.
DER rapa, rape.

rapaz, -za n. m. **1** Muchacho de corta edad. SIN chico. ◆ adj./ n. f. **2** [ave] Que tiene el pico robusto y encorvado, las alas fuertes y las patas provistas de unas garras muy afiladas. ◆ n. f. pl. **3** rapaces ZOOL. Grupo formado por estas aves: *el águila, el halcón o la lechuza son aves pertenecientes a las rapaces.*

rape n. m. Pez marino de color pardo, de cuerpo pequeño, cabeza redonda y aplanada, ojos muy salientes, la boca muy grande con dientes y el primer radio de su aleta dorsal prolongado a modo de antena, con el que atrae a sus presas.
▶ al rape [pelo] Que es muy corto: *le cortaron el pelo al rape y de lejos parece calvo.*
OBS Para indicar el sexo se usa *el rape macho* y *el rape hembra.*

rapear v. intr. Cantar rap.

rapel o **rápel** n. m. DEP En alpinismo, técnica de descenso rápido en paredes verticales mediante el deslizamiento por una cuerda enlazada al cuerpo.
OBS El plural es *rapeles* o *rápeles.*

rapidez n. f. Velocidad con la que se realiza una actividad, movimiento o proceso, u ocurre un suceso. ANT lentitud.

rápido, -da adj. **1** Que se mueve, actúa, evoluciona o se hace con una gran velocidad o prontitud: *con un movimiento rápido me aparté de la carretera.* SIN raudo, veloz. ANT lento, pesado. **2** Que se hace de forma superficial o con prisas: *he hecho una lectura rápida del texto.* ◆ n. m. **3** Parte de un río o de otra corriente en la que el agua corre de forma violenta: *hicieron rafting por los rápidos.* **4** Tren de viajeros que solo se detiene en las estaciones principales de su recorrido. ◆ adv. **5** A gran velocidad: *habla tan rápido que a veces no se le entiende.*
DER rapidez.

rapiña n. f. Robo rápido y violento, aprovechándose de un descuido o de la falta de defensa. SIN pillaje.
▶ de rapiña [ave] Que caza otros animales para comer: *el águila y el halcón son aves de rapiña.*
DER rapiñar.

rapiñar v. tr. Robar una cosa usando la violencia.

rapsodia n. f. **1** Fragmento de un poema épico que puede ser recitado. **2** Obra literaria que está compuesta con fragmentos de otras. **3** Pieza musical formada con fragmentos de otras o con trozos de aires populares.

raptar v. tr. Llevarse y retener a una persona contra su voluntad con el fin de exigir dinero o el cumplimiento de determinadas condiciones. SIN secuestrar.

rapto n. m. **1** Retención de una persona contra su voluntad con el fin de conseguir un rescate. SIN secuestro. **2** Impulso súbito y violento provocado en una persona por una fuerte emoción o sentimiento: *un rapto de ira.* SIN arrebato.
DER raptar.

raqueta n. f. **1** Instrumento de madera o de metal que consta de un mango y de una parte ovalada con cuerdas cruzadas en su interior con las que se golpea una pelota: *sin raqueta no se puede jugar al tenis.* **2** Calzado parecido a este instrumento, con una base ancha y ovalada, que se sujeta al calzado para andar por la nieve. **3** Desvío en forma de medio círculo que hay en las carreteras para realizar un cambio de dirección o sentido.

raquídeo, -dea adj. Del raquis o que tiene relación con esta parte del organismo de los vertebrados.

raquis n. m. **1** ANAT. Conjunto de huesos pequeños y planos, articulados entre sí, que recorre la espalda de los animales vertebrados y cuya función es la de sujetar el esqueleto: *dentro del raquis se encuentra la médula espinal.* SIN columna vertebral. **2** Eje de una pluma de las aves. **3** Nervio principal de una hoja. **4** Eje de un racimo o de una espiga.

OBS El plural también es *raquis.*

DER raquídeo, raquitismo.

raquítico, -ca adj. **1** [persona, animal] Que está muy delgado o débil. SIN escuálido. **2** Que es muy pequeño o insuficiente: *esta ración de tortilla es raquítica.* SIN escaso. ANT abundante. ◆ adj./ n. m. y f. **3** Que padece raquitismo.

raquitismo n. m. Enfermedad propia de la infancia, producida por la falta de calcio y fósforo y por una mala alimentación, que se caracteriza por deformaciones de los huesos, que se doblan con facilidad, y debilidad del estado general: *la vitamina D es fundamental en el tratamiento del raquitismo.*

DER raquítico.

rareza n. f. **1** Cualidad de las cosas que son extrañas o poco comunes: *el cuadro valía una fortuna por su rareza.* **2** Objeto extraño o poco común. **3** Acción, dicho o carácter de una persona extravagante o difícil de tratar: *está acostumbrado a sus rarezas y no le hace el menor caso.* SIN manía.

raro, -ra adj. **1** Que es poco común o poco frecuente: *es muy raro que no haya llegado.* SIN extraño, insólito. **2** Que es extraordinario o que hay muy pocos en su clase. SIN escaso, excepcional. ANT corriente. ◆ adj./ n. m. y f. **3** [persona] De carácter o conducta extravagante o poco común: *es tan raro que ni siquiera sus propios amigos lo entienden.*

DER raramente, rarear, rareza; enrarecer.

ras n. m. Igualdad en la altura de la superficie de las cosas.

▶ a ras de Al mismo nivel que otra cosa, casi rozándola: *volaba a ras del suelo.* al ras Hasta un límite determinado o al mismo nivel en la superficie o la altura de una cosa: *cortaba el césped del jardín al ras.*

rasante adj. **1** Que pasa rozando el suelo u otra superficie: *vuelo rasante.* ◆ n. f. **2** Nivel de una calle o camino, considerado en su inclinación respecto del plano horizontal: *se construyeron cinco pisos sobre la rasante.*

rasca n. f. Frío: *¡hace una rasca esta noche!*

rascacielos n. m. Edificio de gran altura y de muchos pisos.

OBS El plural también es *rascacielos.*

rascar v. tr. **1** Hacer rayas en una superficie lisa con un objeto áspero o cortante, generalmente, para alisarla o levantar la capa que la cubre: *rascaron la pintura del coche con unas llaves.* SIN raspar, rayar. **2** Tocar mal un instrumento musical de cuerda. ◆ v. tr./ prnl. **3** Pasar por la piel con una cosa aguda o áspera, generalmente, las uñas: *se rascaba la espalda con un bolígrafo.* ◆ v. tr./ intr. **4** Producir una sensación desagrable en la piel un tejido o un objeto: *le rascaba la etiqueta del jersey porque era áspera.* SIN picar.

OBS En su conjugación, la *c* se convierte en *qu* delante de *e.*

DER rasca, rascador, rasqueta.

rasero n. m. Tabla o palo cilíndrico que se usa para quitar la parte que excede de una medida determinada, sobre todo, de grano.

▶ por el mismo rasero Sin hacer la menor diferencia, en especial, cuando se trata de juzgar a las personas: *todos han de recibir un trato igual y se han de medir sus virtudes por el mismo rasero.*

rasgado, -da adj. **1** Que está roto o desgarrado: *tela rasgada.* **2** [ojos, boca] Que tienen la comisura más alargada de lo normal y estrecho: *los ojos rasgados son característicos de algunas razas orientales.*

rasgar v. tr. Romper o hacer pedazos sin la ayuda de ningún instrumento cosas de muy poca consistencia y resistencia como el papel o la tela.

OBS En su conjugación, la *g* se convierte en *gu* delante de *e.*

DER rasgado, rasgadura, rasgón, rasguear, rasguñar.

rasgo n. m. **1** Línea trazada con un instrumento de escritura, especialmente, la que se hace para adornar las letras al escribir: *por los rasgos de la escritura, se puede conocer el carácter de las personas.* SIN trazo. **2** Forma o línea característica del rostro de una persona: *sus rasgos me resultan familiares.* NOTA Se suele usar en plural. **3** Carácter o particularidad en la manera de ser o de actuar de una persona:

se notan claramente los rasgos de su estilo. SIN peculiaridad.
▶ a grandes rasgos De manera general y sin entrar en detalles: *le contó la película a grandes rasgos.*

rasguño n. m. Herida superficial en la piel producida por un roce o por un objeto punzante: *el niño llegó a casa lleno de rasguños.*

raso, -sa adj. **1** Que es plano, liso y sin obstáculos: *aquella meseta es completamente rasa.* SIN llano. **2** [cielo] Que está despejado, sin nubes o niebla: *después de la tormenta, amaneció un día raso.* SIN claro. ANT nublado. **3** Que está completamente lleno, pero sin rebasar el borde: *ponga dos cucharadas rasas de azúcar.* **4** Que no tiene un título, una categoría o una característica que lo distinga: *no es sargento, sino un soldado raso.* **5** Que pasa rozando o se mueve a poca altura del suelo: *la avioneta inició un vuelo raso.* ANT alto. ◆ n. m. **6** Tela de seda muy brillante, ligera y suave: *el raso se usa en las prendas de ropa interior.*
▶ al raso Al aire libre o sin resguardo alguno: *dormir al raso.* SIN a la intemperie.
DER ras, rasar, rasear, rasilla.

raspa n. f. **1** Espina del pescado, en especial la central: *se comió las sardinas y dejó las raspas en el plato.* **2** Filamento áspero que sale de la cáscara de los cereales. **3** Tronco que queda al desgranar una mazorca de maíz o una espiga de trigo. **4** Persona brusca y desagradable con la que no es fácil tratar: *contestó, con cara de raspa, que no le apetecía salir.*
DER rasposo.

raspar v. tr. **1** Frotar una superficie con otra rugosa o áspera o con un objeto de borde agudo para quitarle alguna parte superficial. SIN rascar, rayar. ◆ v. tr./ intr. **2** Producir una cosa una sensación desagradable al rozar la piel por ser áspera o cortante: *algunos tejidos sintéticos raspan.* **3** Causar un licor, en especial el vino, una sensación de picor al beberlo. **4** Pasar rozando ligeramente un cuerpo con otro.
DER raspa, raspado, raspador, raspón.

rasposo, -sa adj. Que es áspero al tacto y raspa o puede raspar: *el papel de lija es rasposo.*

rasta n. f. Mechón de pelo que se carda y enreda para llevarlo como peinado o como adorno.

rastras Palabra que se utiliza en la locución *a rastras*, que significa: **a.** Arrastrándose, moviéndose hacia adelante con el cuerpo pegado al suelo: *para entrar por ese agujero deberéis ir a rastras.* **b.** Contra la voluntad de uno, obligado: *ni a rastras me haréis ir al dentista.*

rastrear v. tr. **1** Seguir o buscar a una persona o cosa siguiendo su rastro o señal: *los perros rastrearán la presa.* **2** MAR. Llevar arrastrando por el fondo del agua un instrumento de pesca u otra cosa: *los detuvieron por rastrear ilegalmente.* ◆ v. intr. **3** Ir por el aire casi tocando el suelo.
DER rastreador, rastreo.

rastreo n. m. Búsqueda de una persona o cosa siguiendo su rastro o señal: *continúan las labores de rastreo en busca de las tres personas desaparecidas.*

rastrero, -ra adj. **1** Que es despreciable, innoble y malo: *procedimientos rastreros.* SIN ruin, vil. ANT noble. **2** Que vuela o se desplaza por el aire casi tocando el suelo. **3** BOT. [tallo] Que crece a ras del suelo y va echando raíces.

rastrillo n. m. **1** Instrumento que sirve para recoger hierba, paja o plantas secas, formado por un mango largo y delgado que termina en una pieza perpendicular con muchas púas. SIN rastro. **2** Tabla con muchos dientes gruesos de metal sobre la que se pasa el lino o el cáñamo para separar la estopa de la fibra: *antes de empezar a hilar, tenemos que pasar el rastrillo.*
DER rastrillar.

rastro n. m. **1** Señal o huella que queda al pisar o al pasar una persona o una cosa por un lugar: *al llegar al río, los perros perdieron el rastro de los fugitivos.* SIN indicio, pista. **2** Mercado callejero al aire libre preparado para vender objetos, generalmente usados, ciertos días de la semana. **3** Instrumento que sirve para para recoger hierba, paja o plantas secas, formado por un mango largo y delgado que termina en una pieza perpendicular con muchas púas. SIN rastrillo.
DER rastrear, rastrero.

rastrojo n. m. **1** Resto de las cañas de la mies que queda en la tierra después de haber segado. **2** Campo o terreno después de segar la mies y antes de recibir una nueva cosecha.

rasurar v. tr. Cortar el pelo del cuerpo al nivel de la piel con una cuchilla u otro instrumento, especialmente, la barba o el bigote. SIN afeitar, rapar.

rata n. f. **1** Mamífero roedor más grande que

el ratón, de pelo marrón o gris, con cola larga, patas cortas, cabeza pequeña, hocico puntiagudo y orejas tiesas. **2** Persona despreciable: *un tipo que es capaz de quitar dinero a unos huérfanos es una rata.* ◆ n. com. **3** Persona muy tacaña: *anda, no seas rata e invítanos a unas tapas.* SIN avaro.

▶ más pobre que una rata (o más pobre que las ratas) Muy pobre.

OBS Para indicar el sexo se usa *la rata macho* y *la rata hembra.*

DER ratear, ratero, raticida, ratón; desratizar.

raticida n. m. Sustancia venenosa que se usa para matar ratas y ratones. SIN matarratas.

ratificar v. tr. Confirmar una creencia u opinión expresada anteriormente: *el acusado ratificó la declaración.* SIN confirmar, corroborar.

ratio n. amb. **1** Relación cuantificada entre dos magnitudes que refleja su proporción: *la ratio profesor/alumno.* **2** ECON Relación cuantitativa entre dos fenómenos que refleja una situación concreta de rentabilidad, de nivel de inversiones, etc.: *los ratios son indicadores que permiten comparaciones interempresariales.*

rato n. m. **1** Espacio de tiempo, especialmente, cuando es corto: *hace un rato que lo espero.* NOTA Se usa con frecuencia con *buen* y *mal* para indicar el placer o disgusto que se tiene durante ese espacio de tiempo: *pasamos muy buenos ratos juntos.* **2** Distancia o espacio físico: *de Valencia a Barcelona hay un buen rato.*

▶ a ratos En unos momentos sí y en otros no: *a ratos le volvía el dolor de cabeza.* para rato Por mucho tiempo, generalmente, hablando del futuro: *tranquilízate, que hay para rato hasta que te toque el turno.* pasar el rato Pasar el tiempo con algún entretenimiento, distracción o diversión: *va a clases de baile solamente por pasar el rato.*

ratón n. m. **1** Mamífero roedor de pequeño tamaño, de pelo blanco o gris, con cola larga, patas cortas, cabeza pequeña y orejas tiesas, que se reproduce con gran rapidez. **2** INFORM. Mando, generalmente separado del teclado, que sirve para dar instrucciones y cuyo movimiento se ve reflejado por una flecha en la pantalla.

DER ratonera, ratonero.

ratonera n. f. **1** Madriguera de los ratones. **2** Trampa que sirve para atrapar ratones: *colocó un pedazo de queso dentro de la ratonera.* **3** Trampa, situación o lugar peligroso del que es difícil escapar o lugar que cuenta con un ambiente manifiestamente hostil: *en la guerra, esa zona se convirtió en una ratonera.* **4** Vivienda o habitación muy pequeña y miserable: *es difícil de imaginar que vivan todos en esa ratonera.*

raudal n. m. **1** Masa abundante de agua u otro líquido que corre con fuerza y rapidez: *cuando el dique se rompió, se escapó un raudal de agua.* **2** Cantidad grande de cosas que aparecen o salen de repente de un sitio: *ganó un raudal de dinero en la bolsa.*

▶ a raudales En gran cantidad: *llover a raudales.*

raudo, -da adj. Que es muy rápido, violento o que se mueve con gran velocidad.

DER raudal.

ravioli n. m. Pasta italiana en forma de pequeño cuadrado compuesto por dos finas láminas de masa adheridas por los bordes y rellena de carne, verdura o queso fresco: *raviolis con salsa de queso.*

OBS El plural es *raviolis.*

raya n. f. **1** Línea larga y delgada que se hace de forma natural o artificial en un cuerpo o superficie cualquiera: *hizo en el papel una raya con el lápiz.* SIN señal. **2** Línea que resulta al separar el pelo con un peine hacia los lados: *el peluquero le ha hecho la raya a un lado.* **3** Doblez vertical que se hace al planchar los pantalones u otras prendas de vestir: *hay que tener mucho cuidado para que la raya de los pantalones quede recta.* **4** Signo de ortografía que consiste en un guion largo y que se usa para indicar el comienzo de un diálogo escrito o para separar una nota dentro de un discurso. **5** Límite que se pone a un hecho, acción o situación: *parecía un negocio sucio, pero nunca pasó la raya de la ley.* **6** Línea imaginaria que marca la división entre territorios. **7** En el lenguaje de la droga, dosis de cocaína o de otra droga en polvo que se inhala por la nariz. **8** Pez marino de color gris, cuerpo aplastado, cola larga y delgada y aletas pectorales muy grandes, que forman los lados del cuerpo.

▶ a raya Dentro de los límites tolerados: *su padre es la única persona que pone al niño a raya.* pasarse de la raya Superar o exceder el límite de lo tolerable: *como vuelvas a pasarte de la raya, vas a tener problemas conmigo.*

DER rayano, rayar, rayón, rayuela.

rayado, -da adj. **1** Que tiene rayas: *papel*

rayado. ◆ n. m. **2** Conjunto de rayas de una superficie.

rayano, -na adj. Que está junto al límite o muy cerca de una cosa o situación: *tiene unos pensamientos rayanos con la locura.*

rayar v. tr. **1** Hacer o trazar rayas o líneas: *se puso a rayar un papel con la pluma.* **2** Hacer rayas en una superficie lisa, generalmente, levantando con un objeto agudo la capa que la cubre: *el niño está rayando la pared con un juguete.* **SIN** arañar, rascar. **3** Tachar un escrito con rayas: *rayó las opciones que le parecieron correctas.* ◆ v. intr. **4** Estar junto al límite o muy cerca de una cosa o situación: *su comportamiento rayaba la irresponsabilidad.* **5** Comenzar a aparecer: *rayaba la mañana cuando partieron de viaje.*

OBS Se suele usar con los sustantivos *alba, día, luz* o *sol.*

DER rayado; subrayar.

rayo n. m. **1** Línea de luz que procede de un cuerpo luminoso, especialmente del Sol o de la Luna. **rayos ultravioleta** o **rayos uva** Rayos que desprende el Sol o una lámpara adecuada y hacen que la piel humana se oscurezca: *está tan morena porque le dan rayos uva en el salón de belleza.* **rayos X** Radiaciones electromagnéticas que atraviesan ciertos cuerpos, originan impresiones fotográficas y se usan en medicina como medio de investigación y de tratamiento: *la doctora le ordenó que pasara por rayos X para que le hicieran una radiografía.* **2** Chispa eléctrica muy intensa y luminosa producida por una descarga entre dos nubes o entre una nube y la tierra: *un rayo cayó sobre un árbol y lo partió.* **3** Persona o cosa que realiza una actividad o produce un efecto de forma muy rápida y con gran eficacia: *este mecánico es un rayo.* **4** Persona muy lista: *es un rayo para los negocios, confía en su consejo.*

▸ **echar rayos** Mostrar gran enfado con acciones o palabras: *el jefe estaba tan enfadado que echaba rayos contra todos.* **rayo de luz** Idea rápida y repentina y que soluciona o aclara una duda o ignorancia: *los conocimientos del experto arrojaron un rayo de luz en aquel oscuro asunto.* **saber (u oler) a rayos** Tener muy mal sabor u olor.

rayón n. m. Fibra artificial que se obtiene de la celulosa e imita a la seda: *una blusa de rayón.*

rayuela n. f. Juego de niños que consiste en ir pasando una piedra lisa sobre varios cuadros dibujados en el suelo, empujándola con un pie y llevando el otro en el aire, procurando no pisar las rayas y que la piedra no se pare sobre ellas. **SIN** tejo.

raza n. f. **1** Cada uno de los cuatro grandes grupos étnicos en que se divide la especie humana teniendo en cuenta ciertas características distintivas, como el color de la piel, el cabello o el aspecto físico, que se transmiten por herencia de generación en generación: *las cuatro razas existentes son blanca (caucásica), negra (negroide), amarilla (mongoloide) y cobriza.* **2** Categoría de clasificación inferior a la especie, formada por los animales con caracteres de diferenciación muy secundarios que se transmiten por herencia de generación en generación: *existen numerosas razas de perros, como el pastor alemán, el mastín, el caniche o el san bernardo.*

DER racial, racismo.

razón n. f. **1** Facultad del pensamiento que permite formar ideas, juicios y representaciones de la realidad en la mente, ya que las relaciona entre sí. **SIN** entendimiento, intelecto, inteligencia. **2** Causa que provoca un resultado posterior: *no sé cuál es la razón que lo impulsa a comportarse de ese modo en público.* **SIN** motivo. **3** Verdad o acierto en lo que una persona dice o hace: *tienes razón, no me había dado cuenta.* **4** Demostración o explicación con que se intenta probar o justificar una cosa: *todavía no me has dado ninguna razón para que te haga caso.* **5** Conjunto de palabras con que se expresa una idea. **NOTA** Se suele usar en plural. **6** Información, recado o aviso: *me mandó razón de que fuera a visitarlo a su casa.* **7** MAT. Cociente de dos números o de dos cantidades comparables entre sí: *la razón de dividir seis entre dos es tres.*

▸ **a razón de** Expresión que indica la cantidad que corresponde a cada parte en un reparto: *salimos a razón de 1000 pesetas por persona.* **atender a razones** Quedar convencido o considerar los razonamientos de otro: *cuando se enfada este chico, no atiende a razones.* **dar la razón** Reconocer o aceptar lo que piensa o dice otra persona. **entrar en razón** Darse cuenta, admitir una persona lo que es razonable y lo que no lo es: *nos costó mucho que entrara en razón y nos ayudara.* **razón de Estado** Norma de actuación política basada en el interés del Estado como máxima institución pública: *el Gobierno alegó razones de Estado cuando tomó* *medidas en contra de los intereses de los ciudadanos.* perder la razón Volverse loco.

DER razonar; sinrazón.

razonable adj. **1** Que está de acuerdo con la razón, la lógica o la justicia: *es muy razonable que te tomes unas vacaciones al año.* SIN justo, lógico. **2** Que es bastante o suficiente en calidad o en cantidad: *podríamos vender la finca por un precio razonable.*

razonamiento n. m. **1** Acto de pensar o relacionar ideas, pensamientos o razones como medio de conocimiento. **2** Conjunto de ideas o conceptos destinadas a demostrar o probar una cosa: *su razonamiento fue claro y conciso.*

razonar v. intr. **1** Usar la capacidad de pensar y unir de manera lógica una serie de ideas o razones: *razona un poco antes de elegir.* SIN pensar. **2** Dar una serie de ideas o razones para demostrar lo que se dice: *intenta razonar más ese punto y no lo des por hecho.*

DER razonable, razonamiento.

re n. m. Segunda nota de la escala musical.

OBS El plural también es *re.*

re- Prefijo que significa: *a)* 'Repetición': *reelegir, reorganizar. b)* 'Intensificación': *recargar. c)* 'Oposición o resistencia': *repugnar, rechazar. d)* 'Retroceso, vuelta al punto de partida': *rebobinar. e)* 'Negación o inversión del significado del elemento al que se une': *reprobar.*

OBS Unido a adjetivos refuerza el valor de intensificación adoptando la forma *requete-*: *requetebueno.*

reabrir v. tr. Volver a abrir algo que estaba interrumpido o cerrado. SIN reanudar.

reacción n. f. **1** Acción provocada por otra y de efectos contrarios a ella. reacción en cadena Conjunto de acontecimientos, provocados cada uno de ellos por el anterior: *la caída de la bolsa causó una reacción en cadena en la economía mundial.* **2** Comportamiento provocado por una situación, una persona u otra cosa: *la reacción del caballo fue salir huyendo.* **3** Cambio de un estado físico, anormal o no, provocado por una enfermedad, un medicamento o un estímulo: *la aspirina hace reacción a los pocos minutos.* **4** QUÍM. Proceso en el que unas sustancias químicas se transforman en otras nuevas a través de la redisposición de los átomos que las forman: *en la reacción de la sosa con el agua se produce calor.* **5** Sistema de propulsión en el que el movimiento de un vehículo se origina al despedir una corriente de gases, producidos a gran presión por el motor, en dirección contraria a la marcha: *los aviones del ejército llevan motores de reacción.*

DER reaccionar, reaccionario, reactor.

reaccionar v. intr. **1** Responder o actuar de una manera determinada como respuesta a un estímulo: *todo sucedió tan rápido que no le dio tiempo a reaccionar.* **2** Mejorar una persona en su salud o en sus funciones vitales, o volver una cosa a su actividad normal: *la economía empezó a reacionar.* **3** Actuar dos sustancias entre sí, mediante la acción de un reactivo, para producir otra nueva.

reaccionario, -ria adj. [persona, ideología] Que defiende la tradición y se opone a las reformas y al progreso. SIN conservador, moderado. ANT innovador, progresista.

reacio, -cia adj. Que se opone a hacer una cosa o no está decidido a hacerla: *siempre ha sido reacio a hablar de su intimidad.* ANT dispuesto.

reactivar v. tr. **1** Volver a activar o a hacer funcionar una cosa. **2** Dar más actividad a una cosa: *pretenden reactivar la economía con estas medidas económicas.*

DER reactivación.

reactivo, -va adj./ n. m. **1** Que produce reacción. ◆ n. m. **2** QUÍM. Sustancia empleada para medir o reconocer la presencia de otra sustancia.

DER reactivar.

reactor n. m. **1** Motor que origina un movimiento mediante la expulsión de una corriente de gases producidos por él mismo: *los reactores del avión hacían mucho ruido.* **2** Avión que usa este tipo de motor. **3** FÍS. Dispositivo destinado a provocar y controlar la producción de energía nuclear.

DER birreactor, turborreactor.

readmitir v. tr. Volver a admitir o a recibir: *el socio expulsado fue readmitido la semana pasada en el club.*

DER readmisión.

reafirmar v. tr. Volver a afirmar o a asegurar lo dicho o expuesto anteriormente. SIN confirmar.

reagrupar v. tr. Agrupar de nuevo un grupo de personas o cosas: *reagrupó a su equipo y se adelantó a la expedición.*

reajustar v. tr. **1** Volver a ajustar o a fijar una cosa: *reajustaron los horarios de clases.* **2** Aumentar o disminuir los precios, los salarios o los impuestos en función de las circunstancias o necesidades del momento: *el Gobierno ha declarado que va a reajustar las pensiones para el próximo año.*

reajuste n. m. Cambio o adecuación que se realiza según las circunstancias o necesidades del momento: *el Gobierno ha realizado un reajuste ministerial.*

real adj. **1** Que tiene existencia verdadera y efectiva: *el argumento de la novela estaba basado en un hecho real.* SIN concreto. ANT irreal. **2** Del rey, de la reina o de la realeza, o que tiene relación con ellos. SIN regio. ◆ n. m. **3** Moneda española antigua que equivalía a 25 céntimos de peseta. **4** Campo abierto donde se celebra una feria: *paseó con su traje de flamenca por el real.*

DER realengo, realeza, realmente.

realce n. m. **1** Engrandecimiento, importancia o esplendor de una persona o cosa: *el prestigio de los socios daba realce a la institución.* **2** Adorno o labor que sobresale en la superficie de una cosa: *aprendió a bordar de realce.*

realengo, -ga adj. [tierra, población] Que dependía directamente del rey o la reina, y no pertenecía a la nobleza ni a la Iglesia.

realeza n. f. **1** Dignidad o soberanía real: *el poder de la realeza era incuestionable.* **2** Conjunto de familias reales: *en el aniversario se dio cita toda la realeza.*

realidad n. f. **1** Existencia verdadera y efectiva de una cosa: *no hay que huir de la realidad, sino afrontarla.* ANT ficción. **2** Conjunto formado por todo lo existente en el mundo real: *el hombre percibe la realidad a través de los sentidos.* **3** Verdad o aquello que ocurre verdaderamente por contraposición a lo que podría imaginarse: *la realidad es que no podía comprarse el coche.*

▶ en realidad Verdaderamente o sin ninguna duda.

realismo n. m. **1** Forma de ver los hechos o las cosas tal como son en realidad. **2** Tendencia artística y literaria que consiste en representar fielmente la realidad y crear cierta tensión emocional sin llevar a cabo ninguna idealización: *es un cuadro que tiene un gran realismo: parece una fotografía.* **3** FILOS. Doctrina que considera que existe una realidad exterior objetiva que puede ser comprendida por la mente humana.

DER realista.

realista adj. **1** Del realismo o que tiene relación con esta tendencia artística y literaria. **2** Que actúa de manera práctica y ajustada a la realidad: *sé realista y reconoce tus propias limitaciones.*

realización n. f. **1** Ejecución de una obra o de una acción. **2** Dirección de la ejecución de una película, vídeo o programa de televisión. **3** Desarrollo completo de las aspiraciones, las posibilidades o los deseos de una persona y la satisfacción consiguiente de haberlo conseguido: *se siente feliz porque ha logrado la realización de sus sueños.*

realizador, -ra n. m. y f. Persona que se dedica a realizar películas, vídeos o programas de televisión.

realizar v. tr. **1** Ejecutar una acción o llevar a cabo una cosa: *realizó una importante labor cuando trabajó como concejal de deportes.* SIN efectuar. **2** Dirigir la ejecución de una película, de un vídeo o de un programa de televisión: *John Ford realizó muchas películas del Oeste.* ◆ v. tr./ prnl. **3** Convertir en realidad un proyecto, una aspiración o un deseo: *afortunadamente, todos mis planes se han realizado.* ◆ v. prnl. **4** realizarse Llegar una persona a cumplir o desarrollar por completo sus aspiraciones, deseos o posibilidades y sentirse satisfecha por ello: *son muchas las personas que se realizan en su trabajo.*

OBS En su conjugación, la *z* se convierte en *c* delante de *e*.

DER realización, realizador; irrealizable.

realquilado, -da adj./ n. m. y f. **1** [persona] Que vive de alquiler en una vivienda que ya está alquilada por otra persona. **2** [persona] Que vive de alquiler en una habitación de una vivienda en la que residen otras personas.

DER realquilar.

realquilar v. tr. Alquilar una cosa que, a su vez, se tiene ya en alquiler, especialmente, un terreno, un local comercial o una vivienda. SIN subarrendar.

realzar v. tr. **1** Destacar o poner de relieve la importancia o las cualidades de una persona o cosa: *se puso un vestido blanco para realzar su piel morena.* SIN acentuar, resaltar. **2** Dar luz a un objeto o a una parte de una composición pictórica: *en los cuadros de Zurbarán se realza el color blanco.*

OBS En su conjugación, la *z* se convierte en *c* delante de *e*.

reanimar v. tr. **1** Devolver las fuerzas o la energía física a una persona que está decaída:

los medicamentos lograron reanimarlo. **2** Hacer que una persona recupere el conocimiento y vuelva a tener una actividad cardíaca y respiratoria normal: *intentaron reanimar a la señora tras el desmayo.* **3** Dar ánimo o valor a una persona que está desanimada o abatida: *el premio la reanimó.* ◆ v. prnl. **4** reanimarse Recobrar [una persona que está decaída] las fuerzas o la energía física: *reanímese, todo saldrá bien.*

reanudar v. tr. Continuar o seguir haciendo algo que se había interrumpido: *las clases se reanudarán después de las vacaciones; reanudó el viaje tras un breve descanso.* SIN proseguir, reemprender.
DER reanudación.

reaparecer v. intr. Volver a aparecer o a mostrarse una persona o una cosa que había desaparecido o se había retirado.
OBS En su conjugación, la *c* se convierte en *zc* delante de *a* y *o*, como en *agradecer*.
DER reaparición.

reapertura n. f. Apertura de un establecimiento que había permanecido cerrado durante un tiempo o inicio de un proceso que había interrumpido su actividad.

reavivar v. tr. Volver a avivar una cosa o darle más fuerza e intensidad: *reavivaron el fuego con más leña.*

rebaja n. f. **1** Disminución o reducción, especialmente, del precio de alguna cosa: *le hicieron una rebaja del diez por ciento.* SIN descuento. ◆ n. f. pl. **2** rebajas Venta de productos a precios reducidos durante un período de tiempo en un establecimiento comercial: *en las rebajas se encuentra ropa muy barata.* **3** Período de tiempo en el que dura este tipo de venta: *el mes de julio suele ser época de rebajas.*

rebajar v. tr. **1** Disminuir una cantidad o el precio de un producto o de un servicio: *han rebajado todo sus artículos.* SIN descontar. ANT aumentar. **2** Hacer más bajo el nivel o la altura de una cosa: *han rebajado los terrenos antes de hacer los cimientos.* **3** Disminuir la intensidad, la fuerza o el brillo de una cosa: *el pintor rebajó el color disolviéndolo con agua.* SIN suavizar. **4** Añadir agua u otro líquido para disminuir el sabor, el color o el grado de una bebida: *rebajaré el vino mezclándolo con un poco de gaseosa.* SIN aguar. ◆ v. tr./ prnl. **5** Humillar a una persona: *mi orgullo me impide rebajarme ante él.* SIN despreciar. **6** Quedar dispensado del servicio militar.
DER rebaja, rebajo.

rebanada n. f. Trozo delgado y alargado que se corta de una pieza de pan: *se unta mantequilla en la rebanada de pan tostado.*

rebanar v. tr. **1** Hacer rebanadas. **2** Cortar una cosa de una parte a otra y de una sola vez: *la sierra casi le rebana el dedo.*

rebañar v. tr. **1** Apurar los restos de comida de un plato u otro recipiente, generalmente, con la ayuda de pan. **2** Recoger o apoderarse de una cosa sin dejar nada: *el albañil rebañó el cemento que había caído al suelo.*

rebaño n. m. **1** Conjunto grande de cabezas de ganado, especialmente, de ovejas. **2** Grupo de fieles que forma la base de la Iglesia. **3** Grupo de personas sin ideas propias, que se dejan llevar en sus opiniones, gustos o actos.
DER rebañar.

rebasar v. tr. **1** Pasar o superar cierto límite, marca o señal: *el saltador rebasó los ocho metros.* SIN exceder. **2** Adelantar o dejar atrás a una persona o una cosa en una carrera, marcha o camino: *en el tramo final, el nadador rebasó a su contrincante.*

rebatir v. tr. Rechazar con razones y argumentos las decisiones u opiniones de otro: *rebatió sus argumentos con viveza y habilidad.* SIN refutar.
DER rebato; irrebatible.

rebeca n. f. Prenda de vestir femenina hecha de punto de lana o de algodón, que no tiene cuello, se abotona por delante y cubre la parte superior del cuerpo.

rebeco n. m. Animal mamífero rumiante con pelo pardo, cola corta, patas fuertes y cuernos lisos y rectos que se curvan en sus extremos. SIN gamuza.

rebelarse v. prnl. **1** Negarse una persona a obedecer a otra que tiene cierta autoridad o que la ejerce por la fuerza: *el hombre siempre se ha rebelado contra sus opresores.* **2** Oponer total resistencia a una persona o a una cosa: *su sentido de la justicia le hacía rebelarse contra el racismo y la intolerancia.*
OBS Se construye con la preposición *contra*.

rebelde adj./ n. com. **1** Que se rebela o se subleva contra un poder superior: *los rebeldes se refugiaron en las montañas huyendo del ejército.* ◆ adj. **2** [persona, animal] Que es difícil de educar, dirigir o controlar porque no hace caso de lo que se le manda. ANT dócil, sumiso. **3** Que es difícil de manejar, de trabajar o de curar: *las pastillas acabaron con esa tos rebelde.*
DER rebelarse, rebeldía, rebelión.

a b c d e f g h i j k l m n ñ o p q r s t u v w x y z

rebeldía n. f. **1** Actuación o alzamiento contra un poder superior: *su rebeldía fue castigada con el destierro.* **2** Resistencia a ser dirigido o educado: *la rebeldía de la clase tenía preocupada a la profesora.* ANT obediencia. **3** Estado procesal del que no acude a la llamada del juez o no cumple las indicaciones de este.

rebelión n. f. Levantamiento contra una autoridad o un Gobierno, en especial, cuando se realiza con el fin de derrocarlo y sustituirlo por otro: *la rebelión fue sofocada por el ejército.* SIN sublevación. ANT sumisión.

reblandecer v. tr. Poner blanda una cosa: *puso los garbanzos de la cena en agua para que se reblandeciesen.* SIN ablandar. ANT endurecer.
OBS En su conjugación, la *c* se convierte en *zc* delante de *a* y *o*, como en *agradecer.*
DER reblandecimiento.

reborde n. m. Saliente doblado o curvado que se hace a lo largo del borde de un objeto o de una superficie.

rebosante adj. [persona] Que tiene en abundancia aquello que se expresa: *rebosante de felicidad, de entusiasmo, de salud.* SIN pletórico.

rebosar v. intr. **1** Salirse un líquido por los bordes del recipiente o depósito que lo contiene: *llenó tanto la copa, que el vino rebosó.* **2** Mostrar o dar a entender con energía un sentimiento o estado de ánimo: *cuando recuperó la visión después de haber sido operado, rebosaba de alegría.* ◆ v. tr./ intr. **3** Abundar o ser numeroso en exceso: *el estadio estaba a rebosar de gente.*
DER rebosadero, rebosante.

rebotar v. intr. **1** Cambiar de dirección un cuerpo en movimiento tras haber chocado contra un obstáculo: *la pelota rebotó en el bordillo y fue a parar al centro de la calle.* **2** Llegar una persona a un puesto de trabajo o profesión después de haber fracasado en otros. ◆ v. tr. **3** Rechazar, generalmente una superficie, un cuerpo que ha chocado contra ella: *la pared rebotó el balón.* ◆ v. tr./ prnl. **4** Molestar o hacer enfadar a una persona: *cuando le dijeron que no podía ir con ellos, se rebotó.*
DER rebotado, rebote.

rebote n. m. **1** Bote que da un cuerpo tras chocar contra un obstáculo: *el rebote del balón en el brazo del jugador acabó en penalti.* **2** En baloncesto, jugada que se produce cuando el balón golpea en el tablero o en la canasta, pero no entra en el aro y cae de nuevo al terreno de juego. **3** Enfado o disgusto de una persona: *le he dicho que no me voy de paseo con él y se ha cogido un buen rebote.*
▶ **de rebote** Por casualidad o indirectamente: *la crisis económica afecta a casi todo el mundo de rebote.*
DER reboteador, rebotear.

reboteador, -ra n. m. y f. Jugador de baloncesto que recoge rebotes.

rebozar v. tr. **1** Recubrir con harina y huevo u otros ingredientes un alimento antes de freírlo, de manera que, una vez frito, queda envuelto en una costra más o menos crujiente: *calamares rebozados.* **2** Manchar o cubrir a una persona o una cosa con cualquier sustancia: *echó una pintura que rebozó la pared.*
OBS En su conjugación, la *z* se convierte en *c* delante de *e.*
DER rebozo.

rebrotar v. intr. Volver a salir de una planta tallos, hojas o flores.
DER rebrote.

rebrote n. m. **1** Tallo nuevo que nace después de cortada una planta. **2** Reaparición de un peligro o de algo que se considera perjudicial: *ha habido nuevos rebrotes de cólera.*

rebullir v. intr./ prnl. **1** Empezar a moverse lo que estaba quieto: *el gato se rebullía en el sillón al escuchar unos pasos.* **2** Moverse una cosa más de lo normal: *la sangre le rebullía en las venas.*
OBS En su conjugación, la *i* de la desinencia se pierde absorbida por la *ll* en algunos tiempos y personas, como en *mullir.*

rebuscado, -da adj. Que es demasiado complicado o raro: *lenguaje rebuscado; idea rebuscada.*

rebuscar v. tr. **1** Buscar repetidamente y con mucho cuidado: *rebuscaba en el libro la cita que había oído.* **2** Recoger el fruto que queda en los campos después de la cosecha.
OBS En su conjugación, la *c* se convierte en *qu* delante de *e.*
DER rebuscado, rebuscamiento.

rebuznar v. intr. Emitir rebuznos el asno y otros animales semejantes: *el asno corría rebuznando.*
DER rebuzno.

rebuzno n. m. Voz característica del asno y otros animales semejantes.

recabar v. tr. **1** Alcanzar o conseguir lo que se desea insistiendo mucho o suplicando: *se preocupó de recabar toda la información posible* *antes de salir de viaje.* SIN lograr, obtener. **2** Solicitar o pedir una cosa por considerar que se tiene derecho a ella.

recadero, -ra n. m. y f. Persona que tiene por oficio llevar recados o mensajes de un punto a otro.

recado n. m. **1** Mensaje o respuesta que se envía o se recibe de palabra: *me vio por la tarde y me dio tu recado, por eso he venido.* SIN aviso. **2** Compra, gestión, visita u otro quehacer que requiere que una persona salga a la calle: *voy a salir porque tengo que hacer unos recados.* SIN encargo, mandado. NOTA Se suele usar con el verbo *hacer.*

DER recadero.

recaer v. intr. **1** Volver a caer enfermo de una misma enfermedad o empeorar una persona que se estaba recuperando o que había recobrado la salud: *parecía que estaba curado, pero ha recaído.* **2** Volver a caer en los mismos errores o vicios, o en un comportamiento poco adecuado. SIN reincidir. **3** Ir a parar o corresponder a una persona cierta cosa: *todas las responsabilidades recaen en el jefe de personal.* NOTA Se construye con las preposiciones *en* y *sobre.*

OBS Se conjuga como *caer.*

DER recaída.

recalar v. tr. **1** Penetrar poco a poco un líquido en un cuerpo seco, dejándolo húmedo o mojado: *la fuga de agua ha recalado la pared.* SIN calar, empapar. ◆ v. intr. **2** MAR. Llegar una embarcación a un puerto o a un punto de la costa, como fin de su viaje o para continuar la navegación después de un reconocimiento. **3** Aparecer por algún sitio una persona: *todo el grupo de amigos recaló en la fiesta.* **4** Llegar el viento o el mar a un punto determinado: *el viento recaló en la boca de la cueva.*

recalcar v. tr. Dar énfasis a determinadas palabras o a una afirmación, insistiendo sobre ellas para que no pasen inadvertidas y sean realmente comprendidas: *este artículo recalca la necesidad de alimentarse bien.*

OBS En su conjugación, la *c* se convierte en *qu* delante de *e.*

recalentamiento n. m. **1** Acción de recalentar o recalentarse. **2** Efecto de recalentar o recalentarse. **3** Recuperación del calor que se escapa de una caldera o un sistema de vapor.

recalentar v. tr. **1** Volver a calentar o calentar en exceso una cosa: *recalentar el café.* ◆ v. prnl. **2** **recalentarse** Estropearse o echarse a perder ciertos frutos por el excesivo calor: *este año las aceitunas se han recalentado.*

OBS En su conjugación, la *e* se convierte en *ie* en sílaba acentuada, como en *acertar.*

DER recalentamiento.

recámara n. f. **1** Parte del cañón de un arma de fuego, opuesta a la boca, en que se coloca la carga. **2** Cuarto o habitación pequeño adyacente a otra, que está destinada a guardar ropa o a otro servicio auxiliar.

recambio n. m. **1** Pieza que es igual a otra y que, en caso de necesidad, puede ser sustituida en un mecanismo o en una máquina. SIN repuesto. **2** Sustitución de una pieza por otra igual: *es obligatorio para todos los coches llevar una rueda de recambio.*

recapacitar v. tr. Pensar o reflexionar sobre un asunto con detenimiento y atención: *creo que debes recapacitar antes de tomar una decisión.* SIN meditar.

recapitular v. tr. Recordar o exponer de forma resumida y ordenada todo lo que se ha escrito o se ha explicado anteriormente de forma más extensa: *cerró los ojos y recapituló lo que se había hablado en la reunión.*

DER recapitulación.

recargable adj. [dispositivo] Que puede ser recargado: *encendedor recargable.*

recargado, -da adj. Demasiado adornado o con exceso de elementos de decoración.

recargar v. tr. **1** Volver a cargar o a poner un material en el interior de una cosa: *llevó el encendedor a recargar al estanco.* **2** Aumentar la carga o cargar demasiado a una persona, animal o vehículo. **3** Adornar en exceso a una persona o un objeto. **4** Aumentar la cantidad de dinero que hay que pagar en un impuesto, cuota o deuda por retrasarse en el pago.

OBS En su conjugación, la *g* se convierte en *gu* delante de *e.*

DER recargable, recargado, recargo.

recargo n. m. Cantidad de dinero que se aumenta al pago de un impuesto, una cuota o una deuda por retrasarse en el pago: *las multas tienen un recargo de un tanto por ciento después del plazo fijado para el pago.*

recatar v. tr./ v. prnl. **1** Ocultar lo que no se quiere que se vea o se sepa. ◆ v. prnl. **2** **recatarse** Mostrar desconfianza al tomar una decisión o adoptar una línea de conducta.

recato n. m. Cuidado o reserva con que se hace o se dice una cosa. SIN prudencia, precaución.

recaudación n. f. **1** Cobro de dinero o de bienes, especialmente cuando son públicos. **2** Cantidad de dinero o de bienes que se obtiene mediante este cobro: *la recaudación del partido de ayer fue de las más altas de la temporada.* **3** Oficina o lugar en el que se realiza este cobro.

recaudar v. tr. Cobrar o recibir una cantidad de dinero o bienes por cualquier concepto: *el Estado recaudará más dinero este año que el pasado.*
DER recaudación, recaudador, recaudo.

recaudo n. m. Recaudación.
▶ **a buen recaudo** Custodiado o vigilado con mucha atención: *puso sus ahorros a buen recaudo.*
OBS Se usa con los verbos *poner* y *estar*.

recelar v. intr. Sospechar o desconfiar de una persona o cosa: *como ya lo habían engañado muchas veces, recelaba de lo que pudiese ocurrir.*
ANT confiar.
DER recelo.

recelo n. m. Sospecha o falta de confianza que se siente hacia una persona o una cosa: *al principio, nos miraba con recelo.* SIN desconfianza. ANT confianza.

receloso, -sa adj. Que sospecha algo malo ante cierta cosa o muestra falta de confianza.
SIN desconfiado.

recepción n. f. **1** Oficina o dependencia de un establecimiento en el que se recibe o informa al público: *nos encontraremos en la recepción del hotel.* **2** Fiesta o ceremonia solemne de carácter público o privado que se celebra para recibir a una persona o a un grupo de personas: *la conocí la noche pasada en la recepción que dio su tío.* **3** Captación a través de un receptor de ondas radioeléctricas: *la recepción de esa señal en el aparato de radio no es buena.* **4** Admisión o acogida de una persona como miembro de un colectivo.

recepcionista n. com. Persona encargada de atender al público en una oficina de recepción de un establecimiento: *el recepcionista del hotel le dio el mensaje que habían dejado para él.*

receptáculo n. m. Cavidad en que se contiene o puede contenerse una sustancia: *los panales de las abejas están formados por receptáculos que guardan la miel.*

receptivo, -va adj. Que recibe o tiene capacidad para recibir estímulos externos: *encontró un público muy receptivo hacia su obra.*
DER receptividad.

receptor, -ra adj. **1** Que acepta o recibe. ◆ adj./ n. m. **2** [aparato] Que recibe señales eléctricas, telegráficas, telefónicas o radiofónicas y las convierte en sonidos o señales que se pueden oír o ver: *se ha estropeado el aparato receptor.* ANT emisor. ◆ n. m. y f. **3** GRAM. Persona que recibe el mensaje en el acto de la comunicación: *el receptor no puede descifrar el mensaje del emisor si ambos usan un código diferente.* ANT emisor.

recesión n. f. ECON. Disminución de las actividades comerciales e industriales, generalmente pasajera, que trae consigo un descenso de los salarios, de los beneficios y del empleo: *durante los períodos de recesión, suele aumentar el índice del desempleo.*

recesivo, -va adj. **1** ECON. Que produce o tiende a una disminución de la actividad económica: *la contratación de empleados está en un período recesivo.* **2** BIOL. De los caracteres hereditarios que no se manifiestan en el aspecto exterior del individuo que los posee, pero que pueden aparecer en la descendencia de este. ANT dominante.

receta n. f. **1** Nota en la que se indican los componentes de algo y el modo de hacerlo: *receta de cocina.* **2** Nota en la que el médico indica los medicamentos que debe tomar un enfermo: *la mayoría de medicamentos solo pueden ser comprados en la farmacia con receta médica.* **3** Procedimiento adecuado para hacer o conseguir una cosa: *¡qué guapa estás!, ya me darás la receta.*
DER recetar, recetario.

recetar v. tr. Indicar el médico al paciente la medicina que debe tomar, su dosis y su uso.

recetario n. m. Conjunto de recetas o fórmulas en las que se indica la preparación de cierta clase de cosas: *recetario de cocina.*

rechazar v. tr. **1** Resistir un cuerpo la fuerza que ejerce otro sobre él, obligándolo a retroceder en su curso o movimiento: *el larguero rechazó el balón.* **2** Mostrarse en contra de lo que otro dice o no admitir lo que propone u ofrece: *rechazaron nuestra propuesta de aumentar el sueldo.* **3** MED. Reaccionar un organismo contra un órgano trasplantado de otro individuo, creando anticuerpos que lo atacan e intentan expulsarlo: *por fortuna, no rechazó el riñón trasplantado y ahora lleva una vida normal.* **4** Resistir el ataque del enemigo obligándolo a retroceder: *las tropas rechazaron el ataque y evitaron la invasión.*

OBS En su conjugación, la *z* se convierte en *c* delante de *e*.

DER rechazo.

rechazo n. m. **1** Resistencia de un cuerpo a la fuerza ejercida por otro, obligándolo a retroceder en su curso o movimiento. **2** Enfrentamiento u oposición a una idea, acción o situación: *mostró su rechazo a la decisión del tribunal.* **3** MED. Reacción que un organismo tiene cuando no admite un órgano trasplantado de otro individuo y crea anticuerpos que lo atacan para expulsarlo.

rechinar v. intr. Hacer una cosa un sonido desagradable por rozar contra otra cosa, especialmente, los dientes al rozar los superiores con los inferiores.

rechistar v. intr. Decir algo o emitir un sonido como para empezar a hablar, en especial, para protestar: *vamos a ir al médico y no quiero oírte rechistar.*

▶ sin rechistar Sin decir ni una sola palabra.

rechoncho, -cha adj. [animal, persona] Que es grueso y de poca altura.

rechupete Palabra que se utiliza en la locución adverbial *de rechupete* para indicar que algo está muy bueno o es muy agradable.

recibí n. m. Fórmula que aparece en ciertos documentos o facturas delante de la firma y que certifica que se ha recibido lo que en los documentos se indica.

recibimiento n. m. Acogida buena o mala que se hace a una o a varias personas que llegan de fuera: *me sentí muy halagado por el caluroso recibimiento que tuve.*

recibir v. tr. **1** Tomar o aceptar una persona lo que se le da o se le envía: *recibió sus cartas con alegría.* **2** Salir a encontrarse con una persona que viene de fuera: *voy a recibir a mi esposo a la estación.* **3** Admitir visitas una persona en un día señalado o en cualquier otro momento que lo crea conveniente: *recibió a sus amigos en casa.* **4** Admitir una persona o una institución a otra en su compañía o en su comunidad: *la asociación recibirá dos nuevos miembros.* **5** Aceptar o aprobar una cosa que se dice o se propone: *el jefe recibió con gran entusiasmo el nuevo proyecto.* **6** Experimentar o sufrir una acción: *recibió una fuerte conmoción cuando cayó al suelo.* **7** Admitir o recoger dentro de sí una cosa a otra: *el río Genil recibe aguas procedentes del deshielo de Sierra Nevada.* **8** Esperar o hacer frente a un ataque o peligro con la intención de resistirlo o rechazarlo: *el portero recibió el balón.* **9** Sustentar o sostener una cosa a otra: *los pilares reciben el peso de la bóveda.* **10** Captar un aparato las diferentes frecuencias u ondas radioeléctricas: *la radio no recibía bien la señal de frecuencia modulada.* **11** Esperar el torero en la suerte de matar el ataque del toro sin mover los pies al clavarle la estocada: *el torero recibió al toro con valentía.*

DER recibí, recibidor, recibimiento, recibo.

recibo n. m. Documento o escrito firmado en el que se declara que se ha recibido una cantidad de dinero, una mercancía o un servicio: *tiene que firmar el recibo antes de llevarse el televisor.*

▶ ser de recibo Tener una cosa todas las cualidades necesarias para que pueda ser considerada aceptable: *un trabajo con borrones o tachaduras no es de recibo.* NOTA Se usa sobre todo en frases negativas.

reciclable adj. [material] Que puede ser reciclado: *basuras reciclables.*

reciclado, -da adj. [material] Que es el resultado de un proceso de tratamiento y transformación de un residuo por el cual es nuevamente utilizable: *papel, vidrio reciclado.*

reciclaje n. m. **1** Proceso de transformación o aprovechamiento al que se someten materiales usados o desperdicios para que puedan ser nuevamente utilizables. **2** Actualización o puesta al día de los conocimientos de un técnico o de un profesional dándole una formación complementaria. SIN reciclado.

reciclar v. tr. **1** Someter materiales usados o desperdicios a un proceso de transformación o aprovechamiento para que puedan ser nuevamente utilizables: *si reciclamos el papel, no habrá que talar tantos árboles.* ◆ v. tr./prnl. **2** Ofrecer una formación complementaria a técnicos o a profesionales para que amplíen y pongan al día sus conocimientos: *en la empresa se ha iniciado un programa que pretende reciclar a los trabajadores de más de cuarenta años.*

DER reciclable, reciclado, reciclaje.

reciedumbre n. f. Fuerza o vigor corporal.

recién adv. Desde hace muy poco tiempo: *ya de recién nacido chillaba mucho.*

OBS Es apócope de *reciente*. Generalmente se usa delante de un participio.

reciente adj. **1** Que es nuevo, fresco o acabado de hacer: *prueba los buñuelos ahora que están recientes.* **2** Que ha sucedido hace poco

tiempo: *despúes de su reciente éxito, el actor tiene previsto comenzar el rodaje de una película.*
DER recién, recientemente.

recinto n. m. Espacio cerrado o comprendido dentro de ciertos límites: *no puede entrar en este recinto ferial sin una invitación.*

recio, -cia adj. **1** Que es fuerte, grueso o robusto. **2** Duro o difícil de soportar: *tras pasar una recia situación económica, consiguió salir adelante.* ◆ adv. **3** Se utiliza para indicar que una acción se produce de manera violenta y vigorosa: *llovió recio toda la tarde y no pudimos salir a pasear.*
DER reciedumbre; arreciar.

recipiente n. m. Objeto, utensilio o cavidad que sirve para contener o conservar una cosa en su interior.

reciprocidad n. f. **1** Correspondencia mutua de una persona o cosa con otra. **2** GRAM. Intercambio mutuo de una misma acción entre dos o más sujetos, recayendo esta acción sobre todos ellos: *el verbo «pegarse» expresa una reciprocidad en la acción.*

recíproco, -ca adj. **1** Que se da o se dirige a otro y que a su vez se recibe de este en la misma medida: *existía un respeto recíproco entre los líderes de las dos fuerzas políticas opuestas.* SIN mutuo. ◆ adj./n. m. y f. **2** GRAM. [oración, verbo] Que expresa una acción que es intercambiada entre dos o más sujetos y que recae sobre todos ellos: *«tutearse» es un verbo recíproco.* NOTA En las oraciones recíprocas el sujeto es múltiple o plural.
DER reciprocidad.

recitación n. f. **1** Pronunciación en voz alta de un texto, generalmente literario, con una entonación determinada. **2** Repetición que se hace en voz alta de algo que se ha aprendido de memoria. SIN recitado.

recitado n. m. **1** Pronunciación en voz alta de un texto, generalmente literario, con una entonación determinada. SIN recitación. **2** MÚS. Poema o texto narrativo o dialogado que se declama acompañado de música.

recital n. m. **1** Espectáculo musical a cargo de una sola persona, ya sea instrumentista o cantante: *ya no quedan entradas para el recital de mañana del tenor español.* SIN audición, concierto. **2** Lectura o recitación de composiciones de un poeta: *entre los actos de homenaje al poeta Machado, se hará un recital de sus poemas.*

recitar v. tr. **1** Decir en voz alta un texto literario con la entonación adecuada para realzar su contenido poético: *recitó unos hermosos versos.* SIN declamar. **2** Decir en voz alta un texto o unas palabras que se saben de memoria: *dice que es capaz de recitar la lección de memoria sin equivocarse ni una sola vez.*

reclamación n. f. **1** Protesta u oposición que se hace a una cosa que se considera injusta o insatisfactoria. **2** Exigencia de una cosa que se hace con derecho o con insistencia: *si no está de acuerdo, presente una reclamación.*

reclamar v. intr. **1** Mostrar oposición contra una decisión o asunto que se considera injusto o insatisfactorio: *reclamaron contra el fallo del tribunal.* ◆ v. tr. **2** Pedir o exigir con derecho o con insistencia una cosa: *reclamaba el pago de una deuda.* **3** Llamar a una persona para que acuda a un lugar determinado: *reclaman al botones en recepción.*
DER reclamación, reclamo.

reclamo n. m. **1** Ave amaestrada que se lleva a la caza para que con su canto atraiga a otras de su especie: *la caza con reclamo está prohibida en algunos países.* **2** Instrumento que imita la voz de las aves y que sirve para atraer a estas en la caza: *algunos reclamos son como silbatos, otros emiten el sonido apretando con la mano.* **3** Sonido con el que un ave llama a otra de su especie. **4** Procedimiento con el que se intenta atraer la atención de las personas o incitarlas a algo: *las tazas que regalan al comprar el café han resultado ser un buen reclamo.* **5** Señal hecha en un escrito que remite al lector a otro punto de la obra donde, generalmente, se ofrece una explicación o alguna información complementaria. SIN llamada.

reclinable adj. Que puede ser inclinado hacia delante o hacia atrás: *sillas reclinables.*

reclinar v. tr. **1** Inclinar y apoyar la cabeza o una parte del cuerpo en un sitio: *se reclinó sobre la almohada.* SIN recostar. **2** Inclinar una cosa apoyándola sobre otra: *reclinar el respaldo del asiento.*
DER reclinable, reclinatorio.

reclinatorio n. m. Mueble de las iglesias u oratorios que se utiliza para arrodillarse sobre él, en forma de silla con las patas muy cortas y el respaldo muy alto: *rezaba todos los días arrodillada en un reclinatorio.*

recluir v. tr. Encerrar o meter a una persona, de manera voluntaria o forzosa, en un lugar para que permanezca en él sin salir: *estuvo recluida en un convento durante varios años.* SIN confinar.

OBS En su conjugación, la *i* se convierte en *y* delante de *a* y *e*.
DER reclusión, recluso.

recluso, -sa adj. [persona] Que está recluido o encerrado en una cárcel. SIN preso.

recluta n. m. Persona alistada para el servicio militar hasta que acaba la instrucción básica y va a su destino definitivo: *los reclutas todavía no han jurado bandera.*

reclutar v. tr. **1** Llamar o alistar a una persona para el cumplimiento del servicio militar o para formar un ejército. **2** Buscar o reunir a un grupo de gente para una actividad o un fin determinado: *andan reclutando obreros para arreglar la presa.*
DER recluta, reclutamiento.

recobrar v. tr. **1** Volver a tener lo que antes se poseía: *gracias a la intervención de la policía, recobró el dinero que le habían robado.* SIN recuperar. ◆ v. prnl. **2 recobrarse** Ponerse bien o recuperarse de una enfermedad, de una impresión fuerte o de una pérdida del conocimiento. NOTA Se utiliza con la preposición *de*. SIN recuperar, reponer, restablecer.

recogedor n. m. **1** Utensilio para recoger cosas del suelo, en especial, la basura que se amontona al barrer; consiste en una pala, que se apoya en el suelo, provista de un mango. SIN cogedor. **2** Apero de labranza para recoger la parva de la era que consiste en una tabla inclinada, arrastrada por una caballería.

recogepelotas n. com. Persona, generalmente joven, encargada de recoger las pelotas que salen fuera del campo de juego en algunos deportes: *en un partido de tenis profesional hay seis recogepelotas.*
OBS El plural es *recogepelotas*.

recoger v. tr. **1** Coger una cosa que se ha caído: *recoge los papeles del suelo.* **2** Guardar y poner de forma ordenada una cosa en su sitio, en especial, después de haber acabado un trabajo: *recoge los libros.* **3** Ir a buscar a una persona o cosa al lugar en que se encuentra: *el chico recogió a su novia a las tres.* **4** Recibir o experimentar una persona las consecuencias o resultados, buenos o malos, de una cosa que ha hecho. **5** Ir juntando o guardando poco a poco, especialmente, dinero: *este año se ha recogido el doble que el pasado en la colecta.* **6** Enrollar, doblar o ceñir una cosa que se había extendido, especialmente tela o papel, para que ocupe menos longitud o para reducir su tamaño: *recoge las faldas de la colcha para que no arrastren.* **7** Guardar o poner en lugar seguro una cosa: *recoge esa plata.* **8** Dar alojamiento o acoger a una persona o animal. **9** Coger los frutos de la tierra: *este año se han recogido las manzanas pronto.* ◆ v. prnl. **10 recogerse** Retirarse una persona o animal a su casa o guarida, generalmente, para dormir o descansar: *suele recogerse a las diez de la noche.* **11** Irse una persona a un lugar tranquilo y vivir retirado del trato y de la comunicación con la gente para meditar o rezar: *en su vejez, se recogió en un monasterio.*
OBS En su conjugación, la *g* se convierte en *j* delante de *a* y *o*.
DER recogedor, recogido, recogimiento.

recogida n. f. **1** Retirada a un lugar, normalmente, para descansar o dormir. **2** Reunión de cosas dispersas: *la recogida de la mandarina.* **3** Retirada de la correspondencia de los buzones por el servicio de Correos: *la recogida es a las siete de la tarde.* **4** Retirada de la basura de los contenedores o los domicilios por el servicio correspondiente: *la recogida de la basura se efectúa en camiones y bien temprano.*

recogido, -da adj. **1** Retirado del trato y de la comunicación con la gente: *llevaba una vida muy recogida.* **2** [lugar] Que resulta acogedor y agradable: *siempre vamos a una cala recogida y poco frecuentada por la gente.* **3** [cosa] Que ocupa poco espacio y no está muy extendido: *lleva un vestido de mangas recogidas y estrecho por la cintura.* ◆ n. m. **4** Parte de una cosa que se junta o recoge: *la modelo llevaba un recogido de pelo muy original.*

recogimiento n. m. Estado y actitud de la persona que se aísla de lo que le distrae o le impide pensar con tranquilidad.

recolección n. f. **1** Recogida de los frutos de la tierra y época durante la que se lleva a cabo este trabajo. **2** Recogida y unión de elementos separados o dispersos: *se dedicaba a la recolección de chatarra.*

recolectar v. tr. **1** Recoger los frutos de la tierra. **2** Juntar personas o cosas dispersas: *están recolectando firmas para que retiren la nueva ley.*

recolector, -ra adj. [persona] Que se dedica a la recolección de los frutos de la tierra.

recoleto, -ta adj. [lugar] Que es tranquilo, solitario y apartado de la gente: *los enamorados se encontraban en los rincones recoletos del parque.*

recomendable adj. Que se puede recomendar o aconsejar. SIN aconsejable, conveniente, prudente.

recomendación n. f. **1** Consejo que se da a una persona por considerarse ventajoso o beneficioso. **2** Influencia o ventaja con que es favorecida una persona para conseguir un fin determinado: *ha entrado a trabajar aquí por recomendación del director.*

recomendado, -da n. m. y f. Persona a la que se le facilita una recomendación para conseguir un fin determinado.

recomendar v. tr. **1** Aconsejar a una persona una cosa por considerarla beneficiosa o ventajosa. **2** Dar buenas referencias o hablar bien de una persona para que consiga un fin determinado.

OBS En su conjugación, la *e* se convierte en *ie* en sílaba acentuada, como en *acertar.*

DER recomendable, recomendación.

recompensa n. f. Compensación o premio que se obtiene por un servicio, una buena acción o un mérito: *ofrecen una recompensa a quien encuentre el perro extraviado* SIN galardón, premio.

DER compensación.

recompensar v. tr. **1** Premiar a alguien voluntariamente en reconocimiento a un servicio, un mérito o una buena acción: *la policía dijo que recompensaría a todo aquel que diera alguna pista.* SIN premiar, gratificar. **2** Dar alguna cosa o algún beneficio a cambio del daño que se ha causado. SIN compensar.

DER recompensa.

recomponer v. tr. Reparar o componer de nuevo una cosa: *desmontó una radio vieja y se entretuvo varios días recomponiéndola.*

OBS Se conjuga como *poner.*

reconcentrar v. tr. **1** Disminuir el volumen de algo haciéndolo más densa. ◆ v. tr./ prnl. **2** Reunir en un punto personas o cosas que estaban esparcidas: *los manifestantes se reconcentraron en la plaza mayor.* **3** Disimular o callar un sentimiento: *reconcentraba su odio en el corazón.* ◆ v. prnl. **4 reconcentrarse** Fijar intensamente la atención en los propios pensamientos. SIN ensimismarse.

reconciliación n. f. Restablecimiento de la concordia o amistad perdidas entre dos personas que se habían enfrentado.

reconciliar v. tr. Restablecer la concordia o amistad perdidas entre dos personas que se habían enfrentado o separado: *se reconciliaron después de no haberse dirigido la palabra durante más de diez años.*

OBS En su conjugación, la *i* es átona, como en *cambiar.*

DER reconciliación; irreconciliable.

recóndito, -ta adj. Que está muy escondido, reservado y oculto: *se marchó a un recóndito lugar.*

reconducir v. tr. Cambiar en un sentido determinado una acción, un proceso, un pensamiento, etc.: *el Gobierno intenta reconducir la inflación.*

OBS Se conjuga como *conducir.*

reconfortante adj. Que reconforta: *lo más reconfortante ha sido tu ayuda.*

reconfortar v. tr. Devolver a una persona las fuerzas o el bienestar perdidos o darle ánimo con energía y eficacia: *después de pasar frío, le reconfortaba tomar una taza de leche caliente.* SIN consolar.

DER reconfortante.

reconocer v. tr. **1** Distinguir o identificar a una persona o cosa entre varias por una serie de características propias: *lo reconoció por la voz a pesar del disfraz.* **2** Examinar u observar con cuidado y atención una cosa o a una persona para conocerla mejor y formarse un juicio: *reconocieron el terreno antes de pasar con los vehículos.* **3** Mostrar o manifestar agradecimiento respecto a un bien o un favor recibido: *hay que reconocer la gran labor que está desarrollando.* **4** Declarar una persona que tiene con otra un parentesco y aceptar los deberes y derechos que trae consigo: *tras largos trámites, finalmente lo reconoció como hijo.* **5** Dar fe una persona de la autenticidad de su firma en un documento: *los herederos reconocieron su firma ante el notario.* ◆ v. tr./ prnl. **6** Admitir o aceptar, en contra de lo que se había defendido o de los propios gustos, la certeza o realidad de lo que se dice o sucede: *reconoció que se había equivocado al juzgarlo tan mal.* ◆ v. prnl. **7 reconocerse** Verse una persona a sí misma como lo que es en realidad: *se reconoce un poco perezoso, pero cuando le interesa algo, trabaja bien.*

OBS En su conjugación, la *c* se convierte en *zc* delante de *a* y *o*, como en *conocer.*

DER reconocible, reconocido, reconocimiento.

reconocible adj. Que puede ser reconocido o admitido: *cometió un error reconocible por todos los asistentes a la reunión.*

DER irreconocible.

reconocido, -da adj. [persona] Que agradece un bien o un favor que otra persona le ha hecho.

reconocimiento n. m. **1** Examen u observación cuidadosa de una persona o cosa para conocerla mejor y formarse un juicio: *tras el reconocimiento, el médico dictaminó que era un simple resfriado.* **2** Muestra o manifestación de agradecimiento por los bienes o favores recibidos: *me gustaría expresarle mi reconocimiento por su contribución a nuestra obra humanitaria.* SIN gratitud, agradecimiento.

reconquista n. f. **1** Conquista o toma de un territorio que se había perdido anteriormente, en especial, la que se llevó a cabo en España en la lucha contra los musulmanes. **2** Recuperación de una cosa estimada que se había perdido, como el cariño, la amistad o el afecto.
DER reconquistar.

reconquistar v. tr. **1** Volver a conquistar o a tomar un territorio que se había perdido: *reconquistaron la ciudad tres meses después del asedio.* **2** Recuperar una cosa estimada que se había perdido, como el cariño, la amistad o el afecto: *se mostró leal durante muchos años para reconquistar la confianza perdida.*

reconsiderar v. tr. Volver a considerar un asunto, desde nuevos puntos de vista si es necesario, para decidir si debe modificarse alguna decisión tomada al respecto: *reconsidera lo que estás diciendo.*
DER reconsideración.

reconstrucción n. f. **1** Reparación o construcción que se hace de nuevo de una cosa destruida o deshecha, generalmente de un edificio. **2** Reproducción de un suceso mediante datos, recuerdos o declaraciones, para completar su conocimiento: *el testigo ayudó a la policía en la reconstrucción del accidente de tráfico.*

reconstruir v. tr. **1** Volver a construir o reparar una cosa destruida o deshecha, generalmente un edificio. **2** Reproducir o traer a la memoria todas las circunstancias de un suceso mediante datos, recuerdos o declaraciones, para completar su conocimiento.
OBS En su conjugación, la *i* se convierte en *y* delante de *a, e* y *o*, como en *huir*.
DER reconstrucción.

recontar v. tr. Contar o volver a contar una serie de elementos o cosas para asegurarse de su cantidad.
OBS En su conjugación, la *o* se convierte en *ue* en sílaba acentuada, como en *contar*.

reconversión n. f. ECON. Proceso de modernización o de transformación de una empresa o de un sector industrial con el fin de mejorar su rendimiento o de adaptarla a la demanda del mercado: *en ocasiones, la reconversión industrial provoca la pérdida de puestos de trabajo.*

reconvertir v. tr. ECON. Transformar una empresa o un sector industrial o someterlo a un proceso de modernización con el fin de mejorar su rendimiento o de adaptarlo a la demanda del mercado.
OBS En su conjugación, la *e* se convierte en *ie* en la sílaba acentuada o en *i* en algunos tiempos y personas, como en *hervir*.
DER reconversión.

recopilación n. f. Reunión de varias cosas dispersas bajo un criterio que dé unidad al conjunto: *he comprado un libro que es una recopilación de cuentos orientales.*

recopilar v. tr. Juntar o reunir varias cosas dispersas bajo un criterio que dé unidad al conjunto.
DER recopilación.

récord n. m. **1** Marca máxima conseguida por un deportista en una competición: *estableció el récord de los 50 metros el mes pasado en Japón.* **2** Resultado máximo o mínimo conseguido hasta un momento determinado en una actividad: *hoy se ha producido el récord de recaudación en las quinielas.*
OBS Es de origen inglés y se pronuncia aproximadamente «récor». El plural es *récords*.

recordar v. tr. **1** Traer a la memoria o retener cosas en la mente: *recuerdo el día en que lo conocí.* SIN rememorar. **2** Hacer que una persona tenga presente una cosa que debe hacer: *recuérdele usted que escriba.* **3** Parecerse una cosa a otra por cierta semejanza o relación.
OBS No se debe usar en forma pronominal. En su conjugación, la *o* se convierte en *ue* en sílaba acentuada, como en *contar*.
DER recordatorio, recuerdo.

recordatorio n. m. **1** Discurso, o parte de un discurso, que hace recordar algo o a alguien. **2** Estampa con un motivo religioso en que se recuerda la fecha de la primera comunión, el fallecimiento o aniversario de alguien.

recorrer v. tr. **1** Atravesar un espacio en toda su extensión o longitud: *ha recorrido toda España en bicicleta.* **2** Hacer un trayecto deter-

a b c d e f g h i j k l m n ñ o p q r s t u v w x y z

minado: *recorrió doce kilómetros a pie.* **3** Registrar mirando con cuidado y andando de un sitio a otro para encontrar aquello que se desea: *recorrí toda la casa buscando las gafas.* **4** Leer por encima o a la ligera un escrito para ver lo que contiene o para buscar una cosa: *recorrió con la mirada la sección de anuncios de pisos del periódico.*

recorrido n. m. **1** Espacio que recorre o que ha de recorrer una persona o cosa: *el recorrido de la carrera es más largo este año.* **2** Distintos lugares que conforman ese espacio: *un recorrido por las iglesias románicas del Pirineo.* SIN ruta, itinerario.

recortable n. m. Hoja de papel o cartulina con una figura o un dibujo que se recorta y se usa como juego, entretenimiento o enseñanza.

recortado, -da adj. **1** Que tiene los bordes o el contorno muy irregulares, con sucesivos entrantes y salientes: *la costa es muy recortada.* **2** [escopeta] Que tiene el cañón acortado.

recortar v. tr. **1** Cortar o separar de una cosa la parte que sobra o sobresale: *hay que recortar esos hilos que sobresalen del dobladillo del vestido.* **2** Cortar con cuidado un papel u otra cosa para conseguir una figura determinada. **3** Disminuir o hacer más pequeña una cosa: *la familia decidió recortar gastos y ahorrar para las vacaciones.* ◆ v. prnl. **4** recortarse Dibujarse claramente el perfil de una cosa sobre otra: *las cimas nevadas de la montaña se recortaban en el cielo azul.*

DER recortable, recortado, recorte.

recorte n. m. **1** Trozos que sobran de una materia que se ha recortado hasta reducirla a la forma deseada para un determinado fin: *no tires los recortes de cuero que han quedado al tapizar la silla.* **2** Parte de un papel que ha sido cortada y separada de él: *forró la carpeta con recortes de periódico.* **3** Disminución o reducción de una cosa: *en época de crisis, es frecuente que se produzcan recortes en los presupuestos del Estado.*

recostar v. tr. **1** Inclinar el cuerpo o parte de él apoyándolo sobre una cosa: *recostó la cabeza sobre la almohada.* SIN reclinar. **2** Inclinar una cosa apoyándola sobre otra.

OBS En su conjugación, la *o* se convierte en *ue* en sílaba acentuada, como en *contar.*

recoveco n. m. **1** Vuelta o curva pronunciada de una calle, vía, río o conducto: *la gasolinera está en el recoveco de la carretera, a la salida del pueblo.* **2** Rincón o lugar escondido: *me conozco todos los recovecos de este barrio.* **3** Aspecto poco claro o complicado de la manera de ser de una persona: *aunque lo conozco desde hace años, tiene algunos recovecos que no logro descubrir.* NOTA Se usa, sobre todo, en plural.

recrear v. tr. **1** Crear o producir una cosa a partir de otra ya existente: *en la película se recrea el ambiente de los años veinte.* **2** Divertir o alegrar a una persona durante el tiempo libre. ◆ v. prnl. **3** recrearse Disfrutar con una cosa, en particular, deteniéndose en ello y, en ocasiones, con cierta malignidad: *se recrea hablando de sus éxitos en el mundo de los negocios.*

DER recreación, recreativo, recreo.

recreativo, -va adj. [cosa] Que divierte o entretiene: *se ha comprado un juego recreativo de mesa.*

recreo n. m. **1** Diversión o descanso durante el tiempo libre: *observaba los pájaros como recreo.* **2** Interrupción de las clases para que los estudiantes se distraigan o descansen. **3** Lugar que es destinado al descanso o a la diversión: *casa de recreo.*

recriminar v. tr. **1** Censurar a una persona por su comportamiento o echarle en cara su conducta: *el jefe recriminó duramente a su empleado por haber llegado tarde.* SIN increpar, regañar, reñir. ◆ v. tr./ prnl. **2** Responder a unas acusaciones con otras similares: *pasaron la tarde recriminándose sus ofensas.*

DER recriminación.

recrudecer v. tr. **1** Hacer que se incremente de nuevo un mal físico o moral u otra cosa negativa o desagradable cuando había empezado a disminuir: *recrudeció su decisión y decidió cobrar los intereses.* ◆ v. intr./ prnl. **2** Tomar nuevo incremento [un mal físico o moral, u otra cosa negativa o desagradable] cuando había empezado a disminuir: *se recrudeció el precio del petróleo.*

OBS Se conjuga como *agradecer.*

recrudecimiento n. m. Nuevo incremento de un mal físico o moral u otra cosa negativa o desagradable cuando había empezado a disminuir: *los frentes atlánticos darán lugar a un recrudecimiento de las precipitaciones; se han recibido noticias del recrudecimiento de los combates entre guerrilla y tropas del gobierno.*

rectal adj. Que está relacionado con el intestino recto.

rectangular adj. **1** Del rectángulo o que tiene alguna relación con esta figura geométrica.

2 Que tiene forma de rectángulo: *la puerta de la casa es rectangular.*

rectángulo adj. **1** [figura geométrica] Que tiene uno o más ángulos rectos: *dos de los lados de un triángulo rectángulo forman un ángulo de 90 °.* ◆ n. m. **2** Figura plana de cuatro lados, iguales dos a dos, que tiene todos sus ángulos rectos.

DER rectangular.

rectificador n. m. Aparato que transforma una corriente eléctrica alterna en corriente continua.

rectificar v. tr. **1** Corregir los errores o defectos de una cosa ya hecha. **2** Poner recta una cosa: *le pusieron un aparato para rectificar la desviación de su columna vertebral.* **3** Convertir una corriente eléctrica alterna en corriente continua. **4** Corregir la deformación o la desviación de una pieza metálica: *las piezas gastadas se pueden rectificar.* ◆ v. tr./ prnl. **5** Corregir o modificar una persona su propia conducta, opinión o comportamiento: *rectificar es de sabios.* **6** Llevar la contraria a una persona o expresar una opinión opuesta: *perdone que le rectifique, señor diputado, pero no lleva usted razón.* SIN contradecir.

OBS En su conjugación, la *c* se convierte en *qu* delante de *e*.

DER rectificación, rectificador, rectificadora.

rectilíneo, -a adj. **1** Que está formado por líneas rectas o se desarrolla en línea recta. ANT curvilíneo. **2** [carácter, comportamiento] Que es recto y firme y no admite cambios.

rectitud n. f. **1** Carácter de aquello que es recto y justo en el sentido moral: *creo que debes obrar con la mayor rectitud posible en este asunto.* **2** Calidad de recto, que no tiene curvas ni ángulos.

recto, -ta adj./ n. f. **1** [línea] Que está formado por una serie continua de puntos en una misma dirección: *ha dibujado una línea recta con ayuda de una regla.* ◆ adj. **2** Que no se tuerce a un lado ni a otro, ni hace curvas ni ángulos: *el cuadro de la pared no está recto.* SIN derecho. ANT torcido. **3** [ángulo] Que tiene 90°. **4** Que no se desvía del punto al que se dirige. **5** [persona] Que se comporta de manera justa y firme: *es un juez recto y llevará el juicio con la máxima imparcialidad.* SIN riguroso. **6** [significado, sentido] Que es exacto y el primero que tienen las palabras: *la mayoría de los poemas no deben ser entendidos en su sentido recto: es necesario buscarles el sentido figurado.* SIN literal. ANT figurado. **7** [folio, plana] Que queda del lado derecho del libro o cuaderno en relación con la persona que lee: *el folio recto del libro está a la derecha y el vuelto, a la izquierda.* ◆ n. m. **8** Última porción del intestino del hombre y de algunos animales: *en los mamíferos, el recto forma parte del intestino grueso.*

DER recta, rectal, rectificar, rectitud.

rector, -ra adj. **1** [persona, cosa] Que marca o dirige la orientación o sentido de una cosa: *la junta rectora decidió, por fin, ampliar el capital.* ◆ n. m. y f. **2** Persona que dirige y gobierna una comunidad o una institución, especialmente, una universidad: *el rector inauguró el curso académico.*

DER rectorado, rectoral; vicerrector.

rectorado n. m. **1** Cargo del rector: *durante muchos años, estuvo en el rectorado de la universidad.* **2** Tiempo durante el cual un rector ejerce su cargo. **3** Despacho del rector.

recuadrar v. tr. Trazar un recuadro alrededor de un dibujo, palabra, fotografía u otra cosa: *recuadra las fechas relacionadas con el descubrimiento de América.*

recuadro n. m. Línea cerrada en forma de cuadrado o de rectángulo y superficie limitada por esta línea: *marcó en el periódico con un recuadro las películas de cine que le interesaba ver.*

recubrir v. tr. Cubrir una cosa del todo o volverla a cubrir: *recubrió el pastel con chocolate.*

recuento n. m. Cuenta o segunda cuenta que se hace del número de personas o de cosas que forman un conjunto: *hicieron un recuento cuidadoso de las piezas que faltaban.*

recuerdo n. m. **1** Imagen o conjunto de imágenes de situaciones o hechos pasados que vienen a la mente: *no le quedó más que un vago recuerdo de aquella tarde.* ANT olvido. **2** Cosa que una persona regala a otra o que se trae de algún lugar con el fin de que quien la recibe conserve ese objeto y no olvide el lugar o a la persona en cuestión: *esta caja de música es un recuerdo de familia.* ◆ n. m. pl. **3 recuerdos** Saludo afectuoso que envía por escrito o a través de un intermediario una persona a otra que se halla ausente: *dale recuerdos de mi parte si lo ves.*

recuperación n. f. **1** Adquisición de una cosa que antes se tenía: *la recuperación de las pinturas robadas fue obra de la policía.* **2** Vuelta al estado, valor o situación de normalidad que antes se tenía: *los expertos prevén una recuperación económica para el próximo año.* **3** Vuelta de una persona a su estado normal después de atravesar una enfermedad o una situación negativa: *la recuperación de este enfermo será lenta y larga.* **4** Examen que se realiza para aprobar una asignatura que se ha suspendido en otro examen anterior.

recuperar v. tr. **1** Volver a tener lo que antes se tenía. SIN recobrar. **2** Volver a poner en servicio alguna cosa que ya estaba inservible: *recuperar el cartón y el vidrio ya usados.* **3** Trabajar un tiempo determinado para compensar el que se ha perdido por una causa cualquiera. **4** Aprobar una asignatura o parte de ella después de no haberla aprobado en un examen anterior. ◆ v. prnl. **5** recuperarse Volver una persona o cosa a su estado normal después de atravesar una enfermedad o una situación negativa: *todavía me estoy recuperando de la impresión que me causó el accidente.* ANT empeorar.

DER recuperación; irrecuperable.

recurrente adj. Que vuelve a ocurrir o a aparecer.

recurrir v. intr. **1** Acudir en busca de la ayuda o el favor de una persona o cosa en caso de necesidad o para conseguir un fin: *recurrió a su amigo cuando se encontró en aquel grave aprieto.* ◆ v. tr. **2** DER. Interponer un recurso contra una sentencia o resolución: *el condenado recurrirá la sentencia.*

DER recurrente.

recurso n. m. **1** Ayuda o medio del que uno se sirve para conseguir un fin o satisfacer una necesidad: *siempre tiene algún recurso ingenioso.* **2** DER. Reclamación mediante escrito contra las resoluciones judiciales o administrativas: *interpuso un recurso de apelación en el juzgado de primera instancia.* ◆ n. m. pl. **3** recursos Bienes, riquezas o medios de vida: *no dispongo de recursos suficientes.* **4** Conjunto de elementos disponibles para resolver una necesidad o para llevar a cabo una empresa: *recursos humanos.*

recursos literarios

nivel fónico	aliteración, calambur, paronomasia
nivel morfosintáctico	anáfora, asíndeton, elipsis, hipérbaton, paralelismo, polisíndeton, quiasmo
nivel semántico	antítesis (o contraste), apóstrofe, hipérbole (o exageración), interrogación retórica, ironía, litotes (o atenuación), metáfora, metonimia, paradoja, prosopopeya (o personificación), símil, sinestesia

recusar v. tr. Rechazar o no admitir una persona o una cosa por no considerarla propia o adecuada.

DER recusación.

red n. f. **1** Tejido hecho con hilos, cuerdas o alambres unidos y cruzados entre sí en forma de malla destinado a diferentes usos, por ejemplo, pescar, cazar o cercar. **2** Conjunto organizado de calles, vías, cañerías o hilos conductores: *el país está ampliando la red de carreteras.* **3** Conjunto de computadoras unidas entre sí a nivel mundial y de forma descentralizada por medio de un protocolo de información: *subir datos a la red.* SIN Internet. **4** Conjunto organizado de personas, establecimientos o servicios distribuidos por varios lugares y pertenecientes a una misma empresa o que tienen una sola dirección: *el periódico tenía una buena red de informadores.* **5** Engaño del que una persona se vale para atraer a otra: *cayó en su red sin darse cuenta.*

DER redada, redaño, redecilla; enredar.

redacción n. f. **1** Expresión que se hace por escrito: *debes cuidar un poco más la redacción para expresar con claridad tus ideas.* **2** Escrito hecho como ejercicio escolar sobre un tema determinado: *el lunes deberán traerme una redacción sobre sus vacaciones de Navidad.* **3** Lugar u oficina donde se redacta o escribe un periódico, una revista o cualquier publicación periódica: *la redacción permanece abierta durante toda la noche.* **4** Conjunto de personas que redactan cualquier publicación periódica: *la redacción está reunida con el director.*

DER redactor.

redactar v. tr. Expresar por escrito unas ideas o pensamientos o relatar unos hechos: *ese periodista tiene una forma de redactar muy brillante.*

DER redactor.

redactor, -ra adj. [persona] Que se dedica profesionalmente a la redacción, como por ejemplo, el que lo hace en un periódico, en una editorial o en una agencia de publicidad.

redada n. f. Operación policial por la que se detiene de una sola vez y en un mismo lugar a un grupo de personas sospechosas.

redecilla n. f. **1** Bolsa pequeña hecha con malla muy fina que se usa para sujetar el pelo, mantener el peinado o como adorno: *se puso los rulos y la redecilla para secarse el pelo con el secador.* **2** Segunda de las cuatro cavidades en que se divide el estómago de los rumiantes: *en la redecilla se amasan los vegetales.*

redención n. f. **1** Liberación de una obligación, un trabajo, una situación desfavorable o un dolor: *los presos pueden conseguir la redención de sus penas colaborando en el trabajo de la cárcel.* **2** Rescate que se pagaba para liberar de la esclavitud a los cautivos.

redentor, -ra adj. **1** Que redime o pone fin a un dolor, un trabajo u otra molestia: *este hombre se cree que es el redentor de los trabajadores.* ◆ n. m. **2** Jesucristo, según la religión cristiana. NOTA Se escribe con letra mayúscula y se emplea con el artículo *el.*

redescubrir v. tr. Volver a descubrir algo que ya se había descubierto o que se conocía, pero que había quedado olvidado o relegado a un segundo término.

OBS El participio es *redescubierto.*

redicho, -cha adj. [persona] Que habla pronunciando las palabras con perfección fingida o empleando términos demasiado cultos o impropios de su edad.

redil n. m. Terreno cercado en el que se guarda el ganado: *el perro vigilaba a las ovejas en el redil.*

redimir v. tr. **1** Librar a una persona de una obligación, de un dolor o de una situación penosa: *el premio de la lotería lo redimió de su trabajo en el campo.* **2** Conseguir la libertad de una persona o sacarla de una situación comprometida pagando un precio.

rediós int. Expresión de asombro, sorpresa, enfado, disgusto o dolor.

redistribuir v. tr. Repartir algo de forma diferente de como se había hecho con anterioridad.

OBS En su conjugación, la *i* se convierte en *y* delante de *a, e* y *o,* como en *huir.*

rédito n. m. Cantidad de dinero que produce periódicamente un capital: *el banco le ofreció un rédito muy elevado por el dinero de la lotería.* SIN interés, renta.

redoblar v. tr. **1** Aumentar una cosa el doble de lo que antes era o, en general, aumentar mucho. ◆ v. intr. **2** Tocar o hacer redobles en el tambor.

DER redoble.

redoble n. m. Toque vivo y sostenido que se produce golpeando con los palillos el tambor de manera rápida y seguida: *el largo redoble daba mayor emoción a la actuación de los malabaristas.*

redoma n. f. Recipiente de cristal, ancho en la base, que se va estrechando hacia la parte superior: *la redoma se usa en los laboratorios para hacer experimentos.*

redonda n. f. **1** MÚS. Figura de nota musical cuya duración equivale a un compás de cuatro partes o tiempos. **2** Tipo de letra común, de forma derecha o circular: *en este diccionario, las definiciones están en redonda, y los ejemplos en cursiva.*

▶ **a la redonda** Indica alrededor teniendo en cuenta el punto en el que se encuentra el hablante: *no hay una gasolinera en kilómetros a la redonda.*

redondear v. tr. **1** Dar forma redonda a una cosa. **2** Terminar o completar una cosa de forma satisfactoria: *para redondear el trabajo sobre Cervantes, introduce algún texto y escribe una conclusión.* ◆ v. tr./ intr. **3** Añadir o quitar a una cifra una parte de una cantidad hasta llegar a otra determinada, de más fácil comprensión o cálculo, mediante unidades de orden superior.

redondel n. m. **1** Línea curva cerrada cuyos puntos están siempre a la misma distancia de un centro y superficie contenida en su interior: *hizo un redondel en la arena con el pie.* SIN círculo, circunferencia. **2** Terreno circular destinado al toreo en las plazas de toros. SIN ruedo.

redondez n. f. **1** Cualidad de redondo. **2** Superficie de un cuerpo redondo.

redondilla n. f. Estrofa formada por cuatro versos de ocho sílabas que riman en consonante el primero con el cuarto y el segundo con el tercero.

redondo, -da adj. **1** Que tiene forma circular o esférica o parecida a ellas: *los cristales de mis gafas son redondos.* **2** Que es perfecto, completo o muy logrado: *hizo un negocio redondo con la venta del piso.* **3** Que es exacto, definitivo y no ofrece dudas: *su declaración fue redonda.* SIN rotundo. **4** [cifra, número] Que se le ha restado o sumado una cantidad, mediante unidades superiores, para que resulte más sencillo de calcular o comprender: *la casa podría costar, en números redondos, 200 000 euros.* ◆ n. m. **5** Pieza de carne de la parte trasera de ciertos animales, de forma casi cilíndrica.

▶ en redondo **a.** En círculo, dando una vuelta completa alrededor de un punto: *la bailarina giró en redondo varias veces.* **b.** Expresión que se utiliza para afirmar o negar algo de forma clara y categórica: *se negó en redondo a hacer lo que le mandaban.*

DER redondear, redondel, redondez, redondilla.

reducción n. f. Disminución de la fuerza, cantidad, tamaño o intensidad de una cosa.

reducido, -da adj. Que es muy estrecho o muy pequeño. ANT amplio.

reducir v. tr. **1** Disminuir la cantidad, el tamaño, la intensidad o la importancia de una cosa: *redujo la velocidad al entrar en el peaje.* ANT aumentar. **2** Cambiar o convertir una cosa en otra cosa, generalmente, más pequeña o de menos valor: *el fuego redujo el edificio a cenizas.* SIN transformar. **3** Resumir o hacer una cosa más corta o más simple: *tengo que reducir el discurso porque solo tengo quince minutos para hablar.* **4** Someter u obligar a obedecer a una persona: *el ejército redujo al grupo de sublevados.* **5** MAT. Expresar una cantidad con otra unidad distinta sin que se altere su valor: *el profesor les explicó ayer cómo reducir un litro a hectólitro.* ◆ v. tr./ intr. **6** Cambiar de una marcha de largo recorrido a otra más corta en un vehículo.

OBS En su conjugación, la *c* se convierte en *zc* delante de *a* y *o* y el pretérito indefinido es irregular, como en *conducir.*

DER reducción, reducido; irreductible.

reducto n. m. **1** País, lugar o grupo que conserva unas ideas, unas tradiciones u otros elementos antiguos o a punto de desaparecer. **2** Territorio natural en el que se conservan especies raras o que están a punto de desaparecer: *este paraje es el último reducto del oso en nuestro país.*

reductor, -ra adj. Que reduce o sirve para reducir: *las cremas reductoras se anuncian como productos adelgazantes.*

redundancia n. f. Repetición de una palabra o una idea sin necesidad, por estar expresado sin ellas lo que se quiere decir: *en el lenguaje coloquial se tiende a cometer redundancias como «bajar abajo».*

redundante adj. Que redunda.

DER redundancia.

redundar v. intr. Tener un resultado determinado una persona o cosa, ya sea beneficioso o perjudicial: *la educación cívica redunda en el beneficio de todos.*

OBS Se construye con la preposición *en.*

DER redundante.

reembolsar v. tr. Devolver una cantidad de dinero a la persona que la había desembolsado.

OBS También se escribe *rembolsar.*

DER reembolso.

reemplazar o **remplazar** v. tr. **1** Sustituir una cosa por otra: *tienes que reemplazar las pilas gastadas por otras nuevas.* SIN cambiar. **2** Suceder a una persona en el cargo o empleo que tenía o desempeñar accidentalmente sus funciones: *reemplazó al profesor que se había jubilado.* SIN suplir.

OBS En su conjugación, la *z* se convierte en *c* delante de *e.*

DER reemplazo; irreemplazable.

reemplazo o **remplazo** n. m. **1** Sustitución de una persona o cosa por otra. SIN cambio. **2** Sustitución de unas personas por otras en las fuerzas de un ejército para prestar el servicio militar en el tiempo establecido por la ley. SIN quinta.

reemprender v. tr. Reanudar o volver a empezar un trabajo o actividad que se había interrumpido.

reencarnación n. f. Encarnación de un alma en un cuerpo nuevo tras separarse de otro por la muerte: *los budistas creen en la reencarnación.*

reencontrar v. tr. **1** Volver a encontrar una cosa, generalmente, algo que es inmaterial, o a una persona. ◆ v. prnl. **2** reencontrarse Volver a reunirse [una persona] con otra u otras: *se reencontró con sus viejos amigos.* **3** Volver a encontrarse [una persona] con algo que no se busca: *es un placer reencontrarse con canciones tan románticas.* **4** Recobrar [una persona] algo que había perdido, especialmente, una cualidad o un hábito: *tras cinco jornadas sin marcar ni un solo tanto el delantero se ha reencontrado por fin con el gol.*

OBS También se escribe *rencontrar.*

reencontrarse v. prnl. Coincidir en un mismo lugar dos o más personas que no se veían desde hacía tiempo.

OBS En su conjugación, la *o* se convierte en *ue* en sílaba acentuada, como en *contar.*

reencuentro n. m. Coincidencia en un mismo lugar de dos o más personas que no se veían desde hacía tiempo.

reenviar v. tr. **1** Enviar de nuevo una cosa. **2** Enviar una cosa que se ha recibido a la dirección de procedencia o a otro lugar: *te reenviaré el mensaje que me llegó ayer al ordenador.*
OBS Se conjuga como *desviar.*

reestructurar v. tr. **1** Modificar la manera en que está estructurada u organizada cierta cosa. SIN remodelar, reorganizar. ◆ v. prnl. **2** reestructurarse Organizarse [un grupo de personas] de manera distinta a la que estaba en un principio con algún fin determinado. SIN reorganizarse.

reevaluar v. tr. Revaluar.

refectorio n. m. Habitación de grandes dimensiones donde se reúnen para comer en los monasterios.

referencia n. f. **1** Explicación o relación de un acontecimiento, de palabra o por escrito: *hizo una referencia rápida a los hechos de la tarde anterior.* **2** Nota o palabra en escrito que remite a otra parte del escrito o a otro escrito donde el lector puede encontrar lo que busca. **3** Envío, relación o comentario acerca de una cosa. **4** Informe acerca de las cualidades de una persona o una cosa. NOTA Se suele usar en plural. **5** Persona o cosa que sirve como base, modelo o punto de comparación: *su padre era para él el punto de referencia.*
DER referencial.

referendo o **referéndum** n. m. Procedimiento jurídico por el que se somete a votación popular una ley o un asunto de especial importancia.
OBS El plural de *referendo* es *referendos; referéndum* no varía.
DER refrendar.

referente adj. Que expresa relación con otra persona o cosa: *durante la entrevista no hizo ningún comentario referente a su divorcio.*

referir v. tr. **1** Contar o dar a conocer un acontecimiento o suceso de palabra o por escrito: *refirió su llegada con todo detalle.* SIN narrar, relatar. ◆ v. prnl. **2** referirse Aludir o mencionar a una persona o cosa directa o indirectamente: *creo que se refiere a mí.*
OBS En su conjugación, la *e* se convierte en *ie* en sílaba acentuada o en *i* en algunos tiempos y personas, como en *hervir.*
DER referencia, referendo, referéndum, referente.

refinado, -da adj. **1** [persona] Que se comporta con educación y buenos modales. **2** Que es resultado de mucha elaboración: *una cocina refinada.* **3** Que ha sido purificado en un proceso de manera que se han eliminado las sustancias no necesarias: *consume aceite refinado.* ◆ n. m. **4** Proceso industrial por el que se purifica una sustancia, eliminando de ella las que no son necesarias.

refinamiento n. m. **1** Educación y buenos modales. **2** Cuidado extremo en la elaboración o realización de algo: *el refinamiento de la tortura china.*

refinar v. tr. **1** Hacer más fina o pura una sustancia eliminando las impurezas: *para obtener la gasolina, hay que refinar el petróleo.* SIN purificar. ◆ v. prnl. **2** Hacerse más fino en el hablar, en el comportamiento social y en los gustos: *con la lectura y los viajes se ha refinado un poco.* **3** Perfeccionar un cosa adecuándola a un fin determinado: *el artista refinó su técnica.*
DER refinado, refinamiento, refinería.

refinería n. f. Fábrica donde se refina o se hace más puro un producto: *trabaja en una refinería de petróleo.*

reflectante adj. Que refleja: *color reflectante; espejo reflectante; el efecto reflectante de la nieve.*
DER reflectar.

reflector, -ra adj. **1** [sustancia, superficie] Que refleja, en especial, los rayos de luz: *los espejos son cuerpos reflectores.* ◆ n. m. **2** Aparato que concentra y orienta la luz de un foco en una dirección determinada: *alrededor del monumento, pusieron unos reflectores que lo iluminaban.*

reflejar v. tr. **1** Formarse en una superficie lisa y brillante la imagen de algo: *la luna se reflejaba en el agua.* **2** FÍS. Rechazar o hacer cambiar de dirección la luz, el calor, el sonido u otra radiación oponiéndoles una superficie lisa: *con un espejo reflejaba los rayos del sol en los ojos de la gente.* **3** Expresar o mostrar de manera clara un estado o cualidad: *su rostro reflejaba sus sentimientos.*
DER reflector.

reflejo, -ja adj./ n. m. **1** [sentimiento, acto, movimiento] Que se produce involuntariamente, como una respuesta inconsciente a un estímulo externo: *un acto reflejo al estornudar es cerrar los ojos.* ◆ adj. **2** [dolor] Que se aparece localizado en cierta parte del cuerpo cuando realmente está en otro. ◆ n. m. **3** Luz reflejada: *el sol formaba reflejos en los cristales de la ventana.* **4** Imagen de una persona o

cosa reflejada en una superficie: *la niña miraba su propio reflejo en las aguas claras del río.* **5** Cosa que reproduce, muestra o expresa otra cosa: *sus palabras son reflejo de su pensamiento.* ◆ n. m. pl. **6** reflejos Capacidad que tiene una persona para reaccionar de forma rápida y eficaz ante un hecho no previsto: *los conductores deben tener buenos reflejos.* **7** Mechas de distinto color en el pelo: *el peluquero la peinó y le puso reflejos dorados.*
DER reflejar.

reflexión n. f. **1** Pensamiento o consideración de una cosa con detenimiento y cuidado. SIN meditación. **2** Advertencia o consejo que una persona da a otra para inducirle a actuar de manera razonable: *el sacerdote hizo una reflexión sobre la Navidad.* **3** FÍS. Cambio de dirección o de sentido de la luz, del calor o del sonido cuando se les interpone un obtáculo: *está estudiando la reflexión de la luz.*
DER reflexionar, reflexivo.

reflexionar v. intr. Pensar o considerar una cosa con detenimiento y cuidado. SIN cavilar, meditar.

reflexivo, -va adj. **1** Que piensa y considera detenidamente un asunto antes de hablar o actuar. **2** Que refleja. **3** GRAM. [oración, verbo] Que expresa o se usa para expresar una acción que es realizada y recibida a la vez por el sujeto: *«lavarse» es un verbo reflexivo.*
DER irreflexivo.

reflujo n. m. **1** Movimiento de descenso de la marea: *con el reflujo iba apareciendo ante nuestros ojos el arrecife.* **2** Retroceso de una actividad o una tendencia.

reforestar v. tr. Plantar árboles en un lugar del que habían desaparecido. SIN repoblar.

reforma n. f. **1** Arreglo, modificación o cambio con el fin de mejorar una cosa: *acabamos de hacer una reforma en el piso.* SIN corrección, renovación. **2** Movimiento religioso nacido en el siglo XVI y que dio origen al protestantismo: *Lutero fue el artífice de la Reforma protestante.* NOTA Se escribe con letra mayúscula.
DER contrarreforma.

reformar v. tr. **1** Arreglar, modificar o cambiar una cosa con el fin de mejorarla. SIN corregir, renovar. ◆ v. tr./ prnl. **2** Corregir a una persona para que abandone costumbres o comportamientos negativos o perjudiciales: *se ha reformado y ahora es una persona tratable.* SIN enmendar.
DER reforma, reformatorio, reformismo.

reformatorio n. m. Establecimiento penitenciario en el que, mediante una educación especial, se trata de recuperar socialmente a delincuentes menores de edad. SIN correccional.

reformismo n. m. Tendencia o doctrina que propone cambios y mejoras, hechos gradualmente, de una situación política, social, religiosa o de otro tipo.
DER reformista.

reformista adj. **1** Del reformismo o que tiene relación con esta tendencia o doctrina: *la oposición defiende una política reformista.* ◆ adj./ n. com. **2** [persona] Que es partidario del reformismo. ANT conservador.

reforzar v. tr. **1** Hacer más fuerte o resistente una cosa: *reforzaron el techo colocando una viga.* SIN asegurar, fortalecer. **2** Añadir más cantidad o aumentar alguna cosa: *estamos en una zona peligrosa y debemos reforzar la vigilancia.*
OBS En su conjugación, la *o* se convierte en *ue* en sílaba acentuada y la *z* en *c* delante de *e*, como en *forzar.*
DER reforzamiento, refuerzo.

refracción n. f. Cambio de dirección de un rayo de luz u otra radiación al pasar oblicuamente de un medio a otro de distinta densidad: *calculó el índice de refracción del agua.*

refractar v. tr. Hacer que cambie de dirección un rayo de luz u otra radiación al pasar oblicuamente de un medio a otro de distinta densidad.
DER refracción, refractario.

refractario, -ria adj. **1** [cuerpo, sustancia] Que resiste la acción del fuego sin cambiar de estado ni destruirse. **2** [persona] Que se opone a aceptar una idea, opinión o costumbre: *es una persona refractaria a la democracia.* **3** [persona] Resistente a algunas cosas, como una enfermedad, un tratamiento médico, etc.: *es un enfermo refractario a todo tratamiento.*

refrán n. m. Frase o dicho de uso común que suele encerrar una advertencia o enseñanza de tipo moral: *siempre está con sus refranes.* SIN adagio, proverbio, sentencia.
DER refranero.

refrenar v. tr. **1** Contener o sujetar la fuerza o la violencia de algo: *era incapaz de refrenar su pasión.* ◆ v. tr. **2** Sujetar o reducir a un caballo con el freno.

refrendar v. tr. **1** Dar validez a un documento firmándolo la persona o grupo de personas con capacidad legal para ello. **2** Manifestar públicamente la aprobación de algo o alguien: *las autoridades han refrendado las inversiones hechas por extranjeros.*

refrescante adj. **1** Que refresca. **2** Agradablemente distinto de aquello a que se está acostumbrado: *la llegada del nuevo concejal supuso un cambio refrescante para la ciudad.*

refrescar v. tr. **1** Hacer que baje la temperatura o el calor de una cosa: *voy a refrescar las bebidas en el río.* **SIN** enfriar. **ANT** calentar. **2** Recordar o renovar un sentimiento, recuerdo o acción: *si se te olvida, yo te refrescaré la memoria.* ◆ v. intr. **3** Disminuir o bajar el calor del aire: *el tiempo refresca por la noche.* **4** Tomar una persona un refresco o una bebida fría: *refréscate con este zumo.*

OBS En su conjugación, la *c* se convierte en *qu* delante de *e*.

DER refrescante, refresco.

refresco n. m. **1** Bebida que suele tomarse fría y no tiene alcohol, y suele tomarse para combatir el calor: *refresco de naranja.* **2** Conjunto de bebidas, dulces y otros alimentos que se ofrece en ciertas reuniones: *nos ofrecieron un refresco en la inauguración del curso.*

▶ **de refresco** [animal] Que sirve de sustituto al que ya está cansado en grandes cabalgadas o trabajos duros: *tomaron una caballo de refresco al llegar a la posada.*

refrigeración n. f. **1** Disminución del calor o de la temperatura de un cuerpo. **2** Sistema eléctrico que hace que baje la temperatura de un lugar o un edificio.

refrigerador, -ra adj. **1** Que sirve para refrigerar o enfriar. **SIN** refrigerante. ◆ n. m. **2** Electrodoméstico que sirve para refrigerar y conservar guardados alimentos y bebidas. **SIN** frigorífico, nevera.

refrigerante adj. Que sirve para refrigerar o enfriar: *productos refrigerantes.* **SIN** refrigerador.

refuerzo n. m. **1** Fortalecimiento o aumento de la fuerza o solidez de una cosa. **2** Pieza o parche que se pone a una cosa para aumentar su fuerza, su grosor o su resistencia: *las asas de la maleta llevan un refuerzo de cuero.* **3** Conjunto de personas que acuden a un lugar en ayuda de otras: *los bomberos pidieron refuerzos.* **NOTA** Se usa más en plural.

refugiado, -da adj. [persona] Que ha sido obligado a abandonar su país a causa de una guerra o de sus ideas políticas o religiosas: *un campo de refugiados.*

refugiar v. tr. **1** Dar refugio o protección a una persona para protegerla o ayudarla: *refugieron a los fugados hasta que se hizo de noche.* **SIN** acoger, resguardar. ◆ v. prnl. **2 refugiarse** Ponerse a salvo de un peligro: *se metió en el portal para refugiarse de la lluvia.*

OBS En su conjugación, la *i* es átona, como en *cambiar.*

DER refugiado.

refugio n. m. **1** Acogida que se da a una persona en una casa o en un lugar seguro: *le ofrecimos refugio cuando escapaba de sus perseguidores.* **SIN** asilo, amparo. **2** Lugar en el que entra una persona para protegerse o defenderse de algo: *buscaron un refugio para pasar la noche.* **SIN** cobijo.

▶ **refugio atómico** Lugar habitable que suele ser subterráneo y está destinado a proteger a las personas de la radiactividad producida por las bombas nucleares. **refugio de montaña** Casa construida en las montañas que sirve para albergar a los montañistas y a los excursionistas.

DER refugiar.

refulgente adj. *formal* Que brilla o emite una luz intensa. **SIN** brillante.

refulgir v. intr. *formal* Emitir una cosa destellos o rayos de luz muy intensa. **SIN** resplandecer.

DER refulgencia, refulgente.

refundir v. tr. **1** Fundir de nuevo un metal o transformarlo en líquido. **2** Unir, comprender o incluir varias cosas en una sola: *refundió todas las ideas en un mismo proyecto.* **3** Dar una forma nueva a una composición escrita ya existente con el fin de mejorarla o modernizarla: *el autor refundió su antigua novela en una nueva versión ampliada.*

DER refundición.

refunfuñar v. intr. Emitir una persona sonidos sin sentido o palabras murmuradas entre dientes en señal de enfado o desagrado: *no dejó de refunfuñar todo el rato para que pareciera que le molestaba.* **SIN** gruñir, rezongar.

DER refunfuño, refunfuñón.

refutar v. tr. Contradecir una persona las razones o explicaciones de alguien argumentando que no son ciertas o válidas: *han refutado las tesis del famoso científico americano.* **SIN** rebatir, rechazar.

DER irrefutable.

regadera n. f. Recipiente que se usa para regar las plantas; está compuesto por un depósito del que sale un tubo acabado en una

boca ancha con muchos agujeros pequeños por donde se esparce el agua.
▶ estar como una regadera Estar una persona loca o chiflada: *no le hagas caso que está como una regadera.*

regadío n. m. Terreno que se puede regar o está dedicado a cultivos que se fertilizan con riego. ANT secano.

regalado, -da adj. **1** Agradable y con toda clase de comodidades: *lleva una vida regalada.* **2** Muy barato: *el viaje nos ha salido casi regalado, por eso pudimos ir.*

regalar v. tr. **1** Dar u ofrecer una persona a otra una cosa como muestra de afecto o de consideración. SIN agasajar. ◆ v. tr./ prnl. **2** Dar una persona a otra toda clase de comodidades, placeres y diversiones: *se regalaba con toda clase de lujos y caprichos.*
DER regala, regalado, regalo.

regaliz n. m. **1** Planta herbácea de tallos casi leñosos, hojas puntiagudas, flores pequeñas y azuladas, y fruto con pocas semillas. SIN alcazuz, orozuz. **2** Raíz de esta planta que se chupa como golosina. SIN paloduz. **3** Jugo de esta raíz, usado como pectoral y emoliente. **4** Golosina en forma de barrita o pastilla a base de una pasta que se hace con este jugo.

regalo n. m. **1** Cosa que una persona da u ofrece a otra como muestra de afecto o de consideración. **2** Gusto o placer que proporciona una cosa a una persona: *estas ostras son un regalo para el paladar.* **3** Conjunto de cosas agradables o comodidades con que vive una persona: *se daba todos los regalos y llevaba la vida de un rey.*

regañadientes Palabra que se utiliza en la locución adverbial *a regañadientes* para indicar que una cosa se hace a disgusto, protestando o de mala gana: *ha venido a regañadientes.*

regañar v. tr. **1** Reñir o llamar la atención una persona a otra por haber cometido un error o por su mal comportamiento. SIN reñir, reprender. ◆ v. intr. **2** Enfrentarse dos personas por algún motivo. SIN reñir.
DER regañina, regaño.

regañina n. f. Llamada de atención que se hace a una persona por haber cometido un error o por su mal comportamiento: *se llevó una buena regañina por no recoger su cuarto.* SIN bronca, rapapolvo, reprimenda.

regar v. tr. **1** Echar o esparcir agua sobre una superficie o una planta. **2** Atravesar un río o canal un terreno o un territorio: *el Miño riega Orense.* **3** Extender o esparcir un líquido o materia sobre una superficie.
DER regadera, regadío, reguero, reguera, riego.

regata n. f. Competición deportiva que se hace con embarcaciones ligeras de la misma clase en la que debe completarse un recorrido en el menor tiempo posible.

regate n. m. **1** En fútbol y otros deportes, movimiento rápido y brusco que hace un jugador con el cuerpo para superar la oposición del contrario sin que este le arrebate la pelota. SIN *dribling.* **2** Acción hábil que permite escapar de una dificultad manteniendo el control de la situación: *con este regate, el juez espera que el indulto se lleve a cabo.* SIN *dribling.*
DER regatear.

regar

INDICATIVO	SUBJUNTIVO
presente	**presente**
riego	riegue
riegas	riegues
riega	riegue
regamos	reguemos
regáis	reguéis
riegan	rieguen
pretérito imperfecto	**pretérito imperfecto**
regaba	regara o regase
regabas	regaras o regases
regaba	regara o regase
regábamos	regáramos o regásemos
regabais	regarais o regaseis
regaban	regaran o regasen
pretérito perfecto simple	**futuro**
regué	regare
regaste	regares
regó	regare
regamos	regáremos
regasteis	regareis
regaron	regaren
futuro	**IMPERATIVO**
regaré	riega (tú)
regarás	riegue (usted)
regará	regad (vosotros)
regaremos	rieguen (ustedes)
regaréis	**FORMAS NO PERSONALES**
regarán	**infinitivo** regar — **gerundio** regando
condicional	**participio** regado
regaría	
regarías	
regaría	
regaríamos	
regaríais	
regarían	

regatear v. tr. **1** Discutir el comprador y el vendedor el precio de una mercancía: *estuve regateando el precio de las telas con el comerciante y las conseguí más baratas.* **2** Hacer o dar lo menos posible: *no regateó esfuerzos para sacar adelante a su familia.* SIN escatimar. NOTA Se usa en frases negativas. ◆ v. intr. **3** Hacer un jugador un movimiento rápido con el cuerpo para engañar al contrario.
DER regateo.

regazo n. m. **1** Parte del cuerpo de una persona sentada que va desde la cintura hasta la rodilla: *la madre sentó al niño en su regazo.* **2** Cosa que acoge a otra y le da protección o ayuda. SIN refugio, seno.

regencia n. f. **1** Gobierno o dirección que ejerce una persona en un Estado mientras el rey legítimo no puede gobernar. **2** Tiempo que dura este gobierno o dirección. **3** Gobierno o dirección que ejerce una persona sobre una cosa.

regeneración n. f. **1** Mejora que se hace en un sistema o en una actividad para que sea más efectiva o importante, especialmente después de un período de deterioro: *regeneración de la economía.* **2** Proceso por el cual se genera o produce de nuevo una parte del cuerpo o un tejido que se había destruido: *regeneración de la piel quemada.* **3** Abandono de un modo de vida que se considera perjudicial o malo desde un punto de vista moral.

regenerar v. tr. **1** Mejorar y hacer más efectiva o importante una actividad, especialmente después de un período de deterioro. **2** Generar o producir de nuevo una parte del cuerpo o un tejido que se había destruido: *la piel que se extrae para trasplantes se regenera.* **3** Hacer que una persona abandone una manera de vivir considerada perjudicial o mala desde un punto de vista moral: *regenerar a un delincuente.*

regentar v. tr. **1** Gobernar o dirigir una persona un establecimiento o negocio: *regentaba una farmacia en su pueblo.* **2** Desempeñar temporalmente un cargo o empleo: *regentó el puesto durante su ausencia.*
DER regente.

regente adj./ n. com. **1** [persona] Que gobierna o dirige un Estado mientras el rey legítimo no puede gobernar. **2** [persona] Que gobierna o dirige un establecimiento o negocio sin ser el dueño. NOTA Con este sentido existen dos femeninos: *la regente* y *la regenta.*
DER regencia.

reggae n. m. Música popular de origen jamaicano y ritmo repetitivo y lento.
OBS Es de origen inglés y se pronuncia aproximadamente 'regue'.

regidor, -ra adj./ n. m. y f. **1** [persona] Que dirige o gobierna: *es el regidor de la comunidad.* ◆ n. m. y f. **2** Persona que en el teatro, el cine o la televisión se encarga del orden y realización de los movimientos y efectos escénicos dispuestos por el director. **3** Concejal del ayuntamiento que no ejerce ningún otro cargo municipal. SIN edil.
DER corregidor.

régimen n. m. **1** Conjunto de normas o reglas que dirigen o gobiernan una cosa: *este padre quiere para sus hijos un régimen de educación muy severo.* SIN normativa, ordenación. **2** Sistema político por el que se rige una nación: *régimen constitucional; régimen absolutista.* **3** Conjunto de normas que se refieren a la cantidad y tipo de alimentos de una persona, generalmente por motivos de salud: *régimen de adelgazamiento.* SIN dieta. **4** Modo habitual o regular de producirse una cosa: *el régimen de lluvias en el desierto es escaso.* régimen hidrográfico Variación experimentada por el caudal de agua de un río según la estación del año. **5** GRAM. Relación de dependencia que guardan entre sí algunas palabras dentro de una oración: *el régimen de un verbo transitivo es el complemento directo.* **6** GRAM. Preposición que exige cada verbo: *el régimen del verbo «acordarse» es la preposición «de».*
▶ estar a régimen Seguir una persona una serie de normas para regular su alimentación debido a un exceso de peso o a problemas de salud.
OBS El plural es *regímenes,* con cambio de la sílaba tónica: en singular *régimen* y en plural *regímenes.*

regimiento n. m. **1** Unidad militar de una misma arma que está compuesta por varios batallones y mandada por un coronel. **2** Conjunto muy numeroso de personas: *un regimiento de alumnos invadió el patio a la hora del recreo.* SIN multitud.

regio, -gia adj. **1** Propio del rey o de la realeza: *trono regio.* SIN real. **2** Que es magnífico o de gran calidad: *fue una cena regia.*

región n. f. **1** Porción de territorio que forma una unidad por tener unas características geográficas, políticas, climatológicas, sociales o de otro tipo comunes: *los polos son las re-*

giones más frías del planeta. SIN comarca, zona. **2** Cada una de las partes en que se considera dividido el exterior del cuerpo de una persona o de un animal: *región torácica; región lumbar; región abdominal.* SIN zona.
▶ región militar Cada una de las circunscripciones territoriales en que se divide un Estado desde el punto de vista militar.
DER regional.

regional adj. De la región o relacionado con esta porción de territorio: *bailes regionales.*
DER regionalismo, regionalización.

regionalismo n. m. **1** Doctrina o tendencia política que defiende que el gobierno de un Estado debe considerar el modo de ser y las aspiraciones propias de cada región. **2** Amor a una región determinada. **3** Palabra o expresión propia de una región determinada.
DER regionalista.

regionalista adj. **1** Del regionalismo o relacionado con esta doctrina o tendencia política. ◆ adj./ n. com. **2** [persona] Que es partidario del regionalismo político.

regir v. tr. **1** Dirigir o gobernar un asunto o administrar un lugar: *este tratado regirá las relaciones entre esos dos países.* **2** Guiar o conducir una cosa: *los caballeros se regían por un estricto código de honor.* **3** GRAM. Exigir una palabra la presencia de otra determinada para tener un significado completo y correcto: *los verbos transitivos rigen complemento directo.* ◆ v. intr. **4** Estar vigente una ley o una norma. **5** Funcionar bien o estar en plenas facultades la mente de una persona: *es muy anciano pero su cerebro aún rige perfectamente.*
OBS En su conjugación, la *e* se convierte en *i* en algunos tiempos y personas y la *g* en *j* delante de *a* y *o*, como en *elegir*.
DER regentar, regidor, régimen, regimiento; corregir, dirigir.

registrado, -da adj. [marca, modelo] Que ha sido inscrito en un catálogo oficial para evitar que pueda ser reproducido o imitado sin permiso.

registrar v. tr. **1** Mirar o examinar una cosa, un lugar o a una persona con cuidado y detenimiento para buscar algo que puede estar oculto. SIN inspeccionar, reconocer. **2** Anotar o incluir una cosa en una lista o relación: *este diccionario registra muchos americanismos.* **3** Apuntar o inscribir de manera jurídica o comercial una determinada marca comercial: *la empresa registró la marca comercial de su nuevo producto.* **4** Grabar un sonido o una imagen: *nuestras cámaras registraron la agresión.* **5** Señalar, marcar o indicar un aparato una determinada medida: *el termómetro registra la temperatura.* ◆ v. tr./ prnl. **6** Apuntar o anotar una cosa o un nombre en un registro o en un libro o documento oficial: *tienes que registrarte en la web para poder comprar.* ◆ v. prnl. **7** registrarse Producirse u ocurrir una cosa que puede medirse o anotarse: *se han registrado intensas lluvias.*
DER registrado, registrador.

registro n. m. **1** Acción que consiste en mirar o examinar una cosa, un lugar o a una persona con cuidado y detenimiento para buscar algo que puede estar oculto. **2** Inscripción jurídica o comercial de una determinada marca comercial. **3** Lugar u oficina en que se recogen hechos o informaciones que pertenecen a la administración pública: *cuando nace un niño hay que ir a inscribirlo en el registro.* registro civil Registro que recoge la información sobre los nacimientos, muertes, bodas y otros estados de los ciudadanos. registro de la propiedad Registro que recoge los bienes que hay en un lugar y quiénes son sus dueños. registro de la propiedad intelectual Registro que recoge las obras culturales y científicas y quiénes son sus autores. **4** Libro o documento oficial en que se anotan regularmente hechos o informaciones de un tipo determinado. **5** Cordón, cinta u otra señal que se pone un un libro para manejarlo mejor y consultarlo con facilidad: *el misal de mi abuela tenía un registro de seda rojo.* **6** Modalidad que puede adoptar un hablante según la situación o el contexto comunicativo en que se encuentre: *registro coloquial; registro culto.* **7** INFORM. Unidad completa de almacenamiento de información. **8** MÚS. Cada una de las partes que forman una escala musical: *la escala musical se divide en tres registros: grave, medio y agudo.*
DER registrar.

regla n. f. **1** Instrumento delgado y plano graduado en centímetros y milímetros que sirve para medir y trazar líneas rectas. **2** Norma que sirve para dirigir o ejecutar una cosa: *las reglas de un juego.* **3** Principio o máxima de las ciencias o de las artes: *debes seguir las reglas de la lógica.* **4** Método para hacer una operación matemática o resolver un problema. las cuatro reglas Las operaciones matemáticas básicas, es decir, la suma, la resta, la

multiplicación y la división. regla de tres Operación que se realiza para averiguar una cantidad que no se conoce a partir de otras tres conocidas. **5** Sangre que todos los meses expulsan naturalmente las mujeres y las hembras de ciertos animales. SIN menstruación. **6** Conjunto de normas que deben seguir los miembros de una comunidad religiosa: *en este monasterio se sigue la regla de san Benito.*
▶ en regla Expresión que indica que una cosa se realiza de manera correcta o de la manera que corresponde: *no pudo pasar por no tener los papeles en regla.* por regla general Expresión que indica que una cosa sucede casi siempre: *por regla general suele venir a las tres.*
DER reglamento, reglar, regleta, renglón.

reglamentación n. f. **1** Acción de reglamentar una actividad o un proceso. SIN regulación. **2** Conjunto de reglas o normas referentes a cierta cosa o actividad.

reglamentar v. tr. Someter una actividad o un proceso a determinadas reglas o leyes: *se quiere reglamentar la utilización del parque.* SIN reglar, regular.

reglamentario, -ria adj. **1** Que está hecho según el reglamento o se ajusta a él: *medidas reglamentarias.* **2** Que es obligado o exigido por el reglamento. SIN preceptivo.

reglamento n. m. Conjunto de reglas o leyes a que una autoridad somete una actividad. SIN regulación.

reglar v. tr. Sujetar o someter una cosa a reglas o normas: *tienen que reglar la organización de este instituto.* SIN reglamentar.
DER reglado, reglaje; arreglar.

regleta n. f. **1** Soporte aislante sobre el cual se disponen los componentes de un circuito eléctrico. **2** Especie de varita pequeña, normalmente de sección cuadrada, que se utiliza con fines didácticos: *las regletas, que tienen distintos largos y colores, se usan con frecuencia para enseñar a contar.*

regocijar v. tr. **1** Dar alegría o diversión a una persona. SIN alegrar, divertir. ◆ v. prnl. **2** regocijarse Alegrarse una persona por algún motivo: *se regocijaba pensando en lo bien que se lo iban a pasar.*
DER regocijado, regocijo.

regocijo n. m. Alegría, gusto o satisfacción interior muy intensos. SIN gozo, júbilo.

regodearse v. prnl. **1** Alegrarse con maldad de un percance o desgracia sufrido por alguien. **2** Sentir placer o satisfacción por algo y entregarse a ello con avidez o desmesura: *se regodeaba en la sucesión de éxitos obtenidos; agazapado conseguía el dinero que le permitía regodearse en la perversidad.* SIN complacerse.
DER regodeo.

regresar v. intr. Volver al lugar de donde se partió: *creo que ya es hora de regresar a casa.* SIN retornar.
DER regresión, regresivo, regreso.

regresión n. f. Proceso por el que se vuelve a un estado menos avanzado o a peores condiciones de vida: *período de regresión.* SIN retroceso. ANT avance.

regresivo, -va adj. Que hace retroceder o conlleva regresión.

regreso n. m. Vuelta al lugar de donde se partió. SIN retorno. ANT ida.

reguero n. m. **1** Canal hecho en la tierra para conducir el agua de riego. **2** Corriente como un arroyo pequeño o un chorro que deja un líquido que cae de un lugar. **3** Señal continuada que queda de una cosa que se va vertiendo: *el coche dejó un reguero de aceite en la carretera.*

regulación n. f. **1** Acción que consiste en someter o sujetar una cosa a determinadas normas o reglas: *el gobierno se va a encargar de la regulación de ese tipo de actividades.* SIN regularización. **2** Ajuste del funcionamiento de un aparato: *el botón izquierdo de la lavadora sirve para la regulación de la temperatura del agua.*

regulador, -ra adj. **1** Que regula o ajusta una cosa o una actividad. ◆ n. m. **2** Mecanismo que sirve para ordenar o ajustar el funcionamiento de una máquina o de una de sus piezas: *las botellas de los submarinistas llevan un regulador del oxígeno.*

regular adj. **1** Que no sufre grandes cambios o alteraciones: *el alumno ha seguido una trayectoria regular.* SIN uniforme. ANT irregular. **2** Que es de tamaño o calidad medianos o intermedios: *actuación regular.* **3** Que es fijo u ordenado: *vuelo regular.* **4** [persona] Que vive sometido a una regla o institución religiosa: *una orden monástica regular.* **5** [figura geométrica] Que tiene todos los lados y los ángulos iguales entre sí: *el cuadrado es regular.* **6** [palabra] Que se forma a partir de una regla morfológica general: *«cantar» es un verbo regular.* ◆ adv. **7** Ni bien ni mal o de manera pasable: *mi madre se encuentra regular.* ◆ v. tr. **8** Someter una cosa a una norma o regla: *las leyes regu-*

lan los derechos y deberes de los ciudadanos. SIN regularizar. **9** Ajustar el funcionamiento de un aparato o mecanismo: *el botón del radiador sirve para regular la temperatura de la sala.*

▶ por lo regular Expresión que indica que una cosa sucede de una manera habitual, normal o común: *por lo regular nos vemos dos veces a la semana.*

DER regulación, regulador, regularizar.

regularidad n. f. **1** Uniformidad en la manera de desarrollarse una cosa o una situación sin que se produzcan grandes cambios o alteraciones: *nos visita con regularidad.* **2** Hecho de suceder una cosa con arreglo a una determinada norma: *el banco ingresa los cheques con regularidad.* SIN periodicidad, puntualidad.

regularización n. f. Regulación.

regularizar v. tr. Hacer que algo funcione de acuerdo con una orden o plan, generalmente para que obtenga una autorización o un reconocimiento oficial: *la situación de nuestros trabajadores se ha regularizado.*

OBS En su conjugación, la *z* se convierte en *c* delante de *e*.

regurgitar v. tr./ intr. Volver desde el estómago a la boca comida que no se ha digerido: *el búho regurgita comida para sus crías.*

regusto n. m. **1** Sabor que queda en la boca después de haber tomado una sustancia y que no siempre coincide con el sabor dominante de esa sustancia. **2** Sensación o sentimiento, generalmente triste o desagradable, que queda después de vivir una experiencia o de evocar un recuerdo: *el regusto amargo de esa pelea.* **3** Impresión de semejanza o parecido de una cosa con otra: *se dio a conocer con una obra de regusto kantiano.*

rehabilitación n. f. **1** Conjunto de técnicas y métodos que sirven para recuperar una función o actividad del cuerpo que ha disminuido o se ha perdido a causa de un accidente o de una enfermedad: *hizo ejercicios de rehabilitación para volver a mover la mano.* **2** Acción que consiste en devolver a una cosa el estado que tenía: *la rehabilitación del edificio.*

rehabilitar v. tr. **1** Devolver a una persona el empleo, cargo o función que desempeñaba: *tras demostrarse su inocencia fue rehabilitado en su cargo.* **2** Recuperar una función o actividad del cuerpo que había disminuido o se había perdido a causa de un accidente o de una enfermedad.

DER rehabilitación.

rehacer v. tr. **1** Repetir o hacer de nuevo una cosa que está deshecha o mal hecha. **2** Arreglar o reparar una cosa material o inmaterial que está estropeada o dañada: *tres el divorcio le costó rehacer su vida.* ◆ v. prnl. **3** rehacerse Volver a tener fuerzas o valor una persona: *aún no se ha rehecho del todo del accidente.* **4** Recuperar una persona la tranquilidad o dominar una emoción ante un hecho determinado: *ha tenido muchos disgustos pero parece que se está rehaciendo poco a poco.*

OBS Se conjuga como *hacer.*

DER rehecho.

rehén n. com. Persona detenida o encerrada contra su voluntad y de modo ilegal por alguien que exige dinero o el cumplimiento de unas determinadas condiciones para liberarla: *el atracador tiene dos rehenes en el banco.*

rehogar v. tr. Sofreír un alimento hasta que empieza a dorarse y antes de añadirle el agua, caldo o salsa con que va a guisarse: *rehogamos las verduras con un chorrito de aceite; ya se han rehogado las verduras.*

OBS En su conjugación, la *g* se convierte en *gu* delante de *e*.

rehuir v. tr. **1** Evitar o eludir una cosa, una situación o una persona. SIN esquivar. **2** Rechazar una cosa, una situación o a una persona o apartarse de ella por miedo o por la sospecha de algo: *en nuestras condiciones más nos vale rehuir cualquier pelea.* SIN rehusar.

OBS En su conjugación, la *i* se convierte en *y* delante de *a*, *e* y *o*, como en *huir*.

rehusar v. tr. Rechazar o no aceptar una cosa: *rehusar un ofrecimiento.* SIN declinar.

reimplantar v. tr. **1** Implantar de nuevo en el lugar que le corresponde un miembro del cuerpo que había sido seccionado. **2** Introducir de nuevo una ley, forma de gobierno o costumbre que durante cierto tiempo había dejado de estar en vigor. SIN reinstaurar.

reina n. f. **1** Mujer que tiene el cargo de jefa de Estado por derecho propio y adquirido por su nacimiento. **2** Esposa del rey. **3** Pieza del ajedrez que puede moverse como cualquiera de las otras fichas excepto como el caballo. **4** Mujer, animal o cosa del género femenino que destaca.

reinado n. m. **1** Período de tiempo en el que un rey o una reina ejercen su mandato o el cargo y las funciones de jefe de Estado. **2** Período de tiempo en que domina o tiene auge una cosa.

rehusar

INDICATIVO

presente
rehúso
rehúsas
rehúsa
rehusamos
rehusáis
rehúsan

pretérito imperfecto
rehusaba
rehusabas
rehusaba
rehusábamos
rehusabais
rehusaban

pretérito perfecto simple
rehusé
rehusaste
rehusó
rehusamos
rehusasteis
rehusaron

futuro
rehusaré
rehusarás
rehusará
rehusaremos
rehusaréis
rehusarán

condicional
rehusaría
rehusarías
rehusaría
rehusaríamos
rehusaríais
rehusarían

SUBJUNTIVO

presente
rehúse
rehúses
rehúse
rehusemos
rehuséis
rehúsen

pretérito imperfecto
rehusara o rehusase
rehusaras o rehusases
rehusara o rehusase
rehusáramos o rehusásemos
rehusarais o rehusaseis
rehusaran o rehusasen

futuro
rehusare
rehusares
rehusare
rehusáremos
rehusareis
rehusaren

IMPERATIVO

rehúsa (tú)
rehúse (usted)
rehusad (vosotros)
rehúsen (ustedes)

FORMAS NO PERSONALES

infinitivo rehusar
gerundio rehusando
participio rehusado

reinante adj. Que reina.

reinar v. intr. **1** Gobernar o tener el cargo y las funciones de jefe de Estado un rey o una reina. **2** Dominar o tener gran influencia o auge una cosa determinada: *en este país reina la paz desde hace muchos años.*
DER reinado, reinante.

reincidente adj. **1** Que reincide. ◆ adj./ n. com. **2** [persona] Que reincide.

reincidir v. intr. Repetir una persona el mismo error o la misma falta: *si reincides en lo mismo volverás a la cárcel.* SIN incurrir, recaer.
DER reincidencia, reincidente.

reincorporar v. tr. Volver a incorporar una persona o una cosa a un lugar o a un empleo del cual se habían separado.

reingresar v. intr. **1** Volver a ingresar en un grupo, conjunto o institución. **2** Volver a ingresar [una persona] en un hospital o en otro establecimiento sanitario para someterse a un tratamiento médico. ◆ v. tr. **3** Hacer que una persona vuelva a ser ingresada en un hospital o en otro establecimiento sanitario para someterse a un tratamiento médico: *el sábado lo reingresaron en el hospital.* **4** Volver a ingresar una cantidad de dinero en un banco o una caja de ahorros.

reiniciar v. tr. Iniciar de nuevo una cosa que se había interrumpido o suspendido.
OBS Se conjuga como *cambiar.*

reino n. m. **1** Estado en el que el jefe de gobierno es un rey o una reina: *España es un reino.* **2** Cualquiera de las provincias de un Estado que antiguamente tuvieron rey o reina propios: *el antiguo reino de Navarra.* **3** Campo o ámbito real o imaginario que es propio de una actividad determinada: *el reino de la informática.* **4** Cada uno de los tres grandes grupos en que se consideraban distribuidos los seres y elementos de la naturaleza: *reino animal; reino vegetal; reino mineral.* **5** BIOL. Categoría de clasificación de los seres vivos que es la primera o superior. reino de los hongos Grupo formado por las levaduras, los mohos y los hongos superiores: *las setas pertenecen al reino de los hongos.* reino de las metáfitas Grupo formado por las plantas con tejidos: *los árboles pertenecen al reino de las metáfitas.* reino de los metazoos Grupo formado por los animales pluricelulares: *el ser humano y el resto de mamíferos pertenecen al reino de los metazoos.* reino de los móneras Grupo formado por los organismos que no tienen membrana celular: *las bacterias pertenecen al reino de los móneras.* reino de los protoctistas Grupo formado por seres de estructura muy simple y sin tejidos: *las algas y los protozoos pertenecen al reino de los protoctistas.*
DER reinar.

reinserción n. f. Acción de reinsertar o reinsertarse.

reinsertar v. tr. Poner a disposición de una persona los medios necesarios para adaptarse nuevamente a la vida social: *el gobierno se comprometió a reinsertar a los delincuentes que cumplieran condenas largas.*

reinstaurar v. tr. Introducir de nuevo una ley, forma de gobierno o costumbre que durante cierto tiempo había dejado de estar en vigor: *reinstaurar la democracia.*

reintegrar v. tr. **1** Pagar o devolver por completo una cosa, generalmente dinero, a una persona. **2** Poner en un documento las pólizas o sellos necesarios: *hay que reintegrar la instancia para que tenga validez.* ◆ v. tr./ prnl. **3** Hacer que una persona vuelva a tener una determinada situación o a realizar una actividad: *esta asociación intenta reintegrar a los marginados.*

DER reintegro.

reinvertir v. tr. ECON. Emplear los beneficios de una actividad productiva en el aumento de su capital: *una parte de los ingresos fue reinvertida en acciones; debemos reinvertir de verdad en la empresa y potenciar nuestras áreas de investigación.*

OBS Se conjuga como *sentir.*

reír v. intr./ prnl. **1** Dar muestras de alegría, placer o felicidad moviendo una persona la boca, los ojos y otras partes de la cara y emitiendo unos peculiares sonidos: *estuvimos contando chistes y riendo.* ◆ v. tr. **2** Dar muestras de aprobación o satisfacción una persona por lo que alguien hace o dice: *le ríen todas sus gracias.* ◆ v. prnl. **3** **reírse** Despreciar o burlarse de una persona o de una cosa: *no me gusta que se rían de mí.*

DER risa; sonreír.

reír

INDICATIVO	SUBJUNTIVO
presente	**presente**
río	ría
ríes	rías
ríe	ría
reímos	riamos
reís	riais
ríen	rían
pretérito imperfecto	**pretérito imperfecto**
reía	riera o riese
reías	rieras o rieses
reía	riera o riese
reíamos	riéramos o riésemos
reíais	rierais o rieseis
reían	rieran o riesen
pretérito perfecto simple	**futuro**
reí	riere
reíste	rieres
rio	riere
reímos	riéremos
reísteis	riereis
rieron	rieren
futuro	
reiré	
reirás	
reirá	
reiremos	
reiréis	
reirán	
condicional	
reiría	
reirías	
reiría	
reiríamos	
reiríais	
reirían	

IMPERATIVO

ríe	(tú)
ría	(usted)
reíd	(vosotros)
rían	(ustedes)

FORMAS NO PERSONALES

infinitivo	**gerundio**
reír	riendo
participio	
reído	

reiteración n. f. Repetición de algo que ya se ha dicho.

reiterar v. tr. **1** Volver a hacer una cosa que se ha hecho o se ha dicho: *le reiteramos nuestro agradecimiento por su amabilidad.* **SIN** repetir. ◆ v. prnl. **2** **reiterarse** Mantener una idea, opinión o actitud a propósito de un asunto determinado.

DER reiteración, reiterado, reiterativo.

reiterativo, -va adj. **1** Que se repite con frecuencia: *fue condenado por violar la ley de forma reiterativa.* **SIN** iterativo. **2** GRAM. [verbo] Que expresa una acción que se compone de momentos repetidos: *golpear es un verbo reiterativo.* **SIN** iterativo.

reivindicación n. f. Solicitud o petición de una cosa que no se tiene y a la que se tiene derecho: *los trabajadores presentaron sus reivindicaciones salariales.*

reivindicar v. tr. **1** Solicitar o pedir una cosa que no se tiene y a la que se tiene derecho. **SIN** exigir. **2** Reclamar como propia la realización o la autoría de una acción determinada: *los terroristas reivindicaron el atentado.*

OBS En su conjugación, la *c* se convierte en *qu* delante de *e.*

DER reivindicación.

reja n. f. **1** Estructura formada por barras de hierro o de madera de varios tamaños y figuras que sirve para proteger o adornar una puerta o ventana. **NOTA** También se usa en el interior de un espacio, como en una iglesia, para delimitar otro espacio. **SIN** verja. **2** Pieza de hierro del arado que sirve para surcar y remover la tierra. **3** Labor o vuelta que se da a la tierra con el arado: *acabo de dar la segunda reja a la tierra.*

▶ **entre rejas** En la cárcel o preso.

DER rejo, rejón.

rejilla n. f. **1** Tela metálica o lámina calada que se pone sobre una abertura como protección o para ocultar el interior: *miró por la rejilla de la ventana.* **2** Tejido delgado y fuerte hecho con tiras de los tallos de ciertas plantas que sirve para hacer respaldos y asientos de sillas y para otros usos.

rejuvenecer v. tr./ intr./ prnl. **1** Dar a una persona un aspecto más joven o el ánimo y el vigor propios de la juventud. ◆ v. tr. **2** Renovar o dar actualidad a una cosa: *he decidido rejuvenecer mi vestuario.*

OBS En su conjugación, la *c* se convierte en *zc* delante de *a* y *o*, como en *agradecer*.

relación n. f. **1** Correspondencia o conexión que hay entre dos o más cosas: *no sé qué relación puede haber entre estos hechos.* **2** Relato que se hace de un hecho de palabra o por escrito: *nos hizo relación de todo lo sucedido.* **SIN** narración. **3** Lista de personas o cosas: *leyó la relación de los asistentes al congreso.* **4** Trato o unión que hay entre dos o más personas: *a estas personas les une una relación de parentesco.* **5** MAT. Resultado numérico que se obtiene de comparar dos magnitudes o cantidades. ◆ n. f. pl. **6** relaciones Trato amoroso o sexual que hay entre dos personas: *tiene relaciones con una chica del barrio.* **7** Conjunto de personas importantes o influyentes con las que alguien mantiene un trato personal o social: *es muy importante en el mundo de los negocios tener buenas relaciones.* relaciones públicas **a.** Actividad o profesión que consiste en promover o prestigiar la imagen pública de una empresa o de una persona mediante el trato personal con diferentes personas o entidades. **b.** Persona que se dedica a esta actividad o profesión.

DER relacional, relacionar, relativo; correlación, interrelación.

relacionar v. tr. **1** Establecer una relación o correspondencia entre dos o más cosas: *intenta relacionar estos hechos.* **2** Relatar un hecho de palabra o por escrito: *soy capaz de relacionar con detalle lo que sucedió.* **SIN** contar. ◆ v. prnl. **3** relacionarse Tener trato o relación una persona con otra u otras: *no se relaciona con nadie.* **4** Entablar un trato personal o social con una serie de personas importantes o influyentes: *es un hombre que sabe relacionarse.*

relajación n. f. **1** Estado de tranquilidad, reposo o descanso físico o mental. **ANT** nerviosismo. **2** Disminución de la fuerza, la actividad o la tensión de una parte del cuerpo: *relajación muscular.* **3** Tratamiento que consiste en una serie de ejercicios físicos y mentales para conseguir el reposo muscular o psíquico: *estoy aprendiendo ejercicios de relajación.* **4** Disminución de la severidad de una regla o norma: *relajación de las costumbres.*

relajado, -da adj. **1** Que está sereno o muy tranquilo. **2** Que no causa tensión o nerviosismo. **3** [sonido] Que se pronuncia con una escasa tensión muscular.

relajar v. tr. **1** Disminuir la tensión, la presión o la fuerza a que está sometida una cosa: *relaja la cuerda que está muy tirante.* **SIN** aflojar, distender. **2** Reducir o disminuir la fuerza, la actividad o la tensión de una parte del cuerpo: *relajar los músculos.* **3** Hacer menos severo y rígido el cumplimiento de ciertas normas sociales: *el nuevo director relajó la disciplina del colegio.* ◆ v. prnl. **4** relajarse Conseguir un estado físico y mental de tranquilidad, reposo o descanso dejando los músculos sin tensión y la mente libre de cualquier pensamiento. **5** Viciarse una persona o adquirir costumbres consideradas malas o negativas.

DER relajación, relajado, relajamiento, relajo.

relamer v. tr. **1** Chupar una cosa con la lengua de manera repetida e insistente: *el perro relamía el plato.* ◆ prnl. **2** relamerse Pasarse una persona la lengua por los labios repetidamente. **3** Sentir una persona mucho gusto o placer pensando en una cosa: *se relamía pensando en lo bien que le había salido el negocio de las tablas de surf.*

DER relamido.

relamido, -da adj. [persona] Que no viste de manera natural y va excesivamente aseado o con demasiados adornos: *esa muchacha va siempre muy relamida.*

relámpago n. m. **1** Luz viva y momentánea que se produce en las nubes por una descarga eléctrica. **2** Persona o cosa que realiza una actividad o produce un efecto de forma muy rápida: *¡este chico es un relámpago haciendo los deberes!* **NOTA** Se usa detrás de los nombres en aposición: *viaje relámpago.*

relampaguear v. impersonal **1** Haber relámpagos. ◆ v. intr. **2** Emitir luz una cosa o brillar de manera especial: *se asustó al ver cómo los ojos de Susana relampaguean de enfado.* **SIN** centellear, resplandecer.

DER relampagueo.

relatar v. tr. Contar un hecho o un suceso de palabra o por escrito. **SIN** narrar, referir.

DER relator.

relatividad n. f. **1** Cualidad de algo que no se considera de una manera absoluta sino dependiendo de una serie de factores, elementos o circunstancias: *los conceptos bien y mal deben considerarse con mucha relatividad.* **2** FÍS. Teoría según la cual las leyes físicas se transforman cuando se cambia el sistema de referencia; se demuestra que es imposible hallar un sistema de referencia absoluto: *la teoría de la relatividad fue formulada por el físico alemán Albert Einstein en 1905.*

relativismo n. m. Doctrina basada en la relatividad o falta de valores absolutos, punto de vista según el cual los conceptos comúnmente aceptados sobre el bien y el mal varían en función del ambiente y de una persona a otra.

relativizar v. tr. Conceder a algo un valor o importancia menor.
OBS En su conjugación, la *z* se convierte en *c* delante de *e*.

relativo, -va adj. **1** Que tiene relación o conexión con una persona o cosa o hace referencia a ello: *los problemas relativos a la economía.* SIN referente. **2** Que no es total ni absoluto y depende de una serie de factores, elementos o circunstancias. ANT absoluto. **3** Que existe o se da en poca cantidad o intensidad: *un relativo descenso del paro.* SIN escaso. ◆ adj./ n. m. **4** [pronombre, adverbio] Que hace referencia a elementos aparecidos anteriormente en el discurso e introduce una oración subordinada adjetiva. NOTA Realizan esta función los pronombres relativos *que, el cual, quien, cuyo* y *cuanto* y los adverbios relativos *donde, cuando* y *como.* ◆ adj./ n. f. **5** [oración subordinada] Que funciona dentro de la oración compuesta como un adjetivo y está introducida por estos pronombres o estos adverbios.
DER relatividad, relativismo, relativizar.

relato n. m. **1** Cuento o narración breve de carácter literario. **2** Narración de un hecho o un suceso que se hace de palabra o por escrito: *nos hizo un relato muy detallado de todo lo que le sucedió.* SIN relación.
DER relatar.

releer v. tr. Leer de nuevo un texto que ya se había leído: *voy a releer esta novela.*
OBS En su conjugación, la *i* de la desinencia se convierte en *y* delante de *o* y *e*, como en *leer*.

relegar v. tr. Apartar o dejar de lado a una persona o una cosa: *relegar al olvido.* SIN postergar.
OBS En su conjugación, la *g* se convierte en *gu* delante de *e*.

relevancia n. f. **1** Importancia o utilidad de algo. **2** Conexión que algo tiene con lo que se está discutiendo o hablando: *no entiendo la relevancia de su pregunta.* SIN pertinencia.

relevante adj. **1** Que es significativo o importante. **2** Que se relaciona con lo que se discute o habla. SIN pertinente.

relevar v. tr. **1** Destituir o quitar a una persona de un puesto o un cargo: *el presidente ha relevado al ministro de su cargo.* **2** Librar a una persona de un peso, cargo o empleo: *lo relevará de esas obligaciones en cuanto pueda.* **3** Reemplazar o sustituir una persona a otra en un trabajo o en una función: *esta noche relevaré a mi hermano en el hospital.* **4** Sustituir un deportista a otro que está corriendo en una competición deportiva de relevos.
DER relevante, relevo.

relevo n. m. **1** Sustitución de una persona por otra en un trabajo o en una función. **2** Persona que sustituye a otra en un trabajo o en una función. ◆ n. m. pl. **3** relevos Competición deportiva de atletismo en la que los miembros de cada equipo se van sustituyendo una vez que han corrido una determinada distancia.
DER relevista.

relicario n. m. **1** Lugar u objeto en el que se guardan reliquias. **2** Estuche donde se guarda un objeto o recuerdo de una persona.

relieve n. m. **1** Adorno o labor hechos sobre una superficie de forma que quede elevado de esa superficie: *es un relieve de tema religioso tallado en madera.* **2** Conjunto de accidentes geográficos que configuran la superficie terrestre. **3** Importancia o influencia de una persona o cosa: *es una obra de gran relieve.*
▶ poner de relieve Destacar o subrayar una cosa: *en su discurso puso de relieve su punto de vista.*

religión n. f. **1** Conjunto de creencias, normas morales de comportamiento social e individual y ceremonias de oración o sacrificio que relacionan al ser humano con Dios. **2** Cada una de las diferentes doctrinas surgidas a partir de estas creencias: *religión cristiana.*
DER religioso; correligionario.

religiosidad n. f. **1** Cualidad que tiene la persona que es religiosa o creyente. **2** Práctica y cumplimiento esmerado de las obligaciones que marca una religión: *iba los domingos a misa con ferviente religiosidad.* **3** Puntualidad y exactitud en realizar una cosa: *paga todas sus deudas con religiosidad.*

religioso, -sa adj. **1** De la religión o que tiene relación con este conjunto de creencias. **2** [persona] Que tiene una religión y la practica con empeño: *es muy religiosa, va todos los días a misa.* **3** Que es fiel y exacto en el cumplimiento del deber: *todos los meses me paga con religiosa puntualidad.* ◆ adj./ n. m. y f. **4** [persona] Que ha ingresado o profesado en una orden religiosa.
DER religiosamente, religiosidad; irreligioso.

relinchar v. intr. Emitir relinchos el caballo.

relincho n. m. Voz característica del caballo.
DER relinchar.

reliquia n. f. **1** Parte del cuerpo o de la vestimenta de un santo que se venera como objeto de culto. **2** Resto que queda de una época o una cosa pasada: *en este pueblo quedan muchas reliquias del siglo pasado.* **3** Objeto viejo o antiguo que se tiene en gran aprecio o estima: *mi abuelo me regaló unos libros antiguos que son una auténtica reliquia.* **4** Cosa muy vieja que no sirve para nada: *voy a deshacerme de esta moto porque es una reliquia.*
DER relicario.

rellano n. m. Superficie llana en que termina cada tramo de una escalera y que da entrada a las casas o habitaciones.
DER arrellanarse.

rellenar v. tr. **1** Llenar un hueco metiendo una cosa en él: *el albañil rellenó el agujero de la tapia con cemento.* **2** Meter un alimento en el interior de otro: *hemos rellenado el pavo con ciruelas y pasas.* **3** Llenar de nuevo una cosa que estaba vacía: *ha rellenado la botella con vino.* **4** Escribir en los huecos en blanco de un documento impreso la información necesaria: *debes rellenar la solicitud con tus datos personales.*

relleno, -na adj. **1** Que está lleno en su interior de alguna cosa: *aceitunas rellenas de anchoa.* **2** Que tiene escritos los datos necesarios: *el impreso ya está relleno.* **3** [persona] Que está algo gruesa. NOTA Se usa más en diminutivo. ◆ n. m. **4** Alimento con el que se rellena el interior de otro. **5** Llenado de un recipiente. **6** Llenado de un hueco. **7** Parte superficial o poco importante que alarga una obra, un escrito o un discurso de forma superflua: *es una película pesada y con mucho relleno.*
DER rellenar.

reloj n. m. Aparato que sirve para medir el tiempo o dividir el día en horas, minutos y segundos. **reloj de arena** Reloj formado por dos recipientes de cristal unidos por un paso estrecho que mide el tiempo por medio de la arena que va cayendo de uno a otro. **reloj de cuco** Reloj que dispone de la figura de un cuclillo que sale de su interior para indicar las horas con su canto. **reloj eléctrico** Reloj que tiene un mecanismo movido o regulado por electricidad. **reloj digital** Reloj electrónico que tiene una pantalla de cristal líquido e indica las horas mediante números. **reloj de pulsera** Reloj que se lleva en la muñeca sujeto con una correa o una cadena. **reloj de sol** Reloj que señala las horas del día por medio de la sombra que proyecta una aguja fija sobre una superficie.
▶ **como un reloj** De forma exacta o muy precisa: *mi cuerpo funciona como un reloj.* **contra reloj** **a.** En el menor tiempo posible o muy deprisa: *deja de perder el tiempo, esta obra hay que terminarla contra reloj.* **b.** Modalidad de carrera ciclista en la que los corredores salen de uno en uno e intentan llegar a la meta en el menor tiempo posible.
DER relojero; contrarreloj.

relojería n. f. **1** Arte y técnica de fabricar relojes. **2** Establecimiento en el que se venden o arreglan relojes.

relojero, -ra n. m. y f. Persona que tiene por oficio hacer, arreglar o vender relojes.
DER relojería.

reluciente adj. **1** Que brilla o emite luz: *un vaso reluciente.* **2** Muy limpio: *siempre lleva el coche reluciente.*

relucir v. intr. **1** Despedir o reflejar luz una cosa: *su armadura relucía al sol.* SIN brillar, resplandecer. **2** Destacar una persona por una virtud o una cualidad.
▶ **sacar (o salir) a relucir** Decir o revelar una cosa de manera inesperada o inoportuna: *supongo que has sacado a relucir el tema en un mal momento.*
OBS En su conjugación, la *c* se convierte en *zc* delante de *a* y *o*, como en *lucir.*
DER reluciente.

relumbrar v. intr. Emitir un cuerpo una luz muy fuerte o brillante: *llevaba una pulsera de brillantes que relumbraba muchísimo.* SIN brillar, resplandecer.
DER relumbro.

remachar v. tr. **1** Aplastar la punta o la cabeza de un clavo. **2** Poner o colocar remaches o piezas de metal: *aún queda remachar los cinturones.* **3** Asegurar o recalcar una cosa que

se ha dicho o hecho: *remachó bien cuál era su intención.*
DER remachadora, remache.
remache n. m. **1** Pieza de metal parecida a un clavo que, después de pasado por el agujero, se remacha por el extremo opuesto formando otra cabeza: *la cartera se sujeta a la correa por remaches.* **2** Acción que consiste en sujetar dos cosas con estas piezas: *el remache lo hace la máquina automáticamente.*
remanente n. m. Parte que se conserva o queda de una cosa. SIN excedente, resto.
remangar v. tr. **1** Recoger hacia arriba una prenda de vestir o una parte de una prenda de vestir, especialmente las mangas. SIN arremangar. ◆ v. prnl. **2** remangarse Tomar una decisión o disponerse a realizar una acción de manera enérgica. SIN arremangarse.
OBS En su conjugación, la *g* se convierte en *gu* delante de *e*.
DER arremangar.
remansarse v. prnl. Detenerse o fluir muy lentamente una corriente de agua: *el río se remansa más abajo.*
remanso n. m. Lugar donde se detiene el agua de una corriente o donde fluye muy despacio.
▶ remanso de paz Lugar muy tranquilo: *este monasterio es un remanso de paz.*
DER remansarse.
remar v. intr. Mover los remos de una embarcación para impulsarla. SIN bogar.
remarcar v. tr. Poner de relieve especialmente una idea o asunto para que otros lo tengan en cuenta: *antes de marcharse remarcó con indignación que no volvería.* SIN acentuar, subrayar.
OBS En su conjugación, la *c* se convierte en *qu* delante de *e*.
rematado, -da adj. [persona] Que tiene una cualidad negativa en alto grado: *eres un tonto rematado.*
rematar v. tr. **1** Acabar o poner fin a una cosa. SIN concluir, terminar. **2** Asegurar o afianzar las últimas puntadas de una costura para que no se deshaga. **3** Acabar de estropear una cosa o una situación que está mal: *con lo deprimido que está tus malas noticias lo van a rematar.* **4** Poner fin a la vida de una persona o de un animal que está a punto de morir. **5** Adjudicar un objeto en una subasta a la persona que hace la oferta más alta. **6** Vender lo último que queda de un producto o mercancía a un precio rebajado o más barato: *estamos rematando la ropa de la temporada pasada.* SIN liquidar. ◆ v. tr./ intr. **7** Lanzar la pelota contra la portería o la meta contraria, en fútbol y otros deportes. **8** Constituir o ser una cosa el final de otra: *una gran terraza remata el edificio.*
DER rematado, remate.
remate n. m. **1** Fin o conclusión de una cosa. SIN terminación, término. **2** Elemento que constituye el final de una cosa: *aquel pináculo es el remate de la torre.* SIN extremo. **3** Adorno que se pone en el extremo de una cosa: *el camisón tiene un remate de ganchillo.* **4** Adjudicación de una cosa que se hace en una subasta. **5** Acción que consiste en vender lo último que queda de un producto o mercancía a un precio rebajado o más barato. SIN liquidación. **6** Lanzamiento de la pelota hacia la portería o la meta contraria para intentar conseguir tantos o puntos un equipo deportivo.
▶ de remate Expresión que intensifica el significado del adjetivo que la precede y significa 'totalmente' o 'sin remedio': *loco de remate.*
remediable adj. Que tiene remedio o solución: *mal remediable.* ANT irremediable, irremisible.
DER irremediable.
remediar v. tr. **1** Poner un remedio o dar una solución a una cosa. **2** Evitar que suceda una cosa negativa: *se enterará del engaño si nadie lo remedia.*
OBS En su conjugación, la *i* es átona, como en *cambiar.*
DER remediable.
remedio n. m. **1** Medida que se toma para reparar un daño o para evitar un inconveniente: *puso remedio a todos nuestros problemas técnicos.* **2** Medio o sustancia que sirve para curar o mejorar una enfermedad. **3** Solución a una equivocación o a un error: *el remedio a sus descuidos.* **4** Auxilio de una necesidad.
▶ no haber más remedio Ser necesaria una cosa: *no hay más remedio que estudiar este fin de semana.* qué remedio Expresión que se utiliza para expresar resignación para aceptar una cosa: *no me apetece salir, pero ¡qué remedio me queda!*
DER remediar.
rememorar v. tr. Recordar o traer a la memoria o al pensamiento un hecho pasado. SIN evocar.
remendar v. tr. Coser un remiendo a una

tela para reforzarla o cubrir lo que está roto o viejo.

OBS En su conjugación, la *e* se convierte en *ie* en sílaba acentuada, como en *acertar*.

DER remendón, remiendo.

remendón, -dona adj./ n. m. y f. [persona] Que se dedica profesionalmente a remendar o arreglar zapatos y otros objetos textiles gastados o rotos.

remero, -ra n. m. y f. Persona que rema o mueve los remos en una embarcación.

remeter v. tr. **1** Meter una cosa más adentro o meter de nuevo algo que se ha salido de su sitio. **2** Empujar una cosa para meterla en un lugar o dentro de otra: *remetió las sábanas debajo del colchón.*

DER arremeter.

remiendo n. m. **1** Trozo de tela que se cose a otra que está vieja o rota para reforzarla o para cubrir un agujero. **2** Reparación o arreglo de poca importancia o trascendencia que se hace para reparar un desperfecto parcial: *es albañil y se dedica a hacer remiendos para sacarse un sueldo.*

remilgo n. m. Delicadeza o escrúpulo excesivos que se muestran con gestos expresivos: *no te andes con tantos remilgos y come todo lo que te apetezca.*

OBS Se suele usar más en plural.

DER remilgado.

reminiscencia n. f. **1** Recuerdo impreciso de un hecho o una imagen del pasado que viene a la memoria. **2** Cosa que recuerda otra pasada, en especial, parte de una obra artística que recuerda otras obras: *el desolado paisaje parece una reminiscencia de la tradición surrealista.*

remisión n. f. **1** Indicación que se hace en un escrito para enviar al lector a otra parte del texto: *en esa página hay una remisión al primer capítulo.* SIN envío. **2** Pérdida o disminución de la intensidad de una cosa. **3** Suspensión de una condena que priva de libertad a una persona: *logró la remisión de la condena.* SIN perdón.

▶ sin remisión Sin que exista otra posibilidad o salida: *si no avisamos al veterinario, la vaca morirá sin remisión.*

remite n. m. Nota que se pone en un sobre o paquete que se envía por correo para indicar el nombre y la dirección de la persona que lo manda.

remitente adj./ n. com. **1** [persona] Que remite o envía algo, en especial un paquete o carta por correo: *nombre y dirección del remitente.* ◆ n. m. **2** Remite.

remitir v. tr. **1** Enviar o mandar una cosa de un sitio a otro: *habían remitido aquí su carta.* **2** Suspender una condena que priva de libertad a una persona: *el juez remitió la pena del acusado.* SIN indultar, perdonar. ANT condenar. ◆ v. intr. **3** Perder una cosa parte de su intensidad o fuerza: *la tormenta remitió enseguida.* SIN ceder. ◆ v. prnl. **4** remitirse Atenerse una persona a lo que ha dicho o ha hecho ella misma respecto de un asunto, o a lo que ha hecho o ha dicho otra persona: *al dar su opinión se remitió a sus propias palabras.*

DER remisión, remiso, remite, remitente; irremisible.

remo n. m. **1** Instrumento de madera, plástico u otro material en forma de pala larga y estrecha que sirve para mover o hacer avanzar una embarcación haciendo fuerza en el agua. **2** Deporte que se practica con embarcaciones movidas mediante estos instrumentos y que consiste en recorrer una determinada distancia. **3** Brazo o pierna de una persona o de los animales de cuatro patas. NOTA Se usa más en plural. **4** Ala de un ave: *el albatros es un ave de grandes remos.* NOTA Se usa más en plural.

DER remar, remero.

remodelación n. f. **1** Reparación o arreglo de los desperfectos de una obra de arte, un edificio u otra cosa: *la remodelación de un hotel.* SIN restauración. **2** Cambio de la manera en que está estructurada u organizada cierta cosa: *una remodelación del gobierno.* SIN reestructuración, reorganización.

remodelar v. tr. Cambiar, arreglar o modificar la forma o la estructura de una cosa o de un edificio: *el presidente remodeló el gobierno.* SIN reorganización.

DER remodelación.

remojar v. tr. **1** Introducir una cosa en un líquido para mojarla completamente: *remojó el pan en la leche.* SIN empapar. **2** Convidar a beber a unos amigos para celebrar un acontecimiento: *remojaremos con cava el nacimiento de mi hijo.* SIN mojar.

DER remojo, remojón.

remojo n. m. Acción que consiste en introducir una cosa en un líquido para mojarla completamente y para mantenerla en ese líquido un cierto tiempo.

OBS Suele usarse con los verbos *meter* y *poner*.

remolacha n. f. **1** Raíz grande y carnosa

que es comestible. **2** Planta que tiene esta raíz; posee un tallo recto, grueso y ramoso, hojas ovaladas con un nervio central y flores pequeñas en espiga. **remolacha azucarera** Variedad de remolacha de la que se obtiene azúcar. **remolacha forrajera** Variedad de remolacha que se cultiva para alimento de los animales.

remolcador, -ra adj. **1** Que sirve para remolcar: *camión remolcador.* ◆ n. m. **2** Barco de gran fuerza que se usa para remolcar a otras embarcaciones.

remolcar v. tr. **1** Llevar un vehículo por tierra tirando de él por medio de un cable o una cadena. **2** Llevar una embarcación sobre el agua tirando de ella por medio de un cable o una cadena.
OBS En su conjugación, la *c* se convierte en *qu* delante de *e*.
DER remolcador, remolque.

remolino n. m. **1** Movimiento rápido de una masa de aire, agua, polvo o humo que gira sobre sí mismo. SIN torbellino. **2** Conjunto de pelos que crecen en diferente dirección y son difíciles de peinar o alisar. **3** Cantidad grande de gente que se mueve sin orden: *se perdió entre los remolinos de la multitud.* **4** Persona que se mueve mucho y es muy inquieta: *su hijo pequeño es un remolino.* SIN torbellino.
DER arremolinarse.

remolón, -lona adj./ n. m. y f. [persona] Que intenta evitar o eludir cualquier trabajo u obligación: *no te hagas más el remolón y ayúdame.* SIN holgazán, vago.

remolonear v. intr. Tratar de evitar una responsabilidad o un trabajo desagradable o difícil.

remolque n. m. **1** Vehículo con o sin motor que es remolcado o llevado por otro que va tirando de él. **2** Acción que consiste en llevar o arrastrar un vehículo o una embarcación tirando de ellos por medio de una cadena o un cable.
▶ **a remolque a.** Remolcando o siendo remolcado: *la grúa lleva a remolque un coche averiado.* **b.** Expresión que se usa para indicar que una cosa se hace por impulso o incitación de otra persona: *siempre sale a remolque de los amigos, no por su propia iniciativa.*

remontar v. tr. **1** Subir una pendiente para alcanzar su parte superior. **2** Navegar aguas arriba en contra de la corriente. **3** Elevar una cosa en el aire: *el niño remontó la cometa.* **4** Superar una persona un obstáculo o una dificultad: *remontamos con éxito los problemas que teníamos.* ◆ v. prnl. **5 remontarse** Subir o volar un ave o un avión. **6** Retroceder en el tiempo hasta un momento del pasado: *remontarse a los orígenes de la humanidad.* **7** Situarse un hecho o una cosa en una época lejana en el tiempo: *la reconquista de Granada se remonta al siglo XV.* **8** Ascender o elevarse una cantidad de dinero a una cifra determinada: *nuestros gastos se remontan a mil euros.*
DER remonte.

remonte n. m. **1** Aparato que se utiliza para remontar o subir una pista de esquí: *desde la llanura de la urbanización parten los remontes para los esquiadores.* **2** Acción de remontar o remontarse. **3** Efecto de remontar o remontarse. **4** Variedad del juego de cesta en que se utiliza una más corta y de menor curvatura que la ordinaria.

remordimiento n. m. Sentimiento de culpabilidad que tiene una persona por algo que ha hecho y que lamenta: *espero que, al menos, tenga remordimientos por lo mal que me recibió aquel día.*

remoto, -ta adj. **1** Que está muy lejos o muy apartado en el tiempo o el espacio: *país remoto.* SIN distante, lejano. ANT cercano. **2** Que es muy difícil o poco probable que suceda en la realidad: *no existe la más remota posibilidad de llegar a saberlo.*
DER remotamente.

remover v. tr. **1** Agitar o mover repetidamente una cosa dándole vueltas. SIN revolver. **2** Cambiar o mover una cosa de sitio: *removió todos los muebles de la sala.* SIN mudar, trasladar. **3** Tratar de nuevo un asunto que se consideraba olvidado. ◆ v. prnl. **4 removerse** Moverse mucho una persona que está sentada o acostada.
OBS Se conjuga como *mover.*

remozar v. tr. Dar un aspecto nuevo o moderno a una cosa haciendo reformas en ella: *han remozado la fachada de la casa.* SIN modernizar, renovar.
OBS En su conjugación, la *z* se convierte en *c* delante de *e*.

remuneración n. f. Cantidad de dinero o cosa con que se paga un trabajo. SIN sueldo, salario, retribución.

remunerar v. tr. Pagar a una persona por un trabajo o un servicio. SIN retribuir.
DER remuneración.

remunerativo, -va adj. Que remunera, especialmente un trabajo que produce beneficio suficiente.

renacentista adj. **1** Del Renacimiento o relacionado con este movimiento cultural y artística. ◆ adj./ n. com. **2** [persona] Que cultiva los estudios o sigue las tendencias propias del Renacimiento.

renacer v. intr. **1** Volver a nacer. **2** Recuperar la fuerza, la energía o la importancia una persona o una cosa: *esta tendencia artística ha renacido en los últimos tiempos.* SIN resurgir, revivir.

OBS En su conjugación, la *c* se convierte en *zc* delante de *a* y *o*, como en *nacer*.

DER renacentista, renacimiento.

renacimiento n. m. **1** Acción de volver a nacer. **2** Movimiento cultural europeo caracterizado por el estudio y el intento de recuperar las culturas antiguas de Grecia y Roma y que se desarrolló en los siglos XV y XVI: *Italia fue la cuna del Renacimiento.* NOTA Se suele escribir con mayúscula. **3** Recuperación de la fuerza, la energía o la importancia de una persona o una cosa: *vivimos en un renacimiento económico tras la crisis.*

renacuajo n. m. **1** Cría o larva de la rana y de otros animales anfibios que vive en el agua, tiene cola, carece de patas y respira por branquias. **2** Niño pequeño que es muy vivaracho. NOTA Se usa como apelativo cariñoso.

renal adj. De los riñones o relacionado con estos órganos excretores. SIN nefrítico.

DER suprarrenal.

rencilla n. f. Resentimiento o rencor entre dos personas que suele manifestarse en discusiones, riñas o actos de venganza: *antiguas rencillas entre dos familias.*

rencor n. m. Sentimiento de hostilidad o enemistad hacia una persona motivado por una ofensa o un daño que se han recibido. SIN resentimiento.

DER rencoroso.

rencoroso, -sa adj. **1** [persona] Que tiene rencor: *no seas tan rencoroso y acepta la reconciliación.* **2** Que implica o denota rencor: *ojos rencorosos.*

rendición n. f. Vencimiento, derrota o sometimiento de un bando a otro en una guerra. SIN derrota, vencimiento.

rendido, -da adj. **1** [persona] Que dedica todo su amor, esfuerzo o tiempo a otra persona: *rendido defensor.* **2** [persona, animal] Que está muy cansado.

rendija n. f. Abertura o raja estrecha y alargada que está en una superficie o queda entre dos cuerpos: *entra frío por esa rendija de la puerta.* SIN hendidura, ranura.

rendimiento n. m. **1** Producto o utilidad que da una cosa o una persona: *el rendimiento de este motor es mayor que el del otro.* **2** Cansancio, desfallecimiento de las fuerzas.

rendir v. tr. **1** Vencer, ganar o someter un bando a otro en una guerra: *el ejército enemigo se rindió sin concesiones.* **2** Dar u ofrecer una cosa inmaterial: *rendir homenaje; rendir culto.* **3** Cansar mucho una cosa o una actividad a una persona: *estos niños tan movidos rinden hasta al más pintado.* ◆ v. intr. **4** Dar fruto o ser de utilidad una cosa: *el trabajo nos ha rendido mucho.* SIN cundir. ◆ v. prnl. **5 rendirse** Tener que admitir o aceptar una persona una cosa: *se rindió ante la evidencia de los hechos.*

OBS En su conjugación, la *e* se convierte en *i* en algunos tiempos y personas, como en *servir*.

DER rendición, rendido, rendimiento.

renegado, -da adj./ n. m. y f. [persona] Que abandona sus creencias o su religión para seguir otras diferentes.

renegar v. intr. **1** Abandonar una persona sus creencias o su religión para seguir otras diferentes: *renegó del cristianismo y abrazó la religión de sus antepasados.* **2** Decir o proferir una persona insultos o juramentos: *reniega con mucho odio de todos los que le rodean.* SIN blasfemar, maldecir. **3** Rechazar una persona a otra con desprecio. **4** Refunfuñar o murmurar una persona en voz baja como muestra de gran enfado. ◆ v. tr. **5** Negar una cosa con mucha insistencia: *negó y renegó que lo hubiese hecho él.*

OBS En su conjugación, la *e* se convierte en *ie* en sílaba acentuada y la *g* en *gu* delante de *e*, como en *regar*.

DER renegado.

renegociar v. tr. Tratar de nuevo un asunto, sobre el que ya se había llegado a un acuerdo, para introducir algunas modificaciones: *el acuerdo no se va a negociar.*

OBS Se conjuga como *cambiar*.

renglón n. m. **1** Serie de letras o palabras escritas en una misma línea y dispuestas de forma horizontal: *un párrafo de diez renglones.* SIN línea. **2** Cada una de las líneas horizontales que tienen algunos papeles y que permiten no torcerse al escribir. ◆ n. m. pl. **3 renglones** Carta o escrito breve: *te mandaré unos renglones contándote lo que ocurra.*

▶ **a renglón seguido** Expresión que indica que una cosa sucede inmediatamente después de algo o a continuación de otra cosa.

reno n. m. Animal mamífero rumiante de patas largas, cola muy corta, pelo espeso y colgante de color marrón o gris en el cuerpo y blanco en el cuello que tiene dos cuernos divididos en ramas.

OBS Para indicar el sexo se usa *el reno macho* y *el reno hembra*.

renombre n. m. **1** Fama o reconocimiento público de una persona: *este actor adquirió un gran renombre en el mundo del espectáculo.* SIN prestigio. **2** Nombre que se añade al que es propio de una persona.

DER renombrado.

renovable adj. Que puede renovarse: *la energía hidráulica es una forma de energía limpia que utiliza una fuente energética gratuita y renovable: el agua.*

renovación n. f. **1** Cambio o sustitución de una cosa por otra similar pero que sea nueva o más moderna o que sea válida: *tengo que ir a hacer la renovación del carnet de identidad.* **2** Reanudación de la fuerza o intensidad de una cosa que estaba interrumpida.

renovar v. tr. **1** Hacer que una cosa esté como si fuera nueva: *la primavera renueva el verdor de los campos.* **2** Restablecer una relación u otra cosa que se había interrumpido: *renovaron su amistad dos años después de dejar de verse.* SIN reanudar. **3** Cambiar o sustituir una cosa por otra nueva o más moderna. **4** Cambiar una cosa que ya no es válida o efectiva por otra de la misma clase.

OBS En su conjugación, la *o* se convierte en *ue* en sílaba acentuada, como en *contar*.

DER renovación, renuevo.

renquear v. intr. **1** Andar o caminar con dificultad inclinando el cuerpo a un lado más que a otro por no poder pisar igual con ambos pies. SIN cojear. **2** Tener dificultad en alguna empresa, negocio o quehacer.

renta n. f. **1** Cantidad de dinero que produce periódicamente un bien: *va tirando con las rentas de las propiedades que le dejó su abuela.* **renta nacional** Valor total de los bienes económicos obtenidos por una nación en un año. **renta per cápita** Valor que resulta de dividir la renta nacional por el número de habitantes de una nación. **2** Cantidad de dinero o de bienes que se paga o se recibe por un arrendamiento o alquiler: *la renta de esta casa es muy alta.* **3** Beneficio que se obtiene de alguna actividad o esfuerzo: *los estudios que he hecho son una buena renta para el futuro.*

▶ **impuesto sobre la renta** Cantidad de dinero que se paga al Estado de manera obligatoria cada cierto tiempo. **vivir de las rentas** Aprovecharse de lo que se ha logrado en el pasado: *se retiró y actualmente vive de las rentas de su fama.*

DER rentar, rentista.

rentabilidad n. f. Capacidad de producir un beneficio que compense la inversión o el esfuerzo que se ha hecho: *la rentabilidad de estas acciones es muy alta.*

rentabilizar v. tr. Hacer rentable: *los patrocinadores han rentabilizado con creces la inversión.*

OBS En su conjugación, la *z* se convierte en *c* delante de *e*.

rentable adj. Que produce un beneficio que compensa la inversión o el esfuerzo que se ha hecho: *hizo una inversión muy rentable y ahora es rico.*

DER rentabilidad, rentabilizar.

rentar v. tr. Producir una inversión económica, el alquiler de una casa u otro bien una cantidad de dinero o un determinado beneficio cada cierto tiempo: *las fincas me rentan varios miles de euros al año.*

renuncia n. f. **1** Abandono voluntario de una cosa que se posee o de una actividad que se ejerce: *la causa de su renuncia fue la falta de tiempo para llevar a cabo el trabajo.* **2** Documento en el que se da a conocer un abandono voluntario. SIN dimisión.

renunciar v. intr. **1** Abandonar voluntariamente una cosa que se posee o a la que se tiene derecho: *renuncia a sus derechos a cambio de una indemnización.* **2** Desistir de hacer lo que se proyectaba o deseaba hacer: *el ayuntamiento ha renunciado al proyecto.* **3** Despreciar o abandonar una cosa: *renunciar al tabaco.* **4** No querer admitir o aceptar una cosa o a una persona: *renunciar a las riquezas.* **5** Faltar a una norma en el juego de las cartas por no seguir el palo que se juega pudiendo hacerlo.

OBS En su conjugación, la *i* es átona, como en *cambiar*.

DER renuncia, renuncio; irrenunciable.

reñido, -da adj. **1** Que se desarrolla con gran igualdad y competencia entre los participantes: *la llegada a la meta fue muy reñida.* **2** [cosa] Que se opone por completo a otra cosa: *el éxito no siempre está reñido con la calidad.*

reñir v. tr. **1** Expresar severamente a una persona la desaprobación por lo que ha hecho: *le han reñido por llegar tarde.* SIN regañar, reprender. ◆ v. intr. **2** Discutir o pelear dos o más personas. **3** Enemistarse o romper las relaciones una persona con otra: *iban a casarse, pero han reñido.*

OBS En su conjugación, la *i* de la desinencia se pierde absorbida por la *ñ* y la *e* se convierte en *i* en algunos tiempos y personas, como en *ceñir.*

DER reñido, riña.

reo, rea n. m. y f. Persona que ha sido declarada culpable y condenada a sufrir una pena.

reojo Palabra que se utiliza en la expresión *mirar (o ver) de reojo,* que significa 'mirar o ver de forma disimulada, dirigiendo la vista desde el extremo de los ojos': *el profesor me pilló mirando de reojo el examen de mi compañero.*

reorganización n. f. Cambio de la forma en que algo está organizado: *reorganización del sistema sanitario.*

reorganizar v. tr. Cambiar la forma en que algo está estructurado. SIN remodelar.

reorientar v. tr. Dar una nueva orientación a algo o a alguien: *reorientar las negociaciones.*

repanchingarse v. prnl. Sentarse con comodidad, extendiendo y recostando el cuerpo en el asiento. SIN repantigarse.

repantigarse v. prnl. Repanchingarse.

reparación n. f. **1** Arreglo de lo que está estropeado. **2** Compensación por un daño: *la compañía eléctrica ha ofrecido una reparación económica a los vecinos afectados por los cortes de luz.* SIN indemnización. **3** Satisfacción por una ofensa. SIN desagravio.

reparador, -ra adj./ n. m. y f. **1** Que repara, arregla o remedia una cosa: *líquido reparador de muebles.* ◆ adj. **2** Que sirve para reparar o restablecer las fuerzas y dar aliento o vigor: *sueño reparador.*

reparar v. tr. **1** Arreglar una cosa estropeada. **2** Remediar un daño o desagraviar una ofensa: *reparar una injusticia.* **3** Restablecer las fuerzas perdidas o dar aliento y vigor: *tus palabras repararon mi ánimo.* ◆ v. intr. **4** Pararse a considerar los inconcenientes de una acción antes de llevarla a cabo: *no reparó en gastos para contentarla.* **5** Fijarse o darse cuenta: *ni siquiera reparó en mí.* SIN advertir, percatarse.

DER reparación, reparo; irreparable.

reparo n. m. **1** Observación o advertencia sobre una cosa, sobre todo, para señalar en ella una falta o un defecto: *no dejó de poner reparos a todo lo que decía.* **2** Dificultad, duda o inconveniente para hacer una cosa, generalmente a causa de un sentimiento de vergüenza: *no tengas reparos en decirme lo que piensas.*

repartidor, -ra n. m. y f. Persona que se dedica a entregar envíos o mercancías a domicilio.

repartir v. tr. **1** Hacer partes de una cosa y entregar a cada uno la parte que le corresponde. SIN distribuir. **2** Distribuir los elementos de un conjunto en diferentes lugares o destinos: *repartieron los jarrones por varias salas.* **3** Entregar a sus destinatarios las cosas que han encargado o que les han enviado: *repartir el correo.* **4** Extender uniformemente una materia sobre una superficie: *repartieron la mies por la era.* **5** Ordenar o clasificar las partes de un todo. SIN dividir. **6** Asignar a cada uno la función que le corresponde: *nos hemos repartido la tarea.* ◆ v. intr. **7** Dar golpes a diferentes personas: *ése es un chulo que siempre anda repartiendo.*

DER repartición, repartidor, repartimiento, reparto.

reparto n. m. **1** Distribución de las partes de una cosa que se ha dividido: *la madre se encargó del reparto del pastel.* **2** Distribución de un peso en un espacio o en el interior de un volumen: *el reparto de una carga en un barco.* SIN disposición. **3** Entrega de un envío o de un encargo a su destinatario: *servicio de reparto a domicilio.* **4** Asignación de los diferentes papeles de una obra teatral o cinematográfica a los actores que van a interpretarla. **5** Lista de los actores que intervienen en una obra y de los personajes que los encarnan.

repasar v. tr. **1** Hacer otra vez una cosa para corregir sus imperfecciones: *el muchacho pintaba las paredes y el padre las repasaba con el rodillo.* **2** Examinar o volver a mirar una cosa para comprobar que está bien. SIN revisar. **3** Leer otra vez lo que se ha estudiado para retenerlo mejor en la memoria. **4** Volver a explicar la lección: *el profesor dedica las últimas semanas a repasar lo que hemos visto en el curso.* **5** Leer deprisa un escrito pasando por él la vista sin prestar mucha atención. **6** Coser y arreglar los desperfectos de la ropa: *la costura de la falda se ha descosido y tendré que repasarla.* ◆ v. intr. **7** Volver a pasar por un sitio.

DER repaso.

repaso n. m. **1** Examen o revisión de una

obra terminada para corregir las imperfecciones. **2** Lectura que se hace de nuevo para retener mejor en la memoria. **3** Rememoración de los puntos más importantes de un asunto ya concluido o de una lección ya explicada: *hizo un repaso de las actividades de la asociación durante el año anterior.* **4** Lectura que se hace rápidamente y sin prestar demasiada atención: *dice que con un repaso de los titulares ya se pone al día.* **5** Arreglo de los desperfectos de una prenda o de un tejido: *si me das la chaqueta, haré un repaso de los botones.*

▶ dar un repaso **a.** Reñir a una persona: *sus padres le darán un repaso cuando vuelva.* **b.** Demostrar a otra persona superioridad en conocimientos o habilidades: *decía que nadie le ganaba, pero le di un buen repaso.*

repatriado, -da adj./ n. m. y f. [persona] Que es devuelto a su patria por las autoridades del país extranjero en que se encuentra.

repatriar v. tr. Devolver a una persona o una cosa al país de origen: *me robaron todo el dinero y tuvo que repatriarme el consulado.*

OBS En su conjugación, la *i* puede acentuarse o no, como en *auxiliar*.

DER repatriación.

repelente adj. **1** Que causa asco o repulsión: *un olor repelente.* ◆ adj./ n. com. **2** [persona] Que resulta impertinente por su afectación o porque cree saberlo todo. SIN redicho, sabelotodo. ◆ adj./ n. m. [sustancia, producto] Que sirve para alejar a los insectos u otros animales.

repeler v. tr. **1** Echar o arrojar una cosa con impulso o violencia: *repelerieron una invasión.* **2** Causar repulsión o repugnancia: *esa ignorancia arrogante me repele.* ◆ v. tr./ prnl. **3** Tender a separarse un cuerpo de otro o no admitir en la propia masa o composición: *este plástico repele el agua.*

DER repelente.

repente n. m. Movimiento o impulso inesperado y brusco de una persona o de un animal: *le dio un repente y echó a correr.*

▶ de repente Indica que una acción se hace de manera inesperada y brusca, sin pensar: *de repente dijo que no aguantaba más allí y se marchó.*

DER repentino, repentizar.

repentino, -na adj. Que se produce u ocurre de pronto o sin preparación o aviso. SIN brusco, súbito.

repercusión n. f. **1** Consecuencias indirectas de un hecho o de una decisión: *no han calculado bien las repercusiones de su política.* **2** Reacción pública que suscita un hecho o una decisión: *la noticia de su divorcio tendrá repercusión.* SIN resonancia.

repercutir v. intr. **1** Causar un efecto una cosa en otra posterior o causarlo indirectamente. SIN incidir. **2** Rebotar un sonido en una superficie y producir eco o resonancia: *la lejana explosión repercutió en las paredes.* SIN retumbar.

DER repercusión.

repertorio n. m. **1** Conjunto de obras dramáticas o musicales que una persona o una compañía tiene estudiadas y preparadas para representar o ejecutar: *interpretó varias canciones de su repertorio.* **2** Conjunto de obras o de noticias de una misma clase: *empezó a contarnos chistes de su repertorio.* **3** Libro o registro en el que se recogen datos o informaciones de manera organizada para facilitar su búsqueda: *repertorio jurídico.*

repesca n. f. Segunda oportunidad de lograr superar un examen o una competición tras haber fallado la primera vez: *la repesca de septiembre.*

repetible adj. Que puede ser repetido.

repetición n. f. **1** Acción y resultado de decir o expresar una palabra o una idea varias veces. **2** Acción y resultado de volver a hacer lo que se había hecho: *la repetición de las jugadas más interesantes.*

▶ de repetición [mecanismo] Que repite su acción de manera automática una vez que se ha puesto a funcionar: *arma de repetición.*

repetidor, -ra adj./ n. m. y f. **1** [alumno] Que vuelve a matricularse y a estudiar un mismo curso: *María es repetidora.* ◆ n. m. **2** Aparato que recibe señales electromagnéticas y las envía amplificadas a otro lugar.

repetir v. tr. **1** Volver a decir una cosa que ya se había dicho. SIN reiterar. **2** Volver a hacer una cosa que ya se había hecho: *repetir un error.* ◆ v. intr. **3** Volver a estudiar un curso o una asignatura que no se ha aprobado. **4** Volver a la boca el sabor de lo que se ha comido o bebido: *he comido un pincho de morcilla hace tres horas y todavía me repite.* ◆ v. prnl. **5** repetirse Volver a suceder una cosa de una manera regular: *los atascos se repiten todos los días en esa zona.* **6** Insistir en una idea o una actitud, especialmente los artistas: *ese escritor se repite en todas sus novelas.*

OBS En su conjugación, la *e* se convierte en *i* en algunos tiempos y personas, como en *servir*.
DER repetición, repetidor, repetitivo; irrepetible.

repetitivo, -va adj. Que se repite continuamente: *dejó aquel trabajo porque lo encontraba repetitivo*.

repicar v. intr. Sonar las campanas repetidamente.
OBS En su conjugación, la *c* se convierte en *qu* delante de *e*.

repiquetear v. intr. **1** Sonar las campanas repetidamente y con mucha viveza. **2** Golpear repetidamente haciendo ruido: *la lluvia repiqueteaba en los cristales*.

repiqueteo n. m. **1** Sonido que hacen las campanas al sonar repetidamente y con viveza. **2** Sonido producido por el golpe repetido de algo contra una superficie.

repisa n. f. **1** Placa horizontal de madera, de cristal o de otro material que se coloca en una pared para poner encima cosas. **SIN** estante. **2** ARQ. Saliente de un muro que sirve para sostener un objeto de utilidad o un adorno o sirve de piso a un balcón.

replantar v. tr./ intr. Volver a plantar donde antes habías plantas: *replantaron pinos en el bosque quemado*.

replantear v. tr. **1** Volver a plantear o a considerar un problema o asunto: *tendrá que replantearse su función en este centro*. **2** Trazar en el suelo o sobre un plano la planta de una obra ya proyectada.

replegar v. tr. **1** Plegar muchas veces una cosa. ◆ v. tr./ prnl. **2** Retirarse o retroceder ordenadamente a posiciones defensivas las tropas de un ejército o los jugadores de un equipo.
OBS En su conjugación, la *e* se convierte en *ie* en sílaba acentuada y la *g* en *gu* delante de e, como en *regar*.
DER repliegue.

repleto, -ta adj. Muy lleno o lleno hasta no poder contener más: *trajo una bolsa repleta de caramelos*.

réplica n. f. **1** Expresión o discurso en el que se ponen obstáculos o se dice lo contrario de lo que otro ha dicho: *turno de réplica en un debate*. **2** Copia exacta o muy parecida de una obra artística hecha con sus mismos materiales.

replicar v. tr. **1** Responder con viveza oponiéndose a una cosa. **SIN** responder. ◆ v. intr. **2** Responder con impertinencia o poniendo inconvenientes a lo que se indica u ordena: *¡obedece y no me repliques!*
OBS En su conjugación, la *c* se convierte en *qu* delante de *e*.
DER réplica.

repliegue n. m. **1** Pliegue doble u ondulación que se forma en una superficie: *los repliegues de la piel; los repliegues de un terreno*. **2** Retirada o retroceso ordenado a posiciones defensivas de las tropas de un ejército o de los jugadores de un equipo.

repoblación n. f. **1** Acción y resultado de volver a establecer grupos humanos en un lugar del que han desaparecido los pobladores anteriores. **2** Acción y resultado de volver a establecer vegetación o fauna en un medio natural degradado como medida para su recuperación: *repoblación forestal*.

repoblar v. tr. **1** Volver a poblar un lugar o un territorio con habitantes. **2** Volver a establecer vegetación o fauna en un lugar del que había desaparecido.
OBS En su conjugación, la *o* se convierte en *ue* en sílaba acentuada, como en *contar*.
DER repoblación.

repollo n. m. Tipo de col que tiene forma de pelota, con hojas grandes, muy apretadas entre sí y unidas por la base.

reponer v. tr. **1** Sustituir o poner en lugar de lo que se ha sacado o gastado. **2** Volver a poner en el lugar, estado o empleo anterior: *repusieron la farola que tiró el viento*. **SIN** restituir. **3** Repetir la representación de una obra de teatro o la proyección de una película. **4** Responder a lo que dice otra persona con un argumento o una justificación: *cuando le acusaron repuso que solamente cumplía órdenes*. **NOTA** Solo se conjuga en pretérito perfeto simple y pretérito imperfecto de subjuntivo. ◆ v. prnl. **5 reponerse** Recuperar la salud o la prosperidad perdida: *reponerse después de una operación*. **6** Recuperar la serenidad: *todavía me estoy reponiendo de la impresión*. **SIN** recobrar.
OBS Se conjuga como *poner*.
DER reposición, repuesto.

reportaje n. m. Conjunto de informaciones sobre un hecho, un personaje o sobre cualquier otro tema que recoge y relata un periodista para publicarlo en la prensa, en la radio o en la televisión: *reportaje gráfico*.

reportar v. tr. **1** Proporcionar una cosa un beneficio o una satisfacción: *el cine le ha reportado mucho dinero*. **NOTA** En frases negativas se aplica a dificultades o disgustos: *no le*

a b c d e f g h i j k l m n ñ o p q r s t u v w x y z

reportaron más que enfados. ◆ v. tr./ prnl. **2** Dominar o reprimir una pasión de ánimo o moderarla: *por favor, repórtate, no llamemos la atención.*

DER reportaje, reporte, reportero.

reportero, -ra adj./ n. m. y f. [periodista] Que se dedica a elaborar reportajes o noticias.

reposado, -da adj. **1** [persona] Que se comporta con calma, sosiego y tranquilidad. **2** [cosa] Que se muestra tranquilo, quieto, sosegado: *el mar está reposado.* **3** Que no exige mucha actividad o esfuerzo: *a mi edad es necesario trabajar en algo más reposado.* SIN descansado.

reposar v. intr. **1** Dejar el trabajo o la actividad para recuperar fuerzas. SIN descansar. **2** Dormir durante un corto tiempo. **3** Permanecer en quietud y paz y sin alteración una persona o una cosa: *el bosque reposa en invierno.* ◆ v. tr. **4** Poner o apoyar una cosa sobre otra para hacer que se sostenga: *la estatua reposa sobre un pedestal.* ◆ v. intr. **5** Estar enterrado: *en El Escorial reposan muchos reyes.* SIN yacer. ◆ v. intr./ prnl. **6** Dejar quieto un líquido para que la materia sólida que flota en él caiga al fondo del recipiente que lo contiene: *el buen vino debe reposar varios años en barricas.* **7** Dejar sin alteración o actividad una mezcla, masa o guiso para que espese o se consuma el líquido que contiene.

DER reposado, reposo.

reposición n. f. Representación de una obra de teatro, proyección de una película o emisión de una serie de radio o televisión estrenadas en una temporada anterior: *en verano, algunos cines hacen reposiciones.*

reposo n. m. **1** Descanso de un trabajo o una actividad para recuperar fuerzas: *caminó sin permitirse ni un breve reposo.* **2** Falta de actividad o de agitación: *le han recomendado reposo absoluto.* SIN quietud. **3** FÍS. Inmovilidad de un cuerpo cuando ocupa siempre la misma posición respecto a un sistema de referencia fijado.

repostar v. tr. Volver a llenar un depósito de combustible o volver a abastecerse de provisiones.

repostería n. f. **1** Oficio y técnica de hacer o vender dulces y pasteles: *se dedica a la repostería en un prestigioso restaurante.* **2** Establecimiento en el que se hacen o venden dulces y pasteles: *compré este pastel en una de las mejores reposterías de la ciudad.*

reprender v. tr. Expresar severamente a una persona la desaprobación por lo que ha hecho: *su madre le reprendió por no ir al colegio.* SIN regañar, reñir.

DER reprensible, reprensión.

reprensión n. f. Expresión severa de desaprobación que se le hace a una persona por su comportamiento. SIN regañina.

represalia n. f. **1** Daño o mal que una persona o un grupo causa a otros como venganza por otro mal recibido. **2** Medida hostil que un Estado toma para responder a otro estado en contra de un acto considerado ilícito: *el gobierno ha amenazado con tomar represalias.* NOTA Suele usarse en plural.

DER represaliar.

represaliar v. tr. Realizar un Estado acciones violentas contra otro como castigo o respuesta a un mal recibido.

OBS En su conjugación, la *i* es átona, como en *cambiar.*

representación n. f. **1** Signo, símbolo o imitación que hace pensar en una persona o cosa: *el caballo de esa película es una representación de la libertad.* **2** Signo o imagen que sustituye a la realidad: *se hizo una representación mental de cómo sería la sala.* **3** Ejecución e interpretación en público de una obra de teatro. **4** Sustitución o actuación en nombre de una persona, de una institución o de un colectivo: *fue solo él en representación de todo el instituto.* **5** Persona o conjunto de personas que llevan a cabo esta actuación: *recibió a una representación de los empresarios.*

representante n. com. **1** Persona que actúa en representación de otra o de una institución o colectivo. **2** Persona que hace propaganda y concierta las ventas de los productos de una o varias empresas. **3** Persona que representa a los artistas y a las compañías del mundo del espectáculo para organizar sus actuaciones.

representar v. tr. **1** Hacer presente una cosa en la mente por medio de signos, símbolos, imágenes o imitaciones: *la paloma representa la paz.* **2** Interpretar una obra teatral en público. **3** Actuar en nombre de una persona, de una institución o de un colectivo: *los parlamentarios representan al pueblo.* **4** Aparentar una persona una determinada edad. **5** Importar mucho o poco una persona o una cosa: *¿te das cuenta de lo que esto representa?* SIN significar. ◆ v. prnl. **6** representarse Ha-

cer presente en la imaginación por medio de palabras o ideas: *no consigo representarme la casa donde pasé mi infancia.*
DER representable, representación, representante, representativo.

representatividad n. f. Capacidad de actuar en nombre de una persona, de una institución o de un colectivo: *la representatividad de los sindicatos.*

representativo, -va adj. **1** Que sirve para representar o que tiene capacidad para hacerlo. **2** Que sirve para distinguir a una persona o cosa de otras de su especie: *la bondad del abuelo era su principal rasgo representativo.* SIN característico.
DER representatividad.

represión n. f. **1** Proceso por el que se moderan o frenan los impulsos o sentimientos considerados inconvenientes: *represión sexual.* **2** Uso de la fuerza para controlar las acciones de un grupo de personas, especialmente de los habitantes de un país: *la represión impedía la libertad de expresión.*

represivo, -va adj. **1** Que reprime desde el poder el ejercicio de las libertades: *política represiva.* **2** Que reprime con energía o violencia las actuaciones que se consideran peligrosas para la sociedad, como alteraciones de orden público, manifestaciones o protestas.

reprimenda n. f. Expresión muy severa de desaprobación que se le hace a una persona por su comportamiento: *les echó una buena reprimenda por haber faltado a clase.* SIN bronca, rapapolvo.

reprimir v. tr. **1** No dejar que un sentimiento o impulso se exprese abiertamente, moderar su intensidad: *apenas pude reprimir la risa.* SIN contener. **2** Rechazar del pensamiento ciertos impulsos o sentimientos considerados inconvenientes. **3** Usar la fuerza para controlar las acciones de un grupo de personas o de los habitantes de un país: *la policía trataba de reprimir a los huelguistas.*

reprivatizar v. tr. Privatizar de nuevo una empresa expropiada o nacionalizada por el gobierno. SIN desnacionalizar.
OBS En su conjugación, la *z* se convierte en *c* delante de *e*.

reprobar v. tr. Desaprobar la conducta de una persona u otra cosa. SIN censurar, criticar.
OBS En su conjugación, la *o* se convierte en *ue* en sílaba acentuada, como en *contar*.

reprochar v. tr. Decir a una persona o echarle en cara lo que se cree que no ha hecho bien: *le reprochó su falta de cariño.* SIN recriminar, censurar.
DER irreprochable.

reproche n. m. Crítica que se hace a una persona por algo que ha dicho o hecho.

reproducción n. f. **1** Proceso por el que un ser vivo nace de otro ser vivo: *reproducción sexual.* **2** Acción y resultado de reproducir una cosa que ya existe o ha existido: *la reproducción de imágenes.* SIN copia. **3** Producción nueva de un problema que se había reducido: *la reproducción de los incidentes.*

reproducir v. tr. **1** Volver a producir o producir de nuevo una cosa: *las escenas de violencia se han reproducido estos días.* **2** Volver a decir lo que ya se ha dicho. SIN repetir. **3** Hacer una copia o una representación de una cosa: *reproduce sus ademanes a la perfección.* **4** Ser copia o representación de una cosa: *esta novela reproduce el ambiente bohemio.* SIN reflejar. ◆ v. prnl. **5** reproducirse Producir los seres vivos descendencia de su misma especie.
OBS En su conjugación, la *c* se convierte en *zc* delante de *a* y *o* y el pretérito perfecto simple es irregular, como en *conducir*.
DER reproducción, reproductor.

reproductor, -ra adj. **1** Que está destinado a la creación de una nueva vida o interviene en ese proceso: *función reproductora.* ◆ adj./n. m. **2** [máquina] Que sirve para producir una copia de imágenes o sonidos.

reptar v. intr. Desplazarse arrastrándose por el suelo como los reptiles: *las serpientes reptan.*

reptil adj./n. m. **1** Animal vertebrado de sangre fría que se mueve arrastrando el cuerpo por el suelo y tiene la piel recubierta por escamas o por un caparazón. ◆ n. m. pl. **2** reptiles Clase de estos animales: *las lagartijas y las tortugas son reptiles.*

república n. f. **1** Forma de gobierno en la que el cargo de jefe del Estado está en manos de un presidente que se elige por votación, bien a través de unas elecciones, bien por una asamblea de dirigentes. **2** País que se gobierna de esta manera.
DER republicano.

republicano, -na adj. **1** De la república o que tiene relación con esta forma de gobierno. ◆ adj./n. m. y f. **2** [persona] Que es partidario de la república.
DER republicanismo.

repudiar v. tr. **1** Rechazar o no aceptar una cosa por razones morales. **2** Rechazar legalmente al propio cónyuge.
OBS En su conjugación, la *i* es átona, como en *cambiar.*

repuesto part. **1** Participio irregular de *reponer.* NOTA También se utiliza como adjetivo. ◆ n. m. **2** Pieza que es igual a otra y puede sustituirla en un mecanismo o aparato: *repuestos de lavadoras.* SIN recambio.
▶ de repuesto Reservado o preparado para cuando sea necesario: *los coches llevan una rueda de repuesto.*

repugnancia n. f. **1** Asco profundo o alteración del estómago que impulsa a vomitar. **2** Antipatía o desprecio profundo hacia una persona o cosa.

repugnante adj. Que causa asco o aversión.
DER repugnancia.

repugnar v. intr. **1** Causar asco profundo o disgusto: *me repugna el olor a huevos podridos.* ◆ v. tr./ prnl. **2** Ser opuesta una cosa a otra: *el bien repugna el mal.* SIN repeler.
DER repugnante.

repujado n. m. **1** Labrado de una lámina metálica o de un trozo de cuero que se hace con un martillo o un instrumento punzante para conseguir figuras en relieve. **2** Obra así labrada.

repulsa n. f. Condena enérgica de una persona o cosa por considerarse injusta: *expresó su repulsa hacia todo tipo de actos violentos.*
DER repulsar.

repulsión n. f. **1** Sentimiento de repugnancia hacia algo. **2** Rechazo u oposición: *el ministro ha manifestado su total repulsión hacia los últimos atentados.* SIN repulsa.

repulsivo, -va adj. Que causa repulsión o repugnancia.

reputación n. f. **1** Opinión que tiene la gente de una persona o de una cosa: *no tiene muy buena reputación, pero es muy trabajador.* **2** Buena fama que tiene una persona o una cosa: *un arquitecto de gran reputación.* SIN prestigio, renombre.

requerimiento n. m. Petición de una cosa que se considera necesaria, especialmente el que hace una autoridad: *requerimiento notarial.*

requerir v. tr. **1** Necesitar una persona o una cosa que se le dedique algo: *el bebé requiere la atención de un adulto.* SIN exigir. **2** Pedir alguna cosa a una persona: *requería nuestra ayuda y se la prestamos.* SIN solicitar. **3** Decir una autoridad a una persona que debe hacer alguna cosa: *el juez ha requerido su presencia.*
OBS En su conjugación, la *e* se convierte en *ie* en sílaba acentuada o en *i* en algunos tiempos y personas, como en *hervir.*
DER requerimiento.

requesón n. m. Queso fresco que se obtiene cuajando leche, mantenida a 40 °C y mezclada con cuajo, en un molde que permite que el suero se elimine por goteo.

réquiem n. m. **1** Oración por los difuntos que se reza en las misas dedicadas a ellos. **2** Composición musical cantada que tiene como texto la misa de difuntos o parte de ella.
OBS El plural es *réquiems.*

requisar v. tr. Tomar una autoridad la propiedad de una persona o empresa para remediar una necesidad de interés público, especialmente para el uso del ejército.

requisito n. m. Condición necesaria para una cosa: *ser mayor de edad es un requisito para sacarse el carné de conducir.*

res n. f. Animal cuadrúpedo de ciertas especies domésticas, como las vacas o las ovejas, o de las especies salvajes, como los jabalíes o los ciervos.

resaca n. f. **1** Movimiento de las olas del mar al retirarse de la orilla, en especial cuando tiene fuerza: *es peligroso bañarse con esta resaca.* **2** Malestar que se siente al despertar al día siguiente de haber bebido alcohol o haber tomado algún tipo de droga. **3** Período de adaptación a la normalidad después de un acontecimiento o situación especiales: *lunes de resaca.*

resaltar v. intr. **1** Distinguirse o sobresalir mucho una persona o cosa entre otras: *resaltaba en la clase por su simpatía.* **2** Sobresalir una parte de un cuerpo, especialmente en los edificios o en las superficies: *dos balcones resaltan de la fachada principal.* ◆ v. tr. **3** Destacar la importancia de una cosa o poner énfasis en ella: *el conferenciante resaltó los puntos más importantes de su disertación.* SIN subrayar.
DER resalte, resalto.

resarcir v. tr. Dar una cosa o hacer un beneficio a una persona como reparación de un daño, perjuicio o molestia que se le ha causado: *quiero resarcirte por todas las molestias que te he ocasionado.* SIN compensar.
OBS En su conjugación, la *c* se convierte en *z* delante de *a* y *o.*

resbaladizo, -za adj. **1** Que hace resbalar o que se escurre fácilmente: *terreno resbaladizo.* **2** [asunto] Que lleva fácilmente a caer en una falta o error: *no nos adentremos en temas tan resbaladizos.* **SIN** comprometido.

resbalar v. intr./ prnl. **1** Moverse los pies hacia delante y perder el equilibrio al pisar una superficie deslizante: *resbaló sobre la cáscara de un plátano y se cayó.* **2** Desplazarse una cosa sobre una superficie deslizante perdiendo su posición o control; también, desplazarse una cosa deslizante sobre una superficie: *el agua resbalaba sobre los cristales.* ◆ v. intr. **3** Hacer resbalar: *¡cuidado con esa carretera, que resbala mucho!* **SIN** patinar. **4** Caer en una falta o error: *volvió a resbalar al hablar delante de todos.* **SIN** meter la pata.

▶ **resbalarle** No importar en absoluto una cosa a una persona: *tus críticas me resbalan.*

DER resbaladizo, resbalón.

resbalón n. m. **1** Acción de resbalar sobre una superficie: *debes evitar resbalones en las rocas.* **2** Equivocación o indiscreción que comete una persona. **SIN** patinazo.

rescatar v. tr. **1** Recuperar a cambio de dinero o por la fuerza a una persona o una cosa de la que alguien se ha apoderado. **2** Librar a una persona de un trabajo, de un mal o de una situación desagradable. **3** Recuperar una cosa que se había olvidado o perdido.

DER rescate.

rescate n. m. **1** Recuperación de una persona o una cosa a cambio de dinero o por la fuerza. **2** Salvación de una persona o cosa de un peligro o de una situación de abandono: *todo el pueblo colaboró en las tareas de rescate.* **3** Dinero que se pide o se paga para liberar a una persona o volver a tener una cosa.

rescindir v. tr. Dejar sin efecto un contrato u otra obligación legal.

DER rescisión.

rescoldo n. m. **1** Brasa pequeña que se conserva entre la ceniza. **2** Resto de un sentimiento, pasión o afecto: *aún conserva los rescoldos de su amor por él.*

resecar v. tr. Hacer que algo quede sin gota de humedad o jugo.

OBS En su conjugación, la *c* se convierte en *qu* delante de *e*.

reseco, -ca adj. **1** Que está demasiado seco: *necesito un poco de agua porque tengo la garganta reseca.* **2** [persona, animal] Que está muy flaco.

DER resecar.

resentido, -da adj./ n. m. y f. [persona] Que se muestra dolida o enfadada por haber recibido una ofensa o un daño.

resentimiento n. m. Sentimiento contenido de disgusto o enfado avivado por el recuerdo de una ofensa o un daño recibidos. **SIN** rencor.

resentirse v. prnl. **1** Empezar a flaquear o a estropearse una cosa por la acción de otra: *la salud se resiente si no descansamos como es debido.* **2** Sentir dolor o molestia por una dolencia, especialmente si es pasada: *se resentía de su antigua lesión.* **3** Sentir disgusto o enfado por haber recibido una ofensa o un daño.

OBS En su conjugación, la *e* se convierte en e en sílaba acentuada o en *i* en algunos tiempos y personas, como en *hervir.*

DER resentido, resentimiento.

reseña n. f. **1** Escrito breve en el que se da noticia y se comenta una obra escrita de reciente publicación. **2** Noticia breve de un acto reciente: *la reseña de una inauguración.* **3** Enumeración de los principales rasgos de una persona, de un animal o de una cosa. **SIN** descripción.

reseñar v. tr. **1** Dar noticia brevemente de una obra escrita de reciente publicación y comentarla. **2** Contar de forma breve y clara algún asunto o hecho.

reserva n. f. **1** Petición de que se guarde una cosa hasta que llega el momento de usarla: *hemos hecho la reserva de dos habitaciones en aquel hotel.* **2** Conjunto de cosas que se guardan hasta que llega el momento de usarlas. **3** Cuidado que se pone en no decir todo lo que se piensa o todo lo que se sabe: *guardaba cierta reserva en sus juicios sobre ese asunto.* **SIN** circunspección. **4** Falta de confianza: *aceptó su propuesta con algunas reservas.* **SIN** desconfianza, recelo. **NOTA** Normalmente se usa en plural. **5** Parte del ejército de una nación que terminó su servicio activo pero que puede ser movilizada. **6** Territorio de un país reservado a una comunidad indígena de la que quedan pocos miembros: *una reserva de indios apaches.* **7** Zona de la naturaleza protegida para preservar el conjunto de su ecosistema o una de sus partes: *reserva zoológica.* **8** Conjunto de fondos o valores que se guardan para hacer frente a futuras necesidades. ◆ n. com. **9** Jugador que sustituye a otro en distintos deportes: *el delantero se lesionó y jugó en su lugar un reserva.* ◆ n. f. pl. **10** **reservas**

Conjunto de cosas disponibles para ser usadas en el momento oportuno o para obrar de una manera determinada: *el país cuenta con reservas naturales.* **11** Sustancias que se acumulan en las células de los seres vivos y que el organismo utiliza para nutrirse cuando las necesita.

reservado, -da adj. **1** [persona] Que es cauteloso y no le gusta exteriorizar sus sentimientos. **2** [persona] Que habla poco y no se hace notar. SIN discreto. **3** Que es privado o que no debe darse a conocer: *un asunto reservado.* ◆ n. m. **4** Habitación o lugar separado que se destina a personas o a usos privados: *en ese restaurante tienen reservados para grupos.*
OBS Es el participio de *reservar.*

reservar v. tr. **1** Guardar algo para más adelante o para cuando se necesite: *no te olvides de reservarme un pan para mañana.* **2** Tomar con anterioridad plaza en un hotel, tren, avión u otro servicio: *reservaron dos plazas para el vuelo de Miami a Panamá.* **3** Separar o apartar una cosa que se reparte reteniéndola para sí o para otro. **4** Dejar de comunicar o no dar a conocer un asunto: *reservó la noticia para sí.* ◆ v. prnl. **5** reservarse Conservarse o dejar de actuar esperando una mejor ocasión: *estuvo reservándose durante toda la etapa y atacó al final.*
DER reserva, reservado, reservista.

resetear v. tr./ intr. **1** INFORM. Reiniciar la computadora. SIN rebotar. **2** Iniciar de nuevo una cosa, especialmente si no estaba saliendo bien.

resfriado n. m. Enfermedad leve con síntomas como la mucosidad abundante en la nariz o el dolor de garganta o de cabeza; el frío o la humedad pueden favorecerla. SIN catarro, constipado.

resfriarse v. prnl. Contraer una enfermedad leve del aparato respiratorio consistente en una inflamación de la garganta y del tejido interior de la nariz que a menudo va acompañada de fiebre y dolores musculares. SIN acatarrarse, constiparse.

resguardar v. tr. Proteger, especialmente del frío, de la lluvia o del mal tiempo: *nos resguardamos del chaparrón en un portal.*
DER resguardado, resguardo.

resguardo n. m. **1** Documento que da garantía de que se ha hecho una entrega o un pago: *no tengo el DNI, pero sí el resguardo.* **2** Lugar que sirve para proteger o defenderse.

residencia n. f. **1** Establecimiento o estancia en el que se vive habitualmente: *cambio de residencia.* **2** Lugar en que se reside o se vive habitualmente. **3** Edificio en el que conviven personas que tienen una característica en común y que se sujetan a unas normas: *residencia de estudiantes.* **4** Hospital grande, generalmente público: *lleva un mes ingresado en la residencia.* **5** Casa grande y lujosa: *la residencia del embajador.* **6** Establecimiento para huéspedes de menor categoría que un hotel pero superior a una pensión.

residencial adj. [zona, barrio] Que está destinado casi exclusivamente a las viviendas, sin oficinas ni tiendas y generalmente para familias adineradas.

residente adj./ n. com. **1** [persona] Que reside o vive habitualmente en un lugar determinado: *son amigos y residentes en Bilbao.* **2** [funcionario, empleado] Que vive en el sitio donde tiene el empleo.
DER residencia.

residir v. intr. **1** Vivir habitualmente en un lugar determinado: *residen en la capital.* SIN habitar. **2** Ser la base de una cosa o consistir: *para mí, la dificultad reside en el cálculo.* SIN estribar.
DER residente.

residual adj. **1** [materia] Que queda como residuo o que los contiene: *aguas residuales.* **2** De los residuos o que tiene relación con ellos: *tratamiento residual.*

residuo n. m. **1** Materia que queda tras la descomposición o destrucción de una cosa. **2** Parte inservible que queda después de haber realizado un trabajo u operación. residuo nuclear o radiactivo Material radiactivo que queda tras la fisión en una central nuclear y que ya no tiene utilidad. **3** Resto que queda de un todo.
DER residual.

resignación n. f. Aceptación con paciencia y conformidad de una adversidad o de cualquier estado o situación que perjudica o hace daño.

resignar v. tr. **1** Entregar [una autoridad] el mando a otra en circunstancias excepcionales: *el gobernador resignó el mando de la provincia en el capitán general.* ◆ v. prnl. **2** resignarse Aceptar como irremediables un estado o situación molestos o perjudiciales, generalmente después de haber luchado para solucionarlos o evitarlos: *el ejecutivo no se resigna a una tregua temporal.* SIN conformarse.

resina n. f. Sustancia pegajosa, sólida o de

consistencia pastosa, que se disuelve en el alcohol pero no en el agua y que se obtiene de algunas plantas de forma natural o se fabrica artificialmente: *la resina de los pinos.*
DER resinar, resinoso.

resistencia n. f. **1** Oposición a la acción de una fuerza: *el enemigo mostró gran resistencia.* **2** Capacidad para resistir, para aguantar, soportar o sufrir: *el enfermo presentó una fuerte resistencia al virus.* **3** Capacidad para soportar un esfuerzo o un peso: *la bolsa no tenía resistencia y se rompió.* **4** Fuerza que se opone al movimiento de una máquina. **5** Elemento que se intercala en un circuito para hacer más difícil el paso de la corriente eléctrica o para que esta se transforme en calor: *la resistencia de una plancha.* **6** Oposición que los cuerpos conductores presentan al paso del calor o de la electricidad: *los metales ofrecen poca resistencia.* **7** Movimiento u organización de los habitantes de un país invadido para luchar contra el invasor.

resistente adj. **1** Que aguanta un esfuerzo o una fuerza sin romperse ni estropearse: *esta cuerda es muy resistente.* **2** Que resiste ante una fuerza contraria o un ataque; que sobrevive o sigue funcionando en un medio que le perjudica.
DER resistencia.

resistir v. tr. **1** Conservarse manteniendo las cualidades propias a pesar del paso del tiempo o de otros agentes perjudiciales: *qué bien resiste este coche.* **SIN** perdurar. **2** Oponerse un cuerpo o una fuerza a la acción o violencia de otra. **3** Tolerar o sufrir una cosa o a una persona: *no resisto las películas de guerra.* **SIN** aguantar. ◆ v. tr./ prnl. **4** Rechazar con fuerza una idea, una tendencia o una situación. **5** Oponer dificultades o fuerza.
▶ **resistírsele** Resultar algo difícil de conseguir, de manejar o de resolver: *se me resisten las matemáticas.*
DER resistente; irresistible.

resituar v. tr. Cambiar de sitio o de situación a una persona o una cosa.
OBS Se conjuga como *actuar.*

resol n. m. Reflejo del sol, y luz y calor que produce este reflejo.

resollar v. intr. **1** Respirar con fuerza y haciendo algún ruido. **2** Hablar o darse a entender: *al echarle la bronca, ni resolló.* **SIN** respirar.
OBS En su conjugación, la *o* se convierte en *ue* en sílaba acentuada, como en *contar.*

resolución n. f. **1** Solución que se da a un problema o a una duda: *la resolución de un caso.* **2** Decisión que se toma después de considerar todos los factores de un problema o de una duda: *he tomado la resolución de dimitir.* **3** Determinación y seguridad para hacer una cosa: *creo que le falta la resolución necesaria para afrontar ese problema.* **4** Exactitud o claridad en la reproducción de una imagen: *la resolución de este televisor es muy superior a la de los otros.*

resolutivo, -va adj. Que es capaz de decidir o resolver un asunto rápidamente: *medidas resolutivas.*

resolver v. tr. **1** Dar o hallar una solución o una respuesta a un problema o a una duda. **SIN** solucionar. ◆ v. tr./ prnl. **2** Elegir entre varias opciones o formar un juicio definitivo sobre una cuestión dudosa: *el capitán resolvió abandonar el barco que empezaba a hundirse.* **SIN** decidir. **3** Hacer que una cosa se acabe o tenga un resultado claro: *la estrella del equipo resolvió el partido.* ◆ v. tr. **4** Acabar un asunto o negocio: *tengo un montón de gestiones por resolver.* **SIN** solventar, zanjar. ◆ v. prnl. **5** **resolverse** Reducirse o venir a parar una cosa en otra: *el agua se resuelve en vapor.*
OBS En su conjugación, la *o* se convierte en *ue* en sílaba acentuada, como en *mover.*
DER resolución, resoluto; irresoluble.

resonancia n. f. **1** Prolongación de un sonido que se va disminuyendo por grados: *la caja de resonancia de algunos instrumentos musicales.* **2** Sonido producido por la repercusión de otro: *en el local había demasiada resonancia para dar un concierto.* **3** Gran divulgación o fama que adquiere un hecho que hace que sea conocido por un gran número de personas: *el asunto ha alcanzado una enorme resonancia.*
DER antirresonancia.

resonar v. intr. **1** Sonar con fuerza. **2** Alargarse un sonido al rebotar en una superficie: *su voz resonaba en la sala vacía.* **SIN** retumbar. **3** Reproducirse en la memoria un sonido: *el clamor del triunfo todavía resuena en mis oídos.* **4** Llegar una cosa al conocimiento de un gran número de personas.
OBS En su conjugación, la *o* se convierte en *ue* en sílaba acentuada, como en *contar.*
DER resonancia.

resoplar v. intr. Respirar fuertemente hacien-

do ruido, generalmente a causa del cansancio o de un contratiempo.
DER resoplido, resoplo.

resoplido n. m. Respiración fuerte y ruidosa que generalmente se hace a causa del cansancio o de un contratiempo. SIN bufido.

resorte n. m. **1** Pieza elástica, generalmente de metal, sobre la que se aplica una presión y que es capaz de ejercer una fuerza y de recuperar su forma inicial cuando esta presión desaparece. SIN muelle. **2** Medio material o inmaterial del que una persona se vale para lograr un fin determinado: *el último resorte que le queda para conseguir trabajo es hacer oposiciones.*

respaldar v. tr. **1** Ayudar a una cosa o persona a conseguir algo; protegerla o darle garantías: *todos le respaldaron en su labor.* SIN apoyar. ◆ v. prnl. **2** respaldarse Inclinarse de espaldas o arrimarse al respaldo de la silla o del banco.

respaldo n. m. **1** Parte de un asiento en la que descansa la espalda. **2** Protección o apoyo: *el proyecto contó con el respaldo de muchas personas.*

respectivo, -va adj. [cosa o persona de una serie] Que tiene correspondencia con una cosa o persona que pertenece a un grupo o conjunto diferente: *cada niño deberá ir acompañado por sus respectivos padres.*
DER respectivamente.

respecto **1** Palabra que se utiliza en la locución al respecto, que significa 'en relación con lo que se trata': *no tengo nada que añadir al respecto.* **2** Palabra que se utiliza en las locuciones *con respecto a* o *respecto a*, que significan 'por lo que se refiere a': *con respecto a lo que te dije el otro día, no hay ningún cambio.*

respetable adj. **1** Que merece respeto o consideración. **2** Que es considerable por su número, por su tamaño o por su intensidad: *una cantidad de dinero respetable.* ◆ n. m. **3** Público que se encuentra en un espectáculo: *brindó el gol al respetable.*
DER respetabilidad.

respetar v. tr. Tener respeto o consideración por una persona o cosa: *respetar las leyes.*
DER respetable.

respeto n. m. **1** Consideración y reconocimiento del valor de una persona o de una cosa: *el profesor impone mucho respeto.* **2** Temor o recelo que infunde una persona o cosa: *volar me da mucho respeto.* ◆ n. m. pl. **3** respetos *formal* Saludos de cortesía: *presente mis respetos a su abuela.*
▶ campar por sus respetos Hacer una persona lo que quiere sin atender a los consejos: *no te hará caso, él campa por sus respetos.*
DER respetar, respetuoso.

respetuoso, -sa adj. [persona, acción] Que muestra respeto o consideración. ANT irrespetuoso.
DER irrespetuoso.

respingo n. m. **1** Sacudida violenta del cuerpo causada por un sobresalto o sorpresa. **2** Expresión o gesto con la que una persona muestra asco o disgusto para indicar que no quiere hacer lo que se le manda: *cuando se lo pidieron dio un respingo.*

respirable adj. Que se puede respirar sin ser perjudicial para la salud: *atmósfera respirable; aire respirable.* ANT irrespirable.

respiración n. f. **1** Acción y resultado de respirar. **2** Aire que se toma cada vez que se respira. respiración artificial Técnica que sirve para hacer que vuelva a respirar el que ha dejado de hacerlo. **3** Entrada y salida de aire en un lugar cerrado. SIN ventilación.
▶ aguantar (o contener) la respiración Dejar de respirar durante un rato guardando aire en los pulmones. sin respiración **a.** Que ha dejado de respirar por un golpe, un esfuerzo o una alteración física o mental: *la caída la dejó sin respiración.* **b.** Muy sorprendido o admirado: *me has dejado sin respiración con esa noticia.* NOTA Se usa con verbos como *quedarse* o *dejar.*

respiradero n. m. **1** Abertura por donde entra y sale el aire de un lugar cerrado: *el respiradero de un baño.* **2** Abertura de una cañería para dar salida al aire: *los respiraderos de una instalación de aire acondicionado.* **3** Abertura en el techo o en la parte alta de una habitación, que comunica con el exterior y proporciona luz y ventilación: *la luz de la mañana entraba por el respiradero.* SIN lucerna, lucernario, lumbrera. **4** Pozo de una mina que se utiliza para dar salida a los gases nocivos.

respirar v. intr. **1** Tomar aire exterior, que tiene oxígeno, llevarlo a los pulmones y expulsar después el dióxido de carbono para mentener las funciones vitales. **2** Estar vivo: *aún respira.* **3** Tener entrada y salida de aire un lugar cerrado: *abre ese cuarto para que respire.* **4** Animarse o cobrar aliento: *al oír las buenas noticias, hemos respirado.* **5** Descansar o cobrar aliento después de un trabajo: *cuando acabemos de revisar estos documentos, respiraremos un poco.* **6** Hablar o pronunciar palabras: *el chico no respiró en toda la tarde.* **7** Dar noticia de sí una persona que se ha ido: *menos mal que por fin respiras.* ◆ v. tr. **8** Mostrar una actitud: *respirar simpatía.*

▶ respirar hondo Tomar mucho aire en los pulmones; respirar profundamente: *después del esfuerzo respiró hondo.* respirar tranquilo Recuperar la tranquilidad tras haber superado un peligro o una situación difícil. sin respirar **a.** Sin descanso ni interrupción: *trabajó todo el día sin respirar.* **b.** Con mucha atención: *escuchaba sin respirar todas las historias de su abuelo.*

DER respiración, respiradero, respiratorio, respiro; irrespirable.

respiratorio, -ria adj. De la respiración o que tiene relación con esta función vital: *vías respiratorias.*

respiro n. m. **1** Tiempo corto de descanso en el trabajo que se hace para volver a él con más fuerzas: *nos tomaremos un respiro antes de comer.* **2** Disminución de una pena o dolor. SIN alivio.

resplandecer v. intr. **1** Brillar con fuerza o emitir rayos de luz una cosa. **2** Sobresalir entre los demás por una virtud o cualidad: *su ejemplo resplandece en la historia.* **3** Reflejar gran alegría el rostro de una persona.

OBS En su conjugación, la *c* se convierte en *zc* delante de *a* y *o*, como en *agradecer.*

DER resplandeciente, resplandor.

resplandor n. m. **1** Luz que emite un cuerpo luminoso. **2** Brillo muy intenso de algunas cosas: *el resplandor del oro.*

responder v. tr./ intr. **1** Dar una contestación a lo que se pregunta o se propone. **2** Contestar a una carta o cualquier otro reclamo que se ha recibido. ◆ v. intr. **3** Contestar a quien llama. **4** Contestar con viveza oponiéndose a una cosa: *es un maleducado: siempre tiene que responder.* SIN replicar. **5** Contestar un animal a otro de su misma especie. **6** Tener una cosa un efecto que se desea o se busca: *este coche responde en todos los terrenos.* **7** Dar fruto o resultado: *si la inversión responde nos haremos ricos.* **8** Corresponder o mostrarse agradecido: *tengo que responder a sus atenciones.* **9** Asegurar o garantizar el funcionamiento o la calidad de una cosa o de una persona haciéndose responsable de ella: *respondo de su buen comportamiento.*

DER respondón, responsable, responso, respuesta; corresponder.

responsabilidad n. f. **1** Característica de las personas responsables: *si no tienes responsabilidad no me puedo fiar de ti.* **2** Obligación que hay que cumplir: *los padres tienen la responsabilidad de alimentar y educar a sus hijos.* **3** Obligación de reparar y satisfacer una deuda o un daño. **4** Trabajo o cargo que tiene importancia: *prefiere una tarea de menor responsabilidad.*

responsabilizar v. tr. Hacer responsable a una persona de alguna cosa, o asumir la responsabilidad uno mismo: *lo responsabilizaron del accidente.*

OBS En su conjugación, la *z* se convierte en *c* delante de *e.*

responsable adj. **1** [persona] Que es serio en el comportamiento o capaz en el trabajo. ◆ adj./ n. com. **2** [persona] Que se encarga de una cosa o que la dirige. **3** [persona, organismo] Que es el autor o culpable de una cosa. **4** [persona, organismo] Que está obligado a responder de una cosa o de una persona: *la entidad responsable del accidente se hará cargo de las pérdidas.*

DER responsabilidad, responsabilizar; irresponsabilidad, irresponsable.

respuesta n. f. **1** Contestación a lo que se pregunta, se dice o se escribe. **2** Contestación al que nos llama a la puerta. **3** Efecto o resultado que se desea o se busca: *la respuesta de este vehículo es segura.* **4** Acción con la que una persona corresponde a la de otra: *la respuesta fue inmediata: le propinó un tortazo.*

resquebrajar v. tr. Hacer o causar grietas en un cuerpo sólido sin acabar de romperlo.

DER resquebrajamiento.

resquicio n. m. **1** Abertura entre el quicio y la puerta. **2** Abertura o grieta pequeña y estrecha. **3** Ocasión que se encuentra para conseguir un fin: *no encuentro un resquicio en mis ocupaciones para escribirle.*

resta n. f. **1** Operación que consiste en quitar una cantidad de otra y averiguar la diferencia. SIN extracción. ANT suma. **2** Cantidad que resulta de esta operación. SIN diferencia, sustracción. ANT suma.

restablecer v. tr. **1** Volver a establecer o a poner en un estado anterior: *ha restablecido una antigua costumbre.* ◆ v. prnl. **2** restablecerse Recuperarse de una enfermedad o de un malestar.

OBS En su conjugación, la *c* se convierte en *zc* delante de *a* y *o*, como en *agradecer*.
DER restablecimiento.

restablecimiento n. m. **1** Acción que consiste en volver a hacer o establecer una cosa o ponerla en el estado que tenía antes: *la reunión sirvió para iniciar el restablecimiento de la paz.* **2** Acción de recuperar la salud una persona tras haber estado enferma o haber sufrido alguna dolencia: *ha padecido una grave enfermedad y el restablecimiento será lento.*

restante adj./ n. com. Que resulta de una resta o que queda: *los días de vacaciones restantes.*

restar v. tr. **1** Separar o sacar una parte de un todo y hallar la parte que queda. **ANT** sumar. **2** Quitar una cantidad de otra, averiguando la diferencia entre las dos. **SIN** sustracción. **3** Disminuir, hacer que una cosa baje en cantidad, fuerza o intensidad: *restó importancia al accidente para no alarmar a los padres.* ◆ v. intr. **4** Faltar o quedar: *restan solo tres días para que empiecen las vacaciones.* **5** Devolver la pelota del saque: *el tenista restó bien y consiguió un punto.*
DER resta, restante, resto; contrarrestar.

restauración n. f. **1** Reparación de alguna cosa que ha sido deteriorada: *restauración de cuadros antiguos.* **2** Restablecimiento en un país del régimen político que existía y que había sido sustituido por otro: *la restauración de la república tras la monarquía.* **3** Período histórico que comienza con ese restablecimiento.

restaurador, -ra n. m. y f. **1** Persona que se dedica a la restauración de obras de arte. **2** Persona que tiene o dirige un restaurante.

restaurante n. m. Establecimiento público donde se preparan y sirven comidas.

restaurar v. tr. **1** Arreglar o reparar una obra de arte de los daños que ha sufrido. **2** Volver a poner una cosa en el estado que antes tenía: *restaurar el orden.* **SIN** restituir. **3** Volver a establecer un régimen político.
DER restauración, restaurador, restaurante.

restituir v. tr. **1** Dar una cosa a quien la tenía antes: *le restituyeron todo lo que le habían robado.* **2** Volver a poner en el estado anterior: *restituir la salud.* **SIN** restablecer.
OBS En su conjugación, la *i* se convierte en *y* delante de *a, e* y *o*, como en *huir*.
DER restitución.

resto n. m. **1** Parte que queda de un todo tras dejar aparte una fracción o cantidad. **2** Resultado de una resta. **3** Cantidad que no se puede dividir en una división de enteros: *5 dividido entre 2 es igual a 2 y el resto es 1.* **4** Cantidad acordada en algunos juegos para jugar y apostar. **5** DEP. Acción de devolver la pelota del saque. ◆ n. m. pl. **6 restos** Parte que queda de una cosa después de haberla consumido o de haber trabajado con ella: *había restos de pintura por todas partes.*
▶ **echar el resto** Hacer todo el esfuerzo posible: *estamos echando el resto para terminar el trabajo.* **restos mortales** Cadáver o parte del cadáver de una persona.

restregar v. tr. Frotar o hacer que se rocen con fuerza dos superficies: *restregar la ropa al lavarla a mano.*
OBS Se conjuga como *regar*.
DER restregón.

restricción n. f. **1** Disminución o reducción a límites menores de una cosa: *restricción de libertad.* **2** Disminución o reducción impuesta en el suministro de productos de consumo que escasean: *restricciones de agua.*

restrictivo, -va adj. Que restringe o tiene capacidad para restringir el uso o el desarrollo de algo: *presupuesto restrictivo.*

restringir v. tr. Disminuir o reducir a límites menores: *tendremos que restringir los gastos.*
OBS En su conjugación, la *g* se convierte en *j* delante de *a* y *o*.
DER restricción, restrictivo.

resucitar v. tr. **1** Devolver la vida a un ser muerto. **2** Dar nueva vida a algo que la había perdido: *los jóvenes resucitaron la fiesta; resucitar antiguas tradiciones.* ◆ v. intr. **3** Volver a la vida: *Jesucristo resucitó de entre los muertos.* **SIN** revivir.
DER resurrección.

resuello n. m. **1** Respiración, especialmente fuerte y ruidosa: *el caballo dio un fuerte resuello.* **2** Fuerza o energía: *no puedo trabajar más: me falta el resuello.*

resuelto adj. Que es decidido y tiene ánimo o valor para hacer una cosa: *es muy resuelto y se despedirá de la empresa si no aceptan sus condiciones de trabajo.*
OBS Es el participio de *resolver*.

resultado n. m. **1** Efecto de un hecho, operación o razonamiento: *hice todas las gestiones posibles, pero no conseguí ningún resultado.* **2** Solución de una operación matemática. **3** Información conseguida después de una operación o investigación: *los resultados de los*

a b c d e f g h i j k l m n ñ o p q r s t u v w x y z

análisis fueron buenos. **4** Tanteo de una competición deportiva: *les ofrecemos los resultados de los partidos jugados.*

resultante adj. **1** Que resulta de una cosa o una acción. ◆ adj./ n. f. **2** FÍS. [fuerza] Que equivale al conjunto de otras varias: *en el examen de física teníamos que hallar la resultante de dos vectores.*

resultar v. intr. **1** Nacer, originarse o ser consecuencia de algo. **2** Parecer, manifestarse o comprobarse una cosa: *la casa resulta pequeña.* **3** Llegar a ser o a obtener un resultado determinado: *el chico resultó vencedor.* **4** Producir agrado o satisfacción: *la fiesta no acabó de resultar.*

DER resulta, resultado, resultante, resultón.

resultón, -tona adj. [persona, cosa] Que resulta atractiva y agradable en su conjunto: *mi hermana sale con un chico que no es muy guapo, pero es resultón; la pensión era algo pequeña pero resultona.*

resumen n. m. Exposición corta y justa de lo principal de un asunto o materia: *le pidió que hiciese un resumen del capítulo.* SIN síntesis. ▶ en resumen Como conclusión: *Juan es alto, guapo, simpático, listo y educado, en resumen, una maravilla.*

resumir v. tr. **1** Reducir a una exposición corta y precisa lo principal de un asunto o materia: *resumimos las ideas esenciales en la conclusión del artículo.* ◆ v. prnl. **2** resumirse Convertirse o transformarse una cosa en otra: *el azúcar se resume en alcohol.*

DER resumen.

resurgimiento n. m. Acción de recobrar nuevas fuerzas o nuevas capacidades una persona o una cosa: *el Renacimiento supuso un resurgimiento de los ideales clásicos grecolatinos.*

resurgir v. intr. **1** Volver a surgir o a aparecer de nuevo. **2** Volver a la vida o volver a tener fuerzas o energía: *aunque le hagan daño, siempre resurge de sus cenizas.*

OBS En su conjugación, la *g* se convierte en *j* delante de *a* y *o*.

DER resurgimiento.

resurrección n. f. **1** Vuelta a la vida de un ser muerto. **2** Vuelta al uso o a la existencia de algo que se había perdido: *la resurrección de viejos oficios.*

retablo n. m. **1** Conjunto o serie de pinturas o esculturas que representa una historia o hecho. **2** Obra de arquitectura hecha de piedra, de madera o de otra materia que compone la decoración del muro que hay detrás de un altar: *un retablo barroco.*

retaguardia n. f. **1** Parte de un ejército o un grupo que avanza en último lugar o que se mantiene más alejada del enemigo. ANT vanguardia. **2** Zona más alejada del frente del total de un terreno ocupado por un ejército. ANT vanguardia. **3** Parte final de algo.

retahíla n. f. Serie larga de cosas que están, se suceden o se mencionan una tras otra: *retahíla de insultos.*

retal n. m. Trozo de tela o de otro material que sobra después de cortar una pieza mayor. SIN retazo.

retama n. f. Planta con muchas ramas largas, delgadas y flexibles, de hojas pequeñas y escasas y que da flores amarillas: *la retama abunda en la zona mediterránea.*

retar v. tr. Provocar a una persona para tener un enfrentamiento físico o verbal con ella: *me retó a cruzar el pantano a nado.* SIN desafiar.

DER reto.

retardar v. tr. Hacer que una cosa ocurra después del tiempo debido o previsto: *las lluvias han retardado la excursión a la montaña.* SIN aplazar, retrasar.

retazo n. m. **1** Trozo de tela o de otro material que sobra después de cortar una pieza mayor. SIN retal. **2** Trozo de un discurso o escrito. SIN fragmento.

retención n. f. **1** Marcha muy lenta o detención de coches en una carretera. NOTA Se usa más en plural. **2** Dinero que se descuenta en un pago o en un cobro, especialmente el destinado al pago de impuestos: *la empresa hace una retención del 20 % para el pago de impuestos.* **3** Acción de interrumpir el curso normal de algo. **4** Conservación de información en la memoria: *tiene una capacidad extraordinaria para la retención de fechas.* **5** Conservación en el organismo de una materia, especialmente un líquido, que debería expulsarse: *retención de líquidos.*

retener v. tr. **1** Conservar o guardar para sí: *el algodón empapa y retiene el agua.* **2** Descontar un dinero en un pago o un cobro. **3** Conservar en la memoria: *repitió la poesía varias veces para retenerla.* SIN memorizar, recordar. **4** Impedir que una persona se vaya o se aleje de un lugar: *la policía retuvo a los testigos para interrogarlos.* SIN detener. **5** Impedir o dificultar el curso normal de una acción: *las ramas y las piedras retenían el agua*

del río. ◆ v. tr./ prnl. **6** Reprimir un deseo o pasión. SIN reprimir.
OBS Se conjuga como *tener.*
DER retén, retención, retentiva, retentivo.

reticencia n. f. Reserva o falta de confianza: *noto en tus palabras cierta reticencia.*

reticente adj. **1** [persona] Que actúa con reticencia, desconfianza o cautela: *se mostraron reticentes a compartir los gastos.* **2** Que denota o implica reticencia: *me contestó con una voz reticente.*
DER reticencia.

retícula n. f. **1** Conjunto de hilos o líneas que se ponen en el foco de algunos instrumentos ópticos para ajustar la visión. **2** Placa de cristal dividida en cuadrados pequeños que se usa en topografía para determinar el área de una figura.

retículo n. m. **1** Tejido en forma de red que está formado por filamentos vegetales: *las hojas de las plantas están formadas de retículos.* **2** Retícula de un instrumento óptico. **3** Cavidad que junto con otras tres forma el estómago de los rumiantes. SIN redecilla.

retina n. f. ANAT. Membrana situada en el interior del globo ocular; es sensible a la luz, la cual transmite al cerebro en forma de impulsos nerviosos.

retirada n. f. **1** Retroceso ordenado de un ejército alejándose del enemigo: *el coronel ordenó la retirada.* **2** Separación o alejamiento de un lugar o circunstancia. SIN salida. **3** Hecho de quitar algo: *me han amenazado con la retirada del carné de conducir.*

retirado, -da adj. **1** Que está muy alejado o distante: *su apartamento queda muy retirado del aeropuerto.* SIN apartado, lejano. ANT cercano. ◆ adj./ n. m. y f. **2** [persona] Que ha alcanzado la situación de retiro o jubilación.

retirar v. tr. **1** Apartar o separar algo o a alguien de un sitio: *retira la olla del fuego.* **2** Hacer abandonar a alguien una actividad por algún motivo determinado: *se retiró del concurso al sufrir un mareo.* **3** Hacer abandonar un trabajo o una profesión por haber alcanzado una edad y pasar a percibir una pensión: *a los sesenta años se retiró de la enseñanza.* **4** Apartar de la vista: *retira esa fotografía, que no quiero verla.* **5** No dejar que algo se dé a conocer: *retirar un libro de circulación.* **6** Declarar que no se mantiene algo dicho anteriormente: *la víctima retiró la denuncia.* **7** Negar o dejar de dar: *se enfadó conmigo y me retiró el saludo.* ◆ v. prnl. **8** retirarse Apartarse o separarse del trato social: *se retiró al campo a meditar.* **9** Irse a descansar; irse a la cama o a casa: *perdonadme, pero yo me retiro porque estoy muy cansado.* **10** Retroceder ordenadamente un ejército apartándose del enemigo.
DER retirada, retirado, retiro.

retiro n. m. **1** Abandono de un lugar o de una ocupación habitual: *un año de retiro te vendrá bien para tu depresión.* **2** Situación del trabajador retirado. SIN jubilación. **3** Pensión que se recibe después de dejar el trabajo a causa de la edad: *le ha quedado un buen retiro.* SIN jubilación. **4** Lugar tranquilo y apartado de la gente: *el escritor decidió confinarse en su retiro.* **5** Hecho de dejar las ocupaciones habituales para hacer ejercicios espirituales que consisten en rezar y meditar.

reto n. m. **1** Provocación a una persona para tener un enfrentamiento físico o verbal con ella: *le lanzó un reto que no pudo evitar.* SIN provocación, incitación. **2** Objetivo difícil de conseguir en el que se pone mucho esfuerzo: *para un corredor no profesional, terminar un maratón es todo un reto.* SIN desafío.

retocar v. tr. **1** Terminar o corregir los detalles de una obra: *aunque ya parecía haber terminado el cuadro, todavía lo estuvo retocando durante unas horas.* **2** Arreglar los daños que ha sufrido una obra de arte o reconstruirla. SIN restaurar.
OBS En su conjugación, la *c* se convierte en *qu* delante de *e*.
DER retoque.

retomar v. tr. Continuar o reanudar una cosa que se había interrumpido.

retoño n. m. **1** Rama nueva que le sale a una planta. **2** Hijo, especialmente cuando tiene corta edad.
DER retoñar.

retoque n. m. Detalle con que se termina o corrige una obra: *le dio los retoques oportunos a la novela antes de entregarla.*

retorcer v. tr. **1** Dar vueltas a una cosa manteniendo un extremo fijo o girando ambos extremos en sentidos contrarios: *retorcía el pañuelo mojado para escurrirlo.* **2** Complicar algo al interpretarlo de una forma diferente a la pretendida: *estás retorciendo el sentido de mis palabras.* SIN tergiversar. ◆ v. prnl. **3** retorcerse Doblar el cuerpo o hacer movimientos exagerados a causa del dolor o de la risa: *cuando me di el golpe me retorcía de dolor.*

OBS En su conjugación, la *o* se convierte en *ue* en sílaba acentuada y la *c* en *z* delante de *a* y *o*, como en *cocer*.

retorcido, -da adj. **1** Que tiene mala intención: *acabarás siendo víctima de sus retorcidos planes.* **2** Que usa un lenguaje difícil de entender y poco claro. **3** [persona] De carácter difícil: *es un tipo muy retorcido y al que nadie comprende.*

retórica n. f. **1** Arte de hablar de manera elegante y con corrección para convencer o provocar un determinado sentimiento. SIN elocuencia, oratoria. **2** Estudio de las propiedades y la forma de los discursos. **3** Adorno excesivo en el lenguaje o en el modo de hablar: *lo dice todo con tanta retórica que se hace insoportable.*

retoricismo n. m. Uso excesivo de elementos retóricos: *los autores de la Generación del 98 reaccionaron contra el retoricismo de la literatura anterior.*

retórico, -ca adj. **1** De la retórica o que tiene relación con este arte: *la sinestesia y la metáfora son figuras retóricas.* **2** [lenguaje] Que es demasiado rebuscado: *su discurso retórico no gustó a los asistentes.* ◆ adj./ n. m. y f. **3** [persona] Que conoce la retórica.

DER retoricismo.

retornable adj. **1** Que puede ser retornado o devuelto: *un préstamo retornable en cinco plazos.* **2** [envase] Que puede volver a ser utilizado después de haber consumido su contenido, por lo que se suele devolver al establecimiento en que se compró: *los envases retornables suelen ser de vidrio.*

retornar v. intr. **1** Volver al lugar del que se partió: *deseaba retornar a su país.* SIN regresar. **2** Volver a una situación o estado anterior: *retornó a sus costumbres.* SIN regresar. ◆ v. tr. **3** Dar una cosa a quien la tenía antes: *le retornó todo lo que le había dado.* SIN restituir. **4** Hacer que una cosa vuelva atrás: *retornaron el carro con cuidado.*

DER retornable, retorno.

retorno n. m. Vuelta o regreso al punto de partida: *todos esperábamos su retorno a casa.* ANT marcha.

retortijón n. m. Dolor abdominal intermitente y agudo que acompaña a los cólicos intestinales. NOTA Se usa generalmente en plural.

retractarse v. prnl. Manifestar que se retira algo que se ha dicho anteriormente.

retráctil adj. Que puede avanzar y retraerse o esconderse por sí mismo: *uñas retráctiles.*

retraer v. tr. **1** Apartar o disuadir a una persona de hacer algo: *el fuerte viento me retrajo de salir a navegar.* **2** Encoger un órgano o miembro del cuerpo para que quede oculto: *el gato puede retraer las uñas.* **3** Criticar a una persona recordándole abiertamente un hecho o una acción que causa vergüenza: *le retrajo todas sus faltas.* SIN reprochar. ◆ v. prnl. **4** **retraerse** Retirarse o retroceder. **5** Hacer vida retirada o apartada del trato social: *le gusta la soledad y se retrae mucho.*

OBS Se conjuga como *traer.*

DER retraído, retraimiento.

retraimiento n. m. Manera de ser de la persona tímida, reservada y poco comunicativa. SIN timidez.

retransmisión n. f. **1** Acción de retransmitir un programa a través de un medio de comunicación desde el lugar donde este se realiza o se produce: *iniciaron la retransmisión del concierto.* SIN transmisión. **2** Programa que se transmite por radio o televisión: *varios amigos están viendo la retransmisión de la final del campeonato.* SIN transmisión.

retransmitir v. tr. **1** Enviar o transmitir una información a través de un medio de comunicación desde el lugar donde se produce: *esta noche retransmiten un partido por televisión.* **2** Volver a enviar o transmitir un mensaje o una información a través de un medio de comunicación.

DER retransmisión, retransmisor.

retrasado, -da adj. **1** Que no ha completado su desarrollo. ◆ adj./ n. m. y f. **2** [persona] Que tiene una capacidad mental inferior a la normal. SIN deficiente, subnormal. NOTA Se usa como apelativo despectivo.

retrasar v. tr. **1** Hacer que una cosa ocurra después del tiempo debido o previsto: *el tren de cercanías se ha retrasado.* SIN atrasar, retardar. ◆ v. tr./ intr. **2** Hacer que un reloj señale un tiempo ya pasado: *esta noche tendremos que retrasar los relojes una hora.* SIN atrasar. ANT adelantar. **3** Echar o llevar hacia atrás: *el público protestó porque los jugadores retrasaban el balón constantemente.* ◆ v. intr./ prnl. **4** Marcar un reloj un tiempo anterior al real por funcionar más lentamente que lo debido. SIN atrasar. ANT adelantar. ◆ v. prnl. **5** **retrasarse** Quedar alguien rezagado en una actividad por avanzar menos que los demás: *debido a*

su larga enfermedad se retrasó en sus estudios. SIN atrasar. ANT adelantar.
DER retrasado, retraso.

retraso n. m. **1** Acción que sucede más tarde de lo previsto: *retraso del vuelo.* SIN atraso. ANT antelación. **2** Espacio de tiempo posterior al previsto: *este tren siempre llega con retraso.* SIN atraso. ANT adelanto. **3** Falta de desarrollo completo: *retraso tecnológico.*

retratar v. tr. **1** Reproducir la imagen de alguien o de algo en dibujo, pintura o escultura. **2** Reproducir la imagen de alguien o de algo en una fotografía. SIN fotografiar. **3** Describir detalladamente con palabras algo o a alguien.

retrato n. m. **1** Representación de alguien en dibujo, pintura o escultura. retrato robot Supuesto retrato de una persona desconocida que se hace a partir de las explicaciones o señales dadas por otras personas que la han visto: *el retrato robot de un sospechoso.* **2** Fotografía de una persona. **3** Descripción detallada con palabras de alguien o de algo.
▶ ser el retrato o ser el vivo retrato Expresión que se utiliza para indicar que una persona se parece mucho a otra: *es el vivo retrato de su padre.*
DER retratar, retratista; autorretrato.

retrete n. m. **1** Recipiente provisto de una cisterna con agua y conectado a una tubería de desagüe donde las personas hacen sus necesidades. SIN inodoro. **2** Habitación en la que está ese recipiente y otros elementos que sirven para el aseo humano. SIN servicio, váter.

retribución n. f. Bien o cantidad de dinero que se da o se recibe en compensación de un trabajo o un servicio. SIN remuneración.

retribuir v. tr. Dar un bien o una cantidad de dinero en compensación de un trabajo o un servicio. SIN remunerar.
OBS En su conjugación, la *i* se convierte en *y* delante de *a*, *e* y *o*, como en *huir*.
DER retribución, retributivo.

retro- Prefijo que entra en la formación de palabras con el significado de 'hacia atrás': *retroactivo, retrovisor.*

retroceder v. intr. **1** Volver hacia atrás en el tiempo o en el espacio. ANT avanzar. **2** Abandonar un proyecto antes de realizarlo por encontrar ciertas dificultades. SIN desistir. ANT avanzar.

retroceso n. m. **1** Movimiento hacia atrás en el tiempo o en el espacio. ANT avance. **2** Empeoramiento de una enfermedad después de una fase de mejora. ANT mejora. **3** Movimiento brusco hacia atrás de un arma de fuego al dispararla.

retrógrado, -da adj. **1** Que vuelve hacia atrás. ◆ adj./ n. m. y f. **2** [persona] Que es partidario de ideas o instituciones políticas o sociales propias de tiempos pasados: *los políticos retrógrados votaron en contra del sufragio universal.* SIN conservador. ANT progresista.

retrotraer v. tr. Retroceder con la memoria a un tiempo o época pasada para tomarlos como punto de arranque o de referencia: *el psicoanalista pidió a la paciente que se retrotrajera su infancia.*
OBS Se conjuga como *traer.*

retrovisor n. m. Espejo pequeño que llevan ciertos vehículos en la parte interior sobre la cabeza del conductor y en la parte exterior en uno o ambos laterales para que el conductor pueda ver lo que hay o pasa detrás.

retumbar v. intr. **1** Hacer mucho ruido una cosa: *la música retumbaba por toda la discoteca.* **2** Reproducirse o ampliarse el sonido de algo debido a las características del lugar: *sus pasos retumbaban en la cueva.*
DER retumbo.

reuma o **reúma** n. amb. Enfermedad en la que duelen o se inflaman las articulaciones o los músculos del cuerpo. SIN reumatismo.
OBS Se considera más correcto su uso como masculino: *el reuma* o *el reúma.*

reumático, -ca adj. **1** Del reumatismo o que tienen relación con esta enfermedad: *dolores reumáticos.* ◆ adj./ n. m. y f. **2** [persona] Que padece reumatismo.

reumatismo n. m. Reuma.

reunificación n. f. Unificación de cosas que habían estado unidas y se encontraban separadas: *la reunificación de Alemania culminó en 1990.*

reunificar v. tr. Unificar de nuevo algo, especialmente una nación, un imperio, etc., que había estado unificado y se había separado posteriormente: *reunificar un imperio.*
OBS En su conjugación, la *c* se convierte en *qu* delante de *e*.

reunión n. f. **1** Acción de reunir o reunirse. **2** Conjunto de personas que se reúnen para hablar de un determinado tema. **3** Conjunto de cosas, animales o personas.

reunir

INDICATIVO	SUBJUNTIVO
presente	**presente**
reúno	reúna
reúnes	reúnas
reúne	reúna
reunimos	reunamos
reunís	reunáis
reúnen	reúnan
pretérito imperfecto	**pretérito imperfecto**
reunía	reuniera o reuniese
reunías	reunieras o reunieses
reunía	reuniera o reuniese
reuníamos	reuniéramos o reuniésemos
reuníais	reunierais o reunieseis
reunían	reunieran o reuniesen
pretérito perfecto simple	**futuro**
reuní	reuniere
reuniste	reunieres
reunió	reuniere
reunimos	reuniéremos
reunisteis	reuniereis
reunieron	reunieren
futuro	IMPERATIVO
reuniré	reúne (tú)
reunirás	reúna (usted)
reunirá	reunid (vosotros)
reuniremos	reúnan (ustedes)
reuniréis	
reunirán	FORMAS NO PERSONALES
condicional	**infinitivo** reunir
reuniría	**gerundio** reuniendo
reunirías	**participio** reunido
reuniría	
reuniríamos	
reuniríais	
reunirían	

reunir v. tr. **1** Congregar a varias personas. **2** Juntar o conseguir cosas para coleccionarlas o con otro fin: *reunió muchos libros a lo largo de su vida.*
DER reunión.

reutilizar v. tr. Utilizar un objeto o producto que ya se ha utilizado pero que todavía no está gastado o al que se le puede encontrar otro uso distinto del original.
OBS En su conjugación, la *z* se convierte en *c* delante de *e*, como en *realizar.*
DER reutilizable, reutilización.

reválida n. f. **1** Acción de revalidar: *los comicios sindicales van a ser una auténtica reválida para los dos sindicatos mayoritarios.* **2** Examen que se hacía antiguamente en España al finalizar algunos estudios para obtener un grado académico.

revalorización n. f. **1** Recuperación del valor o la estima que una cosa había perdido: *se ha producido una revalorización de las obras de este autor.* **2** Aumento del valor de una cosa: *el precio del metro cuadrado se está revalorizando en la periferia de las grandes ciudades.*

revalorizar v. tr. **1** Hacer aumentar el valor de una cosa: *revalorizaron las tierras al instalar el riego.* ANT devaluar. **2** Volver a tener algo su justo valor: *su imagen pública, por fin, se ha revalorizado.*
OBS En su conjugación, la *z* se convierte en *c* delante de *e*.
DER revalorización.

revaluar v. tr. Hacer que aumente el valor de una cosa, especialmente de una moneda: *la devaluación del dólar revaluó algunas monedas europeas; el yen se revaluó.* SIN revalorizar. ANT devaluar, depreciar.

revancha n. f. **1** Venganza o respuesta a una ofensa o daño recibidos. SIN represalia. **2** Posibilidad de recuperar lo perdido o de ganar en un juego o competición que se había perdido.

revelación n. f. Descubrimiento o manifestación de algo secreto o desconocido.

revelado n. m. Conjunto de operaciones que son necesarias para revelar una imagen fotográfica.

revelar v. tr. **1** Mostrar algo que era secreto o desconocido. **2** Proporcionar muestras o pruebas de algo: *sus palabras revelan preocupación.* SIN evidenciar, reflejar. **3** Hacer que se vea una imagen impresa en una placa o película fotográfica: *he revelado ya el carrete de las fotos de nuestras vacaciones.*
DER revelación, revelado, revelador.

revender v. tr. Vender algo que se había comprado, generalmente por un precio mayor, para sacar beneficio: *los grupos financieros adquieren acciones y las revenden.*

reventar v. tr./ intr./ prnl. **1** Hacer que algo se rompa por no poder soportar una presión interior: *hinchó tanto la rueda del coche que la reventó.* ◆ v. intr. **2** Salir o surgir con fuerza: *su ira reventó de repente.* SIN estallar. **3** Tener un deseo muy fuerte o difícil de aguantar: *está que revienta por hablar.* **4** Molestar, cansar o provocar enfado: *me revienta que llegues siempre tarde.* **5** Hacer algo con muchas ganas o fuerza: *cuando actúa ese cómico reviento de risa.* **6** Deshacerse en espuma las olas del mar. SIN romper. ◆ v. tr. **7** Cansar mucho o agotar: *el*

jinete reventó al caballo para llegar en un día a la corte. **8** Hacer fracasar mostrando desagrado de forma ruidosa: *una compañía enemiga pagó a un grupo de muchachos para que reventara el espectáculo.*
OBS En su conjugación, la *e* se convierte en *ie* en sílaba acentuada, como en *acertar.*
DER reventón.

reventón, -tona adj. **1** Que parece que va a reventar o a estallar: *ojos reventones; tripa reventona.* ◆ n. m. **2** Acción de reventar o reventarse una cosa: *un reventón en la tubería.*

reverberar v. intr. **1** Reflejarse la luz en la superficie de un cuerpo brillante: *el sol reverbera en el lago.* **2** Persistir un sonido en el interior de un lugar durante un tiempo al rebotar en una superficie sin ser absorbido: *el sonido de los altavoces reverbera en la habitación.* **3** Brillar mucho un cuerpo al recibir la luz: *las aguas del estanque reverberan al atardecer.*

reverbero n. m. **1** Reflejo de la luz en una superficie. **2** Persistencia de un sonido en un lugar cerrado.

reverdecer v. intr./ tr. **1** Tomar color verde de nuevo las plantas, los árboles o la tierra en general. **2** Renovarse o tomar nueva fuerza o energía: *reverdeció el gusto por las formas clásicas.* SIN renacer.
OBS En su conjugación, la *c* se convierte en *zc* delante de *a* y *o*, como en *agradecer.*

reverencia n. f. **1** Inclinación del cuerpo en señal de respeto. **2** Respeto que se siente hacia una persona.
DER reverenciar, reverendo, reverente.

reverenciar v. tr. Mostrar respeto o veneración por una persona o una cosa a las que se estima: *los católicos reverencian sus imágenes sagradas.* SIN respetar, venerar.
OBS En su conjugación, la *i* es átona, como en *cambiar.*

reverendo, -da adj. Forma de tratamiento que indica respeto y cortesía y que se usa hacia los sacerdotes o las personas que pertenecen a una orden religiosa: *reverendo, aquí tiene la sotana limpia.*

reverente adj. Que muestra reverencia o respeto. SIN respetuoso. ANT irreverente.

reversible adj. **1** Que puede volver a un estado o situación anterior: *no te alarmes: su enfermedad es de carácter reversible.* ANT irreversible. **2** Que se puede usar invirtiendo la posición o el sentido: *este abrigo es reversible.*
DER irreversible.

reverso n. m. Lado opuesto al que se considera principal de una cosa: *en el reverso de la carta había una nota manuscrita.* SIN envés. ANT anverso.

revés n. m. **1** Lado opuesto a la parte principal de una cosa: *me acabo de poner la chaqueta del revés.* ANT derecho. **2** Golpe que se da con la mano vuelta. **3** Situación difícil o desgraciada. SIN contratiempo, desgracia, infortunio. **4** En deporte, golpe que se da a la pelota cruzando el brazo por delante del cuerpo hacia el lado opuesto al que se tiene la raqueta: *la tenista respondió con un fuerte revés a la pelota.*
▶ al revés De manera contraria: *has entendido lo que he dicho al revés de como deberías haberlo hecho.* del revés Con la cara posterior, interior o menos importante a la vista: *te has puesto el pijama del revés.*
DER enrevesado.

revestimiento n. m. Capa de algún tipo de material con la que se protege o adorna una superficie.

revestir v. tr. **1** Cubrir una superficie con una capa de algún tipo de material, generalmente para protegerla o adornarla. **2** *formal* Presentar un determinado aspecto, cualidad o carácter: *la herida es fea, pero no reviste gravedad.* ◆ v. tr./ prnl. **3** Dar a algo la apariencia de lo que no es: *revistió su declaración de ingenuidad ante el jurado.* **4** Atribuir o conceder cierta facultad o autoridad: *fue revestido con el título de emperador.* **5** Vestir poniendo una ropa sobre otra. ◆ v. prnl. **6** revestirse Armarse de una cualidad o virtud: *tendremos que revestirnos de paciencia y de resignación.* **7** Cubrirse de algo: *las cumbres se revistieron de nieve poco a poco.*
OBS En su conjugación, la *e* se convierte en *i* en algunos tiempos y personas, como en *servir.*
DER revestimiento.

revigorizar v. tr. Dar a algo un nuevo vigor: *revigorizaron a la comisión con verdaderas facultades ejecutivas.*
OBS En su conjugación, la *z* se convierte en *c* delante de *e.*

revisar v. tr. **1** Examinar algo con atención y cuidado para corregir los errores: *revisaron la lección.* SIN repasar. **2** Someter a una nueva prueba o examen para comprobar que funciona correctamente: *habrá que revisar el aparato.* SIN repasar.
DER revisión, revisor.

revisión n. f. **1** Observación de una cosa con cuidado y atención para corregir los errores. **2** Prueba o examen que se hace de nuevo para comprobar que algo funciona correctamente: *tengo que hacerle una revisión al coche.*
DER revisionismo.

revisor, -ra n. m. y f. Persona que se dedica a revisar o comprobar cosas, especialmente los billetes de los viajeros en un medio de transporte.

revista n. f. **1** Publicación de información general, generalmente con fotografías. **2** Publicación periódica con escritos sobre varias materias o sobre una especial: *una revista de economía.* **3** Espectáculo teatral de carácter ligero y de humor en el que alternan números musicales con otros dialogados. **4** Reconocimiento u observación que un jefe hace de las personas o cosas que están bajo su autoridad o cuidado. **5** Formación de parte de un ejército para que un jefe la pueda reconocer: *la revista se hizo a primera hora de la mañana.*
▶ pasar revista **a.** Reconocimiento que hace un jefe del ejército a su tropa: *el general pasó revista a las tropas.* **b.** Supervisar algo: *la madre pasó revista a la habitación de los chicos.*
DER revistero.

revistero n. m. Pieza de mobiliario en la que se guardan revistas y periódicos.

revitalización n. f. Acción de dar a una cosa nueva energía o actividad, especialmente después de un período de deterioro o inactividad: *revitalización de la economía.*

revitalizar v. tr. Dar a una cosa nueva energía o actividad, especialmente después de un período de deterioro o inactividad: *revitalizar el pelo.*
OBS En su conjugación, la *z* se convierte en *c* delante de *e*.

revivir v. intr. **1** Volver a la vida. SIN resucitar. **2** Volver en sí un ser vivo que parecía muerto: *volví a meter el pez en el agua y revivió.* **3** Resurgir un deseo o sensación que parecía muerto: *el odio que sentía por él revivió al volverlo a ver.* ◆ v. tr. **4** Recordar algo vivamente: *al ver de nuevo el pueblo, revivió los felices momentos pasados allí.* SIN evocar.

revolcar v. tr. **1** Derribar a alguien y darle vueltas por el suelo: *el toro revolcó a los mozos.* **2** Suspender una prueba o examen. ◆ v. prnl. **3** revolcarse Echarse sobre una superficie y dar vueltas sobre ella. **4** Realizar juegos amorosos una pareja.
OBS En su conjugación, la *o* se convierte en *ue* en sílaba acentuada y la *c* en *qu* delante de *e*, como en *trocar*.
DER revolcón.

revolotear v. intr. **1** Volar dando vueltas y giros en un espacio reducido. **2** Moverse una cosa ligera por el aire dando vueltas y giros: *el avión lanzó unos papeles que fueron revoloteando hasta caer al suelo.*
DER revoloteo.

revoltijo n. m. **1** Conjunto de muchas cosas diversas y desordenadas. **2** Confusión: *había un revoltijo enorme de gente y preferí no pasar.* SIN barullo, follón, lío. **3** Conjunto de tripas de un animal.

revoltoso, -sa adj. [niño] Que no se está quieto y es travieso.

revolución n. f. **1** Cambio violento en el orden político, social y económico de una sociedad: *durante el siglo pasado ese país sufrió varias revoluciones.* SIN revuelta. **2** Desorden o agitación: *cada vez que entra en un bar forma una revolución.* SIN revuelo. **3** Movimiento de un cuerpo alrededor de un eje o punto fijo: *sube el motor hasta las 5000 revoluciones por minuto.* **4** Cambio de estado físico o mental. SIN inquietud.
DER revolucionar, revolucionario; contrarrevolución.

revolucionar v. tr. **1** Provocar desorden o agitación: *es muy traviesa y revoluciona a todas sus compañeras.* **2** Producir un desorden y una agitación que llevan a un cambio violento en el orden político, social y económico de un país. **3** Hacer que un motor gire a más revoluciones por minuto.

revolucionario, -ria adj. **1** De la revolución política, social o económica o que tiene relación con ella. ◆ adj./ n. m. y f. **2** [persona] Que es partidario de la revolución política, social y económica. **3** Que constituye un cambio profundo en algo: *técnica revolucionaria.*
DER antirrevolucionario.

revolver v. tr. **1** Remover algo dándole vueltas. SIN mezclar. **2** Cambiar ciertas cosas de lugar desordenándolas. **3** Volver a tratar un asunto: *deja de revolver el tema, que ya se ha olvidado.* ◆ v. tr./ prnl. **4** Alterar un orden o un estado: *esa película me revuelven el estómago.* ◆ v. intr. **5** Indagar en algo del pasado para extraer alguna información oculta u olvidada: *revolvió entre sus viejos escritos.* ◆ v. prnl. **6** revolverse Moverse de un lado a otro con inquietud en un espacio reducido: *Luisa se revolvía incómoda en su asiento.* **7** Volverse con rapidez para enfrentarse a una persona o cosa: *el bandido se revolvió y dio un puñetazo a su perseguidor.* **8** Cambiar el tiempo haciéndose desagradable. SIN empeorar.

OBS El participio es *revuelto.* En su conjugación, la *o* se convierte en *ue* en sílaba acentuada, como en *mover.*

DER revoltijo, revoltillo, revoltoso, revolución.

revólver n. m. Arma de fuego corta y de pequeño calibre, con un tambor giratorio donde se colocan las balas.

OBS El plural es *revólveres.*

revuelo n. m. Desorden o agitación: *se armó un gran revuelo en el vestíbulo del hotel.* SIN revolución.

revuelta n. f. **1** Desorden o agitación que produce un cambio violento en el orden político o social de un lugar. SIN revolución. **2** Enfrentamiento o lucha.

revuelto, -ta adj. **1** Que está muy desordenado o lleno de cosas mezcladas sin coherencia. **2** Que está agitado o intranquilo: *los ánimos de los trabajadores están muy revueltos.* **3** [tiempo atmosférico] Que está muy variable: *el tiempo está muy revuelto, tan pronto llueve como hace sol.* **4** [líquido] Que está turbio: *las aguas del río bajan revueltas.* ◆ n. m. **5** Plato que se elabora con un alimento frito o rehogado en aceite, con el que se mezclan unos huevos que se cuajan sin dejar de remover en la sartén: *pidió un revuelto de ajos tiernos y gambas.*

rey n. m. **1** Jefe del Estado en una monarquía: *fue coronado rey.* SIN monarca, soberano. Reyes Magos Los tres reyes que, según el cristianismo, fueron a adorar a Jesucristo conducidos por una estrella. **2** Carta de la baraja española con el número 12 y que lleva dibujada la figura de un hombre con corona. **3** Pieza principal del ajedrez. **4** Hombre, animal o cosa del género masculino, que destaca entre los demás de su clase o especie: *el león es el rey de la selva.*

DER reina, reino, reyezuelo; virrey.

reyerta n. f. Enfrentamiento violento entre dos o más personas: *se vio envuelto en una reyerta callejera y salió herido.* SIN riña.

rezagar v. tr. **1** Dejar atrás: *el fuerte viento nos rezagó.* ◆ v. prnl. **2** rezagarse Quedarse atrás por avanzar o progresar a un ritmo más lento que los demás: *se rezagó del grupo a causa de una caída.*

OBS En su conjugación, la *g* se convierte en *gu* delante de *e.*

rezar v. tr. **1** Decir una oración, mentalmente o de palabra. **2** Decir o decirse en un escrito: *en el libro reza así y tengo que creerlo.* ◆ v. intr. **3** Dirigir una oración, mentalmente o de palabra, a una divinidad o a un santo.

OBS En su conjugación, la *z* se convierte en *c* delante de *e.*

DER rezo.

rezo n. m. **1** Acción de rezar. **2** Oración o ruego a una divinidad: *empezaba cada mañana con un rezo.*

rezongar v. intr. Emitir voces confusas o palabras mal articuladas en señal de enfado o desagrado: *deja ya de rezongar y empieza a trabajar.* SIN refunfuñar.

OBS En su conjugación, la *g* se convierte en *gu* delante de *e.*

rezumar v. tr. **1** Dejar salir un cuerpo o recipiente poroso la humedad o un líquido por sus paredes: *ese cántaro rezumaba agua.* **2** Dejar translucir una cualidad o característica en alto grado: *su exposición rezumaba sabiduría.* ◆ v. intr./ prnl. **3** Salir la humedad o un líquido por las paredes de un cuerpo o recipiente poroso.

ría n. f. Zona costera resultado de la penetración del mar en la desembocadura de un río a causa de un hundimiento de la costa.

riachuelo n. m. Río de pequeño tamaño por el que corre poca agua.

riada n. f. **1** Crecida repentina del nivel de las aguas de un río: *la lluvia o el deshielo son causas de riadas.* **2** Afluencia repentina y violenta del agua e inundación debidas a esa crecida: *la riada se llevó varios autos.* SIN avenida, venida. **3** Gran cantidad de personas o de cosas materiales o inmateriales, especialmente cuando aparecen o se producen impetuosamente: *salí por los andenes con la riada de todos mis compañeros.* SIN alud, avalancha, torrente.

ribazo n. m. **1** Parte de terreno que tiene una elevación o inclinación: *se tumbó en un ribazo a ver pasar las nubes.* **2** Elevación o inclinación entre dos terrenos que están a diferente nivel: *andaba sobre el ribazo sin pisar la tierra de labor.*

ribera n. f. **1** Orilla o borde de un mar o un río. **2** Terreno cercano a un mar o un río.

ribereño, -ña adj. De la ribera o que tiene relación con este terreno: *pueblos ribereños.*

ribete n. m. **1** Cinta o tira con la que se refuerza o adorna el borde de una cosa: *uno de los ribetes de sus zapatos se soltó.* **2** Detalle o adorno: *su monólogo tuvo varios ribetes cómicos.* ◆ n. m. pl. **3** ribetes Señal o indicio que prueba o da a conocer una cosa: *este estudiante tiene ribetes de científico.*

ribetear v. tr. Poner ribetes o marcar los bordes: *ribetearon el vestido.*

ribonucleico adj. [ácido] Que participa en la síntesis de las proteínas y realiza la función de mensajero de la información genética: *la sigla del ácido ribonucleico es* ARN.

rico, -ca adj./ n. m. y f. **1** [persona] Que tiene mucho dinero o muchos bienes. SIN adinerado. ANT pobre. ◆ adj. **2** Que tiene abundancia o gran cantidad de una cosa: *este país es rico en explotaciones ganaderas.* **3** Que tiene un sabor que resulta agradable. **4** [persona] Que es bello o agradable: *tiene un niño muy rico.*
DER ricacho, ricamente, ricura, riqueza; enriquecer.

ridiculez n. f. **1** Acto o dicho que provoca risa por raro, extraño o feo. **2** Cantidad o intensidad escasa o de poca importancia: *precio es una ridiculez.*

ridiculización n. f. Acción de ridiculizar: Tirano Banderas*, de Valle-Inclán, es la ridiculización esperpéntica del dictador latinoamericano.*

ridiculizar v. tr. Hacer burla de alguien mencionando sus defectos o imitando sus gestos o sus palabras: *lo ridiculizó delante de todos.*
OBS En su conjugación, la *z* se convierte en *c* delante de *e*.

ridículo, -la adj. **1** Que provoca risa o burla por raro, extraño o feo. **2** Que es escaso o que tiene poca importancia: *no creo que haya que discutir por una cantidad de dinero tan ridícula.* ◆ n. m. **3** Situación que sufre una o más personas y que provoca risa o burla en los demás. NOTA Se suele usar con el verbo *hacer*.
DER ridiculez, ridiculizar.

riego n. m. **1** Acción de extender agua sobre una superficie de tierra o de plantas. riego por aspersión Sistema de riego que consiste en esparcir finas gotitas de agua sobre un terreno en varias pasadas. **2** Acción de extender un líquido por una materia o tejido: *esta tarta estaría mejor con un riego de licor.*
▶ riego sanguíneo Riego de la sangre sobre los órganos o sobre la superficie del cuerpo.

riel n. m. **1** Pieza metálica alargada sobre la que se acopla algo para que se deslice: *tiró tan fuerte de la cortina que el riel se desprendió.* **2** Barra de hierro alargada y paralela a otra igual sobre la que van los trenes. SIN carril, raíl.

rienda n. f. **1** Correa que sirve para dirigir o gobernar a un caballo o a un animal de tiro: *tiró de las riendas fuertemente para que el caballo se detuviese.* ◆ n. f. pl. **2** riendas Gobierno o dirección de una cosa: *lleva las riendas del negocio.*
▶ dar rienda suelta No poner límite o dejar actuar con libertad: *los poetas dan rienda suelta a su imaginación.*

riesgo n. m. **1** Posibilidad de que ocurra un peligro o un daño: *creo que ese deporte tiene mucho riesgo.* **2** Cada uno de los diferentes daños que cubre un seguro: *el seguro no nos cubre el riesgo de inundación.*
▶ a todo riesgo [seguro] Que cubre todos los posibles peligros o daños: *mi coche está asegurado a todo riesgo.*
DER arriesgar.

rifa n. f. Sorteo de una cosa que se realiza repartiendo o vendiendo boletos con números entre varias personas y escogiendo uno de ellos al azar.
DER rifar.

rifar v. tr. **1** Sortear una cosa extrayendo al azar un número de una bolsa o bombo que indica el número ganador, que tiene que coincidir con el de un boleto entre los repartidos o vendidos previamente entre varias personas. ◆ v. prnl./ tr. **2** rifarse Disputarse [dos o más personas] una cosa o a una persona: *todas las empresas se lo rifan.*

rifle n. m. Arma de fuego de cañón largo y con estrías en espiral en su interior.

rigidez n. f. **1** Cualidad de lo que no se puede doblar ni torcer: *un material de gran rigidez.* SIN dureza. ANT flexibilidad. **2** Actitud de la persona que cumple o hace cumplir las normas de forma excesivamente rigurosa: *se comporta con sus hijos con excesiva rigidez.* SIN dureza. ANT flexibilidad.

rígido, -da adj. **1** Que no se puede doblar ni torcer. ANT flexible. **2** Que cumple o hace cumplir las normas de forma excesivamente rigurosa.
DER rigidez.

rigor n. m. **1** Dureza o severidad excesiva: *el profesor aplicó el castigo a los alumnos con rigor.* ANT suavidad. **2** Cualidad de exacto o fiel: *rigor científico.* SIN precisión. **3** Punto de mayor intensidad del frío o del calor en el clima: *el rigor del invierno.* **4** Pérdida de la flexibilidad de los músculos.

▶ **rigor mortis** Pérdida de la flexibilidad de los músculos de un cuerpo pocas horas después de la muerte. **de rigor** Obligado, necesario: *hacer eso es de rigor.* **en rigor** En verdad: *en rigor, no dijo nada nuevo.*

riguroso, -sa adj. **1** Que es extremado o duro: *el pasado invierno fue muy riguroso.* **2** Que cumple o hace cumplir las normas con excesiva exactitud: *es un profesor muy riguroso cuando califica los exámenes.* SIN rígido.

rima n. f. **1** Repetición de sonidos entre dos o más palabras a partir de la última vocal acentuada. **rima asonante** Rima en la que se repiten solo los sonidos vocálicos. **rima consonante** Rima en la que se repiten tanto los sonidos vocálicos como los consonánticos. **2** Poema breve: *los alumnos del instituto han escrito algunas rimas.*

DER rimar.

rimar v. intr. **1** Tener rima una palabra con otra u otras: *las palabras «frío» y «albedrío» riman.* **2** Componer en verso. ◆ v. tr. **3** Hacer que dos o más palabras rimen entre sí: *puedes rimar casa con pasa.*

DER arrimar.

rimbombante adj. **1** *despectivo* Que es muy llamativo: *llevaba unos auriculares nuevos muy rimbombantes.* **2** *despectivo* Que es grandilocuente o efectista: *su rimbombante discurso nos fastidió a todos.*

rímel n. m. Cosmético que se aplica en las pestañas para darles color y espesor; se compone de una crema espesa y un pequeño cepillo, generalmente de forma helicoidal.

OBS El plural es *rímeles.*

rincón n. m. **1** Ángulo entrante que se forma donde se encuentran dos o tres superficies. SIN esquina, esquinazo. **2** Espacio de dimensiones pequeñas. **3** Lugar donde una persona o animal se aparta o se esconde: *se puso a leer en un rincón.*

DER rinconada, rinconera; arrinconar.

rinconada n. f. Ángulo entrante que se forma en la unión de dos casas, dos calles o dos caminos.

rinconera n. f. Mueble con forma adecuada para colocarlo en un rincón.

ring n. m. Espacio cuadrado limitado por cuerdas en el que tienen lugar los encuentros de boxeo. SIN cuadrilátero.

rinoceronte n. m. Mamífero grande que tiene la piel gruesa, las patas cortas y terminadas en tres dedos, la cabeza puntiaguda y uno o dos cuernos sobre la nariz.

OBS Para indicar el sexo se usa *el rinoceronte macho* y *el rinoceronte hembra.*

riña n. f. **1** Enfrentamiento entre dos o más personas por no estar de acuerdo sobre una circunstancia o una idea: *tuvieron una fuerte riña en el bar.* SIN disputa. **2** Corrección o llamada de atención que se hace a una persona por haber cometido un error o por su mal comportamiento. SIN regañina, reprimenda.

riñón n. m. **1** Órgano situado en la zona lumbar que purifica la sangre y produce la orina: *los humanos tenemos dos riñones.* **2** Figura u objeto que tiene la forma de ese órgano. ◆ n. m. pl. **3** **riñones** Zona del cuerpo que se encuentra en la parte baja de la espalda.

▶ **costar (o valer) un riñón** Ser muy caro: *aquel abrigo de piel le costó un riñón.*

DER riñonera; arriñonado, desriñonar.

riñonera n. f. Bolsa unida a un cinturón y atada generalmente con un cierre, que se ciñe a la cintura y sirve para llevar objetos personales de pequeño tamaño.

río n. m. **1** Corriente continua de agua por un cauce natural que va a desembocar a otra corriente, a un lago o al mar. **2** Abundancia o gran cantidad de personas o cosas: *un río de gente se introdujo en el estadio.*

DER ría, riachuelo, riada.

rioja n. m. Vino que se elabora en la comarca de La Rioja, que comprende la provincia homónima y algunos municipios de Álava y Navarra.

riojano, -na adj. **1** De La Rioja o que tiene relación con esta comarca y comunidad autónoma. ◆ adj./ n. m. y f. **2** [persona] Que es de La Rioja.

R. I. P. Abreviatura de la locución latina *requiescat in pace*, 'descanse en paz', que se inscribe en lápidas y esquelas. NOTA Equivale a la abreviatura española *D. E. P.*

riqueza n. f. **1** Abundancia de dinero o de bienes materiales. ANT pobreza. **2** Gran cantidad o calidad de una cosa: *riqueza espiritual.* ANT pobreza.

risa n. f. **1** Acción de reír que consiste en mover la boca y producir un sonido repetitivo. NOTA Se suele usar con los verbos *dar, tener* y *producir.* **risa sardónica** **a.** Contracción de los músculos de la cara de la que resulta un gesto parecido al que se hace cuando se ríe. **b.** Risa fingida y que no tiene buena intención: *ante la ironía, lanzó una risa sardónica.* **2** Situación o acción que provoca risa: *fue una risa verle pasar con esa cara.*

▶ mearse (o mondarse o morirse o partirse) de risa *coloquial* Reírse mucho: *el padre contaba chistes y los hijos se partían de risa.*

DER risible, risotada, risueño; sonrisa.

risco n. m. Roca alta y escarpada.

DER enriscado.

risible adj. *formal* Que es ridículo y produce risa.

risotada n. f. Risa corta y sonora. SIN carcajada.

ristre n. m. Pieza de hierro de la armadura en la que se encaja o se apoya la lanza.

▶ en ristre Expresión que indica que una cosa se tiene bien sujeta entre las manos y bien dispuesta para hacer algo con ella: *pluma en ristre, comenzó a escribir.*

risueño, -ña adj. **1** Que muestra un gesto de risa en el semblante. SIN alegre. ANT serio. **2** Que se ríe con facilidad. **3** Que tiene un aspecto agradable. **4** Que es favorable o prometedor: *parecía rener un porvenir risueño.*

rítmico, -ca adj. **1** Del ritmo o que tiene relación con él: *la sección rítmica de este grupo es fantástica.* **2** Que tiene un ritmo determinado.

ritmo n. m. **1** Forma de sucederse los sonidos en el mismo intervalo de tiempo: *el ritmo de los tambores.* **2** Forma de combinarse los sonidos en una secuencia lingüística. **3** Serie o modelo regular y repetido de movimientos: *al bailar es muy importante no perder el ritmo.* **4** Sistema o modelo que sigue un fenómeno que se repite regularmente: *el ritmo de su respiración era muy lento.*

DER rítmico; arritmia, biorritmo.

rito n. m. **1** Costumbre o ceremonia que se repite siempre de la misma forma: *todavía conservan ritos ancestrales.* **2** Conjunto de reglas establecidas para el culto y las ceremonias religiosas: *rito católico; rito ortodoxo.*

DER ritual.

ritual adj. **1** Que tiene relación con el rito: *baile ritual.* ◆ n. m. **2** Conjunto de ritos de una religión o de una iglesia.

DER ritualismo.

rival adj. [persona, animal] Que compite con otro o se opone a él para conseguir una misma cosa: *derrotaron a sus rivales.* SIN contrincante.

DER rivalidad, rivalizar.

rivalidad n. f. **1** Enfrentamiento u oposición entre dos o más personas que aspiran a lograr una misma cosa. **2** Enemistad entre dos o más personas.

rivalizar v. intr. Competir.

OBS En su conjugación, la *z* se convierte en *c* delante de *e*.

rivera n. f. **1** Arroyo o riachuelo de pequeño caudal. **2** Cauce por el que corre este arroyo o riachuelo.

rizar v. tr. **1** Formar rizos en el pelo. **2** Hacer dobleces pequeños en una tela, papel o superficie flexible: *rizó un trozo de papel de seda para hacer un adorno.* **3** Mover el agua formando olas pequeñas: *la brisa riza las olas del mar.*

OBS En su conjugación, la *z* se convierte en *c* delante de *e*.

DER rizo.

rizo n. m. **1** Conjunto de pelos que se enrolla formando ondas o bucles. **2** Movimiento de un avión que consiste en dar una vuelta sobre sí mismo: *la avioneta hizo varios rizos y luego se lanzó en picado.*

▶ rizar el rizo Hacer algo más difícil de lo necesario: *para rizar el rizo, el trapecista hizo un triple salto mortal.* SIN complicar.

rizoma n. m. BOT. Tallo subterráneo de ciertas plantas, generalmente horizontal, donde se almacenan las sustancias de reserva.

ro int. Palabra onomatopéyica que se utiliza repetida para arrullar a los niños pequeños.

robar v. tr. **1** Tomar para uno lo que pertenece a otro contra su voluntad: *me robaron el bolso en el tren.* SIN hurtar. **2** Coger cartas o fichas de un montón en los juegos de mesa. **3** Ganar la voluntad o conseguir el afecto de otra persona: *con sus miradas me robaba el corazón.*

DER robo; arrobar.

roble n. m. **1** Árbol de tronco alto y fuerte con la copa ancha y las hojas dentadas y cuyo fruto es un tipo de bellota. **2** Madera de ese árbol. **3** Persona fuerte y con buena salud.

robledal n. m. Robledo de gran extensión.

robledo n. m. Terreno con muchos robles.

robo n. m. **1** Acción de apoderarse de las cosas ajenas con violencia o intimidación hacia su legítimo dueño. **2** Abuso en el precio de algún producto.

robot n. m. **1** Máquina electrónica fabricada para realizar automáticamente movimientos y acciones propios de un ser animado: *en esta fábrica automatizada, los robots colocan y suel-*

dan las piezas. SIN autómata. **2** Persona que actúa sin pensar, por inercia o por ser dirigida por otra.
OBS El plural es *robots*.
DER robótica, robótico, robotizar; fotorrobot.

robótica n. f. Técnica que se utiliza en el diseño y la construcción de robots y aparatos que realizan operaciones o trabajos, generalmente en instalaciones industriales y en sustitución de la mano de obra humana.

robusto, -ta adj. **1** [persona] Que es fuerte y sano. **2** [cosa] Que es resistente: *un robusto sillón de madera.*
DER robustecer.

roca n. f. **1** Materia mineral sólida y dura. SIN piedra. **2** Trozo de materia mineral sólida y dura: *cogió unas rocas con formas caprichosas.* SIN piedra. **3** Piedra de gran tamaño: *se subió a lo alto de una roca a observar.* SIN peñasco. **4** Cosa muy dura, firme y constante: *su fuerza de voluntad es una roca.*
DER rocalla, rocoso, roquedo.

roce n. m. **1** Efecto que se produce al tocarse dos superficies en movimiento: *el roce de las hojas de los árboles.* **2** Desgaste que se produce al tocarse dos superficies en movimiento: *cómprate otros zapatos, esos están estropeados por el roce.* SIN rozamiento. **3** Enfrentamiento ligero entre dos personas: *tuvo un roce con él y desde entonces no se llevan bien.* **4** Trato frecuente entre personas: *el roce hace el cariño.*

rociar v. tr. **1** Esparcir un líquido en forma de gotas pequeñas. **2** Lanzar una cosa para esparcirla sobre una superficie: *rociaron el suelo de las calles con serpentinas.* ◆ v. impersonal **3** Formarse sobre la tierra o las plantas pequeñas gotas de agua a consecuencia del frío de la noche: *esta noche ha rociado.*
OBS En su conjugación, la *i* se acentúa en algunos tiempos y personas, como en *desviar*.
DER rociada, rocío.

rocín n. m. **1** Caballo de mala raza y de poca altura: *tenía un rocín flaco y un galgo.* **2** Caballo de trabajo: *lo vi volver del campo con el rocín.* **3** Hombre torpe y de poca formación cultural. Se usa como despectivo.

rocío n. m. Gotas de agua muy pequeñas que se forman en la tierra y en las plantas al condensarse el vapor de la atmósfera a causa del frío de la noche.

rock n. m. **1** Estilo musical que tiene un ritmo rápido y que suele interpretarse con instrumentos eléctricos: *el rock nació en Estados Unidos.* **2** Baile de pareja basado en esa música. ◆ adj. **3** De este estilo musical o que se relaciona con él: *de pequeña quería ser cantante de un grupo de rock.*

rococó n. m. Estilo artístico que se caracteriza por el uso abundante de ornamentos o decoración de inspiración naturalista de gusto muy refinado.

rocoso, -sa adj. [lugar] Que está lleno de rocas.

rodaballo n. m. Pez marino de cuerpo plano y casi circular, con los dos ojos en el lado izquierdo, de cuerpo liso por el lado superior y escamoso y duro por el inferior: *la carne de rodaballo es muy apreciada.*
OBS Para indicar el sexo se usa *el rodaballo macho* y *el rodaballo hembra*.

rodado, -da adj. **1** Que está relacionado con la circulación y el transporte sobre vehículos con ruedas: *tránsito rodado.* ◆ adj./ n. m. **2** [trozo de mineral] Que se ha desprendido de la veta y está esparcido por el suelo: *canto rodado.* ◆ adj. **3** [caballo, yegua] Que tiene manchas oscuras de forma redondeada.

rodaja n. f. Trozo delgado y circular que se corta de un alimento: *corta unas rodajas de chorizo y ponlas sobre una rebanada de pan.*

rodaje n. m. **1** Filmación de una película de cine. **2** Período de tiempo o proceso en el que se aprende algo o se consigue habilidad en realizarlo. **3** Situación de bajo rendimiento en que se encuentra un automóvil nuevo hasta que todos sus mecanismos funcionan perfectamente.

rodamiento n. m. Pieza o conjunto de piezas en que se apoya y gira un eje de una máquina. SIN cojinete.

rodapié n. m. Banda o tira de madera, plástico u otro material que se coloca en la parte baja de la pared como protección o como decoración. SIN zócalo.

rodar v. intr. **1** Desplazarse algo dando vueltas. **2** Caer dando vueltas por una pendiente. **3** Moverse por medio de ruedas: *esta bicicleta no rueda bien.* **4** Ir una persona de un sitio para otro. **5** Ir una cosa de un sitio para otro: *los juguetes de los niños siempre están rodando por ahí.* **6** Ocurrir o seguir naturalmente un curso: *todos los acontecimientos han venido rodados.* **7** Girar algo sobre un eje. ◆ v. tr. **8** Grabar una película: *han rodado la serie en una gasolinera.* SIN filmar.

OBS En su conjugación, la *o* se convierte en *ue* en sílaba acentuada, como en *contar.*
DER rodada, rodado, rodadura.

rodear v. tr. **1** Estar algo alrededor de una persona o cosa: *las murallas rodean la ciudad.* **2** Colocarse varias personas o animales alrededor de algo o de alguien: *los indios rodearon el fuerte.* **3** Colocar algo alrededor de algo o de alguien. ◆ v. intr./ tr. **4** Ir por un camino que no es el más corto: *rodearon por el bosque y tardaron demasiado.* **5** Andar o ir alrededor de un lugar: *tardaron una tarde en rodear el lago.* **6** Explicar de forma poco directa: *no rodees tanto con tus argumentos.*
DER rodeo.

rodeo n. m. **1** Paseo o vuelta alrededor de una cosa o lugar: *tuvimos que dar un rodeo porque no podíamos cruzar el río.* **NOTA** Se suele usar con el verbo *dar.* **2** Camino que no es el directo y resulta más largo. **3** Explicación poco clara o poco directa. **NOTA** Se suele usar en plural. **4** Manera poco clara o poco directa de hacer una cosa. **NOTA** Se suele usar en plural. **5** Espectáculo propio de algunos países americanos en el que se montan caballos y toros salvajes. **6** Reunión del ganado mayor para reconocerlo, para contarlo o para venderlo.

rodilla n. f. **1** Articulación del ser humano y algunos animales que une el fémur y la tibia y que permite doblar la pierna. **2** Parte externa delantera de esta articulación. **3** Articulación de los cuadrúpedos que une el antebrazo y la caña.
▶ **de rodillas** **a.** Con esas articulaciones apoyadas en el suelo y el resto del cuerpo en posición vertical, de modo que el peso del cuerpo descansa sobre ellas: *está rezando de rodillas.* **b.** Suplicando algo a alguien: *te pido de rodillas que te marches.*
DER rodillera; arrodillar.

rodillazo n. m. Golpe dado con la rodilla: *se dobló al recibir un rodillazo en el estómago.*

rodillera n. f. **1** Pieza de tela, piel o plástico, generalmente ovalada, cosida o pegada en la parte de la rodilla de un pantalón como adorno o refuerzo. **2** Protección que se pone en una rodilla una persona, principalmente un deportista; suele ser de tela elástica o acolchada.

rodillo n. m. **1** Utensilio de cocina cilíndrico, de madera y con un mango a cada lado que sirve para extender una masa. **2** Objeto cilíndrico con un mango hecho de un material que se empapa fácilmente y que sirve para pintar. **3** Instrumento cilíndrico que gira y forma parte de distintos mecanismos: *la tierra se allana con unos vehículos que tienen un gran rodillo.*

rodríguez n. m. Hombre que debido a su trabajo tiene que permanecer durante una temporada solo en casa mientras su familia se va de vacaciones.
OBS El plural es *los rodríguez.*

roedor, -ra adj. **1** Que roe o desgasta con los dientes. ◆ adj./ n. m. **2** [animal] Que es mamífero, de pequeño tamaño, con dos dientes largos y curvos arriba y otros dos abajo con los que roe los alimentos. ◆ n. m. pl. **3 roedores** Grupo de clasificación animal que agrupa a todos los roedores: *las ratas y las ardillas son roedores.*

roer v. tr. **1** Cortar o desgastar con los dientes

roer

INDICATIVO

presente
roigo o roo o royo
roes
roe
roemos
roéis
roen

pretérito imperfecto
roía
roías
roía
roíamos
roíais
roían

pretérito perfecto simple
roí
roíste
royó
roímos
roísteis
royeron

futuro
roeré
roerás
roerá
roeremos
roeréis
roerán

condicional
roería
roerías
roería
roeríamos
roeríais
roerían

SUBJUNTIVO

presente
roa o roiga o roya
roas o roigas o royas
roa o roiga o roya
roamos o roigamos o royamos
roáis o roigáis o royáis
roan o roigan o royan

pretérito imperfecto
royera o royese
royeras o royeses
royera o royese
royéramos o royésemos
royerais o royeseis
royeran o royesen

futuro
royere
royeres
royere
royéremos
royereis
royeren

IMPERATIVO

roe (tú)
roa o roiga o roya (usted)
roed (vosotros)
roan o roigan o royan (ustedes)

FORMAS NO PERSONALES

infinitivo roer
gerundio royendo
participio roído

a b c d e f g h i j k l m n ñ o p q r s t u v w x y z

o con un instrumento duro: *los ratones roen la madera.* **2** Quitar con los dientes la carne que tiene pegada un hueso: *roía los huesos de todas las chuletas.* **3** Gastar o desgastar. **4** Atormentar o causar preocupación persistentemente: *el crimen le roía la conciencia.* SIN corroer.
DER roedor; corroer.

rogar v. tr. Solicitar o pedir por favor.

rogativa n. f. Oración pública que se hace para pedir a una divinidad o a un santo la solución de un problema.
OBS Se suele usar en plural.
DER prerrogativa.

rojizo, -za adj./ n. m. [color] Que es parecido al rojo.

rojo, -ja n. m./ adj. **1** Color como el de la sangre. SIN colorado. ◆ adj./ n. m. y f. **2** Que tiene una ideología de izquierdas.
▶ al rojo o al rojo vivo **a.** [hierro] Que toma el color de la sangre por efecto del calor: *han marcado las reses con un hierro al rojo.* **b.** Con los ánimos muy alterados y excitados: *la discusión estaba al rojo vivo.*
DER rojez, rojizo; enrojecer, infrarrojo, sonrojar.

rol n. m. **1** Parte de una obra de teatro o de una película que es representada por un actor. SIN papel. **2** Función que una persona desempeña en un lugar o en una situación: *tiene un rol importante en la política.* SIN papel. **3** Lista de los marineros que viajan en una embarcación.
OBS El plural es *roles.*
DER rolar.

rollizo, -za adj. Que está grueso y fuerte: *el bebé está rollizo, se nota que lo alimentan bien.* SIN robusto. ANT delgado, flaco.

rollo n. m. **1** Cilindro formado por un trozo de tejido, de papel o de otro material flexible enrollado: *llevaba en la mano un rollo de pergamino.* **2** Película fotográfica enrollada en forma cilíndrica. **3** Persona o cosa que resulta pesada o desagradable: *estoy harto de aguantar a ese rollo.* **4** Cuento o historia falsa. **5** Ambiente social en el que vive o se mueve una persona: *en su casa había muy buen rollo.* **6** Asunto o tema sobre el que se trata. **7** Comida o alimento al que se le da una forma cilíndrica al cocinarlo. **8** Objeto de madera de forma cilíndrica que se emplea en la cocina: *aliso la masa con el rollo.* SIN rodillo.
DER rollista, rollizo; arrollar, enrollar.

romance n. m. **1** Conjunto de versos, generalmente de ocho sílabas, con rima asonante en los versos pares. **2** Composición escrita en versos romances: *escribió un romance a la primavera.* **3** Relación amorosa o sexual pasajera: *tuvieron un romance durante el crucero.* SIN aventura, idilio. NOTA Esta acepción procede del inglés. ◆ adj./ n. m. **4** [lengua] Que deriva del latín, especialmente la española.
DER romancear, romancero.

romancero n. m. Colección de romances: *este romancero medieval reúne poemas de ocho trovadores.*

románico, -ca adj./ n. m. **1** ARQ. [estilo artístico] Que tiene carácter religioso y que se caracteriza por la seriedad, la sencillez y el uso del arco de medio punto: *el románico se desarrolló en Europa entre los siglos* X *y* XIII. ◆ adj. **2** [lengua] Que procede del latín: *el español, el francés y el italiano son lenguas románicas.* SIN neolatino, romance.

romanización n. f. Proceso de difusión o de adopción de la cultura y la civilización de la antigua Roma o de la lengua latina: *la romanización de la Península Ibérica fue casi absoluta.*

romanizar v. tr. Extender o tomar las características de la civilización de la antigua Roma o su lengua.
OBS En su conjugación, la *z* se convierte en *c* delante de *e*.
DER romanización.

romano, -na adj. **1** De Roma o que tiene relación con esta ciudad italiana. **2** Del Imperio de Roma o que tiene relación con él. ◆ adj./ n. m. y f. **3** [persona] Que es de Roma. **4** [persona] Que ha nacido en el imperio de Roma. ◆ adj. **5** De la religión católica o que tiene relación con ella.
DER románico, romanista, romanizar.

romanticismo n. m. **1** Movimiento cultural caracterizado por la confianza en la personalidad individual, la oposición a las normas clásicas y la valoración de la Edad Media y de las tradiciones nacionales: *el romanticismo surgió a finales del siglo* XVIII. NOTA Se suele escribir con mayúscula. **2** Período que comienza a finales del siglo XVIII y termina en el siglo XIX durante el cual se dio este movimiento cultural. NOTA Se suele escribir con mayúscula. **3** Tendencia a dar excesiva importancia a los sentimientos y a la imaginación.

romántico, -ca adj. **1** Que da excesiva importancia a los sentimientos y a la imaginación: *era un joven muy romántico y enamoradizo.* **2** Del Romanticismo o que tiene relación

con este movimiento cultural. ◆ adj./ n. m. y f. **3** [persona] Que sigue las tendencias del Romanticismo.
DER romanticismo.

romanza n. f. Composición musical instrumental de carácter sencillo y tierno: *la romanza suele tener inspiración lírica o amorosa.*

rombo n. m. Figura geométrica plana que tiene cuatro lados iguales que no forman ángulos rectos.
DER rómbico, romboide.

romboide n. m. Polígono que tiene cuatro lados y son iguales de dos en dos.

romería n. f. **1** Peregrinación, especialmente la que se hace para visitar un lugar donde hay un santo: *prometió hacer una romería si se curaba.* **2** Fiesta popular que se celebra en un lugar donde hay un santo en el día de su festividad religiosa. **3** Grupo numeroso de gente que acude a un lugar: *al día siguiente, una romería de gente acudió al hotel donde se hospedaba la estrella de cine.*

romero, -ra adj. **1** [persona] Que participa en una romería. ◆ n. m. **2** Planta muy olorosa de hojas pequeñas, delgadas y duras, y flores pequeñas azules o blancas.
DER romería.

romo, -ma adj. **1** Que no tiene punta o que no la tiene aguda: *había un arma blanca con una hoja roma.* **2** Que tiene la nariz pequeña o que no la tiene aguda. SIN chato.

rompecabezas n. m. **1** Juego que consiste en componer una determinada figura o dibujo que está dividida en partes o piezas pequeñas. SIN puzle. **2** Frase o pregunta de difícil solución o interpretación que una persona propone a otra para que le encuentre una solución o le dé un sentido: *nos puso un rompecabezas que no supimos resolver.* SIN acertijo, adivinanza. **3** Asunto complicado. SIN puzle.
OBS El plural también es *rompecabezas.*

romper v. tr. **1** Partir una cosa en trozos irregulares de modo violento: *el perro ha roto la cuerda.* **2** Separar una parte de una cosa tirando de ella: *ha roto el brazo de la muñeca.* **3** Estropear algo: *el reloj se ha roto.* **4** Hacer una abertura o una raja: *se dio un golpe y se rompió la cabeza.* **5** Interrumpir la continuidad de algo: *un grito rompió el silencio.* **6** Ir contra una ley, una norma o una tendencia: *es un rebelde que disfruta rompiendo los patrones artísticos anteriores.* **7** Abrir un espacio en algo para pasar: *los soldados rompieron el cerco.* ◆ v. tr./ intr. **8** Empezar o comenzar: *rompió a llorar.* NOTA Se usa con la preposición *a* y un verbo en infinitivo. ◆ v. tr./ intr./ prnl. **9** Dejar un compromiso o una relación: *se ha roto el acuerdo.* NOTA Se construye generalmente con la preposición *con.* ◆ v. intr. **10** Deshacerse en espuma las olas del mar: *una ola enorme rompió contra el acantilado.* SIN reventar.
▶ de rompe y rasga Que se hace notar o tiene un ánimo fuerte: *sigue siendo una mujer de rompe y rasga.*
OBS Su participio es roto.
DER rompiente, rompimiento; corromper, irrompible.

rompiente n. m. Bajío de arena, escollo o costa donde el agua del mar o de un río rompe y se levanta formando una cresta: *el oleaje golpeaba contra el rompiente.*

ron n. m. Bebida alcohólica que se consigue por destilación de una mezcla de caña de azúcar y melazas.
OBS El plural es *rones.*

roncar v. intr. Hacer un ruido áspero, grave y continuado al respirar mientras se duerme: *su marido ronca y ella le da codazos para que se calle.*
OBS En su conjugación, la *c* se convierte en *qu* delante de *e.*
DER ronquido.

roncha n. f. Abultamiento liso de color rojo que sale en la piel a causa de una picadura de insecto o por una enfermedad y que suele provocar un picor intenso.
▶ levantar ronchas Causar irritación y malestar [unas palabras o unos hechos] entre los miembros de un grupo o un colectivo, provocando en ellos una reacción: *aquellas declaraciones levantaron ronchas entre los escritores.*

ronco, -ca adj. **1** [voz, sonido] Que es áspero y grave: *lo reconoció por el ronco timbre de su voz.* **2** [persona] Que padece ronquera.
DER ronquera; enronquecer.

ronda n. f. **1** Recorrido fijo que sigue un grupo de personas que vigila un lugar. **2** Grupo de personas que realiza un recorrido fijo por un lugar para vigilarlo: *se metió en un portal para que no le viera la ronda.* **3** Paseo o calle que rodea una ciudad o una parte de ella: *salga usted hasta esa ronda y luego dé la vuelta.* **4** Conjunto de consumiciones que paga cada vez una persona diferente: *esta ronda la pagas tú y a la siguiente invito yo.* **5** Serie de partidas de un juego en la que intervienen o reparten

todos los jugadores: *esta ronda ha sido mala.* **6** Conjunto de personas que se reúnen por la noche para tocar y cantar por las calles: *la ronda cantó una canción bajo su balcón.* SIN rondalla. **7** Carrera ciclista que se hace por etapas: *es la cuarta vez que gana la ronda gala.*
DER rondalla, rondar.

rondalla n. f. Conjunto de personas que cantan y tocan instrumentos de cuerda por las calles.

rondar v. intr./ tr. **1** Circular por un lugar para vigilarlo: *las patrullas rondan durante toda la noche.* SIN patrullar. **2** Pasear de noche por las calles: *el joven rondó hasta la madrugada.* **3** Ir frecuentemente a un lugar: *siempre lo veo rondando por el bar.* **4** Reunirse por la noche para tocar y cantar por las calles. ◆ v. intr. **5** Estar cerca o alrededor: *sentía que la muerte lo rondaba.* **6** Andar o estar cerca de una persona para conseguir un provecho o un favor: *lleva rondándola varias semanas, pero ella no le hace ningún caso.*

rondo n. m. Ejercicio de entrenamiento de fútbol y otros deportes que consiste en que un grupo de jugadores, colocados aproximadamente en círculo, se pasan la pelota mientras otro jugador, que está en el centro de todos ellos, intenta interceptar el balón.

ronquera n. f. Voz áspera y grave que se produce debido a una afección en la laringe: *el aire acondicionado me produce ronquera.*

ronquido n. m. Ruido ronco, áspero y grave que produce una persona al respirar mientras duerme.
OBS Se suele usar con el verbo *dar.*

ronronear v. intr. **1** Emitir el gato un ruido parecido a un ronquido como muestra de satisfacción. **2** Emitir un motor un ruido parecido a los ronquidos.
DER ronroneo.

roña n. f. **1** Suciedad muy adherida al cuerpo de una persona o a la superficie de una cosa: *se limpió la roña de grasa.* ◆ n. com./ adj. **2** Roñoso, tacaño: *no seas roña e invítanos a una ronda.* SIN roñica.
DER roñería, roñica, roñoso.

roñoso, -sa adj. **1** Que tiene roña o está muy sucio, viejo o deteriorado: *pies roñosos.* **2** [metal] Que está cubierto de óxido: *un hierro roñoso.* ◆ adj./ n. m. y f. **3** Tacaño, avaro: *el muy roñoso no quería pagar.*

ropa n. f. Conjunto de prendas de tela, especialmente las de vestir. SIN vestimenta. **ropa blanca** Ropa de casa como sábanas, toallas, etc.: *guardamos la ropa blanca en un armario del pasillo.* **ropa interior** Cualquier prenda que se coloca encima de la piel y debajo de las prendas que se ven.
▶ **haber ropa tendida** Haber alguien presente que no interesa o no conviene que se entere del tema que se está tratando: *no hables de tu separación ahora, hay ropa tendida.* **ropa vieja** Guisado hecho con carne sobrante de otros guisos.
DER ropaje, ropero; arropar.

ropaje n. m. **1** Conjunto de prendas de tela, especialmente de vestir. SIN ropa. **2** Prenda de vestir lujosa o propia de una autoridad.

ropero n. m. **1** Armario o habitación donde se guarda la ropa. SIN guardarropa. **2** Conjunto de prendas de vestir de una persona: *en su ropero abundan los trajes de noche.*

roque n. m. **1** Torre, pieza del juego del ajedrez. ◆ adj. **2** Que está dormido: *quedarse roque.*

roqueda n. f. Lugar en el que hay muchas rocas.

roquefort n. m. Queso elaborado con leche de oveja que tiene sabor y olor fuertes y un color verdoso debido a un tipo de moho que desarrolla durante su elaboración.

roquero, -ra adj. **1** Del rock o relacionado con este estilo musical: *discos roqueros; música roquera.* SIN rock. ◆ adj./ n. m. y f. **2** [persona] Que canta en un grupo de música rock o forma parte de él: *el roquero actuará en Bogotá.* **3** [persona] Que es muy aficionado al rock: *los viejos roqueros nunca mueren.* ◆ adj. **4** Que es propio o característico de las personas roqueras: *accesorios roqueros.*
OBS También se escribe *rockero.*

ros n. m. Gorro de forma cónica y provisto de visera que es más alto por delante que por detrás: *el ros formaba parte del uniforme militar.*

rosa n. f. **1** Flor del rosal de pétalos grandes y con espinas en el tallo; generalmente es de colores vivos y desprende un olor intenso y agrabable. **2** Figura u objeto que tiene la forma de esa flor: *en la tarta había una rosa de caramelo.* **rosa de los vientos** Figura circular que tiene marcadas alrededor las 32 partes en que se divide la vuelta al horizonte: *se orientaban siguiendo la rosa de los vientos.* **3** Mancha redonda de color rosado que sale a veces en el cuerpo: *tenía un par de rosas en la espalda.* ◆ n. m./ adj. **4** Color que resulta de mezclar el rojo con el blanco.

▶ como una rosa Muy bien; en buen estado: *aunque ha trabajado diez horas seguidas, está como una rosa.*

rosáceo, -cea adj. **1** Que tiene un color parecido al rosa. ◆ adj./n. f. **2** BOT. [planta] De la familia del rosal: *el espino y el rosal son rosáceas.*

rosado, -da adj. **1** De color parecido al rosa o con un tono rosado. ◆ n. m./adj. **2** Vino de color rosáceo, más claro y suave que el tinto: *el rosado suele servirse bien frío.*

rosal n. m. Planta de tallo ramoso y con espinas que produce rosas: *este rosal da rosas amarillas.*

DER rosaleda.

rosaleda n. f. Lugar en el que hay muchos rosales.

rosario n. m. **1** Objeto formado por una serie de cuentas ensartadas y separadas de diez en diez por otras de distinto tamaño que se usa para rezar. **2** Oración de los cristianos que se reza con ese objeto en la que se recuerdan los misterios de la Virgen y de la vida de Jesucristo. **3** Ocasión en la que se reúnen varias personas para rezar esa oración: *cada tarde, diez o doce beatas van al rosario.* **4** Serie larga de cosas o personas: *ha sufrido un rosario de penas.* SIN sarta.

▶ acabar como el rosario de la aurora Terminar mal un encuentro, generalmente por no haber llegado a un acuerdo o por haberse producido una discusión.

rosca n. f. **1** Objeto redondo con un agujero en el centro: *en la panadería venden roscas de pan.* **2** Hueco en espiral que recorre de un extremo a otro una pieza de metal o de otro material y que sirve para sujetarla a otro objeto: *los tornillos tienen rosca.* **3** Figura que forma un círculo con un agujero en el centro: *el gato está sobre el sofá hecho una rosca.* **4** Carnosidad que tienen las personas gruesas en el cuello o en las piernas: *¡vaya roscas que tiene tu niño en los muslos!*

▶ hacer la rosca Alabar a una persona para conseguir de ella un favor. no comerse una rosca No conseguir lo que se desea, especialmente en asuntos amorosos: *alardea de sus ligues, pero en realidad no se come una rosca.* pasarse de rosca **a.** No sujetarse un tornillo o una tuerca por estar desgastado. **b.** Ir más allá de lo debido en lo que se dice o se hace: *siempre se pasa de rosca con sus bromas.*

DER rosco, rosquilla; enroscar.

rosco n. m. **1** Pan o bollo de forma redonda con un agujero en el centro. **2** *coloquial* Calificación de cero en una prueba o examen.

DER roscón.

roscón n. m. Pastel de pasta de hojaldre o brioche en forma de corona que puede ir adornado con frutas confitadas o relleno de crema, nata, mazapán u otros ingredientes.

rosetón n. m. **1** Ventana de forma circular que tiene una vidriera calada y adornada con diferentes dibujos y colores: *el rosetón es característico de las iglesias góticas.* **2** Adorno de forma circular que se coloca en el techo y que recuerda la forma de una flor.

rostro n. m. **1** Parte anterior de la cabeza de las personas en la que están la boca, la nariz y los ojos. SIN cara, faz, semblante. **2** Falta de vergüenza: *tiene mucho rostro: ni siquiera nos dio las gracias.* SIN cara. **3** Objeto o parte de un objeto con punta.

▶ echar en rostro Recordar a alguien que no ha cumplido con una responsabilidad: *le echó en rostro los malos ratos que había pasado por él.*

DER arrostrar.

rotación n. f. **1** Acción que consiste en ir alternando la actuación o la presencia de una persona o una cosa en un lugar: *las faenas de casa se van haciendo por rotación.* rotación de cultivos Técnica agraria que consiste en alternar diferentes cultivos en el campo para no agotar la riqueza de la tierra. **2** Movimiento giratorio de la Tierra y de otros cuerpos celestes sobre su propio eje.

rotar v. tr. **1** Alternar de forma sucesiva un trabajo o una función con otra. **2** Hacer girar alrededor de un eje. SIN rodar.

DER rotación, rotacismo, rotativa, rotativo, rotatorio, rotor.

rotativa n. f. Máquina que imprime los ejemplares de un periódico con movimiento continuo y a gran velocidad: *la nueva rotativa imprime muchos más ejemplares por hora.*

rotativo, -va adj. **1** Que da vueltas o que puede darlas: *la rueda describe un movimiento rotativo sobre su eje.* **2** Que pasa de unos a otros para volver a su origen. ◆ n. m. **3** Periódico impreso mediante rotativas.

rotonda n. f. **1** Plaza redonda alrededor de la cual circulan los vehículos. **2** Habitación o edificio de forma circular: *han construido una rotonda que se usará como teatro.*

rotor n. m. FÍS. Pieza de una máquina electromágnetica o de una turbina que gira dentro de un elemento fijo: *el rotor de la dinamo es una bobina.*

rótula n. f. **1** Hueso redondo, situado en la parte anterior de la rodilla, que permite la articulación de la tibia y el fémur e impide que la pierna se doble hacia delante. **2** Pieza que une otras dos y permite que se muevan: *se ha estropeado una rótula del brazo mecánico.*

rotulador n. m. Objeto alargado y fino de punta absorbente de fibra con tinta grasa en su interior y que sirve para escribir o dibujar: *subrayó con rotulador rojo lo más interesante.*

rotulista n. com. Persona que tiene por oficio diseñar y confeccionar rótulos y carteles.

rótulo n. m. **1** Mensaje o texto que se pone en un lugar público y que sirve para dar aviso o noticia de una cosa. SIN letrero. **2** Título que se coloca al comienzo de un capítulo o de una parte de un escrito.
DER rotular.

rotundo, -da adj. **1** Que es definitivo: *al preguntarle, nos dio un rotundo no.* **2** Que es claro y sonoro: *tiene un estilo rotundo y hermoso.*

rotura n. f. **1** Separación de una cosa en trozos irregulares de manera violenta: *rotura de fémur.* SIN fractura, quiebra. **2** Abertura de grieta o agujero en alguna superficie.
DER roturar.

roturar v. tr. Abrir una tierra y removerla por primera vez: *se están roturando muchas hectáreas de selva.* SIN arar.

roza n. f. **1** Surco estrecho que se abre en una pared o en un techo para pasar un cable o un tubo. **2** Técnica de cultivo que consiste en quemar el bosque y el sotobosque para enriquecer la tierra: *la roza es una técnica agrícola primitiva.*

rozadura n. f. **1** Herida superficial en la piel: *estos zapatos nuevos me han hecho rozaduras en los talones.* **2** Señal producida por un roce en alguna superficie.

rozamiento n. m. **1** Acción de tocarse dos superficies cuando una de ellas o ambas están en movimiento. SIN fricción. **2** Desgaste que se produce al tocarse dos superficies en movimiento: *este eje tiene tanto rozamiento que no tardará en partirse.* SIN roce. **3** FÍS. Resistencia que se opone al movimiento o al deslizamiento de un cuerpo sobre otro: *el rozamiento de esta superficie es muy pequeño.*

rozar v. intr./ tr. **1** Tocarse dos cosas cuando una de ellas o ambas están en movimiento: *la puerta roza con el mueble.* ◆ v. tr./ prnl. **2** Desgastar al juntar dos superficies. **3** Limpiar las malas hierbas de una tierra cultivada o que se va a cultivar: *tienes que rozar estos surcos de tomates.* ◆ v. prnl. **4** rozarse Tener trato o relación dos o más personas: *se rozan poco últimamente.*
OBS En su conjugación, la *z* se convierte en *c* delante de *e*.
DER roce, roza, rozadura, rozamiento.

rúa n. f. Calle de una población.
OBS Se usa generalmente en las poblaciones para la denominación particular de alguna calle *(la rúa Mayor)*, o como nombre propio *(calle de la Rúa)*.

ruandés, -desa adj. **1** De Ruanda o relacionado con este país de África central. ◆ adj./ n. m. y f. **2** [persona] Que es de Ruanda.

rubeola o **rubéola** n. f. MED. Enfermedad contagiosa parecida al sarampión que provoca la aparición de granos rojos por toda la piel.

rubí n. m. Piedra preciosa de color rojo que se usa como adorno en joyería.
OBS El plural es *rubíes* (culto) o *rubís* (popular).

rubidio n. m. Elemento químico metálico cuyas sales se utilizan en la industria del vidrio y de la cerámica: *el símbolo químico del rubidio es Rb.*

rubio, -bia adj./ n. m. y f. Que tiene el pelo de color parecido al del oro: *el recién nacido tiene el pelo rubio.*
▶ rubio platino Rubio muy claro y brillante.
DER rubiales.

rublo n. m. Unidad de moneda de Rusia.

rubor n. m. **1** Color rojo que aparece en la cara en determinadas circunstancias, generalmente a causa de la vergüenza que se siente. SIN sonrojo. **2** Vergüenza que se puede notar: *reconoció con rubor que era él el culpable de todo.* SIN turbación, embarazo.
DER ruborizarse, ruboroso.

ruborizar v. tr. **1** Causar sonrojo a alguien: *su comentario lo ruborizó.* SIN sonrojar. ◆ v. intr/ tr. **2** Producir un sentimiento de vergüenza. SIN sonrojar. ◆ v. prnl. **3** ruborizarse Experimentar sonrojo [una persona]. SIN sonrojarse. **4** Sentir vergüenza: *es tan descarado que no se ruboriza por nada.* SIN sonrojarse.
OBS En su conjugación, la *z* se convierte en *c* delante de *e*.

rudeza n. f. **1** Falta de educación en el trato y en el comportamiento: *su rudeza al hablar es muestra de su bajo origen.* **2** Falta de formación cultural. SIN incultura.

rudimentario, -ria adj. Que es sencillo o elemental: *construyó un aparato muy rudimentario.*

rudo, -da adj. **1** Que es poco delicado en el trato y en el comportamiento: *cuando se enfada se vuelve un poco ruda.* SIN bruto, tosco. **2** Que tiene escasa formación cultural. SIN paleto. **3** Que es violento y duro: *un rudo golpe.* SIN fuerte.

DER rudeza; enrudecer.

rueca n. f. Instrumento que sirve para hilar con una vara larga en cuyo extremo se coloca la lana u otra materia: *las ruecas antiguas eran de madera.*

rueda n. f. **1** Objeto de forma circular que puede girar sobre un eje: *la rueda de mi bicicleta tiene radios.* rueda de molino Rueda de piedra que se usa en los molinos para moler: *vamos a prensar las aceitunas con una rueda de molino.* rueda dentada Rueda que tiene dientes en el borde y forma parte de un engranaje: *esa máquina tiene más de veinte ruedas dentadas.* **2** Conjunto de personas reunidas que intervienen por turnos en una conversación: *después de la conferencia hubo una rueda de preguntas.* rueda de prensa Reunión de periodistas que hacen preguntas a una o más personas. SIN conferencia. **3** Círculo formado por personas: *los niños están sentados formando una rueda.* **4** Trozo circular que se corta de una fruta o de un alimento sólido.

▶ chupar rueda *coloquial* **a.** En ciclismo, ir un corredor justo detrás de otro para que este le ampare del aire. **b.** Ir detrás de otra persona sacando provecho de su trabajo o de su esfuerzo: *deja de chupar rueda y trabaja un poco más.* comulgar con ruedas de molino Dar por bueno algo que resulta poco razonable o poco creíble. rueda de la fortuna Conjunto de todos los hechos encadenados e imprevisibles que depara la vida. sobre ruedas Muy bien; sin problemas: *el negocio marcha sobre ruedas.*

DER ruedo.

ruedo n. m. **1** Zona central de la plaza de toros en la que se torea; está cubierta de tierra y rodeada de burladeros o vallas. **2** Círculo formado por personas o cosas que rodean a algo: *las mieses formaban un ruedo.* **3** Borde de una cosa redonda o de una prenda de vestir que cuelga: *tenía roto el ruedo de la túnica.* **4** Pieza de tejido áspero y resistente, de forma redonda, que sirve para cubrir el suelo: *en el porche había dos mecedoras sobre un amplio ruedo de esparto.* **5** Pieza pequeña de material áspero y resistente que se coloca en la entrada de un lugar para que en ella se limpie los pies la persona que quiere pasar. SIN alfombrilla.

ruego n. m. **1** Deseo o petición que se expresa mediante palabras. **2** Deseo que se pide con insistencia.

rufián n. m. Hombre despreciable que vive del engaño y de la estafa. SIN sinvergüenza, granuja.

rugby n. m. Deporte que se juega entre dos equipos de quince jugadores y que consiste en llevar un balón ovalado más allá de una línea protegida por el contrario o en meterlo en su meta utilizando cualquier parte del cuerpo.

rugido n. m. **1** Voz característica de un animal salvaje, especialmente del león. **2** Ruido fuerte y grave del mar o el viento: *escuchaba el rugido de las olas.*

rugir v. intr. **1** Emitir rugidos un animal salvaje, especialmente el león: *el león rugía dentro de la jaula del zoo.* **2** Dar fuertes gritos: *el ejército enemigo entró rugiendo en la ciudad.* SIN gritar. **3** Hacer un ruido fuerte y grave el mar o el viento.

OBS En su conjugación, la *g* se convierte en *j* delante de *a* y *o*.

DER rugido.

rugoso, -sa adj. Que tiene arrugas o asperezas en su superficie.

DER rugosidad.

ruido n. m. **1** Sonido confuso, desagradable y generalmente fuerte. ANT silencio. **2** Sonido o conjunto de sonidos extraños que rompen la tranquilidad y producen alboroto: *la policía entró en el local al oír el ruido escandaloso.* SIN jaleo, estruendo. ANT calma. **3** En electrónica, señal extraña que impide o dificulta una comunicación: *trata de eliminar el ruido de esas interferencias.*

ruidoso, -sa adj. **1** Que produce mucho ruido. SIN bullicioso. **2** [acción, hecho] Que da mucho que hablar.

ruin adj. **1** Que es despreciable y tiene mala intención: *ha sido una maniobra ruin.* SIN be-

llaco, rastrero, vil. **NOTA** Se usa como apelativo despectivo. **2** [persona] Que se resiste a gastar el dinero u otras cosas: *no seas ruin y échame un poco más de jamón.* **SIN** avaro, tacaño. **NOTA** Se usa como despectivo.
DER ruindad.

ruina n. f. **1** Pérdida grande de bienes o de dinero: *la cosecha de este año ha sido una completa ruina.* **2** Destrucción o caída: *el debilitamiento económico supuso la ruina del imperio.* **3** Causa de esa destrucción o caída. **SIN** desastre. ◆ n. f. pl. **4** ruinas Restos de uno o más edificios destruidos o caídos: *paseaba entre las ruinas del foro.*
DER ruin, ruinoso; arruinar.

ruinoso, -sa adj. **1** [construcción] Que está en mal estado y amenaza ruina: *el municipio ha aprobado un proyecto para mejorar las iglesias ruinosas.* **2** Que causa o puede causar la ruina: *la carrera armamentística resultó ruinosa para la Unión Soviética.*

ruiseñor n. m. Pájaro con el dorso y la cabeza marrón, el vientre más claro y la cola roja; canta bien y vive en zonas próximas al agua.

rular v. intr. *coloquial* Funcionar correctamente una cosa: *este secador de pelo no rula.*

ruleta n. f. **1** Juego de azar que consiste en lanzar una bola pequeña sobre una rueda horizontal que gira y que está dividida en 36 casillas, numeradas y pintadas de negro y rojo; el jugador debe acertar el color, el número en el que se va a parar la bola u otras combinaciones: *fueron al casino a jugar a la ruleta.* ruleta rusa Juego de azar que consiste en dispararse por turnos en la cabeza con un revólver cargado con una sola bala. **2** Rueda que se utiliza en estos juegos.

rumano, -na adj. **1** De Rumanía o que tiene relación con este país del este de Europa. ◆ adj./ n. m. y f. **2** [persona] Que es de Rumanía. ◆ n. m. **3** Lengua románica que se habla en Rumanía y en otras zonas próximas a este país.

rumba n. f. **1** Baile de ritmo alegre típico de Cuba, que procede de África. **2** Música y canto de ese baile. **3** Tipo de música moderna que surge de la mezcla de música popular andaluza y los ritmos afrocubanos.

rumbo n. m. **1** Dirección que se sigue para llegar a un lugar o a un fin determinado: *no se sabe qué rumbo tomará ahora su vida.* **2** Línea dibujada en un mapa para señalar la dirección en la que debe navegar una embarcación: *trazaron el rumbo sobre la carta.* **3** Dirección en la que navega una embarcación: *pusieron rumbo al Caribe.* **SIN** derrotero. **NOTA** Se suele construir con los verbos *poner* y *llevar.*

rumiante adj./ n. m. **1** [animal] Que es mamífero y se alimenta de vegetales, tragándolos y devolviéndolos después a la boca para masticarlos. ◆ n. m. pl. **2** rumiantes Grupo que engloba todos los animales de esta clase.

rumor n. m. **1** Comentario o noticia no verificada que corre entre la gente: *según un rumor, la cantante está embarazada.* **2** Ruido confuso de voces: *se escucha el rumor de la fiesta en el piso de abajo.* **3** Ruido sordo y continuado: *la desveló el rumor del río.*
DER rumorearse.

rumorear v. intr. **1** Sonar de una manera vaga y continuada. ◆ v. prnl. **2** rumorearse Difundirse [un rumor o información no comprobada]: *se rumorea que el joven podría ser su sucesor.* **NOTA** Se usa como verbo impersonal.

runrún n. m. **1** Zumbido, ruido o sonido continuado y bronco: *de la calle llega el runrún del motor del autobús.* **2** Murmullo o rumor de voces: *nosotros no armábamos el runrún que se armaba en otras clases.* **3** Noticia o rumor que circula entre la gente o se va diciendo de unos a otros.

rupestre adj. [dibujos, pinturas, arte] Que es prehistórico y está hecho sobre piedra o que tiene relación con él.

ruptura n. f. Fin o interrupción, especialmente de una relación: *ruptura de las relaciones diplomáticas.*

rural adj. **1** Del campo y de las labores propias de la agricultura y la ganadería: *la economía rural está muy mermada por el éxodo masivo a la ciudad.* **2** Que muestra gustos, componentes o costumbres propios de la vida en el campo. **SIN** rústico.

ruso, -sa adj. **1** De Rusia o que tiene relación con este país euroasiático: *Moscú es la capital rusa.* ◆ adj./ n. m. y f. **2** [persona] Que es de Rusia. ◆ n. m. **3** Lengua que se habla en Rusia.

rústico, -ca adj. **1** Del campo y de las labores propias de la agricultura o la ganadería: *una finca rústica.* **SIN** rural. **2** Que muestra gustos o costumbres propios de la vida en el campo. **3** Que tiene malos modos. **SIN** bravío, silvestre. ◆ n. m. y f. **4** Persona del campo: *un rústico del lugar les indicó el camino.* **SIN** aldeano, campesino.

▶ **en rústica** Referido a un libro, encuadernado con papel o cartulina.

DER rusticidad.

ruta n. f. **1** Camino establecido o previsto para un viaje: *la ruta de la seda.* **2** Camino por donde se puede pasar para ir de un sitio a otro: *hay dos rutas posibles para ir a la aquella montaña.* **SIN** itinerario. **3** Camino o dirección que se toma para conseguir una cosa.

rutenio n. m. Elemento químico metálico que se utiliza para endurecer otros metales y se caracteriza por tener óxidos de color rojo: *el símbolo químico del rutenio es Ru.*

rutina n. f. **1** Manera habitual y repetida de hacer algo: *el caballo vuelve a la cuadra todos los días a la misma hora por rutina.* **SIN** costumbre. **2** Acción habitual y que se repite siempre igual: *salir de paseo todas las tardes es una rutina para mí.*

DER rutinario.

rutinario, -ria adj. **1** Que se hace o practica por rutina o costumbre. **2** [persona, animal] Que hace las cosas siempre de la misma manera.

s n. f. **1** Vigésima letra del alfabeto español. NOTA Su nombre es ese. El plural es eses: *la mayoría de los plurales en español se forman añadiendo una s al singular.* **2** Abreviatura de *sur*: *Cádiz está en el S de España.* NOTA Se escribe con letra mayúscula y generalmente sin punto. **3** Abreviatura de *siglo*: *en el s. XVIII ocurrieron muchos hechos importantes.* **4** Abreviatura de *san*: *S. Juan.* **5** Abreviatura de *segundo*. NOTA Se escribe sin punto.

S. A. Abreviatura de *sociedad anónima*, sociedad mercantil formada por acciones con responsabilidad circunscrita al capital que estas representan: *Ediciones Hispanicus, S. A.*

sábado n. m. Sexto día de la semana.
DER sabático.

sabana n. f. **1** Terreno llano de gran extensión en el que hay muy pocos árboles. **2** Formación vegetal con plantas de tallos altos y escasos árboles: *la sabana es típica de zonas de clima tropical.*

sábana n. f. Pieza de tela fina que se pone en la cama acompañada de otra igual o parecida; una pieza sirve para cubrir el colchón y la otra para cubrirse.
▶ pegarse las sábanas Levantarse más tarde de lo que se debe: *hoy he llegado tarde porque se me han pegado las sábanas.*

sabandija n. f. **1** Reptil o insecto pequeño, especialmente el que es molesto o tiene aspecto desagradable. **2** Persona despreciable: *ese tipo es una sabandija, no hace más que engañar.* SIN canalla, miserable.

sabañón n. m. Bulto rojo que sale en las manos, los pies o las orejas a causa del frío y que produce picor.

saber v. tr. **1** Tener conocimiento o información de una cosa: *no sé dónde está el coche.* ANT ignorar. **2** Tener capacidad o habilidad para hacer una cosa: *sabe tocar el piano.* ◆ v. tr./ prnl. **3** Tener conocimientos por haberlos aprendido: *Marta sabe latín.* ◆ v. intr. **4** Tener sabor: *este helado sabe a chocolate.* NOTA Va precedido de la preposición *a*. **5** Tener noticias o informaciones: *no sé nada de ellos.* **6** Ser muy inteligente y rápido de mente: *¡hay que ver lo que sabe este niño!* ◆ n. m. **7** Conocimiento

saber

INDICATIVO

presente
sé
sabes
sabe
sabemos
sabéis
saben

pretérito imperfecto
sabía
sabías
sabía
sabíamos
sabíais
sabían

pretérito perfecto simple
supe
supiste
supo
supimos
supisteis
supieron

futuro
sabré
sabrás
sabrá
sabremos
sabréis
sabrán

condicional
sabría
sabrías
sabría
sabríamos
sabríais
sabrían

SUBJUNTIVO

presente
sepa
sepas
sepa
sepamos
sepáis
sepan

pretérito imperfecto
supiera o supiese
supieras o supieses
supiera o supiese
supiéramos o supiésemos
supierais o supieseis
supieran o supiesen

futuro
supiere
supieres
supiere
supiéremos
supiereis
supieren

IMPERATIVO

sabe	(tú)
sepa	(usted)
sabed	(vosotros)
sepan	(ustedes)

FORMAS NO PERSONALES

infinitivo saber
gerundio sabiendo
participio sabido

profundo de una materia, ciencia o arte: *el saber no ocupa lugar.* **8** Ciencia o conjunto de conocimientos.
▶ **a saber** **a.** Introduce una enumeración que detalla lo que se estaba explicando: *la mano tiene cinco dedos, a saber: meñique, anular, corazón, índice y pulgar.* **b.** Expresión que indica que una cosa es difícil de averiguar: *a saber dónde habrás dejado las llaves.* **no sé qué** Lo que no se puede explicar: *cuando la vi, sentí un no sé qué que me dejó paralizado.* **saber a poco** Resultar algo insuficiente: *el pastel estaba tan bueno que me supo a poco.* **vete a saber** o **vaya usted a saber** Expresión que indica que una cosa es difícil de averiguar: *vete a saber ahora quién ha traído cada regalo.*
DER sabiduría, sabiendas; consabido, resabido.

sabiduría n. f. **1** Capacidad de pensar y de considerar las situaciones y circunstancias distinguiendo lo positivo de lo negativo: *con los años se adquiere sabiduría.* SIN juicio, prudencia. **2** Conocimiento profundo en ciencias, letras o artes. SIN sapiencia.

sabiendas Palabra que se utiliza en la locución adverbial *a sabiendas*, que significa 'con conocimiento del resultado o de las consecuencias': *ha llamado a mi puerta aun a sabiendas de que no voy a abrirla.*

sabina n. f. Arbusto conífero de hojas pequeñas y fruto de color negro o rojizo que puede medir hasta dos metros de altura.

sabio, -bia adj./n. m. y f. **1** [persona] Que tiene un conocimiento profundo en ciencias, letras o artes. SIN docto, culto. **2** [persona] Que tiene una gran capacidad de pensar y de considerar las situaciones y circunstancias, para distinguir lo positivo de lo negativo. SIN sensato. ◆ adj. **3** Que demuestra o contiene sabiduría: *sabias palabras.*
DER sabiondo; resabio.

sabiondo, -da adj. [persona] Que presume de saber mucho o saber más de lo que en realidad sabe.
OBS También se escribe sabiondo.

sablazo n. m. **1** Acción de conseguir dinero pidiéndolo con habilidad o insistencia y sin intención de devolverlo: *siempre que viene a verme es que quiere pegarme un sablazo.* **2** Golpe dado con un sable o herida hecha con él.

sable n. m. Arma blanca parecida a la espada, curvada y afilada solo por un lado.
DER sablazo, sablear.

sabor n. m. **1** Propiedad que tienen ciertos cuerpos de producir sensaciones en el órgano del gusto: *esas naranjas no tienen buen sabor.* **2** Sensación que producen esos cuerpos en el órgano del gusto. SIN gusto. **3** Impresión que una cosa produce en el ánimo: *tu contestación me dejó un sabor amargo.* **4** Propiedad que tienen algunas cosas de parecerse o recordar a otras: *una novela de sabor romántico.*
▶ **dejar mal sabor de boca** Dejar algo un mal recuerdo.
DER saborear, sabroso; sinsabor.

saborear v. tr. **1** Reconocer con agrado y detenimiento el sabor de un alimento o bebida. SIN degustar. **2** Disfrutar con detenimiento de una cosa que agrada: *me encanta saborear un buen libro cuando estoy solo.* SIN paladear.

sabotaje n. m. **1** Daño que se hace intencionadamente en instalaciones o servicios como forma de lucha contra los organismos que los dirigen: *hubo un sabotaje de los trabajadores, que destruyeron la maquinaria.* **2** Acción contraria a una idea o proyecto.
DER sabotear.

sabotear v. tr. Hacer actos de sabotaje: *sabotearon las vías de comunicación para aislar la zona.*

sabroso, -sa adj. **1** Que tiene un sabor agradable. SIN apetitoso. **2** Que es interesante o sustancioso: *he ganado una suma de dinero muy sabrosa.*

saca n. f. Saco grande de lona o tela fuerte que sirve para transportar cosas: *en Correos usan sacas para llevar los paquetes y las cartas.*

sacacorchos n. m. Utensilio que sirve para sacar el corcho que cierra una botella.
OBS El plural también es *sacacorchos.*

sacapuntas n. m. Instrumento que sirve para afilar la punta de los lápices.
OBS El plural también es *sacapuntas.*

sacar v. tr. **1** Poner fuera o hacer salir de donde estaba: *sacó un par de bombones de la caja.* ANT meter. **2** Conseguir o llegar a tener: *me costó mucho sacarle el dinero que me debía.* SIN arrancar. **3** Echar hacia delante: *los militares en posición de firmes deben sacar pecho.* **4** Mostrar o expresar: *cuando se enfada, saca todo su mal genio.* **5** Poner en circulación algo o darlo a conocer: *el cantante ha sacado un nuevo disco.* **6** Comprar una entrada o billete: *he sacado las entradas para el concierto del sábado.* **7** Retirar el dinero que se había dejado en el banco o que se había puesto en un negocio. ANT meter. **8** Quitar o suprimir: *la lejía saca todas*

a b c d e f g h i j k l m n ñ o p q r s t u v w x y z

las manchas. **9** En algunos deportes, poner en juego la pelota dándole el primer impulso: *el jugador sacó el balón desde la banda.* **10** Quitar o apartar de un sitio o de una situación: *este dinero extra me ha sacado de apuros.* **11** Averiguar o descubrir. **12** Invitar a bailar. **13** Hacer una fotografía o retrato.

▶ sacar adelante Hacer llegar a buen fin o desarrollarse de manera adecuada: *con mucho esfuerzo, hemos sacado adelante el negocio.* sacar en claro o sacar en limpio Llegar a una conclusión: *después de tanto discutir, no hemos sacado nada en limpio.*

OBS En su conjugación, la *c* se convierte en *qu* delante de *e.*

DER saque; entresacar, resaca, sonsacar.

sacarosa n. f. Nombre técnico que se da al azúcar común que se usa para endulzar bebidas y alimentos.

sacerdocio n. m. **1** Cargo, estado y ejercicio del sacerdote. **2** Dedicación a una profesión o trabajo noble y bueno: *para él, la enseñanza es un sacerdocio.*

sacerdotal adj. Del sacerdote o que tiene relación con él: *orden sacerdotal.*

sacerdote, -tisa n. m. y f. **1** En diversas religiones, persona que dedica su vida a alguna divinidad y dirige los servicios religiosos. ◆ n. m. **2** En la religión católica, hombre que ha sido ordenado para celebrar misa.

DER sacerdocio, sacerdotal.

saciar v. tr. **1** Satisfacer de comida y de bebida: *pedía un trozo de pan con que saciar su hambre.* **2** Satisfacer una necesidad del espíritu o de la mente.

OBS En su conjugación, la *i* es átona, como en *cambiar.*

DER saciedad; insaciable.

saciedad n. f. Sensación que se produce cuando se satisface con exceso el deseo de una cosa: *en el banquete de boda comió y bebió hasta la saciedad.*

saco n. m. **1** Bolsa generalmente grande de tela u otro material flexible, de forma alargada y abierta por uno de los extremos: *me llevé las patatas en un saco.* saco de dormir Saco hecho con un tejido relleno de plumas u otro material que da calor y que se usa para dormir dentro de él, especialmente al aire libre o en tiendas de campaña. **2** Contenido que cabe dento de una bolsa grande de ese tipo: *quedan cuatro sacos de carbón en el sótano.* **3** Órgano en un ser vivo que tiene forma de bolsa y que contiene generalmente un fluido: *el ojo permanece húmedo gracias al saco lagrimal.* **4** Prenda de vestir ancha que no se ajusta al cuerpo: *no puedes salir a la calle con ese saco porque tiene muchos agujeros.* **5** Saqueo.

▶ entrar a saco *coloquial* Robar violentamente las cosas de valor que hay en un lugar: *los ladrones entraron a saco en el supermercado.* no echar en saco roto Tener algo en cuenta: *te recomiendo que no eches en saco roto lo que has aprendido de tu padre.* saco de huesos Persona excesivamente delgada: *Marisa se ha quedado hecha un saco de huesos.* ser un saco de Expresión que se utiliza para indicar que se tiene una cualidad o defecto de forma excesiva: *esa chica es un saco de mentiras.*

DER saca, saquear.

sacralizar v. tr. Dar o atribuir carácter sagrado a una cosa que no lo tenía.

OBS En su conjugación, la *z* se convierte en *c* delante de *e.*

sacramental adj. De los sacramentos o que tiene relación con ellos: *una ceremonia sacramental.*

sacramento n. m. En el cristianismo, signo material que simboliza la relación entre una persona y Dios.

DER sacramental, sacramentar, sacramentario.

sacrificar v. tr. **1** Ofrecer o dar como signo de reconocimiento u obediencia a un dios: *los judíos debían sacrificar el cordero pascual.* **2** Matar a un animal, especialmente para su consumo. **3** Perjudicar a una persona o una cosa para conseguir un fin beneficioso: *no estaba dispuesto a sacrificar a sus hijos por su trabajo.* **4** Renunciar a una cosa para obtener otra: *el jugador de ajedrez sacrificó un caballo para comerse la reina del adversario.* ◆ v. prnl. **5** sacrificarse Hacer algo que no gusta o renunciar a una cosa para beneficiar a alguien o para obtener algo: *la madre se sacrificó por sus cinco hijos.*

OBS En su conjugación, la *c* se convierte en *qu* delante de *e.*

DER sacrificio.

sacrificio n. m. **1** Ofrecimiento a un dios en señal de obediencia o para pedir su favor. **2** Acción que desagrada o no se desea hacer, pero que se hace por obligación o necesidad: *son necesarios muchos sacrificios para alcanzar el éxito.* **3** Esfuerzo o dolor que se sufre por un ideal o un sentimiento: *ser madre supone* *mucho sacrificio por los hijos.* **4** En la religión cristiana, acto de la misa en el que el sacerdote ofrece el cuerpo y sangre de Cristo en forma de pan y vino.

sacrilegio n. m. Falta de respeto hacia una persona, cosa o lugar sagrados.
DER sacrílego.

sacrílego, -ga adj. **1** Del sacrilegio o que tiene relación con él. ◆ adj./ n. m. y f. **2** [persona] Que falta al respeto que se debe hacia una persona, cosa o lugar sagrados: *un sacrílego profanó el cementerio.*

sacristán, -tana n. m. y f. Persona que se dedica a ayudar al sacerdote y a cuidar de los adornos y la limpieza de la iglesia: *el sacristán tocó las campanas.*

sacristía n. f. Lugar en las iglesias donde se visten los sacerdotes y donde están guardados los objetos que se usan en las ceremonias.

sacro, -cra adj. **1** *formal* Que está consagrado o dedicado a una divinidad: *en este monasterio se oye música sacra cada mañana.* SIN profano, sagrado. ◆ adj./ n. m. **2** ANAT. [hueso] Que está situado en la parte inferior de la columna vertebral y que está formado por cinco vértebras soldadas: *el hueso sacro forma la pelvis.*
DER sacralidad, sacralizar, sacramento, sacrificar, sacrilegio, sacristán.

sacudida n. f. **1** Movimiento violento: *el mal estado de la vía del tren provoca algunas sacudidas en los vagones.* **2** Impresión fuerte que recibe una persona: *la muerte de su hermano fue una sacudida para ella.*

sacudir v. tr. **1** Mover violentamente algo de un lado a otro: *el bebé sacude el sonajero.* **2** Golpear o agitar en el aire una cosa, generalmente para quitarle el polvo o la suciedad: *sacudió la alfombra por la ventana.* **3** Golpear o dar golpes: *mi hermano mayor me ha sacudido.* ◆ v. prnl. **4** **sacudirse** Quitarse de encima una cosa o a una persona pesada: *¿cómo has logrado sacudirte a ese pesado?*
DER sacudida.

sadomasoquismo n. m. Práctica sexual basada en la obtención de placer por medio del dolor.
DER sadomasoquista.

saduceo, -cea adj./ n. m. y f. [persona] Que pertenecía a una antigua secta judía caracterizada por negar la inmortalidad del alma y la resurrección del cuerpo.

saeta n. f. **1** *formal* Arma formada por una vara delgada y ligera, con punta afilada en uno de sus extremos, que se lanza o dispara con un arco: *Cupido clava saetas en el corazón de los mortales.* SIN flecha. **2** Aguja que marca una cosa en un reloj u otro instrumento parecido: *la saeta de la brújula.* SIN manecilla. **3** Canción corta de asunto religioso que se canta sin acompañamiento de instrumentos, especialmente en Semana Santa.
DER asaetear.

safari n. m. Expedición en la que se intenta cazar u observar animales de gran tamaño, especialmente en África.

saga n. f. **1** Texto que relata la historia de varias generaciones de una familia. **2** Dinastía familiar: *es el último representante de una saga de geniales actores.* **3** Leyenda poética que cuenta historias de los antiguos héroes y mitos de Escandinavia.

sagaz adj. [persona] Que es hábil e inteligente y se da cuenta de lo que puede ocurrir. SIN astuto.
DER sagacidad.

sagitario adj./ n. com. [persona] Que ha nacido entre el 23 de noviembre y el 21 de diciembre, tiempo en que el Sol recorre aparentemente Sagitario, el noveno signo del Zodíaco.

sagrado, -da adj. **1** Que está dedicado a una divinidad o a su adoración: *la iglesia es un lugar sagrado.* **2** Que es digno de adoración por tener alguna relación con una divinidad: *imagen sagrada.* **3** Que merece adoración y respeto; que no puede recibir ninguna ofensa: *mi hermana es para mí sagrada.*
DER sagrario; consagrar.

sagrario n. m. Lugar o mueble en el que se guardan las hostias consagradas.

saharaui adj. **1** Del Sáhara Occidental o que tiene relación con este territorio del noroeste de África: *las reivindicaciones saharahuis.* ◆ adj./ n. com. **2** [persona] Que es del Sáhara Occidental.

sahariano, -na adj. **1** Del Sáhara o que tiene relación con la zona y el desierto africano del Sáhara. ◆ adj./ n. m. y f. **2** [persona] Que natural es del Sáhara.

sainete n. m. **1** Pieza teatral de humor de un solo acto: *los sainetes se representaban en medio o al final de las funciones de teatro.* SIN entremés. **2** Pieza teatral de uno o más actos y de carácter popular que se representa como obra independiente. **3** Situación cómica o irónica.

sajar v. tr. MED. Hacer un corte en la carne como forma de curación: *el cirujano ha sajado la zona afectada.*

sajón, -jona adj. **1** De un antiguo pueblo germánico que vivió en la desembocadura del río Elba, o que tiene relación con este pueblo. **2** De Sajonia o que tiene relación con ese antiguo estado alemán. **3** De la lengua del antiguo pueblo germánico que vivió en la desembocadura del río Elba, de una lengua derivada de esta, o que tiene relación con ellas. ◆ adj./n. m. y f. **4** [persona] Que procede de un antiguo pueblo germánico que vivió en la desembocadura del río Elba. **5** [persona] Que es de Sajonia. ◆ n. m. **6** Conjunto de dialectos germánicos.

sal n. f. **1** Sustancia blanca en forma de cristal fácilmente soluble en agua que se usa para dar sabor a los alimentos: *el nombre técnico de la sal es «cloruro de sodio».* **2** Elegancia o gracia en el movimiento: *tiene tanta sal cuando anda, que se vuelven a mirarla.* SIN salero. **3** Capacidad de pensar y hacer o decir con facilidad cosas divertidas y graciosas: *tiene muchísima sal para contar historias.* **4** Persona o cosa divertida que rompe la seriedad o el aburrimiento. **5** QUÍM. Sustancia que se forma al reaccionar un ácido con una base. ◆ n. f. pl. **6** sales Sustancia salina que frecuentemente contiene amoniaco y que se usa para hacer volver en sí a alguien que se ha desmayado. ▶ sales de baño Sal perfumada que se mezcla con el agua del baño para darle buen olor.
DER salar, salero, salina, salinidad, salitre, salobre, salsa; ensalada.

sala n. f. **1** Habitación principal de una casa donde generalmente se reciben las visitas. SIN salón. **2** Conjunto de muebles de esa habitación: *he comprado toda la sala: la mesa, las sillas, el aparador y el sofá.* SIN salón. **3** Habitación de grandes dimensiones. **4** Habitación o espacio destinado a un uso determinado: *estuve dentro de la sala de máquinas del buque.* sala de estar Sala de una casa en la que se pasa la mayor parte del tiempo libre: *estaban viendo el televisor en la sala de estar.* **5** Local donde se reúne un tribunal de justicia para celebrar audiencia. **6** Conjunto de jueces que forman un tribunal. **7** Local destinado a un espectáculo: *el público llenaba la sala.* sala de fiestas Establecimiento donde se puede bailar y consumir bebidas y en el que se suelen ofrecer espectáculos. **8** Conjunto de personas que asiste a un espectáculo: *toda la sala aplaudió al cantante.*
DER salón; antesala.

salado, -da adj. **1** [alimento] Que tiene sal. ANT dulce. **2** [alimento] Que tiene demasiada sal: *estas lentejas están un poco saladas.* ANT soso. **3** [persona] Que es agudo, vivo y tiene gracia: *Esteban es un chico muy salado.* SIN chistoso, gracioso. ANT soso. ◆ n. m. **4** Operación que consiste en poner sal a un alimento para su conservación: *esta factoría se dedica al salado de pescados.* SIN salazón.
DER saladero; resalado.

salamandra n. f. Anfibio de piel lisa y de color negro con grandes manchas amarillas y con cola larga.

salamanquesa n. f. Reptil pequeño de cuerpo gris, con cuatro patas de dedos anchos con los que se agarra a las paredes, que tiene la cola larga y se alimenta de insectos.

salami n. m. Embutido italiano hecho con carne picada de vacuno y de cerdo que se embucha en una tripa gruesa y se consume curado.

salar v. tr. **1** Poner sal a los alimentos para que se conserven. ANT desalar. **2** Echar sal a un alimento para darle más sabor: *¿has salado ya las lentejas?*
DER salado, salazón; desalar.

salarial adj. Del salario o relacionado con él: *un aumento salarial.*

salario n. m. Cantidad de dinero que se percibe, por lo general semanal o mensualmente, por un servicio o un trabajo. SIN asignación, paga.
DER salarial; asalariar.

salazón n. f. **1** Operación que consiste en poner sal a un alimento para su conservación. SIN salado. **2** Industria que se dedica a poner sal a los alimentos para su conservación. ◆ n. f. pl. **3** salazones Conjunto de carnes y pescados a los que se ha puesto sal para su conservación.

salchicha n. f. Embutido pequeño de forma alargada hecho de carne de cerdo cruda y picada, y con especias; se come frita o asada.
DER salchichón.

salchichón n. m. Embutido curado de forma alargada hecho con carne de cerdo picada y especias que se come frío sin necesidad de freírlo o asarlo.

saldar v. tr. **1** Pagar completamente una deuda o una cuenta. SIN liquidar. **2** Dar algo por terminado: *los dos hermanos saldaron sus diferencias.* **3** Vender una mercancía a un precio más bajo de lo normal. SIN liquidar.

saldo n. m. **1** Acción de vender una mercancía a un precio más bajo de lo normal para agotarla. **SIN** liquidación. **2** Conjunto de las mercancías de un comercio que se venden a un precio más bajo de lo normal: *no he encontrado en los saldos nada de lo que buscaba.* **NOTA** Se usa generalmente en plural. **3** Estado de una cuenta corriente, en cuanto al dinero que hay en ella. **4** Resultado final: *la vuelta de vacaciones ha terminado con un saldo de veinte accidentes.* **5** Pago completo de una deuda o de una cuenta. **SIN** liquidación.

salero n. m. **1** Recipiente que se usa para guardar la sal y servirla: *pásame el salero, por favor, que la sopa está un poco sosa.* **2** Elegancia o gracia en el movimiento: *tiene mucho salero cuando baila.* **SIN** sal.
DER saleroso.

salesiano, -na adj. **1** De alguna de las congregaciones fundadas por san Juan Bosco bajo el patrocinio de san Francisco de Sales. ◆ adj./ n. m. y f. **2** [religioso] Que pertenece a alguna de las congregaciones fundadas por san Juan Bosco bajo el patrocinio de san Francisco de Sales.

salida n. f. **1** Acción de pasar del interior de un lugar al exterior: *siempre me encuentro con Laura a la salida del trabajo.* **ANT** entrada. **2** Acción de irse de un lugar: *la salida del tren será sobre las diez de la mañana.* **ANT** llegada. **3** Parte por donde se pasa del interior de un lugar al exterior: *salida de emergencia.* **ANT** entrada. **4** Excursión o viaje: *hace dos meses que no hacemos una salida.* **5** Lugar o punto en el que comienza una carrera en distintos deportes. **ANT** meta, llegada. **6** Aparición de un cuerpo celeste: *la salida del sol.* **7** Solución: *esta situación no tiene salida.* **8** Cosa ocurrente que se dice o se hace en un momento determinado: *esta chica tiene unas salidas divertidísimas.* **salida de tono** Cosa que se dice o se hace y que no resulta conveniente. **9** Acción y resultado de vender una mercancía: *este artículo no tendrá salida.* ◆ n. f. pl. **10 salidas** Posibilidades profesionales que ofrecen los estudios: *estudiar la carrera de derecho tiene muchas salidas.*

salido, -da adj. **1** [parte] Que sobresale de un cuerpo más de lo normal. **2** [hembra] Que está en celo: *cuando una gata está salida no hace más que maullar.* ◆ adj./ n. m. y f. **3** [persona] Que tiene un gran deseo sexual. **NOTA** Tiene valor despectivo.

saliente adj./ n. m. **1** [parte de una cosa] Que sale: *el cerrojo tiene un saliente que encaja en la puerta.* ◆ adj. **2** Que sobresale por su importancia.

salina n. f. **1** Lugar donde se encuentra la sal de forma natural. **2** Lago o depósito poco profundo donde se forma la sal.

salinidad n. f. Cualidad de salino: *cuando se evapora una parte del agua del mar, aumenta su salinidad.*

salino, -na adj. **1** Que contiene sal. **SIN** salobre. **2** Que tiene una característica que se considera propia de la sal: *las lágrimas tienen un sabor salino.*
DER salinidad.

salir intr./ prnl. **1** Pasar del interior de un lugar al exterior: *salgo de casa todos los días a las siete y veinte.* ◆ v. intr. **2** Aparecer públicamente: *ha*

salir

INDICATIVO	SUBJUNTIVO
presente	**presente**
salgo	salga
sales	salgas
sale	salga
salimos	salgamos
salís	salgáis
salen	salgan
pretérito imperfecto	**pretérito imperfecto**
salía	saliera o saliese
salías	salieras o salieses
salía	saliera o saliese
salíamos	saliéramos o saliésemos
salíais	salierais o salieseis
salían	salieran o saliesen
pretérito perfecto simple	**futuro**
salí	saliere
saliste	salieres
salió	saliere
salimos	saliéremos
salisteis	saliereis
salieron	salieren
futuro	
saldré	
saldrás	
saldrá	
saldremos	
saldréis	
saldrán	
condicional	
saldría	
saldrías	
saldría	
saldríamos	
saldríais	
saldrían	

IMPERATIVO	
sal	(tú)
salga	(usted)
salid	(vosotros)
salgan	(ustedes)

FORMAS NO PERSONALES	
infinitivo	**gerundio**
salir	saliendo
participio	
salido	

salido un nuevo periódico. **3** Aparecer o dejarse ver: *en esta época, el sol sale a las ocho de la mañana.* **4** Nacer o brotar. **5** Borrarse o desaparecer una mancha. **6** Ocurrir u ofrecerse: *me ha salido una oferta para trabajar en una importante editorial.* **7** Ser elegido o sacado, generalmente al azar: *¿Qué número ha salido en la rifa?* **8** Terminar: *al final, todo salió mejor de lo que esperábamos.* **9** Partir o irse: *los reyes salieron de Madrid.* **10** Ir a divertirse con una persona o en grupo: *todos los fines de semana salgo con mis amigos.* **11** Librarse o escapar de una situación: *no voy a salir de la pobreza nunca.* **12** Decir o hacer una cosa que sorprende o no se espera: *después de tanto hablar, salió con que no vendría.* **SIN** saltar. **13** Costar: *la carne de ternera sale cara.* **14** Corresponder una cantidad igual a diversas personas: *salimos a dos millones por socio.* **15** Pasar a realizar una acción, generalmente delante de un público: *salió a bailar.* **16** Tener parecido: *él ha salido a su madre.* ◆ v. prnl. **17** **salirse** Pasar un líquido por encima del borde del recipiente que lo contiene al hervir: *vigila la leche para que no se salga.* **18** Separarse de una actitud o actividad: *don Emilio se salió de cura para casarse.*

▶ **a lo que salga** Sin saber o sin importar el resultado: *no he estudiado nada, así que me presentaré al examen a lo que salga.* **salir adelante** Superar un problema: *a pesar del paro y la crisis económica, este país saldrá adelante.* **salir pitando** Irse muy rápido o corriendo: *el conejo vio al perro y salió pitando.* **salirse con la suya** Hacer su voluntad contra el deseo de los demás o tras muchos intentos: *se salió con la suya y fuimos a ver la película que ella quería.*

DER saledizo, salida, salido, saliente; sobresalir.

salitre n. m. **1** Sustancia que contiene sal: *el salitre del mar erosiona los cascos de los barcos.* **2** QUÍM. Sal de nitrógeno y potasio que se forma en el suelo por la descomposición de materias animales y vegetales.

DER salitroso.

saliva n. f. Líquido transparente y acuoso que segregan las glándulas salivales de la boca de las personas y otros animales y que ayuda a preparar los alimentos para su entrada en el estómago.

▶ **gastar saliva** Hablar sin conseguir el fin deseado: *no gastes saliva, que no nos vas a convencer.*

DER salival, salivar, salivazo.

salival adj. **1** [glándula] Que segrega saliva. **2** De la saliva o relacionado con esta secreción: secreción salivar.

salivar v. intr. **1** Segregar saliva. ◆ adj. **2** De la saliva o relacionado con este líquido: *la comida triturada es mezclada con la secreción salivar para formar el bolo alimenticio.* **3** [glándula] Que segrega saliva.

DER salivación.

salmantino, -na adj. **1** De Salamanca o que tiene relación con esta ciudad y provincia castellana. ◆ adj./ n. m. y f. **2** [persona] Que es de Salamanca.

salmo n. m. Poema o canto dedicado a alabar a Dios.

DER salmodia; ensalmo.

salmodia n. f. **1** Canto eclesiástico o música con que se acompañan o recitan los salmos. **2** Canto que es monótono y aburrido.

salmón n. m. **1** Pez comestible que vive cerca de las costas y remonta los ríos en el período de la cría. ◆ n. m./ adj. **2** Color que es entre rosa y naranja, como el de la carne de ese pez: *tiene una camisa salmón.*

DER salmonete; asalmonado.

salmonela n. f. Bacteria que se desarrolla en algunos alimentos y que al ingerirla puede provocar salmonelosis: la salmonela es la responsable de algunas intoxicaciones alimentarias.

salmonelosis n. f. Intoxicación alimentaria o infección intestinal que se produce por consumir alimentos que contienen la bacteria salmonela.

OBS El plural también es *salmonelosis.*

salmonete n. m. Pez marino comestible, de color rojo y con unas barbillas en la mandíbula inferior.

salobre adj. Que contiene sal: *cerca del pueblo hay un manatial de agua salobre.* **SIN** salino.

salomónico, -ca adj. **1** De Salomón o relacionado con este rey de Israel. **2** [juicio, decisión] Que es justo, sabio y equilibrado.

▶ **justicia salomónica** Justicia que se aplica con sabiduría e igualdad.

salón n. m. **1** Habitación principal de una casa, generalmente más grande que una sala, que se suele usar para reunirse, comer o recibir visitas. **SIN** sala. **2** Conjunto de muebles de esa habitación: *en la tienda de la esquina, venden un salón precioso.* **SIN** sala. **3** Local grande donde se celebran actos a los que asiste mucha gente: *la reunión es en el salón de actos* *de la escuela.* **4** Local donde se celebran las comidas importantes en un establecimiento hotelero: *el banquete de la boda es en el salón del hotel.* **5** Establecimiento donde se proporcionan ciertos servicios al público: *salón de té.* **6** Exposición de productos para su venta: *visitaron el salón del automóvil.*

salpicadero n. m. Tablero de mandos de un automóvil situado delante del asiento del conductor: *el cuadro de luces está en el salpicadero.*

salpicar v. tr. **1** Saltar un líquido en forma de gotas pequeñas: *la lejía salpicó la toalla.* **2** Manchar o mojar con gotas pequeñas: *un autobús me ha salpicado de barro.* **3** Esparcir sobre algo: *salpicó la ensalada con el aceite.* **4** Poner elementos sueltos por un lugar, una situación o una cosa: *el valle está salpicado de árboles.* **5** Afectar o alcanzar: *tu conducta vergonzosa ha salpicado a toda la familia.*
OBS En su conjugación, la *c* se convierte en *qu* delante de *e*.
DER salpicadero, salpicadura, salpicón.

salpicón n. m. Plato que se prepara con ingredientes fríos, cocidos y picados: *salpicón de marisco.*

salpimentar v. tr. **1** Condimentar con sal y pimienta. **2** Amenizar algo con un toque de gracia.
OBS Se conjuga como *acertar*.

salpullido n. m. Sarpullido.
OBS La Real Academia admite *salpullido*, pero prefiere la forma *sarpullido*.

salsa n. f. **1** Sustancia líquida o espesa hecha con varios comestibles triturados y mezclados, que se usa para acompañar y dar sabor a las comidas. **salsa mahonesa** o **salsa mayonesa** La que se hace mezclando huevo, aceite, vinagre o limón y sal: *la ensaladilla rusa lleva salsa mayonesa.* **salsa rosa** Salsa que se hace mezclando huevo, aceite, vinagre, sal, tomate frito, especias y licor. **salsa verde** La que se hace con perejil, aceite, vinagre, sal y huevo; se usa para acompañar pescados. **2** Cosa que hace gracia o que anima: *los chistes son la salsa del espectáculo.* **3** Música viva y alegre típica de varios países del Caribe.
▶ **en su salsa** En un ambiente familiar y cómodo: *cuando va a la discoteca está en su salsa.*
DER salsera, salsero.

saltador, -ra adj. **1** Que salta o que puede saltar. ◆ n. m. y f. **2** Deportista especializado en pruebas de salto. ◆ n. m. **3** Cuerda que se usa para saltar en ciertos juegos: *la niña está jugando sola con el saltador en la calle.* SIN comba.

saltamontes n. m. Insecto de cuerpo alargado, antenas largas y ojos salientes, con las patas anteriores cortas y las posteriores muy largas que le sirven para dar saltos: *los saltamontes son animales hervíboros.*
OBS El plural también es *saltamontes*.

saltar v. intr. **1** Levantarse de una superficie con un impulso para caer en el mismo lugar o en otro: *los canguros avanzan saltando.* SIN brincar. **2** Tirarse desde una altura, generalmente para caer de pie: *el niño saltó del manzano al suelo.* **3** Levantarse o desprenderse de algo con un impulso fuerte: *saltó el tapón de la botella.* **4** Caer el agua de una corriente salvando un desnivel: *en los ríos de montaña es frecuente ver saltar el agua.* **5** Romperse o explotar violentamente: *el camión que transportaba explosivos saltó en mil pedazos.* **6** Dar muestras repentinas de enfado o desacuerdo: *no me gustó lo que estaban diciendo de mi hermana y salté.* **7** Decir o hacer una cosa que sorprende por ser inesperada: *después de habérselo explicado dos veces, saltó con que no había entendido nada.* SIN salir. ◆ v. tr. **8** Pasar de un salto: *el caballo saltó la valla.* ◆ v. tr./ prnl. **9** Dejar de hacer una cosa que forma parte de un conjunto. ◆ v. prnl. **10** **saltarse** Dejar de cumplir una ley o una norma: *se saltó un semáforo.*
DER saltador, saltarín, salto, saltón; asaltar, resaltar, sobresaltar.

salteador, -ra n. m. y f. Ladrón que ataca y roba a las personas que van por el campo o por un camino.

saltear v. tr./ intr. **1** Asaltar a un caminante o viajero con la intención de robarle: *salteaban a los ocupantes de los coches.* ◆ v. tr. **2** Freír a fuego vivo un alimento de forma que queda dorado por fuera y jugoso por dentro: *saltea los guisantes con jamón.* **3** Hacer una cosa sin orden ni continuidad: *salteaba los ejercicios del libro.*
DER salteador.

salterio n. m. **1** Instrumento musical de cuerdas pulsadas y metálicas que tiene forma triangular y suele tocarse con púa, mazo o con las manos. **2** Libro canónico del Antiguo Testamento de la Biblia que está formado por ciento cincuenta salmos. **3** Libro de coro que solo contiene salmos.

saltimbanqui n. com. Artista que realiza

acrobacias ante el público, generalmente en espectáculos al aire libre o de carácter popular: *una troupe de saltimbanquis.*

salto n. m. **1** Movimiento que consiste en elevarse del suelo u otra superficie con impulso para caer en el mismo lugar o en otro. SIN brinco. **2** Movimiento que consiste en lanzarse desde un lugar alto, generalmente para caer de pie. SIN brinco. **3** Paso brusco de un lugar a otro o de una parte a otra: *el narrador dio un salto en la historia omitiendo un pasaje muy interesante.* **4** Ejercicio deportivo en el que se salta: *salto de trampolín.* salto con pértiga Ejercicio deportivo que consiste en superar un listón colocado a gran altura con ayuda de una pértiga. salto de altura Ejercicio deportivo que consiste en superar un listón colocado a cierta altura saltando por encima de él. salto de longitud Ejercicio deportivo que consiste en saltar la mayor distancia posible desde un punto determinado. salto mortal Ejercicio que consiste en saltar y dar una o varias vueltas completas en el aire: *el trapecista hizo un triple salto mortal.* **5** Avance o progreso importante.

▶ a salto de mata Sin orden ni previsión, pasando de una cosa a otra sin pensar lo que se hace: *no piensa en el futuro: vive a salto de mata.* salto de agua Caída de agua en un terreno accidentado. SIN cascada. salto de cama Prenda de vestir femenina que se usa al acostarse y al levantarse de la cama.

DER saltear.

salubre adj. Que es beneficioso para la salud: *el agua de esta fuente es salubre.* ANT insalubre.

OBS El superlativo es *salubérrimo.*

DER salubridad; insalubre.

salubridad n. f. **1** Característica de lo que no es perjudicial para la salud: *las autoridades deben garantizar la salubridad del agua.* **2** Estado general de la salud pública en un lugar determinado.

salud n. f. **1** Estado del ser vivo que se encuentra bien y que ejerce con normalidad todas sus funciones orgánicas: *me considero afortunado porque gozo de salud.* **2** Estado físico o psíquico de un ser vivo. ANT enfermedad. **3** Estado o funcionamiento bueno de una cosa: *nuestros negocios tienen una salud estupenda.*

▶ beber (o brindar) a la salud Expresar un buen deseo al beber: *bebieron a la salud de los ausentes.* curarse en salud Prevenir un daño antes de que ocurra: *es mejor que te cures en salud y consigas el dinero antes de que te lo exijan.* ¡salud! Exclamación con la que se desea a una persona que se encuentre bien y que todo le vaya bien.

DER saludable, saludar.

saludable adj. **1** Que sirve para conservar o recuperar la salud física: *el aire de la sierra es muy saludable.* SIN sano. **2** [persona] Que tiene buena salud. **3** Que es útil y beneficioso para un fin.

saludar v. tr. **1** Dar muestras de afecto o cortesía mediante expresiones o gestos al encontrarse con una persona o al despedirse de ella: *saludó a todos aquellos que habían ido a recibirla.* ANT despedir. **2** Expresar afecto o cortesía hacia una o varias personas que, aunque no están presentes, pueden tener noticia de esta acción: *cuando salió por la tele, saludó a toda su familia.* **3** Expresar un militar respeto hacia un superior o un inferior o hacia la bandera nacional mediante el gesto de acercar a la sien derecha el extremo de su mano diestra extendida, con los dedos juntos y la palma hacia abajo.

saludo n. m. **1** Expresión o gesto que una persona dirige a otra cuando se encuentran como muestra de afecto o cortesía. SIN salutación. **2** Expresión de afecto o cortesía hacia una o varias personas que, aunque no están presentes, pueden tener noticia de esta acción. SIN salutación. **3** Gesto que hace un militar al acercar a la sien derecha el extremo de su mano diestra extendida, con los dedos juntos y la palma hacia abajo, en señal de respeto hacia un superior o un inferior o hacia la bandera nacional.

salutación n. f. **1** *formal* Expresión o gesto que una persona dirige a otra cuando se encuentran como muestra de afecto o cortesía. SIN saludo. **2** *formal* Expresión de afecto o cortesía hacia una o varias personas que, aunque no están presentes, pueden tener noticia de esta acción. SIN saludo.

salva n. f. **1** Disparo al aire que se hace en señal de saludo u honor en las celebraciones: *salvas de honor.* **2** Prueba que se hacía de los manjares servidos a los reyes y señores para asegurarse de que no había veneno. **3** Prueba a la que eran sometidas algunas personas para averiguar su culpabilidad o inocencia.

▶ salva de aplausos Aplauso entusiasta de un grupo de personas.

salvación n. f. **1** Solución de un problema

grave o liberación de un peligro. **2** Entre los católicos, obtención de la gloria eterna.

salvado n. m. Cáscara del grano del cereal molida; se usa como pienso y como alimento dietético.

salvador, -ra adj. [persona] Que salva a otra persona: *aquel bombero fue nuestro salvador.*

salvadoreño, -ña adj. **1** De El Salvador o que tiene relación con este país de América Central. ◆ adj./ n. m. y f. **2** [persona] Que es de El Salvador.

salvaguardar v. tr. Defender o proteger a una persona o cosa: *las autoridades deben salvaguardar los derechos de los ciudadanos.*

salvaje adj. **1** [animal] Que vive en libertad, que está sin domesticar: *las panteras son animales salvajes.* ANT doméstico. **2** [planta] Que no está cultivado: *hiedra salvaje.* SIN silvestre. **3** [terreno] Que no ha sido transformado por el hombre, especialmente cuando es abrupto y escabroso: *paisaje salvaje.* **4** [acción] Que es cruel y violento: *el asesino cometía actos salvajes con sus víctimas.* SIN brutal. **5** Que no se puede controlar ni detener: *sentía una pasión salvaje por aquella jovencita.* ◆ adj./ n. com. **6** [persona] Que no está civilizado y mantiene formas de vida primitivas: *el antropólogo estudió una tribu salvaje del Amazonas.* **7** [persona] Que comete actos crueles e inhumanos: *este crimen solo puede ser obra de un salvaje.* ANT bárbaro. **8** [persona] Que no está educado o no se sujeta a las normas sociales: *es una niña muy salvaje.*

DER salvajada, salvajismo.

salvajismo n. m. Modo de comportarse propio de personas salvajes: *repetía, para quien quisiera oírle, que las corridas de toros eran pruebas del grado de salvajismo en que se encontraba nuestro pueblo.*

salvamanteles n. m. Pieza generalmente plana que se pone en la mesa bajo los recipientes para proteger la mesa o el mantel de quemaduras o manchas.

OBS El plural es *salvamanteles.*

salvamento n. m. Liberación de un peligro, especialmente en un siniestro: *los equipos de salvamento trabajaron toda la noche.*

salvapantallas n. m. Programa informático que consiste en una o varias imágenes en movimiento para evitar que los píxeles del monitor se quemen por estar mucho tiempo con la misma intensidad.

OBS El plural es *salvapantallas.*

salvar v. tr. **1** Librar de un peligro o un daño, solucionar un problema grave: *el socorrista salvó al niño que se estaba ahogando.* **2** Solucionar un problema grave: *este préstamo nos salvará de la ruina.* **3** Entre los católicos, perdonar los pecados y obtener la gloria eterna: *antes de morir se confesó para salvar su alma.* **4** Hacer que una cosa sea más aceptable: *esta película únicamente se salva por su magnífica banda sonora.* **5** Evitar o superar un contratiempo: *si logramos salvar este inconveniente, lo demás será muy fácil.* **6** Vencer un obstáculo pasando por encima de él: *si conseguís salvar estos montes, ya estaréis fuera del país.* **7** Recorrer una distancia en menos tiempo o con menos dificultades de lo previsto. **8** No tener en cuenta la diferencia entre dos cosas: *se puede comparar a Galdós con Balzac, salvando las distancias.* **9** Grabar un documento en soporte informático: *antes de apagar el ordenador, debes salvar el archivo.* SIN archivar, guardar, grabar. NOTA Es un anglicismo que se puede sustituir por *grabar* o *guardar.*

▶ sálvese quien pueda Expresión que se usa cuando no se puede vencer un peligro o un problema y se permite que cada uno haga lo posible por evitarlo: *los marineros gritaban: ¡sálvese quien pueda!*

DER salva, salvación, salvado, salvador, salvamento; insalvable.

salvavidas n. m. **1** Objeto que flota circular y con un agujero en el centro que las personas se colocan alrededor del cuerpo para mantenerse a flote: *al caer al agua le echaron un salvavidas.* ◆ adj. **2** Que flota y sirve para mantener a flote a una o más personas.

OBS El plural también es *salvavidas.*

salve n. f. **1** Oración católica que se reza a la Virgen María. **2** Composición musical para el canto de esta oración. ◆ int. **3** ¡salve! Expresión latina que se usaba como saludo. *Su uso es culto y literario.*

salvo, -va prep. **1** Indica que una persona o cosa no está incluida en lo que se dice y que constituye una excepción: *he estudiado todo el libro salvo el último capítulo.* SIN excepto, menos. ◆ adj. **2** Palabra que se utiliza en la locución sano y salvo, que significa *'que no ha recibido daño físico, que se ha librado de un peligro': los cuatro ocupantes salieron sanos y salvos del vehículo accidentado.* SIN ileso, sano.

▶ a salvo Fuera de peligro: *en el refugio estaréis a salvo.*
DER salvar, salvedad, salvia.

salvoconducto n. m. **1** Documento extendido por una autoridad que permite al portador viajar libremente y sin riesgo por un lugar: *los periodistas solo pueden circular por la ciudad sitiada con salvoconductos.* **2** Libertad para hacer algo sin temer un castigo: *tenía salvoconducto para llegar más tarde.*

samario n. m. Elemento químico metálico, de color blanco grisáceo y consistencia muy dura: *el símbolo químico del samario es Sm.*

samba n. f. **1** Baile de ritmo alegre y rápido típico de Brasil. **2** Música y canto de ese baile.

san adj. Apócope de santo: *san Isidro es el patrón de Madrid.*
OBS Solo se utiliza con nombres masculinos.

sanar v. intr. **1** Recuperar la salud. ANT enfermar. ◆ v. tr. **2** Hacer recuperar la salud: *este médico consiguió sanarme en muy pocos días.* SIN curar.
DER sanatorio; subsanar.

sanatorio n. m. Establecimiento sanitario donde determinados enfermos, especialmente los que padecen enfermedades de larga convalecencia, o heridos son ingresados para recibir atención médica; generalmente, está situado en lugares con unas condiciones climáticas favorables: *sanatorio antituberculoso.* SIN hospital.

sanción n. f. **1** Pena que la ley establece para el que no la cumple: *le han impuesto una sanción por superar el límite de velocidad.* SIN multa. **2** *formal* Autorización o aprobación de un acto, uso o costumbre. **3** Confirmación de una ley por el jefe del Estado.
DER sancionar.

sancionar v. tr. **1** Castigar o poner una pena a aquel que infringe una ley. SIN multar. **2** Autorizar o aprobar un acto, uso o costumbre. **3** Dar fuerza o carácter de ley: *el rey sancionó la ley.*

sandalia n. f. **1** Calzado formado por una suela que se asegura al pie con correas o cuerdas: *los romanos usaban sandalias.* **2** Zapato ligero y muy abierto que se usa en tiempo de calor.

sándalo n. m. **1** Árbol que crece en zonas tropicales de la India y en Oceanía, de madera muy olorosa, con las hojas verdes y gruesas, y flores muy pequeñas formando ramos. **2** Madera de este árbol, que se utiliza principalmente para hacer muebles. **3** Esencia que se extrae de la madera del sándalo.

sandez n. f. Obra o dicho torpe o poco adecuado: *no dices más que sandeces.* SIN necedad.

sandía n. f. **1** Fruta redonda y de gran tamaño que tiene una corteza verde muy dura y la carne roja y llena de pepitas negras; es comestible y su pulpa es muy dulce y jugosa. SIN melón de agua. **2** Planta herbácea de tallo tendido y flores amarillas que produce ese fruto.

sandunga n. f. Forma de decir o hacer las cosas que resulta simpática y agradable. SIN gracia, salero.
DER sandunguero.

sandunguero, -ra adj. Que tiene gracia en su forma de hablar o de comportarse.

sándwich n. m. Bocadillo hecho con dos rebanadas de pan de molde, entre las cuales se pone un alimento. SIN emparedado.
OBS El plural es *sándwiches.*

saneamiento n. m. **1** Acondicionamiento de un lugar o una cosa a una situación de higiene. **2** Mejora que se hace en una cosa para que sea más beneficiosa o rentable: *saneamiento de la economía.* **3** Conjunto de obras, técnicas o medios que sirven para establecer, mejorar o mantener las condiciones sanitarias de las poblaciones o edificios.

sanear v. tr. **1** Dar condiciones de sanidad a un terreno o edificio: *sanearon las dependencias de la compañía justo el año pasado.* **2** Hacer que la economía o los bienes den ganancias. **3** Arreglar o poner remedio a una cosa: *el Gobierno está intentando sanear los problemas de la Seguridad Social.*
DER saneado, saneamiento.

sangrado n. m. **1** Espacio blanco que queda en la primera línea de un párrafo cuando empieza más a la derecha que el resto de las líneas del párrafo. **2** Acción de sangrar: *es del todo falso que el sangrado nasal esté relacionado con una subida de la tensión arterial.*

sangrar v. intr. **1** Echar sangre: *sangra por la nariz* ◆ v. tr. **2** Quitar sangre a un hombre o a un animal abriéndole una vena. **3** Empezar una línea de texto más hacia dentro que las demás: *se suele sangrar el primer renglón de un párrafo.* **4** Quitar a alguien una cantidad de dinero o de bienes poco a poco.
DER sangrado; desangrar.

sangre n. f. **1** Líquido rojo que, impulsado por el corazón, recorre el cuerpo de las personas y los animales. **2** Raza, familia o condición social a la que pertenece por nacimiento una persona: *lleva sangre latina en sus venas.*

▶ sangre azul Origen o procedencia noble: *el príncipe únicamente podía casarse con una dama de sangre azul.* a sangre fría De un modo frío, pensado y calculado, sin rabia ni pasión: *cometió el crimen a sangre fría.* chupar la sangre Abusar, especialmente del dinero o trabajo de una persona. **SIN** explotar. correr sangre Haber heridos en una lucha. de sangre caliente [animal] Que tiene una temperatura del cuerpo que no depende de la del ambiente: *los perros son animales de sangre caliente.* de sangre fría [animal] Que tiene una temperatura del cuerpo que depende de la del ambiente: *los reptiles son animales de sangre fría.* llevar en la sangre Tener una cualidad de nacimiento por haberla heredado de la familia: *lleva en la sangre la facilidad para tocar el piano.* mala sangre Carácter malo, cruel y vengativo de una persona: *tiene muy mala sangre, trata muy mal a los que no pueden defenderse.* no llegar la sangre al río Expresión que indica que la situación no es tan grave como parece: *dicen que van a cesar al director, pero no llegará la sangre al río.* no tener sangre en las venas Tener un carácter excesivamente tranquilo y frío y no mostrar los sentimientos: *no te conmueves con las imágenes de la guerra, ¿es que no tienes sangre en las venas?* pura sangre [caballo] Que es de raza pura. sangre de horchata Carácter excesivamente tranquilo y frío y que no muestra los sentimientos. sangre fría Tranquilidad de ánimo: *logró salvar a todos gracias a su sangre fría.* **SIN** serenidad. subirse la sangre a la cabeza Perder la tranquilidad y dar muestras de enfado. sudar sangre Hacer un gran esfuerzo o trabajar mucho: *para salir adelante tuvimos que sudar sangre.*

DER sangrar, sangría, sangriento; desangrar, ensangrentar.

sangría n. f. **1** Bebida hecha con vino tinto, limonada, azúcar y trozos de frutas. **2** Corte o rotura de una vena que se hace para que salga una determinada cantidad de sangre. **3** Salida o pérdida abundante de sangre: *el tiroteo acabó en una terrible sangría.* **4** Gasto de dinero que se hace poco a poco pero de forma continuada y que, sumado en su conjunto, supone una pérdida considerable. **5** Comienzo de una línea de escritura más a la derecha que las demás. **6** Corte que se hace en el tronco de un árbol para que salga la resina.

sangriento, -ta adj. **1** Que echa sangre. **2** Que está manchado de sangre o mezclado con ella. **3** Que produce o muestra derramamiento de sangre: *película sangrienta.* **SIN** violento, cruento, sanguinario.

sanguijuela n. f. **1** Gusano parásito de boca chupadora que vive en las aguas dulces y se alimenta de la sangre de otros seres vivos. **2** Persona que poco a poco va apoderándose del dinero de otra.

sanguinario, -ria adj. Que es cruel y violento, que goza con el derramamiento de sangre.

sanguíneo, -nea adj. **1** De la sangre o que tiene relación con este líquido del cuerpo de los seres vivos: *grupo sanguíneo.* **2** Que contiene sangre o abunda en ella: *vaso sanguíneo.* **3** [temperamento] Que se caracteriza por la tendencia a la ira.

DER consanguíneo.

sanidad n. f. Conjunto de servicios organizados para cuidar de la salud pública de una comunidad.

sanitario, -ria adj. **1** De la sanidad o que sirve para preservar la salud: *normas sanitarias.* ◆ n. m. y f. **2** Persona que trabaja en los servicios de sanidad. ◆ n. m. pl. **3** sanitarios Conjunto de aparatos de higiene que están en el cuarto de baño.

sano, -na adj. **1** [ser vivo, órgano] Que se encuentra físicamente bien y que ejerce normalmente todas sus funciones, que goza de perfecta salud. **ANT** enfermo. **2** Que sirve para conservar o recuperar la salud física: *hacer deporte es muy sano.* **SIN** saludable. **ANT** insano. **3** Que está entero, que no tiene ningún defecto. **4** [persona] Que es sincero y tiene buena intención.

▶ cortar por lo sano Acabar con una situación de forma expeditiva y sin consideración: *decidió cortar por lo sano y emprender una nueva vida.* sano y salvo En buen estado de salud o que no ha sufrido ningún daño: *lo rescataron sano y salvo.*

DER sanear, sanidad, sanitario; insano, malsano.

sánscrito, -ta adj./n. m. **1** [lengua] Que pertenece al grupo de lenguas indoeuropeas y se conserva en los textos sagrados y cultos del brahmanismo o sistema religioso y social de la India, escritos entre los siglos XV y X a. de C. ◆ adj. **2** Que tiene relación con esta lengua.

sansón n. m. Hombre que tiene una gran musculatura y mucha fuerza física: *su guardaespaldas era un sansón.*

OBS Se usa por alusión a Sansón, personaje de la Biblia que tenía gran fuerza física.

santanderino, -na adj. **1** De Santander o que tiene relación con esta provincia del norte de España o con su capital. ◆ adj./ n. m. y f. **2** [persona] Que es de Santander.

santateresa n. f. Insecto de cuerpo alargado y estrecho, de color verde o amarillo, que tiene las patas delanteras largas, erguidas y juntas, y que se alimenta de otros insectos. SIN campanero; mantis; mantis religiosa.

santiamén Palabra que forma parte de la locución adverbial *en un santiamén*, que significa 'que una cosa se hace en muy poco tiempo': *no te preocupes por eso: lo arreglaremos en un santiamén.*

santidad n. f. **1** Cualidad del que es santo o que está dedicado a Dios y a la religión. **2** Forma de tratamiento que se usa hacia el Papa y que indica respeto: *Su Santidad visitará Santiago de Compostela.* NOTA Se escribe con letra mayúscula.

santificar v. tr. **1** Declarar la Iglesia santa a una persona. **2** Consagrar o dedicar a Dios: *la Iglesia manda santificar las fiestas.*

OBS En su conjugación, la *c* se convierte en *qu* delante de *e*.

santiguar v. tr. **1** Hacer la señal de la cruz con la mano, desde la frente al pecho y desde el hombro izquierdo al derecho. SIN persignar. ◆ v. prnl. **2** santiguarse Demostrar mucha sorpresa por una cosa, haciendo el signo de la cruz.

OBS En su conjugación, la *u* es átona, como en *adecuar.*

santo, -ta adj. **1** [persona] Que ha sido canonizada por la Iglesia y recibe culto por haber sido muy bueno en vida o por haber recibido una gracia especial de Dios: *santa Eulalia murió mártir.* NOTA En masculino y cuando va delante del nombre propio, se usa generalmente la apócope *san*, excepto cuando va delante de Tomás, Tomé, Toribio y Domingo. **2** [persona] Que es muy bueno, que tiene virtudes especialmente notables. **3** Que está dedicado a Dios o a la religión: *tierra santa.* **4** [día, semana] Que sigue al Domingo de Ramos: *cada Viernes Santo es recordada la muerte de Jesucristo.* NOTA Se escribe con letra mayúscula. **5** Intensifica el valor del sustantivo que le sigue: *te estuvimos esperando todo el santo día.* ◆ n. m. **6** Imagen de una persona canonizada por la Iglesia: *en las iglesias suele haber santos.* **7** Dibujo o imagen en un libro o impreso. **8** Fiesta de una persona que se celebra el día dedicado al santo o persona canonizada por la Iglesia cuyo nombre coincide con el suyo: *el 28 de enero es el santo de Tomás.*

▶ a santo de qué Expresión con la que se desaprueba la inconveniencia de una cosa: *¿a santo de qué tienes tú que decir que no podemos pagar el piso?* irse el santo al cielo Olvidar lo que se va a decir o lo que se tiene que hacer. llegar y besar el santo Conseguir lo que se quiere en el primer intento: *tuvo mucha suerte para encontrar su primer trabajo: fue llegar y besar el santo.* no ser santo de mi devoción No gustar una persona, no tenerle simpatía. NOTA Se usa con todos los pronombres posesivos. ¡por todos los santos! Expresión de sorpresa y desaprobación: *¡por todos los santos!, ¡cómo te han puesto la cara esos miserables!* quedarse para vestir santos Quedarse soltera una mujer. santo y seña Contraseña que sirve para que un centinela pueda identificar por la noche a la persona que se acerca a un puesto militar.

DER santero, santidad, santificar, santiguar, santísimo, santón, santoral, santuario, santurrón.

santón, -tona n. m. y f. **1** Persona no cristiana que lleva una vida religiosa y de sacrificio, especialmente entre los musulmanes e hinduistas. **2** Persona que aparenta devoción religiosa de forma hipócrita.

santoral n. m. **1** Libro que narra las vidas de los santos. **2** Lista de los santos cuya fiesta se celebra en cada uno de los días del año.

santuario n. m. **1** Templo o lugar sagrado donde se venera la imagen o la reliquia de un santo, una divinidad o un espíritu de los muertos o de la naturaleza; generalmente está situado en un lugar apartado fuera de la población. **2** Lugar donde se goza de impunidad y que se usa como refugio: *ese barrio es el santuario de los ladrones.* **3** Lugar seguro y secreto que se defiende a toda costa.

saña n. f. **1** Violencia y crueldad con la que se trata a una persona o cosa provocada por un enfado muy grande: *atacó a su ofensor con*

saña. SIN rabia. **2** Insistencia cruel en un daño provocada por un sentimiento de odio: *criticó con saña a su oponente.*
DER sañudo; ensañarse.

sapiencia n. f. **1** *formal* Capacidad de pensar y de considerar las situaciones y circunstancias, distinguiendo lo positivo de lo negativo. SIN sabiduría. **2** Conocimiento profundo en ciencias, letras o artes. SIN sabiduría.

sapo n. m. Animal vertebrado anfibio parecido a la rana, pero de cuerpo más grueso.
▶ echar sapos y culebras Decir maldiciones o blasfemias. sapo marino Pez marino de color gris oscuro que tiene el cuerpo pequeño y la cabeza y boca muy grandes; es comestible y su carne es exquisita.

saque n. m. **1** Impulso que se da a la pelota para ponerla en movimiento y comenzar una jugada en un juego o deporte. SIN servicio. saque de banda En un deporte de equipo, saque que se hace desde una de las bandas del terreno de juego cuando el equipo contrario ha lanzado la pelota fuera. saque de esquina En un deporte de equipo, saque que se hace desde una de las esquinas del terreno de juego para hacer llegar la pelota cerca de la portería. SIN córner. saque de honor Acción de poner en movimiento la pelota en un deporte una autoridad o una persona famosa. **2** Capacidad para comer o beber mucho: *mi amigo tiene buen saque y es capaz de comerse dos tartas.*

saquear v. tr. **1** Robar por la fuerza las cosas que se encuentran en un lugar que se ha dominado militarmente. **2** Coger todo o casi todo lo que hay guardado en un lugar: *va a casa de sus padres solamente a saquear la nevera.*
DER saqueo.

saqueo n. m. Robo de las cosas que se encuentran en un lugar.

sarampión n. m. Enfermedad infecciosa y contagiosa que se caracteriza por la aparición de muchos granos rojos en la piel, fiebre alta y síntomas catarrales; es frecuente en la infancia.

sarcasmo n. m. Dicho irónico y cruel con que indirectamente se molesta o insulta a una persona.
DER sarcástico.

sarcófago n. m. Sepulcro, generalmente de piedra, que servía para guardar el cadáver de una persona: *en Egipto los sarcófogos estaban cubiertos de inscripciones en escritura jeroglífica.*

sardana n. f. **1** Baile popular de Cataluña que se baila en grupo, con todos los participantes cogidos de las manos formando un círculo. **2** Música de ese baile.

sardina n. f. Pez marino comestible, de color azul por encima y plateado en los lados y en el vientre, que vive en las zonas costeras; su carne tiene alto valor nutritivo y en la actualidad se consume fundamentalmente en conserva.
▶ como sardinas o como sardinas en lata Expresión que se usa para indicar que se está muy apretado o muy estrecho debido a la gran cantidad de gente reunida en un lugar demasiado pequeño.
OBS Para indicar el sexo se usa la sardina macho y la sardina hembra.
DER sardinero, sardineta.

sardo, -da adj. **1** De Cerdeña o relacionado con esta isla mediterránea. ◆ adj./ n. m. y f. **2** [persona] Que es de Cerdeña. ◆ n. m. **3** Lengua que se habla en Cerdeña.

sargento, -ta n. m. y f. **1** Miembro del Ejército, de categoría inmediatamente superior a la de un cabo, que cuida del orden y la disciplina de una compañía. sargento primero Suboficial que tiene una categoría superior a la de sargento e inferior a la de brigada. **2** Persona autoritaria, dominante y brusca.

sarmiento n. m. **1** Tallo largo, delgado, flexible y nudoso de la vid. **2** Tallo largo y nudoso capaz de enrollarse o enroscarse.
DER sarmentoso.

sarna n. f. Enfermedad contagiosa de la piel producida por un parásito que se introduce debajo de esta y que se alimenta de las células superficiales; se manifiesta por una multitud de vesículas que producen picor.
DER sarnoso.

sarnoso, -sa adj. Que tiene sarna.

sarpullido n. m. Erupción leve y pasajera de granos o manchitas en la piel. SIN salpullido.

sarraceno, -na adj. **1** Relacionado con las tribus árabes que invadieron la península Ibérica en el siglo VIII. **2** [persona] Que practica la religión islámica. SIN musulmán.

sarro n. m. **1** Sustancia amarillenta de naturaleza calcárea que se adhiere al esmalte de los dientes y forma costra. SIN tártaro. **2** Sustancia endurecida que dejan en las vasijas algunos líquidos que llevan sustancias en suspensión. **3** Capa blanquecina o amarillenta que cubre la zona dorsal de la lengua, por efecto del sarro dental. SIN saburra.

sarta n. f. **1** Serie de cosas metidas por orden en un hilo o cuerda: *se hizo un collar con una sarta de conchas marinas.* **2** Serie de personas o cosas dispuestas unas tras otras. **3** Serie de hechos o cosas que se suceden una tras otra: *una sarta de mentiras.*
DER ensartar.

sartén n. f. **1** Recipiente de cocina metálico que es redondo, poco profundo y tiene un mango largo; se usa para freír. **2** Conjunto de los alimentos que se fríen de una sola vez en este recipiente.
▶ tener la sartén por el mango Dominar una persona una situación y hacer que otra se someta a lo que esta le manda: *mientras tenga la sartén por el mango, no tienes más remedio que obedecerle.*
DER sartenada, sartenazo.

sastre, -tra n. m. y f. Persona que se dedica a cortar y coser prendas de vestir, especialmente de hombre: *el sastre le ha hecho un traje a medida.* SIN modisto.
DER sastrería.

satélite n. m. **1** Cuerpo celeste sin luz propia que da vueltas alrededor de un planeta. **2** Artefacto enviado al espacio y puesto en órbita alrededor de un planeta que lleva aparatos adecuados para recoger información y transmitirla a la Tierra: *los satélites se emplean en las comunicaciones.* satélite artificial Satélite lanzado al espacio por el hombre. ◆ adj./ n. m. **3** [estado] Que está dominado política y económicamente por otro estado más poderoso. **4** [persona] Que siempre acompaña a otra y que depende de ella: *el artista vivía rodeado de satélites que buscaban la fama.* **5** [población] Que tiene independencia administrativa pero que se halla vinculada a una ciudad mayor por algunos intereses: *ciudad satélite.*

satén n. m. Tela brillante, tersa, ligera y suave usada en la confección de prendas de vestir, ropa interior y forros.
DER satinar.

sátira n. f. Obra o dicho mordaz que critica o deja en ridículo: *esta obra una sátira contra los médicos.*
DER satírico, satirizar.

satírico, -ca adj. Que critica de forma mordaz o pone en ridículo. SIN mordaz.

satirizar v. tr. Criticar de forma mordaz o poner en ridículo: *el escritor satiriza los vicios de los burgueses.*
OBS En su conjugación, la *z* se convierte en *c* delante de *e.*

sátiro n. m. **1** Ser mitológico, habitante de los bosques, representado con cuerpo humano, pequeños cuernos, rabo y patas de macho cabrío y cuerpo cubierto de pelo. **2** Hombre que es lascivo, que tiene excesiva tendencia al deseo sexual.

satisfacción n. f. **1** Sentimiento de bienestar o placer que se experimenta cuando se ha colmado un deseo o cubierto una necesidad. **2** Cosa que satisface, que produce placer: *mi hijo me da muchas satisfacciones.* **3** Acción de colmar un deseo o satisfacer una necesidad. **4** NOTA Razón o acción con que se responde a una queja o a una ofensa: *me has ofendido y exijo una satisfacción.* **5** Premio que se da por una acción que lo merece.

satisfacer v. tr. **1** Cubrir una necesidad o conceder un deseo: *no es bueno satisfacer todos los caprichos de los niños.* **2** Dar respuesta o solución a una cosa: *el ministro satisfizo la curiosidad de los periodistas.* **3** Pagar o dar lo que se debe: *el seguro satisface las deudas de la empresa en caso de quiebra.* **4** Resultar suficiente o convincente: *no me satisface del todo la excusa que has dado.* **5** Deshacer una ofensa. **6** Premiar por una acción. ◆ v. tr./ intr. **7** Gustar o agradar: *me satisface que mis empleados trabajen a gusto.* ◆ v. prnl. **8** satisfacerse Contentarse o conformarse con una cosa: *es muy exigente, no se satisface con nada.*
OBS El participio es *satisfecho.*
DER satisfacción, satisfactorio.

satisfactorio, -ria adj. **1** Que satisface: *resultados sarisfactorios.* **2** Que es agradable o bueno: *nos traía noticias satisfactorias.*

satisfecho, -cha adj. **1** Que siente satisfacción: *puedes estar satisfecho de tu trabajo.* ANT insatisfecho. **2** Que ha comido y bebido lo suficiente. ANT insatisfecho.
DER insatisfecho.

sátrapa n. com. Persona que abusa de su autoridad y poder para conseguir lo que quiere, sin tener en cuenta a los demás. NOTA Tiene valor despectivo.

saturación n. f. **1** Estado de una cosa que se llena, ocupa o usa por completo o en exceso. **2** Estado de saciedad que produce el exceso de una cosa: *he leído hasta la saturación.* **3** QUÍM. Disolución de una sustancia en otra hasta su límite de solubilidad. **4** ECON. Exceso de oferta de un producto en el mercado, hasta el punto de no poder venderse: *la saturación del mercado con un producto puede provocar la caída de su precio.*

saturar v. tr. **1** Llenar, ocupar o usar por completo o en exceso: *los turistas saturaron los hoteles.* **2** Satisfacer por completo o en exceso: *los dulces me suelen saturar.* **3** QUÍM. Disolver una sustancia en otra hasta su límite de solubilidad. **4** ECON. Poner un exceso de un producto en el mercado, hasta el punto de no poder venderse.
DER saturación, saturado.

sauce n. m. Árbol de tronco alto que tiene la corteza gris, las ramas finas y flexibles y las hojas estrechas y largas.
▶ sauce llorón Árbol procedente de Asia que tiene ramas largas y delgadas que caen hasta el suelo. SIN desmayo.

saúco o **sauco** n. m. Arbusto que tiene la corteza corchosa y agrietada y cuyas flores, blancas o amarillas, son olorosas y grandes.

sauna n. f. **1** Baño de vapor húmedo a elevada temperatura que produce un rápido y abundante sudor: *la sauna se toma con fines higiénicos y terapéuticos.* **2** Sala o cámara donde se toma este baño: *el gimnasio dispone de sauna para sus socios.*

saurio adj./ n. m. **1** ZOOL. [animal] Que es reptil y tiene escamas, cuatro patas, cola larga y ojos con párpados móviles. ◆ n. m. pl. **2** saurios Suborden de los reptiles que tienen estas características: *el lagarto pertenece al suborden de los saurios.*

savia n. f. **1** Líquido formado por agua con nutrientes que circula por los conductos de las plantas. **2** Energía o elemento que da vida o ánimo: *el nuevo equipo inyectará savia nueva a nuestra empresa.*
OBS No confundir con *sabia* (femenino de *sabio*).

saxo n. m. Forma abreviada de saxofón.

saxofón n. m. **1** Instrumento musical de viento de la familia del metal que está formado por un tubo doblado en forma de U por su extremo inferior y varias llaves, y que se toca soplando por una boquilla de madera: *el saxofón se usa mucho para tocar música de jazz.* ◆ n. com. **2** Músico que toca este instrumento.

saxofonista n. com. Persona que toca el saxofón.

saya n. f. Prenda de vestir femenina que cae desde la cintura hacia abajo. SIN falda.
DER sayal, sayo.

sayo n. m. **1** Prenda de vestir ancha y sin botones que cubre el cuerpo hasta las rodillas. **2** Vestido muy ancho y con poca hechura.

sazón n. f. **1** Punto de madurez: *la fruta ya ha llegado a la sazón.* **2** Ocasión o tiempo oportuno o adecuado. **3** Estado adecuado de la tierra para plantar y cultivar. **4** Gusto y sabor de una comida: *dale vueltas a este guiso hasta que consiga su sazón.*
▶ a la sazón En aquel momento, entonces: *a la sazón tenía treinta años cumplidos.*
DER sazonar; desazón.

sazonar v. tr. **1** Echar especias u otras sustancias a las comidas para que tengan más sabor. SIN condimentar, aliñar. ◆ v. tr./ prnl. **2** Poner las cosas en su punto de madurez, hacer que se complete su desarrollo: *los melocotones del huerto ya se han sazonado.*

-scopio Elemento sufijal que entra en la formación de palabras denotando instrumento para la observación o examen: *microscopio.*

se pron. pers. **1** Forma átona del pronombre personal de tercera persona del singular y del plural en función de complemento indirecto en combinación con el pronombre en función de complemento directo: *a ellos no se lo he dicho.* NOTA Solo se usa cuando va acompañado de un pronombre personal de tercera persona con función de objeto directo; si no, se usa el pronombre *le* o *les*, como en: *escríbele una carta; mándales saludos de mi parte.* NOTA Si va detrás del verbo, se escribe unido a este y ante el pronombre objeto directo: *díselo.* **2** Forma átona del pronombre personal reflexivo o recíproco de tercera persona del singular y del plural: *se peina el cabello.* NOTA Se escribe unido al verbo cuando va detrás: *lávanse las manos.* **3** Forma átona del pronombre personal de tercera persona del singular y del plural que indica que una oración es pasiva: *se hacen arreglos.* **4** Forma átona del pronombre personal de tercera persona del singular que indica que una oración es impersonal: *aquí se come bastante bien.*

sebáceo, -cea adj. De sebo o que segrega esta grasa: *glándulas sebáceas.*

sebo n. m. **1** Grasa sólida y dura que se saca de los animales herbívoros y a la que se dan distintos usos: *el sebo se utiliza para hacer jabón.* **2** Grasa que segregan las personas y los animales para proteger la piel. **3** Grasa que se forma en exceso en las personas y

animales: *le ha salido un grano de sebo en la espalda.*
DER sebáceo, seboso.

secado n. m. Operación que consiste en eliminar totalmente el líquido o humedad contenido en una cosa.

secador n. m. Aparato o máquina eléctrica para secar: *secador para el pelo.*

secadora n. f. Electrodoméstico que sirve para secar la ropa.

secano n. m. **1** Terreno de cultivo que no es necesario regar. ANT regadío. **2** Montón de arena que no está cubierto por el agua.

secante adj./ n. m. **1** Que seca o puede secar: *papel secante.* ◆ adj./ n. f. **2** MAT. [línea, superficie] Que corta a otra línea o superficie: *dibuja una circunferencia y una secante.*
DER cosecante.

secar v. tr. **1** Quitar la humedad, el líquido o las gotas que hay en una superficie o en otra cosa: *seca la mesa con la bayeta.* SIN enjugar. ANT mojar. **2** Consumir el jugo: *los higos se secan con el calor.* **3** Cerrar o cicatrizar una herida: *la herida se está secando.* ◆ v. prnl. **4 secarse** Quitarse o perderse la humedad de una cosa mediante la evaporación: *cuelga la ropa al sol para que se seque.* **5** Perder una planta su aspecto verde y fresco: *la hierba se ha secado.* **6** Quedarse sin agua un río, una fuente u otra cosa.
OBS En su conjugación, la *c* se convierte en *qu* delante de *e*.
DER secadero, secador, secante; desecar, resecar.

sección n. f. **1** Cada una de las partes en que se divide una cosa o un conjunto de cosas: *esta sección del edificio está destinada a oficinas.* SIN sector. **2** Cada una de las unidades de trabajo en que se divide una empresa, un establecimiento comercial, un organismo, etc.: *trabaja como jefe de la sección de contabilidad.* SIN departamento. **3** Figura que resultaría si se cortara un cuerpo por un plano para mostrar su estructura interna: *dibujó la sección horizontal de una máquina.* **4** Corte que se hace en una materia vegetal o animal con un instrumento cortante: *la bióloga procedió a la sección del tallo de la planta.* **5** Unidad militar compuesta por varios pelotones y mandada por un oficial.
DER seccionar; intersección.

seccionar v. tr. **1** Hacer un corte en un cuerpo geométrico para obtener un plano: *seccionó la pirámide en tres planos cruzados.* **2** Cortar una materia vegetal o animal. **3** Cortar una parte del cuerpo de una persona, especialmente en una operación quirúrgica: *el cirujano seccionó el nervio que estaba unido al tumor.*

secesión n. f. Separación de una parte del pueblo o del territorio de un país para formar un estado independiente o unirse a otro estado: *los independentistas querían la secesión del territorio.*

seco, -ca adj. **1** Que no tiene agua o humedad. **2** Que no tiene o no recibe lluvia o que no tiene humedad atmosférica: *hoy hace un frío seco.* **3** [vegetal] Que no está verde y le falta lozanía, que está muerto: *flores secas; hojas secas.* **4** [terreno] Que es poco verde porque tiene poca vegetación o su vegetación está muerta: *en verano el campo está muy seco.* SIN árido. **5** [fruto] Que tiene la cáscara dura y no tiene jugo: *son frutos secos.* **6** [fruta] Que se ha desecado y se conserva sin humedad: *me gustan los higos secos.* **7** [alimento] Que no tiene caldo o jugo: *este filete está seco.* **8** [alimento] Que está duro, que no es reciente: *pan seco.* **9** [persona] Que está muy delgado: *está muy seca porque come poco.* SIN flaco, chupado. **10** [persona, carácter] Que es brusco y poco cariñoso en el trato. SIN arisco, desabrido. **11** [palabra, estilo] Que es muy escueto, pero muy tajante y categórico. SIN lacónico. **12** Que es poco ameno. SIN árido. **13** [sonido] Que es grave o áspero y sin resonancia: *fue al médico porque tenía una tos seca.* **14** [golpe] Que es fuerte y rápido, especialmente cuando produce un sonido corto, intenso y sin eco. **15** [bebida] Que tiene un sabor poco dulce: *jerez seco.*
▶ a secas Solamente, sin otra cosa: *no me llames doña Albina, llámame Albina a secas.* dejar seco Matar en el acto. en seco **a.** Sin agua: *lavar en seco.* **b.** De repente, de forma brusca: *frenar en seco.* quedarse seco Morirse en el acto.
DER secano, secar, sequedad, sequía; reseco.

secoya adj. Secuoya.

secreción n. f. **1** Elaboración y expulsión de una sustancia por una glándula: *secreción mucosa.* SIN segregación. **2** Sustancia elaborada y expulsada por una glándula.
DER secretar.

secretar v. tr. Elaborar y expulsar una glándula una sustancia que el organismo utiliza con un fin determinado. SIN segregar.
DER secretor.

secretaría n. f. **1** Oficina donde trabaja un secretario. **2** Conjunto de empleados que trabajan en esta oficina. **3** Destino o cargo de secretario. **4** Cargo del máximo dirigente de un partido político o de un sindicato. **5** En algunos Estados, cargo de ministro: *secretaría de Agricultura.*
▶ secretaría de Estado Cargo intermedio entre el de ministro y de subsecretario.

secretario, -ria n. m. y f. **1** Persona que está empleada en una oficina o asociación para escribir la correspondencia, ordenar y guardar los documentos y realizar otros trabajos administrativos. **2** Persona que está al servicio de otra persona para redactarle la correspondencia, ordenar y guardar los documentos y para realizar otros trabajos de este tipo: *llame a mi secretaria para concertar la cita.* **3** Dirigente de un grupo, un partido político o un sindicato. **4** Persona que está al frente de una secretaría o de un despacho ministerial.
▶ secretario de Estado En España, persona que ocupa un cargo intermedio entre el de ministro y el de subsecretario.
DER secretaría, secretariado; subsecretario.

secreter n. m. Mueble que está formado por un tablero para escribir y muchos cajones pequeños y departamentos para guardar papeles.
OBS El plural es *secreteres.*

secreto, -ta adj. **1** Que está oculto, que no se conoce: *agente secreto.* **2** Que no se dice a todo el mundo, que está reservado a unos cuantos: *su edad es secreta.* ◆ n. m. **3** Cosa que se tiene reservada y oculta de la mayoría: *guardar un secreto; divulgar un secreto.* secreto a voces Secreto que se ha hecho público o que conoce mucha gente. secreto de Estado Información cuya divulgación, perjudicial para los intereses del estado, es sancionada. **4** Reserva o discreción sobre una cosa que se sabe: *me lo contó con mucho secreto, así que no se lo digas a nadie.* secreto de confesión Compromiso que tiene un sacerdote de no desvelar una información de la que ha tenido noticia durante la confesión. secreto profesional Obligación de no divulgar hechos confidenciales que se han conocido a partir del ejercicio de la profesión: *los médicos y abogados están sujetos al secreto profesional.* **5** Cosa que no se puede entender. SIN misterio.
▶ en secreto Sin desvelar o hacer pública una cosa: *se casaron en secreto.*
DER secretario, secretear, secreter.

secta n. f. **1** Comunidad religiosa formada por los seguidores de una doctrina religiosa que se separa de otra. **2** Comunidad religiosa formada por los seguidores de una doctrina religiosa que se considera falsa o alejada de la ortodoxia: *ha ingresado en una secta.*
DER sectario, sectarismo.

sectario, -ria adj. **1** [persona] Que defiende y sigue con fanatismo una idea o doctrina, sin admitir crítica alguna sobre la misma: *con él no se puede discutir de política porque es un sectario.* **2** [persona] Que pertenece a una secta.

sector n. m. **1** Parte de una clase o grupo que presenta caracteres particulares. SIN segmento. **2** Parte o zona de una ciudad o de otro lugar. **3** Ámbito en el que se desarrolla una actividad económica: *el sector de la construcción está en crisis.* **4** División de la actividad económica de un país en función de la propiedad de las empresas. sector privado Conjunto de las unidades de producción de un país que son de propiedad particular o están dirigidas por personas particulares. sector público Conjunto de las unidades de producción de un país que son propiedad del Estado o están dirigidas por él. **5** MAT. Parte de un círculo comprendida entre un arco y los dos radios que pasan por sus extremos.
DER sectorial; bisector.

sectorial adj. Del sector o relacionado con él: *política sectorial.*

secuela n. f. **1** Consecuencia o resultado de un hecho, generalmente de carácter negativo: *las secuelas de la guerra; las secuelas de un accidente.* **2** Obra literaria o audiovisual que se crea con posterioridad a cierta obra de referencia y que evoca hechos posteriores a la acción de la que fue publicada en primer lugar.

secuencia n. f. **1** Sucesión de cosas que guardan alguna relación entre sí. **2** En cinematografía, sucesión de imágenes o escenas que forman una unidad: *en la primera secuencia de la película aparece una mujer saliendo de un aeropuerto.* **3** GRAM. Orden que siguen las palabras en la frase: *la secuencia normal en español es la siguiente: sujeto, verbo, objeto directo, objetivo indirecto y objetivo circunstancial.*
DER secuenciar.

secuenciado, -da adj. Ordenado de manera que forma una secuencia: *la danza es la sucesión de movimientos secuenciados y enlaza-*

dos entre sí; en la realización de esta tarea hay tres fases que se realizan de forma secuenciada.

secuenciar v. tr. Establecer una serie de cosas que guardan entre sí cierta relación.
OBS Se conjuga como *cambiar*.

secuestrador, -ra adj./ n. m. y f. [persona] Que comete un secuestro: *el secuestrador pidió un rescate.*

secuestrar v. tr. **1** Retener a una persona contra su voluntad y de modo ilegal con el fin de exigir dinero o el cumplimiento de determinadas condiciones para su rescate. SIN raptar. **2** Apoderarse del control de un vehículo por las armas o con violencia con el fin de exigir dinero o el cumplimiento de ciertas condiciones: *los terroristas secuestraron el avión.* **3** DER. Embargar o retirar una cosa o un bien por orden judicial.
DER secuestrado, secuestrador.

secuestro n. m. **1** Retención ilegal de una persona contra su voluntad con el fin de exigir dinero o el cumplimiento de determinadas condiciones para su rescate. SIN rapto. secuestro aéreo Control de la dirección de un avión por las armas y mediante amenazas. **2** DER. Embargo de una cosa o de un bien por orden judicial: *el juez ordenó el secuestro de la publicación.*
DER secuestrar.

secular adj. **1** Que dura un siglo o más. SIN centenario. **2** Que ocurre o se repite cada siglo: *el temor al fin del mundo es un sentimiento secular.* **3** Que es laico, que no está relacionado con la religión: *vestimenta secular.* SIN seglar. ◆ adj./ n. m. **4** [sacerdote, religioso] Que no vive sujeto a una regla monástica en un convento o monasterio, sino que depende de un obispo y vive integrado en el mundo laico. ANT regular.
DER secularizar; multisecular.

secularización n. f. **1** Desaparición de los signos, valores o comportamientos que se consideran propios de una confesión religiosa: *la reforma de la universidad española exigía la secularización de los profesores.* **2** Transformación de algo que pertenecía al estamento eclesiástico en una realidad secular, no relacionada con ninguna confesión religiosa; especialmente, la incautación por parte del Estado de bienes eclesiásticos.

secularizar v. tr. **1** Hacer secular lo que era eclesiástico; especialmente, incautarse el Estado de bienes eclesiásticos. ◆ v. prnl. **2** secularizarse Hacerse seglar un eclesiástico tras la obtención de un permiso.
DER secularización.

secundar v. tr. Ayudar, favorecer o apoyar algo o a alguien: *Isabel la Católica secundó la empresa de Colón.*
DER secundario.

secundario, -ria adj. **1** Que es menos importante que otra cosa que es la principal. SIN accesorio. ANT fundamental, capital, primordial. **2** Que deriva de una cosa o que depende de lo principal: *efectos secundarios.* **3** Que ocupa el segundo lugar en orden o grado: *enseñanza secundaria.* ◆ adj./ n. m. **4** GEOL. [era geológica] Que sucede a la era primaria y que se extiende desde hace 225 millones de años hasta hace 65 millones de años.

secuoya n. m. Árbol de tronco recto y grueso que puede sobrepasar los cien metros de altura; crece en terrenos frescos y húmedos en bosques de América del Norte.
OBS También se dice *secoya*.

sed n. f. **1** Necesidad o deseo de beber: *para aplacar la sed lo mejor es el agua.* **2** Necesidad de agua o de humedad que tienen los campos o las plantas: *con la sequía, los campos padecen sed.* **3** Deseo o necesidad muy fuerte de una cosa: *el pueblo tiene sed de justicia.* SIN ansia, anhelo.
OBS No se usa en plural.
DER sediento.

seda n. f. **1** Hilo muy delicado y flexible con el que forman sus capullos ciertos gusanos. **2** Hilo fino, suave y brillante formado por varios de esos hilos. **3** Tela hecha con esos hilos.
▶ como una seda Con mucha facilidad, sin ninguna dificultad u obstáculo: *todo fue como una seda.* estar como una seda Estar dócil y amable con una persona: *está como una seda conmigo.* seda artificial Hilo de fibras textiles artificiales parecidas a la seda. SIN rayón.
DER sedal, sedoso.

sedal n. m. Hilo o cuerda fina que se usa para pescar: *se rompió el sedal y el pez se escapó.*

sedante adj. **1** Que calma o tranquiliza. ◆ adj./ n. m. **2** [medicamento] Que calma los dolores o disminuye la excitación nerviosa.

sedar v. tr. **1** Disminuir o hacer desaparecer la excitación nerviosa: *estaba muy nervioso y un baño caliente lo sedó.* SIN serenar, calmar, tranquilizar. ANT excitar. **2** Dar un medica-

mento que calma los dolores o disminuye la excitación nerviosa.
DER sedante.

sede n. f. Lugar donde se encuentra la dirección o el domicilio de un grupo, una sociedad, una empresa o una actividad: *la sede de la Unión Europea está en Bruselas.*
▶ la Santa Sede El Vaticano, lugar donde reside el Papa.

sedentario, -ria adj. **1** [persona, animal] Que vive permanentemente en un sitio. **2** [costumbre, vida] Que tiene poco movimiento, que la mayor parte del tiempo se está sentado: *trabajo sedentario.*

sedición n. f. Acción violenta y colectiva contra el poder establecido; es menos grave que la rebelión y suele implicar premeditación e intrigas. SIN sublevación.

sediento, -ta adj. **1** [persona] Que tiene necesidad o deseo de beber. **2** [campo, tierra, planta] Que necesita humedad o riego. **3** Que necesita o desea una cosa con mucha fuerza: *está sediento de afecto.* NOTA Se usa con la preposición de.

sedimentación n. f. Formación de sedimento en el fondo de un líquido.

sedimentar v. tr. Depositar sedimento un líquido: *el río sedimenta las partículas que tiene disueltas.*
DER sedimentación.

sedimentario, -ria adj. **1** Del sedimento o relacionado con la materia que después de flotar en un líquido cae al fondo por la fuerza de la gravedad. **2** [mineral, roca] Que se ha formado por un proceso de sedimentación.

sedimento n. m. **1** Materia que, habiendo estado en suspensión en un líquido, se ha posado en el fondo. SIN poso. **2** Depósito natural que dejan sobre el terreno el agua, el viento u otros agentes de erosión: *sedimento fluvial.* **3** Señal o rastro, principalmente emocional, que deja un hecho. SIN poso.
DER sedimentar, sedimentario, sedimentología.

sedoso, -sa adj. Que tiene una característica que se considera propia de la seda, como la suavidad o el brillo: *tenía el cabello rubio y sedoso.*

seducción n. f. Fascinación o atracción que ejerce una persona sobre otra: *desde muchacho tuvo un gran poder de seducción.*

seducir v. tr. **1** Cautivar o atraer la voluntad de una persona: *con su discurso sedujo al auditorio.* SIN conquistar. **2** Conseguir tener relaciones sexuales con una persona. **3** Gustar mucho, atraer una cosa a una persona: *la idea de irme de vacaciones me seduce.* **4** Persuadir para hacer un mal. SIN corromper.
OBS En su conjugación, la *c* se convierte en *zc* delante de *a* y *o* y el pretérito indefinido es irregular, como en *conducir.*
DER seducción, seductor.

seductor, -ra adj. [persona] Que cautiva o atrae la voluntad, especialmente en el terreno amoroso: *don Juan era un seductor.*

sefardí adj. **1** Del judío español expulsado de España en 1492 y de sus descendientes o relacionado con ellos. ◆ adj./ n. com. **2** [persona] Que es un judío expulsado de España en 1492 o un descendiente que conserva la lengua y las tradiciones españolas del siglo XV, especialmente las prácticas religiosas. ◆ n. m. **3** Variedad del español hablada por los descendientes de los judíos expulsados de España.
OBS El plural es *sefardíes* (culto) *sefardís* (popular).

segador, -ra adj. **1** Que corta hierba o cereal. ◆ n. m. y f. **2** Persona que trabaja cortando hierba o cereal.

segar v. tr. **1** Cortar la hierba o una planta con una herramienta o una máquina adecuada: *los jornaleros segaban los campos.* **2** Cortar de un golpe, especialmente lo que está más alto y sobresale: *el guerrero le segó la cabeza con la espada.* **3** Cortar o impedir violentamente el desarrollo de una cosa o un proceso: *la guerra segó cientos de vidas humanas.*
OBS En su conjugación, la *e* se convierte en *ie* en sílaba acentuada y la *g* en *gu* delante de *e*, como en *regar.*
DER segador, segadora, siega.

seglar adj. **1** De la vida o el mundo que no están relacionados con la religión. SIN secular. ◆ adj./ n. com. **2** [persona] Que no es sacerdote ni pertenece a una orden religiosa. SIN laico.

segmentar v. tr. Dividir en trozos o partes.
DER segmentación, segmentado.

segmento n. m. **1** Trozo o parte cortada de una cosa: *corta un segmento de esa cuerda.* **2** Parte de un todo: *este segmento de la población será el beneficiado por las medidas sociales.* SIN sector. **3** Parte del cuerpo de ciertos insectos o crustáceos que es igual a otras con las que está dispuesta en línea y con las que se articula: *el ciempiés tiene dos patas en cada*

segmento. **4** MAT. Parte de una recta comprendida entre dos puntos. **5** MAT. Parte del círculo comprendida entre un arco y su cuerda.
DER segmentar.

segoviano, -na adj. **1** De Segovia o que esta relacionado con esta provincia castellana o con su capital. ◆ adj./ n. m. y f. **2** [persona] Que es de Segovia.

segregación n. f. **1** Elaboración y expulsión de una sustancia: *la segregación de la saliva.* SIN secreción. **2** Actitud discriminatoria y racista de una comunidad que consiste en separar y excluir de la sociedad a un grupo de personas que pertenecen a una etnia o religión diferente que consideran inferior: *la segregación racial es un problema humano y político importante.*
DER segregacionismo.

segregar v. tr. **1** Elaborar y expulsar una glándula una sustancia que el organismo utiliza con un fin determinado. **2** Separar una cosa de otra de la que forma parte: *segregar un barrio de un municipio.* **3** Separar y excluir de la sociedad a un grupo de personas de otra etnia o religión por motivos discriminatorios y racistas.
OBS En su conjugación, la *g* se convierte en *gu* delante de *e*.
DER segregación.

seguidilla n. f. **1** Estrofa de cuatro o siete versos en la que se combinan versos de cinco y siete sílabas; unos versos quedan libres y los otros tienen rima asonante. **2** Baile popular español de ritmo rápido. **3** Música y canto popular español de ritmo rápido que acompaña a ese baile.

seguido, -da adj. **1** Que sigue a otra cosa o está inmediatamente a continuación de ella en el tiempo o en el espacio: *verás un colmado seguido de un estanco.* **2** Que no está interrumpido en el tiempo: *trabaja seis horas seguidas.* **3** Que está dispuesto en línea recta, uno al lado del otro: *una fila seguida de cajas.*

seguidor, -ra adj. [persona] Que sigue a una persona o cosa de la cual es partidario: *es un seguidor de la filosofía de Ortega y Gasset.*

seguimiento n. m. **1** Acción de seguir a una persona para vigilar sus movimientos o para detenerla: *la policía le hizo un seguimiento al principal sospechoso.* **2** Observación minuciosa de la evolución y desarrollo de un proceso: *haremos un seguimiento del trabajo de nuestros empleados.*

seguir v. tr. **1** Ir después o detrás: *el jueves sigue al miércoles.* **2** Mantenerse cerca de una persona allá donde vaya o de un vehículo sin perderlo de vista: *este perro me sigue a todas partes.* **3** Mantener la vista sobre un objeto o persona que se mueve: *seguimos el barco con la vista hasta que se perdió en el horizonte.* **4** Observar el desarrollo o la evolución de un hecho: *seguir un debate televisado.* **5** Actuar según la opinión de otra persona: *seguir un consejo.* **6** Cursar una carrera o unos estudios: *sigue cursos de doctorado en la universidad.* ◆ v. tr./ intr. **7** Ir por un camino o dirección: *sigue las flechas amarillas.* **8** Continuar un proceso o una situación: *sigue tú, yo estoy cansada.* ◆ v. intr. **9** Permanecer o mantenerse en una situación: *allí todo sigue igual.* SIN continuar. ◆ v. prnl. **10** seguirse Sacar una conclusión a

seguir

INDICATIVO	SUBJUNTIVO
presente	**presente**
sigo	siga
sigues	sigas
sigue	siga
seguimos	sigamos
seguís	sigáis
siguen	sigan
pretérito imperfecto	**pretérito imperfecto**
seguía	siguiera o siguiese
seguías	siguieras o siguieses
seguía	siguiera o siguiese
seguíamos	siguiéramos o siguiésemos
seguíais	siguierais o siguieseis
seguían	siguieran o siguiesen
pretérito perfecto simple	**futuro**
seguí	siguiere
seguiste	siguieres
siguió	siguiere
seguimos	siguiéremos
seguisteis	siguiereis
siguieron	siguieren
futuro	IMPERATIVO
seguiré	sigue (tú)
seguirás	siga (usted)
seguirá	seguid (vosotros)
seguiremos	sigan (ustedes)
seguiréis	
seguirán	FORMAS NO PERSONALES
condicional	**infinitivo** seguir
seguiría	**gerundio** siguiendo
seguirías	**participio** seguido
seguiría	
seguiríamos	
seguiríais	
seguirían	

partir de una cosa: *de lo expuesto se sigue que hay que renunciar a esta empresa.*

DER seguido, seguidor; conseguir, perseguir, proseguir, subseguir.

según prep. **1** Expresa el origen de cierto conocimiento o de cierta opinión o quién tiene esa opinión: *según el hombre del tiempo, mañana lloverá.* NOTA Va seguido de los pronombres personales *yo* y *tú*, en lugar de *mí* y *ti*: *según yo; según tú.* **2** Expresa conformidad entre una cosa y el nombre al cual precede: *actuamos según la ley.* ◆ adv. **3** Indica que una cosa depende de lo que viene a continuación: *tomaremos las decisiones según se desarrollen los acontecimientos.* **4** Indica que lo que se hará o se decidirá con respecto a algo de lo que se habla dependerá de las circunstancias y que en el momento de hablar no se está seguro: *no sé si iré o me quedaré, según.* **5** Indica que las acciones van progresando simultáneamente: *según iban entrando los invitados, el mayordomo los iba anunciando.* **6** Introduce una frase que expresa el modo: *según me lo dijo, pensé que estaba muy enfadado.* **7** Indica que una cosa se hace de la misma manera que otra: *el padre decidió recompensar al hijo menor, según había hecho con el mayor.*

▶ según cómo o según y cómo Dependiendo de cómo se mire: *según cómo, la casa no me parece tan grande.* según que Indica que una cosa depende de lo que viene a continuación: *llevaré a los niños al parque según que llueva o no.*

segundero n. m. Aguja del reloj que señala los segundos: *no todos los relojes tienen segundero.*

segundo, -da num. ord. **1** Indica que el nombre al que acompaña o al que sustituye ocupa el lugar número dos en una serie: *soy el segundo de la lista.* ◆ n. m. y f. **2** Persona que sigue a la principal en una jerarquía: *el presidente consultó con el segundo antes de tomar la decisión.* ◆ n. m. **3** Unidad de tiempo en el Sistema Internacional que equivale a una de las sesenta partes en que se divide un minuto: *el caballo llegó a la meta en 12 minutos y 45 segundos.* **4** Período de tiempo muy breve: *voy a preparar café, pero vuelvo en un segundo.*

▶ con segundas Con doble intención: *decir algo con segundas.*

DER segundero, segundón; microsegundo.

segundón, -dona n. m. y f. **1** Segundo hijo de una familia. **2** Persona que ocupa un puesto que no es principal y que suele depender de otra persona.

seguramente adv. **1** De manera bastante probable: *no ha venido a trabajar, así que seguramente está enfermo.* **2** Con seguridad, de forma segura. SIN seguro.

seguridad n. f. **1** Ausencia de peligro o daño: *los agentes de policía velan por la seguridad ciudadana.* ANT inseguridad. **2** Confianza en una cosa: *es bueno tener seguridad en sí mismo.* ANT inseguridad. **3** Certeza o conocimiento de una cosa: *no tengo la seguridad de que acudan todos a la reunión.* ANT inseguridad. **4** Garantía que se da sobre el cumplimiento de un acuerdo: *me ha dado seguridades de que cumplirá lo que pone en el contrato.*

▶ Seguridad Social Organismo del Estado destinado a cuidar de la salud de los ciudadanos.

seguro, -ra adj. **1** Que está libre de peligro o daño: *el sótano es el lugar más seguro de toda la casa.* ANT inseguro, peligroso. **2** Que es cierto y no admite duda: *no es seguro que vengan todos, pero todos han recibido invitación.* **3** [persona] Que confía en algo o que no tiene ninguna duda: *estoy seguro de que no va a defraudarnos.* NOTA Se usa principalmente con estar. **4** Que no es probable que falle o funcione mal: *los frenos del coche son bastante seguros.* ◆ n. m. **5** Contrato por el cual una compañía se compromete a pagar una cantidad de dinero en caso de que se produzca una muerte, un daño o una pérdida, a cambio del pago de una cuota: *un seguro de robo para la casa.* **6** Mecanismo que impide que un objeto se abra o que una máquina funcione cuando uno no quiere: *echó el seguro de las puertas del coche para que los niños no las abrieran durante el viaje.* ◆ adv. **7** Con toda certeza, sin ninguna duda: *lo sé seguro porque lo he visto yo mismo.*

▶ sobre seguro Sin exponerse a ningún peligro: *yo prefiero invertir mi dinero sobre seguro.*

DER seguramente, seguridad; asegurar, inseguro.

seis num. card. **1** Indica que el nombre al que acompaña o al que sustituye está 6 veces: *tres por dos son seis.* NOTA Puede ser determinante (*vinieron seis chicos*) o pronombre (*estuvieron los seis*). ◆ num. ord. **2** Indica que el nombre al que acompaña o al que sustituye ocupa el lugar número 6 en una serie. NOTA Es preferible el uso del ordinal: *sexto.* ◆ n. m. **3** Nombre del número 6.

OBS El plural es *seises*.

DER seisavo.

seiscientos num. card. **1** Indica que el nombre al que acompaña o al que sustituye está 600 veces: *vale seiscientos euros.* **NOTA** También puede ser determinante (*vinieron seiscientos chicos*) o pronombre (*estuvieron los seiscientos*). ◆ num. ord. **2** Indica que el nombre al que acompaña o al que sustituye ocupa el lugar número 600 en una serie. **NOTA** Es preferible el uso del ordinal: *sexcentésimo.* ◆ n. m. **3** Nombre del número 600.

seísmo n. m. Movimiento violento de la superficie de la tierra por causas internas: *el seísmo produjo importantes destrozos en los edificios.* **SIN** terremoto.

selección n. f. **1** Elección de una persona o cosa entre otras. **selección natural** Selección que hacen los factores ambientales sobre los seres vivos y cuyo resultado es la eliminación de los más débiles y la supervivencia de los más fuertes: *la teoría de la selección natural fue enunciada por Darwin.* **2** Conjunto de cosas escogidas: *una selección de cuentos.* **3** Conjunto de deportistas elegidos para participar en una competición, especialmente en representación de un país.
DER seleccionar, selecto; preselección.

seleccionador, -ra adj. **1** Que selecciona. **SIN** selector. ◆ adj./ n. m. y f. **2** [persona] Que selecciona o escoge: *los seleccionadores de residuos.* **3** [aparato, máquina] Que selecciona o sirve para seleccionar: *máquina seleccionadora de billetes.* ◆ n. m. y f. **4** Persona que selecciona y prepara a los deportistas que forman el equipo nacional de un país. *el seleccionador nacional de fútbol.*

seleccionar v. tr. Tomar una persona o cosa de un conjunto por una razón determinada: *seleccionó las mejores aves del corral.* **SIN** elegir, escoger.
DER seleccionador.

selectividad n. f. **1** Función de seleccionar: *hay que actuar con selectividad.* **2** Conjunto de pruebas que se hacen en España antes de acceder a la universidad.

selectivo, -va adj. **1** Que hace o exige una selección: *métodos muy selectivos.* ◆ adj./ n. m. **2** [curso] Que es el primero o el previo en ciertas carreras universitarias.
DER selectividad.

selecto, -ta adj. **1** Que es mejor entre otras cosas de su especie: *probamos unos vinos selectos.* **2** Que es refinado, que está destinado a personas entendidas: *música selecta.* **SIN** escogido. **3** [persona, conjunto de personas] Que no es vulgar, que es entendido en una cosa: *público selecto.* **SIN** distinguido.
DER selectivo, selector.

selector, -ra adj./ n. m. **1** [dispositivo] Que en un aparato o una máquina sirve para escoger una operación entre varias o para regular una determinada función: *selector de velocidades.* ◆ n. m. **2** Pieza de un aparato telefónico que permite establecer la comunicación con otro aparato.

selenio n. m. Elemento sólido no metálico de color gris brillante, que se emplea en instalaciones eléctricas por ser buen conductor de la electricidad: *el símbolo del selenio es Se.*

selenita n. com. Habitante imaginario de la Luna.

selfi o **selfie** n. f. Autorretrato fotográfico, que se hace generalmente con una cámara o dispositivo digital: *su selfi saludando desde Tokio causa furor en la red social.*

selfservice n. m. Autoservicio, establecimiento en que el cliente elige los productos que quiere comprar o consumir.
OBS Es un anglicismo innecesario.

sellar v. tr. **1** Imprimir o poner un sello: *sellar una carta.* **2** Dejar una señal o rasgo en alguien. **SIN** marcar, señalar. **3** Cerrar, tapar o cubrir: *sellar un pozo.* **4** Concluir o poner fin: *sellaron el compromiso con una firma.*

sello n. m. **1** Papel de pequeño tamaño emitido por el Estado y con valor oficial que se pega a las cartas y paquetes para enviarlos por correo o que se usa para dar validez a ciertos documentos. **2** Instrumento que sirve para estampar figuras y signos: *el sello con el logotipo de la empresa está guardado bajo llave.* **3** Conjunto de figuras y signos que queda impreso con ese instrumento. **4** Disco de lacre, cera o metal que lleva un dibujo impreso con ese instrumento y que cuelga de ciertos documentos de importancia: *el documento es auténtico pues lleva el sello real.* **5** Sortija que lleva grabadas las iniciales de una persona, un escudo de armas, etc. **6** Carácter diferente o particular de una persona o cosa: *sus obras tienen un sello personal.*
DER sellar.

selva n. f. **1** Terreno extenso, sin cultivar y muy poblado de árboles y plantas que es característico de las zonas con climas cálidos y lluviosos: *selva amazónica.* **SIN** jungla.

2 Abundancia desordenada de una cosa: *una selva de libros y apuntes.*

DER selvático.

selvático, -ca adj. De la selva o que tiene relación con este terreno: *el jaguar es un animal selvático.*

semáforo n. m. **1** Dispositivo de señalización luminoso para la regulación de la circulación en las vías públicas; consta generalmente de tres luces dispuestas una encima de otra. **2** Dispositivo de señalización óptica de las costas que se utiliza para comunicarse con los barcos. **3** Dispositivo de señalización óptica que se utiliza para enviar señales a los conductores de trenes.

semana n. f. **1** Período de tiempo de siete días que comienza el lunes y termina el domingo. Semana Santa Semana que la Iglesia dedica a recordar la pasión y muerte de Jesucristo. NOTA Se escribe con letra mayúscula. **2** Período de tiempo de siete días consecutivos: *la competición dura tres semanas.*

▶ entre semana En cualquier día de la semana entre el lunes y el viernes: *iré cualquier día entre semana.*

DER semanal, semanario.

semanal adj. **1** Que ocurre o se repite cada semana: *revista semanal.* **2** Que dura una semana.

semanario n. m. Periódico o publicación que aparece cada semana: *lee un semanario de humor.*

semántica n. f. Disciplina lingüística que estudia el significado de las palabras.

DER semántico.

semántico, -ca adj. **1** Del significado de las palabras o de las oraciones o relacionado con el significado: *en el diccionario se reflejan los distintos valores semánticos de cada palabra.* **2** De la semántica o que tiene relación con esta disciplina lingüística que estudia el significado de las palabras o las oraciones.

semblante n. m. **1** Cara de una persona. SIN faz, rostro. **2** Expresión que tiene la cara de una persona y que revela su estado de ánimo: *semblante triste.* **3** Aspecto que tiene una cosa y que permite formar una opinión sobre ella.

DER semblanza.

sembrado, -da n. m. y f. Tierra en la que se han puesto semillas.

sembrador, -ra adj. [persona, máquina] Que siembra.

sembrar v. tr. **1** Esparcir semillas en un terreno preparado para que germinen y den plantas o frutos. **2** Llenar o cubrir un lugar con determinadas cosas, especialmente sin orden y como adorno: *sembró el camino con pétalos de flores.* SIN desparramar. **3** Motivar una opinión o causar una sensación con palabras o acciones: *sus mentiras sembraron la ira.*

OBS En su conjugación, la *e* se convierte en *ie* en sílaba acentuada, como en *acertar.*

DER sembrado, sembrador, siembra.

semejante adj. **1** Que es parecido o casi igual que otra persona u otra cosa: *mi hermano y yo tenemos un carácter semejante.* SIN similar. **2** Indica ponderación y equivale a tal cuando no aparece el término de la comparación, de ese tipo, con esas características: *no es lícito valerse de semejantes medios.* NOTA Generalmente tiene un sentido despectivo. **3** [figura geométrica] Que tiene exactamente la misma forma que otra, pero es de diferente tamaño: *dibujó dos polígonos semejantes uno dentro de otro.* ◆ n. m. **4** Persona cualquiera con respecto a otra: *tenemos que ayudar a nuestros semejantes.* NOTA Suele usarse en plural.

semejanza n. f. Conjunto de características que hace que dos o más cosas o personas sean parecidas. SIN parecido, similitud. ANT diferencia.

semejar v. tr. Ser parecida una persona o cosa a otra de la que muestra características o cualidades similares: *ese árbol semeja un gigante.* SIN asemejar.

DER semejante; asemejar, desemejar.

semen n. m. Líquido espeso y blanquecino producido por los órganos de reproducción masculinos: *el semen contiene los espermatozoides.* SIN esperma.

DER seminal; inseminar.

semental adj./n. m. [animal macho, caballo] Que se destina a la reproducción: *cerdo semental.*

sementera n. f. **1** Terreno al que se le han echado semillas. SIN sembrado. **2** Tiempo en el que se siembra la tierra. SIN siembra. **3** Origen o causa de algunas cosas, especialmente si son desagradables: *mi trabajo es una sementera de disgustos.* SIN germen.

semestral adj. Que ocurre, se hace o se repite cada seis meses o dura ese tiempo: *una revista semestral; asignatura semestral.*

semestre n. m. Período de tiempo de seis meses.

DER semestral.

a b c d e f g h i j k l m n ñ o p q r s t u v w x y z

semi- Elemento prefijal que entra en la formación de palabras con el significado de: **a.** 'Medio', 'mitad': *semicírculo.* **b.** 'Casi', 'a medias': *semifinal.*

semicircular adj. Que tiene forma de medio círculo.

semicírculo n. m. Mitad de un círculo: *el diámetro divide el círculo en dos semicírculos.*
DER semicircular.

semicircunferencia n. f. Mitad de una circunferencia.

semicopulativo adj. [verbo] Que tiene significación, como un verbo predicativo, pero se construye con atributo, como un verbo copulativo: *«volverse», «quedarse» o «ponerse» son verbos semicopulativos.*

semicorchea n. f. Nota musical que equivale a la mitad de una corchea o a la cuarta parte de una negra: *la semicorchea se representa con una negra y dos ganchos en la barra vertical.*

semiesfera n. f. Mitad de una esfera dividida por un plano que pasa por su centro. SIN hemisferio.
DER semiesférico.

semiesférico, -ca adj. Que tiene forma de media esfera: *las bóvedas semiesféricas se llaman cúpulas.*

semifinal n. f. Prueba o competición deportiva que sirve para determinar qué deportistas o equipos competirán en la final y que elimina a los demás.
DER semifinalista.

semifinalista adj./n. com. [persona, obra] Que toma parte en una semifinal: *equipo semifinalista.*

semifusa n. f. Nota musical que equivale a la mitad de una fusa: *la semifusa se representa con una negra y cuatro ganchos en la barra vertical.*

semilla n. f. **1** Parte del fruto que contiene el embrión de una nueva planta: *en las semillas se encuentran el óvulo fecundado y ya maduro, preparado para germinar.* SIN simiente. **2** Causa u origen de otra cosa, especialmente de opiniones o de estados de ánimo: *la mentira es la semilla de la desconfianza.* SIN simiente.
DER semillero.

seminal adj. **1** Del semen o que tiene relación con este líquido que segregan los órganos de reproducción masculinos. **2** De la semilla o que tiene relación con esta parte del fruto.

seminario n. m. **1** Centro de enseñanza en el que se educan y se forman los futuros sacerdotes. **2** Conjunto de actividades que realizan en común un profesor y sus discípulos, y que tiene la finalidad de encaminarlos a la práctica y la investigación de alguna disciplina: *estuve en un seminario de sintaxis.* **3** Despacho en el que trabajan y se reúnen los profesores de una misma asignatura en un centro de enseñanza: *el seminario de lengua española .* **4** Conjunto de profesores de una misma asignatura que trabajan en el mismo centro de enseñanza: *el seminario de matemáticas decidió poner menos exámenes.*
DER seminarista.

seminarista n. com. Persona que estudia en un seminario y se prepara para ser sacerdote.

semiplano n. m. Superficie que resulta de dividir un plano geométrico en dos mediante una recta.

semita adj. **1** De la familia de pueblos que se establecieron en Mesopotania y el Próximo Oriente antes del primer milenio antes de Cristo y que tenían lenguas con un origen común: el pueblo judio y el árabe son pueblos semitas; el árabe y el hebreo son lenguas semitas. **2** [persona] Que pertenece a un pueblo semita: según la tradición bíblica, los semitas descienden de Sem.

semítico, -ca adj. De los semitas o que tiene relación con estos pueblos: *el hebreo es una lengua semítica.*

semitono n. m. MÚS. Cada una de las dos partes desiguales en las que se divide el intervalo de un tono.

senado n. m. **1** Órgano político en el que están representados los distintos territorios de un país y que se encarga de aceptar o rechazar los proyectos de ley que propone el Congreso. NOTA En esta acepción, suele escribirse con mayúscula. **2** Edificio en el que se reúnen los miembros de ese órgano político. **3** Asamblea de patricios de la antigua república romana que constituía el consejo supremo del Estado.

senador, -ra n. m. y f. Político que es miembro del Senado.

sencillez n. f. **1** Ausencia de adornos o de lujo: *no tiene mucho dinero y vive con gran sencillez.* SIN simplicidad. **2** Falta de dificultad o de complicación, especialmente cuando se habla o se escribe: *si explicas las cosas con sencillez, todos te entenderán.*

sencillo, -lla adj. **1** Que está formado por

un solo elemento, que no está compuesto de varias partes. SIN simple. ANT compuesto. **2** Que no presenta ninguna dificultad ni tiene complicación. SIN fácil, simple. ANT complicado, difícil. **3** Que no tiene lujos ni adornos excesivos. **4** [persona] Que da a los demás un trato de igualdad, aunque sea superior a ellos por cultura, clase social o en algún otro sentido: *es un hombre muy sencillo, nunca presume de sus títulos ni de su dinero.* **5** [estilo, lenguaje] Que es claro y natural, sin artificios retóricos. ◆ adj./ n. m. **6** Disco pequeño y de corta duración que contiene generalmente dos canciones.

DER sencillez.

senda n. f. **1** Camino estrecho, especialmente el que se ha formado por el paso de personas o animales. SIN sendero, vereda. **2** Plan de actuación o procedimiento que se sigue para conseguir algo: *es incapaz de tomar decisiones, siempre sigue la senda que otros le han marcado.*

DER sendero.

senderismo n. m. Actividad deportiva o turística que consiste en hacer excursiones a pie por el campo o por la montaña recorriendo senderos o caminos.

sendero n. m. Senda. SIN vereda.

DER senderismo.

sendos, -das adj. pl. Se dice de dos o más cosas, que corresponden o se destinan una a cada una de otras tantas cosas o personas: *las trillizas tenían sendos vestidos nuevos.*

OBS Se utiliza siempre en plural. No hay que confundirlo con ambos, que significa 'los dos'.

senectud n. f. *formal* Último período de la vida de una persona, cuando tiene una edad avanzada. SIN vejez, ancianidad.

senegalés, -lesa adj. **1** De Senegal o relacionado con este país del noroeste de África. ◆ adj./ n. m. y f. **2** [persona] Que es de Senegal.

senil adj. **1** De la vejez o que tiene relación con este período de la vida de una persona: *la demencia senil es frecuente a una cierta edad.* **2** [persona] Que presenta señales de decadencia física o psíquica.

DER senilidad.

seno n. m. **1** Pecho o mama de la mujer. SIN teta. **2** Espacio que queda entre la ropa y el pecho de la mujer. **3** Agujero o hueco, especialmente dentro del cuerpo de las personas y animales. **4** Matriz de las hembras de los mamíferos en general, y especialmente cuando es de una mujer y está embarazada: *lleva en su seno dos niños.* SIN útero. **5** Porción del mar que entra en la tierra entre dos cabos o puntas de tierra. SIN golfo. **6** Parte interna de una cosa, especialmente de algo no material: *nació en el seno de una humilde familia.* **7** Cosa que acoge a otra bajo su protección, dándole consuelo y ayuda: *buscó amparo en el seno de la religión.* **8** MAT. Cociente que existe entre el cateto opuesto a un ángulo agudo de un triángulo rectángulo y la hipotenusa: *el seno y el coseno son conceptos de trigonometría.* **9** MED. Hueco o cavidad de algunos huesos: *senos maxilares.*

DER coseno.

sensación n. f. **1** Impresión recogida por los sentidos y que es conducida a la mente por medio del sistema nervioso: *tocar hielo produce sensación de frío.* **2** Sorpresa o profunda impresión producida por una cosa importante o novedosa: *con ese vestido provocarás sensación en la fiesta.*

▶ dar (o tener) la sensación Dar o tener una determinada idea u opinión de una cosa, sin conocerla completamente: *tengo la sensación de que me vigila.*

DER sensacional.

sensacional adj. **1** Que causa una fuerte sensación o llama mucho la atención: *una noticia sensacional.* **2** Que es muy bueno, estupendo o maravilloso: *hice un viaje sensacional por Portugal.* SIN genial.

DER sensacionalismo.

sensacionalista adj. Que se caracteriza por su sensacionalismo: *prensa sensacionalista.* SIN amarillista.

sensatez n. f. Cualidad que tienen las personas que muestran buen juicio, prudencia y madurez en sus actos y decisiones. SIN conocimiento, madurez, prudencia. ANT insensatez.

sensato, -ta adj. Que muestra buen juicio, prudencia y madurez en sus actos y decisiones: *las personas que son sensatas piensan mucho las cosas antes de hacerlas.* SIN juicioso, prudente. ANT insensato.

DER sensatez.

sensibilidad n. f. **1** Capacidad para percibir sensaciones a través de los sentidos: *a causa del accidente ha perdido la sensibilidad en las piernas.* **2** Tendencia a dejarse llevar por sentimientos de compasión y amor. **3** Capacidad de respuesta a ciertos estímulos que tienen ciertos aparatos científicos muy eficaces: *este termómetro tiene una gran sensibilidad.* **4** Capacidad que tiene una película fotográfica para ser impresionada por la luz.

sensibilización n. f. **1** Acción de sensibilizar: *la sensibilización hacia los problemas medioambientales solo se ha hecho patente en los últimos años.* **2** Efecto de sensibilizar. **3** Proceso por el cual un organismo se vuelve sensible y reacciona de forma visible a una determinada agresión física, química o biológica.

sensibilizar v. tr. **1** Aumentar o excitar la capacidad de sentir: *la música sensibiliza el oído.* ◆ v. tr./ prnl. **2** Hacer que una persona se dé cuenta de la importancia o el valor de una cosa, o que preste atención a lo que se dice o se pide: *esta información trata de sensibilizar a la opinión pública sobre el problema de la capa de ozono.* **3** En fotografía, hacer que ciertos materiales, como una película o una placa fotográfica, sean sensibles a la luz.

OBS En su conjugación, la *z* se convierte en *c* delante de *e.*

sensible adj. **1** Que es capaz de percibir una realidad a través de los sentidos: *algunos animales son sensibles al magnetismo terrestre y lo utilizan para orientarse.* **2** Que se deja llevar fácilmente por sentimientos como la ternura, la compasión y el amor, y se siente emocionado o herido con facilidad: *díselo con cuidado, que es muy sensible.* **3** Que es capaz de distinguir con facilidad la belleza y los valores artísticos. **4** Que presta atención a lo que se dice o se pide: *el Gobierno ha sido sensible a las protestas de los trabajadores.* **5** [sustancia] Que reacciona fácilmente a ciertos agentes naturales: *la película fotográfica está hecha de sustancias sensibles a la luz.* **6** [aparato] Que puede acusar, registrar o medir fenómenos de muy poca intensidad, o notar cambios muy pequeños porque reacciona con facilidad: *las básculas de precisión son muy sensibles.* SIN preciso. **7** Que puede ser notado por los sentidos. **8** Que es claro y evidente porque es de gran intensidad o muy fuerte y resulta fácil de percibir por los sentidos: *ha habido un aumento sensible de la temperatura.* SIN manifiesto.

DER sensibilidad, sensibilizar, sensiblemente, sensiblería, sensiblero; hipersensible, insensible, suprasensible.

sensiblero, -ra adj. *despectivo* Que muestra un sentimentalismo exagerado, trivial o fingido: *es una persona muy sensiblera, siempre llora por todo; aquellos ojos llorosos, expresaban más que miles de palabras sensibleras*

sensitivo, -va adj. **1** De las sensaciones producidas por los sentidos o que tiene relación con ellas, especialmente las relacionadas con el tacto. SIN sensual. **2** Que es capaz de experimentar sensaciones o emociones. **3** Que estimula o excita la sensibilidad de las personas.

sensor n. m. Dispositivo que capta variaciones de luz, temperatura o sonido a corta y larga distancia y sirve para activar un mecanismo.

sensorial adj. De los sentidos o que tiene relación con ellos.

DER extrasensorial.

sensual adj. **1** De las sensaciones producidas por los sentidos o que tiene relación con ellas. SIN sensitivo. **2** Que provoca placer al ser percibido por los sentidos. **3** Que provoca excitación sexual: *se acercó a ella con movimientos sensuales.* SIN erótico, voluptuoso. **4** Que se siente inclinado a los placeres de los sentidos.

DER sensualidad, sensualismo.

sensualidad n. f. **1** Capacidad para provocar o satisfacer los placeres de los sentidos: *la modelo se mueve con gran sensualidad.* **2** Tendencia a buscar y satisfacer el placer de los sentidos.

sentada n. f. Acción de protesta o en apoyo de una causa, que consiste en sentarse en el suelo en un lugar determinado por un largo período de tiempo.

▶ de una sentada De una vez, realizado en una sola fase, sin pausas y sin levantarse del asiento: *verás como podemos terminarlo de una sentada.*

sentar v. tr. **1** Colocar a una persona en un asiento de modo que quede descansando apoyada sobre las nalgas: *me senté en una silla porque estaba muy cansado.* **2** Establecer una teoría o doctrina, especialmente si servirá de base para otro razonamiento o información: *los ministros sentaron las bases del acuerdo.* SIN asentar, fundamentar. ◆ v. intr. **3** Ser una comida o bebida bien o mal digerida por el estómago: *le sentó fatal el pastel.* **4** Producir una cosa un efecto bueno o malo en el ánimo o en el estado físico de una persona: *le sentó fatal que no le invitaras a la fiesta.* **5** Quedarle bien o mal a una persona una prenda de vestir, un adorno o un color determinado: *este vestido no te sienta bien.*

▶ dar por sentado Dar por supuesta o por cierta una cosa.

OBS En su conjugación, la *e* se convierte en *ie* en sílaba acentuada, como en *acertar.*

DER sentada; asentar.

sentencia n. f. **1** Frase o dicho con un contenido moral o doctrinal: *terminó con esta sentencia: el que mal anda, mal acaba.* SIN aforismo, proverbio, refrán. **2** Decisión de un tribunal que pone fin a un juicio o un proceso: *el juez pronunció la sentencia.* **3** Orden o decisión que toma una persona para resolver una discusión entre varias partes.

DER sentenciar, sentencioso.

sentenciar v. tr. **1** Pronunciar un juez o un tribunal una sentencia. **2** Culpar o condenar a alguien.

OBS En su conjugación, la *i* es átona, como en *cambiar.*

sentencioso, -sa adj. **1** Que encierra una sentencia o enseñanza moral: *el prólogo comenzaba con una sentenciosa frase: «Incluso las olas que más rabiosamente golpean, después se retiran».* **2** [persona] Que se expresa con afectada gravedad, como si hablara con sentencias: *su madre era una mujer refranera y sentenciosa.*

sentido, -da adj. **1** Que expresa con sinceridad un sentimiento muy intenso: *le dio un pésame muy sentido.* **2** Que se enfada o se molesta con facilidad. ◆ n. m. **3** Capacidad de percibir un tipo de estímulos del mundo exterior mediante ciertos órganos del cuerpo: *el sentido de la vista se localiza en los ojos.* sexto sentido Habilidad especial que tiene una persona para percibir realidades que pasan inadvertidas a otros y que la capacita para una determinada actividad o asunto: *tiene un sexto sentido para los negocios.* **4** Capacidad que se tiene específicamente para realizar un tipo de

sentidos: vista, oído, tacto, olfato, gusto

vista	oído	tacto	olfato	gusto
borroso brillante claro imperceptible invisible opaco oscuro transparente visible vistoso visual	agudo alto audible bajo ensordecedor estrepitoso estridente estruendoso fuerte grave hueco inaudible melodioso profundo ronco ruidoso sonoro	áspero impalpable intangible liso palpable rugoso suave tangible	acre ahumado aromático fétido fragante fresco hediondo maloliente oloroso penetrante perfumado persistente pestilente	ácido acre agrio agridulce ahumado amargo áspero dulce, dulzón fuerte insípido insulso soso salado quemado picante
atisbar contemplar deslumbrar distinguir divisar entrever examinar fisgar observar ojear otear percibir ver vigilar vislumbrar	atender auscultar escuchar oír sentir	acariciar manosear palpar sobar tocar	apestar husmear oler olfatear	catar degustar gustar paladear probar relamerse saber saborear

actividad: *bailo muy mal porque no tengo sentido del ritmo.* sentido común Capacidad para juzgar razonablemente las situaciones de la vida cotidiana y decidir con acierto. **5** Capacidad para razonar y ser consciente del mundo exterior: *se dio un golpe en la cabeza y se quedó sin sentido.* **6** Razón de ser, finalidad o lógica que tiene una cosa: *no tiene sentido que tiendas la ropa mientras está lloviendo.* **7** Significado de una palabra o de un conjunto de palabras. **8** Manera particular que tiene cada persona de entender o interpretar una cosa: *su sentido del deber le obliga a ayudarte.* **9** Cada una de las dos formas opuestas de recorrer una línea o un camino: *toda dirección tiene dos sentidos.*

DER contrasentido, sinsentido.

sentimental adj. **1** Que contiene elementos que emocionan o conmueven, o que expresa sentimientos dulces, especialmente de amor, pena o ternura: *obra sentimental.* **2** Que está relacionado con los sentimientos, especialmente los amorosos: *Cristina tiene una relación sentimental con un compañero de oficina.* ◆ adj./n. com. **3** [persona] Que es muy sensible, se emociona con facilidad y suele actuar llevado por sentimientos y por impulsos afectivos.

sentimentalismo n. m. Cualidad que tienen las cosas que pretenden emocionar o hacer llorar, o que provocan intencionadamente sentimientos de afecto, compasión o ternura: *su poesía está cargada de sentimentalismo.* NOTA Generalmente tiene valor despectivo.

sentimiento n. m. **1** Estado de ánimo, disposición emocional hacia una cosa, un hecho o una persona: *el amor, el odio, la pasión y la ternura son sentimientos.* **2** Estado de ánimo triste o afectado por una impresión dolorosa: *le acompaño en el sentimiento.* **3** Parte afectiva o emotiva del ser humano, por oposición a la razón o el intelecto. NOTA Suele usarse en plural. **4** Capacidad de sentir afecto o de comprender a otras personas: *me tratas muy mal, ¿es que no tienes sentimientos?* NOTA Suele usarse en plural.

DER sentimental.

sentir v. tr. **1** Percibir una sensación a través de los sentidos, provenga de un estímulo externo o del propio cuerpo: *sintió frío y se acercó al radiador.* **2** Percibir un sonido, a través del oído: *sintió pasos a lo lejos.* SIN oír. **3** Recibir sensaciones provenientes de una parte del cuerpo: *con la anestesia no sentirás el pinchazo.* **4** Experimentar un sentimiento: *siente un gran amor por su esposa.* **5** Lamentar una cosa o experimentar pena por ella: *siento mucho la muerte de su padre.* **6** Tener la impresión de que va a ocurrir una cosa: *siento que todo esto acabará fatal.* SIN presentir. ◆ v. prnl. **7** sentirse Encontrarse en cierto estado físico o moral, experimentar una sensación: *hoy me siento muy feliz.* **8** Experimentar dolor como consecuencia de una enfermedad: *aún me siento débil.* SIN resentirse. ◆ n. m. **9** Opinión, juicio o sentimiento sobre una cosa: *el sentir general apoya al Gobierno.*

▶ sin sentir Sin que se note o sin darse cuenta: *las vacaciones pasan sin sentir.*

OBS En su conjugación, la *e* se convierte en *ie* en sílaba acentuada o en *i* en algunos tiempos y personas, como en *hervir.*

DER sentido, sentimiento; asentir, consentir, disentir, presentir, resentirse.

seña n. f. **1** Gesto que se hace con alguna parte del cuerpo para indicar una cosa: *le dijo con señas que se callara.* SIN señal. **2** Convención establecida entre dos o más personas para comunicarse: *la seña consistía en dejar sonar el timbre del teléfono tres veces y después colgar.* **3** Nota o detalle característico que permite reconocer o identificar una cosa o a una persona. ◆ n. f. pl. **4** señas Conjunto de datos que incluyen el nombre de la calle, el número de la casa y el nombre de la población donde vive una persona: *en el carné de identidad están escritas las señas.* SIN dirección, domicilio.

DER señal, señuelo; diseñar, enseñar, reseña.

señal n. f. **1** Marca o característica que distingue a una persona o cosa de las demás: *tengo una señal de nacimiento en la espalda.* **2** Huella o marca que queda en una superficie, especialmente la que deja en la piel una herida: *la operación de cirujía estética no le ha dejado ninguna señal.* **3** Indicio que demuestra alguna cosa o que indica la existencia de algo que es su causa: *no ha venido a comer, señal de que tiene mucho trabajo.* SIN indicio, muestra. **4** Gesto con el que se quiere decir o indicar una cosa: *el policía nos hizo una señal para que detuviéramos la marcha.* SIN seña. señal de la cruz Movimiento que se hace con la mano para representar la cruz en la que murió Jesucristo: *los cristianos, cuando pasan por delante del altar, hacen la señal de la cruz.* **5** Signo o símbolo convenido entre varias personas para transmitir cierta información o como indicación para hacer algo: *dio la señal y empezó la carrera.* **señal de tráfico** Signo convencional que representa alguna norma de tráfico y da instrucciones sobre cómo circular. **6** Cantidad de dinero que se paga como anticipo antes de abonar el precio total de una cosa. **7** Sonido característico de algunos aparatos para avisar o informar sobre su funcionamiento, especialmente el que hace el teléfono al descolgarlo: *descolgué el teléfono y no daba señal.*

▶ **en señal** Como prueba o muestra: *el príncipe dejó su anillo a la campesina en señal de su amor.*

DER señalar, señalizar.

señalado, -da adj. **1** [día, fecha] Que es importante o especial por algún motivo determinado. **2** Que ha sido convenido previamente para hacer algo: *nos encontramos a la hora señalada.*

señalar v. tr. **1** Ponerle una marca o una señal a algo o a alguien para distinguirlo y reconocerlo entre los demás: *señalaré con una cruz las cajas que deben transportar.* **2** Indicar o mostrar una cosa o persona dirigiendo el dedo o la mano hacia ella o por otros medios: *es de mala educación señalar con el dedo a las personas.* **3** Ser una señal o indicio de una cosa: *el humo señala dónde hay fuego.* **4** Decidir o determinar los elementos necesarios para un fin, especialmente la fecha para una cita: *ya han señalado el día y la hora de la reunión.* **SIN** fijar. **5** Hacer un gesto como si se tuviera la intención de hacer una cosa, pero sin llegar a hacerla: *el torero señaló entonces una estocada.* ◆ v. tr./ prnl. **6** Dejar una marca en una superficie, especialmente en la piel. ◆ v. prnl. **7** **señalarse** Hacerse notar o distinguirse por una cualidad o una circunstancia determinada: *aquel soldado se señaló en la batalla por su valentía.*

DER señalado.

señalización n. f. Acción y efecto de señalizar: *la señalización de la playa.*

señalizar v. tr. Colocar indicaciones en un lugar, especialmente señales de tráfico en las calles y carreteras para regular la circulación.

OBS En su conjugación, la *z* se convierte en *c* delante de *e*.

DER señalización.

señera n. f. Bandera oficial de la comunidad autónoma de Cataluña: *la señera es de color amarillo con cuatro bandas rojas verticales.*

OBS Es un catalanismo que significa 'bandera'.

señero, -ra adj. **1** Que sobresale por sus cualidades únicas y extraordinarias: *a la inauguración acudieron personalidades señeras en todos los campos del saber; Chillida es una de las figuras señeras del arte contemporáneo.* **2** Que está solitario, aislado o separado de otras cosas del mismo tipo.

señor, -ra n. m. y f. **1** Tratamiento de respeto o cortesía que se utiliza para llamar a una persona adulta: *el señor Martínez está en una reunión.* **NOTA** Se usa solo o antepuesto a un nombre propio o a un nombre de cargo o profesión. **2** Título nobiliario, generalmente de origen feudal. **3** Persona que es la dueña de una cosa, o que tiene poder o dominio sobre ella, especialmente si se trata de tierras: *pregunta por la dueña del piso.* **4** Amo, persona para la que trabaja un criado: *la señora quiere que friegues la cocina.* ◆ n. m. **5** Dios: *pediré al Señor por el alma de tu hijo.* **NOTA** Se escribe con letra mayúscula. ◆ n. f. **6** **señora** Mujer casada respecto de su marido: *Andrés vino a la cena acompañado de su señora.* ◆ adj. **7** Que es bueno o grande, o muy señorial: *vive en una señora casa.* **NOTA** Intensifica el valor del sustantivo.

DER señorear, señoría, señorío, señorita, señorito, señorón.

señoría n. f. Tratamiento de respeto o cortesía que se utiliza para dirigirse a personas que ocupan ciertos cargos: *a los jueces y a los diputados se les da el tratamiento de señoría.*

OBS Se utiliza solo o con el posesivo de tercera persona: *su señoría.*

DER señorial.

señorial adj. **1** Propio del señorío: *costumbres señoriales.* **2** Que provoca admiración y respeto por su grandeza, superioridad o nobleza: *tienen una mansión señorial.* **SIN** majestuoso, noble, solemne.

señorío n. m. **1** Autoridad o mando que se tiene sobre una cosa. **2** Terreno que pertenece a un señor, o sobre el que antiguamente un señor ejercía el mando. **3** Gravedad, moderación y elegancia en el aspecto físico, o en la forma de comportarse y de actuar: *Juan tiene mucho señorío.* **SIN** distinción.

señorito, -ta n. m. y f. **1** Hijo o hija de un señor o de una señora importante: *el señorito heredó las tierras de su padre.* **2** Persona joven que no está acostumbrada a trabajar, generalmente porque su familia tiene mucho dinero. **3** Tratamiento que da un criado a la persona para la que trabaja, especialmente si es joven: *el señorito no vendrá a cenar esta noche.* ◆ n. f. **4** Tratamiento de respeto y cortesía que se utiliza para dirigirse a las mujeres que no están casadas: *la señorita Marisol ha salido.* NOTA Se usa solo o seguido de un nombre propio, de pila o apellido. **5** Tratamiento que se les da a las mujeres que desempeñan determinados trabajos, especialmente el que dan los niños a las maestras y el que se da a secretarias, telefonistas y dependientas: *la señorita nos ha mandado deberes para mañana.*

seo n. f. Catedral en algunas regiones españolas, especialmente en Cataluña.

sépalo n. m. Pieza fuerte y dura que forma parte del cáliz de una flor, generalmente de color verde.
DER asépalo, disépalo, monosépalo, trisépalo.

separable adj. Que se puede separar. ANT inseparable.

separación n. f. **1** Acción de separar o distanciar dos cosas que estaban juntas en el espacio o en el tiempo. **2** Espacio o distancia que hay entre dos cosas que no están juntas en el espacio o en el tiempo: *entre ambas piezas hay quince milímetros de separación.* **3** Interrupción de la vida en común de dos personas casadas, por común acuerdo o por decisión de un tribunal, sin que se rompa definitivamente el matrimonio.
▶ separación de bienes DER. Forma de uso de los bienes de un matrimonio, según la cual cada miembro de la pareja conserva sus bienes propios, usándolos y administrándolos sin la intervención del otro.

separar v. tr. **1** Hacer que una cosa deje de estar junto a otra o cerca de ella: *separó la sillita de la pared.* SIN distanciar, alejar. ANT juntar. **2** Considerar individualmente: *deberías conseguir separar los problemas personales de tu vida laboral.* **3** Formar grupos con elementos iguales o parecidos que antes estaban mezclados con otros distintos: *separa las fichas por colores.* **4** Reservar una cosa para más tarde: *le dije al carnicero que me separara unos filetes para hoy.* **5** Hacer que alguien abandone un trabajo, una actividad o un cargo. SIN retirar. **6** Interrumpir una pelea haciendo que las personas implicadas dejen de luchar: *separa ya a los niños: están peleándose.* ◆ v. prnl. **7** separarse Distanciar sus posiciones dos personas o cosas al tomar caminos o tendencias diferentes: *fuimos juntos hasta Zaragoza y allí nos separamos.* **8** Dejar de vivir juntas dos personas que formaban una pareja o que estaban casadas. **9** Dejar de pertenecer a un grupo, a una actividad o de profesar una creencia: *me separé del catolicismo hace años.* **10** Hacerse independiente una comunidad política de otra: *las distintas repúblicas de la antigua URSS se separaron hace ya años.*
DER separable, separación, separata, separatismo.

separatismo n. m. Ideología y movimiento políticos que defienden la independencia de un territorio, su separación del estado al que pertenece: *separatismo báltico.*

separatista adj. **1** Del separatismo o relacionado con él. ◆ adj./n. com. **2** [persona] Que es partidario del separatismo: *grupo de separatistas.*

sepelio n. m. Entierro de un cadáver y los ritos y ceremonias religiosas o civiles correspondientes.

sepia n. f. **1** Animal invertebrado marino de cuerpo oval, parecido al calamar, que tiene una cabeza grande de la que salen diez patas o tentáculos. ◆ n. m./ adj. **2** Color rojo claro, entre el naranja y el ocre.

septentrional adj. Del norte o que está situado en este punto cardinal. ANT meridional.

séptico, -ca adj. **1** MED. Que contiene gérmenes patógenos. **2** MED. Que produce putrefacción. **3** MED. Que es causado o producido por la putrefacción o por gérmenes patógenos.

septiembre o **setiembre** n. m. Noveno mes del año, que va después de agosto y antes de octubre.
OBS La Real Academia admite *setiembre*, pero prefiere la forma *septiembre*.

séptimo, -ma num. ord. **1** Indica que el nombre al que acompaña o al que sustituye ocupa el lugar número siete en una serie. NOTA Puede ser determinante (*la séptima vez*) o pronombre (*el séptimo de la fila*). ◆ num. **2** Parte que resulta de dividir un todo en siete partes iguales.
DER septingentésimo.

septingentésimo, -ma num. ord. **1** Indica que el nombre al que acompaña o al que sustituye ocupa el lugar número 700 en una serie. NOTA Puede ser determinante (*la septingentésima vez*) o pronombre (*el septingentésimo en las listas*). ◆ num. **2** Parte que resulta de dividir un todo en setecientas partes iguales.

septuagésimo, -ma num. ord. **1** Indica que el nombre al que acompaña o al que sustituye ocupa el lugar número 70 en una serie. NOTA Puede ser determinante (*la septuagésima* *vez*) o pronombre (*fue el septuagésimo en las listas*). ◆ num. **2** Parte que resulta de dividir un todo en setenta partes iguales.

sepulcral adj. **1** Del sepulcro o que tiene relación con esta construcción funeraria: *inscripciones sepulcrales.* **2** Propio del sepulcro o que tiene características parecidas: *en la sala había un silencio sepulcral.*

sepulcro n. m. **1** Construcción funeraria, generalmente de piedra, que se levanta para enterrar el cadáver de una o más personas. SIN panteón, sepultura, tumba. **2** Hueco de un altar en el que se guardan selladas y cubiertas algunas reliquias.
DER sepulcral.

sepultar v. tr. **1** Enterrar un cadáver o introducirlo en una sepultura. **2** Ocultar, esconder o cubrir por completo a una cosa o a una persona: *el terremoto sepultó medio pueblo.*
DER sepultura; insepulto.

sepultura n. f. **1** Acción que consiste en enterrar un cadáver. **2** Agujero hecho en la tierra para enterrar el cadáver de una persona: *en aquel cementerio está la sepultura de mi bisabuelo.* SIN tumba. **3** Obra, generalmente de piedra, que se construye levantada del suelo y que sirve para guardar el cadáver de una persona. SIN panteón, sepulcro.
DER sepulturero.

sequedad n. f. **1** Falta de líquido o de humedad. **2** Falta de amabilidad o cariño en un comportamiento, especialmente al hablar.

sequía n. f. Período largo de tiempo en el que no llueve, por lo que hay escasez de agua: *la sequía perjudica las cosechas.*

séquito n. m. Conjunto de personas que acompañan y siguen a alguien famoso o importante: *vino el rey con todo su séquito.* SIN cortejo.

ser n. m. **1** Persona, animal o cosa que existe, especialmente si está viva. el Ser Supremo Dios. Se escribe con letra mayúscula. **2** Conjunto de características esenciales de una persona, animal o cosa: *no puede cambiar, lo que le criticas forma parte de su ser.* **3** Vida o existencia. ◆ v. copulativo **4** Tener una cualidad intrínseca o natural, o poseerla de modo permanente: *mi primo es alemán.* NOTA Va seguido del adjetivo o el nombre que expresa la cualidad. **5** Tener un oficio o profesión: *Sócrates era filósofo.* NOTA Va seguido del nombre del oficio. **6** Estar hecho de un material: *la botella es de plástico.* NOTA Va seguido del adjetivo que hace referencia al material o de la preposición *de* y el nombre del material. **7** Pertenecer a una persona o cosa: *el libro es de María.* NOTA Va seguido de un posesivo o de la preposición *de* y el nombre del poseedor. **8** Haber sido creada una obra por un autor: *el cuadro es de Picasso.* NOTA Va seguido de un posesivo o de la preposición *de* y el nombre del autor. **9** Haber nacido una persona en un lugar determinado, o proceder una cosa de un lugar: *soy de Barcelona.* NOTA Va seguido de la preposición *de* y el nombre del lugar. **10** Formar parte de una comunidad o sociedad: *es del partido socialista.* NOTA Va seguido de la preposición *de* y el nombre de la comunidad. ◆ v. auxiliar **11** Seguido de un participio forma la voz pasiva de los verbos: *la noticia fue comentada en todos los medios de difusión.* ◆ v. intr. **12** Ocurrir o tener lugar un

ser

INDICATIVO

presente
soy
eres
es
somos
sois
son

pretérito imperfecto
era
eras
era
éramos
erais
eran

pretérito perfecto simple
fui
fuiste
fue
fuimos
fuisteis
fueron

futuro
seré
serás
será
seremos
seréis
serán

condicional
sería
serías
sería
seríamos
seríais
serían

SUBJUNTIVO

presente
sea
seas
sea
seamos
seáis
sean

pretérito imperfecto
fuera o fuese
fueras o fueses
fuera o fuese
fuéramos o fuésemos
fuerais o fueseis
fueran o fuesen

futuro
fuere
fueres
fuere
fuéremos
fuereis
fueren

IMPERATIVO

sé (tú)
sea (usted)
sed (vosotros)
sean (ustedes)

FORMAS NO PERSONALES

infinitivo ser
gerundio siendo
participio sido

acontecimiento: *la manifestación es el martes.* **13** Valer o costar dinero: *-¿cuánto es el periódico?* **14** Expresa el resultado de una operación matemática: *dos por tres son seis.* **15** Servir o estar destinado: *la carta es para el jefe.* NOTA Va seguido de la preposición *para.* **16** Existir o haber. ◆ v. impersonal **17** Indica una hora, una fecha o un momento: *son las seis y cuarto.* ▶ a no ser que Excepto si se cumple la condición que sigue: *iremos de excursión, a no ser que llueva.* como sea De cualquier manera o cueste lo que cueste: *necesito aprobar el examen como sea.* érase una vez o érase que se era Fórmula para iniciar cuentos infantiles. es que Introduce una excusa: *no es que no te quiera, es que necesito un poco de libertad.* ser de lo que no hay Ser una persona extraordinaria por sus cualidades o por sus defectos: *Juanjo es de lo que no hay, tiene un examen mañana y se ha ido al cine.* ser muy de + infinitivo (o nombre)Tener por costumbre, afición o característica muy marcada una cosa expresada a continuación: *en esta casa somos muy de siestas en verano; en Rusia son muy de tomar té; para bailar no me gusta el vals, pero soy muy de tango.* ser muy suyo Tener manías y rarezas: *es muy suyo y no acepta que nadie le invite a nada.*

serbio, -bia o **servio, -via** adj. **1** De Serbia o que tiene relación con este estado europeo situado en los Balcanes. ◆ adj./ n. m. y f. **2** [persona] Que es de Serbia. ◆ n. m. **3** Lengua que se habla en Serbia.

OBS La Real Academia Española recoge *servio,* pero prefiere la forma *serbio.*

serbocroata n. m./ adj. **1** Lengua eslava meridional que se habla principalmente en Serbia, Croacia, Bosnia-Herzegovina y Montenegro. ◆ adj. **2** Que tiene relación con esta lengua.

OBS También se escribe *servocroata.*

serenar v. tr. **1** Hacer desaparecer la agitación, la preocupación o los nervios: *las buenas noticias serenaron a la madre.* **2** Volver una cosa, especialmente el tiempo o las aguas, a su estado normal de calma. SIN calmar, sosegar, tranquilizar.

serenata n. f. Composición musical o poema hecho para ser cantado al aire libre y durante la noche, generalmente para agradar o alabar a una persona: *los tunos dedican serenatas a las estudiantes.*

serenidad n. f. **1** Estado de ánimo de tranquilidad y calma: *acogió la mala noticia con mucha serenidad.* **2** Tranquilidad, ausencia de agitación, movimiento o ruido: *se respira serenidad.* SIN quietud, sosiego.

sereno, -na adj. **1** Que no presenta agitación, movimiento o ruido: *el mar ha amanecido sereno.* SIN tranquilo. **2** Que no está nervioso, agitado o preocupado. SIN tranquilo. **3** Que no se encuentra bajo los efectos del alcohol, que no ha bebido: *todos salieron de la fiesta serenos, para poder conducir.* SIN sobrio. ◆ n. m. **4** Persona que se dedicaba profesionalmente a vigilar las calles durante la noche, y a abrir las puertas de las casas cuando los vecinos querían entrar. **5** Humedad que hay en la atmósfera durante la noche.
▶ al sereno Al aire libre durante la noche: *no encontraron alojamiento y tuvieron que dormir al sereno.*

DER serenar, serenidad, serenísimo.

serial n. m. Serie larga de radio o televisión que se emite por episodios, en la que se cuentan las historias dramáticas y sentimentales de un grupo de personajes. SIN culebrón.

serie n. f. **1** Conjunto de cosas que tienen una relación entre sí y se suceden unas a otras siguiendo un orden: *la serie de los números es infinita.* **2** Conjunto de cosas o personas que tienen algo en común, aunque no estén ordenadas: *me dijo tal serie de mentiras que no pude creer nada.* **3** Obra que se emite por capítulos en radio o televisión: *los niños están viendo por televisión una serie de dibujos animados.* **4** Conjunto de sellos, billetes u otras cosas que forman parte de una misma emisión.
▶ en serie Procedimiento de fabricación que consiste en realizar muchos aparatos iguales, siguiendo un modelo; generalmente se hace mediante una cadena de montaje, dividiendo el proceso en fases sencillas que ejecuta una misma persona repetidamente, en todos los objetos: *casi todos los coches y electrodomésticos están hechos en serie.* fuera de serie Que es especialmente bueno en su clase: *ese piloto es un fuera de serie.* serie B En cine, tipo de película realizada con pocos medios y sin pretensiones, generalmentede de mala calidad.

DER serial, seriar.

seriedad n. f. **1** Severidad de una persona o una cosa que no es divertida ni graciosa. **2** Responsabilidad o formalidad con que se hace un cosa: *esta empresa ha demostrado su seriedad.* **3** Gravedad o importancia que tiene una cosa que provoca preocupación.

serio, -ria adj. **1** Que tiene un aspecto severo y sobrio: *esta es una reunión seria, no una fiesta.* **2** Que es responsable y riguroso, y obra pensando bien sus actos, sin hacer bromas y sin tratar de engañar: *puedes confiar en él porque es un chico muy serio.* **3** Que muestra preocupación, enfado o disgusto: *está muy seria porque se ha peleado con su novio.* **4** Que es grave o importante, o que provoca preocupación: *estamos ante un serio problema de dinero.*
DER seriedad.

sermón n. m. **1** Discurso de contenido moral o religioso pronunciado en público por un sacerdote. **2** Consejos y enseñanzas morales destinados a reñir a una persona o corregir un determinado comportamiento o actitud, especialmente si resultan largos y pesados.
DER sermonear.

serón n. m. Cesto grande de material flexible, más alto que ancho, que se coloca sobre los animales de carga y sirve para transportar carga.

serpentear v. intr. Moverse en zigzag, avanzar haciendo curvas como las serpientes.

serpentín n. m. Tubo hueco y enrollado en espiral que sirve para enfriar líquidos o gases calientes.

serpentina n. f. **1** Tira de papel muy larga y estrecha, enrollada en forma de disco, que se lanzan unas personas a otras en las fiestas u otras diversiones, sujetándola por un extremo para que se desenrolle. **2** Mineral compuesto de silicato de magnesia, de color verdoso con manchas o venas más o menos oscuras y de gran dureza: *la serpentina, de dureza semejante a la del mármol, se explota por su valor decorativo en las construcciones de calidad.*

serpiente n. f. Reptil sin extremidades, de cuerpo largo y de forma cilíndrica, cabeza aplastada, boca grande y piel de distintos colores. SIN culebra.
▶ serpiente de cascabel Serpiente venenosa, que tiene al final de la cola un conjunto de anillos que suenan cuando los hace vibrar. SIN crótalo. serpiente pitón Serpiente de gran tamaño que tiene la cabeza cubierta de escamas y procede de Asia y África.

serranía n. f. Terreno alto formado por montañas y sierras: *la serranía de Cuenca.*

serrano, -na adj. **1** De la sierra o relacionado con este conjunto de montañas. **2** Que es muy sano y hermoso: *cuerpo serrano.*
DER serrana, serranía, serranilla.

serrar v. tr. Cortar con una sierra, generalmente la madera. SIN aserrar.
OBS En su conjugación, la *e* se convierte en *ie* en sílaba acentuada, como en *acertar*.
DER serrado, serrería, serrín, serrucho; aserrar.

serrería n. f. Taller en el que se sierra la madera para hacer trozos más pequeños o para darle una forma determinada: *cortó el árbol y lo llevó a la serrería.*

serrín n. m. Polvo o conjunto de partículas que se desprenden de la madera al serrarla: *echó serrín en el suelo para que empapara el agua del charco.*

serrucho n. m. Herramienta formada por una hoja ancha de acero con dientes unida a un mango, y que sirve para cortar madera u otros materiales.

serventesio n. m. **1** Estrofa formada por cuatro versos de arte mayor que riman generalmente en consonancia, el primero con el tercero y el segundo con el cuarto. **2** Composición de la poesía provenzal de los siglos XII y XIII que trata sobre todo temas políticos o morales, generalmente en un tono satírico.

servicial adj. **1** Que sirve con atención, cuidado y rapidez: *el botones del hotel es muy servicial.* **2** Que siempre está dispuesto a servir y a satisfacer a los demás: *mi compañero es muy servicial.* SIN solícito.

servicio n. m. **1** Trabajo, especialmente cuando se hace para otra persona: *te han pagado muy bien por tus servicios.* NOTA Se usa con el verbo *prestar* con el significado de 'hacer'. servicio militar Servicio que se presta al Estado siendo soldado durante un período de tiempo determinado. SIN mili. servicio social Servicio que se presta al Estado colaborando en trabajos de interés social durante un período de tiempo determinado. **2** Utilidad o función que desempeña una cosa: *esta chaqueta siempre me ha hecho un buen servicio.* **3** Favor o beneficio que se le hace a una persona: *me has hecho un gran servicio viniendo a recogerme.* **4** Organización que se encarga de realizar un trabajo que satisface determinadas necesidades de una comunidad: *hemos contratado un servicio de limpieza.* servicio de inteligencia Organización secreta que se encarga de investigar en un Estado. **5** Conjunto de personas que trabajan como criados en una casa. servicio doméstico Persona o conjunto de personas que se dedican a limpiar casas profesionalmente. **6** Habitación en la que está el váter, el lavabo y otros elementos que sirven para el aseo personal: *el servicio de señoras está al fondo a la derecha.* SIN retrete. **7** Conjunto de utensilios que se utilizan para un fin determinado, especialmente para servir comidas o bebidas: *tienen un servicio de café de porcelana china.* **servicio de mesa** Conjunto de cubiertos, platos, vasos y otros utensilios necesarios para comer en la mesa: *sobra un servicio de mesa porque Juan no vendrá a cenar.* **8** Impulso que se da a la pelota para ponerla en movimiento y comenzar una jugada en tenis y deportes similares: *ese tenista tiene un servicio muy fuerte.* SIN saque.

▶ **de servicio** Desempeñando un cargo o una función durante un turno de trabajo determinado: *los policías nunca beben cuando están de servicio.* **hacer un flaco servicio** Causar daño, generalmente sin querer: *me has hecho un flaco servicio contando a todo el mundo que tengo una enfermedad contagiosa.*

DER servicial; autoservicio.

servidor, -ra n. m. y f. **1** Persona que se dedica profesionalmente a realizar los trabajos domésticos. SIN sirviente. **2** Persona que está encargada de manejar un arma, una máquina u otro aparato. **3** Expresión que, por cortesía y respeto, utiliza la persona que habla para referirse a sí misma: *un servidor piensa que eso debería hacerse de otra manera.* NOTA Concuerda con verbos en tercera persona. ◆ n. m. **4** Computadora conectada a una red informática que permite acceder a ella desde diversos terminales.

OBS Es un uso anticuado.

servidumbre n. f. **1** Conjunto de personas que trabajan como criados en una vivienda. **2** Condición y trabajo propios del sirviente: *vivió de la servidumbre durante toda su vida.* **3** Dependencia excesiva que una persona tiene de un sentimiento o idea, o carga exagerada que le supone depender de otra persona: *su pasión por ella era una auténtica servidumbre.*

servil adj. **1** Que muestra una actitud exageradamente humilde y servicial ante los superiores o poderosos, generalmente para obtener un beneficio: *es una empleada demasiado servil.* **2** De los criados o que tiene relación con ellos. **3** [trabajo] Que es humilde o poco valorado por la sociedad.

DER servilismo.

servilleta n. f. Pieza de tela o papel que sirve para limpiarse la boca y los dedos, o para proteger la ropa durante las comidas.

DER servilletero.

servilletero n. m. **1** Utensilio, generalmente en forma de aro, que sirve para guardar una servilleta enrollada. **2** Utensilio para guardar y dispensar servilletas de papel que consiste esencialmente en un receptáculo donde estas se colocan dobladas y generalmente apiladas, de modo que pueden tomarse de una en una.

servio, -via adj. **1** Serbio. ◆ adj./n. m. y f. **2** [persona] Serbio. ◆ n. m. **3** Serbio, lengua.

servir v. intr. **1** Estar capacitada una persona o ser útil una cosa para un fin determinado: *tus palabras servirán de consuelo.* **2** Tener un utensilio un fin determinado, porque se ha construido para eso: *las tijeras sirven para recortar.* ◆ v. tr./intr. **3** Trabajar para una persona, especialmente realizando las tareas del hogar: *el criado sirve al amo.* **4** Trabajar para el Ejérci-

servir

INDICATIVO	SUBJUNTIVO
presente sirvo sirves sirve servimos servís sirven	**presente** sirva sirvas sirva sirvamos sirváis sirvan
pretérito imperfecto servía servías servía servíamos servíais servían	**pretérito imperfecto** sirviera o sirviese sirvieras o sirvieses sirviera o sirviese sirviéramos o sirviésemos sirvierais o sirvieseis sirvieran o sirviesen
pretérito perfecto simple serví serviste sirvió servimos servisteis sirvieron	**futuro** sirviere sirvieres sirviere sirviéremos sirviereis sirvieren
futuro serviré servirás servirá serviremos serviréis servirán	IMPERATIVO sirve (tú) sirva (usted) servid (vosotros) sirvan (ustedes)
condicional serviría servirías serviría serviríamos serviríais servirían	FORMAS NO PERSONALES **infinitivo** servir **gerundio** sirviendo **participio** servido

to, ser soldado en activo: *sirvió muchos años en infantería.* ◆ v. tr. **5** Atender a los clientes en una tienda: *sirve tú a esa señora.* **6** Obrar con entrega y lealtad al servicio de una persona o de una cosa: *el caballero servía al rey.* **7** Mostrar adoración, obediencia y respeto hacia Dios: *ha dedicado su vida a servir a Dios.* **8** Suministrar una mercancía a una empresa o a un cliente: *la fábrica de la esquina servía el pan a esta panadería.* ◆ v. tr./ intr./ prnl. **9** Llevar a la mesa la comida o la bebida y distribuirlos en platos o vasos: *los camareros sirven en los bares y restaurantes.* ◆ v. prnl. **10 servirse** Dignarse o acceder a realizar una acción: *sírvase firmar este documento, por favor.* NOTA Va seguido del verbo en infinitivo que expresa la acción. **11** Utilizar una cosa para alcanzar un fin: *se sirvió de todas sus influencias para conseguirme trabajo en la empresa.*

OBS En su conjugación, la *e* se convierte en *i* en algunos tiempos y personas.

DER servicio, servidumbre, sirviente; inservible.

sesear v. intr. GRAM. Pronunciar la *c* y la *z* como una *s*: *en Hispanoamérica se sesea.*

DER seseo.

sesenta num. card. **1** Indica que el nombre al que acompaña o al que sustituye está 60 veces: *treinta por dos son sesenta.* NOTA Puede ser determinante (*sesenta veces*) o pronombre (*vinieron los sesenta*). ◆ num. ord. **2** Indica que el nombre al que acompaña o al que sustituye ocupa el lugar número 60 en una serie. SIN sexagésimo. NOTA Es preferible el uso del ordinal: *sexagésimo.* ◆ n. m. **3** Nombre del número 60.

DER sesentavo, sesentón.

sesentavo, -va num. Parte que resulta de dividir un todo en sesenta partes iguales.

sesentón, -tona adj. [persona] Que tiene entre sesenta y sesenta y nueve años de edad. SIN sexagenario.

seseo n. m. GRAM. Fenómeno del habla que consiste en pronunciar la *c* y la *z* igual que la *s*.

sesgar v. tr. Cortar o partir una cosa en diagonal: *al meter el tornillo has sesgado la madera.*

OBS En su conjugación, la *g* se convierte en *gu* delante de *e*.

DER sesgado, sesgo.

sesión n. f. **1** Reunión de un grupo de personas para realizar una actividad o tratar un asunto que se desarrolla sin interrupciones, en un intervalo temporal determinado: *en la sesión de esta tarde hablaremos del problema económico de la empresa.* SIN junta. **2** Fase de una actividad o parte de un proceso que se desarrolla en un intervalo temporal determinado: *sesión fotográfica.* **3** Cada representación teatral o proyección de una película o un programa de cine que se celebra en un día: *las salas de cine ofrecen varias sesiones en un mismo día.* SIN pase.

seso n. m. **1** Masa de tejido nervioso que se encuentra en el interior del cráneo: *en ciertos lugares, los sesos de algunos animales se suelen comer.* NOTA Se suele usar el plural, *sesos*, sin que cambie por ello el significado. SIN cerebro. **2** Capacidad para pensar y juzgar. SIN cabeza, juicio.

▶ **calentarse (o devanarse) los sesos** Pensar mucho en un asunto tratando de encontrarle una solución: *me he estado devanando los sesos y aún no sé qué hacer.* **perder el seso** Volverse loco: *perdió el seso y lo internaron en un manicomio.* **sorber el seso** Hacerle perder a alguien la capacidad de pensar y juzgar ejerciendo una gran influencia sobre él: *la televisión ha sorbido el seso a Alejandro.*

DER sesada, sesera, sesudo.

sesudo, -da adj. **1** Que muestra buen juicio y madurez en sus actos. SIN prudente, sensato. **2** Que es muy listo, inteligente y culto. SIN sabio.

set n. m. **1** Parte en que se divide un partido en ciertos deportes, como el tenis y el voleibol: *el tenista venció a su contrincante en el tercer set.* **2** Conjunto formado por varios utensilios que tienen una finalidad común o que están relacionados entre sí.

OBS Es de origen inglés. El plural es *sets*.

seta n. f. Hongo con forma de sombrero sostenido por un pie: *los champiñones son setas comestibles.*

setecientos num. card. **1** Indica que el nombre al que acompaña o al que sustituye está 700 veces: *quinientos más doscientos son setecientos.* NOTA Puede ser determinante (*setecientas veces*) o pronombre (*se manifestaron los setecientos*). ◆ num. ord. **2** Indica que el nombre al que acompaña o al que sustituye ocupa el lugar número 700 en una serie. SIN septingentésimo. NOTA Es preferible el uso del ordinal: *septingentésimo.* ◆ n. m. **3** Nombre del número 700.

setenta num. card. **1** Indica que el nombre al que acompaña o al que sustituye está 70 veces: *cincuenta más veinte son setenta.* NOTA Puede ser determinante (*setenta veces*) o pronombre (*firmaron el documento los setenta*). ◆ num. ord. **2** Indica que el nombre al que acompaña o al que sustituye ocupa el lugar número 70 en una serie. SIN septuagésimo. NOTA Es preferible el uso del ordinal: *septuagésimo.* ◆ n. m. **3** Nombre del número 70.

DER setentavo, setentón.

setentavo, -va num. Parte que resulta de dividir un todo en setenta partes iguales.

setentón, -tona adj. [persona] Que tiene entre setenta y setenta y nueve años de edad.

setiembre n. m. Septiembre.

seto n. m. Valla hecha con palos o ramas de arbustos o de otras plantas entretejidas: *el jardinero recortó el seto.*

seudo- Elemento prefijal que entra en la formación de palabras con el significado de 'falso', especialmente en el sentido de 'pretendido', 'impropiamente llamado': *seudónimo, seudópodo.*

OBS Puede adoptar la forma *pseudo-*.

seudónimo n. m. Nombre falso que usa una persona para ocultar su identidad, especialmente el utilizado por el autor de una obra: *publicó una novela erótica y la firmó con seudónimo.* SIN sobrenombre.

OBS También se escribe *pseudónimo,* pero es menos frecuente.

severo, -ra adj. **1** Riguroso o intransigente con las faltas o las debilidades de los demás o las propias: *maestro severo.* SIN estricto. ANT flexible, tolerante. **2** Que es estricto y riguroso al aplicar una ley o una regla: *es un juez muy severo.* **3** [aspecto, expresión] Que es grave, serio o poco expresivo: *rostro severo.*

DER severidad; aseverar, perseverar.

sevillano, -na adj. **1** De Sevilla o que tiene relación con esta provincia de Andalucía o con su capital. ◆ adj./n. m. y f. **2** [persona] Que es de Sevilla.

sexagenario, -ria adj. [persona] Que tiene entre sesenta y sesenta y nueve años de edad: *sus dos abuelos son sexagenarios.* SIN sesentón.

sexagesimal adj. [sistema de medida] Que está basado en el número sesenta: *los ángulos se miden con el sistema sexagesimal.*

sexagésimo, -ma num. ord. **1** Indica que el nombre al que acompaña o al que sustituye ocupa el lugar número 60 en una serie. NOTA Puede ser determinante (*la sexagésima vez*) o pronombre (*el sexagésimo en las listas*). ◆ num. **2** Parte que resulta de dividir un todo en sesenta partes iguales.

DER sexagesimal.

sexcentésimo, -ma num. ord. **1** Indica que el nombre al que acompaña o al que sustituye ocupa el lugar número 600 en una serie. NOTA Puede ser determinante (*la sexcentésima vez*) o pronombre (*el sexcentésimo en las listas*). ◆ num. **2** Parte que resulta de dividir un todo en seiscientas partes iguales.

sexenio n. m. Período de tiempo de seis años.

sexi adj. **1** [persona] Que es muy atractivo y despierta el deseo sexual: *tiene una manera de bailar muy sexi.* **2** Que resalta el atractivo físico de una persona: *vestido sexi.*

OBS El plural es *sexis.* Puede encontrarse la grafía inglesa *sexy.*

sexismo n. m. Actitud de la persona que discrimina a las personas del sexo opuesto o hace distinción de las personas según su sexo.

DER sexista.

sexista adj. Que promueve la discriminación por razón de sexo: *política sexista; escuela sexista.*

sexo n. m. **1** Conjunto de características de un animal u organismo que distinguen al macho de la hembra. **2** Conjunto de los individuos de una especie de una de estas dos series de características: *sexo femenino; sexo masculino.* **3** Órganos sexuales o reproductores, especialmente los externos. **4** Actividad física relacionada con la reproducción que proporciona placer sexual: *practica sexo seguro.* SIN sexualidad.

DER sexismo, sexología, sexuado, sexual.

sexteto n. m. **1** Estrofa poética formada por seis versos de más de ocho sílabas, generalmente endecasílabos. **2** MÚS. Conjunto musical formado por seis voces o seis instrumentos. **3** MÚS. Composición musical escrita para ser interpretada por ese conjunto de músicos.

sextilla n. f. Estrofa de seis versos de arte menor con rima consonante.

sextina n. f. **1** Composición poética que consta de seis versos endecasílabos, de los cuales riman el primero con el tercero, el segundo con el cuarto y los dos últimos entre sí. **2** Composición poética formada por treinta y nueve versos endecasílabos que se distribuyen en seis estrofas de seis versos cada una y una estrofa de tres; los versos de una misma estrofa no riman entre sí, aunque las últimas palabras de todos ellos aparecen, en un orden diferente, al final de los versos del resto de estrofas y en el interior de la última estrofa aparecen las seis palabras que se repiten a lo largo del poema.

sexto, -ta num. ord. **1** Indica que el nombre al que acompaña o al que sustituye ocupa el lugar número 6 en una serie. NOTA Puede ser determinante (*la sexta vez*) o pronombre (*el sexto de la fila*). ◆ num. **2** Parte que resulta de dividir un todo en seis partes iguales.
DER sextante, sexteto, sextilla, sextina; sextuplicar.

séxtuplo, -pla adj./ n. m. [cantidad, número] Que resulta de multiplicar por seis una cantidad: *54 es el séxtuplo de 9.*

sexual adj. Del sexo o que tiene relación con él.
DER sexualidad, sexualmente; asexual, bisexual, heterosexual, homosexual, transexual, unisexual.

sexualidad n. f. **1** Conjunto de características físicas y psicológicas propias de cada sexo. **2** Conjunto de actividades y comportamientos relacionados con la atracción entre los sexos, con la reproducción y con el placer sexual. SIN sexo.

sheriff n. m. En los condados de Estados Unidos, representante de la justicia encargado de mantener el orden público y hacer cumplir la ley.
OBS Se pronuncia «shérif». El plural es *sheriffs*.

sherpa adj./ n. com. **1** [persona] Que pertenece a un pueblo de Nepal situado en la cordillera asiática del Himalaya: *los sherpas ayudan a los escaladores en sus ascensiones a la cumbre del Everest.* ◆ adj. **2** Relativo a este pueblo: *territorio sherpa.*

shock n. m. Impresión intensa que recibe una persona y que altera profundamente su estado mental y sus sentimientos. SIN choque.
OBS Es de origen inglés y se pronuncia aproximadamente «choc».

short n. m. Pantalón corto deportivo o de verano que llega aproximadamente hasta la mitad del muslo.
OBS Se pronuncia aproximadamente «short». El plural es *shorts*. Se usa también en plural para hacer referencia a una sola prenda.

show n. m. Espectáculo que se realiza para divertir o entretener a un público: *show televisivo.*
OBS Es de origen inglés y se pronuncia aproximadamente «chou».

si n. m. **1** Séptima nota de la escala musical: *el si está entre el la y el do.* NOTA El plural es *sis*. ◆ conj. **2** Introduce una oración subordinada condicional que expresa una condición que ha de cumplirse para que sea cierto lo expresado en la oración principal: *si me toca la lotería, me compro una moto.* **3** Introduce oraciones interrogativas indirectas: *pregúntale si quiere ir al cine.* **4** Expresa énfasis en oraciones exclamativas: *¡Si será bestia que le ha roto la nariz de un puñetazo!* **5** Introduce oraciones que expresan una petición o un deseo: *¡si usted pudiera agilizar este trámite!* NOTA En estos casos, la oración introducida por *si* no depende de otra oración, aparece sola. SIN ojalá.
▶ como si Expresa una comparación hipotética, compara lo dicho con una situación imposible, irreal: *rebuznó como si fuera un burro.* si bien Introduce oraciones adversativas o concesivas, es decir que expresan una aparente contraposición a lo que dice la oración principal: *si bien era noruego, estaba bastante moreno.* SIN aunque, pero. si no De otra forma; en caso contrario: *coge el tren, si no, no vas a llegar a tiempo.*

sí adv. **1** Expresa afirmación, asentimiento, especialmente como respuesta a una pregunta: *¿quieres? Sí.* **2** Enfatiza el carácter afirmativo de una frase: *esto sí es pasarlo bien.* ◆ n. m. **3** Permiso, consentimiento o respuesta afirmativa a una petición o pregunta: *la novia dio el sí con una gran sonrisa.* NOTA El plural es *síes*. ◆ pron. pers. **4** Forma reflexiva del pronombre de tercera persona que aparece tras preposición; tiene la misma forma en género masculino y femenino y en número singular y plural: *él siempre habla de sí mismo.* NOTA Con la preposición *con* forma la palabra *consigo*.
▶ de por sí Sin tener en cuenta otras cosas, considerado aisladamente: *esta gripe de por sí no es grave, si no se complica con otros procesos.* para sí Mentalmente o sin hablar: *pensó para sí que todos estaban equivocados.* porque sí Sin una causa o motivo explicado, sino por voluntad o capricho: *tú te vas de casa porque sí, porque lo digo yo.* volver en sí Recuperar el conocimiento: *se desmayó, pero a los dos minutos volvió en sí.*
OBS Como pronombre personal, puede reforzarse con el adjetivo *mismo: lo hizo por sí mismo.*

siamés, -sa adj. **1** [persona] Que ha nacido

unido a su hermano gemelo por una parte del cuerpo. **2** [gato] Que tiene el pelo muy corto de color pardo o grisáceo, más oscuro en la cara, las orejas y la cola que en el resto del cuerpo. **3** De Tailandia o que tiene relación con este país de Asia, antiguamente llamado Siam. **SIN** tailandés. ◆ adj./ n. m. y f. **4** [persona] Que es de Tailandia. ◆ n. m. **5** Lengua del grupo tai que se habla en Tailandia.

sibarita adj./ n. com. **1** [persona] Que es aficionado al lujo y a los placeres caros y refinados, especialmente si rechaza las cosas que no lo son: *llevó una vida de sibarita en su casa de París.* ◆ adj. **2** Que es propio de estas personas: *tiene unos gustos muy sibaritas.*

siberiano, -na adj. **1** Relativo a Siberia, región del norte de Asia, o quienes la habitan. ◆ adj./ n. m. y f. **2** [persona] Que es de Siberia.

sibila n. f. Mujer que tenía la capacidad de predecir el futuro, según los antiguos griegos y romanos.

sibilino, -na adj. Que es misterioso, oscuro, parece encerrar un secreto importante o que puede tener varios significados: *siempre habla de manera sibilina, incluso para decir cosas sin importancia.*

sic Palabra del latín que se usa en textos escritos para indicar que una palabra o expresión es una transcripción o copia textual, aunque pueda parecer incorrecta; equivale a *así, de esta manera.*

sicario n. m. Asesino a sueldo, persona que recibe dinero a cambio de matar a otra.

siciliano, -na adj. **1** De Sicilia o relacionado con esta isla situada al suroeste de la península italiana. ◆ adj./ n. m. y f. **2** [persona] Que es de Sicilia. ◆ m. **3** Dialecto de la lengua italiana que se habla en Sicilia.

sico- Psico-.

sicoanálisis n. m. Psicoanálisis.

sicoanalista adj./ n. com. Psicoanalista.

sicología n. f. Psicología.

sicológico, -ca adj. Psicológico.

sicólogo, -ga n. m. y f. Psicólogo.

sicomotricidad n. f. Psicomotricidad.

sicópata adj./ n. com. Psicópata.

sicosis n. f. Psicosis.

sicoterapia n. f. Psicoterapia.

sida n. m. Enfermedad infecciosa producida por un virus que se transmite por vía sexual o a través de la sangre, y que destruye las defensas naturales del organismo: *la palabra sida se ha formado a partir de las siglas de síndrome de inmunodeficiencia adquirida.*

DER sidoso.

sideral adj. De las estrellas o los cuerpos celestes o que tiene relación con ellos. **SIN** estelar, galáctico.

DER intersideral.

siderurgia n. f. Sector de la industria del metal que se ocupa de extraer y elaborar el hierro.

DER siderúrgico.

siderúrgico, -ca adj. De la siderurgia o relacionado con esta técnica para obtener hierro y elaborar productos derivados de él: *la industria siderúrgica española se concentra principalmente en el norte de España.*

sidra n. f. Bebida alcohólica hecha con el zumo de las manzanas fermentado: *la sidra asturiana es muy famosa en España.*

DER sidrería.

siega n. f. **1** Actividad agrícola que consiste en cortar o recolectar las hierbas o los cereales maduros: *la siega del trigo se hace en verano.* **2** Época del año en que se cortan las hierbas o cereales. **3** Conjunto de hierbas o cereales maduros cortados.

siembra n. f. **1** Acción que consiste en arrojar y esparcir semillas en un terreno preparado para que germinen: *hace años la siembra se hacía a mano.* **2** Época del año en que se realiza esta acción. **3** Tierra en la que se han puesto semillas: *la siembra necesita mucha agua.* **SIN** sembrado. **4** Técnica de laboratorio que consiste en colocar microorganismos en medios de cultivo, en un ambiente adecuado para su crecimiento.

siempre adv. **1** Todo el tiempo: *siempre te querré.* **2** En todo caso, por lo menos: *quizá no logre mi propósito, pero siempre me quedará la satisfacción de haber hecho lo que debía.*

▶ **siempre y cuando** Introduce una oración subordinada condicional que expresa una condición que se ha de cumplir obligatoriamente para que sea cierto lo dicho en la oración principal: *iremos al cine siempre y cuando hagas los deberes.*

sien n. f. Una de las dos partes de la cabeza situadas entre la frente, la oreja y la mejilla: *me duele la cabeza y noto pinchazos en las sienes.*

sierpe n. f. **1** Reptil sin extremidades, de cuerpo muy largo y de forma cilíndrica, cabeza aplastada, boca grande y piel de distintos colores. **SIN** serpiente. **2** Persona colérica o que se enfada con facilidad: *se dio cuenta de que su mujer era una sierpe.*

sierra n. f. **1** Herramienta que sirve para cortar madera y otros materiales duros y que está formada por una hoja de acero con dientes unida a un mango: *el carpintero ha cortado el tablón con la sierra.* sierra de mano Sierra que se puede manejar con una sola mano. sierra mecánica Sierra muy potente que funciona con un motor: *las sierras mecánicas son muy útiles para cortar objetos durísimos.* **2** Cordillera de montañas: *los fines de semana se marchan a su casa de la sierra.*

siervo, -va n. m. y f. **1** Persona que sirve a otra y está sujeta a su autoridad, especialmente los campesinos que servían a los señores feudales en la Edad Media y les pertenecían: *los siervos pagaban altísimos tributos a su señor.* SIN esclavo. **2** Persona enteramente sometida o entregada al servicio de otra: *soy un siervo de tu amor.*

siesta n. f. **1** Sueño corto que se echa después de comer. **2** Momento del día destinado para dormir o descansar después de comer porque es el más caluroso: *los comercios están cerrados porque es la hora de la siesta.*

siete num. card. **1** Indica que el nombre al que acompaña o al que sustituye está 7 veces: *cinco más dos son siete.* NOTA Puede ser determinante (*siete veces*) o pronombre (*firmaron el documento los siete*). ◆ num. ord. **2** Indica que el nombre al que acompaña o al que sustituye ocupa el lugar número 7 en una serie. SIN séptimo. NOTA Es preferible el uso del ordinal: *séptimo.* ◆ n. m. **3** Nombre del número 7. **4** Roto en la ropa o en una tela con forma de ángulo: *llevaba un siete en la espalda.*

▶ siete y media Juego de cartas en el que gana el jugador que obtiene siete puntos y medio, o el que más se acerca a esa puntuación sin sobrepasarla.

DER sietemesino.

sífilis n. f. Enfermedad infecciosa producida por una bacteria que se contagia por vía sexual o de la madre gestante al feto.

OBS El plural también es *sífilis.*

DER sifilítico.

sifón n. m. **1** Botella, generalmente de cristal, con un mecanismo en su parte superior que abre y cierra la salida del agua con gas contenida en su interior. **2** Agua carbónica que hay en el interior de esa botella. **3** Tubo curvo en forma de U; se utiliza para que circulen líquidos salvando algún desnivel, o para obstruir la salida de gases en cañerías de retretes y lavabos.

sigilo n. m. **1** Secreto con que se trata un asunto o se hace una cosa: *trataron el asunto con un gran sigilo para que nadie se enterase.* **2** Silencio cuidadoso: *hacía su trabajo con sigilo, para no despertar al niño.*

DER sigiloso.

sigiloso, -sa adj. **1** Que se realiza en secreto o que se comporta con discreción. **2** Que es silencioso y procura no llamar la atención. SIN silencioso.

sigla n. f. **1** Letra inicial de una palabra que se usa como abreviatura: *«ONU» son las siglas de la Organización de Naciones Unidas.* **2** Palabra formada por las iniciales de otras palabras: *las palabras «sida» y «radar» son siglas.*

siglo n. m. **1** Período de tiempo que comprende cien años. **2** Período de tiempo, de duración no determinada, que se considera muy largo: *hace un siglo que te escribí.*

signatura n. f. **1** Señal o marca que se pone en un objeto para distinguirlo de otros, especialmente la que está hecha de números y letras y que se pone en una parte visible de un libro o documento para indicar el lugar que ocupa en una biblioteca o archivo. **2** *formal* Acto de firmar, especialmente cuando se trata de un documento importante: *mañana se efectuará la signatura del concordato.* SIN firma.

significación n. f. **1** Representación o sentido de un fenómeno o hecho determinado: *la significación de un cuadro.* **2** Significado de una palabra o una frase. **3** Importancia, influencia o valor que tiene un hecho: *los cambios políticos han tenido gran significación en la sociedad española.*

significado n. m. **1** Sentido de una cosa, especialmente el de un signo, una palabra o una expresión: *los diccionarios intentan explicar el significado de las palabras.* **2** En lingüística, elemento que, junto con el significante, forma el signo lingüístico: *el significado es el concepto o la idea del signo.*

significante n. m. En lingüística, fonema o conjunto de fonemas o letras que, junto con el significado, forman el signo lingüístico: *el significante es la forma de la expresión.*

significar v. tr. **1** Representar una cosa, fenómeno o hecho, o ser señal de ello: *si se enciende esa luz, significa que hay que apagar el aparato.* **2** Representar una palabra o expresión una determinada idea o concepto: *si no sabes lo que significa la palabra «sierpe», búscala en este diccionario.* **3** Manifestar una idea o un sentimiento: *deseo significarle mi desacuerdo con la nueva reforma.* ◆ v. intr. **4** Tener importancia para alguien cierta cosa o persona: *él significa mucho para mí.* ◆ v. prnl. **5** significarse Llamar la atención o distinguirse una persona por una cualidad o circunstancia: *aquel hombre se significó por su valía para el trabajo.* **6** Demostrar una persona mediante sus actos o palabras que tiene ciertas ideas, generalmente políticas o religiosas.

OBS En su conjugación, la *c* se convierte en *qu* delante de *e*.

DER significación, significado, significante, significativo; insignificante.

significativo, -va adj. **1** Que es importante por lo que representa: *la firma del tratado de paz ha sido muy significativa.* **2** Que es señal de una cosa: *es significativo que Raúl no haya dicho nada en toda la reunión.*

signo n. m. **1** Cosa, fenómeno o hecho que, por una relación natural o convencional, se toma como representación de otra cosa, fenómeno o hecho: *lanzaron palomas como signo de paz.* SIN señal, símbolo. signo lingüístico Unidad formada por el significante, que es un conjunto de fonemas, y el significado, que es la idea o concepto. NOTA Se usa específicamente en el lenguaje propio de la ciencia lingüística. **2** Indicio o señal que da a conocer algo sobre una persona o una cosa: *los modales en la mesa son signo de la educación de una persona.* **3** Gesto o movimiento que se hace con una parte del cuerpo para expresar algo: *los sordomudos utilizan signos para hablar.* **4** Señal, marca o dibujo que se emplea en la escritura, en la música y en las operaciones matemáticas: *pon el signo + entre el 2 y el 5.* **5** Cada una de las doce partes iguales que forman el Zodiaco: *tú y yo somos del signo de géminis.*

DER signar, significar.

siguiente adj. Que va inmediatamente después de otra cosa en un orden determinado: *nos vimos el día siguiente al de su boda.* SIN posterior.

sílaba n. f. Sonido o conjunto de sonidos articulados que se producen entre dos breves y casi imperceptibles interrupciones de la salida de aire de los pulmones en la emisión de voz: *la palabra chocolate tiene cuatro sílabas.* ▶ sílaba átona Sílaba que, en una palabra, no se pronuncia con tanta fuerza como la sílaba tónica: *en la palabra «pelota», «pe» y «ta» son sílabas átonas.* sílaba libre Sílaba que termina en vocal: *la palabra «pasillo» está formada por tres sílabas libres.* sílaba tónica Sílaba que, en una palabra, se pronuncia con mayor fuerza: *en la palabra «casa», «ca» es la sílaba tónica.* sílaba trabada Sílaba que termina en consonante: *la palabra «señal» termina en sílaba trabada.*

DER silabación, silabear, silábico; bisílabo, decasílabo, dodecasílabo, endecasílabo, eneasílabo, heptasílabo, hexasílabo, monosílabo, octosílabo, parisílabo, pentasílabo, polisílabo, tetrasílabo, trisílabo.

silabear v. tr. Pronunciar las sílabas de las palabras dejando entre cada una de ellas un espacio de tiempo mayor de lo habitual.

silábico, -ca adj. De la sílaba o relacionado con este sonido o conjunto de sonidos de la palabra.

silbar v. tr. **1** Producir un sonido agudo soplando con los labios muy juntos o formando con los dedos y la lengua un conducto estrecho en la boca: *el pastor silbó para reunir el ganado.* **2** Producir sonidos agudos soplando en un cuerpo hueco: *silbaba con el capuchón del bolígrafo.* ◆ v. intr. **3** Producir un silbido el viento o una cosa que agita el aire: *las balas silbaban por todos lados.* ◆ v. tr./ intr. **4** Producir silbidos para mostrar agrado o desagrado: *el público silbó al actor por su mala interpretación.*

DER silbato, silbido.

silbato n. m. Instrumento pequeño que tiene un conducto por el que, al soplar a través de él, se produce un sonido agudo. SIN pito.

silbido n. m. Sonido agudo que se produce cuando el aire roza con algo a mucha velocidad: *llamó la atención del perro con un silbido.*

DER silbo.

silbo n. m. **1** Silbido.

silenciar v. tr. **1** Callar u omitir intencionadamente una cosa, especialmente una información: *silenciaron los resultados de la investigación.* **2** Hacer que no se oiga ningún ruido o voz, o que no se pueda expresar algo: *silenció el ruido tapando el aparato con una manta.*

OBS En su conjugación, la *i* es átona, como en *cambiar*.

DER silenciador.

silencio n. m. **1** Estado en el que no hay ningún ruido o no se oye ninguna voz: *todos los alumnos escuchaban en silencio.* **2** Ausencia de noticias o palabras sobre un asunto: *la prensa guarda silencio sobre el robo.* **3** MÚS. Pausa o momento en que se interrumpe el sonido en una composición musical. ◆ int. **4** **¡silencio!** Palabra con la que se pide a las personas que no hablen ni hagan ruido.

DER silenciar, silencioso.

silencioso, -sa adj. **1** [persona] Que no suele hablar. **2** [aparato, motor] Que no hace ruido o hace muy poco. **3** [lugar] Sin ruido o con muy poco.

silepsis n. f. **1** Figura retórica que consiste en hacer concordar un término de la oración con otro por motivos semánticos y no por las reglas gramaticales: *en la frase la «mayoría de gente ya han llegado» hay un ejemplo de silepsis, pues se utiliza la forma plural «han llegado» concordando con el significado colectivo de «la mayoría de gente», en vez de la forma singular gramaticalmente correcta «ha llegado».* **2** Figura retórica que consiste en emplear una palabra en un enunciado con dos significados simultáneos. **SIN** dilogía.

OBS El plural también es *silepsis.*

sílex n. m. Piedra muy dura formada principalmente por sílice y que al romperse forma unos bordes que son muy cortantes.

OBS El plural también es *sílex.*

sílfide n. f. Mujer que es muy esbelta y muy guapa.

sílice n. f. Combinación de silicio con oxígeno que se encuentra en ciertos minerales.

DER silicato, silíceo, silícico, silicio, silicosis.

silíceo, -cea adj. Que está compuesto de silicio.

silicio n. m. QUÍM. Elemento no metálico, sólido y de color amarillento, que forma parte de la arena y de las rocas: *el símbolo del silicio es Si.*

DER silicona.

silicona n. f. Material plástico con una gran resistencia al calor, la humedad y la electricidad que se emplea para fabricar prótesis y otros muchos tipos de objetos.

silicosis n. f. Enfermedad que afecta al aparato respiratorio de las personas y que se produce por haber aspirado polvo de sílice en gran cantidad.

silla n. f. **1** Asiento para una sola persona, con respaldo y generalmente con cuatro patas: *las sillas del comedor están tapizadas con la misma tela que el sofá.* **silla de ruedas** Asiento que en lugar de patas tiene una rueda grande a cada lado y sirve para que se desplace una persona que no puede andar, o un enfermo para que no se canse. **silla eléctrica** Asiento que está conectado a la corriente eléctrica y es utilizado para ejecutar a los condenados a muerte. **2** Armazón de madera y cuero que se coloca sobre el lomo de un animal de montar y sirve para que una persona se siente y cabalgue cómodamente.

DER sillar, sillería, sillín, sillón; ensillar.

sillar n. m. ARQ. Piedra labrada que forma parte de una construcción, generalmente cortada en forma de rectángulo: *los sillares de la catedral son de gran tamaño.*

sillería n. f. **1** Conjunto de asientos que tienen el mismo estilo y que, generalmente, están en una misma sala o habitación: *se ha comprado una sillería de estilo inglés.* **2** ARQ. Obra hecha con sillares o piedras labradas: *la fachada de esta iglesia es de sillería.*

sillín n. m. Asiento individual pequeño, especialmente el de la bicicleta y otros vehículos parecidos: *bajó el sillín de la bicicleta porque no llegaba a los pedales.*

sillón n. m. Asiento para una sola persona, con respaldo y brazos, y que es más grande y cómodo que una silla, generalmente acolchado y forrado con tela.

silo n. m. Lugar seco y preparado para guardar el trigo u otras semillas o plantas cortadas.

silogismo n. m. FILOS. Razonamiento que está formado por dos premisas y una conclusión que es el resultado lógico de la relación entre las dos premisas.

silueta n. f. **1** Línea exterior que delimita el dibujo de una figura, especialmente cuando representa a una persona o animal: *dibujó con tiza la silueta de un perro.* **SIN** perfil. **2** Forma que presenta un objeto cuando está sobre un fondo más claro que él.

silva n. f. Combinación métrica formada por versos endecasílabos, solos o combinados con heptasílabos, que riman en consonancia, aunque algunos pueden quedar libres, sin una división por estrofas concreta.

silvestre adj. **1** [vegetal] Que crece o se cría en el campo o en la selva sin la intervención del hombre: *me han regalado un ramo de margaritas silvestres.* **2** Que tiene malos modos o que es poco delicado. **SIN** inculto, rústico.

NOTA Se aplica despectivamente.

DER asilvestrado.

silvicultura n. f. **1** Conjunto de actividades

relacionadas con el cultivo, el cuidado y la explotación de bosques y montes. **2** Ciencia que se ocupa de este conjunto de actividades.

DER silvicultor.

sima n. f. **1** Hueco o agujero en la tierra que es grande, muy profundo y oscuro: *los espeleólogos se adentraron en la sima para explorarla.* **2** GEOL. Capa interior de la corteza terrestre que está situada entre el sial y el núcleo.

simbiosis n. f. **1** BIOL. Situación en la que dos organismos de especies diferentes se asocian para beneficiarse mutuamente en su desarrollo vital. **2** Relación de ayuda mutua que se establece entre dos personas, especialmente cuando trabajan o realizan algo en común: *el equipo de ventas y el de administración han conseguido una simbiosis perfecta en el trabajo.*

simbólico, -ca adj. **1** Que representa o simboliza una cosa. **2** Que se expresa por medio de símbolos: *es un director de cine muy simbólico.* **3** Que tiene significado afectivo o moral, o valor representativo, más que material: *un premio simbólico.*

simbolismo n. m. **1** Conjunto de símbolos que se utilizan para representar algo: *la cruz forma parte del simbolismo cristiano.* **2** Significado de lo que se expresa con uno o varios símbolos: *el simbolismo de la película no queda muy claro.* **3** Tendencia artística, manifiesta especialmente en la literatura y en la pintura, que consiste en sugerir ideas o evocar objetos sin nombrarlos directamente, mediante símbolos e imágenes: *el simbolismo nació en Francia a finales del siglo XIX.*

DER simbolista.

simbolista adj. **1** Del simbolismo o relacionado con este movimiento artístico surgido en Francia en el siglo XIX. ◆ adj./ n. com. **2** [persona] Que sigue o pone en práctica los preceptos del simbolismo.

simbolizar v. tr. Servir una cosa, fenómeno o hecho como representación o explicación de algo, por haber entre las dos cosas una relación natural o convencional.

OBS En su conjugación, la *z* se convierte en *c* delante de *e*.

símbolo n. m. **1** Cosa, fenómeno o hecho que se toma como representación de otra cosa, fenómeno o hecho, especialmente cuando la relación que hay entre ambas cosas es convencional: *el corazón es el símbolo del amor.* **SIN** señal, signo. **2** QUÍM. Letra o conjunto de letras que sirven para nombrar un elemento químico: *el símbolo del hierro es Fe.* **3** Figura del lenguaje que consiste en utilizar una palabra o un conjunto de palabras con un significado que va más allá del sentido estricto y simboliza otra cosa con la que se puede relacionar de alguna manera: *en muchas poesías los ríos son símbolos de la vida.*

DER simbólico, simbolismo, simbolizar, simbología.

simbología n. f. Conjunto de símbolos que hay en una cosa, especialmente en una obra artística: *analizó la simbología de algunos cuentos de Borges.*

simetría n. f. **1** Correspondencia de posición, forma y tamaño de las partes de un cuerpo, a uno y otro lado de un plano o alrededor de un punto o de un eje: *un círculo tiene simetría.* **2** Proporción adecuada de las partes de un todo o de las cosas de un conjunto.

DER simétrico; asimetría.

simétrico, -ca adj. Que guarda simetría: *doblad una hoja de papel en partes simétricas.* **ANT** asimétrico.

simiente n. f. **1** Parte del fruto de una planta donde está el embrión que, si se pone en las condiciones adecuadas, da origen a una nueva planta de la misma especie. **2** Cosa que es causa u origen de otra, especialmente de un sentimiento o cosa inmaterial: *la simiente del conflicto.* **SIN** semilla.

símil n. m. **1** Figura del lenguaje que consiste en establecer una igualdad o comparación entre dos términos para dar una idea viva y clara de uno de ellos: *la expresión sus dientes eran blancos como perlas es un símil.* **SIN** comparación. **2** Comparación o semejanza entre dos cosas.

DER similar, similitud.

similar adj. Que se parece a otra persona, animal o cosa. **SIN** parecido, semejante.

similitud n. f. Parecido o semejanza que hay entre dos o más personas, animales o cosas: *hay cierta similitud entre los perros y los lobos.*

simio, -mia n. m. y f. Animal mamífero que tiene manos y pies con cinco dedos, uñas planas, cerebro muy desarrollado y que se alimenta principalmente de vegetales: *los simios caminan a cuatro o a dos patas.* **SIN** mono.

simpatía n. f. **1** Modo de ser o de actuar de una persona que la hace agradable a los demás. **ANT** antipatía. **2** Sentimiento de afecto hacia alguien o algo: *tengo simpatía por esta región.* **ANT** antipatía. **3** Relación patológica o fisiológica que se produce entre dos órganos del cuerpo que no están relacionados directamente.

DER simpático, simpatizar.

simpático, -ca adj. [persona] Que es agradable y atrae a los demás. **ANT** antipático.

▶ gran simpático ANAT. Parte del sistema nervioso que dirige el funcionamiento de ciertos órganos del cuerpo, sin intervenir la voluntad: *el gran simpático es el encargado de la aceleración del ritmo cardiaco.*

simpatizante adj./ n. com. Que siente simpatía o inclinación por una ideología u otra cosa: *simpatizante del feminismo.*

simpatizar v. intr. Sentir atracción o simpatía por alguien o algo: *Juan ha simpatizado enseguida con sus nuevos compañeros.*

OBS En su conjugación, la *z* se convierte en *c* delante de *e*.

DER simpatizante.

simple adj. **1** Que está formado por un solo elemento: *el oxígeno es un elemento simple.* **ANT** compuesto. **2** Que no tiene complicación ni dificultad: *haz una simple resta para saber cuánto ganarás.* **SIN** sencillo. **ANT** complicado, difícil. **3** Se utiliza con el significado de *solamente* para indicar que lo que se expresa no es tan importante, tan complicado o tan difícil como podría ser: *con una simple llamada puede ganar un gran premio.* **NOTA** El adjetivo va siempre delante del sustantivo. **4** GRAM. [tiempo verbal] Que se conjuga sin verbo auxiliar: *el presente de indicativo es un tiempo simple.* ◆ adj./ n. com. **5** [persona] Que no es inteligente ni rápido cuando razona y es fácil de engañar: *todos le toman el pelo porque es muy simple.* **SIN** ingenuo.

DER simplemente, simpleza, simplicidad, simplificar, simplista, simplón.

simpleza n. f. **1** Falta de inteligencia y rapidez en una persona cuando razona. **2** Acto o dicho poco inteligente: *no hagas caso de sus simplezas, habla por hablar.* **3** Cosa poco importante o de poco valor: *no debes disgustarte por una simpleza semejante.*

simplicidad n. f. **1** Ausencia de complicación en una cosa. **ANT** complicación. **2** Ingenuidad o carácter simple que tiene una persona: *le toman el pelo por su simplicidad.* **3** Ausencia de adornos en una obra artística.

simplificación n. f. **1** Transformación de una cosa en algo más sencillo o fácil. **2** MAT. Reducción de una cantidad, una expresión o una ecuación a la forma más sencilla, que tiene el mismo resultado: *para hacer la simplificación de un quebrado hay que dividir tanto el numerador como el denominador por un mismo número.*

simplificar v. tr. **1** Hacer más sencilla o más fácil una cosa: *el ordenador te simplificará mucho el trabajo.* **2** MAT. Reducir una cantidad, una expresión o una ecuación a la forma más sencilla, que tiene el mismo resultado.

OBS En su conjugación, la *c* se convierte en *qu* delante de *e*.

DER simplificación.

simplista adj. Que se basa en ideas demasiado elementales: *visión simplista.*

simulación n. f. Presentación de una cosa haciendo que parezca real: *hizo con el ordenador la simulación de un castillo.*

simulacro n. m. Acción que se realiza imitando un suceso real para tomar las medidas necesarias de seguridad en caso de que ocurra realmente: *hicieron un simulacro de incendio.*

simulador n. m. Aparato o conjunto de aparatos que reproduce las funciones de otro, pero sin producir el efecto propio de él: *simulador de vuelo.*

simular v. tr. **1** Hacer parecer que ocurre o existe una cosa que no ocurre o no existe en realidad: *simuló un ataque de tos para salir de la sala.* **SIN** fingir. **2** Presentar una cosa haciendo que parezca real.

DER simulación, simulador; disimular.

simultaneidad n. f. Circunstancia de coincidir dos o más hechos o acciones en un mismo momento o período de tiempo.

simultáneo, -nea adj. [actividad] Que se hace u ocurre al mismo tiempo que otra actividad: *traducción simultánea.* **SIN** paralelo.

DER simultáneamente, simultanear, simultaneidad.

sin prep. **1** Indica falta o carencia de una cosa material o inmaterial: *está prohibido conducir una moto sin casco.* **2** Indica que lo que se dice a continuación no queda incluido o no se tiene en cuenta dentro de lo dicho antes: *la compra de la casa me ha salido muy cara, sin los impuestos.*

▶ sin + infinitivo Indica que la acción que expresa el infinitivo no sucede: *partió sin comer.* sin embargo Enlace adversativo entre oraciones, que indica que lo que se dice a continuación es contradictorio con lo que se ha dicho antes, pero no impide su realización: *llueve mucho y sin embargo no hace frío.* SIN no obstante.

sinagoga n. f. Edificio donde una comunidad judía se reúne para rezar o realizar ceremonias religiosas. SIN aljama.

sinalefa n. f. Fusión en una sola sílaba de la última vocal de una palabra y la primera de la palabra siguiente, especialmente en la poesía.

sincerarse v. prnl. Contar un hecho o un sentimiento personal y reservado sin fingir ni ocultar información, especialmente para justificar un hecho o para aliviar la propia conciencia. Se utiliza con las preposiciones *con* o *ante*.

sinceridad n. f. Falta de fingimiento en las cosas que se dicen o en lo que se hace: *la sinceridad es la base para la buena amistad.* SIN franqueza.

sincero, -ra adj. Que habla y obra sin mentir ni fingir: *fue sincero cuando te dijo que te amaba.* SIN franco.

DER sinceramente, sincerarse, sinceridad.

síncopa n. f. **1** Fenómeno lingüístico que consiste en suprimir uno o más sonidos en medio de una palabra: *Navidad es síncopa de natividad.* **2** MÚS. Unión de dos notas iguales, de las cuales una está en la parte débil del compás y la otra, en la parte fuerte: *el jazz tiene muchas síncopas.*

DER sincopar, síncope.

sincopar v. tr. Hacer síncopa de una palabra o de una nota.

DER sincopado.

sincretismo n. m. **1** FILOS. Sistema filosófico que trata de armonizar corrientes de pensamiento o ideas opuestas: *la escolástica medieval se basa en el sincretismo entre la filosofía clásica y los dogmas del cristianismo.* **2** GRAM. Fenómeno que se produce al coincidir en una única forma dos o más funciones gramaticales: *en las desinencias verbales encontramos sincretismo de las categorías de persona, número y tiempo.*

sincronizar v. tr. Hacer que coincidan dos fenómenos o movimientos en un momento determinado.

OBS En su conjugación, la *z* se convierte en *c* delante de *e*.

DER sincronización.

sindical adj. Del sindicato o que tiene relación con este tipo de agrupación de trabajadores.

sindicalismo n. m. Movimiento que defiende el establecimiento de sindicatos de trabajadores como forma de organización social.

sindicar v. tr. **1** Hacer que una persona se asocie con otras que tienen sus mismos intereses laborales para formar un sindicato: *quieren sindicar a los obreros de esta empresa.* ◆ v. prnl. **2** sindicarse Afiliarse una persona a un sindicato.

OBS En su conjugación, la *c* se convierte en *qu* delante de *e*.

sindicato n. m. Unión o agrupación de trabajadores destinada a la defensa de sus intereses económicos y laborales: *los sindicatos nacieron en el siglo XIX.*

síndico, -ca n. m. y f. Persona elegida por un grupo o comunidad para cuidar de sus intereses, sobre todo económicos o sociales.

DER sindical, sindicar, sindicato.

síndrome n. m. Conjunto de signos o señales que caracterizan una enfermedad o un trastorno físico o mental: *esta enfermedad tiene como síndrome fuertes dolores de cabeza y de estómago.*

▶ síndrome de abstinencia Conjunto de signos o señales que surgen cuando una persona deja bruscamente de tomar una sustancia a la que está acostumbrada, pasa especialmente con las drogas. síndrome de Down Enfermedad que origina retraso mental y de crecimiento y que produce determinadas anomalías físicas; está producida por la triplicación total o parcial de cierto cromosoma. síndrome de Estocolmo Actitud que aparece en las personas que son puestas en libertad después de un secuestro y que consiste en mostrarse comprensivo y benevolente con la conducta de los secuestradores. síndrome de inmunodeficiencia adquirida Enfermedad infecciosa producida por un virus. SIN sida.

sinécdoque n. f. Figura del lenguaje que consiste en ampliar, reducir o alterar el significado de una palabra para designar un todo con el nombre de una de sus partes, o viceversa, designar una parte con el nombre del todo: *si decimos seis euros por cabeza en lugar de seis euros por persona utilizamos la sinécdoque, porque con el nombre de una parte (cabeza) designamos el todo (persona).*

sinéresis n. f. **1** GRAM. Unión en una sola

sílaba de dos vocales que normalmente se pronuncian en sílabas separadas en el interior de una palabra: *las pronunciaciones «crea-dor» y «fae-na», en lugar de «cre-a-dor» y «fa-e-na», son casos de sinéresis.* **2** Figura retórica que consiste en la unión en una sola sílaba métrica de dos vocales que pertenecen a la misma palabra y que no forman diptongo: *Áurea corona es en el poema verso pentasílabo, sin la sinéresis sería hexasílabo.*

sinestesia n. f. Figura retórica que consiste en la combinación de palabras que se aplican a sentidos distintos: *«amarillo chillón» o «se oye la luz» son ejemplos de sinestesia.*

sinfín n. m. Cantidad muy grande de alguna cosa, que resulta imposible de calcular o limitar, especialmente cuando se trata de cosas inmateriales. **SIN** infinidad, sinnúmero.

sinfonía n. f. **1** Composición musical hecha para ser interpretada por una orquesta, que consta de tres o cuatro movimientos de larga duración. **2** Conjunto de elementos que están bien combinados entre sí: *este paisaje es una magnífica sinfonía de luz y color.*

sinfónico, -ca adj. **1** De la sinfonía o que tiene relación con este tipo de composición musical. **2** [orquesta] Que se compone de un gran número de músicos que tocan instrumentos musicales de cuerda, de viento y de percusión.

singular adj./ n. m. **1** GRAM. [número gramatical] Que expresa una sola unidad. **ANT** plural. ◆ adj. **2** Que es raro o extravagante: *tenía una manera singular de hablar.* **3** Que es extraordinario o muy bueno entre varias posibilidades: *tenía un don singular para la política.*
DER singularidad, singularizar, singularmente.

singularidad n. f. **1** Característica de lo que es único en su línea o de lo que es extraordinario o raro. **2** Carácter especial de una persona o cosa que la hace destacar entre las demás.

singularizar v. tr. **1** Distinguir o dar mayor relevancia a una cosa o persona entre varias: *el alcalde quiso singularizar el problema de la vivienda.* ◆ v. prnl. **2** singularizarse Distinguirse o destacar una persona o cosa entre otras.
OBS En su conjugación, la *z* se convierte en *c* delante de *e*.

siniestra n. f. Mano situada, en relación con la posición de una persona, en el lado que tiene el corazón. **SIN** izquierda. **ANT** derecha, diestra.

siniestro, -tra adj. **1** Que está hecho con mala intención: *un plan siniestro.* **SIN** perverso. **2** Que es desgraciado o debido a la mala suerte: *el final de la fiesta fue siniestro porque se fue la luz y empezó la tormenta.* **3** Que causa cierto temor o angustia por su carácter sombrío o macabro o por su relación con la muerte. ◆ n. m. **4** siniestro Daño o pérdida importante que sufre una persona o una cosa que se posee, especialmente por muerte, incendio, naufragio, choque u otro suceso parecido: *las víctimas del siniestro fueron atendidas en el hospital.*
DER siniestrado, siniestralidad.

sinnúmero n. m. Cantidad muy grande de una cosa, que resulta imposible de calcular o limitar: *el librero vendió un sinnúmero de libros.* **SIN** infinidad, sinfín.

sino n. m. **1** Fuerza desconocida que determina lo que les ha de suceder a las personas: *está clarísimo que ese era su sino.* **SIN** destino. ◆ conj. **2** Indica que lo que se dice a continuación se afirma por oposición a lo que se ha negado antes: *su coche no es blanco, sino negro.* **NOTA** Cuando precede a un verbo se usa en correlación con la conjunción *que*: *no me lo contó, sino que estaba allí cuando sucedió.* **3** Indica que lo que se dice a continuación queda excluido del conjunto que se ha dicho antes: *nadie lo sabe sino Antonio.* **4** Se usa para añadir un elemento nuevo a otro que se ha dicho antes: *merece ser estimado, no solo por inteligente, sino también por afable.* **NOTA** Se usa en correlación con *no solo*.

sínodo n. m. **1** Reunión de obispos para tratar temas sobre los dogmas del cristianismo o para tratar asuntos de organización. **2** Reunión de pastores de la Iglesia protestante para tratar asuntos de su iglesia. **3** ASTR. Coincidencia de dos planetas en el mismo grado de la trayectoria que describe la Tierra en su movimiento de traslación alrededor del Sol.

sinonimia n. f. Igualdad de significado que hay entre dos o más palabras o expresiones: *entre las palabras «pelo» y «cabello» hay una relación de sinonimia.* **ANT** antonimia.
DER sinónimo.

sinónimo, -ma adj./ n. m. [palabra, expresión] Que tiene el mismo significado que otra u otras palabras o expresiones: *«puerco» es un «sinónimo» de «cerdo».* **ANT** antónimo.

sinopsis n. f. **1** Esquema o exposición grá-

fica de los puntos generales de un tema o materia. **2** Resumen muy breve y general de una cosa, especialmente de una novela, película u obra teatral: *lee la sinopsis de la película para saber de qué va.*
OBS El plural también es *sinopsis.*

sinóptico, -ca adj. Que presenta las partes principales de un asunto de manera clara, rápida y resumida.

sinovia n. f. Líquido transparente que se encuentra en las articulaciones de los huesos y que sirve para lubricarlas.

sinovial adj. **1** De la sinovia o relacionado con este líquido de las articulaciones de los huesos: *líquido sinovial.* **2** [membrana] Que segrega sinovia.

sinrazón n. f. Acción hecha contra la justicia o fuera de lo que se considera razonable.

sinsabor n. m. Sentimiento de pesar o disgusto que afecta a una persona: *la enfermedad de su hijo le ha producido muchos sinsabores.*

sinsentido n. m. Dicho o hecho absurdo y que no tiene lógica.

sintáctico, -ca adj. GRAM. De la sintaxis o que tiene relación con esta parte de la gramática.

sintagma n. m. GRAM. Elemento o conjunto de elementos que constituyen una unidad de sentido y que cumplen una función determinada con respecto a otros elementos de la oración.
▶ sintagma adjetivo Sintagma que tiene como núcleo o elemento principal un adjetivo: *«capaz de leer el libro» es un sintagma adjetivo.* sintagma nominal Sintagma que tiene como núcleo o elemento principal un nombre o sustantivo: *en la frase «aquel día lluvioso volvimos a casa», «aquel día lluvioso» es un sintagma nominal.* sintagma preposicional Sintagma cuyo primer elemento es una preposición: *en la oración «el caballo de madera es para ti», hay dos sintagmas preposicionales: «de madera» y «para ti».* sintagma verbal Sintagma que tiene como núcleo o elemento principal un verbo: *las secuencias «salimos», «salimos de casa» y «salimos de casa a las once» son sintagmas verbales.*
DER sintagmático.

sintaxis n. f. **1** GRAM. Parte de la gramática que estudia el orden y la relación de las palabras en la oración y la unión de unas oraciones con otras en el discurso: *la sintaxis nos enseña a construir oraciones correctas.* **2** GRAM. Combinación y conexión de las palabras y las expresiones dentro del discurso.
DER sintáctico.

sintecho n. com. Persona que no tiene un lugar donde vivir y duerme en la calle o en establecimientos benéficos: *los sintecho de la capital.*
OBS El plural es *sintecho.* También se escribe *sin techo.*

síntesis n. f. **1** Explicación corta en la que se presenta lo principal de un asunto o materia: *al final de cada capítulo hay una síntesis de su contenido.* SIN resumen. **2** Composición o formación de un todo mediante la unión de varios elementos: *esta cultura es la síntesis de otras más antiguas.* **3** BIOL. Proceso por el que un ser vivo elabora en el interior de sus células las moléculas de sus componentes, a partir de sustancias tomadas del exterior. **4** QUÍM. Proceso por el que se obtiene una sustancia compuesta a partir de la combinación de elementos químicos o de sustancias simples. **5** FILOS. Método de razonamiento deductivo, que parte de lo más simple para llegar a lo más complejo: *la síntesis y el análisis son los procesos fundamentales de razonamiento.* ANT análisis.
OBS El plural también es *síntesis.*
DER sintético, sintetizar; biosíntesis, fotosíntesis, osteosíntesis, parasíntesis.

sintético, -ca adj. **1** De la síntesis o que tiene relación con ella. ANT analítico. **2** [material] Que se obtiene mediante procedimientos industriales o químicos y que imita una materia natural: *esa cartera es de piel sintética.*

sintetizador n. m. Instrumento musical electrónico que se toca mediante teclas y que imita efectos sonoros determinados o sonidos de otros instrumentos musicales, combinando distintas frecuencias e intensidades.

sintetizar v. tr. **1** Hacer una síntesis o resumen en que se recogen las principales ideas de un asunto o materia: *los periodistas sintetizaron la entrevista para publicarla en el suplemento dominical.* **2** Formar un elemento o sustancia compuesta mediante la combinación de elementos o sustancias simples.
OBS En su conjugación, la *z* se convierte en *c* delante de *e.*
DER sintetizador.

síntoma n. m. **1** Fenómeno o alteración del organismo que pone de manifiesto la enfermedad que una persona padece, y que sirve para determinar la naturaleza de esta enfermedad: *el color amarillo de la piel puede ser síntoma de hepatitis.* **2** Señal o signo de que una cosa está ocurriendo o va a ocurrir: *las manifestaciones son síntoma de malestar social.*

DER sintomático, sintomatología.

sintomático, -ca adj. **1** Del síntoma o que tiene relación con esta alteración del organismo: *el médico me dijo que mi enfermedad era sintomática.* **2** Que indica que una cosa está ocurriendo o va a ocurrir.

sintonía n. f. **1** Música con la que se marca el comienzo o el fin de un espacio de radio o de televisión y que lo identifica entre los demás. **2** Igualdad de frecuencia entre un aparato receptor y otro emisor, especialmente referido a la adaptación de un aparato de radio o de televisión a una emisora para que capte sus programas. **3** Relación de acuerdo o de correspondencia entre varias personas o cosas. **SIN** consonancia.

DER sintonizar; presintonía.

sintonizar v. tr. **1** Poner un aparato receptor en la misma frecuencia que un aparato emisor para poder recibir su señal: *hay que sintonizar bien la tele porque no se ve bien.* ◆ v. intr. **2** Entenderse bien dos o más personas o cosas por tener ideas y gustos parecidos o un carácter similar: *nada más presentarlos, sintonizaron perfectamente.*

OBS En su conjugación, la *z* se convierte en *c* delante de *e*.

DER sintonización, sintonizador.

sinuoso, -sa adj. **1** [trayecto] Que tiene curvas, ondulaciones o recodos: *recorrimos el sinuoso camino que cruza la montaña.* **SIN** tortuoso. **2** Que es poco claro y pretende ocultar la verdadera intención o propósito. **SIN** retorcido, tortuoso.

sinusitis n. f. MED. Enfermedad que consiste en una inflamación de las membranas que cubren los huesos de la frente a ambos lados de la nariz.

sinvergonzonería n. f. Comportamiento o acción propios de la persona sinvergüenza.

sinvergüenza adj. **1** [persona] Que habla u obra sin demostrar vergüenza ni respeto. **SIN** descarado. **2** [persona] Que tiene habilidad para engañar sin maldad y para no dejarse engañar. **3** [persona] Que comete actos de delincuencia en beneficio propio, generalmente estafas o robos: *he denunciado a los sinvergüenzas que me robaron el coche.*

sionismo n. m. Movimiento político judío que defiende la creación del estado independiente israelí en Palestina, antiguo país de Oriente Medio.

sionista adj. **1** Del sionismo o relacionado con este movimiento político. ◆ adj./ n. com. **2** [persona] Que es partidario del sionismo o sigue este movimiento político.

siquiera adv. **1** Indica que lo que se dice a continuación es lo mínimo que se espera de una cosa solicitada o dada: *préstame siquiera seis euros.* ◆ conj. **2** Sirve para unir oraciones e indica que lo que se dice a continuación es lo mínimo que se espera sobre lo dicho antes: *querría hablar con él, siquiera fuese un momento.* ▶ **ni siquiera** o **ni tan siquiera** Expresión que se usa para reforzar una negación de manera que lo que se dice a continuación representa lo más básico de una totalidad que tampoco se cumple: *sufre amnesia, no recuerda ni siquiera su nombre.*

sir n. m. Título inglés que se otorga a hombres que se distinguen en su comportamiento; se emplea también como tratamiento de respeto o cortesía.

sirena n. f. **1** Ser imaginario que vive en el mar, con cuerpo de mujer hasta la cintura y cola de pez: *las sirenas aparecen en la mitología griega y romana.* **2** Aparato que emite un sonido fuerte, generalmente con subidas y bajadas de intensidad, que se oye a mucha distancia, y que sirve para avisar de alguna cosa: *en circulación, los vehículos que llevan sirena tienen preferencia.*

DER sirénido, sirenio.

sirio, -ria adj. **1** De Siria o relacionado con este país del suroeste de Asia, entre Turquía e Iraq. ◆ adj./ n. m. y f. **2** [persona] Que es de Siria.

siroco n. m. Viento muy caliente y seco que sopla del desierto del Sáhara hacia el Mediterráneo.

sirviente, -ta n. m. y f. Persona que sirve a otra, especialmente la que se dedica a realizar los trabajos domésticos a cambio de dinero.

sísmico, -ca adj. Del terremoto o que tiene relación con este movimiento de la corteza terrestre.

DER antisísmico.

sismógrafo n. m. Instrumento que sirve para registrar la intensidad, duración y otras características de los temblores de tierra durante un terremoto.

sistema n. m. **1** Conjunto ordenado de normas y procedimientos que permite que funcione una cosa. **2** Conjunto de reglas, principios o medidas que tienen relación entre sí. sistema cegesimal Sistema de pesas y medidas que tiene por unidades básicas el centímetro, el gramo y el segundo. sistema internacional de unidades Sistema de pesas y medidas acordado por muchos países para tener una referencia común: *el ampere es una unidad del Sistema internacional de unidades.* sistema métrico o sistema métrico decimal Sistema de pesas y medidas que tiene por unidades básicas el metro, el kilogramo y el segundo. **3** Conjunto de elementos que forman un todo. sistema montañoso Conjunto de montañas que se considera como una unidad: *los Pirineos son el sistema montañoso que separa España de Francia.* sistema operativo INFORM. Conjunto de órdenes y programas que controlan los procesos básicos de un ordenador y permiten el funcionamiento de otros programas: *el sistema operativo de mi ordenador es MS-DOS.* sistema periódico QUÍM. Conjunto de los elementos químicos ordenados en una tabla por su número atómico y según sus propiedades. sistema planetario o sistema solar Conjunto formado por el Sol y los demás cuerpos celestes que giran a su alrededor: *Plutón es el planeta que está más cerca del límite del sistema solar.* **4** BIOL. Conjunto de órganos que intervienen en una función principal dentro del cuerpo: *los pulmones forman parte del sistema respiratorio.* **5** Medio o manera con que se hace una cosa: *un buen sistema de trabajo nos ahorrará tiempo.* **6** Cada uno de los conjuntos organizados que constituyen una lengua y que están relacionados entre sí: *sistema fonológico.*
▶ por sistema Se usa para indicar que una cosa se hace siempre obstinadamente o sin una lógica determinada.
DER sistemático, sistematizar.

sistemático, -ca adj. **1** Que sigue o se ajusta a un sistema o conjunto de elementos ordenados: *una investigación sistemática es siempre más fiable.* **2** [persona] Que actúa con un método determinado y mucha constancia: *tengo que ser más sistemático en el trabajo.*

sistematizar v. tr. Organizar un conjunto de elementos dándoles un orden determinado y lógico: *trataban de sistematizar los datos obtenidos antes de analizarlos en profundidad.*
OBS En su conjugación, la *z* se convierte en *c* delante de *e*.
DER sistematización.

sístole n. f. **1** Movimiento de contracción del corazón y de las arterias: *la sístole alterna con la diástole para impulsar la sangre por el sistema circulatorio.* **2** Recurso poético que sirve para mantener el ritmo de un verso y que consiste en el traslado del acento de una palabra a la sílaba inmediatamente anterior.

sitiar v. tr. **1** Rodear una ciudad, una fortaleza u otro lugar para atacar a las fuerzas enemigas que están dentro o para impedir que salgan o reciban ayuda: *las tropas sitiaron la ciudad y consiguieron que sus habitantes se rindieran.* SIN asediar. **2** Hacer que una persona no tenga más remedio que aceptar lo que se le propone con mucha insistencia.
OBS En su conjugación, la *i* es átona, como en *cambiar.*

sitio n. m. **1** Parte o punto de un espacio: *deja los abrigos en cualquier sitio.* SIN lugar. **2** Puesto que corresponde a una persona o una cosa en un determinado momento: *las joyas no están en su sitio.* **3** Espacio libre o disponible para un determinado fin: *no encontré sitio para aparcar.* **4** Acción que consiste en rodear una ciudad, una fortaleza u otro lugar para atacar a las fuerzas enemigas que están dentro o para impedir que salgan o reciban ayuda.
▶ poner en su sitio Hacer ver a una persona cuál es su posición o situación para que no se tome demasiadas libertades ni haga lo que quiera: *la regañina puso a Isabel en su sitio.* sitio web Conjunto de páginas web unidas entre sí mediante hiperenlaces que forman un documento unitario para ser consultado en Internet. SIN web.
DER sitial, sitiar, sito.

situ Palabra que se utiliza en la expresión *in situ*, que significa 'en el lugar y en el momento en que ocurre una cosa': *acudió al teatro para asistir in situ al estreno de su obra.*

situación n. f. **1** Colocación o posición de una persona, animal o cosa en un lugar: *señalar la situación de la finca en el plano.* **2** Estado o condición en que se halla una persona, animal o cosa en un momento determinado.

situar v. tr. **1** Poner a una persona, animal o cosa en un lugar o espacio determinado: *la acción de la película se situaba en el siglo XVII.* ◆ v. prnl. **2** situarse Lograr una persona buena posición social, económica o profesional de modo que pueda vivir con comodidad: *hay que trabajar mucho para poder situarse.*

OBS En su conjugación, la *u* se acentúa en algunos tiempos y personas, como en *actuar.*

DER situación, situado.

skateboard n. m. Monopatín, patín con ruedas sobre el que se pueden colocar ambos pies.

OBS Es de origen inglés y se pronuncia aproximadamente «skeitbor».

S. L. Abreviatura de *sociedad limitada*, sociedad mercantil formada por un reducido número de socios que tienen derechos en función de su aportación de capital: *Compañía Algodonera, S. L.*

slalom n. m. Eslalon, carrera en esquí que se hace a través de una pista en la que hay unos banderines que marcan el recorrido que debe hacer el esquiador.

OBS Es de origen noruego y se pronuncia «eslálom».

slogan n. m. Frase corta y que se puede recordar fácilmente, que se usa para vender un producto o para aconsejar a la población sobre algo: *«si bebes, no conduzcas» es un slogan muy conocido.*

OBS Es de origen inglés y se pronuncia «slogan». La Real Academia Española solo admite la forma *eslogan.*

smash n. m. En el tenis, golpe muy fuerte que se da con la raqueta de arriba hacia abajo cuando la pelota llega muy alta. SIN mate.

OBS Es de origen inglés y se pronuncia aproximadamente «esmash».

SMS n. m. Mensaje que se envía a través de un teléfono móvil.

OBS De la sigla del inglés *short message service*, 'servicio de mensaje corto'.

s/n Abreviatura de *sin número*, que se usa en las direcciones de edificios de una vía pública cuando no reciben numeración: *c/ Magnolias, s/n.*

OBS También se abrevia *s. n.*

snob adj. [persona] Que imita de manera exagerada comportamientos e ideas que considera distinguidos y elegantes: *desde que te juntas con esa gente, vistes y te comportas como una snob.*

OBS Es de origen inglés. La Real Academia Española solo admite la forma *esnob*. Se usa en sentido despectivo. El plural es *snobs.*

DER snobismo.

so prep. **1** Antigua preposición que equivalía a *bajo* o *debajo de* y que actualmente se usa en las expresiones *so pena de* con el significado de 'a no ser que': *no tiene dinero para pagar el alquiler, so pena de que encuentre hoy mismo trabajo.* ◆ adv. **2** Contracción antigua de señor que actualmente se usa delante de determinados adjetivos para enfatizar su valor despectivo: *so burro, deja de decir estupideces.* ◆ int. **3** ¡so! Palabra que se usa para hacer que pare un caballo, un burro u otra caballería: *¡so, caballo!*

soba n. f. Cantidad grande de golpes que una persona da o recibe. SIN paliza.

sobaco n. m. Hueco que se forma en la unión del interior del brazo con el tronco: *ponte el termómetro en el sobaco.* SIN axila.

DER sobaquera.

sobar v. tr. **1** Tocar mucho una cosa, de manera que se estropee o desgaste: *no sobes la fruta si no te la vas a comer.* SIN manosear. **2** Acariciar o toquetear a una persona con insistencia: *deja ya de sobarme y no seas pesado.* SIN manosear. **3** Oprimir y remover una cosa para que se ablande: *el panadero soba la masa con la que hará pasteles.* **4** Golpear a una persona: *el boxeador ha sobado bien a sus contrincantes.* ◆ v. intr. **5** Estar una persona en estado de sueño: *se ha pasado el día sobando.* SIN dormir.

DER soba, sobado, sobetear, sobón.

soberanía n. f. **1** Autoridad más elevada sobre los asuntos sociales, económicos y políticos de un pueblo o nación. soberanía nacional Autoridad que ejerce el pueblo a través de los órganos que lo representan: *para ejercer la soberanía nacional hay que votar en las elecciones.* **2** Gobierno propio de un pueblo o nación en oposición al gobierno impuesto por otro pueblo o nación. SIN independencia.

soberano, -na adj./ n. m. y f. **1** [persona] Que posee y ejerce la autoridad más elevada sobre los asuntos sociales, económicos y políticos de un pueblo o nación. ◆ adj. **2** [pueblo, nación] Que se gobierna a sí mismo sin estar sometido políticamente a otro: *Islandia es un Estado soberano.* **3** Que es muy grande o muy difícil de superar: *le dieron una soberana paliza.*

soberbia n. f. **1** Actitud o sentimiento de una persona que se considera superior a los demás por alguna cualidad o circunstancia. SIN altanería, altivez. **2** Rabia o enfado que muestra una persona de manera exagerada ante una contrariedad.

DER soberbio; ensoberbecer.

soberbio, -bia adj. **1** [persona] Que se considera superior a los demás por alguna cualidad o circunstancia y lo demuestra en sus actos y palabras: *es muy soberbio y trata con desdén a sus inferiores.* SIN altanero, altivo. **2** [cosa] Que destaca o sobresale entre los demás por sus buenas cualidades: *viven en una mansión soberbia.* SIN extraordinario, magnífico.

sobornar v. tr. Ofrecer dinero u objetos de valor a una persona para conseguir un favor o un beneficio, especialmente si es injusto o ilegal, o para que no cumpla con una determinada obligación: *no dejarse sobornar.*
DER soborno; insobornable.

soborno n. m. **1** Acción que consiste en ofrecer dinero u objetos de valor a una persona para conseguir un favor o un beneficio, especialmente si es injusto o ilegal, o para que no cumpla con una determinada obligación: *descubrieron el soborno y detuvieron a los funcionarios implicados en él.* **2** Dinero u objetos de valor con que se intenta conseguir de alguien un favor o beneficio, o que no cumpla con una determinada obligación.

sobra n. f. **1** Cantidad de una cosa además de la necesaria o útil. SIN exceso. ◆ n. f. pl. **2** sobras Restos de una cosa después de haberla usado o consumido: *llevó las sobras de arroz a las gallinas.*
▶ de sobra Abundantemente, con exceso o más de lo que es necesario: *tengo vasos de sobra para todos.* estar de sobra Molestar o no ser necesaria una persona en un determinado lugar o situación.

sobrado, -da adj. **1** Que existe en gran cantidad o más de lo que es necesario: *tienes talento de sobras para hacer este trabajo.* ◆ n. m. **2** Último piso de una casa que queda justo debajo del tejado y que por ello tiene el techo inclinado, y que suele usarse para guardar cosas que ya no se usan: *hemos guardado la bicicleta en el sobrado.* SIN desván.
▶ estar sobrado Se usa para indicar que una persona tiene mucha cantidad de lo que se expresa a continuación: *está sobrado de cariño.*
DER sobradamente.

sobrante adj. [parte de una cosa] Que queda sin ser utilizado: *pagaremos las deudas y el dinero sobrante lo invertiremos.*

sobrar v. intr. **1** Haber más cantidad de una cosa de la necesaria: *en esta casa siempre sobra comida.* **2** Molestar o no ser necesaria una persona o cosa en un determinado lugar o situación.
DER sobra, sobrado, sobrante, sobrero.

sobrasada n. f. Embutido curado de consistencia pastosa hecho con carne y grasa de cerdo picada y condimentada con sal, abundante pimentón y especias que se embucha en un intestino grueso de cerdo: *sobrasada mallorquina.*

sobre prep. **1** Indica la posición superior o más alta de una cosa: *el jarrón está sobre la mesa.* **2** Indica de qué materia o asunto trata cierta cosa: *el científico planteó una nueva hipótesis sobre el origen del universo.* **3** Indica que una cantidad es aproximada: *llegaré sobre las once y media.* **4** Indica la proximidad y elevación de una cosa respecto a otra: *el faro está sobre el acantilado.* **5** Indica superioridad o situación dominante de una persona en relación a otra. **6** Indica dirección hacia un lugar determinado: *las tropas avanzaban sobre la ciudad.* **7** Indica control o vigilancia constante hacia una persona. **8** Indica reiteración de lo que se especifica: *solo hace que decir mentira sobre mentira.* NOTA Va precedida y seguida del mismo sustantivo. ◆ n. m. **9** Envoltorio plano, generalmente de papel, que se usa para meter en él cartas, documentos o papeles de cualquier tipo. **10** Envoltorio que tiene esta misma forma y que se usa para contener líquidos, polvos y otras cosas: *tómese dos sobres de estas vitaminas al día.* **11** Mueble de cuatro patas que se usa para dormir o para echarse encima de él: *me meteré en el sobre pronto porque tengo mucho sueño.* SIN cama.

sobre- Prefijo que entra en la formación de palabras para: *a)* Indicar aumento de la significación del nombre o verbo a que se une: *sobrecargar, sobredosis. b)* A veces, denotar acción repentina: *sobresaltar, sobrecoger. c)* Indicar 'encima', 'más arriba', 'después': *sobreedificar, sobremesa.*

sobrealimentación n. f. **1** Acción de sobrealimentar. **2** Efecto de sobrealimentar: *una alimentación desorganizada puede acarrear la sobrealimentación.* **3** Régimen dietético en el que hay un aporte continuo de alimentos excesivamente ricos en calorías, lo que es causa de obesidad.
DER sobrealimento.

sobrealimentar v. tr. **1** Hacer que una persona o un animal coma más de lo normal o de lo necesario: *no es conveniente sobrealimentar al bebé.* **2** Aumentar la presión del com-

bustible en un motor de explosión para incrementar su potencia.
DER sobrealimentación.

sobrecarga n. f. **1** Exceso de carga de una cosa, especialmente de un vehículo **2** Ocupación o uso completo de una cosa que impide su funcionamiento normal. **3** Cualquier sufrimiento, pena o molestia que tiene una persona y que se añade a otros que ya tiene. **4** Molestia que se produce por haber sometido una parte del cuerpo a un trabajo o un peso excesivos.

sobrecogedor, -ra adj. Que causa una impresión fuerte en el ánimo, generalmente de sorpresa o de miedo: *escuchamos un grito sobrecogedor.*

sobrecoger v. tr. Causar una impresión fuerte en el ánimo, generalmente de sorpresa o de miedo.
OBS En su conjugación, la *g* se convierte en *j* delante de *a* y *o*.
DER sobrecogedor.

sobredosis n. f. Cantidad excesiva de una medicina o de una droga que suele causar intoxicación o incluso la muerte.
OBS El plural también es *sobredosis*.

sobreentender v. tr. Sobrentender.
OBS Se conjuga como *entender*.

sobreesdrújulo, -la adj./n. f. [palabra] Que lleva el acento en la sílaba anterior a la antepenúltima.
OBS También se escribe *sobresdrújula*.

sobrehumano, -na adj. Que está por encima de las posibilidades, de la capacidad o de otra cosa que se considera propia del ser humano: *el corredor tuvo que hacer un esfuerzo sobrehumano para llegar a la meta.*

sobrellevar v. tr. Soportar con resignación una enfermedad, una pena o una situación que no satisface completamente.

sobremanera adv. Muchísimo o de un modo extraordinario: *me asombra sobremanera el valor de los pilotos de pruebas.*

sobremesa n. f. Período de tiempo después de la comida en el que se continúa sentado alrededor de la mesa: *durante la sobremesa estuvimos charlando.*
▶ de sobremesa **a.** Se usa para indicar que una cosa sucede o se produce en el periodo de tiempo inmediatamente posterior a la comida. **b.** Se usa aplicado a objetos que son para colocarse encima de una mesa o de un mueble parecido: *este marco es de sobremesa.*

sobrenatural adj. Que no sigue las reglas conocidas de la naturaleza o que supera sus límites: *dicen que la niña tiene poderes sobrenaturales.* ANT natural.

sobrenombre n. m. **1** Nombre que se da a una persona en lugar del suyo propio: *Cervantes también es conocido con el sobrenombre de El Manco de Lepanto.* **2** Nombre que se añade al propio de una persona y que expresa una cualidad: *el rey Fernando de Aragón tenía como sobrenombre el Católico.*

sobrentender v. tr. Entender algo que no se expresa con palabras pero que se supone o se deduce a través de ellas o de determinados actos.
OBS La Real Academia Española recoge *sobreentender*, pero prefiere la forma *sobrentender*. En su conjugación, la *e* se convierte en *ie* en sílaba acentuada, como en *entender*.

sobrepasar v. tr. **1** Pasar o dejar atrás a una persona o a un vehículo que están en movimiento. SIN adelantar, rebasar. **2** Llegar a ser mejor que otra persona en alguna actividad: *ha sobrepasado a todos sus compañeros en los estudios.* ◆ v. tr./prnl. **3** Pasar de cierta cosa o de cierta cantidad que se expresa: *si sobrepasas el límite de velocidad, nos multarán.* ◆ v. prnl. **4** sobrepasarse Ir una persona más allá de lo que se considera moralmente correcto con otra para intentar atraerla: *aunque ese chico tiene mala fama, conmigo nunca se ha sobrepasado.*

sobrepeso n. m. Exceso de carga o peso: *camión con sobrepeso; persona con sobrepeso.* SIN sobrecarga.

sobreponer v. tr. **1** Añadir o poner una cosa encima de otra. SIN superponer. ◆ v. prnl. **2** sobreponerse Superar un problema o una situación difícil, o no dejarse abatir por un estado de ánimo: *cuando se hubo sobrepuesto del disgusto, respondió a su padre.*
OBS Se conjuga como *poner*.

sobresaliente adj. **1** [cosa material] Que destaca o sobresale entre varias cosas. ◆ n. m. **2** Calificación o nota inmediatamente inferior a la de matrícula de honor y superior a la de notable: *sacó un sobresaliente.* ◆ n. com. **3** Persona que hace un trabajo cuando falta otra. NOTA Se usa específicamente en el lenguaje del teatro y de los toros. Para el femenino también es correcta la forma *sobresalienta*.

sobresalir v. intr. **1** Destacar una cosa entre otras por su anchura o su altura. **2** Distinguirse o destacarse una persona en un grupo por alguna cualidad: *ese político sobresale por su elocuencia.*

OBS Se conjuga como *salir.*

DER sobresaliente.

sobresaltar v. tr. Alarmar o causar miedo o angustia un ruido o hecho inesperado: *el trueno me ha sobresaltado.*

sobresalto n. m. Susto o sensación de miedo o angustia producida por un ruido o hecho inesperado: *el grito me produjo un gran sobresalto.*

sobresdrújulo, -la adj./ n. f. [palabra] Que lleva el acento en la sílaba anterior a la antepenúltima sílaba: *«cómpramelo» es una palabra sobresdrújula.*

OBS La Real Academia Española recoge *sobreesdrújulo,* pero prefiere la forma *sobresdrújulo.*

sobresueldo n. m. Dinero que se cobra o paga además del sueldo fijo, generalmente por haber realizado un trabajo o un servicio complementario. SIN plus.

sobrevalorar v. tr. Dar a una persona o una cosa mayor valor del que verdaderamente tiene o le corresponde: *dato sobrevalorado.* SIN supervalorar. ANT infravalorar, minusvalorar, subvalorar.

sobrevenir v. intr. **1** Venir u ocurrir inesperadamente un hecho negativo para una persona: *sobrevino una desgracia.* **2** Ocurrir una cosa además o después de otra: *han sobrevenido nuevos problemas.*

OBS Se conjuga como *venir.*

sobreviviente adj./ n. com. Persona que sobrevive a un peligro o catástrofe: *se han encontrado los restos del avión y se han perdido las esperanzas de encontrar sobrevivientes.* SIN superviviente.

sobrevivir v. intr. **1** Seguir vivo después de un hecho o de un momento determinados, especialmente si son peligrosos. **2** Seguir vivo después de la muerte de otra persona. **3** Seguir vivo a pesar de las estrecheces y de las dificultades para tener lo más necesario: *el sueldo apenas da para sobrevivir.*

sobrevolar v. tr. Volar por encima de un lugar determinado: *las avionetas sobrevolaban la ciudad.*

OBS En su conjugación, la *o* se convierte en *ue* en sílaba acentuada, como en *contar.*

sobriedad n. f. **1** Control o moderación que tiene una persona en su manera de actuar, especialmente al comer y al beber. **2** Ausencia de adornos en una cosa, especialmente en una obra artística: *este escultor se caracteriza por una gran sobriedad en todas sus obras.*

sobrino, -na n. m. y f. Hijo de un hermano o una hermana, o de un primo o una prima. ▶ sobrino carnal Hijo de un hermano o una hermana. sobrino segundo Hijo de un primo o una prima.

sobrio, -bria adj. **1** [persona] Que no es exagerado en su forma de actuar, especialmente al comer y al beber. **2** [estilo] Que es sencillo y sin adornos: *decoró el salón con muebles sobrios.* SIN austero. ANT recargado. **3** [persona] Que no está borracho: *puede conducir porque está sobrio.* SIN sereno. ANT ebrio.

DER sobriedad.

socavar v. tr. **1** Excavar algo por debajo, dejándolo sin apoyo y expuesto a hundirse: *están socavando la calle para construir un aparcamiento.* **2** Debilitar una ideología o valor espiritual de una persona: *la falta de apoyo de sus compañeros le socavó el ánimo.*

socavón n. m. **1** Agujero que se produce al hundirse el suelo por haber debajo un hueco o galería: *la carretera quedó llena de socavones.* **2** Cueva o galería que se ha excavado en la ladera de un monte.

sociable adj. Que le gusta relacionarse con otros miembros de su especie y tiene facilidad para ello: *los perros son animales sociables.*

DER sociabilidad; insociable.

social adj. **1** De la sociedad humana o que tiene relación con este conjunto de personas que se relacionan entre sí. **2** Del conjunto de personas que se organizan en clases según su nivel económico o su poder político, o que tiene relación con ellas: *clase social.* **3** ECON. De una compañía o sociedad económica o que tiene relación con ella o con sus miembros: *el capital social se vio incrementado.* **4** [animal] Que vive en grupo formando colonias: *la hormiga es un insecto social.*

DER sociable, socialismo, socializar, socialmente; antisocial, insocial.

socialismo n. m. Sistema político, social y económico que defiende la igualdad de todos los individuos que forman parte de una sociedad y por ello todos los bienes son de propiedad común, siendo el Estado el que se encarga de repartir la riqueza: *el socialismo perseguía la desaparición de las clases sociales.*

DER socialista.

socialista adj./ n. com. **1** Del socialismo o

que tiene relación con este sistema político: *política socialista.* ◆ adj./ com. **2** [persona] Que es partidario del socialismo: *los diputados socialistas votaron a favor de la ley.*

socialización n. f. Acción que consiste en pasar bienes que pertenecen a personas o instituciones particulares al Estado o a un órgano colectivo.

sociedad n. f. **1** Conjunto de personas que habitan la Tierra y establecen relaciones organizadas: *la sociedad del siglo XX ha experimentado el imparable avance de la ciencia.* **2** Conjunto de personas que se relacionan organizadamente y que pertenecen a un lugar determinado o tienen características en común: *sociedad española.* alta sociedad Sociedad compuesta por personas que gozan de un alto nivel económico y, generalmente, cultural. sociedad de consumo Sociedad en la que se estimula a las personas a que compren y consuman bienes, aunque no sean necesarios: *la competitividad y la agresividad son consecuencias de la sociedad de consumo en la que vivimos.* **3** Grupo formado por personas que se unen con un fin determinado: *Marta pertenece a una sociedad deportiva.* sociedad secreta Sociedad que realiza actividades de forma oculta, generalmente al margen de la ley y para beneficio propio, y cuyos miembros esconden su pertenencia a ella. **4** ECON. Grupo formado por personas que se unen para el ejercicio o explotación de un comercio o industria: *los hermanos formaron una sociedad.*

▶ sociedad anónima Sociedad formada por un grupo de personas que tienen dinero invertido en un negocio determinado y cuya responsabilidad respecto a este depende de la cantidad de dinero que ha invertido cada una. NOTA Se puede abreviar en S. A. sociedad limitada Sociedad que se diferencia de la anónima por ser menor el número de personas que participan en el negocio. Se puede abreviar en S. L.

socio- Elemento prefijal que entra en la formación de palabras con el significado de: *a)* 'Social': *socioeconómico, sociocultural. b)* 'De sociedad': *sociología, sociolingüística.*

socio, -cia n. m. y f. **1** Persona que pertenece a un grupo o asociación con un fin determinado. **2** Persona que participa en un negocio junto con otra o más personas: *antes de invertir ese dinero tengo que consultar a mi socio.* **3** Compañero o amigo: *voy a llamar a mi socio para salir a dar una vuelta.*

DER social, sociedad; asociar, disociar.

sociocultural adj. Del estado cultural de una sociedad o grupo social o que tiene relación con él: *el nivel sociocultural de este barrio es bastante alto.*

socioeconómico, -ca adj. De la sociedad y la economía o que tiene relación con estas disciplinas: *nivel socioeconómico.*

sociología n. f. Ciencia que estudia la formación, el desarrollo y las características de las sociedades humanas: *quiere estudiar sociología porque se interesa mucho por las actitudes y opiniones de los grupos sociales.*

DER sociológico, sociólogo; psicosociología.

sociológico, -ca adj. De la sociología o que tiene relación con esta ciencia.

sociólogo, -ga n. m. y f. Persona que se dedica a estudiar las sociedades humanas.

socorrer v. tr. Ayudar a alguien que ha sufrido un accidente, está en peligro o tiene una necesidad apremiante. SIN auxiliar.

DER socorrido, socorrismo.

socorrismo n. m. Conjunto de técnicas destinadas a prestar ayuda rápidamente a las personas en caso de accidente o peligro grave: *hizo un cursillo de socorrismo y se encarga de vigilar la piscina municipal.*

socorrista n. com. Persona que se dedica a ayudar en caso de accidente, peligro o necesidad y que está especialmente adiestrada para ello.

socorro n. m. **1** Ayuda que se presta en una situación de peligro o necesidad: *acudieron a prestarles socorro muy rápido.* SIN auxilio. **2** Cosa que sirve de ayuda en una situación de peligro o necesidad: *una balsa fue su único socorro para escapar.* **3** Conjunto de provisiones que necesita un ejército, especialmente cuando está en un lugar y no se puede mover de él. ◆ int. **4** ¡socorro! Palabra con la que se pide ayuda en una situación de peligro o necesidad.

DER socorrer.

soda n. f. Bebida gaseosa, transparente y sin alcohol, que está hecha con agua y ácido carbónico.

sodio n. m. QUÍM. Metal blando, muy abundante en la naturaleza, que forma sales con otros elementos: *el símbolo del sodio es Na.*

DER sódico.

soez adj. Que es de mal gusto o poco educa-

do: *se comportó de forma tan soez que me negué a ayudarle.* **SIN** grosero.
OBS El plural es *soeces.*

sofá n. m. Asiento grande y blando, en el que se puede sentar más de una persona, que tiene respaldo y brazos.
▶ **sofá cama** Asiento que además puede convertirse en cama.
OBS El plural es *sofás.*

sofisticado, -da adj. **1** [persona] Que se comporta de forma distinguida y elegante, aunque poco natural: *es una dama muy sofisticada, culta y refinada.* **2** [cosa] Que no es natural ni sencillo. **3** [aparato] Que es muy complicado y tiene un uso muy completo: *el laboratorio cuenta con instrumentos muy sofisticados.*

sofisticar v. tr. Hacer más complicada, completa y efectiva una cosa mediante técnicas avanzadas.
OBS En su conjugación, la *c* se convierte en *qu* delante de *e.*

sofocante adj. Que sofoca o hace difícil la respiración: *ambiente sofocante.*

sofocar v. tr. **1** Impedir o hacer difícil la respiración: *me sofocan los lugares cerrados con mucha gente.* **SIN** ahogar. **2** Molestar repetidamente a una persona consiguiendo que se ponga nerviosa. **3** Apagar o dominar una cosa que se extiende o se desarrolla, especialmente un fuego: *ella sofocó la rebelión.* ◆ v. tr./ prnl. **4** Hacer que una persona sienta vergüenza o se sonroje.
OBS En su conjugación, la *c* se convierte en *qu* delante de *e.*

sofoco n. m. **1** Calor excesivo que impide o hace difícil la respiración: *los ascensores me producen sensación de sofoco.* **2** Sentimiento de vergüenza o ridículo: *sentí un terrible sofoco cuando resbalé delante de todos.*

sofrito part. **1** Participio irregular de *sofreír.* También se usa como adjetivo: *pimientos sofritos.* ◆ n. m. **2** Conjunto de ingredientes, en especial tomate, cebolla y ajo, que se fríen a fuego lento hasta que están ligeramente dorados y son la base y condimento principal de un guiso: *el sofrito de la paella.*

software n. m. Conjunto de programas, instrucciones y sistemas operativos que hacen que el ordenador funcione y realice determinadas tareas.
OBS Es de origen inglés y se pronuncia aproximadamente «sofgüer».

soga n. f. Cuerda gruesa: *el mulo estaba atado con una soga de esparto.* **SIN** maroma.
▶ **a soga** ARQ. Manera de construir colocando los ladrillos o piedras con el lado más largo a la vista. **con la soga al cuello** Se usa para indicar que una persona se siente amenazada por un peligro grave o está en una situación comprometida. **mentar la soga en casa del ahorcado** Hablar de un asunto que molesta o pone triste a una persona que lo ha padecido: *recuerda los horrores que sufrió en la guerra, así que mejor no mentar la soga en casa del ahorcado.*

soja n. f. **1** Planta de tallo recto, hojas compuestas y flores pequeñas en racimo, cuyo fruto es una legumbre. **2** Fruto leguminoso de esta planta que contiene unas semillas de las que se obtiene aceite.

sojuzgar v. tr. Dominar o mandar violentamente sobre una persona o un grupo.
OBS En su conjugación, la *g* se convierte en *gu* delante de *e.*

sol n. m. **1** Estrella con luz propia alrededor de la cual gira la Tierra: *la vida en la Tierra depende de la energía, el calor y la luz del Sol.* **NOTA** Se escribe con letra mayúscula. **2** Luz y calor que desprende esa estrella: *saca al niño al parque para que le dé un poco el sol.* **sol de justicia** Luz y calor muy intensos e insoportables: *fuimos a Sevilla en agosto y hacía un sol de justicia.* **3** Parte de un espacio a la que llega la luz de esa estrella: *hoy hace un día muy agradable para pasear por el sol.* **SIN** solana. **ANT** sombra. **4** Figura con la forma de esa estrella. **5** Estrella que es el centro de un sistema de planetas: *en la galaxia hay millones de soles.* **6** Persona muy buena y simpática. **7** MÚS. Quinta nota musical de la escala.
▶ **arrimarse al sol que más calienta** Estar de parte de la persona que tiene más poder para conseguir favores: *ese político cambia de partido para arrimarse al sol que más calienta.* **de sol a sol** Se usa para indicar el período de tiempo que va desde que amanece hasta que anochece: *los segadores trabajan de sol a sol.* **no dejar ni a sol ni a sombra** **a.** Seguir a una persona a cualquier lugar al que va. **b.** Tener muchas y continuas atenciones con una persona. **tomar el sol** Ponerse en un lugar donde se recibe la luz y calor del sol: *hay que tomar el sol con precaución para no quemarse la piel.*
DER solana, solanera, solano, solar, solear; insolación.

solana n. f. Parte de un terreno o de un edificio donde da el sol mucho tiempo y plenamente: *tienden la ropa en la solana.* SIN sol. ANT umbría.

solano n. m. Viento que viene del punto donde nace el Sol. SIN levante.

solapa n. f. **1** Parte de las prendas de vestir abiertas por delante, que está unida al cuello y se dobla hacia fuera sobre el pecho: *el abrigo llevaba unas solapas muy anchas.* **2** Parte de la cubierta de un libro que se dobla hacia dentro. **3** Pieza que cubre una abertura: *la chaqueta lleva los bolsillos con solapa.* **4** Parte del sobre que se dobla para cerrarlo.

solapar v. tr. **1** Ocultar o disimular una intención o deseo para que no se advierta: *su sonrisa solapaba sus verdaderos deseos.* **2** Colocar una cosa sobre otra, cubriéndola solo parcialmente: *iba solapando las tejas para hacer el tejado.*
DER solapa, solapado.

solar adj. **1** Del Sol o que tiene relación con esta estrella: *la Tierra forma parte del sistema solar.* ◆ n. m. **2** Terreno donde se ha construido o que se destina a construir en él: *en aquel solar quieren edificar un centro comercial.* ◆ v. tr. **3** Cubrir el suelo con un material: *unos albañiles han solado y alicatado el cuarto de baño.* SIN pavimentar.
OBS En su conjugación, la *o* se convierte en *ue* en sílaba acentuada, como en *contar.*
DER solado; asolar.

solariego, -ga adj. Que tiene un linaje noble y antiguo: *visitamos los terrenos solariegos de los condes.*

solárium n. m. Terraza o lugar que está reservado y acondicionado para tomar el sol. SIN solario.
OBS El plural es *soláriums.*

soldada n. f. **1** Cantidad de dinero con que se paga el servicio de un soldado. **2** Cantidad de dinero con la que se paga un servicio o un trabajo. SIN salario, sueldo.

soldado n. com. **1** Persona que sirve en un ejército: *los soldados se preparan para la guerra.* SIN militar. **2** Miembro del ejército que no tiene rango o graduación: *todavía es soldado, pero espera ascender pronto a cabo.* NOTA También se llama *soldado raso.* ◆ adj./ n. com. **3** ZOOL. [insecto] Que tiene el cuerpo adaptado para luchar y defender la comunidad en la que vive: *hormiga soldado.*
DER soldadesco.

soldadura n. f. **1** Acción de unir dos piezas o partes de una cosa, generalmente de metal y mediante calor: *se me da muy mal la soldadura.* **2** Unión de dos piezas o partes de una cosa: *la soldadura es más fuerte y duradera que los remaches.*
▶ soldadura autógena Unión de dos piezas mediante calor, sin usar ninguna materia adicional.

soldar v. tr. **1** Unir firmemente dos piezas o partes de una cosa, generalmente de metal y mediante calor: *soldaron una plancha de metal al casco del barco.* **2** Unir firmemente dos piezas de las mismas características.
OBS En su conjugación, la *o* se convierte en *ue* en sílaba acentuada, como en *contar.*
DER soldador, soldadura.

soleá n. f. **1** Estrofa compuesta de tres versos, generalmente octosílabos, que riman en asonancia el primero y el tercero y el segundo queda suelto. **2** Cante flamenco que se hace con este tipo de estrofas. **3** Baile flamenco que se realiza al compás de este cante.
OBS El plural es *soleares.*

soleado, -da adj. **1** [día, tiempo atmosférico] Que presenta un cielo sin nubes y en el que brilla el sol: *mañana soleada.* **2** [lugar] Que recibe mucha luz del sol: *casa soleada.*

solear v. tr. Exponer una cosa al sol por algún tiempo para conseguir que la luz o el calor produzcan un efecto sobre ella.
DER soleado.

soledad n. f. **1** Falta de compañía. ANT compañía. **2** Pesar y tristeza que se siente por la falta, muerte o pérdida de una persona: *la muerte de su marido le ha producido una gran soledad.* **3** Lugar desierto o que no está habitado.

solemne adj. **1** [acto, celebración] Que es celebrado o hecho públicamente y con una ceremonia extraordinaria: *misa solemne.* **2** [compromiso] Que es formal y firme, especialmente si se declara ante alguien: *hizo un juramento solemne.* **3** Que provoca admiración y respeto por su grandeza, superioridad o nobleza: *en esta ciudad hay una catedral solemne.* SIN majestuoso, señorial. **4** [acción, dicho] Que tiene una cualidad negativa en grado muy alto: *eso es una solemne tontería.*
NOTA Se usa en sentido despectivo.
DER solemnidad, solemnizar.

solemnidad n. f. **1** Importancia o significación de un acto o celebración: *la solemnidad*

a b c d e f g h i j k l m n ñ o p q r **s** t u v w x y z

del acto nos obligaba a estar en silencio. **2** Formalidad y firmeza con que se dice o hace una cosa.

▶ de solemnidad Se usa para indicar que una determinada cualidad negativa es muy intensa o completa.

soler v. intr. **1** Tener costumbre o hábito de hacer una determinada cosa: *tu padre suele venir los sábados.* SIN acostumbrar. **2** Suceder con frecuencia una cosa.

OBS Se usa seguido de infinitivo. Es defectivo y no se usa en los futuros de indicativo y subjuntivo, ni en el potencial ni en el imperativo. En su conjugación, la *o* se convierte en *ue* en sílaba acentuada, como en *mover.*

solera n. f. **1** Entramado del suelo. **2** Suelo o base. **3** Vino añejo destinado a reforzar el nuevo. **4** Antigüedad y prestigio de una cosa.

solfa n. f. **1** Arte de leer y entonar un texto musical. **2** Conjunto de signos. **3** Paliza o zurra.

▶ poner en solfa *coloquial* Poner en ridículo, criticar.

solfeo n. m. MÚS. Arte o técnica de leer y entonar bien los signos musicales.

solicitante adj. [persona] Que pide o busca una cosa siguiendo un procedimiento establecido: *los solicitantes deberán rellenar este formulario.*

solicitar v. tr. **1** Pedir, generalmente de un modo formal y siguiendo un procedimiento establecido. **2** Intentar conseguir una relación amorosa con una persona: *a esa chica la solicitan todos sus compañeros de curso.*

DER solicitante.

solícito, -ta adj. [persona] Que está dispuesto a servir y satisfacer a los demás: *es muy solícito con sus compañeros.* SIN servicial.

DER solicitar, solicitud.

solicitud n. f. **1** Documento formal en el que se pide una cosa: *rellenó una solicitud para ingresar en el cuerpo de bomberos.* **2** Actitud de la persona que está dispuesta a satisfacer o servir a los demás.

solidaridad n. f. Unión o apoyo a una causa o al interés de otros.

solidario, -ria adj. [persona] Que defiende o apoya una causa o el interés de otros.

DER solidaridad, solidarizarse.

solidarizarse v. prnl. Unirse una persona a otra u otras para apoyar o defender una causa o el interés de otros: *debemos solidarizarnos con las naciones pobres.*

OBS En su conjugación, la *z* se convierte en *c* delante de *e.*

solidez n. f. **1** Firmeza o seguridad de una cosa material. **2** Lógica o fundamentación sobre la que se ordenan las ideas. **3** Organización de una cosa, especialmente de una empresa o institución, que permite que funcione: *la solidez de una relación; la solidez de un negocio.*

solidificación n. f. Cambio de un líquido o un gas a sólido.

solidificar v. tr. Convertir un líquido o un gas en sólido: *a cero grados, el agua se solidifica.*

sólido, -da adj. **1** Que es firme, seguro, fuerte y capaz de resistir: *los cimientos del edificio son muy sólidos.* **2** Que está basado en razonamientos que no se pueden negar: *una argumentación sólida.* **3** Que está bien organizado y funciona: *la empresa es sólida.* ◆ adj./ n. m. **4** [cuerpo] Que presenta forma propia y opone resistencia a ser dividido, a diferencia de los líquidos y los gases: *los minerales son sólidos.* ◆ n. m. **5** Cuerpo o figura geométrica limitada por tres dimensiones: *los prismas y los cubos son sólidos.*

DER solidario, solidez, solidificar.

soliloquio n. m. Discurso que hace una persona en voz alta y hablando consigo misma, especialmente si se hace en teatro. SIN monólogo.

solista adj. **1** [persona, voz, instrumento] Que interpreta sin acompañamiento una composición musical o parte de ella. **2** [persona] Que canta en un grupo musical.

solitaria n. f. Gusano parásito que vive en el intestino de una persona y se alimenta de lo que esta come; está formado por muchos anillos, es plano, blanco y puede medir varios metros. SIN tenia.

solitario, -ria adj. **1** [lugar] Que está desierto o que no está habitado. **2** [persona, animal, cosa] Que está solo o que no tiene compañía. ◆ adj./ n. m. y f. **3** [persona] Que gusta de estar sin compañía. ◆ n. m. **4** Juego para practicarlo una sola persona, generalmente de cartas. **5** Brillante que se pone solo en una joya, generalmente en un anillo.

sollozar v. intr. Respirar con movimientos cortos y rápidos, generalmente al llorar.

OBS En su conjugación, la *z* se convierte en *c* delante de *e.*

DER sollozo.

sollozo n. m. Respiración con movimientos

cortos y rápidos que se produce generalmente al llorar: *hablar entre sollozos.*

solo adv. Se usa para indicar que no se incluye ninguna otra cosa además de lo que se expresa: *solo tengo un hermano.*

solo, -la adj. **1** Que está sin otra cosa o que se considera separado de otra cosa: *una casa sola.* **2** [persona] Que está sin compañía o que no tiene familia o amigos: *vino solo a cenar.* **3** Que es único en su especie. ◆ adj./ n. m. **4** [café] Que se sirve sin leche. ◆ n. m. **5** Composición musical o parte de ella que canta o interpreta una persona: *un solo de piano.* **6** Paso de baile que se ejecuta sin pareja.
DER soledad, solista, solitaria, solitario.

solomillo n. m. **1** Pieza alargada de carne, de primera calidad, situada entre las costillas y el lomo del ganado vacuno y porcino: *solomillo de ternera.* **2** Rodaja de solomillo de buey o ternera: *solomillo a la pimienta.*

solsticio n. m. ASTR. Cada uno de los dos momentos del año en que se da la máxima diferencia de duración entre el día y la noche: *el solsticio de verano se produce hacia el 21 de junio y el solsticio de invierno hacia el 21 de diciembre.* ANT equinoccio.

soltar v. tr. **1** Dejar libre a una persona o animal que estaba encerrado: *soltamos al pájaro porque enjaulado estaba triste.* **2** Desatar o dejar que se mueva una cosa que estaba atada o retenida: *nunca suelo soltar al perro por la calle.* **3** Dejar de tener cogido, especialmente abriendo la mano: *suelta esa maleta, es mía.* **4** Expresar un determinado sentimiento o decir una cosa, especialmente cuando se hace con violencia o excesiva sinceridad: *cuando se enfada suelta muchos tacos.* **5** Hablar mucho de un tema aburriendo a la persona que escucha: *cada vez que nos vemos me suelta el mismo rollo.* **6** Desprender o despedir una cosa, generalmente líquida o pastosa: *este árbol suelta mucha resina.* **7** Dar un golpe: *le soltó una bofetada.* **8** Provocar la expulsión frecuente de excrementos sólidos. ◆ v. prnl. **9 soltarse** Desarrollar habilidad o desenvoltura para hacer una cosa: *al principio me costaba mucho coser, pero ya me voy soltando.*
OBS En su conjugación, la *o* se convierte en *ue* en sílaba acentuada, como en *contar.*
DER soltura.

soltero, -ra adj. [persona] Que no se ha casado.
DER soltería, solterón.

soltura n. f. Facilidad y rapidez para hacer una cosa o para moverse: *se mueve por el escenario con mucha soltura.* SIN agilidad.

soluble adj. **1** [cuerpo sólido] Que se puede dividir en partículas muy pequeñas que se mezclan con las de un líquido: *café soluble.* ANT insoluble. **2** [duda, cuestión, problema] Que se puede resolver o hallar la solución. ANT insoluble.

solución n. f. **1** Resolución o respuesta a un problema, duda o cuestión. **2** Fin o resultado de un proceso o acción: *estamos llegando a la solución de nuestro proyecto.* **3** Número o respuesta que aparece como resultado de un problema u operación matemática. **4** Mezcla de una sustancia en un líquido: *debe ponerse mucho cuidado en las proporciones al hacer la solución.* SIN disolución. **5** Sustancia que resulta de disolver un cuerpo sólido en un líquido. SIN disolución.
▶ **sin solución de continuidad** Paso sin interrupción o pausa de una acción a otra o de un tema a otro: *hemos pasado a tratar un asunto diferente sin solución de continuidad.*
DER solucionar.

solucionar v. tr. Dar o hallar una solución o una respuesta a un problema, a una duda o a una cuestión. SIN resolver.

solvencia n. f. **1** Situación económica desahogada que permite pagar deudas. **2** Capacidad para dar solución a asuntos difíciles: *es un directivo de mucha solvencia.*

solventar v. tr. **1** Pagar una deuda. **2** Dar solución a un asunto difícil: *después de una larga conversación, solventaron sus diferencias.* SIN solucionar.

somalí adj. **1** De Somalia o que tiene relación con este país del noreste de África: *la costa somalí.* ◆ adj./ n. com. **2** [persona] Que es de Somalia. ◆ n. m. **3** Lengua hablada en Somalia y en otros países africanos.
OBS El plural es *somalíes* (culto) o *somalís* (popular).

somanta n. f. Cantidad grande de golpes que se da o se recibe. SIN paliza, zurra, zumba.

sombra n. f. **1** Oscuridad o falta de luz: *le asustaban las sombras de la noche.* **2** Espacio al que no llegan los rayos de luz, especialmente del sol: *se sentó en la sombra para descansar.* SIN umbría. ANT luz, sol. **3** Imagen oscura que proyecta un cuerpo opaco sobre una superficie, al interceptar los rayos de luz: *la sombra del árbol cubría casi todo el jardín.* **4** Forma oscura que no se percibe con claridad: *vimos la sombra de un hombre.* **5** Color oscuro con que se representa la falta de luz o la oscuridad en un dibujo o pintura para obtener un efecto visual de volumen o perspectiva. **sombra de ojos** Capa de color que se pone sobre el párpado para embellecerlo o resaltarlo: *esta sombra de ojos te favorece mucho.* **6** Apariencia o semejanza de una cosa: *había una sombra de preocupación en su mirada.* **7** Mancha de color oscuro, generalmente en la piel. **8** Persona que sigue a otra por todas partes: *tiene un amigo que es su sombra.*

▶ **a la sombra** En la cárcel: *pasó varios años a la sombra por traficar con drogas.* **en la sombra** De manera oculta o secreta: *planearon el golpe en la sombra.* **hacer sombra** Impedir que una persona destaque: *nadie le hace sombra en su profesión.* **mala sombra** **a.** Intención de hacer daño: *hay que tener mala sombra para hacer la zancadilla.* **b.** Falta de gracia o simpatía de una persona, especialmente en el trato con los demás: *no le pregunté nada a ese señor porque me pareció que tenía mala sombra.* **c.** Mala suerte: *¡qué mala sombra tengo con las quinielas!*

DER sombrajo, sombrear, sombrero, sombrilla, sombrío; asombrar, ensombrecer.

sombrear v. tr. **1** Dar o producir sombra con una cosa: *la parra sombrea el jardín.* **2** Representar la falta de luz o la oscuridad en un dibujo o pintura para conseguir un efecto de volumen o perspectiva: *el pintor está sombreando el dibujo para darle profundidad.*

sombrero n. m. **1** Prenda de vestir que cubre la cabeza. **sombrero cordobés** Sombrero de color negro, de ala ancha y copa baja y cilíndrica. **sombrero de copa** Sombrero de tela negra, de ala estrecha y copa alta y cilíndrica que se lleva con esmoquin o frac. SIN chistera. **sombrero hongo** Sombrero de ala estrecha y copa en forma de media esfera. **2** Parte superior y más ancha de un hongo: *las setas tienen las esporas en el sombrero.*

▶ **quitarse el sombrero** Demostrar admiración y respeto por una persona: *su actuación fue para quitarse el sombrero, la mejor que he visto nunca.*

DER sombrerero, sombrerete, sombrerillo.

sombrilla n. f. **1** Objeto plegable para dar sombra a más de una persona; es parecido a un paraguas pero más grande y se fija en un soporte apoyado en el suelo. SIN parasol, quitasol. **2** Objeto plegable que se lleva para protegerse del sol y que es parecido a un paraguas pero más pequeño.

sombrío, -bría adj. **1** [lugar] Que está poco iluminado: *la casa es amplia, pero demasiado sombría.* **2** Que está o parece triste: *tiene un carácter sombrío.*

somero, -ra adj. **1** Que es ligero o superficial: *el médico le hizo un examen somero.* **2** Que está casi encima o muy cerca de la superficie: *la planta se murió porque tenía las raíces muy someras.*

someter v. tr. **1** Exponer a una acción determinada para conseguir una cosa, especialmente un efecto: *el atleta se sometió a un duro entrenamiento.* **2** Obligar a alguien por la fuerza o la violencia a que acepte una autoridad: *el dictador ha conseguido someter a todo su pueblo.* **3** Proponer una cosa para que sea valorada o tratada por alguien: *sometió su idea a la junta.* ◆ v. prnl. **4** **someterse** Actuar según la voluntad de otra persona sin oponer resistencia.

DER sometimiento, sumisión, sumiso.

sometimiento n. m. Imposición de una autoridad sobre alguien: *su carácter hace que no admita ningún tipo de sometimiento.*

somier n. m. Soporte de láminas de madera o de mallas de metal, más o menos flexible, sobre el que se coloca el colchón en una cama.

OBS El plural es *somieres.*

somnífero, -ra adj. **1** Que produce sueño: *efecto somnífero.* ◆ adj./ n. m. **2** [sustancia, medicamento] Que produce sueño: *tomar somníferos.* SIN dormitivo, soporífero.

somnolencia n. f. **1** Sensación de pesadez y torpeza en los movimientos y en los sentidos, provocada por el sueño: *se tomó un café para combatir la somnolencia.* SIN sopor. **2** Gana o deseo de dormir. **3** Pereza o falta de actividad de una persona.

DER somnoliento.

somnoliento, -ta adj. Que tiene mucho sueño o está adormilado: *el somnoliento guardián permanecía sentado en su silla.* SIN soñoliento.

somontano, -na adj./ n. m. y f. [terreno, región] Que está situado al pie de una montaña: *en los somontanos pirenaicos e ibéricos se da un clima de transición entre el de montaña y el de la zona central.* SIN somonte.

somonte n. m. Terreno situado en la falda de una montaña. SIN somontano.

son n. m. **1** Sonido agradable, especialmente cuando es musical. **2** Modo o manera de hacer una cosa: *los discípulos trabajan al son de su maestro.*

▶ **en son de** Se usa para indicar la voluntad o intención de actuar de una manera agresiva o pacífica: *el jefe ha llegado al trabajo en son de guerra.* **sin ton ni son** Se usa para indicar que una acción no tiene ningún sentido o lógica o que se hace de cualquier manera.

DER soniquete; unísono.

sonado, -da adj. **1** Que llama la atención o que provoca admiración: *la boda de la princesa ha sido muy sonada.* **2** [persona] Que ha perdido parte de su capacidad mental y hace o dice cosas sin sentido: *está un poco sonado.* SIN chiflado.

sonaja n. f. **1** Conjunto de dos o más chapas de metal atravesadas por un alambre que se coloca en algunos juguetes o instrumentos para que suene al moverse: *este pandero tiene muchas sonajas.* ◆ n. f. pl. **2 sonajas** Instrumento de música que suena al moverlo y que está compuesto por una lámina estrecha de madera en forma de arco que tiene pequeños agujeros, en cada uno de los cuales hay un par de chapas de metal atravesadas por un alambre.

DER sonajero.

sonajero n. m. Juguete de bebés que está constituido por un mango con cascabeles o sonajas que suenan al ser agitados. SIN cascabelero.

sonambulismo n. m. Enfermedad del sueño que consiste en realizar actos automáticos y no recordarlos al despertar: *padece sonambulismo: muchas noches se levanta y se pone a caminar y a hablar.*

DER sonambulismo.

sonámbulo, -la adj. **1** [persona] Que padece sonambulismo. **2** [persona] Que actúa de manera automática por no haber dormido durante la noche.

DER sonambulismo.

sonar v. intr. **1** Emitir un sonido o hacer ruido una cosa: *este altavoz suena fuerte.* **2** Resultar una cosa o una persona vagamente conocida por haberla visto u oído antes: *su cara me suena, pero no sé de qué.* **3** Producir cierta cosa una impresión vaga, que puede no ser la definitiva: *el argumento de la película suena interesante.* SIN parecer. **4** Tener cierta letra un sonido determinado: *la «r» a principio de palabra suena más vibrante que entre vocales.* **5** Ser comentada o mencionarse una cosa. ◆ v. tr./ prnl. **6** Limpiar la nariz soltando o haciendo soltar fuertemente el aire por ella: *tengo que sonarme porque estoy muy acatarrado.* ◆ n. m. **7** MAR. Aparato que sirve para descubrir y localizar objetos u obstáculos debajo del agua, y que funciona emitiendo vibraciones de alta frecuencia.

OBS En su conjugación, la *o* se convierte en *ue* en sílaba acentuada, como en *contar.*

DER son, sonido; disonar, malsonante, resonar.

sonata n. f. MÚS. Composición musical para uno o varios instrumentos, que está formada por tres partes de distinto carácter, a las que se puede añadir otro movimiento.

DER sonatina.

sonda n. f. **1** Cuerda con un peso en uno de sus extremos que sirve para medir la profundidad de las aguas. **2** MED. Aparato alargado, delgado y liso que sirve para explorar partes del organismo o para introducir y sacar sustancias de él: *le han puesto al enfermo una sonda para que pueda orinar.* SIN catéter. **3** Globo o nave espacial que lleva instrumentos de medida y se emplea para estudiar la atmósfera o el espacio.

DER sondar.

sondar v. tr. **1** Echar un peso atado a una cuerda al agua para averiguar la profundidad del fondo. **2** Averiguar la composición del suelo de un terreno con instrumentos especiales: *se han decidido a sondar sus terrenos para buscar petróleo.* **3** Hacer preguntas sobre una cosa que quiere saberse: *vamos a sondar a todos los empleados para saber qué está pasando.* SIN preguntar. **4** MED. Introducir una sonda en una parte del cuerpo.

DER sondeo; insondable.

sondear v. tr. Sondar.

sondeo n. m. **1** Medición de la profundidad de las aguas mediante una sonda. **2** Exploración de la composición del suelo de un terreno. **3** Encuesta que se hace a un grupo de personas para saber lo que opinan sobre una cosa e intentar prever un resultado: *el sondeo dio como resultado la victoria de este partido.*

sonetista n. com. Persona que se dedica a escribir sonetos.

soneto n. m. Combinación de catorce versos, generalmente de once sílabas cada uno, con rima consonante.

DER sonetillo.

sonidos, ruidos y voces

inanimado

atronar	trueno	retumbar	trueno, terremoto
bramar	aire, agua	rugir	mar
crujir	madera, hojas secas, dientes	silbar	aire, viento
chasquear	madera, lengua, dedos	sonar	instrumento musical, aparato: teléfono, despertador, alarma, etc.
chirriar	puerta, rueda	taconear	tacón
estallar	látigo, globo, bomba	taladrar	máquina
rechinar	dientes, tiza	tronar	trueno, cañón
repicar	campanas, tambor	zumbar	máquina, oídos
repiquetear	campanas, castañuelas		
resonar	habitación		

animal

arrullar	paloma, tórtola	gruñir	cerdo, animales en actitud amenazante
aullar	lobo, perro, chacal	ladrar	perro
balar	oveja, cabra	maullar	gato
barritar	elefante, rinoceronte	mugir	reses vacunas
berrear	becerro, ciervo	piar	polluelo, otras aves
bramar	toro, animales salvajes	rebuznar	asno, burro
cacarear	gallina	relinchar	caballo
cantar	gallo, otras aves	ronronear	gato
croar	rana	rugir	león, animales salvajes
crotorar	cigüeña	silbar	serpiente
gorjear	pájaros	trinar	pájaros
graznar	cuervo, grajo		

humano

sonido alto	sonido medio	sonido bajo
cantar	balbucear	chistar
chillar	chapurrear	mascullar
declamar	charlar	murmurar
desgañitarse	hablar	musitar
gemir	roncar	refunfuñar
gritar	silbar	susurrar
vocear	tararear	
vociferar	tartamudear	

sonido n. m. **1** Sensación o impresión producida en el oído por un conjunto de vibraciones que se propagan por un medio. **2** Manera especial y propia de sonar que tiene una determinada cosa: *el sonido agudo de un silbato.* **3** Conjunto de aparatos y sistemas que producen, modifican, graban o reproducen la voz, el ruido o la música. **4** Unidad más pequeña del habla que es la pronunciación de una vocal o una consonante; está determinada por la posición de la boca, la manera de expulsar el aire y la vibración de las cuerdas vocales: *las letras son las representaciones gráficas de los sonidos.*
DER sónico; ultrasonido.

sonoridad n. f. **1** Capacidad para transmitir el sonido: *la sonoridad de este local es muy mala.* **2** Resonancia que se produce al vibrar las cuerdas vocales en la boca, en la nariz o en ambas.

sonorizar v. tr. **1** Colocar una instalación de aparatos para amplificar el sonido: *sistema capaz de sonorizar todo un salón.* **2** Incorporar sonido a una película. ◆ v. tr./ intr. **3** LING Convertir una consonante sorda en sonora: *la* s *se sonoriza en la palabra* mismo.
OBS En su conjugación, la *z* se convierte en *c* delante de *e*.

sonoro, -ra adj. **1** Que produce o puede producir sonido: *la alarma lleva un dispositivo visual y otro sonoro.* **2** Que produce una sensación agradable en el oído: *tiene una voz muy sonora.* **3** [lugar cerrado] Que tiene las condiciones adecuadas para transmitir bien el sonido: *los teatros deben ser sonoros.* **4** [sonido] Que se produce con vibración de las cuerdas vocales y resuena en la boca, en la nariz o en ambas: *en español la «b» es una consonante sonora.* ANT sordo.
DER sonoridad, sonorizar.

sonreír v. intr./ prnl. **1** Curvar la boca hacia arriba como si se fuese a reír, pero sin llegar a hacer ruido, para mostrar alegría, felicidad o placer: *el niño sonrió cuando su madre le regaló la camiseta.* ◆ v. intr. **2** Mostrarse favorable para alguien: *parece que la suerte nos sonríe.*
OBS En su conjugación, la *i* de la desinencia se pierde y la *e* se convierte en *i* en algunos tiempos y personas, como en *reír.*
DER sonriente, sonrisa.

sonriente adj. Que curva la boca hacia arriba como si fuese a reír, pero sin hacer ruido.

sonrisa n. f. Gesto de alegría, felicidad o placer que se hace curvando la boca hacia arriba como si se fuese a reír, pero sin hacer ruido.

sonrojar v. tr. Hacer que la cara de una persona adquiera color rojo por un sentimiento de vergüenza.
DER sonrojo.

sonrojo n. m. Color rojo que aparece en la cara por un sentimiento de vergüenza.

sonsacar v. tr. Lograr con habilidad que una persona diga algo que sabe y prefiere ocultar: *se lo sonsacó.*
OBS En su conjugación, la *c* se convierte en *qu* delante de *e.*

soñador, -ra adj. **1** [persona] Que sueña mucho mientras duerme. ◆ adj./ n. m. y f. **2** [persona] Que vive sin tener en cuenta la realidad. **SIN** fantasioso.

soñar v. tr. **1** Representarse cosas o sucesos en la mente mientras se está durmiendo. **2** Creer que es cierta una cosa que se ha imaginado o que es imposible que suceda: *si piensa que le voy a dejar salir hasta tan tarde, sueña despierto.* ◆ v. intr. **3** Desear intensamente o durante mucho tiempo: *desde pequeño soñaba con ser piloto.*
▶ **ni soñarlo** o **ni lo sueñes** Expresión que se usa para indicar que cierta cosa es imposible que suceda o para negar o rechazar algo.
OBS En su conjugación, la *o* se convierte en *ue* en sílaba acentuada, como en *contar.*
DER soñador, soñarrera, soñoliento; ensoñar.

soñoliento, -ta adj. Que está adormilado o con mucho sueño: *el niño se puso a llorar fuerte, entre soñoliento y caprichoso; la voz soñolienta de la mujer apenas se oía.* **SIN** somnoliento.

sopa n. f. **1** Comida compuesta de un caldo en el que se hierven o cuecen otros alimentos; se toma con cuchara: *sopa de fideos.* **sopa boba** Caldo que se da a los pobres en los centros religiosos y que solo contiene alimentos básicos. **sopa de letras** Sopa hecha con pasta muy pequeña que tiene forma de letra. **sopa juliana** Sopa hecha con verduras variadas troceadas. **2** Trozo de pan que se moja en un líquido, especialmente en un caldo o en la leche: *leche con sopas.* **NOTA** Se usa sobre todo en plural.
▶ **como (o hecho) una sopa** **a.** Se usa para indicar que una persona está muy mojada, especialmente por la lluvia: *llegué a casa hecho una sopa.* **b.** Se usa para indicar que una persona está muy resfriada: *lo encontré en la cama hecho una sopa.* **dar sopas con honda** Demostrar gran superioridad en una materia respecto a los demás: *sabe muchas matemáticas, da sopas con honda a todos.* **hasta en la sopa** Se usa para indicar que una persona o una cosa está, se ve o se encuentra en todas partes: *últimamente me encuentro con mi antiguo novio hasta en la sopa.*
DER sopear, sopera, sopero, sopetear.

sopapo n. m. Golpe dado en la cara con la palma de la mano. **SIN** bofetada.

sopera n. f. Recipiente profundo en el que se sirve la sopa en la mesa.

sopero, -ra adj. **1** Que sirve para comer sopa: *cuchara sopera.* **2** [persona] Que gusta mucho de tomar sopa: *mi familia es bastante sopera.*

sopesar v. tr. **1** Levantar algo para evaluar el peso o para reconocerlo. **2** Analizar detenidamente el pro y el contra de un asunto.

soplar v. intr./ tr. **1** Despedir aire con fuerza por la boca, formando con los labios un conducto estrecho y redondeado: *sopló y apagó la vela.* **2** Despedir aire con fuerza un instrumento: *sopla el fuego con el fuelle para que se avive.* ◆ v. intr. **3** Correr el viento: *hoy el viento sopla muy fuerte.* ◆ v. tr. **4** Apartar una cosa mediante el aire: *soplando el polvo solamente conseguirás cambiarlo de sitio.* **5** Hinchar con aire, especialmente la pasta de vidrio para darle una forma determinada: *estoy aprendiendo a soplar el vidrio.* **6** Informar, sin darse a conocer, sobre alguna mala acción o sobre la persona que la ha cometido, especialmente a la policía: *se asustó y sopló todo lo ocurrido.* **7** Decir en voz baja a una persona y de forma disimulada lo que debe decir: *le soplaron una pregunta en el examen.* **8** Robar o quitar una cosa sin que se note: *creo que me han soplado la cartera.* **9** En el juego de las damas y otros semejantes, quitar al contrario una pieza con

a b c d e f g h i j k l m n ñ o p q r s t u v w x y z

la que debería haber hecho determinado movimiento. ◆ v. intr./ prnl. **10** Beber mucho alcohol: *no sabes cómo soplaba, pero ha conseguido dejarlo.*
DER sopla, soplido, soplo, soplón; resoplar.

soplete n. m. **1** Instrumento para soldar piezas de metal y para trabajar el vidrio; consiste en un tubo del que sale un gas inflamable que mantiene encendida una llama, que puede dirigirse hacia un punto en que es necesaria una temperatura muy elevada. **2** MÚS Tubo delgado de madera que sale de la bolsa de aire de la gaita y que sirve para llenarla soplando por él.

soplido n. m. **1** Acción de soplar. **SIN** soplo. **2** Cantidad de aire que se expulsa por la boca de una sola vez. **SIN** soplo.

soplo n. m. **1** Cantidad de aire expulsada con fuerza por la boca. **2** Movimiento del viento que se percibe. **3** Período de tiempo que es o que parece muy corto: *la tarde se me ha pasado en un soplo.* **4** Información que se da sin darse a conocer sobre una mala acción o sobre quien la ha cometido, especialmente a la policía: *alguien dio un soplo a la policía y detuvieron a un par de delincuentes.* **5** MED. Ruido peculiar que produce un órgano del cuerpo en movimiento, especialmente el corazón: *el médico detectó un soplo al auscultar a la paciente.*
DER soplillo.

soplón, -plona adj./ n. m. y f. [persona] Que acusa o delata a alguien o informa de forma secreta acerca de algo: *es un soplón.* **SIN** chivato.

sopor n. m. Pesadez y torpeza en los sentidos provocada por el sueño. **SIN** somnolencia.
DER soporífero.

soporífero, -ra adj. [obra, discurso] Que es extremadamente aburrido: *una película soporífera.*

soportal n. m. Espacio exterior cubierto, construido junto a un edificio, cuya estructura se sujeta con columnas y precede a las entradas principales; generalmente rodea una plaza o recorre una calle: *se puso a llover y nos resguardamos bajo un soportal.*

soportar v. tr. **1** Sostener o llevar encima una carga o peso: *la viga soporta todo el peso de la cornisa.* **2** Aguantar con paciencia, dolor o resignación una cosa que no es agradable.
DER soportable, soporte.

soporte n. m. **1** Cosa que sirve para sostener o soportar un peso. **2** Persona o cosa que sirve de apoyo, base o ayuda.
▶ **soporte informático** Conjunto de material informático en que está almacenada la información.

soprano n. m. **1** MÚS. Voz más aguda del registro de las voces humanas, característica de las mujeres y los niños. ◆ n. com. **2** Persona que tiene esa voz.
DER *mezzosoprano.*

sor n. f. **1** Mujer que pertenece a una comunidad religiosa. **2** Forma de tratamiento que se da a las religiosas: *sor María es la hermana más anciana del convento.* **NOTA** Se suele usar como apelativo y delante del nombre propio.
OBS El plural es *sores.*

sorber v. tr. **1** Beber aspirando con la boca o a través de un tubito hueco. **2** Recibir o retener un líquido o un gas. **SIN** absorber. ◆ v. tr./ prnl. **3** Aguantar la mucosidad aspirando aire con fuerza por la nariz: *el niño se sorbía los mocos.*
DER sorbo; absorber, absorción, resorber.

sorbete n. m. Alimento dulce y cremoso que se elabora con agua, claras de huevo, azúcar y un licor o jugo de fruta: *de postre, sorbete de champán.*

sorbo n. m. **1** Cantidad de líquido que se toma de una sola vez aspirando con la boca. **2** Cantidad muy pequeña de un líquido que se toma para probar su sabor.

sordera n. f. Falta completa o disminución del sentido del oído: *cuando se hizo mayor padecía de sordera.*

sórdido, -da adj. **1** [lugar] Que es o parece muy pobre y sucio: *querían alquilarnos un sórdido cuartucho.* **2** Que se considera impuro o escandaloso: *cuando empezó a salir con él, no conocía sus sórdidas intenciones.*
DER sordidez.

sordina n. f. Pieza que sirve para disminuir la intensidad del sonido o para cambiar el timbre de algunos instrumentos musicales, generalmente los de metal: *en los instrumentos de viento la sordina es un obturador cónico que se sitúa en la trompa.*
▶ **con (o en) sordina** Sin hacer mucho ruido para no llamar la atención: *hablar con sordina.*

sordo, -da adj. **1** [persona, animal] Que no oye nada o no oye con claridad: *se ha quedado sorda.* **2** Que suena de forma apagada: *un ruido sordo.* **3** Que no hace ruido o lo hace muy poco: *desde la calle se escuchaba el sordo*

murmullo de las máquinas trabajando. **4** Que no hace caso de las ideas, peticiones o consejos que recibe: *la población no puede permanecer sorda a las llamadas de ayuda del Tercer Mundo.* **5** [sonido] Que se produce sin vibración de las cuerdas vocales: *en español, la «p» es una consonante sorda.* ANT sonoro.
DER sordera; ensordecer.

sordomudo, -da adj. [persona] Que no ha aprendido a hablar por ser sordo de nacimiento.

soriano, -na adj. **1** De Soria o que tiene relación con esta provincia de la comunidad de Castilla y León o con su capital. ◆ n. m. y f. **2** Persona que es de esta provincia del centro de la Península o de su capital.

sorna n. f. **1** Entonación irónica o burlona que pone una persona al decir una cosa: *no me molesta lo que has dicho, sino la sorna que has empleado.* **2** Lentitud con que se hace una cosa, especialmente cuando es deliberada y para burlarse: *bajaba las cajas con tanta sorna que le dije que lo dejara.*

sorprendente adj. **1** Que causa admiración o sorpresa: *patinaba con sorprendente agilidad.* SIN asombroso. **2** Que es extraño o extraordinario: *es sorprendente que se haya ido sin avisar.*

sorprender v. tr. **1** Coger sin preparación o aviso a una persona: *la sorprendí cuando me estaba criticando.* **2** Descubrir una cosa que se esconde u oculta: *sorprendieron su oscuro secreto.* ◆ v. tr./ prnl. **3** Experimentar o causar una alteración emocional cuando una cosa no está prevista o no se espera: *el escándalo nos sorprendió.*
DER sorprendente, sorpresa.

sorpresa n. f. **1** Alteración emocional que causa lo que no está previsto o no se espera. **2** Acción o cosa que hace que una persona se sorprenda: *en este sobre encontrarás una sorpresa.* **3** Objeto que se introduce en el interior de un alimento: *le tocó la sorpresa del roscón.*
▶ coger de (o por) sorpresa Encontrar sin preparación o aviso: *la nieve los cogió por sorpresa.*

sortear v. tr. **1** Hacer que la suerte decida quién se queda una cosa que se da o reparte, usando medios diversos: *sortearon el viaje entre todos los clientes.* **2** Evitar con habilidad o astucia una cosa material o inmaterial: *sorteó las dificultades y consiguió el trabajo.*

sorteo n. m. Operación mediante la cual la suerte decide quién se queda una cosa que se quiere dar o repartir.

sortija n. f. **1** Aro que se lleva en el dedo; generalmente es de un metal valioso y puede tener adornos, como piedras preciosas. **2** Rizo del pelo en forma de círculo.
DER ensortijar.

sortilegio n. m. **1** Adivinación que no se basa en la ciencia o en la razón, sino en la magia: *un sortilegio me ha hecho saber que encontraré novia muy pronto.* **2** Acción que se consigue realizando determinados actos mágicos: *el sortilegio hizo que el bastón se convirtiera en un animal.* SIN embrujo, hechizo.

SOS n. m. Petición de auxilio o socorro, especialmente la que se hace desde un barco o un avión que está en peligro: *lanzar un SOS.*
OBS Se pronuncia «ese-o-ese».

sosa n. f. QUÍM. Producto químico que se usa para limpiar y para fabricar jabón duro; en estado puro es corrosiva y quema los tejidos orgánicos.

sosegar v. tr. **1** Hacer que desaparezca la agitación, la preocupación o los nervios de una persona: *el líder sosegó a los manifestantes.* SIN calmar, serenar, tranquilizar. ANT desasosegar. **2** Hacer que una cosa material o inmaterial no esté agitada.
OBS En su conjugación, la *e* se convierte en *ie* en sílaba acentuada y la *g* en *gu* delante de *e*, como en *regar*.
DER sosegado, sosiego.

sosiego n. m. Falta de agitación, movimiento o ruido: *a toda la familia nos encanta disfrutar del sosiego de la montaña.* SIN paz, quietud, tranquilidad.

soslayar v. tr. **1** Evitar una cosa que implica una dificultad o que causa molestia, especialmente una pregunta o un asunto: *es mejor soslayar el tema, a no ser que quieras que discutamos.* **2** Colocar una cosa ladeada de modo que deje un pequeño espacio para poder pasar.
DER insoslayable.

soslayo **1** Palabra que se usa en la locución adverbial *de soslayo* para indicar que un asunto se trata por encima o sin profundizar en él, generalmente porque implica una dificultad o causa molestia: *habéis pasado de soslayo por lo más delicado del asunto.* **2** Palabra que se usa en la locución adverbial *de soslayo* para indicar que una cosa se hace de lado: *no me gusta que me mires de soslayo, prefiero que me mires directamente a los ojos.*
DER soslayar.

soso, -sa adj. **1** [alimento] Que tiene poca

a b c d e f g h i j k l m n ñ o p q r s t u v w x y z

o no tiene sal. **ANT** salado. **2** Que no tiene gracia, viveza, ni atractivo: *su novio es soso.* **ANT** salado.

DER sosaina, sosera, sosería; insulso.

sospecha n. f. Creencia o suposición que se forma a partir de cierta información o señal: *la policía tiene una sospecha y ha venido a investigar.*

sospechar v. tr. **1** Pensar, imaginar o formar una suposición o juicio a partir de cierta información o señal: *sospecha que aquel hombre lo ha robado.* ◆ v. intr. **2** Desconfiar de una persona determinada por intuir o creer que ha cometido una mala acción.

DER sospechoso; insospechable, insospechado.

sospechoso, -sa adj. **1** Que da motivos para formar una suposición o juicio sobre una mala acción o sobre quién la ha cometido. ◆ n. m. y f. **2** Persona que da motivos para creer que ha cometido una mala acción.

sostén n. m. **1** Persona o cosa que sirve para ayudar o mantener a alguien: *la madre era el sostén de la familia.* **2** Apoyo moral o protección que una persona da a otra: *necesita el sostén de todos sus amigos.* **3** Prenda interior femenina que sirve para ajustar y sostener el pecho; que está formada por dos trozos de tejido suave, generalmente elástico, de forma más o menos triangular que se acoplan al pecho. **SIN** sujetador.

sostener v. tr. **1** Sujetar o evitar que una persona o cosa se caiga o se incline: *los contrafuertes sostienen la pared.* **2** Aguantar una cosa con las manos o con los dos brazos: *sostenía todos los libros mientras yo buscaba la ficha.* **3** Defender o mantener una idea, una opinión o una actitud con seguridad y confianza, especialmente cuando alguien está en contra: *sostiene que ese meteorito procede de Marte.* **4** Dar a una persona lo que necesita para vivir, especialmente dinero para comer y vestirse: *este hombre ha de sostener una familia numerosa.* **5** Hacer que una acción o estado continúe durante un período de tiempo sin variar: *sostuvieron una fuerte discusión.* ◆ v. prnl. **6** sostenerse Mantenerse un cuerpo en un medio sin caer o haciéndolo muy lentamente. **SIN** sustentar.

OBS Se conjuga como *tener.*

DER sostén, sostenible, sostenido, sostenimiento; insostenible.

sostenible adj. [actividad] Que se realiza respetando los recursos naturales de que se dispone, sin explotarlos abusivamente: *desarrollo sostenible.*

sostenido, -da adj./ n. m. **1** MÚS. [nota musical] Que sube medio tono por encima del que le es propio: *esa nota era un do sostenido.* ◆ n. m. **2** Signo de la escritura musical que indica que una nota determinada debe elevarse medio tono.

sota n. f. Décima carta de la baraja española que representa la figura de un paje de pie.

sotana n. f. Vestido largo de color negro que cubre hasta los tobillos y que usan algunos religiosos, especialmente los sacerdotes católicos.

sótano n. m. Piso de un edificio que está bajo el nivel del suelo de la calle; puede usarse como vivienda, pero sobre todo sirve de almacén porque no tiene ventanas que den al exterior o las tiene muy pequeñas.

sotavento n. m. MAR. Lugar o dirección opuestos al lado que recibe el viento. **ANT** barlovento.

soto n. m. Lugar situado a la orilla de un río en el que hay muchos árboles, matas y maleza.

sotobosque n. m. Vegetación formada por matas y arbustos que crece bajo los árboles de un bosque o monte: *los helechos son propios del sotobosque.*

souvenir n. m. Objeto característico de un lugar que sirve como recuerdo de un viaje a ese lugar: *tienda de souvenirs.*

OBS El plural es *souvenirs.*

soviético, -ca adj. **1** De la Unión de Repúblicas Socialistas Soviéticas o que tiene relación con este antiguo estado. ◆ n. m. y f. **2** Persona nacida en la antigua Unión de Repúblicas Socialistas Soviéticas.

spa n. m. Establecimiento comercial que ofrece los servicios propios de un balneario, como tratamientos, terapias o sistemas de relajación cuya base principal es el agua; generalmente forma parte de un hotel, un centro turístico, un gimnasio y otros lugares parecidos.

OBS Se pronuncia «espá».

spam n. m. Correo electrónico no solicitado que se envía a un gran número de destinatarios con fines publicitarios o comerciales.

sponsor n. m. Patrocinador.

OBS Es de origen inglés. Se prefiere el uso de la palabra *patrocinador.*

sport Palabra que se usa en la locución *de sport* para aludir a la ropa que es cómoda e informal.

OBS Es de origen inglés y se usa por *deportivo.*

spot n. m. Anuncio de publicidad que se emite en la televisión o en el cine y suele durar entre veinte y treinta segundos.
OBS Es de origen inglés y se pronuncia «espot». La Real Academia prefiere *anuncio*.

spray n. m. **1** Líquido mezclado con gas que está contenido en un recipiente y que al presionar una válvula sale pulverizado: *echó spray de rosas en el ambiente.* **2** Recipiente que contiene este líquido. SIN aerosol.
OBS Es de origen inglés y se pronuncia «esprái». La Real Academia prefiere *espray*.

sprint n. m. Esfuerzo momentáneo que hace un deportista, generalmente al final de una carrera, para conseguir la máxima velocidad posible e intentar ganar.
OBS Es de origen inglés y se pronuncia «esprín» o «esprint». La Real Academia prefiere *esprint*.
DER sprintar, sprinter.

squash n. m. Deporte parecido al frontón que se practica en una pista o recinto cerrado por los cuatro lados y bastante más pequeño, en el que la pelota puede rebotar en cualquiera de las paredes, salvo en el saque.
OBS Es de origen inglés y se pronuncia aproximadamente «escuás».

Sr., Sra. Abreviatura de *señor, señora,* respectivamente.

Sres., Sras. Abreviaturas de *señores* y *señoras*, tratamientos de cortesía que se anteponen a los cargos o profesiones de un grupo de personas y, en masculino, al apellido familiar: *Sras. diputadas.*

Srta. Abreviatura de *señorita*, tratamiento de cortesía que se antepone al nombre de mujeres solteras o que desempeñan ciertos oficios: *Srta. Ruipérez.*

-stática Elemento sufijal que entra en la formación de palabras con el significado de *'equilibrio'*: *electrostática.*

status n. m. Posición social que una persona tiene dentro de un grupo o una comunidad: *siempre había gozado de un status privilegiado en la empresa.*
OBS El plural también es *status* Se pronuncia «estatus». La real Academia prefiere la forma *estatus*.

Sto., Sta. Abreviaturas de *santo* y *santa* que se usan delante de un nombre: *Sto. Tomás; Sta. Bárbara.* NOTA Como abreviatura del masculino *santo* se usa también *S.*

stock n. m. Conjunto de productos que tiene almacenados un comercio y están destinados a la venta.
OBS Es de origen inglés y se pronuncia aproximadamente «estoc». También se usa el plural *stocks* para hacer referencia a un solo conjunto de productos.

stop n. m. **1** Señal de tráfico que indica que debe hacerse una parada para comprobar si pasan coches o personas por una vía preferente. **2** Parada breve. **3** En un telegrama, palabra o signo que equivale al punto en la escritura.
OBS Es de origen inglés y se pronuncia aproximadamente «estop».

striptease n. m. Estriptis.
OBS Es de origen inglés y se pronuncia aproximadamente *«estríptis»*.

su det. pos. Determinante que indica que lo que se expresa a continuación está relacionado con la tercera persona del singular (él o ella), o con la segunda persona del singular (usted): *he visto a su mujer y a su hijo.*

suave adj. **1** Que tiene una superficie lisa, blanda y agradable al tacto. ANT áspero. **2** Que resulta agradable porque no causa impresiones fuertes o bruscas a los sentidos: *se oía una música suave.* **3** [persona] Que no opone resistencia y está de acuerdo con lo que se le dice, especialmente después de haberse mostrado alterado o enfadado: *desde que le metiste aquel rapapolvo está mucho muy suave.* **4** Que se maneja sin brusquedad y sin necesidad de hacer mucha fuerza.
DER suavidad, suavizar.

suavidad n. f. **1** Lisura y blandura que presenta un objeto al ser tocado y que resulta agradable al tacto. **2** Actitud pacífica, dulce y amable con que una persona dice o hace una cosa. **3** Falta de brusquedad o violencia con que se hace un movimiento.

suavizante adj. **1** [sustancia] Que suaviza: *crema suavizante.* ◆ n. m. **2** Líquido que hace que la ropa quede suave, esponjosa y huela bien, que se echa a las lavadoras automáticas durante el último enjuague: *detergente y suavizante.*

suavizar v. tr. Hacer que una cosa que es áspera o rugosa deje de serlo: *este líquido suaviza la ropa.*
OBS En su conjugación, la *z* se convierte en *c* delante de *e*.
DER suavizante.

sub- Prefijo que entra en la formación de palabras con el significado de: a) 'Bajo', 'debajo de': *subacuático, subsuelo.* **b.** 'Inferioridad', 'de menor categoría o importancia': *subdirector, subcampeón.* **c.** 'Con escasez': *subdesarrollo.*

subacuático, -ca adj. **1** Que se realiza debajo del agua: *actividad subacuática; arqueología subacuática.* **2** Que se encuentra debajo del agua: *vegetación subacuática; flora subacuática; mundo subacuático.*

subasta n. f. **1** Venta pública en la que se adjudica lo vendido a la persona que ofrece más dinero por ello: *he conseguido unos candelabros de plata en una subasta.* **2** Sistema por el que la Administración del Estado autoriza hacer un trabajo a la persona o la empresa que ofrece las mejores condiciones: *la construcción del hospital se adjudicó en pública subasta.*

subastar v. tr. Vender una cosa o adjudicar una obra o un servicio en pública subasta: *bienes subastados.*
DER subasta.

subcampeón, -peona adj./n. m. y f. [persona, equipo] Que queda en segunda posición en una competición o un concurso.

subconjunto n. m. MAT. Conjunto de elementos que tienen las mismas características y que está incluido dentro de otro conjunto.

subconsciente adj. **1** Que no se analiza con la razón porque está por debajo del nivel de conciencia. ◆ n. m. **2** Conjunto de procesos mentales que aunque no estén presentes en la conciencia del individuo pueden aflorar en determinadas ocasiones.

subcontratar v. tr. Contratar una persona o empresa a otra persona o empresa para que realice un trabajo o un servicio para el cual la primera ha sido contratada.

subcutáneo, -nea adj. Que se encuentra o se introduce inmediatamente debajo de la piel: *tejido subcutáneo.*

subdesarrollado, -da adj. [país, sociedad] Que no ha alcanzado el desarrollo económico, político, social y cultural completo: *aunque es un país rico en materias primas todavía tiene regiones subdesarrolladas.*

subdesarrollo n. m. **1** Desarrollo que no es completo o perfecto. **2** ECON. Situación de los países que no han alcanzado un nivel económico, social y cultural determinado.

subdirector, -ra n. m. y f. Persona que está directamente a las órdenes de un director o lo sustituye en sus funciones cuando este no puede ejercerlas.
DER subdirectorio.

súbdito, -ta adj. **1** [persona] Que está sujeto a la autoridad de otra persona y tiene la obligación de obedecerla, especialmente cuando lo establece una ley. SIN siervo. ◆ n. m. y f. **2** Natural o ciudadano de un país que está sujeto a las autoridades políticas de este.

subdividir v. tr. Dividir en partes más pequeñas cada una de las partes que resultan de haber dividido una cosa.

subempleo n. m. ECON. Situación económica en la que la mano de obra no está empleada o aprovechada en su totalidad o lo está por debajo de su cualificación profesional.

subestimar v. tr. Dar a una persona o una cosa menor valor del que verdaderamente tiene o le corresponde: *no lo subestimes.* SIN infravalorar, minusvalorar. ANT sobreestimar, supervalorar.

subgénero n. m. División menor dentro de un género: *hay tres subgéneros narrativos fundamentales: la novela, la novela corta y el cuento.*

subida n. f. **1** Paso de un lugar a otro que está más alto. SIN ascensión, ascenso. **2** Aumento de la cantidad o del valor de una cosa. **3** Aumento de la intensidad o tonalidad de una cosa. **4** Terreno inclinado, considerado de abajo arriba. SIN ascensión, ascenso.

subido, -da adj. [color, olor] Que causa en el sentido de la vista o del olfato una impresión fuerte o intensa: *lleva una falda de color rojo subido.*

subíndice n. m. Letra o número de pequeño tamaño que se coloca en el lado derecho de un símbolo para indicar algo.

subir v. intr./prnl. **1** Pasar de un lugar a otro que está más alto: *el gato se ha subido al armario.* **2** Colocarse encima de un animal o entrar en un medio de transporte: *sube al coche.* ◆ v. tr. **3** Aumentar la cantidad o valor de una cosa: *me han subido el sueldo.* **4** Aumentar la intensidad o el tono de una cosa: *sube el volumen de la radio.* **5** Poner en un lugar más alto. **6** Recorrer de abajo arriba una cosa que está inclinada: *el escalador subió la montaña.* **7** INFORM. Copiar o transferir información (datos, programas, etc.) desde la memoria de una computadora a otra o a un servidor, especialmente a través de Internet o de otra red informática. ANT bajar, descargar. ◆ v. prnl. **8** **subirse** Hacer efecto una bebida alcohóli-

ca provocando mareo o falta de coordinación en los movimientos y en el habla: *no bebo ginebra porque se me sube en seguida.*
DER subida, subido.

súbito, -ta adj. Que se produce de pronto o sin preparación o aviso: *el semáforo cambió de manera súbita y no tuve tiempo de frenar el coche.* SIN repentino.
DER súbitamente.

subjetividad n. f. Manera de pensar en la que para juzgar u opinar sobre las cosas y los hechos intervienen los sentimientos, vivencias o intereses de una persona: *no hay que dejarse influir por la subjetividad.* SIN subjetivismo.

subjetivismo n. m. **1** Manera de pensar en la que para juzgar u opinar sobre las cosas y los hechos intervienen los sentimientos, vivencias o intereses de una persona. SIN subjetividad. **2** FILOS. Doctrina filosófica que basa el conocimiento en el individuo o conjunto de individuos con capacidad para percibir, conocer y juzgar.
DER subjetivista.

subjetivo, -va adj. **1** Que depende de sentimientos, vivencias o intereses personales. ANT objetivo. **2** De la persona o relacionado con ella en oposición al mundo exterior: *los juicios morales son subjetivos.* ANT objetivo.
DER subjetividad, subjetivismo.

subjuntivo, -va adj./ n. m. GRAM. [modo verbal] Que expresa una acción, un proceso o un estado como dudoso, posible, deseado o necesario; suele aparecer en oraciones subordinadas.

sublevación n. f. Rebelión de una persona o grupo de personas contra una autoridad o poder establecido al que se niegan a seguir obedeciendo, utilizando la fuerza o las armas. SIN alzamiento, levantamiento.

sublevar v. tr. **1** Incitar a una persona o a un grupo de personas a que se enfrente a un poder establecido, utilizando la fuerza o las armas. SIN alzar, amotinar. **2** Provocar a una persona para que se enfade o se irrite mucho: *las injusticias sociales me sublevan.*
DER sublevación.

sublimar v. tr. **1** Alabar o exaltar mucho a una persona o una cosa, engrandeciendo mucho sus cualidades. SIN elogiar, enaltecer, ensalzar. ◆ v. tr./ prnl. **2** FÍS. Hacer que un cuerpo en estado sólido pase directamente al estado gaseoso, sin pasar por el estado líquido.
DER sublimación, sublimado, sublimizar.

sublime adj. Que destaca enormemente por sus extraordinarias cualidades o que tiene gran valor moral, científico o artístico: *fue un hombre sublime que dedicó su vida a la ciencia.*
DER sublimar.

submarinismo n. m. Actividad de bucear bajo la superficie del mar con fines científicos, deportivos, militares, etc.: *practicar submarinismo.*

submarinista adj. **1** Del submarinismo o relacionado con esta actividad: *técnica submarinista.* ◆ n. com. **2** Persona que practica el submarinismo.

submarino, -na adj. **1** De la zona que se encuentra bajo la superficie del mar o relacionado con esta zona. ◆ n. m. **2** Embarcación que puede navegar bajo el agua, diseñada para poder subir a la superficie del mar o sumergirse según las necesidades.
DER submarinismo; antisubmarino.

submúltiplo, -pla adj./ n. m. [cantidad, número] Que está contenido en otra cantidad un número exacto de veces: *el número 7 es submúltiplo de 49.*

subnormal adj. [persona] Que tiene una capacidad mental inferior a la media o a la que se considera normal. SIN anormal, deficiente, retrasado.
DER subnormalidad.

subnutrición n. f. Consumo insuficiente de calorías para el buen funcionamiento del organismo: *la subnutrición se produce cuando no se consumen 2 700 calorías diarias.*

suboficial n. com. Militar que pertenece a una categoría superior a la de la tropa e inferior a la de los oficiales: *el sargento es un suboficial.*

subordinación n. f. **1** Dependencia de una persona o una cosa respecto de otra o de otras, por las que está regida o a las que está sometida. **2** GRAM. Relación que une dos elementos sintácticos de distinto nivel o función y en la que uno depende del otro.

subordinado, -da adj. **1** [persona] Que depende o está sometido a la orden o a la voluntad de otro. ◆ adj./ n. f. **2** GRAM. [oración] Que depende de otra oración o está regido por ella: *las subordinadas dependen de una oración principal.*

subordinante adj. GRAM. Que subordina un elemento a otro: *las conjunciones subordinantes introducen oraciones subordinadas.*

subordinar v. tr. **1** Hacer que una persona

o una cosa pase a depender de otra o de otras. **2** Clasificar unas cosas como inferiores a otras o considerar que dependen de otras: *has subordinado mis intereses a los tuyos.* **3** GRAM. Hacer que un elemento gramatical, generalmente una oración, dependa o esté regido por otro: *en la oración «dijo que no iba a venir», «que no iba a venir» está subordinado a «dijo».*
DER subordinación, subordinado, subordinante; insubordinar.

subproducto n. m. Producto que se obtiene en un proceso de elaboración, fabricación o extracción de otro producto, que generalmente no tiene tanto valor como este.

subrayado n. m. Palabra o conjunto de palabras subrayadas en un escrito: *solo se ha leído los subrayados.*

subrayar v. tr. **1** Hacer una raya debajo de una letra, una palabra o una frase escrita, para señalarla, resaltarla o llamar la atención sobre ella por algún motivo. **2** Hacer que una cosa que se dice quede bien clara o sea bien comprendida por todos, pronunciándola con énfasis, repitiéndola o recalcándola de alguna manera: *el conferenciante subrayó dos frases que eran el resumen de su charla.*
DER subrayado.

subsahariano, -na adj. Que está en la parte de África que se halla al sur del Sahara: *el África subsahariana; los países subsaharianos.*

subsanar v. tr. **1** Remediar, reparar un daño o corregir una falta: *lo primero que hay que hacer es subsanar los errores.* **2** Resolver un problema o dar una solución para una dificultad.

subscribir v. tr./ prnl. Suscribir.

subscripción n. f. Suscripción.

subsidiar v. tr. Conceder un subsidio a una persona o a una corporación.
OBS En su conjugación, la *i* no se acentúa, como en *cambiar*.
DER subsidiario, subsidio.

subsidio n. m. Cantidad de dinero que recibe una persona o entidad, de manera excepcional, como ayuda para satisfacer una necesidad determinada, especialmente la que reciben de un organismo oficial: *subsidio de desempleo.*
DER subsidiar, subsidiario.

subsistencia n. f. **1** Conservación y permanencia de una cosa: *la subsistencia de esta empresa depende de sus ventas.* **2** Vida de una persona o de cualquier ser vivo: *algunas zonas del planeta hacen difícil la subsistencia del hombre.* **3** Conjunto de alimentos y de los medios necesarios para el mantenimiento de la vida.

subsistir v. intr. **1** Existir todavía una cosa o mantenerse en el mismo estado o situación. **SIN** perdurar, persistir. **2** Desarrollar su vida una persona o un ser vivo: *la familia subsiste con el sueldo del hijo mayor.* **SIN** vivir.
DER subsistencia.

substancia n. f. Sustancia.

substancial adj. Sustancial.

substancioso, -sa adj. Sustancioso.

substantivación n. f. Sustantivación.

substantivar v. Sustantivar.

substantivo n. m. Sustantivo.

substitución n. f. Sustitución.

subsuelo n. m. Capa o capas de terreno que están debajo de la superficie terrestre o de la tierra cultivable.

subterráneo, -nea adj. **1** Que está bajo tierra o por debajo de la superficie terrestre. ◆ n. m. **2** Conducto, pasadizo, habitación o cualquier lugar o espacio que está bajo tierra: *se escondieron en el subterráneo de la casa.*

subtitular v. tr. **1** Poner o escribir un subtítulo en un libro. **2** Poner subtítulos a una película.

subtítulo n. m. **1** Título secundario que algunas obras tienen después del título principal. **2** Texto escrito que aparece en algunas películas, generalmente en la parte inferior de la pantalla, sobre las imágenes, y que traduce el texto original de los diálogos que interpretan los actores: *vimos* Casablanca *en versión original con subtítulos en español.*
DER subtitular.

subtropical adj. **1** Que se encuentra cerca del trópico pero en una latitud más elevada: *las islas Canarias se encuentran en una zona subtropical.* **2** Que se da en la zona situada cerca del trópico pero en una latitud más elevada: *clima subtropical.*

suburbano, -na adj. **1** [edificio, terreno, campo] Que está cerca de una ciudad: *han adquirido un local suburbano para construir un centro comercial.* **2** Del suburbio o relacionado con esta zona de las afueras de una ciudad: *música suburbana.* ◆ adj./ n. m. **3** [ferrocarril] Que comunica el centro de una gran ciudad con los suburbios o las zonas de la periferia: *hay que utilizar el suburbano para descongestionar el tráfico.*

suburbial adj. De un suburbio o que tiene relación con este barrio situado a las afueras o en los alrededores de una ciudad grande: *la población suburbial suele tener un bajo nivel económico.* SIN suburbano.

suburbio n. m. Barrio o zona habitada que está en las afueras de una gran ciudad y dentro de su jurisdicción, especialmente el habitado por personas de bajo nivel económico.
DER suburbial.

subvención n. f. Cantidad de dinero que recibe una persona, una entidad o una institución como ayuda económica para llevar a cabo una obra o para su mantenimiento, especialmente la que reciben del Estado. SIN subsidio.

subvencionar v. tr. Contribuir con una cantidad de dinero como ayuda a la realización de una obra o al mantenimiento de una entidad o institución.
DER subvención.

subversivo, -va adj. Que pretende alterar el orden público o destruir la estabilidad política o social de un país: *el artículo periodístico está lleno de alusiones subversivas.*

subyacer v. intr. Estar una cosa por debajo de otra u oculta tras ella: *las aguas fluviales penetran en la tierra y subyacen en ella.*
OBS Se conjuga como *yacer.*

subyugar v. tr. **1** Someter o dominar completamente a una persona o colectividad por medio de la violencia. **2** Agradar o atraer intensamente a una persona: *su voz y su miradas la subyugan.*
OBS En su conjugación, la *g* se convierte en *gu* delante de *e.*

succionar v. tr. **1** Extraer un líquido de su recipiente, aspirándolo o chupándolo con los labios. **2** Absorber un líquido o un gas, atraerlo hacia el interior de un cuerpo o un mecanismo.

sucedáneo, -nea adj./ n. m. **1** [sustancia] Que tiene propiedades parecidas a las de otra y puede servir para sustituirla: *como no le sienta bien el café toma un sucedáneo.* **2** Que es una imitación, de peor calidad que el original.

suceder v. tr. **1** Sustituir a una persona en el empleo, cargo o puesto que ha dejado: *el príncipe sucederá a su padre en el trono.* **2** Seguir o ir inmediatamente detrás, ya sea en el tiempo, en el espacio o en un orden. ANT anteceder. ◆ v. impersonal **3** Tener lugar o producirse un hecho. SIN acaecer, acontecer, ocurrir.
DER sucedáneo, sucesión, sucesivamente, sucesivo, suceso, sucesor.

sucesión n. f. **1** Serie de elementos que se suceden unos a otros, sea en el espacio, en el tiempo o en un orden: *la sucesión de las estaciones.* **2** Sustitución por otra persona de alguien que ha dejado un empleo, cargo o puesto. **3** Descendientes directos de una persona o familia: *el trono ha quedado vacante porque el rey no tenía sucesión.* **4** MAT. Conjunto ordenado de números que cumplen una ley determinada: *1, 3, 5, 7 es una sucesión de números impares.*

sucesivo, -va adj. Que sucede o va inmediatamente después de otra cosa.
▶ en lo sucesivo Se utiliza para indicar que lo que se expresa a continuación tiene efecto a partir de ese momento y en adelante: *en lo sucesivo, no quiero que me hables de ese asunto tan desagradable.*
DER sucesivamente.

suceso n. m. **1** Hecho que sucede u ocurre, especialmente si es de cierta importancia. SIN acontecimiento, evento. **2** Hecho lamentable o desafortunado, como un delito o un accidente: *en la sección de sucesos apareció un reportaje sobre el asesinato.* NOTA Se utiliza más en plural.

sucesor, -ra adj. [persona] Que sustituye a otra en un empleo, un cargo o una función que ha dejado de desempeñar. ANT antecesor.

suciedad n. f. **1** Cualidad de lo que es o está sucio. ANT limpieza. **2** Conjunto de manchas, de polvo o de impurezas que hay en una cosa o en un sitio. **3** Acción o expresión falta de ética, que va contra las reglas o que se considera obscena, inmoral o innoble.

sucinto, -ta adj. Que está expresado con pocas palabras, de manera resumida, concisa y precisa: *mándale una nota sucinta.* SIN breve.

sucio, -cia adj. **1** Que tiene manchas, polvo, impurezas o cualquier sustancia que estropea el buen aspecto: *el agua de la lavadora sale sucia.* ANT limpio. **2** Que se mancha fácilmente o se mantiene limpio durante poco tiempo: *los trajes de color blanco son muy sucios.* **3** Que produce suciedad o ensucia mucho: *la fábrica es muy sucia y contamina el río.* **4** [persona] Que no cuida su higiene personal, o descuida la limpieza de su ropa o de sus cosas: *es una persona muy sucia trabajando.* **5** Falto de ética, que va contra las reglas o que se considera obsceno, inmoral o innoble: *está metido en asuntos sucios.* SIN deshonesto, obsceno. ◆ adv. **6** sucio Se utiliza para indicar que una acción, especialmente un juego, se realiza sin cumplir las reglas o las normas: *jugar sucio.*

▶ en sucio Utilizando un borrador: *antes de pasarlos a limpio siempre escribe los textos en sucio.*

DER suciedad; ensuciar.

suculento, -ta adj. **1** [alimento] Que es jugoso, tiene mucho sabor y es nutritivo: *comieron un suculento cordero al horno.* **2** Que tiene mucho valor o importancia, por su abundancia o por sus buenas cualidades: *el concurso tiene suculentos premios y regalos.*

sucumbir v. intr. **1** Rendirse o ceder ante una presión, dejar de oponer resistencia: *sucumbió ante su hermosura.* **2** Morir una persona. **3** Dejar de existir una institución o desaparecer una entidad: *la monarquía sucumbió tras el golpe de Estado.*

sucursal adj./ n. f. [establecimiento] Que depende de otro central o principal y que desempeña las mismas funciones que este: *esta empresa tiene sucursales en las ciudades más importantes.*

sudaca adj. [persona] Que es de algún país de América del Sur. NOTA Se usa como apelativo despectivo.

sudadera n. f. Prenda de vestir generalmente de algodón, similar a una camiseta de manga larga, que cubre la parte superior del cuerpo; suele usarse para hacer deporte o para vestir de manera informal.

sudafricano, -na o **surafricano, -na** adj. **1** De la zona sur del continente africano o que tiene relación con ella. **2** De la República Sudafricana o que tiene relación con este país situado en el extremo sur de África. ◆ adj./ n. m. y f. **3** [persona] Que es de algún país de la zona sur del contienente africano. **4** [persona] Que es de la República Sudafricana.

OBS La Real Academia admite la forma *surafricano*, pero prefiere *sudafricano*.

sudamericano, -na adj./ n. m. y f. Suramericano.

sudanés, -nesa adj. **1** De Sudán o que tiene relación con este país situado al noreste del continente africano. ◆ adj./ n. m. y f. **2** [persona] Que es de Sudán.

sudar v. intr. **1** Expulsar el sudor a través de los poros de la piel. **2** Expulsar algunas cosas ciertos líquidos de su interior, así ciertos vegetales sudan algún jugo y los objetos demasiado húmedos sudan gotas de agua: *las castañas sudan después de tostadas.* **3** Trabajar una persona muy duramente y esforzándose mucho: *vamos a tener que sudar para entregar el trabajo a tiempo.* ◆ v. tr. **4** Mojar una cosa, especialmente la ropa, con sudor. **5** Conseguir una cosa con mucho esfuerzo: *el chico ha sudado bien la moto.*

DER sudadera, sudario, sudor; resudar, trasudar.

sudeste o **sureste** n. m. **1** Punto del horizonte situado entre el sur y el este, a la misma distancia de ambos: *la abreviatura de sudeste es SE.* **2** Parte de un país, un territorio u otro lugar situado hacia ese punto. **3** Viento que sopla o viene de ese punto.

OBS La Real Academia Española recoge *sureste*, pero prefiere la forma *sudeste*.

sudoeste o **suroeste** n. m. **1** Punto del horizonte situado entre el sur y el oeste, a la misma distancia de ambos: *la abreviatura de sudoeste es SO.* **2** Parte de un país, un territorio u otro lugar situado hacia ese punto. **3** Viento que sopla o viene de ese punto.

OBS La Real Academia Española recoge *suroeste*, pero prefiere la forma *sudoeste*.

sudor n. m. **1** Líquido transparente que producen unas glándulas que hay en la piel y que se expulsa a través de ella. **2** Conjunto de gotas de agua o de otro líquido que expulsan ciertas cosas. **3** Trabajo o esfuerzo muy grande que cuesta conseguir alguna cosa: *ganarás el pan con el sudor de tu frente.*

DER sudoración, sudorífico, sudoríparo, sudoroso; resudar.

sudoración n. m. Expulsión de sudor a través de la piel.

sudoríparo, -ra adj. [glándula] Que segrega o produce sudor.

sudoroso, -sa adj. **1** [persona, animal] Que está sudando mucho o está lleno de sudor. **2** Que normalmente suda mucho o es muy propenso a sudar.

sueco, -ca adj. **1** De Suecia o que se relaciona con este país de Europa. ◆ adj./ n. m. y f. **2** [persona] Que es de Suecia. ◆ n. m. **3** Lengua que se habla en Suecia.

▶ hacerse el sueco Fingir una persona que no entiende, que no ve o que no se da cuenta de una cosa, para desentenderse de ella: *la madre veía cómo se manchaba el niño, pero se hizo la sueca.*

suegro, -gra n. m. y f. Padre o madre del cónyuge o compañero de una persona.
DER consuegro.

suela n. f. **1** Parte del calzado que queda debajo del pie y que está en contacto con el suelo. media suela Pieza de cuero con la que se cubre la mitad delantera de la planta del calzado para remendar la suela: *no sé si comprar unas botas nuevas o poner medias suelas a estas.* **2** Cuero curtido del que está hecha la suela: *prefiero que los zapatos sean de suela a que sean de goma.*
▶ no llegar a la suela del zapato Ser una persona o una cosa de cualidades muy inferiores a otra: *será muy guapo, pero en simpatía no te llega a la suela del zapato.*

sueldo n. m. Cantidad de dinero que recibe una persona regularmente por su trabajo. SIN paga, salario.
▶ a sueldo Se utiliza para indicar que una persona realiza un trabajo o desempeña una función cobrando por ello: *tenemos un jardinero a sueldo.*
DER sobresueldo.

suelo n. m. **1** Superficie de la Tierra: *el suelo está formado por elementos orgánicos y minerales.* **2** Superficie sobre la que se pisa, generalmente plana y cubierta con algún material. SIN pavimento, piso. **3** Terreno que se destina al cultivo de plantas. **4** Terreno que se destina a la construcción de edificios: *en esta ciudad hay mucho suelo disponible.* **5** Territorio de un país: *el avión aterrizó en suelo sudanés.*
▶ besar el suelo Caerse una persona de bruces al suelo. poner (o dejar) por el suelo (o los suelos) Hablar mal y con desprecio de una persona: *cada vez que critica a alguien lo deja por los suelos.* por el suelo o por los suelos **a.** Se utiliza para indicar que una cosa está muy barata, o tiene muy poco valor. **b.** Se utiliza para indicar que una cosa o una persona se encuentra en muy mala situación, en un estado muy abatido: *tiene el ánimo por los suelos.*
DER suela; entresuelo, sobresuelo, subsuelo.

suelto, -ta adj. **1** Que no está pegado o unido de manera compacta: *el arroz de la paella debe quedar suelto, no apelmazado.* **2** Que está libre, que no está sujeto, atado ni encerrado: *lleva el pelo suelto.* **3** Que está separado de otras cosas con las cuales forma un conjunto, una colección o una serie o que no se corresponde con otras cosas: *quedan algunas tallas sueltas.* **4** Que no se vende empaquetado y se puede comprar por unidades, en la cantidad que se desee: *aquí venden huevos sueltos.* **5** Que se expresa o actúa con facilidad y desenvoltura: *es un niño muy suelto.* **6** [persona] Que tiene diarrea: *me duele el estómago y estoy un poco suelto.* **7** [vestido, ropa] Que es ancho y permite moverse con facilidad porque no está demasiado ajustado al cuerpo. ANT ceñido. ◆ adj./ n. m. **8** [dinero] Que está en forma de moneda fraccionaria, generalmente de poco valor, y no en billetes.

sueño n. m. **1** Estado de reposo en que se encuentra la persona o animal que está durmiendo: *durante el sueño, el cuerpo repone las energías necesarias.* **2** Deseo o necesidad de dormir. **3** Conjunto de imágenes y sucesos que vienen a la mente mientras se duerme. **4** Deseo muy difícil o imposible de conseguir.
▶ sueño dorado El deseo más anhelado de una persona: *su sueño dorado es que le toque la lotería.*
DER entresueño.

suero n. m. **1** Sustancia acuosa que queda de un líquido orgánico una vez que este se ha coagulado: *suero de la sangre.* **2** Mezcla de agua y sales que sirve para alimentar los tejidos del organismo y que se inyecta por razones médicas.

suerte n. f. **1** Causa o fuerza desconocida que determina el desarrollo de los hechos o las circunstancias que no son intencionadas y no se pueden prever: *si acerté la respuesta fue solo por suerte.* SIN destino. **2** Sucesos o circunstancias, sean positivas o negativas, que no han sido intencionadas o previstas sino que se atribuyen a la acción del azar o la casualidad. SIN fortuna. **3** Estos sucesos o circunstancias cuando son positivos o favorables: *tuvo mucha suerte encontrando un trabajo tan bueno.* **4** Condiciones de vida de una persona o grupo de personas: *muchos campesinos cambiaron su suerte y se fueron a vivir a las ciudades.* **5** Hechos que le sucederán en el futuro a una persona o una cosa: *la bruja echaba las cartas para adivinar la suerte.* SIN futuro, porvenir. **6** Género, clase o especie de una cosa: *había catado ya toda suerte de vinos.* **7** En tauromaquia, cada una de las tres partes en que se divide la lidia y los actos que se ejecutan en cada parte de una corrida de toros: *suerte de matar.* SIN tercio.

▸ caer (o tocar) en suerte Corresponder una cosa a una persona por azar o como resultado de un sorteo: *hicimos partes y cada uno se conformó con la que le tocó en suerte.* de suerte que Se utiliza para expresar una consecuencia o resultado de lo que expresa: *el testamento se pondrá dentro de un sobre cerrado, de suerte que no pueda sacarse sin romperlo.* echar suertes o echar a suertes Decidir una cosa por azar o dejando la decisión a la casualidad: *nadie quería hacer el trabajo, así que lo echamos a suertes lanzando una moneda al aire.*

DER suertudo.

suéter n. m. Prenda de vestir de abrigo que cubre la parte superior del cuerpo, desde el cuello hasta la cintura; generalmente es de manga larga. SIN jersey.

OBS El plural es *suéteres.*

suficiencia n. f. **1** Aptitud de la persona que reúne las condiciones que se necesitan o tiene la capacidad para desempeñar un trabajo u otra cosa. ANT insuficiencia. **2** Presunción o pedantería de la persona que cree tener mayor capacidad que los demás.

suficiente adj. **1** Que es bastante o llega a la cantidad, grado o número mínimos imprescindibles: *habrá suficiente comida para cien invitados.* **2** Que está capacitado o es adecuado para lo que se necesita. ◆ n. m. **3** Calificación académica que es inferior a la de notable y superior a la de suspenso. SIN aprobado.

DER suficiencia; autosuficiente, insuficiente.

sufijación n. f. GRAM. Procedimiento para la formación de palabras nuevas mediante la adición de un sufijo a una palabra ya existente o a su raíz: *la palabra «entendimiento» se ha formado por sufijación.*

sufijal adj. GRAM. [elemento, morfema] Que tiene la forma o la función de un sufijo.

sufijo, -ja adj./ n. m. GRAM. [afijo] Que se añade al final de una palabra o de una raíz para formar otra nueva: *se pueden formar sustantivos añadiendo el sufijo «-ción» a un verbo, como «combinación» a partir de «combinar».*

DER sufijal, sufijar.

sufragar v. tr. Pagar o satisfacer los gastos que ocasiona una cosa: *el conde sufragó la totalidad de los gastos del festival.* SIN costear.

OBS En su conjugación, la *g* se convierte en *gu* delante de *e.*

DER sufragio.

sufragio n. m. **1** Elección mediante votación de una persona o una opción entre varias que se presentan como candidatas. sufragio universal Sistema electoral en el que tienen derecho a votar todas las personas mayores de edad, sea cual sea su sexo o condición: *las elecciones generales en España son por sufragio universal.* **2** Voto u opción tomada por cada una de las personas que son consultadas, especialmente en materia política: *en estas elecciones ha aumentado el número de sufragios a favor de tu partido.* **3** Ayuda o apoyo que se ofrece a una colectividad, especialmente el económico.

DER sufragismo.

sufrido adj. **1** Que sufre resignadamente una situación dolorosa o soporta con paciencia las desgracias. **2** [color, material] Que disimula la suciedad o aguanta mucho tiempo sin ensuciarse o estropearse: *los colores oscuros son más sufridos que el blanco.*

sufrimiento n. m. **1** Dolor o padecimiento físico o moral que experimenta una persona. **2** Paciencia con que se sufre o se soporta una desgracia.

sufrir v. tr. **1** Sentir con intensidad un dolor físico o moral o experimentar una situación desagradable o penosa: *ha sufrido una enfermedad muy larga y angustiosa.* SIN padecer. **2** Tolerar, soportar o permitir una cosa, sin oponerse a ella y sin quejarse, a pesar de que implique un daño moral o físico: *no puedo sufrir su falta de puntualidad.* SIN aguantar, soportar. **3** Sostener o resistir un peso: *las paredes maestras sufren la carga del forjado.* **4** Ser objeto de un cambio, una acción o un fenómeno determinado, especialmente si es negativo: *el paro ha sufrido un espectacular aumento este mes.*

DER sufrido, sufrimiento; insufrible.

sugerencia n. f. Idea que se sugiere o se propone a una persona para que la tenga en consideración o piense en ella a la hora de hacer algo.

sugerente adj. **1** Que sugiere o provoca ideas: *lo que nos explicaste resultó muy sugerente.* **2** Que es muy atractivo o emocionante.

DER sugerencia.

sugerir v. tr. **1** Proponer o dar una idea a una persona para que la tenga en consideración a la hora de hacer algo: *me sugirió que cambiase mi peinado.* SIN insinuar. **2** Evocar o inspirar una idea, un recuerdo o una sensación.

OBS En su conjugación, la *e* se convierte en *ie* en sílaba acentuada o en *i* en algunos tiempos y personas, como en *hervir.*

DER sugerente.

sufijos

Los sufijos son morfemas que se añaden al final de una palabra para formar otra. Los sufijos modifican el significado de la voz original (*pastel* no significa lo mismo que *pastel+ería*) y, además, pueden cambiar su categoría (*amar* es un verbo, pero *ama+ble* es un adjetivo).
En español hay un gran número de sufijos que forman nuevas palabras, de manera que a partir de una misma raíz podemos obtener significados distintos (por ejemplo, a partir de la raíz *ven-* obtenemos: *venir, convenir, prevenir, revenir, porvenir,* etc.).

Sufijos que forman nombres

sufijo	a partir de	significado	ejemplos
-ada	nombres	un grupo de	*alambrada, peonada*
		acción propia de	*payasada, canallada*
		lo contenido en	*cucharada, paletada*
	verbos	golpe o movimiento brusco con	*patada, pedrada*
		acción repentina o enérgica	*sentada, frenada*
-al/-ar	nombres	lugar donde hay	*robledal, pinar*
-aje	nombres	un grupo o conjunto de	*cortinaje, plumaje*
	verbos	acción o resultado de esa acción	*aterrizaje, embalaje*
-anza	verbos	acción de	*venganza, tardanza*
-azo	nombres	golpe dado con	*codazo, puñetazo*
-ción	verbos	acción o resultado de esa acción	*admiración, continuación*
-dad	adjetivos	acción o resultado de esa acción	*habilidad, utilidad*
-dor, -or, -tor	verbos	que hace frecuentemente, o como profesión	*hablador, vendedor*
-encia	verbos	acción o resultado de esa acción	*coincidencia, resistencia*
-ería	nombres	colectividad o grupo de	*chiquillería, ganadería*
		tienda o comercio	*pastelería, sastrería*
-eza	adjetivos	cualidad de ser	*belleza, pobreza*
-ista	nombres	profesión relacionada con	*dentista, violinista*
-mento, -miento	verbos	acción o resultado de esa acción	*aumento, razonamiento*
-torio	verbos	lugar donde se realiza una acción	*sanatorio, dormitorio*
-tud	adjetivos	cualidad de	*juventud, lentitud*
-ura	adjetivos	cualidad de	*frescura, hermosura*

Sufijos que forman adjetivos

sufijo	a partir de	significado	ejemplos
-al, ar	nombres	propio de	*colegial, teatral, lanar*
-aneo, -anea	nombres	que está relacionado con	*instantánea, mediterráneo*
-ario	nombres	propio de o relacionado con	*reglamentario, legionario*
-ble	verbos	que se puede	*disponible, habitable*
-dizo	verbo	propenso a	*encontradizo, arrojadizo*
-ico, -íaco	nombres	que está relacionado con	*céntrico, policíaco*
-oide	adjetivos	similar, parecido a	*esferoide, ovoide*
-oso	nombres	abundante en o semejante a	*envidioso, musculoso*
-tivo	verbos	que realiza o produce	*llamativo, pensativo*
-torio	nombres	que está relacionado con	
	y verbos	que produce que	*difamatorio, meritorio*

Sufijos que forman verbos

sufijo	a partir de	significado	ejemplos
-ar	nombres o adjetivos	producir un	*taponar*
-ear	nombres	producir un	*agujerear, golear*
-ecer	nombres o adjetivos	empezar a hacerlo o a ser	*florecer, palidecer*
-ificar	nombres o adjetivos	convertir en	*momificar, gasificar*
-izar	nombres o adjetivos	convertir en	*alfabetizar, memorizar*

Sufijos que forman adverbios

sufijo	a partir de	significado	ejemplos
-mente	adjetivo (en femenino singular)	de manera	*brevemente, rápidamente*

sugestión n. f. Influencia sobre la manera de pensar o de actuar de una persona, que anula su voluntad y la lleva a obrar de una forma determinada.
DER sugestionar, sugestivo.

sugestionar v. tr. **1** Influir en la manera de pensar o de actuar de una persona y llevarla a obrar involuntariamente de una forma determinada: *la publicidad sugestiona a la gente.* **2** Provocar admiración o fascinación en una persona: *sugestionar a los fieles.* **3 sugestionarse** ◆ v. prnl. Dejarse llevar por una idea o una sensación obsesiva: *se sugestionó con la manera de actuar de la protagonista.*

sugestivo, -va adj. **1** Que sugiere o provoca ideas: *el tema de esta película es muy sugestivo.* SIN sugerente. **2** Que provoca emoción y resulta muy atrayente: *tienen un plan muy sugestivo para el fin de semana.*

suicida adj. **1** Del suicidio o relacionado con esta acción: *comportamiento suicida; tendencias suicidas.* **2** [acto, conducta] Que es muy imprudente y puede provocar la muerte a quien lo realiza: *conducir borracho es un acto suicida.* ◆ adj./ n. com. **3** Persona que se quita o ha intentado quitarse voluntariamente la vida.

suicidarse v. prnl. Quitarse voluntariamente la vida.

suicidio n. m. Acción de quitarse una persona voluntariamente la vida.
DER suicida, suicidarse.

suite n. f. **1** Composición musical que reúne varias piezas de carácter y ritmo diferente pero escritas con la misma tonalidad. **2** Selección de fragmentos de una obra extensa, como una ópera o un *ballet*, para ser interpretada en un concierto: *no he visto nunca la ópera pero he escuchado una suite de La Traviata.* **3** Conjunto de dos o más habitaciones de un hotel que están unidas o comunicadas formando una unidad: *la suite nupcial.*
OBS Es de origen francés y se pronuncia aproximadamente «suit».

suizo, -za adj. **1** De Suiza o relacionado con este país del centro de Europa. ◆ adj./ n. m. y f. **2** [persona] Que es de Suiza. ◆ n. m. **3** Bollo esponjoso y con forma ovalada, hecho con harina, huevo y azúcar.

sujeción n. f. **1** Acción de coger o agarrar con fuerza a una persona o una cosa, de manera que no se mueva, ni se caiga o se escape. **2** Cosa con la que se sujeta otra o que se utiliza para mantener sujeto algo.

sujetador n. m. **1** Prenda interior femenina que sirve para ajustar y sostener el pecho; suele ser de tejidos suaves y elásticos. SIN sostén. **2** Pieza superior de un traje de baño femenino de dos piezas.

sujetar v. tr. **1** Coger o sostener con firmeza a una persona o una cosa, con las manos o con cualquier otro instrumento, de manera que no se mueva, ni se caiga o se escape: *sujeta al perro para que no se vaya.* **2** Dominar o someter una persona o entidad a otra que queda bajo su autoridad o su disciplina.
DER sujeción, sujetador.

sujeto, -ta adj. **1** Que está cogido o agarrado con firmeza por una persona o cosa, de manera que no se puede mover, caer o escapar. **2** Que depende de otra persona o cosa, o está expuesto o sometido a lo que se indica: *todos estamos sujetos a la ley.* ◆ n. m. **3** Persona cuyo nombre no se indica: *vino cierto sujeto preguntando por ti.* NOTA A veces tiene valor despectivo. **4** GRAM. Función que desempeña en la oración la palabra o conjunto de palabras que concuerdan con el verbo en número y persona. **5** GRAM. Palabra o conjunto de palabras que realizan esta función, que concuerdan con el verbo en número y persona: *en la frase «el niño come manzanas» el sintagma «el niño» es el sujeto.* **sujeto agente** GRAM. Sujeto de una oración con el verbo en voz activa, que hace referencia a la persona o cosa que realiza la acción expresada por el verbo: *en la frase «el niño tira piedras» el sintagma «el niño» es el sujeto agente.* **sujeto paciente** GRAM. Sujeto de una oración con el verbo en voz pasiva, que hace referencia a la persona o cosa que se ve afectada por la acción expresada por el verbo: *en la frase «las manzanas han sido limpiadas por el niño» el sintagma «las manzanas» es el sujeto paciente.* **6** FILOS. Individuo pensante, en oposición a su mundo exterior: *el sujeto piensa la realidad tratando de adaptarla a sus esquemas mentales.*
DER sujetar.

sulfatar v. tr. Bañar ciertas cosas con un producto químico, compuesto por cobre y azufre, que se les pulveriza encima: *conviene sulfatar las vides y los árboles frutales para que no les ataquen las enfermedades.*

sulfato n. m. QUÍM. Sal que se obtiene a partir del ácido sulfúrico.

sulfurar v. tr. **1** Combinar azufre con otro compuesto químico. ◆ v. tr./ prnl. **2** Causar enojo o enfado a una persona: *dile que no se sulfure por esa tontería.*

sulfuro n. m. QUÍM. Sal que se obtiene a partir del ácido sulfhídrico.

sultán n. m. **1** En la antigüedad, emperador de los turcos. **2** Príncipe o gobernador de algunos países islámicos.

suma n. f. **1** Operación matemática que consiste en reunir varias cantidades en una sola: *la suma se indica con el signo +.* SIN adición. ANT resta. **2** Cantidad que resulta de esa operación: *24 es la suma de 12 más 12.* SIN adición. ANT resta. **3** Conjunto homogéneo de cosas, especialmente una cantidad grande de dinero. ▶ **en suma** Se utiliza para introducir un resumen o una conclusión de todo lo que se ha dicho anteriormente: *la situación, en suma, es bastante buena para todos.*
DER sumar; semisuma.

sumando n. m. MAT. Cantidad que se añade a otra u otras para formar una suma: *en la suma 4 + 3 = 7, el 4 y el 3 son los sumandos.*

sumar v. tr. **1** Efectuar la operación matemática de la suma, reuniendo dos o más cantidades en una sola. ANT restar. **2** Ser una cantidad el resultado total de la reunión de dos o más cantidades. ANT restar. **3** Unir o juntar varias cosas similares o añadir unas cosas a otras del mismo tipo. ◆ v. prnl. **4 sumarse** Unirse una persona a una doctrina, a un grupo o a una acción determinada: *varios profesores se sumaron a la protesta de los alumnos.*
DER sumador, sumando, sumario; consumar.

sumario, -ria adj. **1** Que es breve y conciso o que está resumido o reducido a una corta extensión: *haremos una exposición sumaria del argumento* . **2** [juicio] Que prescinde de ciertas formalidades legales. ◆ n. m. **3** Compendio o exposición resumida de una cosa: *en el sumario aparecen resumidos todos los temas que luego se tratan con profundidad.* **4** Índice temático de una obra: *el sumario suele aparecer al final, después de la bibliografía.* **5** DER. Conjunto de actuaciones que se llevan a cabo para preparar un juicio, en las que se aportan los datos referentes al delito y las circunstancias en las que se ha realizado y los testimonios de que se dispone: *el abogado está estudiando el sumario.*
DER sumarial, sumarísimo.

sumergir v. tr. **1** Introducir completamente a una persona o cosa en un líquido, especialmente dentro del agua. ANT emerger. ◆ v. prnl. **2 sumergirse** Concentrar completamente la atención en un pensamiento, abstrayéndose de la realidad: *se sumergió en sus meditaciones.*
OBS En su conjugación, la *g* se convierte en *j* delante de *a* y *o*.
DER sumergible.

sumerio, -ria adj. **1** De Sumeria, antigua región del suroeste de Asia. ◆ adj./ n. m. y f. **2** [persona] Que era de Sumeria: *los sumerios crearon la división de la circunferencia en 360 unidades, que hoy se llaman grados.*

sumidero n. m. Orificio, conducto o canal por donde se sumen las aguas de lluvia o residuales: *el agua entra por el sumidero.* SIN desagüe, tragadero.

suministrar v. tr. Dar o proporcionar a una persona o entidad una cosa que necesita: *ese bodeguero suministra el vino a los restaurantes de la zona.* SIN abastecer, proveer, surtir.

suministro n. m. **1** Acción de dar o proporcionar una cosa que se necesita: *en nuestra oficina, el suministro de papel se hace una vez al mes.* SIN abastecimiento, provisión. **2** Cosa o conjunto de cosas que se suministran.

sumir v. tr. **1** Hacer caer a una persona en cierto estado negativo o de desgracia: *la condena la sumió en la más profunda desesperación.* **2** Sumergir a una persona en un estado de abstracción o de concentración profunda: *se ha sumido en un profundo sueño.* **3** Hundir o meter a una persona o una cosa bajo tierra o bajo el agua: *se sumió en el agujero.*
DER sumidero; asumir, consumir, presumir, resumir, subsumir.

sumisión n. f. Actitud de la persona o animal que se somete a otra y se deja dominar por ella aceptando su voluntad.

sumiso, -sa adj. [persona, animal] Que se somete y se deja dominar por otros aceptando su voluntad y obedeciendo lo que le imponen. ANT rebelde.

sumo, -ma adj. **1** Que es el más alto o no tiene superior en su especie: *el hombre posee la suma inteligencia entre los seres vivos.* SIN supremo. **2** Que es muy grande o enorme en grado o en intensidad: *debes hacerlo con sumo cuidado.* ◆ n. m. **3** Deporte de lucha japonés, en el que los dos participantes intentan derribar al contrario o hacerlo salir de un círculo trazado en el suelo.
▶ **a lo sumo** Como máximo, al punto o nivel máximo de una cosa: *a los sumo seremos cuatro personas.*

suntuoso, -sa adj. Que muestra gran lujo y riqueza: *un suntuoso palacio.* SIN lujoso, fastuoso.
DER suntuario, suntuosidad.

supeditar v. tr. **1** Subordinar o hacer depender una cosa de otra o del cumplimiento de una condición: *supeditó la compra del camión a las ganancias del trimestre.* ◆ v. prnl. **2 supeditarse** Someterse o ajustarse una persona a la voluntad de otra o a algún tipo de normas.

super- **1** Prefijo latino que entra en la formación de nombres, adjetivos y verbos con el significado de 'sobre', 'preeminencia', 'exceso': *superponer; superhombre; superpoblado.* **2** Prefijo que intensifica superlativamente adjetivos, adverbios y nombres: *supermal; son superamigos.*

súper adj. **1** Que sobresale entre lo demás por ser estupendo o muy bueno: *ese vestido es súper.* ◆ adj./n. f. **2** [gasolina] Que es de 98 octanos. ◆ n. m. **3** Establecimiento comercial donde se venden productos alimenticios y otro tipo de artículos, y en el que el cliente se sirve a sí mismo y paga a la salida. SIN supermercado. ◆ adv. **4** De forma estupenda o magnífica, muy bien.

superabundancia n. f. Gran abundancia de algo, por encima de las necesidades.
DER superabundante.

superación n. f. **1** Acción de sobrepasar un límite o de vencer un obstáculo o una dificultad. **2** Resultado de mejorar o de hacer mejor las cosas.

superar v. tr. **1** Ser superior o mejor que otra cosa o persona: *ha superado a sus compañeros de equipo.* SIN aventajar, exceder, sobrepasar. **2** Sobrepasar o llegar más allá de una marca o un límite: *las temperaturas han superado los treinta grados.* SIN exceder. **3** Vencer un obstáculo, una dificultad o una situación adversa. **4** Aprobar o pasar satisfactoriamente una prueba o examen. ◆ v. prnl. **5** Mejorar, hacer las cosas mejor que otras veces: *el atleta se ha superado y ha batido su propio récord.* SIN aventajar, exceder, sobrepasar.
DER superación, superávit, superior; insuperable.

superávit n. m. **1** Abundancia o exceso de algo que se considera necesario o beneficioso. **2** ECON. Situación en que los ingresos son mayores que los gastos y el saldo positivo que refleja la diferencia. ANT déficit.
OBS El plural también es *superávit.*

superconductor, -ra adj./n. m. FÍS [metal] Que presenta el fenómeno de la superconductividad: *imán superconductor.*

superdotado, -da adj. [persona] Que tiene cualidades que están muy por encima de lo normal, principalmente la inteligencia.

superficial adj. **1** De la superficie o relacionado con esta parte de un cuerpo. **2** Que está o se queda en la superficie sin entrar más hacia el fondo. ANT profundo. **3** Que se limita a ver la apariencia externa de las cosas sin profundizar más en ellas. SIN frívolo. ANT profundo.

superficie n. f. **1** Parte más externa de un cuerpo que lo limita o separa de lo que le rodea: *una balsa flotaba sobre la superficie del agua.* **2** Extensión de tierra. **3** Extensión plana, de una figura geométrica de la que solo se consideran dos dimensiones: *la anchura y la altura: la superficie de un rectángulo se calcula multiplicando la base por la altura.* **4** Aspecto exterior de una persona o de una situación, que se percibe a primera vista, sin profundizar más.
DER superficial.

superfluo, -flua adj. Que no es necesario, que sobra o está de más. SIN innecesario.

superhéroe, -heroína n. m. y f. Ser de ficción que posee unas cualidades físicas o mentales consideradas sobrehumanas o extraordinarias, las cuales suele emplear para hacer el bien.

superhombre n. m. Hombre que tiene unas cualidades físicas o mentales extraordinarias o superiores a los demás: *Supermán y otros personajes de cómic son superhombres.*

superior adj. **1** Que está situado encima de otra cosa o más alto que ella: *incisivos superiores.* ANT inferior. **2** [lugar, país] Que está situado en la zona más elevada o en la cuenca alta de un río: *el Egipto superior.* ANT inferior. **3** [período] Que está en la última parte de las partes en que está dividido: *el Paleolítico superior.* ANT inferior. **4** Que es más que otra persona o cosa en calidad, cantidad, rango, importancia, etc.: *una temperatura superior a la habitual.* ANT inferior. **5** Que es excelente, muy bueno: *calidad superior.* ANT inferior. **6** Que ocupa el lugar más alto en una jerarquía política, administrativa o social: *el Tribunal Superior de Justicia.* **7** [enseñanza] Que proporciona los estudios especializados de una profesión o carrera. **8** De la enseñanza

superior o relacionado con ella: *titulados superiores.* **9** BIOL [ser vivo] Que tiene una organización más compleja y que se supone más evolucionado que otros: *todos los vertebrados son animales superiores.* **ANT** inferior. ◆ n. com. **10** Persona que tiene a otra bajo sus órdenes: *al cumplir 55 años, se jubiló a propuesta de sus superiores.* **ANT** inferior. ◆ n. m. y f. **11** Persona que dirige una congregación o comunidad religiosa: *el superior del convento.* **NOTA** El femenino es *superiora.*
DER superioridad.

superioridad n. f. Cualidad o situación de la persona o cosa que es superior a otra o a otras. **SIN** supremacía.

superlativo, -va adj. **1** Que es muy grande o muy bueno o que tiene alguna cualidad en su más alto grado: *una inteligencia superlativa.* **SIN** excelente. ◆ adj./ n. m. **2** GRAM. [adjetivo] Que indica el grado más alto o la mayor intensidad de la cualidad que expresa: *el superlativo de «célebre» es «celebérrimo».*

supermercado n. m. Establecimiento comercial donde se venden productos alimenticios y otro tipo de artículos, y en el que el cliente se sirve a sí mismo y paga a la salida. **SIN** súper.

superpoblado, -da adj. Que está poblado u ocupado por un número excesivo de habitantes: *una ciudad superpoblada; países superpoblados.*

superponer v. tr. Poner una cosa encima de otra.
OBS Se conjuga como *poner.*
DER superposición, superpuesto.

superpotencia n. f. País que tiene un gran poder político y económico sobre otros y los mayores adelantos científicos y técnicos, especialmente en la industria de armas atómicas: *superpotencia mundial.*

superproducción n. f. **1** Exceso de producción o producción de una cosa por encima de las necesidades de compra del mercado. **2** Obra de cine o teatro que se presenta como muy importante y espectacular y que está hecha con grandes medios económicos.

supersónico, -ca adj. **1** [velocidad] Que es mayor que la velocidad del sonido. **2** [avión, nave] Que puede moverse a una velocidad superior a la del sonido.

superstición n. f. **1** Creencia que no tiene fundamento racional y que consiste en atribuir carácter mágico u oculto a determinados acontecimientos: *es una superstición creer que pasar por debajo de una escalera trae mala suerte.* **2** Creencia que se aparta de la ortodoxia religiosa.

supersticioso, -sa adj. **1** De la superstición o relacionado con este tipo de creencias. ◆ adj./ n. m. y f. **2** [persona] Que cree en supersticiones.

superventas adj./ n. m. [producto comercial] Que tiene un gran éxito de ventas: *es superventas.*
OBS El plural es *superventas.*

supervisar v. tr. Examinar, con detenimiento, quien tiene autoridad para ello, el trabajo realizado por otras personas, para comprobar que está bien hecho: *el jefe de los mecánicos supervisa las reparaciones.* **SIN** inspeccionar.
DER supervisión, supervisor.

supervisión n. f. Acción que consiste en inspeccionar, quien tiene autoridad para ello, el trabajo realizado por otras personas: *todos los trabajos han sido realizados bajo la supervisión del director.* **SIN** inspección.

supervisor, -ra adj./ n. m. y f. [persona] Que se encarga de supervisar un trabajo o una actividad realizados por otra persona: *supervisor pedagógico.*

supervivencia n. f. **1** Conservación de la vida, especialmente cuando es a pesar de una situación difícil o tras de un hecho o un momento muy significativos. **2** Mantenimiento de una situación o continuación de la existencia de una cosa: *la supervivencia de la cultura indígena está en peligro.*

superviviente adj. [persona] Que sobrevive o se mantiene viva después de un hecho o un momento determinados.
DER supervivencia.

supino, -na adj. **1** Que está estirado y tiene la espalda tocando al suelo. **2** [cualidad negativa] Que es muy grande o está en su grado máximo: *la ignorancia supina de algunos alumnos enfurecía al profesor.* **NOTA** Se usa detrás del nombre.

suplantar v. tr. Ocupar el lugar de otra persona ilegalmente o hacerse pasar por ella en contra de su voluntad para obtener un beneficio.
DER suplantación.

suplementario, -ria adj. **1** Que sirve para suplir una cosa que falta o para completarla o aumentarla en algún aspecto: *ocupación*

a b c d e f g h i j k l m n ñ o p q r s t u v w x y z

suplementaria; esta es la lista de las lecturas suplementarias. **2** [ángulo] Que completa un ángulo de 90º.

suplemento n. m. **1** Cosa que sirve para completar a otra o para aumentarla en algún aspecto: *los trabajadores recibieron un suplemento en metálico por la calidad del trabajo.* **2** Publicación independiente que se añade a una obra ya completa, a un periódico o a otra publicación y que se entrega por separado en forma de libro, revista u hoja suelta.
DER suplementario.

suplencia n. f. Sustitución que hace una persona a otra en un trabajo: *este médico le está haciendo una suplencia al de cabecera.*

suplente adj. [persona] Que sustituye o reemplaza a otra persona en el desempeño de un trabajo o una función, generalmente si se hace de forma temporal: *Juan está enfermo, así que vendrá un jugador suplente en su lugar.* SIN sustituto.
DER suplencia.

supletorio, -ria adj. **1** Que sirve para sustituir una cosa que falta o para completarla o aumentarla en algún aspecto. SIN suplementario. ◆ adj./n. m. **2** [aparato telefónico] Que está conectado a un aparato principal: *he mandado instalar dos teléfonos supletorios en la oficina.*

súplica n. f. Palabras y gestos con los que una persona suplica una cosa, y la acción de suplicar.

suplicar v. tr. **1** Rogar o pedir una cosa con humildad y sumisión y, generalmente, con patetismo: *le suplicó que le perdonara la vida arrodillándose a sus pies.* SIN implorar. **2** DER. Recurrir ante un tribunal superior una sentencia dictada por él mismo.
OBS En su conjugación, la *c* se convierte en *qu* delante de *e*.
DER súplica, suplicatorio.

suplicio n. m. **1** Sufrimiento físico intenso o lesión grave que se inflige a una persona como castigo. SIN tormento, tortura. **2** Sufrimiento o dolor físico o moral de gran intensidad. SIN tormento. **3** Persona o cosa que ocasiona molestias o sufrimientos, porque es muy pesada o engorrosa: *estos hijos míos son un suplicio.*

suplir v. tr. **1** Completar o añadir algo que falta: *las explicaciones del profesor suplen las deficiencias del manual.* **2** Sustituir a una persona o cosa, ponerse en su lugar para realizar un trabajo, generalmente de forma temporal. SIN reemplazar.
DER suplemento, suplente, supletorio.

suponer v. tr. **1** Considerar posible o probable una cosa, sin estar completamente seguro: *supongo que llegará a casa a la hora de comer.* **2** Tener como consecuencia o resultado directo e inevitable: *la reforma supone demasiados gastos.* SIN conllevar, implicar. **3** Costar, conllevar un gasto o esfuerzo: *cambiar el coche supone más de seis mil euros.* **4** Calcular una cosa de manera aproximada o formar un juicio a partir de unos datos conocidos, aunque no se tenga total seguridad sobre ello. **5** Ser importante o significativo para una persona o una cosa: *su familia supone mucho para él.* ◆ n. m. **6** Cosa que se considera posible o probable, sin estar completamente seguro de que sea cierta: *todo lo que acabo de decir solamente es un suponer.* NOTA Se utiliza normalmente en singular y con el determinante un: *un suponer.*
OBS Se conjuga como *poner.*
DER suposición, supositorio, supuesto; presuponer, presuposición.

suposición n. f. **1** Consideración de que una cosa o una idea es posible o probable, sin estar completamente seguro de ello: *cuando se conoce a alguien, siempre se hacen suposiciones a primera vista.* **2** Idea o circunstancia que una persona considera que es cierta, sin estar completamente segura de ello: *un juicio o una idea formada a partir de estos indicios es una suposición.* SIN suponer.

supositorio n. m. Medicamento de forma alargada y acabado en punta que se introduce por el ano.

supra- Prefijo que entra en la formación de palabras con el significado de 'sobre', 'más allá', 'más arriba': *supranacional, suprarrenal.*

supranacional adj. [institución, organismo] Que no depende de una nación en concreto:.

suprarrenal adj. ANAT. [órgano, parte del cuerpo] Que está situado encima de los riñones.

supremacía n. f. **1** Superioridad de la persona o la cosa que tiene el grado o la posición suprema o más alta en una escala. **2** Grado más alto en una jerarquía de poder.

supremo, -ma adj. **1** Que está situado en la posición o categoría más alta entre los de su especie: *Tribunal Supremo.* **2** Que tiene el grado más alto, que no es posible un grado superior: *con un esfuerzo supremo, consiguió levantar la caja que le apresaba la pierna.* SIN sumo. **3** [momento, situación] Que es muy importante o decisivo para el desarrollo de los acontecimientos.

DER supremacía.

supresión n. f. Acción de suprimir o hacer desaparecer una cosa.

suprimir v. tr. **1** Hacer que desaparezca una cosa o que algo que existía deje de existir. SIN eliminar. **2** No decir o pasar por alto una parte de lo que se está diciendo o explicando o parte de un texto que se está leyendo o escribiendo: *el actor suprimió diez versos de la comedia.* SIN omitir.

DER supresión.

supuesto, -ta adj. **1** Que es simulado, no es verdadero pero se pretende hacer pasar por cierto: *el supuesto rey suplantó al verdadero.* SIN falso. **2** Que es posible que sea cierto o verdadero, pero no se ha demostrado: *el supuesto culpable de los hechos va a ser juzgado.* ◆ n. m. **3** Idea o afirmación que se supone que es cierta pero que no se ha demostrado, y que se da como válida como base de algo: *en la conferenica presentó el supuesto de que esta medicina curaría la gripe.* SIN hipótesis.

▶ por supuesto Se usa para indicar la completa certeza que se tiene en lo que se expresa o la rotundidad de la afirmación que se hace: *por supuesto que iremos esta tarde al cine.*

supurar v. intr. Formar o echar pus una herida.

sur n. m. **1** Punto del horizonte situado a la espalda de una persona a cuya derecha está el lado por el que sale el Sol. **2** Parte de un país, un territorio u otro lugar situada hacia ese punto. **3** Viento que sopla o viene de ese punto.

DER sureño.

surafricano, -na adj./ n. m. y f. Sudafricano.

suramericano, -na o **sudamericano, -na** adj. **1** De América del Sur o relacionado con esta zona del continente americano. ◆ adj./ n. m. y f. **2** [persona] Que es de América del Sur.

OBS La Real Academia admite *sudamericano*, pero prefiere la forma *suramericano*.

surcar v. tr. **1** Atravesar o desplazarse navegando a través del agua, especialmente las embarcaciones. **2** Atravesar o desplazarse por el aire o el espacio: *el águila surca el cielo con majestuosidad.* **3** Hacer hendiduras o aberturas alargadas en la tierra, generalmente con el arado: *el agricultor surcó la tierra para sembrarla.* **4** Formar rayas, hendiduras o estrías: *las arrugas surcan la cara del anciano.*

OBS En su conjugación, la *c* se convierte en *qu* delante de *e*.

surco n. m. **1** Abertura o hendidura alargada que se hace en la tierra, generalmente con el arado: *antes de sembrar se suelen practicar unos surcos en los campos de cultivo.* **2** Señal o hendidura alargada y estrecha que una cosa produce al pasar sobre una superficie. **3** Arruga profunda y larga en el rostro o en otra parte de la piel. **4** Línea o ranura marcada en la superficie de un disco fonográfico, por la cual se desplaza la aguja para reproducir la grabación.

DER surcar; macrosurco.

sureño, -ña adj. **1** Que procede del sur o que está situado hacia este punto o en la parte sur de un país, una región o un territorio. ◆ adj./ n. m. y f. **2** [persona] Que es o procede del sur de un país, una región o un territorio.

sureste n. m. Sudeste.

surf n. m. Deporte que consiste en deslizarse por el agua de pie sobre una tabla que es empujada por las olas.

OBS Es de origen inglés.

DER surfing, surfista; windsurf.

surfero, -ra adj. **1** Del surf o relacionado con él: *una playa muy surfera con olas de hasta tres metros.* ◆ n. m. y f. **2** Persona que practica el surf. SIN surfista.

surfista n. com. Persona que practica el surf: *surfista australiano.* SIN surfero.

surgir v. intr. **1** Salir una cosa desde el interior de la tierra o de otro lugar hacia la superficie, especialmente si sale bruscamente y hacia arriba: *del fondo del lago surgió un monstruo terrible.* **2** Aparecer, presentarse o hacerse notar de repente una cosa: *nuevas tendencias surgen cada año.*

OBS En su conjugación, la *g* se convierte en *j* delante de *a* y *o*.

DER surgimiento; resurgir.

suroeste n. m. Sudoeste.

surrealismo n. m. Movimiento literario y artístico de origen europeo que intenta sobrepasar lo real y que da mucha importancia a la imaginación y a lo irracional.

surrealista adj. **1** Del surrealismo o relacionado con este movimiento: *manifiesto surrea-*

lista. ◆ adj./ n. com. **2** [persona] Que sigue este movimiento literario y artístico o es partidaria de él: *Dalí es un pintor surrealista.*

surtidor n. m. **1** Fuente o punto del que brota agua hacia arriba con fuerza. **2** Aparato que sirve para extraer combustible de un depósito y suministrarlo a algún sitio, especialmente el que suministra carburante a los vehículos en las gasolineras: *paró el coche frente al surtidor de gasolina para llenar el depósito.*

surtir v. tr. **1** Proporcionar o poner al alcance de una persona o de una cosa algo que necesita. SIN abastecer, proveer, suministrar, equipar. ◆ v. intr. **2** Brotar el agua o un líquido de algún sitio, especialmente si lo hace con fuerza y hacia arriba.
DER surtido, surtidor.

susceptible adj. **1** Que puede sufrir o experimentar el efecto o la acción que se expresa: *el proyecto es susceptible de una revisión posterior.* **2** [persona] Que se enfada o se siente ofendido frecuentemente y por cosas poco importantes.
DER susceptibilidad.

suscitar v. tr. Provocar o causar una cosa, especialmente sentimientos de duda, curiosidad o interés o acciones que implican agitación u oposición, como comentarios, polémicas o discusiones: *ha suscitado el odio entre sus hermanos.* SIN promover.

suscribir o **subscribir** v. tr. **1** Firmar al pie o al final de un documento: *todos los ministros suscribieron los acuerdos.* **2** Estar de acuerdo con una opinión, propuesta o dictamen. ◆ v. tr./ prnl. **3** Inscribir a una persona en un lugar para recibir una publicación de forma periódica.
OBS La Real Academia Española recoge *subscribir*, pero prefiere la forma *suscribir*. El participio es *suscrito*.
DER suscripción, suscriptor, suscrito.

suscripción o **subscripción** n. f. Abono a una publicación periódica.
OBS La Real Academia Española recoge *subscripción*, pero prefiere la forma *suscripción*.

sushi n. m. Comida japonesa elaborada con pescado crudo y otros ingredientes y condimentos.

susodicho, -cha adj. Que ha sido citado o mencionado con anterioridad: *un individuo atacó a dos ancianas. El susodicho individuo era de raza blanca.*

suspender v. tr. **1** Colgar o levantar una cosa en alto de manera que quede sostenida desde arriba por algún punto: *el saco estaba suspendido de una argolla.* **2** Detener o interrumpir durante un tiempo o indefinidamente el desarrollo de una acción o dejarla sin efecto: *han suspendido las obras de la autovía.* **3** Apartar a una persona durante un tiempo de su servicio, sus funciones o su trabajo o quitarle el sueldo temporalmente. **4** Calificar a una persona con una nota de suspenso, por no llegar al nivel mínimo que se requiere en una prueba o un examen. ANT aprobar. ◆ v. tr./ intr. **5** Obtener una persona una nota de suspenso o no conseguir aprobar un examen, una prueba o una asignatura por no llegar al mínimo exigido. ANT aprobar.
OBS El participio es *suspendido*. El participio irregular *suspenso* se usa generalmente como adjetivo.
DER suspensión, suspenso.

suspense n. m. **1** En la narración de una historia, mantenimiento constante del interés o la emoción mediante sorpresas, desenlaces imprevisibles y frecuentes detenciones momentáneas de la acción: *Hitchcock es el gran maestro en el género cinematográfico del suspense.* **2** Sensación de ansiedad y angustia que produce la espera o el interés por conocer una cosa: *cuando consiguió dejarnos en suspense, se marchó sin decir nada más.* SIN intriga.

suspensión n. f. **1** Detención o interrupción del desarrollo de una acción durante un tiempo o indefinidamente: *el incendio ha provocado la suspensión de las representaciones de ópera.* suspensión de pagos Situación de grave crisis de una empresa, en la que declara que no puede pagar sus deudas ni los sueldos de sus trabajadores por falta de dinero: *la fábrica de maquinaria se ha declarado en suspensión de pagos.* **2** Conjunto de piezas y mecanismos de un vehículo automóvil que sirven para que el peso de la carrocería sea transmitido al eje de las ruedas con mayor suavidad y elasticidad y para amortiguar de esta manera las irregularidades del suelo: *la buena suspensión se nota especialmente en los caminos llenos de piedras o baches.* SIN amortiguación.
▶ en suspensión Se usa para expresar que ciertas partículas de una sustancia están en el interior de un fluido sin disolverse en él ni depositarse en el fondo: *el aire lleva a veces partículas de polvo en suspensión.*

suspenso, -sa adj. **1** [persona] Que está o se queda por un momento desconcertada e indecisa, sin saber qué hacer o qué decir. SIN perplejo, atónito. ◆ adj./ n. m. y f. **2** [persona] Que ha suspendido un examen o prueba. ◆ n. m. **3** Calificación o nota inferior a la de aprobado obtenida en una prueba o examen. ANT aprobado.

▶ en suspenso Se usa para indicar que una acción ha quedado interrumpida o que falta conocer el desenlace: *la votación quedó en suspenso.*

DER suspensorio.

suspicaz adj. **1** [persona] Que tiene tendencia a desconfiar de los demás o que frecuentemente sospecha o ve malas intenciones en lo que hacen o dicen: *no seas tan suspicaz porque perderás a todos tus amigos.* **2** [actitud, comportamiento] Que es propio de la persona que tiende a desconfiar o sospechar de los demás.

DER suspicacia.

suspirar v. intr. Dar uno o varios suspiros, generalmente como expresión de cierto sentimiento.

▶ suspirar por Querer conseguir o desear a una persona o una cosa con mucha intensidad: *suspiro por ella.*

suspiro n. m. **1** Aspiración fuerte y prolongada seguida de una espiración profunda y a veces acompañada de un gemido, que generalmente está motivada por un sentimiento de pena, dolor, alivio o deseo. **2** Espacio de tiempo muy breve: *hizo los ejercicios en un suspiro.* NOTA Se utiliza normalmente en singular y con el determinante un: *un suspiro.*

sustancia o **substancia** n. f. **1** Materia de la que está formado un cuerpo. **2** Parte o aspecto más importante o esencial de una cosa: *en estas páginas está la sustancia del libro.* SIN esencia. **3** Conjunto de elementos nutritivos de un alimento o jugo que se extrae de ciertas materias alimenticias: *si se prepara con pollo, el caldo tiene más sustancia.* **4** Valor, importancia o estimación que tiene una cosa: *han hecho un trabajo de mucha sustancia.* **5** Característica de la persona que hace cosas con sensatez, juicio o madurez.

OBS La Real Academia Española recoge *substancia*, pero prefiere la forma *sustancia.*

DER sustancial, sustanciar, sustancioso.

sustancial o **substancial** adj. **1** De la sustancia o relacionado con esta. **2** Que es fundamental o tiene mucha importancia o interés principal para una cosa: *las elecciones provocarán un cambio sustancial en la política exterior.* ANT insustancial.

OBS La Real Academia Española recoge *substancial*, pero prefiere la forma *sustancial.*

DER sustancialidad; consustancial.

sustancioso, -sa o **substancioso, -sa** adj. **1** Que tiene gran valor, importancia o estimación: *sus palabras fueron muy sustanciosas.* **2** Que tiene muchos elementos nutritivos o alimenta mucho.

OBS La Real Academia Española recoge *substancioso*, pero prefiere la forma *sustancioso.*

sustantivación o **substantivación** n. f. GRAM. Atribución de la función de sustantivo o nombre a una parte de la oración que por sí misma no tiene esa función.

OBS La Real Academia Española recoge substantivación, pero prefiere la forma sustantivación.

sustantivar o **substantivar** v. tr. GRAM. Dar la función de sustantivo o nombre a una parte de la oración que por sí misma no tiene esa función.

OBS La Real Academia Española recoge *substantivar*, pero prefiere la forma *sustantivar.*

sustantivo, -va o **substantivo, -va** adj. **1** Que es esencial, muy importante o fundamental. **2** GRAM. Que realiza una función propia del sustantivo: *oración subordinada sustantiva.* ◆ n. m. **3** Palabra que funciona como núcleo de un sintagma nominal; tiene género y número: *son sustantivos las palabras «hombre» y «viaje».* SIN nombre.

OBS La Real Academia Española recoge *substantivo*, pero prefiere la forma *sustantivo.*

DER sustantivación, sustantivar.

sustentar v. tr. **1** Sujetar o servir de apoyo a una cosa para que no se caiga o no se tuerza. SIN sostener. **2** Basar, fundamentar o apoyar una cosa en una opinión o idea: *esa opinión se sustenta en los resultados del experimento.* **3** Conservar una cosa en un estado o una situación, impidiendo que desaparezca, que se extinga o que cambie. SIN mantener. **4** Dar a una persona lo necesario para vivir, especialmente el alimento: *con su pequeño sueldo sustenta a toda la familia.* SIN mantener. **5** Defender o sostener una opinión o una idea. ◆ v. prnl. sustentarse *formal* Alimentarse, una persona o un animal; con algo.

DER sustentación, sustentáculo, sustento.

sustento n. m. **1** Alimento o elementos básicos que se necesitan para vivir: *ganarse el sustento.* SIN manutención. **2** Persona o cosa que sirve de apoyo, sujeta o conserva en un estado a otra u otras: *su hija es el sustento de la familia.* SIN sostén.

sustitución o **substitución** n. f. Acción de sustituir, de poner una persona o una cosa en el lugar de otra, para cumplir la misma función.

OBS La Real Academia Española recoge *substitución,* pero prefiere la forma *sustitución.*

sustituir o **substituir** v. tr. **1** Poner a una persona o cosa en lugar de otra para realizar su trabajo o desempeñar su función. **2** Ponerse una persona o cosa en el lugar en que estaba otra para realizar su trabajo o desempeñar su función. SIN suplir.

OBS La Real Academia Española recoge *substituir,* pero prefiere la forma *sustituir.* En su conjugación, la *i* se convierte en *y* delante de *a, e* y *o,* como en *huir.*

DER sustitución, sustitutivo, sustituto, sustituible; insustituible.

sustituto, -ta o **substituto, -ta** n. m. y f. Persona que sustituye a otra en un trabajo o función.

OBS La Real Academia Española recoge *substituto,* pero prefiere la forma *sustituto.*

susto n. m. Impresión brusca y repentina, producida por el miedo o por una sorpresa: *el accidente no fue grave, se quedó solo en un susto.*

DER asustar.

sustracción o **substracción** n. f. **1** Acción de robar o tomar una cosa que pertenece a otra persona en contra de su voluntad o de forma oculta, sin utilizar la violencia: *denunciamos la sustracción de varias joyas.* SIN robo. **2** Acción de apartar, separar o llevarse una cosa del conjunto del que formaba parte. **3** MAT. Operación matemática que consiste en quitar una cantidad de otra o averiguar la diferencia entre las dos. SIN resta. ANT adición, suma.

OBS La Real Academia Española recoge *substracción,* pero prefiere la forma *sustracción.*

sustraendo o **substraendo** n. m. MAT. Cantidad que se resta a otra en una operación matemática: *en la resta 10 – 8, el sustraendo es 8.*

OBS La Real Academia Española recoge *substraendo,* pero prefiere la forma *sustraendo.*

sustraer o **substraer** v. tr. **1** Tomar una cosa que pertenece a otra persona en contra de su voluntad o de forma oculta, sin utilizar la violencia. SIN robar. **2** Apartar, separar o llevarse una cosa del conjunto del que formaba parte. **3** MAT. Efectuar una operación matemática que consiste en quitar una cantidad de otra o averiguar la diferencia entre las dos. SIN restar. ◆ v. prnl. **4** sustraerse Evitar o eludir una obligación, una dificultad o una cosa que se considera perjudicial: *se sustrajo de sus deberes como padre.*

OBS La Real Academia Española recoge *substraer,* pero prefiere la forma *sustraer.* Se conjuga como *traer.*

DER sustracción, sustraendo.

sustrato o **substrato** n. m. **1** BIOL. Medio en el que se desarrollan una planta o un animal fijo. **2** GEOL. Capa de terreno que está por debajo de otra: *bajo este terreno hay un sustrato arcilloso.* **3** GRAM. Influencia que algunos aspectos gramaticales de una lengua ejercen sobre otra que se ha impuesto sobre esta última.

OBS La Real Academia Española recoge *substrato,* pero prefiere la forma *sustrato.*

susurrar v. intr./ tr. **1** Hablar una persona con voz muy baja, casi imperceptible: *le susurró al oído dulces palabras.* SIN murmurar, musitar. ◆ v. intr. **2** Producir de forma natural un ruido muy suave y agradable ciertas cosas, como una corriente de agua o el viento.

susurro n. m. **1** Ruido suave que produce una persona al hablar con voz muy baja, casi imperceptible. **2** Ruido suave y agradable que producen de forma natural algunas cosas: *el susurro del viento.*

sutil adj. **1** Que es fino y delicado: *tela sutil.* **2** [persona] Que tiene agudeza e ingenio para comprender o ver con claridad el sentido más profundo de las cosas. SIN agudo, perspicaz. **3** Que refleja una gran agudeza o ingenio para comprender o ver con claridad el sentido más profundo de las cosas.

DER sutileza.

sutileza n. f. **1** Característica de la persona que tiene agudeza e ingenio para comprender o ver con claridad el sentido más profundo de las cosas: *me sorprendió la sutileza de su apreciación.* **2** Dicho o idea aguda e ingeniosa, pero que generalmente es inexacta o no se corresponde con la realidad: *no me gustan las sutilezas en las discusiones: prefiero que seas sincero y claro.*

suturar v. tr. Coser una herida o una incisión o cerrarla mediante puntos de sutura: *suturar la incisión.*

suyo, -ya pron. pos. Forma del pronombre de tercera persona, en género masculino o femenino y en número singular, que indica pertenencia: *me ha pedido prestado el coche porque el suyo está averiado.*

▶ **hacer de las suyas** Realizar una persona, un animal o una cosa acciones que le son características, generalmente negativas o perjudiciales: *el perro ya ha vuelto a hacer de las suyas.* **ir a lo suyo** Actuar una persona pensando solo en su propio interés: *él solamente va a lo suyo.* **lo suyo** **a.** Actividad que se hace muy bien o que es muy característica o apropiada de una persona: *lo suyo es la puericultura, le encantan los niños.* **b.** Se utiliza para indicar que una acción se realiza con mucha dificultad o empleando mucho trabajo, esfuerzo o tiempo: *ordenar todo esto costará lo suyo.* NOTA Se usa con verbos como *costar, llevar* o *tener.* **los suyos** Las personas que pertenecen al mismo grupo al que se dirige el hablante, por familia o por afinidades: *pasará las vacaciones con los suyos.* **salirse con la suya** Conseguir una persona lo que se propone o desea, normalmente contra el deseo de los demás o tras muchos intentos o dificultades.

t n. f. Vigesimoprimera letra del alfabeto español. Su nombre es *te*. El plural es *tes*.

tabaco n. m. **1** Planta procedente de América de tallo grueso y con muchas ramas, de las que salen unas hojas grandes y con nervios marcados: *el tabaco se cultiva en climas cálidos.* **2** Producto elaborado con hojas secas y picadas de esa planta y que se fuma. **tabaco de picadura** Tabaco que está picado, casi en polvo, y hay que liarlo en papel para fumarlo. **tabaco de pipa** Tabaco que está cortado en hilos para poder fumarlo en pipa. **tabaco negro** Tabaco de color más oscuro y que tiene un sabor fuerte y áspero. **tabaco rubio** Tabaco que mezcla distintas clases y es de color más claro. **3** Enfermedad de algunos árboles que ataca el interior del tronco y lo convierte en polvo. ◆ n. m./ adj. **4** Color marrón como el de las hojas secas de la planta del mismo nombre: *el vestido era de color tabaco.*

DER tabacalero, tabaquera, tabaquero, tabaquismo; entabacarse.

tábano n. m. **1** Insecto parecido a la mosca pero de mayor tamaño, de cuerpo grueso, dos alas transparentes y boca chupadora. **2** Persona pesada y molesta.

DER tabarra, tabarro.

tabaquismo n. m. Intoxicación que padece una persona por consumo abusivo de tabaco.

taberna n. f. Establecimiento de carácter popular en el que se venden y se consumen bebidas alcohólicas y en algunos casos comidas: *las tabernas son de características modestas y aspecto tosco.* **SIN** tasca.

DER tabernáculo, tabernario, tabernero.

tabernero, -ra n. m. y f. Persona que tiene una taberna o se dedica a vender y servir bebidas en ella: *llamó a la tabernera y le pidió dos vasos de vino.*

tabicar v. tr. **1** Cerrar o tapar una puerta, una ventana u otra parte de una casa con un tabique. ◆ v. tr./ prnl. **2** Cerrar u obstruir un conducto que debería estar abierto o tener el paso libre.

OBS En su conjugación, la *c* se convierte en *qu* delante de *e*.

tabique n. m. **1** Pared delgada que separa las habitaciones de una casa: *han tirado el tabique que separaba el comedor de la habitación.* **2** División plana y delgada que separa dos huecos: *tabique nasal.*

DER tabicar.

tabla n. f. **1** Pieza de madera plana, más larga que ancha, poco gruesa y cuyas dos caras son paralelas entre sí: *con una tabla y dos troncos improvisó una mesa.* **2** Pieza plana y poco gruesa, más larga que ancha, hecha de cualquier material y destinada a un uso determinado: *tabla de surf.* **3** Lista ordenada de nombres, materias o una serie de elementos que están relacionados entre sí: *consulta la tabla de contenidos.* **4** Cuadro de números colocados de forma adecuada para hacer más fáciles los cálculos: *tabla de multiplicar.* **5** Doble pliegue ancho y plano que se hace en una tela: *la niña llevaba una falda de tablas.* **6** Pintura hecha sobre una pieza plana de madera: *en el museo vi varias tablas flamencas.* ◆ n. f. pl. **7** **tablas** Situación final o resultado al que se llega en un juego en el que ningún jugador puede ganar la partida: *siempre que jugamos al ajedrez quedamos en tablas.* **8** Estado en que queda un enfrentamiento, competición o pugna cuando no hay ningún vencedor ni perdedor. **9** Escenario de un teatro. **10** Soltura y facilidad que ha adquirido una persona con la experiencia para actuar ante un público o para realizar una actividad: *tiene muchas tablas porque lleva bastantes años dedicándose a ello.* **11** Valla que limita el ruedo en una plaza de toros y zona de la arena que queda más próxima a esta valla.

▶ **hacer tabla rasa** Olvidar o no tener en cuenta una persona cierta cosa, generalmente sin una razón clara. **tablas de la ley** Piedras en las que, según la Biblia, están escritos los diez mandamientos que Dios entregó a Moisés.

DER tablado, tablao, tablar, tablazón, tablear, tablero, tableta, tablilla, tablón; entablar, retablo.

tablado n. m. **1** Suelo plano que está formado con pequeñas tablas de madera unidas entre sí por el canto. **2** Suelo de tablas colocado en alto sobre un armazón, donde tienen lugar espectáculos y actos públicos.

tablero n. m. **1** Plancha de madera, plana, más larga que ancha y poco gruesa, formada por una tabla o varias tablas ensambladas por el canto: *un tablero cubre el agujero de la pared.* SIN tabla. **2** Superficie cuadrada de madera o de otro material que sirve para jugar a ciertos juegos de mesa, y que tiene dibujados una serie de recuadros, casillas o figuras en ella: *el tablero del juego del ajedrez tiene cuadros blancos y negros.* **3** Plancha de madera o de otro material que se cuelga en algún lugar y sirve para fijar sobre ella carteles, papeles o anuncios. **4** En algunos deportes, cuadro en el que aparecen los puntos que lleva conseguidos cada equipo: *el tablero indica que el equipo americano lleva ya una ventaja de diez puntos.* SIN marcador. **5** En baloncesto, superficie de madera o de metacrilato a la que está unido el aro por donde debe entrar la pelota.

tableta n. f. **1** Pieza de chocolate o de turrón con forma plana y rectangular dividida en porciones. **2** Medicamento en forma de pastilla, generalmente plana y de pequeño tamaño: *debo tomar una tableta mañana.* **3** Computadora portátil con pantalla táctil que tiene una forma rectangular y ofrece las mismas utilidades que una computadora estándar; no es necesario usar un teclado ni un ratón para trabajar con ella. **4** Conjunto formado por los músculos abdominales si están muy fibrados y se aprecian a simple vista.

tablilla n. f. **1** Tabla de pequeño tamaño en la que se cuelgan listas o anuncios. **2** Tableta o trozo de chocolate de forma plana y rectangular. **3** Tabla de un material duro que estaba recubierta de cera y se utilizaba para escribir con un punzón: *en el museo vimos una tablilla romana de mármol.*

tablón n. m. **1** Tabla gruesa y de gran tamaño: *hicieron un andamio con tablones.* **2** Estado de embriaguez en el que se encuentra una persona. SIN borrachera.

▶ **tablón de anuncios** Superficie de madera o de otro material que se cuelga en algún lugar y sirve para fijar sobre ella anuncios, avisos o noticias.

tabú n. m. **1** Cosa que no se puede decir, hacer o tratar debido a ciertos prejuicios o convenciones sociales: *en algunas culturas, comer determinados alimentos es un tabú.* **2** Palabra o expresión que no se puede decir o mencionar a causa de ciertos prejuicios o porque está mal considerada socialmente.

OBS El plural es *tabúes* (culto) o *tabús* (popular).

tabulador n. m. Tecla de las máquinas de escribir y del teclado de los ordenadores que sirve para colocar un margen en un punto predeterminado o para hacer cuadros y listas conservando los espacios pertinentes.

taburete n. m. Asiento para una persona sin apoyabrazos ni respaldo.

tacaño, -ña adj. [persona] Que valora el dinero en exceso y tiene un interés exagerado en gastar lo menos posible. SIN agarrado, avaro.

DER tacañería.

tacatá n. m. Aparato que sirve para que los niños pequeños aprendan a andar sin caerse.

OBS El plural es *tacatás.*

tacha n. f. Falta o defecto que se encuentra en una persona o una cosa y que la hace imperfecta: *mi expediente académico no tiene tacha alguna.* SIN tara.

DER tachadura, tachar, tachón.

tachadura n. f. **1** Acción que consiste en trazar una o más rayas o borrones encima de lo escrito para indicar que se suprime o que no vale. **2** Raya o conjunto de rayas o borrones con los que se tacha lo escrito: *escribió la palabra correcta encima de la tachadura.*

tachar v. tr. **1** Trazar una o más rayas o borrones encima de lo escrito para indicar que se suprime o que no vale: *tachó de su agenda el nombre de su antigua novia.* **2** Atribuir a una persona o a una cosa una falta, un defecto o una característica negativa: *su jefe lo tachó de loco e irresponsable.*

DER intachable.

tachón n. m. **1** Tachadura, especialmente la que es muy visible: *texto con tachones.* **2** Tachuela grande, de cabeza dorada o plateada, con que se adornan cofres, sillerías y otros objetos.

tachuela n. f. Clavo corto y de cabeza grande que se utiliza generalmente para clavar objetos o como adorno.

tácito, -ta adj. **1** Que se supone, deduce o sobreentiende a pesar de no estar expresado formalmente: *acuerdo tácito.* **2** [persona] Que es callado o habla poco. **SIN** taciturno.

taciturno, -na adj. **1** [persona] Que es callado o habla poco. **SIN** tácito. **2** Que muestra tristeza o tiene un carácter melancólico y triste: *la soledad le volvió el rostro taciturno.*

taco n. m. **1** Trozo corto y grueso de madera, de metal u otro material, que se encaja en un hueco: *puse un taco debajo de la mesa para que no se moviera.* **2** Trozo pequeño, grueso y en forma de dado que se corta de un alimento: *les pusieron de aperitivo unos tacos de jamón.* **3** En el juego del billar, palo con el que se golpea la bola. **4** Pieza generalmente de plástico, pequeña y alargada, que se mete en un agujero hecho en una pared para introducir en ella un tornillo: *he puesto varios tacos en la pared para colgar un cuadro.* **5** Conjunto de hojas de papel que forman un bloque. **6** Pieza puntiaguda o cónica que llevan en la suela ciertos zapatos de deporte: *las botas de alpinismo tienen tacos de metal.* **7** Palabra o expresión desagradable, ofensiva o malsonante: *no enseñes al niño a decir tacos.* **SIN** palabrota. **8** Lío, confusión o jaleo que produce una persona: *has armado un buen taco en pocos minutos.* ◆ n. m. pl. **9 tacos** Años que tiene una persona.
DER tacada, tacón.

tacómetro n. m. Aparato que indica las vueltas que da un eje o la velocidad de un mecanismo según su número de revoluciones por minuto: *el casete lleva un tacómetro que gira cuando lo ponemos en marcha.*

tacón n. m. Parte de un zapato o una bota que consiste en una pieza semicircular, va unida a la suela por la parte del talón y puede ser más o menos alta: *le cuesta andar con tacones.*
DER taconazo, taconear.

taconeo n. m. Serie de golpes que se producen al pisar de manera enérgica y ruidosa o al golpear repetidamente el suelo con los tacones: *cuando andaba, se escuchaba su taconeo por toda la casa.*

táctica n. f. **1** Procedimiento que se sigue o método que se emplea para conseguir un fin determinado o ejecutar algo: *el equipo de fútbol empleó una táctica nueva.* **2** Conjunto de reglas y procedimientos que se utilizan para dirigir las operaciones militares que se llevan a cabo en una guerra: *un buen oficial debe conocer bien las tácticas de la guerra moderna.*

táctico, -ca adj. **1** De la táctica o que tiene relación con este procedimiento o método empleado para conseguir un fin determinado. ◆ n. m. y f. **2** Persona que es experta en táctica o la practica.

táctil adj. Del tacto o que tiene relación con este sentido corporal.

tacto n. m. **1** Sentido del cuerpo que permite apreciar la forma, el tamaño, la rugosidad o la temperatura de las cosas mediante el contacto con ellas: *el tacto está localizado en la piel.* **2** Cualidad de una cosa que se percibe a través de ese sentido: *la superficie de un coco es de un tacto muy áspero.* **3** Acción de tocar o palpar algo utilizando este sentido. **4** Habilidad que tienen algunas personas para tratar con otras o para llevar un asunto delicado: *tocó la cuestión con mucho tacto.* **SIN** delicadeza, diplomacia, tiento.
DER táctil; intacto.

taekwondo n. m. Deporte de lucha en el que se dan golpes secos con los puños y con los pies y en el que se han desarrollado las técnicas de salto.
OBS Es de origen coreano.

tagalo, -la adj. **1** De un pueblo indígena que habita en la isla filipina de Luzón o que tiene relación con él. ◆ adj./ n. m. y f. **2** [persona] Que pertenece a este pueblo indígena. ◆ n. m. **3** Lengua oficial de Filipinas, junto con el inglés.

tahona n. f. Establecimiento donde se hace y se vende pan y otros productos hechos con harina. **SIN** panadería.

tahúr, -ura adj. **1** [persona] Que es muy aficionado a los juegos de azar o tiene gran habilidad en ellos. ◆ n. m. **2** Persona que engaña o hace trampas en el juego.

taifa n. f. Cada uno de los reinos en que quedó dividida la península Ibérica dominada por los musulmanes tras la época del califato cordobés: *los reinos de taifa desaparecieron en el siglo XV.*

taiga n. f. Vegetación típica de las zonas de clima continental frío que está compuesta por bosques de árboles caducifolios y que crece entre la estepa y la tundra.

tailandés, -desa adj. **1** De Tailandia o que tiene relación con este país situado al sureste de Asia. ◆ adj./ n.m. y f. **2** [persona] Que es de Tailandia.

taimado, -da adj. Que es hábil para engañar o se comporta con astucia y disimulo para conseguir una cosa o hacer un daño.

taíno, -na adj./ n. m. y f. **1** [persona] Que pertenece a una de las tribus amerindias que habitaron en el Alto Orinoco y en las Antillas: *los taínos se extinguieron poco tiempo después de la llegada de los españoles.* ◆ adj. **2** Que está relacionado con estas tribus. ◆ n. m./ adj. **3** Lengua que hablaban estas tribus.

tajante adj. **1** Que no admite discusión o posibilidad de réplica: *el profesor fue tajante en sus respuestas.* SIN terminante. **2** Que es claro y no admite un término medio.

tajar v. tr. Dividir una cosa en dos o más partes mediante un instrumento cortante: *tajar un melón.*

DER tajada, tajante, tajo; atajar.

tajo n. m. **1** Corte, generalmente profundo, hecho con un instrumento afilado: *se ha hecho un tajo en la mano con la navaja.* **2** Corte profundo y casi vertical del terreno. **3** Trabajo o tarea en que se ocupa una persona.

DER destajo.

tal adj. **1** Se utiliza como determinante para indicar que el nombre al que acompaña ya ha sido mencionado antes o es perfectamente conocido: *el diputado negó tales acusaciones.* SIN semejante. **2** Se utiliza para añadir un significado ponderativo o intensificador: *nunca había visto tal desvergüenza.* **3** Se utiliza para hacer referencia a una cosa que no está determinada o no se quiere determinar: *si me voy tal día o tal otro, no es asunto suyo.* **4** Se utiliza junto a un nombre propio de persona y precedido de un determinante para indicar que la persona de que se trata no es muy conocida: *un tal Cárdenas me abrió la puerta.*

▶ **con tal de + infinitivo** o **con tal de que + oración** Se utiliza para indicar que una cosa se realiza o sucede con la condición de que también se realice o suceda otra que se expresa: *es capaz de mentir, con tal de ir al concierto.* **tal como** Se utiliza para establecer una comparación de igualdad entre dos oraciones: *ella es tal como me la imaginaba.* **tal cual** Indica que una cosa está en su estado natural o en el mismo estado en que estaba antes de sufrir un supuesto cambio: *llevé el abrigo a una tintorería y me lo devolvieron tal cual, sin lavar.* **tal para cual** Expresión que se utiliza para indicar que dos personas son muy semejantes o coinciden exactamente en ciertas cualidades o características: *no me extraña que se lleven bien, son tal para cual.*

tala n. f. **1** Acción de talar o cortar un árbol por la base: *el Ayuntamiento prohibió la tala de los pinos.* **2** Corta de árboles en masa para dejar rasa la tierra.

taladradora n. f. Aparato que sirve para hacer agujeros: *las taladradoras suelen funcionar con electricidad.* SIN taladro.

taladrar v. tr. **1** Hacer un agujero en una cosa con un taladro u otro utensilio. **2** Causar una cosa una molestia intensa y desagradable en el oído de una persona: *esa horrible música me está taladrando los oídos.*

DER taladradora.

taladro n. m. **1** Instrumento agudo que sirve para hacer agujeros en la madera o en otro material. **2** Aparato eléctrico que sirve para taladrar o hacer agujeros. **3** Agujero hecho con ese aparato o con otro instrumento.

DER taladrar.

tálamo n. m. *formal* Lecho nupcial o cama de dos personas recién casadas.

talante n. m. **1** Manera de ser o carácter de una persona: *era un hombre de talante progresista.* **2** Estado de ánimo o actitud que tiene una persona ante una situación determinada o ante la vida en general.

talar v. tr. **1** Cortar un árbol o una masa de árboles por la base. ◆ adj. **2** [vestidura, traje] Que llega hasta los talones.

DER tala.

talco n. m. **1** Mineral muy blando y de tacto suave del que se extrae un polvo blanco usado en farmacia y perfumería. **2** Polvo blanco y suave que se extrae de este mineral y que se usa para el cuidado de la piel.

talego n. m. **1** Saco grande y de tela fuerte o lona que sirve para guardar o llevar una cosa: *llevaba dos quilos de patatas en un talego.* **2** Edificio o lugar en el que cumplen condena las personas que han cometido un crimen o un delito: *atracó un comercio y se pasó varios años en el talego.* SIN cárcel, prisión. **3** Billete de mil pesetas: *me debe quince talegos.*

talento n. m. **1** Capacidad mental que tiene una persona para aprender las cosas con facilidad o para desarrollar con mucha habilidad una actividad: *tiene mucho talento para la música.* **2** Inteligencia que tiene una persona y capacidad de usarla para conseguir buenos resultados. **3** Persona que posee una gran capacidad o mucha habilidad para desarrollar una actividad en la cual se utiliza la inteligencia o la mente.

talgo n. m. Tren rápido que realiza trayectos de larga distancia.

talibán n. m. **1** Seguidor de una de las interpretaciones ultraconservadoras del Islam en el sur de Afganistán: *talibanes afganos.* ◆ adj. **2** Relativo a estas personas: *milicia talibán.*
OBS El plural es *talibanes.*

talismán n. m. Objeto al que se le atribuyen poderes mágicos o sobrenaturales: *me dio un talismán para que me diera suerte en el examen.* SIN amuleto.

talla n. f. **1** Obra de escultura, especialmente la que está hecha de madera: *en el museo de arte se exponen importantes tallas del siglo XIV.* **2** Estatura de una persona. **3** Medida de las prendas de vestir, expresada en unas magnitudes convencionales que se tienen en cuenta para su fabricación y venta. **4** Importancia o valor intelectual o moral de una persona: *es un periodista de talla mundialmente reconocida.*
▶ dar la talla Tener una persona o una cosa las cualidades o aptitudes mínimas que exige una determinada situación o tarea: *este ejercicio no da la talla, tendrás que repetirlo.*

tallar v. tr. **1** Dar forma a un cuerpo sólido y uniforme cortando o separando parte de él: *en esa joyería tallan piedras preciosas.* SIN esculpir. **2** Medir la estatura de una persona: *después de tallar al recluta le hicieron un reconocimiento médico.*
DER talla, tallado; entallar.

tallarín n. m. Tira delgada y larga hecha de pasta de harina de trigo y agua que se cocina hirviéndola en agua y a la que se añaden otros condimentos.
OBS Se usa sobre todo en plural.

talle n. m. **1** Cintura del cuerpo humano. talle de avispa Cintura muy delgada: *las modelos tienen talle de avispa.* **2** Parte de un vestido que corresponde a la cintura: *ajústate el talle con este cinturón.* **3** Medida que se toma para hacer una prenda de vestir, desde el cuello a la cintura, tanto por delante como por detrás: *la modista me midió el talle antes de cortar la chaqueta.*

taller n. m. **1** Lugar en el que se hacen trabajos manuales o artísticos: *el escultor tiene sus esculturas en el taller.* **2** Escuela o lugar de formación en el que se hacen ejercicios o trabajos prácticos: *taller de teatro.* **3** Lugar en el que se realizan reparaciones de máquinas o aparatos, especialmente de coches.

tallo n. m. **1** Parte de la planta que crece en sentido contrario a la raíz y que sirve de soporte a las hojas, las flores y los frutos: *el tallo del rosal está lleno de espinas.* **2** Brote nuevo de una planta.
DER tallecer, talludo.

talón n. m. **1** Parte posterior del pie humano. talón de Aquiles Punto débil o vulnerable de una persona o de una cosa: *pero el juego es su talón de Aquiles.* **2** Parte del calzado, del calcetín o de la media que cubre esa zona del pie: *llevo un agujero en el talón del calcetín.* **3** Hoja cortada de un cuadernillo en el que queda una parte que se corresponde con ella y permite acreditar su legitimidad, especialmente la que se rellena y se firma por valor de una cantidad de dinero determinado: *pagué los muebles con un talón.* SIN cheque.
▶ pisar los talones Seguir muy de cerca a una persona.
DER talonario.

talud n. m. Inclinación de un muro o de un terreno.
▶ talud continental Inclinación o pendiente pronunciada del fondo del mar que llega hasta una profundidad de más de 2000 metros.

tamaño, ña adj. **1** Que es de dimensiones muy grandes o muy intenso: *¡habráse visto tamaña desvergüenza!* ◆ n. m. **2** Conjunto de las dimensiones de una cosa, por las cuales tiene mayor o menor volumen: *un árbol de gran tamaño cayó sobre la casa.*

tambaleante adj. Que se tambalea.

tambalearse v. prnl. **1** Moverse una persona o una cosa de un lado a otro dando la impresión de estar a punto de caer. **2** Estar a punto de perder su fuerza o firmeza una persona o cosa: *mi fe en la humanidad se tambalea.*

también adv. **1** Se utiliza para afirmar que una cosa es igual o semejante a otra expresada anteriormente, o que está conforme o tiene relación con ella: *la puerta es blanca y la pared también.* **2** Se utiliza para indicar que la acción expresada por el verbo se añade a otra acción expresada anteriormente: *la oficina tiene una puerta principal y también una trasera.* SIN además.

tambor n. m. **1** Instrumento musical de percusión formado por una caja con forma ci-

lı́ndrica cerrada por una parte o por las dos con una piel estirada. **2** Pieza de forma cilíndrica que forma parte de algunos aparatos o máquinas: *tambor de la lavadora.* **3** Recipiente con forma cilíndrica que se usa como envase de ciertos productos: *tambor de detergente.* **4** Pieza cilíndrica giratoria de un revólver en la que se ponen las balas. **5** Aro redondo, normalmente de madera, sobre el que se coloca una tela para bordarla. **6** ANAT. Membrana o tejido delgado que se encuentra en el interior del oído y que transmite las vibraciones que llegan del exterior a la zona interna del oído. **SIN** tímpano.
DER tamboril, tamborrada.

tamboril n. m. Tambor pequeño que se lleva colgado del brazo y se toca con un solo palo.
DER tamborilear.

tamiz n. m. Utensilio que se usa para separar las partes finas de las gruesas de algunas cosas y que está formado por una tela metálica o rejilla tupida que está sujeta a un aro. **SIN** cedazo.
DER tamizar.

tamizar v. tr. **1** Pasar una cosa por el tamiz o por un filtro: *tamizar la harina; las cortinas tamizan la luz.* **2** Seleccionar una cosa entre otras.
OBS En su conjugación, la *z* se convierte en *c* delante de *e*.

tampoco adv. Se utiliza para añadir una negación a otra negación expresada con anterioridad o para incluir un nuevo elemento en una negación: *mi hermano no irá a la fiesta y yo tampoco.*

tampón n. m. **1** Rollo pequeño de celulosa u otro material absorbente que se introduce en la vagina de la mujer para que absorba el flujo de la menstruación. **SIN** támpax. **2** Caja de pequeño tamaño y forma plana que contiene una pieza de tela u otro material empapada con tinta y que se usa para entintar los sellos antes de estamparlos. **SIN** almohadilla. **3** Sello que se usa con estos tampones: *tampón oficial.*

tan adv. **1** Se utiliza delante de adjetivo, adverbio o locución adverbial para encarecer o intensificar su significado: *¡qué día tan espléndido!* **2** Se utiliza en una comparación para indicar igualdad de grado o equivalencia: *este metal es tan duro como el hierro.* **NOTA** Se usa en correlación con *como.* **3** Se utiliza en una correlación para expresar una consecuencia de lo dicho anteriormente: *estaba tan bueno, que me lo comí todo.* **NOTA** Se usa en correlación con *que.*

tanatorio n. m. Lugar en el que se velan los cadáveres y se preparan para ser enterrados o incinerados.

tanda n. f. **1** Grupo en que se distribuye un conjunto de personas o cosas para realizar una actividad de manera ordenada: *como solo hay un vestuario, nos duchamos en dos tandas, primero las chicas y después los chicos.* **2** Turno, vez u orden según el cual se van sucediendo personas o cosas para hacer una cosa: *al entrar en la tienda hay que pedir la tanda.* **3** Número no determinado de cosas de la misma clase que se dan o se hacen sin interrupción.

tándem n. m. **1** Bicicleta para dos personas en la que van sentadas una detrás de otra y ambas pueden pedalear. **2** Unión de dos personas o dos grupos que realizan una misma actividad en equipo o que combinan sus esfuerzos para hacer algo: *los dos empleados forman un buen tándem.* **3** Conjunto de dos elementos que se complementan.
OBS El plural es *tándemes.*

tanga n. m. **1** Traje de baño de hombre o de mujer de tamaño muy reducido. **2** Calzoncillo o braguita de tamaño muy pequeño: *el tanga no cubre las nalgas.*

tangente adj./ n. f. **1** MAT. [línea, superficie] Que se toca o tiene puntos comunes con otra línea o superficie sin llegar a cortarla: *traza una recta tangente a esta circunferencia.* ◆ n. f. **2** MAT. Resultado de dividir el cateto opuesto a un ángulo entre el cateto contiguo al mismo ángulo: *calcula la tangente de este ángulo.*

tangible adj. **1** Que se puede tocar o percibir por medio del tacto: *solo son tangibles las cosas materiales.* **ANT** intangible. **2** Que se puede percibir de manera clara y precisa. **ANT** intangible.

tango n. m. **1** Baile originario de Argentina, que se baila en pareja enlazada y tiene una gran variedad de pasos. **2** Música de este baile y letra con que se canta.
DER tanguillo, tanguista.

tanque n. m. **1** Vehículo pesado de guerra que está fuertemente blindado y que se mueve sobre dos llantas flexibles y articuladas con cadenas, las cuales le permiten circular sobre terrenos muy irregulares o escabrosos. **2** Recipiente, generalmente de gran tamaño y cerrado, que sirve para contener líquidos o

gases: *las refinerías tienen varios tanques para almacenar combustible.* SIN depósito. **3** Vaso de cerveza de gran tamaño.
DER tanqueta; antitanque.

tántalo n. m. **1** Ave de plumaje blanco y negro que tiene las patas y el cuello muy largos y la cabeza pequeña y sin plumas.

tantear v. tr. **1** Calcular una persona según su apreciación el peso, el tamaño, la cantidad o el valor de una cosa de manera aproximada: *tanteó el peso de la caja para ver si era posible llevarla con facilidad.* **2** Intentar descubrir con cuidado o disimuladamente las intenciones o la actitud de una persona frente a una cosa. **3** Probar o ensayar una cosa antes de realizarla para asegurarse el éxito: *es preciso tantear la situación antes de plantear el negocio.* ◆ v. tr./ intr. **4** Registrar o señalar los tantos o puntos que se consiguen en un juego o en una competición deportiva.
DER tanteo.

tanteo n. m. **1** Cálculo que hace una persona según su apreciación del peso, tamaño, cantidad o valor de una cosa de manera aproximada. **2** Intento de descubrir con cuidado o disimuladamente las intenciones o la actitud de una persona frente a una cosa. **3** Prueba o ensayo que se hace con una cosa antes de realizarla para asegurarse el éxito. **4** Número determinado de tantos o puntos que se consiguen en un juego o en una competición deportiva: *el equipo español ganó por un tanteo de 3 a 0.*

tanto, -ta det. indef. **1** Se utiliza para establecer comparaciones de igualdad en la cantidad: *tiene tanto dinero cuanto puede necesitar.* NOTA Se usa en correlación con *como* y con *cuanto*. Puede ser determinante (*tengo tanto derecho como tú a hacerlo*) o pronombre (*les dieron tantos como a nosotros*). **2** Se utiliza para añadir un significado ponderativo: *tenía tanto dinero que podía vivir de las rentas.* NOTA Se usa en correlación con que. Puede ser determinante: *nunca había hecho tanto frío,* o pronombre: *ya sé que tienes veinte años, pero no aparentas tantos.* ◆ adv. **3** tanto Se utiliza con sentido ponderativo para indicar una cantidad muy grande o un grado muy elevado: *se enfadó tanto que se puso a gritar.* **4** Indica que una cosa se realiza o sucede empleando gran cantidad de tiempo: *no puedes haber tardado tanto en llegar.* NOTA Se utiliza con verbos expresivos de tiempo como *durar* o *tardar*. **5** Indica idea de equivalencia o igualdad: *tanto los novios como los padrinos se quedan de pie frente al altar.* NOTA Se utiliza en correlación con *cuanto* y *como*. ◆ n. m. **6** Objeto con que se registran o se señalan los puntos que se ganan en ciertos juegos: *traje una baraja y unos tantos para jugar al mus.* **7** Punto que se consigue o unidad de cuenta que se utiliza en un juego o en una competición deportiva. **8** Cantidad determinada de una cosa, especialmente de dinero: *le dije que me diera un tanto de sus beneficios.* tanto por ciento Número o cantidad que representa proporcionalmente una parte de un total que se considera dividido en cien unidades: *el tanto por ciento de parados no ha descendido en el último trimestre.* SIN porcentaje. ◆ n. m. pl. **9** tantos Número que no se sabe o que no se quiere expresar: *tiene treinta y tantos años.*
▶ al tanto Indica que una persona está al corriente o enterada de una cosa: *le puse al tanto de las novedades.* en tanto o entre tanto Indica que una cosa se realiza o sucede en el mismo momento en que se realiza o sucede otra o en el tiempo que hay entre dos hechos o acciones: *entre tanto, ha pasado el revisor y le he mostrado los billetes.* las tantas Expresión que indica una hora muy avanzada de la noche: *volvimos a las tantas.* ni tanto ni tan calvo o ni tanto ni tan poco Expresión usada para indicar a una persona que no debe exagerar una cosa ni hacia un extremo ni hacia otro: *no es necesario que vengas con corbata, ni tanto ni tan calvo.* por tanto o por lo tanto Indica que una cosa que se dice es consecuencia de otra dicha anteriormente: *estoy muy cansado, por lo tanto me voy a la cama.* un tanto Se utiliza para indicar la cantidad pequeña de una cosa que no se determina: *estos zapatos me están un tanto pequeños.* ¡y tanto! Se utiliza para confirmar con fuerza o intensidad lo dicho por otra persona: *¡Y tanto que iré!*
DER tantear.

tañer v. tr. Tocar o hacer sonar un instrumento musical de percusión o un instrumento de cuerda que se pulsa con los dedos: *el sacristán tañía las campanas.*
DER tañido.

tañido n. m. Sonido que produce un instrumento musical, especialmente si se trata de un instrumento de cuerda o de percusión: *el tañido del arpa.*

taoísmo n. m. Doctrina religiosa que tuvo su origen en China a partir de las ideas de Lao-Tse en el siglo VI antes de Cristo.
DER taoísta.

a b c d e f g h i j k l m n ñ o p q r s t u v w x y z

tapa n. f. **1** Pieza que se encuentra en la parte superior de un objeto y que sirve para cerrarlo o cubrirlo. SIN tapadera. **2** Cubierta de papel o de cartón que tiene un libro u otra obra encuadernada: *los libros tienen dos tapas, una anterior y otra posterior.* **3** Pieza que se pone en la suela del calzado por la parte del tacón. **4** Alimento ligero o en pequeña cantidad que se sirve en los bares y restaurantes como acompañamiento de una bebida: *nos pusieron una tapa de queso con el vino.*

DER tapar, tapear, tapón, tapujo.

tapacubos n. m. Tapa metálica o de plástico que se adapta a la parte exterior de la llanta de la rueda de un automóvil.

OBS El plural es *tapacubos.*

tapadera n. f. **1** Pieza que se encuentra en la parte superior de un objeto y que sirve para cerrarlo o cubrirlo. SIN tapa. **2** Persona o cosa que encubre lo que otra desea que se ignore, generalmente una acción negativa o que constituye un delito: *ese comercio es una tapadera de un negocio de contrabando.*

tapar v. tr. **1** Cubrir o cerrar lo que está descubierto o abierto, especialmente con la tapa que está destinada a ello: *tapó el tarro con su tapa.* ANT destapar. **2** Cerrar o llenar un orificio o conducto con alguna cosa: *tapó las grietas de la pared con un poco de yeso.* **3** Cerrar alguna cosa un orifico o conducto o estar impidiendo el paso de algo a través de él: *la porquería tapa la salida del desagüe.* **4** Cubrir una persona o una cosa poniéndole algo delante o encima de manera que quede protegida u oculta. **5** Estar una cosa delante o encima de otra de manera que quede cubierta, protegida u oculta: *tu cabeza me tapa la tele.* **6** Hacer una persona que no se descubran las faltas cometidas por otra, ocultándolas o disimulándolas para que no sea castigada: *su hermano siempre tapa sus fechorías para que no se enteren sus padres.*

DER tapadera, tapadillo; destapar.

tapete n. m. **1** Pieza generalmente de tela que se pone encima de un mueble como adorno o para protegerlo. **2** Paño grueso que se pone encima de las mesas de juego.

tapia n. f. Muro o pared que rodea un terreno y que sirve como valla: *el balón pasó por encima de la tapia.*

▶ estar como una tapia o estar sordo como una tapia Estar muy sorda una persona y no oír casi nada.

DER tapial, tapiar.

tapiar v. tr. **1** Cercar un terreno o una superficie con una o varias tapias: *han tapiado la finca para que no pueda entrar nadie a robar.* **2** Cerrar un hueco mediante un muro o un tabique: *tapiaron la puerta lateral porque no se usaba.*

OBS En su conjugación, la *i* es átona, como en *cambiar.*

tapicería n. f. **1** Tela o tejido con el que se tapiza un mueble o parte de él: *tengo que cambiar la tapicería del sofá porque está ya muy gastada.* **2** Lugar donde se tapizan muebles o se hacen tapices: *voy a llevar las sillas a la tapicería.* **3** Oficio, arte o técnica de tapizar muebles o hacer tapices.

tapicero, -ra n. m. y f. **1** Persona que se dedica a forrar con tela los muebles o una parte

tañer

INDICATIVO	SUBJUNTIVO
presente	**presente**
taño	taña
tañes	tañas
tañe	taña
tañemos	tañamos
tañéis	tañáis
tañen	tañan
pretérito imperfecto	**pretérito imperfecto**
tañía	tañera o tañese
tañías	tañeras o tañeses
tañía	tañera o tañese
tañíamos	tañéramos o tañésemos
tañíais	tañerais o tañeseis
tañían	tañeran o tañesen
pretérito perfecto simple	**futuro**
tañí	tañere
tañiste	tañeres
tañó	tañere
tañimos	tañéremos
tañisteis	tañereis
tañeron	tañeren
futuro	
tañeré	
tañerás	
tañerá	
tañeremos	
tañeréis	
tañerán	
condicional	
tañería	
tañerías	
tañería	
tañeríamos	
tañeríais	
tañerían	

IMPERATIVO

tañe	(tú)
taña	(usted)
tañed	(vosotros)
tañan	(ustedes)

FORMAS NO PERSONALES

infinitivo	**gerundio**
tañer	tañendo

participio
tañido

de ellos, o a colgar tapices, cortinas u otros objetos decorativos en las paredes. **2** Persona que se dedica a fabricar o arreglar tapices.

tapiz n. m. Paño de gran tamaño bordado con lana, seda o lino, decorado con dibujos o figuras y que se utiliza para adornar paredes.
DER tapicero, tapizar.

tapizado n. m. **1** Acción que consiste en forrar un mueble o una parte de él con una tela. **2** Tela con que se forra un mueble o parte de él.

tapizar v. tr. **1** Cubrir o forrar con tela o con otro material un mueble o una pared: *han tapizado las sillas a juego con el sofá.* **2** Cubrir o revestir cierta cosa una superficie extensa: *las nubes tapizaban el cielo.*
OBS En su conjugación, la *z* se convierte en *c* delante de *e*.
DER tapizado.

tapón n. m. **1** Pieza que se introduce en un conducto, orificio o abertura, y que sirve para cerrarlos impidiendo la comunicación con el exterior. **2** Cosa que impide o dificulta el paso de algo a través de un conducto, un orificio u otro lugar: *se le ha formado un tapón de cera en el oído.* **3** Acumulación excesiva de vehículos en un punto de una vía, la cual dificulta o impide la circulación normal. SIN atasco. **4** En baloncesto, jugada mediante la cual se impide que la pelota que ha lanzado un contrario llegue a la canasta interceptándola con la mano: *parecía que la pelota entraba y le hizo un tapón en el último instante.* **5** Persona de corta estatura, especialmente la que es de cuerpo grueso y rechoncho. Se usa con valor despectivo.
DER taponar.

taponar v. tr. **1** Cerrar un conducto, un orificio o una abertura con un tapón: *han taponado la salida de humos con ladrillos.* **2** Dificultar o impedir el paso una persona o una cosa a través de un conducto, un orificio u otro lugar: *la gente taponó la puerta y no se podía salir.*
SIN atascar, obstruir.
DER taponazo.

taquicardia n. f. MED. Velocidad excesiva del ritmo de los latidos del corazón a causa de una enfermedad cardíaca, de un esfuerzo físico o por otros motivos.

taquigrafía n. f. Técnica de escritura en la que se utilizan signos y abreviaturas especiales para poder escribir a gran velocidad.
DER taquigrafiar, taquígrafo.

taquilla n. f. **1** Ventanilla, mostrador o sitio donde se venden billetes para un medio de transporte o entradas para un espectáculo. **2** Cantidad de dinero que se recauda en una sesión de un espectáculo. **3** Armario individual, generalmente alto y estrecho, que se usa para guardar ropa u objetos personales: *dejé las zapatillas en la taquilla del gimnasio.*
DER taquillaje, taquillero, taquillón.

tara n. f. **1** Defecto físico o psíquico que tiene una persona: *las taras generalmente son defectos hereditarios.* **2** Defecto o mancha que disminuye el valor de una cosa: *pagué menos por el vestido porque tenía una tara.* **3** Peso que corresponde al recipiente, envase o vehículo que contiene o transporta una mercancía, sin contar el peso de esta.

taracea n. f. Técnica ornamental que consiste en incrustar pequeños trozos de madera, nácar u otros materiales en un objeto de madera para decorarlo.

tarado, -da adj. [persona] Que tiene un defecto físico o psíquico: *algún tarado ha roto todos los cristales del edificio para divertirse.*
OBS Se usa como apelativo despectivo.

tarantela n. f. **1** Música originaria de la región italiana de Nápoles que va acelerando el ritmo a medida que avanza. **2** Danza que se baila con esta música.

tarántula n. f. Araña venenosa de color negro por encima y rojo por debajo, que mide unos tres centímetros de largo y tiene el cuerpo velloso y las patas muy fuertes: *las tarántulas excavan agujeros en el suelo.*

tararear v. tr. Cantar una canción o imitar los sonidos de una melodía con la voz, sin articular bien las palabras y en voz baja.
DER tarareo.

tardanza n. f. Retraso o empleo de más tiempo del necesario o del normal en hacer una cosa: *nos extrañó su tardanza y por eso llamamos a su casa.*

tardar v. tr. **1** Emplear un espacio de tiempo determinado en hacer una cosa: *tardaré dos días en preparar la prueba.* ◆ v. intr. **2** Emplear más tiempo del necesario o del normal en hacer una cosa: *el tren tarda en llegar.*
DER tardanza, tardío, tardo, tardón; retardar.

tarde n. f. **1** Período de tiempo que va desde el mediodía hasta el anochecer: *la tarde termina cuando se pone el sol.* **2** Últimas horas del día: *esta tarde iremos al cine.* ◆ adv. **3** Indica que una cosa se hace a una hora avanzada del día o de la noche: *ayer se acostó a las cuatro y hoy se ha levantado muy tarde.* **4** Indica que una cosa se hace en un momento posterior al considerado conveniente, oportuno o previsto. **ANT** pronto.

▶ **de tarde en tarde** Se utiliza para indicar que una cosa se hace con muy poca frecuencia o dejando transcurrir mucho tiempo entre una vez y la siguiente: *viene por aquí de tarde en tarde.*

DER tardar; atardecer.

tardío, -día adj. **1** Que tarda más tiempo del normal en llegar a la madurez: *la cosecha fue tardía a causa de la lluvia.* **2** Que ocurre después del tiempo adecuado o después del momento en que se necesitaba o se esperaba: *es un escritor de vocación tardía.* **3** Que se encuentra en el último período o fase de su existencia o desarrollo: *una iglesia del románico tardío.*

tardo, -da adj. **1** Que hace las cosas muy despacio o emplea más tiempo del necesario o del normal en hacerlas: *tardo de reflejos.* **SIN** lento. **2** [persona] Que es torpe y no tiene facilidad y agilidad para captar, comprender y explicar las cosas: *el chico pone mucha voluntad, pero es un poco tardo.*

tarea n. f. **1** Trabajo, obra o actividad que realiza una persona o una máquina: *las tareas del hogar deben ser compartidas por toda la familia.* **2** Trabajo que debe hacerse en un tiempo determinado.

DER atarear.

tarifa n. f. **1** Precio fijado o establecido de forma oficial y unitaria por el Estado, una compañía o una entidad por los servicios que ofrece: *las tarifas del teléfono han subido.* **2** Tabla de precios, derechos o tasas: *en la ventanilla tenían la tarifa de precios.*

DER tarifar.

tarifar v. tr. **1** Fijar una tarifa o precio por un servicio prestado. ◆ v. intr. **2** Discutir o enfadarse una persona con otra por algo.

tarima n. f. **1** Plataforma hecha con tablas y colocada a poca altura del suelo. **2** Suelo formado por tablas de madera, que es parecido al parqué pero está hecho con tablas de mayor tamaño.

DER entarimar.

tarjeta n. f. **1** Pieza rectangular y pequeña, generalmente de cartulina o plástico, que contiene cierta información o tiene un uso determinado: *los asistentes al congreso llevan una tarjeta identificativa colgada.* **tarjeta de crédito** Tarjeta pequeña de plástico, emitida por una entidad bancaria a nombre de una persona y que sirve para pagar sin utilizar dinero en efectivo: *pagué el viaje con la tarjeta de crédito.* **tarjeta de visita** Cartulina rectangular que contiene el nombre y otros datos de una persona, como cargo, domicilio o teléfono: *dejó su tarjeta de visita para que lo pudieran localizar.* **tarjeta postal** Tarjeta que se envía sin sobre por correo y que tiene una fotografía o ilustración por un lado y por el otro, un espacio para escribir un texto. **SIN** postal. **2** En algunos deportes, cartulina de un determinado color que el árbitro enseña a un jugador para indicarle que ha cometido una falta de cierta gravedad o que le corresponde una sanción.

DER tarjetero.

tarraconense adj. **1** De Tarragona o relacionado con esta provincia de Cataluña o con su capital. ◆ adj./ n. com. **2** [persona] Que es de Tarragona.

tarrina n. f. Recipiente pequeño de base circular, de vidrio, cerámica, etc., con tapa, que se usa como envase de alimentos: *una tarrina de foie-gras.* **SIN** terrina.

tarro n. m. **1** Recipiente de vidrio o de porcelana, con forma cilíndrica y generalmente más alto que ancho. **2** Cabeza, mente o inteligencia de una persona: *tiene el tarro muy grande.* **SIN** coco.

▶ **comer el tarro** Intentar meter una persona con insistencia ideas en el pensamiento de otra para que actúe o piense de determinada manera: *¡hay que ver cómo te ha comido el tarro esa chica!* **comerse el tarro** Ocupar de manera insistente una persona su pensamiento con determinadas ideas: *no te comas el tarro, que no vas a adelantar nada.*

DER tarrina.

tarso n. m. **1** ANAT. Conjunto de huesos cortos que forman la parte trasera del pie del hombre y de las extremidades posteriores de algunos animales: *el tarso está situado entre el metatarso y la pierna.* **2** ZOOL. Parte más delgada de las patas de las aves, que normalmente no tiene plumas: *el tarso une los dedos con la tibia.*

tarta n. f. Pastel grande, generalmente con forma redonda y muy adornado.

DER tartaleta, tartera.

tartaleta n. f. Pastel pequeño, dulce o salado,

elaborado del mismo modo que la tarta pero para consumo individual: *qué buena estaba la tartaleta de espinacas.*

tartamudear v. intr. Hablar de manera entrecortada y repitiendo sílabas y sonidos.

tartamudeo n. m. **1** Acción de tartamudear. **2** Modo de hablar de forma entrecortada y en la que se repiten algunas sílabas y sonidos: *el chico se expresa sin tartamudeos.*

tartamudez n. f. Trastorno del habla, permanente o circunstancial, que se caracteriza por las repeticiones e interrupciones involuntarias en la emisión de palabras y puede ir acompañado de diversos movimientos del rostro y alteraciones respiratorias: *una situación de tensión puede provocar tartamudez.*

tartamudo, -da adj./ n. m. y f. [persona] Que sufre tartamudez.
DER tartamudear, tartamudez.

tartesio, -sia adj. **1** De los Tartesos o que tiene relación con este pueblo que habitó la península Ibérica antes de la llegada de los romanos. ◆ adj./ n. m. y f. **2** [persona] Que pertenecía a este pueblo.

tarugo n. m. **1** Trozo de madera corto y grueso que queda al cortarlo de una pieza mayor. **2** Pedazo de pan grueso e irregular: *el niño se está comiendo un tarugo de pan.* **3** Persona que tiene poca inteligencia o pocos conocimientos y se comporta con torpeza: *eres un tarugo, todo lo haces al revés.* NOTA Tiene valor despectivo.

tasa n. f. **1** Pago o tributo que se exige por el uso o disfrute de determinados servicios: *los alumnos tienen que pagar las tasas en secretaría al formalizar su matrícula.* **2** Cantidad que expresa de forma proporcional la relación entre dos magnitudes: *la tasa de desempleo.*

tasar v. tr. **1** Poner precio o valor a una cosa la persona que tiene autoridad o capacidad para ello: *el banco suele tasar el piso antes de conceder el crédito.* **2** Fijar o establecer de manera oficial el precio límite o máximo de una cosa: *el Gobierno ha tasado el precio de esas viviendas.*
DER tasa, tasación.

tasca n. f. Establecimiento de carácter popular en el que se venden y consumen bebidas alcohólicas y en algunos casos comidas: *hemos estado en una tasca tomando unas cervezas y unas tapas.* SIN taberna.

tatami n. m. Tapiz acolchado que sirve de pista para practicar artes marciales y otros deportes.
OBS Es de origen japonés. El plural es *tatamis.*

tatarabuelo, -la n. m. f. Abuelo del abuelo de una persona.

tataranieto, -ta n. m. y f. Nieto del nieto de una persona.

tatuaje n. m. Dibujo que se hace en la piel de una persona para que no se borre.

tatuar v. tr. Grabar dibujos en la piel introduciendo sustancias colorantes bajo la epidermis mediante una técnica especial que impide que se borren.
OBS En su conjugación, la *u* se acentúa en algunos tiempos y personas, como en *actuar.*
DER tatuaje.

tau n. f. Nombre de la decimonovena letra del alfabeto griego: *la tau corresponde a la t de nuestro alfabeto.*

taula n. f. Monumento megalítico de la prehistoria formado por un bloque principal de piedra colocado en vertical y otro horizontal situado sobre él, que solo se encuentra en las islas Baleares y que se supone que tenía una función religiosa de adoración o sacrificio.

taurino, -na adj. Del toro o del toreo, o relacionado con este animal o con este arte: *cuando se retiró del toreo se hizo empresario taurino.*

taxi n. m. Automóvil con un conductor que transporta de un lugar a otro a las personas que lo solicitan a cambio de dinero y que generalmente opera dentro de una ciudad: *cogeré un taxi para que me lleve al aeropuerto.*
DER taxista; aerotaxi, radiotaxi.

taxista n. com. Persona que se dedica a conducir un taxi.

taxonomía n. f. **1** Ciencia que trata de los principios, métodos y fines de la clasificación generalmente científica. **2** Clasificación u ordenación en grupos de cosas que tienen unas características comunes, especialmente la de grupos de animales o vegetales que se hace en biología.
DER taxón, taxonómico.

taza n. f. **1** Recipiente pequeño provisto de un asa, que es más ancho que alto y suele usarse para tomar ciertas bebidas. **2** Receptáculo que forma parte del váter, en el que se orina y se hace de vientre.
DER tazón.

tazón n. m. Recipiente parecido a una taza pero de mayor tamaño que se utiliza para tomar ciertas bebidas.

te n. f. **1** Nombre de la letra *t*. ◆ pron. pers. **2** Forma del pronombre de segunda persona, en género masculino y femenino y en número singular, que realiza la función de objeto directo e indirecto: *te mandó la carta.*

OBS Se escribe junto al verbo cuando va detrás de él: *búscate un libro para instruirte.*

té n. m. **1** Arbusto originario del sureste de Asia, con cuyas hojas se prepara la infusión del mismo nombre: *el té puede alcanzar más de diez metros de altura.* **2** Conjunto de hojas de esa planta, convenientemente secadas y ligeramente tostadas. **3** Infusión que se prepara hirviendo estas hojas y cuyos efectos son estimulantes y digestivos: *un té bien caliente te reanimará.*

OBS El plural es *tés.*

DER tetera.

tea n. f. **1** Palo de madera empapado en resina que se enciende para alumbrar o para prender fuego: *entraron en la cueva alumbrándose con una tea.* **2** Estado de embriaguez de una persona: *coger una buena tea.* SIN borrachera.

teatral adj. **1** Del teatro o relacionado con este género literario o actividad artística: *crítica teatral.* **2** Que es exagerado y busca llamar la atención o causar un gran efecto: *gestos teatrales.*

DER teatralidad, teatralizar.

teatrero, -ra adj./ n. m. y f. **1** [persona] Que es muy aficionado al teatro. **2** *despectivo* [persona] Que es exagerado o afectado en su forma de actuar o de hablar, generalmente para llamar la atención o para conseguir algo: *no le hagas caso, es muy teatrera.*

teatro n. m. **1** Género literario al que pertenecen las obras dramáticas compuestas para ser representadas en un escenario: *el teatro griego sirvió como modelo al romano.* **2** Conjunto de obras de este género realizadas por un autor determinado o en una época determinada: *es un especialista del teatro español del siglo XVI.* **3** Arte de la composición o representación de las obras de ese género. **4** Edificio destinado a la representación en un escenario de obras dramáticas o de espectáculos de otro tipo: *fueron al teatro a ver una comedia musical.* **5** Lugar o situación en la que ocurren acontecimientos importantes o se desarrolla cierta actividad: *después de las últimas ofensivas ha cambiado el teatro de la guerra.* **6** Fingimiento o exageración en la forma de actuar de una persona.

DER teatral, teatrero; anfiteatro.

teca n. f. **1** Árbol de tronco delgado, corteza grisácea, copa esférica y hojas ovadas de gran tamaño que crece en Asia tropical, alcanza entre 20 y 50 metros de altura y es apreciado por su madera. **2** Madera de este árbol, de gran resistencia y duración.

-teca Elemento sufijal que entra en la formación de palabras con el significado de 'depósito', 'lugar en que se guarda algo': *biblioteca.*

techado n. m. Cubierta o parte superior que cubre y cierra una construcción: *se conserva el antiguo techado de madera del edificio.*

techar v. tr. Cubrir una construcción construyendo el techo: *ya están techando la casa.*

DER techado.

techo n. m. **1** Cubierta o parte superior que cubre y cierra una construcción o cualquier espacio o recinto: *se ha hundido el techo de la cabaña.* SIN techado. **2** Cara interior de la cubierta que cierra por la parte superior una construcción o cualquier espacio o recinto: *se subió a una escalera para pintar el techo de la cocina.* **3** Casa o lugar donde vivir o refugiarse: *hay personas que no tienen un techo donde cobijarse.* **4** Altura máxima que puede alcanzar un avión en un vuelo. **5** Altura o límite máximo a que puede llegar y del que no puede pasar un asunto, un proceso u otra cosa: *la inflación ha alcanzado su techo.*

▶ **sin techo** [persona] Que no tiene un lugar donde vivir y duerme en la calle o en establecimientos benéficos: *ciudadanos sin techo; los sin techo.*

DER techar, techumbre; entretecho.

techumbre n. f. Estructura que forma la cubierta de un edificio junto con los diferentes elementos de cierre: *vivían en cabañas con techumbre de paja.*

tecla n. f. **1** Pieza de algunos instrumentos musicales que se presiona con el dedo para producir un sonido: *el pianista tocaba las teclas del piano.* **2** Pieza de algunos mecanismos que sirve para producir determinado efecto al ser presionada con el dedo: *pulsa esa tecla del ordenador para comenzar a imprimir.*

DER teclado, teclear.

teclado n. m. **1** Conjunto de teclas de un instrumento musical, de un ordenador, móvil o cualquier tipo de aparato. **2** Instrumento musical electrónico provisto de teclas: *toca el teclado en un grupo de música pop.*

teclear v. intr. **1** Accionar o pulsar las teclas de un instrumento musical o de un mecanis-

mo: *los mecanógrafos teclean a gran velocidad.* ◆ v. tr. **2** Escribir un texto apretando las teclas de una máquina de escribir o un ordenador: *debes teclear tu contraseña.*
DER teclista.

teclista n. com. **1** Músico que toca un instrumento de teclado. **2** Persona que se dedica profesionalmente a teclear escritos: *el teclista de un taller de fotocomposición.*

tecnecio n. m. Elemento químico metálico que se produce artificialmente bombardeando núcleos de molibdeno con núcleos de deuterio: *el símbolo del tecnecio es Tc.*

técnica n. f. **1** Conjunto de procedimientos o recursos que se usan en una ciencia o en una actividad determinada. **2** Habilidad que tiene una persona para hacer uso de estos procedimientos o recursos: *no es un boxeador muy fuerte, pero tiene mucha técnica.* **3** Aplicación práctica de los métodos y de los conocimientos relativos a las diversas ciencias.

tecnicismo n. m. Palabra que pertenece o es propia del lenguaje de una ciencia, un arte, una profesión o una actividad determinada: *la palabra algoritmo es un tecnicismo de las matemáticas.*

técnico, -ca adj. **1** De la técnica o relacionado con esta aplicación práctica de los métodos y procedimientos de las ciencias. **2** [palabra, lenguaje] Que pertenece o es propio de una ciencia, un arte, una profesión o una actividad determinada: *la palabra formaldehído es un término técnico de la química.* ◆ n. m. y f. **3** Persona que posee conocimientos o habilidades especializadas en relación con una ciencia o una actividad determinada: *el televisor no funciona, llamaré al técnico.*
DER técnica, tecnicismo, tecnificar; politécnico.

tecnología n. f. **1** Conjunto de los conocimientos propios de una técnica. **2** Conjunto de instrumentos, recursos técnicos o procedimientos empleados en un determinado campo o sector.

tecnológico, -ca adj. De la tecnología o que tiene relación con este conjunto de conocimientos técnicos: *medios tecnológicos.*

tectónico, -ca adj. Que hace referencia a la corteza terrestre: *movimientos tectónicos.*

tedio n. m. **1** Estado de cansancio o de fastidio provocado por una cosa que no tiene ningún interés o atractivo: *jugaban a las cartas para mitigar el tedio de las tardes de verano.* SIN aburrimiento. **2** Estado de ánimo de la persona que no siente interés por nada de lo que le rodea: *la depresión lo sumió en el tedio.*

tedioso, -sa adj. Que no tiene interés y provoca tedio o aburrimiento: *espectáculo tedioso.* SIN aburrido.

tegumento n. m. **1** Tejido vegetal que cubre ciertas partes de las plantas: *las semillas están recubiertas por un tegumento.* **2** Tejido orgánico que cubre el cuerpo de un animal o alguno de sus órganos internos: *el tegumento es una membrana protectora.*

teja n. f. **1** Pieza que forma parte de la cubierta de un tejado y que se utiliza para que el agua de la lluvia pueda resbalar por ella. **2** Objeto que tiene una forma parecida a la de esta pieza: *las tejas son unas pastas dulces que se suelen tomar con café o con té.* **3** adj. [color] Que es parecido al del barro cocido.
DER tejado, tejar, tejo.

tejadillo n. m. Tejado que tiene una sola vertiente y está adosado a una pared para cubrir una puerta o una ventana.

tejado n. m. Parte exterior de la cubierta superior de un edificio, generalmente recubierta de tejas.

tejano, -na adj. **1** [prenda de vestir] Que está hecho de una tela fuerte de algodón, generalmente azul, y se usa de manera informal. SIN vaquero. **2** De Tejas o relacionado con este estado de Estados Unidos. ◆ adj./n. m. y f. **3** [persona] Que es de Tejas. ◆ n. m. pl. **4 tejanos** Pantalones hechos de una tela fuerte de algodón, generalmente azul, y que se usan de manera informal.

tejar v. tr. **1** Cubrir de tejas un tejado. ◆ n. m. **2** Lugar donde se fabrican tejas y ladrillos.

tejedor, -ra adj. **1** Que teje: *la araña es un insecto tejedor; máquina tejedora.* ◆ n. m. y f. **2** Persona que tiene por oficio tejer. ◆ n. m. **3** Insecto de cuerpo negro, estrecho y alargado, con las patas delanteras cortas y las centrales y traseras muy largas y delgadas, que corre por la superficie del agua con gran rapidez y agilidad; se alimenta de otros insectos. SIN zapatero. **4** Pájaro cantor más bien pequeño, de pico fuerte y plumaje rojo y negro o amarillo y negro; construye con gran habilidad su peculiar nido, semejante a una bolsa colgante, cónica por arriba y esférica en la parte inferior. Vive en Asia y África.

tejer v. tr. **1** Hacer o formar un tejido cruzando y uniendo unos hilos con otros: *el telar se emplea para tejer.* **2** Hacer punto o ganchillo:

la abuela tejió este jersey de lana. **3** Pensar o idear un plan o un proyecto: *tejió un plan perfecto para que no le descubrieran.* **SIN** planear, discurrir. **4** Preparar con detenimiento una acción futura: *la conspiración contra el presidente se tejió en el seno de su propia familia.*
DER tejido; destejer, entretejer.

tejido n. m. **1** Material que resulta de tejer o entrelazar muchos hilos, especialmente el hecho con fibras textiles que se emplea para confeccionar la ropa. **SIN** tela. **2** BIOL. Estructura formada por células de la misma naturaleza y ordenadas para desempeñar una misma función: *los tejidos pueden ser animales o vegetales.*
▶ tejido adiposo ANAT. Tejido que está formado por células que contienen una o más gotas de grasa: *el tejido adiposo está situado debajo de la piel y sirve como reserva de energía.* tejido cartilaginoso ANAT. Tejido que está formado por un cartílago. tejido celular ANAT. Tejido que está formado por células y fibras. tejido conjuntivo ANAT. Tejido que está formado por células diferentes y sirve para unir y reforzar otros tejidos. tejido linfático ANAT. Tejido que está formado por numerosas células, la mayoría de las cuales son linfocitos. tejido muscular ANAT. Tejido constituido por fibras musculares que forman los músculos. tejido nervioso ANAT. Tejido que forma los órganos del sistema nervioso y que está constituido por células nerviosas y sus prolongaciones.

tejo n. m. **1** Trozo de teja o de piedra con forma plana y redondeada, que se usa para jugar a ciertos juegos. **2** Juego en que se usa este trozo de teja o piedra, plano y redondeado, y que consiste en lanzarlo sobre unas casillas dibujadas en el suelo que se van recorriendo a la pata coja: *el tejo es un juego infantil de habilidad.* **SIN** rayuela.
▶ echar (o tirar) los tejos Dar a conocer una persona a otra el sentimiento de amor o el interés que tiene por ella: *no para de tirarte los tejos.*

tela n. f. **1** Tejido hecho con hilos cruzados entre sí: *el tul es una tela muy fina y delicada.* **2** Trozo de ese tejido. **3** Tejido orgánico con forma de lámina: *el cerebro está cubierto por una fina tela.* **SIN** membrana. **4** Asunto o materia de la que hay que hablar o que se presta a comentarios: *hace mucho que no se veían, así que tienen tela para rato.* **5** Tarea que hay que realizar: *hay que pintar toda la casa, así que tengo tela para varios días.* **6** Dinero: *me he comprado un coche nuevo que me ha costado mucha tela.* **SIN** pasta. **7** Cuadro o pintura realizado sobre un lienzo.
▶ haber tela que cortar Haber abundante materia para tratar o mucho trabajo para realizar: *no nos pongamos a hablar de política porque ahí hay tela que cortar.* poner en tela de juicio Dudar sobre la verdad o el éxito de una cosa: *han puesto mi honor en tela de juicio y debo defenderme.* tela de araña Tejido en forma de red que construyen las arañas con un hilo muy fino que producen ellas mismas: *la mosca quedó atrapada en una tela de araña.* **SIN** telaraña. tela metálica Tejido que está hecho con alambre.
DER telar, telón; entretela.

telar n. m. **1** Máquina para tejer. **2** Fábrica de tejidos: *había cinco obreros trabajando en el telar.*

telaraña n. f. Tejido en forma de red que construyen las arañas con un hilo muy fino que producen ellas mismas: *con una escoba quitó las telarañas de los rincones.* **SIN** tela de araña.

tele n. f. Apócope de televisor: *me voy a comprar una tele nueva porque la que tengo no se ve bien.*

tele- Elemento prefijal que entra en la formación de palabras con el significado de: *a)* 'Distancia'; 'lejos': *teléfono, televisión; b)* 'Televisión': *telediario; telecompra; teleadicto.*

telebasura n. f. Programación televisiva de muy baja calidad y mucha audiencia.

telecomunicación n. f. **1** Sistema de comunicación a distancia por medio de cables y ondas electromagnéticas: *el teléfono y el telégrafo son sistemas de telecomunicación.* ◆ n. f. pl. **2** telecomunicaciones Carrera que estudia todo lo relacionado con los medios de comunicación a distancia.

telediario n. m. Programa de televisión donde se informa de las noticias más importantes del día.

teledirigido, -da adj. [aparato, vehículo] Que es gobernado o conducido mediante un control a distancia: *barco teledirigido.*

teledirigir v. tr. Dirigir y controlar un vehículo o un aparato a distancia, generalmente por medio de ondas electromagnéticas: *el coche se puede teledirigir mediante un mando que funciona con pilas.*
OBS En su conjugación, la *g* se convierte en *j* delante de *a* y *o.*

teleférico n. m. Sistema de transporte que

a b c d e f g h i j k l m n ñ o p q r s t u v w x y z

consiste en una serie de vehículos suspendidos de un cable de tracción y que se usa para superar grandes diferencias de altitud: *desde el teleférico se ven unas vistas excepcionales de toda la sierra.*

telefonear v. intr. **1** Llamar a alguien por teléfono: *tengo que telefonear a mi madre para que no se preocupe.* ◆ v. tr. **2** Comunicar una información o una noticia por teléfono: *te telefonearé los resultados.*

telefonía n. f. **1** Sistema de comunicación que transmite la voz y el sonido a larga distancia por medios eléctricos o electromagnéticos: *la invención de la telefonía fue un gran avance.* SIN teléfono. **telefonía móvil** Sistema de comunicación que permite hacer y recibir llamadas desde cualquier lugar. **2** Servicio de comunicaciones telefónicas.

telefónico, -ca adj. Del teléfono o que tiene relación con este sistema de comunicación: *servicio telefónico.*

telefonillo n. m. Aparato en forma de teléfono que está conectado a un portero automático y que permite comunicarse desde la puerta de entrada de un edificio con alguien que está en el interior.

teléfono n. m. **1** Sistema de comunicación que transmite la voz y el sonido a larga distancia por medios eléctricos o electromagnéticos. SIN telefonía. **2** Aparato que recibe y emite comunicaciones a larga distancia. **teléfono inalámbrico** Teléfono de cuyo auricular no sale ningún hilo o cable y que funciona gracias a la comunicación con una base conectada a la red normal. **teléfono móvil** Teléfono pequeño que no tiene hilos ni cables externos, que se puede llevar encima y que permite hablar desde cualquier lugar. **3** Número que corresponde a uno de esos aparatos.
DER telefonazo, telefonear, telefonía, telefónico, telefonillo, telefonista.

telégrafo n. m. **1** Sistema de comunicación que permite la transmisión de información por medio de impulsos eléctricos y utilizando un código de signos preestablecido: *el telégrafo utiliza el código morse.* **2** Aparato que emite y recibe mensajes mediante este sistema de comunicación: *antes de que llegara el teléfono al pueblo, ya usábamos un telégrafo.* ◆ n. m. pl. **3 telégrafos** Administración que se encarga de este sistema de comunicación o local destinado a este servicio.
DER telegráfico, telegrafista, telegrama.

telegrama n. m. **1** Mensaje escrito que se comunica por telégrafo. **2** Impreso normalizado en que se recibe escrito el mensaje telegráfico.

telepatía n. f. Fenómeno que consiste en la transmisión o la coincidencia de pensamientos entre personas producido sin intervención de los sentidos o de agentes físicos conocidos.
DER telepático.

telescopio n. m. Instrumento óptico que sirve para observar y ver agrandados objetos lejanos, especialmente las estrellas y otros cuerpos celestes.
DER telescópico; radiotelescopio.

telesilla n. m. Sistema de transporte formado por una serie de asientos suspendidos de un cable y que se utiliza principalmente para subir a la cumbre de una montaña: *subimos a las pistas de esquí con el telesilla.*

telespectador, -ra n. m. y f. Persona que mira la televisión. SIN televidente.

teletexto n. m. Información escrita que se emite y se recibe a través de la televisión.

teletipo n. m. **1** Sistema de recepción y envío de mensajes escritos por medio de un teclado que permite también la impresión: *la agencia periodística recibe la información a través del teletipo.* **2** Aparato provisto de un teclado que permite la recepción y el envío de mensajes escritos mediante este sistema. **3** Mensaje escrito que se recibe y se envía usando este aparato.

televidente n. com. Persona que mira la televisión: *el presentador dirigió un saludo a todos los televidentes.* SIN telespectador.

televisar v. tr. Emitir imágenes por televisión: *el partido se televisará en directo.*
DER televisada.

televisión n. f. **1** Sistema de transmisión de imágenes y sonidos a distancia por medio de ondas hertzianas. **2** Aparato eléctrico que recibe y reproduce esas imágenes y sonidos. SIN televisor. **3** Conjunto de personas y medios que se dedican a transmitir información y programas diversos usando esta técnica.
DER tele, televisar, televisivo, televisor.

televisivo, -va adj. **1** De la televisión o que tiene relación con este sistema de transmisión a distancia. **2** Que tiene buenas condiciones para ser emitido por televisión y para gustar al público: *los partidos de fútbol, las pe-*

lículas y los concursos son más televisivos que los reportajes.

televisor n. m. Aparato eléctrico que recibe y reproduce imágenes y sonidos transmitidos por televisión: *se ha comprado un televisor estéreo de veintiocho pulgadas.* SIN televisión.

telón n. m. Cortina grande que puede subirse y bajarse, y que cubre el escenario de un teatro o la pantalla de un cine: *se abrió el telón y aparecieron los actores en el escenario.*
▶ telón de acero Frontera política e ideológica que separaba los países del este de Europa de los del oeste. telón de fondo **a.** Telón que se coloca en la parte posterior del escenario. **b.** Conjunto de circunstancias que rodean un acontecimiento e influyen en él: *la negociación política fue el telón de fondo de la competición deportiva.*
DER telonero.

telúrico, -ca adj. De la Tierra o que tiene relación con este planeta: *los movimientos sísmicos son fenómenos telúricos.*

tema n. m. **1** Asunto principal o materia sobre la que se trata en una conversación, un discurso o un escrito. **2** Parte de un manual o de un libro de texto que forma una unidad independiente: *el libro de Ciencias Naturales tenía diez temas de biología y ocho temas de botánica.* **3** MÚS. Parte o melodía fundamental de una composición musical, que se va repitiendo y desarrollando de distintas formas a lo largo de toda la composición. **4** Canción o composición musical: *el músico tocó cinco temas suyos y siete de otros compositores.*
DER temario, temático.

temario n. m. Lista de temas o asuntos que se tratan en un libro, una asignatura, una reunión, etc.

temático, -ca adj. **1** Del tema o que tiene relación con este: *el contenido temático de este libro es muy pobre.* ◆ n. f. **2** temática Tema general o conjunto de temas parciales de una obra, de un autor o de un asunto general: *la temática de las obras de este escritor es muy variada.*

temblar v. intr. **1** Agitarse una persona o un animal con movimientos rápidos, continuos e involuntarios: *temblar de emoción.* SIN tiritar. **2** Moverse o agitarse una cosa de esa manera: *con la explosión, las lámparas del techo temblaron.* **3** Tener miedo o estar nervioso.
OBS En su conjugación, la *e* se convierte en *ie* en sílaba acentuada, como en *acertar*.
DER tembladera, tembleque, temblor; retemblar.

temblor n. m. Agitación o movimiento rápido, involuntario y continuo del cuerpo o de una parte de él, provocado principalmente por miedo, frío, enfermedad o nerviosismo: *el niño tenía fiebre y temblores.*

tembloroso, -sa adj. Que tiembla: *tenía la voz temblorosa por la vergüenza.*

temer v. tr. **1** Tener miedo de algo o alguien: *teme mucho a los atracadores y por eso nunca sale de noche.* ◆ v. tr./ prnl. **2** Creer o sospechar que va a pasar o que ha pasado alguna cosa, especialmente algo malo: *me temo que no podré ir.* ◆ v. intr. **3** Sentir temor.
DER temerario, temeroso, temible, temor.

temerario, -ria adj. **1** [persona] Que se expone a sí mismo o a los demás a un peligro de manera innecesaria debido a un comportamiento imprudente y arriesgado: *un conductor temerario.* **2** Que es propio de estas personas: *la conducción temeraria.* **3** Que no tiene fundamento ni razón y se hace o se dice sin pensar en las consecuencias negativas que pueda tener: *no debes hacer juicios temerarios*

temeridad n. f. **1** Cualidad que tienen las personas temerarias: *la temeridad del escalador le costó la vida.* **2** Acción temeraria: *adentrarse tanto en el mar es una temeridad.*

temeroso, -sa adj. **1** Que tiene o muestra temor: *los niños miraban temerosos a su padre enfadado.* **2** Que causa temor.

temible adj. Que causa temor o merece ser temido.

temor n. m. **1** Sentimiento de inquietud y angustia que mueve a rechazar o a tratar de evitar las cosas que se consideran peligrosas, arriesgadas o capaces de hacer daño: *el niño tiene temor a la oscuridad.* SIN miedo. **2** Creencia o sospecha de que va a pasar o que ha pasado algo malo o desagradable: *cuando supe que había tenido un accidente, se confirmó mi temor.*
DER atemorizar.

témpano n. m. **1** Trozo de hielo plano y delgado. **2** Piel extendida de la parte superior del tambor y de otros instrumentos parecidos.

témpera n. f. **1** Tipo de pintura al temple más densa que la acuarela: *la témpera se prepara con agua, pigmento de color y cola.* **2** Obra realizada con este tipo de pintura.

temperamental adj. **1** Del temperamento o causado por él: *rasgo temperamental.* **2** [persona] Que tiene cambios alternativos de estados de ánimo y reacciones impulsivas: *era un hombre temperamental y con mucho carácter.*

temperamento n. m. **1** Carácter o manera de ser de una persona: *tiene un temperamento alegre y optimista.* **2** Carácter fuerte, enérgico, firme y vivo de una persona: *es un muchacho con mucho temperamento.*
DER temperamental.

temperatura n. f. **1** Grado de calor del ambiente o de un cuerpo: *la temperatura se mide con el termómetro.* **2** Grado de calor excesivamente alto de un cuerpo. SIN fiebre.

tempestad n. f. **1** Fenómeno atmosférico que se caracteriza por fuertes vientos generalmente acompañados de lluvia o nieve, relámpagos y truenos. SIN temporal, tormenta. **2** Agitación violenta de las aguas del mar causada por vientos fuertes. SIN temporal. **3** Agitación fuerte en el estado de ánimo de una persona. **4** Expresión ruidosa y violenta de un conjunto de personas, generalmente para desaprobar una acción o mostrar indignación por algo: *su discurso político provocó una tempestad de insultos.*

tempestuoso, -sa adj. **1** Que tiene relación con una tempestad: *el mar tempestuoso acercó a la playa los restos de una embarcación.* **2** Que existe tensión o que implica problemas y discusiones: *tienen una relación tempestuosa y no paran de discutir.*

templado, -da adj. **1** Que tiene una temperatura media y no está ni frío ni caliente: *este café está templado.* SIN tibio. **2** Que está tranquilo y sereno: *Julia es una persona muy templada.* **3** Que no es exagerado, sino que está en un punto medio entre los extremos. SIN moderado.

templanza n. f. Moderación en el ánimo, en las pasiones y en los placeres de los sentidos: *la templanza es una de las tres virtudes cardinales.* SIN prudencia.

templar v. tr. **1** Quitar el frío de una cosa calentándola ligeramente: *templa la leche para preparar el biberón.* **2** Hacer más suave o menos intensa la fuerza de una cosa: *la carta de su novio templó su enfado.* **3** Bajar rápidamente la temperatura de un material que está muy caliente: *templó el acero para conseguir una buena espada.* **4** MÚS. Preparar un instrumento para que suene en el tono adecuado y produzca los sonidos que le son propios: *el maestro está templando la guitarra .* SIN afinar.
DER templado, templanza, temple; destemplar.

templario, -ria adj. **1** De la orden religiosa y militar del Temple o que tiene relación con ella: *la orden templaria se fundó en el siglo* XII. ◆ n. m. **2** Persona que pertenecía a la orden religiosa y militar del Temple.

temple n. m. **1** Carácter valiente, fuerte y tranquilo en las situaciones difíciles: *ha demostrado tener un gran temple al enfrentarse a tantas dificultades.* **2** Estado de ánimo de una persona: *hoy estoy de mal temple.* SIN humor. **3** Pintura que se prepara mezclando los colores con líquidos calientes y glutinosos: *las bóvedas de la catedral están pintadas al temple.* **4** MÚS. Preparación de un instrumento musical para que suene en el tono adecuado y produzca los sonidos que le son propios.

templete n. m. Construcción pequeña que imita la de un templo y que se usa para cobijar una imagen: *detrás del altar había un templete.*

templo n. m. **1** Edificio o lugar público destinado al culto religioso: *las iglesias son templos cristianos.* **2** Lugar real o imaginario donde se rinde culto a una ciencia, un arte o una virtud: *París es el templo de la moda.*
DER templario, templete.

temporada n. f. Período de tiempo que se distingue del resto del año por algún motivo: *me voy a pasar una temporada a casa de mis abuelos.*
▶ **de temporada** Indica que una cosa es propia de una determinada época del año: *fruta de temporada.*
DER temporero; pretemporada.

temporal adj. **1** Que no es para siempre sino que dura un tiempo determinado: *trabajo temporal.* SIN pasajero. ANT eterno. **2** Del tiempo o que tiene relación con él. ◆ n. m. **3** Fenómeno atmosférico en el que cambia la presión y se producen fuertes vientos, generalmente acompañados de lluvia o nieve, truenos y relámpagos: *un temporal de lluvia arrasó los cultivos.* SIN tempestad, tormenta. **4** Agitación violenta de las aguas del mar causada por vientos fuertes: *los barcos llevan varios días sin faenar a causa de los fuertes temporales.* SIN tempestad. ◆ adj./n. m. **5** ANAT. [hueso] Que está situado en la zona de la cabeza correspondiente a las sienes: *tenemos dos temporales, uno a cada lado del cráneo.*
▶ **capear el temporal** Enfrentarse a problemas o situaciones difíciles y tratar de solucionarlos de la mejor manera posible: *la situación*

era difícil, pero conseguí capear el temporal con mucha paciencia.
DER temporalidad.

temporalidad n. f. **1** Calidad de lo que es transitorio o dura solo un tiempo: *la temporalidad de la vida humana.* **2** Calidad de lo que pertenece al mundo seglar.

temprano, -na adj. **1** Que ocurre o se realiza pronto o antes de lo normal. ◆ n. m. **2** Terreno sembrado con un fruto que se recoge pronto: *va a comenzar la cosecha de los tempranos.* ◆ adv. **3** En las primeras horas del día o de la noche: *mañana tenemos que levantarnos temprano.* **4** En un tiempo anterior al señalado, convenido o acostumbrado. **SIN** pronto. **ANT** tarde.
DER tempranero.

ten Palabra que se usa en la expresión *ten con ten*, que indica moderación o tacto al tratar a una persona o un determinado asunto: *hay que llevar el asunto con un ten con ten para que todo salga bien.*

tenacidad n. f. Firmeza en las ideas o en las opiniones, o constancia para conseguir lo que se quiere.

tenaz adj. **1** [persona] Que se mantiene firme en sus ideas o intenciones y no para hasta conseguir lo que desea: *aunque no es muy listo, es muy tenaz en los estudios.* **SIN** terco. **2** Que es muy difícil de quitar, de romper o de separar: *las manchas de vino son muy tenaces.*
DER tenacidad, tenaza.

tenaza n. f. **1** Herramienta de metal compuesta por dos brazos movibles unidos por un eje o por un muelle y que sirve para cortar, arrancar o sujetar una cosa con fuerza: *arranca clavos con las tenazas.* **NOTA** Se usa también en plural para hacer referencia a una sola de esas herramientas. **2** Parte final de las patas de algunos animales, que tiene forma de pinza y que sirve para sujetar o apretar: *los cangrejos, las langostas y los alacranes tienen tenazas.* **SIN** pinza.
DER tenacillas; atenazar.

tendencia n. f. **1** Inclinación o disposición natural que una persona tiene hacia una cosa: *tendencia a engordar.* **2** Idea u opinión que se orienta hacia una dirección determinada, especialmente ideas políticas, religiosas o artísticas.

tendencioso, -sa adj. Que muestra parcialidad y se orienta hacia una tendencia o inclinación determinada: *la noticia que daba el periódico era tendenciosa.*

tender v. tr. **1** Desdoblar o extender una cosa con un fin determinado: *tendí la ropa esta mañana y ya está casi seca.* **2** Alargar una cosa y aproximarla a otra: *el embajador tendió la mano al ministro.* **3** Suspender, colocar o construir una cosa apoyándola sobre dos o más puntos: *han tendido un puente sobre el río.* ◆ v. tr./ prnl. **4** Colocar una cosa en posición horizontal: *cuando se mareó, lo tendieron en el suelo.* **SIN** echar, tumbar. ◆ v. intr. **5** Mostrar o tener una inclinación o una disposición natural hacia un estado o una cualidad: *los precios tienden a aumentar por Navidad.* **6** MAT. Aproximarse progresivamente una variable o una función a un valor determinado: *la variable tiende a infinito.*
OBS En su conjugación, la *e* se convierte en *ie* en sílaba acentuada, como en *entender*.
DER tendedero, tendencia, tendido; atender, contender, distender, entender, extender, pretender.

tenderete n. m. **1** Puesto de venta instalado al aire libre en el que se tienen todas las mercancías expuestas. **2** Conjunto de cosas esparcidas en desorden, generalmente sobre el suelo: *tenían montado un buen tenderete con todos los libros por el suelo.*

tendero, -ra n. m. y f. Persona que se dedica a vender en una tienda, especialmente de comestibles.

tendido, -da adj. **1** [galope] Que es muy rápido: *en el galope tendido, el caballo estira las patas al máximo.* **2** [estocada] Que entra muy horizontal en el cuerpo del toro. ◆ n. m. **3** Conjunto de asientos que están próximos a la barrera en una plaza de toros: *el tendido de sombra.* **4** Conjunto de cables que conducen la electricidad: *tendido eléctrico.*

tendinitis n. f. MED. Inflamación de un tendón: *no puede hacer deporte porque tiene una tendinitis.*
OBS El plural también es *tendinitis*.

tendón n. m. ANAT. Tejido fibroso y resistente en forma de cordón que generalmente une los huesos con los músculos: *las fibras de los tendones están dispuestas en haces paralelos.* **SIN** ligamento.
▶ **tendón de Aquiles** ANAT. Tendón que está en la parte posterior de la pierna y une el talón con la pantorrilla.
DER tendinitis.

tenebrismo n. m. Tendencia pictórica que se caracteriza por un gran contraste entre la luz y las sombras.
DER tenebrista.

tenebroso, -sa adj. **1** Que es oscuro y da miedo: *entraron en una cueva tenebrosa.* SIN lóbrego, sombrío. **2** Que tiene muy mala intención: *confiaba en él porque desconocía sus tenebrosos proyectos.*
DER tenebrismo, tenebrosidad.

tenedor, -ra n. m. y f. **1** Persona que tiene una cosa, especialmente una letra de cambio u otro documento de pago. ◆ n. m. **2** Instrumento con un mango y tres o cuatro púas iguales en uno de sus extremos que se usa para pinchar los alimentos sólidos. **3** Signo que reproduce la figura de ese instrumento y cuyo número sirve para indicar la categoría de un restaurante: *los restaurantes de más categoría tienen cinco tenedores.*
DER tenedaría.

tener v. tr. **1** Poseer o ser dueño de una cosa: *Luis tiene una casa en Barcelona.* **2** Coger o sujetar con las manos: *el profesor tiene la chaqueta en la mano.* **3** Contener o comprender en sí una cosa: *el libro tiene 25 capítulos.* **4** Deber hacer una cosa u ocuparse de ella: *no puedo ir porque tengo clase.* **5** Haber cumplido o alcanzado una edad o un período de tiempo determinado: *su hija tiene quince años.* **6** Experimentar o padecer un sentimiento, una enfermedad o una sensación: *tengo calor.* **7** Poseer una característica física o moral: *tengo los ojos azules.* **8** Indica una acción terminada, hecha en el pasado: *tengo entendido que mañana se marcha usted.* NOTA Funciona como auxiliar y se usa seguido del participio de un verbo transitivo. ◆ v. prnl. **9** tenerse Estar en posición vertical: *estaba tan mareado que no se tenía en pie.*
▶ conque ¿ésas tenemos? Expresión que indica sorpresa o enfado: *conque ¿ésas tenemos? ¿No quiere seguir estudiando?* no tenerlas todas consigo Sentir temor por la posibilidad de que ocurra algo malo o poco adecuado: *no las tengo todas conmigo de que llegue a tiempo.* tener en cuenta o tener presente Considerar o recordar una cosa: *ten en cuenta que es joven.* tener por Creer una cosa o tener una opinión determinada sobre algo o alguien: *tengo a Miguel por muy inteligente.* tener que Necesitar o estar obligado a hacer una cosa: *mañana tengo que ir a trabajar.* SIN deber. tener que ver con Existir alguna relación o parecido entre dos o más cosas: *eso no tiene nada que ver con lo que estábamos hablando.*
DER tenedor, tenencia, teniente; abstenerse, atenerse, contener, detener, entretener, mantener, obtener, retener, sostener.

tenia n. f. Gusano parásito de color blanco con forma larga y plana, formado por muchos anillos y que puede llegar a medir varios metros. SIN solitaria.

teniente, ta n. com. **1** Miembro del Ejército de categoría inmediatamente superior a la de alférez e inferior a la de capitán. teniente coronel Miembro del Ejército de categoría inmediatamente superior a la de comandante e inferior a la de coronel. teniente de navío Miembro de la Armada de categoría equivalente a la de capitán del Ejército de tierra. teniente general Miembro del Ejército de categoría inmediatamente superior a la de general de división e inferior a la de capitán general. **2** Persona que ejerce el cargo o la

tener

INDICATIVO	SUBJUNTIVO
presente	**presente**
tengo	tenga
tienes	tengas
tiene	tenga
tenemos	tengamos
tenéis	tengáis
tienen	tengan
pretérito imperfecto	**pretérito imperfecto**
tenía	tuviera o tuviese
tenías	tuvieras o tuvieses
tenía	tuviera o tuviese
teníamos	tuviéramos o tuviésemos
teníais	tuvierais o tuvieseis
tenían	tuvieran o tuviesen
pretérito perfecto simple	**futuro**
tuve	tuviere
tuviste	tuvieres
tuvo	tuviere
tuvimos	tuviéremos
tuvisteis	tuviereis
tuvieron	tuvieren
futuro	
tendré	
tendrás	
tendrá	
tendremos	
tendréis	
tendrán	
condicional	
tendría	
tendrías	
tendría	
tendríamos	
tendríais	
tendrían	

IMPERATIVO	
ten	(tú)
tenga	(usted)
tened	(vosotros)
tengan	(ustedes)

FORMAS NO PERSONALES	
infinitivo	**gerundio**
tener	teniendo
participio	
tenido	

función de otra de categoría superior y a la que sustituye: *teniente de alcalde.*

DER lugarteniente, subteniente, terrateniente.

tenis n. m. Deporte en el que participan dos o cuatro jugadores y que consiste en impulsar una pelota con una raqueta por encima de una red e intentar que el contrario no la pueda devolver.

▶ **tenis de mesa** Deporte que se practica sobre una mesa rectangular dividida en dos mitades por una red, con una pelota pequeña de plástico y una pala. **SIN** pimpón.

OBS El plural también es *tenis.*

DER tenista, tenístico.

tenista n. com. Persona que juega al tenis, generalmente como profesional.

tenor n. m. **1** MÚS. Voz de una persona situada entre el contralto y el barítono. **2** Persona que tiene esta voz: *José Carreras es un famoso tenor.*

▶ **a tenor de** Teniendo en cuenta: *tomaremos las decisiones a tenor de las circunstancias.* **SIN** según.

tenorio n. m. Hombre al que le gusta seducir a las mujeres: *su novio es un tenorio.*

tensar v. tr. Estirar una cosa para dejarla tirante o tensa: *tensaron la cuerda atándola fuertemente.*

DER tensión, tensor.

tensión n. f. **1** Estado en el que se encuentra un cuerpo sometido a la acción de fuerzas opuestas. **2** Situación de enfrentamiento entre personas o entre grupos humanos que no se manifiesta abiertamente: *la fuerte tensión entre las dos naciones desembocó en una guerra.* **3** Estado emocional de una persona que está exaltada o nerviosa por estar sometida a preocupaciones o a un exceso de trabajo: *tienes que relajarte: estás todo el día en tensión.* **SIN** nerviosismo. **ANT** relajación. **4** Voltaje con el que pasa la energía eléctrica de un cuerpo a otro. **alta tensión** Voltaje que está por encima de los mil voltios. **baja tensión** Voltaje que está por debajo de los mil voltios. **5** MED. Presión que ejerce la sangre sobre la pared de las arterias: *ha sufrido una bajada de tensión y se ha desmayado.*

DER hipertensión, hipotensión, sobretensión.

tenso, -sa adj. **1** [objeto] Que está estirado por la acción de fuerzas opuestas: *si dejas muy tenso el cable, puede romperse.* **SIN** tirante. **2** [persona] Que está nervioso o no se muestra relajado.

DER tensar.

tensor, -ra adj. **1** Que pone tensa una cosa o produce tensión: *músculos tensores; efecto tensor.* ◆ n. m. **2** Mecanismo que sirve para poner tensa una cosa.

tentación n. f. **1** Impulso o estímulo espontáneo que nos empuja a hacer algo, especialmente una cosa mala o que no es conveniente: *no puede resistirse a la tentación de comer pasteles.* **2** Cosa o persona que provoca ese impulso o ese estímulo: *los dulces son una tentación para mí.*

tentáculo n. m. Miembro largo, blando y flexible que tienen ciertos animales invertebrados y que les sirve para tocar y desplazarse o para atrapar a sus presas.

tentador, -ra adj. Que tiene muy buen aspecto, atrae con mucha fuerza y hace caer en la tentación: *la oferta que me has hecho es muy tentadora.* **SIN** atractivo.

tentar v. tr./ prnl. **1** Tocar una cosa con las manos u otra parte del cuerpo para examinarla. **SIN** palpar. ◆ v. tr. **2** Influir o empujar a una persona para que haga una cosa, especialmente si es algo malo o poco conveniente: *el diablo nos tienta.* **SIN** inducir, instigar, provocar. **3** Probar a un becerro para comprobar si es bravo y apto para la lidia.

OBS En su conjugación, la *e* se convierte en *ie* en sílaba acentuada, como en *acertar.*

DER tentación, tentadero, tentador, tentativa, tienta, tiento; atentar.

tentativa n. f. **1** Intento de una persona de hacer una cosa: *después de varias tentativas, al final consiguió llegar a la cima de la montaña.* **SIN** intento. **2** DER. Principio de ejecución de un delito que no llega a realizarse por motivos ajenos al culpable.

tentempié n. m. Pequeña cantidad de comida que se toma entre horas. **SIN** refrigerio.

tenue adj. **1** Que es fino, delgado o poco grueso: *rompió con la escoba la tenue tela de araña.* **2** Que es débil, suave o que tiene poca fuerza: *cenaron a la tenue luz de las velas.*

DER atenuar.

teñir v. tr. **1** Darle a una cosa un color distinto del que tenía: *se ha teñido el pelo de rubio.* **2** Dar un determinado carácter o apariencia a una cosa que no es el suyo propio, generalmente a cosas no materiales, como por ejemplo un sentimiento, una palabra o un pensamiento: *teñía de odio todas sus críticas.*

OBS En su conjugación, la *i* de la desinencia se

pierde absorbida por la *ñ* y la *e* se convierte en *i* en algunos tiempos y personas, como en *ceñir*.
DER teñido; desteñir.

teocentrismo n. m. Doctrina que considera a Dios o a la divinidad como centro y fin último de la realidad y de todo el pensamiento y actividad humana.
DER teocéntrico.

teogonía n. f. Relato que explica el nacimiento y las relaciones de parentesco entre los dioses en las religiones politeístas.

teología n. f. Ciencia que trata de Dios y del conocimiento que el hombre tiene sobre Él.
DER teologal, teológico, teologizar, teólogo.

teológico, -ca adj. De la teología o que tiene relación con esta ciencia.

teólogo, -ga n. m. y f. Persona que se dedica a estudiar o a profesar la teología.

teorema n. m. Afirmación que expresa una verdad que puede ser demostrada científicamente o por medio de la lógica: *teorema de Pitágoras*.

teoría n. f. **1** Conocimiento que se tiene de una cosa y que está basado en lo que se supone o se piensa y no en la experiencia o en la práctica. **2** Conjunto de reglas, principios y conocimientos que forman la base de una ciencia, una técnica o un arte: *ha estudiado teoría de la música*. **3** Conjunto de leyes o razonamientos que intentan explicar un fenómeno determinado: *Darwin elaboró una teoría sobre la evolución del hombre*.
▶ en teoría Sin haberlo comprobado por medio de la práctica: *en teoría, Ana tenía que llegar a las cuatro*.
DER teórico, teorizar.

teórico, -ca adj. **1** De la teoría o que tiene relación con ella. ◆ adj./ m. n. y f. **2** [persona] Que conoce bien la teoría de una ciencia gracias a la reflexión y al pensamiento, pero no tanto por la práctica: *los teóricos rechazaron ese experimento*.

teorizar v. intr. Formular una teoría, o varias, sobre algo, o tratarlo desde un punto de vista teórico: *los filósofos griegos teorizaron y discutieron acerca del origen del cosmos*.
OBS En su conjugación, la *z* se convierte en *c* delante de *e*.

tequila n. m. Bebida alcohólica que se obtiene por fermentación y destilación del jugo de una variedad de maguey; es originaria de México.

terapeuta n. com. Persona que se dedica profesionalmente a la terapia: *terapeuta psicológico*.

terapéutico, -ca adj. De la terapéutica o que tiene relación con esta parte de la medicina.

terapia n. f. **1** Parte de la medicina que tiene por objeto el tratamiento de las enfermedades. **2** Tratamiento que se pone en práctica para curar una enfermedad: *está siguiendo una terapia para curar su adicción a las drogas*.
▶ terapia de grupo Terapia que sirve para curar o solucionar un problema o una enfermedad mental y que se lleva a cabo reuniendo a varios enfermos los cuales cuentan y comentan sus experiencias. terapia ocupacional MED. Terapia que sirve para curar a un enfermo manteniéndolo ocupado en un trabajo o en una actividad.
DER psicoterapia.

tercer adj. Apócope de tercero.
OBS Se usa delante de sustantivos masculinos.

tercera n. f. Marcha del motor de un vehículo que tiene menos potencia y más velocidad que la segunda.

tercería n. f. Actividad propia de terceros o alcahuetes: *Celestina era hábil en tercerías*.

tercero, -ra num. ord. **1** Indica que el nombre al que acompaña o al que sustituye ocupa el lugar número 3 en una serie: *si voy después del segundo, soy el tercero*. ◆ num. **2** Parte que resulta de dividir un todo en tres partes iguales: *si somos tres para comer, me toca una tercera parte de tarta*. ◆ n. m. y f. **3** Persona que media entre dos personas para ayudarlas, reconciliarlas o ponerlas de acuerdo en un asunto: *para que no haya problemas entre tú y yo, le dejaremos el dinero a un tercero*. **4** Persona que ayuda a que haya una relación amorosa o sexual entre dos personas. SIN alcahuete.

terceto n. m. **1** Estrofa de tres versos de arte mayor que riman el primero con el tercero y el segundo queda libre. tercetos encadenados Serie de tercetos en que se hace rimar el segundo verso de uno con el primero y el tercero del siguiente. **2** MÚS. Conjunto musical formado por tres voces o instrumentos: *un terceto de violines*. SIN trío. **3** Composición musical escrita para ser interpretada por ese conjunto musical.

terciar v. intr. **1** Intervenir en un asunto o enfrentamiento entre dos personas para intentar solucionarlo o hacer que termine: *tuve que terciar para que no se pegaran*. **2** Participar en

una acción que estaba realizando otra persona, especialmente intervenir en una conversación: *tercié en su discurso para dar mi opinión.* ◆ v. tr. **3** Colocar una cosa atravesada, torcida o en diagonal. **4** Dividir un todo en tres partes iguales. ◆ v. prnl. **5** **terciarse** Darse el momento adecuado o presentarse la oportunidad para hacer una cosa determinada: *si se tercia, le hablaré del asunto.* **NOTA** Solo se usa en infinitivo y en la tercera persona del singular y del plural.
OBS En su conjugación, la *i* es átona, como en *cambiar.*
DER terciado.

terciario, -ria adj. **1** Que es tercero en orden o importancia. ◆ adj./ n. m. **2** [período geológico] Que se extiende desde hace 65 millones de años hasta hace 2 millones de años: *el período terciario es inmediatamente anterior al actual.*

tercio num. **1** Parte que resulta de dividir un todo en tres partes iguales: *si somos tres para comer, me toca un tercio de tarta.* ◆ n. m. **2** Botella de cerveza de 33 centilitros. **3** Cada una de las tres partes concéntricas en que se divide el ruedo de una plaza de toros. **4** Parte de una corrida de toros. **SIN** suerte. **5** Regimiento de la infantería española de los siglos XVI y XVII.
DER terciar.

terciopelo n. m. Tejido espeso y delicado, que tiene pelo muy corto y suave en la superficie.
DER aterciopelado.

terco, -ca adj. [persona] Que se mantiene excesivamente firme en sus ideas o en sus intenciones, incluso cuando son erróneas o falsas: *es un hombre muy terco.* **SIN** cabezota, testarudo, tozudo.
DER terquedad.

tergal n. m. Tejido hecho de fibra sintética de poliéster.
OBS Procede de una marca registrada.

tergiversar v. tr. Deformar el significado de una cosa y hacer que se entienda de una forma equivocada: *el periodista tergiversó las palabras del político.*
DER tergiversación.

termal adj. **1** [agua] Que brota de la tierra a temperatura superior a la del ambiente: *los baños de aguas termales son curativos.* **2** De las termas o que tiene relación con ellas.

termas n. f. pl. **1** Baños de aguas minerales que brotan de la tierra a temperatura superior a la del ambiente. **2** Baños públicos de los antiguos romanos.
DER termal, térmico.

térmico, -ca adj. **1** Del calor o de la temperatura o que tiene relación con ellos: *la inversión térmica ha originado una tormenta.* **2** Que conserva una temperatura determinada: *revestimiento térmico.*
DER endotérmico, exotérmico, homeotermo, isotérmico.

terminación n. f. **1** Acción que consiste en terminar o acabar de hacer una cosa. **SIN** conclusión, fin, final. **2** Extremo o parte final de una cosa. **3** GRAM. Parte última de una palabra, especialmente la que expresa una variación gramatical: *la terminación en «-ado» es característica de los participios de los verbos de la primera conjugación.* **SIN** desinencia.

terminal adj. **1** Que está al final o que pone fin a una cosa: *fase terminal.* **SIN** último. **2** [enfermedad, persona] Que no se puede curar ni puede mejorar: *enfermo terminal.* ◆ n. f. **3** Instalación o lugar donde empieza o termina una línea de transporte público: *terminal de autobuses.* **4** Conjunto de edificios destinados a acoger personas o mercancías en los puertos y aeropuertos: *la terminal de embarque.* ◆ n. m. **5** INFORM. Unidad de entrada o de salida de información que se comunica de manera remota con un ordenador central: *el teclado, la pantalla y la impresora son terminales.* **6** Extremo de un hilo conductor de electricidad: *los terminales pueden ser enchufes o bornes.*

terminante adj. Que no admite duda o discusión: *una decisión terminante.* **SIN** categórico, tajante.

terminar v. tr. **1** Dar fin a una cosa o a una actividad: *terminó su jornada de trabajo y se marchó a casa.* **SIN** acabar. **ANT** comenzar, empezar. **2** Consumir completamente: *Juan se ha terminado el pastel.* **SIN** acabar. ◆ v. intr. **3** Llegar una cosa a su fin: *tuvimos muchos problemas, pero todo terminó bien.* **SIN** acabar. **ANT** comenzar, empezar. **4** Dar fin a una relación entre dos o más personas, especialmente a una relación amorosa: *Elena y Eduardo han terminado.* **5** Dejar de vivir. **SIN** morir. **6** Destruir o estropear una cosa: *el granizo terminó con la cosecha.* **SIN** acabar. **NOTA** Va seguido de la preposición *con.* **7** Tener una cosa determinada en el extremo: *la ciudad termina en una muralla.* **SIN** acabar.

DER terminación, terminante; determinar, exterminar, interminable.

término n. m. **1** Fin o conclusión de una cosa: *aquella discusión supuso el término de su matrimonio.* **2** Último punto hasta donde llega o se extiende una cosa en el tiempo o en el espacio. **3** Línea que divide los territorios según su organización política: *hace un rato atravesamos el término de la provincia de Zamora.* término municipal Territorio que comprende un municipio: *la casa está fuera del pueblo, pero dentro del término municipal de Vigo.* **4** Palabra de una lengua, especialmente la que se usa en una ciencia o técnica: *términos de la medicina.* **SIN** vocablo, voz. **5** Objetivo o finalidad que se busca al hacer una cosa. **6** Estado o situación a la que puede llegar una cosa: *la violencia está llegando a un término alarmante.* **7** Plano en que se considera dividido un espacio o una escena: *en el cuadro aparecen varios caballos en primer término y muchos personajes detrás.* **8** GRAM. Palabra o grupo de palabras que está introducido por una preposición. **9** MAT. Número o expresión matemática que forma parte de una operación. ◆ n. m. pl. **10** términos Punto de vista con que se plantea un asunto: *me habló del trabajo en tan buenos términos que no pude resistirme a aceptarlo.* **11** Condiciones con las que se soluciona un asunto o se establece una relación: *los términos del contrato.*

▶ en primer término Indica lo que se trata en primer lugar: *en primer término, debemos plantearnos los objetivos.* en último término Como última posibilidad: *en último término, pasaremos aquí la noche.* término medio **a.** Estado o situación en que se encuentra un asunto cuando está entre dos posiciones opuestas: *yo quiero ir a la playa y Juan a la montaña, por lo que tendremos que buscar un término medio.* **b.** En matemáticas, cantidad igual o aproximada a la media aritmética de un conjunto de cantidades: *como término medio, yo tardo en llegar al trabajo una media hora.* **SIN** promedio.

DER terminal, terminar, terminología.

terminología n. f. Conjunto de palabras o expresiones propias de una determinada profesión, ciencia o materia: *terminología médica.*

DER terminológico.

termita n. f. Insecto similar a la hormiga, generalmente blanco y muy pequeño, que roe la madera, el papel, el cuero, etc., para alimentarse: **SIN** comején, hormiga blanca, termes.

termitero n. m. Nido que construyen las termitas como refugio para vivir, reproducirse y almacenar alimentos, compuesto por diversas cámaras y galerías construidas bajo tierra o en un montículo de arena que puede alcanzar grandes dimensiones.

termo n. m. Recipiente con cierre hermético y paredes aislantes que sirve para mantener la temperatura de las bebidas o alimentos líquidos que contiene.

termómetro n. m. Instrumento que sirve para medir la temperatura.

DER termometría.

termostato n. m. Aparato que regula la temperatura de un lugar o de un recipiente de manera automática, impidiendo que suba o baje del grado adecuado: *los frigoríficos llevan termostato.*

terna n. f. **1** Conjunto de tres cosas o personas propuestas para que se elija de entre ellas la que debe ocupar un cargo o empleo. **2** Conjunto de tres diestros que participan en una corrida de toros. **SIN** trío.

ternario, -ria adj. Que está compuesto por tres elementos o unidades: *compás musical ternario.*

ternasco n. m. **1** Cordero que todavía mama o ha dejado de hacerlo recientemente. **2** Cría de la cabra desde que nace hasta que deja de mamar.

ternero, -ra n. m. y f. Cría de la vaca: *hoy hemos comido filetes de ternera.*

ternilla n. f. Tejido elástico y resistente que forma parte del esqueleto: *la ternilla tiene un color blanquecino.* **SIN** cartílago.

DER desternillarse.

ternura n. f. **1** Cualidad de la persona que muestra fácilmente sus sentimientos, especialmente de afecto, dulzura y simpatía: *la madre acariciaba a su bebé con una gran ternura.* **2** Muestra de afecto, cariño y dulzura.

terracota n. f. **1** Arcilla modelada y endurecida al horno. **2** Escultura de pequeño tamaño que se hace con esta arcilla.

terrado n. m. Cubierta plana y generalmente elevada de una casa o edificio sobre la cual se puede andar: *subió al terrado a tender la ropa.* **SIN** azotea, terraza.

terranova adj./ n. m. [perro] Que es de gran tamaño y tiene el hocico corto y el pelaje denso y generalmente negro.

a b c d e f g h i j k l m n ñ o p q r s t u v w x y z

terraplén n. m. **1** Desnivel del terreno que tiene una cierta inclinación: *se salió de la carretera y cayó por el terraplén.* SIN talud. **2** Montón de tierra que sirve para rellenar un hueco o que se levanta con un fin determinado: *los soldados construyeron un terraplén para defender el castillo.*

terráqueo, -quea adj. De la Tierra o que tiene relación con este planeta. NOTA Solo se utiliza en las expresiones *globo terráqueo* y *esfera terráquea.*

terrateniente adj./ n. com. Persona que es dueña de gran cantidad de tierra, especialmente si son terrenos de cultivo.

terraza n. f. **1** Espacio exterior y elevado que sobresale en la fachada de un edificio, al que se llega desde el interior de una vivienda y que está limitado por una barandilla o muro: *una terraza es más grande que un balcón.* **2** Cubierta plana de un edificio sobre la cual se puede andar: *salió a tomar el sol a la terraza.* SIN azotea, terrado. **3** Lugar al aire libre situado junto a un café, un bar o un restaurante, donde los clientes se pueden sentar a comer o a tomar algo. **4** GEOL. Espacio de terreno llano en la ladera de una montaña que suele utilizarse para el cultivo.

terremoto n. m. Movimiento violento de la superficie de la Tierra producido por fuerzas que actúan en el interior del globo terrestre. SIN seísmo.

terrenal adj. De la tierra o que tiene relación con ella, en contraposición al cielo: *en su vida terrenal obró como un santo.* SIN terreno. ANT celestial.

terreno, -na adj. **1** De la tierra o que tiene relación con ella, en contraposición al cielo. SIN terrenal. ANT celeste. ◆ n. m. **2** Espacio de tierra: *Carlos se ha comprado un terreno en el campo.* terreno de juego Terreno que está preparado para practicar un deporte. **3** Campo en el que mejor se muestra una característica o una cualidad de alguien: *Samuel está en su terreno y sabe que va a ganar.* SIN territorio. **4** Conjunto de materias o ideas de las que se trata: *vamos a entrar ahora en el terreno de las matemáticas.* **5** GEOL. Conjunto de sustancias minerales que tienen un origen común o cuya formación corresponde a una misma época: *es un terreno rico en potasio.*
▶ allanar (o preparar) el terreno Conseguir unas condiciones o una situación favorables para realizar una cosa: *he estado preparando el terreno para que acepten tu propuesta.* conocer (o saber) el terreno que se pisa Conocer bien el asunto o a la persona que se está tratando. ganar terreno Progresar o avanzar: *el corredor fue ganando terreno a sus competidores.* sobre el terreno En el sitio donde ocurre o va a ocurrir la cosa de que se trata o durante la realización de una cosa determinada: *estuvimos ensayando los detalles de la boda sobre el terreno.*
DER terrenal.

terrestre adj. **1** De la Tierra o que tiene relación con este planeta: *órbita terrestre.* **2** De la tierra, en oposición al aire y al mar: *transporte terrestre.*

terrible adj. **1** Que causa mucho miedo: *es terrible que el temporal pueda llegar a afectarnos.* **2** Que produce o puede producir mucho daño y es difícil de aguantar: *tengo un dolor de cabeza terrible.* SIN abominable, tremendo. **3** Que es muy grande: *tengo un hambre terrible.* **4** Que es muy malo: *es una película terrible, no vayas a verla.*

terrícola n. com. Habitante de la Tierra.

territorial adj. De un territorio o que tiene relación con él: *la audiencia territorial ha dictado sentencia.*
DER territorialidad; extraterritorial.

territorio n. m. **1** Extensión de tierra que pertenece a una nación, a una región o a cualquier otra división política: *parece que el prófugo ha escapado del territorio nacional.* **2** ZOOL. Terreno o espacio donde vive un determinado animal o un grupo de animales de la misma familia y que es defendido por ellos: *el macho cabrío defendía su territorio.* **3** Campo en el que mejor se muestra una característica o una cualidad de alguien: *la literatura es mi territorio.* SIN terreno.
DER territorial.

terrón n. m. Masa pequeña y apretada de tierra o de otras sustancias: *echó dos terrones de azúcar al café.*

terror n. m. **1** Miedo muy fuerte e intenso: *no soporto las películas de terror.* SIN horror, pánico, pavor. **2** Persona o cosa que provoca mucho miedo: *ese profesor es el terror de todos los alumnos.*
DER terrorífico, terrorismo; aterrar, aterrorizar.

terrorífico, -ca adj. **1** Que causa miedo o terror. SIN espantoso, espeluznante. **2** Que es muy grande, muy fuerte o muy intenso: *hace un frío terrorífico.*

terrorismo n. m. Forma de lucha política que,

con un determinado fin y por medio de la violencia, persigue destruir el orden establecido o provocar el terror en una población.
DER terrorista; contraterrorismo.

terrorista adj. **1** Del terrorismo o que tiene relación con esta forma de lucha política: *atentados terroristas.* ◆ adj./ n. com. **2** [persona] Que es partidario del terrorismo o que lo practica.
DER antiterrorista.

terruño n. m. **1** Masa pequeña de tierra. **2** Comarca o tierra, especialmente la del país natal. **3** Tierra en la que se trabaja y de la que se vive.

terso, -sa adj. **1** Que es liso y no tiene arrugas: *esta crema te dejará una piel tersa y suave.* **2** Que está limpio, claro y brillante.
DER tersura.

tertulia n. f. Reunión de personas que se juntan habitualmente para conversar o discurrir sobre una determinada materia.
DER tertuliano; contertulio.

tesis n. f. **1** Opinión o idea que se explica y se defiende con razonamientos. **2** Trabajo de investigación escrito que se debe presentar en la universidad para conseguir el grado académico de doctor: *empleó siete años para realizar su tesis doctoral.*
OBS El plural también es *tesis.*
DER tesina; antítesis, epéntesis, hipótesis, metátesis, paréntesis, prótesis, síntesis.

tesitura n. f. **1** MÚS. Conjunto de los sonidos que puede abarcar una voz o un instrumento y que están entre la nota más grave y la más aguda que puede emitir. SIN registro. **2** Circunstancia o situación en la que se encuentra una persona: *me encuentro en una tesitura compleja, tendré que obrar con mucho tacto.* SIN coyuntura.

tesón n. m. Firmeza, decisión y ganas que se ponen al hacer un trabajo o una actividad: *si estudias con tesón, sacarás muy buenas notas.*

tesorero, -ra n. m. y f. Persona encargada de cobrar, guardar y administrar el dinero de un colectivo de gente o de una sociedad: *él es el tesorero de la asociación de vecinos.*
DER tesorería.

tesoro n. m. **1** Conjunto de dinero, joyas y otros objetos de valor: *los piratas guardaban un tesoro en la isla desierta.* **2** Conjunto de bienes y rentas del Estado de un país. SIN erario. **tesoro público** **a.** Conjunto de bienes, rentas e impuestos que el Estado tiene o recauda para la satisfacción de las necesidades del país. SIN erario. **b.** Órgano del Estado que se encarga de dirigir la política monetaria del país: *el Tesoro público emite bonos del Estado.* NOTA Se escribe con letra mayúscula. **3** Persona o cosa muy buena o de mucho valor y que es digna de admiración o de cariño: *tu hijo es un tesoro: siempre tan cariñoso y amable; este ordenador es un tesoro.* NOTA Se usa mucho como apelativo afectivo. *¿Qué quieres para comer, tesoro?* **4** Diccionario o catálogo de todas las palabras de una lengua ordenadas alfabéticamente: *tesoro de la lengua castellana.*
DER tesorero; atesorar.

test n. m. Prueba escrita en la que hay que contestar de forma breve a una serie de preguntas o problemas y que sirve para medir una determinada capacidad o aptitud.
OBS El plural es *tests.*

testa n. f. **1** Cabeza o frente de las personas y de los animales: *se dio un golpe en la testa.* **2** Entendimiento o capacidad de la mente: *tiene una buena testa para los acertijos.*
DER testarazo.

testamento n. m. **1** Documento o declaración voluntaria en la que una persona expresa a dónde deben ir a parar sus bienes una vez que haya muerto. **testamento político** Obra que algunos políticos escriben para explicar su labor o para indicar las líneas de la política que creen que se deben seguir después de su muerte: *ese partido sigue el testamento político de su fundador.* **2** Escrito muy largo o libro muy gordo: *¡Menudos testamentos tienen que estudiar los alumnos de derecho!*
▶ **Antiguo (o Viejo) Testamento** Parte de la Biblia que comprende los escritos de Moisés y todos los demás canónicos anteriores al nacimiento de Jesucristo. **Nuevo Testamento** Parte de la Biblia que contiene los evangelios y otras obras canónicas posteriores al nacimiento de Jesucristo.
DER testamentario.

testar v. intr. Hacer testamento.
DER testamento; atestar, contestar, detestar, protestar.

testarudo, -da adj. [persona] Que se mantiene excesivamente firme en sus ideas o intenciones, incluso si son erróneas o falsas.
SIN cabezota, terco, tozudo.
DER testarudez.

testicular adj. De los testículos o relacionado con ellos.

testículo n. m. Glándula sexual masculina de

forma redondeada que produce los espermatozoides.
DER testicular.

testigo n. com. **1** Persona que está presente en un acto o en una acción, especialmente la que habla en un juicio para explicar los hechos que ha presenciado: *tú eres testigo de la promesa que me hizo.* **testigo de cargo** Persona que declara en un juicio en contra del acusado. **testigo de descargo** Persona que declara en un juicio a favor del acusado. **2** Cosa que demuestra o atestigua la verdad o la existencia de algo: *las huellas son testigo de tu presencia en la casa.* ◆ n. m. **3** Especie de palo que se pasan los corredores de relevos para demostrar que la sustitución ha sido correcta.

testimonial adj. Que da testimonio de algo: *esa herida es una prueba testimonial de tu accidente.*

testimoniar v. tr. Declarar en un juicio para dar fe de un hecho: *fue testigo de un robo y el juez lo llamó para testimoniar.*
OBS En su conjugación, la *i* es átona, como en *cambiar.*

testimonio n. m. **1** Declaración que hace una persona para demostrar o asegurar un hecho. **2** Prueba que sirve para confirmar la verdad o la existencia de una cosa: *estos magníficos cuadros son testimonio de todo el esfuerzo y trabajo del pintor.*
DER testimonial, testimoniar.

testosterona n. f. Hormona sexual masculina segregada especialmente en el testículo, pero también, y en menor cantidad, en el ovario y en la corteza suprarrenal: *la testosterona que tiene efectos morfológicos, metabólicos y psíquicos.*

teta n. f. Órgano de las hembras de los mamíferos que produce leche: *el recién nacido mamaba de la teta de su madre.* **SIN** mama, pecho. ▶ **dar la teta** Dar la madre la leche de los pechos a las crías. **SIN** amamantar. **de teta** [bebé, cría] Que está en período de tomar la leche de los pechos de la madre.
DER tetilla, tetina; destetar.

tétanos n. m. Enfermedad grave que se produce por la infección de algunas heridas y que ataca al sistema nervioso: *se cortó con una lata oxidada y le pusieron la vacuna contra el tétanos.*
OBS El plural también es *tétanos.*
DER antitetánico.

tetera n. f. Recipiente con una tapadera y un pitorro que se usa para preparar o para servir el té.

tetrabrik n. m. Envase de cartón opaco impermeabilizado con aluminio y, generalmente, rectangular que se usa para envasar líquidos
OBS Procede de *Tetra Brik®,* nombre de una marca registrada.

tetraédrico, -ca adj. **1** Del tetraedro o relacionado con este cuerpo geométrico. **2** Que tiene la forma de un tetraedro.

tetraedro n. m. Figura geométrica que tiene cuatro caras triangulares.

tetrapléjico, -ca adj. **1** De la tetraplejía o que tiene relación con este tipo de parálisis. ◆ adj./ n. m. y f. **2** [persona] Que padece tetraplejía.

tetrasílabo, -ba adj. [palabra, verso] Que tiene cuatro sílabas: *cocodrilo y margarita son palabras tetrasílabas.*

textil adj. **1** De los tejidos o que tiene relación con ellos. **2** [materia] Que puede tejerse y sirve para fabricar telas y tejidos: *tengo un almacén de fibras textiles.*

texto n. m. **1** Conjunto de palabras que componen un documento escrito. **2** Trozo de un escrito o de una obra: *hicimos el comentario de un texto de* El Quijote. **3** Libro que se usa para enseñar una asignatura o una materia determinada.
DER textual; contexto, pretexto.

textual adj. **1** Del texto o que tiene relación con él: *hice un curso de crítica textual.* **2** Que reproduce exactamente las palabras de un texto o de un discurso: *en el periódico aparece una cita textual de las palabras del ministro.*
DER textualmente.

textura n. f. Forma en que están colocadas y combinadas entre sí las partículas o elementos de una cosa, especialmente los hilos de una tela.
DER contextura.

tez n. f. Piel de la cara de las personas: *tez oscura.*
OBS El plural es *teces.*
DER atezar.

thriller n. m. Película de suspense o misterio que busca tener al público muy pendiente de la trama.
OBS El plural es *thrillers.* Es de origen inglés y se pronuncia aproximadamente «zríler».

ti pron. pers. Forma del pronombre de segunda

persona, en género masculino y femenino y en número singular: *he traído un par de regalos para ti.*
OBS Con la preposición *con* forma la palabra *contigo.*

tibetano, -na adj. **1** Del Tíbet o relacionado con esta región asiática: *budismo tibetano.* ◆ adj./ n. m. y f. **2** [persona] Que es del Tíbet. ◆ n. m. **3** Lengua hablada en el Tíbet.

tibia n. f. Hueso situado en la parte anterior de la pierna: *la parte anterior de la tibia es la espinilla.*

tibio, -bia adj. **1** Que tiene una temperatura media entre el frío y el calor: *se bañó con agua tibia.* **SIN** templado. **2** Que no muestra sentimientos o afecto: *no se alteraron con la noticia, sino que se mantuvieron tibios.* **SIN** indiferente.
▶ poner tibio Hablar mal de una persona: *seguro que nos están poniendo tibios.* **SIN** criticar. ponerse tibio Comer una cosa hasta hartarse.
DER tibieza; entibiar.

tiburón n. m. **1** Pez marino con una gran aleta triangular en la parte superior, con una boca muy grande en la parte inferior de la cabeza y dientes muy afilados. **SIN** escualo. **2** Persona muy ambiciosa que busca obtener éxito y ganar dinero por encima de todo lo demás.

tic n. m. Movimiento repetido e involuntario de una parte del cuerpo producido por la contracción de uno o varios músculos: *tiene un tic nervioso.*

tiempo n. m. **1** Duración, parte de la existencia que puede expresarse en una unidad de medida. tiempo libre Período en que no hay obligación de realizar ninguna actividad y se dedica a la diversión o al descanso: *dedica todo su tiempo libre a la carpintería.* **2** Período determinado durante el cual sucede algo: *debes esperar un tiempo para que se calmen los ánimos.* tiempo muerto En algunos deportes, período muy breve durante el que se interrumpe el juego. **3** [bebé] Edad. **4** Período determinado en la historia de una civilización o de una sociedad al que se hace referencia aludiendo a un hecho histórico, un personaje o un movimiento cultural, económico o político que se ha desarrollado en él: *nació en el tiempo de la República.* **5** Período del pasado que se caracteriza por una circunstancia: *hubo un tiempo en que iba al cine a diario.* **SIN** época. tiempo inmemorial Época muy antigua de la que nadie guarda recuerdo: *los ancianos se reunían en aquella plaza desde tiempo inmemorial.* **6** Período adecuado o reservado para una acción o para su término: *si retiras el arroz del fuego antes de tiempo, quedará duro.* **7** Parte en que se divide una actividad o un proceso: *cuando acabó el primer tiempo, se suspendió el partido por la niebla.* **8** Estado de la atmósfera en un período determinado sobre un lugar concreto: *mañana hará muy mal tiempo.* **9** GRAM. Variación formal del verbo que expresa el momento relativo en el que ocurre la acción, el proceso o el estado: *«comía» está en tiempo pasado.* **10** GRAM. Conjunto de formas del verbo en el que se reúnen las que indican una misma expresión temporal. tiempo compuesto Tiempo que se forma con el participio del verbo que se conjuga y un tiempo del auxiliar haber: *«he cantado» es un tiempo compuesto.* tiempo simple Tiempo que se conjuga sin el auxilio de otro verbo: *la forma «canto» expresa un tiempo simple.* **11** MÚS. Parte de igual duración que otras en que se divide el compás. **SIN** movimiento.
▶ a tiempo Expresión que indica que algo se hace en el momento oportuno o cuando todavía no es tarde: *tendrás que irte si quieres coger el autobús a tiempo.* al mismo tiempo, a un tiempo Expresión que indica que dos cosas suceden en el mismo momento: *a un tiempo batía los huevos y echaba el aceite.* al tiempo Expresión que indica que el futuro demostrará la verdad de lo que se dice: *pronto el hombre pisará Marte, y, si no, al tiempo.* andando el tiempo Más adelante o después: *andando el tiempo los amigos dejaron de hablarse.* dar tiempo **a.** No meter prisa; esperar: *si quieres que arregle la radio, dame tiempo.* **b.** Disponer de un período para hacer una cosa: *si me voy al cine, no me dará tiempo para estudiar.* del tiempo A temperatura ambiente: *tomaré un refresco del tiempo porque estoy un poco resfriado.* el tiempo de Maricastaña Un período muy lejano, del que ya no se acuerda nadie: *siempre está contando batallitas del tiempo de Maricastaña.* ganar tiempo **a.** Hacer una cosa que sirve para terminar antes o avanzar más rápido: *si empezamos ahora, ganaremos tiempo.* **b.** Hacer que una cosa vaya más lenta o se detenga para que termine antes otra: *pidió que le repitieran la pregunta para ganar tiempo.* hacer tiempo Esperar una cosa haciendo otra para que la espera no resulte molesta: *llegó pronto a la cita y estaba mirando escaparates para hacer*

tiempo. matar el tiempo Evitar el aburrimiento con alguna actividad o distracción.

tienda n. f. **1** Establecimiento comercial en el que se vende al por menor cualquier tipo de producto de consumo: *tienda de ropa.* SIN comercio. **2** Armazón de madera o de barras metálicas cubierto con una gran pieza de tela o con pieles que se utiliza como alojamiento al aire libre. tienda de campaña Tienda plegable de barras metálicas cubierta con una gran pieza de lona que se sujeta al suelo con clavos o ganchos, y que se monta para dormir al aire libre, para acampar transitoriamente.
DER trastienda.

tienta n. f. Acción que consiste en probar la bravura de un toro.
▶ a tientas **a.** Palpando o tocando con las manos para conducirse al andar en la oscuridad o cuando no se puede ver: *llegó al interruptor de la luz a tientas.* **b.** Con gran desorientación, incertidumbre o inseguridad: *en estos temas me muevo a tientas.*

tiento n. m. **1** Cuidado y prudencia con que se comporta una persona ante una situación delicada o especial: *deberías andarte con mucho tiento en este negocio.* SIN cautela. **2** Ejercicio del sentido del tacto: *mis tíos reconocen al tiento si los melones son buenos.* SIN tacto, toque. **3** Palo o bastón que utilizan las personas ciegas para guiarse al andar. **4** Vara pequeña que utiliza el pintor apoyándola sobre el liezo con la mano izquierda y sirve de soporte a la derecha para no manchar el cuadro. ◆ n. m. pl. **5** tientos Modalidad del cante flamenco que tiene el mismo compás que el tango pero es más lenta.
▶ dar un tiento Comer, beber o probar un alimento: *dar un tiento a una caja de bombones.*

tierno, -na adj. **1** Que es blando y flexible y es fácil de romper o partir. ANT duro, fuerte. **2** Que demuestra fácilmente afecto y dulzura o que despierta estos sentimientos en las personas: *es una mujer muy tierna con sus hijos.* **3** Que es muy joven, tiene poco tiempo de vida y no se ha desarrollado todavía por completo: *tierna edad.*
DER terneza, ternura; enternecer.

tierra n. f. **1** Tercer planeta del sistema solar, en el que habitamos. NOTA Se escribe con letra mayúscula y va precedido del artículo *la.* **2** Parte de la superficie de este planeta que no está ocupada por el agua: *los océanos ocupan más extensión que la tierra.* tierra adentro Lugar que está lejos de la costa: *esta carretera lleva tierra adentro.* tierra firme Masa de tierra que forman los continentes, en oposición al océano y a la pequeña extensión de las islas y tambien terreno sólido sobre el que se puede construir: *el marinero divisó tierra firme.* **3** Materia mineral que compone el suelo natural; está formada por granos de arena y otras muchas sustancias: *llenaron de tierra el agujero.* tierra rara o tierras raras QUÍM. Óxidos de ciertos metales que existen en muy pequeñas cantidades en la naturaleza. **4** Terreno dedicado al cultivo o que es apropiado para la agricultura: *cultivar la tierra.* **5** Nación, país, región o, en general, cualquier parte o división del territorio: *emigró a tierra francesa para buscar trabajo.* tierra prometida Parte de un territorio prometido por Dios al pueblo de Israel en la Biblia. Tierra Santa Lugares de Palestina donde nació, vivió y murió Jesucristo. NOTA Se escribe con letra mayúscula. **6** Nación, región o lugar en que ha nacido una persona: *en mi tierra se hacen unos dulces buenísimos.* **7** Suelo o piso. **8** Suelo, considerado como polo y conductor eléctrico: *este cable va directamente a tierra.*
▶ echar por tierra Destruir o malograr una cosa: *el accidente echó por tierra nuestros planes.* echar tierra Tratar de ocultar o de disimular un asunto del que no interesa que se hable: *se echó tierra a aquellos asuntos tan turbios y nunca se aclararon.* poner tierra por medio Irse o alejarse una persona de un lugar: *puso tierra por medio para poder olvidar.* quedarse en tierra No hacer un viaje o un proyecto que se había organizado anteriormente: *todos mis amigos se fueron pero yo me quedé en tierra.* tomar tierra Aterrizar un avión: *el avión tomará tierra en unos instantes.* ¡tierra trágame! Expresión que indica que se siente vergüenza de algo o que se pretende desaparecer de un lugar o de una situación para no tener que enfrentarse a él: *cuando vi entrar a mi jefe me dije ¡tierra trágame!* tragárselo la tierra Desaparecer de pronto una persona o una cosa sin dejar ninguna señal.
DER terracota, terrado, terraplén, terráqueo, terrario, terrateniente, terraza, terremoto, terrenal, terrestre, terrícola, territorio; aterrizaje, aterrizar.

tieso, -sa adj. **1** Que es duro y firme y difícil de doblar o romper: *la escayola cuando se seca se pone tiesa.* SIN rígido. **2** Que está levantado o que se mantiene erguido: *con lo pequeño que* *es y mira qué tiesa lleva la cabeza.* **3** Que está tenso o tirante. **4** [persona] Que se mantiene firme en sus ideas o intenciones. **SIN** tenaz, terco. **5** [persona] Que tiene buena salud y buen aspecto físico: *hay que ver lo tieso que está tu padre para su edad.* **6** [persona] Que se muestra serio, orgulloso y antipático: *la chica que nos atendió era una persona muy tiesa.* **7** Que está muerto: *una mañana se encontraron tieso al anciano.*

▶ quedarse (o dejar) tieso Quedarse sin movimiento a causa de una gran impresión, del frío.

tiesto n. m. **1** Recipiente de barro que se usa para cultivar plantas; suele tener forma de vaso ancho. **SIN** maceta. **2** Conjunto formado por este recipiente y la tierra y la planta que contiene. **SIN** maceta.

tifón n. m. **1** Viento extremadamente fuerte que avanza de forma rápida girando sobre sí mismo y acompañado de fuertes lluvias: *los tifones provienen del mar.* **SIN** ciclón, huracán, tornado. **2** Nube de forma cónica que se eleva desde la superficie de la tierra o del mar por efecto de un torbellino y gira rápidamente sobre sí misma.

tifus n. m. Nombre que se da a varias enfermedades contagiosas que producen una fiebre muy alta y estados de delirios cerebrales: *se llama tifus a la fiebre tifoidea y a la fiebre amarilla, entre otras enfermedades.*

tigre, -gresa n. m. y f. **1** Animal mamífero muy fiero, de pelo amarillo con rayas negras y con fuertes uñas que usa para cazar otros animales: *los tigres son felinos, y los gatos.* **2** Persona muy fuerte y valiente: *¿tú solo has vencido a los atracadores? ¡eres un tigre!* **3** Persona cruel y que no tiene compasión. ◆ n. f. **4** Mujer provocativa y que toma la iniciativa en las relaciones sexuales.

▶ oler a tigre Oler muy mal una cosa, un lugar o una persona: *después del partido los vestuarios olían a tigre.*

tijera n. f. Utensilio para cortar, formado por dos hojas de un solo filo, unidas en forma de aspa por un eje central, que se abren y se cierran: *la tijera se usa para cortar papel y tela.*
NOTA También se usa en plural para hacer referencia a una sola unidad.

▶ de tijera Se aplica a las cosas que tienen una forma parecida a ese instrumento, que se abren en forma de aspa y se cierran sobre un eje: *silla de tijera.*
DER tijereta, tijeretear.

tila n. f. **1** Infusión o bebida caliente que se prepara hirviendo las flores del tilo y tiene efectos tranquilizantes o sedantes. **2** Árbol muy alto, de tronco recto, con hojas anchas en forma de corazón y flores olorosas, blancas o amarillas. **SIN** tilo. **3** Flor de este árbol que se usa para hacer infusiones.

tildar v. tr. Atribuir a una persona un defecto o una característica mala: *me tildan de antipático.*
OBS Se construye con la preposición *de.*
DER atildar.

tilde n. f. Signo o rasgo escrito que se pone sobre ciertas letras, como la marca del acento ortográfico: *la palabra «canción» lleva tilde sobre la «o».*
DER tildar.

tilín n. m. Sonido de una campana o una campanilla.

▶ hacer tilín Gustar una cosa o una persona a alguien: *aquella chica le hace tilín desde que se conocieron.*

tilo n. m. Árbol muy alto, de tronco recto, con hojas anchas en forma de corazón y flores olorosas, blancas o amarillas.
DER tila.

timar v. tr. **1** Quitar o robar una cosa con engaño. **SIN** estafar. **2** Engañar a una persona en una venta o trato con promesas que no se van a cumplir.
DER timador, timo.

timbal n. m. Instrumento musical de percusión parecido al tambor, pero más pequeño y con un solo parche, formado por una caja de metal con forma de media esfera y una cubierta de piel tirante.
DER timbalero.

timbrar v. tr. **1** Poner o estampar un sello, póliza o timbre en ciertos documentos: *hay que timbrar todos los documentos oficiales.* **SIN** sellar. **2** Dar el timbre adecuado a la voz.
DER timbrado.

timbre n. m. **1** Dispositivo eléctrico o mecánico que emite un sonido que sirve de llamada o de aviso: *oyó el timbre y fue a abrir la puerta.* **2** Pulsador que acciona el mecanismo de este dispositivo eléctrico. **3** Cualidad de un sonido que lo hace propio y característico, y lo distingue de otros aunque tengan el mismo tono e intensidad: *el timbre depende de la disposición de las cajas de resonancia.* **4** Sello que se pone en algunos documentos para indicar que se han pagado las tasas o los impuestos que corresponden.

DER timbrar, timbrazo.

timidez n. f. Sensación de vergüenza e inseguridad en uno mismo que se siente ante situaciones sociales nuevas y que puede impedir o dificultar entablar conversaciones o manejarse en el trato con los demás.

tímido, -da adj. [persona] Que siente vergüenza e inseguridad en sí mismo y tiene dificultades para relacionarse con los demás, sobre todo en situaciones sociales nuevas. SIN vergonzoso.

DER tímidamente, timidez.

timo n. m. **1** Robo con engaño, especialmente cuando en una venta o trato comercial no se cumple lo que se ha prometido: *¡vaya timo, me dijo que la cadena que me vendía era de oro y resulta que es de chatarra!* SIN estafa. **2** BIOL. Glándula endocrina de los animales vertebrados, situada en el tórax, que interviene en la función inmunológica ya que su secreción estimula la formación de linfocitos.

timón n. m. **1** Pieza o mecanismo situado en la parte trasera de un barco o un avión que sirve para conducirlos o controlar la dirección. **2** Palanca o rueda que se mueve para accionar el mecanismo de dirección de un barco o un avión: *el piloto maneja el timón.* **3** Varilla de un cohete, que funciona como contrapeso y le permite mantener la dirección. **4** Dirección o gobierno de un negocio o un asunto: *el presidente lleva el timón de la nación.*

timonel n. com. Persona que maneja el timón de una embarcación: *el timonel fijó el rumbo hacia el este.*

timorato, -ta adj. **1** Que es indeciso y tímido: *no seas timorato y pídele que vaya contigo al cine.* **2** Que se escandaliza con facilidad ante hechos o cosas que no se ajustan a la moral convencional. SIN mojigato, beato.

tímpano n. m. **1** Membrana de tejido delgado que vibra al recibir los sonidos y los comunica al interior del oído. **2** Instrumento musical de percusión formado por varias láminas de cristal de diferente longitud colgadas sobre cuerdas, que se toca golpeándolas con un mazo pequeño de corcho o forrado de piel: *el tímpano tiene un sonido agudo.* **3** ARQ. Espacio triangular que queda entre las líneas que forman el frontón de un edificio, las dos cornisas inclinadas y la de la base.

tina n. f. **1** Recipiente de barro más ancho en la parte central que se usa para contener líquidos: *en la bodega había una tina de aceite.* SIN tinaja. **2** Recipiente de madera en forma de media cuba.

tinaja n. f. Vasija grande de barro, más ancha por el centro que por el fondo y la boca; se utiliza normalmente para guardar líquidos. SIN tina.

tinerfeño, -ña adj. **1** Relativo a Tenerife, isla del archipiélago español de las Canarias, o a sus habitantes. SIN candelariero. ◆ adj./ n. m. y f. **2** [persona] Que es de Tenerife. SIN candelariero.

tinglado n. m. **1** Asunto o situación que oculta una trama complicada, generalmente con el fin de perjudicar a alguien: *es capaz de organizar el tinglado que haga falta con tal de conseguir la plaza.* **2** Situación confusa, agitada, que presenta bastante desorden y alboroto: *¡menudo tinglado se montó en la fiesta!* SIN lío.

tiniebla n. f. **1** Oscuridad o falta de luz. NOTA Se usa en plural con el mismo significado que en singular. ◆ n. f. pl. **2** tinieblas Falta de conocimientos y de cultura: *en ese lugar vivían en las tinieblas: nadie sabía ni siquiera leer y escribir.* SIN ignorancia.

tino n. m. **1** Habilidad o facilidad para acertar cuando se apunta a un blanco determinado: *tiene mucho tino al disparar.* SIN puntería. **2** Juicio o acierto para conducir un asunto delicado: *solucionó el problema con mucho tino.* SIN tacto, tiento. **3** Moderación o medida en el comportamiento al realizar una acción: *debes comer y beber con tino.*

DER atinar.

tinta n. f. **1** Líquido coloreado que se utiliza para escribir, dibujar o imprimir: *la tinta de este bolígrafo es roja.* tinta china Tinta que se hace con negro de humo y se usa, sobre todo, para dibujar. **2** Líquido negro que producen ciertos animales invertebrados marinos, como el calamar, y que expulsan al exterior para protegerse de sus depredadores oscureciendo el agua.

▶ cargar las tintas Expresión que se utiliza para indicar que se está exagerando demasiado acerca de un tema o cuestión conflictiva: *no cargues más las tintas con este tema, que ya está todo el mundo muy enfadado.* con medias tintas De modo impreciso o poco claro, sin dar toda la información: *no te andes con medias tintas y dile todo lo que piensas.* correr

ríos de tinta Expresión que se utiliza para indicar que un asunto dará lugar a muchos comentarios escritos, porque provoca un gran interés: *cuando asesinaron al presidente corrieron ríos de tinta.* **saber de buena tinta** Expresión que indica que una persona ha sido informada de algo por una fuente segura y que merece confianza y crédito: *sé de buena tinta que se ha divorciado.* **sudar tinta** Realizar un gran esfuerzo, un trabajo muy duro para conseguir algún fin: *tuvo que sudar tinta para mover el piano.*
DER tintar, tinte, tintero, tinto, tintura.

tinte n. m. **1** Color o sustancia que se aplica sobre una cosa o con la que se la cubre para teñirla. **2** Acción que consiste en cambiar el color de una cosa aplicándole alguna sustancia para modificar su tonalidad anterior. **3** Establecimiento donde se limpia o cambia de color la ropa: *llevó el traje al tinte para limpiarlo en seco.* **SIN** tintorería. **4** Apariencia, manifestación superficial de una característica: *el asunto ha adquirido un tinte dramático.*

tintero n. m. Vaso o recipiente de boca ancha que se usa para guardar la tinta de escribir.
▶ **dejarse en el tintero** Expresión que indica que una persona se ha olvidado de decir o escribir una cosa o que la ha omitido: *en mi crónica me he dejado muchos datos en el tintero.*

tintinear v. intr. Producir un sonido agudo, suave y repetido una campanilla o, en general, un metal o un cristal: *las copas tintinearon al brindar.*
DER tintineo.

tinto, -ta adj./n. m. **1** [vino] Que es de color rojo muy oscuro: *el tinto tiene mejor sabor a temperatura ambiente.* **2** [color] Que es rojo muy oscuro, como el del vino.
DER tintorro.

tintorera n. f. Pez marino de gran tamaño, del grupo de los tiburones; tiene el dorso de color azul o gris y el vientre claro, la boca semicircular y los dientes afilados y cortantes.

tintorería n. f. Establecimiento donde se limpia o cambia de color la ropa. **SIN** tinte.

tintorero, -ra n. m. y f. Persona que se dedica a teñir y limpiar tejidos y ropa.
DER tintorería.

tiña n. f. **1** Enfermedad contagiosa de la piel, que afecta especialmente a la de la cabeza, produce escamas, costras y la caída del pelo. **2** Gusano que se alimenta de la miel de las abejas. **3** Miseria, tacañería: *es la tiña lo que le hace ahorrar tanto dinero.*
DER tiñoso.

tío, tía n. m. y f. **1** Hermano o hermana del padre o de la madre de una persona. **SIN** tío carnal. **tío abuelo** Persona que es hermano de alguno de los abuelos de otra persona. **tío carnal** Hermano o hermana del padre o de la madre de una persona. **2** Primo o prima del padre o de la madre de una persona. **3** Cónyuge de los hermanos o los primos de los padres de una persona. **4** Expresión informal o vulgar para referirse a una persona: *¡qué tío, cómo baila!* **5** Forma de tratamiento que indica respeto y que se aplica a personas de edad: *la tía Adela es la madre de mi mejor amigo.*
NOTA Este uso suele ser común en algunas comunidades rurales.
▶ **no hay tu tía** Expresión que indica que es difícil o imposible realizar o conseguir una cosa determinada: *se lo he dicho un montón de veces, pero no hay tu tía, no cambia de idea.*
DER tiarrón.

tiovivo n. m. Atracción de feria que consiste en una base redonda sobre la que dan vueltas caballitos, coches y otras figuras en las que montan los niños.
OBS El plural es *tiovivos.*

típex n. m. Fluido blanco que se emplea para cubrir los errores de escritura sobre papel de modo que, una vez seco, se pueda escribir sobre esa misma parte del papel.

típico, -ca adj. Que es propio, característico o representativo de un tipo o clase: *las tapas son típicas de España.* **ANT** atípico.

tipificar v. tr. Clasificar u organizar en tipos o clases una realidad o un conjunto de cosas: *los legisladores tipificaron varios delitos fiscales.*
OBS En su conjugación, la *c* se convierte en *qu* delante de *e*.
DER tipificación.

tiple n. m. **1** Instrumento musical de viento de sonido agudo, formado por un tubo de madera en forma de cono con llaves y agujeros: *el tiple es uno de los instrumentos que se usa para tocar sardanas.* **2** Voz que es la más aguda del registro de las voces humanas. ◆ n. com. **3** Persona que tiene esta voz.
DER atiplar, vicetiple.

tipo, -pa n. m. y f. **1** Individuo en general, persona cuya identidad se desconoce o no se quiere especificar: *es un buen tipo.* ◆ n. m. **2** Modelo ideal que reúne las características principales de todos los seres de igual naturaleza. **SIN** modelo, prototipo. **3** Clase o modalidad de una cosa: *¿qué tipo de traje quieres comprar?* **tipo de interés** Proporción de una cantidad de dinero que hay que pagar a un banco o al acreedor en general a cambio de un prestamo; se expresa en tanto por ciento. **4** Figura o línea del cuerpo humano en general o concretamente del talle: *tiene buen tipo.* **5** Modelo de personaje de una obra de ficción, que resume las características principales de varios personajes concretos similares. **6** Pieza de metal de la imprenta y de la máquina de escribir en que está grabada una letra u otro carácter. **7** Clase de letra: *el tipo courier es muy utilizado en imprenta.* **8** BIOL. Categoría de clasificación de los seres vivos que es más específica que la de reino y más general que la de clase: *los cangrejos y las arañas pertenecen al tipo de los artrópodos.*

▶ **jugarse el tipo** Exponerse a un peligro o riesgo: *no conduzcas tan deprisa que te estás jugando el tipo.* **mantener el tipo** Comportarse una persona de modo adecuado en una situación mala o peligrosa, sin ceder a las dificultades: *todos le atacaron pero él supo mantener el tipo.*

DER tiparraco, tipejo, típico, tipificar, tipismo; arquetipo, prototipo, subtipo.

tipografía n. f. **1** Técnica de impresión de textos o dibujos, a partir de moldes en relieve o tipos que, entintados, se aplican sobre el papel. **2** Estilo o apariencia de un texto impreso. **3** Establecimiento en el que se imprime. **SIN** imprenta.

tipográfico, -ca adj. De la tipografía o relacionado con esta técnica de impresión: *error tipográfico.*

tipología n. f. Estudio de los tipos o modelos que se usan para clasificar en diversas ciencias o disciplinas científicas.

DER tipológico.

tique o **tíquet** n. m. **1** Resguardo, papel en el que aparece anotado el precio que se ha pagado por una compra o por un servicio. **SIN** recibo, vale. **2** Billete que permite usar un medio de transporte o entrar en un establecimiento público o espectáculo. **SIN** entrada.

OBS Es de origen inglés. La Real Academia Española solo admite la forma *tique,* pero en algunas zonas de España también se usa *tíquet.*

tira n. f. **1** Pedazo largo y estrecho de un material delgado, especialmente de papel o tela. **SIN** cinta, lista. **2** Serie de viñetas o dibujos que narran una historia o parte de ella; suelen aparecer en los periódicos: *el diario publica cada día la tira de un dibujante famoso.*

▶ **la tira** Mucho, en gran cantidad o con gran intensidad, o muchísimas personas o cosas: *vino la tira de gente al concierto.*

DER tirita.

tirabuzón n. m. Rizo de pelo largo que cuelga en forma de espiral: *llevaba el pelo peinado con tirabuzones.*

tirada n. f. **1** Acción que consiste en tirar o lanzar una cosa con la mano de una sola vez: *lanzó los dados varias veces y en la segunda tirada le salieron dos seises.* **2** Conjunto de cosas que se hacen o dicen de una sola vez, de un tirón. **3** Conjunto de pliegos impresos de una sola vez: *la primera tirada del libro fue de dos mil ejemplares.* **4** Distancia que hay de un lugar a otro: *de mi casa a la tuya hay una buena tirada paseando.*

tirado, -da adj. **1** Que es muy fácil de conseguir porque es sencillo, no presenta dificultad o es muy barato: *las naranjas están tiradas este año.* **2** [persona, cosa] Que es despreciable o no tiene valor: *lleva ropa muy tirada, todo viejo y medio roto.*

▶ **de una tirada** Expresión que indica que una cosa se hace de una vez y sin interrupción.

tirador, -ra n. m. y f. **1** Persona que tira o dispara un arma, especialmente si lo hace con habilidad. ◆ n. m. **2** Asa para agarrar con la mano un objeto que se puede mover y tirar de él: *al abrir el cajón se quedó con el tirador en la mano.* **3** Cordón del que se tira para hacer sonar una campanilla. **4** Instrumento para lanzar piedras u otros objetos compuesto por una pieza de madera o de otro material en forma de Y, a cuyos extremos se sujeta una tira elástica que impulsa los proyectiles.

DER francotirador.

tiramisú n. m. Postre de origen italiano hecho con bizcocho empapado de café y licor, crema de queso y claras de huevo, crema de leche y azúcar.

tiranía n. f. **1** Forma de gobierno en la que el gobernante tiene un poder total o absoluto, no limitado por unas leyes, especialmente cuando lo obtiene por medios ilícitos. **SIN** despotismo, dictadura. **2** Abuso de la superioridad o del poder en el trato con las demás personas: *su jefe le trata con tiranía.* **3** Poder excesivo que un sentimiento ejerce sobre la voluntad de una persona: *la tiranía del odio lo condujo a vengarse de todos.* **4** Forma de gobierno de la Grecia antigua en la que el que alcanzaba el poder lo hacía por medios ilícitos, independientemente de que después lo ejerciera con justicia.

tiránico, -ca adj. De la tiranía o relacionado con esta forma de gobierno. SIN despótico, dictatorial.

tiranizar v. tr. **1** Gobernar [un tirano]. **2** Tratar a una persona con tiranía.

OBS En su conjugación, la *z* se convierte en *c* delante de *e*.

tirano, -na adj. **1** [persona] Que se adueña de forma ilícita del poder de un estado o que lo gobierna de manera totalitaria o absoluta sin estar limitado por unas leyes. SIN dictador. **2** [persona] Que abusa de su poder o su superioridad en el trato con las demás personas: *es un tirano con sus hijos.* SIN déspota. **3** [pasión, sentimiento] Que domina completamente el ánimo y la voluntad de una persona.

DER tiranía, tiranicidio, tiránico, tiranizar.

tirante adj. **1** Que está estirado o tenso por estar expuesto a unas fuerzas opuestas, de modo que no tiene arrugas. **2** [situación] Que es violento o embarazoso, que las personas no saben qué decir o hacer al respecto. **3** [relación] Que es fría o difícil y está próxima a romperse o complicarse: *la relación con sus padres se fue haciendo cada vez más tirante.* ◆ n. m. **4** Tira de un material elástico con un broche metálico en cada extremo que se pasa por encima de cada hombro y se engancha a la cinturilla del pantalón o de la falda, por la espalda y por el abdomen, impidiendo que se caiga. **5** Pieza mecánica destinada a sostener un gran peso o tensión, como las que sujetan un puente colgante.

DER tirantez; atirantar.

tirar v. tr. **1** Lanzar una cosa con la mano, especialmente si es hacia una dirección determinada: *tiró el papel a la papelera.* SIN arrojar, echar. **2** Dejar caer o soltar una cosa: *no tires basura al suelo.* **3** Desechar, apartar o echar fuera una cosa que no sirve: *voy a tirar toda esta ropa vieja ahora mismo.* **4** Desperdiciar una cosa o no sacarle provecho. SIN derrochar, malgastar. **5** Derribar o echar abajo una cosa, o al suelo a una persona. **6** Disparar proyectiles con un arma de fuego, o lanzar o hacer explotar un artefacto explosivo: *tiró un par de balas al blanco y acertó.* **7** Disparar con una cámara de fotografiar: *tiró las fotos cuando estábamos descuidados.* **8** Lanzar una pieza de un juego, especialmente una pelota, dados o cartas: *tiró los dados y obtuvo seis puntos.* **9** Suspender a una persona en una prueba o no aprobarla en un examen. **10** Reproducir un texto mediante impresión: *han tirado mil nuevos ejemplares de esta novela.* SIN imprimir. **11** Dibujar o trazar una línea. ◆ v. intr. **12** Atraer de manera natural a una cosa: *el peso del plomo tira de la cuerda y mantiene tenso el decorado.* SIN estirar. **13** Hacer fuerza para atraer o acercar una cosa. SIN estirar. **14** Atraer o gustar mucho una cosa: *a él le tira mucho la mecánica.* **15** Quedar estrecha o corta una prenda de vestir: *esta camisa me tira de la espalda.* **16** Funcionar correctamente el mecanismo de un objeto o un aparato: *esta máquina se ha atascado, no tira bien.* **17** Crear una corriente de aire para absorber el humo: *esta chimenea tira muy bien.* **18** Avanzar caminando o circular en una dirección determinada: *cuando llegues a la farmacia tira a la derecha.* **19** Tender una persona hacia unas ideas o modo de vida determinados: *esta chica tira hacia la enseñanza.* **20** Tener cierto parecido o semejanza una persona o cosa con otra: *su pelo tira a rubio.* **21** Ir un corredor delante de los demás marcando el ritmo: *el ciclista estuvo tirando a lo largo de 50 kilómetros.* ◆ v. prnl. **22** tirarse Lanzarse una persona desde una determinada altura: *los polizontes se tiraron del tren en marcha.* **23** Dejar pasar el tiempo realizando una actividad o manteniéndose una persona en un estado: *se ha tirado tres meses enfermo.* **24** *malsonante* Realizar el acto sexual con otra persona.

tirita n. f. Tira adhesiva por uno de sus lados y, por el otro, un centro de apósito esterilizado que se aplica en las heridas.

OBS Procede de una marca registrada.

tiritar v. intr. Agitarse con movimientos rápidos, continuos e involuntarios por frío, miedo u otras causas: *los niños salían de la piscina tiritando.* SIN temblar.

DER tiritera, tiritona; titiritar.

tiro n. m. **1** Disparo hecho con un arma de fuego: *dio tres tiros al oso y lo mató.* tiro de gracia Tiro que se da a una persona o animal ya herido de gravedad para que muera rápidamente. **2** Ruido que produce este disparo y también la señal o herida que produce. **3**

Conjunto de deportes que consisten en derribar un blanco o acertar en él con armas de fuego o arcos y flechas. **tiro al blanco** Deporte que consiste en disparar a un blanco con un arma. **tiro al plato** Deporte que consiste en disparar con una escopeta a un plato que es lanzado con fuerza hacia arriba. **tiro de pichón** Deporte que consiste en disparar a un pichón al vuelo. **4** Conjunto de caballos o de otros animales que tiran de un carruaje: *el cochero manejaba el tiro con un látigo.* **5** Distancia que va desde el lugar de unión de las piernas hasta la cintura de un pantalón. **6** Lanzamiento de la pelota a la meta o a la canasta del equipo contrario, en fútbol, baloncesto y otros deportes. **tiro libre** Lanzamiento de la pelota directamente a la canasta que se hace desde un punto determinado como castigo a una falta del equipo contrario en el juego del baloncesto. **7** Corriente de aire con la que se absorbe el humo en una chimenea o un horno.

▶ **a tiro** Al alcance de una persona: *te escogió a ti porque pasaste por delante y te pusiste a tiro.* **a un tiro de piedra** Muy cerca: *la cabaña está a un tiro de piedra del lago.* **como un tiro** Muy mal o fatal: *me sentó como un tiro que te marcharas con ellos.* **NOTA** Se usa con verbos como *caer* o *sentar*. **de tiros largos** Vestido elegantemente o muy arreglado. **ir los tiros por ahí** Se utiliza para indicar que una opinión, hipótesis o enfoque es adecuado o acertado: *no es exactamente eso, pero los tiros van por ahí.* **ni a tiros** De ninguna manera: *dice que no se moverá de allí ni a tiros.* **salir el tiro por la culata** Producirse un resultado negativo, contrario al esperado: *pensaba hacer un buen negocio pero le salió el tiro por la culata.*

DER tirotear.

tiroides adj./n. m. ANAT. [glándula] Que está situado en la parte superior y delantera de la tráquea y regula el metabolismo y el crecimiento.

OBS El plural también es *tiroides.*

DER tiroideo.

tirolés, -lesa adj. **1** Del Tirol o relacionado con esta región de los Alpes perteneciente a Austria. ◆ adj./n. m. y f. **2** [persona] Que es del Tirol.

tirón n. m. **1** Acción que consiste en tirar de una cosa con fuerza y brusquedad o violentamente: *el niño pegó un tirón de la falda de su madre.* **SIN** estirón. **2** Procedimiento de robo que consiste en tirar rápida y violentamente de una cosa y huir con ella. **3** Movimiento brusco, acelerón de un vehículo que está circulando, especialmente si es para conseguir ventaja respecto a otros. **4** Atractivo especial o capacidad para conseguir seguidores que tiene una persona o una idea: *el ecologismo tiene un gran tirón entre la juventud.* **5** Agarrotamiento o contracción de un músculo del cuerpo.

▶ **de un tirón** *coloquial.* Expresión que indica que una cosa se hace de una sola vez y sin interrupciones ni intervalos: *limpié la casa de un tirón.*

tirotear v. tr. Disparar repetidamente un arma de fuego contra una persona o una cosa.

DER tiroteo.

tiroteo n. m. Series de disparos de arma de fuego que se producen seguidos.

tisana n. f. Infusión que se prepara con ciertas hierbas y tiene propiedades medicinales.

titán n. m. **1** Hombre que tiene mucho poder o fuerza. **2** Cada uno de los doce gigantes de la mitología griega hijos de Gea y Urano que quisieron asaltar el cielo. Suele escribirse con letra mayúscula.

DER titánico.

titánico, -ca adj. Que es muy fuerte o que exige un gran esfuerzo. **SIN** enorme, gigantesco.

titanio n. m. Elemento químico metálico, de color gris que es muy ligero y muy resistente: *el símbolo del titanio es Ti.*

títere n. m. **1** Muñeco articulado que se puede mover, o bien desde arriba por medio de una cruceta de la cual cuelgan unos hilos que van atados a su cuerpo, o bien metiendo la mano en su interior, por debajo del vestido. **SIN** marioneta. **2** Persona que se deja manejar por los demás, que no actúa por voluntad propia: *no eres más que un títere suyo, solo haces lo que él quiere.* ◆ n. m. pl. **3** **títeres** Espectáculo público que se realiza con muñecos o marionetas.

▶ **no dejar (o quedar) títere con cabeza** **a.** Destruir o destrozar una cosa por completo: *la niña se ha subido a la estantería de las porcelanas y no ha dejado títere con cabeza.* **b.** Criticar o hablar muy mal de una o más personas: *se puso a hablar de sus compañeros y no quedó títere con cabeza.*

DER titiritero.

titilar v. intr. **1** Brillar o centellear con un ligero temblor un cuerpo luminoso: *las estrellas titilan en el cielo.* **2** Temblar ligeramente una parte del cuerpo: *el hocico del perro titiló al olor de la liebre.*

titubear v. intr. **1** Dudar al elegir unas palabras determinadas o tropezar al pronunciarlas: *titubeó al dar la respuesta.* SIN balbucear, tartamudear. **2** Sentir duda o no saber qué decisión tomar ante un asunto: *aceptó el negocio sin titubear.* SIN dudar, vacilar. **3** Tambalearse una persona o una cosa que tiene poca estabilidad. SIN oscilar.

titubeo n. m. **1** Duda en la elección o tropiezo en la pronunciación de unas determinadas palabras. **2** Duda o falta de decisión ante un asunto.

titulación n. f. **1** Obtención de un título académico y el mismo título académico. **2** Elección de un título o del nombre que se pone a una cosa.

titulado, -da adj./n. m. y f. [persona] Que posee un título académico: *un profesional titulado.*

titular adj. **1** [persona] Que ha sido nombrado para ocupar un cargo o ejercer una profesión y posee el título o nombramiento que le acredita para hacerlo: *esta chica es la titular de ese puesto.* ◆ n. com. **2** Persona o entidad que da su nombre para que figure como título de algo o para que conste que es su propietario o el sujeto activo de un derecho: *el titular de una cuenta.* ◆ n. m. **3** Título de una publicación o de una noticia; aparece al principio y en letras de mayor tamaño: *la noticia ha aparecido en los titulares de casi todos los periódicos.* ◆ v. tr./prnl. **4** Elegir o poner título o nombre a una obra: *¿cómo se titula la obra de teatro que vamos a ver?* ◆ v. prnl. **5** titularse Obtener un título académico.

título n. m. **1** Palabra o conjunto de palabras que dan nombre a una obra científica o artística, frecuentemente da indicaciones sobre el contenido: *título de una novela.* SIN denominación, nombre. **2** Documento con valor académico que acredita que una persona está preparada y capacitada para desarrollar una actividad, puesto que ha cursado los estudios pertinentes y ha superado los exámenes correspondientes. **3** Premio o reconocimiento público que se concede a la persona o al grupo de personas que han sido los mejores en una actividad: *el equipo de fútbol consiguió el título de campeón.* **4** Dignidad o categoría nobiliaria y persona que la posee: *tiene el título de marqués.* **5** Parte o división de un texto jurídico o un código de leyes. **6** Documento que acredita que una persona es propietaria de algún bien o está en posesión de un derecho: *ya tengo el título de propiedad del piso.* **7** Documento que acredita que el poseedor tiene una cantidad de dinero invertida en una empresa del estado. SIN valor.
▶ a título de En calidad de, funcionando como o con ese pretexto: *me dio un consejo a título de amigo.*
DER titular, titulillo; subtítulo.

tiza n. f. **1** Arcilla blanca arenosa que sirve para limpiar metales. **2** Barra pequeña de este material que se usa para escribir en una pizarra o encerado. **3** Compuesto de yeso y greda que se aplica en la punta de los tacos de billar.

tizón n. m. **1** Palo o trozo de madera a medio quemar. **2** Hongo parásito del trigo y otros cereales: *el tizón produce manchas en la planta.*
▶ a tizón Expresión que indica que las piedras o ladrillos de un muro se han colocado de manera que se vea en la fachada su lado más pequeño: *las paredes construidas a tizón son más gruesas.*

toalla n. f. **1** Pieza de tela de tejido suave y esponjoso que sirve para secarse el cuerpo. **2** Tejido de rizo con el que se fabrica esta pieza de tela.
▶ arrojar (o tirar) la toalla Abandonar una tarea o darse por vencida una persona.
DER toallero.

toallero n. m. Mueble o soporte para colgar las toallas.

tobillera n. f. Venda, generalmente elástica, que se pone en el tobillo para protegerlo o sujetarlo.

tobillo n. m. Parte del cuerpo humano donde el pie se articula con la pierna.
DER tobillera.

tobogán n. m. Aparato de entretenimiento formado por una pista inclinada por la que la persona se desliza y cae al suelo o al agua: *los niños se montan en el tobogán.*

toca n. f. Prenda que usan las monjas para cubrirse la cabeza.

tocadiscos n. m. Aparato electrónico que reproduce los sonidos grabados en un disco: *el disco se coloca sobre el plato giratorio del tocadiscos.*
OBS El plural también es *tocadiscos.*

tocado, -da adj. **1** [persona] Que está algo trastornado mentalmente: *el chico está un poco tocado y no para de hacer tonterías.* **2** [fruta] Que ha empezado a estropearse: *las peras del frutero estaban algo tocadas.* **3** [persona] Que no se encuentra en una forma física óptima a causa de alguna lesión o enfermedad. ◆ n. m. **4** Prenda o adorno que se lleva en la cabeza: *la novia llevaba un precioso tocado de flores de azahar.* **5** Peinado femenino.

tocador n. m. **1** Mueble, generalmente en forma de mesa y con un espejo, que se usa para el peinado y el aseo personal: *los cepillos y los perfumes están en el cajón del tocador.* SIN coqueta. **2** Habitación que se usa para el peinado y el aseo personal.

tocar v. tr. **1** Palpar con las manos. **2** Poner en contacto la mano u otra parte del cuerpo con una persona o una cosa: *tocó el libro.* **3** Rozar o estar en contacto una cosa con otra: *el respaldo de la silla toca la pared.* **4** Hacer sonar un instrumento musical: *tocar el piano.* **5** Ejecutar o interpretar una pieza musical: *la orquesta tocaba nuestra canción.* **6** Alterar o modificar el estado o condición de una cosa: *no toques más la redacción que la estás estropeando.* SIN retocar. **7** Hacer sonar una cosa, generalmente para avisar o llamar: *las campanas tocan a misa.* **8** Tratar un asunto o hablar de él sin profundizar: *hoy tocaremos el tema que quedó pendiente ayer.* ◆ v. intr. **9** Haber llegado el momento de realizar una cosa: *hoy me toca lavar la ropa.* **10** Llegar una embarcación o un avión a un lugar por el que están de paso: *el barco tocó tierra en Chipre.* **11** Ser una cosa obligatoria para una persona o ser de su responsabilidad: *hoy te toca pagar la comida.* **12** Importar o ser de interés una cosa para una persona: *tus problemas me tocan directamente.* **13** Corresponder a una persona una cosa que se reparte o se sortea: *le ha tocado la lotería.* ◆ v. tr./ prnl. **14** Estar una cosa cerca de otra de modo que haya muy poca distancia entre ellas: *la plaza está tocando a la estación.* ◆ v. prnl. **15** tocarse Tener dos o más personas una relación de parentesco. **16** Cubrirse la cabeza con un sombrero o un adorno.

OBS En su conjugación, la *c* se convierte en *qu* delante de *e*.

DER tocado, tocador.

tocayo, -ya n. m. y f. Persona que tiene el mismo nombre que otra: *Laura es mi tocaya.*

tocho n. m. **1** Ladrillo basto y tosco: *construyó el muro con tochos y quedó muy rústico.* **2** Libro que es muy grueso o de lectura pesada.

tocino n. m. Carne grasa de ciertos animales que se usa como alimento.

▶ tocino entreverado Tocino de cerdo que tiene intercaladas entre la grasa vetas de carne magra. tocino (o tocinillo) de cielo Dulce hecho con yema de huevo y almíbar.

DER tocinillo.

todavía adv. **1** Indica que, hasta un momento determinado, una cosa continúa sucediendo o sin suceder: *todavía no ha llegado el tren.* SIN aún. **2** Indica mayor intensidad en las comparaciones. **3** Tiene valor adversativo con el significado de *a pesar de ello* o *sin embargo*: *sé que no me hará caso nunca, y todavía le quiero.*

todo, -da det./ pron. indef. **1** Indica que lo referido por el nombre al que acompaña se toma en su totalidad, sin excluir ninguna parte ni ninguno de los elementos que lo integran: *se lo comió todo.* NOTA Puede ir seguido del artículo determinado. **2** Indica intensificación de una característica o que una cualidad se toma en el grado más alto: *ese premio es todo un logro.* NOTA Va seguido de artículo indeterminado. ◆ n. m. **3** Cosa entera o tomada en su integridad sin excluir ninguna parte: *el todo es mayor que una parte.* ◆ adv. **4** Enteramente o por completo: *la niña era todo lágrimas.*

▶ ante todo Primero o principalmente: *ante todo está la felicidad de mis hijos.* así y todo A pesar de eso: *me ha insultado, pero así y todo somos amigos.* con todo Incluso así, a pesar de todo, no obstante: *soy un buen atleta pero, con todo, no creo que gane esa carrera.* de todas todas Con total y absoluta seguridad: *sé de todas todas que me has traicionado.* del todo Totalmente o de forma completa: *eres tonto del todo; aún no me has olvidado del todo.* jugarse el todo por el todo Arriesgarse una persona hasta el máximo para conseguir un fin: *confiando en ti me jugué el todo por el todo.* sobre todo En primer lugar o principalmente: *es muy buen chico pero sobre todo tiene un buen corazón.* todo lo más Expresión que indica el máximo que se considera posible para una cosa: *tardaré en llegar una hora todo lo más.* y todo Expresión que indica ponderación o encarecimiento de algo: *después de mi enfermedad vino a verme a casa y todo.*

DER sobretodo.

todopoderoso, -sa adj. Que lo puede todo o tiene un poder ilimitado. SIN omnipotente.

▶ el Todopoderoso Dios, que la religión considera que tiene poder sobre todas las cosas. Se escribe con letra mayúscula.

todoterreno adj./ n. m. **1** [vehículo] Que es muy potente y resistente y está preparado para adaptarse a todo tipo de terrenos, especialmente a los muy accidentados: *necesita un todoterreno para viajar por la montaña.* **2** [persona] Que se adapta a cualquier situación o es útil para cualquier tipo de trabajo.
OBS El plural es *todoterrenos.*

tofu n. m. Pasta alimenticia que se elabora a partir de la coagulación de la leche de soja: *el tofu es un alimento originario de Oriente usado tradicionalmente en la cocina china y japonesa.*

toga n. f. **1** Prenda de vestir larga, generalmente de color negro, que se ponen los jueces, los abogados y otros profesionales sobre la ropa cuando están ejerciendo su función o en algunos actos. **2** Prenda de vestir con forma de manto grande y largo que llevaban los romanos sobre la túnica.
DER togado.

tojo n. m. **1** Arbusto de ramas con espinas y flores amarillas que alcanza hasta dos metros de altura; es característico de zonas de clima oceánico.

toldo n. m. Cubierta de tela gruesa o lona que se tiende para que dé sombra en un lugar.
DER entoldar.

toledano, -na adj. **1** De Toledo o relacionado con esta provincia de Castilla-La Mancha o con su capital. ◆ adj./ n. m. y f. **2** [persona] Que es de Toledo.

tolerable adj. Que puede ser tolerado o permitido: *esa conducta no es tolerable.* ANT intolerable.

tolerancia n. f. **1** Respeto a las opiniones, ideas o actitudes de las demás personas aunque no coincidan con las propias. ANT intolerancia. **2** Capacidad que tiene un organismo para resistir y aceptar el aporte de determinadas sustancias: *tolerancia a los antibióticos.* **3** Diferencia máxima entre el valor nominal y el valor real de la cualidad o la cantidad de una sustancia o de un material.

tolerante adj. Que respeta las opiniones, ideas o actitudes de las demás personas aunque no coincidan con las propias: *debemos ser tolerantes con los que no piensan como nosotros.* SIN respetuoso. ANT intolerante.
DER tolerantismo.

tolerar v. tr. **1** Soportar, admitir o permitir una cosa que no gusta o no se aprueba del todo. **2** Respetar una persona las opiniones, ideas o actitudes de los demás aunque no coincidan con las propias: *tienes que tolerar las ideas de tus compañeros.* **3** Resistir y aceptar un organismo el aporte de determinadas sustancias.
DER tolerable, tolerado, tolerancia, tolerante.

toma n. f. **1** Acción y resultado de tomar: *como director, mi misión es la toma de decisiones.* toma de conciencia Hecho de darse cuenta de un problema o de un asunto, tras haber meditado sobre ello. toma de posesión Acto en el que una persona recibe formalmente un cargo: *mañana se celebrará la toma de posesión de los nuevos ministros.* **2** Parte de un alimento o un medicamento que se ingiere de una vez: *hay que darle una toma de este jarabe tres veces al día.* **3** Lugar por donde se deriva una corriente de fluido o de electricidad: *toma de teléfono.* toma de corriente Dispositivo o enchufe que está unido a una red eléctrica y al que se puede conectar un aparato: *en esta sala hay cinco tomas de corriente.* toma de tierra Cable de un aparato eléctrico que lo pone en contacto con el suelo, como medida de seguridad. **4** Fragmento de una película fotográfica o cinematográfica que se impresiona o se graba de una vez: *estas fotos presentan unas tomas de gran calidad.* **5** Conquista u ocupación de un lugar mediante las armas.

tomado, -da adj. [voz] Que está ronco o afónico: *debido a la congestión nasal, tiene la voz tomada.*

tomar v. tr. **1** Coger o sujetar una cosa con la mano o con un objeto: *tomó un pastel de la bandeja.* **2** Elegir o escoger una cosa entre varias posibilidades: *tome usted un libro de estos.* **3** Comer o beber algún alimento: *hoy no he podido tomar el desayuno.* **4** Sacar o copiar una cosa de otra persona: *tomó ese pensamiento de su hijo.* **5** Conquistar u ocupar un lugar por la fuerza: *las tropas tomaron la ciudad.* **6** Hacer uso de un medio de transporte: *tomaron aquel autobús en la calle principal.* **7** Adoptar o poner por obra aquello que se expresa: *tomar medidas.* **8** Adquirir o intentar llegar a tener lo que se expresa: *tomar aliento.* **9** Recibir o aceptar una cosa que se ofrece: *no puedo tomar ese dinero.* **10** Recibir o entender unas palabras en un sentido determinado: *creo que tomó en broma lo que dijiste.* **11** Grabar o registrar imágenes en una película fotográfica o de cine. **12** Anotar o registrar por escrito: *tomar apuntes.* **13** Contratar a una persona para que preste un servicio. **14** Llevar o aceptar a una persona como compañera: *tomar a un hombre como marido.* **15** Juzgar o formar una opinión acerca de una cosa: *me ha tomado por un ladrón.* **16** Medir una determinada magnitud o medida: *tomar la temperatura.* ◆ v. tr./ intr. **17** Seguir una persona un camino o una dirección: *para ir a tu casa tomé por la callejuela.*

tomate n. m. **1** Fruto de la tomatera, de piel roja, lisa y brillante, con la carne muy jugosa y semillas amarillas y planas. **2** Planta que produce este fruto. **3** Salsa que está compuesta básicamente con el fruto de esta hortaliza, generalmente triturado o molido y después frito. **4** Agujero hecho en una prenda de vestir de punto: *se quitó el zapato y llevaba un tomate en el calcetín.* **5** Momento de escándalo, confusión o desorden, generalmente con ruido y alboroto. **6** Discusión o lucha: *los insultos acabaron en tomate.* SIN pelea.

▶ ponerse como un tomate Ponerse la cara roja de vergüenza o indignación.

DER tomatera.

tomatera n. f. Planta de tallos vellosos que crecen enrollándose alrededor de algo, hojas alternas y flores amarillas, cuyo fruto es el tomate. SIN tomate.

tómbola n. f. **1** Rifa en la que los premios son objetos diversos y cuyos beneficios suelen destinarse a fines benéficos. **2** Lugar donde se celebra esta rifa.

tomillo n. m. Planta silvestre aromática, con muchas ramas, hojas pequeñas y flores blancas o rosas en forma de espiga.

tomo n. m. Cada una de las partes encuadernadas de manera independiente y con paginación propia en que se divide una obra escrita muy extensa. SIN volumen.

▶ de tomo y lomo Que es muy grande o importante: *han tenido una discusión de tomo y lomo.*

tonada n. f. **1** Composición métrica que se crea para ser cantada. **2** Música de una canción o de esta composición: *caminaba silbando una tonada.*

DER tonadilla.

tonalidad n. f. **1** Gradación de diferentes colores y tonos. **2** En lingüística, entonación que se da a una frase o a un discurso. **3** MÚS. Escala o sistema de sonidos que sirve de base a una composición musical. SIN tono.

tonel n. m. **1** Recipiente de gran tamaño que sirve para contener líquidos; está formado por listones de madera unidos con aros metálicos y apoyados sobre una base circular: *en la bodega hay un tonel de vino blanco.* SIN barril, cuba. **2** Persona que está muy gorda: *está hecho un tonel.*

tonelada n. f. **1** Unidad de masa del sistema internacional que equivale a 1000 kilogramos: *el símbolo de la tonelada es* t. **2** Medida de capacidad de una embarcación.

DER tonelaje; megatonelada.

tonelaje n. m. Capacidad de carga que tiene una embarcación u otro vehículo de transporte.

tóner n. m. Tinta en forma de polvo cargado eléctricamente, que se emplea para pigmentar el papel en las impresoras láser, fotocopiadoras y aparatos de fax.

OBS Puede encontrarse la grafía inglesa *toner.*

tónica n. f. **1** Bebida gaseosa, transparente y sin alcohol, cuyo sabor es ligeramente amargo. **2** Modo o manera en que se desarrolla o desenvuelve una cosa o un asunto: *la mediocridad fue la tónica general del discurso.*

tónico, -ca adj. **1** [letra, sílaba, palabra] Que tiene o lleva el acento de intensidad: *en la palabra «camión» la vocal «o» es tónica.* ANT átono, inacentuado. ◆ adj./ n. m. **2** Que da fuerza y energía al organismo: *el médico le recetó un jarabe tónico para su anemia.* ◆ n. m. **3** Producto cosmético que sirve para limpiar y refrescar la piel de la cara o dar fuerza y vigor al cabello: *tónico capilar.*

DER tónica, tonificar; diatónico, postónico, pretónico, protónico.

tonificar v. tr. Devolver la salud o dar fuerza o vigor al organismo o a una parte de él. SIN entonar, vigorizar.

OBS En su conjugación, la *c* se convierte en *qu* delante de *e.*

DER tonificación, tonificante.

tonillo n. m. Tono de la voz o del habla que denota desprecio o segundas intenciones: *me dijo que el director me llamaba con un tonillo que denotaba celos.*

tono n. m. **1** Cualidad de los sonidos que depende de la cantidad de vibraciones por segundo que se emiten. **2** Modo particular de modular la voz una persona según su intención o su estado de ánimo: *su tono es cariño-*

so. **3** Fuerza, intensidad o volumen de un sonido: *baja el tono que te van a oír los vecinos.* **4** Tendencia general o intención que domina en un escrito, discurso o en determinada actividad: *esta novela tiene un tono político.* SIN carácter, matiz. **5** Grado de intensidad de un color: *me gustan los colores de tonos claros.* **6** Estado del cuerpo o de una parte de él cuando se encuentra en buena forma y cumple sus funciones: *una sopa caliente te hará recuperar el tono.* **7** MÚS. Distancia que hay entre una nota y la siguiente en la escala musical, excepto de mi a fa y de si a do. **8** MÚS. Escala o sistema de sonidos que sirve de base a una composición musical. SIN tonalidad.

▶ a tono Expresión que indica que una cosa está en correspondencia o de acuerdo con otra: *lleva los zapatos a tono con el bolso.* darse tono Darse importancia o presumir de algo: *se ha comprado un coche muy grande para darse tono.* de buen (o mal) tono Que es propio de las cosas que se consideran de buen gusto y distinguidas o de mal gusto y sin distinción. fuera de tono Expresión que significa que una cosa está fuera de lugar o es inoportuna. subido de tono Expresión que indica que una palabra o un comentario son groseros u obscenos: *contó un chiste subido de tono.* subir de tono Hacerse más fuerte o violento: *la conversación subió de tono y acabó en una pelea.*

DER tonada, tonal, tonema, tónico, tonillo; entonar, microtono, monótono, semitono.

tontería n. f. **1** Falta de inteligencia o de sentido común. SIN necedad. **2** Acción o comentario tonto, falto de lógica. SIN disparate. **3** Acción, comentario o cosa que tiene poca importancia: *no te disgustes por tonterías.*

tonto, -ta adj. **1** [persona] Que es torpe de entendimiento o poco inteligente. SIN bobo, necio. NOTA Se usa de modo despectivo o como insulto. tonto de capirote o tonto de remate o tonto del bote Expresión que intensifica el significado de la palabra *tonto.* **2** [persona] Que cree que todo el mundo actúa con buena voluntad: *mira que eres tonto, te han vuelto a engañar.* SIN ingenuo. **3** [persona] Que actúa dejándose llevar por los sentimientos: *ya sé que soy un tonto, pero no puedo negarles nada a mis hijos.* **4** [persona] Que es excesivamente cariñoso o mimoso: *como tenía fiebre, el niño se puso muy tonto y quería que estuviese todo el rato con él.* **5** Que es absurdo y no tiene sentido o que ocurre sin una causa aparente.

▶ a lo tonto Expresión que indica que una cosa se hace como quien no quiere la cosa: *me preguntó si podía quedarse una noche en mi casa y, a lo tonto a lo tonto, ya lleva aquí dos semanas.* Se suele usar repetido. hacer el tonto **a.** Perder el tiempo en cosas sin importancia y no hacer lo que se debería: *será mejor que dejes de hacer el tonto y te pongas a trabajar.* **b.** Hacer payasadas: *se pasa el día haciendo el tonto.* hacerse el tonto Aparentar una persona que no nota o advierte una cosa que le conviene no advertir.

DER tontada, tontaina, tontear, tontería, tontillo, tontorrón, tontuna; atontar, entontecer.

top n. m. **1** Camiseta femenina ajustada al cuerpo, con o sin tirantes. **2** Serie de primeros puestos de una clasificación: *el top de los éxitos de verano.*

OBS El plural es *tops.*

topar v. intr. **1** Chocar o tropezar una cosa con otra. **2** Encontrar un obstáculo o dificultad que impide avanzar y obliga a detenerse: *topamos con muchas dificultades.* SIN tropezar. **3** Embestir un animal con los cuernos contra una cosa. ◆ v. intr./ prnl. **4** Encontrarse por azar o casualmente con una persona: *me topé con mi amigo en la calle.*

DER tope, topetar.

tope n. m. **1** Parte saliente de una cosa que suele estar situada en un extremo y sirve para protegerla de los golpes: *los vagones de tren tienen topes.* **2** Pieza que detiene el movimiento de un mecanismo o sirve para que no se sobrepase un cierto punto: *el pestillo se cierra hasta el tope.* **3** En mecánica, pieza que va montada en el extremo de un eje: *el tope impide que la rueda se salga del eje.* **4** Extremo, límite o máximo al que se puede llegar en una cosa: *la fecha tope para presentar las solicitudes es el día 15.* NOTA Suele usarse en aposición. **5** MAR. Extremo superior de un palo.

▶ a tope *coloquial.* Hasta el máximo posible: *la sala estaba llena a tope.* hasta los topes Expresión que indica que una cosa está muy llena: *el metro va hasta los topes de gente.*

topetazo n. m. Choque o tropiezo algo violento de una cosa con otra: *no vio la puerta de cristal y se dio un topetazo al intentar entrar.* SIN golpe.

tópico, -ca adj./ n. m. **1** [opinión, idea, expresión] Que se usa y repite con mucha frecuencia por lo que no resulta original: *no creas en el tópico de que los españoles solo pensamos en divertirnos.* ◆ adj. **2** [aplicación de un medicamento] Que se realiza en el exterior del cuerpo, sobre la piel: *esta pomada es de uso tópico.*

topo n. m. **1** Animal mamífero del tamaño de un ratón, pelo fino, ojos muy pequeños y manos provistas de uñas fuertes con las que excava conductos por debajo de la tierra. NOTA Para indicar el sexo se usa el topo macho y el topo hembra. **2** Persona que ve poco: *mi padre es un topo, debería ponerse gafas.* **3** Persona que se introduce de incógnito en una organización para averiguar sus actos y planes: *saben que hay un topo infiltrado en los servicios de inteligencia.* SIN espía. **4** Dibujo redondo y pequeño, estampado o bordado en una tela o impreso en un papel. SIN lunar.

topo-
▶ Elemento prefijal que entra en la formación de palabras con el significado de 'lugar': *toponimia.*

topografía n. f. **1** Disciplina o técnica que trata de describir y representar detalladamente la superficie o el relieve de un terreno. **2** Conjunto de características que presenta la superficie o el relieve de un terreno: *la topografía de España es muy variada e irregular.*
DER topográfico, topógrafo.

topográfico, -ca adj. De la topografía o relacionado con esta disciplina: *estudio topográfico.*

toponimia n. f. **1** Estudio que se hace del origen y el significado de los nombres propios de los lugares. **2** Conjunto de los nombres propios que forman parte de un territorio o de un lugar.

topónimo n. m. Nombre propio de un lugar: *Amazonas, Bélgica y Aneto son topónimos.*

toque n. m. **1** Acción que consiste en tocar o rozar una cosa suavemente y durante un instante: *con un leve toque metió la pelota en la portería.* **2** Golpe débil que se da o se recibe. **3** Sonido de un instrumento musical: *solo de trompeta.* toque de queda Medida que toma una autoridad en una situación de guerra o en circunstancias extraordinarias y que consiste en prohibir la libre circulación de la población civil por la calle a partir de una hora determinada. **4** Aviso o advertencia que se da con un fin determinado: *el jefe le dio un toque porque hablaba demasiado por teléfono.* **5** Punto o matiz que caracteriza una cosa: *su alegría dio un toque festivo a la reunión.* **6** Pequeña modificación que sirve para retocar, pulir o rematar una cosa.
DER toquetear.

toquilla n. f. Prenda de vestir de forma triangular que cubre los hombros y la espalda o con la que se abriga a un niño pequeño.

torácico, -ca adj. Del tórax o relacionado con esta parte del cuerpo.
▶ caja (o cavidad) torácica Cavidad del cuerpo situada en el tórax en la que están los pulmones y el corazón.

tórax n. m. **1** Parte superior del tronco del ser humano y de los animales vertebrados, situada entre el cuello y el abdomen, en la que se encuentran el corazón y los pulmones. SIN pecho. **2** ZOOL. Parte central de las tres en que se divide el cuerpo de los insectos y otros animales articulados, situada entre la cabeza y el abdomen.
OBS El plural también es *tórax.*
DER torácico; mesotórax, metatórax, neumotórax, protórax.

torbellino n. m. **1** Movimiento rápido de aire que gira sobre sí mismo: *se levantó un torbellino y se volaron varias toallas.* SIN remolino. **2** Abundancia de cosas que ocurren al mismo tiempo y producen una sensación de aturdimiento o mareo: *un torbellino de preguntas.* **3** Persona que es inquieta y muy movida: *esta chica es un torbellino.*

torcedura n. f. **1** Acción que consiste en doblar o torcer una cosa que estaba recta. **2** Daño que se produce en las partes blandas que rodean la articulación de un hueso por un movimiento brusco o forzado. SIN esguince.

torcer v. tr. **1** Doblar o dar forma curva a una cosa que estaba recta: *el forzudo torció la barra de hierro.* **2** Girar los dos extremos de una cosa flexible en sentido inverso u opuesto. SIN retorcer. **3** Desviar o cambiar una cosa de su dirección o posición: *el niño tuerce los ojos desde pequeño.* **4** Interpretar en un sentido distinto la intención o el significado de una cosa que se dice. SIN tergiversar. **5** Poner con los gestos de la cara una expresión de enfado o desagrado: *cuando no le gusta algo tuerce el gesto.* ◆ v. tr./prnl. **6** Apartar a una persona de su conducta o su línea habitual: *torcer la voluntad de alguien.* **7** Sufrir una torcedura un miembro o una articulación del

a b c d e f g h i j k l m n ñ o p q r s t u v w x y z

cuerpo a causa de un movimiento brusco o forzado: *al bajar los escalones se torció el tobillo.* ◆ v. intr. **8** Cambiar de dirección al caminar o circular. **SIN** girar. ◆ v. prnl. **9** **torcerse** Hacerse difícil o imposible un asunto o proyecto: *todos nuestros planes se torcieron cuando ocurrió la tragedia.*

OBS En su conjugación, la *o* se convierte en *ue* en sílaba acentuada y la *c* en *z* delante de *a* y *o*, como en *cocer.*

DER torcedura, torcida, torcido, torcimiento; retorcer.

torcido, -da adj. Que no es o no está recto: *ese cuadro está torcido.* **ANT** recto.

tordo, -da adj. **1** [animal] Que tiene el pelo mezclado de color blanco y negro: *mulo tordo.* ◆ n. m. **2** Pájaro de color oscuro, con pico delgado y negro. **NOTA** Para indicar el sexo se usa *el tordo macho* y *el tordo hembra.*

torera n. f. Chaqueta corta que no pasa de la cintura.

torero, -ra adj. **1** Que tiene relación con el toreo o se considera propio del comportamiento de un torero. ◆ n. m. y f. **2** Persona que se dedica a torear en las plazas de toros.

torio n. m. Elemento químico metálico que es radiactivo y más pesado que el hierro: *el símbolo del torio es* Th.

tormenta n. f. **1** Fenómeno de la atmósfera en el que hay un cambio de presión y se producen fuertes vientos generalmente acompañados de lluvia o nieve, relámpagos y truenos. **SIN** tempestad, temporal. **2** Expresión ruidosa y violenta del estado de ánimo alterado de una persona: *una tormenta de reproches.* **3** Situación de enfado, tensión, discusión grave que se produce entre dos o más personas: *la reunión desembocó en tormenta.*

DER tormentoso.

tormento n. m. **1** Sufrimiento o dolor físico o moral que padece una persona: *este dolor de muelas es un tormento.* **SIN** martirio, suplicio. **2** Sufrimiento o dolor físico, generalmente de mucha intensidad, que se provoca a una persona para obligarle a confesar o como castigo. **SIN** tortura. **3** Persona o cosa que produce dolor o sufrimiento físico o moral: *estos zapatos son un tormento.* **SIN** suplicio.

DER atormentar.

tormentoso, -sa adj. **1** [tiempo atmosférico] Que tiene o anuncia tormenta. **2** Que causa u ocasiona una tormenta: *nubes tormentosas.* **3** [situación, ambiente] Que es muy tenso, conflictivo o violento: *se respiraban aires tormentosos en la oficina.*

tornadizo, -za adj. Que cambia con gran facilidad: *su suerte es tornadiza y esquiva.*

tornado n. m. Tormenta en la que hay vientos extremadamente fuertes que avanzan girando sobre sí mismos de forma muy rápida. **SIN** huracán.

tornar v. tr. **1** *formal* Cambiar la naturaleza, el estado o el carácter de una persona o una cosa: *la lluvia tornó el campo en un gran barrizal.* ◆ v. intr. **2** *formal* Regresar una persona a un lugar: *tornó a su tierra cuando se jubiló.* **3** *formal* Volver a hacer una cosa: *tornó a leer el capítulo que más le había gustado.* ◆ v. tr. **4** *formal* Devolver una cosa a la persona que la había prestado, dado o perdido: *torna el dinero a su dueño.*

DER tornadizo, tornado; entornar, retornar, trastornar.

tornear v. intr. **1** Dar forma redondeada a una cosa con un torno. **2** Moldear el cuerpo haciendo ejercicio o dieta.

torneo n. m. **1** Competición deportiva en la que participan varias personas o varios equipos: *torneo de baloncesto.* **2** Combate a caballo, ajustado a unas reglas, que se libraba entre caballeros. **SIN** justa.

tornillo n. m. **1** Pieza cilíndrica, generalmente metálica, terminada en punta y con una cabeza con una ranura, provista de un saliente en espiral que la recorre; sirve para sujetar una cosa a otra. **2** Instrumento de hierro o acero provisto de un tope graduable a diferentes medidas que se utiliza para sostener piezas pequeñas mientras se realiza algún trabajo en ellas.

▶ **apretar los tornillos** Obligar a una persona a actuar de determinada manera o a hacer algo. **faltar (o haber perdido) un tornillo** Expresión que indica que una persona tiene poco juicio o se comporta de forma imprudente: *si has salido de casa con el frío que hace es que te falta un tornillo.*

DER atornillar, destornillar.

torniquete n. m. **1** Medio con el que se detiene la hemorragia de una herida presionando sobre un vaso sanguíneo: *me herí en un brazo y el médico me aplicó un torniquete.* **2** Mecanismo que gira horizontalmente sobre un eje y que se coloca en la entrada de un lugar o un establecimiento para que pasen las personas de una en una.

torno n. m. **1** Máquina que gira y sirve para

a b c d e f g h i j k l m n ñ o p q r s t u v w x y z

hacer girar un objeto sobre sí mismo: *el alfarero moldea el barro en el torno.* **2** Máquina formada por un cilindro que gira y enrolla una cuerda a la que está atado un objeto: *arrastraron el coche averiado con un torno.* **3** Instrumento eléctrico con un brazo articulado y provisto de una pieza giratoria en la punta que usan los médicos para limpiar y arreglar los dientes. **4** Máquina que sirve para labrar objetos que tienen forma circular. **5** Cilindro con divisiones verticales que se coloca en el hueco de una pared y que al girarlo sirve para intercambiar objetos entre personas sin que estas se vean: *puso el dinero en el torno del convento y al girarlo apareció una caja de almendras.*

▶ en torno a **a.** Alrededor: *todos nos sentamos en torno a la mesa para comer.* **b.** Aproximadamente: *habría en torno a cien personas.* **c.** Acerca: *estuvimos discutiendo en torno a la compra del piso.*

DER tornar, tornillo; contorno.

toro n. m. **1** Animal mamífero macho, adulto, de pelo corto, cola larga y cabeza gruesa provista de dos cuernos curvos: *el toro es el macho de la vaca.* toro de lidia Toro que es bravo y se destina a ser toreado en las corridas. NOTA La hembra del toro es la *vaca.* **2** Hombre que tiene mucha fuerza. **3** Constelación y signo del Zodíaco de Tauro. **4** Vehículo de pequeño tamaño, provisto de unas horquillas móviles en su parte frontal, que sirve para transportar y apilar mercancías. **5** ARQ. Moldura de forma semicircular. ◆ n. m. pl. **6** toros Fiesta o corrida en que se torean reses de lidia.

▶ coger el toro por los cuernos Enfrentarse a un problema sin tratar de evitarlo y con decisión: *hay que coger el toro por los cuernos y resolver este problema.* pillar el toro Expresión que indica que está a punto de terminar el tiempo o el plazo para hacer alguna cosa: *como no nos demos prisa nos va a pillar el toro.* ver (o mirar) los toros desde la barrera Observar un hecho con tranquilidad y desentendimiento o sin intervenir en él: *yo en este asunto prefiero ver los toros desde la barrera.*

DER torear, toril.

torpe adj. **1** Que se mueve con dificultad o poca agilidad: *las focas son animales muy torpes fuera del agua.* SIN lento. ANT ágil, hábil. **2** [persona] Que tiene poca habilidad o destreza para hacer una cosa. ANT hábil. **3** [persona] Que es lento en comprender o tiene dificultades para entender las cosas. **4** Que no es conveniente o puede molestar: *tus comentarios han sido bastante torpes.*

DER torpeza; entorpecer.

torpedo n. m. **1** Proyectil en forma de huso provisto de una carga explosiva que se lanza bajo el agua y puede dirigirse o apuntarse hacia un determinado objetivo. **2** Pez marino de cuerpo aplanado que posee dos órganos en la cabeza que producen descargas eléctricas con las que se defiende y paraliza a sus presas.

DER torpedear, torpedista.

torpeza n. f. **1** Falta de agilidad en los movimientos. **2** Acción o dicho poco oportunos o desacertados: *no traer un regalo a tu abuela ha sido una torpeza por tu parte.*

torre n. f. **1** Construcción o edificio alto y estrecho que puede estar aislado o formar parte de otro y puede tener forma cilíndrica, cuadrada o poligonal: *en la torre de la iglesia están las campanas.* torre de control Construcción elevada de un aeropuerto desde la cual se controla y se regula el movimiento de los aviones que aterrizan y despegan: *el piloto pidió permiso a la torre de control para aterrizar.* **2** Pieza del ajedrez que se mueve en línea recta, pero no en diagonal, y puede recorrer en un solo movimiento todos los cuadros que estén libres en una dirección. **3** Estructura de metal muy alta que se utiliza para sostener cables eléctricos o antenas emisoras de ondas: *una torre de alta tensión.* **4** Columna en la que se realizan procesos de destilación en algunas industrias químicas. **5** Chalé o casa de campo o granja con huerta.

▶ torre de Babel Lugar o situación en que hay mucha confusión y desorden o las personas no se entienden o no se ponen de acuerdo: *mi casa es una torre de Babel, somos pocos pero nunca nos ponemos de acuerdo.*

DER torreón, torreta.

torrencial adj. [lluvia, corriente de agua] Que es muy fuerte, muy abundante o muy intenso: *lluvias torrenciales.*

torrente n. m. **1** Corriente de agua abundante e impetuosa que se origina cuando llueve mucho o se produce el deshielo. **2** Abundancia de personas que están juntas en un lugar o gran cantidad de cosas que se producen de una vez: *el líder se vio acosado por un torrente de preguntas.* **3** Sangre que circula por las venas,

las arterias y los capilares del organismo: *torrente sanguíneo.*
DER torrencial, torrentera.
torrentera n. f. Cauce de un torrente o parte del terreno por donde circula.
torreón n. m. Torre grande que sirve para la defensa de una plaza o de un castillo.
tórrido, -da adj. [clima, lugar] Que tiene temperaturas muy altas: *las zonas tórridas de la Tierra están comprendidas entre los trópicos.*
torso n. m. **1** Parte principal del cuerpo de una persona o animal, diferenciada de la cabeza y las extremidades. **SIN** tronco. **2** Escultura que representa el cuerpo humano y a la que le faltan la cabeza y las extremidades.
torta n. f. **1** Masa de harina de figura aplastada y cocida al horno o frita: *torta de vino.* **2** Golpe dado en la cara con la palma de la mano: *le dije que era tonto y me dio una torta.* **SIN** bofetada. **3** Golpe, choque o caída violenta y accidental: *¡menuda torta se ha dado con la bicicleta!*
▶ ni torta Nada: *yo sin gafas no veo ni torta.*
DER tortazo, tortilla, tortita.
tortellini n. m. Pasta italiana en forma de pequeña rueda compuesta por una capa de masa enrollada y unida por sus extremos, rellena de carne, verdura o queso.
OBS Se pronuncia «tortelini».
tortícolis n. m. Contracción involuntaria de los músculos del cuello que hace que la cabeza quede inclinada y sea doloroso moverla.
OBS El plural es *tortícolis.*
tortilla n. f. Comida que se prepara con huevo batido al que se pueden añadir otros ingredientes y se fríe o se cuaja en una sartén con un poco de aceite: *tortilla de queso.*
▶ tortilla española o tortilla de patatas Tortilla que tiene forma redonda y se hace añadiendo al huevo patatas y cebolla. tortilla francesa Tortilla que tiene forma alargada y se hace solo con huevo. dar la vuelta a la tortilla Hacer que una situación parezca diferente o cambie totalmente: *ahora no quieras dar la vuelta a la tortilla, el culpable eres tú.* volverse la tortilla Cambiar una situación o suceder una cosa de manera contraria a lo que se había esperado: *todo iba bien hasta que por un pequeño problema se me volvió la tortilla.*
DER tortillera.
tortillero, -ra adj. **1** *col. desp.* Del lesbianismo o relacionado con él. ◆ adj./ n. f. **2** *col. desp.* [mujer] Que es lesbiana.
tortuga n. f. Reptil marino o terrestre cuyo cuerpo está protegido por una concha, con patas cortas, cuello que puede alargar y encoger y boca sin dientes: *las tortugas caminan muy despacio.* **SIN** galápago.
OBS Para indicar el sexo se usa la tortuga macho y la tortuga hembra.
tortuoso, -sa adj. **1** Que tiene muchas curvas, vueltas y rodeos: *un camino tortuoso atraviesa el bosque.* **SIN** sinuoso. **2** [persona] Que se comporta con engaño y disimulo sin dejar ver sus verdaderas intenciones: *es muy tortuoso, nunca sé cuándo me dice la verdad.*
tortura n. f. **1** Método o procedimiento de castigo físico o psíquico que se realiza sobre una persona con el fin de mortificarla o para que confiese algo. **2** Pena o sufrimiento moral que siente una persona: *la enfermedad del padre fue una tortura para todos.* **SIN** suplicio, tormento. **3** Dolor físico o psíquico muy intenso: *es una tortura tener este dolor de cabeza.*
DER torturar.
torturar v. tr. **1** Someter a castigo físico o psíquico a una persona con el fin de mortificarla o para que confiese algo: *los bandos de la guerra torturaron a los prisioneros.* **2** Causar pena o sufrimiento a una persona. **SIN** atormentar. ◆ v. tr./ prnl. **3** Causar disgusto o enfado a una persona: *tu continuo pesimismo y malhumor me torturan.*
tos n. f. Salida o expulsión violenta y ruidosa del aire contenido en los pulmones.
▶ tos ferina Enfermedad infecciosa que se caracteriza por una tos muy violenta e intensa que produce sensación de asfixia. **NOTA** También se escribe *tosferina.*
DER toser.
toscano, -na adj. **1** De la Toscana o que tiene relación con esta región interior del noroeste de Italia. ◆ adj./ n. m. y f. **2** [persona] Que es de la Toscana. ◆ n. m. **3** Dialecto hablado en la Toscana. ◆ adj./ n. m. **4** [orden arquitectónico] Que es una variante del dórico y se caracteriza por el fuste liso y el arquitrabe dividido en tres bandas.
tosco, -ca adj. **1** Que está hecho con poco cuidado o con materiales de poca calidad o valor. **SIN** basto. ◆ adj./ n. m. y f. **2** [persona] Que es poco educado o tiene escasa formación cultural: *lo enviaron a un internado para corregir sus toscos modales.* **SIN** rudo.
DER tosquedad.

toser v. intr. Tener o padecer tos: *el humo del tabaco me hace toser.*
▶ **no haber quien tosa a** Ser incapaz de enfrentarse u oponerse a una persona o quitarle la razón.

tosferina n. f. Enfermedad infecciosa que se caracteriza por una tos muy violenta e intensa que produce sensación de asfixia.
OBS También se escribe *tos ferina.*

tostada n. f. Rebanada de pan que ha sido puesta al fuego o a un calor intenso y que ha tomado color sin llegar a quemarse.
▶ **olerse la tostada** Adivinar un peligro o una situación desagradable: *Enrique se olió la tostada y se marchó para evitar una discusión.*

tostado, -da adj. **1** Que tiene un color oscuro, parecido al marrón. ◆ n. m. **2** Acción que consiste en poner un alimento al fuego o a un calor intenso hasta que toma color sin llegar a quemarse.

tostador, -ra adj. **1** Que tuesta. ◆ n. m. y f. **2** Aparato que sirve para tostar el pan: *esta tostadora eléctrica es muy práctica.*

tostar v. tr. **1** Poner un alimento al fuego o a un calor intenso hasta que toma color sin llegar a quemarse: *tostaré el pan antes de servirlo.* **SIN** dorar. **2** Tomar color la piel de una persona.
OBS En su conjugación, la *o* se convierte en *ue* en sílaba acentuada, como en *contar.*
DER tostada, tostadero, tostado, tostador, tostón.

tostón n. m. **1** Persona o cosa muy pesada, molesta o aburrida: *la película es un tostón.* **2** Cosa demasiado tostada. **3** Pedazo pequeño de pan, generalmente cortado en forma de cubo, frito o tostado, que sirve para acompañar sopas, cremas y guisos, o como acompañamiento de una bebida caliente. **SIN** picatoste. **4** Cochinillo asado.

total adj. **1** Que es completo, general o incluye todos los elementos o partes de una cosa. ◆ n. m. **2** Resultado de una suma: *el total de gastos de la empresa ha sido muy alto.* **3** Conjunto de todas las personas o cosas que forman una clase o especie. **SIN** totalidad. ◆ adv. **4** En fin o en conclusión: *total, que no piensas venir.*
▶ **en total** Expresión que indica el resultado de una suma o de una situación: *en España había en total unos diez millones de alumnos matriculados.*
DER totalidad, totalizar, totalmente.

totalidad n. f. Conjunto de elementos que forman un todo: *el cliente debe conocer el producto en su totalidad antes de comprarlo.*
DER totalitario.

totalitario, -ria adj. **1** Que incluye todas las partes de una cosa: *análisis totalitario.* **2** Del totalitarismo o relacionado con este sistema político: *régimen totalitario.* **SIN** totalitarista.
DER totalitarismo.

totalitarismo n. m. Sistema político en el que el poder es ejercido por una sola persona o partido de manera autoritaria, impidiendo la intervención de otros y controlando todos los aspectos de la vida del Estado.
DER totalitarista.

tótem n. m. Objeto de la naturaleza al que se otorga un valor protector y que se usa como símbolo de una tribu o de un individuo. **SIN** amuleto, fetiche.
OBS El plural es *tótemes.*

totémico, -ca adj. Del tótem o que tiene relación con este objeto de la naturaleza.

tour n. m. **1** Viaje o excursión que se hace para conocer un lugar: *el tour comprende una visita a la catedral y a tres pueblos de la zona.* **tour operator** Empresa turística o persona que se dedica a organizar viajes en grupo y los vende a través de una empresa minorista. **NOTA** Es de origen inglés y se pronuncia aproximadamente «tur opereitor». **2** Gira artística de un cantante o grupo teatral. **3** Competición o vuelta ciclista, en particular la que se celebra anualmente en Francia: *el ciclista Miguel Induráin ganó el tour de Francia cinco veces consecutivas.* **SIN** vuelta.

tóxico, -ca adj./ n. m. [sustancia] Que puede causar la intoxicación grave o la muerte de un ser vivo por envenenamiento: *un producto puede ser tóxico por ingestión o por inhalación.* **SIN** venenoso.
DER toxicidad, toxicología, toxicomanía, toxina; intoxicar.

toxicología n. f. Parte de la medicina que se ocupa del estudio y los efectos de los productos tóxicos sobre el organismo.

toxicomanía n. f. Hábito y necesidad patológica de consumir sustancias que procuran sensaciones agradables o que suprimen el dolor. **SIN** drogadicción.
DER toxicómano.

toxicómano, -na adj./ n. m. y f. [persona] Que tiene o padece toxicomanía: *centro de rehabilitación de toxicómanos.* **SIN** drogadicto, drogodependiente.

a b c d e f g h i j k l m n ñ o p q r s t u v w x y z

toxina n. f. Sustancia tóxica producida en el cuerpo de los seres vivos por la acción de los microorganismos.

tozudo, -da adj. **1** [persona] Que se mantiene muy firme en sus ideas o intenciones incluso si son erróneas o falsas. **SIN** terco, testarudo. **2** [animal] Que no obedece con facilidad o es difícil de dominar: *esta mula es muy tozuda.*

traba n. f. **1** Cosa que sirve para sujetar o unir una cosa con otra. **2** Cosa que impide o retrasa el desarrollo de una acción: *en lugar de colaborar conmigo, se dedicó a ponerme trabas.* **3** Cuerda o cadena que se usa para atar los pies a los caballos y a otros animales de caballería.
DER trabar, trabazón, trabilla.

trabajado, -da adj. Que ha sido elaborado con detalle y minuciosidad: *la manera de llevar a cabo el robo estaba muy trabajada y por eso no falló.*

trabajador, -ra n. m. y f./ adj. **1** Persona que realiza un trabajo a cambio de un salario. **SIN** empleado, obrero, operario. ◆ adj. **2** [persona] Que es muy aplicado en el trabajo. **ANT** vago.

trabajar v. intr. **1** Realizar una actividad que requiere un esfuerzo físico o mental: *he trabajado mucho para sacar adelante mis estudios.* **2** Ocuparse una persona en un oficio o profesión recibiendo a cambio un salario: *trabaja de sastre.* **3** Desarrollar un aparato o una máquina su actividad: *las máquinas de esta empresa trabajan día y noche.* ◆ v. tr. **4** Someter una materia a una acción continua y ordenada: *el carpintero trabaja la madera.* **5** Cultivar la tierra. ◆ v. prnl. **6** trabajarse Tratar de convencer a una persona con esfuerzo e insistencia para que actúe de una forma determinada: *me he trabajado mucho a este alumno para que se presente al examen.* **7** Dedicarse con empeño a conseguir una cosa: *esta chica se ha trabajado bien su ascenso.*
DER trabajado, trabajador, trabajo.

trabajo n. m. **1** Actividad o dedicación que requiere un esfuerzo físico o mental. **2** Oficio o profesión que realiza una persona a cambio de un salario. **3** Lugar donde se ejerce un oficio o profesión: *en el trabajo me han dicho que he engordado.* **4** Obra o resultado de una actividad. **5** Sufrimiento, dolor o penalidad que padece una persona: *¡cuántos trabajos estamos pasando en esta guerra!* **6** Esfuerzo y dificultad: *me costó mucho trabajo que mi madre me dejara salir.*
▶ trabajos forzados Trabajo físico que se obliga a hacer a una persona que está en prisión como parte de la pena que se le ha impuesto.
DER trabajoso.

trabajoso, -sa adj. Que exige mucho trabajo y esfuerzo. **SIN** laborioso.

trabalenguas n. m. Palabra o frase difícil de pronunciar que suele proponerse como juego.
OBS El plural también es *trabalenguas.*

trabar v. tr. **1** Juntar o unir dos o más cosas: *el conferenciante no ha trabado bien sus argumentos.* **2** Espesar o dar mayor consistencia a un líquido o a una masa: *para trabar la salsa hay que añadirle un poco de fécula.* **3** Comenzar o emprender una cosa: *trabaron amistad durante la carrera.* **SIN** entablar. **4** Rellenar con masa de mortero las juntas de una obra de construcción: *trabaron las piedras con argamasa.* **5** Impedir o dificultar la realización de una cosa. ◆ v. prnl. **6** trabarse Pelearse o enfrentarse dos o más personas de forma física o de palabra. **7** Tartamudear o atascarse una persona al hablar: *se le traba la lengua.*

trabazón n. f. **1** Unión o enlace de dos o más cosas entre sí: *el carpintero logró que la trabazón de las tablas fuera rígida y segura.* **2** Unión o enlace de una idea con otra: *su discurso ha perdido la trabazón.*

traca n. f. Artificio pirotécnico formado por una serie de petardos que se colocan a lo largo de una cuerda y estallan uno tras otro.
▶ de traca Que es llamativo, escandaloso o causa una fuerte impresión.

tracción n. f. Fuerza que arrastra a un vehículo sobre una superficie: *un carro tiene tracción animal.*

tractor n. m. Vehículo de motor provisto de cuatro ruedas de las cuales las dos traseras son de mayor tamaño y se adhieren fuertemente al terreno: *el tractor se emplea para el trabajo en el campo.*

tradición n. f. **1** Conjunto de ideas, usos o costumbres que se comunican, se transmiten o se mantienen de generación en generación. **2** Transmisión o comunicación de este conjunto de ideas, usos o costumbres mantenidas de generación en generación: *en mi familia es tradición celebrar juntos la Navidad.* **3** Desarrollo de una misma actividad que se produce en un lugar determinado a lo largo del tiempo.

tradicional adj. **1** De la tradición o relacio-

nado con la transmisión de unas determinadas ideas, usos o costumbres: *la jota es un baile tradicional muy arraigado.* **2** Que sigue las ideas, los usos o las costumbres del pasado o de un tiempo anterior. **SIN** conservador.
DER tradicionalismo.

tradicionalismo n. m. Actitud de apego a las costumbres o ideas del pasado: *su tradicionalismo le lleva a rechazar cualquier tipo de cambio.*

tradicionalista adj. [persona] Que defiende el tradicionalismo o tiene esta actitud.

traducción n. f. **1** Acción que consiste en expresar en un idioma lo que se ha dicho o escrito en otro distinto: *este profesor se encargará de la traducción del texto al inglés y al francés.* traducción automática Traducción que se hace por medio de un ordenador. traducción directa Traducción que se hace de un idioma extranjero al idioma de la persona que traduce. traducción inversa Traducción que se hace del idioma de la persona que traduce a un idioma extranjero. traducción libre o traducción literaria Traducción que, siguiendo el sentido del texto, no respeta exactamente la forma del original. traducción literal Traducción que respeta exactamente la forma del texto original. traducción simultánea Traducción que se hace oralmente y al mismo tiempo que habla la otra persona. **2** Obra o texto que ha sido traducido por el traductor: *ya se ha publicado la traducción del manual.* **3** Interpretación o lectura que se le da a un texto.

traducir v. tr. **1** Expresar en un idioma lo que se ha dicho o escrito en otro distinto. **2** Explicar o hacer entender una cosa: *tradujo sus sentimientos con una frase conmovedora.* **3** Convertir o transformar una cosa en otra: *nuestra pena se tradujo en alegría al verlo entrar.*
OBS En su conjugación, la *c* se convierte en *zc* delante de *a* y *o* y el pretérito indefinido es irregular, como en *conducir.*
DER traducción, traductor; intraducible.

traductor, -ra n. m. y f. Persona que se dedica profesionalmente a traducir: *soy traductora de italiano.*

traer v. tr. **1** Transportar o llevar una cosa hasta el lugar en que se encuentra el que habla: *mi hermano trae regalos de Francia.* **2** Vestir una persona una prenda o llevarla puesta: *traía un traje muy bonito.* **3** Ser una cosa razón o causa de que suceda algo. **SIN** causar, ocasionar. **4** Contener una cosa otra que se expresa a continuación: *hoy el diario trae un suplemento de coches.* **5** Poner a una persona en un estado o una situación determinados: *me trae loco con sus idas y venidas.* **6** Sentir o experimentar una persona una sensación física o psíquica: *hoy mi jefe trae muy mal humor.*
▶ llevar a mal traer Molestar mucho a una persona o causarle problemas: *las travesuras del niño llevan a mal traer a la abuela.* traer consigo Causar, conllevar o provocar: *tu decisión trae consigo unas graves consecuencias.* traer (o tener) cuenta Compensar: *es tan caro que trae más cuenta comprarlo en las rebajas.* traer sin cuidado No importar absolutamente nada una cosa a una persona: *la verdad es que la vida de los demás me trae sin cuidado.* traerse entre manos Estar una o más personas planeando algo de una forma oculta o poco clara: *me gustaría saber qué se traen entre manos estos niños.* traér-

traer

INDICATIVO	SUBJUNTIVO
presente	**presente**
traigo	traiga
traes	traigas
trae	traiga
traemos	traigamos
traéis	traigáis
traen	traigan
pretérito imperfecto	**pretérito imperfecto**
traía	trajera o trajese
traías	trajeras o trajeses
traía	trajera o trajese
traíamos	trajéramos o trajésemos
traíais	trajerais o trajeseis
traían	trajeran o trajesen
pretérito perfecto simple	**futuro**
traje	trajere
trajiste	trajeres
trajo	trajere
trajimos	trajéremos
trajisteis	trajereis
trajeron	trajeren
futuro	IMPERATIVO
traeré	
traerás	trae (tú)
traerá	traiga (usted)
traeremos	traed (vosotros)
traeréis	traigan (ustedes)
traerán	FORMAS NO PERSONALES
condicional	**infinitivo** traer — **gerundio** trayendo
traería	**participio** traído
traerías	
traería	
traeríamos	
traeríais	
traerían	

sela floja *malsonante* Expresión que indica que una cosa inspira indiferencia o desprecio: *la opinión de los demás me la trae floja.* traérselas Expresión que indica que una persona o una cosa presenta más problemas o es más difícil de lo que parece: *parecía un buen chico pero el mozo se las trae.*

DER abstraer, atraer, contraer, detraer, distraer, extraer, maltraer, retraer, retrotraer, substraer, sustraer.

traficante adj. [persona] Que se dedica a traficar: *la policía detuvo a un traficante de drogas.*

traficar v. intr. Comerciar o negociar con una cosa, en especial con mercancías ilegales.

OBS En su conjugación, la *c* se convierte en *qu* delante de *e*.

DER traficante, tráfico.

tráfico n. m. **1** Paso o movimiento de vehículos por una vía pública o una carretera. SIN circulación, tránsito. **2** Comercio o negocio, en especial el que se hace con mercancías ilegales: *se dedicaba al tráfico de obras de arte robadas.* **3** Comunicación y movimiento de personas, equipajes o mercancías.

▶ tráfico de influencias Uso ilegal que se hace del poder o la influencia de una o varias personas para conseguir una ventaja o un provecho legal a cambio de favores: *llegó a conseguir ese puesto gracias al tráfico de influencias, puesto que su primo era el presidente.*

DER narcotráfico.

tragaluz n. m. Ventana pequeña abierta en el techo o en la parte alta de una pared.

OBS El plural es *tragaluces.*

tragaperras adj./ n. f. [máquina de juego] Que funciona automáticamente al introducirle una o varias monedas y da premios en dinero.

OBS El plural también es *tragaperras.*

tragar v. tr. **1** Hacer pasar un alimento o una cosa desde la boca al estómago: *se ha tragado la aceituna sin masticarla.* SIN engullir, ingerir. **2** Absorber un terreno o el agua lo que está en la superficie: *el mar se tragó los restos del barco naufragado.* **3** Creer una cosa con facilidad: *se tragó la mentira que le conté.* **4** Gastar o consumir una cosa: *mi coche traga mucha gasolina.* ◆ v. tr./ intr. **5** Comer mucho una persona. **6** Soportar o tolerar una cosa que disgusta o molesta: *tuvo que tragar con los insultos y las vejaciones.*

▶ no tragar No poder soportar una persona a alguien o algo o sentir desprecio o antipatía hacia ello: *ha venido a la cena una persona a la que no trago.* SIN detestar.

OBS En su conjugación, la *g* se convierte en *gu* delante de *e*.

DER tragadero, trago, tragón; atragantarse.

tragedia n. f. **1** Obra de teatro en la que se representan sufrimientos, pasiones y muertes y tiene un final desgraciado. **2** Género dramático al que pertenece este tipo de obra de teatro: *alternaba la tragedia y la comedia.* **3** Situación o hecho muy triste que produce dolor y sufrimiento: *la muerte del padre fue una tragedia para aquella familia.*

trágico, -ca adj. **1** De la tragedia o relacionado con este género dramático. **2** Que es muy triste y produce dolor y sufrimiento moral: *falleció en un trágico accidente de aviación.* **3** [persona] Que exagera mucho sus manifestaciones de dolor.

tragicomedia n. f. Obra dialogada que contiene elementos propios de la tragedia y de la comedia.

tragicómico, -ca adj. **1** De la tragicomedia. **2** Que tiene elementos trágicos y elementos cómicos.

trago n. m. **1** Porción o cantidad de líquido que se bebe o se puede beber de una sola vez: *se bebió de un trago la copa de aguardiente.* **2** Bebida alcohólica: *solo salimos a tomar unos tragos.* **3** Desgracia, sufrimiento o situación difícil que padece una persona: *la partida del hijo fue un trago muy duro para ella.* SIN disgusto.

▶ pasar un mal trago Sufrir una persona una desgracia o verse en una situación difícil: *pasé un mal trago económico cuando me quedé sin trabajo.*

tragón, -gona adj./ n. m. y f. Que traga o come con ansia o en exceso: *¡cómo mama esta criatura, es una tragona!*

traición n. f. Falta que comete una persona que no es fiel y no es firme en sus afectos o ideas o no cumple su palabra.

traicionar v. tr. **1** No ser fiel una persona y no ser firme en los afectos o ideas o faltar a la palabra dada: *el chivato traicionó a sus compañeros delatándolos.* **2** Ser la causa del fracaso o el fallo de un intento: *los nervios me traicionaron y no supe qué contestar.*

DER traicionero, traidor.

traicionero, -ra adj. **1** Que es propio o característico de la personas traicioneras: *golpe traicionero.* SIN traidor. **2** [cosa] Que tiene apariencia inofensiva pero resulta dañino: *los esguinces* *son traicioneros.* SIN traidor. ◆ adj./ n. m. y f. **3** Traidor: *una mujer traicionera los delató.*

traidor, -ra adj. **1** [persona] Que comete una traición. **2** Que es muy hábil engañando o que se comporta con disimulo para conseguir una cosa: *sus maneras traidoras me impidieron conocer sus verdaderas intenciones.* **3** Que es señal de traición: *sonrisa traidora.* **4** [cosa] Que es peligroso aunque no lo parezca. **5** Que descubre una cosa que se quiere mantener en secreto: *se supo quién era el asesino por una mancha traidora en su ropa.*

tráiler n. m. **1** Publicidad de una película en la que se muestran secuencias de la misma en pantalla. **2** Remolque de un camión, especialmente si es de grandes dimensiones.
OBS El plural es *tráileres.*

trainera n. f. **1** Embarcación pequeña y alargada que se usa para la pesca con red. **2** Embarcación de remos que se usa en competiciones deportivas.

traje n. m. **1** Vestido exterior completo de una persona. traje de baño Bañador. traje de etiqueta Traje masculino que suele usarse en ceremonias y actos solemnes. traje de luces Traje que lleva adornos de oro o plata y que se ponen los toreros para torear. traje de noche Vestido femenino largo que suele usarse en fiestas y ceremonias. traje espacial Traje de una sola pieza que usan los astronautas cuando viajan al espacio. **2** Vestido formado por una chaqueta y unos pantalones o una falda de la misma tela: *mi jefe siempre viste de traje.* **3** Vestido de mujer formado por una sola pieza. **4** Vestido típico o característico de una región o país o de unas determinadas personas: *lleva el traje típico de Ávila.*
DER trajear.

trajear v. tr. Vestir con traje o de forma más elegante que la habitual: *trajeó al niño para ir a misa.*

trajín n. m. **1** Movimiento intenso o gran actividad que se produce en un lugar: *en el mercado hay mucho trajín.* **2** Actividad poco clara que alguien lleva entre manos: *no sé qué trajín se trae entre manos.*

trajinar v. tr. **1** Acarrear o llevar cosas de un lugar a otro. ◆ v. intr. **2** Moverse mucho una persona o ir de una lado a otro. ◆ v. tr./ intr./ prnl. **3** Poseer sexualmente. ◆ v. intr. **4** Realizar [una persona] un trabajo o una actividad que implica ir y venir constantemente.
DER trajín.

tralla n. f. **1** Trencilla hecha con tiras de cuero que se coloca en el extremo de un látigo para hacerlo restallar cuando se sacude. **2** Látigo que está provisto de esta trencilla.

trallazo n. m. **1** Golpe o sacudida violenta: *le dio un trallazo al balón y rompió el vidrio de la ventana.* **2** Golpe dado con una tralla. SIN latigazo.

trama n. f. **1** Disposición interna en que se relacionan o se corresponden las partes de un asunto. **2** Tema o argumento de una obra literaria: *esa obra tiene una trama policiaca.* **3** Conjunto de hilos que forman el ancho de una tela. **4** Acción preparada en la que un grupo de personas se une para causar daño a otras.
SIN conspiración, intriga.
DER tramar, tramo; entramado.

tramar v. tr. Actuar con astucia y en secreto para conseguir un fin: *afortunadamente, interrumpieron el maquiavélico plan que había tramado.*

tramitar v. tr. Hacer pasar un asunto por los trámites oportunos o necesarios para solucionarlo.
DER tramitación.

trámite n. m. Estado de un proceso administrativo por el que tiene que pasar un asunto para solucionarlo: *estoy finalizando los trámites del divorcio.* SIN diligencia, gestión.
DER tramitar.

tramo n. m. **1** Parte en que está dividido un camino o una vía. **2** Parte de una escalera situada entre dos rellanos: *este tramo es excesivamente largo.*

tramoya n. f. **1** Máquina o conjunto de máquinas que sirven para hacer los cambios de decorado y los efectos especiales en el escenario de un teatro. **2** Parte que queda oculta en un asunto o negocio. **3** Broma o engaño hecho de modo hábil e inteligente. SIN intriga.
DER tramoyista.

trampa n. f. **1** Instrumento o artificio que se utiliza para cazar animales: *el ciervo quedó atrapado en la trampa.* SIN cepo. **2** Plan o acción que tiene como fin engañar a una persona: *los delincuentes tendieron una trampa a la policía.* **3** Puerta situada en el suelo o en el techo que comunica una habitación con otra inferior o superior. SIN trampilla. **4** Acción que va contra una regla o una ley y que se hace con disimulo para conseguir algún beneficio: *suele hacer trampas jugando a las cartas.* **5** Deuda que se tarda en pagar.
DER trampear, trampero, trampilla, tramposo; entramparse.

trampilla n. f. Puerta situada en el suelo o en el techo que comunica una habitación con otra inferior o superior. **SIN** trampa.

trampolín n. m. **1** Tabla flexible sujeta por un extremo que sirve para saltar al agua o tomar impulso al realizar un salto acrobático: *el nadador se lanzó desde el trampolín.* **2** Medio utilizado para conseguir un beneficio: *utilizó a su mejor amigo como trampolín para ascender.*

tramposo, -sa adj. [persona] Que hace trampas en el juego.

trance n. m. **1** Momento o situación crítica o apurada de la vida de una persona. **2** Estado en el que se suspenden las funciones mentales normales de una persona: *la médium entra en trance al hacer espiritismo.*

tranca n. f. **1** Palo grueso y fuerte que se usa principalmente como bastón o para golpear con él. **SIN** garrota, garrote. **2** Palo o barra gruesa con el que se aseguran por la parte interior puertas y ventanas cerradas. **3** Borrachera.

▶ **a trancas y barrancas** Indica que una cosa se hace con grandes dificultades, obstáculos o interrupciones: *el conjunto vencedor pasaría a cuartos de final por vez primera en la historia y lo consiguió a trancas y barrancas, con apuros en la prórroga y con el último tanto de penalti.*

tranco n. m. Paso o salto largo.

DER tranquillo.

tranquilidad n. f. Estado de serenidad y sosiego que siente una persona o que domina un determinado lugar o situación. **SIN** calma, quietud.

tranquilizante adj./ n. m. [sustancia, medicamento] Que calma o tranquiliza a una persona que está muy nerviosa o alterada: *este medicamento tiene efectos tranquilizantes.*

tranquilizar v. tr. Disminuir o hacer desaparecer la excitación del ánimo de una persona. **SIN** calmar, serenar, sosegar.

OBS En su conjugación, la *z* se convierte en *c* delante de *e*.

DER tranquilizante.

tranquilo, -la adj. **1** Que no presenta agitación, movimiento o ruido: *el mar estaba tranquilo, casi sin olas.* **SIN** sereno. **ANT** bullicioso. **2** [persona] Que tiene un estado de ánimo sereno y sosegado, con ausencia de toda preocupación o nerviosismo: *el paciente estaba muy tranquilo.* **ANT** intranquilo, nervioso.

DER tranquilidad, tranquilizar, tranquilón.

trans- Prefijo que entra en la formación de palabras con el significado de: *a)* 'En la parte opuesta', 'del otro lado': *transatlántico, transpirenaico. b)* 'A través de': *transparente. c)* 'Cambio', 'mudanza': *transformar.*

trans- o tras-

trans-	tras-	trans-	tras-
transatlántico	trasatlántico		trasladar
transbordador	trasbordador	translúcido	traslúcido
transcendencia	trascendencia	translucir	traslucir
transcendental	trascendental		trasluz
transcender	trascender	transmisión	trasmisión
transcendente	trascendente	transmisor	trasmisor
transcribir	trascribir	transmitir	trasmitir
transcripción	trascripción	transmutar	trasmutar
transcurrir	trascurrir		trasnochar
transcurso	trascurso		traspapelar
transferencia	trasferencia	transparencia	trasparencia
transferir	trasferir	transparentar	trasparentar
transfiguración	trasfiguración	transparente	trasparente
transfigurar	trasfigurar		traspasar
	trasfondo		traspaso
transformación	trasformación	transpiración	traspiración
transformador	trasformador		trasplantar
transformar	trasformar		trasplante
transfusión	trasfusión	transponer	trasponer
transgredir	trasgredir	transportador	trasportador
transgresión	trasgresión	transportar	trasportar
transgresor	trasgresor	transporte	trasporte
	trashumancia	transportista	trasportista
	trashumante	transvasar	trasvasar
translación	traslación	transversal	trasversal

OBS Puede alternar con la forma *tras-* (*translúcido, traslúcido*). También puede adoptar exclusivamente la forma *tras-* (*trasladar, trasplante*)

transacción n. f. Trato o convenio por el cual dos partes llegan a un acuerdo comercial, generalmente de compraventa: *transacciones inmobiliarias.*

transatlántico, -ca adj. **1** [tráfico, medio de transporte] Que atraviesa el océano Atlántico: *vuelo transatlántico.* ◆ n. m. **2** Embarcación de gran tamaño destinada al transporte de pasajeros que recorre grandes distancias. ◆ adj. **3** De las regiones situadas al otro lado del océano Atlántico o relacionado con ellas: *países transatlánticos.*

transbordador n. m. **1** Embarcación de gran tamaño destinada al transporte de pasajeros y cargas pesadas que suele hacer siempre el mismo recorrido. **2** Vehículo espacial que despega como un cohete y vuelve a la Tierra aterrizando como un avión. SIN lanzadera.

transbordo n. m. Acción de transbordar: *hacer transbordo en una parada de metro.*
OBS También se escribe *trasbordo.*

transcendencia n. f. Trascendencia.

transcendental adj. Trascendental.

transcendente adj. Trascendente.

transcribir o **trascribir** v. tr. **1** Copiar un escrito trasladándolo a un sistema de escritura distinto: *el estudiante transcribía el texto griego en caracteres latinos.* **2** Copiar o reproducir un texto en otro lugar: *los escribas medievales transcribían los libros que llegaban a sus bibliotecas.* **3** Representar sonidos de manera gráfica mediante un sistema especial de signos.
OBS El participio es *transcrito.*
DER transcripción.

transcripción o **trascripción** n. f. **1** Copia de un escrito trasladándolo a otro sistema de escritura. **2** Copia o reproducción de un texto en otro lugar. **3** Representación gráfica de los sonidos mediante un sistema especial de signos: *la transcripción de los sonidos.*

transcurrir o **trascurrir** v. intr. Pasar o correr el tiempo: *transcurrieron años hasta que volvimos a vernos.*

transcurso o **trascurso** n. m. Paso del tiempo.

transeúnte adj. **1** [persona] Que pasa andando por un lugar: *varios transeúntes ayudaron al anciano a incorporarse.* SIN viandante. **2** [persona] Que vive en un lugar durante un tiempo o solamente está en él de paso.

transexual adj. **1** De la transexualidad o relacionado con ella. ◆ adj./ n. com. **2** [persona] Que adquiere las características físicas de las personas del sexo contrario mediante tratamiento hormonal o quirúrgico. NOTA También *trans.*

transferencia o **trasferencia** n. f. **1** Operación bancaria que consiste en cambiar dinero de una cuenta a otra. **2** Acción de dejar una persona a otra un cargo, un poder o un conjunto de bienes. SIN cesión.

transferir o **trasferir** v. tr. **1** Cambiar dinero de una cuenta a otra mediante una transferencia bancaria. **2** Dar o ceder una cosa propia a una persona o una entidad. SIN traspasar.
OBS En su conjugación, la *e* se convierte en *ie* en sílaba acentuada o en *i* en algunos tiempos y personas, como en *hervir.*
DER transferencia; intransferible.

transfiguración o **trasfiguración** n. f. Cambio radical en el aspecto de una persona o cosa.

transfigurar o **trasfigurar** v. tr. Cambiar radicalmente el aspecto de una cosa o de una persona: *cuando conoció la noticia se le transfiguró el rostro.*

transformación o **trasformación** n. f. **1** Cambio de forma que sufre una cosa: *la transformación del gusano en mariposa.* **2** Cambio de aspecto o de costumbres que sufre una cosa: *la transformación de su comportamiento.* SIN modificación. **3** Cambio completo por el que una cosa se convierte en otra. **4** Jugada deportiva en la que se consigue un tanto por medio de un lanzamiento.
DER transformacional.

transformador, -ra o **trasformador, -ra** adj. **1** Que transforma o modifica. ◆ n. m. **2** Aparato o instalación que cambia o transforma el voltaje de una corriente eléctrica alterna sin modificar su potencia.

transformar o **trasformar** v. tr. **1** Cambiar una cosa de forma: *el gusano se transforma en mariposa a través de la metamorfosis.* **2** Cambiar una cosa de aspecto o de costumbres. SIN modificar. **3** Convertir una cosa en otra cosa distinta: *el mago transformó el bastón en una paloma.* SIN transmutar. **4** Conseguir un tanto en un deporte.
DER transformación, transformador, transformativo, transformismo.

tránsfuga n. com. **1** Persona que huye de

una parte a otra. **2** Político que pasa de un partido a otro.
OBS También se escribe *trásfuga*.

transfusión o **trasfusión** n. f. Operación que consiste en introducir sangre de un individuo en el sistema circulatorio de otro: *para la transfusión, el donante y el receptor deben tener el mismo grupo sanguíneo.*

transgénero n. m. Distinción sexual de las personas que no se sienten identificadas, parcial o totalmente, con el género con el que nacieron. NOTA También *trans*.

transgénico, -ca adj./ n. m. [ser vivo] Que ha sido concebido artificialmente mediante ingeniería genética con mezcla de ADN de otros organismos en sus genes: *animales transgénicos.*

transgredir o **trasgredir** v. tr. Ir contra una ley o una norma o no cumplirlas: *transgredió la ley y tuvo que pagar una multa.* SIN infringir, quebrantar, violar.
OBS Antes se consideraba verbo defectivo, es decir que solo se podía usar en los tiempos y personas cuya desinencia contenía la vocal *i* como *transgredía, transgrediré, transgrediendo*. Pero ahora ya se pueden usar *transgrede* y *transgredamos*.
DER transgresión, transgresor.

transgresión o **trasgresión** n. f. Falta o acción que va contra una ley o una norma. SIN infracción.

transgresor, -ra adj./ n. m. y f. [persona] Que transgrede una ley, norma, pacto o costumbre: *un transgresor de las normas sociales.*
OBS También se escribe *trasgresor*.

transición n. f. **1** Situación o estado intermedio entre uno antiguo o pasado y otro nuevo al que se llega tras un cambio. **2** Paso de un estado o modo de ser a otro distinto: *la transición política que vivió España de la dictadura a la democracia fue muy pacífica.*

transigencia n. f. Actitud de tolerancia o aceptación de la opinión o deseos de otra persona en contra de los propios, especialmente cuando se adopta para evitar una discusión. ANT intransigencia.

transigir v. intr. **1** Admitir o aceptar una persona la opinión o las ideas de otra en contra de las suyas propias, a fin de llegar a un acuerdo: *si transijo es para que demos la cuestión por zanjada.* **2** Soportar, admitir o permitir una cosa que no gusta o que va en contra de los principios de uno mismo: *no transijo con las injusticias.* SIN tolerar.
OBS En su conjugación, la *g* se convierte en *j* delante de *a* y *o*.
DER transigencia.

transistor n. m. **1** Componente electrónico que rectifica y amplifica las corrientes eléctricas y hace funcionar los aparatos de radio y televisión así como los ordenadores y otros aparatos electrónicos. **2** Aparato de radio de pequeño tamaño que está provisto de estos componentes: *los transistores pueden funcionar mediante pilas.*
DER transistorizar.

transitar v. intr. Andar por una vía pública al ir de un lugar a otro.
DER transitable, transitivo.

transitivo, -va adj. GRAM. [oración, verbo] Que puede llevar un complemento u objeto directo: *los verbos «ver», «comer», «amar» o «pedir» son verbos transitivos.*
DER transitividad; intransitivo.

tránsito n. m. **1** Movimiento de personas o de vehículos que pasan por una vía pública: *esta avenida es una vía de mucho tránsito.* SIN circulación, tráfico. **2** Paso de un estado o empleo a otro: *mi tránsito por esta empresa ha sido muy satisfactorio.*
► en tránsito Expresión que indica que la persona que viaja de un punto a otro se encuentra esperando un transbordo en un aeropuerto intermedio entre la ciudad de salida y la de llegada.
DER transitar, transitorio.

transitoriedad n. f. Característica de algo que no es definitivo, que no está destinado a perdurar mucho tiempo.

transitorio, -ria adj. **1** Que dura solo un tiempo determinado o es temporal. SIN pasajero. **2** Que no es eterno y está destinado a dejar de existir: *nuestra vida es transitoria.* SIN pasajero, perecedero.
DER transitoriedad.

translación n. f. Traslación.

translúcido, -da adj. Traslúcido.

translucir v. tr. Traslucir.

transmisión o **trasmisión** n. f. **1** Comunicación de un mensaje, una información o una noticia: *la transmisión puede ser oral o escrita.* **2** Emisión que se hace de un programa de radio o de televisión. **3** Dispositivo que transmite o comunica energía o movimiento desde un punto de un mecanismo a otro: *llevó el coche al taller para que le revisaran la transmisión.* **4** Contagio o comunicación de una enfermedad o de un estado de ánimo: *enfermedad de transmisión sexual.*

transmisor, -ra adj. **1** [medio] Que transmite o comunica alguna cosa: *las ratas fueron las transmisoras de la enfermedad.* ◆ n. m. **2** Aparato que sirve para transmitir o emitir señales eléctricas o telefónicas.

transmitir o **trasmitir** v. tr. **1** Comunicar o hacer llegar a una persona un mensaje, una información o una noticia: *transmitidle mis felicitaciones.* **2** Emitir o difundir la radio o la televisión un programa. SIN retransmitir. **3** Comunicar un dispositivo energía o movimiento desde un punto de un mecanismo a otro: *la rueda transmite el movimiento a otra rueda más grande.* ◆ v. tr./ prnl. **4** Contagiar o comunicar una enfermedad o un estado de ánimo: *el sida se transmite generalmente por contacto sexual.*
DER transmisión, transmisor; retransmitir.

transmutar o **trasmutar** v. tr. Mudar o convertir una cosa en otra cosa distinta. SIN transformar.
DER transmutación.

transparencia o **trasparencia** n. f. **1** Capacidad que tiene un objeto de dejar pasar la luz y permitir ver con claridad a través de él: *la transparencia del agua.* **2** Fotografía o diapositiva que está hecha sobre un material transparente: *el profesor ilustró la clase proyectando unas transparencias sobre Egipto.*

transparentar o **trasparentar** v. tr. **1** Dejar pasar la luz un objeto y permitir ver con claridad a través de él: *esta blusa transparenta.* **2** Dejar entrever una cosa que a través de los indicios se intuye o se vislumbra: *su cara transparentaba el disgusto recibido.* ◆ v. prnl. **3** transparentarse Ser un objeto o una cosa transparentes: *el cristal se transparenta.*

transparente o **trasparente** adj. **1** [cuerpo] Que deja pasar la luz y permite ver con claridad a través de él. ANT opaco. **2** Que es claro o fácil de comprender: *habla de manera transparente de modo que podamos entenderte.* ◆ n. m. **3** Tela o papel que se coloca ante una luz para suavizarla o hacerla menos intensa o directa. **4** Ventana de cristales que ilumina y adorna el fondo de un altar.
DER transparencia, transparentar.

transpiración o **traspiración** n. f. Salida de sudor del cuerpo a través de los poros de la piel: *el cuerpo elimina toxinas por medio de la transpiración.*

transpirar v. intr/ tr. **1** Desprender [una persona o animal] un líquido orgánico a través de su piel: *transpirar sudor.* **2** Desprender [una planta] vapor de agua: *las plantas pierden agua al transpirar.*
OBS También se escribe *traspirar.*
DER transpiración.

transponer v. tr. Trasponer.
OBS Se conjuga como *poner.*

transportador, -ra o **trasportador, -ra** adj. **1** Que lleva una cosa de un lugar a otro: *cinta transportadora.* ◆ n. m. **2** Regla que tiene forma de semicírculo graduado y sirve para medir y dibujar ángulos.

transportar o **trasportar** v. tr. Llevar o trasladar una persona o una cosa de un lugar a otro: *ese camión transporta naranjas.*

transporte o **trasporte** n. m. **1** Traslado de una persona o una cosa de un lugar a otro. **2** Vehículo o medio que se usa para trasladar personas o cosas: *transporte por carretera.*
▶ transporte público Servicio de transporte de una ciudad que puede ser utilizado por cualquier persona para trasladarse de un lugar a otro.
DER transportar.

transportista o **trasportista** adj. **1** Que se dedica a transportar mercancías. ◆ n. com. **2** Persona que se dedica profesionalmente al transporte de mercancías.

transvasar v. tr. Trasvasar.

transvase n. m. Trasvase.

transversal o **trasversal** adj. **1** Que está atravesado de una parte a otra de una cosa de manera perpendicular: *esta tela tiene listas transversales.* **2** Que se cruza en dirección perpendicular con otra cosa. ANT longitudinal. ◆ n. f. **3** Calle que cruza a otra en dirección perpendicular.

tranvía n. m. Vehículo de transporte público que circula por vías o raíles en las calles de una ciudad.

tranviario, -ria adj. **1** Del tranvía o relacionado con él: *tarifa tranviaria; raíles tranviarios.* ◆ n. m. y f. **2** Persona que conduce un tranvía o trabaja en el servicio de tranvías.

trapecio n. m. **1** Palo horizontal suspendido de dos cuerdas que se usa para hacer ejercicios físicos, gimnásticos o circenses. **2** Figura geométrica plana que tiene cuatro lados de los cuales solo dos son paralelos: *el trapecio es un polígono irregular.* **3** Hueso del cuerpo humano que es el primero de la segunda fila

de la muñeca. **4** Cada uno de los dos músculos planos y triangulares que están situados en la parte superior de la espalda y posterior de la cabeza: *los trapecios permiten mover los hombros y girar e inclinar la cabeza.*
DER trapecista, trapezoide.

trapecista n. com. Artista de circo que realiza ejercicios acrobáticos en el trapecio.

trapezoide n. m. **1** Figura geométrica de cuatro lados que no tiene ningún lado paralelo a otro. ◆ n. m./ adj. **2** ANAT. Hueso que es el segundo de la segunda fila del carpo.

trapisonda n. f. Discusión o riña en la que se grita y hay alboroto.

trapo n. m. **1** Trozo de tela viejo y roto. **2** Trozo de tela que se usa para limpiar o quitar el polvo. **3** Conjunto de velas de una embarcación. SIN velamen. **4** Tela de la capa de torear de un torero ◆ n. m. pl. **5** trapos Prendas de vestir, especialmente femeninas: *se gasta todo lo que gana en trapos.*
▶ a todo trapo Con la mayor rapidez o velocidad posible: *siempre va con la moto a todo trapo.* dejar como un trapo Humillar o avergonzar a una persona. estar hecho un trapo Sentirse una persona muy cansada o débil: *después del trabajo estoy hecho un trapo.* poner como un trapo Insultar o criticar a una persona con gran dureza: *empezó a hablar mal de su familia y la puso como un trapo.* sacar los trapos sucios Comentar en público los errores o las faltas: *haz el favor de no sacar los trapos sucios de la familia delante de la gente.*
DER trapajoso, trapero, trapillo, trapío.

tráquea n. f. **1** ANAT. Tubo del aparato respiratorio de algunos animales vertebrados que va desde la laringe hasta los bronquios y lleva el aire a los pulmones. **2** ZOOL. Órgano con el que respiran los insectos y los artrópodos terrestres.
DER traqueal, traqueotomía.

traqueal adj. **1** De la tráquea o relacionado con este tubo del aparato respiratorio de algunos animales vertebrados: *paredes traqueales.* **2** [animal] Que respira a través de la tráquea. **3** [respiración] Que se realiza a través de la tráquea: *las arañas tienen respiración traqueal.*

traquetear v. intr. Moverse o agitarse una cosa produciendo un ruido.
DER traqueteo.

traqueteo n. m. Movimiento repetitivo de una cosa que produce un sonido también repetitivo: *el traqueteo del tren.*

tras prep. **1** Indica que una cosa es posterior a otra en el espacio o en el tiempo: *llevaba tras de sí a más de doscientas personas.* **2** Indica que se persigue, se pretende o se va en busca de alguna cosa: *andan tras un piso desde hace más de un año.*

trasatlántico, -ca adj./ n. m. y f. Transatlántico.

trasbordador n. m. Transbordador.

trascendencia o **transcendencia** n. f. **1** Consecuencia o resultado de carácter grave o muy importante que tiene una cosa: *el daño que ha sufrido tendrá gran transcendencia sobre su vida.* SIN proyección. **2** Importancia que tiene una cosa.

trascendental o **transcendental** adj. **1** Que es básico o principal para fundar o sostener una cosa: *sus palabras fueron transcendentales.* SIN esencial, fundamental. **2** Que va más allá de lo que se puede conocer mediante la experiencia: *filosofía transcendental.*

trascendente o **transcendente** adj. **1** [hecho] Que tiene consecuencias muy importantes, más de las que cabría esperar: *el hecho más trascendente del partido fue la expulsión del defensa Pablo.* SIN trascendental. **2** Que está relacionado con lo que trasciende los límites de la realidad sensible, en especial, lo que se relaciona con lo espiritual: *el objetivo de la religión es el reconocimiento del sentido último y trascendente de nuestras vidas.*

trascender o **transcender** v. intr. **1** Empezar a ser conocida una cosa que estaba oculta. **2** Extenderse las consecuencias o los efectos de un hecho. **3** Sobrepasar una cosa un determinado límite: *este asunto trasciende del ámbito familiar.*
OBS En su conjugación, la *e* se convierte en *ie* en sílaba acentuada, como en *entender.*
DER trascendencia, trascendente.

trascribir v. tr. Transcribir.

trascripción n. f. Transcripción.

trascurrir v. intr. Transcurrir.

trascurso n. m. Transcurso.

trasegar v. tr. **1** Cambiar un líquido de un recipiente a otro. SIN trasvasar. **2** Tomar bebidas alcohólicas en exceso.
OBS En su conjugación, la *e* se convierte en *ie* en sílaba acentuada y la *g* en *gu* delante de *e*, como en *regar.*
DER trasiego.

trasera n. f. Parte de atrás de un lugar cerrado o de un objeto con fondo: *la trasera del* *coche; la trasera del armario; la trasera de la tienda.*

trasero, -ra adj. **1** Que está detrás o en la parte posterior de un cosa: *puerta trasera de una casa.* ◆ n. m. **2** Parte inferior y posterior del tronco del ser humano sobre la que descansa el cuerpo al sentarse. SIN culo.

trasferencia n. f. Transferencia.

trasferir v. tr. Transferir.

trasfiguración n. f. Transfiguración.

trasfigurar v. tr. Transfigurar.

trasfondo n. m. Cosa, situación o intención que está detrás de la apariencia externa y visible de una acción o una situación.

trasformación n. f. Transformación.

trasformador, -ra adj./ n. m. y f. Transformador.

trasformar v. tr. Transformar.

trasfusión n. f. Transfusión.

trasgredir v. tr. Transgredir.

trasgresión n. f. Transgresión.

trasgresor, -ra adj. [persona] Que infringe o quebranta la ley o no la cumple.

trashumancia n. f. Traslado de los rebaños de ganado de una región a otra, que se realiza desde los pastos de las dehesas de verano a las de invierno y viceversa.

trashumante adj. [ganado] Que practica la trashumancia.

trasiego n. m. **1** Cambio de un líquido de un recipiente a otro. **2** Gran actividad y movimiento de gente: *¡menudo trasiego hemos tenido hoy en el trabajo!* SIN ajetreo, jaleo.

traslación o **translación** n. f. ASTR. Movimiento elíptico que describe la Tierra alrededor del Sol.

trasladar v. tr./ prnl. **1** Cambiar a una persona o una cosa de lugar: *este fin de semana trasladaré todos los muebles a mi nuevo piso.* ◆ v. tr. **2** Cambiar a una persona de un puesto o cargo a otro de igual categoría. **3** Cambiar o modificar la hora o la fecha en que debe celebrarse un acto: *han trasladado la asamblea al próximo fin de semana.* **4** Traducir un escrito de un idioma a otro.

DER traslación.

traslado n. m. **1** Cambio de domicilio o de sede social. **2** Cambio de lugar de trabajo dentro de la misma empresa o institución, manteniendo un cargo de igual categoría: *pidió el traslado a su ciudad natal.*

traslúcido, -da o **translúcido, -da** adj. [cuerpo, materia] Que deja pasar la luz pero que no permite ver con nitidez a través de él: *cristal translúcido.*

traslucir o **translucir** v. tr./ prnl. **1** Dejar ver o mostrar una cosa a través de unos indicios: *el odio se transluce de sus palabras.* SIN deducir. ◆ v. prnl. **2** translucirse Ser un objeto translúcido: *el cristal se transluce.*

OBS En su conjugación, la *c* se convierte en *zc* delante de *a* y *o*, como en *lucir*.

DER translúcido.

trasmisión n. f. Transmisión.

trasmitir v. tr. Transmitir.

trasmutar v. tr. Transmutar.

trasnochar v. intr. Pasar una persona la noche sin dormir o acostarse muy tarde: *ayer trasnoché porque me fui de fiesta.*

DER trasnochado, trasnochador.

traspapelar v. tr. Perder o extraviar un papel o un documento que estaba junto a otros: *la secretaria traspapeló la factura del cliente.*

trasparencia n. f. Transparencia.

trasparentar v. tr. Transparentar.

trasparente adj. Transparente.

traspasar v. tr. **1** Pasar o llevar una cosa de un lugar a otro: *traspasó todos los muebles a su nuevo piso.* **2** Pasar de una parte a otra de un lugar: *traspasar el umbral.* SIN cruzar. **3** Atravesar un objeto con un instrumento punzante: *la flecha traspasó la manzana.* **4** Entregar el alquiler o la venta de un local o un establecimiento a una persona a cambio de dinero: *traspaso mi negocio porque no puedo encargarme de él.* SIN transferir. **5** Hacerse sentir un dolor físico o moral con mucha fuerza: *el dolor me traspasa el corazón.* **6** Dar o ceder una cosa propia a una persona. **7** Pasar una cosa más allá de un cierto límite: *la imaginación suele traspasar los límites de la realidad.* SIN sobrepasar. **8** Infringir o quebrantar una norma o una ley.

traspaso n. m. **1** Acción que consiste en trasladar o llevar una cosa de un lugar a otro. **2** Entrega o cesión del alquiler o la venta de un local o un establecimiento a una persona a cambio de dinero. **3** Cantidad de dinero que se paga por esta entrega o cesión.

traspié n. m. **1** Tropezón o resbalón que sufre una persona al andar o al correr: *dio un traspié al subir las escaleras y casi se cae al suelo.* **2** Equivocación que comete una persona: *aquel fallo supuso un traspié importante en su carrera.*

OBS El plural es *traspiés*.

traspiración n. f. Transpiración.

trasplantar v. tr. **1** Trasladar una planta con sus raíces del lugar en que estaba plantada a otro: *cultivó los claveles en una maceta y después los trasplantó al jardín.* **2** MED. Introducir en el cuerpo de una persona una parte de tejido o un órgano sanos para sustituir a los que estaban dañados: *le han trasplantado un riñón de una donante que es de su familia.* ◆ v. tr./ prnl. **3** Introducir en un país o lugar ideas, costumbres u otras cosas procedentes de otro lugar.
DER trasplante.

trasplante n. m. **1** Traslado de una planta con sus raíces del lugar en que estaba plantada a otro. **2** MED. Introducción en el cuerpo de una persona de una parte de tejido o un órgano sanos para sustituir a los que estaban dañados.

trasponer o **transponer** v. tr. **1** Poner a una persona o cosa más allá o en lugar distinto del que ocupa. **2** Trasladar una planta con sus raíces del lugar en que estaba plantada a otro. SIN trasplantar. **3** Ponerse el sol u otro astro.
OBS Se conjuga como *poner.*
DER traspuesto.

trasportar v. tr. Transportar.

trasporte n. m. Transporte.

trasportista adj. Transportista.

trasquilar v. tr. **1** Cortar el pelo a una persona de forma desigual y mal cortado. **2** Cortar el pelo o la lana a ciertos animales: *las ovejas se suelen trasquilar una vez al año.* SIN esquilar.
DER trasquilado, trasquilón.

traste n. m. **1** Saliente de metal, hueso u otro material que se coloca junto con otros de manera transversal a lo largo del mástil de la guitarra o de otros instrumentos parecidos; indica el lugar donde mediante la opresión de los dedos pude hacerse variar la longitud libre de las cuerdas de modo que corresponda a diversos sonidos: *el violín no tiene trastes.* **2** Espacio que hay entre dos de esos salientes: *para tocar esa nota, debes poner el índice en el primer traste.*
▶ dar al traste Estropear o echar a perder una cosa: *su torpeza dio al traste con nuestros planes.*

trastero, -ra adj./ n. m. [habitación] Que se utiliza para guardar trastos que no se usan.

trastienda n. f. **1** Habitación situada detrás de la tienda: *el dependiente entró en la trastienda y sacó de allí otro par de zapatos.* **2** Pensamiento o intención que una persona esconde en su forma de actuar o de comportarse, por astucia, cautela o hipocresía.

trasto n. m. **1** Objeto que no sirve para nada, que carece de valor o que está estorbando en un sitio. SIN cacharro. **2** Máquina, aparato o mecanismo que está muy viejo, funciona mal o está estropeado. SIN cacharro. **3** Persona, especialmente niño, que no tiene formalidad, es inquieta o inútil: *este niño es un trasto, no para de hacer travesuras y de revolverlo todo.* ◆ n. m. pl. **4** trastos Herramientas o utensilios que se emplean habitualmente en un oficio o una actividad.
DER trastada, trastazo, traste, trastear, trastero.

trastocar v. tr. **1** Cambiar o alterar el orden que mantenían ciertas cosas o el desarrollo normal de algo: *la contaminación está trastocando seriamente el clima del planeta.* SIN trastornar. ◆ v. prnl. **2** trastocarse Trastornarse una persona o perturbársele la razón: *se ha trastocado tras la pérdida de su hermano.*
OBS En su conjugación, la *c* se convierte en *qu* delante de *e.*

trastornar v. tr. **1** Cambiar o alterar el orden que mantenían ciertas cosas o el desarrollo normal de algo: *la inesperada aparición del presidente trastornó el orden del día.* SIN trastocar. **2** Hacer que una persona sufra un problema, una molestia o tenga un cambio negativo en su vida. **3** Gustar mucho una persona o una cosa a alguien, o sentir por ella una pasión excesiva: *esa chica me ha trastornado desde que la vi.* ◆ v. tr./ prnl. **4** Perturbar o alterar el estado de ánimo o el estado mental de una persona.
DER trastorno.

trastorno n. m. **1** Cambio o alteración en la esencia o las características permanentes de una cosa o en el desarrollo normal de un proceso: *trastornos meteorológicos.* **2** Alteración en el funcionamiento de un organismo o de una parte de él o en el equilibrio psíquico o mental de una persona: *trastorno digestivo; trastornos mentales.* **3** Molestia o perturbación que altera la normalidad en la vida de una persona o en su estado de ánimo: *aquella visita inesperada fue un trastorno.*

trasunto n. m. Reflejo o imitación fiel de algo: *su obra es un trasunto de la sociedad en la que vivimos.*
OBS Se construye con la preposición *de.*

trasvasar v. tr. Pasar un líquido de un recipiente a otro.

OBS También se escribe *transvasar.*

DER transvase, trasvase.

trasvase n. m. Acción de pasar un líquido de un recipiente a otro: *el trasvase del Tajo al Segura.*

OBS También se escribe *transvase.*

trasversal adj. Transversal.

trata n. f. Tráfico o comercio en el que se venden seres humanos como esclavos.

▶ trata de blancas Tráfico o comercio que se realiza con mujeres para obligarlas a prostituirse.

tratado n. m. **1** Ajuste o acuerdo al que se llega tras haber debatido sobre un asunto, especialmente el que tiene lugar entre dos o más naciones: *tratado de paz.* **2** Obra que trata sobre una materia determinada: *tratado de biología.*

DER tratadista.

tratamiento n. m. **1** Manera de actuar, de comportarse o de proceder una persona en su relación con las demás o con los animales. SIN trato. **2** Manera de dirigirse a una persona según su categoría, su condición, su edad, o según otras características: *«usted» es el tratamiento que corresponde a las personas mayores.* **3** Conjunto de cuidados y remedios que se aplican a una persona para curarle una enfermedad: *sigue un tratamiento muy severo contra la tuberculosis.* **4** Manera de trabajar determinadas materias para su transformación o modificación: *se ha inaugurado una planta de reciclaje para el tratamiento de residuos sólidos.*

tratar v. tr. **1** Actuar, comportarse o proceder una persona de una manera determinada en relación con los demás o con los animales: *es cierto que es un pesado, pero no deberías haberle tratado tan mal.* **2** Usar o manejar una cosa de una manera determinada: *trata con cuidado la ropa si quieres que te dure mucho tiempo.* **3** Dar a una persona un tratamiento determinado, según su categoría, su condición, su edad u otras características: *por favor trátame de tú.* **4** Calificar a una persona de manera despectiva o insultante: *le trató de vago y de irresponsable.* **5** Someter una sustancia o una materia a un tratamiento o proceso para su transformación o para la obtención de determinado resultado: *tratan estas telas con diversos productos que las hacen impermeables.* **6** Someter a un paciente a una serie de cuidados y remedios para curarle una enfermedad: *el médico que me trata no me visitará hoy.* **7** Negociar, discutir o analizar un asunto o un tema: *en la reunión de hoy, los ministros tratarán los problemas más urgentes.* ◆ v tr./ intr./ prnl. **8** Tener relación o comunicarse una persona con otra: *no nos tratamos desde hace tiempo.* ◆ v. intr. **9** Ocuparse o hablar de cierto tema, asunto o materia: *la película trata del problema de la droga.* **10** Comerciar o comprar cosas para después venderlas: *toda su familia trata en telas.* NOTA Se usa seguido de la preposición *en.*

▶ tratar de + infinitivo Intentar conseguir o lograr un objetivo o un fin: *trató de llegar a la hora convenida.*

DER trata, tratable, tratamiento, tratante, trato; maltratar.

trato n. m. **1** Manera de actuar, de comportarse o de proceder una persona en su relación con las demás o con los animales: *Juan es una persona de trato muy agradable.* **2** Manera de usar o manejar cierta cosa: *el coche te durará muchos años si le das buen trato.* **3** Relación de una persona con otra o con otras: *no tengo mucho trato con él.* **4** Acuerdo al que llegan dos o más personas sobre un asunto: *yo siempre cumplo un trato.*

DER contrato.

trauma n. m. **1** Choque emocional que produce en el subconsciente de una persona una impresión intensa y duradera. **2** Impresión intensa, negativa y duradera: *tengo un trauma tremendo por haber sido injusto con mi hermano pequeño.*

traumático, -ca adj. **1** Del traumatismo o relacionado con él. **2** Que produce un trauma (choque o impresión emocional): *experiencia traumática.*

traumatismo n. m. Daño de los tejidos orgánicos o de los huesos producido por un golpe, una torcedura u otra circunstancia.

traumatizar v. tr. Producir un trauma en una persona: *se traumatizó por la muerte de su amiga.*

OBS En su conjugación, la *z* se convierte en *c* delante de *e.*

traumatólogo, -ga n. m. y f. Médico especializado en el estudio y tratamiento de los daños de los tejidos orgánicos o de los huesos producidos por golpes, torceduras u otras circunstancias.

través n. m. Inclinación o torcimiento de una cosa hacia un lado determinado: *el cuadro le ha quedado colgado de través.*

▶ a través de **a.** Indica que una cosa se hace

u ocurre pasando o cruzando por en medio de otra o de un lado a otro de algo: *se abrió paso a través de la multitud.* **b.** Indica que una cosa se hace u ocurre mediante la utilización de otra o gracias a otra: *le haré llegar esta carta a través de su esposa.*

DER travesaño, travesía; atravesar.

travesaño n. m. **1** Barra o pieza alargada de madera o de otro material que atraviesa una cosa de una parte a otra: *se ha partido un travesaño de la escalera de mano.* **2** En el fútbol y en otros deportes, palo superior de la portería que une horizontalmente los dos postes.

travesía n. f. **1** Calle estrecha que va de una calle principal a otra. **2** Parte de una carretera que cruza por en medio de una población: *cuando se conduce por una travesía hay que extremar las precauciones.* **3** Viaje por mar o por aire.

travesti o **travestí** n. m. Hombre que se viste y se maquilla como una mujer y que, generalmente, actúa en un espectáculo. SIN travestido.

OBS El plural es *travestis* o *travestís*.

travesura n. f. Acción mala pero de poca importancia y hecha sin malicia; especialmente, la cometida por un niño para divertirse.

traviesa n. f. Pieza alargada de madera, de metal o de hormigón armado que se atraviesa junto con otras en una vía férrea para asentar sobre ella los raíles.

travieso, -sa adj. **1** [persona] Que hace muchas travesuras: *no lo puedo dejar solo porque es muy travieso.* **2** [persona] Que no se está quieto o es muy revoltoso.

DER travesura.

trayecto n. m. **1** Espacio que se recorre entre dos puntos o lugares. **2** Acción de recorrer el espacio que hay entre dos puntos o lugares: *el trayecto se me hace más corto y ameno si voy escuchando la radio.*

trayectoria n. f. **1** Línea descrita en el espacio por un punto que se mueve: *la trayectoria de un proyectil es el recorrido que sigue al ser lanzado.* **2** Camino o recorrido que sigue alguien o algo al desplazarse. **3** Curso, desarrollo o evolución que sigue una persona o una cosa a lo largo del tiempo: *la trayectoria política de este escritor ha ido de la extrema izquierda al centro derecha.*

traza n. f. **1** Aspecto o apariencia que presenta una persona o una cosa: *esta comedia tiene todas las trazas de un sainete.* **2** Planta, proyecto o diseño de un edificio o de una obra de construcción. SIN trazado. **3** Habilidad que tiene una persona para hacer una cosa determinada: *tiene traza para la música.*

trazado n. m. **1** Planta, proyecto o diseño de un edificio o una obra de construcción: *en el plano se observa perfectamente el trazado del puente.* **2** Recorrido o dirección que sigue sobre el terreno un camino o una vía: *el trazado de esta autovía es demasiado sinuoso.*

trazar v. tr. **1** Hacer líneas o dibujar cierta cosa mediante rayas o líneas: *la profesora trazó una parábola en la pizarra.* **2** Pensar, idear o preparar un plan o un proyecto: *se ha trazado unos objetivos demasiado ambiciosos.* **3** Describir o explicar con palabras los rasgos característicos de una persona o asunto: *con pocas palabras trazó el carácter del personaje.*

OBS En su conjugación, la *z* se convierte en *c* delante de *e*.

DER traza, trazado, trazador, trazo.

trazo n. m. Línea o raya hecha al escribir o dibujar: *los trazos de su escritura son muy elegantes.*

trébol n. m. **1** Planta herbácea anual cuyas hojas están compuestas por tres folíolos redondeados, y, en raras ocasiones, por cuatro. ◆ n. m. pl. **2** **tréboles** Palo de la baraja francesa en el que aparecen dibujadas unas figuras con la forma de una hoja de esta planta: *puso encima de la mesa el cuatro de tréboles.*

trece num. card. **1** Indica que el nombre al que acompaña o al que sustituye está 13 veces. NOTA Puede ser determinante (*trece veces*) o pronombre (*vinieron a cenar los trece*). ◆ num. ord. **2** Indica que el nombre al que acompaña o al que sustituye ocupa el lugar número 13 en una serie. SIN decimotercero. NOTA Es preferible el uso del ordinal: *decimotercero.* ◆ n. m. **3** Nombre del número 13.

DER treceavo.

treceavo, -va num. Parte que resulta de dividir un todo en 13 partes iguales.

trecho n. m. Espacio o distancia que hay entre dos lugares o trozo de camino que se recorre: *desde aquí hasta el pueblo hay un buen trecho.*

tregua n. f. **1** Detención o suspensión de una lucha o de una guerra durante un tiempo determinado: *los ejércitos de ambos países han anunciado una tregua de 15 días.* **2** Detención o interrupción durante un período de tiempo de una actividad, un trabajo u otra cosa: *tenemos que seguir sin tregua hasta terminar.*

treinta num. card. **1** Indica que el nombre al que acompaña o al que sustituye está 30 veces. **NOTA** Puede ser determinante (*treinta veces*) o pronombre (*vinieron a cenar los treinta*). ◆ num. ord. **2** Indica que el nombre al que acompaña o al que sustituye ocupa el lugar número 30 en una serie. **SIN** trigésimo. **NOTA** Es preferible usar el ordinal: *trigésimo*. ◆ n. m. **3** Nombre del número 30.

DER treintavo, treintena.

treintañero, -ra adj. [persona] Que tiene de treinta a cuarenta años de edad.

treintavo, -va num. Parte que resulta de dividir un todo en 30 partes iguales.

treintena n. f. Conjunto formado por treinta unidades.

trekking n. m. Modalidad de excursionismo que consiste en recorrer a pie largas distancias o zonas determinadas, generalmente de alta montaña.

OBS Es de origen inglés y se pronuncia aproximadamente «trekin».

tremebundo, -da adj. Que causa terror o que asusta por alguna circunstancia: *tenía un aspecto tremebundo con aquel disfraz de bruja.* **SIN** terrible, espantoso, horrendo.

tremendismo n. m. Tendencia artística y literaria desarrollada en España después de la Guerra Civil caracterizada por presentar de forma cruda situaciones desagradables y violentas, incluso repulsivas, en un lenguaje también crudo y directo: *la novela de Cela* La familia de Pascual Duarte *inaugura el tremendismo.*

tremendo, -da adj. **1** Que produce un fuerte sentimiento de sobrecogimiento, susto, miedo o terror: *el atentado ha sido un crimen tremendo.* **SIN** terrible. **2** Que es muy grande en tamaño o intensidad, o que es extraordinario: *eso que has dicho es un tremendo disparate.* **3** [persona] Que hace cosas sorprendentes o fuera de lo común: *es tremendo, no paras de reírte con sus ocurrencias.*

DER tremendismo.

trémolo n. m. MÚS. Serie o sucesión rápida de muchas notas iguales y de la misma duración.

trémulo, -la adj. **1** Que tiembla o se agita con movimientos rápidos y continuos: *voz trémula.* **SIN** tembloroso. **2** Que tiene un movimiento o una agitación parecidos al temblor: *luz trémula.* **SIN** tembloroso.

tren n. m. **1** Medio de transporte formado por varios vagones que están enganchados y que son arrastrados sobre unos raíles por una locomotora. **SIN** ferrocarril. **tren de alta velocidad** Tren que puede alcanzar velocidades superiores a los doscientos kilómetros por hora y que circula por un trazado especial. **tren expreso** Tren que transporta personas y se detiene solamente en las estaciones principales de un recorrido. **2** Conjunto de máquinas o aparatos empleados para una misma operación y colocados en serie uno tras otro: *tren de aterrizaje.* **3** Manera o modo de vivir una persona con determinados lujos y comodidades: *desde que abrieron el negocio, han mejorado su tren de vida.*

▶ **a todo tren** **a.** Se utiliza para indicar que una cosa se hace sin reparar en gastos o con mucho lujo y ostentación: *ganan mucho dinero y viven a todo tren.* **b.** Se utiliza para indicar que una cosa se hace a gran velocidad: *le gusta conducir a todo tren.* **para parar un tren** Se utiliza para indicar que una cosa es muy abundante o existe en gran cantidad: *aquí tenemos facturas para parar un tren.*

trenza n. f. Conjunto de tres o más mechones, cuerdas, hebras u otras cosas con forma alargada, que se cruzan alternativamente formando una sola más gruesa.

DER trencilla, trenzar.

trenzado n. m. **1** Trenza. **2** En danza, salto ligero en el que los pies se cruzan rápidamente en el aire.

trenzar v. tr. Hacer o formar trenzas con mechones, cuerdas o con otra clase de fibras o hebras.

OBS En su conjugación, la *z* se convierte en *c* delante de *e*.

DER trenzado.

trepa n. com. Persona que intenta ascender profesional o socialmente aprovechando cualquier circunstancia y sin importarle los medios que utilice para ello: *es un trepa capaz de mentir o acusar a un compañero para ganarse el favor del jefe.*

trepanación n. f. MED. Operación quirúrgica que consiste en perforar el cráneo; se practica con fines curativos o diagnósticos.

trepanar v. tr. MED. Perforar el cráneo con un instrumento quirúrgico.

DER trepanación.

trepar v. intr. **1** Subir a un lugar alto y de difícil acceso valiéndose y ayudándose de los pies y de las manos: *los niños treparon al ár-*

bol más alto. **2** Crecer ciertas plantas y subir agarrándose y sujetándose a lo largo de un árbol, una pared, una reja u otro lugar que les sirve de soporte: *la hiedra trepa por los muros.* **3** Ascender profesional o socialmente una persona aprovechando cualquier circunstancia y sin importarle los medios que utilice para ello.
DER trepa, trepador; retreparse.

trepidante adj. **1** Que vibra y tiembla con movimientos pequeños y rápidos: *esa moto hace un ruido trepidante.* **2** Que se desarrolla de forma muy rápida y emocionante: *la final entre las selecciones de Brasil e Italia fue trepidante.*

tres num. card. **1** Indica que el nombre al que acompaña o al que sustituye está 3 veces. NOTA Puede ser determinante (*tres niños*) o pronombre (*vinieron a cenar los tres*). ◆ num. ord. **2** Indica que el nombre al que acompaña o al que sustituye ocupa el lugar número 3 en una serie. SIN tercero. NOTA Es preferible el uso del ordinal: *tercero.* ◆ n. m. **3** Nombre del número 3.
▶ ni a la de tres Se utiliza para indicar que una cosa es muy difícil o imposible de realizar o es muy difícil que suceda: *no consigo sacar el coche del barrizal ni a la de tres.* tres cuartos Prenda de vestir de abrigo que mide tres cuartas partes de lo que mide normalmente un abrigo.
OBS El plural es *treses.*
DER tresillo.

trescientos, -tas num. card. **1** Indica que el nombre al que acompaña o al que sustituye está 300 veces. NOTA Puede ser determinante (*trescientas palabras*) o pronombre (*firmaron el acuerdo los trescientos*). ◆ num. ord. **2** Indica que el nombre al que acompaña o al que sustituye ocupa el lugar número 300 en una serie. SIN tricentésimo. NOTA Es preferible el uso del ordinal: *tricentésimo.* ◆ n. m. **3** Nombre del número 300.

tresillo n. m. **1** Conjunto de un sofá y dos sillones a juego. **2** Asiento, normalmente para tres personas, grande, blando y con apoyos para la espalda y los brazos. SIN sofá. **3** Juego de cartas en el que participan tres personas, cada una de las cuales recibe nueve cartas.

treta n. f. Medio que se emplea con astucia y habilidad para conseguir una cosa, y en el que hay oculto un engaño o una trampa: *se nos ha ocurrido una treta para irnos sin que se den cuenta.*

tri- Elemento prefijal que entra en la formación de palabras con el significado de 'tres': *trilogía.*

trial n. m. Modalidad de motociclismo que consiste en competir en habilidad recorriendo una distancia determinada sobre terreno accidentado y con obstáculos.

triangular adj. **1** Que tiene forma de triángulo o se parece a esta figura. **2** Que tiene tres partes o que en él participan tres partes. ◆ v. tr. **3** En topografía, unir tres puntos mediante líneas rectas, formando un triángulo. **4** En algunos deportes, mover la pelota entre varios jugadores, formando un triángulo imaginario.
DER triangulación.

triángulo n. m. **1** Figura plana que tiene tres lados que forman tres ángulos: *dobló la servilleta en forma de triángulo.* triángulo acutángulo Triángulo que tiene tres ángulos agudos, o sea, menores de 90 grados. triángulo equilátero Triángulo que tiene los tres lados y los tres ángulos iguales. triángulo escaleno Triángulo que tiene los tres lados diferentes. triángulo isósceles Triángulo que tiene dos lados iguales y uno diferente. triángulo obtusángulo Triángulo que tiene un ángulo mayor de 90 grados. triángulo rectángulo Triángulo que tiene un ángulo recto. **2** Instrumento musical formado por una varilla de metal doblada en tres partes; se mantiene suspendida en el aire y se hace sonar golpeándola con otra varilla.
▶ triángulo amoroso Relación amorosa establecida entre tres personas.
DER triangular.

triatlón n. m. Prueba deportiva que consiste en tres carreras: *una de natación, una de ciclismo y una corriendo.*

tribal adj. De la tribu o que tiene relación con este tipo de organización social.

tribu n. f. **1** Organización social, política y económica integrada por un conjunto de personas que comparten un origen, una lengua, unas costumbres y unas creencias y que obedecen a un mismo jefe: *la tribu es una organización propia de pueblos primitivos.* **2** Grupo numeroso de personas que tienen unas características comunes: *cada día hay nuevas tribus urbanas en las grandes ciudades.*
DER tribal, tribuno.

tribulación n. f. **1** Pena, disgusto o preocupación muy grande que tiene una persona:

cuando mis hijos se hagan más reponsables, cesarán mis tribulaciones. **SIN** congoja. **2** Situación adversa o desfavorable que padece una persona: *tuvo que pasar muchas tribulaciones durante la guerra.*
DER atribular.

tribuna n. f. **1** Plataforma o armazón que se coloca en alto, que generalmente tiene una barandilla, y desde donde se habla a un público: *el orador subió a la tribuna y comenzó su discurso.* **2** Plataforma o armazón que se coloca en alto y donde se instalan las autoridades o los espectadores que contemplan un desfile o un espectáculo público. **3** Medio de comunicación social que se utiliza para expresar o manifestar una opinión: *este periódico es una tribuna abierta a todos los partidos políticos.* **4** Localidad preferente de algunos estadios, pabellones o campos de deporte: *he conseguido dos entradas de tribuna.*

tribunal n. m. **1** Persona o conjunto de personas que se encargan de administrar justicia en un Estado: *el tribunal emitió su veredicto.* Tribunal Constitucional Órgano que tienen algunos Estados para vigilar el respeto a la Constitución y procurar que las leyes se ajusten a su espíritu. **NOTA** Se escribe con mayúscula. Tribunal de Cuentas Órgano encargado de vigilar que los ingresos económicos y los gastos del Estado sean correctos. **NOTA** Se escribe con letra mayúscula. Tribunal Supremo Órgano más alto de la justicia, cuyas decisiones no pueden ser apeladas por ningún otro tribunal. **NOTA** Se escribe con letra mayúscula. **2** Edificio o lugar donde se administra justicia: *llevaron al delincuente al tribunal.* **3** Conjunto de personas que están reunidas para emitir un juicio sobre algo, como un examen o una oposición: *lo han llamado para formar parte de un tribunal.*

tribuno n. m. En la antigua Roma, magistrado que defendía los derechos del pueblo.

tributar v. tr. **1** Pagar un tributo, como el que pagan los ciudadanos al Estado o el que pagaban los vasallos a su señor. **2** Manifestar hacia una persona una muestra de reconocimiento, respeto o consideración como prueba de agradecimiento o admiración: *tributa a su maestro un profundo respeto.*

tributo n. m. **1** Cantidad de dinero que un ciudadano debe pagar al Estado o a otro organismo para sostener el gasto público: *los grandes empresarios deberían pagar mayores tributos a Hacienda.* **SIN** impuesto. **2** Cantidad de dinero o de otra cosa que el vasallo debía entregar a su señor como prueba de obediencia y sometimiento. **3** Muestra de reconocimiento, respeto o consideración que se manifiesta hacia una persona como prueba de agradecimiento o admiración. **4** Sentimiento favorable que se expresa o se manifiesta hacia una persona: *esta preciosa joya es un tributo de amor de mi marido.* **5** Carga continua u obligación que se debe soportar por usar o disfrutar una cosa: *la renuncia a formar una familia es el tributo que pagan algunas personas por triunfar en su carrera.*
DER tributar, tributario.

tricentésimo, -ma num. ord. **1** Indica que el nombre al que acompaña o al que sustituye ocupa el lugar número 300 en una serie. **NOTA** Puede ser determinante (*la tricentésima vez*) o pronombre (*el tricentésimo en las listas*). ◆ num. **2** Parte que resulta de dividir un todo en 300 partes iguales.

tríceps adj./ n. m. ANAT. [músculo] Que está formado por tres partes o porciones que se unen en un tendón: *los tríceps están en las extremidades superiores e inferiores.*
▶ tríceps braquial ANAT. Músculo que permite doblar y extender el brazo. tríceps espinal ANAT. Músculo que está situado a lo largo de la columna vertebral e impide que se caiga hacia adelante. tríceps femoral ANAT. Músculo que permite doblar y extender la pierna.
OBS El plural también es *tríceps.*

triciclo n. m. Vehículo de tres ruedas, dos traseras y una delantera, especialmente el movido por dos pedales y usado por los niños.

triclinio n. m. **1** En la Roma y Grecia antiguas, diván de tres plazas en el que las personas se tendían para comer. **2** Habitación de las antiguas casas romana y griega que servía como comedor y donde había tres divanes alrededor de una mesa.

tridecasílabo, -na adj./ n. m. [verso] Que tiene trece sílabas.

tridente n. m. Instrumento formado por un palo con tres puntas de hierro en forma de arpón.

tridimensional adj. Que tiene tres dimensiones, que son altura, anchura y largura: *la escultura, a diferencia de la pintura, es una representación tridimensional.*

trienal adj. **1** Que sucede o se repite cada tres años: *exposición trienal.* **2** Que dura tres años.

a b c d e f g h i j k l m n ñ o p q r s t u v w x y z

trienio n. m. **1** Período de tres años. **2** Incremento que se efectúa sobre un sueldo o un salario por cada tres años de servicio activo en una empresa u organismo: *él cobra más que yo porque tiene más trienios.*
DER trienal.

trifulca n. f. Discusión o pelea entre dos o más personas, generalmente con mucho ruido y alboroto.

trigal n. m. Terreno o campo sembrado de trigo.

trigésimo, -ma num. ord. **1** Indica que el nombre al que acompaña o al que sustituye ocupa el lugar número 30 en una serie. NOTA Puede ser determinante (*la trigésima vez*) o pronombre (*el trigésimo de la fila*). ◆ num. **2** Parte que resulta de dividir un todo en 30 partes iguales.

trigo n. m. **1** Planta de la familia de las gramíneas cuyo tallo termina en una espiga con cuatro o más hileras de granos, de los cuales se saca la harina con la que se hace el pan: *el trigo es un cereal.* trigo candeal Variedad de trigo que tiene la espiga cuadrada y recta, y los granos, ovales. **2** Grano o conjunto de granos de esta planta.
▶ no ser trigo limpio No ser una persona, asunto o negocio honrado o de buenas intenciones.
DER trigal, trigueño, triguero.

trigonometría n. f. MAT. Parte de las matemáticas que estudia las relaciones entre los lados y los ángulos de un triángulo.

trilingüe adj./ n. com. **1** Que habla tres lenguas, generalmente aprendidas las tres en la niñez. ◆ adj. **2** [texto] Que está escrito en tres lenguas: *diccionario trilingüe; cartel trilingüe.*

trilla n. f. **1** Operación que consiste en triturar el cereal cortado para separar el grano de la paja: *actualmente se utilizan máquinas modernas para la trilla.* **2** Tiempo o época en que se lleva a cabo esta operación. **3** Instrumento que se usa para trillar.

trillar v. tr. **1** Triturar el cereal cortado para separar el grano de la paja. **2** Usar con excesiva frecuencia una cosa o tratar mucho y repetitivamente un tema determinado: *elige otro tema para el debate porque ese ya está muy trillado.*
DER trilla, trillador, trilladora.

trillizo, -za adj. [persona] Que ha nacido de un parto triple: *el médico le dijo que iba a tener trillizos.*

trillón n. m. Conjunto formado por un millón de billones de unidades.

trilobites n. m. pl. Clase a la que pertenecen diversas especies de artrópodos fósiles marinos de la era primaria.

trilogía n. f. Conjunto de tres obras literarias o cinematográficas de un mismo autor que tienen entre sí cierta unidad o elementos comunes: *esta película es la tercera parte de una trilogía de ciencia ficción.*

trimestral adj. **1** Que sucede o se repite cada tres meses. **2** Que dura tres meses.

trimestre n. m. Período de tres meses: *un año tiene cuatro trimestres.*
DER trimestral.

trinar v. intr. Cantar un pájaro haciendo cambios de voz con la garganta y produciendo un sonido agudo y repetido con mucha rapidez: *el jilguero trinaba en su jaula.*
▶ estar que trina Estar muy enfadada o muy nerviosa una persona por algún motivo: *es mejor que no le pidas nada ahora porque está que trina.*
DER trino.

trinchar v. tr. Cortar en trozos la comida para servirla.
DER trincha, trinchera.

trinchera n. f. **1** Zanja excavada en la tierra dentro de la cual quedan los soldados protegidos del fuego enemigo o parcialmente cubiertos para poder disparar. **2** Corte hecho en el terreno, con taludes a ambos lados, para construir una vía de comunicación, como una autopista o una vía férrea.
DER atrincherar.

trineo n. m. Vehículo para deslizarse sobre la nieve y el hielo, provisto de esquíes o patines en lugar de ruedas: *los niños se tiraban con sus trineos por la pendiente nevada.*

trinitario, -ria adj. **1** De la orden religiosa de la Trinidad o que tiene relación con ella. ◆ adj./ n. m. y f. **2** Que pertenece a esta orden religiosa.

trino n. m. Canto o sonido emitido por los pájaros que consiste en un sonido agudo y repetido con mucha rapidez: *me despertaba el dulce trino del ruiseñor.*

trinomio n. m. MAT. Polinomio compuesto de tres términos.

trinquete n. m. **1** En un barco de vela, palo más cercano a la proa. **2** Mecanismo en forma de lengüeta que, colocado en los dientes de una rueda, obliga a que esta gire hacia un lado y no hacia el otro.

trío n. m. **1** Conjunto de tres personas o cosas. **2** Composición musical creada para ser interpretada por tres instrumentos o tres voces. **3** Conjunto de tres voces o instrumentos que interpretan una composición musical. SIN terceto.

tripa n. f. **1** Parte del cuerpo del hombre o de los animales comprendida entre el pecho y las ingles, en la que están contenidos los aparatos digestivo, reproductor y urinario: *el veterinario palpó la tripa del gato.* SIN abdomen, vientre. **2** Esa misma parte, cuando está más abultada de lo normal: *deberías hacer deporte, porque estás echando tripa.* SIN barriga, panza. **3** Conducto musculoso y plegado que está situado a continuación del estómago o parte de este conducto: *la tripa del cerdo se usa para hacer embutidos.* SIN intestino. ◆ n. f. pl. **4 tripas** Piezas o cosas que se encuentran en la parte interior de los aparatos y de algunos objetos: *abrió la radio para verle las tripas.*
▶ hacer de tripas corazón Esforzarse una persona para hacer una cosa poco agradable o que le produce asco o repugnancia: *tuve que hacer de tripas corazón para no responder a su provocación.* ¿qué tripa se le ha roto? Se utiliza para expresar extrañeza o fastidio por una petición urgente o inoportuna de una persona: *¿qué tripa se le habrá roto para llamarme a estas horas?*
DER tripón, tripudo; destripar.

tripartito, -ta adj. **1** Que se divide en tres partes: *la herencia fue una división tripartita y justa.* **2** Que se realiza entre tres potencias, naciones o entidades: *acuerdo tripartito.*

triple num. **1** [cantidad, número] Que es tres veces mayor que otro. NOTA Puede ser determinante (*triple salto*) o pronombre (*gano el triple que él*). ◆ adj. **2** Que está formado por tres cosas, elementos o partes semejantes: *este medicamento tiene un efecto triple.* ◆ n. m. **3** En baloncesto, canasta que tiene un valor de tres puntos.
DER triplete, triplicar.

triplicar v. tr. Hacer tres veces mayor una cosa o multiplicar por tres una cantidad.
OBS En su conjugación, la *c* se convierte en *qu* delante de *e*.
DER triplicado.

trípode n. m. Armazón de tres pies que sirve para sostener ciertos instrumentos: *ajustó la cámara sobre el trípode para hacer la foto.*

tríptico n. m. **1** Pintura, grabado o relieve realizado sobre tres tablillas articuladas, de manera que las dos laterales se doblan sobre la del centro. **2** Libro, tratado u obra cinematográfica o escénica que consta de tres partes. **3** Folleto, prospecto o documento que consiste en una hoja que se dobla dos veces sobre sí misma y que consta de tres partes.

triptongar v. tr. Pronunciar en una sola sílaba un grupo de tres vocales formando un triptongo.
OBS En su conjugación, la *g* se convierte en *gu* delante de *e*, como en *llegar*.

triptongo n. m. Conjunto de tres vocales que forman una misma sílaba: *en la palabra «limpiáis» hay un triptongo.*

tripudo, -da adj. [persona] Que tiene la tripa o barriga muy grande.

tripulación n. f. Conjunto de personas que se encargan de conducir o manejar un barco, un avión o una nave espacial, o que prestan servicio en ellos: *la tripulación de este avión les desea un feliz viaje.*

tripulante n. com. Persona que se encarga de conducir o manejar un barco, un avión o una nave espacial, o que presta servicio en ellos.

tripular v. tr. Conducir o manejar un barco, un avión o una nave espacial, o prestar servicio en ellos.
DER tripulación, tripulante.

triquinosis n. f. Enfermedad parasitaria de algunos animales y del hombre que se caracteriza por fiebre alta, dolores musculares y vómitos o diarreas: *la triquinosis puede ser mortal.*
OBS El plural también es *triquinosis*.

tris n. m. Parte o porción muy pequeña de una cosa, casi inapreciable: *faltó un tris para que me cayera.*
▶ en un tris Se utiliza para indicar que una cosa no sucede o se realiza por muy poco: *estuvo en un tris de hacerse millonario.*

trisílabo, -ba adj./ n. m. [palabra] Que tiene tres sílabas: *la palabra ventana es trisílaba.*

triste adj. **1** [persona] Que siente melancolía, pena o tristeza: *está triste desde que ha perdido a su mejor amigo.* SIN melancólico. ANT alegre. **2** [persona] Que es de carácter melancólico o tiende a sentir y mostrar pena o tristeza: *es un hombre muy triste, siempre con la cara larga.* ANT alegre. **3** Que expresa melancolía, pena o tristeza. ANT alegre. **4** Que produce melancolía, pena o tristeza: *las habitaciones interiores son tristes y oscuras.* ANT alegre. **5** Que causa un gran dolor o es muy difícil de soportar: *es muy triste vivir con esta enfermedad a cuestas.* **6** Que se hace o sucede con melancolía y pesadumbre. **ANT** alegre. **7** Que es insignificante, insuficiente o no es eficaz para una cosa: *con un triste aprobado no creo que consigas una buena nota media.*

DER tristeza, tristón; entristecer.

tristeza n. f. **1** Sentimiento de la persona que se encuentra en un estado de melancolía, sin alegría ni ilusión por las cosas, sin ánimo y, a veces, con tendencia al llanto. **SIN** pesar. **ANT** alegría. **2** Característica de las cosas que muestran o producen este sentimiento: *la tristeza de las imágenes conmovió a todo el país.* **3** Hecho o suceso desgraciado o que produce pena.

tritón n. m. Animal anfibio de aspecto parecido al de una lagartija, pero de mayor tamaño y con la piel granulosa.

OBS Para indicar el sexo se usa el tritón macho y el tritón hembra.

trituradora n. f. Aparato o máquina para triturar: *una trituradora de basura.*

triturar v. tr. **1** Partir o desmenuzar en trozos pequeños una materia sólida, pero sin llegar a convertirla en polvo. **2** Masticar o partir una cosa con los dientes, especialmente los alimentos. **3** Rechazar, censurar o rebatir de modo claro una idea o algo que se examina o se juzga: *trituró uno por uno todos sus argumentos.*

DER trituración, trituradora.

triunfador, -ra adj. [persona] Que triunfa en una cosa o que generalmente triunfa en las cosas.

triunfal adj. Del triunfo o relacionado con este logro.

DER triunfalismo.

triunfalismo n. m. Actitud de seguridad y superioridad sobre los demás que manifiesta la persona que confía excesivamente en sus capacidades: *su triunfalismo le hace cantar victoria antes de terminar la competición.*

DER triunfalista.

triunfalista adj. Que muestra una actitud de seguridad y superioridad hacia los demás: *su actitud triunfalista antes de las elecciones cambió por completo cuando su partido perdió el poder.*

triunfante adj. Que incluye o denota triunfo: *un gesto triunfante.*

triunfar v. intr. **1** Ganar o conseguir la victoria en una lucha o competición. **2** Tener éxito una persona o conseguir unos objetivos que se había planteado: *ha triunfado en el terreno laboral y en el personal.*

DER triunfador, triunfante.

triunfo n. m. **1** Acción de ganar o conseguir la victoria en una lucha o competición: *el triunfo del equipo fue muy merecido.* **SIN** éxito, victoria. **2** Objeto que se da en señal de victoria o como premio por haber ganado en una competición o haber obtenido uno de los mejores puestos. **SIN** trofeo. **3** En algunos juegos de naipes, carta de la baraja que tiene mayor valor que otras: *preguntó a su compañero si tenía algún triunfo para ganar aquella baza.* **4** Éxito o resultado favorable que se consigue en una cosa: *conseguir que mi padre me deje ir a la excursión ya ha sido un triunfo.*

DER triunfal, triunfar.

triunvirato n. m. **1** En la antigua Roma, gobierno formado por tres personas. **2** Grupo de tres personas que dirigen algo o están al frente de algo.

trivial adj. **1** Que no tiene importancia, trascendencia o interés: *no podemos perder el tiempo con discusiones triviales.* **2** Que es común y sabido por todos.

DER trivialidad, trivializar.

trivialidad n. f. **1** Falta de importancia, de interés o de trascendencia. **2** Cosa que no tiene importancia, trascendencia o interés, o que es común y sabida por todos: *que la Tierra es redonda es algo que hoy nos parece una trivialidad.*

trivializar v. tr. Quitar importancia, o no dársela, a una cosa o un asunto: *no trivialicemos el problema; si actuamos así, el asunto se trivializa.*

OBS En su conjugación, la *z* se convierte en *c* delante de *e*.

trivium n. m. Conjunto de tres disciplinas del conocimiento, formado por gramática, retórica y dialéctica, que en la Edad Media se estudiaban conjuntamente.

-triz Sufijo que entra en la formación del femenino de algunos nombres de oficio o dignidad: *actriz, emperatriz.*

trocar v. tr. **1** Entregar una cosa y recibir otra a cambio: *antes de que existiera la moneda, la gente trocaba unas cosas por otras.* **SIN** cambiar. ◆ v. tr./ prnl. **2** Transformar una cosa en otra diferente: *su risa se trocó en llanto.*

DER trueque; trastocar.

trocear v. tr. Dividir o cortar en trozos una cosa entera.

trofeo n. m. **1** Objeto que se da en señal de victoria o como premio por haber vencido en una competición o haber obtenido uno de los mejores puestos: *el rey entregó el trofeo al primer clasificado.* **2** Cabeza disecada o parte de un animal que una persona conserva como recuerdo de su caza: *en el salón de su casa tenía colgados más de 30 trofeos.*

-trofia Elemento sufijal que entra en la formación de palabras con el significado de 'alimentación', 'estado de alimentación': *hipertrofia.*

troglodita adj./ n. com. **1** [persona] Que vive en las cavernas. SIN cavernícola. **2** [persona] Que es bárbaro y poco sociable.

trola n. f. Mentira.
DER trolero.

trocar

INDICATIVO	SUBJUNTIVO
presente	**presente**
trueco o troco	trueque o troque
truecas o trocas	trueques o troques
trueca o troca	trueque o troque
trocamos	troquemos
trocáis	troquéis
truecan o trocan	truequen o troquen
pretérito imperfecto	**pretérito imperfecto**
trocaba	trocara o trocase
trocabas	trocaras o trocases
trocaba	trocara o trocase
trocábamos	trocáramos o trocásemos
trocabais	trocarais o trocaseis
trocaban	trocaran o trocasen
pretérito perfecto simple	**futuro**
troqué	trocare
trocaste	trocares
trocó	trocare
trocamos	trocáremos
trocasteis	trocareis
trocaron	trocaren
futuro	IMPERATIVO
trocaré	trueca o troca (tú)
trocarás	trueque o troque (usted)
trocará	trocad (vosotros)
trocaremos	truequen o troquen (ustedes)
trocaréis	
trocarán	
condicional	FORMAS NO PERSONALES
trocaría	**infinitivo** trocar
trocarías	**gerundio** trocando
trocaría	**participio** trocado
trocaríamos	
trocaríais	
trocarían	

trolebús n. m. Vehículo de tracción eléctrica que se usa para el transporte de personas dentro de la ciudad y que toma la corriente de un cable suspendido en el aire.

tromba n. f. **1** Columna de agua que se levanta en el mar y que gira sobre sí misma a causa de un torbellino: *las trombas pueden alcanzar hasta cien metros de altura y diez metros de anchura.* **2** Lluvia muy intensa, violenta y de corta duración: NOTA Se denomina también tromba de agua: *las trombas de agua a menudo son causa de inundaciones.*

trombo n. m. MED. Coágulo de sangre que se forma en el interior de una vena.

trombón n. m. Instrumento musical de viento de la familia del metal; está formado por un tubo fino y largo doblado dos veces sobre sí mismo y terminado en un abertura ancha en forma de cono.
▶ **trombón de varas** Trombón que tiene un tubo largo móvil que se puede alargar o acortar para producir las distintas notas.

trombosis n. f. MED. Formación de un coágulo de sangre en el interior de un vaso sanguíneo o en el corazón: *trombosis cerebral.*
OBS El plural también es *trombosis.*

trompa n. f. **1** Instrumento musical de viento de la familia del metal; está formado por un tubo enroscado circularmente que es estrecho por un extremo y se va ensanchando hasta terminar en una abertura ancha en forma de cono por el otro. **2** Prolongación muscular, hueca y flexible, de la nariz de algunos animales. **3** Cosa que tiene la forma de esta prolongación, parecida a un tubo alargado. **trompa de Eustaquio** ANAT. Conducto que comunica el oído medio con la faringe. **trompa de Falopio** ANAT. Conducto del aparato reproductor de los mamíferos que conduce los óvulos desde los ovarios hasta el útero. SIN oviducto. **4** Aparato chupador que tienen algunos insectos que se puede dilatar y contraer. **5** Borrachera, estado de embriaguez de una persona. **6** ARQ. Hueco que resulta al pasar de una planta cuadrada a otra circular: *si miras alrededor de la bóveda verás las trompas.*
DER trompada, trompazo, trompo.

trompazo n. m. Golpe fuerte que se da una persona o una cosa contra algo: *el niño se dio un buen trompazo contra la valla.* SIN porrazo.

trompeta n. f. **1** Instrumento musical de viento de la familia del metal que está formado por un tubo con una boquilla en un

extremo y una abertura en forma de cono en el otro; es de sonido agudo: *la trompeta tiene pistones que sirven para producir las diferentes notas.* ◆ n. com. **2** Persona que toca ese instrumento. SIN trompetista.
DER trompetazo, trompetilla.

trompetilla n. f. Instrumento con forma de trompeta pequeña que utilizaban los sordos para percibir mejor los sonidos, acercándoselo al oído.

trompetista n. com. Músico que toca la trompeta: *la música de jazz ha dado gran número de importantes trompetistas.*

trompo n. m. **1** Juguete con forma de cono, generalmente de madera y con una punta de hierro, que se enrolla en una cuerda y se lanza para hacer que gire sobre sí mismo. SIN peón, peonza. **2** Giro que da un automóvil sobre sí mismo, derrapando sus ruedas sobre el suelo: *el coche derrapó e hizo un trompo.*

tronar v. impersonal **1** Haber o sonar truenos. ◆ v. intr. **2** Causar una cosa un estampido o un ruido muy fuerte, como el de los truenos: *los cañones tronaban en el combate.* **3** Hablar o escribir una persona de manera violenta contra algo o contra alguien: *se oyó al director tronar en su despacho cuando le comunicaron las pérdidas del mes.*
OBS En su conjugación, la *o* se convierte en *ue* en sílaba acentuada, como en *contar.*
DER tronado, trueno; atronar.

troncal adj./ n. f. [asignatura] Que forma parte de las asignaturas obligatorias de un determinado ciclo de estudios.

tronchar v. tr. **1** Partir o romper sin usar herramientas el tronco, el tallo o las ramas de una planta o cosas de consistencia parecida: *el viento tronchó el árbol.* **2** Impedir que una cosa se haga o se desarrolle: *aquella crisis económica tronchó sus esperanzas de levantar el negocio.* ◆ v. prnl. **3** troncharse Reírse una persona mucho y con muchas ganas: *eso es para troncharse de risa.*

tronchón n. m. Queso elaborado con leche de cabra y oveja, de pasta consistente y sabor algo fuerte; es originario de Tronchón (Teruel) y otros pueblos de la zona del Maestrazgo (Teruel y Castellón).

tronco, -ca n. m. **1** Tallo leñoso, fuerte y macizo de los árboles y arbustos: *hicieron leña del tronco de la vieja encina.* **2** Cuerpo de una persona o de un animal, considerado sin la cabeza y sin las extremidades: *la columna vertebral es el eje del tronco de los vertebrados.* **3** Conducto principal del que salen o al que llegan otros secundarios o menos importantes: *tronco branquiocefálico.* **4** Origen o punto común de dos o más ramas, líneas o familias. **5** Cuerpo truncado o al que se le ha cortado un extremo, especialmente parte de una pirámide o un cono comprendida entre la base y una sección. ◆ n. m. y f. **6** Amigo o compañero: *¿Qué pasa, tronco?*
▶ como un tronco Profundamente dormido: *se acaba de acostar y ya está como un tronco.*
DER destroncar, entroncar.

trono n. m. **1** Asiento elevado, con gradas y dosel, en el que se sientan los reyes y otras personas de muy alta dignidad, especialmente en ceremonias o actos solemnes. **2** Cargo o dignidad que tiene el rey o el soberano.
DER destronar, entronizar.

tropa n. f. **1** Grupo muy numeroso de personas: *una tropa de niños acudió a la comida.* **2** Categoría militar en la que se incluyen los soldados y los cabos. **3** Conjunto de militares que tienen esa categoría: *los oficiales y la tropa esperaban en el patio de armas.* ◆ n. f. pl. **4** tropas Conjunto de cuerpos militares que componen un ejército, una división o una guarnición.
DER tropel.

tropel n. m. **1** Conjunto numeroso de personas, animales o cosas que avanzan o se mueven de forma rápida, ruidosa y desordenada: *un tropel de vencejos pasó por encima del tejado.* **2** Conjunto de cosas desordenadas: *tiene un tropel de zapatos debajo de la cama.*
▶ de (o en) tropel Se utiliza para indicar que una cosa se realiza o sucede con amontonamiento de personas o cosas, y de manera desordenada y confusa: *los niños salen de la escuela en tropel.*
DER tropelía; atropellar.

tropezar v. intr. **1** Dar con los pies en un obstáculo al ir andando o corriendo, o pisar mal perdiendo equilibrio: *me he caído porque he tropezado con el bordillo.* **2** Encontrar una persona o una cosa un obstáculo o una dificultad que le impide avanzar en su trayectoria o en su desarrollo normal: *el proyecto tropezó con muchas dificultades.* SIN topar. ◆ v. intr./ prnl. **3** Ver o encontrar por azar a una persona o una cosa que no se esperaba ver o encontrar: *ayer me tropecé con tu hermana en la calle.*
OBS En su conjugación, la *e* se convierte en *ie* en

sílaba acentuada y la *z* en *c* delante de *e*, como en *empezar*.

DER tropezón, tropiezo.

tropezón n. m. **1** Golpe involuntario dado con el pie contra un obstáculo o contra el suelo al ir caminando o corriendo y que provoca una pérdida del equilibrio. SIN trompicón, tropiezo. **2** Trozo pequeño de un alimento que se encuentra mezclado con la sopa, el caldo u otro guiso. NOTA Se usa generalmente en plural.

tropical adj. Del trópico o que tiene relación con esta región de la Tierra: *clima tropical.*

DER subtropical.

trópico n. m. **1** Círculo imaginario trazado en la esfera de la Tierra y que es paralelo al ecuador. trópico de Cáncer Trópico que está situado en el hemisferio norte de la Tierra. trópico de Capricornio Trópico que está situado en el hemisferio sur de la Tierra. **2** Región comprendida entre estos dos círculos o paralelos: *la cuenca del Amazonas está en el trópico.*

DER tropical.

tropiezo n. m. **1** Golpe involuntario dado con el pie contra un obstáculo o contra el suelo al ir caminando o corriendo y que provoca una pérdida del equilibrio. SIN trompicón, tropezón. **2** Obstáculo o problema inesperado que impide o retrasa el desarrollo o la realización de algo: *espero que el proyecto no encuentre tropiezos.* **3** Falta, equivocación o error que comete una persona al hacer una cosa. **4** Discusión o enfrentamiento que tiene una persona con otra que opina de forma distinta.

tropismo n. m. BIOL. Movimiento que hacen algunos organismos como respuesta a un estímulo: *el tropismo de las plantas de interior hacia la luz.*

tropo n. m. Figura retórica que consiste en usar una palabra con un sentido distinto del que propiamente le corresponde, pero que guarda con este alguna conexión o semejanza: *la metáfora, la metonimia y la sinécdoque son tropos.*

DER trópico, tropismo.

troposfera n. f. Zona de la atmósfera que está en contacto con la superficie de la Tierra y que llega hasta los 12 kilómetros de altura aproximadamente.

troquelar v. tr. **1** Acuñar monedas, medallas u otros objetos con un troquel: *troquelar una matrícula.* **2** Recortar piezas de papel, cartón, cuero u otro material con un troquel.

trotamundos n. com. Persona a la que le gusta viajar y recorrer países.

OBS El plural también es *trotamundos.*

trotar v. intr. **1** Ir un caballo al trote. **2** Cabalgar una persona sobre un caballo que va al trote: *los jinetes desfilaban trotando sobre sus caballos.* **3** Andar mucho o muy deprisa una persona: *se pasó la mañana trotando de acá para allá.*

DER trote, trotón.

trote n. m. **1** Manera de caminar el caballo con paso ligero, dando pequeños saltos y levantando a la vez el pie de un lado y la mano del lado contrario. **2** Trabajo o actividad muy intensa, que conlleva mucho ajetreo o produce mucho cansancio: *mi edad no es para andar con estos trotes.*

trotón, -tona adj. [caballería] Que anda normalmente al trote: *venía montado sobre una yegua trotona.*

trovador, -ra n. m. y f. **1** LIT. Persona que escribe poemas y obras poéticas, especialmente de carácter popular. SIN poeta. **2** Poeta medieval que componía y recitaba versos en lengua provenzal.

DER trovadoresco.

trovadoresco, -ca adj. De los trovadores o que tiene relación con estos poetas: *poesía trovadoresca.*

trovar v. intr. Hacer o componer versos.

DER trova, trovador, trovero.

troyano, -na adj. **1** De Troya o que tiene relación con esta antigua ciudad de Asia Menor. ◆ adj./ n. m. y f. **2** [persona] Que era de Troya.

trozo n. m. Parte de una cosa que ha sido separada de ella o que se considera como elemento individual: *ese trozo de pastel es el más pequeño.* SIN pedazo.

DER trocear; destrozar.

trucar v. tr. **1** Hacer cambios en una cosa para modificar su estructura original: *trucar un coche.* **2** Realizar un conjunto de trucos para conseguir que una cosa adquiera una apariencia real: *trucar una fotografía.*

OBS En su conjugación, la *c* se convierte en *qu* delante de *e*.

trucha n. f. Pez de agua dulce propio de los ríos de montaña, de color gris verdoso con manchas negras por encima y blanco en el vientre; es comestible y su carne es muy apreciada.

truco n. m. **1** Medio que se emplea con astucia y habilidad para conseguir una cosa, y en el que hay oculto un engaño o una trampa. SIN treta. **2** Técnica o procedimiento que se utiliza para conseguir determinados efectos que parecen reales aunque no lo sean en realidad, como los que se consiguen en la magia, en la fotografía o en el cine: *el ilusionista hizo ese truco tan espectacular en el que corta a una mujer por la mitad.* **3** Arte o habilidad que se adquiere en el desarrollo de un oficio o una actividad para hacer mejor o con menos esfuerzo un trabajo determinado: *ese zapatero conoce todos los trucos de su oficio.*
DER trucar.

truculento, -ta adj. Que asusta o produce horror por su excesiva crueldad o dramatismo: *esta película está plagada de escenas truculentas.*

trueno n. m. **1** Ruido fuerte que sigue al rayo durante una tormenta: *se vio un relámpago y al cabo de unos segundos sonó un trueno.* **2** Ruido muy fuerte, generalmente producido por un arma de fuego o por fuegos artificiales: *se oyeron varios truenos de mortero.*

trueque n. m. **1** Acción de trocar o entregar una cosa y recibir otra a cambio, especialmente cuando se trata de un intercambio de productos sin que intervenga el dinero. **2** Transformación de una cosa en otra diferente: *esperemos que se dé un trueque en su manera de pensar.*

truhan, -hana adj./ n. m. y f. *formal* Sinvergüenza, estafador.

trufa n. f. **1** Hongo de forma redonda que crece bajo la tierra, de color negro por fuera y blanco o marrón por dentro. **2** Crema hecha con chocolate y mantequilla, muy usada en repostería: *compró una tarta de trufa.* **3** Dulce hecho con esta crema de chocolate, a la que se da forma redondeada y se cubre con granos de chocolate: *de postre pidieron trufas heladas.*
DER trufar.

truncar v. tr. **1** Cortar una parte de una cosa, especialmente un extremo: *el rayo truncó la copa del pino.* **2** Interrumpir y dejar incompleta una obra o una acción, o algo que se está diciendo o escribiendo: *la necesidad de trabajar truncó su prometedora carrera.* ◆ v. tr./ prnl. **3** Quitar a una persona las ganas de vivir o la esperanza en algo: *este nuevo fracaso ha truncado mis ilusiones.*
OBS En su conjugación, la *c* se convierte en *qu* delante de *e*.

tsunami n. m. Ola gigantesca, de varios metros de altitud y gran potencia, producida por una erupción o terremoto marinos, que choca contra la costa y tiene gran poder devastador.

tu det. pos. Determinante que indica que lo que se expresa a continuación pertenece o está relacionado con la segunda persona del singular: *he visto a tu padre y a tu madre.*
OBS El plural es *tus*.

tú pron. pers. Forma del pronombre personal de segunda persona, en género masculino y femenino y en número singular, que se utiliza con la función de sujeto: *tú no sabes nada de este asunto.*
▶ **hablar** (o **llamar** o **tratar**) **de tú** Dirigirse a una persona o tratarla usando ese pronombre para indicar familiaridad o confianza: *como tenemos mucha confianza, siempre nos tratamos de tú.*
DER tutear.

tuareg adj. **1** De un pueblo bereber que habita en el norte de África o que tiene relación con él. ◆ adj./ n. com. **2** [persona] Que pertenece a este pueblo bereber.
OBS El plural también es *tuareg*.

tuba n. f. Instrumento musical de viento de la familia del metal; está formado por un tubo ancho y cónico, enroscado varias veces sobre sí mismo y terminado en una gran abertura.

tubérculo n. m. **1** Parte de una raíz o de un tallo subterráneo que se desarrolla y se engruesa considerablemente: *el boniato y la patata son tubérculos comestibles.* **2** MED. Bulto redondo o tumoración que aparece en cualquier parte del cuerpo, que al principio tiene consistencia dura y que más tarde se reblandece.
DER tuberculosis.

tuberculosis n. f. Enfermedad infecciosa caracterizada por la formación de tubérculos; puede afectar a diferentes órganos del cuerpo, especialmente a los pulmones, produciendo tos seca, fiebre, expectoraciones sanguinolentas y pérdida de peso.
OBS El plural también es *tuberculosis*.
DER tuberculoso.

tuberculoso, -sa adj. **1** Del tubérculo o relacionado con esta parte de una raíz o de un tallo subterráneo: *la cebolla es una planta* *tuberculosa.* ◆ adj./ n. m. y f. **2** [persona] Que está enfermo de tuberculosis.

tubería n. f. Conducto que sirve para transportar líquidos o gases y que está formado por una serie de tubos empalmados. **SIN** cañería.

tubo n. m. **1** Objeto cilíndrico, hueco y alargado que está abierto por sus dos extremos: *los humos de la cocina salen al exterior por un tubo.* tubo de ensayo Tubo de cristal que está cerrado por uno de sus extremos y se utiliza para hacer análisis químicos. tubo de escape Tubo que tienen los coches, las motos y otros vehículos en su parte trasera, y que sirve para expulsar los gases que se producen en la combustión del motor. **2** Recipiente flexible cerrado con un tapón por uno de sus extremos y abierto por el otro y que sirve para contener sustancias blandas: *aprieta un poco el tubo de la pasta de dientes para que salga.* **3** Recipiente de forma cilíndrica que se cierra con un tapón por uno de sus extremos y sirve para contener objetos de pequeño tamaño: *las pastillas para la tos están en ese tubo blanco.* **4** Conducto que tienen algunos órganos animales o vegetales: *tubo digestivo.*
▶ por un tubo En gran cantidad: *tiene dinero por un tubo.*
DER tubería, tubular; entubar, intubar.

tubular adj. **1** Que tiene tubos o tiene forma de tubo. ◆ n. m. **2** Parte de la rueda de una bicicleta de carreras que contiene aire a presión.

tucán n. m. Ave trepadora de plumaje negro con manchas de colores muy vivos, con el pico también coloreado, tan ancho y alto como la cara, casi tan largo como el cuerpo, y algo curvado; se domestica fácilmente y vive en América Central y del Sur.

tuerca n. f. Pieza, generalmente metálica y de cuatro o seis lados, con un agujero en el centro cuya superficie tiene marcada una espiral que se ajusta a la rosca de un tornillo.
▶ apretar las tuercas Forzar a alguien para que haga o diga una cosa: *el policía apretó las tuercas al detenido para que contara la verdad.*

tuerto, -ta adj. [persona, animal] Que no ve por un ojo porque le falta o lo tiene ciego.
DER entuerto.

tuétano n. m. Sustancia grasa y blanca que está dentro de algunos huesos del organismo. **SIN** médula.
▶ hasta los tuétanos Hasta lo más profundo de la parte física o espiritual de una persona: *estaba enamorado de Clara hasta los tuétanos.*

tufo n. m. **1** Emanación gaseosa que se desprende de las fermentaciones y combustiones imperfectas. **2** Olor muy fuerte y desagradable: *el papel al arder desprendía un tufo acre.* **3** Indicio de que cierta situación encubre algo malo. **4** tufos ◆ n. m. pl. Soberbia o vanidad: *tener muchos tufos.*
DER atufar.

tugurio n. m. Lugar mal acondicionado para vivir o para estar: *este bar es un tugurio: es sucio y caro.*

tul n. m. Tejido fino, delicado y transparente, que puede estar hecho de seda, algodón o hilo: *las faldas de muchos trajes de bailarina se hacen con tul.*

tulio n. m. Elemento químico metálico de propiedades poco conocidas que pertenece al grupo de los lantánidos; su número atómico es 69: *el símbolo del tulio es* Tm *o* Tu.

tulipa n. f. Pantalla de lámpara que tiene forma de tulipán.

tulipán n. m. **1** Flor de jardín grande, con forma de campana y de colores fuertes y brillantes. **2** Planta de hojas enteras y tallo recto y liso en cuyo extremo nace esa flor.

tullido, -da adj. [persona, parte del cuerpo] Que está herido o no tiene movimiento debido a un accidente o a una enfermedad: *tiene las piernas tullidas y va en silla de ruedas.* **SIN** lisiado.

tumba n. f. Lugar excavado en la tierra o construido sobre ella en el que se entierra el cuerpo muerto de una persona: *en aquella tumba está enterrado mi abuelo.* **SIN** sepulcro, sepultura.
▶ ser una tumba Guardar muy bien un secreto.
DER ultratumba.

tumbar v. tr. **1** Derribar o hacer caer algo o a alguien, generalmente al suelo: *el boxeador tumbó a su contrincante de un puñetazo en la mandíbula.* **2** Poner algo o a alguien en posición horizontal: *tumba al niño en la cama para que se duerma.* **SIN** echar, tender. **3** Hacer perder el sentido a alguien: *el vino nos tumbó a los cuatro.* **4** Suspender a alguien en un examen: *la han tumbado por quinta vez en matemáticas.* ◆ v. prnl. **5** tumbarse Echarse sobre una superficie horizontal, especialmente a dormir.
DER tumbo, tumbona.

tumbo n. m. Movimiento violento de un

cuerpo, primero hacia un lado y después hacia el contrario, que se produce generalmente por falta de equilibrio: *un borracho venía dando tumbos por la calle.* **NOTA** Se usa generalmente en plural.

▶ **dar tumbos** Tener problemas o dificultades: *di muchos tumbos antes de encontrar este trabajo.*

tumbona n. f. Silla baja con dos brazos y un respaldo largo que se puede inclinar, y que se usa para echarse o recostarse horizontalmente sobre ella.

tumor n. m. Tejido de una parte del organismo cuyas células sufren un crecimiento anormal.

▶ **tumor benigno** Tumor que no se extiende a otras partes del cuerpo y no tiene consecuencias graves para el organismo. **tumor maligno** Tumor que se extiende a otras partes del cuerpo y puede causar la muerte. **SIN** cáncer.

tumoral adj. Que tiene aspecto o características de un tumor.

túmulo n. m. **1** Montículo de arena o piedras con que algunos pueblos antiguos cubrían una tumba: *los túmulos son propios de las edades de bronce y de hierro.* **2** Armazón sobre el que se coloca el ataúd durante la celebración del entierro.

tumulto n. m. **1** Agitación desordenada y ruidosa producida por una multitud: *cuando sonó la alarma se produjo un gran tumulto.* **SIN** alboroto. **2** Desorden o confusión de un conjunto de cosas: *para mí, los poemas no son más que un tumulto de palabras sin sentido.*

DER tumultuoso.

tuna n. f. Grupo de estudiantes universitarios que tocan en un conjunto musical que representa la facultad en la que estudian: *la tuna sale por las noches a cantarles a las muchachas.*

DER tunante, tuno.

tundra n. f. **1** Vegetación propia de los climas fríos que comprende musgos, líquenes y algunos árboles enanos. **2** Terreno cubierto por esta vegetación: *la tundra siberiana.*

tunear v. tr. Practicar el tuning.

tunecino, -na adj. **1** De Túnez o relacionado con este país situado al norte de África. ◆ adj./ n. m. y f. **2** [persona] Que ha nacido en Túnez.

túnel n. m. Paso subterráneo que se construye para pasar por debajo de la tierra o del agua: *el metro venía por el túnel a gran velocidad.*

▶ **hacer el túnel** En el fútbol, pasar el balón por entre las piernas de un jugador contrario.

tungsteno n. m. Elemento químico metálico de color gris acero que es muy duro y difícil de fundir; especialmente se usa en filamentos de lámparas eléctricas: *el símbolo del tungsteno es* W, *porque este elemento fue conocido primero como* wolframio.

túnica n. f. **1** Prenda de vestir muy ancha, suelta y sin mangas: *nos disfrazamos de griegos y nos pusimos largas túnicas.* **2** ANAT. Membrana fina que cubre distintas partes del cuerpo: *los ojos están cubiertos por una leve túnica.* **3** BOT. Telilla que está pegada a la cáscara de distintos frutos: *la túnica de las castañas resulta desagradable porque tiene pelusa.*

DER tunicado.

tuno, -na adj. **1** [persona] Que es muy astuta y sabe cómo engañar a los demás: *no seas tuno y devuélveme lo que me has quitado.* **SIN** sinvergüenza. ◆ n. m. **2** Estudiante universitario que forma parte de una tuna.

tupé n. m. Mechón de pelo levantado que se lleva sobre la frente: *Elvis Presley llevaba tupé.*

tupido, -da adj. Que está formado por elementos muy juntos y apretados entre sí: *una tupida arboleda da sombra y fresco en verano.* **SIN** denso, espeso.

tupir v. tr. Hacer que una cosa esté tupida y apretada cerrando sus huecos y separaciones: *las plantas de la valla se tienen que tupir mucho más.*

DER tupido.

turba n. f. **1** Carbón que se produce en lugares húmedos por la descomposición de restos vegetales: *la turba es un combustible fósil con poco valor energético.* **2** Grupo grande y desordenado de gente: *siempre viaja en taxi porque no quiere juntarse con la turba que va en metro.*

turbación n. f. **1** Alteración del estado o curso normal de una cosa. **2** Alteración del ánimo de una persona de forma que se quede sin saber qué decir ni qué hacer: *la presencia de su antiguo novio le produjo tal turbación que no acertó a decir una palabra.*

turbante n. m. Prenda de vestir que consiste en una tira ancha y larga de tela que se enrolla a la cabeza.

turbar v. tr. **1** Alterar el estado o el curso normal de una cosa: *el accidente turbó la tranquila vida de Susana.* **2** Alterar el ánimo de una persona confundiéndola o aturdiéndola has-

ta dejarla sin saber qué hacer ni qué decir: *es muy tímido y se turba mucho cuando tiene que hablar en público.*
DER turbación, turbado; perturbar.

turbera n. f. **1** Zona pantanosa o encharcada donde, por acumulación y transformación de vegetales, hay turba. **2** Vegetación que crece en lugares encharcados: *en las zonas donde la humedad del suelo es más abundante, aparecen turberas herbáceas o agrupaciones de sauces y fresnos.*

turbina n. f. Motor que transforma la fuerza o la presión de un fluido a través de un movimiento circular: *las centrales nucleares utilizan turbinas.*

turbio, -bia adj. **1** [líquido] Que no está claro ni transparente: *el agua baja turbia.* ANT claro. **2** Que está poco claro y es difícil de distinguir o de ver. SIN confuso. **3** Que es sospechoso, deshonesto o de legalidad dudosa: *anda metido en negocios turbios.*
DER enturbiar.

turbo n. m. **1** Turbocompresor. ◆ adj./ n. m. **2** [motor, vehículo, aparato] Que tiene un turbocompresor que aumenta su potencia.
NOTA Como adjetivo es invariable en número.

turbocompresor n. m. Turbina acoplada a un compresor centrífugo de alta presión y que se destina a la compresión de un fluido: *el automóvil está dotado de un turbocompresor.*

turbulencia n. f. **1** Estado de agitación en que se encuentra un líquido o un gas: *el avión se movió mucho al pasar por una zona de turbulencias.* **2** Alboroto o confusión que altera la claridad, la paz y el orden de un estado o de una situación: *los acontecimientos sociales de los últimos meses se han desarrollado con bastante turbulencia.* SIN confusión, desorden, perturbación.

turbulento, -ta adj. **1** [líquido, gas] Que está turbio y agitado. **2** Que está en un estado de desorden, confusión o agitación: *las turbulentas relaciones entre las dos familias acabaron en una pelea.* ◆ adj./ n. m. y f. **3** [persona] Que provoca discusiones, desorden y alboroto entre la gente.
DER turbulencia.

turco, -ca adj. **1** De Turquía o que tiene alguna relación con este país del sureste de Europa. ◆ adj./ n. m. y f. **2** [persona] Que es natural de Turquía. ◆ n. m. **3** Lengua que hablada en Turquía.

turismo n. m. **1** Viaje o recorrido por un país o lugar para conocerlo por placer: *estoy en España de turismo.* **2** Conjunto de personas que hacen ese tipo de viajes: *el turismo joven prefiere vacaciones de playa y discoteca.* **3** Vehículo automóvil de cuatro ruedas con capacidad máxima para cinco personas y que se usa para su transporte: *mi empresa fabrica turismos y vehículos industriales.* SIN coche.

turista n. com. Persona que visita o recorre un país o lugar para conocerlo por placer.
DER turístico.

turístico, -ca adj. Del turismo o que tiene relación con él.

turnarse v. prnl. Alternar con una o varias personas la realización de una actividad siguiendo un orden determinado: *nos turnamos para cocinar.*

turno n. m. **1** Orden según el cual se alternan varias personas en la realización de una actividad o un servicio: *si organizamos turnos para la limpieza, nadie trabajará más que los demás.* **2** Momento u ocasión en que a una persona le corresponde hacer, dar o recibir una cosa: *yo entro a trabajar en el turno de tarde.*
▶ de turno **a.** [persona, cosa] Que le corresponde actuar en un momento determinado según un orden establecido: *fui al hospital y me atendió el médico de turno.* **b.** [persona, cosa] Que es habitual o muy conocido por todos, y en muchas ocasiones resulta pesado y molesto: *ya está el gracioso de turno.*
DER turnarse.

turolense adj. **1** De Teruel o que tiene relación con esta provincia del este de España. ◆ adj./ n. com. **2** [persona] Que es de Teruel.

turquesa n. f. **1** Mineral de color azul verdoso brillante que procede de la alteración de rocas que contienen aluminio; se usa en joyería. ◆ adj./ n. com. **2** Color azul ligeramente verdoso: *el turquesa de las aguas del mar.* NOTA También *azul turquesa.* ◆ adj. **3** Que es de este color: *camisa turquesa.* NOTA Generalmente es invariable en número: *las aguas turquesa.*

turrón n. m. Dulce de forma plana y rectangular que se elabora principalmente con azúcar y almendras u otros frutos secos: *el turrón y los polvorones son dulces típicos de Navidad.*

turulato, -ta adj. Que se queda pasmado o alelado y sin poder reaccionar a causa del asombro: *se quedó turulato cuando supo que su mujer esperaba trillizos.* SIN patidifuso, boquiabierto.

tutear v. tr. Tratar a una persona usando el

pronombre tú en vez de usted: *lo normal es que los compañeros de la misma edad se tuteen.*
DER tuteo.

tutela n. f. **1** Autoridad que se da por ley a un adulto para cuidar de otra persona que no puede hacerlo por sí misma: *después del divorcio, el juez concedió la tutela de los hijos a la madre.* **2** Protección y cuidado de una cosa.
DER tutelar.

tutelar v. tr. **1** Cuidar de otra persona que no puede hacerlo por sí misma. **2** Proteger o favorecer a una persona y ayudarla en el desarrollo de una actividad, especialmente proporcionándole dinero: *el mecenas tutela al joven artista y le ayuda a vender sus obras.* ◆ adj. **3** De la tutela legal o que tiene relación con ella: *el adolescente que robó el coche fue juzgado por un tribunal tutelar.*

tutor, -ra n. m. y f. **1** Persona que se encarga de cuidar de otra persona que no puede hacerlo por sí misma: *cuando murieron sus padres, su tío se convirtió en su tutor.* **2** Profesor particular que se encarga de la educación de un alumno. **3** Profesor encargado de dirigir y aconsejar a un grupo determinado de estudiantes en un centro de enseñanza: *el tutor ha convocado una reunión con los padres.*
DER tutela, tutoría.

tutoría n. f. **1** Autoridad conferida por ley a un adulto para cuidar de una persona y de sus bienes porque esta no está capacitada para hacerlo por sí misma. **SIN** tutela. **2** Cargo o función de tutor, especialmente del profesor encargado de orientar y aconsejar a los alumnos de un curso o de una asignatura. **3** Tiempo que dedica el profesor a ejercer de tutor.

tutú n. m. Falda de tejido vaporoso, generalmente de muselina blanca, que usan las bailarinas de ballet clásico.
OBS El plural es *tutús.*

tuyo, -ya pron. pos. **1** Forma del pronombre posesivo de segunda persona, en género masculino o femenino y en número singular, que indica posesión o pertenencia: *el tuyo es mejor que el mío.* ◆ det. pos. **2** Forma del adjetivo posesivo en segunda persona, en género masculino o femenino y en número singular, que indica posesión o pertenencia: *ese hijo tuyo es el que ha provocado el accidente.* **NOTA** Se usa detrás de un sustantivo.
▶ **la tuya** La ocasión favorable para que la persona a la que se habla haga una cosa determinada: *Felipe no mira, esta es la tuya para esconderle la cartera.* **lo tuyo** Actividad que hace muy bien o que disfruta haciendo la persona a quien se habla: *después de verte nadar, creo que lo tuyo es la natación.* **los tuyos** Las personas que pertenecen al mismo grupo al que se dirige el hablante, por familia o por afinidades: *los tuyos ganaron el último partido.* **salirte con la tuya** Conseguir lo que te propones o deseas: *siempre me has ganado a las cartas, pero esta vez no vas a salirte con la tuya.*

twist n. m. Modalidad de baile que se caracteriza por el balanceo de hombros y caderas y torsiones de tobillo.
OBS Es de origen inglés y se pronuncia aproximadamente «tuis».

abcdefghijklmnñopqrst**U**vwxyz

u n. f. **1** Vigesimosegunda letra del alfabeto español. El plural es *úes*: *la «u» es una vocal.* ◆ conj. **2** Sustituye a la conjunción o cuando va delante de una palabra que empieza por *o* o por *ho*: *tiene siete u ocho años.*

U. Abreviatura de *usted,* forma de tratamiento de respeto y cortesía.

ubérrimo, -ma adj. *formal* Que es muy abundante y muy fértil.

ubicación n. f. Situación o lugar en el que se encuentra una cosa: *aún se está discutiendo la ubicación del nuevo edificio.*

ubicar v. tr. **1** Colocar o poner en un espacio o lugar determinado: *la clínica se ubicará en unos terrenos cedidos por el Ayuntamiento.* ◆ v. prnl. **2** **ubicarse** Estar situada una cosa en un lugar determinado: *el colegio se ubica en el centro del pueblo.*

OBS En su conjugación, la *c* se convierte en *qu* delante de *e.*

DER ubicación.

ubicuidad n. f. Capacidad de estar presente en varios lugares al mismo tiempo: *la ubicuidad no es una característica de los seres vivos.* SIN omnipresencia.

ubicuo, -cua adj. Que está o puede estar presente en varios lugares al mismo tiempo. SIN omnipresente.

DER ubicar, ubicuidad.

ubre n. f. Órgano de las hembras de los mamíferos que produce leche para alimentar a las crías: *el ganadero apretaba y estiraba las ubres de la vaca para ordeñarla.* SIN mama, teta.

-ucho, -ucha Sufijo que entra en la formación de palabras: *a)* Con valor despectivo: medicucho. *b)* Con valor atenuante: malucho.

UCI n. f. Sección de un centro hospitalario donde se ingresa a los enfermos de mayor gravedad que requieren una vigilancia y una atención continua y específic.

OBS En plural, aunque se pronuncia «uci» o «ucis», se debe escribir *UCI* : *las UCI.*

ucraniano, -na adj. **1** De Ucrania o que tiene relación con este país del este de Europa. SIN ucranio. ◆ adj./ n. m. y f. **2** [persona] Que es de Ucrania. SIN ucranio. ◆ n. m. **3** **ucraniano** Lengua que se habla en Ucrania.

ucranio, -nia adj. Ucraniano.

Ud. Abreviatura de *usted,* forma de tratamiento de respeto y cortesía.

OBS También se abrevia *U., V.* o *Vd.*

-udo, -uda Sufijo que entra en la formación de palabras con el significado de 'posesión en abundancia': barbudo, cabezudo.

ufanarse v. prnl. Mostrarse orgulloso y presumir exageradamente de ser o de poseer una cosa: *siempre se está ufanando de sus conocimientos ante los amigos.* SIN alardear, pavonearse, vanagloriarse.

OBS Suele ir acompañado de las preposiciones *de* o *con.*

ufano, -na adj. **1** Que presume de sí mismo o se muestra orgulloso de poseer una cosa: *está muy ufana con su vestido de seda y sus joyas.* **2** Que está alegre y satisfecho. SIN contento. **3** Que actúa sin preocupación, con mucha decisión y sin vergüenza: *vino todo ufano a decirme cómo debía hacer mi trabajo.* SIN decidido.

DER ufanarse.

ugandés, -sa adj. **1** De Uganda o que tiene relación con este país de África Central. ◆ adj./ n. m. y f. **2** [persona] Que es de Uganda.

ukelele n. m. Instrumento musical parecido a la guitarra pero de menor tamaño y con cuatro cuerdas: *el ukelele es típico de las islas Hawái.*

úlcera n. f. **1** MED. Herida abierta en la piel o en los tejidos que cubren los conductos del interior del cuerpo: *los nervios le han producido una úlcera de estómago.* SIN llaga. **2** Abertura en el tronco de una planta por la que pierde líquido: *el roble tiene una úlcera y se está muriendo.*

DER ulcerar, ulceroso.

ulterior adj. Que se dice, ocurre o se ejecuta después de otra cosa: *recibí noticias ulteriores a la declaración del alcalde.*

ultimar v. tr. Terminar o dar fin a una cosa: *se han reunido para ultimar las negociaciones.*
DER ultimación, ultimátum.

ultimátum n. m. Propuesta o decisión definitiva que suele ir acompañada de una amenaza, en la que una persona le da un plazo de tiempo a otra para que haga o deje de hacer algo: *Naciones Unidas dirigió un ultimátum al tirano.*
OBS El plural puede ser *ultimátum* (invariable), *ultimatos* (de la forma singular, *ultimato*) o *ultimátums* (frecuente en el español oral, aunque menos en el escrito).

último, -ma adj. **1** Que no tiene otra cosa detrás de él: *Don Rodrigo fue el último rey de los godos.* ANT primero. **2** Que es lo más reciente en el tiempo: *en la radio acaban de dar las últimas noticias sobre el accidente.* **3** Que es definitivo y no admite ningún cambio: *te acabo de hacer mi última oferta.* **4** Que está muy alejado o escondido: *la televisión llega al último pueblo del país.* **5** Que es extremado o no presenta otra alternativa posible: *en último caso, podemos pasar las vacaciones en casa.*
▸ a la última Al tanto de las modas o conocimientos más actuales y modernos: *viste siempre a la última.* a últimos En los días en que termina un período de tiempo, generalmente un mes: *cobran siempre a últimos de mes.* estar en las últimas Estar muy mal de salud, de dinero o de ánimos: *ha perdido el trabajo y la casa y está en las últimas.* por último Finalmente, para acabar: *por último, recuerden que deben dejar sus datos personales al recepcionista.*
DER últimamente, ultimar; penúltimo.

ultra adj./ n. com. [persona] Que es de ideología política extremista, especialmente de extrema derecha, y que normalmente actúa con violencia y radicalidad.

ultra- Prefijo que entra en la formación de palabras con el significado de: *a)* 'Más allá', 'al otro lado de': *ultramar. b)* 'Muy', 'en grado sumo': *ultramoderno.*

ultraderecha n. f. Ideología política conservadora radical.

ultraísmo n. m. Movimiento literario que apareció en España e Hispanoamérica a principios del siglo XX; defendía el uso de la metáfora y la imagen en poesía.

ultrajar v. tr. Hacer una ofensa grave a alguien con palabras o acciones: *me ha ultrajado insultándome delante de todos.*

ultraje n. m. Ofensa grave hecha con palabras o acciones. SIN afrenta, agravio, injuria.
DER ultrajar.

ultraligero, -ra adj. **1** Que es muy ligero o pesa muy poco: *tengo una videocámara ultraligera.* ◆ n. m. **2** Aeronave de poco peso y fuselaje simple: *exhibición de ultraligeros.*

ultramar n. m. País o territorio que está al otro lado del mar en relación al lugar desde el cual se habla: *acabamos de recibir productos de ultramar.*
DER ultramarino.

ultramarino, -na adj. **1** De ultramar o que tiene relación con ese territorio. **2** Que está al otro lado del mar: *esa isla es uno de los territorios ultramarinos del país.* ◆ adj./ n. m. **3** [alimento] Que se conserva durante mucho tiempo sin estropearse: *en el barrio hay una tienda de ultramarinos.* NOTA Se suele usar en plural.

ultranza conj. Palabra que se utiliza en la locución conjuntiva *a ultranza*, que significa 'con total convencimiento y sin detenerse ante ningún obstáculo': *somos defensores a ultranza de la paz y la concordia.*

ultraterrenal adj. Ultraterreno.

ultraterreno, -na adj. Que está relacionado con lo que no es terrenal o está más allá de lo terrenal. SIN ultraterrenal.

ultratumba n. f. Mundo que se cree o se supone que existe después de la muerte: *se oyó una voz de ultratumba y todo el mundo se asustó.*

ultravioleta adj. [radiación, rayo] Que no se ve a simple vista y que se extiende a continuación del color violeta: *el agujero de la capa de ozono hace que los rayos ultravioleta lleguen con mayor intensidad a la Tierra.*

ulular v. intr. **1** Aullar o dar alaridos. **2** Producir [el viento] un silbido largo, semejante al alarido, al introducirse con fuerza por rendijas y otros sitios: *el viento entraba ululando en la casona.*

umbilical adj. Del ombligo o que tiene relación con esta parte del cuerpo: *el feto está unido a la madre a través del cordón umbilical.*
DER umbilicado.

umbral n. m. **1** Parte inferior y contrapuesta al dintel de la puerta de una casa: *el perro se vuelve loco de contento en cuanto Pedro cruza el umbral.* **2** Comienzo o primer paso de un proceso: *el umbral de una nueva era.*

umbría n. f. Parte de un terreno donde casi nunca da el sol: *hace mucho frío en esta umbría.* SIN sombra. ANT solana.

umbrío, -bría adj. [lugar] Que recibe poco sol o está en sombra: *era un patio umbrío y lleno de frescura.* SIN sombrío.

un det. art. Apócope de *uno* que se utiliza delante de nombres masculinos y ante nombres femeninos que empiezan por *a* o *ha* tónicas: *un coche; un ayudante; un hacha.*

unamuniano, -na adj. De Miguel de Unamuno o relacionado con este escritor o sus obras.

unánime adj. [decisión, opinión] Que es común a todos los miembros de un grupo de personas: *la decisión de contratarte ha sido unánime.*
DER unánimemente, unanimidad.

unanimidad n. f. Acuerdo común de todos los miembros de un grupo de personas: *la propuesta fue aprobada por unanimidad.*

unción n. f. **1** Acción que consiste en extender un líquido graso sobre una superficie, especialmente aceite bendito sobre el cuerpo de una persona en peligro de muerte. **2** Devoción y fervor con que se realiza una acción o se expresa un sentimiento, generalmente un acto religioso: *la monja rezaba con unción.*

undécimo, -ma num. ord. **1** [persona, cosa] Que sigue en orden al que hace el número 10: *si voy después del 10, soy el undécimo de la lista.* SIN onceavo. NOTA Puede ser determinante (*llegó en undécima posición*) o pronombre (*entró el undécimo*). **2** [parte] Que resulta de dividir un todo en 11 partes iguales: *si somos 11 para comer, me toca un undécimo de tarta.*

ungir v. tr. **1** Extender un líquido graso sobre la superficie de algo. **2** Hacer la señal de la cruz con aceite sagrado sobre el cuerpo de una persona, para administrarle un sacramento o darle un cargo determinado: *el obispo ungió a los jóvenes sacerdotes.*
OBS En su conjugación, la *g* se convierte en *j* delante de *a* y *o*.
DER ungido.

ungüento n. m. Sustancia líquida o pastosa que se unta en el cuerpo y sirve para curar o calmar dolores.

ungulado, -da adj. ZOOL. [animal mamífero] Que se alimenta de vegetales y tiene las patas terminadas en pezuña: *los caballos, las vacas y los elefantes son ungulados.*

uni- Elemento prefijal que entra en la formación de palabras con el significado de 'uno': unicelular.

unicelular adj. Que está formado por una sola célula: *las bacterias son microorganismos unicelulares.*

único, -ca adj. **1** Que no hay otro igual en su especie: *esta chaqueta es de talla única.* **2** [persona, cosa] Que es extraordinario o fuera de lo común: *Juan es único para contar historias de miedo.* SIN singular.
DER únicamente, unicidad.

unidad n. f. **1** Propiedad que tienen las cosas de no poder dividirse ni fragmentarse sin alterarse o destruirse. **2** Cosa completa

unidades de medida

magnitud	nombre	símbolo
actividad radiactiva	becquerel	Bq
capacidad eléctrica	farad (faradio)	F
carga eléctrica	coulomb (culombio)	C
energía, trabajo y cantidad de calor	joule (julio)	J
flujo luminoso	lumen	lm
flujo magnético	weber (weberio)	Wb
frecuencia	hertz (hercio)	Hz
fuerza	newton	N
intensidad de corriente eléctrica	ampere (amperio)	A
longitud	metro	m
masa	kilogramo	kg
potencia	watt (watio)	W
potencial eléctrico	volt (voltio)	V
presión	pascal	Pa
resistencia eléctrica	ohm (ohmio)	Ω
superficie	metro cuadrado	m^2
temperatura	grado Kelvin	K
tiempo	segundo	s
velocidad	metro por segundo	m/s
volumen	litro	l o L
	metro cúbico	m^3

y diferenciada que se encuentra dentro de un conjunto: *una docena tiene doce unidades.* **3** Cantidad que se toma como medida o como término de comparación de las demás de su misma especie: *el metro es una unidad de longitud.* **4** Unión o acuerdo: *para que un equipo funcione tiene que haber unidad entre sus miembros.* **SIN** conformidad. **5** Conjunto de personas y aparatos mandado por un jefe, especialmente un conjunto de soldados mandados por su superior dentro de un ejército: *varias unidades de carros de combate se aproximaban a la ciudad.* **6** Conjunto de personas y medios de un hospital dedicados a una labor concreta: *la unidad de rayos X está en la planta baja.*

▶ **unidad de cuidados intensivos** o **unidad de vigilancia intensiva** Sección de un hospital que se dedica a la vigilancia y al tratamiento de los enfermos muy graves: *el herido lucha por su vida en la unidad de cuidados intensivos.* **NOTA** Se sustituye generalmente por las siglas *UCI* o *UVI*. **unidad de disco** Parte del ordenador donde se encuentran los circuitos, la memoria, la disquetera y otros componentes del hardware.

unidireccional adj. Que tiene una sola dirección: *el texto escrito es unidireccional.*

unifamiliar adj. Que pertenece o corresponde a una sola familia: *vivienda unifamiliar.*

unificación n. f. **1** Unión de varias cosas en una sola o en un solo conjunto: *la unificación de Alemania.* **2** Reducción de varias cosas distintas a una cosa de un mismo tipo: *unificación de criterios.*

unificador, -ra adj. Que unifica.

unificar v. tr. **1** Hacer que varias cosas o personas distintas formen un todo: *las dos regiones se unificaron hace varios siglos.* **2** Hacer que varias cosas distintas sean iguales o semejantes entre sí: *unificar los criterios.* **SIN** equiparar, uniformar.

OBS En su conjugación, la *c* se convierte en *qu* delante de *e*.

DER unificación, unificador; reunificar.

uniformar v. tr./ prnl. **1** Hacer que varias cosas distintas sean iguales o semejantes entre sí. **SIN** equiparar, unificar. ◆ v. tr. **2** Vestir o hacer que alguien vista un uniforme: *han uniformado a los niños de ese colegio.*

uniforme adj. **1** Que no presenta variaciones en su conjunto, en su totalidad o en su duración: *se observa en toda su obra un estilo uniforme.* **ANT** multiforme. **2** Que tiene la misma forma o las mismas características: *estas frutas son uniformes en tamaño.* **ANT** multiforme. ◆ n. m. **3** Traje especial que usan los miembros de un grupo y que los distingue de otros: *los soldados de infantería llevan un uniforme verde.*

DER uniformar, uniformidad.

uniformidad n. f. **1** Semejanza o igualdad que existe en las características de los distintos elementos de un conjunto: *uniformidad de opiniones.* **2** Continuidad, o falta de cambio o variación.

unilateral adj. Que se refiere a una sola parte o aspecto de una cosa: *el padre ha tomado una decisión unilateral.*

unión n. f. **1** Acción que consiste en unir o juntar: *la unión de las piezas debe ser precisa para que la máquina funcione bien.* **ANT** desunión. **2** Casamiento de un hombre y una mujer: *la unión se celebró en la catedral.* **3** Conjunto de sociedades, empresas, países o individuos con unos intereses comunes: *la Unión Europea es un conjunto de soberanías nacionales.*

unipersonal adj. **1** Que pertenece a una sola persona o está formado por una sola persona: *las tarjetas de crédito son unipersonales.* **2** GRAM. [verbo] Que solo se usa en tercera persona del singular y que no tiene sujeto en forma personal: *los verbos como «llover», «nevar» o «amanecer» son unipersonales.*

unir v. tr. **1** Juntar dos o más elementos distintos para formar un todo o realizar una misma actividad: *los imanes se han unido.* **ANT** separar. **2** Casar o casarse dos personas: *el cura los unió en santo matrimonio.* **3** Relacionar o comunicar dos cosas distintas: *a Luis y a Laura les une una gran amistad.* ◆ v. prnl. **4** **unirse** Juntarse dos o más personas para conseguir un fin determinado o para ayudarse mutuamente: *se unió a nosotros para jugar al fútbol.*

DER unido, unión; desunir, reunir.

unisex adj. [prenda de vestir, peinado] Que puede ser usado por hombres y mujeres: *unas zapatillas de deporte unisex.*

unisexual adj. BOT. [flor] Que solo tiene órganos de reproducción masculinos o femeninos: *muchas algas y hongos son unisexuales.*

DER unisex.

unísono, -na adj. Que tiene el mismo tono o sonido que otra cosa, o que se produce al mismo tiempo que otra cosa.

▶ al unísono Al mismo tiempo y sin oposición ni discrepancia: *todo el pueblo al unísono apoyó la decisión.*

unitario, -ria adj. **1** De la unidad o que tiene relación con ella. **2** Que está formado por una sola unidad: *las escuelas unitarias reúnen a todos los alumnos en una sola clase.* **3** Que busca la unidad o desea conservarla: *a pesar de sus esfuerzos unitarios, el país se fragmentó en múltiples estados.*

DER unitarismo.

universal adj. **1** Del universo o que tiene relación con él. **2** Que pertenece o se refiere a todos los países, a todas las personas o a todos los tiempos: *historia universal.* SIN mundial. **3** Que es famoso o conocido en todas partes: *Romeo y Julieta es una obra universal.* ◆ n. m. pl. **4** universales FILOS. Ideas generales que representan en nuestra mente los hechos particulares de la realidad: *Aristóteles clasificó los universales en cinco grupos.*

DER universalidad, universalizar.

universalidad n. f. Característica de lo que es universal: *la universalidad de Shakespeare.*

universidad n. f. **1** Institución que se dedica a la enseñanza superior, que comprende varias facultades y que concede los grados académicos correspondientes: *estudió en la Universidad de Alcalá de Henares.* **2** Edificios e instalaciones de ese organismo: *quedamos a las siete en la puerta de la universidad.*

universitario, -ria adj. **1** De la universidad o que tiene relación con ella: *tiene dos títulos universitarios.* ◆ adj./ n. m. y f. **2** [persona] Que estudia o ha estudiado en la universidad: *todos sus amigos son universitarios.*

DER preuniversitario.

universo n. m. **1** Conjunto de todo lo que existe en la Tierra y fuera de ella: *los planetas y las estrellas forman parte del universo.* **2** Conjunto de individuos o elementos que tienen una o más características en común y que se someten a un estudio estadístico: *los habitantes de Madrid constituyen el universo de la encuesta.* **3** Conjunto unitario de elementos inmateriales, en especial las ideas o los sentimientos, que pertenecen a una determinada actividad: *el universo poético de este autor está formado por temas amorosos.* SIN mundo.

DER universal.

unívoco, -ca adj. Que solo tiene un significado o una interpretación posible: *no hay una explicación unívoca para este poema.* ANT polisémico.

DER biunívoco.

uno, -na det. art. **1** Determinante artículo indeterminado; indica que el nombre al que acompaña no es conocido por el hablante, es la primera vez que se habla de él o no se trata de una persona o cosa concreta, sino indeterminada: *busco una habitación para pasar la noche.* NOTA Delante de un sustantivo masculino se usa la forma apocopada *un*: *un coche.* ◆ num. card. **2** Indica que el nombre al que acompaña o al que sustituye está una vez: *he comprado una silla nueva.* NOTA Puede ser determinante (*solo tengo una hoja*) o pronombre (*solo tengo una*). Delante de un sustantivo masculino se usa la forma apocopada *un*: *un libro.* **3** Hace referencia a la primera persona en estructuras de tipo impersonal: *una no sabe cómo hacer en esos casos.* ◆ n. m. **4** Nombre del número 1: *escribe el uno antes del dos.* ◆ det./ pron. indef. **5** unos Indica una cantidad que no se determina o que se aproxima a la que se dice: *unos años después se volvieron a encontrar.*

▶ a una A la vez o al mismo tiempo: *en el colegio recitábamos todos a una la tabla de multiplicar.* no dar una Fallar o equivocarse en todo: *no dio una en el examen.* una de Indica gran cantidad del sustantivo al que acompaña: *al niño le han salido una de granos que no hace más que rascarse.* una de dos Expresión que se usa para presentar dos opciones: *una de dos: o me dices quién es el culpable o cargas tú con la culpa.* una y no más Expresión que indica que lo que se ha permitido una vez no se volverá a permitir: *por esta vez te perdono, pero una y no más.*

DER único, unidad, unificar, unir; aunar.

untar v. tr. **1** Cubrir una cosa o una superficie con una sustancia grasa: *untó la tostada con mantequilla.* **2** Extender una sustancia grasa sobre una superficie: *untó la crema en el bollo.* **3** Ofrecer dinero o bienes a alguien a cambio de un favor que no es justo o legal: *trató de untar al juez y le cayeron dos años más de cárcel.* ◆ v. prnl. **4** untarse Mancharse con materia grasa.

DER unto, untuoso.

unto n. m. **1** Sustancia grasienta que se usa para untar. SIN ungüento. **2** Grasa de un animal. SIN manteca, sebo.

uña n. f. **1** Placa dura y delgada que cubre la parte superior de la punta de los dedos del hombre y de otros animales vertebrados y sirve como protección: *tengo que cortarme las uñas.* **2** Conjunto de los dedos de la pata de algunos animales: *el caballo le golpeó con una uña.* SIN casco, pezuña. **3** Punta curva en la que termina la cola del alacrán. **4** Punta curva en la que acaban distintos instrumentos de metal: *no te arañes con la uña de ese hierro.* **5** Marca o agujero que se hace en algunas piezas, especialmente en objetos de madera o de metal, para poder moverlos empujándolos con el dedo: *los cajones del armario de mi habitación tienen uñas.*

▶ **con uñas y dientes** Con mucha fuerza o intensidad: *Ismael defendió sus ideas con uñas y dientes.* **dejarse las uñas** Trabajar con mucho esfuerzo y poner mucho interés en una cosa: *me he dejado las uñas para conseguir la casa que tengo.* **de uñas** De mal humor o en actitud de enfado: *no quiero saber nada de Esteban, estoy de uñas con él.* **enseñar** (o **sacar**) **las uñas** Amenazar a una persona o portarse de forma violenta con ella: *no le contradigas o te sacará las uñas enseguida.* **ser uña y carne** Ser dos personas muy amigas o llevarse muy bien: *no critiques a José delante de Luis porque son uña y carne.*

DER uñero.

uñero n. m. **1** Inflamación en la raíz de la uña debida a una infección. SIN panadizo. **2** Herida o daño que se produce junto a la uña, cuando esta crece demasiado, se dobla y se introduce en la carne.

uralita n. f. Material de construcción formado a base de cemento y fibras, por lo general asbesto, que se usa sobre todo en cubiertas y tejados.

OBS Procede de una marca registrada.

uranio n. m. Metal radiactivo de color grisáceo que se usa en fotografía, para producir energía nuclear o para fabricar bombas atómicas: *el símbolo del uranio es U.*

urbanidad n. f. Comportamiento acorde con los buenos modales que demuestra buena educación y respeto hacia los demás.

urbanismo n. m. Conjunto de conocimientos, estudios y proyectos dedicados a la planificación, el desarrollo y la reforma de los edificios y los espacios de las ciudades, con el fin de hacer más cómoda la vida de sus habitantes: *el arquitecto se especializó en urbanismo.*

DER urbanista.

urbanista n. com. **1** Persona que se dedica al urbanismo o que tiene muchos conocimientos de esta materia. ◆ adj. **2** Del urbanismo o relacionado con él.

urbanístico, -ca adj. Del urbanismo o que tiene relación con este conjunto de estudios y proyectos.

urbanización n. f. **1** Acción que consiste en convertir un terreno en un centro de población, creando calles y servicios, y construyendo viviendas: *el Ayuntamiento procederá en breve a la urbanización de los terrenos.* **2** Conjunto de viviendas situado generalmente en las afueras de una ciudad y que tiene sus propios servicios municipales: *ha comprado un chalé en una urbanización de la sierra.*

urbanizar v. tr. **1** Convertir un terreno en un centro de población, creando calles y servicios y construyendo viviendas. ◆ v. tr./ prnl. **2** Hacer que alguien aprenda a comportarse con buenos modales.

OBS En su conjugación, la *z* se convierte en *c* delante de *e*.

DER urbanización.

urbano, -na adj. De la ciudad o que tiene relación con ella: *las vías urbanas están muy transitadas.*

DER urbanístico; interurbano, suburbano.

urbe n. f. Ciudad, especialmente la que es grande y tiene un gran número de habitantes: *la contaminación en las urbes es peligrosa para el aparato respiratorio.*

DER urbanidad, urbanismo, urbanizar, urbano.

urdir v. tr. Pensar y preparar con cuidado un plan generalmente ilegal: *entre todos urdieron el plan.*

DER urdimbre.

urea n. f. Sustancia orgánica que se expulsa a través de la orina y del sudor: *el riñón filtra la sangre y retiene la urea.*

DER úrico.

uréter n. m. Conducto por el que desciende la orina desde el riñón a la vejiga.

uretra n. f. Conducto por el que se expulsa al exterior la orina contenida en la vejiga.

urgencia n. f. **1** Cualidad que tienen las cosas urgentes: *la urgencia del caso nos obligó a dejar todo lo demás.* **2** Falta de lo que es totalmente necesario: *los voluntarios solucionaron las urgencias de la población civil.* **3** Asunto que se debe solucionar con mucha rapidez: *el médico ha tenido que salir a atender una urgencia.* SIN emergencia. ◆ n. f. pl. **4** **urgencias** Sección de los hospitales en la que se trata a los enfermos o heridos graves que necesitan cuidados urgentes.

urgente adj. **1** Que necesita ser realizado o solucionado con mucha rapidez. **2** [carta, mensaje] Que ha de ser enviado y recibido rápidamente o lo antes posible: *he recibido un telegrama urgente.*

DER urgencia.

urgir v. intr. **1** Correr prisa y tener que hacerse una cosa o lo antes posible. **2** Obligar una autoridad, una ley o una norma a hacer algo determinado: *la ley urge a poner en funcionamiento nuevos hospitales.*

OBS En su conjugación, la *g* se convierte en *j* delante de *a* y *o*.

DER urgente.

urinario, -ria adj. **1** De la orina o que tiene relación con esta substancia líquida que se produce en los riñones: *la vejiga urinaria.* ◆ n. m. **2** Local público donde se acude para orinar.

urna n. f. **1** Caja de forma rectangular con una ranura en la parte superior que se usa para echar las papeletas en las votaciones secretas: *los miembros de la mesa electoral abrieron la urna y procedieron al recuento de los votos.* **2** Recipiente o caja de piedra o de metal que se usa para guardar cosas de valor, como dinero, joyas o las cenizas de las personas muertas: *guardan en una urna de oro las reliquias de San Agustín.*

urogallo n. m. Ave gallinácea que tiene las plumas y el pico oscuros y habita en bosques de Europa y Asia.

OBS Para indicar el sexo se usa el urogallo macho y el urogallo hembra.

urraca n. f. **1** Pájaro de color negro brillante, con el vientre blanco y la cola larga, que se domestica con facilidad. NOTA Para indicar el sexo se usa la urraca macho y la urraca hembra. **2** Persona que tiene por costumbre o afición recoger y guardar cualquier tipo de objeto.

urticaria n. f. Enfermedad de la piel que se caracteriza por la presencia de manchas y áreas de inflamación rosáceas, acompañadas de un intenso picor.

uruguayo, -ya adj. **1** De Uruguay o que tiene relación con este país de Sudamérica. ◆ adj./ n. m. y f. **2** [persona] Que es de Uruguay.

usado, -da adj. Que está gastado y estropeado por el uso: *¿Cómo llevas todavía esta falda tan usada?*

OBS Es el participio de *usar*.

usanza n. f. Costumbre o manera de hacer una cosa: *hace el cocido a la antigua usanza, siguiendo la receta de su abuela.* SIN uso.

usar v. tr. **1** Emplear o hacer funcionar una cosa para un fin determinado: *para escribir uso un bolígrafo o un lápiz.* SIN utilizar. **2** Gastar o consumir un producto determinado: *mi coche no usa gasolina sino gasóleo.* **3** Llevar o ponerse habitualmente una prenda de vestir: *prefiero usar bañador que biquini en la playa.* ◆ v. prnl. **4** usarse Practicar habitualmente o estar de moda: *ya no se usa tanto llevar sombrero.*

DER usado, desusar.

USB n. m. Tipo de conexión empleada en ordenadores, móviles y otros dispositivos electrónicos: *el ratón se conecta por USB.*

OBS De la sigla del inglés *universal serial bus*, 'bus universal en serie'.

uso n. m. **1** Empleo o utilización de una cosa para un fin determinado: *el uso de la calculadora está prohibido en el aula.* **2** Funcionamiento o forma de utilizar una cosa, especialmente un aparato o una máquina. **3** Moda, costumbre o modo habitual de actuar en un país, un grupo de personas o un lugar determinado. SIN hábito.

▶ al uso Según la moda o la costumbre de un lugar, una época o un grupo de personas. estar en buen uso Ser una cosa útil y estar en buen estado: *es un coche antiguo, pero todavía está en buen uso.* uso de razón Capacidad para pensar y para juzgar que consigue una persona cuando ha pasado la primera etapa de la niñez: *desde que tengo uso de razón recuerdo a mi padre fumando puros.*

DER usanza, usar, usual, usuario; abuso, desuso, multiuso.

usted pron. pers. Forma de tratamiento de segunda persona que indica respeto y cortesía: *ustedes dirán.*

▶ hablar (o tratar) de usted Dirigirse a una persona usando esa forma de tratamiento.

OBS Se usa con el verbo en tercera persona. No tiene diferenciación de género.

usual adj. Que es común y ocurre con frecuencia: *es usual que la novia vista de blanco en las bodas.* SIN frecuente, habitual. ANT inusual.

DER inusual.

usuario, -ria adj. [persona] Que usa habitualmente una cosa: *los usuarios del tren se van a ver perjudicados por las huelgas.*

usufructo n. m. Derecho por el que alguien puede usar los bienes de otra persona y disfrutar de sus beneficios, con la obligación de conservarlos y cuidarlos como si fueran propios: *aunque las tierras no eran suyas, tenía el usufructo y las labraba.*
DER usufructuar.

usurero, -ra n. m. y f. **1** Persona que presta dinero que hay que devolver a un interés excesivamente alto. **2** Persona que saca un provecho muy alto en cualquier negocio.

usurpar v. tr. **1** Apoderarse injustamente del cargo, de la función o de la identidad de otra persona: *el golpista usurpó el poder al presidente.* **2** Apoderarse injustamente y de forma violenta de una casa, un bien o un derecho que pertenece o corresponde a otra persona: *usurpó la identidad del director y firmó el contrato.*
DER usurpación.

utensilio n. m. Instrumento o herramienta que se utiliza para realizar una actividad, un oficio o un arte determinado: *utensilios de cocina.* **SIN** útil.

uterino, -na adj. Del útero o que tiene relación con este órgano del cuerpo.

útero n. m. Órgano del aparato reproductor de las hembras de los mamíferos en el que se desarrolla el feto: *el embrión se desarrolla en el útero.* **SIN** matriz.
DER uterino.

útil adj. **1** Que produce provecho, beneficio o interés: *la ayuda de estos jóvenes voluntarios es muy útil a la humanidad.* **2** Que puede servir o ser aprovechado para un fin determinado: *no tires ese bote, que será útil para guardar las conservas.* ◆ n. m. **3** Instrumento o herramienta que se utiliza para hacer una actividad o trabajo determinado: *trajo todos los útiles necesarios para construir el mueble.* **SIN** utensilio.
NOTA Se usa generalmente en plural.
DER utilidad, utilitario, utilitarismo, utilizar; inútil.

utilidad n. f. **1** Capacidad que tiene una cosa de servir o de ser aprovechada para un fin determinado: *los electrodomésticos son de gran utilidad.* **ANT** inutilidad. **2** Provecho o beneficio que se saca de una cosa.

utilitario, -ria adj. **1** Que considera la utilidad de las cosas como lo más importante: *las razones de su decisión son puramente utilitarias.* **SIN** práctico. ◆ n. m. **2** Automóvil de pequeño tamaño y que consume poco combustible.
DER utilitarismo.

utilitarismo n. m. Criterio según el cual la utilidad de algo es su valor más importante.

utilitarista adj. Que considera la utilidad de algo como su valor más importante: *una aproximación utilitarista del arte no resulta nada fructífera.*

utilización n. f. Uso o empleo de una cosa: *la utilización de las nuevas técnicas ha incrementado el rendimiento de la fábrica.*

utilizar v. tr. Emplear o hacer funcionar una cosa para un fin determinado: *debes utilizar este cubierto para el pescado y este otro para la carne.* **SIN** usar.
OBS En su conjugación, la *z* se convierte en *c* delante de *e*.
DER utilización; infrautilizar.

utopía n. f. Proyecto, idea o plan ideal y muy bueno, pero imposible de realizar: *un mundo sin guerras ni enfermedades es una utopía.* **SIN** quimera.

utópico, -ca adj. De la utopía o que tiene relación con ella.

uva n. f. **1** Fruto comestible, pequeño y de forma redonda u ovalada, con una carne muy jugosa y una piel fina: *con las uvas se hace el vino.* **2** Racimo formado por varios de esos frutos.
▶ **de mala uva** Enfadado o de mal humor: *la noticia lo puso de mala uva.* **mala uva** Mala intención o mal carácter: *tiene muy mala uva y le gusta hacer sufrir a los demás.*

uve n. f. Nombre de la letra v: *la palabra vida se escribe con uve.*

UVI n. f. Sección de un centro hospitalario donde se ingresa a los enfermos de mayor gravedad que requieren una vigilancia y una atención continua y específica: *está ingresado en la UVI.*
OBS En plural, aunque se pronuncia «uvi» o «uvis», se debe escribir *UVI*: *las UVI.*

úvula n. f. Masa carnosa de tejido muscular que cuelga del velo del paladar. **SIN** campanilla.
DER uvular.

¡uy! int. Se utiliza para expresar dolor súbito o sorpresa: *¡uy, me he pinchado el dedo!*

abcdefghijklmnñopqrstu**V**wxyz

v n. f. **1** Vigesimotercera letra del alfabeto español. Su nombre es *uve* o *ve*. El plural es *uves* o *ves*, respectivamente. La v representa el mismo sonido que el de la letra b. **2** Letra que representa el valor de 5 en la numeración romana. **NOTA** Se escribe con letra mayúscula.

vaca n. f. **1** Hembra del toro. **2** Piel curtida de ese animal que se utiliza para fabricar diferentes objetos. **3** Carne de ese animal que se usa como alimento. **4** Mujer muy gorda.
OBS El macho de la vaca es el *toro*.
DER vacada, vacuno, vaquero, vaqueta, vaquilla.

vacación n. f. Período de tiempo durante el cual se descansa y se dejan los trabajos o los estudios que se realizan normalmente: *estás agotado: creo que necesitas unas vacaciones*.
OBS Se usa generalmente en plural.
DER vacacional.

vacante adj./ n. f. [lugar, puesto] Que de momento no está ocupado por nadie, pero está disponible para ser ocupado: *hay cuatro vacantes en mi empresa*.

vaciado n. m. **1** Procedimiento que consiste en fabricar un objeto llenando un molde con un metal derretido u otra sustancia blanda: *esta figura de bronce se ha hecho recurriendo a la técnica del vaciado*. **2** Pieza o figura que ha sido fabricada mediante este procedimiento.

vaciar v. tr. **1** Sacar lo que está en el interior de algo sin dejar nada dentro: *he vaciado el tarro de la harina*. **2** Hacer un hueco en un cuerpo sólido. ◆ v. tr./ intr. **3** Fabricar un objeto llenando un molde con un metal derretido u otra sustancia blanda: *Luis está aprendiendo a vaciar para hacer esculturas*.
OBS En su conjugación, la *i* se acentúa en algunos tiempos y personas, como en *desviar*.
DER vaciado.

vacilación n. f. **1** Movimiento inseguro y falto de equilibrio: *el borracho iba caminando con vacilación*. **2** Falta de firmeza o de seguridad al hablar o al actuar: *respondió todas las preguntas sin vacilación*.

vacilante adj. **1** Que se mueve de un lado a otro por falta de estabilidad. **2** Que muestra vacilación o indecisión.

vacilar v. intr. **1** Moverse de un lado a otro por falta de equilibrio: *la lámpara vaciló un momento antes de caer al suelo*. **2** Tener poca firmeza o poca seguridad al hablar o al actuar: *este chico vacila en sus respuestas*. **SIN** dudar, titubear. **3** Ser inestable o poco firme: *sus ideas revolucionarias vacilaron cuando conoció a su mujer*. **4** Tomar el pelo a una persona o decirle cosas graciosas en tono serio: *deja de vacilarme porque me tienes harto*. **SIN** burlar. **5** Presumir o darse importancia: *¡Cómo vacila con su coche nuevo!*

vacío, -cía adj. **1** Que no tiene nada dentro: *el frasco de colonia está vacío*. **ANT** lleno. **2** Que no está ocupado por nadie: *los dos asientos de la séptima fila están vacíos*. **SIN** desocupado. **3** [lugar] Que no tiene gente o que tiene muy poca: *las calles de la ciudad están vacías en el mes de julio*. **ANT** lleno. **4** Que es superficial y no tiene un contenido interesante: *su discurso fue aburrido y vacío*. **SIN** vacuo. ◆ n. m. **5** Espacio hueco: *en el texto hay algunos vacíos que tenemos que rellenar*. **6** Corte del terreno, vertical y profundo: *en la película, el coche caía al vacío*. **SIN** abismo, precipicio. **7** Falta o ausencia de una persona o cosa que se echa de menos: *todos hemos sentido el vacío que ha dejado tras su partida*. **8** FÍS. Espacio que no contiene aire ni otra materia: *en el interior de las bombillas se hace el vacío*.
▶ al vacío Sin aire dentro: *algunos alimentos están envasados al vacío*. caer en el vacío No producir ningún resultado o beneficio: *nadie le hizo caso, sus advertencias cayeron en el vacío*. de vacío **a.** Sin carga o sin peso: *la fábri-*

ca estaba cerrada y el camión regresó a Madrid de vacío. **b.** Sin haber conseguido lo que se buscaba: *había puesto muchas esperanzas en aquella entrevista, pero regresó de vacío.* **hacer el vacío** Negar el trato y no hablar a alguien: *dejé de salir con ellos porque me hacían el vacío.*
SIN aislar.
DER vaciar, vaciedad.

vacuna n. f. Sustancia que se introduce en el organismo para evitar que se desarrollen determinadas enfermedades.
DER vacunar; autovacuna.

vacunación n. f. Administración de una vacuna.

vacunar v. tr. Administrar una vacuna para evitar que se desarrollen determinadas enfermedades.
DER vacunación.

vacuno, -na adj. Del ganado bovino o que tiene relación con él: *el ganado vacuno abunda en el norte.*

vacuo, -cua adj. Que no tiene contenido, es superficial y no despierta interés: *la suya era una poesía vacua.* SIN insustancial, vacío.
DER vacuidad.

vado n. m. **1** Parte de la acera que se ha rebajado para hacer más fácil la entrada de vehículos a determinados lugares, especialmente a los garajes. **2** Parte de un río con fondo firme y poco profundo, por donde se puede pasar andando o en determinados vehículos: *no pudimos pasar a la otra orilla porque no encontramos ningún vado.*
DER vadear.

vagabundear v. intr. Andar vagando por los sitios sin una finalidad ni un destino: *vagabundeaba por la ciudad.*
DER vagabundeo.

vagabundo, -da adj. **1** [persona] Que no tiene casa ni trabajo y va de un lugar a otro: *en esta ciudad cada día hay más vagabundos.* **2** Que va de un lugar a otro sin una finalidad ni un destino determinado: *recogió de la calle un perro vagabundo.* SIN vagamundo.
DER vagabundear.

vagamundo, -da adj./ n. m. y f. Vagabundo.

vagar v. intr. Andar o pensar libremente sin una finalidad ni un destino determinado: *estaba deprimido y se puso a vagar por la calle.* SIN deambular.
OBS En su conjugación, la *g* se convierte en *gu* delante de *e*.

vagido n. m. Llanto de un niño recién nacido: *se puso muy contento al oír los primeros vagidos de su hijo.*

vagina n. f. Conducto fibroso del aparato reproductor de las hembras de los mamíferos que se extiende desde el útero hasta la vulva.
DER vaginal.

vago, -ga adj. **1** [persona] Que no gusta del trabajo ni de cualquier actividad que necesite esfuerzo. SIN holgazán, perezoso. ANT trabajador. **2** Que está poco claro o no está determinado: *una idea vaga.* SIN impreciso.
DER vagabundo, vagamente, vagancia, vagar, vaguear, vaguedad; extravagante.

vagón n. m. Coche de un tren o de un metro que sirve para el transporte de mercancías y pasajeros y que se puede separar de los demás: *había dos asientos libres en el segundo vagón; en este vagón se transportan alimentos en conserva.*
DER vagoneta.

vagoneta n. f. Vagón pequeño y sin techo que sirve para el transporte de mercancías.

vaguear v. intr. Estar [una persona] voluntariamente ociosa, sin hacer nada de provecho. SIN gandulear, haraganear, holgazanear.

vaguedad n. f. Falta de claridad o de exactitud: *el discurso del ministro se caracterizó por la vaguedad.* ANT precisión.

vahído n. m. Pérdida breve del sentido: *se sintió indispuesta y sufrió un ligero vahído.*

vaho n. m. **1** Vapor que desprenden los cuerpos en determinadas circunstancias: *el espejo del cuarto de baño está lleno de vaho porque me acabo de duchar con agua caliente.* **2** Aliento que desprenden por la boca las personas o los animales: *cuando hace mucho frío, se ve el vaho que sale por la boca.* ◆ n. m. pl. **3 vahos** Método de curación que consiste en respirar el vapor que despide una sustancia al hervirla: *el médico le ha recomendado que haga vahos de eucalipto.*

vaina n. f. **1** Cáscara tierna y alargada en la que están encerradas en hilera las semillas de ciertas plantas: *las legumbres crecen en vainas.* **2** Funda de un material flexible donde se guardan ciertas armas, como espadas, puñales o cuchillos, u otros instrumentos cortantes: *las tijeras van metidas en una vaina.* ◆ adj./ n. com. **3** [persona] Que es poco serio, molesto o presumido: *no le gustaba salir con ese vaina.* **4** BOT. Ensanchamiento del pecíolo o las hojas de algunas plantas que envuelve el tallo.
DER vainica, vainilla; envainar.

vainilla n. f. **1** Planta trepadora de tallos muy largos y verdes, hojas anchas y flores grandes, que da un fruto en forma de cápsula. **2** Fruto muy oloroso de esta planta que se utiliza para dar sabor a las comidas, o para dar olor a los perfumes o licores.

vaivén n. m. **1** Movimiento alternativo de un cuerpo, primero hacia un lado y después hacia el contrario: *el vaivén de la barca.* SIN balanceo, oscilación. **2** Cambio o variación inesperada en la situación o estado de las cosas: *los expertos se encargan de analizar los vaivenes de la economía.*

vajilla n. f. Conjunto de platos, tazas, fuentes y otros objetos que se usan en el servicio de la mesa.

valdepeñas n. m. Vino que se elabora en la zona de Valdepeñas, villa de la provincia de Ciudad Real.
OBS El plural también es *valdepeñas.*

vale n. m. **1** Papel que se puede cambiar por una cantidad de dinero, por un objeto o por un servicio. **2** Entrada gratuita para un espectáculo público o atracción: *tengo dos vales para el cine, ¿te vienes?* **3** Nota firmada que se da al entregar una cosa y que sirve para demostrar que se ha hecho la entrega. ◆ int. ¡vale! **4** Expresión que indica acuerdo o conformidad: *¡vale!, entonces quedamos en que nos vemos el sábado.*

valencia n. f. QUÍM. Número que representa la capacidad de combinación de un elemento químico con otros.
DER ambivalencia.

valenciano, -na adj. **1** De Valencia o que tiene relación con esta comunidad autónoma de España, con la capital o con la provincia. ◆ adj./ n. m. y f. **2** [persona] Que es de Valencia. ◆ n. m. **3** Variedad del catalán que se habla en la Comunidad Valenciana.

valentía n. f. Valor o determinación para enfrentarse a situaciones arriesgadas o difíciles.
SIN coraje.
DER valentón.

valentón, -tona adj. [persona] Que es muy arrogante y presume de valiente, generalmente sin serlo o delante de personas que considera menos fuertes.

valer v. tr. **1** Tener un precio determinado. SIN costar. **2** Tener una cosa el mismo valor que otra en ciertos aspectos: *en música, una nota blanca vale dos negras.* SIN equivaler. **3** Merecer o ser merecedor de alguna cosa: *tu nuevo puesto de trabajo bien vale una buena celebración.* **4** Ayudar o proteger a una persona: *¡Dios te valga si se enfada al enterarse de la noticia!* ◆ v. intr. **5** Ser útil o adecuada una cosa para realizar una determinada función: *tira esa vieja cacerola, ya no vale para cocinar.* SIN servir. **6** Tener una persona cierta cualidad o capacidad para desempeñar una función: *se dedicó a la medicina porque valía para ello.* **7** Ser válido o efectivo: *tienes que renovar el pasaporte porque ya no vale.* ◆ v. prnl. **8** valerse Servirse de una cosa o de una persona para un fin determinado: *se valió de su amigo para alcanzar la amistad del director.* **9** Manejarse o desenvolverse sin problemas: *ya es mayorcito y puede valerse por sí mismo.*
▶ hacer valer Hacer que una persona o una cosa sea tenida en cuenta: *Sebastián hizo todo*

valer

INDICATIVO	SUBJUNTIVO
presente	**presente**
valgo	valga
vales	valgas
vale	valga
valemos	valgamos
valéis	valgáis
valen	valgan
pretérito imperfecto	**pretérito imperfecto**
valía	valiera o valiese
valías	valieras o valieses
valía	valiera o valiese
valíamos	valiéramos o valiésemos
valíais	valierais o valieseis
valían	valieran o valiesen
pretérito perfecto simple	**futuro**
valí	valiere
valiste	valieres
valió	valiere
valimos	valiéremos
valisteis	valiereis
valieron	valieren
futuro	IMPERATIVO
valdré	vale (tú)
valdrás	valga (usted)
valdrá	valed (vosotros)
valdremos	valgan (ustedes)
valdréis	
valdrán	
condicional	FORMAS NO PERSONALES
valdría	**infinitivo** valer
valdrías	**gerundio** valiendo
valdría	**participio** valido
valdríamos	
valdríais	
valdrían	

a b c d e f g h i j k l m n ñ o p q r s t u v w x y z

lo que pudo por hacer valer su postura. **valer la pena** Merecer o compensar el esfuerzo que requiere una cosa o el precio que cuesta: *no vale la pena coger el coche, el tren es más rápido.* **valer su peso en oro** Expresión con la que se destacan las cualidades de una persona o de una cosa: *este chico vale su peso en oro.*

DER vale, valedero, valedor, valencia, valeroso; convalecer, equivaler, prevalecer.

valeriana n. f. Planta que tiene el tallo recto y las flores compuestas de color rosado o blanco; su raíz tiene propiedades sedantes.

valeroso, -sa adj. Que tiene valor o determinación para enfrentarse a situaciones arriesgadas o difíciles: *el caballero era un hombre muy valeroso.* SIN bravo, valiente.

valía n. f. **1** Cualidad por la que una persona o cosa merece consideración o aprecio: *asombró a todo el mundo por su gran valía.* **2** Valor que recibe una cosa por circunstancias externas: *el collar tenía una gran valía sentimental por ser de su abuela.*

DER valioso; plusvalía.

validar v. tr. Hacer firme o legal una cosa: *el presidente validó la votación.* ANT invalidar.

DER validadora; convalidar, revalidar.

validez n. f. Cualidad de lo que es correcto o eficaz o de lo que se ajusta a la ley: *el período de validez de este documento termina mañana.*

valido n. m. Persona que gozaba de la confianza de un rey y se ocupaba del gobierno de un Estado en su nombre.

válido, -da adj. Que tiene valor y fuerza legal o capacidad para producir su efecto: *el contrato no es válido porque no reúne todos los requisitos.* ANT nulo.

DER validez, validar; inválido.

valiente adj. Que tiene o actúa con valor o determinación ante situaciones arriesgadas o difíciles. SIN bravo, valeroso. ANT cobarde.

OBS En frases exclamativas y seguido de sustantivo tiene un sentido irónico o exagerado: *¡valiente ayudante estás tú hecho!*

valija n. f. **1** Saco de cuero en el que se transporta la correspondencia: *el cartero colocó la valija a la entrada de la oficina de correos.* **2** Maleta o cartera: *llevaba una valija en cada mano.* ▶ **valija diplomática** Cartera que contiene documentos oficiales de un Estado, y que, por su importancia, no se confía al servicio de correos: *el ministro y el embajador se envían la documentación por valija diplomática.*

DER desvalijar.

valioso, -sa adj. Que vale mucho o que tiene mucho valor o importancia: *en el museo se exponen unas piezas de cerámica muy valiosas.*

valla n. f. **1** Pared o cerca, generalmente de madera, que sirve para rodear, señalar o proteger un terreno: *saltar una valla.* SIN valladar. **2** Superficie colocada en calles, carreteras u otros lugares en la que se fijan anuncios publicitarios: *la ciudad estaba llena de vallas publicitarias.* **3** Obstáculo que deben saltar los participantes en una carrera deportiva.

DER valladar, vallar, vallista.

valladar n. f. Pared o cerca, hecha generalmente de madera, que sirve para rodear, señalar o proteger un terreno. SIN valla.

vallar v. tr. Cerrar o cercar un sitio con una valla: *hemos vallado el jardín con estacas.* SIN cercar.

DER vallado.

valle n. m. **1** Terreno llano entre montañas o alturas. **2** Depresión por la que corre un río. SIN cuenca.

vallisoletano, -na adj. **1** De Valladolid o que tiene relación con esta provincia de Castilla y León o con su capital. ◆ adj./ n. m. y f. **2** [persona] Que es de Valladolid.

valor n. m. **1** Cualidad o conjunto de cualidades por las que una persona o cosa merece consideración o aprecio: *sus consejos tienen un gran valor para nosotros.* SIN valía. **2** Precio o estima equivalente: *¿cuál es el valor real de estas tierras?* **3** Importancia o significación de un dicho o un hecho: *su comentario no tiene mucho valor para mí.* **4** Cualidad de lo que es correcto o efectivo, o de lo que se ajusta a la ley: *la peseta dejó de tener valor en marzo del 2002.* SIN validez. **5** Cualidad de la persona que actúa con valor o determinación ante situaciones arriesgadas o difíciles: *afrontó los problemas con mucho valor.* SIN coraje, valentía. **6** Capacidad para soportar situaciones desagradables: *tuvo el valor de estar esperando tres horas a que llegara el autobús.* **7** Desvergüenza o falta de consideración hacia los demás: *ha tenido el valor de decirme que yo tenía la culpa.* SIN descaro. **8** Persona que tiene buenas cualidades o capacidad para alguna cosa: *es un joven valor del mundo de la música.* **9** Equivalencia de una moneda con referencia a la tomada como patrón. **10** MAT. Cantidad o magnitud que se da a una variable: *el valor de x en la ecuación $x - 5 = 10$ es 15.* **11** MÚS. Duración de una nota musical, según la figura con que esté representada: *el valor de una negra es el doble del de una corchea.* ◆ n. m. pl. **12** valores Conjunto de normas o principios morales e ideológicos que dirigen el comportamiento de una persona o sociedad: *los sociólogos aseguran que se están perdiendo muchos valores tradicionales.* **13** Conjunto de documentos que representan la cantidad de dinero prestada a una empresa o sociedad para conseguir unas ganancias: *los valores son títulos que se cotizan en Bolsa.*

DER valorar, valorizar; subvalorar, supervalorar.

valoración n. f. **1** Determinación del precio de una cosa. **2** Reconocimiento del valor, del mérito o de las cualidades de una persona o cosa: *el profesor hizo una buena valoración de la obra arquitectónica.*

valorar v. tr. **1** Determinar el precio de una cosa: *han valorado el coche en muy poco dinero.* SIN tasar. **2** Reconocer o estimar el valor, el mérito o las cualidades de una persona o cosa: *supo valorar sus esfuerzos.* SIN apreciar. **3** Tener en cuenta una cosa para determinar su importancia: *valoraré tu propuesta y te daré una respuesta mañana.* **4** Aumentar el valor de una cosa: *las buenas comunicaciones valorarán la región.*

DER valoración; avalorar, infravalorar, invalorable, subvalorar, supervalorar.

vals n. m. **1** Baile de origen alemán, de compás tres por cuatro, que se realiza por parejas y con un movimiento giratorio. **2** Música de ritmo ternario de este baile cuyas frases constan de dieciséis compases.

OBS El plural es *valses.*

valva n. f. **1** Cada una de las dos piezas duras y movibles que forman la concha de los moluscos y otros invertebrados: *la ostra, el mejillón y las almejas tienen valvas.* **2** Cada una de las dos partes que constituyen la vaina de ciertos frutos que se abren al madurar, como los guisantes o las habas.

DER válvula; bivalvo, polivalvo.

válvula n. f. **1** Dispositivo que abre o cierra el paso de un fluido por un conducto en una máquina o en un instrumento. válvula de seguridad o válvula de escape Válvula que sirve para dar salida a los gases o líquidos. **2** ANAT. Pliegue membranoso situado en las venas y en el corazón que permite el paso de los fluidos por los conductos del organismo: *las válvulas hacen que la sangre circule por las venas en un solo sentido.* ▶ válvula mitral o válvula bicúspide Válvula que está entre la aurícula y el ventrículo izquierdos del corazón de los mamíferos. válvula tricúspide Válvula que está entre la aurícula y el ventrículo derechos del corazón de los mamíferos. válvula de escape Cosa o acción que permite a una persona salir de una situación aburrida o librarse de un trabajo excesivo o problema: *estoy tan agobiado que pintar me sirve como válvula de escape.*

vampiro, -ra n. m. y f. **1** Ser imaginario, aparentemente difunto, que sale de su tumba de noche y se alimenta de la sangre que chupa a las personas vivas. *Drácula es el más famoso de los vampiros.* NOTA Tiene doble forma para el femenino: *vampira* y *vampiresa.* n. m. **2** Murciélago provisto de un hocico largo y fino y un par de incisivos grandes y afilados, que clava en la piel de otros animales para chuparles la sangre: *los vampiros viven en la selva de América y no suelen atacar al ser humano.* NOTA Para indicar el sexo se usa el vampiro macho y el vampiro hembra.

DER vampirismo.

vanagloria n. f. Alabanza, con razón o sin ella, que una persona hace de sus propias cualidades o actos. SIN jactancia, vanidad.

vanagloriarse v. prnl. Presumir con orgullo de las propias cualidades o actos: *se vanagloriaba de tener mucho dinero.* SIN pavonearse.

OBS En su conjugación, la *i* es átona, como en *cambiar.*

vandálico, -ca adj. **1** Relativo a los vándalos, antiguo pueblo germánico: *pueblos vandálicos.* **2** [acción] Que es propio de un vándalo o gamberro: *actos vandálicos.*

vandalismo n. m. Práctica de destruir o deteriorar mobiliario urbano u otras cosas expuestas a la vía pública: *rompieron un escaparate, entre otros actos de vandalismo.*

vándalo, -la adj. **1** Del pueblo germánico que invadió el Imperio romano y creó un reino en el norte de África. **2** [persona] Que tiende a destruir o que provoca escándalos: *unos cuantos vándalos se han dedicado a quemar las papeleras.*

DER vandálico, vandalismo.

vanguardia n. f. **1** Movimiento literario, artístico o ideológico más avanzado en relación con las tendencias de su tiempo. **2** Parte de un ejército que va delante del cuerpo principal. ANT retaguardia.

DER vanguardismo.

vanguardismo n. m. Tendencia literaria, artística e ideológica de carácter renovador de principios del siglo XX.

vanguardista adj. **1** Del vanguardismo o que tiene relación con esta tendencia literaria, artística o ideológica. ◆ adj./n. com. **2** [persona] Que practica el vanguardismo: *Picasso fue un pintor vanguardista.*

vanidad n. f. **1** Orgullo de las cualidades o actos propios acompañado de un deseo excesivo de ser reconocido por los demás: *tiene tanta vanidad, que es incapaz de reconocer sus errores.* **SIN** arrogancia, jactancia. **2** Cosa que solo sirve para mostrar riqueza, lujo o poder y que carece de valor moral: *huyó de las vanidades del mundo para entregarse a trabajos humanitarios.*

vanidoso, -sa adj. Que muestra orgullo por las cualidades o actos propios y tiene un deseo excesivo de ser reconocido por los demás. **SIN** engreído. **ANT** humilde, modesto.

vano, -na adj. **1** Que no tiene razón de ser o que se basa en la imaginación: *alimentaba vanas esperanzas de ser algún día un famoso cantante.* **SIN** infundado. **2** Que no tiene efecto o que no da el resultado esperado: *nuestros esfuerzos por salvar el negocio fueron vanos.* **SIN** ineficaz, inútil. **ANT** eficaz, útil. **3** Que está vacío o falto de contenido: *sus palabras no eran más que vanas promesas.* **4** [persona] Que solo se preocupa de su propio bienestar y de divertirse, y que no da a las cosas la importancia debida. **SIN** frívolo, superficial. **5** [fruto seco] Que tiene el interior vacío o la semilla seca. ◆ n. m. **6** Hueco de una puerta, ventana o de otra abertura en una construcción o en una pared: *pusieron ventanas para tapar los vanos.*

▶ **en vano** Sin efecto ni resultado: *trataba en vano de consolarla por el grave disgusto.*

DER vanidad; devanear, envanecer, evanescente.

vapor n. m. **1** Gas en que se transforma un cuerpo, generalmente un líquido, por acción del calor: *cuando se hierve el agua, sale vapor.* **2** Embarcación movida por una máquina que funciona con este gas: *hicieron una travesía por el río en un vapor.*

▶ **al vapor** [alimento] Cocinado por medio de este gas y sin añadir agua: *le gustan mucho las verduras y siempre las toma al vapor.*

DER vaporizar, vaporoso; evaporar.

vaporizador n. m. **1** Aparato que sirve para transformar un líquido en vapor por la acción del calor. **2** Aparato que sirve para esparcir un líquido en forma de gotas muy pequeñas. **SIN** pulverizador.

vaporoso, -sa adj. [tejido] Que es ligero, muy fino o transparente: *llevaba una blusa de seda muy vaporosa.*

vaquero, -ra adj. **1** [ropa] Que está hecho de una tela de algodón fuerte y gruesa, generalmente azul, y que se usa de manera informal. ◆ n. m. y f. **2** Persona que se dedica a cuidar ganado vacuno. ◆ n. m. pl. **3** **vaqueros** Pantalones hechos con tela vaquera.

DER vaquería, vaqueriza.

vaquilla n. f. Ternera o cría de la vaca, especialmente la que tiene entre año y medio y dos años: *en las fiestas del pueblo torearon dos vaquillas.*

vara n. f. **1** Palo delgado y largo: *el guarda amenazó a los chiquillos con una vara.* **2** Rama de un árbol o arbusto delgada, larga y sin hojas. **3** Antigua medida de longitud: *una vara equivale a 83,5 centímetros aproximadamente.* **4** Bastón que representaba la autoridad de un alcalde o juez. **5** Tallo largo y con flores de algunas plantas: *colocó en el florero unas varas de nardos.* **6** Palo largo con una punta en uno de sus extremos que sirve para herir al toro desde el caballo.

DER varal, varear, vareta; envarar.

varar v. tr. **1** Sacar una embarcación fuera del agua y colocarla sobre la playa para protegerla de la acción del mar o para limpiarla o arreglarla. ◆ v. intr. **2** Encallar una embarcación o quedarse detenida por tocar su fondo con las rocas o con la arena: *el barco varó cerca de la costa.*

variabilidad n. f. Cualidad de las cosas que tienden a cambiar o a transformarse: *los meteorólogos hablan de la variabilidad del tiempo en los últimos años.*

variable adj. **1** Que varía o puede variar: *vientos variables.* **2** Que está sujeto a cambios frecuentes o probables: *tiene un carácter muy variable.* **SIN** inconstante, inestable. **3** GRAM. [palabra] Que puede presentar formas diferentes: *la palabra «bueno» es un adjetivo variable.* ◆ n. f. **4** MAT. Magnitud que sustituye un conjunto de valores y que puede representarlos dentro de un conjunto: *dime cuáles son los valores de la variable x en esta ecuación.*

DER variabilidad; invariable.

variación n. f. **1** Cambio o transformación: *ha habido una pequeña variación en la ruta.* **SIN**

modificación. **2** MÚS. Repetición de un tema musical introduciendo cambios de tono o de ritmo. **3** GRAM. Cambio que experimentan en su forma las palabras para expresar distintas categorías gramaticales: *el género y el número son variaciones del nombre.*

variado, -da adj. Que está formado por partes de características diferentes. **SIN** diverso.

variante n. f. **1** Diferencia o variación entre las diversas clases y formas de una misma cosa: *sus actividades diarias tienen pocas variantes.* **2** Forma en que se puede presentar una cosa. **3** Desvío provisional o definitivo de un tramo de un camino o carretera. **4** Signo que indica el empate o la victoria del equipo visitante en la quiniela de fútbol: *la quiniela de esta semana tiene pocas variantes.*
DER invariante.

variar v. tr. **1** Hacer diferente o cambiar en parte la forma de ser, la disposición, el color o el aspecto de las personas o cosas: *desde que tiene dinero han variado sus gustos.* **SIN** alterar, modificar. **2** Dar variedad a una cosa: *me gusta variar de ropa cada día.* **SIN** alternar, cambiar. ◆ v. intr. **3** Cambiar de forma, estado o cualidad: *su forma de pensar ha variado poco con el paso del tiempo.*
OBS En su conjugación, la *i* se acentúa en algunos tiempos y personas, como en *desviar.*
DER variable, variación, variado, variante, varianza; desvariar.

varicela n. f. Enfermedad contagiosa, parecida a la viruela, provocada por un virus y caracterizada por la aparición de fiebre y erupciones en la piel.

variedad n. f. **1** Cualidad de las cosas que tienen características o partes diferentes: *en España existe gran variedad de paisajes.* **SIN** diversidad, pluralidad. **2** Cada una de las distintas formas en que se presenta una unidad. **SIN** diversidad. **3** Cada uno de los tipos o clases que se establecen en algunas especies de plantas o animales y que se diferencian entre sí por ciertos caracteres secundarios: *la clementina es una variedad de mandarina muy jugosa.* ◆ n. f. pl. **4** variedades Espectáculo teatral formado por varios números de diferente naturaleza.

varilla n. f. Barra larga y delgada generalmente de metal o de madera: *el abanico tenía las varillas de marfil.*

vario, -ria adj. **1** Que es diferente o distinto: *este asunto conlleva varios problemas.* **SIN** diverso. **2** Que tiene variedad o que tiene características o elementos distintos: *esta región cuenta con una flora varia y abundante.* ◆ det. indef. **3** varios Unos cuantos, algunos: *ahí te dejo varios libros, escoge uno.* ◆ n. m. pl. **4** varios Apartado o sección que comprende un conjunto de objetos o escritos variados que se han agrupado de manera arbitraria: *en el apartado de varios de la revista encontró una receta para preparar el pollo.*
DER variar, variedad.

variopinto, -ta adj. Que presenta diversas formas o aspectos: *al estreno de la película acudió un público variopinto.* **SIN** variado.

varita n. f. Palo delgado y largo que usan los magos para hacer algunos de sus trucos de magia y que en los cuentos llevan las hadas, los magos o los brujos para sus encantamientos. **NOTA** También se dice varita mágica.

variz n. f. Dilatación anormal y permanente de una vena, especialmente en las piernas.
OBS También se escribe *varice.*

varón n. m. Persona de sexo masculino: *dejó todo su dinero a su primer hijo varón.*
▶ santo varón Hombre de gran bondad y con mucha paciencia.
DER varonil.

varonil adj. **1** Que es propio del varón o está relacionado con él: *un gesto varonil.* **SIN** viril. **2** Que tiene alguna de las características que se atribuyen tradicionalmente al varón (como la fuerza, el valor, etc.). **SIN** masculino.

vasallaje n. m. **1** Vínculo o relación entre un vasallo y su señor, a través del cual el primero estaba obligado a servir o pagar ciertos tributos al segundo a cambio de protección: *el vasallaje era una relación propia de la sociedad feudal.* **2** Tributo que el vasallo pagaba a su señor o servicio que le prestaba según este vínculo. **3** Relación de dependencia o sumisión excesiva que una persona mantiene con otra: *dejó la empresa cansado del vasallaje que le imponían sus jefes.*

vasallo, -lla adj. **1** [persona] Que se ponía al servicio de un señor feudal, el cual le protegía a cambio de unos determinados servicios. **SIN** siervo. ◆ n. m. y f. **2** Persona que está bajo la autoridad de un rey o un país. **SIN** súbdito. **3** Persona que se reconoce inferior a otra y a la que muestra obediencia y sumisión: *era un vasallo a las órdenes de aquel tirano.*
DER vasallaje; avasallar.

vasco, -ca adj. **1** Del País Vasco o que tie-

ne relación con esta comunidad autónoma española. ◆ adj./n. m. y f. **2** Que es del País Vasco. ◆ n. m. **3** Lengua que se habla en el País Vasco español y francés y en parte de Navarra. **SIN** euskera, vascuence.
DER vascongado, vascuence.

vascongado, -da adj. Del País Vasco o que tiene relación con esta comunidad autónoma española: *las provincias vascongadas.* **SIN** vasco.

vascuence n. m. Lengua que se habla en el País Vasco español y francés y en una parte de Navarra: *el vascuence es una lengua de origen incierto.* **SIN** vasco, euskera.

vasectomía n. f. Operación quirúrgica a que se somete una persona de sexo masculino para quedar estéril y no poder procrear.

vaselina n. f. Sustancia grasa que se obtiene de parafina y aceites densos del petróleo, que se utiliza en farmacia y perfumería.
OBS Procede de una marca registrada.

vasija n. f. Recipiente que sirve para contener comidas, bebidas u otras cosas, generalmente de forma cóncava y pequeño: *en esa vasija de barro hay agua fresca.*

vaso n. m. **1** Recipiente que sirve para contener y beber líquidos, generalmente de cristal, de forma cilíndrica y cóncava. **2** Recipiente que sirve para contener algún líquido: *en los dos vasos del laboratorio hay sustancias tóxicas.* **vasos comunicantes** Vasos que están unidos a través de un conducto que permite el paso de un líquido de unos a otros. **3** Tubo o conducto por el que circulan la sangre y otros líquidos del organismo de los animales y de los vegetales: *las venas son vasos por los que se distribuye la linfa.* **4** Escultura con forma de vasija o jarrón: *en la sala segunda se expone una colección de vasos fenicios.*
▶ **ahogarse en un vaso de agua** Preocuparse por cosas que no tienen importancia: *no sabe resolver un problema, se ahoga en un vaso de agua.*
DER vasar, vasija; envasar, extravasarse, transvasar.

vasto, -ta adj. Que es muy extenso o muy grande: *esta región es muy vasta.* **SIN** amplio. **ANT** pequeño.
DER vastedad.

váter n. m. **1** Recipiente dotado con una cisterna de agua en el que se orina y se hace de vientre: *después de usar el váter debes tirar de la cadena.* **SIN** inodoro, retrete, water. **2** Habitación en la que está este recipiente y otros elementos que sirven para el aseo humano. **SIN** servicio, water.

vaticano, -na adj. **1** Del Estado de la Ciudad del Vaticano o que tiene relación con este Estado europeo situado en la ciudad italiana de Roma. **2** Del Papa o de la corte pontificia.

vaticinar v. tr. Adivinar o anunciar lo que va a ocurrir en el futuro: *esos nubarrones vaticinan tormenta.* **SIN** profetizar.

vaticinio n. m. Adivinación o pronóstico de lo que va a ocurrir en el futuro: *su vaticinio resultó totalmente equivocado.* **SIN** predicción.

vatio n. m. Unidad de potencia mecánica y eléctrica en el Sistema internacional de unidades: *el símbolo del vatio es W.*
OBS También se escribe *watt.*
DER kilovatio, megavatio.

¡vaya! int. Expresión que se usa para expresar sorpresa, admiración o desagrado por algo.

vecindad n. f. **1** Situación o condición de vivir una persona en un mismo edificio, barrio o pueblo que otras. **2** Conjunto de personas que viven en un mismo edificio, barrio o pueblo: *la vecindad celebró el santo patrón.* **SIN** vecindario. **3** Proximidad entre dos o más personas o cosas: *la vecindad nos hace sentirnos acompañados.* **SIN** cercanía. **ANT** lejanía.
DER vecindario; avecindarse.

vecindario n. m. Conjunto de los vecinos de un mismo edificio, barrio o pueblo.

vecino, -na adj. **1** [persona] Que vive en el mismo edificio, barrio, pueblo o ciudad que otras personas. **2** Que está cercano o próximo: *España y Portugal son países vecinos.* **3** Que es parecido o que coincide: *tus ideas y las mías son vecinas.*
DER vecinal, vecindad; avecinarse, convecino.

vector n. m. Segmento de una recta que representa una magnitud física que puede ser medida, teniendo en cuenta un punto determinado en el espacio, llamado punto de aplicación, la dirección y uno de sus sentidos.

vectorial adj. De los vectores o que tiene relación con ellos: *la dirección vectorial de una fuerza.*

veda n. f. **1** Prohibición de una cosa establecida por una ley: *la veda no permite cazar en esta zona.* **2** Tiempo durante el cual está prohibido cazar o pescar en un determinado lugar o una determinada especie.

vedar v. tr. **1** Prohibir una cosa por ley o mandato: *han vedado la caza de animales durante*

ciertas épocas del año. **2** Rechazar o poner un impedimento: *el guarda nos vedó la entrada al parque porque no éramos del barrio.* SIN impedir.
DER veda, vedado.

veedor, -ra adj./ n. m. y f. Que mira con curiosidad lo que hacen otras personas: *este gran veedor y gran oidor dio al nuevo mundo lo mejor que podía dar.*

vega n. f. Terreno bajo y llano, generalmente regado por un río: *las vegas son tierras muy fértiles.*

veganismo n. m. Régimen alimenticio basado en el consumo exclusivo de productos de origen vegetal.

vegano -na adj. **1** Del veganismo o que tiene relación con este régimen alimenticio. ◆ n. m. y f./ adj. **2** Persona que practica el veganismo: *los veganos no consumen huevos.*

vegetación n. f. **1** Conjunto de vegetales propios de un terreno o clima: *la vegetación de la zona está formada por arbustos.* ◆ n. f. pl. **2** vegetaciones Crecimiento excesivo de unas glándulas situadas en la parte posterior de la nariz, que dificultan la respiración y es muy frecuente en la infancia.

vegetal adj. **1** De las plantas o que tiene relación con estos seres orgánicos: *este producto cosmético contiene áloe vera.* ◆ n. m. **2** Ser orgánico que vive y crece fijado al suelo y se alimenta de sales minerales y de dióxido de carbono disuelto en el aire, el agua y el suelo, que absorbe por las raíces o por orificios en las hojas: *los vegetales realizan la fotosíntesis.*
DER vegetariano.

vegetar v. intr. **1** Germinar, alimentarse, crecer y multiplicarse las plantas. **2** Vivir una persona desarrollando solamente las funciones orgánicas y no las emotivas o intelectuales: *ese enfermo vegeta desde que el accidente le produjo lesiones en el cerebro.* **3** Llevar voluntariamente una vida tranquila, sin trabajo ni preocupaciones: *desde que le tocó la lotería se pasa el día vegetando.*
DER vegetación, vegetativo.

vegetarianismo n. m. Regimen alimenticio seguido por los vegetarianos, que consiste en suprimir la carne, y generalmente, cualquier alimento de origen animal.

vegetariano, -na adj. **1** Del vegetarianismo o relacionado con este tipo de alimentación. ◆ adj./ n. m. y f. **2** [persona] Que se alimenta únicamente de alimentos de origen vegetal.
DER vegetarianismo.

vegetativo, -va adj. BIOL. [órgano, organismo] Que solo realiza las funciones relacionadas con la nutrición y el desarrollo, sin intervención de la voluntad: *la asimilación de los alimentos es un proceso vegetativo.*
▶ crecimiento vegetativo Diferencia que se produce entre el número de nacimientos y el de defunciones en una población durante un período de tiempo determinado.
DER neurovegetativo.

vehemencia n. f. Pasión, entusiasmo e irreflexión en la manera de hacer o decir alguna cosa: *defendió lo que consideraba que era suyo con gran vehemencia.* SIN ímpetu.

vehemente adj. **1** Que se manifiesta con fuerza, viveza y pasión: *su discurso fue vehemente y demoledor.* SIN impetuoso. **2** [persona] Que obra con pasión y de forma irreflexiva, dejándose llevar por los sentimientos o los impulsos. SIN irreflexivo. ANT reflexivo.
DER vehemencia.

vehicular v. tr. Servir de vehículo o medio de transmisión o de difusión: *el cine de autor es aquel cuya supuesta prioridad no es tanto vender como vehicular la sensibilidad artística de un director.*

vehículo n. m. **1** Cualquier medio de transporte que se mueve sobre el suelo, sobre el agua o por el aire, especialmente el automóvil: *el barco es un vehículo más lento que el avión.* **2** Cosa que sirve para llevar o conducir otras: *la suciedad es el vehículo de muchas enfermedades.*
DER vehicular.

veinte num. card. **1** Indica que el nombre al que

vehículos

por tierra
ambulancia, autobús, autocar, automóvil, bicicleta, bus, camioneta, camión, caravana, carreta, carro, carroza, carruaje, coche, diligencia, ferrocarril, furgoneta, furgón, jeep, locomotora, metro, moto, motocicleta, taxi, todoterreno, tractor, tranvía, tren, triciclo, trolebús

por el agua
bajel, balsa, barca, barcaza, barco, buque, canoa, crucero, embarcación, ferry, gabarra, góndola, hovercraft, junco, kayak, lancha, navío, paquebote, pesquero, piragua, remolcador, submarino, trainera, velero

por el aire
aeronave, aeroplano, avioneta, avión, cohete, helicóptero, lanzadera, nave espacial, planeador, transbordador espacial, zepelín

acompaña o al que sustituye está 20 veces: *quince más cinco son veinte.* ◆ num. ord. **2** Indica que el nombre al que acompaña o al que sustituye ocupa el lugar número 20 en una serie ordenada: *soy el veinte de la lista.* SIN vigésimo. NOTA Es preferible el uso del ordinal: *vigésimo.* ◆ n. m. **3** Nombre del número 20.
▶ las veinte Jugada de las cartas que consiste en reunir un rey y un caballo del mismo palo: *he conseguido las veinte en copas.*
DER veinteavo, veinteno.

veinteavo, -va num. Parte que resulta de dividir un todo en veinte partes iguales: *si somos veinte, me toca un veinteavo de tarta.*

veintena n. f. Conjunto formado por veinte unidades: *en esta caja hay una veintena de bombones.*

veinticinco num. card. **1** Indica que el nombre al que acompaña o al que sustituye está 25 veces: *le regaló un ramo con veinticinco rosas.* ◆ num. ord. **2** Indica que el nombre al que acompaña o al que sustituye ocupa el lugar número 25 en una serie ordenada: *soy el número veinticinco de la lista.* NOTA Es preferible el uso del ordinal: *vigésimo quinto.* ◆ n. m. **3** Nombre del número 25.

veinticuatro num. card. **1** Indica que el nombre al que acompaña o al que sustituye está 24 veces: *dos docenas equivalen a veinticuatro.* ◆ num. ord. **2** Indica que el nombre al que acompaña o al que sustituye ocupa el lugar número 24 en una serie ordenada: *el lote veinticuatro no fue entregado.* NOTA Es preferible el uso del ordinal: *vigésimo cuarto.* ◆ n. m. **3** Nombre del número 24.

veintidós num. card. **1** Indica que el nombre al que acompaña o al que sustituye está 22 veces: *once más once equivalen a veintidós.* ◆ num. ord. **2** Indica que el nombre al que acompaña o al que sustituye ocupa el lugar número 22 en una serie ordenada: *soy el veintidós de la lista.* NOTA Es preferible el uso del ordinal: *vigésimo segundo.* ◆ n. m. **3** Nombre del número 22.

veintinueve num. card. **1** Indica que el nombre al que acompaña o al que sustituye está 29 veces: *si tengo cien caramelos y te doy setenta y uno, me quedan veintinueve.* ◆ num. ord. **2** Indica que el nombre al que acompaña o al que sustituye ocupa el lugar número 29 en una serie ordenada: *soy el veintinueve de la lista.* NOTA Es preferible el uso del ordinal: *vigésimo noveno.* ◆ n. m. **3** Nombre del número 29.

veintiocho num. card. **1** Indica que el nombre al que acompaña o al que sustituye está 28 veces: *febrero tiene veintiocho días excepto los años bisiestos.* ◆ num. ord. **2** Indica que el nombre al que acompaña o al que sustituye ocupa el lugar número 28 en una serie ordenada: *soy el número veintiocho de la lista.* NOTA Es preferible el uso del ordinal: *vigésimo octavo.* ◆ n. m. **3** Nombre del número 28.

veintiséis num. card. **1** Indica que el nombre al que acompaña o al que sustituye está 26 veces: *cuando cumplió veintiséis años en la empresa, le hicieron un homenaje.* ◆ num. ord. **2** Indica que el nombre al que acompaña o al que sustituye ocupa el lugar número 26 en una serie ordenada: *soy el veintiséis de la lista.* NOTA Es preferible el uso del ordinal: *vigésimo sexto.* ◆ n. m. **3** Nombre del número 26.

veintisiete num. card. **1** Indica que el nombre al que acompaña o al que sustituye está 27 veces: *tuvo su primer hijo a los veintisiete años.* ◆ num. ord. **2** Indica que el nombre al que acompaña o al que sustituye ocupa el lugar número 27 en una serie ordenada: *soy el veintisiete de la lista.* NOTA Es preferible el uso del ordinal: *vigésimo séptimo.* ◆ n. m. **3** Nombre del número 27.

veintitrés num. card. **1** Indica que el nombre al que acompaña o al que sustituye está 23 veces: *celebró sus veintitrés años con una fiesta por todo lo alto.* ◆ num. ord. **2** Indica que el nombre al que acompaña o al que sustituye ocupa el lugar número 23 en una serie ordenada: *soy el número veintitrés de la lista.* NOTA Es preferible el uso del ordinal: *vigésimo tercero.* ◆ n. m. **3** Nombre del número 23.

veintiún num. card. Apócope de *veintiuno.*
OBS Se usa delante de sustantivos masculinos y de los femeninos que empiecen por *a-* o *ha-* tónicas: *veintiún duros; veintiún almas.*

veintiuno, -na num. card. **1** Indica que el nombre al que acompaña o al que sustituye está 21 veces: *quince más seis son veintiuna.* ◆ num. ord. **2** Indica que el nombre al que acompaña o al que sustituye ocupa el lugar número 21 en una serie ordenada: *soy el veintiuno de la lista.* NOTA Es preferible el uso del ordinal: *vigésimo primero.* ◆ n. m. **3** Nombre del número 21. ◆ n. f. **4** Juego de cartas o de dados en que gana el que hace veintiún puntos o se acerca más a ellos, sin pasarse.

vejar v. tr. Maltratar a una persona o hacerla pasar por una situación humillante o vergon-

zosa: *el alcalde de Zalamea se vengó de quien vejó su honor.* SIN humillar, ofender.
DER vejación, vejamen, vejatorio.

vejestorio n. m. Persona vieja.
OBS Se usa con sentido despectivo.

vejez n. f. **1** Estado natural de la persona que ha llegado a una edad avanzada: *es una enfermedad propia de la vejez.* ANT juventud. **2** Período de la vida de una persona en el que se tiene una edad avanzada: *vivió una vejez muy tranquila.* SIN senectud. ANT juventud.
▶ a la vejez, viruelas Expresión que indica que una persona vieja hace cosas que no son propias de su edad: *desde su jubilación, va todos los fines de semana a bailar: a la vejez, viruelas.*
DER vejestorio; avejentar, envejecer.

vejiga n. f. **1** ANAT. Órgano muscular en forma de bolsa en el que se deposita la orina producida por los riñones, la cual se expulsa al exterior de manera voluntaria e intermitente. **2** Bulto lleno de líquido que se forma en la piel: *los zapatos nuevos le hicieron una vejiga en el talón.* SIN ampolla.
▶ vejiga natatoria ZOOL. Bolsa membranosa llena de aire que tienen los peces a los lados del aparato digestivo y que les permite flotar en el agua a diferentes profundidades.

vela n. f. **1** Cilindro de cera u otra materia grasa, con un hilo en el centro que lo recorre de un extremo a otro y que se enciende para dar luz: *se fue la luz y nos alumbramos con una vela.* **2** Pieza de lona u otra tela fuerte que se sujeta a los palos de una embarcación y que hace que esta se mueva al recibir el empuje del viento. **3** Competición deportiva en la que participan embarcaciones que llevan esta pieza de tela. **4** Situación o estado del que está despierto en las horas destinadas al sueño: *estuvo toda la noche en vela cuidando al enfermo.* SIN vigilia. ◆ n. f. pl. **5** velas Mocos que cuelgan de la nariz.
▶ a dos velas **a.** Con poco dinero: *no te puedo prestar dinero: estoy a dos velas.* **b.** Sin saber o enterarse de nada: *seguro que está diciendo algo importante y yo me estoy quedando a dos velas.* a toda vela Muy rápidamente: *se marchó a toda vela nada más acabar la reunión.* más derecho que una vela Obediente o de comportamiento adecuado: *a ese lo voy a poner yo más derecho que una vela.* no darle vela en este entierro No dejar que una persona intervenga en un asunto: *¡tú calla, que nadie te ha dado vela en este entierro!*
DER velamen, velero.

velada n. f. **1** Reunión o tertulia nocturna entre varias personas, para entretenimiento o distracción: *estuvieron toda la velada hablando de las próximas vacaciones.* **2** Fiesta musical, literaria o deportiva que se celebra por la noche: *la asociación ha organizado unas veladas musicales que están teniendo mucho éxito.*

velamen n. m. Conjunto de las velas de una embarcación.

velar v. tr. **1** Acompañar por la noche a un muerto o cuidar a una persona enferma: *la familia estuvo velando el cadáver toda la noche.* ◆ v. intr. **2** Estar sin dormir el tiempo normalmente destinado al sueño: *estuvo velando toda la noche porque estaba muy preocupado.* **3** Cuidar y mostrar preocupación por una persona o cosa: *los padres velan por el bienestar de sus hijos.* NOTA Se construye con la preposición *por.* ◆ v. tr. **4** Ocultar o disimular una cosa: *sus buenas palabras velaban malas intenciones.* ◆ v. tr./ prnl. **5** Cubrir una cosa con un velo: *se le veló la vista de tanto mirar la pantalla del ordenador.* **6** Borrarse toda o una parte de la imagen de una fotografía o de una película fotográfica por la acción indebida de la luz: *se ha velado todo el carrete porque la cámara no estaba bien cerrada.* ◆ adj. **7** ANAT. Del velo del paladar o que tiene relación con esta zona: *el niño tiene bastante inflamada la región velar.* **8** GRAM. [sonido] Que se pronuncia acercando la lengua al velo del paladar: *las consonantes «j», «k» y «g» tienen un sonido velar.* ◆ adj./ n. f. **9** GRAM. [letra] Que representa ese sonido: *la «u» es una velar.*
DER velarizar.

velatorio n. m. **1** Lugar preparado para acompañar a un difunto. **2** Acto de acompañar a un difunto: el cura dijo una misa durante el velatorio.

veleidad n. f. **1** Cualidad de la persona que cambia con frecuencia de ideas, gustos o sentimientos: *la veleidad de su carácter hace que no sea la persona más adecuada para este trabajo.* SIN inconstancia. **2** Capricho o cambio de estado de ánimo sin una causa justificada: *déjate de veleidades y ponte a trabajar seriamente.*
DER veleidoso.

velero n. m. Embarcación muy ligera que se mueve por medio de la vela.

veleta n. f. **1** Objeto de metal giratorio, generalmente en forma de flecha, que se coloca en lugares altos y sirve para señalar la dirección del viento. ◆ n. com. **2** Persona que cambia con frecuencia de ideas, sentimientos o gustos: *Rafael es un veleta: tan pronto dice que vendrá como que no vendrá.*

vello n. m. **1** Pelo más corto, fino y suave que el de la cabeza o la barba que cubre ciertas partes del cuerpo de una persona: *le estaba saliendo algo más de vello sobre el labio superior.* **2** Pelo corto y fino que cubre la piel de ciertas frutas o plantas y le da un aspecto aterciopelado: *el vello de la piel del melocotón le producía alergia.* **SIN** pelusa.
DER velloso, velludo.

vellosidad n. f. Vello, pelo corto y fino que cubre algunas partes del cuerpo de las personas, especialmente cuando es abundante.

velo n. m. **1** Tela fina y transparente que sirve para cubrir generalmente la cabeza o la cara de las mujeres: *la novia se alzó el velo de tul al llegar a la iglesia.* **2** Manto con el que las religiosas se cubren la cabeza y la parte superior del cuerpo. **3** Cosa ligera y flotante que impide ver otra con claridad: *un velo de niebla nos impide disfrutar del paisaje.* **4** Cosa que encubre la verdad o impide que se vea con claridad: *su desaparición estuvo cubierta por un velo de misterio.*
▶ velo del paladar ANAT. Tejido muscular delgado que separa la boca de la faringe: *la sopa estaba tan caliente que se quemó el velo del paladar.* correr (o echar) un tupido velo Intentar que se olvide una cosa que no conviene recordar: *lo mejor es correr un tupido velo.*
DER velar.

velocidad n. f. **1** Gran rapidez o prontitud en el movimiento o en la acción: *los coches circulan a gran velocidad por la autopista.* **2** FÍS. Relación entre el espacio recorrido y el tiempo empleado en recorrerlo: *el tren circula a una velocidad de doscientos kilómetros por hora.* **3** Posición de la caja de cambio del automóvil que permite variar el número de vueltas que dan las ruedas en función del número de vueltas que da el motor: *la quinta velocidad es muy rápida.*
▶ a velocidad de crucero **a.** A gran velocidad. **b.** A la velocidad máxima que puede alcanzar un vehículo.

velocímetro n. m. Aparato que indica la velocidad a la que circula un vehículo.

velocípedo n. m. Vehículo formado por un asiento y por dos o tres ruedas, de las cuales una es de mayor tamaño que las otras: *el velocípedo se mueve con los pies por medio de unos pedales.*

velocista n. com. Deportista que participa en carreras de corto recorrido, en las que es más importante la velocidad que la resistencia, especialmente de atletismo y ciclismo.

velódromo n. m. Instalación, cubierta o al aire libre, preparada para la celebración de carreras de bicicletas.

velorio n. m. **1** Fiesta o reunión que se celebra en las casas de los pueblos durante la noche, generalmente con motivo de alguna tarea doméstica como la matanza del cerdo. **2** Acto de acompañar por la noche a un difunto, especialmente cuando es un niño. **SIN** velatorio. **3** Ceremonia de tomar el velo una monja o una religiosa.

veloz adj. Que se mueve o actúa de manera muy rápida: *el correcaminos es mucho más veloz que el coyote.* **SIN** ligero, rápido. **ANT** lento.
DER velocidad, velocista.

vena n. f. **1** Vaso sanguíneo que conduce la sangre al corazón o a otro vaso de mayor tamaño: *la sangre llega al corazón a través de las venas.* vena cava Vena mayor del cuerpo que en número de dos recogen la sangre venosa de todo el cuerpo y la conducen a la aurícula derecha del corazón. vena coronaria Vena que se extiende por el corazón y otras partes del cuerpo: *la vena coronaria desemboca en la aurícula derecha.* vena porta Vena muy gruesa que recoge la sangre del abdomen y del bazo y la lleva al hígado. vena yugular Vena que en número de dos, interna y externa, están situadas a uno y otro lado del cuello. **2** Cualidad natural o facilidad de una persona para realizar cierta actividad: *ya desde pequeñito le notamos su vena de músico.* **3** Estado de ánimo o humor de una persona en un momento determinado: *no le contradigas, que hoy está de muy mala vena.* **4** BOT. Fibra que sobresale en la cara posterior de las hojas de una planta. **5** Masa mineral que rellena un agujero o una abertura de una formación rocosa: *en las venas, una parte del mineral es útil y otra no es aprovechable.* **SIN** filón, veta. **6** Lista de diversos colores que tienen en su superficie distintas piedras o maderas: *las venas que recorren la madera son onduladas y tienen formas caprichosas.* **7** Franja de tierra o piedra que por su color y otras características se distingue de la masa de la que forma parte: *este terreno tiene venas de arcilla.* **SIN** veta. **8** Conducto natural por el que circula el agua en el interior de la tierra: *hay que usar con precau-*

ción el agua de los manantiales para que no se sequen las venas.

▶ **dar (o entrar) la vena** Sentir el deseo o el impulso repentino de hacer una cosa: *es un poco rara, a veces le da la vena y no quiere estar con nadie.* **estar en vena** Estar muy inspirado para realizar cualquier actividad u ocurrírsele grandes ideas: *los días que no está en vena no escribe ni una página.*

DER venal, venero, venoso.

venado n. m. Mamífero salvaje de patas largas, cola muy corta, pelo áspero y corto, marrón o gris, cuyo macho tiene cuernos divididos en ramas, y que se alimenta de vegetales. **SIN** ciervo.

vencedor, -ra adj. [persona, animal] Que gana o vence: *el equipo vencedor subió al podio.*

vencejo n. m. **1** Pájaro de color casi negro, boca grande y pico delgado, de alas largas y patas muy cortas, que hace sus nidos en los huecos de las paredes y en los tejados altos, y que pasa la mayor parte de su vida volando. **2** Cuerda o lazo que se usa para atar o ajustar algo, especialmente los cereales que se acaban de cortar: *los segadores ataban el trigo con fuertes vencejos.*

vencer v. tr./ intr. **1** Resultar ganador en un concurso, oposición o cualquier prueba o quedar por encima de los demás: *el atleta colombiano venció en la carrera ciclista.* **ANT** perder. **2** Dominar o someter al enemigo: *venció a su rival con una espada.* **SIN** ganar. ◆ v. tr. **3** Afrontar y superar con éxito un obstáculo, problema o dificultad: *para lograr el triunfo en el mundo deportivo tuvo que vencer muchos sinsabores.* **4** Controlar una persona sus pasiones o sentimientos. ◆ v. tr./ prnl. **5** Producir una cosa física o moral cierto efecto en una persona al no haber podido resistirse a ella: *quería ver la película, pero le venció el sueño.* **6** Torcer o hundir una cosa el peso de algo: *no te apoyes, que se va a vencer la estantería.* ◆ v. intr. **7** Terminar o acabar el plazo o tiempo fijado para una deuda, una obligación o un contrato: *mañana vence el plazo para pagar lo acordado.* **SIN** caducar, expirar.

OBS En su conjugación, la *c* se convierte en *z* delante de *a* y *o*.

DER vencedor, vencimiento, vencido; convencer, invencible.

vencimiento n. m. **1** Cumplimiento del plazo o fin de un período fijado para una deuda, una obligación o un contrato. **2** Torcimiento o inclinación de una cosa por el peso de otra.

venda n. f. Trozo de tela o gasa largo y estrecho que sirve para cubrir las heridas o para impedir el movimiento de una parte del cuerpo.

▶ **tener una venda en los ojos** No darse cuenta una persona de cómo son las cosas en realidad: *no quiere darse cuenta de que la están engañando: tiene una venda en los ojos.*

DER vendaje, vendar.

vendaje n. m. **1** Colocación de una venda alrededor de una parte del cuerpo para protegerla o impedir que se mueva. **2** Tira de tela o conjunto de tiras de tela que se colocan de esta forma: *le pusieron un vendaje para proteger las quemaduras del brazo.* **SIN** venda.

vendar v. tr. Cubrir con una venda cualquier parte del cuerpo: *los secuestradores le vendaron los ojos.*

vendaval n. m. Viento muy fuerte. **SIN** ventarrón.

vendedor, -ra n. m. y f. Persona que se dedica profesionalmente a vender mercancías.

vender v. tr. **1** Dar u ofrecer una cosa a cambio de una determinada cantidad de dinero: *Raúl se dedica a vender electrodomésticos.* **ANT** comprar. **2** Ofrecer una cosa que no tiene valor material a cambio de dinero u otro beneficio: *vendió su dignidad para conseguir un ascenso.* **3** Traicionar la amistad o la confianza de una persona en beneficio propio: *para convertirse en director, no le importó vender a su mejor amigo.* **SIN** traicionar. **4** Ofrecer o presentar un producto, una acción o incluso a uno mismo de manera muy atractiva y convincente: *para que la empresa le tenga en cuenta a uno, tiene que saber venderse.* ◆ v. prnl. **5** **venderse** Dejarse corromper por una persona, poniéndose a su servicio o haciéndole un favor, para conseguir un beneficio: *intentaron sobornar al fiscal, pero él no se vendió.*

DER vendedor; invendible, malvender, revender.

vendimia n. f. **1** Recogida de la uva. **2** Tiempo en el que se recoge la uva.

vendimiador, -ra n. m. y f. Persona que vendimia.

vendimiar v. tr./ intr. Recoger la uvas de la viña.

OBS En su conjugación, la *i* es átona, como en *cambiar*.

veneno n. m. **1** Sustancia que provoca trastornos graves o incluso la muerte cuando es introducida en el cuerpo de un ser vivo: *el aguijón del alacrán contiene veneno.* **2** Cualquier

cosa que puede ser perjudicial para la salud: *el tabaco es un veneno para el organismo.* **3** Mala intención con la que se hace o se dice una cosa.
DER venenoso; envenenar.

venenoso, -sa adj. **1** Que contiene veneno. **2** Que tiene mala intención al hacer o decir una cosa: *tiene una lengua venenosa y no respeta a nadie.*

venera n. f. Concha del molusco de la vieira, formada por dos valvas semicirculares, una plana y la otra muy convexa, que se caracterizan por ser blancas en la parte interior y rojizas en la parte exterior, y por tener catorce estrías muy pronunciadas.

venerable adj. Que merece respeto.
OBS Se aplica como tratamiento a los superiores de la Iglesia católica.

veneración n. f. **1** Demostración grande de amor y respeto hacia una persona a causa de su virtud, dignidad o santidad: *sentía veneración por su viejo maestro.* **2** Culto que se rinde a Dios, a los santos o a las cosas sagradas: *la veneración de la imagen del niño Jesús forma parte de la ceremonia de Navidad.*

venerar v. tr. **1** Demostrar gran amor y respeto a una persona por su virtud, dignidad o santidad: *venera la memoria de sus antepasados.* **2** Rendir culto a Dios, a los santos o a las cosas sagradas.
DER venerable, veneración.

venéreo, -a adj. [enfermedad] Que se contagia por contacto sexual: *la sífilis es una enfermedad venérea.*

venezolano, -na adj. **1** De Venezuela o que tiene relación con este país de América del Sur. ◆ adj./ n. m. y f. **2** [persona] Que es de Venezuela.

vengador, -ra adj. Que venga o se venga.

venganza n. f. Respuesta a una ofensa o daño recibido con otra ofensa o daño dirigido a la persona que lo ha hecho: *el móvil del asesinato fue la venganza.* SIN revancha.

vengar v. tr. Responder a una ofensa o daño recibido con otra ofensa o daño dirigido a la persona que lo ha hecho: *juró que vengaría la muerte de su amigo.*
OBS En su conjugación, la *g* se convierte en *gu* delante de *e*.
DER venganza, vengativo; devengar.

vengativo, -va adj. [persona] Que se venga con frecuencia de las ofensas o daños recibidos, por leves que estos sean.

venia n. f. Permiso o autorización para hacer una cosa concedido por una autoridad: *con la venia, expondré los cargos que se le imputan al acusado.* SIN licencia.
DER venial.

venida n. f. **1** Desplazamiento de una persona, animal o cosa hacia el lugar en el que está la persona que habla: *nos avisó de su próxima venida hace un mes.* **2** Llegada de una persona, animal o cosa al lugar en el que está la persona que habla: *la venida de las lluvias.* SIN llegada. **3** Regreso o vuelta de una persona, animal o cosa al mismo lugar o punto del que había partido: *la venida del invierno.* SIN regreso.

venidero, -ra adj. Que está por venir, ocurrir o suceder: *tengo muchos planes para los meses venideros.*

venir v. intr. **1** Ir o desplazarse hacia el lugar donde está el que habla: *Antonio todavía no*

venir

INDICATIVO	SUBJUNTIVO
presente	**presente**
vengo	venga
vienes	vengas
viene	venga
venimos	vengamos
venís	vengáis
vienen	vengan
pretérito imperfecto	**pretérito imperfecto**
venía	viniera o viniese
venías	vinieras o vinieses
venía	viniera o viniese
veníamos	viniéramos o viniésemos
veníais	vinierais o vinieseis
venían	vinieran o viniesen
pretérito perfecto simple	**futuro**
vine	viniere
viniste	vinieres
vino	viniere
vinimos	viniéremos
vinisteis	viniereis
vinieron	vinieren
futuro	IMPERATIVO
vendré	ven (tú)
vendrás	venga (usted)
vendrá	venid (vosotros)
vendremos	vengan (ustedes)
vendréis	
vendrán	
condicional	FORMAS NO PERSONALES
vendría	**infinitivo** venir · **gerundio** viniendo
vendrías	
vendría	**participio** venido
vendríamos	
vendríais	
vendrían	

ha venido. **2** Llegar al lugar donde está el que habla para quedarse en él: *todavía no ha venido el carpintero.* **3** Ocurrir o producirse cierto suceso: *le vino una enfermedad grave.* **4** Proceder de un lugar: *este chocolate viene de Suiza.* **5** Tener una persona o cosa su origen: *viene de una familia muy pobre.* **6** Surgir o aparecer, especialmente un deseo o un sentimiento: *de pronto me vinieron ganas de comerme un helado.* **7** Adaptarse una prenda de vestir de un modo determinado: *necesito una talla más pequeña porque esta me viene grande.* **8** Convenir o ser adecuado: *nos podemos ver mañana porque esta tarde no me viene bien.* **9** Estar incluido o llevar incorporado: *en este libro no viene lo que estoy buscando.* **10** Seguir, en una serie, una cosa a otra: *después del día viene la noche.* **11** Acercarse o tener una equivalencia aproximada: *este libro vendrá a costar unos 12 euros.* NOTA Se construye seguido de *a* y de un infinitivo. **12** Realizarse o llegar a cumplirse: *vino a convertirse en heredero de su abuelo.* NOTA Se construye seguido de *a* y de un infinitivo. **13** Insistir en la acción que se expresa: *venía pidiéndome dinero.* NOTA Se construye seguido de gerundio. **14** Ser, estar o resultar: *esta situación en el campo viene causada por la falta de lluvias.* NOTA Se construye seguido de participio. ◆ int. **15** ¡venga! **a.** Expresión que se usa para animar o meter prisa: *¡venga, date prisa, que llegamos tarde!* **b.** Expresión que se usa para indicar rechazo: *¡venga ya, yo eso no me lo creo!*

▶ venir a menos Pasar de una situación o un estado bueno a otro peor: *el negocio de la familia ha venido a menos de un tiempo a esta parte.*

DER venida, venidero; advenimiento, avenir, contravenir, convenir, devenir, intervenir, porvenir, prevenir, revenirse, sobrevenir, subvenir.

venoso, -sa adj. **1** De las venas o que tiene relación con ellas. **2** Que tiene venas.

DER endovenoso, intravenoso.

venta n. f. **1** Entrega de una cosa a una persona a cambio de una cantidad de dinero convenida: *las inmobiliarias se dedican principalmente a la venta de pisos.* ANT compra. **2** Conjunto de cosas que se entregan a cambio de dinero: *en los meses de invierno aumenta la venta de paraguas y prendas de abrigo.* ANT compra. **3** Establecimiento situado en un camino o en un despoblado y que acoge a los viajeros. SIN mesón, posada.

DER ventero, ventorro; reventa, sobreventa.

ventaja n. f. **1** Característica o situación que hace que una persona o una cosa sea mejor en comparación con otra: *Alberto tiene ventaja porque es mayor que yo.* SIN superioridad. ANT desventaja. **2** Circunstancia o condición a favor: *irse a vivir fuera de la ciudad tiene sus ventajas y sus inconvenientes.* **3** Distancia o puntos que un competidor o jugador concede a favor de otro al que considera inferior: *como aún no estás en forma, te doy un kilómetro de ventaja en la carrera.* **4** Distancia o puntos que tiene un deportista sobre los demás: *el corredor italiano cuenta con una ventaja de quince minutos.* **5** Provecho o ganancia: *si invierte en el negocio, conseguirá grandes ventajas.*

DER ventajista, ventajoso; aventajar, desventaja.

ventajoso, -sa adj. Que tiene u ofrece ventajas: *un negocio ventajoso; situación ventajosa.*

ventana n. f. **1** Abertura, generalmente de forma rectangular, que se hace en un muro a cierta distancia del suelo para dar luz y ventilación al interior de una construcción. **2** Marco de madera o metal con una o más hojas y con cristales que cierran esta abertura. **3** Cada uno de los dos orificios de la nariz. SIN ventanilla.

▶ echar (o tirar) la casa por la ventana Gastar mucho o comprar muchas cosas sin importar la cantidad de dinero que se gasta: *cuando celebraron su aniversario, tiraron la casa por la ventana.*

DER ventanal, ventanilla; contraventana.

ventanal n. m. Ventana grande en la pared o en el muro de un edificio: *en el salón hay un ventanal que cubre toda la pared del fondo.*

ventanilla n. f. **1** Abertura pequeña que hay en la pared de distintos establecimientos, a través de la cual los empleados se comunican con el público. **2** Ventana pequeña lateral de un vehículo. **3** Abertura rectangular cubierta con papel transparente que tienen los sobres para leer la dirección escrita en la misma carta. **4** Cada uno de los dos orificios de la nariz. SIN ventana.

ventarrón n. m. Viento muy fuerte. SIN vendaval.

ventear v. tr. **1** Olfatear algunos animales el aire para orientarse o reconocer algo: *levantó el morro como si venteara algo comestible.* **2** Exponer una cosa a la acción del viento para que se limpie o seque: *ventear una manta húmeda.*

ventero, -ra n. m. y f. Persona que es propietaria o tiene a su cargo una venta.

ventilación n. f. **1** Entrada o renovación de aire en un lugar. **2** Abertura que se hace para que se renueve o entre aire en un sitio.

ventilador n. m. Aparato que sirve para ventilar o refrigerar un lugar o una cosa al mover el aire.

ventilar v. tr. **1** Hacer que entre o se renueve el aire en un lugar. SIN airear. **2** Sacar una cosa al aire libre para que se le vaya el olor o el polvo: *tiende las sábanas en la azotea para que se ventilen.* SIN airear. **3** Tratar o resolver un asunto con rapidez: *ventilaron el negocio en la segunda reunión celebrada.* SIN despachar. **4** Dar a conocer al público un asunto privado o íntimo: *la prensa se encargó de ventilar su oscuro pasado.* ◆ v. prnl. **5** ventilarse Comerse o beberse por completo una cosa: *se acaba de ventilar la botella de vino él.* **6** Matar a una persona: *los gángsters se ventilaron al sopión en un callejón oscuro.*
DER ventilación, ventilador.

ventisca n. f. **1** Tormenta de viento o de viento y nieve. **2** Viento muy fuerte. SIN ventarrón.
DER ventisco, ventisquero.

ventisquero n. m. **1** Lugar de una montaña más alto y más expuesto a sufrir ventiscas. **2** Lugar en las montañas en el que se conserva largo tiempo la nieve y el hielo. **3** Masa de nieve o hielo que se conserva en ese lugar: *no pudieron pasar por aquel sitio porque había un ventisquero.*

ventolera n. f. **1** Golpe de viento fuerte y de corta duración. **2** Decisión o pensamiento extraño e inesperado que no tiene explicación lógica: *me dio la ventolera y me apunté a un curso de bailes de salón.*

ventosa n. f. **1** Pieza de material elástico que se adhiere a una superficie lisa por presión, al producirse el vacío en su interior. **2** Órgano que ciertos animales tienen en la boca y en las extremidades y que les permite sujetarse o adherirse fuertemente a los objetos haciendo el vacío: *el pulpo se sujetó a la roca con sus ventosas.*

ventoso, -sa adj. [lugar, tiempo, día] Que se caracteriza por el fuerte viento: *una tierra fría y ventosa.*
DER ventosear, ventosidad.

ventral adj. Del vientre o que tiene relación con esta parte del cuerpo de un animal vertebrado.

ventricular adj. De los ventrículos del corazón o del encéfalo o que tiene relación con ellos.

ventrículo n. m. **1** Cavidad de la parte inferior del corazón de mamíferos, aves y reptiles que recibe la sangre procedente de las aurículas. **2** Cavidad del encéfalo de los vertebrados: *los ventrículos son cuatro.*
DER ventricular.

ventura n. f. **1** Estado de alegría y felicidad en que se encuentra una persona que ha conseguido sus deseos: *en su nuevo estado le esperan tiempos de ventura.* SIN dicha. **2** Suerte o fortuna: *el adivino me pronosticó buena ventura para mi futuro.*
▶ a la buena ventura Sin una idea o un fin concreto: *salieron de excursión a la buena ventura.*
DER venturoso; buenaventura, desventura, malaventurado.

venturoso, -sa adj. Que causa o tiene alegría o satisfacción. SIN dichoso, feliz. ANT desgraciado.

venus n. f. **1** Estatuilla de origen prehistórico con forma de mujer desnuda hecha de piedra, marfil o hueso: *las venus del Paleolítico representaban la fecundidad.* **2** Mujer que posee una gran belleza física.

ver v. tr./ intr. **1** Percibir una cosa a través del sentido de la vista: *aquí hay poca luz: no se ve nada.* ◆ v. tr. **2** Darse cuenta de una cosa con cualquier sentido o mediante la inteligencia: *¿no ves que te has equivocado?* **3** Entender o darse cuenta de un hecho, de una realidad o una situación: *desde que cambió de trabajo se le ve muy feliz.* **4** Tratar un tema o asunto: *mañana veremos un tema de biología muy interesante.* **5** Estudiar o examinar cualquier cosa con atención: *aún no he tenido tiempo para ver el informe que has escrito.* **6** Asistir a un espectáculo o acontecimiento: *¿has visto ya la película?* **7** Comprobar o hacer lo necesario para informarse de una cosa: *ve a ver quién llama a la puerta.* **8** Sospechar o presentir lo que va a pasar, en especial si es desagradable: *estoy viendo que va a llover y no traigo paraguas.* **9** Juzgar o considerar de una manera determinada: *no veo las cosas claras.* **10** Aceptar la apuesta de otro jugador para obligarle a mostrar el juego, generalmente en los juegos de cartas: *está bien, solamente llevo un trío, pero veo la jugada.* ◆ v. tr./ prnl. **11** Visitar a una persona o encontrarse con ella: *nos vemos esta tarde.* ◆ v. intr. **12** Tratar de conseguir una cosa: *veré de alcanzar todo lo que me he propuesto.*

◆ v. prnl. **13** verse Imaginarse o encontrarse en una situación determinada: *no se ve casado y con hijos.* ◆ n. m. **14** Sentido de la vista: *ver, oír y callar son propios de la prudencia.* **15** Aspecto exterior: *iba con un chico de muy buen ver.*

▶ a ver **a.** Expresión con la que una persona indica la curiosidad por conocer una cosa: *a ver, cuéntame qué te pasa.* **b.** Expresión que se usa cuando una persona confirma o expresa su acuerdo con una cosa que se negaba a reconocer: *a ver, qué voy a hacer sino aguantarme.* estar por ver No haberse confirmado o demostrado cierta cosa: *está por ver que consigas ese empleo.* ¡habráse visto! Expresión que indica enfado o falta de acuerdo: *¡habráse visto el informal!: me invita al cine y no se presenta a la cita.* no poder ver ni en pintura Odiar o detestar a una persona o cosa: *no me gusta nada esa chica: no la puedo ver ni en pintura.* no veas Expresión con la que se destaca lo que se dice: *no veas lo nervioso que se puso cuando se enteró.* vérselas con una persona Tener un enfrentamiento: *si no dejas de insultarme, te las verás conmigo.* vérselas y deseárselas Costar mucho esfuerzo o trabajo conseguir una cosa: *quería vivir solo, pero se las vio y se las deseó para encontrar un apartamento.*

DER antever, entrever, prever, proveer.

ver

INDICATIVO	SUBJUNTIVO
presente	**presente**
veo	vea
ves	veas
ve	vea
vemos	veamos
veis	veáis
ven	vean
pretérito imperfecto	**pretérito imperfecto**
veía	viera o viese
veías	vieras o vieses
veía	viera o viese
veíamos	viéramos o viésemos
veíais	vierais o vieseis
veían	vieran o viesen
pretérito perfecto simple	**futuro**
vi	viere
viste	vieres
vio	viere
vimos	viéremos
visteis	viereis
vieron	vieren
futuro	IMPERATIVO
veré	ve (tú)
verás	vea (usted)
verá	ved (vosotros)
veremos	vean (ustedes)
veréis	FORMAS NO PERSONALES
verán	**infinitivo** ver — **gerundio** viendo
condicional	**participio** visto
vería	
verías	
vería	
veríamos	
veríais	
verían	

vera n. f. Orilla de un camino o de un río: *los romeros iban paseando por la vera del camino.*

▶ a la vera Muy cerca o al lado de la persona o cosa que se expresa: *se sentó a la vera de su madre.*

veracidad n. f. Cualidad de lo que está conforme con la verdad: *no he dudado ni por un momento de la veracidad de tus palabras.* ANT falsedad.

veraneante n. com. [persona] Que pasa el verano en un lugar distinto al lugar en que vive.

veranear v. intr. Pasar el verano en un lugar, en general distinto del lugar en el que se vive habitualmente.

DER veraneo, veraneante.

veraneo n. m. Vacaciones de verano que se pasan en un lugar distinto al lugar en el que uno vive.

veraniego, -ga adj. Del verano o que tiene relación con esta estación del año: *la ropa veraniega es ligera y fresca.* SIN estival.

▶ ir veraniego Llevar poca ropa: *vas muy veraniego y solo estamos en marzo.*

verano n. m. Estación más cálida del año comprendida entre la primavera y el otoño. SIN estío.

DER veranear, veraniego.

veras Palabra que se utiliza en la locución *de veras*, que significa 'de verdad': *—Acabo de cumplir cincuenta años. —¿De veras?, pues no los aparentas.*

veraz adj. **1** [persona, medio] Que habitualmente dice la verdad: *un periódico veraz.* **2** [información, dato] Que es verdadero porque se ha comprobado su autenticidad: *todavía no hemos recibido noticias veraces.*

DER veracidad.

verbal adj. **1** Del habla o que tiene relación con ella: *expresión verbal.* **2** [acuerdo] Que se hace de palabra y no por escrito. SIN oral. **3** Del verbo o que tiene relación con él: *tiempos verbales.*

DER verbalizar, verbalmente; posverbal.

a b c d e f g h i j k l m n ñ o p q r s t u v w x y z

verbena n. f. **1** Fiesta con música y baile que se celebra al aire libre y por la noche la víspera de algunas festividades: *la verbena de San Juan.* **2** Planta de tallo largo y piloso, con hojas ásperas y flores en espiga de colores variados; es silvestre o se cultiva en jardinería.

verbo n. m. **1** Palabra que expresa las acciones, los estados, la existencia o los procesos de una persona o de una cosa; tiene variación de tiempo, aspecto, modo, voz, número y persona: *son verbos palabras como «caer», «dormir» o «querer».* verbo auxiliar Verbo que pierde o cambia su significado al utilizarse para formar los tiempos compuestos y las perífrasis verbales: *el verbo «haber» funciona como verbo auxiliar en la formación de los tiempos compuestos; «ser» es un verbo auxiliar con el que se forma la voz pasiva; las perífrasis llevan un verbo auxiliar.* verbo copulativo Verbo que une el sujeto con un atributo: *«ser», «estar» y «parecer» son algunos de los verbos copulativos.* verbo defectivo Verbo que no se puede conjugar en todos los modos, tiempos o personas: *un verbo defectivo es «soler» porque no se usa en el futuro, en el condicional ni en el imperativo.* verbo frecuentativo Verbo que expresa una acción repetida: *el verbo «golpear» es un verbo frecuentativo.* verbo impersonal Verbo que solo se usa en tercera persona y no tiene sujeto en forma personal: *en la oración «había muchas personas», «haber» es un verbo impersonal.* verbo incoativo Verbo que indica el principio de una acción que progresa: *el verbo «florecer» es un verbo incoativo.* verbo intransitivo Verbo que no lleva objeto directo: *verbos como «nacer» o «morir» son verbos intransitivos.* verbo irregular Verbo que se aparta de la regla general y se conjuga de manera especial: *el verbo «caber» es un verbo irregular.* verbo pronominal Verbo que se construye con determinadas formas de los pronombres: *un verbo pronominal es «arrepentirse».* verbo transitivo Verbo que puede llevar un objeto directo: *el verbo «decir» es un verbo transitivo.* verbo unipersonal Verbo que solo se usa en tercera persona del singular y no tiene sujeto en forma personal: *«llover» es un verbo unipersonal.* **2** *formal* Palabra, pero solo en algunas expresiones o poéticamente: *es una persona de verbo fácil.*
DER verbal, verbosidad; adverbio, proverbio.

verdad n. f. **1** Conocimiento de lo que es o de lo que ha pasado realmente: *solamente él sabe la verdad.* **2** Expresión de este conocimiento: *quiero saber pronto toda la verdad.* **3** Conformidad entre lo que se dice y lo que se cree o se piensa: *¿Es verdad que me mentiste?* ANT mentira. **4** Carácter de lo que existe, ha existido o existirá realmente: *dudar de la verdad de un hecho.* SIN realidad. ANT mentira. **5** Afirmación o principio que es aceptado como válido por un grupo: *este juicio es una verdad aceptada por todos los científicos.* **6** Afirmación que se hace de forma clara y directa: *en cuanto tenga ocasión le voy a decir cuatro verdades.*
▶ bien es verdad que Expresión con la que se quita valor o importancia a lo que se ha afirmado antes: *al final muy pocos asistieron a la excursión; bien es verdad que llovía.* de verdad **a.** Como debe ser: *un amigo de verdad.* **b.** En serio: *de verdad, me ha tocado la lotería.* en verdad Según la verdad: *en verdad es un desagradecido.* si bien es verdad que **a.** Expresión que introduce una dificultad a pesar de la cual puede ser, ocurrir o hacerse una cosa: *si bien es verdad que tengo sueño, no me iré a dormir.* SIN aunque. **b.** Expresión con la que se quita valor o importancia a lo que se ha afirmado antes: *tampoco ha aprobado este año, si bien es verdad que ha suspendido toda la clase.*
DER verdadero.

verdadero, -ra adj. **1** [relato, afirmación] Que es conforme a la verdad: *una historia verdadera.* SIN verídico. ANT falso. **2** [sentimiento] Que es real: *tengo verdadero pánico a montar en moto.* SIN auténtico. NOTA Normalmente se antepone al nombre. **3** [persona, cosa] Que es realmente lo que se indica de él: *es un verdadero genio.* SIN auténtico. NOTA Normalmente se antepone al nombre.

verde n. m./ adj. **1** Color como el de la hierba fresca o el de las hojas de los árboles. ◆ adj. **2** [planta, leña] Que no está seco: *cortó las ramas secas del árbol y dejó las más tiernas.* **3** [fruto] Que todavía no está maduro. ANT maduro. **4** [persona] Que todavía no está preparado para realizar alguna actividad: *tienes que aprender mucho, todavía estás verde.* **5** [proyecto] Que está en sus inicios o que todavía falta mucho para que se lleve a cabo: *lo de mi operación está muy verde.* **6** [persona] Que tiene una obsesión por el sexo, especialmente si se considera impropio de su edad: *viejo verde.* **7** [narración] Que trata o habla del sexo sin inhibición: *me contó un chiste verde.* **8** [zona] Que no puede destinarse a la edificación porque se utiliza como parque o jardín. ◆ adj./ n. com. **9** Que defiende la conservación y la mejora del medio ambiente: *¿votarás al partido verde en las próximas elecciones?* SIN ecologista. ◆ n. m. **10** Hierba corta y abundante que cubre el suelo: *el niño se tendió sobre el verde del parque.* SIN césped. **11** Billete de mil pesetas: *solo llevo un verde.*

▶ poner verde Criticar o hablar mal de una persona o una cosa: *en cuanto se va todos lo ponen verde.*

DER verderón, verdín, verdor, verdoso, verdura, verdusco.

verdear v. intr. **1** Empezar a ponerse verdes el campo o los árboles al brotar sus primeras plantas u hojas. **2** Tomar color verde o tirar a verde. **3** Aparecer ante la vista o mostrarse una cosa que es de color verde: *en la llanura inacabable verdea el trigo y amarillea el rastrojo.*

verdecer v. intr. Tomar de nuevo color verde las plantas, los árboles o la tierra en general. SIN reverdecer.

verderón n. m. Pájaro semejante al gorrión, pero con tonos verdes y amarillos que destacan en su plumaje pardo; los machos son buenos cantores.

OBS Para indicar el sexo se usa el verderón macho y el verderón hembra.

verdín n. m. **1** Capa de color verde que forman las algas y otras plantas sin flor en lugares húmedos y en la superficie del agua estancada. **2** Capa de color verde que se forma sobre los objetos de cobre, de bronce o de latón, sobre todo si están al aire libre. **3** Capa de color verde que forma el moho sobre la corteza de frutos como la naranja o el limón cuando se pudren. **4** Primer color verde que tienen las plantas al brotar.

verdor n. m. Color verde intenso propio de las plantas en su lozanía.

verdoso, -sa adj. [color] Que se parece al verde o que tiene tonalidades verdes: *esta falda es más bien verdosa.*

verdugo n. m. **1** Persona que se encarga de ejecutar a los condenados a muerte o, antiguamente, de aplicar los castigos corporales dictados por la justicia. **2** Persona muy cruel que maltrata al resto. **3** Gorro de punto que abriga toda la cabeza y el cuello, con una abertura para dejar al descubierto los ojos, la nariz y la boca. **4** Espada muy delgada y afilada solamente en la punta. **5** Vara estrecha y larga de un material flexible que se usa para azotar. **6** Herida hecha con esa vara. **7** Brote nuevo de un árbol.

DER verdugón, verduguillo.

verdulería n. f. Establecimiento en el que se venden verduras: *he comprado un repollo en la verdulería.*

verdulero, -ra n. m. y f. **1** Persona que se dedica a vender verduras. ◆ n. f. **2** Mujer vulgar y maleducada: *es una verdulera, no sabe hablar sin gritar.*

DER verdulería.

verdura n. f. **1** Hortaliza o planta comestible que se cultiva en huerto, especialmente aquella que se consume cocida. **2** Color verde de la vegetación, sobre todo refiriéndose a un paisaje.

DER verdulero.

verdusco, -ca adj. Que tira a verde oscuro.

vereda n. f. Camino estrecho que se ha formado por el paso de las personas y del ganado. SIN senda.

▶ meter (o hacer entrar) en vereda Hacer que una persona formalice su comportamiento y cumpla sus deberes: *le metieron en vereda y desde entonces trabaja todos los días para pagar sus deudas.*

veredicto n. m. **1** Decisión final de un tribunal: *el jurado emitió su veredicto.* **2** Opinión o juicio que da una persona tras pensar cuidadosamente: *su veredicto fue tajante: estaba todo mal y había que volver a empezar.*

vergel n. m. Lugar con gran abundancia y variedad de plantas y flores: *ha convertido la terraza en un vergel.*

vergonzante adj. **1** Que por vergüenza actúa de manera encubierta; en especial, el mendigo que pide ocultándose o encubriéndose. **2** Que causa gran vergüenza: *el vergonzante comercio de esclavos.*

vergonzoso, -sa adj. **1** [hecho] Que causa vergüenza: *es vergonzoso que todavía haya hambre en el mundo.* ◆ adj./ n. m. y f. **2** [persona] Que siente vergüenza con facilidad. SIN tímido. ANT atrevido.

vergüenza n. f. **1** Turbación que se siente ante los demás al cometer una falta o al hacer algo que se considera ridículo o humillante: *no sintió ninguna vergüenza cuando la descubrieron robando.* vergüenza ajena Vergüenza que se siente por la falta cometida por otra persona o por el ridículo que hace otra persona: *cuando lo vi actuar de ese modo, sentí vergüenza ajena.* **2** Turbación producida por el miedo a cometer ante los demás una falta o a hacer algo que uno mismo considera ridículo o humillante. **SIN** timidez. **3** Valoración que una persona tiene de sí misma y que le lleva a actuar de la forma que se considera correcta: *no tener vergüenza.* **4** Acción o hecho que causa indignación o rechazo: *es una vergüenza que los ríos bajen siempre tan contaminados.* **ANT** orgullo. **5** Persona o cosa que causa deshonra a alguien: *es la vergüenza de la familia.* ◆ n. f. pl. **6** **vergüenzas** Órganos genitales: *enseñar las vergüenzas.*

DER vergonzoso; avergonzar, desvergüenza, sinvergüenza.

verídico, -ca adj. **1** Que se ajusta a la verdad: *hechos verídicos.* **SIN** verdadero. **2** Que se parece a la realidad o se basa en hechos reales. **SIN** verosímil.

verificación n. f. **1** Comprobación de la autenticidad o verdad de una cosa. **2** Hecho que demuestra que un pronóstico era correcto: *los resultados de las elecciones son la verificación del espectacular retroceso del partido.* **3** Comprobación del buen funcionamiento de una máquina, aparato o instalación: *procedieron a la verificación de la instalación del gas.*

verificar v. tr. **1** Demostrar o comprobar que es verdadera una cosa de la que se dudaba: *los resultados del experimento verificaron las hipótesis del científico.* **SIN** confirmar, corroborar. **2** Comprobar que un aparato funciona bien: *haremos unas pruebas para verificar el motor.* **3** *formal* Realizar o llevar a cabo: *el pago de la pensión se verificará por meses anticipados.*

OBS En su conjugación, la *c* se convierte en *qu* delante de *e*.

DER verificación.

verja n. f. **1** Enrejado que limita un espacio abierto: *alrededor del parque había una verja.* **2** Reja que se pone en puertas y ventanas para seguridad o como adorno. **SIN** reja.

vermú o **vermut** n. m. **1** Bebida alcohólica elaborada con vino, ajenjo y otras sustancias vegetales; se toma generalmente como aperitivo. **2** Aperitivo que se toma antes de comer.

OBS El plural es *vermús* o *vermuts*.

vernáculo, -la adj. [lengua, costumbre] Que es propio de un país o de una región.

verosímil adj. Que parece verdadero o que es creíble: *su explicación es verosímil.* **ANT** increíble, inverosímil.

DER verosimilitud; inverosímil.

verosimilitud n. f. Cualidad de lo que parece verdadero o creíble.

verruga n. f. Abultamiento benigno, redondeado y pequeño que sale en la piel.

versalita n. f. Letra mayúscula del mismo tamaño que las minúsculas del texto en que figura: *los números romanos de los siglos suelen escribirse en versalita.*

versar v. intr. Tratar acerca de una materia o un tema determinado: *este manual versa sobre las religiones.*

DER versado, versátil; conversar, malversar.

versátil adj. Que cambia con facilidad: *carácter versátil.* **SIN** inconstante, voluble.

DER versatilidad.

versículo n. m. División breve y numerada de los capítulos de ciertos libros, especialmente de la Biblia o del Corán.

versificación n. f. **1** Técnica o arte de versificar. **2** Conjunto de características métricas de una obra, una época o un autor. **3** Composición métrica creada a partir de un texto en prosa.

versión n. f. **1** Modo particular de entender un hecho: *tú y ella dais dos versiones muy distintas.* **2** Presentación diferente o adaptación de una obra artística o literaria: *la versión de una canción.* **3** Traducción de una obra escrita.

verso n. m. **1** Conjunto de palabras o palabra que forma una línea de un poema. **verso blanco** o **verso suelto** Verso que no rima con ningún otro. **verso de arte mayor** Verso de más de ocho sílabas. **verso de arte menor** Verso de ocho sílabas o de menos. **verso libre** Verso que no está sujeto a rima ni a medida alguna. **2** Género literario de las obras compuestas con rima y medida: *en su juventud cultivó el verso, pero más tarde se pasó a la prosa.* ◆ n. m. pl. **3** **versos** Poema: *leeré unos versos.*

DER versal, versículo, versificar, versión.

vértebra n. f. Hueso corto que se articula con otros parecidos formando la columna de los vertebrados.

DER vertebral, vertebrar.

vertebrado, -da adj. **1** [animal] Que tiene esqueleto interno con un eje formado por la columna vertebral; esta, junto con el cráneo, contiene el centro del sistema nervioso. **ANT** invertebrado. ◆ n. m. pl. **2** **vertebrados** Orden de estos animales. **ANT** invertebrado.

DER invertebrado.

vertebral adj. De las vértebras o que tiene relación con ellas: *columna vertebral.*

vertebrar v. tr. Servir una cosa para organizar o estructurar internamente algo, dándole consistencia y cohesión: *el conservadurismo vertebra la línea política del partido.*

vertedero n. m. Lugar donde se tiran basuras, residuos o escombros: *vertedero municipal.*

verter v. tr. **1** Echar un líquido o una materia no sólida de un recipiente a otro: *verter azúcar en el azucarero.* **2** Dejar caer un líquido o un material fuera del recipiente que lo contiene: *verterse el vino sobre el mantel.* **3** Volcar un recipiente para que caiga contenido: *vertió el saco de monedas sobre la antigua mesa.* **4** Traducir de una lengua a otra: *vertió la* Ilíada *a su idioma.* ◆ v. intr. **5** Ir a parar las aguas de una corriente en otra: *el río Ebro vierte en el Mediterráneo.* **SIN** desembocar, desaguar.

OBS En su conjugación, la *e* se convierte en *ie* en sílaba acentuada, como en *entender.*

DER vertedero, vertido, vertiente.

vertical adj./ n. f. **1** [recta, plano] Que es perpendicular al horizonte o a un plano horizontal. ◆ adj. **2** [cosa] Que es perpendicular al horizonte o a un plano horizontal. **ANT** apaisado, horizontal. **3** [estructura, orden] Que está organizado de manera jerárquica: *una sociedad vertical.*

DER verticalidad, verticalismo.

vértice n. m. **1** Punto en el que coinciden los dos lados de un ángulo o polígono: *los vértices de un triángulo.* **2** Punto en el que coinciden tres o más aristas de un poliedro. **3** Punto más alejado de la base de una pirámide o de un cono. **4** Parte más elevada de una cosa.

vertido n. m. **1** Acción de verter: *prohibieron el vertido de aguas residuales al mar.* **SIN** vertimiento. **2** Conjunto de materiales de desecho que se vierten en algún lugar, especialmente los procedentes de instalaciones industriales: *los vertidos tóxicos contaminaron el río.* **SIN** vertimiento. **NOTA** Se usa a menudo en plural con el mismo significado.

vertiente n. f. **1** Cada una de las pendientes de una montaña que van de la cima a la base. **SIN** ladera. **2** Cada una de las inclinaciones que tiene una cubierta para hacer correr el agua: *un tejado de cuatro vertientes.* **3** Punto de vista o manera de considerar una cosa: *debes fijarte en la vertiente positiva de las cosas.*

vertiginoso, -sa adj. **1** Que produce vértigo: *una cuesta vertiginosa.* **2** Que se hace con mucha rapidez o intensidad: *un éxito vertiginoso.*

vértigo n. m. **1** Sensación de miedo a perder el equilibrio semejante a un mareo que se experimenta en lugares elevados: *sufro de vértigo.* **2** Velocidad o ritmo intenso de una actividad: *no soporta el vértigo de la gran ciudad.* **SIN** ajetreo. **ANT** calma.

DER vertiginoso.

vesícula n. f. **1** Saquillo membranoso de un organismo que contiene líquido o aire. **vesícula biliar** ANAT. Saquillo membranoso del sistema digestivo que contiene la bilis producida por el hígado y que se vacía durante la digestión. **2** Bulto pequeño lleno de líquido que se forma en la piel.

vespertino, -na adj. De la tarde o que tiene lugar en este momento del día: *función vespertina.* **SIN** matutino.

vestíbulo n. m. **1** Parte de la casa que hay junto a la puerta principal y que se usa para recibir a los que llegan. **SIN** entrada. **2** Estancia amplia a la entrada de grandes edificios: *los viajeros están esperando en el vestíbulo del hotel.* **3** ANAT. Hueco del oído interno.

vestido n. m. **1** Prenda de vestir femenina que une cuerpo y falda formando una sola pieza. **2** Conjunto de prendas de vestir que se ponen sobre el cuerpo para cubrirlo o abrigarlo: *llevaba un taparrabos por todo vestido.* **SIN** ropa, indumentaria.

DER vestidor, vestidura.

vestidura n. f. **1** Ropa exterior que cubre el cuerpo. **SIN** vestido. **2** Vestido que los sacerdotes se ponen encima del ordinario para celebrar la misa.

▶ **rasgarse las vestiduras** Escandalizarse con ostentación o hipocresía por algo de poca importancia: *¿y por eso se tienen que rasgar las vestiduras?*

OBS Se usa generalmente en plural.

vestigio n. m. **1** Señal que queda de una cosa pasada o antigua: *los vestigios de la gran guerra.* **2** Indicio que queda de una realidad anterior mejor.

vestimenta n. f. **1** Conjunto de prendas de vestir. **SIN** ropa, vestido. **2** Prenda de vestir ridícula.

vestir v. tr. **1** Cubrir el cuerpo de una persona con ropa: *¿has vestido ya al niño?* **ANT** desnudar. ◆ v. tr./ intr./ prnl. **2** Llevar puesto un vestido o traje: *la modelo vestía una elegante falda negra y una blusa azul.* ◆ v. tr. **3** Proporcionar vestido: *mis padres me han alimentado y me han vestido hasta que he acabado mis estudios.* **4** Hacer

vestidos: *esta señora es la modista que nos ha vestido durante muchos años.* **5** Disimular con alguna acción compensatoria una carencia o defecto: *vestía su egoísmo repartiendo limosnas.* ◆ v. tr./ prnl. **6** Cubrir o resguardar una cosa con otra para adornarla o protegerla: *vestir las paredes con tapices.* ◆ v. intr. **7** Resultar adecuada una ropa: *me pondré esta chaqueta a rayas para la comunión porque viste mucho.* ◆ v. intr./ prnl. **8** Ir normalmente a comprarse la ropa en un determinado lugar.
▶ el mismo que viste y calza Expresión que confirma que se trata efectivamente de la persona de la que se ha hablado: *¿te refieres a Eduardo? —El mismo que viste y calza.*
OBS En su conjugación, la *e* se convierte en *i* en algunos tiempos y personas, como en *servir.*
DER vestido, vestimenta, vestuario; desvestir, investir, revestir.

vestuario n. m. **1** Lugar destinado a cambiarse de ropa. **2** Conjunto de prendas de vestir que usa una persona. SIN indumentaria. **3** Conjunto de prendas de vestir que se usan en un espectáculo.

veta n. f. **1** Franja que forma un dibujo en un material por ser de un material distinto o de diferente color: *vetas de la madera.* **2** Estrato alargado de un mineral diferente a la formación rocosa que lo rodea: *descubrieron vetas de oro y diamantes.* SIN filón, yacimiento.
DER veteado.

vetar v. tr. **1** Poner el veto a un acuerdo: *el proyecto de ley fue vetado por los miembros del Senado.* ANT aprobar. **2** Impedir que una cosa se haga. SIN prohibir.
DER veto.

veterano, -na adj. **1** [persona] Que tiene mucha experiencia en una profesión y la conoce en todos sus aspectos: *los veteranos tenéis que orientar a los nuevos.* **2** [militar] Que lleva un tiempo sirviendo en filas y conoce en profundidad la vida en el cuartel. ANT recluta. **3** [persona] Que tiene una edad más avanzada que otros que practican un mismo deporte o actividad. **4** Persona que ha combatido en una guerra. **5** [cosa] Que lleva más tiempo activo o funcionando que otras cosas de la misma clase.
DER veteranía.

veterinaria n. f. Estudio y descripción de las enfermedades de los animales, de su curación y prevención.
DER veterinario.

veterinario, -ria n. m. y f. Persona que se dedica a prevenir y curar las enfermedades de los animales.

veto n. m. Derecho de una persona o de un organismo a impedir que la decisión de otra persona o de otro organismo se lleve a cabo.

vetusto, -ta adj. [cosa] Que es muy viejo o antiguo y que por ello está en mal estado: *un vetusto caserón.* SIN decrépito. ANT moderno.

vez n. f. **1** Momento en que se realiza o se repite una acción: *cada vez que lo veo me saluda.* **2** Ocasión en que se realiza o se repite una acción: *tienes que regar las plantas tres veces a la semana.* **3** Puesto que corresponde a una persona en una cola: *pedir la vez.* SIN tanda. **4** Momento u ocasión en que a una persona le corresponde hacer una cosa: *espera a que llegue tu vez para hablar.* SIN turno.
▶ a la vez Al mismo tiempo: *no habléis todos a la vez.* a veces En ocasiones: *a veces pienso en ti.* de una vez De manera definitiva: *dime lo que tengas que decirme de una vez y no te andes con rodeos.* de vez en cuando En ciertas ocasiones: *solo nos vemos de vez en cuando.* en vez de En lugar de: *deberías hacer algo útil en vez de estar tumbado en el sillón.* hacer las veces de Ejercer la función de: *estoy haciendo las veces de director durante unos días.* rara vez Casi en ninguna ocasión: *rara vez va al cine.* tal vez Posiblemente o quizá: *tal vez se acerque por aquí.* una vez que Después de que: *descansaremos una vez que hayamos terminado el trabajo.*
OBS El plural es *veces.*

vía n. f. **1** Camino que conduce de un lugar a otro. SIN ruta. vía pública Calle de una población o carretera por la que circulan las personas y los vehículos. **2** Sistema de transporte o comunicación: *enviaremos el paquete por vía aérea.* vía de comunicación Vía que sirve para el transporte o el comercio por tierra, mar o aire. vía férrea Vía del ferrocarril o transporte por este medio: *lo mandamos por vía férrea.* **3** Barra de hierro que sirve para construir el camino por el que circulan los trenes: *las vías del tren se unen con maderos o con cemento.* SIN carril, raíl. **4** Camino formado por dos barras de hierro, paralelas y unidas entre sí, por el que circulan los trenes: *no te acerques a la vía.* vía muerta Vía férrea que no lleva a ningún lugar sino que sirve para apartar de la circulación máquinas y vagones. **5** Conducto del cuerpo humano o animal: *vías respiratorias; vía oral.* **6** Procedimiento o medio que sirve para hacer o conseguir una cosa: *vía administrativa.* **7** Indica paso a través de una cosa o un lugar: *imágenes vía satélite.* NOTA Cumple una función parecida a la que tienen las preposiciones.

▶ de vía estrecha [persona] Que tiene poco valor o importancia: *un abogado de vía estrecha.* en vías de En camino de o a punto de: *el conflicto armado está en vías de solucionarse.* NOTA Se usa con el verbo *estar.* vía de agua Grieta por la que entra el agua en una embarcación: *la vía de agua era cada vez mayor.*

DER vial, viaje, viario; aerovía, aviar, desviar, entrevía, extraviar, obviar.

viabilidad n. f. **1** Posibilidad de llevarse a cabo un plan o proyecto: *han rechazado el proyecto por falta de viabilidad.* **2** Capacidad de vivir, especialmente la que tienen los niños recién nacidos.

viable adj. **1** [idea, plan] Que puede realizarse: *se trata de un proyecto perfectamente viable.* SIN factible. ANT inviable. **2** [camino] Que se puede usar. ANT inviable. **3** [feto] Que está suficientemente desarrollado para vivir fuera del útero.

DER viabilidad; inviable.

viaducto n. m. Puente sobre una hondonada para facilitar el paso de los vehículos.

viajar v. intr. **1** Trasladarse a un lugar que está alejado: *viajaremos a Suiza en julio.* **2** Recorrer un trayecto un medio de transporte: *los barcos viajan por el mar.* **3** Ser transportada una mercancía: *el pedido viajará en avión.*

DER viajante.

viaje n. m. **1** Traslado a un lugar que está lejos: *un viaje en barco por las islas.* **2** Acción de recorrer el espacio que hay entre dos puntos: *este tren hace el mismo viaje seis veces al día.* SIN itinerario, trayecto. **3** Recorrido que se hace de un lugar a otro. **4** Golpe dado con la mano o con un instrumento: *sacó una navaja y le pegó un viaje.* **5** Efecto de una droga: *el viaje le duró toda la noche.*

DER viajar, viajero.

viajero, -ra adj. Que viaja.

vial adj. **1** Que tiene relación con las calles o con las carreteras y con el tránsito que circula por ellas: *seguridad vial.* ◆ n. m. **2** Ampolla que contiene un medicamento inyectable o bebible.

DER vialidad.

vianda n. f. *formal* Comida, generalmente para remarcar que es abundante o exquisita. SIN manjar.

OBS Se usa sobre todo en plural.

viandante n. com. Persona que va a pie por la calle: *en el accidente resultó herido un viandante.* SIN peatón.

víbora n. f. **1** Serpiente de longitud mediana, cabeza triangular y cuerpo robusto de piel gris con manchas negras; es venenosa. **2** Persona malévola que gusta de hablar mal de los demás.

vibración n. f. **1** Movimiento repetido muy corto y rápido alrededor de una posición de equilibrio: *la vibración de una cuerda de guitarra.* **2** Sonido o estremecimiento producto de este movimiento: *la vibración de un electrodoméstico.* **3** Sonido tembloroso: *noté que estaba emocionado por la vibración de su voz.*

▶ buenas (o malas) vibraciones Sentimiento o sensación de simpatía o antipatía, respectivamente, que produce una persona o una cosa: *durante todo el concierto se respiraron buenas vibraciones.*

vibrante adj. **1** Que provoca una excitación o alteración del ánimo: *presencié un vibrante debate.* **2** GRAM. [sonido] Que se produce interrumpiendo el paso del aire de manera intermitente. ◆ n. f. **3** GRAM. Letra que representa este sonido: *en español hay dos vibrantes, la r y la rr.*

vibrar v. intr. **1** Moverse una cosa repetidamente, con gran rapidez y en una amplitud muy corta, a uno y otro lado de su posición de equilibrio: *la guitarra suena al hacer vibrar sus cuerdas.* **2** Resonar una cosa por efecto de la vibración: *las paredes vibraron por la explosión.* **3** Emocionarse ante la belleza de algo o por sentirse identificado con algo que se escucha: *el público vibró al oír la música.* **4** Temblar por efecto de la emoción: *su voz vibraba al recordar el pasado.*

DER vibración, vibrador, vibrante, vibrátil, vibratorio.

vicaría n. f. **1** Oficio o dignidad del vicario. **2** Oficina del vicario. **3** Territorio de la jurisdicción del vicario.

▶ pasar por la vicaría Casarse: *¿qué, cuándo pasáis por la vicaría?*

vicario, -ria n. m. y f. **1** Religioso que ayuda a un superior en sus funciones o lo sustituye: *el vicario de la parroquia obedece la autoridad del párroco.* vicario de Jesucristo El Papa. **2** Sacerdote elegido para hacer de obispo en

un lugar en el que no existe diócesis o circunscripción eclesiástica. ◆ adj./ n. m. y f. **3** [persona, organismo] Que sustituye a otro.
DER vicaría.

vicealmirante n. m. Oficial de la armada cuya graduación militar es inmediatamente inferior a la de almirante y superior a la de contraalmirante.

vicepresidente, -ta n. m. y f. Persona que ocupa el cargo inferior al del presidente y lo sustituye en determinados trabajos.
DER vicepresidencia.

viceversa adv. Al contrario o al revés de lo que se ha dicho anteriormente: *ella descansa cuando él trabaja, y viceversa.*

viciar v. tr. **1** Hacer que alguien adquiera un vicio o una costumbre considerada mala: *no lo acompañes tanto a los bares o lo vas a viciar.* ◆ v. tr./ prnl. **2** Hacer que algo se estropee o se deforme: *viciarse el aire de una habitación.* **3** Anular la validez de un acto o de un documento: *la gran repercusión del caso ha viciado la sentencia.*
OBS En su conjugación, la *i* es átona, como en *cambiar.*
DER viciado; enviciar.

vicio n. m. **1** Costumbre o uso que se considera malo, sobre todo desde el punto de vista moral: *la pereza es un vicio.* **2** Gusto excesivo por una cosa, generalmente mala: *es una persona sin vicios: ni bebe ni fuma.* **3** Cosa que gusta de modo excesivo: *las pipas son mi vicio.* **4** Cosa incorrecta: *el logopeda puede corregir esos vicios de dicción.* **SIN** error.
▶ de vicio **a.** Muy bueno o muy bien: *este helado está de vicio.* **b.** Sin ningún motivo o por sistema: *esta chica siempre se está quejando de vicio.*
DER viciar, vicioso.

vicioso, -sa adj. **1** Que se entrega a placeres considerados malos desde el punto de vista moral. **2** Que le gusta algo de modo excesivo: *una persona viciosa de los caramelos.* **3** Que puede llegar a gustar de modo excesivo: *el chocolate es vicioso.*

vicisitud n. f. **1** Acontecimiento contrario al desarrollo o marcha de una cosa: *habríamos acabado mucho antes si no hubiéramos tenido tantas vicisitudes.* **SIN** contratiempo. **2** Sucesión de hechos positivos y negativos que ocurren en un tiempo determinado: *las vicisitudes de la vida.*
OBS Se usa sobre todo en plural.

víctima n. f. **1** Persona o animal que ha sufrido un daño: *he sido víctima de una agresión.* **2** Persona o animal que muere por culpa de alguien o de alguna cosa: *las víctimas de la guerra.* **3** Persona o animal destinado al sacrificio.

victoria n. f. **1** Superioridad o ventaja que se consigue sobre el contrario en una lucha o competición: *se hizo con la victoria.* **SIN** triunfo. ◆ int. **2** ¡victoria! Expresión que indica alegría por haber ganado al contrario en una lucha o una competición.
▶ cantar victoria Alegrarse por haber ganado o vencido en una lucha o competición: *no cantes victoria tan deprisa, aún puedes perder.*
DER victorioso.

victorioso, -sa adj. **1** Que ha conseguido una victoria: *el equipo ha salido victorioso del encuentro de esta tarde.* **2** Que tiene como resultado una victoria.

vid n. f. Arbusto de tronco leñoso y retorcido y ramas trepadoras con hojas palmeadas, cuyo fruto es la uva.

vid. Abreviatura de *vide*, 'véase'.

vida n. f. **1** Propiedad de los seres orgánicos por la cual crecen y se reproducen: *los minerales no tienen vida.* **2** Existencia de los seres que tienen esa propiedad: *¿hay vida en otros planetas?* **3** Período de tiempo que va desde el momento de nacer hasta el momento de morir. **4** Duración de una cosa: *le aseguro que este televisor tendrá una larga vida.* **5** Conjunto de lo necesario para vivir, especialmente el alimento: *se gana la vida con el transporte de mercancías.* **6** Modo de vivir: *lleva una vida muy monótona.* **7** Trabajo en una actividad determinada: *su vida profesional apenas le deja tiempo libre.* **8** Narración de lo que ha vivido una persona: *este libro recoge la vida del emperador Adriano.* **9** Cosa que hace interesante la existencia: *su trabajo y su familia son toda su vida.* **10** Cosa que contribuye a que otra exista o se desarrolle: *la ganadería es la vida de esta comarca.* **11** Brillo de vigor o de energía que transmite una cosa: *ojos llenos de vida.*
▶ a vida o muerte Con riesgo grave de morir: *enfrentarse a vida o muerte.* buscarse la vida Intentar conseguir lo necesario para vivir o para un fin determinado: *debes encontrar un trabajo y buscarte la vida.* de por vida Para siempre: *estará en prisión de por vida.* de toda la vida Desde siempre: *al señor Luis lo conozco de toda la vida.* hacer la vida imposible Molestar de forma continuada: *no le caigo bien y me*

hace la vida imposible. **pasar a mejor vida** Morir. **tener siete vidas (como los gatos)** Sobrevivir a situaciones difíciles o a peligros graves. **vida y milagros** Historia detallada y prolija de las experiencias de una persona: *nos contó su vida y milagros.*

DER vidorra.

vidente n. com. **1** Persona que es capaz de descubrir cosas ocultas o de predecir el futuro. SIN adivino. ◆ adj./ n. com. **2** [persona] Que puede ver: *es un acto para ciegos, pero las personas videntes también pueden participar.* ANT invidente, ciego.

DER videncia; invidente, televidente.

vídeo o **video** n. m. **1** Sistema de grabación de imágenes y sonidos en una cinta que después pueden reproducirse en un televisor: *han grabado la carrera en vídeo.* **2** Cámara con la que se realiza esta grabación. **3** Película hecha mediante este sistema. **4** Aparato que sirve para grabar imágenes de la televisión y reproducir imágenes en ella.

videocámara n. f. Cámara que permite filmar imágenes en una cinta para reproducirlas posteriormente en un aparato de vídeo.

videoclip n. m. Grabación de una canción acompañada de imágenes en soporte de vídeo que sirve para promocionar una canción.

videoclub n. m. Establecimiento en el que se pueden alquilar y comprar películas de vídeo ya grabadas.

videoconferencia n. f. Conferencia realizada mediante el videoteléfono.

videojuego n. m. Juego que se visualiza por medio de una pantalla de televisión y cuyos mandos se accionan electrónicamente.

videoteca n. f. Colección de videocintas y lugar en el que se guardan.

videovigilancia n. f. Sistema de vigilancia de un edificio u otro lugar por medio de cámaras colocadas en distintos sitios.

vidriera n. f. Ventana o puerta formada por cristales, generalmente de colores, montados sobre un marco con fines decorativos: *las vidrieras de una catedral.*

vidrio n. m. **1** Material transparente o traslúcido, duro y delicado; se consigue al fundir diversas sustancias y enfriarlas con rapidez: *el vidrio se fabrica con silicatos alcalinos.* SIN cristal. **2** Objeto hecho con este material. **3** Placa hecha con este material que se coloca en ventanas o puertas. SIN cristal.

DER vidriar, vidriera, vidrioso.

viejo, -ja adj. **1** [ser] Que tiene mucha edad: *mi padre empieza a ser viejo pero aún conserva intacta toda su vitalidad.* SIN anciano. ANT joven. **2** [ser] Que parece tener más edad de la que tiene en realidad: *he encontrado a Sebastián muy viejo.* **3** [asunto, cosa] Que es antiguo o que hace mucho tiempo que existe o que ha sucedido. **4** [cosa] Que está gastado de tanto usarlo. ANT nuevo. **5** [cosa] Que ha pasado su tiempo de empleo idóneo: *periódicos viejos.* ◆ n. m. y f. **6** *coloquial* Padre o madre: *mis viejos no me dejan llegar demasiado tarde a casa.*

▶ **de viejo** [comercio] Que vende o trabaja mercancías de segunda mano: *librería de viejo.*

DER vejez, viejales.

vienés, -nesa adj. **1** De Viena, capital de Austria, o que tiene relación con esta ciudad. ◆ adj./ n. m. y f. **2** [persona] Que es de Viena.

viento n. m. **1** Movimiento horizontal del aire que se produce en la atmósfera. **2** Impulso o influencia que reina en un ambiente: *vientos de libertad.* NOTA Se usa sobre todo en plural. **3** Cuerda o alambre que se ata para mantener derecha una cosa: *los vientos de una tienda de campaña.* **4** Conjunto de instrumentos de una orquesta que producen música al soplar por ellos: *el viento de esta banda es magnífico.*

▶ **a los cuatro vientos** De modo que todo el mundo se entere: *publicaron la noticia a los cuatro vientos.* **beber los vientos** Desvivirse por una cosa o estar perdidamente enamorado de alguien: *vaya, estás que bebes los vientos por Mario.* **como el viento** Con mucha rapidez: *al enterarse de la noticia, salió como el viento.* **contra viento y marea** A pesar de los problemas y los obstáculos: *luchó por sus ideales contra viento y marea.* **correr malos vientos** Ser las circunstancias poco favorables: *como corrían malos vientos, preferí no decir nada y marcharme.* **irse a tomar viento** Desvanecerse un proyecto o fracasar un asunto: *todas nuestras ilusiones se fueron a tomar viento.* **irse (o marcharse) con viento fresco** Expresión que se usa para rechazar a alguien con enfado o disgusto o para despreciarle: *vete con viento fresco, que ya estoy harto.* NOTA Se usa en imperativo y también con otros verbos, como *echar, enviar* o *despedir*. **viento en popa** Sin problemas y prósperamente: *nuestros planes siguen viento en popa.*

DER aventar.

vientre n. m. **1** Parte anterior del cuerpo de las personas que se sitúa entre el tórax y la pelvis; contiene los principales órganos del aparato digestivo, urinario y genital. **SIN** barriga, tripa. **bajo vientre** Órganos sexuales de las personas. **2** Parte análoga al vientre humano en el cuerpo de los mamíferos. **SIN** barriga, tripa. **3** Parte inferior y opuesta al dorso de los animales en general. **4** Conjunto de órganos contenidos en esta parte del cuerpo: *sentía molestias en el vientre.* **SIN** barriga, tripa. **5** Parte abombada de un recipiente: *el vientre de una vasija.*
▶ **evacuar (o descargar) el vientre** Expulsar excrementos por el ano. **SIN** defecar. **hacer de vientre** o **hacer del vientre** Expulsar excrementos por el ano. **SIN** cagar.

viernes n. m. Quinto día de la semana.
OBS El plural también es *viernes*.

vietnamita adj. **1** De Vietnam o que tiene relación con este país del sudeste de Asia. ◆ adj./ n. com. **2** [persona] Que es de Vietnam.

viga n. f. Barra gruesa de madera, de metal o de cemento armado que se usa para aguantar el techo de las casas o como elemento de soporte horizontal en las construcciones en general.
▶ **viga maestra** Viga que soporta el peso de otras vigas.

vigencia n. f. Período de tiempo durante el cual una ley está en vigor o una costumbre está en uso: *se trata de una tradición en plena vigencia.*

vigente adj. [ley, costumbre] Que tiene validez o está en uso.
DER vigencia.

vigésimo, -ma num. ord. **1** Indica que el nombre al que acompaña o al que sustituye ocupa el lugar número 20 en una serie: *celebran el vigésimo aniversario de su boda.* ◆ num. **2** Parte que resulta de dividir un todo en veinte partes iguales: *si somos veinte para comer, me toca una vigésima parte del pastel.*

vigía n. com. **1** Persona que vigila desde un lugar apropiado, generalmente alto. ◆ n. f. **2** Torre construida en un lugar alto para vigilar la lejanía. **SIN** atalaya. **3** Vigilancia desde un lugar apropiado: *van a establecer turnos de vigía en la azotea.* **4** MAR. Roca que sobresale en la superficie del mar.

vigilancia n. f. **1** Atención que se presta a una persona o cosa para observarla y controlarla y así evitar algún perjuicio o peligro. **2** Conjunto de personas o medios preparados para vigilar.

vigilante adj. **1** Que no deja de vigilar: *debemos seguir vigilantes por lo que pudiera pasar.* ◆ n. com. **2** Persona que se dedica a vigilar en algún lugar: *los vigilantes se encargan de la seguridad.* **SIN** guarda.
▶ **vigilante jurado** Vigilante que trabaja en una empresa de seguridad privada. **SIN** guarda jurado.
DER vigilancia.

vigilar v. tr./ intr. Prestar atención a una persona o cosa para observarla y controlarla y así evitar algún daño o peligro: *vigila el guisado para que no se queme.*
DER vigilante, vigilia.

vigilia n. f. **1** Falta de sueño o dificultad para dormir: *después de la vigilia de anoche, hoy estoy muerto de sueño.* **2** Trabajo o actividad que se realiza por la noche: *ese libro es el fruto de sus vigilias.* **3** Día inmediatamente anterior a otro que es festivo para la Iglesia: *esta vez nos reuniremos la vigilia de Navidad.* **SIN** víspera. **4** Día de abstinencia de comer carne por ser el anterior a una festividad, según los preceptos de la Iglesia.

vigor n. m. **1** Fuerza y energía de un ser vivo para desarrollarse y resistir esfuerzos y enfermedades: *ha perdido el vigor de la juventud.* **2** Actividad intelectual libre y eficaz: *vigor de espíritu.* **3** Hecho de tener validez o uso una ley o costumbre: *esta ley entrará en vigor la próxima semana.* **4** Vitalidad y fuerza de una descripción o de un dibujo: *un colorido lleno de vigor.*
DER vigorizar, vigoroso.

vigorizar v. tr. Dar fuerza y energía: *estas vitaminas están indicadas para vigorizar las plantas de interior.* **SIN** fortalecer.
OBS En su conjugación, la *z* se convierte en *c* delante de *e*.
DER revigorizar.

vigoroso, -sa adj. Que tiene vitalidad y energía: *un caballo vigoroso.*

vigués, -guesa adj. **1** De Vigo o relacionado con esta ciudad de la provincia de Pontevedra. ◆ adj./ n. m. y f. **2** [persona] Que ha nacido en Vigo.

vihuela n. f. Instrumento musical de cuerda parecido a la guitarra que se toca pulsando las cuerdas con una púa o con los dedos, o frotándolas con un arco: *la vihuela tuvo gran éxito entre los siglos XIII y XVI.*

a b c d e f g h i j k l m n ñ o p q r s t u v w x y z

vikingo, -ga adj. **1** De un pueblo escandinavo de guerreros y navegantes que se extendió por las costas atlánticas y por Europa occidental entre los siglos VII y XI. ◆ adj./ n. m. y f. **2** [persona] Que pertenece a este pueblo.

vil adj. **1** [persona, acción] Que es despreciable porque es muy malo o porque no tiene dignidad, valentía o lealtad. SIN rastrero, ruin. **2** [cosa] Que es despreciable porque no posee ningún valor, sobre todo espiritual: *una ocupación vil.*

DER vileza; envilecer.

vileza n. m. **1** Acción que merece desprecio. **2** Carácter de quien es despreciable por ser malvado o por carecer de dignidad, valentía o lealtad. ANT nobleza.

vilipendiar v. tr. Ofender a alguien gravemente por la palabra o el trato: *se sentía vilipendiada en su trabajo.* SIN denigrar.

OBS En su conjugación, la *i* es átona, como en *cambiar.*

villa n. f. **1** Casa con jardín separada de las demás, especialmente la que está en el campo y se habita en período de vacaciones. SIN chalé. **2** Población que tiene ciertos privilegios o cierta importancia histórica.

DER villano, villorrio.

villancico n. m. **1** Canción popular que se canta en Navidad cuyo tema central es el nacimiento de Jesús. **2** Canción popular breve que servía de estribillo en composiciones poéticas más largas.

villano, -na adj. **1** [persona] Que actúa o es capaz de actuar de una forma ruin o cruel. **2** [persona, acción] Que demuestra falta de educación o de cultura. SIN tosco, descortés. ◆ n. m. y f. **3** En la Edad Media, habitante de una villa perteneciente al estado llano, es decir, campesinos, comerciantes y artesanos fundamentalmente.

DER villanía.

vinagre n. m. **1** Líquido de sabor agrio y olor fuerte, rojizo o amarillo, derivado del vino o de otros líquidos alcohólicos, que se usa para aderezar algunos alimentos. **2** Persona de mal genio.

DER vinagrera, vinagreta; avinagrar.

vinagrera n. f. **1** Recipiente que sirve para contener y verter el vinagre de uso diario. **2** vinagreras ◆ n. f. pl. Utensilio para el servicio de mesa con un recipiente para el aceite, otro para el vinagre y, a veces, uno para la sal y otro para la pimienta. SIN aceiteras.

vinagreta n. f. Salsa hecha con una base de aceite, vinagre, sal y pimienta a la que se le pueden añadir otros ingredientes.

vinculación n. f. Relación que vincula o une a una persona o una cosa con otra: *no han podido demostrar la vinculación del detenido con este grupo terrorista.*

vincular v. tr. **1** Unir cosas inmateriales de manera firme o duradera: *el hombre y la mujer vincularon sus vidas.* **2** Relacionar un efecto con su causa: *el paro se vincula a las pérdidas económicas de las empresas.* **3** Hacer que una cosa dependa de otra. **4** Obligar a hacer o cumplir una cosa: *este documento vincula a los dos firmantes.*

DER vinculación; desvincular.

vínculo n. m. Unión o relación no material, sobre todo cuando se establece entre dos personas: *vínculos de amistad.* SIN lazo.

DER vincular.

vinícola adj. De la elaboración del vino o relacionado con este proceso: *tiene una empresa vinícola.*

vinicultura n. f. Técnica para la elaboración y crianza del vino.

DER vinícola, vinicultor.

vino n. m. Bebida alcohólica obtenida de la fermentación del zumo de la uva.

▶ vino blanco Vino de color dorado o amarillento. vino clarete Vino que es algo más claro que el tinto. vino de mesa Vino corriente y de buen precio que se toma para acompañar las comidas diarias. vino rosado Vino de color rosado. vino tinto Vino de color muy oscuro, con tonalidades rojas. bautizar el vino Aguar el vino para hacer mejor negocio con él: *el bodeguero ha bautizado el vino.* tener buen (o mal) vino Comportarse de manera tranquila o violenta al emborracharse.

DER vinagre, vinajera, vinatero, vinicultura.

viña n. f. Terreno en el que se cultiva la vid.

DER viñador, viñedo.

viñador, -ra n. m. y f. Persona que se dedica a cultivar viñas o que guarda una viña.

viñedo n. m. Terreno extenso en el que se cultiva la vid: *los viñedos se perdían en el horizonte.*

viñeta n. f. **1** Recuadro que contiene uno de los dibujos de la serie que forma una historieta o cómic. **2** Dibujo de una publicación que muestra una situación con humor y que va acompañado de un texto breve. **3** Dibujo que se pone como adorno al comienzo y al final de los capítulos de los libros.

viola n. f. Instrumento musical algo mayor que el violín y por tanto con un tono más grave; se toca colocándolo entre el hombro y el mentón y frotando sus cuatro cuerdas con un arco.

violáceo, -cea adj. Que tiene un color parecido al violeta. **SIN** violeta.

violación n. f. **1** Realización del acto sexual con una persona por la fuerza y en contra de su voluntad. **2** Acción contraria a lo que establece una ley o a una norma: *la violación de los derechos humanos.*

violar v. tr. **1** Desobedecer una ley o norma: *todo el que viole la ley será castigado.* **SIN** contravenir, infringir, transgredir. **2** Tener una relación sexual con una persona por la fuerza y en contra de su voluntad. **3** Penetrar en un lugar sagrado o protegido por la ley o abrirlo con ánimo destructivo: *los ladrones violaron la tumba.* **SIN** profanar.
DER violación, violador; inviolable.

violencia n. f. **1** Uso de la fuerza o de la intimación para dominar a otro o para hacerle daño: *en esa película hay escenas de mucha violencia.* **SIN** brutalidad. **2** Manifestación social de este uso de la fuerza. **3** Fuerza intensa que puede causar daños o destrozos: *la violencia de las olas.* **4** Carácter de lo que puede tener efectos brutales: *la violencia de un sentimiento.* **5** Manera brutal de expresar los sentimientos: *hablar con violencia.*

violentar v. tr./ prnl. **1** Poner en una situación incómoda o embarazosa: *se violentó mucho cuando dieron a conocer todos sus secretos.* ◆ v. tr. **2** Vencer una resistencia mediante la fuerza: *violentar una puerta.*

violento, -ta adj. **1** [ser] Que tiende a usar la fuerza o a actuar con violencia. **ANT** pacífico. **2** [fenómeno, acción] Que tiene mucha fuerza o intensidad: *un choque violento.* **3** [fenómeno, acción] Que tiene un efecto intenso sobre los sentidos: *impresión violenta.* **4** [acción] Que se hace bruscamente y con intensidad: *no hagas movimientos violentos si no quieres lesionarte.* **5** [situación] Que es embarazosa o incómoda. **6** [persona] Que se siente incómoda en un lugar determinado o en una situación: *se sentía violento porque no conocía a nadie en la fiesta.* **NOTA** Suele utilizarse con verbos como *sentirse* o *ponerse.*
DER violencia, violentar.

violeta n. f. **1** Planta herbácea silvestre o cultivada que da unas flores pequeñas de color morado y de perfume dulzón de una cierta intensidad. **2** Flor de esta planta. ◆ n. m./ adj. **3** Color como el de las violetas. **SIN** morado, púrpura.
DER ultravioleta.

violín n. m. Instrumento musical pequeño, con una caja de madera hueca y alargada, estrecha en su centro y con dos aberturas en forma de f; sobre esta caja, sujetas a un mástil corto, se tensan cuatro cuerdas que se tocan con un arco y estando el violín colocado entre el mentón y el hombro.
DER violinista.

violinista n. com. Persona que toca el violín.

violón n. m. Instrumento musical de cuerda, de forma semejante a la del violín pero de tamaño mayor y por tanto de tono más grave; se toca de pie, apoyando su extremo inferior en el suelo y frotando sus cuatro cuerdas con un arco. **SIN** contrabajo.

violonchelista o **violoncelista** n. com. Persona que toca el violoncelo.

violonchelo o **violoncelo** n. m. Instrumento musical de cuerda, de forma semejante a la del violín pero mayor, aunque no tan grande como el contrabajo; se toca sentado, apoyándolo en el suelo y entre las piernas para frotar sus cuatro cuerdas con un arco.
OBS La Real Academia Española recoge *violoncelo,* pero prefiere la forma *violonchelo.*
DER violonchelista, violoncelista.

viperino, -na adj. Que intenta ofender o desacreditar con palabras: *crítica viperina.*
▶ **lengua viperina** Expresión que indica que una persona es muy cruel u ofensiva al hablar.

viraje n. m. **1** Cambio de dirección en la marcha de un vehículo. **2** Cambio en las ideas o en la conducta.

viral adj. **1** De los virus o que tiene relación con estos microorganismos: *infección viral.* **SIN** vírico. **2** Que se propaga rápidamente como si fuera un virus: *marketing viral; el vídeo se ha hecho viral en las redes y ha hecho millonario a su creador.*

virar v. intr. **1** Cambiar de dirección un vehículo en su marcha: *la fragata viró a estribor.* **2** Cambiar de ideas o de manera de actuar: *sus ideas han ido virando hacia el anarquismo.* ◆ v. tr. **3** Someter un papel fotográfico a la acción de un líquido para que tome los colores.
DER virador, viraje, virazón.

virgen adj. **1** [persona] Que nunca ha copu-

lado o que nunca se ha unido sexualmente a otra persona: *parece un hombre virgen.* **2** [cosa] Que permanece en su estado original porque no ha sido utilizado: *una cinta de vídeo virgen.* **3** [territorio] Que no ha sido aún explorado o explotado por el hombre: *selva virgen.* **4** [producto] Que no ha sufrido procesos o transformaciones artificiales: *aceite virgen.* ◆ n. f. **5** María, la madre de Jesucristo: *los católicos sienten una gran veneración por la Virgen.* NOTA Se escribe con letra mayúscula. **6** Imagen de María, la madre de Jesucristo.
▶ viva la Virgen Persona muy despreocupada e informal que no es capaz de asumir ninguna responsabilidad: *es un viva la Virgen con el que no puedes contar para nada serio.*
DER virginal, virginidad.

virginal adj. **1** De la Virgen María o que tiene relación con ella. **2** De una persona virgen o que está relacionado con ella. **3** Que está intacto o no ha sufrido ningún deterioro: *blancura virginal.* SIN puro.

virginidad n. f. Estado de la persona que no ha copulado o que no se ha unido sexualmente a otra persona.

virgo adj./ n. f. **1** [mujer] Que nunca ha copulado. SIN virgen. ◆ adj./ n. com. **2** [persona] Que ha nacido entre el 23 de agosto y el 22 de septiembre, tiempo en que el Sol recorre aparentemente Virgo, sexto signo del Zodíaco. ◆ n. m. **3** Pliegue que reduce el orificio externo de la vagina.

virgulilla n. f. Raya o línea corta y delgada, especialmente la que se emplea como signo ortográfico: *la «ñ» se forma con una «n» y una virgulilla.*

vírico, -ca adj. De los virus o que tiene relación con estos microorganismos que producen enfermedades: *enfermedad vírica.*

viril adj. **1** Propio del hombre. ANT femenino. **2** [personalidad, acción] Que tiene alguna de las características que se atribuyen tradicionalmente al hombre: *era un personaje muy viril.* ANT femenino.
DER virilidad.

virilidad n. f. Conjunto de características que se atribuyen tradicionalmente a un varón u hombre adulto.

virreinato n. m. **1** Cargo o dignidad de virrey o virreina. **2** Tiempo durante el cual el virrey o la virreina desempeñaban su cargo. **3** Territorio gobernado por un virrey o una virreina.

virrey, virreina n. m. y f. **1** Persona que gobernaba un territorio en lugar de un rey, con la misma autoridad y poderes que él: *el virrey representaba al rey en los territorios colonizados.* ◆ n. f. **2** Mujer del virrey.
DER virreinato.

virtual adj. **1** [condición] Que es muy posible que se alcance porque reúne las características precisas: *hasta este momento el corredor colombiano es el vencedor virtual.* SIN potencial. **2** [cosa] Que existe solo aparentemente y no es real: *realidad virtual.*
DER virtualidad.

virtualidad n. f. **1** Posibilidad de que una cosa llegue a ser realidad aunque no lo sea en el presente. **2** Realidad ficticia que parece completamente cierta.

virtud n. f. **1** Cualidad moral que se considera buena: *la virtud de la paciencia.* virtud cardinal Virtud que se considera principio de las demás cualidades morales: *la justicia y la templanza son virtudes cardinales.* virtud teologal Virtud que tiene a Dios como objeto principal: *las virtudes teologales son fe, esperanza y caridad.* **2** Cualidad moral general de las personas que practican el bien. **3** Capacidad para producir un efecto determinado, especialmente de carácter positivo: *estas hierbas tienen virtudes curativas.*
▶ en virtud de Como resultado de o según: *lo decidiremos en virtud de tu comportamiento.*
DER virtuoso; desvirtuar.

virtuosismo n. m. Gran habilidad para hacer una cosa, especialmente para tocar un instrumento musical.

virtuoso, -sa adj. **1** [persona] Que tiene gran habilidad para hacer una cosa, especialmente para tocar un instrumento musical: *un virtuoso del violonchelo.* **2** [persona, actitud] Que tiene buenas virtudes.
DER virtuosismo.

viruela n. f. **1** Enfermedad contagiosa que se caracterizaba por provocar fiebre y por la aparición de ampollas de pus en la piel. **2** Ampolla de pus provocada por esta enfermedad: *picado de viruelas.*

virulento, -ta adj. **1** [enfermedad] Que es maligno y se presenta con una gran intensidad: *un cáncer virulento.* **2** [enfermedad] Que es producido por un virus. **3** [crítica] Que es violento e hiriente: *una sátira virulenta.*
DER virulencia.

virus n. m. **1** Germen o ser vivo unicelular de

una enfermedad; necesita introducirse como parásito en una célula para reproducirse y está constituido por material genético y una cubierta proteica: *el virus de papiloma humano.* **2** Programa de ordenador confeccionado en el anonimato con finalidades destructivas; tiene la capacidad de reproducirse y transmitirse independientemente de la voluntad del operador y causa daños en la memoria informática.

OBS El plural también es *virus.*

DER viral, vírico; virulento; antivirus.

viruta n. f. Tira delgada y enrollada que sale de la madera o de otro material al pulirlo o rebajarlo con algún instrumento cortante: *el suelo de la carpintería estaba lleno de virutas.*

visado n. m. Señal o diligencia que la autoridad competente pone en un pasaporte o en otro documento para certificar que lo ha revisado y autorizado: *para entrar en el país se necesita el visado de la embajada.*

visar v. tr. Dar validez una autoridad a un documento, poniéndole la certificación correspondiente después de haberlo examinado, para que pueda ser empleado.

víscera n. f. Órgano contenido en el interior del tronco del hombre y de los animales: *el estómago y el hígado son vísceras.* SIN entraña.

OBS Se usa más en plural.

DER visceral.

visceral adj. **1** [sentimiento] Que es muy profundo, intenso e irracional: *pánico visceral.* **2** [persona] Que tiende a dejarse llevar por este tipo de sentimientos y a manifestarlos de forma exagerada: *es muy visceral: o le caes bien o te considera un enemigo.* **3** De las vísceras o que tiene relación con ellas.

viscosa n. f. **1** Producto que se obtiene mediante tratamiento de la celulosa: *la viscosa se utiliza para la fabricación de fibras textiles y películas transparentes como el celofán.* **2** Fibra textil obtenida a partir de este producto que se utiliza principalmente en la confección de prendas de verano por su frescura.

viscoso, -sa adj. **1** [sustancia] Que es espeso y pegajoso: *un aceite viscoso.* **2** [superficie, cuerpo] Que es de tacto desagradable por ser blando, húmedo y pegajoso: *un gusano viscoso.*

DER viscosidad.

visera n. f. **1** Pieza plana y rígida con forma de media luna, que está cosida a la parte delantera de una gorra o se sujeta a la frente por medio de una goma elástica que rodea la cabeza y que sirve para protegerse del sol. **2** Gorra redonda de tela que se ajusta a la cabeza y lleva una visera que protege del sol: *algunas tenistas juegan con visera.* SIN gorra de visera. **3** Pieza frontal y movible de un casco o un yelmo que cubre y protege la cara o la vista. **4** Pieza plana, rectangular y movible colocada frente a los asientos delanteros de los vehículos y cuya función es proteger al piloto y al copiloto del sol.

visibilidad n. f. **1** Carácter de lo que se puede percibir por la vista. **2** Posibilidad de ver a una distancia mayor o menor determinada por la atmósfera: *buena visibilidad.*

visible adj. **1** Que se puede percibir con la vista: *esa estrella es visible solo con la ayuda de un telescopio.* ANT invisible. **2** Que se puede ver o distinguir fácilmente: *coloca el anuncio en un lugar bien visible.*

DER visibilidad; invisible.

visigodo, -da adj. **1** De un pueblo germánico que invadió el Imperio romano o que tiene relación con él. ◆ adj./ n. m. y f. **2** [persona] Que pertenece a este pueblo.

DER visigótico.

visigótico, -ca adj. De los visigodos o que tiene relación con este pueblo germánico de la Antigüedad.

visillo n. m. Cortina de tela fina y casi transparente que se pone contra los cristales.

visión n. f. **1** Percepción a través del sentido de la vista. **2** Capacidad de ver: *en el accidente perdió la visión de un ojo.* SIN vista. **3** Percepción general que permite comprender las cosas: *hace falta visión de futuro para triunfar.* **4** Manera de ver las cosas y de interpretarlas: *tú y yo tenemos visiones del mundo muy similares.* **5** Aparición de una cosa que no es natural: *decían que ese santo tenía visiones de la divinidad.*

▶ ver visiones Dejarse llevar por la imaginación de manera exagerada y ver cosas que no existen: *si crees que está enamorada de ti, ves visiones.*

DER visible, visionar.

visionar v. tr. Ver determinadas imágenes cinematográficas o televisivas para tomar una decisión o dar una opinión profesional sobre ellas: *el director de la película visiona cada día las tomas que se han realizado.*

visionario, -ria adj. **1** Persona que cree ver la verdad de algo y lo defiende fanáticamente, sin someterlo a crítica ni demostración ninguna: *no podemos dejarnos llevar por los visionarios como él.* **2** Persona que tiene o cree tener visiones o revelaciones sobrenaturales. **3** Que es capaz de anticipar una visión justa del futuro: *las novelas visionarias de Julio Verne.* SIN profético.

visir n. m. Persona que ocupaba el cargo de ministro de un soberano musulmán. gran visir Primer ministro del sultán de Turquía.

visita n. f. **1** Ida a un lugar para ver a una persona: *esta misma mañana te haré una visita.* **2** Ida a un lugar para conocerlo: *una visita al museo.* **3** Persona o conjunto de personas que va a ver a otra u otras: *esta tarde espero visita.* **4** Observación que hace un médico de una persona que ha acudido a su consulta o que está ingresada en un hospital: *pasa visita todas las mañanas.*

visitante adj./ n. com. **1** [persona] Que visita a alguien o visita un lugar: *el visitante puede perderse a solas por las habitaciones del palacio.* **2** [jugador, equipo deportivo] Que juega en el campo o en el terreno del contrincante. ◆ adj. **3** Del jugador o equipo deportivo visitante o relacionado con ellos: *defensa visitante; área visitante; tanto visitante.* ◆ n. m. **4** Piojo (insecto parásito).

visitar v. tr. **1** Ir a un lugar para ver a una persona. **2** Ir a un lugar para conocerlo: *fuimos a visitar el teatro romano de Mérida.* **3** Ir a un sitio de manera repetida: *me encanta visitar los museos.* **4** Examinar el médico a los enfermos.
DER visita, visitador, visitante.

vislumbrar v. tr. **1** Ver con dificultad por la distancia o la falta de luz: *a lo lejos se puede vislumbrar un castillo.* SIN atisbar. **2** Sospechar que algo va a suceder por pequeños indicios: *no se vislumbra ninguna solución fácil para el problema de la desertización.* SIN atisbar, presentir.

viso n. m. **1** Prenda interior femenina de tela fina, y parecida a una falda o a un vestido sin mangas; se lleva bajo las faldas o los vestidos transparentes. SIN combinación. **2** Posibilidad de ser algo como se dice: *el cuadro atribuido a Velázquez tiene visos de ser obra de un discípulo.* SIN probabilidad. NOTA Se usa en plural. **3** Brillo que cambia con el reflejo de la luz: *el tafetán, el raso y el brocado son telas con viso.*
DER visillo.

visor n. m. **1** Parte de una cámara fotográfica que sirve para enfocar rápidamente. **2** Instrumento óptico con lentes de aumento que sirve para ver ampliadas las diapositivas o los fotogramas de una película al montarla. **3** Parte de una cámara por la que el operador ve aquello que quiere filmar o grabar.
DER retrovisor.

víspera n. f. Día inmediatamente anterior a otro, especialmente si este es día de fiesta. SIN vigilia.
▶ en vísperas En un tiempo inmediatamente anterior, a punto, a poco tiempo de una fecha o de un hecho: *está en vísperas de cambiar de trabajo.*

vista n. f. **1** Sentido del cuerpo con el que se perciben, a través de los ojos, la forma y el color de los objetos, gracias a la luz: *el sentido de la vista está localizado en los ojos.* SIN visión. vista de águila o de lince Vista que es muy aguda: *no hay quien te engañe: tienes vista de lince.* **2** Conjunto de los dos ojos en tanto que órganos de la visión: *el oculista le ha dicho que tiene la vista cansada.* **3** Mirada que se dirige hacia una persona o una cosa, o fijación de la mirada en un punto: *no le quitó la vista de encima en toda la noche.* **4** Apariencia o aspecto de una cosa al ser vista. **5** Conjunto de cosas que pueden verse desde un lugar, especialmente paisajes o extensión de terrenos, y la posibilidad de verlos: *una habitación con vistas.* NOTA Se puede usar en plural sin que cambie de significado. **6** Fotografía de un lugar o pintura que lo representa: *tomaré unas cuantas vistas de este paisaje.* **7** Habilidad, acierto para conseguir lo que se quiere y para hacer lo que conviene, derivada de una percepción clara y precisa de una situación: *confía en Esteban, tiene buena vista para los negocios.* **8** DER. Actos de un juicio celebrados ante el tribunal, en presencia del acusado, en los que se escucha a su defensa y a la acusación. ◆ adj. **9** Conocido, poco original: *el guion que propones está muy visto.*
▶ a la vista En un lugar visible o de manera que puede verse: *no dejes nada a la vista en el coche.* a primera o a simple vista Sin necesidad de fijarse mucho, en una primera impresión: *a primera vista, parece un chico simpático.* a vista de pájaro Desde el aire o desde lo alto: *hizo fotografías de la ciudad a vista de pájaro.* comerse con la vista Mirar a una persona con gran deseo o interés: *se nota que se quieren: cuando están juntos se comen con la vista.* con vistas a

Se utiliza para expresar una finalidad: *está estudiando mucho con vistas a presentarse a una oposición.* **conocer de vista** Conocer a una persona por haberla visto en determinadas ocasiones, sin apenas haber hablado o sin haberla tratado más: *la conozco de vista: suelo cruzarme con ella por la calle.* **corto de vista** Se aplica a una persona que padece un defecto de visión y ve mal los objetos lejanos: *es tan corto de vista que a dos metros todo lo ve borroso.* **SIN** miope. **en vista de** Se utiliza para expresar una causa: *en vista de lo sucedido, no cenaremos juntos.* **hacer la vista gorda** Hacer ver que no se repara en una falta: *vi cómo robaba, pero hice la vista gorda.* **¡hasta la vista!** Expresión que se usa para despedirse. **perder de vista** **a.** Dejar de vigilar algo, dejar de ver a una persona o cosa que se aleja o desaparece: *no les pierdas de vista mientras voy a buscar a la policía.* **b.** No tener en cuenta algún dato o alguna información: *has perdido de vista que eres un recién llegado a esta empresa.* **c.** Dejar de tener relación o contacto con una persona o cosa: *he perdido de vista a todos mis antiguos compañeros de colegio.* **saltar a la vista** Ser muy claro y evidente: *saltaba a la vista que acabarían peleándose.* **volver la vista atrás** Recordar o pensar en el pasado: *cuando vuelvo la vista atrás, me doy cuenta de que siempre he sido muy feliz.*

DER avistar, entrevistar.

vistazo n. m. Mirada rápida y superficial, para comprobar algo o como primera aproximación a una cosa: *echa un vistazo a esta revista, es muy interesante.* **SIN** ojeada.

vistosidad n. f. Atracción que provoca una cosa por la viveza de sus colores, su brillantez o su aspecto agradable.

vistoso, -sa adj. [aspecto, espectáculo] Que es llamativo o que atrae la mirada por su variado colorido, su gran tamaño, su aspecto lujoso.

DER vistosidad.

visual adj. **1** Del sentido de la vista o que tiene relación con él: *el águila tiene una gran agudeza visual.* ◆ n. f. **2** Línea recta imaginaria que une el ojo con un objeto observado: *cuando lo tengas en la visual, dispara.*

DER visualizar.

visualización n. f. **1** Visión de una cosa que no se puede ver a simple vista utilizando algún medio artificial: *la ecografía hace posible la visualización del feto en una pantalla.* **2** Representación mediante imágenes, dibujos o gráficos de ciertos fenómenos que no se pueden apreciar con el sentido de la vista: *el sismógrafo permite la visualización sobre papel de los fenómenos sísmicos.* **3** Representación que se forma en la mente de conceptos abstractos o de sucesos que no se han visto.

visualizar v. tr. **1** Hacer visible mediante algún aparato o dispositivo lo que no se puede ver a simple vista. **2** Formarse en el pensamiento la imagen de una cosa que no se tiene delante o de un concepto abstracto: *no resulta fácil visualizar eso que estás describiendo.* **3** Representar por medio de imágenes, como gráficos o dibujos, fenómenos no visibles, abstractos: *hicimos un gráfico para visualizar la evolución de las ventas.*

OBS En su conjugación, la *z* se convierte en *c* delante de *e*.

DER visualización.

vital adj. **1** Que es propio de la vida o que está relacionado con ella: *funciones vitales.* **2** Que es muy necesario o principal para el mantenimiento de la vida, o para fundar o sostener una cosa: *su ayuda fue vital para toda la familia.* **SIN** básico, esencial, fundamental, trascendental. **3** [persona] Que despliega mucha actividad y energía: *una mujer vital y optimista.*

DER vitalicio, vitalidad, vitalismo, vitalizar.

vitalicio, -cia adj. [cargo, renta] Que dura toda la vida.

vitalidad n. f. **1** Energía y actividad para vivir o desarrollarse. **2** Característica de la persona o animal que manifiesta una actividad y una energía considerables: *la vitalidad de los niños.* **SIN** dinamismo, vigor.

vitalismo n. m. **1** Característica de las personas que viven demostrando una gran energía y un fuerte impulso para actuar: *su vitalismo era contagioso.* **2** Teoría filosófica y científica que considera que existe un principio de vida imposible de explicar solamente como resultado de fuerzas físicas o químicas.

DER vitalista.

vitalista adj. **1** [persona] Que vive mostrando una gran energía y actividad. **2** FILOS. Del vitalismo o que tiene relación con esta doctrina filosófica. ◆ adj./ n. com. **3** FILOS. [persona] Que sigue la doctrina del vitalismo.

vitamina n. f. Sustancia orgánica que se encuentra en los alimentos y que es necesaria en pequeñas cantidades para el desarrollo de los seres vivos y para su metabolismo: *la*

carencia de vitaminas puede provocar muchas enfermedades.
DER vitaminado, vitamínico; avitaminosis.

vitamínico, -ca adj. **1** De las vitaminas o que tiene relación con estas sustancias orgánicas. **2** Que contiene vitaminas.

vitícola adj. Del cultivo de la vid o que tiene relación con él: *una comarca vitícola.*

viticultura n. f. Cultivo de la vid y conjunto de técnicas usadas para este cultivo.
DER vitícola, viticultor.

vítor n. m. **1** Aclamación de alegría con que se aplaude a una persona o un suceso: *los vítores de la afición animaban a los jugadores.* **2** Cartel que se escribe sobre una pared para alabar a alguien por una hazaña: *la fachada de la sede del partido apareció llena de vítores.*
OBS Se usa generalmente en plural.

vitoriano, -na adj. **1** De Vitoria o relacionado con esta ciudad, capital de la provincia de Álava. ◆ adj./n. m. y f. **2** [persona] Que ha nacido en Vitoria.

vítreo adj. **1** [material] Que está hecho de vidrio o tiene sus características. **2** Que es semejante al vidrio.

vitrina n. f. Mueble o escaparate con puertas de cristal para proteger los objetos que se hallan en su interior y poder verlos: *en la vitrina del comedor guardamos la cristalería de los abuelos.*

vitrocerámica n. f. **1** Materia semejante a la cerámica que se obtiene con técnicas de vidriado y está formada por cristales microscópicos dispersos; tiene una gran dureza y es muy resistente al calor y a los cambios bruscos de temperatura. **2** Cocina de vitrocerámica.

vitualla n. f. Conjunto de alimentos necesarios para un grupo de personas, especialmente los que se preparan para el Ejército o para una excursión o un viaje: *las vituallas no llegaban al frente.* SIN víveres.
OBS Se usa sobre todo en plural.
DER avituallar.

vituperar v. tr. Criticar con mucha dureza o reñir a una persona. SIN censurar.
DER vituperio.

vituperio n. m. Cosa que dice una persona con la intención de censurar o reprender duramente a otra: *el público lanzaba vituperios contra el árbitro.*

viudo, -da adj. [persona] Que no ha vuelto a casarse después de la muerte de su cónyuge.
DER viudedad, viudez; enviudar.

vivac n. m. Acampada que se realiza con la intención de pasar la noche al aire libre de manera provisional: *las tropas que estaban de maniobras montaron un vivac.* SIN vivaque.
OBS El plural es *vivacs.*

vivacidad n. f. **1** Agudeza de ingenio o rapidez de comprensión: *la vivacidad de los niños les permite aprender idiomas con mucha facilidad.* SIN viveza. **2** Manifestación de fuerza vital, de energía o de intensa alegría. SIN viveza.

vivalavirgen n. com. Persona muy despreocupada e informal que no es capaz de asumir ninguna responsabilidad.

vivales adj./n. com. [persona] Que actúa con picardía y falta de honradez: *un vivales se coló en la cola del cine.*

vivaracho, -cha adj. [persona, animal, rasgo] Que tiene un carácter vivaz, despierto y alegre.

vivaz adj. **1** Que muestra entusiasmo, pasión y gran animación. **2** Que es inteligente y rápido en comprender y actuar. **3** Que tiene mucho brillo, intensidad o fuerza. **4** [planta] Que vive más de dos años, aunque la parte que se encuentra fuera de la tierra muera. SIN perenne.
DER vivacidad, viveza.

vivencia n. f. Experiencia vivida por una persona que influye en su carácter: *durante su infancia tuvo vivencias enriquecedoras.*
DER vivencial.

víveres n. m. pl. Alimentos necesarios para las personas, especialmente si se encuentran en una situación de emergencia o de guerra.

vivero n. m. **1** Terreno o recinto en el que se cultivan árboles pequeños u otras plantas; cuando alcanzan el tamaño deseado se trasplantan a su posición definitiva o se venden. **2** Lugar delimitado dentro del agua para la cría intensiva de una especie determinada de pez, crustáceo o molusco. **3** Circunstancia o lugar que es la causa de ciertos sentimientos, especialmente si son negativos: *esa oficina es un vivero de envidias.*

viveza n. f. **1** Rapidez al moverse, al actuar o al reaccionar. **2** Agudeza de ingenio o rapidez de comprensión: *su viveza le permitía resolver cuestionarios en un santiamén.* SIN vivacidad. **3** Manifestación de fuerza vital, de energía, exaltación o pasión. SIN vivacidad. **4** Brillo, luminosidad de los colores.

vivienda n. f. Casa, construcción preparada para que vivan en ella las personas.

a b c d e f g h i j k l m n ñ o p q r s t u v w x y z

viviente adj. Que tiene vida o movimiento: *pesebre viviente; a las tres de la tarde y con ese calor, no se veía un bicho viviente en toda la calle.*

vivificar v. tr. Dar vitalidad o fuerza a una persona que está débil o a una cosa que ha perdido la energía: *la ducha matutina con agua fría me vivifica.*

OBS En su conjugación, la *c* se convierte en *qu* delante de *e*.

vivíparo, -ra adj. ZOOL. [animal] Que en su fase reproductiva desarrolla el embrión dentro del útero de la madre, de manera que al nacer la cría ya está formada: *los mamíferos son vivíparos.*

vivir v. intr. **1** Tener vida: *ya no vive mi padre, murió hace poco.* ANT morir. **2** Tener las cosas necesarias para la vida: *con este sueldo difícilmente me llega para vivir.* **3** Pasar la vida o parte de ella en un lugar o con una compañía determinada: *vivió durante muchos años con Gustavo y Cristina.* SIN habitar, residir. **4** Desenvolverse, actuar de cierta manera o en determinadas circunstancias: *ese sí sabe vivir.* **5** Quedar en la memoria, seguir presente en el pensamiento: *el recuerdo de su infancia vivió siempre en su mente.* **6** Durar o seguir vigente: *la música de los sesenta vive todavía en algunas composiciones.* ◆ v. tr. **7** Pasar por una situación determinada, experimentarla: *han vivido juntos momentos buenos y malos.* **8** Identificarse con una situación o poner mucha pasión en lo que se hace: *este actor vive todos los papeles que representa.*

▶ no dejar vivir Molestar mucho y de forma continua. no vivir Sufrir o estar preocupado por una cosa: *cuando mi hijo sale con la moto, estoy que no vivo.*

DER vivacidad, vividor, vivienda, viviente; convivir, desvivirse, malvivir, pervivir, revivir, sobrevivir, supervivir.

vivir

INDICATIVO	SUBJUNTIVO
presente	**presente**
vivo	viva
vives	vivas
vive	viva
vivimos	vivamos
vivís	viváis
viven	vivan
pretérito imperfecto	**pretérito imperfecto**
vivía	viviera o viviese
vivías	vivieras o vivieses
vivía	viviera o viviese
vivíamos	viviéramos o viviésemos
vivíais	vivierais o vivieseis
vivían	vivieran o viviesen
pretérito perfecto simple	**futuro**
viví	viviere
viviste	vivieres
vivió	viviere
vivimos	viviéremos
vivisteis	viviereis
vivieron	vivieren
futuro	IMPERATIVO
viviré	vive (tú)
vivirás	viva (usted)
vivirá	vivid (vosotros)
viviremos	vivan (ustedes)
viviréis	
vivirán	FORMAS NO PERSONALES
condicional	**infinitivo** vivir / **gerundio** viviendo
viviría	
vivirías	
viviría	**participio**
viviríamos	vivido
viviríais	
vivirían	

vivo, -va adj. **1** Que tiene vida: *los seres vivos nacen, crecen, se reproducen y mueren.* **2** Que continúa vigente o que no ha dejado de existir: *en los pueblos muchas tradiciones ancestrales siguen vivas.* **3** [color, sentimiento] Que es intenso y fuerte. **4** [fuego, llama] Que se mantiene con intensidad: *el fuego no se ha apagado, todavía está vivo.* **5** [recuerdo] Que se mantiene en la memoria. **6** [rasgo] Que tiene fuerza y claridad: *tiene unos ojos muy vivos.* SIN vívido. **7** [ritmo, movimiento] Que es rápido y alegre. ◆ adj./n. m. y f. **8** [persona] Que es inteligente y rápido para comprender y sabe aprovechar esas cualidades. SIN listo. ◆ n. m. **9** Tira de tela que se pone como adorno en el borde de ciertas prendas de vestir.

▶ en vivo **a.** En persona, directamente: *ayer vi en vivo al presidente del Gobierno.* **b.** Transmitido al mismo tiempo que se produce: *programa en vivo.*

DER vivales, vivaracho, vivaz, vivero, vívido, vivir; avivar.

vizcaíno, -na adj. **1** De Vizcaya o relacionado con esta provincia del País Vasco. ◆ adj./n. m. y f. **2** [persona] Que es de Vizcaya.

v. o. Abreviatura de *versión original*, que indica que una obra artística (de teatro, cine, televisión, etc.) se ejecuta o emite en el idioma original, sin doblaje.

vocablo n. m. **1** Palabra, sonido o secuencia de sonidos con significado. SIN término. **2** Representación escrita de estos sonidos: *el vocablo pez está formado por tres letras.* **SIN** palabra, término.

vocabulario n. m. **1** Conjunto de palabras de una lengua. **2** Conjunto de palabras de una lengua que una persona conoce o emplea: *su vocabulario es muy amplio.* **3** Conjunto de palabras que se usan en una región, un grupo social, una actividad o un tiempo determinados. **4** Lista de palabras ordenadas y acompañadas de pequeñas explicaciones: *al final del libro aparece un vocabulario con los términos más importantes.* **SIN** glosario.

vocación n. f. **1** Inclinación, interés que siente una persona hacia una forma de vida o un trabajo: *desde muy joven manifestó su vocación por el cuidado de los animales.* **2** Llamada que se siente como procedente de Dios para llevar una forma de vida, especialmente para ser sacerdote o ingresar en una orden religiosa.
DER vocacional.

vocal adj. **1** De la voz, expresado con la voz, o que tiene relación con ella: *las cuerdas vocales producen los sonidos al hacer vibrar el aire procedente de los pulmones.* **2** [música] Que solo se canta, sin acompañamiento de otros instrumentos. ◆ n. f. **3** Sonido del lenguaje humano que se produce al vibrar las cuerdas de la laringe y que no va acompañado de ninguna de las obstrucciones características de las consonantes: *las vocales del español son cinco.* vocal abierta Vocal que se pronuncia separando la lengua del paladar: *la «a», «e» y «o» son vocales abiertas.* vocal cerrada Vocal que se pronuncia acercando la lengua al paladar o al velo del paladar: *la «i» y la «u» son vocales cerradas.* **4** Letra que representa ese sonido. ◆ n. com. **5** Persona que tiene derecho a hablar en una reunión, un tribunal o una junta aunque no tenga un cargo especial.
DER vocálico, vocalismo, vocalizar; semivocal.

vocálico, -ca adj. **1** De las vocales o que tiene relación con ellas. **2** [sonido] Que consta de vocales.

vocalista n. com. Cantante de un grupo musical o de una orquesta.

vocalizar v. intr/ tr. **1** Articular claramente los sonidos de una lengua. **2** MÚS Cantar recorriendo una escala de notas con una sola vocal o sílaba.
OBS En su conjugación, la *z* se convierte en *c* delante de *e*.
DER vocalización.

vocativo n. m. **1** GRAM. Caso de la declinación de algunas lenguas, como el latín, en que se invoca, llama o nombra a una persona o cosa. **2** GRAM. Palabra o conjunto de palabras que sirven para llamar la atención del oyente o para dirigirse a él: *en la oración «Ernesto, ven aquí, por favor», el nombre propio es un vocativo.* **SIN** apelativo.

vocear v. intr. **1** Hablar en voz muy alta y agitadamente. **SIN** gritar, vociferar. ◆ v. tr. **2** Anunciar dando voces: *él siempre voceaba sus ofertas.* **3** Llamar a alguien gritando su nombre. **4** Gritar repetidamente a coro una palabra o una frase un grupo numeroso de personas: *el público voceaba el nombre de la actriz galardonada.* **SIN** corear. **5** Decir una cosa que debería callarse por discreción: *no confíes en él, que luego lo vocea todo.*

vocerío n. m. Ruido producido por un conjunto de voces altas y confusas. **SIN** griterío.

vociferar v. intr. **1** Hablar en voz muy alta y agitadamente. **SIN** vocear. ◆ v. tr. **2** Propagar alguna noticia que debería callarse por discreción o modestia.

vocinglero, -ra adj. **1** Que grita o habla en voz muy grave: *se sentía aturdido en mitad de niños vocingleros.* **2** Que habla mucho y de forma insustancial.

vodevil n. m. Comedia teatral de tema poco trascendente y picante que suele acompañarse de números musicales.

vol. Abreviatura de *volumen*, 'cuerpo material de un libro'.
OBS El plural es *vols.*

volado, -da adj. [signo] Que se coloca al escribir en la parte superior derecha o izquierda de otro signo y es de tamaño más pequeño que él.
▶ estar volado Estar una persona bajo los efectos de una droga o estimulante.

volador, -ra adj. **1** Que vuela o puede volar. ◆ n. m. **2** Molusco marino parecido al calamar; como este, es comestible, pero no tan apreciado. **3** Pez marino pequeño caracterizado por el desarrollo de sus aletas pectorales y ventrales, lo que le permite saltar y planear por encima del agua. **4** Cohete que se utiliza en los fuegos artificiales; consta de un tubo de papel o cartón lleno de pólvora, que se lanza al aire prendiéndolo por la parte inferior y, una vez arriba, explota produciendo un ruido muy fuerte.

volante adj. **1** [animal, cosa] Que vuela o

puede volar: *he visto en el cielo un objeto volante.* **SIN** volador. **2** [equipamiento, trabajador] Que se desplaza o se lleva de un sitio a otro: *meta volante.* **SIN** móvil. ◆ n. m. **3** Pieza en forma de rueda que tienen los coches y otros vehículos frente al asiento del conductor y que sirve para dirigirlos: *gira el volante a la derecha.* **4** Tira de tela rizada o fruncida que sirve para adornar las prendas de vestir o las tapicerías: *los vestidos de sevillana llevan volantes.* **5** Hoja de papel pequeña, generalmente alargada, que se usa para la comunicación dentro de una institución u organismo; en ella se manda o se pide una cosa, o se hace constar determinada información de forma precisa: *el médico me ha dado un volante para que me puedan hacer un análisis.* **6** Pelota o semiesfera coronada por unas plumas o por un plástico que las imita; se golpea con raquetas en el juego del bádminton. **7** Rueda de una máquina que sirve para regular el movimiento de un mecanismo y para transmitir dicho movimiento a toda la máquina.

DER volantazo.

volar v. intr. **1** Moverse por el aire usando alas o un medio artificial: *el avión está volando muy bajo.* **2** Ir por el aire un objeto que ha sido lanzado con fuerza: *durante la riña volaron los platos.* **3** Viajar en avión: *ha volado a Estados Unidos dos veces.* ◆ v. intr./ prnl. **4** Subir o moverse por el aire a causa del viento: *se han volado las hojas que estaban sobre la mesa.* ◆ v. intr. **5** Desaparecer con mucha rapidez o inesperadamente una cosa: *el chocolate voló en cuanto lo vieron los niños.* **6** Pasar con mucha rapidez el tiempo: *¡cómo vuelan los meses!* **7** Desplazarse muy rápido: *tendré que volar para llegar a tiempo.* **SIN** correr. **8** Hacer una cosa muy deprisa: *desayunó volando porque llegaba tarde al trabajo.* ◆ v. tr. **9** Hacer explotar o destruir mediante una explosión: *los terroristas volaron el puente.*

OBS En su conjugación, la *o* se convierte en *ue* en sílaba acentuada, como en *contar.*

DER voladizo, volado, volador, voladura, volandas, volando, vuelo; circunvolar, revolotear, sobrevolar.

volátil adj. **1** [sustancia] Que se transforma fácilmente en vapor o en gas cuando está expuesto al aire: *la gasolina es una sustancia volátil.* **2** [carácter, opinión] Que cambia mucho o que es inconstante.

DER volatilizar.

volatilizar v. tr. **1** Hacer pasar un cuerpo del estado sólido o líquido al estado gaseoso: *volatilizar un líquido; el amoníaco se volatiliza fácilmente.* ◆ v. prnl. **2** **volatilizarse** Desaparecer [una persona o una cosa]: *no estaba por ninguna parte, se había volatilizado.*

OBS En su conjugación, la *z* se convierte en *c* delante de *e.*

volcán n. m. **1** Grieta en la corteza terrestre, generalmente en lo alto de una montaña, por la que salen o han salido materiales incandescentes, gases y cenizas procedentes del interior de la Tierra. **2** Persona o lugar en el que se producen pasiones intensas, agitadas o ardientes: *volcán de actividad.*

volcánico, -ca adj. Del volcán o que tiene relación con esta grieta de la corteza terrestre: *zona volcánica.*

volcar v. tr. **1** Inclinar una cosa de modo que pierda su posición normal y quede apoyada sobre un lado: *el viento volcó dos vagones del tren.* **2** Hacer caer el contenido de un recipiente inclinándolo o dándole la vuelta: *volcó el cofre sobre el escritorio.* **SIN** derramar, verter. ◆ v. intr. **3** Inclinarse un vehículo hasta dar una vuelta o más sobre sí mismo o hasta quedar apoyado sobre un lado diferente al normal. ◆ v. prnl. **4** **volcarse** Esforzarse mucho, hacer una persona todo lo posible para agradar o beneficiar a otra: *toda su familia se volcó con ella en los momentos difíciles.*

OBS En su conjugación, la *o* se convierte en *ue* en sílaba acentuada y la *c* en *qu* delante de *e*, como en *trocar.*

DER volquete, vuelco.

volea n. f. Golpe dado a una pelota que está en el aire antes de que toque al suelo.

voleibol n. m. Deporte entre dos equipos de seis jugadores que hacen pasar con las manos una pelota por encima de una red que divide el terreno; el juego consiste en no dejar que la pelota toque el suelo del campo propio y procurar que caiga en el del equipo contrario. **SIN** balonvolea.

volt n. m. Voltio, unidad de tensión eléctrica: *el símbolo del voltio es V.* **SIN** voltio.

OBS La Real Academia Española recoge *volt*, pero prefiere la forma *voltio.*

voltaje n. m. Diferencia de tensión eléctrica entre los extremos de un conductor: *el voltaje de los enchufes suele ser de 220 voltios.*

voltear v. tr. **1** Hacer que una persona o cosa dé vueltas: *voltear una tortilla.* ◆ v. tr./ prnl.

2 Girar algo de modo que la parte superior quede debajo y la inferior encima: *voltearon el armario para arreglarlo.* ◆ v. intr./ prnl. **3** Dar vueltas o volteretas una persona o cosa.

voltereta n. f. Vuelta que se da apoyando las manos en el suelo, enroscando el cuerpo e impulsando las piernas en alto para caer y reincorporarse siguiendo la trayectoria inicial; también, vuelta semejante a esta que se da en el aire.

voltímetro n. m. FÍS. Aparato que mide la diferencia de potencial entre dos puntos de un circuito eléctrico.

voltio n. m. Volt, unidad de tensión eléctrica.
▶ dar (o darse) un voltio *coloquial* Dar un paseo: *quedamos para dar un voltio por el parque.*
DER voltaico, voltaje.

voluble adj. **1** [persona] Que cambia fácilmente de opinión o tiene un carácter débil e influenciable: *un carácter voluble.* SIN inconstante, inestable. **2** [material] Que gira, cambia de dirección o se enrolla fácilmente. **3** BOT. [tallo] Que crece en espiral en torno a un soporte.
DER volubilidad.

volumen n. m. **1** Espacio que ocupa un cuerpo. **2** Espacio, tamaño o medidas expresadas en tres dimensiones: *¿qué volumen tiene esta cisterna?* **3** Libro, parte encuadernada por separado que, por sí misma o junto con otras, forma una obra: *esta colección consta de cincuenta volúmenes.* **4** Intensidad del sonido: *baja un poco el volumen de la radio.* **5** Cantidad global o importancia de un hecho, negocio o asunto: *el volumen de ventas ha disminuido.*
DER voluminoso.

voluminoso, -sa adj. [cosa, objeto] Que ocupa mucho espacio o que es grande: *paquete voluminoso.*

voluntad n. f. **1** Deseo o intención, la cosa que quiere o desea una persona: *siempre quiere que se haga todo según su voluntad.* última voluntad Deseo último que expresa una persona antes de morir. **2** Capacidad para decidir con libertad y para optar por un tipo de conducta determinado: *sin duda el hombre se diferencia de los animales en que tiene voluntad.* **3** Capacidad de esforzarse lo que sea necesario para hacer una cosa.
▶ a voluntad Según el deseo de cada persona: *puedes servirte a voluntad.* ganar la voluntad Conseguir el apoyo de una persona: *ganó su voluntad para que le ayudara.* la voluntad Cantidad de dinero que una persona decide dar voluntariamente: *no ponía ningún precio, solo tenías que cogerlo y dejar la voluntad.*
DER voluntario.

voluntariado n. m. **1** Conjunto de personas que se unen libre y desinteresadamente a un grupo, generalmente para trabajar con fines benéficos o altruistas; también, las actividades que realizan: *el voluntariado es la base de muchas organizaciones humanitarias.* **2** Alistamiento voluntario de una persona a un ejército.

voluntario, -ria adj. **1** [acción] Que se decide hacer libremente y no por obligación o por imposición de otro. ANT involuntario, obligatorio. **2** [acción] Que se decide, se hace conscientemente y no como resultado de algún automatismo, de los reflejos o los impulsos. ANT involuntario. ◆ n. m. y f. **3** Persona que hace una cosa sin estar obligada a ello: *necesito tres voluntarios para limpiar el patio.* **4** Persona que se alista a un ejército sin haber sido llamada a filas.
DER voluntariado, voluntariamente, voluntariedad, voluntarioso, voluntarismo; involuntario.

voluntarioso, -sa adj. [persona] Que pone mucha voluntad y empeño en hacer las cosas.

voluntarista adj. **1** Del voluntarismo o relacionado con él: *una actitud o comportamiento voluntarista.* ◆ adj./ n. com. **2** [persona] Que actúa con voluntarismo.

voluptuoso, -sa adj. **1** Que produce un intenso placer en los sentidos. ◆ adj./ n. m. y f. **2** [persona] Que busca los placeres que le proporcionan los sentidos.

voluta n. f. Elemento decorativo en espiral, característico del capitel del orden jónico.

volver v. intr./ prnl. **1** Regresar a un sitio en el que se ha estado antes: *volverá a casa dentro de una hora.* ◆ v. intr. **2** Repetir lo que antes se ha hecho u ocurrir de nuevo un suceso: *volvieron a salir tres horas después.* **3** Tomar de nuevo el hilo de una historia, tema o negocio: *volvamos ahora a la cuestión.* **4** Cambiar de dirección, dejar una línea o torcer: *habrá que volver a la izquierda.* ◆ v. tr. **5** Dar la vuelta o hacer girar, de manera que quede a la vista lo que antes estaba oculto: *vuelve la hoja del libro.* **6** Poner la cara exterior de una cosa, especialmente de una prenda de ropa, en el interior, de modo que el interior o el revés quede a la vista: *volvió el vestido del revés para* *coserlo.* **7** Dirigir o llevar hacia un sitio o hacia un fin: *vuelve tu corazón a los demás.* **8** Poner de nuevo una cosa en el estado o en el lugar original: *volvió el libro al estante.* **9** Devolver lo prestado o dar lo debido: *le vuelvo el libro.* ◆ v. tr./ prnl. **10** Transformar una cosa, hacer que cambie de aspecto o estado: *la disolución se volverá blanca.* **11** Inclinar el cuerpo o el rostro hacia un punto en señal de atención, o dirigir la conversación hacia una persona: *se volvió hacia mí y me lo dijo.*

▶ volver en sí Recuperar el sentido o la consciencia: *a los pocos minutos, volvió en sí del desmayo.*

OBS Se conjuga como *mover.*

DER vuelta, vuelto; devolver, envolver, revolver.

vomitar v. tr./ intr. **1** Expulsar violentamente por la boca aquello que está en el estómago. ◆ v. tr. **2** Expulsar violentamente algo que está contenido dentro: *el horno vomitaba fuego.* **3** Proferir palabras desagradables o guiadas por el resentimiento: *no paraba de vomitar improperios.* **4** Revelar un secreto o cosas que se tenían calladas, especialmente si son desagradables o producto del resentimiento: *¡vomita de una vez lo que realmente piensas de mí!*

DER vomitivo, vómito, vomitorio.

vómito n. m. **1** Expulsión violenta por la boca de lo que está en el estómago. **2** Sustancia que se vomita.

DER vomitona.

vomitivo, -va **1** Que es muy desagradable o produce asco o repugnancia: *esa música es vomitiva; fue víctima de una vomitiva concentración de asesinatos e intrigas palaciegas.* **2** MED. Que provoca el vómito: *acción vomitiva; técnica vomitiva.* adj./ n. m. **3** MED. [sustancia] Que hace vomitar o provoca el vómito: *medicamento vomitivo; ante algunos casos de intoxicación está indicada la ingestión de vomitivos.*

vomitorio, -ria adj. **1** [sustancia] Que provoca vómitos. ◆ n. m. **2** Puerta en una grada de un estadio o recinto similar por la que entra o sale gran cantidad de gente.

voracidad n. f. **1** Cualidad de quien come mucho y con ganas. **2** Pasión, ansia al hacer una cosa.

vorágine n. f. **1** Remolino de gran fuerza e intensidad que forman en un punto las aguas de un mar, río o lago por la acción del viento o las corrientes: *el barco quedó atrapado en la vorágine y naufragó.* **2** Aglomeración de personas, de sucesos o de cosas que se amontonan confusamente: *decidió ir a vivir a un pueblo para apartarse de la vorágine de la ciudad.* **3** Mezcla de sentimientos muy intensos que se manifiestan de forma desenfrenada.

voraz adj. **1** [animal, persona] Que come mucho y con ganas. **2** [sensación] Que incita a comer así: *hambre voraz.* **3** [fenómeno] Que destruye completamente y con rapidez: *las voraces llamas destruyeron el viejo edificio.* **4** [acción] Que se hace con ansia: *deseo voraz.*

DER voracidad; devorar.

vos pron. pers. Forma del pronombre de segunda persona de singular, en género masculino y femenino: *vos no te has ido y no te irás nunca.*

OBS Se usa en el español de América del Sur, alternando en muchos lugares con *tú.* No se usa en el español europeo, donde la forma habitual es *tú.*

DER vosear, vosotros.

vosotros, -tras pron. pers. Forma del pronombre personal de segunda persona de plural con la que se hace referencia al grupo de personas a las que se dirige el hablante: *vosotras os encargaréis de la fiesta.*

OBS También es la forma que se usa detrás de preposición: *el ladrón no estaba entre vosotros.*

votación n. f. **1** Emisión de votos hecha por un grupo de personas. votación nominal Votación en la que se da el nombre de cada votante. votación ordinaria Votación en la que se da el voto al ponerse en pie o al levantar la mano. votación secreta Votación que se lleva a cabo de forma que no se puede saber qué ha votado cada persona. **2** Conjunto de votos emitidos. **3** Sistema de emitir votos: *unos querían que la votación fuese a mano alzada y otros querían que fuese secreta.*

votante adj./ n. com. [persona] Que vota o emite su voto: *un elevado número de votantes apoyó al anterior alcalde.*

votar v. intr./ tr. **1** Emitir un voto en una elección o en una consulta. ◆ v. tr. **2** Aprobar por votación: *debemos votar si queremos hacer huelga o no.*

DER votación, votante.

voto n. m. **1** Manifestación de la opinión, del parecer o de la voluntad de cada uno para aprobar o rechazar una medida o, en unas elecciones, para elegir a una persona o partido. voto de calidad Voto que da una persona con autoridad, que vale por dos y sirve para decidir en caso de igualdad. voto de censura Voto que tiene como fin retirar la confianza puesta en un órgano de poder: *el Gobierno ha recibido un voto de censura de la oposición.* **voto de confianza** Voto que tiene como fin aprobar o autorizar la libre actuación de un órgano de poder; también, confianza que se da a una persona para que actúe según su criterio en un asunto determinado. **2** Papel o escrito en el que se expresa la opinión o la voluntad de cada uno de aprobar o rechazar una medida o, en unas elecciones, de elegir a una persona o a un partido: *se procedió al recuento de los votos.* **3** Derecho a expresar en votación esta opinión o voluntad: *si no eres socio, puedes tener voz en la asamblea, pero no voto.* **4** Obligación que se contrae ante Dios, especialmente la de las personas que entran en estado religioso: *un voto de pobreza.* **5** Promesa que una persona hace a Dios, a la Virgen o a un santo, si obtiene la gracia que pide: *cuando se curó, subió a la montaña para cumplir su voto.* **6** Objeto que expresa el agradecimiento a Dios, a la Virgen o a un santo por haber otorgado la gracia que se pedía: *los votos colgaban sobre el altar.* SIN exvoto.

▶ **hacer votos** Rogar a Dios o expresar el deseo de que se cumpla una cosa: *hago votos por su recuperación.*

voz n. f. **1** Sonido que se produce cuando el aire expulsado de los pulmones pasa por la garganta y hace que vibren las cuerdas vocales. **2** Conjunto de características de ese sonido: *Ana tiene voz de soprano.* **3** Grito que da una persona: *no me des esas voces, que no estoy sordo.* **voz de mando** Expresión con la que se dan órdenes a los subordinados. **4** Persona que se dedica a cantar: *el grupo lo forman tres músicos y dos voces.* SIN cantante. **5** Persona o medio de comunicación que habla o expresa la opinión de otras personas o de un colectivo: *Alexandra se ha convertido en la voz del grupo.* **6** Derecho a dar una opinión: *en esta reunión no tiene ni voz ni voto.* **7** Noticia o rumor que corre entre la gente: *me ha llegado la voz de que subirán de nuevo los precios.* **8** Palabra de una lengua: *¿cuántas voces tiene este diccionario?* SIN término, vocablo. **9** GRAM. Categoría gramatical que indica si el sujeto de una oración realiza la acción del verbo o la recibe: *la oración «el muchacho fue golpeado» está en voz pasiva y «golpearon al muchacho» está en activa.*

▶ **a una voz** A la vez: *todos contestaron a una voz.* **a voz en cuello** o **a voz en grito** Dando gritos. **correr la voz** Difundir una noticia: *corre la voz de que va a dimitir.* **de viva voz** Por medio de la palabra hablada: *no me respondió por escrito, sino que lo hizo de viva voz.* **pedir a voces** Necesitar algo que es muy evidente con urgencia: *estas toallas están pidiendo a voces un buen lavado.*

DER vocear, voceras, vocerío, vociferar, vocinglero, vozarrón.

vozarrón n. m. Voz muy fuerte y grave.

vuelco n. m. **1** Cambio, generalmente inesperado, de la posición normal o natural de una cosa de manera que quede apoyada sobre otro lado. **2** Cambio brusco o transformación completa que sufre una cosa.

▶ **dar un vuelco el corazón** Sentir una persona un susto o sobresalto ante un suceso o noticia que no esperaba: *cuando lo vi acercarse tanto al precipicio, me dio un vuelco el corazón.*

vuelo n. m. **1** Movimiento o mantenimiento en el aire: *el hombre siempre ha admirado el vuelo de las aves.* **vuelo rasante** Vuelo que pasa rozando el suelo u otra superficie. **vuelo sin motor** Vuelo que se hace en un aparato que aprovecha las corrientes de aire: *los planeadores realizan vuelos sin motor.* **2** Viaje en avión o en otro vehículo aéreo: *el vuelo duró dos horas.* **3** Extensión de una prenda de vestir en una parte ancha o que no se ajusta al cuerpo: *una falda con mucho vuelo.* **4** Parte que cuelga en una tela: *un mantel con mucho vuelo.* ◆ n. m. pl. **5 vuelos** ZOOL. Conjunto de plumas de las alas de un ave; también, las alas: *los vuelos del águila son largos y fuertes.*

▶ **al vuelo** Rápidamente: *es muy listo, todo lo entiende al vuelo.* **alzar** o **levantar el vuelo a.** Echar a volar: *al oír el disparo, los patos alzaron el vuelo.* **b.** Marcharse; hacerse independiente: *los hijos alzan el vuelo y abandonan la casa de sus padres.* **dar vuelos** Permitir demasiadas cosas a una persona: *le has dado demasiados vuelos al chico.* SIN consentir. **de altos vuelos** De mucha importancia, sobre todo económica: *se trata de un proyecto de altos vuelos.* **no oírse el vuelo de una mosca** Haber un silencio total. **tocar a vuelo las campanas** Tocar todas las campanas a la vez. **tomar vuelo** Empezar a desarrollarse: *mis planes están tomando vuelo, se hacen realidad.*

DER revuelo.

vuelta n. f. **1** Movimiento alrededor de un punto, hasta quedar en la primera posición o en la posición contraria: *para abrir el cerrojo* *tienes que dar dos vueltas a la llave.* **SIN** giro. **2** Cada uno de los giros que da una cosa alrededor de ella misma o de otra: *el cinturón me da dos vueltas a la cintura.* **3** Parte de una cosa que se ha girado sobre ella misma o sobre otra: *este cable tiene dos vueltas y no cabe por el agujero.* **4** Paseo, generalmente breve: *saldremos dentro de un rato a dar un paseo.* **5** Regreso desde un lugar al punto primero o inicial: *la vuelta de vacaciones.* **ANT** ida. **6** Dinero que sobra cuando, al pagar algo, la cantidad entregada es superior al precio: *quédese usted la vuelta.* **NOTA** Se usa también en plural. **7** Curva en un camino. **8** Serie de puntos que se dan al tejer: *me faltan tres vueltas para terminar la bufanda.* **9** Carrera ciclista en la que se recorren distintos lugares de un país o región: *la vuelta ciclista a España.* **10** Pieza de tela que se pone en las mangas o el cuello de las prendas de vestir: *las vueltas de esta camisa son de color blanco.* **11** Parte en la que se divide un proceso o una acción que se repite varias veces: *el candidato fue eliminado en la segunda vuelta de las elecciones.*

▶ buscar las vueltas Intentar con insistencia sorprender a alguien en una falta para sacar provecho: *te lo advierto: no me busques más las vueltas.* dar cien vueltas Ser mucho mejor: *les da cien vueltas a todos sus compañeros.* dar vueltas **a.** Andar de un lugar a otro: *llevo un rato dando vueltas y no he encontrado la dirección que busco.* **b.** Mover un líquido o comida: *da vueltas a la sopa.* **c.** Pensar constantemente sobre algo: *me he pasado el día dándole vueltas al problema.* estar a vueltas Insistir mucho: *siempre está a vueltas con la subida de sueldo.* estar de vuelta No sorprenderse de nada por tener mucha experiencia: *había pasado por tantos malos tragos, que ya estaba de vuelta de todo.* no tener vuelta de hoja Estar muy claro: *es una verdad incuestionable: no tiene vuelta de hoja.* poner de vuelta y media Hablar muy mal de una persona: *le puso de vuelta y media aprovechando que no estaba.*

vuestro, -tra det. pos. **1** Determinante que indica que lo que se expresa a continuación está relacionado con la segunda persona de plural: *tu amigo es un maleducado.* ◆ pron. pos. **2** Forma del pronombre de segunda persona que expresa que la cosa o persona a la que hace referencia está relacionada con la segunda persona del plural, con las personas a las que se dirige el hablante: *estas no son nuestras, sino vuestras.*

▶ la vuestra Expresión que indica que la ocasión es muy favorable para las personas a las que se dirige el hablante: *aprovechad el momento, que esta es la vuestra.* lo vuestro Actividad en que son especialistas las personas a las que se dirige el hablante: *me parece que lo vuestro no es la mecánica.* los vuestros Las personas que pertenecen al mismo grupo al que se dirige el hablante, por familia o por afinidades: *los vuestros ganaron el último partido.*

vulgar adj. **1** [cosa] Que es muy normal o que no tiene nada de original: *una decoración vulgar.* **2** [lenguaje] Que es el que utilizan las personas corrientes y se contrapone al que utilizan los especialistas: *sobaco es la denominación vulgar de axila.* **ANT** culto. **3** [persona, lenguaje, costumbre] Que es poco refinado, de poca educación o de mal gusto: *escupir es un hábito muy vulgar.* **4** [persona, cosa] Que no es más que lo que se expresa: *un vulgar mentiroso.* **NOTA** Es peyorativo y suele anteponerse al nombre.

DER vulgaridad, vulgarismo, vulgarizar; divulgar.

vulgaridad n. f. **1** Cualidad de lo que carece de originalidad. **2** Obra o dicho que es de mal gusto. **3** Cualidad de lo que es poco refinado o de lo que indica poca educación: *quería ocultar su vulgaridad con frases rebuscadas.*

vulgarismo n. m. Palabra o modo de expresión que no se consideran apropiados ni correctos y que aparecen más frecuentemente en el habla de las personas sin cultura: *la forma «en después» es un vulgarismo que se suele usar en lugar de «después».* **ANT** cultismo.

vulgo n. m. Conjunto de personas del pueblo, especialmente las que no tienen cultura ni posición social destacada. **SIN** plebe.

DER vulgar.

vulnerable adj. [persona, carácter, organismo] Que es débil o que puede ser dañado o afectado fácilmente porque no sabe o no puede defenderse. **ANT** invulnerable.

vulnerar v. tr. **1** Ir en contra de una ley o norma o no cumplirla: *vulnerar el código de la circulación.* **SIN** transgredir. **2** Causar daño o perjuicio.

DER vulnerable.

vulva n. f. Parte externa del aparato genital femenino de los mamíferos que rodea y constituye la abertura de la vagina.

a b c d e f g h i j k l m n ñ o p q r s t u v w x y z

abcdefghijklmnñopqrstuv**W**xyz

w n. f. Vigesimocuarta letra del alfabeto español. **NOTA** Su nombre es *uve doble*. El plural es *uves dobles*: *la w aparece en palabras de origen extranjero.*

walkman n. m. Reproductor de casetes, y a veces también receptor de radio, de reducido tamaño y provisto de auriculares: *el walkman es portátil y funciona con pilas.*

OBS Procede de una marca registrada y se pronuncia aproximadamente «gualman».

water n. m. **1** Asiento, generalmente de porcelana, vacío en su interior donde se orina y defeca; tiene un depósito de agua, para limpiarlo después de su uso, y una salida a las cloacas: *la cisterna del water se ha atascado y no hay manera de que deje de salir agua cuando tiras de la cadena.* **2** Habitación en la que está este asiento y otros elementos que sirven para el aseo humano, como el lavabo o la ducha: *en los establecimientos públicos, las letras WC indican el lugar en el que está el water.*

OBS Es de origen inglés y se pronuncia aproximadamente «váter». La Real Academia Española solo registra *váter*, pero se usa frecuentemente la forma *water*.

waterpolo n. m. Deporte de equipo que se practica en una piscina y que consiste en tratar de introducir un balón en la portería contraria lanzándolo con las manos.

watt n. m. Unidad de potencia en el Sistema internacional de unidades: *el símbolo del watt es W.*

OBS La Real Academia Española recoge *watt*, pero prefiere la forma *vatio*.

web adj. De Internet o relacionado con ella: *página web; cámara web.* ◆ n. f. **2** Conjunto de documentos informáticos unidos entre sí mediante hiperenlaces que forman un documento unitario para ser consultado en Internet: *la web de una empresa.* **SIN** sitio web.

webcam n. f. Cámara de vídeo conectada al ordenador que captura imágenes y las transmite a través de internet para comunicarse con otra u otras personas.

whisky n. m. Aguardiente muy fuerte y aromático de color marronáceo que se obtiene destilando cebada o malta: *el whisky es un producto que se fabrica sobre todo en Escocia.*

OBS La Real Academia Española recoge whisky, pero prefiere la forma *güisqui*, a pesar de que casi nadie la use. El plural es *whiskis*.

DER whiskería.

wifi o **wi-fi** n. amb. Sistema de conexión inalámbrica a Internet.

windsurf o **windsurfing** n. m. Deporte acuático de vela que se practica sobre una tabla, sobre la cual se sostiene en equilibrio una persona mientras va dirigiendo una vela que está unida a la misma tabla: *en el windsurf, la vela se coloca de manera que el viento incida sobre ella y empuje la tabla.*

OBS Son de origen inglés y se pronuncian aproximadamente «güinsurf» y «güinsurfin», respectivamente.

wolframio n. m. Tungsteno.

www INFORM Abreviatura de la forma inglesa *World Wide Web*, 'telaraña mundial', que se usa en Internet.

abcdefghijklmnñopqrstuvw**X**yz

x n. f. **1** Vigesimoquinta letra del alfabeto español. Su nombre es *equis*. El plural también es *equis*: *la palabra asfixia se escribe con x.* **2** Signo que se emplea en lugar de un nombre que no se quiere o no se puede decir: *da igual su nombre: pongamos que se llama x.* **3** Signo que representa el valor de diez en la numeración romana: *encontrarás ese artículo en el volumen X de la enciclopedia.* **4** Símbolo que indica que determinada película ha sido clasificada como pornográfica; también señala los locales donde se proyectan películas de esta clasificación: *sala X.* **NOTA** Se escribe con letra mayúscula. **5** MAT. Signo que representa una incógnita: *la x de una ecuación.*

xenofobia n. f. Sentimiento de odio o de rechazo hacia los extranjeros: *la xenofobia suele ser fruto de la intolerancia hacia culturas diferentes de la nuestra.*
DER xenófobo.

xenófobo, -ba adj./ n. m. y f. [persona] Que siente odio o rechazo hacia los extranjeros y sus costumbres; también la actitud y las ideas de estas personas: *violencia xenófoba.*

xenón n. m. Gas noble sin color ni olor que se encuentra en la atmósfera en proporciones muy pequeñas y que se emplea en fotografía rápida: *el símbolo del xenón es Xe.*

xerografía n. f. Sistema de reproducción que, por medios fotoeléctricos, permite obtener en seco y sin contacto copias de un texto o de una imagen.

xi n. f. Nombre de la decimocuarta letra del alfabeto griego que corresponde a la x de nuestro alfabeto.

xilema n. m. Conjunto formado por los vasos y las fibras leñosas de los vegetales que conducen la savia: *a través del xilema la savia llega a las hojas.*

xilo- Prefijo que entra en la formación de palabras con el significado de 'madera': *xilófago; xilografía.*

xilófago adj. ZOOL. [insecto] Que se alimenta de madera: *los termes son xilófagos.*

xilófono n. m. Instrumento musical de percusión que está formado por una serie de láminas de madera, ordenadas horizontalmente según su tamaño, que al ser golpeadas emiten sonidos que corresponden a las notas musicales; también reciben este nombre los instrumentos semejantes de pequeño tamaño y con láminas de acero: *el xilófono se toca con dos o cuatro macillas o palos con una bola en su extremo.*
DER xilofonista.

xilografía n. f. **1** Técnica o arte de grabar imágenes en una plancha de madera vaciando las partes que en la reproducción o impresión deben quedar en blanco. **2** Impresión tipográfica que se hace con unas planchas de madera grabadas: *la xilografía era empleada como método de impresión de libros.*

abcdefghijklmnñopqrstuvwx **Y** z

y n. f. **1** Vigesimosexta letra del alfabeto español. Su nombre es *i griega* o *ye*. El plural es *íes griegas* o *yes*, respectivamente. ◆ conj. **2** Se utiliza para unir dos palabras, grupos de palabras u oraciones que están al mismo nivel y que tienen la misma función; indica una adición o una relación de igualdad entre ellas: *Juan y Pedro salieron de viaje.* **NOTA** Se sustituye por *e* cuando precede inmediatamente a otra palabra que empiece por *i* o por *hi* (*Juan e Isabel fueron al cine*) pero no por *hie-* (*vitaminas y hierro*). En una enumeración de varios términos se suele colocar entre los dos últimos: *compramos pan, leche, huevos y pescado.* **3** Al principio de una pregunta o exclamación le añade énfasis: *¿y el billete?* ◆ n. f. **4** MAT. Signo que representa la segunda incógnita: *la x y la y de una ecuación.*

ya adv. **1** Indica que una acción había concluido o que la situación expresada había cambiado en el momento mencionado: *el año pasado ya no fumaba, y antes, hace dos años, fumaba muchísimo.* **2** Indica que una acción ha concluido o que la situación expresada ha cambiado del pasado al momento presente, o en el mismo momento en el que se habla, ahora mismo; el verbo aparece en presente de indicativo o en pretérito perfecto: *yo ya he terminado los ejercicios, de hecho los acabé ayer.* **3** Se utiliza para indicar que lo expresado no ha sucedido todavía, sucederá en el futuro si el verbo está en futuro; si el verbo está en presente de indicativo, sucederá en un futuro inmediato, dentro de muy poco tiempo: *tú vete que yo ya voy; ya acabaré yo el trabajo.* **4** Se utiliza para enfatizar una afirmación: *te creo, ya se ve que tienes razón.* ◆ conj. **5** Se utiliza con valor distributivo, para enlazar dos o más posibilidades que se alternan; se coloca al principio de cada una de las posibilidades: *siempre ha destacado, ya en la milicia, ya en las letras.* ◆ int. **6** Se utiliza para indicar que se recuerda algo, o que se acaba de descubrir: *¡ya!, la solución es tres.* **7** Se utiliza para mostrar incredulidad o para negar una cosa: *¡ya!, seguro que tú eres el más listo.*

▶ **no ya** No solamente, además de: *escribe perfectamente no ya en francés, sino también en alemán.* **ya que a.** Indica causa; puesto que: *ya que tú no quieres venir, invitaré a Mario.* **b.** Indica condición; si, aunque o dado que: *ya que tu desgracia no tiene remedio, llévala con paciencia.*

yacaré n. m. Reptil de piel negra o verde oscura, parecido al cocodrilo pero más pequeño y con el hocico redondeado en la punta: *el yacaré vive en ríos y pantanos de Sudamérica y puede alcanzar los 2,5 m de longitud.*

OBS Para indicar el sexo se usa el yacaré macho el yacaré hembra.

yacer v. intr. **1** Estar echada o tendida una persona: *yacía en su hamaca, murmurando en sueños.* **2** Estar un cuerpo sin vida en la tumba. **3** *formal* Realizar el acto sexual dos personas. **SIN** copular.

DER yacija, yacimiento; adyacente, subyacer.

yacimiento n. m. **1** Lugar en el que se encuentran de forma natural minerales, rocas o fósiles, especialmente cuando puede ser objeto de explotación: *yacimiento de oro.* **2** Lugar en el que se encuentran restos arqueológicos: *en Almería se localizó el yacimiento más importante de la Edad del Cobre.*

yang n. m. Principio activo y masculino de la filosofía china que, junto con su complementario y opuesto, el yin, constituye el principio fundamental de la vida y del orden universal: *el yang es la parte positiva y dominada por la luz.*

yanqui adj. **1** De Estados Unidos de América o que tiene relación con este país de América del Norte. ◆ adj./ n. com. **2** [persona] Que es de Estados Unidos de América. **SIN** gringo.

yacer

INDICATIVO

presente
yazco o yazgo o yago
yaces
yace
yacemos
yacéis
yacen

pretérito imperfecto
yacía
yacías
yacía
yacíamos
yacíais
yacían

pretérito perfecto simple
yací
yaciste
yació
yacimos
yacisteis
yacieron

futuro
yaceré
yacerás
yacerá
yaceremos
yaceréis
yacerán

condicional
yacería
yacerías
yacería
yaceríamos
yaceríais
yacerían

SUBJUNTIVO

presente
yazca o yaga o yazga
yazcas o yagas o yazgas
yazca o yaga o yazga
yazcamos o yagamos o yazgamos
yazcáis o yagáis o yazgáis
yazcan o yagan o yazgan

pretérito imperfecto
yaciera o yaciese
yacieras o yacieses
yaciera o yaciese
yaciéramos o yaciésemos
yacierais o yacieseis
yacieran o yaciesen

futuro
yaciere
yacieres
yaciere
yaciéremos
yaciereis
yacieren

IMPERATIVO

yace o yaz (tú)
yazca o yaga o yazga (usted)
yaced (vosotros)
yazcan o yagan o yazgan (ustedes)

FORMAS NO PERSONALES

infinitivo yacer
gerundio yaciendo
participio yacido

OBS Tiene cierto matiz despectivo. El plural es *yanquis*.

yate n. m. Embarcación a motor o a vela, generalmente lujosa y equipada con camarotes, que suele usarse para viajes de recreo.

yayo, -ya n. m. y f. Abuelo.

ye n. f. Nombre de la letra y: *«yesería» y «yegua» se escriben con ye.*

yedra n. f. Planta trepadora de hojas brillantes y siempre verdes que crece agarrándose con unas pequeñas raíces a las paredes y los árboles.
OBS La Real Academia Española recoge *yedra,* pero prefiere la forma *hiedra.*

yegua n. f. Hembra del caballo. SIN jaca.
DER yeguada.

yeísmo n. m. Fenómeno del habla que consiste en pronunciar la *elle* como *ye*: *el yeísmo está muy extendido en España y América.*
DER yeísta.

yelmo n. m. Casco de metal con visera móvil que, en las armaduras antiguas, servía para proteger la cabeza y el rostro.

yema n. f. **1** Masa compacta que, junto con la clara que la rodea, constituye el núcleo de los huevos de los vertebrados ovíparos: *en los huevos de las aves la yema es de color amarillo.* **2** Dulce en forma de bolita y de intenso color amarillo, que se hace con azúcar y con la yema del huevo: *las yemas son un producto típico de Ávila.* **3** Parte central del extremo de los dedos opuesta al lado de la uña: *en las yemas tenemos mucha sensibilidad.* **4** Brote de los vegetales que surge del tallo y que está formado por una agrupación de hojas compactas; de ahí nacerán las ramas, las hojas y las flores.

yen n. m. Unidad monetaria de Japón.

yerba n. f. **1** Planta pequeña, sin tronco, de tallo alargado y de color verde, que crece en los campos y jardines. **mala yerba** Yerba que crece espontáneamente en los cultivos y los daña: *me encargué de regar el jardín y arrancar las malas yerbas.* **2** Conjunto de estas plantas pequeñas y verdes que cubre una parte de tierra: *se tumbó en la yerba y se quedó frito.* **3** Marihuana.
▶ **y otras yerbas** Y más aún que no se dice: *estuvimos hablando de política, deportes y otras yerbas.*
OBS La Real Academia Española recoge *yerba,* pero prefiere la forma *hierba.*

yermo, -ma adj./ n. m. **1** [terreno] Que no está habitado: *la emigración dejó yermos muchos pequeños pueblos.* **2** [terreno] Que no está cultivado o que es estéril.

yerno n. m. Marido de la hija de una persona: *estamos muy contentos con nuestro yerno, porque es muy trabajador y quiere mucho a nuestra hija.*

yerro n. m. *formal* Equivocación que se comete por ignorancia o por descuido: *no avisar de que no ibas a asistir a la reunión fue un yerro imperdonable.* SIN error.

yerto, -ta adj. [persona, animal] Que está rígido o inmóvil, especialmente si es a causa de la muerte, el frío o una emoción fuerte: *un pájaro yerto sobre la nieve.*

yesería n. f. **1** Decoración que se hace grabando o tallando formas sobre una superficie de yeso. **2** Técnica para realizar esta decoración. **3** Establecimiento donde se fabrica o vende yeso.

yeso n. m. **1** Mineral blando, generalmente de color blanco, que molido y mezclado con agua forma una pasta usada en construcción y en escultura: *el yeso se endurece con mucha rapidez.* **yeso blanco** Yeso fino y blanco, con el que se da la última capa a las paredes. **yeso negro** Yeso poco fino y de color gris, con el que se dan las primeras capas a las paredes. **2** Escultura que se hace con este material: *los yesos se hacen con unos moldes que luego se vacían.*
DER yesero; enyesar.

yeti n. m. Ser fantástico y monstruoso con figura humana, de aspecto gigantesco y con el cuerpo cubierto de pelo, que según una leyenda habita en las regiones del Himalaya: *el yeti también es conocido como «el abominable hombre de las nieves».*

yeyuno n. m. ANAT. Parte media del intestino delgado de los mamíferos comprendida entre el duodeno y el íleon.

yiddish n. m. Lengua hablada por los judíos de origen alemán, que se formó con elementos del hebreo, el francés antiguo, el alto alemán y los dialectos del norte de Italia: *el yiddish es hablado por comunidades judías de Rusia, Lituania, Polonia y EE.UU.*
OBS Se pronuncia aproximadamente «yidis».

yihad n. f. Guerra santa que todos los musulmanes deben realizar contra los infieles y los enemigos del islam.

yihadista adj. De la yihad o relacionado con ella: *islamismo yihadista; terrorismo yihadista.*

yin n. m. Principio pasivo y femenino de la filosofía china que, junto con su complementario y opuesto, el yang, constituye el principio fundamental de la vida y del orden universal: *el yin es la parte negativa y dominada por la oscuridad.*

yo pron. pers. **1** Pronombre personal de primera persona de singular, con el que se hace referencia al hablante: *yo no firmé ese cheque, así que la firma es falsa.* ◆ n. m. **2** Individualidad y personalidad de un ser humano: *ése es su verdadero yo.* **3** FILOS. Conciencia de una persona de su propia existencia y de su relación con el medio: *el desarrollo del yo tiene lugar en la infancia.*
▶ **yo que + pronombre personal** Expresión con la que se hace una sugerencia, explicando cuál sería la decisión del hablante de encontrarse en el lugar de la otra persona: *yo que tú no lo haría.*

yodo n. m. Elemento químico no metálico, sólido, de color negro brillante, que al volatilizarse desprende vapores de color azul; se encuentra muy difundido en el suelo en forma de sales y en las algas y otros organismos marinos: *el símbolo del yodo es I.*
DER yodado, yodato, yódico.

yoga n. m. Conjunto de técnicas de concentración que se práctica para conseguir un mayor control físico y mental.

yogur n. m. Alimento líquido y espeso, de gusto agrio, que se obtiene por fermentación de la leche: *yogur natural.*
DER yogurtera.

yogurtera n. f. Electrodoméstico que sirve para elaborar yogures.

yonqui n. com. Persona que toma drogas, especialmente drogas duras como la heroína: *el yonqui acudió a un centro de desintoxicación y lleva un año sin probar el crack.*

yoyó o **yoyo** n. m. Juguete formado por dos pequeños discos unidos en su centro por una barrita y por un cordón atado a esta; se juega haciéndolo subir y bajar según se enrolla o desenrolla el cordón a dicho eje.
OBS La Real Academia Española admite la forma *yoyo*, pero prefiere *yoyó*.

yudo n. m. Deporte de origen japonés consistente en una lucha entre dos personas que han de hacer caer a su contrario e inmovilizarlo utilizando la rapidez de movimientos, la agilidad y la fuerza del contrario.
OBS También se escribe *judo*.
DER yudoca.

yugo n. m. **1** Madero o pieza de hierro que se pone en la cabeza o en el cuello de dos animales de tiro, especialmente bueyes, para que, colocados uno al lado de otro, tiren de un arado o de un carro: *el yugo se sujeta en los cuernos de los bueyes.* **2** Sujeción que impone un poder superior o una circunstancia: *vivía bajo el yugo de su padre.* **3** Armazón de madera al que se sujeta una campana y sirve para voltearla.
DER yugada; cónyuge, subyugar.

yugoslavo, -va o **yugoeslavo, -va** adj. **1** De Yugoslavia o relacionado con este país del este de Europa. ◆ adj./ n. m. y f. **2** [persona] Que es de Yugoslavia.

yugular adj./ n. f. **1** [vena] Que, junto con otra igual, está situada a uno y otro lado de la garganta: *un corte en la vena yugular es muy grave.* ◆ adj. **2** Del cuello o que tiene relación con esta parte del cuerpo: *lesión yugular.*

yunque n. m. **1** Hueso del oído medio de los mamíferos: *el yunque está situado entre el martillo y el estribo.* **2** Bloque de hierro, generalmente con uno de sus lados acabado en punta, sobre el que se trabajan los metales al rojo vivo golpeándolos con un martillo: *el herrero martilleaba sobre el yunque la herradura del caballo.*

yunta n. f. Pareja de animales que sirven en la labor del campo o para tirar de carros: *una yunta de mulas tiraba del arado.*
DER yuntero.

yuntero n. m. Hombre que labra la tierra con una yunta.

yuxtaponer v. tr. **1** *formal* Poner una cosa junto a otra sin interposición de ningún nexo o elemento de relación: *en lugar de razonar, yuxtapone ideas que no tienen ningún sentido.* **2** GRAM. Unir dos elementos sin emplear palabras coordinantes o subordinantes: *en la aposición «la Luna, satélite de la Tierra» se yuxtaponen dos sintagmas.*
OBS Se conjuga como *poner.*
DER yuxtaposición, yuxtapuesto.

yuxtaposición n. f. **1** *formal* Colocación de una cosa junto a otra sin interponer ningún nexo o elemento de relación: *yuxtaposición de ideas.* **2** GRAM. Unión de varios elementos sin utilizar palabras subordinantes o coordinantes: *en la frase «Lourdes, mi hermana» hay una yuxtaposición.*

yuxtapuesto, -ta adj. *formal* Que está colocado junto a otra cosa: *edificios yuxtapuestos.*

abcdefghijklmnñopqrstuvwxy**Z**

z n. f. **1** Vigesimoséptima letra del alfabeto español.**2** MAT. Letra que representa la tercera incógnita de una ecuación.

zafio, -fia adj. [persona] Que tiene malos modos, es tosco o se comporta con poco tacto: *el muy zafio le dijo a mi madre que la veía muy vieja.* **SIN** grosero.

zaga n. f. **1** Parte posterior de una cosa: *está en la zaga de la cola del cine.* **2** En algunos deportes, conjunto de jugadores que forman la línea más retrasada de un equipo. **SIN** defensa. **ANT** delantera.

▶ **a la zaga** Detrás: *el potro iba a la zaga de las yeguas.* **no ir** (o **no irle,** o **no quedarse**) **a la zaga** No ser inferior: *Andrés es inteligente, pero su hermana no le va a la zaga.*

DER zaguero; rezagar.

zagal, -la n. m. y f. **1** Muchacho que ha llegado a la adolescencia; también, niño de cualquier edad. **SIN** mozo. **2** Pastor que está a las órdenes de otro pastor.

zaguán n. m. Espacio cubierto dentro de una casa situado junto a la puerta principal.

zaherir v. tr. Decir o hacer algo para humillar, maltratar o molestar a una persona.

OBS En su conjugación, la *e* se convierte en *ie* en sílaba acentuada o en *i* en algunos tiempos y personas, como en *hervir.*

zaireño, -ña adj. **1** Del Zaire o que tiene relación con este antiguo país del centro de África, actualmente República Democrática del Congo. ◆ adj./ n. m. y f. **2** [persona] Que es del Zaire.

zamarra n. f. **1** Prenda de vestir rústica, de abrigo, hecha de piel con su lana o pelo: *los pastores llevaban zamarras.* **2** Chaqueta de mucho abrigo, especialmente la hecha o forrada de piel. **SIN** pelliza.

zambullir v. tr. **1** Meter debajo del agua con fuerza o con rapidez: *corrieron y se zambulleron juntos en el mar.* ◆ v. prnl. **2 zambullirse** Introducirse con ánimo, con rapidez o por completo en una actividad o asunto: *se ha zambullido en el mundo de la moda.*

OBS En su conjugación, la *i* de la desinencia se pierde absorbida por la *ll* en algunos tiempos y personas, como en *mullir.*

DER zambullida.

zamorano, -na adj. **1** De Zamora o relacionado con esta provincia de Castilla y León o con su capital. ◆ adj./ n. m. y f. **2** [persona] Que es de Zamora.

zampabollos n. com. Persona glotona que come con exceso.

OBS El plural es *zampabollos.*

zampar v. tr. Comer en gran cantidad y con rapidez: *se pasa el día zampando y está como un tonel.* **SIN** engullir.

DER zampón.

zampoña n. f. **1** Instrumento rústio musical de viento parecido a una flauta o compuesto de varias flautas. **2** Dicho trivial o sin sustancia: *que se deje de zampoñas que estamos hablando de algo muy serio.* **NOTA** Se usa frecuentemente en plural.

zanahoria n. f. **1** Raíz comestible de color anaranjado y de forma alargada acabada en punta: *la zanahoria tiene vitamina A.* **2** Planta herbácea de hojas muy divididas y flores blanquecinas que produce esta raíz.

zanca n. f. **1** ZOOL. Parte de la pata de un ave zancuda que va desde los dedos hasta la articulación del muslo. **2** Pierna larga y delgada de una persona o un animal. **3** ARQ. Madero inclinado que sirve de apoyo a los peldaños de una escalera.

zancada n. f. Paso largo.

▶ **en dos zancadas** Expresión con que se indica la rapidez con la que se puede llegar a un lugar: *vivimos muy cerca, así que en dos zancadas llego a su casa.*

DER zancadilla, zancadillear.

zancadilla n. f. **1** Cruce o colocación de un pie entre los de otra persona o delante de los mismos para hacer que tropiece y caiga: *le pusieron la zancadilla y cayó al suelo.* **2** Obstáculo o engaño con que se procura causar un mal o hacer que no se consiga un fin: *ninguna zancadilla impidió que consiguiera el papel en la obra de teatro.*
OBS Suele usarse con los verbos *echar* y *poner*.

zancadillear v. tr. Hacer una persona que tropiece otra interponiéndose en su camino o interponiendo una parte del cuerpo: *el portero estiró la pierna y zancadilleó al delantero dentro del área.*

zanco n. m. Palo alto con un apoyo sobre el que se pone el pie y que se usa para andar a cierta altura sobre el terreno: *en el circo había un payaso equilibrista que bailaba sobre unos zancos.*
DER zancada, zancajo, zancudo.

zángano, -na adj. **1** [persona] Que no gusta de trabajar y evita hacerlo siempre que puede. **SIN** holgazán. ◆ n. m. **2** Macho de la abeja, que no produce miel: *la misión de los zánganos es fecundar a la abeja reina.*
DER zanganear.

zanja n. f. Agujero largo y estrecho hecho en la tierra.
DER zanjar.

zanjar v. tr. **1** Excavar agujeros largos y estrechos en la tierra. **2** Resolver de un modo definitivo un asunto que presenta dificultades o inconvenientes: *una vez firmado el contrato, quedará zanjada la venta de la casa.*

zapador, -ra n. m. Soldado que se encarga de hacer obras en los terrenos: *los zapadores abrieron las trincheras con las zapas.*

zapata n. f. **1** Pieza de un sistema de freno que roza contra una rueda o su eje para disminuir la velocidad del movimiento o para detenerlo. **2** Pedazo de cuero que se coloca entre la puerta y el suelo para que esta no se cierre. **3** ARQ. Pieza horizontal que se coloca sobre una columna y sobre la que se apoya una estructura superior, especialmente vigas.

zapatazo n. m. **1** Golpe fuerte y sonoro que se da con un zapato: *mató al mosquito de un zapatazo.* **2** Golpe fuerte que se da contra alguna cosa, especialmente el que suena o hace ruido.

zapateado n. m. **1** Baile español que se ejecuta golpeando el suelo con los zapatos y que generalmente es bailado por una sola persona. **2** Música de este baile.

zapatear v. intr. **1** Dar golpes en el suelo u otra superficie con los pies calzados, generalmente siguiendo el ritmo de una música: *se subió a una mesa y se puso a zapatear.* **2** Golpear el conejo la tierra con las manos repetidamente cuando nota la proximidad de un peligro, especialmente de un cazador.
DER zapateado, zapateo.

zapatería n. f. **1** Establecimiento en el que se hacen, se arreglan o se venden zapatos. **2** Oficio de la persona que se dedica a fabricar, arreglar o vender zapatos: *siguiendo la tradición familiar, se dedica a la zapatería.*

zapatero, -ra adj. **1** Del calzado o que tiene relación con esta prenda de vestir que cubre el pie: *industria zapatera.* **2** [alimento] Que se queda blando o pierde sus cualidades por haber sido cocinado con demasiada antelación o por llevar demasiado tiempo en agua: *las patatas están zapateras, porque hace una hora que las freí.* ◆ n. m. y f. **3** Persona que se dedica a fabricar, arreglar o vender zapatos: *el zapatero me puso tapas nuevas en las botas.* **zapatero de viejo** o **zapatero remendón** Persona que se dedica a arreglar zapatos rotos o gastados. ◆ n. m. **4** Insecto de cuerpo muy estrecho, con las patas delanteras cortas y las traseras largas y delgadas: *el zapatero se desplaza por la superficie del agua gracias a sus patas traseras.* **5** Mueble o parte de un mueble en que se guardan los zapatos mientras no se usan.
DER zapatería.

zapatilla n. f. **1** Calzado ligero y cómodo que se usa para estar en casa. **2** Calzado especial que se usa para practicar ciertos deportes: *zapatillas de tenis.*
DER zapatillazo.

zapato n. m. Calzado que cubre solo el pie y que tiene la suela de un material más resistente que el resto.
DER zapata, zapatazo, zapatear, zapatero, zapateta, zapatilla.

zapoteca adj./ n. com. **1** [persona] Que pertenece a un pueblo amerindio que habita en la parte oriental del estado mejicano de Oaxaca y que originó una importante cultura precolombina. ◆ adj. **2** Relativo a este pueblo: *parece que la primera escritura del continente americano fue utilizada a partir del año 800 por la civilización zapoteca.*

zapping n. m. Cambio rápido y continuo del canal del televisor por medio del mando a

distancia: *hago zapping todo el rato porque no me interesa nada de lo que dan.* SIN zapeo.
OBS Se pronuncia aproximadamente «zapin».

zar n. m. Título que tenían el emperador de Rusia y el rey de Bulgaria.
DER zarina, zarista.

zaragozano, -na adj. **1** De Zaragoza o que tiene relación con esta ciudad de Aragón o con su provincia. ◆ adj./ n. m. y f. **2** [persona] Que es de la ciudad o de la provincia de Zaragoza.

zarandear v. tr. **1** Mover de un lado a otro y con ligereza una cosa que se sostiene con las manos: *zarandeó el botijo para ver si tenía agua.* ◆ v. tr./ prnl. **2** Conseguir que una persona se canse encargándole que haga cosas que la obligan a ir de un sitio a otro: *zarandeó a su empleado hasta conseguir que dejara el trabajo.*
DER zarandeo.

zarcillo n. m. **1** Joya en forma de aro que se cuelga en el lóbulo de la oreja como adorno. **2** Tallo pequeño con forma de hilo, que sirve a ciertas plantas para agarrarse a las paredes: *la hiedra está echando nuevos zarcillos.* **3** Corte que se hace al ganado en la oreja a modo de señal.

zarpa n. f. **1** Mano de ciertos animales provista de uñas fuertes y cuyos dedos no se mueven independientemente: *el león atacó al ciervo con sus zarpas.* SIN garra. **2** Mano de una persona.
▶ echar la zarpa **a.** Agarrar o coger fuertemente una cosa con las manos: *le echó la zarpa al libro y no hubo modo de que nos lo devolviera.* **b.** Conseguir o llegar a tener una cosa que gusta mucho, generalmente por medio de la violencia o el engaño: *ya me gustaría echarle la zarpa a ese coche deportivo.*
DER zarpazo.

zarpar v. intr. Salir a navegar un barco: *zarparon con rumbo a América.*

zarpazo n. m. Golpe que da un animal con la zarpa: *el domador recibió un zarpazo del tigre.*

zarza n. f. **1** Planta o arbusto que tiene muchas espinas y cuyo fruto es la zarzamora: *se enganchó el pantalón en una zarza.* **2** Zarzamora, fruto de la zarza.
DER zarzal; enzarzar.

zarzamora n. f. **1** Fruto pequeño que da la zarza y que es de color rojo o negro cuando está maduro y tiene un sabor dulce: *la zarzamora está formada por pequeños granitos.* SIN mora. **2** Zarza, planta.

zarzuela n. f. **1** Género y composición musical de origen español en los que hay partes cantadas y otras habladas: *las primeras representaciones de la zarzuela son del siglo XVII.* **2** Comida hecha con varios tipos de pescado y marisco condimentados con una salsa.

zasca n. m. *coloquial* Réplica cortante, rápida y a menudo ofensiva en un debate o una conversación.

zéjel n. m. Composición en verso de origen árabe y de carácter popular que está formada por varias estrofas de cuatro versos, el último de los cuales rima con un estribillo inicial.

zen n. m. Escuela filosófica de la religión budista que da gran importancia a la meditación o contemplación como método para alcanzar la luz o verdad; fue fundada en China y más tarde se difundió en Japón: *el zen también se difundió en Occidente a mediados del siglo XX.*

zenit n. m. Cenit.
OBS La Real Academia Española recoge *zenit,* pero prefiere la forma *cenit.*

zepelín n. m. Aeronave que está formada por un gran globo ovalado y que lleva una o dos barquillas con motor; se dirige con un timón, va impulsado por hélices y se usa para transportar personas y carga.

zeta n. f. Nombre de la letra *z.*
OBS También se escribe *ceta.*

zeugma n. m. Figura retórica en la que una palabra que aparece una vez en una frase se sobreentiende en otras y, por lo tanto, no se repite: *la construcción «tengo dos cromos y tú solo uno» es un zeugma.*

zigoto n. m. Cigoto.
OBS La Real Academia Española recoge *zigoto,* pero prefierre *cigoto.*

zigurat n. m. Construcción religiosa formada por una torre piramidal de base cuadrada, con varios pisos superpuestos en forma escalonada a los que se accede por medio de rampas o escaleras, y en cuya parte superior se sitúa el templo: *el zigurat es característico del arte asirio y sumerio.*

zigzag n. m. Conjunto de segmentos de línea que están unidos formando ángulos entrantes y salientes: *los niños, para aprender a escribir, dibujan palotes en forma de zigzag.*
OBS El plural es *zigzags.*

zigzaguear v. intr. Moverse una persona o una cosa en zigzag o estar dispuesta una cosa en forma de zigzag: *el coche zigzagueó durante unos metros antes de salirse de la carretera.*

zinc n. m. Metal de color blanco azulado y brillo intenso, que se usa para hacer aleaciones: *el símbolo del zinc es Zn.* **NOTA** También se escribe *cinc.*

OBS La Real Academia Española recoge *zinc*, pero prefiere la forma *cinc*. El plural es *zines*.

zipizape n. m. Pelea o enfrentamiento entre dos o más personas, especialmente si producen mucho ruido: *se armó un buen zipizape en el bar.*

zócalo n. m. **1** ARQ. Parte baja de un edificio que destaca por la parte exterior por salir más que las paredes o por tener un color distinto; sirve para poner al mismo nivel el suelo de la planta baja cuando está inclinado: *las casas construidas en una ladera tienen zócalo.* **2** Lámina estrecha de madera o mármol que se pone a ras del suelo en la parte baja de las paredes de un edificio o banda decorativa que se pinta en ese mismo lugar: *el zócalo de mi casa es de madera.* **SIN** rodapié.

zocato, -ta adj. **1** [persona] Que tiene mayor habilidad con las extremidades izquierdas. **SIN** zoco, zurdo. **ANT** diestro. **2** [fruto] Que toma un aspecto rugoso y amarillento antes de madurar: *puedes comer esas manzanas zocatas porque no están podridas, aunque parezcan un poco marchitas.*

zoco n. m. Plaza de una población, especialmente en los países árabes, donde se instalan puestos de venta: *fueron al zoco a comprar alfombras.* **SIN** mercado.

zodiacal adj. Del zodiaco o relacionado con él: *signo zodiacal; constelación zodiacal.*

zodiaco o **zodíaco** n. m. Zona de la esfera celeste dividida en 12 partes iguales que el Sol y algunos planetas recorren en el período de un año: *cada parte del zodiaco está representada por una constelación.*

▶ signo del zodiaco Cada una de las doce partes en que está dividida la esfera celeste y que, según la astrología, influye en la personalidad de los seres humanos en el momento de su nacimiento: *mi signo del zodiaco es libra.*

OBS La Real Academia Española recoge *zodíaco*, pero prefiere la forma *zodiaco*.

DER zodiacal.

zombi n. com. **1** Persona sin vida que ha sido revivida mediante la brujería, según ciertas leyendas de Haití y del sur de Estados Unidos. ◆ adj./ n. com. **2** [persona] Que está atontado, aturdido o que se muestra pasivo en determinados hechos o situaciones: *me he levantado demasiado temprano y estoy un poco zombi todavía.*

OBS Es de origen africano.

zona n. f. **1** Extensión de terreno comprendida entre unos límites: *en la urbanización hay una zona muy amplia para los niños.* zona azul Parte de la calle de una población en la que pueden aparcarse los vehículos pagando previamente según el tiempo que se va a emplear. zona de ensanche Extensión de terreno que está junto a una población y se destina a construir edificios. zona de influencia Extensión amplia de terreno de un país que influye en la economía de otros países más pobres. zona urbana Extensión de terreno cubierta por los edificios y calles de una población. zona franca Extensión de terreno establecida por la ley para comerciar sin pagar determinados impuestos: *las Canarias son zona franca.* zona verde Extensión de terreno en una ciudad que se destina a parques y jardines: *las zonas verdes ayudan a disminuir la contaminación.* **2** Parte de un todo: *tengo que ponerme esta crema en la zona afectada por las quemaduras.* **3** Parte en que se divide la superficie de la Tierra: *las cuatro zonas de la Tierra están divididas por los trópicos y los círculos polares.* zona polar Parte de la Tierra que corresponde a uno de los dos círculos polares: *las zonas polares están heladas.* zona templada Parte de la Tierra que está entre un círculo polar y un trópico y se caracteriza por no tener un clima extremado: *Barcelona está en una zona templada.* zona tórrida Parte de la Tierra que está entre los dos trópicos, está dividida por el ecuador en dos partes iguales y se caracteriza por tener un clima muy caluroso: *los desiertos están en la zona tórrida.* **4** Parte de un campo de baloncesto limitada por líneas y que está más próxima a la canasta: *el jugador atacante no puede estar en la zona durante más de tres segundos.* **5** Sistema de defensa en el que los jugadores de un equipo cubren el terreno de juego por áreas: *el entrenador cambió la defensa en zona por una defensa individual.*

DER zonal.

zoo n. m. Instalación de gran extensión donde se cuidan, se estudian o se crían animales, generalmente poco comunes, para que el público pueda verlos.

OBS Es la forma abreviada de *zoológico* o de *parque zoológico.*

zoo- Prefijo que entra en la formación de palabras con el significado de 'animal': *zoología.*

zoología n. f. BIOL. Disciplina que estudia los animales.

DER zoo, zoológico, zoólogo; mastozoología.

zoológico, -ca adj. **1** De la zoología o que tiene relación con esta disciplina de la biología: *hizo un estudio zoológico de la fauna americana.* ◆ n. m. **2** Instalación de gran extensión donde se cuidan, se estudian o se crían animales, generalmente poco comunes, para que el público pueda verlos: *en este zoológico hay un gorila blanco.* **SIN** zoo.

zoom n. m. Objetivo fotográfico de foco variable que permite tomar imágenes a muy diferentes distancias o pasar de una a otra de forma continua: *gracias al zoom, el cámara puede acercar y agrandar la imagen de un objeto.*

OBS La Real Academia Española solo admite la forma *zum.*

zoquete adj. **1** [persona] Que tiene dificultad para comprender las cosas, aunque sean sencillas: *es un zoquete: por mucho que le repitas las cosas, no se entera.* ◆ n. m. **2** Trozo de madera corto y grueso. **3** Trozo de pan grueso y duro.

zorra n. f. **1** *malsonante* Mujer que tiene relaciones sexuales a cambio de dinero. **2** *malsonante* Mujer que se entrega sexualmente con facilidad. **SIN** puta.

▶ no tener ni zorra *malsonante* No tener ni la más remota idea de algo: *no tengo ni zorra de quién ha enviado ese paquete.*

OBS Se usa como apelativo despectivo.

zorro, -rra n. m. y f. **1** Animal mamífero salvaje, parecido al perro, pero con el hocico más alargado y con el pelo entre marrón y rojo, la cola larga y peluda, que se alimenta de otros animales: *el zorro tiene fama de ser un animal astuto.* ◆ n. m. **2** Persona que es hábil para engañar o para evitar el engaño: *el muy zorro nos ha vuelto a engañar.* **SIN** astuto, bellaco. **3** Piel del zorro tratada con productos químicos para hacer prendas de vestir o complementos: *llevó un chaleco de zorro.* ◆ n. m. pl. **4** zorros Tiras de tela o cuero unidas a un mango por un extremo, que se usan para limpiar el polvo.

▶ estar hecho unos zorros Expresión con la que se indica que una persona tiene aspecto de cansada y está sucia, especialmente después de un gran esfuerzo físico: *cuando acabó la mudanza estaba hecha unos zorros.*

DER zorrera, zorrería, zorrillo.

zote adj. [persona] Que es torpe o poco inteligente: *el muy zote no comprende absolutamente nada de lo que le dices.*

zozobra n. f. **1** Movimiento de una embarcación por la fuerza de los vientos: *no abandonó el mando en la zozobra.* **2** Hundimiento de una embarcación. **3** Sentimiento de tristeza o de falta de seguridad: *desde que murió su padre, vive en una zozobra continua.*

DER zozobrar.

zozobrar v. intr. **1** Peligrar una embarcación por la fuerza del viento: *el barco zozobró en la tormenta.* **2** Estar en gran peligro o muy cerca de perderse una cosa: *su empresa zozobra en estos momentos.* **3** Hundirse en el agua una embarcación. **SIN** naufragar. ◆ v. tr. **4** Hacer que peligre un asunto o una cosa, especialmente una embarcación: *el capitán zozobra el barco.*

DER zozobrante.

zueco n. m. **1** Calzado sin talón con suela gruesa de corcho, madera o plástico: *el personal sanitario suele llevar zuecos.* **2** Calzado en el que se introduce el pie calzado, generalmente para proteger de la lluvia o el barro el pie y el calzado.

zulo n. m. Agujero o escondite, generalmente subterráneo y de dimensiones reducidas: *los terroristas escondían las armas en un zulo en medio del bosque.*

zulú adj. **1** De una tribu de raza negra que habita en la República Sudafricana o que tiene relación con ella. ◆ adj./ n. com. **2** [persona] Que pertenece a esta tribu.

zumba n. f. **1** Campana grande de metal que lleva el ganado colgada al cuello: *el buey llevaba una zumba.* **2** Cantidad grande de golpes que se da o se recibe: *cuando lo cogieron le dieron una buena zumba entre los tres.* **SIN** zurra.

zumbar v. intr. **1** Hacer un ruido molesto, continuado y áspero: *solo se oía zumbar los insectos.* **2** Producirse un ruido continuado y áspero dentro de los oídos: *tras la explosión, le zumbaban los oídos.* ◆ v. tr. **3** Dar un golpe o causar un daño: *le zumbó una bofetada.* **SIN** zurrar.

▶ ir (o venir) zumbando Ir o venir con rapidez cuando alguien lo quiere: *lo llamé y vino zumbando.*

DER zumbador, zumbido, zumbón.

zumbido n. m. Ruido continuado y áspero que produce molestia o resulta desagradable: *el zumbido de los mosquitos me molestaba.*

zumo n. m. Líquido contenido en las frutas que se extrae al exprimirlas: *el zumo de naranja es muy rico en vitamina C.* SIN jugo.

DER rezumar.

zurcido n. m. Cosido para que no se note el roto de una tela: *hizo un zurcido al pantalón.*

zurcir v. tr. Coser para que no se note el roto de una tela: *tienes que zurcir los codos de esa camisa.*

▶ ¡que te (o le) zurzan! Expresión que indica que la persona que habla se desentiende de algo malo que le pasa a otra, especialmente cuando cree que lo tiene merecido: *¿lo han suspendido? ¡Pues que le zurzan!*

OBS En su conjugación, la *c* se convierte en *z* delante de *a* y *o*.

DER zurcido, zurcidora.

zurda n. f. Mano o pierna que está en el lado izquierdo: *Juan tiene un potente disparo con la zurda.* SIN izquierda. ANT diestra.

zurdo, -da adj. [persona] Que tiene mayor habilidad con las extremidades que están en el lado izquierdo: *es zurdo y escribe y maneja la cuchara con la mano izquierda.* SIN zocato, zoco. ANT diestro.

DER zurdazo.

zurra n. f. Cantidad de golpes que se da o se recibe: *se portó tan mal que se llevó una zurra.* SIN zumba.

zurrapa n. f. Trozo pequeño de materia sólida que se forma o se va sedimentando dentro de un líquido: *este vinagre tiene zurrapas.*

zurrar v. tr. Dar golpes o azotes a una persona: *le dijo que si volvía a hacer eso, lo zurraría.* SIN zumbar.

DER zurra.

zurrón n. m. **1** Bolsa grande de piel o de cuero, que se puede llevar colgada y que sirve para guardar cosas, generalmente comida: *el pastor sacó el pan y el queso del zurrón y se puso a comer.* **2** Cáscara primera y más tierna en la que están encerrados ciertos frutos: *quítale el zurrón a la almendra antes de comértela.*

zutano, -na n. m. y f. Nombre que se usa para referirse a una persona cualquiera: *supongamos que vienen fulano, mengano y zutano, ¿qué les diré?* SIN fulano, mengano.

OBS Se suele usar en correlación con *fulano* y *mengano*.